MERCAZ DAF YOMI

Erani Family Edition

מרכז הדף היומי

תַּלְמוּד בַּבְלִי

MERCAZ DAF YOMI

TALMUD BAVLI

מסכת הוריות
MASECHES HORAYOS

The Oz Vehadar Talmud Bavli Edition
with Nekudos
And our original explanation
In English

This sefer has been carefully edited, yet errors may remain. Kindly notify us of any mistakes so they can be corrected in future editions. Please send comments to: **info@mdydaf.com**

ISBN 978-1-84381-218-0

design **hi@hifive.nyc**

יעמדו על הברכה

מכון עלה זית

עריכת ספרים מרישא עד גמירא

publish@alehzayis.com | 732.513.3466 | 732.387.7841

With heartfelt appreciation to Machon Aleh Zayis for their extraordinary dedication, skill, and tireless effort in bringing this project to fruition.

Rabbi Shimon Szimonowitz
Rosh HaMachon

Rabbi Chaim Dov Greenes
Editor-in-Chief

Translation team:
Rabbi Yosef Schwartz
Rabbi Nochum Aharon Shonek

Editorial Team:
Rabbi Chanoch Levi
Rabbi Moshe Prager
Rabbi Benayahu Cohen

Layout team of
Machon Aleh Zayis

קובע ברכה לעצמו

הרב **ידידיה קרמר** שליט"א
ראש כולל מרכז הדף היומי והחברותא של ר' אלי שליט"א

על התמסרותו המיוחדת, והשתתפותו בכל צעד ושעל,
להביא את הוצאת הגמרא מן הכח אל הפועל

וְנָתַתִּי לָהֶם בְּבֵיתִי וּבְחוֹמֹתַי יָד וָשֵׁם טוֹב (ישעיהו נו ה)

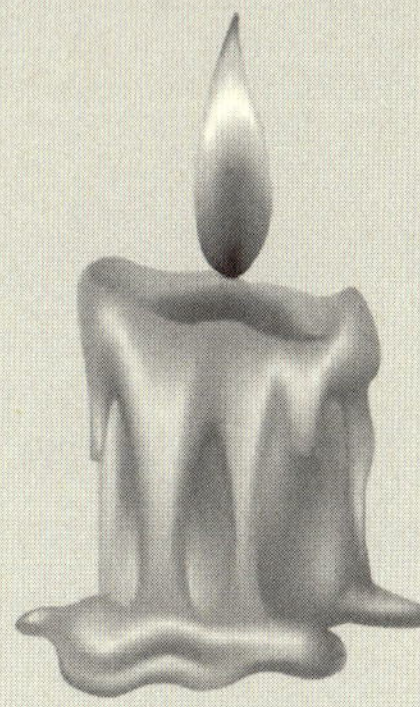

לעילוי נשמת האשה החשובה

מרת **רות** בת ר' **מרדכי** ע"ה

סטפנסקי

אמו של ר' אלי שליט"א, אשר לזכותה נזקף
זכות אלפים ורבבות שעות של לימוד תורה
ברחבי העולם

יעמדו על הברכה

**כל התורמים הנכבדים, העומדים לימינינו
בכל ימות השנה לישא בעול, להרבות פעלים,
להגדיל תורה ולקרב ישראל אל אבינו שבשמים**

**יהא שכרם כפול ומכופל מן השמים ויתברכו בכל
הברכות הכתובות בתורה, אמן.**

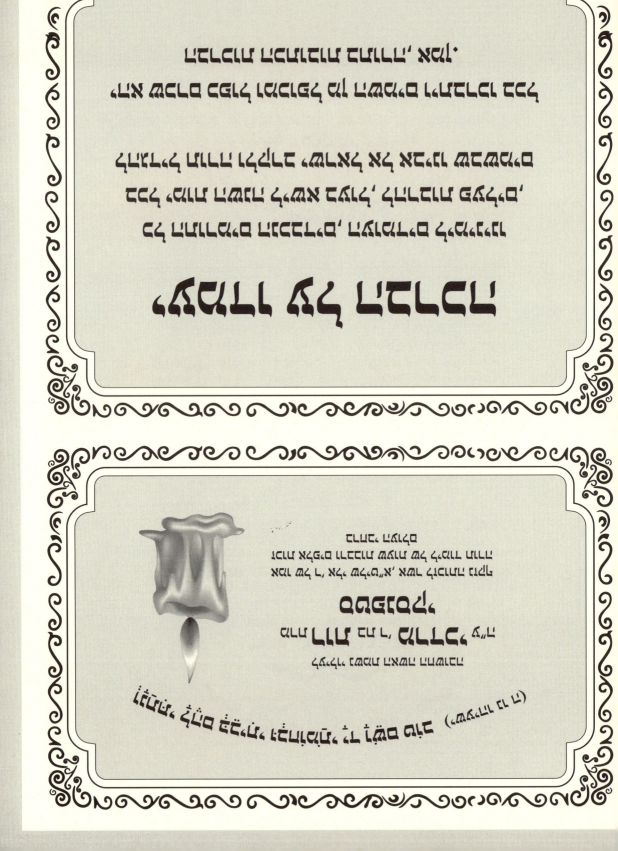

Joseph Levy

לעלוי נשמת

Sophie Bat Frieda *z"l*
Ezra Ben Frieda *z"l*

Erani Family Edition

Zechut for Endless Hatzlacha
Ruchniyut and Gashmiyut
Erani Family

לעלוי נשמת

Rav Eliyahu Tzion Ben Shulamit *z"l*
Mayer Ben Chana *z"l*

◆

Efraim Yehoshua Ben Amuma *z"l*
& Florence Tzipora bat Chana *z"l*

◆

Ezra Ben esther *z"l*
R' Mayer Ben Chana Nehmad *zt"l*
& Chaim Ben Rachel *z"l*

◆

Shifra bat Gloria *z"l* & Sara bat Zakieh *z"l*
& Chana bat Esther *z"l*

רפואה שלמה

R' Moshe ben Leah

יעמדו על הברכה

With much hakoras hatov to the entire MDY chevra — the devoted team — who are moser nefesh day and night to bring the shiur to the tens of thousands of Yidden across the world

Arial Leiba
Avi Kamionski
Avremy Cohen
Benny Rudnick
Dave Sharfman
Dov Harris
Dovi Glauber
Reb Elyakim Aronov
Ezra Layton
Gershon Ben-Moshe
Koby Goldschmidt
Reb Leibie David
Mark Aschkenasy
Mayer Plonka
Mordechai Rubin
Moshe Einhorn
Reb Mendy Auerbach
Reb Menachem Mendel Fenster
Nesanel Gantz
R' Nachman Seltzer
R' Noam Fix
Reb Refoel Trup
Shabsi Cohen
Shimmy Lebowitz
Shlome Rosenberg
Reb Yedidya Kramer
Yaakov Eyal
Yaakov Citroen
Yossi Klein
Yoshi Weiss

And to all who wish to remain anonymous

וכל מי שעוסקים בצרכי ציבור באמונה
הקדוש ברוך הוא ישלם שכרם
וישלח ברכה והצלחה
בכל מעשי ידיהם
עם כל ישראל אחיהם ונאמר אמן

בס"ד

Dear Friend עמו"ש,

With profound gratitude to Hashem, it is my privilege to introduce a historic milestone in the world of Torah learning: the launch of the **MDY English Gemara**, a revolutionary edition designed to make the Daf accessible to every Yid — regardless of background or language — without compromising on the sacred tzuras hadaf we've cherished for generations.

This new edition presents the original Gemara side-by-side with clear, accurate English explanation, while preserving the familiar layout of Shas. For the first time, the Gemara, Rashi, and Tosafos appear with nekudos, giving every learner — from beginner to advanced — the tools to read and understand on their own.

But this project is more than just a sefer. It is a gateway into the world of MDY.

Each daf includes a dedicated QR code, unlocking a complete learning experience: the MDY video or audio shiur, dynamic charts and visual aids, quizzes, and more — all just a tap away. **It's Torah brought to life, right on the page.**

And what better place to begin than Maseches Horayos?

True to the MDY spirit, we don't wait for the start of a seder or the first daf of Shas. We start today. Right here. Because Torah cannot wait. As we say often: Start now. Don't look back.

To appreciate the deeper meaning behind this moment, let us reflect on the well-known words of the Vilna Gaon about the greatness of R' Chiya. The Gemara tells how R' Chiya went to extraordinary lengths to ensure Torah would never be forgotten — planting flax to make nets, capturing deer, preparing parchment, writing sefarim, and personally teaching children wherever no melamed could be found. The Gra famously asks: why did R' Chiya invest so much time in menial tasks like planting and trapping?

His answer is timeless: Torah only endures when it is built entirely on purity, holiness, and l'shem shamayim.

And perhaps this sheds light on what we are witnessing today at MDY. Every team member — is driven by one goal: to spread Torah, elevate Klal Yisrael, and draw another precious soul closer to the sweetness of learning — *וטעמו וראו כי טוב.*

The Gemara relates that R' Chiya fed the meat of the deer to the poor — and the Ben Yehoyada explains that he did so in order to combine Torah with acts of chesed, so that the learning would be elevated and protected through the zechus of both, serving as a magen — a spiritual shield.

So too at MDY: what began as a shiur has blossomed into a movement of unity, compassion, and spiritual growth — with chessed flowing between members in ways too beautiful to fully describe.

I thank Hashem deeply for allowing me to be part of this incredible journey — and for surrounding me with loyal friends and devoted partners who give their hearts and souls for this holy mission, never saying "enough."

And how great is the zechus of the **Parnos HaMasechta**, the **Erani & Levy Families**, who stepped forward to be the very first to sponsor this monumental edition of Maseches Horayos. *שכרם כפול ומכופל מן השמים ישלם ה'*.

With love, admiration, and hope for what's to come,

Eli Stefansky.

היטיבה ה' לטובים

עוז והדר

With Much Hakoras HaTov

We wish to express our heartfelt appreciation to Oz Vehadar for their graciousness in allowing us to use their Menukad Shas in this edition

בזכות הפצת התורה וזיכוי הרבים תבורכו מפי עליון
בכל הברכות הכתובות בתורה

MERCAZ DAF YOMI

Welcome to the MDY (Mercaz Daf Yomi) Family!

Dear Friend,

We are so happy that you decided to join us on this life-changing Daf Yomi journey.

With engaging visuals, animations, and even 3D illustrations, even the most complex topics become simple and accessible. In just a short time, you'll find yourself not just learning, but truly loving it-feeling a deep connection and even an addiction to Torah.

Through experience, we've discovered powerful strategies that truly help you stay committed on your daf journey.

- ✓ **Never try to "make up" a missed daf.** Many people fall behind because they try to catch up instead of moving forward. Just start fresh each day! It's not about the Daf it's about the Yomi!
- ✓ **Build an unbreakable habit.** Even on the busiest, most overwhelming days, open the Gemara, even for just five minutes. The goal is consistency.
- ✓ **Stick with it for 60-90 days.** This is the magic window where learning transforms from an effort into second nature. After that, it will feel as natural as breathing.
- ✓ **Find a Progress Partner.** Having someone to check in with daily creates accountability and motivation. A simple "Did you do today's daf?" can make all the difference.

The journey ahead is transformative. You're not alone - we're here to support and encourage you every step of the way. Questions? Comments? email info@MDYDAF.com or visit us at MDYDaf.com. We look forward to learning together!

With admiration and excitement,

Eli Stefansky

and **The MDY Staff**

Mark your progress, one daf at a time!
Check off what you've learned today and come back later to fill in the rest!

מסכת הוריות

ה	ד	ג	ב ✓
ט	ח	ז	ו
יג	יב	יא	י

mdydaf.com

ALL DAF · TORAH ANYTIME · קול הלשון · zoom · YouTube · Google Play · App Store

MDY LOCATIONS

HQ

Beit Shemesh Beis Medrash MDY Nachal Noam 9, Beit Shemesh

US

BORO PARK

The Kaff Residence
(Entrance from 17th Ave)
1678 57th St
Brooklyn NY

9:00pm DAILY

FIVE TOWNS

BHMD Hachaim VeHashalom
(The Minyan Factory)
125 Cedarhurst Ave
Cedarhurst, NY

1:00pm & 9:00pm DAILY

BALTIMORE

Office
(2nd Floor)
1517 Reisterstown Rd
Pikesville, MD

9:00pm SUNDAYS

ISRAEL

JERUSALEM AREA

Jerusalem
בית המדרש לוצק
רח' דוד המלך 18, ירושלים

נוה יעקב
רח' זווין פינתניימן, ירושלים
(כניסה מרח' ניימן 2)

Giv'at Ze'ev
ביהמ"ד בית הרשב"י
רח' גור אריה (לפני הישיבה), גבעת זאב

Modi'in Illit
בני ציון
רח' נתיבות המשפט 83, מודיעין עילית

Beitar Illit
בית הכנסת היכל התורה
רח' המגיד ממעזריטש 142, ביתר עילית

Ma'ale Amos
משרד של משפחת פיאלקוף
רחוב רש"י 52, מעלה עמוס

Telz Stone
בית הכנסת שערי רחמים
רח' אזניים לתורה, טלז סטון

CENTRAL ISRAEL

Petah Tikva
בית הכנסת הספרדי (מעל אבי עזרי)
הרז"ה **2**, פתח תקווה

Bnei Brak
בניין הכשרת היישוב
רח' ז'בוטינסקי 9 קומה 3, בני ברק

Bat Yam
בית הכנסת בת קול
ניסנבאום 66, בת ים

Giv'atayim
בית הכנסת אוהל שם
רח' פועלי הרכבת **4**, גבעתיים

NORTHERN REGION

Harish
בית הכנסת אהבת ישראל - צעירי הפרחים
רח' נרקיס **19**, חריש

Rekhasim
בית הכנסת יערפו טל
השקמים 16, רכסים

Tveria
בית הכנסת חניכי הישיבות
רח' ז'בוטינסקי **9** , טבריה

SOUTH

Beit Hilkiya
ביה הכנסת אהל מועד
כניסה למושב בית חלקיה

מרכז הדף היומי

תַּלְמוּד בַּבְלִי

מסכת הוריות

MASECHES HORAYOS

Perek One

הוֹרוּ בֵּית דִּין — Horu Beis Din

מַתְנִיתִין — Mishnah

הוֹרוּ בֵּית דִּין — If *Beis Din Hagadol* mistakenly ruled, **לַעֲבוֹר עַל אַחַת מִכׇּל מִצְוֹת הָאֲמוּרוֹת בַּתּוֹרָה** — that people are allowed to transgress one of the *mitzvos* of the Torah which are punishable with *kareis*, **וְהָלַךְ הַיָּחִיד וְעָשָׂה שׁוֹגֵג עַל פִּיהֶם** — and an individual commited that transgression by mistake, based on that ruling, **בֵּין שֶׁעָשׂוּ וְעָשָׂה עִמָּהֶן** — whether the judges themselves also did this transgression and he did it at the same time as them, **בֵּין שֶׁעָשׂוּ וְעָשָׂה אַחֲרֵיהֶן** — or the judges transgressed first and he did it after them, **בֵּין שֶׁלֹּא עָשׂוּ וְעָשָׂה** — or the judges didn't do the transgression at all, and he did it alone, **פָּטוּר** — in all these cases, he is exempt from bringing the *Korban Chatas* that is usually brought by one who performs an *aveirah* mistakenly, **מִפְּנֵי שֶׁתָּלָה בְּבֵית דִּין** — because he based his actions on the ruling of *beis din.*

הוֹרוּ בֵּית דִּין — If *beis din* mistakenly ruled against the Torah, **וְיָדַע אֶחָד מֵהֶן שֶׁטָּעוּ** — and one of the judges knew they made a mistake (but his opinion was overruled by the majority), **אוֹ תַּלְמִיד וְהוּא רָאוּי לְהוֹרָאָה** — or if a student who was qualified to give halachic rulings knew they made a mistake, **וְהָלַךְ וְעָשָׂה עַל פִּיהֶן** — and that judge or student did that transgression by mistake based on *beis din's* ruling, **בֵּין שֶׁעָשׂוּ וְעָשָׂה עִמָּהֶן** — whether the other judges themselves did this transgression and he did it at the same time as them, **בֵּין שֶׁעָשׂוּ וְעָשָׂה אַחֲרֵיהֶן** — or whether the judges did the transgression and he did it after them, **בֵּין שֶׁלֹּא עָשׂוּ וְעָשָׂה** — or whether the judges didn't do the transgression at all, and he did it alone, **הֲרֵי זֶה חַיָּיב** — in all these cases, the judge or the student is liable, and he has to bring a *Korban Chatas*, **מִפְּנֵי שֶׁלֹּא תָלָה בְּבֵית דִּין** — because he did not base his actions on *beis din's* ruling (since he felt that their ruling was mistaken).

זֶה הַכְּלָל — This is the rule: **הַתּוֹלֶה בְּעַצְמוֹ חַיָּיב** — One who bases his actions on his own opinion is liable, **וְהַתּוֹלֶה בְּבֵית דִּין פָּטוּר** — and one who bases his actions on *beis din's* mistaken ruling is exempt.

גְּמָרָא — Gemara

אָמַר שְׁמוּאֵל — Shmuel said: **לְעוֹלָם אֵין בֵּית דִּין חַיָּיבִין** — The judges of a *beis din* are never obligated to bring a *Par He'eleim Davar* (the *korban* brought by *beis din* if they issued a mistaken ruling and the majority of the people followed it), **עַד שֶׁיֹּאמְרוּ לָהֶם** — unless they tell people regarding doing something that is against the Torah, **מוּתָּרִין אַתֶּם** — "You are allowed," which is a direct ruling, rather than a general statement. **רַב דִּימִי מִנְּהַרְדְּעָא**

For this *daf's shiur* and charts, scan this QR code:

הורו

הורו בית דין לעבור על אחת מכל מצות האמורות בתורה, והלך היחיד ועשה שוגג על פיהם, בין שעשו ועשה עמהן, בין שעשו ועשה אחריהן, בין שלא עשו ועשה, פטור, מפני שתלה בבית דין. הורו בית דין וידע אחד מהן שטעו, או תלמיד והוא ראוי להוראה, והלך ועשה על פיהן, בין שעשו ועשה עמהן, בין שעשו ועשה אחריהן, בין שלא עשו ועשה, הרי זה חייב, מפני שלא תלה בבית דין. זה הכלל, התולה בעצמו חייב, והתולה בבית דין פטור:

גמ' אמר שמואל, לעולם אין בית דין חייבין עד שיאמרו להם מותרין אתם. רב דימי מנהרדעא אמר, עד שיאמרו להם מותרין אתם לעשות; מאי טעמא, לפי שלא נגמרה הוראה. אמר אביי, אף אנן נמי תנינא, חזר לעירו, שנה ולימד כדרך שלימד, פטור, הורה לעשות, חייב. אמר רבי אבא, אף אנן נמי תנינא, הורו לה בית דין להנשא והלכה וקלקלה, חייבת בקרבן, שלא התירו לה אלא להנשא. אמר רבינא, אף אנן נמי תנינא, הורו בית דין לעבור על אחת מכל מצות האמורות בתורה. תו לא מידי. איכא דאמרי, אמר שמואל, אין בית דין חייבין עד שיאמרו להם מותרים אתם לעשות. רב דימי מנהרדעא אמר, אפילו מותרים אתם נגמרה הוראה. אמר אביי, והא לא תנן הכי, חזר לעירו ושנה או לימד כדרך שלימד, פטור, הורה לעשות, חייב. אמר רבי אבא, והא לא תנן הכי, הורו לה בית דין להנשא והלכה וקלקלה, חייבת בקרבן, שלא התירו לה אלא להנשא. אמר רבינא, והא לא תנן הכי, הורו בית דין לעבור על אחת מכל מצות האמורות בתורה. תו לא מידי: והלך היחיד ועשה שוגג על פיהם: וניתני ועשה על פיהם, שוגג למה לי. אמר רבא, שוגג, לאתויי הורו בית דין שחלב מותר, ונתחלף לו חלב בשומן ואכלו, פטור; על פיהם, על פיהם ממש. ואיכא דאמרי, אמר רבא, שוגג על פיהם הוא דפטור, אבל נתחלף לו חלב בשומן ואכלו חייב. מילתא דפשיטא ליה לרבא, קמיבעיא ליה לרמי בר חמא, דבעי רמי בר חמא, הורו בית דין שחלב מותר, ונתחלף לו בשומן ואכלו, מהו. אמר רבא, תא שמע, הלך יחיד ועשה שוגג על פיהם כו', שוגג על פיהם למה לי, לאו לאתויי הורו בית דין שחלב מותר ונתחלף לו חלב בשומן ואכלו פטור. דלמא שוגג על פיהם הוא דפטור, אבל נתחלף לו חלב בשומן ואכלו חייב. איכא דאמרי, אמר רבא, תא שמע, הלך יחיד ועשה שוגג על פיהם, מאי לאו, שוגג על פיהם הוא דפטור, אבל נתחלף לו חלב בשומן ואכלו חייב. דלמא או שוגג, או על פיהם. בפלוגתא, הורו בית דין שחלב מותר, ונתחלף לו חלב בשומן ואכלו, רב אמר פטור, ורבי יוחנן אמר חייב. מיתיבי, 'מעם הארץ בעשותה', פרט למומר; רבי שמעון בן יוסי אומר משום רבי שמעון (אינו צריך), הרי הוא אומר 'אשר לא תעשינה בשגגה ואשם או הודע', השב מידיעתו מביא קרבן על שגגתו, לא שב מידיעתו אינו מביא קרבן על שגגתו; ואם איתא, הא לא שב מידיעתו הוא. אמר רב פפא, קסבר רבי יוחנן, כיון דכי מתידע להו לבי דינא הדרי בהו, והוא נמי הדר ביה, שב מידיעתו קרינן ביה וחייב. אמר רבא, מודה רב שאינו משלים לרוב צבור, מאי טעמא, אמר קרא 'בשגגה', עד שיהו כולן בשגגה אחת: בין שעשו ועשה עמהן כו': למה ליה למיתנא כל הני, בשלמא רישא לא זו אף זו קתני, אלא סיפא דלחיובא איפכא מיבעי ליה.

זו

הורו בית דין כו'. כגון שהורו שחלב או דם מותר: והלך היחיד ועשה שוגג על פיהם. מפרש בגמרא: בין שעשו ב"ד ועשה היחיד עמהם, כגון שאכל חלב עמהן: בין שעשו ועשה אחריהן. בזה אחר זה: בין שלא עשו. ב"ד: ועשה היחיד על פיהן: פטור. מלהביא כשבה ושעירה, הואיל ותלה בב"ד ועשה על פיהם: הורו ב"ד וידע אחד מהם. מב"ד, שטעו, או תלמיד ראוי להוראה, והלך אותו אחד או אותו תלמיד, ועשה על פיהם, שטעה ב'מצוה לשמוע דברי חכמים', כדמפרש בגמרא: הרי זה חייב. מפני שלא תלה ממש בב"ד, שהרי יודע שטעו, ואמרינן בגמרא, 'העושה מפי עצמו חייב, בהוראת ב"ד פטור': גמ' לעולם אין ב"ד חייבין. כי עשו הקהל או רובו על פיהם, כלומר, בין למ"ד ב"ד מביאין פר, בין למ"ד צבור מביאין פר ולא ב"ד, לעולם לא הוי גמר הוראה דלחייב קרבן, ולגבי יחיד להוי תולה בב"ד, עד שאמרו ב"ד לצבור 'מותרין אתם': רב דימי אמר. לעולם לא נגמרה הוראה לחייבן קרבן עד שיאמרו 'מותרין אתם לעשות': אף אנן נמי תנינא. בפרק אלו הן הנחנקין: חזר. זקן ממרא לעירו וכו', הורה לעשות, דמשמע דקאמר 'מותרין אתם לעשות', דנגמרה הוראתו, חייב: הורו לה ב"ד להנשא. על פי עד אחד, דאף בשני עדים לא צריך ב"ד: והלכה וקלקלה. בזנות, ואחר כך בא בעלה: חייבת בקרבן. לפי שלא היתה תולה בב"ד, מדקתני 'הורו לה ב"ד להנשא', ולא קתני 'התירוה ב"ד', ש"מ דלא נגמרה הוראתם עד שיאמרו 'מותרין אתם לעשות': הורו ב"ד לעבור. דמשמע הורו ב"ד לעשות, דאינה גמורה הוראתם עד שיאמרו 'מותרין אתם לעשות': והא לא תנן הכי. כולהו מקשו לרב דימי: אמר רבא. תרתי קתני, דמשמע הכי 'והלך היחיד ועשה או שוגג או על פיהם', שוגג, כגון שהורו בית דין שחלב מותר, ונתחלף לו חלב בשומן ואכלו, דפטור, אע"ג דלא הוי על פיהם ממש, ושלא במתכוין קאכיל ליה, אפילו הכי, הואיל ואילו מתידע ליה דחלב הוא לא הוה הדר ביה, שהרי הורו ב"ד שחלב מותר, הלכך תולה בב"ד קרינן ביה, ופטור: על פיהם ממש. כגון שהורו ב"ד שחלב מותר, והלך ועשה על פיהם, לאשמועינן דשוגג על פיהם פטור: ואית דאמרי. חדא קתני, להכי איצטריך למיתני 'שוגג על פיהם' דמשמע דבשוגג ממש על פיהם הוא דפטור, דהיינו על פיהן ממש, דידע דחלב הוא, ופטור משום דתלה בב"ד ממש: אבל שוגג שלא על פיהן. כגון שהורו ב"ד שחלב מותר ונתחלף לו חלב בשומן ואכלו חייב, שלא תלה עצמו בב"ד: רב אמר פטור. דתולה בב"ד הוי, ויחיד שעשה בהוראת ב"ד פטור: ורבי יוחנן אמר חייב. הואיל ולא הוי על פיהם ממש, כתולה בעצמו הוא, וחייב: מעם הארץ. ולא כל עם הארץ: פרט למומר. דאינו מביא קרבן על שגגתו, דאין מקבלין מהן. מיתבי: ר"ש בן יוסי אומר, אינו צריך, הרי הוא אומר אשר לא תעשינה וכו'. ומומר לא שב מידיעתו הוא, לפיכך אינו מביא קרבן על שגגתו, ואמר לקמן בפ"ב 'מומר שאכל חלב והביא קרבן על הדם איכא בינייהו', והכא נמי כי הורו ב"ד שחלב מותר ונתחלף לו חלב בשומן לא שב מידיעתו הוא, ולפיכך אינו חייב, דהא הורו ב"ד שחלב מותר, וקשיא לר' יוחנן דאמר חייב, דתולה בעצמו הוא: אמר רב פפא, קסבר ר' יוחנן כיון דאילו הוה ידיע לבי"ד דטעו הוו הדרי בהו, והוא נמי הוי הדר ביה, הלכך שב מידיעתו קרינן ביה. וחייב קרבן, שהרי לא תלה כ"כ בב"ד, שלא עשה על פיהם ממש, ואמטו להכי קאמר רבי יוחנן דחייב קרבן, אבל היכא דעשה על פיהם ממש, אע"ג דאילו הוי ידיע לבי"ד הוו הדרי בהו, והוא נמי הוה הדר ביה, והוי שב מידיעתו, אפ"ה פטור, מפני שתלה ממש בדעת ב"ד: אמר רבא. אע"ג דאמר רב כי נתחלף לו חלב בשומן דהוי יחיד שעשה בהוראת ב"ד ופטור, מודה רב שאין אותו יחיד משלים לרוב צבור, כגון שאמרו ב"ד שחלב מותר, והלכו חצי צבור ועשו על פיהם ואכלו חלב ממש, והלך זה ואכל ונתחלף לו חלב בשומן: שאינו משלים לרוב צבור. ואין מביאין פר, דבעינן שיהיו כולן ממש שוגגין בשגגה אחת ע"פ ב"ד: למה לי למתני כולהו. במתניתין, 'ועשה עמהם', 'ועשה אחריהם', 'שלא עשו ועשה': בשלמא רישא לא זו אף זו קתני. דהכי משמע, לא מיבעיא זו דעשה עמהם דהוי ודאי תולה בב"ד דפטור, אלא אף זו נמי דעשה אחריהם הוי תולה בב"ד ופטור, ולא זו בלבד דעשה אחריהם דפטור, אלא אף זו דלא עשו ב"ד ועשה אפילו הכי תולה בב"ד הוי ופטור: אלא סיפא איפכא מיבעיא ליה למיתנא. דהכי איבעיא ליה למיתנא, 'הורו ב"ד וידע אחד מהן שטעו או תלמיד וראוי להוראה והלך ועשה על פיהם, בין שלא עשו ועשה ובין שעשה אחריהם ובין שעשה עמהם', דלא תלה בב"ד', דהוי משמע לא זו בלבד דלא עשו ועשה דלא הוי תולה בב"ד דחייב, אלא אף זו דעשה אחריהן לא תלה בב"ד וחייב, ולא זו בלבד דעשה אחריהן חייב, אלא אף זו דעשה עמהן, דס"ד אמינא הואיל ועשה עמהם תולה בבית דין קרינא ביה, ולהוי פטור, אפילו הכי אמרינן הואיל וידע שטעו לא תלה בבית דין וחייב:

הא

תוספות

אמר המתעסק, אלו התוספות כבר היו בדפוס, וכתוב על גבן בזה"ל. מצאתי תוספות כת"י על מסכת הוריות והעתקתים ולדפוס אצל האשר"י ממסכת סוכה. ונלקטו ע"י הג"מ אליהו ב"ר אברהם הלוי איטינגען ז"ל, בעהמ"ס ברית הלוי ומנחת אליהו. ובהיות שמציאתן נעלם מעין כל, ומי יבקש דבר שלא במקומו, אשר ע"כ אמרתי להעמידן במקומן:

הורו ב"ד. הם סנהדרי גדולה, כדדרשינן בת"כ, 'עדת ישראל, עדה המיוחדת בישראל, זו סנהדרי גדולה': **בין** שעשו ועשה עמהן. נ"ע אם ב"ד עצמן חייבין להביא כשבה או שעירה, דנהי דפר אין מביאין אא"כ רוב צבור עשו על פיהן, מ"מ קרבן יחיד לייתו, או שמא פטורים לגמרי: **הורו** לה להנשא. האי ב"ד אינו סנהדרין גדולה, שהרי ב"ד יכולין להתירה לינשא. ומ"מ הני נמי אית להו הא דליכא שאם עשתה כמו שהורו היתה פטורה, כיון שתולה בב"ד: **אמר** אביי, והא אנן לא תנן הכי. הא דלא פריך ללישנא קמא לשמואל כמו דפריך הכא לרב דימי, דללישנא קמא מלינן למימר דרב דימי אמאי פליג כפרושי דברי שמואל: **הכא** מספקינן לענין קרבן [עד] שיאמרו מותרין לעשות. וה"ה בעלמא גבי הוראה, דאין לתלמיד לסמוך על דברי רבו עד דא"ל הכי. והא דתניא פרק יש נוחלין (ב"ב קל:) 'אין למידין הלכה על פי מעשה'. ה"פ התם, אם יאמר לך אדם ראיתי מעשה שאירע בכה"ג שהורו כן, אין לסמוך על דבריו, דשמא לא עיין היטב, ושמא אותו מעשה היה קלא משונה; 'עד שיאמר הלכה למעשה', פירוש, עד שיביא לו מתוך ההלכה דאיתא לאותו דבר מה שאומר, כי התלמוד ודברי האמוראין עיקר, כדאיתא בירושלמי ריש פיאה 'אין למידין לא מהלכות ולא מהגדות ולא מן התוספתא, אלא מפי התלמוד': **ואיכא** דאמרי חדא קתני. ואין להקשות דלא ליתני כי אם 'על פיהם', ומאילא משמע דוקא על פיהם. שמא ה"א ה"ה נתחלף לו, להכי תנא 'שוגג', למימר דאיזה 'שוגג', דוקא 'על פיהם': **עד** שיהיו כולן בשגגה אחת. נ"ע אם רוב צבור עשו בזה הענין שנתחלף להם והוי כולן בשגגה אחת אי מיחייב בית דין:

This *daf* is dedicated *l'iluy nishmas*: Rav Eliyahu Tzion ben Shulamit *z"l*

אָמַר — Rav Dimi from Neharde'a said: עַד שֶׁיֹּאמְרוּ לָהֶם — The judges are not obligated unless they tell those asking for a ruling, מוּתָּרִין אַתֶּם לַעֲשׂוֹת — "You are allowed *to do* [such-and-such thing]." מַאי טַעְמָא — Why do they have to say, "You are allowed to do it?" לְפִי שֶׁלֹּא נִגְמְרָה הוֹרָאָה — Because only saying "you are allowed," is not a full ruling, and those who heard the statement "you are allowed" should not have relied on it.

אַף אֲנַן נָמֵי — אָמַר אַבַּיֵי — Abaye said: תְּנֵינָא — We have a basis for Rav Dimi's opinion (that *beis din* is not obligated to bring a *Par He'eleim Davar* unless they say "to do") in a Mishnah (*Sanhedrin* 86b). The Mishnah teaches regarding a *zakein mamrei* — a *chacham* who argued with a ruling of the Sanhedrin: חָזַר לְעִירוֹ — If the *zakein* returned from Yerushalayim, where he had argued with the Sanhedrin, to his city, שָׁנָה וְלִימֵּד כְּדֶרֶךְ שֶׁלִּימֵּד — and he learned and taught in the way he had taught previously, against the ruling of the Sanhedrin, פָּטוּר — he is exempt from the punishment given to a *zakein mamrei*. הוֹרָה לַעֲשׂוֹת — However, if he instructed people *to do* according to his opinion, against the ruling of the Sanhedrin, חַיָּיב — he is liable and is executed. This supports Rav Dimi's opinion, that a statement of *beis din* is not considered a ruling until they specifically instruct people using the words "to do."

אַף אֲנַן נָמֵי — אָמַר רַבִּי אַבָּא — Rabi Abba said: תְּנֵינָא — We have a basis for Rav Dimi's opinion in another Mishnah (*Yevamos* 87b): הוֹרוּ לָהּ בֵּית דִּין לְהִנָּשֵׂא — If a woman's husband disappeared, and one witness came and testified that he had died, and *beis din* therefore instructed her to remarry, וְהָלְכָה וְקִלְקְלָה — and she went and engaged in promiscuous relations, which is technically not a punishable *aveirah* for an unmarried woman, חַיֶּיבֶת בְּקָרְבָּן — then if the husband returns, and thus she had been a married woman, for whom having relations with anyone other than her husband is a punishable *aveirah*, she is obligated to bring a *Korban Chatas*. Since she thought her husband had died and she wasn't married, she is considered to have acted mistakenly. Although an individual who does something based on a ruling of *beis din* that is later found to be forbidden does not have to bring a *korban*, this woman is not exempt from a *korban*, שֶׁלֹּא הִתִּירוּ לָהּ אֶלָּא לְהִנָּשֵׂא — because they only explicitly permitted her to get married, but didn't specifically certify her unmarried status. Therefore, she can't claim that she acted based on *beis din's* ruling. Clearly, a statement of *beis din* is only considered a proper ruling if it contains specific instructions. The only proper ruling that this woman received was "to get married"; for her to assume that she was single was not included in *beis din's* ruling.

אַף אֲנַן נָמֵי — אָמַר רָבִינָא — Ravina said: תְּנֵינָא — We have learned another basis for Rav Dimi's opinion in our Mishnah here, as well. הוֹרוּ בֵּית דִּין — If *beis din* mistakenly ruled, לַעֲבוֹר עַל אַחַת מִכׇּל מִצְוֹת הָאֲמוּרוֹת בַּתּוֹרָה — that people are permitted *to transgress* one of the *mitzvos* stated in the Torah, תּוּ לָא מִידֵּי — nothing more needs to be said; there is no room to argue. This is a clear proof that in order to be considered a proper ruling,

For this *daf's shiur* and charts, scan this QR code:

הורו

אבית דין לעבור על אחת מכל מצות האמורות בתורה, והלך היחיד ועשה שוגג על פיהם, בין שעשו ועשה עמהן, בין שעשו ועשה אחריהן, בין שלא עשו ועשה, אפטור, מפני שתלה בבית דין. בהורו בית דין וידע אחד מהן שטעו, או תלמיד והוא ראוי להוראה, והלך ועשה על פיהן, בין שעשו ועשה עמהן, בין שעשו ועשה אחריהן, בין שלא עשו ועשה, הרי זה חייב, מפני שלא תלה בבית דין. זה הכלל, התולה בעצמו חייב, והתולה בבית דין פטור: **גמ'** אמר שמואל, לעולם אין בית דין חייבין עד שיאמרו להם מותרין אתם. רב דימי מנהרדעא אמר, געד שיאמרו להם מותרין אתם לעשות; מאי טעמא, לפי שלא נגמרה הוראה. אמר אביי, אף אנן נמי תנינא, אדחזר לעירו, שנה ולימד כדרך שלימד, פטור, הורה לעשות, חייב. אמר רבי אבא[ב], אף אנן נמי תנינא, ההורו לה בית דין להנשא והלכה וקלקלה, חייבת בקרבן, שלא התירו לה אלא להנשא. אמר רבינא, אף אנן נמי תנינא, הורו בית דין לעבור על אחת מכל מצות האמורות בתורה. ותו לא מידי. איכא דאמרי, אמר שמואל, אין בית דין חייבין עד שיאמרו להם מותרים אתם לעשות. רב דימי מנהרדעא אמר, אפילו מותרים אתם נגמרה הוראה. אמר אביי, והא לא תנן הכי, חזר לעירו ושנה או לימד כדרך שלימד, פטור, הורה לעשות, חייב. אמר רבי אבא, והא לא תנן הכי, הורו לה בית דין להנשא והלכה וקלקלה, חייבת בקרבן, שלא התירו לה אלא להנשא. אמר רבינא, והא לא תנן הכי, הורו בית דין לעבור על אחת מכל מצות האמורות בתורה. תו לא מידי: והלך היחיד ועשה שוגג על פיהם: וניתני ועשה על פיהם, שוגג למה לי. אמר רבא, שוגג[י], לאתויי הורו בית דין שחלב מותר, ונתחלף לו חלב בשומן ואכלו, פטור; על פיהם, על פיהם ממש. ואיכא דאמרי, אמר רבא, שוגג על פיהם הוא דפטור, אבל נתחלף לו חלב בשומן ואכלו חייב. מילתא דפשיטא ליה לרבא, קמיבעיא ליה לרמי בר חמא, זדבעי רמי בר חמא, הורו בית דין שחלב מותר, ונתחלף לו[ד] בשומן ואכלו, מהו. אמר רבא, תא שמע, הלך יחיד ועשה שוגג על פיהם כו'[ה], שוגג על פיהם למה לי, לאו לאתויי הורו בית דין שחלב מותר ונתחלף לו חלב בשומן ואכלו פטור. דלמא שוגג על פיהם הוא דפטור, אבל נתחלף לו חלב בשומן ואכלו חייב. איכא דאמרי, אמר רבא, תא שמע, הלך יחיד ועשה שוגג על פיהם, מאי לאו, שוגג על פיהם הוא דפטור, אבל נתחלף לו חלב בשומן ואכלו חייב. דלמא או שוגג, או על פיהם. בפלוגתא, הורו בית דין שחלב מותר, ונתחלף לו חלב בשומן ואכלו, רב אמר פטור, ורבי יוחנן אמר חחייב. מיתיבי, א'מעם הארץ בעשותה', טפרט למומר; רבי שמעון בן יוסי[ו] אומר משום רבי שמעון (אינו צריך[י]), הרי הוא אומר ב'אשר לא תעשינה בשגגה[ח] ואשם או הודע', יהשב מידיעתו מביא קרבן על שגגתו, לא שב מידיעתו אינו מביא קרבן על שגגתו; ואם איתא, הא לא שב מידיעתו הוא. אמר רב פפא, קסבר רבי יוחנן, כיון דכי מתידע להו לבי דינא הדרי בהו, והוא נמי הדר ביה, שב מידיעתו קרינן ביה וחייב. אמר רבא, כמודה רב שאינו משלים לרוב צבור, מאי טעמא, אמר קרא ג'בשגגה'[ט], לעד שיהיו כולן בשגגה אחת: בין שעשו ועשה עמהן כו': למה ליה למיתנא כל הני, בשלמא רישא מלא זו אף זו קתני, אלא סיפא דלחיובא איפכא מיבעי ליה[י]. זו

רש"י

הורו בית דין כו'. כגון שהורו שחלב או דם מותר: והלך היחיד ועשה שוגג על פיהם. מפרש בגמרא: בין שעשו ב"ד ועשה היחיד עמהם, כגון שאכל דם או חלב עמהן: בין שעשו ועשה אחריהן. בזה אחר זה: בין שלא עשו. ב"ד: ועשה. היחיד על פיהן: פטור. מלהביא כשבה ושעירה[ק], הואיל ותלה בבי"ד ועשה על פיהם: הורו בי"ד וידע אחד מהם. מבי"ד, שטעו, או תלמיד ראוי להוראה, והלך אותו אחד או אותו תלמיד, ועשה על פיהם, שטעה במצוה לשמוע דברי חכמים, כדמפרש בגמרא: הרי זה חייב. מפני שלא תלה ממש בבי"ד, שהרי יודע שטעו, ואמרינן בגמרא[ל], 'העושה מפי עצמו חייב, בהוראת בי"ד פטור': **גמ'** לעולם אין בי"ד חייבין. כי עשו הקהל או רובו על פיהם, כלומר, בין למ"ד[מ] בי"ד מביאין פר, בין למ"ד לבור מביאין פר ולא בי"ד, לעולם לא הוי גמר הוראה דלחייב קרבן, ולגבי יחיד דלהוי תולה בבי"ד, עד שאמרו[נ] בי"ד לצבור 'מותרין אתם': רב דימי אמר. לעולם לא נגמרה הוראה לחייבן קרבן עד שיאמרו 'מותרין אתם לעשות': אף אנן נמי תנינא. בפרק אלו הן הנחנקין: חזר. זקן ממרא לעירו וכו', הורה לעשות, דמשמע דקאמר 'מותרין אתם לעשות', דנגמרה הוראתו, חייב: הורו לה בי"ד להנשא. על פי עד אחד, דאי בשני עדים לא צריך בי"ד: והלכה וקלקלה. בזנות[ט], ואחר כך בא בעלה: חייבת בקרבן. לפי שלא היתה תולה בבי"ד, מדקתני 'הורו לה בי"ד להנשא', ולא קתני 'התירוה בי"ד', ש"מ דלא נגמרה הוראתם עד שיאמרו 'מותרין אתם לעשות': הורו בי"ד לעבור. דמשמע הורו בי"ד לעשות, דאינה גמורה[ו] הוראתם עד שיאמרו 'מותרין אתם לעשות': והא לא תנן הכי. כולהו מקשו לרב דימי: אמר רבא. תרתי קתני, דמשמע הכי 'והלך היחיד ועשה או שוגג או על פיהם', שוגג, כגון שהורו בית דין שחלב מותר, ונתחלף לו חלב בשומן ואכלו, דפטור, אע"ג דלא הוי על פיהם ממש, ושלא במתכוין קאכיל ליה, אפילו הכי, הואיל ואילו מתידע ליה דחלב הוא לא הוה הדר ביה, שהרי הורו בי"ד שחלב מותר, הלכך תולה בבי"ד קרינן ביה, ופטור: על פיהם ממש. כגון שהורו בי"ד שחלב מותר, והלך ועשה על פיהם, לאשמועינן דשוגג על פיהם פטור: ואית דאמרי. חדא קתני, להכי אילטריך למיתני 'שוגג על פיהם' דמשמע דבשוגג ממש[ם] על פיהם הוא דפטור, דהיינו על פיהן ממש, דידע דחלב הוא, ופטור משום דתלה בבי"ד ממש: אבל שוגג שלא על פיהן. כגון שהורו בי"ד שחלב מותר ונתחלף לו חלב בשומן ואכלו חייב, שלא תלה עצמו בבי"ד: רב אמר פטור. דתולה בבי"ד הוי, ויחיד שעשה בהוראת בי"ד פטור: ורבי יוחנן אמר חייב. הואיל ולא הוי על פיהם ממש, כתולה בעצמו הוא, וחייב: 'מעם הארץ בעשותה'. ולא כל עם הארץ: פרט למומר. דאינו מביא קרבן על שגגתו, דאין מקבלין מידו: ר"ש בן יוסי אומר, אינו צריך, הרי הוא אומר אשר לא תעשינה וכו'. ומומר לא שב מידיעתו הוא, לפיכך אינו מביא קרבן על שגגתו, ואמר לקמן בפ"ב[י] 'מומר שאכל[ש] חלב והביא קרבן על הדם איכא בינייהו', והכא נמי כי הורו בי"ד שחלב מותר ונתחלף לו חלב בשומן לא שב מידיעתו הוא, ולפיכך אינו חייב, דהא הורו בי"ד שחלב מותר, וקשיא לר' יוחנן דאמר חייב, דתולה בעצמו הוא: אמר רב פפא, קסבר ר' יוחנן כיון דאילו הוה ידיע לבי"ד דטעו הוו הדרי בהו, והוא נמי הוי הדר ביה, הלכך שב מידיעתו קרינן ביה. וחייב קרבן, שהרי לא תלה כ"כ בבי"ד, שלא עשה על פיהם ממש, ואמטו להכי קאמר רבי יוחנן דחייב קרבן, אבל היכא דעשה על פיהם ממש, אע"ג דאילו הוי ידיע לבי"ד הוו הדרי בהו, והוא נמי הוה הדר ביה, והוי שב מידיעתו, אפ"ה פטור, מפני שתלה ממש בדעת בי"ד: אמר רבא. אע"ג דאמר רב כי נתחלף לו חלב בשומן דהוי יחיד שעשה בהוראת בי"ד ופטור, **מודה רב שאין** אותו יחיד **משלים לרוב צבור**, כגון שאמרו בי"ד שחלב מותר, והלכו חצי צבור ועשו על פיהם ואכלו חלב ממש, והלך זה ואכל ונתחלף[ס] לו חלב בשומן: שאינו משלים לרוב צבור. ואין מביאין פר, דבעינן שיהיו כולן ממש שוגגין בשגגה אחת ע"פ בי"ד: למה לי למתני כולהו. במתניתין, 'ועשה עמהם', 'ועשה אחריהם', 'שלא עשו ועשה': בשלמא רישא לא זו אף זו קתני. דהכי משמע, לא מיבעיא זו דעשה עמהם דהוי ודאי תולה בבי"ד דפטור, אלא אף זו נמי דעשה אחריהם הוי תולה בבי"ד ופטור, ולא זו בלבד דעשה אחריהם דפטור, אלא אף זו דלא עשו בי"ד ועשה אפילו הכי תולה בבי"ד הוי ופטור: אלא סיפא איפכא מיבעיא ליה למיתנא. דהכי איבעיא ליה למיתנא, 'הורו בי"ד וידע אחד מהן שטעו או תלמיד וראוי להוראה והלך ועשה על פיהם, בין שלא עשו ועשה ובין שעשה אחריהם ובין שעשה עמהם', [נ] דלא תלה בבי"ד', דהוי משמע לא זו בלבד דלא עשו ועשה דלא הוי תולה בבי"ד דחייב, אלא אף זו דעשה אחריהן לא תלה בבי"ד וחייב, ולא זו בלבד דעשה אחריהן חייב, אלא אף זו דעשה עמהן, דס"ד אמינא הואיל ועשה עמהם תולה בבית דין קרינא ביה, ולהוי פטור, אפילו הכי אמרינן הואיל וידע שטעו לא תלה בבית דין וחייב: הא

תוספות

אמר המתעסק, אלו התוספות כבר היו בדפוס, וכתוב על גבן בזה"ל. מצאתי תוספות כת"י על מסכת הוריות והעתקתים ולדפוס אצל האשר"י ממסכת סוכה. ונלקטו[פ] ע"י הג"מ אליהו ב"ר אברהם הלוי איטינגען ז"ל, בעהמ"ס ברית הלוי ומנחת אליהו. ובהיות שמציאתן נעלם מעין כל, ומי יבקש דבר שלא במקומו, אשר ע"כ אמרתי להעמידן במקומן:

הורו ב"ד. הם סנהדרי גדולה, כדדרשינן בת"כ, 'עדת ישראל', עדה המיוחדת בישראל, זו סנהדרי גדולה': **בין** שעשו ועשה עמהן. נ"ע אם ב"ד עצמן חייבין להביא כשבה או שעירה, דנהי דפר אין מביאין אא"כ רוב צבור עשו על פיהן, מ"מ קרבן יחיד לייתו, או שמא פטורים לגמרי: **הורו** לה ב"ד להנשא. האי ב"ד אינו סנהדרין גדולה, שהרי ב"ד יכולין להתירה לינשא. ומ"מ הני נמי אית להו האי דינא שאם עשתה כמו שהורו היתה פטורה, כיון שתולה בב"ד: **אמר** אביי, והא אנן לא תנן הכי. הא דלא פריך ללישנא קמא לשמואל כמו דפריך הכא לרב דימי, דללישנא קמא מצינן למימר דרב דימי אתא לפרושי דברי שמואל: **הכא** מפקינן לענין קרבן [עד] שיאמרו מותרין לעשות. וה"ה בעלמא גבי הוראה, דאין לתלמיד לסמוך על דברי רבו עד דא"ל הכי. והא דתניא פרק יש נוחלין (ב"ב קל:) 'אין למידין הלכה על פי מעשה'. ה"פ התם, אם יאמר לך אדם ראיתי מעשה שאירע בכה"ג שהורו כן, אין לסמוך על דבריו, דשמא לא עיין היטב, ושמא אותו מעשה היה קצת משונה; 'עד שיאמר הלכה למעשה', פירוש, עד שיביא לו מתוך ההלכה דאיתא לאותו דבר מה שאומר, כי התלמוד ודברי האמוראין עיקר, כדאיתא בירושלמי ריש פיאה[ס] 'אין למידין לא מהלכות ולא מהגדות ולא מן התוספתא, אלא מפי התלמוד': **ואיכא** דאמרי חדא קתני. ואין להקשות דלא ליתני כי אם 'על פיהם', וממילא משמע דוקא על פיהם. שמא ה"א ה"ה נתחלף לו, להכי תנא 'שוגג', למימר בהיה 'שוגג', דוקא 'על פיהם': **עד** שיהיו כולן בשגגה אחת. נ"ע אם רוב לבור עשו בזה הענין שנתחלף להם והוי כולן בשגגה אחת אי מיחייב בית דין:

מסורת הש"ס עם הוספות

א) סנהדרין דף פו:, ב) יבמות פז:, ג) [סוכה נו: וש"נ], ד) לקמן ד:, ה) שבת סט. ע"ש לקמן יא. חולין ה: יומא פ. ת"כ דבורא דחובה פרשה ז ה"ז (אות רפא), ו) [שבועות כו:], ז) [יבמות יט. גיטין טו: ב"מ נג. עירובין עה. סנהדרין סא: סז.], ח) לקמן ד:, ט) יבמות צב. (עי' מהרש"א), י) בפרק בתרא דף יא., כ) פ"ב ה"ד, ל) בע"ב.

תורה אור השלם

א) וְאִם נֶפֶשׁ אַחַת תֶּחֱטָא בִשְׁגָגָה מֵעַם הָאָרֶץ בַּעֲשֹׂתָהּ אַחַת מִמִּצְוֹת יְיָ אֲשֶׁר לֹא תֵעָשֶׂינָה וְאָשֵׁם: [ויקרא ד, כז]

ב) אֲשֶׁר נָשִׂיא יֶחֱטָא וְעָשָׂה אַחַת מִכָּל מִצְוֹת יְיָ אֱלֹהָיו אֲשֶׁר לֹא תֵעָשֶׂינָה בִּשְׁגָגָה וְאָשֵׁם: אוֹ הוֹדַע אֵלָיו חַטָּאתוֹ אֲשֶׁר חָטָא בָּהּ וְהֵבִיא אֶת קָרְבָּנוֹ שְׂעִיר עִזִּים זָכָר תָּמִים: [ויקרא ד, כב-כג] לגירסא שלפנינו

וְאִם נֶפֶשׁ אַחַת תֶּחֱטָא בִשְׁגָגָה מֵעַם הָאָרֶץ בַּעֲשֹׂתָהּ אַחַת מִמִּצְוֹת יְיָ אֲשֶׁר לֹא תֵעָשֶׂינָה וְאָשֵׁם: אוֹ הוֹדַע אֵלָיו חַטָּאתוֹ אֲשֶׁר חָטָא וְהֵבִיא קָרְבָּנוֹ שְׂעִירַת עִזִּים תְּמִימָה נְקֵבָה עַל חַטָּאתוֹ אֲשֶׁר חָטָא: [ויקרא ד, כז-כח] למהרש"א וב"ח

ג) וְנִסְלַח לְכָל עֲדַת בְּנֵי יִשְׂרָאֵל וְלַגֵּר הַגָּר בְּתוֹכָם כִּי לְכָל הָעָם בִּשְׁגָגָה: [במדבר טו, כו] לרוב ראשונים

וְהָיָה אִם מֵעֵינֵי הָעֵדָה נֶעֶשְׂתָה לִשְׁגָגָה וְעָשׂוּ כָל הָעֵדָה פַּר בֶּן בָּקָר אֶחָד לְעֹלָה לְרֵיחַ נִיחֹחַ לַייָ וּמִנְחָתוֹ וְנִסְכּוֹ כַּמִּשְׁפָּט וּשְׂעִיר עִזִּים אֶחָד לְחַטָּת: [במדבר טו, כד] לגי' הר"ח

הגהות וציונים

א] הרי זה פטור (כת"י ומשניות דפו"ר וירושלמי, ועי' באר שבע): ב] אמר רבא (ראשונים וכת"י, ועי' באר שבע ושער יוסף), וכן בסמוך בלישנא בתרא: ג] בכתי"מ אמר רבא תרתי קתני לאתויי, ולדק"ס זו גירסת רש"י וצ"ל הפסק הנקודה אחר "תרתי קתני": ד] ונתחלף לו חלב בשומן (ב"ח, וכ"ה בראשונים ובכת"י): ה] "כו'" ליתא בר"ח ובכת"י: ו] בילק"ש יהודה, ובדק"ס הוכיח שזו הגירסא הנכונה: ז] רש"א מ"ז (גליון): ח] עי' ב"ש אמאי מייתי האי קרא. הב"ח מוחק "בשגגה", וכן ליתא במהרש"א: ט] גירסת ר"ח לשגגה, עי"ש: י] הב"ח מוסיף הא לא קשיא (ע"פ רש"י): כ] צ"ל כשבה או שעירה: ל] החק נתן מוחק "בגמ'": מ] שיאמרו (כת"י): נ] צ"ל [דלא] נגמרה (ב"ח): ס] "ממש" מיותר (רש"ש): ע] צ"ל לאכול (ב"ח, וכ"ה בכת"י): פ] כת"י "זה שנתחלף לו חלב בשומן ואכלו:": צ] יש להוסיף דחייב (כת"י): ק] בדפוסים שלפני ש"ס וילנא "והמחבר הוא הרב המופלא פ"ה ע"ה מהר"ר אליה איטינגין המחבר ספר ברית הלוי זלה"ה". וכתב הורה גבר "לא נודע מי היה מחברם וכפי הנראה מהר"א הנ"ל הביאן רק אל הדפוס לאשר היו גנוזים בבית גנזיו", עי"ש. הבנימין זאב סי' קלא מעתיק תוס' ד"ה הכא שבעמוד זה וכותב "שמצאתיו בקונדרס ישן משמם": ר] נדפסו לראשונה בפראג שנת תפ"ה. השער יוסף מעתיק הרבה מהם מכת"י, בנוסח יותר מתוקן: ש] ב"ד (כת"י): ת] בכת"י נוסף פי':

עין משפט נר מצוה

א א מיי' פי"ג מהלכות שגגות הלכה א סמג עשין רין:
ב ב מיי' שם פי"ג הלכה א והלכה ה סמג שם:
ג ג מיי' שם פי"ג הל"ב ופרק יג הל"א סמג שם:
ד ד מיי' פ"ג מהלכות ממרים הלכה ו סמג לאוין קסג:
ה ה מיי' פי"ג מהלכות שגגות הלכה ה סמג עשין רין:
ו ו מיי' שם פ"ג הלכה ז ופ"ג מהלכות מעשה הקרבנות הלכה ד:
ז ז ח מיי' פי"ג מהלכות שגגות הלכה ה סמג עשין רין:

רבינו חננאל

בדפוס וילנא הוצב פירוש רבינו חננאל בשולי העמוד. כשלא הכיל הגליון את השייך לעמוד המשיכו והדפיסוהו בעמוד הבא, וגם בעמוד שלאחריו, עד שבסופו של דבר, מתרחק הפירוש מספר עמודים מהמקום אליו הוא שייך. כדי לחסוך מהלומד לשוטט על פני עמודי המסכת עד שעיניו יצודו המלים "שייך לדף פלוני", העברנו את כל הפירוש לסוף המסכת.

תוספות הרא"ש[ר]

הורו ב"ד וידע א' מהן שטעו או תלמיד שהוא ראוי להוראה וכו' הרי זה חייב מפני שלא תלה בב"ד. לא זו אף זו קתני לא מיבעיא ידע אחד מסנהדרין גופייהו דטעו דחייב דלא נגמרה הוראה בהסכמת כולן אלא אפי' אחד מן התלמידים הדנים לפניהם בקרקע וראוי להוראה חייב ולא מיבעי' ראוי להוראה אלא אפי' גמיר ולא סביר ונראה לו לפי מה שלמד שטעו בב"ד[ש] חייב דכל שאין דעתו מסכמת לדעת ב"ד תולה בדעת עצמו דתנן במתני' לקמן (דף ד:) שוגגין ועשו מזידין פטורין אלמא דכיון דנראה לצבור שטעו לא הוי הוראה הה"נ יחידי ואמרינן נמי[ל] זה הכלל התולה בעצמו חייב לאתויי מבעט בהוראה. פ] מי שרגיל לבעט בהוראה אע"פ שעתה הוא מסכים עם ב"ד מיקרי תולה בעצמו כ"ש כל אדם שאין דעתו מסכמת עם בית דין:

גמ' אין ב"ד חייבין עד שיאמרו להם מותרין אתם. [נמצא בהשמטות]: אמר רבא אף אנן נמי תנינא הורוה ב"ד לינשא והלכה וקלקלה חייבת שלא התירוה ב"ד אלא להנשא. [נמצא בהשמטות]: מעם הארץ פרט. [נמצא בהשמטות]: פרט למומר. [נמצא בהשמטות]: אמר רב פפא קא סבר רבי יוחנן דכי מתיידע להו לבי דינא הדרי בהו והוא נמי הדר ביה שב מידיעתו קרי' ביה. [נמצא בהשמטות]:

beis din must explicitly rule *to do* something; it is not enough for them to merely say that something is permitted.

אִיכָּא דְאָמְרִי — Some say that there is a different version of this argument, with the opposite positions. **אָמַר שְׁמוּאֵל** — Shmuel said: **אֵין בֵּית דִּין חַיָּיבִין** - The judges of a *beis din* are not liable to bring a *korban* for a mistaken ruling that they issued, **עַד שֶׁיֹּאמְרוּ לָהֶם** — unless they tell them regarding doing something that is against the Torah, **מוּתָּרִים אַתֶּם לַעֲשׂוֹת** — "You are allowed *to do*." **רַב דִּימִי מִנְּהַרְדְּעָא אָמַר** — Rav Dimi from Neharde'a said: **אֲפִילּוּ מוּתָּרִים אַתֶּם** — Even if they merely said, "You are allowed," **נִגְמְרָה הוֹרָאָה** — it is considered a full ruling, and they must bring a *korban*.

אָמַר אַבַּיֵי — Abaye said: **וְהָא לָא תְּנַן הָכִי** — But the Mishnah contradicts Rav Dimi's opinion that *beis din* need not say "to do" The Mishnah teaches regarding the *zakein mamrei*: **חָזַר לְעִירוֹ** — If the *zakein* returned from Yerushalayim, **שָׁנָה וְלִימֵּד כְּדֶרֶךְ שֶׁלִּימֵּד** — and he learned and taught in the way he had taught previously, against the ruling of the Sanhedrin, **פָּטוּר** — he is exempt from the punishment given to a *zakein mamrei*. **הוֹרָה לַעֲשׂוֹת** — However, if he instructed people *to do* according to his opinion, **חַיָּיב** — he is liable and is executed. This challenges the second version of Rav Dimi's opinion, as it implies that a statement of *beis din* is not considered a ruling unless they specifically instruct people using the words "to do."

אָמַר רַבִּי אַבָּא — Rabi Abba said: **וְהָא לָא תְּנַן הָכִי** — But there is another Mishnah that contradicts this opinion of Rav Dimi! The Mishnah says: **הוֹרוּ לָהּ בֵּית דִּין לְהִנָּשֵׂא** — If *beis din* instructed a woman whose husband had disappeared to remarry on the basis of one witness's testimony that the husband had died, **וְהָלְכָה וְקִלְקְלָה** — and she went and engaged in promiscuous relations, **חַיֶּיבֶת בְּקָרְבָּן** — then if the husband returns, she is obligated to bring a *Korban Chatas*, **שֶׁלֹּא הִתִּירוּ לָהּ אֶלָּא לְהִנָּשֵׂא** — because they only permitted her explicitly to get married, and she therefore can't claim that she acted based on *beis din's* ruling. We see that in order for a statement of *beis din* to be considered a proper ruling, it must contain specific instructions, such as "to do."

אָמַר רָבִינָא — Ravina said: **וְהָא לָא תְּנַן הָכִי** — But our Mishnah argues with this opinion of Rav Dimi that *beis din* need not say "to do"! The Mishnah says: **הוֹרוּ בֵּית דִּין** — If *beis din* mistakenly ruled, **לַעֲבוֹר עַל אַחַת מִכׇּל מִצְוֹת הָאֲמוּרוֹת בַּתּוֹרָה** — that people are permitted to transgress one of the *mitzvos* stated in the Torah, **תּוּ לָא מִידֵּי** — there's nothing more to add. This is a clear proof that to be considered a proper ruling, *beis din* must explicitly rule "to do."

Our Mishnah says: **וְהָלַךְ הַיָּחִיד וְעָשָׂה שׁוֹגֵג עַל פִּיהֶם** — And an individual did that transgression by mistake based on *beis din's* ruling. The Gemara asks: **וְנִיתְנֵי** — The Mishnah should say only, **וְעָשָׂה עַל פִּיהֶם** — "And he did the transgression based on *beis din's* ruling." **שׁוֹגֵג לָמָּה לִי** — Why does the Mishnah add the word "by mistake"? It is obvious that he acted mistakenly, since he was following *beis din's* mistaken ruling.

For this *daf's shiur* and charts, scan this QR code:

מסורת הש"ס עם הוספות

א) סנהדרין דף פז., ב) יבמות פז., ג) [סוכה לו: וש"נ], ד) לקמן ד:, ה) שבת סט. ע"ש לקמן יא. חולין ה: יומא פ. ת"כ דבורא דחובה פרשה ז ה"ז (אות רפא), ו) [שבועות כו:], ז) [יבמות יט. גיטין טו: ב"מ לא. עירובין עה. סנהדרין סא: סז.], ח) לקמן ד:, ט) יבמות צב. (עי' מהרש"א), י) בפרק בתרא דף יא., כ) פ"ב ה"ד, ל) בע"ב.

תורה אור השלם

א) וְאִם נֶפֶשׁ אַחַת תֶּחֱטָא בִשְׁגָגָה מֵעַם הָאָרֶץ בַּעֲשֹׂתָהּ אַחַת מִמִּצְוֹת יְיָ אֲשֶׁר לֹא תֵעָשֶׂינָה וְאָשֵׁם: [ויקרא ד, כז]

ב) אֲשֶׁר נָשִׂיא יֶחֱטָא וְעָשָׂה אַחַת מִכָּל מִצְוֹת יְיָ אֱלֹהָיו אֲשֶׁר לֹא תֵעָשֶׂינָה בִּשְׁגָגָה וְאָשֵׁם: אוֹ הוֹדַע אֵלָיו חַטָּאתוֹ אֲשֶׁר חָטָא בָּהּ וְהֵבִיא אֶת קָרְבָּנוֹ שְׂעִיר עִזִּים זָכָר תָּמִים: [ויקרא ד, כב-כג] לגירסא שלפנינו

וְאִם נֶפֶשׁ אַחַת תֶּחֱטָא בִשְׁגָגָה מֵעַם הָאָרֶץ בַּעֲשֹׂתָהּ אַחַת מִמִּצְוֹת יְיָ אֲשֶׁר לֹא תֵעָשֶׂינָה וְאָשֵׁם: אוֹ הוֹדַע אֵלָיו חַטָּאתוֹ אֲשֶׁר חָטָא וְהֵבִיא קָרְבָּנוֹ שְׂעִירַת עִזִּים תְּמִימָה נְקֵבָה עַל חַטָּאתוֹ אֲשֶׁר חָטָא: [ויקרא ד, כז-כח] למהרש"א וב"ח

ג) וְנִסְלַח לְכָל עֲדַת בְּנֵי יִשְׂרָאֵל וְלַגֵּר הַגָּר בְּתוֹכָם כִּי לְכָל הָעָם בִּשְׁגָגָה: [במדבר טו, כו] לרוב ראשונים

וְהָיָה אִם מֵעֵינֵי הָעֵדָה נֶעֶשְׂתָה לִשְׁגָגָה וְעָשׂוּ כָל הָעֵדָה פַּר בֶּן בָּקָר אֶחָד לְעֹלָה לְרֵיחַ נִיחֹחַ לַייָ וּמִנְחָתוֹ וְנִסְכּוֹ כַּמִּשְׁפָּט וּשְׂעִיר עִזִּים אֶחָד לְחַטָּת: [במדבר טו, כד] לגי' הר"ח

הגהות וציונים

עין משפט נר מצוה

א א מיי' פי"ג מהלכות שגגות הלכה א סמג עשין ריז:

ב ב מיי' שם פי"ג הלכה א והלכה ה סמג שם:

ג ג מיי' שם פי"ג הל"ג ופרק יג הל"א סמג שם:

ד ד מיי' פ"ג מהלכות ממרים הלכה ו סמג לאוין קסב:

ה ה מיי' פי"ג מהלכות שגגות הלכה ה סמג עשין ריז:

ו ו מיי' שם פ"ג הלכה ז ופ"ג מהלכות מעשה הקרבנות הלכה ד:

ז ז ח מיי' פי"ג מהלכות שגגות הלכה ה סמג עשין ריז:

רבינו חננאל

בדפוס וילנא הוצב פירוש רבינו חננאל בשולי העמוד. כשלא הכיל הגליון את השייך לעמוד המשיכו והדפיסוהו בעמוד הבא, וגם בעמוד שלאחריו, עד שבסופו של דבר, מתרחק הפירוש מספר עמודים מהמקום אליו הוא שייך. כדי לחסוך מהלומד לשוטט על פני עמודי המסכת עד שעיניו יצודו המלים "שייך לדף פלוני", העברנו את כל הפירוש לסוף המסכת.

תוספות הרא"ש[ר]

הורו ב"ד וידע א' מהן שטעו או תלמיד שהוא ראוי להוראה וכו' הרי זה חייב מפני שלא תלה בב"ד. לא זו אף זו קתני לא מיבעיא ידע אחד מסנהדרין גופייהו דטעו דחייב דלא נגמרה הוראה בהסכמת כולן אלא אפי' אחד מן התלמידים הדנים לפניהם בקרקע וראוי להוראה חייב ולא מיבעי' ראוי להוראה אלא אפי' גמיר ולא סביר ונראה לו לפי מה שלמד שטעו בב"ד[ש] חייב דכל שאין דעתו מסכמת לדעת ב"ד תולה בדעת עצמו דתנן במתני' לקמן (דף ד:) שוגגין ועשו מזידין פטורין אלמא דכיון דנראה לצבור שטעו לא הוי הוראה הס"נ יחידי ואמרינן נמי[ל] זה הכלל התולה בעצמו חייב לאתויי מבעט בהוראה. מ] מי שרגיל לבעט בהוראה אע"פ שעתה הוא מסכים עם ב"ד מיקרי תולה בעצמו כ"ש כל אדם שאין דעתו מסכמת עם בית דין:

גמ' אין ב"ד חייבין עד שיאמרו להם מותרין אתם. [נמצא בהשמטות]: אמר רבא אף אנן נמי תנינא הורוה ב"ד לינשא והלכה וקלקלה חייבת שלא התירוה ב"ד אלא להנשא. [נמצא בהשמטות]: מעם הארץ פרט. [נמצא בהשמטות]: פרט למומר. [נמצא בהשמטות]: אמר רב פפא קא סבר רבי יוחנן דכי מתיידע להו לבי דינא הדרי בהו והוא נמי הדר ביה שב מידיעתו קרי' ביה. [נמצא בהשמטות]:

רש"י

הורו בית דין כו'. כגון שהורו שחלב או דם מותר: **והלך היחיד ועשה שוגג על פיהם.** מפרש בגמרא: בין שעשו ב"ד **ועשה** היחיד עמהם, כגון שאכל דם או חלב עמהן: בין שעשו ועשה אחריהן. בזה אחר זה: בין שלא עשו. ב"ד: ועשה. היחיד על פיהן: פטור. מלהביא כשבה ושעירה[פ], הואיל ותלה בבי"ד ועשה על פיהם: הורו ב"ד וידע אחד מהם. מבי"ד, **שטעו**, או תלמיד ראוי להוראה, והלך אותו אחד או אותו תלמיד, **ועשה על פיהם**, שטעה ב'מצוה לשמוע דברי חכמים', כדמפרש בגמרא: הרי זה חייב. מפני שלא תלה ממש בבי"ד, שהרי יודע שטעו, ואמרינן בגמרא[ל], 'העושה מפי עצמו חייב, בהוראת ב"ד פטור': **גמ'** לעולם אין ב"ד חייבין. כי עשו הקהל או רובו על פיהם, כלומר, בין למ"ד[ח] ב"ד מביאין פר, בין למ"ד צבור מביאין פר ולא ב"ד, לעולם לא הוי גמר הוראה דלחייב קרבן, ולגבי יחיד דלהוי תולה בבי"ד, עד שאמרו[מ] ב"ד לצבור 'מותרין אתם': רב דימי אמר. לעולם לא נגמרה הוראה לחייבן קרבן עד שיאמרו 'מותרין אתם לעשות': אף אנן נמי תנינא. בפרק אלו הן הנחנקין: חזר. זקן ממרא **לעירו וכו', הורה לעשות**, דמשמע דקאמר 'מותרין אתם לעשות', דנגמרה הוראתו, חייב: הורו לה ב"ד **להנשא**. על פי עד אחד, דאי בשני עדים לא צריך ב"ד: והלכה וקלקלה. בזנות[ט], ואחר כך בא בעלה: חייבת בקרבן. לפי שלא היתה תולה בבי"ד, מדקתני 'הורו לה ב"ד להנשא', ולא קתני 'התירוה ב"ד', ש"מ דלא נגמרה הוראתם עד שיאמרו 'מותרין אתם לעשות': הורו ב"ד לעבור. דמשמע הורו ב"ד לעשות, דאינה גמורה[י] הוראתם עד שיאמרו 'מותרין אתם לעשות': והא לא תנן הכי. כולהו מקשו לרב דימי: אמר רבא. תרתי קתני, דמשמע הכי 'והלך היחיד ועשה או שוגג או על פיהם', שוגג, כגון שהורו בית דין שחלב מותר, ונתחלף לו חלב בשומן ואכלו, דפטור, אע"ג דלא הוי על פיהם ממש, ושלא במתכוין קאכיל ליה, אפילו הכי, הואיל ואילו מתידע ליה דחלב הוא לא הוה הדר ביה, שהרי הורו ב"ד שחלב מותר, הלכך תולה בבי"ד קרינן ביה, ופטור: על פיהם ממש. כגון שהורו ב"ד שחלב מותר, והלך ועשה על פיהם, לאשמועינן דשוגג על פיהם פטור: ואית דאמרי. חדא קתני, להכי אילטריך למיתני 'שוגג על פיהם' דמשמע דבשוגג ממש[פ] על פיהם הוא דפטור, דהיינו על פיהן ממש, דידע דחלב הוא, ופטור משום דתלה בבי"ד ממש: אבל שוגג שלא על פיהן. כגון שהורו ב"ד שחלב מותר ונתחלף לו חלב בשומן ואכלו חייב, שלא תלה עצמו בבי"ד: רב אמר פטור. דתולה בבי"ד הוי, ויחיד שעשה בהוראת ב"ד פטור: ורבי יוחנן אמר חייב. הואיל ולא הוי על פיהם ממש, כתולה בעצמו הוא, וחייב: 'מעם הארץ בעשותה'. ולא כל עם הארץ: פרט למומר. דאינו מביא קרבן על שגגתו, דאין מקבלין מידו: ר"ש בן יוסי אומר, אינו צריך, הרי הוא אומר אשר לא תעשינה וכו'. ומומר לא שב מידיעתו הוא, לפיכך אינו מביא קרבן על שגגתו, ואמר לקמן בפ"ב[י] 'מומר שאכל[ע] חלב והביא קרבן על הדם איכא בינייהו', והכא נמי כי הורו ב"ד שחלב מותר ונתחלף לו חלב בשומן לא שב מידיעתו הוא, ולפיכך אינו חייב, דהא הורו ב"ד שחלב מותר, וקשיא לר' יוחנן דאמר חייב, דתולה בעצמו הוא: **אמר רב פפא**, קסבר ר' יוחנן כיון דאילו הוה ידיע לבי"ד דטעו הוו הדרי בהו, והוא נמי הוי הדר ביה, הלכך שב מידיעתו קרינן ביה. וחייב קרבן, שהרי לא תלה כ"כ בבי"ד, שלא עשה על פיהם ממש, ואמטו להכי קאמר רבי יוחנן דחייב קרבן, אבל היכא דעשה על פיהם ממש, אע"ג דאילו הוי ידיע לבי"ד הוו הדרי בהו, והוא נמי הוה הדר ביה, והוי שב מידיעתו, אפ"ה פטור, מפני שתלה ממש בדעת בי"ד: **אמר רבא**. אע"ג דאמר רב כי נתחלף לו חלב בשומן דהוי יחיד שעשה בהוראת בי"ד ופטור, **מודה רב שאין** אותו יחיד **משלים לרוב צבור**, כגון שאמרו בי"ד שחלב מותר, והלכו חצי צבור ועשו על פיהם ואכלו חלב ממש, והלך זה ואכל ונתחלף[פ] לו חלב בשומן: שאינו משלים לרוב צבור. ואין מביאין פר, דבעינן שיהיו כולן ממש שוגגין בשגגה אחת ע"פ בי"ד: למה לי למתני כולהו. במתניתין, 'ועשה עמהם', 'ועשה אחריהם', 'שלא עשו ועשה': **בשלמא רישא לא זו אף זו קתני**. דהכי משמע, לא מיבעיא זו דעשה עמהם דהוי ודאי תולה בבי"ד דפטור, אלא אף זו נמי דעשה אחריהם הוי תולה בבי"ד ופטור, ולא זו בלבד דעשה אחריהם דפטור, אלא אף זו דלא עשו בי"ד ועשה אפילו הכי תולה בבי"ד הוי ופטור: **אלא סיפא איפכא מיבעיא ליה למיתנא**. דהכי איבעיא ליה למיתנא, 'הורו בי"ד וידע אחד מהן שטעו או תלמיד וראוי להוראה והלך ועשה על פיהם, בין שלא עשו ועשה ובין שעשה אחריהם ובין שעשה עמהם, [ל] דלא תלה בבי"ד', דהוי משמע לא זו בלבד דלא עשו ועשה דלא הוי תולה בבי"ד דחייב, אלא אף זו דעשה אחריהן לא תלה בבי"ד וחייב, ולא זו בלבד דעשה אחריהן חייב, אלא אף זו דעשה עמהן, דס"ד אמינא הואיל ועשה עמהם תולה בבית דין קרינא ביה, ולהוי פטור, אפילו הכי אמרינן הואיל וידע שטעו לא תלה בבית דין וחייב:

הא

הוֹרוּ

א**בֵּית דִּין לַעֲבוֹר עַל אַחַת מִכָּל מִצְוֹת הָאֲמוּרוֹת בַּתּוֹרָה, וְהָלַךְ הַיָּחִיד וְעָשָׂה שׁוֹגֵג עַל פִּיהֶם, בֵּין שֶׁעָשׂוּ וְעָשָׂה עִמָּהֶן, בֵּין שֶׁעָשׂוּ וְעָשָׂה אַחֲרֵיהֶן, בֵּין שֶׁלֹּא עָשׂוּ וְעָשָׂה, א פָּטוּר, מִפְּנֵי שֶׁתָּלָה בְּבֵית דִּין. ב הוֹרוּ בֵּית דִּין וְיָדַע אֶחָד מֵהֶן שֶׁטָּעוּ, אוֹ תַּלְמִיד וְהוּא רָאוּי לְהוֹרָאָה, וְהָלַךְ וְעָשָׂה עַל פִּיהֶן, בֵּין שֶׁעָשׂוּ וְעָשָׂה עִמָּהֶן, בֵּין שֶׁעָשׂוּ וְעָשָׂה אַחֲרֵיהֶן, בֵּין שֶׁלֹּא עָשׂוּ וְעָשָׂה, הֲרֵי זֶה חַיָּיב, מִפְּנֵי שֶׁלֹּא תָּלָה בְּבֵית דִּין. זֶה הַכְּלָל, הַתּוֹלֶה בְּעַצְמוֹ חַיָּיב, וְהַתּוֹלֶה בְּבֵית דִּין פָּטוּר:**

גמ' אָמַר שְׁמוּאֵל, לְעוֹלָם אֵין בֵּית דִּין חַיָּיבִין עַד שֶׁיֹּאמְרוּ לָהֶם מוּתָּרִין אַתֶּם. רַב דִּימִי מִנְּהַרְדְּעָא אָמַר, ג עַד שֶׁיֹּאמְרוּ לָהֶם מוּתָּרִין אַתֶּם לַעֲשׂוֹת; מַאי טַעְמָא, לְפִי שֶׁלֹּא נִגְמְרָה הוֹרָאָה. אָמַר אַבַּיֵי, אַף אֲנַן נַמֵּי תְּנֵינָא, ד חָזַר לְעִירוֹ, שָׁנָה וְלִימֵּד כְּדֶרֶךְ שֶׁלִּימֵּד, פָּטוּר, הוֹרָה לַעֲשׂוֹת, חַיָּיב. אָמַר רַבִּי אַבָּא[ו], אַף אֲנַן נַמֵּי תְּנֵינָא, ה הוֹרוּ לָהּ בֵּית דִּין לְהִנָּשֵׂא וְהָלְכָה וְקִלְקְלָה, חַיֶּיבֶת בְּקָרְבָּן, שֶׁלֹּא הִתִּירוּ לָהּ אֶלָּא לְהִנָּשֵׂא. אָמַר רָבִינָא, אַף אֲנַן נַמֵּי תְּנֵינָא, הוֹרוּ בֵּית דִּין לַעֲבוֹר עַל אַחַת מִכָּל מִצְוֹת הָאֲמוּרוֹת בַּתּוֹרָה. תּוּ לָא מִידֵי. אִיכָּא דְּאָמְרֵי, אָמַר שְׁמוּאֵל, אֵין בֵּית דִּין חַיָּיבִין עַד שֶׁיֹּאמְרוּ לָהֶם מוּתָּרִים אַתֶּם לַעֲשׂוֹת. רַב דִּימִי מִנְּהַרְדְּעָא אָמַר, אֲפִילּוּ מוּתָּרִים אַתֶּם נִגְמְרָה הוֹרָאָה. אָמַר אַבַּיֵי, וְהָא לָא תְּנַן הָכִי, חָזַר לְעִירוֹ וְשָׁנָה אוֹ לִימֵּד כְּדֶרֶךְ שֶׁלִּימֵּד, פָּטוּר, הוֹרָה לַעֲשׂוֹת, חַיָּיב. אָמַר רַבִּי אַבָּא, וְהָא לָא תְּנַן הָכִי, הוֹרוּ לָהּ בֵּית דִּין לְהִנָּשֵׂא וְהָלְכָה וְקִלְקְלָה, חַיֶּיבֶת בְּקָרְבָּן, שֶׁלֹּא הִתִּירוּ לָהּ אֶלָּא לְהִנָּשֵׂא. אָמַר רָבִינָא, וְהָא לָא תְּנַן הָכִי, הוֹרוּ בֵּית דִּין לַעֲבוֹר עַל אַחַת מִכָּל מִצְוֹת הָאֲמוּרוֹת בַּתּוֹרָה. תּוּ לָא מִידֵי: וְהָלַךְ הַיָּחִיד וְעָשָׂה שׁוֹגֵג עַל פִּיהֶם: וְנִיתְנֵי וְעָשָׂה עַל פִּיהֶם, שׁוֹגֵג לְמָה לִי. אָמַר רָבָא, שׁוֹגֵג[ו], לְאַתּוּיֵי הוֹרוּ בֵּית דִּין שֶׁחֵלֶב מוּתָּר, וְנִתְחַלֵּף לוֹ חֵלֶב בְּשׁוּמָּן וַאֲכָלוֹ, פָּטוּר; עַל פִּיהֶם, עַל פִּיהֶם מַמָּשׁ. וְאִיכָּא דְּאָמְרֵי, אָמַר רָבָא, שׁוֹגֵג עַל פִּיהֶם הוּא דְּפָטוּר, אֲבָל נִתְחַלֵּף לוֹ חֵלֶב בְּשׁוּמָּן וַאֲכָלוֹ חַיָּיב. מִילְּתָא דִּפְשִׁיטָא לֵיהּ לְרָבָא, קָמִיבַּעְיָא לֵיהּ לְרָמִי בַּר חָמָא, ו דְּבָעֵי רָמִי בַּר חָמָא, הוֹרוּ בֵּית דִּין שֶׁחֵלֶב מוּתָּר, וְנִתְחַלֵּף לוֹ[ו] בְּשׁוּמָּן וַאֲכָלוֹ, מַהוּ. אָמַר רָבָא, תָּא שְׁמַע, הָלַךְ יָחִיד וְעָשָׂה שׁוֹגֵג עַל פִּיהֶם לְמָה לִי כו'[ס], שׁוֹגֵג עַל פִּיהֶם לְמָה לִי, לָאו לְאַתּוּיֵי הוֹרוּ בֵּית דִּין שֶׁחֵלֶב מוּתָּר וְנִתְחַלֵּף לוֹ חֵלֶב בְּשׁוּמָּן וַאֲכָלוֹ פָּטוּר. דִּלְמָא שׁוֹגֵג עַל פִּיהֶם הוּא דְּפָטוּר, אֲבָל נִתְחַלֵּף לוֹ חֵלֶב בְּשׁוּמָּן וַאֲכָלוֹ חַיָּיב. אִיכָּא דְּאָמְרֵי, אָמַר רָבָא, תָּא שְׁמַע, הָלַךְ יָחִיד וְעָשָׂה שׁוֹגֵג עַל פִּיהֶם, מַאי לָאו, שׁוֹגֵג עַל פִּיהֶם הוּא דְּפָטוּר, אֲבָל נִתְחַלֵּף לוֹ חֵלֶב בְּשׁוּמָּן וַאֲכָלוֹ חַיָּיב. דִּלְמָא אוֹ שׁוֹגֵג, אוֹ עַל פִּיהֶם. בִּפְלוּגְתָּא, הוֹרוּ בֵּית דִּין שֶׁחֵלֶב מוּתָּר, וְנִתְחַלֵּף לוֹ חֵלֶב בְּשׁוּמָּן וַאֲכָלוֹ, רַב אָמַר פָּטוּר, וְרַבִּי יוֹחָנָן אָמַר ה חַיָּיב. מֵיתִיבֵי, א 'מֵעַם הָאָרֶץ בַּעֲשׂוֹתָהּ', ו פְּרָט לְמוּמָר; רַבִּי שִׁמְעוֹן בֶּן יוֹסֵי[י] אוֹמֵר מִשּׁוּם רַבִּי שִׁמְעוֹן (אֵינוֹ צָרִיךְ[י]), הֲרֵי הוּא אוֹמֵר ב 'אֲשֶׁר לֹא תֵעָשֶׂינָה בִּשְׁגָגָה[ס] וְאָשֵׁם אוֹ הוֹדַע', ו הַשָּׁב מִידִיעָתוֹ מֵבִיא קָרְבָּן עַל שִׁגְגָתוֹ, לֹא שָׁב מִידִיעָתוֹ אֵינוֹ מֵבִיא קָרְבָּן עַל שִׁגְגָתוֹ; וְאִם אִיתָא, הָא לֹא שָׁב מִידִיעָתוֹ הוּא. אָמַר רַב פָּפָּא, קָסָבַר רַבִּי יוֹחָנָן, כֵּיוָן דְּכִי מִתְיַדַּע לְהוּ לְבֵי דִינָא הָדְרִי בְּהוּ, וְהוּא נַמֵּי הָדַר בֵּיהּ, שָׁב מִידִיעָתוֹ קָרֵינַן בֵּיהּ וְחַיָּיב. אָמַר רָבָא, ז מוֹדֶה רַב שֶׁאֵינוֹ מַשְׁלִים לְרוֹב צִבּוּר, מַאי טַעְמָא, אָמַר קְרָא ג 'בִּשְׁגָגָה'[ע], ח עַד שֶׁיְּהוּ כּוּלָּן בִּשְׁגָגָה אַחַת: **בֵּין שֶׁעָשׂוּ וְעָשָׂה עִמָּהֶן כו'**: לְמָה לֵיהּ לְמִיתְנָא כָּל הָנֵי, בִּשְׁלָמָא רֵישָׁא י לֹא זוֹ אַף זוֹ קָתָנֵי, אֶלָּא סֵיפָא דִּלְחִיּוּבָא אִיפְּכָא מִיבְּעֵי לֵיהּ[ר].

זו

תוספות

אמר המעתיק, אלו התוספות כבר היו ברפוס, וכתוב על גבן בזה"ל. מצאתי תוספות כת"י על מסכת הוריות והעתקתים ולדפוס אצל האשרי' ממסכת סוכה. ונלקטו[P] ע"י הג"מ אליהו ב"ר אברהם הלוי איטינגען ז"ל, בעהמ"ס ברית הלוי ומנחת אליהו. ובהיות שמציאתן נעלם מעין כל, ומי יבקש דבר שלא במקומו, אשר ע"כ אמרתי להעמידן במקומן:

הורו ב"ד. הם סנהדרי גדולה, כדדרשינן בת"כ, 'עדת ישראל, עדה המיוחדת בישראל, זו סנהדרי גדולה': **בין** שעשו ועשה עמהן. נ"ע אם ב"ד עצמן חייבין להביא כשבה או שעירה, דנהי דפר אין מביאין אא"כ רוב צבור עשו על פיהן, מ"מ קרבן יחיד לייתו, או שמא פטורים לגמרי: **הורו** לה ב"ד להנשא. האי ב"ד אינו סנהדרין גדולה, שהרי ב"ד יכולין להתירה לינשא. ומ"מ הני נמי אית להו האי דינא שאם עשתה כמו שהורו היתה פטורה, כיון שתולה בב"ד: **אמר** אביי, והא אנן לא תנן הכי. הא דלא פריך ללישנא קמא לשמואל כמו דפריך הכא לרב דימי, דללישנא קמא מצינן למימר דרב דימי אתא לפרושי דברי שמואל: **הכא** מסקינן לענין קרבן [עד] שיאמרו מותרין לעשות. וה"ה בעלמא גבי הוראה, דאין לתלמיד לסמוך על דברי רבו עד דא"ל הכי. והא דתניא פרק יש נוחלין (ב"ב קל:) 'אין למידין הלכה על פי מעשה'. ה"פ התם, אם יאמר לך אדם ראיתי מעשה שאירע בכה"ג שהורו כן, אין לסמוך על דבריו, דשמא לא עיין היטב, ושמא אותו מעשה היה קצת משונה; 'עד שיאמר הלכה למעשה', פירוש, עד שיביא לו מתוך ההלכה דאיתא לאותו דבר מה שאומר, כי התלמוד ודברי האמוראין עיקר, כדאיתא בירושלמי ריש פיאה[ר] 'אין למידין לא מהלכות ולא מהגדות ולא מן התוספתא, אלא מפי התלמוד': **ואיכא** דאמרי חדא קתני. ואין להקשות דלא ליתני כי אם 'על פיהם', וממילא משמע דוקא על פיהם. שמא ה"א ה"ה נתחלף לו, להכי תנא 'שוגג', למימר באיזה 'שוגג', דוקא 'על פיהם': **עד** שיהיו כולן בשגגה אחת. נ"ע אם רוב צבור עשו בזה הענין שנתחלף להם והוי כולן בשגגה אחת אי מיחייב בית דין:

אָמַר רָבָא — Rava said: **שׁוֹגֵג** — The word "by mistake" is added, **לְאֵתוֹיֵי** — to include a case where; **הוֹרוּ בֵּית דִּין שֶׁחֵלֶב מוּתָּר** — *beis din* ruled that eating *cheilev* (forbidden fat) is permitted, **וְנִתְחַלֵּף לוֹ חֵלֶב בְּשׁוּמָן** — and he confused *cheilev* for *shuman* (permitted fat), i.e., he mistakenly thought that he was eating *shuman*, while in truth, it was *cheilev*, **וַאֲכָלוֹ** — and he ate the *cheilev* assuming it was *shuman*. **פָּטוּר** — In that case, he is exempt from bringing the *Korban Chatas* one would usually bring in such a case, because even if he had known that it was *cheilev*, he would have still eaten it, since *beis din* ruled that *cheilev* is permitted. **עַל פִּיהֶם** — The Mishnah's next words, "based on *beis din's* ruling," refer to a different case, where one acted, **עַל פִּיהֶם מַמָּשׁ** — literally based on their ruling, meaning, he knowingly ate *cheilev* assuming it was permitted, as *beis din* had ruled. According to this explanation of Rava, the words of the Mishnah, "שוגג על פיהם," refer to two separate cases.

וְאִיכָּא דְּאָמְרִי — And some say that Rava gave a different explanation of the Mishnah. According to this version, **אָמַר רָבָא** — Rava said: **שׁוֹגֵג עַל פִּיהֶם הוּא דְּפָטוּר** — One who acted mistakenly, literally based on *beis din's* ruling, refers to a case where one is exempt, when he knowingly ate *cheilev* assuming it was permitted, as *beis din* had ruled. **אֲבָל** — However, **נִתְחַלֵּף לוֹ חֵלֶב בְּשׁוּמָן** — in a case where *cheilev* was confused for *shuman*, **וַאֲכָלוֹ** — and he ate the *cheilev* assuming it was *shuman*, **חַיָּיב** — he is obligated to bring a *Korban Chatas*, because his mistaken transgression was not based on *beis din's* mistaken ruling; it was only because of the unknown switch that had taken place.

מִילְּתָא דִּפְשִׁיטָא לֵיהּ לְרָבָא — Something which was obvious to Rava, that someone who ate *cheilev* thinking that it was *shuman*, yet he would have eaten it even if he knew that it was *cheilev* because of *beis din's* mistaken ruling, is either exempt, according to the first version, or obligated, according to the second version, **קָמִיבַּעְיָא לֵיהּ לְרָמִי בַּר חָמָא** — was a matter of question for Rami bar Chama. **דִּבְעֵי רָמִי בַּר חָמָא** — Because Rami bar Chama asked: **הוֹרוּ בֵּית דִּין שֶׁחֵלֶב מוּתָּר** — If *beis din* ruled that *cheilev* is permitted, **וְנִתְחַלֵּף לוֹ בְּשׁוּמָן** — and then *cheilev* was confused for *shuman*, **וַאֲכָלוֹ** — and he ate the *cheilev* assuming that it was *shuman*, **מַהוּ** — what is the *halachah*? Is the person obligated to bring a *Korban Chatas*?

אָמַר רָבָא — Rava said: **תָּא שְׁמַע** — Come and hear a proof from our Mishnah, which says: **הָלַךְ יָחִיד וְעָשָׂה שׁוֹגֵג עַל פִּיהֶם כּוּ'** — If an individual transgressed by mistake based on *beis din's* mistaken ruling, etc., **שׁוֹגֵג עַל פִּיהֶם לָמָּה לִי** — Why does the Mishnah say the words "by mistake" and "on the basis of the judges' ruling"? If he acted based on *beis din's* ruling, it is obvious that he did it mistakenly! The word "by mistake" seems unnecessary. **לָאו לְאֵתוֹיֵי** — Isn't the extra word "by mistake" there to include a case that, **הוֹרוּ בֵּית דִּין שֶׁחֵלֶב מוּתָּר** — *beis din* ruled that *cheilev* is permitted, **וְנִתְחַלֵּף לוֹ חֵלֶב בְּשׁוּמָן** — and then *cheilev* was confused for *shuman*, **וַאֲכָלוֹ** — and he ate the *cheilev* assuming that it was *shuman*, **פָּטוּר** — to teach us that

For this *daf's shiur* and charts, scan this QR code:

הוֹרוּ

מתני' **הורו** בֵּית דִּין לַעֲבוֹר עַל אַחַת מִכָּל מִצְוֹת הָאֲמוּרוֹת בַּתּוֹרָה, וְהָלַךְ הַיָּחִיד וְעָשָׂה שׁוֹגֵג עַל פִּיהֶם, בֵּין שֶׁעָשׂוּ וְעָשָׂה עִמָּהֶן, בֵּין שֶׁעָשׂוּ וְעָשָׂה אַחֲרֵיהֶן, בֵּין שֶׁלֹּא עָשׂוּ וְעָשָׂה, פָּטוּר, מִפְּנֵי שֶׁתָּלָה בְּבֵית דִּין. הוֹרוּ בֵּית דִּין וְיָדַע אֶחָד מֵהֶן שֶׁטָּעוּ, אוֹ תַלְמִיד וְהוּא רָאוּי לְהוֹרָאָה, וְהָלַךְ וְעָשָׂה עַל פִּיהֶן, בֵּין שֶׁעָשׂוּ וְעָשָׂה עִמָּהֶן, בֵּין שֶׁעָשׂוּ וְעָשָׂה אַחֲרֵיהֶן, בֵּין שֶׁלֹּא עָשׂוּ וְעָשָׂה, הֲרֵי זֶה חַיָּיב, מִפְּנֵי שֶׁלֹּא תָלָה בְּבֵית דִּין. זֶה הַכְּלָל, הַתּוֹלֶה בְּעַצְמוֹ חַיָּיב, וְהַתּוֹלֶה בְּבֵית דִּין פָּטוּר: **גמ'** אָמַר שְׁמוּאֵל, לְעוֹלָם אֵין בֵּית דִּין חַיָּיבִין עַד שֶׁיֹּאמְרוּ לָהֶם מוּתָּרִין אַתֶּם. רַב דִּימִי מִנְּהַרְדְּעָא אָמַר, עַד שֶׁיֹּאמְרוּ לָהֶם מוּתָּרִין אַתֶּם לַעֲשׂוֹת; מַאי טַעְמָא, לְפִי שֶׁלֹּא נִגְמְרָה הוֹרָאָה. אָמַר אַבַּיֵי, אַף אֲנַן נַמִּי תְּנֵינָא, חָזַר לְעִירוֹ, שָׁנָה וְלִימֵּד כְּדֶרֶךְ שֶׁלִּימֵּד, פָּטוּר, הוֹרָה לַעֲשׂוֹת, חַיָּיב. אָמַר רַבִּי אַבָּא, אַף אֲנַן נַמִּי תְּנֵינָא, הוֹרוּ לָהּ בֵּית דִּין לְהִנָּשֵׂא וְהָלְכָה וְקִלְקְלָה, חַיֶּיבֶת בְּקָרְבָּן, שֶׁלֹּא הִתִּירוּ לָהּ אֶלָּא לְהִנָּשֵׂא. אָמַר רָבִינָא, אַף אֲנַן נַמִּי תְּנֵינָא, הוֹרוּ בֵּית דִּין לַעֲבוֹר עַל אַחַת מִכָּל מִצְוֹת הָאֲמוּרוֹת בַּתּוֹרָה. תּוּ לָא מִידִי. אִיכָּא דְּאָמְרִי, אָמַר שְׁמוּאֵל, אֵין בֵּית דִּין חַיָּיבִין עַד שֶׁיֹּאמְרוּ לָהֶם מוּתָּרִים אַתֶּם לַעֲשׂוֹת. רַב דִּימִי מִנְּהַרְדְּעָא אָמַר, אֲפִילוּ מוּתָּרִים אַתֶּם נִגְמְרָה הוֹרָאָה. אָמַר אַבַּיֵי, וְהָא לָא תְּנַן הָכִי, חָזַר לְעִירוֹ וְשָׁנָה אוֹ לִימֵּד כְּדֶרֶךְ שֶׁלִּימֵּד, פָּטוּר, הוֹרָה לַעֲשׂוֹת, חַיָּיב. אָמַר רַבִּי אַבָּא, וְהָא לָא תְּנַן הָכִי, הוֹרוּ לָהּ בֵּית דִּין לְהִנָּשֵׂא וְהָלְכָה וְקִלְקְלָה, חַיֶּיבֶת בְּקָרְבָּן, שֶׁלֹּא הִתִּירוּ לָהּ אֶלָּא לְהִנָּשֵׂא. אָמַר רָבִינָא, וְהָא לָא תְּנַן הָכִי, הוֹרוּ בֵּית דִּין לַעֲבוֹר עַל אַחַת מִכָּל מִצְוֹת הָאֲמוּרוֹת בַּתּוֹרָה. תּוּ לָא מִידִי: וְהָלַךְ הַיָּחִיד וְעָשָׂה שׁוֹגֵג עַל פִּיהֶם: וְנִיתְנֵי וְעָשָׂה עַל פִּיהֶם, שׁוֹגֵג לְמָה לִי. אָמַר רָבָא, שׁוֹגֵג, לְאַתּוֹיֵי הוֹרוּ בֵּית דִּין שֶׁחֵלֶב מוּתָּר, וְנִתְחַלֵּף לוֹ חֵלֶב בְּשׁוּמָּן וַאֲכָלוֹ, פָּטוּר; עַל פִּיהֶם, עַל פִּיהֶם מַמָּשׁ. וְאִיכָּא דְּאָמְרִי, אָמַר רָבָא, שׁוֹגֵג עַל פִּיהֶם הוּא דְּפָטוּר, אֲבָל נִתְחַלֵּף לוֹ חֵלֶב בְּשׁוּמָּן וַאֲכָלוֹ חַיָּיב. מִילְּתָא דִּפְשִׁיטָא לֵיהּ לְרָבָא, קָמִיבַּעְיָא לֵיהּ לְרָמִי בַּר חָמָא, דְּבָעֵי רָמִי בַּר חָמָא, הוֹרוּ בֵּית דִּין שֶׁחֵלֶב מוּתָּר, וְנִתְחַלֵּף לוֹ בְּשׁוּמָּן וַאֲכָלוֹ, מַהוּ. אָמַר רָבָא, תָּא שְׁמַע, הָלַךְ יָחִיד וְעָשָׂה שׁוֹגֵג עַל פִּיהֶם כו', שׁוֹגֵג עַל פִּיהֶם לְמָה לִי, לָאו לְאַתּוֹיֵי הוֹרוּ בֵּית דִּין שֶׁחֵלֶב מוּתָּר וְנִתְחַלֵּף לוֹ חֵלֶב בְּשׁוּמָּן וַאֲכָלוֹ פָּטוּר. דִּלְמָא שׁוֹגֵג עַל פִּיהֶם הוּא דְּפָטוּר, אֲבָל נִתְחַלֵּף לוֹ חֵלֶב בְּשׁוּמָּן וַאֲכָלוֹ חַיָּיב. אִיכָּא דְּאָמְרִי, אָמַר רָבָא, תָּא שְׁמַע, הָלַךְ יָחִיד וְעָשָׂה שׁוֹגֵג עַל פִּיהֶם, מַאי לָאו, שׁוֹגֵג עַל פִּיהֶם הוּא דְּפָטוּר, אֲבָל נִתְחַלֵּף לוֹ חֵלֶב בְּשׁוּמָּן וַאֲכָלוֹ חַיָּיב. דִּלְמָא אוֹ שׁוֹגֵג, אוֹ עַל פִּיהֶם. בִּפְלוּגְתָּא, הוֹרוּ בֵּית דִּין שֶׁחֵלֶב מוּתָּר, וְנִתְחַלֵּף לוֹ חֵלֶב בְּשׁוּמָּן וַאֲכָלוֹ, רַב אָמַר פָּטוּר, וְרַבִּי יוֹחָנָן אָמַר חַיָּיב. מֵיתִיבִי, 'מֵעַם הָאָרֶץ בַּעֲשׂוֹתָהּ', פְּרָט לְמוּמָר; רַבִּי שִׁמְעוֹן בֶּן יוֹסֵי אוֹמֵר מִשּׁוּם רַבִּי שִׁמְעוֹן (אֵינוֹ צָרִיךְ), הֲרֵי הוּא אוֹמֵר 'אֲשֶׁר לֹא תֵעָשֶׂינָה בִּשְׁגָגָה וְאָשֵׁם אוֹ הוֹדַע', הַשָּׁב מִידִיעָתוֹ מֵבִיא קָרְבָּן עַל שִׁגְגָתוֹ, לֹא שָׁב מִידִיעָתוֹ אֵינוֹ מֵבִיא קָרְבָּן עַל שִׁגְגָתוֹ; וְאִם אִיתָא, הָא לֹא שָׁב מִידִיעָתוֹ הוּא. אָמַר רַב פָּפָּא, קָסָבַר רַבִּי יוֹחָנָן, כֵּיוָן דְּכִי מִתְיְדַע לְהוּ לְבֵי דִינָא הָדְרִי בְּהוּ, וְהוּא נַמִּי הָדַר בֵּיהּ, שָׁב מִידִיעָתוֹ קָרֵינַן בֵּיהּ וְחַיָּיב. אָמַר רָבָא, מוֹדֶה רַב שֶׁאֵינוֹ מַשְׁלִים לְרוֹב צִבּוּר, מַאי טַעְמָא, אָמַר קְרָא 'בִּשְׁגָגָה', עַד שֶׁיְּהוּ כּוּלָּן בִּשְׁגָגָה אַחַת: בֵּין שֶׁעָשׂוּ וְעָשָׂה עִמָּהֶן כו': לְמָה לֵיהּ לְמִיתְנָא כָּל הָנֵי, בִּשְׁלָמָא רֵישָׁא לֹא זוֹ אַף זוֹ קָתָנֵי, אֶלָּא סֵיפָא דִּלְחִיּוּבָא אִיפְכָא מִיבָּעֵי לֵיהּ.

רש"י

הורו בית דין כו'. כגון שהורו שחלב או דם מותר: והלך היחיד ועשה שוגג על פיהם. מפרש בגמרא: בין שעשו ב"ד ועשה היחיד עמהם, כגון שאכל דם או חלב עמהן: בין שעשו ועשה אחריהן. בזה אחר זה: בין שלא עשו. ב"ד: ועשה. היחיד על פיהן: פטור. מלהביא כשבה ושעירה, הואיל ותלה בב"ד ועשה על פיהם: הורו ב"ד וידע אחד מהם. מב"ד, שטעו, או תלמיד ראוי להוראה, והלך אותו אחד או אותו תלמיד, ועשה על פיהם, שטעה ב'מצוה לשמוע דברי חכמים', כדמפרש בגמרא: הרי זה חייב. מפני שלא תלה ממש בב"ד, שהרי יודע שטעו, ואמרינן בגמרא 'העושה מפי עצמו חייב, בהוראת ב"ד פטור': **גמ'** לעולם אין ב"ד חייבין. כי עשו הקהל או רובו על פיהם, כלומר, בין למ"ד ב"ד מביאין פר, בין למ"ד צבור מביאין פר ולא ב"ד, לעולם לא הוי גמר הוראה דלחייב קרבן, ולגבי יחיד דלהוי תולה בב"ד, עד שאמרו ב"ד לצבור 'מותרין אתם': רב דימי אמר. לעולם לא נגמרה הוראה לחייבן קרבן עד שיאמרו 'מותרין אתם לעשות': אף אנן נמי תנינא. בפרק אלו הן הנחנקין: חזר. זקן ממרא לעירו וכו', הורה לעשות, דמשמע דקאמר 'מותרין אתם לעשות', דנגמרה הוראתו, חייב: הורו לה ב"ד להנשא. על פי עד אחד, דאי בשני עדים לא צריך ב"ד: והלכה וקלקלה. בזנות, ואחר כך בא בעלה: חייבת בקרבן. לפי שלא היתה תולה בב"ד, מדקתני 'הורו לה ב"ד להנשא', ולא קתני 'התירוה ב"ד', ש"מ דלא נגמרה הוראתם עד שיאמרו 'מותרין אתם לעשות': הורו ב"ד לעבור. דמשמע הורו ב"ד לעשות, דאינה גמורה הוראתם עד שיאמרו 'מותרין אתם לעשות': והא לא תנן הכי. כולהו מקשו לרב דימי: אמר רבא. תרתי קתני, דמשמע הכי 'והלך היחיד ועשה או שוגג או על פיהם', שוגג, כגון שהורו בית דין שחלב מותר, ונתחלף לו חלב בשומן ואכלו, דפטור, אע"ג דלא הוי על פיהם ממש, ושלא במתכוין קאכיל ליה, אפילו הכי, הואיל ואילו מתידע ליה דחלב הוא לא הוה הדר ביה, שהרי הורו ב"ד שחלב מותר, הלכך תולה בב"ד קרינן ביה, ופטור: על פיהם ממש. כגון שהורו ב"ד שחלב מותר, והלך ועשה על פיהם, לאשמועינן דשוגג על פיהם פטור: ואית דאמרי. חדא קתני, להכי איצטריך למיתני 'שוגג על פיהם' דמשמע דבשוגג ממש על פיהם הוא דפטור, דהיינו על פיהן ממש, דידע דחלב הוא, ופטור משום דתלה בב"ד ממש: אבל שוגג שלא על פיהן. כגון שהורו ב"ד שחלב מותר ונתחלף לו חלב בשומן ואכלו חייב, שלא תלה עצמו בב"ד: רב אמר פטור. דתולה בב"ד הוי, ויחיד שעשה בהוראת ב"ד פטור: ורבי יוחנן אמר חייב. הואיל ולא הוי על פיהם ממש, כתולה בעצמו הוא, וחייב: 'מעם הארץ בעשותה'. ולא כל עם הארץ: פרט למומר. דאינו מביא קרבן על שגגתו, דאין מקבלין מידו: ר"ש בן יוסי אומר, אינו צריך, הרי הוא אומר אשר לא תעשינה וכו'. ומומר לא שב מידיעתו הוא, לפיכך אינו מביא קרבן על שגגתו, ואמר לקמן בפ"ב 'מומר שאכל חלב והביא קרבן על הדם איכא בינייהו', והכא נמי כי הורו ב"ד שחלב מותר ונתחלף לו חלב בשומן לא שב מידיעתו הוא, ולפיכך אינו חייב, דהא הורו ב"ד שחלב מותר, וקשיא לר' יוחנן דאמר חייב, דתולה בעצמו הוא: אמר רב פפא, קסבר ר' יוחנן כיון דאילו הוה ידיע לבי"ד דטעו הוו הדרי בהו, והוא נמי הוי הדר ביה, הלכך שב מידיעתו קרינן ביה. וחייב קרבן, שהרי לא תלה כ"כ בב"ד, שלא עשה על פיהם ממש, ואמטו להכי קאמר רבי יוחנן דחייב קרבן, אבל היכא דעשה על פיהם ממש, אע"ג דאילו הוי ידיע לב"ד הוו הדרי בהו, והוא נמי הוה הדר ביה, והוי שב מידיעתו, אפ"ה פטור, מפני שתלה ממש בדעת ב"ד: אמר רבא. אע"ג דאמר רב כי נתחלף לו חלב בשומן דהוי יחיד שעשה בהוראת ב"ד ופטור, מודה רב שאין אותו יחיד משלים לרוב צבור, כגון שאמרו ב"ד שחלב מותר, והלכו חצי צבור ועשו על פיהם ואכלו חלב ממש, והלך זה ואכל ונתחלף לו חלב בשומן: שאינו משלים לרוב צבור. ואין מביאין פר, דבעינן שיהיו כולן ממש שוגגין בשגגה אחת ע"פ ב"ד: למה לי למתני כולהו. במתניתין, 'ועשה עמהם', 'ועשה אחריהם', 'שלא עשו ועשה': בשלמא רישא לא זו אף זו קתני. דהכי משמע, לא מיבעיא זו דעשה עמהם דהוי ודאי תולה בב"ד דפטור, אלא אף זו נמי דעשה אחריהם הוי תולה בב"ד ופטור, ולא זו בלבד דעשה אחריהם דפטור, אלא אף זו דלא עשו ב"ד ועשה אפילו הכי תולה בב"ד הוי ופטור: אלא סיפא איפכא מיבעיא ליה למיתנא. דהכי איבעיא ליה למיתנא, 'הורו ב"ד וידע אחד מהן שטעו או תלמיד וראוי להוראה והלך ועשה על פיהם, בין שלא עשו ועשה ובין שעשה אחריהם ובין שעשה עמהם', דלא תלה בב"ד, דהוי משמע לא זו בלבד דלא עשו ועשה דלא הוי תולה בב"ד דחייב, אלא אף זו דעשה אחריהן לא תלה בב"ד וחייב, ולא זו בלבד דעשה אחריהן חייב, אלא אף זו דעשה עמהן, דס"ד אמינא הואיל ועשה עמהם תולה בבית דין קרינא ביה, ולהוי פטור, אפילו הכי אמרינן הואיל וידע שטעו לא תלה בבית דין וחייב: הא זו

תוספות

אמר המעתיק, אלו התוספות כבר היו בדפוס, וכתוב על גבן בזה"ל. מצאתי תוספות כת"י על מסכת הוריות והעתקתים ולדפוס אצל האשר"י ממסכת סוכה. ונלקטו[ק] ע"י הג"מ אליהו ב"ר אברהם הלוי איטינגען ז"ל, בעהמ"ס ברית הלוי ומנחת אליהו. ובהיות שמציאתן נעלם מעין כל, ומי יבקש דבר שלא במקומו, אשר ע"כ אמרתי להעמידן במקומן:

הורו ב"ד. הם סנהדרי גדולה, כדדרשינן בת"כ, 'עדת ישראל', עדה המיוחדת בישראל, זו סנהדרי גדולה': **בין** שעשו ועשה עמהן. נ"ע אם ב"ד עצמן חייבין להביא כשבה או שעירה, דנהי דפר אין מביאין אא"כ רוב צבור עשו על פיהן, מ"מ קרבן יחיד לייתו, או שמא פטורים לגמרי: **הורו** לה ב"ד להנשא. האי ב"ד אינו סנהדרין גדולה, שהרי ב"ד יכולין להתירה לינשא. ומ"מ הני נמי אית להו האי דינא שאם עשתה כמו שהורו היתה פטורה, כיון שתולה בב"ד: **אמר** אביי, והא אנן לא תנן הכי. הא דלא פריך ללישנא קמא לשמואל כמו דפריך הכא לרב דימי, דללישנא קמא מצינן למימר דרב דימי אתא לפרושי דברי שמואל: **הכא** מסקינן לענין קרבן [עד] שיאמרו מותרין לעשות. וה"ה בעלמא גבי הוראה, דאין לתלמיד לסמוך על דברי רבו עד דא"ל הכי. והא דתניא פרק יש נוחלין (ב"ב קל:) 'אין למידין הלכה על פי מעשה'. ה"פ התם, אם יאמר לך אדם ראיתי מעשה שאירע בכה"ג שהורו כן, אין לסמוך על דבריו, דשמא לא עיין היטב, ושמא אותו מעשה היה קצת משונה; 'עד שיאמר הלכה למעשה', פירוש, עד שיביא לו מתוך ההלכה דאיתא לאותו דבר מה שאומר, כי התלמוד ודברי האמוראין עיקר, כדאיתא בירושלמי ריש פיאה[כ] 'אין למידין לא מהלכות ולא מהגדות ולא מן התוספתא, אלא מפי התלמוד': **ואיכא** דאמרי חדא קתני. ואין להקשות דלא ליתני כי אם 'על פיהם', ומיניה משמע דוקא על פיהם. שמא ה"א ה"ה נתחלף לו, להכי תנא 'שוגג', למימר דאיזה 'שוגג', דוקא 'על פיהם': **עד** שיהיו כולן בשגגה אחת. נ"ע אם רוב צבור עשו בזה הענין שנתחלף להם והוי כולן בשגגה אחת אי מיחייב בית דין:

מסורת הש"ס עם הוספות

א) סנהדרין דף פו:, ב) יבמות פז:, ג) [סוכה לו: וש"נ], ד) לקמן ד:, ה) שבת סט. ע"ש לקמן יא. חולין ה: יומא פ. ת"כ דבורא דחובה פרשה ז ה"ז (אות רפא), ו) [שבועות כו:], ז) [יבמות יט. גיטין טו: ב"מ לח. עירובין עה. סנהדרין סא: סז.], ח) לקמן ד:, ט) יבמות צב. (עי' מהרש"א), י) בפרק בתרא דף יא., כ) פ"ב ה"ד, ל) בע"ב.

תורה אור השלם

א) וְאִם נֶפֶשׁ אַחַת תֶּחֱטָא בִשְׁגָגָה מֵעַם הָאָרֶץ בַּעֲשֹׂתָהּ אַחַת מִמִּצְוֹת יְיָ אֲשֶׁר לֹא תֵעָשֶׂינָה וְאָשֵׁם: [ויקרא ד, כז]

ב) אֲשֶׁר נָשִׂיא יֶחֱטָא וְעָשָׂה אַחַת מִכָּל מִצְוֹת יְיָ אֱלֹהָיו אֲשֶׁר לֹא תֵעָשֶׂינָה בִּשְׁגָגָה וְאָשֵׁם: אוֹ הוֹדַע אֵלָיו חַטָּאתוֹ אֲשֶׁר חָטָא בָּהּ וְהֵבִיא אֶת קָרְבָּנוֹ שְׂעִיר עִזִּים זָכָר תָּמִים: [ויקרא ד, כב-כג] לגירסא שלפנינו

וְאִם נֶפֶשׁ אַחַת תֶּחֱטָא בִשְׁגָגָה מֵעַם הָאָרֶץ בַּעֲשֹׂתָהּ אַחַת מִמִּצְוֹת יְיָ אֲשֶׁר לֹא תֵעָשֶׂינָה וְאָשֵׁם: אוֹ הוֹדַע אֵלָיו חַטָּאתוֹ אֲשֶׁר חָטָא וְהֵבִיא קָרְבָּנוֹ שְׂעִירַת עִזִּים תְּמִימָה נְקֵבָה עַל חַטָּאתוֹ אֲשֶׁר חָטָא: [ויקרא ד, כז-כח] למהרש"א וב"ח

ג) וְנִסְלַח לְכָל עֲדַת בְּנֵי יִשְׂרָאֵל וְלַגֵּר הַגָּר בְּתוֹכָם כִּי לְכָל הָעָם בִּשְׁגָגָה: [במדבר טו, כו] לרוב ראשונים

וְהָיָה אִם מֵעֵינֵי הָעֵדָה נֶעֶשְׂתָה לִשְׁגָגָה וְעָשׂוּ כָל הָעֵדָה פַּר בֶּן בָּקָר אֶחָד לְעֹלָה לְרֵיחַ נִיחֹחַ לַייָ וּמִנְחָתוֹ וְנִסְכּוֹ כַּמִּשְׁפָּט וּשְׂעִיר עִזִּים אֶחָד לְחַטָּת: [במדבר טו, כד] לגי' הר"ח

הגהות וציונים

א] הרי זה פטור (כת"י ומשניות דפו"ר ירושלמי, ועי' באר שבע): ב] אמר רבא (ראשונים וכת"י, וכן הוא בבאר שבע ושער יוסף), וכן בסמוך בלישנא בתרא: ג] בכת"י אמר רבא תרתי קתני לאתויי, ולדק"ס זו גירסת רש"י ז"ל הפסק הנקודה אחר "תרתי קתני": ד] נתחלף לו חלב בשומן (ב"ח), וכ"ה בראשונים ובכת"י: ה] "כו'" ליתא בר"ח ובכת"י: ו] בילק"ש יהודה, ובדק"ס הוכיח שזו הגירסא הנכונה: ז] וראש מ"ז (גליון): ח] ע"ש אמאי מייתי קרא, הב"ח מוחק "בשגגה", וכן ליתא במהרש"א, עיי"ש: י] הב"ח מוסיף הא לא קשיא (עי' רש"י): כ] צ"ל כשבה או שעירה: ל] החק נתן מוחק "בגמ'": מ] שיאמרו (כת"י): נ] צ"ל [דלא] נגמרה (ב"ח): ס] "ממש" מיותר (רש"ש): ע] צ"ל דאכול (כת"י): פ] כת"י "זה שנתחלף לו חלב בשומן ואכלו": צ] יש להוסיף דחייב (כת"י): ק] בדפוס שלפני ש"ס וילנא "והמחבר הוא הרב המופלא פ"ה ע"פ מהר"ר אליה אישינגן המחבר ספר ברית הלוי ולה"ה". וכתב הורה גבר "לא נודע מי היה מחברם וכפי הנראה מהר"א הנ"ל הביאן רק אל הדפוס לאשר היו גנוזים בבית גנזיו", עיי"ש. הבנימין זאב סי' קלא מעתיק תוס' ד"ה הכא שבעמוד זה וכותב "שמצאתיו בקונדרס ישן משמם": ר] נדפסו לראשונה בפראג שנת תפ"ה. השער יוסף מעתיק הרבה מהם מכת"י, בנוסח יותר מתוקן: ש] ב"ד (כת"י): ת] בכת"י נוסף פי':

עין משפט נר מצוה

א א מיי' פי"ג מהלכות שגגות הלכה א סמג עשין ריז:
ב ב מיי' שם פי"ג הלכה א והלכה ה סמג שם:
ג ג מיי' שם פי"ג הל"ב ופרק יג הל"א סמג שם:
ד ד מיי' פי"ג מהלכות ממרים הלכה ו סמג לאוין קסב:
ה ה מיי' פי"ג מהלכות שגגות הלכה ה סמג עשין ריז:
ו ו מיי' שם פ"ג הלכה ז ופ"ג מהלכות מעשה הקרבנות הלכה ד:
ז ז ח מיי' פי"ג מהלכות שגגות הלכה ה סמג עשין ריז:

רבינו חננאל

בדפוס וילנא הוצב פירוש רבינו חננאל בשולי העמוד. כשלא הכיל הגליון את השייך לעמוד המשיכו והדפיסוהו בעמוד הבא, וגם בעמוד שלאחריו, עד שבסופו של דבר, מתרחק הפירוש מספר עמודים מהמקום אליו הוא שייך. כדי לחסוך מהלומד לשוטט על פני עמודי המסכת עד שעיניו יצודו המלים "שייך לדף פלוני", העברנו את כל הפירוש לסוף המסכת.

תוספות הרא"ש[ר]

הורו ב"ד וידע א' מהן שטעו או תלמיד שהוא ראוי להוראה וכו' הרי זה חייב מפני שלא תלה בב"ד. לא זו אף זו קתני לא מיבעיא ידע אחד מסנהדרין גופייהו דטעו דחייב דלא נגמרה הוראה בהסכמת כולן אלא אפי' אחד מן התלמידים הדנים לפניהם בקרקע וראוי להוראה חייב ולא מיבעי' ראוי להוראה אלא אפי' גמיר ולא סביר ונראה לו לפי מה שלמד שטעו בב"ד[ש] חייב דכל שאין דעתו מסכמת לדעת ב"ד תולה בדעת עצמו דתנן במתני' לקמן (דף ד:) שוגגין ועשו מזידין פטורין אלמא דכיון דנראה לצבור שטעו לא הוי הוראה הס"ג יחידי ולמרינן נמי[ת] זה הכלל התולה בעצמו חייב לאתויי מכעט בהוראה. מי שרגיל לגעת בהוראה אע"פ שעמה הוא מסכים עם ב"ד מיקרי תולה בעצמו כי כל אדם שאין דעתו מסכמת עם בית דין:

גמ' אין ב"ד חייבין עד שיאמרו להם מותרין אתם. [נמצא בהשמטות]: אמר רבא אף אנן נמי תנינא הורוה ב"ד לינשא והלכה וקלקלה חייבת שלא התירוה ב"ד אלא להנשא. [נמצא בהשמטות]: מעם הארץ פרט. [נמצא בהשמטות]: פרט למומר. [נמצא בהשמטות]: אמר רב פפא קא סבר רבי יוחנן דכי מתידע להו לבי דינא הדרי בהו והוא נמי הדר ביה שב מידיעתו קרי' ביה. [נמצא בהשמטות]

in that case, he is exempt from bringing a *Korban Chatas*?

דִּלְמָא שׁוֹגֵג עַל פִּיהֶם הוּא דְּפָטוּר — Perhaps when by mistake and based on *beis din's* ruling is when he is exempt, i.e., that he purposely ate *cheilev* assuming that it was permitted, as *beis din* had ruled, **אֲבָל** — however, **נִתְחַלֵּף לוֹ חֵלֶב בְּשׁוּמָן** — in a case where *cheilev* was confused for *shuman*, **וַאֲכָלוֹ** — and he ate the *cheilev* assuming that it was *shuman*, **חַיָּיב** — he is obligated to bring a *Korban Chatas*, since he did not eat it relying on *beis din's* ruling.

אִיכָּא דְּאָמְרִי — Some say that Rava gave a different answer: **אָמַר רָבָא** — Rava said: **תָּא שְׁמַע** — Come and hear a proof from our Mishnah, which says: **הָלַךְ יָחִיד וְעָשָׂה שׁוֹגֵג עַל פִּיהֶם** — If an individual did the transgression by mistake on the basis of *beis din's* mistaken ruling. **מַאי לָאו** — Isn't the seemingly extra word "by mistake" there to teach us that **שׁוֹגֵג עַל פִּיהֶם הוּא דְּפָטוּר** — by mistake and literally based on *beis din's* ruling is when he is exempt, i.e., that he knowingly ate *cheilev* assuming that it was permitted, **אֲבָל** — however, **נִתְחַלֵּף לוֹ חֵלֶב בְּשׁוּמָן** — in a case that *cheilev* was confused for *shuman*, **וַאֲכָלוֹ** — and he ate the *cheilev* assuming that it was *shuman*, **חַיָּיב** — he is obligated to bring a *Korban Chatas*.

The Gemara rejects this: **דִּלְמָא** — Maybe the extra word "by mistake" is really there to teach us that the person would be exempt **אוֹ שׁוֹגֵג** — whether he actually ate the *cheilev* by mistake, i.e., that he thought it was *shuman*, **אוֹ עַל פִּיהֶם** — or that he ate it based on *beis din's* ruling. Therefore, this is not a satisfactory proof for Rami bar Chama's question.

The Gemara notes: **בִּפְלוּגְתָּא** — This question of someone who unknowlingly ate *cheilev* after *beis din* ruled that *cheilev* is permitted was the subject of an argument between *Amora'im* of earlier generations: **הוֹרוּ בֵּית דִּין שֶׁחֵלֶב מוּתָּר** — If *beis din* ruled that *cheilev* is permitted to eat, **וְנִתְחַלֵּף לוֹ חֵלֶב בְּשׁוּמָן** — and then *cheilev* was confused for *shuman*, **וַאֲכָלוֹ** — and he ate the *cheilev* assuming that it was *shuman*, **רַב אָמַר** — Rav said: **פָּטוּר** — He is exempt from bringing a *Korban Chatas*, **וְרַבִּי יוֹחָנָן אָמַר** — and Rabi Yochanan said: **חַיָּיב** — he is obligated to bring one.

מֵיתִיבֵי — The Gemara asks on Rabi Yochanan's opinion from a *Baraisa*: **מֵעַם הָאָרֶץ בַּעֲשׂתָהּ** — The *pasuk* says (*Vayikra* 4:27), "And if one person from among the common people sins by doing one of the commandments of Hashem that should not be done, and he is guilty." **פְּרָט לְמוּמָר** — The term "from among the common people," which implies, "not all the common people," is to exclude an apostate (someone who routinely commits *aveiros* purposely), who now does an *aveirah* mistakenly, from bringing a *Korban Chatas*. **רַבִּי שִׁמְעוֹן בֶּן יוֹסֵי אוֹמֵר** — Rabi Shimon ben Yosi said, **מִשּׁוּם רַבִּי שִׁמְעוֹן** — in the name of Rabi Shimon: **אֵינוֹ צָרִיךְ** — We don't need to learn this *halachah* from this *pasuk*, **הֲרֵי הוּא אוֹמֵר** — because it says in the same *pasuk*: **אֲשֶׁר לֹא תֵעָשֶׂינָה בִּשְׁגָגָה וְאָשֵׁם** — "That should not be done, mistakenly, and he is guilty," **אוֹ הוֹדַע** — and the next *pasuk*

For this *daf's shiur* and charts, scan this QR code:

הורו

הורו בית דין לעבור על אחת מכל מצות האמורות בתורה, והלך היחיד ועשה שוגג על פיהם, בין שעשו ועשה עמהן, בין שעשו ועשה אחריהן, בין שלא עשו ועשה, פטור, מפני שתלה בבית דין. הורו בית דין וידע אחד מהן שטעו, או תלמיד והוא ראוי להוראה, והלך ועשה על פיהן, בין שעשו ועשה עמהן, בין שעשו ועשה אחריהן, בין שלא עשו ועשה, הרי זה חייב, מפני שלא תלה בבית דין. זה הכלל, התולה בעצמו חייב, והתולה בבית דין פטור: **גמ'** אמר שמואל, לעולם אין בית דין חייבין עד שיאמרו להם מותרין אתם. רב דימי מנהרדעא אמר, עד שיאמרו להם מותרין אתם לעשות; מאי טעמא, לפי שלא נגמרה הוראה. אמר אביי, אף אנן נמי תנינא, חזר לעירו, שנה ולימד כדרך שלימד, פטור, הורה לעשות, חייב. אמר רבי אבא, אף אנן נמי תנינא, הורו לה בית דין להנשא והלכה וקלקלה, חייבת בקרבן, שלא התירו לה אלא להנשא. אמר רבינא, אף אנן נמי תנינא, הורו בית דין לעבור על אחת מכל מצות האמורות בתורה. תו לא מידי. איכא דאמרי, אמר שמואל, אין בית דין חייבין עד שיאמרו להם מותרים אתם לעשות. רב דימי מנהרדעא אמר, אפילו מותרים אתם נגמרה הוראה. אמר אביי, והא לא תנן הכי, חזר לעירו ושנה או לימד כדרך שלימד, פטור, הורה לעשות, חייב. אמר רבי אבא, והא לא תנן הכי, הורו לה בית דין להנשא והלכה וקלקלה, חייבת בקרבן, שלא התירו לה אלא להנשא. אמר רבינא, והא לא תנן הכי, הורו בית דין לעבור על אחת מכל מצות האמורות בתורה. תו לא מידי: **והלך היחיד ועשה שוגג על פיהם:** וניתני ועשה על פיהם, שוגג למה לי. אמר רבא, שוגג, לאתויי הורו בית דין שחלב מותר, ונתחלף לו חלב בשומן ואכלו, פטור; על פיהם, על פיהם ממש. ואיכא דאמרי, אמר רבא, שוגג על פיהם הוא דפטור, אבל נתחלף לו חלב בשומן ואכלו חייב. מילתא דפשיטא ליה לרבא, קמיבעיא ליה לרמי בר חמא, דבעי רמי בר חמא, הורו בית דין שחלב מותר, ונתחלף לו בשומן ואכלו, מהו. אמר רבא, תא שמע, הלך יחיד ועשה שוגג על פיהם כו', שוגג על פיהם למה לי, לאו לאתויי הורו בית דין שחלב מותר ונתחלף לו חלב בשומן ואכלו פטור. דלמא שוגג על פיהם הוא דפטור, אבל נתחלף לו חלב בשומן ואכלו חייב. איכא דאמרי, אמר רבא, תא שמע, הלך יחיד ועשה שוגג על פיהם, מאי לאו, שוגג על פיהם הוא דפטור, אבל נתחלף לו חלב בשומן ואכלו חייב. דלמא או שוגג, או על פיהם. בפלוגתא, הורו בית דין שחלב מותר, ונתחלף לו חלב בשומן ואכלו, רב אמר פטור, ורבי יוחנן אמר חייב. מיתיבי, 'מעם הארץ בעשותה', פרט למומר; רבי שמעון בן יוסי אומר משום רבי שמעון (אינו צריך), הרי הוא אומר 'אשר לא תעשינה בשגגה ואשם או הודע', השב מידיעתו מביא קרבן על שגגתו, לא שב מידיעתו אינו מביא קרבן על שגגתו; ואם איתא, הא לא שב מידיעתו הוא. אמר רב פפא, קסבר רבי יוחנן, כיון דכי מתידע להו לבי דינא הדרי בהו, והוא נמי הדר ביה, שב מידיעתו קרינן ביה וחייב. אמר רבא, מודה רב שאינו משלים לרוב צבור, מאי טעמא, אמר קרא 'בשגגה', עד שיהו כולן בשגגה אחת: **בין שעשו ועשה עמהן כו':** למה ליה למיתנא כל הני, בשלמא רישא לא זו אף זו קתני, אלא סיפא דלחיובא איפכא מיבעי ליה.

הורו בית דין כו'. כגון שהורו שחלב או דם מותר: והלך היחיד ועשה שוגג על פיהם. מפרש בגמרא: בין שעשו ב"ד ועשה היחיד עמהם, כגון שאכל דם או חלב עמהן: בין שעשו ועשה אחריהן. בזה אחר זה: בין שלא עשו. ב"ד: ועשה. היחיד על פיהן: פטור. מלהביא כשבה ושעירה, הואיל ותלה בב"ד ועשה על פיהם: הורו ב"ד וידע אחד מהם. מבי"ד, שטעו, או תלמיד ראוי להוראה, והלך אותו אחד או אותו תלמיד, ועשה על פיהם, שטעה ב'מצוה לשמוע דברי חכמים', כדמפרש בגמרא: הרי זה חייב. מפני שלא תלה ממש בבי"ד, שהרי יודע שטעו, ואמרינן בגמרא, 'העושה מפי עצמו חייב, בהוראת בי"ד פטור': גמ' לעולם אין בי"ד חייבין. כי עשו הקהל או רובו על פיהם, כלומר, בין למ"ד בי"ד מביאין פר, בין למ"ד צבור מביאין פר ולא בי"ד, לעולם לא הוי גמר הוראה דלחייב קרבן, ולגבי יחיד דלהוי תולה בבי"ד, עד שאמרו בי"ד לצבור 'מותרין אתם': רב דימי אמר. לעולם לא נגמרה הוראה לחייבן קרבן עד שיאמרו 'מותרין אתם לעשות': אף אנן נמי תנינא. בפרק אלו הן הנחנקין: חזר. זקן ממרא לעירו וכו', הורה לעשות, דמשמע דקאמר 'מותרין אתם לעשות', דנגמרה הוראתו, חייב: הורו לה בי"ד להנשא. על פי עד אחד, דאי בשני עדים לא צריך בי"ד: והלכה וקלקלה. בזנות, ואחר כך בא בעלה: חייבת בקרבן. לפי שלא היתה תולה בבי"ד, מדקתני 'הורו לה בי"ד להנשא', ולא קתני 'התירוה בי"ד', ש"מ דלא נגמרה הוראתם עד שיאמרו 'מותרין אתם לעשות': הורו בי"ד לעבור. דמשמע הורו בי"ד לעשות, דאינה גמורה הוראתם עד שיאמרו 'מותרין אתם לעשות': והא לא תנן הכי. כולהו מקשו לרב דימי: אמר רבא. תרתי קתני, דמשמע הכי 'והלך היחיד ועשה או שוגג או על פיהם', שוגג, כגון שהורו בית דין שחלב מותר, ונתחלף לו חלב בשומן ואכלו, דפטור, אע"ג דלא הוי על פיהם ממש, ושלא במתכוין אכיל ליה, אפילו הכי, הואיל ואילו מתידע ליה דחלב הוא לא הוה הדר ביה, שהרי הורו בי"ד שחלב מותר, הלכך תולה בבי"ד קרינן ביה, ופטור: על פיהם ממש. כגון שהורו בי"ד שחלב מותר, והלך ועשה על פיהם, לאשמועינן דשוגג על פיהם פטור: איכא דאמרי. חדא קתני, להכי איצטריך למיתני 'שוגג על פיהם' דמשמע דבשוגג ממש על פיהם הוא דפטור, דהיינו על פיהן ממש, דידע דחלב הוא, ופטור משום דתלה בבי"ד ממש: אבל שוגג שלא על פיהן. כגון שהורו בי"ד שחלב מותר ונתחלף לו חלב בשומן ואכלו חייב, שלא תלה עצמו בבי"ד: רב אמר פטור. דתולה בבי"ד הוי, ויחיד שעשה בהוראת בי"ד פטור: ורבי יוחנן אמר חייב. הואיל ולא הוי על פיהם ממש, כתולה בעצמו הוא, וחייב: 'מעם הארץ בעשותה'. ולא כל עם הארץ: פרט למומר. דאינו מביא קרבן על שגגתו, דאין מקבלין מידו: ר"ש בן יוסי אומר, אינו צריך, הרי הוא אומר אשר לא תעשינה וכו'. ומומר לא שב מידיעתו הוא, לפיכך אינו מביא קרבן על שגגתו, ואמר לקמן בפ"ב 'מומר שאכל חלב והביא קרבן על הדם איכא בינייהו', והכא נמי כי הורו בי"ד שחלב מותר ונתחלף לו חלב בשומן לא שב מידיעתו הוא, ולפיכך אינו חייב, דהא הורו בי"ד שחלב מותר, וקשיא לר' יוחנן דאמר חייב, דתולה בעצמו הוא: אמר רב פפא, קסבר ר' יוחנן כיון דאילו הוה ידיע לבי"ד דטעו הוו הדרי בהו, והוא נמי הוי הדר ביה, הלכך שב מידיעתו קרינן ביה. וחייב קרבן, שהרי לא תלה כ"כ בבי"ד, שלא עשה על פיהם ממש, ואמטו להכי קאמר רבי יוחנן דחייב קרבן, אבל היכא דעשה על פיהם ממש, אע"ג דאילו הוי ידיע לבי"ד הוו הדרי בהו, והוא נמי הוה הדר ביה, והוי שב מידיעתו, אפ"ה פטור, מפני שתלה ממש בדעת בי"ד: אמר רבא. אע"ג דאמר רב כי נתחלף לו חלב בשומן דהוי יחיד שעשה בהוראת בי"ד ופטור, מודה רב שאין אותו יחיד משלים לרוב צבור, כגון שאמרו בי"ד שחלב מותר, והלכו חצי צבור ועשו על פיהם ואכלו חלב ממש, והלך זה ואכל ונתחלף לו חלב בשומן: שאינו משלים לרוב צבור. ואין מביאין פר, דבעינן שיהיו כולן ממש שוגגין בשגגה אחת ע"פ בי"ד: למה לי למתני כולהו. במתניתין, 'ועשה עמהם', 'ועשה אחריהם', 'שלא עשו ועשה': בשלמא רישא לא זו אף זו קתני. דהכי משמע, לא מיבעיא זו דעשה עמהם דהוי ודאי תולה בבי"ד דפטור, אלא אף זו נמי דעשה אחריהם הוי תולה בבי"ד ופטור, ולא זו בלבד דעשה אחריהם דפטור, אלא אף זו דלא עשו בי"ד ועשה אפילו הכי תולה בבי"ד הוי ופטור: אלא סיפא איפכא מיבעיא ליה למיתנא. דהכי איבעיא ליה למיתנא, 'הורו בי"ד וידע אחד מהן שטעו או תלמיד וראוי להוראה והלך ועשה על פיהם, בין שלא עשו ועשה ובין שעשה אחריהם ובין שעשה עמהם', דלא תלה בבי"ד, דהוי משמע לא זו בלבד דלא עשו ועשה דלא הוי תולה בבי"ד דחייב, אלא אף זו דעשה אחריהן לא תלה בבי"ד וחייב, ולא זו בלבד דעשה אחריהן חייב, אלא אף זו דעשה עמהן, דס"ד אמינא הואיל ועשה עמהם תולה בבית דין קרינא ביה, ולהוי פטור, אפילו הכי אמרינן הואיל וידע שטעו לא תלה בבית דין וחייב:

תוספות

אמר המתעסק, אלו התוספות כבר היו בדפוס, וכתוב על גבן בזה"ל. מצאתי תוספות כת"י על מסכת הוריות והעתקתים ולדפוס אצל האשר"י ממסכת סוכה. ונלקטו ע"י הג"מ אליהו ב"ר אברהם הלוי איטינגען זצ"ל, בעהמ"ס ברית הלוי ומנחת אליהו. ובהיות שמציאתן נעלם מעין כל, ומי יבקש דבר שלא במקומו, אשר ע"כ אמרתי להעמידן במקומן:

הורו ב"ד. הם סנהדרי גדולה, כדדרשינן בת"כ, 'עדת ישראל', עדה המיוחדת בישראל, זו סנהדרי גדולה': **בין** שעשו ועשה עמהן. ל"ע אם ב"ד עצמן חייבין להביא כשבה או שעירה, דנהי דפר אין מביאין אא"כ רוב צבור עשו על פיהן, מ"מ קרבן יחיד לייתו, או שמא פטורים לגמרי: **הורו** לה ב"ד להנשא. האי ב"ד אינו סנהדרין גדולה, שהרי ב"ד יכולין להתירה לינשא. ומ"מ הני נמי אית להו דין שאם עשתה כמו שהורו היתה פטורה, כיון שתולה בב"ד: **אמר** אביי, והא אנן לא תנן הכי. הא דלא פריך ללישנא קמא לשמואל כמו דפריך הכא לרב דימי, דללישנא קמא מצינן למימר דרב דימי אתא לפרושי דברי שמואל: **הכא** מסקינן לענין קרבן [עד] שיאמרו מותרין לעשות. וה"ה בעלמא גבי הוראה, דאין לתלמיד לסמוך על דברי רבו עד דא"ל הכי. והא דתניא פרק יש נוחלין (ב"ב קל:) 'אין למידין הלכה על פי מעשה'. ה"פ התם, אם יאמר לך אדם ראיתי מעשה שאירע בכה"ג שהורו כן, אין לסמוך על דבריו, דשמא לא עיין היטב, ושמא אותו מעשה היה קצת משונה; 'עד שיאמר הלכה למעשה', פירוש, עד שיביא לו מתוך ההלכה דאיתא לאותו דבר מה שאומר, כי התלמוד ודברי האמוראין עיקר, כדאיתא בירושלמי ריש פאה 'אין למידין לא מהלכות ולא מהגדות ולא מן התוספתא, אלא מפי התלמוד': **ואיכא** דאמרי חדא קתני. ואין להקשות דלא ליתני כי אם 'על פיהם', ומיניה משמע דווקא על פיהם. שמא ה"א ה"ה נתחלף לו, להכי תנא 'שוגג', למימר דאיזה 'שוגג', דווקא 'על פיהם': **עד** שיהיו כולן בשגגה אחת. ל"ע אם רוב צבור עשו בזה הענין שנתחלף להם והוי כולן בשגגה אחת אי מיחייב בית דין:

א) סנהדרין דף פז:, ב) יבמות צב., ג) [סוטה כב. וש"נ], ד) לקמן ד:, ה) שבת סג. ע"ש, ו) ת"כ דבורא דחובה פרשה ז ה"ז (אות רמא), ז) [שבועות מ:], ח) [יבמות יט. גיטין נו: ב"מ לה. עירובין עב. סנהדרין סא. סז.], ט) לקמן ד:, י) יבמות צב., כ) בפרק בתרא דף יא., ל) פ"ב ה"ד, מ) בע"ב.

תורה אור השלם

א) ואם נפש אחת תחטא בשגגה מעם הארץ בעשתה אחת ממצות יי אשר לא תעשינה ואשם: [ויקרא ד, כז]

ב) אשר נשיא יחטא ועשה אחת מכל מצות יי אלהיו אשר לא תעשינה בשגגה ואשם: או הודע אליו חטאתו אשר חטא בה והביא את קרבנו שעיר עזים זכר תמים: [ויקרא ד, כב-כג]

ואם נפש אחת תחטא בשגגה מעם הארץ בעשתה אחת ממצות יי אשר לא תעשינה ואשם: או הודע אליו חטאתו אשר חטא והביא קרבנו שעירת עזים תמימה נקבה על חטאתו אשר חטא: [ויקרא ד, כז-כח]

ג) ונסלח לכל עדת בני ישראל ולגר הגר בתוכם כי לכל העם בשגגה: [במדבר טו, כו]

והיה אם מעיני העדה נעשתה לשגגה ועשו כל העדה פר בן בקר אחד לעלה לריח ניחח ליי ומנחתו ונסכו כמשפט ושעיר עזים אחד לחטת: [במדבר טו, כד]

הגהות וציונים

א] הרי זה פטור (כת"י ומשניות דפוי"ר וירושלמי, ועי' באר שבע): ב] אמר רבא (ראשונים וכת"י, ועי' באר שבע ושער יוסף), וכן בסמוך בלישנא בתרא: [illegible] ... בקונדרס ישן ... נדפסו לראשונה ... תפ"ה. השער ... הרבה מהם ... נוסח יותר מתוקן: ... בכת"י ... נוסף פי':

א א מיי' פי"ב מהלכות שגגות הלכה א סמג עשין ריז:

ב ב מיי' שם פי"ג הלכה א והלכה ה סמג שם:

ג ג מיי' שם פי"ג הל"ב ופרק יג הל"א סמג שם:

ד ד מיי' פי"ג מהלכות ממרים הלכה ו סמג לאוין קסב:

ה ה מיי' פי"ג מהלכות שגגות הלכה ה סמג עשין ריז:

ו ו מיי' שם פ"ג הלכה ז ופי"ג מהלכות מעשה הקרבנות הלכה ד:

ז ז ח מיי' פי"ג מהלכות שגגות הלכה ה סמג עשין ריז:

רבינו חננאל

בדפוס וילנא הוצב פירוש רבינו חננאל בשולי העמוד. כשלא הכיל הגליון את השייך לעמוד המשיכו והדפיסוהו בעמוד הבא, וגם בעמוד שלאחריו, עד שבסופו של דבר, מתרחק הפירוש מספר עמודים מהמקום אליו הוא שייך. כדי לחסוך מהלומד לשוטט על פני עמודי המסכת עד שעיניו יצודו המלים "שייך לדף פלוני", העברנו את כל הפירוש לסוף המסכת.

תוספות הרא"ש

הורו ב"ד וידע א' מהן שטעו או תלמיד שהוא ראוי להוראה וכו' הרי זה חייב מפני שלא תלה בב"ד. לא זו אף זו קתני לא מיבעיא ידע אחד מסנהדרין גופייהו דטעו דחייב דלא נגמרה הוראה בהסכמת כולן אלא אפי' אחד מן התלמידים הדנים לפניהם בקרקע וראוי להוראה חייב ולא מיבעי' ראוי להוראה אלא אפי' גמיר ולא סביר ונראה לו לפי מה שלמד שטעו בב"ד חייב דכל שאין דעתו מסכמת לדעת ב"ד תולה בדעת עצמו דתנן במתני' לקמן (דף ד:) שוגגין ועשו מזידין פטורין אלמא דכיון דנראה לצבור שטעו לא הוי הוראה הס"נ יחידי ואמרינן נמי זה הכלל התולה בעצמו חייב לאתויי מבעט בהוראה. מי שרגיל לבעט בהוראה אע"פ שעתה הוא מסכים עם ב"ד מיקרי תולה בעצמו כ"ש כל אדם שאין דעתו מסכמת עם בית דין:

גמ' אין ב"ד חייבין עד שיאמרו להם מותרין אתם. [נמצא בהשמטות]: **אמר רבא אף אנן נמי תנינא הורוה ב"ד לינשא והלכה וקלקלה חייבת שלא התירוה ב"ד אלא להנשא.** [נמצא בהשמטות]: **מעם הארץ פרט.** [נמצא בהשמטות]: **פרט למומר.** [נמצא בהשמטות]: **אמר רב פפא קא סבר רבי יוחנן דכי מתיידע להו לבי דינא הדרי בהו והוא נמי הדר ביה שב מידיעתו קרי' ביה.** [נמצא בהשמטות]:

says, regarding when he becomes obligated to bring the *korban*, "if his *aveirah* becomes known to him." הַשָּׁב מִידִיעָתוֹ — This teaches us that only one who regrets doing the *aveirah* when he becomes aware that it was an *aveirah*, מֵבִיא קָרְבָּן עַל שִׁגְגָתוֹ — brings a *Korban Chatas* for his mistaken transgression, לֹא שָׁב מִידִיעָתוֹ — but one who doesn't regret doing the *aveirah* once he's aware of it, אֵינוֹ מֵבִיא קָרְבָּן עַל שִׁגְגָתוֹ — doesn't bring a *Korban Chatas* for his mistaken transgression. An apostate doesn't regret what he did when he finds out that it was an *aveirah*; therefore, he would not bring a *korban* if he does an *aveirah* mistakenly.

Now the Gemara gets to the question on Rabi Yochanan's opinion, regarding someone who unknowlingly ate *cheilev* after *beis din* ruled that it is permitted, from this *Baraisa*: **וְאִם אִיתָא** — And if it's true, as Rabi Yochanan said, that one who would not regret doing the *aveirah* once he is aware of it still must bring a *korban*, הָא לֹא שָׁב מִידִיעָתוֹ הוּא — this person who mistakenly ate *cheilev* thinking that it was *shuman* would not regret having eaten it once he finds out it was *cheilev*, since *beis din* mistakenly ruled that eating *cheilev* is permitted. Therefore, he should not have to bring a *korban*; why did Rabi Yochanan say that he does have to?

אָמַר רַב פַּפָּא — Rav Pappa said: קָסָבַר רַבִּי יוֹחָנָן — Rabi Yochanan holds that, כֵּיוָן דְּכִי מִתְיְדַע לְהוּ לְבֵי דִינָא — since once *beis din* realizes that it made a mistake, הָדְרִי בְּהוּ — the judges will reverse their mistaken ruling, וְהוּא נָמֵי הָדַר בֵּיהּ — and the individual will also regret having eaten the *cheilev*, שָׁב מִידִיעָתוֹ קָרֵינַן בֵּיהּ — we consider him as someone who would regret what he did once he becomes aware that it was an *aveirah*, וְחַיָּיב — and he is therefore obligated to bring a *korban*.

אָמַר רָבָא — Rava said: Even though Rav said that one who eats *cheilev* thinking that it is *shuman* doesn't have to bring a *korban* if *beis din* had mistakenly ruled that *cheilev* is permitted, because he based himself on *beis din's* ruling, מוֹדֶה רַב — Rav agrees, שֶׁאֵינוֹ מַשְׁלִים לְרוֹב צִבּוּר — that this person doesn't count towards the majority of the congregation. *beis din* is obligated to bring a *korban* called a *Par He'eleim Davar* when they issue a mistaken ruling to transgress one of the *mitzvos* of the Torah and the majority of the people transgressed that *mitzvah* based on their mistaken ruling. The person who ate *cheilev* thinking that it was *shuman* is exempt from a *Korban Chatas*, because he won't regret having eaten it if he finds out that it was *cheilev*, since *beis din* mistakenly ruled that *cheilev* is permitted. Nevertheless, he is not considered having actually acted on the basis of *beis din's* ruling to the extent that he would be counted toward this majority. **מַאי טַעְמָא** — Why not? **אָמַר קְרָא** — Because the *pasuk* says (*Bamidbar* 15:26), regarding the forgiveness given when a *Par He'eleim Davar* is brought: בִּשְׁגָגָה — "Because for all the people, it was done mistakenly," עַד שֶׁיְּהוּ כּוּלָּן בִּשְׁגָגָה אַחַת — this teaches that *beis din* doesn't bring a *Par He'eleim Davar* unless the majority that transgressed the *mitzvah* based on *beis din's* mistaken ruling all erred in the same manner. This person who ate *cheilev*

מסורת הש"ס עם הוספות

א) סנהדרין דף פו:, ב) יבמות פז:, ג) [סוכה לו: וש"נ], ד) לקמן ד:, ה) שבת סט. ע"ש לקמן יא. חולין ה: יומא פ. ת"כ דבורא דחובה פרשה ז ה"ז (אות רפא), ו) [שבועות כו:], ז) [יבמות יט. גיטין טו: ב"מ לא. עירובין עה. סנהדרין סא: סז.], ח) לקמן ד:, ט) יבמות צב. (עי' מהרש"א), י) בפרק בתרא דף יא., כ) פ"ב ה"ד, ל) בע"ב.

תורה אור השלם

א) וְאִם נֶפֶשׁ אַחַת תֶּחֱטָא בִשְׁגָגָה מֵעַם הָאָרֶץ בַּעֲשֹׂתָהּ אַחַת מִמִּצְוֹת יְיָ אֲשֶׁר לֹא תֵעָשֶׂינָה וְאָשֵׁם: [ויקרא ד, כז]

ב) אֲשֶׁר נָשִׂיא יֶחֱטָא וְעָשָׂה אַחַת מִכָּל מִצְוֹת יְיָ אֱלֹהָיו אֲשֶׁר לֹא תֵעָשֶׂינָה בִּשְׁגָגָה וְאָשֵׁם: אוֹ הוֹדַע אֵלָיו חַטָּאתוֹ אֲשֶׁר חָטָא בָּהּ וְהֵבִיא אֶת קָרְבָּנוֹ שְׂעִיר עִזִּים זָכָר תָּמִים: [ויקרא ד, כב-כג] לגירסא שלפנינו

וְאִם נֶפֶשׁ אַחַת תֶּחֱטָא בִשְׁגָגָה מֵעַם הָאָרֶץ בַּעֲשֹׂתָהּ אַחַת מִמִּצְוֹת יְיָ אֲשֶׁר לֹא תֵעָשֶׂינָה וְאָשֵׁם: אוֹ הוֹדַע אֵלָיו חַטָּאתוֹ אֲשֶׁר חָטָא וְהֵבִיא קָרְבָּנוֹ שְׂעִירַת עִזִּים תְּמִימָה נְקֵבָה עַל חַטָּאתוֹ אֲשֶׁר חָטָא: [ויקרא ד, כז-כח] למהרש"א וב"ח

ג) וְנִסְלַח לְכָל עֲדַת בְּנֵי יִשְׂרָאֵל וְלַגֵּר הַגָּר בְּתוֹכָם כִּי לְכָל הָעָם בִּשְׁגָגָה: [במדבר טו, כו] לרוב ראשונים

וְהָיָה אִם מֵעֵינֵי הָעֵדָה נֶעֶשְׂתָה לִשְׁגָגָה וְעָשׂוּ כָל הָעֵדָה פַּר בֶּן בָּקָר אֶחָד לְעֹלָה לְרֵיחַ נִיחֹחַ לַייָ וּמִנְחָתוֹ וְנִסְכּוֹ כַּמִּשְׁפָּט וּשְׂעִיר עִזִּים אֶחָד לְחַטָּת: [במדבר טו, כד] לגי' הר"ח

הגהות וציונים

א] הרי זה פטור (כת"י ומשניות דפו"ר וירושלמי, ועי' באר שבע): ב] אמר רבא (ראשונים וכת"י, ועי' באר שבע ושער יוסף), וכן בסמוך בלישנא בתרא: ג] בכתי"מ אמר רבא תרתי קתני לאתויי, ולדק"ס זו גירסת רש"י וצ"ל הפסק הנקודה אחר "תרתי קתני": ד] ונתחלף לו חלב בשומן (ב"ח, וכ"ה בראשונים ובכת"י): ה] "כו'" ליתא בר"ח ובכת"י: ו] בילק"ש יהודה, ובדק"ס הוכיח שזו הגירסא הנכונה: ז] רש"א מ"ז (גליון): ח] עי' ב"ש אמאי מייתי האי קרא. הב"ח מוחק "בשגגה", וכן ליתא במהרש"א: ט] גירסת ר"ח לשגגה, עי"ש: י] הב"ח מוסיף הא לא קשיא (ע"פ רש"י): כ] צ"ל כשבה או שעירה: ל] החק נתן מוחק "בגמ'": מ] שיאמרו (כת"י): נ] צ"ל [דלא] נגמרה (ב"ח): ס] "ממש" מיותר (רש"ש): ע] צ"ל לאכול (ב"ח, וכ"ה בכת"י): פ] כת"י "זה שנתחלף לו חלב בשומן ואכלו:": צ] יש להוסיף דחייב (כת"י): ק] בדפוסים שלפני ש"ס וילנא "והמחבר הוא הרב המופלא פ"ה ע"ה מהר"ר אליה איטינגין המחבר ספר ברית הלוי זלה"ה". וכתב הורה גבר "לא נודע מי היה מחברם וכפי הנראה מהר"א הנ"ל הביאן רק אל הדפוס לאשר היו גנוזים בבית גנזיו", עי"ש. הבנימין זאב סי' קלא מעתיק תוס' ד"ה הכא שבעמוד זה וכותב "שמצאתיו בקונדרס ישן משמם": ר] נדפסו לראשונה בפראג שנת תפ"ה. השער יוסף מעתיק הרבה מהם מכת"י, בנוסח יותר מתוקן: ש] ב"ד (כת"י): ת] בכת"י נוסף פי':

הורו

א בית דין לעבור על אחת מכל מצות האמורות בתורה, והלך היחיד ועשה שוגג על פיהם, בין שעשו ועשה עמהן, בין שעשו ועשה אחריהן, בין שלא עשו ועשה, פטור, מפני שתלה בבית דין. ב הורו בית דין וידע אחד מהן שטעו, או תלמיד והוא ראוי להוראה, והלך ועשה על פיהן, בין שעשו ועשה עמהן, בין שעשו ועשה אחריהן, בין שלא עשו ועשה, הרי זה חייב, מפני שלא תלה בבית דין. זה הכלל, התולה בעצמו חייב, והתולה בבית דין פטור. גמ' אמר שמואל, לעולם אין בית דין חייבין עד שיאמרו להם מותרין אתם. רב דימי מנהרדעא אמר, עד שיאמרו להם מותרין אתם לעשות; מאי טעמא, לפי שלא נגמרה הוראה. אמר אביי, אף אנן נמי תנינא, חזר לעירו, שנה ולימד כדרך שלימד, פטור, הורה לעשות, חייב. אמר רבי אבא, אף אנן נמי תנינא, ג הורו לה בית דין להנשא והלכה וקלקלה, חייבת בקרבן, שלא התירו לה אלא להנשא. אמר רבינא, אף אנן נמי תנינא, הורו בית דין לעבור על אחת מכל מצות האמורות בתורה. תו לא מידי. איכא דאמרי, אמר שמואל, אין בית דין חייבין עד שיאמרו להם מותרים אתם לעשות. רב דימי מנהרדעא אמר, אפילו מותרים אתם נגמרה הוראה. אמר אביי, והא לא תנן הכי, חזר לעירו ושנה או לימד כדרך שלימד, פטור, הורה לעשות, חייב. אמר רבי אבא, והא לא תנן הכי, הורו לה בית דין להנשא והלכה וקלקלה, חייבת בקרבן, שלא התירו לה אלא להנשא. אמר רבינא, והא לא תנן הכי, הורו בית דין לעבור על אחת מכל מצות האמורות בתורה. תו לא מידי: והלך היחיד ועשה שוגג על פיהם: וניתני ועשה על פיהם, שוגג למה לי. אמר רבא, שוגג, לאתויי הורו בית דין שחלב מותר, ונתחלף לו חלב בשומן ואכלו, פטור; על פיהם, על פיהם ממש. ואיכא דאמרי, אמר רבא, שוגג על פיהם הוא דפטור, אבל נתחלף לו חלב בשומן ואכלו חייב. מילתא דפשיטא ליה לרבא, קמיבעיא ליה לרמי בר חמא, ד דבעי רמי בר חמא, הורו בית דין שחלב מותר, ונתחלף לו בשומן ואכלו, מהו. אמר רבא, תא שמע, הלך יחיד ועשה שוגג על פיהם כו', שוגג על פיהם למה לי, לאו לאתויי הורו בית דין שחלב מותר ונתחלף לו חלב בשומן ואכלו פטור. דלמא שוגג על פיהם הוא דפטור, אבל נתחלף לו חלב בשומן ואכלו חייב. איכא דאמרי, אמר רבא, תא שמע, הלך יחיד ועשה שוגג על פיהם, מאי לאו, שוגג על פיהם הוא דפטור, אבל נתחלף לו חלב בשומן ואכלו חייב. דלמא או שוגג, או על פיהם. בפלוגתא, הורו בית דין שחלב מותר, ונתחלף לו חלב בשומן ואכלו, רב אמר פטור, ורבי יוחנן אמר ה חייב. מיתיבי, א מעם הארץ בעשותה, ו פרט למומר; רבי שמעון בן יוסי אומר משום רבי שמעון (אינו צריך), הרי הוא אומר ב אשר לא תעשינה בשגגה ואשם או הודע, ז השב מידיעתו מביא קרבן על שגגתו, לא שב מידיעתו אינו מביא קרבן על שגגתו; ואם איתא, הא לא שב מידיעתו הוא. אמר רב פפא, קסבר רבי יוחנן, כיון דכי מתידע להו לבי דינא הדרי בהו, והוא נמי הדר ביה, שב מידיעתו קרינן ביה וחייב. אמר רבא, מודה רב שאינו משלים לרוב צבור, מאי טעמא, אמר קרא ג בשגגה, עד שיהו כולן בשגגה אחת: בין שעשו ועשה עמהן כו': למה ליה למיתנא כל הני, בשלמא רישא לא זו אף זו קתני, אלא סיפא דלחיובא איפכא מיבעי ליה. זו

רש"י

הורו בית דין כו'. כגון שהורו שחלב או דם מותר: והלך היחיד ועשה שוגג על פיהם. מפרש בגמרא: בין שעשו בי"ד ועשה היחיד עמהם, כגון שאכל דם או חלב עמהן: בין שעשו ועשה אחריהן. בזה אחר זה: בין שלא עשו. בי"ד: ועשה. היחיד על פיהן: פטור. מלהביא כשבה ושעירה, הואיל ותלה בבי"ד ועשה על פיהם: הורו בי"ד וידע אחד מהם. מבי"ד, שטעו, או תלמיד ראוי להוראה, והלך אותו אחד או אותו תלמיד, ועשה על פיהם, שטעה במצוה לשמוע דברי חכמים, כדמפרש בגמרא: הרי זה חייב. מפני שלא תלה ממש בבי"ד, שהרי יודע שטעו, ואמרינן בגמרא, העושה מפי עצמו חייב, בהוראת בי"ד פטור: גמ' לעולם אין בי"ד חייבין. כי עשו הקהל או רובו על פיהם, כלומר, בין למ"ד בי"ד מביאין פר, בין למ"ד צבור מביאין פר ולא בי"ד, לעולם לא הוי גמר הוראה דלחייב קרבן, ולגבי יחיד דלהוי תולה בבי"ד, עד שאמרו בי"ד לצבור מותרין אתם: רב דימי אמר. לעולם לא נגמרה הוראה לחייבן קרבן עד שיאמרו מותרין אתם לעשות: אף אנן נמי תנינא. בפרק אלו הן הנחנקין: חזר. זקן ממרא לעירו וכו', הורה לעשות, דמשמע דקאמר מותרין אתם לעשות, דנגמרה הוראתו, חייב: הורו לה בי"ד להנשא. על פי עד אחד, דאי בשני עדים לא צריך בי"ד: והלכה וקלקלה. בזנות, ואחר כך בא בעלה: חייבת בקרבן. לפי שלא היתה תולה בבי"ד, מדקתני הורו לה בי"ד להנשא, ולא קתני התירוה בי"ד, ש"מ דלא נגמרה הוראתם עד שיאמרו מותרין אתם לעשות: הורו בי"ד לעבור. דמשמע הורו בי"ד לעשות, דהיינו גמורה הוראתם עד שיאמרו מותרין אתם לעשות: והא לא תנן הכי. כולהו מקשו לרב דימי: אמר רבא. תרתי קתני, דמשמע הכי והלך היחיד ועשה או שוגג או על פיהם, שוגג, כגון שהורו בית דין שחלב מותר, ונתחלף לו חלב בשומן ואכלו, דפטור, אע"ג דלא הוי על פיהם ממש, ושלא במתכוין קאכיל ליה, אפילו הכי, הואיל ואילו מתידע ליה דחלב הוא לא הוה הדר ביה, שהרי הורו בי"ד שחלב מותר, הלכך תולה בבי"ד קרינן ביה, ופטור: על פיהם ממש. כגון שהורו בי"ד שחלב מותר, והלך ועשה על פיהם, לאשמועינן דשוגג על פיהם פטור: ואית דאמרי. חדא קתני, להכי איצטריך למיתני שוגג על פיהם דמשמע דבשוגג ממש על פיהם הוא דפטור, דהיינו על פיהן ממש, דידע דחלב הוא, ופטור משום דתלה בבי"ד ממש: אבל שוגג שלא על פיהן. כגון שהורו בי"ד שחלב מותר ונתחלף לו חלב בשומן ואכלו חייב, שלא תלה עצמו בבי"ד: רב אמר פטור. דתולה בבי"ד הוי, ויחיד שעשה בהוראת בי"ד פטור: ורבי יוחנן אמר חייב. הואיל ולא הוי על פיהם ממש, כתולה בעצמו הוא, וחייב: מעם הארץ בעשותה. ולא כל עם הארץ: פרט למומר. דאינו מביא קרבן על שגגתו, דאין מקבלין מידו: ר"ש בן יוסי אומר, אינו צריך, הרי הוא אומר אשר לא תעשינה וכו'. ומומר לא שב מידיעתו הוא, לפיכך אינו מביא קרבן על שגגתו, ואמר לקמן בפ"ב מומר שאכל חלב והביא קרבן על הדם איכא בינייהו, והכא נמי כי הורו בי"ד שחלב מותר ונתחלף לו חלב בשומן לא שב מידיעתו הוא, ולפיכך אינו חייב, דהא הורו בי"ד שחלב מותר, וקשיא לר' יוחנן דאמר חייב, דתולה בעצמו הוא: אמר רב פפא, קסבר ר' יוחנן כיון דאילו הוה ידיע לבי"ד דטעו הוו הדרי בהו, והוא נמי הוי הדר ביה, הלכך שב מידיעתו קרינן ביה, וחייב קרבן, שהרי לא תלה כ"כ בבי"ד, שלא עשה על פיהם ממש, ואמטו להכי קאמר רבי יוחנן דחייב קרבן, אבל היכא דעשה על פיהם ממש, אע"ג דאילו הוי ידיע לבי"ד הוו הדרי בהו, והוא נמי הוה הדר ביה, והוי שב מידיעתו, אפ"ה פטור, מפני שתלה ממש בדעת בי"ד: אמר רבא. אע"ג דאמר רב כי נתחלף לו חלב בשומן דהוי יחיד שעשה בהוראת בי"ד ופטור, מודה רב שאין אותו יחיד משלים לרוב צבור, כגון שאמרו בי"ד שחלב מותר, והלכו חצי צבור ועשו על פיהם ואכלו חלב ממש, והלך זה ואכל ונתחלף לו חלב בשומן: שאינו משלים לרוב צבור. ואין מביאין פר, דבעינן שיהיו כולן ממש שוגגין בשגגה אחת ע"פ בי"ד: למה לי למתני כולהו. במתניתין, ועשה עמהם, ועשה אחריהם, שלא עשו ועשה: בשלמא רישא לא זו אף זו קתני. דהכי משמע, לא מיבעיא זו דעשה עמהם דהוי ודאי תולה בבי"ד דפטור, אלא אף זו נמי דעשה אחריהם הוי תולה בבי"ד ופטור, ולא זו בלבד דעשה אחריהם דפטור, אלא אף זו דלא עשו בי"ד ועשה אפילו הכי תולה בבי"ד הוי ופטור: אלא סיפא איפכא מיבעיא ליה למיתנא. דהכי איבעיא ליה למיתנא, הורו בי"ד וידע אחד מהן שטעו או תלמיד וראוי להוראה והלך ועשה על פיהם, בין שלא עשו ועשה ובין שעשה אחריהם ובין שעשה עמהם, דלא תלה בבי"ד, דהוי משמע לא זו בלבד דלא עשו ועשה דלא הוי תולה בבי"ד דחייב, אלא אף זו דעשה אחריהן לא תלה בבי"ד וחייב, ולא זו בלבד דעשה אחריהן חייב, אלא אף זו דעשה עמהן, דס"ד אמינא הואיל ועשה עמהם תולה בבית דין קרינא ביה, ולהוי פטור, אפילו הכי אמרינן הואיל וידע שטעו לא תלה בבית דין וחייב:
הא

עין משפט נר מצוה

א א מיי' פי"ב מהלכות שגגות הלכה א סמג עשין ריז:
ב ב מיי' שם פי"ג הלכה א והלכה ה סמג שם:
ג ג מיי' שם פי"ג הל"ב ופרק יג הל"א סמג שם:
ד ד מיי' פ"ג מהלכות ממרים הלכה ו סמג לאוין קסב:
ה ה מיי' פי"ג מהלכות שגגות הלכה ה סמג עשין ריז:
ו ו מיי' שם פ"ג הלכה ז ופ"ג מהלכות מעשה הקרבנות הלכה ד:
ז ז ח מיי' פי"ג מהלכות שגגות הלכה ה סמג עשין ריז:

רבינו חננאל

בדפוס וילנא הוצב פירוש רבינו חננאל בשולי העמוד. כשלא הכיל הגליון את השייך לעמוד המשיכו והדפיסוהו בעמוד הבא, וגם בעמוד שלאחריו, עד שבסופו של דבר, מתרחק הפירוש מספר עמודים מהמקום אליו הוא שייך. כדי לחסוך מהלומד לשוטט על פני עמודי המסכת עד שעיניו יצודו המלים "שייך לדף פלוני", העברנו את כל הפירוש לסוף המסכת.

תוספות הרא"ש

הורו ב"ד וידע א' מהן שטעו או תלמיד שהוא ראוי להוראה וכו' הרי זה חייב מפני שלא תלה בב"ד. לא זו אף זו קתני לא מיבעיא ידע אחד מסנהדרין גופייהו דטעו דחייב דלא נגמרה הוראה בהסכמת כולן אלא אפי' אחד מן התלמידים הדנים לפניהם בקרקע וראוי להוראה חייב ולא מיבעי' ראוי להוראה אלא אפי' גמיר ולא סביר ונראה לו לפי מה שלמד שטעו בב"ד חייב דכל שאין דעתו מסכמת לדעת ב"ד תולה בדעת עצמו דתנן במתני' לקמן [illegible]

גמ' אין ב"ד חייבין עד שיאמרו להם מותרין אתם. [נמצא בהשמטות]: אמר רבא אף אנן נמי תנינא הורוה ב"ד לינשא והלכה וקלקלה חייבת שלא התירוה ב"ד אלא להנשא. [נמצא בהשמטות]: מעם הארץ פרט. [נמצא בהשמטות]: פרט למומר. [נמצא בהשמטות]: אמר רב פפא קא סבר רבי יוחנן דכי מתידע להו הדרי בהו והוא נמי הדר ביה שב מידיעתו קרי' ביה. (נמצא בהשמטות)

תוספות

אמר המתעסק, אלו התוספות כבר היו בדפוס, וכתוב על גבן בזה"ל. מצאתי תוספות כת"י על מסכת הוריות והעתקתים ולדפוס אצל האשר"י ממסכת סוכה. ונלקטו עי' הג"מ אליהו ב"ר אברהם הלוי איטינגן ז"ל, בעהמ"ס ברית הלוי ומנחת אליהו. ובהיות שמציאתן נעלם מעין כל, ומי יבקש דבר שלא במקומו, אשר ע"כ אמרתי להעמידן במקומן:

הורו ב"ד. הם סנהדרי גדולה, כדדרשינן בת"כ, 'עדת ישראל, עדה המיוחדת בישראל, זו סנהדרי גדולה': בין שעשו ועשה עמהן. ל"ע אם ב"ד עצמן חייבין להביא כשבה או שעירה, דנהי דפר [illegible] מביאין אא"כ רוב צבור עשו על פיהן, מ"מ קרבן יחיד לייתו, או שמא פטורים לגמרי: הורו לה [illegible] להנשא. האי ב"ד היינו סנהדרין גדולה, שהרי ב"ד יכולין להתירה לינשא. ומ"מ הני נמי אית להו [illegible] דינא שאם עשתה כמו שהורו היתה פטורה, כיון שתולה בב"ד: אמר אביי, והא אנן לא תנן הכי. [illegible] לא פריך ללישנא קמא לשמואל כמו דפריך הכא לרב דימי, דללישנא קמא מצינן למימר דרב דימי [illegible] לפרושי דברי שמואל: הכא מסקינן לענין קרבן [עד] שיאמרו מותרין לעשות. וה"ה בעלמא גבי [illegible] הוראה, דאין לתלמיד לסמוך על דברי רבו עד דא"ל הכי. והא דתניא פרק יש נוחלין (ב"ב קל:) 'אין למידין הלכה על פי מעשה'. ה"פ התם, אם יאמר לך אדם ראיתי מעשה שאירע בכה"ג שהורו כן, אין לסמוך על דבריו, דשמא לא עיין היטב, ושמא אותו מעשה היה קצת משונה; 'עד שיאמר הלכה למעשה', פירוש, עד שיביא לו מתוך ההלכה דאיתא לאותו דבר מה שאומר, כי התלמוד ודברי האמוראין עיקר, כדאיתא בירושלמי ריש פיאה 'אין למידין לא מהלכות ולא מהגדות ולא מן התוספתא, אלא מפי התלמוד': ואיכא דאמרי חדא קתני. ואין להקשות דלא ליתני כי אם 'על פיהם', וממילא משמע דווקא על פיהם. שמא ה"א ה"ה נתחלף לו, להכי תנא 'שוגג', למימר באיזה 'שוגג', דווקא 'על פיהם': עד שיהיו כולן בשגגה אחת. צ"ע אם רוב צבור עשו בזה הענין שנתחלף להם והוי כולן בשגגה אחת אי מיחייב בית דין:

thinking that it was *shuman* didn't transgress the *mitzvah* in the same manner as the rest of the majority, who did it by knowingly eating *cheilev*.

The Mishnah teaches: **בֵּין שֶׁעָשׂוּ וְעָשָׂה עִמָּהֶן כו'** — Whether the judges themselves also did the transgression and he did it at the same time as them, etc.

The Gemara asks: **לְמָה לֵיהּ לְמִיתְנָא כֹּל הָנֵי** — Why does the Mishnah need to say all of these cases-whether the individual did the transgression together at the same time as the judges, or the judges did it and he did after them, or he did it and the judges didn't? **בִּשְׁלָמָא רֵישָׁא** — In the first part of the Mishnah, it makes sense to say all of the cases, **לֹא זוֹ אַף זוֹ קָתָנֵי** — because the Mishnah was using a format called "not only [is the *halachah* so] in this case, but [it is so] even in this case." That is, not only is the individual who followed *beis din's* mistaken ruling exempt when he did it at the same time as the judges, in which case it is very reasonable to say that he was acting based on their ruling, but even if he did it after them, when it is slightly less reasonable, he is still exempt, and even when the judges didn't do it at all, he can still be considered acting based on them, and is exempt. **אֶלָּא סֵיפָא** — But in the latter part of the Mishnah, where one of the judges or a student qualified to give *halachic* rulings who knew that *beis din* had made a mistake followed the mistaken ruling, **דִּלְחִיּוּבָא** — that it is coming to teach us that the individual is liable, **אִיפְּכָא מִיבְּעֵי לֵיהּ** — the order should have been the reverse! If the Mishnah was using this format of "not only this case, but even that case," it should have started with the case where the judges didn't do at all, and only the individual did, because that case is the one where he is most likely to be liable. Then, it should have followed with the case where he did after the judges, where it is more logical to say that he may not be liable, even though he knew of *beis din's* mistake. And last, it should give the case where he did together with the judges, where it is most reasonable to think that he may not be liable despite knowing of the mistake.

For this *daf's shiur* and charts, scan this QR code:

הוֹרוּ

אבֵּית דִּין לַעֲבוֹר עַל אַחַת מִכָּל מִצְוֹת הָאֲמוּרוֹת בַּתּוֹרָה, וְהָלַךְ הַיָּחִיד וְעָשָׂה שׁוֹגֵג עַל פִּיהֶם, בֵּין שֶׁעָשׂוּ וְעָשָׂה עִמָּהֶן, בֵּין שֶׁעָשׂוּ וְעָשָׂה אַחֲרֵיהֶן, בֵּין שֶׁלֹּא עָשׂוּ וְעָשָׂה, אפָּטוּר, מִפְּנֵי שֶׁתָּלָה בְּבֵית דִּין. בהוֹרוּ בֵּית דִּין וְיָדַע אֶחָד מֵהֶן שֶׁטָּעוּ, אוֹ תַּלְמִיד וְהוּא רָאוּי לְהוֹרָאָה, וְהָלַךְ וְעָשָׂה עַל פִּיהֶן, בֵּין שֶׁעָשׂוּ וְעָשָׂה עִמָּהֶן, בֵּין שֶׁעָשׂוּ וְעָשָׂה אַחֲרֵיהֶן, בֵּין שֶׁלֹּא עָשׂוּ וְעָשָׂה, הֲרֵי זֶה חַיָּיב, מִפְּנֵי שֶׁלֹּא תָּלָה בְּבֵית דִּין. זֶה הַכְּלָל, הַתּוֹלֶה בְּעַצְמוֹ חַיָּיב, וְהַתּוֹלֶה בְּבֵית דִּין פָּטוּר: **גמ'** אָמַר שְׁמוּאֵל, לְעוֹלָם אֵין בֵּית דִּין חַיָּיבִין עַד שֶׁיֹּאמְרוּ לָהֶם מוּתָּרִין אַתֶּם. רַב דִּימִי מִנְּהַרְדְּעָא אָמַר, געַד שֶׁיֹּאמְרוּ לָהֶם מוּתָּרִין אַתֶּם לַעֲשׂוֹת; מַאי טַעְמָא, לְפִי שֶׁלֹּא נִגְמְרָה הוֹרָאָה. אָמַר אַבַּיֵי, אַף אֲנַן נַמִּי תְּנֵינָא, [א]דחָזַר לְעִירוֹ, שָׁנָה וְלִימֵּד כְּדֶרֶךְ שֶׁלִּימֵּד, פָּטוּר, הוֹרָה לַעֲשׂוֹת, חַיָּיב. אָמַר רַבִּי אַבָּא[ב], אַף אֲנַן נַמִּי תְּנֵינָא, [ג]הוֹרוּ לָהּ בֵּית דִּין לְהִנָּשֵׂא וְהָלְכָה וְקִלְקְלָה, חַיֶּיבֶת בְּקָרְבָּן, שֶׁלֹּא הִתִּירוּ לָהּ אֶלָּא לְהִנָּשֵׂא. אָמַר רָבִינָא, אַף אֲנַן נַמִּי תְּנֵינָא, הוֹרוּ בֵּית דִּין לַעֲבוֹר עַל אַחַת מִכָּל מִצְוֹת הָאֲמוּרוֹת בַּתּוֹרָה. [ד]תּוּ לָא מִידֵי. אִיכָּא דְּאָמְרִי, אָמַר שְׁמוּאֵל, אֵין בֵּית דִּין חַיָּיבִין עַד שֶׁיֹּאמְרוּ לָהֶם מוּתָּרִים אַתֶּם לַעֲשׂוֹת. רַב דִּימִי מִנְּהַרְדְּעָא אָמַר, אֲפִילּוּ מוּתָּרִים אַתֶּם נִגְמְרָה הוֹרָאָה. אָמַר אַבַּיֵי, וְהָא לָא תְּנַן הָכִי, חָזַר לְעִירוֹ וְשָׁנָה אוֹ לִימֵּד כְּדֶרֶךְ שֶׁלִּימֵּד, פָּטוּר, הוֹרָה לַעֲשׂוֹת, חַיָּיב. אָמַר רַבִּי אַבָּא, וְהָא לָא תְּנַן הָכִי, הוֹרוּ לָהּ בֵּית דִּין לְהִנָּשֵׂא וְהָלְכָה וְקִלְקְלָה, חַיֶּיבֶת בְּקָרְבָּן, שֶׁלֹּא הִתִּירוּ לָהּ אֶלָּא לְהִנָּשֵׂא. אָמַר רָבִינָא, וְהָא לָא תְּנַן הָכִי, הוֹרוּ בֵּית דִּין לַעֲבוֹר עַל אַחַת מִכָּל מִצְוֹת הָאֲמוּרוֹת בַּתּוֹרָה. תּוּ לָא מִידֵי: וְהָלַךְ הַיָּחִיד וְעָשָׂה שׁוֹגֵג עַל פִּיהֶם: וְנִיתְנֵי וְעָשָׂה עַל פִּיהֶם, שׁוֹגֵג לָמָּה לִי. אָמַר רָבָא, שׁוֹגֵג[ה], לְאֵתוֹיֵי הוֹרוּ בֵּית דִּין שֶׁחֵלֶב מוּתָּר, וְנִתְחַלֵּף לוֹ חֵלֶב בְּשׁוּמָּן וַאֲכָלוֹ, פָּטוּר; עַל פִּיהֶם, עַל פִּיהֶם מַמָּשׁ. וְאִיכָּא דְּאָמְרִי, אָמַר רָבָא, שׁוֹגֵג עַל פִּיהֶם הוּא דְּפָטוּר, אֲבָל נִתְחַלֵּף לוֹ חֵלֶב בְּשׁוּמָּן וַאֲכָלוֹ חַיָּיב. מִילְּתָא דִּפְשִׁיטָא לֵיהּ לְרָבָא, קָמִיבַּעְיָא לֵיהּ לְרָמִי בַּר חָמָא, [ו]דִּבְעֵי רָמִי בַּר חָמָא, הוֹרוּ בֵּית דִּין שֶׁחֵלֶב מוּתָּר, וְנִתְחַלֵּף לוֹ[ז] בְּשׁוּמָּן וַאֲכָלוֹ, מַהוּ. אָמַר רָבָא, תָּא שְׁמַע, הָלַךְ יָחִיד וְעָשָׂה שׁוֹגֵג עַל פִּיהֶם כו'[ח], שׁוֹגֵג עַל פִּיהֶם לָמָּה לִי, לָאו לְאֵתוֹיֵי הוֹרוּ בֵּית דִּין שֶׁחֵלֶב מוּתָּר וְנִתְחַלֵּף לוֹ חֵלֶב בְּשׁוּמָּן וַאֲכָלוֹ פָּטוּר. דִּלְמָא שׁוֹגֵג עַל פִּיהֶם הוּא דְּפָטוּר, אֲבָל נִתְחַלֵּף לוֹ חֵלֶב בְּשׁוּמָּן וַאֲכָלוֹ חַיָּיב. אִיכָּא דְּאָמְרִי, אָמַר רָבָא, תָּא שְׁמַע, הָלַךְ יָחִיד וְעָשָׂה שׁוֹגֵג עַל פִּיהֶם, מַאי לָאו, שׁוֹגֵג עַל פִּיהֶם הוּא דְּפָטוּר, אֲבָל נִתְחַלֵּף לוֹ חֵלֶב בְּשׁוּמָּן וַאֲכָלוֹ חַיָּיב. דִּלְמָא אוֹ שׁוֹגֵג, אוֹ עַל פִּיהֶם. בִּפְלוּגְתָּא, הוֹרוּ בֵּית דִּין שֶׁחֵלֶב מוּתָּר, וְנִתְחַלֵּף לוֹ חֵלֶב בְּשׁוּמָּן וַאֲכָלוֹ, רַב אָמַר פָּטוּר, וְרַבִּי יוֹחָנָן אָמַר החַיָּיב. מֵיתִיבִי, א'מֵעַם הָאָרֶץ בַּעֲשׂוֹתָהּ', [ט]פְּרָט לְמוּמָר; רַבִּי שִׁמְעוֹן בֶּן יוֹסֵי[י] אוֹמֵר מִשּׁוּם רַבִּי שִׁמְעוֹן (אֵינוֹ צָרִיךְ[כ]), הֲרֵי הוּא אוֹמֵר ב'אֲשֶׁר לֹא תֵעָשֶׂינָה בִּשְׁגָגָה[ל] וְאָשֵׁם אוֹ הוֹדַע', [מ]הַשָּׁב מִידִיעָתוֹ מֵבִיא קָרְבָּן עַל שִׁגְגָתוֹ, לֹא שָׁב מִידִיעָתוֹ אֵינוֹ מֵבִיא קָרְבָּן עַל שִׁגְגָתוֹ; וְאִם אִיתָא, הָא לֹא שָׁב מִידִיעָתוֹ הוּא. אָמַר רַב פָּפָּא, קָסָבַר רַבִּי יוֹחָנָן, כֵּיוָן דְּכִי מִתְיְדַע לְהוּ לְבֵי דִּינָא הָדְרִי בְּהוּ, וְהוּא נַמִּי הָדַר בֵּיהּ, שָׁב מִידִיעָתוֹ קָרֵינַן בֵּיהּ וְחַיָּיב. אָמַר רָבָא, זמוֹדֶה רַב שֶׁאֵינוֹ מַשְׁלִים לְרוֹב צִבּוּר, מַאי טַעְמָא, אָמַר קְרָא ג'בִּשְׁגָגָה'[נ], חעַד שֶׁיְּהוּ כּוּלָּן בִּשְׁגָגָה אַחַת: בֵּין שֶׁעָשׂוּ וְעָשָׂה עִמָּהֶן כו': לָמָּה לֵיהּ לְמִיתְנָא כָּל הָנֵי, בִּשְׁלָמָא רֵישָׁא [ס]לֹא זוֹ אַף זוֹ קָתָנֵי, אֶלָּא סֵיפָא דִּלְחִיּוּבָא אִיפְּכָא מִיבְּעֵי לֵיהּ[ע].

זו'

רש"י

הוֹרוּ בֵּית דִּין כו'. כְּגוֹן שֶׁהוֹרוּ שֶׁחֵלֶב אוֹ דָּם מוּתָּר: וְהָלַךְ הַיָּחִיד וְעָשָׂה שׁוֹגֵג עַל פִּיהֶם. מְפָרֵשׁ בַּגְּמָרָא: בֵּין שֶׁעָשׂוּ ב"ד וְעָשָׂה הַיָּחִיד עִמָּהֶם, כְּגוֹן שֶׁאָכַל דָּם אוֹ חֵלֶב עִמָּהֶן: בֵּין שֶׁעָשׂוּ וְעָשָׂה אַחֲרֵיהֶן. בָּזֶה אַחַר זֶה: בֵּין שֶׁלֹּא עָשׂוּ. ב"ד: וְעָשָׂה. הַיָּחִיד עַל פִּיהֶן: פָּטוּר. מִלְּהָבִיא כִּשְׂבָּה וּשְׂעִירָה[פ], הוֹאִיל וְתָלָה בב"ד וְעָשָׂה עַל פִּיהֶם: הוֹרוּ ב"ד וְיָדַע אֶחָד מֵהֶם. מִבּ"ד, שֶׁטָּעוּ, אוֹ תַּלְמִיד רָאוּי לְהוֹרָאָה, וְהָלַךְ אוֹתוֹ אֶחָד אוֹ אוֹתוֹ תַּלְמִיד, וְעָשָׂה עַל פִּיהֶם, שֶׁטָּעָה בְּ'מִצְוָה לִשְׁמוֹעַ דִּבְרֵי חֲכָמִים', כִּדְמְפָרֵשׁ בַּגְּמָרָא: הֲרֵי זֶה חַיָּיב. מִפְּנֵי שֶׁלֹּא תָּלָה מַמָּשׁ בְּבֵי"ד, שֶׁהֲרֵי יוֹדֵעַ שֶׁטָּעוּ, וְאָמְרִינַן בַּגְּמָרָא[צ], 'הָעוֹשֶׂה מִפִּי עַצְמוֹ חַיָּיב, בְּהוֹרָאַת ב"ד פָּטוּר': **גמ'** לְעוֹלָם אֵין ב"ד חַיָּיבִין. כִּי עָשׂוּ הַקָּהָל אוֹ רוּבּוֹ עַל פִּיהֶם, כְּלוֹמַר, בֵּין לְמ"ד[ק] ב"ד מְבִיאִין פַּר, בֵּין לְמ"ד צִבּוּר מְבִיאִין פַּר וְלֹא ב"ד, לְעוֹלָם לֹא הָוֵי גְּמַר הוֹרָאָה דִּלְחַיֵּיב קָרְבָּן, וּלְגַבֵּי יָחִיד לְהָוֵי תּוֹלֶה בְּבֵי"ד, עַד שֶׁאָמְרוּ[ר] ב"ד לַצִּבּוּר 'מוּתָּרִין אַתֶּם': רַב דִּימִי אָמַר. לְעוֹלָם לֹא נִגְמְרָה הוֹרָאָה לְחַיֵּיבָן קָרְבָּן עַד שֶׁיֹּאמְרוּ 'מוּתָּרִין אַתֶּם לַעֲשׂוֹת': אַף אֲנַן נַמִּי תְּנֵינָא. בְּפֶרֶק אֵלּוּ הֵן הַנֶּחְנָקִין: חָזַר. זָקֵן מַמְרֵא לְעִירוֹ וכו', הוֹרָה לַעֲשׂוֹת, דְּמַשְׁמַע דְּקָאָמַר 'מוּתָּרִין אַתֶּם לַעֲשׂוֹת', דְּנִגְמְרָה הוֹרָאָתוֹ, חַיָּיב: הוֹרוּ לָהּ ב"ד לְהִנָּשֵׂא. עַל פִּי עֵד אֶחָד, דְּאִי בִּשְׁנֵי עֵדִים לֹא צָרִיךְ ב"ד: וְהָלְכָה וְקִלְקְלָה. בִּזְנוּת[ש], וְאַחַר כָּךְ בָּא בַּעְלָהּ: חַיֶּיבֶת בְּקָרְבָּן. לְפִי שֶׁלֹּא הָיְתָה תּוֹלָה בְּבֵי"ד, מִדְּקָתָנֵי 'הוֹרוּ לָהּ ב"ד לְהִנָּשֵׂא', וְלָא קָתָנֵי 'הִתִּירוּהָ ב"ד', ש"מ דְּלֹא נִגְמְרָה הוֹרָאָתָם עַד שֶׁיֹּאמְרוּ 'מוּתָּרִין אַתֶּם לַעֲשׂוֹת': הוֹרוּ ב"ד לַעֲבוֹר. דְּמַשְׁמַע הוֹרוּ ב"ד לַעֲשׂוֹת, דְּאֵינָהּ גְּמוּרָה[ת] הוֹרָאָתָם עַד שֶׁיֹּאמְרוּ 'מוּתָּרִין אַתֶּם לַעֲשׂוֹת': וְהָא לָא תְּנַן הָכִי. כּוּלְּהוּ מַקְשׁוּ לְרַב דִּימִי: אָמַר רָבָא. תַּרְתֵּי קָתָנֵי, דְּמַשְׁמַע הָכִי 'וְהָלַךְ הַיָּחִיד וְעָשָׂה אוֹ שׁוֹגֵג אוֹ עַל פִּיהֶם', שׁוֹגֵג, כְּגוֹן שֶׁהוֹרוּ בֵּית דִּין שֶׁחֵלֶב מוּתָּר, וְנִתְחַלֵּף לוֹ חֵלֶב בְּשׁוּמָּן וַאֲכָלוֹ, דְּפָטוּר, אַע"ג דְּלָא הָוֵי עַל פִּיהֶם מַמָּשׁ, וְשֶׁלֹּא בְּמִתְכַּוֵּין אֲכָלוֹ, אֲפִילּוּ הָכִי, הוֹאִיל וְאִילּוּ מִתְיְדַע לֵיהּ דְּחֵלֶב הוּא לָא הֲוָה הָדַר בֵּיהּ, שֶׁהֲרֵי הוֹרוּ ב"ד שֶׁחֵלֶב מוּתָּר, הִלְכָּךְ תּוֹלֶה בְּבֵי"ד קָרֵינַן בֵּיהּ, וּפָטוּר: עַל פִּיהֶם מַמָּשׁ. כְּגוֹן שֶׁהוֹרוּ ב"ד שֶׁחֵלֶב מוּתָּר, וְהָלַךְ וְעָשָׂה עַל פִּיהֶם, לְאַשְׁמוּעִינַן דְּשׁוֹגֵג עַל פִּיהֶם פָּטוּר: וְאִיכָּא דְּאָמְרִי. חֲדָא קָתָנֵי, לְהָכִי אִיצְטְרִיךְ לְמִיתְנֵי 'שׁוֹגֵג עַל פִּיהֶם' דְּמַשְׁמַע דְּבְשׁוֹגֵג מַמָּשׁ[א] עַל פִּיהֶם הוּא דְּפָטוּר, דְּהַיְינוּ עַל פִּיהֶן מַמָּשׁ, דְּיָדַע דְּחֵלֶב הוּא, וּפָטוּר מִשּׁוּם תָּלָה בְּבֵי"ד מַמָּשׁ: אֲבָל שׁוֹגֵג שֶׁלֹּא עַל פִּיהֶן. כְּגוֹן שֶׁהוֹרוּ ב"ד שֶׁחֵלֶב מוּתָּר וְנִתְחַלֵּף לוֹ בְּשׁוּמָּן וַאֲכָלוֹ חַיָּיב, שֶׁלֹּא תָּלָה עַצְמוֹ בְּבֵי"ד הָוֵי, וְיָחִיד שֶׁעָשָׂה בְּהוֹרָאַת ב"ד פָּטוּר: וְרַבִּי יוֹחָנָן אָמַר חַיָּיב. הוֹאִיל וְלָא הָוֵי עַל פִּיהֶם מַמָּשׁ, כְּתוֹלֶה בְּעַצְמוֹ הוּא, וְחַיָּיב: מֵעַם הָאָרֶץ: פְּרָט לְמוּמָר. דְּאֵינוֹ מֵבִיא קָרְבָּן עַל שִׁגְגָתוֹ, רַבִּי שִׁמְעוֹן בֶּן יוֹסֵי אוֹמֵר, אֵינוֹ צָרִיךְ, הֲרֵי הוּא אוֹמֵר אֲשֶׁר לֹא תֵעָשֶׂינָה וְגוֹ'. וּמוּמָר לָא שָׁב מִידִיעָתוֹ הוּא, לְפִיכָךְ אֵינוֹ מֵבִיא קָרְבָּן עַל שִׁגְגָתוֹ, וְאָמַר לְקַמָּן בְּפ"ב[ב] 'מוּמָר שֶׁאָכַל[ג] חֵלֶב וְהֵבִיא קָרְבָּן עַל הַדָּם אִיכָּא בֵּינַיְיהוּ', וְהָכָא נַמִּי כִּי הוֹרוּ ב"ד שֶׁחֵלֶב מוּתָּר וְנִתְחַלֵּף לוֹ חֵלֶב בְּשׁוּמָּן לֹא שָׁב מִידִיעָתוֹ הוּא, וּלְפִיכָךְ אֵינוֹ חַיָּיב, דְּהָא הוֹרוּ ב"ד שֶׁחֵלֶב מוּתָּר, וְקַשְׁיָא לְר' יוֹחָנָן דְּאָמַר חַיָּיב, דְּתוֹלֶה בְּעַצְמוֹ הוּא: **אָמַר רַב פָּפָּא**, קָסָבַר ר' יוֹחָנָן כֵּיוָן דְּאִילּוּ הֲוָה יְדִיעַ לְבֵי"ד דְּטָעוּ הֲווּ הָדְרִי בְּהוּ, וְהוּא נַמִּי הֲוֵי הָדַר בֵּיהּ, הִלְכָּךְ שָׁב מִידִיעָתוֹ קָרֵינַן בֵּיהּ. וְחַיָּיב קָרְבָּן, שֶׁהֲרֵי לֹא תָּלָה כ"כ בְּבֵי"ד, שֶׁלֹּא עָשָׂה עַל פִּיהֶם מַמָּשׁ, וְאַמְּטוּ לְהָכִי קָאָמַר רַבִּי יוֹחָנָן דְּחַיָּיב קָרְבָּן, אֲבָל הֵיכָא דְּעָשָׂה עַל פִּיהֶם מַמָּשׁ, אַע"ג דְּאִילּוּ הָוֵי יְדִיעַ לְבֵי"ד הֲווּ הָדְרִי בְּהוּ, וְהוּא נַמִּי הֲוָה הָדַר בֵּיהּ, וְהָוֵי שָׁב מִידִיעָתוֹ, אפ"ה פָּטוּר, מִפְּנֵי שֶׁתָּלָה מַמָּשׁ בְּדַעַת ב"ד: **אָמַר רָבָא**. אַע"ג דְּאָמַר רַב כִּי נִתְחַלֵּף לוֹ חֵלֶב בְּשׁוּמָּן דְּהָוֵי יָחִיד שֶׁעָשָׂה בְּהוֹרָאַת ב"ד וּפָטוּר, **מוֹדֶה רַב שֶׁאֵין** אוֹתוֹ יָחִיד **מַשְׁלִים לְרוֹב צִבּוּר**, כְּגוֹן שֶׁאָמְרוּ ב"ד שֶׁחֵלֶב מוּתָּר, וְהָלְכוּ חֲצִי צִבּוּר וְעָשׂוּ עַל פִּיהֶם וְאָכְלוּ חֵלֶב מַמָּשׁ, וְהָלַךְ זֶה וְאָכַל וְנִתְחַלֵּף[ד] לוֹ חֵלֶב בְּשׁוּמָּן: שֶׁאֵינוֹ מַשְׁלִים לְרוֹב צִבּוּר. וְאֵין מְבִיאִין פַּר, דְּבָעֵינַן שֶׁיִּהְיוּ כּוּלָּן מַמָּשׁ שׁוֹגְגִין בִּשְׁגָגָה אַחַת ע"פ ב"ד: לָמָּה לִי לְמִתְנֵי כּוּלְּהוּ. בְּמַתְנִיתִין, 'וְעָשָׂה עִמָּהֶם', 'וְעָשָׂה אַחֲרֵיהֶם', 'שֶׁלֹּא עָשׂוּ וְעָשָׂה': **בִּשְׁלָמָא רֵישָׁא לֹא זוֹ אַף זוֹ קָתָנֵי**. דְּהָכִי מַשְׁמַע, לֹא מִיבַּעְיָא זוֹ דְּעָשָׂה עִמָּהֶם דְּהָוֵי וַדַּאי תּוֹלֶה בְּבֵי"ד דְּפָטוּר, אֶלָּא אַף זוֹ נַמִּי דְּעָשָׂה אַחֲרֵיהֶם הָוֵי תּוֹלֶה בְּבֵי"ד וּפָטוּר, וְלֹא זוֹ בִּלְבַד דְּעָשָׂה אַחֲרֵיהֶם דְּפָטוּר, אֶלָּא אַף זוֹ דְּלֹא עָשׂוּ ב"ד וְעָשָׂה אֲפִילּוּ הָכִי תּוֹלֶה בְּבֵי"ד הָוֵי וּפָטוּר: **אֶלָּא סֵיפָא אִיפְּכָא מִיבַּעְיָא לֵיהּ לְמִיתְנָא**. דְּהָכִי אִיבַּעְיָא לֵיהּ לְמִיתְנָא, 'הוֹרוּ ב"ד וְיָדַע אֶחָד מֵהֶן שֶׁטָּעוּ אוֹ תַּלְמִיד וְרָאוּי לְהוֹרָאָה וְהָלַךְ וְעָשָׂה עַל פִּיהֶם, בֵּין שֶׁלֹּא עָשׂוּ וְעָשָׂה וּבֵין שֶׁעָשָׂה אַחֲרֵיהֶם וּבֵין שֶׁעָשָׂה עִמָּהֶם', [ה]דְּלֹא תָּלָה בְּבֵי"ד', דְּהָוֵי מַשְׁמַע לֹא זוֹ בִּלְבַד דְּלֹא עָשׂוּ וְעָשָׂה דְּלָא הָוֵי תּוֹלֶה בְּבֵי"ד דְּחַיָּיב, אֶלָּא אַף זוֹ דְּעָשָׂה אַחֲרֵיהֶן לֹא תָּלָה בְּבֵי"ד וְחַיָּיב, וְלֹא זוֹ בִּלְבַד דְּעָשָׂה אַחֲרֵיהֶן חַיָּיב, אֶלָּא אַף זוֹ דְּעָשָׂה עִמָּהֶן, דְּס"ד אָמֵינָא הוֹאִיל וְעָשָׂה עִמָּהֶם תּוֹלֶה בְּבֵית דִּין קָרֵינָא בֵּיהּ, וְלֶהֱוֵי פָּטוּר, אֲפִילּוּ הָכִי אָמְרִינַן הוֹאִיל וְיָדַע שֶׁטָּעוּ לֹא תָּלָה בְּבֵית דִּין וְחַיָּיב:

הָא

תוספות

אמר המעתיק, אלו התוספות כבר היו בדפוס, וכתוב על גבן בזה"ל. מצאתי תוספות כת"י על מסכת הוריות והעתקתים ולדפוס אצל האשר"י ממסכת סוכה. ונלקטו[P] ע"י הג"מ אליהו ב"ר אברהם הלוי איטינגען ז"ל, בעהמ"ס ברית הלוי ומנחת אליהו. ובהיות שמציאתן נעלם מעין כל, ומי יבקש דבר שלא במקומו, אשר ע"כ אמרתי להעמידן במקומן:

הורו ב"ד. הם סַנְהֶדְרֵי גְּדוֹלָה, כִּדְדָרְשִׁינַן בְּת"כ, 'עֲדַת יִשְׂרָאֵל, עֵדָה הַמְיוּחֶדֶת בְּיִשְׂרָאֵל, זוֹ סַנְהֶדְרֵי גְּדוֹלָה': **בין** שֶׁעָשׂוּ וְעָשָׂה עִמָּהֶן. ל"ע אִם ב"ד עַצְמָן חַיָּיבִין לְהָבִיא כִּשְׂבָּה אוֹ שְׂעִירָה, דְּנְהִי דְּפַר אֵין מְבִיאִין אא"כ רוֹב צִבּוּר עָשׂוּ עַל פִּיהֶן, מ"מ קָרְבַּן יָחִיד לַיְיתוּ, אוֹ שֶׁמָּא פְּטוּרִים לְגַמְרֵי: **הורו** לָהּ ב"ד לְהִנָּשֵׂא. הַאי ב"ד אֵינוֹ סַנְהֶדְרִין גְּדוֹלָה, שֶׁהֲרֵי ב"ד יְכוֹלִין לְהַתִּירָהּ לִינָּשֵׂא. ומ"מ הָנֵי נַמִּי אִית לְהוּ אֶלָּא שֶׁאִם עָשְׂתָה כְּמוֹ שֶׁהוֹרוּ הָיְתָה פְּטוּרָה, כֵּיוָן שֶׁתּוֹלָה בְּב"ד: **אמר** אַבַּיֵי, וְהָא אֲנַן לָא תְּנַן הָכִי. הָא דְּלָא פָּרֵיךְ לְלִישָּׁנָא קַמָּא לִשְׁמוּאֵל כְּמוֹ דְּפָרֵיךְ הָכָא לְרַב דִּימִי, דְּלְלִישָּׁנָא קַמָּא מָצֵינַן לְמֵימַר דְּרַב דִּימִי פְּשׁוּטֵי דִּבְרֵי שְׁמוּאֵל: **הכא** מַסְקִינַן לְעִנְיַן קָרְבָּן [עד] שֶׁיֹּאמְרוּ מוּתָּרִין לַעֲשׂוֹת. וְה"ה בְּעָלְמָא גַּבֵּי הוֹרָאָה, דְּאֵין לְתַלְמִיד לִסְמוֹךְ עַל דִּבְרֵי רַבּוֹ עַד דְּא"ל הָכִי. וְהָא דְּתַנְיָא פֶּרֶק יֵשׁ נוֹחֲלִין (ב"ב קל:) 'אֵין לְמֵידִין הֲלָכָה עַל פִּי מַעֲשֶׂה'. ה"פ הָתָם, אִם יֹאמַר לְךָ אָדָם רָאִיתִי מַעֲשֶׂה שֶׁאֵירַע בְּכה"ג שֶׁהוֹרוּ כֵּן, אֵין לִסְמוֹךְ עַל דְּבָרָיו, דְּשֶׁמָּא לֹא עִיֵּין הֵיטֵב, וְשֶׁמָּא אוֹתוֹ מַעֲשֶׂה הָיָה קְצָת מְשׁוּנֶּה; 'עַד שֶׁיֹּאמַר הֲלָכָה לְמַעֲשֶׂה', פֵּירוּשׁ, עַד שֶׁיָּבִיא לוֹ מִתּוֹךְ הַהֲלָכָה דְּאִיתָא לְאוֹתוֹ דָּבָר מַה שֶׁאוֹמֵר, כִּי הַתַּלְמוּד וְדִבְרֵי הָאָמוֹרָאִין עִיקָּר, כִּדְאִיתָא בִּירוּשַׁלְמִי רֵישׁ פֵּיאָה[ו] 'אֵין לְמֵידִין לֹא מֵהֲלָכוֹת וְלֹא מֵהַגָּדוֹת וְלֹא מִן הַתּוֹסֶפְתָּא, אֶלָּא מִפִּי הַתַּלְמוּד': **ואיכא** דְּאָמְרִי חֲדָא קָתָנֵי. וְאֵין לְהַקְשׁוֹת דְּלָא לִיתְנֵי כִּי אִם 'עַל פִּיהֶם', וּמִמֵּילָא מַשְׁמַע דְּזוּקָא עַל פִּיהֶם. שֶׁמָּא ה"א ה"ה נִתְחַלֵּף לוֹ, לְהָכִי תְּנָא 'שׁוֹגֵג', לְמֵימַר בְּאֵיזֶה 'שׁוֹגֵג', דְּזוּקָא 'עַל פִּיהֶם': **עד** שֶׁיְּהוּ כּוּלָּן בִּשְׁגָגָה אַחַת. ל"ע אִם רוֹב צִבּוּר עָשׂוּ בָּזֶה הָעִנְיָן שֶׁנִּתְחַלֵּף לָהֶם וַהֲוֵי כּוּלָּן בִּשְׁגָגָה אַחַת אִי מִיחַיֵּיב בֵּית דִּין:

תורה אור השלם

א) וְאִם נֶפֶשׁ אַחַת תֶּחֱטָא בִשְׁגָגָה מֵעַם הָאָרֶץ בַּעֲשֹׂתָהּ אַחַת מִמִּצְוֹת יְיָ אֲשֶׁר לֹא תֵעָשֶׂינָה וְאָשֵׁם: [ויקרא ד, כז]

ב) אֲשֶׁר נָשִׂיא יֶחֱטָא וְעָשָׂה אַחַת מִכָּל מִצְוֹת יְיָ אֱלֹהָיו אֲשֶׁר לֹא תֵעָשֶׂינָה בִּשְׁגָגָה וְאָשֵׁם: אוֹ הוֹדַע אֵלָיו חַטָּאתוֹ אֲשֶׁר חָטָא בָּהּ וְהֵבִיא אֶת קָרְבָּנוֹ שְׂעִיר עִזִּים זָכָר תָּמִים: [ויקרא ד, כב-כג]

ג) וְנִסְלַח לְכָל עֲדַת בְּנֵי יִשְׂרָאֵל וְלַגֵּר הַגָּר בְּתוֹכָם כִּי לְכָל הָעָם בִּשְׁגָגָה: [במדבר טו, כו]

הגהות וציונים

רבינו חננאל

בדפוס וילנא הוצב פירוש רבינו חננאל בשולי העמוד. כשלא הכיל הגליון את השייך לעמוד המשיכו והדפיסוהו בעמוד הבא, וגם בעמוד שלאחריו, עד שבסופו של דבר, מתרחק הפירוש מספר עמודים מהמקום אליו הוא שייך. כדי לחסוך מהלומד לשוטט על פני עמודי המסכת עד שעיניו יצודו המלים "שייך לדף פלוני", העברנו את כל הפירוש לסוף המסכת.

תוספות הרא"ש

עין משפט
נר מצוה

ח א מיי' פי"ג מהלכות שגגות הלכה ו סמג עשין רי:
ט ב ג מיי' שם הלכה ה סמג שם:
י ד מיי' שם פי"ד ה"ה סמג שם:
יא ה מיי' שם פי"ג ה"א סמג שם:
יב ו מיי' שם הלכה ה ופי"ב הל"ב סמג שם:

זו וְאֵין צָרִיךְ לוֹמַר זוֹ קָתָנֵי: וְיָדַע אֶחָד מֵהֶן שֶׁטָּעוּ אוֹ תַּלְמִיד וְרָאוּי לְהוֹרָאָה: תַּרְתֵּי לָמָּה לִי. אָמַר רָבָא, אִיצְטְרִיךְ, סָלְקָא דַעְתָּךְ אָמֵינָא הָנֵי מִילֵּי גְּמִיר וּסְבִיר, אֲבָל גְּמִיר וְלָא סְבִיר לָא. אָמַר לֵיהּ אַבַּיֵי, לְהוֹרָאָה גְּמִיר וּסְבִיר מַשְׁמַע. אָמַר לֵיהּ, אֲנָא הָכִי קָאָמֵינָא, אִי מֵהַהִיא הֲוָה אָמֵינָא הָנֵי מִילֵּי גְּמִיר וּסְבִיר, אֲבָל גְּמִיר וְלָא סְבִיר לָא, תְּנָא רָאוּי לְהוֹרָאָה מִמִּשְׁנָה יְתֵירָה אֲפִילוּ גְּמִיר וְלָא סְבִיר סְבִיר וְלָא גְּמִיר: רָאוּי לְהוֹרָאָה וְכוּ': כְּגוֹן מַאן. אָמַר רָבָא, כְּגוֹן שִׁמְעוֹן בֶּן עַזַּאי וְשִׁמְעוֹן בֶּן זוֹמָא. אָמַר לֵיהּ אַבַּיֵי, כִּי הַאי גַּוְונָא מֵזִיד הוּא. וּלְטַעְמָיךְ, הָא דְּתַנְיָא, 'בַּעֲשׂוֹתָהּ אַחַת', יָחִיד הָעוֹשֶׂה מִפִּי עַצְמוֹ חַיָּיב, בְּהוֹרָאַת בֵּית דִּין פָּטוּר, כֵּיצַד, הוֹרוּ בֵּית דִּין שֶׁחֵלֶב מוּתָּר וְנוֹדַע לְאֶחָד מֵהֶן שֶׁטָּעוּ, אוֹ תַּלְמִיד יוֹשֵׁב לִפְנֵיהֶן וְרָאוּי לְהוֹרָאָה, כְּגוֹן שִׁמְעוֹן בֶּן עַזַּאי, יָכוֹל יְהֵא פָּטוּר, תַּלְמוּד לוֹמַר 'בַּעֲשׂוֹתָהּ אַחַת', יָחִיד הָעוֹשֶׂה עַל פִּי עַצְמוֹ חַיָּיב, בְּהוֹרָאַת בֵּית דִּין פָּטוּר; אֶלָּא הֵיכִי מַשְׁכַּחַתְּ לָהּ, כְּגוֹן דְּיָדַע דְּאָסוּר, וְקָא טָעֵי בְּמִצְוָה לִשְׁמוֹעַ דִּבְרֵי חֲכָמִים, לְדִידִי נַמִּי דְּטָעוּ בְּמִצְוָה לִשְׁמוֹעַ דִּבְרֵי חֲכָמִים: זֶה הַכְּלָל הַתּוֹלֶה בְּעַצְמוֹ חַיָּיב: לְאֵיתוּיֵי מַאי, לְאֵיתוּיֵי מְבַעֵט בְּהוֹרָאָה. תּוֹלֶה בְּבֵית דִּין, לְאֵיתוּיֵי הוֹרוּ בֵּית דִּין וְיָדְעוּ שֶׁטָּעוּ וְחָזְרוּ בָּהֶן. הָא בְּהֶדְיָא קָתָנֵי לָהּ. תָּנֵי וְהָדַר מְפָרֵשׁ. אָמַר רַב יְהוּדָה אָמַר שְׁמוּאֵל, זוֹ דִּבְרֵי רַבִּי יְהוּדָה, אֲבָל חֲכָמִים אוֹמְרִים יָחִיד שֶׁעָשָׂה בְּהוֹרָאַת בֵּית דִּין חַיָּיב. מַאי רַבִּי יְהוּדָה. דְּתַנְיָא, 'אִם נֶפֶשׁ אַחַת תֶּחֱטָא בִשְׁגָגָה בַּעֲשׂוֹתָהּ' הֲרֵי אֵלּוּ שְׁלֹשָׁה מִיעוּטִין, הָעוֹשֶׂה מִפִּי עַצְמוֹ חַיָּיב, בְּהוֹרָאַת בֵּית דִּין פָּטוּר. מַאי רַבָּנָן. דְּתַנְיָא, עֲדַיִין אֲנִי אוֹמֵר מִיעוּט קָהָל שֶׁחָטְאוּ חַיָּיבִין, שֶׁאֵין בֵּית דִּין מְבִיאִין עַל יְדֵיהֶן פַּר, רוֹב קָהָל שֶׁחָטְאוּ יְהוּ פְּטוּרִין, שֶׁהֲרֵי בֵּית דִּין מְבִיאִין עַל יְדֵיהֶם פַּר, תַּלְמוּד לוֹמַר 'מֵעַם הָאָרֶץ', אֲפִילוּ רוּבָּהּ, וַאֲפִילוּ כּוּלָּהּ; בְּמַאי, אִילֵימָא בְּשִׁגְגַת מַעֲשֶׂה [ב"ד שֶׁלֹּא בְּהוֹרָאָה], בֵּית דִּין מַאי עֲבִידְתַּיְיהוּ, שֶׁלֹּא בְּהוֹרָאַת בֵּית דִּין בֵּית דִּין מִי מַיְיתוּ שֶׁלֹּא בְּהוֹרָאָה, אֶלָּא בְּהוֹרָאָה, וְהָא כִּי כְּתִיב 'מֵעַם הָאָרֶץ' בְּשִׁגְגַת מַעֲשֶׂה הוּא דִּכְתִיב, אֶלָּא לָאו הָכִי קָאָמַר, מִיעוּט קָהָל שֶׁחָטְאוּ בְּשִׁגְגַת מַעֲשֶׂה חַיָּיבִין, שֶׁאֵין בֵּית דִּין מְבִיאִין עַל יְדֵיהֶן פַּר בְּהוֹרָאָה, הָא הֵן חַיָּיבִין, יָכוֹל רוֹב צִבּוּר שֶׁעָשׂוּ בְּשִׁגְגַת מַעֲשֶׂה יְהוּ פְּטוּרִין, שֶׁהֲרֵי בֵּית דִּין מְבִיאִין עֲלֵיהֶם פַּר [בְּהוֹרָאָה], תַּלְמוּד לוֹמַר 'מֵעַם הָאָרֶץ', אֲפִילוּ רוּבּוֹ. אָמַר רַב פָּפָּא, מִמַּאי, דִּלְמָא לֹא הֵן וְלֹא בֵּית דִּין. אִי הָכִי, מַאי אִירְיָא דְּקָמְהַדַּר עַל רוּבָּא לְחִיּוּבָא, לָאו מִכְּלָל דְּמִיעוּט בְּהוֹרָאָה קַיְימָא לֵיהּ דְּמִיחַיְּיבוּ בְּהוֹרָאָה, וּנְהַדַּר בְּרֵישָׁא עַל מִיעוּטָא דְּמִיחַיֵּיב בְּשִׁגְגַת מַעֲשֶׂה, וּלְבַסּוֹף נִיהַדַּר עַל רוּבָּא לְחִיּוּבָא בְּשִׁגְגַת מַעֲשֶׂה, אֶלָּא לָאו מִדְּלָא מְהַדַּר עַל מִיעוּט דְּמִיחַיְּיבִין בְּשִׁגְגַת מַעֲשֶׂה וּבַסּוֹף מְהַדַּר עַל רוּבָּא לְחִיּוּבָא בְּשִׁגְגַת מַעֲשֶׂה, שְׁמַע מִינָּהּ מִיעוּט בְּהוֹרָאָה חַיָּיבִין הֵן כִּשְׂבָּה וּשְׂעִירָה, וְשֶׁלֹּא בְּהוֹרָאָה בְּשִׁגְגַת מַעֲשֶׂה חַיָּיבִין. מִכְּדֵי תַּרְוַיְיהוּ סְתָמֵי תְּנַן, מִמַּאי דְּקַמַּיְיתָא רַבִּי יְהוּדָה וּבָתְרַיְיתָא רַבָּנָן, אֵימָא אִיפְּכָא. מַאן שְׁמַעְתְּ לֵיהּ דְּדָרֵישׁ מִיעוּטֵי כִּי הַאי גַּוְונָא, רַבִּי יְהוּדָה הִיא, דְּתַנְיָא, רַבִּי יְהוּדָה אוֹמֵר,

זאת

הא לא קשיא, דסיפא זו ואין צריך לומר זו קתני. דהכי משמע, לא מיבעיא זו דעשה עמהם לא תלה בבי"ד, ואין צריך לומר זו דעשה אחריהם דודאי לא תלה בבי"ד וחייב קרבן, וכל שכן אין צריך לומר היכא דלא עשו ועשה דחייב: גמיר. למד הדבר: וסביר. מבין דבר מתוך דבר: תנא משנה יתירה. להכי איצטריך משנה יתירה שלא לצורך, לאשמועינן אפילו גמיר ולא סביר, ולעולם תלמיד ראוי להוראה גמיר וסביר הוא: כגון שמעון בן עזאי ושמעון בן זומא. שהיו יושבין לפני חכמים והיו ראויין להוראה, כדאמרינן בפרק קמא דסנהדרין (דף יז:) 'דנין לפני חכמים, שמעון בן עזאי ושמעון בן זומא': אמר ליה אביי. שמעון בן עזאי ושמעון בן זומא כי האי גוונא דידעי שטעו ואפ"ה עשו אמאי חייבין קרבן, והא מזידין נינהו, ומזיד לאו בר קרבן הוא: וקא טעה במצוה לשמוע דברי חכמים. אפילו למיעבד איסורא: לדידי נמי. דאמרי כגון שמעון בן עזאי ושמעון בן זומא, כגון דקא טעו במצוה לשמוע דברי חכמים: לאיתויי מבעט בהוראה. שאם היה רגיל להיות מבעט בהוראה, ואחר כך הורו שחלב מותר, והלך זה המבעט ועשה על פיהם ואכל חלב, דחייב, דהואיל והוא רגיל להיות מבעט השתא נמי מבעט, וכשהוא אוכל חלב מפי עצמו הוא עושה ואינו תולה בבי"ד, הלכך חייב קרבן: תולה בבי"ד פטור, לאיתויי הורו בי"ד וטעו וידעו שטעו וחזרו בהן. בין שהביאו כפרתן [ובין שלא הביאו], והלך היחיד ועשה על פיהם פטור, דתולה בבי"ד הוא, וברשות בי"ד הוא עושה: הא בהדיא קתני לה. במתניתין (לקמן דף ג:), דר' שמעון פוטר: הא לא קשיא, דתני כללא 'זה הכלל' והדר מפרש במתניתין: 'אם נפש אחת תחטא בשגגה בעשותה'. דמשמע 'נפש תחטא', 'אחת תחטא', 'בעשותה תחטא', הרי אלו שלשה מיעוטי, דמשמע 'בעשותה' מפי עצמו חייב, למעוטי תולה בבית דין דפטור. והני שלשה מיעוטי מפרש במסכת שבת בפרק המצניע (דף צג.) לר' יהודה, חד למעוטי זה עוקר וזה מניח, וחד למעוטי זה יכול וזה יכול, וחד למעוטי יחיד שעשה בהוראת בית דין דפטור: מביאין על ידיהן. מביאין עליהן: במאי. חטאו: אילימא בשגגת מעשה שלא בהוראת בית דין. דלא הורו בית דין כלל, וכגון שנתחלף חלב בשומן שלא בהוראתם, דהכי הוי משמע, 'מיעוט קהל שחטאו' בשגגת מעשה גרידתא שלא בהוראה 'חייבין', אבל 'רוב קהל שחטאו' בשגגת מעשה שלא בהוראה יכול 'יהו פטורין, שהרי בי"ד מביאין פר עליהם, ת"ל מעם הארץ', דמשמע דאפילו רובן חייבין בקרבן בשגגת מעשה דמייתו כל חד וחד כשבה או שעירה. ומי מצית למימר הכי, 'שהרי בי"ד מביאין עליהם פר' כי חטאו רוב קהל בשגגת מעשה שלא בהוראה, 'וכי בי"ד מייתו קרבן שלא בהוראה', והא לא הורו כלל: אלא בהוראה. דהכי הוי משמע 'מיעוט קהל שחטאו' בהוראה, כגון שהורו בי"ד ועשו על פיהם, 'חייבין' כשבה או שעירה, 'שהרי אין בי"ד מביאין פר עליהם; רוב צבור' שעשו בהוראה יכול 'יהו פטורין, ת"ל מעם הארץ', דאפילו רובן חייבין. ומי מצית אמרת הכי שצבור מביאין

קרבן, והא כי כתיב 'מעם הארץ' בשגגת מעשה גרידתא הוא דכתיב, ומהכא לא נפקא דליחייבו רוב קהל בהוראה כלל: אלא לאו הכי קאמר, מיעוט קהל שחטאו בשגגת מעשה גרידתא, חייבין, כשבה או שעירה, שאין בי"ד מביאין עליהם פר בהוראה. כי הורו בי"ד ועשו מיעוט קהל שחטאו (בשגגת מעשה) על פיהם, הא הן חייבין בהוראה כשבה או שעירה, דיחיד שעשה בהוראת בי"ד [חייב], וכי היכי דחייבין בהוראה, ה"נ חייבין בשגגת מעשה גרידתא: אבל רוב קהל שחטאו בשגגת מעשה גרידתא יכול יהו פטורין, שהרי בי"ד מביאין עליהם פר בהוראה. והן פטורין, כדאמר לקמן 'ר"מ אומר, שבעה שבטים שחטאו, בי"ד מביאין עליהם פר בהוראה והן פטורין', וכי היכי דבהוראה פטורין הן, ליפטרו נמי בשגגת מעשה גרידתא: ת"ל 'מעם הארץ', דאפילו רובו. חייבין בשגגת מעשה גרידתא, דמייתו כל חד וחד כשבה או שעירה, דהאי דכתיב 'מעם הארץ' בשגגת מעשה הוא דכתיב, אלמא שמעינן מהא מתניתין יחיד שעשה בהוראת בי"ד חייב: ועדיין אני אומר. רישא דמתניתין הכי איתא בת"כ, 'בעשותה, יכול יחיד שעשה חייב, שנים שעשו פטורין, ת"ל מעם הארץ, אפילו מרובין, ועדיין אני אומר מיעוט קהל שחטאו חייבין, שאין בי"ד מביאין פר על ידיהם' וכו': אמר רב פפא, ממאי, דלמא לא הן ולא בית דין. וה"ק, 'מיעוט קהל שחטאו' בשגגת מעשה 'חייבין, שאין בי"ד מביאין פר עליהם בהוראה', והן המועט נמי פטורין, דיחיד שעשה בהוראת בי"ד פטור: אי הכי כו'. א"כ כדקאמרת לא הן ולא בי"ד לא מחייבי בהוראה כלל, א"כ מיעוט קהל בשגגת מעשה גרידתא נמי ליפטרו כי היכי דמיפטרו בהוראה, דאי הכי כדקאמרת 'לא הן ולא בי"ד', מאי איריא דקא מהדר על רובא לחיובא בשגגת מעשה, דקתני 'אבל רוב קהל שחטאו בשגגת מעשה גרידתא יכול יהו פטורין שהרי בי"ד מביאין עליהם פר בהוראה והן פטורין, ת"ל מעם הארץ', ואפילו רובו דחייב בשגגת מעשה, לאו מכלל דמיעוט קהל בהוראה פשיטא ליה לתנא דמיחייבי בהוראה, כדאמר 'הא הן חייבין דיחיד שעשה בהוראת בי"ד חייב', וכי היכי דמיחייבי בהוראה הם הכי נמי מיחייבי בשגגת מעשה גרידתא, ואמטו להכי קא מהדר לעיל על רובא לחיוב, אלא לדידך דאמרת 'לא הן ולא בי"ד', דאכתי לא נפקא לך דמיחייבי מיעוטא בשגגת מעשה גרידתא, אי הכי נהדר ברישא על מיעוטא דליחייבו בשגגת מעשה גרידתא ולבסוף נהדר על רובא לחיובא בשגגת מעשה גרידתא: אלא. מדקא מהדר על רובא ושביק מיעוטא: שמע מינה. דמיעוט בהוראה פשיטא ליה לתנא דחייבין כשבה או שעירה, דהכי קאמר, 'שאין בית דין מביאין עליהם פר בהוראה', הא הן חייבין, דיחיד שעשה בהוראת בית דין חייב, וכי היכי דחייבין בהוראה, הם הכי נמי שלא בהוראה בשגגת מעשה חייבין, וכיון דקיימא ליה לתנא דמיעוט בשגגת מעשה גרידתא חייבין, הלכך קא מהדר על רובא לחיובא, ולעולם שמעינן מהא מתניתין דיחיד שעשה בהוראת בית דין חייב, שמע מינה:

זאת

תוספות

תנא משנה יתירה, דאפילו גמיר ולא סביר. תימה, דלא ליתני במתניתין כי אם תלמיד שאינו ראוי להוראה, וכ"ת דא"כ הוה משמע דלא גמיר ולא סביר, דהא מרישא ידעינן, דקתני 'ועשה יחיד על פיהם' דפטור. וי"ל, דקמ"ל דאפילו גמיר וסביר הוה שוגג, דטעה במצוה לשמוע דברי חכמים, וחייב, דלא תימא מזיד הוה: **ולטעמיך**, הא תניא 'בעשותה' כו'. ברייתא היא בת"כ, וגרסינן בה 'כגון שמעון בן עזאי', ולהכי אלימא טפי לאקשויי מינה ממתניתין, דדוחק לומר דשמעון בן עזאי היה טועה במצוה לשמוע דברי חכמים. ולפי זה לא גרסינן 'לדידי נמי' כו', דהא בברייתא נמי קתני 'הראוי להוראה', וגם בספר מדויק הבא מארץ ישראל ליתא: **תנא** כלל והדר מפרש. דהך דרישא אתי כרבי שמעון דפטר אם חזרו בהן: **הרי** אלו מיעוטין. בירושלמי פריך 'בכל מקום הוי מיעוט אחר מיעוט לרבות והכא למעט', ומשני, היינו דוקא במקום שהן זוגות, כמו ספ"ק דסנהדרין (טו.) 'עשרה כהנים כתובין בפרשה', דראשון ממעט, ושני לרבות, ושלישי למעט, ורביעי לרבות, וכן לעולם. ובירושלמי (פ"ד) דמגילה פריך 'מעתה לא יצטרך שום כהן', ומשני דבתנס לא הזכיר כהן. **ורשב"א** פירש בנדה, דהיכא דמיעוט אתי למעוטי דבר אחד, כמו גבי כהנים כהן ולא ישראל, התם אתי לרבויי, אבל היכא דכל חדא אתא למילתא לחוד כדהכא, וגבי 'זאת היא העולה', התם אתי למעוטי: **מעם הארץ** אפילו מקצתו. לא גרסינן 'מעם', דהא לעיל יליף מיניה פרט למומר, ול"ג נמי 'אפילו מקצתו', דבלאו הכי יחיד ואפילו הרבה משמע דמביאין, מדמהדר ארובא, וה"ג בת"כ, 'עם הארץ, אפילו רובו ואפילו כולו': **ש"מ** מיעוט בהוראה חייבין. תימה, מהיכי תיתי, דאפילו אי מברייתא משמע הכי, מ"מ אסמכתא מקרא לא חזינן שיהיו חייבין במקום הוראה. ועוד, היכא משמע ליה מהך ברייתא, דאי משום דלא מהדר ברישא ממיעוטא, הא לא איצטריך, דהא מיחיד ילפינן, כי היכי דהוא חייב הכי נמי מיעוט קהל, וכן משמע בתורת כהנים דשנים ושלשה יש להן דין יחיד. ונראה כגירסת ספרים דגרסי 'מאי אריא מיעוט מרובא', כלומר, מאי שנא מיעוט מרובא ומאי פשיטא מיעוט מרובא, למאי דקאמר 'לא הן ולא בית דין' אי לדרך, אלא מדאיצטריך למילף רובא שמע מינה דמיעוט פשיטא ליה משום דמייתי נמי בהוראה כשבה או שעירה:

תוספות הרא"ש

מסורת הש"ס
עם הוספות

תורה אור השלם
א) וְאִם נֶפֶשׁ אַחַת תֶּחֱטָא בִשְׁגָגָה מֵעַם הָאָרֶץ בַּעֲשֹׂתָהּ אַחַת מִמִּצְוֹת יְיָ אֲשֶׁר לֹא תֵעָשֶׂינָה וְאָשֵׁם: (ויקרא ד, כז)

הגהות וציונים

This *daf* is dedicated *l'iluy nishmas*: Rav Eliyahu Tzion ben Shulamit *z"l*

The Gemara answers: זוֹ וְאֵין צָרִיךְ לוֹמַר זוֹ קָתָנֵי — the later part of the Mishnah was using a different format, called "[the halachah is so in] this case, and needless to say, [it's also so in] this case." Therefore, it started with the least obvious case (where the individual did the act at the same time as the judges, where it's reasonable to think that he wouldn't be liable, despite knowing of *beis din's* mistake), then continued with the one slightly more obvious (where the individual did the act after the judges), and ended with the most obvious (where the individual did it alone, and the judges didn't do it at all, so he is clearly responsible for his action).

Our Mishnah says: וְיָדַע אֶחָד מֵהֶן שֶׁטָּעוּ — And one of the judges knew that they made a mistake, אוֹ תַּלְמִיד וְרָאוּי לְהוֹרָאָה — or a student who was qualified to issue halachic rulings knew that they made a mistake, he is obligated.

The Gemara asks: תַּרְתֵּי לָמָּה לִי — Why do I need both cases? If a student qualified to issue halachic rulings has the same status as one of the judges, why did the Mishnah mention both? אָמַר רָבָא — Rava said: אִיצְטְרִיךְ — It was necessary to mention both; if the Mishnah hadn't explicitly mentioned the qualified student, סָלְקָא דַעְתָּךְ אָמֵינָא — I might think: הָנֵי מִילֵּי — This rule that someone who knows that *beis din* made a mistake is liable for following their mistaken ruling was only said regarding, גְּמִיר וּסְבִיר — a student who is both learned and analytical (able to come to new conclusions based on what he has already learned), אֲבָל גְּמִיר וְלָא סְבִיר — but if he is learned but not analytical, לָא — he would not be liable for following *beis din's* mistaken ruling. Therefore, the Mishnah adds this case of a student to imply that even if he is either analytical or learned, he is liable.

אֲמַר לֵיהּ אַבַּיֵי — Abaye said to Rava: לְהוֹרָאָה — The term that the Mishnah used, "qualified to give halachic rulings," גְּמִיר וּסְבִיר מַשְׁמַע — implies one who is learned and analytical; otherwise, he would not be qualified! Therefore, one who is learned but not analytical should not be liable for following the mistaken ruling. אֲמַר לֵיהּ — Rava replied to Abaye: אֲנָא הָכִי קָאָמֵינָא — This is what I meant: אִי מֵהַהִיא — if we were to learn the halachah only from mentioning the case of one of the judges, הֲוָה אָמֵינָא — I would have said: הָנֵי מִילֵּי — this that someone who knows that the judges made a mistake and still followed their mistaken ruling is liable, is only true regarding, גְּמִיר וּסְבִיר — someone who is learned and analytical; אֲבָל — however, גְּמִיר וְלָא סְבִיר — regarding someone who is learned but not analytical, לָא — it is not true. תְּנָא — Therefore, the Mishnah says the case of, רָאוּי לְהוֹרָאָה — a student who is qualified to give halachic rulings, מִמִּשְׁנָה יְתֵירָה — and from the extra case in the Mishnah, we learn that this halachah is true, אֲפִילוּ גְּמִיר וְלָא סְבִיר — even regarding a student who is learned but not analytical, סְבִיר וְלָא גְּמִיר — or a student who is analytical but not learned.

Our Mishnah says: רָאוּי לְהוֹרָאָה וְכוּ׳ — A student who is qualified to give halachic rulings, etc.

The Gemara asks: כְּגוֹן מַאן — Like whom? Who is an example of someone qualified

For this *daf's shiur* and charts, scan this QR code:

עין משפט
נר מצוה

ח א מיי' פי"ג מהלכות שגגות הלכה ו סמג עשין ריז:
ט ב ג מיי' שם הלכה ה סמג שם:
י ד מיי' שם פי"ד ה"ה סמג שם:
יא ה מיי' שם פי"ג ה"א סמג שם:
יב ו מיי' שם הלכה ה ופי"ב הל"ב סמג שם:

זו וְאֵין צָרִיךְ לוֹמַר זו קָתָנֵי: **וְיָדַע אֶחָד מֵהֶן שֶׁטָּעוּ אוֹ תַּלְמִיד וְרָאוּי לְהוֹרָאָה:** תַּרְתֵּי לְמָה לִי. אָמַר רָבָא, אִיצְטְרִיךְ, סָלְקָא דַּעְתָּךְ אָמֵינָא הָנֵי מִילֵּי גְּמִיר וּסְבִיר, אֲבָל גְּמִיר וְלָא סְבִיר לָא. אָמַר לֵיהּ אַבָּיֵי, לְהוֹרָאָה גְּמִיר וּסְבִיר מַשְׁמַע. אָמַר לֵיהּ, אֲנָא הָכִי קָאָמֵינָא, אִי מֵהַהִיא הֲוָה אָמֵינָא הָנֵי מִילֵּי גְּמִיר וּסְבִיר, אֲבָל גְּמִיר וְלָא סְבִיר לָא, תְּנָא רָאוּי לְהוֹרָאָה מִמִּשְׁנָה יְתֵירָה אֲפִילּוּ גְּמִיר וְלָא סְבִיר סְבִיר וְלָא גְּמִיר: **רָאוּי לְהוֹרָאָה וְכוּ':** כְּגוֹן מַאן. אָמַר רָבָא, כְּגוֹן שִׁמְעוֹן בֶּן עַזַּאי וְשִׁמְעוֹן בֶּן זוֹמָא. אָמַר לֵיהּ אַבָּיֵי, כִּי הַאי גַּוְונָא מֵזִיד הוּא. וּלְטַעְמָיךְ, הָא דְּתַנְיָא, 'בַּעֲשׂוֹתָהּ אַחַת', יָחִיד הָעוֹשֶׂה מִפִּי עַצְמוֹ חַיָּיב, בְּהוֹרָאַת בֵּית דִּין פָּטוּר. כֵּיצַד, הוֹרוּ בֵּית דִּין שֶׁחֵלֶב מוּתָּר וְנוֹדַע לְאֶחָד מֵהֶן שֶׁטָּעוּ, אוֹ תַּלְמִיד יוֹשֵׁב לִפְנֵיהֶן וְרָאוּי לְהוֹרָאָה, כְּגוֹן שִׁמְעוֹן בֶּן עַזַּאי, יָכוֹל יְהֵא פָּטוּר, תַּלְמוּד לוֹמַר 'בַּעֲשׂוֹתָהּ אַחַת', יָחִיד הָעוֹשֶׂה עַל פִּי עַצְמוֹ חַיָּיב, בְּהוֹרָאַת בֵּית דִּין פָּטוּר; אֶלָּא הֵיכִי מַשְׁכַּחַתְּ לָהּ, כְּגוֹן דְּיָדַע דְּאָסוּר, וְקָא טָעֵי בְּמִצְוָה לִשְׁמוֹעַ דִּבְרֵי חֲכָמִים, לְדִידִי נַמִּי דְּטָעוּ בְּמִצְוָה לִשְׁמוֹעַ דִּבְרֵי חֲכָמִים: **זֶה הַכְּלָל הַתּוֹלֶה בְּעַצְמוֹ חַיָּיב:** לְאֵיתוּיֵי מַאי, לְאֵיתוּיֵי מְבַעֵט בְּהוֹרָאָה. תּוֹלֶה בְּבֵית דִּין, לְאֵיתוּיֵי הוֹרוּ בֵּית דִּין וְיָדְעוּ שֶׁטָּעוּ וְחָזְרוּ בָּהֶן. הָא בְּהֶדְיָא קָתָנֵי לָהּ. תָּנֵי וַהֲדַר מְפָרֵשׁ. **אָמַר רַב יְהוּדָה** אָמַר שְׁמוּאֵל, זוֹ דִּבְרֵי רַבִּי יְהוּדָה, אֲבָל חֲכָמִים אוֹמְרִים יָחִיד שֶׁעָשָׂה בְּהוֹרָאַת בֵּית דִּין חַיָּיב. מַאי רַבִּי יְהוּדָה. דְּתַנְיָא, 'אִם נֶפֶשׁ אַחַת תֶּחֱטָא בִשְׁגָגָה בַּעֲשׂוֹתָהּ' הֲרֵי אֵלּוּ שְׁלֹשָׁה מִעוּטִין, הָעוֹשֶׂה מִפִּי עַצְמוֹ חַיָּיב, בְּהוֹרָאַת בֵּית דִּין פָּטוּר. מַאי רַבָּנַן. דְּתַנְיָא, עֲדַיִין אֲנִי אוֹמֵר מִיעוּט קָהָל שֶׁחָטְאוּ חַיָּיבִין, שֶׁאֵין בֵּית דִּין מְבִיאִין עַל יְדֵיהֶן פַּר, רוֹב קָהָל שֶׁחָטְאוּ יְהוּ פְּטוּרִין, שֶׁהֲרֵי בֵּית דִּין מְבִיאִין עַל יְדֵיהֶם פַּר, תַּלְמוּד לוֹמַר 'מֵעַם הָאָרֶץ', אֲפִילּוּ רוּבָּהּ, וַאֲפִילּוּ כּוּלָּהּ; בְּמַאי, אִילֵימָא בְּשִׁגְגַת מַעֲשֶׂה [ב"ד שֶׁלֹּא בְּהוֹרָאָה], בֵּית דִּין מַאי עֲבִידְתַּיְיהוּ, שֶׁלֹּא בְּהוֹרָאַת בֵּית דִּין בֵּית דִּין מִי מַיְיתוּ שֶׁלֹּא בְּהוֹרָאָה, אֶלָּא בְּהוֹרָאָה, וְהָא כִּי כְּתִיב 'מֵעַם הָאָרֶץ' בְּשִׁגְגַת מַעֲשֶׂה הוּא דִּכְתִיב, אֶלָּא לָאו הָכִי קָאָמַר, מִיעוּט קָהָל שֶׁחָטְאוּ בְּשִׁגְגַת מַעֲשֶׂה חַיָּיבִין, שֶׁאֵין בֵּית דִּין מְבִיאִין עַל יְדֵיהֶן פַּר בְּהוֹרָאָה, הָא הֵן חַיָּיבִין, יָכוֹל רוֹב צִבּוּר שֶׁעָשׂוּ בְּשִׁגְגַת מַעֲשֶׂה יְהוּ פְּטוּרִין, שֶׁהֲרֵי בֵּית דִּין מְבִיאִין עֲלֵיהֶם פַּר [בְּהוֹרָאָה], תַּלְמוּד לוֹמַר 'מֵעַם הָאָרֶץ', אֲפִילּוּ רוּבּוֹ. אָמַר רַב פָּפָּא, מִמַּאי, דִּלְמָא לֹא הֵן וְלֹא בֵּית דִּין. אִי הָכִי, מַאי אִירְיָא דְּקָמְהַדַּר עַל רוּבָּא לְחִיּוּבָא, לָאו מִכְּלָל דְּמִיעוּט בְּהוֹרָאָה קַיְימָא לֵיהּ דְּמִיחַיְּיבוּ בְּהוֹרָאָה, וּנְהַדַּר בְּרֵישָׁא עַל מִיעוּטָא דְּמִיחַיֵּיב בְּשִׁגְגַת מַעֲשֶׂה, וּלְבַסּוֹף נִיהַדַּר עַל רוּבָּא לְחִיּוּבָא בְּשִׁגְגַת מַעֲשֶׂה, אֶלָּא לָאו מִדְּלָא מְהַדַּר עַל מִיעוּט דְּמִיחַיְּיבִין בְּשִׁגְגַת מַעֲשֶׂה וּבַסּוֹף מְהַדַּר עַל רוּבָּא לְחִיּוּבָא בְּשִׁגְגַת מַעֲשֶׂה, שְׁמַע מִינָּהּ מִיעוּט בְּהוֹרָאָה חַיָּיבִין הֵן כִּשְׂבָּה וּשְׂעִירָה, וְשֶׁלֹּא בְּהוֹרָאָה בְּשִׁגְגַת מַעֲשֶׂה חַיָּיבִין. מִכְּדִי תַּרְוַויְיהוּ סְתָמֵי תְּנַן, מִמַּאי דְּקַמַּיְיתָא רַבִּי יְהוּדָה וּבָתְרַיְיתָא רַבָּנַן, אֵימָא אִיפְּכָא. מַאן שְׁמַעַתְּ לֵיהּ דְּדָרֵישׁ מִיעוּטֵי כִּי הַאי גַּוְונָא, רַבִּי יְהוּדָה הִיא, דְּתַנְיָא, רַבִּי יְהוּדָה אוֹמֵר,
זאת

הָא לָא קַשְׁיָא, דְּסֵיפָא זוֹ וְאֵין צָרִיךְ לוֹמַר זוֹ קָתָנֵי. דְּהָכִי מַשְׁמַע, לָא מִיבַּעְיָא זוֹ דְּעָשָׂה עִמָּהֶם לֹא תָּלָה בְּבֵי"ד, וְאֵין צָרִיךְ לוֹמַר זוֹ דְּעָשָׂה אַחֲרֵיהֶם דְּוַדַּאי לֹא תָּלָה בְּבֵי"ד וְחַיָּיב קָרְבָּן, וְכָל שֶׁכֵּן אֵין צָרִיךְ לוֹמַר הֵיכָא דְּלֹא עָשׂוּ וְעָשָׂה דְּחַיָּיב: **גְּמִיר.** לָמַד הַדָּבָר: **וּסְבִיר.** מֵבִין דָּבָר מִתּוֹךְ דָּבָר: **תְּנָא מִשְׁנָה יְתֵירָה.** לְהָכִי אִיצְטְרִיךְ מִשְׁנָה יְתֵירָה שֶׁלֹּא לְצוֹרֶךְ, לְאַשְׁמוּעִינַן אֲפִילּוּ גְּמִיר וְלֹא סְבִיר, וּלְעוֹלָם תַּלְמִיד רָאוּי לְהוֹרָאָה גְּמִיר וּסְבִיר הוּא: **כְּגוֹן שִׁמְעוֹן בֶּן עַזַּאי וְשִׁמְעוֹן בֶּן זוֹמָא.** שֶׁהָיוּ יוֹשְׁבִין לִפְנֵי חֲכָמִים וְהָיוּ רְאוּיִין לְהוֹרָאָה, כְּדְאָמְרִינַן בְּפֶרֶק קַמָּא דְּסַנְהֶדְרִין (דף יז:) 'דָּנִין לִפְנֵי חֲכָמִים, שִׁמְעוֹן בֶּן עַזַּאי וְשִׁמְעוֹן בֶּן זוֹמָא': **אָמַר לֵיהּ אַבָּיֵי.** שִׁמְעוֹן בֶּן עַזַּאי וְשִׁמְעוֹן בֶּן זוֹמָא כִּי הַאי גַּוְונָא דְּיָדְעֵי שֶׁטָּעוּ וְאַפְּ"ה עָשׂוּ אַמַּאי חַיָּיבִין קָרְבָּן, וְהָא מְזִידִין נִינְהוּ, וּמֵזִיד לָאו בַּר קָרְבָּן הוּא: **וְקָא טָעָה בְּמִצְוָה לִשְׁמוֹעַ דִּבְרֵי חֲכָמִים.** אֲפִילּוּ לְמֶיעְבַּד אִיסּוּרָא: **לְדִידִי נַמִּי.** דְּאָמְרֵי כְּגוֹן שִׁמְעוֹן בֶּן עַזַּאי וְשִׁמְעוֹן בֶּן זוֹמָא, כְּגוֹן דְּקָא טָעוּ בְּמִצְוָה לִשְׁמוֹעַ דִּבְרֵי חֲכָמִים: **לְאֵיתוּיֵי מְבַעֵט בְּהוֹרָאָה.** שֶׁאִם הָיָה רָגִיל לִהְיוֹת מְבַעֵט בְּהוֹרָאָה, וְאַחַר כָּךְ הוֹרוּ שֶׁחֵלֶב מוּתָּר, וְהָלַךְ זֶה הַמְבַעֵט וְעָשָׂה עַל פִּיהֶם וְאָכַל חֵלֶב, דְּחַיָּיב, דְּהוֹאִיל וְהוּא רָגִיל לִהְיוֹת מְבַעֵט הַשְׁתָּא נַמִּי מְבַעֵט, וּכְשֶׁהוּא אוֹכֵל חֵלֶב מִפִּי עַצְמוֹ הוּא עוֹשֶׂה וְאֵינוֹ תּוֹלֶה בְּבֵי"ד, הִלְכָּךְ חַיָּיב קָרְבָּן: **תּוֹלֶה בְּבֵי"ד פָּטוּר,** לְאֵיתוּיֵי הוֹרוּ בֵּי"ד וְטָעוּ וְיָדְעוּ שֶׁטָּעוּ וְחָזְרוּ בָּהֶן. בֵּין שֶׁהֵבִיאוּ כַּפָּרָתָן [וּבֵין שֶׁלֹּא הֵבִיאוּ], וְהָלַךְ הַיָּחִיד וְעָשָׂה עַל פִּיהֶם פָּטוּר, דְּתוֹלֶה בְּבֵי"ד הוּא, וּבִרְשׁוּת בֵּי"ד הוּא עוֹשֶׂה: **הָא בְּהֶדְיָא** קָתָנֵי לָהּ. בְּמַתְנִיתִין (לְקַמָּן דף ג:), דְּר' שִׁמְעוֹן פּוֹטֵר: הָא לָא קַשְׁיָא, דְּתָנֵי כְּלָלָא 'זֶה הַכְּלָל' וְהָדַר מְפָרֵשׁ בְּמַתְנִיתִין: 'אִם נֶפֶשׁ אַחַת תֶּחֱטָא בִשְׁגָגָה בַּעֲשׂוֹתָהּ'. דְּמַשְׁמַע 'נֶפֶשׁ תֶּחֱטָא', 'אַחַת תֶּחֱטָא', 'בַּעֲשׂוֹתָהּ תֶּחֱטָא', הֲרֵי אֵלּוּ שְׁלֹשָׁה מִיעוּטֵי, דְּמַשְׁמַע 'בַּעֲשׂוֹתָהּ' מִפִּי עַצְמוֹ חַיָּיב, לְמַעוּטֵי תּוֹלֶה בְּבֵית דִּין דְּפָטוּר. וְהָנֵי שְׁלֹשָׁה מִיעוּטֵי מְפָרֵשׁ בְּמַסֶּכֶת שַׁבָּת בְּפֶרֶק הַמַּצְנִיעַ (דף צג.) לְר' יְהוּדָה, חַד לְמַעוּטֵי זֶה עוֹקֵר וְזֶה מַנִּיחַ, וְחַד לְמַעוּטֵי זֶה יָכוֹל וְזֶה יָכוֹל, וְחַד לְמַעוּטֵי יָחִיד שֶׁעָשָׂה בְּהוֹרָאַת בֵּית דִּין דְּפָטוּר: **מְבִיאִין עַל יְדֵיהֶן.** מְבִיאִין עֲלֵיהֶן: **בְּמַאי.** חָטְאוּ: **אִילֵימָא בְּשִׁגְגַת מַעֲשֶׂה שֶׁלֹּא בְּהוֹרָאַת בֵּית דִּין.** דְּלֹא הוֹרוּ בֵּית דִּין כְּלָל, וּכְגוֹן שֶׁנִּתְחַלֵּף חֵלֶב בְּשׁוּמָן שֶׁלֹּא בְּהוֹרָאָתָם, דְּהָכִי מַשְׁמַע, 'מִיעוּט קָהָל שֶׁחָטְאוּ' בְּשִׁגְגַת מַעֲשֶׂה גְּרֵידְתָּא שֶׁלֹּא בְּהוֹרָאָה 'חַיָּיבִין', אֲבָל 'רוֹב קָהָל שֶׁחָטְאוּ' בְּשִׁגְגַת מַעֲשֶׂה שֶׁלֹּא בְּהוֹרָאָה יָכוֹל 'יְהוּ פְּטוּרִין, שֶׁהֲרֵי בֵּי"ד מְבִיאִין פַּר עֲלֵיהֶם', ת"ל מֵעַם הָאָרֶץ', דְּמַשְׁמַע דַּאֲפִילּוּ רוּבָּן חַיָּיבִין בְּקָרְבָּן בְּשִׁגְגַת מַעֲשֶׂה דְּמַיְיתוּ כָּל חַד וְחַד כִּשְׂבָּה אוֹ שְׂעִירָה. וּמִי מָצֵית לְמֵימַר הָכִי, 'שֶׁהֲרֵי בֵּי"ד מְבִיאִין עֲלֵיהֶם פַּר' כִּי חָטְאוּ רוֹב קָהָל בְּשִׁגְגַת מַעֲשֶׂה שֶׁלֹּא בְּהוֹרָאָה, 'וְכִי בֵּי"ד מַיְיתוּ קָרְבָּן שֶׁלֹּא בְּהוֹרָאָה', דְּהָא לֹא הוֹרוּ כְּלָל: **אֶלָּא בְּהוֹרָאָה.** דְּהָכִי מַשְׁמַע 'מִיעוּט קָהָל שֶׁחָטְאוּ' בְּהוֹרָאָה, כְּגוֹן שֶׁהוֹרוּ בֵּי"ד וְעָשׂוּ עַל פִּיהֶם, 'חַיָּיבִין' כִּשְׂבָּה אוֹ שְׂעִירָה, 'שֶׁהֲרֵי אֵין בֵּי"ד מְבִיאִין פַּר עֲלֵיהֶם; רוֹב צִבּוּר' שֶׁעָשׂוּ בְּהוֹרָאָה יָכוֹל 'יְהוּ פְּטוּרִין, ת"ל מֵעַם הָאָרֶץ', דַּאֲפִילּוּ רוּבָּן חַיָּיבִין. וּמִי מָצֵית אָמְרַתְּ הָכִי שֶׁצִּבּוּר מְבִיאִין קָרְבָּן, וְהָא כִּי כְּתִיב 'מֵעַם הָאָרֶץ' בְּשִׁגְגַת מַעֲשֶׂה גְּרֵידְתָּא הוּא דִּכְתִיב, וּמֵהָכָא לֹא נָפְקָא דְּלִיחַיְּיבוּ רוֹב קָהָל בְּהוֹרָאָה כְּלָל: **אֶלָּא לָאו הָכִי קָאָמַר,** מִיעוּט קָהָל שֶׁחָטְאוּ בְּשִׁגְגַת מַעֲשֶׂה גְּרֵידְתָּא, חַיָּיבִין, כִּשְׂבָּה אוֹ שְׂעִירָה, שֶׁאֵין בֵּי"ד מְבִיאִין עֲלֵיהֶם פַּר בְּהוֹרָאָה. כִּי הוֹרוּ בֵּי"ד וְעָשׂוּ מִיעוּט קָהָל שֶׁחָטְאוּ (בְּשִׁגְגַת מַעֲשֶׂה) עַל פִּיהֶם, הָא הֵן חַיָּיבִין בְּהוֹרָאָה כִּשְׂבָּה אוֹ שְׂעִירָה, דְּיָחִיד שֶׁעָשָׂה בְּהוֹרָאַת בֵּי"ד [חַיָּיב], וְכִי הֵיכִי דְּחַיָּיבִין בְּהוֹרָאָה, ה"נ חַיָּיבִין בְּשִׁגְגַת מַעֲשֶׂה גְּרֵידְתָּא: **אֲבָל רוֹב קָהָל שֶׁחָטְאוּ בְּשִׁגְגַת מַעֲשֶׂה גְּרֵידְתָּא** יָכוֹל יְהוּ פְּטוּרִין, שֶׁהֲרֵי בֵּי"ד מְבִיאִין עֲלֵיהֶם פַּר בְּהוֹרָאָה. וְהֵן פְּטוּרִין, כְּדְאָמַר לְקַמָּן 'ר"מ אוֹמֵר, שִׁבְעָה שְׁבָטִים שֶׁחָטְאוּ, בֵּי"ד מְבִיאִין עֲלֵיהֶם פַּר בְּהוֹרָאָה וְהֵן פְּטוּרִין', וְכִי הֵיכִי דִּבְהוֹרָאָה פְּטוּרִין הֵן, לִפַּטְרוּ נַמִּי בְּשִׁגְגַת מַעֲשֶׂה גְּרֵידְתָּא: ת"ל 'מֵעַם הָאָרֶץ', דַּאֲפִילּוּ רוּבּוֹ. חַיָּיבִין בְּשִׁגְגַת מַעֲשֶׂה גְּרֵידְתָּא, דְּמַיְיתוּ כָּל חַד וְחַד כִּשְׂבָּה אוֹ שְׂעִירָה, דְּהַאי דִּכְתִיב 'מֵעַם הָאָרֶץ' בְּשִׁגְגַת מַעֲשֶׂה הוּא דִּכְתִיב, אַלְמָא שָׁמְעִינַן מֵהָא מַתְנִיתִין יָחִיד שֶׁעָשָׂה בְּהוֹרָאַת בֵּי"ד חַיָּיב: **וַעֲדַיִין אֲנִי אוֹמֵר.** רֵישָׁא דְּמַתְנִיתִין הָכִי אִיתָא בְּת"כ, 'בַּעֲשׂוֹתָהּ, יָכוֹל יָחִיד שֶׁעָשָׂה חַיָּיב, שְׁנַיִם שֶׁעָשׂוּ פְּטוּרִין, ת"ל מֵעַם הָאָרֶץ, אֲפִילּוּ מְרוּבִּין, וַעֲדַיִין אֲנִי אוֹמֵר מִיעוּט קָהָל שֶׁחָטְאוּ חַיָּיבִין, שֶׁאֵין בֵּי"ד מְבִיאִין פַּר עַל יְדֵיהֶם' וְכוּ': **אָמַר רַב פָּפָּא,** מִמַּאי, דִּלְמָא לֹא הֵן וְלֹא בֵּית דִּין. וְה"ק, 'מִיעוּט קָהָל שֶׁחָטְאוּ' בְּשִׁגְגַת מַעֲשֶׂה 'חַיָּיבִין, שֶׁאֵין בֵּי"ד מְבִיאִין פַּר עֲלֵיהֶם בְּהוֹרָאָה', וְהֵן הַמּוּעָט נַמִּי פְּטוּרִין, דְּיָחִיד שֶׁעָשָׂה בְּהוֹרָאַת בֵּי"ד פָּטוּר: **אִי הָכִי כּוּ'.** א"כ כִּדְקָאָמְרַתְּ לֹא הֵן וְלֹא בֵּי"ד לֹא מְחַיְּיבֵי בְּהוֹרָאָה כְּלָל, א"כ מִיעוּט קָהָל בְּשִׁגְגַת מַעֲשֶׂה גְּרֵידְתָּא נַמִּי לִיפַּטְרוּ כִּי הֵיכִי דְּמִיפַּטְרוּ בְּהוֹרָאָה, דְּאִי הָכִי כִּדְקָאָמְרַתְּ 'לֹא הֵן וְלֹא בֵּי"ד', **מַאי אִירְיָא דְּקָא מְהַדֵּר עַל רוּבָּא לְחִיּוּבָא** בְּשִׁגְגַת מַעֲשֶׂה, דְּקָתָנֵי 'אֲבָל רוֹב קָהָל שֶׁחָטְאוּ בְּשִׁגְגַת מַעֲשֶׂה גְּרֵידְתָּא יָכוֹל יְהוּ פְּטוּרִין שֶׁהֲרֵי בֵּי"ד מְבִיאִין עֲלֵיהֶם פַּר בְּהוֹרָאָה וְהֵן פְּטוּרִין, ת"ל מֵעַם הָאָרֶץ', וַאֲפִילּוּ רוּבּוֹ דְּחַיָּיב בְּשִׁגְגַת מַעֲשֶׂה, **לָאו מִכְּלָל דְּמִיעוּט** קָהָל **בְּהוֹרָאָה** פְּשִׁיטָא לֵיהּ לְתַנָּא **דְּמִיחַיְּיבֵי** בְּהוֹרָאָה, כְּדְאָמַר 'הָא הֵן חַיָּיבִין דְּיָחִיד שֶׁעָשָׂה בְּהוֹרָאַת בֵּי"ד חַיָּיב', וְכִי הֵיכִי דְּמִיחַיְּיבֵי בְּהוֹרָאָה הֵם הָכִי נַמִּי מִיחַיְּיבֵי בְּשִׁגְגַת מַעֲשֶׂה גְּרֵידְתָּא, וְאַמְּטוּ לְהָכִי קָא מְהַדֵּר לְעֵיל עַל רוּבָּא לְחִיּוּב, אֶלָּא לְדִידָךְ דְּאָמְרַתְּ 'לֹא הֵן וְלֹא בֵּי"ד', דְּאַכַּתִּי לֹא נָפְקָא לָךְ דְּמִיחַיְּיבֵי מִיעוּטָא בְּשִׁגְגַת מַעֲשֶׂה גְּרֵידְתָּא, אִי הָכִי **נְהַדֵּר בְּרֵישָׁא עַל מִיעוּטָא דְּלִיחַיְּיבוּ בְּשִׁגְגַת מַעֲשֶׂה** גְּרֵידְתָּא **וּלְבַסּוֹף נְהַדֵּר עַל רוּבָּא לְחִיּוּבָא בְּשִׁגְגַת מַעֲשֶׂה גְּרֵידְתָּא: אֶלָּא.** מִדְּקָא מְהַדֵּר עַל רוּבָּא וְשָׁבֵיק מִיעוּטָא: **שְׁמַע מִינָּהּ.** דְּמִיעוּט בְּהוֹרָאָה פְּשִׁיטָא לֵיהּ לְתַנָּא דְּחַיָּיבִין כִּשְׂבָּה אוֹ שְׂעִירָה, דְּהָכִי קָאָמַר, 'שֶׁאֵין בֵּית דִּין מְבִיאִין עֲלֵיהֶם פַּר בְּהוֹרָאָה', הָא הֵן חַיָּיבִין, דְּיָחִיד שֶׁעָשָׂה בְּהוֹרָאַת בֵּית דִּין חַיָּיב, וְכִי הֵיכִי דְּחַיָּיבִין בְּהוֹרָאָה, הֵם הָכִי נַמִּי שֶׁלֹּא בְּהוֹרָאָה בְּשִׁגְגַת מַעֲשֶׂה חַיָּיבִין, וְכֵיוָן דְּקַיְימָא לֵיהּ לְתַנָּא דְּמִיעוּט בְּשִׁגְגַת מַעֲשֶׂה גְּרֵידְתָּא חַיָּיבִין, הִלְכָּךְ קָא מְהַדֵּר עַל רוּבָּא לְחִיּוּבָא, וּלְעוֹלָם שָׁמְעִינַן מֵהָא מַתְנִיתִין דְּיָחִיד שֶׁעָשָׂה בְּהוֹרָאַת בֵּית דִּין חַיָּיב, שְׁמַע מִינָּהּ:
זאת

תוספות

תְּנָא מִשְׁנָה יְתֵירָה, דַּאֲפִילּוּ גְּמִיר וְלָא סְבִיר. תֵּימָה, דְּלָא לִיתְנֵי בְּמַתְנִיתִין כִּי אִם תַּלְמִיד שֶׁאֵינוֹ רָאוּי לְהוֹרָאָה, וְכ"ת דְּא"כ הֲוָה מַשְׁמַע דְּלָא גְּמִיר וְלָא סְבִיר, דְּהָא מֵרֵישָׁא יָדְעִינַן, דְּקָתָנֵי 'וְעָשָׂה יָחִיד עַל פִּיהֶם' דְּפָטוּר. וְי"ל, דְּקמ"ל דַּאֲפִילּוּ גְּמִיר וּסְבִיר הֲוֵה שׁוֹגֵג, דְּטָעָה בְּמִצְוָה לִשְׁמוֹעַ דִּבְרֵי חֲכָמִים, וְחַיָּיב, דְּלָא תֵּימָא מֵזִיד הֲוֵה: **וְלִיטַעְמָיךְ,** הָא תַּנְיָא 'בַּעֲשׂוֹתָהּ' כוּ'. בָּרַיְיתָא הִיא בְּת"כ, וְגַרְסִינַן בָּהּ 'כְּגוֹן שִׁמְעוֹן בֶּן עַזַּאי', וּלְהָכִי אַלִּימָא טְפֵי לְאַקְשׁוּיֵי מִינָּהּ מִמַּתְנִיתִין, דְּדוֹחַק לוֹמַר דְּשִׁמְעוֹן בֶּן עַזַּאי הָיָה טוֹעֶה בְּמִצְוָה לִשְׁמוֹעַ דִּבְרֵי חֲכָמִים. וּלְפִי זֶה לֹא גַּרְסִינַן 'וְדִידִי נַמִּי' כוּ', דְּהָא בְּבָרַיְיתָא נַמִּי קָתָנֵי 'הָרָאוּי לְהוֹרָאָה', וְגַם בְּסֵפֶר מְדוּיָּק הַבָּא מֵאֶרֶץ יִשְׂרָאֵל לֵיתָא: **תְּנָא** כְּלָל וְהָדַר מְפָרֵשׁ. דְּהַךְ דְּרֵישָׁא אָתֵי כְּרַבִּי שִׁמְעוֹן דְּפָטַר אִם חָזְרוּ בָּהֶן: **הֲרֵי אֵלּוּ** מִעוּטִין. בִּירוּשַׁלְמִי פָּרֵיךְ 'בְּכָל מָקוֹם הֲוֵי מִיעוּט אַחַר מִיעוּט לְרַבּוֹת וְהָכָא לְמַעֵט', וּמְשַׁנֵּי, הַיְינוּ דַּוְקָא בְּמָקוֹם שֶׁהֵן זוּגוֹת, כְּמוֹ ספ"ק דְּסַנְהֶדְרִין (טו.) 'עֲשָׂרָה כֹּהֲנִים כְּתוּבִין בַּפָּרָשָׁה', דְּרִאשׁוֹן מְמַעֵט, וְשֵׁנִי לְרַבּוֹת, וּשְׁלִישִׁי לְמַעֵט, וּרְבִיעִי לְרַבּוֹת, וְכֵן לְעוֹלָם. וּבִירוּשַׁלְמִי (פ"ד) דִּמְגִילָּה פָּרֵיךְ 'מֵעַתָּה לֹא יִצְטָרֵךְ שׁוּם כֹּהֵן', וּמְשַׁנֵּי דִּבְתִכְנַס לֹא הִזְכִּיר כֹּהֵן. וְרַשְׁבָּ"א פֵּירֵשׁ בְּנִדָּה, דְּהֵיכָא דְּמִיעוּט אָתֵי לְמַעוּטֵי דָּבָר אֶחָד, כְּמוֹ גַּבֵּי כֹּהֲנִים כֹּהֵן וְלֹא יִשְׂרָאֵל, הָתָם אָתֵי לְרַבּוּיֵי, אֲבָל הֵיכָא דְּכָל חֲדָא וַחֲדָא אָתָא לְמִילְתָא לְחוּד כִּדְהָכָא, וְגַבֵּי 'זֹאת הִיא הָעוֹלָה', הָתָם אָתֵי לְמַעוּטֵי: **'מֵעַם** הָאָרֶץ' אֲפִילּוּ מִקְצָתוֹ. לֹא גַּרְסִינַן 'מֵעַם', דְּהָא לְעֵיל יָלֵיף מִינֵּיהּ פְּרָט לְמוּמָר, וְל"ג נַמִּי 'אֲפִילּוּ מִקְצָתוֹ' דִּבְלָאו הָכִי יָחִיד וַאֲפִילּוּ הַרְבֵּה מַשְׁמַע דִּמְבִיאִין, מִדְּמְהַדֵּר אַרוּבָּא, וְה"ג בְּת"כ, 'עַם הָאָרֶץ, אֲפִילּוּ רוּבּוֹ וַאֲפִילּוּ כּוּלּוֹ': **ש"מ** מִיעוּט בְּהוֹרָאָה חַיָּיבִין. תֵּימָה, מֵהֵיכִי תֵּיתֵי, דַּאֲפִילּוּ אִי מִבָּרַיְיתָא מַשְׁמַע הָכִי, מ"מ אַסְמַכְתָּא מִקְרָא לֹא חָזִינַן שֶׁיִּהְיוּ חַיָּיבִין בִּמְקוֹם הוֹרָאָה. וְעוֹד, הֵיכָא מַשְׁמַע לֵיהּ מֵהַךְ בָּרַיְיתָא, דְּאִי מִשּׁוּם דְּלֹא מְהַדֵּר בְּרֵישָׁא מִמִּיעוּטָא, הָא לֹא אִיצְטְרִיךְ, דְּהָא מִיָּחִיד יָלְפִינַן, כִּי הֵיכִי דְּהוּא חַיָּיב הָכִי נַמִּי מִיעוּט קָהָל, וְכֵן מַשְׁמַע בְּתוֹרַת כֹּהֲנִים דִּשְׁנַיִם וּשְׁלֹשָׁה יֵשׁ לָהֶן דִּין יָחִיד. וְנִרְאֶה כְּגִירְסַת סְפָרִים דְּגָרְסֵי 'מַאי אִרְיָא מִיעוּט מֵרוּבָּא' כְּלוֹמַר, מַאי שְׁנָא מִיעוּט מֵרוּבָּא וּמַאי פְּשִׁיטָא מִיעוּט מֵרוּבָּא, לְמַאי דְּקָאָמַר 'לֹא הֵן וְלֹא בֵּית דִּין' אִי לְדִבְרֵיךְ אֶלָּא מִדְּאִיצְטְרִיךְ לְמֵילַף רוּבָּא שְׁמַע מִינָּהּ דְּמִיעוּט פְּשִׁיטָא לֵיהּ מִשּׁוּם דְּמַיְיתֵי נַמִּי בְּהוֹרָאָה כִּשְׂבָּה אוֹ שְׂעִירָה:

תוספות הרא"ש

[illegible]

מסורת הש"ס
עם תוספות

א) [עירובין עו. ר"ה לג: לג. יבמות יג. ל: כתובות נח. נדרים יד: כריתות יז:], ב) ת"כ פ' ויקרא דבורא דחובה פרשה ז, ה"ג (אות רעח), ג) שבת צג., ד) [יבמות כ. וש"נ], ה) ת"כ פ' ויקרא דבורא דחובה פרשה ז ה"ה (אות רעט), ו) נדה מ. זבחים כז: ע"ש ופל. ע"ש, ז) דבורא דחובה פרשה ז ה"ד (אות רעט), ח) דברים כז יא.

תורה אור השלם

א) וְאִם נֶפֶשׁ אַחַת תֶּחֱטָא בִשְׁגָגָה מֵעַם הָאָרֶץ בַּעֲשֹׂתָהּ אַחַת מִמִּצְוֹת יְיָ אֲשֶׁר לֹא תֵעָשֶׂינָה וְאָשֵׁם: [ויקרא ד, כז]

הגהות וציונים

א] בכת"י נוסף **ראוי**: ב] הב"ח מוחק "סביר ולא גמיר", וכ"נ מרש"י וכמה ראשונים: ג] "אחת" מיותר (דק"ס), וכן לקמן בסוף הברייתא: ד] בכת"י ובספרא **וידע אחד**: ה] גי' תוס' הרא"ש וכת"י פאריז "כגון זה": ו] בתוס' הרא"ש ובכת"י נוסף **דאמר יחיד שעשה בהוראת ב"ד פטור**: ז] צ"ל ואם (ב"ח, וכ"ה בכת"י). גירסת הרא"ש "נפש כי תחטא אחת תחטא בעשותה": ח] "שלשה" ליתא בדפו"י ובכת"י וכן ליתא בספרא והוסיפוהו בד' אמ"ד מרש"י (דק"ס): ט] ועדיין (ב"ח וכת"י): י] "ב"ד" נמחק (הגהות הגר"א, וכן ליתא ברש"י ובכת"י), וכן הב"ח והיעב"ץ מוחקים אותו מכאן וגורסים אותו בסמוך "אילימא בשגגת מעשה שלא בהוראת ב"ד **ב"ד** מאי עבידתייהו": כ] "שלא בהוראת בית דין" מיותר (הגהות הב"ח והגר"א), ובכת"י ליתא "שלא בהוראת בית דין ב"ד מי מייתו שלא בהוראה": ל] נ"א **אלא לאו מדמהדר על רובא** כו' ועי' באר שבע (גליון). בגמרא דפו"י "אלא לאו מדמהדר על מיעוט" (במקום "אלא לאו מדלא מהדר על מיעוט" שהוא הגהת מהרש"א), והנ"א של הבאר שבע הוא בזה כדפו"י אלא שמוחק תיבות "על מיעוט דמחייבין בשגגת מעשה ובסוף מהדר". בתוס' הרא"ש (אחר: אמר רב פפא דלמא לא הן ולא ב"ד) "אי הכי מאי **אולמיה דמיעוט מרוב**", וכ"ה בכת"י פאריז והוא ממשיך "אלא לאו **ש"מ הם חייבין ש"מ**", והשאר ליתא עד "מכדי תרוייהו". השער יוסף מעתיק כת"מ "א"ה מאי איריא דקמהדר תנא בהך רובא לחייב בשגגת מעשה להדר תנא בתר מעוטא בש"מ ברישא והדר נהדר ארובא לחיובי בש"מ גרידתא אלא לאו ש"מ הא הן חייבין ש"מ": מ] לדבור זה שייך לשון רש"י **ואי קשיא**.. שבסמוך ג ע"א ד"ה צבור (הורה גבר וגליון הש"ס): נ] כת"י "בעשותה **תחטא בעשה** מפי עצמו": ס] לכאן שייך הדבור דלקמן **ועדיין אני אומר**. [הנמצא בסוף השליש הראשון של הטור השני] (ב"ח): ע] שנתחלף להן (כת"י) חלב בשומן **ואכלוהו** (ד' ויניציאה רפ"א וכת"י) שלא: פ] צ"ל והכי (ב"ח): צ] בכת"י נוסף "חייבין **כשבה או שעירה שאין ב"ד מביאין פר עליהן כי חטאו**": ק] שייך לעיל לפני ד"ה מביאין על ידיהן (ראה הגר"צ ס): ר] נראה דרבינו ל"ג בהברייתא כגון שמעון ב"ע ועי' תוס' ואולי גם בפר"ח ט"ס הוא ודו"ק (גליון): ש] כת"י **אם יאמרו**: ת] "ממלקות" ליתא בכת"י:

This *daf* is dedicated *l'iluy nishmas*: Rav Eliyahu Tzion ben Shulamit *z"l*

to issue halachic rulings? אָמַר רָבָא — Rava said: כְּגוֹן שִׁמְעוֹן בֶּן עַזַּאי — It is someone like Shimon ben Azzai, וְשִׁמְעוֹן בֶּן זוֹמָא — or Shimon ben Zoma, who were among the greatest *chachamim* of their generation, yet they were not officially ordained as judges. אֲמַר לֵיהּ אַבַּיֵי: כִּי הַאי גַּוְונָא — Abaye said to Rava: In a case like that, where he is such a great *chacham*, מֵזִיד הוּא — he is an intentional sinner! If a *chacham* of such a high level knows that *beis din* erred and still followed their mistaken ruling, he is considered to have acted intentionally, and he would not bring a *Korban Chatas*! Why does the Mishnah say that he is obligated to bring one?

וּלְטַעְמָיךְ — Rava said to Abaye: But according to your reasoning, הָא דְתַנְיָא — how do you explain that which is taught in a *Baraisa*: בַּעֲשֹׂתָהּ אַחַת — The *pasuk* says (*Vayikra* 4:27): "And if one *nefesh* from among the common people sins mistakenly **by doing** of one of the commandments of Hashem which should not be done." יָחִיד הָעוֹשֶׂה מִפִּי עַצְמוֹ — This teaches us that an individual who does an *aveirah* mistakenly on his own basis, חַיָּיב — is obligated to bring a *korban*; בְּהוֹרָאַת בֵּית דִּין — however, if he did it because of *beis din's* mistaken ruling, פָּטוּר — he is exempt. כֵּיצַד — What is the case where this would apply? הוֹרוּ בֵּית דִּין — If *beis din* mistakenly ruled שֶׁחֵלֶב מוּתָּר — that *cheilev* is permitted, וְנוֹדַע לְאֶחָד מֵהֶן שֶׁטָּעוּ — and one of the judges knew that they made a mistake, אוֹ תַלְמִיד יוֹשֵׁב לְפְנֵיהֶן וְרָאוּי לְהוֹרָאָה — or a student sitting in front of them who is qualified to give halachic rulings knew that they made a mistake, כְּגוֹן שִׁמְעוֹן בֶּן עַזַּאי — like Shimon ben Azzai, יָכוֹל יְהֵא פָּטוּר — I would think that he would be exempt if he were to follow the mistaken ruling, תַּלְמוּד לוֹמַר — therefore, the *pasuk* says: בַּעֲשֹׂתָהּ אַחַת — "By doing one," which teaches us, יָחִיד הָעוֹשֶׂה עַל פִּי עַצְמוֹ — an individual who does an *aveirah* mistakenly on his own basis, חַיָּיב — is obligated to bring a *korban*; בְּהוֹרָאַת בֵּית דִּין — however, if he did it because of *beis din's* mistaken ruling, פָּטוּר — he is exempt.

Rava continues his question to Abaye: According to your logic, someone who is as great of a *chacham* as Shimon ben Azzai can't be considered mistaken if he follows *beis din's* mistaken ruling. אֶלָּא הֵיכִי מַשְׁכַּחַת לַהּ — How, then, can you have such a case that he would have to bring a *korban*, as the *Baraisa* says? To answer, you have to say, כְּגוֹן דְּיָדַע דְּאָסוּר — the case of the *Baraisa* is where the judge or student knew that the action which *beis din* had ruled to be permitted is in fact forbidden, וְקָא טָעֵי — but he made a mistake, בְּמִצְוָה לִשְׁמוֹעַ דִּבְרֵי חֲכָמִים — regarding the mitzvah of listening to the words of the *chachamim*. His mistake for which he brings a *korban* was that he thought there is a mitzvah to listen to a ruling from *chachamim* even if he knows that they were mistaken. לְדִידִי נַמִי — I can also explain that the judge or student in the Mishnah is on the level of Shimon ben Azzai or Shimon ben Zoma. Even so, they are obligated to bring a *korban* in a case, דְּטָעוּ בְּמִצְוָה לִשְׁמוֹעַ דִּבְרֵי חֲכָמִים — that although they knew that *beis din's* ruling was mistaken, they made a mistake regarding the mitzvah of listening to the words of the *chachamim*.

For this *daf's shiur* and charts, scan this QR code:

עין משפט
נר מצוה

ח א מיי׳ פי״ג מהלכות שגגות הלכה ו סמג עשין ריז:
ט ב ג מיי׳ שם הלכה ה סמג שם:
י ד מיי׳ שם פי״ד ה״ה סמג שם:
יא ה מיי׳ שם פי״ג ה״א סמג שם:
יב ו מיי׳ שם הלכה ה ופי״ב הל״ב סמג שם:

ו) זו ואין צריך לומר זו קתני: וְיָדַע אֶחָד מֵהֶן שֶׁטָּעוּ אוֹ תַּלְמִיד וְרָאוּי לְהוֹרָאָה: תַּרְתֵּי לְמָה לִי. אָמַר רָבָא, אִיצְטְרִיךְ, סָלְקָא דַעְתָּךְ אָמֵינָא הָנֵי מִילֵּי גְּמִיר וּסְבִיר, אֲבָל גְּמִיר וְלָא סְבִיר לָא. אָמַר לֵיהּ אַבַּיֵי, ח) לְהוֹרָאָה גְּמִיר וּסְבִיר מַשְׁמַע. אָמַר לֵיהּ, אֲנָא הָכִי קָאָמֵינָא, אִי מֵהַהִיא הֲוָה אָמֵינָא הָנֵי מִילֵּי גְּמִיר וּסְבִיר, אֲבָל גְּמִיר וְלָא סְבִיר לָא, תְּנָא רָאוּי לְהוֹרָאָה מִמִּשְׁנָה יְתֵירָה אֲפִילּוּ גְּמִיר וְלָא סְבִיר סְבִיר וְלָא גְּמִיר[י]: רָאוּי לְהוֹרָאָה וְכוּ׳: כְּגוֹן מַאן. אָמַר רָבָא, כְּגוֹן שִׁמְעוֹן בֶּן עַזַּאי וְשִׁמְעוֹן בֶּן זוֹמָא. אָמַר לֵיהּ אַבַּיֵי, א) כִּי הַאי גַּוְונָא מֵזִיד הוּא. וְלִטַעֲמָיךְ, הָא ב) דְּתַנְיָא, א) ׳בַּעֲשׂוֹתָהּ אַחַת׳[ג], ג) יָחִיד הָעוֹשֶׂה מִפִּי עַצְמוֹ חַיָּיב, בְּהוֹרָאַת בֵּית דִּין פָּטוּר, כֵּיצַד, הוֹרוּ בֵּית דִּין שֶׁחֵלֶב מוּתָּר וְנוֹדַע לְאֶחָד[ד] מֵהֶן שֶׁטָּעוּ, אוֹ תַּלְמִיד יוֹשֵׁב לִפְנֵיהֶן וְרָאוּי לְהוֹרָאָה, כְּגוֹן שִׁמְעוֹן בֶּן עַזַּאי[ה], יָכוֹל יְהֵא פָּטוּר, תַּלְמוּד לוֹמַר ׳בַּעֲשׂוֹתָהּ אַחַת׳, יָחִיד הָעוֹשֶׂה עַל פִּי עַצְמוֹ חַיָּיב, בְּהוֹרָאַת בֵּית דִּין פָּטוּר; ב) אֶלָּא הֵיכִי מַשְׁכַּחַת לָהּ, כְּגוֹן דְּיָדַע דְּאָסוּר, וְקָא טָעֵי ד) בְּמִצְוָה לִשְׁמוֹעַ דִּבְרֵי חֲכָמִים, לְדִידִי נַמִּי דְּטָעוּ בְּמִצְוָה לִשְׁמוֹעַ דִּבְרֵי חֲכָמִים: זֶה הַכְּלָל הַתּוֹלֶה בְּעַצְמוֹ חַיָּיב: לְאֵיתוּיֵי מַאי, לְאֵיתוּיֵי ג) מְבַעֵט בְּהוֹרָאָה. תּוֹלֶה בְּבֵית דִּין, לְאֵיתוּיֵי ד) הוֹרוּ בֵּית דִּין וְיָדְעוּ שֶׁטָּעוּ וְחָזְרוּ בָּהֶן. הָא בְּהֶדְיָא קָתָנֵי לָהּ. תָּנֵי וְהָדַר מְפָרֵשׁ. אָמַר רַב יְהוּדָה אָמַר שְׁמוּאֵל, זוֹ דִּבְרֵי רַבִּי יְהוּדָה[ו], אֲבָל חֲכָמִים אוֹמְרִים ה) יָחִיד שֶׁעָשָׂה בְּהוֹרָאַת בֵּית דִּין חַיָּיב. מַאי רַבִּי יְהוּדָה. דְּתַנְיָא, א) ׳אִם[ז] נֶפֶשׁ אַחַת תֶּחֱטָא בִשְׁגָגָה בַּעֲשׂוֹתָהּ׳ הֲרֵי אֵלּוּ שְׁלֹשָׁה[ח] מִעוּטִין, הָעוֹשֶׂה מִפִּי עַצְמוֹ חַיָּיב, בְּהוֹרָאַת בֵּית דִּין פָּטוּר. מַאי רַבָּנָן. ו) דְּתַנְיָא, עֲדַיִין[ט] אֲנִי אוֹמֵר מִיעוּט קָהָל שֶׁחָטְאוּ חַיָּיבִין, שֶׁאֵין בֵּית דִּין מְבִיאִין עַל יְדֵיהֶן פַּר, רוֹב קָהָל שֶׁחָטְאוּ יְהוּ פְּטוּרִין, שֶׁהֲרֵי בֵּית דִּין מְבִיאִין עַל יְדֵיהֶם פַּר, תַּלְמוּד לוֹמַר א) ׳מֵעַם הָאָרֶץ׳, אֲפִילּוּ רוּבָּהּ, וַאֲפִילּוּ כּוּלָּהּ; בְּמַאי, אִילֵימָא בְּשִׁגְגַת מַעֲשֶׂה [ב״ד[י] שֶׁלֹּא בְּהוֹרָאָה], בֵּית דִּין מַאי עֲבִידְתַּיְיהוּ, שֶׁלֹּא בְּהוֹרָאַת בֵּית דִּין[כ] בֵּית דִּין מִי מַיְיתוּ שֶׁלֹּא בְּהוֹרָאָה, אֶלָּא בְּהוֹרָאָה, וְהָא כִּי כְּתִיב ׳מֵעַם הָאָרֶץ׳ בְּשִׁגְגַת מַעֲשֶׂה הוּא דִּכְתִיב, אֶלָּא לָאו הָכִי קָאָמַר, מִיעוּט קָהָל שֶׁחָטְאוּ בְּשִׁגְגַת מַעֲשֶׂה חַיָּיבִין, שֶׁאֵין בֵּית דִּין מְבִיאִין עַל יְדֵיהֶן פַּר בְּהוֹרָאָה, הָא הֵן חַיָּיבִין, יָכוֹל רוֹב צִבּוּר שֶׁעָשׂוּ בְּשִׁגְגַת מַעֲשֶׂה יְהוּ פְּטוּרִין, שֶׁהֲרֵי בֵּית דִּין מְבִיאִין עֲלֵיהֶם פַּר [בְּהוֹרָאָה], תַּלְמוּד לוֹמַר ׳מֵעַם הָאָרֶץ׳, ז) אֲפִילּוּ רוּבּוֹ. אָמַר רַב פָּפָּא, מִמַּאי, דִּלְמָא לֹא הֵן וְלֹא בֵּית דִּין. אִי הָכִי, מַאי אִירְיָא דְּקָמְהַדַּר עַל רוּבָּא לְחִיּוּבָא, לָאו מִכְּלָל דְּמִיעוּט בְּהוֹרָאָה קַיְימָא לֵיהּ דְּמִיחַיְּיבוּ בְּהוֹרָאָה, וְנֶהְדַּר בְּרֵישָׁא עַל מִיעוּטָא דְּמִיחַיֵּיב בְּשִׁגְגַת מַעֲשֶׂה, וּלְבַסּוֹף נִיהֲדַר עַל רוּבָּא לְחִיּוּבָא בְּשִׁגְגַת מַעֲשֶׂה, אֶלָּא לָאו מִדְּלָא מְהַדַּר[ל] עַל מִיעוּט דְּמִיחַיְּיבִין בְּשִׁגְגַת מַעֲשֶׂה וּבְסוֹף מְהַדַּר עַל רוּבָּא לְחִיּוּבָא בְּשִׁגְגַת מַעֲשֶׂה, שְׁמַע מִינַּהּ מִיעוּט בְּהוֹרָאָה חַיָּיבִין הֵן כִּשְׂבָּה וּשְׂעִירָה, וְשֶׁלֹּא בְּהוֹרָאָה בְּשִׁגְגַת מַעֲשֶׂה חַיָּיבִין. מִכְּדֵי תַּרְוַיְיהוּ סְתָמֵי תְּנַן, מִמַּאי דְּקַמַּיְיתָא רַבִּי יְהוּדָה וּבָתְרַיְיתָא רַבָּנָן, אֵימָא אִיפְּכָא. מַאן שְׁמַעַתְּ לֵיהּ דְּדָרֵישׁ מִיעוּטֵי כִּי הַאי גַּוְונָא, רַבִּי יְהוּדָה הִיא, ו) דְּתַנְיָא, רַבִּי יְהוּדָה אוֹמֵר,

זאת

Our Mishnah says: **זֶה הַכְּלָל** — This is the rule: **הַתּוֹלֶה בְּעַצְמוֹ חַיָּיב** — One who bases his actions on his own opinion is liable.

The Gemara asks: **לְאֵיתוֹיֵי מַאי** — What case does this rule come to include? The Gemara answers: **לְאֵיתוֹיֵי** — It comes to include, **מְבַעֵט בְּהוֹרָאָה** — someone who generally disrespects halachic rulings. Since he usually does not listen to *beis din's* rulings and instead relies on his own opinion, if he were to do the *aveirah* that *beis din* mistakenly ruled to be permitted, he can't be considered acting on the basis of *beis din's* ruling, since he usually relies on his own opinion.

תּוֹלֶה בְּבֵית דִּין — The second part of the Mishnah's rule, that one who bases his actions on the ruling of *beis din* is exempt, **לְאֵיתוֹיֵי** — comes to include a case where: **הוֹרוּ בֵּית דִּין** — *beis din* gave a ruling, **וְיָדְעוּ שֶׁטָּעוּ** — and then they realized that they made a mistake, **וְחָזְרוּ בָּהֶן** — and they retracted their mistaken ruling. In that case, an individual who was unaware that they took back the ruling and does that *aveirah* is considered to have acted on the basis of their ruling and exempt from a *korban*.

The Gemara asks: **הָא בְּהֶדְיָא קָתָנֵי לַהּ** — This halachah is taught explicitly in the next Mishnah! Why would the Mishnah say it again if we already learned it here? The Gemara answers: **תָּנֵי וַהֲדַר מְפָרֵשׁ** — The Mishnah first alludes to it, and then explains it explicitly.

אָמַר רַב יְהוּדָה אָמַר שְׁמוּאֵל — Rav Yehuda says in the name of Shmuel: **זוּ דִּבְרֵי רַבִּי יְהוּדָה** — This halachah of the Mishnah, that an individual who commits a transgression on the basis of *beis din's* mistaken ruling is exempt from bringing a *korban*, is the opinion of Rabi Yehuda. **אֲבָל חֲכָמִים אוֹמְרִים** — But the *Chachamim* say: **יָחִיד שֶׁעָשָׂה בְּהוֹרָאַת בֵּית דִּין** — An individual who transgresses based on *beis din's* ruling, **חַיָּיב** — is obligated to bring a *korban*.

מַאי רַבִּי יְהוּדָה — Where else do we find this opinion of Rabi Yehuda that Shmuel is referring to? **דְּתַנְיָא** — It is as we learned in a *Baraisa*: **אִם נֶפֶשׁ אַחַת תֶּחֱטָא בִשְׁגָגָה בַּעֲשֹׂתָהּ** — The *pasuk* says: "If **one** *nefesh* sins **mistakenly by doing** one of the *mitzvos* of Hashem that should not be done." **הֲרֵי אֵלּוּ שְׁלֹשָׁה מִיעוּטִין** — There are three exclusions alluded to in the extra words: **נפש**, **אחת**, and **בעשותה**. The exclusion from the word **בעשותה** is to teach us that: **הָעוֹשֶׂה מִפִּי עַצְמוֹ** — someone who mistakenly commits an *aveirah* on his own basis, **חַיָּיב** — is obligated to bring a *korban*; **בְּהוֹרָאַת בֵּית דִּין** — however, if he did it because of *beis din's* mistaken ruling, **פָּטוּר** — he is exempt. This is identical to the halachah taught in our Mishnah.

מַאי רַבָּנַן — What is the source of the opinion of the *Chachamim* that Shmuel refers to? **דְּתַנְיָא** — It is as we learned in a *Baraisa*: **עֲדַיִין אֲנִי אוֹמֵר** — I would still say: **מִיעוּט קָהָל שֶׁחָטְאוּ** — if the minority of the people sinned on the basis of *beis din's* mistaken ruling, **חַיָּיבִין** — they are obligated to bring a *korban*, **שֶׁאֵין בֵּית דִּין מְבִיאִין עַל יְדֵיהֶן פַּר** — because *beis din* is not bringing a *Par He'eleim Davar* for them. *Beis din* only brings a *Par He'eleim Davar* if the majority of the people did the

For this *daf's shiur* and charts, scan this QR code:

עין משפט
נר מצוה

ח א מיי' פי"ג מהלכות שגגות הלכה ו סמג עשין ריז:
ט ב ג מיי' שם הלכה ה סמג שם:
י ד מיי' שם פי"ד ה"ה סמג שם:
יא ה מיי' שם פי"ג ה"א סמג שם:
יב ו מיי' שם הלכה ה ופי"ב הל"ב סמג שם:

תוספות הרא"ש

ולטעמיך הא דתניא בעשותה יחיד העושה מפי עצמו חייב בהוראת ב"ד פטור כו'. תימה מאי מייתי מברייתא טפי ממתני' וי"ל דברייתא אלימא ליה משום דדריש לה מקרא א"נ משום דמפרשי טפי או תלמיד היושב לפניהם וראוי להוראה כגון זה[ק] היינו שמעון בן עזאי: כגון דידע דאסור וקא טעי במצוה לשמוע דברי חכמים. כדכתיב[ר] לא תסור מן הדבר אשר יגידו לך ימין ושמאל והיינו שגגה דידיה. ירושלמי וכי יש (דין) [זדון] ושגגה אלא הוראת ב"ד ר' (אומר) [אמי] בשם ריש לקיש מתני' כגון שמעון בן עזאי [מה אנן קיימין אם בידע כל התורה ואינו יודע אותו דבר אין זה שמעון בן עזאי] ואם יודע את הדבר ואינו יודע כל התורה כולה שמעון בן עזאי הוא אלא אותו דבר כי אנן קיימין ביודע כל התורה כולה ויודע אותו דבר אלא שטעה לומר תורה אמרה אחריהן ואם בטועה לומר תורה אמרה אחריהן אין זה שמעון בן עזאי כהדא דתני יכול אם יאמרו לך על ימין שהוא שמאל ועל שמאל שהוא ימין תשמע להם ת"ל ללכת ימין ושמאל את שיאמרו[ש] לך על ימין ימין ועל שמאל שמאל מאי כדון ר' יוסי בשם ר' (לאלפי) [לא לפי] שבכל מקום שוגג פטור ממלקות[ת] ומזיד חייב וכאן אפי' מזיד פטור מפני שתלה בב"ד. פי' בכ"מ שוגג פטור ממלקות ומזיד חייב וכאן אפי' מזיד פטור ממלקות שאין לך אדם שיתרה בו אל תאכל לפי שהכל תופסין בו היתר ע"פ הוראת ב"ד הלכך אף לענין זה חשיב כשוגג כיון דלכ"ע הוי היתר וגזירת הכתוב היא כי היכי דרבים מביאין ע"פ הוראתם ליחיד נמי חשיב הוראת שגגה: זה הכלל וכו' זו דברי ר' יהודה דאמר יחיד שעשה בהוראת ב"ד פטור אבל חכמים אומרים כו'. [נמצא בהשמטות]: נפש כי תחטא אחת תחטא בעשותה מיעוטין. ירושלמי. [נמצא בהשמטות]: במאי אילימא בשגגת מעשה. (והכא) [והכי פירושא] הקהל שחטאו בשגגת מעשה חייבין כל א' כשבה או שעירה שאין ב"ד מביאין פר על ידיהם לפטרם. רוב הקהל שחטאו בשגגת מעשה יכול יהא פטורין כל א' מלהביא כשבה או שעירה שהרי ב"ד מביאין פר על ידיהם לפטרן: ב"ד מאי עבידתייהו. להביא על הצבור בשגגת מעשה והרי לא עשו בהוראתם: אלא בהעלם דבר. [נמצא בהשמטות]: והא כי כתיב מעם הארץ בשגגת מעשה הוא דכתיב. [נמצא בהשמטות]: אלא לאו ה"ק מיעוט הקהל שחטאו בשגגת מעשה חייבין שאין ב"ד מביאין פר ע"י בהוראה אלא הם חייבין להביא כל א' כשבה או שעירה. [נמצא בהשמטות]: א"ה מאי אולמי' דמיעוט מרוב. [נמצא בהשמטות]:

הא לא קשיא, דסיפא זו ואין צריך לומר זו קתני. דהכי משמע, לא מיבעיא זו דעשה עמהם לא תלה בבי"ד, ואין צריך לומר זו דעשה אחריהם דודאי לא תלה בבי"ד וחייב קרבן, וכל שכן אין צריך לומר היכא דלא עשו ועשה דחייב: גמיר. למד הדבר: וסביר. מבין דבר מתוך דבר: תנא משנה יתירה שלא לצורך, לאשמועינן אפילו גמיר ולא סביר, ולעולם תלמיד ראוי להוראה גמיר וסביר הוא: כגון שמעון בן עזאי ושמעון בן זומא. שהיו יושבין לפני חכמים והיו ראויין להוראה, כדאמרינן בפרק קמא דסנהדרין (דף יז:) 'דנין לפני חכמים, שמעון בן עזאי ושמעון בן זומא': אמר ליה אביי. שמעון בן עזאי ושמעון בן זומא כי האי גוונא דידעי שטעו ואפ"ה עשו אמאי חייבין קרבן, והא מזידין נינהו, ומזיד לאו בר קרבן הוא: וקא טעה במצוה לשמוע דברי חכמים. אפילו למיעבד איסורא: לדידי נמי. דאמרי כגון שמעון בן עזאי ושמעון בן זומא, כגון דקא טעו במצוה לשמוע דברי חכמים: לאיתויי מבעט בהוראה. שאם היה רגיל להיות מבעט בהוראה, ואחר כך הורו שחלב מותר, והלך זה המבעט ועשה על פיהם ואכל חלב, דחייב, דהואיל והוא רגיל להיות מבעט השתא נמי מבעט, וכשהוא אוכל חלב מפי עצמו הוא עושה ואינו תולה בבי"ד, הלכך חייב קרבן: תולה בבי"ד פטור, לאיתויי הורו בי"ד וטעו וידעו שטעו וחזרו בהן. בין שהביאו כפרתן [ובין שלא הביאו], והלך היחיד ועשה על פיהם פטור, דתולה בבי"ד הוא, וברשות בי"ד הוא עושה: הא בהדיא קתני לה. במתניתין (לקמן דף ג:), דר' שמעון פוטר: הא לא קשיא, דתני כללא 'זה הכלל' והדר מפרש במתניתין: 'אם נפש אחת תחטא בשגגה בעשותה'. דמשמע 'נפש תחטא', 'אחת תחטא', 'בעשותה תחטא', הרי אלו שלשה מיעוטי[ח], דמשמע 'בעשותה'[ט] מפי עצמו חייב, למעוטי תולה בבית דין דפטור. והני שלשה מיעוטי מפרש במסכת שבת בפרק המצניע (דף צג.) לר' יהודה, חד למעוטי זה עוקר וזה מניח, וחד למעוטי זה יכול וזה יכול, וחד למעוטי יחיד שעשה בהוראת בית דין דפטור: [י] מביאין על ידיהן. מביאין עליהן: במאי. חטאו: אילימא בשגגת מעשה שלא בהוראת בית דין. דלא הורו בית דין כלל, וכגון שנתחלף חלב בשומן[כ] שלא בהוראתם, דהכי[ל] הוי משמע, 'מיעוט קהל שחטאו' בשגגת מעשה גרידתא שלא בהוראה 'חייבין'[מ], אבל 'רוב קהל שחטאו' בשגגת מעשה שלא בהוראה יכול 'יהו פטורין, שהרי בי"ד מביאין פר עליהם, ת"ל מעם הארץ', דמשמע דאפילו רובן חייבין בקרבן בשגגת מעשה דמייתו כל חד וחד כשבה או שעירה. ומי מצית למימר הכי, 'שהרי בי"ד מביאין עליהם פר' כי חטאו רוב קהל בשגגת מעשה שלא בהוראה, 'וכי בי"ד מייתו קרבן שלא בהוראה', והא לא הורו כלל: אלא בהוראה. דהכי הוי משמע 'מיעוט קהל שחטאו' בהוראה, כגון שהורו בי"ד ועשו על פיהם, 'חייבין' כשבה או שעירה, 'שהרי אין בי"ד מביאין פר עליהם; רוב צבור' שעשו בהוראה יכול 'יהו פטורין, ת"ל מעם הארץ', דאפילו רובן חייבין. ומי מצית אמרת הכי שצבור מביאין

[א] זו ואין צריך לומר זו קתני: **וידע אחד מהן שטעו או תלמיד וראוי להוראה**: תרתי למה לי. אמר רבא, איצטריך, סלקא דעתך אמינא הני מילי גמיר וסביר, אבל גמיר ולא סביר לא. אמר ליה אביי, [ב] להוראה גמיר וסביר משמע. אמר ליה, אנא הכי קאמינא, אי מההיא הוה אמינא הני מילי גמיר וסביר, אבל גמיר ולא סביר לא, תנא ראוי להוראה ממשנה יתירה אפילו גמיר ולא סביר סביר ולא גמיר[ג]: **ראוי להוראה וכו'**: כגון מאן. אמר רבא, כגון שמעון בן עזאי ושמעון בן זומא. אמר ליה אביי, [א]כי האי גוונא מזיד הוא. ולטעמיך, הא [ב]דתניא, [א]'בעשותה אחת'[ג], [ג]יחיד העושה מפי עצמו חייב, בהוראת בית דין פטור. כיצד, הורו בית דין שחלב מותר ונודע לאחד[ד] מהן שטעו, או תלמיד יושב לפניהן וראוי להוראה, כגון שמעון בן עזאי[ה], יכול יהא פטור, תלמוד לומר 'בעשותה אחת', יחיד העושה על פי עצמו חייב, בהוראת בית דין פטור; [ב]אלא היכי משכחת לה, כגון דידע דאסור, וקא טעי [ד]במצוה לשמוע דברי חכמים, לדידי נמי דטעו במצוה לשמוע דברי חכמים: **זה הכלל התולה בעצמו חייב**: לאיתויי מאי, לאיתויי [ג]מבעט בהוראה. **תולה בבית דין**, לאיתויי [ד]הורו בית דין וידעו שטעו וחזרו בהן. הא בהדיא קתני לה. תני והדר מפרש. **אמר רב יהודה אמר שמואל**, זו דברי רבי יהודה[ו], אבל חכמים אומרים [ה]יחיד שעשה בהוראת בית דין חייב. מאי רבי יהודה. דתניא, [א]'אם[ז] נפש אחת תחטא בשגגה בעשותה' הרי אלו שלשה[ח] מיעוטין, העושה מפי עצמו חייב, בהוראת בית דין פטור. מאי רבנן. [ו]דתניא, עדיין[ט] אני אומר מיעוט קהל שחטאו חייבין, שאין בית דין מביאין על ידיהן פר, רוב קהל שחטאו יהו פטורין, שהרי בית דין מביאין על ידיהם פר, תלמוד לומר [א]'מעם הארץ', אפילו רובה, ואפילו כולה; במאי, אילימא בשגגת מעשה [ב"ד[י] שלא בהוראה], בית דין מאי עבידתייהו, שלא בהוראת בית דין[כ] בית דין מי מייתו שלא בהוראה, אלא בהוראה, והא כי כתיב 'מעם הארץ' בשגגת מעשה הוא דכתיב, אלא לאו הכי קאמר, מיעוט קהל שחטאו בשגגת מעשה חייבין, שאין בית דין מביאין על ידיהן פר בהוראה, הא הן חייבין, יכול רוב צבור שעשו בשגגת מעשה יהו פטורין, שהרי בית דין מביאין עליהם פר [בהוראה], תלמוד לומר 'מעם הארץ', [י]אפילו רובו. אמר רב פפא, ממאי, דלמא לא הן ולא בית דין. אי הכי, מאי איריא דקמהדר על רובא לחיובא, לאו מכלל דמיעוט בהוראה קיימא ליה דמיחייבו בהוראה, ונהדר ברישא על מיעוטא דמיחייב בשגגת מעשה, ולבסוף ניהדר על רובא לחיובא בשגגת מעשה, אלא לאו מדלא מהדר[ל] על מיעוט דמיחייבין בשגגת מעשה ובסוף מהדר על רובא לחיובא בשגגת מעשה, שמע מינה מיעוט בהוראה חייבין הן כשבה ושעירה, ושלא בהוראה בשגגת מעשה חייבין. מכדי תרווייהו סתמי תנן, ממאי דקמייתא רבי יהודה ובתרייתא רבנן, אימא איפכא. מאן שמעת ליה דדריש מיעוטי כי האי גוונא, רבי יהודה היא, [י]דתניא, רבי יהודה אומר,

זאת

קרבן, והא כי כתיב 'מעם הארץ' בשגגת מעשה גרידתא הוא דכתיב, ומהכא לא נפקא דליחייבו רוב קהל בהוראה כלל: אלא לאו הכי קאמר, מיעוט קהל שחטאו בשגגת מעשה גרידתא, חייבין, כשבה או שעירה, שאין בי"ד מביאין עליהם פר בהוראה. כי הורו בי"ד ועשו מיעוט קהל שחטאו (בשגגת מעשה) על פיהם, הא הן חייבין בהוראה כשבה או שעירה, דיחיד שעשה בהוראת בי"ד [חייב], וכי היכי דחייבין בהוראה, ה"נ חייבין בשגגת מעשה גרידתא: אבל רוב קהל שחטאו בשגגת מעשה גרידתא יכול יהו פטורין, שהרי בי"ד מביאין עליהם פר בהוראה. והן פטורין, כדאמר לקמן 'ר"מ אומר, שבעה שבטים שחטאו, בי"ד מביאין עליהם פר בהוראה והן פטורין', וכי היכי דבהוראה פטורין הן, ליפטרו נמי בשגגת מעשה גרידתא: ת"ל 'מעם הארץ', דאפילו רובו. חייבין בשגגת מעשה גרידתא, דמייתו כל חד וחד כשבה או שעירה, דהאי דכתיב 'מעם הארץ' בשגגת מעשה הוא דכתיב, אלמא שמעינן מהא מתניתין יחיד שעשה בהוראת בי"ד חייב: [ק]ועדיין אני אומר. רישא דמתניתין הכי איתא בת"כ[ר], 'בעשותה, יכול יחיד שעשה חייב, שנים שעשו פטורין, ת"ל מעם הארץ, אפילו מרובין, ועדיין אני אומר מיעוט קהל שחטאו חייבין, שאין בי"ד מביאין פר על ידיהם' וכו': אמר רב פפא, ממאי, דלמא לא הן ולא בית דין. וה"ק, 'מיעוט קהל שחטאו' בשגגת מעשה 'חייבין, שאין בי"ד מביאין פר עליהם בהוראה', והן המועט נמי פטורין, דיחיד שעשה בהוראת בי"ד פטור: אי הכי כו'. א"כ כדקאמרת לא הן ולא בי"ד לא מחייבי בהוראה כלל, א"כ מיעוט קהל בשגגת מעשה גרידתא נמי ליפטרו כי היכי דמיפטרו בהוראה, דאי הכי כדקאמרת 'לא הן ולא בי"ד', מאי איריא דקא מהדר על רובא לחיובא בשגגת מעשה, דקתני 'אבל רוב קהל שחטאו בשגגת מעשה גרידתא יכול יהו פטורין שהרי בי"ד מביאין עליהם פר בהוראה והן פטורין, ת"ל מעם הארץ', ואפילו רובו דחייב בשגגת מעשה, לאו מכלל דמיעוט קהל בהוראה פשיטא ליה לתנא דמיחייבי בהוראה, כדאמר 'הא הן חייבין דיחיד שעשה בהוראת בי"ד חייב', וכי היכי דמיחייבי בהוראה הם הכי נמי מיחייבי בשגגת מעשה גרידתא, ואמטו להכי קא מהדר לעיל על רובא לחיוב, אלא לדידך דאמרת 'לא הן ולא בי"ד', דהכתי לא נפקא לך דמיחייבי מיעוטא בשגגת מעשה גרידתא, אי הכי נהדר ברישא על מיעוטא דליחייבו בשגגת מעשה גרידתא ולבסוף נהדר על רובא לחיובא בשגגת מעשה גרידתא: אלא. מדקא מהדר על רובא ושביק מיעוטא: שמע מינה. דמיעוט בהוראה פשיטא ליה לתנא דחייבין כשבה או שעירה, דהכי קאמר, 'שאין בית דין מביאין עליהם פר בהוראה', הא הן חייבין, דיחיד שעשה בהוראת בית דין חייב, וכי היכי דחייבין בהוראה, הם הכי נמי שלא בהוראה בשגגת מעשה חייבין, וכיון דקיימא ליה לתנא דמיעוט בשגגת מעשה גרידתא חייבין, הלכך קא מהדר על רובא לחיובא, ולעולם שמעינן מהא מתניתין דיחיד שעשה בהוראת בית דין חייב, שמע מינה:

זאת

תוספות

תנא משנה יתירה, דאפילו גמיר ולא סביר. תימה, דלא ליתני במתניתין כי אם תלמיד שאינו ראוי להוראה, וכ"ת דא"כ הוה משמע דלא גמיר ולא סביר, דהא מרישא ידעינן, דקתני 'ועשה יחיד על פיהם' דפטור. וי"ל, דקמ"ל דאפילו גמיר וסביר הוה שוגג, דטעה במצוה לשמוע דברי חכמים, וחייב, דלא תימא מזיד הוה: **ולטעמיך**, הא תניא 'בעשותה' כו'. ברייתא היא בת"כ, וגרסינן בה 'כגון שמעון בן עזאי', ולהכי אלימא טפי לאקשויי מינה ממתניתין, דדוחק לומר דשמעון בן עזאי היה טועה במצוה לשמוע דברי חכמים. ולפי זה לא גרסינן 'ולדידי נמי' כו', דהא בברייתא נמי קתני 'הראוי להוראה', וגם בספר מדויק הבא מארץ ישראל ליתא: **תנא** כלל והדר מפרש. דהך דרישא אתי כרבי שמעון דפטר אם חזרו בהן: **הרי** אלו מעוטין. בירושלמי פריך 'בכל מקום הוי מיעוט אחר מיעוט לרבות והכא למעט', ומשני, היינו דווקא במקום שהן זוגות, כמו ספ"ק דסנהדרין (טו.) 'עשרה כהנים כתובין בפרשה', דראשון ממעט, ושני לרבות, ושלישי למעט, ורביעי לרבות, וכן לעולם. ובירושלמי (פ"ד) דמגילה פריך 'מעתה לא יצטרך שום כהן', ומשני דבחנם לא הזכיר כהן. ורשב"א פירש בנדה, דהיכא דמיעוט אתי למעוטי דבר אחד, כמו גבי כהנים כהן ולא ישראל, התם אתי לרבויי, אבל היכא דכל חדא אתא למילתא לחוד כדהכא, וגבי 'זאת היא העולה', התם אתי למעוטי: **מעם הארץ** אפילו מקצתו. לא גרסינן 'מעט', דהא לעיל יליף מיניה פרט למומר, ול"ג נמי 'אפילו מקצתו', דבלאו הכי יחיד ואפילו הרבה משמע דמביאין, מדמהדר ארובא, וה"ג בת"כ, 'עם הארץ, אפילו רובו ואפילו כולו': **ש"מ** מיעוט בהוראה חייבין. תימה, מהיכי תיתי, דאפילו אי מברייתא משמע הכי, מ"מ אסמכתא מקרא לא חזינן שיהיו חייבין במקום הוראה. ועוד, היכא משמע ליה מהך ברייתא, דאי משום דלא מהדר ברישא ממיעוטא, הא לא איצטריך, דהא מיחיד ילפינן, כי היכי דהוא חייב הכי נמי מיעוט קהל, וכן משמע בתורת כהנים דשנים ושלשה יש להן דין יחיד. ונראה כגירסת ספרים דגרסי 'מאי אריא מיעוט מרובא', כלומר, מאי שנא מיעוט מרובא ומאי פשיטא מיעוט מרובא, למאי דקאמר 'לא הן ולא בית דין' אי לדבריך, אלא מדאיצטריך למילף רובא שמע מינה דמיעוט פשיטא ליה משום דמייתי נמי בהוראה כשבה או שעירה:

מסורת הש"ס
עם הוספות

[illegible]

תורה אור השלם
א) וְאִם נֶפֶשׁ אַחַת תֶּחֱטָא בִשְׁגָגָה מֵעַם הָאָרֶץ בַּעֲשֹׂתָהּ אַחַת מִמִּצְוֹת יְיָ אֲשֶׁר לֹא תֵעָשֶׂינָה וְאָשֵׁם: [ויקרא ד, כז]

הגהות וציונים

[illegible]

aveirah based on their mistaken ruling. רוֹב קָהָל שֶׁחָטְאוּ — However, if most of the people sinned, יְהוּ פְּטוּרִין — they would be exempt from bringing a *korban*, שֶׁהֲרֵי בֵּית דִּין מְבִיאִין עַל יְדֵיהֶם פַּר — because *beis din* brings a *Par* for them. תַּלְמוּד לוֹמַר — Therefore, the *pasuk* says (ibid.), מֵעַם הָאָרֶץ — "from among the common people," which teaches, אֲפִילוּ רוּבָּהּ — even if most of the people sinned, still, each individual brings a *korban*, וַאֲפִילוּ כּוּלָּהּ — and even if it was the entire people that sinned.

The Gemara first clarifies what the *Baraisa* means: בְּמַאי — What kind of *aveirah* is the *Baraisa* referring to? אִילֵימָא — If you say it was, [בֵּית דִּין שֶׁלֹּא בְּהוֹרָאָה] בְּשִׁגְגַת מַעֲשֶׂה — with a mistaken action that *beis din* didn't rule about, for example, that the majority of the people ate *cheilev* thinking that it was *shuman*, and *beis din* had not ruled that *cheilev* is permitted, בֵּית דִּין מַאי עֲבִידְתַּיְיהוּ — what does *beis din* have to do with it? שֶׁלֹּא בְּהוֹרָאַת בֵּית דִּין — If there was no mistaken ruling of *beis din*, בֵּית דִּין מִי מַיְיתוּ שֶׁלֹּא בְּהוֹרָאָה — Would *beis din* bring a *Par He'eleim Davar* if they did not give any ruling? אֶלָּא בְּהוֹרָאָה — So, it must be discussing when they gave a mistaken ruling. The issue with that is, וְהָא כִּי כְּתִיב מֵעַם הָאָרֶץ — but when the *pasuk* regarding a *Korban Chatas* says "from among the common people," בְּשִׁגְגַת מַעֲשֶׂה הוּא דִּכְתִיב — it is discussing when there was only a mistaken action done, not when there was also a mistaken ruling from *beis din*!

אֶלָּא לָאו הָכִי קָאָמַר — Rather, this is what the *Baraisa* must be saying: מִיעוּט קָהָל שֶׁחָטְאוּ בְּשִׁגְגַת מַעֲשֶׂה — If the minority of the people sinned by doing a mistaken action, for example, eating *cheilev* assuming that it was *shuman*, חַיָּיבִין — they are each obligated to bring a *Korban Chatas*, שֶׁאֵין בֵּית דִּין מְבִיאִין עַל יְדֵיהֶן פַּר בְּהוֹרָאָה — because *beis din* would not bring a *Par He'eleim Davar* if the sin would have been based on their mistaken ruling, הָא הֵן חַיָּיבִין — but each individual would have to bring his own *Korban Chatas* (even though he was following *beis din's* ruling). This is unlike our Mishnah, which teaches that one who does an *aveirah* based on a mistaken ruling is exempt from bringing a *korban* (whether the mistaken ruling was followed by the minority or the majority).

The *Baraisa* continues: יָכוֹל — I might think, רוֹב צִבּוּר שֶׁעָשׂוּ בְּשִׁגְגַת מַעֲשֶׂה — if the majority of the people sinned by doing a mistaken action, without a mistaken ruling from *bais din*, יְהוּ פְּטוּרִין — they should be exempt from having to bring a *korban*, שֶׁהֲרֵי בֵּית דִּין מְבִיאִין עֲלֵיהֶם פַּר [בְּהוֹרָאָה] — because *beis din* would bring a *Par He'eleim Davar* if the sin would have been based on their mistaken ruling, תַּלְמוּד לוֹמַר — therefore, the *pasuk* says: מֵעַם הָאָרֶץ — "From among the common people," which teaches us, אֲפִילוּ רוּבּוֹ — even if the majority of the people sinned mistakenly, each individual is obligated to bring a *Korban Chatas*.

אָמַר רַב פָּפָּא — Rav Pappa asked: מִמַּאי — What is your source? How do you see from this *Baraisa* that when the minority of the people do an *aveirah* based on a mistaken ruling, each individual is obligated to bring a *korban*? דִּלְמָא — Maybe, what the *Baraisa*

For this *daf's shiur* and charts, scan this QR code:

עין משפט
נר מצוה

ח א מיי' פי"ג מהלכות שגגות הלכה ו סמג עשין ריז:
ט ב ג מיי' שם הלכה ה סמג שם:
י ד מיי' שם פי"ד ה"ה סמג שם:
יא ה מיי' שם פי"ג ה"א סמג שם:
יב ו מיי' שם הלכה ה ופי"ב הל"ב סמג שם:

תוספות הרא"ש

ולטעמיך הא דתניא בעשותה יחיד העושה מפי עצמו חייב בהוראת ב"ד פטור כו'. תימה מאי מייתי מברייתא טפי ממתני' וי"ל דברייתא אלימא ליה משום דדריש לה מקרא א"נ משום דמפרשי טפי או תלמיד היושב לפניהם וראוי להוראה כגון זה[ה] היינו שמעון בן עזאי: כגון דידע דאסור וקא טעי במצוה לשמוע דברי חכמים. כדכתיב[ק] לא תסור מן הדבר אשר יגידו לך ימין ושמאל והיינו שגגה דידיה. ירושלמי וכי יש (דין) [זדון] ושגגה אלא הוראת ב"ד ר' (אומר) [אמי] בשם ריש לקיש מתני' כגון שמעון בן עזאי [מה אנן קיימין אם ביודע כל התורה ואינו יודע אותו דבר אין זה שמעון בן עזאי] ואם יודע את הדבר ואינו יודע כל התורה כולה שמעון בן עזאי הוא אלא אותו דבר כי אנן קיימין ביודע כל התורה כולה ויודע אותו דבר אלא שטעה לומר תורה אמרה אחריהן ואם בטועה לומר תורה אמרה אחריהן אין זה שמעון בן עזאי כהדא דתני יכול אם יאמרו לך על ימין שהוא שמאל ועל שמאל שהוא ימין תשמע להם ת"ל ללכת ימין ושמאל את שיאמרו[ק] לך על ימין ימין ועל שמאל שמאל מאי כדון ר' יוסי בשם ר' (לאלפי) [לא לפי] שבכל מקום שוגג פטור ממלקות[ק] ומזיד חייב וכאן אפי' מזיד פטור מפני שתלה בב"ד. פי' בכ"מ שוגג פטור ממלקות ומזיד חייב וכאן אפי' [illegible] מעשה הוא דכתיב. [נמצא בהשמטות]: אלא לאו ה"ק מיעוט הקהל שחטאו בשגגת מעשה חייבין שאין ב"ד מביאין פר ע"י בהוראה אלא הם חייבין להביא כל א' כשבה או שעירה. [נמצא בהשמטות]: א"ה מאי אולמי' דמיעוט מרוב. [נמצא בהשמטות]:

[א]זו ואין צריך לומר זו קתני: וידע אחד מהן שטעו או תלמיד וראוי להוראה: תרתי למה לי. אמר רבא, איצטריך, סלקא דעתך אמינא הני מילי גמיר וסביר, אבל גמיר ולא סביר לא. אמר ליה אביי, [א] להוראה גמיר וסביר משמע. אמר ליה, אנא הכי קאמינא, אי מההיא הוה אמינא הני מילי גמיר וסביר, אבל גמיר ולא סביר לא, תנא ראוי להוראה ממשנה יתירה אפילו גמיר ולא סביר סביר ולא גמיר[י]: ראוי להוראה וכו': כגון מאן. אמר רבא, כגון שמעון בן עזאי ושמעון בן זומא. אמר ליה אביי, [א]כי האי גוונא מזיד הוא. ולטעמיך, הא [ב]דתניא, [א]'בעשותה אחת'[ג], [ג]יחיד העושה מפי עצמו חייב, בהוראת בית דין פטור, כיצד, הורו בית דין שחלב מותר ונודע לאחד[ד] מהן שטעו, או תלמיד יושב לפניהן וראוי להוראה, כגון שמעון בן עזאי[ה], יכול יהא פטור, תלמוד לומר 'בעשותה אחת', יחיד העושה על פי עצמו חייב, בהוראת בית דין פטור; [ב]אלא היכי משכחת לה, כגון דידע דאסור, וקא טעי [ד]במצוה לשמוע דברי חכמים, לדידי נמי דטעו במצוה לשמוע דברי חכמים: זה הכלל התולה בעצמו חייב: לאיתויי מאי, לאיתויי [ג]מבעט בהוראה. תולה בבית דין, לאיתויי [ד]הורו בית דין וידעו שטעו וחזרו בהן. הא בהדיא קתני לה. תני והדר מפרש. אמר רב יהודה אמר שמואל, זו דברי רבי יהודה[ו], אבל חכמים אומרים [ה]יחיד שעשה בהוראת בית דין חייב. מאי רבי יהודה. דתניא, [א]'אם[ז] נפש אחת תחטא בשגגה בעשותה' הרי אלו שלשה[ח] מעוטין, העושה מפי עצמו חייב, בהוראת בית דין פטור. מאי רבנן. [ו]דתניא, עדיין[ט] אני אומר מיעוט קהל שחטאו חייבין, שאין בית דין מביאין על ידיהן פר, רוב קהל שחטאו יהו פטורין, שהרי בית דין מביאין על ידיהם פר, תלמוד לומר [א]'מעם הארץ', אפילו רובה, ואפילו כולה; במאי, אילימא בשגגת מעשה [ב"ד[י] שלא בהוראה], בית דין מאי עבידתייהו, שלא בהוראת בית דין[ק] בית דין מי מייתו שלא בהוראה, אלא בהוראה, והא כי כתיב 'מעם הארץ' בשגגת מעשה הוא דכתיב, אלא לאו הכי קאמר, מיעוט קהל שחטאו בשגגת מעשה חייבין, שאין בית דין מביאין על ידיהן פר בהוראה, הא הן חייבין, יכול רוב צבור שעשו בשגגת מעשה יהו פטורין, שהרי בית דין מביאין עליהם פר [בהוראה], תלמוד לומר 'מעם הארץ', [י]אפילו רובו. אמר רב פפא, ממאי, דלמא לא הן ולא בית דין. אי הכי, מאי איריא דקמהדר על רובא לחיובא, לאו מכלל דמיעוט בהוראה קיימא ליה דמיחייבו בהוראה, ונהדר ברישא על מיעוטא דמיחייב בשגגת מעשה, ולבסוף ניהדר על רובא לחיובא בשגגת מעשה, אלא לאו מדלא מהדר[ל] על מיעוט דמיחייבין בשגגת מעשה ובסוף מהדר על רובא לחיובא בשגגת מעשה, שמע מינה מיעוט בהוראה חייבין הן כשבה ושעירה, ושלא בהוראה בשגגת מעשה חייבין. מכדי תרוייהו סתמי תנן, ממאי דקמייתא רבי יהודה ובתרייתא רבנן, אימא איפכא. מאן שמעת ליה דדריש מיעוטי כי האי גוונא, רבי יהודה היא, [י]דתניא, רבי יהודה אומר,

זאת

הא לא קשיא, דסיפא זו ואין צריך לומר זו קתני. דהכי משמע, לא מיבעיא זו דעשה עמהם לא תלה בבי"ד, ואין צריך לומר זו דעשה אחריהם דודאי לא תלה בבי"ד וחייב קרבן, וכל שכן אין צריך לומר היכא דלא עשו ועשה דחייב: גמיר. למד הדבר: וסביר. מבין דבר מתוך דבר: תנא משנה יתירה. להכי אילטריך משנה יתירה שלא לצורך, לאשמועינן אפילו גמיר ולא סביר, ולעולם תלמיד ראוי להוראה גמיר וסביר הוא: כגון שמעון בן עזאי ושמעון בן זומא. שהיו יושבין לפני חכמים והיו ראויין להוראה, כדאמרינן בפרק קמא דסנהדרין (דף יז:) 'דנין לפני חכמים, שמעון בן עזאי ושמעון בן זומא': אמר ליה אביי. שמעון בן עזאי ושמעון בן זומא כי האי גוונא דידעי שטעו ואפ"ה עשו אמאי חייבין קרבן, והא מזידין נינהו, ומזיד לאו בר קרבן הוא: וקא טעה במצוה לשמוע דברי חכמים. אפילו למיעבד איסורא: לדידי נמי. דאמרי כגון שמעון בן עזאי ושמעון בן זומא, כגון דקא טעו במצוה לשמוע דברי חכמים: לאיתויי מבעט בהוראה. שאם היה רגיל להיות מבעט בהוראה, ואחר כך הורו שחלב מותר, והלך זה המבעט ועשה על פיהם ואכל חלב, דחייב, דהואיל והוא רגיל להיות מבעט השתא נמי מבעט, וכשהוא אוכל חלב מפי עצמו הוא עושה ואינו תולה בבי"ד, הלכך חייב קרבן: תולה בבי"ד פטור, לאיתויי הורו ב"ד וטעו וידעו שטעו וחזרו בהן. בין שהביאו כפרתן [ובין שלא הביאו], והלך היחיד ועשה על פיהם פטור, דתולה בבי"ד הוא, וברשות בי"ד הוא עושה: הא בהדיא קתני לה. במתניתין (לקמן דף ג:), דר' שמעון פוטר: הא לא קשיא, דתני כללא 'זה הכלל' והדר מפרש במתניתין: 'אם נפש אחת תחטא בשגגה בעשותה'. דמשמע 'נפש תחטא', 'אחת תחטא', 'בעשותה תחטא', הרי אלו שלשה מיעוטי[ח], דמשמע 'בעשותה'[ו] מפי עצמו חייב, למעוטי תולה בבית דין דפטור. והני שלשה מיעוטי מפרש במסכת שבת בפרק המצניע (דף צג.) לר' יהודה, חד למעוטי זה עוקר וזה מניח, וחד למעוטי זה יכול וזה יכול, וחד למעוטי יחיד שעשה בהוראת בית דין דפטור: [ק]מביאין על ידיהן. מביאין עליהן: במאי. חטאו: אילימא בשגגת מעשה שלא בהוראת בית דין. דלא הורו בית דין כלל, וכגון שנתחלף חלב בשומן[ט] שלא בהוראתם, דהכי[ק] הוי משמע, 'מיעוט קהל שחטאו' בשגגת מעשה גרידתא שלא בהוראה 'חייבין'[ו], אבל 'רוב קהל שחטאו' בשגגת מעשה שלא בהוראה יכול 'יהו פטורין, שהרי בי"ד מביאין פר עליהם, ת"ל מעם הארץ', דמשמע דאפילו רובן חייבין בקרבן בשגגת מעשה דמייתו כל חד וחד כשבה או שעירה. ומי איכא למימר הכי, 'שהרי בי"ד מביאין עליהם פר' כי חטאו רוב קהל בשגגת מעשה שלא בהוראה, 'וכי בי"ד מייתו קרבן שלא בהוראה', והא לא הורו כלל: אלא בהוראה. דהכי הוי משמע 'מיעוט קהל שחטאו' בהוראה, כגון שהורו בי"ד ועשו על פיהם, 'חייבין' כשבה או שעירה, 'שהרי אין בי"ד מביאין פר עליהם; רוב צבור' שעשו בהוראה יכול 'יהו פטורין, ת"ל מעם הארץ', דאפילו רובן חייבין. ומי איכא אמרת הכי שהצבור מביאין קרבן, והא כי כתיב 'מעם הארץ' בשגגת מעשה גרידתא הוא דכתיב, ומהכא לא נפקא דליחייבו רוב קהל בהוראה כלל: אלא לאו הכי קאמר, מיעוט קהל שחטאו בשגגת מעשה גרידתא, חייבין, כשבה או שעירה, שאין בי"ד מביאין עליהם פר בהוראה. כי הורו בי"ד ועשו מיעוט קהל שחטאו (בשגגת מעשה) על פיהם, הא הן חייבין בהוראה כשבה או שעירה, דיחיד שעשה בהוראת בי"ד [חייב], וכי היכי דחייבין בהוראה, ה"נ חייבין בשגגת מעשה גרידתא: אבל רוב קהל שחטאו בשגגת מעשה גרידתא יכול יהו פטורין, שהרי בי"ד מביאין עליהם פר בהוראה. והן פטורין, כדאמר לקמן 'ר"מ אומר, שבעה שבטים שחטאו, בי"ד מביאין עליהם פר בהוראה והן פטורין', וכי היכי דבהוראה פטורין הן, ליפטרו נמי בשגגת מעשה גרידתא: ת"ל 'מעם הארץ', דאפילו רובו. חייבין בשגגת מעשה גרידתא, דמייתו כל חד וחד כשבה או שעירה, דהאי דכתיב 'מעם הארץ' בשגגת מעשה הוא דכתיב, אלמא שמעינן מהא מתניתין יחיד שעשה בהוראת בי"ד חייב: [ק]ועדיין אני אומר. רישא דמתניתין הכי איתא בת"כ[ו], 'בעשותה, יכול יחיד שעשה חייב, שנים שעשו פטורין, ת"ל מעם הארץ, אפילו מרובין, ועדיין אני אומר מיעוט קהל שחטאו חייבין, שאין בי"ד מביאין פר על ידיהם' וכו': אמר רב פפא, ממאי, דלמא לא הן ולא בית דין. וה"ק, 'מיעוט קהל שחטאו' בשגגת מעשה 'חייבין, שאין בי"ד מביאין פר עליהם בהוראה', והן המועט נמי פטורין, דיחיד שעשה בהוראת בי"ד פטור: אי הכי כו'. א"כ כדקאמרת לא הן ולא בי"ד לא מחייבי בהוראה כלל, א"כ מיעוט קהל בשגגת מעשה גרידתא נמי ליפטרו כי היכי דמיפטרו בהוראה, דאי הכי כדקאמרת 'לא הן ולא בי"ד', מאי איריא דקא מהדר על רובא לחיובא בשגגת מעשה, דקתני 'אבל רוב קהל שחטאו בשגגת מעשה גרידתא יכול יהו פטורין שהרי בי"ד מביאין עליהם פר בהוראה והן פטורין, ת"ל מעם הארץ', ואפילו רובו דחייב בשגגת מעשה, לאו מכלל דמיעוט קהל בהוראה פשיטא ליה לתנא דמיחייבי בהוראה, כדאמר 'הא הן חייבין דיחיד שעשה בהוראת בי"ד חייב', וכי היכי דמיחייבי בהוראה הם הכי נמי מיחייבי בשגגת מעשה גרידתא, ואמטו להכי קא מהדר לעיל על רובא לחיוב, אלא לדידך דאמרת 'לא הן ולא בי"ד', דאכתי לא נפקא לך דמיחייבי מיעוטא בשגגת מעשה גרידתא, אי הכי נהדר ברישא על מיעוטא דליחייבו בשגגת מעשה גרידתא ולבסוף נהדר על רובא לחיובא בשגגת מעשה גרידתא: אלא. מדקא מהדר על רובא ושביק מיעוטא: שמע מינה. דמיעוט בהוראה פשיטא ליה לתנא דחייבין כשבה או שעירה, דהכי קאמר, 'שאין בית דין מביאין עליהם פר בהוראה', הא הן חייבין, דיחיד שעשה בהוראת בית דין חייב, וכי היכי דחייבין בהוראה, הם הכי נמי שלא בהוראה בשגגת מעשה חייבין, וכיון דקיימא ליה לתנא דמיעוט בשגגת מעשה גרידתא חייבין, הלכך קא מהדר על רובא לחיובא, ולעולם שמעינן מהא מתניתין דיחיד שעשה בהוראת בית דין חייב, שמע מינה:

זאת

תוספות

תנא משנה יתירה, דאפילו גמיר ולא סביר. תימה, דלא ליתני במתניתין כי אם תלמיד שאינו ראוי להוראה, וכ"ת דא"כ הוה משמע דלא גמיר ולא סביר, דהא מרישא ידעינן, דקתני 'ועשה יחיד על פיהם' דפטור. וי"ל, דקמ"ל דאפילו גמיר וסביר הוה שוגג, דטעה במצוה לשמוע דברי חכמים, וחייב, דלא תימא מזיד הוה: ולטעמיך, הא תניא 'בעשותה' כו'. ברייתא היא בת"כ, וגרסינן בה 'כגון שמעון בן עזאי', ולהכי אלימא טפי לאקשויי מינה ממתניתין, דדוחק לומר דשמעון בן עזאי היה טועה במצוה לשמוע דברי חכמים. ולפי זה לא גרסינן 'ודידי נמי' כו', דהא בברייתא נמי קתני 'הראוי להוראה', וגם בספר מדויק הבא מארץ ישראל ליתא: תנא כלל והדר מפרש. דהך דרישא אתי כרבי שמעון דפטר אם חזרו בהן: הרי אלו [illegible]

לא הזכיר כהן. ורשב"א פירש בנדה, דהיכא דמיעוט אתי למעוטי דבר אחד, כמו גבי כהנים [illegible] התם אתי לרבויי, אבל היכא דכל חדא וחדא אתא למילתא לחוד כדהכא, וגבי 'זאת היא העולה' [illegible] 'מעם הארץ' אפילו מקצתו. לא גרסינן 'מעם', דהא לעיל יליף מיניה פרט למומר, ול"ג [illegible] דבלאו הכי יחיד ואפילו הרבה משמע דמביאין, מדמהדר ארובא, וה"ג בת"כ, 'עם הארץ [illegible] כולו': ש"מ מיעוט בהוראה חייבין. תימה, מהיכי תיתי, דאפילו אי מברייתא משמע [illegible] מקרא לא חזינן שיהיו חייבין במקום הוראה. ועוד, היכא משמע ליה מהך ברייתא, [illegible] ברישא ממיעוטא, הא לא איצטריך, דהא מיחיד ילפינן, כי היכי דהוא חייב הכי נמי [illegible]

מסורת הש"ס
עם הוספות

[illegible]

תורה אור השלם
א) ואם נפש אחת תחטא בשגגה מעם הארץ בעשתה אחת ממצות יי אשר לא תעשינה ואשם: (ויקרא ד, כז)

הגהות וציונים

[illegible]

really meant was that if the minority of the people would have done an *aveirah* based on a mistaken ruling, nobody would bring a *korban*, **לֹא** הֵן וְ**לֹא** בֵּית דִּין — neither the people nor *beis din*!

The Gemara answers: **אִי** הָכִי — If that were true, **מַאי** אִירְיָא דְּקָמְהַדֵּר עַל רוּבָּא לְחִיּוּבָא — why is the *tanna* of the *Baraisa* specifically trying to find a source regarding the majority of the people who did an *aveirah* mistakenly (not based on a mistaken ruling), that they are obligated to bring a *korban*, and does not try to find a source for the minority? **לָאו** מִכְּלָל — Does this not imply, דְּמִיעוּט בְּהוֹרָאָה קַיְימָא לֵיהּ דְּמִיחַיְּיבוּ בְּהוֹרָאָה — that the *tanna* knew that if the minority does an *aveirah* based on a mistaken ruling, each individual is obligated to bring a *korban*? Therefore, there would be no reason to think that they would not be obligated if their *aveirah* was a typical mistaken action (such as eating *cheilev* assuming that it was *shuman*), not based on a mistaken ruling. **וּנְהַדַּר** בְּרֵישָׁא עַל מִיעוּטָא דְּמִיחַיֵּיב בְּשִׁגְגַת מַעֲשֶׂה — However, according to Rav Pappa, the *tanna* should first try to find a source that the each individual of the minority would be obligated for a mistaken action, **וּלְבַסּוֹף** נִיהֲדַר עַל רוּבָּא לְחִיּוּבָא בְּשִׁגְגַת מַעֲשֶׂה — and only then, he should try to find a source that the majority, too, would be obligated if they do a mistaken action!

אֶלָּא לָאו — Rather, it must be, מִדְּלָא מְהַדַּר עַל מִיעוּט דְּמִיחַיְּיבִין בְּשִׁגְגַת מַעֲשֶׂה — from the fact that the *tanna* did not try to find a source that the people of the minority are obligated if they do an *aveirah* mistakenly, **וּבְסוֹף** מְהַדַּר עַל רוּבָּא לְחִיּוּבָא בְּשִׁגְגַת מַעֲשֶׂה — and then he tried to find a source that the people of the majority are obligated if they did a mistaken action, **שְׁמַע** מִינַּהּ — you can learn from this that it was already clear to the *tanna*, **מִיעוּט** בְּהוֹרָאָה — if the minority followed a mistaken ruling, חַיָּיבִין הֵן כִּשְׂבָּה וּשְׂעִירָה — they are obligated to bring a *Korban Chatas*, which is either a female lamb or a female goat, וְשֶׁ**לֹּא** בְּהוֹרָאָה — and therefore, there is no need to find a source that if their *aveirah* was not based on a mistaken ruling, בְּשִׁגְגַת מַעֲשֶׂה — rather, it was a mistaken action, חַיָּיבִין — they are also obligated to bring a *Korban Chatas*. However, since we find that the majority is not obligated if they followed a mistaken ruling, the *tanna* needs to find a source that they are obligated if they did a mistaken action.

The Gemara asks: **מִכְּדֵי** — Now, let's see: תַּרְוַויְיהוּ סְתָמֵי תְּנַן — both *Baraisos* that we brought before, the one for Rabi Yehuda and the one for the *Chachamim*, were taught anonymously (without identifying the *tanna* who taught it). **מִמַּאי** דְּקַמַּיְיתָא רַבִּי יְהוּדָה — How do we know that the first *Baraisa* is the opinion of Rabi Yehuda, **וּבָתְרַיְיתָא** רַבָּנַן — and that the second one is the *Chachamim*? **אֵימָא** **אִיפְּכָא** — Let's say that it is the opposite!

The Gemara answers: מַאן שָׁמְעַתְּ לֵיהּ — Whom have we heard, דְּדָרֵישׁ מִיעוּטֵי — that interprets exclusions in *pesukim*, **כִּי** הַאי **גַּוְונָא** — in this way that was mentioned in the above *Baraisa*, using the term "הרי אלו שלשה מיעוטין"? רַבִּי יְהוּדָה הִיא — It is Rabi Yehuda. **דְּתַנְיָא** — As we learned in a *Baraisa*: רַבִּי יְהוּדָה **אוֹמֵר** — Rabi Yehuda says:

For this *daf's shiur* and charts, scan this QR code:

זאת תּוֹרַת הָעוֹלָה הִיא — The *pasuk* says (*Vayikra* 6:2): "**This** is the Torah of the *Olah*, **that** [**Olah**]." הֲרֵי אֵלּוּ שְׁלֹשָׁה מִיעוּטִין — There are three exclusions alluded to in the extra words: **זאת**, **העולה**, and **היא**; three cases of an invalid *korban*. Since we find in this *Baraisa* that Rabi Yehuda uses the term "הרי אלו שלשה מיעוטין," we can assume that it was Rabi Yehuda who said this term in the *Baraisa* above regarding an *aveirah* done mistakenly.

וְאִיבָּעֵית אֵימָא — And if you want, I can give a different proof that Rabi Yehuda is the *tanna* of the first *Baraisa*: **עֲדַיִין אֲנִי אוֹמֵר** — The second *Baraisa*, which begins with the words, "I would still say," **לָא מָצֵית מוֹקְמַתְּ לַהּ כְּרַבִּי יְהוּדָה** — cannot be the opinion of Rabi Yehuda, **דְּקָתָנֵי** — because the *Baraisa* says: **רוֹב קָהָל שֶׁחָטְאוּ** — If the majority of the people sinned, **בֵּית דִּין מְבִיאִין עַל יְדֵיהֶן פַּר** — *beis din* brings a *Par He'eleim Davar* for them. **וְאִי רַבִּי יְהוּדָה** — And if the *tanna* of this *Baraisa* would be Rabi Yehuda, **הָאָמַר** — doesn't Rabi Yehuda say: **צִבּוּר הוּא דְּמַיְיתֵי** — the congregation brings the *Par*, **בֵּית דִּין לָא** — and not *beis din*? **דִּתְנַן** — As we learned in a Mishnah: **רַבִּי יְהוּדָה אוֹמֵר** — Rabi Yehuda says: **שִׁבְעָה שְׁבָטִים שֶׁחָטְאוּ** — If seven of the *shevatim* sinned based on a mistaken ruling of *beis* din, even though that is the majority of the Jewish nation, rather than *beis* din bringing one *Par* for everyone, **מְבִיאִין שִׁבְעָה פָּרִים** — they bring seven *Parim*—each *shevet* brings their own *Par*. According to Rabi Yehuda, each individual *shevet* is called a "people," and each one is responsible to bring its own *Par*. Now, since this second *Baraisa* can't be the opinion Rabi Yehuda, it must be the opinion of the *Chachamim*, and the first *Baraisa* is the opinion of Rabi Yehuda.

וְרַב נַחְמָן אָמַר שְׁמוּאֵל — And Rav Nachman says in the name of Shmuel: **זוֹ דִּבְרֵי רַבִּי מֵאִיר** — This halachah of the Mishnah, that an individual who follows *beis din's* mistaken ruling is exempt, is the opinion of Rabi Meir. **אֲבָל חֲכָמִים אוֹמְרִים** — But the *Chachamim* say: **יָחִיד שֶׁעָשָׂה בְּהוֹרָאַת בֵּית דִּין** — An individual who commits a transgression based on *beis din's* ruling, **חַיָּיב** — is obligated to bring a *korban*. **מַאי רַבִּי מֵאִיר** — What is the source of this opinion of Rabi Meir that Shmuel is referring to, **וּמַאי רַבָּנַן** — and what is the source of the opinion of the *Chachamim*? **דְּתַנְיָא** — It is as we learned in a *Baraisa*: **הוֹרוּ וְעָשׂוּ** — If *beis din* ruled mistakenly and they committed the transgression based on their ruling, **רַבִּי מֵאִיר פּוֹטֵר** — Rabi Meir exempts them from bringing a *Par He'elim Davar*, **וַחֲכָמִים מְחַיְּיבִין** — and the *Chachamim* obligate them to bring one.

The Gemara asks: **מַאן עָשׂוּ** — Who did the transgression? **אִילֵימָא בֵּית דִּין** — If you say it was the judges of *beis din* themselves, **מַאי טַעְמָא דְּרַבָּנַן דִּמְחַיְּיבִי** — what is the reasoning of the *Chachamim*, who obligate them to bring a *Par He'eleim Davar*? **וְהָתַנְיָא** — But we learned in a *Baraisa*: **יָכוֹל** — I might think, **הוֹרוּ בֵּית דִּין וְעָשׂוּ בֵּית דִּין** — if *beis din* ruled mistakenly and then the judges of *beis din* themselves committed the transgression, **יָכוֹל יְהוּ חַיָּיבִין** — I might think they would be obligated to bring a *Par He'elim Davar*; **תַּלְמוּד לוֹמַר** — therefore, the *pasuk* says (*Vayikra* 4:13) regarding the

For this *daf's shiur* and charts, scan this QR code:

זאת תורת העולה היא', הרי אלו שלשה מיעוטין. ואיבעית אימא, 'עדיין אני אומר' לא מצית מוקמת לה כרבי יהודה, דקתני רוב קהל שחטאו בית דין מביאין על ידיהן פר, ואי רבי יהודה, האמר צבור הוא דמייתי, בית דין לא, דתנן, רבי יהודה אומר שבעה שבטים שחטאו מביאין שבעה פרים. ורב נחמן אמר שמואל, זו דברי רבי מאיר, אבל חכמים אומרים יחיד שעשה בהוראת בית דין חייב. מאי רבי מאיר ומאי רבנן. דתניא, הורו ועשו, רבי מאיר פוטר וחכמים מחייבין. מאן עשו, אילימא בית דין, מאי טעמא דרבנן דמחייבי, והתניא, יכול הורו בית דין ועשו בית דין יכול יהו חייבין, תלמוד לומר 'הקהל ועשו', מעשה תלוי בקהל והוראה תלויה בבית דין; אלא הורו בית דין ועשו רוב קהל, מאי טעמא דרבי מאיר דפוטר; אלא לאו, הורו בית דין ועשו מיעוט קהל, ובהא קמיפלגי, מר סבר יחיד שעשה בהוראת בית דין פטור, ומר סבר יחיד שעשה בהוראת בית דין חייב. אמר רב פפא, דכולי עלמא יחיד שעשה בהוראת בית דין פטור, אלא בית דין משלים לרוב צבור קמיפלגי, מר סבר בית דין משלים לרוב צבור, ומר סבר אין בית דין משלים לרוב צבור. ואיבעית אימא, הורו בית דין ועשו רובו של קהל, ומאן חכמים, רבי שמעון היא, דאמר צבור מייתי ובית דין מייתי. ואיבעית אימא, שבט שעשה בהוראת בית דינו, ומאן חכמים, רבי יהודה היא, דתניא, שבט שעשה בהוראת בית דינו, אותו השבט חייב. ואי בעית אימא, כגון שחטאו ששה והן רובו של קהל, או שבעה אף על פי שאינן רובו של קהל, ומתניתין מני, רבי שמעון בן אלעזר היא, דתניא, רבי שמעון בן אלעזר אומר משמו, חטאו ששה והן רובו של קהל, או שבעה אף על פי שאינן רובו של קהל, חייבין. אמר רב אסי, ובהוראה הלך אחר רוב יושבי ארץ ישראל, שנאמר 'ויעש שלמה בעת ההיא את החג וכל ישראל עמו קהל גדול מלבוא חמת עד נחל מצרים לפני יי אלהינו שבעת ימים ושבעת ימים ארבעה עשר יום', מכדי כתיב 'וכל ישראל עמו קהל גדול', 'מלבוא חמת עד נחל מצרים' למה לי, שמע מינה הני הוא דאיקרי קהל, אבל הנך לא איקרי קהל. פשיטא מרובין ונתמעטו היינו פלוגתא דרבי שמעון ורבנן, מועטין ונתרבו מאי, מי פליגי רבי שמעון ורבנן, רבי שמעון דאזיל בתר ידיעה מחייב, ורבנן דאזלי בתר חטאה פטרי, [או לא], מאי. ותיסברא, אימור דשמעת ליה לרבי שמעון דאזיל אף בתר ידיעה [היכי דהוי ידיעה וחטאה בחיוב], ידיעה דלא חטאה מי שמעת ליה, דאם כן לייתי כי השתא, אלא רבי שמעון חטאה וידיעה בעי. איבעיא להו, הורו בית דין חלב מותר, ועשו מיעוט הקהל, וחזרו בית דין בהן, והורו ועשו מיעוט אחר, מהו, כיון דשתי ידיעות נינהו לא מצטרף, או דלמא כיון דאידי ואידי חלב הוא מצטרף. ואם תמצי לומר כיון דאידי ואידי חלב הוא מצטרף, מיעוט בחלב שעל גבי הקבה ומיעוט בחלב שעל גבי דקין מהו, הכא ודאי כיון דבתרי קראי קאתי לא מצטרף, או דלמא כיון דאידי ואידי חלב הוא מצטרף. ואם תמצי לומר שם חלב הוא ומצטרף, מיעוט בחלב ומיעוט בדם מהו, הכא ודאי (כיון) דתרי איסורי נינהו [וכיון דאין איסורן שוה] לא מצטרף, או דלמא כיון (דאיסורן שוה) דקרבנן שוה מצטרף. ואם תמצי לומר כיון (דאיסורן שוה) דקרבנן שוה מצטרף, מיעוט בחלב ומיעוט בעבודת כוכבים מהו, הכא ודאי אין איסורן שוה ואין קרבנן שוה, או דלמא כיון דאידי ואידי כרת הוא מצטרף. תיקו. איבעיא להו, הורו בית דין שחלב מותר, ועשו מיעוט הקהל, ומת אותו בית דין ועמד בית דין אחר, וחזרו והורו ועשו מיעוט אחר, אליבא דמאן דאמר בית דין מייתי לא תיבעי לך, דהא ליתנהו, אלא כי תיבעי לך אליבא דמאן דאמר צבור מייתי, מאי, צבור הא קאי, או

תוספות

גליון הש"ס

תורה אור השלם

This *daf* is dedicated *l'iluy nishmas*: Mayer ben Chana *z"l*

circumstances of when a *Par He'eleim Davar* is brought: הַקָּהָל וְעָשׂוּ — "[And the matter was hidden from] the Sanhedrin, and they did [one of the *mitzvos* of Hashem which should not be done]." This teaches us, מַעֲשֶׂה תָּלוּי בַּקָּהָל — the committing of the *aveirah* is dependent on the people, and a *Par He'eleim Davar* is not brought unless the majority of the people commit the transgression, וְהוֹרָאָה תְּלוּיָה בְּבֵית דִּין — and the actual mistaken ruling is dependent on *beis din*. However, *beis din* committing the transgression themselves is not enough to obligate them to bring a *Par He'eleim Davar*.

אֶלָּא — Rather, the case of the *Baraisa* is that, **הוֹרוּ בֵּית דִּין** — *beis din* ruled mistakenly, **וְעָשׂוּ רוֹב קָהָל** — and the majority of the people committed the transgression. However, if that is the case, **מַאי טַעְמָא דְּרַבִּי מֵאִיר דְּפוֹטֵר** — what is the reasoning of Rabi Meir, who exempts them from bringing a *Par He'eleim Davar*?

אֶלָּא לָאו — Rather, the case of the *Baraisa* must be that, **הוֹרוּ בֵּית דִּין** — *beis din* ruled mistakenly, **וְעָשׂוּ מִיעוּט קָהָל** — and the minority of the people committed the transgression, **וּבְהָא קָמִיפַּלְגִי** — and this is what they are arguing about: **מָר סָבַר** — Rabi Meir holds, **יָחִיד שֶׁעָשָׂה בְּהוֹרָאַת בֵּית דִּין** — an individual who committed a transgression based on *beis din's* mistaken ruling, **פָּטוּר** — is exempt from bringing a *Korban Chatas*; **וּמָר סָבַר** — and the other one, the *Chachamim*, hold, **יָחִיד שֶׁעָשָׂה בְּהוֹרָאַת בֵּית דִּין חַיָּיב** — he is obligated to bring a *Korban Chatas*. Therefore, our Mishnah, which says that the individual is exempt, would be the opinion of Rabi Meir.

אָמַר רַב פַּפָּא — Rav Pappa said: **דְּכוּלֵּי עָלְמָא** — In truth, according to everyone (both Rabi Meir and the *Chachamim*), **יָחִיד שֶׁעָשָׂה בְּהוֹרָאַת בֵּית דִּין** — an individual who committed a transgression based on *beis din's* mistaken ruling, **פָּטוּר** — is exempt from bringing a *korban*. **אֶלָּא** — Rather, **בֵּית דִּין מַשְׁלִים לְרוֹב צִבּוּר קָמִיפַּלְגִי** — the argument in this *Baraisa* is regarding whether the judges of *beis din* themselves count toward the majority of the people necessary to obligate them in a *Par He'eleim Davar*. When the *Baraisa* says "*they* did the transgression," it refers to a case where the judges themselves count toward the majority of the people who committed the transgression, and it would not have been a majority without including the judges. **מָר סָבַר** — One of them, the *Chachamim*, hold, **בֵּית דִּין מַשְׁלִים לְרוֹב צִבּוּר** — the judges of *beis din* count towards the majority needed, and therefore, a *Par He'eleim Davar* is brought, **וּמָר סָבַר** — and the other one, Rabi Meir, holds, **אֵין בֵּית דִּין מַשְׁלִים לְרוֹב צִבּוּר** — the judges of *beis din* do not count towards the majority; the transgression has to be committed by a majority of the people besides the judges. Therefore, a *Par He'eleim Davar* is not brought.

וְאִיבָּעֵית אֵימָא — And if you want, I can offer a different explanation of the argument in the *Baraisa*: **הוֹרוּ בֵּית דִּין** — It is referring to a case that *beis din* ruled mistakenly, **וְעָשׂוּ רוּבּוֹ שֶׁל קָהָל** — and the majority of the people followed their ruling and committed the transgression. While everyone agrees that *beis din* must bring a *Par He'eleim Davar*, the *Chachamim* hold that that each person who transgressed must also bring a *Korban Chatas*,

For this *daf's shiur* and charts, scan this QR code:

זאת תורת העולה היא העולה. 'זאת' 'היא' 'העולה', הרי אלו שלשה מיעוטי, חד פרט לנשחטה בלילה, וחד פרט לנשפך דמה, וחד פרט ליוצאת דמה חוץ לקלעים, שאם עלתה על גבי המזבח תרד, דלא הויא עולה חשובה, והכי נמי מפרש במסכת נדה בפרק יוצא דופן (דף מ.): שבעה שבטים. דהוו רוב שבטים, מביאים שבעה פרים, דקסבר ר' יהודה דשבט אחד איקרי קהל, והן מביאין ולא ב"ד: הוראה תלויה בב"ד. דכתיב 'ונעלם דבר', דהיינו שהורו לעבור, 'מעיני הקהל', דהיינו ב"ד: ב"ד משלים לרוב צבור. דעשו עם מיעט צבור, והשלימו לרוב צבור: [צבור מייתי]. ור' מאיר פוטר צבור, דהא קא מייתי ב"ד, כדאמרינן לקמן 'רבי מאיר אומר, שבעה שבטים שחטאו, בית דין מביאין עליהם פר והן פטורין'. °ואי קשיא הא אמרינן בכל התורה 'אין מיעוט אחר מיעוט אלא לרבות', והיכי אמרינן אלו שלשה מיעוטין דממעטינן אותם, בירושלמי מפרש ה"מ היכא דליכא אלא שני מעוטין, אבל הכא דאיכא שלשה מיעוטין בזה אחר זה בחד קרא כולהו אתו למעט, וכן בפ"ב מדות מצאתי: אותו השבט חייב. להביא פר, דקסבר שבט אחד אקרי קהל: רבי שמעון בן אלעזר אומר משמו. של ר' מאיר, והא מתניתא מפרש לקמן: אמר רב אסי, ובהוראה. דקיי"ל כי הורו ב"ד ועשו רוב קהל על פיהם שמביאים פר: הלך אחר רוב יושבין בארץ ישראל. דאותם שבחוצה לארץ אינן מן המנין, ולא אותן דמנחל מצרים ולחוץ, דחוצה לארץ היא: פשיטא מרובין ונתמעטו. כגון שהורו ב"ד ועשו רוב קהל על פיהם, דנתחייבו להביא פר, ולא הספיקו להביא פר עד שנתמעטו, שמתו מקצתן: היינו פלוגתא דרבי שמעון ורבנן. דתנן (לקמן י.) 'חטא כהן משיח ונשיא עד שלא נתמנו', דהיו חייבים להביא כשבה או שעירה ולא הספיקו להביא עד שנתמנו, 'הרי הן כהדיוטות', ומחייבם להביא כשבה או שעירה כבתחלה, הכא נמי חייבין פר כבתחלה; 'רבי שמעון אומר' וכו', הכא נמי אם נודע להם עד שלא נתמעטו חייבין להביא פר, אבל אם נודע להן משנתמעטו

פטורין: מועטין ונתרבו מאי. כגון שהורו בית דין ועשו מיעוט קהל על פיהם, דיחיד שעשה בהוראת בית דין פטור, ומתו מקצתן של רוב קהל, ונתרבו אלו, ולאחר שנתרבו נודע להם שחטאו, דהני מועטין ונתרבו לא דמי ממש ל'חטאו עד שלא נתמנו', דמועטין כי חטאו בהוראה לאו בני קרבן ניהו, דיחיד שעשה בהוראת בית דין פטור, אבל כי חטאו כהן משיח ונשיא עד שלא נתמנו נעשו בני קרבן ומחייבי לאתויי כשבה או שעירה, אבל מרובין ונתמעטו דמי ממש ל'חטאו עד שלא נתמנו', דהא מרובין כי חטאו בני קרבן ניהו, ואמטו להכי קאמר במרובין ונתמעטו דהוי פלוגתא דר"ש ורבנן, אבל במועטין ונתרבו איבעיא לן אי דמי לפלוגתא דר' שמעון ורבנן אי לא, מי אמרינן ר"ש דבתר ידיעה אזיל, דקאמר 'אם נודע להם עד שלא נתמנו חייבין כבתחלה', הכא נמי מחייב, דכי אתיידע להו בחיובא אתיידע להו, דכי נתרבו אתיידע להו, ומביאין פר, ורבנן דבתר חטאה אזלי, דאמרי 'הרי אלו כהדיוטות' הואיל וחטאו כי לא נתמנו, הכא נמי אזלי בתר חטאה, וכי חטאו אכתי מועטין היו ופטורין, דיחיד שעשה בהוראת בית דין פטור: ותסברא, אימור דשמעת ליה לר"ש דאזיל אף בתר ידיעה. דקאמר 'אם נודע להם עד שלא נתמנו חייבין', היכא דהוי ידיעה וחטאה בחיוב: כי השתא. דלהוי כי חטאו משנתמנו דלייתי פר, ואמאי קתני 'משנתמנו פטורין', אלא מדקתני 'פטור' ש"מ דר"ש חטאה וידיעה בעי בחיובא, ומועטין ונתרבו לדברי הכל פטורין, דכי חטאו בפטור חטאו, דיחיד שעשה בהוראת בית דין פטור: או דלמא. כיון דחלב שם אחד הוא, דבין חלב המכסה את הקרב ובין חלב המכסה את הדקין שם אחד הוא, שחלב סתם איקרו: כיון דתרי איסורי נינהו. דחלב אינו שוה בכל, דחלב חיה מותר: או דלמא. כיון דאילו צבור אכלי האי חלב והאי דם שלא בהוראה בשגגת מעשה מייתו כל חד וחד אי בעו כשבה מייתו, אי בעו שעירה מייתו, דמצי אשוויי קרבנם, השתא נמי כי עשו בהוראה מצטרפי: ומיעוט בתרא בעבודת כוכבים. קרבנם שעירה ולא כשבה:

א) 'זאת תורת העולה היא', הרי אלו שלשה מיעוטין. ואיבעית אימא, 'עדיין אני אומר' לא מצית מוקמת לה כרבי יהודה, דקתני רוב קהל שחטאו בית דין מביאין על ידיהן פר, ואי רבי יהודה, האמר צבור הוא דמייתי, בית דין לא, דתנן, רבי יהודה אומר שבעה שבטים שחטאו מביאין שבעה פרים. ורב נחמן אמר שמואל, זו דברי רבי מאיר, אבל חכמים אומרים יחיד שעשה בהוראת בית דין חייב. מאי רבי מאיר ומאי רבנן. דתניא, הורו ועשו, רבי מאיר פוטר וחכמים מחייבין. מאן עשו, אילימא בית דין, מאי טעמא דרבנן דמחייבי, והתניא, יכול הורו בית דין ועשו בית דין יכול יהו חייבין, תלמוד לומר ב) 'הקהל ועשו', ג) א מעשה תלוי בקהל והוראה תלויה בבית דין; אלא הורו בית דין ועשו רוב קהל, מאי טעמא דרבי מאיר דפוטר; אלא לאו, הורו בית דין ועשו מיעוט קהל, ובהא קמיפלגי, מר סבר יחיד שעשה בהוראת בית דין פטור, ומר סבר יחיד שעשה בהוראת בית דין חייב. אמר רב פפא, דכולי עלמא יחיד שעשה בהוראת בית דין פטור, אלא בית דין משלים לרוב צבור קמיפלגי, מר סבר בית דין משלים לרוב צבור, ומר סבר ב אין בית דין משלים לרוב צבור. ואיבעית אימא, הורו בית דין ועשו רובו של קהל, ד) ומאן חכמים, רבי שמעון היא, דאמר צבור מייתי ובית דין מייתי. ואיבעית אימא, שבט שעשה בהוראת בית דינו, ה) ומאן חכמים, רבי יהודה היא, דתניא, שבט שעשה בהוראת בית דינו, אותו השבט חייב. ואי בעית אימא, כגון שחטאו ששה והן רובו של קהל, או שבעה אף על פי שאינן רובו של קהל, ומתניתין מני, רבי שמעון בן אלעזר היא, דתניא, ו) רבי שמעון בן אלעזר אומר משמו, ג חטאו ששה והן רובו של קהל, או שבעה אף על פי שאינן רובו של קהל, חייבין. אמר רב אסי, ד ובהוראה הלך אחר רוב יושבי ארץ ישראל, שנאמר ג) 'ויעש שלמה בעת ההיא את החג וכל ישראל עמו קהל גדול מלבוא חמת עד נחל מצרים לפני יי אלהינו שבעת ימים ושבעת ימים ארבעה עשר יום', מכדי כתיב 'וכל ישראל עמו קהל גדול', 'מלבוא חמת עד נחל מצרים' למה לי, שמע מינה ה הני הוא דאיקרי קהל, אבל הנך לא איקרי קהל. פשיטא מרובין ונתמעטו היינו פלוגתא דרבי שמעון ורבנן, מועטין ונתרבו מאי, מי פליגי רבי שמעון ורבנן, רבי שמעון דאזיל בתר ידיעה מחייב, ורבנן דאזלי ו בתר חטאה פטרי, [או לא], מאי. ותיסברא, ז אימור דשמעת ליה לרבי שמעון דאזיל אף בתר ידיעה [היכי דהוי ידיעה וחטאה בחיוב], ידיעה דלא חטאה מי שמעת ליה, דאם כן לייתי כי השתא, אלא רבי שמעון חטאה וידיעה בעי. איבעיא להו, הורו בית דין חלב מותר, ועשו מיעוט הקהל, וחזרו בית דין בהן, והורו ועשו מיעוט אחר, מהו, כיון דשתי ידיעות נינהו לא מצטרף, או דלמא כיון דאידי ואידי חלב הוא מצטרף. ואם תמצי לומר כיון דאידי ואידי חלב הוא מצטרף, מיעוט בחלב שעל גבי הקבה ומיעוט בחלב שעל גבי דקין מהו, הכא ודאי כיון דבתרי קראי קאתי לא מצטרף, או דלמא כיון דאידי ואידי חלב הוא מצטרף. ואם תמצי לומר שם חלב הוא ומצטרף, ח מיעוט בחלב ומיעוט בדם מהו, הכא ודאי (כיון) דתרי איסורי נינהו [וכיון דאין איסורן שוה] לא מצטרף, או דלמא כיון (דאיסורן שוה) דקרבנן שוה מצטרף. ואם תמצי לומר כיון (דאיסורן שוה) דקרבנן שוה מצטרף, מיעוט בחלב ומיעוט בעבודת כוכבים מהו, הכא ודאי אין איסורן שוה ואין קרבנן שוה, ז או דלמא כיון דאידי ואידי כרת הוא מצטרף. תיקו. איבעיא להו, הורו בית דין שחלב מותר, ועשו מיעוט הקהל, ומת אותו בית דין ועמד בית דין אחר, וחזרו והורו ועשו מיעוט אחר, אליבא דמאן דאמר בית דין מייתי לא תיבעי לך, דהא ליתנהו, אלא כי תיבעי לך אליבא דמאן דאמר צבור מייתי, מאי, צבור הא קאי,

או

תוספות

איתא ספרים דגרסי דתנן ר' יהודה אומר י"ב שבטים שחטאו מביאין י"ב פרים, וכן נראה, דהכי תנן ברישא דמתניתין, ובתר הכי תני ששה שבטים כו', ולא שביק רישא דמתניתין למנקט סיפא: **רבי מאיר** סבר יחיד שעשה בהוראת ב"ד פטור. תימה, מאי דוחקיה לכך, דלמא ר"מ ס"ל דדוקא יחיד שעשה חייב, אבל שנים ושלשה שעשו פטורים, ולית ליה ברייתא ד'ועדיין אני אומר' כו', דבלא"ה לית ליה, דברייתא אית לה יחיד שעשה בהוראת ב"ד חייב, ור"מ אית ליה דפטור. ומיהו, כיון דלא מלינו תנא דמחלק בין אחד לשנים, דחיק למימר הכי: **'קהל** גדול מלבוא חמת'. אע"ג דדברי תורה מדברי קבלה לא ילפינן, הא הוי גילוי מילתא בעלמא: **מועטין** ונתרבו מאי. פרש"י (בעלמא) [בעיין], דהני לאו בני קרבן כמו משיח ונשיא, אבל מרובין ונתמעטו כבר הוו בני קרבן. ולא נהירא, דאפילו מרובין ונתמעטו כי נתמעטו לאו בני קרבן ניהו, אם לא דבתר חטאה אזלינן, אבל השתא תרוייהו בני קרבן ניהו, אלא מש"ה מבעיא ליה במועטין ונתרבו, דאיכא למימר דאפילו ר"ש מודה דפטור, כדפירש ואזיל: **הורו** בית דין שחלב המכסה את הקרב כו'. תימה, דאמרינן לקמן (ד.) 'אין ב"ד חייבין עד שיורו בדבר שאין הצדוקין מודין', ובשלמא חלב שעל הדקין דאתי מריבויא (חולין מט) ניחא, דאין הצדוקין מודין בו, אלא חלב המכסה את הקרב וכן דם מאי איכא למימר. מיהו לפי התוספתא דמכילתין ניחא, דתניא 'לקיים מצות חייבין, כיצד, יש חלב ודם בתורה, אבל אין חייבין אלא על הקרב לשלמים'. ואע"ג דדם חיה נאסר, שמא הצדוקים אומרים דגם הוא קרב: **וחזרו** והורו שדם מותר. הא דקתני כה"ג, דמשמע דוקא משום שידעו בינתים שטעו בחלב, דהא אפילו לא ידעו נמי מצי למבעי, כדקאמר משום דשני מינים הם, דם שוה בכל ולא חלב, אלא נקטיה אגב אחריני. **והא דלא פשיט** מההוא דלעיל 'עד שיהיו כולן בשגגה אחת', דהכא כיון דתליא בב"ד הוי שגגה אחת: **והורו** שעבודת כוכבים מותרת. ל"ע מה יביאו, כיון שאין קרבנותיהן שוין, אם יביאו קרבן עבודת כוכבים וגם דחלב, או לא. וגם ל"ע אי דוקא מיבעיא, דמעיקרא הוי מיעוט וכן בסוף, אבל אי הוי רובו בסוף לא מיצטרכי למיעוטא שיתכפר בפר להאי מיעוטא, או דלמא לא שנא. אבל הא ודאי אי הוי מתחלה רובא ולבסוף מיעוטא אין מיעוט מצטרף לרובא, כיון שכבר נתחייבו רובא בקרבן: **אלא** כי תיבעי לך כו'. ל"ע אי הוי מצי למבעיא נמי למ"ד ב"ד מייתי, אם מתו מיעוט צבור הראשונים ולא נודע כי אם אל אלו החיים, מי אמרינן ב"ד [חייבים], דמ"מ הם הורו שלא כדת, או לא. **והא דנקיט** 'מת ב"ד' ולא נקיט 'הורו ב"ד אחר', דלא אפשר כי אם בסנהדרי גדולה:

מסורת הש"ס עם הוספות

א) לקמן ה., ב) ת"כ דבורא דחובה פרשה ד ה"י (אות רמו), ג) [לקמן ה.], ד) [עירובין סג. וש"נ], ה) [לקמן ה:], ו) [סם ע"ש תוספתא פ"א סה"ה], ז) כתובות מה:, ח) חולין קיז., ט) ב"ק ב:, י) פ"א ה"ה, כ) שבת צג ע"א.

הגהות וציונים

א] כ"ה מהרש"א. ר"ח "זאת היא העולה הרי" (כמו בזבחים ובספרא וכ"ה בנדה בדפוס שונצינו), וכעי"ז הגיה רש"ש. עי' תוס' זבחים פד ע"א ונדה מ ע"א: ב] כתי"מ דאמר. גי' ר"ח "ומאן חכמים ר' יהודה דתנן הורו ב"ד של אחד מן השבטים כו' דברי ר' יהודה ואב"א כגון שחטאו" וכו'. עי' הורה גבר: ג] בכתי"י נוסף ובהא פליגי ר"מ פוטר סבר בעינן רובא דגברי רובא דשבטי' (שער יוסף): ד] מהרש"א הגיה ומתניתא. ר"ח וכתי"י ורש"ש ומאן חכמים ר' כו': ה] "קהל גדול" ליתא בכתי"י: ו] בכתי"י פאריס נוסף דתנן חטאו עד שלא נתמנו ונתמנו הרי הן כהדיוטות וחייבין ור' שמעון אומר אם נודע להם עד שלא נתמנו חייבין וכשנתמנו פטורין: ז] בגליון הגמרא "גי' ב"ש". וטעות הוא שהרי אין זו גירסת באר שבע, והגליון אינו שייך לכאן אלא לסוגרים שבסמוך. בדפו"י של הגמרא היה כתוב לעיל "מי פליגי ר"ש ורבנן או לא ר"ש" וכו', ובדפוסים החדשים מחקו שתי התיבות משם והוסיפו אותן כאן בחצאי מרובעים, והגה זו היא בחנם. עי' חפץ ה' ושערי יוסף דהעיקר כנוסח הישן (של"ג כאן "או לא") ומוחקים עוד תיבת "מאי" (גם בכתי"י ליתא "או לא מאי"): ח] באר שבע: ט] כת"י בלא: י] לפמ"ש רש"י ד"ה או דלמא וכו' מוכח דגרסתו הקרב] (גליון), עי' באר שבע והורה גבר: יא] צ"ל דמתרי (דק"ס): יב] כת"י "או דלמא שם חלב אחד הוא ואת"ל שם חלב אחד הוא": יג] רש"א (גליון), עי"ש ובהגהות והערות: יד] רש"א מ"ז (גליון). בדפו"י "דאיסורן שוה וקרבנן שוה". ורש"א גורס דקרבנן שוה: טו] בכתי"מ "כיון דאי משום [illegible]

עין משפט נר מצוה

יג א מיי' פי"ג מהלכות שגגות הלכה א סמג עשין ריז:
יד ב מיי' שם פי"ג הלכה ב סמג שם:
טו ג מיי' שם הלכה ב ופי"ב הלכה א:
טז ד ה מיי' שם פי"ג הלכה ג סמג שם:
יז ו מיי' שם הלכה ג סמג שם:
יח ז מיי' שם הלכה ד ועי' בהשגות ובכ"מ:

תוספות הרא"ש

ואב"א עדיין אני אומר לא מצית לאוקמיה כר' יהודה וכו'. ואידך (במרא) [ברייתא] רבי יהודה היא דסתם סיפרא ר' יהודה הוא: לא דכ"ע יחיד שעשה בהוראת ב"ד פטור. ה"ה דהוה מצי למימר דכ"ע סברי חייב אלא דניחא ליה למימר דכולהו סברי כמתניתין ועוד דר"מ אית ליה בפרק המצניע כ) דיחיד שעשה בהוראת ב"ד פטור: ר"א בר שמעון [כא] אומר משמו חטאו ששה והם רובו של קהל. ירושלמי. אמר ר"א לא אמר אלא ששה שהם רוב הא ה' אע"פ שהם רובא פטורין אמר ר' יוסי בר בון מתני' אמרה כן מתלית שבטים ובלבד רוב אוכלוסין ודכוותה מתלית אוכלוסין ובלבד רוב השבטים: פשיטא מרובים ונמעטו פלוגתא ר"ש ורבנן דתנן חטאו עד שלא נתמנו ונתמנו הרי הם כהדיוטות. [נמצא בע"ב]: מועטין ונתרבו מאי. [נמצא בע"ב]: ותסברא אימור שמעת ליה לר"ש דאזיל אף בתר ידיעה. [נמצא בע"ב]: כיון דמתרי קראי נפקא. [נמצא בע"ב]: או דלמא כיון דאיסורן שוה. דתרוייהו איסור אכילה: וקרבנן שוה. [נמצא בע"ב]: איבעיא להו הורו ב"ד שחלב מותר ועשו מיעוט קהל. פי' את"ל חלב וחלב מצטרפין ה"מ בחד בי דינא אבל בתרי בי דינא לא או דלמא לא שנא:

גליון הש"ס

גמ' מיעוט בחלב ומיעוט בדם. בתוס' יש להן הגירסא וחזרו ב"ד בהן והורו בדם: רש"י ד"ה וב"ד משלים וכו' ואי קשיא. [illegible]

תורה אור השלם

א) צַו אֶת אַהֲרֹן וְאֶת בָּנָיו לֵאמֹר זֹאת תּוֹרַת הָעֹלָה הִוא הָעֹלָה עַל מוֹקְדָה עַל הַמִּזְבֵּחַ כָּל הַלַּיְלָה עַד הַבֹּקֶר וְאֵשׁ הַמִּזְבֵּחַ תּוּקַד בּוֹ: [ויקרא ו, ב]

ב) וְאִם כָּל עֲדַת יִשְׂרָאֵל יִשְׁגּוּ וְנֶעְלַם דָּבָר מֵעֵינֵי הַקָּהָל וְעָשׂוּ אַחַת מִכָּל מִצְוֹת יְיָ אֲשֶׁר לֹא תֵעָשֶׂינָה וְאָשֵׁמוּ: [ויקרא ד, יג]

ג) וַיַּעַשׂ שְׁלֹמֹה בָעֵת הַהִיא אֶת הֶחָג וְכָל יִשְׂרָאֵל עִמּוֹ קָהָל גָּדוֹל מִלְּבוֹא חֲמָת עַד נַחַל מִצְרַיִם לִפְנֵי יְיָ אֱלֹהֵינוּ שִׁבְעַת יָמִים וְשִׁבְעַת יָמִים אַרְבָּעָה עָשָׂר יוֹם: [מלכים א ח, סה]

which is unlike our Mishnah, and Rabi Meir holds they do not. However, the *Chachamim* in the *Baraisa* are not the majority opinion; rather, the term "*Chachamim*" is merely a reference to another singular *tanna*. **וּמַאן חֲכָמִים** — And who is the "*Chachamim*"? **רַבִּי שִׁמְעוֹן הִיא** — It is Rabi Shimon, **דְּאָמַר** — who says, **צִבּוּר מַיְיתֵי וּבֵית דִּין מַיְיתֵי** — in this case, the people bring a *korban* (individual *Korbenos Chatas*) and *beis* Din brings a *korban* (a *Par He'eleim Davar*).

וְאִיבָּעֵית אֵימָא — And if you want, I can offer a different explanation of the argument in the *Baraisa* which is irrelevant to the *halchah* taught in the Mishnah: **שֵׁבֶט שֶׁעָשָׂה בְּהוֹרָאַת בֵּית דִּינוֹ** — It is discussing a case where one of the *shevatim* committed a transgression based on the mistaken ruling of their own *beis din*. Rabi Meir holds that a *Par He'eleim Davar* is only brought if the majority of the entire Jewish people committed a transgression based on the *Beis Din Hagadol*, while the *Chachamim* hold that each individual *shevet* is considered a "people" and must bring a *Par He'eleim Davar*. Here, too, the Chachamim are not a majority opinion. **וּמַאן חֲכָמִים** —And who is the "*Chachamim*" referred to here? **רַבִּי יְהוּדָה הִיא** — It is Rabi Yehuda, **דְּתַנְיָא** — as we learned in a *Baraisa*: **שֵׁבֶט שֶׁעָשָׂה בְּהוֹרָאַת בֵּית דִּינוֹ** — If a *shevet* committed a transgression based on the mistaken ruling of their own *beis din*, **אוֹתוֹ הַשֵּׁבֶט חַיָּיב** — that *shevet* is obligated to bring a *Par He'eleim Davar*.

וְאִיבָּעֵית אֵימָא — And if you want, I can offer a different explanation of the *Baraisa*: **כְּגוֹן שֶׁחָטְאוּ שִׁשָּׁה** — The case is that six *shevatim* committed a transgression based on a mistaken ruling, **וְהֵן רוּבּוֹ שֶׁל קָהָל** — and the number of people in those six *shevatim* makes up a majority of the entire Jewish people, **אוֹ שִׁבְעָה** — or that seven *shevatim* transgressed, **אַף עַל פִּי שֶׁאֵינָן רוּבּוֹ שֶׁל קָהָל** — even though the number of people in the seven *shevatim* does not make up a majority of the Jewish people. **וּמַתְנִיתִין מַנִּי** — And who is the *tanna* of this *Baraisa* that is referred to as the "*Chachamim*"? **רַבִּי שִׁמְעוֹן בֶּן אֶלְעָזָר הִיא** — It is Rabi Shimon ben Elazar.

דְּתַנְיָא — As we learned in a *Baraisa*: **רַבִּי שִׁמְעוֹן בֶּן אֶלְעָזָר אוֹמֵר מִשְּׁמוֹ** — Rabi Shimon ben Elazar says in the name of Rabi Meir: **חָטְאוּ שִׁשָּׁה** — If six *shevatim* transgressed based on a mistaken ruling, **וְהֵן רוּבּוֹ שֶׁל קָהָל** — and they make up a majority of the entire Jewish people, **אוֹ שִׁבְעָה** — or seven *shevatim* transgressed, **אַף עַל פִּי שֶׁאֵינָן רוּבּוֹ שֶׁל קָהָל** — even though they do not make up a majority of the Jewish people, **חַיָּיבִין** — they are obligated to bring a *Par He'eleim Davar*.

אָמַר רַב אַסִּי — Rav Asi said: **וּבְהוֹרָאָה** — Regarding bringing a *Par He'eleim Davar* for a mistaken ruling, **הַלֵּךְ אַחַר רוֹב יוֹשְׁבֵי אֶרֶץ יִשְׂרָאֵל** — follow the majority of those living in Eretz Yisrael—when calculating whether the majority of the Jewish people transgressed, only residents of Eretz Yisrael are counted, **שֶׁנֶּאֱמַר** — as the *pasuk* says (*Melachim I* 8:65): **וַיַּעַשׂ שְׁלֹמֹה בָעֵת הַהִיא אֶת הֶחָג** — "Shlomo made the celebration (Sukkos) at that time, **וְכָל יִשְׂרָאֵל עִמּוֹ** — and all the Jewish people were with him, **קָהָל גָּדוֹל** — a great congregation, **מִלְּבוֹא חֲמָת עַד נַחַל מִצְרַיִם** — from the ascent

For this *daf's shiur* and charts, scan this QR code:

זאת תורת העולה היא[א], הרי אלו שלשה מיעוטין. ואיבעית אימא, 'עדיין אני אומר' לא מצית מוקמת לה כרבי יהודה, דקתני רוב קהל שחטאו בית דין מביאין על ידיהן פר, ואי רבי יהודה, האמר צבור הוא דמייתי, בית דין לא, דתנן[ב], רבי יהודה אומר שבעה שבטים שחטאו מביאין שבעה פרים. ורב נחמן אמר שמואל, זו דברי רבי מאיר, אבל חכמים אומרים יחיד שעשה בהוראת בית דין חייב. מאי רבי מאיר ומאי רבנן. דתניא, הורו ועשו, רבי מאיר פוטר וחכמים מחייבין. מאן עשו, אילימא בית דין, מאי טעמא דרבנן דמחייבי, והתניא[ג], יכול הורו בית דין ועשו בית דין יכול יהו חייבין, תלמוד לומר 'הקהל ועשו', מעשה תלוי בקהל והוראה תלויה בבית דין; אלא הורו בית דין ועשו רוב קהל, מאי טעמא דרבי מאיר דפוטר; אלא לאו, הורו בית דין ועשו מיעוט קהל, ובהא קמיפלגי, מר סבר יחיד שעשה בהוראת בית דין פטור, ומר סבר יחיד שעשה בהוראת בית דין חייב. אמר רב פפא, דכולי עלמא יחיד שעשה בהוראת בית דין פטור, אלא בית דין משלים לרוב צבור קמיפלגי, מר סבר בית דין משלים לרוב צבור, ומר סבר אין בית דין משלים לרוב צבור. ואיבעית אימא, הורו בית דין ועשו רובו של קהל, ומאן חכמים, רבי שמעון היא, דאמר צבור מייתי ובית דין מייתי. ואיבעית אימא, שבט שעשה בהוראת בית דינו, ומאן חכמים, רבי יהודה היא, דתניא, שבט שעשה בהוראת בית דינו, אותו השבט חייב. ואי בעית אימא, כגון שחטאו ששה והן רובו של קהל, או שבעה אף על פי שאינן רובו של קהל, ומתניתין מני, רבי שמעון בן אלעזר היא, דתניא, רבי שמעון בן אלעזר אומר משמו, חטאו ששה והן רובו של קהל, או שבעה אף על פי שאינן רובו של קהל, חייבין. אמר רב אשי, ובהוראה הלך אחר רוב יושבי ארץ ישראל, שנאמר 'ויעש שלמה בעת ההיא את החג וכל ישראל עמו קהל גדול מלבוא חמת עד נחל מצרים לפני יי אלהינו שבעת ימים ושבעת ימים ארבעה עשר יום', מכדי כתיב 'וכל ישראל עמו קהל גדול', 'מלבוא חמת עד נחל מצרים' למה לי, שמע מינה הני הוא דאיקרי קהל, אבל הנך לא איקרי קהל. פשיטא מרובין ונתמעטו היינו פלוגתא דרבי שמעון ורבנן, מועטין ונתרבו מאי, מי פליגי רבי שמעון ורבנן, רבי שמעון דאזיל בתר ידיעה מחייב, ורבנן דאזלי בתר חטאה פטרי, [או לא], מאי. ותיסברא, אימור דשמעת ליה לרבי שמעון דאזיל אף בתר ידיעה [היכי דהוי ידיעה וחטאה בחיוב], ידיעה דלא חטאה מי שמעת ליה, דאם כן לייתי כי השתא, אלא רבי שמעון חטאה וידיעה בעי. איבעיא להו, הורו בית דין חלב מותר, ועשו מיעוט הקהל, וחזרו בית דין בהן, והורו ועשו מיעוט אחר, מהו, כיון דשתי ידיעות נינהו לא מצטרף, או דלמא כיון דאידי ואידי חלב הוא מצטרף. ואם תמצי לומר כיון דאידי ואידי חלב הוא מצטרף, מיעוט בחלב שעל גבי הקבה ומיעוט בחלב שעל גבי דקין מהו, הכא ודאי כיון דבתרי קראי קאתי לא מצטרף, או דלמא כיון דאידי ואידי חלב הוא מצטרף. ואם תמצי לומר שם חלב הוא ומצטרף, מיעוט בחלב ומיעוט בדם מהו, הכא ודאי (כיון) דתרי איסורי נינהו [וכיון דאין איסורן שוה] לא מצטרף, או דלמא כיון (דאיסורן שוה) דקרבנן שוה מצטרף. ואם תמצי לומר כיון (דאיסורן שוה) דקרבנן שוה מצטרף, מיעוט בחלב ומיעוט בעבודת כוכבים מהו, הכא ודאי אין איסורן שוה ואין קרבנן שוה, או דלמא כיון דאידי ואידי כרת הוא מצטרף. תיקו. איבעיא להו, הורו בית דין שחלב מותר, ועשו מיעוט הקהל, ומת אותו בית דין ועמד בית דין אחר, וחזרו והורו ועשו מיעוט אחר, אליבא דמאן דאמר בית דין מייתי לא תיבעי לך, דהא ליתנהו, אלא כי תיבעי לך אליבא דמאן דאמר צבור מייתי, מאי, צבור הא קאי, או

זאת תורת העולה היא העולה. 'זאת' 'היא' 'העולה', הרי אלו שלשה מיעוטי, חד פרט לנשחטה בלילה, וחד פרט לנשפך דמה, וחד פרט ליוצאת דמה חוץ לקלעים, שאם עלתה על גבי המזבח תרד, דלא הויא עולה חשובה, והכי נמי מפרש במסכת נדה בפרק יוצא דופן (דף מ.): שבעה שבטים. דהוו רוב שבטים, מביאים שבעה פרים, דקסבר ר' יהודה דשבט אחד איקרי קהל, והן מביאין ולא ב"ד: הוראה תלויה בב"ד. דכתיב 'ונעלם דבר', דהיינו שהורו לצבור, 'מעיני הקהל', דהיינו ב"ד: ב"ד משלים לרוב צבור. דעשו עם מיעוט צבור, והשלימו לרוב צבור: [צבור מייתי]. ור' מאיר פוטר צבור, דהא קא מייתי ב"ד, כדאמרינן לקמן 'רבי מאיר אומר, שבעה שבטים שחטאו, בית דין מביאין עליהם פר והן פטורין'. ואי קשיא הא אמרינן בכל התורה 'אין מיעוט אחר מיעוט אלא לרבות', והיכי אמרינן אלו שלשה מיעוטין דממעטינן אותם, בירושלמי מפרש ה"מ היכא דליכא אלא שני מיעוטין, אבל הכא דאיכא שלשה מיעוטין בזה אחר זה בחד קרא כולהו אתו למעט, וכן בכל"ב מדות מנאתי: אותו השבט חייב. להביא פר, דקסבר שבט אחד איקרי קהל: רבי שמעון בן אלעזר אומר משמו. של ר' מאיר, והא מתניתא מפרש לקמן: אמר רב אשי, ובהוראה. דקיי"ל כי הורו ב"ד ועשו רוב קהל על פיהם שמביאים פר: הלך אחר רוב יושבין בארץ ישראל. דאותם שבחוצה לארץ אינן מן המנין, ולא אותן דמנחל מצרים ולחוץ, דחוצה לארץ היא: פשיטא מרובין ונתמעטו. כגון שהורו ב"ד ועשו רוב קהל על פיהם, דנתחייבו להביא פר, ולא הספיקו להביא פר עד שנתמעטו, שמתו מקצתן: היינו פלוגתא דרבי שמעון ורבנן. דתנן (לקמן י.) 'חטא כהן משוח ואח"כ עבר ממשיחותו, וכן נשיא ואח"כ עבר מגדולתו', דהיו חייבים להביא כשבה או שעירה ולא הספיקו להביא עד שנתמנו, 'הרי הן כהדיוטות', ונתחייבם להביא כשבה או שעירה כבתחלה, הכא נמי חייבין פר כבתחלה; 'רבי שמעון אומר' וכו', הכא נמי אם נודע להם עד שלא נתמעטו חייבין להביא פר, אבל אם נודע להן משנתמעטו

תוספות

אית דתנן ר' יהודה אומר י"ב שבטים שחטאו מביאין י"ב פרים, וכן נראה, דהכי תנן בריש מתניתין, ובתר הכי תני ששה שבטים כו', ולא שביק רישא דמתניתין למנקט סיפא:

to Chamas until Nachal Mitzrayim, לִפְנֵי ה' אֱלֹהֵינוּ — before Hashem, our G-d, שִׁבְעַת יָמִים וְשִׁבְעַת יָמִים — seven days and seven days, אַרְבָּעָה עָשָׂר יוֹם — [a total of] fourteen days." מִכְּדֵי — Now, let's see: כְּתִיב — The *pasuk* writes: וְכָל יִשְׂרָאֵל עִמּוֹ — "And all the Jewish people were with him." קָהָל גָּדוֹל מִלְּבוֹא חֲמָת עַד נַחַל מִצְרַיִם לָמָּה לִי — Why do I need the *pasuk* to add the words, "a great congregation, from the ascent to Chamas until Nachal Mitzrayim"? שְׁמַע מִינַּהּ — You can learn from these additional words that, הָנֵי הוּא דְּאִיקְּרִי קָהָל — these, the ones who live between the ascent to Chamas and Nachal Mitzrayim, i.e., in Eretz Yisrael, are called "the People," אֲבָל הָנָךְ — however, those, the ones who live outside Eretz Yisrael, לָא אִיקְּרֵי קָהָל — are not called "the People."

פְּשִׁיטָא — It is obvious that, מְרוּבִּין וְנִתְמַעֲטוּ — in a case where the majority of the people sinned based on a mistaken ruling, and before *beis din* realized their mistake and had a chance to bring a *Par He'eleim Davar*, some people died, and they no longer make up a majority, הַיְינוּ פְּלוּגְתָּא דְּרַבִּי שִׁמְעוֹן וְרַבָּנַן — that would be subject to the argument between Rabi Shimon and the *Chachamim*, who argue in a later Mishnah regarding a *kohen gadol* or *nasi* who mistakenly sinned before they were appointed to their role and only became aware of their sin after being appointed. The *Chachamim* hold that they bring the sheep or goat that a common person who sins mistakenly would bring, rather than the special *korban* brought by a *kohen gadol* or *nasi*, because the *korban* is determined by their status at the time of the transgression. Rabi Shimon, however, holds that they are exempt from a *korban* altogether. Here, too, the *Chachamim* would hold that a *Par He'eleim Davar* is brought, since the sinners were a majority at the time of the transgression, whereas Rabi Shimon would hold that a *Par He'eleim Davar* is not brought, since Rabi Shimon holds that the status at the time they became aware of the sin makes a difference, and they were not a majority when they became aware.

מוּעָטִין וְנִתְרַבּוּ — However, if the sinners originally did not make up a majority, but by the time *beis din* realized their mistake, people from the group of non-sinners died and caused the original group of sinners to now become a majority, מַאי — what is the halachah? מִי פְּלִיגִי רַבִּי שִׁמְעוֹן וְרַבָּנַן — Do Rabi Shimon and the *Chachamim* argue in this case, as well? Meaning, רַבִּי שִׁמְעוֹן דְּאָזֵיל בָּתַר יְדִיעָה — Rabi Shimon, who holds that the *korban* is based on the status at the time the person became aware, מְחַיֵּיב — would obligate them to bring a *Par He'eleim Davar*, since they were a majority when *beis din* realized the mistake, וְרַבָּנַן דְּאָזְלִי בָּתַר חֲטָאת — and the *Chachamim*, who hold that it is based on the status of the time of the transgression, פָּטְרִי — would exempt them from bringing one, since they were not a majority then, [אוֹ לָא] — or do they not argue here; rather, Rabi Shimon would agree that they are exempt? מַאי — What is the conclusion?

וְתִיסְבְּרָא — Is it logical to say that they argue here? אֵימוֹר דְּשָׁמְעַתְּ לֵיהּ לְרַבִּי שִׁמְעוֹן — When was it said that you heard of Rabi Shimon's

For this *daf's shiur* and charts, scan this QR code:

מסורת הש"ס עם הוספות

א) לקמן ה., ב) ת"כ דבורא דחובה פרשה ד ה"י (אות רמו), ג) [לקמן ה.], ד) [עירובין פג. וש"נ], ה) [לקמן ה:], ו) [סס ב"ש תוספתא פ"א סה"ה], ז) כתובות מה:, ח) חולין קיז., ט) ב"ק ב:, י) פ"א ה"ה, כ) שבת צג ע"א.

הגהות וציונים

א] כ"ה מהרש"א. ר"ח "זאת היא העולה הרי" (כמו בזבחים ובספרא וכ"ה בנדה בדפוס שונצינו), וכעי"ז הגיה רש"ש. עי' תוס' זבחים פד ע"א ונדה מ ע"א: ב] כתי"מ דאמר. גי' ר"ח "ומאן חכמים ר' יהודה דתנן הורו ב"ד של אחד מן השבטים כו' דברי ר' יהודה ואב"א כגון שחטאו" וכו'. עי' הורה גבר: ג] בכת"י נוסף ובהא פליגי ר"מ פוטר סבר בעינן רובא דגברי רובא דשבטי' (שער יוסף): ד] מהרש"א הגיה ומתניתא. ר"ח וכת"י ורש"ש ומאן חכמים ר' כו': ה] "קהל גדול" ליתא בכת"י: ו] בכת"י פארים נוסף דתנן חטאו עד שלא נתמנו ונתמנו הרי הן כהדיוטות וחייבין ור' שמעון אומר אם נודע להם עד שלא נתמנו חייבין וכשנתמנו פטורין: ז] בגליון הגמרא "גי' ב"ש". וטעות הוא שהרי אין זו גירסת באר שבע, והגליון אינו שייך לכאן אלא לסוגרים שבסמוך. בדפו"י של הגמרא היה כתוב לעיל "מי פליגי ר"ש ורבנן או לא ר"ש" וכו', ובדפוסים החדשים מחקו שתי התיבות משם והוסיפו אותן כאן בחצאי מרובעים, והגה זו היא בחנם. עי' חפץ ה' ושערי יוסף דהעיקר כנוסח הישן (של"ג כאן "או לא") ומותקים עוד תיבת "מאי" (גם בכת"י ליתא "או לא מאי"): ח] באר שבע: ט] כת"י בלא: י] [לפמ"ש רש"י ד"ה או דלמא וכו' מוכח דגרסתו הקרב] (גליון), עי' באר שבע והורה גבר: יא] צ"ל דמתרי (דק"ס): יב] כת"י "או דלמא שם חלב אחד הוא ואת"ל שם חלב אחד הוא": יג] רש"א (גליון), עי"ש ובהגהות והערות: יד] רש"א מ"ז (גליון). בדפו"י "דאיסורן שוה וקרבנן שוה". ורש"א גורס דקרבנן שוה: טו] בכתי"מ "כיון דאי משום קרבנם מצטרפי". ונראה שכן היה לפני רש"י וצ"ל בו [illegible] כן] צ"ל שבעה (דבש תמר): כו] לפנינו בתוספתא הגירסא "הורו לבטל מקצת ולקיים מקצת": כז] לא יצטרפו למיעוטא שיתכפרו כולם בפר בההוא מיעוטא (מצור דבש): כח] צ"ל ר"ש בר"א (מהר' דבליצקי בהגהות):

עין משפט נר מצוה

יג א מיי' פי"ג מהלכות שגגות הלכה א סמג עשין ריז:
יד ב מיי' שם פי"ג הלכה ב סמג שם:
טו ג מיי' שם הלכה ב ופי"ב הלכה א:
טז ד ה מיי' שם פי"ג הלכה ב סמג שם:
יז ו מיי' שם הלכה ג סמג שם:
יח ז מיי' שם הלכה ד ועי' בהשגות ובכ"מ:

תוספות הרא"ש

ואב"א עדיין אני אומר לא מצית לאוקמיה כר' יהודה וכו'. ואידך (כתרא) [כברייתא] רבי יהודה היא דסתם סיפרא ר' יהודה הוא: לא דכ"ע יחיד שעשה בהוראת ב"ד פטור. ה"ה דהוה מצי למימר דכ"ע סברי חייב אלא דניחא ליה למימר דכולהו סברי כמתניתין ועוד דר"מ אית ליה בפרק המגניע כ) דיחיד שעשה בהוראת ב"ד פטור: ר"א בר שמעון כח] אומר משמו חטאו ששה והם רובו של קהל. ירושלמי. אמר ר"א לא אמר אלא ששה שהם רוב הא ה' אע"פ שהם רובא פטורין אמר ר' יוסי בר בון מתני' אמרה כן מחצית שבטים ובלבד רוב אוכלוסין ודכוותה מחצית אוכלוסין ובלבד רוב השבטים: פשיטא מרובים ונמעטו פלוגתא ר"ש ורבנן דתנן חטאו עד שלא נתמנו ונתמנו הרי הם כהדיוטות. [נמצא בע"ב]: מועטין ונתרבו מאי. [נמצא בע"ב]: ותסברא איסור שמעת ליה לר"ש דאזיל אף בתר ידיעה. [נמצא בע"ב]: כיון דמתרי קראי נפקא. [נמצא בע"ב]: או דלמא כיון דאיסורן שוה. דתרוייהו איסור אכילה: וקרבנן שוה. [נמצא בע"ב]: איבעיא להו הורו ב"ד שחלב מותר ועשו מיעוט קהל. פי' את"ל חלב וחלב מצטרפין ה"מ בחד בי דינא אבל בתרי בי דינא לא או דלמא לא שנא:

גליון הש"ס

גמ' מיעוט בחלב ומיעוט בדם. כתוס' יש לכון הגירסא וחזרו ב"ד כגון והורו כדם: רש"י ד"ה וב"ד משלים וכו' ואי קשיא. זה שייך לעיל דף ב' ע"ב ברש"י ד"ה אם נפש:

תורה אור השלם

א) צַו אֶת אַהֲרֹן וְאֶת בָּנָיו לֵאמֹר זֹאת תּוֹרַת הָעֹלָה הִוא הָעֹלָה עַל מוֹקְדָה עַל הַמִּזְבֵּחַ כָּל הַלַּיְלָה עַד הַבֹּקֶר וְאֵשׁ הַמִּזְבֵּחַ תּוּקַד בּוֹ: [ויקרא ו, ב]

ב) וְאִם כָּל עֲדַת יִשְׂרָאֵל יִשְׁגּוּ וְנֶעְלַם דָּבָר מֵעֵינֵי הַקָּהָל וְעָשׂוּ אַחַת מִכָּל מִצְוֹת יְיָ אֲשֶׁר לֹא תֵעָשֶׂינָה וְאָשֵׁמוּ: [ויקרא ד, יג]

ג) וַיַּעַשׂ שְׁלֹמֹה בָעֵת הַהִיא אֶת הֶחָג וְכָל יִשְׂרָאֵל עִמּוֹ קָהָל גָּדוֹל מִלְּבוֹא חֲמָת עַד נַחַל מִצְרַיִם לִפְנֵי יְיָ אֱלֹהֵינוּ שִׁבְעַת יָמִים וְשִׁבְעַת יָמִים אַרְבָּעָה עָשָׂר יוֹם: [מלכים א ח, סה]

א) 'זאת תורת העולה היא'[א], הרי אלו שלשה מיעוטין. ואיבעית אימא, 'עדיין אני אומר' לא מצית מוקמת לה כרבי יהודה, דקתני רוב קהל שחטאו בית דין מביאין על ידיהן פר, ואי רבי יהודה, האמר צבור הוא דמייתי, בית דין לא, דתנן[ב], רבי יהודה אומר שבעה שבטים שחטאו מביאין שבעה פרים. ורב נחמן אמר שמואל, זו דברי רבי מאיר, אבל חכמים אומרים יחיד שעשה בהוראת בית דין חייב. מאי רבי מאיר ומאי רבנן. דתניא, הורו ועשו, רבי מאיר פוטר וחכמים מחייבין. מאן עשו, אילימא בית דין, מאי טעמא דרבנן דמחייבי, והתניא[ה], יכול הורו בית דין ועשו בית דין יכול יהו חייבין, תלמוד לומר ב) 'הקהל ועשו', ג)א מעשה תלוי בקהל והוראה תלויה בבית דין; אלא הורו בית דין ועשו רוב קהל, מאי טעמא דרבי מאיר דפוטר; אלא לאו, הורו בית דין ועשו מיעוט קהל, ובהא קמיפלגי, מר סבר יחיד שעשה בהוראת בית דין פטור, ומר סבר יחיד שעשה בהוראת בית דין חייב. אמר רב פפא, דכולי עלמא יחיד שעשה בהוראת בית דין פטור, אלא בית דין משלים לרוב צבור קמיפלגי, מר סבר בית דין משלים לרוב צבור, ומר סבר באין בית דין משלים לרוב צבור. ואיבעית אימא, הורו בית דין ועשו רובו של קהל, דומאן חכמים, רבי שמעון היא, דאמר צבור מייתי ובית דין מייתי. ואיבעית אימא, שבט שעשה בהוראת בית דינו, הומאן חכמים, רבי יהודה היא, דתניא[ו], שבט שעשה בהוראת בית דינו, אותו השבט חייב. ואי בעית אימא, כגון שחטאו ששה והן רובו של קהל, או שבעה אף על פי שאינן רובו של קהל[ג], ומתניתין[ז] מני, רבי שמעון בן אלעזר היא, דתניא, ורבי שמעון בן אלעזר אומר משמו, גחטאו ששה והן רובו של קהל, או שבעה אף על פי שאינן רובו של קהל, חייבין. אמר רב אסי, דובהוראה הלך אחר רוב יושבי ארץ ישראל, שנאמר ג) 'ויעש שלמה בעת ההיא את החג וכל ישראל עמו קהל גדול מלבוא חמת עד נחל מצרים לפני יי' אלהינו שבעת ימים ושבעת ימים ארבעה עשר יום', מכדי כתיב 'וכל ישראל עמו קהל גדול'[ה], 'מלבוא חמת עד נחל מצרים' למה לי, שמע מינה הדהני הוא דאיקרי קהל, אבל הנך לא איקרי קהל. פשיטא מרובין ונתמעטו היינו פלוגתא דרבי שמעון ורבנן[ו], מועטין ונתרבו מאי, מי פליגי רבי שמעון ורבנן, רבי שמעון דאזיל בתר ידיעה מחייב, ורבנן דאזלי 'בתר חטאה פטרי, [או לא][ז], מאי. ותיסברא, ואימור דשמעת ליה לרבי שמעון דאזיל אף בתר ידיעה [היכי דהוי ידיעה וחטאה בחיוב[ח]], ידיעה דלא[ט] חטאה מי שמעת ליה, דאם כן לייתי כי השתא, אלא רבי שמעון חטאה וידיעה בעי. איבעיא להו, הורו בית דין חלב מותר, ועשו מיעוט הקהל, וחזרו בית דין בהן, והורו ועשו מיעוט אחר, מהו, כיון דשתי ידיעות נינהו לא מצטרף, או דלמא כיון דאידי ואידי חלב הוא מצטרף. ואם תמצי לומר כיון דאידי ואידי חלב הוא מצטרף, מיעוט בחלב שעל גבי הקבה[י] ומיעוט בחלב שעל גבי דקין מהו, הכא ודאי כיון דבתרי[יא] קראי קאתי לא מצטרף, או דלמא כיון דאידי ואידי חלב הוא מצטרף[יב]. ואם תמצי לומר שם חלב הוא ומצטרף, כמיעוט בחלב ומיעוט בדם מהו, הכא ודאי (כיון) דתרי איסורי נינהו [וכיון דאין איסורן שוה[יג]] לא מצטרף, או דלמא כיון (דאיסורן שוה[יד]) דקרבנן שוה מצטרף. ואם תמצי לומר כיון (דאיסורן שוה) דקרבנן שוה מצטרף, מיעוט בחלב ומיעוט בעבודת כוכבים מהו, הכא ודאי אין איסורן שוה ואין קרבנן שוה, יאו דלמא כיון דאידי ואידי כרת הוא מצטרף[טו]. תיקו[טז]. איבעיא להו, הורו בית דין שחלב מותר, ועשו מיעוט הקהל, ומת אותו בית דין ועמד בית דין אחר, וחזרו והורו ועשו מיעוט אחר[יז], אליבא דמאן דאמר בית דין מייתי לא תיבעי לך, דהא ליתנהו, אלא כי תיבעי לך אליבא דמאן דאמר צבור מייתי, מאי, צבור הא קאי,

או

זאת תורת העולה היא העולה. 'זאת' 'היא' 'העולה', הרי אלו שלשה מיעוטי, חד פרט לנשחטה בלילה, וחד פרט לנשפך דמה, וחד פרט ליוצאת[יח] דמה חוץ לקלעים, שאם עלתה על גבי המזבח תרד, דלא הויא עולה חשובה, והכי נמי מפרש במסכת נדה בפרק יוצא דופן (דף מ.): שבעה שבטים. דהוו רוב שבטים, מביאים שבעה פרים, דקסבר ר' יהודה דשבט אחד איקרי קהל, והן מביאין ולא בי"ד: הוראה תלויה בבי"ד. דכתיב 'ונעלם דבר', דהיינו שהורו לצבור, 'מעיני הקהל', דהיינו בי"ד: בי"ד משלים לרוב צבור. דעשו עם מעט[יט] צבור, והשלימו לרוב צבור: [צבור[כ] מייתי]. ור' מאיר פוטר צבור, דהא קא מייתי בי"ד, כדאמרינן לקמן 'רבי מאיר אומר, שבעה שבטים שחטאו, בית דין מביאין עליהם פר והן פטורין'. ואי קשיא הא אמרינן בכל התורה 'אין מיעוט אחר מיעוט אלא לרבות', והיכי אמרינן אלו שלשה מיעוטין דממעטינן אותם, בירושלמי מפרש ה"מ היכא דליכא אלא שני מעוטין, אבל הכא דאיכא שלשה מיעוטין בזה אחר זה בחד קרא כולהו אתו למעט, וכן בכל"ב מדות מצאתי: אותו השבט חייב. להביא פר, דקסבר שבט אחד איקרי קהל: רבי שמעון בן אלעזר אומר משמו. של ר' מאיר, והא מתניתא מפרש לקמן: אמר רב אסי, ובהוראה. דקיי"ל כי הורו בי"ד ועשו רוב קהל על פיהם שמביאים פר: הלך אחר רוב יושבין בארץ ישראל. דאותם שבחוצה לארץ אינן מן המנין, ולא אותן דמנחל מצרים ולחוץ, דחוצה לארץ היא: פשיטא מרובין ונתמעטו. כגון שהורו בי"ד ועשו רוב קהל על פיהם, דנתחייבו להביא פר, ולא הספיקו להביא פר עד שנתמעטו, שמתו מקצתן: היינו פלוגתא דרבי שמעון ורבנן. דתנן (לקמן י.) 'חטא כהן משוח ונשיא עד שלא נתמנו', דהיו חייבים להביא כשבה או שעירה ולא הספיקו להביא עד שנתמנו, 'הרי הן כהדיוטות', ונחייבם[כא] להביא כשבה או שעירה כבתחלה, הכא נמי חייבין פר כבתחלה; 'רבי שמעון אומר' וכו', הכא נמי אם נודע להם עד שלא נתמעטו חייבין להביא פר, אבל אם נודע להן משנתמעטו פטורין: מועטין ונתרבו מאי. כגון שהורו בית דין ועשו מיעוט קהל על פיהם, דיחיד שעשה בהוראת בית דין פטור, ומתו מקצתן של רוב קהל, ונתרבו אלו, ולאחר שנתרבו נודע להם שחטאו, דהני מועטין ונתרבו לא דמי ממש ל'חטאו עד שלא נתמנו', דמועטין כי חטאו בהוראה לאו בני קרבן נינהו, דיחיד שעשה בהוראת בית דין פטור, אבל כי חטאו כהן משיח ונשיא עד שלא נתמנו נעשו[כב] בני קרבן ומחייבי לאתויי כשבה או שעירה, אבל מרובין ונתמעטו דמי ממש ל'חטאו עד שלא נתמנו', דהא מרובין כי חטאו בני קרבן נינהו, ואמטו להכי קאמר במרובין ונתמעטו דהוי פלוגתא דר"ש ורבנן, אבל במועטין ונתרבו איבעיא לן אי דמי לפלוגתא דר' שמעון ורבנן אי לא, מי אמרינן ר"ש דבתר ידיעה אזיל, דאמר 'אם נודע להם עד שלא נתמנו חייבין כבתחלה', הכא נמי מחייב, דכי אתיידע להו בחיובא אתיידע להו, דכי נתרבו אתיידע להו, ומביאין פר, ורבנן דבתר חטאה אזלי, דאמרי 'הרי אלו כהדיוטות' הואיל וחטאו כי לא נתמנו, הכא נמי אזלי בתר חטאה, וכי חטאו אכתי מועטין היו ופטורין, דיחיד שעשה בהוראת בית דין פטור: ותסברא, אימור דשמעת ליה לר"ש דאזיל אף בתר ידיעה. דאמר 'אם נודע להם עד שלא נתמנו חייבין', היכא דהוי ידיעה וחטאה בחיוב: כי השתא. דלהוי כי חטאו משנתמנו דלייתי פר, ואמאי קתני 'משנתמנו פטורין', אלא מדקתני 'פטור' ש"מ דר"ש חטאה וידיעה בעי בחיובא, ומועטין ונתרבו לדברי הכל פטורין, דכי חטאו בפטור חטאו, דיחיד שעשה בהוראת בית דין פטור: או דלמא. כיון דחלב שם אחד הוא, דבין חלב המכסה את הקרב ובין חלב המכסה את הדקין שם אחד הוא, שחלב סתם איקרו: כיון דתרי איסורי נינהו[כג]. דחלב אינו שוה בכל, דחלב חיה מותר[כד]: או דלמא. כיון דאילו[כה] צבור אכלי האי חלב והאי דם שלא בהוראה בשגגת מעשה מייתו כל חד וחד אי בעו כשבה מייתו, אי בעו שעירה מייתו, דמלי אשוויי קרבנם, השתא נמי כי עשו בהוראה מצטרפי: ומיעוט בתרא בעבודת כוכבים. קרבנם שעירה ולא כשבה:

תוספות

אית ספרים דגרסי דתנן ר' יהודה אומר י"ב שבטים שחטאו מביאין י"ב פרים, וכן נראה, דהכי תנן ברישא דמתניתין, ובתר הכי תני שׁשה[כו] שבטים כו', ולא שביק רישא דמתניתין למנקט סיפא: רבי מאיר סבר יחיד שעשה בהוראת ב"ד פטור. תימה, מאי דוחקיה לכך, דלמא ר"מ ס"ל דדוקא יחיד שעשה חייב, אבל שנים ושלשה שעשו פטורים, ולית ליה ברייתא ד'ועדיין אני אומר' כו', דבלא"ה לית ליה, דברייתא אית לה יחיד שעשה בהוראת ב"ד חייב, ור"מ אית ליה דפטור. ומיהו, כיון דלא מלינו תנא דמחלק בין אחד לשנים, דחיק למימר הכי: 'קהל גדול מלבוא חמת'. אע"ג דדברי תורה מדברי קבלה לא ילפינן[ט], הא הוי גילוי מילתא בעלמא[ט]: מועטין ונתרבו מאי. פרש"י (בעלמא) [בעיין], דהני לאו בני קרבן כמו משיח ונשיא, אבל מרובין ונתמעטו כבר הוו בני קרבן. ולא נהירא, דאפילו מרובין ונתמעטו כי נתמעטו לאו בני קרבן נינהו, אם לא דבתר חטאה אזלינן, אבל התם תרוייהו בני קרבן נינהו, אלא מש"ה מבעיא ליה במועטין ונתרבו, דאיכא למימר דאפילו ר"ש מודה דפטור, כדפירש ואזיל: הורו בית דין שחלב המכסה את הקרב כו'. תימה, דאמרינן לקמן (ד.) 'אין ב"ד חייבין עד שיורו בדבר שאין הצדוקין מודין', ובשלמא חלב שעל הדקין דאתי מריבויא (חולין מט) ניחא, דאין הצדוקין מודין בו, אלא חלב המכסה את הקרב וכן דם מאי איכא למימר. מיהו לפי התוספתא דמכילתין[י] ניחא, דתנא 'לקיים מקצת[כו]' חייבין, כיצד, יש חלב ודם בתורה, אבל אין חייבין אלא על הקרב לשלמים'. ואע"ג דדם חיה נאסר, שמא הצדוקים אומרים דגם הוא קרב: וחזרו והורו שדם מותר. הא דקתני כה"ג, דמשמע דוקא משום שידעו בינתים שטעו בחלב, דהא אפילו לא ידעו נמי מצי למבעי, כדקאמר משום דשני מינים הם, דם שוה בכל ולא חלב, אלא נקטיה אגב אחריני. והא דלא פשיט מההוא דלעיל 'עד שיהיו כולן בשגגה אחת', דהכא כיון דתליא בב"ד הוי שגגה אחת: והורו שעבודת כוכבים מותרת. ל"ע מה יביאו, כיון שאין קרבנותיהן שוין, אם יביאו קרבן עבודת כוכבים וגם דחלב, או לא. וגם ל"ע אי דוקא מיבעיא, דמעיקרא הוי מיעוט וכן בסוף, אבל אי הוי רובו בסוף לא איצטרכים[כז] למיעוטא שיתכפר בפר לההוא מיעוטא, או דלמא לא שנא. אבל הא ודאי אי הוי מתחלה רובא ולבסוף מיעוטא אין מיעוט מצטרף לרובא, כיון שכבר נתחייבו רובא בקרבן: אלא כי תיבעי לך כו'. ל"ע אי הוי מצי למבעיא נמי למ"ד ב"ד מייתי, אם מתו מיעוט צבור הראשונים ולא נודע כי אם אל אלו החיים, מי אמרינן ב"ד [חייבים], דמ"מ הם הורו שלא כדת, או לא. והא דנקיט 'מת ב"ד' ולא נקיט 'הורו ב"ד אחר', דלא אפשר כי אם בסנהדרי גדולה:

This *daf* is dedicated *l'iluy nishmas*: Mayer ben Chana *z"l*

opinion? דְּאָזֵיל אַף בָּתַר יְדִיעָה — It is that he bases the *korban also* on the time of the awareness, [הֵיכִי דְּהָוֵי יְדִיעָה וַחֲטָאָה בְּחִיּוּב] — meaning, in cases that both the awareness and the transgression were when the sinner was in the same status that he would be obligated in a certain *korban*, Rabi Shimon would obligate him to bring that *korban*. יְדִיעָה דְּלָא חֲטָאָה מִי שָׁמְעַתְּ לֵיהּ — Have you heard of his opinion being said in a case when the sinner was in a status where he would be obligated in a certain *korban* at the time of the awareness, but not in that status at the time of the actual transgression? דְּאִם כֵּן — Because if it was so, the Rabi Shimon holds that the status at the time of the awareness alone is enough to obligate the sinner in that *korban*, לַיְיתֵי כִּי הַשְׁתָּא — the *kohen gadol* or *nasi* in the Mishnah who only became aware of their sin after being appointed should have to bring the special *korban* of a *kohen gadol* or *nasi*, rather than being exempt altogether! אֶלָּא — Rather, רַבִּי שִׁמְעוֹן חֲטָאָה וִידִיעָה בָּעֵי — Rabi Shimon requires both the transgression and the awareness to be when the sinner is in the same status; here, too, the fact that the sinners were a majority when they became aware of their sin is not a reason to obligate *beis din* in a *Par He'eleim Davar*, since they were not a majority at the time of the transgression.

אִיבַּעְיָא לְהוּ — It was asked: הוֹרוּ בֵּית דִּין חֵלֶב מוּתָּר — If *beis din* mistakenly ruled that eating *cheilev* is permitted, וְעָשׂוּ מִיעוּט הַקָּהָל — and a minority of the people committed the transgression of eating *cheilev* on the basis of that ruling, וְחָזְרוּ בֵּית דִּין בָּהֶן — and then *beis din* retracted their ruling, וְהוֹרוּ — then again ruled that *cheilev* is permitted, וְעָשׂוּ מִיעוּט אַחֵר — and another minority committed the transgression of eating *cheilev*, and the two minorities would add up to a majority, מַהוּ — what is the *halchah*? Does *beis din* now bring a *Par He'eleim Davar*? כֵּיוָן דִּשְׁתֵּי יְדִיעוֹת נִינְהוּ — Do we say that since they became aware of the mistake on two separate occasions, לָא מִצְטָרְפִי — the two minorities do not combine? אוֹ דִּלְמָא כֵּיוָן דְּאִידִּי וְאִידִּי חֵלֶב הוּא — Or, perhaps, since both of them were transgressions of eating *cheilev*, מִצְטָרְפִי — they do combine?

וְאִם תִּמְצָא לוֹמַר — And if you say in that case: כֵּיוָן דְּאִידִּי וְאִידִּי חֵלֶב הוּא — since both of them were transgressions of eating *cheilev*, מִצְטָרְפִי — the two minorities combine, מִיעוּט בְּחֵלֶב שֶׁעַל גַּבֵּי הַקֵּבָה — if the first minority followed *beis din's* ruling and ate the *cheilev* that is on top of the stomach, וּמִיעוּט בְּחֵלֶב שֶׁעַל גַּבֵּי דַּקִּין — and the second minority ate the *cheilev* that is on top of the small intestine, מַהוּ — what's the halachah? הָכָא וַדַּאי — Do we say that in this case, certainly, כֵּיוָן דִּבְתְרֵי קְרָאֵי קָאָתֵי — since the *issur* of each of these types of *cheilev* is found in different *pesukim*, לָא מִצְטָרְפִי — the two minorities do not combine? אוֹ דִּלְמָא כֵּיוָן דְּאִידִּי וְאִידִּי חֵלֶב הוּא — Or, perhaps, since they are both types of *cheilev*, מִצְטָרְפִי — they do combine?

וְאִם תִּמְצֵי לוֹמַר — And if you say in that case: שֵׁם חֵלֶב הוּא — The two transgressions have the same title of "*cheilev*," וּמִצְטָרְפִי — and therefore, the two minorities combine, מִיעוּט בְּחֵלֶב — if the first minority followed a mistaken ruling and ate *cheilev*, וּמִיעוּט בְּדָם — and the second minority followed a mistaken ruling and ate blood, מַהוּ — what

For this *daf's shiur* and charts, scan this QR code:

זאת תורת העולה היא, הרי אלו שלשה מיעוטין. ואיבעית אימא, 'עדיין אני אומר' לא מצית מוקמת לה כרבי יהודה, דקתני רוב קהל שחטאו בית דין מביאין על ידיהן פר, ואי רבי יהודה, האמר צבור הוא דמייתי, בית דין לא, דתנן, רבי יהודה אומר שבעה שבטים שחטאו מביאין שבעה פרים. ורב נחמן אמר שמואל, זו דברי רבי מאיר, אבל חכמים אומרים יחיד שעשה בהוראת בית דין חייב. מאי רבי מאיר ומאי רבנן. דתניא, הורו ועשו, רבי מאיר פוטר וחכמים מחייבין. מאן עשו, אילימא בית דין, מאי טעמא דרבנן דמחייבי, והתניא, יכול הורו בית דין ועשו בית דין יכול יהו חייבין, תלמוד לומר 'הקהל ועשו', מעשה תלוי בקהל והוראה תלויה בבית דין; אלא הורו בית דין ועשו רוב קהל, מאי טעמא דרבי מאיר דפוטר; אלא לאו, הורו בית דין ועשו מיעוט קהל, ובהא קמיפלגי, מר סבר יחיד שעשה בהוראת בית דין פטור, ומר סבר יחיד שעשה בהוראת בית דין חייב. אמר רב פפא, דכולי עלמא יחיד שעשה בהוראת בית דין פטור, אלא בית דין משלים לרוב צבור קמיפלגי, מר סבר בית דין משלים לרוב צבור, ומר סבר אין בית דין משלים לרוב צבור. ואיבעית אימא, הורו בית דין ועשו רובו של קהל, ומאן חכמים, רבי שמעון היא, דאמר צבור מייתי ובית דין מייתי. ואיבעית אימא, שבט שעשה בהוראת בית דינו, ומאן חכמים, רבי יהודה היא, דתניא, שבט שעשה בהוראת בית דינו, אותו השבט חייב. ואי בעית אימא, כגון שחטאו ששה והן רובו של קהל, או שבעה אף על פי שאינן רובו של קהל, ומתניתין מני, רבי שמעון בן אלעזר היא, דתניא, רבי שמעון בן אלעזר אומר משמו, חטאו ששה והן רובו של קהל, או שבעה אף על פי שאינן רובו של קהל, חייבין. אמר רב אשי, ובהוראה הלך אחר רוב יושבי ארץ ישראל, שנאמר 'ויעש שלמה בעת ההיא את החג וכל ישראל עמו קהל גדול מלבוא חמת עד נחל מצרים לפני יי אלהינו שבעת ימים ושבעת ימים ארבעה עשר יום', מכדי כתיב 'וכל ישראל עמו קהל גדול', 'מלבוא חמת עד נחל מצרים' למה לי, שמע מינה הני הוא דאיקרי קהל, אבל הנך לא איקרי קהל. פשיטא מרובין ונתמעטו היינו פלוגתא דרבי שמעון ורבנן, מועטין ונתרבו מאי, מי פליגי רבי שמעון ורבנן, רבי שמעון דאזיל בתר ידיעה מחייב, ורבנן דאזלי בתר חטאה פטרי, [או לא], מאי. ותיסברא, אימור דשמעת ליה לרבי שמעון דאזיל אף בתר ידיעה [היכי דהוי ידיעה וחטאה בחיוב], ידיעה דלא חטאה מי שמעת ליה, דאם כן לייתי כי השתא, אלא רבי שמעון חטאה וידיעה בעי. איבעיא להו, הורו בית דין חלב מותר, ועשו מיעוט הקהל, וחזרו בית דין בהן, והורו ועשו מיעוט אחר, מהו, כיון דשתי ידיעות נינהו לא מצטרף, או דלמא כיון דאידי ואידי חלב הוא מצטרף. ואם תמצי לומר כיון דאידי ואידי חלב הוא מצטרף, מיעוט בחלב שעל גבי הקבה ומיעוט בחלב שעל גבי דקין מהו, הכא ודאי כיון דבתרי קראי קאתי לא מצטרף, או דלמא כיון דאידי ואידי חלב הוא מצטרף. ואם תמצי לומר שם חלב הוא ומצטרף, מיעוט בחלב ומיעוט בדם מהו, הכא ודאי (כיון) דתרי איסורי נינהו [וכיון דאין איסורן שוה] לא מצטרף, או דלמא כיון (דאיסורן שוה) דקרבנן שוה מצטרף. ואם תמצי לומר (דאיסורן שוה) דקרבנן שוה מצטרף, מיעוט בחלב ומיעוט בעבודת כוכבים מהו, הכא ודאי אין איסורן שוה ואין קרבנן שוה, או דלמא כיון דאידי ואידי כרת הוא מצטרף. תיקו. איבעיא להו, הורו בית דין שחלב מותר, ועשו מיעוט הקהל, ומת אותו בית דין ועמד בית דין אחר, וחזרו והורו ועשו מיעוט אחר, אליבא דמאן דאמר בית דין מייתי לא תיבעי לך, דהא ליתנהו, אלא כי תיבעי לך אליבא דמאן דאמר צבור מייתי, מאי, צבור הא קאי, או

רש"י

זאת תורת העולה היא העולה. 'זאת' 'היא' 'העולה', הרי אלו שלשה מיעוטי, חד פרט לנשחטה בלילה, וחד פרט לנשפך דמה, וחד פרט ליוצאת דמה חוץ לקלעים, שאם עלתה על גבי המזבח תרד, דלא הויא עולה חשובה, והכי נמי מפרש במסכת נדה בפרק יוצא דופן (דף מ.): שבעה שבטים. דהוו רוב שבטים, מביאים שבעה פרים, דקסבר ר' יהודה דשבט אחד איקרי קהל, והן מביאין ולא ב"ד: הוראה תלויה בב"ד. דכתיב 'ונעלם דבר', דהיינו שהורו לצבור, 'מעיני הקהל', דהיינו ב"ד: ב"ד משלים לרוב צבור. דעשו עם מעוט צבור, והשלימו לרוב צבור: [צבור מייתי]. ור' מאיר פוטר צבור, דהא קא מייתי ב"ד, כדאמרינן לקמן 'רבי מאיר אומר, שבעה שבטים שחטאו, בית דין מביאין עליהם פר והן פטורין'. ואי קשיא הא אמרינן בכל התורה 'אין מיעוט אחר מיעוט אלא לרבות', והיכי אמרינן אלו שלשה מיעוטין דממעטינן אותם, בירושלמי מפרש ה"מ היכא דליכא אלא שני מיעוטין, אבל הכא דאיכא שלשה מיעוטין בזה אחר זה כתב קרא כולהו אתו למעט, וכן בכל מלות מלאתי: אותו השבט חייב. להביא פר, דקסבר שבט אחד איקרי קהל: רבי שמעון בן אלעזר אומר משמו. של ר' מאיר, והא מתניתא מפרש לקמן: אמר רב אשי, ובהוראה. דקיי"ל כי הורו ב"ד ועשו רוב קהל על פיהם שמביאים פר: הלך אחר רוב יושבין בארץ ישראל. דאותם שבחוצה לארץ אינן מן המנין, ולא אותן דמנחל מצרים ולחוץ, דחוצה לארץ היא: פשיטא מרובין ונתמעטו. כגון שהורו ב"ד ועשו רוב קהל על פיהם, דנתחייבו להביא פר, ולא הספיקו להביא פר עד שנתמעטו, שמתו מקצתן: היינו פלוגתא דרבי שמעון ורבנן. דתנן (לקמן י.) 'חטאו כהן משוח ונשיא עד שלא נתמנו', דהוו חייבים להביא כשבה או שעירה ולא הספיקו להביא עד שנתמנו, 'הרי הן כהדיוטות', ומחייבם להביא כשבה או שעירה כבתחלה, הכא נמי חייבין פר כבתחלה; 'רבי שמעון אומר' וכו', הכא נמי אם נודע להם עד שלא נתמעטו חייבין להביא פר, אבל אם נודע להן משנתמעטו פטורין: מועטין ונתרבו מאי. כגון שהורו בית דין ועשו מיעוט קהל על פיהם, דיחיד שעשה בהוראת בית דין פטור, ומתו מקצתן של רוב קהל, ונתרבו אלו, ולאחר שנתרבו נודע להם שחטאו, דהני מועטין ונתרבו לא דמי ממש ל'חטאו עד שלא נתמנו', דמועטין כי חטאו בהוראה לאו בני קרבן נינהו, דיחיד שעשה בהוראת בית דין פטור, אבל כי חטאו כהן משיח ונשיא עד שלא נתמנו נעשו בני קרבן ומחייבי לאתויי כשבה או שעירה, אבל מרובין ונתמעטו דמי ממש ל'חטאו עד שלא נתמנו', דהא מרובין כי חטאו בני קרבן נינהו, ואמטו להכי קאמר במרובין ונתמעטו דהוי פלוגתא דר"ש ורבנן, אבל במועטין ונתרבו איבעיא לן אי דמי לפלוגתא דר' שמעון ורבנן אי לא, מי אמרינן ר"ש דבתר ידיעה אזיל, דאמר 'אם נודע להם עד שלא נתמנו חייבין כבתחלה', הכא נמי מחייב, דכי אתיידע להו בחיובא אתיידע להו, דכי נתרבו אתיידע להו, ומביאין פר, ורבנן דבתר חטאה אזלי, דאמרי 'הרי אלו כהדיוטות' הואיל וחטאו כי לא נתמנו, הכא נמי אזלי בתר חטאה, וכי חטאו אכתי מועטין היו ופטורין, דיחיד שעשה בהוראת בית דין פטור: ותסברא, אימור דשמעת ליה לר"ש דאזיל אף בתר ידיעה. דקאמר 'אם נודע להם עד שלא נתמנו חייבין', היכא דהוי ידיעה וחטאה בחיוב: כי השתא. דלהוי כי חטאו משנתמנו דלייתי פר, ואמאי קתני 'משנתמנו פטורין', אלא מדקתני 'פטור' ש"מ דר"ש חטאה וידיעה בעי בחיובא, ומועטין ונתרבו לדברי הכל פטורין, דכי חטאו בפטור חטאו, דיחיד שעשה בהוראת בית דין פטור: או דלמא. כיון דחלב שם אחד הוא, דבין חלב המכסה את הקרב ובין חלב המכסה את הדקין שם אחד הוא, שחלב סתם איקרו: כיון דתרי איסורי נינהו. דחלב אינו שוה בכל, דחלב חיה מותר: או דלמא. כיון דאילו צבור אכלי האי חלב והאי דם שלא בהוראה בשגגת מעשה מייתו כל חד וחד אי בעו כשבה מייתו, אי בעו שעירה מייתו, דמצי אשוויי קרבנם, השתא נמי כי עשו בהוראה מצטרפי: ומיעוט בתרא בעבודת כוכבים. קרבנם שעירה ולא כשבה: או

תוספות

אית ספרים דגרסי דתנן ר' יהודה אומר י"ב שבטים שחטאו מביאין י"ב פרים, וכן נראה, דהכי תנן ברישא דמתניתין, ובתר הכי תני ששה שבטים כו', ולא שביק רישא דמתניתין למנקט סיפא: רבי מאיר סבר יחיד שעשה בהוראת ב"ד פטור. תימה, מאי דוחקיה לכך, דלמא ר"מ ס"ל דדווקא יחיד שעשה חייב, אבל שנים ושלשה שעשו פטורים, ולית ליה ברייתא ד'ועדיין אני אומר' כו', דבלא"ה לית ליה, דברייתא אית לה יחיד שעשה בהוראת ב"ד חייב, ור"מ אית ליה דפטור. ומיהו, כיון דלא מצינו תנא דמתמלא בהן לשנים, דחיק למימר הכי: 'קהל גדול מלבוא חמת'. אע"ג דדברי תורה מדברי קבלה לא ילפינן, הא לא הוי גילוי מילתא בעלמא: מועטין ונתרבו מאי. פרש"י (בעלמא) [בעיין], דהני לאו בני קרבן כמו מרובין ונתמעטו כבר הוו בני קרבן. ולא נהירא, דאפילו מרובין ונתמעטו כי נתמעטו כי תיבעי ליה במועטין ונתרבו לא דבתר חטאה אזלינן, אבל התם תרוייהו בני קרבן נינהו, אלא מש"ה מעיקרא איכא למימר דאפילו ר"ש מודה דפטור, כדפירש ואזיל: הורו בית דין שחלב מותר. תימה, דאמרינן לקמן (ד.) 'אין ב"ד חייבין עד שיורו בדבר שאין הצדוקין מודין, ובשלמא חלב שעל גבי הדקין דאתי מריבויא (חולין מט) ניחא, דאין הצדוקין מודין בו, אלא חלב המכסה את הקרב וכן דם מאי איכא למימר. מיהו לפי התוספתא דמכילתין ניחא, דתנא 'לקיים מצות חייבין, כיצד, יש חלב ודם בתורה, אבל אין חייבין אלא על הקרב לשלמים'. ואע"ג דדם חיה נאסר, שמא הצדוקים אומרים דגם הוא קרב: וחזרו והורו שדם מותר. הא דקתני כה"ג, דמשמע דווקא משום שידעו בינתים שטעו בחלב, דהא אפילו לא ידעו נמי מצי למבעי, כדקאמר משום דשני מינים הם, דם שוה בכל ולא חלב, אלא נקטיה אגב אחריני. והא דלא פשיט מההוא דלעיל 'עד שיהיו כולן בשגגה אחת', דהכא דתליא בב"ד הוי שגגה אחת: והורו שעבודת כוכבים מותרת. ל"ע מה יביאו, כיון שאין קרבנותיהן שוין, אם יביאו קרבן עבודת כוכבים וגם דחלב, או לא. וגם ל"ע אי דווקא מיבעיא, דמעיקרא הוי מיעוט ו... בסוף, אבל אי הוי רובו בסוף לא איצטרכים למיעוטא שיתכפר בפר להאי מיעוטא, או דלמא לא שנא. הא ודאי אי הוי מתחלה רובא ולבסוף מיעוטא אין מיעוט מצטרף לרובא, כיון שכבר נתחייבו רובא בקרבנן: אלא כי תיבעי לך כו'. ל"ע אי הוי מצי למבעיא נמי למ"ד ב"ד מייתי, אם מתו מיעוט צבור הר... ולא נודע כי אם אל אלו החיים, מי אמרינן ב"ד [חייבים], דמ"מ הם הורו שלא כדת, או לא. והא דנקט 'מת ב"ד' ולא נקיט 'הורו ב"ד אחר', דלא אפשר כי אם בסנהדרי גדולה:

עין משפט נר מצוה

יג א מיי' פי"ג מהלכות שגגות הלכה א סמג עשין ריז:
יד ב מיי' שם פי"ג הלכה ג סמג שם:
טו ג מיי' שם הלכה ג ופי"ב הלכה א:
טז ד ה מיי' שם פי"ג הלכה ג סמג שם:
יז ו מיי' שם הלכה ג סמג שם:
יח ז מיי' שם הלכה ד וע"ש בהשגות ובכ"מ:

גליון הש"ס

גמ' מיעוט בחלב ומיעוט בדם. בתוס' יש לגן הגירסא וחזרו ב"ד כהן והורו כדם. רש"י ד"ה ובב"ד משלים וכו' ואי קשיא. זה שייך לעיל דף ב' ע"ב ברש"י ד"ה אם נפש:

תורה אור השלם

א) צו את אהרן ואת בניו לאמר זאת תורת העלה הוא העלה על מוקדה על המזבח כל הלילה עד הבקר ואש המזבח תוקד בו: [ויקרא ו, ב]

ב) ואם כל עדת ישראל ישגו ונעלם דבר מעיני הקהל ועשו אחת מכל מצות יי אשר לא תעשינה ואשמו: [ויקרא ד, יג]

ג) ויעש שלמה בעת ההיא את החג וכל ישראל עמו קהל גדול מלבוא חמת עד נחל מצרים לפני יי אלהינו שבעת ימים ושבעת ימים ארבעה עשר יום: [מלכים א ח, סה]

This *daf* is dedicated *l'iluy nishmas*: Mayer ben Chana *z"l*

הוֹרוּ בֵּית דִּין שֶׁחֵלֶב — אִיבַּעְיָא לְהוּ — It was asked: **מוּתָּר** — If *beis din* mistakenly ruled that eating *cheilev* is permitted, **וְעָשׂוּ מִיעוּט הַקָּהָל** — and a minority of the people committed the transgression of eating *cheilev* on the basis of that ruling, **וּמֵת אוֹתוֹ בֵּית דִּין** — and then the judges of that *beis din* die, **וְעָמַד בֵּית דִּין אַחֵר** — and a new *beis din* was established in their place, **וְחָזְרוּ וְהוֹרוּ** — and that *beis din* also ruled that eating *cheilev* is permitted, **וְעָשׂוּ מִיעוּט אַחֵר** — and then another minority committed the transgression of eating *cheilev* based on that ruling, and the two minorities would add up to a majority, what is the halachah? The Gemara explains the question: **אַלִּיבָּא דְּמַאן דְּאָמַר בֵּית דִּין מַיְיתֵי** — According to the one who says that *beis din* brings the *Par He'eleim Davar*, **לָא תִּיבְּעֵי לָךְ** — it is not a question, **דְּהָא לֵיתַנְהוּ** — because the original *beis din*, who issued the first ruling, are no longer here to bring the *korban*. **אֶלָּא** — Rather, **כִּי תִּיבְּעֵי לָךְ** — when is it a question? **אַלִּיבָּא דְּמַאן דְּאָמַר צִבּוּר מַיְיתֵי** — According to the one who says that the congregation brings the *Par He'eleim Davar*. **מַאי** — What is the halachah? **צִבּוּר הָא קָאֵי** — The congregation is still here, so perhaps they should have to bring a *Par He'eleim Davar*.

is the halachah? **הָכָא וַדַּאי** — Do we say that in this case, certainly **(כיון) דִּתְרֵי אִיסּוּרֵי נִינְהוּ** — since they are two separate *issurim*, **[וְכֵיוָן דְּאֵין אִיסּוּרָן שָׁוֶה]** — and since their *issur* is not the same], **לָא מִצְטָרֵף** — the two minorities do not combine? **אוֹ דִּלְמָא** — Or, perhaps, **כֵּיוָן (דאיסורן שוה) דְּקָרְבָּנָן שָׁוֶה** — since the *korban* typically brought for eating both of them is the same, **מִצְטָרֵף** — they do combine?

וְאִם תִּמְצֵי לוֹמַר — And if you say in that case: **כֵּיוָן (דאיסורן שוה) דְּקָרְבָּנָן שָׁוֶה** — since the *korban* for both of them is the same, **מִצְטָרֵף** — the minorities combine, **מִיעוּט בְּחֵלֶב** — if the first minority followed a mistaken ruling and ate *cheilev*, **וּמִיעוּט בַּעֲבוֹדַת כּוֹכָבִים** — and the second minority followed a mistaken ruling and worshipped *avodah zarah*, **מַהוּ** — what is the halachah? **הָכָא וַדַּאי** — Do we say that in this case, certainly, **אֵין אִיסּוּרָן שָׁוֶה** — they are not the same *issur*, **וְאֵין קָרְבָּנָן שָׁוֶה** — and the *korban* brought for them is not the same, therefore, the minorities do not combine? **אוֹ דִּלְמָא** — Or, perhaps, **כֵּיוָן דְּאִידֵי וְאִידֵי כָּרֵת הוּא** — since both carry a punishment of *kareis* when committed intentionally, **מִצְטָרֵף** — the minorities do combine? **תֵּיקוּ** — Let the question stand unresolved.

For this *daf's shiur* and charts, scan this QR code:

מסורת הש"ס עם הוספות

א) לקמן ה., ב) ת"כ דבורא דחובה פרשה ד ה"י (אות רמו), ג) [לקמן ה.], ד) [עירובין פג. וש"נ], ה) [לקמן ה:], ו) [שם ע"ש תוספתא פ"א סה"ה], ז) כתובות מה:, ח) חולין קיז., ט) ב"ק ב:, י) פ"א ה"ה, כ) שבת צג ע"א.

א) 'זאת תורת העולה היא'[א], הרי אלו שלשה מיעוטין. ואיבעית אימא, 'עדיין אני אומר' לא מצית מוקמת לה כרבי יהודה, דקתני רוב קהל שחטאו בית דין מביאין על ידיהן פר, ואי רבי יהודה, האמר צבור הוא דמייתי, בית דין לא, דתנן[ב], רבי יהודה אומר שבעה שבטים שחטאו מביאין שבעה פרים. ורב נחמן אמר שמואל, זו דברי רבי מאיר, אבל חכמים אומרים יחיד שעשה בהוראת בית דין חייב. מאי רבי מאיר ומאי רבנן. דתניא, הורו ועשו, רבי מאיר פוטר וחכמים מחייבין. מאן עשו, אילימא בית דין, מאי טעמא דרבנן דמחייבי, והתניא[ג], יכול הורו בית דין ועשו בית דין יכול יהו חייבין, תלמוד לומר ב) 'הקהל ועשו', ג) א מעשה תלוי בקהל והוראה תלויה בבית דין; אלא הורו בית דין ועשו רוב קהל, מאי טעמא דרבי מאיר דפוטר; אלא לאו, הורו בית דין ועשו מיעוט קהל, ובהא קמיפלגי, מר סבר יחיד שעשה בהוראת בית דין פטור, ומר סבר יחיד שעשה בהוראת בית דין חייב. אמר רב פפא, דכולי עלמא יחיד שעשה בהוראת בית דין פטור, אלא בית דין משלים לרוב צבור קמיפלגי, מר סבר בית דין משלים לרוב צבור, ומר סבר ב אין בית דין משלים לרוב צבור. ואיבעית אימא, הורו בית דין ועשו רובו של קהל, ד) ומאן חכמים, רבי שמעון היא, דאמר צבור מייתי ובית דין מייתי. ואיבעית אימא, שבט שעשה בהוראת בית דינו, ה) ומאן חכמים, רבי יהודה היא, דתניא[ו], שבט שעשה בהוראת בית דינו, אותו השבט חייב. ואי בעית אימא, כגון שחטאו ששה והן רובו של קהל, או שבעה אף על פי שאינן רובו של קהל[ז], ומתניתין[ח] מני, רבי שמעון בן אלעזר היא, דתניא, ט) רבי שמעון בן אלעזר אומר משמו, ג חטאו ששה והן רובו של קהל, או שבעה אף על פי שאינן רובו של קהל, חייבין. אמר רב אסי, ד ובהוראה הלך אחר רוב יושבי ארץ ישראל, שנאמר ג) 'ויעש שלמה בעת ההיא את החג וכל ישראל עמו קהל גדול מלבוא חמת עד נחל מצרים לפני יי אלהינו שבעת ימים ושבעת ימים ארבעה עשר יום', מכדי כתיב 'וכל ישראל עמו קהל גדול'[י], 'מלבוא חמת עד נחל מצרים' למה לי, שמע מינה ה הני הוא דאיקרי קהל, אבל הנך לא איקרי קהל. פשיטא מרובין ונתמעטו היינו פלוגתא דרבי שמעון ורבנן[כ], מועטין ונתרבו מאי, מי פליגי רבי שמעון ורבנן, רבי שמעון דאזיל בתר ידיעה מחייב, ורבנן דאזלי ו בתר חטאה פטרי, [או לא][ל], מאי. ותיסברא, ז אימור דשמעת ליה לרבי שמעון דאזיל אף בתר ידיעה [היכי דהוי ידיעה וחטאה בחיוב[מ]], ידיעה דלא[נ] חטאה מי שמעת ליה, דאם כן לייתי כי השתא, אלא רבי שמעון חטאה וידיעה בעי. איבעיא להו, הורו בית דין חלב מותר, ועשו מיעוט הקהל, וחזרו בית דין בהן, והורו ועשו מיעוט אחר, מהו, כיון דשתי ידיעות נינהו לא מצטרף, או דלמא כיון דאידי ואידי חלב הוא מצטרף. ואם תמצי לומר כיון דאידי ואידי חלב הוא מצטרף, מיעוט בחלב שעל גבי הקבה[ס] ומיעוט בחלב שעל גבי דקין מהו, הכא ודאי כיון דבתרי[ע] קראי קאתי לא מצטרף, או דלמא כיון דאידי ואידי חלב הוא מצטרף[פ]. ואם תמצי לומר שם חלב הוא ומצטרף, ח מיעוט בחלב ומיעוט בדם מהו, הכא ודאי (כיון) דתרי איסורי נינהו [וכיון דאין איסורן שוה[צ]] לא מצטרף, או דלמא כיון (דאיסורן שוה[ק]) דקרבנן שוה מצטרף. ואם תמצי לומר כיון (דאיסורן שוה) דקרבנן שוה מצטרף, מיעוט בחלב ומיעוט בעבודת כוכבים מהו, הכא ודאי אין איסורן שוה ואין קרבנן שוה, י או דלמא כיון דאידי ואידי כרת הוא מצטרף[ר]. תיקו[ש]. איבעיא להו, הורו בית דין שחלב מותר, ועשו מיעוט הקהל, ומת אותו בית דין ועמד בית דין אחר, וחזרו והורו ועשו מיעוט אחר[ת], אליבא דמאן דאמר בית דין מייתי לא תיבעי לך, דהא ליתנהו, אלא כי תיבעי לך אליבא דמאן דאמר צבור מייתי, מאי, צבור הא קאי,

או

תוספות

This *daf* is dedicated *l'iluy nishmas*: Mayer ben Chana *z"l*

עין משפט
נר מצוה

יט א מיי׳ פי״ג מהלכות שגגות הלכה ד סמג עשין ריז:
כ ב ג ד ה מיי׳ שם הלכה א סמג שם:
כא ו מיי׳ פ״ב מהלכות ממרים הלכה ה סמג עשין קיא:
כב ז ח מיי׳ פי״ד מהלכות שגגות הלכה ה סמג עשין ריז:
כג ט מיי׳ שם הלכה א ופי״ב הלכה ב סמג שם:
כד י מיי׳ שם פי״ד הלכה ב:
כה כ מיי׳ שם ופי״ב שם הלכה י סמג שם:
כו ל מיי׳ פי״ד שם הלכה ב סמג שם:
כז מ מיי׳ פ״ד מהלכות שקלים הלכה ב:
כח נ ס מיי׳ פי״ד מהלכות שגגות הלכה ה סמג עשין ריז ומביא אשם תלוי:
כט ע מיי׳ שם פ״ח הלכה ב:

תוספות הרא״ש

[שייך לעמוד א]

פשיטא מרובים ונמעטו פלוגתא ר״ש ורבנן דתנן חטאו עד שלא נתמנו ונתמנו הרי הם כהדיוטות. אלמא אזלינן בתר חטא כי ...

מסורת הש״ס
עם הוספות

א) [נזיר מב. חולין ע. נדה כט.], ב) לקמן ד:, ג) ע״ז לו., ד) ע״ז לו. ב״ב ס: [ב״ק עט:], ה) סנהדרין ז:, ו) [שם ע״ש], ז) [מנחות נב.], ח) ת״כ דבורא דחובה פרשה ז ה״ג (אות רעח).

גליון הש״ס

בגמ׳ דבכל התורה כולה קי״ל רובו ככולו. לשון דבכה״ת כולה לאו דוקא עי׳ נזיר דף מ״ב ע״א וכיוצא בזה בשבועות דף ל״ז ע״א ברש״י ד״ה לא אשכחן: שם ואלא מאי כל עדת. עי׳ לקמן דף ד׳ ע״ב תוס׳ ד״ה או. ובסנהדרין דף ט״ז ע״ב תוס׳ ד״ה אחד: רש״י ד״ה לפי שלא ניתנה. ויחיד שעשה. עי׳ שבת ל״ג ע״א תד״ה ה״ג:

תורה אור השלם

א) וְאִם כָּל עֲדַת יִשְׂרָאֵל יִשְׁגּוּ וְנֶעְלַם דָּבָר מֵעֵינֵי הַקָּהָל וְעָשׂוּ אַחַת מִכָּל מִצְוֹת יְיָ אֲשֶׁר לֹא תֵעָשֶׂינָה וְאָשֵׁמוּ: (ויקרא ד, יג)
ב) בַּמְּאֵרָה אַתֶּם נֵאָרִים וְאֹתִי אַתֶּם קֹבְעִים הַגּוֹי כֻּלּוֹ: (מלאכי ג, ט)

רש״י

[כא] אוֹ לָא בָּעִינַן הַהוּא בֵּית דִּין דְּהוֹרוּ לָהֶם מֵעִיקָּרָא דְּתֶהֱוֵי לְהוּ יְדִיעָה, כְּלוֹמַר, לָא בָּעִינַן דְּתֶהֱוֵי לְהוּ יְדִיעָה לְבֵי״ד קַמָּא, וּמִצְטָרְפִי: [כב] עַד שֶׁתִּפְשׁוֹט הוֹרָאָה בְּכָל עֲדַת יִשְׂרָאֵל. דְּהַיְינוּ אוֹתָן שֶׁיָּשְׁבוּ לְהוֹרוֹת: כְּגוֹן שֶׁהִרְכִּין[כג] הַהוּא אֶחָד מֵהֶם. אוֹ תַּלְמִיד, בְּרֹאשׁוֹ, דְּנִרְאֶה כְּהוֹדֶה לְדִבְרֵיהֶם, וְנִגְמְרָה הוֹרָאָה: בַּמְּאֵרָה אַתֶּם נֵאָרִים וְגוֹ׳. כְּגוֹן[כד] שֶׁ׳הַגּוֹי כּוּלוֹ׳, דְּיְכוֹלִין לְקַבְּלָהּ. הָכִי מַשְׁמַע, אִי אִיכָּא ׳גּוֹי כּוּלוֹ׳ וְקָא עָבַר עֲלֵיהּ הַאי גַּבְרָא, ׳אוֹתִי אַתֶּם קוֹבְעִים׳. וְהָכִי כָּתוּב בַּסְּפָרִים בְּמַסֶּכֶת עֲבוֹדַת כּוֹכָבִים בְּפֶרֶק אֵין מַעֲמִידִין: אִי אִיתָא לְכוּלְּהוּ. סַנְהֶדְרִין שֶׁל שִׁבְעִים וְאֶחָד: הָוְיָא הוֹרָאָה. אע״פ שֶׁלֹּא הוֹרוּ כָּל אוֹתָן שֶׁיָּשְׁבוּ לְהוֹרוֹת: שִׁיבָא. אוּפְתָּא: מתני׳ הוֹרוּ בֵּית דִּין. וְעָשׂוּ רוֹב צִבּוּר עַל פִּיהֶם: וְיָדְעוּ שֶׁטָּעוּ, וְחָזְרוּ מֵהוֹרָאָתָן, בֵּין שֶׁהֵבִיאוּ כַּפָּרָתָן וּבֵין שֶׁלֹּא הֵבִיאוּ כַּפָּרָתָן וּלְאַחַר שֶׁיָּדְעוּ שֶׁטָּעוּ הָלַךְ הַיָּחִיד וְעָשָׂה עַל פִּיהֶם. דְּזֶה אֵין מִצְטָרֵף עִם רוֹב הַצִּבּוּר, לְפִי שֶׁלְּאַחַר שֶׁנּוֹדַע לָהֶם עָשָׂה זֶה: רַבִּי שִׁמְעוֹן פּוֹטֵר. לְפִי שֶׁבִּרְשׁוּת בֵּי״ד הוּא עוֹשֶׂה, שֶׁזֶּה עֲדַיִין לֹא הָיָה יוֹדֵעַ שֶׁיָּדְעוּ שֶׁטָּעוּ וְחָזְרוּ בָּהֶן, וַהֲוֵי תּוֹלֶה בְּבֵי״ד, הִלְכָּךְ פָּטוּר: רַבִּי אֶלְעָזָר אוֹמֵר סָפֵק. כְּלוֹמַר, סָפֵק אִי כְּתוֹלֶה בְּבֵי״ד אִי כְּתוֹלֶה בְּעַצְמוֹ דָּמֵי, וּמְבִיאִין[כה] אָשָׁם תָּלוּי: וְאֵיזֶה הוּא הַסָּפֵק. כְּלוֹמַר, אַמַּאי[כו] הוּא חַיָּיב אָשָׁם תָּלוּי: יָשַׁב לוֹ בְּבֵיתוֹ חַיָּיב. אָשָׁם תָּלוּי: שֶׁהוּא קָרוֹב לִפְטוֹר. דַּהֲוֵי וַדַּאי תּוֹלֶה בְּבֵי״ד, שֶׁלֹּא יָדַע חֲזָרָתָן, הוֹאִיל וְהָלַךְ לוֹ לִמְדִינַת הַיָּם: אָמַר לוֹ בֶּן עַזַּאי, מַאי שְׁנָא זֶה. שֶׁהָלַךְ לִמְדִינַת הַיָּם מִן הַיּוֹשֵׁב בְּבֵיתוֹ: אָמַר לוֹ ר׳ עֲקִיבָא, לְפִי שֶׁהַיּוֹשֵׁב בְּבֵיתוֹ אֶפְשָׁר שֶׁיִּשְׁמַע. שֶׁבֵּי״ד חָזְרוּ בָּהֶן, וַהֲוֵי קָרוֹב לְתוֹלֶה בְּעַצְמוֹ, וּלְפִיכָךְ חַיָּיב לְהָבִיא אָשָׁם תָּלוּי, וְזֶה שֶׁהָלַךְ לִמְדִינַת הַיָּם לֹא הָיָה יָכוֹל לִשְׁמוֹעַ, וַהֲוֵי תּוֹלֶה בְּבֵית דִּין מַמָּשׁ, הִלְכָּךְ פָּטוּר: גמ׳ כָּל הוֹרָאָה שֶׁיָּצְאָה בְּרוֹב צִבּוּר. אע״פ שֶׁבֵּי״ד חָזְרוּ בָּהֶן, יָחִיד הָעוֹשֶׂה אוֹתָהּ פָּטוּר: לְפִי שֶׁלֹּא נִיתְּנָה הוֹרָאָה אֶלָּא לְהַבְחִין בֵּין שׁוֹגֵג לְמֵזִיד. לְהוֹדִיעַ שֶׁהָעוֹשֶׂה עַל פִּיהֶם שׁוֹגֵג הוּא, וְלֹא מֵזִיד הוּא, וְזֶה עַל פִּי הוֹרָאָה הוּא עוֹשֶׂה, לְפִיכָךְ שׁוֹגֵג הוּא, וְיָחִיד שֶׁעָשָׂה בְּהוֹרָאַת בֵּית דִּין פָּטוּר. [פ״א], לֹא נִיתְּנָה הוֹרָאָה לִפְטוֹר יָחִיד הַתּוֹלֶה בָּהּ, אֶלָּא לְהַכִּיר לְבֵין[כז] עוֹשֶׂה בְּשִׁגְגַת עַצְמוֹ לְעוֹשֶׂה מֵזִיד וּבִרְשׁוּת בֵּית דִּין, וְזֶה הֲרֵי אוֹמֵר לָנוּ שֶׁלֹּא יָדַע שֶׁחָזְרוּ, וּמֵזִיד עָשָׂה עַל פִּיהֶם, וְלֹא עַל שִׁגְגַת עַצְמוֹ, וְיָחִיד שֶׁעָשָׂה בְּהוֹרָאַת בֵּי״ד פָּטוּר: מֵיתִיבֵי, פַּר הֶעְלֵם דָּבָר שֶׁל צִבּוּר. כְּגוֹן שֶׁהוֹרוּ בֵּי״ד בַּעֲבוֹדַת כּוֹכָבִים[כח], וְעָשׂוּ צִבּוּר עַל פִּיהֶם, וְיָדְעוּ שֶׁטָּעוּ וְחָזְרוּ בָּהֶם, וּצְרִיכִין מָעוֹת כְּדֵי לִיקַּח פַּר[ל] וּשְׂעִירֵי עֲבוֹדַת כּוֹכָבִים שֶׁל צִבּוּר: בַּתְּחִלָּה גּוֹבִין לָהֶם. שֶׁגִּזְבָּרִין גּוֹבִין מִכָּל אֶחָד מִיִּשְׂרָאֵל מָעוֹת לִקְנוֹת מֵהֶם פַּר וּשְׂעִירֵי עֲבוֹדַת כּוֹכָבִים לְצוֹרֶךְ קָרְבָּן, דִּבְרֵי ר״ש: וְאַמַּאי. קָאָמַר רַבִּי שִׁמְעוֹן דְּפָטוּר, דְּבִרְשׁוּת בֵּי״ד הוּא עוֹשֶׂה, הָא כֵּיוָן דְּגַבֵּי לְהוּ מָעוֹת לְצוֹרֶךְ פַּר הֶעְלֵם דָּבָר שֶׁל צִבּוּר הֲוָה מִתְיַידַע לֵיהּ שֶׁהַבֵּית דִּין טָעוּ וְחָזְרוּ מֵהוֹרָאָתָן, וְאַמַּאי הָוֵי תּוֹלֶה בְּבֵי״ד: אִיבָּעֵית אֵימָא שֶׁגָּבוּ מִמֶּנּוּ סְתָם. שֶׁלֹּא הוֹדִיעוּהוּ לְצוֹרֶךְ מָה הֵן גּוֹבִין: וְאִיבָּעֵית אֵימָא דְּלָא הֲוֵי בְּמָתָא. כִּי גָּבוּ לְהוּ, וּלְאַחַר גְּבִיָּה הוּא דְּעָשָׂה עַל פִּיהֶם: ר״ש אוֹמֵר מִתְּרוּמַת הַלִּשְׁכָּה הֵם בָּאִים. דְּלָא הָוֵי מִפַּרְסְמָא, הִלְכָּךְ כִּי עָשָׂה עַל פִּיהֶם הָוֵי תּוֹלֶה בְּבֵית דִּין, הִלְכָּךְ פָּטַר ר׳ שִׁמְעוֹן, וְתַנָּא דְּמַתְנִיתִין הָכִי סְבִירָא לֵיהּ אַלִּיבָּא דְּרַבִּי שִׁמְעוֹן, דְּמִתְּרוּמַת הַלִּשְׁכָּה הֵן בָּאִין: תַּנְיָא ר״מ מְחַיֵּיב. דְּתוֹלֶה בְּעַצְמוֹ הָוֵי: וְרַבִּי שִׁמְעוֹן פּוֹטֵר. דְּתוֹלֶה בְּבֵי״ד הָוֵי: רַבִּי אֶלְעָזָר אוֹמֵר סָפֵק. מֵבִיא[לא] אָשָׁם תָּלוּי: אִיכָּא בֵּינַיְיהוּ. בֵּין ר׳ אֶלְעָזָר לְסוּמְכוּס, לְסוּמְכוּס אֵינוֹ מֵבִיא אָשָׁם תָּלוּי, דְּהָכִי קָאָמַר סוּמְכוּס, מַעֲשֶׂה שֶׁלּוֹ תָּלוּי הוּא, וְלֵיכָּא לְמֵימַר שֶׁמָּא תּוֹלֶה בְּעַצְמוֹ הֲוָה [לב] דְּלָא הָוֵי בַּר חִיּוּב מְעַלְּיָא, דְּהֵיכָא דַּהֲוֵי לְפָנָיו חֲתִיכָה אַחַת סָפֵק שֶׁל חֵלֶב סָפֵק שֶׁל שׁוּמָּן וַאֲכָלוֹ בְּדִין הוּא דְּמֵבִיא אָשָׁם תָּלוּי, מִשּׁוּם דְּאִיכָּא לְמֵימַר שֶׁמָּא חֵלֶב מַמָּשׁ אָכַל, דַּהֲוֵי בַּר חִיּוּב מְעַלְּיָא, אֲבָל הָכָא לֵיכָּא לְמֵימַר שֶׁמָּא תּוֹלֶה בְּעַצְמוֹ מַמָּשׁ הוּא, שֶׁהֲרֵי עַל פִּי הוֹרָאָה הוּא עוֹשֶׂה, הִלְכָּךְ מַעֲשֶׂה שֶׁלּוֹ תָּלוּי הוּא, דְּלַד חִיּוּב שֶׁלּוֹ תָּלוּי הוּא, דְּלָא הָוֵי לַד חִיּוּב מְעַלְּיָא, הִלְכָּךְ אֵינוֹ מֵבִיא אָשָׁם תָּלוּי: לְאָדָם שֶׁאָכַל סָפֵק חֵלֶב סָפֵק שׁוּמָּן. וַהֲרֵי[לג] סָבוּר שֶׁשּׁוּמָּן הוּא, וְנוֹדַע לוֹ שֶׁסָּפֵק הוּא שֶׁמֵּבִיא אָשָׁם תָּלוּי, מִשּׁוּם דְּשֶׁמָּא חֵלֶב מַמָּשׁ אָכַל, הָכָא נַמֵּי אִיכָּא לְמֵימַר שֶׁמָּא תּוֹלֶה בְּעַצְמוֹ מַמָּשׁ הוּא: וְלָא

גמרא

או דִּלְמָא [יְדִיעָה[מ]] דְּהַהוּא בֵּית דִּין דְּהוֹרוּ בָּעִינַן. תֵּיקוּ. אָמַר רַבִּי יוֹנָתָן[י], מֵאָה שֶׁיָּשְׁבוּ לְהוֹרוֹת, אֵין חַיָּיבִין עַד שֶׁיּוֹרוּ כּוּלָּן, שֶׁנֶּאֱמַר א) ׳וְאִם כָּל עֲדַת יִשְׂרָאֵל יִשְׁגּוּ׳, ב עַד שֶׁיִּשְׁגּוּ כּוּלָּן, [עַד שֶׁתִּפְשׁוֹט הוֹרָאָה בְּכָל עֲדַת יִשְׂרָאֵל[יא]]. אָמַר רַב הוּנָא בְּרֵיהּ דְּרַב הוֹשַׁעְיָא[יב], הָכִי נַמֵּי מִסְתַּבְּרָא, ד דִּבְכָל הַתּוֹרָה כּוּלָּהּ קַיְימָא לָן ה רוּבּוֹ כְּכוּלּוֹ, וְהָכָא כְּתִיב ׳כָּל הָעֵדָה[יג]׳, הוֹאִיל וְכָךְ, אֲפִילּוּ הֵן מֵאָה. [תְּנַן], הוֹרוּ בֵּית דִּין וְיָדַע אֶחָד מֵהֶן שֶׁטָּעוּ, אוֹ תַּלְמִיד וְרָאוּי לְהוֹרָאָה, וְהָלַךְ וְעָשָׂה עַל פִּיהֶם, בֵּין שֶׁעָשׂוּ וְעָשָׂה עִמָּהֶן, וּבֵין שֶׁעָשׂוּ וְעָשָׂה אַחֲרֵיהֶן, וּבֵין שֶׁלֹּא עָשׂוּ וְעָשָׂה, הֲרֵי זֶה חַיָּיב, מִפְּנֵי שֶׁלֹּא תָּלָה בְּבֵית דִּין; הַאי הוּא דְּחַיָּיב, הָא אַחֵר פָּטוּר, וְאַמַּאי, הָא לֹא נִגְמְרָה הוֹרָאָה[יד]. הָכָא בְּמַאי עָסְקִינַן, ג כְּגוֹן שֶׁהִרְכִּין הַהוּא אֶחָד מֵהֶן[טו] בְּרֹאשׁוֹ. תָּא שְׁמַע, ו הוֹרוּ בֵּית דִּין וְיָדַע אֶחָד מֵהֶן שֶׁטָּעוּ, ד וְאָמַר לָהֶן טוֹעִין אַתֶּם, הֲרֵי אֵלּוּ פְּטוּרִים; טַעְמָא דְּאָמַר לָהֶן טוֹעִין אַתֶּם דִּפְטוּרִים, ה הָא שָׁתֵיק מִישְׁתָּק חַיָּיבִין, וְגָמְרָה לָהּ הוֹרָאָה, וְאַמַּאי, וְהָא לֹא הוֹרוּ כּוּלָּן[טז]. אָמְרִי, הָכָא נַמֵּי כְּגוֹן שֶׁהִרְכִּין בְּרֹאשׁוֹ. מֵתִיב רַב מְשַׁרְשְׁיָא, ג) סָמְכוּ רַבּוֹתֵינוּ עַל דִּבְרֵי רַבָּן שִׁמְעוֹן בֶּן גַּמְלִיאֵל וְעַל דִּבְרֵי רַבִּי אֶלְעָזָר בְּרַבִּי צָדוֹק שֶׁהָיוּ אוֹמְרִים, ד) ו אֵין גּוֹזְרִין גְּזֵירָה עַל הַצִּבּוּר אֶלָּא אִם כֵּן רוֹב הַצִּבּוּר יְכוֹלִין לַעֲמוֹד בָּהּ, וְאָמַר רַב אַדָּא בַּר אַבָּא[יז], מַאי קְרָא, ב) ׳בַּמְּאֵרָה אַתֶּם נֵאָרִים וְאוֹתִי אַתֶּם קוֹבְעִים הַגּוֹי כּוּלּוֹ׳; וְהָא הָכָא דִּכְתִיב ׳הַגּוֹי כּוּלּוֹ׳, וְרוּבָּא כְּכוּלָּא דָּמֵי. תְּיוּבְתָּא דְּרַבִּי (יוֹחָנָן) [יוֹנָתָן], תְּיוּבְתָּא. ז וְאֶלָּא מַאי ׳כָּל עֲדַת׳ דְּקָאָמַר רַחֲמָנָא. הָכִי קָאָמַר, אִי אִיכָּא כּוּלָּם[יח] הָוְיָא הוֹרָאָה, וְאִי לָא, לָא הָוְיָא הוֹרָאָה. ח אָמַר רַבִּי יְהוֹשֻׁעַ[יט], עֲשָׂרָה שֶׁיּוֹשְׁבִין בְּדִין, קוֹלָר תָּלוּי בְּצַוַּאר כּוּלָּן. פְּשִׁיטָא. הָא קָא מַשְׁמַע לָן, דַּאֲפִילּוּ תַּלְמִיד בִּפְנֵי רַבּוֹ. י רַב הוּנָא כִּי הֲוָה נָפֵיק לְבֵי דִּינָא, מַיְיתֵי עֲשָׂרָה תַּנָּאֵי דְּבֵי רַב לְקַמֵּיהּ, [יא] כִּי הֵיכִי דְּנִימְטְיַין שִׁיבָא מִכְּשׁוּרָא. רַב אַשִׁי כִּי הֲווּ מַיְיתֵי טְרֵפְתָּא לְקַמֵּיהּ, מַיְיתֵי עֲשָׂרָה[כ] טַבָּחֵי מִמָּתָא מַחְסֵיָא וּמוֹתִיב קַמֵּיהּ, אָמַר, כִּי הֵיכִי דְּנִימְטְיַין שִׁיבָא מִכְּשׁוּרָא: מתני׳ הוֹרוּ בֵּית דִּין, וְיָדְעוּ שֶׁטָּעוּ וְחָזְרוּ בָּהֶן, בֵּין שֶׁהֵבִיאוּ כַּפָּרָתָן וּבֵין שֶׁלֹּא הֵבִיאוּ כַּפָּרָתָן, וְהָלַךְ וְעָשָׂה עַל פִּיהֶן, רַבִּי שִׁמְעוֹן פּוֹטֵר; וְרַבִּי אֶלְעָזָר[כא] אוֹמֵר, סָפֵק; אֵיזֶהוּ סָפֵק[כב], י יָשַׁב לוֹ בְּתוֹךְ בֵּיתוֹ חַיָּיב, הָלַךְ לוֹ לִמְדִינַת הַיָּם פָּטוּר. אָמַר רַבִּי עֲקִיבָא, מוֹדֶה[כג] אֲנִי בָּזֶה שֶׁהוּא קָרוֹב לִפְטוֹר מִן הַחוֹבָה; אָמַר לוֹ בֶּן עַזַּאי, מַאי שְׁנָא[כד] זֶה מִן הַיּוֹשֵׁב בְּבֵיתוֹ; [יב] ח שֶׁהַיּוֹשֵׁב בְּבֵיתוֹ אֶפְשָׁר הָיָה לוֹ שֶׁיִּשְׁמַע, וְזֶה לֹא הָיָה לוֹ אֶפְשָׁר שֶׁיִּשְׁמַע. ט הוֹרוּ בֵּית דִּין לַעֲקוֹר אֶת כָּל הַגּוּף, י אָמְרוּ אֵין נִדָּה בַּתּוֹרָה, אֵין שַׁבָּת בַּתּוֹרָה, אֵין עֲבוֹדַת כּוֹכָבִים בַּתּוֹרָה, הֲרֵי אֵלּוּ פְּטוּרִין, כ הוֹרוּ לְבַטֵּל מִקְצָת וּלְקַיֵּים מִקְצָת, הֲרֵי אֵלּוּ חַיָּיבִין; ל כֵּיצַד, אָמְרוּ יֵשׁ נִדָּה בַּתּוֹרָה, אֲבָל הַבָּא עַל שׁוֹמֶרֶת יוֹם כְּנֶגֶד יוֹם פָּטוּר, יֵשׁ שַׁבָּת בַּתּוֹרָה, אֲבָל הַמּוֹצִיא מֵרְשׁוּת הַיָּחִיד לִרְשׁוּת הָרַבִּים פָּטוּר, יֵשׁ עֲבוֹדַת כּוֹכָבִים בַּתּוֹרָה, אֲבָל הַמִּשְׁתַּחֲוֶה פָּטוּר, הֲרֵי אֵלּוּ חַיָּיבִין, שֶׁנֶּאֱמַר א) ׳וְנֶעְלַם דָּבָר׳, דָּבָר וְלֹא כָּל הַגּוּף: גמ׳ אָמַר רַב יְהוּדָה אָמַר רַב, מַאי טַעְמָא דְּרַבִּי שִׁמְעוֹן, הוֹאִיל וּבִרְשׁוּת בֵּית דִּין הוּא עוֹשֶׂה. אִיכָּא דְּאָמְרִי, אָמַר רַב יְהוּדָה אָמַר רַב, אוֹמֵר הָיָה רַבִּי שִׁמְעוֹן, כָּל הוֹרָאָה שֶׁיָּצְאָה בְּרוֹב צִבּוּר יָחִיד הָעוֹשֶׂה אוֹתָהּ פָּטוּר, לְפִי שֶׁלֹּא נִיתְּנָה הוֹרָאָה אֶלָּא לְהַבְחִין בֵּין שׁוֹגֵג לְמֵזִיד. מ מֵיתִיבֵי, פַּר הֶעְלֵם דָּבָר שֶׁל צִבּוּר וּשְׂעִירֵי עֲבוֹדַת כּוֹכָבִים, נ בַּתְּחִלָּה גּוֹבִין עֲלֵיהֶן, דִּבְרֵי רַבִּי שִׁמְעוֹן, רַבִּי יְהוּדָה אוֹמֵר, מִתְּרוּמַת הַלִּשְׁכָּה הֵן בָּאִין; אַמַּאי, כֵּיוָן דְּגָבֵי לְהוּ הֲוֵי לֵיהּ הוֹדַע. אִיבָּעֵית אֵימָא, כְּגוֹן שֶׁגָּבוּ סְתָם; וְאִיבָּעֵית אֵימָא, כְּגוֹן דְּלָא הֲוָה לֵיהּ בְּמָתָא; וְאִיבָּעֵית אֵימָא, רַב כְּאִידָךְ תַּנָּא סָבַר, דְּתַנְיָא אִיפְּכָא, בַּתְּחִילָּה גּוֹבִין לָהֶן, דִּבְרֵי רַבִּי יְהוּדָה, רַבִּי שִׁמְעוֹן אוֹמֵר, מִתְּרוּמַת הַלִּשְׁכָּה הֵן בָּאִין. ס תַּנְיָא, רַבִּי מֵאִיר מְחַיֵּיב וְרַבִּי שִׁמְעוֹן פּוֹטֵר, ר״א אוֹמֵר נ סָפֵק, מִשּׁוּם סוּמְכוֹס אָמְרוּ תָּלוּי[כה]. אָמַר רַבִּי יוֹחָנָן, אָשָׁם ס תָּלוּי אִיכָּא בֵּינַיְיהוּ. אָמַר ר׳ זֵירָא[כו], מָשָׁל דְּר״א לְמָה הַדָּבָר דּוֹמֶה, לְאָדָם שֶׁאָכַל סָפֵק חֵלֶב סָפֵק שׁוּמָּן וְנוֹדַע לוֹ, ע שֶׁמֵּבִיא אָשָׁם[כז], וְלֹא

תוספות

כָּל הוֹרָאָה שֶׁיָּצְאָה בְּרוֹב צִבּוּר. לְמַעוּטֵי דְּאִם חָטְאוּ חֲצִי צִבּוּר, וְעָשָׂה גַּם הוּא, חַיָּיבִין[לא]: שְׂעִירֵי עֲבוֹדַת כּוֹכָבִים. מִשּׁוּם הָכִי נָקִיט לְשׁוֹן רַבִּים, דְּאִיכָּא טוּבָא שְׂעִירִים, שְׂעִירֵי רֹאשׁ חוֹדֶשׁ, וּשְׂעִירֵי רְגָלִים, שֶׁהֵן מְרוּבִּים. וְאַיְּידֵי דְּקָאָמַר הָתָם שְׂעִירִים, נָקִיט נַמֵּי הָכָא, אע״ג דְּאֵינוֹ [אֶלָּא] אֶחָד כְּמוֹ פַּר הֶעְלֵם: מָשָׁל דְּרַבִּי אֱלִיעֶזֶר כו׳. תֵּימַהּ, דְּהָתָם בְּסָפֵק אָכַל סָפֵק לוֹ וּלְכוּלֵּי עָלְמָא, אֲבָל הָכָא לוֹ אֵין סָפֵק, וְכֵן בְּסוּמְכוֹס. מִיהוּ יֵשׁ לוֹמַר, דְּהָכָא תַּרְוַיְיהוּ שָׁוִין, דְּסָפֵק הָוֵי:

אוֹ דִלְמָא — Or, perhaps, **דְּהָהוּא בֵּית [יְדִיעָה]** **דִּין דְּהוֹרוּ בָּעֵינַן** — we need the *beis din* that issued the ruling to become aware of their mistake, and the original *beis din* is no longer around to become aware, and therefore, no *Par He'eleim Davar* is brought. **תֵּיקוּ** — Let the question stand unresolved.

אָמַר רַבִּי יוֹנָתָן: מֵאָה — Rabi Yonasan said: **שֶׁיָּשְׁבוּ לְהוֹרוֹת** — If one hundred judges sat together in *beis din* and a mistaken ruling was issued, and the majority of the Jewish people sinned based on it, **אֵין חַיָּיבִין עַד שֶׁיּוֹרוּ** **כּוּלָּן** — they are not obligated to bring a *Par He'eleim Davar* unless they unanimously agreed to that mistaken ruling, **שֶׁנֶּאֱמַר** — as the *pasuk* says (*Vayikra* 4:13) regarding the *Par He'eleim Davar*: **וְאִם כָּל עֲדַת יִשְׂרָאֵל** **יִשְׁגּוּ** — "And if the **entire** assembly of Yisrael acts mistakenly." This teaches us that they are not obligated, **עַד שֶׁיִּשְׁגּוּ כּוּלָּן** — unless they all act mistakenly, meaning, **[עַד שֶׁתִּפְשׁוֹט הוֹרָאָה** **בְּכָל עֲדַת יִשְׂרָאֵל]** — unless the ruling is spread among the entire "assembly of Yisrael," which refers to the *beis din*. **אָמַר רַב הוּנָא בְּרֵיהּ דְּרַב** **הוֹשַׁעְיָא** — Rav Huna, the son of Rav Hoshaya, said: **הָכִי נָמֵי מִסְתַּבְּרָא** — This, too, is logical, **דְּבְכָל** **הַתּוֹרָה כּוּלָּהּ** — because throughout the entire Torah, **קַיְימָא לָן רוּבּוֹ כְּכוּלּוֹ** — we hold that the majority of something is considered the entire thing, **וְהָכָא כְּתִיב** — yet over here, the *pasuk* specifically writes: **כָּל (העדה) [עֲדַת]** — "The **entire** assembly of." **הוֹאִיל וְכָךְ** — Since this is so, it teaches us, **אֲפִילוּ הֵן מֵאָה** — even if there are one hundred judges, a majority is not enough to obligate them in a *Par He'eleim Davar*; rather, they are only obligated if every single judge ruled mistakenly.

[תְּנַן:] — We learned in our Mishnah: **הוֹרוּ** **בֵּית דִּין** — If *beis din* mistakenly ruled against the Torah, **וְיָדַע אֶחָד מֵהֶן שֶׁטָּעוּ** — and one of the judges knew that they made a mistake, **אוֹ תַּלְמִיד וְהוּא רָאוּי לְהוֹרָאָה** — or if a student who was qualified to give halachic rulings knew that they made a mistake, **וְהָלַךְ וְעָשָׂה עַל** **פִּיהֶם** — and that judge or student committed that transgression based on the ruling, **בֵּין** **שֶׁעָשׂוּ וְעָשָׂה עִמָּהֶן** — whether the [other] judges themselves committed this transgression and he did it at the same time as them, **בֵּין** **שֶׁעָשׂוּ וְעָשָׂה אַחֲרֵיהֶן** — or (whether the judges committed the transgression and) he did it after them, **וּבֵין שֶׁלֹּא עָשׂוּ וְעָשָׂה** — or (whether the judges did not transgress at all, and) he did it alone, **הֲרֵי זֶה חַיָּיב** — in all these cases, the judge or the student is liable, and has to bring a *Korban Chatas*, **מִפְּנֵי שֶׁלֹּא תָּלָה בְּבֵית** **דִּין** — because he did not base his actions on the ruling of *beis din* (since he knew that their ruling was mistaken).

The Gemara asks: **הַאי הוּא דְּחַיָּיב** — The Mishnah implies that this judge or student would be liable in this case, **הָא אַחֵר פָּטוּר** — but another person would be exempt, because he would be acting based on the ruling of *beis din*. **וְאַמַּאי** — But why would he be exempt? **הָא** **לֹא נִגְמְרָה הוֹרָאָה** — The ruling is not complete, since it was not unanimously agreed upon (because one of the judges knew that they made a mistake)! The Gemara answers: **הָכָא** **בְּמַאי עָסְקִינַן** — What case are we dealing with here? **כְּגוֹן שֶׁהִרְכִּין הַהוּא אֶחָד מֵהֶן בְּרֹאשׁוֹ** — A case where the one judge who knew that they made a mistake nodded his head, showing as though he agreed with the rest of the judges.

For this *daf's shiur* and charts, scan this QR code:

עין משפט
נר מצוה

יט א מיי' פי"ג מהלכות שגגות הלכה ד סמג עשין ריז:
כ ב ג ד ה מיי' שם הלכה א סמג שם:
כא ו מיי' פ"ב מהלכות ממרים הלכה ה סמג עשין קיא:
כב ז ח מיי' פי"ד מהלכות שגגות הלכה ה סמג עשין ריז:
כג ט מיי' שם הלכה א ופי"ב הלכה ב סמג שם:
כד י מיי' שם פי"ד הלכה ב:
כה כ מיי' שם ופי"ב שם הלכה י סמג שם:
כו ל מיי' פי"ד שם הלכה ב סמג שם:
כז מ מיי' פ"ד מהלכות שקלים הלכה ב:
כח נ ס מיי' פי"ד מהלכות שגגות הלכה ה סמג עשין ריז ומביא אשם תלוי:
כט ע מיי' שם פ"ח הלכה ב:

תוספות הרא"ש
[שייך לעמוד א]

פשיטא מרובים ונמעטו ...

אוֹ דִלְמָא [יְדִיעָה[א]] דְּהַהוּא בֵּית דִּין דְּהוֹרוּ בָּעֵינַן. תֵּיקוּ. אָמַר רַבִּי יוֹנָתָן[ב], מֵאָה שֶׁיָּשְׁבוּ לְהוֹרוֹת, אֵין חַיָּיבִין עַד שֶׁיּוֹרוּ כּוּלָּן, שֶׁנֶּאֱמַר 'וְאִם כָּל עֲדַת יִשְׂרָאֵל יִשְׁגּוּ', עַד שֶׁיִּשְׁגּוּ כּוּלָּן, [עַד שֶׁתִּתְפַּשֵּׁט הוֹרָאָה בְּכָל עֲדַת יִשְׂרָאֵל[ג]]. אָמַר רַב הוּנָא בְּרֵיהּ דְּרַב הוֹשַׁעְיָא[ד], הָכִי נַמִּי מִסְתַּבְּרָא, דְּבְכָל הַתּוֹרָה כּוּלָּהּ קַיְימָא לָן רוּבּוֹ כְּכוּלּוֹ, וְהָכָא כְּתִיב 'כָּל הָעֵדָה[ה]', הוֹאִיל וְכָךְ, אֲפִילּוּ הֵן מֵאָה. [תְּנַן], הוֹרוּ בֵּית דִּין וְיָדַע אֶחָד מֵהֶן שֶׁטָּעוּ, אוֹ תַלְמִיד וְרָאוּי לְהוֹרָאָה, וְהָלַךְ וְעָשָׂה עַל פִּיהֶם, בֵּין שֶׁעָשׂוּ וְעָשָׂה עִמָּהֶן, וּבֵין שֶׁעָשׂוּ וְעָשָׂה אַחֲרֵיהֶן, וּבֵין שֶׁלֹּא עָשׂוּ וְעָשָׂה, הֲרֵי זֶה חַיָּיב, מִפְּנֵי שֶׁלֹּא תָּלָה בְּבֵית דִּין; הַאי הוּא דְּחַיָּיב, הָא אַחֵר פָּטוּר, וְאַמַּאי, הָא לֹא נִגְמְרָה הוֹרָאָה[ו]. הָכָא בְּמַאי עָסְקִינַן, כְּגוֹן שֶׁהִרְכִּין הַהוּא אֶחָד מֵהֶן[ז] בְּרֹאשׁוֹ. תָּא שְׁמַע, הוֹרוּ בֵּית דִּין וְיָדַע אֶחָד מֵהֶן שֶׁטָּעוּ, וְאָמַר לָהֶן טוֹעִין אַתֶּם, הֲרֵי אֵלּוּ פְּטוּרִים; טַעְמָא דְּאָמַר לָהֶן טוֹעִין אַתֶּם דִּפְטוּרִים, הָא שָׁתֵיק מִישְׁתַּק חַיָּיבִין, וְנִגְמְרָה לָהּ הוֹרָאָה, וְאַמַּאי, וְהָא לֹא הוֹרוּ כּוּלָּן. אָמְרִי, הָכָא נַמִּי כְּגוֹן שֶׁהִרְכִּין בְּרֹאשׁוֹ. מְתִיב רַב מְשַׁרְשְׁיָא, סָמְכוּ רַבּוֹתֵינוּ עַל דִּבְרֵי רַבָּן שִׁמְעוֹן בֶּן גַּמְלִיאֵל וְעַל דִּבְרֵי רַבִּי אֶלְעָזָר בְּרַבִּי צָדוֹק שֶׁהָיוּ אוֹמְרִים, אֵין גּוֹזְרִין גְּזֵרָה עַל הַצִּבּוּר אֶלָּא אִם כֵּן רוֹב הַצִּבּוּר יְכוֹלִין לַעֲמוֹד בָּהּ, וְאָמַר רַב אַדָּא בַּר אַבָּא[ח], מַאי קְרָא, 'בַּמְּאֵרָה אַתֶּם נֵאָרִים וְאוֹתִי אַתֶּם קוֹבְעִים הַגּוֹי כּוּלּוֹ'; וְהָא הָכָא דִּכְתִיב 'הַגּוֹי כּוּלּוֹ', וְרוּבָּא כְּכוּלָּא דָּמֵי. תְּיוּבְתָּא דְּרַבִּי (יוֹחָנָן) [יוֹנָתָן], תְּיוּבְתָּא. וְאֶלָּא מַאי 'כָּל עֵדָה' דְּקָאָמַר רַחֲמָנָא. הָכִי קָאָמַר, אִי אִיכָּא כּוּלְּהוּ[ט] הָוְיָא הוֹרָאָה, וְאִי לָא, לָא הָוְיָא הוֹרָאָה. אָמַר רַבִּי יְהוֹשֻׁעַ[י], עֲשָׂרָה שֶׁיּוֹשְׁבִין בְּדִין, קוֹלָר תָּלוּי בְּצַוַּאר כּוּלָּן. פְּשִׁיטָא. הָא קָא מַשְׁמַע לָן, דַּאֲפִילּוּ תַּלְמִיד בִּפְנֵי רַבּוֹ. רַב הוּנָא כִּי הֲוָה נָפֵיק לְבֵי דִינָא, מַיְיתִי עֲשָׂרָה תַּנָּאֵי דְּבֵי רַב לְקַמֵּיהּ[יא], כִּי הֵיכִי דְּנִימְטְיָין שִׁיבָּא מִכְּשׁוּרָא. רַב אַשִׁי כִּי הֲוָה מַיְיתִי טְרֵיפְתָּא לְקַמֵּיהּ, מַיְיתִי עֲשָׂרָה[יב] טַבָּחֵי מִמָּתָא מַחְסְיָא וּמוֹתִיב קַמֵּיהּ, אָמַר, כִּי הֵיכִי דְּנִימְטְיָין שִׁיבָּא מִכְּשׁוּרָא: **מתני'** הוֹרוּ בֵּית דִּין, וְיָדְעוּ שֶׁטָּעוּ וְחָזְרוּ בָהֶן, בֵּין שֶׁהֵבִיאוּ כַּפָּרָתָן וּבֵין שֶׁלֹּא הֵבִיאוּ כַּפָּרָתָן, וְהָלַךְ וְעָשָׂה עַל פִּיהֶן, רַבִּי שִׁמְעוֹן פּוֹטֵר, וְרַבִּי אֱלִיעֶזֶר[יג] אוֹמֵר, סָפֵק; אֵיזֶהוּ סָפֵק[יד], יָשַׁב לוֹ בְּתוֹךְ בֵּיתוֹ חַיָּיב, הָלַךְ לוֹ לִמְדִינַת הַיָּם פָּטוּר. אָמַר רַבִּי עֲקִיבָא, מוֹדֶה[טו] אֲנִי בָּזֶה שֶׁהוּא קָרוֹב לִפְטוֹר מִן הַחוֹבָה; אָמַר לוֹ בֶּן עַזַּאי, מַאי שְׁנָא[טז] זֶה מִן הַיּוֹשֵׁב בְּבֵיתוֹ; שֶׁהַיּוֹשֵׁב בְּבֵיתוֹ[יז] אֶפְשָׁר הָיָה לוֹ שֶׁיִּשְׁמַע, וְזֶה לֹא הָיָה לוֹ אֶפְשָׁר שֶׁיִּשְׁמַע. הוֹרוּ בֵּית דִּין לַעֲקוֹר אֶת כָּל הַגּוּף, אָמְרוּ אֵין נִדָּה בַּתּוֹרָה, אֵין שַׁבָּת בַּתּוֹרָה, אֵין עֲבוֹדַת כּוֹכָבִים בַּתּוֹרָה, הֲרֵי אֵלּוּ פְּטוּרִין; הוֹרוּ לְבַטֵּל מִקְצָת וּלְקַיֵּים מִקְצָת, הֲרֵי אֵלּוּ חַיָּיבִין; כֵּיצַד, אָמְרוּ יֵשׁ נִדָּה בַּתּוֹרָה, אֲבָל הַבָּא עַל שׁוֹמֶרֶת יוֹם כְּנֶגֶד יוֹם פָּטוּר, יֵשׁ שַׁבָּת בַּתּוֹרָה, אֲבָל הַמּוֹצִיא מֵרְשׁוּת הַיָּחִיד לִרְשׁוּת הָרַבִּים פָּטוּר, יֵשׁ עֲבוֹדַת כּוֹכָבִים בַּתּוֹרָה, אֲבָל הַמִּשְׁתַּחֲוֶה פָּטוּר, הֲרֵי אֵלּוּ חַיָּיבִין, שֶׁנֶּאֱמַר 'וְנֶעְלַם דָּבָר', דָּבָר וְלֹא כָּל הַגּוּף: **גמ'** אָמַר רַב יְהוּדָה אָמַר רַב, מַאי טַעְמָא דְּרַבִּי שִׁמְעוֹן, הוֹאִיל וּבִרְשׁוּת בֵּית דִּין הוּא עוֹשֶׂה. אִיכָּא דְּאָמְרִי, אָמַר רַב יְהוּדָה אָמַר רַב, אוֹמֵר הָיָה רַבִּי שִׁמְעוֹן, כָּל הוֹרָאָה שֶׁיָּצְאָה בְּרוֹב צִבּוּר יָחִיד הָעוֹשֶׂה אוֹתָהּ פָּטוּר, לְפִי שֶׁלֹּא נִיתְּנָה הוֹרָאָה אֶלָּא לְהַבְחִין בֵּין שׁוֹגֵג לְמֵזִיד. מֵיתִיבִי, פַּר הֶעְלֵם דָּבָר שֶׁל צִבּוּר וּשְׂעִירֵי עֲבוֹדַת כּוֹכָבִים, בַּתְּחִלָּה גּוֹבִין עֲלֵיהֶן, דִּבְרֵי רַבִּי שִׁמְעוֹן, רַבִּי יְהוּדָה אוֹמֵר, מִתְּרוּמַת הַלִּשְׁכָּה הֵן בָּאִין; אַמַּאי, כֵּיוָן דְּגָבֵי לְהוּ הָוֵי לֵיהּ הוֹדַע. אִיבָּעֵית אֵימָא, כְּגוֹן שֶׁגָּבוּ סְתָם; וְאִיבָּעֵית אֵימָא, כְּגוֹן דְּלָא הֲוָה לֵיהּ בְּמָתָא; וְאִיבָּעֵית אֵימָא, רַב כְּאִידַּךְ תַּנָּא סְבַר, דְּתַנְיָא אִיפְּכָא, בַּתְּחִלָּה גּוֹבִין לָהֶן, דִּבְרֵי רַבִּי יְהוּדָה, רַבִּי שִׁמְעוֹן אוֹמֵר, מִתְּרוּמַת הַלִּשְׁכָּה הֵן בָּאִין. תַּנְיָא, רַבִּי מֵאִיר מְחַיֵּיב וְרַבִּי שִׁמְעוֹן פּוֹטֵר, ר"א אוֹמֵר סָפֵק, מִשּׁוּם סוּמְכוֹס אָמְרוּ תָּלוּי. אָמַר רַבִּי יוֹחָנָן, אָשָׁם תָּלוּי אִיכָּא בֵּינַיְיהוּ. אָמַר ר' זֵירָא, מָשָׁל דר"א לְמָה הַדָּבָר דּוֹמֶה, לְאָדָם שֶׁאָכַל סָפֵק חֵלֶב סָפֵק שׁוּמָּן וְנוֹדַע לוֹ, שֶׁמֵּבִיא אָשָׁם, וְלֹא

[כא] אוֹ לָא בָּעֵינַן הַהוּא בֵּית דִּין דְּהוֹרוּ לָהֶם מֵעִיקָּרָא דְּתֶהֱוֵי לְהוּ יְדִיעָה, כְּלוֹמַר, לָא בָּעֵינַן דְּתֶהֱוֵי לְהוּ יְדִיעָה לְבֵי"ד קַמָּא, וּמִצְטָרְפִי: [כב] עַד שֶׁתִּתְפַּשֵּׁט הוֹרָאָה בְּכָל עֲדַת יִשְׂרָאֵל. דְּהַיְינוּ אוֹתָן שֶׁיָּשְׁבוּ לְהוֹרוֹת: כְּגוֹן שֶׁהִרְכִּין[כג] הַהוּא אֶחָד מֵהֶם. אוֹ תַּלְמִיד, בְּרֹאשׁוֹ, דְּנִרְאֶה כְּמוֹדֶה לְדִבְרֵיהֶם, וְנִגְמְרָה הוֹרָאָה: 'בַּמְּאֵרָה אַתֶּם נֵאָרִים' וְגוֹ'. כְּגוֹן[כד] שֶׁ'הַגּוֹי כּוּלּוֹ', דִּיכוֹלִין לְקַבְּלָהּ. הָכִי מַשְׁמַע, אִי אִיכָּא 'גּוֹי כּוּלּוֹ' וְקָא עָבַר עֲלֵיהּ הַאי גַּבְרָא, 'אוֹתִי אַתֶּם קוֹבְעִים'. וְהָכִי כָּתוּב בַּסְּפָרִים בְּמַסֶּכֶת עֲבוֹדַת כּוֹכָבִים בְּפֶרֶק אֵין מַעֲמִידִין: אִי אִיתָא לְכוּלְּהוּ. סַנְהֶדְרִין שֶׁל שִׁבְעִים וְאֶחָד: הָוְיָא הוֹרָאָה. אע"פ שֶׁלֹּא הוֹרוּ כָּל אוֹתָן שֶׁיָּשְׁבוּ לְהוֹרוֹת: שִׁיבָּא. אוּפְתָּא: **מתני'** הוֹרוּ בֵּית דִּין. וְעָשׂוּ רוֹב צִבּוּר עַל פִּיהֶם: וְיָדְעוּ שֶׁטָּעוּ, וְחָזְרוּ מֵהוֹרָאָתָן, בֵּין שֶׁהֵבִיאוּ כַּפָּרָתָן וּבֵין שֶׁלֹּא הֵבִיאוּ כַּפָּרָתָן וּלְאַחַר שֶׁיָּדְעוּ שֶׁטָּעוּ הָלַךְ הַיָּחִיד וְעָשָׂה עַל פִּיהֶם. דְּזֶה אֵין מִצְטָרֵף עִם רוֹב הַצִּבּוּר, לְפִי שֶׁלְּאַחַר שֶׁנּוֹדַע לָהֶם עָשָׂה זֶה: רַבִּי שִׁמְעוֹן פּוֹטֵר. לְפִי שֶׁבִּרְשׁוּת בֵּי"ד הוּא עוֹשֶׂה, שֶׁזֶּה עֲדַיִין לֹא הָיָה יוֹדֵעַ שֶׁיָּדְעוּ שֶׁטָּעוּ וְחָזְרוּ בָּהֶן, וְהָוֵי תּוֹלֶה בְּבֵי"ד, הִלְכָּךְ פָּטוּר: רַבִּי אֱלְעָזָר אוֹמֵר סָפֵק. כְּלוֹמַר, סָפֵק אִי כְּתוֹלֶה בְּבֵי"ד אִי כְּתוֹלֶה בְּעַצְמוֹ דָּמֵי, וּמְבִיאִין[כה] אָשָׁם תָּלוּי: וְאֵיזֶה הוּא הַסָּפֵק. כְּלוֹמַר, אֵמָתַי[כו] הוּא חַיָּיב אָשָׁם תָּלוּי: יָשַׁב לוֹ בְּבֵיתוֹ חַיָּיב. אָשָׁם תָּלוּי: שֶׁהוּא קָרוֹב לִפְטוֹר. דְּהָוֵי וַדַּאי תּוֹלֶה בְּבֵי"ד, שֶׁלֹּא יָדַע חֲזָרָתָן, הוֹאִיל וְהָלַךְ לוֹ לִמְדִינַת הַיָּם: אָמַר לוֹ בֶּן עַזַּאי, מַאי שְׁנָא זֶה. שֶׁהָלַךְ לִמְדִינַת הַיָּם מִן הַיּוֹשֵׁב בְּבֵיתוֹ: אָמַר לוֹ ר' עֲקִיבָא, לְפִי שֶׁהַיּוֹשֵׁב בְּבֵיתוֹ אֶפְשָׁר שֶׁיִּשְׁמַע. שֶׁבֵּי"ד חָזְרוּ בָּהֶן, וְהָוֵי קָרוֹב לְתוֹלֶה בְּעַצְמוֹ, וּלְפִיכָךְ חַיָּיב לְהָבִיא אָשָׁם תָּלוּי, אֲבָל זֶה שֶׁהָלַךְ לִמְדִינַת הַיָּם לֹא הָיָה יָכוֹל לִשְׁמוֹעַ, וְהָוֵי תּוֹלֶה בְּבֵית דִּין מַמָּשׁ, הִלְכָּךְ פָּטוּר: **גמ'** כָּל הוֹרָאָה שֶׁיָּצְאָה בְּרוֹב צִבּוּר. אע"פ שֶׁבֵּי"ד חָזְרוּ בָּהֶן, יָחִיד הָעוֹשֶׂה אוֹתָהּ פָּטוּר: לְפִי שֶׁלֹּא נִיתְּנָה הוֹרָאָה אֶלָּא לְהַבְחִין בֵּין שׁוֹגֵג לְמֵזִיד. לְהוֹדִיעַ שֶׁהָעוֹשֶׂה עַל פִּיהֶם שׁוֹגֵג הוּא, וְלֹא מֵזִיד הוּא, וְזֶה עַל פִּי הוֹרָאָה הוּא עוֹשֶׂה, לְפִיכָךְ שׁוֹגֵג הוּא, וְיָחִיד שֶׁעָשָׂה בְּהוֹרָאַת בֵּית דִּין פָּטוּר. [פ"א[כז]], לֹא נִיתְּנָה הוֹרָאָה לִפְטוֹר יָחִיד הַתּוֹלֶה בָּהּ, אֶלָּא לְהַכִּיר לְבֵין[כח] עוֹשֶׂה בְּשִׁגְגַת עַצְמוֹ לְעוֹשֶׂה מֵזִיד וּבִרְשׁוּת בֵּית דִּין, וְזֶה הֲרֵי אוֹמֵר לָנוּ שֶׁלֹּא יָדַע שֶׁחָזְרוּ, וּמֵזִיד עָשָׂה עַל פִּיהֶם, וְלֹא עַל שִׁגְגַת עַצְמוֹ, וְיָחִיד שֶׁעָשָׂה בְּהוֹרָאַת בֵּי"ד פָּטוּר: מֵיתִיבִי, פַּר הֶעְלֵם דָּבָר שֶׁל צִבּוּר. כְּגוֹן שֶׁהוֹרוּ בֵּי"ד בַּעֲבוֹדַת כּוֹכָבִים[כט], וְעָשׂוּ צִבּוּר עַל פִּיהֶם, וְיָדְעוּ שֶׁטָּעוּ וְחָזְרוּ בָּהֶם, וּצְרִיכִין מָעוֹת כְּדֵי לִיקַּח פַּר[ל] וּשְׂעִירֵי עֲבוֹדַת כּוֹכָבִים שֶׁל צִבּוּר: בַּתְּחִלָּה גּוֹבִין לָהֶם. שֶׁגִּזְבָּרִין גּוֹבִין מִכָּל אֶחָד מִיִּשְׂרָאֵל מָעוֹת לִקְנוֹת מֵהֶם פַּר וּשְׂעִירֵי עֲבוֹדַת כּוֹכָבִים לְצוֹרֶךְ קָרְבָּן, דִּבְרֵי ר"ש: וְאַמַּאי. קָאָמַר רַבִּי שִׁמְעוֹן דְּפָטוּר, דְּבִרְשׁוּת בֵּי"ד הוּא עוֹשֶׂה, הָא כֵּיוָן דְּאַגְבֵּי לְהוּ מָעוֹת לְצוֹרֶךְ פַּר הֶעְלֵם דָּבָר שֶׁל צִבּוּר הֲוָה מִתְיְדַע לֵיהּ שֶׁהַבֵּית דִּין טָעוּ וְחָזְרוּ מֵהוֹרָאָתָן, וְאַמַּאי הָוֵי תּוֹלֶה בְּבֵי"ד: אִיבָּעֵית אֵימָא שֶׁגָּבוּ מִמֶּנּוּ סְתָם. שֶׁלֹּא הוֹדִיעוּהוּ לְצוֹרֶךְ מָה הֵן גּוֹבִין: וְאִיבָּעֵית אֵימָא דְּלָא הָוֵי בְּמָתָא. כִּי גָּבוּ לְהוּ, וּלְאַחַר גְּבָיָיה הוּא דְּעָשָׂה עַל פִּיהֶם: ר"ש אוֹמֵר מִתְּרוּמַת הַלִּשְׁכָּה הֵם בָּאִים. דְּלָא הָוֵי מִפַּרְסְמָא, הִלְכָּךְ כִּי עָשָׂה עַל פִּיהֶם הָוֵי תּוֹלֶה בְּבֵית דִּין, הִלְכָּךְ פָּטַר ר' שִׁמְעוֹן, וְתַנָּא דְּמַתְנִיתִין הָכִי סְבִירָא לֵיהּ אַלִּיבָּא דְּרַבִּי שִׁמְעוֹן, דְּמִתְּרוּמַת הַלִּשְׁכָּה הֵן בָּאִין: תַּנְיָא ר"מ מְחַיֵּיב. דְּתוֹלֶה בְּעַצְמוֹ הָוֵי: וְרַבִּי שִׁמְעוֹן פּוֹטֵר. דְּתוֹלֶה בְּבֵי"ד הָוֵי: רַבִּי אֱלְעָזָר אוֹמֵר סָפֵק. מֵבִיא[לא] אָשָׁם תָּלוּי: אִיכָּא בֵּינַיְיהוּ. בֵּין ר' אֱלְעָזָר לְסוּמְכוֹס, לְסוּמְכוֹס אֵינוֹ מֵבִיא אָשָׁם תָּלוּי, דְּהָכִי קָאָמַר סוּמְכוֹס, מַעֲשֶׂה שֶׁלּוֹ תָּלוּי הוּא, וְלֵיכָּא לְמֵימַר שֶׁמָּא תּוֹלֶה בְּעַצְמוֹ הֲוָה[לב] דְּלָא הָוֵי בַּר חִיּוּב מְעַלְּיָא, דְּהֵיכָא דְּהָוֵי לְפָנָיו חֲתִיכָה אַחַת סָפֵק שֶׁל חֵלֶב סָפֵק שֶׁל שׁוּמָּן וַאֲכָלוֹ בְּדִין הוּא דְּמֵבִיא אָשָׁם תָּלוּי, מִשּׁוּם דְּאִיכָּא לְמֵימַר שֶׁמָּא חֵלֶב מַמָּשׁ אָכַל, דְּהָוֵי בַּר חִיּוּב מְעַלְּיָא, אֲבָל הָכָא לֵיכָּא לְמֵימַר שֶׁמָּא תּוֹלֶה בְּעַצְמוֹ מַמָּשׁ הוּא, שֶׁהֲרֵי עַל פִּי הוֹרָאָה הוּא עוֹשֶׂה, הִלְכָּךְ מַעֲשֶׂה שֶׁלּוֹ תָּלוּי הוּא, דְּלַד חִיּוּב שֶׁלּוֹ תָּלוּי הוּא, דְּלָא הָוֵי לַד חִיּוּב מְעַלְּיָא, הִלְכָּךְ אֵינוֹ מֵבִיא אָשָׁם תָּלוּי: לְאָדָם שֶׁאָכַל סָפֵק חֵלֶב סָפֵק שׁוּמָּן. וַהֲרֵי[לג] סָבוּר שֶׁשּׁוּמָּן הוּא, וְנוֹדַע לוֹ שֶׁסָּפֵק הוּא שֶׁמֵּבִיא אָשָׁם תָּלוּי, מִשּׁוּם דְּשֶׁמָּא חֵלֶב מַמָּשׁ אָכַל, הָכָא נַמִּי אִיכָּא לְמֵימַר שֶׁמָּא תּוֹלֶה בְּעַצְמוֹ מַמָּשׁ הוּא: וְלָא

מסורת הש"ס
עם הוספות

א) [נזיר מב. חולין ע. נדה כט.], ב) לקמן ד:, ג) ע"ז לו., ד) ע"ז לו. ב"ב ס: [ב"ק עט:], ה) סנהדרין ז:, ו) [שם ע"ש], ז) [מנחות נב.], ח) ת"כ דבורא דחובה פרשה ז ה"ג (אות רעח).

גליון הש"ס

בגמ' דבכל התורה כולה קי"ל רובו ככולו. לשון דככה"ת כולה לאו דוקא עי' נזיר דף מ"ב ע"א וכיוצא בזה בשבועות דף ל"ז ע"א ברש"י ד"ה לא אשכחן: שם ואלא מאי כל עדת. עי' לקמן דף ד' ע"ב תוס' ד"ה או. ובסנהדרין דף ט"ז ע"ב תוס' ד"ה אחד: רש"י ד"ה לפי שלא ניתנה. ויחיד שעשה. עי' שבת ל"ג ע"א תד"ה ה"ג:

תורה אור השלם

א) וְאִם כָּל עֲדַת יִשְׂרָאֵל יִשְׁגּוּ וְנֶעְלַם דָּבָר מֵעֵינֵי הַקָּהָל וְעָשׂוּ אַחַת מִכָּל מִצְוֹת יְיָ אֲשֶׁר לֹא תֵעָשֶׂינָה וְאָשֵׁמוּ: [ויקרא ד, יג]

ב) בַּמְּאֵרָה אַתֶּם נֵאָרִים וְאֹתִי אַתֶּם קֹבְעִים הַגּוֹי כֻּלּוֹ: [מלאכי ג, ט]

הגהות וציונים

א] דפו"י "הוראה", והגיהו בד' ספד"מ כלפנינו מן הב"ש (דק"ס). בר"ח ובכת"י "או דלמא הוראה דההוא ב"ד בעינן", ופי' ר"ח שיחזרו בהן ממנה: ב] הב"ח מגיה יוחנן, וכ"ה בר"ח ובילקוט (וכלקמן "תיובתא דר' יוחנן", וא"צ להגיה שם). בר"ח "ס"א ר' ...

תוספות

כָּל הוֹרָאָה שֶׁיָּצְאָה בְּרוֹב צִבּוּר. לְמַעוּטֵי דְּאִם מִיעוּטוֹ שֶׁל צִבּוּר, וְעָשָׂה גַּם הוּא, חַיָּיבִין[לד]: שְׂעִירֵי עֲבוֹדַת כּוֹכָבִים. מִשּׁוּם הָכִי נָקֵיט לְשׁוֹן רַבִּים, דְּאִיכָּא טוּבָא שְׂעִירִים, שְׂעִירֵי רֹאשׁ חוֹדֶשׁ, וּשְׂעִירֵי רְגָלִים, שֶׁהֵן מְרוּבִּים. וְאַיְּידֵי דְּקָאָמַר הָתָם שְׂעִירִים, נָקֵיט נַמִּי הָכָא, אע"ג דְּלֵיתוֹ [אֶלָּא] אֶחָד כְּמוֹ פַּר הֶעְלֵם: מָשָׁל דְּרַבִּי אֱלִיעֶזֶר כו'. תֵּימַהּ, דְּהָתָם בְּסָפֵק אָכַל סָפֵק לוֹ וּלְכוּלֵּי עָלְמָא, אֲבָל הָכָא לוֹ אֵין סָפֵק, וְכֵן בְּסוּמְכוֹס. מִיהוּ יֵשׁ לוֹמַר, דְּהָכָא תַּרְוַויְהוּ שָׁוִין, דְּסָפֵק הָוֵי:

[ע"כ שייך לע"א]

ויבא מעלמא הכי נמי פשע דמאי לשוליה אם חזרו בהם בית דין הלכך מביא אשם תלוי להגין עליו לעולם:

This *daf* is dedicated *l'iluy nishmas*: Mayer ben Chana *z"l*

תָּא שְׁמַע — Come and hear proof from a Mishnah later on (4b): **הוֹרוּ בֵּית דִּין** — If *beis din* issued a mistaken ruling, **וְיָדַע אֶחָד מֵהֶן שֶׁטָּעוּ** — and one of the judges knew that they made a mistake, **וְאָמַר לָהֶן** — and he said to the other judges: **טוֹעִין אַתֶּם** — "You are making a mistake," **הֲרֵי אֵלּוּ פְּטוּרִים** — they are exempt from bringing a *Par He'eleim Davar*. The Gemara infers: **טַעְמָא דְּאָמַר לָהֶן טוֹעִין אַתֶּם דִּפְטוּרִים** — The reason they are exempt is because he said to them, "You are making a mistake;" **הָא שָׁתֵיק מִישְׁתָּק** — but if he had been quiet, **חַיָּיבִין** — they would be obligated to bring a *Par He'eleim Davar*, **וְגָמַר לַהּ הוֹרָאָה** — and the ruling would be considered complete. **וְאַמַּאי** — But why? **וְהָא לֹא הוֹרוּ כּוּלָּן** — They did not unanimously give the mistaken ruling, since this one judge disagreed! This seems to be a proof that it is not necessary to have a unanimous ruling in order to obligate *beis din* in a *Par He'eleim Davar*. **אָמְרֵי** — The *talmidim* in the *beis medrash* answered that this is not a good proof; **הָכִי נָמֵי** — here, too, **כְּגוֹן שֶׁהִרְכִּין בְּרֹאשׁוֹ** — the case is that the judge nodded his head, showing as though he agreed.

מֵתִיב רַב מְשַׁרְשְׁיָא — Rav Mesharshiya asked on Rabi Yonasan from a *Baraisa*: **סָמְכוּ רַבּוֹתֵינוּ** — Our *Chachamim* relied, **עַל דִּבְרֵי רַבָּן שִׁמְעוֹן בֶּן גַּמְלִיאֵל** — on the words of Rabban Shimon ben Gamliel, **וְעַל דִּבְרֵי רַבִּי אֶלְעָזָר בְּרַבִּי צָדוֹק** — and on the words of Rabi Elazar ben Rabi Tzadok, **שֶׁהָיוּ אוֹמְרִים** — that they said: **אֵין גּוֹזְרִין גְּזֵירָה עַל הַצִּבּוּר** — We do not make a decree on the people, **אֶלָּא אִם כֵּן** — unless, **רוֹב הַצִּבּוּר יְכוֹלִין לַעֲמוֹד בָּהּ** — the majority of the people are able to handle it. **וְאָמַר רַב אַדָּא בַּר אַבָּא** — And Rav Adda bar Abba said: **מַאי קְרָא** — From what *pasuk* is this rule learned? **בַּמְּאֵרָה אַתֶּם נֵאָרִים** — It is learned from the *pasuk* (*Malachi* 3:9): "You are cursed with the curse, **וְאֹתִי אַתֶּם קֹבְעִים** — yet you rob Me, **הַגּוֹי כֻּלּוֹ** — the **entire** nation." Chazal interpret this *pasuk* and the seemingly extra phrase "the entire nation" to mean that if the **entire** Jewish people accepted upon themselves certain *halachos* they are obligated to do them. (This *pasuk* is about giving *maaser* with the understanding that if they do not keep them, they will be punished with curses. And it is considered they "rob" Hashem since some people do not give the *maaser*). We learn from the phrase "the entire nation" that had the majority of the nation not been able to handle the decree of these *halachos*, they would not have been decreed. The Gemara now explains the question on Rabi Yonasan: **וְהָא הָכָא** — But over here, **דִּכְתִיב הַגּוֹי כֻּלּוֹ** — that the *pasuk* says, "the entire nation," **וְרוּבָּא כְּכוּלָּא דָּמֵי** — yet the majority of the nation is considered the entire nation, (since the halachah learned from this *pasuk* requires only the majority of the nation being able to handle the decree)! **תְּיוּבְתָּא דְּרַבִּי (יוחנן) [יוֹנָתָן] תְּיוּבְתָּא** — The Gemara concludes: This is indeed a disproof to Rabi Yonasan.

וְאֶלָּא — Only, now that Rabi Yonasan has been disproven, **מַאי כָּל עֲדַת דְּקָאָמַר רַחֲמָנָא** — what is the meaning of the phrase "the **entire** assembly" that the *pasuk* writes? **הָכִי קָאָמַר** — This is what it means: **אִי אִיכָּא כּוּלָּם** — If all seventy-one members of the Sanhedrin are present at the time of the ruling, **הָוְיָא הוֹרָאָה** — it is considered a ruling, **וְאִי לָא** — and if not, **לָא הָוְיָא הוֹרָאָה** — it is not considered a ruling.

For this *daf's shiur* and charts, scan this QR code:

עין משפט
נר מצוה

יט א מיי' פי"ג מהלכות שגגות הלכה ד סמג עשין ריז:
כ ב ג ד ה מיי' שם הלכה א סמג שם:
כא ו מיי' פ"ג מהלכות ממרים הלכה ה סמג עשין קיא:
כב ז ח מיי' פי"ד מהלכות שגגות הלכה ה סמג עשין ריז:
כג ט מיי' שם הלכה א ופי"ג הלכה ב סמג שם:
כד י מיי' שם פי"ד הלכה ב:
כה כ מיי' שם ופי"ג שם הלכה י סמג שם:
כו ל מיי' פי"ד שם הלכה ב סמג שם:
כז מ מיי' פ"ד מהלכות שקלים הלכה ב:
כח נ ס מיי' פי"ד מהלכות שגגות הלכה ה סמג עשין ריז ומביא אשם תלוי:
כט ע מיי' שם פ"ח הלכה ב:

אוֹ דִלְמָא [יְדִיעָה[א]] דְּהַהוּא בֵּית דִּין דְּהוֹרוּ בָּעֵינַן. תֵּיקוּ. אָמַר רַבִּי יוֹנָתָן[ב], מֵאָה שֶׁיָּשְׁבוּ לְהוֹרוֹת, אֵין חַיָּיבִין עַד שֶׁיּוֹרוּ כּוּלָּן, שֶׁנֶּאֱמַר א) 'וְאִם כָּל עֲדַת יִשְׂרָאֵל יִשְׁגּוּ', ב עַד שֶׁיִּשְׁגּוּ כּוּלָּן, [עַד שֶׁתִּפְשׁוֹט הוֹרָאָה בְּכָל עֲדַת יִשְׂרָאֵל[ג]]. אָמַר רַב הוּנָא בְּרֵיהּ דְּרַב הוֹשַׁעְיָא[ד], הָכִי נַמֵּי מִסְתַּבְּרָא, °דְּבְכָל הַתּוֹרָה כּוּלָּהּ קַיְימָא לָן °רוּבּוֹ כְּכוּלּוֹ, וְהָכָא כְּתִיב 'כָּל הָעֵדָה[ה]', הוֹאִיל וְכָךְ, אֲפִילּוּ הֵן מֵאָה. [תְּנַן], הוֹרוּ בֵּית דִּין וְיָדַע אֶחָד מֵהֶן שֶׁטָּעוּ, אוֹ תַּלְמִיד וְרָאוּי לְהוֹרָאָה, וְהָלַךְ וְעָשָׂה עַל פִּיהֶם, בֵּין שֶׁעָשׂוּ וְעָשָׂה עִמָּהֶן, וּבֵין שֶׁעָשׂוּ וְעָשָׂה אַחֲרֵיהֶן, וּבֵין שֶׁלֹּא עָשׂוּ וְעָשָׂה, הֲרֵי זֶה חַיָּיב, מִפְּנֵי שֶׁלֹּא תָּלָה בְּבֵית דִּין; הַאי הוּא דְּחַיָּיב, הָא אַחֵר פָּטוּר, וְאַמַּאי, הָא לֹא נִגְמְרָה הוֹרָאָה[ו]. הָכָא בְּמַאי עָסְקִינַן, ג כְּגוֹן שֶׁהִרְכִּין הַהוּא אֶחָד מֵהֶן[ז] בְּרֹאשׁוֹ. תָּא שְׁמַע, ° הוֹרוּ בֵּית דִּין וְיָדַע אֶחָד מֵהֶן שֶׁטָּעוּ, ד וְאָמַר לָהֶן טוֹעִין אַתֶּם, הֲרֵי אֵלּוּ פְּטוּרִים; טַעְמָא דְּאָמַר לָהֶן טוֹעִין אַתֶּם דִּפְטוּרִים, ה הָא שָׁתֵיק מִישְׁתָּק חַיָּיבִין, וְנִגְמְרָה לָהּ הוֹרָאָה, וְאַמַּאי, וְהָא לֹא הוֹרוּ כּוּלָּן. אָמְרִי, הָכָא נַמֵּי כְּגוֹן שֶׁהִרְכִּין בְּרֹאשׁוֹ. מֵתִיב רַב מְשַׁרְשְׁיָא, ו סָמְכוּ רַבּוֹתֵינוּ עַל דִּבְרֵי רַבָּן שִׁמְעוֹן בֶּן גַּמְלִיאֵל וְעַל דִּבְרֵי רַבִּי אֶלְעָזָר בְּרַבִּי צָדוֹק שֶׁהָיוּ אוֹמְרִים, ז אֵין גּוֹזְרִין גְּזֵירָה עַל הַצִּבּוּר אֶלָּא אִם כֵּן רוֹב הַצִּבּוּר יְכוֹלִין לַעֲמוֹד בָּהּ, וְאָמַר רַב אַדָּא בַּר אַבָּא[ח], מַאי קְרָא, ב) 'בַּמְּאֵרָה אַתֶּם נֵאָרִים וְאוֹתִי אַתֶּם קוֹבְעִים הַגּוֹי כּוּלּוֹ'; וְהָא הָכָא דִּכְתִיב 'הַגּוֹי כּוּלּוֹ', וְרוּבָּא כְּכוּלָּא דָּמֵי. תְּיוּבְתָּא דְּרַבִּי (יוֹחָנָן) [יוֹנָתָן], תְּיוּבְתָּא. ° וְאֶלָּא מַאי 'כָּל עֲדַת' דְּקָאָמַר רַחֲמָנָא. הָכִי קָאָמַר, אִי אִיכָּא כּוּלָּם[ט] הָוְיָא הוֹרָאָה, וְאִי לָא, לָא הָוְיָא הוֹרָאָה. ° אָמַר רַבִּי יְהוֹשֻׁעַ[י], עֲשָׂרָה שֶׁיּוֹשְׁבִין בְּדִין, קוֹלָר תָּלוּי בְּצַוַּאר כּוּלָּן. פְּשִׁיטָא. הָא קָא מַשְׁמַע לָן, דַּאֲפִילּוּ תַּלְמִיד בִּפְנֵי רַבּוֹ. ° רַב הוּנָא כִּי הֲוָה נָפֵיק לְבֵי דִינָא, מַיְיתִי עַשְׂרָה תַּנָּאֵי דְּבֵי רַב לְקַמֵּיהּ, [יא] כִּי הֵיכִי דְּנִימְטְיַין שִׁיבָּא מִכְּשׁוּרָא. רַב אַשִׁי כִּי הֲווּ מַיְיתִי טְרֵפְתָּא לְקַמֵּיהּ, מַיְיתִי עַשְׂרָה[יב] טַבָּחֵי מִמָּתָא מַחְסֵיָא וּמוֹתִיב קַמֵּיהּ, אָמַר, כִּי הֵיכִי דְּנִימְטְיַין שִׁיבָּא מִכְּשׁוּרָא:

מתני' הוֹרוּ בֵּית דִּין, וְיָדְעוּ שֶׁטָּעוּ וְחָזְרוּ בָּהֶן, בֵּין שֶׁהֵבִיאוּ כַּפָּרָתָן וּבֵין שֶׁלֹּא הֵבִיאוּ כַּפָּרָתָן, וְהָלַךְ וְעָשָׂה עַל פִּיהֶן, רַבִּי שִׁמְעוֹן פּוֹטֵר; וְרַבִּי אֶלְעָזָר[יג] אוֹמֵר, סָפֵק; אֵיזֶהוּ סָפֵק[יד], ז יָשַׁב לוֹ בְּתוֹךְ בֵּיתוֹ חַיָּיב, הָלַךְ לוֹ לִמְדִינַת הַיָּם פָּטוּר. אָמַר רַבִּי עֲקִיבָא, מוֹדֶה[טו] אֲנִי בָּזֶה שֶׁהוּא קָרוֹב לִפְטוֹר מִן הַחוֹבָה; אָמַר לוֹ בֶּן עַזַּאי, מַאי שְׁנָא[טז] זֶה מִן הַיּוֹשֵׁב בְּבֵיתוֹ; [יז] ח שֶׁהַיּוֹשֵׁב בְּבֵיתוֹ אֶפְשָׁר הָיָה לוֹ שֶׁיִּשְׁמַע, וְזֶה לֹא הָיָה לוֹ אֶפְשָׁר שֶׁיִּשְׁמַע. ט הוֹרוּ בֵּית דִּין לַעֲקוֹר אֶת כָּל הַגּוּף, י אָמְרוּ אֵין נִדָּה בַּתּוֹרָה, אֵין שַׁבָּת בַּתּוֹרָה, אֵין עֲבוֹדַת כּוֹכָבִים בַּתּוֹרָה, הֲרֵי אֵלּוּ פְּטוּרִין, כ הוֹרוּ לְבַטֵּל מִקְצָת וּלְקַיֵּים מִקְצָת, הֲרֵי אֵלּוּ חַיָּיבִין; ל כֵּיצַד, אָמְרוּ יֵשׁ נִדָּה בַּתּוֹרָה, אֲבָל הַבָּא עַל שׁוֹמֶרֶת יוֹם כְּנֶגֶד יוֹם פָּטוּר, יֵשׁ שַׁבָּת בַּתּוֹרָה, אֲבָל הַמּוֹצִיא מֵרְשׁוּת הַיָּחִיד לִרְשׁוּת הָרַבִּים פָּטוּר, יֵשׁ עֲבוֹדַת כּוֹכָבִים בַּתּוֹרָה, אֲבָל הַמִּשְׁתַּחֲוֶה פָּטוּר, הֲרֵי אֵלּוּ חַיָּיבִין, שֶׁנֶּאֱמַר א) 'וְנֶעְלַם דָּבָר', דָּבָר וְלֹא כָּל הַגּוּף: **גמ'** אָמַר רַב יְהוּדָה אָמַר רַב, מַאי טַעְמָא דְּרַבִּי שִׁמְעוֹן, הוֹאִיל וּבִרְשׁוּת בֵּית דִּין הוּא עוֹשֶׂה. אִיכָּא דְּאָמְרִי, אָמַר רַב יְהוּדָה אָמַר רַב, אוֹמֵר הָיָה רַבִּי שִׁמְעוֹן, כָּל הוֹרָאָה שֶׁיָּצְאָה בְּרוֹב צִבּוּר יָחִיד הָעוֹשֶׂה אוֹתָהּ פָּטוּר, לְפִי שֶׁלֹּא נִיתְּנָה הוֹרָאָה אֶלָּא לְהַבְחִין בֵּין שׁוֹגֵג לְמֵזִיד. מ מֵיתִיבִי, פַּר הֶעְלֵם דָּבָר שֶׁל צִבּוּר וּשְׂעִירֵי עֲבוֹדַת כּוֹכָבִים, נ בַּתְּחִלָּה גּוֹבִין עֲלֵיהֶן, דִּבְרֵי רַבִּי שִׁמְעוֹן, רַבִּי יְהוּדָה אוֹמֵר, מִתְּרוּמַת הַלִּשְׁכָּה הֵן בָּאִין; אַמַּאי, כֵּיוָן דְּגָבֵי לְהוּ הָוֵי לֵיהּ הוֹדַע. אִיבָּעֵית אֵימָא, כְּגוֹן שֶׁגָּבוּ סְתָם; וְאִיבָּעֵית אֵימָא, כְּגוֹן דְּלָא הֲוָה לֵיהּ בְּמָתָא; וְאִיבָּעֵית אֵימָא, רַב כְּאִידָךְ תַּנָּא סָבַר, דְּתַנְיָא אִיפְּכָא, בַּתְּחִלָּה גּוֹבִין לָהֶן, דִּבְרֵי רַבִּי יְהוּדָה, רַבִּי שִׁמְעוֹן אוֹמֵר, מִתְּרוּמַת הַלִּשְׁכָּה הֵן בָּאִין. ס תַּנְיָא, רַבִּי מֵאִיר מְחַיֵּיב וְרַבִּי שִׁמְעוֹן פּוֹטֵר, ר״א אוֹמֵר ג סָפֵק, מִשּׁוּם סוּמְכוֹס אָמְרוּ תָּלוּי[יח]. אָמַר רַבִּי יוֹחָנָן, אָשָׁם ס תָּלוּי אִיכָּא בֵּינַיְיהוּ. אָמַר ר' זֵירָא[יט], מָשָׁל דְּר״א לְמָה הַדָּבָר דּוֹמֶה, לְאָדָם שֶׁאָכַל סָפֵק חֵלֶב סָפֵק שׁוּמָּן וְנוֹדַע לוֹ, ע שֶׁמֵּבִיא אָשָׁם[כ], וְלָא

[כא]אוֹ לָא בָּעֵינַן הַהוּא בֵּית דִּין דְּהוֹרוּ לָהֶם מֵעִיקְּרָא דְּתֶהֱוֵי לְהוּ יְדִיעָה, כְּלוֹמַר, לָא בָּעֵינַן דְּתֶהֱוֵי לְהוּ יְדִיעָה לְבֵי״ד קַמָּא, וּמִצְטָרְפִי: [כב] עַד שֶׁתִּפְשׁוֹט הוֹרָאָה בְּכָל עֲדַת יִשְׂרָאֵל. דְּהַיְינוּ אוֹתָן שֶׁיָּשְׁבוּ לְהוֹרוֹת: כְּגוֹן שֶׁהִרְכִּין[כג] הַהוּא אֶחָד מֵהֶם. אוֹ תַּלְמִיד, בְּרֹאשׁוֹ, דְּנִרְאֶה כְּמוֹדֶה לְדִבְרֵיהֶם, וְנִגְמְרָה הוֹרָאָה: 'בַּמְּאֵרָה אַתֶּם נֵאָרִים' וְגוֹ'. כְּגוֹן[כד] שֶׁ'הַגּוֹי כּוּלּוֹ', דְּיָכוֹלִין לְקַבְּלָהּ. הָכִי מַשְׁמַע, אִי אִיכָּא 'גּוֹי כּוּלּוֹ' וְקָא עָבַר עֲלֵיהּ הַאי גְּזֵרָה, 'אוֹתִי אַתֶּם קוֹבְעִים'. וְהָכִי כָּתוּב בִּסְפָרִים בְּמַסֶּכֶת עֲבוֹדַת כּוֹכָבִים בְּפֶרֶק אֵין מַעֲמִידִין: אִי אִיתָא לְכוּלְּהוּ. סַנְהֶדְרִין שֶׁל שִׁבְעִים וְאֶחָד: הָוְיָא הוֹרָאָה. אַע״פ שֶׁלֹּא הוֹרוּ כָּל אוֹתָן שֶׁיָּשְׁבוּ לְהוֹרוֹת: שִׁיבָּא. אוּפְתָּא: **מתני'** הוֹרוּ בֵּית דִּין. וְעָשׂוּ רוֹב צִבּוּר עַל פִּיהֶם: וְיָדְעוּ שֶׁטָּעוּ, וְחָזְרוּ מֵהוֹרָאָתָן, בֵּין שֶׁהֵבִיאוּ כַּפָּרָתָן וּבֵין שֶׁלֹּא הֵבִיאוּ כַּפָּרָתָן וּלְאַחַר שֶׁיָּדְעוּ שֶׁטָּעוּ הָלַךְ הַיָּחִיד וְעָשָׂה עַל פִּיהֶם. דְּזֶה אֵין מִצְטָרֵף עִם רוֹב הַצִּבּוּר, לְפִי שֶׁלְּאַחַר שֶׁנּוֹדַע לָהֶם עָשָׂה זֶה: רַבִּי שִׁמְעוֹן פּוֹטֵר. לְפִי שֶׁבִּרְשׁוּת בֵּי״ד הוּא עוֹשֶׂה, שֶׁזֶּה עֲדַיִין לֹא הָיָה יוֹדֵעַ שֶׁיָּדְעוּ שֶׁטָּעוּ וְחָזְרוּ בָּהֶן, וַהֲוֵי תּוֹלֶה בְּבֵי״ד, הִלְכָּךְ פָּטוּר: רַבִּי אֱלְעָזָר אוֹמֵר סָפֵק. כְּלוֹמַר, סָפֵק אִי כְּתוֹלֶה בְּבֵי״ד אִי כְּתוֹלֶה בְּעַצְמוֹ דָּמֵי, וּמְבִיאִין[כה] אָשָׁם תָּלוּי: וְאֵיזֶה הוּא הַסָּפֵק. כְּלוֹמַר, אֵמָתַי[כו] הוּא חַיָּיב אָשָׁם תָּלוּי: יָשַׁב לוֹ בְּבֵיתוֹ חַיָּיב. אָשָׁם תָּלוּי: שֶׁהוּא קָרוֹב לִפְטוֹר. דַּהֲוֵי וַדַּאי תּוֹלֶה בְּבֵי״ד, שֶׁלֹּא יָדַע חֲזָרָתָן, הוֹאִיל וְהָלַךְ לוֹ לִמְדִינַת הַיָּם: אָמַר לוֹ בֶּן עַזַּאי, מַאי שְׁנָא זֶה. שֶׁהָלַךְ לִמְדִינַת הַיָּם מִן הַיּוֹשֵׁב בְּבֵיתוֹ: אָמַר לוֹ ר' עֲקִיבָא, לְפִי שֶׁהַיּוֹשֵׁב בְּבֵיתוֹ אֶפְשָׁר שֶׁיִּשְׁמַע. שֶׁבֵּי״ד חָזְרוּ בָּהֶן, וַהֲוֵי קָרוֹב לְתוֹלֶה בְּעַצְמוֹ, וּלְפִיכָךְ חַיָּיב לְהָבִיא אָשָׁם תָּלוּי, אֲבָל שֶׁהָלַךְ לִמְדִינַת הַיָּם לֹא הָיָה יָכוֹל לִשְׁמוֹעַ, וַהֲוֵי תּוֹלֶה בְּבֵית דִּין מַמָּשׁ, הִלְכָּךְ פָּטוּר: **גמ'** כָּל הוֹרָאָה שֶׁיָּצְאָה בְּרוֹב צִבּוּר. אַע״פ שֶׁבֵּי״ד חָזְרוּ בָּהֶן, יָחִיד הָעוֹשֶׂה אוֹתָהּ פָּטוּר: לְפִי שֶׁלֹּא נִיתְּנָה הוֹרָאָה אֶלָּא לְהַבְחִין בֵּין שׁוֹגֵג לְמֵזִיד. לְהוֹדִיעַ שֶׁהָעוֹשֶׂה עַל פִּיהֶם שׁוֹגֵג הוּא, וְלֹא מֵזִיד הוּא, וְזֶה עַל פִּי הוֹרָאָה הוּא עוֹשֶׂה, לְפִיכָךְ שׁוֹגֵג הוּא. °וְיָחִיד שֶׁעָשָׂה בְּהוֹרָאַת בֵּית דִּין פָּטוּר. [פ״א[כז]], לֹא נִיתְּנָה הוֹרָאָה לִפְטוֹר יָחִיד הַתּוֹלֶה בָּהּ, אֶלָּא לְהַכִּיר בֵּין[כח] עוֹשֶׂה בְּשִׁגְגַת עַצְמוֹ לְעוֹשֶׂה מֵזִיד וּבִרְשׁוּת בֵּית דִּין, וְזֶה הֲרֵי אוֹמֵר לָנוּ שֶׁלֹּא יָדַע שֶׁחָזְרוּ, וּמֵזִיד עָשָׂה עַל פִּיהֶם, וְלֹא עַל שִׁגְגַת עַצְמוֹ, וְיָחִיד שֶׁעָשָׂה בְּהוֹרָאַת בֵּי״ד פָּטוּר: מֵיתִיבִי, פַּר הֶעְלֵם דָּבָר שֶׁל צִבּוּר. כְּגוֹן שֶׁהוֹרוּ בֵּי״ד בַּעֲבוֹדַת כּוֹכָבִים[כט], וְעָשׂוּ צִבּוּר עַל פִּיהֶם, וְיָדְעוּ שֶׁטָּעוּ וְחָזְרוּ בָּהֶם, וּצְרִיכִין מָעוֹת כְּדֵי לִיקַּח פַּר[ל] וּשְׂעִירֵי עֲבוֹדַת כּוֹכָבִים שֶׁל צִבּוּר: בַּתְּחִלָּה גּוֹבִין לָהֶם. שֶׁגִּזְבָּרִין גּוֹבִין מִכָּל אֶחָד מִיִּשְׂרָאֵל מָעוֹת לִקְנוֹת מֵהֶם פַּר וּשְׂעִירֵי עֲבוֹדַת כּוֹכָבִים לְצוֹרֶךְ קָרְבָּן, דִּבְרֵי ר״ש: וְאַמַּאי. קָאָמַר רַבִּי שִׁמְעוֹן דְּפָטוּר, דְּבִרְשׁוּת בֵּי״ד הוּא עוֹשֶׂה, הָא כֵּיוָן דְּמַגְבֵּי לְהוּ מָעוֹת לְצוֹרֶךְ פַּר הֶעְלֵם דָּבָר שֶׁל צִבּוּר הֲוָה מִתְיְידַע לֵיהּ שֶׁהַבֵּית דִּין טָעוּ וְחָזְרוּ מֵהוֹרָאָתָן, וְאַמַּאי הָוֵי תּוֹלֶה בְּבֵי״ד: אִיבָּעֵית אֵימָא שֶׁגָּבוּ מִמֶּנּוּ סְתָם. שֶׁלֹּא הוֹדִיעוּהוּ לְצוֹרֶךְ מָה הֵן גּוֹבִין: וְאִיבָּעֵית אֵימָא דְּלָא הָוֵי בְּמָתָא. כִּי גָּבוּ לְהוּ, וּלְאַחַר גְּבִיָּיה הוּא דְּעָשָׂה עַל פִּיהֶם: ר״ש אוֹמֵר מִתְּרוּמַת הַלִּשְׁכָּה הֵם בָּאִים. דְּלָא הָוֵי מִפַּרְסְמָא, הִלְכָּךְ כִּי עָשָׂה עַל פִּיהֶם הָוֵי תּוֹלֶה בְּבֵית דִּין, הִלְכָּךְ פָּטַר ר' שִׁמְעוֹן, וְתַנָּא דְּמַתְנִיתִין הָכִי סְבִירָא לֵיהּ אַלִּיבָּא דְּרַבִּי שִׁמְעוֹן, דְּמִתְּרוּמַת הַלִּשְׁכָּה הֵן בָּאִין: תַּנְיָא ר״מ מְחַיֵּיב. דְּתוֹלֶה בְּעַצְמוֹ הָוֵי: וְרַבִּי שִׁמְעוֹן פּוֹטֵר. דְּתוֹלֶה בְּבֵי״ד הָוֵי: רַבִּי אֱלְעָזָר אוֹמֵר סָפֵק. מֵבִיא[לא] אָשָׁם תָּלוּי: אִיכָּא בֵּינַיְיהוּ. בֵּין ר' אֱלְעָזָר לְסוּמְכוֹס, לְסוּמְכוֹס אֵינוֹ מֵבִיא אָשָׁם תָּלוּי, דְּהָכִי קָאָמַר סוּמְכוֹס, מַעֲשֶׂה שֶׁלּוֹ תָּלוּי הוּא, וְלֵיכָּא לְמֵימַר שֶׁמָּא תּוֹלֶה בְּעַצְמוֹ הֲוָה[לב] דְּלָא הָוֵי בַּר חִיּוּב מְעַלְּיָא, דְּהֵיכָא דַּהֲוֵי לְפָנָיו חֲתִיכָה אַחַת סָפֵק שֶׁל חֵלֶב סָפֵק שֶׁל שׁוּמָּן וַאֲכָלוֹ בְּדִין הוּא דְּמֵבִיא אָשָׁם תָּלוּי, מִשּׁוּם דְּאִיכָּא לְמֵימַר שֶׁמָּא חֵלֶב מַמָּשׁ אָכַל, דַּהֲוֵי בַּר חִיּוּב מְעַלְּיָא, אֲבָל הָכָא לֵיכָּא לְמֵימַר שֶׁמָּא תּוֹלֶה בְּעַצְמוֹ מַמָּשׁ הוּא, שֶׁהֲרֵי עַל פִּי הוֹרָאָה הוּא עוֹשֶׂה, הִלְכָּךְ מַעֲשֶׂה שֶׁלּוֹ תָּלוּי הוּא, דְּצַד חִיּוּב שֶׁלּוֹ תָּלוּי הוּא, דְּלָא הָוֵי צַד חִיּוּב מְעַלְּיָא, הִלְכָּךְ אֵינוֹ מֵבִיא אָשָׁם תָּלוּי: לְאָדָם שֶׁאָכַל סָפֵק חֵלֶב סָפֵק שׁוּמָּן. וַהֲרֵי[לג] סָבוּר שֶׁשּׁוּמָּן הוּא, וְנוֹדַע לוֹ שֶׁסָּפֵק הוּא שֶׁמֵּבִיא אָשָׁם תָּלוּי, מִשּׁוּם דְּשֶׁמָּא חֵלֶב מַמָּשׁ אָכַל, הָכָא נַמֵּי אִיכָּא לְמֵימַר שֶׁמָּא תּוֹלֶה בְּעַצְמוֹ מַמָּשׁ הוּא:

וְלָא

תוספות

כָּל הוֹרָאָה שֶׁיָּצְתָה בְּרוֹב צִבּוּר. לְמַעוּטֵי דְּאִם חָטְאוּ חֲצִי צִבּוּר, וְעָשָׂה גַּם הוּא, חַיָּיבִין[לד]: **שְׂעִירֵי** עֲבוֹדַת כּוֹכָבִים. מִשּׁוּם הָכִי נָקֵיט לְשׁוֹן רַבִּים, דְּאִיכָּא טוּבָא שְׂעִירִים, שְׂעִירֵי רֹאשׁ חוֹדֶשׁ, וּשְׂעִירֵי רְגָלִים, שֶׁהֵן מְרוּבִּים. וְאַיְּדֵי דְּקָאָמַר הָתָם שְׂעִירִים, נָקֵיט נַמֵּי הָכָא, אַע״ג דְּאֵינוֹ [אֶלָּא] אֶחָד כְּמוֹ פַּר הֶעְלֵם: **מָשָׁל** דְּרַבִּי אֱלִיעֶזֶר כּוּ'. תֵּימַהּ, דְּהָתָם בְּסָפֵק אָכַל סָפֵק לוֹ וּלְכוּלֵּי עָלְמָא, אֲבָל הָכָא לוֹ אֵין סָפֵק, וְכֵן בְּסוּמְכוֹס. מִיהוּ יֵשׁ לוֹמַר, דְּהָכָא תַּרְוַויְיהוּ שָׁוִין, דְּסָפֵק הָוֵי:

תוספות הרא"ש
[שייך לעמוד א]

פשיטא מרובים ונמעטו פלוגתא ר"ש ורבנן דתנן חטאו עד שלא נתמנו ונתמנו הרי הם כהדיוטות. אלמא אזלינן בתר חטא כי אשתני מחיוב לחיוב והה"נ כי אשתנו מחיוב לפטור הכא[לה] אי סברי רבנן יחיד שעשה בהוראת ב"ד פטור ואי סברי חייב ה"נ אשתנאי מחיוב לחיוב ואזלינן בתר מעיקרא: מועטין ונתרבו מאי. פי' רש"י ז"ל הא דמבעיא לן במיעוטין[לו] ונתרבו משום דלא דמי ממש לחטאו עד שלא נתמנו דמועטין כי חטאו בהוראה לאו בני קרבן נינהו לאתויי כשבה או שעירה אבל מרובין ונתמעטו דמו ממש לחטאו עד שלא נמנו דהכא מרובין כי חטאו בני קרבן נינהו. ואי רבנן דהכא סברי כרבנן דר' יהודה לעיל דאמרי יחיד שעשה בהוראת ב"ד חייב ליכא לפרושי הכי ואי"נ סברי כר' יהודה דפטור[לז] יחיד שעשה בהוראת ב"ד נראה להרמ"ה ז"ל דלא מסתבר לפלוגי בין נשתנה מפטור לחיוב ובין מחיוב לחיוב הלכך ליכא לספוקי בהא אליבא דרבנן וכ"ש אליביה דר"ש דכיון דלפי' כי נשתנו מחיוב לחיוב פטור[לח] כ"ש מפטור (לפטור) [לחיוב] ופי'[לט] דקאמר מועטין ונתרבו מאי ידע להך טעמא דקאמר במסקנא ולמבדק להו לרבנן דכי רב הוא דקאמר וכשטעו לומר בהא נמי פליגי אמר להם האמת: ותסברא אימור שמעת ליה לר"ש דאזיל אף בתר ידיעה. דחטא וידיעה בחד חיובא קא בעי ולכך פטר כי נודע להם משנתמנו דאי בידיעה לחוד סגי ליה ליבעי כדהשתא משיח פר ונשיא שעיר אלא ודאי תרוייהו בעי הלכך מודה ר"ש דפטור וכ"ש לרבנן דאזלי בתר מעיקרא דפטור מפר העלם דבר וגם מכשבה או שעירה אי סברי כר' יהודה דפטור יחיד שעשה בהוראת ב"ד ואי סברי כרבנן דמחייבי יחיד שעשה בהוראת ב"ד פליגי ר"ש ורבנן במועטין ונתרבו לרבנן דאזלי בתר מעיקרא מייתי כשבה או שעירה כדין מועטין ולר"ש פטרי אף אם נודע להן מתחילה דר"ש סבר יחיד שעשה בהוראת ב"ד פטור והא דמשמע לישנא דתלמודא דלא פליגי כלל משום דעיקר הך סוגיא במיובא דפר העלם דבר מיירי והא [לא] פליגי ועוד דפלוגתא דמיובא דכשבה או שעירה אינו נכנס במחלוקת דר"ש ורבנן דחטאו עד שלא נתמנו דהא אפי' נודע להם עד שלא נתרבו דאיכא ידיעה וחטאה בהדדי פוטר ר"ש: כיון דמתרי קראי נפקא. דחלב שעל הקיבה דאקשת' נפקא לן בחולין פרק אלו טריפות (דף מט) מאת החלב המכסה את הקרב וחלב שעל גבי הדקין דריש ר' עקיבא התם מאת כל החלב אשר על הקרב: וקרבנן שוה. דעל [שתיהן] מביאין לבור פר העלם דבר: (אבל שאר עבירה) [חלב ועבודת כוכבים] אין איסורן שוה שזה באכילה וזה בעבודה ואין קרבן שוה דעל חלב מביאין לבור פר חטאת ועל (שאר) [עבודת כוכבים] פר לעולה ושעיר לחטאת ואנחנו[מ] הוה מצי' להגליע עוד ואת"ל ולימא הכי מיעוט בחלב ומיעוט בדם הכא ודאי כיון דב' איסורי הוי לא מצרפי או דלמא כיון דאיסורן שוה מצטרפין ואת"ל כיון דאיסורן שוה מצטרפין מיעוט בחלב ומיעוט בעריות מהו כיון דאין איסורן שוה לא מצטרפי א"ד כיון דקרבנם שוה מצטרפין [ואת"ל כיון דקרבנן שוה מצטרפין] מיעוט בעריות ומיעוט בעבודת כוכבים שאין קרבנן שוה מהו הכא ודאי הא אין קרבנן שוה א"ד כיון דאידי ואידי כרת נינהו מצטרפין: [ע"כ שייך לע"א]

מסורת הש"ס
עם הוספות

א) [נזיר מב. חולין ע. נדה כט.], ב) לקמן ד:, ג) ע"ז לו., ד) ע"ז לו. ב"ב ס: [ב"ק עט:], ה) סנהדרין ז:, ו) [שם ע"ש], ז) [מנחות נב.], ח) ת"כ דבורא דחובה פרשה ז ה"ג (אות רעח).

גליון הש"ס

בגמ' דבכל התורה כולה קי"ל רובו ככולו. לשון דככה"ת כולה לאו דוקא עי' נזיר דף מ"ב ע"א וכיוצא בזה בשבועות דף ל"ז ע"א ברש"י ד"ה לא אשכחן: שם ואלא מאי כל עדת. עי' לקמן דף ד' ע"ב תוס' ד"ה או. ובסנהדרין דף ט"ז ע"ב תוס' ד"ה אחד: רש"י ד"ה לפי שלא ניתנה. ויחיד שעשה. עי' שבת ל"ג ע"א תד"ה ה"ג:

תורה אור השלם

א) וְאִם כָּל עֲדַת יִשְׂרָאֵל יִשְׁגּוּ וְנֶעְלַם דָּבָר מֵעֵינֵי הַקָּהָל וְעָשׂוּ אַחַת מִכָּל מִצְוֹת יְיָ אֲשֶׁר לֹא תֵעָשֶׂינָה וְאָשֵׁמוּ: [ויקרא ד, יג]

ב) בַּמְּאֵרָה אַתֶּם נֵאָרִים וְאֹתִי אַתֶּם קֹבְעִים הַגּוֹי כֻּלּוֹ: [מלאכי ג, ט]

הגהות וציונים

א] דפרי' "הוראה", והגיהו בד' פפד"מ כלפנינו מן הב"ש (דק"ס). בר"ח ובכת"י "או דלמא הוראה דההוא ב"ד בעינן", ופי' ר"ח שיחזרו בהן ממנה: ב] הב"ח מגיה יוחנן, וכ"ה בר"ח ובילקוט (וכלקמן "תיובתא דר' יוחנן", וא"צ להגיה שם). בר"ח "ס"א ר' נתן", ובכתי"פ "תניא א"ר נתן". ועי' שער יוסף: ג] רש"א (גליון): ד] ראשונים וכת"י "דרב יהושע": ה] [צ"ל עדת] (גליון): ו] כת"י ור"ח "לא אשוי בהדדיהו": ז] "ההוא אחד מהן" ליתא בכת"י (וכ"נ מרש"י דפוס ווינציא ג'): ח] ראשונים וכת"י "בר אהבה", וכמו בע"ז: ט] ראשונים וכת"י "אי איתא לכול' סנהדרי": י] [בסנהדרין ז: איתא א"ר יהושע בן לוי] (גליון), וכ"ה כאן בכת"י הגמרא: יא] אמר. יעב"ץ (גליון), וכ"ה בסנהדרין: יב] בסנהדרין וכ"ה כאן בכת"י הגמרא כולהו טבחי דמתא מחסיא, ול"ג "ומותיב קמיה": יג] במשנה שבמשניות אליעזר, ועי' מלאכת שלמה ושער יוסף: יד] ב"ח ע"פ רש"י ואיזהו הספק: טו] אפשר שצ"ל מורה (חק נתן, ועי' ר"ח והמגיה שם). ס"א רואה (מלאכת שלמה, חק נתן): טז] ל' ארמית הוא דבר זר במשנה (גליוני הש"ס פסחים ט ע"א). במשניות מה שנה, וכ"ה בראשונים (גם ברש"י כת"י): יז] א"ל (ד' ווינציא ג' וכתי"מ): יח] ראשונים וכת"י "ר"ש פוטר ר"מ מחייב ר"א אומר ספק סומכוס אומר תלוי מאי בינייהו אמר ר' יוחנן" כו': יט] ר"ח וכת"י "א"ר יוסף": כ] אשם תלוי (כת"י): כא] עי' רש"א (גליון), ועיי"ש הגהות והערות: כב] הב"ח מוסיף תיבות ד"ה עד שישגו כולן: כג] ד' ווינציא ג' "כגון שהרכין בראשו. ההוא אחד מהם או תלמיד דנראה שהודה". ובזה מתורצת קושית ב"ש ורש"ש דרש"י לא בא להוסיף תלמיד אלא לפרש הגמרא: כד] כת"י בזמן שהגוי. עי' "כגון שהגוי כולו יכולין לקבלה": כה] צ"ל ומביא (ב"ח, וכ"ה בד' ווינציא ג' ובר"י מלוניל): כו] הב"ח מגיה במאי. ועי' קרבן אהרן, ב"ש, הורה גבר: כז] תיבות [פ"א] הם הוספת מהרש"א. ב"ש וב"ח "ל"א". ד' ווינציא ג' "ס"א": כח] צ"ל בין (ב"ח): כט] "בעבודת כוכבים" ליתא בכת"י: ל] הס"ד, ומה"ד ושעירי עבודת כוכבים: לא] ומביא (כת"י): לב] נ"א הלכך לא הוי בר חיוב מעליא דבשלמא היכא כו' כך הגי' בקרבן אהרן וכצ"ל (גליון). עי' בקרבן אהרן פרשה ז ה"ג, ואין כונתו להגיה לשון רש"י. והב"ח מוסיף כאן ברש"י וחייב: לג] כת"י והוי: לד] צ"ל חייב (רש"ש, מהרי"ל דיסקין): לה] לפטור כי הכא (שער יוסף): לו] במועטין (שער יוסף): לז] צ"ל דפטור (מהר' דבליצקי): לח] מחיוב לחיוב קא פטר ר"ש כ"ש (שער יוסף): לט] ופירש דהאי דקאמר (שער יוסף): מ] צ"ל ואכתי (כת"י): מא] כת"י ונודע לא' מהם:

ת"ש הורו ב"ד וידע א'[מא] מהם שטעו ואמר להם טועים אתם פטור הא שתיק חייב (דהיינו) [היינו] שתיק וכרכיש ברישא. אבל אי שתיק ולא כרכיש ברישא פטור. תימה אמאי קתני ואמר להם טועים אתם פטור. ליתני רבותא טפי ונודע לאחד מהם שטעו ושתק פטורים. וי"ל משום דלא ליתי למטעי ולמימר דכל שתיק פטור אפי' כרכיש ברישא: מתני'. הורו ב"ד וידעו שטעו וכו' עד ר"ש פוטר רבי אלעזר אומר ספק. ע"כ ר' אלעזר גרסינן דהוא בר פלוגתא דר"ש. ובגמ' נמי נחלקו בברייתא ר"ש ור"מ ורבי אלעזר וסומכוס. ותימה היכי קתני אמר ר' עקיבא מודה אני בזה וכי ר"ע על דברי תלמידו אמר מודה אני בזה: תניא ר"ש פוטר ור' מאיר מחייב. דלא חשיב ליה יחיד תולה בב"ד דהוה ליה לשיוליה: אמר ר' יוחנן אשם תלוי איכא בינייהו. רבי אלעזר אומר ספק פי' דין אוכל [illegible]

This *daf* is dedicated *l'iluy nishmas*: Mayer ben Chana *z"l*

אָמַר רַבִּי יְהוֹשֻׁעַ — Rabi Yehoshua said: עֲשָׂרָה שֶׁיּוֹשְׁבִין בַּדִּין — ten men that sit to judge, קוֹלָר תָּלוּי בְּצַוַּאר כּוּלָּן — the "chain" (meaning, the punishment) is hung on the neck of all the judges (meaning, they are all responsible if they gave a mistaken ruling). The Gemara asks: פְּשִׁיטָא — This is obvious! הָא קָא מַשְׁמַע לָן — Rather, this statement of Rabi Yehoshua is coming to teach us, דַּאֲפִילּוּ תַּלְמִיד בִּפְנֵי רַבּוֹ — that even if one of the judges was a *talmid* who is sitting in the presence of his *rebbi*, and the reason he did not argue was out of respect for his *rebbi*, he is still responsible.

רַב הוּנָא כִּי הֲוָה נָפֵיק לְבֵי דִינָא — When Rav Huna would go out to judge in *beis din*, מַיְיתֵי עֲשָׂרָה תַּנָּאֵי דְבֵי רַב לְקַמֵּיהּ — would bring ten *tanna'im* (people who would recite *Mishnayos* and *Baraisos*) of the *beis midrash* to be in front of him and be part of the *beis din*, the reason being, כִּי הֵיכִי דְּנִימְטְיַין שִׁיבָא מִכְּשׁוּרָא — so that in case a mistake would be made, he would only have to get a splinter from the beam, i.e., a small part of the blame. רַב אַשִׁי כִּי הֲווֹ מַיְיתֵי טְרֵפְתָּא לְקַמֵּיהּ — When an animal was brought to him to determine whether it is a *tereifah*, Rav Ashi, מַיְיתֵי עֲשָׂרָה טַבָּחֵי מִמָּתָא מְחַסְיָא — would bring ten butchers from Masa Mechasya, וּמוֹתֵיב קַמֵּיהּ — and sit them in front of him while he made his decision. אָמַר — He said that the reason was, כִּי הֵיכָא דְּנִימְטְיַין שִׁיבָא מִכְּשׁוּרָא — so that in case a mistake would be made, he would only have to get a "splinter from the beam."

מַתְנִיתִין — MISHNAH

הוֹרוּ בֵּית דִּין — If *beis din* issued a mistaken ruling, וְיָדְעוּ שֶׁטָּעוּ — and they realized that they made a mistake, וְחָזְרוּ בָּהֶן — and then they retracted their ruling, בֵּין שֶׁהֵבִיאוּ כַּפָּרָתָן — whether they already brought their *korban*, וּבֵין שֶׁלֹּא הֵבִיאוּ כַּפָּרָתָן — or whether they did not already bring their *korban*, וְהָלַךְ וְעָשָׂה עַל פִּיהֶן — and an individual committed the transgression based on their original mistaken ruling, רַבִּי שִׁמְעוֹן פּוֹטֵר — Rabi Shimon exempts him from having to bring a *Korban Chatas*, because he did not know that *beis din* had retracted their ruling, and he therefore acted on their basis, וְרַבִּי אֶלְעָזָר אוֹמֵר — and Rabi Elazar says: סָפֵק — It is uncertain whether he is considered acting on the basis of *beis din* or on his own basis. Therefore, he has to bring an *Asham Talui* (the *korban* brought by one who is unsure whether he sinned). אֵיזֶהוּ סָפֵק — What is the case where it is uncertain? יָשַׁב לוֹ בְּתוֹךְ בֵּיתוֹ — If he had been sitting at home, חַיָּיב — he is obligated to bring an *Asham Talui*, because it is reasonable to assume that he should have heard of the retraction; הָלַךְ לוֹ לִמְדִינַת הַיָּם — however, if he had traveled to a distant country, פָּטוּר — he is entirely exempt.

אָמַר רַבִּי עֲקִיבָא — Rabi Akiva said: מוֹדֶה אֲנִי בָּזֶה — I agree in this case where the person was away שֶׁהוּא קָרוֹב לִפְטוֹר מִן הַחוֹבָה — that it is more logical to say that he is exempt than to say that he is obligated. אָמַר לוֹ בֶּן עַזַּאי — Ben Azzai said to him: מַאי שְׁנָא זֶה — How is this

עין משפט
נר מצוה

יט א מיי' פי"ג מהלכות שגגות הלכה ד סמג עשין ריז:
כ ב ג ד ה מיי' שם הלכה א סמג שם:
כא ו מיי' פ"ב מהלכות ממרים הלכה ה סמג עשין קיא:
כב ז ח מיי' פי"ד מהלכות שגגות הלכה ה סמג עשין ריז:
כג ט מיי' שם הלכה א ופי"ב הלכה ב סמג שם:
כד י מיי' שם פי"ד הלכה ב:
כה כ מיי' שם ופי"ב שם הלכה י סמג שם:
כו ל מיי' פי"ד שם הלכה ב סמג שם:
כז מ מיי' פ"ד מהלכות שקלים הלכה ב:
כח נ ס מיי' פי"ד מהלכות שגגות הלכה ה סמג עשין ריז ומביא אשם תלוי:
כט ע מיי' שם פ"ח הלכה ב:

מסורת הש"ס
עם הוספות

א) [נזיר מב. חולין ע. נדה כט.], ב) לקמן ד:, ג) ע"ז לו., ד) ע"ז לו. ב"ב ס: [ב"ק עט:], ה) סנהדרין ז:, ו) [שם ע"ש], ז) [מנחות נב.], ח) ת"כ דבורא דחובה פרשה ז ה"ג (אות רעח).

גליון הש"ס

בגמ' דבכל התורה כולה קי"ל רובו ככולו. לשון דבכה"ת כולה לאו דוקא עי' נזיר דף מ"ב ע"א וכיוצא בזה בשבועות דף ל"ז ע"א ברש"י ד"ה לא אשכחן: שם ואלא מאי כל עדת. עי' לקמן דף ד' ע"ב תוס' ד"ה או. ובסנהדרין דף ט"ז ע"ב תוס' ד"ה אחד: רש"י ד"ה לפי שלא ניתנה. ויחיד שעשה. עי' שבת ל"ג ע"א תד"ה ה"ג:

תורה אור השלם

א) וְאִם כָּל עֲדַת יִשְׂרָאֵל יִשְׁגּוּ וְנֶעְלַם דָּבָר מֵעֵינֵי הַקָּהָל וְעָשׂוּ אַחַת מִכָּל מִצְוֹת יְיָ אֲשֶׁר לֹא תֵעָשֶׂינָה וְאָשֵׁמוּ: (ויקרא ד, יג)

ב) בַּמְּאֵרָה אַתֶּם נֵאָרִים וְאֹתִי אַתֶּם קֹבְעִים הַגּוֹי כֻּלּוֹ: (מלאכי ג, ט)

הגהות וציונים

[כא] או לא בעינן ההוא בית דין דהורו להם מעיקרא דתהוי להו ידיעה, כלומר, לא בעינן דתהוי להו ידיעה לבי"ד קמא, ומצטרפי: [כב] עד שתפשוט הוראה בכל עדת ישראל. דהיינו אותן שישבו להורות: כגון שהרכין[כג] ההוא אחד מהם. או תלמיד, בראשו, דנראה כהודה לדבריהם, ונגמרה הוראה: 'במארה אתם נארים' וגו'. כגון[כד] ש'הגוי כולו', דיכולין לקבלה. הכי משמע, אי איכא 'גוי כולו' וקא עבר עליה האי גברא, 'אותי אתם קובעים'. והכי כתוב בספרים במסכת עבודת כוכבים בפרק אין מעמידין: אי איתא לכולהו. סנהדרין של שבעים ואחד: הויא הוראה. אע"פ שלא הורו כל אותן שישבו להורות: שיבא. אופתא: מתני' הורו בית דין. ועשו רוב צבור על פיהם: וידעו שטעו, וחזרו מהוראתן, בין שהביאו כפרתן ובין שלא הביאו כפרתן ולאחר שידעו שטעו הלך היחיד ועשה על פיהם. דזה אין מצטרף עם רוב הצבור, לפי שלאחר שנודע להם עשה זה: רבי שמעון פוטר. לפי שברשות בי"ד הוא עושה, שזה עדיין לא היה יודע שידעו שטעו וחזרו בהן, והוי תולה בבי"ד, הלכך פטור: רבי אליעזר אומר ספק. כלומר, ספק אי כתולה בבי"ד אי כתולה בעצמו דמי, ומביאין[כה] אשם תלוי: ואיזה הוא הספק. כלומר, אמאי[כו] הוא חייב אשם תלוי: ישב לו בביתו חייב. אשם תלוי: שהוא קרוב לפטור. דהוי ודאי תולה בבי"ד, שלא ידע חזרתן, הואיל והלך לו למדינת הים: אמר לו בן עזאי, מאי שנא זה. שהלך למדינת הים מן היושב בביתו: אמר לו ר' עקיבא, לפי שהיושב בביתו אפשר שישמע. שבי"ד חזרו בהן, והוי קרוב לתולה בעצמו, ולפיכך חייב להביא אשם תלוי, וזה שהלך למדינת הים לא היה יכול לשמוע, והוי תולה בבית דין ממש, הלכך פטור: גמ' כל הוראה שיצאה ברוב צבור. אע"פ שבי"ד חזרו בהן, יחיד העושה אותה פטור: לפי שלא ניתנה הוראה אלא להבחין בין שוגג למזיד. להודיע שהעושה על פיהם שוגג הוא, ולא מזיד הוא, וזה על פי הוראה הוא עושה, לפיכך שוגג הוא, ויחיד שעשה בהוראת בית דין פטור. [פ"א[כז]], לא ניתנה הוראה לפטור יחיד התולה בה, אלא להכיר לבין[כח] עושה בשגגת עצמו לעושה מזיד וברשות בית דין, וזה הרי אומר לנו שלא ידע שחזרו, ומזיד עשה על פיהם, ולא על שגגת עצמו, ויחיד שעשה בהוראת בי"ד פטור: מיתיבי, פר העלם דבר של צבור. כגון שהורו בי"ד בעבודת כוכבים[כט], ועשו צבור על פיהם, וידעו שטעו וחזרו בהם, וצריכין מעות כדי ליקח פר[ל] ושעירי עבודת כוכבים של צבור: בתחלה גובין להם. שגזברין גובין מכל אחד מישראל מעות לקנות מהם פר ושעירי עבודת כוכבים לצורך קרבן, דברי ר"ש: ואמאי. קאמר רבי שמעון דפטור, דברשות בי"ד הוא עושה, הא כיון דאגבי להו מעות לצורך פר העלם דבר של צבור הוה מתיידע ליה שהבית דין טעו וחזרו מהוראתן, ואמאי הוי תולה בבי"ד: איבעית אימא שגבו ממנו סתם. שלא הודיעוהו לצורך מה הן גובין: ואיבעית אימא דלא הוי במתא. כי גבו להו, ולאחר גביה הוא דעשה על פיהם: ר"ש אומר מתרומת הלשכה הם באים. דלא הוי מפרסמא, הלכך כי עשה על פיהם הוי תולה בבית דין, הלכך פטר ר' שמעון, ותנא דמתניתין הכי סבירא ליה אליבא דרבי שמעון, דמתרומת הלשכה הן באין: תניא ר"מ מחייב. דתולה בעצמו הוי: ורבי שמעון פוטר. דתולה בבי"ד הוי: רבי אלעזר אומר ספק. מביא[לא] אשם תלוי: איכא בינייהו. בין ר' אלעזר לסומכוס, לסומכוס אינו מביא אשם תלוי, דהכי קאמר סומכוס, מעשה שלו תלוי הוא, וליכא למימר שמא תולה בעצמו הוה[לב] דלא הוי בר חיוב מעליא, דהיכא דהוי לפניו חתיכה אחת ספק של חלב ספק של שומן ואכלו בדין הוא דמביא אשם תלוי, משום דאיכא למימר שמא חלב ממש אכל, דהוי בר חיוב מעליא, אבל הכא ליכא למימר שמא תולה בעצמו ממש הוא, שהרי על פי הוראה הוא עושה, הלכך מעשה שלו תלוי הוא, דלד חיוב שלו תלוי הוא, דלא הוי לד חיוב מעליא, הלכך אינו מביא אשם תלוי: לאדם שאכל ספק חלב ספק שומן. והרי[לג] סבור ששומן הוא, ונודע לו שספק הוא שמביא אשם תלוי, משום דשמא חלב ממש אכל, הכא נמי איכא למימר שמא תולה בעצמו ממש הוא: ולא

אאו דלמא [ידיעה[ל]] דההוא בית דין דהורו בעינן. תיקו. אמר רבי יונתן[ל], מאה שישבו להורות, אין חייבין עד שיורו כולן, שנאמר א) 'ואם כל עדת ישראל ישגו', בעד שישגו כולן, [עד שתפשוט הוראה בכל עדת ישראל[ל]]. אמר רב הונא בריה דרב הושעיא[ל], הכי נמי מסתברא, גדבכל התורה כולה קיימא לן ארובו ככולו, והכא כתיב 'כל העדה[ל]', הואיל וכך, אפילו הן מאה. [תנן], הורו בית דין וידע אחד מהן שטעו, או תלמיד וראוי להוראה, והלך ועשה על פיהם, בין שעשו ועשה עמהן, ובין שעשו ועשה אחריהן, ובין שלא עשו ועשה, הרי זה חייב, מפני שלא תלה בבית דין; האי הוא דחייב, הא אחר פטור, ואמאי, הא לא נגמרה הוראה[ל]. הכא במאי עסקינן, גכגון שהרכין ההוא אחד מהן[ל] בראשו. תא שמע, בהורו בית דין וידע אחד מהן שטעו, דואמר להן טועין אתם, הרי אלו פטורים; טעמא דאמר להן טועין אתם דפטורים, ההא שתיק מישתק חייבין, וגמרה לה הוראה, ואמאי, והא לא הורו כולן[ל]. אמרי, הכא נמי כגון שהרכין בראשו. מתיב רב משרשיא, וסמכו רבותינו על דברי רבן שמעון בן גמליאל ועל דברי רבי אלעזר ברבי צדוק שהיו אומרים, זאין גוזרין גזירה על הצבור אלא אם כן רוב הצבור יכולין לעמוד בה, ואמר רב אדא בר אבא[ל], מאי קרא, ב) 'במארה אתם נארים ואותי אתם קובעים הגוי כולו'; והא הכא דכתיב 'הגוי כולו', ורובא ככולא דמי. תיובתא דרבי (יוחנן) [יונתן], תיובתא. חואלא מאי 'כל עדת' דקאמר רחמנא. הכי קאמר, אי איכא כולם[ל] הויא הוראה, ואי לא, לא הויא הוראה. טאמר רבי יהושע[ל], עשרה שיושבין בדין, קולר תלוי בצואר כולן. פשיטא. הא קא משמע לן, דאפילו תלמיד בפני רבו. ירב הונא כי הוה נפיק לבי דינא, מייתי עשרה תנאי דבי רב לקמיה, [יא] כי היכי דנימטיין שיבא מכשורא. רב אשי כי הוו מייתי טריפתא לקמיה, מייתי עשרה[ל] טבחי ממתא מחסיא ומותיב קמיה, אמר, כי היכי דנימטיין שיבא מכשורא: מתני' הורו בית דין, וידעו שטעו וחזרו בהן, בין שהביאו כפרתן ובין שלא הביאו כפרתן, והלך ועשה על פיהן, רבי שמעון פוטר; ורבי אלעזר[ל] אומר, ספק; איזהו ספק[ל], כישב לו בתוך ביתו חייב, הלך לו למדינת הים פטור. אמר רבי עקיבא, מודה[ל] אני בזה שהוא קרוב לפטור מן החובה; אמר לו בן עזאי, מאי שנא[ל] זה מן היושב בביתו; [יז] חשהיושב בביתו אפשר היה לו שישמע, וזה לא היה לו אפשר שישמע. מהורו בית דין לעקור את כל הגוף, 'אמרו אין נדה בתורה, אין שבת בתורה, אין עבודת כוכבים בתורה, הרי אלו פטורין, נהורו לבטל מקצת ולקיים מקצת, הרי אלו חייבין; 'כיצד, אמרו יש נדה בתורה, אבל הבא על שומרת יום כנגד יום פטור, יש שבת בתורה, אבל המוציא מרשות היחיד לרשות הרבים פטור, יש עבודת כוכבים בתורה, אבל המשתחוה פטור, הרי אלו חייבין, שנאמר א) 'ונעלם דבר', דבר ולא כל הגוף: גמ' אמר רב יהודה אמר רב, מאי טעמא דרבי שמעון, הואיל וברשות בית דין הוא עושה. איכא דאמרי, אמר רב יהודה אמר רב, אומר היה רבי שמעון, כל הוראה שיצאה ברוב צבור יחיד העושה אותה פטור, לפי שלא ניתנה הוראה אלא להבחין בין שוגג למזיד. ימיתיבי, פר העלם דבר של צבור ושעירי עבודת כוכבים, מבתחלה גובין עליהן, דברי רבי שמעון, רבי יהודה אומר, מתרומת הלשכה הן באין; אמאי, כיון דגבי להו הוי ליה הודע. איבעית אימא, כגון שגבו סתם; ואיבעית אימא, כגון דלא הוה ליה במתא; ואיבעית אימא, רב כאידך תנא סבר, דתניא איפכא, בתחילה גובין להן, דברי רבי יהודה, רבי שמעון אומר, מתרומת הלשכה הן באין. פתניא, רבי מאיר מחייב ורבי שמעון פוטר, ר"א אומר צספק, משום סומכוס אמרו תלוי[ל]. אמר רבי יוחנן, אשם קתלוי איכא בינייהו. אמר ר' זירא[ל], משל דר"א למה הדבר דומה, לאדם שאכל ספק חלב ספק שומן ונודע לו, רשמביא אשם[ל], ולא

תוספות

כל הוראה שיצאה ברוב צבור. למעוטי דאם חטאו חצי לצבור, ועשה גם הוא, חייבין[לד]: שעירי עבודת כוכבים. משום הכי נקיט לשון רבים, דאיכא טובא שעירים, שעירי ראש חודש, ושעירי רגלים, שהן מרובים. ואיידי דקאמר הכא שעירים, נקיט נמי הכא, אע"ג דאינו [אלא] אחד כמו פר העלם: משל דרבי אליעזר כו'. תימה, דהתם בספק אכל ספק לו ולכולי עלמא, אבל הכא לו אין ספק, וכן בסומכוס. מיהו יש לומר, דהכא תרוייהו שוין, דספק הוי:

תוספות הרא"ש
[שייך לעמוד א]

פשיטא מרובים ונמעטו פלוגתא ר"ש ורבנן דתנן חטאו עד שלא נתמנו ונתמנו הרי הם כהדיוטות. אלמא אזלינן בתר חטא כי אשתני מחיוב לחיוב והה"נ כי אשתנו מחיוב לפטור הכי[לה] אי סברי רבנן יחיד שעשה בהוראת ב"ד פטור ואי סברי חייב ה"נ אשתנאי מחיוב לחיוב ואזלינן בתר מעיקרא: מועטין ונתרבו מאי. פי' רש"י ז"ל הא דמבעיא לן במיעוטין[לו] ונתרבו משום דלא דמי ממש לחטאו עד שלא נתמנו דמועטין כי חטאו בהוראה לאו בני קרבן נינהו לאתויי כשבה או שעירה אבל מרובין ונתמעטו דמו ממש לחטאו עד שלא נמנו דהכא מרובין כי חטאו בני קרבן נינהו. ואי רבנן דהכא סברי כרבנן דר' יהודה דלעיל דאמרי יחיד שעשה בהוראת ב"ד חייב ליכא לפרושי הכי וא"נ סברי כר' יהודה דפטור[לז] יחיד שעשה בהוראת ב"ד נראה להרמ"ה ז"ל דלא מסתבר לפלוגי בין נשתנה מפטור לחיוב ובין מחיוב לחיוב הלכך ליכא לספוקי בהא אליבא דרבנן וכ"ש אליביה דר"ש דכיון דאפי' כי נשתנו מחיוב לחיוב פטור[לח] כ"ש מפטור (לפטור) [לחיוב] ופי'[לט] דקאמר מועטין ונתרבו מאי ידע להך טעמא דקאמר במסקנא ולמבדק להו לרבנן דבי רב הוא דקאמר וכשטעו לומר בהא נמי פליגי אמר להם האמת: ותסברא אימור שמעת ליה לר"ש דאזיל אף בתר ידיעה. דחטא וידיעה בחד חיובא קא בעי ולכך פטר כי נודע להם משנתמנו דאי בידיעה לחוד סגי ליה ליבעי כדהשתא משיח פר ונשיא שעיר אלא ודאי תרוייהו בעי הלכך מודה ר"ש דפטור וכ"ש לרבנן דאזלי בתר מעיקרא דפטור מפר העלם דבר וגם מכשבה או שעירה אי סברי כר' יהודה דפטור יחיד שעשה בהוראת ב"ד ואי סברי כרבנן דמחייבי יחיד שעשה בהוראת ב"ד פליגי ר"ש ורבנן במועטין ונתרבו דלרבנן דאזלי בתר מעיקרא מייתי כשבה או שעירה כדין מועטין ולר"ש פטרי אף אם נודע להן מתחילה דר"ש סבר יחיד שעשה בהוראת ב"ד פטור והא דמשמע ליטנא דתלמודא דלא פליגי כלל משום דעיקר הך סוגיא בחיובא דפר העלם דבר מיירי ובהא [לא] פליגי ועוד דפלוגתא דחיובא דכשבה או שעירה אינו נכנס במחלוקת דר"ש ורבנן דחטאו עד שלא נתמנו דהא אפי' נודע להם עד שלא נתרבו דאיכא ידיעה וחטאה בהדדי פוטר ר"ש: כיון דמתרי קראי נפקא. דחלב שעל הקיבה דאקשת' נפקא לן בחולין פרק אלו טריפות (דף מט) מאת החלב המכסה את הקרב וחלב שעל גבי הדקין דריש ר' עקיבא

case different מִן הַיּוֹשֵׁב בְּבֵיתוֹ — from the case of the person sitting at home? Rabi Akiva answered: שֶׁהַיּוֹשֵׁב בְּבֵיתוֹ — Because the one who was sitting at home, אֶפְשָׁר הָיָה לוֹ שֶׁיִּשְׁמַע — it was possible for him to have heard of the retraction, וְזֶה לֹא הָיָה לוֹ אֶפְשָׁר שֶׁיִּשְׁמַע — but this person who was overseas could not have heard of the retraction.

הוֹרוּ בֵּית דִּין לַעֲקוֹר אֶת כָּל הַגּוּף — If *beis din* mistakenly ruled to abolish the entire essence of a mitzvah, אָמְרוּ — for example, they said, אֵין נִדָּה בַּתּוֹרָה — there is no *issur* in the Torah of having relations with a *niddah*, אֵין שַׁבָּת בַּתּוֹרָה — or, there is no *issur* in the Torah of doing *melachah* on Shabbos, אֵין עֲבוֹדַת כּוֹכָבִים בַּתּוֹרָה — or, there is no *issur* in the Torah of worshipping *avodah zarah*, הֲרֵי אֵלּוּ פְּטוּרִין — they are exempt from bringing a *Par He'eleim Davar* if the majority of the people sinned based on their ruling. הוֹרוּ לְבַטֵּל מִקְצָת — However, if they ruled to abolish part of a mitzvah, וּלְקַיֵּים מִקְצָת — and to retain part of it, הֲרֵי אֵלּוּ חַיָּיבִין — they are obligated to bring a *Par He'eleim Davar*.

כֵּיצַד — How is this? What's an example of abolishing part of a mitzvah and keeping part of it? אָמְרוּ — For example, if they said, יֵשׁ נִדָּה בַּתּוֹרָה — there is an *issur* in the Torah of having relations with a typical *niddah*, אֲבָל — however, הַבָּא עַל שׁוֹמֶרֶת יוֹם כְּנֶגֶד יוֹם — someone who has relations with a *shomeres yom k'neged yom* (if a woman experienced a bloody discharge on one of the eleven days between the end of her last menstrual period and the expected start of the next, she must observe the next day that there is no blood and go to the *mikvah*. If the day passes without any bleeding, she becomes *tahor* at nightfall; on that day which she observes, she is called a *shomeres yom k'neged yom*), פָּטוּר — is exempt, which is against the Torah. This is abolishing part of the mitzvah of *niddah*.

יֵשׁ שַׁבָּת בַּתּוֹרָה — Or, if they said that there is an *issur* in the Torah of doing *melachah* on Shabbos, אֲבָל — however, הַמּוֹצִיא מֵרְשׁוּת הַיָּחִיד לִרְשׁוּת הָרַבִּים — one who carries objects from a *reshus hayachid* (private area) to a *reshus harabim* (public area), פָּטוּר — is exempt, which is against the Torah.

יֵשׁ עֲבוֹדַת כּוֹכָבִים בַּתּוֹרָה — Or, if they said that there is an *issur* in the Torah of worshipping *avodah zarah*, אֲבָל הַמִּשְׁתַּחֲוֶה — but one who bows to an idol, פָּטוּר — is exempt, which is against the Torah. הֲרֵי אֵלּוּ חַיָּיבִין — In all these cases, the *beis din* is obligated to bring a *Par He'eleim Davar*, שֶׁנֶּאֱמַר — as it says in the *pasuk* (*Vayikra* 4:13): וְנֶעְלַם דָּבָר — "And a matter is hidden," which teaches us: דָּבָר — A matter, as in a detail, was forgotten by *beis din*, וְלֹא כָּל הַגּוּף — but not the entire essence of a mitzvah.

גְּמָרָא — GEMARA

אָמַר רַב יְהוּדָה אָמַר רַב — Rav Yehuda said in the name of Rav: מַאי טַעְמָא דְּרַבִּי שִׁמְעוֹן — What is the reasoning of Rabi Shimon, who says that if an individual transgressed fter *beis din* had already retracted their ruling that the action was permissible, he is still exempt?

For this *daf's shiur* and charts, scan this QR code:

אאוֹ דִּלְמָא [יְדִיעָה] דְּהַהוּא בֵּית דִּין דְּהוֹרוּ בָּעֵינַן. תֵּיקוּ. **אָמַר רַבִּי יוֹנָתָן**, מֵאָה שֶׁיָּשְׁבוּ לְהוֹרוֹת, אֵין חַיָּיבִין עַד שֶׁיּוֹרוּ כּוּלָּן, שֶׁנֶּאֱמַר 'וְאִם כָּל עֲדַת יִשְׂרָאֵל יִשְׁגּוּ', עַד שֶׁיִּשְׁגּוּ כּוּלָּן, [עַד שֶׁתִּפְשׁוֹט הוֹרָאָה בְּכָל עֲדַת יִשְׂרָאֵל]. אָמַר רַב הוּנָא בְּרֵיהּ דְּרַב הוֹשַׁעְיָא, הָכִי נַמִּי מִסְתַּבְּרָא, דִּבְכָל הַתּוֹרָה כּוּלָּהּ קַיְימָא לַן רוּבּוֹ כְּכוּלּוֹ, וְהָכָא כְּתִיב 'כָּל הָעֵדָה', הוֹאִיל וְכָךְ, אֲפִילּוּ הֵן מֵאָה. [תְּנַן], הוֹרוּ בֵּית דִּין וְיָדַע אֶחָד מֵהֶן שֶׁטָּעוּ, אוֹ תַּלְמִיד וְרָאוּי לְהוֹרָאָה, וְהָלַךְ וְעָשָׂה עַל פִּיהֶם, בֵּין שֶׁעָשׂוּ וְעָשָׂה עִמָּהֶן, וּבֵין שֶׁעָשׂוּ וְעָשָׂה אַחֲרֵיהֶן, וּבֵין שֶׁלֹּא עָשׂוּ וְעָשָׂה, הֲרֵי זֶה חַיָּיב, מִפְּנֵי שֶׁלֹּא תָּלָה בְּבֵית דִּין; הַאי הוּא דְּחַיָּיב, הָא אַחֵר פָּטוּר, וְאַמַּאי, הָא לָא נִגְמְרָה הוֹרָאָה. הָכָא בְּמַאי עָסְקִינַן, כְּגוֹן שֶׁהִרְכִּין הַהוּא אֶחָד מֵהֶן בְּרֹאשׁוֹ. תָּא שְׁמַע, הוֹרוּ בֵּית דִּין וְיָדַע אֶחָד מֵהֶן שֶׁטָּעוּ, וְאָמַר לָהֶן טוֹעִין אַתֶּם, הֲרֵי אֵלּוּ פְּטוּרִים; טַעְמָא דְּאָמַר לָהֶן טוֹעִין אַתֶּם דִּפְטוּרִים, הָא שָׁתֵיק מִישְׁתָּק חַיָּיבִין, וְגָמְרָה לָהּ הוֹרָאָה, וְאַמַּאי, וְהָא לָא הוֹרוּ כּוּלָּן. אָמְרִי, הָכָא נַמִּי כְּגוֹן שֶׁהִרְכִּין בְּרֹאשׁוֹ. מֵתִיב רַב מְשַׁרְשְׁיָא, סָמְכוּ רַבּוֹתֵינוּ עַל דִּבְרֵי רַבָּן שִׁמְעוֹן בֶּן גַּמְלִיאֵל וְעַל דִּבְרֵי רַבִּי אֶלְעָזָר בְּרַבִּי צָדוֹק שֶׁהָיוּ אוֹמְרִים, אֵין גּוֹזְרִין גְּזֵירָה עַל הַצִּבּוּר אֶלָּא אִם כֵּן רוֹב הַצִּבּוּר יְכוֹלִין לַעֲמוֹד בָּהּ, וְאָמַר רַב אַדָּא בַּר אַבָּא, מַאי קְרָא, 'בַּמְּאֵרָה אַתֶּם נֵאָרִים וְאוֹתִי אַתֶּם קוֹבְעִים הַגּוֹי כּוּלּוֹ'; וְהָא הָכָא דִּכְתִיב 'הַגּוֹי כּוּלּוֹ', וְרוּבָּא כְּכוּלָּא דָּמֵי. תְּיוּבְתָּא דְּרַבִּי (יוֹחָנָן) [יוֹנָתָן], תְּיוּבְתָּא. וְאֶלָּא מַאי 'כָּל עֲדַת' דְּקָאָמַר רַחֲמָנָא. הָכִי קָאָמַר, אִי אִיכָּא כּוּלָּם הָוְיָא הוֹרָאָה, וְאִי לָא, לָא הָוְיָא הוֹרָאָה. **אָמַר רַבִּי יְהוֹשֻׁעַ**, עֲשָׂרָה שֶׁיּוֹשְׁבִין בְּדִין, קוֹלָר תָּלוּי בְּצַוַּאר כּוּלָּן. פְּשִׁיטָא. הָא קָא מַשְׁמַע לַן, דַּאֲפִילּוּ תַּלְמִיד בִּפְנֵי רַבּוֹ. רַב הוּנָא כִּי הֲוָה נָפֵיק לְבֵי דִינָא, מַיְיתִי עֲשָׂרָה תַּנָּאֵי דְּבֵי רַב לְקַמֵּיהּ, כִּי הֵיכִי דְּנִימְטְיַין שִׁיבָא מִכְּשׁוּרָא. רַב אַשִׁי כִּי הֲווּ מַיְיתִי טְרֵפְתָּא לְקַמֵּיהּ, מַיְיתִי עֲשָׂרָה טַבָּחֵי מִמָּתָא מַחְסֵיָא וּמוֹתִיב קַמֵּיהּ, אָמַר, כִּי הֵיכִי דְּנִימְטְיַין שִׁיבָא מִכְּשׁוּרָא: **מַתְנִי'** הוֹרוּ בֵּית דִּין, וְיָדְעוּ שֶׁטָּעוּ וְחָזְרוּ בָּהֶן, בֵּין שֶׁהֵבִיאוּ כַּפָּרָתָן וּבֵין שֶׁלֹּא הֵבִיאוּ כַּפָּרָתָן, וְהָלַךְ וְעָשָׂה עַל פִּיהֶן, רַבִּי שִׁמְעוֹן פּוֹטֵר, וְרַבִּי אֶלְעָזָר אוֹמֵר, סָפֵק; אֵיזֶהוּ סָפֵק, יָשַׁב לוֹ בְּתוֹךְ בֵּיתוֹ חַיָּיב, הָלַךְ לוֹ לִמְדִינַת הַיָּם פָּטוּר. אָמַר רַבִּי עֲקִיבָא, מוֹדֶה אֲנִי בָּזֶה שֶׁהוּא קָרוֹב לִפְטוֹר מִן הַחוֹבָה; אָמַר לוֹ בֶּן עַזַּאי, מַאי שְׁנָא זֶה מִן הַיּוֹשֵׁב בְּבֵיתוֹ; שֶׁהַיּוֹשֵׁב בְּבֵיתוֹ אֶפְשָׁר הָיָה לוֹ שֶׁיִּשְׁמַע, וְזֶה לֹא הָיָה לוֹ אֶפְשָׁר שֶׁיִּשְׁמַע. הוֹרוּ בֵּית דִּין לַעֲקוֹר אֶת כָּל הַגּוּף, אָמְרוּ אֵין נִדָּה בַּתּוֹרָה, אֵין שַׁבָּת בַּתּוֹרָה, אֵין עֲבוֹדַת כּוֹכָבִים בַּתּוֹרָה, הֲרֵי אֵלּוּ פְּטוּרִין, הוֹרוּ לְבַטֵּל מִקְצָת וּלְקַיֵּים מִקְצָת, הֲרֵי אֵלּוּ חַיָּיבִין; כֵּיצַד, אָמְרוּ יֵשׁ נִדָּה בַּתּוֹרָה, אֲבָל הַבָּא עַל שׁוֹמֶרֶת יוֹם כְּנֶגֶד יוֹם פָּטוּר, יֵשׁ שַׁבָּת בַּתּוֹרָה, אֲבָל הַמּוֹצִיא מֵרְשׁוּת הַיָּחִיד לִרְשׁוּת הָרַבִּים פָּטוּר, יֵשׁ עֲבוֹדַת כּוֹכָבִים בַּתּוֹרָה, אֲבָל הַמִּשְׁתַּחֲוֶה פָּטוּר, הֲרֵי אֵלּוּ חַיָּיבִין, שֶׁנֶּאֱמַר 'וְנֶעְלַם דָּבָר', דָּבָר וְלֹא כָּל הַגּוּף: **גמ'** אָמַר רַב יְהוּדָה אָמַר רַב, מַאי טַעְמָא דְּרַבִּי שִׁמְעוֹן, הוֹאִיל וּבִרְשׁוּת בֵּית דִּין הוּא עוֹשֶׂה. אִיכָּא דְּאָמְרִי, אָמַר רַב יְהוּדָה אָמַר רַב, אוֹמֵר הָיָה רַבִּי שִׁמְעוֹן, כָּל הוֹרָאָה שֶׁיָּצְאָה בְּרוֹב צִבּוּר יָחִיד הָעוֹשֶׂה אוֹתָהּ פָּטוּר, לְפִי שֶׁלֹּא נִיתְּנָה הוֹרָאָה אֶלָּא לְהַבְחִין בֵּין שׁוֹגֵג לְמֵזִיד. מֵיתִיבִי, פַּר הֶעְלֵם דָּבָר שֶׁל צִבּוּר וּשְׂעִירֵי עֲבוֹדַת כּוֹכָבִים, בַּתְּחִלָּה גּוֹבִין עֲלֵיהֶן, דִּבְרֵי רַבִּי שִׁמְעוֹן, רַבִּי יְהוּדָה אוֹמֵר, מִתְּרוּמַת הַלִּשְׁכָּה הֵן בָּאִין; אַמַּאי, כֵּיוָן דְּגַבֵּי לְהוּ הֲוֵי לֵיהּ הוֹדַע. אִיבָּעֵית אֵימָא, כְּגוֹן שֶׁגָּבוּ סְתָם; וְאִיבָּעֵית אֵימָא, כְּגוֹן דְּלָא הֲוָה לֵיהּ בְּמָתָא; וְאִיבָּעֵית אֵימָא, רַב כְּאִידָךְ תַּנָּא סָבַר, דְּתַנְיָא אִיפְּכָא, בַּתְּחִילָּה גּוֹבִין לָהֶן, דִּבְרֵי רַבִּי יְהוּדָה, רַבִּי שִׁמְעוֹן אוֹמֵר, מִתְּרוּמַת הַלִּשְׁכָּה הֵן בָּאִין. תַּנְיָא, רַבִּי מֵאִיר מְחַיֵּיב וְרַבִּי שִׁמְעוֹן פּוֹטֵר, ר"א אוֹמֵר סָפֵק, מִשּׁוּם סוּמְכוֹס אָמְרוּ תָּלוּי. אָמַר רַבִּי יוֹחָנָן, אָשָׁם תָּלוּי אִיכָּא בֵּינַיְיהוּ. אָמַר ר' זֵירָא, מָשָׁל דר"א לְמָה הַדָּבָר דּוֹמֶה, לְאָדָם שֶׁאָכַל סָפֵק חֵלֶב סָפֵק שׁוּמָּן וְנוֹדַע לוֹ, שֶׁמֵּבִיא אָשָׁם, וְלֹא

תוספות

כָּל הוֹרָאָה שֶׁיָּצְתָה בְּרוֹב צִבּוּר. לְמַעוּטֵי דְּאִם סָטְאוּ חֲלֵי לְצִבּוּר, וְעָשָׂה גַּם הוּא, הָתָם שְׂעִירִים, נָקֵיט נַמֵּי הָכָא, אע"ג דְּאֵינוֹ [אֶלָּא] אֶחָד כְּמוֹ פַּר הֶעְלֵם חַיָּיבִין: שְׂעִירֵי עֲבוֹדַת כּוֹכָבִים. מִשּׁוּם הָכִי נָקֵיט לְשׁוֹן רַבִּים, דְּאִיכָּא טוּבָא שְׂעִירִים, שְׂעִירֵי רֹאשׁ חוֹדֶשׁ, וּשְׂעִירֵי רְגָלִים, שֶׁהֵן מְרוּבִּים. וְאַיְּידֵי דְּקָאָמַר

This *daf* is dedicated *l'iluy nishmas*: Mayer ben Chana *z"l*

הוֹאִיל וּבִרְשׁוּת בֵּית דִּין הוּא עוֹשֶׂה — Since he is acting with the permission of *beis din*. The only reason he is doing it is because *beis din* had ruled that it is permitted, and he did not know that they had retracted their ruling. **אִיכָּא דְּאָמְרִי** — Some say a different version of the statement Rav Yehuda quoted from Rav: **אָמַר רַב יְהוּדָה אָמַר רַב** — Rav Yehuda said in the name of Rav: **אוֹמֵר הָיָה רַבִּי שִׁמְעוֹן** — Rabi Shimon would say: **כָּל הוֹרָאָה שֶׁיָּצְאָה בְּרוֹב צִבּוּר** — Any ruling of *beis din* that spread to the majority of the people, even if it was later retracted, **יָחִיד הָעוֹשֶׂה אוֹתָהּ פָּטוּר** — an individual who committed a transgression based on their mistaken ruling is exempt, **לְפִי שֶׁלֹּא נִיתְּנָה הוֹרָאָה אֶלָּא** — because a ruling is only given, **לְהַבְחִין בֵּין שׁוֹגֵג לְמֵזִיד** — to differentiate between one who is acting mistakenly and one who is acting intentionally. Once a ruling is given, if one says that the reason he sinned is because *beis din* had said that the transgression was permitted, he can be considered acting mistakenly; otherwise, they would be considered sinning intentionally.

מֵיתִיבִי — They asked a question on this from a *Baraisa*: **פַּר הֶעְלֵם דָּבָר שֶׁל צִבּוּר** — The *Par He'eleim Davar* of the people, **וּשְׂעִירֵי עֲבוֹדַת כּוֹכָבִים** — and *Se'irei Avodah Zarah* (goats brought for communal worship of *avodah zarah* based on a mistaken ruling of *beis din*), **בַּתְּחִלָּה גּוֹבִין עֲלֵיהֶן** — from the outset, money is collected from everyone to pay for it; **דִּבְרֵי רַבִּי שִׁמְעוֹן** — this is the statement of Rabi Shimon. **רַבִּי יְהוּדָה אוֹמֵר מִתְּרוּמַת הַלִּשְׁכָּה הֵן בָּאִין** — Rabi Yehuda says: The funds needed for them come from the *Terumas Halishkah* (general money donated to the Beis Hamikdash for all communal *korbanos*). **אַמַּאי** — According to Rabi Shimon, why is the person who sinned based on the mistaken ruling which *beis din* retracted exempt because he claims he did not hear about the retraction? **כֵּיוָן דְּגָבֵי לְהוּ** — Since they collected money from him to pay for the *Par He'eleim Davar*, as Rabi Shimon holds that the funds are collected from everyone, **הָוֵי לֵיהּ הוֹדַע** — he has become aware that *beis din* made a mistake! How can he claim that he did not hear about the retraction?

The Gemara answers: **אִיבָּעֵית אֵימָא** — If you want, I can say, **כְּגוֹן שֶׁגָּבוּ סְתָם** — the case in the Mishnah, when Rabi Shimon says that he is exempt, is that they collected money without specifying why they are collecting, so he may not have heard that a *Par He'eleim Davar* was being brought. Therefore, he did not know that *beis din* had made a mistake and was retracting their ruling. **וְאִיבָּעֵית אֵימָא** — And if you want, I can say, **כְּגוֹן דְּלָא הֲוָה לֵיהּ בְּמָתָא** — the case in the Mishnah is that he was not in the city when they collected the money for the *Par He'eleim Davar*, so he did not know that *beis din* had made a mistake. **וְאִיבָּעֵית אֵימָא** — And if you want, I can say that **רַב כְּאִידַךְ תַּנָּא סָבַר** — Rav, who explained that Rabi Shimon's reasoning was that the person can still claim that he was doing with *beis din's* permission, because he did not hear of the retraction, holds like the other *tanna*, **דְּתַנְיָא אִיפְּכָא** — who taught the argument between Rabi Shimon and Rabi Yehuda the other way around in a *Baraisa*, as follows: **בַּתְּחִילָּה גּוֹבִין לָהֶן** — From the outset, money is collected from everyone to pay for the *Par He'eleim Davar* or the *Se'ir Avodah Zarah*; **דִּבְרֵי רַבִּי יְהוּדָה** — this is the statement of

For this *daf's shiur* and charts, scan this QR code:

עין משפט
נר מצוה

יט א מיי׳ פי״ג מהלכות שגגות הלכה ד סמג עשין ריז:
כ ב ג ד ה מיי׳ שם הלכה א סמג שם:
כא ו מיי׳ פ״ב מהלכות ממרים הלכה ה סמג עשין קיא:
כב ז ח מיי׳ פי״ד מהלכות שגגות הלכה ה סמג עשין ריז:
כג ט מיי׳ שם הלכה א ופי״ב הלכה ב סמג שם:
כד י מיי׳ שם פי״ד הלכה ב:
כה כ מיי׳ שם ופי״ב שם הלכה י סמג שם:
כו ל מיי׳ פי״ד שם הלכה ב סמג שם:
כז מ מיי׳ פ״ד מהלכות שקלים הלכה ב:
כח נ ס מיי׳ פי״ד מהלכות שגגות הלכה ה סמג עשין ריז ומביא אשם תלוי:
כט ע מיי׳ שם פ״ח הלכה ב:

תוספות הרא״ש
[שייך לעמוד א]

פשיטא מרובים ונמעטו פלוגתא ר״ש ורבנן דתנן

מסורת הש״ס
עם הוספות

א) [נזיר מב. חולין ע. נדה כט.], ב) לקמן ד:, ג) ע״ז לו., ד) ע״ז לו. ב״ב ס: [ב״ק עט:], ה) סנהדרין ז:, ו) [שם ע״ש], ז) [מנחות נב.], ח) ת״כ דבורא דחובה פרשה ז ה״ג (אות רעח).

גליון הש״ס

בגמ׳ דבכל התורה כולה קיי״ל רובו ככולו. לשון דבכה״ת כולה לאו דוקא עי׳ נזיר דף מ״ב ע״א וכיוצא בזה בשבועות דף ל״ז ע״א ברש״י ד״ה לא אשכחן: שם ואלא מאי כל עדת. עי׳ לקמן דף ד׳ ע״ב תוס׳ ד״ה או. ובסנהדרין דף ע״ז ע״ב תוס׳ ד״ה אחד: רש״י ד״ה לפי שלא ניתנה. ויחיד שעשה. עי׳ שבת ל״ג ע״א מד״ה ה״ג:

תורה אור השלם

א) וְאִם כָּל עֲדַת יִשְׂרָאֵל יִשְׁגּוּ וְנֶעְלַם דָּבָר מֵעֵינֵי הַקָּהָל וְעָשׂוּ אַחַת מִכָּל מִצְוֹת יְיָ אֲשֶׁר לֹא תֵעָשֶׂינָה וְאָשֵׁמוּ: [ויקרא ד, יג]

ב) בַּמְּאֵרָה אַתֶּם נֵאָרִים...

כא) או לא בעינן ההוא בית דין דהורו להם מעיקרא דתהוי להו ידיעה, כלומר, לא בעינן דתהוי להו ידיעה לבי״ד קמא, ומצטרפי: כב) עד שתתפשט הוראה בכל עדת ישראל. דהיינו אותן שישבו להורות: כגון שהרכין כג) ההוא אחד מהם. או תלמיד, בראשו, דנראה כמודה לדבריהם, ונגמרה הוראה: במארה אתם נארים׳ וגו׳. כגון כד) ש׳הגוי כולו׳, דיכולין לקבלה. הכי משמע, אי איכא ׳גוי כולו׳ וקא עבר עליה האי גברא, ׳אותי אתם קובעים׳. והכי כתוב בספרים במסכת עבודת כוכבים בפרק אין מעמידין: אי איתא לכולהו. סנהדרין של שבעים ואחד: הויא הוראה. אע״פ שלא הורו כל אותן שישבו להורות: שיבא. אופתא: מתני׳ הורו בית דין. ועשו רוב צבור על פיהם: וידעו שטעו, וחזרו מהוראתן, בין שהביאו כפרתן ובין שלא הביאו כפרתן ולאחר שידעו שטעו הלך היחיד ועשה על פיהם. דזה אין מצטרף עם רוב הצבור, לפי שלאחר שנודע להם עשה זה: רבי שמעון פוטר. לפי שברשות בי״ד הוא עושה, שזה עדיין לא היה יודע שידעו שטעו וחזרו בהן, והוי תולה בבי״ד, הלכך פטור: רבי אלעזר אומר ספק. כלומר, ספק אי כתולה בבי״ד אי כתולה בעצמו דמי, ומביאין כה) אשם תלוי: ואיזה הוא הספק. כלומר, אמאי כו) הוא חייב אשם תלוי: ישב לו בביתו חייב. אשם תלוי: שהוא קרוב לפטור. דהוי ודאי תולה בבי״ד, שלא ידע חזרתן, הואיל והלך לו למדינת הים: אמר לו בן עזאי, מאי שנא זה. שהלך למדינת הים מן היושב בביתו: אמר לו ר׳ עקיבא, לפי שהיושב בביתו אפשר שישמע. שבי״ד חזרו בהן, והוי קרוב לתולה בעצמו, ולפיכך חייב להביא אשם תלוי, אבל זה שהלך למדינת הים לא היה יכול לשמוע, והוי תולה בבית דין ממש, הלכך פטור: גמ׳ כל הוראה שיצאה ברוב צבור. אע״פ שבי״ד חזרו בהן, יחיד העושה אותה פטור: לפי שלא ניתנה הוראה אלא להבחין בין שוגג למזיד. להודיע שהעושה על פיהם שוגג הוא, ולא מזיד הוא, וזה על פי הוראה הוא עושה, לפיכך שוגג הוא, ויחיד שעשה בהוראת בית דין פטור. [פ״א כז)], לא ניתנה הוראה לפטור יחיד התולה בה, אלא להכיר לבין כח) עושה בשגגת עצמו לעושה מזיד וברשות בית דין, וזה הרי אומר לנו שלא ידע שחזרו, ומזיד עשה על פיהם, ולא על שגגת עצמו, ויחיד שעשה בהוראת בי״ד פטור: מיתיבי, פר העלם דבר של צבור. כגון שהורו בי״ד בעבודת כוכבים כט), ועשו צבור על פיהם, וידעו שטעו וחזרו בהם, וצריכין מעות כדי ליקח פר ל) ושעירי עבודת כוכבים של צבור: בתחלה גובין להם. שגזברין גובין מכל אחד מישראל מעות לקנות מהם פר ושעירי עבודת כוכבים לצורך קרבן, דברי ר״ש: ואמאי. קאמר רבי שמעון דפטור, דברשות בי״ד הוא עושה, הא כיון דאגבי להו מעות לצורך פר העלם דבר של צבור הוה מתיידע ליה שהבית דין טעו וחזרו מהוראתן, ואמאי הוי תולה בבי״ד: איבעית אימא שגבו ממנו סתם. שלא הודיעוהו לצורך מה הן גובין: ואיבעית אימא דלא הוי במתא. כי גבו להו, ולאחר גביה הוא דעשה על פיהם: ר״ש אומר מתרומת הלשכה הם באים. דלא הוי מפרסמא, הלכך כי עשה על פיהם הוי תולה בבית דין, הלכך פטר ר׳ שמעון, ותנא דמתניתין הכי סבירא ליה אליבא דרבי שמעון, דמתרומת הלשכה הן באין: תניא ר״מ מחייב. דתולה בעצמו הוי: ורבי שמעון פוטר. דתולה בבי״ד הוי: רבי אלעזר אומר ספק. מביא לא) אשם תלוי: איכא בינייהו. בין ר׳ אלעזר לסומכוס, לסומכוס אינו מביא אשם תלוי, דהכי קאמר סומכוס, מעשה שלו תלוי הוא, וליכא למימר שמא תולה בעצמו הוה לב) דלא הוי בר חיוב מעליא, דהיכא דהוי לפניו חתיכה אחת ספק של חלב ספק של שומן ואכלו בדין הוא דמביא אשם תלוי, משום דאיכא למימר שמא חלב ממש אכל, דהוי בר חיוב מעליא, אבל הכא ליכא למימר שמא תולה בעצמו ממש הוא, שהרי על פי הוראה הוא עושה, הלכך מעשה שלו תלוי הוא, דלד חיוב שלו תלוי הוא, דלא הוי לד חיוב מעליא, הלכך אינו מביא אשם תלוי: לאדם שאכל ספק חלב ספק שומן. והרי לג) סבור ששומן הוא, ונודע לו שספק הוא שמביא אשם תלוי, משום דשמא חלב ממש אכל, הכא נמי איכא למימר שמא תולה בעצמו ממש הוא:

א או דלמא [ידיעה ט)] דההוא בית דין דהורו בעינן. תיקו. אמר רבי יונתן י), מאה שישבו להורות, אין חייבין עד שיורו כולן, שנאמר א) ׳ואם כל עדת ישראל ישגו׳, ב עד שישגו כולן, [עד שתתפשוט הוראה בכל עדת ישראל יג)]. אמר רב הונא בריה דרב הושעיא ד), הכי נמי מסתברא, ה דבכל התורה כולה קיימא לן ו) רובו ככולו, והכא כתיב ׳כל העדה׳ ט), הואיל וכך, אפילו הן מאה. [תנן], הורו בית דין וידע אחד מהן שטעו, או תלמיד וראוי להוראה, והלך ועשה על פיהם, בין שעשו ועשה עמהן, ובין שעשו ועשה אחריהן, ובין שלא עשו ועשה, הרי זה חייב, מפני שלא תלה בבית דין; האי הוא דחייב, הא אחר פטור, ואמאי, הא לא נגמרה הוראה י). הכא במאי עסקינן, ג כגון שהרכין ההוא אחד מהן י) בראשו. תא שמע, ו הורו בית דין וידע אחד מהן שטעו, ד ואמר להן טועין אתם, הרי אלו פטורים; טעמא דאמר להן טועין אתם דפטורים, ה הא שתיק מישתק חייבין, וגמרה לה הוראה, ואמאי, והא לא הורו כולן י). אמרי, הכא נמי כגון שהרכין בראשו. מתיב רב משרשיא, ו סמכו רבותינו על דברי רבן שמעון בן גמליאל ועל דברי רבי אלעזר ברבי צדוק שהיו אומרים, ז) אין גוזרין גזירה על הצבור אלא אם כן רוב הצבור יכולין לעמוד בה, ואמר רב אדא בר אבא ס), מאי קרא, ב) ׳במארה אתם נארים ואותי אתם קובעים הגוי כולו׳; והא הכא דכתיב ׳הגוי כולו׳, ורובא ככולא דמי. תיובתא דרבי (יוחנן) [יונתן], תיובתא. ח ואלא מאי ׳כל עדת׳ דקאמר רחמנא. הכי קאמר, אי איכא כולם ע) הויא הוראה, ואי לא, לא הויא הוראה. ט אמר רבי יהושע י), עשרה שיושבין בדין, קולר תלוי בצואר כולן. פשיטא. הא קא משמע לן, דאפילו תלמיד בפני רבו. י רב הונא כי הוה נפיק לבי דינא, מייתי עשרה תנאי דבי רב לקמיה, יא) כי היכי דנימטיין שיבא מכשורא. רב אשי כי הוו מייתי טרפתא לקמיה, מייתי עשרה יב) טבחי ממתא מחסיא ומותיב קמיה, אמר, כי היכי דנימטיין שיבא מכשורא: מתני׳ הורו בית דין, וידעו שטעו וחזרו בהן, בין שהביאו כפרתן ובין שלא הביאו כפרתן, והלך ועשה על פיהן, רבי שמעון פוטר; ורבי אלעזר יג) אומר, ספק; איזהו ספק יד), י ישב לו בתוך ביתו חייב, הלך לו למדינת הים פטור. אמר רבי עקיבא, מודה טו) אני בזה שהוא קרוב לפטור מן החובה; אמר לו בן עזאי, מאי שנא טז) זה מן היושב בביתו; יז) ח שהיושב בביתו אפשר היה לו שישמע, וזה לא היה לו אפשר שישמע. ט הורו בית דין לעקור את כל הגוף, י אמרו אין נדה בתורה, אין שבת בתורה, אין עבודת כוכבים בתורה, הרי אלו פטורין, כ הורו לבטל מקצת ולקיים מקצת, הרי אלו חייבין; ל כיצד, אמרו יש נדה בתורה, אבל הבא על שומרת יום כנגד יום פטור, יש שבת בתורה, אבל המוציא מרשות היחיד לרשות הרבים פטור, יש עבודת כוכבים בתורה, אבל המשתחוה פטור, הרי אלו חייבין, שנאמר א) ׳ונעלם דבר׳, דבר ולא כל הגוף: גמ׳ אמר רב יהודה אמר רב, מאי טעמא דרבי שמעון, הואיל וברשות בית דין הוא עושה. איכא דאמרי, אמר רב יהודה אמר רב, אומר היה רבי שמעון, כל הוראה שיצאה ברוב צבור יחיד העושה אותה פטור, לפי שלא ניתנה הוראה אלא להבחין בין שוגג למזיד. י מיתיבי, פר העלם דבר של צבור ושעירי עבודת כוכבים, מ בתחלה גובין עליהן, דברי רבי שמעון, רבי יהודה אומר, מתרומת הלשכה הן באין; אמאי, כיון דגבי להו הוי ליה הודע. איבעית אימא, כגון שגבו סתם; ואיבעית אימא, כגון דלא הוה ליה במתא; ואיבעית אימא, רב כאידך תנא סבר, דתניא איפכא, בתחילה גובין להן, דברי רבי יהודה, רבי שמעון אומר, מתרומת הלשכה הן באין. ס תניא, רבי מאיר מחייב ורבי שמעון פוטר, ר״א אומר נ ספק, משום סומכוס אמרו תלוי יח). אמר רבי יוחנן, אשם ס תלוי איכא בינייהו. אמר ר׳ זירא יט), משל דר״א למה הדבר דומה, לאדם שאכל ספק חלב ספק שומן ונודע לו, ע שמביא אשם, ולא

תוספות

כל הוראה שיצתה ברוב צבור. למעוטי דאם חטאו אלי לבור, ועשה גם הוא, חייבין לד): שעירי עבודת כוכבים. משום הכי נקיט לשון רבים, דאיכא טובא שעירים, שעירי ראש חודש, ושעירי רגלים, שהן מרובים. ואיידי דקאמר התם שעירים, נקיט נמי הכא, אע״ג דאינו [אלא] אחד כמו פר העלם: משל דרבי אליעזר כו׳. תימה, דהתם בספק אכל ספק לו ולכולי עלמא, אבל הכא לו אין ספק, וכן בסומכוס. מיהו יש לומר, דהכא תרוייהו שוין, דספק הוי:

This daf is dedicated *l'iluy nishmas*: Mayer ben Chana *z"l*

Rabi Yehuda. רַבִּי שִׁמְעוֹן אוֹמֵר — Rabi Shimon says: מִתְּרוּמַת הַלִּשְׁכָּה הֵן בָּאִין — The funds needed for them come from the *Terumas Halishkah*. Therefore, it is logical that he did not know about the retraction.

תָּנֵי — It was taught in a *Baraisa*: If *Beis Din* ruled mistakenly, then retracted their ruling, and an individual transgressed and claims he did not hear of the retraction, רַבִּי מֵאִיר מְחַיֵּיב — Rabi Meir obligates him to bring a *Korban Chatas*, because he could not have been basing his actions on *beis din*, וְרַבִּי שִׁמְעוֹן פּוֹטֵר — and Rabi Shimon exempts him from bringing one, because he was basing his actions on *beis din*, רַבִּי אֱלְעָזָר אוֹמֵר — Rabi Elazar says: סָפֵק — It is uncertain whether he can be considered basing his actions on *beis din*, and he therefore brings an *Asham Talui*, מִשּׁוּם סוֹמְכוֹס אָמְרוּ — In the name of Somchos, they said: תָּלוּי — His status of obligation is suspended in uncertainty. אָמַר רַבִּי יוֹחָנָן — Rabi Yochanan said: אָשָׁם תָּלוּי אִיכָּא בֵּינַיְיהוּ — The practical difference between Rabi Elazar and Somchos is whether the person brings an *Asham Talui*. Rabi Elazar considers this to be a real uncertainty of whether he is considered acting on his own basis or on the basis of *beis din*, and the person therefore brings an *Asham Talui*. Somchos, however, holds that he definitely can't be considered acting completely on his own basis, since he was certainly following a ruling to an extent; the uncertainty is whether that is enough to make him completely exempt, since the ruling had been retracted.

אָמַר רַבִּי זֵירָא — Rabi Zeira said: מָשָׁל דְּרַבִּי אֶלְעָזָר — There is a *mashal* to illustrate Rabi Elazar's opinion: לְמָה הַדָּבָר דּוֹמֶה — To what case is it comparable? לְאָדָם שֶׁאָכַל סָפֵק חֵלֶב סָפֵק שׁוּמָן — To the case of a person who ate something which was either *cheilev* or *shuman*, but he thought it was definitely *shuman*, וְנוֹדַע לוֹ — and then it became known to him that it was uncertain whether it was *cheilev* or *shuman*, שֶׁמֵּבִיא אָשָׁם — that he brings an *Asham Talui*. So, too, when the sinner in the *Baraisa* later finds out that *beis din* had retracted their ruling, a new uncertainty is opened up that he may have actually been basing his actions on himself then.

For this *daf's shiur* and charts, scan this QR code:

וְלָא מִבַּעְיָא — And certainly, it is not a question that, **לְמַאן דְּאָמַר** — according to the one who says **צִבּוּר מַיְיתֵי** — that the people bring the *Par He'eleim Davar*, **דְּמִפַּרְסְמָא מִלְּתָא** — that the matter had become publicized at the time, and it is most likely that he heard that *beis din's* ruling had been a mistake, so it is now uncertain whether he had based his actions on the mistaken ruling; **אֶלָּא** — but, **אֲפִילּוּ לְמַאן דְּאָמַר** — even according to the one who says, **בֵּית דִּין מְבִיאִין** — *beis din* brings the *Par He'eleim Davar*, **דְּלָא מְפַרְסְמָא מִלְּתָא** — so the matter is not as publicized, there is still a possibility that he may have heard of the retraction, because, **אִי הֲוָה שָׁאֵיל** — if he were to ask *beis din* about it, **הֲווּ אָמְרִין לֵיהּ** — they would have told him that it was a mistake and they had since retracted it. Therefore, it is still uncertain whether he was basing his actions on the mistaken ruling.

אָמַר רַבִּי יוֹסֵי בַּר אָבִין — Rabbi Yosi bar Avin said, **וְאִיתֵימָא רַבִּי יוֹסֵי בַּר זְבִידָא** — and some say that Rabi Yosi bar Zevida said: **מָשָׁל דְּסוֹמְכוֹס** — There is a *mashal* to illustrate the opinion of Somchos: **לְמָה הַדָּבָר דּוֹמֶה** — To what can it be compared? **לְאָדָם שֶׁהֵבִיא כַּפָּרָתוֹ בֵּין הַשְּׁמָשׁוֹת** — To the case of a person who brought his *Korban Chatas* during *bein hashmashos* (the time between sunset and nightfall which is regarded as uncertain whether it is day or night), **סָפֵק מִבְּעוֹד יוֹם נִתְכַּפֵּר לוֹ** — and it is therefore uncertain whether it was still day at the time the *korban* was brought, **סָפֵק מִשֶּׁחָשְׁכָה נִתְכַּפֵּר לוֹ** — or whether it was brought after nightfall, which would invalidate the *korban*, since a *korban* brought at night is invalid, **שֶׁאֵין מֵבִיא אָשָׁם תָּלוּי** — that in this case, the halachah is that the person is exempt from bringing another *korban*, and he does not even bring an *Asham Talui*. In the view of Somchos, this is just like the case in the Mishnah, where the person sinned based on the mistaken ruling of *beis din*, even though they had already retracted their ruling. In that case, it is most likely that the person acted on the basis of *beis din*'s former ruling. Likewise, in the case where the person brought his *korban* during *bein hashmashos*, it is most likely that the *korban* was brought during daytime and it was valid. Therefore he does not bring an *Asham Talui*.

וְלָא מִבַּעְיָא — And certainly, there is no question that there is an uncertainty here, **לְמַאן דְּאָמַר** — according to the one who says, **בֵּית דִּין מְבִיאִין** — *beis din* brings the *Par He'eleim Davar*, **דְּלָא אִפַּרְסְמָא מִלְּתָא** — so the matter was not well known, and it is very likely that he did not hear of the retraction; therefore, there is a strong possibility that he was basing himself on the mistaken ruling of *beis din*. **אֶלָּא** — But, **אֲפִילּוּ לְמַאן דְּאָמַר** — even according to the one who says, **צִבּוּר מְבִיאִין** — the people bring the *Par He'eleim Davar*, **דְּמִפַּרְסְמָא מִלְּתָא** — and therefore, it was widely publicized that the ruling had been a mistake, **וַהֲווּ אָמְרִינַן לֵיהּ** — and we would have told him so, if he would have asked, **דְּהָכָא** — nonetheless, over here, there is still an uncertainty, **בְּסָפֵק מִבְּעוֹד יוֹם סָפֵק מִשֶּׁחָשְׁכָה** — just like there is in the case of *bein hashmashos*, when there is an uncertainty whether it is day or night; **אִי לָא שָׁאֵיל** — because even regarding asking, **אַשְׁכַּח אִינַשׁ דְּמִשַּׁיְילֵיהּ** — he would not think to find someone to ask. Once *beis din* had

For this *daf's shiur* and charts, scan this QR code:

ולא מבעיא למאן דאמר צבור מייתי, דמפרסמא מלתא, אלא אפילו למאן דאמר בית דין מביאין דלא מפרסמא מלתא, אי הוה שאיל הוו אמרין ליה. אמר רבי יוסי בר אבין, ואיתימא רבי יוסי בר זבידא, משל דסומכוס למה הדבר דומה, לאדם שהביא כפרתו בין השמשות, ספק מבעוד יום נתכפר לו, ספק משחשכה נתכפר לו, שאין מביא אשם תלוי, ולא מבעיא למאן דאמר בית דין מביאין דלא אפרסמא מלתא, אלא אפילו למאן דאמר צבור מביאין דמפרסמא מלתא והוו אמרין ליה, דהכא בספק[ס] מבעוד יום ספק משחשכה[י], אי שאיל לא אשכח איניש דמשיילי'ה: אמר לו בן עזאי מאי שנא מן היושב כו': שפיר קאמר ליה רבי עקיבא לבן עזאי. אמר רבא, החזיק בדרך איכא ביניהו, לבן עזאי חייב, דהא בביתיה[י] איתיה, לרבי עקיבא פטור, דהא החזיק בדרך[י]: הורו לו[ס] בית דין לעקור את כל הגוף: תנו רבנן, 'ונעלם דבר' ולא שיעקרו[י] המצוה כולה; כיצד, אמרו אין נדה בתורה, אין שבת בתורה, אין עבודת כוכבים בתורה, יכול יהו חייבין, תלמוד לומר 'ונעלם דבר' ולא שתתעלם מצוה כולה, הרי אלו פטורין; אבל אמרו יש נדה בתורה אבל הבא על שומרת יום כנגד יום פטור, יש שבת בתורה אבל המוציא מרשות היחיד לרשות הרבים פטור, יש עבודת כוכבים בתורה אבל המשתחוה פטור, יכול יהו פטורין, תלמוד לומר 'ונעלם דבר' ולא כל הגוף. אמר מר, יכול יהו פטורין, ואי בקיום מקצת וביטול מקצת פטורין, ובעקירת כל הגוף פטורין, במאי חייבין. תנא הכי קא קשיא ליה, אימא 'דבר' כולה מילתא משמע, תלמוד לומר 'ונעלם דבר'. מאי משמע. אמר עולא, קרי ביה 'ונעלם מדבר'. חזקיה אמר, אמר קרא, 'ועשו אחת מכל מצות', מכל מצות ולא כל מצות; 'מצות' תרתי משמע; אמר רב נחמן בר יצחק, 'מצות' כתיב. רב אשי אמר, יליף 'דבר' 'דבר' מזקן ממרא, דכתיב ביה בזקן ממרא 'כי יפלא ממך דבר, לא תסור מן הדבר אשר יגידו לך ימין ושמאל', מה ממרא 'מן הדבר' ולא כל דבר, אף בהוראה 'דבר' ולא כל הגוף. אמר רב יהודה אמר שמואל, אין בית דין חייבין עד שיורו בדבר שאין הצדוקין מודין בו, אבל בדבר שהצדוקין מודין בו פטורין; מאי טעמא, זיל קרי בי רב הוא. תנן, יש נדה בתורה, אבל הבא על שומרת יום כנגד יום פטור; ואמאי, שומרת יום כנגד יום הא כתיב, 'וספרה לה'[י] מלמד שסופרת אחד לאחד. דאמרי העראה שריא, גמר ביאה הוא דאסירא. הא נמי כתיב, 'את מקורה הערה'. דאמרי כדרכה אסירא, שלא כדרכה שריא. הא כתיב 'משכבי אשה'. דאמרי כדרכה אסור אפילו העראה, בשלא כדרכה גמר ביאה הוא דאסור אבל העראה שריא. אי הכי, אפילו נדה נמי. אלא לעולם כדרכה, ודאמרי העראה באשה דוה הוא דכתיבא; ואיבעית אימא, דאמרי זבה לא הויא אלא ביממי, דכתיב 'כל ימי זובה'. תנן, יש שבת בתורה אבל המוציא מרשות לרשות פטור; ואמאי, הוצאה הא כתיבא, 'לא תוציאו משא מבתיכם'[ס]. [דאמרי הוצאה הוא דאסור, הכנסה מותר; ואיבעית אימא[י]], דאמרי הוצאה (והכנסה[י]) הוא דאסירא, מושיט וזורק שרי. תנן, יש עבודת כוכבים בתורה, אבל המשתחוה פטור; ואמאי, המשתחוה הא כתיבא, דכתיב 'לא תשתחוה לאל אחר'. דאמרי כי אסירא השתחויה כדרכה, אבל שלא כדרכה שריא; ואיבעית אימא, דאמרי השתחויה גופה כדרכה[י] הוא דאסיר דאית בה פשוט ידים ורגלים, הא השתחויה דלית בה פשוט ידים ורגלים שריא.

בעי

ולא מיבעיא למאן דאמר צבור מביאין. דכי הביאו כפרתן דמי, דהא מפרסמא מלתא, ולא הוי האי יחיד תולה בבי"ד, אלא אפילו למאן דאמר דכי הורו בי"ד ועשו קהל על פיהם דבי"ד מביאין עליהם פר והם פטורין, דאיכא למימר לא מפרסמא מילתא כל כך, והאי יחיד תולה בבית דין הוא, אפ"ה לאו תולה בבי"ד הוא, שהרי היה בידו לישאל מפני מה בי"ד מביאין פר, ואי שאיל[י] אומרים לו דטעו וחזרו, הלכך תולה בעצמו קרינא ביה, ואית ביה צד חיוב מעליא, הלכך מביא אשם תלוי: ספק מבעוד יום נתכפר לו. והיא כפרה מעלייתא: ספק משחשכה נתכפר לו. ולא הוי כפרה מעלייתא[מ], ד'ביום צוותו' כתיב, דקיימא לן דפטור, דאין צריך להביא קרבן אחר, ואע"פ שהוא קרב אחר תמיד של בין הערבים °אין בו שום פסול, דהכי אמר בפרק תמיד נשחט (פסחים דף נט.), דאתי עשה דפסח ועשה דאכילת קדשים ודחי עשה דהשלמה, ואיכא נמי שינויי אחריני טובא, והא הכא (מפני[י]) דבין השמשות לית ביה צד חיוב מעליא, דליכא למימר שמא משחשכה נתכפר לו, שהרי בין השמשות כהרף עין, ואין אדם בעולם יכול לעמוד עליו אם מן היום או מן הלילה, ופטור, ה"נ ליכא למימר שמא ממש תולה בעצמו, שהרי כבר הורו בי"ד: ולא מיבעיא למ"ד בי"ד מביאין. ולא לצבור, דלא מפרסמא מלתא היא, והאי יחיד תולה בבי"ד הוא ופטור: אלא אפילו למ"ד צבור מביאין. ואיכא למימר מפרסמא מלתא היא, והאי יחיד לאו תולה בבי"ד, ותולה בעצמו הוא, אפ"ה אמר תולה בבי"ד הוא, דכי עשה על פיהן עשה: לא משכח איניש דלשיילי'. ולא סליק אדעתיה למישאל למה הביאו לצבור פר, הלכך ליכא צד חיוב מעליא, דהא צד פטור שייך ביה טפי, דתולה בבי"ד הוא, הלכך אינו מביא אשם תלוי: החזיק בדרך. לילך למדינת הים, ועדיין ישנו בעיר איכא בינייהו: לרבי עקיבא פטור דהא החזיק בדרך. דכיון דטרוד הוא, לא היה אפשר לו שישמע דחזרו בהן, הלכך תולה בבי"ד הוא, ופטור לגמרי: תנא הכי קשיא ליה, 'דבר' כולה מלתא משמע. דהורו לעקור כל הגוף, דהא לא כתיב 'מדבר', ואימא איפכא, דהורו לבטל במקלת ולקיים במקלת יכול יהו פטורין, וכי הורו לעקור כל הגוף יהו חייבין: ת"ל 'ונעלם דבר'. בא ללמד דבטול מקלת וקיום מקלת חייב: מאי משמע. כלומר היכי משמע האי 'ונעלם' דהוי קיום מקלת ובטול מקלת: אמר עולא, קרי ביה 'ונעלם מדבר'. דהאי מ"ם ד'ונעלם' שדיא א'דבר', דמ"ם נדרשת לפניו ולאחריו, וקרי ביה 'ונעלם מדבר', דמשמע 'מדבר' ולא כל דבר: חזקיה אמר. מסיפא דקרא נפקא, 'מכל מצות', דמשמע מכל מצות של שבת, דהוי בטול מקלת וקיום מקלת, או מכל מצות של עבודת כוכבים, דהוי ביטול מקלת וקיום מקלת, או מכל מצות נדה, דהוי ביטול מקלת וקיום מקלת, ולא כל מצות השבת, דהוי עוקר כל הגוף, ולא כל מצות דנדה ודעבודת כוכבים, דעוקר כל הגוף: 'מצות' תרתי משמע. כלומר, 'מצות' טובא משמע, כגון נדה שבת ועבודת כוכבים, דהכי משמע 'ועשה אחת מכל מצות ה'', דעבד חד מהני, או שבת או עבודת כוכבים או נדה, ולעולם בעוקר כל הגוף קא מיירי: אמר רב נחמן בר יצחק 'מצות' כתיב. בחד וי"ו, דחדא מצוה משמע, דהכי משמע, 'ועשה אחת מכל מצות' דשבת, או 'אחת מכל מצות' דעבודת כוכבים, או 'אחת מכל מצות' דנדה, דהוי מקיים מקלת דשבת ומבטל מקלת, והוא הדין לעבודת כוכבים, והוא הדין לנדה, והוא הדין לשאר מצות, דקיום מקלת ובטול מקלת חייב, ועוקר כל הגוף פטור: מה זקן ממרא 'מן הדבר' ולא כל דבר. דהא כתיב 'מן הדבר', ותנן באלו הן הנחנקין (סנהדרין דף פח:) 'האומר אין תפלין לעבור על דברי תורה פטור, חמש טוטפות להוסיף על דברי סופרים חייב', דהיינו 'מן הדבר' ולא כל דבר: אין בי"ד חייבין. דלא הוי הוראה מעליא עד שיורו להתיר בדבר שאין הצדוקין מודין שיהא אסור, שהורו להיתר בדבר איסור שאין כתוב בתורה בהדיא: זיל קרי בי רב הוא. דכיון דאפשר לו ללמוד ולידע לא הוי שוגג מעליא, וקרוב למזיד הוי: אחד לאחד. היינו יום כנגד יום: דאמרי כדרכה אסירא. גמר ביאה, ושלא כדרכה שריא: והא. שלא כדרכה נמי כתיב, 'משכבי אשה', שני משכבות, אחד כדרכה ואחד שלא כדרכה: דאמרי כדרכה אסירא אפילו העראה. דהאי דכתיב 'את מקורה הערה' בכדרכה: אי הכי. מאי איריא דקתני שהורו בשומרת יום כנגד יום, אפילו נדה נמי כי האי גוונא קיום מקלת וביטול מקלת הוא, והוי בדבר שאין הצדוקין מודין בו: אלא לעולם בכדרכה. דאמרי בשומרת יום העראה שריא אפילו בכדרכה, וגמר ביאה הוא דאסיר, ודקאמרת 'הא העראה כתיב', דאמרי העראה באשה נדה הוא דכתיב, ולא בשומרת יום, הלכך לא מתוקמא בנדה, אלא בשומרת יום, והוי בדבר שאין הצדוקין מודין בה: ואי בעית אימא. דקאמרת שומרת יום הא כתיבא, הא לא קשיא, דהכי קתני כגון דאמרי זבה לא הויא אלא [היכא דחזיא] ביממא, כדכתיב 'כל ימי זובה', אבל היכא דחזיא בליליא טהורה, והוא הדין לשומרת יום דאמרי דהוא היכא דקחזיא ביממא, דהיינו בימי זיבה, הלכך לא מתוקמא בנדה, אלא בשומרת יום וזבה[ק], והויא הוראה בדבר שאין הצדוקין מודין: מושיט וזורק. לא כתיבי בהדיא: השתחואה שלא כדרכה. כגון משתחוה לפעור או למרקולים: השתחואה. בפשוט ידים ורגלים, °כדכתיב (בראשית יט) 'וישתחו[ק] אפים ארצה':

תוספות

שהביא כפרתו בין השמשות. משמע אבל קודם לכן נתכפר, אע"ג דקרב אחר תמיד בין הערבים. וקשה, דבתוספתא[ס] משמע דפסולין, וכן משמע בפסחים[י], דרמי התם 'כתיב לא ילין עד בוקר, הא כל ...לין, וכתיב השלמים, עליה השלם' כו', ולא משני הא לכתחלה הא דיעבד, אלמא דפסולין. ושמא הכא ...רי במחוסר כפורים בערב פסח, כדאמרינן התם[י] 'אין מתעכב אחר התמיד בין הערבים אלא קטרת ...מחוסר כפורים בערב פסח': קרי ביה 'ונעלם מדבר'. דמ"ם מ'ונעלם' קאי להכא ולהכא, ואמר ...י דאיכא דאמר גורעין ודורשין מתחלת פרשה לסופה, וא"ד אף באמצע פרשה, 'ויצקת עליה שמן ...שמן המנחה[ק], ללמד כל המנחות ליציקה. הקשה ריב"ק ברבי מאיר מאי שנא דהכא דרשינן 'ונעלם ...וגבי עדות 'יקום דבר' לכ"ע דרשינן[ק] 'דבר' ולא חצי דבר. וי"ל, דודאי 'דבר' כולה דבר משמע, והכא ...דקרא, מכדי כתיב 'אחת מכל מצות ה'', דמשמע מצוה שלימה, למאי הלכתא כתב 'דבר', אלא ע"כ ...'ונעלם מדבר' אפילו דבר אחד מן המצות[ל], וכן בכל דוכתי גורעין ומוסיפין ודורשין משום דוחקא ...דאיהו דחיק ומוקים אנפשיה, כי ההוא דהזהב[מ], דה"ל למכתב 'וחמישיתו יוסף עליו', כי היכי דכתיב[י] ...ר, ובפרק יש נוחלין[ס] ה"ל למכתב 'אשתו תירש את הנחלה', וכי כתב קרא צריך ליישב המקרא על ...ון ותוספת. תימה, מנ"ל דאתי קרא לחייב רק קיום מקלת וביטול מקלת, דלמא קרא אתא אפילו ...ך, וכל שכן בביטול כל הגוף, כדאמר בפרק הנחנקין[ל] גבי עבודת כוכבים, דכתיב 'מן הדרך' אפילו ...רך, וחייב בקיום מקלת ובין על כל הגוף, אבל בשאר מצות אינו חייב אלא בביטול כל הגוף. וי"ל, ...תיב 'ללכת בה', ותניא בספרי[מ] ולא העושה[ק] במקלת משייר מקלת, מיעוט בהדי קיום מקלת, ואי לאו מיעוט דשאר מצות והוי כתיב סתמא היה חייב נמי בשאר מצות בכל ענין, והכי נמי הכא, ולהכי כתיב הכא 'דבר' למעוטי כל הגוף. וליכא למימר איפכא ד'דבר' כולו דבר משמע, דתניא בת"כ 'כתיב הכא מכל מצות ה'', וכתיב במשיח מכל מצות ה'', ואי לא דמיחייב אלא בעוקר כל הגוף לא משכחת במצות האמורות אלא בתו מאנוסתו ואם חמיו דבר שאין הצדוקין מודין בו. הועתק מפירוש רבינו שמחה זצ"ל: רב אשי אמר יליף 'דבר' 'דבר' מזקן ממרא. והתם יליף בתוספתא[ל] 'בין דם לדם' ולא כל דבר, והני דהכא לא שמיע להו ברייתא דילן[ס] מטעמא אחרינא: בדבר שאין הצדוקין מודין בו. והא דאצטריך למעוטי כוליה דבר, ולא נפיק משום דצדוקין מודין בו, כמו בתו מאנוסתו, דלית להו ג"ש, או אם חמיו ואם חמותו; ומתניתין דנקט נדה ושבת ועבודת כוכבים, לא משום דאהנהו דוקא קאי, אלא רק לפרש קיום מקלת נקטינהו: יש נדה אבל הבא על שומרת יום כו'. בנדה גופה הוי מצי לאשכוחי טובא, כגון בדם אדום בדם שחור, וטובא דחשיב בת"כ, אלא דאתא לאשמועינן אפילו בשומרת יום ובנדה מקרי קיום מקלת וביטול מקלת; ובגמרא דפריך 'אי הכי אפילו נדה נמי', ה"פ, אפילו נדה בכה"ג אי הוה בדבר שאין הצדוקין מודין בו הוי קיום מקלת: הכתיב 'וספרה לה' ל"ג, דהא בשמעתא בתרייתא דנדה מפיק לה מ'משכב נדתה יהיה לה': שלא כדרכה נמי הכתיב כו'. משמע דצדוקין מודין בו, ובפרק אחד דיני ממונות[ק] גבי 'טעה בנואף ונואפת' משמע דאין צדוקין מודין בו; התם בהעראה שלא כדרכה: הכתיב 'כל ימי זובה'. ה"מ לאתויי קרא קמא דכתיב 'זוב דמה ימים רבים': דאמרי הוצאה אסירא והכנסה שריא. ותנא הוצאה הכנסה[ק] קרי לה, °כדאמרינן במסכת שבת (ב:) ובמסכת שבועות (ה.): איכא דאמרי הוצאה והכנסה (שריא) [הוא דאסירא].

already issued a ruling, it is not likely that the person would think to ask why a *Par He'eleim Davar* had been brought; rather, to rely on the ruling without assuming that it had been retracted.

Our Mishnah says: **אָמַר לוֹ בֶּן עַזַּאי** — Ben Azzai said to Rabi Akiva: **מַאי שְׁנָא מִן הַיּוֹשֵׁב** — What is the difference between the case of someone who traveled abroad and someone who was at home? Why is it that someone who was at home and committed the transgression that *beis din* mistakenly ruled to be permitted, then retracted their ruling, is obligated to bring an *Asham Talui* (because it is uncertain if he had been following the mistaken ruling), but if he had been abroad, he is completely exempt?

The Gemara asks: **שַׁפִּיר קָאָמַר לֵיהּ רַבִּי עֲקִיבָא לְבֶן עַזַּאי** — Rabi Akiva responded well to Ben Azzai's question; the one who was at home could have heard of the retraction, whereas the one who was abroad could not have! Why didn't Ben Azzai realize the distinction that Rabi Akiva gave? The Gemara answers: **אָמַר רָבָא** — Rava said: **הֶחָזִיק בַּדֶּרֶךְ אִיכָּא בֵּינַיְיהוּ** — The point where they argue is regarding someone who was set to travel but had not left yet at the time of the retraction. **לְבֶן עַזַּאי** — According to Ben Azzai, **חַיָּיב** — the person is obligated to bring an *Asham Talui*, since it is uncertain whether he was acting based on the mistaken ruling, **דְּהָא בְּבֵיתֵיהּ אִיתֵיהּ** — because he was at home, so he most likely heard of the retraction. **לְרַבִּי עֲקִיבָא** — According to Rabi Akiva, **פָּטוּר** — the person is completely exempt, **דְּהָא הֶחְזִיק בַּדֶּרֶךְ** — because although he was home, he was set to travel and was too preoccupied with preparing for his journey to hear of the retraction.

Our Mishnah says: **הוֹרוּ לוֹ בֵּית דִּין** — If *beis din* ruled, **לַעֲקוֹר אֶת כָּל הַגּוּף** — to abolish the entire essence of a mitzvah, they are exempt from bringing a *Par He'eleim Davar*.

תָּנוּ רַבָּנַן — The *Chachamim* taught in a *Baraisa*: **וְנֶעְלַם דָּבָר** — The *pasuk* says regarding the circumstances when *beis din* brings a *Par He'eleim Davar* (*Vayikra* 4:13): "And a matter is hidden," which we understand to mean that a detail of a mitzvah was forgotten, **וְלֹא שֶׁיֵּעָקֵר הַמִּצְוָה כּוּלָּהּ** — but not that an entire mitzvah should be abolished. **כֵּיצַד** — How is this? What is an example of abolishing an entire mitzvah? **אָמְרוּ** — For example, if they said, **אֵין נִדָּה בַּתּוֹרָה** — there is no prohibition in the Torah of having relations with a *niddah*, **אֵין שַׁבָּת בַּתּוֹרָה** — or, there is no *issur* in the Torah of doing *melachah* on Shabbos, **אֵין עֲבוֹדַת כּוֹכָבִים בַּתּוֹרָה** — or, there is no *issur* in the Torah of worshipping *avodah zarah*, **יָכוֹל יְהוּ חַיָּיבִין** — I might think they would be obligated to bring a *Par He'eleim Davar* if the majority of the people sinned based on this ruling; **תַּלְמוּד לוֹמַר** — therefore, the *pasuk* says: **וְנֶעְלַם דָּבָר** — "And a matter is hidden," meaning, a detail was forgotten, **וְלֹא שֶׁתִּתְעַלֵּם מִצְוָה כּוּלָּהּ** — but not that an entire mitzvah should be hidden. **הֲרֵי אֵלּוּ פְּטוּרִין** — Therefore, they are exempt.

אֲבָל אָמְרוּ — However, if they said, **יֵשׁ נִדָּה בַּתּוֹרָה** — there is an *issur* in the Torah of having relations with a typical *niddah*, **אֲבָל** — however, **הַבָּא עַל שׁוֹמֶרֶת יוֹם כְּנֶגֶד יוֹם** — someone who has

גמרא

ולא מבעיא למאן דאמר צבור מייתי, דמפרסמא מלתא, אלא אפילו למאן דאמר בית דין מביאין דלא מפרסמא מלתא, אי הוה שאיל הוו אמרין ליה. אמר רבי יוסי בר אבין, ואיתימא רבי יוסי בר זבידא, משל דסומכוס למה הדבר דומה, לאדם שהביא כפרתו בין השמשות, ספק מבעוד יום נתכפר לו, ספק משחשכה נתכפר לו, שאין מביא אשם תלוי, ולא מבעיא למאן דאמר בית דין מביאין דלא אפרסמא מלתא, אלא אפילו למאן דאמר צבור מביאין דמפרסמא מלתא והוו אמרין ליה, דהכא בספק מבעוד יום ספק משחשכה, אי שאיל לא אשכח איניש דמשיילה: **אמר לו בן עזאי מאי שנא מן היושב כו':** שפיר קאמר ליה רבי עקיבא לבן עזאי. אמר רבא, החזיק בדרך איכא ביניהו, לבן עזאי חייב, דהא בביתיה איתיה, לרבי עקיבא פטור, דהא החזיק בדרך: **הורו לו בית דין לעקור את כל הגוף:** תנו רבנן, 'ונעלם דבר' ולא שיעקר המצוה כולה; כיצד, אמרו אין נדה בתורה, אין שבת בתורה, אין עבודת כוכבים בתורה, יכול יהו חייבין, תלמוד לומר 'ונעלם דבר' ולא שתתעלם מצוה כולה, הרי אלו פטורין; אבל אמרו יש נדה בתורה אבל הבא על שומרת יום כנגד יום פטור, יש שבת בתורה אבל המוציא מרשות היחיד לרשות הרבים פטור, יש עבודת כוכבים בתורה אבל המשתחוה פטור, יכול יהו פטורין, תלמוד לומר 'ונעלם דבר' ולא כל הגוף. אמר מר, יכול יהו פטורין, ואי בקיום מקצת וביטול מקצת פטורין, ובעקירת כל הגוף פטורין, במאי חייבין. תנא הכי קא קשיא ליה, אימא 'דבר' כולה מילתא משמע, תלמוד לומר 'ונעלם דבר'. מאי משמע. אמר עולא, קרי ביה 'ונעלם מדבר'. חזקיה אמר, אמר קרא, 'ועשו אחת מכל מצות', מכל מצות ולא כל מצות; 'מצות' תרתי משמע; אמר רב נחמן בר יצחק, 'מצות' כתיב. רב אשי אמר, יליף 'דבר' 'דבר' מזקן ממרא, דכתיב ביה בזקן ממרא 'כי יפלא ממך דבר, לא תסור מן הדבר אשר יגידו לך ימין ושמאל', מה ממרא 'מן הדבר' ולא כל דבר, אף בהוראה 'דבר' ולא כל הגוף. **אמר רב יהודה** אמר שמואל, אין בית דין חייבין עד שיורו בדבר שאין הצדוקין מודין בו, אבל בדבר שהצדוקין מודין בו פטורין; מאי טעמא, זיל קרי בי רב הוא. תנן, יש נדה בתורה, אבל הבא על שומרת יום כנגד יום פטור; ואמאי, שומרת יום כנגד יום הא כתיב, 'וספרה לה' מלמד שסופרת אחד לאחד. דאמרי העראה שריא, גמר ביאה הוא דאסירא. הא נמי כתיב, 'את מקורה הערה'. דאמרי כדרכה אסירא, שלא כדרכה שריא. °הא כתיב 'משכבי אשה'. דאמרי כדרכה אסור אפילו העראה, בשלא כדרכה גמר ביאה הוא דאסור אבל העראה שריא. אי הכי, אפילו נדה נמי. אלא לעולם כדרכה, ודאמרי העראה באשה דוה הוא דכתיבא; ואיבעית אימא, דאמרי זבה לא הויא אלא ביממי, דכתיב 'כל ימי זובה'. תנן, יש שבת בתורה אבל המוציא מרשות לרשות פטור; ואמאי, הוצאה הא כתיבא, 'לא תוציאו משא מבתיכם'. [דאמרי הוצאה הוא דאסור, הכנסה מותר; ואיבעית אימא], דאמרי הוצאה (והכנסה) הוא דאסירא, מושיט וזורק שרי. תנן, יש עבודת כוכבים בתורה, אבל המשתחוה פטור; ואמאי, המשתחוה הא כתיבא, דכתיב 'לא תשתחוה לאל אחר'. דאמרי כי אסירא השתחויה כדרכה, אבל שלא כדרכה שריא; ואיבעית אימא, דאמרי השתחויה גופה כדרכה הוא דאסיר דאית בה פשוט ידים ורגלים, הא השתחויה דלית בה פשוט ידים ורגלים שריא.

רש"י

ולא מיבעיא למאן דאמר צבור מביאין. דכי הביאו כפרתן דמי, דהא מפרסמא מלתא, ולא הוי האי יחיד תולה בבי"ד, אלא אפילו למאן דאמר דכי הורו בי"ד ועשו קהל על פיהם דבי"ד מביאין עליהם פר והם פטורין, דאיכא למימר לא מפרסמא מילתא כל כך, והאי יחיד תולה בבית דין הוא, אפ"ה לאו תולה בבי"ד הוא, שהרי היה בידו לישאל מפני מה בי"ד מביאין פר, ואי שאיל אומרים לו דטעו וחזרו, הלכך תולה בעצמו קרינא ביה, ואית ביה צד חיוב מעליא, הלכך מביא אשם תלוי: **ספק מבעוד יום נתכפר לו.** והיא כפרה מעליא: **ספק משחשכה נתכפר לו.** ולא הוי כפרה מעליא, ד'ביום צוותו' כתיב, דקיימא לן דפטור, דאין צריך להביא קרבן אחר, ואע"פ שהוא קרב אחר תמיד של בין הערבים °אין בו שום פסול, דהכי אמר בפרק תמיד נשחט (פסחים דף נט.), דאתי עשה דפסח ועשה דאכילת קדשים ודחי עשה דהשלמה, ואיכא נמי שינויי אחריני טובא, והא הכא (מפני) דבין השמשות לית ביה צד חיוב מעליא, דליכא למימר שמא משחשכה נתכפר לו, שהרי בין השמשות כהרף עין, ואין אדם בעולם יכול לעמוד עליו אם מן היום או מן הלילה, ופטור, ה"נ ליכא למימר שמא ממש תולה בעצמו, שהרי כבר הורו בי"ד: **ולא מיבעיא למ"ד בי"ד מביאין.** ולא לצבור, דלא מפרסמא מלתא היא, והאי יחיד תולה בבי"ד הוא ופטור: **אלא אפילו למ"ד צבור מביאין.** ואיכא למימר מפרסמא מלתא היא, והאי יחיד לאו תולה בבי"ד, ותולה בעצמו הוא, אפ"ה אמר תולה בבי"ד הוא, דכי עשה על פיהן עשה: **לא משכח איניש דלשיילה.** ולא סליק אדעתיה למישאל למה הביאו צבור פר, הלכך ליכא צד חיוב מעליא, דהא צד פטור שייך ביה טפי, דתולה בבי"ד הוא, הלכך אינו מביא אשם תלוי: **החזיק בדרך.** לילך למדינת הים, ועדיין ישנו בעיר איכא בינייהו: **לרבי עקיבא פטור דהא החזיק בדרך.** דכיון דטרוד הוא, לא היה אפשר לו שישמע דחזרו בהן, הלכך תולה בבי"ד הוא, ופטור לגמרי: **תנא הכי קשיא ליה, 'דבר' כולה מלתא משמע.** דהורו לעקור כל הגוף, דהא לא כתיב 'מדבר', ואימא איפכא, דהורו לבטל במקצת ולקיים במקצת יכול יהו פטורין, וכי הורו לעקור כל הגוף יהו חייבין: **ת"ל 'ונעלם דבר'.** בא ללמד דבטול מקצת וקיום מקצת חייב: **מאי משמע.** כלומר היכי משמע האי 'ונעלם' דהוי קיום מקצת ובטול מקצת: **אמר עולא, קרי ביה 'ונעלם מדבר'.** דהאי מ"ם ד'ונעלם' שדיא א'דבר', דמ"ם נדרשת לפניו ולאחריו, וקרי ביה 'ונעלם מדבר', דמשמע 'מדבר' ולא כל דבר: **חזקיה אמר.** מסיפא דקרא נפקא, 'מכל מצות', דמשמע מכל מצות של שבת, דהוי בטול מקצת וקיום מקצת, או מכל מצות של עבודת כוכבים, דהוי ביטול מקצת וקיום מקצת, או מכל מצות נדה, דהוי ביטול מקצת וקיום מקצת, ולא כל מצות השבת, דהוי עוקר כל הגוף, ולא כל מצות דנדה ודעבודת כוכבים, דעוקר כל הגוף: **'מצות' תרתי משמע.** כלומר, 'מצות' טובא משמע, כגון נדה שבת ועבודת כוכבים, דהכי משמע 'ועשה אחת מכל מצות ה'', דעבד חד מהני, או שבת או עבודת כוכבים או נדה, ולעולם בעוקר כל הגוף קא מיירי: **אמר רב נחמן בר יצחק 'מצות' כתיב.** כחד וי"ו, דחדא מצוה משמע, דהכי משמע, 'ועשה אחת מכל מצות' דשבת, או 'אחת מכל מצות' דעבודת כוכבים, או 'אחת מכל מצות' דנדה, דהוי מקיים מקצת דשבת ומבטל מקצת, והוא הדין לעבודת כוכבים, והוא הדין לנדה, והוא הדין לשאר מצות, דקיום מקצת ובטול מקצת חייב, ועוקר כל הגוף פטור: **מה זקן ממרא 'מן הדבר' ולא כל דבר.** דהא כתיב 'מן הדבר', ותנן באלו הן הנחנקין (סנהדרין דף פח:) 'האומר אין תפלין לעבור על דברי תורה פטור, חמש טוטפות להוסיף על דברי סופרים חייב', דהיינו 'מן הדבר' ולא כל דבר: **אין בי"ד חייבין.** דלא הוי הוראה מעליא **עד שיורו להתיר בדבר שאין הצדוקין מודין שיהא אסור,** שהורו להיתר בדבר איסור שאין כתוב בתורה בהדיא: **זיל קרי בי רב הוא.** דכיון דאפשר לו ללמוד ולידע לא הוי שוגג מעליא, וקרוב למזיד הוי: **אחד לאחד.** היינו יום כנגד יום: **דאמרי כדרכה אסירא.** גמר ביאה, **ושלא כדרכה שריא: והא.** שלא כדרכה נמי כתיב, **'משכבי אשה',** שני משכבות, אחד כדרכה ואחד שלא כדרכה: **דאמרי כדרכה אסירא אפילו העראה.** דהאי דכתיב 'את מקורה הערה' בכדרכה: **אי הכי.** מאי איריא דקתני שהורו בשומרת יום כנגד יום, **אפילו נדה נמי** כי האי גוונא קיום מקצת וביטול מקצת הוא, והוי בדבר שאין הצדוקין מודין בו: **אלא לעולם בכדרכה.** דאמרי בשומרת יום העראה שריא אפילו בכדרכה, וגמר ביאה הוא דאסיר, ודקאמרת 'הא הערה כתיב', דאמרי הערה באשה נדה הוא דכתיב, ולא בשומרת יום, הלכך לא מתוקמא בנדה, אלא בשומרת יום, והוי בדבר שאין הצדוקין מודין בה: **ואי בעית אימא.** דקאמרת שומרת יום הא כתיבא, הא לא קשיא, דהכי קתני כגון **דאמרי זבה לא הויא אלא** [היכא דחזיא] **ביממא, כדכתיב 'כל ימי זובה',** אבל היכא דחזיא בליליא טהורה, והוא הדין לשומרת יום דאמרי דהוא היכא דקחזיא ביממא, דהיינו בימי זיבה, הלכך לא מתוקמא בנדה, אלא בשומרת יום ובזבה, והויא הוראה בדבר שאין הצדוקין מודין: **מושיט וזורק.** לא כתיבי בהדיא: **השתחואה שלא כדרכה.** כגון משתחוה לפעור או למרקולים: **השתחואה.** בפשוט ידים ורגלים, °כדכתיב (בראשית יט) 'וישתחו אפים ארצה':

בעי

תוספות

שהביא כפרתו בין השמשות. משמע אבל קודם לכן נתכפר, אע"ג דקרב אחר תמיד בין הערבים. וקשה, דבתוספתא משמע דפסולין, וכן משמע בפסחים, דרמי התם 'כתיב לא ילין עד בוקר, הא כל הלילה ילין, וכתיב השלמים, עליה השלם' כו', ולא משני הא לכתחלה הא דיעבד, אלמא דפסולין. ושמא הכא נמי איירי במחוסר כפורים בערב פסח, כדאמרינן התם 'אין מתעכב אחר התמיד בין הערבים אלא קטרת ונרות ומחוסר כפורים בערב פסח': **קרי ביה 'ונעלם מדבר'.** דמ"ם מ'ונעלם' קאי להכא ולהכא, ואמר בירושלמי דאיכא דאמר גורעין ודורשין מתחלת פרשה לסופה, וא"ד אף באמצע פרשה, 'ויצקת עליה שמן' הצקת שמן המנחה, ללמד כל המנחות ליציקה. הקשה ריב"ק בר' מאיר מאי שנא דהכא דרשינן 'ונעלם מדבר', וגבי עדות 'יקום דבר' לכ"ע דרשינן 'דבר' ולא חצי דבר. וי"ל, דודאי 'דבר' כולה דבר משמע, והכא מענייניה דקרא, מכדי כתיב 'אחת מכל מצות ה'', דמשמע מצוה שלימה, למאי הלכתא כתב 'דבר', אלא ע"כ למדרש 'ונעלם מדבר' אפילו דבר אחד מן המצות, וכן בכל דוכתי גורעין ומוסיפין ודורשין משום דוחקא דקרא, דאיהו דחיק ומוקים אנפשיה, כי ההוא דהזהב, דה"ל למכתב 'וחמישיתו יוסף עליו', כי היכי דכתיב גבי מעשר, ובפרק יש נוחלין ה"ל למכתב 'אשתו תירש את הנחלה', וכי כתב קרא צריך ליישב המקרא על ידי גרעון ותוספת. תימה, מנ"ל דאתי קרא לחייב רק קיום מקצת וביטול מקצת, דלמא קרא אתא אפילו לחייב בכך, וכל שכן בביטול כל הגוף, כדאמר בפרק הנחנקין גבי עבודת כוכבים, דכתיב 'מן הדרך' אפילו מקצת דרך, וחייב בקיום מקצת ובין על כל הגוף, אבל בשאר מצות אינו חייב אלא בביטול כל הגוף. וי"ל, דהתם כתיב 'ללכת בה', ותניא בספרי ולא העושה במקצת משייר מקצת, מיעוט בהדי קיום מקצת, להכי בעבודת כוכבים דגלי קרא חייב אפילו במקצת הגוף, וגם בביטול כל הגוף חייב, דלא גרע משאר מצות, ואי לאו מיעוט דשאר מצות והוי כתיב סתמא היה חייב נמי בשאר מצות בכל ענין, והכי נמי הכא, ולהכי כתיב הכא 'דבר' למעוטי כל הגוף. וליכא למימר איפכא ד'דבר' כולו דבר משמע, דתניא בת"כ 'כתיב הכא מכל מצות ה'', וכתיב במשיח מכל מצות ה'', ואי לא דמיחייב אלא בעוקר כל הגוף לא משכחת במצות האמורות אלא בתו מאנוסתו ואם חמיו ואם חמותו דבר שאין הצדוקין מודין בו. הועתק מפירוש רבינו שמחה זצ"ל: **רב אשי אמר** יליף 'דבר' 'דבר' מזקן ממרא. והתם יליף בתוספתא 'בין דם לדם' ולא כל דבר, והני דהכא לא שמיע להו ברייתא דילן מטעמא אחרינא: **בדבר** שאין הצדוקין מודין בו. והא דאצטריך למעוטי כוליה דבר, ולא נפיק משום דצדוקין מודין בו, כמו בתו מאנוסתו, דלית להו ג"ש, או אם חמיו ואם חמותו; ומתניתין דנקט נדה ושבת ועבודת כוכבים, לא משום דהנהו דוקא קאי, אלא רק לפרש קיום מקצת נקטינהו: **יש נדה אבל הבא על שומרת יום כו'.** בנדה גופה הוי מצי לאשכוחי טובא, כגון בדם אדום בדם שחור, וטובא דחשיב בת"כ, אלא דאתא לאשמועינן אפילו בשומרת יום ובנדה מקרי קיום מקצת וביטול מקצת; ובגמרא דפריך 'אי הכי אפילו נדה נמי', ה"פ, אפילו נדה בכה"ג אי הוה בדבר שאין הצדוקין מודין בו הוי קיום מקצת: **הכתיב** 'וספרה לה' ל"ג, דהא בשמעתא בתרייתא דנדה מפיק לה מ'משכב נדתה יהיה לה': **שלא** כדרכה נמי הכתיב כו'. משמע דצדוקין מודין בו, ובפרק אחד דיני ממונות גבי 'טעה בנואף ונואפת' משמע דאין צדוקין מודין בו; התם בהערה שלא כדרכה: **הכתיב** 'כל ימי זובה'. ה"מ לאתויי קרא קמא דכתיב 'זוב דמה ימים רבים': **דאמרי** הוצאה אסירא והכנסה שריא. ותנא הוצאה הכנסה קרי לה, °כדאמרינן במסכת שבת (ג:) ובמסכת שבועות (ה.): **איכא** דאמרי הוצאה והכנסה (שריא) [הוא דאסירא]. אע"ג דהכנסה לא כתיבא, סברא היא, 'מה לי אפוקי מה לי עיולי' (שבת צו:):

מסורת הש"ס עם הוספות

[illegible]

גליון הש"ס

[illegible]

תורה אור השלם

א) ואם כל עדת ישראל ישגו ונעלם דבר מעיני הקהל ועשו אחת מכל מצות יי אשר לא תעשינה ואשמו: [ויקרא ד, יג]

ב) כי יפלא ממך דבר למשפט בין דם לדם בין דין לדין ובין נגע לנגע דברי ריבת בשעריך וקמת ועלית אל המקום אשר יבחר יי אלהיך בו: על פי התורה אשר יורוך ועל המשפט אשר יאמרו לך תעשה לא תסור מן הדבר אשר יגידו לך ימין ושמאל: [דברים יז, ח-יא]

ג) ואם טהרה מזובה וספרה לה שבעת ימים ואחר תטהר: [ויקרא טו, כח]

ד) ואיש אשר ישכב את אשה דוה וגלה את ערותה את מקרה הערה והיא גלתה את מקור דמיה ונכרתו שניהם מקרב עמם: [ויקרא כ, יח]

ה) ואיש אשר ישכב את זכר משכבי אשה תועבה עשו שניהם מות יומתו דמיהם בם: [ויקרא כ, יג]

ו) כל המשכב אשר תשכב עליו כל ימי זובה כמשכב נדתה יהיה לה וכל הכלי אשר תשב עליו טמא יהיה כטמאת נדתה: [ויקרא טו, כו]

ז) ולא תוציאו משא מבתיכם ביום השבת וכל מלאכה לא תעשו וקדשתם את יום השבת כאשר צויתי את אבותיכם: [ירמיה יז, כב]

ראו כי יי נתן לכם השבת על כן הוא נתן לכם ביום הששי לחם יומים שבו איש תחתיו אל יצא איש ממקומו ביום השביעי: [שמות טז, כט] (ע"פ גליון בהגר"צ אות ח)

ח) כי לא תשתחוה לאל אחר כי יי קנא שמו אל קנא הוא: [שמות לד, יד]

עין משפט נר מצוה

ל א מיי' פי"ג מהלכות שגגות הלכה א ... [illegible]

לא ב מיי' שם ... [illegible]

לב ג ד ה ו מיי' שם ... [illegible]

תוספות הרא"ש

ולא מבעיא למ"ד צבור מייתי. [נמצא בהשמטות]: אלא אפי' למ"ד ב"ד מייתי אי הוה שאיל אמרי ליה. [נמצא בהשמטות]: סומכוס אומר תלוי. [נמצא בהשמטות]: ולא מבעיא למ"ד ב"ד מייתי כו'. [נמצא בהשמטות]: והא כתיב וספרה לה ז' ימים. [נמצא בהשמטות]: דאמרי הוצאה אסורה הכנסה מותרת. [נמצא בהשמטות]: דאמרי השתחואה גופה דאית בה פשוט ידים ורגלים. [נמצא בהשמטות]:

הגהות וציונים

[illegible] ... ל] צ"ל המצוה (ע"פ תוספות אחרות על ת"כ עמ' קסט): ק] צ"ל האומר (רש"ש): ר] צ"ל ומיעט בהדיא (גליון): ש] צ"ל דילפי (גליון). ומהרי"ל דיסקין מגיה "והני דילפו הכא מטעמא אחרינא לא שמיע להו ברייתא דילן": ת] צ"ל הכנסה הוצאה (גליון):

This *daf* is dedicated *l'iluy nishmas*: Efraim Yehoshua ben Amuma *z"l*

relations with a *shomeres yom k'neged yom* (as explained above [3b, הָבָא עַל שׁוֹמֶרֶת יוֹם כְּנֶגֶד יוֹם], if a woman has a bloody discharge during the eleven day period after the week of *niddah*, she must observe the next day to ensure she does not have another discharge. On that day, relations are prohibited). **פָּטוּר** — is exempt, which is against the Torah; **יֵשׁ שַׁבָּת בַּתּוֹרָה** — or, if they said that there is an *issur* in the Torah of doing *melachah* on Shabbos, **אֲבָל** — however, **הַמּוֹצִיא מֵרְשׁוּת הַיָּחִיד לִרְשׁוּת הָרַבִּים** — one who carries an item from a *reshus hayachid* to a *reshus harabim*, **פָּטוּר** — is exempt, which is against the Torah; **יֵשׁ עֲבוֹדַת כּוֹכָבִים בַּתּוֹרָה** — or, if they said that there is an *issur* in the Torah of worshipping *avodah zarah*, **אֲבָל הַמִּשְׁתַּחֲוֶה** — but one who bows to an idol **פָּטוּר** — is exempt, which is against the Torah, **יָכוֹל יְהוּ פְּטוּרִין** — I might think that in all these cases, they would be exempt from bringing a *Par He'eleim Davar* if the majority sins based on their ruling; **תַּלְמוּד לוֹמַר** — therefore, the *pasuk* says: **וְנֶעְלַם דָּבָר** — "And a matter is hidden," meaning, a detail was forgotten, **וְלֹא כָּל הַגּוּף** — but not the entire essence of the mitzvah.

אָמַר מַר — The *Baraisa* said: **יָכוֹל יְהוּ פְּטוּרִין** — In a case where they ruled to abolish a detail of a mitzvah, I might think they would be exempt. The Gemara asks: **וְאִי בְּקִיּוּם מִקְצָת וּבִיטּוּל מִקְצָת פְּטוּרִין** — If the *tanna* actually thought that when *beis din* rules to keep part of a mitzvah and to abolish part of it, they are exempt, **וּבַעֲקִירַת כָּל הַגּוּף פְּטוּרִין** — and that they are also exempt when they abolish the entire essence of a mitzvah, **בְּמַאי חַיָּיבִין** — in what case would they be obligated? The Gemara answers: **תַּנָּא הָכִי קָא קַשְׁיָא לֵיהּ** — This is what was difficult to the *tanna*: **אֵימָא דָּבָר כּוּלֵּהּ מִילְּתָא מַשְׁמַע** — Perhaps, we should say that "a matter" means the entire mitzvah, and in fact, they would be obligated if they abolished the entire essence of a mitzvah, but for abolishing a detail, they should be exempt. The *tanna* answered this by quoting the *pasuk* again, as the *Baraisa* says: **תַּלְמוּד לוֹמַר** — Therefore the *pasuk* says: **וְנֶעְלַם דָּבָר** — "And a matter is hidden." The Gemara asks: **מַאי מַשְׁמַע** — What is the implication? How do the words ונעלם דבר imply that they are only obligated if they abolish a detail? **אָמַר עוּלָּא** — Ulla said: **קְרֵי בֵּיהּ** — Read it as though it says, **וְנֶעְלַם מִדָּבָר** — "And [a part] **from** a matter was hidden," i.e., a detail of the mitzvah. (By taking the letter *mem* at the end of the word ונעלם and putting it onto the word דבר, it reads מדבר.)

חִזְקִיָּה אָמַר — Chizkiyah offers another explanation as to how the *tanna* learns from this *pasuk* that a *Par He'eleim Davar* is only brought if *beis din* abolishes a detail of a mitzvah, but not the entire mitzvah: **אָמַר קְרָא** — The *pasuk* says: "If a matter was hidden from the eyes of the people, **וְעָשׂוּ אַחַת מִכָּל מִצְוֹת** — and they committed one [transgression] **from** all the *mitzvos*." This implies that *beis din* must rule to transgress, **מִכָּל מִצְוֹת** — a portion from entire *mitzvos*, i.e., some of the details of an entire mitzvah, **וְלֹא כָּל מִצְוֹת** — but not the entire essence of one of the *mitzvos*. The Gemara asks on this: **מִצְוֹת תַּרְתֵּי מַשְׁמַע** — The word "*mitzvos*," in the plural, implies at least two entire *mitzvos*; therefore, "one from all the *mitzvos*" would seem to mean one *entire*

ולא מבעיא למאן דאמר צבור מייתי, דמפרסמא מלתא, אלא אפילו למאן דאמר בית דין מביאין דלא מפרסמא מלתא, אי הוה שאיל הוו אמרין ליה. אמר רבי יוסי בר אבין, ואיתימא רבי יוסי בר זבידא, משל דסומכוס למה הדבר דומה, לאדם שהביא כפרתו בין השמשות, ספק מבעוד יום נתכפר לו, ספק משחשכה נתכפר לו, שאין מביא אשם תלוי, ולא מבעיא למאן דאמר בית דין מביאין דלא מפרסמא מלתא, אלא אפילו למאן דאמר צבור מביאין דמפרסמא מלתא והוו אמרין ליה, דהכא בספק מבעוד יום ספק משחשכה, אי שאיל לא אשכח אינש דמשיילה: אמר לו בן עזאי מאי שנא מן היושב כו': שפיר קאמר ליה רבי עקיבא לבן עזאי. אמר רבא, החזיק בדרך איכא בינייהו, לבן עזאי חייב, דהא בביתיה איתיה, לרבי עקיבא פטור, דהא החזיק בדרך: הורו לו בית דין לעקור את כל הגוף: תנו רבנן, 'ונעלם דבר' ולא שיעקר המצוה כולה; כיצד, אמרו אין נדה בתורה, אין שבת בתורה, אין עבודת כוכבים בתורה, יכול יהו חייבין, תלמוד לומר 'ונעלם דבר' ולא שתתעלם מצוה כולה, הרי אלו פטורין; אבל אמרו יש נדה בתורה אבל הבא על שומרת יום כנגד יום פטור, יש שבת בתורה אבל המוציא מרשות היחיד לרשות הרבים פטור, יש עבודת כוכבים בתורה אבל המשתחוה פטור, יכול יהו פטורין, תלמוד לומר 'ונעלם דבר' ולא כל הגוף. אמר מר, יכול יהו פטורין, ואי בקיום מקצת וביטול מקצת פטורין, ובעקירת כל הגוף פטורין, במאי חייבין. תנא הכי קא קשיא ליה, אימא 'דבר' כולה מילתא משמע, תלמוד לומר 'ונעלם דבר'. מאי משמע. אמר עולא, קרי ביה 'ונעלם מדבר'. חזקיה אמר, אמר קרא, 'ועשו אחת מכל מצות', מכל מצות ולא כל מצות; 'מצות' תרתי משמע; אמר רב נחמן בר יצחק, 'מצות' כתיב. רב אשי אמר, יליף 'דבר' 'דבר' מזקן ממרא, דכתיב ביה בזקן ממרא 'כי יפלא ממך דבר, לא תסור מן הדבר אשר יגידו לך ימין ושמאל', מה ממרא 'מן הדבר' ולא כל דבר, אף בהוראה 'דבר' ולא כל הגוף. אמר רב יהודה אמר שמואל, אין בית דין חייבין עד שיורו בדבר שאין הצדוקין מודין בו, אבל בדבר שהצדוקין מודין בו פטורין; מאי טעמא, זיל קרי בי רב הוא. תנן, יש נדה בתורה, אבל הבא על שומרת יום כנגד יום פטור; ואמאי, שומרת יום כנגד יום הא כתיב, 'וספרה לה' מלמד שסופרת אחד לאחד. דאמרי העראה שריא, גמר ביאה הוא דאסירא. הא נמי כתיב, 'את מקורה הערה'. דאמרי כדרכה אסירא, שלא כדרכה שריא. הא כתיב 'משכבי אשה'. דאמרי כדרכה אסור אפילו העראה, בשלא כדרכה גמר ביאה הוא דאסור אבל העראה שריא. אי הכי, אפילו נדה נמי. אלא לעולם כדרכה, ודאמרי העראה באשה דוה הוא דכתיבא; ואיבעית אימא, דאמרי זבה לא הויא אלא ביממי, דכתיב 'כל ימי זובה'. תנן, יש שבת בתורה אבל המוציא מרשות לרשות פטור; ואמאי, הוצאה הא כתיבא, 'לא תוציאו משא מבתיכם'. [דאמרי הוצאה הוא דאסור, הכנסה מותר; ואיבעית אימא], דאמרי הוצאה (והכנסה) הוא דאסירא, מושיט וזורק שרי. תנן, יש עבודת כוכבים בתורה, אבל המשתחוה פטור; ואמאי, המשתחוה הא כתיבא, דכתיב 'לא תשתחוה לאל אחר'. דאמרי כי אסירא השתחויה כדרכה, אבל שלא כדרכה שריא; ואיבעית אימא, דאמרי השתחויה גופה כדרכה הוא דאסיר דאית בה פשוט ידים ורגלים, הא השתחויה דלית בה פשוט ידים ורגלים שריא.

בעי

mitzvah! The Gemara answers: אָמַר רַב נַחְמָן בַּר יִצְחָק — Rav Nachman bar Yitzchak said: מִצְוַת כְּתִיב — The word "*mitzvos*" is written in the *pasuk* with only one *vav*, which can be read "*mitzvas*," a mitzvah of, which is a singular term. Therefore, the *pasuk* can be understood to mean "one [transgression] from an entire mitzvah," which implies that the ruling permitted one detail of a mitzvah.

רַב אָשֵׁי אָמַר — Rav Ashi offers yet another explanation as to how the *tanna* sees from this *pasuk* that *beis din* must abolish only a detail of a mitzvah: יָלֵיף דָּבָר דָּבָר מִזָּקֵן מַמְרֵא — The *tanna* learns it using a *gezeirah shavah* from the word דבר which is written here and the word דבר which is written in a *pasuk* discussing the halachah of a *zaken mamrei*, (as explained above [2a, אַף אֲנַן נַמֵּי תְּנֵינָא], a member of a local *beis din* who rules contrary to the ruling of *Beis Din Hagadol*). דִּכְתִיב בֵּיהּ בְּזָקֵן מַמְרֵא — Because the *pasuk* writes regarding the *zaken mamrei* (*Devarim* 17:8, 11): כִּי יִפָּלֵא מִמְּךָ דָבָר — "If a matter (דבר) of judgement is unknown to you," לֹא תָסוּר — "do not veer מִן הַדָּבָר אֲשֶׁר יַגִּידוּ לְךָ — from the matter (הדבר) that they tell you, יָמִין וּשְׂמֹאל — to the right or to the left." מָה מַמְרֵא — The *gezeirah shavah* teaches us that just as we find by the *zaken mamrei* that he is only considered a *zaken mamrei* if he argues on a detail of a mitzvah, as the *pasuk* says, מִן הַדָּבָר — "[A part] from the matter," which implies: וְלֹא כָּל דָּבָר — not an entire matter, i.e., an entire mitzvah, אַף בְּהוֹרָאָה — so, too, regarding bringing a *Par He'eleim Davar* for a mistaken ruling, דָּבָר — the word דבר means part of a mitzvah, וְלֹא כָּל הַגּוּף — and not the entire essence of a mitzvah.

אָמַר רַב יְהוּדָה אָמַר שְׁמוּאֵל — Rav Yehuda said in the name of Shmuel: אֵין בֵּית דִּין חַיָּיבִין — *beis din* is not obligated to bring a *Par He'eleim Davar* for a mistaken ruling they give, עַד שֶׁיּוֹרוּ בְּדָבָר שֶׁאֵין הַצַּדּוֹקִין מוֹדִין בּוֹ — unless they give a ruling for something that the *Tzedokim* (who do not believe in *Torah sheb'al peh*) do not agree with—something which is not written explicitly in a *pasuk*, but is learned from a *pasuk* using the methods of *Torah sheb'al peh*. אֲבָל — However, בְּדָבָר שֶׁהַצַּדּוּקִין מוֹדִין בּוֹ — if they gave a ruling regarding something the *Tzedokim* agree with, פְּטוּרִין — they are exempt from having to bring a *Par He'eleim Davar*. מַאי טַעְמָא — What is the reason that they are exempt in such a case? זִיל קְרִי בֵּי רַב הוּא — Because that is something that a person should know from what he learned in his youth, and the people should not have followed the mistaken ruling.

תְּנַן — We learned in our Mishnah: יֵשׁ נִדָּה בַּתּוֹרָה — If *beis din* ruled that there is an *issur* in the Torah of having relations with a typical *niddah*, אֲבָל — however, הַבָּא עַל שׁוֹמֶרֶת יוֹם כְּנֶגֶד יוֹם —one who has relations with a *shomeres yom k'neged yom*, פָּטוּר — is exempt, they would be obligated to bring a *Par He'eleim Davar*, since that is only a detail of the broader mitzvah of *niddah*. The Gemara asks: וְאַמַּאי — According to the rule Rav Yehuda quoted from Shmuel, why would they be obligated in that case? שׁוֹמֶרֶת יוֹם כְּנֶגֶד יוֹם הָא כְּתִיב — The halachah of a *shomeres yom k'neged yom* is written in the Torah, as the

For this *daf's shiur* and charts, scan this QR code:

ולא מבעיא למאן דאמר צבור מייתי, דמפרסמא מלתא, אלא אפילו למאן דאמר [א]בית דין מביאין דלא מפרסמא מלתא, אי הוה שאיל הוו אמרין ליה. אמר רבי יוסי בר אבין, ואיתימא רבי יוסי בר זבידא, משל דסומכוס למה הדבר דומה, לאדם שהביא כפרתו בין השמשות, ספק מבעוד יום נתכפר לו, ספק משחשכה נתכפר לו, שאין מביא אשם תלוי, ולא מבעיא למאן דאמר בית דין מביאין דלא אפרסמא מלתא, אלא אפילו למאן דאמר צבור מביאין דמפרסמא מלתא והוו אמרין ליה, דהכא בספק[א] מבעוד יום ספק משחשכה[ב], אי שאיל לא אשכח איניש דמשיילי׳ה: **אמר לו בן עזאי מאי שנא מן היושב כו':** שפיר קאמר ליה רבי עקיבא לבן עזאי. אמר רבא, החזיק בדרך איכא בינייהו, לבן עזאי חייב, דהא בביתיה[ג] איתיה, לרבי עקיבא [ב]פטור, דהא החזיק בדרך[ד]: **הורו לו[ה] בית דין לעקור את כל הגוף:** תנו רבנן, [א][א] 'ונעלם דבר' ולא שיעקר[ו] המצוה כולה; כיצד, [ג]אמרו אין נדה בתורה, אין שבת בתורה, אין עבודת כוכבים בתורה, יכול יהו חייבין, תלמוד לומר 'ונעלם דבר' ולא שתתעלם מצוה כולה, הרי אלו פטורין; אבל אמרו יש נדה בתורה אבל הבא על שומרת יום כנגד יום פטור, יש שבת בתורה אבל המוציא מרשות היחיד לרשות הרבים פטור, יש עבודת כוכבים בתורה אבל המשתחוה פטור, יכול יהו פטורין, תלמוד לומר 'ונעלם דבר' ולא כל הגוף. אמר מר, יכול יהו פטורין, ואי בקיום מקצת וביטול מקצת פטורין, ובעקירת כל הגוף פטורין, במאי חייבין. תנא הכי קא קשיא ליה, אימא 'דבר' כולה מילתא משמע, תלמוד לומר 'ונעלם דבר'. מאי משמע. אמר עולא, קרי ביה 'ונעלם מדבר'. חזקיה אמר, אמר קרא, [א] 'ועשו אחת מכל מצות', מכל מצות ולא כל מצות; 'מצות' תרתי משמע; אמר רב נחמן בר יצחק, 'מצות' כתיב. רב אשי אמר, [ג]יליף 'דבר' 'דבר' מזקן ממרא, דכתיב ביה בזקן ממרא [ב] 'כי יפלא ממך דבר, לא תסור מן הדבר אשר יגידו לך ימין ושמאל', מה ממרא 'מן הדבר' ולא כל דבר, אף בהוראה 'דבר' ולא כל הגוף. **אמר רב יהודה אמר שמואל**, אין בית דין חייבין עד שיורו [ג]בדבר שאין הצדוקין מודין בו, אבל בדבר שהצדוקין מודין בו פטורין; מאי טעמא, זיל קרי בי רב הוא. תנן, יש נדה בתורה, אבל הבא על שומרת יום כנגד יום פטור; ואמאי, שומרת יום כנגד יום הא כתיב, [ג] 'וספרה לה'[ז] [ד]מלמד שסופרת אחד לאחד. דאמרי העראה שריא, גמר ביאה הוא דאסירא. הא נמי כתיב, [ד] 'את מקורה הערה'. דאמרי כדרכה אסירא, שלא כדרכה שריא. [ה]הא כתיב 'משכבי אשה'. דאמרי כדרכה אסור אפילו העראה, בשלא כדרכה גמר ביאה הוא דאסור אבל העראה שריא. אי הכי, אפילו נדה נמי. אלא לעולם כדרכה, ודאמרי העראה [ה]באשה דוה הוא דכתיבא; ואיבעית אימא, [ד]דאמרי זבה לא הויא אלא בימימי, דכתיב [ו] 'כל ימי זובה'. תנן, יש שבת בתורה אבל המוציא מרשות לרשות פטור; ואמאי, הוצאה הא כתיבא, [ז] 'לא תוציאו משא מבתיכם'[ח]. [דאמרי הוצאה הוא דאסור, הכנסה מותר; ואיבעית אימא[ט]], [ה]דאמרי הוצאה (והכנסה[י]) הוא דאסירא, מושיט וזורק שרי. תנן, יש עבודת כוכבים בתורה, אבל המשתחוה פטור; ואמאי, המשתחוה הא כתיבא, דכתיב [ח] 'לא תשתחוה לאל אחר'. דאמרי כי אסירא השתחויה כדרכה, אבל שלא כדרכה שריא; ואיבעית אימא, דאמרי השתחויה גופה כדרכה[כ] הוא דאסיר [ו]דאית בה פשוט ידים ורגלים, הא השתחויה דלית בה פשוט ידים ורגלים שריא.

בעי

רש"י

ולא מיבעיא למאן דאמר צבור מביאין. דכי הביאו כפרתן דמי, דהא מפרסמא מלתא, ולא הוי האי יחיד תולה בבי"ד, אלא אפילו למאן דאמר דכי הורו בי"ד ועשו קהל על פיהם דבי"ד מביאין עליהם פר והם פטורין, דאיכא למימר לא מפרסמא מילתא כל כך, והאי יחיד תולה בבית דין הוא, אפ"ה לאו תולה בבי"ד הוא, שהרי היה בידו לישאל מפני מה בי"ד מביאין פר, ואי שאיל[ל] אומרים לו דטעו וחזרו, הלכך תולה בעצמו קרינא ביה, ואית ביה צד חיוב מעליא, הלכך מביא אשם תלוי: ספק מבעוד יום נתכפר לו. והיא כפרה מעליא: ספק משחשכה נתכפר לו. ולא הוי כפרה מעליא[מ], ד'ביום צוותו' כתיב, דקיימא לן דפטור, דאין צריך להביא קרבן אחר, ואע"פ שהוא קרב אחר תמיד של בין הערבים °אין בו שום פסול, דהכי אמר בפרק תמיד נשחט (פסחים דף נט.), דאתי עשה דפסח ועשה דאכילת קדשים ודחי עשה דהשלמה, ואיכא נמי שינויי אחריני טובא, והא הכא (מפני[נ]) דבין השמשות לית ביה צד חיוב מעליא, דליכא למימר שמא משחשכה נתכפר לו, שהרי בין השמשות כהרף עין, ואין אדם בעולם יכול לעמוד עליו אם מן היום או מן הלילה, ופטור, ה"נ ליכא למימר שמא ממש תולה בעצמו, שהרי כבר הורו בי"ד: ולא מיבעיא למ"ד בי"ד מביאין. ולא לצבור, דלא מפרסמא מלתא היא, והאי יחיד תולה בבי"ד הוא ופטור: אלא אפילו למ"ד צבור מביאין. ואיכא למימר מפרסמא מלתא היא, והאי יחיד לאו תולה בבי"ד, ותולה בעצמו הוא, אפ"ה אמר תולה בבי"ד הוא, דכי עשה על פיהן עשה: לא משכח איניש דלשייליה. ולא סליק אדעתיה למישאל למה הביאו צבור פר, הלכך ליכא צד חיוב מעליא, דהא צד פטור טפי, דתולה בבי"ד הוא, הלכך אינו מביא אשם תלוי: החזיק בדרך. לילך למדינת הים, ועדיין ישנו בעיר איכא בינייהו: לרבי עקיבא פטור דהא החזיק בדרך. דכיון דטרוד בדרך לא היה אפשר לו שישמע דחזרו בהן, הלכך תולה בבי"ד הוא, ופטור לגמרי: תנא קשיא ליה, 'דבר' כולה מלתא משמע. לעקור כל הגוף, דהא לא כתיב 'מדבר', ואימא איפכא, דהורו לבטל במקצת ולקיים במקצת יכול יהו פטורין, וכי הורו לעקור כל הגוף יהו חייבין: ת"ל 'ונעלם דבר'. ללמד דבטול מקצת וקיום מקצת חייב: מאי משמע. כלומר היכי משמע האי 'ונעלם דבר' לקיום מקצת ובטול מקצת: אמר עולא, קרי ביה 'ונעלם מדבר'. דהאי מ"ם ד'ונעלם' 'דבר', דמ"ם נדרשת לפניו ולאחריו, וקרי ביה 'ונעלם מדבר', דמשמע 'מדבר' ולא כל דבר: חזקיה אמר. מסיפא דקרא נפקא, 'מכל מצות', דמשמע מכל מצות של שבת, דהוי בטול מקצת וקיום מקצת, או מכל מצות של עבודת כוכבים, דהוי ביטול מקצת וקיום מקצת, או מכל מצות נדה, דהוי ביטול מקצת וקיום מקצת, ולא כל מצות השבת, דהוי עוקר כל הגוף, ולא כל מצות דנדה ודעבודת כוכבים, דעוקר כל הגוף: 'מצות' תרתי משמע. כלומר, 'מצות' טובא משמע, כגון נדה שבת ועבודת כוכבים, דהכי משמע 'ועשה אחת מכל מצות ה'', דעבד חד מהני, או שבת או עבודת כוכבים או נדה, ולעולם בעוקר כל הגוף קא מיירי: אמר רב נחמן בר יצחק 'מצות' כתיב. בחד וי"ו, דחדא מצוה משמע, דהכי משמע, 'ועשה אחת מכל מצות' דשבת, או 'אחת מכל מצות' דעבודת כוכבים, או 'אחת מכל מצות' דנדה, דהוי מקיים מקצת דשבת ומבטל מקצת, והוא הדין לעבודת כוכבים, והוא הדין לנדה, והוא הדין לשאר מצות, דקיום מקצת ובטול מקצת חייב, ועוקר כל הגוף פטור: מה זקן ממרא 'מן הדבר' ולא כל דבר. דהא כתיב 'מן הדבר', ותנן באלו הן הנחנקין (סנהדרין דף פח:) 'האומר אין תפלין לעבור על דברי תורה פטור, חמש טוטפות להוסיף על דברי סופרים חייב', דהיינו 'מן הדבר' ולא כל דבר: אין בי"ד חייבין. דלא הוי הוראה מעליא עד שיורו להתיר בדבר שאין הצדוקין מודין שיהא אסור, שהורו להיתר בדבר איסור שאין כתוב בתורה בהדיא: זיל קרי בי רב הוא. דכיון דאפשר לו ללמוד ולידע לא הוי שוגג מעליא, וקרוב למזיד הוי: אחד לאחד. היינו יום כנגד יום: דאמרי כדרכה אסירא. גמר ביאה, ושלא כדרכה שריא: והא. שלא כדרכה נמי כתיב, 'משכבי אשה', שני משכבות, אחד כדרכה ואחד שלא כדרכה: דאמרי כדרכה אסירא אפילו העראה. דהאי דכתיב 'את מקורה הערה' בכדרכה: אי הכי. מאי איריא דקתני שהורו בשומרת יום כנגד יום, אפילו נדה נמי כי האי גוונא קיום מקצת וביטול מקצת הוא, והוי בדבר שאין הצדוקין מודין בו: אלא לעולם בכדרכה. דאמרי בשומרת יום העראה שריא אפילו בכדרכה, וגמר ביאה הוא דאסיר, ודקאמרת 'הא העראה כתיב', דאמרי העראה באשה נדה הוא דכתיב, ולא בשומרת יום, הלכך לא מתוקמא בנדה, אלא בשומרת יום, והוי בדבר שאין הצדוקין מודין בה: ואי בעית אימא. דקאמרת שומרת יום הא כתיבא, הא לא קשיא, דכי קתני כגון דאמרי זבה לא הויא אלא [היכא דחזיא] בימאמא, כדכתיב 'כל ימי זובה', אבל היכא דחזיא בליליא טהורה, והוא הדין לשומרת יום דאמרי דהוא היכא דקחזיא בימאמא, דהיינו בימי זיבה, הלכך לא מתוקמא בנדה, אלא בשומרת יום וזבה[ס], והויא הוראה בדבר שאין הצדוקין מודין: מושיט וזורק. לא כתיבי בהדיא: השתחואה שלא כדרכה. כגון משתחוה לפעור או למרקולים: השתחואה. בפשוט ידים ורגלים, °כדכתיב (בראשית יט) 'וישתחו[ע] אפים ארצה':

בעי

תוספות

שהביא כפרתו בין השמשות. משמע אבל קודם לכן נתכפר, אע"ג דקרב אחר תמיד בין הערבים. וקשה, [illegible] דפסולין, וכן משמע בפסחים[ו], דרמי התם 'כתיב לא ילין עד בוקר, הא כל [illegible] השלמים' כו', ולא משני הא לכתחלה הא דיעבד, אלמא דפסולין. ושמא הכא [illegible] בערב פסח, כדאמרינן התם[ז] 'אין מתעכב אחר התמיד בין הערבים אלא קטורת ונרות ומחוסר כפורים בערב פסח': קרי ביה 'ונעלם מדבר'. דמ"ס מ'ונעלם' קאי להכא ולהכא, ואמר [illegible] דורשין מתחלת פרשה לסופה, וא"ד אף באמצע פרשה, 'ויצקת עליה שמן' [illegible] המנחות ליליקה. הקשה ריב"ק בר' מאיר מאי שנא דהכא דרשינן 'ונעלם [illegible] לכ"ע דרשינן[ח] 'דבר' ולא חצי דבר. וי"ל, דודאי 'דבר' כולה דבר משמע, והכא [illegible] מכל מצות ה'', דמשמע מצוה שלימה, למאי הלכתא כתב 'דבר', אלא ע"כ [illegible] אחד מן המצות[ט], וכן בכל דוכתי גורעין ומוסיפין ודורשין משום דוחקא [illegible] כי ההוא דהזהב[י], דה"ל למכתב 'וחמישיתו יוסף עליו', כי היכי דכתיב[כ] [illegible] ה"ל למכתב 'אשתו תירש את הנחלה', וכי כתב קרא צריך ליישב המקרא על [illegible] דאתי קרא לחייב רק קיום מקצת וביטול מקצת, דלמא קרא אתא אפילו [illegible] הגוף, כדאמר בפרק הנחנקין[ל] גבי עבודת כוכבים, דכתיב 'מן הדרך' אפילו [illegible]

ואי לאו מיעוט דשאר מצות והוי כתיב סתמא היה חייב נמי בשאר מצות בכל ענין, והכי נמי [illegible] הכא 'דבר' למעוטי כל הגוף. וליכא למימר איפכא ד'דבר' כולו דבר משמע, דתניא בת"כ [illegible] מצות ה'', וכתיב במשיח מכל מצות ה'', ואי לא דמיחייב אלא בעוקר כל הגוף לא משכחת [illegible] אלא בתו מאנוסתו ואם חמותו ואם חמיו דבר שאין הצדוקין מודין בו. הועתק מפירוש רבינו [illegible] רב אשי אמר יליף 'דבר' 'דבר' מזקן ממרא. והתם יליף בתוספתא[ו] 'בין דם לדם' ולא כל דבר, [illegible] שמיע להו ברייתא דילן[פ] מטעמא אחרינא: בדבר שאין הצדוקין מודין בו. והא דאצטריך [illegible] דבר, ולא נפיק משום דצדוקין מודין בו, כמו בתו מאנוסתו, דלית להו ג"ש, או אם חמי[illegible] ומתניתין דנקט נדה ושבת ועבודת כוכבים, לא משום דאהנהו דווקא קאי, אלא רק לפר[illegible] נקטינהו: יש נדה אבל הבא על שומרת יום כו'. בנדה גופה הוי מצי לאשכוחי טובא, כגון [illegible] שחור, וטובא דחשיב בת"כ, אלא דאתא לאשמועינן אפילו בשומרת יום ובנדה מקרי קיום מקצת [illegible] ובגמרא דפריך 'אי הכי אפילו נדה נמי', ה"פ, אפילו נדה בכה"ג אי הוה בדבר שאין הצדוקי[ן] [illegible] קיום מקצת: הכתיב 'וספרה לה' ל"ג, דהא בשמעתא בתרייתא דנדה מפיק לה מ'משכב [illegible] שלא כדרכה נמי הכתיב כו'. משמע דצדוקין מודין בו, ובפרק אחד דיני ממונות[ס] גבי 'טעה [illegible] משמע דאין צדוקין מודין בו; התם בהעראה שלא כדרכה: הכתיב 'כל ימי זובה'. ה"מ ל[illegible] דכתיב 'וזב דמה ימים רבים': דאמרי הוצאה אסירא והכנסה שריא, [illegible]

מסורת הש"ס עם הוספות

א) [לקמן דף ז:], ב) [סנהדרין דף פז.], ג) סנהדרין לג:, ד) נדה עג., ה) פסחים פ"ד ה"ב, ו) שם, ז) ב"ק [illegible], ח) ב"מ נד:, ט) ויקרא כז לא, י) ב"ב קיא:, כ) סנהדרין לג., [illegible] מ) ראה פיסקא לד, נ) פי"ח דמכילתין, ס) סנהדרין לג: ושם ד"ה טעה.

גליון הש"ס

[illegible]

תורה אור השלם

א) ואם כל עדת ישראל ישגו ונעלם דבר מעיני הקהל ועשו אחת מכל מצות ה' אשר לא תעשינה ואשמו: [ויקרא ד, יג]

ב) כי יפלא ממך דבר למשפט בין דם לדם בין דין לדין ובין נגע לנגע דברי ריבת בשעריך וקמת ועלית אל המקום אשר יבחר ה' אלהיך בו: על פי התורה אשר יורוך ועל המשפט אשר יאמרו לך תעשה לא תסור מן הדבר אשר יגידו לך ימין ושמאל: [דברים יז, ח-יא]

ג) ואם טהרה מזובה וספרה לה שבעת ימים ואחר תטהר: [ויקרא טו, כח]

ד) ואיש אשר ישכב את אשה דוה וגלה את ערותה את מקרה הערה והוא גלתה את מקור דמיה ונכרתו שניהם מקרב עמם: [ויקרא כ, יח]

ה) ואת זכר לא תשכב משכבי אשה תועבה הוא: [ויקרא יח, כב]

ו) כל המשכב אשר תשכב עליו כל ימי זובה כמשכב נדתה יהיה לה וכל הכלי אשר תשב עליו טמא יהיה כטמאת נדתה: [ויקרא טו, כו]

ז) ולא תוציאו משא מבתיכם ביום השבת וכל מלאכה לא תעשו וקדשתם את יום השבת כאשר צויתי את אבותיכם: [ירמיה יז, כב]

ח) כי לא תשתחוה לאל אחר כי ה' קנא שמו אל קנא הוא: [שמות לד, יד]

עין משפט נר מצוה

ל א מיי' פי"ג מהלכות שגגות הלכה ב ופי"ד הל"ב סמג עשין ריז:
לא ב מיי' שם פי"ב הלכה ה:
לב ג ד ה ו מיי' שם הלכה ב:

תוספות הרא"ש

ולא מבעיא למ"ד צבור מייתי. [נמצא בהשמטות]: אלא אפי' למ"ד ב"ד מייתי אי הוה שאיל אמרי ליה. [נמצא בהשמטות]: סומכוס אומר תלוי. [נמצא בהשמטות]: ולא מבעיא למ"ד ב"ד מייתי כו'. [נמצא בהשמטות]: והא כתיב וספרה לה ז' ימים. [נמצא בהשמטות]: דאמרי הוצאה אסורה הכנסה מותרת. [נמצא בהשמטות]: דאמרי השתחואה גופה דאית בה פשוט ידים ורגלים. [נמצא בהשמטות]:

הגהות וציונים

א] לפי הגהות הגאון בעל מעשה רב צ"ל בספק (גליון). [illegible]

---

pasuk says regarding a *zavah* (*Vayikra* 15:28): וְסָפְרָה לָּהּ — "She should count for herself;" מְלַמֵּד — the extra word לה, for herself, teaches us, שֶׁסּוֹפֶרֶת אֶחָד לְאֶחָד — that if she has a bloody discharge on one of the eleven days from the end of her last menstrual period to the expected start of the next one, she observes one clean day for the one day that she had the discharge. The *Chachamim* knew that even the *Tzedokim* learned this halachah from the clearly extra word לה; if so, why is this a ruling for which *beis din* would be obligated, since the *Tzedokim* agree to it?

The Gemara answers: דְּאָמְרִי — The case in the Mishnah is that *beis din* said, הַעֲרָאָה שַׁרְיָא — *ha'ara'ah* (the beginning stage of intercourse) is permitted with a *shomeres yom k'neged yom*, גְּמַר בִּיאָה הוּא דַּאֲסִירָא — and only *gemar bi'ah* (the final stage of intercourse) is forbidden. This is abolishing only part of the mitzvah of *niddah*, and is not something that the *Tzedokim* agree to; the *Tzedokim* would hold that only *g'mar bi'ah* is forbidden.

The Gemara asks: הָא נָמֵי כְּתִיב — The fact that even *ha'ara'ah* is forbidden is also written explicitly in the Torah, and is therefore something the *Tzedokim* would agree to, as the *pasuk* says regarding having relations with a *niddah* (*Vayikra* 20:18): אֶת מְקוֹרָהּ הֶעֱרָה — "He has uncovered her source," which is a reference to *ha'ara'ah*. The Gemara answers: דְּאָמְרִי — The case is that *beis din* said, כְּדַרְכָּהּ אֲסִירָא — regular intercourse with a *shomeres yom k'neged yom* is forbidden, שֶׁלֹּא כְּדַרְכָּהּ שַׁרְיָא — but irregular intercourse is permitted. The *Tzedokim* would only hold that regular intercourse is forbidden.

The Gemara asks: הָא כְּתִיב — The fact that even irregular intercourse is forbidden is written explicitly in the Torah, and therefore, the *Tzedokim* would agree to it, as is written (*Vayikra* 18:22): מִשְׁכְּבֵי אִשָּׁה — "Laying with a woman," which teaches us that regarding forbidden relations, all types of intercourse are equally forbidden. The Gemara answers: דְּאָמְרִי — The case is that *beis din* said, כְּדַרְכָּהּ אָסוּר אֲפִילּוּ הַעֲרָאָה — with regard to regular intercourse with a *shomeres yom k'neged yom*, even *ha'ara'ah* is forbidden; בְּשֶׁלֹּא כְּדַרְכָּהּ — but with regard to irregular intercourse, גְּמַר בִּיאָה הוּא דְּאָסוּר — only *g'mar bi'ah* is forbidden, אֲבָל הַעֲרָאָה שַׁרְיָא — but *ha'ara'ah* is permitted, which is against the Torah. The *Tzedokim* would hold that *ha'ara'ah* is indeed permitted with irregular intercourse, and therefore, this is not a ruling regarding something the *Tzedokim* would agree to, and *beis din* would be obligated for it.

The Gemara asks: אִי הָכִי — If so, that the case of the Mishnah is that the ruling was to permit *ha'ara'ah* of irregular intercourse, why does the Mishnah say that their ruling was specifically regarding a *shomeres yom k'neged yom*? אֲפִילּוּ נִדָּה נָמֵי — The case could have been that they give this ruling regarding a typical *niddah*, as well! That would also be a ruling that abolishes a detail of a mitzvah (that specific type of intercourse with a *niddah*) but keeps the rest of it. The Gemara answers: אֶלָּא — Rather, לְעוֹלָם — really the case was that they ruled to permit *ha'ara'ah* with a

For this *daf's shiur* and charts, scan this QR code:

מסורת הש"ס עם הוספות

[illegible]

גליון הש"ס

[illegible]

תורה אור השלם

א) ואם כל עדת ישראל ישגו ונעלם דבר מעיני הקהל ועשו אחת מכל מצות ה' אשר לא תעשינה ואשמו: (ויקרא ד, יג)

ב) כי יפלא ממך דבר למשפט בין דם לדם בין דין לדין ובין נגע לנגע דברי ריבת בשעריך וקמת ועלית אל המקום אשר יבחר ה' אלהיך בו: על פי התורה אשר יורוך ועל המשפט אשר יאמרו לך תעשה לא תסור מן הדבר אשר יגידו לך ימין ושמאל: (דברים יז, ח-יא)

ג) ואם טהרה מזובה וספרה לה שבעת ימים ואחר תטהר: (ויקרא טו, כח)

ד) ואיש אשר ישכב את אשה דוה וגלה את ערותה את מקרה הערה והוא גלתה את מקור דמיה ונכרתו שניהם מקרב עמם: (ויקרא כ, יח)

ה) ואיש אשר ישכב את זכר משכבי אשה תועבה עשו שניהם מות יומתו דמיהם בם: (ויקרא כ, יג)

ו) כל המשכב אשר תשכב עליו כל ימי זובה כמשכב נדתה יהיה לה וכל הכלי אשר תשב עליו טמא יהיה כטמאת נדתה: (ויקרא טו, כו)

ז) ולא תוציאו משא מבתיכם ביום השבת וכל מלאכה לא תעשו וקדשתם את יום השבת כאשר צויתי את אבותיכם: (ירמיה יז, כב) ראו כי ה' נתן לכם השבת על כן הוא נתן לכם ביום הששי לחם יומים שבו איש תחתיו אל יצא איש ממקמו ביום השביעי: (שמות טז, כט)

ח) כי לא תשתחוה לאל אחר כי ה' קנא שמו אל קנא הוא: (שמות לד, יד)

עין משפט נר מצוה

[illegible]

תוספות הרא"ש

[illegible]

הגהות וציונים

[illegible]

ולא מבעיא למאן דאמר צבור מייתי, דמפרסמא מלתא, אלא אפילו למאן דאמר בית דין מביאין דלא מפרסמא מלתא, אי הוה שאיל הוו אמרין ליה. אמר רבי יוסי בר אבין, ואיתימא רבי יוסי בר זבידא, משל דסומכוס למה הדבר דומה, לאדם שהביא כפרתו בין השמשות, ספק מבעוד יום נתכפר לו, ספק משחשכה נתכפר לו, שאין מביא אשם תלוי, ולא מבעיא למאן דאמר בית דין מביאין דלא אפרסמא מלתא, אלא אפילו למאן דאמר צבור מביאין דמפרסמא מלתא והוו אמרין ליה, דהכא בספק מבעוד יום ספק משחשכה, אי שאיל לא אשכח איניש דמשיילה: **אמר לו בן עזאי מאי שנא מן היושב כו':** שפיר קאמר ליה רבי עקיבא לבן עזאי. אמר רבא, החזיק בדרך איכא בינייהו, לבן עזאי חייב, דהא בביתיה איתיה, לרבי עקיבא פטור, דהא החזיק בדרך: **הורו לו בית דין לעקור את כל הגוף:** תנו רבנן, 'ונעלם דבר' ולא שיעקרו המצוה כולה; כיצד, אמרו אין נדה בתורה, אין שבת בתורה, אין עבודת כוכבים בתורה, יכול יהו חייבין, תלמוד לומר 'ונעלם דבר' ולא שתתעלם מצוה כולה, הרי אלו פטורין; אבל אמרו יש נדה בתורה אבל הבא על שומרת יום כנגד יום פטור, יש שבת בתורה אבל המוציא מרשות היחיד לרשות הרבים פטור, יש עבודת כוכבים בתורה אבל המשתחוה פטור, יכול יהו פטורין, תלמוד לומר 'ונעלם דבר' ולא כל הגוף. אמר מר, יכול יהו פטורין, ואי בקיום מקצת וביטול מקצת פטורין, ובעקירת כל הגוף פטורין, במאי חייבין. תנא הכי קא קשיא ליה, אימא 'דבר' כולה מילתא משמע, תלמוד לומר 'ונעלם דבר'. מאי משמע. אמר עולא, קרי ביה 'ונעלם מדבר'. חזקיה אמר, אמר קרא, 'ועשו אחת מכל מצות', מכל מצות ולא כל מצות; 'מצות' תרתי משמע; אמר רב נחמן בר יצחק, 'מצות' כתיב. רב אשי אמר, יליף 'דבר' 'דבר' מזקן ממרא, דכתיב ביה בזקן ממרא 'כי יפלא ממך דבר, לא תסור מן הדבר אשר יגידו לך ימין ושמאל', מה ממרא 'מן הדבר' ולא כל דבר, אף בהוראה 'דבר' ולא כל הגוף. **אמר רב יהודה אמר שמואל, אין בית דין חייבין עד שיורו בדבר שאין הצדוקין מודין בו, אבל בדבר שהצדוקין מודין בו פטורין;** מאי טעמא, זיל קרי בי רב הוא. תנן, יש נדה בתורה, אבל הבא על שומרת יום כנגד יום פטור; ואמאי, שומרת יום כנגד יום הא כתיב, 'וספרה לה' מלמד שסופרת אחד לאחד. דאמרי העראה שריא, גמר ביאה הוא דאסירא. הא נמי כתיב, 'את מקורה הערה'. דאמרי כדרכה אסירא, שלא כדרכה שריא. הא כתיב 'משכבי אשה'. דאמרי כדרכה אסור אפילו העראה, בשלא כדרכה גמר ביאה הוא דאסור אבל העראה שריא. אי הכי, אפילו נדה נמי. אלא לעולם כדרכה, ודאמרי העראה באשה דוה הוא דכתיבא; ואיבעית אימא, דאמרי זבה לא הויא אלא בימממי, דכתיב 'כל ימי זובה'. תנן, יש שבת בתורה אבל המוציא מרשות לרשות פטור; ואמאי, הוצאה הא כתיבא, 'לא תוציאו משא מבתיכם'. [דאמרי הוצאה הוא דאסור, הכנסה מותר; ואיבעית אימא], דאמרי הוצאה (והכנסה) הוא דאסירא, מושיט וזורק שרי. תנן, יש עבודת כוכבים בתורה, אבל המשתחוה פטור; ואמאי, המשתחוה הא כתיבא, דכתיב 'לא תשתחוה לאל אחר'. דאמרי כי אסירא השתחויה כדרכה, אבל שלא כדרכה שריא; ואיבעית אימא, דאמרי השתחויה גופה כדרכה הוא דאסיר דאית בה פשוט ידים ורגלים, הא השתחויה דלית בה פשוט ידים ורגלים שריא.

בעי

רש"י

ולא מבעיא למאן דאמר צבור מביאין. דכי הביאו כפרתן דמי, דהא מפרסמא מלתא, ולא הוי האי יחיד תולה בבי"ד, אלא אפילו למאן דאמר דכי הורו בי"ד ועשו קהל על פיהם בי"ד מביאין עליהם פר והם פטורין, דאיכא למימר לא מפרסמא מילתא כל כך, והאי יחיד תולה בבית דין הוא, אפ"ה לאו תולה בבי"ד הוא, שהרי היה בידו לשאול מפני מה בי"ד מביאין פר, ואי שאיל אומרים לו דטעו וחזרו, הלכך תולה בעצמו קרינא ביה, ואית ביה צד חיוב מעליא, הלכך מביא אשם תלוי: ספק מבעוד יום נתכפר לו. והוי כפרה מעליא: ספק משחשכה נתכפר לו. ולא הוי כפרה מעליא, ד'ביום צותו' כתיב, דקיימא לן דפטור, דאין צריך להביא קרבן אחר, ואע"פ שהוא קרב אחר תמיד של בין הערבים °אין בו שום פסול, דהכי אמר בפרק תמיד נשחט (פסחים דף נט.), דאתי עשה דפסח ועשה דאכילת קדשים ודחי עשה דהשלמה, והכא נמי שינויי אחריני טובא, והא הכא (מספק) דבין השמשות לית ביה צד חיוב מעליא, דליכא למימר שמא משחשכה נתכפר לו, שהרי בין השמשות כהרף עין, ואין אדם בעולם יכול לעמוד עליו אם מן היום או מן הלילה, ופטור, ה"נ ליכא למימר שמא ממש תולה בעצמו, שהרי כבר הורו בי"ד: ולא מבעיא למ"ד בי"ד מביאין. ולא צבור, דלא מפרסמא מלתא היא, והאי יחיד תולה בבי"ד הוא ופטור: אלא אפילו למ"ד צבור מביאין. ואיכא למימר מפרסמא מלתא היא, והאי יחיד לאו תולה בבי"ד, ותולה בעצמו הוא, אפ"ה אמר תולה בבי"ד הוא, דכי עשה על פיהן עשה: לא משכח איניש דלשיילה. ולא סליק אדעתיה למישאל למה הביאו צבור פר, הלכך ליכא צד חיוב מעליא, דהא צד פטור שייך ביה טפי, דתולה בבי"ד הוא, הלכך אינו מביא אשם תלוי: החזיק בדרך. ליילך למדינת הים, ועדיין ישנו בעיר איכא בינייהו: לרבי עקיבא פטור דהא החזיק בדרך. דכיון דטרוד הוא, לא היה אפשר לו שישמע דחזרו בהן, הלכך תולה בבי"ד הוא, ופטור לגמרי: תנא הכי קשיא ליה, 'דבר' כולה מלתא משמע. דהורו לעקור כל הגוף, דהא לא כתיב 'מדבר', ואימא איפכא, דהורו לבטל במקצת ולקיים במקצת יכול יהו פטורין, וכי הורו לעקור כל הגוף יהו חייבין: ת"ל 'ונעלם דבר'. בא ללמד דבבטול מקצת וקיום מקצת חייב: מאי משמע. כלומר היכי משמע האי 'ונעלם' דבר קיום מקצת ובטול מקצת: אמר עולא. קרי ביה 'ונעלם מדבר'. דהאי מ"ם ד'ונעלם' שייך ל'דבר', דמ"ם נדרשת לפניו ולאחריו. וקרי ביה 'ונעלם מדבר', דמשמע 'מדבר' ולא כל דבר: חזקיה אמר. מסיפא דקרא נפקא, 'מכל מצות', דמשמע מכל מצות של שבת, דהוי בטול מקצת וקיום מקצת, או מכל מצות עבודת כוכבים, דהוי ביטול מקצת וקיום מקצת, או מכל מצות נדה, דהוי ביטול מקצת וקיום מקצת, ולא כל מצות השבת, דהוי עוקר כל הגוף, ולא כל מצות דנדה ודעבודת כוכבים, דעוקר כל הגוף: 'מצות' תרתי משמע. כלומר, 'מצות' טובא משמע, כגון נדה שבת ועבודת כוכבים, דהכי משמע 'ועשה אחת מכל מצות ה'', דעבד חד מהני, או שבת או עבודת כוכבים או נדה, ולעולם בעוקר כל הגוף קא מיירי: אמר רב נחמן בר יצחק 'מצות' כתיב. בחד וי"ו, דחדא מצוה משמע, דהכי משמע, 'ועשה אחת מכל מצות' דשבת, או 'אחת מכל מצות' דעבודת כוכבים, או 'אחת מכל מצות' דנדה, דהוי מקיים מקצת דשבת ומבטל מקצת, והוא הדין לעבודת כוכבים, והוא הדין לנדה, והוא הדין לשאר מצות, דקיום מקצת וביטול מקצת חייב, ועוקר כל הגוף פטור: מה זקן ממרא 'מן הדבר' ולא כל דבר. דהא כתיב 'מן הדבר', ותנן באלו הן הנחנקין (סנהדרין דף פח:) 'האומר אין תפלין לעבור על דברי תורה פטור, חמש טוטפות להוסיף על דברי סופרים חייב', דהיינו 'מן הדבר' ולא כל דבר: אין ב"ד חייבין. דלא הוי הוראה מעלייא עד שיורו להתיר בדבר שאין הצדוקין מודין שיהא אסור, שהורו להיתר בדבר איסור שאין כתוב בתורה בהדיא: זיל קרי בי רב הוא. דכיון דאפשר לו ללמוד ולידע לא הוי שוגג מעליא, וקרוב למזיד הוי: אחד לאחד. היינו יום כנגד יום: דאמרי כדרכה אסירא. גמר ביאה, ושלא כדרכה שריא: והא. שלא כדרכה נמי כתיב, 'משכבי אשה', שני משכבות, אחד כדרכה ואחד שלא כדרכה: דאמרי כדרכה אסירא אפילו העראה. דהאי דכתיב 'את מקורה הערה' בכדרכה: אי הכי. מאי איריא דקתני שהורו בשומרת יום כנגד יום, אפילו נדה נמי כי האי גוונא קיום מקצת וביטול מקצת הוא, והוי בדבר שאין הצדוקין מודין בו: אלא לעולם בכדרכה. דאמרי בשומרת יום העראה שריא אפילו בכדרכה, וגמר ביאה הוא דאסיר, ודקאמרת 'הא הערה כתיב', דאמרי הערה באשה נדה הוא דכתיב, ולא בשומרת יום, הלכך לא מתוקמא בנדה, אלא בשומרת יום, והוי בדבר שאין הצדוקין מודין בה: ואי בעית אימא. דקאמרת שומרת יום הא כתיבא, הא לא קשיא, דכי קתני כגון דאמרי זבה לא הויא אלא [היכא דחזיא] ביממא, כדכתיב 'כל ימי זובה', אבל היכא דחזיא בליליא טהורה, והוא הדין לשומרת יום דאמרי דהוא היכא דקחזיא ביממא, דהיינו בימי זיבה, הלכך לא מתוקמא בנדה, אלא בשומרת יום וזבה, והויא הוראה בדבר שאין הצדוקין מודין: מושיט וזורק. לא כתיבי בהדיא: השתחואה שלא כדרכה. כגון משתחוה לפעור או למרקולים: השתחואה. בפשוט ידים ורגלים, °כדכתיב (בראשית יט) 'וישתחו אפים ארצה':

בעי

תוספות

שהביא כפרתו בין השמשות. משמע אבל קודם לכן נתכפר, אע"ג דקרב אחר תמיד בין הערבים. וקשה, דבתוספתא משמע דפסולין, וכן משמע בפסחים, דרמי התם 'כתיב לא ילין עד בוקר, הא כל הלילה ילין, וכתיב עליה השלם' כו', ולא משני הא לכתחלה הא דיעבד, אלמא דפסולין. ושמא הכא נמי איירי במחוסר כפורים בערב פסח, כדאמרינן התם 'אין מתעכב אחר התמיד בין הערבים אלא קטרת ונרות ומחוסר כפורים בערב פסח': קרי ביה 'ונעלם מדבר'. דמ"ס מ'ונעלם' קאי להכא ולהכא, ואמר בירושלמי דאיכא דאמר גורעין ודורשין מתחלת פרשה לסופה, וא"ד אף באמצע פרשה, 'ויצקת עליה שמן' [illegible] המנחות ליליקה. הקשה ריצ"ק ברבי מאיר מאי שנא דהכא דרשינן 'ונעלם [illegible] לכ"ע דרשינן 'דבר' ולא חלי דבר. וי"ל, דודאי 'דבר' כולה דבר משמע, והכא [illegible] מכל מצות ה'', דמשמע מצוה שלימה, למאי הלכתא כתב 'דבר', אלא ע"כ [illegible] דבר אחד מן המצות, וכן בכל דוכתי גורעין ומוסיפין ודורשין משום דוחקא [illegible] פשיה, כי ההוא דהזהב, דה"ל למכתב 'וחמישיתו יוסף עליו', כי היכי דכתיב [illegible] ה"ל למכתב 'אשתו תירש את הנחלה', וכי כתב קרא צריך ליישב המקרא על [illegible] דאתי קרא לחייב רק קיום מקצת וביטול מקצת, דלמא קרא אתא אפילו [illegible] הגוף, כדאמר בפרק הנחנקין גבי עבודת כוכבים, דכתיב 'מן הדרך' אפילו [illegible] ובין על כל הגוף, אבל בשאר מצות אינו חייב אלא בביטול כל הגוף. וי"ל, [illegible] בספרי ולא העושה במקצת משייר מקצת, מיעוט בהדי קיום מקצת, [illegible] חייב אפילו במקצת הגוף, וגם בביטול כל הגוף חייב, דלא גרע משאר מצות,

ואי לאו מיעוט דשאר מצות והוי כתיב סתמא היה חייב נמי בשאר מצות בכל ענין, והכי נ[מי] הכא 'דבר' למעוטי כל הגוף. וליכא למימר איפכא ד'דבר' כולו דבר משמע, דתניא ב[...] מצות ה'', וכתיב במשיח מכל מצות ה'', ואי לא דמיחייב אלא בעוקר כל הגוף לא משכח[...] אלא בתו מאנוסתו ואם חמותו ואם חמיו דבר שאין הצדוקין מודין בו. הועתק מפירוש [...] **רב** אשי אמר יליף 'דבר' 'דבר' מזקן ממרא. והתם יליף בתוספתא 'בין דם לדם' ולא כל [...] שמיע להו ברייתא דילן מטעמא אחרינא: **בדבר** שאין הצדוקין מודין בו. והא דא[...] דבר, ולא נפיק משום דצדוקין מודין בו, כמו בתו מאנוסתו, דלית להו ג"ש, או אם [...] ומתניתין דנקט נדה ושבת ועבודת כוכבים, לא משום דאהנהו דווקא קאי, אלא רק [...] נקטינהו: **יש** נדה אבל הבא על שומרת יום כו'. בנדה גופה הוי מצי לאשכוחי טובא, [...] שחור, וטובא דחשיב בת"כ, אלא דאתא לאשמועינן אפילו בשומרת יום ובנדה מיקרי קיום [...] ובגמרא דפריך 'אי הכי אפילו נדה נמי', ה"פ, אפילו נדה בכה"ג אי הוה בדבר שאין [...] קיום מקצת: **הכתיב** 'וספרה לה' ל"ג, דהא בשמעתא בתרייתא דנדה מפיק לה מ'משכ[...] **שלא** כדרכה נמי הכתיב כו'. משמע דלצדוקין מודין בו, ובפרק אחד דיני ממונות גבי [...] משמע דאין לצדוקין מודין בו; התם בהעראה שלא כדרכה: **הכתיב** 'כל ימי זובה'. ה"[...] דכתיב 'וזב דמה ימים רבים': **דאמרי** הוצאה אסירא והכנסה שריא. ותנא הוצאה [...] °כדאמרינן במסכת שבת (ב:) ובמסכת שבועות (ה.): **איכא** דאמרי הוצאה והכנסה (ש[...] אע"ג דהכנסה לא כתיבא, סברא היא, 'מה לי אפוקי מה לי עיולי' (שבת [...]

This *daf* is dedicated *l'iluy nishmas*: Efraim Yehoshua ben Amuma *z"l*

shomeres yom k'neged yom, כְּדַרְכָּהּ — even in a case of regular intercourse. וּדְאָמְרִי — And they said, הָעֲרָאָה בְּאִשָּׁה דָּוָה הוּא דִּכְתִיבָא — the *issur* of *ha'ara'ah* was written with regard to a typical *niddah*, but not with regard to a *shomeres yom k'neged yom*, which is against the Torah. The *Tzedokim* would not agree to this, because the *issur* of *ha'ara'ah* is only written explicitly regarding a typical *niddah*, but not necessarily regarding a *shomeres yom k'neged yom*.

וְאִיבָּעֵית אֵימָא — And if you want, I can offer another explanation how *beis din* gave a mistaken ruling about a halachah regarding a *shomeres yom k'neged yom* that the *Tzedokim* would not agree to: דְּאָמְרִי — That they said: זָבָה לָא הָוְיָא אֶלָּא בִּימָמֵי — A woman can only get a status of a *zavah* (a woman who experienced a flow) if discharge took place during the day, i.e., the halachah of *shomeres yom k'neged yom* would not apply if she experienced the discharge at night (and having relations with her would be permitted). דִּכְתִיב — As is written regarding a *zavah* (*Vayikra* 15:26): כָּל יְמֵי זוֹבָהּ — "All the **days** of her flow," which could mistakenly be understood to mean that a woman only becomes a *zavah* if she experienced the discharge during the day. Although this ruling is against the Torah, and in truth, a woman can become a *shomeres yom k'neged yom* at night, the *Tzedokim* would not agree with that, since the *pasuk* seems to say explicitly that the flow must be experienced by day.

תְּנַן — We learned in our Mishnah: יֵשׁ שַׁבָּת בַּתּוֹרָה — If *beis din* ruled that there is an *issur* in the Torah of doing *melachah* on Shabbos, אֲבָל — however, הַמּוֹצִיא מֵרְשׁוּת לִרְשׁוּת — one who carries an object from a *reshus hayachid* to a *reshus harabim* פָּטוּר — is exempt, which is against the Torah, they would be obligated to bring a *Par He'eleim Davar*, since that is only a detail of the broader mitzvah of Shabbos. The Gemara asks: וְאַמַּאי — Why would they be obligated in that case? הוֹצָאָה הָא כְּתִיבָא — The *issur* of carrying from a *reshus hayachid* to a *reshus harabim* is written explicitly, as is written (*Yirmiyahu* 17:22): לֹא תוֹצִיאוּ מַשָּׂא מִבָּתֵּיכֶם — "Do not remove a load from your house on the day of Shabbos." Since it is written explicitly in the *pasuk*, the *Tzedokim* would agree to it, yet Rav Yehuda quoted from Shmuel that *beis din* can only be obligated if they rule against something that the *Tzedokim* would not agree to! The Gemara answers: [דְּאָמְרִי — The case is that they said that הוֹצָאָה הוּא דְּאָסוּר — carrying something out of the *reshus hayachid* to the *reshus harabim* is forbidden, הַכְנָסָה מוּתָּר — but carrying something into the *reshus hayachid* is permitted. In truth, both are forbidden, but the *Tzedokim* would only agree that carrying out is forbidden, since that is written explicitly in the *pasuk*, but they would not agree that bringing in is forbidden. וְאִיבָּעֵית אֵימָא — And if you want, I can offer another case where the *Tzedokim* would disagree regarding carrying:] דְּאָמְרִי — The case is that they said, הוֹצָאָה וְהַכְנָסָה הוּא דַּאֲסִירָא — carrying out and bringing in are forbidden, מוֹשִׁיט וְזוֹרֵק שְׁרֵי — but passing or throwing an object from a *reshus hayachid* to a *reshus harabim* is permitted. In truth, passing and throwing

וְלָא מִבַּעְיָא לְמַאן דְּאָמַר צִבּוּר מַיְיתֵי, דְּמִפַּרְסְמָא מִלְּתָא, אֶלָּא אֲפִילּוּ לְמַאן דְּאָמַר בֵּית דִּין מְבִיאִין דְּלָא מִפַּרְסְמָא מִלְּתָא, אִי הֲוָה שָׁאֵיל הֲווּ אָמְרִין לֵיהּ. אָמַר רַבִּי יוֹסֵי בַּר אָבִין, וְאִיתֵּימָא רַבִּי יוֹסֵי בַּר זְבִידָא, מָשָׁל דְּסוּמְכוֹס לְמָה הַדָּבָר דּוֹמֶה, לְאָדָם שֶׁהֵבִיא כַּפָּרָתוֹ בֵּין הַשְּׁמָשׁוֹת, סָפֵק מִבְּעוֹד יוֹם נִתְכַּפֵּר לוֹ, סָפֵק מִשֶּׁחֲשֵׁכָה נִתְכַּפֵּר לוֹ, שֶׁאֵין מֵבִיא אָשָׁם תָּלוּי, וְלָא מִבַּעְיָא לְמַאן דְּאָמַר בֵּית דִּין מְבִיאִין דְּלָא אִפַּרְסְמָא מִלְּתָא, אֶלָּא אֲפִילּוּ לְמַאן דְּאָמַר צִבּוּר מְבִיאִין דְּמִפַּרְסְמָא מִלְּתָא וַהֲווּ אָמְרִין לֵיהּ, דְּהָכָא בְּסָפֵק מִבְּעוֹד יוֹם סָפֵק מִשֶּׁחֲשֵׁכָה, אִי שָׁאֵיל לָא אַשְׁכַּח אִינִישׁ דְּמַשַּׁיְילֵיהּ: **אָמַר לוֹ בֶּן עַזַּאי מַאי שְׁנָא מִן הַיּוֹשֵׁב כּוּ׳:** שַׁפִּיר קָאָמַר לֵיהּ רַבִּי עֲקִיבָא לְבֶן עַזַּאי. אָמַר רָבָא, הֶחָזִיק בַּדֶּרֶךְ אִיכָּא בֵּינַיְיהוּ, לְבֶן עַזַּאי חַיָּיב, דְּהָא בְּבֵיתֵיהּ אִיתֵיהּ, לְרַבִּי עֲקִיבָא פָּטוּר, דְּהָא הֶחָזִיק בַּדֶּרֶךְ: **הוֹרוּ לוֹ בֵּית דִּין לַעֲקוֹר אֶת כָּל הַגּוּף:** תָּנוּ רַבָּנָן, ׳וְנֶעְלַם דָּבָר׳ וְלֹא שֶׁיֵּעָקֵר הַמִּצְוָה כּוּלָּהּ; כֵּיצַד, אָמְרוּ אֵין נִדָּה בַּתּוֹרָה, אֵין שַׁבָּת בַּתּוֹרָה, אֵין עֲבוֹדַת כּוֹכָבִים בַּתּוֹרָה, יָכוֹל יְהוּ חַיָּיבִין, תַּלְמוּד לוֹמַר ׳וְנֶעְלַם דָּבָר׳ וְלֹא שֶׁתִּתְעַלֵּם מִצְוָה כּוּלָּהּ, הֲרֵי אֵלּוּ פְּטוּרִין; אֲבָל אָמְרוּ יֵשׁ נִדָּה בַּתּוֹרָה אֲבָל הַבָּא עַל שׁוֹמֶרֶת יוֹם כְּנֶגֶד יוֹם פָּטוּר, יֵשׁ שַׁבָּת בַּתּוֹרָה אֲבָל הַמּוֹצִיא מֵרְשׁוּת הַיָּחִיד לִרְשׁוּת הָרַבִּים פָּטוּר, יֵשׁ עֲבוֹדַת כּוֹכָבִים בַּתּוֹרָה אֲבָל הַמִּשְׁתַּחֲוֶה פָּטוּר, יָכוֹל יְהוּ פְּטוּרִין, תַּלְמוּד לוֹמַר ׳וְנֶעְלַם דָּבָר׳ וְלֹא כָּל הַגּוּף. אָמַר מַר, יָכוֹל יְהוּ פְּטוּרִין, וְאִי בְּקִיּוּם מִקְצָת וּבִיטּוּל מִקְצָת פְּטוּרִין, וּבַעֲקִירַת כָּל הַגּוּף פְּטוּרִין, בְּמַאי חַיָּיבִין. תַּנָּא הָכִי קָא קַשְׁיָא לֵיהּ, אֵימָא ׳דָּבָר׳ כּוּלָּהּ מִילְּתָא מַשְׁמַע, תַּלְמוּד לוֹמַר ׳וְנֶעְלַם דָּבָר׳. מַאי מַשְׁמַע. אָמַר עוּלָּא, קְרִי בֵּיהּ ׳וְנֶעְלַם מִדָּבָר׳. חִזְקִיָּה אָמַר, אָמַר קְרָא, ׳וְעָשׂוּ אַחַת מִכָּל מִצְוֹת׳, מִכָּל מִצְוֹת וְלֹא כָּל מִצְוֹת; ׳מִצְוֹת׳ תַּרְתֵּי מַשְׁמַע; אָמַר רַב נַחְמָן בַּר יִצְחָק, ׳מִצְוַת׳ כְּתִיב. רַב אַשִׁי אָמַר, יָלֵיף ׳דָּבָר׳ ׳דָּבָר׳ מִזָּקֵן מַמְרֵא, דִּכְתִיב בֵּיהּ בְּזָקֵן מַמְרֵא ׳כִּי יִפָּלֵא מִמְּךָ דָבָר, לֹא תָסוּר מִן הַדָּבָר אֲשֶׁר יַגִּידוּ לְךָ יָמִין וּשְׂמֹאל׳, מָה מַמְרֵא ׳מִן הַדָּבָר׳ וְלֹא כָּל דָּבָר, אַף בְּהוֹרָאָה ׳דָּבָר׳ וְלֹא כָּל הַגּוּף. **אָמַר רַב יְהוּדָה אָמַר שְׁמוּאֵל**, אֵין בֵּית דִּין חַיָּיבִין עַד שֶׁיּוֹרוּ בְּדָבָר שֶׁאֵין הַצְּדוֹקִין מוֹדִין בּוֹ, אֲבָל בְּדָבָר שֶׁהַצְּדוֹקִין מוֹדִין בּוֹ פְּטוּרִין; מַאי טַעְמָא, זִיל קְרִי בֵּי רַב הוּא. תְּנַן, יֵשׁ נִדָּה בַּתּוֹרָה, אֲבָל הַבָּא עַל שׁוֹמֶרֶת יוֹם כְּנֶגֶד יוֹם פָּטוּר; וְאַמַּאי, שׁוֹמֶרֶת יוֹם כְּנֶגֶד יוֹם הָא כְּתִיב, ׳וְסָפְרָה לָּהּ׳ מְלַמֵּד שֶׁסּוֹפֶרֶת אֶחָד לְאֶחָד. דְּאָמְרִי הָעֲרָאָה שַׁרְיָא, גְּמַר בִּיאָה הוּא דַּאֲסִירָא. הָא נַמִּי כְּתִיב, ׳אֶת מְקוֹרָהּ הֶעֱרָה׳. דְּאָמְרִי כְּדַרְכָּהּ אֲסִירָא, שֶׁלֹּא כְּדַרְכָּהּ שַׁרְיָא. הָא כְּתִיב ׳מִשְׁכְּבֵי אִשָּׁה׳. דְּאָמְרִי כְּדַרְכָּהּ אָסוּר אֲפִילּוּ הָעֲרָאָה, בְּשֶׁלֹּא כְּדַרְכָּהּ גְּמַר בִּיאָה הוּא דְּאָסוּר אֲבָל הָעֲרָאָה שַׁרְיָא. אִי הָכִי, אֲפִילּוּ נִדָּה נַמִּי. אֶלָּא לְעוֹלָם כְּדַרְכָּהּ, וּדְאָמְרִי הָעֲרָאָה בְּאִשָּׁה דָוָה הוּא דִּכְתִיבָא; וְאִיבָּעֵית אֵימָא, דְּאָמְרִי זָבָה לָא הָוְיָא בְּיָמֵי, דִּכְתִיב ׳כָּל יְמֵי זוֹבָהּ׳. תְּנַן, יֵשׁ שַׁבָּת בַּתּוֹרָה אֲבָל הַמּוֹצִיא מֵרְשׁוּת לִרְשׁוּת פָּטוּר; וְאַמַּאי, הוֹצָאָה הָא כְּתִיבָא, ׳לֹא תוֹצִיאוּ מַשָּׂא מִבָּתֵּיכֶם׳. [דְּאָמְרִי הוֹצָאָה הוּא דְּאָסוּר, הַכְנָסָה מוּתָּר; וְאִיבָּעֵית אֵימָא], דְּאָמְרִי הוֹצָאָה (וְהַכְנָסָה) דַּאֲסִירָא, מוֹשִׁיט וְזוֹרֵק שָׁרֵי. תְּנַן, יֵשׁ עֲבוֹדַת כּוֹכָבִים בַּתּוֹרָה, אֲבָל הַמִּשְׁתַּחֲוֶה פָּטוּר; וְאַמַּאי, הַמִּשְׁתַּחֲוֶה הָא כְּתִיבָא, דִּכְתִיב ׳לֹא תִשְׁתַּחֲוֶה לְאֵל אַחֵר׳. דְּאָמְרִי כִּי אֲסִירָא הִשְׁתַּחֲוָיָה כְּדַרְכָּהּ, אֲבָל שֶׁלֹּא כְּדַרְכָּהּ שַׁרְיָא; וְאִיבָּעֵית אֵימָא, דְּאָמְרִי הִשְׁתַּחֲוָיָה גּוּפָהּ כְּדַרְכָּהּ הוּא דַּאֲסִיר דְּאִית בָּהּ פִּשּׁוּט יָדַיִם וְרַגְלַיִם, הָא הִשְׁתַּחֲוָיָה דְּלֵית בָּהּ פִּשּׁוּט יָדַיִם וְרַגְלַיִם שַׁרְיָא.

בָּעֵי

תוספות

This *daf* is dedicated *l'iluy nishmas*: Efraim Yehoshua ben Amuma *z"l*

are also forbidden, but the *Tzedokim* would not agree to that, because it is not written explicitly in the *pasuk*.

תְּנַן — Our Mishnah says: יֵשׁ עֲבוֹדַת כּוֹכָבִים בַּתּוֹרָה — If *beis din* ruled that there is an *issur* in the Torah of worshipping *avodah zarah*, אֲבָל הַמִּשְׁתַּחֲוֶה — but one who bows to an idol, פָּטוּר — is exempt, which is against the Torah, they would be obligated to bring a *Par He'eleim Davar*, since that is only a detail of the broader mitzvah of *avodah zarah*. The Gemara asks: וְאַמַּאי — Why would they be obligated in that case? הַמִּשְׁתַּחֲוֶה הָא כְּתִיבָא — The *issur* of bowing to *avodah zarah* is written explicitly, דִּכְתִיב — as the *pasuk* writes (*Shemos* 34:14): לֹא תִשְׁתַּחֲוֶה לְאֵל אַחֵר — "You should not bow to another G-d." Since it is written explicitly in the *pasuk*, the *Tzedokim* would agree to it, yet Rav Yehuda quoted from Shmuel that *beis din* can only be obligated if they rule against something that the *Tzedokim* would not agree to! The Gemara answers: דְּאָמְרִי — The case is that they say, כִּי אֲסִירָא — when is bowing forbidden? הִשְׁתַּחֲוָיָה כְּדַרְכָּהּ — When bowing is the typical way of serving that type of *avodah zarah*; אֲבָל — however, שֶׁלֹּא כְּדַרְכָּהּ — if it is not the typical way of serving that *avodah zarah*, שַׁרְיָא — it is permitted. In truth, it is still forbidden in that case, but since the *pasuk* does not say so explicitly, the *Tzedokim* would not agree. וְאִיבָּעֵית אֵימָא — And if you want, I can say another explanation how *beis din* gave a mistaken ruling about a halachah regarding bowing to *avodah zarah* that the *Tzedokim* would not agree to: דְּאָמְרִי — The case is that they say, הִשְׁתַּחֲוָיָה גּוּפַהּ כְּדַרְכָּהּ הוּא דַּאֲסִיר — bowing, itself, is forbidden when done in the usual way, which is, דְּאִית בַּהּ פִּשּׁוּט יָדַיִם וְרַגְלַיִם — prostration, fully stretching out the arms and legs; הָא — but, הִשְׁתַּחֲוָיָה דְּלֵית בַּהּ פִּשּׁוּט יָדַיִם וְרַגְלַיִם — bowing that does not include fully stretching out the arms and legs, שַׁרְיָא — is permitted. In truth, even bowing without fully stretching out the arms and legs is forbidden; however, since the *pasuk* does not say so explicitly, the *Tzedokim* would not agree.

For this *daf's shiur* and charts, scan this QR code:

ולא מבעיא למאן דאמר צבור מייתי, דמפרסמא מלתא, אלא אפילו למאן דאמר [א] בית דין מביאין דלא מפרסמא מלתא, אי הוה שאיל הוו אמרין ליה. אמר רבי יוסי בר אבין, ואיתימא רבי יוסי בר זבידא, משל דסומכוס למה הדבר דומה, לאדם שהביא כפרתו בין השמשות, ספק מבעוד יום נתכפר לו, ספק משחשכה נתכפר לו, שאין מביא אשם תלוי, ולא מבעיא למאן דאמר בית דין מביאין דלא אפרסמא מלתא, אלא אפילו למאן דאמר צבור מביאין דמפרסמא מלתא והוו אמרין ליה, דהכא בספק[ס] מבעוד יום ספק משחשכה[י], אי שאיל לא אשכח איניש דמשיילֵיה: **אמר לו בן עזאי מאי שנא מן היושב כו':** שפיר קאמר ליה רבי עקיבא לבן עזאי. אמר רבא, החזיק בדרך איכא בינייהו, לבן עזאי חייב, דהא בביתיה[יג] איתיה, לרבי עקיבא [ב] פטור, דהא החזיק בדרך[יד]: **הורו לו[ט] בית דין לעקור את כל הגוף:** תנו רבנן, [ס][א] 'ונעלם דבר' ולא שיעקרי[י] המצוה כולה; כיצד, [ג] אמרו אין נדה בתורה, אין שבת בתורה, אין עבודת כוכבים בתורה, יכול יהו חייבין, תלמוד לומר 'ונעלם דבר' ולא שתתעלם מצוה כולה, הרי אלו פטורין; אבל אמרו יש נדה בתורה אבל הבא על שומרת יום כנגד יום פטור, יש שבת בתורה אבל המוציא מרשות היחיד לרשות הרבים פטור, יש עבודת כוכבים בתורה אבל המשתחוה פטור, יכול יהו פטורין, תלמוד לומר 'ונעלם דבר' ולא כל הגוף. אמר מר, יכול יהו פטורין, ואי בקיום מקצת וביטול מקצת פטורין, ובעקירת כל הגוף פטורין, במאי חייבין. תנא הכי קא קשיא ליה, אימא 'דבר' כולה מילתא משמע, תלמוד לומר 'ונעלם דבר'. מאי משמע. אמר עולא, קרי ביה 'ונעלם מדבר'. חזקיה אמר, אמר קרא, [א] 'ועשו אחת מכל מצות', מכל מצות ולא כל מצות; 'מצות' תרתי משמע; אמר רב נחמן בר יצחק, 'מצות' כתיב. רב אשי אמר, [ס] יליף 'דבר' 'דבר' מזקן ממרא, דכתיב ביה בזקן ממרא [ב] 'כי יפלא ממך דבר, לא תסור מן הדבר אשר יגידו לך ימין ושמאל', מה ממרא 'מן הדבר' ולא כל דבר, אף בהוראה 'דבר' ולא כל הגוף. **אמר רב יהודה אמר שמואל,** אין בית דין חייבין עד שיורו [ג] בדבר שאין הצדוקין מודין בו, אבל בדבר שהצדוקין מודין בו פטורין; מאי טעמא, זיל קרי בי רב הוא. תנן, יש נדה בתורה, אבל הבא על שומרת יום כנגד יום פטור; ואמאי, שומרת יום כנגד יום הא כתיב, [ג] 'וספרה לה'[י] [ד] מלמד שסופרת אחד לאחד. דאמרי הערָאה שריא, גמר ביאה הוא דאסירא. הא נמי כתיב, [ד] 'את מקורה הערה'. דאמרי כדרכה אסירא, שלא כדרכה שריא. [ס] הא כתיב [ה] 'משכבי אשה'. דאמרי כדרכה אסור אפילו הערָאה, בשלא כדרכה גמר ביאה הוא דאסור אבל הערָאה שריא. אי הכי, אפילו נדה נמי. אלא לעולם כדרכה, ודאמרי הערָאה [ד] באשה דוה הוא דכתיבא; ואיבעית אימא, [ד] דאמרי זבה לא הויא אלא ביממי, דכתיב [ו] 'כל ימי זובה'. תנן, יש שבת בתורה אבל המוציא מרשות לרשות פטור; ואמאי, הוצאה הא כתיבא, [ז] 'לא תוציאו משא מבתיכם'[ס]. [דאמרי הוצאה הוא דאסור, הכנסה מותר; ואיבעית אימא[ע]], [ה] דאמרי הוצאה (והכנסה[י]) הוא דאסירא, מושיט וזורק שרי. תנן, יש עבודת כוכבים בתורה, אבל המשתחוה פטור; ואמאי, המשתחוה הא כתיבא, דכתיב [ח] 'לא תשתחוה לאל אחר'. דאמרי כי אסירא השתחויה כדרכה, אבל שלא כדרכה שריא; ואיבעית אימא, דאמרי השתחויה גופה כדרכה[ק] הוא דאסיר [ו] דאית בה פשוט ידים ורגלים, הא השתחויה דלית בה פשוט ידים ורגלים שריא.

בעי

ולא מיבעיא למאן דאמר צבור מביאין. דכי הביאו כפרתן דמי, דהא מפרסמא מלתא, לא הוי האי יחיד תולה בבי"ד, אלא אפילו למאן דאמר דכי הורו בי"ד ועשו קהל על פיהם דבי"ד מביאין עליהם פר והם פטורין, דאיכא למימר לא מפרסמא מילתא כל כך, והאי יחיד תולה בבית דין הוא, אפ"ה לאו תולה בבי"ד הוא, שהרי היה בידו לישאל מפני מה בי"ד מביאין פר, ואי שאיל[ל] אומרים לו דטעו וחזרו, הלכך תולה בעצמו קרינא ביה, ואית ביה צד חיוב מעליא, הלכך מביא אשם תלוי: **ספק מבעוד יום נתכפר לו.** והיא כפרה מעליא: **ספק משחשכה נתכפר לו.** ולא הוי כפרה מעליא[מ], ד'ביום צוותו' כתיב, וקיימא לן דפטור, דאין צריך להביא קרבן אחר, ואע"פ שהוא קרב אחר תמיד של בין הערבים [ס] אין בו שום פסול, דהכי אמר בפרק תמיד נשחט (פסחים דף נט.), דאתי עשה דפסח ועשה דאכילת קדשים ודחי עשה דהשלמה, איכא נמי שינויי אחריני טובא, והא הכא (מפני[י]) דבין השמשות לית ביה צד חיוב מעליא, דליכא למימר שמא משחשכה נתכפר לו, שהרי בין השמשות כהרף עין, ואין אדם בעולם יכול לעמוד עליו אם מן היום או מן הלילה, ופטור, ה"נ ליכא למימר שמא ממש תולה בעצמו, שהרי כבר הורו בי"ד: **ולא מיבעיא למ"ד בי"ד מביאין.** ולא לצבור, דלא מפרסמא מלתא היא, והאי יחיד תולה בבי"ד הוא ופטור: **אלא אפילו למ"ד צבור מביאין.** ואיכא למימר מפרסמא מלתא היא, והאי יחיד לאו תולה בבי"ד, ותולה בעצמו הוא, אפ"ה אמר תולה בבי"ד הוא, דכי עשה על פיהן עשה: **לא משכח איניש דלשיילֵיה.** ולא סליק אדעתיה למישאל למה הביאו לצבור פר, הלכך ליכא צד חיוב מעליא, דהא צד פטור שייך ביה טפי, דתולה בבי"ד הוא, הלכך אינו מביא אשם תלוי: **החזיק בדרך.** לילך למדינת הים, ועדיין ישנו בעיר איכא בינייהו: **לרבי עקיבא פטור דהא החזיק בדרך.** דכיון דטרוד הוא, לא היה אפשר לו שישמע דחזרו בהן, הלכך תולה בבי"ד הוא, ופטור לגמרי: **תנא הכי קשיא ליה,** 'דבר' כולה מלתא משמע. דהורו לעקור כל הגוף, דהא לא כתיב 'מדבר', ואימא איפכא, דהורו לבטל במקצת ולקיים במקצת יכול יהו פטורין, וכי הורו לעקור כל הגוף יהו חייבין: **ת"ל 'ונעלם דבר'.** בא ללמד דבטול מקצת וקיום מקצת חייב: **מאי משמע.** כלומר היכי משמע האי 'ונעלם' דהוי קיום מקצת ובטול מקצת: **אמר עולא,** קרי ביה 'ונעלם מדבר'. דהאי מ"ם ד'ונעלם' שדיא א'דבר', דמ"ם נדרשת לפניו ולאחריו, וקרי ביה 'ונעלם מדבר', דמשמע 'מדבר' ולא כל דבר: **חזקיה אמר.** מסיפא דקרא נפקא, 'מכל מצות', דמשמע מכל מצות של שבת, דהוי בטול מקצת וקיום מקצת, או מכל מצות של עבודת כוכבים, דהוי ביטול מקצת וקיום מקצת, או מכל מצות נדה, דהוי ביטול מקצת וקיום מקצת, ולא כל מצות השבת, דהוי עוקר כל הגוף, ולא כל מצות דנדה ודעבודת כוכבים, דעוקר כל הגוף: **'מצות' תרתי משמע.** כלומר, 'מצות' טובא משמע, כגון נדה שבת ועבודת כוכבים, דהכי משמע 'ועשה אחת מכל מצות ה'', דעבד חד מהני, או שבת או עבודת כוכבים או נדה, ולעולם בעוקר כל הגוף קא מיירי: **אמר רב נחמן בר יצחק 'מצות' כתיב.** בחד וי"ו, דחדא מצוה משמע, דהכי משמע, 'ועשה אחת מכל מצות' דשבת, או 'אחת מכל מצות' דעבודת כוכבים, או 'אחת מכל מצות' דנדה, דהוי מקיים מקצת דשבת ומבטל מקצת, והוא הדין לעבודת כוכבים, והוא הדין לנדה, והוא הדין לשאר מצות, דקיום מקצת ובטול מקצת חייב, ועוקר כל הגוף פטור: **מה זקן ממרא 'מן הדבר' ולא כל דבר.** דהא כתיב 'מן הדבר', ותנן באלו הן הנחנקין (סנהדרין דף פח:) 'האומר אין תפלין לעבור על דברי תורה פטור, חמש טוטפות להוסיף על דברי סופרים חייב', דהיינו 'מן הדבר' ולא כל דבר: **אין בי"ד חייבין.** דלא הוי הוראה מעליא **עד שיורו להתיר בדבר שאין הצדוקין מודין שיהא אסור,** שהורו להיתר בדבר איסור שאין כתוב בתורה בהדיא: **זיל קרי בי רב הוא.** דכיון דאפשר לו ללמוד ולידע לא הוי שוגג מעליא, וקרוב למזיד הוי: **אחד לאחד.** היינו יום כנגד יום: **דאמרי כדרכה אסירא.** גמר ביאה, **ושלא כדרכה שריא: והא.** שלא כדרכה נמי כתיב, **'משכבי אשה',** שני משכבות, אחד כדרכה ואחד שלא כדרכה: **דאמרי כדרכה אסירא אפילו הערָאה.** דהאי דכתיב 'את מקורה הערה' בכדרכה: **אי הכי.** מאי איריא דקתני שהורו בשומרת יום כנגד יום, **אפילו נדה נמי** כי האי גוונא קיום מקצת וביטול מקצת הוא, והוי בדבר שאין הצדוקין מודין בו: **אלא לעולם בכדרכה.** דאמרי בשומרת יום הערָאה שריא אפילו בכדרכה, וגמר ביאה הוא דאסיר, ודקאמרת 'הא הערָאה כתיב', דאמרי הערָאה באשה נדה הוא דכתיב, ולא בשומרת יום, הלכך לא מתוקמא בנדה, אלא בשומרת יום, והוי בדבר שאין הצדוקין מודין בה: **ואי בעית אימא.** דקאמרת שומרת יום הא כתיבא, הא לא קשיא, דכי קתני כגון **דאמרי זבה לא הויא אלא** [היכא דחזיא] **ביממא, כדכתיב 'כל ימי זובה',** אבל היכא דחזיא בליליא טהורה, והוא הדין לשומרת יום דאמרי דהוא היכא דקחזיא ביממא, דהיינו בימי זיבה, הלכך לא מתוקמא בנדה, אלא בשומרת יום ובזבה[ס], והויא הוראה בדבר שאין הצדוקין מודין: **מושיט וזורק.** לא כתיבי בהדיא: **השתחואה שלא כדרכה.** כגון משתחוה לפעור או למרקולים: **השתחואה. בפשוט ידים ורגלים,** כדכתיב (בראשית יט) 'וישתחו[ע] אפים ארצה':

תוספות

עין משפט נר מצוה

לג א מיי' פי"ד מהלכות שגגות הלכה ג סמג לאוין ריז:
לד ב ג מיי' פ"ט מהלכות יסודי התורה הלכה א והלכה ג ד סמג לאוין שסד:
לה ד מיי' שם הלכה ה:
לו ה ו מיי' פי"ג מהלכות שגגות הלכה א סמג עשין ריז:
לז ז מיי' פי"ג שם הלכה א והלכה ג סמג שם:
לח ח ט מיי' שם פרק י"ג הלכה ו סמג שם:
לט י כ מיי' שם פרק י"ג הלכה א:

גמרא

בָּעֵי רַב יוֹסֵף, אֵין חֲרִישָׁה בְּשַׁבָּת מַהוּ, מִי אָמְרִינַן [א]כֵּיוָן דְּקָא מוֹדוּ בְּכוּלְהוּ מִלְּתָא[א] כְּבִיטּוּל מִקְצָת וְקִיּוּם מִקְצָת דָּמֵי, אוֹ דִלְמָא כֵּיוָן דְּקָא עָקְרִין לֵיהּ לַחֲרִישָׁה כָּל עִיקָּר כַּעֲקִירַת גּוּף דָּמֵי. תָּא שְׁמַע, יֵשׁ נִדָּה בַּתּוֹרָה אֲבָל הַבָּא עַל שׁוֹמֶרֶת יוֹם כְּנֶגֶד יוֹם פָּטוּר; וְאַמַּאי, הָא עָקְרִין לְשׁוֹמֶרֶת יוֹם כְּנֶגֶד יוֹם כָּל עִיקָּר. אָמַר לָךְ רַב יוֹסֵף, שׁוֹמֶרֶת יוֹם דְּקָאָמְרִין כִּדְשַׁנִּין. תָּא שְׁמַע, יֵשׁ שַׁבָּת בַּתּוֹרָה אֲבָל הַמּוֹצִיא מֵרְשׁוּת הַיָּחִיד לִרְשׁוּת הָרַבִּים פָּטוּר; וְאַמַּאי, הָא עָקְרִין לְהוֹצָאָה כָּל עִיקָּר. הָתָם נַמִּי כִּדְשַׁנִּין. תָּא שְׁמַע, יֵשׁ עֲבוֹדַת כּוֹכָבִים בַּתּוֹרָה אֲבָל הַמִּשְׁתַּחֲוֶה פָּטוּר; וְאַמַּאי, וְהָא עָקְרִין לְהִשְׁתַּחֲוָיָה כָּל עִיקָּר. אָמְרִי, הִשְׁתַּחֲוָיָה נַמִּי כִּדְשַׁנִּין. [ב]בָּעֵי ר' זֵירָא, אֵין שַׁבָּת בִּשְׁבִיעִית מַהוּ, בְּמַאי טָעוּ, בְּהָדֵין קְרָא [א]'בֶּחָרִישׁ וּבַקָּצִיר תִּשְׁבּוֹת', בִּזְמַן דְּאִיכָּא חֲרִישָׁה אִיכָּא שַׁבָּת, וּבִזְמַן דְּלֵיכָּא חֲרִישָׁה לֵיכָּא שַׁבָּת, מִי אָמְרִינַן כֵּיוָן דִּמְקַיְּימִין לָהּ בִּשְׁאָר שְׁנֵי שָׁבוּעַ כְּבִיטּוּל מִקְצָת וְקִיּוּם מִקְצָת דָּמֵי, אוֹ דִלְמָא כֵּיוָן דְּקָא עָקְרִין לֵיהּ בִּשְׁבִיעִית כַּעֲקִירַת הַגּוּף דָּמֵי. אָמַר רָבִינָא, תָּא שְׁמַע, [ב]נָבִיא שֶׁנִּתְנַבֵּא לַעֲקוֹר דָּבָר מִדִּבְרֵי תוֹרָה, חַיָּיב, לְבִיטּוּל מִקְצָת וּלְקִיּוּם מִקְצָת, רַבִּי שִׁמְעוֹן אוֹמֵר [ג]פָּטוּר, וּבַעֲבוֹדַת כּוֹכָבִים [ד]אֲפִילּוּ אָמַר הַיּוֹם עָבְדָהּ וּלְמָחָר בַּטְּלָהּ חַיָּיב; שְׁמַע מִינָּהּ אֵין שַׁבָּת בִּשְׁבִיעִית כְּבִיטּוּל מִקְצָת וְקִיּוּם מִקְצָת דָּמֵי, שְׁמַע מִינָּהּ:

מתני' [ה]הוֹרוּ בֵּית דִּין וְיָדַע אֶחָד מֵהֶן שֶׁטָּעוּ וְאָמַר לָהֶן טוֹעִין אַתֶּם, °אוֹ שֶׁלֹּא הָיָה מוּפְלָא שֶׁל בֵּית דִּין שָׁם, אוֹ שֶׁהָיָה אֶחָד מֵהֶן גֵּר אוֹ מַמְזֵר אוֹ נָתִין אוֹ זָקֵן[ג] שֶׁלֹּא רָאוּי לְבָנִים, הֲרֵי זֶה פָּטוּר[ד], שֶׁנֶּאֱמַר כָּאן [ב]'עֵדָה' וְנֶאֱמַר לְהַלָּן [ג]'עֵדָה', [ו]מָה 'עֵדָה' הָאֲמוּרָה לְהַלָּן כּוּלָּן רְאוּיִן לְהוֹרָאָה, אַף 'עֵדָה' הָאֲמוּרָה כָּאן עַד שֶׁיִּהְיוּ כּוּלָּן רְאוּיִן לְהוֹרָאָה:

גמ' אוֹ שֶׁלֹּא הָיָה מוּפְלָא שֶׁל בֵּית דִּין שָׁם, מְנָלָן. אָמַר רַב שֵׁשֶׁת, וְכֵן תָּנָא דְּבֵי רַבִּי יִשְׁמָעֵאל, מִפְּנֵי מָה אָמְרוּ הוֹרוּ בְּדָבָר שֶׁהַצְּדוֹקִין מוֹדִין בּוֹ פְּטוּרִין, מִפְּנֵי שֶׁהָיָה לָהֶם לִלְמוֹד וְלֹא לָמְדוּ, לֹא הָיָה מוּפְלָא שֶׁל בֵּית דִּין שָׁם נַמִּי פְּטוּרִין מִפְּנֵי שֶׁהָיָה לָהֶם לִלְמוֹד וְלֹא לָמְדוּ. נֶאֱמַר שָׁם 'עֵדָה' וְנֶאֱמַר כָּאן 'עֵדָה' עַד שֶׁיִּהְיוּ כּוּלָּן רְאוּיִן לְהוֹרָאָה, וְהָתָם מְנָלָן. [ז]דְּאָמַר רַב חִסְדָּא, אָמַר קְרָא [ד]'וְהִתְיַצְּבוּ שָׁם עִמָּךְ', 'עִמָּךְ' בְּדוֹמִין לָךְ. וְאֵימָא 'עִמָּךְ' לִשְׁכִינָה. אֶלָּא אָמַר רַב נַחְמָן בַּר יִצְחָק, אָמַר קְרָא [ה][ה]'וְנָשְׂאוּ אִתָּךְ', 'אִתָּךְ' בְּדוֹמִין לָךְ:

מתני' [ז]הוֹרוּ בֵּית דִּין שׁוֹגְגִין, וְעָשׂוּ כָּל הַקָּהָל שׁוֹגְגִין, מְבִיאִין פַּר; [ח]מְזִידִין וְעָשׂוּ שׁוֹגְגִין, מְבִיאִין כִּשְׂבָּה וּשְׂעִירָה; °[ט]שׁוֹגְגִין וְעָשׂוּ מְזִידִין, הֲרֵי אֵלּוּ פְּטוּרִין:

גמ' שׁוֹגְגִין וְעָשׂוּ מְזִידִין הֲרֵי אֵלּוּ פְּטוּרִין, הָא שׁוֹגֵג דּוּמְיָא דְּמֵזִיד חַיָּיב, וְהֵיכִי דָּמֵי, [י]שֶׁהוֹרוּ בֵּית דִּין שֶׁחֵלֶב מוּתָּר וְנִתְחַלֵּף לוֹ[ה] בְּשׁוּמָּן וַאֲכָלוֹ, לֵימָא תִּפְשׁוֹט הָא [י]דְּבָעֵי רָמִי בַּר חָמָא. אָמַר לָךְ, מִשּׁוּם דִּתְנָא רֵישָׁא מְזִידִין וְעָשׂוּ שׁוֹגְגִין, תְּנָא סֵיפָא שׁוֹגְגִין וְעָשׂוּ מְזִידִין:

מתני' הוֹרוּ בֵּית דִּין וְעָשׂוּ כָּל הַקָּהָל אוֹ רוּבָּן עַל פִּיהֶן, מְבִיאִין פַּר. וּבַעֲבוֹדַת כּוֹכָבִים מְבִיאִין פַּר וְשָׂעִיר, דִּבְרֵי רַבִּי מֵאִיר; רַבִּי יְהוּדָה אוֹמֵר, [י]שְׁנֵים עָשָׂר שְׁבָטִים מְבִיאִין שְׁנֵים עָשָׂר פָּרִים, [כ]וּבַעֲבוֹדַת כּוֹכָבִים מְבִיאִין שְׁנֵים עָשָׂר פָּרִים וּשְׁנֵים עָשָׂר שְׂעִירִים; רַבִּי

רש"י

בָּעֵי רַב יוֹסֵף אֵין חֲרִישָׁה בְּשַׁבָּת מַהוּ. הָכָא לָא מִבַּעְיָא לֵיהּ לְרַב יוֹסֵף בְּדָבָר שֶׁאֵין הַצְּדוֹקִין מוֹדִין כְּלָל, אֶלָּא בְּבִטּוּל מִקְצָת וְקִיּוּם מִקְצָת קָא מִבַּעְיָא לֵיהּ: מִי אָמְרִינַן כֵּיוָן דְּקָא מוֹדוּ. בי"ד בְּכוּלְּהוּ שְׁאָר מְלָאכוֹת דְּשַׁבָּת דַּאֲסִירֵי, כְּבִטּוּל מִקְצָת וְקִיּוּם מִקְצָת דָּמֵי, וְחַיָּיבִין: (וְכֻלְּהוּ) כִּדְשַׁנִּין. לְעֵיל, דְּלָא הָוֵי עֲקִירַת כָּל הַגּוּף דְּשׁוֹמֶרֶת יוֹם: (וְכוּלָּהּ) כִּדְשַׁנִּין. דְּמוֹשִׁיט וְזוֹרֵק שָׁרֵי, דְּלָא הָוֵי עֲקִירַת כָּל הַגּוּף: (וְכוּלָּהּ) כִּדְשַׁנִּין. דְּהִשְׁתַּחֲוָאָה שֶׁלֹּא כְּדַרְכָּהּ שַׁרְיָא: 'בֶּחָרִישׁ וּבַקָּצִיר תִּשְׁבּוֹת'. דְּמַשְׁמַע בִּזְמַן דְּאִיכָּא חֲרִישָׁה, דְּהַיְינוּ בִּשְׁאָר שְׁנֵי שָׁבוּעַ, 'תִּשְׁבּוֹת', אִיכָּא שַׁבָּת: בִּזְמַן דְּלֵיכָּא חֲרִישָׁה. דְּהַיְינוּ בִּשְׁבִיעִית, לֵיכָּא שַׁבָּת: נָבִיא שֶׁהִתְנַבֵּא. כְּגוֹן שֶׁתְּחִלָּתוֹ נְבִיא שֶׁל אֱמֶת, וּלְבַסּוֹף נְבִיא הַשֶּׁקֶר, שֶׁהִתְנַבֵּא לַעֲקוֹר דָּבָר מִדִּבְרֵי תוֹרָה, חַיָּיב, וְדִבְרֵי הַכֹּל בְּחֶנֶק: לְקַיֵּים מִקְצָת וּלְבַטֵּל מִקְצָת. דִּשְׁאָר מִצְוֹת, רַבִּי שִׁמְעוֹן פּוֹטֵר, וְה"ה לְרַבָּנָן: וּבַעֲבוֹדַת כּוֹכָבִים אֲפִילּוּ אָמַר לָךְ 'הַיּוֹם עָבְדָהּ וּלְמָחָר בַּטְּלָהּ'. דְּהַיְינוּ קִיּוּם מִקְצָת וּבִטּוּל מִקְצָת דַּעֲבוֹדַת כּוֹכָבִים, חַיָּיב, דְּרַחֲמָנָא אָמַר 'לְהַדִּיחֲךָ מִן הַדֶּרֶךְ', אֲפִילּוּ מִקְצָת דֶּרֶךְ, וּבַעֲבוֹדַת כּוֹכָבִים הוּא דִּכְתִיב, וְכִי קָתָנֵי חַיָּיב, כְּגוֹן לְרַבָּנָן בִּסְקִילָה וּלְר"ש בְּחֶנֶק, וְהָכִי מְתָרֵץ לֵיהּ רַב חִסְדָּא בְּפֶרֶק אֵלּוּ הֵן הַנֶּחֱנָקִין (סַנְהֶדְרִין דַּף צ.). וְ'הַיּוֹם עָבְדָהּ וּלְמָחָר בַּטְּלָהּ' כְּאֵין שַׁבָּת בִּשְׁבִיעִית דָּמֵי, וְקָרֵי לְהוּ בִּיטּוּל מִקְצָת וְקִיּוּם מִקְצָת, ש"מ: מתני' וְאָמַר לָהֶם טוֹעִים אַתֶּם. לָא הָוֵי הוֹרָאָה מְעַלְיָא, וּפְטוּרִי[ו], דְּבָעֵינַן עַד שֶׁיּוֹרוּ כּוּלָּן, כִּדְאָמַר לְעֵיל[ז]: אוֹ שֶׁלֹּא הָיָה מוּפְלָא שֶׁל בי"ד שָׁם. אַע"ג דְּלָא הֲוָה מִסַּנְהֶדְרִין עַצְמָן, דְּאִילּוּ הָוֵי מִסַּנְהֶדְרִין עַצְמָן, אֲפִילּוּ (אִם) קָטָן שֶׁבְּכוּלָּן לֹא הָיָה שָׁם לָא הָוְיָא הוֹרָאָה מְעַלְּיָא, כִּדְאָמַר לְקַמָּן[ז] מֵ'אִם כָּל עֲדַת', 'אִיתָא לְכוּלָּהּ סַנְהֶדְרֵי הָוְיָא הוֹרָאָה, וְאִי לָא לָא'. וְאִיכָּא לְמֵימַר נִצְטָרֵךְ אֶחָד מֵהֶן[ח] לָצֵאת לַדֶּרֶךְ וּמִינּוּ אַחֵר בִּמְקוֹמוֹ, א"נ, זָקֵן (אוֹ[ט]) שֶׁאֵין לוֹ בָּנִים הָיָה, לְכָךְ נִתְמַנָּה אַחֵר[י] בַּסַּנְהֶדְרִין: אוֹ זָקֵן שֶׁאֵין רָאוּי לְבָנִים. ח)° וְקַשְׁיָא לִי מִפְּנֵי מָה אֵין רָאוּי לְהוֹרָאָה: [יא] וְנֶאֱמַר לְהַלָּן 'עֵדָה'. 'וְשָׁפְטוּ הָעֵדָה וְהִצִּילוּ הָעֵדָה' (בַּמִּדְבָּר לה), דְּהַיְינוּ סַנְהֶדְרִין, כִּדְתְנַן בְּפ"ק דְּסַנְהֶדְרִין (דַּף ב.): נֶאֱמַר כָּאן 'עֵדָה'. דִּכְתִיב (וַיִּקְרָא ד) 'אִם[יב] כָּל עֲדַת יִשְׂרָאֵל יִשְׁגּוּ': (וְשָׁפְטוּ אֶת הָעֵדָה) מָה לְהַלָּן רְאוּיִין לְהוֹרָאָה כו': גמ' וְהָתָם מְנָא לָן. דְּכוּלְּהוּ דְּהָוְיִין[יג] רְאוּיִין לְהוֹרָאָה: אָמַר רַב חִסְדָּא. גָּמַר מִמֹּשֶׁה, דְּמֹשֶׁה אוֹקֵי סַנְהֶדְרִין דַּהֲווּ כּוּלָּן רְאוּיִין לְהוֹרָאָה, דִּכְתִיב 'וְהִתְיַצְּבוּ שָׁם עִמָּךְ', 'עִמָּךְ' בְּדוֹמִין לָךְ, דְּלֶיהֱווּ כּוּלָּן רְאוּיִין לְהוֹרָאָה, הָם הָכִי נַמִּי[יג*] בָּעֵינַן דְּסַנְהֶדְרֵי דְּעָלְמָא לֶיהֱווּ רְאוּיִין לְהוֹרָאָה, וְהוֹאִיל וּמָצִינוּ דְּ'עֵדָה' הָאֲמוּרָה כָּאן כּוּלָּן רְאוּיִין לְהוֹרָאָה, שָׁמְעִינַן מִינָּהּ נַמִּי דְּהַיְינוּ סַנְהֶדְרֵי גְּדוֹלָה, דְּתַנְיָא בְּת"כ [ט]'עֲדַת יִשְׂרָאֵל', עֵדָה הַמְיוּחֶדֶת לְכָל יִשְׂרָאֵל, וְאֵיזוֹ זוֹ סַנְהֶדְרֵי גְּדוֹלָה': וְאֵימָא 'עִמָּךְ' מִשּׁוּם שְׁכִינָה. דִּלְגוּפֵיהּ הוּא דַּאֲתָא, כְּלוֹמַר, שֶׁיְּהוּ עוֹמְדִין עִמְּךָ וְלֹא יִכָּנְסוּ לִפְנַי וְלִפְנִים בִּמְקוֹם שְׁכִינָה, דְּסָלְקָא דַּעְתָּא אָמֵינָא וְהוֹאִיל דִּכְתַב[יד] 'אֶסְפָה לִּי' דְּיִכָּנְסוּ בִּמְקוֹם שְׁכִינָה, קמ"ל. [ל"א[טו]] 'עִמָּךְ מִשּׁוּם שְׁכִינָה', כְּלוֹמַר בָּרוּר לַצַּדִּיקִים גְּמוּרִים שֶׁאֲנִי רוֹצֶה לְהַשְׁרוֹת שְׁכִינָה עֲלֵיהֶם: אִתָּךְ בְּדוֹמִין לָךְ. שֶׁיִּהְיוּ רְאוּיִין לְהוֹרָאָה: מתני' הוֹרוּ בֵּית דִּין שׁוֹגְגִין וְעָשׂוּ הַקָּהָל שׁוֹגְגִין. עַל פִּיהֶם[טז] בֵּית דִּין, מְבִיאִין פַּר, רַבִּי מֵאִיר כִּדְאִית לֵיהּ וְרַבִּי יְהוּדָה כִּדְאִית לֵיהּ וְר"ש כִּדְאִית לֵיהּ, דְּהָוֵי הוֹרָאָה מְעַלְּיָא: הוֹרוּ בֵּית דִּין מְזִידִין וְעָשׂוּ הַקָּהָל שׁוֹגְגִין. לָא הָוֵי הוֹרָאָה מְעַלְּיָא, דְּ'אִם כָּל עֲדַת יִשְׂרָאֵל יִשְׁגּוּ' כְּתִיב, דְּבָעֵינַן שׁוֹגְגִין בְּבי"ד, וְהָכָא הֲוָה לֵיהּ שִׁגְגַת מַעֲשֶׂה בְּלֹא[יז] הוֹרָאָה, וּמְבִיאִין כָּל אֶחָד מִן הַקָּהָל כִּשְׂבָּה אוֹ שְׂעִירָה, דְּיָחִיד דָּמוּ: הוֹרוּ בֵּית דִּין שׁוֹגְגִין וְעָשׂוּ הַקָּהָל מְזִידִים, פְּטוּרִים. דְּמֵזִיד לָאו בַּר קָרְבָּן הוּא: גמ' טַעְמָא דְּשׁוֹגְגִין וְעָשׂוּ מְזִידִים דִּפְטוּרִין. דְּמֵזִיד לָאו בַּר קָרְבָּן הוּא, לֹא לַצִּבּוּר וְלֹא יָחִיד, הָא שׁוֹגֵג דּוּמְיָא דְּמֵזִיד, דְּלָא הָוֵי מַמָּשׁ תּוֹלֶה בְּבי"ד, הָוֵי שׁוֹגֵג, תּוֹלֶה[יח] בְּעַצְמוֹ, וְחַיָּיב, בְּשִׁגְגַת[יט] מַעֲשֶׂה קָרֵינָא בֵּיהּ: כְּגוֹן שֶׁהוֹרוּ בֵּית דִּין שֶׁחֵלֶב מוּתָּר. שֶׁעַל הַקֶּרֶב וְלֹא שֶׁעַל הַכְּלָיוֹת, דְּלָא הָוֵי עוֹקֵר כָּל הַגּוּף: וְנִתְחַלֵּף[כ] חֵלֶב בְּשׁוּמָּן וַאֲכָלוֹ. דְּחַיָּיב, דְּתוֹלֶה בְּעַצְמוֹ הוּא, וְהַאי דְּקָרֵי לֵיהּ דּוּמְיָא דְּמֵזִיד, מִשּׁוּם דְּכִי הֵיכִי דְּמֵזִיד לָאו תּוֹלֶה בְּבי"ד הוּא, הַאי שׁוֹגֵג נַמִּי לָאו תּוֹלֶה בְּבי"ד הוּא, וְתִפְשׁוֹט הַאי דְּבָעֵי רָמִי בַּר חָמָא (לְעֵיל דַּף ג.): אָמַר לָךְ. רָמִי בַּר חָמָא, הַאי דְּקָתָנֵי 'שׁוֹגְגִין וְעָשׂוּ מְזִידִים', לָאו לְמִידַק מִינָּהּ קָא אָתֵי, אֶלָּא אַיְּידֵי דִּתְנָא 'מְזִידִין וְעָשׂוּ שׁוֹגְגִין' תְּנָא נַמִּי 'שׁוֹגְגִין וְעָשׂוּ מְזִידִים', וּכְדִי נַסְבָהּ, וְלָא דַּיְקִינַן מִינָּהּ כְּלוּם, וּבַעְיָא דִּידֵיהּ מֵהָא לֵיכָּא לְמִשְׁמַע מִינָּהּ: מתני' הוֹרוּ בֵּית דִּין וְעָשׂוּ כָּל הַקָּהָל אוֹ רוּבָּן עַל פִּיהֶן, מְבִיאִין פַּר. (כְּגוֹן)[כא] בי"ד וְלֹא לַצִּבּוּר: בַּעֲבוֹדַת[כב] כּוֹכָבִים בֵּית דִּין מְבִיאִין פַּר וְשָׂעִיר, דִּבְרֵי רַבִּי מֵאִיר. דְּבַעֲבוֹדַת כּוֹכָבִים בְּהוֹרָאָה פַּר וְשָׂעִיר מַיְיתֵי, דִּכְתִיב בְּפָרָשַׁת שְׁלַח לְךָ אֲנָשִׁים 'וְכִי תִשְׁגּוּ וְלֹא תַעֲשׂוּ אֵת כָּל הַמִּצְוֹת הָאֵלֶּה', דְּהַיְינוּ בַּעֲבוֹדַת כּוֹכָבִים, כִּדְאָמַר לְקַמָּן בְּפֶרֶק הוֹרָה כֹּהֵן מָשִׁיחַ [י]'אֵיזוֹ הִיא מִצְוָה שֶׁשְּׁקוּלָה כְּנֶגֶד כָּל הַמִּצְוֹת, הֱוֵי אוֹמֵר זוֹ עֲבוֹדַת כּוֹכָבִים', וּכְתִיב (בַּמִּדְבָּר טו) 'וְעָשׂוּ כָל הָעֵדָה פַּר בֶּן בָּקָר אֶחָד לְעוֹלָה לְרֵיחַ נִיחוֹחַ לַה' וּמִנְחָתוֹ וְנִסְכּוֹ כַּמִּשְׁפָּט, וּשְׂעִיר עִזִּים אֶחָד לְחַטָּאת': רַבִּי יְהוּדָה אוֹמֵר, שְׁנֵים עָשָׂר שְׁבָטִים מְבִיאִין שְׁנֵים עָשָׂר פָּרִים. דְּכָל שֵׁבֶט וְשֵׁבֶט אִקְּרִי קָהָל, וְקָסָבַר לַצִּבּוּר מְבִיאִין פַּר וְלֹא בֵּית דִּין:

תוספות

בָּעֵי רַב יוֹסֵף אֵין חֲרִישָׁה כו'. רֵישָׁא דַּאֲבוֹת מְלָאכוֹת דְּפֶרֶק כְּלָל גָּדוֹל[ל] נָקַט. אֲבָל[כג] חֲרִישָׁה לְדוֹקִין מוֹדִין בָּהּ, וּלְרַב יוֹסֵף נַמִּי בָּעֵי דָּבָר שֶׁאֵין מוֹדִין בּוֹ, כִּדְלְקַמָּן 'אָמַר לָךְ רַב יוֹסֵף' כו', מַשְׁמַע דְּסָבַר כִּשְׁמוּאֵל: **ש"מ** אֵין שַׁבָּת בִּשְׁבִיעִית כו'. מַשְׁמַע דְּאֵין לְדוֹקִין מוֹדִין בְּהַאי דְּרָשָׁא, אַע"ג דִּלְעֵיל דָּרְשֵׁי לֵיהּ 'יִהְיֶה לָּהּ' לְשׁוֹמֶרֶת (יכס) [יוֹם]: **אוֹ** שֶׁלֹּא הָיָה מוּפְלָא שֶׁבְּבֵית דִּין שָׁם. פרש"י, וְלֹא הָיָה בַּמִּנְיָן, דְּא"כ אֲפִילּוּ קָטָן שֶׁבָּהֶם נַמִּי, כִּדְאָמְרִינַן לְעֵיל 'שֶׁיִּהְיוּ כּוּלָּן בְּהוֹרָאָה'. וְקָשֶׁה, דְּהָא אִתּוֹתַב לְעֵיל (נ"ל דצריכין לומר דלפני התוספות לא היה כתוב לעיל הא דמסיק 'ואלא מאי כל עדת דקאמר רחמנא' כו', עיין לקמן ברש"י דף (ה') [ז'] ע"א). וּבְת"כ מוֹסִיף נַמִּי 'אִם אָמַר אֶחָד אֵינִי יוֹדֵעַ', דִּכְמַאן דְּלֵיתֵיהּ דָּמְיָא: **אֶחָד** מֵהֶן גֵּר אוֹ מַמְזֵר. בִּירוּשַׁלְמִי 'שֶׁעָבְרוּ וּמִנּוּהוּ', דְּמִי שֶׁאֵין רָאוּי לְהוֹרָאָה נַעֲשָׂה כְּאֵלּוּ:

תוספות הרא"ש

בעי רב יוסף אין איסור חרישה בשבת מהו כו'. [וא"ת] תיפוק ליה דהוה דברים שצדוק ובייתום מודים בו דכתיב בחריש ובקציר תשבות. וי"ל דלית ליה לרב יוסף הא דשמואל דאמר אין חייבין עד שיורו בדבר שאין הצדוקים מודים בו. ובברייתא דמייתי רב ששת לקמן תנא דבי ר' ישמעאל מפני מה אמרו הורו בדבר שהצדוקים מודים בו פטורים כו' לא שמיע ליה לרב יוסף. והרמ"ה ז"ל תירץ מדלא כתיב מחריש ומקציר תשבות אפשר דמפרשים צדוקים בחריש ובקציר תשבות בימות החמה ובימות הגשמים: והא קא עקרו ליה לאיסור דשומרת יום כנגד יום לגמרי. והוה ליה כעוקר אחד מאבות מלאכות של שבת אלא ודאי כיון דמודו בשאר הלכות נדה כביטל מקצת וקיים מקצת דמו וכן בשבת נמי:[כד] דאמרי כדרכה אסורה ושלא כדרכה מותרת. לא קא מעקרא איסור דשומרת יום כנגד יום לגמרי: הא משכבי אשה כתיב. מלמד ששני משכבות יש באשה וכיון דשלא כדרכה כתיב בהדיא הוי מילתא באנפי נפשיה כמו חרישה וקצירה. וכי אמרו דשלא כדרכה שרי נמצא דעקרי איסור ביאה שלא כדרכה כדכתי' בקרא וה"ל עוקר כל הגוף: דאמרי גמר ביאה שלא כדרכה אסורה העראה מותרת. נמצא דלא עקרי איסור שלא כדרכה לגמרי: והא את מקורה הערה כתיב. וכיון דכתיב העראה בהדיא בקרא הוי מילתא באנפי נפשיה כמו חרישה בשבת וכי שרי לה הא עוקר כל הגוף אלא ודאי כה"ג לא הוה עוקר כל הגוף כיון דמודו בשאר הלכות נדה: דאמרי העראה גופה כדרכה אסורה שלא כדרכה מותרת. דבהערא' גופה איכא ביטול מקצת וקיום מקצת ואי משום איסור שלא כדרכה דליכא קרא באנפי נפשיה מוקמי לה בגמר ביאה: בעי ר' זירא. את"ל אין חרישה בשבת כעוקר כל הגוף דמי ופטורין אמרו אין חרישה וקצירה[כה] בשבת בשביעית מהו: הורו ב"ד וידע אחד מהם שטעו ואמר להם טועים אתם כו'. ופרש"י ז"ל דלא הוי הוראה מעליא ופטורים עד שיורו כולם כדאמרי' לעיל. והקשה עליו הרמ"ה ז"ל והא האי טעמא לר' נתן[כו] הוא ואיהו איתותב לעיל ואמאי מוקים סתם מתני' דלא כהלכתא ופי' דכיון שאמר להם טועים אתם ואמר להם טעם אע"פ שאין נראה להם טעמו איבעי להו לעיוני טפי קודם שיורו היתר וקרובים למזיד ניהו ולא הוה הוראה. ולא ידענא מאי תיקן בפירושו דהכתי לא הוה הוראה עד שיורו כולם דאיזה גבול נתן להם עד מתי יעיינו בדברי היחיד ועוד דלעיל[ל] משמע למאן דלית ליה דר' נתן הויא הוראה אע"ג דלא השוו כולהון דמסיק אי איתא לכולה סנהדרי הויא הוראה ואזלינן בתר רובא אע"ג דמיעוטא פליגי עלייהו. הלכך נראה פרש"י ז"ל ואע"ג דאותבי' לר' נתן מברייתא סתם מתניתין עיקר:[כז] עמך משום שכינה. שיהיו מגוין אלנו שם להאציל מרוחו עליהם: מתני' שוגגין ועשו מזידין הוראתם אלא ידעו שטעו ב"ד ועשו לצבור חלב בשומן ואכלוהו. והה כאילו ידעי שהיה חלב ואכלוהו בהוראת דאי לא הו[רו] ... [ועשו] מזידין פטורין. ואפי' לר"מ דאמר ב"ד מייתי היינו כשעשה הקהל ע"פ הוראתם ואלו לא סמכו על ב"ד ועשו מזידין: גמ' הא שוגגין דומיא דמזידין כגון שהורו ב"ד שחלב מותר ונתחלף [להו ו]אכלוהו. והשתא דומיא למזידין דלא תלו בב"ד דאע"ג דלא הורו ב"ד הוו אכלי ליה חייבין להביא פר העלם [דבר דא]והו בהוראת ב"ד: ותפשוט בעיא דרמי בר חמא. דכי היכי שלגבור מיקריא הוראה להביא פר דאע"ג דאי לא הורו ב"ד נמי הוה אכלי ליה ה"ה ליחיד מיקרי תולה בב"ד ופטור:

[ל] נוסחא אחרת: ...[כנ]גד יום [ל]גמרי הכא במאי עסיקינן דאמרי כדרכה אסירא שלא כדרכה מותרת, והא משכבי אשה כתי', דאמרי גמר ביאה אסו' העראה מותרת, והא את מקורה הערה כתי' הכא במאי עסיקינן דאמרי הערא[ה] ...

מסורת הש"ס עם הוספות

א) סנהדרין צ., ב) לעיל ג:, ג) קדושין עו: סנהדרין לו: ע"ש, ד) [שמות יח ע' רש"י סנהדרין לו:], ה) עיין לעיל ב. בתוס' ד"ה עד שיהיו ול"ע, ו) לעיל דף ג., ז) [עי' לח"מ פי"ג מהל' שגגות ה"א] מ"ר, ח) עי' פי' המשניות להרמב"ם טעם לזה, ט) דבורא דחובה פרשה ד ה"ב (אות רמא), י) [דף ח.], כ) שבת עג. ע"ש וגמ', ל) ג ע"ב.

גליון הש"ס

מתני' או שלא היה מופלא. עי' סנהדרין דף טז ע"ב תד"ה אחד: רש"י ד"ה או זקן וכו'. וקשיא לי. עי' סנהדרין דף ל"ו ע"ב וברש"י שם: שם מתני' שוגגים ועשו מזידים הרי אלו פטורין. גם הכא הו"מ למיתני דמביאים כשבה או שעירה שהם מזידים שידעו שהב"ד לא הורו כהוגן וידעו שהוא בלאו אבל לא ידעו מכרת דס"ל לר' יוחנן בשבת (דף ס"ט ע"א) דשגגת (קרבן) [כרת] שמה שגגה וכן לר"ל משכחת דידע שאסור ושגג גם בלאו:

תורה אור השלם

א) שֵׁשֶׁת יָמִים תַּעֲבֹד וּבַיּוֹם הַשְּׁבִיעִי תִּשְׁבֹּת בֶּחָרִישׁ וּבַקָּצִיר תִּשְׁבֹּת: [שמות לד, כא]

ב) וְאִם כָּל עֲדַת יִשְׂרָאֵל יִשְׁגּוּ וְנֶעְלַם דָּבָר מֵעֵינֵי הַקָּהָל וְעָשׂוּ אַחַת מִכָּל מִצְוֹת יְיָ אֲשֶׁר לֹא תֵעָשֶׂינָה וְאָשֵׁמוּ: [ויקרא ד, יג]

ג) וְשָׁפְטוּ הָעֵדָה בֵּין הַמַּכֶּה וּבֵין גֹּאֵל הַדָּם עַל הַמִּשְׁפָּטִים הָאֵלֶּה: וְהִצִּילוּ הָעֵדָה אֶת הָרֹצֵחַ מִיַּד גֹּאֵל הַדָּם וְהֵשִׁיבוּ אֹתוֹ הָעֵדָה אֶל עִיר מִקְלָטוֹ אֲשֶׁר נָס שָׁמָּה וְיָשַׁב בָּהּ עַד מוֹת הַכֹּהֵן הַגָּדֹל אֲשֶׁר מָשַׁח אֹתוֹ בְּשֶׁמֶן הַקֹּדֶשׁ: [במדבר לה, כד-כה]

ד) וַיֹּאמֶר יְיָ אֶל מֹשֶׁה אֶסְפָה לִּי שִׁבְעִים אִישׁ מִזִּקְנֵי יִשְׂרָאֵל אֲשֶׁר יָדַעְתָּ כִּי הֵם זִקְנֵי הָעָם וְשֹׁטְרָיו וְלָקַחְתָּ אֹתָם אֶל אֹהֶל מוֹעֵד וְהִתְיַצְּבוּ שָׁם עִמָּךְ: [במדבר יא, טז]

ה) וְשָׁפְטוּ אֶת הָעָם בְּכָל עֵת וְהָיָה כָּל הַדָּבָר הַגָּדֹל יָבִיאוּ אֵלֶיךָ וְכָל הַדָּבָר הַקָּטֹן יִשְׁפְּטוּ הֵם וְהָקֵל מֵעָלֶיךָ וְנָשְׂאוּ אִתָּךְ: [שמות יח, כב]

הגהות וציונים

א] ראשונים וכת"י מלאכות, וי"ג בשאר מלאכות: ב] גי' כתי"מ ת"ש דבעי ר' זירא, והוא כדברי הלחם משנה: ג] [עיין תוי"ט (גליון)] שגירסת המשנה שבמשניות "שלא ראה לו בנים" וכן העתיק הר"ב גם הרמב"ם בפירושו, אבל בחבורו כתב "או זקן או שלא ראה בנים": ד] צ"ל "הרי אלו פטורין" (הר"ר יהוסף במלא"ש, וכ"ה לפנינו במשניות ולעיל ג ע"ב): ה] יש להוסיף חלב (ב"ח, וכ"ה בראשונים ובכת"י): ו] צ"ל ופטורין (דבש תמר): ז] [צ"ל לעיל דף ג:] (גליון): ח] "אחד מהן" מיותר (ב"ח, מאורי אור, מרומי שדה). ועי' מהרי"ל דיסקין: ט] בדפו"י ליתא (גליון): י] "אחר" ליתא בדפו"י, ונוסף ע"פ מהרש"א. והב"ח הגיה "לכך לא נתמנה בסנהדרין": יא] לכאן שייך הדבור הבא נאמר כאן עדה. (ע"פ ב"ח ומגן גבורים): יב] ואם (כת"י): יג] הויין (ד' ויניציא ג'). כת"י "והתם מנלן דהויין": יג*] "הם" משמעה "גם", והיא מצויה הרבה בלשון הגאונים והראשונים בצירוף "הם הכי" או "הם הכי נמי": יד] הואיל וכתב (כת"י): טו] ב"ש, ומביא כן מדפוס בומבירגי (הוא דפוס וינציא ג'): טז] צ"ל "על פי ב"ד" (ב"ח), או שיש למחוק תיבת "ב"ד" (מצור דבש): יז] צ"ל "בלא שגגת הוראה" (דבש תמר): יח] דתולה בעצמו הוא וחייב (ב"ח): יט] דשגגת (ב"ח, וכ"ה בכת"י): כ] ונתחלף לו חלב (כת"י, ד"ו ג'): כא] "כגון" נמחק (הגהות הגר"א, וכן ליתא בד"ו ג'), ונדצ"ל כלומר. הב"ח הגיה קסבר ב"ד מביאין ולא צבור: כב] ובעבודת (דפוסי ויניציאה וכת"י): כג] צ"ל "אבל קשה דחרישה" (קרן אורה): כד] גי' רבינו כאן ג"כ כל השקלא וטריא דלעיל בעמוד א' וכ"נ מפר"ח (גליון). והא לך נוסח הגמרא בכי"פ (הודגשו תיבות הדבורי המתחיל של הרא"ש) "ואמאי והא קא עקרי לה ... הכא במאי עסיקינן דאמרי העראה ...

בָּעֵי רַב יוֹסֵף — Rav Yosef asked: אֵין חֲרִישָׁה בְּשַׁבָּת — If *beis din* mistakenly ruled that there is no *issur* of plowing on Shabbos, מַהוּ — what is the halachah? Do they have to bring a *Par He'eleim Davar* if the majority of the people sinned based on that ruling? מִי אָמְרִינַן — Do we say, כֵּיוָן דְּקָא מוֹדוּ בְּכוּלְּהוּ מִלְּתָא — since they are agreeing to everything else about Shabbos—all the other *melachos*, כְּבִיטּוּל מִקְצָת וְקִיּוּם מִקְצָת דָּמֵי — it is like any case of abolishing part of a mitzvah and keeping part of it, אוֹ דִּלְמָא — or, perhaps, כֵּיוָן דְּקָא עָקְרִיִין לֵיהּ לַחֲרִישָׁה כָּל עִיקָּר — since they are completely abolishing the *issur* of plowing, כַּעֲקִירַת גּוּף דָּמֵי — it is like abolishing the entire essence of a mitzvah, and in order to be obligated, they would have to abolish part of a detail of a mitzvah (such as ruling that a certain kind of plowing on Shabbos is permitted)?

תָּא שְׁמַע — Come and hear a proof from our Mishnah to answer this question. Our Mishnah says: יֵשׁ נִדָּה בַּתּוֹרָה — If *beis din* ruled that there is an *issur* in the Torah of having relations with a typical *niddah*, אֲבָל — however, הַבָּא עַל שׁוֹמֶרֶת יוֹם כְּנֶגֶד יוֹם — one who has relations with a *shomeres yom k'neged yom*, פָּטוּר — is exempt, they would be obligated to bring a *Par He'eleim Davar*, since that is only a detail of the broader mitzvah of *niddah*. The Gemara asks: וְאַמַּאי — If in order to be obligated, they would have to abolish only part of a detail of a mitzvah, why would they be obligated in that case? Even though it is only a detail of the broader mitzvah of *niddah*, הָא עָקְרִיִין לְשׁוֹמֶרֶת יוֹם כְּנֶגֶד יוֹם כָּל עִיקָּר — they are abolishing the entire *issur* of having relations with a *shomeres yom k'neged yom*! This should be proof that they can be obligated even for abolishing an entire detail, such as plowing on Shabbos. אָמַר לָךְ רַב יוֹסֵף — Rav Yosef would tell you that this is not a good proof; שׁוֹמֶרֶת יוֹם — the case in the Mishnah that they ruled regarding a *shomeres yom k'neged yom* could be, דְּקָאָמְרִין כִּדְשַׁנִּין — that they ruled as we answered earlier: either that they ruled that *ha'ara'ah* is permitted with a *shomeres yom k'neged yom*, and only *g'mar bi'ah* is prohibited, or that they ruled that a woman only gets the status of a *shomeres yom k'neged yom* if she experienced a flow at daytime. Both of these rulings are to abolish only part of the *issur* of a *shomeres yom k'neged yom*, and therefore, this is not a proof that *beis din* would be obligated for abolishing an entire detail.

תָּא שְׁמַע — Come and hear another proof from our Mishnah to answer Rav Yosef's question. Our Mishnah says: יֵשׁ שַׁבָּת בַּתּוֹרָה — If *beis din* ruled that there is an *issur* in the Torah of doing *melachah* on Shabbos, אֲבָל — however, הַמּוֹצִיא מֵרְשׁוּת הַיָּחִיד לִרְשׁוּת הָרַבִּים — one who carries an object from a *reshus hayachid* to a *reshus harabim*, פָּטוּר — is exempt, which is against the Torah, he would be obligated to bring a *Par He'eleim Davar*, since that is only a detail of the broader mitzvah of Shabbos. The Gemara asks: וְאַמַּאי — If they would have to abolish only part of a detail of a mitzvah in order to be obligated, why would they be obligated in that case? Even though it is only a detail of the broader mitzvah of Shabbos, הָא עָקְרִיִין לְהוֹצָאָה כָּל עִיקָּר — they are abolishing the entire *issur* of carrying on Shabbos! This should be a proof that they can be obligated even for

For this *daf's shiur* and charts, scan this QR code:

בָּעֵי רַב יוֹסֵף, אֵין חֲרִישָׁה בְּשַׁבָּת מַהוּ, מִי אָמְרִינַן כֵּיוָן דְּקָא מוֹדוּ בְּכוּלְּהוּ מִלְּתָא[א] כְּבִיטּוּל מִקְצָת וְקִיּוּם מִקְצָת דָּמֵי, אוֹ דִלְמָא כֵּיוָן דְּקָא עָקְרִיין לֵיהּ לַחֲרִישָׁה כָּל עִיקָּר כַּעֲקִירַת גּוּף דָּמֵי. תָּא שְׁמַע, יֵשׁ נִדָּה בַּתּוֹרָה אֲבָל הַבָּא עַל שׁוֹמֶרֶת יוֹם כְּנֶגֶד יוֹם פָּטוּר; וְאַמַּאי, הָא עָקְרִיין לְשׁוֹמֶרֶת יוֹם כְּנֶגֶד יוֹם כָּל עִיקָּר. אָמַר לָךְ רַב יוֹסֵף, שׁוֹמֶרֶת יוֹם דְּקָאָמְרִין כִּדְשַׁנִּין. תָּא שְׁמַע, יֵשׁ שַׁבָּת בַּתּוֹרָה אֲבָל הַמּוֹצִיא מֵרְשׁוּת הַיָּחִיד לִרְשׁוּת הָרַבִּים פָּטוּר; וְאַמַּאי, הָא עָקְרִיין לְהוֹצָאָה כָּל עִיקָּר. הָתָם נַמֵּי כִּדְשַׁנִּין. תָּא שְׁמַע, יֵשׁ עֲבוֹדַת כּוֹכָבִים בַּתּוֹרָה אֲבָל הַמִּשְׁתַּחֲוֶה פָּטוּר; וְאַמַּאי, וְהָא עָקְרִיין לְהִשְׁתַּחֲוָיָה כָּל עִיקָּר. אָמְרִי, הִשְׁתַּחֲוָיָה נַמֵּי כִּדְשַׁנִּין. בָּעֵי ר' זֵירָא, אֵין שַׁבָּת בִּשְׁבִיעִית מַהוּ, בְּמַאי טָעוּ, בְּהָדֵין קְרָא [א]'בֶּחָרִישׁ וּבַקָּצִיר תִּשְׁבּוֹת', בִּזְמַן דְּאִיכָּא חֲרִישָׁה אִיכָּא שַׁבָּת, וּבִזְמַן דְּלֵיכָּא חֲרִישָׁה לֵיכָּא שַׁבָּת, מִי אָמְרִינַן כֵּיוָן דִּמְקַיְּימִין לָהּ בִּשְׁאָר שְׁנֵי שָׁבוּעַ כְּבִיטּוּל מִקְצָת וְקִיּוּם מִקְצָת דָּמֵי, אוֹ דִלְמָא כֵּיוָן דְּקָא עָקְרִיין לֵיהּ בִּשְׁבִיעִית כַּעֲקִירַת הַגּוּף דָּמֵי. אָמַר רָבִינָא, תָּא שְׁמַע, [ב]נָבִיא שֶׁנִּתְנַבֵּא לַעֲקוֹר דָּבָר מִדִּבְרֵי תוֹרָה, חַיָּיב, לְבִיטּוּל מִקְצָת וּלְקִיּוּם מִקְצָת, רַבִּי שִׁמְעוֹן אוֹמֵר פָּטוּר, וּבַעֲבוֹדַת כּוֹכָבִים אֲפִילוּ אָמַר הַיּוֹם עִבְדָהּ וּלְמָחָר בַּטְּלָהּ חַיָּיב; שְׁמַע מִינָּהּ אֵין שַׁבָּת בִּשְׁבִיעִית כְּבִיטּוּל מִקְצָת וְקִיּוּם מִקְצָת דָּמֵי, שְׁמַע מִינָּהּ:

מתני' הוֹרוּ בֵּית דִּין וְיָדַע אֶחָד מֵהֶן שֶׁטָּעוּ וְאָמַר לָהֶן טוֹעִין אַתֶּם, אוֹ שֶׁלֹּא הָיָה מוּפְלָא שֶׁל בֵּית דִּין שָׁם, אוֹ שֶׁהָיָה אֶחָד מֵהֶן גֵּר אוֹ מַמְזֵר אוֹ נָתִין אוֹ זָקֵן שֶׁלֹּא רָאוּי לְבָנִים, הֲרֵי זֶה פָּטוּר, שֶׁנֶּאֱמַר כָּאן [ב]'עֵדָה' וְנֶאֱמַר לְהַלָּן [ג]'עֵדָה', מָה 'עֵדָה' הָאֲמוּרָה לְהַלָּן כּוּלָּן רְאוּיִן לְהוֹרָאָה, אַף 'עֵדָה' הָאֲמוּרָה כָּאן עַד שֶׁיִּהְיוּ כּוּלָּן רְאוּיִן לְהוֹרָאָה:

גמ' אוֹ שֶׁלֹּא הָיָה מוּפְלָא שֶׁל בֵּית דִּין שָׁם, מְנָלַן. אָמַר רַב שֵׁשֶׁת, וְכֵן תָּנָא דְּבֵי רַבִּי יִשְׁמָעֵאל, מִפְּנֵי מָה אָמְרוּ הוֹרוּ בְּדָבָר שֶׁהַצְּדוֹקִין מוֹדִין בּוֹ פְּטוּרִין, מִפְּנֵי שֶׁהָיָה לָהֶם לִלְמוֹד וְלֹא לָמְדוּ, לֹא הָיָה מוּפְלָא שֶׁל בֵּית דִּין שָׁם נַמֵּי פְּטוּרִין מִפְּנֵי שֶׁהָיָה לָהֶם לִלְמוֹד וְלֹא לָמְדוּ. נֶאֱמַר שָׁם 'עֵדָה' וְנֶאֱמַר כָּאן 'עֵדָה' עַד שֶׁיְּהוּ כּוּלָּן רְאוּיִן לְהוֹרָאָה, וְהָתָם מְנָלַן. דְּאָמַר רַב חִסְדָּא, אָמַר קְרָא [ד]'וְהִתְיַצְּבוּ שָׁם עִמָּךְ', 'עִמָּךְ' בְּדוֹמִין לָךְ. וְאֵימָא 'עִמָּךְ' לִשְׁכִינָה. אֶלָּא אָמַר רַב נַחְמָן בַּר יִצְחָק, אָמַר קְרָא [ה]'וְנָשְׂאוּ אִתָּךְ', 'אִתָּךְ' בְּדוֹמִין לָךְ:

מתני' הוֹרוּ בֵּית דִּין שׁוֹגְגִין, וְעָשׂוּ כָּל הַקָּהָל שׁוֹגְגִין, מְבִיאִין פַּר; מְזִידִין וְעָשׂוּ שׁוֹגְגִין, מְבִיאִין כִּשְׂבָּה וּשְׂעִירָה; שׁוֹגְגִין וְעָשׂוּ מְזִידִין, הֲרֵי אֵלּוּ פְּטוּרִין:

גמ' שׁוֹגְגִין וְעָשׂוּ מְזִידִין, הֲרֵי אֵלּוּ פְּטוּרִין, הָא שׁוֹגֵג דּוֹמְיָא דְּמֵזִיד חַיָּיב, וְהֵיכִי דָּמֵי, שֶׁהוֹרוּ בֵּית דִּין שֶׁחֵלֶב מוּתָּר וְנִתְחַלֵּף לוֹ בְּשׁוּמָּן וַאֲכָלוֹ, לֵימָא תִּפְשׁוֹט הָא דְּבָעֵי רָמֵי בַּר חָמָא. אָמַר לָךְ, מִשּׁוּם דִּתְנָא רֵישָׁא מְזִידִין וְעָשׂוּ שׁוֹגְגִין, תְּנָא סֵיפָא שׁוֹגְגִין וְעָשׂוּ מְזִידִין:

מתני' הוֹרוּ בֵּית דִּין וְעָשׂוּ כָּל הַקָּהָל אוֹ רוּבָּן עַל פִּיהֶן, מְבִיאִין פַּר, וּבַעֲבוֹדַת כּוֹכָבִים מְבִיאִין פַּר וְשָׂעִיר, דִּבְרֵי רַבִּי מֵאִיר; רַבִּי יְהוּדָה אוֹמֵר, שְׁנֵים עָשָׂר שְׁבָטִים מְבִיאִין שְׁנֵים עָשָׂר פָּרִים, וּבַעֲבוֹדַת כּוֹכָבִים מְבִיאִין שְׁנֵים עָשָׂר פָּרִים וּשְׁנֵים עָשָׂר שְׂעִירִים;

רַבִּי

This *daf* is dedicated *l'iluy nishmas*: Efraim Yehoshua ben Amuma *z"l*

abolishing an entire detail, such as plowing on Shabbos. The Gemara answers that this is not a good proof: **הָתָם נָמֵי** — There, too, the case could be, **כִּדְשַׁנִּין** — like we answered before: that they ruled that carrying something out of the *reshus hayachid* to the *reshus harabim* is forbidden, but carrying something into the *reshus hayachid* is permitted; or that passing or throwing an object from a *reshus hayachid* to a *reshus harabim* is permitted. These rulings only abolish a part of the *issur* of carrying on Shabbos, and therefore, there is no proof from here that *beis din* would be obligated for abolishing an entire detail.

תָּא שְׁמַע — Come and hear another proof from our Mishnah to answer this question. Our Mishnah says: **יֵשׁ עֲבוֹדַת כּוֹכָבִים בַּתּוֹרָה** — If *beis din* ruled that there is an *issur* in the Torah of worshipping *avodah zarah*, **אֲבָל הַמִּשְׁתַּחֲוֶה** — but one who bows to an idol, **פָּטוּר** — is exempt, which is against the Torah, they would be obligated to bring a *Par He'eleim Davar*, since that is only a detail of the broader mitzvah of *avodah zarah*. The Gemara asks: **אַמַּאי** — If they would have to abolish only part of a detail of a mitzvah in order to be obligated, why would they be obligated in that case? Even though it is only a detail of the broader mitzvah of *avodah zarah*, **וְהָא עָקְרִיין לְהִשְׁתַּחֲוָיָה כָּל עִיקָּר** — they are abolishing the entire *issur* of bowing to *avodah zarah*! This should be a proof that they can be obligated even for abolishing an entire detail, such as plowing on Shabbos. The Gemara answers that this is not a good proof: **אָמְרִי** — The *talmidim* said: **הִשְׁתַּחֲוָיָה נָמֵי** — The case in the Mishnah where *beis din* ruled regarding bowing to *avodah zarah* can also be explained, **כִּדְשַׁנִּין** — like we answered before (to explain how this is not something the *Tzedokim* would agree to): that they ruled that bowing to an *avodah zarah* which is typically not bowed to is permitted; or that bowing is only forbidden when fully stretching out the arms and legs. These rulings only abolishe a part of the *issur* of bowing to *avodah zarah*, and therefore, there is no proof from here that *beis din* would be obligated for abolishing an entire detail.

בָּעֵי רַבִּי זֵירָא — Rabi Zeira asked: **אֵין שַׁבָּת בִּשְׁבִיעִית** — If *beis din* mistakenly ruled that Shabbos does not apply during the year of *Shemittah*, **מַהוּ** — what is the halachah? Are they obligated to bring a *Par He'eleim Davar* if the majority of the people did *melachah* on Shabbos during *Shemittah* based on that ruling? The Gemara explains why they would think this is correct: **בְּמַאי טָעוּ** — In which point did they err? **בְּהָדֵין קְרָא** — In the understanding of this *pasuk*, which discusses the *issur* of doing *melachah* on Shabbos (*Shemos* 34:21): **בֶּחָרִישׁ וּבַקָּצִיר תִּשְׁבֹּת** — "With regard to plowing and harvesting, you should rest." They mistakenly misinterpreted it to be teaching us, **בִּזְמַן דְּאִיכָּא חֲרִישָׁה** — at a time when plowing is being done (the first six years of the *Shemittah* cycle), **אִיכָּא שַׁבָּת** — there is an *issur* of doing *melachah* on Shabbos; **וּבִזְמַן דְּלֵיכָּא חֲרִישָׁה** — however, at a time when there is no plowing (the year of *Shemittah*), **לֵיכָּא שַׁבָּת** — there is no *issur* of doing *melachah* on Shabbos. The Gemara explains what the question is: **מִי אָמְרִינַן** — Do we say, **כֵּיוָן דִּמְקַיְּימִין לָהּ בִּשְׁאָר שְׁנֵי שָׁבוּעַ** — since they maintain the mitzvah of Shabbos in the other years of the

For this *daf's shiur* and charts, scan this QR code:

בָּעֵי רַב יוֹסֵף, אֵין חֲרִישָׁה בְּשַׁבָּת מַהוּ, מִי אָמְרִינַן כֵּיוָן דְּקָא מוֹדוּ בְּכוּלְּהוּ מִלְּתָא[א] כְּבִיטּוּל מִקְצָת וְקִיּוּם מִקְצָת דָּמֵי, אוֹ דִלְמָא כֵּיוָן דְּקָא עָקְרִיין לֵיהּ לַחֲרִישָׁה כָּל עִיקָּר כַּעֲקִירַת גּוּף דָּמֵי. תָּא שְׁמַע, יֵשׁ נִדָּה בַּתּוֹרָה אֲבָל הַבָּא עַל שׁוֹמֶרֶת יוֹם כְּנֶגֶד יוֹם פָּטוּר; וְאַמַּאי, הָא עָקְרִיין לְשׁוֹמֶרֶת יוֹם כְּנֶגֶד יוֹם כָּל עִיקָּר. אָמַר לָךְ רַב יוֹסֵף, שׁוֹמֶרֶת יוֹם דְּקָאָמְרִין כִּדְשַׁנִּין. תָּא שְׁמַע, יֵשׁ שַׁבָּת בַּתּוֹרָה אֲבָל הַמּוֹצִיא מֵרְשׁוּת הַיָּחִיד לִרְשׁוּת הָרַבִּים פָּטוּר; וְאַמַּאי, הָא עָקְרִיין לְהוֹצָאָה כָּל עִיקָּר. הָתָם נַמִּי כִּדְשַׁנִּין. תָּא שְׁמַע, יֵשׁ עֲבוֹדַת כּוֹכָבִים בַּתּוֹרָה אֲבָל הַמִּשְׁתַּחֲוֶה פָּטוּר; וְאַמַּאי, וְהָא עָקְרִיין לְהִשְׁתַּחֲוָיָה כָּל עִיקָּר. אָמְרִי, הִשְׁתַּחֲוָיָה נַמִּי כִּדְשַׁנִּין. בָּעֵי ר' זֵירָא, אֵין שַׁבָּת בִּשְׁבִיעִית מַהוּ, בְּמַאי טָעוּ, בְּהַהִיא קְרָא [א] 'בֶּחָרִישׁ וּבַקָּצִיר תִּשְׁבֹּת', בִּזְמַן דְּאִיכָּא חֲרִישָׁה אִיכָּא שַׁבָּת, וּבִזְמַן דְּלֵיכָּא חֲרִישָׁה לֵיכָּא שַׁבָּת, מִי אָמְרִינַן כֵּיוָן דִּמְקַיְּימִין לַהּ בִּשְׁאָר שְׁנֵי שָׁבוּעַ כְּבִיטּוּל מִקְצָת וְקִיּוּם מִקְצָת דָּמֵי, אוֹ דִלְמָא כֵּיוָן דְּקָא עָקְרִיין לֵיהּ בִּשְׁבִיעִית כַּעֲקִירַת הַגּוּף דָּמֵי. אָמַר רָבִינָא, תָּא שְׁמַע, [ב] נָבִיא שֶׁנִּתְנַבֵּא לַעֲקוֹר דָּבָר מִדִּבְרֵי תוֹרָה, חַיָּיב, לְבִיטּוּל מִקְצָת וּלְקִיּוּם מִקְצָת, רַבִּי שִׁמְעוֹן אוֹמֵר פָּטוּר, וּבַעֲבוֹדַת כּוֹכָבִים אֲפִילּוּ אָמַר הַיּוֹם עָבְדָהּ וּלְמָחָר בַּטְּלָהּ חַיָּיב; שְׁמַע מִינָּהּ אֵין שַׁבָּת בִּשְׁבִיעִית כְּבִיטּוּל מִקְצָת וְקִיּוּם מִקְצָת דָּמֵי, שְׁמַע מִינָּהּ:

מתני' הוֹרוּ בֵּית דִּין וְיָדַע אֶחָד מֵהֶן שֶׁטָּעוּ וְאָמַר לָהֶן טוֹעִין אַתֶּם, אוֹ שֶׁלֹּא הָיָה מוּפְלָא שֶׁל בֵּית דִּין שָׁם, אוֹ שֶׁהָיָה אֶחָד מֵהֶן גֵּר אוֹ מַמְזֵר אוֹ נָתִין אוֹ זָקֵן שֶׁלֹּא רָאוּי לְבָנִים, הֲרֵי זֶה פָּטוּר, שֶׁנֶּאֱמַר כָּאן [ב] 'עֵדָה' וְנֶאֱמַר לְהַלָּן [ג] 'עֵדָה', מָה 'עֵדָה' הָאֲמוּרָה לְהַלָּן כּוּלָּן רְאוּיִן לְהוֹרָאָה, אַף 'עֵדָה' הָאֲמוּרָה כָּאן עַד שֶׁיְּהוּ כּוּלָּן רְאוּיִן לְהוֹרָאָה:

גמ' אוֹ שֶׁלֹּא הָיָה מוּפְלָא שֶׁל בֵּית דִּין שָׁם, מְנָלַן. אָמַר רַב שֵׁשֶׁת, וְכֵן תָּנָא דְּבֵי רַבִּי יִשְׁמָעֵאל, מִפְּנֵי מָה אָמְרוּ הוֹרוּ בְּדָבָר שֶׁהַצַּדּוֹקִין מוֹדִין בּוֹ פְּטוּרִין, מִפְּנֵי שֶׁהָיָה לָהֶם לִלְמוֹד וְלֹא לָמְדוּ, לֹא הָיָה מוּפְלָא שֶׁל בֵּית דִּין שָׁם נַמִּי פְּטוּרִין מִפְּנֵי שֶׁהָיָה לָהֶם לִלְמוֹד וְלֹא לָמְדוּ. נֶאֱמַר שָׁם 'עֵדָה' וְנֶאֱמַר כָּאן 'עֵדָה' עַד שֶׁיְּהוּ כּוּלָּן רְאוּיִן לְהוֹרָאָה, וְהָתָם מְנָלַן. דְּאָמַר רַב חִסְדָּא, אָמַר קְרָא [ד] 'וְהִתְיַצְּבוּ שָׁם עִמָּךְ', 'עִמָּךְ' בְּדוֹמִין לָךְ. וְאֵימָא 'עִמָּךְ' לִשְׁכִינָה. אֶלָּא אָמַר רַב נַחְמָן בַּר יִצְחָק, אָמַר קְרָא [ה] 'וְנָשְׂאוּ אִתָּךְ', 'אִתָּךְ' בְּדוֹמִין לָךְ:

מתני' הוֹרוּ בֵּית דִּין שׁוֹגְגִין, וְעָשׂוּ כָּל הַקָּהָל שׁוֹגְגִין, מְבִיאִין פַּר; מְזִידִין וְעָשׂוּ שׁוֹגְגִין, מְבִיאִין כִּשְׂבָּה וּשְׂעִירָה; שׁוֹגְגִין וְעָשׂוּ מְזִידִין, הֲרֵי אֵלּוּ פְּטוּרִין:

גמ' שׁוֹגְגִין וְעָשׂוּ מְזִידִין הֲרֵי אֵלּוּ פְּטוּרִין, הָא שׁוֹגֵג דּוּמְיָא דְּמֵזִיד חַיָּיב, וְהֵיכִי דָּמֵי, שֶׁהוֹרוּ בֵּית דִּין שֶׁחֵלֶב מוּתָּר וְנִתְחַלֵּף לוֹ בְּשׁוּמָּן וַאֲכָלוֹ, לֵימָא תִּפְשׁוֹט הָא דְּבָעֵי רָמִי בַּר חָמָא. אָמַר לָךְ, מִשּׁוּם דִּתְנָא רֵישָׁא מְזִידִין וְעָשׂוּ שׁוֹגְגִין, תְּנָא סֵיפָא שׁוֹגְגִין וְעָשׂוּ מְזִידִין:

מתני' הוֹרוּ בֵּית דִּין וְעָשׂוּ כָּל הַקָּהָל אוֹ רוּבָּן עַל פִּיהֶן, מְבִיאִין פַּר, וּבַעֲבוֹדַת כּוֹכָבִים מְבִיאִין פַּר וְשָׂעִיר, דִּבְרֵי רַבִּי מֵאִיר; רַבִּי יְהוּדָה אוֹמֵר, שְׁנֵים עָשָׂר שְׁבָטִים מְבִיאִין שְׁנֵים עָשָׂר פָּרִים, וּבַעֲבוֹדַת כּוֹכָבִים מְבִיאִין שְׁנֵים עָשָׂר פָּרִים וּשְׁנֵים עָשָׂר שְׂעִירִים; רַבִּי

רש"י

בָּעֵי רַב יוֹסֵף אֵין חֲרִישָׁה בְּשַׁבָּת מַהוּ. הָכָא לָא מִבַּעְיָא לֵיהּ לְרַב יוֹסֵף בְּדָבָר שֶׁאֵין הַצַּדּוֹקִין מוֹדִין כְּלָל, אֶלָּא בְּבִטּוּל מִקְצָת וְקִיּוּם מִקְצָת קָא מִבַּעְיָא לֵיהּ: מִי אָמְרִינַן כֵּיוָן דְּקָא מוֹדוּ. בי"ד בְּכוּלְּהוּ שְׁאָר מְלָאכוֹת דְּשַׁבָּת דַּאֲסִירֵי, כְּבִטּוּל מִקְצָת וְקִיּוּם מִקְצָת דָּמֵי, וְחַיָּיבִין: (וְכֻלְּהוּ) כִּדְשַׁנִּין. לְעֵיל, דְּלָא הָוֵי עֲקִירַת כָּל הַגּוּף דְּשׁוֹמֶרֶת יוֹם: (וְכוּלָּהּ) כִּדְשַׁנִּין. דְּמוֹשִׁיט וְזוֹרֵק שָׁרֵי, דְּלָא הָוֵי עֲקִירַת כָּל הַגּוּף: (וְכוּלָּהּ) כִּדְשַׁנִּין. דְּהִשְׁתַּחֲוָאָה שֶׁלֹּא כְּדַרְכָּהּ שַׁרְיָא: 'בֶּחָרִישׁ וּבַקָּצִיר תִּשְׁבֹּת'. דְּמַשְׁמַע בִּזְמַן דְּאִיכָּא חֲרִישָׁה, דְּהַיְינוּ בִּשְׁאָר שְׁנֵי שָׁבוּעַ, 'תִּשְׁבֹּת', אִיכָּא שַׁבָּת: בִּזְמַן דְּלֵיכָּא חֲרִישָׁה. דְּהַיְינוּ בִּשְׁבִיעִית, לֵיכָּא שַׁבָּת: נָבִיא שֶׁהִתְנַבֵּא. כְּגוֹן שֶׁתְּחִלָּתוֹ נְבִיא שֶׁל אֱמֶת, וּלְבַסּוֹף נְבִיא הַשֶּׁקֶר, שֶׁהִתְנַבֵּא לַעֲקוֹר דָּבָר מִדִּבְרֵי תוֹרָה, חַיָּיב, וְדִבְרֵי הַכֹּל בְּחֶנֶק: לְקַיֵּים מִקְצָת וּלְבַטֵּל מִקְצָת. דִּשְׁאָר מִצְוֹת, רַבִּי שִׁמְעוֹן פּוֹטֵר, וְה"ה לְרַבָּנָן: וּבַעֲבוֹדַת כּוֹכָבִים אֲפִילּוּ אָמַר לָךְ 'הַיּוֹם עָבְדָהּ וּלְמָחָר בַּטְּלָהּ'. דְּהַיְינוּ קִיּוּם מִקְצָת וּבִטּוּל מִקְצָת דַּעֲבוֹדַת כּוֹכָבִים, חַיָּיב, דְּרַחֲמָנָא אָמַר 'לְהַדִּיחֲךָ מִן הַדֶּרֶךְ', אֲפִילּוּ מִקְצָת דֶּרֶךְ, וּבַעֲבוֹדַת כּוֹכָבִים הוּא דִּכְתִיב, וְכִי קָתָנֵי חַיָּיב, כְּגוֹן לְרַבָּנָן בִּסְקִילָה וּלְר"ש בְּחֶנֶק, וְהָכִי מְתָרֵץ לֵיהּ רַב חִסְדָּא בְּפֶרֶק אֵלּוּ הֵן הַנֶּחְנָקִין (סנהדרין דף צ.). וְ'הַיּוֹם עָבְדָהּ וּלְמָחָר בַּטְּלָהּ' כְּאֵין שַׁבָּת בִּשְׁבִיעִית דָּמֵי, וְקָרֵי לְהוּ בִּיטּוּל מִקְצָת וְקִיּוּם מִקְצָת, ש"מ: **מתני'** וְאָמַר לָהֶם טוֹעִים אַתֶּם. לָא הָוֵי הוֹרָאָה מְעַלְּיָא, וּפָטוּר[ו], דְּבָעֵינַן עַד שֶׁיּוֹרוּ כּוּלָּן, כִּדְאָמַר לְעֵיל[ז]: אוֹ שֶׁלֹּא הָיָה מוּפְלָא שֶׁל בי"ד שָׁם. אע"ג דְּלָא הֲוָה מִסַּנְהֶדְרִין עַצְמָן, דְּאִילּוּ הָוֵי מִסַּנְהֶדְרִין עַצְמָן, אֲפִילּוּ (אִם) קָטָן שֶׁבְּכוּלָּן לֹא הָיָה שָׁם לָא הָוְיָא הוֹרָאָה מְעַלְּיָא, כִּדְאָמַר לְקַמָּן[ז] מֵ'אִם כָּל עֲדַת', 'אִיתָא לְכוּלָּהּ סַנְהֶדְרֵי הָוְיָא הוֹרָאָה, וְאִי לָא לָא'. וְאִיכָּא לְמֵימַר נִצְטָרֵךְ אֶחָד מֵהֶן[ח] לָצֵאת לַדֶּרֶךְ וּמִינּוּ אַחֵר בִּמְקוֹמוֹ, א"נ, זָקֵן (או[ט]) שֶׁאֵין לוֹ בָּנִים הָיָה, לְכָךְ נִתְמַנָּה אַחֵר[י] בַּסַּנְהֶדְרִין: אוֹ זָקֵן שֶׁאֵין רָאוּי לְבָנִים. [ח] וְקַשְׁיָא לִי מִפְּנֵי מָה אֵין רָאוּי לְהוֹרָאָה: [יא] וְנֶאֱמַר לְהַלָּן 'עֵדָה'. 'וְשָׁפְטוּ הָעֵדָה וְהִצִּילוּ הָעֵדָה' (במדבר לה), דְּהַיְינוּ סַנְהֶדְרִין, כִּדְתְנַן בְּפ"ק דְּסַנְהֶדְרִין (דף ב): נֶאֱמַר כָּאן 'עֵדָה'. דִּכְתִיב (ויקרא ד) 'אִם[יב] כָּל עֲדַת יִשְׂרָאֵל יִשְׁגּוּ': (וְשָׁפְטוּ אֶת הָעֵדָה) מָה לְהַלָּן רְאוּיִין לְהוֹרָאָה כו': **גמ'** וְהָתָם מְנָא לָן. דְּכוּלְּהוּ דַּהֲוַיִן[יג] רְאוּיִין לְהוֹרָאָה: אָמַר רַב חִסְדָּא. גָּמַר מִמֹּשֶׁה, דְּמֹשֶׁה אוֹקֵי סַנְהֶדְרִין דַּהֲווּ כּוּלָּן רְאוּיִין לְהוֹרָאָה, דִּכְתִיב 'וְהִתְיַצְּבוּ שָׁם עִמָּךְ', 'עִמָּךְ' בְּדוֹמִין לָךְ, דְּלֶיהֱווּ כּוּלָּן רְאוּיִין לְהוֹרָאָה, הָם הָכִי נַמִּי[יד] בָּעֵינַן דְּסַנְהֶדְרֵי דְּעָלְמָא לֶיהֱווּ רְאוּיִין לְהוֹרָאָה, וְהוֹאִיל וּמָצִינוּ דְּ'עֵדָה' הָאֲמוּרָה כָּאן כּוּלָּן רְאוּיִין לְהוֹרָאָה, שָׁמְעִינַן מִינָּהּ נַמִּי דְּהַיְינוּ סַנְהֶדְרֵי גְּדוֹלָה, דְּתַנְיָא בְּת"כ 'עֲדַת יִשְׂרָאֵל', עֵדָה הַמְיוּחֶדֶת לְכָל יִשְׂרָאֵל, וְאֵיזוֹ זוֹ סַנְהֶדְרֵי גְּדוֹלָה': וְאֵימָא 'עִמָּךְ' מִשּׁוּם שְׁכִינָה. דִּלְגוּפֵיהּ הוּא דְּאָתָא, כְּלוֹמַר, שֶׁיְּהוּ עוֹמְדִין עִמְּךָ וְלֹא יִכָּנְסוּ לִפְנַי וְלִפְנִים בִּמְקוֹם שְׁכִינָה, דְּסָלְקָא דַּעְתָּא אָמֵינָא וְהוֹאִיל דִּכְתַב[טו] 'אֶסְפָה לִּי' דְּיִכָּנְסוּ בִּמְקוֹם שְׁכִינָה, קמ"ל. [ל"א[טז]] 'עִמָּךְ מִשּׁוּם שְׁכִינָה', כְּלוֹמַר בָּרוּר לַצַּדִּיקִים גְּמוּרִים שֶׁאֲנִי רוֹצֶה לְהַשְׁרוֹת שְׁכִינָה עֲלֵיהֶם: אִתָּךְ בְּדוֹמִין לָךְ. שֶׁיִּהְיוּ רְאוּיִין לְהוֹרָאָה: **מתני'** הוֹרוּ בֵּית דִּין שׁוֹגְגִין וְעָשׂוּ הַקָּהָל שׁוֹגְגִין. עַל פִּיהֶם[טז] בֵּית דִּין, מְבִיאִין פַּר, רַבִּי מֵאִיר כִּדְאִית לֵיהּ וְרַבִּי יְהוּדָה כִּדְאִית לֵיהּ וְר"ש כִּדְאִית לֵיהּ, דְּהָוֵי הוֹרָאָה מְעַלְּיָא: הוֹרוּ בֵּית דִּין מְזִידִין וְעָשׂוּ הַקָּהָל שׁוֹגְגִין. לָא הָוֵי הוֹרָאָה מְעַלְּיָא, דְּ'אִם כָּל עֲדַת יִשְׂרָאֵל יִשְׁגּוּ' כְּתִיב, דְּבָעֵינַן שׁוֹגְגִין בְּבי"ד, וְהָכָא הֲוָה לֵיהּ שִׁגְגַת מַעֲשֶׂה בְּלֹא[יז] הוֹרָאָה, וּמְבִיאִין כָּל אֶחָד מִן הַקָּהָל כִּשְׂבָּה אוֹ שְׂעִירָה, דְּכְיָחִיד דָּמוּ: הוֹרוּ בֵּית דִּין שׁוֹגְגִין וְעָשׂוּ הַקָּהָל מְזִידִים, פְּטוּרִים. דְּמֵזִיד לָאו בַּר קָרְבָּן הוּא: **גמ'** טַעְמָא דְּשׁוֹגְגִין וְעָשׂוּ מְזִידִים דִּפְטוּרִין. דְּמֵזִיד לָאו בַּר קָרְבָּן הוּא, לָא לְצִבּוּר וְלָא יָחִיד, הָא שׁוֹגֵג דּוּמְיָא דְּמֵזִיד, דְּלָא הָוֵי מַמָּשׁ תּוֹלֶה בְּבי"ד, הָוֵי שׁוֹגֵג, תּוֹלֶה[יח] בְּעַצְמוֹ, וְחַיָּיב, בְּשִׁגְגַת[יט] מַעֲשֶׂה קָרֵינָא בֵּיהּ: כְּגוֹן שֶׁהוֹרוּ בֵּית דִּין שֶׁחֵלֶב מוּתָּר. שֶׁעַל הַקֶּרֶב וְלֹא שֶׁעַל הַכְּלָיוֹת, דְּלָא הָוֵי עוֹקֵר כָּל הַגּוּף: וְנִתְחַלֵּף[כ] חֵלֶב בְּשׁוּמָּן וַאֲכָלוֹ. דְּחַיָּיב, דְּתוֹלֶה בְּעַצְמוֹ הוּא, וְהַאי דְּקָרֵי לֵיהּ דּוּמְיָא דְּמֵזִיד, מִשּׁוּם דְּכִי הֵיכִי דְּמֵזִיד לָאו תּוֹלֶה בְּבי"ד הוּא, הַאי שׁוֹגֵג נַמִּי לָאו תּוֹלֶה בְּבי"ד הוּא, וְתִפְשׁוֹט הַאי דְּבָעֵי רָמִי בַּר חָמָא (לעיל דף ב:): אָמַר לָךְ. רָמִי בַּר חָמָא, הַאי דְּקָתָנֵי 'שׁוֹגְגִין וְעָשׂוּ מְזִידִים', לָאו לְמֵידַק מִינָּהּ קָא אָתֵי, אֶלָּא אַיְּדֵי דִּתְנָא 'מְזִידִין וְעָשׂוּ שׁוֹגְגִין' תְּנָא נַמִּי 'שׁוֹגְגִין וְעָשׂוּ מְזִידִים', וּכְדִי נַסְבָהּ, וְלָא דַּיְיקִינַן מִינָּהּ כְּלוּם, וּבַעְיָא דִּידֵיהּ מֵהָא לֵיכָּא לְמִשְׁמַע מִינָּהּ: **מתני'** הוֹרוּ בֵּית דִּין וְעָשׂוּ כָּל הַקָּהָל אוֹ רוּבָּן עַל פִּיהֶן, מְבִיאִין פַּר. (כגון)[כא] בי"ד וְלֹא לְצִבּוּר: בַּעֲבוֹדַת[כב] כּוֹכָבִים בֵּית דִּין מְבִיאִין פַּר וְשָׂעִיר, דִּבְרֵי רַבִּי מֵאִיר. דְּבַעֲבוֹדַת כּוֹכָבִים בְּהוֹרָאָה פַּר וְשָׂעִיר מַיְיתֵי, דִּכְתִיב בְּפָרָשַׁת שְׁלַח לְךָ אֲנָשִׁים 'וְכִי תִשְׁגּוּ וְלֹא תַעֲשׂוּ אֵת כָּל הַמִּצְוֹת הָאֵלֶּה', דְּהַיְינוּ בַּעֲבוֹדַת כּוֹכָבִים, כִּדְאָמַר לְקַמָּן בְּפֶרֶק הוֹרָה כֹּהֵן מָשִׁיחַ 'אֵיזוֹ הִיא מִצְוָה שֶׁשְּׁקוּלָה כְּנֶגֶד כָּל הַמִּצְוֹת, הֱוֵי אוֹמֵר זוֹ עֲבוֹדַת כּוֹכָבִים', וּכְתִיב (במדבר טו) 'וְעָשׂוּ כָל הָעֵדָה פַּר בֶּן בָּקָר אֶחָד לְעֹלָה לְרֵיחַ נִיחֹחַ לַה' וּמִנְחָתוֹ וְנִסְכּוֹ כַּמִּשְׁפָּט, וּשְׂעִיר עִזִּים אֶחָד לְחַטָּאת': רַבִּי יְהוּדָה אוֹמֵר, שְׁנֵים עָשָׂר שְׁבָטִים מְבִיאִין שְׁנֵים עָשָׂר פָּרִים. דְּכָל שֵׁבֶט וְשֵׁבֶט אִקְּרֵי קָהָל, וְקָסָבַר לְצִבּוּר מְבִיאִין פַּר וְלֹא בֵּית דִּין:

תוספות

בָּעֵי רַב יוֹסֵף אֵין חֲרִישָׁה כו'. רֵישָׁא דַּאֲבוֹת מְלָאכוֹת דְּפֶרֶק כְּלָל גָּדוֹל[כ] נָקַט. אֲבָל[כג] חֲרִישָׁה צַדּוֹקִין מוֹדִין בָּהּ, וּלְרַב יוֹסֵף נַמִּי בָּעֵי דָּבָר שֶׁאֵין מוֹדִין בּוֹ, כִּדִּלְקַמָּן 'אָמַר לָךְ רַב יוֹסֵף' כו', מַשְׁמַע דְּסָבַר כִּשְׁמוּאֵל: **ש"מ** אֵין שַׁבָּת בִּשְׁבִיעִית כו'. מַשְׁמַע דְּאֵין צַדּוֹקִין מוֹדִין בְּהַאי דְּרָשָׁא, אע"ג דִּלְעֵיל דָּרְשֵׁי לֵיהּ 'יִהְיֶה לַה'' לְשׁוֹמֶרֶת (יבם) [יוֹם]: **אוֹ** שֶׁלֹּא הָיָה מוּפְלָא שֶׁבְּבֵית דִּין שָׁם. פרש"י, וְלֹא הָיָה בַּמִּנְיָן, דא"כ אֲפִילּוּ קָטָן שֶׁבָּהֶם נַמִּי, כִּדְאָמְרִינַן לְעֵיל 'שֶׁיִּהְיוּ כּוּלָּן בְּהוֹרָאָה'. וְקָשֶׁה, דְּהָא אִתּוֹתַב לְעֵיל (נ"ל דצריכין לומר דלפני התוספות לא היה כתוב לעיל הא דמסיק 'ואלא מאי כל עדת דקאמר רחמנא' כו', עיין לקמן ברש"י דף (ה') [ו'] ע"א). וּבְת"כ מוֹסִיף נַמִּי 'אִם אָמַר אֶחָד אֵינִי יוֹדֵעַ', דִּכְמַאן דְּלֵיתֵיהּ דָּמְיָא: **אֶחָד** מֵהֶן גֵּר אוֹ מַמְזֵר. בַּיְרוּשַׁלְמִי 'שֶׁעָבְרוּ וּמִנּוּהוּ', דְּמִי שֶׁאֵין רָאוּי לְהוֹרָאָה נַעֲשֶׂה כָּאן:

This *daf* is dedicated *l'iluy nishmas*: Efraim Yehoshua ben Amuma *z"l*

Shemittah cycle, **כְּבִיטּוּל מִקְצָת וְקִיּוּם מִקְצָת דָּמֵי** — it is like any case of abolishing part of a mitzvah and keeping part of it, **אוֹ דִלְמָא** — or, perhaps, **כֵּיוָן דְּקָא עָקְרִיין לֵיהּ בִּשְׁבִיעִית** — since they are completely abolishing the mitzvah in the year of *Shemittah*, **כַּעֲקִירַת הַגּוּף דָּמֵי** — it is like abolishing the entire essence of a mitzvah?

אָמַר רָבִינָא — Ravina said: **תָּא שְׁמַע** — Come and hear a proof from a *Baraisa* to answer this question: **נָבִיא שֶׁנִּתְנַבֵּא לַעֲקוֹר דָּבָר מִדִּבְרֵי תוֹרָה** — A *navi* who instructed through "*nevuah*" to abolish something from the Torah, **חַיָּיב** — is liable and is executed, as he is considered a false *navi*. **לְבִיטּוּל מִקְצָת וּלְקִיּוּם מִקְצָת** — If he instructed to abolish part of a mitzvah and to keep some of it, **רַבִּי שִׁמְעוֹן אוֹמֵר** — Rabi Shimon says: **פָּטוּר** — he is exempt from execution. **וּבַעֲבוֹדַת כּוֹכָבִים** — However, if his *nevuah* was regarding *avodah zarah*, **אֲפִילוּ אָמַר** — even if he said **הַיּוֹם עִוְבְדָהּ** — worship it today, **וּלְמָחָר בַּטְּלָהּ** — and dispose of it tomorrow, **חַיָּיב** — he is liable and is executed. The Gemara says: **שְׁמַע מִינָּהּ** — You can learn from this *Baraisa*, which gives the case of worshipping *avodah zarah* one day and disposing of it the next day as a form of abolishing part of a mitzvah and keeping part of it, that **אֵין שַׁבָּת בַּשְּׁבִיעִית** — a ruling that Shabbos does not apply in the year of *Shemittah* **כְּבִיטּוּל מִקְצָת וְקִיּוּם מִקְצָת דָּמֵי** — is like a case of abolishing part of a mitzvah and keeping part of it. **שְׁמַע מִינָּהּ** — Indeed, you can learn from it; this is a good proof to answer Rabi Zeira's question.

מַתְנִיתִין — MISHNAH

הוֹרוּ בֵּית דִּין — If *beis din* gave a mistaken ruling, **וְיָדַע אֶחָד מֵהֶן שֶׁטָּעוּ** — and one of the judges knew that they made a mistake, **וְאָמַר לָהֶן** — and he said to the other judges: **טוֹעִין אַתֶּם** — "You are making a mistake;" **אוֹ** — or, **שֶׁלֹּא הָיָה מוּפְלָא שֶׁל בֵּית דִּין שָׁם** — the most distinguished member of the *beis din* was not present, **אוֹ** — or, **שֶׁהָיָה אֶחָד מֵהֶן גֵּר** — if one of the judges was a *ger*, **אוֹ מַמְזֵר** — or a *mamzer* (a child born from illicit relations), **אוֹ נָתִין** — or a *Nasin* (from of the nation of the Giv'onim, whom Dovid Hamelech banned from becoming part of the Jewish people), **אוֹ זָקֵן שֶׁלֹּא רָאוּי לְבָנִים** — or an elderly man who is no longer able to have children, **הֲרֵי זֶה פָּטוּר** — in any of these cases, the *beis din* is exempt from bringing a *Par He'eleim Davar* (even if the majority of the people sinned based on their ruling), **שֶׁנֶּאֱמַר כָּאן עֵדָה** — because the *pasuk* here, discussing the circumstances of a *Par He'eleim Davar*, uses the term עדה ("assembly") to refer to the *beis din* (*Vayikra* 4:13): "And if the entire assembly (עדת) of the Jewish people makes a mistake;" **וְנֶאֱמַר לְהַלָּן עֵדָה** — and in another place, discussing the *halachos* of someone who accidentally commits murder, the *pasuk* uses the term עדה (*Bamidbar* 35:24): "The assembly (עדה) should judge… and the assembly (עדה) should save." Using a *gezeirah shavah*, we can learn: **מָה עֵדָה הָאֲמוּרָה לְהַלָּן** — Just like the word "assembly" over there means, **כּוּלָּן רְאוּיִן לְהוֹרָאָה** — that it is a *beis din* of judges that are all fit to give rulings, **אַף עֵדָה הָאֲמוּרָה כָּאן** — so, too, the "assembly" referred to here means,

For this *daf's shiur* and charts, scan this QR code:

עין משפט נר מצוה

מסורת הש״ס עם תוספות

בָּעֵי רַב יוֹסֵף, אֵין חֲרִישָׁה בְּשַׁבָּת מַהוּ, מִי אָמְרִינַן אכֵּיוָן דְּקָא מוֹדוּ בְּכוּלְּהוּ מִלְּתָא[א] כְּבִיטּוּל מִקְצָת וְקִיּוּם מִקְצָת דָּמֵי, אוֹ דִלְמָא כֵּיוָן דְּקָא עָקְרִיין לֵיהּ לַחֲרִישָׁה כָּל עִיקָּר כַּעֲקִירַת גּוּף דָּמֵי. תָּא שְׁמַע, יֵשׁ נִדָּה בַּתּוֹרָה אֲבָל הַבָּא עַל שׁוֹמֶרֶת יוֹם כְּנֶגֶד יוֹם פָּטוּר; וְאַמַּאי, הָא עָקְרִיין לְשׁוֹמֶרֶת יוֹם כְּנֶגֶד יוֹם כָּל עִיקָּר. אָמַר לָךְ רַב יוֹסֵף, שׁוֹמֶרֶת יוֹם דְּקָאָמְרִין כִּדְשַׁנִּין. תָּא שְׁמַע, יֵשׁ שַׁבָּת בַּתּוֹרָה אֲבָל הַמּוֹצִיא מֵרְשׁוּת הַיָּחִיד לִרְשׁוּת הָרַבִּים פָּטוּר; וְאַמַּאי, הָא עָקְרִיין לְהוֹצָאָה כָּל עִיקָּר. הָתָם נַמִּי כִּדְשַׁנִּין. תָּא שְׁמַע, יֵשׁ עֲבוֹדַת כּוֹכָבִים בַּתּוֹרָה אֲבָל הַמִּשְׁתַּחֲוֶה פָּטוּר; וְאַמַּאי, וְהָא עָקְרִיין לְהִשְׁתַּחֲוָיָה כָּל עִיקָּר. אָמְרִי, הִשְׁתַּחֲוָיָה נַמִּי כִּדְשַׁנִּין. יבָּעֵי ר׳ זֵירָא, אֵין שַׁבָּת בִּשְׁבִיעִית מַהוּ, בְּמַאי טָעוּ, בְּהָדֵין קְרָא א)׳בֶּחָרִישׁ וּבַקָּצִיר תִּשְׁבּוֹת׳, בִּזְמַן דְּאִיכָּא חֲרִישָׁה אִיכָּא שַׁבָּת, וּבִזְמַן דְּלֵיכָּא חֲרִישָׁה לֵיכָּא שַׁבָּת, מִי אָמְרִינַן כֵּיוָן דִּמְקַיְּימִין לָהּ בִּשְׁאָר שְׁנֵי שָׁבוּעַ כְּבִיטּוּל מִקְצָת וְקִיּוּם מִקְצָת דָּמֵי, אוֹ דִלְמָא כֵּיוָן דְּקָא עָקְרִיין לֵיהּ בִּשְׁבִיעִית כַּעֲקִירַת הַגּוּף דָּמֵי. אָמַר רָבִינָא, תָּא שְׁמַע, ב[א]נָבִיא שֶׁנִּתְנַבֵּא לַעֲקוֹר דָּבָר מִדִּבְרֵי תוֹרָה, חַיָּיב, לְבִיטּוּל מִקְצָת וּלְקִיּוּם מִקְצָת, רַבִּי שִׁמְעוֹן אוֹמֵר גפָּטוּר, וּבַעֲבוֹדַת כּוֹכָבִים דאֲפִילּוּ אָמַר הַיּוֹם עָבְדָהּ וּלְמָחָר בַּטְּלָהּ חַיָּיב; שְׁמַע מִינַּהּ אֵין שַׁבָּת בִּשְׁבִיעִית כְּבִיטּוּל מִקְצָת וְקִיּוּם מִקְצָת דָּמֵי, שְׁמַע מִינַּהּ:

מתני׳ [ג]ההוֹרוּ בֵּית דִּין וְיָדַע אֶחָד מֵהֶן שֶׁטָּעוּ וְאָמַר לָהֶן טוֹעִין אַתֶּם, ואוֹ שֶׁלֹּא הָיָה מוּפְלָא שֶׁל בֵּית דִּין שָׁם, אוֹ שֶׁהָיָה אֶחָד מֵהֶן גֵּר אוֹ מַמְזֵר אוֹ נָתִין אוֹ זָקֵן[ג] שֶׁלֹּא רָאוּי לְבָנִים, הֲרֵי זֶה פָּטוּר[ד], שֶׁנֶּאֱמַר כָּאן ב)׳עֵדָה׳ וְנֶאֱמַר לְהַלָּן ג)׳עֵדָה׳, ימָה ׳עֵדָה׳ הָאֲמוּרָה לְהַלָּן כּוּלָּן רְאוּיִן לְהוֹרָאָה, אַף ׳עֵדָה׳ הָאֲמוּרָה כָּאן עַד שֶׁיִּהְיוּ כּוּלָּן רְאוּיִן לְהוֹרָאָה:

גמ׳ אוֹ שֶׁלֹּא הָיָה מוּפְלָא שֶׁל בֵּית דִּין שָׁם, מְנָלַן. אָמַר רַב שֵׁשֶׁת, וְכֵן תָּנָא דְּבֵי רַבִּי יִשְׁמָעֵאל, מִפְּנֵי מָה אָמְרוּ הוֹרוּ בְּדָבָר שֶׁהַצַּדּוּקִין מוֹדִין בּוֹ פְּטוּרִין, מִפְּנֵי שֶׁהָיָה לָהֶם לִלְמוֹד וְלֹא לָמְדוּ, לֹא הָיָה מוּפְלָא שֶׁל בֵּית דִּין שָׁם נַמִּי פְּטוּרִין מִפְּנֵי שֶׁהָיָה לָהֶם לִלְמוֹד וְלֹא לָמְדוּ. נֶאֱמַר שָׁם ׳עֵדָה׳ וְנֶאֱמַר כָּאן ׳עֵדָה׳ עַד שֶׁיִּהְיוּ כּוּלָּן רְאוּיִן לְהוֹרָאָה, וְהָתָם מְנָלַן. גדְּאָמַר רַב חִסְדָּא, אָמַר קְרָא ד)׳וְהִתְיַצְּבוּ שָׁם עִמָּךְ׳, ׳עִמָּךְ׳ בְּדוֹמִין לָךְ. וְאֵימָא ׳עִמָּךְ׳ לִשְׁכִינָה. אֶלָּא אָמַר רַב נַחְמָן בַּר יִצְחָק, אָמַר קְרָא ד)ה)׳וְנָשְׂאוּ אִתָּךְ׳, ׳אִתָּךְ׳ בְּדוֹמִין לָךְ:

מתני׳ זהוֹרוּ בֵּית דִּין שׁוֹגְגִין, וְעָשׂוּ כָּל הַקָּהָל שׁוֹגְגִין, מְבִיאִין פַּר; חמְזִידִין וְעָשׂוּ שׁוֹגְגִין, מְבִיאִין כִּשְׂבָּה וּשְׂעִירָה; טשׁוֹגְגִין וְעָשׂוּ מְזִידִין הֲרֵי אֵלּוּ פְּטוּרִין:

גמ׳ שׁוֹגְגִין וְעָשׂוּ מְזִידִין הֲרֵי אֵלּוּ פְּטוּרִין, הָא שׁוֹגֵג דּוּמְיָא דְּמֵזִיד חַיָּיב, וְהֵיכִי דָּמֵי, כשֶׁהוֹרוּ בֵּית דִּין שֶׁחֵלֶב מוּתָּר וְנִתְחַלֵּף לוֹ[ט] בְּשׁוּמָּן וַאֲכָלוֹ, לֵימָא תִּפְשׁוֹט הָא ידְּבָעֵי רָמֵי בַּר חָמָא. אָמַר לָךְ, מִשּׁוּם דְּתָנָא רֵישָׁא מְזִידִין וְעָשׂוּ שׁוֹגְגִין, תָּנָא סֵיפָא שׁוֹגְגִין וְעָשׂוּ מְזִידִין:

מתני׳ הוֹרוּ בֵּית דִּין וְעָשׂוּ כָּל הַקָּהָל אוֹ רוּבָּן עַל פִּיהֶן, מְבִיאִין פַּר, וּבַעֲבוֹדַת כּוֹכָבִים מְבִיאִין פַּר וְשָׂעִיר, דִּבְרֵי רַבִּי מֵאִיר; רַבִּי יְהוּדָה אוֹמֵר, ישְׁנֵים עָשָׂר שְׁבָטִים מְבִיאִין שְׁנֵים עָשָׂר פָּרִים, כוּבַעֲבוֹדַת כּוֹכָבִים מְבִיאִין שְׁנֵים עָשָׂר פָּרִים וּשְׁנֵים עָשָׂר שְׂעִירִים;

רַבִּי

רש״י

בָּעֵי רַב יוֹסֵף אֵין חֲרִישָׁה בְּשַׁבָּת מַהוּ. הָכָא לָא מִבַּעְיָא לֵיהּ לְרַב יוֹסֵף בְּדָבָר שֶׁאֵין הַצַּדּוּקִין מוֹדִין כְּלָל, אֶלָּא בְּבִטּוּל מִקְצָת וְקִיּוּם מִקְצָת קָא מִבַּעְיָא לֵיהּ: מִי אָמְרִינַן כֵּיוָן דְּקָא מוֹדוּ. בֵּי״ד בְּכוּלְּהוּ שְׁאָר מְלָאכוֹת דְּשַׁבָּת דַּאֲסִירֵי, כְּבִטּוּל מִקְצָת וְקִיּוּם מִקְצָת דָּמֵי, וְחַיָּיבִין: (וְכוּלְּהוּ) כִּדְשַׁנִּין. לְעֵיל, דְּלָא הָוֵי עֲקִירַת כָּל הַגּוּף דְּשׁוֹמֶרֶת יוֹם: (וְכוּלָּהּ) כִּדְשַׁנִּין. דְּמוֹשִׁיט וְזוֹרֵק שָׁרֵי, דְּלָא הָוֵי עֲקִירַת כָּל הַגּוּף: (וְכוּלָּהּ) כִּדְשַׁנִּין. דְּהִשְׁתַּחֲוָאָה שֶׁלֹּא כְּדַרְכָּהּ שַׁרְיָא: ׳בֶּחָרִישׁ וּבַקָּצִיר תִּשְׁבּוֹת׳. דְּמַשְׁמַע בִּזְמַן דְּאִיכָּא חֲרִישָׁה, דְּהַיְינוּ בִּשְׁאָר שְׁנֵי שָׁבוּעַ, ׳תִּשְׁבּוֹת׳, אִיכָּא שַׁבָּת: בִּזְמַן דְּלֵיכָּא חֲרִישָׁה. דְּהַיְינוּ בִּשְׁבִיעִית, לֵיכָּא שַׁבָּת: נָבִיא שֶׁהִתְנַבֵּא. כְּגוֹן שֶׁמִּתְּחִלָּתוֹ נְבִיא שֶׁל אֱמֶת, וּלְבַסּוֹף נְבִיא הַשֶּׁקֶר, שֶׁהִתְנַבֵּא לַעֲקוֹר דָּבָר מִדִּבְרֵי תוֹרָה, חַיָּיב, וְדִבְרֵי הַכֹּל בְּחֶנֶק: לְקַיֵּים מִקְצָת וּלְבַטֵּל מִקְצָת. דִּשְׁאָר מִצְוֹת, רַבִּי שִׁמְעוֹן פּוֹטֵר, וְה״ה לְרַבָּנַן: וּבַעֲבוֹדַת כּוֹכָבִים אֲפִילּוּ אָמַר לָךְ ׳הַיּוֹם עָבְדָהּ וּלְמָחָר בַּטְּלָהּ׳. דְּהַיְינוּ קִיּוּם מִקְצָת וּבִטּוּל מִקְצָת דַּעֲבוֹדַת כּוֹכָבִים, חַיָּיב, דְּרַחֲמָנָא אָמַר ׳לְהַדִּיחֲךָ מִן הַדֶּרֶךְ׳, אֲפִילּוּ מִקְצָת דֶּרֶךְ, וּבַעֲבוֹדַת כּוֹכָבִים הוּא דִּכְתִיב, וְכִי קָתָנֵי חַיָּיב, כְּגוֹן לְרַבָּנַן בִּסְקִילָה וּלְר״ש בְּחֶנֶק, וְהָכִי מְתָרֵץ לֵיהּ רַב חִסְדָּא בְּפֶרֶק אֵלּוּ הֵן הַנֶּחֱנָקִין (סנהדרין דף צ.). וְ׳הַיּוֹם עָבְדָהּ וּלְמָחָר בַּטְּלָהּ׳ כְּאֵין שַׁבָּת בִּשְׁבִיעִית דָּמֵי, וְקָרֵי לְהוּ בִּיטּוּל מִקְצָת וְקִיּוּם מִקְצָת, ש״מ: מתני׳ וְאָמַר לָהֶם טוֹעִים אַתֶּם. לָא הָוֵי הוֹרָאָה מְעַלְּיָא, וּפָטוּר[י], דְּבָעֵינַן עַד שֶׁיּוֹרוּ כּוּלָּן, כִּדְאָמַר לְעֵיל[ז]: אוֹ שֶׁלֹּא הָיָה מוּפְלָא שֶׁל בי״ד שָׁם. אע״ג דְּלָא הָוֵה מִסַּנְהֶדְרִין עַצְמָן, דְּאִילּוּ הָוֵי מִסַּנְהֶדְרִין עַצְמָן, אֲפִילּוּ (אִם) קָטָן שֶׁבְּכוּלָּן לֹא הָיָה שָׁם לֹא הָוְיָא הוֹרָאָה מְעַלְּיָא, כִּדְאָמַר לְקַמָּן[ו] מֵ׳אִם כָּל עֲדַת׳, ׳אִיתָא לְכוּלַּהּ סַנְהֶדְרֵי הָוְיָא הוֹרָאָה, וְאִי לָא לָא׳. וְאִיכָּא לְמֵימַר נִצְטָרֵךְ אֶחָד מֵהֶן[ח] לָצֵאת לַדֶּרֶךְ וּמִינּוּ אַחֵר בִּמְקוֹמוֹ, א״נ, זָקֵן (אוֹ[ט]) שֶׁאֵין לוֹ בָּנִים הָיָה, לְכָךְ נִתְמַנָּה אַחֵר[י] בְּסַנְהֶדְרִין: אוֹ זָקֵן שֶׁאֵין רָאוּי לְבָנִים. [ח]וְקַשְׁיָא לִי מִפְּנֵי מָה אֵין רָאוּי לְהוֹרָאָה: [יא] וְנֶאֱמַר לְהַלָּן ׳עֵדָה׳. ׳וְשָׁפְטוּ הָעֵדָה וְהִצִּילוּ הָעֵדָה׳ (במדבר לה), דְּהַיְינוּ סַנְהֶדְרִין, כִּדְתְנַן בְּפ״ק דְּסַנְהֶדְרִין (דף ב.): נֶאֱמַר כָּאן ׳עֵדָה׳. דִּכְתִיב (ויקרא ד) ׳אִם[יב] כָּל עֲדַת יִשְׂרָאֵל יִשְׁגּוּ׳: (וְשָׁפְטוּ אֶת הָעֵדָה) מָה לְהַלָּן רְאוּיִין לְהוֹרָאָה כו׳: גמ׳ וְהָתָם מְנָא לָן. דְּכוּלְּהוּ דַּהֲוַיִין[יג] רְאוּיִין לְהוֹרָאָה: אָמַר רַב חִסְדָּא. גָּמַר מִמֹּשֶׁה, דְּמֹשֶׁה אוֹקֵי סַנְהֶדְרִין דַּהֲווּ כּוּלָּן רְאוּיִין לְהוֹרָאָה, דִּכְתִיב ׳וְהִתְיַצְּבוּ שָׁם עִמָּךְ׳, ׳עִמָּךְ׳ בְּדוֹמִין לָךְ, דְּלֶיהֱווּ כּוּלָּן רְאוּיִין לְהוֹרָאָה, הָס הָכִי נַמִּי[יג*] בָּעֵינַן דְּסַנְהֶדְרֵי דְּעָלְמָא לֶיהֱווּ רְאוּיִין לְהוֹרָאָה, וְהוֹאִיל וּמָלֵינוּ דְּ׳עֵדָה׳ הָאֲמוּרָה כָּאן כּוּלָּן רְאוּיִין לְהוֹרָאָה, שָׁמְעִינַן מִינַּהּ נַמִּי דְּהַיְינוּ סַנְהֶדְרֵי גְּדוֹלָה, דְּתַנְיָא בְּת״כ [ט]׳עֲדַת יִשְׂרָאֵל, עֵדָה הַמְיוּחֶדֶת לְכָל יִשְׂרָאֵל, וְאֵיזוֹ זוֹ סַנְהֶדְרֵי גְּדוֹלָה׳: וְאֵימָא ׳עִמָּךְ׳ מִשּׁוּם שְׁכִינָה. דִּלְגוּפֵיהּ הוּא דַּאֲתָא, כְּלוֹמַר, שֶׁיְּהוּ עוֹמְדִין עִמְּךָ וְלֹא יִכָּנְסוּ לִפְנַי וְלִפְנִים בִּמְקוֹם שְׁכִינָה, דְּסָלְקָא דַּעְתָּא אָמֵינָא וְהוֹאִיל דִּכְתַב[יד] ׳אֶסְפָה לִּי׳ דְּיִכָּנְסוּ בִּמְקוֹם שְׁכִינָה, קמ״ל. [ל״א[טו]] ׳עִמָּךְ מִשּׁוּם שְׁכִינָה׳, כְּלוֹמַר בָּרוּר לַצַּדִּיקִים גְּמוּרִים שֶׁאֲנִי רוֹצֶה לְהַשְׁרוֹת שְׁכִינָה עֲלֵיהֶם: אִתָּךְ בְּדוֹמִין לָךְ. שֶׁיִּהְיוּ רְאוּיִין לְהוֹרָאָה: מתני׳ הוֹרוּ בֵּית דִּין שׁוֹגְגִין וְעָשׂוּ הַקָּהָל שׁוֹגְגִין. עַל פִּיהֶם[טז] בֵּית דִּין, מְבִיאִין פַּר, רַבִּי מֵאִיר כִּדְאִית לֵיהּ וְרַבִּי יְהוּדָה כִּדְאִית לֵיהּ וְר״ש כִּדְאִית לֵיהּ, דְּהָוֵי הוֹרָאָה מְעַלְּיָא: הוֹרוּ בֵּית דִּין מְזִידִין וְעָשׂוּ הַקָּהָל שׁוֹגְגִין. לָא הָוֵי הוֹרָאָה מְעַלְּיָא, דְּ׳אִם כָּל עֲדַת יִשְׂרָאֵל יִשְׁגּוּ׳ כְּתִיב, דְּבָעֵינַן שׁוֹגְגִין בְּבֵי״ד, וְהָכָא הֲוָה לֵיהּ שִׁגְגַת מַעֲשֶׂה בְּלֹא[יז] הוֹרָאָה, וּמְבִיאִין כָּל אֶחָד מִן הַקָּהָל כִּשְׂבָּה אוֹ שְׂעִירָה, דְּכְיָחִיד דָּמוּ: הוֹרוּ בֵּית דִּין שׁוֹגְגִין וְעָשׂוּ הַקָּהָל מְזִידִים, פְּטוּרִים. דְּמֵזִיד לָאו בַּר קָרְבָּן הוּא: גמ׳ טַעְמָא דְּשׁוֹגְגִין וְעָשׂוּ מְזִידִים דִּפְטוּרִין. דְּמֵזִיד לָאו בַּר קָרְבָּן הוּא, לֹא לְצִבּוּר וְלֹא יָחִיד, הָא שׁוֹגֵג דּוּמְיָא דְּמֵזִיד, דְּלָא הָוֵי מַמָּשׁ תּוֹלֶה בְּבֵי״ד, הָוֵי שׁוֹגֵג, תּוֹלֶה[יח] בְּעַצְמוֹ, וְחַיָּיב, בְּשִׁגְגַת[יט] מַעֲשֶׂה קָרֵינָא בֵּיהּ: כְּגוֹן שֶׁהוֹרוּ בֵּית דִּין שֶׁחֵלֶב מוּתָּר. שֶׁעַל הַקֶּרֶב וְלֹא שֶׁעַל הַכְּלָיוֹת, דְּלָא הָוֵי עוֹקֵר כָּל הַגּוּף: וְנִתְחַלֵּף[כ] חֵלֶב בְּשׁוּמָּן וַאֲכָלוֹ. דְּחַיָּיב, דְּתוֹלֶה בְּעַצְמוֹ הוּא, וְהַאי דְּקָרֵי לֵיהּ דּוּמְיָא דְּמֵזִיד, מִשּׁוּם דְּכִי הֵיכִי דְּמֵזִיד לָאו תּוֹלֶה בְּבֵי״ד הוּא, הַאי שׁוֹגֵג נַמִּי לָאו תּוֹלֶה בְּבֵי״ד הוּא, וְתִפְשׁוֹט הַאי דְּבָעֵי רָמֵי בַּר חָמָא (לעיל דף ב:): אָמַר לָךְ. רָמֵי בַּר חָמָא, הַאי דְּקָתָנֵי ׳שׁוֹגְגִין וְעָשׂוּ מְזִידִים׳, לָאו לְמֵידַק מִינַּהּ קָא אָתֵי, אֶלָּא אַיְּידֵי דְּתָנָא ׳מְזִידִין וְעָשׂוּ שׁוֹגְגִין׳ תָּנָא נַמִּי ׳שׁוֹגְגִין וְעָשׂוּ מְזִידִים׳, וּכְדֵי נַסְבָהּ, וְלָא דַּיְיקִינַן מִינַּהּ כְּלוּם, וּבַעְיָא דִּידֵיהּ מֵהָא לֵיכָּא לְמִשְׁמַע מִינַּהּ: מתני׳ הוֹרוּ בֵּית דִּין וְעָשׂוּ כָּל הַקָּהָל אוֹ רוּבָּן עַל פִּיהֶן, מְבִיאִין פַּר. (כגון)[כא] בי״ד וְלֹא צִבּוּר: בַּעֲבוֹדַת[כב] כּוֹכָבִים בֵּית דִּין מְבִיאִין פַּר וְשָׂעִיר, דִּבְרֵי רַבִּי מֵאִיר. דְּבַעֲבוֹדַת כּוֹכָבִים בְּהוֹרָאָה פַּר וְשָׂעִיר מַיְיתֵי, דִּכְתִיב בְּפָרָשַׁת שְׁלַח לְךָ אֲנָשִׁים ׳וְכִי תִשְׁגּוּ וְלֹא תַעֲשׂוּ אֵת כָּל הַמִּצְוֹת הָאֵלֶּה׳, דְּהַיְינוּ בַּעֲבוֹדַת כּוֹכָבִים, כִּדְאָמַר לְקַמָּן בְּפֶרֶק הוֹרָה כֹּהֵן מָשִׁיחַ [י]׳אֵיזוֹ הִיא מִצְוָה שֶׁשְּׁקוּלָה כְּנֶגֶד כָּל הַמִּצְוֹת, הֱוֵי אוֹמֵר זוֹ עֲבוֹדַת כּוֹכָבִים׳, וּכְתִיב (במדבר טו) ׳וְעָשׂוּ כָל הָעֵדָה פַּר בֶּן בָּקָר אֶחָד לְעֹלָה לְרֵיחַ נִיחֹחַ לַה׳ וּמִנְחָתוֹ וְנִסְכּוֹ כַּמִּשְׁפָּט, וּשְׂעִיר עִזִּים אֶחָד לְחַטָּאת׳: רַבִּי יְהוּדָה אוֹמֵר, שְׁנֵים עָשָׂר שְׁבָטִים מְבִיאִין שְׁנֵים עָשָׂר פָּרִים. דְּכָל שֵׁבֶט וְשֵׁבֶט אִיקְּרֵי קָהָל, וְקָסָבַר צִבּוּר מְבִיאִין פַּר וְלֹא בֵּית דִּין:

תוספות

בָּעֵי רַב יוֹסֵף אֵין חֲרִישָׁה כו׳. רֵישָׁא דַּאֲבוֹת מְלָאכוֹת דְּפֶרֶק כְּלָל גָּדוֹל[כ] נָקַט. אֲבָל[כג] חֲרִישָׁה צַדּוּקִין מוֹדִין בָּהּ, וּלְרַב יוֹסֵף נַמִּי בָּעֵי דָּבָר שֶׁאֵין מוֹדִין בּוֹ, כִּדְלְקַמָּן ׳אָמַר לָךְ רַב יוֹסֵף׳ כו׳, מַשְׁמַע דְּסָבַר כִּשְׁמוּאֵל: **ש״מ** אֵין שַׁבָּת בִּשְׁבִיעִית כו׳. מַשְׁמַע דְּאֵין צַדּוּקִין מוֹדִין בְּהַאי דְּרָשָׁא, אע״ג דִּלְעֵיל דָּרְשֵׁי לֵיהּ ׳יִהְיֶה לָּהּ׳ לְשׁוֹמֶרֶת (יבם) [יום]: **אוֹ** שֶׁלֹּא הָיָה מוּפְלָא שֶׁבְּבֵית דִּין שָׁם. פרש״י, וְלֹא הָיָה בַּמִּנְיָן, דְּא״כ אֲפִילּוּ קָטָן שֶׁבָּהֶם נַמִּי, כִּדְאָמְרִינַן לְעֵיל ׳שֶׁיִּהְיוּ כּוּלָּן בְּהוֹרָאָה׳. וְקָשֶׁה, דְּהָא אִתּוֹתַב לְעֵיל (נ״ל דלריכין לומר דלפני התוספות לא היה כתוב לעיל הא דמסיק ׳וְאֶלָּא מַאי כָּל עֲדַת דְּקָאָמַר רַחֲמָנָא׳ כו׳, עיין לקמן ברש״י דף (ה׳) [ו׳] ע״א). **וּבְת״כ** מוֹסִיף נַמִּי ׳אִם אָמַר אֶחָד אֵינִי יוֹדֵעַ׳, דִּכְמַאן דְּלֵיתֵיהּ דָּמְיָא: **אֶחָד** מֵהֶן גֵּר אוֹ מַמְזֵר. בִּירוּשַׁלְמִי ׳שֶׁעָבְרוּ וּמִנּוּהוּ׳, דְּמִי שֶׁאֵין רָאוּי לְהוֹרָאָה נַעֲשָׂה כְּאֵין:

גליון הש״ס

תורה אור השלם

הגהות וציונים

תוספות הרא״ש

עַד שֶׁיִּהְיוּ כּוּלָּן רְאוּיִן לְהוֹרָאָה — that *beis din* would not be obligated for their mistaken ruling unless all the judges at the time of the ruling were fit to give rulings. If one of the judges was a *ger*, a *mamzer*, a *Nasin*, or too old to have children (as our Mishnah lists), he is not fit to give rulings; therefore, the entire *beis din* is exempt.

גְּמָרָא — GEMARA

אוֹ שֶׁלֹּא הָיָה מוּפְלָא שֶׁל בֵּית דִּין שָׁם — One of the cases listed in our Mishnah is if the most distinguished member of the *beis din* was not there at time of the ruling (and someone else was temporarily put in his place.) The Gemara asks: **מְנָלַן** — From where do we know that in such a case, *beis din* would be exempt for a mistaken ruling they gave? **אָמַר רַב שֵׁשֶׁת** — Rav Sheishes said, **וְכֵן תָּנָא דְּבֵי רַבִּי יִשְׁמָעֵאל** — and similarly, a *tanna* taught a *Baraisa* in the *beis midrash* of Rabi Yishmael: **מִפְּנֵי מָה אָמְרוּ** — Why did *Chazal* say, **הוֹרוּ בְּדָבָר שֶׁהַצְּדוּקִין מוֹדִין בּוֹ** — if *beis din* gave a ruling against something that the *Tzedokim* would agree to, because it is written explicitly in the Torah, **פְּטוּרִין** — they are exempt from having to bring a *Par He'eleim Davar* (if the majority of the people sin based on that ruling)? **מִפְּנֵי שֶׁהָיָה לָהֶם לִלְמוֹד** — Because since it is written explicitly in the Torah, the people should have learned it themselves that it is not correct, and not relied on the mistaken ruling, **וְלֹא לָמְדוּ** — and they did not learn. That is their own fault, and *beis din* is not responsible. Rav Sheishes explains: **לֹא הָיָה מוּפְלָא שֶׁל בֵּית דִּין שָׁם נָמֵי פְּטוּרִין** — In the case where the most distinguished member of the *beis din* was not there at time of the ruling, *beis din* is exempt as well, **מִפְּנֵי שֶׁהָיָה לָהֶם לִלְמוֹד** — because rather than relying on that ruling, which was given without the most distinguished member of *beis din* present, the people should have gone to learn what the correct halachah is, **וְלֹא לָמְדוּ** — and they did not, which was their own fault. Therefore, *beis din* is exempt.

Our Mishnah says: **נֶאֱמַר שָׁם עֵדָה** — Over there, by someone who accidentally commits murder, the *pasuk* uses the term עדה ("assembly") to refer to *beis din*, **וְנֶאֱמַר כָּאן עֵדָה** — and over here, by the circumstances of a *Par He'eleim Davar*, the *pasuk* also uses the term עדה to refer to the *beis din*. Using a *gezeirah shavah*, we learn that here, too, by the *Par He'eleim Davar*, **עַד שֶׁיִּהְיוּ כּוּלָּן רְאוּיִן לְהוֹרָאָה** — they are not obligated unless all the judges are fit to give rulings, just like they are in the case of the person who accidentally commits murder.

The Gemara asks: **וְהָתָם מְנָלַן** — And over there, by the case of the person who accidentally commits murder, from where do we know that all the judges of the *beis din* must be fit to give rulings? The Gemara answers: **דְּאָמַר רַב חִסְדָּא** — The source is as Rav Chisda said: **אָמַר קְרָא** — The *pasuk* says regarding the Sanhedrin that Moshe Rabbeinu set up (*Bamidbar* 11:16): **וְהִתְיַצְּבוּ שָׁם עִמָּךְ** — "And [those judges] should stand

For this *daf's shiur* and charts, scan this QR code:

בעי רב יוסף, אין חרישה בשבת מהו, מי אמרינן כיון דקא מודו בכולהו מלתא כביטול מקצת וקיום מקצת דמי, או דלמא כיון דקא עקריין ליה לחרישה כל עיקר כעקירת גוף דמי. תא שמע, יש נדה בתורה אבל הבא על שומרת יום כנגד יום פטור; ואמאי, הא עקריין לשומרת יום כנגד יום כל עיקר. אמר לך רב יוסף, שומרת יום דקאמרין כדשנין. תא שמע, יש שבת בתורה אבל המוציא מרשות היחיד לרשות הרבים פטור; ואמאי, הא עקריין להוצאה כל עיקר. התם נמי כדשנין. תא שמע, יש עבודת כוכבים בתורה אבל המשתחוה פטור; ואמאי, והא עקריין להשתחויה כל עיקר. אמרי, השתחויה נמי כדשנין. בעי ר' זירא, אין שבת בשביעית מהו, במאי טעו, בהדין קרא 'בחריש ובקציר תשבות', בזמן דאיכא חרישה איכא שבת, ובזמן דליכא חרישה ליכא שבת, מי אמרינן כיון דמקיימין לה בשאר שני שבוע כביטול מקצת וקיום מקצת דמי, או דלמא כיון דקא עקריין ליה בשביעית כעקירת הגוף דמי. אמר רבינא, תא שמע, נביא שנתנבא לעקור דבר מדברי תורה, חייב, לביטול מקצת ולקיום מקצת, רבי שמעון אומר פטור, ובעבודת כוכבים אפילו אמר היום עבדה ולמחר בטלה חייב; שמע מינה אין שבת בשביעית כביטול מקצת וקיום מקצת דמי, שמע מינה.

מתני' הורו בית דין וידע אחד מהן שטעו ואמר להן טועין אתם, או שלא היה מופלא של בית דין שם, או שהיה אחד מהן גר או ממזר או נתין או זקן שלא ראה בנים, הרי זה פטור, שנאמר כאן 'עדה' ונאמר להלן 'עדה', מה 'עדה' האמורה להלן כולן ראויין להוראה, אף 'עדה' האמורה כאן עד שיהיו כולן ראויין להוראה:

גמ' או שלא היה מופלא של בית דין שם, מנלן. אמר רב ששת, וכן תנא דבי רבי ישמעאל, מפני מה אמרו הורו בדבר שהצדוקין מודין בו פטורין, מפני שהיה להם ללמוד ולא למדו, לא היה מופלא של בית דין שם נמי פטורין מפני שהיה להם ללמוד ולא למדו.

נאמר שם 'עדה' ונאמר כאן 'עדה' עד שיהיו כולן ראויין להוראה, והתם מנלן. דאמר רב חסדא, אמר קרא 'והתיצבו שם עמך', 'עמך' בדומין לך. ואימא 'עמך' לשכינה. אלא אמר רב נחמן בר יצחק, אמר קרא 'ונשאו אתך', 'אתך' בדומין לך:

מתני' הורו בית דין שוגגין, ועשו כל הקהל שוגגין, מביאין פר; מזידין ועשו שוגגין, מביאין כשבה ושעירה; שוגגין ועשו מזידין, הרי אלו פטורין:

גמ' שוגגין ועשו מזידין, הרי אלו פטורין. הא שוגג דומיא דמזיד חייב, והיכי דמי, שהורו בית דין שחלב מותר ונתחלף לו בשומן ואכלו, לימא תפשוט הא דבעי רמי בר חמא. אמר לך, משום דתנא רישא מזידין ועשו שוגגין, תנא סיפא שוגגין ועשו מזידין:

מתני' הורו בית דין ועשו כל הקהל או רובן על פיהן, מביאין פר, ובעבודת כוכבים מביאין פר ושעיר, דברי רבי מאיר. רבי יהודה אומר, שנים עשר שבטים מביאין שנים עשר פרים, ובעבודת כוכבים מביאין שנים עשר פרים ושנים עשר שעירים; רבי

This *daf* is dedicated *l'iluy nishmas*: Efraim Yehoshua ben Amuma *z"l*

there [in judgement] with you." The extra word עמך ("with you") teaches us, עִמְּךָ בְּדוֹמִין לָךְ — the judges you appoint must be "with you," meaning that they are fit to give rulings like you. The Gemara asks: וְאֵימָא עִמְּךָ לִשְׁכִינָה — Perhaps "with you" means that they must be like Moshe, that they are *tzaddikim* who are fit to have the *Shechinah* rest on them? אֶלָּא — Rather, אָמַר רַב נַחְמָן בַּר יִצְחָק — Rav Nachman bar Yitzchak said that there is a different source: אָמַר קְרָא — The *pasuk* says regarding the judges that Yisro advised Moshe to appoint to assist him in judging the people (*Shemos* 18:22): וְנָשְׂאוּ אִתָּךְ — "And [those judges] should carry the load [of judging the Jewish people] together with you." The extra word אתך ("with you") teaches us, אִתָּךְ בְּדוֹמִין לָךְ — the judges you appoint must be "with you," meaning that they are fit to give rulings like you. (This *pasuk* cannot be teaching us that they have to be *tzaddikim* who are fit to have the *Shechinah* rest on them, because that was already learned from the first *pasuk* we brought.)

מַתְנִיתִין — MISHNAH

הוֹרוּ בֵּית דִּין שׁוֹגְגִין — If *beis din* ruled against the Torah mistakenly, וְעָשׂוּ כָּל הַקָּהָל שׁוֹגְגִין — and the entire people committed the transgression mistakenly, because they thought the ruling was correct, מְבִיאִין פַּר — *beis din* brings the usual *Par He'eleim Davar*. מְזִידִין — However, if *beis din* ruled against the Torah intentionally, וְעָשׂוּ שׁוֹגְגִין — and the people did the transgression mistakenly, because they thought the ruling was correct, מְבִיאִין כִּשְׂבָּה וּשְׂעִירָה — each individual who transgressed must bring a female sheep or female goat as a regular *Korban Chatas*; however, *beis din* does not bring a *Par He'eleim Davar* unless they ruled against the Torah mistakenly. שׁוֹגְגִין — If *beis din* ruled against the Torah mistakenly, וְעָשׂוּ מְזִידִין — and the people did the transgression intentionally, knowing that the ruling was incorrect, הֲרֵי אֵלּוּ פְּטוּרִין — they are all exempt from bringing a *korban*. *Beis din* does not bring a *Par He'eleim Davar*, because it is only brought when the people sin because they mistakenly followed the incorrect ruling, and the people do not bring individual *Korbenos Chatas* because one who sins intentionally does not bring a *korban*.

גְּמָרָא — GEMARA

Our Mishnah says: שׁוֹגְגִין — If *beis din* ruled against the Torah mistakenly, וְעָשׂוּ מְזִידִין — and the people committed the transgression intentionally, knowing that the ruling was incorrect, הֲרֵי אֵלּוּ פְּטוּרִין — they are all exempt from bringing a *korban*.

הָא שׁוֹגֵג דוּמְיָא דְמֵזִיד — Our Mishnah said that the reason those who sinned here are exempt from bringing a *Korban Chatas* is because they sinned intentionally; this implies that if a person sinned mistakenly in the same manner as the intentional sin described

For this *daf's shiur* and charts, scan this QR code:

בעי רב יוסף, אין חרישה בשבת מהו, מי אמרינן כיון דקא מודו בכולהו מלתא[א] כביטול מקצת וקיום מקצת דמי, או דלמא כיון דקא עקריין ליה לחרישה כל עיקר כעקירת גוף דמי. תא שמע, יש נדה בתורה אבל הבא על שומרת יום כנגד יום פטור; ואמאי, הא עקריין לשומרת יום כנגד יום כל עיקר. אמר לך רב יוסף, שומרת יום דקאמרין כדשנין. תא שמע, יש שבת בתורה אבל המוציא מרשות היחיד לרשות הרבים פטור; ואמאי, הא עקריין להוצאה כל עיקר. התם נמי כדשנין. תא שמע, יש עבודת כוכבים בתורה אבל המשתחוה פטור; ואמאי, והא עקריין להשתחויה כל עיקר. אמרי, השתחויה נמי כדשנין. בעי ר' זירא, אין שבת בשביעית מהו, במאי טעו, בהדין קרא בחריש ובקציר תשבות, בזמן דאיכא חרישה איכא שבת, ובזמן דליכא חרישה ליכא שבת, מי אמרינן כיון דמקיימין לה בשאר שני שבוע כביטול מקצת וקיום מקצת דמי, או דלמא כיון דקא עקריין ליה בשביעית כעקירת הגוף דמי. אמר רבינא, תא שמע, נביא שנתנבא לעקור דבר מדברי תורה, חייב, לבטל מקצת ולקיים מקצת, רבי שמעון אומר פטור, ובעבודת כוכבים אפילו אמר היום עבדה ולמחר בטלה חייב; שמע מינה אין שבת בשביעית כביטול מקצת וקיום מקצת דמי, שמע מינה.

מתני' הורו בית דין וידע אחד מהן שטעו ואמר להן טועין אתם, או שלא היה מופלא של בית דין שם, או שהיה אחד מהן גר או ממזר או נתין או זקן שלא ראוי לבנים, הרי זה פטור, שנאמר כאן עדה ונאמר להלן עדה, מה עדה האמורה להלן כולן ראוין להוראה, אף עדה האמורה כאן עד שיהו כולן ראוין להוראה:

גמ' או שלא היה מופלא של בית דין שם, מנלן, אמר רב ששת, וכן תנא דבי רבי ישמעאל, מפני מה אמרו הורו בדבר שהצדוקין מודין בו פטורין, מפני שהיה להם ללמוד ולא למדו, לא היה מופלא של בית דין שם נמי פטורין מפני שהיה להם ללמוד ולא למדו.

נאמר שם עדה ונאמר כאן עדה עד שיהו כולן ראוין להוראה, והתם מנלן. דאמר רב חסדא, אמר קרא והתיצבו שם עמך, עמך בדומין לך. ואימא עמך לשכינה. אלא אמר רב נחמן בר יצחק, אמר קרא ונשאו אתך, אתך בדומין לך: מתני' הורו בית דין שוגגין, ועשו כל הקהל שוגגין, מביאין פר; מזידין ועשו שוגגין, מביאין כשבה ושעירה; שוגגין ועשו מזידין, הרי אלו פטורין: גמ' שוגגין ועשו מזידין הרי אלו פטורין, הא שוגג דומיא דמזיד חייב, והיכי דמי, שהורו בית דין שחלב מותר ונתחלף לו בשומן ואכלו, לימא תפשוט הא דבעי רמי בר חמא. אמר לך, משום דתנא רישא מזידין ועשו שוגגין, תנא סיפא שוגגין ועשו מזידין: מתני' הורו בית דין ועשו כל הקהל או רובן על פיהן, מביאין פר, ובעבודת כוכבים מביאין פר ושעיר, דברי רבי מאיר; רבי יהודה אומר, שנים עשר שבטים מביאין שנים עשר פרים, ובעבודת כוכבים מביאין שנים עשר פרים ושנים עשר שעירים; רבי

רש"י

בעי רב יוסף אין חרישה בשבת מהו. הכא לא מבעיא ליה לרב יוסף בדבר שאין הצדוקין מודין כלל, אלא בבטול מקצת וקיום מקצת קא מבעיא ליה: מי אמרינן כיון דקא מודו. ב"ד בכולהו שאר מלאכות דשבת דאסירי, כבטול מקצת וקיום מקצת דמי, וחייבין: (וכלהו) כדשנין. לעיל, דלא הוי עקירת כל הגוף דשומרת יום: (וכולה) כדשנין. דמושיט וזורק שרי, דלא הוי עקירת כל הגוף: (וכולה) כדשנין. דהשתחואה שלא כדרכה שריא: בחריש ובקציר תשבות. דמשמע בזמן דאיכא חרישה, דהיינו בשאר שני שבוע, תשבות, איכא שבת: בזמן דליכא חרישה. דהיינו בשביעית, ליכא שבת: נביא שהתנבא. כגון שתחלתו נביא של אמת, ולבסוף נביא השקר, שהתנבא לעקור דבר מדברי תורה, חייב, ודברי הכל בחנק: לקיים מקצת ולבטל מקצת. דשאר מצות, רבי שמעון פוטר, וה"ה לרבנן: ובעבודת כוכבים אפילו אמר לך היום עבדה ולמחר בטלה. דהיינו קיום מקצת ובטול מקצת דעבודת כוכבים, חייב, דרחמנא אמר 'להדיחך מן הדרך', אפילו מקצת דרך, ובעבודת כוכבים הוא דכתיב, וכי קתני חייב, כגון לרבנן בסקילה ולר"ש בחנק, והכי מתרץ ליה רב חסדא בפרק אלו הן הנחנקין (סנהדרין דף צ.). ו'היום עבדה ולמחר בטלה' כאין שבת בשביעית דמי, וקרי להו ביטול מקצת וקיום מקצת, ש"מ: מתני' ואמר להם טועים אתם. לא הוי הוראה מעליא, ופטור, דבעינן עד שיורו כולן, כדאמר לעיל: או שלא היה מופלא של בי"ד שם. אע"ג דלא הוה מסנהדרין עצמן, דאילו הוי מסנהדרין עצמן, אפילו (אם) קטן שבכולן לא היה שם לא הויא הוראה מעליא, כדאמר לקמן מ'אם כל עדת', איתא לכולה סנהדרי הויא הוראה, ואי לא לא'. ואיכא למימר נצטרך אחד מהן לצאת לדרך ומינו אחר במקומו, א"נ, זקן (או) שאין לו בנים היה, לכך נתמנה אחר בסנהדרין: או זקן שאין ראוי לבנים. וקשיא לי מפני מה אין ראוי להוראה: ונאמר להלן עדה. 'ושפטו העדה והצילו העדה' (במדבר לה), דהיינו סנהדרין, כדתנן בפ"ק דסנהדרין (דף ב): נאמר כאן עדה. דכתיב (ויקרא ד) 'אם כל עדת ישראל ישגו': (ושפטו את העדה) מה להלן ראויין להוראה כו': גמ' והתם מנא לן. דכולהו דהויין ראויין להוראה: אמר רב חסדא. גמר ממשה, דמשה אוקי סנהדרין דהוו כולן ראויין להוראה, דכתיב 'והתיצבו שם עמך', 'עמך' בדומין לך, דליהוו כולן ראויין להוראה, הם הכי נמי בעינן דסנהדרי דעלמא ליהוו ראויין להוראה, והואיל ומלינו ד'עדה' האמורה כאן כולן ראויין להוראה, שמעינן מינה נמי דהיינו סנהדרי גדולה, דתניא בת"כ 'עדת ישראל', עדה המיוחדת לכל ישראל, ואיזו זו סנהדרי גדולה': ואימא 'עמך' משום שכינה. דלגופיה הוא דאתא, כלומר, שיהו עומדין עמך ולא יכנסו לפני ולפנים במקום שכינה, דסלקא דעתא אמינא והואיל דכתב 'אספה לי' דיכנסו במקום שכינה, קמ"ל. [ל"א] 'עמך משום שכינה', כלומר ברור לצדיקים גמורים שאני רוצה להשרות שכינה עליהם: אתך בדומין לך. שיהיו ראויין להוראה: מתני' הורו בית דין שוגגין ועשו הקהל שוגגין. על פיהם בית דין, מביאין פר, רבי מאיר כדאית ליה ורבי יהודה כדאית ליה ור"ש כדאית ליה, דהוי הוראה מעליא: הורו בית דין מזידין ועשו הקהל שוגגין. לא הוי הוראה מעליא, ד'אם כל עדת ישראל ישגו' כתיב, דבעינן שוגגין בבי"ד, והכא הוה ליה שגגת מעשה בלא הוראה, ומביאין כל אחד מן הקהל כשבה או שעירה, דכיחיד דמו: הורו בית דין שוגגין ועשו הקהל מזידים, פטורים. דמזיד לאו בר קרבן הוא: גמ' טעמא דשוגגין ועשו מזידים דפטורין. דמזיד לאו בר קרבן הוא, לא לצבור ולא יחיד, הא שוגג דומיא דמזיד, דלא הוי ממש תולה בבי"ד, הוי שוגג, תולה בעצמו, וחייב, בשגגת מעשה קרינא ביה: כגון שהורו בית דין שחלב מותר. שעל הקרב ולא שעל הכליות, דלא הוי עוקר כל הגוף: ונתחלף חלב בשומן ואכלו. דחייב, דתולה בעצמו הוא, והאי דקרי ליה דומיא דמזיד, משום דכי היכי דמזיד לאו תולה בבי"ד הוא, האי שוגג נמי לאו תולה בבי"ד הוא, ותפשוט האי דבעי רמי בר חמא (לעיל דף ג:): אמר לך. רמי בר חמא, האי דקתני 'שוגגין ועשו מזידים', לאו למידק מינה קא אתי, אלא איידי דתנא 'מזידין ועשו שוגגין' תנא נמי 'שוגגין ועשו מזידים', וכדי נסבה, ולא דייקינן מינה כלום, ובעיא דידיה מהא ליכא למשמע מינה: מתני' הורו בית דין ועשו כל הקהל או רובן על פיהן, מביאין פר. (כגון) בי"ד ולא לצבור: בעבודת כוכבים בית דין מביאין פר ושעיר, דברי רבי מאיר. דבעבודת כוכבים בהוראה פר ושעיר מייתי, דכתיב בפרשת שלח לך אנשים 'וכי תשגו ולא תעשו את כל המצות האלה', דהיינו בעבודת כוכבים, כדאמר לקמן בפרק הורה כהן משיח 'איזו היא מצוה ששקולה כנגד כל המצות, הוי אומר זה עבודת כוכבים', וכתיב (במדבר טו) 'ועשו כל העדה פר בן בקר אחד לעולה לריח ניחוח לה' ומנחתו ונסכו כמשפט, ושעיר עזים אחד לחטאת': רבי יהודה אומר, שנים עשר שבטים מביאין שנים עשר פרים. דכל שבט ושבט אקרי קהל, וקסבר לצבור מביאין פר ולא בית דין:

תוספות

בעי רב יוסף אין חרישה כו'. רישא דאבות מלאכות דפרק כלל גדול נקט. אבל חרישה לדוקין מודין בה, ולרב יוסף נמי בעי דבר שאין מודין בו, כדלקמן 'אמר לך רב יוסף' כו', משמע דסבר כשמואל: ש"מ אין שבת בשביעית כו'. משמע דאין לדוקין מודין בהאי דרשא, אע"ג דלעיל דרשי ליה 'יהיה לה' לשומרת (יום) [יום]: או שלא היה מופלא שבבית דין שם. פרש"י, ולא היה במנין, דא"כ אפילו קטן שבהם נמי, כדאמרינן לעיל 'שיהיו כולן בהוראה'. וקשה, דהא אתותב לעיל (נ"ל דלריכין לומר דלפני התוספות לא היה כתוב לעיל הא דמסיק 'ואלא מאי כל עדת דקאמר רחמנא' כו', עיין לקמן ברש"י דף (ה') [ו'] ע"א). ובת"כ מוסיף נמי 'אם אמר אחד איני יודע', דכמאן דליתיה דמיא: אחד מהן גר או ממזר. בירושלמי 'שעברו ומנוהו', דמי שאין ראוי להוראה נעשה כאלו:

עין משפט נר מצוה

לג א מיי' פי"ד מהלכות שגגות הלכה ג סמג לאוין ריז:
לד ב ג מיי' פ"ט מהלכות יסודי התורה הלכה א והלכה ג ד סמג לאוין שסד:
לה ד מיי' שם הלכה ה:
לו ה ו מיי' פי"ג מהלכות שגגות הלכה א סמג עשין ריז:
לז ז מיי' פי"ג שם הלכה א והלכה ב סמג שם:
לח ח ט מיי' שם פרק י"ג הלכה ו סמג שם:
לט י כ מיי' שם פרק י"ב הלכה א:

תוספות הרא"ש

בעי רב יוסף אין איסור חרישה בשבת מהו כו'. [ול"ת] תיפוק ליה דהוה דברים שצדוק וביתוס מודים בו דכתיב בחריש ובקציר ...

מסורת הש"ס עם הוספות

א) סנהדרין צ., ב) לעיל ג:, ג) קדושין עו: סנהדרין לו: ע"ש, ד) [שמות יח עי' רש"י סנהדרין לו:], ה) עיין לעיל ג. בתוס' ד"ה עד שיהיו ול"ע, ו) לעיל דף ג., ז) [עי' לח"מ פי"ג מהל' שגגות ה"א] מ"ר, ח) עי' פי' המשניות להרמב"ם טעם לזה, ט) דבורא דחובה פרשה ד ה"ב (אות רמא), י) [דף ח.], כ) שבת עג. ע"ש ונגמ', ל) ג ע"ב.

גליון הש"ס

מתני' או שלא היה מופלא. עי' סנהדרין דף טז ע"ב תד"ה אחד: רש"י ד"ה או זקן וכו'. וקשיא לי. עי' סנהדרין דף ל"ו ע"ב וברש"י ...

תורה אור השלם

א) ששת ימים תעבד וביום השביעי תשבת בחריש ובקציר תשבת: [שמות לד, כא]

ב) ואם כל עדת ישראל ישגו ונעלם דבר מעיני הקהל ועשו אחת מכל מצות יי אשר לא תעשינה ואשמו: [ויקרא ד, יג]

ג) ושפטו העדה בין המכה ובין גאל הדם על המשפטים האלה: והצילו העדה את הרצח מיד גאל הדם והשיבו אתו העדה אל עיר מקלטו אשר נס שמה וישב בה עד מות הכהן הגדל אשר משח אתו בשמן הקדש: [במדבר לה, כד-כה]

ד) ויאמר יי אל משה אספה לי שבעים איש מזקני ישראל אשר ידעת כי הם זקני העם ושטריו ולקחת אתם אל אהל מועד והתיצבו שם עמך: [במדבר יא, טז]

ה) ושפטו את העם בכל עת והיה כל הדבר הגדל יביאו אליך וכל הדבר הקטן ישפטו הם והקל מעליך ונשאו אתך: [שמות יח, כב]

הגהות וציונים

This *daf* is dedicated *l'iluy nishmas*: Efraim Yehoshua ben Amuma *z"l*

here, meaning, he knew that the ruling was mistaken and was not basing his actions on it (just like the case where the people sinned intentionally), yet he committed the transgression because of a different mistake, חַיָּיב — he is obligated to bring a *Korban Chatas*, just like a typical case of one who sins mistakenly; וְהֵיכִי דָּמֵי — and what would be an example of such a case? שֶׁהוֹרוּ בֵּית דִּין שֶׁחֵלֶב מוּתָּר — If *beis din* mistakenly ruled that eating *cheilev* is permitted, וְנִתְחַלֵּף לוֹ בְּשׁוּמָּן — and someone confused *cheilev* for *shuman*, וַאֲכָלוֹ — and he ate it, thinking it was *shuman*. In that case, the person mistakenly ate *cheilev*, but not because he was following the mistaken ruling; rather, because he thought it was *shuman*. Our Mishnah seems to imply that he would be obligated to bring a *Korban Chatas*. The Gemara asks: לֵימָא תִּפְשׁוֹט הָא דִּבְעֵי רָמֵי בַּר חָמָא — Let's say that based on this, we can answer that which Rami bar Chama asked earlier (2a)! Rami bar Chama had asked whether the person in this case would be obligated to bring a *Korban Chatas*, or, since he would have eaten it even if he knew it was *cheilev* (since *beis din* had ruled that eating *cheilev* is permitted), he falls under the category of someone who would not regret what he did when he finds out that he had sinned, and would therefore not bring a *Korban Chatas*. Our Mishnah seems to imply that this person would be obligated; why didn't Rami bar Chama use our Mishnah to answer his question? The Gemara answers: אָמַר לָךְ — Rami bar Chama would tell you that this is not a good proof; rather, מִשּׁוּם דִּתְנָא רֵישָׁא מְזִידִין וְעָשׂוּ שׁוֹגְגִין — since the beginning of the Mishnah gave a case of *beis din* ruling intentionally against the Torah and the people doing the transgression mistakenly, תְּנָא סֵיפָא שׁוֹגְגִין וְעָשׂוּ מְזִידִין — the latter part of the Mishnah gave a case of *beis din* ruling mistakenly and the people doing the transgression intentionally, just to reflect the first case. However, the *tanna* never intended to imply that one who sinned mistakenly, but not based on the mistaken ruling, would be obligated.

מַתְנִיתִין — Mishnah

הוֹרוּ בֵּית דִּין — If *beis din* mistakenly ruled against the Torah, וְעָשׂוּ כָּל הַקָּהָל אוֹ רוּבָּן עַל פִּיהֶן — and the entire people, or the majority of them, committed the transgression based on their ruling, מְבִיאִין פַּר — *beis din* brings one bull; וּבַעֲבוֹדַת כּוֹכָבִים — and if the mistaken ruling was regarding worshipping *avodah zarah*, מְבִיאִין פַּר וְשָׂעִיר — *beis din* brings one bull and one goat; דִּבְרֵי רַבִּי מֵאִיר — this is the opinion of Rabi Meir. רַבִּי יְהוּדָה אוֹמֵר — Rabi Yehuda says: שְׁנֵים עָשָׂר שְׁבָטִים מְבִיאִין שְׁנֵים עָשָׂר פָּרִים — The twelve *shevatim* bring twelve bulls, one bull per *shevet*; וּבַעֲבוֹדַת כּוֹכָבִים — and if the mistaken ruling was regarding worshipping *avodah zarah*, מְבִיאִין שְׁנֵים עָשָׂר פָּרִים וּשְׁנֵים עָשָׂר שְׂעִירִים — the twelve *shevatim* bring twelve bulls and twelve goats, one bull and one goat per *shevet*.

For this *daf's shiur* and charts, scan this QR code:

הוֹרוּ בֵּית דִּין — If *beis din* mistakenly ruled against the Torah, וְעָשׂוּ שִׁבְעָה שְׁבָטִים — and seven entire *shevatim* did the transgression, אוֹ רוּבָּן — or the majority of those *shevatim* did it, עַל פִּיהֶן — based on the mistaken ruling, and the total amount of sinners is the majority of the Jewish people, מְבִיאִין פַּר — *Beis din* brings one bull, וּבַעֲבוֹדַת כּוֹכָבִים — and if the mistaken ruling was regarding worshipping *avodah zarah*, מְבִיאִין פַּר וְשָׂעִיר — *beis din* brings one bull and one goat; דִּבְרֵי רַבִּי מֵאִיר — this is the opinion of Rabi Meir. רַבִּי יְהוּדָה אוֹמֵר — Rabi Yehuda says: שִׁבְעָה שְׁבָטִים שֶׁחָטְאוּ — Those seven *shevatim* that sinned, מְבִיאִין שִׁבְעָה פָּרִים —bring seven bulls, one per *shevet*, וּשְׁאָר שְׁבָטִים שֶׁלֹּא חָטְאוּ — and the other *shevatim*, who did not sin, מְבִיאִין עַל יְדֵיהֶן פַּר — also bring a bull on their behalf, שֶׁאַף אֵלּוּ שֶׁלֹּא חָטְאוּ — because even those who did not sin, מְבִיאִין עַל יְדֵי חוֹטְאִין — bring on behalf of those who sin. רַבִּי שִׁמְעוֹן אוֹמֵר — Rabi Shimon says: שְׁמוֹנָה פָּרִים — Eight bulls are brought altogether; וּבַעֲבוֹדַת כּוֹכָבִים — and if the mistaken ruling was regarding worshipping *avodah zarah*, שְׁמוֹנָה פָּרִים וּשְׁמוֹנָה שְׂעִירִים — a total of eight bulls and eight goats are brought; פַּר וְשָׂעִיר לְכָל שֵׁבֶט וְשֵׁבֶט — one bull and one goat (for a ruling regarding *avodah zarah*) is brought by each *shevet* that sinned, פַּר וְשָׂעִיר לְבֵית דִּין — and one bull and one goat are brought by *beis din*.

רַבִּי שִׁמְעוֹן אוֹמֵר — Rabi Shimon says: שְׁלֹשָׁה עָשָׂר פָּרִים — Altogether, thirteen bulls are brought; וּבַעֲבוֹדַת כּוֹכָבִים — and if the mistaken ruling was regarding worshipping *avodah zarah*, שְׁלֹשָׁה עָשָׂר פָּרִים וּשְׁלֹשָׁה עָשָׂר שְׂעִירִים — thirteen bulls and thirteen goats are brought; פַּר וְשָׂעִיר לְכָל שֵׁבֶט וְשֵׁבֶט — one bull and one goat (for a ruling regarding *avodah zarah*) is brought by each *shevet*, פַּר וְשָׂעִיר לְבֵית דִּין — and one bull and one goat brought by *beis din*.

הוֹרוּ בֵּית דִּין שֶׁל אֶחָד מִן הַשְּׁבָטִים — If the *beis din* of one of the *shevatim* mistakenly ruled against the Torah, וְעָשָׂה אוֹתוֹ הַשֵּׁבֶט עַל פִּיהֶן — and the people of that *shevet* committed the transgression based on their ruling, אוֹתוֹ שֵׁבֶט הוּא חַיָּיב — that *shevet* is obligated to have a *Par He'eleim Davar* brought, וּשְׁאָר כָּל הַשְּׁבָטִים פְּטוּרִין — and all the other *shevatim* are exempt; דִּבְרֵי רַבִּי יְהוּדָה — this the opinion of Rabi Yehuda. וַחֲכָמִים אוֹמְרִים — However, the *Chachamim* say: אֵין חַיָּיבִין אֶלָּא עַל הוֹרָיוֹת בֵּית דִּין הַגָּדוֹל בִּלְבַד — There is no obligation to bring a *Par He'eleim Davar* except for rulings of the *Beis Din Hagadol*, שֶׁנֶּאֱמַר — as is written in the *pasuk* regarding the circumstances of a *Par He'eleim Davar* (*Vayikra* 4:13): וְאִם כָּל עֲדַת יִשְׂרָאֵל יִשְׁגּוּ — "If the entire assembly (*beis din*) **of the Jewish people** makes a mistake," וְלֹא עֲדַת אוֹתוֹ שֵׁבֶט — and not the assembly of a specific *shevet*.

גְּמָרָא — GEMARA

תָּנוּ רַבָּנָן — The *Chachamim* taught in a *Baraisa*: יָדְעוּ שֶׁהוֹרוּ — If *beis din* knew that they issued a mistaken ruling, and the majority of the people committed two separate transgressions, such as eating blood and eating *cheilev*, וְטָעוּ מָה הוֹרוּ — however, *beis din*

רַבִּי שִׁמְעוֹן אוֹמֵר שְׁלֹשָׁה עָשָׂר פָּרִים, וּבַעֲבוֹדַת כּוֹכָבִים שְׁלֹשָׁה עָשָׂר פָּרִים וּשְׁלֹשָׁה עָשָׂר שְׂעִירִים, פַּר וְשָׂעִיר לְכָל שֵׁבֶט וָשֵׁבֶט, פַּר וְשָׂעִיר לְבֵית דִּין. הוֹרוּ בֵּית דִּין וְעָשׂוּ שִׁבְעָה שְׁבָטִים אוֹ רוּבָּן עַל פִּיהֶן, מְבִיאִין פַּר, וּבַעֲבוֹדַת כּוֹכָבִים מְבִיאִין פַּר וְשָׂעִיר, דִּבְרֵי רַבִּי מֵאִיר; [a]רַבִּי יְהוּדָה אוֹמֵר, [א]שִׁבְעָה שְׁבָטִים שֶׁחָטְאוּ מְבִיאִין שִׁבְעָה פָּרִים, וּשְׁאָר שְׁבָטִים שֶׁלֹּא חָטְאוּ מְבִיאִין עַל יְדֵיהֶן פַּר[א], [ב]שֶׁאַף אֵלּוּ שֶׁלֹּא חָטְאוּ מְבִיאִין עַל יְדֵי חוֹטְאִין; רַבִּי שִׁמְעוֹן אוֹמֵר, שְׁמוֹנָה פָּרִים, וּבַעֲבוֹדַת כּוֹכָבִים שְׁמוֹנָה פָּרִים וּשְׁמוֹנָה שְׂעִירִים, פַּר וְשָׂעִיר לְכָל שֵׁבֶט וָשֵׁבֶט, פַּר וְשָׂעִיר לְבֵית דִּין. הוֹרוּ בֵּית דִּין שֶׁל אֶחָד מִן הַשְּׁבָטִים וְעָשָׂה אוֹתוֹ הַשֵּׁבֶט עַל פִּיהֶן, אוֹתוֹ שֵׁבֶט הוּא חַיָּיב וּשְׁאָר כָּל הַשְּׁבָטִים פְּטוּרִין, דִּבְרֵי רַבִּי יְהוּדָה; וַחֲכָמִים אוֹמְרִים, [ג]אֵין חַיָּיבִין אֶלָּא עַל הוֹרָיוֹת בֵּית דִּין הַגָּדוֹל בִּלְבַד, שֶׁנֶּאֱמַר [א] 'וְאִם כָּל עֲדַת יִשְׂרָאֵל יִשְׁגּוּ', וְלֹא עֲדַת אוֹתוֹ שֵׁבֶט: **גמ'** [ב]תָּנוּ רַבָּנַן, יָדְעוּ שֶׁהוֹרוּ וְטָעוּ מָה הוֹרוּ, יָכוֹל יְהוּ חַיָּיבִין, תַּלְמוּד לוֹמַר [ב] 'וְנוֹדְעָה הַחַטָּאת', [ד]וְלֹא שֶׁיִּוָּדְעוּ הַחוֹטְאִין. [ב] 'אֲשֶׁר חָטְאוּ'[ב], חָטְאוּ שְׁנֵי שְׁבָטִים מְבִיאִין שְׁנֵי פָּרִים, חָטְאוּ שְׁלֹשָׁה מְבִיאִין שְׁלֹשָׁה, אוֹ אֵינוֹ אוֹמֵר[ג] אֶלָּא חָטְאוּ שְׁנֵי יְחִידִים מְבִיאִין שְׁנֵי פָּרִים, חָטְאוּ שְׁלֹשָׁה מְבִיאִין שְׁלֹשָׁה, תַּלְמוּד לוֹמַר [ב] 'הַקָּהָל', הַקָּהָל חַיָּיב[ד], וְכָל קָהָל וְקָהָל חַיָּיב. כֵּיצַד, חָטְאוּ שְׁנֵי שְׁבָטִים מְבִיאִין שְׁנֵי פָּרִים, חָטְאוּ שִׁבְעָה מְבִיאִין שִׁבְעָה, וּשְׁאָר שְׁבָטִים שֶׁלֹּא חָטְאוּ מְבִיאִין עַל יְדֵיהֶן פַּר פַּר, שֶׁאֲפִילּוּ אֵלּוּ שֶׁלֹּא חָטְאוּ מְבִיאִין עַל יְדֵי הַחוֹטְאִין; לְכָךְ נֶאֱמַר 'קָהָל', לְחַיֵּיב עַל כָּל קָהָל וְקָהָל; דִּבְרֵי רַבִּי יְהוּדָה. רַבִּי שִׁמְעוֹן אוֹמֵר, שִׁבְעָה שְׁבָטִים שֶׁחָטְאוּ מְבִיאִין שִׁבְעָה פָּרִים, וּבֵית דִּין מְבִיאִין עַל יְדֵיהֶן פַּר, שֶׁנֶּאֱמַר לְמַטָּה [ב] 'קָהָל', וְנֶאֱמַר לְמַעְלָה [א] 'קָהָל', מַה 'קָהָל' הָאָמוּר לְמַעְלָה בֵּית דִּין עִם הַקָּהָל, אַף 'קָהָל' הָאָמוּר לְמַטָּה בֵּית דִּין עִם הַקָּהָל. רַבִּי מֵאִיר אוֹמֵר, שִׁבְעָה שְׁבָטִים שֶׁחָטְאוּ, בֵּית דִּין מְבִיאִין עַל יְדֵיהֶם פַּר וְהֵן פְּטוּרִין, נֶאֱמַר 'קָהָל' לְמַטָּה וְנֶאֱמַר 'קָהָל' לְמַעְלָה, מַה 'קָהָל' הָאָמוּר לְמַעְלָה בֵּית דִּין וְלֹא צִבּוּר, אַף 'קָהָל' הָאָמוּר לְמַטָּה בֵּית דִּין וְלֹא צִבּוּר; [ג]רַבִּי שִׁמְעוֹן בֶּן אֶלְעָזָר אוֹמֵר מִשְּׁמוֹ, [ה]חָטְאוּ שִׁשָּׁה שְׁבָטִים וְהֵם רוּבּוֹ שֶׁל קָהָל, אוֹ שִׁבְעָה אַף עַל פִּי שֶׁאֵינוֹ רוּבּוֹ שֶׁל קָהָל, מְבִיאִין פַּר. אָמַר מַר, 'וְנוֹדְעָה הַחַטָּאת' וְלֹא שֶׁיִּוָּדְעוּ הַחוֹטְאִין, מַאן תַּנָּא. אָמַר רַב יְהוּדָה אָמַר רַב, וְאִיתֵּימָא רָבָא, דְּלָא כְּרַבִּי אֱלִיעֶזֶר, [ה]דִּתְנַן, [ו]אָמַר רַבִּי אֱלִיעֶזֶר, מַה נַּפְשָׁךְ, אִם חֵלֶב אָכַל חַיָּיב, [ו] נוֹתָר אָכַל חַיָּיב. רַב אָשֵׁי אָמַר, אֲפִילּוּ תֵּימָא רַבִּי אֱלִיעֶזֶר, שָׁאנֵי הָכָא דִּכְתִיב [ב] 'אֲשֶׁר חָטְאוּ עָלֶיהָ'. הָתָם נַמִּי הָכְתִיב [ג] 'אֲשֶׁר חָטָא בָּהּ'. הַהוּא מִיבְּעֵי לֵיהּ [ו]פְּרָט לְמִתְעַסֵּק. מַאי טַעְמָא דְּרַבִּי יְהוּדָה, קָסָבַר אַרְבְּעָה קְהָלֵי כְּתִיבֵי, [א] 'קָהָל' 'הַקָּהָל' [ב] 'קָהָל' 'הַקָּהָל', חַד לְחַיֵּיב עַל כָּל קָהָל וְקָהָל, וְחַד [ז]לְהוֹרָאָה תְּלוּיָה בְּבֵית דִּין וּמַעֲשֶׂה תָּלוּי בְּקָהָל, וְחַד לִגְרִירָה, וְחַד לְשֵׁבֶט שֶׁעָשָׂה בְּהוֹרָאַת בֵּית דִּינוֹ. וְרַבִּי שִׁמְעוֹן, תְּלָתָא קְהָלֵי כְּתִיבֵי, 'הַקָּהָל' 'קָהָל' 'הַקָּהָל', 'מֵעֵינֵי הַקָּהָל' אוֹרְחֵיהּ דִּקְרָא הוּא, כִּדְאָמְרֵי אִינָשֵׁי מֵעֵינֵי דִּפְלַנְיָא; חַד לְחַיֵּיב עַל כָּל קָהָל וְקָהָל, וּתְרֵי אַחֲרִינֵי, נֶאֱמַר לְמַטָּה קָהָל וְנֶאֱמַר לְמַעְלָה קָהָל, מַה לְהַלָּן בֵּית דִּין עִם הַקָּהָל אַף כָּאן בֵּית דִּין עִם הַקָּהָל. [ז]וְרַבִּי מֵאִיר, 'קָהָל' 'הַקָּהָל' לָא דָּרֵישׁ, הִלְכָּךְ תְּרֵי קְהָלֵי כְּתִיבֵי, מִיבְּעֵי לֵיהּ לְנֶאֱמַר לְמַטָּה קָהָל וְנֶאֱמַר לְמַעְלָה קָהָל, מַה לְהַלָּן בֵּית דִּין וְלֹא צִבּוּר, אַף כָּאן בֵּית דִּין וְלֹא צִבּוּר. וְרַבִּי שִׁמְעוֹן בֶּן אֶלְעָזָר מַאי טַעְמָא, כְּתִיב [ד] 'וְהָיָה אִם מֵעֵינֵי הָעֵדָה', אַלְמָא מִיעוּטָא, דִּכְתִיב 'מֵעֵינֵי', וּכְתִיב [ה] 'כִּי לְכָל הָעָם בִּשְׁגָגָה', לְמֵימְרָא דְּרוּבָּא אִין מִיעוּטָא לָא, הָא כֵּיצַד, עָשׂוּ שִׁשָּׁה וְהֵן רוּבּוֹ שֶׁל קָהָל, אוֹ שִׁבְעָה אַף עַל פִּי שֶׁאֵינָן רוּבּוֹ שֶׁל קָהָל, חַיָּיבִין. וְרַבִּי

רש"י

רַבִּי שִׁמְעוֹן אוֹמֵר שְׁלֹשָׁה עָשָׂר פָּרִים. פַּר לְכָל שֵׁבֶט וָשֵׁבֶט וּפַר לְבֵית דִּין. וְטַעְמַיְיהוּ דְּכוּלְּהוּ מְפָרֵשׁ בַּגְּמָרָא: הוֹרוּ בֵּית דִּין וְעָשׂוּ שִׁבְעָה שֵׁבֶט וָשֵׁבֶט דְּשִׁבְעָה שְׁבָטִים, וּכְגוֹן דְּהָוֵי רוּבָּן שֶׁל יִשְׂרָאֵל. מְבִיאִין פַּר וְכוּ' דִּבְרֵי רַבִּי מֵאִיר, [דְּס"ל] בי"ד מְבִיאִין פַּר, וְלֹא צִבּוּר: רַבִּי יְהוּדָה אוֹמֵר שִׁבְעָה שְׁבָטִים שֶׁחָטְאוּ מְבִיאִין שִׁבְעָה פָּרִים, וּשְׁאָר שְׁבָטִים שֶׁלֹּא חָטְאוּ מְבִיאִין פַּר פַּר עַל יְדֵיהֶם. כְּלוֹמַר פַּר לְכָל שֵׁבֶט וָשֵׁבֶט. וְאָמַר בַּגְּמָרָא דְּשִׁבְעָה דְּקָאָמַר ר' יְהוּדָה לָאו דַּוְקָא, דְּהוּא הַדִּין לְשֵׁבֶט אֶחָד שֶׁחָטָא עַל [פִּי] הוֹרָאַת בֵּית דִּין הַגָּדוֹל שֶׁהַשְּׁאָר שְׁבָטִים שֶׁלֹּא חָטְאוּ מְבִיאִין עַל יְדֵיהֶן פַּר פַּר, וְאַיְּידֵי דְּקָאָמַר ר"מ שִׁבְעָה, דְּאִיהוּ בָּעֵי רוּבָּא מַמָּשׁ, קָאָמַר ר' יְהוּדָה נַמֵּי: וַחֲכָמִים אוֹמְרִים, אֵין חַיָּיבִים פַּר אֶלָּא עַל הוֹרָאַת בֵּית דִּין הַגָּדוֹל. אֲבָל שֵׁבֶט אֶחָד בְּהוֹרָאַת בֵּית דִּינוֹ כְּשִׁגְגַת מַעֲשֶׂה דָּמֵי, וּמְבִיאִין כָּל אֶחָד כִּשְׂבָּה אוֹ שְׂעִירָה: 'עֲדַת יִשְׂרָאֵל'. הַיְינוּ סַנְהֶדְרִין, כְּלוֹמַר סַנְהֶדְרִין שֶׁל יִשְׂרָאֵל, דְּהַיְינוּ בי"ד הַגָּדוֹל: **גמ'** יָדְעוּ שֶׁהוֹרוּ וְטָעוּ מַה שֶּׁהוֹרוּ. כְּלוֹמַר, הוֹרוּ בי"ד שֶׁחֵלֶב מוּתָּר בְּבִטּוּל מִקְצָת, וְעָשׂוּ קָהָל עַל פִּיהֶן וְאָכְלוּ שׁוֹגְגִין חֵלֶב וָדָם, דְּהָוֵי חַד בְּשִׁגְגַת מַעֲשֶׂה בִּלְבַד וְחַד בְּהוֹרָאָה, וְאַחַ"כ יָדְעוּ שֶׁהוֹרוּ שֶׁלֹּא כָּרָאוּי, אֶלָּא שֶׁטָּעוּ בַּמֶּה שֶׁהוֹרוּ, דְּאֵינָם יוֹדְעִים אִם עַל הַחֵלֶב הוֹרוּ, אוֹ עַל הַדָּם, יָכוֹל יְהוּ חַיָּיבִין פַּר, דְּלֶיהֱוֵי הוֹרָאָה מְעַלְּיָא: ת"ל 'וְנוֹדְעָה הַחַטָּאת אֲשֶׁר חָטְאוּ עָלֶיהָ וְהִקְרִיבוּ', כְּלוֹמַר, דְּצָרִיךְ שֶׁיִּוָּדַע הַחַטָּאת, שֶׁיִּהְיוּ יוֹדְעִין עַל מָה הוֹרוּ, אִם עַל הַחֵלֶב אוֹ עַל הַדָּם: וְלֹא שֶׁיֵּדְעוּ הַחוֹטְאִין. דְּלָא סַגֵּי בִּידִיעָה דְּחוֹטְאִין, דְּאַע"ג דְּעָשׂוּ בְּהוֹרָאָה, דְּמִמָּה נַפְשָׁךְ חַד מִנַּיְיהוּ בְּהוֹרָאָה הֲוָה, דְּהָא אָכְלֵי לִתְרַוַיְיהוּ, חֵלֶב וָדָם, אפ"ה פְּטוּרִין, דְּצָרִיךְ שֶׁיִּוָּדַע לָהֶם אוֹתוֹ חֵטְא שֶׁעָשׂוּ בְּהוֹרָאָה: חָטְאוּ שְׁנֵי שְׁבָטִים מְבִיאִין שְׁנֵי פָּרִים. וְהוּא הַדִּין דְּכִי חָטָא שֵׁבֶט אֶחָד שֶׁמֵּבִיא פַּר אֶחָד, וְהָא קמ"ל, דִּשְׁנֵי שְׁבָטִים לָא סַגֵּי לְהוּ בְּפַר אֶחָד: לְחַיֵּיב עַל כָּל קָהָל וְקָהָל. דְּשֵׁבֶט אֶחָד אִיקְרֵי קָהָל, כִּדְמְפָרֵשׁ טַעְמָא לְקַמָּן: מַה 'הַקָּהָל' הָאָמוּר לְמַעְלָה בֵּית דִּין עִם הַקָּהָל. דִּתְרַוַיְיהוּ כְּתִיב לְמַעְלָה, בי"ד עִם קָהָל, דִּכְתִיב 'וְנֶעְלַם דָּבָר מֵעֵינֵי הַקָּהָל', דְּהַאי 'מֵעֵינֵי' הַיְינוּ בי"ד: אַף קָהָל הָאָמוּר לְמַטָּה. 'וְהִקְרִיבוּ הַקָּהָל', בֵּית דִּין עִם הַקָּהָל: הָכִי דָּרֵישׁ ר"מ, מַה קָהָל הָאָמוּר לְמַעְלָה, 'וְנֶעְלַם דָּבָר מֵעֵינֵי הַקָּהָל', בֵּית דִּין וְלֹא קָהָל, כְּלוֹמַר, דְּהוֹרָאָה תְּלוּיָה הִיא בְּבי"ד וְלֹא בַּקָּהָל, דְּהָא לָא כְּתִיב 'וְנֶעְלַם מִקָּהָל', אֶלָּא 'מֵעֵינֵי הַקָּהָל', דְּמַשְׁמַע מִבי"ד שֶׁל קָהָל וְלֹא מִקָּהָל, אַף קָהָל הָאָמוּר לְמַטָּה, 'וְהִקְרִיבוּ הַקָּהָל', בֵּית דִּין וְלֹא צִבּוּר: מַה נַּפְשָׁךְ. דִּתְנַן בְּמַסֶּכֶת כְּרֵיתוֹת בְּפֶרֶק סָפֵק אָכַל חֵלֶב (דף יט.) 'חֵלֶב וְנוֹתָר לְפָנָיו וְאָכַל אֶת אֶחָד מֵהֶם וְאֵינוֹ יוֹדֵעַ אֵיזֶה מֵהֶן אָכַל, רַבִּי אֱלִיעֶזֶר מְחַיֵּיב חַטָּאת, וְרַבִּי יְהוֹשֻׁעַ פּוֹטֵר, וְתַנְיָא, אָמַר רַבִּי אֱלִיעֶזֶר, מַה נַּפְשָׁךְ, אִם חֵלֶב אָכַל חַיָּיב, אִם נוֹתָר אָכַל חַיָּיב, אָמַר לוֹ רַבִּי יְהוֹשֻׁעַ, הֲרֵי הוּא אוֹמֵר אֲשֶׁר חָטָא בָּהּ, עַד שֶׁיִּוָּדַע לוֹ בַּמֶּה חָטָא', הָכָא נַמֵּי סְבִירָא לֵיהּ לְר' אֱלִיעֶזֶר מַה נַּפְשָׁךְ, אִם חֵלֶב אָכְלוּ בְּהוֹרָאָה מְבִיאִין פַּר, וְאִם דָּם אָכְלוּ בְּהוֹרָאָה מְבִיאִין פַּר, וְחַיָּיבִין מִמָּה נַפְשָׁךְ: אֲפִילּוּ תֵּימָא רַבִּי אֱלִיעֶזֶר, וְשָׁאנֵי הָכָא דִּכְתִיב 'וְנוֹדְעָה הַחַטָּאת אֲשֶׁר חָטְאוּ עָלֶיהָ וְהִקְרִיבוּ'. דְּמַשְׁמַע שֶׁיִּוָּדַע לָהֶם הַחֵטְא שֶׁחָטְאוּ עָלָיו ע"פ בֵּית דִּין: הָתָם נַמֵּי הָא כְּתִיב 'אֲשֶׁר חָטָא בָּהּ'. דְּמַשְׁמַע עַד שֶׁיִּוָּדַע לוֹ בַּמֶּה חָטָא: 'בָּהּ'. (פְּרָט לְמִתְעַסֵּק, ד'בָּהּ') מַשְׁמַע דְּמִתְכַּוֵּין לַעֲשׂוֹת הַחֵטְא, פְּרָט לְמִתְעַסֵּק בְּשַׁבָּת, כְּגוֹן שֶׁנִּתְכַּוֵּין לְהַגְבִּיהַּ אֶת הַתָּלוּשׁ וְחָתַךְ אֶת הַמְחוּבָּר דְּפָטוּר, אֲבָל מִתְעַסֵּק בַּחֲלָבִים וּבַעֲרָיוֹת חַיָּיב, שֶׁכְּבָר נֶהֱנָה, כִּדְאָמַר בְּפֶרֶק אַרְבַּע מִיתוֹת (סנהדרין סב:): אַרְבָּעָה 'קָהָל' כְּתִיבִי. 'מֵעֵינֵי הַקָּהָל' 'וְהִקְרִיבוּ הַקָּהָל', דְּלֵימָא קְרָא 'מֵעֵינֵי קָהָל', מַאי 'הַקָּהָל', תְּרֵי, וְלִיכְתּוֹב קְרָא 'וְהִקְרִיבוּ קָהָל', מַאי 'הַקָּהָל', תְּרֵי, וַהֲרֵי אַרְבָּעָה. 'חַטַּאת הַקָּהָל' [ח]לָא קָא חָשֵׁיב, דְּהָא לָא כְּתִיב לָא בְּהוֹרָאָה וְלָא בְּהַקְרָבָה: לְחַיֵּיב עַל כָּל קָהָל וְקָהָל. עַל כָּל שֵׁבֶט וָשֵׁבֶט, דְּשֵׁבֶט אֶחָד אִיקְרֵי קָהָל, כִּדְאָמַר לְקַמָּן: וְחַד לְהוֹרָאָה תְּלוּיָה בְּבי"ד. כִּדְאָמַר לְעֵיל (דף ג.) 'הַקָּהָל וְעָשׂוּ, הוֹרָאָה תְּלוּיָה בְּבי"ד וּמַעֲשֶׂה תָּלוּי בַּקָּהָל': וְחַד לְמִידָה[ז] דִּשְׁאָר שְׁבָטִין שֶׁלֹּא חָטְאוּ נִגְרָרִין אַחַר הַחוֹטְאִין וּמְבִיאִין עַל יְדֵיהֶם פַּר פַּר: וְחַד לְשֵׁבֶט שֶׁעָשָׂה בְּהוֹרָאַת בֵּית דִּינוֹ. כִּדְתְנַן בְּסֵיפָא דְּמַתְנִיתִין 'הוֹרוּ בי"ד שֶׁל אֶחָד מִן הַשְּׁבָטִים' כוּ': תְּלָתָא קָהָל כְּתִיבֵי. 'מֵעֵינֵי הַקָּהָל' לָא דָּרְשִׁינַן בֵּיהּ תַּרְתֵּי, דְּהָא[ח] לְשִׁמּוּשׁ הוּא דַּאֲתָא, דְּאוֹרְחֵיהּ דִּקְרָא דְּמִשְׁתַּעֵי הָכִי, כִּדְאָמְרֵי אִינָשֵׁי מֵעֵינֵי דִּפְלַנְיָא, הָכָא נַמֵּי 'מֵעֵינֵי הַקָּהָל' מַשְׁמַע מֵעֵינֵי שֶׁל קָהָל, וְחַד הוּא, אֲבָל 'וְהִקְרִיבוּ הַקָּהָל' דָּרְשִׁינַן בֵּיהּ תְּרֵי, דְּלִכְתּוֹב קְרָא 'וְהִקְרִיבוּ קָהָל', מַאי 'הַקָּהָל', תְּרֵי, הָא תְּלָת: חַד לְחַיֵּיב עַל כָּל קָהָל וְקָהָל. דְּר"ש נַמֵּי ס"ל דְּשֵׁבֶט אֶחָד אִיקְרֵי קָהָל, אִיַּיתַּרוּ לֵיהּ תְּרֵי לְג"ש, נֶאֱמַר קָהָל לְמַעְלָה וְכוּ': וְר"ש בֶּן אֶלְעָזָר מ"ט. דִּכְתִיב בְּהוֹרָאָה דַּעֲבוֹדַת כּוֹכָבִים בְּפָרָשַׁת שְׁלַח לְךָ אֲנָשִׁים 'וְהָיָה אִם מֵעֵינֵי הָעֵדָה', אַלְמָא אֲפִילּוּ מִיעוּטָא חָטְאוּ מְבִיאִין פַּר וּשְׂעִירָה[ט], דִּכְתִיב 'מֵעֵינֵי', מַשְׁמַע מִקְצָת עֵינַי וְלֹא כָּל עֵינַי, וּכְתִיב 'כִּי לְכָל', מַשְׁמַע דְּרוּבָּא אִין, דְּרוּבּוֹ כְּכוּלּוֹ, וּמִיעוּטָא לָא, הָא כֵּיצַד וְכוּ', דְּ'מֵעֵינֵי' אֲפִילּוּ מִיעוּט קָהָל, כְּגוֹן בְּרוֹב שְׁבָטִים, וְהַאי דִּכְתִיב 'כִּי לְכָל', דְּבָעֵינַן רוּבָּא דְּקָהָל אֲפִילּוּ בְּמִיעוּט שְׁבָטִים: וְר"ש

תוספות

אם חֵלֶב אָכַל חַיָּיב כו'. תֵּימָה, מִי דָּמֵי, הָתָם בֵּין בְּחֵלֶב בֵּין בְּנוֹתָר חַד קָרְבָּן הוּא, אֲבָל הָכָא קָרְבָּן דַּעֲבוֹדַת כּוֹכָבִים אֵינוֹ שָׁוֶה לְחֵלֶב. וְי"ל, דְּה"נ יָדְעֵי דְּלָא אַיְירֵי אֶלָּא בִּעְנְיָינִים שֶׁקָּרְבָּנָם שָׁוֶה, כְּעֵין חֵלֶב וָדָם, כִּדְפרש"י: **וְר"ש**, תְּלָתָא קְהָלֵי כְּתִיבֵי כו'. יֵשׁ סְפָרִים דְּגָרְסֵי 'תְּרֵי קָהָל כְּתִיבֵי', וְכֵן נִרְאֶה, וּבָעֵי לְמֵימַר דְּחַד 'קָהָל' כּוּלֵּיהּ קְרָא לְאוֹרְחָא דִּקְרָא, וְחַד 'קָהָל' דָּרְשִׁינַן 'קָהָל' 'הַקָּהָל', וְהַיְינוּ תְּרֵי 'קָהָל'; וּלְר' מֵאִיר חַד 'קָהָל' כּוּלֵּיהּ לְאוֹרְחָא דִּקְרָא, וּמִינֵּיהּ נַמֵּי שָׁמְעִינַן דְּאַיְירֵי בְּבֵית דִּין וְלֹא בְּצִבּוּר, וְחַד 'קָהָל' לְג"ש, וּלְפִי הַגִּירְסָא הַכָּתוּב בִּסְפָרִים בָּעֵי לְמֵימַר דִּתְרַוַיְיהוּ אַתּוּ לְג"ש, וְלָא נְהִירָא; מִיהוּ אֶפְשָׁר דְּתַלְמוּדָא בָּעֵי לְמֵימַר לְרַבִּי שִׁמְעוֹן דְּ'קָהָל' הָאָמוּר לְמַעְלָה הוּא בֵּית דִּין עִם הַצִּבּוּר, וְאִי לָא כְּתִיב הַהוּא 'קָהָל' הֲוָה אָמֵינָא דְּ'קָהָל' לְמַטָּה הַיְינוּ צִבּוּר וְלָא בֵּית דִּין, וּלְרַבִּי מֵאִיר מַשְׁמַע אִיפְּכָא; וְעו"ק, אַלִּיבָּא דְּרַבִּי שִׁמְעוֹן לֵימָא 'אַרְבָּעָה קָהָל כְּתִיבֵי', וּמִיַּיתַּר לֵיהּ חַד 'קָהָל' לְמַעֲשֶׂה תָּלוּי בַּקָּהָל, וְלָא הֲוָה צָרִיךְ לְאַהֲדוּרֵי אַקְּרָא אַחֲרִינָא. מִיהוּ לֵיכָּא לְמִפְרַךְ לְר"מ לִדְרוֹשׁ שְׁלֹשָׁה קָהָל כְּרַבִּי שִׁמְעוֹן לְמִדְרַשׁ מַעֲשֶׂה תָּלוּי בַּקָּהָל, כֵּיוָן דְּלֵית לֵיהּ ג"ש דְּקָהָל בְּבֵית דִּין אָמוּר, א"כ לָא מָצֵי לְמֵילַף מִשָּׁם מַעֲשֶׂה תָּלוּי בַּקָּהָל, דְּהָא לְעֵיל אָמַר 'הַקָּהָל וְעָשׂוּ, הוֹרָאָה תְּלוּיָה בְּבי"ד וּמַעֲשֶׂה תָּלוּי בַּקָּהָל', א"כ מִי שֶׁלּוֹמֵד מִשָּׁם סוֹבֵר דְּקָהָל הָאָמוּר לְמַעְלָה בְּצִבּוּר מַיְירֵי, וּלְר"מ לָא ס"ל הָכִי דִּבְצִבּוּר מַיְירֵי:

תורה אור השלם

א) וְאִם כָּל עֲדַת יִשְׂרָאֵל יִשְׁגּוּ וְנֶעְלַם דָּבָר מֵעֵינֵי הַקָּהָל וְעָשׂוּ אַחַת מִכָּל מִצְוֹת יְיָ אֲשֶׁר לֹא תֵעָשֶׂינָה וְאָשֵׁמוּ: [ויקרא ד, יג]

ב) וְנוֹדְעָה הַחַטָּאת אֲשֶׁר חָטְאוּ עָלֶיהָ וְהִקְרִיבוּ הַקָּהָל פַּר בֶּן בָּקָר לְחַטָּאת וְהֵבִיאוּ אֹתוֹ לִפְנֵי אֹהֶל מוֹעֵד: [ויקרא ד, יד]

ג) אוֹ הוֹדַע אֵלָיו חַטָּאתוֹ אֲשֶׁר חָטָא בָּהּ וְהֵבִיא אֶת קָרְבָּנוֹ שְׂעִיר עִזִּים זָכָר תָּמִים: [ויקרא ד, כג]

ד) וְהָיָה אִם מֵעֵינֵי הָעֵדָה נֶעֶשְׂתָה לִשְׁגָגָה וְעָשׂוּ כָל הָעֵדָה פַּר בֶּן בָּקָר אֶחָד לְעֹלָה לְרֵיחַ נִיחֹחַ לַייָ וּמִנְחָתוֹ וְנִסְכּוֹ כַּמִּשְׁפָּט וּשְׂעִיר עִזִּים אֶחָד לְחַטָּת: [במדבר טו, כד]

ה) וְנִסְלַח לְכָל עֲדַת בְּנֵי יִשְׂרָאֵל וְלַגֵּר הַגָּר בְּתוֹכָם כִּי לְכָל הָעָם בִּשְׁגָגָה: [במדבר טו, כו]

הגהות וציונים

א] צ"ל "פר פר" (מלא"ש, רש"ש): ב] אשר חטאו והקריבו (כת"י, וכמו בת"כ): ג] "אומר" ליתא בכת"י ובתוס' הרא"ש, וכמו בת"כ: ד] בד' ווינציא נוסף **ואין יחיד חייב**. הב"ח מוחק "כל קהל וקהל חייב", והשער יוסף וחק נתן גורסים כן דכ"ה בתו"כ: ה] [צ"ל **דתניא**] (גליון). ועי' ב"ש: ו] חייב **אם** נותר (ב"ח, כתי"מ): ז] [**לגרירה**. יעב"ץ] (גליון). למידרש (בארות המים): ח] כת"י "דהאי ה'": ט] צ"ל ושעיר (רש"ש, וכ"ה בכת"י): י] בכת"י נוסף **ולא שידעו החוטאים שידוע להם שעברו אלא שאינם יודעים איזה מהם היה ע"פ ב"ד**: כ] מעשה **תלוי** בקהל (כת"י): ל] כ"ה ג"כ בפר"ח אבל לגירסא שלנו מבואר כפרש"י (גליון): מ] בכת"י נוסף **לפי שיצתה ע"ז לידון בעצמה**: נ] עי' גמ' שם ובת"כ (גליון):

תוספות הרא"ש

ת"ר ידעו ב"ד שהורו ושכחו מה הורו. פי' נודע להם לב"ד שהורו בטעות אלא ששכחו במה הוא אם בחלב אם בדם והצבור אכלו שניהם אחד בהוראת ב"ד ואחד מדעתם אע"פ שממה נפשך אכלו בהוראת ב"ד דבר שזדונו כרת פטורין דכתיב ונודע החטאת אשר חטאו עליה שנודע חטא אשר חטאו הצבור ע"פ ב"ד.[י] (שאם) [ואם] הורו ב"ד שחלב הקיבה מותר והצבור אכלו חלב ואינם יודעים אם היה חלב הקיבה או חלב אחר יראה שהצבור מביאין כל א' אשם תלוי כי ספק חלב הקיבה כספק שומן הוא להם כיון שהתירוהו ב"ד ואם חזרו ב"ד ונודע להם שחלב הקיבה אכלו יביאו פר ואם חלב אחר אכלו יביאו כל א' כשבה או שעירה: **או אינו אלא חטאו ב' יחידים מביאין שני פרים ג' מביאין ג'**. ויחיד שעשה בהוראת ב"ד פטור אבל ב' חייבין להביא כל אחד פר: **הא כיצד חטאו שני שבטים מביאין ב' פרים**. וה"ה שבט א' מביא פר אלא אגב דתנא שני יחידים תנא נמי ב' שבטים והדר תנא ז' שבטים דאע"ג דליכא רוב שבטים ורוב גברי דסד"א כחד קהל דמי ותסגי להו בפר א' אפילו הכי מביא כל שבט ושבט פר: **חד לחייב על כל קהל וקהל**. לאשמעי' דשבט אחד אקרי קהל וממילא שמעי' אבל יחידי לא: **וחד למעשה תלוי בקהל והוראה תלויה בב"ד**. כדדרש ליה לעיל (דף ג.) מהקהל ועשו (דאי) [דהאי] הקהל אפנויי מופני דלכתו' קרא מעיניהם ועשו הקהל למה לי למסמך מעשה לקהל לומר מעשה [כ] בקהל והוראה תלויה בבית דין מדסמוך ונעלם דבר למעיני: ה"ג רש"י **ור"ש תלתא** קהלי כתיבי קהל הקהל ותרי לג"ש. ובכל ספרי ספרד כתוב ור"ש תרי קהלי כתיבי **חד לחייב על כל קהל וקהל וחד לבית דין כי היכי דצבור מייתי ב"ד נמי מייתי** מעיני הקהל **לא משמע ליה כו'**. ולגירסא זו לא דריש ה"א דתרוייהו הקהל ואינה מיושרת גירסא זו דהא בברייתא דלעיל יליף ר"ש הא דב"ד מייתי מתרי קהלי מג"ש וגם משמע דדוקא ה"א דמעיני הקהל לא דריש כדאמרי אינשי מעיני דפלניא: **ורבי שמעון בן אלעזר מאי טעמא כתיב והיה אם מעיני העדה**[ל] **נעשתה לשגגה אפי' מיעוטא**. פי' רש"י ז"ל דמעיני משמע קצת עיני ולא כל עיני. והקשה הרמ"ה ז"ל אם ממ"ס דמעיני קדריש אמאי דייק ממעיני דכתי' גבי ע"ז דלא איירי בה [ה"ל] למילף ממעיני הקהל דכתיב בשאר מצות דאיירי בה [illegible]

[illegible]

made a mistake and did not know which of the two they had ruled about that the people had followed, whether it was to permit eating blood or eating *cheilev*, **יָכוֹל יְהוּ חַיָּיבִין** — I might think they would be obligated to bring a *Par He'eleim Davar*, since a transgression was definitely committed based on their mistaken ruling, **תַּלְמוּד לוֹמַר** — therefore, the *pasuk* says regarding the circumstances of a *Par He'eleim Davar* (*Vayikra* 4:14): **וְנוֹדְעָה הַחַטָּאת** — "And the sin was known," which implies, **וְלֹא שֶׁיִּוָּדְעוּ הַחוֹטְאִין** — not just that the sinners should be known. Even though it is known that the majority of the people sinned based on a mistaken ruling, since it is not known which of the two sins it was that was based on the ruling, a *Par He'eleim Davar* is not brought.

The *Baraisa* continues to interpret the next part of the *pasuk*: **אֲשֶׁר חָטְאוּ** — "Which they sinned." This teaches us: **חָטְאוּ שְׁנֵי שְׁבָטִים** — if two of the *shevatim* sinned based on a mistaken ruling, **מְבִיאִין שְׁנֵי פָּרִים** — they bring two bulls, one for each *shevet*; **חָטְאוּ שְׁלֹשָׁה** — If three of the *shevatim* sinned, **מְבִיאִין שְׁלֹשָׁה** — they bring three bulls, one per *shevet*. **אוֹ אֵינוֹ אוֹמֵר אֶלָּא** — Or, perhaps I would think that the *pasuk* is only saying, **חָטְאוּ שְׁנֵי יְחִידִים** — if two individuals sinned, **מְבִיאִין שְׁנֵי פָּרִים** — they bring two bulls, one for each individual; **חָטְאוּ שְׁלֹשָׁה** — if three individuals sinned, **מְבִיאִין שְׁלֹשָׁה** — they bring three bulls. **תַּלְמוּד לוֹמַר** — Therefore, the *pasuk* says: **הַקָּהָל** — "The congregation [should bring a bull]," which teaches us, **הַקָּהָל חַיָּיב** — the congregation can be obligated to bring a *Par He'eleim Davar*, **וְכָל קָהָל וְקָהָל חַיָּיב** — and each individual congregation can be obligated. **כֵּיצַד** — How is this? What does it mean for each congregation to be obligated? **חָטְאוּ שְׁנֵי שְׁבָטִים** — If two of the *shevatim* sinned, **מְבִיאִין שְׁנֵי פָּרִים** — they bring two bulls, one for each *shevet*; **חָטְאוּ שִׁבְעָה** — if seven *shevatim* sinned, **מְבִיאִין שִׁבְעָה** — they bring seven bulls, one per *shevet*; **וּשְׁאָר שְׁבָטִים שֶׁלֹּא חָטְאוּ** — and the other *shevatim* who did not sin, **מְבִיאִין עַל יְדֵיהֶן פַּר פַּר** — bring one bull each, on behalf of those *shevatim* that sinned, **שֶׁאֲפִילּוּ אֵלּוּ שֶׁלֹּא חָטְאוּ** — because even those who did not sin, **מְבִיאִין עַל יְדֵי הַחוֹטְאִין** — bring a bull on behalf of those who did. **לְכָךְ נֶאֱמַר קָהָל** — For this reason, the *pasuk* specifically uses the term קהל ("congregation"), **לְחַיֵּיב עַל כָּל קָהָל וְקָהָל** — to teach that each congregation (meaning, each *shevet*) is obligated individually to bring their own bull; **דִּבְרֵי רַבִּי יְהוּדָה** — this is the opinion of Rabi Yehuda.

רַבִּי שִׁמְעוֹן אוֹמֵר — Rabi Shimon says: **שִׁבְעָה שְׁבָטִים שֶׁחָטְאוּ** — If seven *shevatim* sinned based on a mistaken ruling, **מְבִיאִין שִׁבְעָה פָּרִים** — they bring seven bulls, one bull per *shevet*, **וּבֵית דִּין מְבִיאִין עַל יְדֵיהֶן פַּר** — and *beis din* also brings a bull on their behalf, **שֶׁנֶּאֱמַר לְמַטָּה קָהָל** — because the term קהל ("congregation") is mentioned in the latter *pasuk* (*Vayikra* 4:14), which describes the bringing of the *Par He'eleim Davar*: "The congregation (קהל) should bring a bull," **וְנֶאֱמַר לְמַעְלָה קָהָל** — and the term קהל is mentioned in the earlier *pasuk* describing the circumstances when the *Par He'eleim Davar* is brought (ibid. 13): "And a matter is hidden from the eyes of the congregation (קהל)". **מָה קָהָל הָאָמוּר לְמַעְלָה** — Just as the congregation mentioned in the earlier *pasuk*, **בֵּית דִּין עִם**

For this *daf's shiur* and charts, scan this QR code:

רבי שמעון אומר שלשה עשר פרים, ובעבודת כוכבים שלשה עשר פרים ושלשה עשר שעירים, פר ושעיר לכל שבט ושבט, פר ושעיר לבית דין. הורו בית דין ועשו שבעה שבטים או רובן על פיהן, מביאין פר, ובעבודת כוכבים מביאין פר ושעיר, דברי רבי מאיר; רבי יהודה אומר, שבעה שבטים שחטאו מביאין שבעה פרים, ושאר שבטים שלא חטאו מביאין על ידיהן פר, שאף אלו שלא חטאו מביאין על ידי חוטאין; רבי שמעון אומר, שמונה פרים, ובעבודת כוכבים שמונה פרים ושמונה שעירים, פר ושעיר לכל שבט ושבט, פר ושעיר לבית דין. הורו בית דין של אחד מן השבטים ועשה אותו השבט על פיהן, אותו שבט הוא חייב ושאר כל השבטים פטורין, דברי רבי יהודה; וחכמים אומרים, אין חייבין אלא על הוריות בית דין הגדול בלבד, שנאמר 'ואם כל עדת ישראל ישגו', ולא עדת אותו שבט:

גמ' תנו רבנן, ידעו שהורו וטעו מה הורו, יכול יהו חייבין, תלמוד לומר 'ונודעה החטאת', ולא שיודעו החוטאין. 'אשר חטאו', חטאו שני שבטים מביאין שני פרים, חטאו שלשה מביאין שלשה, או אינו אומר אלא חטאו שני יחידים מביאין שני פרים, חטאו שלשה מביאין שלשה, תלמוד לומר 'הקהל', הקהל חייב, וכל קהל וקהל חייב, כיצד, חטאו שני שבטים מביאין שני פרים, חטאו שבעה מביאין שבעה, ושאר שבטים שלא חטאו מביאין על ידיהן פר פר, שאפילו אלו שלא חטאו מביאין על ידי החוטאין; לכך נאמר 'קהל', לחייב על כל קהל וקהל; דברי רבי יהודה. רבי שמעון אומר, שבעה שבטים שחטאו מביאין שבעה פרים, ובית דין מביאין על ידיהן פר, שנאמר למטה 'קהל', ונאמר למעלה 'קהל', מה 'קהל' האמור למעלה בית דין עם הקהל, אף 'קהל' האמור למטה בית דין עם הקהל. רבי מאיר אומר, שבעה שבטים שחטאו, בית דין מביאין על ידיהם פר והן פטורין, נאמר 'קהל' למטה ונאמר 'קהל' למעלה, מה 'קהל' האמור למעלה בית דין ולא צבור, אף 'קהל' האמור למטה בית דין ולא צבור; רבי שמעון בן אלעזר אומר משמו, חטאו ששה שבטים והם רובו של קהל, או שבעה אף על פי שאינו רובו של קהל, מביאין פר. אמר מר, 'ונודעה החטאת' ולא שיודעו החוטאין, מאן תנא. אמר רב יהודה אמר רב, ואיתימא רבא, דלא כרבי אליעזר, דתנן, אמר רבי אליעזר, מה נפשך, אם חלב אכל חייב, נותר אכל חייב. רב אשי אמר, אפילו תימא רבי אליעזר, שאני הכא דכתיב 'אשר חטאו עליה'. התם נמי הכתיב 'אשר חטא בה', ההוא מיבעי ליה פרט למתעסק. מאי טעמא דרבי יהודה, קסבר ארבעה קהלי כתיבי, 'קהל' 'הקהל' 'קהל' 'הקהל', חד לחייב על כל קהל וקהל, וחד להוראה תלויה בבית דין ומעשה תלוי בקהל, וחד לגרירה, וחד לשבט שעשה בהוראת בית דינו. ורבי שמעון, תלתא קהלי כתיבי, 'הקהל' 'קהל' 'הקהל', 'מעיני הקהל' אורחיה דקרא הוא, כדאמרי אינשי מעיני דפלניא; חד לחייב על כל קהל וקהל, ותרי אחריני, נאמר למטה קהל ונאמר למעלה קהל, מה להלן בית דין עם הקהל אף כאן בית דין עם הקהל. ורבי מאיר, 'קהל' 'הקהל' לא דריש, הלכך תרי קהלי כתיבי, מיבעי ליה לנאמר למטה קהל ונאמר למעלה קהל, מה להלן בית דין ולא צבור, אף כאן בית דין ולא צבור. ורבי שמעון בן אלעזר מאי טעמא, כתיב 'והיה אם מעיני העדה', אלמא מיעוטא, דכתיב 'מעיני', וכתיב 'כי לכל העם בשגגה', למימרא דרובא אין מיעוטא לא, הא כיצד, עשו ששה והן רובו של קהל, או שבעה אף על פי שאינן רובו של קהל, חייבין.

רש"י

רבי שמעון אומר שלשה עשר פרים. פר לכל שבט ושבט ופר לבית דין. וטעמייהו דכולהו מפרש בגמרא: הורו בית דין ועשו שבעה שבטים או רובו של כל שבט ושבט לשבעה שבטים, וכגון דהוי רובן של ישראל, מביאין פר וכו' דברי רבי מאיר, [דס"ל] בי"ד מביאין פר, ולא צבור: רבי יהודה אומר שבעה שבטים שחטאו מביאין שבעה פרים, ושאר שבטים שלא חטאו מביאין פר פר על ידיהם. כלומר פר לכל שבט ושבט. ואמר בגמרא דשבעה דקאמר ר' יהודה לאו דוקא, דהוא הדין לשבט אחד שחטא על [פי] הוראת בית דין הגדול שהשאר שבטים שלא חטאו מביאין על ידיהן פר פר, ואיידי דקאמר ר"מ שבעה, דבעי רובא ממש, קאמר ר' יהודה נמי: וחכמים אומרים, אין חייבים פר אלא על הוראת בית דין הגדול. אבל שבט אחד בהוראת בית דינו כשגגת מעשה דמי, ומביאין כל אחד כשבה או שעירה: 'עדת ישראל', היינו סנהדרין, כלומר סנהדרין של ישראל, דהיינו בי"ד הגדול: **גמ'** ידעו שהורו וטעו מה שהורו. כלומר, הורו בי"ד שחלב מותר בבטול מקצת, ועשו קהל על פיהן ואכלו שוגגין חלב ודם, דהוי חד מעשה בלבד וחד בהוראה, ואח"כ ידעו שהורו שלא כראוי, אלא שטעו במה שהורו, דאינם יודעים אם על החלב הורו, או על הדם, יכול יהו חייבין פר, דליהוי כמאן דאיתידע מעליא: ת"ל 'ונודעה החטאת אשר חטאו עליה והקריבו', כלומר, דצריך שיודע החטאת, שיהיו יודעין על מה הורו, אם על החלב או על הדם: ולא שיודעו החוטאין. דלא סגי בידיעה דחוטאין, דאע"ג דעשו דממה נפשך חד מינייהו בהוראה הוה, דהא אכלי לתרווייהו, חלב ודם, אפ"ה פטורין, דצריך שיוברר להם אותו חטא שעשו בהוראה: חטאו שני שבטים מביאין שני פרים. והוא הדין דכי חטא שבט אחד מביא פר אחד, והא קמ"ל, דשני שבטים לא סגי להו בפר אחד: לחייב על כל קהל וקהל. דשבט אחד איקרי קהל, כדמפרש לקמן: מה 'הקהל' האמור למעלה בית דין עם הקהל. דתרווייהו כתיב למעלה, בי"ד דכתיב 'ונעלם דבר מעיני הקהל', ו'מעיני' היינו בי"ד: אף קהל האמור למטה, 'והקריבו הקהל', בית דין עם הקהל: הכי דריש ר"מ, מה קהל האמור למעלה, 'ונעלם דבר מעיני הקהל', בית דין ולא קהל, דהוראה תלויה היא בבי"ד ולא בקהל, דהא לא כתיב 'ונעלם מקהל', אלא 'מעיני הקהל', דמשמע מבי"ד של קהל ולא מקהל, אף קהל האמור למטה, 'והקריבו הקהל', בית דין ולא צבור: מה נפשך. דתנן במסכת כריתות בפרק ספק אכל חלב (דף יט.) 'חלב ונותר לפניו ואכל את אחד מהם ואינו יודע איזה מהן אכל, רבי אליעזר מחייב חטאת, ורבי יהושע פוטר, ותניא, אמר רבי אליעזר, מה נפשך, אם חלב אכל חייב אם נותר אכל חייב, אמר לו רבי יהושע, הרי הוא אומר אשר חטא בה', עד שיודע לו במאי חטא', הכא נמי סבירא ליה לר' אליעזר מה נפשך, אם חלב אכלו בהוראה מביאין פר, ואם דם אכלו בהוראה מביאין פר, וחייבין ממה נפשך: אפילו תימא רבי אליעזר, ושאני הכא דכתיב 'ונודעה החטאת אשר חטאו עליה והקריבו'. דמשמע שיודע להם החטא שחטאו עליו ע"פ בית דין: התם נמי הא כתיב 'אשר חטא בה'. דמשמע עד שיודע לו במה חטא: 'בה'. (פרט למתעסק, ד'בה') משמע דמתכוין לעשות החטא, פרט למתעסק בשבת, כגון שנתכוין להגביה את התלוש וחתך את המחובר דפטור, אבל מתעסק בחלבים ובעריות חייב, שכבר נהנה, כדאמר בפרק ארבע מיתות (סנהדרין סב:): ארבעה 'קהל' כתיבי. 'מעיני הקהל' 'והקריבו הקהל', דלימא קרא 'מעיני קהל', מאי 'הקהל', תרי, וליכתוב קרא 'והקריבו קהל', מאי 'הקהל', תרי, והרי ארבעה. 'חטאת הקהל' לא קא חשיב, דהא לא כתיב לא בהוראה ולא בהקרבה: לחייב על כל קהל וקהל. על כל שבט ושבט, דשבט אחד איקרי קהל, כדאמר לקמן: וחד להוראה תלויה בבי"ד. כדאמר לעיל (דף ג.) 'הקהל ועשו', הוראה תלויה בבי"ד ומעשה תלוי בקהל': וחד למידה דשאר שבטין שלא חטאו נגררין אחר החוטאין ומביאין על ידיהם פר פר: וחד לשבט שעשה בהוראת בית דינו. כדתנן בסיפא דמתניתין 'הורו בי"ד של אחד מן השבטים' כו': תלתא קהל כתיבי. 'מעיני הקהל' לא דרשינן ביה תרתי, דהא לשמוש הוא דאתא, דאורחיה דקרא דמשתעי הכי, כדאמרי אינשי מעיני דפלניא, הכא נמי 'מעיני הקהל' משמע מעיני של קהל, וחד הוא, אבל 'והקריבו הקהל' דרשינן ביה תרי, דלכתוב קרא 'והקריבו קהל', מאי 'הקהל', תרי, הא תלת: חד לחייב על כל קהל וקהל. דר"ש נמי ס"ל דשבט אחד איקרי קהל, איתרו ליה תרי לג"ש, נאמר קהל למעלה וכו': ור"ש בן אלעזר מ"ט. דכתיב בהוראה דעבודת כוכבים בפרשת שלח לך אנשים 'והיה אם מעיני העדה', אלמא אפילו מיעוטא חטאו מביאין פר ושעירה, דכתיב 'מעיני', משמע מקצת עיני ולא כל עיני, וכתיב 'כי לכל', משמע דרובא אין, דרובו ככולו, ומיעוטא לא, הא כיצד וכו', ד'מעיני' אפילו מיעוט קהל, כגון ברוב שבטים, והאי דכתיב 'כי לכל', דבעינן רובא דקהל אפילו במיעוט שבטים: ור"ש

תוספות

אם חלב אכל חייב כו'. תימה, מי דמי, התם בין בחלב בין בנותר חד קרבן הוא, אבל הכא קרבן דעבודת כוכבים אינו שוה לחלב. וי"ל, דה"נ לא איירי אלא בענינים שקרבנם שוה, כגון חלב ודם, כדפרש"י: ור"ש, תלתא קהלי כתיבי כו'. יש ספרים דגרסי 'תרי קהל כתיבי', וכן נראה, ובעי למימר דחד 'קהל' כוליה קרא לאורחא דקרא, וחד 'קהל' דרשינן 'קהל' 'הקהל', והיינו תרי 'קהל'; ולר' מאיר חד 'קהל' כוליה לאורחא דקרא, ומיניה נמי שמעינן דאיירי בבית דין ולא בצבור, וחד 'קהל' לג"ש, ולפי הגירסא הכתוב בספרים בעי למימר דתרווייהו אתו לג"ש, ולא נהירא, מיהו אפשר דהאי כמי למימר לרבי שמעון דקהל האמור למעלה הוא בית דין עם הצבור, ואי לא כתיב ההוא 'קהל' הוה אמינא ד'קהל' למטה היינו צבור ולא בית דין, ולרבי מאיר משמע איפכא; וע"ק, אליבא דרבי שמעון לימא 'ארבעה קהל כתיבי', ומייתר ליה חד 'קהל' למעשה תלוי בקהל, ולא הוה צריך לאהדורי אקרא אחרינא. מיהו ליכא למפרך לר"מ לדרוש שלשה קהל כרבי שמעון למדרש מעשה תלוי בקהל, כיון דאית ליה ג"ש דקהל בבית דין אמור, א"כ לא מצי למילף משם מעשה תלוי בקהל, דהא לעיל אמר 'הקהל ועשו', הוראה תלויה בב"ד ומעשה תלוי בקהל, א"כ מי שלמד משם סובר דקהל האמור למעלה בצבור מיירי, ולר"מ לא מ"ל הכי דבצבור מיירי:

עין משפט נר מצוה

מ א ב מיי' פי"ב מהלכות שגגות הלכה א סמג עשין רט:
מא ג מיי' שם הלכה ב ופי"ג שם הלכה א סמג שם:
מב ד מיי' שם פי"ד הלכה ד סמג שם:
מג ה מיי' שם פי"ב הלכה א ופרק יג הלכה ג סמג שם:

תוספות הרא"ש

ת"ר ידעו שהורו ושכחו מה הורו. [illegible]

מסורת הש"ס

א) [לעיל ג.], ב) ת"כ פ' ויקרא דבורא דחובה פרשה ה' ה"ב-ה"ג [אות רמז-רנ], ג) [לעיל ג. ע"ש], ד) [שבועות יח:] כריתות יט., ה) [כריתות יט.], ו) [עי' תוס' סוטה ח. ד"ה הללו וכו'], ט) ויקרא ד כא.

תורה אור השלם

א) ואם כל עדת ישראל ישגו ונעלם דבר מעיני הקהל ועשו אחת מכל מצות יי' אשר לא תעשינה ואשמו: [ויקרא ד, יג]
ב) ונודעה החטאת אשר חטאו עליה והקריבו הקהל פר בן בקר לחטאת והביאו אתו לפני אהל מועד: [ויקרא ד, יד]
ג) או הודע אליו חטאתו אשר חטא בה והביא את קרבנו שעיר עזים זכר תמים: [ויקרא ד, כג]
ד) והיה אם מעיני העדה נעשתה לשגגה ועשו כל העדה פר בן בקר אחד לעלה לריח ניחח ליי' ומנחתו ונסכו כמשפט ושעיר עזים אחד לחטת: [במדבר טו, כד]
ה) ונסלח לכל עדת בני ישראל ולגר הגר בתוכם כי לכל העם בשגגה: [במדבר טו, כו]

הגהות וציונים

א] צ"ל "פר פר" (מלא"ש, רש"ש) [illegible]

This *daf* is dedicated *l'iluy nishmas*: Florence Tzipora bat Chana *z"l*

הַקָּהָל — *beis din* is mentioned together with the congregation, since "the eyes" refers to *beis din*, אַף קָהָל הָאָמוּר לְמַטָּה — so, too, the congregation mentioned in the later *pasuk*, בֵּית דִּין עִם הַקָּהָל — even though there is no explicit mention of *beis din* in the *pasuk*, a *gezeirah shavah* teaches us that there, as well, *beis din* goes together with the congregation; therefore, both the congregation and *beis din* are obligated to bring a bull.

רַבִּי מֵאִיר אוֹמֵר — Rabi Meir says: שִׁבְעָה שְׁבָטִים שֶׁחָטְאוּ — If seven *shevatim* sinned based on a mistaken ruling, בֵּית דִּין מְבִיאִין עַל יְדֵיהֶם פַּר — *beis din* brings a bull on their behalf, וְהֵן פְּטוּרִין — and they are all exempt from having to bring their own bulls. נֶאֱמַר קָהָל לְמַטָּה — The reason is because the term קהל is mentioned in the latter *pasuk* describing the bringing of the *Par He'eleim Davar*: "The congregation (קהל) should bring a bull," וְנֶאֱמַר קָהָל לְמַעְלָה — and the term קהל is mentioned in the earlier *pasuk* describing the circumstances of the *Par He'eleim Davar*: "And a matter is hidden from the eyes of the congregation (קהל)." מָה קָהָל הָאָמוּר לְמַעְלָה — Just like the congregation mentioned in the earlier *pasuk*, which is discussing the mistaken ruling being given, בֵּית דִּין וְלֹא צִבּוּר — the intention is only *beis din*, but not the congregation, because only *beis din* issues the ruling, אַף קָהָל הָאָמוּר לְמַטָּה — so, too, the congregation mentioned in the latter *pasuk*, בֵּית דִּין וְלֹא צִבּוּר — a *gezeirah shavah* teaches us that it refers to *beis din* only, and not the congregation. Therefore, when it says that the "congregation" should bring a bull, the intention is that *beis din* should bring it.

רַבִּי שִׁמְעוֹן בֶּן אֶלְעָזָר אוֹמֵר מִשְּׁמוֹ — Rabi Shimon ben Elazar says in the name of Rabi Meir: חָטְאוּ שִׁשָּׁה שְׁבָטִים — If six *shevatim* sinned based on a mistaken ruling, וְהֵם רוּבּוֹ שֶׁל קָהָל — and the total of the sinners from the six *shevatim* makes up a majority of the people, אוֹ שִׁבְעָה — or if seven *shevatim* sinned, אַף עַל פִּי שֶׁאֵינוֹ רוּבּוֹ שֶׁל קָהָל — even if the total of the sinners from the seven *shevatim* does not make up a majority of the people, מְבִיאִין פַּר — a *Par He'eleim Davar* is brought.

אָמַר מָר — The *Baraisa* said: וְנוֹדְעָה הַחַטָּאת — The *pasuk* says: "And the sin was known," which implies, וְלֹא שֶׁיִּוָּדְעוּ הַחוֹטְאִין — not just that the sinners should be known. Even if it is known that the majority of the people sinned based on a mistaken ruling, if it it is not known which sin it was that was done based on the ruling, a *Par He'eleim Davar* is not brought.

The Gemara asks: מַאן תַּנָּא — Who is the *tanna* who says this? אָמַר רַב יְהוּדָה אָמַר רַב — Rav Yehuda said in the name of Rav, וְאִיתֵּימָא רָבָא — and some say that Rava said: דְּלָא כְּרַבִּי אֱלִיעֶזֶר — it is not like the opinion of Rabi Eliezer. [דְּתַנְיָא] (דתנן) — As we learned in a *Baraisa* regarding someone who had a piece of *cheilev* and a piece of *nosar* (meat from a *korban* that was not eaten in the allotted timeframe) in front of him, and he mistakenly ate one of them (not knowing that it was forbidden), but is not sure which one he ate: אָמַר רַבִּי אֱלִיעֶזֶר — Rabi Eliezer said: מָה נַפְשָׁךְ — Whichever way you look at it, the outcome does not change: אִם חֵלֶב אָכַל — If what he had eaten was *cheilev*, חַיָּיב — he

רבי שמעון אומר שלשה עשר פרים, ובעבודת כוכבים שלשה עשר פרים ושלשה עשר שעירים, פר ושעיר לכל שבט ושבט, פר ושעיר לבית דין. הורו בית דין ועשו שבעה שבטים או רובן על פיהן, מביאין פר, ובעבודת כוכבים מביאין פר ושעיר, דברי רבי מאיר; [ו]רבי יהודה אומר, [א]שבעה שבטים שחטאו מביאין שבעה פרים, ושאר שבטים שלא חטאו מביאין על ידיהן פר[א], [ב]שאף אלו שלא חטאו מביאין על ידי חוטאין; רבי שמעון אומר, שמונה פרים, ובעבודת כוכבים שמונה פרים ושמונה שעירים, פר ושעיר לכל שבט ושבט, פר ושעיר לבית דין. הורו בית דין של אחד מן השבטים ועשה אותו השבט על פיהן, אותו שבט הוא חייב ושאר כל השבטים פטורין, דברי רבי יהודה; וחכמים אומרים, [ג]אין חייבין אלא על הוראות בית דין הגדול בלבד, שנאמר [א]'ואם כל עדת ישראל ישגו', ולא עדת אותו שבט:

גמ' [ד]תנו רבנן, ידעו שהורו וטעו מה הורו, יכול יהו חייבין, תלמוד לומר [ב]'ונודעה החטאת', [ה]ולא שיודעו החוטאין. [ב]'אשר חטאו[ב]', חטאו שני שבטים מביאין שני פרים, חטאו שלשה מביאין שלשה, או אינו אומר[ג] אלא חטאו שני יחידים מביאין שני פרים, חטאו שלשה מביאין שלשה, תלמוד לומר [ב]'הקהל', הקהל חייב[ד], וכל קהל וקהל חייב, כיצד, חטאו שני שבטים מביאין שני פרים, חטאו שבעה מביאין שבעה, ושאר שבטים שלא חטאו מביאין על ידיהן פר פר, שאפילו אלו שלא חטאו מביאין על ידי החוטאין; לכך נאמר 'קהל', לחייב על כל קהל וקהל; דברי רבי יהודה. רבי שמעון אומר, שבעה שבטים שחטאו מביאין שבעה פרים, ובית דין מביאין על ידיהן פר, שנאמר למטה [ב]'קהל', ונאמר למעלה [א]'קהל', מה 'קהל' האמור למעלה בית דין עם הקהל, אף 'קהל' האמור למטה בית דין עם הקהל. רבי מאיר אומר, שבעה שבטים שחטאו, בית דין מביאין על ידיהם פר והן פטורין, נאמר 'קהל' למטה ונאמר 'קהל' למעלה, מה 'קהל' האמור למעלה בית דין ולא צבור, אף 'קהל' האמור למטה בית דין ולא צבור; [ו]רבי שמעון בן אלעזר אומר משמו, [ז]חטאו ששה שבטים והם רובו של קהל, או שבעה אף על פי שאינו רובו של קהל, מביאין פר. אמר מר, 'ונודעה החטאת' ולא שיודעו החוטאין, מאן תנא. אמר רב יהודה אמר רב, ואיתימא רבא, דלא כרבי אליעזר, [ח]דתנן, [ט]אמר רבי אליעזר, מה נפשך, אם חלב אכל חייב, [י]נותר אכל חייב. רב אשי אמר, אפילו תימא רבי אליעזר, שאני הכא דכתיב [ב]'אשר חטאו עליה', התם נמי הכתיב [ג]'אשר חטא בה'. ההוא מיבעי ליה [כ]פרט למתעסק. מאי טעמא דרבי יהודה, קסבר ארבעה קהלי כתיבי, [א]'קהל' 'הקהל' [ב]'קהל' 'הקהל', חד לחייב על כל קהל וקהל, וחד [ל]להוראה תלויה בבית דין ומעשה תלוי בקהל, וחד לגרירה, וחד לשבט שעשה בהוראת בית דינו. ורבי שמעון, תלתא קהלי כתיבי, 'הקהל' 'קהל' 'הקהל', 'מעיני הקהל' אורחיה דקרא הוא, כדאמרי אינשי מעיני דפלניא; חד לחייב על כל קהל וקהל, ותרי אחריני, נאמר למטה קהל ונאמר למעלה קהל, מה להלן בית דין עם הקהל אף כאן בית דין עם הקהל. [מ]ורבי מאיר, 'קהל' 'הקהל' לא דריש, הלכך תרי קהלי כתיבי, מיבעי ליה לנאמר למטה קהל ונאמר למעלה קהל, מה להלן בית דין ולא צבור, אף כאן בית דין ולא צבור. ורבי שמעון בן אלעזר מאי טעמא, כתיב [ד]'והיה אם מעיני העדה', אלמא מיעוטא, דכתיב 'מעיני', וכתיב [ה]'כי לכל העם בשגגה', למימרא דרובא אין מיעוטא לא, הא כיצד, עשו ששה והן רובו של קהל, או שבעה אף על פי שאינן רובו של קהל, חייבין. ורבי

רש"י

רבי שמעון אומר שלשה עשר פרים. פר לכל שבט ושבט ופר לבית דין. וטעמייהו דכולהו מפרש בגמרא: הורו בית דין ועשו שבעה שבטים או רובו של כל שבט ושבט דשבעה שבטים, וכגון דהוי רובן של ישראל, מביאין פר וכו' דברי רבי מאיר, [דס"ל] בי"ד מביאין פר, ולא צבור: רבי יהודה אומר שבעה שבטים שחטאו מביאין שבעה פרים, ושאר שבטים שלא חטאו מביאין פר פר על ידיהם. כלומר פר לכל שבט ושבט. ואמר בגמרא דשבעה דקאמר ר' יהודה לאו דוקא, דהוא הדין לשבט אחד שחטא על [פי] הוראת בית דין הגדול שהשאר שבטים שלא חטאו מביאין על ידיהן פר פר, ואיידי דקאמר ר"מ שבעה, דאיהו בעי רובא ממש, קאמר ר' יהודה נמי: וחכמים אומרים, אין חייבים פר אלא על הוראת בית דין הגדול. אבל שבט אחד בהוראת בית דינו כשגגת מעשה דמי, ומביאין כל אחד כשבה או שעירה: 'עדת ישראל'. היינו סנהדרין, כלומר סנהדרין של ישראל, דהיינו בי"ד הגדול: **גמ'** ידעו שהורו וטעו מה שהורו. כלומר, הורו בי"ד שחלב מותר בבטול מקלת, ועשו קהל על פיהן ואכלו שוגגין חלב ודם, דהוי חד שגגת מעשה בלבד וחד בהוראה, ואח"כ ידעו שהורו שלא כראוי, אלא שטעו במה שהורו, דאינם יודעים אם על החלב הורו, או על הדם, יכול יהו חייבין פר, דליהוי הוראה מעליא: ת"ל 'ונודעה החטאת אשר חטאו עליה והקריבו', כלומר, דצריך שיודע החטאת, שיהיו יודעין על מה הורו, אם על החלב או על הדם: ולא שיודעו החוטאין. דלא סגי בידיעה דחוטאין, דאע"ג דעשו בהוראה, דממה נפשך חד מנייהו בהוראה הוה, דהא אכלי לתרווייהו, חלב ודם, אפ"ה פטורין, דצריך שיודבר להם אותו חטא שעשו בהוראה: חטאו שני שבטים מביאין שני פרים. והוא הדין דכי חטא שבט אחד מביא פר אחד, והא קמ"ל, דשני שבטים לא סגי להו בפר אחד: לחייב על כל קהל וקהל. דשבט אחד איקרי קהל, כדמפרש טעמא לקמן: מה 'הקהל' האמור למעלה בית דין עם הקהל. דתרווייהו כתיב למעלה, בי"ד עם קהל, דכתיב 'ונעלם דבר מעיני הקהל', והאי 'מעיני' היינו בי"ד: אף קהל האמור למטה. 'והקריבו הקהל', בית דין עם הקהל: הכי דריש ר"מ, מה קהל האמור למעלה, 'ונעלם דבר מעיני הקהל', בית דין ולא קהל, כלומר, דהוראה תלויה היא בבי"ד ולא בקהל, דהא לא כתיב 'ונעלם מקהל', אלא 'מעיני הקהל', דמשמע מבי"ד של קהל ולא מקהל, אף קהל האמור למטה, 'והקריבו הקהל', בית דין ולא צבור: מה נפשך. דתנן במסכת כריתות בפרק ספק אכל חלב (דף יט.) 'חלב ונותר לפניו ואכל את אחד מהם ואינו יודע איזה מהן אכל, רבי אליעזר מחייב חטאת, ורבי יהושע פוטר, ותניא, אמר רבי אליעזר, מה נפשך, אם חלב אכל חייב אם נותר אכל חייב, אמר לו רבי יהושע, הרי הוא אומר אשר חטא בה, עד שיודע לו במאי חטא', הכא נמי סבירא ליה לר' אליעזר מה נפשך, אם חלב אכלו בהוראה מביאין פר, ואם דם אכלו בהוראה מביאין פר, וחייבין ממה נפשך: אפילו תימא רבי אליעזר, ושאני הכא דכתיב 'ונודעה החטאת אשר חטאו עליה והקריבו'. דמשמע שיודע להם החטא שחטאו עליו ע"פ בית דין: התם נמי הא כתיב 'אשר חטא בה'. דמשמע עד שיודע לו במה חטא: 'בה'. (פרט למתעסק, ד'בה') משמע דמתכוין לעשות החטא, פרט למתעסק בשבת, כגון שנתכוין להגביה את התלוש וחתך את המחובר דפטור, אבל מתעסק בחלבים ובעריות חייב, שכבר נהנה, כדאמר בפרק ארבע מיתות (סנהדרין סב:): ארבעה 'קהל' כתיבי. 'מעיני הקהל' 'והקריבו הקהל', דלימא קרא 'מעיני קהל', מאי 'הקהל', תרי, וליכתוב קרא 'והקריבו קהל', מאי 'הקהל', תרי, והרי ארבעה. 'חטאת הקהל' [ח]לא קא חשיב, דהא לא כתיב לא בהוראה ולא בהקרבה: לחייב על כל קהל וקהל. על כל שבט ושבט, דשבט אחד איקרי קהל, כדאמר לקמן: וחד להוראה תלויה בבי"ד. כדאמר לעיל (דף ג.) 'הקהל ועשו', הוראה תלויה בבי"ד ומעשה תלוי בקהל': וחד לגרירה[ז] דשאר שבטין שלא חטאו נגררין אחר החוטאין ומביאין על ידיהם פר פר: וחד לשבט שעשה בהוראת בית דינו. כדתנן בסיפא דמתניתין 'הורו בי"ד של אחד מן השבטים' כו': תלתא קהל כתיבי. 'מעיני הקהל' לא דרשינן ביה תרתי, דהא[ח] לשמוש הוא דאתא, דאורחיה דקרא דמשתעי הכי, כדאמרי אינשי מעיני דפלניא, הכא נמי 'מעיני הקהל' משמע מעיני של קהל, וחד הוא, אבל 'והקריבו הקהל' דרשינן ביה תרי, דלכתוב קרא 'והקריבו קהל', מאי 'הקהל', תרי, הא תלת: חד לחייב על כל קהל וקהל. דר"ש נמי ס"ל דשבט אחד איקרי קהל, אייתרו ליה תרי לג"ש, נאמר קהל למעלה וכו': ור"ש בן אלעזר מ"ט. דכתיב בהוראה דעבודת כוכבים בפרשת שלח לך אנשים 'והיה אם מעיני העדה', אלמא אפילו מיעוטא חטאו מביאין פר ושעירה[ט], דכתיב 'מעיני', משמע מקצת עיני ולא כל עיני, וכתיב 'כי לכל', משמע דרובא אין, דרובו ככולו, ומיעוטא לא, הא כיצד וכו', ד'מעיני' אפילו מיעוט קהל, כגון ברוב שבטים, והאי דכתיב 'כי לכל', דבעינן רובא דקהל אפילו במיעוט שבטים:

תוספות

אם חלב אכל חייב כו'. תימה, מי דמי, התם בין בחלב בין בנותר חד קרבן הוא, אבל הכא קרבן דעבודת כוכבים אינו שוה לחלב. וי"ל, דה"נ ידעי דלא איירי אלא בעניינים שקרבנם שוה, כעין חלב ודם, כדפרש"י: ור"ש, תלתא קהלי כתיבי כו'. יש ספרים דגרסי 'תרי קהל כתיבי', וכן נראה, ובעי למימר דחד 'קהל' כוליה קרא לאורחא דקרא, וחד 'קהל' דדרשינן 'קהל' 'הקהל', והיינו תרי 'קהל'; ולר' מאיר חד 'קהל' כוליה להוראה דקרא, ומיניה נמי שמעינן דאיירי בבית דין ולא בצבור, וחד 'קהל' לג"ש, ולפי הגירסא הכתוב בספרים בעי למימר דתרווייהו אתו לג"ש, ולא [illegible]; מיהו אפשר דתלמודא בעי למימר לרבי שמעון ד'קהל' האמור למעלה הוא בית דין עם הצבור, ואי לא כתיב ההוא 'קהל' הוה אמינא ד'קהל' למטה היינו צבור ולא בית דין, ולרבי מאיר משמע איפכא; וע"ק, אליבא דרבי שמעון לימא 'ארבעה קהל כתיבי', ומייתר ליה חד 'קהל' למעשה תלוי בקהל, ולא הוה צריך לאהדורי אקרא אחרינא. מיהו ליכא למפרך לר"מ לדרוש שלשה קהל כרבי שמעון למדרש מעשה תלוי בקהל, כיון דאית ליה ג"ש דקהל בבית דין אמור, א"כ לא מצי למילף משם מעשה תלוי בקהל, דהא לעיל אמר 'הקהל ועשו, הוראה תלויה בב"ד ומעשה תלוי בקהל', א"כ מי שלמד משם סובר דקהל האמור למעלה בצבור מיירי, ולר"מ לא ס"ל הכי דבצבור מיירי:

לקמן רפ"ב תנינן אין חייבין אלא על העלם דבר עם שגגת מעשה ב"ד וכן המשיח ולא בע"ז אלא על העלם דבר עם שגגת מעשה ומפרש לקמן בגמרא ע"ז כדתניא[מ] יכול יהא חייבין על שגגת מעשה שלה ת"ל מעיני מעיני ונאמר כאן מעיני] מה להלן בב"ד אף כאן בב"ד ומה להלן העלם דבר עם שגגת מעשה אף כאן העלם דבר עם שגגת מעשה אלמא עיני העדה דכתי' בע"ז לאו אב"ד קאי מדלא כתיב ביה ונעלם אלא מעיני העדה אנעשתה קאי ומו לא מידי:

מסורת הש"ס עם הוספות

א) לעיל ג., ב) ת"כ פ' ויקרא דבורא דחובה פרשה ד הי"ב-יז (אות רמז-ח), ג) [לעיל ג. ע"ש], ד) [שבועות יח:] כריתות יט., ה) [כריתות יט.], ו) [לעיל ג.], ז) [עי' תוס' סוטה יז. ד"ה הלוח וכו' מה שסימנו בקוש"ר], ח) ויקרא ד כא.

תורה אור השלם

א) וְאִם כָּל עֲדַת יִשְׂרָאֵל יִשְׁגּוּ וְנֶעְלַם דָּבָר מֵעֵינֵי הַקָּהָל וְעָשׂוּ אַחַת מִכָּל מִצְוֹת יְיָ אֲשֶׁר לֹא תֵעָשֶׂינָה וְאָשֵׁמוּ: [ויקרא ד, יג]

ב) וְנוֹדְעָה הַחַטָּאת אֲשֶׁר חָטְאוּ עָלֶיהָ וְהִקְרִיבוּ הַקָּהָל פַּר בֶּן בָּקָר לְחַטָּאת וְהֵבִיאוּ אֹתוֹ לִפְנֵי אֹהֶל מוֹעֵד: [ויקרא ד, יד]

ג) אוֹ הוֹדַע אֵלָיו חַטָּאתוֹ אֲשֶׁר חָטָא בָּהּ וְהֵבִיא אֶת קָרְבָּנוֹ שְׂעִיר עִזִּים זָכָר תָּמִים: [ויקרא ד, כג]

ד) וְהָיָה אִם מֵעֵינֵי הָעֵדָה נֶעֶשְׂתָה לִשְׁגָגָה וְעָשׂוּ כָל הָעֵדָה פַּר בֶּן בָּקָר אֶחָד לְעֹלָה לְרֵיחַ נִיחֹחַ לַייָ וּמִנְחָתוֹ וְנִסְכּוֹ כַּמִּשְׁפָּט וּשְׂעִיר עִזִּים אֶחָד לְחַטָּת: [במדבר טו, כד]

ה) וְנִסְלַח לְכָל עֲדַת בְּנֵי יִשְׂרָאֵל וְלַגֵּר הַגָּר בְּתוֹכָם כִּי לְכָל הָעָם בִּשְׁגָגָה: [במדבר טו, כו]

הגהות וציונים

א] צ"ל "פר פר" (מלא"ש, רש"ש): ב] אשר חטאו והקריבו (כת"י, וכמו בת"כ): ג] "אומר" ליתא בכת"י ובתוס' הרא"ש, וכמו בת"כ: ד] בד' ווינציא נוסף ואין יחיד חייב. הב"ח מוחק "כל קהל וקהל חייב", והשער יוסף וחק נתן גורסים כן דכ"ה בת"כ: ה] [צ"ל דתניא] (גליון). ועי' ב"ש: ו] חייב אם נותר (ב"ח, כתי"מ): ז] [לגרירה. יעב"ץ] (גליון). למידרש (בארות המים): ח] כת"י "דהאי ה': ט] צ"ל ושעיר (רש"ש, וכ"ה בכת"י): י] בכת"י נוסף לא שיודעו החוטאים שעברו אלא שאינם יודעים איזה מהם עבר עפ"י ב"ד: כ] מעשה תלוי בקהל (כת"י): ל] כ"ה ב"כ בפרש"י אבל לגירסא שלנו בפרש"י (גליון): מ] בכת"י נוסף לפי שיצתה עד לידון בעצמה: נ] ע' גמ' שם ובת"כ (גליון).

עין משפט נר מצוה

מ א ב מיי' פי"ג מהלכות שגגות הלכה א סמג עשין רין:
מא ג מיי' שם הלכה ב ופי"ג שם הלכה א סמג שם:
מב ד מיי' שם פי"ד הלכה ד סמג שם:
מג ה מיי' שם פי"ג הלכה א ופרק יג הלכה ב סמג שם:

תוספות הרא"ש

ת"ר ידעו ב"ד שהורו ושכחו מה הורו. פי' נודע להם לב"ד שהורו בטעות אלא ששכחו במה הוא אם בחלב אם בדם והצבור אכלו שניהם אחד בהוראת ב"ד ואחד מדעתם אע"פ שממה נפשך אכלו בהוראת ב"ד דבר שזדונו כרת פטורין דכתיב ונודעה החטאת אשר חטאו עליה שנודע חטא אשר חטאו הצבור ע"פ ב"ד.[י] (שאם) [ואם] הורו ב"ד שחלב הקיבה מותר והצבור אכלו חלב ואינם יודעים אם היה חלב הקיבה או חלב אחר יראה שהצבור מביאין כל א' מהם אשם תלוי כי ספק חלב הקיבה כספק שומן הוא להם כיון שהתירוהו ב"ד ואם חזרו ב"ד ונודע להם שחלב הקיבה אכלו יביאו פר ואם חלב אחר אכלו יביאו כל א' כשבה או שעירה: **או אינו אלא חטאו ב' יחידים מביאין שני פרים ג' מביאין ג'.** ויחיד שעשה בהוראת ב"ד פטור אבל ב' חייבין להביא כל אחד פר: **הא כיצד חטאו שני שבטים מביאין ב' פרים.** וה"ה שבט א' מביא פר אלא אגב דתנא שני יחידים תנא נמי ב' שבטים והדר תנא ז' שבטים דאע"ג דאיכא רוב שבטים ורוב גברי דסד"א כחד קהל דמי ותסגי להו בפר א' אפילו הכי מביא כל שבט ושבט פר: **חד לחייב על כל קהל וקהל.** לאשמעי' דשבט אחד אקרי קהל וממילא שמעי' אבל יחידי לא: **וחד למעשה תלוי בקהל והוראה תלויה בב"ד.** כדדרש ליה לעיל (דף ג.) מהקהל ועשו (דלאי) [דהאי] הקהל אפנויי מופני [illegible]

This *daf* is dedicated *l'iluy nishmas*: Florence Tzipora bat Chana *z"l*

would be obligated to bring a *Korban Chatas*, **נוֹתָר אָכַל** — if what he had eaten was *nosar*, **חַיָּיב** — he would also be obligated. Therefore, he brings a *Korban Chatas*. Here, too, Rabi Eliezer would hold that regardless, one of the sins they committed was based on a mistaken ruling; even though *beis din* does not know which one it was, they bring a *Par He'eleim Davar*.

רַב אָשֵׁי אָמַר — Rav Ashi says: **אֲפִילוּ תֵּימָא רַבִּי אֱלִיעֶזֶר** — You can say that our *Baraisa* even follows the opinion of Rabi Eliezer; although Rabi Eliezer holds that in the case where the person is not sure which forbidden food he ate, he brings a *Korban Chatas* anyway, since he would have been obligated either way, **שָׁאנֵי הָכָא** — over here, where *beis din* is unsure which transgression the people committed based on their mistaken ruling, it is different, **דִּכְתִיב** — because it is written in the *pasuk* regarding the *Par He'eleim Davar* (ibid. 14): **אֲשֶׁר חָטְאוּ עָלֶיהָ** — "[And the sin was known] with which they sinned," which implies that a *Par He'eleim Davar* is only brought if they know which exact sin was committed based on the mistaken ruling. The Gemara asks: **הָתָם נָמֵי** — Over there, as well, in the *pasuk* discussing the circumstances when a *Korban Chatas* is brought, **הָכְתִיב** — it is written (ibid. 23): **אֲשֶׁר חָטָא בָּהּ** — "[Or the sin became known to him] with which he sinned!" This should teach us that one can only bring a *Korban Chatas* if he knows exactly what his sin was, the same way that the words "in which they sinned" teach us that regarding a *Par He'eleim Davar*! The Gemara answers: **הַהוּא מִיבָּעֵי לֵיהּ** — That extra phrase "with which he sinned" is needed to teach us something else: **פְּרָט לְמִתְעַסֵּק** — to exclude someone who was unaware of what he was doing when he sinned (such as a person who intended to pick up something not attached to the ground on Shabbos, and accidentally picked up something that was attached and detached it, which is a *melachah*); the phrase "with which he sinned" implies that his intention was to do that action, without realizing at the time that it was a sin. Since the phrase is required to teach us this rule, it cannot be used to teach us that one is only obligated to bring a *Korban Chatas* if he knows what his sin was.

The Gemara asks: **מַאי טַעְמָא דְּרַבִּי יְהוּדָה** — What is the reason of Rabi Yehuda, who says that each *shevet* that sinned based on a mistaken ruling brings a bull, and each one of the *shevatim* that did not sin brings a bull on behalf of the sinners? The Gemara answers: **קָסָבַר** — Rabi Yehuda holds, **אַרְבָּעָה קְהָלֵי כְּתִיבִי** — there are four "congregations" found in the *pesukim* regarding *Par He'eleim Davar*, and each one is considered extra and is therefore used to teach an additional halachah: **קָהָל** — First, the word "congregation" in the first *pasuk* (ibid. 13), "And if the entire Jewish people makes a mistake and a matter is hidden from the eyes of **the congregation**" (since the *pasuk* could have written, "And a matter is hidden from **their eyes**"); **הַקָּהָל** — second, the extra *hei* in the word הקהל, which changes its meaning to "**the** congregation" (since the *pasuk* could have written קהל, congregation, the *hei* is considered extra and seen as though it is referring to another congregation);

For this *daf's shiur* and charts, scan this QR code:

רבי שמעון אומר שלשה עשר פרים, ובעבודת כוכבים שלשה עשר פרים ושלשה עשר שעירים, פר ושעיר לכל שבט ושבט, פר ושעיר לבית דין. הורו בית דין ועשו שבעה שבטים או רובן על פיהן, מביאין פר, ובעבודת כוכבים מביאין פר ושעיר, דברי רבי מאיר; רבי יהודה אומר, שבעה שבטים שחטאו מביאין שבעה פרים, ושאר שבטים שלא חטאו מביאין על ידיהן פר, שאף אלו שלא חטאו מביאין על ידי חוטאין; רבי שמעון אומר, שמונה פרים, ובעבודת כוכבים שמונה פרים ושמונה שעירים, פר ושעיר לכל שבט ושבט, פר ושעיר לבית דין. הורו בית דין של אחד מן השבטים ועשה אותו השבט על פיהן, אותו שבט הוא חייב ושאר כל השבטים פטורין, דברי רבי יהודה; וחכמים אומרים, אין חייבין אלא על הוריות בית דין הגדול בלבד, שנאמר 'ואם כל עדת ישראל ישגו', ולא עדת אותו שבט: **גמ'** תנו רבנן, ידעו שהורו וטעו מה הורו, יכול יהו חייבין, תלמוד לומר 'ונודעה החטאת', ולא שיודעו החוטאין. 'אשר חטאו', חטאו שני שבטים מביאין שני פרים, חטאו שלשה מביאין שלשה, או אינו אומר אלא חטאו שני יחידים מביאין שני פרים, חטאו שלשה מביאין שלשה, תלמוד לומר 'הקהל', הקהל חייב, וכל קהל וקהל חייב, כיצד, חטאו שני שבטים מביאין שני פרים, חטאו שבעה מביאין שבעה, ושאר שבטים שלא חטאו מביאין על ידיהן פר פר, שאפילו אלו שלא חטאו מביאין על ידי החוטאין; לכך נאמר 'קהל', לחייב על כל קהל וקהל; דברי רבי יהודה. רבי שמעון אומר, שבעה שבטים שחטאו מביאין שבעה פרים, ובית דין מביאין על ידיהן פר, שנאמר למטה 'קהל', ונאמר למעלה 'קהל', מה 'קהל' האמור למעלה בית דין עם הקהל, אף 'קהל' האמור למטה בית דין עם הקהל. רבי מאיר אומר, שבעה שבטים שחטאו, בית דין מביאין על ידיהם פר והן פטורין, נאמר 'קהל' למטה ונאמר 'קהל' למעלה, מה 'קהל' האמור למעלה בית דין ולא צבור, אף 'קהל' האמור למטה בית דין ולא צבור; רבי שמעון בן אלעזר אומר משמו, חטאו ששה שבטים והם רובו של קהל, או שבעה אף על פי שאינו רובו של קהל, מביאין פר. אמר מר, 'ונודעה החטאת' ולא שיודעו החוטאין, מאן תנא. אמר רב יהודה אמר רב, ואיתימא רבא, דלא כרבי אליעזר, דתנן, אמר רבי אליעזר, מה נפשך, אם חלב אכל חייב, אם נותר אכל חייב. רב אשי אמר, אפילו תימא רבי אליעזר, שאני הכא דכתיב 'אשר חטאו עליה'. התם נמי הכתיב 'אשר חטא בה'. ההוא מיבעי ליה פרט למתעסק. מאי טעמא דרבי יהודה, קסבר ארבעה קהלי כתיבי, 'קהל' 'הקהל' 'קהל' 'הקהל', חד לחייב על כל קהל וקהל, וחד להוראה תלויה בבית דין ומעשה תלוי בקהל, וחד לגרירה, וחד לשבט שעשה בהוראת בית דינו. ורבי שמעון, תלתא קהלי כתיבי, 'הקהל' 'קהל' 'הקהל', 'מעיני הקהל' אורחיה דקרא הוא, כדאמרי אינשי מעיני דפלניא; חד לחייב על כל קהל וקהל, ותרי אחריני, נאמר למטה קהל ונאמר למעלה קהל, מה להלן בית דין עם הקהל אף כאן בית דין עם הקהל. ורבי מאיר, 'קהל' 'הקהל' לא דריש, הלכך תרי קהלי כתיבי, מיבעי ליה לנאמר למטה קהל ונאמר למעלה קהל, מה להלן בית דין ולא צבור, אף כאן בית דין ולא צבור. ורבי שמעון בן אלעזר מאי טעמא, כתיב 'והיה אם מעיני העדה', אלמא מיעוטא, דכתיב 'מעיני', וכתיב 'כי לכל העם בשגגה', למימרא דרובא אין מיעוטא לא, הא כיצד, עשו ששה והן רובו של קהל, או שבעה אף על פי שאינן רובו של קהל, חייבין.

רבי שמעון אומר שלשה עשר פרים. פר לכל שבט ושבט ופר לבית דין. וטעמייהו דכולהו מפרש בגמרא: הורו בית דין ועשו שבעה שבטים או רובו של כל שבט ושבט דשבעה שבטים, וכגון דהוי רובן של ישראל, מביאין פר וכו' דברי רבי מאיר, [דס"ל] בי"ד מביאין פר, ולא לצבור: רבי יהודה אומר שבעה שבטים שחטאו מביאין שבעה פרים, ושאר שבטים שלא חטאו מביאין פר פר על ידיהם. כלומר פר לכל שבט ושבט. ואמר בגמרא דשבעה דקאמר ר' יהודה לאו דוקא, דהוא הדין לשבט אחד שחטא על [פי] הוראת בית דין הגדול שהשאר שבטים שלא חטאו מביאין על ידיהן פר פר, ואיידי דקאמר ר"מ שבעה, דאיהו בעי רובא ממש, קאמר ר' יהודה נמי: וחכמים אומרים, אין חייבים פר אלא על הוראת בית דין הגדול. אבל שבט אחד בהוראת בית דינו כשגגת מעשה דמי, ומביאין כל אחד כשבה או שעירה: עדת ישראל. היינו סנהדרין, כלומר סנהדרין של ישראל, דהיינו בי"ד הגדול: **גמ'** ידעו שהורו וטעו מה שהורו. כלומר, הורו בי"ד שחלב מותר בבטול מקצת, ועשו קהל על פיהן ואכלו שוגגין חלב ודם, דהוי חד בשגגת מעשה בלבד וחד בהוראה, ואח"כ ידעו שהורו שלא כראוי, אלא שטעו במה שהורו, דאינם יודעים אם על החלב הורו, או על הדם, יכול יהו חייבין פר, דליהוי הוראה מעליא: ת"ל 'ונודעה החטאת אשר חטאו עליה והקריבו', כלומר, דצריך שיודע החטאת, שיהיו יודעין על מה הורו, אם על החלב או על הדם: ולא שידעו החוטאין. דלא סגי בידיעה דחוטאין, דאע"ג דעשו בהוראה, דממה נפשך חד מנייהו בהוראה הוה, דהא אכלי לתרווייהו, חלב ודם, אפ"ה פטורין, דצריך שיוברר להם אותו חטא שעשו בהוראה: חטאו שני שבטים מביאין שני פרים. והוא הדין דכי חטא שבט אחד שמביא פר אחד, והא קמ"ל, דשני שבטים לא סגי להו בפר אחד: לחייב על כל קהל וקהל. דשבט אחד איקרי קהל, כדמפרש טעמא לקמן: מה 'הקהל' האמור למעלה בית דין עם הקהל. דתרווייהו כתיב למעלה, בי"ד עם קהל, דכתיב 'ונעלם דבר מעיני הקהל', דהאי 'מעיני' היינו בי"ד: אף קהל האמור למטה. 'והקריבו הקהל', בית דין עם הקהל: הכי דריש ר"מ, מה קהל האמור למעלה, 'ונעלם דבר מעיני הקהל', בית דין ולא קהל, כלומר, דהוראה תלויה היא בבי"ד ולא בקהל, דהא לא כתיב 'ונעלם מקהל', אלא 'מעיני הקהל', דמשמע מבי"ד של קהל ולא קהל, אף קהל האמור למטה, 'והקריבו הקהל', בית דין ולא צבור: מה נפשך. דתנן במסכת כריתות בפרק ספק אכל חלב (דף יא.) 'חלב ונותר לפניו ואכל את אחד מהם ואינו יודע איזה מהן אכל, רבי אליעזר מחייב חטאת, ורבי יהושע פוטר, ותניא, אמר רבי אליעזר, מה נפשך, אם חלב אכל חייב אם נותר אכל חייב, אמר לו רבי יהושע, הרי הוא אומר אשר חטא בה, עד שיודע לו במאי חטא', הכא נמי סבירא ליה לר' אליעזר מה נפשך, אם חלב אכלו בהוראה מביאין פר, ואם דם אכלו בהוראה מביאין פר, ואיבדן ממה נפשך: אפילו תימא רבי אליעזר, ושאני הכא דכתיב 'ונודעה החטאת אשר חטאו עליה והקריבו'. דמשמע שיודע להם החטא שחטאו עליו ע"פ בית דין: התם נמי הא כתיב 'אשר חטא בה'. דמשמע עד שיודע לו במה חטא: 'בה'. (פרט למתעסק, ד'בה') משמע דמתכוין לעשות החטא, פרט למתעסק בשבת, כגון שנתכוין להגביה את התלוש וחתך את המחובר דפטור, אבל מתעסק בחלבים ובעריות חייב, שכבר נהנה, כדאמר בפרק ארבע מיתות (סנהדרין סב:): ארבעה 'קהל' כתיבי. 'מעיני הקהל' 'והקריבו הקהל', דלימא קרא 'מעיני קהל', מאי 'הקהל', תרי, וליכתוב קרא 'והקריבו קהל', מאי 'הקהל', תרי, והרי ארבעה. 'חטאת הקהל' [ה] לא קא חשיב, דהא לא כתיב לא בהוראה ולא בהקרבה: לחייב על כל קהל וקהל. על כל שבט ושבט, דשבט אחד איקרי קהל, כדאמר לקמן: וחד להוראה תלויה בבי"ד. כדאמר לעיל (דף ג.) 'הקהל ועשו, הוראה תלויה בבי"ד ומעשה תלוי בקהל': וחד למידה[ו] דשאר שבטין שלא חטאו נגררין אחר החוטאין ומביאין על ידיהם פר פר: וחד לשבט שעשה בהוראת בית דינו. כדתנן בסיפא דמתניתין 'הורו בי"ד של אחד מן השבטים' כו': תלתא קהל כתיבי. 'מעיני הקהל' לא דרשינן ביה תרתי, דהא[ף] לשמוש הוא דאתא, דאורחיה דקרא דמשתעי הכי, כדאמרי אינשי מעיני דפלניא, הכא נמי 'מעיני הקהל' משמע מעיני של קהל, וחד הוא, אבל 'והקריבו הקהל' דרשינן ביה תרי, דלכתוב קרא 'והקריבו קהל', מאי 'הקהל', תרי, הא תלת: חד לחייב על כל קהל וקהל. דר"ש נמי ס"ל דשבט אחד איקרי קהל, אייתרו ליה תרי לג"ש, נאמר קהל למעלה וכו': ור"ש בן אלעזר מ"ט. דכתיב בהוראה דעבודת כוכבים בפרשת שלח לך אנשים 'והיה אם מעיני העדה', אלמא אפילו מיעוטא חטאו מביאין פר ושעירה[ט], דכתיב 'מעיני', משמע מקצת עיני ולא כל עיני, וכתיב 'כי לכל', משמע דרובא אין, דרובו ככולו, ומיעוטא לא, הא כיצד וכו', ד'מעיני' אפילו מיעוט קהל, כגון ברוב שבטים, והאי דכתיב 'כי לכל', דבעינן רובא דקהל אפילו במיעוט שבטים: ור"ש

תוספות

אם חלב אכל חייב כו'. תימה, מי דמי, התם בין בחלב בין בנותר חד קרבן הוא, אבל הכא קרבן דעבודת כוכבים אינו שוה לחלב. וי"ל, דה"נ בעי דלא איירי אלא בעניינים שקרבנם שוה, כגון חלב ודם, כדפרש"י: **ור"ש**, תלתא קהלי כתיבי כו'. יש ספרים דגרסי 'תרי קהל כתיבי', וכן ראה, ובעי למימר דחד 'קהל' כוליה קרא לאורחא דקרא, וחד 'קהל' דרשינן 'קהל' 'הקהל', והיינו תרי 'קהל'; ולר' מאיר חד 'קהל' כוליה לאורחא דקרא, ומיניה נמי שמעינן דאיירי בבית דין ולא בצבור, וחד 'קהל' לג"ש, ולפי הגירסא הכתוב בספרים בעי למימר דתרווייהו אתו לג"ש, ולא גזירה; מיהו אפשר דתלמודא בעי למימר לרבי שמעון ד'קהל' האמור למעלה הוא בית דין עם הצבור, ואי לא כתיב ההוא 'קהל' הוה אמינא ד'קהל' למטה היינו צבור ולא בית דין, ולרבי מאיר משמע איפכא; וע"ק, אליבא דרבי שמעון לימא 'ארבעה קהל כתיבי', ומייתר ליה חד 'קהל' למעשה תלוי בקהל, ולא הוה צריך לאהדורי אקרא אחרינא. מיהו ליכא למפרך לר"מ לדרוש שלשה קהל כרבי שמעון למדרש מעשה תלוי בקהל, כיון דאית ליה ג"ש דקהל בבית דין אמור, א"כ לא מצי למילף מיניה מעשה תלוי בקהל, דהא לעיל אמר 'הקהל ועשו, הוראה תלויה בב"ד ומעשה תלוי בקהל', א"כ מי שלמד משם סובר דקהל האמור למעלה בצבור מיירי, ולר"מ לא ס"ל הכי דבצבור מיירי:

מסורת הש"ס עם הוספות

א) לעיל ג., ב) ת"כ פ' ויקרא דבורא דחובה פרשה ד הי"ב-יז (אות רמז-ח), ג) [לעיל ג. ע"ש], ד) [שבועות יח:] כריתות יט., ה) [כריתות יט.], ו) [לעיל ג.], ז) [עי' תוס' סוטה יז. ד"ה הלוא וכו' מה שהניחו בקושי'], ח) ויקרא ד כא.

תורה אור השלם

א) וְאִם כָּל עֲדַת יִשְׂרָאֵל יִשְׁגּוּ וְנֶעְלַם דָּבָר מֵעֵינֵי הַקָּהָל וְעָשׂוּ אַחַת מִכָּל מִצְוֹת יְיָ אֲשֶׁר לֹא תֵעָשֶׂינָה וְאָשֵׁמוּ: [ויקרא ד, יג]

ב) וְנוֹדְעָה הַחַטָּאת אֲשֶׁר חָטְאוּ עָלֶיהָ וְהִקְרִיבוּ הַקָּהָל פַּר בֶּן בָּקָר לְחַטָּאת וְהֵבִיאוּ אֹתוֹ לִפְנֵי אֹהֶל מוֹעֵד: [ויקרא ד, יד]

ג) אוֹ הוֹדַע אֵלָיו חַטָּאתוֹ אֲשֶׁר חָטָא בָּהּ וְהֵבִיא אֶת קָרְבָּנוֹ שְׂעִיר עִזִּים זָכָר תָּמִים: [ויקרא ד, כג]

ד) וְהָיָה אִם מֵעֵינֵי הָעֵדָה נֶעֶשְׂתָה לִשְׁגָגָה וְעָשׂוּ כָל הָעֵדָה פַּר בֶּן בָּקָר אֶחָד לְעֹלָה לְרֵיחַ נִיחֹחַ לַייָ וּמִנְחָתוֹ וְנִסְכּוֹ כַּמִּשְׁפָּט וּשְׂעִיר עִזִּים אֶחָד לְחַטָּת: [במדבר טו, כד]

ה) וְנִסְלַח לְכָל עֲדַת בְּנֵי יִשְׂרָאֵל וְלַגֵּר הַגָּר בְּתוֹכָם כִּי לְכָל הָעָם בִּשְׁגָגָה: [במדבר טו, כו]

הגהות וציונים

א] צ"ל "פר פר" (מלא"ש, רש"ש): ב] אשר חטאו והקריבו (כת"י, וכמו בת"כ): ג] "אומר" ליתא בכת"י ובתוס' הרא"ש, וכמו בת"כ: ד] בד' ווינציא נוסף אין יחיד חייב. הב"ח מוחק "כל קהל וקהל חייב", והשער יוסף וחק נתן גורסים כן דכ"ה בתו"כ: ה] [צ"ל דתניא] (גליון). ועי' ב"ש: ו] חייב אם נותר (ב"ח, כתי"מ): ז] [לגרירה. יעב"ץ] (גליון). למידרש (בארות המים): ח] כת"י דהאי ה': ט] צ"ל ושעיר (רש"ש, וכ"ה בכת"י): י] בכת"י נוסף ולא שידעו החוטאים שידוע להם שעברו אלא שאינם יודעים איזה מהם היה ע"פ ב"ד: כ] מעשה תלוי בקהל (כת"י): ל] כ"ה ג"כ

עין משפט נר מצוה

מ א ב מיי' פי"ג מהלכות שגגות הלכה א סמג עשין ריז:
מא ג מיי' שם הלכה ב ופי"ג שם הלכה א סמג שם:
מב ד מיי' שם פי"ד הלכה ד סמג שם:
מג ה מיי' שם פי"ג הלכה א ופרק יג הלכה ב סמג שם:

תוספות הרא"ש

ת"ר ידעו ב"ד שהורו ושכחו מה הורו. פי' נודע להם לב"ד שהורו בטעות אלא ששכחו במה הוא אם בחלב אם בדם והצבור אכלו שניהם אחד בהוראת ב"ד ואחד מדעתם אע"פ שממה נפשך אכלו בהוראת ב"ד דבר שזדונו כרת פטורין דכתיב ונודעה החטאת אשר חטאו עליה שנודע חטא אשר חטאו הצבור ע"פ ב"ד.[י] (שאם) [ואם] הורו ב"ד שחלב הקיבה מותר והצבור אכלו חלב ואינם יודעים אם היה חלב הקיבה או חלב אחר יראה שהצבור מביאין כל א' אשם תלוי כי ספק חלב הקיבה כספק שומן הוא להם כיון שהתירוהו ב"ד ואם חזרו ב"ד ונודע להם שחלב הקיבה אכלו יביאו פר ואם חלב אחר אכלו יביאו כל א' כשבה או שעירה: **או אינו אלא חטאו ב' יחידים מביאין שני פרים ג' מביאין ג'.** ויחיד שעשה בהוראת ב"ד פטור אבל ב' חייבין להביא כל אחד פר: **הא כיצד חטאו שני שבטים מביאין ב' פרים.** וה"ה שבט א' מביא פר אלא אגב דתנא שני יחידים תנא נמי ב' שבטים והדר תנא ז' שבטים דאע"ג דאיכא רוב שבטים ורוב גברי דסד"א כחד קהל דמי ותסגי להו בפר א' אפילו הכי מביא כל שבט ושבט פר: **חד לחייב על כל קהל וקהל.** לאשמעי' דשבט אחד אקרי קהל וממילא שמעי' אבל יחידי לא: **וחד למעשה תלוי בקהל והוראה תלויה בב"ד.** כדדרש ליה לעיל (דף ג.) מהקהל ועשו (דאי) [דהאי] הקהל אפנויי מופני דלכתו' קרא מעיניהם ועשו הקהל למה לי למסמך מעשה לקהל לומר מעשה [ל] בקהל והוראה תלויה בבית דין מדסמוך ונעלם דבר למעיני: ס"ג רש"י ור"ש **תלתא קהלי כתיבי קהל הקהל** ותרי לג"ש. ובכל ספרי ספרד כתוב ור"ש **תרי קהלי כתיבי חד לחייב על כל קהל וקהל וחד לבית דין כי היכי דצבור מייתי ב"ד נמי מייתי מעיני הקהל לא משמע ליה כו'.** ולגירסא זו לא דריש ה"א דתרווייהו הקהל ואינה מיושרת גירסא זו דהא בברייתא דלעיל יליף ר"ש הא דב"ד מייתי מתרי קהלי מג"ש וגם משמע דדוקא ה"א דמעיני הקהל לא דריש כדאמרי אינשי מעיני דפלניא: **ורבי שמעון בן אלעזר מאי טעמא כתיב והיה אם מעיני העדה**[ל] **נעשתה לשגגה אפי' מיעוטא.** פי' רש"י ז"ל דמעיני משמע קצת עיני ולא כל עיני. והקשה הרמ"ה ז"ל אם ממ"ס דמעיני קדריש אמאי דייק ממעיני דכתי' גבי ע"ז דלא איירי בה [ה"ל] למילף ממעיני הקהל דכתיב בשאר מצות דאיירי בה ותו האי מעיני העדה בב"ד הוא דכתיב וגבי הוראת ב"ד ואקן אמיעוטא דקהל קא מהדרינן לענין מעשה ולא אמיעוטא דב"ד ולענין הוראה ועוד הא בהדיא אמרינן בסמוך דהאי מיעוט מנעשתה לשגגה לחוד הוא דדייקי לה מדקאמרינן ולריכי דאי אשמעינן נעשתה לשגגה הוה אמרינן אפילו מיעוטא ולא מגיא למימר דמקרא דמעיני העדה דכתיב קמיה קא דייק דהא מעיני העדה בב"ד כתיב וא"כ משמע דקהל בהדי בי דינא בעינן ואנן דייקינן מיניה דלבר מבי דינא הוא מדקאמר אי אשמעינן כי לכל העם ה"א רובא בהדי בי דינא קמ"ל נעשתה לשגגה. אלא ודאי ממ"ס מעיני לא משמע מיעוט אלא כענין שנאמר (איוב כח) ונעלמה מעיני כל חי וכדכתיב (ויקרא ה) ונעלם ממנו אלא דריש מפשטיה דקרא דכתיב נעשתה לשגגה דמשמע נעשתה מ"מ ואפילו מיעוטא והדר כתיב כי לכל העם בשגגה דמשמע רובא. וכ"ל דלא קשיא מידי דהא מעיני העדה דכתיב בע"ז לא דריש ליה הוראת ב"ד דהא לקמן רפ"ב תנינן אין חייבין אלא על העלם דבר עם שגגת מעשה ב"ד וכן המשיח ולא בע"ז אלא על העלם דבר עם שגגת מעשה ומפרש לקמן בגמרא ע"ז כדתניא[מ] יכול יהא חייבין על שגגת מעשה שלה ת"ל מעיני מעיני לג"ש נאמר להלן מעיני ונאמר כאן מעיני[י] מה להלן בב"ד אף כאן בב"ד ומה להלן העלם דבר עם שגגת מעשה אלמא עיני העדה דכתי' בע"ז לאו אב"ד קאי מדלא כתיב ביה ונעלם אלא מעיני העדה אנעשתה לשגגה קאי ותו לא מידי:

This *daf* is dedicated *l'iluy nishmas*: Florence Tzipora bat Chana *z"l*

קָהָל — third, the word "congregation" in the second *pasuk* (ibid. 14), "And the sin was known which they sinned in, then **the congregation** should bring a bull" (since the *pasuk* could have written, "then **they** should bring a bull"); הַקָּהָל — and fourth, the extra *hei* in the word הקהל of the second *pasuk*, which is also seen as though it is referring to another congregation. חַד לְחַיֵּיב עַל כָּל קָהָל וְקָהָל — One "congregation" teaches us that each congregation (meaning, each *shevet*) is obligated to bring their own bull; וְחַד לְהוֹרָאָה תְּלוּיָה בְּבֵית דִּין — another one teaches us that the ruling is dependent on *beis din*, וּמַעֲשֶׂה תָּלוּי בַּקָּהָל — but the actual committing of the transgression is dependent on the people doing it, and not on *beis din* doing it; וְחַד לִגְרֵירָה — and another one teaches us that the other *shevatim* who did not sin get "dragged along" and have to each bring a bull on behalf of the *shevatim* that did sin, וְחַד לְשֵׁבֶט שֶׁעָשָׂה בְּהוֹרָאַת בֵּית דִּין — and the last one teaches us that a *shevet* that sinned based on the mistaken ruling of its own *beis din* brings a *Par He'eleim Davar*. The opinion of Rabi Yehuda that is given in this *Baraisa* is learned from the first and third "congregations" written here.

וְרַבִּי שִׁמְעוֹן — And according to Rabi Shimon, who holds that each *shevet* that sinned brings one bull each, and *beis din* also brings one bull on their behalf, but the *shevatim* who did not sin are exempt, תְּלָתָא קְהָלֵי כְּתִיבֵי — there are only three "congregations" found in the *pesukim* of *Par He'eleim Davar* that are considered extra and can therefore be used to teach us additional *halachos*: הַקָּהָל — First, the term "the congregation" of the first *pasuk*; קָהָל — second, the word "congregation" in the second *pasuk*; הַקָּהָל — and third, the extra *hei* in the word הקהל of the second *pasuk*, which is also seen as though it is referring to another congregation. מֵעֵינֵי הַקָּהָל — However, the *hei* in the word הקהל in the first *pasuk*, which says, "from the eyes of **the** congregation," is not considered extra, and therefore cannot be used to teach us any additional *halachos*, אוֹרְחֵיהּ דִּקְרָא הוּא — because it is the typical way of the *pasuk* to speak, כִּדְאָמְרִי אִינָשֵׁי — like people would say: מֵעֵינֵי דִּפְלָנְיָא — "From the eyes of so-and-so," adding a *dalet* (rather than saying מעיני פלניא, which would have the same meaning); so, too, the *hei* in הקהל is not considered extra. The Gemara now explains what halachah each extra "congregation" teaches us according to Rabi Shimon: חַד לְחַיֵּיב עַל כָּל קָהָל וְקָהָל — One "congregation" teaches us that each congregation (meaning, each *shevet*) is obligated to bring their own bull; וּתְרֵי אַחֲרִינֵי — and the other two "congregations" are used to make a *gezeirah shavah*: נֶאֱמַר לְמַטָּה קָהָל — The term קהל ("congregation") is mentioned in the second *pasuk*, וְנֶאֱמַר לְמַעְלָה קָהָל — and the term קהל is mentioned in the first *pasuk*. מָה לְהַלָּן — The *gezeirah shavah* teaches us that just like over there, in the first *pasuk*, בֵּית דִּין עִם הַקָּהָל — *beis din* is mentioned together with the congregation ("And a matter is hidden from the eyes of the congregation," and "the eyes" refers to *beis din*), אַף כָּאן — so, too, by the congregation mentioned in the later *pasuk*, בֵּית דִּין עִם הַקָּהָל — *Beis din* goes together with the congregation, and both the congregation (meaning, each *shevet* that

For this *daf's shiur* and charts, scan this QR code:

רַבִּי שִׁמְעוֹן אוֹמֵר שְׁלֹשָׁה עָשָׂר פָּרִים, וּבַעֲבוֹדַת כּוֹכָבִים שְׁלֹשָׁה עָשָׂר פָּרִים וּשְׁלֹשָׁה עָשָׂר שְׂעִירִים, פַּר וְשָׂעִיר לְכָל שֵׁבֶט וָשֵׁבֶט, פַּר וְשָׂעִיר לְבֵית דִּין. הוֹרוּ בֵּית דִּין וְעָשׂוּ שִׁבְעָה שְׁבָטִים אוֹ רוּבָּן עַל פִּיהֶן, מְבִיאִין פַּר, וּבַעֲבוֹדַת כּוֹכָבִים מְבִיאִין פַּר וְשָׂעִיר, דִּבְרֵי רַבִּי מֵאִיר; [א]רַבִּי יְהוּדָה אוֹמֵר, [א]שִׁבְעָה שְׁבָטִים שֶׁחָטְאוּ מְבִיאִין שִׁבְעָה פָּרִים, וּשְׁאָר שְׁבָטִים שֶׁלֹּא חָטְאוּ מְבִיאִין עַל יְדֵיהֶן פַּר[א], [ב]שֶׁאַף אֵלּוּ שֶׁלֹּא חָטְאוּ מְבִיאִין עַל יְדֵי חוֹטְאִין; רַבִּי שִׁמְעוֹן אוֹמֵר, שְׁמוֹנָה פָּרִים, וּבַעֲבוֹדַת כּוֹכָבִים שְׁמוֹנָה פָּרִים וּשְׁמוֹנָה שְׂעִירִים, פַּר וְשָׂעִיר לְכָל שֵׁבֶט וָשֵׁבֶט, פַּר וְשָׂעִיר לְבֵית דִּין. הוֹרוּ בֵּית דִּין שֶׁל אֶחָד מִן הַשְּׁבָטִים וְעָשָׂה אוֹתוֹ הַשֵּׁבֶט עַל פִּיהֶן, אוֹתוֹ שֵׁבֶט הוּא חַיָּיב וּשְׁאָר כָּל הַשְּׁבָטִים פְּטוּרִין, דִּבְרֵי רַבִּי יְהוּדָה; וַחֲכָמִים אוֹמְרִים, [ג]אֵין חַיָּיבִין אֶלָּא עַל הוֹרָיוֹת בֵּית דִּין הַגָּדוֹל בִּלְבַד, שֶׁנֶּאֱמַר [א] 'וְאִם כָּל עֲדַת יִשְׂרָאֵל יִשְׁגּוּ', וְלֹא עֲדַת אוֹתוֹ שֵׁבֶט: **גמ'** [ד]תָּנוּ רַבָּנַן, יָדְעוּ שֶׁהוֹרוּ וְטָעוּ מָה הוֹרוּ, יָכוֹל יְהוּ חַיָּיבִין, תַּלְמוּד לוֹמַר [ב] 'וְנוֹדְעָה הַחַטָּאת', [ד]וְלֹא שֶׁיִּוָּדְעוּ הַחוֹטְאִין. [ב] 'אֲשֶׁר חָטְאוּ'[ב], חָטְאוּ שְׁנֵי שְׁבָטִים מְבִיאִין שְׁנֵי פָּרִים, חָטְאוּ שְׁלֹשָׁה מְבִיאִין שְׁלֹשָׁה, אוֹ אֵינוֹ אוֹמֵר[ג] אֶלָּא חָטְאוּ שְׁנֵי יְחִידִים מְבִיאִין שְׁנֵי פָּרִים, חָטְאוּ שְׁלֹשָׁה מְבִיאִין שְׁלֹשָׁה, תַּלְמוּד לוֹמַר [ב] 'הַקָּהָל', הַקָּהָל חַיָּיב[ד], וְכָל קָהָל וְקָהָל חַיָּיב, כֵּיצַד, חָטְאוּ שְׁנֵי שְׁבָטִים מְבִיאִין שְׁנֵי פָּרִים, חָטְאוּ שִׁבְעָה מְבִיאִין שִׁבְעָה, וּשְׁאָר שְׁבָטִים שֶׁלֹּא חָטְאוּ מְבִיאִין עַל יְדֵיהֶן פַּר פַּר, שֶׁאֲפִילּוּ אֵלּוּ שֶׁלֹּא חָטְאוּ מְבִיאִין עַל יְדֵי הַחוֹטְאִין; לְכָךְ נֶאֱמַר 'קָהָל', לְחַיֵּיב עַל כָּל קָהָל וְקָהָל; דִּבְרֵי רַבִּי יְהוּדָה. רַבִּי שִׁמְעוֹן אוֹמֵר, שִׁבְעָה שְׁבָטִים שֶׁחָטְאוּ מְבִיאִין שִׁבְעָה פָּרִים, וּבֵית דִּין מְבִיאִין עַל יְדֵיהֶן פַּר, שֶׁנֶּאֱמַר לְמַטָּה [ב] 'קָהָל', וְנֶאֱמַר לְמַעְלָה [א] 'קָהָל', מַה 'קָּהָל' הָאָמוּר לְמַעְלָה בֵּית דִּין עִם הַקָּהָל, אַף 'קָהָל' הָאָמוּר לְמַטָּה בֵּית דִּין עִם הַקָּהָל. רַבִּי מֵאִיר אוֹמֵר, שִׁבְעָה שְׁבָטִים שֶׁחָטְאוּ, בֵּית דִּין מְבִיאִין עַל יְדֵיהֶם פַּר וְהֵן פְּטוּרִין, נֶאֱמַר 'קָהָל' לְמַטָּה וְנֶאֱמַר 'קָהָל' לְמַעְלָה, מַה 'קָהָל' הָאָמוּר לְמַעְלָה בֵּית דִּין וְלֹא צִבּוּר, אַף 'קָהָל' הָאָמוּר לְמַטָּה בֵּית דִּין וְלֹא צִבּוּר; [ג]רַבִּי שִׁמְעוֹן בֶּן אֶלְעָזָר אוֹמֵר מִשְּׁמוֹ, [ה]חָטְאוּ שִׁשָּׁה שְׁבָטִים וְהֵם רוּבּוֹ שֶׁל קָהָל, אוֹ שִׁבְעָה אַף עַל פִּי שֶׁאֵינוֹ רוּבּוֹ שֶׁל קָהָל, מְבִיאִין פַּר. אָמַר מַר, 'וְנוֹדְעָה הַחַטָּאת' וְלֹא שֶׁיִּוָּדְעוּ הַחוֹטְאִין, מַאן תַּנָּא. אָמַר רַב יְהוּדָה אָמַר רַב, וְאִיתֵּימָא רָבָא, דְּלָא כְּרַבִּי אֱלִיעֶזֶר, [ה]דִּתְנַן, [ד]אָמַר רַבִּי אֱלִיעֶזֶר, מַה נַּפְשָׁךְ, אִם חֵלֶב אָכַל חַיָּיב, [ו] נוֹתָר אָכַל חַיָּיב. רַב אַשִׁי אָמַר, אֲפִילּוּ תֵּימָא רַבִּי אֱלִיעֶזֶר, שָׁאנֵי הָכָא דִּכְתִיב [ב] 'אֲשֶׁר חָטְאוּ עָלֶיהָ'. הָתָם נַמִּי הַכְתִיב [ג] 'אֲשֶׁר חָטָא בָּהּ'. הַהוּא מִיבְּעֵי לֵיהּ [ו]פְּרָט לְמִתְעַסֵּק. מַאי טַעְמָא דְּרַבִּי יְהוּדָה, קָסָבַר אַרְבְּעָה קְהָלֵי כְּתִיבֵי, [א] 'קָהָל' 'הַקָּהָל' [ב] 'קָהָל' 'הַקָּהָל', חַד לְחַיֵּיב עַל כָּל קָהָל וְקָהָל, וְחַד [ז]לְהוֹרָאָה תְּלוּיָה בְּבֵית דִּין וּמַעֲשֶׂה תָּלוּי בְּקָהָל, וְחַד לִגְרִירָה, וְחַד לְשֵׁבֶט שֶׁעָשָׂה בְּהוֹרָאַת בֵּית דִּינוֹ. וְרַבִּי שִׁמְעוֹן, תְּלָתָא קְהָלֵי כְּתִיבֵי, 'הַקָּהָל' 'קָהָל' 'הַקָּהָל', 'מֵעֵינֵי הַקָּהָל' אוֹרְחֵיהּ דִּקְרָא הוּא, כִּדְאָמְרֵי אִינָשֵׁי מֵעֵינֵי דִּפְלָנְיָא; חַד לְחַיֵּיב עַל כָּל קָהָל וְקָהָל, וּתְרֵי אַחֲרִינֵי, נֶאֱמַר לְמַטָּה קָהָל וְנֶאֱמַר לְמַעְלָה קָהָל, מַה לְּהַלָּן בֵּית דִּין עִם הַקָּהָל אַף כָּאן בֵּית דִּין עִם הַקָּהָל. [ח]וְרַבִּי מֵאִיר, 'קָהָל' 'הַקָּהָל' לָא דָּרֵישׁ, הִלְכָּךְ תְּרֵי קְהָלֵי כְּתִיבֵי, מִיבְּעֵי לֵיהּ לְנֶאֱמַר לְמַטָּה קָהָל וְנֶאֱמַר לְמַעְלָה קָהָל, מַה לְּהַלָּן בֵּית דִּין וְלֹא צִבּוּר, אַף כָּאן בֵּית דִּין וְלֹא צִבּוּר. וְרַבִּי שִׁמְעוֹן בֶּן אֶלְעָזָר מַאי טַעְמָא, כְּתִיב [ד] 'וְהָיָה אִם מֵעֵינֵי הָעֵדָה', אַלְמָא מִיעוּטָא, דִּכְתִיב 'מֵעֵינֵי', וּכְתִיב [ה] 'כִּי לְכָל הָעָם בִּשְׁגָגָה', לְמֵימְרָא דְּרוּבָּא אִין מִיעוּטָא לָא, הָא כֵּיצַד, עָשׂוּ שִׁשָּׁה וְהֵן רוּבּוֹ שֶׁל קָהָל, אוֹ שִׁבְעָה אַף עַל פִּי שֶׁאֵינָן רוּבּוֹ שֶׁל קָהָל, חַיָּיבִין.

וְרַבִּי

רש"י

רַבִּי שִׁמְעוֹן אוֹמֵר שְׁלֹשָׁה עָשָׂר פָּרִים. פַּר לְכָל שֵׁבֶט וְשֵׁבֶט וּפַר לְבֵית דִּין. וְטַעְמַיְיהוּ דְּכוּלְּהוּ מְפָרֵשׁ בַּגְּמָרָא: הוֹרוּ בֵּית דִּין וְעָשׂוּ שִׁבְעָה שְׁבָטִים אוֹ רוּבּוֹ שֶׁל כָּל שֵׁבֶט וְשֵׁבֶט דְּשִׁבְעָה שְׁבָטִים, וּכְגוֹן דְּהָוֵי רוּבָּן שֶׁל יִשְׂרָאֵל, מְבִיאִין פַּר וְכוּ' דִּבְרֵי רַבִּי מֵאִיר, [דס"ל] בי"ד מְבִיאִין פַּר, וְלֹא צִבּוּר: רַבִּי יְהוּדָה אוֹמֵר שִׁבְעָה שְׁבָטִים שֶׁחָטְאוּ מְבִיאִין שִׁבְעָה פָּרִים, וּשְׁאָר שְׁבָטִים שֶׁלֹּא חָטְאוּ מְבִיאִין פַּר פַּר עַל יְדֵיהֶם. כְּלוֹמַר פַּר לְכָל שֵׁבֶט וְשֵׁבֶט. וְאָמַר בַּגְּמָרָא דְּשִׁבְעָה דְּקָאָמַר ר' יְהוּדָה לָאו דַּוְקָא, דְּהוּא הַדִּין לְשֵׁבֶט אֶחָד שֶׁחָטָא עַל [פִּי] הוֹרָאַת בֵּית דִּין הַגָּדוֹל שֶׁהַשְּׁאָר שְׁבָטִים שֶׁלֹּא חָטְאוּ מְבִיאִין עַל יְדֵיהֶן פַּר פַּר, וְאַיְּידֵי דְּקָאָמַר ר"מ שִׁבְעָה, דְּאִיהוּ בָּעֵי רוּבָּא מַמָּשׁ, קָאָמַר ר' יְהוּדָה נַמֵּי: וַחֲכָמִים אוֹמְרִים, אֵין חַיָּיבִים פַּר אֶלָּא עַל הוֹרָאַת בֵּית דִּין הַגָּדוֹל. אֲבָל שֵׁבֶט אֶחָד בְּהוֹרָאַת בֵּית דִּינוֹ כְּשִׁגְגַת מַעֲשֶׂה דָּמֵי, וּמְבִיאִין כָּל אֶחָד כִּשְׂבָּה אוֹ שְׂעִירָה: עֲדַת יִשְׂרָאֵל. הַיְינוּ סַנְהֶדְרִין, כְּלוֹמַר סַנְהֶדְרִין שֶׁל יִשְׂרָאֵל, דְּהַיְינוּ בי"ד הַגָּדוֹל: **גמ'** יָדְעוּ שֶׁהוֹרוּ וְטָעוּ מַה שֶּׁהוֹרוּ. כְּלוֹמַר, הוֹרוּ בי"ד שֶׁחֵלֶב מוּתָּר בְּבִטּוּל מִקְצָת, וְעָשׂוּ קָהָל עַל פִּיהֶן וְאָכְלוּ שׁוֹגְגִין חֵלֶב וָדָם, דְּהָוֵי חַד בְּשִׁגְגַת מַעֲשֶׂה בִּלְבַד וְחַד בְּהוֹרָאָה, וְאַף עַל גַּב יָדְעוּ שֶׁהוֹרוּ שֶׁלֹּא כָּרָאוּי, אֶלָּא שֶׁטָּעוּ בַּמֶּה שֶׁהוֹרוּ, דְּאֵינָם יוֹדְעִים אִם עַל הַחֵלֶב הוֹרוּ, אוֹ עַל הַדָּם, יָכוֹל יְהוּ חַיָּיבִין פַּר, דְּלֶיהֱוֵי הוֹרָאָה מְעַלְּיָא: ת"ל 'וְנוֹדְעָה הַחַטָּאת אֲשֶׁר חָטְאוּ עָלֶיהָ וְהִקְרִיבוּ', כְּלוֹמַר, דְּצָרִיךְ שֶׁיִּוָּדַע הַחַטָּאת, שֶׁיִּהְיוּ יוֹדְעִין עַל מֶה הוֹרוּ, אִם עַל הַחֵלֶב אוֹ עַל הַדָּם: וְלֹא שֶׁיֵּדְעוּ הַחוֹטְאִין. דְּלָא סַגֵּי בִּידִיעָה דְּחוֹטְאִין, דְּאַף עַל גַּב דְּעָשׂוּ בְּהוֹרָאָה, דְּמִמָּה נַפְשָׁךְ חַד מִינַּיְיהוּ בְּהוֹרָאָה הֲוָה, דְּהָא אָכְלֵי לְתַרְוַוייהוּ, חֵלֶב וָדָם, אַפִּילּוּ הָכִי פְּטוּרִין, דְּצָרִיךְ שֶׁיִּוָּדַע לָהֶם אוֹתוֹ חֵטְא שֶׁעָשׂוּ בְּהוֹרָאָה: חָטְאוּ שְׁנֵי שְׁבָטִים מְבִיאִין שְׁנֵי פָּרִים. וְהוּא הַדִּין דְּכִי חָטָא שֵׁבֶט אֶחָד שֶׁמְּבִיא פַּר אֶחָד, וְהָא קמ"ל, דִּשְׁנֵי שְׁבָטִים לָא סַגֵּי לְהוּ בְּפַר אֶחָד: לְחַיֵּיב עַל כָּל קָהָל וְקָהָל. דְּשֵׁבֶט אֶחָד אִיקְּרֵי קָהָל, כִּדְמְפָרֵשׁ טַעְמָא לְקַמָּן: מָה 'הַקָּהָל' הָאָמוּר לְמַעְלָה בֵּית דִּין עִם הַקָּהָל. דְּתַרְוַויְיהוּ כְּתִיב לְמַעְלָה, בי"ד עִם קָהָל, דִּכְתִיב 'וְנֶעְלַם דָּבָר מֵעֵינֵי הַקָּהָל', דְּהַאי 'מֵעֵינֵי' הַיְינוּ בי"ד: אַף קָהָל הָאָמוּר לְמַטָּה. 'וְהִקְרִיבוּ הַקָּהָל', בֵּית דִּין עִם הַקָּהָל: הָכִי דָּרֵישׁ ר"מ, מַה קָהָל הָאָמוּר לְמַעְלָה, 'וְנֶעְלַם דָּבָר מֵעֵינֵי הַקָּהָל', בֵּית דִּין וְלֹא קָהָל, כְּלוֹמַר, דְּהוֹרָאָה תְּלוּיָה הִיא בְּבי"ד וְלֹא בַּקָּהָל, דְּהָא לָא כְּתִיב 'וְנֶעְלַם מִקָּהָל', אֶלָּא 'מֵעֵינֵי הַקָּהָל', דְּמַשְׁמַע מִבי"ד שֶׁל קָהָל וְלֹא מִקָּהָל, אַף קָהָל הָאָמוּר לְמַטָּה, 'וְהִקְרִיבוּ הַקָּהָל', בֵּית דִּין וְלֹא צִבּוּר: מַה נַּפְשָׁךְ. דִּתְנַן בְּמַסֶּכֶת כְּרֵיתוֹת בְּפֶרֶק סָפֵק אָכַל חֵלֶב (דף יט.) 'חֵלֶב וְנוֹתָר לְפָנָיו וְאָכַל אֶת אֶחָד מֵהֶם וְאֵינוֹ יוֹדֵעַ אֵיזֶה מֵהֶן אָכַל, רַבִּי אֱלִיעֶזֶר מְחַיֵּיב חַטָּאת, וְרַבִּי יְהוֹשֻׁעַ פּוֹטֵר, וְתַנְיָא, אָמַר רַבִּי אֱלִיעֶזֶר, מַה נַּפְשָׁךְ, אִם חֵלֶב אָכַל חַיָּיב אִם נוֹתָר אָכַל חַיָּיב, אָמַר לוֹ רַבִּי יְהוֹשֻׁעַ, הֲרֵי הוּא אוֹמֵר 'אֲשֶׁר חָטָא בָּהּ', עַד שֶׁיִּוָּדַע לוֹ בַּמֶּה חָטָא', הָכָא נַמֵּי סְבִירָא לֵיהּ לְר' אֱלִיעֶזֶר מַה נַּפְשָׁךְ, אִם חֵלֶב אָכְלוּ בְּהוֹרָאָה מְבִיאִין פַּר, וְאִם דָּם אָכְלוּ בְּהוֹרָאָה מְבִיאִין פַּר, וְחַיָּיבִין מִמָּה נַפְשָׁךְ: אֲפִילּוּ תֵּימָא רַבִּי אֱלִיעֶזֶר, וְשָׁאנֵי הָכָא דִּכְתִיב 'וְנוֹדְעָה הַחַטָּאת אֲשֶׁר חָטְאוּ עָלֶיהָ וְהִקְרִיבוּ'. דְּמַשְׁמַע שֶׁיִּוָּדַע לָהֶם הַחֵטְא שֶׁחָטְאוּ עָלָיו ע"פ בֵּית דִּין: הָתָם נַמֵּי הָא כְּתִיב 'אֲשֶׁר חָטָא בָּהּ'. דְּמַשְׁמַע עַד שֶׁיִּוָּדַע לוֹ בַּמֶּה חָטָא: 'בָּהּ'. (פְּרָט לְמִתְעַסֵּק, ד'בָּהּ') מַשְׁמַע דְּמִתְכַּוֵּין לַעֲשׂוֹת הַחֵטְא, פְּרָט לְמִתְעַסֵּק בְּשַׁבָּת, כְּגוֹן שֶׁנִּתְכַּוֵּין לְהַגְבִּיהַּ אֶת הַתָּלוּשׁ וְחָתַךְ אֶת הַמְחוּבָּר דְּפָטוּר, אֲבָל מִתְעַסֵּק בַּחֲלָבִים וּבַעֲרָיוֹת חַיָּיב, שֶׁכְּבָר נֶהֱנָה, כִּדְאָמַר בְּפֶרֶק אַרְבַּע מִיתוֹת (סנהדרין סב:): אַרְבְּעָה 'קָהָל' כְּתִיבֵי. 'מֵעֵינֵי הַקָּהָל' 'וְהִקְרִיבוּ הַקָּהָל', דְּלֵימָא קְרָא 'מֵעֵינֵי קָהָל', מַאי 'הַקָּהָל', תְּרֵי, וְלִיכְתּוֹב קְרָא 'וְהִקְרִיבוּ קָהָל', מַאי 'הַקָּהָל', תְּרֵי, וַהֲרֵי אַרְבָּעָה. 'חַטַּאת הַקָּהָל' [ה]לָא קָא חָשֵׁיב, דְּהָא לָא כְּתִיב לָא בְּהוֹרָאָה וְלָא בְּהַקְרָבָה: לְחַיֵּיב עַל כָּל קָהָל וְקָהָל. עַל כָּל שֵׁבֶט וְשֵׁבֶט, דְּשֵׁבֶט אֶחָד אִיקְּרֵי קָהָל, כִּדְאָמַר לְקַמָּן: וְחַד לְהוֹרָאָה תְּלוּיָה בְּבי"ד. כִּדְאָמַר לְעֵיל (דף ג.) 'הַקָּהָל וְעָשׂוּ, הוֹרָאָה תְּלוּיָה בְּבי"ד וּמַעֲשֶׂה תָּלוּי בַּקָּהָל': וְחַד לְמִידָה[ו] דִּשְׁאָר שְׁבָטִין שֶׁלֹּא חָטְאוּ נִגְרָרִין אַחַר הַחוֹטְאִין וּמְבִיאִין עַל יְדֵיהֶם פַּר פַּר: וְחַד לְשֵׁבֶט שֶׁעָשָׂה בְּהוֹרָאַת בֵּית דִּינוֹ. כִּדְתְנַן בְּסֵיפָא דְּמַתְנִיתִין 'הוֹרוּ בי"ד שֶׁל אֶחָד מִן הַשְּׁבָטִים' כו': תְּלָתָא קָהָל כְּתִיבֵי. 'מֵעֵינֵי הַקָּהָל' לָא דָּרְשִׁינַן בֵּיהּ תַּרְתֵּי, דְּהָא[ה] לְשִׁמּוּשׁ הוּא דַּאֲתָא, דְּאוֹרְחֵיהּ דִּקְרָא דְּמִשְׁתַּעֵי הָכִי, כִּדְאָמְרֵי אִינָשֵׁי מֵעֵינֵי דִּפְלָנְיָא, הָכָא נַמֵּי 'מֵעֵינֵי הַקָּהָל' מַשְׁמַע מֵעֵינֵי שֶׁל קָהָל, וְחַד הוּא, אֲבָל 'וְהִקְרִיבוּ הַקָּהָל' דָּרְשִׁינַן בֵּיהּ תְּרֵי, דְּלִכְתּוֹב קְרָא 'וְהִקְרִיבוּ קָהָל', מַאי 'הַקָּהָל', תְּרֵי, הָא תְּלָת: חַד לְחַיֵּיב עַל כָּל קָהָל וְקָהָל. דְּר"ש נַמֵּי ס"ל דְּשֵׁבֶט אֶחָד אִיקְּרֵי קָהָל, אִייַּתְּרוּ לֵיהּ תְּרֵי לִגְ"שׁ, נֶאֱמַר קָהָל לְמַעְלָה וְכוּ': וְר"ש בֶּן אֶלְעָזָר מ"ט. דִּכְתִיב בְּהוֹרָאָה דַּעֲבוֹדַת כּוֹכָבִים בְּפָרָשַׁת שְׁלַח לְךָ אֲנָשִׁים 'וְהָיָה אִם מֵעֵינֵי הָעֵדָה', אַלְמָא אֲפִילּוּ מִיעוּטָא חָטְאוּ מְבִיאִין פַּר וּשְׂעִירָה[ט], דִּכְתִיב 'מֵעֵינֵי', מַשְׁמַע מִקְצָת עֵינַי וְלֹא כָּל עֵינַי, וּכְתִיב 'כִּי לְכָל', מַשְׁמַע דְּרוּבָּא אִין, דְּרוּבּוֹ כְּכוּלּוֹ, וּמִיעוּטָא לָא, הָא כֵּיצַד וְכוּ', דְּ'מֵעֵינֵי' אֲפִילּוּ מִיעוּט קָהָל, כְּגוֹן בְּרוֹב שְׁבָטִים, וְהַאי דִּכְתִיב 'כִּי לְכָל', דְּבָעֵינַן רוּבָּא דְּקָהָל אֲפִילּוּ בְּמִיעוּט שְׁבָטִים:

וְר"ש

תוספות

אם חֵלֶב אָכַל חַיָּיב כו'. תֵּימַהּ, מִי דָּמֵי, הָתָם בֵּין בְּחֵלֶב בֵּין בְּנוֹתָר חַד קָרְבָּן הוּא, אֲבָל הָכָא קָרְבָּן דַּעֲבוֹדַת כּוֹכָבִים אֵינוֹ שָׁוֶה לְחֵלֶב. וְי"ל, דְּה"נ יָדְעֵי דְּלָא אַיְירֵי אֶלָּא בְּעִנְיָינִים שֶׁקָּרְבָּנָם שָׁוֶה, כְּעֵין חֵלֶב וָדָם, כִּדְפרש"י:

ור"ש, תְּלָתָא קְהָלֵי כְּתִיבֵי כו'. יֵשׁ סְפָרִים דְּגָרְסֵי 'תְּרֵי קָהָל כְּתִיבֵי', וְכֵן נִרְאֶה, וּבָעֵי לְמֵימַר דְּחַד 'קָהָל' כּוּלֵּיהּ קְרָא לְאוֹרְחָא דִּקְרָא, וְחַד 'קָהָל' דָּרְשִׁינַן 'קָהָל' 'הַקָּהָל', וְהַיְינוּ תְּרֵי 'קָהָל'; וּלְר' מֵאִיר חַד 'קָהָל' כּוּלֵּיהּ לְאוֹרְחָא דִּקְרָא, וּמִינֵּיהּ נַמֵּי שָׁמְעִינַן דְּאַיְירֵי בְּבֵית דִּין וְלָא בְּצִבּוּר, וְחַד 'קָהָל' לִגְ"שׁ, וּלְפִי הַגִּירְסָא הַכְּתוּבָה בִּסְפָרִים בָּעֵי לְמֵימַר דְּתַרְוַייהוּ אָתוּ לִגְ"שׁ, וְלָא נְהִירָא; מִיהוּ אֶפְשָׁר דְּתַלְמוּדָא בָּעֵי לְמֵימַר לְרַבִּי שִׁמְעוֹן דְּ'קָהָל' הָאָמוּר לְמַעְלָה הוּא בֵּית דִּין עִם הַצִּבּוּר, וְאִי לָא כְּתִיב הַהוּא 'קָהָל' הֲוָה אָמֵינָא דְּ'קָהָל' לְמַטָּה הַיְינוּ צִבּוּר וְלָא בֵּית דִּין, וּלְרַבִּי מֵאִיר מַשְׁמַע אִיפְכָא; וְעוֹד קָשֶׁה, אֲלִיבָּא דְּרַבִּי שִׁמְעוֹן לֵימָא 'אַרְבָּעָה קָהָל כְּתִיבֵי', וּמִיַּיתַּר לֵיהּ חַד 'קָהָל' לְמַעֲשֶׂה תָּלוּי בַּקָּהָל, וְלָא הֲוָה צָרִיךְ לְאַהֲדוּרֵי אַקְּרָא אַחֲרִינָא. מִיהוּ לֵיכָּא לְמִפְרַךְ לְר"מ לִדְרוֹשׁ שְׁלֹשָׁה קָהָל כְּרַבִּי שִׁמְעוֹן לְמִדְרַשׁ מַעֲשֶׂה תָּלוּי בַּקָּהָל, כֵּיוָן דְּאִית לֵיהּ ג"ש דְּקָהָל בְּבֵית דִּין אָמוּר, א"כ לָא מָצֵי לְמֵילַף מִשָּׁם מַעֲשֶׂה תָּלוּי בַּקָּהָל, דְּהָא לְעֵיל אָמַר 'הַקָּהָל וְעָשׂוּ, הוֹרָאָה תְּלוּיָה בב"ד וּמַעֲשֶׂה תָּלוּי בַּקָּהָל', א"כ מִי שֶׁלָּמֵד מִשָּׁם סוֹבֵר דְּקָהָל הָאָמוּר לְמַעְלָה בְּצִבּוּר מַיְירֵי, וּלְר"מ לָא ס"ל הָכִי דִּבְצִבּוּר מַיְירֵי:

תורה אור השלם

א) וְאִם כָּל עֲדַת יִשְׂרָאֵל יִשְׁגּוּ וְנֶעְלַם דָּבָר מֵעֵינֵי הַקָּהָל וְעָשׂוּ אַחַת מִכָּל מִצְוֹת יְיָ אֲשֶׁר לֹא תֵעָשֶׂינָה וְאָשֵׁמוּ: [ויקרא ד, יג]

ב) וְנוֹדְעָה הַחַטָּאת אֲשֶׁר חָטְאוּ עָלֶיהָ וְהִקְרִיבוּ הַקָּהָל פַּר בֶּן בָּקָר לְחַטָּאת וְהֵבִיאוּ אֹתוֹ לִפְנֵי אֹהֶל מוֹעֵד: [ויקרא ד, יד]

ג) אוֹ הוֹדַע אֵלָיו חַטָּאתוֹ אֲשֶׁר חָטָא בָּהּ וְהֵבִיא אֶת קָרְבָּנוֹ שְׂעִיר עִזִּים זָכָר תָּמִים: [ויקרא ד, כג]

ד) וְהָיָה אִם מֵעֵינֵי הָעֵדָה נֶעֶשְׂתָה לִשְׁגָגָה וְעָשׂוּ כָל הָעֵדָה פַּר בֶּן בָּקָר אֶחָד לְעֹלָה לְרֵיחַ נִיחֹחַ לַייָ וּמִנְחָתוֹ וְנִסְכּוֹ כַּמִּשְׁפָּט וּשְׂעִיר עִזִּים אֶחָד לְחַטָּת: [במדבר טו, כד]

ה) וְנִסְלַח לְכָל עֲדַת בְּנֵי יִשְׂרָאֵל וְלַגֵּר הַגָּר בְּתוֹכָם כִּי לְכָל הָעָם בִּשְׁגָגָה: [במדבר טו, כו]

This *daf* is dedicated *l'iluy nishmas*: Florence Tzipora bat Chana *z"l*

sinned) and *beis din* are obligated to bring a bull.

וְרַבִּי מֵאִיר — And Rabi Meir, who holds that if seven *shevatim* sinned, *beis din* brings one bull on their behalf and they are all exempt from having to bring one, קָהָל הַקָּהָל **לָא דָרֵישׁ** — does not interpret the *hei* in the word הקהל as extra, and therefore holds that it cannot be used to teach additional *halachos*. הִלְכָּךְ — Therefore, **תְּרֵי קְהָלֵי כְּתִיבִי** — there are only two "congregations" found in the *pesukim* of *Par He'eleim Davar* that are considered extra: the word הקהל ("the congregation") in the first *pasuk*, and the word הקהל in the second *pasuk*. **מִיבָּעֵי לֵיהּ** — Both of those "congregations" are already used, **לְנֶאֱמַר לְמַטָּה** קָהָל — to make a *gezeirah shavah*: The term קהל ("congregation") is mentioned in the second *pasuk*, discussing the bringing of the *Par He'eleim Davar*, **וְנֶאֱמַר לְמַעְלָה** קָהָל — and the term קהל is mentioned in the first *pasuk*, discussing the ruling that led to it being brought. **מָה לְהַלָּן** — The *gezeirah shavah* teaches us that just like over there, in the first *pasuk*, **בֵּית דִּין וְלֹא צִבּוּר** — the ruling is made by *beis din* only, and not by the congregation, **אַף כָּאן** — here, too, in the second *pasuk*, **בֵּית דִּין וְלֹא צִבּוּר** — the *Par He'eleim Davar* is brought by *beis din*, and not by the congregation.

וְרַבִּי שִׁמְעוֹן בֶּן אֶלְעָזָר — And regarding Rabi Shimon ben Elazar's opinion, **מַאי טַעְמָא** — what is the reason that he holds that a *Par He'eleim Davar* is only brought if either the total amount of sinners was a majority of the entire Jewish people, or if the sinners were from at least seven of the *shevatim*?

כְּתִיב — It is because it is written in the *pasuk* describing a mistaken ruling given regarding worshipping *avodah zarah*, for which both a bull and a male goat are brought (*Bamidbar* 15:24): **וְהָיָה אִם מֵעֵינֵי הָעֵדָה** — "It will be, if from the eyes of the assembly [something was done mistakenly]." **אַלְמָא מִיעוּטָא** — We see that even if a minority of the people sinned, the *korbanos* are brought, **דִּכְתִיב מֵעֵינֵי** — because it is written in the *pasuk*, "**from** the eyes of the assembly," which implies some of the assembly, but not all (or the majority) of it. **וּכְתִיב** — Yet in the *pasuk* regarding the *korbanos* which they bring, it is written (ibid. 27): **כִּי לְכָל הָעָם בִּשְׁגָגָה** — "Because for the **entire** nation, it was done by mistake." **לְמֵימְרָא** — This seems to imply, **דְּרוּבָּא אִין** — that if the majority of the nation (which is considered the entire thing) sinned, the *korbanos* are brought, **מִיעוּטָא לָא** — but if only the minority of the people sinned, no *korbanos* are brought. **הָא כֵּיצַד** — How is this? Is a majority needed in order for the *korbanos* to be brought or not? The Gemara explains: **עָשׂוּ שִׁשָּׁה** — If six *shevatim* committed the transgression, **וְהֵן רוּבּוֹ שֶׁל קָהָל** — and the total amount of the sinners is the majority of the congregation, **אוֹ שִׁבְעָה** — or if seven *shevatim* committed the transgression, **אַף עַל פִּי שֶׁאֵינָן רוּבּוֹ שֶׁל קָהָל** — even though the total amount of the sinners does not make up the majority of the congregation, **חַיָּיבִין** — they are obligated to bring the *korbanos*. In order to be obligated to bring the *korbanos*, the sinners must either be from a majority of the *shevatim*, or the total number of sinners must be a majority of the entire Jewish people.

For this *daf's shiur* and charts, scan this QR code:

רַבִּי שִׁמְעוֹן אוֹמֵר שְׁלֹשָׁה עָשָׂר פָּרִים, וּבַעֲבוֹדַת כּוֹכָבִים שְׁלֹשָׁה עָשָׂר פָּרִים וּשְׁלֹשָׁה עָשָׂר שְׂעִירִים, פַּר וְשָׂעִיר לְכָל שֵׁבֶט וָשֵׁבֶט, פַּר וְשָׂעִיר לְבֵית דִּין. הוֹרוּ בֵּית דִּין וְעָשׂוּ שִׁבְעָה שְׁבָטִים אוֹ רוּבָּן עַל פִּיהֶן, מְבִיאִין פַּר, וּבַעֲבוֹדַת כּוֹכָבִים מְבִיאִין פַּר וְשָׂעִיר, דִּבְרֵי רַבִּי מֵאִיר; [א]רַבִּי יְהוּדָה אוֹמֵר, [א]שִׁבְעָה שְׁבָטִים שֶׁחָטְאוּ מְבִיאִין שִׁבְעָה פָּרִים, וּשְׁאָר שְׁבָטִים שֶׁלֹּא חָטְאוּ מְבִיאִין עַל יְדֵיהֶן פַּר[א], [ב]שֶׁאַף אֵלּוּ שֶׁלֹּא חָטְאוּ מְבִיאִין עַל יְדֵי חוֹטְאִין; רַבִּי שִׁמְעוֹן אוֹמֵר, שְׁמוֹנָה פָּרִים, וּבַעֲבוֹדַת כּוֹכָבִים שְׁמוֹנָה פָּרִים וּשְׁמוֹנָה שְׂעִירִים, פַּר וְשָׂעִיר לְכָל שֵׁבֶט וָשֵׁבֶט, פַּר וְשָׂעִיר לְבֵית דִּין. הוֹרוּ בֵּית דִּין שֶׁל אֶחָד מִן הַשְּׁבָטִים וְעָשָׂה אוֹתוֹ הַשֵּׁבֶט עַל פִּיהֶן, אוֹתוֹ שֵׁבֶט הוּא חַיָּיב וּשְׁאָר כָּל הַשְּׁבָטִים פְּטוּרִין, דִּבְרֵי רַבִּי יְהוּדָה; וַחֲכָמִים אוֹמְרִים, [ג]אֵין חַיָּיבִין אֶלָּא עַל הוֹרָיוֹת בֵּית דִּין הַגָּדוֹל בִּלְבַד, שֶׁנֶּאֱמַר [א]'וְאִם כָּל עֲדַת יִשְׂרָאֵל יִשְׁגּוּ', וְלֹא עֲדַת אוֹתוֹ שֵׁבֶט: **גמ'** [ג]תָּנוּ רַבָּנָן, יָדְעוּ שֶׁהוֹרוּ וְטָעוּ מַה הוֹרוּ, יָכוֹל יְהוּ חַיָּיבִין, תַּלְמוּד לוֹמַר [ב]'וְנוֹדְעָה הַחַטָּאת', [ד]וְלֹא שֶׁיִּוָּדְעוּ הַחוֹטְאִין. [ב]'אֲשֶׁר חָטְאוּ'[ב], חָטְאוּ שְׁנֵי שְׁבָטִים מְבִיאִין שְׁנֵי פָּרִים, חָטְאוּ שְׁלֹשָׁה מְבִיאִין שְׁלֹשָׁה, אוֹ אֵינוֹ אוֹמֵר[ג] אֶלָּא חָטְאוּ שְׁנֵי יְחִידִים מְבִיאִין שְׁנֵי פָּרִים, חָטְאוּ שְׁלֹשָׁה מְבִיאִין שְׁלֹשָׁה, תַּלְמוּד לוֹמַר [ב]'הַקָּהָל', הַקָּהָל חַיָּיב[ד], וְכָל קָהָל וְקָהָל חַיָּיב, כֵּיצַד, חָטְאוּ שְׁנֵי שְׁבָטִים מְבִיאִין שְׁנֵי פָּרִים, חָטְאוּ שִׁבְעָה מְבִיאִין שִׁבְעָה, וּשְׁאָר שְׁבָטִים שֶׁלֹּא חָטְאוּ מְבִיאִין עַל יְדֵיהֶן פַּר פַּר, שֶׁאֲפִילּוּ אֵלּוּ שֶׁלֹּא חָטְאוּ מְבִיאִין עַל יְדֵי הַחוֹטְאִין; לְכָךְ נֶאֱמַר 'קָהָל', לְחַיֵּיב עַל כָּל קָהָל וְקָהָל; דִּבְרֵי רַבִּי יְהוּדָה. רַבִּי שִׁמְעוֹן אוֹמֵר, שִׁבְעָה שְׁבָטִים שֶׁחָטְאוּ מְבִיאִין שִׁבְעָה פָּרִים, וּבֵית דִּין מְבִיאִין עַל יְדֵיהֶן פַּר, שֶׁנֶּאֱמַר לְמַטָּה [ב]'קָהָל', וְנֶאֱמַר לְמַעְלָה [א]'קָהָל', מַה 'קָהָל' הָאָמוּר לְמַעְלָה בֵּית דִּין עִם הַקָּהָל, אַף 'קָהָל' הָאָמוּר לְמַטָּה בֵּית דִּין עִם הַקָּהָל. רַבִּי מֵאִיר אוֹמֵר, שִׁבְעָה שְׁבָטִים שֶׁחָטְאוּ, בֵּית דִּין מְבִיאִין עַל יְדֵיהֶם פַּר וְהֵן פְּטוּרִין, נֶאֱמַר 'קָהָל' לְמַטָּה וְנֶאֱמַר 'קָהָל' לְמַעְלָה, מַה 'קָהָל' הָאָמוּר לְמַעְלָה בֵּית דִּין וְלֹא צִבּוּר, אַף 'קָהָל' הָאָמוּר לְמַטָּה בֵּית דִּין וְלֹא צִבּוּר; [ג]רַבִּי שִׁמְעוֹן בֶּן אֶלְעָזָר אוֹמֵר מִשְּׁמוֹ, [ה]חָטְאוּ שִׁשָּׁה שְׁבָטִים וְהֵם רוּבּוֹ שֶׁל קָהָל, אוֹ שִׁבְעָה אַף עַל פִּי שֶׁאֵינוֹ רוּבּוֹ שֶׁל קָהָל, מְבִיאִין פַּר. אָמַר מַר, 'וְנוֹדְעָה הַחַטָּאת' וְלֹא שֶׁיִּוָּדְעוּ הַחוֹטְאִין, מַאן תַּנָּא. אָמַר רַב יְהוּדָה אָמַר רַב, וְאִיתֵּימָא רָבָא, דְּלָא כְּרַבִּי אֱלִיעֶזֶר, [ו]דִּתְנַן, [ז]אָמַר רַבִּי אֱלִיעֶזֶר, מַה נַּפְשָׁךְ, אִם חֵלֶב אָכַל חַיָּיב, [ח]נוֹתָר אָכַל חַיָּיב. רַב אַשִׁי אָמַר, אֲפִילּוּ תֵּימָא רַבִּי אֱלִיעֶזֶר, שָׁאנֵי הָכָא דִּכְתִיב [ב]'אֲשֶׁר חָטְאוּ עָלֶיהָ'. הָתָם נַמִי הַכְּתִיב [ג]'אֲשֶׁר חָטָא בָּהּ'. הַהוּא מִיבְּעֵי לֵיהּ [ח]פְּרָט לְמִתְעַסֵּק. מַאי טַעְמָא דְּרַבִּי יְהוּדָה, קָסָבַר אַרְבָּעָה קְהָלֵי כְּתִיבֵי, [א]'קָהָל' 'הַקָּהָל' [ב]'קָהָל' 'הַקָּהָל', חַד לְחַיֵּיב עַל כָּל קָהָל וְקָהָל, וְחַד [ט]לְהוֹרָאָה תְּלוּיָה בְּבֵית דִּין וּמַעֲשֶׂה תָּלוּי בְּקָהָל, וְחַד לִגְרִירָה, וְחַד לְשֵׁבֶט שֶׁעָשָׂה בְּהוֹרָאַת בֵּית דִּינוֹ. וְרַבִּי שִׁמְעוֹן, תְּלָתָא קְהָלֵי כְּתִיבֵי, 'הַקָּהָל' 'קָהָל' 'הַקָּהָל', 'מֵעֵינֵי הַקָּהָל' אוֹרְחֵיהּ דִּקְרָא הוּא, כִּדְאָמְרִי אִינָשֵׁי מֵעֵינֵי דִּפְלַנְיָא; חַד לְחַיֵּיב עַל כָּל קָהָל וְקָהָל, וּתְרֵי אַחֲרִינֵי, נֶאֱמַר לְמַטָּה קָהָל וְנֶאֱמַר לְמַעְלָה קָהָל, מַה לְהַלָּן בֵּית דִּין עִם הַקָּהָל אַף כָּאן בֵּית דִּין עִם הַקָּהָל. [י]וְרַבִּי מֵאִיר, 'קָהָל' 'הַקָּהָל' לָא דָּרֵישׁ, הִלְכָּךְ תְּרֵי קְהָלֵי כְּתִיבֵי, מִיבְּעֵי לֵיהּ לְנֶאֱמַר לְמַטָּה קָהָל וְנֶאֱמַר לְמַעְלָה קָהָל, מַה לְהַלָּן בֵּית דִּין וְלֹא צִבּוּר, אַף כָּאן בֵּית דִּין וְלֹא צִבּוּר. וְרַבִּי שִׁמְעוֹן בֶּן אֶלְעָזָר מַאי טַעְמָא, כְּתִיב [ד]'וְהָיָה אִם מֵעֵינֵי הָעֵדָה', אַלְמָא מִיעוּטָא, דִּכְתִיב 'מֵעֵינֵי', וּכְתִיב [ה]'כִּי לְכָל הָעָם בִּשְׁגָגָה', לְמֵימְרָא דְּרוּבָּא אִין מִיעוּטָא לָא, הָא כֵּיצַד, עָשׂוּ שִׁשָּׁה וְהֵן רוּבּוֹ שֶׁל קָהָל, אוֹ שִׁבְעָה אַף עַל פִּי שֶׁאֵינָן רוּבּוֹ שֶׁל קָהָל, חַיָּיבִין.

וְרַבִּי

רש"י

רַבִּי שִׁמְעוֹן אוֹמֵר שְׁלֹשָׁה עָשָׂר פָּרִים. פַּר לְכָל שֵׁבֶט וָשֵׁבֶט וּפַר לְבֵית דִּין. וְטַעְמַיְיהוּ דְּכוּלְּהוּ מְפָרֵשׁ בַּגְּמָרָא: הוֹרוּ בֵּית דִּין וְעָשׂוּ שִׁבְעָה שְׁבָטִים אוֹ רוּבּוֹ שֶׁל כָּל שֵׁבֶט וָשֵׁבֶט דְּשִׁבְעָה שְׁבָטִים, וּכְגוֹן דְּהָוֵי רוּבָּן שֶׁל יִשְׂרָאֵל, **מְבִיאִין פַּר וְכוּ' דִּבְרֵי רַבִּי מֵאִיר**, [דְּס"ל] בֵּי"ד מְבִיאִין פַּר, וְלֹא לְצִבּוּר: רַבִּי יְהוּדָה אוֹמֵר שִׁבְעָה שְׁבָטִים שֶׁחָטְאוּ מְבִיאִין שִׁבְעָה פָּרִים, וּשְׁאָר שְׁבָטִים שֶׁלֹּא חָטְאוּ מְבִיאִין פַּר פַּר עַל יְדֵיהֶם. כְּלוֹמַר פַּר לְכָל שֵׁבֶט וָשֵׁבֶט. וְאָמַר בַּגְּמָרָא דְּשִׁבְעָה דְּקָאָמַר ר' יְהוּדָה לָאו דַּוְקָא, דְּהוּא הַדִּין לְשֵׁבֶט אֶחָד שֶׁחָטָא עַל [פִּי] הוֹרָאַת בֵּית דִּין הַגָּדוֹל שֶׁהַשְּׁאָר שְׁבָטִים שֶׁלֹּא חָטְאוּ מְבִיאִין עַל יְדֵיהֶן פַּר פַּר, וְאַיְּידֵי דְּקָאָמַר ר"מ שִׁבְעָה, דְּאִיהוּ בָּעֵי רוּבָּא מַמָּשׁ, קָאָמַר ר' יְהוּדָה נַמִּי: **וַחֲכָמִים אוֹמְרִים, אֵין חַיָּיבִים פַּר אֶלָּא עַל** הוֹרָאַת בֵּית דִּין הַגָּדוֹל. אֲבָל שֵׁבֶט אֶחָד בְּהוֹרָאַת בֵּית דִּינוֹ כְּשִׁגְגַת מַעֲשֶׂה דָּמֵי, וּמְבִיאִין כָּל אֶחָד כִּשְׂבָּה אוֹ שְׂעִירָה: 'עֲדַת יִשְׂרָאֵל'. הַיְינוּ סַנְהֶדְרִין, כְּלוֹמַר סַנְהֶדְרִין שֶׁל יִשְׂרָאֵל, דְּהַיְינוּ בֵּי"ד הַגָּדוֹל: **גמ'** יָדְעוּ שֶׁהוֹרוּ וְטָעוּ מַה שֶּׁהוֹרוּ. כְּלוֹמַר, הוֹרוּ בֵּי"ד שֶׁחֵלֶב מוּתָּר בְּבִטּוּל מִקְצָת, וְעָשׂוּ קָהָל עַל פִּיהֶן וְאָכְלוּ שׁוֹגְגִין חֵלֶב וָדָם, דְּהָוֵי חַד בְּשִׁגְגַת מַעֲשֶׂה בִּלְבַד וְחַד בְּהוֹרָאָה, וְאַח"כ יָדְעוּ שֶׁהוֹרוּ שֶׁלֹּא כָּרָאוּי, אֶלָּא שֶׁטָּעוּ בְּמַה שֶּׁהוֹרוּ, דְּאֵינָם יוֹדְעִים אִם עַל הַחֵלֶב הוֹרוּ, אוֹ עַל הַדָּם, **יָכוֹל יְהוּ חַיָּיבִין פַּר**, דְּלֶיהֱוֵי הוֹרָאָה מְעַלְּיָא: ת"ל 'וְנוֹדְעָה **הַחַטָּאת** אֲשֶׁר חָטְאוּ עָלֶיהָ וְהִקְרִיבוּ', כְּלוֹמַר, דְּצָרִיךְ שֶׁיִּוָּדַע הַחַטָּאת, שֶׁיִּהְיוּ יוֹדְעִין עַל מָה הוֹרוּ, אִם עַל הַחֵלֶב אוֹ עַל הַדָּם: **וְלֹא שֶׁיֵּדְעוּ הַחוֹטְאִין.** דְּלָא סַגֵּי בִּידִיעָה דְּחוֹטְאִין, דְּאַע"ג דְּעָשׂוּ בְּהוֹרָאָה, דְּמִמָּה נַפְשָׁךְ חַד מִנַּיְיהוּ בְּהוֹרָאָה הֲוָה, דְּהָא אָכְלֵי לְתַרְוַיְיהוּ, חֵלֶב וָדָם, אפ"ה פְּטוּרִין, דְּצָרִיךְ שֶׁיִּוָּדַע לָהֶם אוֹתוֹ חֵטְא שֶׁעָשׂוּ בְּהוֹרָאָה: **חָטְאוּ שְׁנֵי שְׁבָטִים מְבִיאִין שְׁנֵי פָּרִים.** וְהוּא הַדִּין דְּכִי חָטָא שֵׁבֶט אֶחָד שֶׁמֵּבִיא פַּר אֶחָד, וְהָא קמ"ל, דִּשְׁנֵי שְׁבָטִים לָא סַגֵּי לְהוּ בְּפַר אֶחָד: **לְחַיֵּיב עַל כָּל קָהָל וְקָהָל.** דְּשֵׁבֶט אֶחָד אִיקְּרֵי קָהָל, כִּדְמְפָרֵשׁ טַעְמָא לְקַמָּן: **מַה 'הַקָּהָל' הָאָמוּר לְמַעְלָה בֵּית דִּין עִם הַקָּהָל.** דְּתַרְוַיְיהוּ כְּתִיב לְמַעְלָה, בֵּי"ד עִם קָהָל, דִּכְתִיב 'וְנֶעְלַם דָּבָר מֵעֵינֵי הַקָּהָל', דְּהַאי 'מֵעֵינֵי' הַיְינוּ בֵּי"ד: **אַף קָהָל הָאָמוּר לְמַטָּה.** 'וְהִקְרִיבוּ הַקָּהָל', **בֵּית דִּין עִם הַקָּהָל:** הָכִי דָּרֵישׁ ר"מ, מַה קָהָל הָאָמוּר לְמַעְלָה, 'וְנֶעְלַם דָּבָר מֵעֵינֵי הַקָּהָל', בֵּית דִּין **וְלֹא קָהָל**, כְּלוֹמַר, דְּהוֹרָאָה תְּלוּיָה הִיא בְּבֵי"ד וְלֹא בְּקָהָל, דְּהָא לָא כְּתִיב 'וְנֶעְלַם מִקָּהָל', אֶלָּא 'מֵעֵינֵי הַקָּהָל', דְּמַשְׁמַע מִבֵּי"ד שֶׁל קָהָל וְלֹא מִקָּהָל, אַף קָהָל הָאָמוּר לְמַטָּה, 'וְהִקְרִיבוּ הַקָּהָל', בֵּית דִּין וְלֹא לְצִבּוּר: מַה נַּפְשָׁךְ. דִּתְנַן בְּמַסֶּכֶת כְּרִיתוֹת בְּפֶרֶק סְפֵק אָכַל חֵלֶב (דף יט.) 'חֵלֶב וְנוֹתָר לְפָנָיו וְאָכַל אֶת אֶחָד מֵהֶם וְאֵינוֹ יוֹדֵעַ אֵיזֶה מֵהֶן אָכַל, רַבִּי אֱלִיעֶזֶר מְחַיֵּיב חַטָּאת, וְרַבִּי יְהוֹשֻׁעַ פּוֹטֵר, וְתַנְיָא, אָמַר רַבִּי אֱלִיעֶזֶר, מַה נַּפְשָׁךְ, אִם חֵלֶב אָכַל חַיָּיב אִם נוֹתָר אָכַל חַיָּיב, אָמַר לוֹ רַבִּי יְהוֹשֻׁעַ, הֲרֵי הוּא אוֹמֵר 'אֲשֶׁר חָטָא בָּהּ', עַד שֶׁיִּוָּדַע לוֹ בַּמֶּה חָטָא', הָכָא נַמִּי סְבִירָא לֵיהּ לְר' אֱלִיעֶזֶר מַה נַּפְשָׁךְ, אִם חֵלֶב אָכְלוּ בְּהוֹרָאָה מְבִיאִין פַּר, וְאִם דָּם אָכְלוּ בְּהוֹרָאָה מְבִיאִין פַּר, וְחַיָּיבִין מִמָּה נַפְשָׁךְ: **אֲפִילּוּ תֵּימָא רַבִּי אֱלִיעֶזֶר**, וְשָׁאנֵי הָכָא דִּכְתִיב 'וְנוֹדְעָה הַחַטָּאת **אֲשֶׁר** חָטְאוּ עָלֶיהָ וְהִקְרִיבוּ'. דְּמַשְׁמַע שֶׁיִּוָּדַע לָהֶם הַחֵטְא שֶׁחָטְאוּ עָלָיו ע"פ בֵּית דִּין: **הָתָם נַמִּי הָא** כְּתִיב 'אֲשֶׁר חָטָא בָּהּ'. דְּמַשְׁמַע עַד שֶׁיִּוָּדַע לוֹ בַּמֶּה חָטָא: 'בָּהּ'. (פְּרָט לְמִתְעַסֵּק, ד'בָּהּ') מַשְׁמַע דְּמִתְכַּוֵּין לַעֲשׂוֹת הַחֵטְא, **פְּרָט לְמִתְעַסֵּק** בְּשַׁבָּת, כְּגוֹן שֶׁנִּתְכַּוֵּין לְהַגְבִּיהַּ אֶת הַתָּלוּשׁ וְחָתַךְ אֶת הַמְחוּבָּר דְּפָטוּר, אֲבָל מִתְעַסֵּק בַּחֲלָבִים וּבַעֲרָיוֹת חַיָּיב, שֶׁכְּבָר נֶהֱנָה, כִּדְאָמַר בְּפֶרֶק אַרְבַּע מִיתוֹת (סנהדרין סב:): **אַרְבָּעָה** 'קָהָל' כְּתִיבֵי. 'מֵעֵינֵי הַקָּהָל' 'וְהִקְרִיבוּ הַקָּהָל', דְּלֵימָא קְרָא 'מֵעֵינֵי קָהָל', מַאי 'הַקָּהָל', תְּרֵי, וְלִיכְתּוֹב קְרָא 'וְהִקְרִיבוּ קָהָל', מַאי 'הַקָּהָל', תְּרֵי, וַהֲרֵי אַרְבָּעָה. 'חַטַּאת הַקָּהָל' [ח]לָא קָא חָשֵׁיב, דְּהָא לָא כְּתִיב לָא בְּהוֹרָאָה וְלָא בְּהַקְרָבָה: **לְחַיֵּיב עַל כָּל קָהָל** וְקָהָל. עַל כָּל שֵׁבֶט וָשֵׁבֶט, דְּשֵׁבֶט אֶחָד אִיקְּרֵי קָהָל, כִּדְאָמַר לְקַמָּן: **וְחַד לְהוֹרָאָה תְּלוּיָה** בְּבֵי"ד. כִּדְאָמַר לְעֵיל (דף ג.) 'הַקָּהָל וְעָשׂוּ, הוֹרָאָה תְּלוּיָה בְּבֵי"ד וּמַעֲשֶׂה תָּלוּי בְּקָהָל': **וְחַד לְמִידָה**[ו] דִּשְׁאָר שְׁבָטִין שֶׁלֹּא חָטְאוּ נִגְרָרִין אַחַר הַחוֹטְאִין וּמְבִיאִין עַל יְדֵיהֶם פַּר פַּר: **וְחַד לְשֵׁבֶט שֶׁעָשָׂה בְּהוֹרָאַת בֵּית דִּינוֹ.** כִּדְתְנַן בְּסֵיפָא דְּמַתְנִיתִין 'הוֹרוּ בֵּי"ד שֶׁל אֶחָד מִן הַשְּׁבָטִים' כו': **תְּלָתָא קָהָל כְּתִיבֵי.** 'מֵעֵינֵי הַקָּהָל' לָא דָּרְשִׁינַן בֵּיהּ תַּרְתֵּי, דְּהָא[ח] לְשִׁמּוּשׁ הוּא דַּאֲתָא, דְּאוֹרְחֵיהּ דִּקְרָא דְּמִשְׁתַּעֵי הָכִי, **כִּדְאָמְרִי אִינָשֵׁי מֵעֵינֵי דִּפְלַנְיָא**, הָכָא נַמִּי 'מֵעֵינֵי הַקָּהָל' מַשְׁמַע מֵעֵינֵי שֶׁל קָהָל, וְחַד הוּא, אֲבָל 'וְהִקְרִיבוּ הַקָּהָל' דָּרְשִׁינַן בֵּיהּ תְּרֵי, דְּלִכְתּוֹב קְרָא 'וְהִקְרִיבוּ קָהָל', מַאי 'הַקָּהָל', תְּרֵי, הָא תְּלָת: חַד לְחַיֵּיב עַל כָּל קָהָל וְקָהָל. דְּר"ש נַמִּי ס"ל דְּשֵׁבֶט אֶחָד אִיקְּרֵי קָהָל, אִייַּתְּרוּ לֵיהּ תְּרֵי לְג"ש, **נֶאֱמַר קָהָל לְמַעְלָה וְכוּ'**: וְר"ש **בֶּן אֶלְעָזָר** מ"ט. דִּכְתִיב בְּהוֹרָאָה דַּעֲבוֹדַת כּוֹכָבִים בְּפָרָשַׁת שְׁלַח לְךָ אֲנָשִׁים 'וְהָיָה **אִם מֵעֵינֵי הָעֵדָה**', **אַלְמָא** אֲפִילּוּ **מִיעוּטָא** חָטְאוּ מְבִיאִין פַּר וּשְׂעִירָה[ט], **דִּכְתִיב 'מֵעֵינֵי'**, מַשְׁמַע מִקְצָת עֵינַי וְלֹא כָּל עֵינַי, **וּכְתִיב 'כִּי לְכָל'**, מַשְׁמַע **דְּרוּבָּא אִין**, דְּרוּבּוֹ כְּכוּלּוֹ, **וּמִיעוּטָא לָא**, **הָא כֵּיצַד וְכוּ'**, דְּ'מֵעֵינֵי' אֲפִילּוּ מִיעוּט קָהָל, כְּגוֹן בְּרוֹב שְׁבָטִים, וְהַאי דִּכְתִיב 'כִּי לְכָל', דִּבְעֵינַן רוּבָּא דְּקָהָל אֲפִילּוּ בְּמִיעוּט שְׁבָטִים:

ור"ש

תוספות

אם חֵלֶב אָכַל חַיָּיב כו'. תֵּימַהּ, מִי דָּמֵי, הָתָם בֵּין בְּחֵלֶב בֵּין בְּנוֹתָר חַד קָרְבָּן הוּא, אֲבָל הָכָא קָרְבָּן דַּעֲבוֹדַת כּוֹכָבִים אֵינוֹ שָׁוֶה לְחֵלֶב. וְי"ל, דְּה"נ יָדְעֵי דְּלָא אַיְירֵי אֶלָּא בְּעִנְיָנִים שֶׁקָּרְבָּנָם שָׁוֶה, כְּעֵין חֵלֶב וָדָם, כִּדְפֵרֵשׁ"י: **ור"ש,** תְּלָתָא קְהָלֵי כְּתִיבֵי כו'. יֵשׁ סְפָרִים דְּגָרְסֵי 'תְּרֵי קָהָל כְּתִיבֵי', וְכֵן נִרְאֶה, וּבָעֵי לְמֵימַר דְּחַד 'קָהָל' כּוּלֵּיהּ קְרָא לְאוֹרְחָא דִּקְרָא, וְחַד 'קָהָל' דָּרְשִׁינַן 'קָהָל' 'הַקָּהָל', וְהַיְינוּ תְּרֵי 'קָהָל'; וּלְר' מֵאִיר חַד 'קָהָל' כּוּלֵּיהּ לְאוֹרְחָא דִּקְרָא, וּמִינֵּיהּ נַמִּי שָׁמְעִינַן דְּאַיְירֵי בְּבֵית דִּין וְלָא בְּצִבּוּר, וְחַד 'קָהָל' לְג"ש, וּלְפִי הַגִּירְסָא הַכָּתוּב בַּסְּפָרִים בָּעֵי לְמֵימַר דְּתַרְוַיְיהוּ אָתוּ לְג"ש, וְלָא נְהִירָא; מִיהוּ אֶפְשָׁר דְּתַלְמוּדָא בָּעֵי לְמֵימַר לְרַבִּי שִׁמְעוֹן דְּ'קָהָל' הָאָמוּר לְמַעְלָה הוּא בֵּית דִּין עִם הַצִּבּוּר, וְאִי לָא כְּתִיב הַהוּא 'קָהָל' הֲוָה אָמֵינָא דְּ'קָהָל' לְמַטָּה הַיְינוּ צִבּוּר וְלָא בֵּית דִּין, וּלְרַבִּי מֵאִיר מַשְׁמַע אִיפְּכָא; וְעַ"ק, אַלִּיבָּא דְּרַבִּי שִׁמְעוֹן לֵימָא 'אַרְבָּעָה קָהָל כְּתִיבֵי', וּמִיַּיתַּר לֵיהּ חַד 'קָהָל' לְמַעֲשֶׂה תָּלוּי בְּקָהָל, וְלָא הֲוָה צָרִיךְ לְאַהֲדוּרֵי אַקְּרָא אַחֲרִינָא. מִיהוּ לֵיכָּא לְמִפְרַךְ לְר"מ לִדְרוֹשׁ שְׁלֹשָׁה קָהָל כְּרַבִּי שִׁמְעוֹן לְמִדְרַשׁ מַעֲשֶׂה תָּלוּי בְּקָהָל, כֵּיוָן דְּאִית לֵיהּ ג"ש דְּקָהָל בְּבֵית דִּין אָמוּר, א"כ לָא מָצֵי לְמֵילַף מִשָּׁם מַעֲשֶׂה תָּלוּי בְּקָהָל, דְּהָא לְעֵיל אָמַר 'הַקָּהָל וְעָשׂוּ, הוֹרָאָה תְּלוּיָה בְּבֵי"ד וּמַעֲשֶׂה תָּלוּי בְּקָהָל', א"כ מִי שֶׁלָּמֵד מִשָּׁם סוֹבֵר דְּקָהָל הָאָמוּר לְמַעְלָה בְּצִבּוּר מַיְירֵי, וּלְר"מ לָא ס"ל הָכִי דִּבְצִבּוּר מַיְירֵי:

[illegible]

מסורת הש"ס עם הוספות

א) לעיל ג., ב) ת"כ פ' ויקרא דבורא דחובה פרשה ד הי"ב-יז (אות רמז-ח), ג) [לעיל ג. ע"ש], ד) [שבועות יח:] כריתות יט., ה) [כריתות יט.], ו) [לעיל ג.], ז) [עי' תוס' סוטה יז. ד"ה הלכות וכו' מה שהניחו בקושי'], ח) ויקרא ד כא.

תורה אור השלם

א) וְאִם כָּל עֲדַת יִשְׂרָאֵל יִשְׁגּוּ וְנֶעְלַם דָּבָר מֵעֵינֵי הַקָּהָל וְעָשׂוּ אַחַת מִכָּל מִצְוֹת יְיָ אֲשֶׁר לֹא תֵעָשֶׂינָה וְאָשֵׁמוּ: [ויקרא ד, יג]

ב) וְנוֹדְעָה הַחַטָּאת אֲשֶׁר חָטְאוּ עָלֶיהָ וְהִקְרִיבוּ הַקָּהָל פַּר בֶּן בָּקָר לְחַטָּאת וְהֵבִיאוּ אֹתוֹ לִפְנֵי אֹהֶל מוֹעֵד: [ויקרא ד, יד]

ג) אוֹ הוֹדַע אֵלָיו חַטָּאתוֹ אֲשֶׁר חָטָא בָּהּ וְהֵבִיא אֶת קָרְבָּנוֹ שְׂעִיר עִזִּים זָכָר תָּמִים: [ויקרא ד, כג]

ד) וְהָיָה אִם מֵעֵינֵי הָעֵדָה נֶעֶשְׂתָה לִשְׁגָגָה וְעָשׂוּ כָל הָעֵדָה פַּר בֶּן בָּקָר אֶחָד לְעֹלָה לְרֵיחַ נִיחֹחַ לַייָ וּמִנְחָתוֹ וְנִסְכּוֹ כַּמִּשְׁפָּט וּשְׂעִיר עִזִּים אֶחָד לְחַטָּת: [במדבר טו, כד]

ה) וְנִסְלַח לְכָל עֲדַת בְּנֵי יִשְׂרָאֵל וְלַגֵּר הַגָּר בְּתוֹכָם כִּי לְכָל הָעָם בִּשְׁגָגָה: [במדבר טו, כו]

הגהות וציונים

א] צ"ל "פר פר" (מלא"ש, רש"ש): ב] אשר חטאו והקריבו (כת"י, וכמו בת"כ): ג] "אומר" ליתא בכת"י ובתוס' הרא"ש, וכמו בת"כ: ד] בד' וינציא נוסף ואין יחיד חייב. הב"ח מוחק "כל קהל וקהל חייב", והשער יוסף וחק נתן גורסים כן בדכ"ה בתו"כ: ה] [צ"ל דתניא] (גליון). ועי' ב"ש: ו] חייב אם נותר (ב"ח, כת"י): ז] [לגרירה. יעב"ץ] (גליון). למידרש (בארות המים): ח] כת"י "דהאי ה'": ט] צ"ל ושעיר (רש"ש, וכ"ה בכת"י): י] בכת"י נוסף ולא שידעו החוטאים שידוע להם שעברו אלא שאינם יודעים איזה מהם היה ע"פ ב"ד: כ] מעשה תלוי בקהל (כת"י): ל] כ"ה ג"כ בפרש"י אבל לגירסא שלנו מבואר כפרש"י (גליון):

עין משפט נר מצוה

מ א ב מיי' פי"ב מהלכות שגגות הלכה א סמג עשין רז:
מא ג מיי' שם הלכה ב ופי"ג שם הלכה א סמג שם:
מב ד מיי' שם פי"ב הלכה ד סמג שם:
מג ה מיי' שם פי"ב הלכה א ופרק יג הלכה ב סמג שם:

תוספות הרא"ש

ת"ר ידעו בי"ד שהורו ושכחו מה הורו. פי' נודע להם לבי"ד שהורו בטעות אלא ששכחו במה הוא אם בחלב אם בדם... [illegible]

וְרַבִּי שִׁמְעוֹן וְרַבִּי מֵאִיר, דְּהוֹרָאָה תְּלוּיָה בְּבֵית דִּין וּמַעֲשֶׂה תָּלוּי בַּקָּהָל מְנָא לְהוּ. אָמַר אַבַּיֵי, דְּאָמַר קְרָא [א]'וְהָיָה אִם מֵעֵינֵי הָעֵדָה נֶעֶשְׂתָה לִשְׁגָגָה'[ס]; רָבָא אָמַר, [ב]מִ'לְכָל הָעָם בִּשְׁגָגָה'. וּצְרִיכָא, דְּאִי כְּתַב רַחֲמָנָא 'וְהָיָה אִם מֵעֵינֵי הָעֵדָה נֶעֶשְׂתָה לִשְׁגָגָה' הֲוָה אָמֵינָא אֲפִילּוּ מִיעוּטָא, לְהָכִי כְּתִיב 'לְכָל הָעָם בִּשְׁגָגָה', וְאִי כְּתַב 'לְכָל הָעָם בִּשְׁגָגָה' הֲוָה אָמֵינָא עַד דְּעָבְדִי בֵּית דִּין בַּהֲדֵי רוּבָּא, לְהָכִי כְּתִיב 'וְהָיָה אִם מֵעֵינֵי הָעֵדָה נֶעֶשְׂתָה לִשְׁגָגָה'. וְהָא כִּי כְּתִיבִי הָנֵי קְרָאֵי בַּעֲבוֹדַת כּוֹכָבִים הוּא דִּכְתִיבִי. יָלְפִינַן [ג]'מֵעֵינֵי' [א]'מֵעֵינֵי': **הוֹרוּ בֵּית דִּין שֶׁל אֶחָד וְכוּ'**:

אִיבַּעְיָא לְהוּ, שֵׁבֶט אֶחָד לְרַבִּי יְהוּדָה בְּהוֹרָאַת בֵּית דִּין הַגָּדוֹל, מִי מַיְיתוּ שְׁאָר שְׁבָטִים אוֹ לָא; מִי אָמְרִינַן[י] שִׁבְעָה שְׁבָטִים הוּא דְּמַיְיתוּ שְׁאָר שְׁבָטִים בַּהֲדַיְיהוּ מִשּׁוּם דְּאִיכָּא רוּבָּא, אֲבָל חַד שֵׁבֶט דְּלֵיכָּא רוּבָּא לָא, אוֹ דִּלְמָא לָא שְׁנָא. תָּא שְׁמַע, מָה הֵן מְבִיאִין, פַּר אֶחָד, רַבִּי שִׁמְעוֹן אוֹמֵר, שְׁנֵי פָּרִים; בְּמַאי עָסְקִינַן, אִילֵימָא שֶׁחָטְאוּ שִׁבְעָה, רַבִּי שִׁמְעוֹן תְּמָנְיָא בָּעֵי, אֶלָּא דְּחָטָא שֵׁבֶט אֶחָד, בְּמַאי[יג], אִי בְּהוֹרָאַת בֵּית דִּינוֹ רַבִּי שִׁמְעוֹן לֵית לֵיהּ, אֶלָּא לָאו בְּהוֹרָאַת בֵּית דִּין הַגָּדוֹל, וְתַנָּא קַמָּא מַנִּי, אִי נֵימָא רַבִּי מֵאִיר, הָא רוּבָּא בָּעֵי, אֶלָּא לָאו רַבִּי יְהוּדָה (וּכְגוֹן שֶׁחָטָא שֵׁבֶט אֶחָד[יד]). אָמְרִי, הָכָא בְּמַאי עָסְקִינַן, כְּגוֹן שֶׁחָטְאוּ שִׁשָּׁה שְׁבָטִים וְהֵן רוּבָּן שֶׁל קָהָל[טו], וְרַבִּי שִׁמְעוֹן בֶּן אֶלְעָזָר הִיא, דְּתַנְיָא, [א]רַבִּי שִׁמְעוֹן בֶּן אֶלְעָזָר אוֹמֵר מִשְּׁמוֹ, חָטְאוּ שִׁשָּׁה וְהֵן רוּבּוֹ שֶׁל קָהָל, אוֹ שִׁבְעָה אַף עַל פִּי שֶׁאֵינָן רוּבּוֹ שֶׁל קָהָל, מְבִיאִין פַּר. תָּא שְׁמַע, רַבִּי יְהוּדָה אוֹמֵר, שֵׁבֶט שֶׁעָשָׂה בְּהוֹרָאַת בֵּית דִּינוֹ, אוֹתוֹ הַשֵּׁבֶט חַיָּיב וּשְׁאָר כָּל הַשְּׁבָטִים פְּטוּרִין, וּבְהוֹרָאַת בֵּית דִּין הַגָּדוֹל אֲפִילּוּ שְׁאָר שְׁבָטִים חַיָּיבִים. שְׁמַע מִינָּהּ. אָמַר רַב אַשִׁי, מַתְנִיתִין נַמִּי דַּיְקָא, דְּקָתָנֵי וְעָשָׂה אוֹתוֹ הַשֵּׁבֶט עַל פִּיהֶם אוֹתוֹ הַשֵּׁבֶט חַיָּיב וּשְׁאָר כָּל הַשְּׁבָטִים פְּטוּרִין, לָמָּה לִי לְמִיתְנָא וּשְׁאָר שְׁבָטִים פְּטוּרִים, הָא תְּנָא אוֹתוֹ הַשֵּׁבֶט חַיָּיב, וְכֵיוָן דִּתְנָא אוֹתוֹ הַשֵּׁבֶט חַיָּיב מִמֵּילָא יָדַעְנָא שְׁאָר[יו] שְׁבָטִים פְּטוּרִין, אֶלָּא הָא קָמַשְׁמַע לָן, דִּבְהוֹרָאַת בֵּית דִּינוֹ הוּא דִּשְׁאָר שְׁבָטִים פְּטוּרִים, אֲבָל בְּהוֹרָאַת בֵּית דִּין הַגָּדוֹל אֲפִילּוּ שְׁאָר שְׁבָטִים חַיָּיבִין. שְׁמַע מִינָּהּ. **אִיבַּעְיָא** לְהוּ, שֵׁבֶט אֶחָד שֶׁעָשָׂה בְּהוֹרָאַת בֵּית דִּין הַגָּדוֹל, לְרַבִּי שִׁמְעוֹן מִי מַיְיתֵי אוֹ לָא[יז]. תָּא שְׁמַע, מָה הֵן מְבִיאִין, פַּר אֶחָד, רַבִּי שִׁמְעוֹן אוֹמֵר, שְׁנֵי פָּרִים; (בְּמַאי עָסְקִינַן, אִילֵימָא שֶׁחָטְאוּ שִׁבְעָה[יח]) שְׁנֵי פָּרִים, שְׁמֹנָה פָּרִים בָּעֵי, אֶלָּא דְּחָטָא שֵׁבֶט אֶחָד, וּבְמַאי, אִילֵימָא בְּהוֹרָאַת בֵּית דִּינוֹ, רַבִּי שִׁמְעוֹן לֵית לֵיהּ, אֶלָּא בְּהוֹרָאַת בֵּית דִּין הַגָּדוֹל, וְתִסְבְּרָא, תַּנָּא קַמָּא מַנִּי, אִי רַבִּי מֵאִיר, הָא רוּבָּא בָּעֵי, אִי רַבִּי יְהוּדָה, שְׁאָר שְׁבָטִים נַמִּי מַיְיתוּ. (אֶלָּא[יט]) הָא[כ] מַנִּי, רַבִּי שִׁמְעוֹן בֶּן אֶלְעָזָר הִיא, וְכִדְתַנְיָא. תָּא שְׁמַע, וַחֲכָמִים אוֹמְרִים, לְעוֹלָם אֵינוֹ חַיָּיב אֶלָּא עַל הוֹרָאַת בֵּית דִּין הַגָּדוֹל; [ב]מַאן חֲכָמִים, אִילֵימָא רַבִּי מֵאִיר, רוּבָּא בָּעֵי, אֶלָּא לָאו רַבִּי שִׁמְעוֹן הִיא. שְׁמַע מִינָּהּ. וְרַבִּי יְהוּדָה וְרַבִּי שִׁמְעוֹן, [ג]שֵׁבֶט אֶחָד דְּאִקְּרֵי קָהָל מְנָא לְהוּ. אָמְרֵי[כא], דִּכְתִיב [ד]'וַיַּעֲמֹד יְהוֹשָׁפָט בִּקְהַל יְהוּדָה וִירוּשָׁלַיִם (נֹכַח חֲצַר בֵּית יי[כב]) הַחֲדָשָׁה'; [ד]מַאי 'חֲדָשָׁה', אָמַר רַבִּי יוֹחָנָן[כג], [ה]שֶׁחִידְּשׁוּ[כד] דְּבָרִים וְאָמְרוּ טְבוּל יוֹם אַל יִכָּנֵס בְּמַחֲנֵה לְוִיָּה. מַתְקִיף לַהּ רַב אַחָא בַּר יַעֲקֹב, מִמַּאי, דִּלְמָא שָׁאנֵי יְרוּשָׁלַיִם דַּהֲוָה נַמִּי בִּנְיָמִין[כה]. אֶלָּא אָמַר רַב אַחָא בַּר יַעֲקֹב, דִּכְתִיב [ה]'וַיֹּאמֶר אֵלַי הִנְנִי מַפְרְךָ וְהִרְבִּיתִךָ וּנְתַתִּיךָ לִקְהַל עַמִּים' וְגוֹ', מַאן אִתְיְלִיד לֵיהּ הַהִיא שַׁעְתָּא, בִּנְיָמִין, שְׁמַע מִינָּהּ הָכִי קָאָמַר רַחֲמָנָא, מִתְיְלִיד לָךְ הַשְׁתָּא קָהָל אַחֲרִינָא. אָמַר לֵיהּ רַב[כו] שַׁבָּא לְרַב כָּהֲנָא, דִּלְמָא הָכִי קָאָמַר לֵיהּ רַחֲמָנָא, לְכִי מִתְיְלִיד לָךְ בִּנְיָמִין הוּא דַּהֲווּ שְׁנֵים עָשָׂר שְׁבָטִים דְּמִתְקַרְיַית[כז] קָהָל. אָמַר לֵיהּ, אֶלָּא שְׁנֵים עָשָׂר שְׁבָטִים אִיקְּרוּ קָהָל, אַחַד עָשָׂר שְׁבָטִים לָא אִיקְּרוּ קָהָל. [ו]תַּנְיָא[כח], רַבִּי שִׁמְעוֹן אוֹמֵר, מַה תַּלְמוּד לוֹמַר [ו]'וּפַר שֵׁנִי בֶן בָּקָר תִּקַּח לְחַטָּאת', אִם לְלַמֵּד שֶׁהֵם שְׁנַיִם, וַהֲלֹא כְּבָר נֶאֱמַר [ז]'וְעָשָׂה אֶת הָאֶחָד חַטָּאת וְאֶת הָאֶחָד עֹלָה לַיי', [אֶלָּא] יָכוֹל [תְּהֵא] נֶאֱכֶלֶת[כט] חַטָּאת לַלְוִיִּם[ל], תַּלְמוּד לוֹמַר 'וּפַר שֵׁנִי', שֵׁנִי לְעוֹלָה, מָה עוֹלָה לֹא נֶאֱכֶלֶת

אַף

רש"י

וְרַבִּי שִׁמְעוֹן וְרַבִּי מֵאִיר. דְּדָרְשִׁי תְּרֵי 'קָהָל' לְג"ש, וְלָא מִיַּתַּר חַד לְהוֹרָאָה תְּלוּיָה בְּבֵית דִּין, אִם כֵּן הוֹרָאָה תְּלוּיָה בְּבֵית דִּין מְנָא לְהוּ: 'מֵעֵינֵי הָעֵדָה נֶעֶשְׂתָה לִשְׁגָגָה'. שֶׁתֵּעָשֶׂה לִשְׁגָגָה עַל יְדֵי אֲחֵרִים, דְּהַיְינוּ עַל יְדֵי הוֹרָאַת בי"ד, דְּהוֹרָאָה תְּלוּיָה בְּבֵית דִּין: רָבָא אָמַר, 'כִּי לְכָל הָעָם בִּשְׁגָגָה'. שֶׁיְּהוּ כּוּלָּם תְּלוּיִין בְּשִׁגְגַת[סט] הַקָּהָל וּבי"ד, דְּהוֹרָאָה תְּלוּיָה בְּבי"ד וּמַעֲשֶׂה תָּלוּי בַּקָּהָל: הֲוָה אָמֵינָא אֲפִילּוּ מִיעוּט. חָטְאוּ מְבִיאִין פַּר: הֲוָה אָמֵינָא בֵּית דִּין בַּהֲדֵי רוּבָּא. וְלֹא יְהוּ מְבִיאִין פַּר עַד שֶׁיַּעֲשׂוּ בֵּית דִּין עִם הַצִּבּוּר, דְּלִיבְעֵי לְבֵית דִּין הוֹרָאָה וַעֲשִׂיָּה, כְּתַב רַחֲמָנָא 'וְהָיָה אִם מֵעֵינֵי הָעֵדָה נֶעֶשְׂתָה לִשְׁגָגָה', שֶׁתֵּעָשֶׂה שְׁגָגָה עַל יְדֵי אֲחֵרִים, דְּהוֹרָאָה בִּלְבַד תְּלוּיָה בְּבֵית דִּין: יָלְפִינַן 'מֵעֵינֵי' 'מֵעֵינֵי'. כְּתִיב הָכָא 'מֵעֵינֵי הַקָּהָל', וּכְתִיב בַּעֲבוֹדַת כּוֹכָבִים 'וְהָיָה אִם מֵעֵינֵי הָעֵדָה': אֲבָל חַד שֵׁבֶט דְּלֵיכָּא רוּבָּא לָא. וְהוּא הַדִּין לִשְׁנַיִם אוֹ שְׁלֹשָׁה שְׁבָטִים: רַבִּי שִׁמְעוֹן תְּמָנְיָא בָּעֵי. פַּר לְכָל שֵׁבֶט וְשֵׁבֶט וּפַר לְבֵית דִּין: אִי בְּהוֹרָאַת בֵּית דִּינוֹ רַבִּי שִׁמְעוֹן לֵית לֵיהּ. דְּהָא לָא מִיַּתַּר לֵיהּ (לָא[סג]) קָהָל לְהוֹרָאַת בֵּית דִּינוֹ: אֶלָּא לָאו רַבִּי יְהוּדָה הִיא. וְקָתָנֵי 'מָה הֵן מְבִיאִין, פַּר אֶחָד', אַלְמָא לָא מַיְיתוּ שְׁאָר שְׁבָטִים בַּהֲדֵיהּ: אָמְרִי הָכָא בְּמַאי עָסְקִינַן וְכוּ'. וְתַנָּא קַמָּא רַבִּי שִׁמְעוֹן בֶּן אֶלְעָזָר הוּא, וְרַבִּי שִׁמְעוֹן דְּאָמַר שְׁנֵי פָּרִים קָסָבַר[סג] פַּר לְכָל שֵׁבֶט וְשֵׁבֶט, דְּשֵׁבֶט אֶחָד אִיקְּרֵי קָהָל, כְּגוֹן שֶׁחָטְאוּ שִׁבְעָה שְׁבָטִים וְהֵן רוּבָּן שֶׁל קָהָל, דְּכִי הָוְיָא רוּבָּא בְּגַבְרֵי וְרוּבָּא בִּשְׁבָטִים הוּא דְּמֵבִיא פַּר לְכָל שֵׁבֶט וְשֵׁבֶט וּפַר לְבי"ד, אֲבָל הֵיכָא דְּאִיכָּא שִׁשָּׁה וְהֵן רוּבָּא[סד], אוֹ שִׁבְעָה וְאֵינָן רוּבָּא[סד], כֵּיוָן דְּלָאו רוּבָּא בְּגַבְרֵי וְרוּבָּא בִּשְׁבָטִים, כְּחַד שֵׁבֶט דָּמוּ, וּמְבִיאִין פַּר אֶחָד וּפַר לְבי"ד: אִיבַּעְיָא לְהוּ, שֵׁבֶט אֶחָד שֶׁעָשָׂה בְּהוֹרָאַת בֵּית דִּין הַגָּדוֹל לְרַבִּי שִׁמְעוֹן מִי מַיְיתוּ פַּר אוֹ לָא, מִי אָמְרִינַן כִּי אָמַר ר' שִׁמְעוֹן לְחַיֵּיב עַל כָּל קָהָל וְקָהָל, דְּשֵׁבֶט אֶחָד אִיקְּרֵי קָהָל, כְּגוֹן שֶׁחָטְאוּ שִׁבְעָה שְׁבָטִים דְּהָווּ רוּבָּן, אֲבָל הֵיכָא דְּלֵיכָּא רוּבָּא כְּיָחִיד דָּמוּ וּפְטוּרִים, דְּיָחִיד שֶׁעָשָׂה בְּהוֹרָאַת בי"ד פָּטוּר, אוֹ דִּלְמָא כֵּיוָן דִּסְבִירָא לֵיהּ דְּשֵׁבֶט אֶחָד אִיקְּרֵי קָהָל, לָא שְׁנָא שֵׁבֶט אֶחָד וְלָא שְׁנָא שִׁבְעָה מְבִיאִין פַּר לְכָל שֵׁבֶט וְשֵׁבֶט וּפַר לְבי"ד: אֶלָּא. הָכָא בְּמַאי עָסְקִינַן כְּגוֹן שֶׁחָטְאוּ שִׁשָּׁה וְכוּ', דְּכֵיוָן דְּאִיכָּא רוּב[סה] רוּבָּא כָּל דְּהוּ קָאָמַר דִּמְבִיאִין פַּר וּפַר לְבי"ד: אֶלָּא לָאו רַבִּי שִׁמְעוֹן. וְקָתָנֵי שֵׁבֶט אֶחָד חַיָּיב עַל הוֹרָאַת בֵּית דִּין הַגָּדוֹל, אַלְמָא כִּי אָמַר 'שֵׁבֶט אֶחָד אִיקְּרֵי קָהָל' אֲפִילּוּ כִּי חָטָא שֵׁבֶט אֶחָד כִּמְרוּבִּין דָּמוּ וּמְבִיאִין פַּר וּפַר לְבי"ד, וְהָכִי סְבִירָא לֵיהּ לְרַבִּי שִׁמְעוֹן, דְּהֵיכָא דְּאִיכָּא רוּבָּא בְּגַבְרֵי וְרוּבָּא בִּשְׁבָטִים מְבִיאִין פַּר לְכָל שֵׁבֶט, אֲבָל[סו] הֵיכָא דְּחָטְאוּ שִׁשָּׁה וְהֵן רוּבָּן אוֹ שִׁבְעָה וְאֵינָן רוּבָּן כְּשֵׁבֶט אֶחָד דָּמוּ וּמְבִיאִין פַּר וּפַר לְבֵית דִּין, מִדְּקָתָנֵי 'מָה הֵן מְבִיאִין' וְכוּ', וְלָא מִתּוֹקְמָא רֵישָׁא אֶלָּא כְּרַבִּי שִׁמְעוֹן בֶּן אֶלְעָזָר, כְּגוֹן שֶׁחָטְאוּ שִׁשָּׁה וְכוּ', וְקָאָמַר רַבִּי שִׁמְעוֹן שְׁנֵי פָּרִים, פַּר לְהוּ וּפַר לְבֵית דִּין: מִדִּכְתִיב 'קְהַל יְהוּדָה', אַלְמָא דְּשֵׁבֶט אֶחָד אִיקְּרֵי קָהָל: וְדִלְמָא שָׁאנֵי שֵׁבֶט יְהוּדָה דַּהֲוָה עִמֵּיהּ בִּירוּשָׁלַיִם שֵׁבֶט בִּנְיָמִין. וּשְׁנֵי שְׁבָטִים הוּא דְּאִקְּרֵי קָהָל, אֲבָל שֵׁבֶט אֶחָד לָא: אֶלָּא מֵהָכָא, 'הִנְנִי מַפְרְךָ וְהִרְבִּיתִךָ וּנְתַתִּיךָ לִקְהַל עַמִּים' וְגוֹ'. וְהֵיכָא אָמַר לֵיהּ הָכִי, דִּכְתִיב [ו]'וַיֵּרָא אֱלֹהִים אֶל יַעֲקֹב עוֹד בְּבֹאוֹ מִפַּדַּן אֲרָם' וְגוֹ', וּכְתִיב 'וַיֹּאמֶר לוֹ אֱלֹהִים אֲנִי אֵל שַׁדַּי פְּרֵה וּרְבֵה גּוֹי וּקְהַל גּוֹיִם יִהְיֶה מִמֶּךָּ' וְגוֹ': מַאן הֲוָה אִתְיְלִיד לֵיהּ בְּהַהִיא שַׁעְתָּא. כְּלוֹמַר, מַאן הֲוָה עָתִיד לְמֵילַד הַהִיא שַׁעְתָּא, בִּנְיָמִין, וּשְׁמַע מִינָּהּ דְּקָאָמַר לֵיהּ רַחֲמָנָא הַשְׁתָּא מְתִילִיד לָךְ קָהָל אַחֲרִינָא: י"א שְׁבָטִים לָא[ס]. בִּתְמִיהָ, וְהָא אָמְרַתְּ דִּשְׁנֵי שְׁבָטִים אִיקְּרוּ קָהָל, יְהוּדָה וּבִנְיָמִין, אֶלָּא וַדַּאי הָכִי קָאָמַר לֵיהּ, דְּהַשְׁתָּא מְתִילִיד לָךְ קָהָל אַחֲרִינָא, אַלְמָא שֵׁבֶט בִּנְיָמִין לְבַדּוֹ אִיקְּרֵי קָהָל:

הַכֹּל

תוספות

הֲוָה אָמֵינָא עַד דְּעָבְדִי בֵּית דִּין בַּהֲדֵי רוּבָּא כו'. תֵּימַהּ, הַשְׁתָּא אע"פ שֶׁמִּיעוּט נִשְׁאֲרוּ מִצִּבּוּר לָא חָיְישִׁינַן, כ"ש דְּלָא נֵיחוּשׁ לְבֵית דִּין כֵּיוָן דְּרוּבָּא נִינְהוּ, בִּשְׁלָמָא אִי הֲוֵי בָּעֵינַן כּוּלְּהוּ נִיחָא דְּלִיבְעֵי בֵּית דִּין בַּהֲדַיְיהוּ: **שִׁבְעָה** שְׁבָטִים הוּא דְּמַיְיתוּ כו'. לְר' יְהוּדָה דְּקָאָמַר בְּבָרַיְיתָא לְעֵיל אֲפִילּוּ שְׁנֵי שְׁבָטִים[סז] ה"מ לְמִיבְעֵי אֲבָל בִּשְׁנֵי שְׁבָטִים לָא, אֶלָּא אַמַּתְנִיתִין מִיבְּעֵי לֵיהּ, דְּאַיְירֵי בְּשִׁבְעָה שְׁבָטִים: **כְּגוֹן** שֶׁחָטְאוּ שִׁשָּׁה שְׁבָטִים וְהֵן רוּבָּן כו'. תֵּימַהּ, א"כ מ"ט דְּרַבִּי שִׁמְעוֹן דְּלָא מְחַיֵּיב אֶלָּא פַּר אֶחָד, הָא לָא אַשְׁכְּחַן דִּפְלִיג אַרַבִּי יְהוּדָה אֶלָּא דְּבָעֵי נַמִּי פַּר לְבֵית דִּין, אֲבָל מוֹדֶה מִיהוּ לְרַבִּי יְהוּדָה דְּשֵׁבֶט אֶחָד אִיקְּרֵי קָהָל: **הִנְנִי** מַפְרְךָ וְהִרְבִּיתִךָ וְגוֹ'. תֵּימַהּ דְּשָׁבִיק קְרָא דְּאָמַר הקב"ה לְיַעֲקֹב [ו]'גּוֹי וּקְהַל גּוֹיִם יִהְיֶה מִמֶּךָּ':

This *daf* is dedicated *l'iluy nishmas*: Florence Tzipora bat Chana *z"l*

The Gemara asks: **וְרַבִּי שִׁמְעוֹן וְרַבִּי מֵאִיר** — And Rabi Shimon and Rabi Meir, **דְּהוֹרָאָה תְּלוּיָה בְּבֵית דִּין וּמַעֲשֶׂה תָּלוּי בְּקָהָל** — this halachah that the ruling is dependent on *beis din*, but the actual doing of the transgression is dependent on the people committing it, and not on *beis din* doing it, **מְנָא לְהוּ** — where do they learn it from? According to Rabi Yehuda, there were four extra "congregations" mentioned in the *pesukim*, and one of them was used to teach us that halachah. However, Rabi Shimon and Rabi Meir hold that there are only two or three extra "congregations" mentioned in the *pesukim*; from where, then, do they learn this halachah? **אָמַר אַבַּיֵי** — Abaye said: **דְּאָמַר קְרָא** — They learn it from the fact that the *pasuk* says regarding a mistaken ruling given regarding *avodah zarah* (*Bamidbar* 15:24): **וְהָיָה אִם מֵעֵינֵי הָעֵדָה נֶעֶשְׂתָה לִשְׁגָגָה** — "It will be, if from the eyes of the assembly something **was done** mistakenly." This implies that the sin was done by others, and not that *beis din* did it. **רָבָא אָמַר** — Rava says: **מִלְּכָל הָעָם בִּשְׁגָגָה** — They learn it from the *pasuk* regarding the *korbanos* brought for that ruling (ibid. 26): "[Because] for the entire nation, it was done by mistake." This implies that everyone in the nation had a part in the mistake: *beis din* gave the mistaken ruling, and the people did the transgression.

וּצְרִיכָא — And it is necessary to have both of these *pesukim*; **דְּאִי כָּתַב רַחֲמָנָא** — because if the Torah would have only written the *pasuk*, **וְהָיָה אִם מֵעֵינֵי הָעֵדָה נֶעֶשְׂתָה לִשְׁגָגָה** — "It will be, if from the eyes of the assembly something was done mistakenly," **הֲוָה אָמֵינָא** — I would have said, **אֲפִילּוּ מִיעוּטָא** — even if only a minority of the people sinned based on the mistaken ruling, a *Korban He'eleim Davar* is brought (since the words "**from** the eyes of the assembly" implies some of the people, but not all); **לְהָכִי כְּתִיב** — therefore, it is also written: **לְכָל הָעָם בִּשְׁגָגָה** — "[Because] for the entire nation, it was done by mistake." This teaches us that the transgression must have been done by at least a majority of the nation, which is considered the entire nation. **וְאִי כָּתַב** — And if the Torah would have only written the *pasuk*, **לְכָל הָעָם בִּשְׁגָגָה** — "[Because] for the entire nation, it was done by mistake," **הֲוָה אָמֵינָא** — I would have said, **עַד דְּעָבְדֵי בֵּית דִּין בַּהֲדֵי רוּבָּא** — the term "the **entire** nation" teaches us that a *Par He'eleim Davar* is not brought unless the judges of *beis din* themselves do the transgression together with the majority of the nation. **לְהָכִי כְּתִיב** — Therefore, it is written: **וְהָיָה אִם מֵעֵינֵי הָעֵדָה נֶעֶשְׂתָה לִשְׁגָגָה** — "It will be, if from the eyes of the assembly something **was done** mistakenly," which implies that the sin was committed by others, and not by *beis din*.

The Gemara asks: **וְהָא כִּי כְּתִיבִי הָנֵי קְרָאֵי** — But when these two *pesukim* are written, **בַּעֲבוֹדַת כּוֹכָבִים הוּא דִּכְתִיבִי** — they are written regarding a ruling to permit worshipping *avodah zarah*! How do we know that the halachah that the ruling is dependent on *beis din* and the transgression is dependent on the people also applies to a regular *Par He'eleim Davar* (which is brought for mistaken rulings regarding any *mitzvos* which are punishable by *kareis*)? The Gemara answers: **יָלְפִינַן מֵעֵינֵי מֵעֵינֵי** — We make a *gezeirah shavah* using the word מעיני ("from the eyes of") which is written in the *pasuk* by

For this *daf's shiur* and charts, scan this QR code:

עין משפט
נר מצוה

מד א מיי' פי"ב מהלכות שגגות הלכה א סמג עשין ריז:

מה ב מיי' פ"ג מהלכות ביאת מקדש הלכה ו סמג לאוין דש:

תוספות הרא"ש

אמר אביי אמר קרא [והיה אם מעיני העדה] נעשתה לשגגה עד שתעשה שגגה על ידי אחרים. דפשטיה דקרא מעיני העדה לא קאי אב"ד מדלא כתיב ונעלם מעיני העדה אלמא משמע דאציבורא קאי. ומ"מ מדכתיב נעשתה לשגגה ולא כתיב ועשו העדה בשגגה. אלמא משמע שנעשתה שגגה על ידי אחרים שהורו להם היתר: **ורבא אמר אמר קרא כי לכל העם בשגגה.** דמשמע שכל ישראל שגו בדבר וב"ד בכלל כל העם הם ובשגגת מעשה אי אפשר לכלול בית דין עם הצבור דהא אמרי' בסמוך מדכתיב נעשתה לשגגה מפקי ב"ד משגגת מעשה אלא ע"כ שגגת מעשה[כט] דכתיב בב"ד בשגגת הוראה איירי: ה"ג כי **שמעינא ליה לר' יהודה ד' שבטים.** ולא כמו שכתוב במקצת ספרים כי שמעי' ליה לרבי יהודה ב' שבטים דאף אשבה מבעיא ליה משום דלא תני ר' יהודה לעיל גרירה אלא בז' שבטים ומסתבר למימר דדוקא רובא הוא דגררי למעוטא ומשום דמבעיא ליה אף בשבט א' טעו לכתוב ב' שבטים וליתא דמשבט א' עד ז' שבטים קא איבעי: **ובמאי אי בהוראת בית דינו ר"ש ל"ל.** פרש"י ז"ל דהא לא מייתר ליה קרא לעיל להוראת ב"ד. והא לאו ראיה היא דתלמודא קא דריש לעיל הני קהלי אליבא דאינהו דתנאי ודריש לכל תנא ותנא לפום מאי דשמעי' ליה בקרא[ל] ההוא תנא ואי לאו דשמיע ליה בהדיא דר' שמעון פטר שבט שעשה בהוראת בית דינו הוי הוי מצי למימר דר"ש סבר כר' יהודה דדריש חד לדרשא זו כי היכי דדריש ליה ר' יהודה אלא ודאי אהא קא סמיך דקתני במתניתין וחכ"א אין חייבין אלא על הוראת ב"ד הגדול בלבד ומדקתני חכמים מסתמא כלל רבנן מני פלוגתייהו דר' יהודה ר"ש בכלל ולקמן מוכח דדוקא ר"ש היא ולא ר"מ: **ואימא עד דאיכא שני שבטים דהתם שבט יהודה ובנימין הוה.** וכן מוכח קרא דכתיב בקהל יהודה וירושלים וירושלים היינו שבט בנימין שהיתה העיר בחלק בנימין כדמוכח בפ' איזהו מקומן (דף נד): **אלא אמר רב אחא בר יעקב מהכא הנני מפרך והרביתיך ונתתיך לקהל עמים.** תימה דמייתי האי קרא דליכא למשמע מניה וה"ל לאתויי מההוא קרא דכתיב [ז] גוי וקהל גוים יהיה ממך כי זה הפסוק נאמר על לידת בנימין לבד ומהאי קרא מייתי בירושלמי[ט] כל שבט ושבט קרוי קהל שנאמר גוי וקהל גוים יהיה ממך ועדיין לא נולד בנימין ומה שפי' רש"י בויחי יעקב ונתתיך לקהל עמים בשרי שעתיד לצאת ממני קהל ועמים [illegible] לבד מבנימין לא מוקהל קדרים דע"כ אבנימין קאי דהא מוכח מיני' רבה[לא] דשבט א' איקרי קהל אלא מגוים קדרים.

מסורת הש"ס עם הוספות

א) [לעיל ג. ע"ש], ב) [עירובין פג. וש"נ], ג) [פסחים פ. מנחות טו.], ד) פסחים לג: יבמות ז: זבחים לג: ע"ש, ה) ת"כ פ' ויקרא דבורא דחובה פרק ג, ה"ד-ה (אות רח), ו) בראשית לה ט-יא. ז) בראשית לה יא. ח) כאן ה"ו ופסחים פ"ז ה"ו.

גליון הש"ס

גמ' שחידשו דברים ואמרו טבול יום אל יכנס. בשו"ת זכרון יוסף בסופו בחידושיו כ' דלפני החצר החדשה גימטריא טבול יום לא יכנס במחנה של לוים:

תורה אור השלם

א) וְהָיָה אִם מֵעֵינֵי הָעֵדָה נֶעֶשְׂתָה לִשְׁגָגָה וְעָשׂוּ כָל הָעֵדָה פַּר בֶּן בָּקָר אֶחָד לְעֹלָה לְרֵיחַ נִיחֹחַ לַיְיָ וּמִנְחָתוֹ וְנִסְכּוֹ כַּמִּשְׁפָּט וּשְׂעִיר עִזִּים אֶחָד לְחַטָּת: [במדבר טו, כד]

ב) וְנִסְלַח לְכָל עֲדַת בְּנֵי יִשְׂרָאֵל וְלַגֵּר הַגָּר בְּתוֹכָם כִּי לְכָל הָעָם בִּשְׁגָגָה: [במדבר טו, כו]

ג) וְאִם כָּל עֲדַת יִשְׂרָאֵל יִשְׁגּוּ וְנֶעְלַם דָּבָר מֵעֵינֵי הַקָּהָל וְעָשׂוּ אַחַת מִכָּל מִצְוֹת יְיָ אֲשֶׁר לֹא תֵעָשֶׂינָה וְאָשֵׁמוּ: [ויקרא ד, יג]

ד) וַיַּעֲמֹד יְהוֹשָׁפָט בִּקְהַל יְהוּדָה וִירוּשָׁלַיִם בְּבֵית יְיָ לִפְנֵי הֶחָצֵר הַחֲדָשָׁה: [דברי הימים ב' כ, ה]

ה) וַיֹּאמֶר אֵלַי הִנְנִי מַפְרְךָ וְהִרְבִּיתִךָ וּנְתַתִּיךָ לִקְהַל עַמִּים וְנָתַתִּי אֶת הָאָרֶץ הַזֹּאת לְזַרְעֲךָ אַחֲרֶיךָ אֲחֻזַּת עוֹלָם: [בראשית מח, ד]

ו) וְלָקְחוּ פַּר בֶּן בָּקָר וּמִנְחָתוֹ סֹלֶת בְּלוּלָה בַשָּׁמֶן וּפַר שֵׁנִי בֶן בָּקָר תִּקַּח לְחַטָּאת: [במדבר ח, ח]

ז) וְהַלְוִיִּם יִסְמְכוּ אֶת יְדֵיהֶם עַל רֹאשׁ הַפָּרִים וַעֲשֵׂה אֶת הָאֶחָד חַטָּאת וְאֶת הָאֶחָד עֹלָה לַיְיָ לְכַפֵּר עַל הַלְוִיִּם: [במדבר ח, יב]

הגהות וציונים

א] בראשונים ובכת"י נוסף **עד שתעשה שגגה על ידי אחרים**. וברש"י צ"ל הפסק הנקודה אחר אחרים (דק"ס): ב] ר"ח ורא"ש "או לא **כי שמענא ליה לר' יהודה** שבעה שבטים": ג] ובמאי (ראשונים וכת"י): ד] ב"ש כתב שהוא טעות סופר (גליון): ה] בכת"י ובר"ח נוסף **או שבעה אע"פ שאין רובן של קהל**. ועי' רש"ש: ו] דשאר (ב"ח): ז] בכת"י נוסף **כי שמעינן ליה לר' שמעון שבעה אבל שבט אחד לא או דילמא לא שנא**: ח] ליתא בדפוסים הישנים והוסיפוהו בד' פפד"מ מהא דבסמוך, וצ"ל בתוך חצאי מרובעים: ט] גם זה צ"ל בתוך חצאי מרובעים: י] בד' ונציא ג' "אלא **הכא במאי עסקינן כגון שחטאו ששה והן רובו של קהל או שבעה אע"פ שאינן רובו של קהל** ומני רבי שמעון בן אלעזר", וכ"ה בר"ח, והפסק הנקודה ברש"י צ"ל אחרי וכו': יא] נראה שהוא ר"ת "אמר ר' יוחנן" (ע"פ ר"ח וכת"י): יב] [צ"ל **בבית ה' לפני החצר**] (גליון): יג] בגליון הגמרא ביבמות הגיה הגרי"פ "צ"ל **רבי** כ"א בזבחים" (כ"ה בזבחים בדפו"י, ובדפו"ח שם תיקנו כלפנינו. והשמ"ק בזבחים מחק "אמר רבי"): יד] שחידשו **בה** דברים (ב"ח): טו] גירסת הרא"ש "מתקיף לה רב אחא בר יעקב

רש"י

ורבי שמעון ורבי מאיר. דדרשי תרי 'קהל' לג"ש, ולא אייתר חד להוראה תלויה בבית דין, אם כן הוראה תלויה בבית דין מנא לכו: מעיני העדה נעשתה לשגגה. שתעשה לשגגה על ידי אחרים, דהיינו על ידי הוראת בי"ד, דהוראה תלויה בבית דין: רבא אמר, 'כי לכל העם בשגגה'. שיהו כולם תלויין בשגגת[כא] הקהל ובי"ד, דהוראה תלויה בבי"ד ומעשה תלוי בקהל: הוה אמינא אפילו מיעוט. חטאו מביאין פר: הוה אמינא בית דין בהדי רובא. ולא יהו מביאין פר עד שיעשו בית דין עם הצבור, דליבעי לבית דין הוראה ועשיה, כתב רחמנא 'והיה אם מעיני העדה נעשתה לשגגה', שתעשה שגגה על ידי אחרים, דהוראה בלבד תלויה בבית דין: ילפינן 'מעיני' 'מעיני'. כתיב הכא 'מעיני הקהל', וכתיב בעבודת כוכבים 'והיה אם מעיני העדה': אבל חד שבט דליכא רובא לא. והוא הדין לשנים או שלשה שבטים: רבי שמעון תמניא בעי. פר לכל שבט ושבט ופר לבית דין: אי בהוראת בית דינו רבי שמעון לית ליה. דהא לא מייתר ליה (לא[כב]) קהל להוראת בית דינו: אלא לאו רבי יהודה היא. וקתני 'מה הן מביאין, פר אחד', אלמא לא מייתו שאר שבטים בהדיה: אמרי הכא במאי עסקינן וכו'. ותנא קמא רבי שמעון בן אלעזר הוא, ורבי שמעון דאמר שני פרים קסבר[כג] פר לכל שבט ושבט, דשבט אחד איקרי קהל, כגון שחטאו שבעה שבטים והן רובן של קהל, דכי הויא רובא בגברי ורובא בשבטים הוא דמביא פר לכל שבט ושבט ופר לבי"ד, אבל היכא דאיכא ששה והן רובא[כד], או שבעה ואינן רובא[כה], כיון דלאו רובא בגברי ורובא בשבטים, כחד שבט דמו, ומביאין פר אחד ופר לבי"ד: איבעיא להו, שבט אחד שעשה בהוראת בית דין הגדול לרבי שמעון מי מייתו פר או לא, מי אמרינן כי אמר ר' שמעון לחייב על כל קהל וקהל, דשבט אחד איקרי קהל, כגון שחטאו שבעה שבטים דהוו רובן, אבל היכא דליכא רובא כיחיד דמו ופטורים, דהיינו שעשה בהוראת בי"ד פטור, או דלמא כיון דסבירא ליה דשבט אחד איקרי קהל, לא שנא שבט אחד ולא שנא שבעה מביאין פר לכל שבט ושבט ופר לבי"ד: אלא. הכא במאי עסקינן כגון שחטאו ששה וכו', דכיון דאיכא רוב[כו] רובא כל דהו קאמר דמביאין פר ופר לבי"ד: אלא לאו רבי שמעון. וקתני שבט אחד חייב על הוראת בית דין הגדול, אלמא כי אמר 'שבט אחד איקרי קהל' אפילו כי חטא שבט אחד כמרובין דמו ומביאין פר ופר לבי"ד, והכי סבירא ליה לרבי שמעון, דהיכא דאיכא רובא בגברי ורובא בשבטים מביאין פר לכל שבט, אבל[כז] היכא דחטאו ששה והן רובן או שבעה ואינן רובן כשבט אחד דמו ומביאין פר ופר לבית דין, מדקתני 'מה הן מביאין' וכו', ולא מתוקמא רישא אלא כרבי שמעון בן אלעזר, כגון שחטאו ששה וכו', וקאמר רבי שמעון שני פרים, פר להו ופר לבית דין: מדכתיב 'קהל יהודה', אלמא דשבט אחד איקרי קהל: ודלמא שאני שבט יהודה דהוה עמיה בירושלים שבט בנימין. ושני שבטים הוא דאקרי קהל, אבל שבט אחד לא: אלא מהכא, 'הנני מפרך והרביתיך ונתתיך לקהל עמים' וגו'. והיכא אמר ליה הכי, דכתיב 'וירא אלהים אל יעקב עוד בבואו מפדן ארם' וגו', וכתיב 'ויאמר לו אלהים אני אל שדי פרה ורבה גוי וקהל גוים יהיה ממך' וגו': מאן הוה אתיליד ליה בההיא שעתא. כלומר, מאן הוה עתיד למילד ההיא שעתא, בנימין, ושמע מינה דקאמר ליה רחמנא השתא מתיליד לך קהל אחרינא: י"א שבטים לא[כח]. בתמיהה, והא אמרת דשני שבטים איקרו קהל, יהודה ובנימין, אלא ודאי הכי קאמר ליה, דהשתא מתיליד לך קהל אחרינא, אלמא שבט בנימין לבדו איקרי קהל: הכל

גמרא

ורבי שמעון ורבי מאיר, דהוראה תלויה בבית דין ומעשה תלוי בקהל מנא להו. אמר אביי, דאמר קרא [א] 'והיה אם מעיני העדה נעשתה לשגגה'[א]; רבא אמר, [ב] מ'לכל העם בשגגה'. וצריכא, דאי כתב רחמנא 'והיה אם מעיני העדה נעשתה לשגגה' הוה אמינא אפילו מיעוטא, להכי כתיב 'לכל העם בשגגה', ואי כתב 'לכל העם בשגגה' הוה אמינא עד דעבדי בית דין בהדי רובא, להכי כתיב 'והיה אם מעיני העדה נעשתה לשגגה'. והא כי כתיבי הני קראי בעבודת כוכבים הוא דכתיבי. ילפינן [ג] 'מעיני' [א] 'מעיני': **הורו בית דין של אחד וכו':** איבעיא להו, שבט אחד לרבי יהודה בהוראת בית דין הגדול, מי מייתו שאר שבטים או לא; מי אמרינן[ב] שבעה שבטים הוא דמייתו שאר שבטים בהדייהו משום דאיכא רובא, אבל חד שבט דליכא רובא לא, או דלמא לא שנא. תא שמע, מה הן מביאין, פר אחד, רבי שמעון אומר, שני פרים; במאי עסקינן, אילימא שחטאו שבעה, רבי שמעון תמניא בעי, אלא דחטא שבט אחד, במאי[ג], אי בהוראת בית דינו רבי שמעון לית ליה, אלא לאו בהוראת בית דין הגדול, ותנא קמא מני, אי נימא רבי מאיר, הא רובא בעי, אלא לאו רבי יהודה (וכגון שחטא שבט אחד[ד]). אמרי, הכא במאי עסקינן, כגון שחטאו ששה שבטים והן רובן של קהל[ה], ורבי שמעון בן אלעזר היא, דתניא, [א] רבי שמעון בן אלעזר אומר משמו, חטאו ששה והן רובו של קהל, או שבעה אף על פי שאינן רובו של קהל, מביאין פר. תא שמע, רבי יהודה אומר, שבט שעשה בהוראת בית דינו, אותו השבט חייב ושאר כל השבטים פטורין, ובהוראת בית דין הגדול אפילו שאר שבטים חייבים. שמע מינה. אמר רב אשי, מתניתין נמי דיקא, דקתני ועשה אותו השבט על פיהם אותו השבט חייב ושאר כל השבטים פטורין, למה לי למיתנא ושאר שבטים פטורים, הא תנא אותו השבט חייב, וכיון דתנא אותו השבט חייב ממילא ידענא שאר[ו] שבטים פטורין, אלא הא קמשמע לן, דבהוראת בית דינו הוא דשאר שבטים פטורים, אבל בהוראת בית דין הגדול אפילו שאר שבטים חייבין. שמע מינה. **איבעיא** להו, שבט אחד שעשה בהוראת בית דין הגדול, לרבי שמעון מי מייתי או לא[ז]. תא שמע, מה הן מביאין, פר אחד, רבי שמעון אומר, שני פרים; (במאי עסקינן, אילימא שחטאו שבעה[ח]) שני פרים, שמנה פרים בעי, אלא דחטא שבט אחד, ובמאי, אילימא בהוראת בית דינו, רבי שמעון לית ליה, אלא בהוראת בית דין הגדול, ותסברא, תנא קמא מני, אי רבי מאיר, הא רובא בעי, אי רבי יהודה, שאר שבטים נמי מייתו. (אלא[ט]) הא[י] מני, רבי שמעון בן אלעזר היא, וכדתניא. תא שמע, וחכמים אומרים, לעולם אינו חייב אלא על הוראת בית דין הגדול; [ב] מאן חכמים, אילימא רבי מאיר, רובא בעי, אלא לאו רבי שמעון היא. שמע מינה. ורבי יהודה ורבי שמעון, [ג] [א] שבט אחד דאקרי קהל מנא להו. אמרי[יא], דכתיב [ד] 'ויעמד יהושפט בקהל יהודה וירושלים (נכח חצר בית ייי[יב]) החדשה'; [ד] מאי 'חדשה', אמר רבי יוחנן[יג], [ב] שחידשו[יד] דברים ואמרו טבול יום אל יכנס במחנה לויה. מתקיף לה רב אחא בר יעקב, ממאי, דלמא שאני ירושלים דהוה נמי בנימין[טו]. אלא אמר רב אחא בר יעקב, דכתיב [ה] 'ויאמר אלי הנני מפרך והרביתיך ונתתיך לקהל עמים' וגו', מאן אתיליד ליה ההיא שעתא, בנימין, שמע מינה הכי קאמר רחמנא, מתיליד לך השתא קהל אחרינא. אמר ליה רבי[טז] שבא לרב כהנא, דלמא הכי קאמר ליה רחמנא, לכי מתיליד לך בנימין הוא דהוו שנים עשר שבטים דמתקריית[יז] קהל. אמר ליה, אלא שנים עשר שבטים איקרו קהל, אחד עשר שבטים לא איקרו קהל. [ה] תניא[יח], רבי שמעון אומר, מה תלמוד לומר [ו] 'ופר שני בן בקר תקח לחטאת', אם ללמד שהם שנים, והלא כבר נאמר [ז] 'ועשה את האחד חטאת ואת האחד עולה לייי', [אלא] יכול [תהא] נאכלת[יט] חטאת ללוים[כ], תלמוד לומר 'ופר שני', שני לעולה, מה עולה לא נאכלת אף

תוספות

הוה אמינא עד דעבדי בית דין בהדי רובא כו'. תימה, השתא אע"פ שמיעוט נשארו מצבור לא חיישינן, כ"ש דלא ניחוש לבית דין כיון דרובא נינהו, בשלמא אי הוי בעינן כולהו ניחא דליבעי בית דין בהדייהו: **שבעה** שבטים הוא דמייתו כו'. לר' יהודה דקאמר בברייתא לעיל אפילו שני שבטים[כא] ה"מ למיבעי אבל בשני שבטים לא, אלא אמתניתין מיבעי ליה, דאיירי בשבעה שבטים: **כגון** שחטאו ששה שבטים והן רובן כו'. תימה, א"כ מ"ט דרבי שמעון דלא מחייב אלא פר אחד, הא לא אשכחן דפליג ארבי יהודה אלא דבעי נמי פר לבית דין, אבל מודה מיהו לרבי יהודה דשבט אחד איקרי קהל: **הנני** מפרך והרביתיך וגו'. תימה דשביק קרא דאמר הקב"ה ליעקב [ז] 'גוי וקהל גוים יהיה ממך':

ואימא עד דאיכא שני שבטים דהתם שבט יהודה ובנימין הוו אלא אמר רב אחא בר יעקב **מהכא** הנני מפרך וכו'": טז] רב **בר** שבא (ר"ח וכת"י): יז] דמתקריין (ב"ח): יח] בכת"י ליתא מ"תניא ר"ש אומר" עד לקמן ו רע"א "אף חטאת לא נאכלת כיוצא בו". וכן לא היה לפני רש"י מדלא פירשו וגם בתמורה טו ע"ב לא מייתו לה רש"י ותוס' מכאן ומזה מוכח שלא היה לפניהם ועי' מהרש"א (דק"ס): יט] בדפו"י בכל הסוגיא בגמ' וברש"י נאכלה, ועי' דק"ס: כ] מהרש"א וקרבן אהרן מיישבים גירסתנו "ללוים". ב"ש וב"ח ועוד מגיהים הלוים, וכן הביאו מת"כ הרא"ם וב"ש וכן הביא מהתוספתא הר"ש פרה פ"א מ"ב. בת"כ שלפנינו "יכול תהא נאכלת חטאת זו" (חק נתן, רש"ש). ועי' שער יוסף: כא] צ"ל בשגגה (ברכת יצחק): כב] ליתא בכל הדפוסים הישנים ונשתבש בד' אמ"ד. בתוס' הרא"ש "ליה קרא לעיל להוראה": כג] הב"ח מוסיף **הא דמביאין**. דפוס ווינציא ג' "קסבר פר לקהל ופר לב"ד דכי אמר ר"ש שבעה שבטים מביאין שמנה פרים** כגון (וליתא "לכל שבט ושבט דשבט א' איקרי קהל"): כד] רובו של קהל (ב"ח): כה] "רוב" נמחק (ב"ח, וכן ליתא בכת"י): כו] יש להוסיף **אפילו** (בני שמואל, עיי"ש): כז] לא **איקרי קהל**. (ב"ח): כח] צ"ל **לא** ה"מ (בארות המים): כט] "מעשה" ליתא בכת"י וגורס "ע"כ **שגגה** דכתיב": ל] כת"י "לפום מאי דשמיע ליה דקאמר ההוא תנא": לא] צ"ל מיניה **בירושלמי** (הורה גבר) בשער יוסף (באחורי תרעא) מגיה "דמוכח מינה **רב אחא**", עיי"ש:

This *daf* is dedicated *l'iluy nishmas*: Florence Tzipora bat Chana *z"l*

a regular *Par He'eleim Davar* (*Vayikra* 4:13), "And a matter is hidden **from the eyes of** (מעיני) the congregation," and the word מעיני which is written in the *pasuk* by mistaken rulings regarding *avodah zarah*, "It will be, if **from the eyes of** (מעיני) the assembly something was done mistakenly," to teach us that just as a mistaken ruling regarding *avodah zarah* is dependent on *beis din* and the transgression is dependent on the people, so too, the same rule applies by a regular *Par He'eleim Davar.*

Our Mishnah says: **הוֹרוּ בֵּית דִּין שֶׁל אֶחָד וְכוּ'** — If the *beis din* of one of the *shevatim* mistakenly ruled against the Torah, and the people of that *shevet* sinned based on their ruling, according to Rabi Yehuda, that *shevet* brings their own *Par He'eleim Davar*, whereas the *Chachamim* hold that a *Par He'eleim Davar* can only be brought for rulings of the *Beis Din Hagadol.*

אִיבַּעְיָא לְהוּ — It was asked: **שֵׁבֶט אֶחָד לְרַבִּי יְהוּדָה בְּהוֹרָאַת בֵּית דִּין הַגָּדוֹל** — According to Rabi Yehuda, if one *shevet* sinned based on the mistaken ruling of the *Beis Din Hagadol*, **מִי מַיְיתוּ שְׁאָר שְׁבָטִים** — do the other *shevatim* also each bring a *Par He'eleim Davar* on behalf of the *shevet* that sinned, as Rabi Yehudah says in our Mishnah in the case when seven *shevatim* sinned, **אוֹ לָא** — or not? The Gemara explains the question: **מִי אָמְרִינַן** — Do we say: **שִׁבְעָה שְׁבָטִים הוּא דְּמַיְיתוּ שְׁאָר שְׁבָטִים בַּהֲדַיְיהוּ** — It is only if seven *shevatim* sinned that Rabi Yehudah holds that the other *shevatim* who did not sin each bring a *Par He'eleim Davar* on behalf of those who did sin, **מִשּׁוּם דְּאִיכָּא רוּבָּא** — because there is a majority of the *shevatim*, **אֲבָל חַד שֵׁבֶט** — however, if only one *shevet* sinned, **דְּלֵיכָּא רוּבָּא** — so there is no majority, **לָא** — the other *shevatim* do not each bring a *Par He'eleim Davar*? **אוֹ דִלְמָא** — Or, perhaps, **לָא שְׁנָא** — it makes no difference; even if only one *shevet* sinned, all the other *shevatim* each bring a *Par He'eleim Davar* on their behalf.

תָּא שְׁמַע — Come and hear a proof from a *Baraisa* to answer this question: **מָה הֵן מְבִיאִין** — What do they bring if people sinned based on a mistaken ruling of *beis din*? **פַּר אֶחָד** — One bull. **רַבִּי שִׁמְעוֹן אוֹמֵר** — Rabi Shimon says: **שְׁנֵי פָּרִים** — Two bulls. The Gemara asks: **בְּמַאי עָסְקִינַן** — What case are we dealing with? **אִילֵימָא שֶׁחָטְאוּ שִׁבְעָה** — If you say that the case is that seven of the *shevatim* sinned, **רַבִּי שִׁמְעוֹן תְּמָנְיָא בָּעֵי** — Rabi Shimon would require eight bulls, as we learned in our Mishnah! **אֶלָּא** — Rather, **דְּחָטָא שֵׁבֶט אֶחָד** — the case is that one *shevet* sinned. **בְּמַאי** — And based on what kind of ruling did this one *shevet* sin? **אִי בְּהוֹרָאַת בֵּית דִּינוֹ** — If it was based on the ruling of that *shevet's* own *beis din*, **רַבִּי שִׁמְעוֹן לֵית לֵיהּ** — Rabi Shimon holds that no *Par He'eleim Davar* is brought in that case! Only Rabi Yehudah holds that a *shevet* would bring a *Par He'eleim Davar* for following the mistaken ruling of their own *beis din*, because he holds that there are four extra "congregations" mentioned in the *pesukim* of *Par He'eleim Davar*, and one of them was used to teach us this halachah (see above, 5a). However, Rabi Shimon holds that there are only three extra "congregations" mentioned, and he therefore does not hold of

For this *daf's shiur* and charts, scan this QR code:

ורבי שמעון ורבי מאיר, דהוראה תלויה בבית דין ומעשה תלוי בקהל מנא להו. אמר אביי, דאמר קרא (א) 'והיה אם מעיני העדה נעשתה לשגגה'[א]; רבא אמר, (ב) מ'לכל העם בשגגה'. וצריכא, דאי כתב רחמנא 'והיה אם מעיני העדה נעשתה לשגגה' הוה אמינא אפילו מיעוטא, להכי כתיב 'לכל העם בשגגה', ואי כתב 'לכל העם בשגגה' הוה אמינא עד דעבדי בית דין בהדי רובא, להכי כתיב 'והיה אם מעיני העדה נעשתה לשגגה'. והא כי כתיבי הני קראי בעבודת כוכבים הוא דכתיבי. ילפינן (ג) 'מעיני' (א) 'מעיני': **הורו בית דין של אחד וכו'**: **איבעיא** להו, שבט אחד לרבי יהודה בהוראת בית דין הגדול, מי מייתו שאר שבטים או לא; מי אמרינן[ב] שבעה שבטים הוא דמייתו שאר שבטים בהדייהו משום דאיכא רובא, אבל חד שבט דליכא רובא לא, או דלמא לא שנא. תא שמע, מה הן מביאין, פר אחד, רבי שמעון אומר, שני פרים; במאי עסקינן, אילימא שחטאו שבעה, רבי שמעון תמניא בעי, אלא דחטא שבט אחד, במאי[ג], אי בהוראת בית דינו רבי שמעון לית ליה, אלא לאו בהוראת בית דין הגדול, ותנא קמא מני, אי נימא רבי מאיר, הא רובא בעי, אלא לאו רבי יהודה (וכגון שחטא שבט אחד[ד]). אמרי, הכא במאי עסקינן, כגון שחטאו ששה שבטים והן רובן של קהל[ה], ורבי שמעון בן אלעזר היא, דתניא, (א) רבי שמעון בן אלעזר אומר משמו, חטאו ששה והן רובו של קהל, או שבעה אף על פי שאינן רובו של קהל, מביאין פר. תא שמע, רבי יהודה אומר, שבט שעשה בהוראת בית דינו, אותו השבט חייב ושאר כל השבטים פטורין, ובהוראת בית דין הגדול אפילו שאר שבטים חייבים. שמע מינה. אמר רב אשי, מתניתין נמי דיקא, דקתני ועשה אותו השבט על פיהם אותו השבט חייב ושאר כל השבטים פטורין, למה לי למיתנא ושאר שבטים פטורים, הא תנא אותו השבט חייב, וכיון דתנא אותו השבט חייב ממילא ידענא שאר[ו] שבטים פטורין, אלא הא קמשמע לן, דבהוראת בית דינו הוא דשאר שבטים פטורים, אבל בהוראת בית דין הגדול אפילו שאר שבטים חייבין. שמע מינה. **איבעיא** להו, שבט אחד שעשה בהוראת בית דין הגדול, לרבי שמעון מי מייתי או לא[ז]. תא שמע, מה הן מביאין, פר אחד, רבי שמעון אומר, שני פרים; (במאי עסקינן, אילימא שחטאו שבעה[ח]) שני פרים, שמנה פרים בעי, אלא דחטא שבט אחד, ובמאי, אילימא בהוראת בית דינו, רבי שמעון לית ליה, אלא בהוראת בית דין הגדול, ותסברא, תנא קמא מני, אי רבי מאיר, הא רובא בעי, אי רבי יהודה, שאר שבטים נמי מייתו. (אלא[ט]) האי[י] מני, רבי שמעון בן אלעזר היא, וכדתניא. תא שמע, וחכמים אומרים, לעולם אינו חייב אלא על הוראת בית דין הגדול; (ב) מאן חכמים, אילימא רבי מאיר, רובא בעי, אלא לאו רבי שמעון היא. שמע מינה. ורבי יהודה ורבי שמעון, (ג) שבט אחד דאקרי קהל מנא להו. אמרי[יא], דכתיב (ד) 'ויעמד יהושפט בקהל יהודה וירושלים (נכח חצר בית יי[יב]) החדשה'; (ד) מאי 'חדשה', אמר רבי יוחנן[יג], (ה) שחידשו[יד] דברים ואמרו טבול יום אל יכנס במחנה לויה. מתקיף לה רב אחא בר יעקב, ממאי, דלמא שאני ירושלים דהוה נמי בנימין[טו]. אלא אמר רב אחא בר יעקב, דכתיב (ה) 'ויאמר אלי הנני מפרך והרביתיך ונתתיך לקהל עמים' וגו', מאן אתיליד ליה ההיא שעתא, בנימין, שמע מינה הכי קאמר רחמנא, מתיליד לך השתא קהל אחרינא. אמר ליה רב[טז] שבא לרב כהנא, דלמא הכי קאמר ליה רחמנא, לכי מתיליד לך בנימין הוא דהוו שנים עשר שבטים דמתקריית[יז] קהל. אמר ליה, אלא שנים עשר שבטים איקרו קהל, אחד עשר שבטים לא איקרו קהל. (ה) **תניא**[יח], רבי שמעון אומר, מה תלמוד לומר (ו) 'ופר שני בן בקר תקח לחטאת', אם ללמד שהם שנים, והלא כבר נאמר (ז) 'ועשה את האחד חטאת ואת האחד עולה ליי', [אלא] יכול [תהא] נאכלת[יט] חטאת ללוים[כ], תלמוד לומר 'ופר שני', שני לעולה, מה עולה לא נאכלת אף

ורבי שמעון ורבי מאיר. דדרשי תרי 'קהל' לג"ש, ולא איירי חד להוראה תלויה בבית דין, אם כן הוראה תלויה בבית דין מנא להו: 'מעיני העדה נעשתה לשגגה'. שמעשה לשגגה על ידי אחרים, דהיינו על ידי הוראת בי"ד, דהוראה תלויה בבית דין: **רבא אמר**, 'כי לכל העם בשגגה'. שיהו כולם תלויין בשגגת[כא] הקהל ובי"ד, דהוראה תלויה בבי"ד ומעשה תלוי בקהל: **הוה אמינא אפילו** מיעוט. חטאו מביאין פר: **הוה אמינא** בית דין בהדי רובא. ולא יהו מביאין פר עד שיעשו בית דין עם הצבור, דליבעי לבית דין הוראה ועשיה, כתב רחמנא 'והיה אם מעיני העדה נעשתה לשגגה', שמעשה שגגה על ידי אחרים, דהוראה בלבד תלויה בבית דין: ילפינן 'מעיני' 'מעיני'. כתיב הכא 'מעיני הקהל', וכתיב בעבודת כוכבים 'והיה אם מעיני העדה': **אבל** חד שבט דליכא רובא לא. והוא הדין לשנים או שלשה שבטים: רבי שמעון תמניא בעי. פר לכל שבט ושבט ופר לבית דין: **אי** בהוראת בית דינו רבי שמעון לית ליה. דהא לא מייתר ליה (לא[כב]) קהל להוראת בית דינו: **אלא לאו רבי יהודה היא**. וקתני 'מה הן מביאין, פר אחד', אלמא לא מייתו שאר שבטים בהדייה: **אמרי הכא במאי עסקינן** וכו'. ותנא קמא רבי שמעון בן אלעזר הוא, ורבי שמעון דאמר שני פרים קסבר[כג] פר לכל שבט ושבט, דשבט אחד איקרי קהל, כגון שחטאו שבעה שבטים והן רובן של קהל, דכי הויא רובא בגברי ורובא בשבטים הוא דמביא פר לכל שבט ושבט ופר לבי"ד, אבל היכא דאיכא ששה והן רובא[כד], או שבעה ואינן רובא[כה], כיון דלאו רובא בגברי ורובא בשבטים, כחד שבט דמו, ומביאין פר אחד ופר לבי"ד: **איבעיא** להו, שבט אחד שעשה בהוראת בית דין הגדול לרבי שמעון מי מייתו פר או לא, מי אמרינן כי אמר ר' שמעון לחייב על כל קהל וקהל, דשבט אחד איקרי קהל, כגון שחטאו שבעה שבטים דהוו רובן, אבל היכא דליכא רובא כיחיד דמו ופטורים, דיחיד שעשה בהוראת בי"ד פטור, או דלמא כיון דסבירא ליה דשבט אחד איקרי קהל, לא שנא שבט אחד ולא שנא שבעה מביאין פר לכל שבט ושבט ופר לבי"ד: **אלא. הכא במאי עסקינן כגון שחטאו ששה וכו'**, דכיון דאיכא רוב[כו] רובא כל דהו קאמר דמביאין פר ופר לבי"ד: **אלא לאו רבי** שמעון. וקתני שבט אחד חייב על הוראת בית דין הגדול, אלמא כי אמר 'שבט אחד איקרי קהל' אפילו כי חטא שבט אחד כמרובין דמו ומביאין פר ופר לבי"ד, והכי סבירא ליה לרבי שמעון, דהיכא דאיכא רובא בגברי ורובא בשבטים מביאין פר לכל שבט, אבל[כז] היכא דחטאו ששה והן רובן או שבעה ואינן רובן כשבט אחד דמו ומביאין פר ופר לבית דין, מדקתני 'מה הן מביאין' וכו', ולא מתוקמא רישא אלא כרבי שמעון בן אלעזר, כגון שחטאו ששה וכו', וקאמר רבי שמעון שני פרים, פר להו ופר לבית דין: מדכתיב 'קהל יהודה', אלמא דשבט אחד איקרי קהל: **ודלמא שאני שבט יהודה דהוה עמיה** בירושלים שבט בנימין. ושני שבטים הוא דאיקרי קהל, אבל שבט אחד לא: **אלא** מהכא, 'הנני מפרך והרביתיך ונתתיך לקהל עמים' וגו'. והיכא אמר ליה הכי, דכתיב (ו) 'וירא אלהים אל יעקב עוד בבואו מפדן ארם' וגו', וכתיב 'ויאמר לו אלהים אני אל שדי פרה ורבה גוי וקהל גוים יהיה ממך' וגו': **מאן הוה אתיליד ליה** בההיא שעתא. כלומר, מאן הוה עתיד למילד ההיא שעתא, בנימין, ושמע מינה דקאמר ליה רחמנא השתא מתיליד לך קהל אחרינא: **י"א שבטים לא**[כח]. בתמיה, והא אמרת דשני שבטים איקרו קהל, יהודה ובנימין, אלא ודאי הכי קאמר ליה, דהשתא מתיליד לך קהל אחרינא, אלמא שבט בנימין לבדו איקרי קהל: הכל

תוספות

הוה אמינא עד דעבדי בית דין בהדי רובא כו'. תימה, השתא אע"פ שמיעוט נשארו מצבור לא חיישינן, כ"ש דלא ניחוש לבית דין כיון דרובא נינהו, בשלמא אי הוי בעינן כולהו ניחא דליבעי בית דין בהדייהו: **שבעה** שבטים הוא דמייתו כו'. לר' יהודה דקאמר בברייתא לעיל אפילו שני שבטים[כט] ה"מ למיבעי אבל בשני שבטים לא, אלא אמתניתין מיבעי ליה, דאיירי בשבעה שבטים: **כגון** שחטאו ששה שבטים והן רובן כו'. תימה, א"כ מ"ט דרבי שמעון דלא מחייב אלא פר אחד, הא לא אשכחן דפליג אדרבי יהודה אלא דבעי נמי פר לבית דין, אבל מודה מיהו לרבי יהודה דשבט אחד איקרי קהל: **הנני** מפרך והרביתיך וגו'. תימה דשביק קרא דאמר הקב"ה ליעקב (ו) 'גוי וקהל גוים יהיה ממך':

עין משפט נר מצוה

מד א מיי' פי"ב מהלכות שגגות הלכה א סמג עשין ריז:

מה ב מיי' פ"ג מהלכות ביאת מקדש הלכה ו סמג לאוין רש:

תוספות הרא"ש

אמר אביי אמר קרא [והיה אם מעיני העדה] נעשתה לשגגה עד שתעשה שגגה על ידי אחרים. דפשטיה דקרא מעיני העדה לא קאי אב"ד מדלא כתיב ונעלם מעיני העדה אלמא משמע דאהוראה קאי. ומ"מ מדכתיב נעשתה לשגגה ולא כתיב ועשו העדה בשגגה. אלמא משמע שנעשתה שגגה על ידי אחרים שהורו להם היתר: **ורבא אמר אמר קרא כי לכל העם בשגגה.** דמשמע שכל ישראל שגו בדבר וב"ד בכלל כל העם הם ובשגגת מעשה אי אפשר לכלול בית דין עם הצבור דהא אמרי' בסמוך מדכתיב נעשתה לשגגה מפקי ב"ד משגגת מעשה אלא ע"כ שגגת מעשה[כט] דכתיב בב"ד בשגגת הוראה איירי: ה"ג **כי שמעינא ליה לר' יהודה ז' שבטים.** ולא כמו שכתוב במקצת ספרים כי שמעי' ליה לרבי יהודה ב' שבטים דאף אששה מבעיא ליה משום דלא תני ר' יהודה לעיל גרירה אלא בז' שבטים ומסתבר למימר דדוקא רובא הוא דגררי למעוטא ומשום דמבעיא ליה אף בשבט א' טעו לכתוב ב' שבטים וליתא דמשבט א' עד ז' שבטים קא איבעי: **ובמאי אי בהוראת בית דינו ר"ש ל"ל.** פרש"י ז"ל דהא לא מייתר ליה קרא לעיל להוראת ב"ד. והא לאו ראיה היא דתלמודא קא דריש לעיל הני קהלי אליבא דאינהו דתנאי ודריש לכל תנא ותנא לפום מאי דשמעי' ליה בקרא[ל] ההוא תנא ואי לאו דשמיע ליה בהדיא דר' שמעון פטר שבט שעשה בהוראת בית דינו הוי מצי למימר דר"ש סבר כר' יהודה דדריש חד לדרשא זו כי היכי דדריש ליה ר' יהודה אלא ודאי אהא קא סמיך דקתני במתניתין וחכ"א אין חייבין אלא על הוראת ב"ד הגדול בלבד ומדקתני חכמים מסתמא כלל רבנן בני פלוגתייהו דר' יהודה ר"ש בכלל ולקמן מוכח דדוקא ר"ש היא ולא ר"מ: **ואימא עד דאיכא שני שבטים דהתם שבט יהודה ובנימין הוה.** וכן מוכח קרא דכתיב בקהל יהודה וירושלים היינו שבט בנימין שהיתה העיר בחלק בנימין כדמוכח בפ' איזהו מקומן (דף נד): **אלא אמר רב אחא בר יעקב מהכא הנני מפרך והרביתיך ונתתיך לקהל עמים.** תימה דמייתי האי קרא דליכא למשמע מניה וה"ל לאתויי מההוא קרא דכתיב (ז) גוי וקהל גוים יהיה ממך כי זה הפסוק נאמר על לידת בנימין לבד ומהאי קרא מייתי בירושלמי[ט] כל שבט ושבט קרוי קהל שנאמר גוי וקהל גוים יהיה ממך ועדיין לא נולד בנימין ומה שפי' רש"י בויחי יעקב ונתתיך לקהל עמים בשרני שעתיד לצאת ממני קהל ועמים לפי שאמר [לי] גוי וקהל גוים על מי אמר גוי לא על בנימין כשהוא אומר וקהל גוים הרי שנים אמור לבד מבנימין ושוב לא נולד לי בן אלא שעתיד א' משבטי ליחלק ומעתה אותה מתנה אני נותן לך. מה שכתב כשהוא אומר וקהל גוים הרי שנים דמשמע דיש ב' אחרים לבד מבנימין לא מוקהל קדריש דע"כ אבנימין קאי דהא מוכח מיני' רבא[לא] דשבט א' איקרי קהל אלא מגוים קדריש:

מסורת הש"ס עם הוספות

א) [לעיל ג. ע"ש], ב) [עירובין סג. וש"נ], ג) [פסחים פ. מנחות טו.], ד) פסחים לב: יבמות ז: זבחים לב: ע"ש, ה) ת"כ פ' ויקרא דבורא דחובה פרק ג, ה"ד-ה (אות רח), ו) בראשית לה יא, ז) בראשית לה ט-יא. ח) כאן ה"ו ופסחים פ"ז ה"ז.

גליון הש"ס

גמ' שחידשו דברים ואמרו טבול יום אל יכנס. בסו"ת זכרון יוסף בסופו מחידושי כ' דלפני החלל המחדש בגימטריה טבול יום לא יכנס במחנה של לוים:

תורה אור השלם

א) וְהָיָה אִם מֵעֵינֵי הָעֵדָה נֶעֶשְׂתָה לִשְׁגָגָה וְעָשׂוּ כָל הָעֵדָה פַּר בֶּן בָּקָר אֶחָד לְעֹלָה לְרֵיחַ נִיחֹחַ לַיְיָ וּמִנְחָתוֹ וְנִסְכּוֹ כַּמִּשְׁפָּט וּשְׂעִיר עִזִּים אֶחָד לְחַטָּת: [במדבר טו, כד]

ב) וְנִסְלַח לְכָל עֲדַת בְּנֵי יִשְׂרָאֵל וְלַגֵּר הַגָּר בְּתוֹכָם כִּי לְכָל הָעָם בִּשְׁגָגָה: [במדבר טו, כו]

ג) וְאִם כָּל עֲדַת יִשְׂרָאֵל יִשְׁגּוּ וְנֶעְלַם דָּבָר מֵעֵינֵי הַקָּהָל וְעָשׂוּ אַחַת מִכָּל מִצְוֹת יְיָ אֲשֶׁר לֹא תֵעָשֶׂינָה וְאָשֵׁמוּ: [ויקרא ד, יג]

ד) וַיַּעֲמֹד יְהוֹשָׁפָט בִּקְהַל יְהוּדָה וִירוּשָׁלַיִם בְּבֵית יְיָ לִפְנֵי הֶחָצֵר הַחֲדָשָׁה: [דברי הימים ב כ, ה]

ה) וַיֹּאמֶר אֵלַי הִנְנִי מַפְרְךָ וְהִרְבִּיתִךָ וּנְתַתִּיךָ לִקְהַל עַמִּים וְנָתַתִּי אֶת הָאָרֶץ הַזֹּאת לְזַרְעֲךָ אַחֲרֶיךָ אֲחֻזַּת עוֹלָם: [בראשית מח, ד]

ו) וְלָקְחוּ פַּר בֶּן בָּקָר וּמִנְחָתוֹ סֹלֶת בְּלוּלָה בַשָּׁמֶן וּפַר שֵׁנִי בֶן בָּקָר תִּקַּח לְחַטָּאת: [במדבר ח, ח]

ז) וְהַלְוִיִּם יִסְמְכוּ אֶת יְדֵיהֶם עַל רֹאשׁ הַפָּרִים וַעֲשֵׂה אֶת הָאֶחָד חַטָּאת וְאֶת הָאֶחָד עֹלָה לַיְיָ לְכַפֵּר עַל הַלְוִיִּם: [במדבר ח, יב]

הגהות וציונים

א] בראשונים ובכת"י נוסף **עד שתעשה שגגה על ידי אחרים.** וברש"י צ"ל הפסק הנקודה אחר אחרים (דק"ס): ב] ר"ח ורא"ש "או לא כי שמענא ליה לר' יהודה שבעה שבטים": ג] ובמאי (ראשונים וכת"י): ד] ב"ש כתב שהוא טעות סופר (גליון): ה] בכת"י ור"ח נוסף **או שבעה אע"פ שאין רובו של קהל.** ועי' רש"ש: ו] דשאר (ב"ח): ז] בכת"י נוסף **כי שמעינן ליה לר' שמעון שבעה אבל שבט אחד לא או דילמא לא שנא:** ח] ליתא בדפוסים הישנים והוסיפוהו בד' פפד"מ מהא דבסמוך, וצ"ל בתוך חצאי מרובעים: ט] גם זה צ"ל בתוך חצאי מרובעים: י] בד' וונציא ג' "אלא **הכא במאי עסקינן** כגון שחטאו ששה והן רובו של קהל **או שבעה אע"פ שאינן רובו של קהל** ומני רבי שמעון בן אלעזר", וכ"ה בר"ח, והפסק הנקודה ברש"י צ"ל אחרי וכו': יא] נראה שהוא ר"ת "אמר ר' יוחנן" (ע"פ ר"ח וכת"י): יב] [צ"ל **בבית ה' לפני החצר**] (גליון): יג] בגליון הגמרא ביבמות הגיה הגרי"פ "צ"ל **רבי** כ"א בזבחים" (כ"ה בזבחים בדפו"י, ובדפו"ח שם תיקנו כלפנינו. והשמ"ק בזבחים מחק "אמר רבי"): יד] שחידשו **בה** דברים (ב"ח): טו] גירסת הרא"ש "מתקיף לה רב אחא בר יעקב ואימא עד דאיכא שני שבטים דהתם שבט יהודה ובנימין הוו אלא אמר רב אחא בר יעקב **מהכא** הנני מפרך וכו'": טז] רב **בר** שבא (ר"ח וכת"י): יז] דמתקריין (ב"ח): יח] בכת"י ליתא מ"תניא ר"ש אומר" עד לקמן ו רע"א "אף חטאת לא נאכלת כיוצא בו". וכן לא היה לפני רש"י מדלא פירשו וגם בתמורה טו ע"ב לא מייתו לה רש"י ותוס' מכאן ומזה מוכח שלא היה לפניהם ועי' מהרש"א (דק"ס): יט] בדפו"י בכל הסוגיא בגמ' וברש"י נאכלה, ועי' דק"ס: כ] מהרש"א וקרבן אהרן מיישבים גירסתנו "ללוים". ב"ש וב"ח ועוד מגיהים **הלוים**, וכן הביאו מת"כ הרא"ם וב"ש וכן הביא מהתוספתא הר"ש פרה פ"א מ"ב. בת"כ שלפנינו "יכול תהא נאכלת חטאת זו" (חק נתן, רש"ש). ועי' שער יוסף: כא] צ"ל **בשגגה** (ברכת יצחק): כב] ליתא בכל הדפוסים הישנים ונשתבש בד' אמ"ד. בתוס' הרא"ש "ליה **קרא לעיל** להוראת": כג] הב"ח מוסיף **הא דמביאין**. דפוס ווינציא ג' "קסבר פר **לקהל ופר לב"ד דכי אמר ר"ש שבעה שבטים מביאין שמנה פרים** כגון (וליתא "לכל שבט ושבט דשבט א' איקרי קהל"): כד] **רובו של קהל** (ב"ח): כה] "רובא" נמחק (ב"ח, וכן ליתא בכת"י): כו] יש להוסיף **אפילו** (בני שמואל, עי"ש): כז] **לא איקרי קהל.** (ב"ח): כח] צ"ל **לא** ה"מ (בארות המים): כט] "מעשה" ליתא בכת"י וגורס "ע"כ **שגגה** דכתיב": ל] כת"י "לפום מאי דשמיע ליה **דקאמר** ההוא תנא": לא] צ"ל מיניה **בירושלמי** (הורה גבר) בשער יוסף (באחורי תרעא) מגיה "דמוכח מינה **רב אחא**", עי"ש:

This *daf* is dedicated *l'iluy nishmas*: Florence Tzipora bat Chana *z"l*

this halachah. **אֶלָּא לָאו** — Rather, it must be, **בְּהוֹרָאַת בֵּית דִּין הַגָּדוֹל** — that the *shevet* sinned based on a ruling of the *Beis Din Hagadol*. **וְתַנָּא קַמָּא מַנִּי** — And who is the first *tanna*, who holds that only one bull is brought? **אִי נֵימָא רַבִּי מֵאִיר** — If we were to say that it is Rabi Meir, who says in the Mishnah that only one bull is brought by *beis din*, no matter how many *shevatim* sinned, **הָא רוּבָּא בָּעֵי** — it cannot be, because he requires a majority of the Jewish people to have sinned in order to have a *Par He'eleim Davar* brought, and a *Par He'eleim Davar* would not be brought if only one *shevet* sinned! **אֶלָּא לָאו רַבִּי יְהוּדָה** — Rather, the first *tanna* must be Rabi Yehuda, **וּכְגוֹן שֶׁחָטָא שֵׁבֶט אֶחָד** — and the case is that only one *shevet* sinned. Since the case must be that the ruling was given by the *Beis Din Hagadol* (because Rabi Shimon holds that no *Par He'eleim Davar* is brought if a *shevet* sinned based on a mistaken ruling of their own *beis din*), and the first *tanna*, who seems to be Rabi Yehuda, said that only one bull is brought, this can be an answer to our question: according to Rabi Yehuda, if one *shevet* sinned based on a mistaken ruling of the *Beis Din Hagadol*, only that *shevet* brings a *Par He'eleim Davar*, but the other *shevatim* do not each bring a *Par He'eleim Davar* on their behalf.

אָמְרִי — The *talmidim* said that this is really not a good proof to answer our question; **הָכָא בְּמַאי עָסְקִינַן** — What case are we dealing with here? **כְּגוֹן שֶׁחָטְאוּ שִׁשָּׁה שְׁבָטִים** — The case is that six *shevatim* sinned, and even though six is not the majority of the *shevatim*, **וְהֵן רוּבָּן שֶׁל קָהָל** — the total of the sinners from the six *shevatim* make up a majority of the entire nation, **וְרַבִּי שִׁמְעוֹן בֶּן אֶלְעָזָר הִיא** — and the first *tanna* is Rabi Shimon ben Elazar, who holds that these six *shevatim* would bring one bull, **דְּתַנְיָא** — as we learned in a *Baraisa*: **רַבִּי שִׁמְעוֹן בֶּן אֶלְעָזָר אוֹמֵר מִשְּׁמוֹ** — Rabi Shimon ben Elazar says in the name of Rabi Meir: **חָטְאוּ שִׁשָּׁה** — If six *shevatim* sinned based on a mistaken ruling, **וְהֵן רוּבּוֹ שֶׁל קָהָל** — and the total of the sinners from the six *shevatim* makes up a majority of the entire nation, **אוֹ שִׁבְעָה** — or if seven *shevatim* sinned, **אַף עַל פִּי שֶׁאֵינָן רוּבּוֹ שֶׁל קָהָל** — even if the total of the sinners from the seven *shevatim* does not make up a majority of the people, **מְבִיאִין פַּר** — they bring one bull. (Even though Rabi Shimon generally holds that each *shevet* that sinned brings its own bull, in addition to the bull brought by *beis din*, that only applies when seven or more *shevatim* sinned *and* the total of the sinners makes up a majority of the entire nation. Otherwise, all the sinners together are considered one *shevet*. Therefore, in this case, since only six *shevatim* sinned, they bring one bull together, in addition to the bull brought by *beis din* themselves.)

תָּא שְׁמַע — Come and hear another proof from a *Baraisa* to answer the question of whether Rabi Yehudah would hold that in a case where one *shevet* sinned based on a mistaken ruling of the *Beis Din Hagadol*, the other *shevatim* would each bring a *Par He'eleim Davar* on their behalf: **רַבִּי יְהוּדָה אוֹמֵר** — Rabi Yehudah says: **שֵׁבֶט שֶׁעָשָׂה בְּהוֹרָאַת בֵּית דִּינוֹ** — If a *shevet* committed a transgression based on a mistaken ruling of its own *beis din*, **אוֹתוֹ הַשֵּׁבֶט חַיָּיב** — that *shevet* is

For this *daf's shiur* and charts, scan this QR code:

עין משפט
נר מצוה

מד א מיי׳ פי״ב מהלכות שגגות הלכה א סמג עשין ריז:
מה ב מיי׳ פ״ג מהלכות ביאת מקדש הלכה ו סמג לאוין דש:

וְרַבִּי שִׁמְעוֹן וְרַבִּי מֵאִיר, דְּהוֹרָאָה תְּלוּיָה בְּבֵית דִּין וּמַעֲשֶׂה תָּלוּי בְּקָהָל מְנָא לְהוּ. אָמַר אַבַּיֵי, דְּאָמַר קְרָא [א] 'וְהָיָה אִם מֵעֵינֵי הָעֵדָה נֶעֶשְׂתָה לִשְׁגָגָה'[א]; רָבָא אָמַר, [ב] 'מִלְּכָל הָעָם בִּשְׁגָגָה'. וּצְרִיכָא, דְּאִי כְּתַב רַחֲמָנָא 'וְהָיָה אִם מֵעֵינֵי הָעֵדָה נֶעֶשְׂתָה לִשְׁגָגָה' הֲוָה אָמֵינָא אֲפִילוּ מִיעוּטָא, לְהָכִי כְּתִיב 'לְכָל הָעָם בִּשְׁגָגָה', וְאִי כְּתַב 'לְכָל הָעָם בִּשְׁגָגָה' הֲוָה אָמֵינָא עַד דְּעָבְדִי בֵּית דִּין בַּהֲדֵי רוּבָּא, לְהָכִי כְּתִיב 'וְהָיָה אִם מֵעֵינֵי הָעֵדָה נֶעֶשְׂתָה לִשְׁגָגָה'. וְהָא כִּי כְּתִיבִי הָנֵי קְרָאֵי בַּעֲבוֹדַת כּוֹכָבִים הוּא דִּכְתִיבִי. יָלְפִינַן [ג] 'מֵעֵינֵי' [א] 'מֵעֵינֵי': הוֹרוּ בֵּית דִּין שֶׁל אֶחָד וְכוּ': אִיבַּעְיָא לְהוּ, שֵׁבֶט אֶחָד לְרַבִּי יְהוּדָה בְּהוֹרָאַת בֵּית דִּין הַגָּדוֹל, מִי מַיְיתוּ שְׁאָר שְׁבָטִים אוֹ לָא; מִי אָמְרִינַן[י] שִׁבְעָה שְׁבָטִים הוּא דְּמַיְיתוּ שְׁאָר שְׁבָטִים בַּהֲדַיְיהוּ מִשּׁוּם דְּאִיכָּא רוּבָּא, אֲבָל חַד שֵׁבֶט דְּלֵיכָּא רוּבָּא לָא, אוֹ דִּלְמָא לָא שְׁנָא. תָּא שְׁמַע, מָה הֵן מְבִיאִין, פַּר אֶחָד, רַבִּי שִׁמְעוֹן אוֹמֵר, שְׁנֵי פָּרִים; בְּמַאי עָסְקִינַן, אִילֵימָא שֶׁחָטְאוּ שִׁבְעָה, רַבִּי שִׁמְעוֹן תְּמָנְיָא בָּעֵי, אֶלָּא דְּחָטָא שֵׁבֶט אֶחָד, בְּמַאי[יא], אִי בְּהוֹרָאַת בֵּית דִּינוֹ רַבִּי שִׁמְעוֹן לֵית לֵיהּ, אֶלָּא לָאו בְּהוֹרָאַת בֵּית דִּין הַגָּדוֹל, וְתַנָּא קַמָּא מַנִּי, אִי נֵימָא רַבִּי מֵאִיר, הָא רוּבָּא בָּעֵי, אֶלָּא לָאו רַבִּי יְהוּדָה (וּכְגוֹן שֶׁחָטָא שֵׁבֶט אֶחָד[יב]). אָמְרֵי, הָכָא בְּמַאי עָסְקִינַן, כְּגוֹן שֶׁחָטְאוּ שִׁשָּׁה שְׁבָטִים וְהֵן רוּבָּן שֶׁל קָהָל[יג], וְרַבִּי שִׁמְעוֹן בֶּן אֶלְעָזָר הִיא, דְּתַנְיָא, [א] רַבִּי שִׁמְעוֹן בֶּן אֶלְעָזָר אוֹמֵר מִשְּׁמוֹ, חָטְאוּ שִׁשָּׁה וְהֵן רוּבּוֹ שֶׁל קָהָל, אוֹ שִׁבְעָה אַף עַל פִּי שֶׁאֵינָן רוּבּוֹ שֶׁל קָהָל, מְבִיאִין פַּר. תָּא שְׁמַע, רַבִּי יְהוּדָה אוֹמֵר, שֵׁבֶט שֶׁעָשָׂה בְּהוֹרָאַת בֵּית דִּינוֹ, אוֹתוֹ הַשֵּׁבֶט חַיָּיב וּשְׁאָר כָּל הַשְּׁבָטִים פְּטוּרִין, וּבְהוֹרָאַת בֵּית דִּין הַגָּדוֹל אֲפִילוּ שְׁאָר שְׁבָטִים חַיָּיבִים. שְׁמַע מִינָּהּ. אָמַר רַב אַשִׁי, מַתְנִיתִין נַמִּי דַּיְקָא, דְּקָתָנֵי וְעָשָׂה אוֹתוֹ הַשֵּׁבֶט עַל פִּיהֶם אוֹתוֹ הַשֵּׁבֶט חַיָּיב וּשְׁאָר כָּל הַשְּׁבָטִים פְּטוּרִין, לָמָּה לִי לְמִיתְנָא וּשְׁאָר שְׁבָטִים פְּטוּרִים, הָא תְּנָא אוֹתוֹ הַשֵּׁבֶט חַיָּיב, וְכֵיוָן דִּתְנָא אוֹתוֹ הַשֵּׁבֶט חַיָּיב מִמֵּילָא יָדְעָנָא שְׁאָר[יד] שְׁבָטִים פְּטוּרִין, אֶלָּא הָא קָמַשְׁמַע לָן, דִּבְהוֹרָאַת בֵּית דִּינוֹ הוּא דִּשְׁאָר שְׁבָטִים פְּטוּרִים, אֲבָל בְּהוֹרָאַת בֵּית דִּין הַגָּדוֹל אֲפִילוּ שְׁאָר שְׁבָטִים חַיָּיבִין. שְׁמַע מִינָּהּ. אִיבַּעְיָא לְהוּ, שֵׁבֶט אֶחָד שֶׁעָשָׂה בְּהוֹרָאַת בֵּית דִּין הַגָּדוֹל, לְרַבִּי שִׁמְעוֹן מִי מַיְיתֵי אוֹ לָא[טו]. תָּא שְׁמַע, מָה הֵן מְבִיאִין, פַּר אֶחָד, רַבִּי שִׁמְעוֹן אוֹמֵר, שְׁנֵי פָּרִים; (בְּמַאי עָסְקִינַן, אִילֵימָא שֶׁחָטְאוּ שִׁבְעָה[טז]) שְׁנֵי פָּרִים, שְׁמוֹנָה פָּרִים בָּעֵי, אֶלָּא דְּחָטָא שֵׁבֶט אֶחָד, וּבְמַאי, אִילֵימָא בְּהוֹרָאַת בֵּית דִּינוֹ, רַבִּי שִׁמְעוֹן לֵית לֵיהּ, אֶלָּא בְּהוֹרָאַת בֵּית דִּין הַגָּדוֹל, וְתִסְבְּרָא, תַּנָּא קַמָּא מַנִּי, אִי רַבִּי מֵאִיר, הָא רוּבָּא בָּעֵי, אִי רַבִּי יְהוּדָה, שְׁאָר שְׁבָטִים נַמִּי מַיְיתוּ. (אֶלָּא[יז]) הָא[יח] מַנִּי, רַבִּי שִׁמְעוֹן בֶּן אֶלְעָזָר הִיא, וְכִדְתַנְיָא. תָּא שְׁמַע, וַחֲכָמִים אוֹמְרִים, לְעוֹלָם אֵינוֹ חַיָּיב אֶלָּא עַל הוֹרָאַת בֵּית דִּין הַגָּדוֹל; [ג] מַאן חֲכָמִים, אִילֵימָא רַבִּי מֵאִיר, רוּבָּא בָּעֵי, אֶלָּא לָאו רַבִּי שִׁמְעוֹן הִיא. שְׁמַע מִינָּהּ. וְרַבִּי יְהוּדָה וְרַבִּי שִׁמְעוֹן, [ג] [א] שֵׁבֶט אֶחָד דְּאִיקְּרִי קָהָל מְנָא לְהוּ. אָמְרֵי[יט], דִּכְתִיב [ד] 'וַיַּעֲמֹד יְהוֹשָׁפָט בִּקְהַל יְהוּדָה וִירוּשָׁלִַם (נֹכַח חֲצַר בֵּית יְיָ[כ]) הַחֲדָשָׁה'; [ד] מַאי 'חֲדָשָׁה', אָמַר רַבִּי יוֹחָנָן[כא], [ב] שֶׁחִידְּשׁוּ[כב] דְּבָרִים וְאָמְרוּ טְבוּל יוֹם אַל יִכָּנֵס בְּמַחֲנֵה לְוִיָּה. מַתְקִיף לַהּ רַב אַחָא בַּר יַעֲקֹב, מִמַּאי, דִּלְמָא שָׁאנֵי יְרוּשָׁלַיִם דַּהֲוָה נַמִּי בִּנְיָמִין[כג]. אֶלָּא אָמַר רַב אַחָא בַּר יַעֲקֹב, דִּכְתִיב [ה] 'וַיֹּאמֶר אֵלַי הִנְנִי מַפְרְךָ וְהִרְבִּיתִךָ וּנְתַתִּיךָ לִקְהַל עַמִּים' וְגוֹ', מַאן אִתְיְלִיד לֵיהּ הַהִיא שַׁעְתָּא, בִּנְיָמִין, שְׁמַע מִינָּהּ הָכִי קָאָמַר רַחֲמָנָא, מַתְיְלִיד לָךְ הַשְׁתָּא קָהָל אַחֲרִינָא. אָמַר לֵיהּ רַב[כד] שֵׁבָא לְרַב כָּהֲנָא, דִּלְמָא הָכִי קָאָמַר לֵיהּ רַחֲמָנָא, לְכִי מַתְיְלִיד לָךְ בִּנְיָמִין הוּא דְּהָווּ שְׁנֵים עָשָׂר שְׁבָטִים דְּמִתְקַרְיָית[כה] קָהָל. אָמַר לֵיהּ, אֶלָּא שְׁנֵים עָשָׂר שְׁבָטִים אִיקְּרוּ קָהָל, אַחַד עָשָׂר שְׁבָטִים לָא אִיקְּרוּ קָהָל. [ה] תַּנְיָא[כו], רַבִּי שִׁמְעוֹן אוֹמֵר, מַה תַּלְמוּד לוֹמַר [ו] 'וּפַר שֵׁנִי בֶן בָּקָר תִּקַּח לְחַטָּאת', אִם לְלַמֵּד שֶׁהֵם שְׁנַיִם, וַהֲלֹא כְּבָר נֶאֱמַר [ז] 'וְעָשָׂה אֶת הָאֶחָד חַטָּאת וְאֶת הָאֶחָד עוֹלָה לַייָ', [אֶלָּא] יָכוֹל [תְּהֵא] נֶאֱכֶלֶת[כז] חַטָּאת לַלְוִיִּם[כח], תַּלְמוּד לוֹמַר 'וּפַר שֵׁנִי', שֵׁנִי לְעוֹלָה, מָה עוֹלָה לֹא נֶאֱכֶלֶת אַף

רש"י

וְרַבִּי שִׁמְעוֹן וְרַבִּי מֵאִיר. דְּדָרְשֵׁי תְּרֵי 'קָהָל' לְג״ש, וְלָא חַיֵּיבּ חַד לְהוֹרָאָה תְּלוּיָה בְּבֵית דִּין, אִם כֵּן הוֹרָאָה תְּלוּיָה בְּבֵית דִּין מְנָא לְהוּ: 'מֵעֵינֵי הָעֵדָה נֶעֶשְׂתָה לִשְׁגָגָה'. שֶׁמַּעֲשֶׂה לִשְׁגָגָה עַל יְדֵי אֲחֵרִים, דְּהַיְינוּ עַל יְדֵי הוֹרָאַת בי״ד, דְּהוֹרָאָה תְּלוּיָה בְּבֵית דִּין: רָבָא אָמַר, 'כִּי לְכָל הָעָם בִּשְׁגָגָה'. שֶׁיְּהוּ כּוּלָּם תְּלוּיִין בְּשִׁגְגַת[כט] הַקָּהָל וּבי״ד, דְּהוֹרָאָה תְּלוּיָה בְּבי״ד וּמַעֲשֶׂה תָּלוּי בַּקָּהָל: הֲוָה אָמֵינָא אֲפִילוּ מִיעוּט. חָטְאוּ מְבִיאִין פַּר: הֲוָה אָמֵינָא בֵּית דִּין בַּהֲדֵי רוּבָּא. וְלָא יְהוּ מְבִיאִין פַּר עַד שֶׁיַּעֲשׂוּ בֵּית דִּין עִם הַצִּבּוּר, דְּלִיבָּעֵי לְבֵית דִּין הוֹרָאָה וַעֲשִׂיָּה, כְּתַב רַחֲמָנָא 'וְהָיָה אִם מֵעֵינֵי הָעֵדָה נֶעֶשְׂתָה לִשְׁגָגָה', שֶׁמַּעֲשֶׂה שְׁגָגָה עַל יְדֵי אֲחֵרִים, דְּהוֹרָאָה בִּלְבַד תְּלוּיָה בְּבֵית דִּין: יָלְפִינַן 'מֵעֵינֵי' 'מֵעֵינֵי'. כְּתִיב הָכָא 'מֵעֵינֵי הַקָּהָל', וּכְתִיב בַּעֲבוֹדַת כּוֹכָבִים 'וְהָיָה אִם מֵעֵינֵי הָעֵדָה': אֲבָל חַד שֵׁבֶט דְּלֵיכָּא רוּבָּא לָא. וְהוּא הַדִּין לִשְׁנַיִם אוֹ שְׁלֹשָׁה שְׁבָטִים: רַבִּי שִׁמְעוֹן תְּמָנְיָא בָּעֵי. פַּר לְכָל שֵׁבֶט וְשֵׁבֶט וּפַר לְבֵית דִּין: אִי בְּהוֹרָאַת בֵּית דִּינוֹ רַבִּי שִׁמְעוֹן לֵית לֵיהּ. דְּהָא לָא מִיַּיתַּר לֵיהּ (לָא[ל]) קָהָל לְהוֹרָאַת בֵּית דִּינוֹ: אֶלָּא לָאו רַבִּי יְהוּדָה הִיא. וְקָתָנֵי 'מָה הֵן מְבִיאִין, פַּר אֶחָד', אַלְמָא לָא מַיְיתוּ שְׁאָר שְׁבָטִים בַּהֲדֵיהּ: אָמְרֵי הָכָא בְּמַאי עָסְקִינַן וְכוּ'. וְתַנָּא קַמָּא רַבִּי שִׁמְעוֹן בֶּן אֶלְעָזָר הוּא, וְרַבִּי שִׁמְעוֹן דְּאָמַר שְׁנֵי פָּרִים קָסָבַר[לא] פַּר לְכָל שֵׁבֶט וְשֵׁבֶט, דְּשֵׁבֶט אֶחָד אִיקְּרִי קָהָל, כְּגוֹן שֶׁחָטְאוּ שִׁבְעָה שְׁבָטִים וְהֵן רוּבָּן שֶׁל קָהָל, דְּכִי הָוְיָא רוּבָּא בְּגַבְרֵי וְרוּבָּא בִּשְׁבָטִים הוּא דְּמַיְיתָא פַּר לְכָל שֵׁבֶט וְשֵׁבֶט וּפַר לְבי״ד, אֲבָל הֵיכָא דְּאִיכָּא שִׁשָּׁה וְהֵן רוּבָּא[לב], אוֹ שִׁבְעָה וְאֵינָן רוּבָּא[לג], כֵּיוָן דְּלָאו רוּבָּא בְּגַבְרֵי וְרוּבָּא בִּשְׁבָטִים, כְּחַד שֵׁבֶט דָּמוּ, וּמְבִיאִין פַּר אֶחָד וּפַר לְבי״ד: אִיבַּעְיָא לְהוּ, שֵׁבֶט אֶחָד שֶׁעָשָׂה בְּהוֹרָאַת בֵּית דִּין הַגָּדוֹל לְרַבִּי שִׁמְעוֹן מִי מַיְיתוּ פַּר אוֹ לָא, מִי אָמְרִינַן כִּי אָמַר ר׳ שִׁמְעוֹן לְחַיֵּיב עַל כָּל קָהָל וְקָהָל, דְּשֵׁבֶט אֶחָד אִיקְּרִי קָהָל, כְּגוֹן שֶׁחָטְאוּ שִׁבְעָה שְׁבָטִים דְּהָווּ רוּבָּן, אֲבָל הֵיכָא דְּלֵיכָּא רוּבָּא כְּיָחִיד דָּמוּ וּפְטוּרִים, דְּיָחִיד שֶׁעָשָׂה בְּהוֹרָאַת בי״ד פָּטוּר, אוֹ דִּלְמָא כֵּיוָן דִּסְבִירָא לֵיהּ דְּשֵׁבֶט אֶחָד אִיקְּרִי קָהָל, לָא שְׁנָא שֵׁבֶט אֶחָד וְלָא שְׁנָא שִׁבְעָה מְבִיאִין פַּר לְכָל שֵׁבֶט וְשֵׁבֶט וּפַר לְבי״ד: אֶלָּא. הָכָא בְּמַאי עָסְקִינַן כְּגוֹן שֶׁחָטְאוּ שִׁשָּׁה וְכוּ', דְּכֵיוָן דְּאִיכָּא רוּבָּא[לד] רוּבָּא כָּל דְּהוּ קָאָמַר דִּמְבִיאִין פַּר וּפַר לְבי״ד: אֶלָּא לָאו רַבִּי שִׁמְעוֹן. וְקָתָנֵי שֵׁבֶט אֶחָד חַיָּיב עַל הוֹרָאַת בֵּית דִּין הַגָּדוֹל, אַלְמָא כִּי אָמַר 'שֵׁבֶט אֶחָד אִיקְּרִי קָהָל' אֲפִילוּ כִּי חָטָא שֵׁבֶט אֶחָד כִּמְרוּבִּין דָּמוּ וּמְבִיאִין פַּר וּפַר לְבי״ד, וְהָכִי סְבִירָא לֵיהּ לְרַבִּי שִׁמְעוֹן, דְּהֵיכָא דְּאִיכָּא רוּבָּא בְּגַבְרֵי וְרוּבָּא בִּשְׁבָטִים מְבִיאִין פַּר לְכָל שֵׁבֶט, אֲבָל[לה] הֵיכָא דְּחָטְאוּ שִׁשָּׁה וְהֵן רוּבָּן אוֹ שִׁבְעָה וְאֵינָן רוּבָּן כְּשֵׁבֶט אֶחָד דָּמוּ וּמְבִיאִין פַּר וּפַר לְבֵית דִּין, מִדְּקָתָנֵי 'מָה הֵן מְבִיאִין' וְכוּ', וְלָא מְתוֹקְמָא רֵישָׁא אֶלָּא כְּרַבִּי שִׁמְעוֹן בֶּן אֶלְעָזָר, כְּגוֹן שֶׁחָטְאוּ שִׁשָּׁה וְכוּ', וְקָאָמַר רַבִּי שִׁמְעוֹן שְׁנֵי פָּרִים, פַּר לְהוּ וּפַר לְבֵית דִּין: מִדִּכְתִיב 'קְהַל יְהוּדָה', אַלְמָא דְּשֵׁבֶט אֶחָד אִיקְּרִי קָהָל: וְדִלְמָא שָׁאנֵי שֵׁבֶט יְהוּדָה דַּהֲוָה עִמֵּיהּ בִּירוּשָׁלַיִם שֵׁבֶט בִּנְיָמִין. וּשְׁנֵי שְׁבָטִים הוּא דְּאִיקְּרוּ קָהָל, אֲבָל שֵׁבֶט אֶחָד לָא: אֶלָּא מֵהָכָא, 'הִנְנִי מַפְרְךָ וְהִרְבִּיתִךָ וּנְתַתִּיךָ לִקְהַל עַמִּים' וְגוֹ'. וְהֵיכָא אָמַר לֵיהּ הָכִי, דִּכְתִיב [י] 'וַיֵּרָא אֱלֹהִים אֶל יַעֲקֹב עוֹד בְּבֹאוֹ מִפַּדַּן אֲרָם' וְגוֹ', וּכְתִיב 'וַיֹּאמֶר לוֹ אֱלֹהִים אֲנִי אֵל שַׁדַּי פְּרֵה וּרְבֵה גּוֹי וּקְהַל גּוֹיִם יִהְיֶה מִמֶּךָּ' וְגוֹ': מַאן הֲוָה אִתְיְלִיד לֵיהּ בְּהַהִיא שַׁעְתָּא. כְּלוֹמַר, מַאן הֲוָה עָתִיד לְמֵילַד הַהִיא שַׁעְתָּא, בִּנְיָמִין, וּשְׁמַע מִינָּהּ דְּקָאָמַר לֵיהּ רַחֲמָנָא הַשְׁתָּא מַתְיְלִיד לָךְ קָהָל אַחֲרִינָא: י״א שְׁבָטִים לָא[לו]. בִּתְמִיהָ, וְהָא אָמְרַתְּ דִּשְׁנֵי שְׁבָטִים אִיקְּרוּ קָהָל, יְהוּדָה וּבִנְיָמִין, אֶלָּא וַדַּאי הָכִי קָאָמַר לֵיהּ, דְּהַשְׁתָּא מַתְיְלִיד לָךְ קָהָל אַחֲרִינָא, אַלְמָא שֵׁבֶט בִּנְיָמִין לְבַדּוֹ אִיקְּרִי קָהָל: הַכֹּל

תוספות

הֲוָה אָמֵינָא עַד דְּעָבְדֵי בֵּית דִּין בַּהֲדֵי רוּבָּא כו'. תֵּימָהּ, הַשְׁתָּא אע״פ שֶׁמִּיעוּט נִשְׁאֲרוּ מִצִּבּוּר לָא חָיְישִׁינַן, כ״ש דְּלָא נֵיחוּשׁ לְבֵית דִּין כֵּיוָן דְּרוּבָּא נִינְהוּ, בִּשְׁלָמָא אִי הֲוֵי בָּעֵינַן כּוּלְּהוּ נִיחָא דְּלִיבָּעֵי בֵּית דִּין בַּהֲדַיְיהוּ: שִׁבְעָה שְׁבָטִים הוּא דְּמַיְיתוּ כו'. לְר׳ יְהוּדָה דְּקָאָמַר בְּבָרַיְיתָא לְעֵיל אֲפִילוּ שְׁנֵי שְׁבָטִים[לז] ה״מ לְמִיבְעֵי אֲבָל בִּשְׁנֵי שְׁבָטִים לָא, אֶלָּא אַמַּתְנִיתִין מִיבְּעֵי לֵיהּ, דְּאַיְירֵי בְּשִׁבְעָה שְׁבָטִים: כְּגוֹן שֶׁחָטְאוּ שִׁשָּׁה שְׁבָטִים וְהֵן רוּבָּן כו'. תֵּימָהּ, א״כ מ״ט דְּרַבִּי שִׁמְעוֹן דְּלָא מְחַיֵּיב אֶלָּא פַּר אֶחָד, הָא לָא אַשְׁכְּחַן דִּפְלִיג אַדְּרַבִּי יְהוּדָה אֶלָּא דְּבָעֵי נַמִּי פַּר לְבֵית דִּין, אֲבָל מוֹדֶה מִיהוּ לְרַבִּי יְהוּדָה דְּשֵׁבֶט אֶחָד אִיקְּרִי קָהָל: הִנְנִי מַפְרְךָ וְהִרְבִּיתִךָ וְגוֹ'. תֵּימָהּ דְּשָׁבִיק קְרָא דְּאָמַר הקב״ה לְיַעֲקֹב [ו] 'גּוֹי וּקְהַל גּוֹיִם יִהְיֶה מִמֶּךָּ':

תוספות הרא"ש

אמר אביי אמר קרא [והיה אם מעיני העדה] נעשתה לשגגה עד שתעשה שגגה על ידי אחרים. דפשטיה דקרא מעיני העדה לא קאי אב״ד מדלא כתיב ונעלם מעיני העדה אלמא משמע דאליבורא קאי. ומ״מ מדכתיב נעשתה לשגגה ולא כתיב ועשו העדה בשגגה. אלמא משמע שנעשתה שגגה על ידי אחרים שהורו להם היתר: ורבא אמר אמר קרא כי לכל העם בשגגה. דמשמע שכל ישראל שגו כדבר וב״ד בכלל כל העם הם ושגגת מעשה אי אפשר לכלול בית דין עם הצבור דהא אמרי׳ בסמוך מדכתיב נעשתה לשגגה מפקי ב״ד משגגת מעשה אלא ע״כ שגגת מעשה[לח] דכתיב בב״ד בשגגת הוראה איירי: ה״ג כי שמעינא ליה לר׳ יהודה ז׳ שבטים. ולא כמו שכתוב במקצת ספרים כי שמעי׳ ליה לרבי יהודה ב׳ שבטים דאף אשאה מבעיא ליה משום דלא תני ר׳ יהודה לעיל גבריה אלא בז׳ שבטים ומסתבר למימר דדוקא רובא הוא דגררי למעוטא ומשום דמבעיא ליה אף בשבט א׳ טעו לכתוב ב׳ שבטים וליתא דמשבט א׳ עד ז׳ שבטים קא איבעי: ובמאי אי בהוראת בית דינו ר״ש ל״ל. פרש״י ז״ל דהא לא מייתר ליה קרא לעיל להוראת ב״ד. והא לאו ראיה היא דתלמודא קא דריש לעיל הני קהלי אליבא דאינהו דתנאי ודריש לכל תנא ותנא לפום מאי דשמעי׳ ליה בקרא. ההוא תנא ואי לאו דשמע ליה בסדיא דר׳ שמעון פטר שבט שעשה בהוראת בית דינו הוי מצי למימר דר״ש סבר כר׳ יהודה דדריש חד לדרשא זו כי היכי דדריש ליה ר׳ יהודה אלא ודאי אהא קא סמיך דקתני במתניתין ותכ״א אין חייבין אלא על הוראת ב״ד הגדול בלבד ודקתני חכמים מסתמא כלל רבנן בני פלוגתייהו דר׳ יהודה ר״ש בכלל ולקמן מוכח דדוקא ר״ש היא ולא ר״מ: ואימא עד דאיכא שני שבטים דהתם שבט יהודה ובנימין הוה. וכן מוכח קרא דכתיב בקהל יהודה וירושלים וירושלים היינו שבט בנימין שהיתה העיר בחלק בנימין כדמוכח בפ׳ איזהו מקומן (דף נד): אלא אמר רב אחא בר יעקב מהכא הנני מפרך והרביתך ונתתיך לקהל עמים. תימה דמייתי האי קרא דליכא למשמע מניה וה״ל לאתויי מההוא קרא דכתיב [ז] גוי וקהל גוים יהיה ממך כי זה הפסוק נאמר על לידת בנימין לבד ומהאי קרא מייתי בירושלמי[לט] כל שבט ושבט קרוי קהל שנאמר גוי וקהל גוים יהיה

This daf is dedicated l'iluy nishmas: Florence Tzipora bat Chana z"l

obligated to bring a *Par He'eleim Davar*, **וּשְׁאָר כָּל הַשְּׁבָטִים פְּטוּרִין** — and all the other *shevatim* are exempt from having to each bring one on behalf of the *shevet* who sinned. **וּבְהוֹרָאַת בֵּית דִּין הַגָּדוֹל** — And if the transgression was done by the one *shevet* based on a mistaken ruling of the *Beis Din Hagadol*, **אֲפִילוּ שְׁאָר שְׁבָטִים חַיָּיבִים** — even the other *shevatim* who did not sin are obligated to each bring a *Par He'eleim Davar* on behalf of the *shevet* who did sin. The Gemara confirms: **שְׁמַע מִינָּהּ**

אָמַר רַב אָשֵׁי — Rav Ashi said: **מַתְנִיתִין נָמֵי דַּיְקָא** — The wording of our Mishnah also implies this, **דְּקָתָנֵי** — because our Mishnah said: **וְעָשָׂה אוֹתוֹ הַשֵּׁבֶט עַל פִּיהֶם** — "If the *beis din* of a *shevet* gave a mistaken ruling, and the people of that *shevet* did the transgression based on their ruling, **אוֹתוֹ הַשֵּׁבֶט חַיָּיב** — that *shevet* is obligated to bring a *Par He'eleim Davar*, **וּשְׁאָר כָּל הַשְּׁבָטִים פְּטוּרִין** — and all the other *shevatim* are exempt from having to bring one." **לָמָּה לִי לְמִיתְנָא** — Why does the Mishnah need to say, **וּשְׁאָר שְׁבָטִים פְּטוּרִים** — "And the rest of the *shevatim* are exempt"? **הָא תְּנָא** — The Mishnah already implied that, because it said: **אוֹתוֹ הַשֵּׁבֶט חַיָּיב** — "That *shevet* is obligated"; **וְכֵיוָן דִּתְנָא** — once Our Mishnah said, **אוֹתוֹ הַשֵּׁבֶט חַיָּיב** — "That *shevet* is obligated," **מִמֵּילָא יָדַעְנָא** — I automatically know, **שְׁאָר שְׁבָטִים פְּטוּרִין** — the rest of the *shevatim* are exempt! **אֶלָּא** — Rather, **הָא קָמַשְׁמַע לָן** — the fact that the Mishnah points out that the other *shevatim* are exempt teaches us, **בְּהוֹרָאַת בֵּית דִּינוֹ הוּא דִּשְׁאָר שְׁבָטִים פְּטוּרִים** — only if the transgression was based on the mistaken ruling of that *shevet's* own *beis din* are the other *shevatim* exempt; **אֲבָל** — however, **בְּהוֹרָאַת בֵּית דִּין הַגָּדוֹל** — if it was based on a ruling of the *Beis Din Hagadol*, **אֲפִילוּ שְׁאָר שְׁבָטִים חַיָּיבִין** — even the other *shevatim* would be obligated to each bring a *Par He'eleim Davar* on behalf of the one *shevet* who sinned. The Gemara confirms: **שְׁמַע מִינָּהּ** — You can indeed learn the answer to our question by inferring it from the words of the Mishnah.

אִיבַּעְיָא לְהוּ — It was asked: **שֵׁבֶט אֶחָד שֶׁעָשָׂה בְּהוֹרָאַת בֵּית דִּין הַגָּדוֹל** — If one *shevet* committed a transgression based on a mistaken ruling of the *Beis Din Hagadol*, **לְרַבִּי שִׁמְעוֹן** — according to Rabi Shimon, who does not hold that a *shevet* that sinned based on a ruling of their own *beis din* would bring a *Par He'eleim Davar*, **מִי מַיְיתֵי** — would this *shevet* bring one, **אוֹ לָא** — or not? We find that Rabi Shimon holds that each *shevet* is considered a congregation, and therefore, when seven *shevatim* sin, each *shevet* that sinned brings a bull; would he apply that to a single *shevet* that sinned, and they would be obligated to bring a *Par He'eleim Davar* since they are considered a congregation, or would he hold that any time less than either a majority of the entire nation or a majority of the *shevatim* sinned, they are exempt from bringing a *korban* altogether?

תָּא שְׁמַע — Come and hear a proof to answer this question from the *Baraisa* we brought earlier: **מָה הֵן מְבִיאִין** - What do they bring if people sinned based on a mistaken ruling that *beis din* gave? **פַּר אֶחָד** — One bull. **רַבִּי שִׁמְעוֹן אוֹמֵר** — Rabi Shimon says: **שְׁנֵי פָּרִים** — Two bulls. The Gemara asks: **בְּמַאי עָסְקִינַן** — What case are we dealing with?

עין משפט
נר מצוה

מד א מיי׳ פי״ג מהלכות שגגות הלכה א סמג עשין ריז:
מה ב מיי׳ פ״ג מהלכות ביאת מקדש הלכה ו סמג לאוין דש:

ורבי שמעון ורבי מאיר, דהוראה תלויה בבית דין ומעשה תלוי בקהל מנא להו. אמר אביי, דאמר קרא א) 'והיה אם מעיני העדה נעשתה לשגגה'[א]; רבא אמר, ב) מ'לכל העם בשגגה'. וצריכא, דאי כתב רחמנא 'והיה אם מעיני העדה נעשתה לשגגה' הוה אמינא אפילו מיעוטא, להכי כתיב 'לכל העם בשגגה', ואי כתב 'לכל העם בשגגה' הוה אמינא עד דעבדי בית דין בהדי רובא, להכי כתיב 'והיה אם מעיני העדה נעשתה לשגגה'. והא כי כתיבי הני קראי בעבודת כוכבים הוא דכתיבי. ילפינן ג) 'מעיני' א) 'מעיני': הורו בית דין של אחד וכו׳: איבעיא להו, שבט אחד לרבי יהודה בהוראת בית דין הגדול, מי מייתו שאר שבטים או לא; מי אמרינן[ב] שבעה שבטים הוא דמייתו שאר שבטים בהדייהו משום דאיכא רובא, אבל חד שבט דליכא רובא לא, או דלמא לא שנא. תא שמע, מה הן מביאין, פר אחד, רבי שמעון אומר, שני פרים; במאי עסקינן, אילימא שחטאו שבעה, רבי שמעון תמניא בעי, אלא דחטא שבט אחד, במאי[ג], אי בהוראת בית דינו רבי שמעון לית ליה, אלא לאו בהוראת בית דין הגדול, ותנא קמא מני, אי נימא רבי מאיר, הא רובא בעי, אלא לאו רבי יהודה (וכגון שחטא שבט אחד[ד]). אמרי, הכא במאי עסקינן, כגון שחטאו ששה שבטים והן רובן של קהל[ה], ורבי שמעון בן אלעזר היא, דתניא, א)רבי שמעון בן אלעזר אומר משמו, חטאו ששה והן רובו של קהל, או שבעה אף על פי שאינן רובו של קהל, מביאין פר. תא שמע, רבי יהודה אומר, שבט שעשה בהוראת בית דינו, אותו השבט חייב ושאר כל השבטים פטורין, ובהוראת בית דין הגדול אפילו שאר שבטים חייבים. שמע מינה. אמר רב אשי, מתניתין נמי דיקא, דקתני ועשה אותו השבט על פיהם אותו השבט חייב ושאר כל השבטים פטורין, למה לי למיתנא ושאר שבטים פטורים, הא תנא אותו השבט חייב, וכיון דתנא אותו השבט חייב ממילא ידענא שאר[ו] שבטים פטורין, אלא הא קמשמע לן, דבהוראת בית דינו הוא דשאר שבטים פטורים, אבל בהוראת בית דין הגדול אפילו שאר שבטים חייבין. שמע מינה. איבעיא להו, שבט אחד שעשה בהוראת בית דין הגדול, לרבי שמעון מי מייתי או לא[ז]. תא שמע, מה הן מביאין, פר אחד, רבי שמעון אומר, שני פרים; (במאי עסקינן, אילימא שחטאו שבעה[ח]) שני פרים, שמנה פרים בעי, אלא דחטא שבט אחד, ובמאי, אילימא בהוראת בית דינו, רבי שמעון לית ליה, אלא בהוראת בית דין הגדול, ותסברא, תנא קמא מני, אי רבי מאיר, הא רובא בעי, אי רבי יהודה, שאר שבטים נמי מייתו. (אלא[ט] הא[י] מני, רבי שמעון בן אלעזר היא, וכדתניא. תא שמע, וחכמים אומרים, לעולם אינו חייב אלא על הוראת בית דין הגדול; ב)מאן חכמים, אילימא רבי מאיר, רובא בעי, אלא לאו רבי שמעון היא. שמע מינה. ורבי יהודה ורבי שמעון, ג) א)שבט אחד דאיקרי קהל מנא להו. אמרי[יא], דכתיב ד) 'ויעמד יהושפט בקהל יהודה וירושלים (נכח חצר בית יי[יב]) החדשה'; ד)מאי 'חדשה', אמר רבי יוחנן[יג], ה)ב)שחידשו[יד] דברים ואמרו טבול יום אל יכנס במחנה לויה. מתקיף לה רב אחא בר יעקב, ממאי, דלמא שאני ירושלים דהוה נמי בנימין[טו]. אלא אמר רב אחא בר יעקב, דכתיב ה) 'ויאמר אלי הנני מפרך והרביתיך ונתתיך לקהל עמים' וגו׳, מאן אתיליד ליה ההיא שעתא, בנימין, שמע מינה הכי קאמר רחמנא, מתיליד לך השתא קהל אחרינא. אמר ליה רב[טז] שבא לרב כהנא, דלמא הכי קאמר ליה רחמנא, לכי מתיליד לך בנימין הוא דהוו שנים עשר שבטים דמתקריית[יז] קהל. אמר ליה, אלא שנים עשר שבטים איקרו קהל, אחד עשר שבטים לא איקרו קהל. ו)תניא[יח], רבי שמעון אומר, מה תלמוד לומר ו) 'ופר שני בן בקר תקח לחטאת', אם ללמד שהם שנים, והלא כבר נאמר ז) 'ועשה את האחד חטאת ואת האחד עולה ליי', [אלא] יכול [תהא] נאכלת[יט] חטאת ללוים[כ], תלמוד לומר 'ופר שני', שני לעולה, מה עולה לא נאכלת אף

רש"י

ורבי שמעון ורבי מאיר. דדרשי תרי 'קהל' לג"ש, ולא מייתר חד להוראה תלויה בבית דין, אם כן הוראה תלויה בבית דין מנא להו: 'מעיני העדה נעשתה לשגגה'. שתעשה לשגגה על ידי אחרים, דהיינו על ידי הוראת בי"ד, דהוראה תלויה בבית דין: רבא אמר, 'כי לכל העם בשגגה'. שיהו כולם תלויין בשגגת[כא] הקהל ובי"ד, דהוראה תלויה בבי"ד ומעשה תלוי בקהל: הוה אמינא אפילו מיעוט. חטאו מביאין פר: הוה אמינא בית דין בהדי רובא. ולא יהו מביאין פר עד שיעשו בית דין עם הצבור, דליבעי לבית דין הוראה ועשיה, כתב רחמנא 'והיה אם מעיני העדה נעשתה לשגגה', שתעשה שגגה על ידי אחרים, דהוראה בלבד תלויה בבית דין: ילפינן 'מעיני' 'מעיני'. כתיב הכא 'מעיני הקהל', וכתיב בעבודת כוכבים 'והיה אם מעיני העדה': אבל חד שבט דליכא רובא לא. והוא הדין לשנים או שלשה שבטים: רבי שמעון תמניא בעי. פר לכל שבט ושבט ופר לבית דין: אי בהוראת בית דינו רבי שמעון לית ליה. דהא לא מייתר ליה (לא[כב]) קהל להוראת בית דינו: אלא לאו רבי יהודה היא. וקתני 'מה הן מביאין, פר אחד', אלמא לא מייתו שאר שבטים בהדיה: אמרי הכא במאי עסקינן וכו׳. ותנא קמא רבי שמעון בן אלעזר הוא, ורבי שמעון דאמר שני פרים קסבר[כג] פר לכל שבט ושבט, דשבט אחד איקרי קהל, כגון שחטאו שבעה שבטים והן רובן של קהל, דכי הויא רובא בגברי ורובא בשבטים הוא דמביא פר לכל שבט ושבט ופר לבי"ד, אבל היכא דאיכא ששה והן רובא[כד], או שבעה ואינן רובא[כה], כיון דלאו רובא בגברי ורובא בשבטים, כחד שבט דמו, ומביאין פר אחד ופר לבי"ד: איבעיא להו, שבט אחד שעשה בהוראת בית דין הגדול לרבי שמעון מי מייתו פר או לא, מי אמרינן כי אמר ר׳ שמעון לחייב על כל קהל וקהל, דשבט אחד איקרי קהל, כגון שחטאו שבעה שבטים דהוו רובן, אבל היכא דליכא רובא כיחיד דמו ופטורים, דיחיד שעשה בהוראת בי"ד פטור, או דלמא כיון דסבירא ליה דשבט אחד איקרי קהל, לא שנא שבט אחד ולא שנא שבעה מביאין פר לכל שבט ושבט ופר לבי"ד: אלא. הכא במאי עסקינן כגון שחטאו ששה וכו׳, דכיון דאיכא רוב[כו] רובא כל דהו קאמר דמביאין פר ופר לבי"ד: אלא לאו רבי שמעון. וקתני שבט אחד חייב על הוראת בית דין הגדול, אלמא כי אמר 'שבט אחד איקרי קהל' אפילו כי חטא שבט אחד כמרובין דמו ומביאין פר ופר לבי"ד, והכי סבירא ליה לרבי שמעון, דהיכא דאיכא רובא בגברי ורובא בשבטים מביאין פר לכל שבט, אבל[כז] היכא דחטאו ששה והן רובן או שבעה ואינן רובן כשבט אחד דמו ומביאין פר ופר לבית דין, מדקתני 'מה הן מביאין' וכו׳, ולא מתוקמא רישא אלא כרבי שמעון בן אלעזר, כגון שחטאו ששה וכו׳, וקאמר רבי שמעון שני פרים, פר להו ופר לבית דין: מדכתיב 'קהל יהודה', אלמא דשבט אחד איקרי קהל: ודלמא שאני שבט יהודה דהוה עמיה בירושלים שבט בנימין. ושני שבטים הוא דאיקרי קהל, אבל שבט אחד לא: אלא מהכא, 'הנני מפרך והרביתיך ונתתיך לקהל עמים' וגו׳. והיכא אמר ליה הכי, דכתיב ז) 'וירא אלהים אל יעקב עוד בבואו מפדן ארם' וגו׳, וכתיב 'ויאמר לו אלהים אני אל שדי פרה ורבה גוי וקהל גוים יהיה ממך' וגו׳: מאן הוה אתיליד ליה בההיא שעתא. כלומר, מאן הוה עתיד למילד ההיא שעתא, בנימין, ושמע מינה דקאמר ליה רחמנא השתא מתיליד לך קהל אחרינא: י"א שבטים לא[כט]. בתמיה, והא אמרת דשני שבטים איקרו קהל, יהודה ובנימין, אלא ודאי הכי קאמר ליה, דהשתא מתיליד לך קהל אחרינא, אלמא שבט בנימין לבדו איקרי קהל: הכל

תוספות

הוה אמינא עד דעבדי בית דין בהדי רובא כו׳. תימה, השתא אע"פ שמיעוט נשארו מצבור לא חיישינן, כ"ש דלא ניחוש לבית דין כיון דרובא נינהו, בשלמא אי הוי בעינן כולהו ניחא דליבעי בית דין בהדייהו: שבעה שבטים הוא דמייתו כו׳. לר׳ יהודה דקאמר בברייתא לעיל אפילו שני שבטים[כח] ה"מ למיבעי אבל בשני שבטים לא, אלא אמתניתין מיבעי ליה, דאיירי בשבעה שבטים: כגון שחטאו ששה שבטים והן רובן כו׳. תימה, א"כ מ"ט דרבי שמעון דלא מחייב אלא פר אחד, הא לא אשכחן דפליג אדרבי יהודה אלא דבעי נמי פר לבית דין, אבל מודה מיהו לרבי יהודה דשבט אחד איקרי קהל: הנני מפרך והרביתיך וגו׳. תימה דשביק קרא דאמר הקב"ה ליעקב ז) 'גוי וקהל גוים יהיה ממך':

מסורת הש"ס עם הוספות

א) [לעיל ג. ע"ש], ב) [עירובין סג. וש"נ], ג) [פסחים פ. מנחות טו.], ד) פסחים לב: יבמות ז: זבחים לב: ע"ש, ה) ת"כ פ׳ ויקרא דבורא דחובה פרק ג, ה"ד-ה (אות רח), ו) בראשית לה ט-יא. ז) בראשית לה יא. ח) כאן ה"ו ופסחים פ"ז ה"ו.

גליון הש"ס

גמ׳ שחידשו דברים ואמרו טבול יום אל יכנס. בשו"ת זכרון יוסף בסופו בחידושיו כ׳ לפני החלר החדשה גימטריא טבול יום לא יכנס במחנה של לוים:

תורה אור השלם

א) וְהָיָה אִם מֵעֵינֵי הָעֵדָה נֶעֶשְׂתָה לִשְׁגָגָה וְעָשׂוּ כָל הָעֵדָה פַּר בֶּן בָּקָר אֶחָד לְעֹלָה לְרֵיחַ נִיחֹחַ לַיְיָ וּמִנְחָתוֹ וְנִסְכּוֹ כַּמִּשְׁפָּט וּשְׂעִיר עִזִּים אֶחָד לְחַטָּת: [במדבר טו, כד]

ב) וְנִסְלַח לְכָל עֲדַת בְּנֵי יִשְׂרָאֵל וְלַגֵּר הַגָּר בְּתוֹכָם כִּי לְכָל הָעָם בִּשְׁגָגָה: [במדבר טו, כו]

ג) וְאִם כָּל עֲדַת יִשְׂרָאֵל יִשְׁגּוּ וְנֶעְלַם דָּבָר מֵעֵינֵי הַקָּהָל וְעָשׂוּ אַחַת מִכָּל מִצְוֹת יְיָ אֲשֶׁר לֹא תֵעָשֶׂינָה וְאָשֵׁמוּ: [ויקרא ד, יג]

ד) וַיַּעֲמֹד יְהוֹשָׁפָט בִּקְהַל יְהוּדָה וִירוּשָׁלִַם בְּבֵית יְיָ לִפְנֵי הֶחָצֵר הַחֲדָשָׁה: [דברי הימים ב׳ כ, ה]

ה) וַיֹּאמֶר אֵלַי הִנְנִי מַפְרְךָ וְהִרְבִּיתִךָ וּנְתַתִּיךָ לִקְהַל עַמִּים וְנָתַתִּי אֶת הָאָרֶץ הַזֹּאת לְזַרְעֲךָ אַחֲרֶיךָ אֲחֻזַּת עוֹלָם: [בראשית מח, ד]

ו) וְלָקְחוּ פַּר בֶּן בָּקָר וּמִנְחָתוֹ סֹלֶת בְּלוּלָה בַשָּׁמֶן וּפַר שֵׁנִי בֶן בָּקָר תִּקַּח לְחַטָּאת: [במדבר ח, ח]

ז) וְהַלְוִיִּם יִסְמְכוּ אֶת יְדֵיהֶם עַל רֹאשׁ הַפָּרִים וַעֲשֵׂה אֶת הָאֶחָד חַטָּאת וְאֶת הָאֶחָד עֹלָה לַיְיָ לְכַפֵּר עַל הַלְוִיִּם: [במדבר ח, יב]

הגהות וציונים

א] בראשונים ובכת"י נוסף עד שתעשה שגגה על ידי אחרים וברש"י צ"ל הפסק ...

תוספות הרא"ש

אמר אביי אמר קרא [והיה אם מעיני העדה] נעשתה לשגגה עד שתעשה שגגה על ידי אחרים. דפשטיה דקרא מעיני העדה לא קאי אב"ד מדלא כתיב ונעלם מעיני העדה אלמא משמע דאציבורא קאי. ומ"מ מדכתיב נעשתה לשגגה ולא כתיב ועשו העדה בשגגה. אלמא משמע שנעשתה שגגה על ידי אחרים שהורו להם היתר: ורבא אמר אמר קרא כי לכל העם בשגגה. דמשמע שכל ישראל שגו בדבר וב"ד בכלל כל העם הם ובשגגת מעשה אי אפשר לכלול בית דין עם הצבור דהא אמרי׳ בסמוך מדכתיב נעשתה לשגגה מפקי ב"ד משגגת מעשה אלא ע"כ שגגת מעשה[כט] דכתיב בב"ד בשגגת הוראה איירי: ה"ג כי שמעינא ליה לר׳ יהודה ז׳ שבטים. ולא כמו שכתוב במקצת ספרים כי שמעי׳ ליה לרבי יהודה ב׳ שבטים דאף אששה מבעיא ליה משום דלא תני ר׳ יהודה לעיל גרירה אלא בז׳ שבטים ומסתבר למימר דדוקא רובא הוא דגררי למעוטא ומשום דמבעיא ליה אף בשבט א׳ טעו לכתוב ב׳ שבטים וליתא דמשבט א׳ עד ז׳ שבטים קא איבעי: ובמאי אי בהוראת בית דינו ר"ש ל"ל. פרש"י ז"ל דהא לא מייתר ליה קרא לעיל להוראת ב"ד. והא לאו ראיה היא דתלמודא קא דריש לעיל הני קהלי אליבא דאינהו דתנאי ודריש לכל תנא ותנא לפום מאי דשמעי׳ ליה בקרא[ל] ההוא תנא ואי לאו דשמיע ליה בהדיא דר׳ שמעון פטר שבט שעשה בהוראת בית דינו הוי מצי למימר דר"ש סבר כר׳ יהודה דדריש חד לדרשא זו כי היכי דדריש ליה ר׳ יהודה אלא ודאי אהא קא סמיך דקתני במתניתין ותכ"א אין חייבין אלא על הוראת ב"ד הגדול בלבד ומדקתני חכמים משמע כלל רבנן בני פלוגתייהו דר׳ יהודה ר"ש בכלל ולקמן מוכח דדוקא ר"ש היא ולא ר"מ: ואימא עד דאיכא שני שבטים דהתם שבט יהודה ובנימין הוה. וכן מוכח קרא דכתיב בקהל יהודה וירושלים וירושלים היינו שבט ...
... כשהוא אומר וקהל גוים הרי שנים דמשמע דיש ב׳ אחרים לבד מבנימין לא מוקהל קדריש דע"כ אבנימין קאי דהא מוכח מיני׳ רבא[לא] דשבט א׳ איקרי קהל אלא מגוים קדרים:

ואימא עד דאיכא שני שבטים דהתם שבט יהודה ובנימין הוו אלא אמר רב אחא בר יעקב מהכא הנני מפרך וכו׳״: טו] רב בר שבא (ר"ח וכת"י): יז] דמתקריין (ב"ח): יח] בכת"י ליתא מ"תניא ר"ש אומר" עד לקמן ו רע"א "אף חטאת לא נאכלת כיוצא בו". וכן לא היה לפני רש"י מדלא פירשו וגם בתמורה טו ע"ב לא מייתו לה רש"י ותוס׳ מכאן ומזה מוכח שלא היה לפניהם ועי׳ מהרש"א (דק"ס): יט] בדפו"י בכל הסוגיא בגמ׳ וברש"י נאכלה, ועי׳ דק"ס: כ] מהרש"א וקרבן אהרן מיישבים גירסתנו "ללוים". ב"ש וב"ח ועוד מגיהים הלוים, וכן הביאו מת"כ הרא"ם וב"ש וכן הביא מהתוספתא הר"ש פרה פ"א מ"ב. בת"כ שלפנינו "יכול תהא נאכלת חטאת זו" (חק נתן, רש"ש). ועי׳ שער יוסף: כא] צ"ל בשגגה (ברכת יצחק): כב] ליתא בכל הדפוסים הישנים ונשתבש בד׳ אמ"ד. בתוס׳ הרא"ש "ליה קרא לעיל להוראת": כג] הב"ח מוסיף הא דמביאין. דפוס ווינציא ג׳ "קסבר פר לקהל ופר לב"ד דכי אמר ר"ש שבעה שבטים מביאין שמנה פרים כגון (וליתא "לכל שבט ושבט דשבט א׳ איקרי קהל"): כד] רובו של קהל (ב"ח): כה] "רובו" נמחק (ב"ח, וכן ליתא בכת"י): כו] יש להוסיף אפילו (בני שמואל, עי"ש): כז] לא איקרי קהל. (ב"ח): כח] צ"ל לא ה"מ (בארות המים): כט] "מעשה" ליתא בכת"י וגורס "ע"כ שגגה דכתיב דשמיע ליה דקאמר ההוא תנא": ל] כת"י "לפום מאי דשמיע ליה דקאמר ההוא תנא": לא] צ"ל מיניה בירושלמי (הורה גבר) בשער יוסף (באחורי תרעא) מגיה "דמוכח מינה רב אחא", עי"ש:

... יב] [צ"ל בבית ה׳ לפני החצר] (גליון): יג] בגליון הגמרא ביבמות הגיה הגרי"פ "צ"ל רבי כ"א בזבחים" (כ"ה בזבחים בדפו"י, ובדפו"ח שם תיקנו כלפנינו. והשמ"ק בזבחים מחק "אמר רבי"): יד] שחידשו בה דברים (ב"ח): טו] גירסת הרא"ש "מתקיף לה רב אחא בר יעקב ...

אִילֵימָא שֶׁחָטְאוּ שִׁבְעָה — If you say that it is a case that seven *shevatim* sinned, **שְׁנֵי פָּרִים** — would Rabi Shimon say they would bring two bulls? **שְׁמֹנָה פָּרִים בָּעֵי** — He holds that eight bulls are brought altogether; one for each *shevet*, and one for *beis din*! **אֶלָּא** — Rather, **דְּחָטָא שֵׁבֶט אֶחָד** — the case must be that only one *shevet* sinned. **וּבְמַאי** — And based on what kind of ruling did this one *shevet* sin? **אִילֵימָא בְּהוֹרָאַת בֵּית דִּינוֹ** — If you were to say it was based on the ruling of that *shevet's* own *beis din*, **רַבִּי שִׁמְעוֹן לֵית לֵיהּ** — Rabi Shimon does not hold that any *Par He'eleim Davar* is brought in that case! **אֶלָּא בְּהוֹרָאַת בֵּית דִּין הַגָּדוֹל** — Rather, it must that the *shevet* sinned based on a ruling of the *Beis Din Hagadol*. The Gemara asks: **וְתִסְבְּרָא** — Is it logical to say that is the case? **תַּנָּא קַמָּא מַנִּי** — If that was the case, who would the first *tanna* of the *Baraisa* be, who says that only one bull is brought? **אִי רַבִּי מֵאִיר** — If you were to say that it is Rabi Meir, who says in the Mishnah that only one bull is brought by *beis din*, no matter how many *shevatim* sinned, **הָא רוּבָּא בָּעֵי** — it cannot be, because he requires a majority of the Jewish people to have sinned in order to have a *Par He'eleim Davar* brought, and a *Par He'eleim Davar* would not be brought if only one *shevet* sinned! **אִי רַבִּי יְהוּדָה** — If you were to say that it is Rabi Yehudah, who holds that each *shevet* that sinned brings a bull, and since only one *shevet* sinned here, only one bull would be brought, **שְׁאָר שְׁבָטִים נָמֵי מַיְיתוּ** — it cannot be, because he holds that if even one *shevet* sinned based on a ruling of the *Beis Din Hagadol*, the other *shevatim* who did not sin bring a bull each on behalf of the *shevet* who did sin! **אֶלָּא** — Rather, **הָא מַנִּי** — who is the first *tanna* of this *Baraisa*? **רַבִּי שִׁמְעוֹן בֶּן אֶלְעָזָר הִיא** — It is Rabi Shimon ben Elazar, and the case is that either six *shevatim* sinned, and the total of the sinners makes up a majority of the entire nation, or seven *shevatim* sinned, and the total of the sinners does not make up a majority of the entire nation, **וְכִדְתַנְיָא** — and the opinion of Rabi Shimon ben Elazar is as we learned in the *Baraisa* that we brought earlier, that in either of these two cases, one bull is brought. In this case, Rabi Shimon would say that only two bulls are brought, even though he generally holds that each *shevet* that sinned brings its own bull, in addition to the bull brought by *beis din*, because that only applies when seven or more *shevatim* sinned *and* the total of the sinners makes up a majority of the entire nation; otherwise, all the sinners together are considered one *shevet*. Therefore, in this case, since only six *shevatim* sinned, they bring one bull together, in addition to the bull brought by *beis din* themselves.

תָּא שְׁמַע — Come and hear another proof to answer this question from our Mishnah: **וַחֲכָמִים אוֹמְרִים** — Unlike Rabi Yehuda, who holds that if one *shevet* sinned based on a ruling of their own *beis din*, they bring a *Par He'eleim Davar*, the *Chachamim* say: **לְעוֹלָם אֵינוֹ חַיָּיב אֶלָּא עַל הוֹרָאַת בֵּית דִּין הַגָּדוֹל** — A *shevet* is not obligated to bring a *Par He'eleim Davar* except for rulings of the *Beis Din Hagadol*. The Gemara asks: **מַאן חֲכָמִים** — Who are the "*Chachamim*" referred to here? **אִילֵימָא רַבִּי מֵאִיר** — If you want to say it is Rabi Meir, **רוּבָּא בָּעֵי** — it cannot be, because Rabi Meir holds

וְרַבִּי שִׁמְעוֹן וְרַבִּי מֵאִיר, דְּהוֹרָאָה תְּלוּיָה בְּבֵית דִּין וּמַעֲשֶׂה תָּלוּי בַּקָּהָל מְנָא לְהוּ. אָמַר אַבַּיֵי, דְּאָמַר קְרָא א) 'וְהָיָה אִם מֵעֵינֵי הָעֵדָה נֶעֶשְׂתָה לִשְׁגָגָה'[א]; רָבָא אָמַר, ב) 'כִּי לְכָל הָעָם בִּשְׁגָגָה'. וּצְרִיכָא, דְּאִי כְּתַב רַחֲמָנָא 'וְהָיָה אִם מֵעֵינֵי הָעֵדָה נֶעֶשְׂתָה לִשְׁגָגָה' הֲוָה אָמֵינָא אֲפִילּוּ מִיעוּטָא, לְהָכִי כְּתִיב 'לְכָל הָעָם בִּשְׁגָגָה', וְאִי כְּתַב 'לְכָל הָעָם בִּשְׁגָגָה' הֲוָה אָמֵינָא עַד דְּעָבְדִי בֵּית דִּין בַּהֲדֵי רוּבָּא, לְהָכִי כְּתִיב 'וְהָיָה אִם מֵעֵינֵי הָעֵדָה נֶעֶשְׂתָה לִשְׁגָגָה'. וְהָא כִּי כְּתִיבִי הָנֵי קְרָאֵי בַּעֲבוֹדַת כּוֹכָבִים הוּא דִּכְתִיבִי. יָלְפִינַן ג) 'מֵעֵינֵי' א) 'מֵעֵינֵי': **הוֹרוּ בֵּית דִּין שֶׁל אֶחָד וְכוּ'**: אִיבַּעְיָא לְהוּ, שֵׁבֶט אֶחָד לְרַבִּי יְהוּדָה בְּהוֹרָאַת בֵּית דִּין הַגָּדוֹל, מִי מַיְיתוּ שְׁאָר שְׁבָטִים אוֹ לָא; מִי אָמְרִינַן[ב] שִׁבְעָה שְׁבָטִים הוּא דְּמַיְיתוּ שְׁאָר שְׁבָטִים בַּהֲדַיְיהוּ מִשּׁוּם דְּאִיכָּא רוּבָּא, אֲבָל חַד שֵׁבֶט דְּלֵיכָּא רוּבָּא לָא, אוֹ דִּלְמָא לָא שְׁנָא. תָּא שְׁמַע, מָה הֵן מְבִיאִין, פַּר אֶחָד, רַבִּי שִׁמְעוֹן אוֹמֵר, שְׁנֵי פָּרִים; בְּמַאי עָסְקִינַן, אִילֵּימָא שֶׁחָטְאוּ שִׁבְעָה, רַבִּי שִׁמְעוֹן תְּמָנְיָא בָּעֵי, אֶלָּא דְּחָטָא שֵׁבֶט אֶחָד, בְּמַאי[ג], אִי בְּהוֹרָאַת בֵּית דִּינוֹ רַבִּי שִׁמְעוֹן לֵית לֵיהּ, אֶלָּא לָאו בְּהוֹרָאַת בֵּית דִּין הַגָּדוֹל, וְתַנָּא קַמָּא מַנִּי, אִי נֵימָא רַבִּי מֵאִיר, הָא רוּבָּא בָּעֵי, אֶלָּא לָאו רַבִּי יְהוּדָה (וּכְגוֹן שֶׁחָטָא שֵׁבֶט אֶחָד[ד]). אָמְרִי, הָכָא בְּמַאי עָסְקִינַן, כְּגוֹן שֶׁחָטְאוּ שִׁשָּׁה שְׁבָטִים וְהֵן רוּבָּן שֶׁל קָהָל[ה], וְרַבִּי שִׁמְעוֹן בֶּן אֶלְעָזָר הִיא, דְּתַנְיָא, ה) רַבִּי שִׁמְעוֹן בֶּן אֶלְעָזָר אוֹמֵר מִשְּׁמוֹ, חָטְאוּ שִׁשָּׁה וְהֵן רוּבּוֹ שֶׁל קָהָל, אוֹ שִׁבְעָה אַף עַל פִּי שֶׁאֵינָן רוּבּוֹ שֶׁל קָהָל, מְבִיאִין פַּר. תָּא שְׁמַע, רַבִּי יְהוּדָה אוֹמֵר, שֵׁבֶט שֶׁעָשָׂה בְּהוֹרָאַת בֵּית דִּינוֹ, אוֹתוֹ הַשֵּׁבֶט חַיָּיב וּשְׁאָר כָּל הַשְּׁבָטִים פְּטוּרִין, וּבְהוֹרָאַת בֵּית דִּין הַגָּדוֹל אֲפִילּוּ שְׁאָר שְׁבָטִים חַיָּיבִים. שְׁמַע מִינַּהּ. אָמַר רַב אַשִׁי, מַתְנִיתִין נַמִּי דַּיְקָא, דְּקָתָנֵי וְעָשָׂה אוֹתוֹ הַשֵּׁבֶט עַל פִּיהֶם אוֹתוֹ הַשֵּׁבֶט חַיָּיב וּשְׁאָר כָּל הַשְּׁבָטִים פְּטוּרִין, לָמָּה לִי לְמִיתְנָא וּשְׁאָר שְׁבָטִים פְּטוּרִים, הָא תְּנָא אוֹתוֹ הַשֵּׁבֶט חַיָּיב, וְכֵיוָן דִּתְנָא אוֹתוֹ הַשֵּׁבֶט חַיָּיב מִמֵּילָא יָדְעָנָא שְׁאָר[ו] שְׁבָטִים פְּטוּרִין, אֶלָּא הָא קָמַשְׁמַע לָן, דִּבְהוֹרָאַת בֵּית דִּינוֹ הוּא דִּשְׁאָר שְׁבָטִים פְּטוּרִים, אֲבָל בְּהוֹרָאַת בֵּית דִּין הַגָּדוֹל אֲפִילּוּ שְׁאָר שְׁבָטִים חַיָּיבִין. שְׁמַע מִינַּהּ. **אִיבַּעְיָא** לְהוּ, שֵׁבֶט אֶחָד שֶׁעָשָׂה בְּהוֹרָאַת בֵּית דִּין הַגָּדוֹל, לְרַבִּי שִׁמְעוֹן מִי מַיְיתֵי אוֹ לָא[ז]. תָּא שְׁמַע, מָה הֵן מְבִיאִין, פַּר אֶחָד, רַבִּי שִׁמְעוֹן אוֹמֵר, שְׁנֵי פָרִים; (בְּמַאי עָסְקִינַן, אִילֵּימָא שֶׁחָטְאוּ שִׁבְעָה[ח]) שְׁנֵי פָרִים, שְׁמוֹנָה פָּרִים בָּעֵי, אֶלָּא דְּחָטָא שֵׁבֶט אֶחָד, וּבְמַאי, אִילֵּימָא בְּהוֹרָאַת בֵּית דִּינוֹ, רַבִּי שִׁמְעוֹן לֵית לֵיהּ, אֶלָּא בְּהוֹרָאַת בֵּית דִּין הַגָּדוֹל, וְתִסְבְּרָא, תַּנָּא קַמָּא מַנִּי, אִי רַבִּי מֵאִיר, הָא רוּבָּא בָּעֵי, אִי רַבִּי יְהוּדָה, שְׁאָר שְׁבָטִים נַמִּי מַיְיתוּ. (אֶלָּא[ט]) הָא[י] מַנִּי, רַבִּי שִׁמְעוֹן בֶּן אֶלְעָזָר הִיא, וּכְדְתַנְיָא. תָּא שְׁמַע, וַחֲכָמִים אוֹמְרִים, לְעוֹלָם אֵינוֹ חַיָּיב אֶלָּא עַל הוֹרָאַת בֵּית דִּין הַגָּדוֹל; ו) מַאן חֲכָמִים, אִילֵּימָא רַבִּי מֵאִיר, רוּבָּא בָּעֵי, אֶלָּא לָאו רַבִּי שִׁמְעוֹן הִיא. שְׁמַע מִינַּהּ. וְרַבִּי יְהוּדָה וְרַבִּי שִׁמְעוֹן, ז) א) שֵׁבֶט אֶחָד דְּאִקְּרִי קָהָל מְנָא לְהוּ. אָמְרִי[יא], דִּכְתִיב ד) 'וַיַּעֲמֹד יְהוֹשָׁפָט בִּקְהַל יְהוּדָה וִירוּשָׁלִַם (נֹכַח חֲצַר בֵּית ה'[יב]) הֶחָדָשָׁה'; ז) מַאי 'חֲדָשָׁה', אָמַר רַבִּי יוֹחָנָן[יג], ח) שֶׁחִידְּשׁוּ[יד] דְּבָרִים וְאָמְרוּ טְבוּל יוֹם אַל יִכָּנֵס בְּמַחֲנֵה לְוִיָּה. מַתְקִיף לַהּ רַב אַחָא בַּר יַעֲקֹב, מִמַּאי, דִּלְמָא שָׁאנֵי יְרוּשָׁלַיִם דַּהֲוָה נַמִּי בִּנְיָמִין[טו]. אֶלָּא אָמַר רַב אַחָא בַּר יַעֲקֹב, דִּכְתִיב ה) 'וַיֹּאמֶר אֵלַי הִנְנִי מַפְרְךָ וְהִרְבִּיתִךָ וּנְתַתִּיךָ לִקְהַל עַמִּים' וְגוֹ', מַאן אִתְיְלִיד לֵיהּ הַהִיא שַׁעְתָּא, בִּנְיָמִין, שְׁמַע מִינַּהּ הָכִי קָאָמַר רַחֲמָנָא, מִתְיְלִיד לָךְ הַשְׁתָּא קָהָל אַחֲרִינָא. אָמַר לֵיהּ רַבִּי[טז] שָׁבָא לְרַב כָּהֲנָא, דִּלְמָא הָכִי קָאָמַר לֵיהּ רַחֲמָנָא, לְכִי מִתְיְלִיד לָךְ בִּנְיָמִין הוּא דְּהָווּ שְׁנֵים עָשָׂר שְׁבָטִים דְּמִתְקַרְיָית[יז] קָהָל. אָמַר לֵיהּ, אֶלָּא שְׁנֵים עָשָׂר שְׁבָטִים אִיקְּרוּ קָהָל, אַחַד עָשָׂר שְׁבָטִים לָא אִיקְּרוּ קָהָל. ט) תַּנְיָא[יח], רַבִּי שִׁמְעוֹן אוֹמֵר, מָה תַּלְמוּד לוֹמַר ו) 'וּפַר שֵׁנִי בֶן בָּקָר תִּקַּח לְחַטָּאת', אִם לְלַמֵּד שֶׁהֵם שְׁנַיִם, וַהֲלֹא כְּבָר נֶאֱמַר ז) 'וַעֲשֵׂה אֶת הָאֶחָד חַטָּאת וְאֶת הָאֶחָד עֹלָה לַה'', [אֶלָּא] יָכוֹל [תְּהֵא] נֶאֱכֶלֶת[יט] חַטָּאת לַלְוִיִּם[כ], תַּלְמוּד לוֹמַר 'וּפַר שֵׁנִי', שֵׁנִי לְעוֹלָה, מָה עוֹלָה לֹא נֶאֱכֶלֶת

אַף

רש"י

וְרַבִּי שִׁמְעוֹן וְרַבִּי מֵאִיר. דְּדָרְשִׁי תְּרֵי 'קָהָל' לג"ש, וְלָא אִיַּיתַּר חַד לְהוֹרָאָה תְּלוּיָה בְּבֵית דִּין, אִם כֵּן הוֹרָאָה תְּלוּיָה בְּבֵית דִּין מְנָא לְהוּ: 'מֵעֵינֵי הָעֵדָה נֶעֶשְׂתָה לִשְׁגָגָה'. שֶׁתֵּעָשֶׂה לִשְׁגָגָה עַל יְדֵי אֲחֵרִים, דְּהַיְינוּ עַל יְדֵי הוֹרָאַת בי"ד, דְּהוֹרָאָה תְּלוּיָה בְּבֵית דִּין: רָבָא אָמַר, 'כִּי לְכָל הָעָם בִּשְׁגָגָה'. שֶׁיְּהוּ כּוּלָּם תְּלוּיִין בִּשְׁגָגַת[כח] הַקָּהָל וּבי"ד, דְּהוֹרָאָה תְּלוּיָה בְּבי"ד וּמַעֲשֶׂה תָּלוּי בַּקָּהָל: הֲוָה אָמֵינָא אֲפִילּוּ מִיעוּט. חָטְאוּ מְבִיאִין פַּר: הֲוָה אָמֵינָא בֵּית דִּין בַּהֲדֵי רוּבָּא. וְלֹא יְהוּ מְבִיאִין פַּר עַד שֶׁיַּעֲשׂוּ בֵּית דִּין עִם הַצִּבּוּר, דְּלִיבָעֵי לְבֵית דִּין הוֹרָאָה וַעֲשִׂיָּה, כְּתַב רַחֲמָנָא 'וְהָיָה אִם מֵעֵינֵי הָעֵדָה נֶעֶשְׂתָה לִשְׁגָגָה', שֶׁתֵּעָשֶׂה שְׁגָגָה עַל יְדֵי אֲחֵרִים, דְּהוֹרָאָה בִּלְבַד תְּלוּיָה בְּבֵית דִּין: יָלְפִינַן 'מֵעֵינֵי' 'מֵעֵינֵי'. כְּתִיב הָכָא 'מֵעֵינֵי הַקָּהָל', וּכְתִיב בַּעֲבוֹדַת כּוֹכָבִים 'וְהָיָה אִם מֵעֵינֵי הָעֵדָה': אֲבָל חַד שֵׁבֶט דְּלֵיכָּא רוּבָּא לָא. וְהוּא הַדִּין לִשְׁנַיִם אוֹ שְׁלֹשָׁה שְׁבָטִים: רַבִּי שִׁמְעוֹן תְּמָנְיָא בָּעֵי. פַּר לְכָל שֵׁבֶט וְשֵׁבֶט וּפַר לְבֵית דִּין: אִי בְּהוֹרָאַת בֵּית דִּינוֹ רַבִּי שִׁמְעוֹן לֵית לֵיהּ. דְּהָא לָא מְיַיתַּר לֵיהּ (לָא[כט]) קָהָל לְהוֹרָאַת בֵּית דִּינוֹ: אֶלָּא לָאו רַבִּי יְהוּדָה הִיא. וְקָתָנֵי 'מָה הֵן מְבִיאִין, פַּר אֶחָד', אַלְמָא לָא מַיְיתוּ שְׁאָר שְׁבָטִים בַּהֲדֵיהּ: אָמְרִי הָכָא בְּמַאי עָסְקִינַן וְכוּ'. וְתַנָּא קַמָּא רַבִּי שִׁמְעוֹן בֶּן אֶלְעָזָר הוּא, וְרַבִּי שִׁמְעוֹן דְּאָמַר שְׁנֵי פָרִים קָסָבַר[ל] פַּר לְכָל שֵׁבֶט וְשֵׁבֶט, דְּשֵׁבֶט אֶחָד אִיקְּרִי קָהָל, כְּגוֹן שֶׁחָטְאוּ שִׁבְעָה שְׁבָטִים וְהֵן רוּבָּן שֶׁל קָהָל, דְּכִי הָוְיָא רוּבָּא בְּגַבְרֵי וְרוּבָּא בִּשְׁבָטִים הוּא דְּמַיְיתֵי פַּר לְכָל שֵׁבֶט וְשֵׁבֶט וּפַר לְבי"ד, אֲבָל הֵיכָא דְּאִיכָּא שִׁשָּׁה וְהֵן רוּבָּא[לא], אוֹ שִׁבְעָה וְאֵינָן רוּבָּא[לא], כֵּיוָן דְּלָאו רוּבָּא בְּגַבְרֵי וְרוּבָּא בִּשְׁבָטִים, כְּחַד שֵׁבֶט דָּמוּ, וּמְבִיאִין פַּר אֶחָד וּפַר לְבי"ד: אִיבַּעְיָא לְהוּ, שֵׁבֶט אֶחָד שֶׁעָשָׂה בְּהוֹרָאַת בֵּית דִּין הַגָּדוֹל לְרַבִּי שִׁמְעוֹן מִי מַיְיתוּ פַּר אוֹ לָא, מִי אָמְרִינַן כִּי אָמַר ר' שִׁמְעוֹן לְחַיֵּיב עַל כָּל קָהָל וְקָהָל, דְּשֵׁבֶט אֶחָד אִיקְּרִי קָהָל, כְּגוֹן שֶׁחָטְאוּ שִׁבְעָה שְׁבָטִים דְּהָווּ רוּבָּן, אֲבָל הֵיכָא דְּלֵיכָּא רוּבָּא כְּיָחִיד דָּמוּ וּפְטוּרִים, דְּיָחִיד שֶׁעָשָׂה בְּהוֹרָאַת בי"ד פָּטוּר, אוֹ דִּלְמָא כֵּיוָן דִּסְבִירָא לֵיהּ דְּשֵׁבֶט אֶחָד אִיקְּרִי קָהָל, לָא שְׁנָא שֵׁבֶט אֶחָד וְלָא שְׁנָא שִׁבְעָה מְבִיאִין פַּר לְכָל שֵׁבֶט וְשֵׁבֶט וּפַר לְבי"ד: אֶלָּא. הָכָא בְּמַאי עָסְקִינַן כְּגוֹן שֶׁחָטְאוּ שִׁשָּׁה וְכוּ', דְּכֵיוָן דְּאִיכָּא רוּב[לב] רוּבָּא כָּל דְּהוּ קָאָמַר דִּמְבִיאִין פַּר וּפַר לְבי"ד: אֶלָּא לָאו רַבִּי שִׁמְעוֹן. וְקָתָנֵי שֵׁבֶט אֶחָד חַיָּיב עַל הוֹרָאַת בֵּית דִּין הַגָּדוֹל, אַלְמָא כִּי אָמַר 'שֵׁבֶט אֶחָד אִיקְּרִי קָהָל' אֲפִילּוּ כִּי חָטָא שֵׁבֶט אֶחָד כִּמְרוּבִּין דָּמוּ וּמְבִיאִין פַּר וּפַר לְבי"ד, וְהָכִי סְבִירָא לֵיהּ לְרַבִּי שִׁמְעוֹן, דְּהֵיכָא דְּאִיכָּא רוּבָּא בְּגַבְרֵי וְרוּבָּא בִּשְׁבָטִים מְבִיאִין פַּר לְכָל שֵׁבֶט, אֲבָל[לג] הֵיכָא דְּחָטְאוּ שִׁשָּׁה וְהֵן רוּבָּן אוֹ שִׁבְעָה וְאֵינָן רוּבָּן כְּשֵׁבֶט אֶחָד דָּמוּ וּמְבִיאִין פַּר וּפַר לְבֵית דִּין, מִדְּקָתָנֵי 'מָה הֵן מְבִיאִין' וְכוּ', וְלָא מְתוֹקְמָא רֵישָׁא אֶלָּא כְּרַבִּי שִׁמְעוֹן בֶּן אֶלְעָזָר, כְּגוֹן שֶׁחָטְאוּ שִׁשָּׁה וְכוּ', וְקָאָמַר רַבִּי שִׁמְעוֹן שְׁנֵי פָרִים, פַּר לָהוּ וּפַר לְבֵית דִּין: מִדִּכְתִיב 'קְהַל יְהוּדָה', אַלְמָא דְּשֵׁבֶט אֶחָד אִיקְּרִי קָהָל: וְדִלְמָא שָׁאנֵי שֵׁבֶט יְהוּדָה דַּהֲוָה עִמֵּיהּ בִּירוּשָׁלַיִם שֵׁבֶט בִּנְיָמִין. וּשְׁנֵי שְׁבָטִים הוּא דְּאִקְּרִי קָהָל, אֲבָל שֵׁבֶט אֶחָד לָא: אֶלָּא מֵהָכָא, 'הִנְנִי מַפְרְךָ וְהִרְבִּיתִךָ וּנְתַתִּיךָ לִקְהַל עַמִּים' וְגוֹ'. וְהֵיכָא אָמַר לֵיהּ הָכִי, דִּכְתִיב י) 'וַיֵּרָא אֱלֹהִים אֶל יַעֲקֹב עוֹד בְּבֹאוֹ מִפַּדַּן אֲרָם' וְגוֹ', וּכְתִיב 'וַיֹּאמֶר לוֹ אֱלֹהִים אֲנִי אֵל שַׁדַּי פְּרֵה וּרְבֵה גּוֹי וּקְהַל גּוֹיִם יִהְיֶה מִמֶּךָּ' וְגוֹ': מַאן הֲוָה אִתְיְלִיד לֵיהּ בְּהַהִיא שַׁעְתָּא. כְּלוֹמַר, מַאן הֲוָה עָתִיד לְמֵילַד הַהִיא שַׁעְתָּא, בִּנְיָמִין, וּשְׁמַע מִינַּהּ דְּקָאָמַר לֵיהּ רַחֲמָנָא הַשְׁתָּא מִתְיְלִיד לָךְ קָהָל אַחֲרִינָא: י"א שְׁבָטִים לָא[לד]. בִּתְמִיהָה, וְהָא אָמְרַתְּ דִּשְׁנֵי שְׁבָטִים אִיקְּרוּ קָהָל, יְהוּדָה וּבִנְיָמִין, אֶלָּא וַדַּאי הָכִי קָאָמַר לֵיהּ, דְּהַשְׁתָּא מִתְיְלִיד לָךְ קָהָל אַחֲרִינָא, אַלְמָא שֵׁבֶט בִּנְיָמִין לְבַדּוֹ אִיקְּרִי קָהָל:

הַכֹּל

תוספות

הֲוָה אָמֵינָא עַד דְּעָבְדִי בֵּית דִּין בַּהֲדֵי רוּבָּא כוּ'. תֵּימַהּ, הַשְׁתָּא אע"פ שֶׁמִּיעוּט נִשְׁאָרוּ מִצִּבּוּר לָא חָיְישִׁינַן, כ"ש דְּלָא נֵיחוּשׁ לְבֵית דִּין כֵּיוָן דְּרוּבָּא נִינְהוּ, בִּשְׁלָמָא אִי הֲוֵי בָּעֵינַן כּוּלְּהוּ נִיחָא דְּלִיבָעֵי בֵּית דִּין בַּהֲדַיְיהוּ: **שִׁבְעָה** שְׁבָטִים הוּא דְּמַיְיתוּ כוּ'. לְר' יְהוּדָה דְּקָאָמַר בְּבָרַיְיתָא לְעֵיל אֲפִילּוּ שְׁנֵי שְׁבָטִים[לה] ה"מ לְמִיבְעֵי אֲבָל בִּשְׁנֵי שְׁבָטִים לָא, אֶלָּא אַמַּתְנִיתִין מִיבְּעֵי לֵיהּ, דְּאַיְירֵי בְּשִׁבְעָה שְׁבָטִים: **כְּגוֹן** שֶׁחָטְאוּ שִׁשָּׁה שְׁבָטִים וְהֵן רוּבָּן כוּ'. תֵּימַהּ, א"כ מ"ט דְּרַבִּי שִׁמְעוֹן דְּלָא מְחַיֵּיב אֶלָּא פַּר אֶחָד, הָא לָא אַשְׁכְּחַן דִּפְלִיג אַרַבִּי יְהוּדָה אֶלָּא דְּבָעֵי נַמִּי פַּר לְבֵית דִּין, אֲבָל מוֹדֶה מִיהוּ לְרַבִּי יְהוּדָה דְּשֵׁבֶט אֶחָד אִיקְּרִי קָהָל: **הִנְנִי** מַפְרְךָ וְהִרְבִּיתִךָ וְגוֹ'. תֵּימַהּ דְּשָׁבֵיק קְרָא דְּאָמַר הקב"ה לְיַעֲקֹב י) 'גּוֹי וּקְהַל גּוֹיִם יִהְיֶה מִמֶּךָּ':

עין משפט נר מצוה

מד א מיי' פי"ב מהלכות שגגות הלכה א סמג עשין ריז:

מה ב מיי' פ"ג מהלכות ביאת מקדש הלכה ו סמג לאוין דש:

תוספות הרא"ש

אמר אביי אמר קרא [והיה אם מעיני העדה] נעשתה לשגגה עד שתעשה שגגה על ידי אחרים. דפשטיה דקרא מעיני העדה לא קאי אב"ד מדלא כתיב ונעלם מעיני העדה אלמא משמע דאציבורא קאי. ומ"מ מדכתיב נעשתה לשגגה ולא כתיב ועשו העדה בשגגה. אלמא משמע שנעשתה שגגה על ידי אחרים שהורו להם היתר: **ורבא אמר אמר קרא כי לכל העם בשגגה.** דמשמע שכל ישראל שגו בדבר וב"ד בכלל כל העם הם ובשגגת מעשה אי אפשר לכלול בית דין עם הצבור דהא אמרי' בסמוך מדכתיב נעשתה לשגגה מפקי ב"ד משגגת מעשה אלא ע"כ שגגת מעשה[כז] דכתיב בב"ד בשגגת הוראה איירי: ה"ג **כי שמעינא ליה לר' יהודה ז' שבטים.** ולא כמו שכתוב במקצת ספרים כי שמעי' ליה לרבי יהודה ב' שבטים דאף אששה מבעיא ליה משום דלא תני ר' יהודה לעיל גרירה אלא בז' שבטים ומסתבר למימר דדוקא רובא הוא דגררי למעוטא ומשום דמבעיא ליה אף בשבט א' טעו לכתוב ב' שבטים וליתא דמשבט א' עד ז' שבטים קא איבעי: **ובמאי אי בהוראת בית דינו ר"ש ל"ל.** פרש"י ז"ל דהא לא מייתר ליה קרא לעיל להוראת ב"ד. והא לאו ראיה היא דתלמודא קא דריש לעיל הני קהלי אליבא דאינהו דתנאי ודריש לכל תנא ותנא לפום מאי דשמעי' ליה בקרא[ל] ההוא תנא ואי לאו דשמיע ליה בהדיא דר' שמעון פטר שבט שעשה בהוראת בית דינו הוי מצי למימר דר"ש סבר כר' יהודה דדריש חד לדרשא זו כי היכי דדריש ליה ר' יהודה אלא ודאי אהא קא סמיך דקתני במתניתין וחכ"א אין חייבין אלא על הוראת ב"ד הגדול בלבד ומדקתני חכמים מסתמא כלל רבנן בני פלוגתייהו דר' יהודה ר"ש בכלל ולקמן מוכח דדוקא ר"ש היא ולא ר"מ: **ואימא עד דאיכא שני שבטים דהתם שבט יהודה ובנימין הוה.** וכן מוכח קרא דכתיב בקהל יהודה וירושלים היינו שבט בנימין שהיתה העיר בחלק בנימין כדמוכח בפ' איזהו מקומן (דף נד): **אלא אמר רב אחא בר יעקב מהכא הנני מפרך והרביתיך ונתתיך לקהל עמים.** תימה דמייתי האי קרא דליכא למשמע מניה וה"ל לאתויי מההוא קרא דכתיב י) גוי וקהל גוים יהיה ממך כי זה הפסוק נאמר על לידת בנימין לבד ומהאי קרא מייתי בירושלמי[ל] כל שבט ושבט קרוי קהל שנאמר גוי וקהל גוים יהיה ממך ועדיין לא נולד בנימין ומה שפי' רש"י בויחי יעקב ונתתיך לקהל עמים בשרני שעתיד לצאת ממני קהל ועמים לפי שאמר [לי] גוי וקהל גוים על מי אמר גוי לא על בנימין כשהוא אומר וקהל גוים הרי שנים אמור לבד מבנימין ושוב לא נולד לי בן אלא שעתיד א' משבטי ליחלק ומעתה אותה מתנה אני נותן לך. מה שכתב כשהוא אומר וקהל גוים הרי שנים דמשמע דיש ב' אחרים לבד מבנימין לא מוקהל קדריש דע"כ אבנימין קאי דהא מוכח מיני' רבא[לא] דשבט א' איקרי קהל אלא מגוים קדריש:

מסורת הש"ס עם הוספות

א) [לעיל ג. ע"ש], ב) [עירובין פג. וש"נ], ג) [פסחים פ. מנחות טו.], ד) פסחים לג: יבמות ז: זבחים לג: ע"ש, ה) ת"כ פ' ויקרא דבורא דחובה פרק ג, ה"ד-ה (אות רח), ו) בראשית לה ט-יא. ז) בראשית לה יא. ח) כאן ה"ו ופסחים פ"ז ה"ו.

גליון הש"ס

גמ' שחידשו דברים ואמרו טבול יום אל יכנס. בשו"ת זכרון יוסף בסופו במידושיו כ' לפני החלך החדשה גימטריא טבול יום לא יכנס במחנה של לוים:

תורה אור השלם

א) וְהָיָה אִם מֵעֵינֵי הָעֵדָה נֶעֶשְׂתָה לִשְׁגָגָה וְעָשׂוּ כָל הָעֵדָה פַּר בֶּן בָּקָר אֶחָד לְעֹלָה לְרֵיחַ נִיחֹחַ לַייָ וּמִנְחָתוֹ וְנִסְכּוֹ כַּמִּשְׁפָּט וּשְׂעִיר עִזִּים אֶחָד לְחַטָּת: [במדבר טו, כד]

ב) וְנִסְלַח לְכָל עֲדַת בְּנֵי יִשְׂרָאֵל וְלַגֵּר הַגָּר בְּתוֹכָם כִּי לְכָל הָעָם בִּשְׁגָגָה: [במדבר טו, כו]

ג) וְאִם כָּל עֲדַת יִשְׂרָאֵל יִשְׁגּוּ וְנֶעְלַם דָּבָר מֵעֵינֵי הַקָּהָל וְעָשׂוּ אַחַת מִכָּל מִצְוֹת יְיָ אֲשֶׁר לֹא תֵעָשֶׂינָה וְאָשֵׁמוּ: [ויקרא ד, יג]

ד) וַיַּעֲמֹד יְהוֹשָׁפָט בִּקְהַל יְהוּדָה וִירוּשָׁלִַם בְּבֵית יְיָ לִפְנֵי הֶחָצֵר הַחֲדָשָׁה: [דברי הימים ב' כ, ה]

ה) וַיֹּאמֶר אֵלַי הִנְנִי מַפְרְךָ וְהִרְבִּיתִךָ וּנְתַתִּיךָ לִקְהַל עַמִּים וְנָתַתִּי אֶת הָאָרֶץ הַזֹּאת לְזַרְעֲךָ אַחֲרֶיךָ אֲחֻזַּת עוֹלָם: [בראשית מח, ד]

ו) וְלָקְחוּ פַּר בֶּן בָּקָר וּמִנְחָתוֹ סֹלֶת בְּלוּלָה בַשָּׁמֶן וּפַר שֵׁנִי בֶן בָּקָר תִּקַּח לְחַטָּאת: [במדבר ח, ח]

ז) וְהַלְוִיִּם יִסְמְכוּ אֶת יְדֵיהֶם עַל רֹאשׁ הַפָּרִים וַעֲשֵׂה אֶת הָאֶחָד חַטָּאת וְאֶת הָאֶחָד עֹלָה לַייָ לְכַפֵּר עַל הַלְוִיִּם: [במדבר ח, יב]

הגהות וציונים

א] בראשונים ובכת"י נוסף **עד שתעשה שגגה על ידי אחרים**. וברש"י צ"ל הפסק הנקודה אחר אחרים (דק"ס): ב] ר"ח ורא"ש "או לא **כי שמענא ליה לר' יהודה** שבעה שבטים": ג] ובמאי (ראשונים וכת"י): ד] ב"ש כתב שהוא טעות סופר (גליון): ה] בכת"י ובר"ח נוסף **או שבעה אע"פ שאין רובן של קהל**. ועי' רש"ש: ו] דשאר (ב"ח): ז] בכת"י נוסף **כי שמעינן ליה לר' שמעון שבעה אבל שבט אחד לא או דילמא לא שנא**: ח] ליתא בדפוסים הישנים והוסיפוהו בד' פפד"מ מהא דבסמוך, וצ"ל בתוך חצאי מרובעים: ט] גם זה צ"ל בתוך חצאי מרובעים: י] בד' ונציא ג' "אלא **הכא במאי עסקינן כגון שחטאו ששה והן רובו של קהל או שבעה אע"פ שאינן רובו של קהל** ומני רבי שמעון בן אלעזר", וכ"ה בר"ח, והפסק הנקודה ברש"י צ"ל אחרי וכו': יא] נראה שהוא ר"ת "אמר ר' יוחנן" (ע"פ ר"ח וכת"י): יב] [צ"ל **בבית ה' לפני החצר**] (גליון): יג] בגליון הגמרא ביבמות הגיה הגרי"פ "צ"ל **רבי** כ"א בזבחים" (כ"ה בזבחים בדפו"י, ובדפו"ח שם תיקנו כלפנינו. והשמ"ק בזבחים מחק "אמר רבי"): יד] שחידשו **בה** דברים (ב"ח): טו] גירסת הרא"ש "מתקיף לה רב אחא בר יעקב

ואימא עד דאיכא שני שבטים דהתם שבט יהודה ובנימין הוו אלא אמר רב אחא בר יעקב **מהכא** הנני מפרך וכו'": טז] רב **בר** שבא (ר"ח וכת"י): יז] דמתקריין (ב"ח): יח] בכת"י ליתא מ"תניא ר"ש אומר" עד לקמן ו רע"א "אף חטאת לא נאכלת כיוצא בו". וכן לא היה לפני רש"י מדלא פירשו וגם בתמורה טו ע"ב לא מייתו לה רש"י ותוס' מכאן ומזה מוכח שלא היה לפניהם ועי' מהרש"א (דק"ס): יט] בדפו"י בכל הסוגיא בגמ' וברש"י **נאכלה**, ועי' דק"ס: כ] מהרש"א וקרבן אהרן מיישבים גירסתנו "ללוים". ב"ש וב"ח ועוד מגיהים הלוים, וכן הביאו מת"כ הרא"ם וב"ש וכן הביא מהתוספתא הר"ש פרה פ"א מ"ב. בת"כ שלפנינו "יכול תהא נאכלת חטאת זו" (חק נתן, רש"ש). ועי' שער יוסף: כא] צ"ל בשגגה (ברכת יצחק): כב] ליתא בכל הדפוסים הישנים ונשתבש בד' אמ"ד. בתוס' הרא"ש "ליה קרא **לעיל** להוראה": כג] הב"ח מוסיף **הא דמביאין**. דפוס ווינציא ג' "קסבר פר **לקהל ופר לב"ד דכי אמר ר"ש שבעה שבטים מביאין שמנה פרים** כגון (וליתא "לכל שבט ושבט דשבט א' איקרי קהל"): כד] רובו **של** קהל (ב"ח): כה] "רובא" נמחק (ב"ח, וכן ליתא בכת"י): כו] יש להוסיף **אפילו** (בני שמואל, עיי"ש): כז] לא **איקרי** קהל. (ב"ח): כח] צ"ל **לא** ה"מ (בארות המים): כט] "מעשה" ליתא בכת"י וגורס "ע"כ **שגגה** דכתיב": ל] כת"י "לפום מאי דשמיע ליה **דקאמר** ההוא תנא": לא] צ"ל מיניה **בירושלמי** (הורה גבר) בשער יוסף (באחורי תרצא) מגיה "דמוכח מינה **רב אחא**", עיי"ש:

This *daf* is dedicated *l'iluy nishmas*: Florence Tzipora bat Chana *z"l*

that in order for a *Par He'eleim Davar* to be brought, a majority of the nation must have sinned; therefore, a *Par He'eleim Davar* would never be brought if only one *shevet* sinned. **אֶלָּא לָאו רַבִּי שִׁמְעוֹן הִיא** — Rather, if it is not Rabi Meir, it must be Rabi Shimon. **שְׁמַע מִינָּהּ** — Indeed, you can learn from this Mishnah that Rabi Shimon holds that if one *shevet* sinned based on a mistaken ruling of the *Beis Din Hagadol*, they would bring a *Par He'eleim Davar* (and *beis din* would bring a second one).

The Gemara asks: **וְרַבִּי יְהוּדָה וְרַבִּי שִׁמְעוֹן** — And Rabi Yehudah and Rabi Shimon, who both hold that one *shevet* that sinned can bring a *Par He'eleim Davar*, **שֵׁבֶט אֶחָד דְּאִקְרֵי קָהָל מְנָא לְהוּ** — from where do they know that a singular *shevet* can be called a "congregation"? **אָמְרֵי** — The *talmidim* said: **דִּכְתִיב** — They learn it from that which is written in a *pasuk* (*Divrei Hayamim II* 20:5): **וַיַּעֲמֹד יְהוֹשָׁפָט בִּקְהַל יְהוּדָה וִירוּשָׁלַיִם** — "Yehoshafat stood with the **congregation** of Yehudah and Yerushalayim, [בְּבֵית ה' לִפְנֵי הֶחָצֵר] (נכח חצר בית ה') **הַחֲדָשָׁה** — in the house of Hashem, in front of the new courtyard." We see from here that a singular *shevet* can be called a congregation, since that is how the *pasuk* refers to the *shevet* of Yehudah. While discussing this *pasuk*, the Gemara asks: **מַאי חֲדָשָׁה** — What does the *pasuk* mean when it says, "The **new** courtyard"? **אָמַר רַבִּי יוֹחָנָן** — Rabi Yochanan said: **שֶׁחִידְּשׁוּ דְּבָרִים** — Because they made new *halachos* there, **וְאָמְרוּ** — and they said: **טְבוּל יוֹם אַל יִכָּנֵס בְּמַחֲנֵה לְוִיָּה** — A *tevul yom* (someone who went to the *mikvah* and is waiting for sunset in order for his purification to be complete) should not enter the camp of the *levi'im* (referring to *Har Habayis*, the courtyard of the *Beis Hamikdash*; a *tevul yom* may enter *mid'Oraisa*, but they made a *gezeirah* at that time forbidding entry).

מַתְקִיף לָהּ רַב אַחָא בַּר יַעֲקֹב — Rav Acha bar Yaakov asked on this: **מִמַּאי** — How do you see a proof from this *pasuk* that a singular *shevet* can be called a congregation? The congregation referred to in this *pasuk* can be understood as the congregation of "Yehuda and Yerushalayim," **דִּלְמָא שָׁאנֵי יְרוּשָׁלַיִם** — and perhaps Yerushalayim is different from cities of other *shevatim*, which cannot be called congregations, **דַּהֲוָה נָמֵי בִּנְיָמִין** — because the *shevet* of Binyamin also lived there, in addition to Yehudah, and a "congregation" would actually refer to a minimum of two *shevatim*. **אֶלָּא אָמַר רַב אַחָא בַּר יַעֲקֹב** — Rather, Rav Acha bar Yaakov said: **דִּכְתִיב** — The proof that a singular *shevet* can be called a "congregation" is from that which is written (*Bereishis* 48:4): **וַיֹּאמֶר אֵלַי** — "And He [Hashem] said to me [Yaakov]: **הִנְנִי מַפְרְךָ וְהִרְבִּיתִךָ** — 'I will make you fruitful, and I will cause you to multiply, **וּנְתַתִּיךָ לִקְהַל עַמִּים וְגוֹ'** — and I will make you into a congregation of nations, etc.'" **מַאן אִתְיְלִיד לֵיהּ הַהִיא שַׁעְתָּא** — Which of Yaakov's children had yet to be born to him at that time, when he was leaving Lavan's house? **בִּנְיָמִין** — It was only Binyamin; the rest of the *shevatim* had already been born. **שְׁמַע מִינָּהּ** — You can learn from here, **הָכִי קָאָמַר רַחֲמָנָא** — this is what Hashem was saying to Yaakov then: **מִתְיְלִיד לָךְ הַשְׁתָּא קָהָל אַחֲרִינָא** — Now, another "congregation" is going to be born to you, which is referring to Binyamin. This seems to be a proof that even one *shevet* can be called a congregation.

For this *daf's shiur* and charts, scan this QR code:

וְרַבִּי שִׁמְעוֹן וְרַבִּי מֵאִיר, דְּהוֹרָאָה תְּלוּיָה בְּבֵית דִּין וּמַעֲשֶׂה תָּלוּי בְּקָהָל מְנָא לְהוּ. אָמַר אַבַּיֵי, דְּאָמַר קְרָא א) 'וְהָיָה אִם מֵעֵינֵי הָעֵדָה נֶעֶשְׂתָה לִשְׁגָגָה'[ה]; רָבָא אָמַר, ב) מִ'לְכָל הָעָם בִּשְׁגָגָה'. וּצְרִיכָא, דְּאִי כְּתַב רַחֲמָנָא 'וְהָיָה אִם מֵעֵינֵי הָעֵדָה נֶעֶשְׂתָה לִשְׁגָגָה' הֲוָה אָמֵינָא אֲפִילוּ מִיעוּטָא, לְהָכִי כְּתִיב 'לְכָל הָעָם בִּשְׁגָגָה', וְאִי כְּתַב 'לְכָל הָעָם בִּשְׁגָגָה' הֲוָה אָמֵינָא עַד דְּעָבְדִי בֵּית דִּין בַּהֲדֵי רוּבָּא, לְהָכִי כְּתִיב 'וְהָיָה אִם מֵעֵינֵי הָעֵדָה נֶעֶשְׂתָה לִשְׁגָגָה'. וְהָא כִּי כְּתִיבִי הָנֵי קְרָאֵי בַּעֲבוֹדַת כּוֹכָבִים הוּא דִּכְתִיבִי. יָלְפִינַן ג) 'מֵעֵינֵי' א) 'מֵעֵינֵי': הוֹרוּ בֵּית דִּין שֶׁל אֶחָד וְכוּ': אִיבַּעְיָא לְהוּ, שֵׁבֶט אֶחָד לְרַבִּי יְהוּדָה בְּהוֹרָאַת בֵּית דִּין הַגָּדוֹל, מִי מַיְיתוּ שְׁאָר שְׁבָטִים אוֹ לָא; מִי אָמְרִינַן[ו] שִׁבְעָה שְׁבָטִים הוּא דְּמַיְיתוּ שְׁאָר שְׁבָטִים בַּהֲדַיְיהוּ מִשּׁוּם דְּאִיכָּא רוּבָּא, אֲבָל חַד שֵׁבֶט דְּלֵיכָּא רוּבָּא לָא, אוֹ דִּלְמָא לָא שְׁנָא. תָּא שְׁמַע, מָה הֵן מְבִיאִין, פַּר אֶחָד, רַבִּי שִׁמְעוֹן אוֹמֵר, שְׁנֵי פָּרִים; בְּמַאי עָסְקִינַן, אִילֵימָא שֶׁחָטְאוּ שִׁבְעָה, רַבִּי שִׁמְעוֹן תְּמַנְיָא בָּעֵי, אֶלָּא דְּחָטָא שֵׁבֶט אֶחָד, בְּמַאי[ז], אִי בְּהוֹרָאַת בֵּית דִּינוֹ רַבִּי שִׁמְעוֹן לֵית לֵיהּ, אֶלָּא לָאו בְּהוֹרָאַת בֵּית דִּין הַגָּדוֹל, וְתַנָּא קַמָּא מַנִּי, אִי נֵימָא רַבִּי מֵאִיר, הָא רוּבָּא בָּעֵי, אֶלָּא לָאו רַבִּי יְהוּדָה (וּכְגוֹן שֶׁחָטָא שֵׁבֶט אֶחָד[ח]). אָמְרִי, הָכָא בְּמַאי עָסְקִינַן, כְּגוֹן שֶׁחָטְאוּ שִׁשָּׁה שְׁבָטִים וְהֵן רוּבָּן שֶׁל קָהָל[ט], וְרַבִּי שִׁמְעוֹן בֶּן אֶלְעָזָר הִיא, דְּתַנְיָא, ה) רַבִּי שִׁמְעוֹן בֶּן אֶלְעָזָר אוֹמֵר מִשְּׁמוֹ, חָטְאוּ שִׁשָּׁה וְהֵן רוּבּוֹ שֶׁל קָהָל, אוֹ שִׁבְעָה אַף עַל פִּי שֶׁאֵינָן רוּבּוֹ שֶׁל קָהָל, מְבִיאִין פַּר. תָּא שְׁמַע, רַבִּי יְהוּדָה אוֹמֵר, שֵׁבֶט שֶׁעָשָׂה בְּהוֹרָאַת בֵּית דִּינוֹ, אוֹתוֹ הַשֵּׁבֶט חַיָּיב וּשְׁאָר כָּל הַשְּׁבָטִים פְּטוּרִין, וּבְהוֹרָאַת בֵּית דִּין הַגָּדוֹל אֲפִילוּ שְׁאָר שְׁבָטִים חַיָּיבִים. שְׁמַע מִינַּהּ. אָמַר רַב אַשִׁי, מַתְנִיתִין נַמִּי דַּיְקָא, דְּקָתָנֵי וְעָשָׂה אוֹתוֹ הַשֵּׁבֶט עַל פִּיהֶם אוֹתוֹ הַשֵּׁבֶט חַיָּיב וּשְׁאָר כָּל הַשְּׁבָטִים פְּטוּרִין, לָמָּה לִי לְמִיתְנָא וּשְׁאָר שְׁבָטִים פְּטוּרִים, הָא תְּנָא אוֹתוֹ הַשֵּׁבֶט חַיָּיב, וְכֵיוָן דִּתְנָא אוֹתוֹ הַשֵּׁבֶט חַיָּיב מִמֵּילָא יָדַעְנָא שְׁאָר[י] שְׁבָטִים פְּטוּרִין, אֶלָּא הָא קָמַשְׁמַע לָן, דִּבְהוֹרָאַת בֵּית דִּינוֹ הוּא דִּשְׁאָר שְׁבָטִים פְּטוּרִים, אֲבָל בְּהוֹרָאַת בֵּית דִּין הַגָּדוֹל אֲפִילוּ שְׁאָר שְׁבָטִים חַיָּיבִין. שְׁמַע מִינַּהּ. אִיבַּעְיָא לְהוּ, שֵׁבֶט אֶחָד שֶׁעָשָׂה בְּהוֹרָאַת בֵּית דִּין הַגָּדוֹל, לְרַבִּי שִׁמְעוֹן מִי מַיְיתֵי אוֹ לָא[יא]. תָּא שְׁמַע, מָה הֵן מְבִיאִין, פַּר אֶחָד, רַבִּי שִׁמְעוֹן אוֹמֵר, שְׁנֵי פָּרִים; (בְּמַאי עָסְקִינַן, אִילֵימָא שֶׁחָטְאוּ שִׁבְעָה[יב]) שְׁנֵי פָּרִים, שְׁמוֹנָה פָּרִים בָּעֵי, אֶלָּא דְּחָטָא שֵׁבֶט אֶחָד, וּבְמַאי, אִילֵימָא בְּהוֹרָאַת בֵּית דִּינוֹ, רַבִּי שִׁמְעוֹן לֵית לֵיהּ, אֶלָּא בְּהוֹרָאַת בֵּית דִּין הַגָּדוֹל, וְתִסְבְּרָא, תַּנָּא קַמָּא מַנִּי, אִי רַבִּי מֵאִיר, הָא רוּבָּא בָּעֵי, אִי רַבִּי יְהוּדָה, שְׁאָר שְׁבָטִים נַמִּי מַיְיתוּ. (אֶלָּא[יג]) הָא[יד] מַנִּי, רַבִּי שִׁמְעוֹן בֶּן אֶלְעָזָר הִיא, וְכִדְתַנְיָא. תָּא שְׁמַע, וַחֲכָמִים אוֹמְרִים, לְעוֹלָם אֵינוֹ חַיָּיב אֶלָּא עַל הוֹרָאַת בֵּית דִּין הַגָּדוֹל; ו) מַאן חֲכָמִים, אִילֵימָא רַבִּי מֵאִיר, רוּבָּא בָּעֵי, אֶלָּא לָאו רַבִּי שִׁמְעוֹן הִיא. שְׁמַע מִינַּהּ. וְרַבִּי יְהוּדָה וְרַבִּי שִׁמְעוֹן, ג) א) שֵׁבֶט אֶחָד דְּאִקְּרִי קָהָל מְנָא לְהוּ. אָמְרִי[טו], דִּכְתִיב ד) 'וַיַּעֲמֹד יְהוֹשָׁפָט בִּקְהַל יְהוּדָה וִירוּשָׁלִַם (נֹכַח חֲצַר בֵּית יְיָ[טז]) הֶחָדָשָׁה'; ז) מַאי 'חֲדָשָׁה', אָמַר רַבִּי יוֹחָנָן[יז], ב) שֶׁחִידְּשׁוּ[יח] דְּבָרִים וְאָמְרוּ טְבוּל יוֹם אַל יִכָּנֵס בְּמַחֲנֵה לְוִיָּה. מַתְקִיף לַהּ רַב אַחָא בַּר יַעֲקֹב, מִמַּאי, דִּלְמָא שֶׁאנֵי יְרוּשָׁלַיִם דַּהֲוָה נַמִּי בִּנְיָמִין[יט]. אֶלָּא אָמַר רַב אַחָא בַּר יַעֲקֹב, דִּכְתִיב ה) 'וַיֹּאמֶר אֵלַי הִנְנִי מַפְרְךָ וְהִרְבִּיתִךָ וּנְתַתִּיךָ לִקְהַל עַמִּים' וְגוֹ', מַאן אִתְיְלִיד לֵיהּ הַהִיא שַׁעְתָּא, בִּנְיָמִין, שְׁמַע מִינַּהּ הָכִי קָאָמַר רַחֲמָנָא, מַתְלִיד לָךְ הַשְׁתָּא קָהָל אַחֲרִינָא. אָמַר לֵיהּ רַב[כ] שַׁבָּא לְרַב כָּהֲנָא, דִּלְמָא הָכִי קָאָמַר לֵיהּ רַחֲמָנָא, לְכִי מַתְלִיד לָךְ בִּנְיָמִין הוּא דְּהָווּ שְׁנֵים עָשָׂר שְׁבָטִים דְּמִתְקַרְיָית[כא] קָהָל. אָמַר לֵיהּ, אֶלָּא שְׁנֵים עָשָׂר שְׁבָטִים אִיקְּרוּ קָהָל, אַחַד עָשָׂר שְׁבָטִים לָא אִיקְּרוּ קָהָל. ח) תַּנְיָא[כב], רַבִּי שִׁמְעוֹן אוֹמֵר, מַה תַּלְמוּד לוֹמַר ו) 'וּפַר שֵׁנִי בֶן בָּקָר תִּקַּח לְחַטָּאת', אִם לְלַמֵּד שֶׁהֵם שְׁנַיִם, וַהֲלֹא כְּבָר נֶאֱמַר ז) 'וְעָשָׂה אֶת הָאֶחָד חַטָּאת וְאֶת הָאֶחָד עוֹלָה לַיְיָ', [אֶלָּא] יָכוֹל [תְּהֵא] נֶאֱכֶלֶת[כג] חַטָּאת לַלְוִיִּם[כד], תַּלְמוּד לוֹמַר 'וּפַר שֵׁנִי', שֵׁנִי לְעוֹלָה, מָה עוֹלָה לֹא נֶאֱכֶלֶת

אַף

אֲמַר לֵיהּ רַב שַׁבָּא לְרַב כָּהֲנָא — Rav Shabba said to Rav Kahana: **דִּלְמָא הָכִי קָאָמַר לֵיהּ רַחֲמָנָא** — Perhaps, this is what Hashem is telling Yaakov: **לְכִי מִתְיְלִיד לָךְ בִּנְיָמִין הוּא דְּהָווּ שְׁנֵים עָשָׂר שְׁבָטִים** — When Binyamin is born to you, and there will be twelve *shevatim*, **דְּמִתְקַרְיַית קָהָל** — is when you will be called a "congregation." Meaning, not that Binyamin himself will be a congregation, but that when Binyamin is born, Yaakov's children will be considered a congregation, because there will be twelve *shevatim*, and really, "congregation" would only refer to all twelve *shevatim*. **אֲמַר לֵיהּ** — Rav Kahana said back to him: **אֶלָּא שְׁנֵים עָשָׂר שְׁבָטִים אִיקְרוּ קָהָל** — Are only twelve *shevatim* called a congregation, **אַחַד עָשָׂר שְׁבָטִים לֹא אִיקְרוּ קָהָל** — but eleven *shevatim* are not called a congregation? We already established that at least two *shevatim* can definitely be called a congregation; certainly, eleven *shevatim* can be called a congregation! Therefore, the meaning of this *pasuk* must be that Binyamin himself is called a congregation, and this is a good proof that a "congregation" can refer to even a single *shevet*.

תַּנְיָא — We learned in a *Baraisa*: **רַבִּי שִׁמְעוֹן אוֹמֵר** — Rabi Shimon says: **מָה תַּלְמוּד לוֹמַר** — What is the *pasuk* teaching us by saying regarding the inauguration of the *levi'im* (*Bamidbar* 8:8): **וּפַר שֵׁנִי בֶן בָּקָר תִּקַּח לְחַטָּאת** — "[They should take a young bull, and its *minchah* of fine flour mixed with oil], and you should take a **second** young bull as a *Chatas*"? **אִם לְלַמֵּד שֶׁהֵם שְׁנַיִם** — If it is to teach that these are two separate bulls, **וַהֲלֹא כְּבָר נֶאֱמַר** — that is already said in another *pasuk* (ibid. 12): **וַעֲשֵׂה אֶת הָאֶחָד חַטָּאת** — "And make one [of the bulls] as a *Chatas*, **וְאֶת הָאֶחָד עֹלָה לַה'** — and one as an *Olah* to Hashem." **[אֶלָּא]** — Rather, this *pasuk* is needed to teach: **יָכוֹל** — I might have otherwise thought, **[תְּהֵא] נֶאֱכֶלֶת חַטָּאת לַלְוִיִּם** — the bull which is brought as a *Chatas* should be eaten by the *kohanim*, like a usual *Korban Chatas*; **תַּלְמוּד לוֹמַר** — therefore, the *pasuk* says: **וּפַר שֵׁנִי** — "A second bull," **שֵׁנִי לְעוֹלָה** — which means that it is "second" to the *Olah*, meaning, just like it; **מָה עוֹלָה לֹא נֶאֱכֶלֶת** — just like an *Olah* is not eaten, rather, it is completely burnt.

For this *daf's shiur* and charts, scan this QR code:

אַף חַטָּאת לֹא נֶאֱכֶלֶת — so, too, this bull which is brought as a *Chatas* is not eaten.

כַּיּוֹצֵא בּוֹ אָמַר רַבִּי יוֹסֵי — Similarly, Rabi Yosi said with regard to the *pasuk* written about those who returned from *Galus Bavel* to Eretz Yisrael (*Ezra* 8:35): הַבָּאִים מֵהַשְּׁבִי [בְנֵי] הַגּוֹלָה — "Those who came from the captivity, the people of the exile, הִקְרִיבוּ [עֹלוֹת] לֵאלֹהֵי יִשְׂרָאֵל — brought *korbanos* to the G-d of Yisrael, פָּרִים שְׁנֵים עָשָׂר וְגוֹ' — twelve bulls, etc., הַכֹּל עוֹלָה — every animal brought was an *Olah*." הַכֹּל עוֹלָה סָלְקָא דַעְתָּךְ — Do you think that every animal brought was a *Korban Olah*? The *pasuk* explicitly mentions that twelve goats were brought as *Korbenos Chatas*! **אֶפְשָׁר שֶׁחַטָּאת עוֹלָה** — Is it possible for a *Korban Chatas* to be a *Korban Olah*? **אֶלָּא** — Rather, הַכֹּל כְּעוֹלָה — it means that every animal brought was like a *Korban Olah*; **מָה עוֹלָה לֹא נֶאֱכֶלֶת** — just like a *Korban Olah* is not eaten, **אַף חַטָּאת לֹא נֶאֱכֶלֶת** — so, too, the *Korbenos Chatas* brought there were not eaten. The reason was that they were brought to atone for all the people who worshipped *avodah zarah*, and the *Korban Chatas* was brought as an atonement for entire nation. The blood of this type of *korban* is brought into the *Heichal*, and any *korban* whose blood is brought into the *Heichal* is not eaten. **דְּתַנְיָא** — As we learned in a *Baraisa*: **רַבִּי יְהוּדָה אוֹמֵר** — Rabi Yehuda says: **עַל עֲבוֹדַת כּוֹכָבִים הֱבִיאוּם** — They brought these goats as *korbanos* to atone for having worshipped *avodah zarah*. **וְאָמַר רַב יְהוּדָה אָמַר שְׁמוּאֵל** — And Rav Yehuda said in the name of Shmuel: **עַל עֲבוֹדַת כּוֹכָבִים שֶׁעָשׂוּ בִּימֵי צִדְקִיָּהוּ** — They were to atone for *avodah zarah* that they worshipped in the time of Tzidkiyahu.

The Gemara asks: **בִּשְׁלָמָא לְרַבִּי יְהוּדָה** — It makes sense according to the opinion of Rabi Yehuda brought in our Mishnah, that each *shevet* that sinned brings its own bull, and in a case of a sin with *avodah zarah*, they each bring a bull and a goat; **מַשְׁכַּחַתְּ לָהּ לְהָנֵי שְׁנֵים עָשָׂר חַטָּאוֹת** — you can find a way that twelve *Korbenos Chatas* would need to be brought, **כְּגוֹן דְּחָטְאוּ שְׁנֵים עָשָׂר שְׁבָטִים** — such as that all twelve of the *shevatim* sinned, **דְּמַיְיתוּ שְׁנֵים עָשָׂר שְׂעִירִים** — because they would have to bring twelve goats, one per *shevet*; **אִי נָמֵי** — alternatively, **דְּחָטְאוּ שִׁבְעָה שְׁבָטִים** — the case could be that seven of the *shevatim* sinned, **וּשְׁאָרָא אִינָךְ בִּגְרִירָה** — and the other five that were brought were from the other *shevatim* who are "dragged along," meaning, that they bring on behalf of the *shevatim* who did sin. **וּלְרַבִּי שִׁמְעוֹן נָמֵי** — And according to the opinion of Rabi Shimon brought in our Mishnah, as well, that each *shevet* that sinned brings a bull and a goat, and *beis din* brings one of each, **מַשְׁכַּחַתְּ לָהּ** — you can find a way that twelve goats would need to be brought, **כְּגוֹן דְּחָטְאוּ אַחַד עָשָׂר שְׁבָטִים** — such as that eleven of the *shevatim* sinned, **דְּמַיְיתוּ אַחַד עָשָׂר שְׂעִירִים** — because they would have to bring eleven goats, one per *shevet*, **וְאִידָךְ דְּבֵית דִּין** — and the last one of the twelve is the one brought by *beis din*. **אֶלָּא לְרַבִּי מֵאִיר** — But according to Rabi Meir, **דְּאָמַר בֵּית דִּין מְבִיאִין** — who says that *beis din* brings a bull and a goat, **וְלֹא צִבּוּר** — but not the congregation themselves, **שְׁנֵים עָשָׂר הֵיכִי מַשְׁכַּחַתְּ לֵיהּ** — how can you find a way that they would have to bring twelve goats? Even if all twelve *shevatim* sinned, Rabi Meir would hold

For this *daf's shiur* and charts, scan this QR code:

מסורת הש"ס עם הוספות

א) תמורה טו: [כל הענין ע"ש שינויים], ב) [כריתות דף כו.], ג) (תוספתא), ד) יומא נ. סה. שבועות יא. יב., ה) כח ע"א.

תורה אור השלם

א) הַבָּאִים מֵהַשְּׁבִי בְנֵי הַגּוֹלָה הִקְרִיבוּ עֹלוֹת לֵאלֹהֵי יִשְׂרָאֵל פָּרִים שְׁנֵים עָשָׂר עַל כָּל יִשְׂרָאֵל אֵילִים תִּשְׁעִים וְשִׁשָּׁה כְּבָשִׂים שִׁבְעִים וְשִׁבְעָה צְפִירֵי חַטָּאת שְׁנֵים עָשָׂר הַכֹּל עוֹלָה לַייָ: [עזרא ח, לה]

ב) תַּחַת אֲבֹתֶיךָ יִהְיוּ בָנֶיךָ תְּשִׁיתֵמוֹ לְשָׂרִים בְּכָל הָאָרֶץ: [תהלים מה, יז]

ג) כַּפֵּר לְעַמְּךָ יִשְׂרָאֵל אֲשֶׁר פָּדִיתָ יְיָ וְאַל תִּתֵּן דָּם נָקִי בְּקֶרֶב עַמְּךָ יִשְׂרָאֵל וְנִכַּפֵּר לָהֶם הַדָּם: [דברים כא, ח]

ד) וְרַבִּים מֵהַכֹּהֲנִים וְהַלְוִיִּם וְרָאשֵׁי הָאָבוֹת הַזְּקֵנִים אֲשֶׁר רָאוּ אֶת הַבַּיִת הָרִאשׁוֹן בְּיָסְדוֹ זֶה הַבַּיִת בְּעֵינֵיהֶם בֹּכִים בְּקוֹל גָּדוֹל וְרַבִּים בִּתְרוּעָה בְשִׂמְחָה לְהָרִים קוֹל: [עזרא ג, יב]

ה) וְאֵין הָעָם מַכִּירִים קוֹל תְּרוּעַת הַשִּׂמְחָה לְקוֹל בְּכִי הָעָם כִּי הָעָם מְרִיעִים תְּרוּעָה גְדוֹלָה וְהַקּוֹל נִשְׁמַע עַד לְמֵרָחוֹק: [עזרא ג, יג]

ו) וְכִפֶּר אֶת מִקְדַּשׁ הַקֹּדֶשׁ וְאֶת אֹהֶל מוֹעֵד וְאֶת הַמִּזְבֵּחַ יְכַפֵּר וְעַל הַכֹּהֲנִים וְעַל כָּל עַם הַקָּהָל יְכַפֵּר: [ויקרא טז, לג]

הגהות וציונים

א] [צ"ל **בני** הגולה] (גליון): ב] "הכל עולה סלקא דעתך" ליתא באה"ת ובכת"י, וכן ליתא בתמורה ובת"כ, ואינו לשון ברייתא: ג] ה"ג בת"כ "**וכן היה** רבי יהודה אומר" (תוס' ור"ח). בראשונים ובכת"י ותניא רבי יהודה אומר. בתמורה "**שהיה** רבי **יוסי** אומר" (ב"ש, וכן הגיה הב"ח כאן): ד] גי' ר"ח "אי נמי **מקצת ואינך** בגרירה": ה] כתי"פ "והא **אין כפרה למתים** אמר רב פפא כי **אמרינן אין כפרה למתים** ביחיד אבל בצבור **יש כפרה**", והיא גירסת ר"ח ורא"ש: ו] [צ"ל דיוקא] (גליון). ואין טעם להגהה זו. (ור"ח גורס "אלא דוקייא דרב פפא" כאן וגם בסמוך במקום "טעמא"): ז] הרא"ש ל"ג "מצבור", עי"ש: ח] בר"ח ובכת"י נוסף **שאין ת"ל ונכפר להם הדם מה ת"ל ונכפר להם הדם**: ט] בר"ח "ומנא לן דרובא הוו", והיא גירסת הרא"ש: י] [צ"ל **ואין העם מכירים קול**] (גליון): יא] בר"ח ובכת"י מתחילה הברייתא **הורו ב"ד וידעו שטעו וחזרו בהן** מת אחד: יב] בכתי"מ נוסף **בר אבא**. בפריטי הרמ"ה "מאן תנא א"ר זירא אמר רב ואמרי לה א"ר ירמיה בר אבא אמר רב", וכ"ה בר"ח בלי "אמר רב": יג] בר"ח "מתקיף לה רב יוסף **ממאי דלמא ר"ש היא** (וכ"ה ברא"ש) דאמר **צבור מייתי וב"ד מייתי**": יד] ב"ד **מביאין** עם (ב"ח, כתי"מ): טו] **כדאמרן** (ב"ח): טז] [צ"ל **אומרים**] (גליון): יז] צ"ל "והכתיב **צפירי חטאת**" (רש"ש). בכת"י ליתא לדבור זה: יח] **דעגלה** (בארות המים): יט] "וכו'" ליתא בכת"י: כ] כאן צ"ל הפסק הנקודה (בכת"י "מן ב"ד **דהויא** לה"): כא] והא דקרו להו (ב"ח): כב] קרבן **חטאת** (ב"ח): כג] **דקרו** (ב"ח): כד] "הלכך קרי להו שותפין" ליתא בכת"י: כה] הד"א, וצ"ל ורבי יהודה **דאמר כולן ימותו הכי** ס"ל (ב"ח): כו] כ"ה הגירסא בפר"ח ועי' תוס' תמורה טו ב' ד"ה והא (גליון): כז] כת"י "אין כפרה למתים **לא יהא אלא דאפרשינהו** מחיים ומתו דתו **לא** קריבו דחטאת שמתו בעליה למיתה **אזלא** כ"ש **הנך דלא אפרשו** מחיים": כח] כ"ה הגירסא ג"כ בפר"ח (גליון): כט] שמעי' **ליה** לר"ש דאמר חטאת שותפין לאו למיתה **אזלא**. הלכך לר"ש **מת אחד מב"ד** חייבין (כת"י): ל] כת"י "דאינה מתה **והיכא שכיפר** באחר תרעה":

אף חטאת לא נאכלת. [א]כיוצא בו אמר רבי יוסי, [א]'הבאים מהשבי [ב]הגולה הקריבו [עלות] לאלהי ישראל פרים שנים עשר וגו' הכל עולה', הכל עולה סלקא דעתך[ב], אפשר שחטאת עולה, אלא הכל כעולה, מה עולה לא נאכלת אף חטאת לא נאכלת; דתניא[ג], רבי יהודה אומר על עבודת כוכבים הביאום; ואמר רב יהודה אמר שמואל, על עבודת כוכבים שעשו בימי צדקיהו. בשלמא לרבי יהודה משכחת לה להני שנים עשר חטאות, כגון דחטאו שנים עשר שבטים, דמייתו שנים עשר שעירים, אי נמי, דחטאו שבעה שבטים[ד] ושארא אינך בגרירה; ולרבי שמעון נמי משכחת לה, כגון דחטאו אחד עשר שבטים, דמייתו אחד עשר שעירים ואידך דבית דין; אלא לרבי מאיר דאמר בית דין מביאין ולא צבור, שנים עשר היכי משכחת ליה. כגון דחטאו והדר חטאו והדר חטאו, עד תריסר זימני. והא מייתי להו הנהו דחטאו[ה]. אמר רב פפא, כי גמירי חטאת שמתו בעליה במיתה, הני מילי ביחיד, אבל לא בצבור, [א]לפי שאין מיתה בצבור. מנא ליה לרב פפא הא, אילימא מדכתיב [ב]'תחת אבותיך יהיו בניך', אי הכי, אפילו ביחיד נמי; אלא דוקיא[ו] דרב פפא משעיר דראש חדש, דאמר רחמנא מייתי מתרומת הלשכה, והא מייתי להו מישראל, והנך דפיישי היכי מייתו, אלא שמע מינה חטאת שמתו בעליה בצבור קרבה. מי דמי, שעיר ראש חדש דלמא לא מייתו מצבור[ז], אבל הכא ודאי מייתו. אלא טעמא דרב פפא מהכא, דכתיב [ג]'כפר לעמך ישראל אשר פדית יי'[ח], [ג]ראויה כפרה זו שתכפר על יוצאי מצרים, מדכתיב 'אשר פדית'. מי דמי, התם כולהו איתינון, מגו דמכפרה אחיים מכפרה נמי אמתים, אלא הכא מי הוו חיים. אין הכי נמי, דכתיב [ד]'ורבים מהכהנים והלוים וראשי האבות' וגו'. [ט]ודלמא מועטין הוו. ולא רבים הוו, הכתיב [ה]('ולא הכירו בקולי[י]') תרועת השמחה לקול בכי העם [וגו'] והקול נשמע עד למרחוק'. והא מזידין הוו. הוראת שעה היתה. הכי נמי מסתברא, דאי לא תימא הכי, [א]'אילים תשעים וששה, כבשים שבעים ושבעה' כנגד מי, אלא הוראת שעה היתה, הכא נמי הוראת שעה היתה. [ג]תנו רבנן, [יא]מת אחד מן הצבור חייבין, אחד מבית דין פטורין. מאן תנא. אמר רב חסדא אמר רבי זירא אמר רב ירמיה[יב] אמר רב, רבי מאיר היא דאמר בית דין מביאים ולא צבור, הלכך מת אחד מן הצבור חייבין, דהא קאים כוליה בית דין, מת אחד מבית דין פטורין, דהויא לה חטאת שמת אחד מן השותפין ומשום הכי פטורין. מתקיף לה רב יוסף, ונוקמה כרבי שמעון[יג] דאמר בית דין[יד] עם הצבור, מת אחד מן הצבור חייבין, דאין צבור מתים, מת אחד מבית דין פטורין, כדאמרינן[טו] דחטאת שותפין היא. אמר ליה אביי, שמעינן ליה לרבי שמעון דאמר חטאת שותפין אינה מתה, [ד]דתניא, פר ושעיר של יום הכפורים שאבדו והפריש אחרים תחתיהם ימותו כולן, דברי רבי יהודה; רבי אלעזר ורבי שמעון אומרים[טז], [ב]ירעו, לפי שאין חטאת צבור מתה. אמר ליה רב יוסף, כהנים קא אמרת, שאני כהנים דאיקרו קהל, דכתיב [ו]'על הכהנים ועל כל עם הקהל יכפר'.

אלא

הכל עולה סלקא דעתך. והכתיב 'צפירי עזים לחטאת'[יז]: אף חטאת דהקריבו לא נאכלת, לפי שהיו שעירין של צבור הנשרפין, לפי שהכניסו דמן לפני ולפנים, כדכתיב 'וכל חטאת אשר יובא מדמה אל אהל מועד לכפר בקדש', כדתנן (זבחים דף מז.) 'פרים הנשרפין ושעירים הנשרפין', דהיינו שעירי עבודת כוכבים דצבור, דאמר רב יהודה 'על עבודת כוכבים הביאום': ואידך דבית דין. ואחד שהביאו ב"ד, הרי שנים עשר: בין לרבי יהודה בין לרבי שמעון בין לרבי מאיר היכי קרבי הנהו חטאות, והא מייתי הנהו דחטאו בימי צדקיהו, דהוו חטאת שמתו בעליהן: לפי שאין מיתה בצבור. דאע"ג דמתו צבור, לא אזלא למיתה חטאת דידהו: אילימא מדכתיב 'תחת אבותיך יהיו בניך'. דמשמע דבנים במקום אבות קיימי, וכאבות חיים דמו, והכא איכא בנים דדורו של צדקיהו: אי הכי, אפילו ביחיד נמי. לימא חטאת שמתו בעליה דלא למיתה אזלא, דליהוי הבן במקום אב: משעיר דראש חדש. דהוי חטאת, דאמר רחמנא דניתו מתרומת הלשכה, דכל קרבנות צבור מתרומת הלשכה הם באין, והא דלמא מייתי להו מישראל לאחר שנתרמה תרומת הלשכה: והנך. ישראל דפיישו: היכי מייתו. שעיר דר"ח דאתא מתרומת הלשכה, והא הוי חטאת שמתו בעליה, אלא ש"מ וכו': מי דמי, שעיר דר"ח. דלמא מיתו מצבור דלמא לא מיתו, דספק הוי, ואהכי קרבה, אלא הכא דורו של צדקיהו ודאי מתו: ראויה כפרה זו. בעגלה[יח] ערופה שמתכפר על יוצאי מצרים, וכיון שמתכפר על יוצאי מצרים, ויוצאי מצרים מתים ניהו, אלמא אין מיתה בצבור, וה"ה לדורו של צדקיהו דאע"ג דמתו מתכפרין בהנהו חטאות: התם. גבי עגלה ערופה כולהו איתנהו בחיים, דעיקר כי אתיא עגלה ערופה אהני (דהיכי) דאיתנהו קא אתיא, ומגו דמכפרה אחיים מכפרה נמי אמתים, דהיינו יוצאי מצרים, אבל הכא מי הוו חיים הני דורו של צדקיהו: ודלמא מעוטי הוו. דהאי דכתיב 'ורבים מהכהנים והלוים' דלמא מעוטי דצבור דבית שני הוו, והוה ליה חטאת שמתו רוב בעליה ולא קרבה, והכא כתיב דקרבה: הא לא מלית אמרת דמעוטי הוו, אלא ודאי רבים הוו, דכתיב 'ואין העם מכירים קול תרועת השמחה לקול בכי העם', ואותן דבוכים מדור של בית הראשון היו, ומדאין מכירין

קול השמחה שמע מינה דרובא הוו אותן דבכין, והוי כחטאת שרוב בעליה קיימין, ומשום הכי קרבה: והא מזידין הוו. דורו של צדקיה, ובני קטלא ניהו, ולאו בני קרבן ניהו, והיכי מתכפרים בהנך חטאות: הוראת שעה היתה. דאף על גב דהוו מזידין הוו מתכפרים: תנו רבנן, מת אחד מן הצבור. כגון שהורו ב"ד ועשו צבור על פיהם, ולא הספיקו להביא עד שמת אחד מן הצבור, חייבין וכו'[יט]: מת אחד מן בית דין. והויא לה חטאת שמת אחד מן השותפין[כ], דהויא כמתו מקצת בעליה, ולא קרבה. הא דאיקרי[כא] להו שותפין, לאו משום דחטאת של שותפין דעלמא קרבה, דאין שנים מביאין קרבן[כב], אלא האי דאיקרי[כג] להו שותפין משום דלא מצי קרי להו צבור, דהא לאו צבור ניהו, הלכך קרי להו שותפין[כד]: דאין צבור מתים. דאין דין מיתה בצבור, דכי גמירי חטאת שמתו בעליה למיתה אזלא, ביחיד ולא בצבור: שמעינן ליה לר"ש דאמר חטאת השותפין אינה מתה, דתניא, פר ושעיר של יום הכפורים שאבדו והפריש אחרים תחתיהם ונתכפרו בהן, ואח"כ נמצאו האבודים, כולן ימותו, דברי רבי יהודה; רבי אלעזר ורבי שמעון אומרים ירעו. והא הכא דפר של יום הכפורים, דהיינו פר של אהרן, הוי חטאת השותפין, דכהנים מתכפרים בו, וקאמר רבי שמעון ירעו, דלא הוי כחטאת שכפרו בעליה בעלמא דלמיתה אזלא, משום דחטאת שותפות לאו כחטאת יחיד דמיא, אלא כחטאת צבור דמיא, והוא הדין כי מת אחד מן השותפין דלא כחטאת שמתו בעליה דמיא, אלא חטאת השותפין היא, ואינה מתה, והכא הוא דקאמר ירעו משום דהא כפרו בעליה, אבל היכא דמת אחד מן השותפין אימא לך דסבירא ליה לרבי שמעון דקרבה, דחטאת השותפין אינה מתה, הלכך לא מיתוקמא כרבי שמעון: [כה] רבי יהודה אומר כולן ימותו. דהכי ס"ל, דאפילו חטאת צבור מתה: אמר ליה רב יוסף, כהנים קא אמרת, שאני כהנים דאיקרו קהל, דכתיב 'על הכהנים ועל כל עם הקהל יכפר'. דאתקש לקהל, וכיון דאיקרו קהל, משום הכי קאמר רבי שמעון דפר חטאת דידהו כחטאת שעיר דקהל דמי, דאינה מתה, אבל בחטאת השותפין לעולם אימא לך דס"ל לרבי שמעון דכי מת אחד מן השותפין דלא קרבה, וכי מת אחד מן בית דין פטור, ואכתי נוקמה כר"ש:

אלא

עין משפט נר מצוה

מו א מיי' פ"ד מהלכות פסולי מוקדשים הלכה א והלכה ג:

מז ב מיי' שם הלכה ג ופ"ה מהלכות עבודת יוה"כ הלכה טז:

תוספות הרא"ש

והא אין כפרה למתים[כו]. כלומר היאך הקריבו הבאים מהשבי בני הגולה על דורו של צדקיהו שחטאו הלא אין כפרה למתים פירוש [כז] מחיים דאין מביאין עליהם אחר מותם: **מי דמי שעיר ר"ח דלמא לא מתו**. ואף ע"ג דידעי' דודאי מתו קצת מישראל מ"מ אלו מעות שעלו מהקופה דלמא מאותן מעות הן שנתנו אותם שהם עדיין חיים כדתנן בפרק ג' דגיטין[ה] השולח חטאתו מקריבין אותו בחזקת שהוא קיים אלמא מספק תולין ומקריבין: **ראויה כפרה זו שתכפר על יוצאי מצרים**. אם נמצא חלל ולא הביאו עגלה ערופה מתכפרין בו: **ומנא לן דרובא הוה**[כח]. פרש"י ז"ל ודלמא מיעוט הוי והוה ליה חטאת שמתו רוב בעליה דלא קריבה. והקשה עליו הרמ"ה ז"ל (והאי) [להאי] פירושא לא שני מידי דנהי דהשבים ששבו מהגולה שהיו ד' רבוא היו רובן נמרכן בית ראשון שנשארו מדורו של צדקיהו אכתי הנך דמתו מדורו של צדקיהו הוו נפישי טפי מרוב עולי גולה והוי' ליה חטאת שמתו רוב בעליה. ומו מנ"ל לפלוגי בין חטאת שמתו רוב בעליה לחטאת שמתו מיעוט בעליה. ופי' ודלמא הנך דלא הוו בימי בית ראשון הוו נפישי מהנך דאשתיירו מבית ראשון והוה להו הנך דאשתייר מיעוט קהל ולפטרו לגמרי בשלמא לרבנן דאמרי (לעיל דף ג.) מרובין ונתמעטו כמעיקרא דיינינן להו ניחא אלא לר"ש דאזיל אף בתר ידיעה ממאי דבשעת ידיעה רובה דקהל הוי. ומייתי קרא דעולי גולה רובן היו מאותן שראו בית ראשון: **ממאי דלמא ר"ש היא**[כט]. דכר"מ לא מתוקמא שפיר דמאי קמ"ל אי מת א' מן הצבור שב"ד חייבין. אבל אי מוקמת לה כר"ש א"ש דאשמועינן אע"פ שמתו מקצתן המביאין קרבן חייבין השאר להביא: שמעי' לר"ש **דאמר חטאת שותפין לאו למיתה**[ל]. הלכך לר"ש חייבין: **ר"א ור"ש אומרים ירעו עד שיסתאבו**. ופר יוה"כ חטאת השותפין הוא וקאמר ר"ש דאינה מתה וביוה"כ שמתכפר[ל] באחר ירעה. וב"ד שמת א' מהן יקריבו הנשארים: ה"ג רש"י **א"ל רב יוסף כהנים קאמרת שאני כהנים דאיקרו קהל דכתיב על הכהנים ועל כל עם הקהל יכפר**. ופי' דהאי קהל משמע דקאי נמי אכהנים ומשום דאיקרו קהל קאמר ר"ש דחטאת דידהו כחטאת הקהל דמי ואינה מתה אבל חטאת השותפין ס"ל דמתה ומתוקמא שפיר כר"ש. וגירסא זו אינה נכונה דאדרבה מדהוציא הכהנים מכלל עם הקהל מכלל דלאו קהל איקרו. ונראה כגי' ספרי ספרד **כהנים קאמרת כהנים עם לעצמן איקרו**. מדחלק כהנים מעם הקהל מכלל דחשיבי אינהו עם לעצמן כמו עם הקהל כי שקלם כנגד עם הקהל:

תוספות

ה"ג בת"כ, 'וכן היה ר"י אומר על עבודת כוכבים הביאום', ואתא לפרושי דברי ר' יוסי: **אילים** וכבשים. צריך עיון מאי טעמא נשרפו, שהרי אינן באין על עבודת כוכבים: **הוראת** שעה היתה. הוא הדין דעל כולהו מצי לתרוצי הכי: **ורבי** שמעון אומר ירעו. אף על גב דלא דמי, דהכא מתו בעליהם, מכל מקום לא חזו למקרבה, ומה לי פסול זה ומה לי פסול אחר, ואפילו הכי שמעינן ליה דירעו:

הדרן עלך הורו בית דין

This *daf* is dedicated *l'iluy nishmas*: Ezra ben Esther *z"l*

that only one bull and one goat are brought by *beis din*!

The Gemara answers: כְּגוֹן דְּחָטְאוּ — The case could be that they sinned, וַהֲדַר חָטְאוּ — and then they sinned again, וַהֲדַר חָטְאוּ — and they sinned again, עַד תְּרֵיסַר זִימְנֵי — up to twelve times; therefore, they were bringing all twelve goats that they needed to bring.

The Gemara asks: וְהָא מַיְיתֵי לְהוּ הָנְהוּ דְּחָטְאוּ — But those that had actually sinned died! If the goats were brought to atone for *avodah zarah* worshipped back in the times of Tzidkiyahu, then the ones who had actually worshipped it were certainly no longer alive, and a *Korban Chatas* is not generally brought unless the sinner is still alive! אָמַר רַב פַּפָּא — Rav Pappa said: כִּי גְּמִירִי חַטָּאת שֶׁמֵּתוּ בְּעָלֶיהָ בְּמִיתָה — When do we have a *mesorah* (from a *Halachah L'Moshe MiSinai*) that an animal that had been designated for a *Korban Chatas* is left to die if the owner (the one who had sinned and then designated the animal) dies before getting the chance to bring it? הָנֵי מִילֵּי בְּיָחִיד — That only applies when the *Korban Chatas* was being brought for an individual, אֲבָל לֹא בְּצִבּוּר — but not when it was being brought as a communal *korban*, לְפִי שֶׁאֵין מִיתָה בְּצִבּוּר — because there is no concept of the animal being left to die regarding a *Korban Chatas* set aside for a congregation.

The Gemara asks: מְנָא לֵיהּ לְרַב פַּפָּא הָא — From where does Rav Pappa learn this concept, that an animal that was set aside for a *Korban Chatas* for a congregation can be brought even if the congregation is no longer alive? אִילֵימָא — If you want to say, מִדִּכְתִיב — because of what is written in the *pasuk* (*Tehillim* 45:17): תַּחַת אֲבוֹתֶיךָ יִהְיוּ בָנֶיךָ — "Your sons will be in the place of your fathers," which seems to imply that although the sinners are no longer alive, their *korban* can still be brought for their descendants, who stand in their place, אִי הָכִי — if it would be so that we would learn that from this *pasuk*, אֲפִילוּ בְּיָחִיד נָמֵי — it should be this way even for an individual, also; if he dies, his *Korban Chatas* should still be brought, because his son can be in his place, yet the halachah is that in such a case, the animal is left to die!

The Gemara asks: אֶלָּא — Rather, (דוקיא) [דִּיוּקָא] דְּרַב פַּפָּא מִשְּׂעִיר דְּרֹאשׁ חֹדֶשׁ — the place Rav Pappa infers this concept from is the goat brought on Rosh Chodesh, which is a *Chatas*, דְּאָמַר רַחֲמָנָא — that the Torah said, מַיְיתֵי מִתְּרוּמַת הַלִּשְׁכָּה — the funds needed to purchase it come from the *Terumas Halishkah* (general money collected for the Beis Hamikdash once a year, in the month of Adar, for all communal *korbanos*). In that case, how can this *korban* be brought? וְהָא מָיְיתֵי לְהוּ מִיִּשְׂרָאֵל — Some people from the Jewish nation must have died since they donated money to the *Terumas Halishkah* in Adar, וְהָנָךְ דְּפָיְישֵׁי הֵיכִי מַיְיתוּ — so how can the survivors bring a *Korban Chatas* using their funds? Is it not a case of a *Korban Chatas* whose owner died? אֶלָּא שְׁמַע מִינַּהּ — Rather, it must be that you can learn from this: חַטָּאת שֶׁמֵּתוּ בְּעָלֶיהָ בְּצִבּוּר קְרֵבָה — A *Korban Chatas* whose owner died, if it was being brought for the congregation, is still brought as a *Korban*.

For this *daf's shiur* and charts, scan this QR code:

עין משפט
נר מצוה

מו א מיי׳ פ״ד מהלכות פסולי מוקדשים הלכה א והלכה ג:
מז ב מיי׳ שם הלכה ב ופ״ה מהלכות עבודת יוה״כ הלכה טז:

תוספות הרא״ש

והא אין כפרה למתים[כו]. כלומר היאך הקריבו הבאים מהשבי בני הגולה על דורו של צדקיהו שחטאו הלא אין כפרה למתים פירוש [כז] מחיים דאין מביאין עליהם אחר מותם: מי דמי שעיר ר״ח דלמא לא מתו. ואף ע״ג דידעי׳ דודאי מתו קצת מישראל מ״מ אלו מעות שעלו מהקופה דלמא מאותן מעות הן שנתנו אותם שהם עדיין חיים כדתנן בפרק ג׳ דגיטין[ס] השולח חטאתו מקריבין אותו בחזקת שהוא קיים אלמא מספק תולין ומקריבין: ראויה כפרה זו שתכפר על יוצאי מצרים. אם נמצא חלל ולא הביאו עגלה ערופה מתכפרין בו: ומנא לן דרובא הוה[כח]. פרש״י ז״ל ודלמא מיעוט הוי והוה ליה חטאת שמתו רוב בעליה דלא קריבה. והקשה עליו הרמ״ה ז״ל (והאי) [להאי] פירושא לא שני מידי דנהי דהשבים ששבו מהגולה שהיו ד׳ רבוא היו רובן נמרבן בית ראשון שנשארו מדורו של צדקיהו אכתי הנך דמתו מדורו של צדקיהו הוו נפישי טפי מרוב עולי גולה והוי׳ ליה חטאת שמתו רוב בעליה. ותו מנ״ל לפלוגי בין חטאת שמתו רוב בעליה לחטאת שמתו מיעוט בעליה. ופי׳ ודלמא הנך דלא הוו בימי בית ראשון הוו נפישי מהנך דאשתיירו מבית ראשון והוה להו הנך דאשתייר מיעוט קהל ולפטרו לגמרי בשלמא לרבנן דאמרי (לעיל דף ג.) מרובין ונתמעטו כמעיקרא דיינינן להו ניחא אלא לר״ש דאזיל אף בתר ידיעה ממאי דבשעת ידיעה רובה דקהל הוי. ומייתי קרא דעולי גולה רובן היו מאותן שראו בית ראשון: ממאי דלמא ר״ש היא[כט]. דכר״מ לא מתוקמא שפיר דמאי קמ״ל אי מת א׳ מן הצבור שב״ד חייבין. אבל אי מוקמת לה כר״ש א״ש דאשמועינן אע״פ שמתו מקצתן המביאין קרבן חייבין השאר להביא: שמעי׳ לר״ש דאמר חטאת שותפין לאו למיתה[ל]. הלכך לר״ש חייבין: ר״א ור״ש אומרים ירעו עד שיסתאבו. ופר יוה״כ חטאת השותפין הוא וקאמר ר״ש דאינה מתה וביוה״כ שמתכפר[לא] באחר ירעה. וב״ד שמת א׳ מהן יקריבו הנשארים: ה״ג רש״י א״ל רב יוסף כהנים קאמרת שאני כהנים דאיקרו קהל דכתיב על הכהנים ועל כל עם הקהל יכפר. ופי׳ דהאי קהל משמע דקאי נמי אכהנים ומשום דאיקרו קהל קאמר ר״ש דחטאת דידהו כחטאת הקהל דמי ואינה מתה אבל חטאת השותפין ס״ל דמתה ומתוקמא שפיר כר״ש. וגירסא זו אינה נכונה דאדרבה מדהוציא הכהנים מכלל עם הקהל מכלל דלאו קהל איקרו. ונראה כגי׳ ספרי ספרד כהנים קאמרת כהנים עם לעצמן איקרו. מדחלק כהנים מעם הקהל מכלל דחשיבי איניהו עם לעצמן כמו עם הקהל כי שקלם כנגד עם הקהל:

הַכֹּל עוֹלָה סָלְקָא דַּעְתָּךְ. וְהָכְתִיב ׳שְׂעִירֵי עִזִּים לְחַטָּאת׳[יז]: אַף חַטָּאת דְּהִקְרִיבוּ לֹא נֶאֱכֶלֶת. לְפִי שֶׁהָיוּ שְׂעִירִין שֶׁל צִבּוּר הַנִּשְׂרָפִין, לְפִי שֶׁהִכְנִיסוּ דָּמָן לִפְנַי וְלִפְנִים, כִּדְכְתִיב ׳וְכָל חַטָּאת אֲשֶׁר יוּבָא מִדָּמָהּ אֶל אֹהֶל מוֹעֵד לְכַפֵּר בַּקֹּדֶשׁ׳, כִּדְתְנַן (זבחים דף מז.) ׳פָּרִים הַנִּשְׂרָפִין וּשְׂעִירִים הַנִּשְׂרָפִין׳, דְּהַיְינוּ שְׂעִירֵי עֲבוֹדַת כּוֹכָבִים דְּצִבּוּר, דְּאָמַר רַב יְהוּדָה ׳עַל עֲבוֹדַת כּוֹכָבִים הֱבִיאוּם׳: וְאִידָךְ דְּבֵית דִּין. וְאֶחָד שֶׁהֵבִיאוּ בֵּי״ד, הֲרֵי שְׁנֵים עָשָׂר: בֵּין לְרַבִּי יְהוּדָה בֵּין לְרַבִּי שִׁמְעוֹן בֵּין לְרַבִּי מֵאִיר הֵיכִי קָרְבֵי הָנָהוּ חַטָּאוֹת, וְהָא מַיְיתֵי הָנָהוּ דְּחָטְאוּ בִּימֵי צִדְקִיָּהוּ, דַּהֲווּ חַטָּאת שֶׁמֵּתוּ בַּעֲלֵיהֶן: לְפִי שֶׁאֵין מִיתָה בְּצִבּוּר. דְּאַף עַל גַּב דְּמֵתוּ צִבּוּר, לָא אָזְלָא לְמִיתָה חַטָּאת דִּידְהוּ: אִילֵימָא מִדִּכְתִיב ׳תַּחַת אֲבוֹתֶיךָ יִהְיוּ בָנֶיךָ׳. דְּמַשְׁמַע דְּבָנִים בִּמְקוֹם אָבוֹת קָיְימֵי, וּכְאָבוֹת חַיִּים דָּמוּ, וְהָכָא אִיכָּא בָּנִים דְּדוֹרוֹ שֶׁל צִדְקִיָּהוּ: אִי הָכִי, אֲפִילּוּ בְּיָחִיד נַמֵּי. לֵימָא חַטָּאת שֶׁמֵּתוּ בְּעָלֶיהָ דְּלָא לְמִיתָה אָזְלָא, דְּלֶהֱוֵי הַבֵּן בִּמְקוֹם אָב: מִשָּׂעִיר דְּרֹאשׁ חֹדֶשׁ. דְּהָוֵי חַטָּאת, דְּאָמַר רַחֲמָנָא דְּנֵיתוּ מִתְּרוּמַת הַלִּשְׁכָּה, דְּכָל קָרְבְּנוֹת צִבּוּר מִתְּרוּמַת הַלִּשְׁכָּה הֵם בָּאִין, וְהָא דִּלְמָא מַיְיתִי לְהוּ מִיִּשְׂרָאֵל לְאַחַר שֶׁנִּתְרְמָה תְּרוּמַת הַלִּשְׁכָּה: וְהָנָךְ. יִשְׂרָאֵל דְּפָיְישׁוּ: הֵיכִי מַיְיתוּ. שָׂעִיר דְּר״ח דְּאָתָא מִתְּרוּמַת הַלִּשְׁכָּה, וְהָא הָוֵי חַטָּאת שֶׁמֵּתוּ בְּעָלֶיהָ, אֶלָּא ש״מ וְכוּ׳: מִי דָּמֵי, שָׂעִיר דְּר״ח. דִּלְמָא מִיתוּ מִצִּבּוּר דִּלְמָא לָא מִיתוּ, דְּסָפֵק הָוֵי, וְאַהָכִי קָרְבָה, אֲבָל הָכָא דּוֹרוֹ שֶׁל צִדְקִיָּהוּ וַדַּאי מֵתוּ: רְאוּיָה כַּפָּרָה זוֹ. בְּעֶגְלָה[יח] עֲרוּפָה שֶׁתְּכַפֵּר עַל יוֹצְאֵי מִצְרַיִם, וְכֵיוָן שֶׁתְּכַפֵּר עַל יוֹצְאֵי מִצְרַיִם, וְיוֹצְאֵי מִצְרַיִם מֵתִים נִינְהוּ, אַלְמָא אֵין מִיתָה בַּצִּבּוּר, וְה״ה לְדוֹרוֹ שֶׁל צִדְקִיָּהוּ דְּאַף עַל גַּב דְּמֵתוּ מִתְכַּפְּרִין בְּהָנָהוּ חַטָּאוֹת: הָתָם. גַּבֵּי עֶגְלָה עֲרוּפָה כּוּלְּהוּ אִיתְנַהוּ בַּחַיִּים, דְּעִיקָּר כִּי אָתְיָא עֶגְלָה עֲרוּפָה אַהָנֵי (דהיכי) דְּאִיתְנְהוּ קָא אָתְיָא, וּמִגּוֹ דִּמְכַפְּרָה אַחַיִּים מְכַפְּרָה נַמֵּי אַמֵּתִים, דְּהַיְינוּ יוֹצְאֵי מִצְרַיִם, אֲבָל הָכָא מִי הֲווּ חַיִּים הָנֵי דּוֹרוֹ שֶׁל צִדְקִיָּהוּ: וְדִלְמָא מְעוּטֵי הֲווּ. דְּהַאי דִּכְתִיב ׳וְרַבִּים מֵהַכֹּהֲנִים וְהַלְוִיִּם׳ דִּלְמָא מְעוּטֵי דְּצִבּוּר דְּבַיִת שֵׁנִי הֲווּ, וְהָוֵה לֵיהּ חַטָּאת שֶׁמֵּתוּ רוֹב בְּעָלֶיהָ וְלָא קָרְבָה, וְהָכָא כְּתִיב דְּקָרְבָה: הָא לָא מַיְיתֵי אָמְרַת דִּמְעוּטֵי הֲווּ, אֶלָּא וַדַּאי רַבִּים הֲווּ, דִּכְתִיב ׳וְאֵין הָעָם מַכִּירִים קוֹל תְּרוּעַת הַשִּׂמְחָה לְקוֹל בְּכִי הָעָם׳, וְאוֹתָן דְּבוֹכִים מִדּוֹר שֶׁל בַּיִת הָרִאשׁוֹן הָיוּ, וּמִדְּאֵין מַכִּירִין קוֹל הַשִּׂמְחָה שְׁמַע מִינַּהּ דְּרוּבָּא הֲווּ אוֹתָן דְּבוֹכִין, וְהָוֵי כְּחַטָּאת שֶׁרוֹב בְּעָלֶיהָ קַיָּימִין, וּמִשּׁוּם הָכִי קָרְבָה: וְהָא מְזִידִין הֲווּ. דּוֹרוֹ שֶׁל צִדְקִיָּה, וּבְנֵי קְטָלָא נִינְהוּ, וְלָאו בְּנֵי קָרְבָּן נִינְהוּ, וְהֵיכִי מִתְכַּפְּרִים בְּהָנָךְ חַטָּאוֹת: הוֹרָאַת שָׁעָה הָיְתָה. דְּאַף עַל גַּב דַּהֲווּ מְזִידִין הֲווּ מִתְכַּפְּרִים: תָּנוּ רַבָּנַן, מֵת אֶחָד מִן הַצִּבּוּר. כְּגוֹן שֶׁהוֹרוּ בֵּי״ד וְעָשׂוּ צִבּוּר עַל פִּיהֶם, וְלֹא הִסְפִּיקוּ לְהָבִיא עַד שֶׁמֵּת אֶחָד מִן הַצִּבּוּר, חַיָּיבִין וְכוּ׳[יט]: מֵת אֶחָד מִן בֵּית דִּין. וְהָוְיָא לָהּ חַטָּאת שֶׁמֵּת אֶחָד מִן הַשּׁוּתָּפִין[כ], דְּהָוְיָא כְּמֵתוּ מִקְצָת בְּעָלֶיהָ, וְלָא קָרְבָה. הָא דְּאִיקְּרִי[כא] לְהוּ שׁוּתָּפִין, לָא מִשּׁוּם דְּחַטָּאת שֶׁל שׁוּתָּפִין דְּעָלְמָא קָרְבָה, דְּאֵין שְׁנַיִם מְבִיאִין קָרְבָּן[כב], אֶלָּא הַאי דְּאִיקְּרִי[כג] לְהוּ שׁוּתָּפִין מִשּׁוּם דְּלָא מָצֵי קָרֵי לְהוּ צִבּוּר, דְּהָא לָאו צִבּוּר נִינְהוּ, הִלְכָּךְ קָרֵי לְהוּ שׁוּתָּפִין[כד]: דְּאֵין צִבּוּר מֵתִים. דְּאֵין דִּין מִיתָה בַּצִּבּוּר, דְּכִי גְּמִירִי חַטָּאת שֶׁמֵּתוּ בְּעָלֶיהָ לְמִיתָה אָזְלָא, בְּיָחִיד וְלָא בַּצִּבּוּר: שָׁמְעִינַן לֵיהּ לְר״ש דְּאָמַר חַטַּאת הַשּׁוּתָּפִין אֵינָהּ מֵתָה, דְּתַנְיָא, פַּר וְשָׂעִיר שֶׁל יוֹם הַכִּפּוּרִים שֶׁאָבְדוּ וְהִפְרִישׁ אֲחֵרִים תַּחְתֵּיהֶם וְנִתְכַּפְּרוּ בָּהֶן, וְאַחַ״כ נִמְצְאוּ הָאֲבוּדִים, כּוּלָּן יָמוּתוּ, דִּבְרֵי רַבִּי יְהוּדָה; רַבִּי אֶלְעָזָר וְרַבִּי שִׁמְעוֹן אוֹמְרִים יִרְעוּ. וְהָא הָכָא דְּפַר שֶׁל יוֹם הַכִּפּוּרִים, דְּהַיְינוּ פַּר שֶׁל אַהֲרֹן, הָוֵי חַטַּאת הַשּׁוּתָּפִין, דְּכֹהֲנִים מִתְכַּפְּרִים בּוֹ, וְקָאָמַר רַבִּי שִׁמְעוֹן יִרְעוּ, דְּלָא הָוֵי כְּחַטָּאת שֶׁכִּפְּרוּ בְעָלֶיהָ בְּעָלְמָא דִּלְמִיתָה אָזְלָא, מִשּׁוּם דְּחַטַּאת שׁוּתָּפוּת לָאו כְּחַטַּאת יָחִיד דָּמְיָא, אֶלָּא כְּחַטַּאת צִבּוּר דָּמְיָא, וְהוּא הַדִּין כִּי מֵת אֶחָד מִן הַשּׁוּתָּפִין דְּלָא כְּחַטָּאת שֶׁמֵּתוּ בְּעָלֶיהָ דָּמְיָא, אֶלָּא חַטַּאת הַשּׁוּתָּפִין הִיא, וְאֵינָהּ מֵתָה, וְהָכָא הוּא דְּקָאָמַר יִרְעוּ מִשּׁוּם דְּהָא כִּפְּרוּ בְעָלֶיהָ, אֲבָל הֵיכָא דְּמֵת אֶחָד מִן הַשּׁוּתָּפִין אֵימָא לָךְ דִּסְבִירָא לֵיהּ לְרַבִּי שִׁמְעוֹן דְּקָרְבָה, דְּחַטַּאת הַשּׁוּתָּפִין אֵינָהּ מֵתָה, הִלְכָּךְ לָא מִיתּוֹקְמָא כְּרַבִּי שִׁמְעוֹן: [כה] רַבִּי יְהוּדָה אוֹמֵר כּוּלָּן יָמוּתוּ. דְּהָכִי ס״ל, דַּאֲפִילּוּ חַטַּאת צִבּוּר מֵתָה: אָמַר לֵיהּ רַב יוֹסֵף, כֹּהֲנִים קָא אָמְרַתְּ, שָׁאנֵי כֹּהֲנִים דְּאִיקְּרוּ קָהָל, דִּכְתִיב ׳עַל הַכֹּהֲנִים וְעַל כָּל עַם הַקָּהָל יְכַפֵּר׳. דְּאִתַּקַּשׁ לְקָהָל, וְכֵיוָן דְּאִיקְּרוּ קָהָל, מִשּׁוּם הָכִי קָאָמַר רַבִּי שִׁמְעוֹן דְּפַר חַטָּאת דִּידְהוּ כְּחַטַּאת שָׂעִיר דְּקָהָל דָּמֵי, דְּאֵינָהּ מֵתָה, אֲבָל בְּחַטַּאת הַשּׁוּתָּפִין לְעוֹלָם אֵימָא לָךְ דְּס״ל לְרַבִּי שִׁמְעוֹן דְּכִי מֵת אֶחָד מִן הַשּׁוּתָּפִין דְּלָא קָרְבָה, וְכִי מֵת אֶחָד מִן בֵּית דִּין פָּטוּר, וְאַכַּתִּי תּוֹקְמָהּ כְּר״ש:

אַף חַטָּאת לֹא נֶאֱכֶלֶת. [א]כַּיּוֹצֵא בּוֹ אָמַר רַבִּי יוֹסֵי, [א]׳הַבָּאִים מֵהַשְּׁבִי [א] הַגּוֹלָה הִקְרִיבוּ [עֹלוֹת] לֵאלֹהֵי יִשְׂרָאֵל פָּרִים שְׁנֵים עָשָׂר וְגוֹ׳ הַכֹּל עוֹלָה׳, הַכֹּל עוֹלָה סָלְקָא דַעְתָּךְ[ב], אֶפְשָׁר שֶׁחַטָּאת עוֹלָה, אֶלָּא הַכֹּל כְּעוֹלָה, מָה עוֹלָה לֹא נֶאֱכֶלֶת אַף חַטָּאת לֹא נֶאֱכֶלֶת; דְּתַנְיָא[ג], רַבִּי יְהוּדָה אוֹמֵר עַל עֲבוֹדַת כּוֹכָבִים הֱבִיאוּם; וְאָמַר רַב יְהוּדָה אָמַר שְׁמוּאֵל, עַל עֲבוֹדַת כּוֹכָבִים שֶׁעָשׂוּ בִּימֵי צִדְקִיָּהוּ. בִּשְׁלָמָא לְרַבִּי יְהוּדָה מַשְׁכַּחַת לָהּ לְהָנֵי שְׁנֵים עָשָׂר חַטָּאוֹת, כְּגוֹן דְּחָטְאוּ שְׁנֵים עָשָׂר שְׁבָטִים, דְּמַיְיתוּ שְׁנֵים עָשָׂר שְׂעִירִים, אִי נַמֵּי, דְּחָטְאוּ שִׁבְעָה שְׁבָטִים[ד] וּשְׁאָרָא אִינָךְ בִּגְרִירָה; וּלְרַבִּי שִׁמְעוֹן נַמֵּי מַשְׁכַּחַת לָהּ, כְּגוֹן דְּחָטְאוּ אַחַד עָשָׂר שְׁבָטִים, דְּמַיְיתוּ אַחַד עָשָׂר שְׂעִירִים וְאִידָךְ דְּבֵית דִּין; אֶלָּא לְרַבִּי מֵאִיר דְּאָמַר בֵּית דִּין מְבִיאִין וְלֹא צִבּוּר, שְׁנֵים עָשָׂר הֵיכִי מַשְׁכַּחַת לֵיהּ. כְּגוֹן דְּחָטְאוּ וַהֲדַר חָטְאוּ וַהֲדַר חָטְאוּ, עַד תְּרֵיסַר זִימְנֵי. וְהָא מָיְיתִי לְהוּ הָנְהוּ דְּחָטְאוּ[ה]. אָמַר רַב פָּפָּא, כִּי גְּמִירִי חַטָּאת שֶׁמֵּתוּ בְּעָלֶיהָ בְּמִיתָה, הָנֵי מִילֵּי בְּיָחִיד, אֲבָל לֹא בְּצִבּוּר, [א]לְפִי שֶׁאֵין מִיתָה בְּצִבּוּר. מְנָא לֵיהּ לְרַב פָּפָּא הָא, אִילֵימָא מִדִּכְתִיב [ב]׳תַּחַת אֲבוֹתֶיךָ יִהְיוּ בָנֶיךָ׳, אִי הָכִי, אֲפִילּוּ בְּיָחִיד נַמֵּי; אֶלָּא דּוּקְיָא[ו] דְּרַב פָּפָּא מִשָּׂעִיר דְּרֹאשׁ חֹדֶשׁ, דְּאָמַר רַחֲמָנָא מַיְיתֵי מִתְּרוּמַת הַלִּשְׁכָּה, וְהָא מָיְיתִי לְהוּ מִיִּשְׂרָאֵל, וְהָנָךְ דְּפָיְישִׁי הֵיכִי מַיְיתוּ, אֶלָּא שְׁמַע מִינַּהּ חַטָּאת שֶׁמֵּתוּ בְּעָלֶיהָ בְּצִבּוּר קְרֵבָה. מִי דָּמֵי, שְׂעִיר רֹאשׁ חֹדֶשׁ דִּלְמָא לָא מָיְיתוּ מִצִּבּוּר[ז], אֲבָל הָכָא וַדַּאי מָיְיתוּ. אֶלָּא טַעְמָא דְּרַב פָּפָּא מֵהָכָא, דִּכְתִיב [ג]׳כַּפֵּר לְעַמְּךָ יִשְׂרָאֵל אֲשֶׁר פָּדִיתָ יְיָ׳[ח], [ג]רְאוּיָה כַּפָּרָה זוֹ שֶׁתְּכַפֵּר עַל יוֹצְאֵי מִצְרַיִם, מִדִּכְתִיב ׳אֲשֶׁר פָּדִיתָ׳. מִי דָּמֵי, הָתָם כּוּלְּהוּ אִיתְנְהוּ, מִגּוֹ דִּמְכַפְּרָה אַחַיִּים מְכַפְּרָה נַמֵּי אַמֵּתִים, אֶלָּא הָכָא מִי הֲווּ חַיִּים. אִין הָכִי נַמֵּי, דִּכְתִיב [ד]׳וְרַבִּים מֵהַכֹּהֲנִים וְהַלְוִיִּם וְרָאשֵׁי הָאָבוֹת׳ וְגוֹ׳. [ט] וְדִלְמָא מוּעָטִין הֲווּ. וְלָא רַבִּים הֲווּ, הָכְתִיב [ה](׳וְלֹא הִכִּירוּ בְּקוֹלִי[י]) תְּרוּעַת הַשִּׂמְחָה לְקוֹל בְּכִי הָעָם [וְגוֹ׳] וְהַקּוֹל נִשְׁמַע עַד לְמֵרָחוֹק׳. וְהָא מְזִידִין הֲווּ. הוֹרָאַת שָׁעָה הָיְתָה. הָכִי נַמֵּי מִסְתַּבְּרָא, דְּאִי לָא תֵּימָא הָכִי, [א]׳אֵילִים תִּשְׁעִים וְשִׁשָּׁה, כְּבָשִׂים שִׁבְעִים וְשִׁבְעָה׳ כְּנֶגֶד מִי, אֶלָּא הוֹרָאַת שָׁעָה הָיְתָה, הָכָא נַמֵּי הוֹרָאַת שָׁעָה הָיְתָה. [ג]תָּנוּ רַבָּנַן, [יא] מֵת אֶחָד מִן הַצִּבּוּר חַיָּיבִין, אֶחָד מִבֵּית דִּין פְּטוּרִין. מַאן תְּנָא. אָמַר רַב חִסְדָּא אָמַר רַבִּי זֵירָא אָמַר רַב יִרְמְיָה[יב] אָמַר רַב, רַבִּי מֵאִיר הִיא דְּאָמַר בֵּית דִּין מְבִיאִים וְלֹא צִבּוּר, הִלְכָּךְ מֵת אֶחָד מִן הַצִּבּוּר חַיָּיבִין, דְּהָא קָאֵים כּוּלֵּיהּ בֵּית דִּין, מֵת אֶחָד מִבֵּית דִּין פְּטוּרִין, דְּהָוְיָא לָהּ חַטָּאת שֶׁמֵּת אֶחָד מִן הַשּׁוּתָּפִין וּמִשּׁוּם הָכִי פְּטוּרִין. מַתְקִיף לָהּ רַב יוֹסֵף, וְנוֹקְמָהּ כְּרַבִּי שִׁמְעוֹן[יג] דְּאָמַר בֵּית דִּין[יד] עִם הַצִּבּוּר, מֵת אֶחָד מִן הַצִּבּוּר חַיָּיבִין, דְּאֵין צִבּוּר מֵתִים, מֵת אֶחָד מִבֵּית דִּין פְּטוּרִין, כִּדְאָמְרִינַן[טו] דְּחַטַּאת שׁוּתָּפִין הִיא. אָמַר לֵיהּ אַבַּיֵי, שָׁמְעִינַן לֵיהּ לְרַבִּי שִׁמְעוֹן דְּאָמַר חַטַּאת שׁוּתָּפִין אֵינָהּ מֵתָה, [ד]דְּתַנְיָא, פַּר וְשָׂעִיר שֶׁל יוֹם הַכִּפּוּרִים שֶׁאָבְדוּ וְהִפְרִישׁ אֲחֵרִים תַּחְתֵּיהֶם יָמוּתוּ כּוּלָּן, דִּבְרֵי רַבִּי יְהוּדָה; רַבִּי אֶלְעָזָר וְרַבִּי שִׁמְעוֹן אוֹמֵר[טז], [ב]יִרְעוּ, לְפִי שֶׁאֵין חַטַּאת צִבּוּר מֵתָה. אָמַר לֵיהּ רַב יוֹסֵף, כֹּהֲנִים קָא אָמְרַתְּ, שָׁאנֵי כֹּהֲנִים דְּאִיקְּרוּ קָהָל, דִּכְתִיב [ו]׳עַל הַכֹּהֲנִים וְעַל כָּל עַם הַקָּהָל יְכַפֵּר׳.

אֶלָּא

תוספות

ה״ג בת״כ, ׳וְכֵן הָיָה ר״י אוֹמֵר עַל עֲבוֹדַת כּוֹכָבִים הֱבִיאוּם׳, וְאַתָּא לְפָרוֹשֵׁי דִּבְרֵי ר׳ יוֹסֵי: **אֵילִים** וּכְבָשִׂים. צָרִיךְ עִיּוּן מַאי טַעְמָא נִשְׂרְפוּ, שֶׁהֲרֵי אֵינָן בָּאִין עַל עֲבוֹדַת כּוֹכָבִים: **הוֹרָאַת** שָׁעָה הָיְתָה. הוּא הַדִּין דְּעַל כּוּלְּהוּ מָצֵי לְתָרוֹצֵי הָכִי: **וְרַבִּי** שִׁמְעוֹן אוֹמֵר יִרְעוּ. אַף עַל גַּב דְּלָא דָּמֵי, דְּהָכָא מֵתוּ בַּעֲלֵיהֶם, מִכָּל מָקוֹם לָא חֲזוּ לְמִקְרְבָה, וּמַה לִּי פְּסוּל זֶה וּמַה לִּי פְּסוּל אַחֵר, וַאֲפִילּוּ הָכִי שָׁמְעִינַן לֵיהּ דְּיִרְעוּ:

הַדְרָן עֲלָךְ הוֹרוּ בֵּית דִּין

[כז] כת״י ״אין כפרה למתים לא יהא אלא דאפרשינהו מחיים ומתו דתו לא קריבו דחטאת שמתו בעליה למיתה אזלא כ״ש הנך דלא אפרשו מחיים״: **כח]** כ״ה הגירסא ג״כ בפר״ח (גליון): **כט]** שמעי׳ ליה לר״ש דאמר חטאת שותפין לאו למיתה אזלא. הלכך לר״ש מת אחד מב״ד חייבין (כת״י): **ל]** כת״י ״דאינה מתה והיכא שכיפר באחר תרעה״:

מסורת הש״ס
עם הוספות

א) תמורה טו: [כל הענין ע״ש שינויים], ב) [כריתות דף כו.], ג) (תוספתא), ד) יומא נ. סה. שבועות יא. יב., ה) כח ע״א.

תורה אור השלם

א) הַבָּאִים מֵהַשְּׁבִי בְנֵי הַגּוֹלָה הִקְרִיבוּ עֹלוֹת לֵאלֹהֵי יִשְׂרָאֵל פָּרִים שְׁנֵים עָשָׂר עַל כָּל יִשְׂרָאֵל אֵילִים תִּשְׁעִים וְשִׁשָּׁה כְּבָשִׂים שִׁבְעִים וְשִׁבְעָה צְפִירֵי חַטָּאת שְׁנֵים עָשָׂר הַכֹּל עוֹלָה לַייָ: [עזרא ח, לה]

ב) תַּחַת אֲבֹתֶיךָ יִהְיוּ בָנֶיךָ תְּשִׁיתֵמוֹ לְשָׂרִים בְּכָל הָאָרֶץ: [תהלים מה, יז]

ג) כַּפֵּר לְעַמְּךָ יִשְׂרָאֵל אֲשֶׁר פָּדִיתָ יְיָ וְאַל תִּתֵּן דָּם נָקִי בְּקֶרֶב עַמְּךָ יִשְׂרָאֵל וְנִכַּפֵּר לָהֶם הַדָּם: [דברים כא, ח]

ד) וְרַבִּים מֵהַכֹּהֲנִים וְהַלְוִיִּם וְרָאשֵׁי הָאָבוֹת הַזְּקֵנִים אֲשֶׁר רָאוּ אֶת הַבַּיִת הָרִאשׁוֹן בְּיָסְדוֹ זֶה הַבַּיִת בְּעֵינֵיהֶם בֹּכִים בְּקוֹל גָּדוֹל וְרַבִּים בִּתְרוּעָה בְשִׂמְחָה לְהָרִים קוֹל: [עזרא ג, יב]

ה) וְאֵין הָעָם מַכִּירִים קוֹל תְּרוּעַת הַשִּׂמְחָה לְקוֹל בְּכִי הָעָם כִּי הָעָם מְרִיעִים תְּרוּעָה גְדוֹלָה וְהַקּוֹל נִשְׁמַע עַד לְמֵרָחוֹק: [עזרא ג, יג]

ו) וְכִפֶּר אֶת מִקְדַּשׁ הַקֹּדֶשׁ וְאֶת אֹהֶל מוֹעֵד וְאֶת הַמִּזְבֵּחַ יְכַפֵּר וְעַל הַכֹּהֲנִים וְעַל כָּל עַם הַקָּהָל יְכַפֵּר: [ויקרא טז, לג]

הגהות וציונים

א] [צ״ל **בני** הגולה] (גליון): **ב]** ״הכל עולה סלקא דעתך״ ליתא באה״ת ובכת״י, וכן ליתא בתמורה ובת״כ, ואינו לשון ברייתא: **ג]** ה״ג בת״כ ״**וכן היה** רבי יהודה אומר״ (תוס׳ ור״ח). בראשונים ובכת״י ותניא רבי יהודה אומר. בתמורה ״**שהיה** רבי **יוסי** אומר״ (ב״ש, וכן הגיה הב״ח כאן): **ד]** גי׳ ר״ח ״אי נמי **מקצת ואינך בגרירה**״: **ה]** כתי״פ ״והא **אין כפרה למתים** אמר רב פפא כי **אמרינן אין כפרה למתים** ביחיד אבל בצבור **יש כפרה**״, והיא גירסת ר״ח ורא״ש: **ו]** [צ״ל דיוקא] (גליון). ואין טעם להגהה זו. (ור״ח גורס ״אלא דוקייא דרב פפא״ כאן וגם בסמוך במקום ״טעמא״): **ז]** הרא״ש ל״ג ״מצבור״, עי״ש: **ח]** בר״ח ובכת״י נוסף **שאין ת״ל ונכפר להם הדם מה ת״ל ונכפר להם הדם**: **ט]** בר״ח ״ומנא לן דרובא הוו״, והיא גירסת הרא״ש: **י]** [צ״ל **ואין העם מכירים קול**] (גליון): **יא]** בר״ח ובכת״י מתחילה הברייתא **הורו ב״ד וידעו שטעו וחזרו בהן מת אחד**: **יב]** בכתי״מ נוסף **בר אבא**. בפריטי הרמ״ה ״מאן תנא א״ר זירא אמר רב ואמרי לה א״ר ירמיה בר אבא אמר רב״, וכ״ה בר״ח בלי ״אמר רב״: **יג]** בר״ח ״מתקיף לה רב יוסף **ממאי דלמא ר״ש היא** (וכ״ה ברא״ש) דאמר **צבור מייתי וב״ד מייתי**״: **יד]** ב״ד **מביאין** עם (ב״ח, כתי״מ): **טו]** **כדאמרן** (ב״ח): **טז]** [צ״ל **אומרים**] (גליון): **יז]** צ״ל ״והכתיב **צפירי חטאת**״ (רש״ש). בכת״י ליתא לדבור זה: **יח]** **דעגלה** (בארות המים): **יט]** ״וכו׳״ ליתא בכת״י: **כ]** כאן צ״ל הפסק הנקודה (בכת״י ״מן ב״ד דהויא לה״): **כא]** והא **דקרו** להו (ב״ח): **כב]** קרבן **חטאת** (ב״ח): **כג]** **דקרו** (ב״ח): **כד]** ״הלכך קרי להו שותפין״ ליתא בכת״י: **כה]** הד״א, וצ״ל ורבי יהודה **דאמר כולן ימותו הכי** ס״ל (ב״ח): **כו]** כ״ה הגירסא בפר״ח ועי׳ תוס׳ תמורה טו ב׳ ד״ה והא (גליון):

This *daf* is dedicated *l'iluy nishmas*: Ezra ben Esther *z"l*

The Gemara asks: מִי דָּמֵי — Is the comparable to the goat brought as a *Korban Chatas* on Rosh Chodesh? שָׂעִיר דְּרֹאשׁ חֹדֶשׁ — Regarding the goat of Rosh Chodesh, דִּלְמָא לָא מָיְיתוּ מִצִּבּוּר — it is possible that perhaps, none of the congregation who donated the funds for this *korban* had died since they donated them; it is only a possibility that they may have died, and therefore, the *korban* is still brought; אֲבָל הָכָא — but here, regarding the goats brought to atone for the *avodah zarah*, וַדַּאי מָיְיתוּ — the ones who had worshipped *avodah zarah*, on whose behalf the goats were being brought, had definitely died!

The Gemara answers: אֶלָּא — Rather, טַעְמָא דְּרַב פָּפָּא מֵהָכָא — the reasoning of Rav Pappa, that a *Korban Chatas* whose owner died is still brought if it is on behalf of a congregation, is from the following source: דִּכְתִיב — As it is written in the *pasuk* regarding the *Eglah Arufah* (*Devarim* 21:8): כַּפֵּר לְעַמְּךָ יִשְׂרָאֵל אֲשֶׁר פָּדִיתָ ה' — "Atone, Hashem, for Your nation, Yisrael, whom You redeemed." רְאוּיָה כַּפָּרָה זוֹ שֶׁתְּכַפֵּר עַל יוֹצְאֵי מִצְרַיִם — The wording of the *pasuk* implies that the atonement brought about by the *Eglah Arufah* is fit to atone even for those who came out of Mitzrayim, מִדִּכְתִיב — because it is written: אֲשֶׁר פָּדִיתָ — "Whom You redeemed." At the time that an *Eglah Arufah* would be brought, none of the people who had come out of Mitzrayim would still be alive, yet the *pasuk* is telling us that the *Eglah* can still atone for them. This implies that a congregation still has the ability to receive an atonement even after the actual members of the congregation die; therefore, a *Korban Chatas* being brought for a congregation should still be brought, even if the members of the congregation are no longer alive, as Rav Pappa said.

The Gemara asks: מִי דָּמֵי — Is the **case of** the goats brought to atone for those who worshipped *avodah zarah* in the times of Tzidkiyahu comparable to the case of an *Eglah Arufah*? הָתָם — Over there, in the case of an *Eglah Arufah*, כּוּלְּהוּ אִיתִנְהוּ — the residents of the city that is closest to the dead body that was found, for whose atonement the *Eglah Arufah* is brought in the first place, are alive; מִגּוֹ דִּמְכַפְּרָה אַחַיִּים — once the *Eglah Arufah* is atoning for living people, מְכַפְּרָה נָמֵי אַמֵּתִים — it also atones for dead people. אֶלָּא הָכָא — But over here, regarding the goats that were brought to atone for those who worshipped *avodah zarah* in the times of Tzidkiyahu, מִי הֲווֹ חַיִּים — were the people who actually worshipped the *avodah zarah* still alive? The Gemara answers: אִין הָכִי נָמֵי — Yes, indeed; some of the people from back then were still alive, דִּכְתִיב — as is written in the *pasuk* (*Ezra* 3:12): וְרַבִּים מֵהַכֹּהֲנִים וְהַלְוִיִּם וְרָאשֵׁי הָאָבוֹת וְגוֹ' — "And many of the *Kohanim* and the *levi'im* and the heads of families, [the elders **that saw the first Beis Hamikdash** standing on its foundation wept with a loud voice when this house was before their eyes]." The Gemara asks: וְדִלְמָא מוּעָטִין הֲווֹ — Perhaps those who were still around at that time who had been around at the time of Tzidkiyahu were only few, וְלָא רַבִּים הֲווֹ — and they were not a majority of the people at the time these goats were brought! That would mean that most of the sinners had died, and once the

For this *daf's shiur* and charts, scan this QR code:

אף חטאת לא נאכלת. [א]כיוצא בו אמר רבי יוסי, [א]'הבאים מהשבי [א]הגולה הקריבו [עלות] לאלהי ישראל פרים שנים עשר וגו' הכל עולה', הכל עולה סלקא דעתך, אפשר שחטאת עולה, אלא הכל כעולה, מה עולה לא נאכלת אף חטאת לא נאכלת; דתניא[ג], רבי יהודה אומר על עבודת כוכבים הביאום; ואמר רב יהודה אמר שמואל, על עבודת כוכבים שעשו בימי צדקיהו. בשלמא לרבי יהודה משכחת לה להני שנים עשר חטאות, כגון דחטאו שנים עשר שבטים, דמייתו שנים עשר שעירים, אי נמי, דחטאו שבעה שבטים[ד] ושארא אינך בגרירה; ולרבי שמעון נמי משכחת לה, כגון דחטאו אחד עשר שבטים, דמייתו אחד עשר שעירים ואידך דבית דין; אלא לרבי מאיר דאמר בית דין מביאין ולא צבור, שנים עשר היכי משכחת ליה. כגון דחטאו והדר חטאו והדר חטאו, עד תריסר זימני. והא מייתי להו הנהו דחטאו[ה]. אמר רב פפא, כי גמירי חטאת שמתו בעליה במיתה, הני מילי ביחיד, אבל לא בצבור, [א]לפי שאין מיתה בצבור. מנא ליה לרב פפא הא, אילימא מדכתיב [ב]'תחת אבותיך יהיו בניך', אי הכי, אפילו ביחיד נמי; אלא דוקיא[ו] דרב פפא משעיר דראש חדש, דאמר רחמנא מייתי מתרומת הלשכה, והא מייתי להו מישראל, והנך דפיישי היכי מייתו, אלא שמע מינה חטאת שמתו בעליה בצבור קרבה. מי דמי, שעיר ראש חדש דלמא לא מייתו מצבור, אבל הכא ודאי מייתו. אלא טעמא דרב פפא מהכא, דכתיב [ג]'כפר לעמך ישראל אשר פדית ה'', [ט]ראויה כפרה זו שתכפר על יוצאי מצרים, מדכתיב 'אשר פדית'. מי דמי, התם כולהו איתנהו, מגו דמכפרה אחיים מכפרה נמי אמתים, אלא הכא מי הוו חיים. אין הכי נמי, דכתיב [ד]'ורבים מהכהנים והלוים וראשי האבות' וגו'. [י]ודלמא מועטין הוו ולא רבים הוו, הכתיב [ה]('ולא הכירו בקולי) תרועת השמחה לקול בכי העם [וגו'] והקול נשמע עד למרחוק'. והא מזידין הוו. הוראת שעה היתה. הכי נמי מסתברא, דאי לא תימא הכי, [א]'אילים תשעים וששה, כבשים שבעים ושבעה' כנגד מי, אלא הוראת שעה היתה, הכא נמי הוראת שעה היתה. [ג]תנו רבנן, [יא]מת אחד מן הצבור חייבין, אחד מבית דין פטורין. מאן תנא. אמר רב חסדא אמר רבי זירא אמר רב ירמיה[יב] אמר רב, רבי מאיר היא דאמר בית דין מביאים ולא צבור, הלכך מת אחד מן הצבור חייבין, דהא קאים כוליה בית דין, מת אחד מבית דין פטורין, דהויא לה חטאת שמת אחד מן השותפין ומשום הכי פטורין. מתקיף לה רב יוסף, ונוקמה כרבי שמעון[יג] דאמר בית דין[יד] עם הצבור, מת אחד מן הצבור חייבין, דאין צבור מתים, מת אחד מבית דין פטורין, כדאמרינן[טו] דחטאת שותפין היא. אמר ליה אביי, שמעינן ליה לרבי שמעון דאמר חטאת שותפין אינה מתה, [ד]דתניא, פר ושעיר של יום הכפורים שאבדו והפריש אחרים תחתיהם ימותו כולן, דברי רבי יהודה; רבי אלעזר ורבי שמעון אומרים[טז], [ב]ירעו, לפי שאין חטאת צבור מתה. אמר ליה רב יוסף, כהנים קא אמרת, שאני כהנים דאיקרו קהל, דכתיב [ו]'על הכהנים ועל כל עם הקהל יכפר'. אלא

רש"י

הכל עולה סלקא דעתך. והכתיב 'שעירי עזים לחטאת'[יז]: אף חטאת דהקריבו לא נאכלת, לפי שהיו שעירין של צבור הנשרפין, לפי שהכניסו דמן לפני ולפנים, כדכתיב 'וכל חטאת אשר יובא מדמה אל אהל מועד לכפר בקדש', כדתנן (זבחים דף מז.) 'פרים הנשרפין ושעירים הנשרפין', דהיינו שעירי עבודת כוכבים דצבור, דאמר רב יהודה 'על עבודת כוכבים הביאום': ואידך דבית דין. ואחד שהביאו ב"ד, הרי שנים עשר: בין לרבי יהודה בין לרבי שמעון בין לרבי מאיר היכי קריבי הנהו חטאות, והא מייתי הנהו חטאות דחטאו בימי צדקיהו, דהוו חטאת שמתו בעליהן: לפי שאין מיתה בצבור. דאע"ג דמתו צבור, לא אזלא למיתה חטאת דידהו: אילימא מדכתיב 'תחת אבותיך יהיו בניך'. דמשמע דבנים במקום אבות קיימי, וכאבות חיים דמו, והכא איכא בנים דדורו של צדקיהו: אי הכי, אפילו ביחיד נמי. לימא חטאת שמתו בעליה למיתה אזלא, דלהוי הבן במקום אביו: משעיר דראש חדש. דהוי חטאת, ואמר רחמנא דניתו מתרומת הלשכה, דכל קרבנות צבור מתרומת הלשכה הם באין, והא דלמא מייתי להו מישראל שנתרמה תרומת הלשכה: והנך. דפיישו: היכי מייתו. שעיר דר"ח מתרומת הלשכה, והא הוי חטאת שמתו בעליה, אלא ש"מ וכו': מי דמי. שעיר דר"ח. דלמא מיתו מצבור דלמא לא מיתו, דספק הוי, ואהכי קרבה, אלא הכא דורו של צדקיהו ודאי מתו: ראויה כפרה זו. בעגלה[יח] ערופה שתכפר על יוצאי מצרים, וכיון שתכפר על יוצאי מצרים, ויוצאי מצרים מתים נינהו, אלמא אין מיתה בצבור, וה"ה לדורו של צדקיהו דאע"ג דמתו מתכפרין בהנהו חטאות: התם. גבי עגלה ערופה כולהו בחיים, דעיקר כי אתיא עגלה ערופה אהני (דהיכי) דאיתנהו קא אתיא, ומגו דמכפרה אחיים מכפרה נמי אמתים, דהיינו יוצאי מצרים, אבל הכא מי הוו חיים הני דורו של צדקיהו: ודלמא מעוטי הוו. דהאי דכתיב 'ורבים מהכהנים והלוים' דלמא מעוטי דצבור שני הוו, והוה ליה חטאת שמתו רוב בעליה ולא קרבה, והכא כתיב דקרבה: הא לא מצית אמרת דמעוטי הוו, אלא ודאי רבים הוו, דכתיב 'והעם מכירים קול תרועת השמחה לקול בכי העם', ואותן דבוכים מדור של בית הראשון היו, ומדאין מכירין קול השמחה שמע מינה דרובא הוו אותן דבוכין, והוי כחטאת שרוב בעליה קיימין, ומשום הכי קרבה: והא מזידין הוו. דורו של צדקיה, ובני קטלא נינהו, ולאו בני קרבן נינהו, והיכי מתכפרים בהנך חטאות: הוראת שעה היתה. דאף על גב דהוו מזידין הוו מתכפרים: תנו רבנן, מת אחד מן הצבור. כגון שהורו בי"ד ועשו צבור על פיהם, ולא הספיקו להביא עד שמת אחד מן הצבור, חייבין וכו'[יט]: מת אחד מן בית דין. והויא לה חטאת שמת אחד מן השותפין[כ], דהויא כמתו מקצת בעליה, ולא קרבה. הא דאיקרי[כא] להו שותפין, לא משום דחטאת של שותפין דעלמא קרבה, דאין שנים מביאין קרבן[כב], אלא האי דאיקרי[כג] להו שותפין משום דלא מצי קרי להו צבור, דהא לאו צבור נינהו, הלכך קרי להו שותפין[כד]: דאין צבור מתים. דאין דין מיתה בצבור, דכי גמירי חטאת שמתו בעליה למיתה אזלא, ביחיד ולא בצבור: שמעינן ליה לר"ש דאמר חטאת השותפין אינה מתה, דתניא, פר ושעיר של יום הכפורים שאבדו והפריש אחרים תחתיהם ונתכפרו בהן, ואח"כ נמצאו האבודים, כולן ימותו, דברי רבי יהודה; רבי אלעזר ורבי שמעון אומרים ירעו. והא הכא דפר של יום הכפורים, דהיינו פר של אהרן, הוי חטאת השותפין, דכהנים מתכפרים בו, וקאמר רבי שמעון ירעו, דלא הוי כחטאת שכפרו בעליה בעלמא דלמיתה אזלא, משום דחטאת שותפות לאו כחטאת יחיד דמיא, אלא כחטאת צבור דמיא, והוא הדין כי מת אחד מן השותפין דלא כחטאת שמתו בעליה דמיא, אלא חטאת השותפין היא, ואינה מתה, והכא הוא דקאמר ירעו משום דהא כפרו בעליה, אבל היכא דמת אחד מן השותפין אימא לך דסבירא ליה לרבי שמעון דקרבה, דחטאת השותפין אינה מתה, הלכך לא מיתוקמא כרבי שמעון: [כה]רבי יהודה אומר כולן ימותו. דהכי ס"ל, דאפילו חטאת צבור מתה: אמר ליה רב יוסף, כהנים קא אמרת, שאני כהנים דאיקרו קהל, דכתיב 'על הכהנים ועל כל עם הקהל יכפר'. דאתקש לקהל, וכיון דאיקרו קהל, משום הכי קאמר רבי שמעון דפר חטאת דידהו כחטאת שעיר דקהל דמי, דאינה מתה, אבל בחטאת השותפין לעולם אימא לך דס"ל לרבי שמעון דכי מת אחד מן השותפין דלא קרבה, וכי מת אחד מן בית דין פטור, ואכתי נוקמה כר"ש:

תוספות

ה"ג בת"כ, 'וכן היה ר"י אומר על עבודת כוכבים הביאום', ואתא לפרושי דברי ר' יוסי: **אילים** וכבשים. צריך עיון מאי טעמא לעולה, שהרי אין באין על עבודת כוכבים: **הוראת** שעה היתה. הוה הדין דעל כולהו מצי לתרוצי הכי: **ורבי** שמעון אומר ירעו. אף על גב דלא דמי, דהכא מתו בעליהם, מכל מקום לא חזו למקרבה, ומה לי פסול זה ומה לי פסול אחר, ואפילו הכי שמעינן ליה דירעו:

הדרן עלך הורו בית דין

This *daf* is dedicated *l'iluy nishmas*: Ezra ben Esther *z"l*

majority of its owners had died, the *Korban Chatas* is not fit to be brought! The Gemara answers: הָכְתִיב — That cannot be, because it is written in the *pasuk* there (ibid. 13): (ולא הכירו בקול) [וְאֵין הָעָם מַכִּירִים קוֹל] תְּרוּעַת הַשִּׂמְחָה לְקוֹל בְּכִי הָעָם [וְגוֹ'] — "The people could not recognize the noise of the joyous shouts because of the sound of the peoples' crying, etc. וְהַקּוֹל נִשְׁמַע עַד לְמֵרָחוֹק — and the noise was heard from very far away." If the crying of those who had been around at the time of the first Beis Hamikdash was loud enough to drown out the sounds of the joyous shouts, it must have been that those people made up the majority of the nation.

The Gemara asks: וְהָא מְזִידִין הֲווֹ — But the people who had worshipped *avodah zarah* at the time of Tzidkiyahu did it intentionally and were not eligible to get atonement through a *korban*! The Gemara answers: הוֹרָאַת שָׁעָה הָיְתָה — It was a special ruling for the time (given through *ruach hakodesh*) that they should have a *korban* brought for them, even though they had sinned intentionally. הָכִי נָמֵי מִסְתַּבְּרָא — It is indeed logical that it was a special ruling for the time, דְּאִי לָא תֵּימָא הָכִי — because if you don't say that it was, אֵילִים תִּשְׁעִים וְשִׁשָּׁה כְּבָשִׂים שִׁבְעִים וְשִׁבְעָה כְּנֶגֶד מִי — corresponding to whom were the ninety-six rams and seventy-seven sheep that they brought (as described in the *pesukim*)? אֶלָּא — Rather, הוֹרָאַת שָׁעָה הָיְתָה — it must be that it was a special ruling for the time to bring those amounts. הָכָא נָמֵי — Here, too, even though the people had worshipped *avodah zarah* intentionally, הוֹרָאַת שָׁעָה הָיְתָה — it was a special ruling for the time that *korbanos* should be brought to atone for them, even though one who sins intentionally is not usually eligible for atonement through a *korban*.

תָּנוּ רַבָּנָן — The Chachamim taught in a *Baraisa*: מֵת אֶחָד מִן הַצִּבּוּר — If *beis din* gave a mistaken ruling, and the majority of the people sinned based on it, and one person from the congregation who had sinned died before the *Par He'eleim Davar* was brought, חַיָּיבִין — *beis din* is still obligated to bring it. אֶחָד מִבֵּית דִּין — However, if one of the members of *beis din* died before they got to bring it, פְּטוּרִין — they are exempt from bringing it. The Gemara asks: מַאן תַּנָּא — Who is the *tanna* of this *Baraisa*? אָמַר רַב חִסְדָּא אָמַר רַבִּי זֵירָא אָמַר רַב יִרְמְיָה אָמַר רַב — Rav Chisda said in the name of Rabi Zeira, who said in the name of Rav Yirmiyah, who said in the name of Rav: רַבִּי מֵאִיר הִיא — It is Rabi Meir, דְּאָמַר — who says in our Mishnah: בֵּית דִּין מְבִיאִים וְלֹא צִבּוּר — *Beis din* brings the *Par He'eleim Davar*, but not the people. הִלְכָּךְ — Therefore, מֵת אֶחָד מִן הַצִּבּוּר — if one person from the congregation died before the *Par He'eleim Davar* was brought, חַיָּיבִין — they are still obligated to bring it, דְּהָא קָאֵים כּוּלֵּיהּ בֵּית דִּין — because the entire *beis din*, whose obligation it is to bring it, are still around. מֵת אֶחָד מִבֵּית דִּין — However, if one of the members of *beis din* died before they got to bring it, פְּטוּרִין — they are exempt from bringing it, דְּהָוְיָא לַהּ חַטָּאת שֶׁמֵּת אֶחָד מִן הַשּׁוּתָּפִין — because it is like a *Korban Chatas* that was being brought by several partners, and one of the partners died before it was brought (in which case it would not be brought), וּמִשּׁוּם הָכִי פְּטוּרִין — and therefore,

For this *daf's shiur* and charts, scan this QR code:

מסורת הש"ס עם הוספות

א) תמורה טו: [כל הענין ע"ש שינויים], ב) [כריתות דף כו.], ג) (תוספתא), ד) יומא נ. סה. שבועות יא. יב., ה) כח ע"א.

תורה אור השלם

א) הבאים מהשבי בני הגולה הקריבו עלות לאלהי ישראל פרים שנים עשר על כל ישראל אילים תשעים וששה כבשים שבעים ושבעה צפירי חטאת שנים עשר הכל עולה לי"י: [עזרא ח, לה]

ב) תחת אבתיך יהיו בניך תשיתמו לשרים בכל הארץ: [תהלים מה, יז]

ג) כפר לעמך ישראל אשר פדית י"י ואל תתן דם נקי בקרב עמך ישראל ונכפר להם הדם: [דברים כא, ח]

ד) ורבים מהכהנים והלוים וראשי האבות הזקנים אשר ראו את הבית הראשון ביסדו זה הבית בעיניהם בכים בקול גדול ורבים בתרועה בשמחה להרים קול: [עזרא ג, יב]

ה) ואין העם מכירים קול תרועת השמחה לקול בכי העם כי העם מריעים תרועה גדולה והקול נשמע עד למרחוק: [עזרא ג, יג]

ו) וכפר את מקדש הקדש ואת אהל מועד ואת המזבח יכפר ועל הכהנים ועל כל עם הקהל יכפר: [ויקרא טז, לג]

עין משפט נר מצוה

מו א מיי' פ"ד מהלכות פסולי מוקדשים הלכה א והלכה ב:

מז ב מיי' שם הלכה ג ופ"ה מהלכות עבודת יוה"כ הלכה טו:

אף חטאת לא נאכלת. כיוצא בו אמר רבי יוסי, [א] 'הבאים מהשבי הגולה הקריבו [עלות] לאלהי ישראל פרים שנים עשר וגו' הכל עולה', הכל עולה סלקא דעתך, אפשר שחטאת עולה, אלא הכל כעולה, מה עולה לא נאכלת אף חטאת לא נאכלת; דתניא, רבי יהודה אומר על עבודת כוכבים הביאום; ואמר רב יהודה אמר שמואל, על עבודת כוכבים שעשו בימי צדקיהו. בשלמא לרבי יהודה משכחת לה להני שנים עשר חטאות, כגון דחטאו שנים עשר שבטים, דמייתו שנים עשר שעירים, אי נמי, דחטאו שבעה שבטים ושארא אינך בגרירה; ולרבי שמעון נמי משכחת לה, כגון דחטאו אחד עשר שבטים, דמייתו אחד עשר שעירים ואידך דבית דין; אלא לרבי מאיר דאמר בית דין מביאין ולא צבור, שנים עשר היכי משכחת ליה. כגון דחטאו והדר חטאו והדר חטאו, עד תריסר זימני. והא מייתי להו הנהו דחטאו. אמר רב פפא, כי גמירי חטאת שמתו בעליה במיתה, הני מילי ביחיד, אבל לא בצבור, לפי שאין מיתה בצבור. מנא ליה לרב פפא הא, אילימא מדכתיב [ב] 'תחת אבותיך יהיו בניך', אי הכי, אפילו ביחיד נמי; אלא דוקיא דרב פפא משעיר דראש חדש, דאמר רחמנא מייתי מתרומת הלשכה, והא מייתי להו מישראל, והנך דפיישי היכי מייתו, אלא שמע מינה חטאת שמתו בעליה בצבור קרבה. מי דמי, שעיר ראש חדש דלמא לא מייתו מצבור, אבל הכא ודאי מייתו. אלא טעמא דרב פפא מהכא, דכתיב [ג] 'כפר לעמך ישראל אשר פדית ה'', ראויה כפרה זו שתכפר על יוצאי מצרים, מדכתיב 'אשר פדית'. מי דמי, התם כולהו איתינון, מגו דמכפרה אחיים מכפרה נמי אמתים, אלא הכא מי הוו חיים. אין הכי נמי, דכתיב [ד] 'ורבים מהכהנים והלוים וראשי האבות' וגו'. ודלמא מועטין הוו. ולא רבים הוו, הכתיב [ה] ('ולא הכירו בקולי') תרועת השמחה לקול בכי העם [וגו'] והקול נשמע עד למרחוק'. והא מזידין הוו. הוראת שעה היתה. הכי נמי מסתברא, דאי לא תימא הכי, [א] 'אילים תשעים וששה, כבשים שבעים ושבעה' כנגד מי, אלא הוראת שעה היתה, הכא נמי הוראת שעה היתה. תנו רבנן, מת אחד מן הצבור חייבין, אחד מבית דין פטורין. מאן תנא. אמר רב חסדא אמר רבי זירא אמר רב ירמיה אמר רב, רבי מאיר היא דאמר בית דין מביאים ולא צבור, הלכך מת אחד מן הצבור חייבין, דהא קאים כוליה בית דין, מת אחד מבית דין פטורין, דהויא לה חטאת שמת אחד מן השותפין ומשום הכי פטורין. מתקיף לה רב יוסף, ונוקמה כרבי שמעון דאמר בית דין עם הצבור, מת אחד מן הצבור חייבין, דאין צבור מתים, מת אחד מבית דין פטורין, כדאמרינן דחטאת שותפין היא. אמר ליה אביי, שמעינן ליה לרבי שמעון דאמר חטאת שותפין אינה מתה, דתניא, פר ושעיר של יום הכפורים שאבדו והפריש אחרים תחתיהם ימותו כולן, דברי רבי יהודה; רבי אלעזר ורבי שמעון אומרים, ירעו, לפי שאין חטאת צבור מתה. אמר ליה רב יוסף, כהנים קא אמרת, שאני כהנים דאיקרו קהל, דכתיב [ו] 'על הכהנים ועל כל עם הקהל יכפר'.

אלא

הכל עולה סלקא דעתך. והכתיב 'שעירי עזים לחטאת': אף חטאת דהקריבו לא נאכלת, לפי שהיו שעירין של צבור הנשרפין, לפי שהכניסו דמן לפני ולפנים, כדכתיב 'וכל חטאת אשר יובא מדמה אל אהל מועד לכפר בקדש', כדתנן (זבחים דף מז.) 'פרים הנשרפין ושעירים הנשרפין', דהיינו שעירי עבודת כוכבים דצבור, דאמר רב יהודה 'על עבודת כוכבים הביאום': ואידך דבית דין. ואחד שהביאו בי"ד, הרי שנים עשר: בין לרבי יהודה בין לרבי שמעון בין לרבי מאיר היכי קרבי הנהו חטאות, והא מייתי הנהו דחטאו בימי צדקיהו, דהוו חטאת שמתו בעליהן: לפי שאין מיתה בצבור. דאע"ג דמתו צבור, לא אזלא למיתה חטאת דידהו: אילימא מדכתיב 'תחת אבותיך יהיו בניך'. דמשמע דבנים במקום אבות קיימי, וכאבות חיים דמו, והכא איכא בנים דדורו של צדקיהו: אי הכי, אפילו ביחיד נמי. לימא חטאת שמתו בעליה דלא למיתה אזלא, דלהוי הבן במקום אב: משעיר דראש חודש. דהוי חטאת, דאמר רחמנא דניתו מתרומת הלשכה, דכל קרבנות צבור מתרומת הלשכה הם באין, והא דלמא מייתי להו מישראל לאחר שנתרמה תרומת הלשכה: והנך. ישראל דפיישו: היכי מייתו. שעיר דר"ח דאתא מתרומת הלשכה, והא הוי חטאת שמתו בעליה, אלא ש"מ וכו': מי דמי, שעיר דר"ח. דלמא מיתו מצבור דלמא לא מיתו, דספק הוי, ואהכי קרבה, אלא הכא דורו של צדקיהו ודאי מתו: ראויה כפרה זו. בעגלה[יח] ערופה שתכפר על יוצאי מצרים, וכיון שתכפר על יוצאי מצרים, ויוצאי מצרים מתים נינהו, אלמא אין מיתה בצבור, וה"ה לדורו של צדקיהו דאע"ג דמתו מתכפרין בהנהו חטאות: התם. גבי עגלה ערופה כולהו איתנהו בחיים, דעיקר כי אתיא עגלה ערופה אהני (דהיכי) דאיתנהו קא אתיא, ומגו דמכפרה אחיים מכפרה נמי אמתים, דהיינו יוצאי מצרים, אבל הכא מי הוו חיים הני דורו של צדקיהו: ודלמא מעוטי הוו. דהאי דכתיב 'ורבים מהכהנים והלוים' דלמא מעוטי דצבור דבית שני הוו, והוה ליה חטאת שמתו רוב בעליה ולא קרבה, והכא כתיב דקרבה: הא לא מצית אמרת דמעוטי הוו, אלא ודאי רבים הוו, דכתיב 'ואין העם מכירים קול תרועת השמחה לקול בכי העם', ואותן דבוכים מדור של בית הראשון היו, ומדאין מכירין קול השמחה שמע מינה דרובא הוו אותן דבוכין, והוי כחטאת שרוב בעליה קיימין, ומשום הכי קרבה: והא מזידין הוו. דורו של צדקיה, ובני קטלא נינהו, ולא בני קרבן נינהו, והיכי מתכפרים בהנך חטאות: הוראת שעה היתה. דאף על גב דהוו מזידין הוו מתכפרים: תנו רבנן, מת אחד מן הצבור. כגון שהורו בי"ד ועשו צבור על פיהם, ולא הספיקו להביא עד שמת אחד מן הצבור, חייבין וכו'[יט]: מת אחד מן בית דין. והויא לה חטאת שמת אחד מן השותפין[כ], דהויא כמתו מקצת בעליה, ולא קרבה. הא דאיקרי[כא] להו שותפין, לא משום דחטאת של שותפין דעלמא קרבה, דאין שנים מביאין קרבן[כב], אלא האי דאיקרי[כג] להו שותפין משום דלא מצי קרי להו צבור, דהא לאו צבור נינהו, הלכך קרי להו שותפין[כד]: דאין צבור מתים. דאין דין מיתה בצבור, דכי גמירי חטאת שמתו בעליה למיתה אזלא, ביחיד ולא בצבור: שמעינן ליה לר"ש דאמר חטאת השותפין אינה מתה, דתניא, פר ושעיר של יום הכפורים שאבדו והפריש אחרים תחתיהם ונתכפרו בהן, ואח"כ נמצאו האבודים, כולן ימותו, דברי רבי יהודה; רבי אלעזר ורבי שמעון אומרים ירעו. והא הכא דפר של יום הכפורים, דהיינו פר של אהרן, הוי חטאת השותפין, דכהנים מתכפרים בו, וקאמר רבי שמעון ירעו, דלא הוי כחטאת שכפרו בעליה בעלמא דלמיתה אזלא, משום דחטאת שותפות לאו כחטאת יחיד דמיא, אלא כחטאת צבור דמיא, והוא הדין כי מת אחד מן השותפין דלא כחטאת שמתו בעליה דמיא, אלא חטאת השותפין היא, ואינה מתה, והכא הוא דקאמר ירעו משום דהא כפרו בעליה, אבל היכא דמת אחד מן השותפין אימא לך דסבירא ליה לרבי שמעון דקרבה, דחטאת השותפין אינה מתה, הלכך לא מיתוקמא כרבי שמעון: [כה] רבי יהודה אומר כולן ימותו. דהכי ס"ל, דאפילו חטאת צבור מתה: אמר ליה רב יוסף, כהנים קא אמרת, שאני כהנים דאיקרו קהל, דכתיב 'על הכהנים ועל כל עם הקהל יכפר'. דאתקש לקהל, וכיון דאיקרו קהל, משום הכי קאמר רבי שמעון דפר חטאת דידהו כחטאת שעיר דקהל דמי, דאינה מתה, אבל בחטאת השותפין לעולם אימא לך דס"ל לרבי שמעון דכי מת אחד מן השותפין דלא קרבה, וכי מת אחד מן בית דין פטור, ולהכי נוקמה כר"ש:

אלא

תוספות

ה"ג בת"כ, 'וכן היה ר"י אומר על עבודת כוכבים הביאום', ואתא לפרושי דברי ר' יוסי: אילים וכבשים. צריך עיון מאי טעמא נשרפו, שהרי אינן באין על עבודת כוכבים: הוראת שעה היתה. הוא הדין דעל כולהו מצי לתרוצי הכי: ורבי שמעון אומר ירעו. אף על גב דלא דמי, דהכא מתו בעליהם, מכל מקום לא חזו למקרבה, ומה לי פסול זה ומה לי פסול אחר, ואפילו הכי שמעינן ליה דירעו:

הדרן עלך הורו בית דין

תוספות הרא"ש

והא אין כפרה למתים[כו]. כלומר היאך הקריבו הבאים מהשבי בני הגולה על חטאו של דורו של צדקיהו שמתו הלא אין כפרה למתים פירוש [כז] מתים דלא מביאין עליהם אחר מותם: מי דמי שעיר ר"ח דלמא לא מתו. ואף ע"ג דידעי' דודאי מתו קצת מישראל מ"מ אלו מעות שעלו מהקופה דלמא מאותן מעות הן שנתנו אותם שהם עדיין חיים כדתנן בפרק ג' דגיטין[כח] השולח חטאתו ממדינת הים מקריבין אותו בחזקת שהוא קיים אלמא מספק מקריבין: ראויה כפרה זו שתכפר על יוצאי מצרים. אם נמצא חלל ולא היו יודעים עגלה ערופה מתכפרין בו: ומנא לן דרובא הוה[כט]. פרש"י ז"ל ודלמא מיעוט הוו והוה ליה חטאת שמתו רוב בעליה דלא קריבה. והקשה עליו הרמ"ה ז"ל (והלא) [והלוי] פירושא לא שני מידי דנהי דהשבים שבאו מהגולה היו רבים היו רובן בחרבן בית ראשון שנשארו מדורו של צדקיהו אלמוי הנך דמתו של צדקיהו הוו ונפישי טפי מרוב עולי גולה והו' ליה חטאת שמתו רוב בעליה, ומנ"ל לפלוגי בין חטאת שמתו רוב בעליה לחטאת שמתו מיעוט בעליה. ופי' דלמא הוו בימי בית ראשון נפישי מהנך דאשתיירו מבית ראשון והוה להו הנך מיעוט קהל ולפטרו בשלמא לרבנן דאמרי (לעיל דף ג.) מרובין ונתמעטו מתעקרא דיינינן להו ניחא לכ"ע דהזיל אף בתר ידיעה אבל בשעת ידיעה רובה היו ומייתי קרא דעולי גולה רובן היו מאותן שראו בית ראשון: ממאי דלמא ר"ש היא[ל]. דכר"מ לא מתוקמא שפיר דמאי קמ"ל אי מת א' מן הצבור שב"ד חייבין. מוקמת לה כר"ש דאשמועינן אע"ג שמתו מקצתן המביאין קרבן חייבין השאר להביא: שמעי' לר"ש דאמר חטאת שותפין לאו למיתה[לא]. הלכך לר"ש חייבין: ר"א ור"ש אומרים ירעו עד שיסתאבו. יוה"כ חטאת השותפין הוא וקאמר ר"ש דאינה מתה וביוה"כ שמתכפר בו באחר ירעה. וכ"ד שמת א' מהן יקריבו הנשארים: א"ל רב יוסף כהנים קאמרת שאני כהנים דאיקרו קהל דכתיב על הכהנים ועל כל עם הקהל יכפר. ופי' משמע דקאי נמי אכהנים ומשום דאיקרו קהל קאמר ר"ש דחטאת דידהו דקהל דמי ואינה מתה חטאת השותפין מיהו מתה ומתוקמא שפיר כר"ש. וגירסא זו אינה נכונה לי לדהכתיב מדהוציא הכהנים מכלל הקהל מכלל דלאו קהל איקרו. ונראה כגי' ספרי ספרד כהנים קאמרת עם לעצמן איקרו. מדהוציא כהנים מעם הקהל מכלל דאינהו עם לעצמן כמו עם הקהל כי שבטים כנגד עם הקהל:

הגהות וציונים

א] [צ"ל בני הגולה] (גליון): ב] "הכל עולה סלקא דעתך" ליתא באה"ת ובכת"י, וכן ליתא בתמורה ובת"כ, ואינו לשון ברייתא: ג] בת"כ "וכן היה רבי יהודה אומר" (תוס' ור"ח). בראשונים ובכת"י "ותניא רבי יהודה אומר". בתמורה "שהיה רבי יוסי אומר" (ב"ש, וכן הגיה הב"ח כאן): ד] גי' ר"ח "אי נמי דחטאו שבעה ואינך בגרירה": ה] כת"י "והא אין כפרה למתים אמר רב פפא כי אמרינן אין כפרה למתים ביחיד אבל בצבור יש כפרה": ו] [צ"ל דוקיא] (גליון). ואין בכת"י אלא "דרב פפא". (ר"ח גורס "אלא דוקיא דרב פפא" כאן וגם בסמוך במקום "טעמא"): ז] הרא"ש לי"ג "מצבור", עיי"ש: ח] בר"ח "ונכפר להם הדם מה ת"ל ונכפר להם הדם": ט] בר"ח "ומנא לן דרובא הוו" וכ"ה גירסת הרא"ש: י] [צ"ל ואין העם מכירים קול] (גליון): יא] בר"ח ובכת"י מתחלה הברייתא "אחד מבית דין שמתו וחזרו ב"ד ודנו": יב] בכת"י רב חסדא בר אבא. בפירוש הר"מ "מאן תנא א"ר זירא אמר רב ואמרי לה א"ר ירמיה בר אבא אמר רב", וכ"ה בר"ח בלי "אמר רב": יג] בר"ח "מתקיף לה רב יוסף ממאי דלמא ר"ש היא" (וכ"ה בהרא"ש) דאמר צבור מייתי וב"ד מייתי: יד] ב"ד מביאין עם (ב"ח, כת"י): טו] כדאמרן (ב"ח): טז] [צ"ל אומרים] (גליון): יז] צ"ל "והכתיב צפירי חטאת" (רש"ש). בכת"י ליתא לדבור זה: יח] דעגלה (בארות המים): יט] "וכו'" ליתא בכת"י: כ] כאן צ"ל הפסק הנקודה (בכת"י "מן ב"ד דהוא לה"): כא] (כן) והא דקרו להו (ב"ח): כב] קרבן (כת"י): כג] קרו (ב"ח): כד] "הלכך קרי להו שותפין" ליתא בכת"י: כה] הד"א, וצ"ל ורבי יהודה דאמר כולן ימותו הכי ס"ל (ב"ח): כו] כ"ה הגירסא בפר"ח וע"י תוס' תמורה טו ב' ד"ה והא (גליון): כז] כת"י "אין כפרה למתים אלא דאפרשינהו מחיים ומתו דתו לא קריבו דחטאת שמתו בעליה למיתה אזלא ב"ש הנך דלא אפרשו מחיים": כח] כ"ה הגירסא ג"כ בפר"ח (גליון): כט] שמעי' ליה לר"ש דאמר חטאת שותפין לאו למיתה אזלא. הלכך לר"ש מת אחד מב"ד חייבין (כת"י): ל] כת"י "דאינה מתה והיכא שכיפר באחר תרעה":

This *daf* is dedicated *l'iluy nishmas*: Ezra ben Esther *z"l*

beis din is exempt in this case from having to bring a *Par He'eleim Davar*, since the members of *beis din* are partners in it, and one of them died.

מַתְקִיף לָהּ רַב יוֹסֵף — Rav Yosef asked on this: **וְנוֹקְמַהּ כְּרַבִּי שִׁמְעוֹן** — Let us say that the *tanna* of this *Baraisa* is Rabi Shimon, **דְּאָמַר** — who says in our Mishnah: **בֵּית דִּין עִם הַצִּבּוּר** — *Beis din* brings the *Par He'eleim Davar* together with the people, who also bring one per *shevet*! Therefore, **מֵת אֶחָד מִן הַצִּבּוּר** — if one person from the congregation died before the *Par He'eleim Davar* was brought, **חַיָּיבִין** — they are still obligated to bring it, **דְּאֵין צִבּוּר מֵתִים** — Because there is no concept of a *Korban Chatas* needing to die if it belongs to the congregation, even if some members of the congregation die. **מֵת אֶחָד מִבֵּית דִּין** — However, if one of the members of *beis din* died before they got to bring the *Par He'eleim Davar*, **פְּטוּרִין** — they are exempt from bringing it, **כִּדְאָמְרִינַן** — as we said before, **דְּחַטָּאת שׁוּתָּפִין הִיא** — because it is like a *Korban Chatas* that was being brought by several partners (rather than the congregation), and one of the partners died before it was brought.

אֲמַר לֵיהּ אַבַּיֵי — Abaye said to Rav Yosef: **שְׁמְעִינַן לֵיהּ לְרַבִּי שִׁמְעוֹן דְּאָמַר** — We have heard that Rabi Shimon said: **חַטָּאת שׁוּתָּפִין אֵינָהּ מֵתָה** — A *Korban Chatas* that was being brought by partners, and one of the partners died before it was brought, is not left to die. **דְּתַנְיָא** — As we learned in a *Baraisa*: **פַּר וְשָׂעִיר שֶׁל יוֹם הַכִּפּוּרִים שֶׁאָבְדוּ** — If the bull or goat that were designated to be brought as *korbanos* on Yom Kippur got lost, **וְהִפְרִישׁ אֲחֵרִים תַּחְתֵּיהֶם** — and others were designated in their place, and were brought instead, and then the original ones were found, **יָמוּתוּ כּוּלָּן** — all the original ones that were found should be left to die; **דִּבְרֵי רַבִּי יְהוּדָה** — this is the opinion of Rabi Yehuda. **רַבִּי אֶלְעָזָר וְרַבִּי שִׁמְעוֹן (אומר) [אוֹמְרִים]** — Rabi Elazar and Rabi Shimon say: **יִרְעוּ** — They are left to graze until they get a blemish and become unfit for a *korban*, after which they are sold and the proceeds of the sales are used to buy *Korbenos Olah*. However, they should not be left to die, **לְפִי שֶׁאֵין חַטַּאת צִבּוּר מֵתָה** — because the communal *Korban Chatas* is not left to die. The bull brought on Yom Kippur is a *Korban Chatas* for all the *Kohanim*, which would seem to give it the status of a *Korban Chatas* brought by partners, and Rabi Shimon says that it would not be left to die. This seems to imply that Rabi Shimon holds that regarding a *Korban Chatas* of partners, if one of the partners dies before it is brought, is not left to die; therefore, the *tanna* of the *Baraisa* who says that *beis din* would not bring their *Par He'eleim Davar* if one of the members of the *beis din* died before they brought it cannot be Rabi Shimon.

אֲמַר לֵיהּ רַב יוֹסֵף — Rav Yosef said to Abaye: **כֹּהֲנִים קָא אָמְרַתְּ** — You are talking about the bull of Yom Kippur, which is a *Korban Chatas* brought for the *Kohanim*, and trying to prove from there what Rabi Shimon holds about a *Korban Chatas* brought by partners? **שָׁאנֵי כֹּהֲנִים** — The *Kohanim* are different, **דְּאִיקְּרוּ קָהָל** — because they are referred to in the Torah as a congregation, **דִּכְתִיב** — as it is written in the *pasuk* regarding the *Korbanos*

For this *daf's shiur* and charts, scan this QR code:

מסורת הש"ס עם הוספות

א) תמורה טו: [כל הענין ע"ש שינויים], ב) [כריתות דף כו.], ג) [תוספתא], ד) יומא נ., סה. שבועות יא. יב., ה) כת ע"א.

תורה אור השלם

א) הבאים מהשבי בני הגולה הקריבו עלות לאלהי ישראל פרים שנים עשר על כל ישראל אילים תשעים וששה כבשים שבעים ושבעה צפירי חטאת שנים עשר הכל עולה ליי: [עזרא ח, לה]

ב) תחת אבתיך יהיו בניך תשיתמו לשרים בכל הארץ: [תהלים מה, יז]

ג) כפר לעמך ישראל אשר פדית יי ואל תתן דם נקי בקרב עמך ישראל ונכפר להם הדם: [דברים כא, ח]

ד) ורבים מהכהנים והלוים וראשי האבות הזקנים אשר ראו את הבית הראשון ביסדו זה הבית בעיניהם בכים בקול גדול ורבים בתרועה בשמחה להרים קול: [עזרא ג, יב]

ה) ואין העם מכירים קול תרועת השמחה לקול בכי העם כי העם מריעים תרועה גדולה והקול נשמע עד למרחוק: [עזרא ג, יג]

ו) וכפר את מקדש הקדש ואת אהל מועד ואת המזבח יכפר ועל הכהנים ועל כל עם הקהל יכפר: [ויקרא טז, לג]

רש"י

הכל עולה סלקא דעתך. והכתיב 'שעירי עזים לחטאת'[ח]: אף חטאת לא נאכלת, לפי שהיו שעירין של צבור הנשרפין, לפי שהכניסו דמן לפנים ולפנים, כדכתיב 'וכל חטאת אשר יובא מדמה אל אהל מועד לכפר בקדש', כדתנן (זבחים דף מז.) 'פרים הנשרפין ושעירים הנשרפין', דהיינו שעירי עבודת כוכבים דצבור, דאמר רב יהודה 'על עבודת כוכבים הביאום': ואידך דבית דין. ואחד שהביאו בי"ד, הרי שנים עשר: בין לרבי יהודה בין לרבי שמעון בין לרבי מאיר היכי קרבי הנהו חטאות, והא מייתי הנהו דחטאו בימי צדקיהו, דהוי חטאת שמתו בעליה: לפי שאין מיתה בצבור. דאע"ג דמתו צבור, לא אזלא למיתה חטאת דידהו: אילימא מדכתיב 'תחת אבותיך יהיו בניך', דמשמע דבנים במקום אבות קיימי, ולגבי אבות חיים דמו, והכא איכא בנים של דורו של צדקיהו: אי הכי, אפילו ביחיד נמי. לימא חטאת שמתו בעליה דלא אזלא למיתה, דלהוי הבן במקום האב: משעיר דראש חדש. דהוי חטאת, דאמר רחמנא דניתו מתרומת הלשכה, דכל קרבנות צבור מתרומת הלשכה הם באין, והא דלמא מייתי להו מישראל לאחר שנתרמה תרומת הלשכה: והנך דפיישי: היכי מייתו. שעיר דר"ח מתרומת הלשכה, והא הוי חטאת שמתו בעליה, אלא ש"מ וכו': מי דמי, שעיר דר"ח. דלמא מיתו מצבור דלמא לא מיתו, דספק הוי, ואהכי קרבה, אלא הכא דורו של צדקיהו ודאי מתו: ראויה כפרה זו. בעגלה[יח] ערופה שתכפר על יוצאי מצרים, וכיון שתכפר על יוצאי מצרים, ויוצאי מצרים מתים נינהו, אלמא אין מיתה בצבור, וה"ה לדורו של צדקיהו דאע"ג דמתו מתכפרין בהנהו חטאות: התם. גבי עגלה ערופה כולהו איתנהו בחיים, דעיקר כי אתיא עגלה ערופה אהני (דהיכי) דאיתנהו קא אתיא, ומגו דמכפרה אחיים מכפרה נמי אמתים, דהיינו יוצאי מצרים, אבל הכא מי חיים הני דורו של צדקיהו: ודלמא מעוטי הוו. דהאי דכתיב 'ורבים מהכהנים והלוים' דלמא מעוטי דצבור דבית שני הוו, והוה ליה חטאת שמתו רוב בעליה ולא קרבה, והכא כתיב דקרבה: הא לא קשיא לך דקאמרת דמעוטי הוו, אלא ודאי רבים הוו, דכתיב 'ואין העם מכירים קול תרועת השמחה לקול בכי העם', ואותן בוכים מדור של בית הראשון היו, ומאלו מכירין קול השמחה שמע מינה דרובא הוו אותן דבוכין, והוי כחטאת שרוב בעליה קיימין, ומשום הכי קרבה: והא מזידין הוו. דורו של צדקיה, ובני קטלא נינהו, ולא בני קרבן נינהו, והיכי מתכפרים בהנך חטאות: הוראת שעה היתה. דאף על גב דהוו מזידין הוו מתכפרים: תנו רבנן, מת אחד מן הצבור. כגון שהורו בי"ד ועשו צבור על פיהם, ולא הספיקו להביא עד שמת אחד מן הצבור, חייבין וכו'[יט]: מת אחד מן בית דין. והויא לה חטאת שמת אחד מן השותפין[כ], דהויא כמתו מקצת בעליה, ולא קרבה. הא דאיקרי[כא] להו שותפין, לא משום דחטאת של שותפין דעלמא קרבה, דאין שנים מביאין קרבן[כב], אלא האי דאיקרי[כג] להו שותפין משום דלא מצי קרי להו צבור, דהא לאו צבור נינהו, הלכך קרי להו שותפין[כד]: דאין צבור מתים. דאין דין מיתה בצבור, דכי גמירי חטאת שמתו בעליה למיתה אזלא, ביחיד ולא בצבור: שמעינן ליה לר"ש דאמר חטאת השותפין אינה מתה, דתניא, פר ושעיר של יום הכפורים שאבדו והפריש אחרים תחתיהם ונתכפרו בהן, ואח"כ נמצאו האבודים, כולן ימותו, דברי רבי יהודה; רבי אלעזר ורבי שמעון אומרים ירעו. והא הכא דפר של יום הכפורים, דהיינו פר של אהרן, הוי חטאת השותפין, דכהנים מתכפרים בו, וקאמר רבי שמעון ירעו, דלא הוי כחטאת שכפרו בעליה בעלמא דלמיתה אזלא, משום דחטאת שותפות לאו כחטאת יחיד דמיא, אלא כחטאת צבור דמיא, והוא הדין כי מת אחד מן השותפין דלא כחטאת שמתו בעליה דמיא, אלא חטאת השותפין היא, ואינה מתה, והכא הוא דקאמר ירעו משום דהא כפרו בעליה, אבל היכא דמת אחד מן השותפין אימא לך דסבירא ליה לרבי שמעון דקרבה, דחטאת השותפין אינה מתה, הלכך לא מיתוקמא כרבי שמעון: [כה] רבי יהודה אומר כולן ימותו. דהכי ס"ל, דאפילו חטאת צבור מתה: אמר ליה רב יוסף, כהנים קא אמרת, שאני כהנים דאיקרו קהל, דכתיב 'על הכהנים ועל כל עם הקהל יכפר'. דאיתקש לקהל, וכיון דאיקרו קהל, משום הכי קאמר רבי שמעון דפר חטאת דידהו כחטאת שעיר דקהל דמי, דאינה מתה, אבל בחטאת השותפין לעולם אימא לך דס"ל לרבי שמעון דכי מת אחד מן השותפין דלא קרבה, וכי מת אחד מן בית דין פטור, ואתי נוקמה כר"ש:

גמרא

אף חטאת לא נאכלת. [א]כיוצא בו אמר רבי יוסי, [א] 'הבאים מהשבי [א] הגולה הקריבו [עלות] לאלהי ישראל פרים שנים עשר וגו' הכל עולה', הכל עולה סלקא דעתך[י], אפשר שחטאת עולה, אלא הכל כעולה, מה עולה לא נאכלת אף חטאת לא נאכלת; דתניא[ג], רבי יהודה אומר על עבודת כוכבים הביאום; ואמר רב יהודה אמר שמואל, על עבודת כוכבים שעשו בימי צדקיהו. בשלמא לרבי יהודה משכחת לה להני שנים עשר חטאות, כגון דחטאו שנים עשר שבטים, דמייתו שנים עשר שעירים, אי נמי, דחטאו שבעה שבטים[ד] ושארא אינך בגרירה; ולרבי שמעון נמי משכחת לה, כגון דחטאו אחד עשר שבטים, דמייתו אחד עשר שעירים ואידך דבית דין; אלא לרבי מאיר דאמר בית דין מביאין ולא צבור, שנים עשר היכי משכחת ליה, כגון דחטאו והדר חטאו והדר חטאו, עד תריסר זימני. והא מייתי להו הנהו דחטאו[ה]. אמר רב פפא, כי גמירי חטאת שמתו בעליה במיתה, הני מילי ביחיד, אבל לא בצבור, [א]לפי שאין מיתה בצבור. מנא ליה לרב פפא הא, אילימא מדכתיב [ב] 'תחת אבותיך יהיו בניך', אי הכי, אפילו ביחיד נמי; אלא דוקיא[ו] דרב פפא משעיר דראש חדש, דאמר רחמנא מייתי מתרומת הלשכה, והא מייתי להו מישראל, והנך דפיישי היכי מייתו, אלא שמע מינה חטאת שמתו בעליה בצבור קרבה. מי דמי, שעיר ראש חדש דלמא לא מייתו מצבור[ז], אבל הכא ודאי מייתו. אלא טעמא דרב פפא מהכא, דכתיב [ג] 'כפר לעמך ישראל אשר פדית יי'[ח], [ג]ראויה כפרה זו שתכפר על יוצאי מצרים, מדכתיב 'אשר פדית'. מי דמי, התם כולהו איתנהו, מגו דמכפרה אחיים מכפרה נמי אמתים, אלא הכא מי הוו חיים. אין הכי נמי, דכתיב [ד] 'ורבים מהכהנים והלוים וראשי האבות' וגו'. [ט] ודלמא מועטין הוו. ולא רבים הוו, הכתיב [ה] ('ולא הכירו בקול') 'תרועת השמחה לקול בכי העם [וגו'] והקול נשמע עד למרחוק'. והא מזידין הוו. הוראת שעה היתה. הכי נמי מסתברא, דאי לא תימא הכי, [א] 'אילים תשעים וששה, כבשים שבעים ושבעה' כנגד מי, אלא הוראת שעה היתה, הכא נמי הוראת שעה היתה. [ג]תנו רבנן, [יא] מת אחד מן הצבור חייבין, אחד מבית דין פטורין. מאן תנא. אמר רב חסדא אמר רבי זירא אמר רב ירמיה[יב] אמר רב, רבי מאיר היא דאמר בית דין מביאים ולא צבור, הלכך מת אחד מן הצבור חייבין, דהא קאים כוליה בית דין, מת אחד מבית דין פטורין, דהוויא לה חטאת שמת אחד מן השותפין ומשום הכי פטורין. מתקיף לה רב יוסף, ונוקמה כרבי שמעון[יג] דאמר בית דין[יד] עם הצבור, מת אחד מן הצבור חייבין, דאין צבור מתים, מת אחד מבית דין פטורין, כדאמרינן[טו] דחטאת שותפין היא. אמר ליה אביי, שמעינן ליה לרבי שמעון דאמר חטאת שותפין אינה מתה, [ד]דתניא, פר ושעיר של יום הכפורים שאבדו והפריש אחרים תחתיהם ימותו כולן, דברי רבי יהודה; רבי אלעזר ורבי שמעון אומר[טז], [ה]ירעו, לפי שאין חטאת צבור מתה. אמר ליה רב יוסף, כהנים קא אמרת, שאני כהנים דאיקרו קהל, דכתיב [ו] 'על הכהנים ועל כל עם הקהל יכפר'. אלא

תוספות

ה"ג בת"כ, וכן היה ר"י אומר על עבודת כוכבים הביאום, ולאתת לפרושי דברי ר' יוסי: **אילים** וכבשים. צריך עיון מאי טעמא נשרפו, שהרי אין באין על עבודת כוכבים: **הוראת** שעה היתה. הוא הדין דעל גלוהו עלי תרוויהו קאי: **ורבי** שמעון אומר ירעו. אף על גב דלא דמי, דהכלא מתו בעליה, מכל מקום לא חזו להקרבה, ומה לי פסול זה ומה לי פסול אחר, ואפילו הכי שמעינן ליה דירעו:

הדרן עלך הורו בית דין

עין משפט נר מצוה

מו א מיי' פ"ד מהלכות פסולי מוקדשין הלכה א והלכה ב:

מז ב מיי' שם הלכה ג ופ"ה מהלכות שגגות הלכה יג:

This daf is dedicated *l'iluy nishmas*: Ezra ben Esther *z"l*

brought on Yom Kippur (*Vayikra* 16:33): עַל הַכֹּהֲנִים וְעַל כָּל עַם הַקָּהָל יְכַפֵּר — "He should atone for the *Kohanim* and for all the people of the congregation." Because the *pasuk* puts the *Kohanim* together with "the people of the congregation," it implies that the *Kohanim* are considered a congregation, as well. Since they are a congregation, a *Korban Chatas* brought for them has the status of a communal *Korban Chatas*, and is brought even if the sinners are no longer alive and it is not left to die. Therefore, it is possible for Rabi Shimon to be the *tanna* of the *Baraisa* who says that *beis din* would not bring their *Par He'eleim Davar* if one of the members of the *beis din* died before they brought it, because a *Korban Chatas* of partners is not the same as a communal *Korban Chatas*.

אַף חַטָּאת לֹא נֶאֱכֶלֶת. [א]כַּיּוֹצֵא בּוֹ אָמַר רַבִּי יוֹסֵי, [א]'הַבָּאִים מֵהַשְּׁבִי [א] הַגּוֹלָה הִקְרִיבוּ [עֹלוֹת] לֵאלֹהֵי יִשְׂרָאֵל פָּרִים שְׁנֵים עָשָׂר וְגוֹ' הַכֹּל עוֹלָה', הַכֹּל עוֹלָה סָלְקָא דַּעְתָּךְ[ב], אֶפְשָׁר שֶׁחַטָּאת עוֹלָה, אֶלָּא הַכֹּל כָּעוֹלָה, מָה עוֹלָה לֹא נֶאֱכֶלֶת אַף חַטָּאת לֹא נֶאֱכֶלֶת; דְּתַנְיָא[ג], רַבִּי יְהוּדָה אוֹמֵר עַל עֲבוֹדַת כּוֹכָבִים הֱבִיאוּם; וְאָמַר רַב יְהוּדָה אָמַר שְׁמוּאֵל, עַל עֲבוֹדַת כּוֹכָבִים שֶׁעָשׂוּ בִּימֵי צִדְקִיָּהוּ. בִּשְׁלָמָא לְרַבִּי יְהוּדָה מַשְׁכַּחַת לָהּ לְהָנֵי שְׁנֵים עָשָׂר חַטָּאוֹת, כְּגוֹן דְּחָטְאוּ שְׁנֵים עָשָׂר שְׁבָטִים, דְּמַיְיתוּ שְׁנֵים עָשָׂר שְׂעִירִים, אִי נַמֵּי, דְּחָטְאוּ שִׁבְעָה שְׁבָטִים[ד] וּשְׁאָרָא אִינָךְ בִּגְרִירָה; וּלְרַבִּי שִׁמְעוֹן נַמֵּי מַשְׁכַּחַת לָהּ, כְּגוֹן דְּחָטְאוּ אַחַד עָשָׂר שְׁבָטִים, דְּמַיְיתוּ אַחַד עָשָׂר שְׂעִירִים וְאִידָךְ דְּבֵית דִּין; אֶלָּא לְרַבִּי מֵאִיר דְּאָמַר בֵּית דִּין מְבִיאִין וְלֹא צִבּוּר, שְׁנֵים עָשָׂר הֵיכִי מַשְׁכַּחַת לֵיהּ. כְּגוֹן דְּחָטְאוּ וַהֲדַר חָטְאוּ וַהֲדַר חָטְאוּ, עַד תְּרֵיסַר זִימְנֵי. וְהָא מָיְיתִי לְהוּ הַנְהוּ דְּחָטְאוּ[ה]. אָמַר רַב פָּפָּא, כִּי גְּמִירִי חַטָּאת שֶׁמֵּתוּ בְּעָלֶיהָ בְּמִיתָה, הָנֵי מִילֵּי בְּיָחִיד, אֲבָל לֹא בְּצִבּוּר, [א]לְפִי שֶׁאֵין מִיתָה בְּצִבּוּר. מְנָא לֵיהּ לְרַב פָּפָּא הָא, אִילֵימָא מִדִּכְתִיב [ב]'תַּחַת אֲבוֹתֶיךָ יִהְיוּ בָנֶיךָ', אִי הָכִי, אֲפִילּוּ בְּיָחִיד נַמֵּי; אֶלָּא דּוּקְיָא[ו] דְּרַב פָּפָּא מִשָּׂעִיר דְּרֹאשׁ חֹדֶשׁ, דְּאָמַר רַחֲמָנָא מַיְיתֵי מִתְּרוּמַת הַלִּשְׁכָּה, וְהָא מָיְיתִי לְהוּ מִיִּשְׂרָאֵל, וְהָנָךְ דְּפָיְישֵׁי הֵיכִי מַיְיתוּ, אֶלָּא שְׁמַע מִינָּהּ חַטָּאת שֶׁמֵּתוּ בְּעָלֶיהָ בְּצִבּוּר קְרֵבָה. מִי דָּמֵי, שָׂעִיר רֹאשׁ חֹדֶשׁ דִּלְמָא לָא מָיְיתוּ מִצִּבּוּר[ז], אֲבָל הָכָא וַדַּאי מָיְיתוּ. אֶלָּא טַעְמָא דְּרַב פָּפָּא מֵהָכָא, דִּכְתִיב [ג]'כַּפֵּר לְעַמְּךָ יִשְׂרָאֵל אֲשֶׁר פָּדִיתָ יְיָ'[ח], [ג]רְאוּיָה כַּפָּרָה זוֹ שֶׁתְּכַפֵּר עַל יוֹצְאֵי מִצְרַיִם, מִדִּכְתִיב 'אֲשֶׁר פָּדִיתָ'. מִי דָּמֵי, הָתָם כּוּלְּהוּ אִיתְנְהוּ, מִגּוֹ דִּמְכַפְּרָה אַחַיִּים מְכַפְּרָה נַמֵּי אַמֵּתִים, אֶלָּא הָכָא מִי הֲווּ חַיִּים. אִין הָכִי נַמֵּי, דִּכְתִיב [ד]'וְרַבִּים מֵהַכֹּהֲנִים וְהַלְוִיִּם וְרָאשֵׁי הָאָבוֹת' וְגוֹ'. [ט] וְדִלְמָא מוּעָטִין הֲווּ. וְלָא רַבִּים הֲווּ, הָכְתִיב [ה]('וְלֹא הִכִּירוּ בְּקוֹלִי') תְּרוּעַת הַשִּׂמְחָה לְקוֹל בְּכִי הָעָם [וְגוֹ'] וְהַקּוֹל נִשְׁמַע עַד לְמֵרָחוֹק'. וְהָא מְזִידִין הֲווּ. הוֹרָאַת שָׁעָה הָיְתָה. הָכִי נַמֵּי מִסְתַּבְּרָא, דְּאִי לָא תֵּימָא הָכִי, [א]'אֵילִים תִּשְׁעִים וְשִׁשָּׁה, כְּבָשִׂים שִׁבְעִים וְשִׁבְעָה' כְּנֶגֶד מִי, אֶלָּא הוֹרָאַת שָׁעָה הָיְתָה, הָכָא נַמֵּי הוֹרָאַת שָׁעָה הָיְתָה. [ג]תָּנוּ רַבָּנַן, [יא] מֵת אֶחָד מִן הַצִּבּוּר חַיָּיבִין, אֶחָד מִבֵּית דִּין פְּטוּרִין. מַאן תְּנָא. אָמַר רַב חִסְדָּא אָמַר רַבִּי זֵירָא אָמַר רַב יִרְמְיָה[יב] אָמַר רַב, רַבִּי מֵאִיר הִיא דְּאָמַר בֵּית דִּין מְבִיאִים וְלֹא צִבּוּר, הִלְכָּךְ מֵת אֶחָד מִן הַצִּבּוּר חַיָּיבִין, דְּהָא קָאֵים כּוּלֵּיהּ בֵּית דִּין, מֵת אֶחָד מִבֵּית דִּין פְּטוּרִין, דַּהֲוְיָא לָהּ חַטָּאת שֶׁמֵּת אֶחָד מִן הַשּׁוּתָּפִין וּמִשּׁוּם הָכִי פְּטוּרִין. מַתְקִיף לָהּ רַב יוֹסֵף, וְנוֹקְמָהּ כְּרַבִּי שִׁמְעוֹן[יג] דְּאָמַר בֵּית דִּין[יד] עִם הַצִּבּוּר, מֵת אֶחָד מִן הַצִּבּוּר חַיָּיבִין, דְּאֵין צִבּוּר מֵתִים, מֵת אֶחָד מִבֵּית דִּין פְּטוּרִין, כִּדְאָמְרִינַן[טו] דְּחַטָּאת שׁוּתָּפִין הִיא. אָמַר לֵיהּ אַבַּיֵי, שָׁמְעִינַן לֵיהּ לְרַבִּי שִׁמְעוֹן דְּאָמַר חַטָּאת שׁוּתָּפִין אֵינָהּ מֵתָה, [ד]דְּתַנְיָא, פַּר וְשָׂעִיר שֶׁל יוֹם הַכִּפּוּרִים שֶׁאָבְדוּ וְהִפְרִישׁ אֲחֵרִים תַּחְתֵּיהֶם יָמוּתוּ כּוּלָּן, דִּבְרֵי רַבִּי יְהוּדָה; רַבִּי אֶלְעָזָר וְרַבִּי שִׁמְעוֹן אוֹמְרִים[טז], [ה]יִרְעוּ, לְפִי שֶׁאֵין חַטָּאת צִבּוּר מֵתָה. אָמַר לֵיהּ רַב יוֹסֵף, כֹּהֲנִים קָא אָמְרַתְּ, שָׁאנֵי כֹּהֲנִים דְּאִיקְּרוּ קָהָל, דִּכְתִיב [ו]'עַל הַכֹּהֲנִים וְעַל כָּל עַם הַקָּהָל יְכַפֵּר'.

אֶלָּא

רש"י

הַכֹּל עוֹלָה סָלְקָא דַעְתָּךְ. וְהָכְתִיב 'שְׂעִירֵי עִזִּים לְחַטָּאת'[יז]: אַף חַטָּאת דְּהִקְרִיבוּ לֹא נֶאֱכֶלֶת, לְפִי שֶׁהָיוּ שְׂעִירִין שֶׁל צִבּוּר הַנִּשְׂרָפִין, לְפִי שֶׁהִכְנִיסוּ דָּמָן לִפְנַי וְלִפְנִים, כִּדְכְתִיב 'וְכָל חַטָּאת אֲשֶׁר יוּבָא מִדָּמָהּ אֶל אֹהֶל מוֹעֵד לְכַפֵּר בַּקֹּדֶשׁ', כְּדִתְנַן (זבחים דף מז.) 'פָּרִים הַנִּשְׂרָפִין וּשְׂעִירִים הַנִּשְׂרָפִין', דְּהַיְינוּ שְׂעִירֵי עֲבוֹדַת כּוֹכָבִים דְּצִבּוּר, דְּאָמַר רַב יְהוּדָה 'עַל עֲבוֹדַת כּוֹכָבִים הֱבִיאוּם': וְאִידָךְ דְּבֵית דִּין. וְאֶחָד שֶׁהֵבִיאוּ בי"ד, הֲרֵי שְׁנֵים עָשָׂר: בֵּין לְרַבִּי יְהוּדָה בֵּין לְרַבִּי שִׁמְעוֹן בֵּין לְרַבִּי מֵאִיר הֵיכִי קָרְבִי הַנְהוּ חַטָּאוֹת, וְהָא מָיְיתִי הַנְהוּ דְּחָטְאוּ בִּימֵי צִדְקִיָּהוּ, דַּהֲווּ חַטָּאת שֶׁמֵּתוּ בַּעֲלֵיהֶן: לְפִי שֶׁאֵין מִיתָה בְּצִבּוּר. דְּאַע"ג דְּמֵתוּ צִבּוּר, לֹא אָזְלָא לְמִיתָה חַטָּאת דִּידְהוּ: אִילֵימָא מִדִּכְתִיב 'תַּחַת אֲבוֹתֶיךָ יִהְיוּ בָנֶיךָ'. דְּמַשְׁמַע דְּבָנִים בִּמְקוֹם אָבוֹת קַיְימֵי, וְכָאָבוֹת חַיִּים דָּמוּ, וְהָכָא אִיכָּא בָּנִים דְּדוֹרוֹ שֶׁל צִדְקִיָּהוּ: אִי הָכִי, אֲפִילּוּ בְּיָחִיד נַמֵּי. לֵימָא חַטָּאת שֶׁמֵּתוּ בְּעָלֶיהָ דְּלָא לְמִיתָה אָזְלָא, דְּלֶהֱוֵי הַבֵּן בִּמְקוֹם אָב: מִשָּׂעִיר דְּרֹאשׁ חֹדֶשׁ. דְּהָוֵי חַטָּאת, דְּאָמַר רַחֲמָנָא דְּנֵיתוּ מִתְּרוּמַת הַלִּשְׁכָּה, דְּכָל קָרְבְּנוֹת צִבּוּר מִתְּרוּמַת הַלִּשְׁכָּה הֵם בָּאִין, וְהָא דִּלְמָא מָיְיתִי לְהוּ מִיִּשְׂרָאֵל לְאַחַר שֶׁנִּתְרְמָה תְּרוּמַת הַלִּשְׁכָּה: וְהָנָךְ. יִשְׂרָאֵל דְּפָיְישׁוּ: הֵיכִי מַיְיתוּ. שָׂעִיר דר"ח דַּאֲתָא מִתְּרוּמַת הַלִּשְׁכָּה, וְהָא הָוֵי חַטָּאת שֶׁמֵּתוּ בְּעָלֶיהָ, אֶלָּא ש"מ וְכוּ': מִי דָּמֵי, שָׂעִיר דר"ח. דִּלְמָא מֵיתוּ מִצִּבּוּר דִּלְמָא לָא מֵיתוּ, דְּסָפֵק הָוֵי, וְאַהָכִי קְרֵבָה, אֲבָל הָכָא דּוֹרוֹ שֶׁל צִדְקִיָּהוּ וַדַּאי מֵתוּ: רְאוּיָה כַּפָּרָה זוֹ. בְּעֶגְלָה[יח] עֲרוּפָה שֶׁתְּכַפֵּר עַל יוֹצְאֵי מִצְרַיִם. וְכֵיוָן שֶׁתְּכַפֵּר עַל יוֹצְאֵי מִצְרַיִם, וְיוֹצְאֵי מִצְרַיִם מֵתִים נִינְהוּ, אַלְמָא אֵין מִיתָה בְּצִבּוּר, וְה"ה לְדוֹרוֹ שֶׁל צִדְקִיָּהוּ דְּאַע"ג דְּמֵתוּ מִתְכַּפְּרִין בְּהַנְהוּ חַטָּאוֹת: הָתָם. גַּבֵּי עֶגְלָה עֲרוּפָה כּוּלְּהוּ אִיתַנְהוּ בַּחַיִּים, דְּעִיקָּר כִּי אָתְיָא עֶגְלָה עֲרוּפָה אַהֲנֵי (דהיכי) דְּאִיתַנְהוּ קָא אָתְיָא, וּמִגּוֹ דִּמְכַפְּרָה אַחַיִּים מְכַפְּרָה אַמֵּתִים, דְּהַיְינוּ יוֹצְאֵי מִצְרַיִם, אֲבָל הָכָא מִי הֲווּ חַיִּים הָנֵי דּוֹרוֹ שֶׁל צִדְקִיָּהוּ: וְדִלְמָא מִעוּטֵי הֲווּ. דְּהָאִי דִּכְתִיב 'וְרַבִּים מֵהַכֹּהֲנִים וְהַלְוִיִּם' דִּלְמָא מִעוּטֵי דְּצִבּוּר דְּבַיִת שֵׁנִי הֲווּ, וְהָוֵה לֵיהּ חַטָּאת שֶׁמֵּתוּ רוֹב בְּעָלֶיהָ וְלָא קָרְבָה, וְהָכָא כְּתִיב דְּקָרְבָה: הָא לָא מָצֵית אָמְרַת דִּמְעוּטֵי הֲווּ, אֶלָּא וַדַּאי רַבִּים הֲווּ, דִּכְתִיב 'וְאֵין הָעָם מַכִּירִים קוֹל תְּרוּעַת הַשִּׂמְחָה לְקוֹל בְּכִי הָעָם', וְאוֹתָן דְּבוֹכִים מִדּוֹר שֶׁל בַּיִת הָרִאשׁוֹן הָיוּ, וּמִדְּאֵין מַכִּירִין קוֹל הַשִּׂמְחָה שְׁמַע מִינָּהּ דְּרוּבָּא הֲווּ אוֹתָן דְּבוֹכִין, וְהָוֵי כְּחַטָּאת שֶׁרוֹב בְּעָלֶיהָ קַיָּימִין, וּמִשּׁוּם הָכִי קָרְבָה: וְהָא מְזִידִין הֲווּ. דּוֹרוֹ שֶׁל צִדְקִיָּה, וּבְנֵי קְטָלָא נִינְהוּ, וְלָא בְּנֵי קָרְבָּן נִינְהוּ, וְהֵיכִי מִתְכַּפְּרִים בְּהָנָךְ חַטָּאוֹת: הוֹרָאַת שָׁעָה הָיְתָה. דְּאַף עַל גַּב דַּהֲווּ מְזִידִין הֲווּ מִתְכַּפְּרִים: תָּנוּ רַבָּנַן, מֵת אֶחָד מִן הַצִּבּוּר. כְּגוֹן שֶׁהוֹרוּ בי"ד וְעָשׂוּ צִבּוּר עַל פִּיהֶם, וְלֹא הִסְפִּיקוּ לְהָבִיא עַד שֶׁמֵּת אֶחָד מִן הַצִּבּוּר, חַיָּיבִין וְכוּ'[יט]: מֵת אֶחָד מִן בֵּית דִּין. וְהָוְיָא לָהּ חַטָּאת שֶׁמֵּת אֶחָד מִן הַשּׁוּתָּפִין[כ], דַּהֲוְיָא כְּמֵתוּ מִקְצָת בְּעָלֶיהָ, וְלָא קָרְבָה. הָא דְּאִיקְּרֵי[כא] לְהוּ שׁוּתָּפִין, לָא מִשּׁוּם דְּחַטָּאת שֶׁל שׁוּתָּפִין דְּעָלְמָא קָרְבָה, דְּאֵין שְׁנַיִם מְבִיאִין קָרְבָּן[כב], אֶלָּא הַאי דְּאִיקְּרֵי[כג] לְהוּ שׁוּתָּפִין מִשּׁוּם דְּלָא מָצֵי קָרֵי לְהוּ צִבּוּר, דְּהָא לָאו צִבּוּר נִינְהוּ, הִלְכָּךְ קָרֵי לְהוּ שׁוּתָּפִין[כד]: דְּאֵין צִבּוּר מֵתִים. דְּאֵין דִּין מִיתָה בְּצִבּוּר, דְּכִי גְּמִירֵי חַטָּאת שֶׁמֵּתוּ בְּעָלֶיהָ לְמִיתָה אָזְלָא, בְּיָחִיד וְלָא בְּצִבּוּר: שָׁמְעִינַן לֵיהּ לְר"ש דְּאָמַר חַטָּאת הַשּׁוּתָּפִין אֵינָהּ מֵתָה, דְּתַנְיָא, פַּר וְשָׂעִיר שֶׁל יוֹם הַכִּפּוּרִים שֶׁאָבְדוּ וְהִפְרִישׁ אֲחֵרִים תַּחְתֵּיהֶם וְנִתְכַּפְּרוּ בָּהֶן, וְאַחַ"כ נִמְצְאוּ הָאֲבוּדִים, כּוּלָּן יָמוּתוּ, דִּבְרֵי רַבִּי יְהוּדָה; רַבִּי אֶלְעָזָר וְרַבִּי שִׁמְעוֹן אוֹמְרִים יִרְעוּ. וְהָא הָכָא דְּפַר שֶׁל יוֹם הַכִּפּוּרִים, דְּהַיְינוּ פַּר שֶׁל אַהֲרֹן, הָוֵי חַטָּאת הַשּׁוּתָּפִין, דְּכֹהֲנִים מִתְכַּפְּרִים בּוֹ, וְקָאָמַר רַבִּי שִׁמְעוֹן יִרְעוּ, דְּלָא הָוֵי כְּחַטָּאת שֶׁכִּפְּרוּ בְּעָלֶיהָ בְּעָלְמָא דִּלְמִיתָה אָזְלָא, מִשּׁוּם דְּחַטָּאת שׁוּתָּפוּת לָאו כְּחַטָּאת יָחִיד דָּמְיָא, אֶלָּא כְּחַטָּאת צִבּוּר דָּמְיָא, וְהוּא הַדִּין כִּי מֵת אֶחָד מִן הַשּׁוּתָּפִין דְּלָא כְּחַטָּאת שֶׁמֵּתוּ בְּעָלֶיהָ דָּמְיָא, אֶלָּא חַטָּאת הַשּׁוּתָּפִין הִיא, וְאֵינָהּ מֵתָה, וְהָכָא הוּא דְּקָאָמַר יִרְעוּ מִשּׁוּם דְּהָא כִּפְּרוּ בְּעָלֶיהָ, אֲבָל הֵיכָא דְּמֵת אֶחָד מִן הַשּׁוּתָּפִין אֵימָא לָךְ דִּסְבִירָא לֵיהּ לְרַבִּי שִׁמְעוֹן דְּקָרְבָה, דְּחַטָּאת הַשּׁוּתָּפִין אֵינָהּ מֵתָה, הִלְכָּךְ לָא מִיתּוֹקְמָא כְּרַבִּי שִׁמְעוֹן: [כה] רַבִּי יְהוּדָה אוֹמֵר כּוּלָּן יָמוּתוּ. דְּהָכִי ס"ל, דַּאֲפִילּוּ חַטָּאת צִבּוּר מֵתָה: אָמַר לֵיהּ רַב יוֹסֵף, כֹּהֲנִים קָא אָמְרַתְּ, שָׁאנֵי כֹּהֲנִים דְּאִיקְּרוּ קָהָל, דִּכְתִיב 'עַל הַכֹּהֲנִים וְעַל כָּל עַם הַקָּהָל יְכַפֵּר'. דְּאִתַּקַּשׁ לְקָהָל, וְכֵיוָן דְּאִיקְּרוּ קָהָל, מִשּׁוּם הָכִי קָאָמַר רַבִּי שִׁמְעוֹן דְּפַר חַטָּאת דִּידְהוּ כְּחַטָּאת שָׂעִיר דְּקָהָל דָּמֵי, דְּאֵינָהּ מֵתָה, אֲבָל בְּחַטָּאת הַשּׁוּתָּפִין לְעוֹלָם אֵימָא לָךְ דס"ל לְרַבִּי שִׁמְעוֹן דְּכִי מֵת אֶחָד מִן הַשּׁוּתָּפִין דְּלָא קָרְבָה, וְכִי מֵת אֶחָד מִן בֵּית דִּין פָּטוּר, וְהָכִי טוֹקְמָהּ כְּר"ש:

תוספות

ה"ג בת"כ, 'וְכֵן הָיָה ר"י אוֹמֵר עַל עֲבוֹדַת כּוֹכָבִים הֱבִיאוּם', וְאַתָּא לְפָרוּשֵׁי דִּבְרֵי ר' יוֹסֵי: **אֵילִים** וּכְבָשִׂים. צָרִיךְ עִיּוּן מַאי טַעְמָא נִשְׂרְפוּ, שֶׁהֲרֵי אֵינָן בָּאִין עַל עֲבוֹדַת כּוֹכָבִים: **הוֹרָאַת** שָׁעָה הָיְתָה. הוּא הַדִּין דְּעַל כּוּלְּהוּ מָצֵי לְתָרוּצֵי הָכִי: **וְרַבִּי** שִׁמְעוֹן אוֹמֵר יִרְעוּ. אַף עַל גַּב דְּלָא דָּמֵי, דְּהָכָא מֵתוּ בַּעֲלֵיהֶם, מִכָּל מָקוֹם לָא חֲזוּ לְמִקְרְבָה, וּמַה לִּי פְּסוּל זֶה וּמַה לִּי פְּסוּל אַחֵר, וַאֲפִילּוּ הָכִי שָׁמְעִינַן לֵיהּ דְּיִרְעוּ:

הַדְרָן עֲלָךְ הוֹרוּ בֵּית דִּין

מסורת הש"ס עם הוספות

א) תמורה טו: [כל הענין ע"ש שינויים], ב) [כריתות דף כו.], ג) (תוספתא), ד) יומא נ. סה. שבועות יא. יב., ה) כח ע"א.

תורה אור השלם

א) הַבָּאִים מֵהַשְּׁבִי בְנֵי הַגּוֹלָה הִקְרִיבוּ עֹלוֹת לֵאלֹהֵי יִשְׂרָאֵל פָּרִים שְׁנֵים עָשָׂר עַל כָּל יִשְׂרָאֵל אֵילִים תִּשְׁעִים וְשִׁשָּׁה כְּבָשִׂים שִׁבְעִים וְשִׁבְעָה צְפִירֵי חַטָּאת שְׁנֵים עָשָׂר הַכֹּל עוֹלָה לַייָ: [עזרא ח, לה]

ב) תַּחַת אֲבֹתֶיךָ יִהְיוּ בָנֶיךָ תְּשִׁיתֵמוֹ לְשָׂרִים בְּכָל הָאָרֶץ: [תהלים מה, יז]

ג) כַּפֵּר לְעַמְּךָ יִשְׂרָאֵל אֲשֶׁר פָּדִיתָ יְיָ וְאַל תִּתֵּן דָּם נָקִי בְּקֶרֶב עַמְּךָ יִשְׂרָאֵל וְנִכַּפֵּר לָהֶם הַדָּם: [דברים כא, ח]

ד) וְרַבִּים מֵהַכֹּהֲנִים וְהַלְוִיִּם וְרָאשֵׁי הָאָבוֹת הַזְּקֵנִים אֲשֶׁר רָאוּ אֶת הַבַּיִת הָרִאשׁוֹן בְּיָסְדוֹ זֶה הַבַּיִת בְּעֵינֵיהֶם בֹּכִים בְּקוֹל גָּדוֹל וְרַבִּים בִּתְרוּעָה בְשִׂמְחָה לְהָרִים קוֹל: [עזרא ג, יב]

ה) וְאֵין הָעָם מַכִּירִים קוֹל תְּרוּעַת הַשִּׂמְחָה לְקוֹל בְּכִי הָעָם כִּי הָעָם מְרִיעִים תְּרוּעָה גְדוֹלָה וְהַקּוֹל נִשְׁמַע עַד לְמֵרָחוֹק: [עזרא ג, יג]

ו) וְכִפֶּר אֶת מִקְדַּשׁ הַקֹּדֶשׁ וְאֶת אֹהֶל מוֹעֵד וְאֶת הַמִּזְבֵּחַ יְכַפֵּר וְעַל הַכֹּהֲנִים וְעַל כָּל עַם הַקָּהָל יְכַפֵּר: [ויקרא טז, לג]

הגהות וציונים

א] [צ"ל בני הגולה] (גליון): ב] "הכל עולה סלקא דעתך" ליתא באה"ת ובכת"י, וכן ליתא בתמורה ובת"כ, ואינו לשון ברייתא: ג] [illegible]

עין משפט נר מצוה

מו א מיי' פ"ד מהלכות פסולי מוקדשין הלכה א והלכה ב:

מז ב מיי' שם הלכה ג ופ"ה מהלכות עבודת יוה"כ הלכה טז:

תוספות הרא"ש

והא אין כפרה למתים[כב]. כלומר היאך הקריבו הבאים מהשבי בני הגולה על דורו של צדקיהו שמתו הלא אין כפרה למתים [illegible]: מי דמי שעיר ר"ח דלמא לא מתו. [illegible]

…הא אלא דאפרשינהו מחיים ומתו דתו לא קריבו דחטאת שמתו בעליה למיתה אזלא כ"ש הנך דלא אפרשו מחיים": כח] כ"ה הגירסא ג"כ בפר"ח (גליון): כט] שמעי' ליה לר"ש דאמר חטאת שותפין לאו למיתה אזלא. הלכך לר"ש מת אחד מב"ד חייבין (כת"י): ל] כת"י "דאינה מתה והיכא שכיפר באחר תרעה".

This *daf* is dedicated *l'iluy nishmas*: Ezra ben Esther *z"l*

אֶלָּא מֵעַתָּה נַיְיתוּ פַּר בְּהוֹרָאָה, וְכִי תֵּימָא הָכִי נַמִּי, טָפֵי לְהוּ שְׁבָטִים[א]. אֶלָּא אָמַר רַב אַחָא בְּרַבִּי יַעֲקֹב, שִׁבְטוֹ שֶׁל לֵוִי לֹא אִיקְּרוּ קָהָל, דִּכְתִיב [א] 'הִנְנִי מַפְרְךָ וְהִרְבִּיתִךָ וּנְתַתִּיךָ לִקְהַל עַמִּים' וְגוֹ', כֹּל שֶׁיֵּשׁ לוֹ אֲחוּזָּה אִיקְּרֵי קָהָל, וְכֹל שֶׁאֵין לוֹ אֲחוּזָּה לָא אִיקְּרֵי קָהָל. אִם כֵּן חָסְרִי[ב] לְהוּ שְׁנֵים עָשָׂר שְׁבָטִים. אָמַר אַבָּיֵי, [ב] 'אֶפְרַיִם וּמְנַשֶּׁה כִּרְאוּבֵן וְשִׁמְעוֹן יִהְיוּ לִי'. אָמַר רָבָא, וְהָא כְּתִיב [ג] 'עַל שֵׁם אֲחֵיהֶם יִקָּרְאוּ בְּנַחֲלָתָם', לְנַחֲלָה הוּקְשׁוּ [א] וְלֹא לְדָבָר אַחֵר. וְלָא, וְהָא חֲלוּקִין בִּדְגָלִים, כְּנַחֲלָתָן כָּךְ חֲנָיָיתָן. כְּדֵי לַחֲלֹק כָּבוֹד לַדְּגָלִים. וְהָא חֲלוּקִים בִּנְשִׂיאִים. הַהוּא לַחֲלוֹק כָּבוֹד לַנְּשִׂיאִים, דְּתַנְיָא, שְׁלֹמֹה עָשָׂה שִׁבְעָה יְמֵי חֲנוּכָּה, וּמָה רָאָה מֹשֶׁה לַעֲשׂוֹת שְׁנֵים עָשָׂר יְמֵי חֲנוּכָּה, כְּדֵי לַחֲלוֹק כָּבוֹד לַנְּשִׂיאִים. מַאי הָוֵי עֲלָהּ. תָּא שְׁמַע, [א] דְּתַנְיָא, רַבִּי שִׁמְעוֹן אוֹמֵר, [ב] חָמֵשׁ חַטָּאוֹת מֵתוֹת, וְלַד חַטָּאת, וּתְמוּרַת חַטָּאת, [ג] וְחַטָּאת שֶׁמֵּתוּ בְּעָלֶיהָ, וְחַטָּאת שֶׁנִּתְכַּפְּרוּ בְּעָלֶיהָ, וְחַטָּאת שֶׁעָבְרָה שְׁנָתָהּ; [ג] וְאִי אַתָּה יָכוֹל לוֹמַר וְלַד חַטָּאת בְּצִבּוּר, שֶׁאֵין צִבּוּר מַפְרִישִׁין נְקֵבָה, וְאִי אַתָּה יָכוֹל לוֹמַר תְּמוּרַת חַטָּאת בְּצִבּוּר, שֶׁאֵין תְּמוּרָה בְּצִבּוּר, וְאִי אַתָּה יָכוֹל לוֹמַר חַטָּאת שֶׁמֵּתוּ בְּעָלֶיהָ בְּצִבּוּר, שֶׁאֵין צִבּוּר מֵתִים; שֶׁנִּתְכַּפְּרוּ בְּעָלֶיהָ וְשֶׁעָבְרָה שְׁנָתָהּ לֹא שָׁמַעְנוּ, יָכוֹל יָמוּתוּ, אָמַרְתָּ יִלְמוֹד סָתוּם מִן הַמְפוֹרָשׁ, [ג] מָה מָצִינוּ בְּוָלָד חַטָּאת וּתְמוּרַת חַטָּאת וְשֶׁמֵּתוּ בְּעָלֶיהָ בְּיָחִיד דְּבָרִים אֲמוּרִים וְלֹא בְּצִבּוּר, אַף [ד] שֶׁנִּתְכַּפְּרוּ בְּעָלֶיהָ וְשֶׁעָבְרָה שְׁנָתָהּ בְּיָחִיד דְּבָרִים אֲמוּרִים וְלֹא בְּצִבּוּר. [ד] וְכִי דָּנִין אֶפְשָׁר מִשֶּׁאִי אֶפְשָׁר. רַבִּי שִׁמְעוֹן בְּחַד מָקוֹם גְּמִיר[ג]:

הַדְרָן עֲלָךְ הוֹרוּ בֵּית דִּין

הוֹרָה [ה] כֹּהֵן מָשִׁיחַ לְעַצְמוֹ שׁוֹגֵג, וְעָשָׂה שׁוֹגֵג, מֵבִיא פַּר; [ו] שׁוֹגֵג וְעָשָׂה מֵזִיד, מֵזִיד וְעָשָׂה שׁוֹגֵג, פָּטוּר; [ז] שֶׁהוֹרָאַת כֹּהֵן מָשִׁיחַ לְעַצְמוֹ כְּהוֹרָאַת בֵּית דִּין לַצִּבּוּר: **גמ'** שׁוֹגֵג וְעָשָׂה שׁוֹגֵג מֵבִיא פַּר, פְּשִׁיטָא. אָמַר אַבָּיֵי, [ח] הָכָא בְּמַאי עָסְקִינַן, כְּגוֹן שֶׁהוֹרָה וְשָׁכַח מֵאֵיזֶה טַעַם הוֹרָה, וּבְשָׁעָה שֶׁטָּעָה[ד] אָמַר הֲרֵינִי עוֹשֶׂה עַל דַּעַת הוֹרָאָתוֹ[ה], דְּמַהוּ דְּתֵימָא כֵּיוָן דְּאִילּוּ מִתְיְדַע לֵיהּ [שֶׁמָּא[ו]] הָדַר בֵּיהּ, כְּמֵזִיד דָּמֵי וְלָא לִחַיַּיב, קָא מַשְׁמַע לָן: מֵזִיד וְעָשָׂה שׁוֹגֵג כו': מְנָא הָנֵי מִילֵּי, [ה] דְּתָנוּ רַבָּנַן, [ד] 'לְאַשְׁמַת הָעָם', הֲרֵי מָשִׁיחַ כְּצִבּוּר[ז]; (שֶׁיָּכוֹל[ח]) וַהֲלֹא דִּין הוּא

צִבּוּר

רש"י

אלא מעתה. דכהנים איקרו קהל, לייתו פר בהוראה: וכ"ת הכי נמי, טפי להו שבטים. לר"ש הויין שלשה עשר שבטים, ותנן 'רבי שמעון אומר שלשה עשר פרים פר לכל שבט ושבט ופר לבי"ד', דלא הוו אלא שנים עשר שבטים: אלא אמר רב אחא בר יעקב שבטו של לוי לא איקרי קהל. והוא הדין לכהנים דלא איקרו קהל, דכהנים הויין בכלל שבט לוי, (ואכתי נוקמה[ט]) כר' שמעון: 'ונתתיך לקהל עמים ונתתי את הארץ הזאת לזרעך אחריך אחוזת עולם', כל שיש לו אחוזה איקרי קהל. וכהנים ולוים אין להם אחוזה: 'כראובן ושמעון יהיו לי'. דבתרי שבטים חשיב להו כראובן ושמעון: והא כתיב 'על שם אחיהם יקראו בנחלתם'. דלנחלה הוקשו אפרים ומנשה לשאר שבטים שיהיו נוטלים בנחלה כשאר שני שבטים, ולא לדברים אחרים הוקשו, אבל אין מביאין שני פרים, ואכתי חסרי להו משנים עשר שבטים, אלא שמעינן מינה דלוי איקרי קהל, וכהנים לא איקרי קהל, ושותפין נינהו, ולא מתוקמא כר"ש, דקרא הכי משמע 'ומולדתך'[י]: כנחלתם כך חנייתם. שיעקב אבינו חלק להם את הארץ ולוים היאך יחנו לדגליהם, וכן מצינו במדרש תנחומא דיעקב אבינו תיקן להם דגלים וחלק להם הארץ, וכן מצינו[יא] 'איש על דגלו באותות' באות אשר נוה להם אביהם, שאותן רוחות שנחלקו לשאת מטתו לאותן רוחות חנו לדגליהם, והיינו דאמרינן 'כנחלתן כך חנייתן'[יב]: מאי הוי עלה. אי הוה דוקא הא דאביי דאמר דשמעינן ליה לר"ש דאמר דחטאת השותפין אינה מתה, או לאו דוקא: ת"ש, דתניא, ר"ש אומר וכו': שאין צבור מפרישין נקבה. שאין אתה מוצא קרבן צבור שהיתה[יג] באה נקבה: שאין תמורה בצבור. דכתיב 'לא יחליפנו ולא ימיר', דלשון יחיד הוא, ולא צבור ושותפין, והכי מפרש בפ"ק דמסכת תמורה (דף יג.): שנתכפרו בעליה ושעברה שנתה לא שמענו. אם מתים בצבור אי לא: וכי דנין אפשר משאי אפשר. הא ולד חטאת ותמורת חטאת ושמתו בעליה אי אפשר בצבור, וקא אמר 'מה מצינו': הא לא קשיא[יד] דלא הוי דנין אפשר משאי אפשר, משום דר"ש בחד מקום גמיר להו, דכי נלטוו ישראל על ארבע[טו] חטאות בחד מקום גמיר להו, הלכה למשה מסיני שיהיו נהוגות יחד במקום אחד, או ביחיד או בצבור, וקא דייק ר"ש, אי ס"ד בצבור, הנך כולהו מי איתנהו יחד בצבור, אלא ש"מ דביחיד אמורה ולא בצבור, דכי היכי שמתו בעליה ולד חטאת ותמורת חטאת ליתנהו בצבור, ה"נ שכיפרו בעליה ושעברה שנתה ליתנהו בצבור, דעל כרחין ילמוד סתום מן המפורש, והכי אמרינן במסכת תמורה בפרק יש בקרבנות יחיד (דף טו:) 'אמר ר"ש בן לקיש, ארבע נתנו להם' דמתות והחמישית ירעה, ויחד ניתנו, שיהיו נוהגות במקום אחד, ומספק 'העמידום על חמש'[טז], שיהיו חמשתן מתות, ואי ס"ד דארבע ניתנו להם בצבור, הנך כולהו ארבע מתות מי איתנהו בצבור, הא לא משכחת לה דאפשר בצבור אלא שנים ותו לא, אלא על כרחך ילמוד סתום מן המפורש, וקא דייקינן מהא מתניתא דכי היכי דאמר ר"ש חמש חטאות מתות ביחיד ולא בצבור, דמהאי דוקיא דייק ר"ש דיחיד ולא בשותפין דהיינו בי"ד, משום דאי אתה יכול לומר ולד חטאת בשותפין, שאין השותפין מביאין נקבה, דפר ושעיר הוא דמביאין, ואי אתה יכול לומר תמורת חטאת בשותפות, שאין תמורה בשותפין דעלמא, וכ"ש בבי"ד, דה"נ תנן במסכת תמורה (דף יג.) 'אין השותפין עושין תמורה', וילמוד סתום מן המפורש, מה מצינו בולד חטאת ותמורת חטאת ביחיד דברים אמורים ולא בשותפין, אף חטאת שמתו בעליה ושכפרו (על) בעליה ושעברה שנתה ביחיד ולא בשותפין, דחטאת שמת אחד מן השותפין קרבה, הלכך הא דקתני 'מת אחד מבי"ד פטור' לא מתוקמא אליבא דר"ש:

הדרן עלך הורו בית דין

הורה כהן משיח. הורה שוגג ועשה מזיד, או שהורה מזיד ועשה שוגג, פטור מקרבן: שהוראת כהן משיח לעצמו כהוראת בית דין לצבור. מה הוראת בי"ד לצבור אין חייבין אלא על העלם דבר עם שגגת מעשה, אף הוראת כהן משיח לעצמו אינו חייב אלא על העלם דבר עם שגגת מעשה, כדמפרש בגמרא 'לאשמת העם, הרי משיח כצבור', וכי הורו בית דין מזידין ועשו קהל שוגגין לא הוי הוראה, והוי שגגת מעשה לחודיה, והוו יחידין, ומייתו כל חד וחד כשבה או שעירה, אבל כהן משיח כי הורה מזיד ועשה שוגג לא דיניה כיחיד, ופטור לגמרי, דהכי אמרינן בפרק בתרא (דף יא.) 'מעם הארץ, פרט למשיח', דאינו מביא קרבן בשגגת מעשה[יז]: **גמ'** שוגג ועשה שוגג מביא פר, פשיטא. דכי הורה בשוגג ועשה שוגג דהוי שוגג מעליא, ומביא פר קרבן: מהו דתימא כיון דאי מתידע ליה. מאיזה טעם הורה, שמא היה חוזר בו מאותו טעם, וכי שכח ההוא טעמא ואף על פי כן הוא עושה ותולה בהוראתו ראשונה, אימא כמזיד דמי, ולא מחייב קרבן, קא משמע לן: ([ח]שיכול. לגמור מדין קל וחומר שמשיח כצבור, ולא צריך למכתב 'לאשמת העם', אע"ג דאילו לא נאמר 'לאשמת העם' הייתי למד מן הדין):

צבור

תוספות

מזיד ועשה שוגג. תימה, היכא הוי שוגג בלא הוראה, אי אכיל בשתיקה ולא[יח] מיקרי הוראה, הא מאחר שאינו מורה לאחרים כי אם לעצמו מה לי בשתיקה מה לי בדיבור: **(אין)** [כהוראת] בית דין כו'. כמה עניינים שונה הכא מה שכבר שנה בפרק קמא, אלא משום דאתי לפרושי רישא אמאי שוה להוראת צבור לענין שוגג ועשה כו', משום דשוו פר כהן משיח וצבור להדדי: **שוגג** ועשה שוגג פשיטא. לעיל בפ"ק (ד:) דקתני 'שוגגין ועשו שוגגין' לא פריך נמי פשיטא, וצריך לומר[יט] אגב דתנא הכא, דהתם ליכא לשנויי כדהכא, דהיכי סלקא דעתך למימר דכולהו סנהדרין שכחו מאיזה טעם הורו:

מח א מיי' פי"ג מהלכות שגגות הלכה ב:
מט ב ג ד מיי' פ"ד מהלכות פסולי מוקדשים ה"א:
א ה מיי' פט"ו מהלכות שגגות הלכה א סמג עשין ריז:
ב ו מיי' שם הלכה ב והלכה ג סמג שם:
ג ז מיי' שם והלכה א:
ד ח מיי' שם הלכה ב:

תוספות הרא"ש

[א"ל אביי[כב]] א"כ כשחטאו בהוראת ב"ד עם הצבור יביאו פר לעצמן: וכ"ת ה"נ נפישי להו פרים. דשבט לוי יביאו ב' פרים: [כא] אמר רב אחא שבט לוי אינו קרוי קהל. דכל אותן שלא נטלו חלק בארץ אינם קרויים קהל. מיהו כהנים נהי דלא מקרי קהל מ"מ הכתוב קראם עם בפ"ע ושקלם עם הקהל ולצבור דמו ואין חטאתם מתה אבל חטאת שותפים ס"ל לר"ש דמתה ומתוקמא [כב] שפיר כר"ש: א"ה בצרי להו. הא א"ה לא קאי אמלתיה דרב יוסף דהא שני שפיר דאע"ג דכהנים לא אקרי קהל אקרו עם וקרבנם כקרבן צבור דמי. אלא פריך אהא דקאמר דשבט לוי לא אקרי קהל א"כ לא הוי אלא י"א פרים לקהל: ומשני אפרים ומנשה מביאין שני פרים: הדר פריך והא כתיב על שם אחיהם יקראו בנחלתם לנחלה הוקשו[כג] ולא לד"א. וה"פ דקרא ומולדתך אשר הולדת אחריהם. פי' כשיבואו לידי חלוקת הארץ בנים אשר הולדת או ע"ש אחיהם אפרים ומנשה יקראו בנחלתם. כי לא יקראו שבטים ליטול נחלה לבדם כאפרים ומנשה שאותם לבדם עשיתי שבטים לנחלה. אלמא משמע לענין נחלה דוקא הוקשו לראובן ושמעון ולא לד"א. והכי מסקי' דאפרים ומנשה לא אקרו שבטים לענין פר אלא שבט יוסף מייתי פר אחד ושבט לוי אקרי קהל ומייתי פר. אבל כהנים נהי דעם אקרי קהל מיהא לא איקרי: וקבעי תלמודא מאי הוה עלה. משום דמתוקמא דברי רב יוסף קבעי תלמודא הי מנייהו עיקר דברי אביי או דברי ר"י. ומסיק דדברי אביי עיקר דכי היכי דגבי צבור אר"ש ילמוד סתום מהמפורש ה"נ גבי חטאת השותפין דאין נקבה ותמורה בחטאת השותפין. ולשיטת רש"י ז"ל נדחו דברי ר"י דע"כ כהנים לא אקרי קהל דא"כ נפישי להו פרים נמצא דסבר ר"ש דאין חטאת שותפין מתה. וא"כ מאי בעי תלמודא מאי הוי עלה:

הדרן עלך
הורו בית דין

פ"ב שהוראת כהן משיח לעצמו כהוראת ב"ד לצבור. הקשה הרמ"ה ז"ל למאי אצטריך ליה השתא האי הקישא דמשיח לצבור. אי להורה שוגג ועשה מזיד תיפוק ליה משום דמזיד לאו בר קרבן הוא. וכן בכהן משיח גופיה[י] שוגג כתיב. ואי להורה מזיד ועשה שוגג תיפוק ליה כיון דהורה במזיד וגמר בדעתו לאכלה באיסור לא שב מידיעתו הוא. ותירץ דאצטריך כגון שהורה במזיד מטעם שאינו נכון ושכחו מעשה לידו שכח זדונו וסבר שמטעם נכון הורה ואכלו בחזקת היתר שאילו נודע לו שהיה איסור לא היה אוכלו ושב מידיעתו הוא. וכה"ג גבי שוגג ועשה שוגג מחייב כדמפרש בגמרא. וצ"ל דבתנס דחק דהא דקתני שהוראת כהן המשיח לעצמו כהוראת ב"ד לצבור אחיובא קאי ולא אפטור לאשמועינן דלא מחייב כהן משיח אם לא שהורה היתר מתחלה. וכן משמע מתוך

א) תמורה טז., ב) [יומא נ. ושם נסמן], ג) תמורה טו., ד) [סוכה נ: יבמות מו. סא: זבחים לא. מנחות יט. פב. תמורה טו. יח: נדה לז:], ה) ת"כ פ' ויקרא דבורא דחובה פרק ב ה"א-ה (אות רד-ה), ו) עי' נסמן סד"ס דמ"ר.

תורה אור השלם

א) וַיֹּאמֶר אֵלַי הִנְנִי מַפְרְךָ וְהִרְבִּיתִךָ וּנְתַתִּיךָ לִקְהַל עַמִּים וְנָתַתִּי אֶת הָאָרֶץ הַזֹּאת לְזַרְעֲךָ אַחֲרֶיךָ אֲחֻזַּת עוֹלָם: [בראשית מח, ד]

ב) וְעַתָּה שְׁנֵי בָנֶיךָ הַנּוֹלָדִים לְךָ בְּאֶרֶץ מִצְרַיִם עַד בֹּאִי אֵלֶיךָ מִצְרַיְמָה לִי הֵם אֶפְרַיִם וּמְנַשֶּׁה כִּרְאוּבֵן וְשִׁמְעוֹן יִהְיוּ לִי: [בראשית מח, ה]

ג) וּמוֹלַדְתְּךָ אֲשֶׁר הוֹלַדְתָּ אַחֲרֵיהֶם לְךָ יִהְיוּ עַל שֵׁם אֲחֵיהֶם יִקָּרְאוּ בְּנַחֲלָתָם: [בראשית מח, ו]

ד) אִם הַכֹּהֵן הַמָּשִׁיחַ יֶחֱטָא לְאַשְׁמַת הָעָם וְהִקְרִיב עַל חַטָּאתוֹ אֲשֶׁר חָטָא פַּר בֶּן בָּקָר תָּמִים לַיְיָ לְחַטָּאת: [ויקרא ד, ג]

הגהות וציונים

א] ס"א "נפישי להו פרים" (ר"ח, וכ"ה בתוס' הרא"ש): ב] ר"ח ורא"ש "א"ה בצרי להו", וליתא "י"ב שבטים": ג] גמיר להו (ב"ח, וכ"ה ברש"י): ד] ס"א שעשה. באר שבע (גליון). וכן בכתי"מ ובשעת מעשה: ה] הוראתי. יעב"ץ (גליון): ו] באר שבע (גליון): ז] ביל"ש גורס כאן (וכ"ה בר"ח) מה ציבור אין מביאין אלא על העלם דבר בשגגת מעשה אף משיח אינו מביא אלא על העלם דבר בשגגת מעשה ...

השמיטו לשון שיכול אינו מיושב דמשמע דלהכי צריך קרא שיכול הייתי לומר בענין אחר אם לא היה פסוק. וי"מ שיכול קאי אדינא בתרא (והכא) [וה"פ] שיכול הייתי לומר שיתחייב משיח בשגגת מעשה בלא העלם דבר. דת"ר אם הכהן המשיח יחטא לאשמת העם. וליכא לפרושי שחטא כהן בהוראה (והאנסים כגון) [לאשמת העם[כד]] שחטאו עם הוראתו. דהא בשגגה ועשה מאחת מהנה כתיב ועלה כתיב אם הכהן המשיח: שיכול. פרש"י ז"ל שיכולני ללמוד ... ולאו דוקא ק"ו אלא מבנין אב. וה"פ שיכולני ללמוד דבר זה מבנין אב. והלא דין הוא אף בלא פסוק ... הכי ולהכי מצטריך קרא. וקודם שסיים דבריו קאמר אדרבה והלא דין הוא אף בלא פסוק:

This *daf* is dedicated *l'iluy nishmas*: Ezra ben Esther *z"l*

The Gemara asks: אֶלָּא מֵעַתָּה — But now, if it is true that the *Kohanim* are called a congregation, as Rav Yosef said, נֵייתוּ פַּר בְּהוֹרָאָה — According to Rabi Shimon, who holds that each *shevet* that sins based on a mistaken ruling brings a *Par He'eleim Davar,* they should have to bring one if they sin based on a mistaken ruling, because each *shevet* is called a congregation! וְכִי תֵּימָא — And if you will say: הָכִי נָמֵי — Indeed, they would bring one, טָפֵי לְהוּ שְׁבָטִים — that would add onto the amount of *shevatim*! Rabi Shimon said in our Mishnah that if the entire Jewish people sinned, thirteen bulls would be brought; one for each of the twelve *shevatim*, and one for *Beis Din*. If the *Kohanim* counted as a separate congregation, there would be a total of fourteen bulls!

The Gemara answers: אֶלָּא אָמַר רַב אַחָא בְּרַבִּי יַעֲקֹב — Rather, Rav Acha bar Rabi Yaakov said: שִׁבְטוֹ שֶׁל לֵוִי לָא אִיקְּרוּ קָהָל — The *shevet* of Levi is not called a congregation like the other *shevatim* are, and neither are the *Kohanim* called a congregation, דִּכְתִיב — as it is written in the *pasuk* that Hashem told Yaakov (*Bereishis* 48:4): הִנְנִי מַפְרְךָ וְהִרְבִּיתִךָ — "I am making you fruitful, and I will cause you to multiply, וּנְתַתִּיךָ לִקְהַל עַמִּים וְגוֹ' — and I will make you into a congregation of nations, [and I will give this land to your descendants after you for an everlasting possession]." The fact that Hashem put the promise of making Yaakov into a "congregation" together with the promise to give him Eretz Yisrael teaches us: כֹּל שֶׁיֵּשׁ לוֹ אֲחוּזָּה אִיקְּרֵי קָהָל — Any *shevet* that has a possession of land in Eretz Yisrael is called a congregation, וְכֹל שֶׁאֵין לוֹ אֲחוּזָּה לָא אִיקְּרֵי קָהָל — and any *shevet* that does not have a possession of land, such as the *shevet* of Levi, is not called a congregation.

The Gemara asks: אִם כֵּן — If so, that the *shevet* of Levi is not called a congregation, and would therefore not bring a *Par He'eleim Davar*, חָסְרֵי לְהוּ שְׁנֵים עָשָׂר שְׁבָטִים — the count of twelve *shevatim* that Rabi Shimon gave in the Mishnah is missing; there should only be eleven *shevatim* that are each bringing a *Par He'eleim Davar*! אָמַר אַבַּיֵי — Abaye said: אֶפְרַיִם וּמְנַשֶּׁה כִּרְאוּבֵן וְשִׁמְעוֹן יִהְיוּ לִי — What brings the total to twelve is that Efraim and Menashe are counted as two separate *shevatim*, as is written that Yaakov told Yosef (ibid. 5): "Efraim and Menashe will be considered to me [as *shevatim*] like Reuven and Shimon."

אָמַר רָבָא — Rava said: וְהָא כְּתִיב — But it is written in another *pasuk* that Yaakov told Yosef regarding any sons that will be born to him after Efraim and Menashe (ibid. 6): עַל שֵׁם אֲחֵיהֶם יִקָּרְאוּ בְּנַחֲלָתָם — "They should be considered like their brothers for their inheritance," meaning that they will be considered part of the *shevatim* of Efraim and Menashe, and not as their own *shevatim* to get separate portions of Eretz Yisrael. This implies that when Yaakov said that Efraim and Menashe *would* have the status of separate *shevatim*, לְנַחֲלָה הוּקְשׁוּ — it was only regarding their inheritance in Eretz Yisrael that they are considered like the other *shevatim*, that they each get their own portion, וְלֹא לְדָבָר אַחֵר — but not for any other purposes, including each one bringing their own *Par He'eleim Davar*; rather, the entire *shevet* of Yosef would bring

For this *daf's shiur* and charts, scan this QR code:

עין משפט
נר מצוה

מח א מיי' פי"ג מהלכות שגגות הלכה ג:
מט ב ג ד מיי' פ"ד מהלכות פסולי מוקדשים ה"א:
א ה מיי' פט"ו מהלכות שגגות הלכה א סמג עשין ריז:
ב ו מיי' שם הלכה ב והלכה ג סמג שם:
ג ז מיי' שם והלכה א:
ד ח מיי' שם הלכה ב:

אֶלָּא מֵעַתָּה נַיְיתוּ פַּר בְּהוֹרָאָה, וְכִי תֵּימָא הָכִי נַמֵּי, טָפֵי לְהוּ שְׁבָטִים[ב]. אֶלָּא אָמַר רַב אַחָא בְּרַבִּי יַעֲקֹב, שִׁבְטוֹ שֶׁל לֵוִי לָא אִיקְּרוּ קָהָל, דִּכְתִיב [א] 'הִנְנִי מַפְרְךָ וְהִרְבִּיתִךָ וּנְתַתִּיךָ לִקְהַל עַמִּים' וְגוֹ', כֹּל שֶׁיֵּשׁ לוֹ אֲחוּזָּה אִיקְּרִי קָהָל, וְכֹל שֶׁאֵין לוֹ אֲחוּזָּה לָא אִיקְּרִי קָהָל. אִם כֵּן חָסְרִי[ג] לְהוּ שְׁנֵים עָשָׂר שְׁבָטִים. אָמַר אַבָּיֵי, [ב] 'אֶפְרַיִם וּמְנַשֶּׁה כִּרְאוּבֵן וְשִׁמְעוֹן יִהְיוּ לִי'. אָמַר רָבָא, וְהָא כְּתִיב [ג] 'עַל שֵׁם אֲחֵיהֶם יִקָּרְאוּ בְּנַחֲלָתָם', לְנַחֲלָה הוּקְשׁוּ [א]וְלֹא לְדָבָר אַחֵר. וְלָא, וְהָא חֲלוּקִין בִּדְגָלִים, כְּנַחֲלָתָן כָּךְ חֲנִיָּיתָן. כְּדֵי לַחֲלֹק כָּבוֹד לַדְּגָלִים. וְהָא חֲלוּקִים בִּנְשִׂיאִים. הַהוּא לַחֲלוֹק כָּבוֹד לַנְּשִׂיאִים, דְּתַנְיָא, שְׁלֹמֹה עָשָׂה שִׁבְעָה יְמֵי חֲנוּכָּה, וּמָה רָאָה מֹשֶׁה לַעֲשׂוֹת שְׁנֵים עָשָׂר יְמֵי חֲנוּכָּה, כְּדֵי לַחֲלוֹק כָּבוֹד לַנְּשִׂיאִים. מַאי הָוֵי עֲלָהּ. תָּא שְׁמַע, [ה]דְּתַנְיָא, רַבִּי שִׁמְעוֹן אוֹמֵר, [ב]חָמֵשׁ חַטָּאוֹת מֵתוֹת, וְלַד חַטָּאת, וּתְמוּרַת חַטָּאת, [ג]וְחַטָּאת שֶׁמֵּתוּ בְּעָלֶיהָ, וְחַטָּאת שֶׁנִּתְכַּפְּרוּ בְּעָלֶיהָ, וְחַטָּאת שֶׁעָבְרָה שְׁנָתָהּ; [ג]וְאִי אַתָּה יָכוֹל לוֹמַר וְלַד חַטָּאת בְּצִבּוּר, שֶׁאֵין צִבּוּר מַפְרִישִׁין נְקֵבָה, וְאִי אַתָּה יָכוֹל לוֹמַר תְּמוּרַת חַטָּאת בְּצִבּוּר, שֶׁאֵין תְּמוּרָה בְּצִבּוּר, וְאִי אַתָּה יָכוֹל לוֹמַר חַטָּאת שֶׁמֵּתוּ בְּעָלֶיהָ בְּצִבּוּר, שֶׁאֵין צִבּוּר מֵתִים; שֶׁנִּתְכַּפְּרוּ בְּעָלֶיהָ וְשֶׁעָבְרָה שְׁנָתָהּ לֹא שָׁמַעְנוּ, יָכוֹל יָמוּתוּ, אָמַרְתָּ יִלְמוֹד סָתוּם מִן הַמְפוֹרָשׁ, [ג]מַה מָּצִינוּ בְּוָלַד חַטָּאת וּתְמוּרַת חַטָּאת וְשֶׁמֵּתוּ בְעָלֶיהָ בְּיָחִיד דְּבָרִים אֲמוּרִים וְלֹא בְּצִבּוּר, אַף [ד]שֶׁנִּתְכַּפְּרוּ בְּעָלֶיהָ וְשֶׁעָבְרָה שְׁנָתָהּ בְּיָחִיד דְּבָרִים אֲמוּרִים וְלֹא בְּצִבּוּר. [ד]וְכִי דָּנִין אֶפְשָׁר מִשֶּׁאִי אֶפְשָׁר. רַבִּי שִׁמְעוֹן בְּחַד מָקוֹם גְּמִיר[ג]:

הַדְרָן עֲלָךְ הוֹרוּ בֵּית דִּין

הוֹרָה [ה]כֹּהֵן מָשִׁיחַ לְעַצְמוֹ שׁוֹגֵג, וְעָשָׂה שׁוֹגֵג, מֵבִיא פַּר; [ו]שׁוֹגֵג וְעָשָׂה מֵזִיד, מֵזִיד וְעָשָׂה שׁוֹגֵג, פָּטוּר; [ז]שֶׁהוֹרָאַת כֹּהֵן מָשִׁיחַ לְעַצְמוֹ כְּהוֹרָאַת בֵּית דִּין לַצִּבּוּר: **גמ'** שׁוֹגֵג וְעָשָׂה שׁוֹגֵג מֵבִיא פַּר, פְּשִׁיטָא. אָמַר אַבָּיֵי, [ח]הָכָא בְּמַאי עָסְקִינַן, כְּגוֹן שֶׁהוֹרָה וְשָׁכַח מֵאֵיזֶה טַעַם הוֹרָה, וּבְשָׁעָה שֶׁטָּעָה[ד] אָמַר הֲרֵינִי עוֹשֶׂה עַל דַּעַת הוֹרָאָתוֹ[ה], דְּמַהוּ דְּתֵימָא כֵּיוָן דְּאִילּוּ מִתְיְדַע לֵיהּ [שֶׁמָּא[ו]] הֲדַר בֵּיהּ, כְּמֵזִיד דָּמֵי וְלָא לִחַיֵּיב, קָא מַשְׁמַע לָן: מֵזִיד וְעָשָׂה שׁוֹגֵג כּוּ': מְנָא הָנֵי מִילֵּי, [ט]דְּתָנוּ רַבָּנַן, [ד]'לְאַשְׁמַת הָעָם', הֲרֵי מָשִׁיחַ כְּצִבּוּר[י]; (שֶׁיָּכוֹל[ח]) וַהֲלֹא דִּין הוּא צִבּוּר

רש"י

אֶלָּא מֵעַתָּה. דְּכֹהֲנִים אִיקְּרוּ קָהָל, לַיְיתוּ פַּר בְּהוֹרָאָה: וְכ"ת הָכִי נַמֵּי, טָפֵי לְהוּ שְׁבָטִים. לְר"ש הָוְיָין שְׁלֹשָׁה עָשָׂר שְׁבָטִים, וּתְנַן 'רַבִּי שִׁמְעוֹן אוֹמֵר שְׁלֹשָׁה עָשָׂר פָּרִים פַּר לְכָל שֵׁבֶט וָשֵׁבֶט וּפַר לְבֵי"ד', דְּלָא הָווּ אֶלָּא שְׁנֵים עָשָׂר שְׁבָטִים: אֶלָּא אָמַר רַב אַחָא בַּר יַעֲקֹב שִׁבְטוֹ שֶׁל לֵוִי לָא אִיקְּרֵי קָהָל. וְהוּא הַדִּין לַכֹּהֲנִים דְּלָא אִיקְּרוּ קָהָל, דְּכֹהֲנִים הָוְיָין בִּכְלַל שֵׁבֶט לֵוִי, (וְאַכַּתִּי נוּקְמָהּ[ט]) כְּר' שִׁמְעוֹן: 'וּנְתַתִּיךָ לִקְהַל עַמִּים וְנָתַתִּי אֶת הָאָרֶץ הַזֹּאת לְזַרְעֲךָ אַחֲרֶיךָ אֲחֻזַּת עוֹלָם', כֹּל שֶׁיֵּשׁ לוֹ אֲחוּזָּה אִיקְּרִי קָהָל. וְכֹהֲנִים וּלְוִיִּם אֵין לָהֶם אֲחוּזָּה: 'כִּרְאוּבֵן וְשִׁמְעוֹן יִהְיוּ לִי'. דְּבִתְרֵי שְׁבָטִים חָשֵׁיב לְהוּ כִּרְאוּבֵן וְשִׁמְעוֹן: וְהָא כְּתִיב 'עַל שֵׁם אֲחֵיהֶם יִקָּרְאוּ בְּנַחֲלָתָם'. דִּלְנַחֲלָה הוּקְשׁוּ אֶפְרַיִם וּמְנַשֶּׁה לִשְׁאָר שְׁבָטִים שֶׁיִּהְיוּ נוֹטְלִים בְּנַחֲלָה כִּשְׁאָר שְׁנֵי שְׁבָטִים, וְלֹא לִדְבָרִים אֲחֵרִים הוּקְשׁוּ, אֲבָל אֵין מְבִיאִין שְׁנֵי פָּרִים, וְאַכַּתִּי חָסְרֵי לְהוּ מִשְּׁנֵים עָשָׂר שְׁבָטִים, אֶלָּא שָׁמְעִינַן מִינָּהּ דְּלֵוִי אִיקְּרֵי קָהָל, וְכֹהֲנִים לָא אִיקְּרֵי קָהָל, וְשׁוּתָּפִין נִינְהוּ, וְלָא מִתּוֹקְמָא כְּר"ש, דִּקְרָא הָכִי מַשְׁמַע 'וּמוֹלַדְתְּךָ'[י]: כְּנַחֲלָתָם כָּךְ חֲנִיָּיתָם. שֶׁיַּעֲקֹב אָבִינוּ חִלֵּק לָהֶם אֶת הָאָרֶץ וְלִוִּיִּם הֵיאַךְ יַחֲנוּ לְדִגְלֵיהֶם, וְכֵן מָצִינוּ בְּמִדְרַשׁ תַּנְחוּמָא דְּיַעֲקֹב אָבִינוּ תִּקֵּן לָהֶם דְּגָלִים וְחִלֵּק לָהֶם הָאָרֶץ, וְכֵן מָצִינוּ[יא] 'אִישׁ עַל דִּגְלוֹ בְאֹתֹת' בָּאוֹת אֲשֶׁר צִוָּה לָהֶם אֲבִיהֶם, שֶׁאוֹתָן רוּחוֹת שֶׁנֶּחְלְקוּ לָשֵׂאת מִטָּתוֹ לְאוֹתָן רוּחוֹת חָנוּ לְדִגְלֵיהֶם, וְהַיְינוּ דְּאָמְרִינַן 'כְּנַחֲלָתָן כָּךְ חֲנִיָּיתָן'[יב]: מַאי הָוֵי עֲלָהּ. אִי הָוֵה דַּוְקָא הָא דְּאַבָּיֵי דְּאָמַר דְּשָׁמְעִינַן לֵיהּ לְר"ש דְּאָמַר דְּחַטַּאת הַשּׁוּתָּפִין אֵינָהּ מֵתָה, אוֹ לָאו דַּוְקָא: ת"ש, דְּתַנְיָא, ר"ש אוֹמֵר וְכוּ': שֶׁאֵין צִבּוּר מַפְרִישִׁין נְקֵבָה. שֶׁאֵין אַתָּה מוֹצֵא קָרְבַּן צִבּוּר שֶׁהָיְתָה[יג] בָּאָה נְקֵבָה: שֶׁאֵין תְּמוּרָה בְּצִבּוּר. דִּכְתִיב 'לֹא יַחֲלִיפֶנּוּ וְלֹא יָמִיר', דִּלְשׁוֹן יָחִיד הוּא, וְלֹא צִבּוּר וְשׁוּתָּפִין, וְהָכִי מְפָרֵשׁ בְּפ"ק דְּמַסֶּכֶת תְּמוּרָה (דף יג.): שֶׁנִּתְכַּפְּרוּ בְּעָלֶיהָ וְשֶׁעָבְרָה שְׁנָתָהּ לֹא שָׁמַעְנוּ. אִם מֵתִים בְּצִבּוּר אִי לָא: וְכִי דָּנִין אֶפְשָׁר מִשֶּׁאִי אֶפְשָׁר. הָא וְלַד חַטָּאת וּתְמוּרַת חַטָּאת וְשֶׁמֵּתוּ בְּעָלֶיהָ אִי אֶפְשָׁר בְּצִבּוּר, וְקָא אָמַר 'מַה מָּצִינוּ': הָא לָא קַשְׁיָא[יד] דְּלָא הָוֵי דָּנִין אֶפְשָׁר מִשֶּׁאִי אֶפְשָׁר, מִשּׁוּם דְּר"ש בְּחַד מָקוֹם גָּמִיר לְהוּ, דְּכִי נִלְטְווּ יִשְׂרָאֵל עַל אַרְבַּע[טו] חַטָּאוֹת בְּחַד מָקוֹם גָּמִיר לְהוּ, הֲלָכָה לְמֹשֶׁה מִסִּינַי שֶׁיִּהְיוּ נְהוּגוֹת יַחַד בְּמָקוֹם אֶחָד, אוֹ בְּיָחִיד אוֹ בְּצִבּוּר, וְקָא דָּיֵיק ר"ש, אִי ס"ד בְּצִבּוּר, הָנָךְ כּוּלְּהוּ מִי אִיתַנְהוּ יַחַד בְּצִבּוּר, אֶלָּא ש"מ דְּבְיָחִיד אֲמוּרָה וְלֹא בְּצִבּוּר, דְּכִי הֵיכִי שֶׁמֵּתוּ בְּעָלֶיהָ וְלַד חַטָּאת וּתְמוּרַת חַטָּאת לֵיתַנְהוּ בְּצִבּוּר, ה"נ שֶׁכִּיפְּרוּ בְּעָלֶיהָ וְשֶׁעָבְרָה שְׁנָתָהּ לֵיתַנְהוּ בְּצִבּוּר, דְּעַל כָּרְחִין יִלְמוֹד סָתוּם מִן הַמְפוֹרָשׁ, וְהָכִי אָמְרִינַן בְּמַסֶּכֶת תְּמוּרָה בְּפֶרֶק יֵשׁ

בְּקָרְבְּנוֹת יָחִיד (דף טז:) 'אָמַר ר"ש בֶּן לָקִישׁ, אַרְבַּע נִתְּנוּ לָהֶם' דְּמֵתוֹת וְהַחֲמִישִׁית יִרְעֶה, וְיַחַד נִיתְּנוּ, שֶׁיִּהְיוּ נוֹהֲגוֹת בְּמָקוֹם אֶחָד, וּמִסְפֵּק 'הֶעֱמִידוּס עַל חָמֵשׁ'[טז], שֶׁיִּהְיוּ חֲמִשְׁתָּן מֵתוֹת, וְאִי ס"ד דְּאַרְבַּע נִיתְּנוּ לָהֶם בְּצִבּוּר, הָנָךְ כּוּלְּהוּ אַרְבַּע מֵתוֹת מִי אִיתַנְהוּ בְּצִבּוּר, הָא לָא מַשְׁכַּחַת לָהּ דְּאֶפְשָׁר בְּצִבּוּר אֶלָּא שְׁנַיִם וְתוּ לָא, אֶלָּא עַל כָּרְחָךְ יִלְמוֹד סָתוּם מִן הַמְפוֹרָשׁ, וְקָא דָּיְיקִינַן מֵהָא מַתְנִיתָא דְּכִי הֵיכִי דְּאָמַר ר"ש חָמֵשׁ חַטָּאוֹת מֵתוֹת בְּיָחִיד וְלָא בְּצִבּוּר, דְּמֵהַהִיא דּוּקְיָא דָּיֵיק ר"ש דְּיָחִיד וְלָא בְּשׁוּתָּפִין דְּהַיְינוּ בי"ד, מִשּׁוּם דְּאִי אַתָּה יָכוֹל לוֹמַר וְלַד חַטָּאת בְּשׁוּתָּפִין, שֶׁאֵין הַשּׁוּתָּפִין מְבִיאִין נְקֵבָה, דְּפַר וְשָׂעִיר הוּא דִּמְבִיאִין, וְאִי אַתָּה יָכוֹל לוֹמַר תְּמוּרַת חַטָּאת בְּשׁוּתָּפוּת, שֶׁאֵין תְּמוּרָה בְּשׁוּתָּפִין דְּעָלְמָא, וְכ"ש בְּבי"ד, דְּה"נ תְּנַן בְּמַסֶּכֶת תְּמוּרָה (דף יג.) 'אֵין הַשּׁוּתָּפִין עוֹשִׂין תְּמוּרָה', וְיִלְמוֹד סָתוּם מִן הַמְפוֹרָשׁ, מַה מָּצִינוּ בְּוָלַד חַטָּאת וּתְמוּרַת חַטָּאת בְּיָחִיד דְּבָרִים אֲמוּרִים וְלֹא בְּשׁוּתָּפִין, אַף חַטָּאת שֶׁמֵּתוּ בְּעָלֶיהָ וְשֶׁכִּפְּרוּ (עַל) בְּעָלֶיהָ וְשֶׁעָבְרָה שְׁנָתָהּ בְּיָחִיד וְלֹא בְּשׁוּתָּפִין, דְּחַטָּאת שֶׁמֵּת אֶחָד מִן הַשּׁוּתָּפִין קְרֵבָה, הִלְכָּךְ הָא דְּקָתָנֵי 'מֵת אֶחָד מִבי"ד פָּטוּר' לָא מִתּוֹקְמָא אַלִּיבָּא דְּר"ש:

הַדְרָן עֲלָךְ הוֹרוּ בֵּית דִּין

הוֹרָה כֹּהֵן מָשִׁיחַ. הוֹרָה שׁוֹגֵג וְעָשָׂה מֵזִיד, אוֹ שֶׁהוֹרָה מֵזִיד וְעָשָׂה שׁוֹגֵג, פָּטוּר מִקָּרְבָּן: שֶׁהוֹרָאַת כֹּהֵן מָשִׁיחַ לְעַצְמוֹ כְּהוֹרָאַת בֵּית דִּין לַצִּבּוּר. מָה הוֹרָאַת בי"ד לַצִּבּוּר אֵין חַיָּיבִין אֶלָּא עַל הֶעְלֵם דָּבָר עִם שִׁגְגַת מַעֲשֶׂה, אַף הוֹרָאַת כֹּהֵן מָשִׁיחַ לְעַצְמוֹ אֵינוֹ חַיָּיב אֶלָּא עַל הֶעְלֵם דָּבָר עִם שִׁגְגַת מַעֲשֶׂה, כִּדְמְפָרֵשׁ בַּגְּמָרָא 'לְאַשְׁמַת הָעָם, הֲרֵי מָשִׁיחַ כְּצִבּוּר', וְכִי הוֹרוּ בֵּית דִּין מְזִידִין וְעָשׂוּ קָהָל שׁוֹגְגִין לָא הָוֵי הוֹרָאָה, וְהָוֵי שִׁגְגַת מַעֲשֶׂה לְחוּדֵיהּ, וְהָווּ יְחִידִין, וּמַיְיתוּ כָּל חַד וְחַד כִּשְׂבָּה אוֹ שְׂעִירָה, אֲבָל כֹּהֵן מָשִׁיחַ כִּי הוֹרָה מֵזִיד וְעָשָׂה שׁוֹגֵג לָא דָּיְינֵיהּ כְּיָחִיד, וּפָטוּר לְגַמְרֵי, דְּהָכִי אָמְרִינַן בְּפֶרֶק בַּתְרָא (דף יא.) 'מֵעַם הָאָרֶץ, פְּרָט לְמָשִׁיחַ', דְּאֵינוֹ מֵבִיא קָרְבָּן בְּשִׁגְגַת מַעֲשֶׂה[יז]: **גמ'** שׁוֹגֵג וְעָשָׂה שׁוֹגֵג מֵבִיא פַּר, פְּשִׁיטָא. דְּכִי הוֹרָה בְּשׁוֹגֵג וְעָשָׂה שׁוֹגֵג דְּהָוֵי שׁוֹגֵג מְעַלְיָא, וּמֵבִיא פַּר קָרְבָּן: מַהוּ דְּתֵימָא כֵּיוָן דְּאִי מִתְיְדַע לֵיהּ. מֵאֵיזֶה טַעַם הוֹרָה, שֶׁמָּא הָיָה חוֹזֵר בּוֹ מֵאוֹתוֹ טַעַם, וְכִי שָׁכַח הַהוּא טַעְמָא וְאַף עַל פִּי כֵן הוּא עוֹשֶׂה וְתוֹלֶה בְּהוֹרָאָתוֹ רִאשׁוֹנָה, אֵימָא כְּמֵזִיד דָּמֵי, וְלָא מְחַיֵּיב קָרְבָּן, קָא מַשְׁמַע לָן: ([ח]שֶׁיָּכוֹל. לִגְמוֹר מִדִּין קַל וָחוֹמֶר שֶׁמָּשִׁיחַ כְּצִבּוּר, וְלָא צָרִיךְ לְמִכְתַּב 'לְאַשְׁמַת הָעָם', אע"ג דְּאִילּוּ לֹא נֶאֱמַר 'לְאַשְׁמַת הָעָם' הָיִיתִי לָמֵד מִן הַדִּין): צִבּוּר

תוספות

מֵזִיד וְעָשָׂה שׁוֹגֵג. תֵּימָה, הֵיכָא הָוֵי שׁוֹגֵג בְּלֹא הוֹרָאָה, אִי אָכִיל בִּשְׁתִיקָה וְלָא[יח] מִיקְּרֵי הוֹרָאָה, הָא מֵאַחַר שֶׁאֵינוֹ מוֹרֶה לַאֲחֵרִים כִּי אִם לְעַצְמוֹ מַה לִּי בִּשְׁתִיקָה מַה לִּי בְּדִיבּוּר: (אֵין) [כְּהוֹרָאַת] בֵּית דִּין כּוּ'. כַּמָּה עִנְיָינִים שׁוֹנֶה הָכָא מַה שֶּׁכְּבָר שָׁנָה בְּפֶרֶק קַמָּא, אֶלָּא מִשּׁוּם דְּאָתֵי לְפָרוּשֵׁי רֵישָׁא אַמַּאי שָׁוֶה לְהוֹרָאַת צִבּוּר לְעִנְיַן שׁוֹגֵג וְעָשָׂה כוּ', מִשּׁוּם דְּשָׁווּ פַּר כֹּהֵן מָשִׁיחַ וְצִבּוּר לַהֲדָדֵי: **שׁוֹגֵג** וְעָשָׂה שׁוֹגֵג פְּשִׁיטָא. לְעֵיל בְּפ"ק (ד:) דְּקָתָנֵי 'שׁוֹגְגִין וְעָשׂוּ שׁוֹגְגִין' לָא פָּרֵיךְ נַמֵּי פְּשִׁיטָא, וְצָרִיךְ לוֹמַר[יט] אַגַּב דִּתְנָא הָכָא, דְּהָתָם לֵיכָּא לְשַׁנּוּיֵי כִּדְהָכָא, דְּהֵיכִי סַלְקָא דַּעְתָּךְ לְמֵימַר דְּכוּלְּהוּ סַנְהֶדְרִין שָׁכְחוּ מֵאֵיזֶה טַעַם הוֹרוּ:

מסורת הש"ס
עם הוספות

א) תמורה טז., ב) [יומא נ. ושם נסמן], ג) תמורה טו., ד) [סוכה נ: יבמות מו. סא: זבחים לח. מנחות יט. פג. תמורה טז. יח: נדה לז:], ה) ת"כ פ' ויקרא דבורא דחובה פרק ב ה"א-ה (אות רד-ה), ו) עי' בסמוך סד"ה דמ"ר.

תורה אור השלם

א) וַיֹּאמֶר אֵלַי הִנְנִי מַפְרְךָ וְהִרְבִּיתִךָ וּנְתַתִּיךָ לִקְהַל עַמִּים וְנָתַתִּי אֶת הָאָרֶץ הַזֹּאת לְזַרְעֲךָ אַחֲרֶיךָ אֲחֻזַּת עוֹלָם: [בראשית מח, ד]

ב) וְעַתָּה שְׁנֵי בָנֶיךָ הַנּוֹלָדִים לְךָ בְּאֶרֶץ מִצְרַיִם עַד בֹּאִי אֵלֶיךָ מִצְרַיְמָה לִי הֵם אֶפְרַיִם וּמְנַשֶּׁה כִּרְאוּבֵן וְשִׁמְעוֹן יִהְיוּ לִי: [בראשית מח, ה]

ג) וּמוֹלַדְתְּךָ אֲשֶׁר הוֹלַדְתָּ אַחֲרֵיהֶם לְךָ יִהְיוּ עַל שֵׁם אֲחֵיהֶם יִקָּרְאוּ בְּנַחֲלָתָם: [בראשית מח, ו]

ד) אִם הַכֹּהֵן הַמָּשִׁיחַ יֶחֱטָא לְאַשְׁמַת הָעָם וְהִקְרִיב עַל חַטָּאתוֹ אֲשֶׁר חָטָא פַּר בֶּן בָּקָר תָּמִים לַיְיָ לְחַטָּאת: [ויקרא ד, ג]

הגהות וציונים

א] ס"א "**נפישי להו פרים**" (ר"ח, וכ"ה בתוס' הרא"ש): ב] ר"ח ורא"ש "**א"ה בצרי** להו", וליתא "י"ב שבטים": ג] גמיר **להו** (ב"ח, וכ"ה ברש"י): ד] ס"א **שעשה.** באר שבע (גליון). וכן בכתי"מ **ובשעת מעשה**: ה] **הוראתי**. יעב"ץ (גליון): ו] באר שבע (גליון): ז] ביל"ש גורס כאן (וכ"ה בר"ח) **מה ציבור אין מביאין אלא על העלם דבר בשגגת מעשה אף משיח אינו מביא אלא על העלם דבר בשגגת מעשה**, ואינו גורסו בסיפא: ח] באר שבע מ"ז (גליון) ועיין תוספות הרא"ש: ט] **ולא מיתוקמא** כצ"ל. באר שבע (גליון). ועי' הורה גבר: י] "דקרא הכי משמע ומולדתך" הני תיבות אין להם ביאור נראה למחקם (רש"ש, וכן ליתא בדפוס ווינציא ג'). כת"י "דקרא הכי משמע ומולדתך אשר הולדת אחריהם לך יהיו על שם אחיהם יקראו בנחלתם": יא] בד' ויניציא ג' "וחלק להם הארץ **וצוה היאך יחנו לדגליהם כדכתיב** איש על דגלו". בכת"י ובר"ח ליתא "דיעקב אבינו תקן להם דגלים וחלק להם הארץ וכן מצינו" אלא גורסים "וכן מצינו במדרש ר' תנחומא איש על דגלו": יב] בכת"י חתום דבור זה **ולא מפי המורה**, ובר"ח מביאו "וראינו במקצת פי' חכמים": יג] כת"י **שהיא**: יד] יש להוסיף **דפשיטא** דלא הוי דנין אפשר משאי אפשר **אלא** משום (ב"ח): טו] ההורה גבר הגיה ה' (וכ"ה בכת"י), וכתב שי"ל בדוחק הנוסח ד' למאי דמייתי רש"י בסמוך מימרא דריש לקיש: טז] בכת"י נוסף **דאחת נתנה להם לרעייה [ולא] למיתה ושכחו אי זה ניתנה לרעייה מהני חמש חטאות לפיכך אמרו חמישיתן [למיתה]** והכי גרסי' במסכת תמורה: יז] בכת"י נוסף **בלא העלם דבר שמורה בטעות**: יח] בשתיקה **למה לא** מיקרי (בארות המים): יט] וצריך לומר **דתנא התם** אגב דתנא הכא (בארות המים): כ] במקום המוסגר הנוסח בכת"י (הושמט מנוסח הדפוס מחמת דילוג "כנגד עם הקהל") **ופריך אלא מעתה** ... כא] בפר"ח ג"כ לא גרס מלת אלא (גליון): ... כד] כת"י "**והאשים העם** כגון ...

תוספות הרא"ש

[א"ל אביי[כ]] א"כ כשחטאו בהוראת ב"ד עם הצבור יביאו פר לעצמן: וכ"ת ה"נ **נפישי להו פרים.** דשבט לוי יביאו ב' פרים: [כא] **אמר רב אחא שבט לוי אינו קרוי קהל.** דכל אותן שלא נטלו חלק בארץ אינם קרוים קהל. מיהו כהנים נהי דלא מקרי קהל מ"מ הכתוב קראם עם בפ"ע ושקלם עם הקהל וכצבור דמו ואין חטאתם מתה אבל חטאת שותפים ס"ל לר"ש דמתה ומתוקמא [כב] שפיר כר"ש: **א"ה בצרי להו.** הא א"ה לא קאי אמלתיה דרב יוסף דהא שני שפיר דאע"ג דכהנים לא אקרי קהל אקרו עם וקרבנם כקרבן צבור דמי. אלא פריך אהא דקאמר דשבט לוי לא אקרי קהל א"כ לא הוי אלא י"א פרים לקהל: ומשני **אפרים ומנשה** מביאין שני פרים: הדר פריך **והא כתיב על שם אחיהם יקראו בנחלתם לנחלה הוקשו**[כג] **ולא לד"א.** וה"פ דקרא ומולדתך אשר הולדת אחריהם. פי' כשיבואו לידי חלוקת הארץ בניס אשר הולדת אז ע"ש אחיהם אפרים ומנשה יקראו בנחלתם. כי לא יקראו שבטים ליטול נחלה לבדם כאפרים ומנשה שאותם לבדם עשיתי שבטים לנחלה. אלמא משמע לענין נחלה דוקא הוקשו לראובן ושמעון ולא לד"א. והכי מסקי' דאפרים ומנשה לא אקרו שבטים לענין פר אלא שבט יוסף מייתי פר אחד ושבט לוי אקרי קהל ומייתי פר. אבל כהנים נהי דעם אקרי קהל מיהא לא איקרי: וקבעי תלמודא **מאי הוה עלה.** משום דמתוקמא דברי רב יוסף קבעי תלמודא הי מנייהו עיקר דברי אביי או דברי ר"י. ומסיק דדברי אביי עיקר דכי היכי דגבי צבור אר"ש ילמוד סתום מהמפורש ה"נ גבי חטאת השותפין דאין נקבה ותמורה בחטאת השותפין. ולשיטת רש"י ז"ל נדחו דברי ר"י דע"כ כהנים לא אקרי קהל דא"כ נפישי להו פרים נמצא דסבר ר"ש דאין חטאת שותפין מתה. וא"כ מאי בעי תלמודא מאי הוי עלה:

הדרן עלך
הורו בית דין

פ"ב שהוראת כהן משיח לעצמו כהוראת ב"ד לצבור. הקשה הרמ"ה ז"ל למאי אצטריך ליה השתא האי הקישא דמשיח לצבור. אי להורה שוגג ועשה מזיד תיפוק ליה משום דמזיד לאו בר קרבן הוא. וכן בכהן משיח גופיה[י] שוגג כתיב. ואי להורה מזיד ועשה שוגג תיפוק ליה כיון דהורה במזיד וגמר בדעתו לאכלה באיסור לא שב מידיעתו הוא. ומיכן דאצטריך כגון שהורה במזיד מטעם שאינו נכון וכשבא מעשה לידו שכח זדונו וסבר שמטעם נכון הורה ואכלו בחזקת היתר שאילו נודע לו שהיה איסור לא היה אוכלו ושב מידיעתו הוא. וכה"ג גבי שוגג ועשה שוגג מחייב כדמפרש בגמרא. וי"ל דבהכנס דחק דהא דקתני שהוראת כהן המשיח לעצמו כהוראת ב"ד ...

one bull. How, then, would twelve bulls be brought by the *shevatim*, if the *shevet* of Levi does not bring one, since they are not called a congregation? Rather, it must be that the *shevet* of Levi is called a congregation, but the *Kohanim* are not; therefore, a *Korban Chatas* brought on behalf of the *Kohanim*, such as the bull brought on Yom Kippur, is viewed as a *Korban Chatas* of partners, not as a communal one. Therefore, the *tanna* of the *Baraisa* who says that *Beis Din* would not bring their *Par He'eleim Davar* if one of the members of the *Beis Din* died before they brought it cannot be Rabi Shimon, because he holds that the bull brought on Yom Kippur cannot be left to die; that implies that he holds that a *Korban Chatas* of partners is not left to die, and therefore, the *Par He'eleim Davar* of *Beis Din* would still be brought, even if one of the members of the *Beis Din* died.

The Gemara asks: **וְלָא** — Are Efraim and Menashe not considered separate *shevatim* for any purposes other than getting separate portions in Eretz Yisrael? **וְהָא חֲלוּקִין בִּדְגָלִים** — But when the Jewish people camped in the *Midbar*, and each *shevet* camped in a specific spot which they marked with the flag of their *shevet*, Efraim and Menashe had separate flags and camped in different places! The Gemara answers: **כְּנַחֲלָתָן כָּךְ חֲנִיָּיתָן** — The fact that they camped in separate places was an exception, because the camping of the *shevatim* was arranged based on the way Yaakov had *specifically instructed* them to be positioned when they carried his body to Eretz Yisrael, and he had instructed Efraim and Menashe to be in separate places in the same way that Yaakov had *specifically instructed* that Efraim and Menashe be given separate portions of Eretz Yisrael, **כְּדֵי לַחְלֹק כָּבוֹד לִדְגָלִים** — which was done so that the people would give honor to each *shevet* that had its own flag, and therefore honor Efraim and Menashe as separate *shevatim*.

The Gemara asks: **וְהָא חֲלוּקִים בִּנְשִׂיאִים** — But we find that Efraim and Menashe were split regarding the *nesi'im*, that each one had its own *nasi* bring a *korban* on a separate day of the inauguration of the Mishkan! The Gemara answers: **הָהוּא לַחֲלוֹק כָּבוֹד לִנְשִׂיאִים** — That was done so that the *nasi* of both of the *shevatim* would be given proper respect. **דְּתַנְיָא** — As we learned in a *Baraisa*: **שְׁלֹמֹה עָשָׂה שִׁבְעָה יְמֵי חֲנוּכָּה** — When Shlomo Hamelech built the first Beis Hamikdash, he made seven days of inauguration; **וּמָה רָאָה מֹשֶׁה לַעֲשׂוֹת שְׁנֵים עָשָׂר יְמֵי חֲנוּכָּה** — what reason did Moshe see to make twelve days of inauguration, and not seven, like Shlomo did? **כְּדֵי לַחֲלוֹק כָּבוֹד לִנְשִׂיאִים** — It was in order to give honor to all the *nesi'im*, that each one should have a day to bring his *korban*.

The Gemara asks: **מַאי הָוֵי עֲלָהּ** — What conclusion was reached regarding Rabi Shimon's opinion? Does he hold that a *Korban Chatas* of partners can be left to die, as Rav Yosef explained, or does he hold that just like a communal *Korban Chatas*, it cannot be left to die and is brought even if not all the members of the congregation are still alive, as Abaye explained? **תָּא שְׁמַע** — Come and hear a proof from a *Baraisa* to answer this question: **דְּתַנְיָא** — As we learned in a *Baraisa*:

For this *daf's shiur* and charts, scan this QR code:

אֶלָּא מֵעַתָּה נֵייתוּ פַּר בְּהוֹרָאָה, וְכִי תֵּימָא הָכִי נַמֵּי, טָפֵי לְהוּ שְׁבָטִים. אֶלָּא אָמַר רַב אַחָא בְּרַבִּי יַעֲקֹב, שִׁבְטוֹ שֶׁל לֵוִי לָא אִיקְּרוּ קָהָל, דִּכְתִיב א) 'הִנְנִי מַפְרְךָ וְהִרְבִּיתִךָ וּנְתַתִּיךָ לִקְהַל עַמִּים' וְגוֹ', כֹּל שֶׁיֵּשׁ לוֹ אֲחוּזָּה אִיקְּרִי קָהָל, וְכֹל שֶׁאֵין לוֹ אֲחוּזָּה לָא אִיקְּרִי קָהָל. אִם כֵּן חָסְרִי לְהוּ שְׁנֵים עָשָׂר שְׁבָטִים. אָמַר אַבַּיֵי, ב) 'אֶפְרַיִם וּמְנַשֶּׁה כִּרְאוּבֵן וְשִׁמְעוֹן יִהְיוּ לִי'. אָמַר רָבָא, וְהָא כְּתִיב ג) 'עַל שֵׁם אֲחֵיהֶם יִקָּרְאוּ בְּנַחֲלָתָם', לְנַחֲלָה הוּקְּשׁוּ וְלֹא לְדָבָר אַחֵר. וְלָא, וְהָא חֲלוּקִין בִּדְגָלִים, כְּנַחֲלָתָן כָּךְ חֲנִיָּיתָן. כְּדֵי לַחֲלֹק כָּבוֹד לַדְּגָלִים. וְהָא חֲלוּקִים בִּנְשִׂיאִים. הַהוּא לַחֲלוֹק כָּבוֹד לַנְּשִׂיאִים, דְּתַנְיָא, שְׁלֹמֹה עָשָׂה שִׁבְעָה יְמֵי חֲנוּכָּה, וּמָה רָאָה מֹשֶׁה לַעֲשׂוֹת שְׁנֵים עָשָׂר יְמֵי חֲנוּכָּה, כְּדֵי לַחֲלוֹק כָּבוֹד לַנְּשִׂיאִים. מַאי הָוֵי עֲלָהּ. תָּא שְׁמַע, דְּתַנְיָא, רַבִּי שִׁמְעוֹן אוֹמֵר, חָמֵשׁ חַטָּאוֹת מֵתוֹת, וְלַד חַטָּאת, וּתְמוּרַת חַטָּאת, וְחַטָּאת שֶׁמֵּתוּ בְּעָלֶיהָ, וְחַטָּאת שֶׁנִּתְכַּפְּרוּ בְּעָלֶיהָ, וְחַטָּאת שֶׁעָבְרָה שְׁנָתָהּ; וְאִי אַתָּה יָכוֹל לוֹמַר וְלַד חַטָּאת בְּצִבּוּר, שֶׁאֵין צִבּוּר מַפְרִישִׁין נְקֵבָה, וְאִי אַתָּה יָכוֹל לוֹמַר תְּמוּרַת חַטָּאת בְּצִבּוּר, שֶׁאֵין תְּמוּרָה בְּצִבּוּר, וְאִי אַתָּה יָכוֹל לוֹמַר חַטָּאת שֶׁמֵּתוּ בְּעָלֶיהָ בְּצִבּוּר, שֶׁאֵין צִבּוּר מֵתִים; שֶׁנִּתְכַּפְּרוּ בְּעָלֶיהָ וְשֶׁעָבְרָה שְׁנָתָהּ לֹא שָׁמַעְנוּ, יָכוֹל יָמוּתוּ, אָמַרְתָּ יִלְמוֹד סָתוּם מִן הַמְפוֹרָשׁ, מַה מָּצִינוּ בְּוָלָד חַטָּאת וּתְמוּרַת חַטָּאת וְשֶׁמֵּתוּ בְּעָלֶיהָ בְּיָחִיד דְּבָרִים אֲמוּרִים וְלֹא בְּצִבּוּר, אַף שֶׁנִּתְכַּפְּרוּ בְּעָלֶיהָ וְשֶׁעָבְרָה שְׁנָתָהּ בְּיָחִיד דְּבָרִים אֲמוּרִים וְלֹא בְּצִבּוּר. וְכִי דָּנִין אֶפְשָׁר מִשֶּׁאִי אֶפְשָׁר. רַבִּי שִׁמְעוֹן בְּחַד מָקוֹם גְּמִירִי:

הַדְרָן עֲלָךְ הוֹרוּ בֵּית דִּין

הוֹרָה כֹּהֵן מָשִׁיחַ לְעַצְמוֹ שׁוֹגֵג, וְעָשָׂה שׁוֹגֵג, מֵבִיא פַּר; שׁוֹגֵג וְעָשָׂה מֵזִיד, מֵזִיד וְעָשָׂה שׁוֹגֵג, פָּטוּר; שֶׁהוֹרָאַת כֹּהֵן מָשִׁיחַ לְעַצְמוֹ כְּהוֹרָאַת בֵּית דִּין לַצִּבּוּר: **גמ'** שׁוֹגֵג וְעָשָׂה שׁוֹגֵג מֵבִיא פַּר, פְּשִׁיטָא. אָמַר אַבַּיֵי, הָכָא בְּמַאי עָסְקִינַן, כְּגוֹן שֶׁהוֹרָה וְשָׁכַח מֵאֵיזֶה טַעַם הוֹרָה, וּבְשָׁעָה שֶׁטָּעָה אָמַר הֲרֵינִי עוֹשֶׂה עַל דַּעַת הוֹרָאָתוֹ, דְּמַהוּ דְּתֵימָא כֵּיוָן דְּאִילּוּ מִתְיְדַע לֵיהּ [שֶׁמָּא] הָדַר בֵּיהּ, כְּמֵזִיד דָּמֵי וְלָא לִחַיֵּיב, קָא מַשְׁמַע לָן: מֵזִיד וְעָשָׂה שׁוֹגֵג כּוּ': מְנָא הָנֵי מִילֵּי, דְּתָנוּ רַבָּנַן, 'לְאַשְׁמַת הָעָם', הֲרֵי מָשִׁיחַ כְּצִבּוּר; (שֶׁיָּכוֹל) וַהֲלֹא דִּין הוּא

תוספות

מֵזִיד וְעָשָׂה שׁוֹגֵג. תֵּימַהּ, הֵיכָא הָוֵי שׁוֹגֵג בְּלֹא הוֹרָאָה, אִי אָכִיל בִּשְׁתִיקָה וְלָא מִיקְּרֵי הוֹרָאָה, הָא מֵאַחַר שֶׁאֵינוֹ מוֹרֶה לַאֲחֵרִים כִּי אִם לְעַצְמוֹ מַה לִּי בִּשְׁתִיקָה מַה לִּי בְּדִיבּוּר: **(אין)** [כְּהוֹרָאַת] בֵּית דִּין כּוּ'. כַּמָּה עִנְיָינִים שׁוֹנֶה הָכָא מַה שֶּׁכְּבָר שָׁנָה בְּפֶרֶק קַמָּא, אֶלָּא מִשּׁוּם דְּאָתֵי לְפָרוּשֵׁי רֵישָׁא אַמַּאי שָׁוֶה לְהוֹרָאַת צִבּוּר לְעִנְיַן שׁוֹגֵג וְעָשָׂה כּוּ', מִשּׁוּם דְּשָׁווּ פַּר כֹּהֵן מָשִׁיחַ וְצִבּוּר לַהֲדָדֵי: **שׁוֹגֵג** וְעָשָׂה שׁוֹגֵג פְּשִׁיטָא. לְעֵיל בְּפ"ק (ד:) דְּקָתָנֵי 'שׁוֹגְגִין וְעָשׂוּ שׁוֹגְגִין' לָא פָּרֵיךְ נַמֵּי פְּשִׁיטָא, וְצָרִיךְ לוֹמַר אַגַּב דְּתָנָא הָכָא, דְּהָתָם לֵיכָּא לְשַׁנּוּיֵי כִּדְהָכָא, דְּהֵיכִי סָלְקָא דַּעְתָּךְ לְמֵימַר דְּכוּלְּהוּ סַנְהֶדְרִין שָׁכְחוּ מֵאֵיזֶה טַעַם הוֹרוּ:

This *daf* is dedicated *l'iluy nishmas*: Ezra ben Esther *z"l*

רַבִּי שִׁמְעוֹן אוֹמֵר — Rabi Shimon says: **חָמֵשׁ חַטָּאוֹת מֵתוֹת** — There are five situations where the halachah is that an animal designated for a *Korban Chatas* is left to die, because they cannot be brought as a *korban*: 1) **וְלַד חַטָּאת** — The baby of an animal that was born after the mother was designated for a *Korban Chatas*; 2) **וּתְמוּרַת חַטָּאת** — An animal that was substituted in place of another animal that had been designated for a *Korban Chatas*; 3) **וְחַטָּאת שֶׁמֵּתוּ בְּעָלֶיהָ** — A *Korban Chatas* whose owner died before they brought it; 4) **וְחַטָּאת שֶׁנִּתְכַּפְּרוּ בְּעָלֶיהָ** — A *Korban Chatas* whose owner got his atonement from another *korban*; 5) **וְחַטָּאת שֶׁעָבְרָה שְׁנָתָהּ** — A *Korban Chatas* that turned one year old before it was brought (since the animal brought for a *Korban Chatas* must be less than one year old). These five cases are discussing a *Korban Chatas* being brought by an individual; Rabi Shimon now discusses whether the same halachah would apply if it was a communal *Korban Chatas*: **וְאִי אַתָּה יָכוֹל לוֹמַר וְלַד חַטָּאת בְּצִבּוּר** — You can't even discuss the first case, of an animal designated for a *Korban Chatas* giving birth before it is brought, by a communal *Korban Chatas*, **שֶׁאֵין צִבּוּר מַפְרִישִׁין נְקֵבָה** — because there is no communal *korban* which is female. **וְאִי אַתָּה יָכוֹל לוֹמַר תְּמוּרַת חַטָּאת בְּצִבּוּר** — And similarly, you can't discuss a case of an animal that was substituted in place of another animal that had been designated for a *Korban Chatas* by a communal *Korban Chatas*, **שֶׁאֵין תְּמוּרָה בְּצִבּוּר** — because the halachah is that a substitution for a communal *korban* has no effect, and the animal which was attempted to be used as a substitute remains in its state of *chullin*. **וְאִי אַתָּה יָכוֹל לוֹמַר חַטָּאת שֶׁמֵּתוּ בְּעָלֶיהָ בְּצִבּוּר** — And similarly, you can't discuss a case of a *Korban Chatas* whose owner died before they got to bring it by a communal *Korban Chatas*, **שֶׁאֵין צִבּוּר מֵתִים** — because a congregation cannot die; even if all of the people who had sinned die, the entity of the congregation remains alive. **שֶׁנִּתְכַּפְּרוּ בְּעָלֶיהָ** — Regarding the case of an animal designated for a *Korban Chatas* whose owner got his atonement from another *korban*, **וְשֶׁעָבְרָה שְׁנָתָהּ** — and regarding the case of an animal designated for a *Korban Chatas* that turned one year old before it was brought, which are both possible by a communal *Korban Chatas*, **לֹא שָׁמַעְנוּ** — we have not heard whether or not they are left to die. **יָכוֹל יָמוּתוּ** — I might think that they should die; **אָמַרְתָּ** — you would say: **יִלְמוֹד סָתוּם מִן הַמְפוֹרָשׁ** — The halachah which is unknown (these last two cases when it is regarding a communal *Korban Chatas*) should be learned from the halachah which is explicitly stated (the first three cases): **מַה מָּצִינוּ בְּוָלָד חַטָּאת וּתְמוּרַת חַטָּאת וְשֶׁמֵּתוּ בְּעָלֶיהָ** — Just like we find by the cases of the baby of a *Korban Chatas*, an animal that was substituted for a *Korban Chatas*, and a *Korban Chatas* whose owner died before they got to bring it, **בְּיָחִיד דְּבָרִים אֲמוּרִים** — The halachah that they are left to die was only said by a *Korban Chatas* of an individual, **וְלֹא בְּצִבּוּר** — but it was not said by a communal *Korban Chatas*; **אַף שֶׁנִּתְכַּפְּרוּ בְּעָלֶיהָ וְשֶׁעָבְרָה שְׁנָתָהּ** — so, too, by the cases of a *Korban Chatas* whose owner got his atonement from another *korban* and a *Korban Chatas* that turned one year old before it was brought,

For this *daf's shiur* and charts, scan this QR code:

עין משפט
נר מצוה

מח א מיי' פי"ג מהלכות שגגות הלכה ב:
מט ב ג ד מיי' פ"ד מהלכות פסולי מוקדשים ה"א:
א ה מיי' פט"ו מהלכות שגגות הלכה א סמג עשין ריז:
ב ו מיי' שם הלכה ב והלכה ג סמג שם:
ג ז מיי' שם והלכה א:
ד ח מיי' שם הלכה ב:

תוספות הרא"ש

[א"ל אביי[כ]] א"כ כשחטאו בהוראת ב"ד עם הצבור יביאו פר לעצמן: וכ"ת ה"נ נפישי להו פרים. דשבט לוי יביאו ב' פרים: [כא] אמר רב אחא שבט לוי אינו קרוי קהל. דכל אותן שלא נטלו חלק בארץ אינם קרוים קהל. מיהו כהנים נמי דלא מקרי קהל מ"מ הכתוב קראם עם בפ"ע ושקלם עם הקהל וכצבור דמו ואין חטאתם מתה אבל חטאת שותפים ס"ל לר"ש דמתה ומתוקמא [כב] שפיר כר"ש: א"ה בצרי להו. הא"י א"ה לא קאי אמלתיה דרב יוסף דהא שני שפיר דאע"ג דכהנים לא אקרי קהל אקרו עם וקרבנם כקרבן צבור דמי. אלא פריך אהא דקאמר דשבט לוי לא אקרי קהל א"כ לא הוי אלא י"א פרים לקהל: ומשני אפרים ומנשה מביאין שני פרים: הדר פריך והא כתיב על שם אחיהם יקראו בנחלתם לנחלה הוקשו[כג] ולא לד"א. וה"פ דקרא ומולדתך אשר הולדת אחריהם. פי' כשיבואו לידי חלוקת הארץ בניס אשר הולדת אז ע"ש אחיהם אפרים ומנשה יקראו בנחלתם. כי לא יקראו שבטים ליטול נחלה לבדם כאפרים ומנשה שאותם לבדם עשיתי שבטים לנחלה. אלמא משמע לענין נחלה דוקא הוקשו לראובן ושמעון ולא לד"א. והכי מסקי' דאפרים ומנשה לא אקרו שבטים לענין פר אלא שבט יוסף מייתי פר אחד ושבט לוי לא אקרי קהל ומייתי פר. אבל כהנים נהי דעם אקרי קהל מיהא לא איקרי: וקבעי תלמודא מאי הוה עלה. משום דמתוקמא דברי רב יוסף קבעי תלמודא הי מנייהו עיקר דברי אביי או דברי ר"י. ומסיק לדברי אביי עיקר דכי היכי דגבי צבור אר"ש ילמוד סתום מהמפורש ה"נ גבי חטאת השותפין דאין נקבה ותמורה בחטאת השותפין. ולשיטת רש"י ז"ל נדחו דברי ר"י דע"כ כהנים לא אקרי קהל דא"כ נפישי להו פרים נמצא דסבר ר"ש דאין חטאת שותפין מתה. וא"כ מאי בעי תלמודא מאי הוי עלה:
הדרן עלך
הורו בית דין

פ"ב שהוראת כהן משיח לעצמו כהוראת ב"ד לצבור. הקשה הרמ"ה ז"ל למאי אצטריך ליה השתא האי היקשא דמשיח לצבור. אי להורה שוגג ועשה מזיד תיפוק ליה משום דמזיד לאו בר קרבן הוא. וכן בכהן משיח גופיה[י] שוגג כתיב. ואי להורה מזיד ועשה שוגג תיפוק ליה כיון דהורה במזיד וגמר בדעתו לאכלה באיסור לא שב מידיעתו הוא. ומירך דאצטריך כגון שהורה במזיד מטעם שאינו נכון ונשכח מעשה לידו שכח זדונו וסבר מטעם נכון הורה ואכלו בחזקת היתר שאילו נודע לו שהיה איסור לא היה אוכלו ושב מידיעתו הוא. וכה"ג גבי שוגג ועשה שוגג מחייב כדמפרש בגמרא. וי"ל דבהכנס דחק דהא דקתני שהוראת כהן המשיח לעצמו כהוראת ב"ד לצבור אחיובא קאי ולא אפטור לאשמועינן דלא מחייב כהן משיח אם לא שהורה היתר מתחלה. וכן משמע מתוך פרש"י ז"ל דלפטור לא צריך להיקשא כיון דלאו הוראה היא ממילא ידענא דמיפטר דתניא לקמן דכהן משיח לא מחייב על שגגת מעשה: דת"ר אם הכהן המשיח יחטא לאשמת העם. וליכא לפרושי שחטא כהן בהוראה (והאנסים כגון) [לאשמת העם][כד] שחטאו עם הוראתו. דהא חטא בשגגה ועשה מאחת מהנה כתיב ועלה כתיב אם הכהן המשיח: שיכול. פרש"י ז"ל שיכולני ללמוד ק"ו. ולאו דוקא ק"ו אלא מבנין אב קאמר. וה"פ שיכולני ללמוד דבר זה מבנין אב. והלא דין הוא אף בלא ... ומיהו לשון שיכול אינו מיושב דמשמע דהכי צריך קרא שיכול הייתי לומר בענין אחר אם לא היה פסוק. וי"מ שיכול קאי אדינא בתרא (והכא) [וה"פ] שיכול הייתי לומר שיתחייב משיח בשגגת מעשה בלא העלם דבר ... הכי ולהכי מצטריך קרא. וקודם שסיים דבריו קאמר אדרבה והלא דין הוא אף בלא פסוק:

אֶלָּא מֵעַתָּה נַיְיתוּ פַּר בְּהוֹרָאָה, וְכִי תֵּימָא הָכִי נַמֵּי, טָפֵי לְהוּ שְׁבָטִים[א]. אֶלָּא אָמַר רַב אַחָא בְּרַבִּי יַעֲקֹב, שִׁבְטוֹ שֶׁל לֵוִי לָא אִיקְּרוּ קָהָל, דִּכְתִיב [א] 'הִנְנִי מַפְרְךָ וְהִרְבִּיתִךָ וּנְתַתִּיךָ לִקְהַל עַמִּים' וְגוֹ', כֹּל שֶׁיֵּשׁ לוֹ אֲחוּזָּה אִיקְּרִי קָהָל, וְכֹל שֶׁאֵין לוֹ אֲחוּזָּה לָא אִיקְּרִי קָהָל. אִם כֵּן חָסְרִי[ב] לְהוּ שְׁנֵים עָשָׂר שְׁבָטִים. אָמַר אַבַּיֵי, [ב] 'אֶפְרַיִם וּמְנַשֶּׁה כִּרְאוּבֵן וְשִׁמְעוֹן יִהְיוּ לִי'. אָמַר רָבָא, וְהָא כְּתִיב [ג] 'עַל שֵׁם אֲחֵיהֶם יִקָּרְאוּ בְּנַחֲלָתָם', לְנַחֲלָה הוּקְּשׁוּ [א] וְלֹא לְדָבָר אַחֵר. וְלָא, וְהָא חֲלוּקִין בִּדְגָלִים, כְּנַחֲלָתָן כָּךְ חֲנִיָּיתָן. כְּדֵי לַחֲלֹק כָּבוֹד לַדְּגָלִים. וְהָא חֲלוּקִים בִּנְשִׂיאִים. הַהוּא לַחֲלוֹק כָּבוֹד לַנְּשִׂיאִים, דְּתַנְיָא, שְׁלֹמֹה עָשָׂה שִׁבְעָה יְמֵי חֲנוּכָּה, וּמָה רָאָה מֹשֶׁה לַעֲשׂוֹת שְׁנֵים עָשָׂר יְמֵי חֲנוּכָּה, כְּדֵי לַחֲלוֹק כָּבוֹד לַנְּשִׂיאִים. מַאי הָוֵי עֲלַהּ. תָּא שְׁמַע, [ב] דְּתַנְיָא, רַבִּי שִׁמְעוֹן אוֹמֵר, [ב] חָמֵשׁ חַטָּאוֹת מֵתוֹת, וְלַד חַטָּאת, וּתְמוּרַת חַטָּאת, [ג] וְחַטָּאת שֶׁמֵּתוּ בְּעָלֶיהָ, וְחַטָּאת שֶׁנִּתְכַּפְּרוּ בְעָלֶיהָ, וְחַטָּאת שֶׁעָבְרָה שְׁנָתָהּ; [ג] וְאִי אַתָּה יָכוֹל לוֹמַר וְלַד חַטָּאת בְּצִבּוּר, שֶׁאֵין צִבּוּר מַפְרִישִׁין נְקֵבָה, וְאִי אַתָּה יָכוֹל לוֹמַר תְּמוּרַת חַטָּאת בְּצִבּוּר, שֶׁאֵין תְּמוּרָה בְּצִבּוּר, וְאִי אַתָּה יָכוֹל לוֹמַר חַטָּאת שֶׁמֵּתוּ בְעָלֶיהָ בְּצִבּוּר, שֶׁאֵין צִבּוּר מֵתִים; שֶׁנִּתְכַּפְּרוּ בְעָלֶיהָ וְשֶׁעָבְרָה שְׁנָתָהּ לֹא שָׁמַעְנוּ, יָכוֹל יָמוּתוּ, אָמַרְתָּ יִלְמוֹד סָתוּם מִן הַמְפוֹרָשׁ, [ג] מַה מָּצִינוּ בְּוָלַד חַטָּאת וּתְמוּרַת חַטָּאת וְשֶׁמֵּתוּ בְעָלֶיהָ בְּיָחִיד דְּבָרִים אֲמוּרִים וְלֹא בְּצִבּוּר, אַף [ד] שֶׁנִּתְכַּפְּרוּ בְעָלֶיהָ וְשֶׁעָבְרָה שְׁנָתָהּ בְּיָחִיד דְּבָרִים אֲמוּרִים וְלֹא בְּצִבּוּר. [ד] וְכִי דָּנִין אֶפְשָׁר מִשֶּׁאִי אֶפְשָׁר. רַבִּי שִׁמְעוֹן בְּחַד מָקוֹם גְּמִיר[ג]:

הַדְרָן עֲלָךְ הוֹרוּ בֵּית דִּין

הוֹרָה [ה] כֹּהֵן מָשִׁיחַ לְעַצְמוֹ שׁוֹגֵג, וְעָשָׂה שׁוֹגֵג, מֵבִיא פַּר; [ו] שׁוֹגֵג וְעָשָׂה מֵזִיד, מֵזִיד וְעָשָׂה שׁוֹגֵג, פָּטוּר; [ז] שֶׁהוֹרָאַת כֹּהֵן מָשִׁיחַ לְעַצְמוֹ כְּהוֹרָאַת בֵּית דִּין לַצִּבּוּר: **גמ'** שׁוֹגֵג וְעָשָׂה שׁוֹגֵג מֵבִיא פַּר, פְּשִׁיטָא. אָמַר אַבַּיֵי, [ח] הָכָא בְּמַאי עָסְקִינַן, כְּגוֹן שֶׁהוֹרָה וְשָׁכַח מֵאֵיזֶה טַעַם הוֹרָה, וּבְשָׁעָה שֶׁטָּעָה[ד] אָמַר הֲרֵינִי עוֹשֶׂה עַל דַּעַת הוֹרָאָתוֹ[ה], דְּמַהוּ דְתֵימָא כֵּיוָן דְּאִילּוּ מִתְיְדַע לֵיהּ [שֶׁמָּא[ו]] הֲדַר בֵּיהּ, כְּמֵזִיד דָּמֵי וְלָא לִחַיַּיב, קָא מַשְׁמַע לָן: מֵזִיד וְעָשָׂה שׁוֹגֵג כּוּ': מְנָא הָנֵי מִילֵּי, [ט] דְּתָנוּ רַבָּנָן, [ד] 'לְאַשְׁמַת הָעָם', הֲרֵי מָשִׁיחַ כְּצִבּוּר[ז]; (שֶׁיָּכוֹל[ח]) וַהֲלֹא דִּין הוּא צִבּוּר

אֶלָּא מֵעַתָּה. דְּכֹהֲנִים אִיקְרוּ קָהָל, לַיְיתוּ פַּר בְּהוֹרָאָה: וְכ"ת הָכִי נַמֵּי, טָפֵי לְהוּ שְׁבָטִים. לְר"ש הָוַיִין שְׁלֹשָׁה עָשָׂר שְׁבָטִים, וּתְנַן 'רַבִּי שִׁמְעוֹן אוֹמֵר שְׁלֹשָׁה עָשָׂר פָּרִים פַּר לְכָל שֵׁבֶט וְשֵׁבֶט וּפַר לְבֵי"ד', דְּלָא הָווּ אֶלָּא שְׁנֵים עָשָׂר שְׁבָטִים: אֶלָּא אָמַר רַב אַחָא בַּר יַעֲקֹב שִׁבְטוֹ שֶׁל לֵוִי לָא אִיקְּרִי קָהָל. וְהוּא הַדִּין לְכֹהֲנִים דְּלָא אִיקְרוּ קָהָל, דְּכֹהֲנִים הָוַיִין בִּכְלַל שֵׁבֶט לֵוִי, (וְאַכַּתִּי נוֹקְמָהּ[ט]) כְּר' שִׁמְעוֹן: וּנְתַתִּיךָ לִקְהַל עַמִּים וְנָתַתִּי אֶת הָאָרֶץ הַזֹּאת לְזַרְעֲךָ אַחֲרֶיךָ אֲחֻזַּת עוֹלָם', כֹּל שֶׁיֵּשׁ לוֹ אֲחוּזָּה אִיקְּרִי קָהָל. וְכֹהֲנִים וּלְוִיִּם אֵין לָהֶם אֲחוּזָּה: 'כִּרְאוּבֵן וְשִׁמְעוֹן יִהְיוּ לִי'. דִּכְתָרֵי שְׁבָטִים חָשֵׁיב לְהוּ כִּרְאוּבֵן וְשִׁמְעוֹן: וְהָא כְּתִיב 'עַל שֵׁם אֲחֵיהֶם יִקָּרְאוּ בְּנַחֲלָתָם'. דִּלְנַחֲלָה הוּקְשׁוּ אֶפְרַיִם וּמְנַשֶּׁה לִשְׁאָר שְׁבָטִים שֶׁיִּהְיוּ נוֹטְלִים בְּנַחֲלָה כִּשְׁאָר שְׁנֵי שְׁבָטִים, וְלֹא לִדְבָרִים אֲחֵרִים הוּקְשׁוּ, אֲבָל אֵין מְבִיאִין שְׁנֵי פָּרִים, וְאַכַּתִּי חָסְרֵי לְהוּ מִשְּׁנֵים עָשָׂר שְׁבָטִים, אֶלָּא שָׁמְעִינַן מִינַּהּ דְּלֵוִי אִיקְּרִי קָהָל, וְכֹהֲנִים לָא אִיקְּרִי קָהָל, וְשׁוּתָּפִין נִינְהוּ, וְלָא מְתוֹקְמָא כְּר"ש, דִּקְרָא הָכִי מַשְׁמַע 'וּמוֹלַדְתְּךָ'[י]: כְּנַחֲלָתָם כָּךְ חֲנִיָּיתָם. שֶׁיַּעֲקֹב אָבִינוּ חָלַק לָהֶם אֶת הָאָרֶץ וְלִוִּים הֵיאַךְ יַחֲנוּ לְדִגְלֵיהֶם, וְכֵן מָצִינוּ בְּמִדְרַשׁ תַּנְחוּמָא דְּיַעֲקֹב אָבִינוּ תִּקֵּן לָהֶם דְּגָלִים וְחָלַק לָהֶם הָאָרֶץ, וְכֵן מָצִינוּ[יא] 'אִישׁ עַל דִּגְלוֹ בְאֹתֹת' בָּאוֹת אֲשֶׁר נָוָה לָהֶם אֲבִיהֶם, שֶׁלְּאוֹתָן רוּחוֹת שֶׁנֶּחְלְקוּ לִשְׂאֵת מִטָּתוֹ לְאוֹתָן רוּחוֹת חָנוּ לְדִגְלֵיהֶם, וְהַיְינוּ דְּאָמְרִינַן 'כְּנַחֲלָתָן כָּךְ חֲנִיָּיתָן'[יב]: מַאי הָוֵי עֲלַהּ. אִי הָוֵה דַּוְקָא הָא דְּאַבַּיֵי דְּאָמַר דְּשָׁמְעִינַן לֵיהּ לְר"ש דְּאָמַר דְּחַטַּאת הַשּׁוּתָּפִין אֵינָהּ מֵתָה, אוֹ לָאו דַּוְקָא: ת"ש, דְּתַנְיָא, ר"ש אוֹמֵר וְכוּ': שֶׁאֵין צִבּוּר מַפְרִישִׁין נְקֵבָה. שֶׁאֵין אַתָּה מוֹצֵא קָרְבַּן צִבּוּר שֶׁהָיְתָה[יג] בָּאָה נְקֵבָה: שֶׁאֵין תְּמוּרָה בְּצִבּוּר. דִּכְתִיב 'לֹא יַחֲלִיפֶנּוּ וְלֹא יָמִיר', דִּלְשׁוֹן יָחִיד הוּא, וְלֹא צִבּוּר וְשׁוּתָּפִין, וְהָכִי מְפָרֵשׁ בְּפ"ק דְּמַסֶּכֶת תְּמוּרָה (דף יג.): שֶׁנִּתְכַּפְּרוּ בְּעָלֶיהָ וְשֶׁעָבְרָה שְׁנָתָהּ לֹא שָׁמַעְנוּ. אִם מֵתִים בְּצִבּוּר אִי לָא: וְכִי דָּנִין אֶפְשָׁר מִשֶּׁאִי אֶפְשָׁר. הָא וְלַד חַטָּאת וּתְמוּרַת חַטָּאת וְשֶׁמֵּתוּ בְעָלֶיהָ אִי אֶפְשָׁר בְּצִבּוּר, וְקָא אָמַר 'מַה מָּצִינוּ': הָא לָא קַשְׁיָא[יד] דְּלָא הָוֵי דָּנִין אֶפְשָׁר מִשֶּׁאִי אֶפְשָׁר, מִשּׁוּם דְּר"ש בְּחַד מָקוֹם גְּמִיר לְהוּ, דְּכִי נִצְטַוּוּ יִשְׂרָאֵל עַל אַרְבַּע[טו] חַטָּאוֹת בְּחַד מָקוֹם גְּמִיר לְהוּ, הֲלָכָה לְמֹשֶׁה מִסִּינַי שֶׁיִּהְיוּ נְהוּגוֹת יַחַד בְּמָקוֹם אֶחָד, אוֹ בְּיָחִיד אוֹ בְּצִבּוּר, וְקָא דַּיֵּיק ר"ש, אִי ס"ד בְּצִבּוּר, הָנָךְ כּוּלְּהוּ מִי אִיתַנְהוּ יַחַד בְּצִבּוּר, אֶלָּא ש"מ דְּבְיָחִיד אֲמוּרָה וְלֹא בְּצִבּוּר, דְּכִי הֵיכִי שֶׁמֵּתוּ בְעָלֶיהָ וְלַד חַטָּאת וּתְמוּרַת חַטָּאת לֵיתַנְהוּ בְּצִבּוּר, ה"נ שֶׁכִּיפְּרוּ בְעָלֶיהָ וְשֶׁעָבְרָה שְׁנָתָהּ לֵיתַנְהוּ בְּצִבּוּר, דְּעַל כָּרְחִין יִלְמוֹד סָתוּם מִן הַמְפוֹרָשׁ, וְהָכִי אָמְרִינַן בְּמַסֶּכֶת תְּמוּרָה בְּפֶרֶק יֵשׁ בְּקָרְבְּנוֹת יָחִיד (דף טו:) 'אָמַר ר"ש בֶּן לָקִישׁ, אַרְבַּע נִתְּנוּ לָהֶם' דְּמֵתוֹת 'וְהַחֲמִישִׁית יִרְעֶה, וְיַחַד נִיתְּנוּ, שֶׁיִּהְיוּ נוֹהֲגוֹת בְּמָקוֹם אֶחָד, וּמִסְפֵּק הָעֲמִידוּם עַל חָמֵשׁ'[טז], שֶׁיִּהְיוּ חֲמִשְׁתָּן מֵתוֹת, וְאִי ס"ד דְּאַרְבַּע נִיתְּנוּ לָהֶם בְּצִבּוּר, הָנָךְ כּוּלְּהוּ אַרְבַּע מֵתוֹת מִי אִיתַנְהוּ בְּצִבּוּר, הָא לָא מַשְׁכַּחַת לָהּ דְּאֶפְשָׁר בְּצִבּוּר אֶלָּא שְׁנַיִם וְתוּ לָא, אֶלָּא עַל כָּרְחָךְ יִלְמוֹד סָתוּם מִן הַמְפוֹרָשׁ, וְקָא דַּיְיקִינַן מֵהָא מַתְנִיתָא דְּכִי הֵיכִי דְּאָמַר ר"ש חָמֵשׁ חַטָּאוֹת מֵתוֹת בְּיָחִיד וְלֹא בְּצִבּוּר, דְּמֵהַהִיא דּוּקְיָא דָּיֵיק ר"ש דְּיָחִיד וְלֹא בְּשׁוּתָּפִין דְּהַיְינוּ בֵּי"ד, מִשּׁוּם דְּאִי אַתָּה יָכוֹל לוֹמַר וְלַד חַטָּאת בְּשׁוּתָּפִין, שֶׁאֵין הַשּׁוּתָּפִין מְבִיאִין נְקֵבָה, דְּפַר וְשָׂעִיר הוּא דִּמְבִיאִין, וְאִי אַתָּה יָכוֹל לוֹמַר תְּמוּרַת חַטָּאת בְּשׁוּתָּפוּת, שֶׁאֵין תְּמוּרָה בְּשׁוּתָּפִין דְּעָלְמָא, וְכ"ש בְּבֵי"ד, דְּה"נ תְּנַן בְּמַסֶּכֶת תְּמוּרָה (דף יג.) 'אֵין הַשּׁוּתָּפִין עוֹשִׂין תְּמוּרָה', וְיִלְמוֹד סָתוּם מִן הַמְפוֹרָשׁ, מַה מָּצִינוּ בְּוָלַד חַטָּאת וּתְמוּרַת חַטָּאת בְּיָחִיד דְּבָרִים אֲמוּרִים וְלֹא בְּשׁוּתָּפִין, אַף חַטָּאת שֶׁמֵּתוּ בְעָלֶיהָ וְשֶׁכִּפְּרוּ (עַל) בְּעָלֶיהָ וְשֶׁעָבְרָה שְׁנָתָהּ בְּיָחִיד וְלֹא בְּשׁוּתָּפִין, דְּחַטָּאת שֶׁמֵּת אֶחָד מִן הַשּׁוּתָּפִין קְרֵבָה, הִלְכָּךְ הָא דְּקָתָנֵי 'מֵת אֶחָד מִבֵּי"ד פָּטוּר' לָא מְתוֹקְמָא אַלִּיבָּא דְּר"ש:

הַדְרָן עֲלָךְ הוֹרוּ בֵּית דִּין

הוֹרָה כֹּהֵן מָשִׁיחַ. הוֹרָה **שׁוֹגֵג וְעָשָׂה מֵזִיד**, אוֹ שֶׁהוֹרָה **מֵזִיד וְעָשָׂה שׁוֹגֵג, פָּטוּר** מִקָּרְבָּן: שֶׁהוֹרָאַת כֹּהֵן מָשִׁיחַ לְעַצְמוֹ כְּהוֹרָאַת בֵּית דִּין לַצִּבּוּר. מַה הוֹרָאַת בֵּי"ד לַצִּבּוּר אֵין חַיָּיבִין אֶלָּא עַל הֶעְלֵם דָּבָר עִם שִׁגְגַת מַעֲשֶׂה, אַף הוֹרָאַת כֹּהֵן מָשִׁיחַ לְעַצְמוֹ אֵינוֹ חַיָּיב אֶלָּא עַל הֶעְלֵם דָּבָר עִם שִׁגְגַת מַעֲשֶׂה, כִּדְמְפָרֵשׁ בַּגְּמָרָא 'לְאַשְׁמַת הָעָם, הֲרֵי מָשִׁיחַ כְּצִבּוּר', וְכִי הוֹרוּ בֵּית דִּין מְזִידִין וְעָשׂוּ קָהָל שׁוֹגְגִין לָא הָוֵי הוֹרָאָה, וְהָוֵי שִׁגְגַת מַעֲשֶׂה לְחוּדֵיהּ, וְהָווּ יְחִידִין, וּמַיְיתוּ כָּל חַד וְחַד כִּשְׂבָּה אוֹ שְׂעִירָה, אֲבָל כֹּהֵן מָשִׁיחַ כִּי הוֹרָה מֵזִיד וְעָשָׂה שׁוֹגֵג לָא דִּינֵיהּ כְּיָחִיד, וּפָטוּר לְגַמְרֵי, דְּהָכִי אָמְרִינַן בְּפֶרֶק בָּתְרָא (דף יא.) 'מֵעַם הָאָרֶץ, פְּרָט לְמָשִׁיחַ', דְּאֵינוֹ מֵבִיא קָרְבָּן בְּשִׁגְגַת מַעֲשֶׂה[יז]: **גמ'** שׁוֹגֵג וְעָשָׂה שׁוֹגֵג מֵבִיא פַּר, **פְּשִׁיטָא**. דְּכִי הוֹרָה בְּשׁוֹגֵג וְעָשָׂה שׁוֹגֵג דְּהָוֵי שׁוֹגֵג מְעַלְּיָא, וּמֵבִיא פַּר קָרְבָּן: מַהוּ **דְתֵימָא** כֵּיוָן דְּאִי מִתְיְדַע לֵיהּ מֵאֵיזֶה טַעַם הוֹרָה, שֶׁמָּא הָיָה חוֹזֵר בּוֹ מֵאוֹתוֹ טַעַם, וְכִי שָׁכַח הַהוּא טַעְמָא וְאַף עַל פִּי כֵן הוּא עוֹשֶׂה וְתוֹלֶה בְּהוֹרָאָתוֹ רִאשׁוֹנָה, **אֵימָא כְּמֵזִיד דָּמֵי**, וְלָא מְחַיֵּיב קָרְבָּן, **קָא מַשְׁמַע לָן**: ([יח] שֶׁיָּכוֹל. לִגְמוֹר מִדִּין קַל וָחוֹמֶר שֶׁמָּשִׁיחַ כְּצִבּוּר, וְלָא צָרִיךְ לְמִכְתַּב 'לְאַשְׁמַת הָעָם', אַע"ג דְּאִילּוּ לָא נֶאֱמַר 'לְאַשְׁמַת הָעָם' הָיִיתִי לָמֵד מִן הַדִּין): צִבּוּר

תוספות

מזיד וְעָשָׂה שׁוֹגֵג. תֵּימַהּ, הֵיכָא הָוֵי שׁוֹגֵג בְּלָא הוֹרָאָה, אִי אָכֵיל בִּשְׁתִיקָה וְלָא[יט] מִיקְרֵי הוֹרָאָה, הָא מֵאַחַר שֶׁאֵינוֹ מוֹרֶה לַאֲחֵרִים כִּי אִם לְעַצְמוֹ מַה לִּי בִּשְׁתִיקָה מַה לִּי בְּדִיבּוּר: **(אין)** [כְּהוֹרָאַת] בֵּית דִּין כּוּ'. כְּמָה עִנְיָינִים שׁוֹנֶה הָכָא מַה שֶּׁכְּבָר שָׁנָה בְּפֶרֶק קַמָּא, אֶלָּא מִשּׁוּם דְּאָתֵי לְפָרוֹשֵׁי רֵישָׁא בְּמַאי שָׁוֶה לְהוֹרָאַת צִבּוּר לְעִנְיַן שׁוֹגֵג וְעָשָׂה כּוּ', מִשּׁוּם דְּשָׁווּ פַּר כֹּהֵן מָשִׁיחַ וְצִבּוּר לַהֲדָדֵי: **שׁוֹגֵג** וְעָשָׂה שׁוֹגֵג פְּשִׁיטָא. לְעֵיל בְּפ"ק (ד:) דְּקָתָנֵי 'שׁוֹגְגִין וְעָשׂוּ שׁוֹגְגִין' לָא פָּרֵיךְ נַמֵּי פְּשִׁיטָא, וְצָרִיךְ לוֹמַר[כ] אַגַּב דְּתָנָא הָכָא, דְּהָתָם לֵיכָּא לְשַׁנּוּיֵי כִּדְהָכָא, דְּהֵיכִי סָלְקָא דַּעְתָּךְ לְמֵימַר דְּכוּלְּהוּ סַנְהֶדְרִין שָׁכְחוּ מֵאֵיזֶה טַעַם הוֹרוּ:

מסורת הש"ס
עם הוספות

א) תמורה טז., ב) [יומא נ. ושם נסמן], ג) תמורה טו., ד) [סוכה נ: יבמות מו. סא: זבחים לח. מנחות יט. פב. תמורה טז. יח: נדה לז:], ה) ת"כ פ' ויקרא דבורא דחובה פרק ב ה"א-ה (אות רד-ה), ו) עי' נסמן סד"ה דת"ר.

תורה אור השלם

א) וַיֹּאמֶר אֵלַי הִנְנִי מַפְרְךָ וְהִרְבִּיתִךָ וּנְתַתִּיךָ לִקְהַל עַמִּים וְנָתַתִּי אֶת הָאָרֶץ הַזֹּאת לְזַרְעֲךָ אַחֲרֶיךָ אֲחֻזַּת עוֹלָם: [בראשית מח, ד]
ב) וְעַתָּה שְׁנֵי בָנֶיךָ הַנּוֹלָדִים לְךָ בְּאֶרֶץ מִצְרַיִם עַד בֹּאִי אֵלֶיךָ מִצְרַיְמָה לִי הֵם אֶפְרַיִם וּמְנַשֶּׁה כִּרְאוּבֵן וְשִׁמְעוֹן יִהְיוּ לִי: [בראשית מח, ה]
ג) וּמוֹלַדְתְּךָ אֲשֶׁר הוֹלַדְתָּ אַחֲרֵיהֶם לְךָ יִהְיוּ עַל שֵׁם אֲחֵיהֶם יִקָּרְאוּ בְּנַחֲלָתָם: [בראשית מח, ו]
ד) אִם הַכֹּהֵן הַמָּשִׁיחַ יֶחֱטָא לְאַשְׁמַת הָעָם וְהִקְרִיב עַל חַטָּאתוֹ אֲשֶׁר חָטָא פַּר בֶּן בָּקָר תָּמִים לַיְיָ לְחַטָּאת: [ויקרא ד, ג]

הגהות וציונים

א] ס"א "נפישי להו פרים" (ר"ח, וכ"ה בתוס' הרא"ש): ב] ר"ח ורא"ש "א"ה בצרי להו", וליתא "י"ב שבטים": ג] גמיר להו (ב"ח, וכ"ה ברש"י): ד] ס"א שעשה. באר שבע (גליון). וכן בכת"מ ובשעת מעשה: ה] הוראתי. יעב"ץ (גליון): ו] באר שבע (גליון): ז] ביל"ש גורס כאן (וכ"ה בר"ח) מה ציבור אין מביאין אלא על העלם דבר בשגגת מעשה אף משיח אינו מביא אלא על העלם דבר בשגגת מעשה, ואינו גורס בסיפא: ח] באר שבע מ"ז (גליון) ועיין תוספות הרא"ש: ט] ולא מיתוקמא כצ"ל. באר שבע (גליון). ועי' הורה גבר: י] "דקרא הכי משמע ומולדתך" הני תיבות אין להם ביאור נראה למחקם (רש"ש, וכן ליתא בדפוס ווניציא ג'). כת"י "דקרא הכי משמע ומולדתך אשר הולדת אחריהם לך יהיו על שם אחיהם יקראו בנחלתם": יא] בד' ווניציא ג' "וחלק להם הארץ וצוה היאך יחנו לדגליהם כדכתיב איש על דגלו". בכת"י ובר"ח ליתא "דיעקב אבינו תקן להם דגלים וחלק להם הארץ וכן מצינו" אלא גורסים "וכן מצינו במדרש ר' תנחומא איש על דגלו": יב] בכת"י חתום דבור זה ולא מפי המורה, ובר"ח מביאו "וראינו במקצת פי' חכמים": יג] כת"י שהיא: יד] יש להוסיף דפשיטא דלא הוי דנין אפשר משאי אפשר אלא משום (ב"ח): טו] ההורה גבר הגיה ה' (וכ"ה בכת"י), וכתב שי"ל בדוחק הנוסח ד' למאי דמייתי רש"י בסמוך מימרא דריש לקיש: טז] בכת"י נוסף דאחת נתנה להם לרעייה [ולא] למיתה ושכחו אי זה ניתנה לרעייה מהני חמש חטאות לפיכך אמרו חמישיתן [למיתה] והכי גרסי' במסכת תמורה: יז] בכת"י נוסף בלא העלם דבר שמורה בטעות: יח] בשתיקה למה לא מיקרי (בארות המים): יט] וצריך לומר דתנא התם אגב דתנא הכא (בארות המים): כ] במקום המוסגר הנוסח בכת"י (הושמט מנוסח הדפוס מחמת דילוג "כנגד עם הקהל") ופריך אלא מעתה ליתו פר בהוראה. כיון דחשיבי עם לעצמם כנגד עם הקהל: כא] בפר"ח ג"כ לא גרס מלת אלא (גליון): כב] ומתוקמא ברייתא שפיר כר"ש (כת"י): כג] כת"י הקשתים, וכ"ה ג"כ בפר"ח: כד] כת"י והאשים העם כגון שחטאו ע"פ הוראתו:

This *daf* is dedicated *l'iluy nishmas*: Ezra ben Esther *z"l*

בְּיָחִיד דְּבָרִים אֲמוּרִים — the halachah that they are left to die was only said by a *Korban Chatas* of an individual, וְלֹא בְּצִבּוּר — but it was not said by a communal *Korban Chatas*.

The Gemara asks on the *Baraisa*: וְכִי דָּנִין אֶפְשָׁר מִשֶּׁאִי אֶפְשָׁר — Do we learn the halachah for a case where something is possible from the halachah by a case where something is not possible? By the first three cases, the reason that the halachah of leaving the animal to die does not apply if it was a communal *Korban Chatas* is because it is impossible for those cases to happen with a communal *korban*! How can we learn from there what the halachah would be in the last two cases, which are possible to happen with a communal *korban*? The Gemara answers: רַבִּי שִׁמְעוֹן בְּחַד מָקוֹם גְּמִיר — Rabi Shimon had a *mesorah* that all five of these cases are supposed to apply in one general situation. He did not mean that we should learn the halachah of the last two cases based on what the halachah is by the first three; rather, his intention was that once we see that three of these cases cannot possibly apply to a communal *Korban Chatas*, it must be that the one general situation that they are supposed to apply is by a *Korban Chatas* of an individual, only. Using this logic, we can infer that according to Rabi Shimon, the halachah of leaving the animal to die does not apply by the general situation of a *Korban Chatas* of partners, since partners never bring a female as a *korban*, and the halachah is that a substitution for a *korban* of partners has no effect, which means that the first two cases of the *Baraisa* (the baby of a *Korban Chatas* and an animal substituted for a *Korban Chatas*) cannot apply to their *Korban Chatas*. This means that Rabi Shimon holds that regarding a *Korban Chatas* of partners, if some of the partners died, the animal is not left to die; rather, the *korban* is still brought. Therefore, Rabi Shimon cannot be the *tanna* of the *Baraisa* that says that *Beis Din* would not bring their *Par He'eleim Davar* if one of the members of the *Beis Din* died before they brought it.

הַדְרָן עֲלָךְ הוֹרוּ בֵּית דִּין — WE WILL RETURN TO YOU, PEREK HORU BEIS DIN

PEREK TWO

הוֹרָה כֹּהֵן מָשִׁיחַ — HORAH KOHEN MASHIACH

מַתְנִיתִין — MISHNAH

הוֹרָה כֹּהֵן מָשִׁיחַ לְעַצְמוֹ שׁוֹגֵג — If a *kohen gadol* mistakenly ruled for himself that something which is against the Torah is permitted, וְעָשָׂה שׁוֹגֵג — and he committed the transgression by mistake, based on his ruling, מֵבִיא פַּר — he brings a *Par Kohen Mashiach* (the bull which is brought by a *kohen gadol* who sins based on his own mistaken ruling). שׁוֹגֵג — If he ruled against the Torah mistakenly, וְעָשָׂה מֵזִיד — and then

For this *daf's shiur* and charts, scan this QR code:

עין משפט
נר מצוה

מח א מיי' פי"ג מהלכות שגגות הלכה ב:
מט ב ג ד מיי' פ"ד מהלכות פסולי מוקדשים ה"א:
א ה מיי' פט"ו מהלכות שגגות הלכה א סמג עשין ריז:
ב ו מיי' שם הלכה ב והלכה ג סמג שם:
ג ז מיי' שם והלכה א:
ד ח מיי' שם הלכה ב:

תוספות הרא"ש

[א"ל אביי[כ]] א"כ כשחטאו בהוראת ב"ד עם הצבור יביאו פר לעצמן: וכ"ת ה"נ נפישי להו פרים. דשבט לוי יביאו ב' פרים: [כא] אמר רב אחא שבט לוי אינו קרוי קהל. דכל אותן שלא נטלו חלק בארץ אינם קרוים קהל. מיהו כהנים נהי דלא מקרי קהל מ"מ הכתוב קראם עם בפ"ע ושקלם עם הקהל וכצבור דמו ואין חטאתם מתה אבל חטאת שותפים ס"ל לר"ש דמתה ומתוקמא [כב] שפיר כר"ש: א"ה בצרי להו. ... לא מקרי קהל ... וקרבנם כקרבן צבור דמי. ... לא מקרי קהל א"כ לא הוי אלא י"א פרים לקהל: ומשני אפרים ומנשה מביאין שני פרים: ... והא כתיב על שם אחיהם יקראו בנחלתם לנחלה הוקשו[כג] ולא לד"א. ...

אֶלָּא מֵעַתָּה נַיְיתוּ פַּר בְּהוֹרָאָה, וְכִי תֵּימָא הָכִי נַמֵּי, טָפֵי לְהוּ שְׁבָטִים[א]. אֶלָּא אָמַר רַב אַחָא בְּרַבִּי יַעֲקֹב, שִׁבְטוֹ שֶׁל לֵוִי לָא אִיקְּרוּ קָהָל, דִּכְתִיב [א] 'הִנְנִי מַפְרְךָ וְהִרְבִּיתִךָ וּנְתַתִּיךָ לִקְהַל עַמִּים' וְגוֹ', כֹּל שֶׁיֵּשׁ לוֹ אֲחוּזָּה אִיקְּרִי קָהָל, וְכֹל שֶׁאֵין לוֹ אֲחוּזָּה לָא אִיקְּרִי קָהָל. אִם כֵּן חָסְרִי[ב] לְהוּ שְׁנֵים עָשָׂר שְׁבָטִים. אָמַר אַבַּיֵּי, [ב] 'אֶפְרַיִם וּמְנַשֶּׁה כִּרְאוּבֵן וְשִׁמְעוֹן יִהְיוּ לִי'. אָמַר רָבָא, וְהָא כְּתִיב [ג] 'עַל שֵׁם אֲחֵיהֶם יִקָּרְאוּ בְּנַחֲלָתָם', לְנַחֲלָה הוּקְשׁוּ [א]וְלֹא לְדָבָר אַחֵר. וְלָא, וְהָא חֲלוּקִין בִּדְגָלִים, כְּנַחֲלָתָן כָּךְ חֲנִיָּיתָן. כְּדֵי לַחֲלֹק כָּבוֹד לַדְּגָלִים. וְהָא חֲלוּקִים בִּנְשִׂיאִים. הַהוּא לַחֲלוֹק כָּבוֹד לַנְּשִׂיאִים, דְּתַנְיָא, שְׁלֹמֹה עָשָׂה שִׁבְעָה יְמֵי חֲנוּכָּה, וּמָה רָאָה מֹשֶׁה לַעֲשׂוֹת שְׁנֵים עָשָׂר יְמֵי חֲנוּכָּה, כְּדֵי לַחֲלוֹק כָּבוֹד לַנְּשִׂיאִים. מַאי הָוֵי עֲלָהּ. תָּא שְׁמַע, [א]דְּתַנְיָא, רַבִּי שִׁמְעוֹן אוֹמֵר, [ב]חָמֵשׁ חַטָּאוֹת מֵתוֹת, וְלַד חַטָּאת, וּתְמוּרַת חַטָּאת, [ג]וְחַטָּאת שֶׁמֵּתוּ בְּעָלֶיהָ, וְחַטָּאת שֶׁנִּתְכַּפְּרוּ בְּעָלֶיהָ, וְחַטָּאת שֶׁעָבְרָה שְׁנָתָהּ; [ג]וְאִי אַתָּה יָכוֹל לוֹמַר וְלַד חַטָּאת בְּצִבּוּר, שֶׁאֵין צִבּוּר מַפְרִישִׁין נְקֵבָה, וְאִי אַתָּה יָכוֹל לוֹמַר תְּמוּרַת חַטָּאת בְּצִבּוּר, שֶׁאֵין תְּמוּרָה בְּצִבּוּר, וְאִי אַתָּה יָכוֹל לוֹמַר חַטָּאת שֶׁמֵּתוּ בְּעָלֶיהָ בְּצִבּוּר, שֶׁאֵין צִבּוּר מֵתִים; שֶׁנִּתְכַּפְּרוּ בְּעָלֶיהָ וְשֶׁעָבְרָה שְׁנָתָהּ לֹא שָׁמַעְנוּ, יָכוֹל יָמוּתוּ, אָמַרְתָּ יִלְמוֹד סָתוּם מִן הַמְּפוֹרָשׁ, [ג]מַה מָּצִינוּ בְּוָלַד חַטָּאת וּתְמוּרַת חַטָּאת וְשֶׁמֵּתוּ בְּעָלֶיהָ בְּיָחִיד דְּבָרִים אֲמוּרִים וְלֹא בְּצִבּוּר, אַף [ד]שֶׁנִּתְכַּפְּרוּ בְּעָלֶיהָ וְשֶׁעָבְרָה שְׁנָתָהּ בְּיָחִיד דְּבָרִים אֲמוּרִים וְלֹא בְּצִבּוּר. [ד]וְכִי דָּנִין אֶפְשָׁר מִשֶּׁאִי אֶפְשָׁר. רַבִּי שִׁמְעוֹן בְּחַד מָקוֹם גְּמִירֵי[ג]:

הַדְרָן עֲלָךְ הוֹרוּ בֵּית דִּין

הוֹרָה [ה]כֹּהֵן מָשִׁיחַ לְעַצְמוֹ שׁוֹגֵג, וְעָשָׂה שׁוֹגֵג, מֵבִיא פַּר; [ו]שׁוֹגֵג וְעָשָׂה מֵזִיד, מֵזִיד וְעָשָׂה שׁוֹגֵג, פָּטוּר; [ז]שֶׁהוֹרָאַת כֹּהֵן מָשִׁיחַ לְעַצְמוֹ כְּהוֹרָאַת בֵּית דִּין לַצִּבּוּר: **גמ'** שׁוֹגֵג וְעָשָׂה שׁוֹגֵג מֵבִיא פַּר, פְּשִׁיטָא. אָמַר אַבַּיֵּי, [ח]הָכָא בְּמַאי עָסְקִינַן, כְּגוֹן שֶׁהוֹרָה וְשָׁכַח מֵאֵיזֶה טַעַם הוֹרָה, וּבְשָׁעָה שֶׁטָּעָה[ד] אָמַר הֲרֵינִי עוֹשֶׂה עַל דַּעַת הוֹרָאָתוֹ[ה], דְּמַהוּ דְּתֵימָא כֵּיוָן דְּאִילּוּ מִתְיְדַע לֵיהּ [שֶׁמָּא[ו]] הֲדַר בֵּיהּ, כְּמֵזִיד דָּמֵי וְלָא לִחַיֵּיב, קָא מַשְׁמַע לָן: מֵזִיד וְעָשָׂה שׁוֹגֵג כּוּ': מְנָא הָנֵי מִילֵּי, [ה]דְּתָנוּ רַבָּנַן, [ד]'לְאַשְׁמַת הָעָם', הֲרֵי מָשִׁיחַ כְּצִבּוּר[ז]; (שֶׁיָּכוֹל[ח]) וַהֲלֹא דִּין הוּא צִבּוּר

רש"י

אֶלָּא מֵעַתָּה. דִּלְכֹהֲנִים אִיקְרוּ קָהָל, לַיְיתוּ פַּר בְּהוֹרָאָה: וְכ"ת הָכִי נַמִּי, טְפֵי לְהוּ שְׁבָטִים. לְר"ש הָוְיָין שְׁלֹשָׁה עָשָׂר שְׁבָטִים, וּתְנַן 'רַבִּי שִׁמְעוֹן אוֹמֵר שְׁלֹשָׁה עָשָׂר פָּרִים פַּר לְכָל שֵׁבֶט וְשֵׁבֶט וּפַר לְבֵי"ד', דְּלָא הָווּ אֶלָּא שְׁנֵים עָשָׂר שְׁבָטִים: אֶלָּא אָמַר רַב אַחָא בַּר יַעֲקֹב שִׁבְטוֹ שֶׁל לֵוִי לָא אִיקְּרֵי קָהָל. וְהוּא הַדִּין לַכֹּהֲנִים דְּלָא אִיקְרוּ קָהָל, דְּכֹהֲנִים הָוְיָין בִּכְלַל שֵׁבֶט לֵוִי, (וְאַכַּתִּי נוֹקְמָהּ[ט]) כְּר' שִׁמְעוֹן: 'וּנְתַתִּיךָ לִקְהַל עַמִּים וְנָתַתִּי אֶת הָאָרֶץ הַזֹּאת לְזַרְעֲךָ אַחֲרֶיךָ אֲחֻזַּת עוֹלָם', כֹּל שֶׁיֵּשׁ לוֹ אֲחוּזָּה אִיקְּרִי קָהָל. וְכֹהֲנִים וּלְוִיִּם אֵין לָהֶם אֲחוּזָּה: 'כִּרְאוּבֵן וְשִׁמְעוֹן יִהְיוּ לִי'. דִּכְתְרֵי שְׁבָטִים חָשֵׁיב לְהוּ כִּרְאוּבֵן וְשִׁמְעוֹן: וְהָא כְּתִיב 'עַל שֵׁם אֲחֵיהֶם יִקָּרְאוּ בְּנַחֲלָתָם'. דִּלְנַחֲלָה הוּקְשׁוּ אֶפְרַיִם וּמְנַשֶּׁה לִשְׁאָר שְׁבָטִים שֶׁיִּהְיוּ נוֹטְלִים בְּנַחֲלָה כִּשְׁאָר שְׁנֵי שְׁבָטִים, וְלֹא לִדְבָרִים אֲחֵרִים הוּקְשׁוּ, אֲבָל אֵין מְבִיאִין שְׁנֵי פָּרִים, וְאַכַּתִּי חָסְרֵי לְהוּ מִשְּׁנֵים עָשָׂר שְׁבָטִים, אֶלָּא שָׁמְעִינַן מִינָּהּ דְּלֵוִי אִיקְּרֵי קָהָל, וְכֹהֲנִים לָא אִיקְּרֵי קָהָל, וְשׁוּתָּפִין נִינְהוּ, וְלָא מְתוֹקְמָא כְּר"ש, דִּקְרָא הָכִי מַשְׁמַע 'וּמוֹלַדְתְּךָ'[י]: כְּנַחֲלָתָם כָּךְ חֲנִיָּיתָם. שֶׁיַּעֲקֹב אָבִינוּ חָלַק לָהֶם אֶת הָאָרֶץ וְלִוִּיִּם הֵיאַךְ יַחֲנוּ לְדִגְלֵיהֶם, וְכֵן מָצִינוּ בְּמִדְרַשׁ תַּנְחוּמָא דְּיַעֲקֹב אָבִינוּ תִּקֵּן לָהֶם דְּגָלִים וְחָלַק לָהֶם הָאָרֶץ, וְכֵן מָצִינוּ[יא] 'אִישׁ עַל דִּגְלוֹ בְאֹתֹת' בְּאוֹת אֲשֶׁר צִוָּה לָהֶם אֲבִיהֶם, שֶׁאוֹתָן רוּחוֹת שֶׁנֶּחְלְקוּ לְשֵׁאת מִטָּתוֹ לְאוֹתָן רוּחוֹת חָנוּ לְדִגְלֵיהֶם, וְהַיְינוּ דְּאָמְרִינַן 'כְּנַחֲלָתָן כָּךְ חֲנִיָּיתָן'[יב]: מַאי הָוֵי עֲלָהּ. אִי הָוֵה דּוּקְיָא הָא דְּאַבַּיֵּי דְּאָמַר דְּשָׁמְעִינַן לֵיהּ לְר"ש דְּאָמַר דְּחַטָּאת הַשּׁוּתָּפִין אֵינָהּ מֵתָה, אוֹ לָאו דּוּקְיָא: ת"ש, דְּתַנְיָא, ר"ש אוֹמֵר וְכוּ': שֶׁאֵין צִבּוּר מַפְרִישִׁין נְקֵבָה. שֶׁאֵין אַתָּה מוֹצֵא קָרְבַּן צִבּוּר שֶׁהָיְתָה[יג] בָּאָה נְקֵבָה: שֶׁאֵין תְּמוּרָה בְּצִבּוּר. דִּכְתִיב 'לֹא יַחֲלִיפֶנּוּ וְלֹא יָמִיר', דִּלְשׁוֹן יָחִיד הוּא, וְלֹא צִבּוּר וְשׁוּתָּפִין, וְהָכִי מְפָרֵשׁ בְּפ"ק דְּמַסֶּכֶת תְּמוּרָה (דף יג.): שֶׁנִּתְכַּפְּרוּ בְּעָלֶיהָ וְשֶׁעָבְרָה שְׁנָתָהּ לֹא שָׁמַעְנוּ. אִם מֵתִים בְּצִבּוּר אִי לָא: וְכִי דָּנִין אֶפְשָׁר מִשֶּׁאִי אֶפְשָׁר. הָא וְלַד חַטָּאת וּתְמוּרַת חַטָּאת וְשֶׁמֵּתוּ בְּעָלֶיהָ אִי אֶפְשָׁר בְּצִבּוּר, וְקָא אָמַר 'מַה מָּצִינוּ': הָא לָא קַשְׁיָא[יד] דְּלָא הָוֵי דָּנִין אֶפְשָׁר מִשֶּׁאִי אֶפְשָׁר, מִשּׁוּם דְּר"ש בְּחַד מָקוֹם גְּמִיר לְהוּ, דְּכִי נִלְטְווּ יִשְׂרָאֵל עַל אַרְבַּע[טו] חַטָּאוֹת בְּחַד מָקוֹם גְּמִיר לְהוּ, הֲלָכָה לְמֹשֶׁה מִסִּינַי שֶׁיִּהְיוּ נוֹהֲגוֹת יַחַד בְּמָקוֹם אֶחָד, אוֹ בְּיָחִיד אוֹ בְּצִבּוּר, וְקָא דָּיֵיק ר"ש, אִי ס"ד בְּצִבּוּר, הָנָךְ כּוּלְּהוּ מִי אִיתַנְהוּ יַחַד בְּצִבּוּר, אֶלָּא ש"מ דְּבְיָחִיד אֲמוּרָה וְלֹא בְּצִבּוּר, דְּכִי הֵיכִי שֶׁמֵּתוּ בְּעָלֶיהָ וְלַד חַטָּאת וּתְמוּרַת חַטָּאת לֵיתַנְהוּ בְּצִבּוּר, ה"נ שֶׁכִּיפְּרוּ בְּעָלֶיהָ וְשֶׁעָבְרָה שְׁנָתָהּ לֵיתַנְהוּ בְּצִבּוּר, דְּעַל כָּרְחִין יִלְמוֹד סָתוּם מִן הַמְּפוֹרָשׁ, וְהָכִי אָמְרִינַן בְּמַסֶּכֶת תְּמוּרָה בְּפֶרֶק יֵשׁ בְּקָרְבְּנוֹת יָחִיד (דף טו:) 'אָמַר ר"ש בֶּן לָקִישׁ, אַרְבַּע נִתְּנוּ לָהֶם' דְּמֵתוֹת וְהַחֲמִישִׁית יִרְעֶה, וְיַחַד נִיתְּנוּ, שֶׁיִּהְיוּ נוֹהֲגוֹת בְּמָקוֹם אֶחָד, וּמְסַפֵּק 'הֶעֱמִידוּם עַל חָמֵשׁ'[טז], שֶׁיִּהְיוּ חֲמִשְׁתָּן מֵתוֹת, וְאִי ס"ד דְּאַרְבַּע נִיתְּנוּ לָהֶם בְּצִבּוּר, הָנָךְ כּוּלְּהוּ אַרְבַּע מֵתוֹת מִי אִיתַנְהוּ בְּצִבּוּר, הָא לָא מַשְׁכַּחַת לָהּ דְּאֶפְשָׁר בְּצִבּוּר אֶלָּא שְׁנַיִם וְתוּ לָא, אֶלָּא עַל כָּרְחָךְ יִלְמוֹד סָתוּם מִן הַמְּפוֹרָשׁ, וְקָא דָּיְיקִינַן מֵהָא מַתְנִיתָא דְּכִי הֵיכִי דְּאָמַר ר"ש חָמֵשׁ חַטָּאוֹת מֵתוֹת בְּיָחִיד וְלֹא בְּצִבּוּר, דְּמֵהַהִיא דּוּקְיָא דָּיֵיק ר"ש דְּיָחִיד וְלֹא בְּשׁוּתָּפִין דְּהַיְינוּ בי"ד, מִשּׁוּם דְּאִי אַתָּה יָכוֹל לוֹמַר וְלַד חַטָּאת בְּשׁוּתָּפִין, שֶׁאֵין הַשּׁוּתָּפִין מְבִיאִין נְקֵבָה, דְּפַר וְשָׂעִיר הוּא דִּמְבִיאִין, וְאִי אַתָּה יָכוֹל לוֹמַר תְּמוּרַת חַטָּאת בְּשׁוּתָּפוּת, שֶׁאֵין תְּמוּרָה בְּשׁוּתָּפִין דְּעָלְמָא, וְכ"ש בְּבי"ד, דְּה"נ תְּנַן בְּמַסֶּכֶת תְּמוּרָה (דף יג.) 'אֵין הַשּׁוּתָּפִין עוֹשִׂין תְּמוּרָה', וְיִלְמוֹד סָתוּם מִן הַמְּפוֹרָשׁ, מַה מָּצִינוּ בְּוָלַד חַטָּאת וּתְמוּרַת חַטָּאת בְּיָחִיד דְּבָרִים אֲמוּרִים וְלֹא בְּשׁוּתָּפִין, אַף חַטָּאת שֶׁמֵּתוּ בְּעָלֶיהָ וְשֶׁכִּפְּרוּ (עַל) בְּעָלֶיהָ וְשֶׁעָבְרָה שְׁנָתָהּ בְּיָחִיד וְלֹא בְּשׁוּתָּפִין, דְּחַטָּאת שֶׁמֵּת אֶחָד מִן הַשּׁוּתָּפִין קְרֵבָה, הִלְכָּךְ הָא דְּקָתָנֵי 'מֵת אֶחָד מִבי"ד פָּטוּר' לָא מְתוֹקְמָא אַלִּיבָּא דְּר"ש:

הַדְרָן עֲלָךְ הוֹרוּ בֵּית דִּין

הוֹרָה כֹּהֵן מָשִׁיחַ. הוֹרָה שׁוֹגֵג וְעָשָׂה מֵזִיד, אוֹ שֶׁהוֹרָה מֵזִיד וְעָשָׂה שׁוֹגֵג, פָּטוּר מִקָּרְבָּן: שֶׁהוֹרָאַת כֹּהֵן מָשִׁיחַ לְעַצְמוֹ כְּהוֹרָאַת בֵּית דִּין לַצִּבּוּר. מַה הוֹרָאַת בי"ד לַצִּבּוּר אֵין חַיָּיבִין אֶלָּא עַל הֶעְלֵם דָּבָר עִם שִׁגְגַת מַעֲשֶׂה, אַף הוֹרָאַת כֹּהֵן מָשִׁיחַ לְעַצְמוֹ אֵינוֹ חַיָּיב אֶלָּא עַל הֶעְלֵם דָּבָר עִם שִׁגְגַת מַעֲשֶׂה, כִּדְמְפָרֵשׁ בַּגְּמָרָא 'לְאַשְׁמַת הָעָם, הֲרֵי מָשִׁיחַ כְּצִבּוּר', וְכִי הוֹרוּ בֵּית דִּין מְזִידִין וְעָשׂוּ קָהָל שׁוֹגְגִין לָא הָוֵי הוֹרָאָה, וְהָוֵי שִׁגְגַת מַעֲשֶׂה לְחוּדֵיהּ, וְהָווּ יְחִידִין, וּמַיְיתוּ כָּל חַד וְחַד כִּשְׂבָּה אוֹ שְׂעִירָה, אֲבָל כֹּהֵן מָשִׁיחַ כִּי הוֹרָה מֵזִיד וְעָשָׂה שׁוֹגֵג לָא דִּינֵיהּ כְּיָחִיד, וּפָטוּר לְגַמְרֵי, דְּהָכִי אָמְרִינַן בְּפֶרֶק בָּתְרָא (דף יא.) 'מֵעַם הָאָרֶץ, פְּרָט לְמָשִׁיחַ', דְּאֵינוֹ מֵבִיא קָרְבָּן בְּשִׁגְגַת מַעֲשֶׂה[יז]: **גמ'** שׁוֹגֵג וְעָשָׂה שׁוֹגֵג מֵבִיא פַּר, פְּשִׁיטָא. דְּכִי הוֹרָה בְּשׁוֹגֵג וְעָשָׂה שׁוֹגֵג דְּהָוֵי שׁוֹגֵג מְעַלְיָא, וּמֵבִיא פַּר קָרְבָּן: מַהוּ דְּתֵימָא כֵּיוָן דְּאִי מִתְיְדַע לֵיהּ. מֵאֵיזֶה טַעַם הוֹרָה, שֶׁמָּא הָיָה חוֹזֵר בּוֹ מֵאוֹתוֹ טַעַם, וְכִי שָׁכַח הַהוּא טַעְמָא וְאַף עַל פִּי כֵן הוּא עוֹשֶׂה וְתוֹלֶה בְּהוֹרָאָתוֹ רִאשׁוֹנָה, אֵימָא כְּמֵזִיד דָּמֵי, וְלָא מִחַיֵּיב קָרְבָּן, קָא מַשְׁמַע לָן: (שֶׁ[יח]יָּכוֹל. לִגְמוֹר מִדִּין קַל וָחוֹמֶר שֶׁמָּשִׁיחַ כְּצִבּוּר, וְלָא צָרִיךְ לְמִכְתַּב 'לְאַשְׁמַת הָעָם', אַע"ג דְּאִילּוּ לֹא נֶאֱמַר 'לְאַשְׁמַת הָעָם' הָיִיתִי לָמֵד מִן הַדִּין): צִבּוּר

תוספות

מֵזִיד וְעָשָׂה שׁוֹגֵג. תֵּימַהּ, הֵיכָא הָוֵי שׁוֹגֵג בְּלֹא הוֹרָאָה, אִי אָכֵיל בִּשְׁתִיקָה וְלָא[יט] מִיקְּרֵי הוֹרָאָה, הָא מֵאַחַר שֶׁאֵינוֹ מוֹרֶה לַאֲחֵרִים כִּי אִם לְעַצְמוֹ מַה לִּי בִּשְׁתִיקָה מַה לִּי בְּדִיבּוּר: **(אֵין)** [כְּהוֹרָאַת] בֵּית דִּין כּוּ'. כַּמָּה עִנְיָנִים שׁוֹנֶה הָכָא מַה שֶּׁכְּבָר שָׁנָה בְּפֶרֶק קַמָּא, אֶלָּא מִשּׁוּם דְּאָתֵי לְפָרוּשֵׁי רֵישָׁא אַמַּאי שָׁוֶה לְהוֹרָאַת צִבּוּר לְעִנְיַן שׁוֹגֵג וְעָשָׂה כּוּ', מִשּׁוּם דְּשָׁווּ פַּר כֹּהֵן מָשִׁיחַ וְצִבּוּר לַהֲדָדֵי: **שׁוֹגֵג** וְעָשָׂה שׁוֹגֵג פְּשִׁיטָא. לְעֵיל בְּפ"ק (ד:) דְּקָתָנֵי 'שׁוֹגְגִין וְעָשׂוּ שׁוֹגְגִין' לָא פָּרֵיךְ נַמֵּי פְּשִׁיטָא, וְצָרִיךְ לוֹמַר[כ] אַגַּב דִּתְנָא הָכָא, דְּהָתָם לֵיכָּא לְשַׁנּוּיֵי כִּדְהָכָא, דְּהֵיכִי סָלְקָא דַּעְתָּךְ לְמֵימַר דְּכוּלְּהוּ סַנְהֶדְרִין שָׁכְחוּ מֵאֵיזֶה טַעַם הוֹרוּ:

מסורת הש"ס
עם הוספות

א) תמורה טז., ב) [יומא נ. ושם נסמן], ג) תמורה טו., ד) [סוכה נ: יבמות מו. סא: זבחים לח. מנחות יט. פב. תמורה טו. יח: נדה לז:], ה) ת"כ פ' ויקרא דבורא דחובה פרק ב ה"א-ה (אות רד-ה), ו) עי' בסמוך סד"ה דת"ר.

תורה אור השלם

א) וַיֹּאמֶר אֵלַי הִנְנִי מַפְרְךָ וְהִרְבִּיתִךָ וּנְתַתִּיךָ לִקְהַל עַמִּים וְנָתַתִּי אֶת הָאָרֶץ הַזֹּאת לְזַרְעֲךָ אַחֲרֶיךָ אֲחֻזַּת עוֹלָם: [בראשית מח, ד]
ב) וְעַתָּה שְׁנֵי בָנֶיךָ הַנּוֹלָדִים לְךָ בְּאֶרֶץ מִצְרַיִם עַד בֹּאִי אֵלֶיךָ מִצְרַיְמָה לִי הֵם אֶפְרַיִם וּמְנַשֶּׁה כִּרְאוּבֵן וְשִׁמְעוֹן יִהְיוּ לִי: [בראשית מח, ה]
ג) וּמוֹלַדְתְּךָ אֲשֶׁר הוֹלַדְתָּ אַחֲרֵיהֶם לְךָ יִהְיוּ עַל שֵׁם אֲחֵיהֶם יִקָּרְאוּ בְּנַחֲלָתָם: [בראשית מח, ו]
ד) אִם הַכֹּהֵן הַמָּשִׁיחַ יֶחֱטָא לְאַשְׁמַת הָעָם וְהִקְרִיב עַל חַטָּאתוֹ אֲשֶׁר חָטָא פַּר בֶּן בָּקָר תָּמִים לַיְיָ לְחַטָּאת: [ויקרא ד, ג]

הגהות וציונים

א] ס"א "נפישי להו פרים" (ר"ח, וכ"ה בתוס' הרא"ש): ב] ר"ח ורא"ש "א"ה בצרי להו", וליתא "י"ב שבטים": ג] גמיר להו (ב"ח, וכ"ה ברש"י): ד] ס"א שעשה. באר שבע (גליון). וכן בכתי"מ ובשעת מעשה: ה] הוראתי. יעב"ץ (גליון): ו] באר שבע (גליון): ז] ביל"ש גורס כאן (וכ"ה בר"ח) מה ציבור אין מביאא אלא על העלם דבר בשגגת מעשה אף משיח אינו מביא אלא על העלם דבר בשגגת מעשה ...

כ] ... ליתו פר בהוראה. כיון דחשיבי עם לעצמם כנגד עם הקהל: כא] בפר"ח ג"כ לא גרס ... כב] ומתוקמא ברייתא שפיר כר"ש (כת"י): כג] כת"י הקשתים, וכ"ה ג"כ בפר"ח: כד] כת"י שחטאו ע"פ הוראתו":

... דלאו הוראה היא ממילא ידענא דמיפטר דתניא לקמן דכהן משיח לא מחייב על שגגת מעשה: דת"ר אם הכהן ... חטא לאשמת העם. וליכא לפרושי שחטא כהן בהוראה (והאנסים כגון) [לאשמת העם][כד] שחטאו עם הוראתו. דהא ... כי תחטא בשגגה ועשה מאחת מהנה כתיב ועלה כתיב אם הכהן המשיח: שיכול. פרש"י ז"ל שיכולני ללמוד ... מדין ק"ו. ולאו דוקא ק"ו אלא מבנין אב קאמר. וה"פ שיכולני ללמוד דבר זה מבנין אב. והלא דין הוא אף בלא קרא ל"ל. ומיהו לשון שיכול אינו מיושב דמשמע להכי צריך קרא שיכול הייתי לומר בענין אחר אם לא היה פסוק. וי"מ שיכול קאי ... הכי ולהכי מצטריך קרא. וקודם שסיים דבריו קאמר אדרבה והלא דין הוא אף בלא פסוק:

he did the transgression intentionally, knowing that his ruling was mistaken, מֵזִיד — or, if he intentionally ruled against the Torah, וְעָשָׂה שׁוֹגֵג — and then did the transgression by mistake, פָּטוּר — he is exempt from bringing any *korban* (even the usual *Korban Chatas* that an individual would bring for sinning mistakenly), שֶׁהוֹרָאַת כֹּהֵן מָשִׁיחַ לְעַצְמוֹ — because the ruling that the *kohen gadol* gives for himself, כְּהוֹרָאַת בֵּית דִּין לַצִּבּוּר — has the same halachah as a ruling that *beis din* gives the people, that they are not obligated to bring a *Par He'eleim Davar* unless they mistakenly rule against the Torah, and the people sin by mistake based on that ruling.

גְּמָרָא — GEMARA

The Gemara asks: שׁוֹגֵג וְעָשָׂה שׁוֹגֵג מֵבִיא פַּר — The halachah that our Mishnah said, that if the *kohen gadol* mistakenly ruled for himself against the Torah and then did the transgression mistakenly based on his ruling, he brings a *Par Kohen Mashiach*, פְּשִׁיטָא — is obvious! That is the typical case when a *Par Kohen Mashiach* is brought. The Gemara answers: אָמַר אַבַּיֵי — Abaye said: הָכָא בְּמַאי עָסְקִינַן — What case are we dealing with here? כְּגוֹן שֶׁהוֹרָה — It is a case where he mistakenly ruled for himself against the Torah, וְשָׁכַח מֵאֵיזֶה טַעַם הוֹרָה — and then he forgot what the reason was that he ruled the way that he did, וּבְשָׁעָה שֶׁטָּעָה — and at the time that he mistakenly sinned based on his ruling, אָמַר — he said: הֲרֵינִי עוֹשֶׂה עַל דַּעַת הוֹרָאָתוֹ — I am doing this based on my ruling (even though I do not remember the reason why I ruled that way). דְּמַהוּ דְּתֵימָא — Because what would you think to say? כֵּיוָן דְּאִילּוּ מִתְיְדַע לֵיהּ — You would think to say that since if he were to remember what his reason was that he ruled that way, [שֶׁמָּא] הָדַר בֵּיהּ — he might retract his ruling, because he would realize that his reasoning was mistaken, כְּמֵזִיד דָּמֵי — therefore, he is considered having sinned intentionally, וְלָא לִחַיַּיב — and he should not be obligated to bring a *Par Kohen Mashiach*, since it is only brought when he actually sinned mistakenly; קָא מַשְׁמַע לָן — therefore, the Mishnah is teaching us that this is not true; rather, he would be considered having sinned mistakenly, even in this case.

Our Mishnah says: מֵזִיד וְעָשָׂה שׁוֹגֵג כּוּ' — If the *kohen gadol* intentionally ruled for himself against the Torah, and then committed the transgression by mistake, he is exempt from bringing any *korban* (even the usual *Korban Chatas* that an individual would bring for sinning mistakenly).

The Gemara asks: מְנָא הָנֵי מִילֵּי — From where do we know that the *kohen gadol* would be exempt in this case? The Gemara answers: דְּתָנוּ רַבָּנַן — From that which the *Chachamim* taught in a *Baraisa*: לְאַשְׁמַת הָעָם — The *pasuk* says regarding the circumstances of a *Par Kohen Mashiach* (*Vayikra* 4:3): "[If the *Kohen Mashiach* (*kohen gadol*) sins], as a guilt of the nation," which implies, הֲרֵי מָשִׁיחַ כְּצִבּוּר — the *kohen gadol* has the same guideline as the

For this *daf's shiur* and charts, scan this QR code:

אלא מעתה נייתו פר בהוראה, וכי תימא הכי נמי, טפי להו שבטים[ט]. אלא אמר רב אחא ברבי יעקב, שבטו של לוי לא איקרו קהל, דכתיב א) 'הנני מפרך והרביתך ונתתיך לקהל עמים' וגו', כל שיש לו אחוזה איקרי קהל, וכל שאין לו אחוזה לא איקרי קהל. אם כן חסריי[י] להו שנים עשר שבטים. אמר אביי, ב) 'אפרים ומנשה כראובן ושמעון יהיו לי'. אמר רבא, והא כתיב ג) 'על שם אחיהם יקראו בנחלתם', לנחלה הוקשו אולא לדבר אחר. ולא, והא חלוקין בדגלים, כנחלתן כך חנייתן. כדי לחלק כבוד לדגלים. והא חלוקים בנשיאים. ההוא לחלוק כבוד לנשיאים, דתניא, שלמה עשה שבעה ימי חנוכה, ומה ראה משה לעשות שנים עשר ימי חנוכה, כדי לחלוק כבוד לנשיאים. מאי הוי עלה. תא שמע, [א]דתניא, רבי שמעון אומר, בחמש חטאות מתות, ולד חטאת, ותמורת חטאת, [ג]וחטאת שמתו בעליה, וחטאת שנתכפרו בעליה, וחטאת שעברה שנתה; גואי אתה יכול לומר ולד חטאת בצבור, שאין צבור מפרישין נקבה, ואי אתה יכול לומר תמורת חטאת בצבור, שאין תמורה בצבור, ואי אתה יכול לומר חטאת שמתו בעליה בצבור, שאין צבור מתים; שנתכפרו בעליה ושעברה שנתה לא שמענו, יכול ימותו, אמרת ילמוד סתום מן המפורש, [ג]מה מצינו בולד חטאת ותמורת חטאת ושמתו בעליה ביחיד דברים אמורים ולא בצבור, אף דשנתכפרו בעליה ושעברה שנתה ביחיד דברים אמורים ולא בצבור. [ד]וכי דנין אפשר משאי אפשר. רבי שמעון בחד מקום גמיר[יג]:

הדרן עלך הורו בית דין

הורה הכהן משיח לעצמו שוגג, ועשה שוגג, מביא פר; ושוגג ועשה מזיד, מזיד ועשה שוגג, פטור; זשהוראת כהן משיח לעצמו כהוראת בית דין לצבור: **גמ'** שוגג ועשה שוגג מביא פר, פשיטא. אמר אביי, חהכא במאי עסקינן, כגון שהורה ושכח מאיזה טעם הורה, ובשעה שטעה[י] אמר הריני עושה על דעת הוראתו[ס], דמהו דתימא כיון דאילו מתידע ליה [שמא[י]] הדר ביה, כמזיד דמי ולא לחייב, קא משמע לן: מזיד ועשה שוגג כו': מנא הני מילי, [ס]דתנו רבנן, ד'לאשמת העם', הרי משיח כצבור[י]; (שיכול[ס]) והלא דין הוא צבור

רש"י

אלא מעתה. דלכהנים איקרו קהל, לייתו פר בהוראה: וכ"ת הכי נמי, טפי להו שבטים. לר"ש הויין שלשה עשר שבטים, ותנן 'רבי שמעון אומר שלשה עשר פרים פר לכל שבט ושבט ופר לבי"ד', דלא הוו אלא שנים עשר שבטים: אלא אמר רב אחא בר יעקב שבטו של לוי לא איקרי קהל. והוא הדין לכהנים דלא איקרו קהל, דכהנים הויין בכלל שבט לוי, (ואכתי נוקמה[ט]) כר' שמעון: 'ונתתיך לקהל עמים ונתתי את הארץ הזאת לזרעך אחריך אחוזת עולם', כל שיש לו אחוזה איקרי קהל. וכהנים ולוים אין להם אחוזה: 'כראובן ושמעון יהיו לי'. דכתרי שבטים חשיב להו כראובן ושמעון: והא כתיב 'על שם אחיהם יקראו בנחלתם'. דלנחלה הוקשו אפרים ומנשה לשאר שבטים שיהיו נוטלים בנחלה כשאר שני שבטים, ולא לדברים אחרים הוקשו, אבל אין מביאין שני פרים, ואכתי חסרי להו משנים עשר שבטים, אלא שמעינן מינה דלוי איקרי קהל, וכהנים לא איקרי קהל, ושותפין נינהו, ולא מתוקמא כר"ש, דקרא הכי משמע 'ומולדתך'[י]: כנחלתם כך חנייתם. שיעקב אבינו חלק להם את הארץ ולוים היאך יחנו לדגליהם, וכן מצינו במדרש תנחומא דיעקב אבינו תקן להם דגלים וחלק להם הארץ, וכן מצינו[יא] 'איש על דגלו באותות' באות אשר נוה להם אביהם, שלאותן רוחות שנחלקו לשאת מטתו לאותן רוחות חנו לדגליהם, והיינו דאמרינן 'כנחלתן כך חנייתן'[יב]: מאי הוי עלה. אי הוה דוקא הא דאביי דאמר דשמעינן ליה לר"ש דאמר דחטאת השותפין אינה מתה, או לאו דוקא: ת"ש, דתניא, ר"ש אומר וכו': שאין צבור מפרישין נקבה. שאין אתה מוצא קרבן צבור שהיתה[יג] באה נקבה: שאין תמורה בצבור. דכתיב 'לא יחליפנו ולא ימיר', דלשון יחיד הוא, ולא צבור ושותפין, והכי מפרש בפ"ק דמסכת תמורה (דף יג.): שנתכפרו בעליה ושעברה שנתה לא שמענו. אם מתים בצבור אי לא: וכי דנין אפשר משאי אפשר. הא ולד חטאת ותמורת חטאת ושמתו בעליה אי אפשר בצבור, וקא אמר 'מה מצינו': הא לא קשיא[יד] דלא הוי דנין אפשר משאי אפשר, משום דר"ש בחד מקום גמיר להו, דכי נלטוו ישראל על ארבע[טו] חטאות בחד מקום גמיר להו, הלכה למשה מסיני שיהיו נהוגות יחד במקום אחד, או ביחיד או בצבור, וקא דייק ר"ש, אי ס"ד בצבור, הנך כולהו מי איתנהו יחד בצבור, אלא ש"מ דביחיד אמורה ולא בצבור, דכי היכי שמתו בעליה ולד חטאת ותמורת חטאת ליתנהו בצבור, ה"נ שכיפרו בעליה ושעברה שנתה ליתנהו בצבור, דעל כרחין ילמוד סתום מן המפורש, והכי אמרינן במסכת תמורה בפרק יש

תוספות

בקרבנות יחיד (דף טז:) 'אמר ר"ש בן לקיש, ארבע נתנו להם' דמתות והחמישית ירעה, ויחד ניתנו, שיהיו נוהגות במקום אחד, ומספק 'העמידום על חמש'[טז], שיהיו חמשתן מתות, ואי ס"ד דארבע ניתנו להם בצבור, הנך כולהו ארבע מתות מי איתנהו בצבור, הא לא משכחת לה דאפשר בצבור אלא שנים ותו לא, אלא על כרחך ילמוד סתום מן המפורש, וקא דייקינן מהא מתניתא דכי היכי דאמר ר"ש חמש חטאות מתות ביחיד ולא בצבור, דמהאי דוקיא דייק ר"ש דיחיד ולא בשותפין דהיינו בי"ד, משום דאי אתה יכול לומר ולד חטאת בשותפין, שאין השותפין מביאין נקבה, דפר ושעיר הוא דמביאין, ואי אתה יכול לומר תמורת חטאת בשותפות, שאין תמורה בשותפין דעלמא, וכ"ש בבי"ד, דה"נ תנן במסכת תמורה (דף יג.) 'אין השותפין עושין תמורה', וילמוד סתום מן המפורש, מה מצינו בולד חטאת ותמורת חטאת ביחיד דברים אמורים ולא בשותפין, אף חטאת שמתו בעליה ושכפרו (על) בעליה ושעברה שנתה ביחיד ולא בשותפין, דחטאת שמת אחד מן השותפין קרבה, הלכך הא דקתני 'מת אחד מבי"ד פטור' לא מתוקמא אליבא דר"ש:

הדרן עלך הורו בית דין

הורה כהן משיח. הורה שוגג ועשה מזיד, או שהורה מזיד ועשה שוגג, פטור מקרבן: שהוראת כהן משיח לעצמו כהוראת בית דין לצבור. מה הוראת בי"ד לצבור אין חייבין אלא על העלם דבר עם שגגת מעשה, אף הוראת כהן משיח לעצמו אינו חייב אלא על העלם דבר עם שגגת מעשה, כדמפרש בגמרא 'לאשמת העם, הרי משיח כצבור', וכי הורו בית דין מזידין ועשו קהל שוגגין לא הוי הוראה, והוי שגגת מעשה לחודיה, והוו יחידין, ומייתו כל חד וחד כשבה או שעירה, אבל כהן משיח כי הורה מזיד ועשה שוגג לא דיניה כיחיד, ופטור לגמרי, דהכי אמרינן בפרק בתרא (דף יא.) 'מעם הארץ, פרט למשיח', דאינו מביא קרבן בשגגת מעשה[יז]: גמ' שוגג ועשה שוגג מביא פר, פשיטא. דכי הורה בשוגג ועשה שוגג דהוי שוגג מעליא, ומביא פר קרבן: מהו דתימא כיון דאי מתידע ליה. מאיזה טעם הורה, שמא היה חוזר בו מאותו טעם, וכי שכח ההוא טעמא ואף על פי כן הוא עושה ותולה בהוראתו ראשונה, אימא כמזיד דמי, ולא מחייב קרבן, קא משמע לן: ([ס]שיכול. לגמור מדין קל וחומר שמשיח כצבור, ולא צריך למכתב 'לאשמת העם', אע"ג דאילו לא נאמר 'לאשמת העם' הייתי למד מן הדין):

תוספות

מזיד ועשה שוגג. תימה, היכא הוי שוגג בלא הוראה, אי אכיל בשתיקה ולא[יח] מיקרי הוראה, הא מאחר שאינו מורה לאחרים כי אם לעצמו מה לי בשתיקה מה לי בדיבור: **(אין)** [כהוראת] בית דין כו'. כמה ענינים שונה הכא מה שכבר שנה בפרק קמא, אלא משום דאתי לפרושי רישא אמאי שוה להוראת צבור לענין שוגג ועשה כו', משום דשוו פר כהן משיח וצבור להדדי: **שוגג** ועשה שוגג פשיטא. לעיל בפ"ק (ד:) דקתני 'שוגגין ועשו שוגגין' לא פריך נמי פשיטא, וצריך לומר[יט] אגב דתנא הכא, דהתם ליכא לשנויי כדהכא, דהיכי סלקא דעתך למימר דכולהו סנהדרין שכחו מאיזה טעם הורו:

עין משפט נר מצוה

מח א מיי' פי"ג מהלכות שגגות הלכה ב:

מט ב ג ד מיי' פ"ד מהלכות פסולי מוקדשים ה"א:

א ה מיי' פט"ו מהלכות שגגות הלכה א סמג עשין ריז:

ב ו מיי' שם הלכה ב והלכה ג סמג שם:

ג ז מיי' שם והלכה א:

ד ח מיי' שם הלכה ב:

תוספות הרא"ש

[א"ל אביי] א"כ כשמטאו בהוראת ב"ד עם הצבור יביאו פר לעצמן: וכ"ת ה"נ נפישי להו פרים. דשבט לוי יביאו ב' פרים: [כא] אמר רב אחא שבט לוי אינו קרוי קהל. דכל אותן שלא נטלו חלק בארץ אינם קרוים קהל. מיהו כהנים נהי דלא מקרי קהל מ"מ הכתוב קראם עם בפ"ע ושקלם עם הקהל וכצבור דמו ואין חטאתם מתה אבל חטאת שותפים ס"ל לר"ש דמתה ומתוקמא [כב] שפיר כר"ש: א"ה בצרי להו. האי א"ה לא קאי אמלתיה דרב יוסף דהא שני שפיר דאע"ג דכהנים לא מקרי קהל מקרו עם וקרבנם קרבן צבור דמי. אלא פריך אהא דקאמר דשבט לוי לא מקרי קהל א"כ לא הוי אלא י"א פרים לקהל: ומשני אפרים ומנשה כראובן ושמעון יהיו לי. הכי פריך והא כתיב על שם אחיהם יקראו בנחלתם לנחלה הוקשו[כג] ולא לדבר אחר. ופריך והא חלוקין בדגלים.

א) תמורה טז., ב) [יומא ג. ושם נסמן], ג) תמורה טו., ד) [סוכה נ: יבמות מו. סא. זבחים נז. מנחות יט. פב. תמורה טו. יח: נדה לז:], ה) ת"כ פ' ויקרא דבורא דחובה פרק ב ה"א-ה (אות רד-ה), ו) עי' בסמוך סד"ה דמ"ר.

תורה אור השלם

א) וַיֹּאמֶר אֵלַי הִנְנִי מַפְרְךָ וְהִרְבִּיתִךָ וּנְתַתִּיךָ לִקְהַל עַמִּים וְנָתַתִּי אֶת הָאָרֶץ הַזֹּאת לְזַרְעֲךָ אַחֲרֶיךָ אֲחֻזַּת עוֹלָם: [בראשית מח, ד]

ב) וְעַתָּה שְׁנֵי בָנֶיךָ הַנּוֹלָדִים לְךָ בְּאֶרֶץ מִצְרַיִם עַד בֹּאִי אֵלֶיךָ מִצְרַיְמָה לִי הֵם אֶפְרַיִם וּמְנַשֶּׁה כִּרְאוּבֵן וְשִׁמְעוֹן יִהְיוּ לִי: [בראשית מח, ה]

ג) וּמוֹלַדְתְּךָ אֲשֶׁר הוֹלַדְתָּ אַחֲרֵיהֶם לְךָ יִהְיוּ עַל שֵׁם אֲחֵיהֶם יִקָּרְאוּ בְּנַחֲלָתָם: [בראשית מח, ו]

ד) אִם הַכֹּהֵן הַמָּשִׁיחַ יֶחֱטָא לְאַשְׁמַת הָעָם וְהִקְרִיב עַל חַטָּאתוֹ אֲשֶׁר חָטָא פַּר בֶּן בָּקָר תָּמִים לַה' לְחַטָּאת: [ויקרא ד, ג]

הגהות וציונים

א] ס"א נשיאי להו פרים (ר"ח, וכ"ה בתוס' הרא"ש). ב] ר"ח ורא"ש "א"ה בצרי להו", וליתא "י"ב שבטים". ג] גמיר להו (בב"ח, וכ"ה ברש"י). ד] ס"א שעשה. באר שבע (גליון). ה] הוראתו. יעב"ץ (גליון). ו] באר שבע (גליון). ז] ביל"ש גורס כאן (וכ"ה בר"ח) מה ציבור אין מביאין אלא על העלם דבר בשגגת מעשה אף משיח אינו מביא אלא על העלם דבר בשגגת מעשה. ח] באר שבע מ"ז (גליון) ועיין תוספות הרא"ש. ט] ולא מיתוקמא כצ"ל. באר שבע (גליון), ועי' הורה גבר. י] "ומולדתך" דקרא הכי משמע ומולדתך אשר הולדת אחריהם לך יהיו על שם אחיהם יקראו בנחלתם". יא] בד' וניצא ג' "וחלק להם הארץ וצוה האיך יחנו לדגליהם כדכתיב איש על דגלו". יב] כת"י "דיעקב אבינו תקן להם דגלים וחלק להם הארץ וכן מצינו במדרש ר' תנחומא איש על דגלו". יג] כת"י חתום דבור זה ולא מפני המורה, והבו"ח מביאו "וראינו במקצת פי' חכמים". יד] כת"י שהיא: טו] יש להוסיף דשאני דלא הוי דנין אפשר משאי אפשר משום (ב"ח): טז] ההורה גבר הגיה ד' (וכ"ה בכת"י), וכתב שי"ל דבדוק הנוסח ד' לשאי דמייתי דריש לקיש. יז] בכת"י נוסף דאחת נתנה להם לרעייה [ולא] למיתה ושכחו אי זה ניתנה לרעייה מהני חמש חטאות לפיכך אמרו חמישית [למיתה] והכי מסקנא במסכת תמורה: יח] בכת"י נוסף בלא העלם דבר שמורה לא מיקרי (בארות המים): יט] וצריך לומר דתנא דהתם הא אגב דתנא הכא (בארות המים): כ] במקום המוסגר הנוסח בכת"י (השמטת הדפוס מחמת דילוג "כנגד עם הקהל") ופריך אלא מעתה ליתו פר בהוראה. כיון דחשיבי עם לעצמם כנגד עם הקהל: כא] בפרה"ג לא גרס מלת אלא (גליון): כב] כת"י "והאשים העם בכגון ומתוקמא ברייתא שפיר כר"ש (כת"י): כג] כת"י הקשתים, וכ"ה בפרה"ג: שחטאו ע"פ הוראתו:

congregation with regard to bringing a *korban* for a mistaken sin: it has to have been done by mistake, based on a mistaken ruling against the Torah.

The *Baraisa* explains why we need to learn this from the *pasuk*: שֶׁיָּכוֹל — Because I might have thought: **וַהֲלֹא דִין הוּא** — Isn't it logical to say:

For this *daf's shiur* and charts, scan this QR code:

צִבּוּר מוּצָא מִכְּלַל יָחִיד — The congregation is in a separate category from an individual with regard to the *korban* brought for sinning by mistake (an individual brings a female sheep or a female goat, while the congregation brings a bull), **וּמָשִׁיחַ מוּצָא מִכְּלַל יָחִיד** — and a *kohen gadol* is also in a separate category from an individual, with regard to the *korban* brought for sinning by mistake (because he also brings a bull, like the congregation), and therefore, the *kohen gadol* should have the same requirements as the congregation to bring a *korban* for a sin done by mistake? **מָה צִבּוּר אֵין חַיָּיבִין אֶלָּא עַל הֶעְלֵם דָּבָר עִם שִׁגְגַת מַעֲשֶׂה** — Just like the congregation is not obligated to bring a communal *korban* for a sin they did by mistake unless there was a matter hidden (from *beis din*, and they mistakenly ruled against the Torah) together with a mistaken action (that the congregation sinned based on that ruling), **אַף מָשִׁיחַ לֹא יְהֵא חַיָּיב אֶלָּא עַל הֶעְלֵם דָּבָר עִם שִׁגְגַת מַעֲשֶׂה** — so, too, the *kohen gadol* should not be obligated to bring a *korban* for a sin he did by mistake unless there was a matter hidden (from himself, and he mistakenly ruled against the Torah) together with a mistaken action (that he sinned based on his ruling)! **אוֹ כְּלָךְ לְדֶרֶךְ זוֹ** — Or perhaps, go this way and make a different comparison: **נָשִׂיא מוּצָא מִכְּלַל יָחִיד** — The *nasi* is in a separate category from an individual with regard to the *korban* brought for sinning by mistake (an individual can bring either a female sheep or a female goat, while a *nasi* can only bring a male goat), **וּמָשִׁיחַ מוּצָא מִכְּלַל יָחִיד** — and a *kohen gadol* is also in a separate category from an individual with regard to the *korban* brought for sinning by mistake (because he brings a bull), and therefore, the *kohen gadol* should have the same requirements as a *nasi* to bring a *korban* for a sin done by mistake; **מָה נָשִׂיא מֵבִיא בְּשִׁגְגַת מַעֲשֶׂה בְּלֹא הֶעְלֵם דָּבָר** — just like a *nasi* would bring a *korban* for a mistaken action of a sin without any matter being hidden (meaning, he does not have to be acting based on a mistaken ruling), **אַף מָשִׁיחַ מֵבִיא בְּשִׁגְגַת מַעֲשֶׂה בְּלֹא הֶעְלֵם דָּבָר** — so, too, the *kohen gadol* should have to bring a *korban* for a mistaken action of a sin without any matter being hidden (meaning, even if he did not act based on a mistaken ruling)! **נִרְאֶה לְמִי דוֹמֶה** — Let us see which of the two (the congregation or the *nasi*) the *kohen gadol* is more similar to: **צִבּוּר בְּפַר** — The congregation brings a bull for their mistaken sin, **וְאֵין מְבִיאִין אָשָׁם תָּלוּי** — and the halachah is that they never bring an *Asham Talui* (the *korban* brought by one who is unsure if he sinned), **וּמָשִׁיחַ בְּפַר** — and the *kohen gadol* also brings a bull for his mistaken sin, **וְאֵין מֵבִיא אָשָׁם תָּלוּי** — and the halachah is that he never brings an *Asham Talui*. Therefore, once we see that the *kohen gadol* and the congregation are very similar, we should make the comparison from before: **מָה צִבּוּר אֵינוֹ חַיָּיב אֶלָּא עַל הֶעְלֵם דָּבָר עִם שִׁגְגַת מַעֲשֶׂה** — Just like the congregation is not obligated to bring a communal *korban* for a sin they did by mistake unless there was a matter hidden together with a mistaken action, **אַף מָשִׁיחַ לֹא יְהֵא חַיָּיב אֶלָּא עַל הֶעְלֵם דָּבָר עִם שִׁגְגַת מַעֲשֶׂה** — so, too, the *kohen gadol* should not be obligated to bring a *korban* for a sin he did by mistake unless there was a matter

For this *daf's shiur* and charts, scan this QR code:

צבור מוצא מכלל יחיד. דיחיד מביא כשבה או שעירה, ולצבור מביא פר: נשיא מוצא מכלל יחיד. דבכלל 'אם[ט] נפש אחת' הוא, ומוצא מכללו, דיחיד מביא כשבה או שעירה ונשיא מביא שעיר: מה נשיא בשגגת מעשה[י], בלא העלם דבר וכו'[יא]: צבור בפר ואין מביאין אשם תלוי. כלל, כדאמר לקמן דכתיב ביה באשם תלוי ד) 'ואם נפש כי תחטא וגו' ולא ידע ואשם', וכתיב 'וכפר עליו הכהן על שגגתו אשר שגג והוא לא ידע', מי שחטאתו ושגגתו שוה חייב[יב] בשגגת מעשה בלא העלם דבר, יצא כהן משיח שחטאו[יג] בהעלם דבר, וכ"ש לצבור דיצא מאשם תלוי, משום דהעלם דבר בהדיא כתיב בהו, ה) ואין חטאתו ושגגתו שוה, דבעינן העלם דבר עם שגגת מעשה, ועוד דלצבור אינו בכלל 'נפש': נשיא. משיח[יד] מביאין שעירה בעבודת כוכבים, דכתיב בפרשת 'שלח לך אנשים' בעבודת כוכבים ו) 'ואם נפש'[טו], דאחד יחיד ואחד נשיא ואחד משיח במשמע: ומביא אשם ודאי. בין נשיא ובין משיח, דכתיב באשם גזילות ז) ובאשם מעילות[ט] 'נפש', ומשיח ונשיא בכלל 'נפש אחת' הן, ולצבור אין מביאין אשם ודאי, דאינן בכלל 'נפש אחת'; והא דתנן[ט] 'אין חייבין אלא על דבר שזדונו כרת ושגגתו חטאת, וכן המשיח', הכי משמע, דבי"ד הוא דאינן חייבין כלל עד שיורו בדבר שחייבין על זדונו כרת ושגגתו חטאת, שאם הורו בשחייבין[טז] על זדונו כרת ושגגתו אשם פטורין לגמרי, ועוד, דבאשמות אין בהם דין שוגג, דעל זדון הוא מביא אשם; וכן המשיח אין מביא פר אלא בדבר שחייבין על זדונו כרת ועל שגגתו חטאת, אבל במקום אשם ודאי חייב אשם, לפי שהוא בכלל 'נפש אחת', דלהכי[יז] הושוה לצבור דאין מביאין פר במקום אשם: ומנא ליה. דאין משיח מביא אשם תלוי: דכתיב. באשם תלוי, 'וכפר[יח] הכהן על שגגתו אשר שגג' מחטאתו[יט], מי שחטאתו ושגגתו שוה, דאינו חייב עד דהוי הכל בשגגת מעשה, דהיינו יחיד, יצא משיח שחטאתו ושגגתו אין שוה, דאינו חייב אלא על העלם דבר עם שגגת מעשה: 'לאשמת העם' עד כאן לא קאמר[כ] ליה. כלומר מ'לאשמת העם' קאמר[כא] דנפקא ליה דאין חטאתו ושגגתו שוה, דמשיח כצבור, והא אכתי לא קמה ליה היקש ד'לאשמת העם' דעדיין לא הועמד 'לאשמת העם' במקומו, דהא קאמר אע"ג דאילו לא נאמר 'לאשמת העם' יכולני ללמוד מן הדין דמשיח צריך העלם דבר עם שגגת מעשה כצבור[כב], וקאמר 'נראה למי דומה, לצבור בפר ואין מביאין אשם תלוי ומשיח בפר ואין מביא אשם תלוי', בענין זה הוא דומה משיח לצבור אע"ג דאילו לא נאמר 'לאשמת העם', והכא קאמר דמ'לאשמת העם' נפקא ליה דמשיח אין חטאתו ושגגתו שוה דאין מביאין[כג] אשם תלוי, והלא בלא 'לאשמת העם' הוא דן ולמד: אלא אשם כדי נסבה. [כד] אלא עיקר הדין שהוא דן כך הוא, לצבור בפר ומשיח בפר, מה לצבור אינו חייב אלא על העלם דבר עם שגגת מעשה, אף משיח לא יהא חייב אלא על העלם דבר ושגגת מעשה: מתני' הורה. כהן משיח בעצמו[כה], כגון דמורו בתרי איסורי, ב"ד בחלב והוא בעבודת כוכבים[כו]: נתכפר לו בפני עצמו. דאי הורה הוא בפני עצמו ולא הורו ב"ד כלל לא איצטריך למיתני דחייב להביא פר, דמקרא מלא הוא, אלא כי איצטריך למיתני כגון שהורו בשני איסורים: הורה עם הצבור. ב"ד, כגון דהורו בחדא איסור, הוא בחלב והן בחלב: נתכפר לו עם הצבור. שהוא מתכפר בשל ב"ד. ומפני מה מתכפר בשל בית דין עם הצבור כי הורה עם הצבור, לפי שבדברים הרבה שוה משיח לב"ד, שאין ב"ד חייבין קרבן עד שיורו לבטל מקצת וכן המשיח וכו', והואיל והושוה משיח לב"ד, הלכך כי הורה עם הצבור ועשה עם הצבור מתכפר עם הצבור. והא דקתני 'שאין ב"ד חייבין' ולא קתני 'שאין צבור חייבין', סתמא כר"מ דאמר לעיל בפ"ק[ז] 'ב"ד מביאין על ידיהן פר והן פטורין': ולא בעבודת כוכבים. אין חייבין קרבן: גמ' מה נשיא חטא עם הצבור מתכפר לו עם הצבור. משום דבשגגת מעשה בלבד הוא מביא שעירה[כז], והואיל וחטאתו בשגגת מעשה הוא כיחיד דעלמא, הלכך כי חטא ע"פ ב"ד עם הצבור, דהוי העלם דבר עם שגגת מעשה, מתכפר עם הצבור[כח]. ועוד, שכן מתכפר לו עם הצבור ביוה"כ לפיכך מתכפר לו עם הצבור. אף משיח הורה בפני עצמו וכו': ת"ל. דכתיב בכהן משיח 'על חטאתו אשר חטא', דמשמע דכי חטא בפני עצמו הוא דיביא בפני עצמו, הא אם חטא עם הצבור מתכפר לו עם הצבור: היכי דמי. דכי הורה משיח בפני עצמו דמורו בתרי איסורי דמתכפר בפני עצמו: אי דהוא מופלא בי"ד והן אינן מופלאין, פשיטא דמתכפר בפני עצמו, דהוראה דידהו לאו כלום היא, ובעי איתויי כל חד וחד מהצבור כשבה או שעירה. דהא תנן לעיל בפ"ק (דף ד:) 'או שלא היה שם מופלא של בי"ד' דלא הויא הוראה, שאע"פ שאינו מסנהדרין, שאילו היה מסנהדרין, אפילו [אם] קטן שבכולם לא היה שם לא הויא הוראה, כדאמרינן 'מאי כל עדת, דאי איתא לכולה סנהדרין הויא הוראה, ואי לא לא הויא הוראה', וכשגגת מעשה לחודיה דמי, דמייתי כל חד וחד כשבה או שעירה, ה"נ כי הוי הוא מופלא והן אינן מופלאין, כי הורה בפני עצמו הואיל והוא לא היה שם עמהן פשיטא דמתכפר בפני עצמו, דהוראה דידהו לאו כלום היא: ואי הן מופלאין והוא אינו מופלא, כי הורה בפני עצמו אמאי מתכפר בפני עצמו, והא הוראה דידיה לאו כלום היא. דכיון דאינו מופלא לא ידע מאי קא מורה, ולא הוה הוראה מעליא, וכשגגת מעשה לחודיה דמי, ואשכחן משיח בשגגת מעשה גרידתא פטור לגמרי, כדאמרינן בסוף פירקא שאין חטאתו שוה ליחידים: אמר

צבור מוצא מכלל יחיד ומשיח מוצא מכלל יחיד, מה צבור אין חייבין אלא על העלם דבר עם שגגת מעשה, אף משיח לא יהא חייב [ל]אלא על העלם דבר עם שגגת מעשה; או כלך לדרך זו, נשיא מוצא מכלל יחיד ומשיח מוצא מכלל יחיד, מה נשיא מביא בשגגת מעשה בלא העלם דבר[ל], אף משיח מביא בשגגת מעשה בלא העלם דבר[ל]; נראה למי דומה[ב], צבור בפר [א]ואין מביאין אשם תלוי, ומשיח בפר [ב]ואין מביא אשם תלוי, מה צבור אינו חייב אלא על העלם דבר עם שגגת מעשה, אף משיח לא יהא חייב אלא על העלם דבר עם שגגת מעשה; או כלך לדרך זו, נשיא מביא שעירה בעבודת כוכבים ומביא אשם ודאי, ומשיח מביא שעירה בעבודת כוכבים ומביא אשם ודאי, מה נשיא מביא בשגגת מעשה, אף משיח מביא בשגגת מעשה; תלמוד לומר א) 'לאשמת העם', הרי הוא[ג] משיח כצבור, מה צבור אינו מביא אלא על העלם דבר עם שגגת מעשה, אף משיח אינו מביא אלא על העלם דבר עם שגגת מעשה. אימא[ד] מה צבור הורה ועשו אחריו[ה] בהוראתו חייבין, אף משיח כשהורה ועשו אחריו בהוראתו יהא חייב, תלמוד לומר א) 'והקריב על חטאתו אשר חטא', על מה שחטא הוא מביא, ואין מביא על מה שחטאו אחרים. אמר מר, משיח בפר ואין מביא אשם תלוי, מנא ליה דאין מביא אשם תלוי, דכתיב ב) 'וכפר עליו הכהן על שגגתו אשר שגג', מי שחטאתו ושגגתו שוה[ו], יצא משיח שאין שגגתו וחטאתו שוה[ז], דכתיב 'לאשמת העם', הרי הוא[ג] משיח כצבור. 'לאשמת העם' עד כאן לא קאמר[ח] ליה. אלא אשם כדי נסבה: **מתני'** [ג]הורה בפני עצמו ועשה בפני עצמו מתכפר לו בפני עצמו, [ד]הורה עם הצבור ועשה עם הצבור מתכפר לו עם הצבור; שאין [ה]בית דין חייבין עד שיורו לבטל מקצת ולקיים מקצת, [ו]וכן המשיח; [ז]ולא בעבודת כוכבים, עד שיורו לבטל מקצת ולקיים מקצת: **גמ'** מנהני מילי. [ח]דתנו רבנן, הורה עם הצבור ועשה עם הצבור יכול יביא פר לעצמו, ודין הוא, נשיא מוצא מכלל יחיד ומשיח מוצא מכלל יחיד, מה נשיא חטא בפני עצמו מביא בפני עצמו, חטא עם הצבור מתכפר לו עם הצבור, אף משיח חטא בפני עצמו מביא בפני עצמו, חטא עם הצבור מתכפר לו עם הצבור; לא, אם אמרת בנשיא, שכן מתכפר לו עם הצבור ביום הכפורים, תאמר במשיח שאין מתכפר לו עם הצבור ביום הכפורים, הואיל ואין מתכפר לו עם הצבור ביום הכפורים יכול יביא פר לעצמו; תלמוד לומר א) 'על חטאתו אשר חטא', הא כיצד, חטא בפני עצמו מביא בפני עצמו, חטא עם הצבור מתכפר לו עם הצבור. היכי דמי, אילימא דהוא מופלא והם אינן מופלאין, פשיטא דמתכפר לו בפני עצמו, הוראה דלהון ולא כלום, ובעי אתויי כשבה או שעירה כל חד וחד; ואי דאינון מופלאין והוא לאו מופלא, אמאי מתכפר לו בפני עצמו, הא הוראה דידיה ולא כלום היא. אמר

תוספות

מה צבור הורו ועשו אחריהן בהוראתן כו'. תימה, היאך שייך לדמותו לבי"ד, דהכתיב 'לאשמת העם', וטפי מסתבר לומר מה צבור אין חייבין עד שיורו הן[לט] אחרים אף משיח לא יהיה חייב כו': **לא** אם אמרת בנשיא שכן מכפר לו ביוה"כ. הוי מצי למימר 'שכן נשיא אין מביא בהוראה', אלא דאלימא פריך, שמתכפר בצבור: **ואי** דאינהו (כו') מופלאים הוראה דידיה כו'. דהא איתקש[ל] לאשמת העם, ותנן לעיל כו', כדפרש"י:

מסורת הש"ס עם הוספות

א) [לקמן י.], ב) לעיל ג: במשנה, ג) ת"כ פ' ויקרא דבורא דחובה פרק ב ה"ד-ח (אות רז), ד) ויקרא ה יז, ה) ויקרא ד יג, ו) במדבר טו כז, ז) ויקרא ה כא, ח) ויקרא ה טו, ט) [לקמן ח.], י) ד:, כ) ביצה ח ע"א.

תורה אור השלם

א) אם הכהן המשיח יחטא לאשמת העם והקריב על חטאתו אשר חטא פר בן בקר תמים ליי לחטאת: [ויקרא ד, ג]

ב) והביא איל תמים מן הצאן בערכך לאשם אל הכהן וכפר עליו הכהן על שגגתו אשר שגג והוא לא ידע ונסלח לו: [ויקרא ה, יח]

הגהות וציונים

א] "בלא העלם דבר" ליתא בראשונים ובכת"י, וכמו בת"כ: ב] ביל"ש גורס בנוסף אם דמה לציבור נלמדנה מן הצבור ואם דמה לנשיא נלמדנה מן הנשיא, וכמו בת"כ: ג] "הוא" ליתא בראשונים ובכת"י, וכברישא דברייתא: ד] ב"ח ואימא. יל"ש אי. ר"ח או: ה] צ"ל אחרים, וכן בסמוך (ב"ח): ו] לקמן ח ע"א הגירסא שחטאו בשגגה וכן העתיק רש"י לקמן בס"פ בד"ה אלא א"ר אימא הכי בסופו וכ"ה לשונו לקמן ע"ב במשנה (רש"ש): ז] הב"ח מוסיף מנא ליה שאין חטאו ושגגתו שוה, וכ"ה ביל"ש ועי' רש"י: ח] בכמה ראשונים וכת"י "לא קמה ליה": ט] ואם (כת"י): י] כאן צ"ל הפסק נקודה (דק"ס): יא] "וכו'" ט"ס (דק"ס): יב] דחייב (ב"ח): יג] צ"ל שחטאו (כת"י): יד] צ"ל ומשיח (גליון, וכ"ה בדפוסי ויניציא): טו] נפש אחת דאחד (ב"ח): טז] בדבר שחייבין (ב"ח): יז] ולהכי (בארות המים): יח] וכפר עליו הכהן (ב"ח): יט] "מחטאתו" מיותר (מהרש"א וב"ח, וכן ליתא בכת"י): כ] כת"י קמה: כא] כת"י קאמרת: כב] צ"ל כצבור (גליון): כג] צ"ל מביא (בארות המים, וכ"ה בכת"י): כד] בכת"י נוסף כלומר שלא לצורך הוא דקאמר משיח בפר ואין מביא אשם תלוי אלא: כה] צ"ל בפני עצמו (ב"ח), וכן בכת"י "הורה כהן משוח בפני עצמו ועשה בפני עצמו.": כו] נ"ל להגיה "ב"ד בע"ז והוא בחלב" (ספר עוז והדר, עי"ש ועי' רש"ש): כז] צ"ל שעיר (מהרש"א, וכ"ה בכת"י): כח] לכאן שייך סה"ד אף משיח בפני עצמו וכו': ומה"ד שכן מתכפר לו וכו' (ע"פ כת"י): כט] צ"ל להן (מהר"ב רנשבורג): ל] דהא איתקש לצבור כדכתיב לאשמת העם (בארות המים): לא] שער יוסף בהעתקת כת"י "משמע שאינו מתכפר עם אחרים שהיה ראוי שיתכפר עמהם". (ובדפוס השתרבב בתיבות הד"ה): לב] כת"י "דהא מקרא דריש ליה בגמרא": לג] מותרים אתם (כת"י): לד] ת"ר יכול משיח (כת"י):

עין משפט נר מצוה

ה א מיי' פי"ג מהלכות שגגות הלכה ג סמג עשין רטו:
ו ב מיי' שם פט"ו הלכה ו סמג שם:
ז ג מיי' שם הלכה א:
ח ד מיי' שם הלכה ד:
ט ה מיי' שם הלכה א:
י ו מיי' שם ופי"ד הלכה א [ופי"ג] הלכה ג סמג שם:

תוספות הרא"ש

צבור מוצא מכלל יחיד. דכתיב ואם נפש אחת תחטא בשגגה מעם הארץ. ולצבור שחטאו בשג"מ בכלל כדדרשינן לעיל רפ"ק דמייתו כל חד וחד כשבה או שעירה. והוציא הכתוב לצבור שעשאו (בהוראתו) [בהוראה] מכלל זה להביא פר ומשיח נמי בכלל נפש והוציאו מזה הכלל לחייבו בפר: **או כלך לדרך זו נשיא מוצא מכלל יחיד.** שגם נשיא היה בכלל ואם נפש להביא כשבה או שעירה ויצא לדונו בשעיר. ואית ספרים דגרסי **נשיא מוצא מכלל צבור ומשיח מוצא מכלל צבור.** וה"פ נשיא [מוצא] מכלל לצבור שעשו בשגגת מעשה דמייתו כשבה או שעירה כל חד מנייהו דכתיב מע"ה ואפילו רובא. וגם נשיא היה בכלל ויצא לידון בשעיר. וגם משיח היה בכלל ויצא לידון בפר. וליכא לפרושי דנשיא ומשיח היו בכלל אם מעיני העדה דהכא לא יצא נשיא מכלל שגם הוא בהוראת ב"ד מתכפר עם הצבור: **הורה בפני עצמו** (מתכפר עם שאחרים אין) **מתכפר בפ"ע.** מדקתני מתכפר בפ"ע משמע[לא] שהיה ראוי להתכפר עמהם. וה"ד כגון שחטאו גם הצבור בהוראת ב"ד ואשמועינן דלא סגי ליה לדידיה פר לצבור. דאי בדלא הורו לצבור כלל מאי מתכפר לו בפ"ע פשיטא אלא במאן מתכפר לו. ועוד קרא במאי מתוקם אם לא בענין זה שחטא (כולא) [בלא] לצבור. ובגמ' מוקי לה כגון דאורי בתרי אסורי הוא בחלב והן בע"ז: **הורה עם הצבור.** דאורו תרווייהו בחלב מתכפר לו עם הצבור. ורישא משנה שאינה צריכה היא דהאיך מתכפר על חלב שאכל דחייב עליו פר בשעיר שמביאין הצבור בע"ז אלא אגב סיפא נקטוה דמקרא דרשינן ליה בגמרא דסד"א כמו שאינו מתכפר עם הצבור ביוה"כ אלא מביא לעצמו. הה"נ אם חטא עם הצבור בהוראה יביא פר לעצמו: **שאין ב"ד חייבין עד שיורו לבטל כו'.** ופרש"י ז"ל שבא לפרש הטעם למה מתכפר עם הצבור דהואיל ושוה משיח לצבור שאינו חייב אלא על שגגת מעשה עם העלם דבר מתכפר נמי עמהם כשהורה ועשה עמהם. ולא נהירא דאין צריך טעם לזה דהאי[לב] קרא דריש בגמרא. ועוד מדכליל בהדייהו ולא בע"ז (וליתא) [וליכא] לפרושי דאף אם הורה ועשה משיח עם הצבור בע"ז מתכפר עמהם דהא משיח בעבודת כוכבים כיחיד. ונראה לפרש שאין ב"ד חייבין כו' תחילת דבור הוא. ואע"ג (תני ושאין) [דתני שאין] כה"ג תנן ברפ"ק דמסכת יו"ט[כ] שאפר כירה מוכן הוא ותחילת הדבור הוא כאילו תנא ואפר כירה מוכן הוא: **שאין ב"ד חייבין.** פרש"י ז"ל סתמא כר"מ דאמר בפירקא דלעיל[י] ב"ד מביאין על ידיהן והן פטורין. ותימה דברים מכילתין פירש אהא דאמר שמואל אין ב"ד חייבין עד שיאמרו להם מותרים [לג]. כלומר כשעושין קהל או רובן עבירה ע"פ של ב"ד בין למ"ד לקמן ב"ד מביאין פר ובין למ"ד לצבור מביאין. וי"ל משום דקתני הכא וכן המשיח משמע אין ב"ד חייבין על הבאת קרבן קאי דומיא דמשיח: **ת"ר[לד] משיח שהורה עם הצבור ועשה עם הצבור יביא פר לעצמו ודין הוא.** פי' ודין הוא שלא יביא ושקיל וטרי עד דסתר האי דינא. ולאו היה שיביא לעצמו. אלא דיליף לה מקרא שמתכפר עם הצבור: ה"ד. הא דקאמרת הורה בפ"ע מתכפר בפ"ע. דע"כ בדאיתא תרי הוראות כדפרישית. והיכי משכחת לה דהורה כהן משיח וגם הורו ב"ד. ומוקי לה ר"פ בשוין שכולן מופלאים ולא בריך לי שפיר מאי הפי' מופלא דראוי להוראה היינו דגמיר לכוליה תלמודא כשמעון בן עזאי וגמיר וסביר ומאי חסיר ליה להיותו נקרא מופלא. ואפשר דמושיבין בסנהדרין אע"פ שאינו ראוי להוראה אי לא משכח ראוי להוראה. ואותן הראויים להוראה נקראים מופלאים. והכא מיירי שכולן ראויים להוראה:

This *daf* is dedicated *l'iluy nishmas*: R' Mayer ben Chana Nehmad *zt"l*

hidden together with a mistaken action! **אוֹ כְּלָךְ לְדֶרֶךְ זוֹ** — Or perhaps, go this way and make a different comparison: **נָשִׂיא מֵבִיא שְׂעִירָה בַּעֲבוֹדַת כּוֹכָבִים** — A *nasi* brings a female goat if he sinned mistakenly with *avodah zarah*, **וּמֵבִיא אָשָׁם וַדַּאי** — and he can bring an *Asham Vadai* (the *korban* brought for specific sins), **וּמָשִׁיחַ מֵבִיא שְׂעִירָה בַּעֲבוֹדַת כּוֹכָבִים** — and the *kohen gadol* also brings a female goat if he sinned mistakenly with *avodah zarah*, **וּמֵבִיא אָשָׁם וַדַּאי** — and he can bring an *Asham Vadai*. Once we see that the *kohen gadol* and the *nasi* are very similar, we should make the other comparison from before: **מָה נָשִׂיא מֵבִיא בְּשִׁגְגַת מַעֲשֶׂה** — Just like a *nasi* would bring a *korban* for a mistaken action of a sin, even if he is not acting based on a mistaken ruling, **אַף מָשִׁיחַ מֵבִיא בְּשִׁגְגַת מַעֲשֶׂה** — so, too, the *kohen gadol* should have to bring a *korban* for a mistaken action of a sin, even if he is not acting based on a mistaken ruling! Since both comparisons seem reasonable, we cannot use either of them to give us the definite halachah; therefore, **תַּלְמוּד לוֹמַר** — the *pasuk* says: **לְאַשְׁמַת הָעָם** — "[If the *kohen gadol* sins], as a guilt of the nation," which implies, **הֲרֵי הוּא מָשִׁיחַ כְּצִבּוּר** — the *kohen gadol* has the same guideline as the congregation with regard to bringing a *korban* for a mistaken sin: **מָה צִבּוּר אֵינוֹ מֵבִיא אֶלָּא עַל הֶעְלֵם דָּבָר עִם שִׁגְגַת מַעֲשֶׂה** — Just like the congregation does not bring a communal *korban* for a sin they did by mistake unless there was a matter hidden together with a mistaken action, **אַף מָשִׁיחַ אֵינוֹ מֵבִיא אֶלָּא עַל הֶעְלֵם דָּבָר עִם שִׁגְגַת מַעֲשֶׂה** — so, too, the *kohen gadol* does not bring a *korban* for a sin he did by mistake unless there was a matter hidden together with a mistaken action.

The Gemara asks: **אֵימָא** — If we are comparing the circumstances needed for a *Par Kohen Mashiach* to be brought to those needed for a *Par He'eleim Davar* to be brought, perhaps I can say: **מָה צִבּוּר הוֹרָה וְעָשׂוּ אַחֲרָיו בְּהוֹרָאָתוֹ** — Just like by the congregation, if the *beis din* ruled mistakenly and the people committed the transgression afterwards based on that ruling, **חַיָּיבִין** — they are obligated to bring a *Par He'eleim Davar*, **אַף מָשִׁיחַ** — so, too, by the *kohen gadol*, **כְּשֶׁהוֹרָה וְעָשׂוּ אַחֲרָיו בְּהוֹרָאָתוֹ** — if he gave a mistaken ruling and people committed the transgression afterwards based on his ruling, **יְהֵא חַיָּיב** — he should be obligated to bring a *Par Kohen Mashiach*! The Gemara answers: **תַּלְמוּד לוֹמַר** — You can't say this, because the *pasuk* says regarding the bringing of the *Par Kohen Mashiach* (ibid.): **וְהִקְרִיב עַל חַטָּאתוֹ אֲשֶׁר חָטָא** — "He should bring a *korban* for the sin that he sinned," which implies: **עַל מַה שֶּׁחָטָא הוּא** — For that which he, himself, sinned, **מֵבִיא** — he brings a *korban*, **וְאֵין מֵבִיא עַל מַה שֶּׁחָטְאוּ אֲחֵרִים** — but he does not bring a *korban* for sins that other people committed.

אָמַר מַר — The *Baraisa* said: **מָשִׁיחַ בְּפַר** — The *kohen gadol* brings a bull for his mistaken sin, **וְאֵין מֵבִיא אָשָׁם תָּלוּי** — and he never brings an *Asham Talui*. The Gemara asks: **מְנָא לֵיהּ דְּאֵין מֵבִיא אָשָׁם תָּלוּי** — How does the *tanna* of the *Baraisa* know that a *kohen gadol* never brings an *Asham Talui*? The Gemara answers: **דִּכְתִיב** — He knows it from that which is written in the *pasuk* regarding the

For this *daf's shiur* and charts, scan this QR code:

מסורת הש"ס עם הוספות

א) [לקמן י.], ב) לעיל ג: במשנה, ג) ת"כ פ' ויקרא דבורא דחובה פרק ב ה"ד־ח (אות רז), ד) ויקרא ה יז, ה) ויקרא ד יג, ו) במדבר טו כז, ז) ויקרא ה כא, ח) ויקרא ה טו, ט) [לקמן ח.], י) ד:, כ) ביצה ח ע"א.

תורה אור השלם

א) אִם הַכֹּהֵן הַמָּשִׁיחַ יֶחֱטָא לְאַשְׁמַת הָעָם וְהִקְרִיב עַל חַטָּאתוֹ אֲשֶׁר חָטָא פַּר בֶּן בָּקָר תָּמִים לַיְיָ לְחַטָּאת: [ויקרא ד, ג]

ב) וְהֵבִיא אַיִל תָּמִים מִן הַצֹּאן בְּעֶרְכְּךָ לְאָשָׁם אֶל הַכֹּהֵן וְכִפֶּר עָלָיו הַכֹּהֵן עַל שִׁגְגָתוֹ אֲשֶׁר שָׁגָג וְהוּא לֹא יָדַע וְנִסְלַח לוֹ: [ויקרא ה, יח]

הגהות וציונים

א] "בלא העלם דבר" ליתא בראשונים ובכת"י, וכמו בתו"כ: ב] ביל"ש גורס בנוסף אם דמה לציבור נלמדנה מן הצבור ואם דמה לנשיא נלמדנה מן הנשיא, וכמו בתו"כ: ג] "הוא" ליתא בראשונים ובכת"י, וכברישא דברייתא: ד] ב"ח ואימא. יל"ש אי. ר"ח או: ה] צ"ל אחרים, וכן בסמוך (ב"ח): ו] לקמן ח ע"א הגירסא שחטאו בשגגה וכן העתיק רש"י לקמן בס"פ בד"ה אלא א"ר אימא הכי בסופו וכ"ה לשונו לקמן ע"ב במשנה (רש"ש): ז] הב"ח מוסיף מנא ליה שאין חטאו ושגגתו שוה, וכ"ה ביל"ש ועי' רש"י: ח] בכמה ראשונים וכת"י "לא קמה ליה": ט] ואם (כת"י): י] כאן צ"ל הפסק נקודה (דק"ס): יא] "וכו'" ט"ס (דק"ס): יב] דחייב (ב"ח): יג] צ"ל שחטאו (כת"י): יד] צ"ל ומשיח (גליון, וכ"ה בדפוסי ויניציא): טו] נפש אחת דאחד (ב"ח): טז] בדבר שחייבין (ב"ח): יז] ולהכי (בארות המים): יח] וכפר עליו הכהן (ב"ח): יט] "מחטאתו" מיותר (מהרש"א וב"ח, וכן ליתא בכת"י): כ] כת"י קמה: כא] כת"י קאמרת: כב] צ"ל בצבור (גליון): כג] צ"ל מביא (בארות המים, וכ"ה בכת"י): כד] בכת"י נוסף כלומר שלא לצורך הוא דקאמר משיח בפר ואין מביא אשם תלוי אלא: כה] צ"ל בפני עצמו (ב"ח), וכן בכת"י "הורה כהן משוח בפני עצמו ועשה בפני עצמו.": כו] נ"ל להגיה "בי"ד בעו"ז והוא בחלב" (ספר עוז והדר, עי"ש ועי' רש"ש): כז] צ"ל שעיר (מהרש"א, וכ"ה בכת"י): כח] לכאן שייך סה"ד אף משיח בפני עצמו וכו': כט] "שאינו מתכפר לו" וכו' (עי' כת"י): ל] צ"ל להן (מהר"ב רנשבורג): לא] דהא איתקש לצבור כדכתיב לאשמת העם (בארות המים): לב] שער יוסף בהעתקת כת"י אחרים שאינו מתכפר עם עמהם. ובדפוס השתרבב בתיבות הר"ה: לג] כת"י "דהא מקרא דריש ליה בגמרא": לד] מוהרים אתם (כת"י): לה] ת"ר יכול משיח (כת"י):

רש"י

צבור מוצא מכלל יחיד. דיחיד מביא כשבה או שעירה, ולצבור מביא פר: נשיא מוצא מכלל יחיד. דבכלל 'אם[ט] נפש אחת' הוא, ומוצא מכללו, דיחיד מביא כשבה או שעירה ונשיא מביא שעיר: מה נשיא בשגגת מעשה[י], בלא העלם דבר וכו'[יא]: צבור בפר ואין מביאין אשם תלוי. כלל, כדאמר לקמן דכתיב ביה באשם תלוי ד) 'ואם נפש כי תחטא וגו' ולא ידע ואשם', וכתיב 'וכפר עליו הכהן על שגגתו אשר שגג והוא לא ידע', מי שחטאתו ושגגתו שוה חייב[יב] בשגגת מעשה בלא העלם דבר, יצא כהן משיח שחטאו[יג] בהעלם דבר, וכ"ש לצבור דילא מאשם תלוי, משום דהעלם דבר בהדיא כתיב בהו, ה) ואין חטאתו ושגגתו שוה, דבעינן העלם דבר עם שגגת מעשה, ועוד דלצבור אינו בכלל 'נפש': נשיא. משיח[יד] מביאין שעירה בעבודת כוכבים, דכתיב בפרשת 'שלח לך אנשים' בעבודת כוכבים ו) 'ואם נפש'[טו], דאחד יחיד ואחד נשיא ואחד משיח במשמע: ומביא אשם ודאי. בין נשיא ובין משיח, דכתיב באשם גזילות ז) ובאשם מעילות ח) 'נפש', ומשיח ונשיא בכלל 'נפש אחת' הן, ולצבור אין מביאין אשם ודאי, דאינן בכלל 'נפש אחת'; והא דתנן ט) 'אין חייבין אלא על דבר שזדונו כרת ושגגתו חטאת, וכן המשיח', הכי משמע, דבי"ד הוא דאינן חייבין כלל עד שיורו בדבר שחייבין על זדונו כרת ושגגתו חטאת, שאם הורו בשחייבין[טז] על זדונו כרת ושגגתו אשם פטורין לגמרי, ועוד, דבאשמות אין בהם דין שוגג, דעל זדון הוא מביא אשם; וכן המשיח אין מביא פר אלא בדבר שחייבין על זדונו כרת ועל שגגתו חטאת, אבל במקום אשם ודאי חייב אשם, לפי שהוא בכלל 'נפש אחת', ולהכי[יז] הושוה לצבור דאין מביאין פר במקום אשם: ומנא ליה. דאין משיח מביא אשם תלוי: דכתיב. באשם תלוי, 'וכפר[יח] הכהן על שגגתו אשר שגג' מחטאתו[יט], מי שחטאתו ושגגתו שוה, דאינו חייב עד דהוי הכל בשגגת מעשה, דהיינו יחיד, יצא משיח שחטאתו ושגגתו אין שוה, דאינו חייב אלא על העלם דבר עם שגגת מעשה: 'לאשמת העם' עד כאן לא קאמר[כ] ליה. כלומר מ'לאשמת העם' קאמר[כא] דנפקא ליה דאין חטאתו ושגגתו שוה, דמשיח כצבור, והא אכתי לא קמה ליה היקש ד'לאשמת העם' דעדיין לא הועמד 'לאשמת העם' במקומו, דהא קאמר אע"ג דאילו לא נאמר 'לאשמת העם' יכולני ללמוד מן הדין דמשיח צריך העלם דבר עם שגגת מעשה כצבור[כב], וקאמר 'נראה למי דומה, לצבור בפר ואין מביאין אשם תלוי ומשיח בפר ואין מביא אשם תלוי', בענין זה הוא דומה משיח לצבור אע"ג דאילו לא נאמר 'לאשמת העם', והכא קאמר דמ'לאשמת העם' נפקא ליה דמשיח אין חטאתו ושגגתו שוה דאין מביאין[כג] אשם תלוי, והלא בלא 'לאשמת העם' הוא דן ולמד: אלא אשם כדי נסבה. [כד] אלא עיקר הדין שהוא דן כך הוא, לצבור בפר ומשיח בפר, מה לצבור אינו חייב אלא על העלם דבר עם שגגת מעשה, אף משיח לא יהא חייב אלא על העלם דבר ושגגת מעשה: מתני' הורה. כהן משיח בעצמו[כה], כגון דמורו בתרי איסורי, בי"ד בחלב והוא בעבודת כוכבים[כו]: נתכפר לו בפני עצמו. דמביא פר בפני עצמו. דאי הורה הוא בפני עצמו ולא הורו בי"ד כלל לא איצטריך למיתני דחייב להביא פר, דמקרא מלא הוא, אלא כי איצטריך למיתני כגון שהורו בשני איסורים: הורה עם הצבור. בי"ד, כגון דהורו בחדא איסור, הוא בחלב והן בחלב: נתכפר לו עם הצבור. שהוא מתכפר בשל בי"ד. ומפני מה מתכפר בשל בית דין עם הצבור כי הורה עם הצבור, לפי שבדברים הרבה שוה משיח לבי"ד, שאין בי"ד חייבין קרבן עד שיורו לבטל מקצת וכן המשיח וכו', והואיל והושוה משיח לבי"ד, הלכך כי הורה עם הצבור ועשה עם הצבור מתכפר עם הצבור. והא דקתני 'שאין בי"ד חייבין' ולא קתני 'שאין צבור חייבין', סתמא כר"מ דאמר לעיל בפ"ק י) 'בי"ד מביאין על ידיהן פר והן פטורין': ולא בעבודת כוכבים. אין חייבין קרבן: גמ' מה נשיא חטא עם הצבור מתכפר לו עם הצבור. משום דבשגגת מעשה בלבד הוא מביא שעירה[כז], והואיל וחטאתו בשגגת מעשה הוא כיחיד דעלמא, הלכך כי חטא ע"פ בי"ד עם הצבור, דהוי העלם דבר עם שגגת מעשה, מתכפר עם הצבור[כח]. ועוד, שכן מתכפר לו עם הצבור ביוה"כ לפיכך מתכפר לו עם הצבור. אף משיח הורה בפני עצמו וכו': ת"ל. דכתיב בכהן משיח 'על חטאתו אשר חטא', דמשמע דכי חטא בפני עצמו הוא דיביא בפני עצמו, הא אם חטא עם הצבור מתכפר לו עם הצבור: היכי דמי. דכי הורה משיח בפני עצמו דמורו בתרי איסורי דמתכפר בפני עצמו: אי דהוא מופלא בי"ד והן אינן מופלאין, פשיטא דמתכפר בפני עצמו, דהוראה דידהו לאו כלום היא, ובעי איתויי כל חד וחד מצבור כשבה או שעירה. דהא תנן לעיל בפ"ק (דף ד:) 'או שלא היה שם מופלא של בי"ד' דלא הויא הוראה, שאע"פ שאינו מסנהדרין, שאילו היה מסנהדרין, אפילו [אם] קטן שבכולם לא היה שם לא הויא הוראה, כדאמרינן 'מאי כל עדת, דאי איתא לכולה סנהדרין הויא הוראה, ואי לא לא הויא הוראה', וכשגגת מעשה לחודיה דמי, דמייתי כל חד וחד כשבה או שעירה, ה"נ כי הוי הוא מופלא והן אינן מופלאין, כי הורה בפני עצמו הואיל והוא לא היה שם עמהן פשיטא דמתכפר בפני עצמו, דהוראה דידהו לאו כלום היא: ואי הן מופלאין והוא אינו מופלא, כי הורה בפני עצמו אמאי מתכפר בפני עצמו, והא הוראה דידיה לאו כלום היא. דכיון דאינו מופלא לא ידע מאי קא מורה, ולא הוה הוראה מעלייא, וכשגגת מעשה לחודיה דמי, ואשכחן משיח בשגגת מעשה גרידתא פטור לגמרי, כדאמרינן בסוף פירקא שאין חטאתו שוה ליחידים:

גמרא

צִבּוּר מוּצָא מִכְּלַל יָחִיד וּמָשִׁיחַ מוּצָא מִכְּלַל יָחִיד, מַה צִבּוּר אֵין חַיָּיבִין אֶלָּא עַל הֶעְלֵם דָּבָר עִם שִׁגְגַת מַעֲשֶׂה, אַף מָשִׁיחַ לֹא יְהֵא חַיָּיב [א]אֶלָּא עַל הֶעְלֵם דָּבָר עִם שִׁגְגַת מַעֲשֶׂה; אוֹ כְּלָךְ לְדֶרֶךְ זוֹ, נָשִׂיא מוּצָא מִכְּלַל יָחִיד וּמָשִׁיחַ מוּצָא מִכְּלַל יָחִיד, מַה נָּשִׂיא מֵבִיא בְּשִׁגְגַת מַעֲשֶׂה בְּלֹא הֶעְלֵם דָּבָר[א], אַף מָשִׁיחַ מֵבִיא בְּשִׁגְגַת מַעֲשֶׂה בְּלֹא הֶעְלֵם דָּבָר[ב]; נִרְאֶה לְמִי דּוֹמֶה[ג], צִבּוּר בְּפַר [א]וְאֵין מְבִיאִין אָשָׁם תָּלוּי, וּמָשִׁיחַ בְּפַר [ב]וְאֵין מֵבִיא אָשָׁם תָּלוּי, מַה צִבּוּר אֵינוֹ חַיָּיב אֶלָּא עַל הֶעְלֵם דָּבָר עִם שִׁגְגַת מַעֲשֶׂה, אַף מָשִׁיחַ לֹא יְהֵא חַיָּיב אֶלָּא עַל הֶעְלֵם דָּבָר עִם שִׁגְגַת מַעֲשֶׂה; אוֹ כְּלָךְ לְדֶרֶךְ זוֹ, נָשִׂיא מֵבִיא שְׂעִירָה בַּעֲבוֹדַת כּוֹכָבִים וּמֵבִיא אָשָׁם וַדַּאי, וּמָשִׁיחַ מֵבִיא שְׂעִירָה בַּעֲבוֹדַת כּוֹכָבִים וּמֵבִיא אָשָׁם וַדַּאי, מַה נָּשִׂיא מֵבִיא בְּשִׁגְגַת מַעֲשֶׂה, אַף מָשִׁיחַ מֵבִיא בְּשִׁגְגַת מַעֲשֶׂה; תַּלְמוּד לוֹמַר א) 'לְאַשְׁמַת הָעָם', הֲרֵי הוּא[ג] מָשִׁיחַ כְּצִבּוּר, מַה צִבּוּר אֵינוֹ מֵבִיא אֶלָּא עַל הֶעְלֵם דָּבָר עִם שִׁגְגַת מַעֲשֶׂה, אַף מָשִׁיחַ אֵינוֹ מֵבִיא אֶלָּא עַל הֶעְלֵם דָּבָר עִם שִׁגְגַת מַעֲשֶׂה. אֵימָא[ד] מַה צִבּוּר הוֹרָה וְעָשׂוּ אַחֲרָיו[ה] בְּהוֹרָאָתוֹ חַיָּיבִין, אַף מָשִׁיחַ כְּשֶׁהוֹרָה וְעָשׂוּ אַחֲרָיו בְּהוֹרָאָתוֹ יְהֵא חַיָּיב, תַּלְמוּד לוֹמַר א) 'וְהִקְרִיב עַל חַטָּאתוֹ אֲשֶׁר חָטָא', עַל מַה שֶּׁחָטָא הוּא מֵבִיא, וְאֵין מֵבִיא עַל מַה שֶּׁחָטְאוּ אֲחֵרִים. אָמַר מַר, מָשִׁיחַ בְּפַר וְאֵין מֵבִיא אָשָׁם תָּלוּי, מְנָא לֵיהּ דְּאֵין מֵבִיא אָשָׁם תָּלוּי, דִּכְתִיב ב) 'וְכִפֶּר עָלָיו הַכֹּהֵן עַל שִׁגְגָתוֹ אֲשֶׁר שָׁגָג', מִי שֶׁחַטָּאתוֹ וְשִׁגְגָתוֹ שָׁוֶה[ו], יָצָא מָשִׁיחַ שֶׁאֵין שִׁגְגָתוֹ וְחַטָּאתוֹ שָׁוֶה[ז], דִּכְתִיב 'לְאַשְׁמַת הָעָם', הֲרֵי הוּא[ג] מָשִׁיחַ כְּצִבּוּר. 'לְאַשְׁמַת הָעָם' עַד כָּאן לָא קָאָמַר[ח] לֵיהּ. אֶלָּא אָשָׁם כְּדִי נַסְבָהּ:

מתני' [ג]הוֹרָה בִּפְנֵי עַצְמוֹ וְעָשָׂה בִּפְנֵי עַצְמוֹ מִתְכַּפֵּר לוֹ בִּפְנֵי עַצְמוֹ, [ד]הוֹרָה עִם הַצִּבּוּר וְעָשָׂה עִם הַצִּבּוּר מִתְכַּפֵּר לוֹ עִם הַצִּבּוּר; שֶׁאֵין [ה]בֵּית דִּין חַיָּיבִין עַד שֶׁיּוֹרוּ לְבַטֵּל מִקְצָת וּלְקַיֵּים מִקְצָת, [ו]וְכֵן הַמָּשִׁיחַ; [ז]וְלֹא בַּעֲבוֹדַת כּוֹכָבִים, עַד שֶׁיּוֹרוּ לְבַטֵּל מִקְצָת וּלְקַיֵּים מִקְצָת:

גמ' מְנָהָנֵי מִילֵי. [ח]דְּתָנוּ רַבָּנָן, הוֹרָה עִם הַצִּבּוּר וְעָשָׂה עִם הַצִּבּוּר יָכוֹל יָבִיא פַּר לְעַצְמוֹ, וְדִין הוּא, נָשִׂיא מוּצָא מִכְּלַל יָחִיד וּמָשִׁיחַ מוּצָא מִכְּלַל יָחִיד, מַה נָּשִׂיא חָטָא בִּפְנֵי עַצְמוֹ מֵבִיא בִּפְנֵי עַצְמוֹ, חָטָא עִם הַצִּבּוּר מִתְכַּפֵּר לוֹ עִם הַצִּבּוּר, אַף מָשִׁיחַ חָטָא בִּפְנֵי עַצְמוֹ מֵבִיא בִּפְנֵי עַצְמוֹ, חָטָא עִם הַצִּבּוּר מִתְכַּפֵּר לוֹ עִם הַצִּבּוּר; לֹא, אִם אָמַרְתָּ בְּנָשִׂיא, שֶׁכֵּן מִתְכַּפֵּר לוֹ עִם הַצִּבּוּר בְּיוֹם הַכִּפּוּרִים, תֹּאמַר בְּמָשִׁיחַ שֶׁאֵין מִתְכַּפֵּר לוֹ עִם הַצִּבּוּר בְּיוֹם הַכִּפּוּרִים, הוֹאִיל וְאֵין מִתְכַּפֵּר לוֹ עִם הַצִּבּוּר בְּיוֹם הַכִּפּוּרִים יָכוֹל יָבִיא פַּר לְעַצְמוֹ; תַּלְמוּד לוֹמַר א) 'עַל חַטָּאתוֹ אֲשֶׁר חָטָא', הָא כֵּיצַד, חָטָא בִּפְנֵי עַצְמוֹ מֵבִיא בִּפְנֵי עַצְמוֹ, חָטָא עִם הַצִּבּוּר מִתְכַּפֵּר לוֹ עִם הַצִּבּוּר. הֵיכִי דָּמֵי, אִילֵימָא דְּהוּא מוּפְלָא וְהֵם אֵינָן מוּפְלָאִין, פְּשִׁיטָא דְּמִתְכַּפֵּר לוֹ בִּפְנֵי עַצְמוֹ, הוֹרָאָה דִּלְהוֹן וְלֹא כְלוּם, וּבָעֵי אֵתוּיֵי כִּשְׂבָּה אוֹ שְׂעִירָה כָּל חַד וְחַד; וְאִי דְּאִינּוּן מוּפְלָאִין וְהוּא לָאו מוּפְלָא, אַמַּאי מִתְכַּפֵּר לוֹ בִּפְנֵי עַצְמוֹ, הָא הוֹרָאָה דִּידֵיהּ וְלֹא כְלוּם הִיא.

אָמַר

תוספות

מה צבור הורו ועשו אחריהן בהוראתן כו'. תימה, היאך שייך לדמותו לבי"ד, דהכתיב 'לאשמת העם', וטפי מסתבר לומר מה צבור אין חייבין עד שיורו הן[כט] אחרים אף משיח לא יהיה חייב כו': לא אם אמרת בנשיא שכן מכפר לו ביוה"כ. הוי מצי למימר 'שכן נשיא אין מביא בהוראה', אלא דאלימא פריך, שמתכפר בצבור: ואי דאינהו (כו') מופלאים הוראה דידיה כו'. דהא איתקש[ל] לאשמת העם, ותנן לעיל כו', כדפרש"י:

עין משפט נר מצוה

ה א מיי' פי"ג מהלכות שגגות הלכה ג סמג עשין רעז:
ו ב מיי' שם פט"ו הלכה ו סמג שם:
ז ג מיי' שם הלכה א:
ח ד מיי' שם הלכה ד:
ט ה מיי' שם הלכה א:
י ו מיי' שם ופי"ד הלכה א [ופי"ג] הלכה ג סמג שם:

תוספות הרא"ש

צבור מוצא מכלל יחיד. דכתיב ואם נפש אחת תחטא בשגגה מעם הארץ. ולצבור שחטאו בשג"מ בכלל כדדרשינן לעיל רפ"ק דמייתו כל חד וחד כשבה או שעירה. והוציא הכתוב לצבור שעשאו (בהוראתו) [בהוראה] מכלל זה להביא פר ומשיח נמי בכלל נפש והוציאו מזה הכלל לחייבו בפר: או כלך לדרך זו נשיא מוצא מכלל יחיד. שגם נשיא היה בכלל ואם נפש להביא כשבה או שעירה ויצא לדונו בשעיר. ואית ספרים דגרסי נשיא מוצא מכלל צבור ומשיח מוצא מכלל צבור. וה"פ נשיא [מוצא] מכלל לצבור שעשו בשגגת מעשה דמייתו כשבה או שעירה כל חד מנייהו דכתיב מע"ה ואפילו רוצה. וגם נשיא היה בכלל ויצא לידון בשעיר. וגם משיח היה בכלל ויצא לידון בפר. וליכא לפרושי דנשיא ומשיח היו בכלל אם מעיני העדה דהכא לא יצא נשיא מכלל שגם הוא בהוראת ב"ד מתכפר עם הצבור: הורה בפני עצמו (מתכפר עם שאחרים אין) מתכפר בפ"ע. מדקתני מתכפר בפ"ע משמע[לא] שהיה ראוי להתכפר עמהם. וה"ד כגון שחטאו גם הצבור בהוראת ב"ד ואשמועינן דלא סגי ליה לדידיה פר צבור. דאי בדלא הורו צבור כלל מאי מתכפר לו בפ"ע פשיטא אלא במאן מתכפר לו. ועוד קרא במאי מתוקם אם לא בענין זה שחטא (כולא) [בלא] צבור. ובגמ' מוקי לה כגון דאורי בתרי אסורי הוא בחלב והן בע"ז: הורה עם הצבור. דאורו תרווייהו בחלב מתכפר לו עם הצבור. ורישא משנה שאינה צריכה היא דהאיך מתכפר על חלב שאכל דמייב עליו פר בשעיר שמביאין הצבור בע"ז אלא אגב סיפא נקטוה דמקרא דרשינן ליה בגמרא דסד"א כמו שאינו מתכפר עם הצבור ביוה"כ אלא מביא לעצמו. הה"נ אם חטא עם הצבור בהוראה יביא פר לעצמו: שאין ב"ד חייבין עד שיורו לבטל כו'. ופרש"י ז"ל שבא לפרש הטעם למה מתכפר עם הצבור דהואיל ושוה משיח לצבור שאינו חייב אלא על שגגת מעשה עם העלם דבר מתכפר נמי עמהם כשהורה ועשה עמהם. ולא נהירא דאין צריך טעם לזה דהאי[לב] קרא דריש בגמרא. ועוד דלא מדכליל בהדייהו ולא בע"ז (וליתא) [וליכא] לפרושי דלאף אם הורה ועשה משיח עם הצבור בע"ז מתכפר עמהם דהא משיח בעבודת כוכבים כיחיד. ונראה לפרש שאין ב"ד חייבין כו' תחילת דבור הוא. ואע"ג (תני ושאין) [דתני שאין] כה"ג תנן ברפ"ק דמסכת יו"ט[כ] שאפר כירה מוכן הוא ותחילת הדבור הוא כאילו תנא ואפר כירה מוכן הוא: שאין ב"ד חייבין. פרש"י ז"ל סתמא כר"מ דאמר בפירקא דלעיל[י] ב"ד מביאין על ידיהן והן פטורין. ותימה דבריש מכילתין פירש אהא דאמר שמואל אין ב"ד חייבין עד שיאמרו להם מותרים[לג]. כלומר כשעושין קהל או רובן עבירה ע"פ של ב"ד בין למ"ד לקמן ב"ד מביאין פר ובין למ"ד לצבור מביאין. וי"ל משום דקתני הכא וכן המשיח משמע אין ב"ד חייבין על הבאת קרבן קאי דומיא דמשיח: ת"ר[לד] משיח שהורה עם הצבור ועשה עם הצבור יביא פר לעצמו ודין הוא. פי' ודין הוא שלא יביא וקיל וטרי עד דסתר האי דינא. ולאו היה שיביא לעצמו. אלא דיליף לה מקרא שמתכפר עם הצבור: ה"ד. הא דקאמרת הורה בפ"ע מתכפר בפ"ע. דע"כ

[illegible] תרי הוראות כדפרישית. והיכי משכחת לה דהורה כהן משיח וגם הורו ב"ד. ומוקי לה ר"פ בשוין שכולן מופלאים ולא בריך לי שפיר מאי הפי' מופלא דראוי להוראה היינו דגמיר לכוליה תלמודא כשמעון בן עזאי וגמיר וסביר ומאי חסיר ליה להיותו נקרא מופלא. ואפשר דמושיבין בסנהדרין אע"פ שאינו ראוי להוראה אי לא משכח ראוי להוראה. ואותן הראוים להוראה נקראים מופלאים. והכא איירי שכולן ראויים להוראה:

Asham Talui (*Vayikra* 5:18): וְכִפֶּר עָלָיו הַכֹּהֵן עַל שִׁגְגָתוֹ אֲשֶׁר שָׁגָג — "The *kohen* will atone for him for his mistake that he committed mistakenly." The double wording, "his mistake that he committed mistakenly," teaches us: מִי שֶׁחֲטָאתוֹ וְשִׁגְגָתוֹ שָׁוָה — An *Asham Talui* is only brought by someone whose transgression and his mistake were the same thing, meaning, that the only mistake that he made was the transgression; יָצָא מָשִׁיחַ — the *kohen gadol* is excluded from this, שֶׁאֵין שִׁגְגָתוֹ וַחֲטָאתוֹ שָׁוָה — because his mistake and his transgression are not the same thing; in order for him to be obligated to bring a *korban* for a mistaken sin, in addition to doing the sin mistakenly, he has to have first mistakenly ruled that it is permitted for him to do it, דִּכְתִיב — as it is written in the *pasuk* regarding his *korban*: לְאַשְׁמַת הָעָם — "[If the *Kohen Mashiach* (*kohen gadol*) sins], as a guilt of the nation," which implies, הֲרֵי הוּא מָשִׁיחַ כְּצִבּוּר — the *kohen gadol* has the same guideline as the congregation with regard to bringing a *korban* for a mistaken sin, that he has to have first given a mistaken ruling permitting himself to do it.

The Gemara asks: לְאַשְׁמַת הָעָם עַד כָּאן לָא קָאָמַר לֵיהּ — At that point in the *Baraisa*, the *tanna* was not using the *pasuk* of "as a guilt of the nation"! The *tanna* was explaining what we would have thought if we had not learned from the *pasuk* "as a guilt of the nation" the halachah that the *kohen gadol* has the same guideline for bringing a *korban* for his mistaken sin as the congregation does. If we would not learn that halachah from the *pasuk*, we would not be able to learn that a *kohen gadol* does not bring an *Asham Talui*, since that halachah was part of the reason! Why, then, did the *Baraisa* say at that point that a *kohen gadol* does not bring an *Asham Talui*? The Gemara answers: אֶלָּא — Rather, in truth, we could not have known at that point that a *kohen gadol* never brings an *Asham Talui*; אָשָׁם כְּדִי נַסְבָהּ — when the *tanna* mentioned the fact that a *kohen gadol* never brings an *Asham Talui* as something he has in common with the congregation, he was not specifically saying it accurately; the main thing that the *kohen gadol* certainly had in common with the congregation was that they both bring a bull for their mistaken sin.

מַתְנִיתִין — MISHNAH

הוֹרָה בִּפְנֵי עַצְמוֹ — If the *kohen gadol* gave a mistaken ruling against the Torah by himself, וְעָשָׂה בִּפְנֵי עַצְמוֹ — and he committed the transgression based on his ruling by himself, מִתְכַּפֵּר לוֹ בִּפְנֵי עַצְמוֹ — he brings the *Par Kohen Mashiach* and gets atonement by himself. הוֹרָה עִם הַצִּבּוּר — However, if he gave a mistaken ruling against the Torah at the same time that *beis din* gave the congregation the same mistaken ruling, וְעָשָׂה עִם הַצִּבּוּר — and he committed the transgression based on his ruling at the same time that the congregation transgressed based on *beis din's* ruling, מִתְכַּפֵּר לוֹ עִם הַצִּבּוּר — rather than bringing his own *korban*, he gets atonement with the *Par He'eleim Davar* that is brought for the

צבור מוצא מכלל יחיד ומשיח מוצא מכלל יחיד, מה צבור אין חייבין אלא על העלם דבר עם שגגת מעשה, אף משיח לא יהא חייב אלא על העלם דבר עם שגגת מעשה; או כלך לדרך זו, נשיא מוצא מכלל יחיד ומשיח מוצא מכלל יחיד, מה נשיא מביא בשגגת מעשה בלא העלם דבר, אף משיח מביא בשגגת מעשה בלא העלם דבר; נראה למי דומה, צבור בפר ואין מביאין אשם תלוי, ומשיח בפר ואין מביא אשם תלוי, מה צבור אינו חייב אלא על העלם דבר עם שגגת מעשה, אף משיח לא יהא חייב אלא על העלם דבר עם שגגת מעשה; או כלך לדרך זו, נשיא מביא שעירה בעבודת כוכבים ומביא אשם ודאי, ומשיח מביא שעירה בעבודת כוכבים ומביא אשם ודאי, מה נשיא מביא בשגגת מעשה, אף משיח מביא בשגגת מעשה; תלמוד לומר 'לאשמת העם', הרי הוא משיח כצבור, מה צבור אינו מביא אלא על העלם דבר עם שגגת מעשה, אף משיח אינו מביא אלא על העלם דבר עם שגגת מעשה. אימא מה צבור הורה ועשו אחריו בהוראתו חייבין, אף משיח כשהורה ועשו אחריו בהוראתו יהא חייב, תלמוד לומר 'והקריב על חטאתו אשר חטא', על מה שחטא הוא מביא, ואין מביא על מה שחטאו אחרים. אמר מר, משיח בפר ואין מביא אשם תלוי, מנא ליה דאין מביא אשם תלוי, דכתיב 'וכפר עליו הכהן על שגגתו אשר שגג', מי שחטאתו ושגגתו שוה, יצא משיח שאין שגגתו וחטאתו שוה, דכתיב 'לאשמת העם', הרי הוא משיח כצבור. 'לאשמת העם' עד כאן לא קאמר ליה. אלא אשם כדי נסבה: **מתני'** הורה בפני עצמו ועשה בפני עצמו מתכפר לו בפני עצמו, הורה עם הצבור ועשה עם הצבור מתכפר לו עם הצבור; שאין בית דין חייבין עד שיורו לבטל מקצת ולקיים מקצת, וכן המשיח; ולא בעבודת כוכבים, עד שיורו לבטל מקצת ולקיים מקצת: **גמ'** מנהני מילי. דתנו רבנן, הורה עם הצבור ועשה עם הצבור יכול יביא פר לעצמו, ודין הוא, נשיא מוצא מכלל יחיד ומשיח מוצא מכלל יחיד, מה נשיא חטא בפני עצמו מביא בפני עצמו, חטא עם הצבור מתכפר לו עם הצבור, אף משיח חטא בפני עצמו מביא בפני עצמו, חטא עם הצבור מתכפר לו עם הצבור; לא, אם אמרת בנשיא, שכן מתכפר לו עם הצבור ביום הכפורים, תאמר במשיח שאין מתכפר לו עם הצבור ביום הכפורים, הואיל ואין מתכפר לו עם הצבור ביום הכפורים יכול יביא פר לעצמו; תלמוד לומר 'על חטאתו אשר חטא', הא כיצד, חטא בפני עצמו מביא בפני עצמו, חטא עם הצבור מתכפר לו עם הצבור. היכי דמי, אילימא דהוא מופלא והם אינן מופלאין, פשיטא דמתכפר לו בפני עצמו, הוראה דלהון ולא כלום, ובעי אתויי כשבה או שעירה כל חד וחד; ואי דאינון מופלאין והוא לאו מופלא, אמאי מתכפר לו בפני עצמו, הא הוראה דידיה ולא כלום היא. אמר

This *daf* is dedicated *l'iluy nishmas*: R' Mayer ben Chana Nehmad *zt"l*

congregation, שֶׁאֵין בֵּית דִּין חַיָּיבִין עַד שֶׁיּוֹרוּ לְבַטֵּל מִקְצָת וּלְקַיֵּים מִקְצָת — because the halachah of the *kohen gadol* is very similar to that of the congregation; *beis din* is not obligated to bring a *Par He'eleim Davar* unless they rule to abolish part of a mitzvah and to keep part of it, וְכֵן הַמָּשִׁיחַ — and the same applies to the *kohen gadol*, that he does not bring a *Par Kohen Mashiach* unless he rules to abolish part of a mitzvah and keep part of it. Since the halachah of the *kohen gadol* and that of the congregation are so similar, they can receive their atonement together. וְלֹא בַּעֲבוֹדַת כּוֹכָבִים — And neither the *kohen gadol* nor *beis din* are obligated to bring their respective *korbanos* for a mistaken ruling that they gave regarding *avodah zarah*, עַד שֶׁיּוֹרוּ לְבַטֵּל מִקְצָת וּלְקַיֵּים מִקְצָת — unless they rule to abolish part of one of the *halachos* of *avodah zarah* and to keep part of it.

גְּמָרָא — GEMARA

The Gemara asks: מְנָא הָנֵי מִילֵּי — From where do we know that if the *kohen gadol* gave the same mistaken ruling as *beis din*, and committed that transgression based on his own ruling at the same time that the congregation transgressed based on *beis din's* mistaken ruling, that the *kohen gadol* receives his atonement with the *Par He'eleim Davar* brought for the congregation? The Gemara answers: דְּתָנוּ רַבָּנָן — From that which the *Chachamim* taught in a *Baraisa*: הוֹרָה עִם הַצִּבּוּר — If the *kohen gadol* gave a mistaken ruling against the Torah at the same time that *beis din* gave the congregation the same mistaken ruling, וְעָשָׂה עִם הַצִּבּוּר — and he committed the transgression based on his ruling at the same time that the congregation transgressed based on *beis din's* ruling, יָכוֹל יָבִיא פַּר לְעַצְמוֹ — I might think he would bring his own bull (as a *Par Kohen Mashiach*); וְדִין הוּא — but it would make sense to say otherwise, using the following logic: נָשִׂיא מוּצָא מִכְּלַל יָחִיד — The *nasi* is in a separate category from an individual with regard to the *korban* brought for sinning by mistake (an individual can bring either a female sheep or a female goat, while a *nasi* can only bring a male goat), וּמָשִׁיחַ מוּצָא מִכְּלַל יָחִיד — and a *kohen gadol* is also in a separate category from an individual with regard to the *korban* brought for sinning by mistake (since he brings a bull); מָה נָשִׂיא — just like by a *nasi*, חָטָא בִּפְנֵי עַצְמוֹ — if he sinned by himself, מֵבִיא בִּפְנֵי עַצְמוֹ — he brings his own *Korban Chatas*, חָטָא עִם הַצִּבּוּר — and if he sinned together with the congregation based on a mistaken ruling of *beis din*, מִתְכַּפֵּר לוֹ עִם הַצִּבּוּר — he gets atonement with the *Par He'eleim Davar* together with the congregation, אַף מָשִׁיחַ — so, too, the *kohen gadol* should have the same *halachos*: חָטָא בִּפְנֵי עַצְמוֹ — if he sinned by himself, based on his own mistaken ruling, מֵבִיא בִּפְנֵי עַצְמוֹ — he brings his own *korban*, חָטָא עִם הַצִּבּוּר — and if he sinned together with the congregation, מִתְכַּפֵּר לוֹ עִם הַצִּבּוּר — he should get his atonement with the *Par He'eleim Davar* together with the congregation! The *Baraisa* rejects this: לֹא — No, this is not a good proof;

For this *daf's shiur* and charts, scan this QR code:

צבור מוצא מכלל יחיד ומשיח מוצא מכלל יחיד, מה צבור אין חייבין אלא על העלם דבר עם שגגת מעשה, אף משיח לא יהא חייב [א]אלא על העלם דבר עם שגגת מעשה; או כלך לדרך זו, נשיא מוצא מכלל יחיד ומשיח מוצא מכלל יחיד, מה נשיא מביא בשגגת מעשה בלא העלם דבר[א], אף משיח מביא בשגגת מעשה בלא העלם דבר[א]; נראה למי דומה[ב], צבור בפר [א]ואין מביאין אשם תלוי, ומשיח בפר [ב]ואין מביא אשם תלוי, מה צבור אינו חייב אלא על העלם דבר עם שגגת מעשה, אף משיח לא יהא חייב אלא על העלם דבר עם שגגת מעשה; או כלך לדרך זו, נשיא מביא שעירה בעבודת כוכבים ומביא אשם ודאי, ומשיח מביא שעירה בעבודת כוכבים ומביא אשם ודאי, מה נשיא מביא בשגגת מעשה, אף משיח מביא בשגגת מעשה; תלמוד לומר א) 'לאשמת העם', הרי הוא[ג] משיח כצבור, מה צבור אינו מביא אלא על העלם דבר עם שגגת מעשה, אף משיח אינו מביא אלא על העלם דבר עם שגגת מעשה. אימא[ד] מה צבור הורה ועשו אחריו[ה] בהוראתו חייבין, אף משיח כשהורה ועשו אחריו בהוראתו יהא חייב, תלמוד לומר א) 'והקריב על חטאתו אשר חטא', על מה שחטא הוא מביא, ואין מביא על מה שחטאו אחרים. אמר מר, משיח בפר ואין מביא אשם תלוי, מנא ליה דאין מביא אשם תלוי, דכתיב ב) 'וכפר עליו הכהן על שגגתו אשר שגג', מי שחטאתו ושגגתו שוה[ו], יצא משיח שאין שגגתו וחטאתו שוה[ז], דכתיב 'לאשמת העם', הרי הוא[ג] משיח כצבור. 'לאשמת העם' עד כאן לא קאמר[ח] ליה. אלא אשם כדי נסבה: **מתני'** [ג]הורה בפני עצמו ועשה בפני עצמו מתכפר לו בפני עצמו, [ד]הורה עם הצבור ועשה עם הצבור מתכפר לו עם הצבור; שאין [ה]בית דין חייבין עד שיורו לבטל מקצת ולקיים מקצת, [ו]וכן המשיח; [ז]ולא בעבודת כוכבים, עד שיורו לבטל מקצת ולקיים מקצת: **גמ'** מנהני מילי. [ח]דתנו רבנן, הורה עם הצבור ועשה עם הצבור יכול יביא פר לעצמו, ודין הוא, נשיא מוצא מכלל יחיד ומשיח מוצא מכלל יחיד, מה נשיא חטא בפני עצמו מביא בפני עצמו, חטא עם הצבור מתכפר לו עם הצבור, אף משיח חטא בפני עצמו מביא בפני עצמו, חטא עם הצבור מתכפר לו עם הצבור; לא, אם אמרת בנשיא, שכן מתכפר לו עם הצבור ביום הכפורים, תאמר במשיח שאין מתכפר לו עם הצבור ביום הכפורים, הואיל ואין מתכפר לו עם הצבור ביום הכפורים יכול יביא פר לעצמו; תלמוד לומר א) 'על חטאתו אשר חטא', הא כיצד, חטא בפני עצמו מביא בפני עצמו, חטא עם הצבור מתכפר לו עם הצבור. היכי דמי, אילימא דהוא מופלא והם אינן מופלאין, פשיטא דמתכפר לו בפני עצמו, הוראה דלהון ולא כלום, ובעי אתויי כשבה או שעירה כל חד וחד; ואי דאינון מופלאין והוא לאו מופלא, אמאי מתכפר לו בפני עצמו, הא הוראה דידיה ולא כלום היא.

אמר

רש"י

צבור מוצא מכלל יחיד. דיחיד מביא כשבה או שעירה, ולצבור מביא פר: **נשיא מוצא מכלל יחיד.** דבכלל 'אם[ט] נפש אחת' הוא, ומוצא מכללו, דיחיד מביא כשבה או שעירה ונשיא מביא שעיר: **מה נשיא בשגגת מעשה[י],** בלא העלם דבר וכו'[יא]: **צבור בפר ואין מביאין אשם תלוי.** כלל, כדאמר לקמן דכתיב ביה באשם תלוי ד) 'ואם נפש כי תחטא וגו' ולא ידע ואשם', וכתיב 'וכפר עליו הכהן על שגגתו אשר שגג והוא לא ידע', מי שחטאתו ושגגתו שוה חייב[יב] בשגגת מעשה בלא העלם דבר, יצא כהן משיח שחטא[יג] בהעלם דבר, וכ"ש לצבור דילא מאשם תלוי, משום דהעלם דבר בהדיא כתיב בהו, ה) ואין חטאתו ושגגתו שוה, דבעינן העלם דבר עם שגגת מעשה, ועוד דלצבור אינו בכלל 'נפש': **נשיא.** משיח[יד] מביאין שעירה בעבודת כוכבים, דכתיב בפרשת 'שלח לך אנשים' בעבודת כוכבים ו) 'ואם נפש'[טו], דאחד יחיד ואחד נשיא ואחד משיח במשמע: **ומביא אשם ודאי.** בין נשיא ובין משיח, דכתיב באשם גזילות[ז] ובאשם מעילות[ח] 'נפש', ומשיח ונשיא בכלל 'נפש אחת' הן, ולצבור אין מביאין אשם ודאי, דאינן בכלל 'נפש אחת'; והא דתנן[ט] 'אין חייבין אלא על דבר שזדונו כרת ושגגתו חטאת, וכן המשיח', הכי משמע, דבי"ד הוא דאינן חייבין כלל עד שיורו בדבר שחייבין על זדונו כרת ושגגתו חטאת, שאם הורו בשחייבין[טז] על זדונו כרת ושגגתו אשם פטורין לגמרי, ועוד, דבאשמות אין בהם דין שוגג, דעל זדון הוא מביא אשם; וכן המשיח אין מביא פר אלא בדבר שחייבין על זדונו כרת ועל שגגתו חטאת, אבל במקום אשם ודאי חייב אשם, לפי שהוא בכלל 'נפש אחת', דלהכי[יז] הושוה לצבור דאין מביאין פר במקום אשם: **ומנא ליה.** דאין משיח מביא אשם תלוי: **דכתיב.** באשם תלוי, 'וכפר[יח] הכהן על שגגתו אשר שגג' מחטאתו[יט], מי שחטאתו ושגגתו שוה, דאינו חייב עד דהוי הכל בשגגת מעשה, דהיינו יחיד, יצא משיח שחטאתו ושגגתו אין שוה, דאינו חייב אלא על העלם דבר עם שגגת מעשה: **'לאשמת העם' עד כאן לא קאמר[כ] ליה.** כלומר מ'לאשמת העם' קאמר[כא] דנפקא ליה דאין חטאתו ושגגתו שוה, דמשיח כצבור, והא אכתי לא קמה ליה היקש ד'לאשמת העם' דעדיין לא הועמד 'לאשמת העם' במקומו, דהא קאמר אע"ג דאילו לא נאמר 'לאשמת העם' יכולני ללמוד מן הדין דמשיח צריך העלם דבר עם שגגת מעשה בצבור[כב], וקאמר 'נראה למי דומה, לצבור בפר ואין מביאין אשם תלוי, ומשיח בפר ואין מביא אשם תלוי', בענין זה הוא דומה משיח לצבור אע"ג דאילו לא נאמר 'לאשמת העם', והכא קאמר דמ'לאשמת העם' נפקא ליה דמשיח אין חטאתו ושגגתו שוה דאין מביאין[כג] אשם תלוי, והלא בלא 'לאשמת העם' הוא דן ולמד: **אלא אשם כדי נסבה.** [כד] אלא עיקר הדין שהוא דן כך הוא, לצבור בפר ומשיח בפר, מה לצבור אינו חייב אלא על העלם דבר עם שגגת מעשה, אף משיח לא יהא חייב אלא על העלם דבר ושגגת מעשה: **מתני' הורה.** כהן משיח בעצמו[כה], כגון דמורו בתרי איסורי, בי"ד בחלב והוא בעבודת כוכבים[כו]: **נתכפר לו בפני עצמו.** דמביא פר בפני עצמו. דאי הורה הוא בפני עצמו ולא הורו בי"ד כלל לא איצטריך למיתני דחייב להביא פר, דמקרא מלא הוא, אלא כי איצטריך למיתני כגון שהורו בשני איסורים: **הורה עם הצבור.** בי"ד, כגון דהורו באחדא איסור, הוא בחלב והן בחלב: **נתכפר לו עם הצבור.** שהוא מתכפר בשל בי"ד. ומפני מה מתכפר בשל בית דין עם הצבור כי הורה עם הצבור, לפי שבדברים הרבה שוה משיח לבי"ד, **שאין בי"ד חייבין קרבן עד שיורו לבטל מקצת וכן המשיח וכו',** והואיל והושוה משיח לבי"ד, הלכך כי הורה עם הצבור ועשה עם הצבור מתכפר עם הצבור. והא דקתני 'שאין בי"ד חייבין' ולא קתני 'שאין לצבור חייבין', סתמא כר"מ דאמר לעיל בפ"ק ט) 'בי"ד מביאין על ידיהן פר והן פטורין': **ולא בעבודת כוכבים.** אין חייבין קרבן: **גמ' מה נשיא חטא עם הצבור מתכפר לו עם הצבור.** משום דבשגגת מעשה בלבד הוא מביא שעירה[כז], והואיל וחטאתו בשגגת מעשה הוא כיחיד דעלמא, הלכך כי חטא ע"פ בי"ד עם הצבור, דהוי העלם דבר עם שגגת מעשה, מתכפר עם הצבור[כח]. ועוד, **שכן מתכפר לו עם הצבור ביוה"כ** לפיכך מתכפר לו עם הצבור. **אף משיח הורה בפני עצמו וכו': ת"ל.** דכתיב בכהן משיח **'על חטאתו אשר חטא',** דמשמע דכי חטא בפני עצמו הוא דייביא בפני עצמו, הא אם חטא עם הצבור מתכפר לו עם הצבור: **היכי דמי.** דכי הורה משיח בפני עצמו דמורו בתרי איסורי דמתכפר בפני עצמו: **אי דהוא מופלא בי"ד והן אינן מופלאין, פשיטא דמתכפר בפני עצמו,** דהוראה דידהו לאו כלום היא, ובעי איתויי כל חד וחד מצבור כשבה או שעירה. דהא תנן לעיל בפ"ק (דף ד:) 'או שלא היה שם מופלא של בי"ד' דלא הויא הוראה, שאע"פ שאינו מסנהדרין, שאילו היה מסנהדרין, אפילו [אם] קטן שבכולם לא היה שם לא הויא הוראה, כדאמרינן 'מאי כל עדת, דאי איתא לכולה סנהדרין הויא הוראה, ואי לא לא הויא הוראה', וכשגגת מעשה לחודיה דמי, דמייתי כל חד וחד כשבה או שעירה, ה"נ כי הוי הוא מופלא והן אינן מופלאין, כי הורה בפני עצמו הואיל והוא לא היה שם עמהן פשיטא דמתכפר בפני עצמו, דהוראה דידהו לאו כלום היא: **ואי הן מופלאין והוא אינו מופלא,** כי הורה בפני עצמו **אמאי מתכפר בפני עצמו,** והא הוראה דידיה לאו כלום היא. דכיון דאינו מופלא לא ידע מאי קא מורה, ולא הוה הוראה מעליא, וכשגגת מעשה לחודיה דמי, ואשכחן משיח בשגגת מעשה גרידתא פטור לגמרי, כדאמרינן בסוף פירקא שאין חטאתו שוה ליחידים:

אמר

תוספות

מה צבור הורו ועשו אחריהן בהוראתן כו'. תימה, היאך שייך לדמותו לבי"ד, דהכתיב 'לאשמת העם', וטפי מסתבר לומר מה צבור אין חייבין עד שיורו הן[טו] אחרים אף משיח לא יהיה חייב כו': **לא** אם אמרת בנשיא שכן מכפר לו ביוה"כ. הוי מצי למימר 'שכן נשיא אין מביא בהוראה', אלא דאלימא פריך, שמתכפר בצבור: **ואי** דאינהו (כו') מופלאים הוראה דידיה כו'. דהא איתקש[ז] לאשמת העם, ותנן לעיל כו', כדפרש"י:

מסורת הש"ס עם הוספות

א) [לקמן י.], ב) לעיל ג: במשנה, ג) ת"כ פ' ויקרא דיבורא דחובה פרק ב ה"ד-ח (אות רז), ד) ויקרא ה יז, ה) ויקרא ד יג, ו) במדבר טו כז, ז) ויקרא ה כא, ח) ויקרא ה טו, ט) [לקמן ח.], י) ד:, כ) ביצה ח ע"א.

תורה אור השלם

א) אִם הַכֹּהֵן הַמָּשִׁיחַ יֶחֱטָא לְאַשְׁמַת הָעָם וְהִקְרִיב עַל חַטָּאתוֹ אֲשֶׁר חָטָא פַּר בֶּן בָּקָר תָּמִים לַייָ לְחַטָּאת: [ויקרא ה, ג]

ב) וְהֵבִיא אַיִל תָּמִים מִן הַצֹּאן בְּעֶרְכְּךָ לְאָשָׁם אֶל הַכֹּהֵן וְכִפֶּר עָלָיו הַכֹּהֵן עַל שִׁגְגָתוֹ אֲשֶׁר שָׁגָג וְהוּא לֹא יָדַע וְנִסְלַח לוֹ: [ויקרא ה, יח]

הגהות וציונים

א] "בלא העלם דבר" ליתא בראשונים ובכת"י, וכמו בת"כ: ב] ביל"ש גורס בנוסף **אם דמה לציבור נלמדנה מן הצבור ואם דמה לנשיא נלמדנה מן הנשיא,** וכמו בת"כ: ג] "הוא" ליתא בראשונים ובכת"י, וכברישא דברייתא: ד] ב"ח ואימא. יל"ש **אי.** ר"ח **או:** ה] צ"ל **אחרים,** וכן בסמוך (ב"ח): ו] לקמן ח ע"א הגירסא **שחטאו בשגגה** וכן העתיק רש"י לקמן בס"פ בד"ה אלא א"ר אימא הכי בסופו וכ"ה לשונו לקמן ע"ב במשנה (רש"ש): ז] הב"ח מוסיף **מנא ליה שאין חטאו ושגגתו שוה,** וכ"ה ביל"ש ועי' רש"י: ח] בכמה ראשונים וכת"י "לא קמה ליה": ט] ואם (כת"י): י] כאן צ"ל הפסק נקודה (דק"ס): יא] "וכו'" ט"ס (דק"ס): יב] דחייב (ב"ח): יג] צ"ל שחטאו (כת"י): יד] צ"ל משיח (גליון, וכ"ה בדפוסי ווניציא): טו] **נפש אחת** אחד (ב"ח): טז] **בדבר** שחייבין (ב"ח): יז] ולהכי (בארות המים): יח] וכפר **עליו** הכהן (ב"ח): יט] "מחטאתו" מיותר (מהרש"א וב"ח, וכן ליתא בכת"י): כ] כת"י קמה: כא] כת"י קאמרת: כב] צ"ל **לצבור** (גליון): כג] צ"ל **מביא** (בארות המים, וכ"ה בכת"י): כד] בכת"י נוסף **כלומר שלא לצורך הוא דקאמר משיח בפר ואין מביא אשם תלוי** אלא: כה] צ"ל **בפני עצמו** (ב"ח), וכן בכת"י "הורה כהן משוח בפני עצמו ועשה בפני עצמו.": כו] נ"ל להגיה "בי"ד **בע"ז** והוא **בחלב**" (ספר עוז והדר, עי"ש ועי' רש"ש): כז] צ"ל **שעיר** (מהרש"א, וכ"ה בכת"י):

עין משפט נר מצוה

ה א מיי' פי"ב מהלכות שגגות הלכה ג סמג עשין רעז:
ו ב מיי' שם פט"ו הלכה ו סמג שם:
ז ג מיי' שם הלכה א:
ח ד מיי' שם הלכה ד:
ט ה מיי' שם הלכה א:
י ו מיי' שם ופי"ד הלכה א [ופי"ג] הלכה ג סמג שם:

תוספות הרא"ש

צבור מוצא מכלל יחיד. דכתיב ואם נפש אחת תחטא בשגגה מעם הארץ. ולצבור שחטאו בשג"מ בכלל כדדרשינן לעיל רפ"ק דמייתו כל חד וחד כשבה או שעירה. והוציא הכתוב לצבור שעשאו (בהוראתו) [בהוראה] מכלל זה להביא פר ומשיח נמי בכלל נפש והוציאו מזה הכלל לחייבו בפר: **או כלך לדרך זו נשיא מוצא מכלל יחיד.** שגם נשיא היה בכלל ואם נפש להביא כשבה או שעירה ויצא לדונו בשעיר. ואית ספרים דגרסי **נשיא מוצא מכלל צבור ומשיח מוצא מכלל צבור.** וה"פ נשיא [מוצא] מכלל לצבור שעשו בשגגת מעשה דמייתו כשבה או שעירה כל חד מנייהו דכתיב מע"ה ואפילו רובא. וגם נשיא היה בכלל ויצא לידון בשעיר. וגם משיח היה בכלל ויצא לידון בפר. וליכא לפרושי דנשיא ומשיח היו בכלל אם

אִם אָמַרְתָּ בְּנָשִׂיא — if you would say regarding the *nasi* that if he sinned together with the congregation, he gets atonement together with them, **שֶׁכֵּן מִתְכַּפֵּר לוֹ עִם הַצִּבּוּר בְּיוֹם הַכִּפּוּרִים** — that would make sense, because he gets atonement together with the congregation on Yom Kippur; **תֹּאמַר בְּמָשִׁיחַ** — but would you same the same for the *kohen gadol*, **שֶׁאֵין מִתְכַּפֵּר לוֹ עִם הַצִּבּוּר בְּיוֹם הַכִּפּוּרִים** — who does not get atonement together with the congregation on Yom Kippur (because there is a separate *korban* brought for him)? **הוֹאִיל וְאֵין מִתְכַּפֵּר לוֹ עִם הַצִּבּוּר בְּיוֹם הַכִּפּוּרִים** — Since he does not get atonement together with the congregation on Yom Kippur, **יָכוֹל יָבִיא פַּר לְעַצְמוֹ** — I might think that in this case, he would bring his own bull, rather than getting atonement with the *Par He'eleim Davar* together with the congregation; **תַּלְמוּד לוֹמַר** — therefore, the *pasuk* says regarding the *Par Kohen Mashiach*: **עַל חַטָּאתוֹ אֲשֶׁר חָטָא** — "[He should bring a *korban*]" for the sin that **he** sinned," which implies that *only* he sinned. **הָא כֵּיצַד** — How is this? In what way is this distinction applied? **חָטָא בִּפְנֵי עַצְמוֹ** — It teaches us that if he sinned by himself, based on his own mistaken ruling, **מֵבִיא בִּפְנֵי עַצְמוֹ חָטָא** — he brings his own *korban*, **חָטָא עִם הַצִּבּוּר** — and if he sinned based on his ruling at the same time that the congregation sinned based on *beis din's* mistaken ruling, **מִתְכַּפֵּר לוֹ עִם הַצִּבּוּר** — he gets his atonement with the *Par He'eleim Davar* together with the congregation.

The Gemara asks: **הֵיכִי דָמֵי** — What is the case that the *kohen gadol* gave a valid ruling (which was mistaken) at the same time that *beis din* gave a valid mistaken ruling, but not together with the *beis din*? **אִילֵימָא** — If you want to say: **דְּהוּא מוּפְלָא** — The case is that the *kohen gadol* is a distinguished *chacham*, **וְהֵם אֵינָן מוּפְלָאִין** — and none of the judges of the *beis din* are distinguished *chachamim* on the same level as him, **פְּשִׁיטָא דְּמִתְכַּפֵּר לוֹ בִּפְנֵי עַצְמוֹ** — it is obvious that he gets atonement by himself, **הוֹרָאָה דִּלְהוֹן וְלֹא כְּלוּם** — because the ruling of *beis din* was not a ruling, since the *kohen gadol*, who was the most distinguished *chacham*, was not there, and the halachah is that a *Par He'eleim Davar* is not brought for a ruling that *beis din* gave if the most distinguished *chacham* was not there, since it was not a valid ruling, **וּבָעֵי אֵתוֹיֵי כִּשְׂבָּה אוֹ שְׂעִירָה כֹּל חַד וְחַד** — and each individual from the congregation who followed the mistaken ruling must bring a sheep or goat as a *Korban Chatas*, because they are not considered acting on *beis din's* ruling, since it was not valid! **וְאִי דְּאִינּוּן מוּפְלָאִין** — And if the case is that the judges of the *beis din* were the most distinguished *chachamim*, **וְהוּא לָאו מוּפְלָא** — and the *kohen gadol* was not a distinguished *chacham*, **אַמַּאי מִתְכַּפֵּר לוֹ בִּפְנֵי עַצְמוֹ** — why would he get atonement by himself by bringing a *Par Kohen Mashiach*? **הָא הוֹרָאָה דִּידֵיהּ וְלֹא כְּלוּם הִיא** — His ruling was not a ruling, since he was ruling alone and did not know what he was ruling! The halachah is that if the *kohen gadol's* sin is not based on a mistaken valid ruling, he is completely exempt from bringing any *korban*.

For this *daf's shiur* and charts, scan this QR code:

צִבּוּר מוּצָא מִכְּלַל יָחִיד וּמָשִׁיחַ מוּצָא מִכְּלַל יָחִיד, מַה צִבּוּר אֵין חַיָּיבִין אֶלָּא עַל הֶעְלֵם דָּבָר עִם שִׁגְגַת מַעֲשֶׂה, אַף מָשִׁיחַ לֹא יְהֵא חַיָּיב אֶלָּא עַל הֶעְלֵם דָּבָר עִם שִׁגְגַת מַעֲשֶׂה; אוֹ כְּלָךְ לְדֶרֶךְ זוֹ, נָשִׂיא מוּצָא מִכְּלַל יָחִיד וּמָשִׁיחַ מוּצָא מִכְּלַל יָחִיד, מַה נָּשִׂיא מֵבִיא בְּשִׁגְגַת מַעֲשֶׂה בְּלֹא הֶעְלֵם דָּבָר, אַף מָשִׁיחַ מֵבִיא בְּשִׁגְגַת מַעֲשֶׂה בְּלֹא הֶעְלֵם דָּבָר; נִרְאֶה לְמִי דּוֹמֶה, צִבּוּר בְּפַר וְאֵין מְבִיאִין אָשָׁם תָּלוּי, וּמָשִׁיחַ בְּפַר וְאֵין מֵבִיא אָשָׁם תָּלוּי, מַה צִבּוּר אֵינוֹ חַיָּיב אֶלָּא עַל הֶעְלֵם דָּבָר עִם שִׁגְגַת מַעֲשֶׂה, אַף מָשִׁיחַ לֹא יְהֵא חַיָּיב אֶלָּא עַל הֶעְלֵם דָּבָר עִם שִׁגְגַת מַעֲשֶׂה; אוֹ כְּלָךְ לְדֶרֶךְ זוֹ, נָשִׂיא מֵבִיא שְׂעִירָה בַּעֲבוֹדַת כּוֹכָבִים וּמֵבִיא אָשָׁם וַדַּאי, וּמָשִׁיחַ מֵבִיא שְׂעִירָה בַּעֲבוֹדַת כּוֹכָבִים וּמֵבִיא אָשָׁם וַדַּאי, מַה נָּשִׂיא מֵבִיא בְּשִׁגְגַת מַעֲשֶׂה, אַף מָשִׁיחַ מֵבִיא בְּשִׁגְגַת מַעֲשֶׂה; תַּלְמוּד לוֹמַר 'לְאַשְׁמַת הָעָם', הֲרֵי הוּא מָשִׁיחַ כְּצִבּוּר, מַה צִבּוּר אֵינוֹ מֵבִיא אֶלָּא עַל הֶעְלֵם דָּבָר עִם שִׁגְגַת מַעֲשֶׂה, אַף מָשִׁיחַ אֵינוֹ מֵבִיא אֶלָּא עַל הֶעְלֵם דָּבָר עִם שִׁגְגַת מַעֲשֶׂה. אֵימָא מַה צִבּוּר הוֹרָה וְעָשׂוּ אַחֲרָיו בְּהוֹרָאָתוֹ חַיָּיבִין, אַף מָשִׁיחַ כְּשֶׁהוֹרָה וְעָשׂוּ אַחֲרָיו בְּהוֹרָאָתוֹ יְהֵא חַיָּיב, תַּלְמוּד לוֹמַר 'וְהִקְרִיב עַל חַטָּאתוֹ אֲשֶׁר חָטָא', עַל מַה שֶּׁחָטָא הוּא מֵבִיא, וְאֵין מֵבִיא עַל מַה שֶּׁחָטְאוּ אֲחֵרִים. אָמַר מַר, מָשִׁיחַ בְּפַר וְאֵין מֵבִיא אָשָׁם תָּלוּי, מְנָא לֵיהּ דְּאֵין מֵבִיא אָשָׁם תָּלוּי, דִּכְתִיב 'וְכִפֶּר עָלָיו הַכֹּהֵן עַל שִׁגְגָתוֹ אֲשֶׁר שָׁגָג', מִי שֶׁחַטָּאתוֹ וְשִׁגְגָתוֹ שָׁוֶה, יָצָא מָשִׁיחַ שֶׁאֵין שִׁגְגָתוֹ וְחַטָּאתוֹ שָׁוֶה, דִּכְתִיב 'לְאַשְׁמַת הָעָם', הֲרֵי הוּא מָשִׁיחַ כְּצִבּוּר. 'לְאַשְׁמַת הָעָם' עַד כָּאן לָא קָאָמַר לֵיהּ. אֶלָּא אָשָׁם כְּדֵי נַסְבָהּ:

מתני' הוֹרָה בִּפְנֵי עַצְמוֹ וְעָשָׂה בִּפְנֵי עַצְמוֹ מִתְכַּפֵּר לוֹ בִּפְנֵי עַצְמוֹ, הוֹרָה עִם הַצִּבּוּר וְעָשָׂה עִם הַצִּבּוּר מִתְכַּפֵּר לוֹ עִם הַצִּבּוּר; שֶׁאֵין בֵּית דִּין חַיָּיבִין עַד שֶׁיּוֹרוּ לְבַטֵּל מִקְצָת וּלְקַיֵּים מִקְצָת, וְכֵן הַמָּשִׁיחַ; וְלֹא בַּעֲבוֹדַת כּוֹכָבִים, עַד שֶׁיּוֹרוּ לְבַטֵּל מִקְצָת וּלְקַיֵּים מִקְצָת:

גמ' מְנָהָנֵי מִילֵי. דְּתָנוּ רַבָּנָן, הוֹרָה עִם הַצִּבּוּר וְעָשָׂה עִם הַצִּבּוּר יָכוֹל יָבִיא פַּר לְעַצְמוֹ, וְדִין הוּא, נָשִׂיא מוּצָא מִכְּלַל יָחִיד וּמָשִׁיחַ מוּצָא מִכְּלַל יָחִיד, מַה נָּשִׂיא חָטָא בִּפְנֵי עַצְמוֹ מֵבִיא בִּפְנֵי עַצְמוֹ, חָטָא עִם הַצִּבּוּר מִתְכַּפֵּר לוֹ עִם הַצִּבּוּר, אַף מָשִׁיחַ חָטָא בִּפְנֵי עַצְמוֹ מֵבִיא בִּפְנֵי עַצְמוֹ, חָטָא עִם הַצִּבּוּר מִתְכַּפֵּר לוֹ עִם הַצִּבּוּר; לֹא, אִם אָמַרְתָּ בְּנָשִׂיא, שֶׁכֵּן מִתְכַּפֵּר לוֹ עִם הַצִּבּוּר בְּיוֹם הַכִּפּוּרִים, תֹּאמַר בְּמָשִׁיחַ שֶׁאֵין מִתְכַּפֵּר לוֹ עִם הַצִּבּוּר בְּיוֹם הַכִּפּוּרִים, הוֹאִיל וְאֵין מִתְכַּפֵּר לוֹ עִם הַצִּבּוּר בְּיוֹם הַכִּפּוּרִים יָכוֹל יָבִיא פַּר לְעַצְמוֹ; תַּלְמוּד לוֹמַר 'עַל חַטָּאתוֹ אֲשֶׁר חָטָא', הָא כֵּיצַד, חָטָא בִּפְנֵי עַצְמוֹ מֵבִיא בִּפְנֵי עַצְמוֹ, חָטָא עִם הַצִּבּוּר מִתְכַּפֵּר לוֹ עִם הַצִּבּוּר. הֵיכִי דָמֵי, אִילֵימָא דְּהוּא מוּפְלָא וְהֵם אֵינָן מוּפְלָאִין, פְּשִׁיטָא דְּמִתְכַּפֵּר לוֹ בִּפְנֵי עַצְמוֹ, הוֹרָאָה דִּלְהוֹן וְלֹא כְּלוּם, וּבָעֵי אֵתוּיֵי כִּשְׂבָּה אוֹ שְׂעִירָה כָּל חַד וְחַד; וְאִי דְּאִינוּן מוּפְלָאִין וְהוּא לָאו מוּפְלָא, אַמַּאי מִתְכַּפֵּר לוֹ בִּפְנֵי עַצְמוֹ, הָא הוֹרָאָה דִּידֵיהּ וְלֹא כְּלוּם הִיא. אָמַר

תוספות

מה צִבּוּר הוֹרוּ וְעָשׂוּ אַחֲרֵיהֶן בְּהוֹרָאָתָן כו'. תֵּימַהּ, הֵיאַךְ שַׁיָּיךְ לְדַמּוֹתוֹ לְבֵי"ד, דְּהָכְתִיב 'לְאַשְׁמַת הָעָם', וְטְפֵי מִסְתַּבֵּר לוֹמַר מַה צִבּוּר אֵין חַיָּיבִין עַד שֶׁיּוֹרוּ הֵן אֲחֵרִים אַף מָשִׁיחַ לֹא יְהֵא חַיָּיב כו': **לא** אִם אָמַרְתָּ בְּנָשִׂיא שֶׁכֵּן מִכַּפֵּר לוֹ בְּיוה"כ. הֲוֵי מָצֵי לְמֵימַר 'שֶׁכֵּן נָשִׂיא אֵין מֵבִיא בְּהוֹרָאָה', אֶלָּא דְּאַלִּימָא פָּרִיךְ, שֶׁמִּתְכַּפֵּר בַּצִּבּוּר: **ואי** דְּאִינְהוּ (כו') מוּפְלָאִים הוֹרָאָה דִּידֵיהּ כו'. דְּהָא אִיתַּקַּשׁ לְאַשְׁמַת הָעָם, וּתְנַן לְעֵיל כו', כְּדפרש"י:

כדאיתא תרי הוראות כדפרישית. והיכי משכחת לה דהורה כהן משיח וגם הורו ב"ד. ומוקי לה ר"פ בשוין שכולן מופלאים ולא בריר לי שפיר מאי הפי' מופלא דראוי להוראה היינו דגמיר לכוליה תלמודא כשמעון חסיר ליה להיותו נקרא מופלא. ואפשר דמושיבין בסנהדרין אע"פ שאינו ראוי להוראה אי לא משכח ראוי להוראה. ואותן הראוים להוראה נקראים מופלאים. והכא מיירי שכולן ראויים להוראה

This *daf* is dedicated *l'iluy nishmas*: R' Mayer ben Chana Nehmad *zt"l*

עין משפט נר מצוה

יא א מיי' פט"ו מהלכות שגגות הלכה ה סמג עשין רטז ועיין בכ"מ:
יב ב מיי' שם פי"ב הלכה א ב ופי"ג הלכה א:
יג ג מיי' שם פט"ו הלכה א והלכה ג:
יד ד מיי' שם הלכה א:
טו ה ו מיי' שם הלכה ג:

אמר רב פפא, כגון שהיו מופלין שניהן[ו]. סבר אביי למימר, חטא[ז] בפני עצמו ועשה בפני עצמו היכי דמי, דיתבי בשני מקומות וקא מורו בתרי איסורי; אמר ליה רבא, אטו שני מקומות גורמין, אלא אפילו יתבי בחד מקום וכיון דקא מורו בתרי איסורי חטא בפני עצמו הוא. פשיטא הוא בחלב והן בעבודת כוכבים חטא בפני עצמו הוא, דהא חלוקין בטעמייהו וחלוקין בקרבנות, דהוא בפר והן בפר ושעיר, דהא קא מייתו הני שעיר והוא לא מייתי, וכל שכן הוא בעבודת כוכבים והן בחלב דחלוקין בקרבנותיהן [לגמרי[ח]], דהוא שעירה ואינהו פר; אלא הוא בחלב המכסה את הקרב והן בחלב שעל הדקין מהו, מי אמרינן אף על גב דקרבנן שוה, כיון דמתרי קראי קאתו הא פליגין בטעמייהו, או דלמא שם חלב אחד הוא. אם תמצא לומר שם חלב אחד הוא, הוא בחלב והן בדם מהו, מי אמרינן בטעמייהו הא פליגין, או דלמא כיון דשוין בקרבן בתר קרבן אזלינן. [א]תיקו: שאין בית דין חייבין עד שיורו לבטל מקצת ולקיים מקצת וכו': מנלן דעד שיורו לבטל מקצת ולקיים מקצת. כדאמרינן באידך פירקין [ה][א] 'ונעלם דבר', דבר ולא כל הגוף: וכן המשיח: מנלן. דכתיב [ב] 'לאשמת העם', הרי משיח כצבור: ולא בעבודת כוכבים כו': מנלן. דתנו רבנן, לפי שיצאה עבודת כוכבים לידון בעצמה, יכול יהו חייבין על עקירת מצוה כולה, נאמר כאן [ג] 'מעיני' ונאמר להלן [א] 'מעיני', מה להלן בבית דין אף כאן נמי[י] בבית דין, ומה להלן דבר ולא כל הגוף אף כאן נמי[יא] דבר ולא כל הגוף: מתני' [ב]אין חייבין אלא על העלם דבר עם שגגת המעשה, [ג]וכן המשיח; ולא בעבודת כוכבים אין חייבין[יב] אלא על העלם דבר עם שגגת המעשה: גמ' מנלן. [ג]דתנו רבנן, [א] 'ישגו', יכול יהו חייבין על שגגת מעשה, תלמוד לומר 'ישגו ונעלם דבר', אין חייבין אלא על העלם דבר עם שגגת מעשה: וכן המשיח: מנלן. דכתיב [ד] 'לאשמת העם', הרי משיח כצבור:

ולא בעבודת כוכבים אלא על העלם דבר עם שגגת מעשה: מנלן. דתנו רבנן, לפי שיצאה עבודת כוכבים לידון בעצמה, יכול יהו חייבין על שגגת המעשה, נאמר כאן [ג] 'מעיני', ונאמר להלן [א] 'מעיני', מה להלן אין חייבין אלא על העלם דבר עם שגגת מעשה, אף כאן אין חייבין אלא על העלם דבר עם שגגת מעשה. ואילו משיח בעבודת כוכבים לא קתני, מתניתין מני. רבי היא, [ג]דתניא, משיח בעבודת כוכבים, רבי אומר בשגגת מעשה, וחכמים אומרים [ה]בהעלם דבר, [ו]ושוין שבשעירה[יג], ושוין שאין מביא אשם תלוי. ותסברא, בזדונו כרת ובשגגתו חטאת מי קתני, אלא תני הא הוא הדין להא, הכא נמי תנא הא והוא הדין להא. מאי טעמא דרבי. [ז] אמר קרא [ד] 'וכפר הכהן על הנפש השוגגת בחטאה בשגגה', 'הנפש' זה משיח, 'השוגגת' זה נשיא[יד], 'בחטאה בשגגה', רבי סבר, חטא זה בשגגה יהא, ורבנן סברי, מי שחטאתו בשגגה, יצא משיח שאין חטאתו בשגגה אלא בהעלם דבר. ושוין שבשעירה כיחיד[טו], מנלן. דאמר קרא [ה] 'ואם נפש אחת', אחד יחיד ואחד נשיא ואחד משיח, כולם בכלל נפש אחת הן.

ושוין

רש"י

אמר רב פפא, בשוין. דהוא מופלא והן מופלאים, הלכך איצטריך למיתני דכי 'חטא בפני עצמו', אע"ג דהוראה דידהו הוי הוראה מעליא, אפילו הכי 'מתכפר בפני עצמו', משום דקא מורו בשני איסורי, 'חטא עם הצבור', אע"ג דהוא מופלא דהוראה דידיה הוי הוראה מעליא, אפ"ה 'מתכפר עם הצבור', משום דקא מורו בחדא איסורא: בשני מקומות. משיח במקום אחד ובי"ד במקום אחר: בטעמייהו. בפסוקים, דחלב ועבודת כוכבים מתרי קראי נפקי: וחלוקין בקרבנות. דבי"ד מייתי שעיר אעבודת כוכבים, והוא לא מייתי שעיר: דהוא שעירה. לחודיה, דכתיב בעבודת כוכבים בפרשת שלח לך אנשים, 'ואם נפש' [ז], דאחד יחיד ואחד נשיא במשמע: הוא בחלב המכסה את הקרב. דהוי דבר שאין הצדוקים מודין, דהא לא מפרש קרא מאי ניהו, דאפילו אמוראי פליגי בשחיטת חולין באלו טריפות (דף נ:) מאי ניהו כרס הפנימי, וכל שכן חלב שעל גבי הדקים שאין הצדוקים מודין, דהא לא כתיב בהדיא. אי נמי, דהורו בחלב שעל הקרב בין בכזית לפחות מכזית, דכזית לא כתיב בהדיא, והוי דבר שאין הצדוקין מודין: אע"ג דקרבנן שוה. דהן בפר והוא בפר: כיון דמתרי קראי קא אתו. כדאמרינן לעיל בפרק קמא (דף ג.) 'ואת החלב', וי"ו יתירה להביא חלב שעל גבי הדקין': הא פליגין בטעמייהו. הא חלוקים בפסוקים, ומתכפר בפני עצמו: או דלמא שם חלב אחד הוא. והורה עם הצבור הוא, ומתכפר עם הצבור: והן בדם. כגון בדם המובלע באיברים, או בין כזית לפחות מכזית, והוי דבר שאין הצדוקין מודין: בתר קרבן אזלינן. דכיון דשוין בקרבן, הורה עם הצבור הוא, ומתכפר עם הצבור. תיקו: לפי שיצאה עבודת כוכבים. מכלל פר העלם דבר של צבור, לידון בעצמו[יח] בהבאת פר ושעיר: נאמר כאן, בעבודת כוכבים, מעיני. 'והיה אם מעיני העדה': ונאמר להלן מעיני. 'ונעלם דבר מעיני הקהל': מה להלן בי"ד. דכתיב 'ונעלם דבר מעיני הקהל ועשו', ואמרינן לעיל בפ"ק (דף ה.) הוראה תלויה בבי"ד, דכתיב 'ונעלם דבר מעיני הקהל' דהיינו בי"ד, ומעשה תלוי בקהל, דכתיב 'הקהל ועשו', ובעבודת כוכבים לא כתיב בי"ד, דכתיב 'והיה אם מעיני העדה נעשתה לשגגה', ואי סלקא דעתך בי"ד, והא אין מעשה תלוי בבי"ד אלא בקהל, דהכא כתיב 'מעיני העדה נעשתה' דהיינו מעשה, אלא מה להלן בית דין, דכתיב בפרשת ויקרא, אף כאן בית דין: מתני' אין חייבין בקרבן וכו'[יט].

אין ב"ד חייבין קרבן אלא על העלם דבר עם שגגת מעשה, וכן המשיח, ולצבור הוא דכי עבדי בשגגת מעשה לחודיה מייתו כל חד וחד כשבה או שעירה דדיינים כיחידים, דכיון דלא עשו ע"פ ב"ד מחלקי כולהו מהדדי והוו יחידים, ויחידים חייבין בשגגת מעשה, אבל משיח בשגגת מעשה לחודיה פטור מכלום, כדאמר לקמן בפרק בתרא (דף יא.) 'מעם הארץ פרט למשיח', דאינו מביא בשגגת מעשה כלל, והיינו דקאמר[כ] 'ולא משיח שאין חטאתו בשגגה', דהיינו בשגגת מעשה וכו'[כא]: גמ' ואילו משיח בעבודת כוכבים לא קתני. דקתני 'ולא בעבודת כוכבים אין חייבים אלא על העלם דבר עם שגגת מעשה', ולא קתני 'וכן המשיח', ומדלא קתני 'וכן המשיח' מכלל דמשיח בעבודת כוכבים חייב בשגגת מעשה לחודיה: מתניתין מני, רבי היא, דתניא, משיח בעבודת כוכבים, רבי אומר בשגגת מעשה. לחודיה: וחכ"א בהעלם דבר. כלומר, עם שגגת מעשה, כשאר מצות. ושוין שאין מביא שום אשם תלוי[כב]: ותסברא, זדונו כרת ושגגתו חטאת. דעבודת כוכבים, דקתני 'ולא בעבודת כוכבים אלא על דבר שחייבין על זדונו כרת ועל שגגתו חטאת', מי קתני 'וכן המשיח', והא קי"ל דמשיח נמי בעבודת כוכבים אינו חייב אלא על דבר שזדונו כרת ועל שגגתו חטאת, כדאמרינן לקמן 'נאמר כאן עליה כו' לאשמת העם הרי משיח כצבור'[כג], ואפילו הכי לא קתני במתניתין 'וכן המשיח': אלא תנא בהא. בדבר שחייבין על זדונו כרת ושגגתו חטאת כשאר[כד] מצות 'וכן המשיח', והוא הדין בעבודת כוכבים, דמשיח כצבור, דאינו חייב בעבודת כוכבים אלא בדבר שזדונו כרת ושגגתו חטאת: הכא נמי תנא בהא. דאין חייבין בשאר מצות אלא על העלם דבר עם שגגת מעשה 'וכן המשיח', והוא הדין לעבודת כוכבים דמשיח כצבור, כי היכי דאין בי"ד חייבין על עבודת כוכבים אלא על העלם דבר עם שגגת מעשה[כה], ודלא כרבי: מאי טעמא דרבי. אמר קרא. בפרשת שלח לך, 'וכפר הכהן על הנפש השוגגת' וגו', סבר רבי 'חטאה בשגגה' הכי משמע, חטא זה בשגגה יהא, כלומר בשגגת מעשה לחודיה, ואפילו משיח: ורבנן סברי מי שחטאו בשגגה. דהכי משמע 'וכפר הכהן על הנפש השוגגת', דיביא שעירה בשגגת מעשה מי שחטאו בשגגה בשאר מצות: יצא משיח שאין חטאתו בשגגה. בשאר מצות, כלומר בשגגת מעשה[כו], אלא בהעלם דבר עם שגגת מעשה, דעל שגגת מעשה לחודיה פטור לגמרי: ושוין

תוספות

דיתבי בתרי מקומות וקמורו בחד איסורא. תימה, מאי אצטריך בשוין, אפילו לא שוו נמי הוראתן הוראה, דהא דבעינן לעיל מופלא בב"ד 'שהיה להן ללמוד ולא למדו', והכא מאי אצטרכין ללמוד, כיון דבאיסור אחד הורו ושניהן הורו שוה. ונראה כספרים דגרסי מלתא דרב [יט]טפי בשוין בתר דמוקי בתרי אסורי: נאמר כאן 'מעיני'. תימה, דלעיל בפ"ק[ס] משמע בדברי אביי דלא ידעינן שאר מצות אלא מעבודת כוכבים, והכא משמע איפכא. וי"ל, דאביי נמי הכי בעי למילף כי הכא, ד'עיני' דעבודת כוכבים לא פשוט לן שהוא בי"ד, אלא ה"ק, ילפינן 'עיני' 'עיני', כלומר, האי 'עיני' דעבודת כוכבים ילפינן משאר מצות שהוא בי"ד, והדר ילפינן ההוא 'מעיני' מהאי לענין זה, דכי היכי דגבי עבודת כוכבים מעשה תלוי בקהל, כדמשמע 'נעשתה', ה"נ האי 'עיני' דשאר מצות: דת"ר 'ישגו', יכול יהיו חייבין על שגגת מעשה. תימה, למאי איצטריך, הא כבר ילפינן מ'דבר' 'דבר' דמקצת דבר בעינן, והא לא שייך כי אם בהוראה; ועוד, היאך יהיו חייבין על שגגת מעשה למ"ד ב"ד מביאין פר, 'טודיע חטא וזיגוד מיגנד'[י], מה חטאו ב"ד; ועוד, תניא פ"ק[י] 'עם הארץ' לרבות אפילו רובו ואפילו כולו, דמייתו שעירה או כשבה ולא פר. וי"ל, דאי לאו דמשמע דבעינן העלם דבר לא היינו אומרים שב"ד יהיו חייבין, אלא לצבור, דאע"ג דלעיל דרשינן דמעשה תלוי בקהל והוראה תלויה בב"ד, השתא מיהו לא דרשינן הכי. מיהו הקישא ד'דבר' צ"ל דמתחלה צריך למילף הוא[ס], ואח"כ לומר 'דבר' ולא כל הגוף:

מסורת הש"ס עם הוספות

א) [לעיל ד.], ב) ת"כ דבורא דחובה פרשה ד ה"ה (אות רמג), ג) סנהדרין דף סא:, ד) בסוף העמוד, ה) ה רע"ב, ו) ע"פ פסחים קיג:, ז) ב:, ח) עירובין צו ע"ב.

תורה אור השלם

א) ואם כל עדת ישראל ישגו ונעלם דבר מעיני הקהל ועשו אחת מכל מצות יי' אשר לא תעשינה ואשמו: [ויקרא ד, יג]

ב) אם הכהן המשיח יחטא לאשמת העם והקריב על חטאתו אשר חטא פר בן בקר תמים ליי' לחטאת: [ויקרא ד, ג]

ג) והיה אם מעיני העדה נעשתה לשגגה ועשו כל העדה פר בן בקר אחד לעלה לריח ניחח ליי' ומנחתו ונסכו כמשפט ושעיר עזים אחד לחטת: [במדבר טו, כד]

ד) וכפר הכהן על הנפש השגגת בחטאה בשגגה לפני יי' לכפר עליו ונסלח לו: [במדבר טו, כח]

ה) ואם נפש אחת תחטא בשגגה והקריבה עז בת שנתה לחטאת: [במדבר טו, כז]

הגהות וציונים

א] ראשונים וכת"י "אמר רב פפא בשוין". וברש"י צ"ל הפסק הנקודה אחר "בשוין" (דק"ס): ב] כת"י הורה, וכ"ה ישר מאד דקאי אמתני' (דק"ס), וכ"ה בר"ח: ג] באר שבע (גליון), וכן הגיה ב"ח: ד] "נמי" ליתא בראשונים ובכת"י, ואינו לשון ברייתא: ה] הב"ח מוחק "אין חייבין" (וכדליתא בפיסקא בגמרא). אבל ברש"י ד"ה ואילו הוא כלפנינו, ועי' תוי"ט ולקוטים על המשניות: ו] צ"ל שבשעירה כיחיד ושוין (ב"ח, וכמו בסמוך, וכ"ה בסנהדרין וכאן בראשונים ובכת"י): ז] בכת"י נוסף אמר רבא: ח] רא"ש ור"ח "הנפש זה נשיא השוגגת זה משיח": ט] (ושעיר) ביחיד

תוספות הרא"ש

ונעלם דבר דבר ולא כל הגוף[כא] וכן המשיח דכתיב לאשמת העם הרי משיח כצבור. והקשה הרמ"ה ז"ל למה לי הקישא להאי מלתא הא במשיח גופיה כתיב מאחת מהנה דמשמע מאחת ולא כל אחת. ותירץ דהאי מאחת גבי עשיה כתיב ועשה מאחת מהנה. ואנן בהוראה הוא דבעינן למילף שצריך קיום קצת וביטול קצת. ונראה דבלא"ה צריכי מ"ס דמאחת לדרשא אחרינא כדדרשינן מניה בשבת פרק הבונה (דף קג) שאם כתב שם משמעון חייב: לפי שיצאת ע"ז לידון בעצמה יכול יהו חייבין על עקירת מצוה כולה נאמר כאן כו' מה להלן בב"ד אף כאן בב"ד מה להלן דבר ולא כל הגוף כו'. הקשה הרמ"ה ז"ל מה צריך ללמוד ע"ז משאר מצות דאיירי בב"ד. דמהיכא ידעי בשאר מצות דאיירי בב"ד אלא מדכתיב מעיני הקהל דמשמע ב"ד דכמו שאדם הולך אחר מאור עיניו כך כל הקהל הולכין לאור הוראתו של ב"ד. ובעבודת כוכבים כתיב מעיני העדה דמשמע בית דין. ותירץ משום דבעבודת כוכבים כתיב מעיני העדה. ועדה משמע בכל דוכתא ב"ד כדכתיב ושפטו העדה והצילו העדה. הלכך אי לאו ג"ש הוה מפרשינן מעיני העדה מופלא שבב"ד שהוא עינים של שאר סנהדרין שאם הורה לבדו בלא האחרים ועשו הצבור על פיו חייבין. הלכך צריך ללמוד משאר מצות דכתיב בהו מעיני הקהל

The Gemara answers: אָמַר רַב פָּפָּא — Rav Pappa said: כְּגוֹן שֶׁהָיוּ מוּפְלִין שְׁנֵיהֶן — The case is that both the *kohen gadol* and the judges of *beis din* were distinguished *chachamim*; therefore, the *kohen gadol's* personal ruling was valid, and so was the ruling of *beis din*, even though the *kohen gadol* was not there.

סָבַר אַבַּיֵי לְמֵימַר — Abaye thought to say: חָטָא בִּפְנֵי עַצְמוֹ וְעָשָׂה בִּפְנֵי עַצְמוֹ — The case of the *kohen gadol* sinning by himself and committing a transgression by himself based on his own mistaken ruling, not connected to a transgression done by the congregation based on a mistaken ruling of *beis din*, הֵיכִי דָּמֵי — how is it? דְּיָתְבִי בִּשְׁנֵי מְקוֹמוֹת — It is that they are sitting in two different places, the *kohen gadol* in one place and *beis din* in another place, וְקָא מוֹרוּ בִּתְרֵי אִיסּוּרֵי — and they are giving rules regarding two separate *issurim*. אָמַר לֵיהּ רָבָא — Rava said to Abaye: אַטּוּ שְׁנֵי מְקוֹמוֹת גּוֹרְמִין — Is it that the two different places are what cause the *kohen gadol* to be obligated separately? Why does their location matter? אֶלָּא — Rather, אֲפִילוּ יָתְבִי בְּחַד מָקוֹם — even if they are sitting in one place, וְכֵיוָן דְּקָא מוֹרוּ בִּתְרֵי אִיסּוּרֵי — but since they are giving rulings regarding two separate *issurim*, חָטָא בִּפְנֵי עַצְמוֹ הוּא — the transgression of the *kohen gadol* is considered sinning by himself, and he does not get atonement together with the *Par He'eleim Davar* of the congregation.

פְּשִׁיטָא הוּא בְּחֵלֶב וְהֵן בַּעֲבוֹדַת כּוֹכָבִים — It is obvious that if the *kohen gadol* ruled for himself regarding eating *cheilev* and *beis din* ruled for the congregation regarding *avodah zarah*, חָטָא בִּפְנֵי עַצְמוֹ הוּא — that they are definitely two separate *issurim*, and it is considered that the *kohen gadol* sinned by himself, דְּהָא חֲלוּקִין בְּטַעֲמַיְיהוּ — because the *issurim* have different sources, since they are learned from two different *pesukim*, וַחֲלוּקִין בְּקָרְבָּנוֹת — and the *korbanos* that they bring are different, דְּהוּא בְּפַר — because the *kohen gadol* brings a bull, וְהֵן בְּפַר וְשָׂעִיר — and *beis din* brings a bull and a goat (since their mistaken ruling was with regard to worshipping *avodah zarah*); דְּהָא קָא מַיְיתוּ הָנֵי שָׂעִיר — so their *korbanos* are not the same, because *beis din* brings a goat in addition to a bull, וְהוּא לָא מַיְיתֵי — and he does not bring a goat. וְכָל שֶׁכֵּן הוּא בַּעֲבוֹדַת כּוֹכָבִים וְהֵן בְּחֵלֶב — And certainly, it would be a case of two separate *issurim* if the *kohen gadol's* ruling was regarding *avodah zarah* and *beis din's* ruling was regarding *cheilev*, and the *kohen gadol* is considered sinning by himself and does not receive atonement together with the congregation, דַּחֲלוּקִין בְּקָרְבְּנוֹתֵיהֶן [לְגַמְרֵי] — because their *korbanos* are completely different, דְּהוּא שְׂעִירָה — because for a mistaken ruling regarding worshipping *avodah zarah*, the *kohen gadol* brings a female goat (just like a regular individual), וְאִינְהוּ פַּר — and *beis din* brings a bull. אֶלָּא — Rather, the case that would be questionable is: הוּא בְּחֵלֶב הַמְכַסֶּה אֶת הַקֶּרֶב — If the *kohen gadol* ruled to permit the *cheilev* that covers the stomach, וְהֵן בְּחֵלֶב שֶׁעַל הַדַּקִּין — and they ruled to permit the *cheilev* that is on the small intestine, מַהוּ — what is the halachah? מִי אָמְרִינַן — Do we say: אַף עַל גַּב דְּקָרְבָּנָן שָׁוֶה — Even though they would both bring the same *korban* (a bull), כֵּיוָן דְּמִתְּרֵי קְרָאֵי קָאָתוּ — since the *issurim* of each

For this *daf's shiur* and charts, scan this QR code:

אמר רב פפא, כגון שהיו מופלין שניהן[א]. סבר אביי למימר, חטא[ב] בפני עצמו ועשה בפני עצמו היכי דמי, דיתבי בשני מקומות וקא מורו בתרי איסורי; אמר ליה רבא, אטו שני מקומות גורמין, אלא אפילו יתבי בחד מקום וכיון דקא מורו בתרי איסורי חטא בפני עצמו הוא. פשיטא הוא בחלב והן בעבודת כוכבים חטא בפני עצמו הוא, דהא חלוקין בטעמייהו וחלוקין בקרבנות, דהוא בפר והן בפר ושעיר, דהא קא מייתו הני שעיר והוא לא מייתי, וכל שכן הוא בעבודת כוכבים והן בחלב דחלוקין בקרבנותיהן [לגמריי], דהוא שעירה ואינהו פר; אלא הוא בחלב המכסה את הקרב והן בחלב שעל הדקין מהו, מי אמרינן אף על גב דקרבנן שוה, כיון דמתרי קראי קאתו הא פליגין בטעמייהו, או דלמא שם חלב אחד הוא. אם תמצא לומר שם חלב אחד הוא, הוא בחלב והן בדם מהו, מי אמרינן בטעמייהו הא פליגין, או דלמא כיון דשוין בקרבן בתר קרבן אזלינן. תיקו: שאין בית דין חייבין עד שיורו לבטל מקצת ולקיים מקצת וכו': מנלן דעד שיורו לבטל מקצת ולקיים מקצת. כדאמרינן באידך פירקין 'ונעלם דבר', דבר ולא כל הגוף: וכן המשיח: מנלן. דכתיב 'לאשמת העם', הרי משיח כצבור: ולא בעבודת כוכבים כו': מנלן. דתנו רבנן, לפי שיצאה עבודת כוכבים לידון בעצמה, יכול יהו חייבין על עקירת מצוה כולה, נאמר כאן 'מעיני' ונאמר להלן 'מעיני', מה להלן בבית דין אף כאן נמי בבית דין, ומה להלן דבר ולא כל הגוף אף כאן נמי דבר ולא כל הגוף: **מתני'** אין חייבין אלא על העלם דבר עם שגגת המעשה, וכן המשיח; ולא בעבודת כוכבים אין חייבין אלא על העלם דבר עם שגגת המעשה: **גמ'** מנלן. דתנו רבנן, 'ישגו', יכול יהו חייבין על שגגת מעשה, תלמוד לומר 'ישגו ונעלם דבר', אין חייבין אלא על העלם דבר עם שגגת מעשה: וכן המשיח: מנלן. דכתיב 'לאשמת העם', הרי משיח כצבור: ולא בעבודת כוכבים אלא על העלם דבר עם שגגת מעשה: מנלן. דתנו רבנן, לפי שיצאה עבודת כוכבים לידון בעצמה, יכול יהו חייבין על שגגת המעשה, נאמר כאן 'מעיני', ונאמר להלן 'מעיני', מה להלן אין חייבין אלא על העלם דבר עם שגגת מעשה, אף כאן אין חייבין אלא על העלם דבר עם שגגת מעשה. ואילו משיח בעבודת כוכבים לא קתני, מתניתין מני. רבי היא, דתניא, משיח בעבודת כוכבים, רבי אומר בשגגת מעשה, וחכמים אומרים בהעלם דבר, ושוין שבשעירה[ו], ושוין שאין מביא אשם תלוי. ותסברא, בזדונו כרת ובשגגתו חטאת מי קתני, אלא תני הא הוא הדין להא, הכא נמי תנא הא והוא הדין להא. מאי טעמא דרבי. אמר קרא 'וכפר הכהן על הנפש השוגגת בחטאה בשגגה', 'הנפש' זה משיח, 'השוגגת' זה נשיא[ח], 'בחטאה בשגגה', רבי סבר, חטא זה בשגגה יהא, ורבנן סברי, מי שחטאתו בשגגה, יצא משיח שאין חטאתו בשגגה אלא בהעלם דבר. ושוין שבשעירה כיחידי, מנלן. דאמר קרא 'ואם נפש אחת', אחד יחיד ואחד נשיא ואחד משיח, כולם בכלל נפש אחת הן. ושוין

אמר רב פפא, בשוין. דהוא מופלא והן מופלאים, הלכך איצטריך למיתני דכי 'חטא בפני עצמו', אע"ג דהוראה דידהו הוי הוראה מעליא, אפילו הכי 'מתכפר בפני עצמו', משום דקא מורו בשני איסורי, 'חטא עם הצבור', אע"ג דהוא מופלא דהוראה דידיה הוי הוראה מעליא, אפ"ה 'מתכפר עם הצבור', משום דקא מורו בחדא איסורא: בשני מקומות. משיח במקום אחד וב"ד במקום אחר: בטעמייהו. בפסוקים, דחלב ועבודת כוכבים מתרי קראי נפקי: וחלוקין בקרבנות. דב"ד מייתי שעיר אעבודת כוכבים, והוא לא מייתי שעיר: דהוא שעירה. לחודיה, דכתיב בעבודת כוכבים בפרשת שלח לך אנשים, 'ואם נפש', דאחד יחיד ואחד נשיא במשמע: הוא בחלב המכסה את הקרב. דהוי דבר שאין הצדוקים מודין, דהא לא מפרש קרא מאי ניהו, דאפילו אמוראי פליגי בשחיטת חולין באלו טריפות (דף נ:) מאי ניהו כרס הפנימי, וכל שכן חלב שעל גבי הדקים שאין הצדוקים מודין, דהא לא כתיב בהדיא. אי נמי, דהורו בחלב שעל הקרב בין בכזית לפחות מכזית, דכזית לא כתיב בהדיא, והוי דבר שאין הצדוקין מודין: אע"ג דקרבנן שוה. דהן בפר והוא בפר: כיון דמתרי קראי קא אתו. כדאמרינן לעיל בפרק קמא (דף ג.) 'ואת החלב, וי"ו יתירא להביא חלב שעל גבי הדקין': הא פליגין בטעמייהו. הא חלוקים בפסוקים, ומתכפר בפני עצמו: או דלמא שם חלב אחד הוא. והורה עם הצבור הוא, ומתכפר עם הצבור: והן בדם. כגון בדם המובלע באיברים, או בין כזית לפחות מכזית, והוי דבר שאין הצדוקין מודין: בתר קרבן אזלינן. דכיון דשוין בקרבן, הורה עם הצבור הוא, ומתכפר עם הצבור. תיקו: לפי שיצאה עבודת כוכבים. מכלל פר העלם דבר של צבור, לידון בעצמו[יא] בהבאת פר ושעיר: נאמר כאן, בעבודת כוכבים, מעיני. 'והיה אם מעיני העדה': ונאמר להלן מעיני. 'ונעלם דבר מעיני הקהל': מה להלן ב"ד. דכתיב 'ונעלם דבר מעיני הקהל ועשו', ואמרינן לעיל בפ"ק (דף ה.) הוראה תלויה בב"ד, דכתיב 'ונעלם דבר מעיני הקהל' דהיינו ב"ד, ומעשה תלוי בקהל, דכתיב 'הקהל ועשו', ובעבודת כוכבים לא כתיב ב"ד, דכתיב 'והיה אם מעיני העדה נעשתה לשגגה', ואי סלקא דעתך ב"ד, והא אין מעשה תלוי בב"ד אלא בקהל, דהכא כתיב 'מעיני העדה נעשתה' דהיינו מעשה, אלא מה להלן בית דין, דכתיב בפרשת ויקרא, אף כאן בית דין: מתני' אין חייבין בקרבן וכו'[יב].

אין ב"ד חייבין קרבן אלא על העלם דבר עם שגגת מעשה, וכן המשיח, ולצבור הוא דכי עבדי בשגגת מעשה לחודיה מייתו כל חד וחד כשבה או שעירה דדינייהו כיחידים, דכיון דלא עשו ע"פ ב"ד מחלקי כולהו מהדדי והוו יחידים, ויחידים חייבין בשגגת מעשה, אבל משיח בשגגת מעשה לחודיה פטור מכלום, כדאמר לקמן בפרק בתרא (דף יא.) 'מעם הארץ' פרט למשיח', דאינו מביא בשגגת מעשה כלל, והיינו דקאמר[ד] 'יצא משיח שאין חטאתו בשגגה', דהיינו בשגגת מעשה וכו'[יג]: **גמ'** ואילו משיח בעבודת כוכבים לא קתני. דקתני 'ולא בעבודת כוכבים אין חייבים אלא על העלם דבר עם שגגת מעשה', ולא קתני 'וכן המשיח', ומדלא קתני 'וכן המשיח' מכלל דמשיח בעבודת כוכבים חייב בשגגת מעשה לחודיה: מתניתין מני, רבי היא, דתניא, משיח בעבודת כוכבים, רבי אומר בשגגת מעשה. לחודיה: וחכ"א בהעלם דבר. כלומר, עם שגגת מעשה, כשאר מצות. ושוין שאין מביא שום אשם תלוי[יד]: ותסברא, זדונו כרת ושגגתו חטאת. דעבודת כוכבים, דקתני 'ולא בעבודת כוכבים אלא על דבר שחייבין על זדונו כרת ועל שגגתו חטאת', מי קתני 'וכן המשיח', והא קי"ל דמשיח נמי בעבודת כוכבים אינו חייב אלא על דבר שזדונו כרת ועל שגגתו חטאת, כדאמרינן לקמן 'נאמר כאן עליה כו' לאשמת העם הרי משיח כצבור'[טו], ואפילו הכי לא קתני במתניתין 'וכן המשיח': אלא תנא בהא. בדבר שחייבין על זדונו כרת ושגגתו חטאת כשאר[טז] מצות 'וכן המשיח', והוא הדין בעבודת כוכבים, דמשיח כצבור, דאינו חייב בעבודת כוכבים אלא בדבר שזדונו כרת ושגגתו חטאת: הכא נמי תנא בהא. דאין חייבין בשאר מצות אלא על העלם דבר עם שגגת מעשה 'וכן המשיח', והוא הדין לעבודת כוכבים דמשיח כצבור, כי היכי דאין ב"ד חייבין על עבודת כוכבים אלא על העלם דבר עם שגגת מעשה[יז], ודלא כרבי: מאי טעמא דרבי, אמר קרא. בפרשת שלח לך, 'וכפר הכהן על הנפש השוגגת' וגו', סבר רבי 'חטאה בשגגה' הכי משמע, חטא זה בשגגה יהא, כלומר בשגגת מעשה לחודיה, ואפילו משיח: ורבנן סברי מי שחטאו בשגגה. דהכי משמע 'וכפר הכהן על הנפש השוגגת', דיביא שעירה בשגגת מעשה מי שחטאו בשגגה בשאר מצות: יצא משיח שאין חטאתו בשגגה. בשאר מצות, כלומר בשגגת מעשה[יח], אלא בהעלם דבר עם שגגת מעשה, דעל שגגת מעשה לחודיה פטור לגמרי:

תוספות

דיתבי בתרי מקומות וקמורו בחד איסורא. תימה, מאי אצטריך בשוין, אפילו לא שוו נמי הוראתן הוראה, דהא דבעינן לעיל מופלא בב"ד 'שהיה להן ללמוד ולא למדו', והכא מאי אצטרכין ללמוד, כיון דבאיסור אחד הורו ושניהן הורו שוה. ונראה כספרים דגרסי מלתא דרב[יט] טפי בשוין בתר דמוקי בתרי אסורי: **נאמר** כאן 'מעיני'. תימה, דלעיל בפ"ק[כ] משמע כדברי אביי דלא ידעינן שאר מצות אלא מעבודת כוכבים, והכא משמע איפכא. וי"ל, דאביי נמי הכי בעי למילף כי הכא, ד'עיני' דעבודת כוכבים לא פשוט לן שהוא ב"ד, אלא ה"ק, ילפינן 'עיני' 'עיני', כלומר, האי 'עיני' דעבודת כוכבים ילפינן משאר מצות שהוא ב"ד, והדר ילפינן ההוא 'מעיני' מהאי לענין זה, דכי היכי דגבי עבודת כוכבים מעשה תלוי בקהל, כדמשמע 'נעשתה', ה"נ האי 'עיני' דשאר מצות: **דת"ר** 'ישגו', יכול יהיו חייבין על שגגת מעשה. תימה, למאי איצטריך, הא כבר ילפינן מ'דבר' 'דבר' דמקצת דבר בעינן, והא לא שייך כי אם בהוראה; ועוד, איך יהיו חייבין על שגגת מעשה למ"ד ב"ד מביאין פר, 'תוביה חטא וזיגוד מינגד'[ז], מה חטאו ב"ד; ועוד, תניא פ"ק[ז] 'עם הארץ' לרבות אפילו רובו ואפילו כולו, דמייתו שעירה או כשבה ולא פר. וי"ל, דאי לאו דמשמע דבעינן העלם דבר לא הוינו אומרים שב"ד יהיו חייבין, אלא לצבור, דאע"ג דלעיל דרשינן דמעשה תלוי בקהל והוראה תלויה בב"ד, השתא מיהו לא דרשינן הכי. מיהו הקשה ד'דבר' צ"ל דמתחלה צריך למילף הוא[ק], ואח"כ לומר 'דבר' ולא כל הגוף:

עין משפט נר מצוה

יא א מיי' פט"ו מהלכות שגגות הלכה ה סמג עשין רטו ועיין בכ"מ:
יב ב מיי' שם פי"ב הלכה א ב ופי"ג הלכה א:
יג ג מיי' שם פט"ו הלכה א והלכה ג:
יד ד מיי' שם הלכה א:
טו ה ו מיי' שם הלכה ג:

תוספות הרא"ש

ונעלם דבר דבר ולא כל הגוף[כא] וכן המשיח דכתיב לאשמת העם הרי משיח כצבור. והקשה הרמ"ה ז"ל למה לי הקישא להאי מלתא הא במשיח גופיה כתיב מאחת מהנה דמשמע מאחת ולא כל אחת. ותירץ דהאי מאחת גבי עשיה כתיב ועשה מאחת מהנה. ואנן בהוראה הוא דבעינן למילף שצריך קיום קצת ובטול קצת. ונראה דבלא"ה צריכי מ"ס דמאחת לדרשא אחרינא כדדרשינן מניה בשבת פרק הבונה (דף קג) שאם כתב שם משמעון חייב: לפי שיצאת ע"ז לידון בעצמה יכול יהו חייבין על עקירת מצוה כולה נאמר כאן כו' מה להלן בב"ד אף כאן בב"ד מה להלן דבר ולא כל הגוף כו'. הקשה הרמ"ה ז"ל מה צריך ללמוד ע"ז משאר מצות דאיירי בב"ד. דמהיכא ידעי בשאר מצות דאיירי בב"ד אלא מדכתיב מעיני הקהל דמשמע ב"ד דכמו שאדם הולך אחר מאור עיניו כך כל הקהל הולכין לאור הוראתו של ב"ד. ובעבודת כוכבים כתיב מעיני העדה דמשמע בית דין. ותירץ משום דבעבודת כוכבים כתיב מעיני העדה. ועדה משמע בכל דוכתא ב"ד כדכתיב ושפטו העדה והצילו העדה. הלכך אי לאו ג"ש הוה מפרשינן מעיני העדה מופלא שבב"ד שהוא עינים של שאר סנהדרין שאם הורה לבדו בלא האחרים ועשו הצבור על פיו חייבין. הלכך צריך ללמוד משאר מצות דכתיב בהו מעיני הקהל וכולא סנהדרין הם עיני. ונראה שבתנם דחק דהא (בשאר) [דבשאר] מצות ידעינן דאיירי בהוראת סנהדרין לאו ממשמעותו[כב] נפקא אלא משום דכתיב בהו ונעלם מעיני דמשמע שנעלם מהם דבר ועל ידי כן עשו שגגה כדדרשי' באידך ברייתא ת"ר ישגו יכול יהו חייבין על שגגת מעשה ת"ל ישגו ונעלם הלכך דרשינן ונעלם מעיני היינו בית דין שנעלמה מהם הוראה הקהל ועשו שהיא הוראה בב"ד ומעשה הקהל. אבל גבי עבודת כוכבים דלא כתיב ונעלם אלא והיה אם מעיני העדה נעשתה לשגגה לא משמע דאיירי בב"ד כלל אלא בשגגת מעשה לעדה: ולא בעבודת כוכבים כו' דת"ר לפי שיצאת כו'. הקשה הרמ"ה ז"ל למה לי למילף עבודת כוכבים משאר מצות לענין העלם דבר ושגגת המעשה. והא בעבודת כוכבים גופא כתיב נעשתה לשגגה וכתיב כי לכל העם בשגגה. ודרשו מנייהו לעיל בפ"ק (דף ה':) דמעשה תלוי בקהל והוראה תלויה בב"ד. אלמא לא מחייבי קהל בלא הוראת ב"ד. ותירץ דסוגיא דלעיל אליבא דר"מ ור"ש דלא מייתר להו קהלי למדרש מעשה תלוי בקהל והוראה בב"ד אבל לר' יהודה דדריש ליה מקהל יתירא לית ליה האי דרשא נעשתה לשגגה ובריייתא דהכא ר"י דסתם ספרא ר' יהודה[ק]: ואילו משיח בעבודת כוכבים לא קתני. דלא קתני בעבודת כוכבים וכן המשיח אלמא למשיח בעבודת כוכבים מחייב בשגגת מעשה גרידתא. וליכא למימר הא דקתני ולא בעבודת כוכבים אצבור ומשיח דאיירי בהו מקמי הכי דא"כ הו"ל למשבקי' למשיח עד לבסוף ולתני אין חייבין כו' ולא בעבודת כוכבים כו' והדר לתני וכן המשיח. והשתא דשבקי' עבודת כוכבים לבסוף משמע דמשיח בעבודת כוכבים לא מבעיא העלם דבר: אלא תנא הא וה"ה להך. פי' תנא עבודת כוכבים גבי ב"ד וה"ה לגבי משיח. דמשיח כב"ד אף לענין עבודת כוכבים: וכפר הכהן על הנפש השוגגת הנפש זה נשיא השוגגת זה משיח. קרא יתירא קדריש שלא תאמר הואיל ולא נשיא ומשיח מכלל יחיד בשאר מצות. אף בעבודת כוכבים כן. קמ"ל דבכלל יחיד ניניהו: ורבנן. האי בחטאה בשגגה הכי משמע וכפר הכהן על הנפש השוגגת דהיינו[כג] מעשה גרידתא. וכתב עלה בחטאה בשגגה. מי שחטאו בשגגה בשאר מצות[כד] דמביא כפרה גם בעבודת כוכבים בשגגת מעשה. יצא משיח שאין חטאו בשגגה גרידתא בשאר בשגגה גרידתא ואין לומר דמבחטאה בשגגה ממעטי' משיח לגמרי. ואם נפש אתי לרבויי. דא"כ לא לכתוב על הנפש השוגגת אלא הכי לכתוב וכפר עליה הכהן בחטאה בשגגה אלא כתיב השוגגת לרבות משיח לאשמועינן דלא ממעטינן מבחטאה בשגגה אלא שאינו מביא בשגגה גרידתא אבל בהעו"ד עם שגגת מעשה מביא שעירה. ואגב דכתיב השוגגת כתיב נמי הנפש דלרבות נשיא לא אצטריך:

מסורת הש"ס עם הוספות

א) [לעיל ז.], ב) ת"כ דבורא דחובה פרשה ד ה"ה (אות רמג), ג) סנהדרין דף סא:, ד) בסוף העמוד, ה) ה רע"ב, ו) ע"פ פסחים קיג:, ז) ב:, ח) עירובין צו ע"ב.

תורה אור השלם

א) ואם כל עדת ישראל ישגו ונעלם דבר מעיני הקהל ועשו אחת מכל מצות יי אשר לא תעשינה ואשמו: [ויקרא ד, יג]
ב) אם הכהן המשיח יחטא לאשמת העם והקריב על חטאתו אשר חטא פר בן בקר תמים ליי לחטאת: [ויקרא ד, ג]
ג) והיה אם מעיני העדה נעשתה לשגגה ועשו כל העדה פר בן בקר אחד לעלה לריח ניחח ליי ומנחתו ונסכו כמשפט ושעיר עזים אחד לחטת: [במדבר טו, כד]
ד) וכפר הכהן על הנפש השגגת בחטאה בשגגה לפני יי לכפר עליו ונסלח לו: [במדבר טו, כח]
ה) ואם נפש אחת תחטא בשגגה והקריבה עז בת שנתה לחטאת: [במדבר טו, כז]

הגהות וציונים

א] ראשונים וכת"י "אמר רב פפא **בשוין**". וברש"י צ"ל הפסק הנקודה אחר "בשוין" (דק"ס): ב] כת"י **הורה**, וכ"ה ישר מאד דקאי אמתני' (דק"ס), וכ"ה בר"ח: ג] באר שבע (גליון). וכן הגיה ב"ח: ד] "נמי" ליתא בראשונים ובכת"י, ואינו לשון ברייתא: ה] הב"ח מוחק "אין חייבין" (וכדליתא בפיסקא בגמרא). אבל ברש"י ד"ה ואילו הוא כלפנינו, ועי' תוי"ט ולקוטים על המשניות: ו] צ"ל שבשעירה **כיחיד** ושוין (ב"ח, וכמו בסמוך, וכ"ה בסנהדרין וכאן בראשונים ובכת"י): ז] בכת"י נוסף **אמר רבא**: ח] רא"ש ור"ח "הנפש זה **נשיא** השוגגת זה משיח": ט] (ושעיר' ביחיד מנלן. גי' רש"א) (גליון). עי' הגהות והערות על מהרש"א: י] ואם נפש **אחת** דאחד יחיד ואחד נשיא **ואחד משיח** במשמע (ב"ח, וכ"ה בכת"י): יא] בעצמה (כת"י): יב] "אין חייבין קרבן וכו'" ליתא בכת"י. והדבור מתחיל **אין ב"ד חייבין. קרבן אלא על** כו', וכבמשנה לקמן ח ע"א: יג] "כשגגה וכו'" דהיינו בשגגת מעשה" (בארות המים): יד] "ושוין שאין מביא שום אשם תלוי" נמחק (ב"ח). בכת"י **ושוין. ר' ורבנן: שבשעיר[ה] כיחיד. מתכפר בע"ז כיחיד. ושוין שאין מביאין אשם תלוי**: טו] "לאשמת העם הרי משיח כצבור" נמחק (ב"ח): טז] [צ"ל **בשאר**] (גליון): יז] בכת"י נוסף **הכא (אמ) [נמין] משיח**: יח] בכת"י נוסף **גרידתא**: יט] צ"ל רב **פפא** (גליון): כ] צ"ל **הא** (מצור דבש): כא] כת"י "ת"ר ונעלם דבר **ולא שתתעלם המצוה כולה**", וכ"ה בר"ח ובכת"י הגמרא. ועי' שער יוסף: כב] לאו ממשמעות' **דמעיני** נפקא (כת"י): כג] דהיינו **שגגת** מעשה גרידתא (כת"י): כד] בשאר מצות **הוא** דמביא כפרה (כת"י):

תוספות הרא"ש
[המשך מטור א]

מצות אלא צריך הע"ד. שאינו מביא כפרה גם בעבודת כוכבים אם לא בהע"ד ושגגת מעשה: ושוין שבשעירה כיחיד דכתיב ואם נפש אחת תחטא בשגגה אחד יחיד אחד נשיא ואחד משיח. וכתיב והקריבה עז בת שנתה. ואע"ג דבההוא קרא גופיה כתיב תחטא בשגגה דמשמע בשג"מ גרידתא. לא אמרי' דמשיח מייתי בשגגת מעשה דלהכי אהני מיעוטא דמבחטאה בשגגה למעט משיח

This *daf* is dedicated *l'iluy nishmas*: R' Mayer ben Chana Nehmad *zt"l*

are derived from different *pesukim*, הָא פְּלִיגִין בְּטַעֲמַיְיהוּ — they have different sources, and the *kohen gadol* is considered having sinned alone and gets atonement by himself? אוֹ דִלְמָא — Or, perhaps, שֵׁם חֵלֶב אֶחָד הוּא — they both have the same title of "*cheilev*," and therefore, even though the *issurim* come from different *pesukim*, it is still considered that the *kohen gadol* sinned together with the congregation?

אִם תִּמְצָא לוֹמַר: שֵׁם חֵלֶב אֶחָד הוּא — If you say in that case: — The two transgressions have the same title of "*cheilev*," and the therefore, the *kohen gadol* is considered having sinned together with the congregation, הוּא בְּחֵלֶב וְהֵן בְּדָם — if the *kohen gadol* ruled to permit eating *cheilev* and *beis din* ruled to permit eating blood, מַהוּ — what is the halachah? מִי אָמְרִינַן — Do we say: בְּטַעֲמַיְיהוּ הָא פְּלִיגִין — The two *issurim* do have different sources, and therefore, the *kohen gadol* should be considered having sinned by himself? אוֹ דִלְמָא — Or, perhaps, כֵּיוָן דְּשָׁוִין בְּקָרְבָּן — since the *kohen gadol* and *beis din* bring the same *korban* (a bull), בָּתַר קָרְבָּן אָזְלִינַן — we go based on the *korban* and consider it as though the *kohen gadol* sinned together with the congregation? תֵּיקוּ — Let the question stand unresolved.

Our Mishnah says: שֶׁאֵין בֵּית דִּין חַיָּיבִין עַד שֶׁיּוֹרוּ לְבַטֵּל מִקְצָת וּלְקַיֵּים מִקְצָת וְכוּ׳ — Because *beis din* is not obligated to bring a *Par He'eleim Davar* unless they rule to abolish part of a mitzvah and to keep part of it.

The Gemara asks: מְנָלַן דְּעַד שֶׁיּוֹרוּ לְבַטֵּל מִקְצָת וּלְקַיֵּים מִקְצָת — From where do we know that *beis din* is not obligated to bring a *Par He'eleim Davar* unless they rule to abolish part of a mitzvah and to keep part of it? The Gemara answers: כִּדְאָמְרִינַן בְּאִידָךְ פִּירְקִין — Like we explained in the other *perek* (3b): וְנֶעְלַם דָּבָר — The *pasuk* says regarding the *Par He'eleim Davar* (*Vayikra* 4:3): "And a matter is hidden [from the eyes of the congregation]," which implies: דָּבָר — A matter, meaning, a detail of a mitzvah, וְלֹא כָּל הַגּוּף — but not the entire essence of a mitzvah.

Our Mishnah says: וְכֵן הַמָּשִׁיחַ — And so, too, the *kohen gadol* is not obligated to bring a *Par Kohen Mashiach* unless he rules for himself to abolish part of a mitzvah and keep part of it.

The Gemara asks: מְנָלַן — From where do we know that he is only obligated to bring a *Par Kohen Mashiach* if he rules to abolish part of a mitzvah and to keep part of it? The Gemara answers: דִּכְתִיב — Because it is written in the *pasuk* regarding the *Par Kohen Mashiach* (*Vayikra* 4:3): לְאַשְׁמַת הָעָם — "[If the *Kohen Mashiach* (*kohen gadol*) sins], as a guilt of the nation," which implies, הֲרֵי מָשִׁיחַ כְּצִבּוּר — the *kohen gadol* has the same guidelines as the congregation with regard to bringing a *korban* for a mistaken sin; therefore, he is only obligated if he ruled to abolish part of a mitzvah and keep part of it.

Our Mishnah says: וְלֹא בַּעֲבוֹדַת כּוֹכָבִים כּוּ׳ — And neither the *kohen gadol* nor *beis din* are obligated to bring their respective *korbanos* for a mistaken ruling that they gave regarding *avodah zarah* unless they rule to abolish part of one of the *halachos* of *avodah zarah* and to keep part of it.

For this *daf's shiur* and charts, scan this QR code:

עין משפט
נר מצוה

יא א מיי' פט"ו מהלכות שגגות הלכה ה סמג עשין רטז ועיין בכ"מ:
יב ב מיי' שם פי"ב הלכה א ב ופי"ג הלכה א:
יג ג מיי' שם פט"ו הלכה א והלכה ג:
יד ד מיי' שם הלכה א:
טו ה ו מיי' שם הלכה ג:

אָמַר רַב פָּפָּא, כְּגוֹן שֶׁהָיוּ מוּפְלִין שְׁנֵיהֶן[א]. סָבַר אַבַּיֵי לְמֵימַר, חָטָא[ב] בִּפְנֵי עַצְמוֹ וְעָשָׂה בִּפְנֵי עַצְמוֹ הֵיכִי דָּמֵי, דְּיָתְבִי בִּשְׁנֵי מְקוֹמוֹת וְקָא מוֹרוּ בִּתְרֵי אִיסּוּרֵי; אָמַר לֵיהּ רָבָא, אַטּוּ שְׁנֵי מְקוֹמוֹת גּוֹרְמִין, אֶלָּא אֲפִילּוּ יָתְבִי בְּחַד מָקוֹם וְכֵיוָן דְּקָא מוֹרוּ בִּתְרֵי אִיסּוּרֵי חָטָא בִּפְנֵי עַצְמוֹ הוּא. **פְּשִׁיטָא** הוּא בְּחֵלֶב וְהֵן בַּעֲבוֹדַת כּוֹכָבִים חָטָא בִּפְנֵי עַצְמוֹ הוּא, דְּהָא חֲלוּקִין בְּטַעֲמַיְיהוּ וַחֲלוּקִין בְּקָרְבָּנוֹת, דְּהוּא בְּפַר וְהֵן בְּפַר וְשָׂעִיר, דְּהָא קָא מַיְיתוּ הָנֵי שָׂעִיר וְהוּא לָא מַיְיתֵי, וְכָל שֶׁכֵּן הוּא בַּעֲבוֹדַת כּוֹכָבִים וְהֵן בְּחֵלֶב דַּחֲלוּקִין בְּקָרְבְּנוֹתֵיהֶן [לְגַמְרֵי[ג]], דְּהוּא שְׂעִירָה וְאִינְהוּ פַּר; אֶלָּא הוּא בְּחֵלֶב הַמְכַסֶּה אֶת הַקֶּרֶב וְהֵן בְּחֵלֶב שֶׁעַל הַדַּקִּין מַהוּ, מִי אָמְרִינַן אַף עַל גַּב דְּקָרְבָּנָן שָׁוֶה, כֵּיוָן דְּמִתְּרֵי קְרָאֵי קָאָתוּ הָא פְּלִיגִין בְּטַעֲמַיְיהוּ, אוֹ דִּלְמָא שֵׁם חֵלֶב אֶחָד הוּא. אִם תִּמְצָא לוֹמַר שֵׁם חֵלֶב אֶחָד הוּא, הוּא בְּחֵלֶב וְהֵן בְּדָם מַהוּ, מִי אָמְרִינַן בְּטַעֲמַיְיהוּ הָא פְּלִיגִין, אוֹ דִּלְמָא כֵּיוָן דְּשָׁוִין בְּקָרְבָּן בָּתַר קָרְבָּן אָזְלִינַן. [א]תֵּיקוּ: **שֶׁאֵין בֵּית דִּין חַיָּיבִין עַד שֶׁיּוֹרוּ לְבַטֵּל מִקְצָת וּלְקַיֵּים מִקְצָת וְכוּ'**: מְנָלַן דְּעַד שֶׁיּוֹרוּ לְבַטֵּל מִקְצָת וּלְקַיֵּים מִקְצָת. כִּדְאָמְרִינַן בְּאִידָךְ פִּירְקִין [א][א] 'וְנֶעְלַם דָּבָר', דָּבָר וְלֹא כָּל הַגּוּף: **וְכֵן הַמָּשִׁיחַ**: מְנָלַן. דִּכְתִיב [ב] 'לְאַשְׁמַת הָעָם', הֲרֵי מָשִׁיחַ כְּצִבּוּר: **וְלֹא בַּעֲבוֹדַת כּוֹכָבִים כּוּ'**: מְנָלַן. דְּתָנוּ רַבָּנַן, לְפִי שֶׁיָּצְאָה עֲבוֹדַת כּוֹכָבִים לִידּוֹן בְּעַצְמָהּ, יָכוֹל יְהוּ חַיָּיבִין עַל עֲקִירַת מִצְוָה כּוּלָּהּ, נֶאֱמַר כָּאן [ג] 'מֵעֵינֵי' וְנֶאֱמַר לְהַלָּן [א] 'מֵעֵינֵי', מָה לְהַלָּן בְּבֵית דִּין אַף כָּאן נַמֵּי[ד] בְּבֵית דִּין, וּמָה לְהַלָּן דָּבָר וְלֹא כָּל הַגּוּף אַף כָּאן נַמֵּי[ה] דָּבָר וְלֹא כָּל הַגּוּף: **מתני'** [ב]אֵין חַיָּיבִין אֶלָּא עַל הֶעְלֵם דָּבָר עִם שִׁגְגַת הַמַּעֲשֶׂה, [ג]וְכֵן הַמָּשִׁיחַ; וְלֹא בַּעֲבוֹדַת כּוֹכָבִים אֵין חַיָּיבִין[ו] אֶלָּא עַל הֶעְלֵם דָּבָר עִם שִׁגְגַת הַמַּעֲשֶׂה: **גמ'** מְנָלַן. [ה]דְּתָנוּ רַבָּנַן, [א] 'יִשְׁגּוּ', יָכוֹל יְהוּ חַיָּיבִין עַל שִׁגְגַת מַעֲשֶׂה, תַּלְמוּד לוֹמַר 'יִשְׁגּוּ וְנֶעְלַם דָּבָר', אֵין חַיָּיבִין אֶלָּא עַל הֶעְלֵם דָּבָר עִם שִׁגְגַת מַעֲשֶׂה: וְכֵן הַמָּשִׁיחַ: מְנָלַן. דִּכְתִיב [ד] 'לְאַשְׁמַת הָעָם', הֲרֵי מָשִׁיחַ כְּצִבּוּר: **וְלֹא בַּעֲבוֹדַת כּוֹכָבִים אֶלָּא עַל הֶעְלֵם דָּבָר עִם שִׁגְגַת מַעֲשֶׂה**: מְנָלַן. דְּתָנוּ רַבָּנַן, לְפִי שֶׁיָּצְאָה עֲבוֹדַת כּוֹכָבִים לִידּוֹן בְּעַצְמָהּ, יָכוֹל יְהוּ חַיָּיבִין עַל שִׁגְגַת הַמַּעֲשֶׂה, נֶאֱמַר כָּאן [ג] 'מֵעֵינֵי', וְנֶאֱמַר לְהַלָּן [א] 'מֵעֵינֵי', מָה לְהַלָּן אֵין חַיָּיבִין אֶלָּא עַל הֶעְלֵם דָּבָר עִם שִׁגְגַת מַעֲשֶׂה, אַף כָּאן אֵין חַיָּיבִין אֶלָּא עַל הֶעְלֵם דָּבָר עִם שִׁגְגַת מַעֲשֶׂה. וְאִילּוּ מָשִׁיחַ בַּעֲבוֹדַת כּוֹכָבִים לָא קָתָנֵי, מַתְנִיתִין מַנִּי. רַבִּי הִיא, [ג]דְּתַנְיָא, מָשִׁיחַ בַּעֲבוֹדַת כּוֹכָבִים, רַבִּי אוֹמֵר בְּשִׁגְגַת מַעֲשֶׂה, וַחֲכָמִים אוֹמְרִים [ה]בְּהֶעְלֵם דָּבָר, [ו]וְשָׁוִין שֶׁבִּשְׂעִירָה[ז], וְשָׁוִין שֶׁאֵין מֵבִיא אָשָׁם תָּלוּי. וְתִסְבְּרָא, בִּזְדוֹנוֹ כָּרֵת וּבְשִׁגְגָתוֹ חַטָּאת מִי קָתָנֵי, אֶלָּא תָּנֵי הָא הוּא הַדִּין לְהָא, הָכָא נַמֵּי תְּנָא הָא וְהוּא הַדִּין לְהָא. מַאי טַעְמָא דְּרַבִּי. [ז] אָמַר קְרָא [ד] 'וְכִפֶּר הַכֹּהֵן עַל הַנֶּפֶשׁ הַשּׁוֹגֶגֶת בְּחֶטְאָה בִשְׁגָגָה', 'הַנֶּפֶשׁ' זֶה מָשִׁיחַ, 'הַשּׁוֹגֶגֶת' זֶה נָשִׂיא[ח], 'בְּחֶטְאָה בִשְׁגָגָה', רַבִּי סָבַר, חֵטְא זֶה בִּשְׁגָגָה יְהֵא, וְרַבָּנָן סָבְרֵי, מִי שֶׁחַטָּאתוֹ בִּשְׁגָגָה, יָצָא מָשִׁיחַ שֶׁאֵין חַטָּאתוֹ בִּשְׁגָגָה אֶלָּא בְּהֶעְלֵם דָּבָר. וְשָׁוִין שֶׁבִּשְׂעִירָה כְּיָחִיד[ט], מְנָלַן. דְּאָמַר קְרָא [ה] 'וְאִם נֶפֶשׁ אַחַת', אֶחָד יָחִיד וְאֶחָד נָשִׂיא וְאֶחָד מָשִׁיחַ, כּוּלָּם בִּכְלַל נֶפֶשׁ אַחַת הֵן. וְשָׁוִין

רש"י

אָמַר רַב פָּפָּא, בְּשָׁוִין. דְּהוּא מוּפְלָא וְהֵן מוּפְלָאִים, הִלְכָּךְ אִיצְטְרִיךְ לְמִיתְנֵי דְּכִי 'חָטָא בִּפְנֵי עַצְמוֹ', אַע"ג דְּהוֹרָאָה דִּידְהוּ הָוֵי הוֹרָאָה מְעַלְּיָא, אֲפִילּוּ הָכִי 'מִתְכַּפֵּר בִּפְנֵי עַצְמוֹ', מִשּׁוּם דְּקָא מוֹרוּ בִּשְׁנֵי אִיסּוּרֵי, 'חָטָא עִם הַצִּבּוּר', אַע"ג דְּהוּא מוּפְלָא דְּהוֹרָאָה דִּידֵיהּ הָוֵי הוֹרָאָה מְעַלְּיָא, אפ"ה 'מִתְכַּפֵּר עִם הַצִּבּוּר', מִשּׁוּם דְּקָא מוֹרוּ בַּחֲדָא אִיסּוּרָא: **בִּשְׁנֵי מְקוֹמוֹת.** מָשִׁיחַ בְּמָקוֹם אֶחָד וּבֵי"ד בְּמָקוֹם אַחֵר: **בְּטַעֲמַיְיהוּ.** בַּפְּסוּקִים, דְּחֵלֶב וַעֲבוֹדַת כּוֹכָבִים מִתְּרֵי קְרָאֵי נָפְקֵי: **וַחֲלוּקִין בְּקָרְבָּנוֹת.** דְּבֵי"ד מַיְיתֵי שָׂעִיר אַעֲבוֹדַת כּוֹכָבִים, וְהוּא לָא מַיְיתֵי שָׂעִיר: **דְּהוּא שְׂעִירָה.** לְחוּדֵיהּ, דִּכְתִיב בַּעֲבוֹדַת כּוֹכָבִים בְּפָרָשַׁת שְׁלַח לְךָ אֲנָשִׁים, 'וְאִם נֶפֶשׁ'[י], דְּאֶחָד יָחִיד וְאֶחָד נָשִׂיא בַּמַּשְׁמָע: **הוּא בְּחֵלֶב הַמְכַסֶּה אֶת הַקֶּרֶב.** דְּהָוֵי דָּבָר שֶׁאֵין הַצְּדוּקִים מוֹדִין, דְּהָא לָא מְפָרֵשׁ קְרָא מַאי נִיהוּ, דַּאֲפִילּוּ אָמוֹרָאֵי פְּלִיגֵי בִּשְׁחִיטַת חוּלִּין בְּאֵלּוּ טְרֵיפוֹת (דף נ:) מַאי נִיהוּ כֶּרֶס הַפְּנִימִי, וְכָל שֶׁכֵּן חֵלֶב שֶׁעַל גַּבֵּי הַדַּקִּים שֶׁאֵין הַצְּדוּקִים מוֹדִין, דְּהָא לָא כְּתִיב בְּהֶדְיָא. אִי נַמֵּי, דְּהוֹרוּ בְּחֵלֶב שֶׁעַל הַקֶּרֶב בֵּין בִּכְזַיִת לִפְחוֹת מִכְּזַיִת, דִּכְזַיִת לָא כְּתִיב בְּהֶדְיָא, וְהָוֵי דָּבָר שֶׁאֵין הַצְּדוּקִין מוֹדִין: **אע"ג דְּקָרְבָּנָן שָׁוֶה.** דְּהֵן בְּפַר וְהוּא בְּפַר: **כֵּיוָן דְּמִתְּרֵי קְרָאֵי קָא אָתוּ.** כִּדְאָמְרִינַן לְעֵיל בְּפֶרֶק קַמָּא (דף ג.) 'וְאֶת הַחֵלֶב, ר"ו יְתֵירָא לְהָבִיא חֵלֶב שֶׁעַל גַּבֵּי הַדַּקִּין': **הָא פְּלִיגִין בְּטַעֲמַיְיהוּ.** הָא חֲלוּקִים בַּפְּסוּקִים, וּמִתְכַּפֵּר בִּפְנֵי עַצְמוֹ: **אוֹ דִּלְמָא שֵׁם חֵלֶב אֶחָד הוּא.** וְהוֹרָה עִם הַצִּבּוּר הוּא, וּמִתְכַּפֵּר עִם הַצִּבּוּר: **וְהֵן בְּדָם.** כְּגוֹן דָּם הַמּוּבְלָע בָּאֵיבָרִים, אוֹ בֵּין כְּזַיִת לִפְחוֹת מִכְּזַיִת, וְהָוֵי דָּבָר שֶׁאֵין הַצְּדוּקִין מוֹדִין: **בָּתַר קָרְבָּן אָזְלִינַן.** דְּכֵיוָן דְּשָׁוִין בְּקָרְבָּן, הוֹרָה עִם הַצִּבּוּר הוּא, וּמִתְכַּפֵּר עִם הַצִּבּוּר. **תֵּיקוּ:** **לְפִי שֶׁיָּצְאָה עֲבוֹדַת כּוֹכָבִים.** מִכְּלָל פַּר הֶעְלֵם דָּבָר שֶׁל צִבּוּר, לִידּוֹן בְּעַצְמוֹ[יא] בַּהֲבָאַת פַּר וְשָׂעִיר: **נֶאֱמַר כָּאן.** בַּעֲבוֹדַת כּוֹכָבִים, **מֵעֵינֵי.** 'וְהָיָה אִם מֵעֵינֵי הָעֵדָה': **וְנֶאֱמַר לְהַלָּן מֵעֵינֵי.** 'וְנֶעְלַם דָּבָר מֵעֵינֵי הַקָּהָל': **מָה לְהַלָּן בי"ד.** דִּכְתִיב 'וְנֶעְלַם דָּבָר מֵעֵינֵי הַקָּהָל וְעָשׂוּ', וְאָמְרִינַן לְעֵיל בְּפ"ק (דף ה.) הוֹרָאָה תְּלוּיָה בְּבֵי"ד, דִּכְתִיב 'וְנֶעְלַם דָּבָר מֵעֵינֵי הַקָּהָל' דְּהַיְינוּ בֵּי"ד, וּמַעֲשֶׂה תָּלוּי בַּקָּהָל, דִּכְתִיב 'הַקָּהָל וְעָשׂוּ', וּבַעֲבוֹדַת כּוֹכָבִים לָא כְּתִיב בֵּי"ד, דִּכְתִיב 'וְהָיָה אִם מֵעֵינֵי הָעֵדָה נֶעֶשְׂתָה לִשְׁגָגָה', וְאִי סָלְקָא דַּעְתָּךְ בֵּי"ד, וְהָא אֵין מַעֲשֶׂה תָּלוּי בְּבֵי"ד אֶלָּא בַּקָּהָל, דְּהָכָא כְּתִיב 'מֵעֵינֵי הָעֵדָה נֶעֶשְׂתָה' דְּהַיְינוּ מַעֲשֶׂה, אֶלָּא מָה לְהַלָּן בֵּית דִּין, דִּכְתִיב בְּפָרָשַׁת וַיִּקְרָא, אַף כָּאן בֵּית דִּין: **מתני'** אֵין חַיָּיבִין בְּקָרְבָּן וְכוּ'[יב]. אֵין בֵּי"ד חַיָּיבִין קָרְבָּן אֶלָּא עַל הֶעְלֵם דָּבָר עִם שִׁגְגַת מַעֲשֶׂה, וְכֵן הַמָּשִׁיחַ, וְלַצִּבּוּר הוּא דְּכִי עָבְדִי בְּשִׁגְגַת מַעֲשֶׂה לְחוּדֵיהּ מַיְיתוּ כָּל חַד וְחַד כִּשְׂבָּה אוֹ שְׂעִירָה דְּדִינַיְיהוּ כִּיחִידִים, דְּכֵיוָן דְּלָא עָשׂוּ ע"פ בֵּי"ד מִחַלְּקֵי כּוּלְּהוּ מֵהֲדָדֵי וְהָווּ יְחִידִים, וִיחִידִים חַיָּיבִין בְּשִׁגְגַת מַעֲשֶׂה, אֲבָל מָשִׁיחַ בְּשִׁגְגַת מַעֲשֶׂה לְחוּדֵיהּ פָּטוּר מִכְּלוּם, כִּדְאָמַר לְקַמָּן בְּפֶרֶק בָּתְרָא (דף יא.) 'מֵעַם הָאָרֶץ פְּרָט לְמָשִׁיחַ', דְּאֵינוֹ מֵבִיא בְּשִׁגְגַת מַעֲשֶׂה כְּלָל, וְהַיְינוּ דְּקָאָמַר[יג] 'יָצָא מָשִׁיחַ שֶׁאֵין חַטָּאתוֹ בִּשְׁגָגָה', דְּהַיְינוּ בְּשִׁגְגַת מַעֲשֶׂה וְכוּ'[יד]: **גמ'** **וְאִילּוּ מָשִׁיחַ בַּעֲבוֹדַת כּוֹכָבִים לָא קָתָנֵי.** דְּקָתָנֵי 'וְלֹא בַּעֲבוֹדַת כּוֹכָבִים אֵין חַיָּיבִים אֶלָּא עַל הֶעְלֵם דָּבָר עִם שִׁגְגַת מַעֲשֶׂה', וְלָא קָתָנֵי 'וְכֵן הַמָּשִׁיחַ', וּמִדְּלָא קָתָנֵי 'וְכֵן הַמָּשִׁיחַ' מִכְּלָל דְּמָשִׁיחַ בַּעֲבוֹדַת כּוֹכָבִים חַיָּיב בְּשִׁגְגַת מַעֲשֶׂה לְחוּדֵיהּ: **מַתְנִיתִין מַנִּי, רַבִּי הִיא, דְּתַנְיָא, מָשִׁיחַ בַּעֲבוֹדַת כּוֹכָבִים, רַבִּי אוֹמֵר בְּשִׁגְגַת מַעֲשֶׂה.** לְחוּדֵיהּ: **וחכ"א בְּהֶעְלֵם דָּבָר.** כְּלוֹמַר, עִם שִׁגְגַת מַעֲשֶׂה, כִּשְׁאָר מִצְוֹת. וְשָׁוִין שֶׁאֵין מֵבִיא שׁוּם אָשָׁם תָּלוּי[טו]: **וְתִסְבְּרָא, זְדוֹנוֹ כָּרֵת וְשִׁגְגָתוֹ חַטָּאת.** דַּעֲבוֹדַת כּוֹכָבִים, דְּקָתָנֵי 'וְלֹא בַּעֲבוֹדַת כּוֹכָבִים אֶלָּא עַל דָּבָר שֶׁחַיָּיבִין עַל זְדוֹנוֹ כָּרֵת וְעַל שִׁגְגָתוֹ חַטָּאת', **מִי קָתָנֵי** 'וְכֵן הַמָּשִׁיחַ', וְהָא קי"ל דְּמָשִׁיחַ נַמֵּי בַּעֲבוֹדַת כּוֹכָבִים אֵינוֹ חַיָּיב אֶלָּא עַל דָּבָר שֶׁזְּדוֹנוֹ כָּרֵת וְעַל שִׁגְגָתוֹ חַטָּאת, כִּדְאָמְרִינַן לְקַמָּן 'נֶאֱמַר כָּאן עָלֶיהָ כוּ' לְאַשְׁמַת הָעָם הֲרֵי מָשִׁיחַ כְּצִבּוּר'[טז], וַאֲפִילּוּ הָכִי לָא קָתָנֵי בְּמַתְנִיתִין 'וְכֵן הַמָּשִׁיחַ': **אֶלָּא תְּנָא בְּהָא.** בְּדָבָר שֶׁחַיָּיבִין עַל זְדוֹנוֹ כָּרֵת וְשִׁגְגָתוֹ חַטָּאת כִּשְׁאָר[יז] מִצְוֹת 'וְכֵן הַמָּשִׁיחַ', **וְהוּא הַדִּין** בַּעֲבוֹדַת כּוֹכָבִים, דְּמָשִׁיחַ כְּצִבּוּר, דְּאֵינוֹ חַיָּיב בַּעֲבוֹדַת כּוֹכָבִים אֶלָּא בְּדָבָר שֶׁזְּדוֹנוֹ כָּרֵת וְשִׁגְגָתוֹ חַטָּאת: **הָכָא נַמֵּי תְּנָא בְּהָא.** דְּאֵין חַיָּיבִין בִּשְׁאָר מִצְוֹת אֶלָּא עַל הֶעְלֵם דָּבָר עִם שִׁגְגַת מַעֲשֶׂה 'וְכֵן הַמָּשִׁיחַ', **וְהוּא הַדִּין** לַעֲבוֹדַת כּוֹכָבִים דְּמָשִׁיחַ כְּצִבּוּר, כִּי הֵיכִי דְּאֵין בֵּי"ד חַיָּיבִין עַל עֲבוֹדַת כּוֹכָבִים אֶלָּא עַל הֶעְלֵם דָּבָר עִם שִׁגְגַת מַעֲשֶׂה[יח], וּדְלָא כְּרַבִּי: **מַאי טַעְמָא דְּרַבִּי. אָמַר קְרָא.** בְּפָרָשַׁת שְׁלַח לְךָ, 'וְכִפֶּר הַכֹּהֵן עַל הַנֶּפֶשׁ הַשּׁוֹגֶגֶת' וְגוֹ', **סָבַר רַבִּי** 'חֶטְאָה בִשְׁגָגָה' הָכִי מַשְׁמַע, חֵטְא זֶה בִּשְׁגָגָה יְהֵא, כְּלוֹמַר בְּשִׁגְגַת מַעֲשֶׂה לְחוּדֵיהּ, וַאֲפִילּוּ מָשִׁיחַ: **וְרַבָּנָן סָבְרֵי מִי שֶׁחֲטָאוֹ בִּשְׁגָגָה.** דְּהָכִי מַשְׁמַע 'וְכִפֶּר הַכֹּהֵן עַל הַנֶּפֶשׁ הַשּׁוֹגֶגֶת', דְּיָבִיא שְׂעִירָה בְּשִׁגְגַת מַעֲשֶׂה מִי שֶׁחֶטְאוֹ בִּשְׁגָגָה בִּשְׁאָר מִצְוֹת: **יָצָא מָשִׁיחַ שֶׁאֵין חַטָּאתוֹ בִּשְׁגָגָה.** בִּשְׁאָר מִצְוֹת, כְּלוֹמַר בְּשִׁגְגַת מַעֲשֶׂה[יט], אֶלָּא בְּהֶעְלֵם דָּבָר עִם שִׁגְגַת מַעֲשֶׂה, דְּעַל שִׁגְגַת מַעֲשֶׂה לְחוּדֵיהּ פָּטוּר לְגַמְרֵי: וְשָׁוִין

תוספות

דִּיָּתְבִי בִּתְרֵי מְקוֹמוֹת וְקָמוֹרוּ בְּחַד אִיסּוּרָא. תֵּימַהּ, מַאי אִצְטְרִיךְ בְּשָׁוִין, אֲפִילּוּ לָא שָׁווּ נַמֵּי הוֹרָאָתָן הוֹרָאָה, דְּהָא דְּבָעֵינַן לְעֵיל מוּפְלָא בְּבֵ"ד 'שֶׁהָיָה לָהֶן לִלְמוֹד וְלֹא לָמְדוּ', וְהָכָא מַאי אִצְטְרִיכִין לִלְמוֹד, כֵּיוָן דְּבְאִיסּוּר אֶחָד הוֹרוּ וּשְׁנֵיהֶן הוֹרוּ שָׁוֶה. וְנִרְאֶה כִּסְפָרִים דְּגָרְסֵי מִלְּתָא דְּרַב [כ]טְפֵי בְּשָׁוִין בָּתַר דְּמוּקֵי בִּתְרֵי אִסּוּרֵי: **נֶאֱמַר** כָּאן 'מֵעֵינֵי'. תֵּימַהּ, דִּלְעֵיל בְּפ"ק[כא] מַשְׁמַע בְּדִבְרֵי אַבַּיֵי דְּלָא יָדְעִינַן שְׁאָר מִצְוֹת אֶלָּא מֵעֲבוֹדַת כּוֹכָבִים, וְהָכָא מַשְׁמַע אִיפְּכָא. וי"ל, דְּאַבַּיֵי נַמֵּי הָכִי בָּעֵי לְמֵילַף כִּי הָכָא, דְּ'עֵינֵי' דַּעֲבוֹדַת כּוֹכָבִים לָא פָּשׁוּט לָן שֶׁהוּא בֵּי"ד, אֶלָּא ה"ק, יָלְפִינַן 'עֵינֵי' 'עֵינֵי', כְּלוֹמַר, הַאי 'עֵינֵי' דַּעֲבוֹדַת כּוֹכָבִים יָלְפִינַן מִשְּׁאָר מִצְוֹת שֶׁהוּא בֵּי"ד, וַהֲדַר יָלְפִינַן הַהוּא 'מֵעֵינֵי' מֵהַאי לְעִנְיַן זֶה, דְּכִי הֵיכִי דְּגַבֵּי עֲבוֹדַת כּוֹכָבִים מַעֲשֶׂה תָּלוּי בַּקָּהָל, כִּדְמַשְׁמַע 'נֶעֶשְׂתָה', ה"נ הַאי 'עֵינֵי' דִּשְׁאָר מִצְוֹת: **דְּת"ר** 'יִשְׁגּוּ', יָכוֹל יְהוּ חַיָּיבִין עַל שִׁגְגַת מַעֲשֶׂה. תֵּימַהּ, לְמַאי אִיצְטְרִיךְ, הָא כְּבָר יָלְפִינַן מִ'דָּבָר' 'דָּבָר' דְּמִקְצָת דָּבָר בָּעֵינַן, וְהָא לָא שַׁיָּיךְ כִּי אִם בְּהוֹרָאָה; וְעוֹד, הֵיאַךְ יִהְיוּ חַיָּיבִין עַל שִׁגְגַת מַעֲשֶׂה לְמ"ד בֵּי"ד מְבִיאִין פַּר, 'טוֹבִיָּה חָטָא וְזִיגוּד מִינַּגַּד'[כב], מָה חָטְאוּ ב"ד; וְעוֹד, תַּנְיָא פ"ק[כג] 'עַם הָאָרֶץ' לְרַבּוֹת אֲפִילּוּ רוּבּוֹ וַאֲפִילּוּ כּוּלּוֹ, דְּמַיְיתוּ שְׂעִירָה אוֹ כִּשְׂבָּה וְלֹא פַּר. וי"ל, דְּאִי לָאו דְּמַשְׁמַע דְּבָעֵינַן הֶעְלֵם דָּבָר לָא הָיִינוּ אוֹמְרִים שֶׁבֵּ"ד יִהְיוּ חַיָּיבִין, אֶלָּא צִבּוּר, דְּאַע"ג דִּלְעֵיל דָּרְשִׁינַן דְּמַעֲשֶׂה תָּלוּי בַּקָּהָל וְהוֹרָאָה תְּלוּיָה בְּבֵ"ד, הַשְׁתָּא מִיהוּ לָא דָּרְשִׁינַן הָכִי. מִיהוּ הֶקֵּישָׁא דְּ'דָבָר' צ"ל דְּמִתְּחִלָּה צָרִיךְ לְמֵילַף הוּא[כד], וְאִם תֹּאמַר לוֹמַר 'דָּבָר' וְלֹא כָּל הַגּוּף:

מסורת הש"ס
עם הוספות

א) [לעיל ד.], **ב)** ת"כ דבורא דחובה פרשה ד ה"ה (אות רמג), **ג)** סנהדרין דף סא:, **ד)** בסוף העמוד, **ה)** ה רע"ב, **ו)** ע"פ פסחים קיג:, **ז)** ב:, **ח)** עירובין צו ע"ב.

תורה אור השלם

א) וְאִם כָּל עֲדַת יִשְׂרָאֵל יִשְׁגּוּ וְנֶעְלַם דָּבָר מֵעֵינֵי הַקָּהָל וְעָשׂוּ אַחַת מִכָּל מִצְוֹת יְיָ אֲשֶׁר לֹא תֵעָשֶׂינָה וְאָשֵׁמוּ: [ויקרא ד, יג]

ב) אִם הַכֹּהֵן הַמָּשִׁיחַ יֶחֱטָא לְאַשְׁמַת הָעָם וְהִקְרִיב עַל חַטָּאתוֹ אֲשֶׁר חָטָא פַּר בֶּן בָּקָר תָּמִים לַייָ לְחַטָּאת: [ויקרא ד, ג]

ג) וְהָיָה אִם מֵעֵינֵי הָעֵדָה נֶעֶשְׂתָה לִשְׁגָגָה וְעָשׂוּ כָל הָעֵדָה פַּר בֶּן בָּקָר אֶחָד לְעֹלָה לְרֵיחַ נִיחֹחַ לַייָ וּמִנְחָתוֹ וְנִסְכּוֹ כַּמִּשְׁפָּט וּשְׂעִיר עִזִּים אֶחָד לְחַטָּת: [במדבר טו, כד]

ד) וְכִפֶּר הַכֹּהֵן עַל הַנֶּפֶשׁ הַשֹּׁגֶגֶת בְּחֶטְאָה בִשְׁגָגָה לִפְנֵי יְיָ לְכַפֵּר עָלָיו וְנִסְלַח לוֹ: [במדבר טו, כח]

ה) וְאִם נֶפֶשׁ אַחַת תֶּחֱטָא בִשְׁגָגָה וְהִקְרִיבָה עֵז בַּת שְׁנָתָהּ לְחַטָּאת: [במדבר טו, כז]

This *daf* is dedicated *l'iluy nishmas*: R' Mayer ben Chana Nehmad *zt"l*

The Gemara asks: מְנָלַן — From where do we know that they are only obligated if they rule to abolish part of one of the *halachos* of *avodah zarah* and to keep part of it? The Gemara answers: דְּתָנוּ רַבָּנַן — From that which the *Chachamim* taught in a *Baraisa*: לְפִי שֶׁיָּצְאָה עֲבוֹדַת כּוֹכָבִים לָדוּן בְּעַצְמָהּ — Since the *issur* of *avodah zarah* was taken out of the general category of all other *issurim* (regarding a mistaken ruling) to have its own halachah of bringing a bull and a goat, יָכוֹל יְהוּ חַיָּיבִין עַל עֲקִירַת מִצְוָה כּוּלָּהּ — I might think *beis din* would be obligated to bring a bull and a goat even if they abolished an entire mitzvah pertaining to *avodah zarah*; however, נֶאֱמַר כָּאן מֵעֵינֵי — the word מעיני, "from the eyes of," is mentioned here, in the *pasuk* regarding the *korbanos* brought for a mistaken ruling regarding *avodah zarah* (*Bamidbar* 15:24): "It will be, if from the eyes of (מעיני) the assembly something was done mistakenly," וְנֶאֱמַר לְהַלָּן מֵעֵינֵי — and the word מעיני is mentioned over there, in the *pasuk* regarding the *Par He'eleim Davar* (*Vayikra* 4:13): "And a matter was hidden from the eyes of (מעיני) the congregation;" מָה לְהַלָּן — just like over there, by a regular *Par He'eleim Davar*, בְּבֵית דִּין — the ruling must have been given by *beis din*, אַף כָּאן נָמֵי — so, too, here, by a mistaken ruling regarding *avodah zarah*, בְּבֵית דִּין — the ruling must have been given in *beis din* (we may have thought otherwise, since the *pasuk* does not explicitly mention *beis din*). וּמָה לְהַלָּן — And just like over there, by a regular *Par He'eleim Davar*, דָּבָר וְלֹא כָּל הַגּוּף — the ruling must have been to abolish a detail of a mitzvah, but not its entire essence, אַף כָּאן נָמֵי — so, too, here, by a mistaken ruling regarding *avodah zarah*, דָּבָר וְלֹא כָּל הַגּוּף — the ruling must have been to abolish a detail of one of the *halachos* of *avodah zarah*, but not the entire essence of the halachah.

מַתְנִיתִין — MISHNAH

אֵין חַיָּיבִין אֶלָּא עַל הֶעְלֵם דָּבָר עִם שִׁגְגַת הַמַּעֲשֶׂה — *Beis din* is not obligated to bring a *Par He'eleim Davar* unless there was a matter hidden from them, and they mistakenly ruled against the Torah, together with a mistaken action, that the congregation sinned mistakenly based on that ruling; וְכֵן הַמָּשִׁיחַ — and so, too, the *kohen gadol* is not obligated to bring a *korban* unless he sinned mistakenly based on a mistaken ruling that he gave for himself; however, for a mistaken action alone, he is exempt. וְלֹא בַּעֲבוֹדַת כּוֹכָבִים אֵין חַיָּיבִין — And so, too, regarding bringing a bull and a goat when the congregation mistakenly sinned with regard to worshipping *avodah zarah*, *beis din* is not obligated, אֶלָּא עַל הֶעְלֵם דָּבָר עִם שִׁגְגַת הַמַּעֲשֶׂה — unless there was a matter hidden from them, and they ruled mistakenly, together with a mistaken action, that the congregation sinned mistakenly based on that ruling.

For this *daf's shiur* and charts, scan this QR code:

אָמַר רַב פָּפָּא, כְּגוֹן שֶׁהָיוּ מוּפְלִין שְׁנֵיהֶן[ט]. סָבַר אַבַּיֵי לְמֵימַר, חָטָא[י] בִּפְנֵי עַצְמוֹ וְעָשָׂה בִּפְנֵי עַצְמוֹ הֵיכִי דָּמֵי, דְּיָתְבִי בִּשְׁנֵי מְקוֹמוֹת וְקָא מוֹרוּ בִּתְרֵי אִיסוּרֵי; אָמַר לֵיהּ רָבָא, אַטּוּ שְׁנֵי מְקוֹמוֹת גּוֹרְמִין, אֶלָּא אֲפִילּוּ יָתְבִי בְּחַד מָקוֹם וְכֵיוָן דְּקָא מוֹרוּ בִּתְרֵי אִיסוּרֵי חָטָא בִּפְנֵי עַצְמוֹ הוּא. פְּשִׁיטָא הוּא בְּחֵלֶב וְהֵן בַּעֲבוֹדַת כּוֹכָבִים חָטָא בִּפְנֵי עַצְמוֹ הוּא, דְּהָא חֲלוּקִין בְּטַעְמַיְיהוּ וַחֲלוּקִין בְּקָרְבָּנוֹת, דְּהוּא בְּפַר וְהֵן בְּפַר וְשָׂעִיר, דְּהָא קָא מַיְיתוּ הָנֵי שָׂעִיר וְהוּא לָא מַיְיתֵי, וְכָל שֶׁכֵּן הוּא בַּעֲבוֹדַת כּוֹכָבִים וְהֵן בְּחֵלֶב דַּחֲלוּקִין בְּקָרְבְּנוֹתֵיהֶן [לְגַמְרֵי[יג]], דְּהוּא שְׂעִירָה וְאִינְהוּ פַּר; אֶלָּא הוּא בְּחֵלֶב הַמְכַסֶּה אֶת הַקֶּרֶב וְהֵן בְּחֵלֶב שֶׁעַל הַדַּקִּין מַהוּ, מִי אָמְרִינַן אַף עַל גַּב דְּקָרְבָּנָן שָׁוֶה, כֵּיוָן דְּמִתְּרֵי קְרָאֵי קָאָתוּ הָא פְּלִיגִין בְּטַעְמַיְיהוּ, אוֹ דִּלְמָא שֵׁם חֵלֶב אֶחָד הוּא. אִם תִּמְצָא לוֹמַר שֵׁם חֵלֶב אֶחָד הוּא, הוּא בְּחֵלֶב וְהֵן בְּדָם מַהוּ, מִי אָמְרִינַן בְּטַעְמַיְיהוּ הָא פְּלִיגִין, אוֹ דִּלְמָא כֵּיוָן דְּשָׁוִין בְּקָרְבָּן בָּתַר קָרְבָּן אָזְלִינַן. [א]תֵּיקוּ: **שֶׁאֵין בֵּית דִּין חַיָּיבִין עַד שֶׁיּוֹרוּ לְבַטֵּל מִקְצָת וּלְקַיֵּים מִקְצָת וְכוּ'**: מְנָלַן דְּעַד שֶׁיּוֹרוּ לְבַטֵּל מִקְצָת וּלְקַיֵּים מִקְצָת. כִּדְאָמְרִינַן בְּאִידָךְ פִּירְקִין [ל][א] 'וְנֶעְלַם דָּבָר', דָּבָר וְלֹא כָּל הַגּוּף: **וְכֵן הַמָּשִׁיחַ**: מְנָלַן. דִּכְתִיב [ב] 'לְאַשְׁמַת הָעָם', הֲרֵי מָשִׁיחַ כְּצִבּוּר: **וְלֹא בַּעֲבוֹדַת כּוֹכָבִים כו'**: מְנָלַן. דְּתָנוּ רַבָּנָן, לְפִי שֶׁיָּצְאָה עֲבוֹדַת כּוֹכָבִים לִידּוֹן בְּעַצְמָהּ, יָכוֹל יְהוּ חַיָּיבִין עַל עֲקִירַת מִצְוָה כּוּלָּהּ, נֶאֱמַר כָּאן [ג] 'מֵעֵינֵי' וְנֶאֱמַר לְהַלָּן [א] 'מֵעֵינֵי', מַה לְּהַלָּן בְּבֵית דִּין אַף כָּאן נַמֵּי[טו] בְּבֵית דִּין, וּמַה לְּהַלָּן דָּבָר וְלֹא כָּל הַגּוּף אַף כָּאן נַמֵּי[טז] דָּבָר וְלֹא כָּל הַגּוּף: **מתני'** [ב]אֵין חַיָּיבִין אֶלָּא עַל הֶעְלֵם דָּבָר עִם שִׁגְגַת הַמַּעֲשֶׂה, [ג]וְכֵן הַמָּשִׁיחַ; וְלֹא בַּעֲבוֹדַת כּוֹכָבִים אֵין חַיָּיבִין[יז] אֶלָּא עַל הֶעְלֵם דָּבָר עִם שִׁגְגַת הַמַּעֲשֶׂה: **גמ'** מְנָלַן. [ד]דְּתָנוּ רַבָּנָן, [א] 'יִשְׁגּוּ', יָכוֹל יְהוּ חַיָּיבִין עַל שִׁגְגַת מַעֲשֶׂה, תַּלְמוּד לוֹמַר 'יִשְׁגּוּ וְנֶעְלַם דָּבָר', אֵין חַיָּיבִין אֶלָּא עַל הֶעְלֵם דָּבָר עִם שִׁגְגַת מַעֲשֶׂה: **וְכֵן הַמָּשִׁיחַ**: מְנָלַן. דִּכְתִיב [ד] 'לְאַשְׁמַת הָעָם', הֲרֵי מָשִׁיחַ כְּצִבּוּר: **וְלֹא בַּעֲבוֹדַת כּוֹכָבִים אֶלָּא עַל הֶעְלֵם דָּבָר עִם שִׁגְגַת מַעֲשֶׂה**: מְנָלַן. דְּתָנוּ רַבָּנָן, לְפִי שֶׁיָּצְאָה עֲבוֹדַת כּוֹכָבִים לִידּוֹן בְּעַצְמָהּ, יָכוֹל יְהוּ חַיָּיבִין עַל שִׁגְגַת הַמַּעֲשֶׂה, נֶאֱמַר כָּאן [ג] 'מֵעֵינֵי', וְנֶאֱמַר לְהַלָּן [א] 'מֵעֵינֵי', מַה לְּהַלָּן אֵין חַיָּיבִין אֶלָּא עַל הֶעְלֵם דָּבָר עִם שִׁגְגַת מַעֲשֶׂה, אַף כָּאן אֵין חַיָּיבִין אֶלָּא עַל הֶעְלֵם דָּבָר עִם שִׁגְגַת מַעֲשֶׂה. וְאִילּוּ מָשִׁיחַ בַּעֲבוֹדַת כּוֹכָבִים לָא קָתָנֵי, מַתְנִיתִין מַנִּי. רַבִּי הִיא, [ג]דְּתַנְיָא, מָשִׁיחַ בַּעֲבוֹדַת כּוֹכָבִים, רַבִּי אוֹמֵר בְּשִׁגְגַת מַעֲשֶׂה, וַחֲכָמִים אוֹמְרִים [ה]בְּהֶעְלֵם דָּבָר, [ו]וְשָׁוִין שֶׁבִּשְׂעִירָה[יח], וְשָׁוִין שֶׁאֵין מֵבִיא אָשָׁם תָּלוּי. וְתִסְבְּרָא, בִּזְדוֹנוֹ כָּרֵת וּבְשִׁגְגָתוֹ חַטָּאת מִי קָתָנֵי, אֶלָּא תָּנֵי הָא הוּא הַדִּין לְהָא, הָכָא נַמֵּי תְּנָא הָא וְהוּא הַדִּין לְהָא. מַאי טַעְמָא דְּרַבִּי. [ז] אָמַר קְרָא [ד] 'וְכִפֶּר הַכֹּהֵן עַל הַנֶּפֶשׁ הַשּׁוֹגֶגֶת בְּחֶטְאָה בִשְׁגָגָה', 'הַנֶּפֶשׁ' זֶה מָשִׁיחַ, 'הַשּׁוֹגֶגֶת' זֶה נָשִׂיא[כ], 'בְּחֶטְאָה בִשְׁגָגָה', רַבִּי סָבַר, חֵטְא זֶה בִּשְׁגָגָה יְהֵא, וְרַבָּנָן סָבְרִי, מִי שֶׁחַטָּאתוֹ בִּשְׁגָגָה, יָצָא מָשִׁיחַ שֶׁאֵין חַטָּאתוֹ בִּשְׁגָגָה אֶלָּא בְּהֶעְלֵם דָּבָר. וְשָׁוִין שֶׁבִּשְׂעִירָה כְּיָחִיד[כא], מְנָלַן. דְּאָמַר קְרָא [ה] 'וְאִם נֶפֶשׁ אַחַת', אֶחָד יָחִיד וְאֶחָד נָשִׂיא וְאֶחָד מָשִׁיחַ, כּוּלָּם בִּכְלַל נֶפֶשׁ אַחַת הֵן. וְשָׁוִין

רש"י

אמר רב פפא. בשוין. דהוא מופלא והן מופלאים, הלכך איצטריך למיתני דכי 'חטא בפני עצמו', אע"ג דהוראה דידהו הוי הוראה מעליא, אפילו הכי 'מתכפר בפני עצמו', משום דקא מורו בשני איסורי, 'חטא עם הצבור', אע"ג דהוא מופלא דהוראה דידיה הוי הוראה מעליא, אפ"ה 'מתכפר עם הצבור', משום דקא מורו בחדא איסורא: **בשני מקומות.** משיח במקום אחד ובי"ד במקום אחר: **בטעמייהו.** בפסוקים, דחלב ועבודת כוכבים מתרי קראי נפקי: **וחלוקין בקרבנות.** דבי"ד מייתי שעיר אעבודת כוכבים, והוא לא מייתי שעיר: **דהוא שעירה.** לחודיה, דכתיב בעבודת כוכבים בפרשת שלח לך אנשים, 'ואם נפש'[י], דאחד יחיד ואחד נשיא במשמע: **הוא בחלב המכסה את הקרב.** דהוי דבר שאין הצדוקים מודין, דהא לא מפרש קרא מאי ניהו, דאפילו אמוראי פליגי בשחיטת חולין באלו טריפות (דף נ:) מאי ניהו כרס הפנימי, וכל שכן חלב שעל גבי הדקים שאין הצדוקים מודין, דהא לא כתיב בהדיא. אי נמי, דהורו בחלב שעל הקרב בין בכזית לפחות מכזית, דכזית לא כתיב בהדיא, והוי דבר שאין הצדוקין מודין: **אע"ג דקרבנן שוה.** דהן בפר והוא בפר: **כיון דמתרי קראי קא אתו.** כדאמרינן לעיל בפרק קמא (דף ג.) 'ואת החלב', וי"ו יתירא להביא חלב שעל גבי הדקין': **הא פליגין בטעמייהו.** הא חלוקים בפסוקים, ומתכפר בפני עצמו: **או דלמא שם חלב אחד הוא.** והורה עם הצבור הוא, ומתכפר עם הצבור: **והן בדם.** כגון בדם המובלע באיברים, או בין כזית לפחות מכזית, והוי דבר שאין הצדוקין מודין: **בתר קרבן אזלינן.** דכיון דשוין בקרבן, הורה עם הצבור הוא, ומתכפר עם הצבור. **תיקו: לפי שיצאה עבודת כוכבים.** מכלל פר העלם דבר של צבור, לידון בעצמו[יא] בהבאת פר ושעיר: **נאמר כאן,** בעבודת כוכבים, **מעיני.** 'והיה אם מעיני העדה': **ונאמר להלן מעיני.** 'ונעלם דבר מעיני הקהל': **מה להלן בי"ד.** דכתיב 'ונעלם דבר מעיני הקהל ועשו', ואמרינן לעיל בפ"ק (דף ה.) הוראה תלויה בבי"ד, דכתיב 'ונעלם דבר מעיני הקהל' דהיינו בי"ד, ומעשה תלוי בקהל, דכתיב 'הקהל ועשו', ובעבודת כוכבים לא כתיב בי"ד, דכתיב 'והיה אם מעיני העדה נעשתה לשגגה', ואי סלקא דעתך בי"ד, והא אין מעשה תלוי בבי"ד אלא בקהל, דהכא כתיב 'מעיני העדה נעשתה' דהיינו מעשה, אלא מה להלן בית דין, דכתיב בפרשת ויקרא, אף כאן בית דין: **מתני'** אין חייבין בקרבן וכו'[יב].

אין בי"ד חייבין קרבן אלא על העלם דבר עם שגגת מעשה, וכן המשיח, וצבור הוא דכי עבדי בשגגת מעשה לחודיה מייתו כל חד וחד כשבה או שעירה דדינייהו כיחידים, דכיון דלא עשו ע"פ בי"ד מחלקי כולהו מהדדי והוו יחידים, ויחידים חייבין בשגגת מעשה, אבל משיח בשגגת מעשה לחודיה פטור מכלום, כדאמר לקמן בפרק בתרא (דף יא.) 'מעם הארץ' פרט למשיח', דאינו מביא בשגגת מעשה כלל, והיינו דקאמר[ד] 'אלא משיח שאין חטאתו בשגגה', דהיינו בשגגת מעשה וכו'[יג]: **גמ' ואילו משיח בעבודת כוכבים לא קתני.** דקתני 'ולא בעבודת כוכבים אין חייבים אלא על העלם דבר עם שגגת מעשה', ולא קתני 'וכן המשיח', ומדלא קתני 'וכן המשיח' מכלל דמשיח בעבודת כוכבים חייב בשגגת מעשה לחודיה: **מתניתין מני, רבי היא,** דתניא, משיח בעבודת כוכבים, **רבי אומר בשגגת מעשה.** לחודיה: **וחכ"א בהעלם דבר.** כלומר, עם שגגת מעשה, כשאר מצות. ושוין שאין מביא שום אשם תלוי[יד]: **ותסברא, זדונו כרת ושגגתו חטאת.** דעבודת כוכבים, דקתני 'ולא בעבודת כוכבים אלא על דבר שחייבין על זדונו כרת ועל שגגתו חטאת', **מי קתני** 'וכן המשיח', והא קי"ל דמשיח נמי בעבודת כוכבים אינו חייב אלא על דבר שזדונו כרת ועל שגגתו חטאת, כדאמרינן לקמן 'נאמר כאן עליה כו' לאשמת העם הרי משיח כצבור'[טו], ואפילו הכי לא קתני במתניתין 'וכן המשיח': **אלא תנא בהא.** בדבר שחייבין על זדונו כרת ושגגתו חטאת כשאר[טז] מצות 'וכן המשיח', **והוא הדין בעבודת כוכבים,** דמשיח כצבור, דאינו חייב בעבודת כוכבים אלא בדבר שזדונו כרת ושגגתו חטאת: **הכא נמי תנא בהא.** דאין חייבין בשאר מצות אלא על העלם דבר עם שגגת מעשה 'וכן המשיח', **והוא הדין לעבודת כוכבים** דמשיח כצבור, כי היכי דאין בי"ד חייבין על עבודת כוכבים אלא על העלם דבר עם שגגת מעשה[יז], ודלא כרבי: **מאי טעמא דרבי, אמר קרא.** בפרשת שלח לך, 'וכפר הכהן **על הנפש השוגגת**' וגו', **סבר רבי** 'חטאה בשגגה' הכי משמע, **חטא זה בשגגה יהא,** כלומר בשגגת מעשה לחודיה, ואפילו משיח: **ורבנן סברי מי שחטאו בשגגה.** דהכי משמע 'וכפר הכהן על הנפש השוגגת', דיביא שעירה בשגגת מעשה מי שחטאו בשגגה בשאר מצות: **יצא משיח שאין חטאתו בשגגה.** בשאר מצות, כלומר בשגגת מעשה[יח], אלא בהעלם דבר עם שגגת מעשה, דעל שגגת מעשה לחודיה פטור לגמרי:

תוספות

דיתבי בתרי מקומות וקמורו בחד איסורא. תימה, מאי איצטריך בשוין, אפילו לא שוו נמי הוראתן הוראה, דהא דבעינן לעיל מופלא בב"ד 'שהיה להן ללמוד ולא למדו', והכא מאי איצטרכין ללמוד, כיון דבאיסור אחד הורו ושניהן הורו שוה. ונראה כספרים דגרסי מלתא דרב[יט] טפי בשוין בתר דמוקי בתרי אסורי: **נאמר** כאן 'מעיני'. תימה, דלעיל בפ"ק[ה] משמע בדברי אביי דלא ידעינן שאר מצות אלא מעבודת כוכבים, והכא משמע איפכא. וי"ל, דאביי נמי הכי בעי למילף כי הכא, ד'עיני' דעבודת כוכבים לא פשוט לן שהוא בי"ד, אלא ה"ק, ילפינן 'עיני' 'עיני', כלומר, האי 'עיני' דעבודת כוכבים ילפינן משאר מצות שהוא בי"ד, והדר ילפינן ההוא 'מעיני' מהאי לענין זה, דכי היכי דגבי עבודת כוכבים מעשה תלוי בקהל, כדמשמע 'נעשתה', ה"נ האי 'עיני' דשאר מצות: **דת"ר** 'ישגו', יכול יהיו חייבין על שגגת מעשה. תימה, למאי איצטריך, הא כבר ילפינן מ'דבר' 'דבר' דמקצת דבר בעינן, והא לא שייך כי אם בהוראה; ועוד, איך יהיו חייבין על שגגת מעשה למ"ד בי"ד מביאין פר, 'טובייה חטאי וזיגוד מינגד'[ו], מה חטאו ב"ד; ועוד, תניא פ"ק[ז] 'עם הארץ' לרבות אפילו רובו ואפילו כולו, דמייתו שעירה או כשבה ולא פר. וי"ל, דאי לאו דמשמע דבעינן העלם דבר לא הייתי אומרים שב"ד יהיו חייבין, אלא צבור, דאע"ג דלעיל דרשינן דמעשה תלוי בקהל והוראה תלויה בב"ד, השתא מיהו לא דרשינן הכי. מיהו הקישא ד'דבר' צ"ל דמתחלה צריך למילף הוא[ח], ואח"כ לומר 'דבר' ולא כל הגוף:

עין משפט נר מצוה

יא א מיי' פט"ו מהלכות שגגות הלכה ה סמג עשין רטז ועיין בכ"מ:
יב ב מיי' שם פי"ג הלכה א ב ופי"ג הלכה א:
יג ג מיי' שם פט"ו הלכה א והלכה ג:
יד ד מיי' שם הלכה א:
טו ה ו מיי' שם הלכה ג:

תוספות הרא"ש

ונעלם דבר דבר ולא כל הגוף[כא] וכן המשיח דכתיב לאשמת העם הרי משיח כצבור. והקשה הרמ"ה ז"ל למה לי הקישא להאי מלתא הא במשיח גופיה כתיב מאחת מהנה דמשמע מאחת ולא כל אחת. ותירץ דהאי מאחת גבי עשיה כתיב ועשה מאחת מהנה. ואנן בהוראה הוא דבעינן למילף שצריך קיום קצת ובטול קצת. ונראה דבלא"ה צריכי מ"ס דמאחת לדרשא אחרינא כדדרשינן מניה בשבת פרק הבונה (דף קג) שאם כתב שם משמעון חייב: לפי שיצאת ע"ז לידון בעצמה יכול יהו חייבין על עקירת מצוה כולה נאמר כאן כו' מה להלן בב"ד אף כאן

מסורת הש"ס עם הוספות

א) [לעיל ז.], ב) ת"כ דבורא דחובה פרשה ד ה"ה (אות רמג), ג) סנהדרין דף סא:, ד) בסוף העמוד, ה) ה רע"ב, ו) ע"פ פסחים קיג:, ז) ב:, ח) עירובין צו ע"ב.

תורה אור השלם

א) וְאִם כָּל עֲדַת יִשְׂרָאֵל יִשְׁגּוּ וְנֶעְלַם דָּבָר מֵעֵינֵי הַקָּהָל וְעָשׂוּ אַחַת מִכָּל מִצְוֹת יְיָ אֲשֶׁר לֹא תֵעָשֶׂינָה וְאָשֵׁמוּ: [ויקרא ד, יג]

ב) אִם הַכֹּהֵן הַמָּשִׁיחַ יֶחֱטָא לְאַשְׁמַת הָעָם וְהִקְרִיב עַל חַטָּאתוֹ אֲשֶׁר חָטָא פַּר בֶּן בָּקָר תָּמִים לַייָ לְחַטָּאת: [ויקרא ד, ג]

ג) וְהָיָה אִם מֵעֵינֵי הָעֵדָה נֶעֶשְׂתָה לִשְׁגָגָה וְעָשׂוּ כָל הָעֵדָה פַּר בֶּן בָּקָר אֶחָד לְעֹלָה לְרֵיחַ נִיחֹחַ לַייָ וּמִנְחָתוֹ וְנִסְכּוֹ כַּמִּשְׁפָּט וּשְׂעִיר עִזִּים אֶחָד לְחַטָּת: [במדבר טו, כד]

ד) וְכִפֶּר הַכֹּהֵן עַל הַנֶּפֶשׁ הַשֹּׁגֶגֶת בְּחֶטְאָה בִשְׁגָגָה לִפְנֵי יְיָ לְכַפֵּר עָלָיו וְנִסְלַח לוֹ: [במדבר טו, כח]

ה) וְאִם נֶפֶשׁ אַחַת תֶּחֱטָא בִשְׁגָגָה וְהִקְרִיבָה עֵז בַּת שְׁנָתָהּ לְחַטָּאת: [במדבר טו, כז]

הגהות וציונים

א] ראשונים וכת"י "אמר רב פפא בשוין". וברש"י צ"ל הפסק הנקודה אחר "בשוין" (דק"ס): ב] כת"י הורה, וכ"ה ישר מאד דקאי אמתני' (דק"ס), וכ"ה בר"ח: ג] באר שבע (גליון). וכן הגיה ב"ח: ד] "נמי" ליתא בראשונים ובכת"י, ואינו לשון ברייתא: ה] הב"ח מוחק "אין חייבין" (וכדליתא בפיסקא בגמרא). אבל ברש"י ד"ה ואילו הוא כלפנינו

This *daf* is dedicated *l'iluy nishmas*: R' Mayer ben Chana Nehmad *zt"l*

גְּמָרָא — GEMARA

The Gemara asks: מְנָלָן — From where do we know that *beis din* is only obligated to bring a *Par He'eleim Davar* if they ruled mistakenly and the congregation sinned based on the ruling? The Gemara answers: דְּתָנוּ רַבָּנָן — From that which the Chachamim taught in a *Baraisa*: יִשְׁגּוּ — If the congregation sinned mistakenly, יָכוֹל יְהוּ חַיָּיבִין עַל שִׁגְגַת מַעֲשֶׂה — I might think *beis din* would be obligated to bring a bull for them to atone for their mistaken action, תַּלְמוּד לוֹמַר — therefore, the *pasuk* says regarding the *Par He'eleim Davar* (*Vayikra* 4:13): יִשְׁגּוּ וְנֶעְלַם דָּבָר — "[If the entire Jewish people] act mistakenly, and a matter is hidden [from the eyes of the congregation]," which implies: אֵין חַיָּיבִין אֶלָּא עַל הֶעְלֵם דָּבָר עִם שִׁגְגַת מַעֲשֶׂה — *beis din* is only obligated to bring a *Par He'eleim Davar* if there was a matter hidden together with a mistaken action.

Our Mishnah says: וְכֵן הַמָּשִׁיחַ — And so, too, the *kohen gadol* is not obligated to bring a *korban* unless he sinned mistakenly based on a mistaken ruling that he gave for himself.

The Gemara asks: מְנָלָן — From where do we know that he is only obligated if he sinned based on a mistaken ruling he gave for himself? The Gemara answers: דִּכְתִיב — Because it is written in the *pasuk* regarding the *Par Kohen Mashiach*: לְאַשְׁמַת הָעָם — "[If the *Kohen Mashiach* (*kohen gadol*) sins], as a guilt of the nation," which implies, הֲרֵי מָשִׁיחַ כְּצִבּוּר — the *kohen gadol* has the same guidelines as the congregation with regard to bringing a *korban* for a mistaken sin, and therefore, he is only obligated if he sinned based on a mistaken ruling, just like the congregation.

Our Mishnah says: וְלֹא בַעֲבוֹדַת כּוֹכָבִים אֶלָּא עַל הֶעְלֵם דָּבָר עִם שִׁגְגַת מַעֲשֶׂה — And so, too, regarding *beis din* bringing a bull and a goat if the congregation mistakenly sinned with regard to worshipping *avodah zarah*, they are not obligated unless there was a matter hidden from them, and they ruled mistakenly, together with a mistaken action, that the congregation sinned mistakenly based on that ruling.

The Gemara asks: מְנָלָן — From where do we know that by *avodah zarah*, just like by a regular *Par He'eleim Davar*, *beis din* is only obligated to bring a bull and a goat if they ruled mistakenly and the congregation sinned based on the ruling? The Gemara answers: דְּתָנוּ רַבָּנָן — From that which the *Chachamim* taught in a *Baraisa*: לְפִי שֶׁיָּצְאָה עֲבוֹדַת כּוֹכָבִים לָדוּן בְּעַצְמָהּ — Since the *issur* of *avodah zarah* was taken out of the general category of all other *issurim* (regarding a mistaken ruling) to have its own halachah of bringing a bull and a goat, יָכוֹל יְהוּ חַיָּיבִין עַל שִׁגְגַת הַמַּעֲשֶׂה — I might think that *beis din* would be obligated to bring a bull and a goat to atone for the congregation's mistaken action alone; however, נֶאֱמַר כָּאן מֵעֵינֵי — the word מעיני, "from the eyes of," is mentioned here, in the *pasuk* regarding the *korbanos* brought for a mistaken ruling regarding *avodah zarah*: "It will be, if from

For this *daf's shiur* and charts, scan this QR code:

אמר רב פפא, כגון שהיו מופלין שניהן[א]. סבר אביי למימר, חטא[ב] בפני עצמו ועשה בפני עצמו היכי דמי, דיתבי בשני מקומות וקא מורו בתרי איסורי; אמר ליה רבא, אטו שני מקומות גורמין, אלא אפילו יתבי בחד מקום וכיון דקא מורו בתרי איסורי חטא בפני עצמו הוא. פשיטא הוא בחלב והן בעבודת כוכבים חטא בפני עצמו הוא, דהא חלוקין בטעמייהו וחלוקין בקרבנות, דהוא בפר והן בפר ושעיר, דהא קא מייתו הני שעיר והוא לא מייתי, וכל שכן הוא בעבודת כוכבים והן בחלב דחלוקין בקרבנותיהן [לגמריי], דהוא שעירה ואינהו פר; אלא הוא בחלב המכסה את הקרב והן בחלב שעל הדקין מהו, מי אמרינן אף על גב דקרבנן שוה, כיון דמתרי קראי קאתו הא פליגין בטעמייהו, או דלמא שם חלב אחד הוא. אם תמצא לומר שם חלב אחד הוא, הוא בחלב והן בדם מהו, מי אמרינן בטעמייהו הא פליגין, או דלמא כיון דשוין בקרבן בתר קרבן אזלינן. תיקו: שאין בית דין חייבין עד שיורו לבטל מקצת ולקיים מקצת וכו': מנלן דעד שיורו לבטל מקצת ולקיים מקצת. כדאמרינן באידך פירקין [ט] א) 'ונעלם דבר', דבר ולא כל הגוף: וכן המשיח: מנלן. דכתיב ב) 'לאשמת העם', הרי משיח כצבור: ולא בעבודת כוכבים כו': מנלן. דתנו רבנן, לפי שיצאה עבודת כוכבים לידון בעצמה, יכול יהו חייבין על עקירת מצוה כולה, נאמר כאן ג) 'מעיני' ונאמר להלן א) 'מעיני', מה להלן בבית דין אף כאן נמי[י] בבית דין, ומה להלן דבר ולא כל הגוף אף כאן נמי[י] דבר ולא כל הגוף: **מתני'** ב אין חייבין אלא על העלם דבר עם שגגת המעשה, ג וכן המשיח; ולא בעבודת כוכבים אין חייבין[ק] אלא על העלם דבר עם שגגת המעשה: **גמ'** מנלן. ד דתנו רבנן, א) 'ישגו', יכול יהו חייבין על שגגת מעשה, תלמוד לומר 'ישגו ונעלם דבר', אין חייבין אלא על העלם דבר עם שגגת מעשה: וכן המשיח: מנלן. דכתיב ד ב) 'לאשמת העם', הרי משיח כצבור: ולא בעבודת כוכבים אלא על העלם דבר עם שגגת מעשה: מנלן. דתנו רבנן, לפי שיצאה עבודת כוכבים לידון בעצמה, יכול יהו חייבין על שגגת המעשה, נאמר כאן ג) 'מעיני', ונאמר להלן א) 'מעיני', מה להלן אין חייבין אלא על העלם דבר עם שגגת מעשה, אף כאן אין חייבין אלא על העלם דבר עם שגגת מעשה. ואילו משיח בעבודת כוכבים לא קתני, מתניתין מני. רבי היא, ה דתניא, משיח בעבודת כוכבים, רבי אומר בשגגת מעשה, וחכמים אומרים ו בהעלם דבר, ז ושוין שבשעירה[ל], ושוין שאין מביא אשם תלוי. ותסברא, בזדונו כרת ובשגגתו חטאת מי קתני, אלא תני הא הוא הדין להא, הכא נמי תנא הא והוא הדין להא. מאי טעמא דרבי. ח אמר קרא ד) 'וכפר הכהן על הנפש השוגגת בחטאה בשגגה', 'הנפש' זה משיח, 'השוגגת' זה נשיא[מ], 'בחטאה בשגגה', רבי סבר, חטא זה בשגגה יהא, ורבנן סברי, מי שחטאתו בשגגה, יצא משיח שאין חטאתו בשגגה אלא בהעלם דבר. ושוין שבשעירה כיחיד[נ], מנלן. דאמר קרא ה) 'ואם נפש אחת', אחד יחיד ואחד נשיא ואחד משיח, כולם בכלל נפש אחת הן. ושוין

אמר רב פפא, בשוין. דהוא מופלא והן מופלאים, הלכך איצטריך למיתני דכי 'חטא בפני עצמו', אע"ג דהוראה דידהו הוי הוראה מעליא, אפילו הכי 'מתכפר בפני עצמו', משום דקא מורו בשני איסורי, 'חטא עם הצבור', אע"ג דהוא מופלא דהוראה דידיה הוי הוראה מעליא, אפ"ה 'מתכפר עם הצבור', משום דקא מורו בחדא איסורא: בשני מקומות. משיח במקום אחד ובי"ד במקום אחר: בטעמייהו. בפסוקים, דחלב ועבודת כוכבים מתרי קראי נפקי: וחלוקין בקרבנות. דבי"ד מייתי שעיר אעבודת כוכבים, והוא לא מייתי שעיר: דהוא שעירה. לחודיה, דכתיב בעבודת כוכבים בפרשת שלח לך אנשים, 'ואם נפש'[ז], דאחד יחיד ואחד נשיא במשמע: הוא בחלב המכסה את הקרב. דהוי דבר שאין הצדוקין מודין, דהא לא מפרש קרא מאי ניהו, דאפילו אמוראי פליגי בשחיטת חולין באלו טריפות (דף נ:) מאי ניהו כרס הפנימי, וכל שכן חלב שעל גבי הדקים שאין הצדוקים מודין, דהא לא כתיב בהדיא. אי נמי, דהורו בחלב שעל הקרב בין בכזית לפחות מכזית, דכזית לא כתיב בהדיא, והוי דבר שאין הצדוקין מודין: אע"ג דקרבנן שוה. דהן בפר והוא בפר: כיון דמתרי קראי קא אתו. כדאמרינן לעיל בפרק קמא (דף ג.) 'ואת החלב', ו"ו יתירא להביא חלב שעל גבי הדקין: הא פליגין בטעמייהו. הא חלוקים בפסוקים, ומתכפר בפני עצמו: או דלמא שם חלב אחד הוא. והורה עם הצבור הוא, ומתכפר עם הצבור: והן בדם. כגון בדם המובלע באיברים, או בין כזית לפחות מכזית, והוי דבר שאין הצדוקין מודין: בתר קרבן אזלינן. דכיון דשוין בקרבן, הורה עם הצבור הוא, ומתכפר עם הצבור. תיקו: לפי שיצאה עבודת כוכבים. מכלל פר העלם דבר של צבור, לידון בעצמו[יא] בהבאת פר ושעיר: נאמר כאן, בעבודת כוכבים, מעיני. 'והיה אם מעיני העדה': ונאמר להלן מעיני. 'ונעלם דבר מעיני הקהל': מה להלן בי"ד. דכתיב 'ונעלם דבר מעיני הקהל ועשו', ואמרינן לעיל בפ"ק (דף ה.) הוראה תלויה בבי"ד, דכתיב 'ונעלם דבר מעיני הקהל' דהיינו בי"ד, ומעשה תלוי בקהל, דכתיב 'הקהל ועשו', ובעבודת כוכבים לא כתיב בי"ד, דכתיב 'והיה אם מעיני העדה נעשתה לשגגה', ואי סלקא דעתך בי"ד, והא אין מעשה תלוי בבי"ד אלא בקהל, דהכא כתיב 'מעיני העדה נעשתה' דהיינו מעשה, אלא מה להלן בית דין, דכתיב בפרשת ויקרא, אף כאן בית דין: מתני' אין חייבין בקרבן וכו'[יב].

אין בי"ד חייבין קרבן אלא על העלם דבר עם שגגת מעשה, וכן המשיח, ולצבור הוא דכי עבדי בשגגת מעשה לחודיה מייתו כל חד וחד כשבה או שעירה דדיינים כיחידים, דכיון דלא עשו ע"פ בי"ד מחלקי כולהו מהדדי והוו יחידים, ויחידים חייבין בשגגת מעשה, אבל משיח בשגגת מעשה לחודיה פטור מכלום, כדאמר לקמן בפרק בתרא (דף יא.) 'מעם הארץ פרט למשיח', דאינו מביא בשגגת מעשה כלל, והיינו דקאמר[ד] 'יצא משיח שאין חטאו בשגגה', דהיינו בשגגת מעשה וכו'[יג]: גמ' ואילו משיח בעבודת כוכבים לא קתני. דקתני 'ולא בעבודת כוכבים אין חייבים אלא על העלם דבר עם שגגת מעשה', ולא קתני 'וכן המשיח', ומדלא קתני 'וכן המשיח' מכלל דמשיח בעבודת כוכבים חייב בשגגת מעשה לחודיה: מתניתין מני, רבי היא, דתניא, משיח בעבודת כוכבים, רבי אומר בשגגת מעשה. לחודיה: וחכ"א בהעלם דבר. כלומר, עם שגגת מעשה, כשאר מצות. ושוין שאין מביא שום אשם תלוי[יד]: ותסברא, זדונו כרת ושגגתו חטאת. דעבודת כוכבים, דקתני 'ולא בעבודת כוכבים אלא על דבר שחייבין על זדונו כרת ועל שגגתו חטאת', מי קתני 'וכן המשיח', והא קי"ל דמשיח נמי בעבודת כוכבים אינו חייב אלא על דבר שזדונו כרת ועל שגגתו חטאת, כדאמרינן לקמן 'נאמר כאן עליה כו' לאשמת העם הרי משיח כצבור'[טו], ואפילו הכי לא קתני במתניתין 'וכן המשיח': אלא תנא בהא. בדבר שחייבין על זדונו כרת ושגגתו חטאת כשאר[טז] מצות 'וכן המשיח', והוא הדין בעבודת כוכבים, דמשיח כצבור, דאינו חייב בעבודת כוכבים אלא בדבר שזדונו כרת ושגגתו חטאת: הכא נמי תנא בהא. דאין חייבין בשאר מצות אלא על העלם דבר עם שגגת מעשה 'וכן המשיח', והוא הדין לעבודת כוכבים דמשיח כצבור, כי היכי דאין בי"ד חייבין על עבודת כוכבים אלא על העלם דבר עם שגגת מעשה[יז], ודלא כרבי: מאי טעמא דרבי, אמר קרא. בפרשת שלח לך, 'וכפר הכהן על הנפש השוגגת' וגו', סבר רבי 'חטאה בשגגה' הכי משמע, חטא זה בשגגה יהא, כלומר בשגגת מעשה לחודיה, ואפילו משיח: ורבנן סברי מי שחטאו בשגגה. דהכי משמע 'וכפר הכהן על הנפש השוגגת', דיביא שעירה בשגגת מעשה מי שחטאו בשגגה בשאר מצות: יצא משיח שאין חטאתו בשגגה. בשאר מצות, כלומר בשגגת מעשה[יח], אלא בהעלם דבר עם שגגת מעשה, דעל שגגת מעשה לחודיה פטור לגמרי: ושוין

תוספות

דיתבי בתרי מקומות וקמורו בחד איסורא. תימה, מאי איצטריך בשוין, אפילו לא שוו נמי הוראתן הוראה, דהא דבעינן לעיל מופלא בב"ד 'שהיה להן ללמוד ולא למדו', והכא מאי אצטרכין ללמוד, כיון דבאיסור אחד הורו ושניהן הורו שוה. ונראה כספרים דגרסי מלתא דרב[יט] טפי בשוין בתר דמוקי בתרי אסורי: **נאמר** כאן 'מעיני'. תימה, דלעיל בפ"ק[ה] משמע בדברי אביי דלא ידעינן שאר מצות אלא מעבודת כוכבים, והכא משמע איפכא. וי"ל, דאביי נמי הכי בעי למילף כי הכא, ד'עיני' דעבודת כוכבים לא פשוט לן שהוא בי"ד, אלא ה"ק, ילפינן 'עיני' 'עיני', כלומר, האי 'עיני' דעבודת כוכבים ילפינן משאר מצות שהוא בי"ד, והדר ילפינן ההוא 'מעיני' מהאי לענין זה, הכי היכי דגבי עבודת כוכבים מעשה תלוי בקהל, כדמשמע 'נעשתה', ה"נ האי 'עיני' דשאר מצות: **דת"ר** 'ישגו', יכול יהיו חייבין על שגגת מעשה. תימה, למאי איצטריך, הא כבר ילפינן מ'דבר' 'דבר' דמקצת דבר בעינן, והא לא שייך כי אם בהוראה; ועוד, היאך יהיו חייבין על שגגת מעשה למ"ד בי"ד מביאין פר, 'טועיה חטא וזיגוד מינגד'[ו], מה חטאו ב"ד; ועוד, תניא פ"ק[ו] 'עם הארץ' לרבות אפילו רובו ואפילו כולו, דמייתו שעירה או כשבה ולא פר. וי"ל, דאי לאו דמשמע דבעינן העלם דבר לא הוינו אומרים שב"ד יהיו חייבין, אלא לצבור, דאע"ג דלעיל דרשינן דמעשה תלוי בקהל והוראה תלויה בב"ד, השתא מיהו לא דרשינן הכי. מיהו הקישא ד'דבר' צ"ל דמתחלה צריך למילף הוא[ק], ואח"כ לומר 'דבר' ולא כל הגוף:

עין משפט נר מצוה

יא א מיי' פט"ו מהלכות שגגות הלכה ה סמג עשין רכו ועין כס"מ:
יב ב מיי' שם פי"ג הלכה א ג ופי"ב הלכה א:
יג ג מיי' שם הלכה א:
יד ד מיי' שם הלכה א:
טו ה ו מיי' שם הלכה ג:

תוספות הרא"ש

מסורת הש"ס עם הוספות

תורה אור השלם

א) ואם כל עדת ישראל ישגו ונעלם דבר מעיני הקהל ועשו אחת מכל מצות יי אשר לא תעשינה ואשמו: (ויקרא ד, יג)
ב) אם הכהן המשיח יחטא לאשמת העם והקריב על חטאתו אשר חטא פר בן בקר תמים ליי לחטאת: (ויקרא ד, ג)
ג) והיה אם מעיני העדה נעשתה לשגגה ועשו כל העדה פר בן בקר אחד לעלה לריח ניחח ליי ומנחתו ונסכו כמשפט ושעיר עזים אחד לחטאת: (במדבר טו, כד)
ד) וכפר הכהן על הנפש השגגת בחטאה בשגגה לפני יי לכפר עליו ונסלח לו: (במדבר טו, כח)
ה) ואם נפש אחת תחטא בשגגה והקריבה עז בת שנתה לחטאת: (במדבר טו, כז)

הגהות וציונים

תוספות הרא"ש (המשך מעמוד א)

the eyes of (מעיני) the assembly something was done mistakenly," וְנֶאֱמַר לְהַלָּן מֵעֵינֵי — and the word מעיני is mentioned over there, in the *pasuk* regarding the *Par He'eleim Davar* (*Vayikra* 4:13): "And a matter was hidden from the eyes of (מעיני) the congregation;" מָה לְהַלָּן — just like over there, by a regular *Par He'eleim Davar*, אֵין חַיָּיבִין אֶלָּא עַל הֶעְלֵם דָּבָר עִם שִׁגְגַת מַעֲשֶׂה — *beis din* is only obligated to bring it if there was a matter hidden together with a mistaken action, אַף כָּאן — so, too, here, by a mistaken ruling regarding *avodah zarah*, אֵין חַיָּיבִין אֶלָּא עַל הֶעְלֵם דָּבָר עִם שִׁגְגַת מַעֲשֶׂה — *beis din* is only obligated to bring a bull and a goat if there was a matter hidden together with a mistaken action.

וְאִילּוּ מָשִׁיחַ בַּעֲבוֹדַת כּוֹכָבִים — Now, with regard to the *kohen gadol* bringing a *korban* for mistakenly worshipping *avodah zarah*, לָא קָתָנֵי — our Mishnah did not say that he must have done it based on his mistaken ruling, as we said regarding *beis din*. מַתְנִיתִין מַנִּי — Who is the *tanna* of our Mishnah who holds this way? רַבִּי הִיא — It is Rebbi. דְּתַנְיָא — As we learned in a *Baraisa*: מָשִׁיחַ בַּעֲבוֹדַת כּוֹכָבִים — Regarding the *kohen gadol* bringing a *korban* for mistakenly worshipping *avodah zarah*, רַבִּי אוֹמֵר — Rebbi says: בְּשִׁגְגַת מַעֲשֶׂה — He brings a *korban* for just a mistaken action. וַחֲכָמִים אוֹמְרִים — However, the *Chachamim* say: בְּהֶעְלֵם דָּבָר — He only brings it if it was based on a matter being hidden from him (meaning, that he ruled mistakenly). וְשָׁוִין שֶׁבִּשְׂעִירָה — Even though Rebbi and the *Chachamim* argue what circumstances are required for the *kohen gadol* to bring a *korban* for mistakenly worshipping *avodah zarah*, they agree that he brings a female goat (rather than a bull), וְשָׁוִין שֶׁאֵין מֵבִיא אָשָׁם תָּלוּי — and they agree that he never brings an *Asham Talui*.

The Gemara asks: וְתִסְבְּרָא — And is it logical to prove that the *tanna* of our Mishnah is Rebbi from the fact that the Mishnah did not mention that just like the congregation, the *kohen gadol* is only obligated for worshipping *avodah zarah* if it was based on a mistaken ruling? בִּזְדוֹנוֹ כָּרֵת וּבִשְׁגָגָתוֹ חַטָּאת מִי קָתָנֵי — The Mishnah later (8a) specified that *beis din* is only obligated to bring a bull and a goat for a mistaken ruling if it was something which one who does it intentionally is punished with *kareis* and one who does it mistakenly brings a *Korban Chatas*, and the Mishnah added that the same applies to a *kohen gadol*. When Our Mishnah said that the same applies to a ruling regarding *avodah zarah*, did the Mishnah mention that the same applies to the *kohen gadol* mistakenly sinning with regard to *avodah zarah* (and the Gemara there tells us that it does)? אֶלָּא — Rather, תָּנֵי הָא — Our Mishnah said when discussing the guidelines of a regular *Par He'eleim Davar* that the same guidelines apply to the *Par Kohen Mashiach*, הוּא הַדִּין לְהָא — and the same is true regarding *avodah zarah*, that the guideline also applies to a *kohen gadol*; הָכָא נָמֵי — here, in our Mishnah, as well, תְּנָא הָא — Our Mishnah said that the same guidelines apply to the *Par Kohen Mashiach* when discussing the guidelines of a regular *Par He'eleim Davar*, וְהוּא הַדִּין לְהָא — and the same is true regarding *avodah zarah*, that the guideline also applies to a *kohen gadol*. Therefore, the *tanna* of our

עין משפט נר מצוה

יא א מיי' פט"ו מהלכות שגגות הלכה ה סמג עשין רעט ועיין כס"מ:
יב ב מיי' שם פי"ג הלכה א ב ופי"ד הלכה ב:
יג ג מיי' שם פט"ו הלכה א והלכה ב:
יד ד מיי' שם הלכה ה:
טו ה ו מיי' שם הלכה ג:

מסורת הש"ס עם תוספות

א) [לעיל ד.], ב) ת"כ דבורא דחובה פרשה ד ה"ה (אות רמג), ג) סנהדרין דף סא:, ד) בסוף העמוד ה רע"ב, ו) ע"פ פסחים קיג:, ז) ב:, ח) עירובין צו ע"ב.

תורה אור השלם

א) ואם כל עדת ישראל ישגו ונעלם דבר מעיני הקהל ועשו אחת מכל מצות יי אשר לא תעשינה ואשמו: (ויקרא ד, יג)

ב) אם הכהן המשיח יחטא לאשמת העם והקריב על חטאתו אשר חטא פר בן בקר תמים ליי לחטאת: (ויקרא ד, ג)

ג) והיה אם מעיני העדה נעשתה לשגגה ועשו כל העדה פר בן בקר אחד לעלה לריח ניחח ליי ומנחתו ונסכו כמשפט ושעיר עזים אחד לחטת: (במדבר טו, כד)

ד) וכפר הכהן על הנפש השגגת בחטאה בשגגה לפני יי לכפר עליו ונסלח לו: (במדבר טו, כח)

ה) ואם נפש אחת תחטא בשגגה והקריבה עז בת שנתה לחטאת: (במדבר טו, כז)

הגהות וציונים

[illegible]

תוספות הרא"ש

[illegible]

אָמַר רַב פָּפָּא, כְּגוֹן שֶׁהָיוּ מוּפְלִין שְׁנֵיהֶן[א]. סָבַר אַבָּיֵי לְמֵימַר, חָטָא[ב] בִּפְנֵי עַצְמוֹ וְעָשָׂה בִּפְנֵי עַצְמוֹ הֵיכִי דָּמֵי, דְּיָתְבִי בִּשְׁנֵי מְקוֹמוֹת וְקָא מוֹרוּ בִּתְרֵי אִיסּוּרֵי; אֲמַר לֵיהּ רָבָא, אַטּוּ שְׁנֵי מְקוֹמוֹת גּוֹרְמִין, אֶלָּא אֲפִילוּ יָתְבִי בְּחַד מָקוֹם וְכֵיוָן דְּקָא מוֹרוּ בִּתְרֵי אִיסּוּרֵי חָטָא בִּפְנֵי עַצְמוֹ הוּא. **פְּשִׁיטָא** הוּא בְּחֵלֶב וְהֵן בַּעֲבוֹדַת כּוֹכָבִים חָטָא בִּפְנֵי עַצְמוֹ הוּא, דְּהָא חֲלוּקִין בְּטַעֲמַיְיהוּ וַחֲלוּקִין בְּקָרְבָּנוֹת, דְּהוּא בְּפַר וְהֵן בְּפַר וְשָׂעִיר, דְּהָא קָא מַיְיתוּ הָנֵי שָׂעִיר וְהוּא לָא מַיְיתֵי, וְכָל שֶׁכֵּן הוּא בַּעֲבוֹדַת כּוֹכָבִים וְהֵן בְּחֵלֶב דַּחֲלוּקִין בְּקָרְבְּנוֹתֵיהֶן [לְגַמְרֵי[ג]], דְּהוּא שְׂעִירָה וְאִינְהוּ פַּר; אֶלָּא הוּא בְּחֵלֶב הַמְכַסֶּה אֶת הַקֶּרֶב וְהֵן בְּחֵלֶב שֶׁעַל הַדַּקִּין מַהוּ, מִי אָמְרִינַן אַף עַל גַּב דְּקָרְבָּנָן שָׁוֶה, כֵּיוָן דְּמִתְּרֵי קְרָאֵי קָאָתוּ הָא פְּלִיגִין בְּטַעֲמַיְיהוּ, אוֹ דִּלְמָא שֵׁם חֵלֶב אֶחָד הוּא. אִם תִּמְצָא לוֹמַר שֵׁם חֵלֶב אֶחָד הוּא, הוּא בְּחֵלֶב וְהֵן בְּדָם מַהוּ, מִי אָמְרִינַן בְּטַעֲמַיְיהוּ הָא פְּלִיגִין, אוֹ דִּלְמָא כֵּיוָן דְּשָׁוִין בְּקָרְבָּן בָּתַר קָרְבָּן אָזְלִינַן. [א]תֵּיקוּ: **שֶׁאֵין בֵּית דִּין חַיָּיבִין עַד שֶׁיּוֹרוּ לְבַטֵּל מִקְצָת וּלְקַיֵּים מִקְצָת וְכוּ'**: מְנָלָן דְּעַד שֶׁיּוֹרוּ לְבַטֵּל מִקְצָת וּלְקַיֵּים מִקְצָת. כִּדְאָמְרִינַן בְּאִידָךְ פִּירְקִין (א) [א] 'וְנֶעְלַם דָּבָר', דָּבָר וְלֹא כָּל הַגּוּף: **וְכֵן הַמָּשִׁיחַ**: מְנָלָן. דִּכְתִיב (ב) 'לְאַשְׁמַת הָעָם', הֲרֵי מָשִׁיחַ כְּצִבּוּר: **וְלֹא בַּעֲבוֹדַת כּוֹכָבִים כוּ'**: מְנָלָן. דְּתָנוּ רַבָּנָן, לְפִי שֶׁיָּצְאָה עֲבוֹדַת כּוֹכָבִים לִידּוֹן בְּעַצְמָהּ, יָכוֹל יְהוּ חַיָּיבִין עַל עֲקִירַת מִצְוָה כּוּלָּהּ, נֶאֱמַר כָּאן (ג) 'מֵעֵינֵי' וְנֶאֱמַר לְהַלָּן (א) 'מֵעֵינֵי', מַה לְּהַלָּן בְּבֵית דִּין אַף כָּאן נַמִּי[ד] בְּבֵית דִּין, וּמַה לְּהַלָּן דָּבָר וְלֹא כָּל הַגּוּף אַף כָּאן נַמִּי[ה] דָּבָר וְלֹא כָּל הַגּוּף: **מתני'** [ב]אֵין חַיָּיבִין אֶלָּא עַל הֶעְלֵם דָּבָר עִם שִׁגְגַת הַמַּעֲשֶׂה, [ג]וְכֵן הַמָּשִׁיחַ; וְלֹא בַּעֲבוֹדַת כּוֹכָבִים אֵין חַיָּיבִין[ו] אֶלָּא עַל הֶעְלֵם דָּבָר עִם שִׁגְגַת הַמַּעֲשֶׂה: **גמ'** מְנָלָן. [ד]דְּתָנוּ רַבָּנָן, (א) 'יִשְׁגּוּ', יָכוֹל יְהוּ חַיָּיבִין עַל שִׁגְגַת מַעֲשֶׂה, תַּלְמוּד לוֹמַר 'יִשְׁגּוּ וְנֶעְלַם דָּבָר', אֵין חַיָּיבִין אֶלָּא עַל הֶעְלֵם דָּבָר עִם שִׁגְגַת מַעֲשֶׂה: **וְכֵן הַמָּשִׁיחַ**: מְנָלָן. דִּכְתִיב (ד) 'לְאַשְׁמַת הָעָם', הֲרֵי מָשִׁיחַ כְּצִבּוּר: **וְלֹא בַּעֲבוֹדַת כּוֹכָבִים אֶלָּא עַל הֶעְלֵם דָּבָר עִם שִׁגְגַת מַעֲשֶׂה**: מְנָלָן. דְּתָנוּ רַבָּנָן, לְפִי שֶׁיָּצְאָה עֲבוֹדַת כּוֹכָבִים לִידּוֹן בְּעַצְמָהּ, יָכוֹל יְהוּ חַיָּיבִין עַל שִׁגְגַת הַמַּעֲשֶׂה, נֶאֱמַר כָּאן (ג) 'מֵעֵינֵי', וְנֶאֱמַר לְהַלָּן (א) 'מֵעֵינֵי', מַה לְּהַלָּן אֵין חַיָּיבִין אֶלָּא עַל הֶעְלֵם דָּבָר עִם שִׁגְגַת מַעֲשֶׂה, אַף כָּאן אֵין חַיָּיבִין אֶלָּא עַל הֶעְלֵם דָּבָר עִם שִׁגְגַת מַעֲשֶׂה. וְאִילּוּ מָשִׁיחַ בַּעֲבוֹדַת כּוֹכָבִים לָא קָתָנֵי, מַתְנִיתִין מַנִּי. רַבִּי הִיא, [ג]דְּתַנְיָא, מָשִׁיחַ בַּעֲבוֹדַת כּוֹכָבִים, רַבִּי אוֹמֵר בְּשִׁגְגַת מַעֲשֶׂה, וַחֲכָמִים אוֹמְרִים [ה]בְּהֶעְלֵם דָּבָר, [ו]וְשָׁוִין שֶׁבִּשְׂעִירָה[ז], וְשָׁוִין שֶׁאֵין מֵבִיא אָשָׁם תָּלוּי. וְתִסְבְּרָא, בִּזְדוֹנוֹ כָּרֵת וּבְשִׁגְגָתוֹ חַטָּאת מִי קָתָנֵי, אֶלָּא תָּנֵי הָא הוּא הַדִּין לְהָא, הָכָא נַמִּי תְּנָא הָא וְהוּא הַדִּין לְהָא. מַאי טַעְמָא דְּרַבִּי. [ז]אָמַר קְרָא (ד) 'וְכִפֶּר הַכֹּהֵן עַל הַנֶּפֶשׁ הַשּׁוֹגֶגֶת בְּחֶטְאָה בִשְׁגָגָה', 'הַנֶּפֶשׁ' זֶה מָשִׁיחַ, 'הַשּׁוֹגֶגֶת' זֶה נָשִׂיא[ח], 'בְּחֶטְאָה בִשְׁגָגָה', רַבִּי סָבַר, חֵטְא זֶה בִּשְׁגָגָה יְהֵא, וְרַבָּנָן סָבְרִי, מִי שֶׁחַטָּאתוֹ בִּשְׁגָגָה, יָצָא מָשִׁיחַ שֶׁאֵין חַטָּאתוֹ בִּשְׁגָגָה אֶלָּא בְּהֶעְלֵם דָּבָר. וְשָׁוִין שֶׁבִּשְׂעִירָה כְּיָחִיד[ט], מְנָלָן. דְּאָמַר קְרָא (ה) 'וְאִם נֶפֶשׁ אַחַת', אֶחָד יָחִיד וְאֶחָד נָשִׂיא וְאֶחָד מָשִׁיחַ, כּוּלָּם בִּכְלַל נֶפֶשׁ אַחַת הֵן.

וְשָׁוִין

רש"י

אָמַר רַב פָּפָּא, בְּשָׁוִין. דְּהוּא מוּפְלָא וְהֵן מוּפְלָאִים, הִלְכָּךְ אִיצְטְרִיךְ לְמִיתְנֵי דְּכִי 'חָטָא בִּפְנֵי עַצְמוֹ', אע"ג דְּהוֹרָאָה דִּידְהוּ הָוֵי הוֹרָאָה מְעַלְּיָא, אֲפִילוּ הָכִי 'מִתְכַּפֵּר בִּפְנֵי עַצְמוֹ', מִשּׁוּם דְּקָא מוֹרוּ בִּשְׁנֵי אִיסּוּרֵי, 'חָטָא עִם הַצִּבּוּר', אע"ג דְּהוּא מוּפְלָא דְּהוֹרָאָה דִּידֵיהּ הָוֵי הוֹרָאָה מְעַלְּיָא, אפ"ה 'מִתְכַּפֵּר עִם הַצִּבּוּר', מִשּׁוּם דְּקָא מוֹרוּ בַּחֲדָא אִיסּוּרָא: **בִּשְׁנֵי מְקוֹמוֹת**. מָשִׁיחַ בְּמָקוֹם אֶחָד וּבי"ד בְּמָקוֹם אַחֵר: **בְּטַעֲמַיְיהוּ**. בִּפְסוּקִים, דְּחֵלֶב וַעֲבוֹדַת כּוֹכָבִים מִתְּרֵי קְרָאֵי נָפְקֵי: **וַחֲלוּקִין בְּקָרְבָּנוֹת**. דְּבי"ד מַיְיתֵי שָׂעִיר אַעֲבוֹדַת כּוֹכָבִים, וְהוּא לָא מַיְיתֵי שָׂעִיר: **דְּהוּא שְׂעִירָה**. לְחוּדֵיהּ, דִּכְתִיב בַּעֲבוֹדַת כּוֹכָבִים בְּפָרָשַׁת שְׁלַח לְךָ אֲנָשִׁים, 'וְאִם נֶפֶשׁ'[ז], דְּאֶחָד יָחִיד וְאֶחָד נָשִׂיא בְּמַשְׁמָע: **הוּא בְּחֵלֶב הַמְכַסֶּה אֶת הַקֶּרֶב**. דְּהָוֵי דָּבָר שֶׁאֵין הַצְּדוּקִים מוֹדִין, דְּהָא לָא מְפָרֵשׁ קְרָא מַאי נִיהוּ, דַּאֲפִילוּ אָמוֹרָאֵי פְּלִיגֵי בִּשְׁחִיטַת חוּלִּין בְּאֵלּוּ טְרֵיפוֹת (דף נ:) מַאי נִיהוּ כָּרֵס הַפְּנִימִי, וְכָל שֶׁכֵּן חֵלֶב שֶׁעַל גַּבֵּי הַדַּקִּים שֶׁאֵין הַצְּדוּקִים מוֹדִין, דְּהָא לָא כְּתִיב בְּהֶדְיָא. אִי נַמִּי, דְּהוֹרוּ בְּחֵלֶב שֶׁעַל הַקֶּרֶב בֵּין בִּכְזַיִת לִפְחוֹת מִכְּזַיִת, דִּכְזַיִת לָא כְּתִיב בְּהֶדְיָא, וְהָוֵי דָּבָר שֶׁאֵין הַצְּדוּקִין מוֹדִין: **אע"ג דְּקָרְבָּנָן שָׁוֶה**. דְּהֵן בְּפַר וְהוּא בְּפַר: **כֵּיוָן דְּמִתְּרֵי קְרָאֵי קָא אָתוּ**. כִּדְאָמְרִינַן לְעֵיל בְּפֶרֶק קַמָּא (דף ג.) 'וְאֶת הַחֵלֶב, וי"ו יְתֵירָא לְהָבִיא חֵלֶב שֶׁעַל גַּבֵּי הַדַּקִּין': **הָא פְּלִיגִין בְּטַעֲמַיְיהוּ**. הָא חֲלוּקִים בִּפְסוּקִים, וּמִתְכַּפֵּר בִּפְנֵי עַצְמוֹ: **אוֹ דִּלְמָא שֵׁם חֵלֶב אֶחָד הוּא**. וְהוֹרָה עִם הַצִּבּוּר הוּא, וּמִתְכַּפֵּר עִם הַצִּבּוּר: **וְהֵן בְּדָם**. כְּגוֹן דַּם הַמּוּבְלָע בְּאֵיבָרִים, אוֹ בֵּין כְּזַיִת לִפְחוֹת מִכְּזַיִת, וְהָוֵי דָּבָר שֶׁאֵין הַצְּדוּקִין מוֹדִין: **בָּתַר קָרְבָּן אָזְלִינַן**. דְּכֵיוָן דְּשָׁוִין בְּקָרְבָּן, הוֹרָה עִם הַצִּבּוּר הוּא, וּמִתְכַּפֵּר עִם הַצִּבּוּר. **תֵּיקוּ**: **לְפִי שֶׁיָּצְאָה עֲבוֹדַת כּוֹכָבִים**. מִכְּלַל פַּר הֶעְלֵם דָּבָר שֶׁל צִבּוּר, לִידּוֹן בְּעַצְמוֹ[יא] בַּהֲבָאַת פַּר וְשָׂעִיר: **נֶאֱמַר כָּאן**, בַּעֲבוֹדַת כּוֹכָבִים, **מֵעֵינֵי**. 'וְהָיָה אִם מֵעֵינֵי הָעֵדָה': **וְנֶאֱמַר לְהַלָּן מֵעֵינֵי**. 'וְנֶעְלַם דָּבָר מֵעֵינֵי הַקָּהָל': **מַה לְּהַלָּן בי"ד**. דִּכְתִיב 'וְנֶעְלַם דָּבָר מֵעֵינֵי הַקָּהָל וְעָשׂוּ', וְאָמְרִינַן לְעֵיל בְּפ"ק (דף ה.) הוֹרָאָה תְּלוּיָה בבי"ד, דִּכְתִיב 'וְנֶעְלַם דָּבָר מֵעֵינֵי הַקָּהָל' דְּהַיְינוּ בי"ד, וּמַעֲשֶׂה תָּלוּי בַּקָּהָל, דִּכְתִיב 'הַקָּהָל וְעָשׂוּ', וּבַעֲבוֹדַת כּוֹכָבִים לָא כְּתִיב בי"ד, דִּכְתִיב 'וְהָיָה אִם מֵעֵינֵי הָעֵדָה נֶעֶשְׂתָה לִשְׁגָגָה', וְאִי סָלְקָא דַּעְתָּךְ בי"ד, וְהָא אֵין מַעֲשֶׂה תָּלוּי בבי"ד אֶלָּא בַּקָּהָל, דְּהָכָא כְּתִיב 'מֵעֵינֵי הָעֵדָה נֶעֶשְׂתָה' דְּהַיְינוּ מַעֲשֶׂה, אֶלָּא מַה לְּהַלָּן בֵּית דִּין, דִּכְתִיב בְּפָרָשַׁת וַיִּקְרָא, אַף כָּאן בֵּית דִּין: **מתני'** אֵין חַיָּיבִין בְּקָרְבָּן וְכוּ'[יב].

אֵין בי"ד חַיָּיבִין קָרְבָּן אֶלָּא עַל הֶעְלֵם דָּבָר עִם שִׁגְגַת מַעֲשֶׂה, וְכֵן הַמָּשִׁיחַ, וְלַצִּבּוּר הוּא דְּכִי עָבְדֵי בְּשִׁגְגַת מַעֲשֶׂה לְחוּדֵיהּ מַיְיתוּ כָּל חַד וְחַד כִּשְׂבָּה אוֹ שְׂעִירָה דְּדִינֵיהֶם כִּיחִידִים, דְּכֵיוָן דְּלָא עָשׂוּ ע"פ בי"ד מִחַלְּקֵי כּוּלְּהוּ מֵהֲדָדֵי וְהָווּ יְחִידִים, וִיחִידִים חַיָּיבִין בְּשִׁגְגַת מַעֲשֶׂה, אֲבָל מָשִׁיחַ בְּשִׁגְגַת מַעֲשֶׂה לְחוּדֵיהּ פָּטוּר מִכְּלוּם, כִּדְאָמַר לְקַמָּן בְּפֶרֶק בָּתְרָא (דף יא.) 'מֵעַם הָאָרֶץ פְּרָט לְמָשִׁיחַ', דְּאֵינוֹ מֵבִיא בְּשִׁגְגַת מַעֲשֶׂה כְּלָל, וְהַיְינוּ דְּקָאָמַר[ז] 'יָצָא מָשִׁיחַ שֶׁאֵין חַטָּאתוֹ בִּשְׁגָגָה', דְּהַיְינוּ בְּשִׁגְגַת מַעֲשֶׂה וְכוּ'[יג]: **גמ' וְאִילּוּ מָשִׁיחַ בַּעֲבוֹדַת כּוֹכָבִים לָא קָתָנֵי**. דְּקָתָנֵי 'וְלֹא בַּעֲבוֹדַת כּוֹכָבִים אֵין חַיָּיבִים אֶלָּא עַל הֶעְלֵם דָּבָר עִם שִׁגְגַת מַעֲשֶׂה', וְלָא קָתָנֵי 'וְכֵן הַמָּשִׁיחַ', וּמִדְּלָא קָתָנֵי 'וְכֵן הַמָּשִׁיחַ' מִכְּלָל דְּמָשִׁיחַ בַּעֲבוֹדַת כּוֹכָבִים חַיָּיב בְּשִׁגְגַת מַעֲשֶׂה לְחוּדֵיהּ: **מַתְנִיתִין מַנִּי, רַבִּי הִיא**, דְּתַנְיָא, מָשִׁיחַ בַּעֲבוֹדַת כּוֹכָבִים, רַבִּי אוֹמֵר בְּשִׁגְגַת מַעֲשֶׂה. לְחוּדֵיהּ: **וחכ"א בְּהֶעְלֵם דָּבָר**. כְּלוֹמַר, עִם שִׁגְגַת מַעֲשֶׂה, כִּשְׁאָר מִצְוֹת, וְשָׁוִין שֶׁאֵין מֵבִיא אָשָׁם תָּלוּי[יד]: **וְתִסְבְּרָא, בִּזְדוֹנוֹ כָּרֵת וּבְשִׁגְגָתוֹ חַטָּאת**. לַעֲבוֹדַת כּוֹכָבִים, דְּקָתָנֵי 'וְלֹא בַּעֲבוֹדַת כּוֹכָבִים אֶלָּא עַל דָּבָר שֶׁחַיָּיבִין עַל זְדוֹנוֹ כָּרֵת וְעַל שִׁגְגָתוֹ חַטָּאת', מִי קָתָנֵי 'וְכֵן הַמָּשִׁיחַ', וְהָא קי"ל דְּמָשִׁיחַ נַמִּי בַּעֲבוֹדַת כּוֹכָבִים אֵינוֹ חַיָּיב אֶלָּא עַל דָּבָר שֶׁזְּדוֹנוֹ כָּרֵת וְעַל שִׁגְגָתוֹ חַטָּאת, כִּדְאָמְרִינַן לְקַמָּן 'נֶאֱמַר כָּאן עָלֶיהָ כוּ' לְאַשְׁמַת הָעָם הֲרֵי מָשִׁיחַ כְּצִבּוּר'[טו], וַאֲפִילוּ הָכִי לָא קָתָנֵי בְּמַתְנִיתִין 'וְכֵן הַמָּשִׁיחַ': **אֶלָּא תְּנָא בְּהָא**. בְּדָבָר שֶׁחַיָּיבִין עַל זְדוֹנוֹ כָּרֵת וְשִׁגְגָתוֹ חַטָּאת כִּשְׁאָר[טז] מִצְוֹת 'וְכֵן הַמָּשִׁיחַ', וְהוּא הַדִּין בַּעֲבוֹדַת כּוֹכָבִים, דְּמָשִׁיחַ כְּצִבּוּר, דְּאֵינוֹ חַיָּיב בַּעֲבוֹדַת כּוֹכָבִים אֶלָּא בְּדָבָר שֶׁזְּדוֹנוֹ כָּרֵת וְשִׁגְגָתוֹ חַטָּאת: **הָכָא נַמִּי תְּנָא בְּהָא**. דְּאֵין חַיָּיבִין כִּשְׁאָר מִצְוֹת אֶלָּא עַל הֶעְלֵם דָּבָר עִם שִׁגְגַת מַעֲשֶׂה 'וְכֵן הַמָּשִׁיחַ', **וְהוּא הַדִּין לַעֲבוֹדַת** כּוֹכָבִים דְּמָשִׁיחַ כְּצִבּוּר, כִּי הֵיכִי דְּאֵין בי"ד חַיָּיבִין עַל עֲבוֹדַת כּוֹכָבִים אֶלָּא עַל הֶעְלֵם דָּבָר עִם שִׁגְגַת מַעֲשֶׂה[יז], וּדְלָא כְּרַבִּי: **מַאי טַעְמָא דְּרַבִּי, אָמַר קְרָא**. בְּפָרָשַׁת שְׁלַח לְךָ, 'וְכִפֶּר הַכֹּהֵן עַל הַנֶּפֶשׁ הַשּׁוֹגֶגֶת' וְגוֹ', **סָבַר רַבִּי** 'חֶטְאָה בִשְׁגָגָה' הָכִי מַשְׁמַע, **חֵטְא זֶה בִּשְׁגָגָה יְהֵא**, כְּלוֹמַר בְּשִׁגְגַת מַעֲשֶׂה לְחוּדֵיהּ, וַאֲפִילוּ מָשִׁיחַ: **וְרַבָּנָן סָבְרִי מִי שֶׁחֶטְאוֹ בִּשְׁגָגָה**. דְּהָכִי מַשְׁמַע 'וְכִפֶּר הַכֹּהֵן עַל הַנֶּפֶשׁ הַשּׁוֹגֶגֶת', דְּיָבִיא שְׂעִירָה בְּשִׁגְגַת מַעֲשֶׂה מִי שֶׁחֶטְאוֹ בִּשְׁגָגָה בִּשְׁאָר מִצְוֹת: **יָצָא מָשִׁיחַ שֶׁאֵין חַטָּאתוֹ בִּשְׁגָגָה**. [illegible]

תוספות

דְּיָתְבִי בִּתְרֵי מְקוֹמוֹת וְקָמוֹרוּ בְּחַד אִיסּוּרָא. תֵּימַהּ, מַאי אִצְטְרִיךְ בְּשָׁוִין, אֲפִילוּ לָא שָׁווּ נַמִּי הוֹרָאָתָן הוֹרָאָה, דְּהָא דְּבָעֵינַן לְעֵיל מוּפְלָא בב"ד 'שֶׁהָיָה לָהֶן לִלְמוֹד וְלֹא לָמְדוּ', וְהָכָא מַאי אִצְטְרִיכְן לִלְמוֹד, כֵּיוָן דְּבָאִיסּוּר אֶחָד הוֹרוּ וּשְׁנֵיהֶן הוֹרוּ שָׁוֶה. וְנִרְאֶה כִּסְפָרִים דְּגָרְסֵי מִלְּתָא דְּרַב [יח]טְפֵי בְּשָׁוִין בָּתַר דְּמוּקֵי בִּתְרֵי אִסּוּרֵי: **נֶאֱמַר** כָּאן 'מֵעֵינֵי'. תֵּימַהּ, דִּלְעֵיל בפ"ק[יט] מַשְׁמַע בְּדִבְרֵי אַבָּיֵי דְּלָא יָדְעִינַן שְׁאָר מִצְוֹת אֶלָּא מֵעֲבוֹדַת כּוֹכָבִים, וְהָכָא מַשְׁמַע אִיפְּכָא. וי"ל, דְּאַבָּיֵי נַמִּי הָכִי בָּעֵי לְמֵילַף כִּי הָכָא, דְ'עֵינֵי' דַּעֲבוֹדַת כּוֹכָבִים לָא פָּשׁוּט לָן שֶׁהוּא בי"ד, אֶלָּא ה"ק, יָלְפִינַן 'עֵינֵי' 'עֵינֵי', כְּלוֹמַר, הַאי 'עֵינֵי' דַּעֲבוֹדַת כּוֹכָבִים יָלְפִינַן מִשְּׁאָר מִצְוֹת שֶׁהוּא בי"ד, וַהֲדַר יָלְפִינַן הַהוּא 'מֵעֵינֵי' מֵהַאי לְעִנְיָן זֶה, דְּכִי הֵיכִי דְּגַבֵּי עֲבוֹדַת כּוֹכָבִים מַעֲשֶׂה תָּלוּי בַּקָּהָל, כִּדְמַשְׁמַע 'נֶעֶשְׂתָה', ה"נ הַאי 'עֵינֵי' דִּשְׁאָר מִצְוֹת: **דת"ר** 'יִשְׁגּוּ', יָכוֹל יְהוּ חַיָּיבִין עַל שִׁגְגַת מַעֲשֶׂה. תֵּימַהּ, לְמַאי אִיצְטְרִיךְ, הָא כְּבָר יָלְפִינַן מִ'דָּבָר' 'דָּבָר' דְּמִקְצָת דָּבָר בָּעֵינַן, וְהָא לָא שַׁיָּיךְ כִּי אִם בְּהוֹרָאָה; וְעוֹד, אֵיךְ יְהוּ חַיָּיבִין עַל שִׁגְגַת מַעֲשֶׂה לְמ"ד בי"ד מְבִיאִין פַּר, 'טוֹבִיָּה חָטָא וְזִיגּוּד מִינַגַּד'[כ], מָה חָטְאוּ ב"ד; וְעוֹד, תַּנְיָא פ"ק[כא] 'עַם הָאָרֶץ' לְרַבּוֹת אֲפִילוּ רוּבּוֹ וַאֲפִילוּ כּוּלּוֹ, דְּמַיְיתוּ שְׂעִירָה אוֹ כִּשְׂבָּה וְלֹא פַּר. וי"ל, דְּאִי לָאו דְּמַשְׁמַע דְּבָעֵינַן הֶעְלֵם דָּבָר לָא הָיִינוּ אוֹמְרִים שֶׁב"ד יְהוּ חַיָּיבִין, אֶלָּא צִבּוּר, דְּאע"ג דִּלְעֵיל דָּרְשִׁינַן דְּמַעֲשֶׂה תָּלוּי בַּקָּהָל וְהוֹרָאָה תְּלוּיָה בב"ד, הַשְׁתָּא מִיהוּ לָא דָּרְשִׁינַן הָכִי. מִיהוּ הַקּוּשְׁיָא דְ'דָבָר' צ"ל דְּמִתְּחִלָּה צָרִיךְ לְמֵילַף הוּא[כב], וְאִם כֵּן לוֹמַר 'דָּבָר' וְלֹא כָּל הַגּוּף:

[illegible] יתירא קדרים שלא תאמר הואיל ולא נשיא ומשיח מכלל יחיד בשאר מלות. אף בעבודת כוכבים כן. קמ"ל האי בחטאה בשגגה הכי משמע וכפר הכהן על הנפש השוגגת דהיינו[כג] מעשה גרידתא. וכתב עלה בחטאה בשאר מלות[כד] דמביא כפרה גם בעבודת כוכבים בשגגת מעשה. יצא משיח שאין חטאתו בשגגה גרידתא בשאר [illegible]

בשגגה גרידתא ואין לומר דמבחטאה בשגגה ממעטי' משיח לגמרי. ואם נפש אתי לרבויי. דא"כ לא לכתוב [illegible] לכתוב וכפר עליה הכהן בחטאה בשגגה אלא כתיב השוגגת לרבות משיח לאשמועינן דלא ממעטינן מבחטאה בשגגה גרידתא אלא בהע"ד עם שגגת מעשה מביא שעירה. ולהכי דכתיב השוגגת כתיב נמי הנפש דלרבו[illegible]

This *daf* is dedicated *l'iluy nishmas*: R' Mayer ben Chana Nehmad *zt"l*

Mishnah can even be the *Chachamim*, who argue with Rebbiand hold that a *kohen gadol* is only obligated for a mistaken sin of *avodah zarah* if it was based on a mistaken ruling. The reason the Mishnah did not mention that this guideline regarding *avodah zarah* applies to a *kohen gadol* the same way that it applies to *beis din* is because it already said by the guideline of a regular *Par He'eleim Davar* that it also applies to a *kohen gadol*.

The Gemara asks: **מַאי טַעְמָא דְּרַבִּי** — What is the reasoning of Rebbi, who holds that a *kohen gadol* brings a *korban* for just a mistaken action with regard to *avodah zarah*? The Gemara answers: **אָמַר קְרָא** — It is because the *pasuk* says regarding the *korban* an individual brings for mistakenly sinning with *avodah zarah* (*Bamidbar* 15:28): **וְכִפֶּר הַכֹּהֵן עַל הַנֶּפֶשׁ הַשֹּׁגֶגֶת** — "The *kohen* will atone for the person who made a mistake, **בְּחֶטְאָה בִשְׁגָגָה** — by sinning mistakenly." **הַנֶּפֶשׁ** — When the *pasuk* says, "The person," **זֶה מָשִׁיחַ** — this refers to a *kohen gadol*, **הַשֹּׁגֶגֶת** — "who made a mistake," **זֶה נָשִׂיא** — this refers to a *nasi*, **בְּחֶטְאָה בִשְׁגָגָה** — "by sinning mistakenly, " **רַבִּי סָבַר** — Rebbi holds that these words mean: **חֵטְא זֶה בִּשְׁגָגָה יְהֵא** — This sin is by acting mistakenly, and no mistaken ruling is required. Since the *kohen gadol* is included in this *pasuk*, we see that he does not need to have been acting based on a mistaken ruling in order to be obligated to bring a *korban* for mistakenly sinning with *avodah zarah*.

וְרַבָּנָן סָבְרִי: מִי שֶׁחַטָּאתוֹ בִּשְׁגָגָה — And the *Chachamim* hold: When the *pasuk* says, "By sinning mistakenly," it is teaching us that this *korban* is only brought by someone whose typical sin that he brings a *korban* for is just a mistaken action; **יָצָא מָשִׁיחַ** — this excludes a *kohen gadol*, **שֶׁאֵין חַטָּאתוֹ בִּשְׁגָגָה** — because the sin for which he brings a *korban* is not with just a mistaken action, **אֶלָּא בְּהֶעְלֵם דָּבָר** — rather, it must have been done based on a matter being hidden and him giving a mistaken ruling.

The *Baraisa* said: **וְשָׁוִין שֶׁבִּשְׂעִירָה כְּיָחִיד** — Rebbiand the *Chachamim* agree that for a mistaken sin of *avodah zarah*, the *kohen gadol* brings a female goat (rather than a bull), just like a regular individual would. The Gemara asks: **מְנָלַן** — From where do we know this? The Gemara answers: **דְּאָמַר קְרָא** — Because the *pasuk* says when discussing a person sinning with *avodah zarah* (ibid. 27): **וְאִם נֶפֶשׁ אַחַת** — "And if one person [sins]," which implies: **אֶחָד יָחִיד** — whether it is a regular individual, **וְאֶחָד נָשִׂיא** — whether it is a *nasi*, **וְאֶחָד מָשִׁיחַ** — or whether it is a *kohen gadol*; **כּוּלָּם בִּכְלַל נֶפֶשׁ אַחַת הֵן** — because they are all included in the category of "one person."

For this *daf's shiur* and charts, scan this QR code:

וְשָׁוִין שֶׁאֵין מֵבִיא אָשָׁם תָּלוּי — The *Baraisa* teaches: Both Rebbi and the Rabbanan agree that the *kohen gadol* does not bring an *Asham Talui*. מְנָלַן — From where do we know this halachah? דִּכְתִיב — As it is written regarding *Asham Talui*, וְכִפֶּר עָלָיו הַכֹּהֵן עַל שִׁגְגָתוֹ אֲשֶׁר שָׁגָג — "And the *kohen* shall atone for his mistaken act that he performed mistakenly" (*Vayikra* 5:18). Rebbi and the Rabbanan disagree on the interpretation of this *pasuk* in accordance with their views.

רַבִּי סָבַר — Rebbi holds: מִי שֶׁכָּל חֶטְאוֹ בִּשְׁגָגָה — This is referring to someone who every one of their *Chataos* come for an mistaken act even without an erroneous ruling. יָצָא זֶה שֶׁאֵין כָּל חֶטְאוֹ בִּשְׁגָגָה — This excludes the *kohen gadol* who not every one of his *Chataos* come for unintentional actions alone, אֶלָּא בְּהֶעְלֵם דָּבָר — rather, he usually brings a *Chatas* if his unintentional act was based on an unawareness (that lead to an erroneous ruling). Although Rebbi holds that a *kohen gadol* is obligated to bring a *Chatas* for *avodah zarah* for an unintentional act alone, that is only one kind of *Chatas*. The obligation to bring a *Chatas* for a different *aveirah* must come as the result of an erroneous ruling. Here, the *pasuk* teaches that someone only brings an *Asham Talui* if they are obligated to bring every kind of *Chatas* for an unintentional act alone. Therefore, a *kohen gadol* does not bring an *Asham Talui*.

The Gemara asks: מִידֵי כָּל כְּתִיב — Does the *pasuk* say "all?" Where does the *pasuk* say that one is only obligated to bring an *Asham Talui* if *all* of their *Chataos* do not require an erroneous ruling? It would seem that even if some of their *Chataos* do not require an erroneous ruling, they should be obligated in *Asham Talui*. Since Rebbi holds that a *kohen gadol* who serves *avodah zarah* is obligated to bring a *korban* even without an erroneous ruling, he should be obligated to bring an *Asham Talui*.

The Gemara answers: אִין — Yes, it is as if the word "all" is written. דְּאִם כֵּן — Because if it were so that the *pasuk* is not referring to "all" unintentional acts, נִכְתּוֹב עַל שִׁגְגָתוֹ — let the Torah write, "For his unintentional act." לְמָה לִי אֲשֶׁר שָׁגָג — Why do I need the additional phrase, "That he performed mistakenly?" הָא קָא מַשְׁמַע לַן דְּעַד דְּאִיכָּא כָּל חֶטְאוֹ בִּשְׁגָגָה — This teaches us, that there is no obligation to bring an *Asham Talui* unless there is liability to bring all his *Chataos* for mistaken acts alone. יָצָא מָשִׁיחַ שֶׁאֵין כָּל חֶטְאוֹ בִּשְׁגָגָה — This excludes a *kohen gadol* who has no liability to bring a *Chatas* for an unintentional act alone, אֶלָּא בַּעֲבוֹדַת כּוֹכָבִים — besides for a case of *avodah zarah* where a *kohen gadol* brings a *Chatas* even without an erroneous ruling. וְלֹא בִּשְׁאָר מִצְוֹת — Which is not the case regarding other *aveiros* where the *kohen gadol* does not bring a *Chatas*, אֶלָּא בְּהֶעְלֵם דָּבָר עִם שִׁגְגַת מַעֲשֶׂה — unless there is an unawareness, leading to an erroneous ruling, together with the unintentional act that was based on the ruling. Since a *kohen gadol* is not only obligated to bring a *Chatas* for *mitzvos* other than *avodah zarah*, unless there is an erroneous ruling, he is not obligated in *Asham Talui*.

וְשָׁוִין שֶׁאֵין מֵבִיא אָשָׁם תָּלוּי, מְנָלַן. דִּכְתִיב [א]'וְכִפֶּר [עָלָיו] הַכֹּהֵן עַל שִׁגְגָתוֹ אֲשֶׁר שָׁגָג', רַבִּי סָבַר, מִי שֶׁכָּל חֶטְאוֹ בִּשְׁגָגָה, יָצָא זֶה שֶׁאֵין [כָּל[א]] חֶטְאוֹ בִּשְׁגָגָה אֶלָּא בְּהֶעְלֵם דָּבָר. מִידֵי כָּל כְּתִיב. אִין, דְּאִם כֵּן נִכְתּוֹב עַל שִׁגְגָתוֹ, לָמָּה לִי 'אֲשֶׁר שָׁגָג', הָא קָא מַשְׁמַע לָן, דְּעַד דְּאִיכָּא כָּל חֶטְאוֹ בִּשְׁגָגָה, (יָצָא מָשִׁיחַ שֶׁאֵין כָּל חֶטְאוֹ בִּשְׁגָגָה אֶלָּא בַּעֲבוֹדַת כּוֹכָבִים וְלֹא בִּשְׁאָר מִצְוֹת אֶלָּא בְּהֶעְלֵם דָּבָר עִם שִׁגְגַת מַעֲשֶׂה[ב]). וְרַבָּנָן, מִי שֶׁחֶטְאוֹ בִּשְׁגָגָה, יָצָא מָשִׁיחַ שֶׁאֵין חֶטְאוֹ בִּשְׁגָגָה, [ב]לֹא בַּעֲבוֹדַת כּוֹכָבִים וְלֹא בִּשְׁאָר מִצְוֹת, אֶלָּא בְּהֶעְלֵם דָּבָר עִם שִׁגְגַת מַעֲשֶׂה: **מתני'** [א][ג]אֵין בֵּית דִּין חַיָּיבִין עַד שֶׁיּוֹרוּ בְּדָבָר שֶׁזְּדוֹנוֹ כָּרֵת וְשִׁגְגָתוֹ חַטָּאת, [ד]וְכֵן הַמָּשִׁיחַ; וְלֹא בַּעֲבוֹדַת כּוֹכָבִים עַד שֶׁיּוֹרוּ עַל דָּבָר שֶׁזְּדוֹנוֹ כָּרֵת וְשִׁגְגָתוֹ חַטָּאת: **גמ'** מְנָלַן. דְּתַנְיָא, [ג]רַבִּי אוֹמֵר, נֶאֱמַר כָּאן [ב]'עָלֶיהָ' וְנֶאֱמַר לְהַלָּן [ג]'עָלֶיהָ', מַה לְּהַלָּן דָּבָר שֶׁזְּדוֹנוֹ כָּרֵת וְשִׁגְגָתוֹ חַטָּאת, אַף כָּאן דָּבָר שֶׁזְּדוֹנוֹ כָּרֵת וְשִׁגְגָתוֹ חַטָּאת. אַשְׁכְּחַן צִבּוּר, מָשִׁיחַ מְנָלַן. [ד]'לְאַשְׁמַת הָעָם', הֲרֵי מָשִׁיחַ כְּצִבּוּר. נָשִׂיא, יָלֵיף 'מִצְוֹת' 'מִצְוֹת', כְּתִיב גַּבֵּי נָשִׂיא [ה]'וְעָשָׂה אַחַת מִכָּל מִצְוֹת יְיָ' וּכְתִיב בְּצִבּוּר [ו]'וְעָשׂוּ אַחַת מִכָּל מִצְוֹת', מַה צִבּוּר דָּבָר שֶׁזְּדוֹנוֹ כָּרֵת וְשִׁגְגָתוֹ חַטָּאת, אַף נָשִׂיא דָּבָר שֶׁזְּדוֹנוֹ כָּרֵת וְשִׁגְגָתוֹ חַטָּאת. יָחִיד, אָמַר קְרָא [ז]'וְאִם נֶפֶשׁ', וְיִלְמַד תַּחְתּוֹן מֵעֶלְיוֹן: **וְלֹא בַּעֲבוֹדַת כּוֹכָבִים עַד שֶׁיּוֹרוּ:** בַּעֲבוֹדַת כּוֹכָבִים מְנָלַן. דְּתָנוּ רַבָּנָן, לְפִי שֶׁיָּצְאָה עֲבוֹדַת כּוֹכָבִים לִידּוֹן בְּעַצְמָהּ, יָכוֹל יְהוּ חַיָּיבִין אֲפִילּוּ עַל דָּבָר שֶׁאֵין זְדוֹנוֹ כָּרֵת וְשִׁגְגָתוֹ חַטָּאת, נֶאֱמַר כָּאן [ח]'מֵעֵינֵי' וְנֶאֱמַר לְהַלָּן [ו]'מֵעֵינֵי', מַה לְּהַלָּן דָּבָר שֶׁזְּדוֹנוֹ כָּרֵת וְשִׁגְגָתוֹ חַטָּאת, אַף כָּאן דָּבָר שֶׁזְּדוֹנוֹ כָּרֵת וְשִׁגְגָתוֹ חַטָּאת. אַשְׁכְּחַן צִבּוּר, יָחִיד נָשִׂיא מָשִׁיחַ מְנָלַן. אָמַר קְרָא [ט]'וְאִם נֶפֶשׁ אַחַת', אֶחָד יָחִיד וְאֶחָד נָשִׂיא וְאֶחָד מָשִׁיחַ, כּוּלָּן בִּכְלַל נֶפֶשׁ אַחַת הֵן, וְיִלְמַד תַּחְתּוֹן מִן הָעֶלְיוֹן. הָנִיחָא לְמַאן דְּמַפֵּיק לָהּ לְ'עָלֶיהָ' לִגְזֵירָה שָׁוָה כִּדְאָמְרַן, אֶלָּא לְרַבָּנָן דְּמַפְּקֵי לָהּ לְ'עָלֶיהָ' לַעֲרָיוֹת וְצָרוֹת, דָּבָר שֶׁזְּדוֹנוֹ כָּרֵת וְשִׁגְגָתוֹ חַטָּאת מְנָא לְהוּ.

נָפְקָא לְהוּ [ג]מִדְּמַתְנֵי לֵיהּ רַבִּי יְהוֹשֻׁעַ בֶּן לֵוִי לִבְרֵיהּ, [י]'תּוֹרָה אַחַת יִהְיֶה לָכֶם לָעוֹשֶׂה בִּשְׁגָגָה, וְהַנֶּפֶשׁ אֲשֶׁר תַּעֲשֶׂה בְּיָד רָמָה' וְגוֹ', הוּקְשָׁה כָּל הַתּוֹרָה כּוּלָּהּ לַעֲבוֹדַת כּוֹכָבִים, [ו]מָה עֲבוֹדַת כּוֹכָבִים שֶׁחַיָּיבִין עַל זְדוֹנוֹ כָּרֵת וְעַל שִׁגְגָתוֹ חַטָּאת, אַף כָּאן [ה]שֶׁחַיָּיבִין עַל זְדוֹנוֹ כָּרֵת וְעַל שִׁגְגָתוֹ חַטָּאת. אַשְׁכְּחַן יָחִיד נָשִׂיא וּמָשִׁיחַ בֵּין בַּעֲבוֹדַת כּוֹכָבִים בֵּין בִּשְׁאָר מִצְוֹת, צִבּוּר מְנָלַן. יָלֵיף עֶלְיוֹן מִתַּחְתּוֹן. וְרַבִּי הָא דְּרַבִּי יְהוֹשֻׁעַ בֶּן לֵוִי מַאי עָבֵיד לֵיהּ. מַפֵּיק לֵיהּ לִכְדְתַנְיָא, [ז]לְפִי שֶׁמָּצִינוּ שֶׁחָלַק הַכָּתוּב בֵּין רַבִּים לִיחִידִים, [ח]רַבִּים בְּסַיִיף וּמָמוֹנָן אָבֵד, [ט]יְחִידִים בִּסְקִילָה וּמָמוֹנָן פָּלֵט, יָכוֹל נַחֲלוֹק בְּקָרְבְּנוֹתֵיהֶם, תַּלְמוּד לוֹמַר [י]'תּוֹרָה אַחַת יִהְיֶה' וְגוֹ'. [ט]מַתְקִיף לָהּ רַב חִלְקִיָּה מֵהַגְרוֹנְיָא, טַעְמָא דְּלֹא חָלַק הַכָּתוּב, הָא חָלַק הֲוָה אָמֵינָא נַחֲלוֹק, מַאי נַיְיתֵי, נַיְיתֵי פַּר, צִבּוּר בִּשְׁאָר מִצְוֹת הוּא דְּמַיְיתוּ; [י]נַיְיתֵי פַּר לְעוֹלָה וְשָׂעִיר לְחַטָּאת, צִבּוּר בַּעֲבוֹדַת כּוֹכָבִים הוּא דְּמַיְיתוּ; נַיְיתֵי שָׂעִיר, נָשִׂיא בִּשְׁאָר מִצְוֹת הוּא דְּמַיְיתֵי; נַיְיתֵי שְׂעִירָה, יָחִיד נַמֵּי הַיְינוּ קָרְבָּנוֹ. (אַלְמָה לָאו[ס]) אִיצְטְרִיךְ, סָלְקָא דַעְתָּא אָמֵינָא צִבּוּר מַיְיתֵי פַּר לְעוֹלָה וְשָׂעִיר לְחַטָּאת, הָנֵי נַיְיתֵי אִיפְּכָא, פַּר לְחַטָּאת וְשָׂעִיר לְעוֹלָה, אִי נַמֵּי [י]צָרִיךְ וְאֵין לוֹ תַּקָּנָה, קָא מַשְׁמַע לָן. דְּכ"ע מִיהַת כִּי כְּתִיבֵי[י] הָנֵי קְרָאֵי בַּעֲבוֹדַת כּוֹכָבִים הוּא דִּכְתִיבֵי, מַאי מַשְׁמַע. אָמַר רָבָא, וְאִי תֵּימָא רַבִּי יְהוֹשֻׁעַ בֶּן לֵוִי, וְאָמְרִי לָהּ כְּדִי, אָמַר קְרָא [כ]'וְכִי תִשְׁגּוּ וְלֹא תַעֲשׂוּ אֵת כָּל הַמִּצְוֹת הָאֵלֶּה', אֵיזוֹ הִיא מִצְוָה [ח]שֶׁהִיא שְׁקוּלָה כְּכָל הַמִּצְוֹת, הֱוֵי אוֹמֵר זוֹ עֲבוֹדַת כּוֹכָבִים. דְּבֵי רַבִּי[י] תָּנָא[פ], אָמַר קְרָא [כ]'אֲשֶׁר דִּבֶּר יְיָ אֶל מֹשֶׁה' וּכְתִיב [ל]'אֲשֶׁר צִוָּה יְיָ אֲלֵיכֶם בְּיַד מֹשֶׁה', אֵיזוֹ הִיא מִצְוָה שֶׁהִיא בְּדִיבּוּרוֹ שֶׁל הקב"ה וְצִוָּה עַל יְדֵי מֹשֶׁה, הֱוֵי אוֹמֵר זוֹ עֲבוֹדַת כּוֹכָבִים, [ז]דְּתָנָא רַבִּי יִשְׁמָעֵאל, [מ]'אָנֹכִי' [נ]'וְלֹא יִהְיֶה לְךָ' מִפִּי הַגְּבוּרָה שְׁמַעֲנוּם. דְּבֵי רַבִּי יִשְׁמָעֵאל תָּנָא,

לְמַן

וְשָׁוִין שֶׁאֵין מָשִׁיחַ מֵבִיא אָשָׁם תָּלוּי, דִּכְתִיב בְּאָשָׁם תָּלוּי 'וְכִפֶּר[ט] הַכֹּהֵן עַל שִׁגְגָתוֹ אֲשֶׁר שָׁגָג וְהוּא לֹא יָדָע', מִי שֶׁחֶטְאוֹ בִּשְׁגָגָה, יָצָא מָשִׁיחַ, וּלְרַבִּי הֵיכִי מָצֵי אָמַר יָצָא מָשִׁיחַ, וְהָא לְרַבִּי חֶטְאוֹ בַּעֲבוֹדַת כוֹכָבִים בִּשְׁגָגָה הוּא, דְּהָא תַנְיָא לְעֵיל 'מָשִׁיחַ בַּעֲבוֹדַת כוֹכָבִים רַבִּי אוֹמֵר בְּשִׁגְגַת מַעֲשֶׂה', אֶלָּא רַבִּי סָבַר דְּהָכִי מְתָרֵץ קְרָא לְטַעְמֵיהּ, מִי שֶׁכָּל חֶטְאוֹ בִּשְׁגָגָה יָצָא מָשִׁיחַ שֶׁאֵין כָּל חֶטְאוֹ בִּשְׁגָגָה, דְּבַעֲבוֹדַת כוֹכָבִים בִּלְבַד הוּא דְּחֶטְאוֹ בִּשְׁגָגָה, אֲבָל בִּשְׁאָר מִצְוֹת אֵין חֶטְאוֹ בִּשְׁגָגָה בִּלְבַד, אֶלָּא בְּהֶעְלֵם דָּבָר עִם שִׁגְגַת מַעֲשֶׂה: וְרַבָּנָן. סָבְרֵי יָצָא מָשִׁיחַ שֶׁאֵין חֶטְאוֹ בִּשְׁגָגָה, לֹא בַּעֲבוֹדַת כוֹכָבִים וְלֹא בִּשְׁאָר מִצְוֹת אֶלָּא הֶעְלֵם[י] דָּבָר עִם שִׁגְגַת מַעֲשֶׂה, וּלְדִבְרֵי הַכֹּל מָשִׁיחַ אֵין מֵבִיא אָשָׁם תָּלוּי, וְכ"ש לְצִבּוּר דְּאֵין חַיָּיבִין אָשָׁם תָּלוּי, דְּהֶעְלֵם דָּבָר כְּתִיב בְּהוּ בְּהֶדְיָא: מתני' אֵין בי"ד חַיָּיבִין קָרְבָּן, אֶלָּא עַל דָּבָר שֶׁזְּדוֹנוֹ כָּרֵת וְשִׁגְגָתוֹ חַטָּאת. וְאִם הוֹרוּ בְּדָבָר שֶׁחַיָּיבִין אָשָׁם וַדַּאי פְּטוּרִין, דִּכְתִיב בְּאָשָׁם וַדַּאי 'וְאִם נֶפֶשׁ אַחַת'[כ], וּבי"ד אֵין הֵם בִּכְלַל נֶפֶשׁ אַחַת; וְעוֹד, דְּבָאֲשָׁמוֹת אֵין בָּהֶן דִּין הֶעְלֵם דָּבָר, דְּחַיָּיבִין אָשָׁם וַדַּאי עַל הַמֵּזִיד כְּשׁוֹגֵג: וְכֵן הַמָּשִׁיחַ. אֵין מֵבִיא פַּר אֶלָּא עַל הֶעְלֵם דָּבָר שֶׁזְּדוֹנוֹ כָּרֵת וְשִׁגְגָתוֹ חַטָּאת, אֲבָל בִּמְקוֹם אָשָׁם וַדַּאי חַיָּיב לְהָבִיא אָשָׁם וַדַּאי, לְפִי שֶׁהוּא בִּכְלַל 'נֶפֶשׁ אַחַת', וּלְהָכִי הִשְׁוָה לְצִבּוּר, דְּאֵין מֵבִיא פַּר בִּמְקוֹם אָשָׁם, אֲבָל אָשָׁם יָבִיא, כִּדְתְנַן לְקַמָּן (דף ט.) 'אָשָׁם וַדַּאי, הַנָּשִׂיא הַמָּשִׁיחַ וְהַיָּחִיד חַיָּיבִין, וּבי"ד פְּטוּרִין': גמ' נֶאֱמַר כָּאן 'עָלֶיהָ'. 'וְנוֹדְעָה הַחַטָּאת אֲשֶׁר חָטְאוּ עָלֶיהָ' (ויקרא ד): וְנֶאֱמַר לְהַלָּן. 'לְגַלּוֹת עֶרְוָתָהּ עָלֶיהָ' (שם יח): נָשִׂיא. נַמֵּי לֹא יָבִיא שָׂעִיר אֶלָּא עַל דָּבָר שֶׁזְּדוֹנוֹ כָּרֵת וְשִׁגְגָתוֹ חַטָּאת, כִּדְתְנַן (שם) 'כָּל מִצְוֹת שֶׁבַּתּוֹרָה שֶׁחַיָּיבִין עַל זְדוֹנָן כָּרֵת וְעַל שִׁגְגָתָן חַטָּאת, יָחִיד מֵבִיא כִּשְׂבָּה אוֹ שְׂעִירָה, וְנָשִׂיא מֵבִיא שָׂעִיר', דְּיָלֵיף 'מִצְוֹת' 'מִצְוֹת': יָחִיד. נַמֵּי אֵינוֹ מֵבִיא חַטָּאת אֶלָּא עַל דָּבָר שֶׁזְּדוֹנוֹ כָּרֵת, כִּדְתְנַן 'כָּל מִצְוֹת שֶׁבַּתּוֹרָה' וְכוּ': אָמַר קְרָא. בְּפָרָשַׁת וַיִּקְרָא, 'אִם[ל] נֶפֶשׁ': וְיִלְמוֹד תַּחְתּוֹן מֵעֶלְיוֹן. יָחִיד מִנָּשִׂיא: לְפִי שֶׁיָּצְאָה עֲבוֹדַת כוֹכָבִים. דְּהָכָא כְּתִיב 'וְכִי תִשְׁגּוּ וְלֹא תַעֲשׂוּ', וְלֹא כְּתִיב הָכָא כָּרֵת: יָכוֹל יְהוּ חַיָּיבִין[מ] עַל דָּבָר שֶׁאֵין זְדוֹנוֹ כָּרֵת. כְּגוֹן מְגַפֵּף וּמְנַשֵּׁק וּמְרַבֵּץ, כִּדְאָמְרִינַן בְּמַסֶּכֶת סַנְהֶדְרִין בְּפֶרֶק אַרְבַּע מִיתוֹת (דף ס:) [נ]בְּלֹא מַעֲשֶׂה וְאֵינוֹ בְּכָרֵת: וְיִלְמוֹד תַּחְתּוֹן מֵעֶלְיוֹן. יָחִיד נָשִׂיא וּמָשִׁיחַ מִצִּבּוּר: אֶלָּא לְרַבָּנָן. דְּמַפְּקֵי לְהַאי 'עָלֶיהָ' לִדְרָשָׁה אַחֲרִינָא, כִּדְאָמְרִינַן בְּפ"ק דִּיבָמוֹת (דף ג:) 'וְאִשָּׁה אֶל אֲחוֹתָהּ' וְגוֹ', 'עָלֶיהָ' מַה ת"ל, לְפִי שֶׁנֶּאֱמַר 'יְבָמָהּ יָבֹא עָלֶיהָ' וְגוֹ': 'תּוֹרָה אַחַת יִהְיֶה לָכֶם לָעוֹשֶׂה בִּשְׁגָגָה, וְהַנֶּפֶשׁ אֲשֶׁר תַּעֲשֶׂה בְּיָד רָמָה'. בַּעֲבוֹדַת כוֹכָבִים מִשְׁתַּעֵי קְרָא, דְּתַנְיָא בְּסִפְרֵי 'ר"ש אוֹמֵר, בַּעֲבוֹדַת כוֹכָבִים הַכָּתוּב מְדַבֵּר, שֶׁנֶּאֱמַר 'כִּי דְּבַר ה' בָּזָה', שֶׁבָּזָה עַל דִּיבּוּר רִאשׁוֹן שֶׁנֶּאֱמַר בּוֹ 'אָנֹכִי ה' אֱלֹהֶיךָ' וְ'לֹא יִהְיֶה לְךָ אֱלֹהִים אֲחֵרִים עַל פָּנָי': מָה עֲבוֹדַת כוֹכָבִים שֶׁחַיָּיבִין עַל זְדוֹנוֹ כָּרֵת. דְּהָכָא כְּתִיב 'הִכָּרֵת תִּכָּרֵת', אַף כּוּ': אַשְׁכְּחַן יָחִיד וְנָשִׂיא וּמָשִׁיחַ בֵּין בַּעֲבוֹדַת כוֹכָבִים וּבֵין בִּשְׁאָר מִצְוֹת. דִּכְתִיב 'וְאִם נֶפֶשׁ', וּכְתִיב 'תּוֹרָה אַחַת יִהְיֶה לָכֶם, וְהַנֶּפֶשׁ אֲשֶׁר תַּעֲשֶׂה בְּיָד רָמָה', דְּיָחִיד וְנָשִׂיא וּמָשִׁיחַ בִּכְלַל 'וְאִם נֶפֶשׁ אַחַת': צִבּוּר מְנָלַן, יִלְמוֹד עֶלְיוֹן מִן הַתַּחְתּוֹן. דִּכְתִיב בְּפָרָשָׁה לְמַעְלָה 'וְכִי תִשְׁגּוּ', דְּהַיְינוּ לְצִבּוּר, וְיִלְמַד מִתַּחְתּוֹן, מִ'וְאִם נֶפֶשׁ', מַה לְהַלָּן דָּבָר שֶׁחַיָּיבִין עַל זְדוֹנוֹ כָּרֵת וְעַל שִׁגְגָתוֹ חַטָּאת בֵּין בַּעֲבוֹדַת כוֹכָבִים בֵּין בִּשְׁאָר מִצְוֹת, דְּגַבֵּי יָחִיד הוּקְשָׁה כָּל הַתּוֹרָה כוּלָּהּ לַעֲבוֹדַת כוֹכָבִים, אַף לְצִבּוּר אֵין חַיָּיבִין אֶלָּא בְּדָבָר שֶׁחַיָּיבִין עַל זְדוֹנוֹ כָּרֵת וְעַל שִׁגְגָתוֹ חַטָּאת בֵּין בַּעֲבוֹדַת כוֹכָבִים בֵּין בִּשְׁאָר מִצְוֹת: רַבִּים בְּסַיִיף. בְּמֵזִיד, אַנְשֵׁי עִיר הַנִּדַּחַת: יָכוֹל נַחֲלוֹק בְּשׁוֹגֵג בְּקָרְבְּנוֹתֵיהֶם. דְּכִי הֵיכִי דְּחָלוּק לְצִבּוּר מִיחִידִים, דְּקָרְבַּן לְצִבּוּר בַּעֲבוֹדַת כוֹכָבִים לֹא דָּמֵי לְשׁוּם קָרְבַּן יָחִיד, ה"נ נַחֲלוֹק בְּקָרְבְּנוֹתֵיהֶם, דְּלֶהֱוֵי חָלוּק דִּמְרוּבִּין שֶׁעָשׂוּ שׁוֹגְגִין דְּעִיר הַנִּדַּחַת, דְּלָא לֶהֱוֵי דָּמֵי לְעוֹלָם לְשׁוּם קָרְבָּן, לֹא לְצִבּוּר וְלֹא לְיָחִיד: ת"ל 'תּוֹרָה אַחַת'. דְּעִיר הַנִּדַּחַת דְּשׁוֹגֵג כִּיחִידִים דָּמוּ, וּמַיְיתֵי כָּל חַד וְחַד שְׂעִירָה כְּיָחִיד: מַאי נַיְיתֵי. אַנְשֵׁי עִיר הַנִּדַּחַת רַבִּים דִּבְסַיִיף: נַיְיתֵי פַּר, צִבּוּר בִּשְׁאָר מִצְוֹת הוּא דְּמַיְיתֵי. וְלָא הָוֵי חָלוּק, וְכ"ש דְּבָעֵינַן חִלּוּק בֵּין אַנְשֵׁי עִיר הַנִּדַּחַת לְצִבּוּר, דְּהָא אֵין לְצִבּוּר נַעֲשִׂין עִיר הַנִּדַּחַת כְּלָל: יָחִיד נַמֵּי הַיְינוּ קָרְבָּנוֹ. וְלָא הָוֵי חָלוּק: אִיצְטְרִיךְ. 'תּוֹרָה אַחַת', דְּס"ד וְכוּ': אִי נַמֵּי צָרִיךְ. לַחֲלוֹק בְּקָרְבָּן: וְאֵין לוֹ תַּקָּנָה. לְעִיר הַנִּדַּחַת בְּשׁוֹגֵג, דְּאִי אֶפְשָׁר לַחֲלוֹק: קמ"ל. 'תּוֹרָה אַחַת', דְּמַיְיתֵי כָּל חַד שְׂעִירָה כְּיָחִיד: 'וְלֹא תַעֲשׂוּ אֵת כָּל הַמִּצְוֹת', אֵיזוֹ הִיא מִצְוָה שֶׁשְּׁקוּלָה כְּנֶגֶד כָּל הַמִּצְוֹת, הֱוֵי אוֹמֵר זוֹ עֲבוֹדַת כוֹכָבִים. שֶׁכָּל הַמּוֹדֶה בָּהּ כְּכוֹפֵר בְּכָל הַתּוֹרָה כוּלָּהּ: כְּתִיב ['אֵת] כָּל אֲשֶׁר צִוָּה יְיָ אֲלֵיכֶם בְּיַד מֹשֶׁה'. דְּמַשְׁמַע שֶׁצִּוָּה ע"י מֹשֶׁה, וּכְתִיב 'אֲשֶׁר דִּבֶּר ה'', דְּמַשְׁמַע שֶׁהָיָה בְּדִיבּוּרוֹ שֶׁל הקב"ה, כְּלוֹמַר שֶׁשָּׁמְעוּ יִשְׂרָאֵל מִפִּיו כְּשֶׁדִּבֵּר עִם מֹשֶׁה: אֵיזוֹ הִיא מִצְוָה שֶׁהִיא בְּדִבּוּרוֹ שֶׁל הקב"ה וְצִוָּה ע"י מֹשֶׁה, הֱוֵי אוֹמֵר זוֹ עֲבוֹדַת כוֹכָבִים. דְּ'אָנֹכִי וְלֹא יִהְיֶה לְךָ מִפִּי הַגְּבוּרָה שְׁמַעֲנוּם', דְּהַיְינוּ שֶׁשָּׁמְעוּ בְּדִבּוּרוֹ שֶׁל הקב"ה, וְצִוָּה ע"י מֹשֶׁה בְּכַמָּה פָּרָשִׁיּוֹת שֶׁבַּתּוֹרָה[ס], כְּגוֹן 'לֹא תִשְׁתַּחֲוֶה לְאֵל אַחֵר' דְּלֹא שְׁמַעְנוּ אֶלָּא מִפִּי מֹשֶׁה:

לְמַן

תוספות

אין חַיָּיבִין אֶלָּא עַל דָּבָר שֶׁזְּדוֹנוֹ כָּרֵת וְשִׁגְגָתוֹ חַטָּאת. תֵּימָה, אַמַּאי קָאָמַר 'עַל שִׁגְגָתוֹ חַטָּאת', הָא הִיא גּוּפָהּ חַטָּאת הִיא, וּמָה שַׁיָּיךְ לוֹמַר אֵין חַיָּיבִין אֶלָּא עַל דָּבָר שֶׁשִּׁגְגָתוֹ חַטָּאת. וְשֶׁמָּא אַגַּב דּוּכְתָּא אַחֲרִיתִי דְּנָקֵיט לָהּ גַּבֵּי מַלְקוּת נָקֵיט נַמֵּי הָכָא. עי"ל, דה"פ, דְּמָה שֶׁאָדָם אַחֵר הָיָה מְחוּיָּב חַטָּאת עַל שִׁגְגָתוֹ הָכָא מְבִיאִין פַּר: **וְיָחִיד**, דְּאָמַר קְרָא 'וְאִם נֶפֶשׁ'. ה"נ ה"מ לְמֵילַף גַּבֵּי יָחִיד 'מִצְוֹת' 'מִצְוֹת', דה"נ כְּתִיב 'וְאִם נֶפֶשׁ אַחַת תֶּחֱטָא[ע] וְעָשְׂתָה אַחַת מִכָּל מִצְוֹת ה'', אֶלָּא דְּהָכִי נִיחָא לֵיהּ לְמֵילַף: **יִלְמוֹד** תַּחְתּוֹן מֵעֶלְיוֹן. וְא"ת, הֵיכִי יָלֵיף יָחִיד מִנָּשִׂיא, וְהָא נָשִׂיא גָּמַר מִגּ"ש וְאֵינוֹ חוֹזֵר וּמְלַמֵּד בְּהֶיקֵּשׁ (כִּדְאִיתָא בִּזְבָחִים נ:). וְיֵשׁ לוֹמַר דְּגִלּוּיֵי מִילְּתָא בְּעָלְמָא הוּא וְלָא הֶיקֵּשׁ, דְּתַרְוַיְיהוּ בִּכְלַל יָחִיד וּבִכְלַל נֶפֶשׁ. מִיהוּ לְעֵיל[פ] קָשֶׁה, דְּיָלֵיף עֲבוֹדַת כוֹכָבִים מִשְּׁאָר מִצְוֹת, וּשְׁאָר מִצְוֹת מִזָּקֵן מַמְרֵא, וַהֲלֹא הַלָּמֵד מִגְּזֵירָה שָׁוָה אֵין חוֹזֵר וּמְלַמֵּד בִּגְזֵירָה שָׁוָה (עיין זבחים ניפסקו הש"ם דדבר הלמד בגזירה שוה חוזר ומלמד בגזירה שוה, ואין חולק על זה. וצריך עיון גדול). וְיֵשׁ לוֹמַר דְּבָתַר מְלַמֵּד [אָזְלִינַן], וְהַמְלַמֵּד (תולין) [חוּלִּין][צ]: **שֶׁהִיא** שְׁקוּלָה כְּנֶגֶד כָּל הַמִּצְוֹת. דְּכֵיוָן דְּמוֹדֶה בָּהּ מַה מּוֹעִיל לוֹ לְקַיֵּים כָּל הַמִּצְוֹת וּמִסְתָּמָא יַעֲבוֹר עַל כּוּלָּן. וּבְסִפְרֵי מַפִּיק לָהּ מֵ'אֵת בְּרִיתִי הֵפֵר', מַשְׁמַע שֶׁכָּל הַבְּרִית מֵיפֵר:

מסורת הש"ס
עם הוספות

א) יבמות ט:, ב) [יבמות ט.], ג) שבת סט: [יבמות ט.], ד) [יבמות ט.], ה) [יבמות דף ט.], ו) [כרכות טו: ושם נסמן], ז) מכות כד., ח) ז:, ט) עי' מכות יט סוף ע"א.

תורה אור השלם

א) וְהֵבִיא אַיִל תָּמִים מִן הַצֹּאן בְּעֶרְכְּךָ לְאָשָׁם אֶל הַכֹּהֵן וְכִפֶּר עָלָיו הַכֹּהֵן עַל שִׁגְגָתוֹ אֲשֶׁר שָׁגָג וְהוּא לֹא יָדַע וְנִסְלַח לוֹ: [ויקרא ה, יח]

ב) וְנוֹדְעָה הַחַטָּאת אֲשֶׁר חָטְאוּ עָלֶיהָ וְהִקְרִיבוּ הַקָּהָל פַּר בֶּן בָּקָר לְחַטָּאת וְהֵבִיאוּ אֹתוֹ לִפְנֵי אֹהֶל מוֹעֵד: [ויקרא ד, יד]

ג) וְאִשָּׁה אֶל אֲחֹתָהּ לֹא תִקָּח לִצְרֹר לְגַלּוֹת עֶרְוָתָהּ עָלֶיהָ בְּחַיֶּיהָ: [ויקרא יח, יח]

ד) אִם הַכֹּהֵן הַמָּשִׁיחַ יֶחֱטָא לְאַשְׁמַת הָעָם וְהִקְרִיב עַל חַטָּאתוֹ אֲשֶׁר חָטָא פַּר בֶּן בָּקָר תָּמִים לַיְיָ לְחַטָּאת: [ויקרא ד, ג]

ה) אֲשֶׁר נָשִׂיא יֶחֱטָא וְעָשָׂה אַחַת מִכָּל מִצְוֹת יְיָ אֱלֹהָיו אֲשֶׁר לֹא תֵעָשֶׂינָה בִּשְׁגָגָה וְאָשֵׁם: [ויקרא ד, כב]

ו) וְאִם כָּל עֲדַת יִשְׂרָאֵל יִשְׁגּוּ וְנֶעְלַם דָּבָר מֵעֵינֵי הַקָּהָל וְעָשׂוּ אַחַת מִכָּל מִצְוֹת יְיָ אֲשֶׁר לֹא תֵעָשֶׂינָה וְאָשֵׁמוּ: [ויקרא ד, יג]

ז) וְאִם נֶפֶשׁ אַחַת תֶּחֱטָא בִשְׁגָגָה מֵעַם הָאָרֶץ בַּעֲשֹׂתָהּ אַחַת מִמִּצְוֹת יְיָ אֲשֶׁר לֹא תֵעָשֶׂינָה וְאָשֵׁם: [ויקרא ד, כז]

ח) וְהָיָה אִם מֵעֵינֵי הָעֵדָה נֶעֶשְׂתָה לִשְׁגָגָה וְעָשׂוּ כָל הָעֵדָה פַּר בֶּן בָּקָר אֶחָד לְעֹלָה לְרֵיחַ נִיחֹחַ לַיְיָ וּמִנְחָתוֹ וְנִסְכּוֹ כַּמִּשְׁפָּט וּשְׂעִיר עִזִּים אֶחָד לְחַטָּת: [במדבר טו, כד]

ט) וְאִם נֶפֶשׁ אַחַת תֶּחֱטָא בִשְׁגָגָה וְהִקְרִיבָה עֵז בַּת שְׁנָתָהּ לְחַטָּאת: [במדבר טו, כז]

י) הָאֶזְרָח בִּבְנֵי יִשְׂרָאֵל וְלַגֵּר הַגָּר בְּתוֹכָם תּוֹרָה אַחַת יִהְיֶה לָכֶם לָעֹשֶׂה בִּשְׁגָגָה: וְהַנֶּפֶשׁ אֲשֶׁר תַּעֲשֶׂה בְּיָד רָמָה מִן הָאֶזְרָח וּמִן הַגֵּר אֶת יְיָ הוּא מְגַדֵּף וְנִכְרְתָה הַנֶּפֶשׁ הַהִוא מִקֶּרֶב עַמָּהּ: [במדבר טו, כט-ל]

כ) וְכִי תִשְׁגּוּ וְלֹא תַעֲשׂוּ אֵת כָּל הַמִּצְוֹת הָאֵלֶּה אֲשֶׁר דִּבֶּר יְיָ אֶל מֹשֶׁה: [במדבר טו, כב]

ל) אֵת כָּל אֲשֶׁר צִוָּה יְיָ אֲלֵיכֶם בְּיַד מֹשֶׁה מִן הַיּוֹם אֲשֶׁר צִוָּה יְיָ וָהָלְאָה לְדֹרֹתֵיכֶם: [במדבר טו, כג]

מ) אָנֹכִי יְיָ אֱלֹהֶיךָ אֲשֶׁר הוֹצֵאתִיךָ מֵאֶרֶץ מִצְרַיִם מִבֵּית עֲבָדִים:

נ) לֹא יִהְיֶה לְךָ אֱלֹהִים אֲחֵרִים עַל פָּנָי: [שמות כ, ב-ג]

עין משפט
נר מצוה

טז א מיי' פט"ו מהלכות שגגות הלכה ו סמג עשין ריז:
יז ב מיי' שם הלכה ג:
יח ג מיי' שם פי"ב הל"א:
יט ד מיי' שם פט"ו הלכה א:
כ ה מיי' שם פ"א הלכה ב והלכה ד ה:
כא ו ז מיי' פ"ד מהלכות עבודת כוכבים הלכה ו סמג שם:
כב ח מיי' שם פ"ג הלכה ד ופרק ל מהלכות שבת הלכה טו:

תוספות הרא"ש

מה להלן דבר שחייבין על זדונו כרת ושגגתו חטאת. תימה מנ"ל דבאשם … אשה מייתי חטאת בשגגה … [illegible] … דלא ק"ל לדבר שחייבין על זדונו כרת שמביא על שגגתו חטאת. וי"ל דהא דקאמר על שגגתו חטאת לאו דוקא. אלא אגב קיפא דתני ועל שגגתו חטאת תנא נמי ברישא. וה"פ מה עליה האמור באחות אשה בדבר שזדונו כרת אף עליה האמור בחטאת בדבר שזדונו כרת נאמר שמביא על שגגתו חטאת. ועי"ל דעל שגגתו חטאת דרישא נמי דוקא [ומשמע] דנ"מ עליה עליה לא אצטריך אלא למעוטי דאין מביא חטאת אלא על דבר שזדונו כרת. דאי לאו ג"ש ה"א דעל כל חטא שיחטא יביא קרבן. הלכך מפרשי' שפיר מה להלן באחות אשה זדונו כרת ושגגתו חטאת. דממילא הוה אמרי' דעל כל חטא מביא חטאת. אף עליה האמור בקרבן דוקא על זדונו כרת: מאי נייתי פר צבור בשאר מצות הוא דמייתו. ופשוט ליה לתלמודא שאין לנו לבדות קרבן חדש שאין מתכפרין בו בשום מקום על עבירה. וקמ"ל הכי [מאי] נייתי נייתי קרבן הבא על עבירה במקום אחר הא אינם חלוקים בקרבנותיהם. וקרבן חדש שאין מתכפרים בו בשום מקום על עבירה א"א להביא:

הגהות וציונים

א] באר שבע (גליון). נ"א "יצא זה שאין חטאו בשגגה משיח לרבי חטאו בשגגה הוא אלא מי שכל חטאו בשגגה יצא זה שאין כל חטאו בשגגה", והיא גירסת רש"י: ב] רש"א מ"ז (גליון). עי"ש בהגהות והערות מה מחק: ג] בס"י מה להלן (גליון): ד] בכת"י נוסף נייתי כשבה יחיד בשאר מצות הוא דמייתי, וכ"ה ביבמות: ה] רש"א מ"ז (גליון): ו] "כי כתיבי" ליתא בר"ח ובכת"י: ז] בד' ויניציא רפ"א "דבי רבי ישמעאל", וכ"ה בר"מ ובבאר שבע. ועי' שער יוסף. ועי' הגהות וציונים לקמן ע"ב על רש"י ד"ה מחוורתא: ח] מהרש"א מוסיף ע"פ הרא"ם "תנא וכי תשגו ולא תעשו בעבודת כוכבים הכתוב מדבר דאמר קרא": ט] [עליו] (כמו שהוסיפוהו בגמרא - דק"ס): י] בהעלם (כת"י): כ] הלשון לאו דוקא. ועי' רש"י לעיל ז ע"א "דכתיב באשם גזילות ובאשם מעילות נפש": ל] ואם (כת"י, רש"ש): מ] חייבין אפי' (כת"י): נ] דעובד בלא תעשה (כת"י): ס] ע"י משה במקומות הרבה כגון (כת"י, ע"י, ראש, וב"ש): ע] לשה"כ "תחטא בשגגה מעם הארץ בעשתה אחת ממצות ה'" (כת"י משום).

וְרַבָּנַן — And the Rabbanan explain this *pasuk* simply, according to their opinion that a *kohen gadol* never brings a *Chatas* unless his action is based on an erroneous ruling. **מִי שֶׁחֶטְאוֹ בִּשְׁגָגָה** — One only brings an *Asham Talui* if his liability to bring a *Chatas* is for an mistaken act alone. **יָצָא מָשִׁיחַ** — This excludes a *kohen gadol*, **שֶׁאֵין חֶטְאוֹ בִּשְׁגָגָה לֹא בַּעֲבוֹדַת כּוֹכָבִים וְלֹא בִּשְׁאָר מִצְוֹת** — who never has to bring a *Chatas* for an unintentional act alone; not by *avodah zarah* nor by any other *mitzvos*, **אֶלָּא בְּהֶעְלֵם דָּבָר עִם שִׁגְגַת מַעֲשֶׂה** — as he only brings a *Chatas* if there is an erroneous ruling together with his mistaken action.

מַתְנִיתִין — MISHNAH

אֵין בֵּית דִּין חַיָּיבִין — The judges of *beis din* do not have to bring a *Par He'eleim Davar*, **עַד שֶׁיּוֹרוּ** — unless they rule, **בְּדָבָר שֶׁזְּדוֹנוֹ כָּרֵת** **וְשִׁגְגָתוֹ חַטָּאת** — about an *aveirah* which is punished with *kareis* if done intentionally, and obligates a *Korban Chatas* if done mistakenly. **וְכֵן הַמָּשִׁיחַ** — and the same applies to the *kohen gadol* who erroneously ruled for himself and transgressed an *aveirah*. **וְלֹא בַּעֲבוֹדַת כּוֹכָבִים** — Nor is *beis din* obligated to bring the *Olah* and *Chatas* for mistakenly ruling about *avodah zarah*, **עַד שֶׁיּוֹרוּ עַל דָּבָר שֶׁזְּדוֹנוֹ כָּרֵת וְשִׁגְגָתוֹ חַטָּאת** — unless they rule about an *aveirah* which, if done intentionally, is punished with *kareis*, and if done mistakenly, obligates a *Korban Chatas*.

גְּמָרָא — GEMARA

מְנָלַן — From where do we know that *beis din* is only obligated to bring a *Par He'eleim Davar* for ruling on an *aveirah* which is punished with *kareis* and obligates a *Chatas*? The Gemara answers: **דְּתַנְיָא** — This is derived as it is taught in a *Baraisa*: **רַבִּי אוֹמֵר** — Rebbi says: **נֶאֱמַר כָּאן עָלֶיהָ וְנֶאֱמַר לְהַלָּן עָלֶיהָ** — The word "*alehah*" is stated here regarding *Par He'eleim Davar* (*Vayikra* 4:14), and the word "*alehah*" is stated there regarding the prohibition of marrying two sisters (18:18). **מָה לְהַלָּן** — Just as in the case of two sisters, **דָּבָר שֶׁזְּדוֹנוֹ כָּרֵת וְשִׁגְגָתוֹ חַטָּאת** — it is an *aveirah* for which the punishment is *kareis* if done intentionally, and a *Korban Chatas* if done mistakenly, **אַף כָּאן** — so too, here, regarding *Par He'eleim Davar*, **דָּבָר שֶׁזְּדוֹנוֹ כָּרֵת וְשִׁגְגָתוֹ חַטָּאת** — it only applies for an *aveirah* which is punished with *kareis* if done intentionally and obligates a *Chatas* if done unintentionally.

The Gemara asks: **אַשְׁכְּחַן צִבּוּר** — We found a source for *Par He'eleim Davar* brought on behalf of the community. **מָשִׁיחַ מְנָלַן** — How does the *tanna* know that the same is true regarding the *kohen gadol* who erroneously ruled and acted according to his ruling? The Gemara answers: **לְאַשְׁמַת הָעָם** — The *pasuk* says, "[If the *Kohen Mashiach* (*kohen gadol*) sins], as a guilt of the nation," (*Vayikra* 4:3). **הֲרֵי מָשִׁיחַ כְּצִבּוּר** — This indicates that

מסורת הש"ס
עם הוספות

א) יבמות ח:, ב) [יבמות ט.], ג) שבת סח: [יבמות ט.], ד) [יבמות ט.], ה) [יבמות דף ט.], ו) [כרתות טו: וסם נסמן], ז) מכות כד., ח) ז:, ט) עי' מכות יט סוף ע"א.

תורה אור השלם

א) וְהֵבִיא אַיִל תָּמִים מִן הַצֹּאן בְּעֶרְכְּךָ לְאָשָׁם אֶל הַכֹּהֵן וְכִפֶּר עָלָיו הַכֹּהֵן עַל שִׁגְגָתוֹ אֲשֶׁר שָׁגָג וְהוּא לֹא יָדַע וְנִסְלַח לוֹ: [ויקרא ה, יח]

ב) וְנוֹדְעָה הַחַטָּאת אֲשֶׁר חָטְאוּ עָלֶיהָ וְהִקְרִיבוּ הַקָּהָל פַּר בֶּן בָּקָר לְחַטָּאת וְהֵבִיאוּ אֹתוֹ לִפְנֵי אֹהֶל מוֹעֵד: [ויקרא ד, יד]

ג) וְאִשָּׁה אֶל אֲחֹתָהּ לֹא תִקָּח לִצְרֹר לְגַלּוֹת עֶרְוָתָהּ עָלֶיהָ בְּחַיֶּיהָ: [ויקרא יח, יח]

ד) אִם הַכֹּהֵן הַמָּשִׁיחַ יֶחֱטָא לְאַשְׁמַת הָעָם וְהִקְרִיב עַל חַטָּאתוֹ אֲשֶׁר חָטָא פַּר בֶּן בָּקָר תָּמִים לַייָ לְחַטָּאת: [ויקרא ד, ג]

ה) אֲשֶׁר נָשִׂיא יֶחֱטָא וְעָשָׂה אַחַת מִכָּל מִצְוֹת יְיָ אֱלֹהָיו אֲשֶׁר לֹא תֵעָשֶׂינָה בִּשְׁגָגָה וְאָשֵׁם: [ויקרא ד, כב]

ו) וְאִם כָּל עֲדַת יִשְׂרָאֵל יִשְׁגּוּ וְנֶעְלַם דָּבָר מֵעֵינֵי הַקָּהָל וְעָשׂוּ אַחַת מִכָּל מִצְוֹת יְיָ אֲשֶׁר לֹא תֵעָשֶׂינָה וְאָשֵׁמוּ: [ויקרא ד, יג]

ז) וְאִם נֶפֶשׁ אַחַת תֶּחֱטָא בִשְׁגָגָה מֵעַם הָאָרֶץ בַּעֲשֹׂתָהּ אַחַת מִמִּצְוֹת יְיָ אֲשֶׁר לֹא תֵעָשֶׂינָה וְאָשֵׁם: [ויקרא ד, כז]

ח) וְהָיָה אִם מֵעֵינֵי הָעֵדָה נֶעֶשְׂתָה לִשְׁגָגָה וְעָשׂוּ כָל הָעֵדָה פַּר בֶּן בָּקָר אֶחָד לְעֹלָה לְרֵיחַ נִיחֹחַ לַייָ וּמִנְחָתוֹ וְנִסְכּוֹ כַּמִּשְׁפָּט וּשְׂעִיר עִזִּים אֶחָד לְחַטָּת: [במדבר טו, כד]

ט) וְאִם נֶפֶשׁ אַחַת תֶּחֱטָא בִשְׁגָגָה וְהִקְרִיבָה עֵז בַּת שְׁנָתָהּ לְחַטָּאת: [במדבר טו, כז]

י) הָאֶזְרָח בִּבְנֵי יִשְׂרָאֵל וְלַגֵּר הַגָּר בְּתוֹכָם תּוֹרָה אַחַת יִהְיֶה לָכֶם לָעֹשֶׂה בִּשְׁגָגָה: וְהַנֶּפֶשׁ אֲשֶׁר תַּעֲשֶׂה בְּיָד רָמָה מִן הָאֶזְרָח וּמִן הַגֵּר אֶת יְיָ הוּא מְגַדֵּף וְנִכְרְתָה הַנֶּפֶשׁ הַהִוא מִקֶּרֶב עַמָּהּ: [במדבר טו, כט-ל]

כ) וְכִי תִשְׁגּוּ וְלֹא תַעֲשׂוּ אֵת כָּל הַמִּצְוֹת הָאֵלֶּה אֲשֶׁר דִּבֶּר יְיָ אֶל מֹשֶׁה: [במדבר טו, כב]

ל) אֵת כָּל אֲשֶׁר צִוָּה יְיָ אֲלֵיכֶם בְּיַד מֹשֶׁה מִן הַיּוֹם אֲשֶׁר צִוָּה יְיָ וָהָלְאָה לְדֹרֹתֵיכֶם: [במדבר טו, כג]

מ) אָנֹכִי יְיָ אֱלֹהֶיךָ אֲשֶׁר הוֹצֵאתִיךָ מֵאֶרֶץ מִצְרַיִם מִבֵּית עֲבָדִים: נ) לֹא יִהְיֶה לְךָ אֱלֹהִים אֲחֵרִים עַל פָּנָי: [שמות כ, ב-ג]

עין משפט
נר מצוה

טז א מיי' פט"ו מהלכות שגגות הלכה ו סמג עשין רח:
יז ב מיי' שם הלכה ב:
יח ג מיי' שם פי"ג הל"ט:
יט ד מיי' שם פט"ו הלכה א:
כ ה מיי' שם פ"א הלכה ב והלכה ד ה:
כא ו ז מיי' פ"ד מהלכות עבודת כוכבים הלכה ו סמג שם:
כב ח מיי' שם פ"ב הלכה ד ופרק ג מהלכות שבת הלכה טו:

אוְשָׁוִין שֶׁאֵין מֵבִיא אָשָׁם תָּלוּי, מְנָלָן. דִּכְתִיב א) 'וְכִפֶּר [עָלָיו] הַכֹּהֵן עַל שִׁגְגָתוֹ אֲשֶׁר שָׁגָג', רַבִּי סָבַר, מִי שֶׁכָּל חֶטְאוֹ בִּשְׁגָגָה, יָצָא זֶה שֶׁאֵין [כָּל[א]] חֶטְאוֹ בִּשְׁגָגָה אֶלָּא בְּהֶעְלֵם דָּבָר. מִידֵי כָּל כְּתִיב. אִין, דְּאִם כֵּן נִכְתּוֹב עַל שִׁגְגָתוֹ, לָמָּה לִי 'אֲשֶׁר שָׁגָג', הָא קָא מַשְׁמַע לָן, דְּעַד דְּאִיכָּא כָּל חֶטְאוֹ בִּשְׁגָגָה, (יָצָא מָשִׁיחַ שֶׁאֵין כָּל חֶטְאוֹ בִּשְׁגָגָה אֶלָּא בַּעֲבוֹדַת כּוֹכָבִים וְלֹא בִּשְׁאָר מִצְוֹת אֶלָּא בְּהֶעְלֵם דָּבָר עִם שִׁגְגַת מַעֲשֶׂה[ב]). וְרַבָּנָן, מִי שֶׁחֶטְאוֹ בִּשְׁגָגָה, יָצָא מָשִׁיחַ שֶׁאֵין חֶטְאוֹ בִּשְׁגָגָה, בלֹא בַּעֲבוֹדַת כּוֹכָבִים וְלֹא בִּשְׁאָר מִצְוֹת, אֶלָּא בְּהֶעְלֵם דָּבָר עִם שִׁגְגַת מַעֲשֶׂה: **מתני'** [א]גאֵין בֵּית דִּין חַיָּיבִין עַד שֶׁיּוֹרוּ בְּדָבָר שֶׁזְּדוֹנוֹ כָּרֵת וְשִׁגְגָתוֹ חַטָּאת, דוְכֵן הַמָּשִׁיחַ; וְלֹא בַּעֲבוֹדַת כּוֹכָבִים עַד שֶׁיּוֹרוּ עַל דָּבָר שֶׁזְּדוֹנוֹ כָּרֵת וְשִׁגְגָתוֹ חַטָּאת: **גמ'** מְנָלָן. דְּתַנְיָא, ה'רַבִּי אוֹמֵר, נֶאֱמַר כָּאן ב) 'עָלֶיהָ' וְנֶאֱמַר לְהַלָּן ג) 'עָלֶיהָ', מַה לְּהַלָּן דָּבָר שֶׁזְּדוֹנוֹ כָּרֵת וְשִׁגְגָתוֹ חַטָּאת, אַף כָּאן דָּבָר שֶׁזְּדוֹנוֹ כָּרֵת וְשִׁגְגָתוֹ חַטָּאת. אַשְׁכְּחַן צִבּוּר, מָשִׁיחַ מְנָלָן. ד) 'לְאַשְׁמַת הָעָם', הֲרֵי מָשִׁיחַ כְּצִבּוּר. נָשִׂיא, יָלֵיף 'מִצְוֹת' 'מִצְוֹת', כְּתִיב גַּבֵּי נָשִׂיא ה) 'וְעָשָׂה אַחַת מִכָּל מִצְוֹת יְיָ' וּכְתִיב בְּצִבּוּר ו) 'וְעָשׂוּ אַחַת מִכָּל מִצְוֹת', מַה צִבּוּר דָּבָר שֶׁזְּדוֹנוֹ כָּרֵת וְשִׁגְגָתוֹ חַטָּאת, אַף נָשִׂיא דָּבָר שֶׁזְּדוֹנוֹ כָּרֵת וְשִׁגְגָתוֹ חַטָּאת. יָחִיד, אָמַר קְרָא ז) 'וְאִם נֶפֶשׁ', וְיִלְמַד תַּחְתּוֹן מֵעֶלְיוֹן: וְלֹא בַּעֲבוֹדַת כּוֹכָבִים עַד שֶׁיּוֹרוּ: בַּעֲבוֹדַת כּוֹכָבִים מְנָלָן. דְּתָנוּ רַבָּנָן, לְפִי שֶׁיָּצְאָה עֲבוֹדַת כּוֹכָבִים לִידּוֹן בְּעַצְמָהּ, יָכוֹל יְהוּ חַיָּיבִין אֲפִילּוּ עַל דָּבָר שֶׁאֵין זְדוֹנוֹ כָּרֵת וְשִׁגְגָתוֹ חַטָּאת, נֶאֱמַר כָּאן ח) 'מֵעֵינֵי' וְנֶאֱמַר לְהַלָּן ו) 'מֵעֵינֵי', מַה לְּהַלָּן דָּבָר שֶׁזְּדוֹנוֹ כָּרֵת וְשִׁגְגָתוֹ חַטָּאת, אַף כָּאן דָּבָר שֶׁזְּדוֹנוֹ כָּרֵת וְשִׁגְגָתוֹ חַטָּאת. אַשְׁכְּחַן צִבּוּר, יָחִיד נָשִׂיא מָשִׁיחַ מְנָלָן. אָמַר קְרָא ט) 'וְאִם נֶפֶשׁ אַחַת', אֶחָד יָחִיד וְאֶחָד נָשִׂיא וְאֶחָד מָשִׁיחַ, כּוּלָּן בִּכְלַל נֶפֶשׁ אַחַת הֵן, וְיִלְמַד תַּחְתּוֹן מִן הָעֶלְיוֹן. הָנִיחָא לְמַאן דְּמַפִּיק לָהּ לְ'עָלֶיהָ' לִגְזֵירָה שָׁוָה כְּדַאֲמָרָן, אֶלָּא לְרַבָּנָן דְּמַפְּקִי לָהּ לְ'עָלֶיהָ' לַעֲרָיוֹת וְצָרוֹת, דָּבָר שֶׁזְּדוֹנוֹ כָּרֵת וְשִׁגְגָתוֹ חַטָּאת מְנָא לְהוּ. נָפְקָא לְהוּ ומִדְּמַתְנֵי לֵיהּ רַבִּי יְהוֹשֻׁעַ בֶּן לֵוִי לִבְרֵיהּ, י) 'תּוֹרָה אַחַת יִהְיֶה לָכֶם לָעוֹשֶׂה בִּשְׁגָגָה, וְהַנֶּפֶשׁ אֲשֶׁר תַּעֲשֶׂה בְּיָד רָמָה' וְגוֹ', הוּקְשָׁה כָּל הַתּוֹרָה כּוּלָּהּ לַעֲבוֹדַת כּוֹכָבִים, זמָה עֲבוֹדַת כּוֹכָבִים שֶׁחַיָּיבִין עַל זְדוֹנוֹ כָּרֵת וְעַל שִׁגְגָתוֹ חַטָּאת, אַף כָּאן השֶׁחַיָּיבִין עַל זְדוֹנוֹ כָּרֵת וְעַל שִׁגְגָתוֹ חַטָּאת. אַשְׁכְּחַן יָחִיד נָשִׂיא וּמָשִׁיחַ בֵּין בַּעֲבוֹדַת כּוֹכָבִים בֵּין בִּשְׁאָר מִצְוֹת, צִבּוּר מְנָלָן. יָלֵיף עֶלְיוֹן מִתַּחְתּוֹן. וְרַבִּי הָא דְּרַבִּי יְהוֹשֻׁעַ בֶּן לֵוִי מַאי עָבֵיד לֵיהּ. מַפִּיק לֵיהּ לְכִדְתַנְיָא, טלְפִי שֶׁמָּצִינוּ שֶׁחִלֵּק הַכָּתוּב בֵּין רַבִּים לִיחִידִים, ירַבִּים בְּסַיִיף וּמָמוֹנָן אָבֵד, יְחִידִים בִּסְקִילָה וּמָמוֹנָן פָּלֵט, יָכוֹל נַחֲלוֹק בְּקָרְבְּנוֹתֵיהֶם, תַּלְמוּד לוֹמַר י) 'תּוֹרָה אַחַת יִהְיֶה' וְגוֹ'. כמַתְקִיף לָהּ רַב חִלְקִיָּה מֵהַגְרוֹנְיָא, טַעְמָא דְּלֹא חִלֵּק הַכָּתוּב, הָא חִלֵּק הֲוָה אָמֵינָא נַחֲלוֹק, מַאי נַיְיתֵי, נַיְיתֵי פַּר, צִבּוּר בִּשְׁאָר מִצְוֹת הוּא דְּמַיְיתוּ; ח) נַיְיתֵי פַּר לְעוֹלָה וְשָׂעִיר לְחַטָּאת, צִבּוּר בַּעֲבוֹדַת כּוֹכָבִים הוּא דְּמַיְיתוּ; נַיְיתֵי שָׂעִיר, נָשִׂיא בִּשְׁאָר מִצְוֹת הוּא דְּמַיְיתֵי; נַיְיתֵי שְׂעִירָה, יָחִיד נַמִּי הַיְינוּ קָרְבָּנוֹ. (אַלְמָה לָא[ג]) אִיצְטְרִיךְ, סָלְקָא דַּעְתָּא אָמֵינָא צִבּוּר מַיְיתֵי פַּר לְעוֹלָה וְשָׂעִיר לְחַטָּאת, הָנֵי נַיְיתֵי אִיפְּכָא, פַּר לְחַטָּאת וְשָׂעִיר לְעוֹלָה, אִי נַמִּי לצָרִיךְ וְאֵין לוֹ תַּקָּנָה, קָא מַשְׁמַע לָן. דְּכ"ע מִיהַת כִּי כְּתִיבֵי[ד] הָנֵי קְרָאֵי בַּעֲבוֹדַת כּוֹכָבִים הוּא דִּכְתִיבִי, מַאי מַשְׁמַע. אָמַר רָבָא, וְאִי תֵּימָא רַבִּי יְהוֹשֻׁעַ בֶּן לֵוִי, וְאָמְרִי לָהּ כְּדִי, אָמַר קְרָא כ) 'וְכִי תִשְׁגּוּ וְלֹא תַעֲשׂוּ אֵת כָּל הַמִּצְוֹת הָאֵלֶּה', אֵיזוֹ הִיא מִצְוָה משֶׁהִיא שְׁקוּלָה כְּכָל הַמִּצְוֹת, הֱוֵי אוֹמֵר זוֹ עֲבוֹדַת כּוֹכָבִים. דְּבֵי רַבִּי[ה] תָּנָא[ו], אָמַר קְרָא כ) 'אֲשֶׁר דִּבֶּר יְיָ אֶל מֹשֶׁה' וּכְתִיב ל) 'אֲשֶׁר צִוָּה יְיָ אֲלֵיכֶם בְּיַד מֹשֶׁה', אֵיזוֹ הִיא מִצְוָה שֶׁהִיא בְּדִיבּוּרוֹ שֶׁל הַקָּבָּ"ה וְצִוָּה עַל יְדֵי מֹשֶׁה, הֱוֵי אוֹמֵר זוֹ עֲבוֹדַת כּוֹכָבִים, נדְּתָנָא רַבִּי יִשְׁמָעֵאל, מ) 'אָנֹכִי' נ) 'וְלֹא יִהְיֶה לְךָ' מִפִּי הַגְּבוּרָה שְׁמַעְנוּם. דְּבֵי רַבִּי יִשְׁמָעֵאל תָּנָא, לְמַן

רש"י

וְשָׁוִין שֶׁאֵין מָשִׁיחַ מֵבִיא אָשָׁם תָּלוּי, דִּכְתִיב בְּאָשָׁם תָּלוּי 'וְכִפֶּר[ז]' הַכֹּהֵן עַל שִׁגְגָתוֹ אֲשֶׁר שָׁגַג וְהוּא לֹא יָדַע', מִי שֶׁחֶטְאוֹ בִּשְׁגָגָה, יָצָא מָשִׁיחַ, וּלְרַבִּי הֵיכִי מָצֵי אָמַר יָצָא מָשִׁיחַ, וְהָא לְרַבִּי חֶטְאוֹ בַּעֲבוֹדַת כּוֹכָבִים בִּשְׁגָגָה הוּא, דְּהָא תַּנְיָא לְעֵיל 'מָשִׁיחַ בַּעֲבוֹדַת כּוֹכָבִים רַבִּי אוֹמֵר בְּשִׁגְגַת מַעֲשֶׂה', אֶלָּא רַבִּי סָבַר דְּהָכִי מִתָּרֵץ קְרָא לְטַעְמֵיהּ, מִי שֶׁכָּל חֶטְאוֹ בִּשְׁגָגָה יָצָא מָשִׁיחַ שֶׁאֵין כָּל חֶטְאוֹ בִּשְׁגָגָה, דְּבַעֲבוֹדַת כּוֹכָבִים בִּלְבַד הוּא דְּחֶטְאוֹ בִּשְׁגָגָה, אֲבָל בִּשְׁאָר מִצְוֹת אֵין חֶטְאוֹ בִּשְׁגָגָה בִּלְבַד, אֶלָּא בְּהֶעְלֵם דָּבָר עִם שִׁגְגַת מַעֲשֶׂה: וְרַבָּנָן. סָבְרֵי יָצָא מָשִׁיחַ שֶׁאֵין חֶטְאוֹ בִּשְׁגָגָה, לֹא בַּעֲבוֹדַת כּוֹכָבִים וְלֹא בִּשְׁאָר מִצְוֹת אֶלָּא הֶעְלֵם[ח] דָּבָר עִם שִׁגְגַת מַעֲשֶׂה, וּלְדִבְרֵי הַכֹּל מָשִׁיחַ אֵין מֵבִיא אָשָׁם תָּלוּי, וְכָל שֶׁכֵּן לְצִבּוּר דְּאֵין חַיָּיבִין אָשָׁם תָּלוּי, דְּהֶעְלֵם דָּבָר כְּתִיב בְּהוּ בְּהֶדְיָא: מתני' אֵין בֵּית דִּין חַיָּיבִין קָרְבָּן, אֶלָּא עַל דָּבָר שֶׁזְּדוֹנוֹ כָּרֵת וְשִׁגְגָתוֹ חַטָּאת. וְאִם הוֹרוּ בְּדָבָר שֶׁחַיָּיבִין אָשָׁם וַדַּאי פְּטוּרִין, דִּכְתִיב בְּאָשָׁם וַדַּאי 'וְאִם נֶפֶשׁ אַחַת'[ט], וּבֵית דִּין אֵין הֵם בִּכְלַל נֶפֶשׁ אַחַת; וְעוֹד, דְּבַאֲשָׁמוֹת אֵין בָּהֶן דִּין הֶעְלֵם דָּבָר, דְּחַיָּיבִין אָשָׁם וַדַּאי עַל הַמֵּזִיד כַּשּׁוֹגֵג: וְכֵן הַמָּשִׁיחַ. אֵין מֵבִיא פַּר אֶלָּא עַל הֶעְלֵם דָּבָר שֶׁזְּדוֹנוֹ כָּרֵת וְשִׁגְגָתוֹ חַטָּאת, אֲבָל בִּמְקוֹם אָשָׁם וַדַּאי חַיָּיב לְהָבִיא אָשָׁם וַדַּאי, לְפִי שֶׁהוּא בִּכְלַל 'נֶפֶשׁ אַחַת', וּלְהָכִי הֻשְׁוָה לְצִבּוּר, דְּאֵין מֵבִיא פַּר בִּמְקוֹם אָשָׁם, אֲבָל אָשָׁם יָבִיא, כִּדְתְנַן לְקַמָּן (דף ט.) 'אָשָׁם וַדַּאי, הַנָּשִׂיא הַמָּשִׁיחַ וְהַיָּחִיד חַיָּיבִין, וּבֵית דִּין פְּטוּרִין': גמ' נֶאֱמַר כָּאן 'עָלֶיהָ'. 'וְנוֹדְעָה הַחַטָּאת אֲשֶׁר חָטְאוּ עָלֶיהָ' (ויקרא ד): וְנֶאֱמַר לְהַלָּן. 'לְגַלּוֹת עֶרְוָתָהּ עָלֶיהָ' (שם יח): נָשִׂיא. נַמִּי לֹא יָבִיא שָׂעִיר אֶלָּא עַל דָּבָר שֶׁזְּדוֹנוֹ כָּרֵת וְשִׁגְגָתוֹ חַטָּאת, כִּדְתְנַן (שם) 'כָּל מִצְוֹת שֶׁבַּתּוֹרָה שֶׁחַיָּיבִין עַל זְדוֹנָן כָּרֵת וְעַל שִׁגְגָתָן חַטָּאת, יָחִיד מֵבִיא כִּשְׂבָּה אוֹ שְׂעִירָה, וְנָשִׂיא מֵבִיא שָׂעִיר', דְּיָלֵיף 'מִצְוֹת' 'מִצְוֹת': יָחִיד. נַמִּי אֵינוֹ מֵבִיא חַטָּאת אֶלָּא עַל דָּבָר שֶׁזְּדוֹנוֹ כָּרֵת, דִּתְנַן 'כָּל מִצְוֹת שֶׁבַּתּוֹרָה' וְכוּ': אָמַר קְרָא. בְּפָרָשַׁת וַיִּקְרָא, 'אִם[י] נֶפֶשׁ': וְיִלְמוֹד תַּחְתּוֹן מֵעֶלְיוֹן. יָחִיד מִנָּשִׂיא: לְפִי שֶׁיָּצְאָה עֲבוֹדַת כּוֹכָבִים. דְּהָכָא כְּתִיב 'וְכִי תִשְׁגּוּ וְלֹא תַעֲשׂוּ', וְלָא כְּתִיב הָכָא כָּרֵת: יָכוֹל יְהוּ חַיָּיבִין[כ] עַל דָּבָר שֶׁאֵין זְדוֹנוֹ כָּרֵת. כְּגוֹן מְגַפֵּף וּמְנַשֵּׁק וּמְרַבֵּץ, כִּדְאָמְרִינַן בְּמַסֶּכֶת סַנְהֶדְרִין בְּפֶרֶק אַרְבַּע מִיתוֹת (דף ס:) [ל]בְּלָא תַעֲשֶׂה וְאֵינוֹ בְּכָרֵת: וְיִלְמוֹד תַּחְתּוֹן מֵעֶלְיוֹן. יָחִיד נָשִׂיא וּמָשִׁיחַ מִצִּבּוּר: אֶלָּא לְרַבָּנָן. דְּמַפְּקִי לְהַאי 'עָלֶיהָ' לִדְרָשָׁא אַחֲרִינָא, כִּדְאָמְרִינַן בְּפ"ק דִּיבָמוֹת (דף ג:) 'וְאִשָּׁה אֶל אֲחוֹתָהּ' וְגוֹ', 'עָלֶיהָ' מַה ת"ל, לְפִי שֶׁנֶּאֱמַר יְבָמָהּ יָבֹא עָלֶיהָ וְגוֹ': 'תּוֹרָה אַחַת יִהְיֶה לָכֶם לָעוֹשֶׂה בִּשְׁגָגָה, וְהַנֶּפֶשׁ אֲשֶׁר תַּעֲשֶׂה בְּיָד רָמָה'. בַּעֲבוֹדַת כּוֹכָבִים מִשְׁתַּעֵי קְרָא, דְּתַנְיָא בְּסִיפְרֵי 'ר"ש אוֹמֵר, בַּעֲבוֹדַת כּוֹכָבִים הַכָּתוּב מְדַבֵּר, שֶׁנֶּאֱמַר כִּי דְבַר ה' בָּזָה', שֶׁבָּזָה עַל דִּיבּוּר רִאשׁוֹן שֶׁנֶּאֱמַר בּוֹ 'אָנֹכִי ה' אֱלֹהֶיךָ' וְ'לֹא יִהְיֶה לְךָ אֱלֹהִים אֲחֵרִים עַל פָּנָי': מָה עֲבוֹדַת כּוֹכָבִים שֶׁחַיָּיבִין עַל זְדוֹנוֹ כָּרֵת. דְּהָכָא כְּתִיב 'הִכָּרֵת תִּכָּרֵת', אַף כּוּ': אַשְׁכְּחַן יָחִיד וְנָשִׂיא וּמָשִׁיחַ בֵּין בַּעֲבוֹדַת כּוֹכָבִים וּבֵין בִּשְׁאָר מִצְוֹת. דִּכְתִיב 'וְאִם נֶפֶשׁ', וּכְתִיב 'תּוֹרָה אַחַת יִהְיֶה לָכֶם, וְהַנֶּפֶשׁ אֲשֶׁר תַּעֲשֶׂה בְּיָד רָמָה', דְּיָחִיד וְנָשִׂיא וּמָשִׁיחַ בִּכְלַל 'וְאִם נֶפֶשׁ אַחַת': צִבּוּר מְנָלָן, יִלְמוֹד עֶלְיוֹן מִן הַתַּחְתּוֹן. דִּכְתִיב בְּפָרָשָׁה לְמַעְלָה 'וְכִי תִשְׁגּוּ', דְּהַיְינוּ צִבּוּר, וְיִלְמַד מִתַּחְתּוֹן, מִ'וְאִם נֶפֶשׁ', מַה לְּהַלָּן דָּבָר שֶׁחַיָּיבִין עַל זְדוֹנוֹ כָּרֵת וְעַל שִׁגְגָתוֹ חַטָּאת בֵּין בַּעֲבוֹדַת כּוֹכָבִים בֵּין בִּשְׁאָר מִצְוֹת, דְּגַבֵּי יָחִיד הוּקְשָׁה כָּל הַתּוֹרָה כּוּלָּהּ לַעֲבוֹדַת כּוֹכָבִים, אַף לְצִבּוּר אֵין חַיָּיבִין אֶלָּא בְּדָבָר שֶׁחַיָּיבִין עַל זְדוֹנוֹ כָּרֵת וְעַל שִׁגְגָתוֹ חַטָּאת בֵּין בַּעֲבוֹדַת כּוֹכָבִים בֵּין בִּשְׁאָר מִצְוֹת: רַבִּים בְּסַיִיף. בְּמֵזִיד, אַנְשֵׁי עִיר הַנִּדַּחַת: יָכוֹל נַחֲלוֹק בְּשׁוֹגֵג בְּקָרְבְּנוֹתֵיהֶם. דְּכִי הֵיכִי דְּחָלוּק לְצִבּוּר מִיחִידִים, דְּקָרְבַּן לְצִבּוּר בַּעֲבוֹדַת כּוֹכָבִים לָא דָּמֵי לְשׁוּם קָרְבַּן יָחִיד, ה"נ נַחֲלוֹק בְּקָרְבְּנוֹתֵיהֶם, דְּלֶהֱוֵי חָלוּק דִּמְרוּבִּין שֶׁעָשׂוּ שׁוֹגְגִין דְּעִיר הַנִּדַּחַת, דְּלָא לֶהֱוֵי דָּמֵי לְעוֹלָם לְשׁוּם קָרְבָּן, לֹא לְצִבּוּר וְלֹא לְיָחִיד: ת"ל 'תּוֹרָה אַחַת'. דְּעִיר הַנִּדַּחַת דְּשׁוֹגֵג כִּיחִידִים דָּמוּ, וּמַיְיתֵי כָּל חַד וְחַד שְׂעִירָה כְּיָחִיד: מַאי נַיְיתֵי. אַנְשֵׁי עִיר הַנִּדַּחַת רַבִּים דִּבְסַיִיף: נַיְיתֵי פַּר, צִבּוּר בִּשְׁאָר מִצְוֹת הוּא דְּמַיְיתֵי. וְלָא הָוֵי חָלוּק, וְכָל שֶׁכֵּן דְּבָעֵינַן חִלּוּק בֵּין אַנְשֵׁי עִיר הַנִּדַּחַת לְצִבּוּר, דְּהָא אֵין לְצִבּוּר נַעֲשִׂין עִיר הַנִּדַּחַת כְּלָל: יָחִיד נַמִּי הַיְינוּ קָרְבָּנוֹ. וְלָא הָוֵי חָלוּק: אִיצְטְרִיךְ. 'תּוֹרָה אַחַת', דְּסָ"ד וְכוּ': אִי נַמִּי צָרִיךְ. לַחֲלוֹק בְּקָרְבָּן: וְאֵין לוֹ תַּקָּנָה. לְעִיר הַנִּדַּחַת בְּשׁוֹגֵג, דְּאִי אֶפְשָׁר לַחֲלוֹק: קמ"ל. 'תּוֹרָה אַחַת', דְּמַיְיתֵי כָּל חַד שְׂעִירָה כְּיָחִיד: 'וְלֹא תַעֲשׂוּ אֵת כָּל הַמִּצְוֹת', אֵיזוֹ הִיא מִצְוָה שֶׁשְּׁקוּלָה כְּנֶגֶד כָּל הַמִּצְוֹת, הֱוֵי אוֹמֵר זוֹ עֲבוֹדַת כּוֹכָבִים. שֶׁכָּל הַמּוֹדֶה בָּהּ כְּכוֹפֵר בְּכָל הַתּוֹרָה כּוּלָּהּ: כְּתִיב [אֵת] כָּל אֲשֶׁר צִוָּה יְיָ אֲלֵיכֶם בְּיַד מֹשֶׁה'. דְּמַשְׁמַע שֶׁצִּוָּה ע"י מֹשֶׁה, וּכְתִיב 'אֲשֶׁר דִּבֶּר ה'', דְּמַשְׁמַע שֶׁהָיָה בְּדִיבּוּרוֹ שֶׁל הַקָּבָּ"ה, כְּלוֹמַר שֶׁשָּׁמְעוּ יִשְׂרָאֵל מִפִּיו כְּשֶׁדִּבֵּר עִם מֹשֶׁה: אֵיזוֹ הִיא מִצְוָה שֶׁהִיא בְּדִבּוּרוֹ שֶׁל הַקָּבָּ"ה וְצִוָּה ע"י מֹשֶׁה, הֱוֵי אוֹמֵר זוֹ עֲבוֹדַת כּוֹכָבִים. דְּ'אָנֹכִי וְלֹא יִהְיֶה לְךָ מִפִּי הַגְּבוּרָה שְׁמַעְנוּם', דְּהַיְינוּ שֶׁשָּׁמְעוּ בְּדִבּוּרוֹ שֶׁל הַקָּבָּ"ה, וְצִוָּה ע"י מֹשֶׁה בְּכַמָּה פָּרָשִׁיּוֹת שֶׁבַּתּוֹרָה[מ], כְּגוֹן 'לֹא תִשְׁתַּחֲוֶה לְאֵל אַחֵר' דְּלֹא שְׁמַעְנוּ אֶלָּא מִפִּי מֹשֶׁה:

תוספות

אין חַיָּיבִין אֶלָּא עַל דָּבָר שֶׁזְּדוֹנוֹ כָּרֵת וְשִׁגְגָתוֹ חַטָּאת. תֵּימָה, אַמַּאי קָאָמַר 'עַל שִׁגְגָתוֹ חַטָּאת', הָא הִיא גּוּפָהּ חַטָּאת הִיא, וּמָה שַׁיָּיךְ לוֹמַר אֵין חַיָּיבִין חַטָּאת אֶלָּא עַל דָּבָר שֶׁשִּׁגְגָתוֹ חַטָּאת. וְשֶׁמָּא אַגַּב דּוּכְתָּא אַחֲרִיתִי דְּנָקִיט לָהּ גַּבֵּי מַלְקוֹת נָקִיט נַמִּי הָכָא. עי"ל, דְּה"פ, דְּמַה שֶּׁאָדָם אַחֵר הָיָה מְחוּיָּב חַטָּאת עַל שִׁגְגָתוֹ הָכָא מְבִיאִין פַּר: וְיָחִיד, דְּאָמַר קְרָא 'וְאִם נֶפֶשׁ'. ה"נ ה"מ לְמֵילַף גַּבֵּי יָחִיד 'מִצְוֹת' 'מִצְוֹת', דְּה"נ כְּתִיב 'וְאִם נֶפֶשׁ אַחַת תֶּחֱטָא[נ] וְעָשְׂתָה אַחַת מִכָּל מִצְוֹת ה'', אֶלָּא דְּהָכִי נִיחָא לֵיהּ לְמֵילַף: יִלְמוֹד תַּחְתּוֹן מֵעֶלְיוֹן. וא"ת, הֵיכִי יָלֵיף יָחִיד מִנָּשִׂיא, וְהָא נָשִׂיא גָּמִיר מִג"ש וְאֵינוֹ חוֹזֵר וּמְלַמֵּד בְּהֶיקֵּשׁ (כְּדְאִיתָא בִּזְבָחִים נ:). וְיֵשׁ לוֹמַר דְּגִילּוּי מִילְּתָא בְּעָלְמָא הוּא וְלָא הֶיקֵּשׁ, דְּתַרְוַיְיהוּ בִּכְלַל יָחִיד וּבִכְלַל נֶפֶשׁ. מִיהוּ לְעֵיל[ס] קָשֶׁה, דְּיָלֵיף עֲבוֹדַת כּוֹכָבִים מִשְּׁאָר מִצְוֹת, וּשְׁאָר מִצְוֹת מִזָּקֵן מַמְרֵא, וַהֲלֹא הַלָּמֵד מִגְּזֵירָה שָׁוָה אֵין חוֹזֵר וּמְלַמֵּד בִּגְזֵירָה שָׁוָה (עיין זבחים ניפסט הס"ם דדבר הלמד בגזירה שוה חוזר ומלמד בגזירה שוה, ואין חולק על זה. וצריך עיון גדול). וְיֵשׁ לוֹמַר דְּבָתַר מְלַמֵּד [אָזְלִינַן], וְהַמְלַמֵּד (תולין) [חוּלִּין][ע]: שֶׁהִיא שְׁקוּלָה כְּנֶגֶד כָּל הַמִּצְוֹת. דְּכֵיוָן דְּמוֹדֶה בָּהּ מַה צּוֹרֶךְ לוֹ לְקַיֵּים כָּל הַמִּצְוֹת וּמִסְתָּמָא יַעֲבוֹר עַל כּוּלָּן. וּבְסִפְרֵי מַפִּיק לָהּ מֵ'אֶת בְּרִיתִי הֵיפַר', מַשְׁמַע שֶׁכָּל הַבְּרִית מֵיפֵר:

תוספות הרא"ש

[illegible]

הגהות וציונים

[illegible]

the halachah of a *kohen gadol* is the same as that of the community. The *kohen gadol* only brings his *Chatas* for the same *aveiros* that obligate *beis din* in a *Par He'eleim Davar.*

The Gemara asks: **נָשִׂיא** — How does the *tanna* (9a) know that a *nasi*, as well, does not have to bring the *Chatas* of a *nasi* (*Vayikra* 4:22-26) unless he does an *aveirah* for which the punishment is *kareis* if done intentionally and obligates a *Chatas* if done unintentionally? **יָלֵיף מִצְוֹת מִצְוֹת** — We learn this from a *gezeirah shavah*, "*mitzvos-mitzvos*." **כְּתִיב גַּבֵּי נָשִׂיא** — It is written regarding the sin of the *nasi*, **וְעָשָׂה אַחַת מִכָּל מִצְוֹת ה'** — "And he does one of all the *mitzvos* of Hashem," **וּכְתִיב בְּצִבּוּר** — and it is written regarding the community, **וְעָשׂוּ אַחַת מִכָּל מִצְוֹת** — "And they do one of the *mitzvos*." **מָה צִבּוּר** — just as in the case of the *Par He'eleim Davar* of the community, **דָּבָר שֶׁזְּדוֹנוֹ כָּרֵת וְשִׁגְגָתוֹ חַטָּאת** — it only applies for an *aveirah* which if done intentionally is punished with *kareis*, and if done unintentionally obligates a *Chatas*, **אַף נָשִׂיא** — so, too, in the case of a *nasi*, there is only liability, **דָּבָר שֶׁזְּדוֹנוֹ כָּרֵת וְשִׁגְגָתוֹ חַטָּאת** — for an *aveirah* which if done intentionally is punished with *kareis*, and if done mistaken obligates a *Chatas.*

The Gemara asks further: **יָחִיד** — How does the *tanna* (9a) know that a regular individual brings a *Korban Chatas* only for an *aveirah* whose punishment is *kareis* if done intentionally? **אָמַר קְרָא** — The *pasuk* says regarding the *Korban Chatas* of an individual (*Vayikra* 4:27), **וְאִם נֶפֶשׁ** — "And if a person…" **וְיִלְמַד תַּחְתּוֹן מֵעֶלְיוֹן** — and the connecting *vav* ("and") indicates that we should learn the rules of the second section (a regular person's *Chatas*) from the rules of the first section (the *nasi's Chatas*). A regular individual only brings a *Chatas* for those *aveiros* that a *nasi* brings the special *Chatas* of a *nasi*—the punishment for violating the *aveirah* intentionally must be *kareis.*

The next section of our Mishnah taught: **וְלֹא בַּעֲבוֹדַת כּוֹכָבִים עַד שֶׁיּוֹרוּ** — Nor is *beis din* obligated to bring the *Olah* and *Chatas* for mistakenly ruling about *avodah zarah*, unless they rule about an *aveirah* which, if done intentionally is punished with *kareis*, and if done unintentionally obligates a *Korban Chatas*. The Gemara asks: **בַּעֲבוֹדַת כּוֹכָבִים מְנָלַן** — In the case of *avodah zarah*, how do we know this requirement applies? **דְּתָנוּ רַבָּנַן** — As the *Chachamim* taught in a *Baraisa* **לְפִי שֶׁיָּצְאָה עֲבוֹדַת כּוֹכָבִים לָדוּן בְּעַצְמָהּ:** — Because *avodah zarah* is excluded from the general discussion of unintentional transgressions, to be discussed separately, (*Bamidbar perek* 15), **יָכוֹל יְהוּ חַיָּיבִין אֲפִילּוּ עַל דָּבָר שֶׁאֵין זְדוֹנוֹ כָּרֵת וְשִׁגְגָתוֹ חַטָּאת** — One would have thought that this *korban* is required even for a form of idol worship which is not punishable by *kareis* if done intentionally and does not obligate a *Korban Chatas* if done mistakenly (such as kissing an idol); **נֶאֱמַר כָּאן מֵעֵינֵי** — To avoid this misunderstanding, the *pasuk* here, regarding the *Chatas* of *avodah zarah* says the term, "from the eyes" (*Bamidbar* 15:24), **וְנֶאֱמַר לְהַלָּן מֵעֵינֵי** — and the *pasuk* there, regarding the *Par He'eleim Davar* of a communal sin, says, "from the eyes" (*Vayikra* 4:13). **מָה לְהַלָּן** — Just like there, in the case of a *Par He'eleim*

For this *daf's shiur* and charts, scan this QR code:

מסורת הש"ס עם הוספות

א) יבמות ח:, ב) [יבמות ט.], ג) שבת סח: [יבמות ט.], ד) [יבמות ט.], ה) [יבמות דף ט.], ו) [ברכות טו: ושם נסמן], ז) מכות כד., ח) ז:, ט) עי' מכות יט סוף ע"א.

תורה אור השלם

א) וְהֵבִיא אַיִל תָּמִים מִן הַצֹּאן בְּעֶרְכְּךָ לְאָשָׁם אֶל הַכֹּהֵן וְכִפֶּר עָלָיו הַכֹּהֵן עַל שִׁגְגָתוֹ אֲשֶׁר שָׁגָג וְהוּא לֹא יָדַע וְנִסְלַח לוֹ: [ויקרא ה, יח]

ב) וְנוֹדְעָה הַחַטָּאת אֲשֶׁר חָטְאוּ עָלֶיהָ וְהִקְרִיבוּ הַקָּהָל פַּר בֶּן בָּקָר לְחַטָּאת וְהֵבִיאוּ אֹתוֹ לִפְנֵי אֹהֶל מוֹעֵד: [ויקרא ד, יד]

ג) וְאִשָּׁה אֶל אֲחֹתָהּ לֹא תִקָּח לִצְרֹר לְגַלּוֹת עֶרְוָתָהּ עָלֶיהָ בְּחַיֶּיהָ: [ויקרא יח, יח]

ד) אִם הַכֹּהֵן הַמָּשִׁיחַ יֶחֱטָא לְאַשְׁמַת הָעָם וְהִקְרִיב עַל חַטָּאתוֹ אֲשֶׁר חָטָא פַּר בֶּן בָּקָר תָּמִים לַיְיָ לְחַטָּאת: [ויקרא ד, ג]

ה) אֲשֶׁר נָשִׂיא יֶחֱטָא וְעָשָׂה אַחַת מִכָּל מִצְוֹת יְיָ אֱלֹהָיו אֲשֶׁר לֹא תֵעָשֶׂינָה בִּשְׁגָגָה וְאָשֵׁם: [ויקרא ד, כב]

ו) וְאִם כָּל עֲדַת יִשְׂרָאֵל יִשְׁגּוּ וְנֶעְלַם דָּבָר מֵעֵינֵי הַקָּהָל וְעָשׂוּ אַחַת מִכָּל מִצְוֹת יְיָ אֲשֶׁר לֹא תֵעָשֶׂינָה וְאָשֵׁמוּ: [ויקרא ד, יג]

ז) וְאִם נֶפֶשׁ אַחַת תֶּחֱטָא בִשְׁגָגָה מֵעַם הָאָרֶץ בַּעֲשֹׂתָהּ אַחַת מִמִּצְוֹת יְיָ אֲשֶׁר לֹא תֵעָשֶׂינָה וְאָשֵׁם: [ויקרא ד, כז]

ח) וְהָיָה אִם מֵעֵינֵי הָעֵדָה נֶעֶשְׂתָה לִשְׁגָגָה וְעָשׂוּ כָל הָעֵדָה פַּר בֶּן בָּקָר אֶחָד לְעֹלָה לְרֵיחַ נִיחֹחַ לַייָ וּמִנְחָתוֹ וְנִסְכּוֹ כַּמִּשְׁפָּט וּשְׂעִיר עִזִּים אֶחָד לְחַטָּת: [במדבר טו, כד]

ט) וְאִם נֶפֶשׁ אַחַת תֶּחֱטָא בִשְׁגָגָה וְהִקְרִיבָה עֵז בַּת שְׁנָתָהּ לְחַטָּאת: [במדבר טו, כז]

י) הָאֶזְרָח בִּבְנֵי יִשְׂרָאֵל וְלַגֵּר הַגָּר בְּתוֹכָם תּוֹרָה אַחַת יִהְיֶה לָכֶם לָעֹשֶׂה בִּשְׁגָגָה: וְהַנֶּפֶשׁ אֲשֶׁר תַּעֲשֶׂה בְּיָד רָמָה מִן הָאֶזְרָח וּמִן הַגֵּר אֶת יְיָ הוּא מְגַדֵּף וְנִכְרְתָה הַנֶּפֶשׁ הַהִוא מִקֶּרֶב עַמָּהּ: [במדבר טו, כט-ל]

כ) וְכִי תִשְׁגּוּ וְלֹא תַעֲשׂוּ אֵת כָּל הַמִּצְוֹת הָאֵלֶּה אֲשֶׁר דִּבֶּר יְיָ אֶל מֹשֶׁה: [במדבר טו, כב]

ל) אֵת כָּל אֲשֶׁר צִוָּה יְיָ אֲלֵיכֶם בְּיַד מֹשֶׁה מִן הַיּוֹם אֲשֶׁר צִוָּה יְיָ וָהָלְאָה לְדֹרֹתֵיכֶם: [במדבר טו, כג]

מ) אָנֹכִי יְיָ אֱלֹהֶיךָ אֲשֶׁר הוֹצֵאתִיךָ מֵאֶרֶץ מִצְרַיִם מִבֵּית עֲבָדִים: [שמות כ, ב]

נ) לֹא יִהְיֶה לְךָ אֱלֹהִים אֲחֵרִים עַל פָּנָי: [שמות כ, ג]

א וְשָׁוִין שֶׁאֵין מֵבִיא אָשָׁם תָּלוּי, מְנָלַן. דִּכְתִיב א) 'וְכִפֶּר [עָלָיו] הַכֹּהֵן עַל שִׁגְגָתוֹ אֲשֶׁר שָׁגָג', רַבִּי סָבַר, מִי שֶׁכָּל חֶטְאוֹ בִּשְׁגָגָה, יָצָא זֶה שֶׁאֵין [כָּל[א]] חֶטְאוֹ בִּשְׁגָגָה אֶלָּא בְּהֶעְלֵם דָּבָר. מִידֵי כָּל כְּתִיב. אִין, דְּאִם כֵּן נִכְתּוֹב עַל שִׁגְגָתוֹ, לָמָּה לִי 'אֲשֶׁר שָׁגָג', הָא קָא מַשְׁמַע לָן, דְּעַד דְּאִיכָּא כָּל חֶטְאוֹ בִּשְׁגָגָה, (יָצָא מָשִׁיחַ שֶׁאֵין כָּל חֶטְאוֹ בִּשְׁגָגָה אֶלָּא בַּעֲבוֹדַת כּוֹכָבִים וְלֹא בִּשְׁאָר מִצְוֹת אֶלָּא בְּהֶעְלֵם דָּבָר עִם שִׁגְגַת מַעֲשֶׂה[ב]). וְרַבָּנָן, מִי שֶׁחֶטְאוֹ בִּשְׁגָגָה, יָצָא מָשִׁיחַ שֶׁאֵין חֶטְאוֹ בִּשְׁגָגָה, ב לֹא בַּעֲבוֹדַת כּוֹכָבִים וְלֹא בִּשְׁאָר מִצְוֹת, אֶלָּא בְּהֶעְלֵם דָּבָר עִם שִׁגְגַת מַעֲשֶׂה: **מתני'** [א] ג אֵין בֵּית דִּין חַיָּיבִין עַד שֶׁיּוֹרוּ בְּדָבָר שֶׁזְּדוֹנוֹ כָּרֵת וְשִׁגְגָתוֹ חַטָּאת, ד וְכֵן הַמָּשִׁיחַ; וְלֹא בַּעֲבוֹדַת כּוֹכָבִים עַד שֶׁיּוֹרוּ עַל דָּבָר שֶׁזְּדוֹנוֹ כָּרֵת וְשִׁגְגָתוֹ חַטָּאת: **גמ'** מְנָלַן. דְּתַנְיָא, ג רַבִּי אוֹמֵר, נֶאֱמַר כָּאן ב) 'עָלֶיהָ' וְנֶאֱמַר לְהַלָּן ג) 'עָלֶיהָ', מַה לְּהַלָּן דָּבָר שֶׁזְּדוֹנוֹ כָּרֵת וְשִׁגְגָתוֹ חַטָּאת, אַף כָּאן דָּבָר שֶׁזְּדוֹנוֹ כָּרֵת וְשִׁגְגָתוֹ חַטָּאת. אַשְׁכְּחַן צִבּוּר, מָשִׁיחַ מְנָלַן. ד) 'לְאַשְׁמַת הָעָם', הֲרֵי מָשִׁיחַ כְּצִבּוּר. נָשִׂיא, יָלֵיף 'מִצְוֹת' 'מִצְוֹת', כְּתִיב גַּבֵּי נָשִׂיא ה) 'וְעָשָׂה אַחַת מִכָּל מִצְוֹת יְיָ' וּכְתִיב בְּצִבּוּר ו) 'וְעָשׂוּ אַחַת מִכָּל מִצְוֹת', מַה צִבּוּר דָּבָר שֶׁזְּדוֹנוֹ כָּרֵת וְשִׁגְגָתוֹ חַטָּאת, אַף נָשִׂיא דָּבָר שֶׁזְּדוֹנוֹ כָּרֵת וְשִׁגְגָתוֹ חַטָּאת. יָחִיד, אָמַר קְרָא ז) 'וְאִם נֶפֶשׁ', וְיִלְמַד תַּחְתּוֹן מֵעֶלְיוֹן: וְלֹא **בַּעֲבוֹדַת כּוֹכָבִים עַד שֶׁיּוֹרוּ**: בַּעֲבוֹדַת כּוֹכָבִים מְנָלַן. דְּתָנוּ רַבָּנָן, לְפִי שֶׁיָּצְאָה עֲבוֹדַת כּוֹכָבִים לִידּוֹן בְּעַצְמָהּ, יָכוֹל יְהוּ חַיָּיבִין אֲפִילּוּ עַל דָּבָר שֶׁאֵין זְדוֹנוֹ כָּרֵת וְשִׁגְגָתוֹ חַטָּאת, נֶאֱמַר כָּאן ח) 'מֵעֵינֵי' וְנֶאֱמַר לְהַלָּן ו) 'מֵעֵינֵי', מַה לְּהַלָּן דָּבָר שֶׁזְּדוֹנוֹ כָּרֵת וְשִׁגְגָתוֹ חַטָּאת, אַף כָּאן דָּבָר שֶׁזְּדוֹנוֹ כָּרֵת וְשִׁגְגָתוֹ חַטָּאת. אַשְׁכְּחַן צִבּוּר, יָחִיד נָשִׂיא מָשִׁיחַ מְנָלַן. אָמַר קְרָא ט) 'וְאִם נֶפֶשׁ אַחַת', אֶחָד יָחִיד וְאֶחָד נָשִׂיא וְאֶחָד מָשִׁיחַ, כּוּלָּן בִּכְלַל נֶפֶשׁ אַחַת הֵן, וְיִלְמַד תַּחְתּוֹן מִן הָעֶלְיוֹן. הָנִיחָא לְמַאן דְּמַפִּיק לָהּ לְ'עָלֶיהָ' לִגְזֵירָה שָׁוָה כִּדְאָמְרָן, אֶלָּא לְרַבָּנָן דְּמַפְּקִי לָהּ לְ'עָלֶיהָ' לַעֲרָיוֹת וְצָרוֹת, דָּבָר שֶׁזְּדוֹנוֹ כָּרֵת וְשִׁגְגָתוֹ חַטָּאת מְנָא לְהוּ. נָפְקָא לְהוּ ה מִדְּמַתְנֵי לֵיהּ רַבִּי יְהוֹשֻׁעַ בֶּן לֵוִי לִבְרֵיהּ, י) 'תּוֹרָה אַחַת יִהְיֶה לָכֶם לָעֹשֶׂה בִּשְׁגָגָה, וְהַנֶּפֶשׁ אֲשֶׁר תַּעֲשֶׂה בְּיָד רָמָה' וְגוֹ', הוּקְשָׁה כָּל הַתּוֹרָה כּוּלָּהּ לַעֲבוֹדַת כּוֹכָבִים, ו מָה עֲבוֹדַת כּוֹכָבִים שֶׁחַיָּיבִין עַל זְדוֹנוֹ כָּרֵת וְעַל שִׁגְגָתוֹ חַטָּאת, אַף כָּאן ד שֶׁחַיָּיבִין עַל זְדוֹנוֹ כָּרֵת וְעַל שִׁגְגָתוֹ חַטָּאת. אַשְׁכְּחַן יָחִיד נָשִׂיא וּמָשִׁיחַ בֵּין בַּעֲבוֹדַת כּוֹכָבִים בֵּין בִּשְׁאָר מִצְוֹת, צִבּוּר מְנָלַן. יָלֵיף עֶלְיוֹן מִתַּחְתּוֹן. וְרַבִּי הָא דְּרַבִּי יְהוֹשֻׁעַ בֶּן לֵוִי מַאי עָבֵיד לֵיהּ. מַפִּיק לֵיהּ לְכִדְתַנְיָא, ז לְפִי שֶׁמָּצִינוּ שֶׁחִלֵּק הַכָּתוּב בֵּין רַבִּים לִיחִידִים, ו רַבִּים בְּסַיִיף וּמָמוֹנָן אָבֵד, יְחִידִים בִּסְקִילָה וּמָמוֹנָן פָּלֵט, יָכוֹל נַחֲלוֹק בְּקָרְבְּנוֹתֵיהֶם, תַּלְמוּד לוֹמַר י) 'תּוֹרָה אַחַת יִהְיֶה' וְגוֹ'. ח מַתְקִיף לָהּ רַב חִלְקִיָּה מֵהַגְרוֹנְיָא, טַעְמָא דְּלֹא חִלֵּק הַכָּתוּב, הָא חִלֵּק הֲוָה אָמֵינָא נַחֲלוֹק, מַאי נַיְיתֵי, נַיְיתֵי פַּר, צִבּוּר בִּשְׁאָר מִצְוֹת הוּא דְּמַיְיתוּ; ד נַיְיתֵי פַּר לְעוֹלָה וְשָׂעִיר לְחַטָּאת, צִבּוּר בַּעֲבוֹדַת כּוֹכָבִים הוּא דְּמַיְיתוּ; נַיְיתֵי שָׂעִיר, נָשִׂיא בִּשְׁאָר מִצְוֹת הוּא דְּמַיְיתֵי; נַיְיתֵי שְׂעִירָה, יָחִיד נַמִּי הַיְינוּ קָרְבָּנוֹ. (אַלְמָה לָא[ה]) אִיצְטְרִיךְ, סָלְקָא דַּעְתָּא אָמֵינָא צִבּוּר מַיְיתֵי פַּר לְעוֹלָה וְשָׂעִיר לְחַטָּאת, הָנֵי נַיְיתֵי אִיפְּכָא, פַּר לְחַטָּאת וְשָׂעִיר לְעוֹלָה, אִי נַמִּי י צָרִיךְ וְאֵין לוֹ תַּקָּנָה, קָא מַשְׁמַע לָן. דְּכ"ע מִיהַת כִּי כְּתִיבֵי[ו] הָנֵי קְרָאֵי בַּעֲבוֹדַת כּוֹכָבִים הוּא דִּכְתִיבֵי, מַאי מַשְׁמַע. אָמַר רָבָא, וְאִי תֵּימָא רַבִּי יְהוֹשֻׁעַ בֶּן לֵוִי, וְאָמְרֵי לָהּ כְּדִי, אָמַר קְרָא כ) 'וְכִי תִשְׁגּוּ וְלֹא תַעֲשׂוּ אֵת כָּל הַמִּצְוֹת הָאֵלֶּה', אֵיזוֹ הִיא מִצְוָה ח שֶׁהִיא שְׁקוּלָה כְּכָל הַמִּצְוֹת, הֱוֵי אוֹמֵר זוֹ עֲבוֹדַת כּוֹכָבִים. דְּבֵי רַבִּי[ז] תָּנָא[ח], אָמַר קְרָא כ) 'אֲשֶׁר דִּבֶּר יְיָ אֶל מֹשֶׁה' וּכְתִיב ל) 'אֲשֶׁר צִוָּה יְיָ אֲלֵיכֶם בְּיַד מֹשֶׁה', אֵיזוֹ הִיא מִצְוָה שֶׁהִיא בְּדִיבּוּרוֹ שֶׁל הקב"ה וְצִוָּה עַל יְדֵי מֹשֶׁה, הֱוֵי אוֹמֵר זוֹ עֲבוֹדַת כּוֹכָבִים, ט דְּתָנָא רַבִּי יִשְׁמָעֵאל, מ) 'אָנֹכִי' נ) וְ'לֹא יִהְיֶה לְךָ' מִפִּי הַגְּבוּרָה שְׁמַעְנוּם. דְּבֵי רַבִּי יִשְׁמָעֵאל תָּנָא, לְמַן

רש"י

וְשָׁוִין שֶׁאֵין מָשִׁיחַ מֵבִיא אָשָׁם תָּלוּי, דִּכְתִיב בְּאָשָׁם תָּלוּי 'וְכִפֶּר[ט] הַכֹּהֵן עַל שִׁגְגָתוֹ אֲשֶׁר שָׁגָג וְהוּא לֹא יָדָע', מִי שֶׁחֶטְאוֹ בִּשְׁגָגָה, יָצָא מָשִׁיחַ, וּלְרַבִּי הֵיכִי מָצֵי אָמַר יָצָא מָשִׁיחַ, וְהָא לְרַבִּי חֶטְאוֹ בַּעֲבוֹדַת כּוֹכָבִים בִּשְׁגָגָה הוּא, דְּהָא תַּנְיָא לְעֵיל 'מָשִׁיחַ בַּעֲבוֹדַת כּוֹכָבִים רַבִּי אוֹמֵר בְּשִׁגְגַת מַעֲשֶׂה', אֶלָּא רַבִּי סָבַר דְּהָכִי מִתָּרֵץ קְרָא לְטַעְמֵיהּ, **מִי שֶׁכָּל חֶטְאוֹ בִּשְׁגָגָה יָצָא מָשִׁיחַ שֶׁאֵין כָּל חֶטְאוֹ בִּשְׁגָגָה**, דְּבַעֲבוֹדַת כּוֹכָבִים בִּלְבַד הוּא דְּחֶטְאוֹ בִּשְׁגָגָה, אֲבָל בִּשְׁאָר מִצְוֹת אֵין חֶטְאוֹ בִּשְׁגָגָה בִּלְבַד, **אֶלָּא בְּהֶעְלֵם דָּבָר עִם שִׁגְגַת מַעֲשֶׂה**: וְרַבָּנָן. **סָבְרֵי יָצָא מָשִׁיחַ שֶׁאֵין חֶטְאוֹ בִּשְׁגָגָה, לֹא בַּעֲבוֹדַת כּוֹכָבִים וְלֹא בִּשְׁאָר מִצְוֹת אֶלָּא הֶעְלֵם[י] דָּבָר עִם שִׁגְגַת מַעֲשֶׂה**, וּלְדִבְרֵי הַכֹּל מָשִׁיחַ אֵין מֵבִיא אָשָׁם תָּלוּי, וְכ"ש לְצִבּוּר דְּאֵין חַיָּיבִין אָשָׁם תָּלוּי, דְּהֶעְלֵם דָּבָר כְּתִיב בְּהוּ בְּהֶדְיָא: **מתני'** אֵין בי"ד חַיָּיבִין קָרְבָּן, **אֶלָּא עַל דָּבָר שֶׁזְּדוֹנוֹ כָּרֵת וְשִׁגְגָתוֹ חַטָּאת**. וְאִם הוֹרוּ בְּדָבָר שֶׁחַיָּיבִין אָשָׁם וַדַּאי פְּטוּרִין, דִּכְתִיב בְּאָשָׁם וַדַּאי 'וְאִם נֶפֶשׁ אַחַת'[כ], וּבי"ד אֵין הֵם בִּכְלַל נֶפֶשׁ אַחַת; וְעוֹד, דְּבַאֲשָׁמוֹת אֵין בָּהֶן דִּין הֶעְלֵם דָּבָר, דְּחַיָּיבִין אָשָׁם וַדַּאי עַל הַמֵּזִיד כַּשּׁוֹגֵג: וְכֵן הַמָּשִׁיחַ. אֵין מֵבִיא פַּר אֶלָּא עַל הֶעְלֵם דָּבָר שֶׁזְּדוֹנוֹ כָּרֵת וְשִׁגְגָתוֹ חַטָּאת, אֲבָל בִּמְקוֹם אָשָׁם וַדַּאי חַיָּיב לְהָבִיא אָשָׁם וַדַּאי, לְפִי שֶׁהוּא בִּכְלַל 'נֶפֶשׁ אַחַת', וְלָהָכִי הִשְׁוָה לְצִבּוּר, דְּאֵין מֵבִיא פַּר בִּמְקוֹם אָשָׁם, אֲבָל אָשָׁם יָבִיא, כִּדְתְנַן לְקַמָּן (דף ט.) 'אָשָׁם וַדַּאי, הַנָּשִׂיא הַמָּשִׁיחַ וְהַיָּחִיד חַיָּיבִין, וּבי"ד פְּטוּרִין': **גמ'** נֶאֱמַר כָּאן 'עָלֶיהָ'. 'וְנוֹדְעָה הַחַטָּאת אֲשֶׁר חָטְאוּ עָלֶיהָ' (ויקרא ד): וְנֶאֱמַר לְהַלָּן. 'לְגַלּוֹת עֶרְוָתָהּ עָלֶיהָ' (שם יח): **נָשִׂיא**. נַמִּי לֹא יָבִיא שָׂעִיר אֶלָּא עַל דָּבָר שֶׁזְּדוֹנוֹ כָּרֵת וְשִׁגְגָתוֹ חַטָּאת, כִּדְתְנַן (שם) 'כָּל מִצְוֹת שֶׁבַּתּוֹרָה שֶׁחַיָּיבִין עַל זְדוֹנָן כָּרֵת וְעַל שִׁגְגָתָן חַטָּאת, יָחִיד מֵבִיא כִּשְׂבָּה אוֹ שְׂעִירָה, וְנָשִׂיא מֵבִיא שָׂעִיר', דְּיָלֵיף 'מִצְוֹת' 'מִצְוֹת': **יָחִיד**. נַמִּי אֵינוֹ מֵבִיא חַטָּאת אֶלָּא עַל דָּבָר שֶׁזְּדוֹנוֹ כָּרֵת, דִּתְנַן 'כָּל מִצְוֹת שֶׁבַּתּוֹרָה' וְכוּ': **אָמַר קְרָא**. בְּפָרָשַׁת וַיִּקְרָא, 'אִם[ל] נֶפֶשׁ': **וְיִלְמוֹד תַּחְתּוֹן מֵעֶלְיוֹן**. יָחִיד מִנָּשִׂיא: **לְפִי שֶׁיָּצְאָה עֲבוֹדַת כּוֹכָבִים**. דְּהָכָא כְּתִיב 'וְכִי תִשְׁגּוּ וְלֹא תַעֲשׂוּ', וְלָא כְּתִיב הָכָא כָּרֵת: **יָכוֹל יְהוּ חַיָּיבִין[מ] עַל דָּבָר שֶׁאֵין זְדוֹנוֹ כָּרֵת**. כְּגוֹן מְגַפֵּף וּמְנַשֵּׁק וּמְרַבֵּץ, כִּדְאָמְרִינַן בְּמַסֶּכֶת סַנְהֶדְרִין בְּפֶרֶק אַרְבַּע מִיתוֹת (דף ס:) [נ] בְּלָא תַעֲשֶׂה וְאֵינוֹ בְּכָרֵת: **וְיִלְמוֹד תַּחְתּוֹן מֵעֶלְיוֹן**. יָחִיד נָשִׂיא וּמָשִׁיחַ מִצִּבּוּר: **אֶלָּא לְרַבָּנָן**. דְּמַפְּקִי לְהַאי 'עָלֶיהָ' לִדְרָשָׁא אַחֲרִינָא, כִּדְאָמְרִינַן בְּפ"ק דִּיבָמוֹת (דף ג:) 'וְאִשָּׁה אֶל אֲחוֹתָהּ' וְגוֹ', 'עָלֶיהָ' מַה ת"ל, לְפִי שֶׁנֶּאֱמַר 'יְבָמָהּ יָבֹא עָלֶיהָ' וְגוֹ': 'תּוֹרָה

תוספות הרא"ש (פירוש)

אַחַת יִהְיֶה לָכֶם לָעֹשֶׂה בִּשְׁגָגָה, וְהַנֶּפֶשׁ אֲשֶׁר תַּעֲשֶׂה בְּיָד רָמָה'. בַּעֲבוֹדַת כּוֹכָבִים מַשְׁמְעֵי קְרָא, דְּתַנְיָא בְּסִפְרֵי 'ר"ש אוֹמֵר, בַּעֲבוֹדַת כּוֹכָבִים הַכָּתוּב מְדַבֵּר, שֶׁנֶּאֱמַר כִּי דְבַר ה' בָּזָה', שֶׁבָּזָה עַל דִּיבּוּר רִאשׁוֹן שֶׁנֶּאֱמַר בּוֹ 'אָנֹכִי ה' אֱלֹהֶיךָ' וְ'לֹא יִהְיֶה לְךָ אֱלֹהִים אֲחֵרִים עַל פָּנָי': מָה עֲבוֹדַת כּוֹכָבִים שֶׁחַיָּיבִין עַל זְדוֹנוֹ כָּרֵת. דְּהָכָא כְּתִיב 'הִכָּרֵת תִּכָּרֵת', אַף כּוּ': **אַשְׁכְּחַן יָחִיד וְנָשִׂיא וּמָשִׁיחַ בֵּין בַּעֲבוֹדַת כּוֹכָבִים וּבֵין בִּשְׁאָר מִצְוֹת**. דִּכְתִיב 'וְאִם נֶפֶשׁ', וּכְתִיב 'תּוֹרָה אַחַת יִהְיֶה לָכֶם, וְהַנֶּפֶשׁ אֲשֶׁר תַּעֲשֶׂה בְּיָד רָמָה', דְּיָחִיד וְנָשִׂיא וּמָשִׁיחַ בִּכְלַל 'וְאִם נֶפֶשׁ אַחַת': **צִבּוּר** מְנָלַן, יִלְמוֹד עֶלְיוֹן מִן הַתַּחְתּוֹן. דִּכְתִיב בַּפָּרָשָׁה לְמַעְלָה 'וְכִי תִשְׁגּוּ', דְּהַיְינוּ לְצִבּוּר, וְיִלְמַד מִתַּחְתּוֹן, מִ'וְאִם נֶפֶשׁ', מַה לְּהַלָּן דָּבָר שֶׁחַיָּיבִין עַל זְדוֹנוֹ כָּרֵת וְעַל שִׁגְגָתוֹ חַטָּאת בֵּין בַּעֲבוֹדַת כּוֹכָבִים בֵּין בִּשְׁאָר מִצְוֹת, דְּגַבֵּי יָחִיד הוּקְשָׁה כָּל הַתּוֹרָה כּוּלָּהּ לַעֲבוֹדַת כּוֹכָבִים, אַף לְצִבּוּר אֵין חַיָּיבִין אֶלָּא בְּדָבָר שֶׁחַיָּיבִין עַל זְדוֹנוֹ כָּרֵת וְעַל שִׁגְגָתוֹ חַטָּאת בֵּין בַּעֲבוֹדַת כּוֹכָבִים בֵּין בִּשְׁאָר מִצְוֹת: **רַבִּים בְּסַיִיף**. בְּמֵזִיד, אַנְשֵׁי עִיר הַנִּדַּחַת: **יָכוֹל נַחֲלוֹק בְּשׁוֹגֵג בְּקָרְבְּנוֹתֵיהֶם**. דְּכִי הֵיכִי דְּחָלוּק לְצִבּוּר מִיחִידִים, דְּקָרְבַּן לְצִבּוּר בַּעֲבוֹדַת כּוֹכָבִים לָא דָּמֵי לְשׁוּם קָרְבַּן יָחִיד, ה"נ נַחֲלוֹק בְּקָרְבְּנוֹתֵיהֶם, דְּלֶהֱוֵי חָלוּק דִּמְרוּבִּין שֶׁעָשׂוּ שׁוֹגְגִין דְּעִיר הַנִּדַּחַת, דְּלָא לֶהֱוֵי דָּמֵי לְעוֹלָם לְשׁוּם קָרְבָּן, לֹא לְצִבּוּר וְלֹא לְיָחִיד: ת"ל 'תּוֹרָה אַחַת'. דְּעִיר הַנִּדַּחַת דְּשׁוֹגֵג כִּיחִידִים דָּמוּ, וּמַיְיתֵי כָּל חַד וְחַד שְׂעִירָה כְּיָחִיד: **מַאי נַיְיתֵי**. אַנְשֵׁי עִיר הַנִּדַּחַת רַבִּים דְּבְסַיִיף: **נַיְיתֵי פַּר, צִבּוּר בִּשְׁאָר מִצְוֹת הוּא דְּמַיְיתֵי**. וְלָא הָוֵי חָלוּק, וְכ"ש דְּבָעֵינַן חִלּוּק בֵּין אַנְשֵׁי עִיר הַנִּדַּחַת לְצִבּוּר, דְּהָא אֵין לְצִבּוּר נַעֲשִׂין עִיר הַנִּדַּחַת כְּלָל: **יָחִיד נַמִּי הַיְינוּ קָרְבָּנוֹ**. וְלָא הָוֵי חָלוּק: **אִיצְטְרִיךְ**. 'תּוֹרָה אַחַת', דס"ד וְכוּ': **אִי נַמִּי צָרִיךְ**. לַחֲלוֹק בַּקָּרְבָּן: **וְאֵין לוֹ תַּקָּנָה**. לְעִיר הַנִּדַּחַת בְּשׁוֹגֵג, דְּאִי אֶפְשָׁר לַחֲלוֹק: **קמ"ל**. 'תּוֹרָה אַחַת', דְּמַיְיתֵי כָּל חַד שְׂעִירָה כְּיָחִיד: **'וְלֹא תַעֲשׂוּ אֵת כָּל הַמִּצְוֹת'**, אֵיזוֹ הִיא מִצְוָה שֶׁשְּׁקוּלָה כְּנֶגֶד כָּל הַמִּצְוֹת, הֱוֵי אוֹמֵר זוֹ עֲבוֹדַת כּוֹכָבִים. שֶׁכָּל הַמּוֹדֶה בָּהּ כְּכוֹפֵר בְּכָל הַתּוֹרָה כּוּלָּהּ: כְּתִיב [אֵת] כָּל אֲשֶׁר צִוָּה יְיָ אֲלֵיכֶם בְּיַד מֹשֶׁה'. דְּמַשְׁמַע שֶׁצִּוָּה ע"י מֹשֶׁה, וּכְתִיב 'אֲשֶׁר דִּבֶּר ה'', דְּמַשְׁמַע שֶׁהָיָה בְּדִיבּוּרוֹ שֶׁל הקב"ה, כְּלוֹמַר שֶׁשָּׁמְעוּ יִשְׂרָאֵל מִפִּיו כְּשֶׁדִּבֵּר עִם מֹשֶׁה: **אֵיזוֹ הִיא מִצְוָה שֶׁהִיא בְּדִבּוּרוֹ שֶׁל הקב"ה וְצִוָּה ע"י מֹשֶׁה, הֱוֵי אוֹמֵר זוֹ עֲבוֹדַת כּוֹכָבִים**. דְּ'אָנֹכִי וְלֹא יִהְיֶה לְךָ מִפִּי הַגְּבוּרָה שְׁמַעְנוּם', דְּהַיְינוּ שֶׁשָּׁמְעוּ בְּדִבּוּרוֹ שֶׁל הקב"ה, וְצִוָּה ע"י מֹשֶׁה בְּכַמָּה פָּרָשִׁיּוֹת שֶׁבַּתּוֹרָה[ס], כְּגוֹן 'לֹא תִשְׁתַּחֲוֶה לְאֵל אַחֵר' דְּלֹא שְׁמָעוּהוּ אֶלָּא מִפִּי מֹשֶׁה: לְמַן

תוספות

אֵין חַיָּיבִין אֶלָּא עַל דָּבָר שֶׁזְּדוֹנוֹ כָּרֵת וְשִׁגְגָתוֹ חַטָּאת. תֵּימַהּ, אַמַּאי קָאָמַר 'עַל שִׁגְגָתוֹ חַטָּאת', הָא הִיא גּוּפָהּ חַטָּאת הִיא, וּמָה שַׁיָּיךְ לוֹמַר אֵין חַיָּיבִין חַטָּאת אֶלָּא עַל דָּבָר שֶׁשִּׁגְגָתוֹ חַטָּאת. וְשֶׁמָּא אַגַּב דּוּכְתָּא אַחֲרִיתִי דְּנָקֵיט לָהּ גַּבֵּי מַלְקוֹת נָקֵיט נַמִּי הָכָא. עי"ל, דה"פ, דְּמַה שֶּׁאָדָם אַחֵר הָיָה מְחוּיָּב חַטָּאת עַל שִׁגְגָתוֹ הָכָא מְבִיאִין פַּר: **וְיָחִיד**, דְּאָמַר קְרָא 'וְאִם נֶפֶשׁ'. ה"נ ה"מ לְמֵילַף גַּבֵּי יָחִיד 'מִצְוֹת' 'מִצְוֹת', דה"נ כְּתִיב 'וְאִם נֶפֶשׁ אַחַת תֶּחֱטָא[ע] וְעָשְׂתָה אַחַת מִכָּל מִצְוֹת ה'', אֶלָּא דְּהָכִי נִיחָא לֵיהּ לְמֵילַף: **יִלְמוֹד** תַּחְתּוֹן מֵעֶלְיוֹן. וְא"ת, הֵיכִי יָלֵיף יָחִיד מִנָּשִׂיא, וְהָא נָשִׂיא גָּמִיר מִגְּ"שׁ וְאֵינוֹ חוֹזֵר וּמְלַמֵּד בְּהֶיקֵּשׁ (כִּדְאִיתָא בִּזְבָחִים נ:). וְיֵשׁ לוֹמַר דְּגִילּוּי מִילְּתָא בְּעָלְמָא הוּא וְלָא הֶיקֵּשׁ, דְּתַרְוַויְיהוּ בִּכְלַל יָחִיד וּבִכְלַל נֶפֶשׁ. מִיהוּ **לְעֵיל**[פ] קָשֶׁה, דְּיָלֵיף עֲבוֹדַת כּוֹכָבִים מִשְּׁאָר מִצְוֹת, וּשְׁאָר מִצְוֹת מִזָּקֵן מַמְרֵא, וַהֲלֹא הַלָּמֵד מִגְּזֵירָה שָׁוָה אֵין חוֹזֵר וּמְלַמֵּד בִּגְזֵירָה שָׁוָה (עיין זבחים ניפשט הש"ס דדבר הלמד בגזירה שוה חוזר ומלמד בגזירה שוה, ואין חולק על זה. וצריך עיון גדול). וְיֵשׁ לוֹמַר דְּבָתַר מְלַמֵּד [אָזְלִינַן], וְהַמְלַמֵּד (תולין) [חוּלִּין][צ]: **שֶׁהִיא** שְׁקוּלָה כְּנֶגֶד כָּל הַמִּצְוֹת. דְּכֵיוָן דְּמוֹדֶה בָּהּ מַה צּוֹרֶךְ לוֹ לְקַיֵּים כָּל הַמִּצְוֹת וּמִסְתָּמָא יַעֲבוֹר עַל כּוּלָּן. וּבְסִפְרֵי מַפִּיק לָהּ מֵ'אֶת בְּרִיתִי הֵיפֵר', מַשְׁמַע שֶׁכָּל הַבְּרִית מֵיפֵר:

עין משפט נר מצוה

טז א מיי' פט"ו מהלכות שגגות הלכה ו סמג עשין ריז:
יז ב מיי' שם הלכה ג:
יח ג מיי' שם פי"ב הל"א:
יט ד מיי' שם פט"ו הלכה א:
כ ה מיי' שם פ"א הלכה ג והלכה ד ה:
כא ו ז מיי' פ"ד מהלכות עבודת כוכבים הלכה ו סמג שם:
כב ח מיי' שם פ"ג הלכה ד ופרק ל מהלכות שבת הלכה טו:

תוספות הרא"ש

מה להלן דבר שחייבין על זדונו כרת ושגגתו חטאת. תימה מנ"ל דבאחות אשה מייתי חטאת בשגגה הא אכתי לא קי"ל דדבר שחייבין על זדונו כרת שמביא על שגגתו חטאת. וי"ל דהא דקאמר על שגגתו חטאת לאו דוקא. אלא אגב סיפא דתני ועל שגגתו חטאת תנא נמי ברישא. וה"פ מה עליה האמור באחות אשה בדבר שזדונו כרת אף עליה האמור בחטאת בדבר שזדונו כרת נאמר שמביא על שגגתו חטאת. ועי"ל דעל שגגתו חטאת דרישא נמי דוקא משמע[ק] דג"ש עליה עליה לא אצטריך אלא למעוטי דאין מביא חטאת אלא על דבר שזדונו כרת. דאי לאו ג"ש ה"א דעל כל חטא שיחטא יביא קרבן. הלכך מפרשי' שפיר מה להלן באחות אשה זדונו כרת ושגגתו חטאת. דממילא הוה אמרי' דעל כל חטא מביא חטאת. אף עליה האמור בקרבן דוקא על זדונו כרת: **מאי נייתי פר צבור בשאר מצות הוא דמייתו.** ופשוט ליה לתלמודא שאין לנו לבדות קרבן חדש שאין מתכפרין בו בשום מקום על עבירה. והמ"ל הכי [מאי] נייתי נייתי קרבן הבא על עבירה במקום אחר הא אינם חלוקים בקרבנותיהם. וקרבן חדש שאין מתכפרים בו בשום מקום על עבירה א"א להביא:

הגהות וציונים

א] באר שבע (גליון). נ"א "יצא זה שאין חטאו בשגגה משיח לרבי חטאו בשגגה הוא אלא מי שכל חטאו בשגגה יצא זה שאין כל חטאו בשגגה", והיא גירסת רש"י: ב] רש"א מ"ז (גליון). עי"ש בהגהות והערות מה מחק: ג] בס"י מה **להלן** (גליון): ד] בכת"י נוסף **נייתי כשבה יחיד בשאר מצות הוא דמייתי**, וכ"ה ביבמות: ה] רש"א מ"ז (גליון): ו] "כי כתיבי" ליתא בר"ח ובכת"י: ז] בד' ווינציא רפ"א "דבי רבי **ישמעאל**", וכ"ה ברא"ם ובבאר שבע. ועי' שער יוסף. ועי' הגהות וציונים לקמן ע"ב על רש"י ד"ה מחוורתא: ח] מהרש"א מוסיף ע"פ הרא"ם "תנא **וכי תשגו ולא תעשו בעבודת כוכבים הכתוב מדבר** דאמר קרא": ט] **[עליו]** (כמו שהוסיפוהו בגמרא - דק"ס): י] **בהעלם** (כת"י): כ] הלשון לאו דוקא. עי' רש"י לעיל ז ע"א "דכתיב באשם גזילות ובאשם מעילות נפש": ל] **ואם** (כת"י, רש"ש): מ] חייבין **אפי'** על (כת"י): נ] דעובר בלא תעשה (כת"י): ס] עי' משה במקומות הרבה כגון (כת"י, עי', רא"ם וב"ש): ע] לשה"כ "וחטא בשגגה מעם הארץ בעשתה אחת ממצות ה'": פ] כת"י משום

This *daf* is dedicated *l'iluy nishmas*: Chaim ben Rachel *z"l*

Davar, **דָּבָר שֶׁזְּדוֹנוֹ כָּרֵת וְשִׁגְגָתוֹ חַטָּאת** — it is for an erroneous ruling regarding an *aveirah* which the punishment is *kareis* if done intentionally, and obligates a *Korban Chatas* if done mistakenly, **אַף כָּאן** — so too here, in the case of an erroneous ruling regarding *avodah zarah*, **דָּבָר שֶׁזְּדוֹנוֹ כָּרֵת וְשִׁגְגָתוֹ חַטָּאת** — it is for a form of worship that the punishment is *kareis* if done intentionally and obligates a *Korban Chatas* if done unintentionally (such as sacrificing a *korban* to an idol).

The *Baraisa* continues: **אַשְׁכְּחַן צִבּוּר** — We found a source that the *Chatas* and *Olah* of *avodah zarah* for the community is for an erroneous ruling regarding a form of worship which the punishment is *kareis* if done intentionally, and obligates a *Korban Chatas* if done unintentionally. **יָחִיד נָשִׂיא מָשִׁיחַ מְנָלַן** — How do we know that a regular individual, a *nasi*, and a *kohen gadol* who worship *avodah zarah*, only bring a *Chatas* for a form of worship which the punishment is *kareis* if done intentionally? The *Baraisa* answers: **אָמַר קְרָא** — The *pasuk* says regarding the idol worship of an individual (*Bamidbar* 15:27), **וְאִם נֶפֶשׁ אַחַת** — "And if one person [sins]." **אֶחָד יָחִיד וְאֶחָד נָשִׂיא וְאֶחָד מָשִׁיחַ** — Whether an individual, a *nasi*, or a *kohen gadol*, **כּוּלָּן בִּכְלַל נֶפֶשׁ אַחַת הֵן** — they are all included in the category of "a single person." **וְיִלְמַד תַּחְתּוֹן מִן הָעֶלְיוֹן** — One can then learn the *halachos* of the second section (*Bamidbar* 15:27), discussing these individuals' *Chataos* for idolatry, from the *halachos* of the first section (15:22), which discusses *beis din's* obligation to bring *korbanos* for an erroneous ruling regarding *avodah zarah*. Just as *beis din* only brings *korbanos* for idolatry for a form of worship which is punished with *kareis* if done intentionally, so too, a regular individual, a *nasi*, or a *kohen gadol*, only bring a *Chatas* for serving *avodah zarah* with a form of worship that is punished with *kareis*.

The Gemara asks: **הָנִיחָא** — This works well, **לְמַאן דְּמַפִּיק לַהּ לְעָלֶיהָ לִגְזֵרָה שָׁוָה** — according to the one who derives the halachah that *Par He'eleim Davar* is only brought for an erroneous ruling regarding an *aveirah* which, if done intentionally is punished with *kareis*, and if done unintentionally obligates a *Chatas*, from the *gezeirah shaveh* using the terms "*alehah,*" **כִּדְאָמְרַן** — in accordance with what we have said. We first derived the halachah of *Par He'eleim Davar* from "*alehah,*" then we were able to learn the *halachos* of an individual, a *nasi,* and a *kohen gadol* from *Par He'eleim Davar*. We were then also able to derive the halachah of an erroneous ruling of *beis din* regarding *avodah zarah* from *Par He'elem Davar*, and subsequently, we learned the halachah of an individual, a *nasi*, or a *kohen gadol* who serve *avodah zarah* from the *avodah zarah* of the community. **אֶלָּא לְרַבָּנַן דְּמַפְּקִי** — But according to the Rabbanan, **לַהּ לְעָלֶיהָ לַעֲרָיוֹת וְצָרוֹת** — who use the term "*alehah*" — to teach that *arayos* and their co-wives are exempt from *yibum*. (When the widow is forbidden to her late husband's brother, both her and her co-wives are exempt from *yibum*.) **דָּבָר שֶׁזְּדוֹנוֹ כָּרֵת וְשִׁגְגָתוֹ חַטָּאת מְנָא לְהוּ** — From where do they derive that a *Par He'eleim Davar* is only brought for an *aveirah* which the punishment is *kareis* if

For this *daf's shiur* and charts, scan this QR code:

מסורת הש"ס עם הוספות

א) יבמות ח:, ב) [יבמות ט.], ג) שבת סט: [יבמות ט.], ד) [יבמות ט.], ה) [יבמות דף ט.], ו) [ברכות טו: וש"נ], ז) מכות כד., ח) ז:, ט) ע' מכות יט סוף ע"א.

תורה אור השלם

א) וְהֵבִיא אַיִל תָּמִים מִן הַצֹּאן בְּעֶרְכְּךָ לְאָשָׁם אֶל הַכֹּהֵן וְכִפֶּר עָלָיו הַכֹּהֵן עַל שִׁגְגָתוֹ אֲשֶׁר שָׁגָג וְהוּא לֹא יָדַע וְנִסְלַח לוֹ: [ויקרא ה, יח]

ב) וְנוֹדְעָה הַחַטָּאת אֲשֶׁר חָטְאוּ עָלֶיהָ וְהִקְרִיבוּ הַקָּהָל פַּר בֶּן בָּקָר לְחַטָּאת וְהֵבִיאוּ אֹתוֹ לִפְנֵי אֹהֶל מוֹעֵד: [ויקרא ד, יד]

ג) וְאִשָּׁה אֶל אֲחֹתָהּ לֹא תִקָּח לִצְרֹר לְגַלּוֹת עֶרְוָתָהּ עָלֶיהָ בְּחַיֶּיהָ: [ויקרא יח, יח]

ד) אִם הַכֹּהֵן הַמָּשִׁיחַ יֶחֱטָא לְאַשְׁמַת הָעָם וְהִקְרִיב עַל חַטָּאתוֹ אֲשֶׁר חָטָא פַּר בֶּן בָּקָר תָּמִים לַיְיָ לְחַטָּאת: [ויקרא ד, ג]

ה) אֲשֶׁר נָשִׂיא יֶחֱטָא וְעָשָׂה אַחַת מִכָּל מִצְוֹת יְיָ אֱלֹהָיו אֲשֶׁר לֹא תֵעָשֶׂינָה בִּשְׁגָגָה וְאָשֵׁם: [ויקרא ד, כב]

ו) וְאִם כָּל עֲדַת יִשְׂרָאֵל יִשְׁגּוּ וְנֶעְלַם דָּבָר מֵעֵינֵי הַקָּהָל וְעָשׂוּ אַחַת מִכָּל מִצְוֹת יְיָ אֲשֶׁר לֹא תֵעָשֶׂינָה וְאָשֵׁמוּ: [ויקרא ד, יג]

ז) וְאִם נֶפֶשׁ אַחַת תֶּחֱטָא בִשְׁגָגָה מֵעַם הָאָרֶץ בַּעֲשֹׂתָהּ אַחַת מִמִּצְוֹת יְיָ אֲשֶׁר לֹא תֵעָשֶׂינָה וְאָשֵׁם: [ויקרא ד, כז]

ח) וְהָיָה אִם מֵעֵינֵי הָעֵדָה נֶעֶשְׂתָה לִשְׁגָגָה וְעָשׂוּ כָל הָעֵדָה פַּר בֶּן בָּקָר אֶחָד לְעֹלָה לְרֵיחַ נִיחֹחַ לַייָ וּמִנְחָתוֹ וְנִסְכּוֹ כַּמִּשְׁפָּט וּשְׂעִיר עִזִּים אֶחָד לְחַטָּת: [במדבר טו, כד]

ט) וְאִם נֶפֶשׁ אַחַת תֶּחֱטָא בִשְׁגָגָה וְהִקְרִיבָה עֵז בַּת שְׁנָתָהּ לְחַטָּאת: [במדבר טו, כז]

י) הָאֶזְרָח בִּבְנֵי יִשְׂרָאֵל וְלַגֵּר הַגָּר בְּתוֹכָם תּוֹרָה אַחַת יִהְיֶה לָכֶם לָעֹשֶׂה בִּשְׁגָגָה: וְהַנֶּפֶשׁ אֲשֶׁר תַּעֲשֶׂה בְּיָד רָמָה מִן הָאֶזְרָח וּמִן הַגֵּר אֶת יְיָ הוּא מְגַדֵּף וְנִכְרְתָה הַנֶּפֶשׁ הַהִוא מִקֶּרֶב עַמָּהּ: [במדבר טו, כט-ל]

כ) וְכִי תִשְׁגּוּ וְלֹא תַעֲשׂוּ אֵת כָּל הַמִּצְוֹת הָאֵלֶּה אֲשֶׁר דִּבֶּר יְיָ אֶל מֹשֶׁה: [במדבר טו, כב]

ל) אֵת כָּל אֲשֶׁר צִוָּה יְיָ אֲלֵיכֶם בְּיַד מֹשֶׁה מִן הַיּוֹם אֲשֶׁר צִוָּה יְיָ וָהָלְאָה לְדֹרֹתֵיכֶם: [במדבר טו, כג]

מ) אָנֹכִי יְיָ אֱלֹהֶיךָ אֲשֶׁר הוֹצֵאתִיךָ מֵאֶרֶץ מִצְרַיִם מִבֵּית עֲבָדִים: [שמות כ, ב]

נ) לֹא יִהְיֶה לְךָ אֱלֹהִים אֲחֵרִים עַל פָּנָי: [שמות כ, ג]

רש"י

וְשָׁוִין שֶׁאֵין מָשִׁיחַ מֵבִיא אָשָׁם תָּלוּי, דִּכְתִיב בְּאָשָׁם תָּלוּי 'וְכִפֶּר[ט] הַכֹּהֵן עַל שִׁגְגָתוֹ אֲשֶׁר שָׁגָג וְהוּא לֹא יָדַע', מִי שֶׁחֶטְאוֹ בִּשְׁגָגָה, יָצָא מָשִׁיחַ, וְהָא לְרַבִּי חֶטְאוֹ בַּעֲבוֹדַת כּוֹכָבִים בִּשְׁגָגָה הוּא, וּלְרַבִּי הֵיכִי מָצֵי אָמַר יָצָא מָשִׁיחַ, דְּהָא תַּנְיָא לְעֵיל 'מָשִׁיחַ בַּעֲבוֹדַת כּוֹכָבִים רַבִּי אוֹמֵר בְּשִׁגְגַת מַעֲשֶׂה', אֶלָּא רַבִּי סָבַר דְּהָכִי מְתָרֵץ קְרָא לְטַעְמֵיהּ, מִי שֶׁכָּל חֶטְאוֹ בִּשְׁגָגָה יָצָא מָשִׁיחַ שֶׁאֵין כָּל חֶטְאוֹ בִּשְׁגָגָה, דְּבַעֲבוֹדַת כּוֹכָבִים בִּלְבַד הוּא דְּחֶטְאוֹ בִּשְׁגָגָה, אֲבָל בִּשְׁאָר מִצְוֹת אֵין חֶטְאוֹ בִּשְׁגָגָה בִּלְבַד, אֶלָּא בְּהֶעְלֵם דָּבָר עִם שִׁגְגַת מַעֲשֶׂה: וְרַבָּנָן. סָבְרִי יָצָא מָשִׁיחַ שֶׁאֵין חֶטְאוֹ בִּשְׁגָגָה, לֹא בַּעֲבוֹדַת כּוֹכָבִים וְלֹא בִּשְׁאָר מִצְוֹת אֶלָּא הֶעְלֵם[ז] דָּבָר עִם שִׁגְגַת מַעֲשֶׂה, וּלְדִבְרֵי הַכֹּל מָשִׁיחַ אֵין מֵבִיא אָשָׁם תָּלוּי, וְכָל שֶׁכֵּן צִבּוּר דְּאֵין חַיָּיבִין אָשָׁם תָּלוּי, דְּהֶעְלֵם דָּבָר כְּתִיב בְּהוּ בְּהֶדְיָא: מתני' אֵין בי"ד חַיָּיבִין קָרְבָּן, אֶלָּא עַל דָּבָר שֶׁזְּדוֹנוֹ כָּרֵת וְשִׁגְגָתוֹ חַטָּאת. וְאִם הוֹרוּ בְּדָבָר שֶׁחַיָּיבִין אָשָׁם וַדַּאי פְּטוּרִין, דִּכְתִיב בְּאָשָׁם וַדַּאי 'וְאִם נֶפֶשׁ אַחַת'[כ], וּבי"ד אֵין הֵם בִּכְלַל נֶפֶשׁ אַחַת; וְעוֹד, דְּבַאֲשָׁמוֹת אֵין בָּהֶן דִּין הֶעְלֵם דָּבָר, דְּחַיָּיבִין אָשָׁם וַדַּאי עַל הַמֵּזִיד כְּשׁוֹגֵג: וְכֵן הַמָּשִׁיחַ. אֵין מֵבִיא פַּר אֶלָּא עַל הֶעְלֵם דָּבָר שֶׁזְּדוֹנוֹ כָּרֵת וְשִׁגְגָתוֹ חַטָּאת, אֲבָל בִּמְקוֹם אָשָׁם וַדַּאי חַיָּיב לְהָבִיא אָשָׁם וַדַּאי, לְפִי שֶׁהוּא בִּכְלַל 'נֶפֶשׁ אַחַת', וּלְהָכִי הִשְׁוָה לְצִבּוּר, דְּאֵין מֵבִיא פַּר בִּמְקוֹם אָשָׁם, אֲבָל אָשָׁם יָבִיא, כִּדְתְנַן לְקַמָּן (דף ט.) 'אָשָׁם וַדַּאי, הַנָּשִׂיא הַמָּשִׁיחַ וְהַיָּחִיד חַיָּיבִין, ובי"ד פְּטוּרִין': גמ' נֶאֱמַר כָּאן 'עָלֶיהָ'. 'וְנוֹדְעָה הַחַטָּאת אֲשֶׁר חָטְאוּ עָלֶיהָ' (ויקרא ד): וְנֶאֱמַר לְהַלָּן. 'לְגַלּוֹת עֶרְוָתָהּ עָלֶיהָ' (שם יח): נָשִׂיא. נַמִּי לֹא יָבִיא שָׂעִיר אֶלָּא עַל דָּבָר שֶׁזְּדוֹנוֹ כָּרֵת וְשִׁגְגָתוֹ חַטָּאת, כִּדְתְנַן (שם) 'כָּל מִצְוֹת שֶׁבַּתּוֹרָה שֶׁחַיָּיבִין עַל זְדוֹנָן כָּרֵת וְעַל שִׁגְגָתָן חַטָּאת, יָחִיד מֵבִיא כִּשְׂבָּה אוֹ שְׂעִירָה, וְנָשִׂיא מֵבִיא שָׂעִיר', דְּיָלֵיף 'מִצְוֹת' 'מִצְוֹת': יָחִיד. נַמִּי אֵינוֹ מֵבִיא חַטָּאת אֶלָּא עַל דָּבָר שֶׁזְּדוֹנוֹ כָּרֵת, דִּתְנַן 'כָּל מִצְוֹת שֶׁבַּתּוֹרָה' וְכוּ': אָמַר קְרָא. בְּפָרָשַׁת וַיִּקְרָא, 'אִם[ל] נֶפֶשׁ': וְיִלְמוֹד תַּחְתּוֹן מֵעֶלְיוֹן. יָחִיד מִנָּשִׂיא: לְפִי שֶׁיָּצְאָה עֲבוֹדַת כּוֹכָבִים. דְּהָכָא כְּתִיב 'וְכִי תִשְׁגּוּ וְלֹא תַעֲשׂוּ', וְלָא כְּתִיב הָכָא כָּרֵת: יָכוֹל יְהוּ חַיָּיבִין [מ] עַל דָּבָר שֶׁאֵין זְדוֹנוֹ כָּרֵת. כְּגוֹן מְגַפֵּף וּמְנַשֵּׁק וּמְרַבֵּץ, כִּדְאָמְרִינַן בְּמַסֶּכֶת סַנְהֶדְרִין בְּפֶרֶק אַרְבַּע מִיתוֹת (דף ס:) [נ] בְּלֹא מַעֲשֶׂה וְאֵינוֹ בְּכָרֵת: וְיִלְמוֹד תַּחְתּוֹן מֵעֶלְיוֹן. יָחִיד נָשִׂיא וּמָשִׁיחַ מִצִּבּוּר: אֶלָּא לְרַבָּנָן. דְּמַפְּקִי לְהַאי 'עָלֶיהָ' לִדְרָשָׁא אַחֲרִינָא, כִּדְאָמְרִינַן בפ"ק דִּיבָמוֹת (דף ג:) 'וְאִשָּׁה אֶל אֲחוֹתָהּ' וְגוֹ', 'עָלֶיהָ' מָה ת"ל, לְפִי שֶׁנֶּאֱמַר יְבָמָהּ יָבֹא עָלֶיהָ וְגוֹ': 'תּוֹרָה אַחַת יִהְיֶה לָכֶם לָעֹשֶׂה בִּשְׁגָגָה, וְהַנֶּפֶשׁ אֲשֶׁר תַּעֲשֶׂה בְּיָד רָמָה'. בַּעֲבוֹדַת כּוֹכָבִים מִשְׁתַּעֵי קְרָא, דְּתַנְיָא בְּסִפְרֵי 'ר"ש אוֹמֵר, בַּעֲבוֹדַת כּוֹכָבִים הַכָּתוּב מְדַבֵּר, שֶׁנֶּאֱמַר כִּי דְבַר ה' בָּזָה', שֶׁבָּזָה עַל דִּיבּוּר רִאשׁוֹן שֶׁנֶּאֱמַר בּוֹ 'אָנֹכִי ה' אֱלֹהֶיךָ' וְ'לֹא יִהְיֶה לְךָ אֱלֹהִים אֲחֵרִים עַל פָּנָי': מָה עֲבוֹדַת כּוֹכָבִים שֶׁחַיָּיבִין עַל זְדוֹנוֹ כָּרֵת. דְּהָכָא כְּתִיב 'הִכָּרֵת תִּכָּרֵת', אַף כּוּ': אַשְׁכְּחַן יָחִיד וְנָשִׂיא וּמָשִׁיחַ בֵּין בַּעֲבוֹדַת כּוֹכָבִים וּבֵין בִּשְׁאָר מִצְוֹת. דִּכְתִיב 'וְאִם נֶפֶשׁ', וּכְתִיב 'תּוֹרָה אַחַת יִהְיֶה לָכֶם, וְהַנֶּפֶשׁ אֲשֶׁר תַּעֲשֶׂה בְּיָד רָמָה', דְּיָחִיד וְנָשִׂיא וּמָשִׁיחַ בִּכְלַל 'וְאִם נֶפֶשׁ אַחַת': צִבּוּר מְנָלָן, יִלְמוֹד עֶלְיוֹן מִן הַתַּחְתּוֹן. דִּכְתִיב בְּפָרָשָׁה לְמַעְלָה 'וְכִי תִשְׁגּוּ', דְּהַיְינוּ לְצִבּוּר, וְיִלְמַד מִתַּחְתּוֹן, מִ'וְאִם נֶפֶשׁ', מָה לְהַלָּן דָּבָר שֶׁחַיָּיבִין עַל זְדוֹנוֹ כָּרֵת וְעַל שִׁגְגָתוֹ חַטָּאת בֵּין בַּעֲבוֹדַת כּוֹכָבִים בֵּין בִּשְׁאָר מִצְוֹת, דְּגַבֵּי יָחִיד הוּקְּשָׁה כָּל הַתּוֹרָה כּוּלָּהּ לַעֲבוֹדַת כּוֹכָבִים, אַף לְצִבּוּר אֵין חַיָּיבִין אֶלָּא בְּדָבָר שֶׁחַיָּיבִין עַל זְדוֹנוֹ כָּרֵת וְעַל שִׁגְגָתוֹ חַטָּאת בֵּין בַּעֲבוֹדַת כּוֹכָבִים בֵּין בִּשְׁאָר מִצְוֹת: רַבִּים בְּסַיִף. בְּמֵזִיד, אַנְשֵׁי עִיר הַנִּדַּחַת: יָכוֹל נַחֲלוֹק בְּשׁוֹגֵג בְּקָרְבְּנוֹתֵיהֶם. דְּכִי הֵיכִי דְּחָלוּק לְצִבּוּר מִיחִידִים, דְּקָרְבָּן לְצִבּוּר בַּעֲבוֹדַת כּוֹכָבִים לֹא דָּמֵי לְשׁוּם קָרְבַּן יָחִיד, ה"נ נַחֲלוֹק בְּקָרְבְּנוֹתֵיהֶם, דְּלֶהֱוֵי חָלוּק דִּמְרוּבִּין שֶׁעָשׂוּ שׁוֹגְגִין דְּעִיר הַנִּדַּחַת, דְּלָא לֶהֱוֵי דָּמֵי לְעוֹלָם לְשׁוּם קָרְבָּן, לֹא לְצִבּוּר וְלֹא לְיָחִיד: ת"ל 'תּוֹרָה אַחַת'. דְּעִיר הַנִּדַּחַת דְּשׁוֹגֵג כִּיחִידִים דָּמוּ, וּמַיְיתֵי כָּל חַד וְחַד שְׂעִירָה כְּיָחִיד: מַאי נַיְיתֵי. אַנְשֵׁי עִיר הַנִּדַּחַת רַבִּים דִּבְסַיִף: נַיְיתֵי פַּר, צִבּוּר בִּשְׁאָר מִצְוֹת הוּא דְּמַיְיתֵי. וְלָא הָוֵי חָלוּק, וְכ"ש דְּבָעֵינַן חִלּוּק בֵּין אַנְשֵׁי עִיר הַנִּדַּחַת לְצִבּוּר, דְּהָא אֵין לְצִבּוּר נַעֲשִׂין עִיר הַנִּדַּחַת כְּלָל: יָחִיד נַמִּי הַיְינוּ קָרְבָּנוֹ. וְלָא הָוֵי חָלוּק: אִיצְטְרִיךְ. 'תּוֹרָה אַחַת', דְּס"ד וְכוּ': אִי נַמִּי צָרִיךְ. לַחֲלוֹק בְּקָרְבָּן: וְאֵין לוֹ תַּקָּנָה. לְעִיר הַנִּדַּחַת בְּשׁוֹגֵג, דְּאִי אֶפְשָׁר לַחֲלוֹק: קמ"ל. 'תּוֹרָה אַחַת', דְּמַיְיתֵי כָּל חַד שְׂעִירָה כְּיָחִיד: 'וְלֹא תַעֲשׂוּ אֵת כָּל הַמִּצְוֹת', אֵיזוֹ הִיא מִצְוָה שֶׁשְּׁקוּלָה כְּנֶגֶד כָּל הַמִּצְוֹת, הֱוֵי אוֹמֵר זוֹ עֲבוֹדַת כּוֹכָבִים. שֶׁכָּל הַמּוֹדֶה בָּהּ כְּכוֹפֵר בְּכָל הַתּוֹרָה כּוּלָּהּ: כְּתִיב ['אֵת] כָּל אֲשֶׁר צִוָּה יְיָ אֲלֵיכֶם בְּיַד מֹשֶׁה'. דְּמַשְׁמַע שֶׁצִּוָּה ע"י מֹשֶׁה, וּכְתִיב 'אֲשֶׁר דִּבֶּר ה'', דְּמַשְׁמַע שֶׁהָיָה בְּדִיבּוּרוֹ שֶׁל הקב"ה, כְּלוֹמַר שֶׁשָּׁמְעוּ יִשְׂרָאֵל מִפִּיו כְּשֶׁדִּבֵּר עִם מֹשֶׁה: אֵיזוֹ הִיא מִצְוָה שֶׁהִיא בְּדִבּוּרוֹ שֶׁל הקב"ה וְצִוָּה ע"י מֹשֶׁה, הֱוֵי אוֹמֵר זוֹ עֲבוֹדַת כּוֹכָבִים. דְּ'אָנֹכִי וְלֹא יִהְיֶה לְךָ מִפִּי הַגְּבוּרָה שְׁמַעֲנוּם', דְּהַיְינוּ שֶׁשָּׁמְעוּ בְּדִבּוּרוֹ שֶׁל הקב"ה, וְצִוָּה ע"י מֹשֶׁה בְּכַמָּה פָּרָשִׁיּוֹת שֶׁבַּתּוֹרָה[פ], כְּגוֹן 'לֹא תִשְׁתַּחֲוֶה לְאֵל אַחֵר' דְּלֹא שְׁמָעוּהוּ אֶלָּא מִפִּי מֹשֶׁה:

גמרא

[א]וְשָׁוִין שֶׁאֵין מֵבִיא אָשָׁם תָּלוּי. מְנָלַן. דִּכְתִיב [א] 'וְכִפֶּר [עָלָיו] הַכֹּהֵן עַל שִׁגְגָתוֹ אֲשֶׁר שָׁגָג', רַבִּי סָבַר, מִי שֶׁכָּל חֶטְאוֹ בִּשְׁגָגָה, יָצָא זֶה שֶׁאֵין [כָּל[א]] חֶטְאוֹ בִּשְׁגָגָה אֶלָּא בְּהֶעְלֵם דָּבָר. מִידֵי כָּל כְּתִיב. אִין, דְּאִם כֵּן נִכְתּוֹב עַל שִׁגְגָתוֹ, לָמָּה לִי 'אֲשֶׁר שָׁגָג', הָא קָא מַשְׁמַע לָן, דְּעַד דְּאִיכָּא כָּל חֶטְאוֹ בִּשְׁגָגָה, (יָצָא מָשִׁיחַ שֶׁאֵין כָּל חֶטְאוֹ בִּשְׁגָגָה אֶלָּא בַּעֲבוֹדַת כּוֹכָבִים וְלֹא בִּשְׁאָר מִצְוֹת אֶלָּא בְּהֶעְלֵם דָּבָר עִם שִׁגְגַת מַעֲשֶׂה[י]). וְרַבָּנָן, מִי שֶׁחֶטְאוֹ בִּשְׁגָגָה, יָצָא מָשִׁיחַ שֶׁאֵין חֶטְאוֹ בִּשְׁגָגָה, [ב]לֹא בַּעֲבוֹדַת כּוֹכָבִים וְלֹא בִּשְׁאָר מִצְוֹת, אֶלָּא בְּהֶעְלֵם דָּבָר עִם שִׁגְגַת מַעֲשֶׂה: **מתני'** [א][ג]אֵין בֵּית דִּין חַיָּיבִין עַד שֶׁיּוֹרוּ בְּדָבָר שֶׁזְּדוֹנוֹ כָּרֵת וְשִׁגְגָתוֹ חַטָּאת, [ד]וְכֵן הַמָּשִׁיחַ; וְלֹא בַּעֲבוֹדַת כּוֹכָבִים עַד שֶׁיּוֹרוּ עַל דָּבָר שֶׁזְּדוֹנוֹ כָּרֵת וְשִׁגְגָתוֹ חַטָּאת: **גמ'** מְנָלַן. דְּתַנְיָא, [ב]רַבִּי אוֹמֵר, נֶאֱמַר כָּאן [ב] 'עָלֶיהָ' וְנֶאֱמַר לְהַלָּן [ג] 'עָלֶיהָ', מַה לְּהַלָּן דָּבָר שֶׁזְּדוֹנוֹ כָּרֵת וְשִׁגְגָתוֹ חַטָּאת, אַף כָּאן דָּבָר שֶׁזְּדוֹנוֹ כָּרֵת וְשִׁגְגָתוֹ חַטָּאת. אַשְׁכְּחַן צִבּוּר, מָשִׁיחַ מְנָלַן. [ד] 'לְאַשְׁמַת הָעָם', הֲרֵי מָשִׁיחַ כְּצִבּוּר. נָשִׂיא, יָלֵיף 'מִצְוֹת' 'מִצְוֹת', כְּתִיב גַּבֵּי נָשִׂיא [ה] 'וְעָשָׂה אַחַת מִכָּל מִצְוֹת יְיָ' וּכְתִיב בְּצִבּוּר [ו] 'וְעָשׂוּ אַחַת מִכָּל מִצְוֹת', מַה צִבּוּר דָּבָר שֶׁזְּדוֹנוֹ כָּרֵת וְשִׁגְגָתוֹ חַטָּאת, אַף נָשִׂיא דָּבָר שֶׁזְּדוֹנוֹ כָּרֵת וְשִׁגְגָתוֹ חַטָּאת. יָחִיד, אָמַר קְרָא [ז] 'וְאִם נֶפֶשׁ', וְיִלְמַד תַּחְתּוֹן מֵעֶלְיוֹן: וְלֹא בַּעֲבוֹדַת כּוֹכָבִים עַד שֶׁיּוֹרוּ: בַּעֲבוֹדַת כּוֹכָבִים מְנָלַן. דְּתָנוּ רַבָּנָן, לְפִי שֶׁיָּצְאָה עֲבוֹדַת כּוֹכָבִים לִידּוֹן בְּעַצְמָהּ, יָכוֹל יְהוּ חַיָּיבִין אֲפִילּוּ עַל דָּבָר שֶׁאֵין זְדוֹנוֹ כָּרֵת וְשִׁגְגָתוֹ חַטָּאת, נֶאֱמַר כָּאן [ח] 'מֵעֵינֵי' וְנֶאֱמַר לְהַלָּן [ו] 'מֵעֵינֵי', מַה לְּהַלָּן דָּבָר שֶׁזְּדוֹנוֹ כָּרֵת וְשִׁגְגָתוֹ חַטָּאת, אַף כָּאן דָּבָר שֶׁזְּדוֹנוֹ כָּרֵת וְשִׁגְגָתוֹ חַטָּאת. אַשְׁכְּחַן צִבּוּר, יָחִיד נָשִׂיא מָשִׁיחַ מְנָלַן. אָמַר קְרָא [ט] 'וְאִם נֶפֶשׁ אַחַת', אֶחָד יָחִיד וְאֶחָד נָשִׂיא וְאֶחָד מָשִׁיחַ, כּוּלָּן בִּכְלַל נֶפֶשׁ אַחַת הֵן, וְיִלְמַד תַּחְתּוֹן מִן הָעֶלְיוֹן. הָנִיחָא לְמַאן דְּמַפִּיק לָהּ לְ'עָלֶיהָ' לִגְזֵירָה שָׁוָה כִּדְאָמְרַן, אֶלָּא לְרַבָּנָן דְּמַפְּקִי לָהּ לְ'עָלֶיהָ' לַעֲרָיוֹת וְצָרוֹת, דָּבָר שֶׁזְּדוֹנוֹ כָּרֵת וְשִׁגְגָתוֹ חַטָּאת מְנָא לְהוּ. נָפְקָא לְהוּ [ג]מִדְּמַתְנֵי לֵיהּ רַבִּי יְהוֹשֻׁעַ בֶּן לֵוִי לִבְרֵיהּ, [י] 'תּוֹרָה אַחַת יִהְיֶה לָכֶם לָעוֹשֶׂה בִּשְׁגָגָה, וְהַנֶּפֶשׁ אֲשֶׁר תַּעֲשֶׂה בְּיָד רָמָה' וְגוֹ', הוּקְשָׁה כָּל הַתּוֹרָה כּוּלָּהּ לַעֲבוֹדַת כּוֹכָבִים, [ד] מָה עֲבוֹדַת כּוֹכָבִים שֶׁחַיָּיבִין עַל זְדוֹנוֹ כָּרֵת וְעַל שִׁגְגָתוֹ חַטָּאת, אַף כָּאן [ה]שֶׁחַיָּיבִין עַל זְדוֹנוֹ כָּרֵת וְעַל שִׁגְגָתוֹ חַטָּאת. אַשְׁכְּחַן יָחִיד נָשִׂיא וּמָשִׁיחַ בֵּין בַּעֲבוֹדַת כּוֹכָבִים בֵּין בִּשְׁאָר מִצְוֹת, צִבּוּר מְנָלַן. יָלֵיף עֶלְיוֹן מִתַּחְתּוֹן. וְרַבִּי הָא דְּרַבִּי יְהוֹשֻׁעַ בֶּן לֵוִי מַאי עָבֵיד לֵיהּ. מַפִּיק לֵיהּ לִכְדְתַנְיָא, [ו]לְפִי שֶׁמָּצִינוּ שֶׁחִלֵּק הַכָּתוּב בֵּין רַבִּים לִיחִידִים, [ז]רַבִּים בְּסַיִף וּמָמוֹנָן אָבֵד, יְחִידִים בִּסְקִילָה וּמָמוֹנָן פָּלֵט, יָכוֹל נַחֲלוֹק בְּקָרְבְּנוֹתֵיהֶם, תַּלְמוּד לוֹמַר [י] 'תּוֹרָה אַחַת יִהְיֶה' וְגוֹ'. [ח]מַתְקִיף לָהּ רַב חִלְקִיָּה מֵהַגְרוֹנְיָא, טַעְמָא דְּלֹא חִלֵּק הַכָּתוּב, הָא חִלֵּק הֲוָה אָמֵינָא נַחֲלוֹק, מַאי נַיְיתֵי, נַיְיתֵי פַּר, צִבּוּר בִּשְׁאָר מִצְוֹת הוּא דְּמַיְיתוּ; [ח] נַיְיתֵי פַּר לְעוֹלָה וְשָׂעִיר לְחַטָּאת, צִבּוּר בַּעֲבוֹדַת כּוֹכָבִים הוּא דְּמַיְיתוּ; נַיְיתֵי שָׂעִיר, נָשִׂיא בִּשְׁאָר מִצְוֹת הוּא דְּמַיְיתֵי; נַיְיתֵי שְׂעִירָה, יָחִיד נַמִּי הַיְינוּ קָרְבָּנוֹ. (אַלְמָה לָא[פ]) אִיצְטְרִיךְ, סָלְקָא דַּעְתָּא אָמֵינָא צִבּוּר מַיְיתֵי פַּר לְעוֹלָה וְשָׂעִיר לְחַטָּאת, הָנֵי נַיְיתֵי אִיפְּכָא, פַּר לְחַטָּאת וְשָׂעִיר לְעוֹלָה, אִי נַמִּי [י]צָרִיךְ וְאֵין לוֹ תַּקָּנָה, קָא מַשְׁמַע לָן. דְּכ"ע מִיהַת כִּי כְּתִיבִי[י] הָנֵי קְרָאֵי בַּעֲבוֹדַת כּוֹכָבִים הוּא דִּכְתִיבִי, מַאי מַשְׁמַע. אָמַר רָבָא, וְאִי תֵּימָא רַבִּי יְהוֹשֻׁעַ בֶּן לֵוִי, וְאָמְרִי לָהּ כְּדִי, אָמַר קְרָא [כ] 'וְכִי תִשְׁגּוּ וְלֹא תַעֲשׂוּ אֵת כָּל הַמִּצְוֹת הָאֵלֶּה', אֵיזוֹ הִיא מִצְוָה [ח]שֶׁהִיא שְׁקוּלָה כְּכָל הַמִּצְוֹת, הֱוֵי אוֹמֵר זוֹ עֲבוֹדַת כּוֹכָבִים. דְּבֵי רַבִּי[י] תָּנָא[פ], אָמַר קְרָא [כ] 'אֲשֶׁר דִּבֶּר יְיָ אֶל מֹשֶׁה' וּכְתִיב [ל] 'אֲשֶׁר צִוָּה יְיָ אֲלֵיכֶם בְּיַד מֹשֶׁה', אֵיזוֹ הִיא מִצְוָה שֶׁהִיא בְּדִיבּוּרוֹ שֶׁל הקב"ה וְצִוָּה עַל יְדֵי מֹשֶׁה, הֱוֵי אוֹמֵר זוֹ עֲבוֹדַת כּוֹכָבִים, [ו]דְּתָנָא רַבִּי יִשְׁמָעֵאל, [מ] 'אָנֹכִי' [נ] וְ'לֹא יִהְיֶה לְךָ' מִפִּי הַגְּבוּרָה שְׁמַעֲנוּם. דְּבֵי רַבִּי יִשְׁמָעֵאל תָּנָא, לְמִן

תוספות

אין חַיָּיבִין אֶלָּא עַל דָּבָר שֶׁזְּדוֹנוֹ כָּרֵת וְשִׁגְגָתוֹ חַטָּאת. תֵּימַהּ, אַמַּאי קָאָמַר 'עַל שִׁגְגָתוֹ חַטָּאת', הָא הִיא גּוּפָהּ חַטָּאת הִיא, וּמַה שַּׁיָּיךְ לוֹמַר אֵין חַיָּיבִין חַטָּאת אֶלָּא עַל דָּבָר שֶׁשִּׁגְגָתוֹ חַטָּאת. וְשֶׁמָּא אַגַּב דּוּכְתָּא אַחֲרִיתִי דְּנָקִיט לָהּ גַּבֵּי מַלְקוּת נָקִיט נַמֵּי הָכָא. עי"ל, דה"פ, דְּמָה שֶׁאָדָם אַחֵר הָיָה מְחוּיָּב חַטָּאת עַל שִׁגְגָתוֹ הָכָא מְבִיאִין פַּר: **וְיָחִיד**, דְּאָמַר קְרָא 'וְאִם נֶפֶשׁ'. ה"נ ה"מ לְמֵילַף גַּבֵּי יָחִיד 'מִצְוֹת' 'מִצְוֹת', דה"נ כְּתִיב 'וְאִם נֶפֶשׁ אַחַת תֶּחֱטָא[פ] וְעָשְׂתָה אַחַת מִכָּל מִצְוֹת ה'', אֶלָּא דְּהָכִי נִיחָא לֵיהּ לְמֵילַף: **יִלְמוֹד** תַּחְתּוֹן מֵעֶלְיוֹן. וְא"ת, הֵיכִי יָלֵיף יָחִיד מִנָּשִׂיא, וְהָא נָשִׂיא גָּמִיר מג"ש וְאֵינוֹ חוֹזֵר וּמְלַמֵּד בְּהֶיקֵּשׁ (כִּדְאִיתָא בִּזְבָחִים נ:). וְיֵשׁ לוֹמַר דְּגִילּוּי מִילְּתָא בְּעָלְמָא הוּא וְלָא הֶיקֵּשׁ, דִּתְרַוַּיְיהוּ בִּכְלָל יָחִיד וּבִכְלַל נֶפֶשׁ. מִיהוּ לְעֵיל[ס] קָשֶׁה, דְּיָלֵיף עֲבוֹדַת כּוֹכָבִים מִשְּׁאָר מִצְוֹת, וּשְׁאָר מִצְוֹת מִזְּקֵן מַמְרֵא, וַהֲלֹא הַלָּמֵד מִגְּזֵירָה שָׁוָה אֵין חוֹזֵר וּמְלַמֵּד בִּגְזֵירָה שָׁוָה (עיין זבחים ניפסט הש"ס דדבר הלמד בגזירה שוה חוזר ומלמד בגזירה שוה, ואין חולק על זה. וצריך עיון גדול). וְיֵשׁ לוֹמַר דְּבָתַר מְלַמֵּד [אָזְלִינַן], וְהַמְלַמֵּד (תולין) [חולין][ט]: **שֶׁהִיא** שְׁקוּלָה כְּנֶגֶד כָּל הַמִּצְוֹת. דְּכֵיוָן דְּמוֹדֶה בָּהּ מַה צּוֹרֶךְ לוֹ לְקַיֵּים כָּל הַמִּצְוֹת וּמִסְתָּמָא יַעֲבוֹר עַל כּוּלָּן. וּבְסִפְרֵי מַפִּיק לָהּ מֵ'אֶת בְּרִיתִי הֵפַר', מַשְׁמַע שֶׁכָּל הַבְּרִית מֵיפֵר:

עין משפט נר מצוה

טז א מיי' פט"ו מהלכות שגגות הלכה ו סמג עשין ריז:
יז ב מיי' שם הלכה ג:
יח ג מיי' שם פי"ב הל"א:
יט ד מיי' שם פט"ו הלכה א:
כ ה מיי' שם פ"א הלכה ב והלכה ד ה:
כא ו ז מיי' פ"ד מהלכות עבודת כוכבים הלכה ו סמג שם:
כב ח מיי' שם פ"ב הלכה ד ופרק ל מהלכות שבת הלכה טו:

תוספות הרא"ש

מה להלן דבר שחייבין על זדונו כרת ושגגתו **חטאת**. תימה מנ"ל דבאחות אשה מייתי חטאת בשגגה הא אכתי לא קי"ל דדבר שחייבין על זדונו כרת שמביא על שגגתו חטאת. וי"ל דהא דקאמר על שגגתו חטאת לאו דוקא. אלא אגב סיפא דתני ועל שגגתו חטאת תנא נמי ברישא. וה"פ מה עליה האמור באחות אשה בדבר שזדונו כרת אף עליה האמור בחטאת בדבר שזדונו כרת נאמר שמביא על שגגתו חטאת. ועי"ל דעל שגגתו חטאת דרישא נמי דוקא משמע[פ] דג"ש עליה עליה לא אצטריך אלא למעוטי דאין מביא חטאת אלא על דבר שזדונו כרת. דאי לאו ג"ש ה"א דעל כל חטא שיחטא יביא קרבן. הלכך מפרשי' שפיר מה להלן באחות אשה זדונו כרת ושגגתו חטאת. דממילא הוה אמרי' דעל כל חטא מביא חטאת. אף עליה האמור בקרבן דוקא על זדונו כרת: **מאי נייתי פר צבור בשאר מצות הוא דמייתו**. ופשוט ליה לתלמודא שאין לנו לבדות קרבן חדש שאין מתכפרין בו בשום מקום על עבירה. והמ"ל הכי [מאי] נייתי נייתי קרבן הבא על עבירה במקום אחר הא אינם חלוקים בקרבנותיהם. וקרבן חדש שאין מתכפרים בו בשום מקום על עבירה א"א להביא:

הגהות וציונים

א] באר שבע (גליון). נ"א "יצא זה שאין חטאו בשגגה משיח לרבי חטאו בשגגה הוא אלא מי שכל חטאו בשגגה יצא זה שאין כל חטאו בשגגה", והיא גירסת רש"י: ב] רש"א מ"ז (גליון). עי"ש בהגהות והערות מה מחק: ג] בס"י מה להלן (גליון): ד] בכת"י נוסף **נייתי כשבה יחיד בשאר מצות הוא דמייתי**, וכ"ה ביבמות: ה] רש"א מ"ז (גליון): ו] "כי כתיבי" ליתא בר"ח ובכת"י: ז] בד' ווינציא רפ"א "דבי רבי **ישמעאל**", וכ"ה בר"מ ובבאר שבע. ועי' שער יוסף. ועי' הגהות וציונים לקמן ע"ב על רש"י ד"ה מחוורתא: ח] מהרש"א מוסיף ע"פ הרא"ם "תנא **וכי תשגו ולא תעשו בעבודת כוכבים הכתוב מדבר דאמר קרא**": ט] [עליו] (כמו שהוסיפוהו בגמרא - דק"ס): י] **בהעלם** (כת"י): כ] הלשון לאו דוקא. עי' רש"י לעיל ז ע"א "דכתיב באשם גזילות ובאשם מעילות נפש": ל] ואם (כת"י, רש"ש): מ] חייבין **אפי'** על (כת"י): נ] **דעובר** בלא תעשה (כת"י): ס] ע"י משה **במקומות הרבה** כגון (כת"י, ע"י, רא"ם וב"ש): ע] לשה"כ "תחטא **בשגגה מעם הארץ** בעשתה אחת ממצות ה'": פ] כת"י **משום**:

This *daf* is dedicated *l'iluy nishmas*: Chaim ben Rachel *z"l*

done intentionally, and a *Korban Chatas* if done mistakenly?

The Gemara answers: נָפְקָא לְהוּ — They learn it, מִדְּמַתְנֵי לֵיהּ רַבִּי יְהוֹשֻׁעַ בֶּן לֵוִי לִבְרֵיהּ — from what Rabi Yehoshua ben Levi taught to his son: תּוֹרָה אַחַת יִהְיֶה לָכֶם לָעֹשֶׂה בִּשְׁגָגָה — The *pasuk*, alluding to Torah, says (*Bamidbar* 15:29) "There shall be one Torah for you, for the one who acts mistakenly." And the next *pasuk* (15:30), which Chazal understood to be discussing *avodah zarah*, continues: וְהַנֶּפֶשׁ אֲשֶׁר תַּעֲשֶׂה בְּיָד רָמָה וגו' — "And the person who acts with an upraised hand…" הוּקְשָׁה כָּל הַתּוֹרָה כּוּלָּהּ לַעֲבוֹדַת כּוֹכָבִים — The entire Torah is placed next to *avodah zarah* to teach, מָה עֲבוֹדַת כּוֹכָבִים שֶׁחַיָּיבִין עַל זְדוֹנוֹ כָּרֵת וְעַל שִׁגְגָתוֹ חַטָּאת — just like *avodah zarah* is an *aveirah* for which one is punished with *kareis* for transgressing intentionally, and for transgressing unintentionally one is obligated to bring a *Chatas*, אַף כָּאן — so too here, for the entire Torah, שֶׁחַיָּיבִין עַל זְדוֹנוֹ כָּרֵת וְעַל שִׁגְגָתוֹ חַטָּאת — one is only obligated to bring a *Chatas* for an *aveirah* unintentionally, which one is punished with *kareis*, for transgressing intentionally.

The Gemara asks: אַשְׁכְּחַן יָחִיד נָשִׂיא וּמָשִׁיחַ בֵּין בַּעֲבוֹדַת כּוֹכָבִים בֵּין בִּשְׁאָר מִצְוֹת — We found a source that a *Chatas* is only brought foran *aveirah of kareis* in regards to a regular individual, a *nasi*, and a *kohen gadol*, both concerning *avodah zarah* or any other *aveirah*. The *pasuk* (15:30) is discussing any individual — "And the person." צִבּוּר מְנָלַן — From where do we derive that the public is only obligated to bring a *Par He'eleim Davar* for an *aveirah* that if done intentionally is punished with *kareis*, and if done unintentionally obligates a *Chatas*? The Gemara answers: יָלֵיף עֶלְיוֹן מִתַּחְתּוֹן — One derives the halachah of the first section (*Bamidbar* 15:22) which discusses the public's transgression of *avodah zarah*, from the second section (15:27) which discusses the individual's transgression. Just as the individual is only obligated for *avodah zarah* worship which is punished with *kareis* and obligates a *Chatas*, so too, the public is only obligated for such worship.

The Gemara asks: וְרַבִּי — And Rebbi, who learns the *halachos* of the obligation of *Chatas* from the term "*alehah*," הָא דְּרַבִּי יְהוֹשֻׁעַ בֶּן לֵוִי מַאי עָבֵיד לֵיהּ — what does he do with this *pasuk* (since he doesn't use it for the teaching of Rabi Yehoshua ben Levi)? מַפֵּיק לֵיהּ לִכְדְתַנְיָא — He uses the *pasuk* to learn from it that which is taught in a *Baraisa*: לְפִי שֶׁמָּצִינוּ שֶׁחִלֵּק הַכָּתוּב בֵּין רַבִּים לִיחִידִים — Because we found that the *pasuk* regarding intentional idol worship differentiated between the idol worship of the many, when they comprise the majority of a city, and the idol worship of the individual, רַבִּים בְּסַיִיף וּמָמוֹנָן אָבֵד — as the many are killed by sword and their property is lost (it is destroyed), יְחִידִים בִּסְקִילָה וּמָמוֹנָן פָּלֵט — and individuals are killed with stoning and their property is spared, יָכוֹל נַחְלוֹק בְּקָרְבְּנוֹתֵיהֶם — one might have thought that in the case of unintentional idol worship, we would differentiate between the *korbanos* that they are obligated to bring and the public would not bring the *korban* specified for an individual; תַּלְמוּד לוֹמַר — therefore the *pasuk*

For this *daf's shiur* and charts, scan this QR code:

מסורת הש"ס
עם הוספות

א) יבמות ח:, ב) [יבמות ט.], ג) שבת סח: [יבמות ט.], ד) [יבמות ט.], ה) [יבמות דף ט.], ו) [כרתות טו: ושם נסמן], ז) מכות כד., ח) ז:, ט) עי' מכות יט סוף ע"א.

תורה אור השלם

א) וְהֵבִיא אַיִל תָּמִים מִן הַצֹּאן בְּעֶרְכְּךָ לְאָשָׁם אֶל הַכֹּהֵן וְכִפֶּר עָלָיו הַכֹּהֵן עַל שִׁגְגָתוֹ אֲשֶׁר שָׁגָג וְהוּא לֹא יָדַע וְנִסְלַח לוֹ: [ויקרא ה, יח]

ב) וְנוֹדְעָה הַחַטָּאת אֲשֶׁר חָטְאוּ עָלֶיהָ וְהִקְרִיבוּ הַקָּהָל פַּר בֶּן בָּקָר לְחַטָּאת וְהֵבִיאוּ אֹתוֹ לִפְנֵי אֹהֶל מוֹעֵד: [ויקרא ד, יד]

ג) וְאִשָּׁה אֶל אֲחֹתָהּ לֹא תִקָּח לִצְרֹר לְגַלּוֹת עֶרְוָתָהּ עָלֶיהָ בְּחַיֶּיהָ: [ויקרא יח, יח]

ד) אִם הַכֹּהֵן הַמָּשִׁיחַ יֶחֱטָא לְאַשְׁמַת הָעָם וְהִקְרִיב עַל חַטָּאתוֹ אֲשֶׁר חָטָא פַּר בֶּן בָּקָר תָּמִים לַיְיָ לְחַטָּאת: [ויקרא ד, ג]

ה) אֲשֶׁר נָשִׂיא יֶחֱטָא וְעָשָׂה אַחַת מִכָּל מִצְוֹת יְיָ אֱלֹהָיו אֲשֶׁר לֹא תֵעָשֶׂינָה בִּשְׁגָגָה וְאָשֵׁם: [ויקרא ד, כב]

ו) וְאִם כָּל עֲדַת יִשְׂרָאֵל יִשְׁגּוּ וְנֶעְלַם דָּבָר מֵעֵינֵי הַקָּהָל וְעָשׂוּ אַחַת מִכָּל מִצְוֹת יְיָ אֲשֶׁר לֹא תֵעָשֶׂינָה וְאָשֵׁמוּ: [ויקרא ד, יג]

ז) וְאִם נֶפֶשׁ אַחַת תֶּחֱטָא בִשְׁגָגָה מֵעַם הָאָרֶץ בַּעֲשֹׂתָהּ אַחַת מִמִּצְוֹת יְיָ אֲשֶׁר לֹא תֵעָשֶׂינָה וְאָשֵׁם: [ויקרא ד, כז]

ח) וְהָיָה אִם מֵעֵינֵי הָעֵדָה נֶעֶשְׂתָה לִשְׁגָגָה וְעָשׂוּ כָל הָעֵדָה פַּר בֶּן בָּקָר אֶחָד לְעֹלָה לְרֵיחַ נִיחֹחַ לַיְיָ וּמִנְחָתוֹ וְנִסְכּוֹ כַּמִּשְׁפָּט וּשְׂעִיר עִזִּים אֶחָד לְחַטָּת: [במדבר טו, כד]

ט) וְאִם נֶפֶשׁ אַחַת תֶּחֱטָא בִשְׁגָגָה וְהִקְרִיבָה עֵז בַּת שְׁנָתָהּ לְחַטָּאת: [במדבר טו, כז]

י) הָאֶזְרָח בִּבְנֵי יִשְׂרָאֵל וְלַגֵּר הַגָּר בְּתוֹכָם תּוֹרָה אַחַת יִהְיֶה לָכֶם לָעֹשֶׂה בִּשְׁגָגָה: וְהַנֶּפֶשׁ אֲשֶׁר תַּעֲשֶׂה בְּיָד רָמָה מִן הָאֶזְרָח וּמִן הַגֵּר אֶת יְיָ הוּא מְגַדֵּף וְנִכְרְתָה הַנֶּפֶשׁ הַהִוא מִקֶּרֶב עַמָּהּ: [במדבר טו, כט-ל]

כ) וְכִי תִשְׁגּוּ וְלֹא תַעֲשׂוּ אֵת כָּל הַמִּצְוֹת הָאֵלֶּה אֲשֶׁר דִּבֶּר יְיָ אֶל מֹשֶׁה: [במדבר טו, כב]

ל) אֵת כָּל אֲשֶׁר צִוָּה יְיָ אֲלֵיכֶם בְּיַד מֹשֶׁה מִן הַיּוֹם אֲשֶׁר צִוָּה יְיָ וָהָלְאָה לְדֹרֹתֵיכֶם: [במדבר טו, כג]

מ) אָנֹכִי יְיָ אֱלֹהֶיךָ אֲשֶׁר הוֹצֵאתִיךָ מֵאֶרֶץ מִצְרַיִם מִבֵּית עֲבָדִים: [שמות כ, ב]

נ) לֹא יִהְיֶה לְךָ אֱלֹהִים אֲחֵרִים עַל פָּנָי: [שמות כ, ג]

[א]וְשָׁוִין שֶׁאֵין מֵבִיא אָשָׁם תָּלוּי, מְנָלָן. דִּכְתִיב א) 'וְכִפֶּר [עָלָיו] הַכֹּהֵן עַל שִׁגְגָתוֹ אֲשֶׁר שָׁגָג', רַבִּי סָבַר, מִי שֶׁכָּל חֶטְאוֹ בִּשְׁגָגָה, יָצָא זֶה שֶׁאֵין [כָּל[א]] חֶטְאוֹ בִּשְׁגָגָה אֶלָּא בְּהֶעְלֵם דָּבָר. מִידֵי כָּל כְּתִיב. אִין, דְּאִם כֵּן נִכְתּוֹב עַל שִׁגְגָתוֹ, לָמָּה לִי 'אֲשֶׁר שָׁגָג', הָא קָא מַשְׁמַע לָן, דְּעַד דְּאִיכָּא כָּל חֶטְאוֹ בִּשְׁגָגָה, (יָצָא מָשִׁיחַ שֶׁאֵין כָּל חֶטְאוֹ בִּשְׁגָגָה אֶלָּא בַּעֲבוֹדַת כּוֹכָבִים וְלֹא בִּשְׁאָר מִצְוֹת אֶלָּא בְּהֶעְלֵם דָּבָר עִם שִׁגְגַת מַעֲשֶׂה[ב]). וְרַבָּנָן, מִי שֶׁחֶטְאוֹ בִּשְׁגָגָה, יָצָא מָשִׁיחַ שֶׁאֵין חֶטְאוֹ בִּשְׁגָגָה, [ב]לֹא בַּעֲבוֹדַת כּוֹכָבִים וְלֹא בִּשְׁאָר מִצְוֹת, אֶלָּא בְּהֶעְלֵם דָּבָר עִם שִׁגְגַת מַעֲשֶׂה: **מתני'** [א][ג]אֵין בֵּית דִּין חַיָּיבִין עַד שֶׁיּוֹרוּ בְּדָבָר שֶׁזְּדוֹנוֹ כָּרֵת וְשִׁגְגָתוֹ חַטָּאת, [ד]וְכֵן הַמָּשִׁיחַ; וְלֹא בַּעֲבוֹדַת כּוֹכָבִים עַד שֶׁיּוֹרוּ עַל דָּבָר שֶׁזְּדוֹנוֹ כָּרֵת וְשִׁגְגָתוֹ חַטָּאת: **גמ'** מְנָלָן. דְּתַנְיָא, [ה]רַבִּי אוֹמֵר, נֶאֱמַר כָּאן ב) 'עָלֶיהָ' וְנֶאֱמַר לְהַלָּן ג) 'עָלֶיהָ', מַה לְּהַלָּן דָּבָר שֶׁזְּדוֹנוֹ כָּרֵת וְשִׁגְגָתוֹ חַטָּאת, אַף כָּאן דָּבָר שֶׁזְּדוֹנוֹ כָּרֵת וְשִׁגְגָתוֹ חַטָּאת. אַשְׁכְּחַן צִבּוּר, מָשִׁיחַ מְנָלָן. ד) 'לְאַשְׁמַת הָעָם', הֲרֵי מָשִׁיחַ כְּצִבּוּר. נָשִׂיא, יָלֵיף 'מִצְוֹת' 'מִצְוֹת', כְּתִיב גַּבֵּי נָשִׂיא ה) 'וְעָשָׂה אַחַת מִכָּל מִצְוֹת יְיָ' וּכְתִיב בְּצִבּוּר ו) 'וְעָשׂוּ אַחַת מִכָּל מִצְוֹת', מַה צִּבּוּר דָּבָר שֶׁזְּדוֹנוֹ כָּרֵת וְשִׁגְגָתוֹ חַטָּאת, אַף נָשִׂיא דָּבָר שֶׁזְּדוֹנוֹ כָּרֵת וְשִׁגְגָתוֹ חַטָּאת. יָחִיד, אָמַר קְרָא ז) 'וְאִם נֶפֶשׁ', וְיִלְמַד תַּחְתּוֹן מֵעֶלְיוֹן: **וְלֹא בַּעֲבוֹדַת כּוֹכָבִים עַד שֶׁיּוֹרוּ:** בַּעֲבוֹדַת כּוֹכָבִים מְנָלָן. דְּתָנוּ רַבָּנָן, לְפִי שֶׁיָּצְאָה עֲבוֹדַת כּוֹכָבִים לִידּוֹן בְּעַצְמָהּ, יָכוֹל יְהוּ חַיָּיבִין אֲפִילּוּ עַל דָּבָר שֶׁאֵין זְדוֹנוֹ כָּרֵת וְשִׁגְגָתוֹ חַטָּאת, נֶאֱמַר כָּאן ח) 'מֵעֵינֵי' וְנֶאֱמַר לְהַלָּן ו) 'מֵעֵינֵי', מַה לְּהַלָּן דָּבָר שֶׁזְּדוֹנוֹ כָּרֵת וְשִׁגְגָתוֹ חַטָּאת, אַף כָּאן דָּבָר שֶׁזְּדוֹנוֹ כָּרֵת וְשִׁגְגָתוֹ חַטָּאת. אַשְׁכְּחַן צִבּוּר, יָחִיד נָשִׂיא מָשִׁיחַ מְנָלָן. אָמַר קְרָא ט) 'וְאִם נֶפֶשׁ אַחַת', אֶחָד יָחִיד וְאֶחָד נָשִׂיא וְאֶחָד מָשִׁיחַ, כּוּלָּן בִּכְלַל נֶפֶשׁ אַחַת הֵן, וְיִלְמַד תַּחְתּוֹן מִן הָעֶלְיוֹן. הָנִיחָא לְמַאן דְּמַפִּיק לָהּ לְ'עָלֶיהָ' לִגְזֵירָה שָׁוָה כִּדְאָמְרַן, אֶלָּא לְרַבָּנָן דְּמַפְּקֵי לָהּ לְ'עָלֶיהָ' לַעֲרָיוֹת וְצָרוֹת, דָּבָר שֶׁזְּדוֹנוֹ כָּרֵת וְשִׁגְגָתוֹ חַטָּאת מְנָא לְהוּ. נָפְקָא לְהוּ [ו]מִדְּמַתְנֵי לֵיהּ רַבִּי יְהוֹשֻׁעַ בֶּן לֵוִי לִבְרֵיהּ, י) 'תּוֹרָה אַחַת יִהְיֶה לָכֶם לָעוֹשֶׂה בִּשְׁגָגָה, וְהַנֶּפֶשׁ אֲשֶׁר תַּעֲשֶׂה בְּיָד רָמָה' וְגוֹ', הוּקְשָׁה כָּל הַתּוֹרָה כּוּלָּהּ לַעֲבוֹדַת כּוֹכָבִים, [ז] מַה עֲבוֹדַת כּוֹכָבִים שֶׁחַיָּיבִין עַל זְדוֹנוֹ כָּרֵת וְעַל שִׁגְגָתוֹ חַטָּאת, אַף כָּאן [ה]שֶׁחַיָּיבִין עַל זְדוֹנוֹ כָּרֵת וְעַל שִׁגְגָתוֹ חַטָּאת. אַשְׁכְּחַן יָחִיד נָשִׂיא וּמָשִׁיחַ בֵּין בַּעֲבוֹדַת כּוֹכָבִים בֵּין בִּשְׁאָר מִצְוֹת, צִבּוּר מְנָלָן. יָלֵיף עֶלְיוֹן מִתַּחְתּוֹן. וְרַבִּי הָא דְּרַבִּי יְהוֹשֻׁעַ בֶּן לֵוִי מַאי עָבֵיד לֵיהּ. מַפִּיק לֵיהּ לִכְדְתַנְיָא, [ד]לְפִי שֶׁמָּצִינוּ שֶׁחָלַק הַכָּתוּב בֵּין רַבִּים לִיחִידִים, [ז]רַבִּים בְּסַיִיף וּמָמוֹנָן אָבֵד, יְחִידִים בִּסְקִילָה וּמָמוֹנָן פָּלֵט, יָכוֹל נַחֲלוֹק בְּקָרְבְּנוֹתֵיהֶם, תַּלְמוּד לוֹמַר י) 'תּוֹרָה אַחַת יִהְיֶה' וְגוֹ'. [ח]מַתְקִיף לָהּ רַב חִלְקִיָּה מֵהַגְרוֹנְיָא, טַעְמָא דְּלֹא חָלַק הַכָּתוּב, הָא חָלַק הֲוָה אָמֵינָא נַחֲלוֹק, מַאי נַיְיתֵי, נַיְיתֵי פַּר, צִבּוּר בִּשְׁאָר מִצְוֹת הוּא דְּמַיְיתוּ; [ל] נַיְיתֵי פַּר לְעוֹלָה וְשָׂעִיר לְחַטָּאת, צִבּוּר בַּעֲבוֹדַת כּוֹכָבִים הוּא דְּמַיְיתוּ; נַיְיתֵי שָׂעִיר, נָשִׂיא בִּשְׁאָר מִצְוֹת הוּא דְּמַיְיתֵי; נַיְיתֵי שְׂעִירָה, יָחִיד נַמֵּי הַיְינוּ קָרְבָּנוֹ. (אַלְמָה לָא[ס]) אִיצְטְרִיךְ, סָלְקָא דַּעְתָּא אָמֵינָא צִבּוּר מַיְיתֵי פַּר לְעוֹלָה וְשָׂעִיר לְחַטָּאת, הָנֵי נַיְיתֵי אִיפְּכָא, פַּר לְחַטָּאת וְשָׂעִיר לְעוֹלָה, אִי נַמֵּי [ט]צָרִיךְ וְאֵין לוֹ תַּקָּנָה, קָא מַשְׁמַע לָן. דְּכ"ע מִיהַת כִּי כְּתִיבֵי[ע] הָנֵי קְרָאֵי בַּעֲבוֹדַת כּוֹכָבִים הוּא דִּכְתִיבֵי, מַאי מַשְׁמַע. אָמַר רָבָא, וְאִי תֵּימָא רַבִּי יְהוֹשֻׁעַ בֶּן לֵוִי, וְאָמְרֵי לָהּ כְּדִי, אָמַר קְרָא כ) 'וְכִי תִשְׁגּוּ וְלֹא תַעֲשׂוּ אֵת כָּל הַמִּצְוֹת הָאֵלֶּה', אֵיזוֹ הִיא מִצְוָה [ח]שֶׁהִיא שְׁקוּלָה כְּכָל הַמִּצְוֹת, הֱוֵי אוֹמֵר זוֹ עֲבוֹדַת כּוֹכָבִים. דְּבֵי רַבִּי[ז] תָּנָא[פ], אָמַר קְרָא כ) 'אֲשֶׁר דִּבֶּר יְיָ אֶל מֹשֶׁה' וּכְתִיב ל) 'אֲשֶׁר צִוָּה יְיָ אֲלֵיכֶם בְּיַד מֹשֶׁה', אֵיזוֹ הִיא מִצְוָה שֶׁהִיא בְּדִיבּוּרוֹ שֶׁל הַקב"ה וְצִוָּה עַל יְדֵי מֹשֶׁה, הֱוֵי אוֹמֵר זוֹ עֲבוֹדַת כּוֹכָבִים, [י]דְּתָנָא רַבִּי יִשְׁמָעֵאל, מ) 'אָנֹכִי' נ) 'וְלֹא יִהְיֶה לְךָ' מִפִּי הַגְּבוּרָה שְׁמַעֲנוּם. דְּבֵי רַבִּי יִשְׁמָעֵאל תָּנָא, לְמִן

וְשָׁוִין שֶׁאֵין מָשִׁיחַ מֵבִיא אָשָׁם תָּלוּי, דִּכְתִיב בְּאָשָׁם תָּלוּי 'וְכִפֶּר[ע]' הַכֹּהֵן עַל שִׁגְגָתוֹ אֲשֶׁר שָׁגַג וְהוּא לֹא יָדַע', מִי שֶׁחֶטְאוֹ בִּשְׁגָגָה, יָצָא מָשִׁיחַ, וּלְרַבִּי הֵיכִי מָצֵי אָמַר יָצָא מָשִׁיחַ, וְהָא לְרַבִּי חֶטְאוֹ בַּעֲבוֹדַת כּוֹכָבִים בִּשְׁגָגָה הוּא, דְּהָא תַּנְיָא לְעֵיל 'מָשִׁיחַ בַּעֲבוֹדַת כּוֹכָבִים רַבִּי אוֹמֵר בִּשְׁגְגַת מַעֲשֶׂה', אֶלָּא רַבִּי סָבַר דְּהָכִי מְתָרֵץ קְרָא לְטַעְמֵיהּ, מִי שֶׁכָּל חֶטְאוֹ בִּשְׁגָגָה יָצָא מָשִׁיחַ שֶׁאֵין כָּל חֶטְאוֹ בִּשְׁגָגָה, דְּבַעֲבוֹדַת כּוֹכָבִים בִּלְבַד הוּא דְּחֶטְאוֹ בִּשְׁגָגָה, אֲבָל בִּשְׁאָר מִצְוֹת אֵין חֶטְאוֹ בִּשְׁגָגָה בִּלְבַד, אֶלָּא בְּהֶעְלֵם דָּבָר עִם שִׁגְגַת מַעֲשֶׂה: וְרַבָּנָן. סָבְרֵי יָצָא מָשִׁיחַ שֶׁאֵין חֶטְאוֹ בִּשְׁגָגָה, לֹא בַּעֲבוֹדַת כּוֹכָבִים וְלֹא בִּשְׁאָר מִצְוֹת אֶלָּא הֶעְלֵם[ו] דָּבָר עִם שִׁגְגַת מַעֲשֶׂה, וּלְדִבְרֵי הַכֹּל מָשִׁיחַ אֵין מֵבִיא אָשָׁם תָּלוּי, וְכָל שֶׁכֵּן לְצִבּוּר דְּאֵין חַיָּיבִין אָשָׁם תָּלוּי, דְּהֶעְלֵם דָּבָר כְּתִיב בְּהוּ בְּהֶדְיָא: מתני' אֵין בי"ד חַיָּיבִין קָרְבָּן, אֶלָּא עַל דָּבָר שֶׁזְּדוֹנוֹ כָּרֵת וְשִׁגְגָתוֹ חַטָּאת. וְאִם הוֹרוּ בְּדָבָר שֶׁחַיָּיבִין אָשָׁם וַדַּאי פְּטוּרִין, דִּכְתִיב בְּאָשָׁם וַדַּאי 'וְאִם נֶפֶשׁ אַחַת'[ק], ובי"ד אֵין הֵם בִּכְלַל נֶפֶשׁ אַחַת; וְעוֹד, דְּבָאֲשָׁמוֹת אֵין בָּהֶן דִּין הֶעְלֵם דָּבָר, דְּחַיָּיבִין אָשָׁם וַדַּאי עַל הַמֵּזִיד כְּשׁוֹגֵג: וְכֵן הַמָּשִׁיחַ. אֵין מֵבִיא פַּר אֶלָּא עַל הֶעְלֵם דָּבָר שֶׁזְּדוֹנוֹ כָּרֵת וְשִׁגְגָתוֹ חַטָּאת, אֲבָל בִּמְקוֹם אָשָׁם וַדַּאי חַיָּיב לְהָבִיא אָשָׁם וַדַּאי, לְפִי שֶׁהוּא בִּכְלַל 'נֶפֶשׁ אַחַת', וּלְהָכִי הִשְׁוָה לְצִבּוּר, דְּאֵין מֵבִיא פַּר בִּמְקוֹם אָשָׁם, אֲבָל אָשָׁם יָבִיא, כִּדְתְנַן לְקַמָּן (דף ט.) 'אָשָׁם וַדַּאי, הַנָּשִׂיא הַמָּשִׁיחַ וְהַיָּחִיד חַיָּיבִין, ובי"ד פְּטוּרִין': גמ' נֶאֱמַר כָּאן 'עָלֶיהָ'. 'וְנוֹדְעָה הַחַטָּאת אֲשֶׁר חָטְאוּ עָלֶיהָ' (ויקרא ד): וְנֶאֱמַר לְהַלָּן. 'לְגַלּוֹת עֶרְוָתָהּ עָלֶיהָ' (שם יח): נָשִׂיא. נַמֵּי לֹא יָבִיא שָׂעִיר אֶלָּא עַל דָּבָר שֶׁזְּדוֹנוֹ כָּרֵת וְשִׁגְגָתוֹ חַטָּאת, כִּדְתְנַן (שם) 'כָּל מִצְוֹת שֶׁבַּתּוֹרָה שֶׁחַיָּיבִין עַל זְדוֹנָן כָּרֵת וְעַל שִׁגְגָתָן חַטָּאת, יָחִיד מֵבִיא כִּשְׂבָּה אוֹ שְׂעִירָה, וְנָשִׂיא מֵבִיא שָׂעִיר', דְּיָלֵיף 'מִצְוֹת' 'מִצְוֹת': יָחִיד. נַמֵּי אֵינוֹ מֵבִיא חַטָּאת אֶלָּא עַל דָּבָר שֶׁזְּדוֹנוֹ כָּרֵת, דִּתְנַן 'כָּל מִצְוֹת שֶׁבַּתּוֹרָה' וְכוּ': אָמַר קְרָא. בְּפָרָשַׁת וַיִּקְרָא, 'אִם[ל] נֶפֶשׁ': וְיִלְמוֹד תַּחְתּוֹן מֵעֶלְיוֹן. יָחִיד מִנָּשִׂיא: לְפִי שֶׁיָּצְאָה עֲבוֹדַת כּוֹכָבִים. דְּהָכָא כְּתִיב 'וְכִי תִשְׁגּוּ וְלֹא תַעֲשׂוּ', וְלֹא כְּתִיב הָכָא כָּרֵת: יָכוֹל יְהוּ חַיָּיבִין [מ] עַל דָּבָר שֶׁאֵין זְדוֹנוֹ כָּרֵת. כְּגוֹן מְגַפֵּף וּמְנַשֵּׁק וּמְרַבֵּץ, כִּדְאָמְרִינַן בְּמַסֶּכֶת סַנְהֶדְרִין בְּפֶרֶק אַרְבַּע מִיתוֹת (דף ס:) [נ] בְּלֹא מַעֲשֶׂה וְאֵינוֹ בְּכָרֵת: וְיִלְמוֹד תַּחְתּוֹן מֵעֶלְיוֹן. יָחִיד נָשִׂיא וּמָשִׁיחַ מִצִּבּוּר: אֶלָּא לְרַבָּנָן. דְּמַפְּקֵי לְהַאי 'עָלֶיהָ' לִדְרָשָׁא אַחֲרִינָא, כִּדְאָמְרִינַן בְּפ"ק דִּיבָמוֹת (דף ג:) 'וְאִשָּׁה אֶל אֲחוֹתָהּ' וְגוֹ', 'עָלֶיהָ' מַה ת"ל, לְפִי שֶׁנֶּאֱמַר 'יְבָמָהּ יָבֹא עָלֶיהָ' וְגוֹ': 'תּוֹרָה אַחַת יִהְיֶה לָכֶם לָעוֹשֶׂה בִּשְׁגָגָה, וְהַנֶּפֶשׁ אֲשֶׁר תַּעֲשֶׂה בְּיָד רָמָה'. בַּעֲבוֹדַת כּוֹכָבִים מִשְׁתַּעֵי קְרָא, דְּתַנְיָא בְּסִפְרֵי 'ר"ש אוֹמֵר, בַּעֲבוֹדַת כּוֹכָבִים הַכָּתוּב מְדַבֵּר, שֶׁנֶּאֱמַר כִּי דְבַר ה' בָּזָה', שֶׁבָּזָה עַל דִּיבּוּר רִאשׁוֹן שֶׁנֶּאֱמַר בּוֹ 'אָנֹכִי ה' אֱלֹהֶיךָ' וְ'לֹא יִהְיֶה לְךָ אֱלֹהִים אֲחֵרִים עַל פָּנָי': מַה עֲבוֹדַת כּוֹכָבִים שֶׁחַיָּיבִין עַל זְדוֹנוֹ כָּרֵת. דְּהָכָא כְּתִיב 'הִכָּרֵת תִּכָּרֵת', אַף כּוּ': אַשְׁכְּחַן יָחִיד וְנָשִׂיא וּמָשִׁיחַ בֵּין בַּעֲבוֹדַת כּוֹכָבִים וּבֵין בִּשְׁאָר מִצְוֹת. דִּכְתִיב 'וְאִם נֶפֶשׁ', וּכְתִיב 'תּוֹרָה אַחַת יִהְיֶה לָכֶם, וְהַנֶּפֶשׁ אֲשֶׁר תַּעֲשֶׂה בְּיָד רָמָה', דְּיָחִיד וְנָשִׂיא וּמָשִׁיחַ בִּכְלַל 'וְאִם נֶפֶשׁ אַחַת': צִבּוּר מְנָלָן, יִלְמוֹד עֶלְיוֹן מִן הַתַּחְתּוֹן. דִּכְתִיב בַּפָּרָשָׁה לְמַעְלָה 'וְכִי תִשְׁגּוּ', דְּהַיְינוּ לְצִבּוּר, וְיִלְמַד מִתַּחְתּוֹן, מִ'וְאִם נֶפֶשׁ', מַה לְּהַלָּן דָּבָר שֶׁחַיָּיבִין עַל זְדוֹנוֹ כָּרֵת וְעַל שִׁגְגָתוֹ חַטָּאת בֵּין בַּעֲבוֹדַת כּוֹכָבִים בֵּין בִּשְׁאָר מִצְוֹת, דְּגַבֵּי יָחִיד הוּקְשָׁה כָּל הַתּוֹרָה כּוּלָּהּ לַעֲבוֹדַת כּוֹכָבִים, אַף לְצִבּוּר אֵין חַיָּיבִין אֶלָּא בְּדָבָר שֶׁחַיָּיבִין עַל זְדוֹנוֹ כָּרֵת וְעַל שִׁגְגָתוֹ חַטָּאת בֵּין בַּעֲבוֹדַת כּוֹכָבִים בֵּין בִּשְׁאָר מִצְוֹת: רַבִּים בְּסַיִיף. בְּמֵזִיד, אַנְשֵׁי עִיר הַנִּדַּחַת: יָכוֹל נַחֲלוֹק בְּשׁוֹגֵג בְּקָרְבְּנוֹתֵיהֶם. דְּכִי הֵיכִי דְּחָלוּק לְצִבּוּר מִיחִידִים, דְּקָרְבָּן לְצִבּוּר בַּעֲבוֹדַת כּוֹכָבִים לֹא דָּמֵי לְשׁוּם קָרְבַּן יָחִיד, ה"נ נַחֲלוֹק בְּקָרְבְּנוֹתֵיהֶם, דְּלֶהֱוֵי חָלוּק דִּמְרוּבִּין שֶׁעָשׂוּ שׁוֹגְגִין דְּעִיר הַנִּדַּחַת, דְּלָא לֶהֱוֵי דָּמֵי לְעוֹלָם לְשׁוּם קָרְבָּן, לֹא לְצִבּוּר וְלֹא לְיָחִיד: ת"ל 'תּוֹרָה אַחַת'. דְּעִיר הַנִּדַּחַת דְּשׁוֹגֵג כִּיחִידִים דָּמוּ, וּמַיְיתֵי כָּל חַד וְחַד שְׂעִירָה כְּיָחִיד: מַאי נַיְיתֵי. אַנְשֵׁי עִיר הַנִּדַּחַת רַבִּים דְּבְסַיִיף: נַיְיתֵי פַּר, צִבּוּר בִּשְׁאָר מִצְוֹת הוּא דְּמַיְיתֵי. וְלָא הָוֵי חָלוּק, וְכָל שֶׁכֵּן דְּבָעֵינַן חִלּוּק בֵּין אַנְשֵׁי עִיר הַנִּדַּחַת לְצִבּוּר, דְּהָא אֵין לְצִבּוּר נַעֲשִׂין עִיר הַנִּדַּחַת כְּלָל: יָחִיד נַמֵּי הַיְינוּ קָרְבָּנוֹ. וְלָא הָוֵי חָלוּק: אִיצְטְרִיךְ. 'תּוֹרָה אַחַת', דס"ד וְכוּ': אִי נַמֵּי צָרִיךְ. לַחֲלוֹק בַּקָּרְבָּן: וְאֵין לוֹ תַּקָּנָה. לְעִיר הַנִּדַּחַת בְּשׁוֹגֵג, דְּאִי אֶפְשָׁר לַחֲלוֹק: קמ"ל. 'תּוֹרָה אַחַת', דְּמַיְיתֵי כָּל חַד שְׂעִירָה כְּיָחִיד: 'וְלֹא תַעֲשׂוּ אֵת כָּל הַמִּצְוֹת', אֵיזוֹ הִיא מִצְוָה שֶׁשְּׁקוּלָה כְּנֶגֶד כָּל הַמִּצְוֹת, הֱוֵי אוֹמֵר זוֹ עֲבוֹדַת כּוֹכָבִים. שֶׁכָּל הַמּוֹדֶה בָּהּ כְּכוֹפֵר בְּכָל הַתּוֹרָה כּוּלָּהּ: כְּתִיב '[אֵת] כָּל אֲשֶׁר צִוָּה יְיָ אֲלֵיכֶם בְּיַד מֹשֶׁה'. דְּמַשְׁמַע שֶׁצִּוָּה ע"י מֹשֶׁה, וּכְתִיב 'אֲשֶׁר דִּבֶּר ה'', דְּמַשְׁמַע שֶׁהִיא בְּדִיבּוּרוֹ שֶׁל הקב"ה, כְּלוֹמַר שֶׁשָּׁמְעוּ יִשְׂרָאֵל מִפִּיו כְּשֶׁדִּבֵּר עִם מֹשֶׁה: אֵיזוֹ הִיא מִצְוָה שֶׁהִיא בְּדִבּוּרוֹ שֶׁל הקב"ה וְצִוָּה ע"י מֹשֶׁה, הֱוֵי אוֹמֵר זוֹ עֲבוֹדַת כּוֹכָבִים. דְּ'אָנֹכִי וְלֹא יִהְיֶה לְךָ מִפִּי הַגְּבוּרָה שְׁמַעֲנוּם', דְּהַיְינוּ שֶׁשָּׁמְעוּ בְּדִבּוּרוֹ שֶׁל הקב"ה, וְצִוָּה ע"י מֹשֶׁה בְּכַמָּה פָּרָשִׁיּוֹת שֶׁבַּתּוֹרָה[פ], כְּגוֹן 'לֹא תִשְׁתַּחֲוֶה לְאֵל אַחֵר' דְּלֹא שְׁמָעוּהוּ אֶלָּא מִפִּי מֹשֶׁה: לְמִן

תוספות

אין חייבין אלא על דבר שזדונו כרת ושגגתו חטאת. תימה, מאי קאמר 'על שגגתו חטאת', הא היא גופה חטאת היא, ומה שייך לומר אין חייבין חטאת אלא על דבר ששגגתו חטאת. ושמא אגב דוכתא אחריתי דנקיט לה גבי מלקות נקיט נמי הכא. עי"ל, דה"פ, דמה שאדם אחר היה מחויב חטאת על שגגתו הכא מביאין פר: **ויחיד**, דאמר קרא 'ואם נפש'. ה"נ ה"מ למילף גבי יחיד 'מצות' 'מצות', דה"נ כתיב 'ואם נפש אחת תחטא[פ] ועשתה אחת מכל מצות ה'', אלא דהכי ניחא ליה למילף: **ילמוד** תחתון מעליון. וא"ת, היכי יליף יחיד מנשיא, והא נשיא גמיר מג"ש ואינו חוזר ומלמד בהיקש (כדאיתא בזבחים נ:). ויש לומר דגילוי מילתא בעלמא הוא ולא היקש, דתרוייהו בכלל יחיד ובכלל נפש. מיהו לעיל[ס] קשה, דיליף עבודת כוכבים משאר מצות, ושאר מצות מזקן ממרא, והלא הלמד מגזירה שוה אין חוזר ומלמד בגזירה שוה (עיין זבחים [illegible] הש"ס דדבר הלמד בגזירה שוה חוזר ומלמד בגזירה שוה, ואין חולק על זה. וצריך עיון גדול). ויש לומר דבדבר מלמד [חולין], והמלמד (תולין) [חולין][ט]: **שהיא** שקולה כנגד כל המצות. דכיון דמודה בה מה צורך לו לקיים כל המצות ומסתמא יעבור על כולן. ובספרי מפיק לה מ'את בריתי היפר', משמע שכל הברית מיפר:

עין משפט
נר מצוה

טז א מיי' פט"ו מהלכות שגגות הלכה ו סמג עשין ריז:
יז ב מיי' שם הלכה ג:
יח ג מיי' שם פי"ב הל"א:
יט ד מיי' שם פט"ו הלכה א:
כ ה מיי' שם פ"א הלכה ב והלכה ד ה:
כא ו ז מיי' פ"ד מהלכות עבודת כוכבים הלכה ו סמג שם:
כב ח מיי' שם פ"ב הלכה ד ופרק ל מהלכות שבת הלכה טו:

תוספות הרא"ש

מה להלן דבר שחייבין על זדונו כרת ושגגתו חטאת. תימה מנ"ל דבאחות אשה מייתי חטאת בשגגה הא אכתי לא קי"ל דדבר שחייבין על זדונו כרת שמביא על שגגתו חטאת. וי"ל דהא דקאמר על שגגתו חטאת לאו דוקא. אלא אגב סיפא דתני ועל שגגתו חטאת תנא נמי ברישא. וה"פ מה עליה האמור באחות אשה בדבר שזדונו כרת אף עליה האמור בחטאת בדבר שזדונו כרת נאמר שמביא על שגגתו חטאת. ועי"ל דעל שגגתו חטאת דרישא נמי דוקא משמע[ס] דג"ש עליה עליה לא אצטריך אלא למעוטי דאין מביא חטאת אלא על דבר שזדונו כרת. דאי לאו ג"ש ה"א דעל כל חטא שיחטא יביא קרבן. הלכך מפרשי' שפיר מה להלן באחות אשה זדונו כרת ושגגתו חטאת. דממילא הוה אמרי' דעל כל חטא מביא חטאת. אף עליה האמור בקרבן דוקא על זדונו כרת: מאי נייתי פר צבור בשאר מצות הוא דמייתו. ופשוט ליה לתלמודא שאין לנו לבדות קרבן חדש שאין מתכפרין בו בשום מקום על עבירה. והמ"ל הכי [מאי] נייתי נייתי קרבן הבא על עבירה במקום אחר הא אינם חלוקים בקרבנותיהם. וקרבן חדש שאין מתכפרים בו בשום מקום על עבירה א"א להביא:

הגהות וציונים

א] באר שבע (גליון). נ"א "יצא זה שאין חטאו בשגגה משיח לרבי חטאו בשגגה הוא אלא מי שכל חטאו בשגגה יצא זה שאין כל חטאו בשגגה", והיא גירסת רש"י: ב] רש"א מ"ז (גליון). עי"ש בהגהות והערות מה מחק: ג] בס"י מה להלן (גליון): ד] בכת"י נוסף נייתי כשבה יחיד בשאר מצות הוא דמייתי, וכ"ה ביבמות: ה] רש"א מ"ז (גליון): ו] "כי כתיבי" ליתא ברי"ח ובכת"י: ז] בד' ווינציא רפ"א "דבי רבי ישמעאל", וכ"ה ברא"ם ובבאר שבע. ועי' שער יוסף. ועי' הגהות וציונים לקמן ע"ב על רש"י ד"ה מחוורתא: ח] מהרש"א מוסיף ע"פ הרא"ם "תנא וכי תשגו ולא תעשו בעבודת כוכבים הכתוב מדבר דאמר קרא": ט] [עליו] (כמו שהוסיפוהו בגמרא - דק"ס): י] בהעלם (כת"י): כ] הלשון לאו דוקא. עי' רש"י לעיל ז ע"א "דכתיב באשם גזילות ובאשם מעילות נפש": ל] ואם (כת"י, רש"ש): מ] חייבין אפי' על (כת"י): נ] דעובר בלא תעשה (כת"י): ס] ע"י משה במקומות הרבה כגון (כת"י, ע"י, רא"ם וב"ש): ע] לשה"כ "תחטא בשגגה מעם הארץ בעשתה אחת ממצות ה'": פ] כת"י משום.

This *daf* is dedicated *l'iluy nishmas*: Chaim ben Rachel *z"l*

teaches, saying: תּוֹרָה אַחַת יִהְיֶה וְגוֹ׳ — "There shall be one Torah for you…" There is no difference when it comes to *korbanos* between when most of a city serves *avodah zarah* and when the individual serves *avodah zarah*.

The Gemara asks: מַתְקֵיף לַהּ רַב חִלְקִיָּה מֵהַגְרוֹנְיָא — Rav Chilkiyah of Hagronya asks on it: טַעְמָא דְּלֹא חָלַק הַכָּתוּב — The reason that the city and the individual bring the same *korban* is because the *pasuk* did not distinguish between them, הָא חָלַק הֲוָה אָמֵינָא נַחְלוֹק — but if it would have distinguished, I would say let us differentiate between the city and the individual, and the public should bring a different *korban*? מַאי נַיְיתֵי — What *korban* would they bring? Do we find a *korban* which could be unique to the citywide transgression of *avodah zarah*?

נַיְיתֵי פַּר — If we would say let them bring a bull, that would not be unique because, צִבּוּר בִּשְׁאָר מִצְוֹת הוּא דְּמַיְיתוּ — the public brings a bull when they transgress all other *mitzvos* (*Par He'eleim Davar*). נַיְיתֵי פַּר לְעוֹלָה וְשָׂעִיר לְחַטָּאת — If we would say let them bring a bull for an *Olah* and a goat for a *Chatas*, that would not be specific to a citywide transgression because, צִבּוּר בַּעֲבוֹדַת כּוֹכָבִים הוּא דְּמַיְיתוּ — the public brings these *korbanos* when *beis din* rules erroneously regarding *avodah zarah*. נַיְיתֵי שְׂעִיר — If we would say let them bring a goat, that would not be specific because, נָשִׂיא בִּשְׁאָר מִצְוֹת הוּא דְּמַיְיתֵי — a *nasi* brings a goat for transgressing *mitzvos* other than *avodah zarah*. נַיְיתֵי שְׂעִירָה — If we would say let them bring a female goat, יָחִיד נָמֵי הַיְינוּ קָרְבָּנוֹ — that is the exact *korban* that the individual brings for serving *avodah zarah*! It seems that there would be no option for a city who serves *avodah zarah* to bring a special *korban*. If so, why does the *Baraisa* require a *pasuk* to tell us that they bring the same *korban* as the individual?

The Gemara rejects this: אַלְמָה לֹא אִיצְטְרִיךְ — Why do you say that the *pasuk* equating the city with the individual is not necessary? סָלְקָא דַּעְתָּךְ אָמֵינָא — If not for the *pasuk* I would have thought to say: צִבּוּר מַיְיתֵי פַּר לְעוֹלָה וְשָׂעִיר לְחַטָּאת — When the public sins unintentionally by the erroneous ruling of *beis din*, they bring a bull as an *Olah* and a goat as a *Chatas*. הָנֵי נַיְיתֵי אִיפְּכָא — And this majority of the city that served *avodah zarah* should bring the opposite, פַּר לְחַטָּאת וְשָׂעִיר לְעוֹלָה — a bull as a *Chatas* and a goat as an *Olah*. אִי נָמֵי — Alternatively, without the *pasuk* we would have thought, צָרִיךְ וְאֵין לוֹ תַּקָּנָה — that the city that served *avodah zarah* unintentionally needs to bring a unique *korban*, but it has no remedy. They would not bring any *korban* because there is no unique *korban* for them to bring. קָא מַשְׁמַע לַן — Therefore, the *pasuk* teaches us that there is no distinction between a city who serves *avodah zarah* unintentionally and the individual. In either case, every individual who served *avodah zarah* brings a female goat as a *Chatas*.

דְּכוּלֵּי עָלְמָא מִיהַת כִּי כְּתִיבִי הָנֵי קְרָאֵי בַּעֲבוֹדַת כּוֹכָבִים הוּא דִּכְתִיבִי — In any event, everyone agrees, that when these *pesukim* (*Bamidbar* 15:22-26) were written, they were written regarding *avodah zarah*. The Gemara asks:

For this *daf's shiur* and charts, scan this QR code:

מסורת הש"ס עם הוספות

[illegible]

תורה אור השלם

א) והביא איל תמים מן הצאן בערכך לאשם אל הכהן וכפר עליו הכהן על שגגתו אשר שגג והוא לא ידע ונסלח לו: [ויקרא ה, יח]

ב) ונודעה החטאת אשר חטאו עליה והקריבו הקהל פר בן בקר לחטאת והביאו אתו לפני אהל מועד: [ויקרא ד, יד]

ג) ואשה אל אחתה לא תקח לצרר לגלות ערותה עליה בחייה: [ויקרא יח, יח]

ד) אם הכהן המשיח יחטא לאשמת העם והקריב על חטאתו אשר חטא פר בן בקר תמים ליי לחטאת: [ויקרא ד, ג]

ה) אשר נשיא יחטא ועשה אחת מכל מצות יי אלהיו אשר לא תעשינה בשגגה ואשם: [ויקרא ד, כב]

ו) ואם כל עדת ישראל ישגו ונעלם דבר מעיני הקהל ועשו אחת מכל מצות יי אשר לא תעשינה ואשמו: [ויקרא ד, יג]

ז) ואם נפש אחת תחטא בשגגה מעם הארץ בעשתה אחת ממצות יי אשר לא תעשינה ואשם: [ויקרא ד, כז]

ח) והיה אם מעיני העדה נעשתה לשגגה ועשו כל העדה פר בן בקר אחד לעלה לריח ניחח ליי ומנחתו ונסכו כמשפט ושעיר עזים אחד לחטת: [במדבר טו, כד]

ט) ואם נפש אחת תחטא בשגגה והקריבה עז בת שנתה לחטאת: [במדבר טו, כז]

י) האזרח בבני ישראל ולגר הגר בתוכם תורה אחת יהיה לכם לעשה בשגגה: והנפש אשר תעשה ביד רמה מן האזרח ומן הגר את יי הוא מגדף ונכרתה הנפש ההוא מקרב עמה: [במדבר טו, כט-ל]

כ) וכי תשגו ולא תעשו את כל המצות האלה אשר דבר יי אל משה: [במדבר טו, כב]

ל) את כל אשר צוה יי אליכם ביד משה מן היום אשר צוה יי והלאה לדרתיכם: [במדבר טו, כג]

מ) אנכי יי אלהיך אשר הוצאתיך מארץ מצרים מבית עבדים: [שמות כ, ב]

נ) לא יהיה לך אלהים אחרים על פני: [שמות כ, ג]

ושוין שאין משיח מביא אשם תלוי. דכתיב באשם תלוי 'וכפר' הכהן על שגגתו אשר שגג והוא לא ידע', מי שחטאו בשגגה, יצא משיח, ולרבי היכי מצי אמר יצא משיח, לרבי חטאו בעבודת כוכבים בשגגה הוא, דהא תניא לעיל 'משיח בעבודת כוכבים רבי אומר בשגגת מעשה', אלא רבי סבר דהכי מתרץ קרא מי שכל חטאו בשגגה יצא משיח שאין כל חטאו בשגגה, דבעבודת כוכבים חטאו בשגגה, אבל בשאר מצות אין חטאו בשגגה בלבד, אלא בהעלם דבר עם שגגת מעשה: ורבנן. סברי יצא משיח שאין חטאו בשגגה, לא בעבודת כוכבים ולא בשאר מצות אלא העלם דבר עם שגגת מעשה, ולדברי הכל משיח אין מביא אשם תלוי, וכ"ש לצבור דאין חייבין אשם תלוי דהעלם דבר כתיב בהו בהדיא: מתני' אין ב"ד חייבין קרבן, אלא על דבר שזדונו כרת ושגגתו חטאת. ואם הורו בדבר שבאשם ודאי פטורין, דכתיב באשם ודאי 'ואם נפש אחת', וב"ד אין הם בכלל נפש אחת; ועוד, דבאשמות אין בהן דין העלם דבר, דחייבין אשם ודאי על המזיד כשוגג: וכן המשיח. אין מביא פר אלא על דבר שזדונו כרת ושגגתו חטאת, ואם באשם ודאי חייב להביא אשם שהוא בכלל 'נפש אחת', ולהכי איצטריך לצבור, דאין מביא פר במקום אשם, אבל משיח מביא, כדתנן לקמן (דף ט.) 'אשם ודאי המשיח והיחיד חייבין, וב"ד פטורין': גמ' נאמר כאן 'עליה'. 'ונודעה החטאת אשר חטאו עליה' (ויקרא ד): ונאמר להלן 'לגלות ערותה עליה' (שם יח): נשיא. נמי לא יביא שעיר אלא על דבר שזדונו כרת ושגגתו חטאת, כדתנן (שם) 'כל מצות שבתורה שחייבין על זדונן כרת ועל שגגתן חטאת, היחיד מביא כשבה או שעירה, ונשיא מביא שעיר', דיליף 'מצות' 'מצות': יחיד. נמי לא יביא חטאת אלא על דבר שזדונו כרת, כדתנן 'כל מצות שבתורה' וכו': אמר קרא. בפרשת ויקרא, 'ואם נפש': וילמוד תחתון מעליון. יחיד מנשיא: לפי שיצאה עבודת כוכבים. דהכא כתיב 'וכי תשגו ולא תעשו' ולא כתיב הכא כרת: יכול יהו חייבין על דבר שאין זדונו כרת. כגון מנשק ומרבץ, כדאמרינן במסכת סנהדרין בפרק ארבע מיתות (דף ס:) בלא תעשה ואינו בכרת: וילמוד תחתון מעליון. יחיד נשיא ומשיח מצבור: אלא לרבנן. דמפקי להאי 'עליה' לדרשא אחרינא, כדאמרינן בפ"ק דיבמות (דף ג:) 'ואשה אל אחותה' וגו', 'עליה' מה ת"ל, לפי שנאמר 'יבמה יבא עליה' וגו': 'תורה אחת יהיה לכם לעושה בשגגה, והנפש אשר תעשה ביד רמה'. בעבודת כוכבים משתעי קרא, דתניא בסיפרי 'ר"ש אומר, בעבודת כוכבים הכתוב מדבר, שנאמר כי דבר ה' בזה', שבזה על דיבור ראשון שנאמר בו 'אנכי ה' אלהיך' ו'לא יהיה לך אלהים אחרים על פני': מה עבודת כוכבים שחייבין על זדונו כרת. דהכא כתיב 'הכרת תכרת', אף כו': אשכחן יחיד ונשיא ומשיח בין בעבודת כוכבים ובין בשאר מצות. דכתיב 'ואם נפש', וכתיב 'תורה אחת יהיה לכם, והנפש אשר תעשה ביד רמה', דיחיד ונשיא ומשיח בכלל 'ואם נפש אחת': צבור מנלן, ילמוד עליון מן התחתון. דכתיב בפרשה למעלה 'וכי תשגו', דהיינו צבור, וילמד מתחתון, מ'ואם נפש', מה להלן דבר שחייבין על זדונו כרת ועל שגגתו חטאת בין בעבודת כוכבים בין בשאר מצות, דגבי יחיד הוקשה כל התורה כולה לעבודת כוכבים, אף לצבור אין חייבין אלא בדבר שחייבין על זדונו כרת ועל שגגתו חטאת בין בעבודת כוכבים בין בשאר מצות: רבים בסייף. במזיד, אנשי עיר הנדחת: יכול נחלוק בשוגג בקרבנותיהם. דכי היכי דחלוק לצבור מיחידים, דקרבן לצבור בעבודת כוכבים לא דמי לשום קרבן יחיד, ה"נ נחלוק בקרבנותיהם, דלהוי חלוק דמרובין שעשו שוגגין דעיר הנדחת, דלא להוי דמי לעולם לשום קרבן, לא לצבור ולא ליחיד: ת"ל 'תורה אחת'. דעיר הנדחת דשוגג כיחידים דמו, ומייתי כל חד וחד שעירה כיחיד: מאי נייתי. אנשי עיר הנדחת רבים דבסייף: נייתי פר, צבור בשאר מצות הוא דמייתי. ולא הוי חלוק, וכ"ש דבעינן חלוק בין אנשי עיר הנדחת לצבור, דהא אין לצבור נעשין עיר הנדחת כלל: יחיד נמי היינו קרבנו. ולא הוי חלוק: איצטריך. 'תורה אחת', דס"ד וכו': אי נמי צריך. לחלוק בקרבן: ואין לו תקנה. לעיר הנדחת בשוגג, דאי אפשר לחלוק: קמ"ל. 'תורה אחת', דמייתי כל חד שעירה כיחיד: 'ולא תעשו את כל המצות', איזו היא מצוה ששקולה כנגד כל המצות, הוי אומר זו עבודת כוכבים. שכל המודה בה ככופר בכל התורה כולה: כתיב [את] כל אשר צוה יי אליכם ביד משה'. דמשמע שצוה ע"י משה, וכתיב 'אשר דבר ה'', דמשמע שהיא בדיבורו של הקב"ה, כלומר ששמעו ישראל מפיו כשדבר עם משה: איזו היא מצוה שהיא בדבורו של הקב"ה וצוה ע"י משה, הוי אומר זו עבודת כוכבים. ד'אנכי ולא יהיה לך מפי הגבורה שמענום', דהיינו ששמעו בדבורו של הקב"ה, וצוה ע"י משה בכמה פרשיות שבתורה, כגון 'לא תשתחוה לאל אחר' דלא שמענו אלא מפי משה:

ושוין שאין מביא אשם תלוי, מנלן. דכתיב 'וכפר [עליו] הכהן על שגגתו אשר שגג', רבי סבר, מי שכל חטאו בשגגה, יצא זה שאין [כל] חטאו בשגגה אלא בהעלם דבר. מידי כל כתיב. אין, דאם כן נכתוב על שגגתו, למה לי 'אשר שגג', הא קא משמע לן, דעד דאיכא כל חטאו בשגגה, (יצא משיח שאין כל חטאו בשגגה אלא בעבודת כוכבים ולא בשאר מצות אלא בהעלם דבר עם שגגת מעשה). ורבנן, מי שחטאו בשגגה, יצא משיח שאין חטאו בשגגה, לא בעבודת כוכבים ולא בשאר מצות, אלא בהעלם דבר עם שגגת מעשה: **מתני'** אין בית דין חייבין עד שיורו בדבר שזדונו כרת ושגגתו חטאת, וכן המשיח; ולא בעבודת כוכבים עד שיורו על דבר שזדונו כרת ושגגתו חטאת: **גמ'** מנלן. דתניא, רבי אומר, נאמר כאן 'עליה' ונאמר להלן 'עליה', מה להלן דבר שזדונו כרת ושגגתו חטאת, אף כאן דבר שזדונו כרת ושגגתו חטאת. אשכחן צבור, משיח מנלן. 'לאשמת העם', הרי משיח כצבור. נשיא, יליף 'מצות' 'מצות', כתיב גבי נשיא 'ועשה אחת מכל מצות יי' וכתיב בצבור 'ועשו אחת מכל מצות', מה צבור דבר שזדונו כרת ושגגתו חטאת, אף נשיא דבר שזדונו כרת ושגגתו חטאת. יחיד, אמר קרא 'ואם נפש', וילמד תחתון מעליון: ולא בעבודת כוכבים עד שיורו: בעבודת כוכבים מנלן. דתנו רבנן, לפי שיצאה עבודת כוכבים לידון בעצמה, יכול יהו חייבין אפילו על דבר שאין זדונו כרת ושגגתו חטאת, נאמר כאן 'מעיני' ונאמר להלן 'מעיני', מה להלן דבר שזדונו כרת ושגגתו חטאת, אף כאן דבר שזדונו כרת ושגגתו חטאת. אשכחן צבור, יחיד נשיא משיח מנלן. אמר קרא 'ואם נפש אחת', אחד יחיד ואחד נשיא ואחד משיח, כולן בכלל נפש אחת הן, וילמד תחתון מן העליון. הניחא למאן דמפיק לה ל'עליה' לגזירה שוה כדאמרן, אלא לרבנן דמפקי לה ל'עליה' לעריות וצרות, דבר שזדונו כרת ושגגתו חטאת מנא להו. נפקא להו מדמתני ליה רבי יהושע בן לוי לבריה, 'תורה אחת יהיה לכם לעושה בשגגה, והנפש אשר תעשה ביד רמה' וגו', הוקשה כל התורה כולה לעבודת כוכבים, מה עבודת כוכבים שחייבין על זדונו כרת ועל שגגתו חטאת, אף כאן שחייבין על זדונו כרת ועל שגגתו חטאת. אשכחן יחיד נשיא ומשיח בין בעבודת כוכבים בין בשאר מצות, צבור מנלן, יליף עליון מתחתון. ורבי הא דרבי יהושע בן לוי מאי עביד ליה. מפיק ליה לכדתניא, לפי שמצינו שחלק הכתוב בין רבים ליחידים, רבים בסייף וממונן אבד, יחידים בסקילה וממונן פלט, יכול נחלוק בקרבנותיהם, תלמוד לומר 'תורה אחת יהיה' וגו'. מתקיף לה רב חלקיה מהגרוניא, טעמא דלא חלק הכתוב, הא חלק הוה אמינא נחלוק, מאי נייתי, נייתי פר, צבור בשאר מצות הוא דמייתו; נייתי פר לעולה ושעיר לחטאת, צבור בעבודת כוכבים הוא דמייתו; נייתי שעיר, נשיא בשאר מצות הוא דמייתי; נייתי שעירה, יחיד נמי היינו קרבנו. (אלמה לא) איצטריך, סלקא דעתא אמינא צבור מייתי פר לעולה ושעיר לחטאת, הני נייתי איפכא, פר לחטאת ושעיר לעולה, אי נמי צריך ואין לו תקנה, קא משמע לן. דכ"ע מיהת כי כתיבי הני קראי בעבודת כוכבים הוא דכתיבי, מאי משמע. אמר רבא, ואי תימא רבי יהושע בן לוי, ואמרי לה כדי, אמר קרא 'וכי תשגו ולא תעשו את כל המצות האלה', איזו היא מצוה שהיא שקולה ככל המצות, הוי אומר זו עבודת כוכבים. דבי רבי תנא, אמר קרא 'אשר דבר יי אל משה' וכתיב 'אשר צוה יי אליכם ביד משה', איזו היא מצוה שהיא בדיבורו של הקב"ה וצוה על ידי משה, הוי אומר זו עבודת כוכבים, דתנא רבי ישמעאל, 'אנכי' ו'לא יהיה לך' מפי הגבורה שמענום. דבי רבי ישמעאל תנא,

למן

תוספות

אין חייבין אלא על דבר שזדונו כרת ושגגתו חטאת. תימה, אמאי קאמר 'על שגגתו חטאת', הא היא גופה חטאת היא, ומה שייך לומר אין חייבין [illegible] אלא על דבר ששגגתו חטאת. ושמא אגב דוכתא אחריתי דנקיט לה [illegible] נקיט נמי הכא. עי"ל, דה"פ, דמה שאדם אחר היה מחויב חטאת [illegible] הכא מביאין פר: ויחיד, דאמר קרא 'ואם נפש'. ה"נ ה"מ למילף [illegible] 'מצות' 'מצות', דה"נ כתיב 'ואם נפש אחת תחטא' ועשתה אחת [illegible] ה'', אלא דהכי ניחא ליה למילף: ילמוד תחתון מעליון. וא"ת, [illegible] יחיד מנשיא, והא נשיא גמיר מג"ש ואינו חוזר ומלמד בהיקש (קדושין דף מא:). ויש לומר דגילוי מילתא בעלמא הוא ולא היקש, דתרוייהו בכלל יחיד ובכלל נפש. מיהו לעיל קשה, דיליף עבודת כוכבים משאר מצות, ושאר מצות מזקן ממרא, והלא הלמד מגזירה שוה אין חוזר ומלמד בגזירה שוה (עיין זבחים ניפשט הש"ס דדבר הלמד בגזירה שוה חוזר ומלמד בגזירה שוה, ואין חולק על זה. וצריך עיון גדול). ויש לומר דבתר מלמד [אזלינן], והמלמד (תולין) [חולין]: שהיא שקולה כנגד כל המצות. דכיון דמודה בה מה צורך לו לקיים כל המצות ומסתמא יעבור על כולן. ובספרי מפיק לה מ'את בריתי הפר', משמע שכל הברית מיפר:

עין משפט נר מצוה

[illegible]

תוספות הרא"ש

[illegible]

הגהות וציונים

[illegible]

מַאי מַשְׁמַע — Since the *pesukim* do not mention *avodah zarah* explicitly, from where is it inferred that they are discussing *avodah zarah*? **אָמַר רָבָא** — Rava said, **וְאִי תֵּימָא רַבִּי יְהוֹשֻׁעַ בֶּן לֵוִי** — and some say it was Rabi Yehoshua ben Levi who said, **וְאָמְרִי לַהּ כְּדִי** — and some say it was Kedi who said: **אָמַר קְרָא** — The *pasuk* says: **וְכִי תִשְׁגּוּ וְלֹא תַעֲשׂוּ אֵת כָּל הַמִּצְוֹת הָאֵלֶּה** — "And when you act unintentionally, and do not perform all these *mitzvos*" (15:22). **אֵיזוֹ הִיא מִצְוָה שֶׁהִיא שְׁקוּלָה כְּכָל הַמִּצְוֹת** — Which mitzvah is the equivalent of all the *mitzvos*? **הֱוֵי אוֹמֵר זוֹ עֲבוֹדַת כּוֹכָבִים** — You must say: It is the prohibition of *avodah zarah*, for one who worships *avodah zarah* is like he denies the entire Torah. From this we see that these *pesukim* are discussing *avodah zarah*.

דְּבֵי רַבִּי תָּנָא — The *yeshivah* of Rebbi taught in a *Baraisa*: It can be derived from the following that these *pesukim* are discussing *avodah zarah*: **אָמַר קְרָא** — The *pasuk* says (15:22): **אֲשֶׁר דִּבֶּר ה׳ אֶל מֹשֶׁה** — "That Hashem spoke to Moshe." **וּכְתִיב** — And it is written, **אֲשֶׁר צִוָּה ה׳ אֲלֵיכֶם בְּיַד מֹשֶׁה** — "That Hashem commanded you by (the hand of) Moshe" (15:23). **אֵיזוֹ הִיא מִצְוָה שֶׁהִיא בְּדִיבּוּרוֹ שֶׁל הַקָּדוֹשׁ בָּרוּךְ הוּא וְצִוָּה עַל יְדֵי מֹשֶׁה** — Which mitzvah was introduced with the speech of Hashem, and was commanded by Moshe? **הֱוֵי אוֹמֵר זוֹ עֲבוֹדַת כּוֹכָבִים** — You must say: This is the prohibition of *avodah zarah*, **דְּתָנָא רַבִּי יִשְׁמָעֵאל** — as Rabi Yishmael taught in a *Baraisa* regarding the first two of the *Aseres Hadibros*, **אָנֹכִי וְלֹא יִהְיֶה לְךָ מִפִּי הַגְּבוּרָה שְׁמַעֲנוּם** — the first mitzvah of the *Aseres Hadibros*—"I am Hashem your G-d" (*Shemos* 20:2), and the second mitzvah, "You shall have no other G-ds before Me" (*Shemos* 20:3), we heard them from the mouth of the Almighty. Our *pasuk* which is discussing a mitzvah which was introduced by the mouth of Hashem, and commanded by Moshe, must be discussing *avodah zarah*.

דְּבֵי רַבִּי יִשְׁמָעֵאל תָּנָא — The *yeshivah* of Rabi Yishmael taught in a *Baraisa*: It can be derived from the following *pasuk* that our *pesukim* are speaking about *avodah zarah*:

For this *daf's shiur* and charts, scan this QR code:

מסורת הש״ס עם הוספות

א) יבמות ח:, ב) [יבמות ט.], ג) שבת סח: [יבמות ט.], ד) [יבמות ט.], ה) [יבמות דף ט.], ו) [ברכות עו: ושם נסמן], ז) מכות כד., ח) ז:, ט) עי׳ מכות יט סוף ע״א.

תורה אור השלם

א) וְהֵבִיא אַיִל תָּמִים מִן הַצֹּאן בְּעֶרְכְּךָ לְאָשָׁם אֶל הַכֹּהֵן וְכִפֶּר עָלָיו הַכֹּהֵן עַל שִׁגְגָתוֹ אֲשֶׁר שָׁגָג וְהוּא לֹא יָדַע וְנִסְלַח לוֹ: [ויקרא ה, יח]

ב) וְנוֹדְעָה הַחַטָּאת אֲשֶׁר חָטְאוּ עָלֶיהָ וְהִקְרִיבוּ הַקָּהָל פַּר בֶּן בָּקָר לְחַטָּאת וְהֵבִיאוּ אֹתוֹ לִפְנֵי אֹהֶל מוֹעֵד: [ויקרא ד, יד]

ג) וְאִשָּׁה אֶל אֲחֹתָהּ לֹא תִקָּח לִצְרֹר לְגַלּוֹת עֶרְוָתָהּ עָלֶיהָ בְּחַיֶּיהָ: [ויקרא יח, יח]

ד) אִם הַכֹּהֵן הַמָּשִׁיחַ יֶחֱטָא לְאַשְׁמַת הָעָם וְהִקְרִיב עַל חַטָּאתוֹ אֲשֶׁר חָטָא פַּר בֶּן בָּקָר תָּמִים לַייָ לְחַטָּאת: [ויקרא ד, ג]

ה) אֲשֶׁר נָשִׂיא יֶחֱטָא וְעָשָׂה אַחַת מִכָּל מִצְוֹת יְיָ אֱלֹהָיו אֲשֶׁר לֹא תֵעָשֶׂינָה בִּשְׁגָגָה וְאָשֵׁם: [ויקרא ד, כב]

ו) וְאִם כָּל עֲדַת יִשְׂרָאֵל יִשְׁגּוּ וְנֶעְלַם דָּבָר מֵעֵינֵי הַקָּהָל וְעָשׂוּ אַחַת מִכָּל מִצְוֹת יְיָ אֲשֶׁר לֹא תֵעָשֶׂינָה וְאָשֵׁמוּ: [ויקרא ד, יג]

ז) וְאִם נֶפֶשׁ אַחַת תֶּחֱטָא בִשְׁגָגָה מֵעַם הָאָרֶץ בַּעֲשֹׂתָהּ אַחַת מִמִּצְוֹת יְיָ אֲשֶׁר לֹא תֵעָשֶׂינָה וְאָשֵׁם: [ויקרא ד, כז]

ח) וְהָיָה אִם מֵעֵינֵי הָעֵדָה נֶעֶשְׂתָה לִשְׁגָגָה וְעָשׂוּ כָל הָעֵדָה פַּר בֶּן בָּקָר אֶחָד לְעֹלָה לְרֵיחַ נִיחֹחַ לַייָ וּמִנְחָתוֹ וְנִסְכּוֹ כַּמִּשְׁפָּט וּשְׂעִיר עִזִּים אֶחָד לְחַטָּת: [במדבר טו, כד]

ט) וְאִם נֶפֶשׁ אַחַת תֶּחֱטָא בִשְׁגָגָה וְהִקְרִיבָה עֵז בַּת שְׁנָתָהּ לְחַטָּאת: [במדבר טו, כז]

י) הָאֶזְרָח בִּבְנֵי יִשְׂרָאֵל וְלַגֵּר הַגָּר בְּתוֹכָם תּוֹרָה אַחַת יִהְיֶה לָכֶם לָעֹשֶׂה בִּשְׁגָגָה: וְהַנֶּפֶשׁ אֲשֶׁר תַּעֲשֶׂה בְּיָד רָמָה מִן הָאֶזְרָח וּמִן הַגֵּר אֶת יְיָ הוּא מְגַדֵּף וְנִכְרְתָה הַנֶּפֶשׁ הַהִוא מִקֶּרֶב עַמָּהּ: [במדבר טו, כט-ל]

כ) וְכִי תִשְׁגּוּ וְלֹא תַעֲשׂוּ אֵת כָּל הַמִּצְוֹת הָאֵלֶּה אֲשֶׁר דִּבֶּר יְיָ אֶל מֹשֶׁה: [במדבר טו, כב]

ל) אֵת כָּל אֲשֶׁר צִוָּה יְיָ אֲלֵיכֶם בְּיַד מֹשֶׁה מִן הַיּוֹם אֲשֶׁר צִוָּה יְיָ וָהָלְאָה לְדֹרֹתֵיכֶם: [במדבר טו, כג]

מ) אָנֹכִי יְיָ אֱלֹהֶיךָ אֲשֶׁר הוֹצֵאתִיךָ מֵאֶרֶץ מִצְרַיִם מִבֵּית עֲבָדִים: [שמות כ, ב]

נ) לֹא יִהְיֶה לְךָ אֱלֹהִים אֲחֵרִים עַל פָּנָי: [שמות כ, ג]

וְשָׁוִין שֶׁאֵין מֵבִיא אָשָׁם תָּלוּי, מְנָלָן. דִּכְתִיב ׳וְכִפֶּר [עָלָיו] הַכֹּהֵן עַל שִׁגְגָתוֹ אֲשֶׁר שָׁגָג׳, רַבִּי סָבַר, מִי שֶׁכָּל חֶטְאוֹ בִּשְׁגָגָה, יָצָא זֶה שֶׁאֵין [כָּל] חֶטְאוֹ בִּשְׁגָגָה אֶלָּא בְּהֶעְלֵם דָּבָר. מִידֵי כָּל כְּתִיב. אִין, דְּאִם כֵּן נִכְתּוֹב עַל שִׁגְגָתוֹ, לָמָּה לִי ׳אֲשֶׁר שָׁגָג׳, הָא קָא מַשְׁמַע לָן, דְּעַד דְּאִיכָּא כָּל חֶטְאוֹ בִּשְׁגָגָה, (יָצָא מָשִׁיחַ שֶׁאֵין כָּל חֶטְאוֹ בִּשְׁגָגָה אֶלָּא בַּעֲבוֹדַת כּוֹכָבִים וְלֹא בִּשְׁאָר מִצְוֹת אֶלָּא בְּהֶעְלֵם דָּבָר עִם שִׁגְגַת מַעֲשֶׂה). וְרַבָּנָן, מִי שֶׁחֶטְאוֹ בִּשְׁגָגָה, יָצָא מָשִׁיחַ שֶׁאֵין חֶטְאוֹ בִּשְׁגָגָה, לֹא בַּעֲבוֹדַת כּוֹכָבִים וְלֹא בִּשְׁאָר מִצְוֹת, אֶלָּא בְּהֶעְלֵם דָּבָר עִם שִׁגְגַת מַעֲשֶׂה: **מתני׳** אֵין בֵּית דִּין חַיָּיבִין עַד שֶׁיּוֹרוּ בְּדָבָר שֶׁזְּדוֹנוֹ כָּרֵת וְשִׁגְגָתוֹ חַטָּאת, וְכֵן הַמָּשִׁיחַ; וְלֹא בַּעֲבוֹדַת כּוֹכָבִים עַד שֶׁיּוֹרוּ עַל דָּבָר שֶׁזְּדוֹנוֹ כָּרֵת וְשִׁגְגָתוֹ חַטָּאת: **גמ׳** מְנָלָן. דְּתַנְיָא, רַבִּי אוֹמֵר, נֶאֱמַר כָּאן ׳עָלֶיהָ׳ וְנֶאֱמַר לְהַלָּן ׳עָלֶיהָ׳, מַה לְהַלָּן דָּבָר שֶׁזְּדוֹנוֹ כָּרֵת וְשִׁגְגָתוֹ חַטָּאת, אַף כָּאן דָּבָר שֶׁזְּדוֹנוֹ כָּרֵת וְשִׁגְגָתוֹ חַטָּאת. אַשְׁכְּחַן צִבּוּר, מָשִׁיחַ מְנָלָן. ׳לְאַשְׁמַת הָעָם׳, הֲרֵי מָשִׁיחַ כְּצִבּוּר. נָשִׂיא, יָלֵיף ׳מִצְוֹת׳ ׳מִצְוֹת׳, כְּתִיב גַּבֵּי נָשִׂיא ׳וְעָשָׂה אַחַת מִכָּל מִצְוֹת יְיָ׳ וּכְתִיב בְּצִבּוּר ׳וְעָשׂוּ אַחַת מִכָּל מִצְוֹת׳, מַה צִבּוּר דָּבָר שֶׁזְּדוֹנוֹ כָּרֵת וְשִׁגְגָתוֹ חַטָּאת, אַף נָשִׂיא דָּבָר שֶׁזְּדוֹנוֹ כָּרֵת וְשִׁגְגָתוֹ חַטָּאת. יָחִיד, אָמַר קְרָא ׳וְאִם נֶפֶשׁ׳, וְיִלְמַד תַּחְתּוֹן מֵעֶלְיוֹן: **וְלֹא בַּעֲבוֹדַת כּוֹכָבִים עַד שֶׁיּוֹרוּ:** בַּעֲבוֹדַת כּוֹכָבִים מְנָלָן. דְּתָנוּ רַבָּנָן, לְפִי שֶׁיָּצְאָה עֲבוֹדַת כּוֹכָבִים לִידּוֹן בְּעַצְמָהּ, יָכוֹל יְהוּ חַיָּיבִין אֲפִילּוּ עַל דָּבָר שֶׁאֵין זְדוֹנוֹ כָּרֵת וְשִׁגְגָתוֹ חַטָּאת, נֶאֱמַר כָּאן ׳מֵעֵינֵי׳ וְנֶאֱמַר לְהַלָּן ׳מֵעֵינֵי׳, מַה לְהַלָּן דָּבָר שֶׁזְּדוֹנוֹ כָּרֵת וְשִׁגְגָתוֹ חַטָּאת, אַף כָּאן דָּבָר שֶׁזְּדוֹנוֹ כָּרֵת וְשִׁגְגָתוֹ חַטָּאת. אַשְׁכְּחַן צִבּוּר, יָחִיד נָשִׂיא מָשִׁיחַ מְנָלָן. אָמַר קְרָא ׳וְאִם נֶפֶשׁ אַחַת׳, אֶחָד יָחִיד וְאֶחָד נָשִׂיא וְאֶחָד מָשִׁיחַ, כּוּלָּן בִּכְלַל נֶפֶשׁ אַחַת הֵן, וְיִלְמַד תַּחְתּוֹן מִן הָעֶלְיוֹן. הָנִיחָא לְמַאן דְּמַפֵּיק לַהּ לְ׳עָלֶיהָ׳ לִגְזֵירָה שָׁוָה כִּדַּאֲמָרַן, אֶלָּא לְרַבָּנַן דְּמַפְּקֵי לַהּ לְ׳עָלֶיהָ׳ לַעֲרָיוֹת וְצָרוֹת, דָּבָר שֶׁזְּדוֹנוֹ כָּרֵת וְשִׁגְגָתוֹ חַטָּאת מְנָא לְהוּ. נָפְקָא לְהוּ מִדְּמַתְנֵי לֵיהּ רַבִּי יְהוֹשֻׁעַ בֶּן לֵוִי לִבְרֵיהּ, ׳תּוֹרָה אַחַת יִהְיֶה לָכֶם לָעוֹשֶׂה בִּשְׁגָגָה, וְהַנֶּפֶשׁ אֲשֶׁר תַּעֲשֶׂה בְּיָד רָמָה׳ וְגוֹ׳, הוּקְשָׁה כָּל הַתּוֹרָה כּוּלָּהּ לַעֲבוֹדַת כּוֹכָבִים, מָה עֲבוֹדַת כּוֹכָבִים שֶׁחַיָּיבִין עַל זְדוֹנוֹ כָּרֵת וְעַל שִׁגְגָתוֹ חַטָּאת, אַף כָּאן שֶׁחַיָּיבִין עַל זְדוֹנוֹ כָּרֵת וְעַל שִׁגְגָתוֹ חַטָּאת. אַשְׁכְּחַן יָחִיד נָשִׂיא וּמָשִׁיחַ בֵּין בַּעֲבוֹדַת כּוֹכָבִים בֵּין בִּשְׁאָר מִצְוֹת, צִבּוּר מְנָלָן. יָלֵיף עֶלְיוֹן מִתַּחְתּוֹן. וְרַבִּי הָא דְּרַבִּי יְהוֹשֻׁעַ בֶּן לֵוִי מַאי עָבֵיד לֵיהּ. מַפֵּיק לֵיהּ לִכְדְתַנְיָא, לְפִי שֶׁמָּצִינוּ שֶׁחִלֵּק הַכָּתוּב בֵּין רַבִּים לִיחִידִים, רַבִּים בְּסַיִיף וּמָמוֹנָן אָבֵד, יְחִידִים בִּסְקִילָה וּמָמוֹנָן פָּלֵט, יָכוֹל נַחֲלוֹק בְּקָרְבְּנוֹתֵיהֶם, תַּלְמוּד לוֹמַר ׳תּוֹרָה אַחַת יִהְיֶה׳ וְגוֹ׳. מַתְקִיף לַהּ רַב חִלְקִיָּה מֵהַגְרוֹנְיָא, טַעְמָא דְּלֹא חִלֵּק הַכָּתוּב, הָא חִלֵּק הֲוָה אָמֵינָא נַחֲלוֹק, מַאי נַיְיתֵי, נַיְיתֵי פַּר, צִבּוּר בִּשְׁאָר מִצְוֹת הוּא דְּמַיְיתוּ; נַיְיתֵי פַּר לְעוֹלָה וְשָׂעִיר לְחַטָּאת, צִבּוּר בַּעֲבוֹדַת כּוֹכָבִים הוּא דְּמַיְיתוּ; נַיְיתֵי שָׂעִיר, נָשִׂיא בִּשְׁאָר מִצְוֹת הוּא דְּמַיְיתֵי; נַיְיתֵי שְׂעִירָה, יָחִיד נַמֵּי הַיְינוּ קָרְבָּנוֹ. (אַלְמָה לָא) אִיצְטְרִיךְ, סָלְקָא דַּעְתָּא אָמֵינָא צִבּוּר מַיְיתֵי פַּר לְעוֹלָה וְשָׂעִיר לְחַטָּאת, הָנֵי נַיְיתֵי אִיפְּכָא, פַּר לְחַטָּאת וְשָׂעִיר לְעוֹלָה, אִי נַמֵּי צָרִיךְ וְאֵין לוֹ תַּקָּנָה, קָא מַשְׁמַע לָן. דְּכ״ע מִיהַת כִּי כְּתִיבֵי הָנֵי קְרָאֵי בַּעֲבוֹדַת כּוֹכָבִים הוּא דִּכְתִיבֵי, מַאי מַשְׁמַע. אָמַר רָבָא, וְאִי תֵּימָא רַבִּי יְהוֹשֻׁעַ בֶּן לֵוִי, וְאָמְרִי לַהּ כְּדִי, אָמַר קְרָא ׳וְכִי תִשְׁגּוּ וְלֹא תַעֲשׂוּ אֵת כָּל הַמִּצְוֹת הָאֵלֶּה׳, אֵיזוֹ הִיא מִצְוָה שֶׁהִיא שְׁקוּלָה כְּכָל הַמִּצְוֹת, הֱוֵי אוֹמֵר זוֹ עֲבוֹדַת כּוֹכָבִים. דְּבֵי רַבִּי תָּנָא, אָמַר קְרָא ׳אֲשֶׁר דִּבֶּר יְיָ אֶל מֹשֶׁה׳ וּכְתִיב ׳אֲשֶׁר צִוָּה יְיָ אֲלֵיכֶם בְּיַד מֹשֶׁה׳, אֵיזוֹ הִיא מִצְוָה שֶׁהִיא בְּדִיבּוּרוֹ שֶׁל הַקב״ה וְצִוָּה עַל יְדֵי מֹשֶׁה, הֱוֵי אוֹמֵר זוֹ עֲבוֹדַת כּוֹכָבִים, דִּתְנָא רַבִּי יִשְׁמָעֵאל, ׳אָנֹכִי׳ וְ׳לֹא יִהְיֶה לְךָ׳ מִפִּי הַגְּבוּרָה שְׁמַעְנוּם. דְּבֵי רַבִּי יִשְׁמָעֵאל תָּנָא, לְמִן

וְשָׁוִין שֶׁאֵין מָשִׁיחַ מֵבִיא אָשָׁם תָּלוּי, דִּכְתִיב בְּאָשָׁם תָּלוּי ׳וְכִפֶּר׳ הַכֹּהֵן עַל שִׁגְגָתוֹ **אֲשֶׁר שָׁגָג וְהוּא לֹא יָדָע**׳, מִי שֶׁחֶטְאוֹ בִּשְׁגָגָה, יָצָא מָשִׁיחַ, וּלְרַבִּי הֵיכִי מָצֵי אָמַר יָצָא מָשִׁיחַ, וְהָא לְרַבִּי חֶטְאוֹ בַּעֲבוֹדַת כּוֹכָבִים בִּשְׁגָגָה הוּא, דְּהָא תַּנְיָא לְעֵיל ׳מָשִׁיחַ בַּעֲבוֹדַת כּוֹכָבִים רַבִּי אוֹמֵר בְּשִׁגְגַת מַעֲשֶׂה׳, אֶלָּא רַבִּי סָבַר דְּהָכִי מְתָרֵץ קְרָא לְטַעְמֵיהּ, **מִי שֶׁכָּל חֶטְאוֹ בִּשְׁגָגָה יָצָא מָשִׁיחַ שֶׁאֵין כָּל חֶטְאוֹ בִּשְׁגָגָה**, דְּבַעֲבוֹדַת כּוֹכָבִים בִּלְבַד הוּא דְּחֶטְאוֹ בִּשְׁגָגָה, אֲבָל בִּשְׁאָר מִצְוֹת אֵין חֶטְאוֹ בִּשְׁגָגָה בִּלְבַד, **אֶלָּא בְּהֶעְלֵם דָּבָר עִם שִׁגְגַת מַעֲשֶׂה**: וְרַבָּנָן. סָבְרֵי **יָצָא מָשִׁיחַ שֶׁאֵין חֶטְאוֹ בִּשְׁגָגָה, לֹא בַּעֲבוֹדַת כּוֹכָבִים וְלֹא בִּשְׁאָר מִצְוֹת אֶלָּא הֶעְלֵם דָּבָר עִם שִׁגְגַת מַעֲשֶׂה**, וּלְדִבְרֵי הַכֹּל מָשִׁיחַ אֵין מֵבִיא אָשָׁם תָּלוּי, וְכ״ש לְצִבּוּר דְּאֵין חַיָּיבִין אָשָׁם תָּלוּי, דְּהֶעְלֵם דָּבָר כְּתִיב בְּהוּ בְּהֶדְיָא: **מתני׳** אֵין בי״ד חַיָּיבִין קָרְבָּן, **אֶלָּא עַל דָּבָר שֶׁזְּדוֹנוֹ כָּרֵת וְשִׁגְגָתוֹ חַטָּאת**. וְאִם הוֹרוּ בְּדָבָר שֶׁחַיָּיבִין אָשָׁם וַדַּאי פְּטוּרִין, דִּכְתִיב בְּאָשָׁם וַדַּאי ׳וְאִם נֶפֶשׁ אַחַת׳, וּבי״ד אֵין הֵם בִּכְלַל נֶפֶשׁ אַחַת; וְעוֹד, דְּבַאֲשָׁמוֹת אֵין בָּהֶן דִּין הֶעְלֵם דָּבָר, דְּחַיָּיבִין אָשָׁם וַדַּאי עַל הַמֵּזִיד כַּשּׁוֹגֵג: **וְכֵן הַמָּשִׁיחַ.** אֵין מֵבִיא פַּר אֶלָּא עַל הֶעְלֵם דָּבָר שֶׁזְּדוֹנוֹ כָּרֵת וְשִׁגְגָתוֹ חַטָּאת, אֲבָל בִּמְקוֹם אָשָׁם וַדַּאי חַיָּיב לְהָבִיא אָשָׁם וַדַּאי, לְפִי שֶׁהוּא בִּכְלַל ׳נֶפֶשׁ אַחַת׳, וּלְהָכִי הִשְׁוָה לְצִבּוּר, דְּאֵין מֵבִיא פַּר בִּמְקוֹם אָשָׁם, אֲבָל אָשָׁם יָבִיא, כִּדְתְנַן לְקַמָּן (דף ט.) ׳אָשָׁם וַדַּאי, הַנָּשִׂיא הַמָּשִׁיחַ וְהַיָּחִיד חַיָּיבִין, וּבי״ד פְּטוּרִין׳: **גמ׳ נֶאֱמַר כָּאן ׳עָלֶיהָ׳.** ׳וְנוֹדְעָה הַחַטָּאת אֲשֶׁר חָטְאוּ עָלֶיהָ׳ (ויקרא ד): **וְנֶאֱמַר לְהַלָּן.** ׳לְגַלּוֹת עֶרְוָתָהּ עָלֶיהָ׳ (שם יח): **נָשִׂיא.** נַמֵּי לֹא יָבִיא שָׂעִיר אֶלָּא עַל דָּבָר שֶׁזְּדוֹנוֹ כָּרֵת וְשִׁגְגָתוֹ חַטָּאת, כִּדְתְנַן (שם) ׳כָּל מִצְוֹת שֶׁבַּתּוֹרָה שֶׁחַיָּיבִין עַל זְדוֹנָן כָּרֵת וְעַל שִׁגְגָתָן חַטָּאת, יָחִיד מֵבִיא כִּשְׂבָּה אוֹ שְׂעִירָה, וְנָשִׂיא מֵבִיא שָׂעִיר׳, דְּיָלֵיף ׳מִצְוֹת׳ ׳מִצְוֹת׳: **יָחִיד.** נַמֵּי אֵינוֹ מֵבִיא חַטָּאת אֶלָּא עַל דָּבָר שֶׁזְּדוֹנוֹ כָּרֵת, דִּתְנַן ׳כָּל מִצְוֹת שֶׁבַּתּוֹרָה׳ וְכוּ׳: **אָמַר קְרָא.** בְּפָרָשַׁת וַיִּקְרָא, ׳אִם נֶפֶשׁ׳: **וְיִלְמוֹד תַּחְתּוֹן מֵעֶלְיוֹן.** יָחִיד מִנָּשִׂיא: **לְפִי שֶׁיָּצְאָה עֲבוֹדַת כּוֹכָבִים.** דְּהָכָא כְּתִיב ׳וְכִי תִשְׁגּוּ וְלֹא תַעֲשׂוּ׳, וְלָא כְּתִיב הָכָא כָּרֵת: **יָכוֹל יְהוּ חַיָּיבִין עַל דָּבָר שֶׁאֵין זְדוֹנוֹ כָּרֵת.** כְּגוֹן מְגַפֵּף וּמְנַשֵּׁק וּמְרַבֵּץ, כִּדְאָמְרִינַן בְּמַסֶּכֶת סַנְהֶדְרִין בְּפֶרֶק אַרְבַּע מִיתוֹת (דף ס:) בְּלֹא מַעֲשֶׂה וְאֵינוֹ בְּכָרֵת: **וְיִלְמוֹד תַּחְתּוֹן מֵעֶלְיוֹן.** יָחִיד נָשִׂיא וּמָשִׁיחַ מִצִּבּוּר: **אֶלָּא לְרַבָּנָן.** דְּמַפְּקֵי לְהַאי ׳עָלֶיהָ׳ לִדְרָשָׁה אַחֲרִינָא, כִּדְאָמְרִינַן בְּפ״ק דִּיבָמוֹת (דף ג:) ׳וְאִשָּׁה אֶל אֲחוֹתָהּ׳ וגו׳, ׳עָלֶיהָ׳ מַה ת״ל, לְפִי שֶׁנֶּאֱמַר יְבָמָהּ יָבֹא עָלֶיהָ וגו׳: **׳תּוֹרָה אַחַת יִהְיֶה לָכֶם לָעֹשֶׂה בִּשְׁגָגָה, וְהַנֶּפֶשׁ אֲשֶׁר תַּעֲשֶׂה בְּיָד רָמָה׳.** בַּעֲבוֹדַת כּוֹכָבִים מִשְׁתַּעֵי קְרָא, דְּתַנְיָא בְּסִפְרֵי ׳ר״ש אוֹמֵר, בַּעֲבוֹדַת כּוֹכָבִים הַכָּתוּב מְדַבֵּר, שֶׁנֶּאֱמַר כִּי דְבַר ה׳ בָּזָה׳, שֶׁבָּזָה עַל דִּיבּוּר רִאשׁוֹן שֶׁנֶּאֱמַר בּוֹ ׳אָנֹכִי ה׳ אֱלֹהֶיךָ׳ וְ׳לֹא יִהְיֶה לְךָ אֱלֹהִים אֲחֵרִים עַל פָּנָי׳: **מַה עֲבוֹדַת כּוֹכָבִים שֶׁחַיָּיבִין עַל זְדוֹנוֹ כָּרֵת.** דְּהָכָא כְּתִיב ׳הִכָּרֵת תִּכָּרֵת׳, אַף כּוּ׳: **אַשְׁכְּחַן יָחִיד וְנָשִׂיא וּמָשִׁיחַ בֵּין בַּעֲבוֹדַת כּוֹכָבִים וּבֵין בִּשְׁאָר מִצְוֹת.** דִּכְתִיב ׳וְאִם נֶפֶשׁ׳, וּכְתִיב ׳תּוֹרָה אַחַת יִהְיֶה לָכֶם, וְהַנֶּפֶשׁ אֲשֶׁר תַּעֲשֶׂה בְּיָד רָמָה׳, דְּיָחִיד וְנָשִׂיא וּמָשִׁיחַ בִּכְלַל ׳וְאִם נֶפֶשׁ אַחַת׳: **צִבּוּר מְנָלָן, יִלְמוֹד עֶלְיוֹן מִן הַתַּחְתּוֹן.** דִּכְתִיב בְּפָרָשָׁה לְמַעְלָה ׳וְכִי תִשְׁגּוּ׳, דְּהַיְינוּ לְצִבּוּר, וְיִלְמַד מִתַּחְתּוֹן, מִ׳וְאִם נֶפֶשׁ׳, מַה לְהַלָּן דָּבָר שֶׁחַיָּיבִין עַל זְדוֹנוֹ כָּרֵת וְעַל שִׁגְגָתוֹ חַטָּאת בֵּין בַּעֲבוֹדַת כּוֹכָבִים בֵּין בִּשְׁאָר מִצְוֹת, דְּגַבֵּי יָחִיד הוּקְשָׁה כָּל הַתּוֹרָה כּוּלָּהּ לַעֲבוֹדַת כּוֹכָבִים, אַף צִבּוּר אֵין חַיָּיבִין אֶלָּא בְּדָבָר שֶׁחַיָּיבִין עַל זְדוֹנוֹ כָּרֵת וְעַל שִׁגְגָתוֹ חַטָּאת בֵּין בַּעֲבוֹדַת כּוֹכָבִים בֵּין בִּשְׁאָר מִצְוֹת: **רַבִּים בְּסַיִיף.** בְּמֵזִיד, אַנְשֵׁי עִיר הַנִּדַּחַת: **יָכוֹל נַחֲלוֹק בְּשׁוֹגֵג בְּקָרְבְּנוֹתֵיהֶם.** דְּכִי הֵיכִי דְּחָלוּק לְצִבּוּר מִיחִידִים, דְּקָרְבַּן לְצִבּוּר בַּעֲבוֹדַת כּוֹכָבִים לָא דָּמֵי לְשׁוּם קָרְבַּן יָחִיד, ה״נ נַחֲלוֹק בְּקָרְבְּנוֹתֵיהֶם, דְּלֶהֱוֵי חָלוּק דִּמְרוּבִּין שֶׁעָשׂוּ שׁוֹגְגִין דְּעִיר הַנִּדַּחַת, דְּלָא לֶהֱוֵי דָּמֵי לְעוֹלָם לְשׁוּם קָרְבָּן, לֹא לְצִבּוּר וְלֹא לְיָחִיד: **ת״ל ׳תּוֹרָה אַחַת׳.** דְּעִיר הַנִּדַּחַת דְּשׁוֹגֵג כִּיחִידִים דָּמוּ, וּמַיְיתֵי כָּל חַד וְחַד שְׂעִירָה כְּיָחִיד: **מַאי נַיְיתֵי.** אַנְשֵׁי עִיר הַנִּדַּחַת רַבִּים דְּבְסַיִיף: **נַיְיתֵי פַּר, צִבּוּר בִּשְׁאָר מִצְוֹת הוּא דְּמַיְיתֵי.** וְלָא הָוֵי חָלוּק, וְכ״ש דְּבָעֵינַן חִלּוּק בֵּין אַנְשֵׁי עִיר הַנִּדַּחַת לְצִבּוּר, דְּהָא אֵין לְצִבּוּר נַעֲשִׂין עִיר הַנִּדַּחַת כְּלָל: **יָחִיד נַמֵּי הַיְינוּ קָרְבָּנוֹ.** וְלָא הָוֵי חָלוּק: **אִיצְטְרִיךְ.** ׳תּוֹרָה אַחַת׳, דְּס״ד וְכוּ׳: **אִי נַמֵּי צָרִיךְ.** לַחֲלוֹק בַּקָּרְבָּן: **וְאֵין לוֹ תַּקָּנָה.** לְעִיר הַנִּדַּחַת בְּשׁוֹגֵג, דְּאִי אֶפְשָׁר לַחֲלוֹק: **קמ״ל.** ׳תּוֹרָה אַחַת׳, דְּמַיְיתֵי כָּל חַד שְׂעִירָה כְּיָחִיד: **׳וְלֹא תַעֲשׂוּ אֵת כָּל הַמִּצְוֹת׳,** אֵיזוֹ הִיא מִצְוָה שֶׁשְּׁקוּלָה כְּנֶגֶד כָּל הַמִּצְוֹת, הֱוֵי אוֹמֵר זוֹ עֲבוֹדַת כּוֹכָבִים. שֶׁכָּל הַמּוֹדֶה בָּהּ כְּכוֹפֵר בְּכָל הַתּוֹרָה כּוּלָּהּ: כְּתִיב [׳אֵת] כָּל אֲשֶׁר צִוָּה יְיָ אֲלֵיכֶם בְּיַד מֹשֶׁה׳. דְּמַשְׁמַע שֶׁצִּוָּה ע״י מֹשֶׁה, וּכְתִיב ׳אֲשֶׁר דִּבֶּר ה׳׳, דְּמַשְׁמַע שֶׁהָיָה בְּדִיבּוּרוֹ שֶׁל הַקב״ה, כְּלוֹמַר שֶׁשָּׁמְעוּ יִשְׂרָאֵל מִפִּיו כְּשֶׁדִּבֵּר עִם מֹשֶׁה: **אֵיזוֹ הִיא מִצְוָה שֶׁהִיא בְּדִבּוּרוֹ שֶׁל הַקב״ה וְצִוָּה ע״י מֹשֶׁה, הֱוֵי אוֹמֵר זוֹ עֲבוֹדַת כּוֹכָבִים.** דְּ׳אָנֹכִי וְלֹא יִהְיֶה לְךָ מִפִּי הַגְּבוּרָה שְׁמַעְנוּם׳, דְּהַיְינוּ שֶׁשָּׁמְעוּ בְּדִבּוּרוֹ שֶׁל הַקב״ה, וְצִוָּה ע״י מֹשֶׁה בְּכַמָּה פָּרָשִׁיּוֹת שֶׁבַּתּוֹרָה, כְּגוֹן ׳לֹא תִשְׁתַּחֲוֶה לְאֵל אַחֵר׳ דְּלָא שְׁמַעְנוּ אֶלָּא מִפִּי מֹשֶׁה:

לְמִן

תוספות

אין חייבין אלא על דבר שזדונו כרת ושגגתו חטאת. תימה, מאי קאמר ׳על שגגתו חטאת׳, הא היא גופה חטאת היא, ומה שייך לומר אין חייבין חטאת אלא על דבר ששגגתו חטאת. ושמא אגב דוכתא אחריתי דנקיט לה גבי מלקות נקיט נמי הכא. עי״ל, דה״פ, דמה שאדם אחר היה מתחייב חטאת על שגגתו הכא מביאין פר: **ויחיד,** דאמר קרא ׳ואם נפש׳. ה״נ ה״מ למילף גבי יחיד ׳מצות׳ ׳מצות׳, דה״נ כתיב ׳ואם נפש אחת תחטא׳ ועשתה אחת מכל מצות ה׳, אלא דהכי ניחא ליה למילף: **ילמוד** תחתון מעליון. וא״ת, היכי יליף יחיד מנשיא, והא נשיא גמיר מג״ש ואינו חוזר ומלמד בהיקש (קדשים בקדשים נ:). וי״ל דגילוי מילתא בעלמא הוא ולא היקש, דתרוייהו בכלל יחיד ובכלל נפש. מיהו לעיל קשה, דיליף עבודת כוכבים משאר מצות, ושאר מצות מזקן ממרא, והלא הלמד מגזירה שוה אין חוזר ומלמד בגזירה שוה (עיין זבחים נ. פשט הש״ס דדבר הלמד בגזירה שוה חוזר ומלמד בגזירה שוה, ואין חולק על זה. וצריך עיון גדול). ויש לומר דבתר מלמד [אזלינן], והמלמד (תולין) [חולין]: **שהיא** שקולה כנגד כל המצות. דכיון דמודה בה מה צורך לו לקיים כל המצות ומסתמא יעבור על כולן. ובספרי מפיק לה מ׳את בריתי היפר׳, משמע שכל העבירות מיפר:

עין משפט נר מצוה

טז א מיי׳ פט״ו מהלכות שגגות הלכה ו סמג עשין ריז:
יז ב מיי׳ שם הלכה ג:
יח ג מיי׳ שם פי״ב הל״א:
יט ד מיי׳ שם פט״ו הלכה א:
כ ה מיי׳ שם פ״א הלכה ג והלכה ד ה:
כא ו ז מיי׳ פ״ד מהלכות עבודת כוכבים הלכה ו סמג שם:
כב ח מיי׳ שם פ״ג הלכה ד ופרק ל מהלכות שבת הלכה טו:

תוספות הרא״ש

מה להלן דבר שחייבין על זדונו כרת ושגגתו חטאת. תימה מנ״ל דבאמות אשה מייתי חטאת בשגגה הא אכתי לא קי״ל דדבר שחייבין על זדונו כרת שמביא על שגגתו חטאת. וי״ל דהא דקאמר על שגגתו חטאת לאו דוקא. אלא אגב סיפא דתני ועל שגגתו חטאת תנא נמי ברישא. וה״פ מה עליה האמור באחות אשה בדבר שזדונו כרת אף עליה האמור בחטאת בדבר שזדונו כרת נאמר שמביא על שגגתו חטאת. ועי״ל דעל שגגתו חטאת דרישא נמי דוקא משמע דג״ש עליה עליה לא אצטריך אלא למעוטי דאין מביא חטאת אלא על דבר שזדונו כרת. דאי לאו ג״ש ה״א דעל כל חטא שיחטא יביא קרבן. הלכך מפרשי׳ שפיר מה להלן באחות אשה זדונו כרת ושגגתו חטאת. דממילא הוה אמרי׳ דעל כל חטא מביא חטאת. אף עליה האמור בקרבן דוקא על זדונו כרת: **מאי נייתי פר צבור בשאר מצות הוא דמייתי.** ופשוט ליה לתלמודא שאין לנו לגדות קרבן חדש שאין מתכפרין בו בשום מקום על עבירה. והמ״ל הכי [מאי] נייתי נייתי קרבן הבא על עבירה במקום אחר הא אינם חלוקים בקרבנותיהם. וקרבן חדש שאין מתכפרים בו בשום מקום על עבירה א״א להביא:

הגהות וציונים

א] באר שבע (גליון). נ״א ״יצא זה שאין חטאו בשגגה משיח לרבי חטאו בשגגה הוא אלא מי שכל חטאו בשגגה יצא זה שאין כל חטאו בשגגה״, והיא גירסת רש״י: ב] רש״א מ״ז (גליון). עי״ש בהגהות והערות מה מחק: ג] בס״י מה להלן (גליון): ד] בכת״י נוסף נייתי כשבה יחיד בשאר מצות הוא דמייתי, וכ״ה ביבמות: ה] רש״א מ״ז (גליון): ו] ״כי כתיבי״ ליתא בר״ח ובכת״י: ז] בד׳ ווינציא רפ״א ״דבי רבי ישמעאל״, וכ״ה ברא״ם ובבאר שבע. ועי׳ שער יוסף. ועי׳ הגהות וציונים לקמן ע״ב על רש״י ד״ה מחוורתא: ח] מהרש״א מוסיף ע״פ הרא״ם ״תנא וכי תשגו ולא תעשו בעבודת כוכבים הכתוב מדבר דאמר קרא״: ט] [עליו] (כמו שהוסיפוהו בגמרא - דק״ס): י] בהעלם (כת״י): כ] הלשון לאו דוקא. עי׳ רש״י לעיל ז ע״א ״דכתיב באשם גזילות ובאשם מעילות נפש״: ל] ואם (כת״י, רש״ש): מ] חייבין אפי׳ על (כת״י): נ] דעובר בלא תעשה (כת״י): ס] ע״י משה במקומות הרבה כגון (כת״י, ע״י, רא״ם וב״ש): ע] לשה״כ ״תחטא בשגגה מעם הארץ בעשתה אחת ממצות ה׳״: פ] כת״י משום:

למן היום אשר צוה ה' והלאה לדורותיכם', איזו היא מצוה שהיא נאמרה בתחלה, הוי אומר זו עבודת כוכבים. והא אמר מר, עשר מצות נצטוו ישראל במרה, (דכתיב 'והיה אם שמוע תשמע לקול ה' אלהיך'). אלא מחוורתא כדשנינן מעיקרא: **מתני'** אין חייבין על עשה ועל לא תעשה שבמקדש, ואין מביאין אשם תלוי על עשה ועל לא תעשה שבמקדש; אבל חייבין על עשה ועל לא תעשה שבנדה, ומביאים אשם תלוי על עשה ועל לא תעשה שבנדה. איזו היא מצות עשה שבנדה, פרוש מן הנדה; ומצות לא תעשה, אל תבא על הנדה: **גמ'** מנא הני מילי דצבור לא מחייבי קרבן בעלמא ויחיד אשם תלוי נמי לא. אמר רב יצחק בר אבדימי, נאמר 'ואשם' בחטאת ובאשם תלוי, ונאמר 'ואשמו' בצבור, מה 'ואשם' ביחיד בחטאת קבועה, אף 'ואשמו' בצבור בחטאת קבועה, ומה צבור בחטאת קבועה, אף אשם תלוי נמי אין בא אלא על ספק חטאת קבועה. אמרי, אי הכי, קרבן עולה ויורד נמי, הא כתיב 'והיה כי יאשם לאחת מאלה'. דנין ('אשם' מן 'אשמו') ואין דנין 'אשם' מן 'יאשם'. ומאי נ"מ, והא תני דבי רבי ישמעאל, 'ושב הכהן' 'ובא הכהן', זו היא שיבה זו היא ביאה; ועוד, נילף מן 'ואשם' מטומאת מקדש וקדשיו, דכתיב 'והוא טמא ואשם'. אמר רב פפא, דנין 'ואשם' ו'מצות ה'' מן 'ואשם' ו'מצות ה''. אמר ליה רב שימי בר אשי לרב פפא, ונילף 'ואשם' ונשיאת עון מן 'ואשם' ונשיאת עון. אלא אמר רב נחמן בר יצחק, דנין 'ואשם' ו'מצות ה' אשר לא תעשינה' מ'ואשם' ו'מצות ה' אשר לא תעשינה', ואל יוכיח שמיעת קול וביטוי שפתים וטומאת מקדש וקדשיו שלא נאמר בהם 'ואשם' ו'מצות ה' אשר לא תעשינה': **מתני'** אין חייבין על שמיעת קול ועל ביטוי שפתים ועל טומאת מקדש וקדשיו, והנשיא כיוצא בהם, דברי רבי יוסי הגלילי; רבי עקיבא אומר, הנשיא חייב בכולן חוץ משמיעת הקול, שהמלך לא דן ולא דנין אותו, [לא מעיד ולא מעידין אותו]: **גמ'** אמר עולא, מאי טעמא דרבי יוסי הגלילי, אמר קרא 'והיה כי יאשם לאחת מאלה', כל שמתחייב באחת מתחייב בכולן, ושאין מתחייב באחת אין מתחייב בכולן. ואימא מתחייב באחת מהן ואף על פי שאין מתחייב בכולן. אלא טעמא דרבי יוסי הגלילי מהכא, דתניא, היה רבי ירמיה אומר, נאמר

לא

'למן היום' וגו'. הכי משמע, 'את כל אשר צוה ה' אליכם ביד משה' דזו עבודת כוכבים, ומנין שזו עבודת כוכבים, מדכתיב בהדיא 'למן היום אשר צוה ה' והלאה' שאר מצות, 'והלאה' כלומר מכאן ואילך לדורותיכם, איזו היא מצוה שנאמרה בתחילה, הוי אומר זו עבודת כוכבים, דכתיב °בתחלת עשרת הדברות 'אנכי' ו'לא יהיה לך', דהיינו עבודת כוכבים: **עשר מצות נצטוו במרה.** דהיינו קודם מתן תורה, אלמא עבודת כוכבים לא נאמרה תחלה: **מחוורתא כדשנינן מעיקרא.** כדברי ר' יהושע בן לוי, או כדברי רבי: **מתני' אין בית דין חייבין קרבן על עשה ועל לא תעשה שבמקדש.** דהיינו טומאת מקדש וקדשיו. עשה שבמקדש, 'וישלחו מן המחנה כל צרוע'; לא תעשה, 'ולא יטמאו את מחניהם'. שאע"פ שהוא דבר שזדונו כרת ושגגתו חטאת, הואיל ואין שגגתו חטאת קבועה אלא קרבן חטאת עולה ויורד, הלכך פטור לגמרי, כדמפרש בגמרא. והאי דקתני 'אין חייבין על עשה ועל לא תעשה שבמקדש' לא קא מיירי בכהן משיח כלל, משום דהוי פלוגתא דר"ש ור"ע, ר"ע לא פטר ליה מפר על טומאת מקדש וקדשיו, ור"ש פטר ליה לגמרי, כדמפרש בגמרא בסוף פירקין: **ואין מביאין.** יחידין: **אשם תלוי על עשה ועל לא תעשה שבמקדש.** דאין אשם תלוי בא אלא על ספק חטאת קבועה, כדמפרש בגמרא. אבל בבי"ד לא איצטריך למיתנא 'אין מביאין אשם תלוי על עשה ועל לא תעשה שבמקדש', שהרי אין בי"ד מביאין אשם תלוי אפילו במקום ספק חטאת קבועה, כדאמרינן בריש פירקין 'משוח בפר ואין מביא אשם תלוי', דכתיב באשם תלוי 'וכפר עליו הכהן על שגגתו אשר שגג', מי שחטאתו ושגגתו שוה, יצא משיח, ומנלן דאין חטאתו ושגגתו שוה, דכתיב 'לאשמת העם', הרי משיח כצבור', דלצבור צריכין העלם דבר עם שגגת מעשה, לפיכך אינו באשם תלוי, הלכך כי איצטריך 'אין מביא אשם תלוי על עשה ועל לא תעשה שבמקדש', כגון ביחיד דעלמא: **אבל חייבין בית דין על עשה ועל לא תעשה שבנדה,** דהוי זדונו כרת ושגגתו חטאת קבועה, **ומביאין יחידים אשם תלוי על עשה ועל לא תעשה שבנדה,** משום דהוי ספק חטאת קבועה: **אל תבא על הנדה.** דכתיב (ויקרא יח) 'ואל אשה בנדת טומאתה לא תקרב': **פרוש מן הנדה.** כלומר בסמוך לוסתה, כדי שלא תהא רואה בשעת תשמיש, דכתיב 'והזרתם את בני ישראל', כדמפרש בגמרא במסכת שבועות בפרק ידיעות הטומאה (דף יח:): **גמ' מנא הני מילי דצבור לא מחייבי.** שום קרבן בעולם אלא במקום חטאת קבועה: **ויחידים אשם תלוי נמי.** אין חייבין אלא על ספק חטאת קבועה: **אמר רב יצחק בר אבדימי נאמר כאן 'ואשם'.** בחטאת קבועה דיחיד, דכתיב בפרשת ויקרא 'ואם נפש אחת תחטא בשגגה מעם הארץ בעשותה אחת ממצות ה' אשר לא תעשינה ואשם', וכתיב 'והביא את[י] קרבנו', דמביא כשבה או שעירה, דאינו בעולה ויורד: **ונאמר 'ואשמו' בצבור, מה 'ואשם'.** האמור בפרשת ויקרא[יא] בחטאת יחיד הוי חטאת קבועה, אף 'ואשמו' האמור בצבור אין מביאין שום קרבן אלא במקום חטאת קבועה, דאילו עשאו יחיד הוי[יב] בעולה ויורד. ונאמר 'ואשם' (נמי) באשם תלוי, דכתיב באשם תלוי 'ואם נפש כי תחטא ועשתה אחת מכל מצות ה' אשר לא תעשינה ולא ידע ואשם', **מה צבור חטאת בקבועה,** כלומר מה 'ואשמו' האמור בצבור חטאתו בקבועה, דגמרי מ'ואשם' דחטאת יחיד, אף 'ואשם' האמור באשם תלוי אינו בא אלא על ספק חטאת קבועה, לאפוקי עשה ולא תעשה שבמקדש, דאין אשם תלוי בא עליו, משום דהוי חטאת עולה ויורד ולא הוי חטאת קבועה, (ועוד, דאין אשם תלוי בא עליו[יג]), ותרתי מפקינן מדר' יצחק בר אבדימי, חדא, דלצבור בחטאת קבועה, דאין בי"ד חייבין על עשה ועל לא תעשה שבמקדש, ואידך, דאין אשם תלוי בא עליו[יד] אלא על ספק חטאת קבועה, דאשם תלוי, אפילו דיחיד, אינו בא על עשה ועל לא תעשה שבמקדש, שהרי אינו ספק חטאת קבועה: **אי הכי, קרבן עולה ויורד נמי, הא כתיב 'כי יאשם'.** דכתיב 'נפש[טו] כי תחטא בשגגה ושמעה קול אלה', דהיינו שמיעת הקול, [וכתיב 'או נפש אשר תגע' וגו', דהיינו טומאת מקדש וקדשיו, וכתיב] 'או נפש כי תשבע לבטא בשפתים' וגו', דהיינו בטוי שפתים, דכולהו בקרבן עולה ויורד, וכתיב 'והיה כי יאשם לאחת מאלה', מה 'כי יאשם' בעולה ויורד, אף 'ואשם' דכתיב באשם תלוי תהוי במקום עולה ויורד, דלהוי אשם תלוי בא ואפילו[טז] על ספק חטאת שאינה קבועה: **זו היא שיבה זו היא ביאה.** דהא דכתיב 'ושב הכהן', לא תימא 'ושב הכהן' מבית המנוגע לביתו, אלא הכי הוא 'ושב הכהן' מביתו לבית המנוגע, דהאי שיבה זו היא ביאה לבית המנוגע: **נילף 'ואשם' מטומאת מקדש וקדשיו.** דכתיב בו 'או נפש אשר תגע וגו' והוא טמא ואשם', דהיינו טומאת מקדש וקדשיו דהוא בקרבן עולה ויורד, דחטאת שאינה קבועה הוא: **דנין 'ואשם' ו'מצות ה''**, דכתיב באשם תלוי, **מ'ואשמו' ו'מצות ה''.** לאפוקי טומאת מקדש וקדשיו דלא כתב 'ואשם' ו'מצות ה'': **נילף 'ואשם' ונשיאת עון.** דכתיב באשם תלוי 'ולא ידע ואשם ונשא עונו', וכתיב בעולה ויורד 'אם לא יגיד ונשא עונו, והוא ידע ואשם לאחת מאלה': **באשם תלוי** כתיב 'ואשם' ו'מצות ה' אשר לא תעשינה', ובפר והעלם[יז] דבר של צבור כתיב 'אחת מכל מצות ה' אשר לא תעשינה ואשם'[יח], הלכך אמרינן מה צבור חטאת בקבועה, אף אשם תלוי אינו בא אלא על ספק חטאת קבועה: **מתני' אין בית דין חייבין על שמיעת קול ועל ביטוי שפתים ועל טומאת מקדש וקדשיו.** דכל הני הויין בקרבן עולה ויורד, כדאמרינן לעיל דלצבור אין מביאין חטאת אלא בקבועה. וכדין הוא דלא איבעי למיתנא, דהא תנא לעיל 'אין חייבין על עשה ועל לא תעשה שבמקדש', ואמרינן משום דבעינן לצבור בחטאת קבועה, וטומאת מקדש וקדשיו הוי בעולה ויורד, וה"ה על שמיעת קול ועל בטוי שפתים דלא הוי חטאת קבועה דבי"ד פטור. והאי דקתני הכא 'אין בי"ד חייבין על שמיעת קול' כו', משום דבעי אפלוגי ר' יוסי הגלילי ור"ע. **אין בי"ד חייבין על שמיעת קול ועל בטוי שפתים וטומאת מקדש וקדשיו,** וה"ה למשיח: **והנשיא כיוצא בהן.** דאינו בקרבן עולה ויורד: **דברי ר' יוסי הגלילי.** טעמא דר' יוסי הגלילי מפרש בגמרא: **ר"ע אומר, הנשיא חייב בכולן.** בקרבן עולה ויורד **חוץ משמיעת קול,** שאין שמיעת קול חל עליו, **שהמלך לא דן ולא דנין אותו, לא מעיד ולא מעידין אותו,** כדתנן במסכת סנהדרין בפרק כ"ג (דף יח.). ור"ע במשיח לא פירש במתניתין ופירש בברייתא, כדאמרינן[ט] בברייתא[יט], תניא, ר"ע אומר, משוח פטור מכולן מקרבן עולה ויורד, ומביא על כולן פר, כדאמרינן בסוף פירקין דר"ע לא פטר ליה מפר: **גמ'** 'והיה כי יאשם לאחת מאלה'. דאשמיעת קול ובטוי שפתים וטומאת מקדש וקדשיו קאי, וקסבר ר' יוסי הגלילי 'כי יאשם לאחת' הכי משמע, כל שיש[כ] באחת, כלומר כל שמצווה בכל אחת ואחת, מתחייב קרבן בכולן, ושאין מתחייב באחת אין מתחייב בכולן, ונשיא הואיל ואינו מתחייב באחת מהן, דהיינו בשמיעת קול, אין מתחייב בכולן, דפטור מכולן: **ואימא.** 'כי יאשם לאחת' הכי משמע, כי אפשר[כא] שיהא מתחייב אפילו באחת מהן אע"פ שאין מתחייב בכולן הוי חייב, ונשיא נמי אע"פ שאינו חייב בשמיעת קול יהא חייב בבטוי שפתים וטומאת מקדש וקדשיו: **אלא טעמא דרבי יוסי הגלילי מהכא וכו', נאמר.** בשמיעת קול ובטוי שפתים וטומאת מקדש וקדשיו:

לא

תוספות

והא אמר מר עשר מצות נצטוו במרה. הא דלא מייתי מהני דכתיב בהדיא, כגון מילה לאברהם, שפיכת דמים דכתיב 'שופך דם האדם', וגילוי עריות; משום דהכא נצטוו ישראל והתם בני נח: **חייב** על עשה ועל לא תעשה שבנדה. בפרק ידיעות הטומאה מפרש, שפירש מן הנדה בקושי, שיציאתו הנאה לו כביאתו, אלא ינעץ לפרניו ויפרוש באבר מת, ולהכי חייב על אותו עשה, דהוי בלא תעשה, שיש לפרוש באבר מת. ובת"כ מפרש דאין חייבין על עשה, דכתיב 'אשר לא תעשינה', יכול שאני מוציא אף עשה שבנדה, ת"ל 'מצות ה'', ריבה וכו', ומה ראית כו', מוציא אני שאר מצות שאין בהן לא תעשה ומרבה אני עשה שבנדה שיש בה לא תעשה: **סליק**

עין משפט נר מצוה

כג א מיי' פי"ב מהלכות שגגות הלכה א סמג עשין ריז:
כד ב מיי' שם פ"ח הלכה א:
כה ג מיי' שם פי"ב הלכה א:
כו ד מיי' שם פ"ח הל"א:
כז ה עיי' בהשגות בפ"י שם הלכה ז ובכ"מ שם ובמהר"ט:
כח ו מיי' פי"ב מהלכות סנהדרין הלכה ה ופ"ג מהלכות מלכים הלכה ז:

תוספות הרא"ש

אין חייבין על עשה ועל ל"ת שבמקדש. פי' אין[כב] חייבין פר העלם דבר על עשה ול"ת שבמקדש. אע"פ שיש בזדונו כרת דכתיב את (מקדש) [משכן] ה' טמא ונכרתה וגו'. ובגמ' מפרש טעמא מקרא דאין ב"ד חייבין אלא על דבר שחייבין על זדונו כרת ועל שגגתו חטאת קבוע. וה"ה דה"מ למתני ל"ת שבקדשים דהאוכל קדש בטומאת הגוף קרבנו עולה ויורד אלא משום דבעי למתני על עשה ול"ת שבמקדש דומיא דנדה ובטומאת קדשים לא משכחת עשה. אבל בטומאת מקדש משכחת עשה כגון שנטמא בעזרה שהצריכה התורה לצאת דכתיב וישלחו מן המחנה. ואם שהה או שבא לו בארוכה חייב דתרי קראי כתיבי בטומאת מקדש את (מקדש) [משכן] ה' טמא ונכרתה [ונכרתה כו' כי את מקדש ה' טמא] ומוקי להו התם בשבועות (דף טז:) חד לטומאה שאירעה בפנים וחד לטומאה שאירעה מבחוץ. וכן בנדה משכחת לה עשה כגון היה משמש עם טהורה ופירסה נדה תמתין לא יפרוש באבר חי שיציאתו הנאה כביאתו וחייב כרת אלא ימתין עד שימות האבר ויפרוש. ועשה דידיה דריש התם (שבועות יח:) דכתיב ותהי נדתה עליו בשעת נדתה תהיה עליו. ול"ת דכתיב ואל אשה בנדת טומאתה לא תקרב לא תפרוש לכדכתיב קרב אליך אל תגש בי. והכי תנינן בפ"ב (דשבועות דף יד:) נטמא בעזרה כו' זו היא מ"ע שבמקדש שאין חייבין עלי' ואיזו היא מ"ע שבנדה שחייבין עלי' הי' משמש עם הטהורה ואמרה לו נטמאתי ופירש מיד חייב שיציאתו הנאה לו כביאתו. וקאמר עלה בגמ' היכא קאי דקתני זו היא התם קאי אין חייבין על עשה ועל ל"ת שבמקדש[כג] [וקאמר זו היא מ"ע שבמקדש] שאין חייבין עליה ואיזו היא מ"ע שבנדה[כד] כו' פרוש מן הנדה לא שיפרוש ממנה כשאמרה לו שפירסה נדה דלזו מחייב כרת אם יפרוש מיד בקושי. אלא פרוש מבעילת נדה שאם יפרוש מיד הרי הוא נועץ נדה שיציאתו הנאתו כביאתו. אלא נועץ לצפרניו בקרקע וימתין עד שימות האבר ויפרוש. ודלא כפרש"י ז"ל שפי' פרוש מן הנדה סמוך לוסתה כדי שלא תראה בשעת תשמיש כדאמרי' בשבועות פרק ידיעות הטומאה והזרתם את בני ישראל מטומאתם א"ר יאשיה מכאן אזהרה לב"י שיפרשו מנשותיהן סמוך לוסתן. דהתוא קרא אסמכתא בעלמא דקי"ל וסתות דרבנן. ועוד דבפ"ב דשבועות לא מפרש הכי: **אלא אמר ר"פ דנין ואשם ומצות ה' מן ואשם** [illegible]

למקדש בשוגג ונזכר בתוך מקדש שהוא טמא ורצה לצאת מן המקדש בא לו דרך ארוכה חייב בא דרך קצרה פטור וגבי נדה נמי תנן התם כי האי גונא היה משמש עם הטהורה ואמרה לו נטמאתי ופירש מיד חייב שיציאתו הנאה לו כביאתו ואמר רב הונא משמיה דרבא עליה מאי תקנתיה נועץ עשר צפרניו בקרקע עד שימות האבר מעצמו ואחר יצא שאחר שמת האבר אין יציאתו הנאה לו כביאתו הלכך נקט איסור נדה אצל איסור טומאת מקדש וקדשיו משום דדמו להדדי כדפירשית. מ"ר::

מסורת הש"ס עם הוספות

א) סנהדרין דף נו:, ב) [שבועות דף יז:], ג) עירובין נא. חולין פה. יבמות יז: נדה כב: יומא ג: נזיר ה: מנחות ד. מה: בכורות לג. מכות יג:, ד) כריתות ג:, ה) [שם], ו) [סנהדרין דף יח.], ז) במדבר ה ב, ח) במדבר ה ג, ט) לקמן ט., י) יז:, כ) יח ע"ב, ל) זבחים כח ע"ב.

גליון הש"ס

גמ' נאמר ואשם בחטאת. עי' מנחות דף ד' ע"א תוס' ד"ה ליגמר: **רש"י ד"ה למן היום וכו' בתחלת עשרת הדברות אנכי ולא יהיה לך.** עי' תשובת תשב"ץ ח"א סימן קל"ט:

תורה אור השלם

א) את כל אשר צוה ה' אליכם ביד משה מן היום אשר צוה ה' והלאה לדרתיכם: [במדבר טו, כג]

ב) ויאמר אם שמוע תשמע לקול ה' אלהיך והישר בעיניו תעשה והאזנת למצותיו ושמרת כל חקיו כל המחלה אשר שמתי במצרים לא אשים עליך כי אני ה' רפאך: [שמות טו, כו]

ג) ואם נפש אחת תחטא בשגגה מעם הארץ בעשתה אחת ממצות ה' אשר לא תעשינה ואשם: [ויקרא ד, כז]

ד) ואם נפש כי תחטא ועשתה אחת מכל מצות ה' אשר לא תעשינה ולא ידע ואשם ונשא עונו: [ויקרא ה, יז]

ה) ואם כל עדת ישראל ישגו ונעלם דבר מעיני הקהל ועשו אחת מכל מצות ה' אשר לא תעשינה ואשמו: [ויקרא ד, יג]

ו) והיה כי יאשם לאחת מאלה והתודה אשר חטא עליה: [ויקרא ה, ה]

ז) ושב הכהן ביום השביעי וראה והנה פשה הנגע בקירת הבית: ובא הכהן וראה והנה פשה הנגע בבית צרעת ממארת הוא בבית טמא הוא: [ויקרא יד, לט, מד]

ח) או נפש אשר תגע בכל דבר טמא או בנבלת חיה טמאה או בנבלת בהמה טמאה או בנבלת שרץ טמא ונעלם ממנו והוא טמא ואשם: [ויקרא ה, ב]

ט) ונפש כי תחטא ושמעה קול אלה והוא עד או ראה או ידע אם לוא יגיד ונשא עונו: או נפש כי תשבע לבטא בשפתים להרע או להיטיב לכל אשר יבטא האדם בשבעה ונעלם ממנו והוא ידע ואשם לאחת מאלה: [ויקרא ה, א, ד]

הגהות וציונים

[illegible]

י] "את" מיותר (רש"ש, דליתא בויקרא ד כח): יא] "בפרשת ויקרא" ליתא בכת"י: יב] צ"ל לא הוי (גליון). ועי"פ כת"י יש כאן חסרון וצ"ל "דאילו עשאו יחיד הוי חייב חטאת קבוע לאפוקי עשה ולא תעשה שבמקדש דאלו עשאו יחיד הוי בעולה ויורד: יג] רש"א מ"ז (גליון), וכן ליתא בכת"י: יד] "עליו" מיותר (מצור דבש): טו] לשה"כ ויקרא ה א "ונפש כי תחטא ושמעה". ומלת "בשגגה" למחוק (רש"ש): טז] צ"ל אפי' (בארות המים, וכ"ה בכת"י): יז] רש"ש מגיה העלם. ובדפו"י "אשר לא תעשינה ובפר ובהעלם דבר" וכו': יח] צ"ל ואשמו (גליון): יט] "בברייתא" ליתא בכת"י: כ] כת"י שישנו: כא] נדצ"ל כל שאפשר: כב] אין ב"ד חייבין (כת"י): כג] בכת"י נוסף וכו' אבל חייבין על עשה ועל לא תעשה שבנדה: כד] בכת"י נוסף היה משמש עם הטהורה וכו' והא דקתני הכא ואיזו היא מצות עשה שבנדה פרוש:

This *daf* is dedicated *l'iluy nishmas*: Chaim ben Rachel *z"l*

לְמִן הַיּוֹם אֲשֶׁר צִוָּה ה׳ וָהָלְאָה לְדוֹרוֹתֵיכֶם — "From the day that Hashem commanded you and onward throughout your generations" (15:23). The *pasuk* refers to the first mitzvah which preceded the rest of the *mitzvos*. אֵיזוֹ הִיא מִצְוָה שֶׁהִיא נֶאֶמְרָה בִּתְחִלָּה — Which is the mitzvah that was stated at the beginning of all *mitzvos*? הֱוֵי אוֹמֵר זוֹ עֲבוֹדַת כּוֹכָבִים — You must say: This is *avodah zarah*, as it is the first mitzvah of the *Aseres Hadibros*.

The Gemara asks: וְהָא אָמַר מָר — But weren't we taught: עֶשֶׂר מִצְוֹת נִצְטַוּוּ יִשְׂרָאֵל בְּמָרָה — The Jewish people were commanded ten *mitzvos* in Marah, which took place before *Matan Torah*? דִּכְתִיב — As it is written regarding Marah, וְהָיָה אִם שָׁמוֹעַ תִּשְׁמַע לְקוֹל ה׳ אֱלֹהֶיךָ — "It will be, if you listen to the voice of Hashem your G-d" (*Shemos* 15:26). Clearly, there were *mitzvos* that preceded *avodah zarah*.

אֶלָּא מְחַוַּורְתָּא כְּדְשַׁנִּינַן מֵעִיקָּרָא — Rather, it is clear that the way we answered originally is correct; either according to Rabi Yehoshua ben Levi or according to Rebbi.

מַתְנִיתִין — MISHNAH

אֵין חַיָּיבִין — The judges of *beis din* are not obligated to bring a *Par He'eleim Davar*, עַל עֲשֵׂה וְעַל לֹא תַעֲשֶׂה שֶׁבַּמִּקְדָּשׁ — for issuing a ruling regarding a positive or negative commandment which relates to being in the Beis Hamikdash. There is a *mitzvas asei* to remove those who are *tamei* from the Beis Hamikdash, and there is a *lav* against entering the Beis Hamikdash while *tamei*. One who purposely defiles the Beis Hamikdash is punished with *kareis*, and one who accidentally defiles it is obligated to bring a *Korban Chatas*. However, since the *Chatas* he brings is not a regular, fixed *Chatas*, but is an *Oleh V'Yored* (a *korban* whose type depends on the financial status of the one bringing the *korban*), and a *Par He'eleim Davar* is only brought for a transgression that obligates one in a fixed *Chatas*; therefore, the judges do not bring a *Par He'eleim Davar* for these positive or negative commandments. וְאֵין מְבִיאִין אָשָׁם תָּלוּי עַל עֲשֵׂה וְעַל לֹא תַעֲשֶׂה שֶׁבַּמִּקְדָּשׁ — And an individual, as well, does not bring an *Asham Talui* for possibly transgressing an *asei* or a *lav* related to defiling the Beis Hamikdash. An *Asham Talui* is brought when one has a doubt if he transgressed a sin of a fixed *Chatas*. Like a *Par He'eleim Davar*, it is only brought if the sin would have obligated him in a fixed *Chatas*. Since defiling the Beis Hamikdash would require one to bring an *Oleh Ve'yored*, one does not need to bring an *Asham Talui* in a case of doubt. אֲבָל חַיָּיבִין עַל עֲשֵׂה וְעַל לֹא תַעֲשֶׂה שֶׁבַּנִּדָּה — But, the judges of *beis din* are obligated to bring a *Par He'eleim Davar* for an *asei* or a *lav* relating to the *halachos* of *niddah*, וּמְבִיאִים אָשָׁם תָּלוּי עַל עֲשֵׂה וְעַל לֹא תַעֲשֶׂה שֶׁבַּנִּדָּה — and an individual brings an *Asham Talui* for transgressing an *asei* or a *lav* relating to the *halachos* of *niddah*. אֵיזוֹ הִיא מִצְוַת עֲשֵׂה שֶׁבַּנִּדָּה — What is the positive commandment relating to *niddah*? פְּרוֹשׁ מִן הַנִּדָּה — Distancing

For this *daf's shiur* and charts, scan this QR code:

עין משפט
נר מצוה

כג א מיי' פי"ב מהלכות שגגות הלכה א סמג עשין ריז:
כד ב מיי' שם פ"ח הלכה א:
כה ג מיי' שם פי"ב הלכה א:
כו ד מיי' שם פ"ח הל"א:
כז ה עיי' בהשגות בפ"י שם הלכה ז ובכ"מ שם ובתוי"ט:
כח ו מיי' פ"ב מהלכות סנהדרין הלכה ה ופ"ג מהלכות מלכים הלכה ז:

תוספות הרא"ש

אין חייבין על עשה ועל ל"ת שבמקדש. פי' אין כ"ג חייבין פר הע"ד על עשה ול"ת שבמקדש. אע"פ שיש בזדונו כרת דכתיב את (מקדש) [משכן] ה' טמא ונכרתה וגו'. ובגמ' מפרש טעמא מקרא דאין ב"ד חייבין אלא על דבר שהיחיד מביא חטאת קבוע. וה"ה דה"מ למתני ל"ת שבקדשים דהאוכל קדש בטומאת הגוף קרבנו עולה ויורד אלא משום דבעי למתני על עשה ול"ת שבמקדש דומיא דנדה ובטומאת קדשים לא משכחת עשה. אבל בטומאת מקדש משכח עשה כגון שנטמא בעזרה שהצריכה התורה לצאת דכתיב וישלחו מן המחנה. ואם שהה או שבא לו בארוכה חייב דתרי קראי כתיבי בטומאת מקדש את (מקדש) [משכן] ה' טמא ונכרתה [ונכרתה כו' כי את מקדש ה' טמא] ומוקי להו התם בשבועות (דף טז:) חד לטומאה שאירעה בפנים וחד לטומאה שאירעה מבחוץ. וכן בנדה משכחת לה עשה כגון היה משמש עם טהורה ופירסה נדה תחתיו לא יפרוש באבר חי שיציאתו הנאה כביאתו וחייב כרת אלא ימתין עד שימות האבר ויפרוש. ועשה דידיה דריש התם (שבועות יח:) דכתיב ותהי נדתה עליו בשעת נדתה תהיה עליו. ול"ת דכתיב ואל אשה בנדת טומאתה לא תקרב לא תפרוש כדכתיב קרב אליך אל תגש בי. והכי תנינן בפ"ב (דשבועות דף יד:) נטמא בעזרה כו' זו היא מ"ע שבמקדש שאין חייבין עלי'

'לְמַן הַיּוֹם' וְגוֹ'. הָכִי מַשְׁמַע, 'אֵת כָּל אֲשֶׁר צִוָּה ה' אֲלֵיכֶם בְּיַד מֹשֶׁה' דְּזוֹ עֲבוֹדַת כּוֹכָבִים, וּמִנַּיִן שֶׁזּוֹ עֲבוֹדַת כּוֹכָבִים, מִדִּכְתִיב בְּהֶדְיָא 'לְמַן הַיּוֹם אֲשֶׁר צִוָּה ה' וָהָלְאָה' שְׁאָר מִצְוֹת, 'וָהָלְאָה' כְּלוֹמַר מִכָּאן וְאֵילָךְ לְדוֹרוֹתֵיכֶם, אֵיזוֹ הִיא מִצְוָה שֶׁנֶּאֶמְרָה בַּתְּחִילָּה, הֱוֵי אוֹמֵר זוֹ עֲבוֹדַת כּוֹכָבִים, דִּכְתִיב * בִּתְחִלַּת עֲשֶׂרֶת הַדִּבְּרוֹת 'אָנֹכִי' וְ'לֹא יִהְיֶה לְךָ', דְּהַיְינוּ עֲבוֹדַת כּוֹכָבִים: עֶשֶׂר מִצְוֹת נִצְטַוּוּ בְּמָרָה. דְּהַיְינוּ קוֹדֶם מַתַּן תּוֹרָה, אַלְמָא עֲבוֹדַת כּוֹכָבִים לֹא נֶאֶמְרָה תְּחִלָּה: מַחֲוַורְתָּא כִּדְשַׁנִּינַן מֵעִיקָּרָא. כְּדִבְרֵי ר' יְהוֹשֻׁעַ בֶּן לֵוִי, אוֹ כְּדִבְרֵי רַבִּי[ז]: מתני' אֵין בֵּית דִּין חַיָּיבִין קָרְבָּן עַל עֲשֵׂה וְעַל לֹא תַעֲשֶׂה שֶׁבַּמִּקְדָּשׁ. דְּהַיְינוּ טוּמְאַת מִקְדָּשׁ וְקָדָשָׁיו. עֲשֵׂה שֶׁבַּמִּקְדָּשׁ, [ז] 'וִישַׁלְּחוּ מִן הַמַּחֲנֶה כָּל צָרוּעַ'; לֹא תַעֲשֶׂה, [ח] 'וְלֹא יְטַמְּאוּ אֶת מַחֲנֵיהֶם'. שֶׁאַע"פ שֶׁהוּא דָּבָר שֶׁזְּדוֹנוֹ כָּרֵת וְשִׁגְגָתוֹ חַטָּאת, הוֹאִיל וְאֵין שִׁגְגָתוֹ חַטָּאת קְבוּעָה אֶלָּא קָרְבַּן חַטָּאת[ח] עוֹלֶה וְיוֹרֵד, הִלְכָּךְ פָּטוּר לְגַמְרֵי, כִּדְמְפָרֵשׁ בַּגְּמָרָא. וְהַאי דְּקָתָנֵי 'אֵין חַיָּיבִין עַל עֲשֵׂה וְעַל לֹא תַעֲשֶׂה שֶׁבַּמִּקְדָּשׁ' לָא קָא מַיְירֵי בְּכֹהֵן מָשִׁיחַ כְּלָל, מִשּׁוּם דַּהֲוֵי פְּלוּגְתָּא דְּר"ש וְר"ע, ר"ע לָא פָּטַר לֵיהּ מִפַּר עַל טוּמְאַת מִקְדָּשׁ וְקָדָשָׁיו, וְר"ש פָּטַר לֵיהּ לְגַמְרֵי, כִּדְמְפָרֵשׁ בַּגְּמָרָא בְּסוֹף פִּירְקִין: וְאֵין מְבִיאִין. יְחִידִין: אָשָׁם תָּלוּי עַל עֲשֵׂה וְעַל לֹא תַעֲשֶׂה שֶׁבַּמִּקְדָּשׁ. דְּאֵין אָשָׁם תָּלוּי בָּא אֶלָּא עַל סְפֵק חַטָּאת קְבוּעָה, כִּדְמְפָרֵשׁ בַּגְּמָרָא. אֲבָל בְּבֵי"ד לָא אִיצְטְרִיךְ לְמִיתְנָא 'אֵין מְבִיאִין אָשָׁם תָּלוּי עַל עֲשֵׂה וְעַל לֹא תַעֲשֶׂה שֶׁבַּמִּקְדָּשׁ', שֶׁהֲרֵי אֵין בֵּי"ד מְבִיאִין אָשָׁם תָּלוּי אֲפִילּוּ בִּמְקוֹם סְפֵק חַטָּאת קְבוּעָה, כִּדְאָמְרִינַן בְּרֵישׁ פִּירְקִין 'מָשׁוּחַ כִּפֵּר וְאֵין מֵבִיא אָשָׁם תָּלוּי, דִּכְתִיב בְּאָשָׁם תָּלוּי וְכִפֶּר עָלָיו הַכֹּהֵן עַל שִׁגְגָתוֹ אֲשֶׁר שָׁגָג, מִי שֶׁחֶטְאוֹ וְשִׁגְגָתוֹ שָׁוֶה, יָצָא מָשִׁיחַ, וּמְנָלַן דְּאֵין חֶטְאוֹ וְשִׁגְגָתוֹ שָׁוֶה, דִּכְתִיב לְאַשְׁמַת הָעָם, הֲרֵי מָשִׁיחַ כְּצִבּוּר', דְּלְצִבּוּר צְרִיכִין הֶעְלֵם דָּבָר עִם שִׁגְגַת מַעֲשֶׂה, לְפִיכָךְ אֵינוֹ בְּאָשָׁם תָּלוּי, הִלְכָּךְ כִּי אִיצְטְרִיךְ 'אֵין מֵבִיא אָשָׁם תָּלוּי עַל עֲשֵׂה וְעַל לֹא תַעֲשֶׂה שֶׁבַּמִּקְדָּשׁ', כְּגוֹן בְּיָחִיד דְּעָלְמָא: אֲבָל חַיָּיבִין בֵּית דִּין עַל עֲשֵׂה וְעַל לֹא תַעֲשֶׂה שֶׁבַּנִּדָּה, דַּהֲוֵי זְדוֹנוֹ כָּרֵת וְשִׁגְגָתוֹ חַטָּאת קְבוּעָה, וּמְבִיאִין יְחִידִים אָשָׁם תָּלוּי עַל עֲשֵׂה וְעַל לֹא תַעֲשֶׂה שֶׁבַּנִּדָּה, מִשּׁוּם דַּהֲוֵי סְפֵק חַטָּאת קְבוּעָה: אַל תָּבֹא עַל הַנִּדָּה. דִּכְתִיב (וַיִּקְרָא יח) 'וְאֶל אִשָּׁה בְּנִדַּת טוּמְאָתָהּ לֹא תִקְרַב': פְּרוֹשׁ מִן הַנִּדָּה. כְּלוֹמַר בְּסָמוּךְ לְוִסְתָּהּ, כְּדֵי שֶׁלֹּא תְּהֵא רוֹאָה בִּשְׁעַת תַּשְׁמִישׁ, דִּכְתִיב 'וְהִזַּרְתֶּם אֶת בְּנֵי יִשְׂרָאֵל', כִּדְמְפָרֵשׁ בַּגְּמָרָא בְּמַסֶּכֶת שְׁבוּעוֹת בְּפֶרֶק יְדִיעוֹת הַטּוּמְאָה (דַּף יח:): [ט] גמ' מְנָא הָנֵי מִילֵּי דְּצִבּוּר לָא מְחַיְּיבֵי. שׁוּם קָרְבָּן בָּעוֹלָם אֶלָּא בִּמְקוֹם חַטָּאת קְבוּעָה: וִיחִידִים אָשָׁם תָּלוּי נַמֵּי. אֵין חַיָּיבִין אֶלָּא עַל סְפֵק חַטָּאת קְבוּעָה: אָמַר רַב יִצְחָק בַּר אַבְדִּימִי נֶאֱמַר כָּאן 'וְאָשֵׁם'. בְּחַטָּאת קְבוּעָה דְּיָחִיד, דִּכְתִיב בְּפָרָשַׁת וַיִּקְרָא 'וְאִם נֶפֶשׁ אַחַת תֶּחֱטָא בִּשְׁגָגָה מֵעַם הָאָרֶץ בַּעֲשׂוֹתָהּ אַחַת מִמִּצְוֹת ה' אֲשֶׁר לֹא תֵעָשֶׂינָה וְאָשֵׁם', וּכְתִיב 'וְהֵבִיא אֶת[י] קָרְבָּנוֹ', דְּמֵבִיא כִּשְׂבָּה אוֹ שְׂעִירָה, דְּאֵינוֹ בְּעוֹלֶה וְיוֹרֵד: וְנֶאֱמַר 'וְאָשֵׁמוּ' בְּצִבּוּר, מַה 'וְאָשֵׁם'. הָאָמוּר בְּפָרָשַׁת וַיִּקְרָא[יא] בְּחַטָּאת יָחִיד הָוֵי חַטָּאת קְבוּעָה, אַף 'וְאָשֵׁמוּ' הָאָמוּר בְּצִבּוּר אֵין מְבִיאִין שׁוּם קָרְבָּן אֶלָּא בִּמְקוֹם חַטָּאת קְבוּעָה, דְּאִילּוּ עֲשָׂאוֹ יָחִיד הָוֵי[יב] בְּעוֹלֶה וְיוֹרֵד. וְנֶאֱמַר 'וְאָשֵׁם' (בָּא) בְּאָשָׁם תָּלוּי, דִּכְתִיב בְּאָשָׁם תָּלוּי 'וְאִם נֶפֶשׁ כִּי תֶחֱטָא וְעָשְׂתָה אַחַת מִכָּל מִצְוֹת ה' אֲשֶׁר לֹא תֵעָשֶׂינָה וְלֹא יָדַע וְאָשֵׁם', מַה צִּבּוּר חַטָּאת בִּקְבוּעָה, כְּלוֹמַר מַה 'וְאָשֵׁמוּ' הָאָמוּר בְּצִבּוּר חַטָּאתוֹ בִּקְבוּעָה, דְּגָמְרֵי מִ'וְאָשֵׁם' דְּחַטָּאת יָחִיד, אַף 'וְאָשֵׁם' הָאָמוּר בְּאָשָׁם תָּלוּי אֵינוֹ בָּא אֶלָּא עַל סְפֵק חַטָּאת קְבוּעָה, לְאַפּוֹקֵי עֲשֵׂה וְלֹא תַעֲשֶׂה שֶׁבַּמִּקְדָּשׁ, דְּאֵין אָשָׁם תָּלוּי בָּא עָלָיו, מִשּׁוּם דַּהֲוֵי חַטָּאת עוֹלֶה וְיוֹרֵד וְלָא הָוֵי חַטָּאת קְבוּעָה, (וְעוֹד, דְּאֵין אָשָׁם תָּלוּי בָּא עָלָיו[יג]), וְתַרְתֵּי מַפְּקִינַן מִדְּר' יִצְחָק בַּר אַבְדִּימִי, חֲדָא, דְּלְצִבּוּר בְּחַטָּאת קְבוּעָה, דְּאֵין בֵּי"ד חַיָּיבִין עַל עֲשֵׂה וְעַל לֹא תַעֲשֶׂה שֶׁבַּמִּקְדָּשׁ, וְאִידָךְ, דְּאֵין אָשָׁם תָּלוּי בָּא עָלָיו אֶלָּא עַל סְפֵק חַטָּאת קְבוּעָה, דְּאָשָׁם תָּלוּי, אֲפִילּוּ דְּיָחִיד, אֵינוֹ בָּא עַל עֲשֵׂה וְעַל לֹא תַעֲשֶׂה שֶׁבַּמִּקְדָּשׁ, שֶׁהֲרֵי אֵינוֹ סְפֵק חַטָּאת קְבוּעָה: אִי הָכִי, קָרְבַּן עוֹלֶה וְיוֹרֵד נַמֵּי, הָא כְּתִיב 'כִּי יֶאְשַׁם'. דִּכְתִיב 'נֶפֶשׁ[יד] כִּי תֶחֱטָא בִּשְׁגָגָה וְשָׁמְעָה קוֹל אָלָה', דְּהַיְינוּ שְׁמִיעַת הַקּוֹל, [וּכְתִיב 'אוֹ נֶפֶשׁ אֲשֶׁר תִּגַּע' וְגוֹ', דְּהַיְינוּ טוּמְאַת מִקְדָּשׁ וְקָדָשָׁיו, וּכְתִיב] 'אוֹ נֶפֶשׁ כִּי תִשָּׁבַע לְבַטֵּא בִשְׂפָתַיִם' וְגוֹ', דְּהַיְינוּ בִּטּוּי שְׂפָתַיִם, דְּכוּלְּהוּ בְּקָרְבַּן עוֹלֶה וְיוֹרֵד, וּכְתִיב 'וְהָיָה כִּי יֶאְשַׁם לְאַחַת מֵאֵלֶּה', מַה 'כִּי יֶאְשַׁם' בְּעוֹלֶה וְיוֹרֵד, אַף 'וְאָשֵׁם' דִּכְתִיב בְּאָשָׁם תָּלוּי תֶּהֱוֵי בִּמְקוֹם עוֹלֶה וְיוֹרֵד, דְּלֶהֱוֵי אָשָׁם תָּלוּי בָּא וַאֲפִילּוּ[טו] עַל סְפֵק חַטָּאת שֶׁאֵינָהּ קְבוּעָה: זוֹ הִיא שִׁיבָה זוֹ הִיא בִּיאָה. דְּהָא דִּכְתִיב 'וְשָׁב הַכֹּהֵן', לָא תֵּימָא 'וְשָׁב הַכֹּהֵן' מִבֵּית הַמְנוּגָּע לְבֵיתוֹ, אֶלָּא הָכִי הוּא 'וְשָׁב הַכֹּהֵן' מִבֵּיתוֹ לְבֵית הַמְנוּגָּע, דְּהַאי שִׁיבָה זוֹ הִיא בִּיאָה לְבֵית הַמְנוּגָּע: נֵילַף 'וְאָשֵׁם' מִטּוּמְאַת מִקְדָּשׁ וְקָדָשָׁיו. דִּכְתִיב בּוֹ 'אוֹ נֶפֶשׁ אֲשֶׁר תִּגַּע וְגוֹ' וְהוּא טָמֵא וְאָשֵׁם', דְּהַיְינוּ טוּמְאַת מִקְדָּשׁ וְקָדָשָׁיו דְּהוּא בְּקָרְבַּן עוֹלֶה וְיוֹרֵד, דְּחַטָּאת שֶׁאֵינָהּ קְבוּעָה הוּא: דָּנִין 'וְאָשֵׁם' וּ'מִצְוֹת יְיָ', דִּכְתִיב בְּאָשָׁם תָּלוּי, מִ'וְאָשֵׁמוּ' וּ'מִצְוֹת ה''. לְאַפּוֹקֵי טוּמְאַת מִקְדָּשׁ וְקָדָשָׁיו דְּלָא כְּתִיב 'וְאָשֵׁם' וּ'מִצְוֹת ה'': נֵילַף 'וְאָשֵׁם' וּנְשִׂיאַת עָוֹן. דִּכְתִיב בְּאָשָׁם תָּלוּי 'וְלֹא יָדַע וְאָשֵׁם וְנָשָׂא עֲוֹנוֹ', וּכְתִיב בְּעוֹלֶה וְיוֹרֵד 'אִם לֹא יַגִּיד וְנָשָׂא עֲוֹנוֹ, וְהוּא יָדַע וְאָשֵׁם לְאַחַת מֵאֵלֶּה': בְּאָשָׁם תָּלוּי כְּתִיב 'וְאָשֵׁם' וּ'מִצְוֹת ה' אֲשֶׁר לֹא תֵעָשֶׂינָה', וּבְפַר וּבְהֶעְלֵם[טז] דָּבָר שֶׁל צִבּוּר כְּתִיב 'אַחַת מִכָּל מִצְוֹת ה' אֲשֶׁר לֹא תֵעָשֶׂינָה וְאָשֵׁמוּ'[יז], הִלְכָּךְ אָמְרִינַן מַה צִּבּוּר חַטָּאת בִּקְבוּעָה, אַף אָשָׁם תָּלוּי אֵינוֹ בָּא אֶלָּא עַל סְפֵק חַטָּאת קְבוּעָה: מתני' אֵין בֵּית דִּין חַיָּיבִין עַל שְׁמִיעַת קוֹל וְעַל בִּטּוּי שְׂפָתַיִם וְעַל טוּמְאַת מִקְדָּשׁ וְקָדָשָׁיו. דְּכָל הָנֵי הָוְיָין בְּקָרְבַּן עוֹלֶה וְיוֹרֵד, כִּדְאָמְרִינַן לְעֵיל דְּלְצִבּוּר אֵין מְבִיאִין חַטָּאת אֶלָּא בִּקְבוּעָה. וּבְדִין הוּא דְּלָא אִיבְּעֵי לְמִיתְנָא, דְּהָא תְּנָא לְעֵיל 'אֵין חַיָּיבִין עַל עֲשֵׂה וְעַל לֹא תַעֲשֶׂה שֶׁבַּמִּקְדָּשׁ', וְאָמְרִינַן מִשּׁוּם דְּבָעֵינַן לְצִבּוּר בְּחַטָּאת קְבוּעָה, וְטוּמְאַת מִקְדָּשׁ וְקָדָשָׁיו הָוֵי בְּעוֹלֶה וְיוֹרֵד, וְה"ה עַל שְׁמִיעַת קוֹל וְעַל בִּטּוּי שְׂפָתַיִם דְּלָא הָוֵי חַטָּאת קְבוּעָה דְּבֵי"ד פָּטוּר. וְהַאי דְּקָתָנֵי הָכָא 'אֵין בֵּי"ד חַיָּיבִין עַל שְׁמִיעַת קוֹל' כוּ', מִשּׁוּם דְּבָעֵי אִפְלוּגֵי ר' יוֹסֵי הַגְּלִילִי וְר"ע. אֵין בֵּי"ד חַיָּיבִין עַל שְׁמִיעַת קוֹל וְעַל בִּטּוּי שְׂפָתַיִם וְטוּמְאַת מִקְדָּשׁ וְקָדָשָׁיו, וְה"ה לְמָשִׁיחַ: וְהַנָּשִׂיא כַּיּוֹצֵא בָּהֶן. דְּאֵינוֹ בְּקָרְבַּן עוֹלֶה וְיוֹרֵד: דִּבְרֵי ר' יוֹסֵי הַגְּלִילִי. טַעְמָא דְּר' יוֹסֵי הַגְּלִילִי מְפָרֵשׁ בַּגְּמָרָא: ר"ע אוֹמֵר, הַנָּשִׂיא חַיָּיב בְּכוּלָּן. בְּקָרְבַּן עוֹלֶה וְיוֹרֵד חוּץ מִשְּׁמִיעַת קוֹל, שֶׁאֵין שְׁמִיעַת קוֹל חָל עָלָיו. שֶׁהַמֶּלֶךְ לֹא דָן וְלֹא דָנִין אוֹתוֹ, לֹא מֵעִיד וְלֹא מְעִידִין אוֹתוֹ, כִּדְתְנַן בְּמַסֶּכֶת סַנְהֶדְרִין בְּפֶרֶק כ"ג (דַּף יח.). וְר"ע בְּמָשִׁיחַ לֹא פֵּירֵשׁ בְּמַתְנִיתִין וּפֵירֵשׁ בְּבָרַיְיתָא, כִּדְאָמְרִינַן[ט] בְּבָרַיְיתָא[יח], תַּנְיָא, ר"ע אוֹמֵר, מָשׁוּחַ פָּטוּר מִכּוּלָּן מִקָּרְבַּן עוֹלֶה וְיוֹרֵד, וּמֵבִיא עַל כּוּלָּן פַּר, כִּדְאָמְרִינַן בְּסוֹף פִּירְקִין דְּר"ע לָא פָּטַר לֵיהּ מִפַּר: גמ' 'וְהָיָה כִּי יֶאְשַׁם לְאַחַת מֵאֵלֶּה'. דְּאַשְּׁמִיעַת קוֹל וּבִטּוּי שְׂפָתַיִם וְטוּמְאַת מִקְדָּשׁ וְקָדָשָׁיו קָאֵי, וְקָסָבַר ר' יוֹסֵי הַגְּלִילִי 'כִּי יֶאְשַׁם לְאַחַת' הָכִי מַשְׁמַע, כָּל שֶׁיֵּשׁ[יט] בְּאַחַת, כְּלוֹמַר כָּל שֶׁמְּצוּוֶּה בְּכָל אַחַת וְאַחַת, מִתְחַיֵּיב קָרְבָּן בְּכוּלָּן, וְשֶׁאֵין מִתְחַיֵּיב בְּאַחַת אֵין מִתְחַיֵּיב בְּכוּלָּן, וְנָשִׂיא הוֹאִיל וְאֵינוֹ מִתְחַיֵּיב בְּאַחַת מֵהֶן, דְּהַיְינוּ בִּשְׁמִיעַת קוֹל, אֵין מִתְחַיֵּיב בְּכוּלָּן, דְּפָטוּר מִכּוּלָּן: וְאֵימָא. 'כִּי יֶאְשַׁם לְאַחַת' הָכִי מַשְׁמַע, כִּי אֶפְשָׁר[כ] שֶׁיְּהֵא מִתְחַיֵּיב אֲפִילּוּ בְּאַחַת מֵהֶן אַע"פ שֶׁאֵין מִתְחַיֵּיב בְּכוּלָּן הָוֵי חַיָּיב, וְנָשִׂיא נַמֵּי אַע"פ שֶׁאֵינוֹ חַיָּיב בִּשְׁמִיעַת קוֹל יְהֵא חַיָּיב בְּבִטּוּי שְׂפָתַיִם וְטוּמְאַת מִקְדָּשׁ וְקָדָשָׁיו: אֶלָּא טַעְמָא דְּרַבִּי יוֹסֵי הַגְּלִילִי מֵהָכָא וְכוּ', נֶאֱמַר. בִּשְׁמִיעַת קוֹל וּבִטּוּי שְׂפָתַיִם וְטוּמְאַת מִקְדָּשׁ וְקָדָשָׁיו:
לֹא

א) 'לְמַן הַיּוֹם אֲשֶׁר צִוָּה יְיָ וָהָלְאָה לְדוֹרוֹתֵיכֶם', אֵיזוֹ הִיא מִצְוָה שֶׁהִיא נֶאֶמְרָה בַּתְּחִלָּה, הֱוֵי אוֹמֵר זוֹ עֲבוֹדַת כּוֹכָבִים. וְהָא אָמַר מַר, [א] עֶשֶׂר מִצְוֹת נִצְטַוּוּ יִשְׂרָאֵל בְּמָרָה, ([א] דִּכְתִיב ב) 'וְהָיָה אִם שָׁמוֹעַ תִּשְׁמַע לְקוֹל יְיָ אֱלֹהֶיךָ'). אֶלָּא מְחַוַּורְתָּא כִּדְשַׁנִּינַן מֵעִיקָּרָא: מתני' [ב] א אֵין חַיָּיבִין עַל עֲשֵׂה וְעַל לֹא תַעֲשֶׂה שֶׁבַּמִּקְדָּשׁ, ב וְאֵין מְבִיאִין אָשָׁם תָּלוּי עַל עֲשֵׂה וְעַל לֹא תַעֲשֶׂה שֶׁבַּמִּקְדָּשׁ; אֲבָל חַיָּיבִין עַל עֲשֵׂה וְעַל לֹא תַעֲשֶׂה שֶׁבַּנִּדָּה, וּמְבִיאִים אָשָׁם תָּלוּי עַל עֲשֵׂה וְעַל לֹא תַעֲשֶׂה שֶׁבַּנִּדָּה. אֵיזוֹ הִיא מִצְוַת עֲשֵׂה שֶׁבַּנִּדָּה, פְּרוֹשׁ מִן הַנִּדָּה; וּמִצְוַת לֹא תַעֲשֶׂה, אַל תָּבֹא עַל הַנִּדָּה: גמ' מְנָא הָנֵי מִילֵּי דְּצִבּוּר לָא מְחַיְּיבֵי קָרְבָּן בְּעָלְמָא וְיָחִיד אָשָׁם תָּלוּי נַמֵּי לָא. אָמַר רַב יִצְחָק בַּר אַבְדִּימִי, * נֶאֱמַר ג) 'וְאָשֵׁם' בְּחַטָּאת ד) וּבְאָשָׁם תָּלוּי, וְנֶאֱמַר ה) 'וְאָשֵׁמוּ' בְּצִבּוּר, מַה 'וְאָשֵׁם' בְּיָחִיד בְּחַטָּאת קְבוּעָה, אַף 'וְאָשֵׁמוּ' בְּצִבּוּר ג בְּחַטָּאת קְבוּעָה, וּמַה צִּבּוּר בְּחַטָּאת קְבוּעָה, ד אַף אָשָׁם תָּלוּי נַמֵּי אֵין בָּא אֶלָּא עַל סְפֵק חַטָּאת קְבוּעָה. אָמְרִי, אִי הָכִי, קָרְבָּן עוֹלֶה וְיוֹרֵד נַמֵּי, הָא כְּתִיב ו) 'וְהָיָה כִּי יֶאְשַׁם לְאַחַת מֵאֵלֶּה'. דָּנִין ('אָשֵׁם' מִן 'אָשֵׁמוּ'[ב]) וְאֵין דָּנִין 'אָשֵׁם' מִן 'יֶאְשַׁם'. וּמַאי נ"מ, וְהָא תָּנֵי דְּבֵי רַבִּי יִשְׁמָעֵאל, ז) 'וְשָׁב הַכֹּהֵן' 'וּבָא הַכֹּהֵן', [ג] זוֹ הִיא שִׁיבָה זוֹ הִיא בִּיאָה; וְעוֹד, נֵילַף מִן 'וְאָשֵׁם' מִטּוּמְאַת מִקְדָּשׁ וְקָדָשָׁיו, דִּכְתִיב ח) 'וְהוּא טָמֵא וְאָשֵׁם'. [ג] אָמַר רַב פָּפָּא, דָּנִין 'וְאָשֵׁם' וּ'מִצְוֹת יְיָ' מִן 'וְאָשֵׁם' וּ'מִצְוֹת יְיָ'. אָמַר לֵיהּ רַב שִׁימִי בַּר אָשֵׁי לְרַב פָּפָּא, וְנֵילַף ד) 'וְאָשֵׁם' וּנְשִׂיאַת עָוֹן מִן ט) 'וְאָשֵׁם' וּנְשִׂיאַת עָוֹן. אֶלָּא אָמַר רַב נַחְמָן בַּר יִצְחָק, דָּנִין 'וְאָשֵׁם' וּ'מִצְוֹת יְיָ אֲשֶׁר לֹא תֵעָשֶׂינָה' מִ'וְאָשֵׁם' וּ'מִצְוֹת יְיָ אֲשֶׁר לֹא תֵעָשֶׂינָה', וְאַל יוֹכִיחַ שְׁמִיעַת קוֹל וּבִטּוּי שְׂפָתַיִם וְטוּמְאַת מִקְדָּשׁ וְקָדָשָׁיו שֶׁלֹּא נֶאֱמַר בָּהֶם 'וְאָשֵׁם' וּ'מִצְוֹת יְיָ אֲשֶׁר לֹא תֵעָשֶׂינָה': מתני' [ד] אֵין חַיָּיבִין עַל שְׁמִיעַת קוֹל וְעַל בִּטּוּי שְׂפָתַיִם וְעַל טוּמְאַת מִקְדָּשׁ וְקָדָשָׁיו, [ה] ה וְהַנָּשִׂיא כַּיּוֹצֵא בָּהֶם, דִּבְרֵי רַבִּי יוֹסֵי הַגְּלִילִי; רַבִּי עֲקִיבָא אוֹמֵר, הַנָּשִׂיא חַיָּיב בְּכוּלָּן חוּץ מִשְּׁמִיעַת הַקּוֹל, ו שֶׁהַמֶּלֶךְ לֹא דָן וְלֹא דָנִין אוֹתוֹ, [לֹא מֵעִיד וְלֹא מְעִידִין אוֹתוֹ[ד]]: גמ' אָמַר עוּלָּא, מַאי טַעְמָא דְּרַבִּי יוֹסֵי הַגְּלִילִי[ה], אָמַר קְרָא ו) 'וְהָיָה כִּי יֶאְשַׁם לְאַחַת מֵאֵלֶּה', כֹּל שֶׁמִּתְחַיֵּיב בְּאַחַת מִתְחַיֵּיב בְּכוּלָּן, וְשֶׁאֵין מִתְחַיֵּיב בְּאַחַת אֵין מִתְחַיֵּיב בְּכוּלָּן. וְאֵימָא מִתְחַיֵּיב בְּאַחַת מֵהֶן וְאַף עַל פִּי שֶׁאֵין מִתְחַיֵּיב בְּכוּלָּן. אֶלָּא טַעְמָא דְּרַבִּי יוֹסֵי הַגְּלִילִי מֵהָכָא, דְּתַנְיָא, הָיָה[ו] רַבִּי יִרְמְיָה אוֹמֵר, נֶאֱמַר
לֹא

תוספות

וְהָא אָמַר מַר עֶשֶׂר מִצְוֹת נִצְטַוּוּ בְּמָרָה. הָא דְּלָא מַיְיתֵי מֵהָנֵי דִּכְתִיב בְּהֶדְיָא, כְּגוֹן מִילָה לְאַבְרָהָם, שְׁפִיכַת דָּמִים דִּכְתִיב 'שֹׁפֵךְ דַּם הָאָדָם', וְגִילּוּי עֲרָיוֹת; מִשּׁוּם דְּהָכָא נִצְטַוּוּ יִשְׂרָאֵל וְהָתָם בְּנֵי נֹחַ: חַיָּיב עַל עֲשֵׂה וְעַל לֹא תַעֲשֶׂה שֶׁבַּנִּדָּה. בְּפֶרֶק יְדִיעוֹת הַטּוּמְאָה מְפָרֵשׁ, שֶׁפֵּירַשׁ מִן הַנִּדָּה בְּקוֹשִׁי, שֶׁיְּצִיאָתוֹ הֲנָאָה לוֹ כְּבִיאָתוֹ, אֶלָּא יִנְעַץ לְצִפָּרְנָיו וְיִפְרוֹשׁ בְּאֵבֶר מֵת, וּלְהָכִי חַיָּיב עַל אוֹתוֹ עֲשֵׂה, דַּהֲוֵי בְּלֹא תַעֲשֶׂה, שֶׁיֵּשׁ לִפְרוֹשׁ בְּאֵבֶר מֵת. וּבְת"כ מְפָרֵשׁ דְּאֵין חַיָּיבִין עַל עֲשֵׂה, דִּכְתִיב 'אֲשֶׁר לֹא תֵעָשֶׂינָה', יָכוֹל שֶׁאֲנִי מוֹצִיא אַף עֲשֵׂה שֶׁבַּנִּדָּה, ת"ל 'מִצְוֹת ה'', רִיבָּה וְכוּ', וּמָה רָאִיתָ כוּ', מוֹצִיא אֲנִי שְׁאָר מִצְוֹת שֶׁאֵין בָּהֶן לֹא תַעֲשֶׂה וּמְרַבֶּה אֲנִי עֲשֵׂה שֶׁבַּנִּדָּה שֶׁיֵּשׁ בָּהּ לֹא תַעֲשֶׂה: סליק

מסורת הש"ס
עם הוספות

א) סנהדרין דף נו:, ב) [שבועות דף יז:], ג) עירובין נא. חולין פה. יבמות יז: נדה כב: יומא ג: נזיר ה: מנחות ד. מה: בכורות לב. מכות יג:, ד) כריתות ג:, ה) [שם], ו) [סנהדרין דף יח.], ז) במדבר ה ב, ח) במדבר ה ג, ט) לקמן ט., י) יז:, כ) יח ע"ב, ל) זבחים כח ע"ב.

גליון הש"ס

גמ' נאמר ואשם בחטאת. עי' מנחות דף ד' ע"א תוס' ד"ה ליגמר: רש"י ד"ה למן היום וכו' בתחלת עשרת הדברות אנכי ולא יהיה לך. עי' תשובת תשב"ץ ח"א סימן קל"ט:

תורה אור השלם

א) אֵת כָּל אֲשֶׁר צִוָּה יְיָ אֲלֵיכֶם בְּיַד מֹשֶׁה מִן הַיּוֹם אֲשֶׁר צִוָּה יְיָ וָהָלְאָה לְדֹרֹתֵיכֶם: [במדבר טו, כג]

ב) וַיֹּאמֶר אִם שָׁמוֹעַ תִּשְׁמַע לְקוֹל יְיָ אֱלֹהֶיךָ וְהַיָּשָׁר בְּעֵינָיו תַּעֲשֶׂה וְהַאֲזַנְתָּ לְמִצְוֹתָיו וְשָׁמַרְתָּ כָּל חֻקָּיו כָּל הַמַּחֲלָה אֲשֶׁר שַׂמְתִּי בְמִצְרַיִם לֹא אָשִׂים עָלֶיךָ כִּי אֲנִי יְיָ רֹפְאֶךָ: [שמות טו, כו]

ג) וְאִם נֶפֶשׁ אַחַת תֶּחֱטָא בִשְׁגָגָה מֵעַם הָאָרֶץ בַּעֲשֹׂתָהּ אַחַת מִמִּצְוֹת יְיָ אֲשֶׁר לֹא תֵעָשֶׂינָה וְאָשֵׁם: [ויקרא ד, כז]

ד) וְאִם נֶפֶשׁ כִּי תֶחֱטָא וְעָשְׂתָה אַחַת מִכָּל מִצְוֹת יְיָ אֲשֶׁר לֹא תֵעָשֶׂינָה וְלֹא יָדַע וְאָשֵׁם וְנָשָׂא עֲוֹנוֹ: [ויקרא ה, יז]

ה) וְאִם כָּל עֲדַת יִשְׂרָאֵל יִשְׁגּוּ וְנֶעְלַם דָּבָר מֵעֵינֵי הַקָּהָל וְעָשׂוּ אַחַת מִכָּל מִצְוֹת יְיָ אֲשֶׁר לֹא תֵעָשֶׂינָה וְאָשֵׁמוּ: [ויקרא ד, יג]

ו) וְהָיָה כִּי יֶאְשַׁם לְאַחַת מֵאֵלֶּה וְהִתְוַדָּה אֲשֶׁר חָטָא עָלֶיהָ: [ויקרא ה, ה]

ז) וְשָׁב הַכֹּהֵן בַּיּוֹם הַשְּׁבִיעִי וְרָאָה וְהִנֵּה פָּשָׂה הַנֶּגַע בְּקִירֹת הַבָּיִת: וּבָא הַכֹּהֵן וְרָאָה וְהִנֵּה פָּשָׂה הַנֶּגַע בַּבָּיִת צָרַעַת מַמְאֶרֶת הִוא בַּבַּיִת טָמֵא הוּא: [ויקרא יד, לט, מד]

ח) אוֹ נֶפֶשׁ אֲשֶׁר תִּגַּע בְּכָל דָּבָר טָמֵא אוֹ בְנִבְלַת חַיָּה טְמֵאָה אוֹ בְּנִבְלַת בְּהֵמָה טְמֵאָה אוֹ בְּנִבְלַת שֶׁרֶץ טָמֵא וְנֶעְלַם מִמֶּנּוּ וְהוּא טָמֵא וְאָשֵׁם: [ויקרא ה, ב]

ט) וְנֶפֶשׁ כִּי תֶחֱטָא וְשָׁמְעָה קוֹל אָלָה וְהוּא עֵד אוֹ רָאָה אוֹ יָדָע אִם לוֹא יַגִּיד וְנָשָׂא עֲוֹנוֹ: אוֹ נֶפֶשׁ כִּי תִשָּׁבַע לְבַטֵּא בִשְׂפָתַיִם לְהָרַע אוֹ לְהֵיטִיב לְכֹל אֲשֶׁר יְבַטֵּא הָאָדָם בִּשְׁבֻעָה וְנֶעְלַם מִמֶּנּוּ וְהוּא יָדַע וְאָשֵׁם לְאַחַת מֵאֵלֶּה: [ויקרא ה, א, ד]

הגהות וציונים

א] ס"א ל"ג (גליון): ב] [צ"ל אשמו מן אשם] (גליון). ועי' רש"ש: ג] בראשונים ובכת"י נוסף אלא, ועי' שער יוסף: ד] באר שבע [ועיין תוי"ט] (גליון): ה] בר"ח ובכת"י ליתא "אמר עולא" וגורסים "מ"ט דר' יוסי הגלילי אמר רב המנונא אמר קרא": ו] "היה" ליתא

This daf is dedicated l'iluy nishmas: Chaim ben Rachel z"l

oneself from a *niddah* around the time of her menstrual period. וּמִצְוַת לֹא תַעֲשֶׂה — And what is the prohibition relating to *niddah*? אַל תָּבֹא עַל הַנִּדָּה — Not having relations with a *niddah*.

גְּמָרָא — GEMARA

The Gemara asks: מְנָא הָנֵי מִילֵּי — From where are these rules derived? דְּצִבּוּר לָא מְחַיְּיבֵי קָרְבָּן בְּעָלְמָא — That is, from where is it derived that the public does not need to bring a *Par He'eleim Davar* for an *avierah* which does not obligate a fixed *Chatas*, (like defiling the Beis Hamikdash); וְיָחִיד אָשָׁם תָּלוּי נָמֵי לָא — and that an individual, as well, does not need to bring an *Asham Talui* for such an *aveirah*?

The Gemara answers: אָמַר רַב יִצְחָק בַּר אַבְדִּימִי — Rav Yitzchak bar Avdimi said: נֶאֱמַר וְאָשֵׁם בְּחַטָּאת וּבְאָשָׁם תָּלוּי — The term "and he is guilty" is stated regarding a fixed *Chatas* (*Vayikra* 4:27), and regarding an *Asham Talui* (*Vayikra* 5:17), וְנֶאֱמַר וְאָשֵׁמוּ בְּצִבּוּר — and the similar term "and they are guilty" is stated regarding a sin of the public (*Vayikra* 4:13). מָה וְאָשֵׁם בְּיָחִיד בְּחַטָּאת קְבוּעָה —Just as the term "and he is guilty" that is stated regarding an individual applies to a transgression for which one is obligated to bring a fixed *Chatas*, אַף וְאָשֵׁמוּ בְּצִבּוּר בְּחַטָּאת קְבוּעָה — so too, the term "and they are guilty" that is stated regarding the general public is said only concerning a transgression which obligates a fixed *Chatas*. The public is therefore not obligated to bring a *Par He'eleim Davar* for a transgression such as defiling the Beis Hamikdash, which obligates a *Korban Oleh V'Yored* and not a fixed *Chatas*. וּמָה צִבּוּר בְּחַטָּאת קְבוּעָה — And just as regarding a transgression performed by the general public, the liability to bring it is only in a case of a sin that would require a fixed *Chatas*, אַף אָשָׁם תָּלוּי נָמֵי אֵין בָּא אֶלָּא עַל סְפֵק חַטָּאת קְבוּעָה — so too, an *Asham Talui* is obligatory only for doubt regarding a transgression that obligates one to bring a fixed *Chatas*.

The Gemara asks: אָמְרִי אִי הָכִי — The *talmidim* in the *beis medrash* say: If so, that the source that an individual is not liable to bring an *Asham Talui* for transgressions which would not obligate a fixed *Chatas* is from the term "and he is guilty" stated by *Asham Talui* and the term "and they are guilty" stated by the sin of the public—this is difficult, because קָרְבָּן עוֹלֶה וְיוֹרֵד נָמֵי הָא כְּתִיב וְהָיָה כִּי יֶאְשַׁם לְאַחַת מֵאֵלֶּה — it is also written regarding a *Korban Oleh V'Yored* "And it shall be when he shall be guilty of one of these matters" (*Vayikra* 5:5)! The Torah also uses the term "guilty" regarding *Oleh V'Yored*. Let us learn that *Asham Talui* can be brought even for an *aveirah* which obligates *Oleh V'Yored*!

The Gemara answers: דָּנִין אָשֵׁם מִן אָשֵׁמוּ — One can derive the context of *Asham Talui*, where it says "he is guilty," from *Par He'eleim Davar*, where it says, "they are guilty," as these terms are similar, וְאֵין דָּנִין אָשֵׁם מִן יֶאְשַׁם — But one cannot derive the context of *Asham Talui*, where it says, "he is guilty," from *Korban Oleh Veyored*, where it

For this *daf's shiur* and charts, scan this QR code:

א) 'לְמִן הַיּוֹם אֲשֶׁר צִוָּה יְיָ וָהָלְאָה לְדוֹרוֹתֵיכֶם', אֵיזוֹ הִיא מִצְוָה שֶׁהִיא נֶאֶמְרָה בַּתְּחִלָּה, הֱוֵי אוֹמֵר זוֹ עֲבוֹדַת כּוֹכָבִים. וְהָא אָמַר מָר, עֶשֶׂר מִצְוֹת נִצְטַוּוּ יִשְׂרָאֵל בְּמָרָה, (דִּכְתִיב ב) 'וְהָיָה אִם שָׁמוֹעַ תִּשְׁמַע לְקוֹל יְיָ אֱלֹהֶיךָ'). אֶלָּא מְחַוַּורְתָּא כִּדְשַׁנִּינַן מֵעִיקָּרָא: **מתני'** אֵין חַיָּיבִין עַל עֲשֵׂה וְעַל לֹא תַעֲשֶׂה שֶׁבַּמִּקְדָּשׁ, וְאֵין מְבִיאִין אָשָׁם תָּלוּי עַל עֲשֵׂה וְעַל לֹא תַעֲשֶׂה שֶׁבַּמִּקְדָּשׁ; אֲבָל חַיָּיבִין עַל עֲשֵׂה וְעַל לֹא תַעֲשֶׂה שֶׁבַּנִּדָּה, וּמְבִיאִים אָשָׁם תָּלוּי עַל עֲשֵׂה וְעַל לֹא תַעֲשֶׂה שֶׁבַּנִּדָּה. אֵיזוֹ הִיא מִצְוַת עֲשֵׂה שֶׁבַּנִּדָּה, פְּרוֹשׁ מִן הַנִּדָּה; וּמִצְוַת לֹא תַעֲשֶׂה, אַל תָּבֹא עַל הַנִּדָּה: **גמ'** מְנָא הָנֵי מִילֵּי דְּצִבּוּר לָא מְחַיְּיבֵי קָרְבָּן בְּעָלְמָא וְיָחִיד אָשָׁם תָּלוּי נַמֵּי לָא. אָמַר רַב יִצְחָק בַּר אַבְדִּימִי, נֶאֱמַר ג) 'וְאָשֵׁם' בְּחַטָּאת ד) וּבְאָשָׁם תָּלוּי, וְנֶאֱמַר ה) 'וְאָשֵׁמוּ' בְּצִבּוּר, מַה 'וְאָשֵׁם' בְּיָחִיד בְּחַטָּאת קְבוּעָה, אַף 'וְאָשֵׁמוּ' בְּצִבּוּר בְּחַטָּאת קְבוּעָה, וּמַה צִבּוּר בְּחַטָּאת קְבוּעָה, אַף אָשָׁם תָּלוּי נַמֵּי אֵין בָּא אֶלָּא עַל סְפֵק חַטָּאת קְבוּעָה. אָמְרִי, אִי הָכִי, קָרְבָּן עוֹלֶה וְיוֹרֵד נַמֵּי, הָא כְּתִיב ו) 'וְהָיָה כִי יֶאְשַׁם לְאַחַת מֵאֵלֶּה'. דָּנִין ('אָשֵׁם' מִן 'אָשֵׁמוּ') וְאֵין דָּנִין 'אָשֵׁם' מִן 'יֶאְשַׁם'. וּמַאי נ"מ, וְהָא תָּנֵי דְּבֵי רַבִּי יִשְׁמָעֵאל, ז) 'וְשָׁב הַכֹּהֵן' 'וּבָא הַכֹּהֵן', זוֹ הִיא שִׁיבָה זוֹ הִיא בִּיאָה; וְעוֹד, נֵילַף מִן 'וְאָשֵׁם' מִטּוּמְאַת מִקְדָּשׁ וְקָדָשָׁיו, דִּכְתִיב ח) 'וְהוּא טָמֵא וְאָשֵׁם'. אָמַר רַב פָּפָּא, דָּנִין 'וְאָשֵׁם' 'וּמִצְוֹת יְיָ' מִן 'וְאָשֵׁם' 'וּמִצְוֹת יְיָ'. אָמַר לֵיהּ רַב שִׁימִי בַּר אַשִׁי לְרַב פָּפָּא, וְנֵילַף ה) 'וְאָשֵׁם' 'וְנָשָׂא עֲוֹן' מִן ט) 'וְאָשֵׁם' 'וְנָשָׂא עֲוֹן'. אֶלָּא אָמַר רַב נַחְמָן בַּר יִצְחָק, דָּנִין 'וְאָשֵׁם' 'וּמִצְוֹת יְיָ אֲשֶׁר לֹא תֵעָשֶׂינָה' מִ'וְאָשֵׁם' 'וּמִצְוֹת יְיָ אֲשֶׁר לֹא תֵעָשֶׂינָה', וְאַל יוֹכִיחַ שְׁמִיעַת קוֹל וּבִיטּוּי שְׂפָתַיִם וְטוּמְאַת מִקְדָּשׁ וְקָדָשָׁיו שֶׁלֹּא נֶאֱמַר בָּהֶם 'וְאָשֵׁם' 'וּמִצְוֹת יְיָ אֲשֶׁר לֹא תֵעָשֶׂינָה': **מתני'** אֵין חַיָּיבִין עַל שְׁמִיעַת קוֹל וְעַל בִּיטּוּי שְׂפָתַיִם וְעַל טוּמְאַת מִקְדָּשׁ וְקָדָשָׁיו, וְהַנָּשִׂיא כַּיּוֹצֵא בָּהֶם, דִּבְרֵי רַבִּי יוֹסֵי הַגְּלִילִי; רַבִּי עֲקִיבָא אוֹמֵר, הַנָּשִׂיא חַיָּיב בְּכוּלָּן חוּץ מִשְּׁמִיעַת הַקּוֹל, שֶׁהַמֶּלֶךְ לֹא דָן וְלֹא דָּנִין אוֹתוֹ, [לֹא מֵעִיד וְלֹא מְעִידִין אוֹתוֹ]: **גמ'** אָמַר עוּלָּא, מַאי טַעְמָא דְּרַבִּי יוֹסֵי הַגְּלִילִי, אָמַר קְרָא י) 'וְהָיָה כִי יֶאְשַׁם לְאַחַת מֵאֵלֶּה', כֹּל שֶׁמִּתְחַיֵּיב בְּאַחַת מִתְחַיֵּיב בְּכוּלָּן, וְשֶׁאֵין מִתְחַיֵּיב בְּאַחַת אֵין מִתְחַיֵּיב בְּכוּלָּן. וְאֵימָא מִתְחַיֵּיב בְּאַחַת מֵהֶן וְאַף עַל פִּי שֶׁאֵין מִתְחַיֵּיב בְּכוּלָּן. אֶלָּא טַעְמָא דְּרַבִּי יוֹסֵי הַגְּלִילִי מֵהָכָא, דְּתַנְיָא, הָיָה רַבִּי יִרְמְיָה אוֹמֵר, נֶאֱמַר

לא

says, "he shall be guilty," as these terms are dissimilar, since "he shall be guilty" is in the future tense.

The Gemara asks: **וּמַאי נָפְקָא מִינַּהּ** — What is the difference? Is there a problem with deriving concepts using dissimilar words? **וְהָא תָנֵי דְבֵי רַבִּי יִשְׁמָעֵאל** — But didn't the *yeshivah* of Rabi Yishmael teach the following analogy regarding *tzaraas* of a house? **וְשָׁב הַכֹּהֵן וּבָא הַכֹּהֵן** — One *pasuk* states "And the *kohen* shall return" (*Vayikra* 14:39), and another *pasuk* states (14:44) "And the *kohen* shall come." Rabi Yishmael taught that the *halachos* relating to the second *pasuk* can be derived from the *halachos* relating to the first *pasuk*. Although the words "return" and "come" are not similar, **זוֹ הִיא שִׁיבָה, זוֹ הִיא בִּיאָה** — This "returning" and this "coming"; both refer to the same thing—the *kohen's* visit to the house. Since the concept is the same, we can learn one from the other even with dissimilar words. So too, here, we should be able to derive that *Asham Talui* applies even by *Korban Oleh V'Yored*; although the words are dissimilar, the concepts are similar.

The Gemara asks further: **וְעוֹד** — And furthermore, **נֵילַף מִן וְאָשֵׁם מִטּוּמְאַת מִקְדָּשׁ וְקָדָשָׁיו** — let us learn that *Asham Talui* applies by *Korban Oleh V'Yored* from the term "and he is guilty," written with regard to defiling the Beis Hamikdash, **דִּכְתִיב וְהוּא טָמֵא וְאָשֵׁם** — as it is written, "And he is *tamei* and he is guilty." If that *pasuk* also uses the term "and he is guilty" by an *Oleh V'Yored*, why do we derive the rules of *Asham Talui* from the sin of the public, rather than from *Oleh V'Yored*?

The Gemara answers: **אָמַר רַב פָּפָּא** — Rav Pappa says: **דָּנִין וְאָשֵׁם וּמִצְוֹת ה' מִן וְאָשֵׁם וּמִצְוֹת ה'** — One derives the rule of *Asham Talui* where it uses both the terms, "And he is guilty", and "The commandments of Hashem" (*Vayikra* 5:17), from *Par He'eleim Davar* where it uses both the terms, "And they are guilty," and "The commandments of Hashem" (4:13). Since *Asham Talui* and *Par He'eleim Davar* share both these terms, we learn *Asham Talui* from *Par He'eleim Davar* rather than learning from *Oleh V'Yored*. The Gemara asks: **אָמַר לֵיהּ רַב שִׁימִי בַּר אָשֵׁי לְרַב פָּפָּא** — Rav Shimi bar Ashi said to Rav Pappa: **וְנֵילַף וְאָשֵׁם וּנְשִׂיאַת עָוֹן מִן וְאָשֵׁם וּנְשִׂיאַת עָוֹן** — Let us derive *Asham Talui*, where it uses the term, "And he is guilty," and mentions "bearing an *aveirah*" (5:1, 4) from *Oleh V'Yored*, where it also uses the term, "And he is guilty," and mentions "bearing an *aveirah*" (5:17). Since *Asham Talui* is similar to *Oleh V'Yored* in these two ways, *Asham Talui* should be learned from *Oleh V'Yored*, and *Asham Talui* should be obligated even for an *aveirah* which obligates *Oleh V'Yored*!

The Gemara answers: **אֶלָּא אָמַר רַב נַחְמָן בַּר יִצְחָק** — Rather, Rav Nachman bar Yitzchak says: **דָּנִין וְאָשֵׁם וּמִצְוֹת ה' אֲשֶׁר לֹא תֵעָשֶׂינָה מִוְּאָשֵׁם וּמִצְוֹת ה' אֲשֶׁר לֹא תֵעָשֶׂינָה** — One derives the rule of *Asham Talui*, where the Torah uses both "and he is guilty" and "the *mitzvos* of Hashem that shall not be done" from *Par He'eleim Davar* where it uses both, "and he is guilty" and "the *mitzvos* of Hashem that shall not be done" (*Vayikra* 4:27). **וְאַל יוֹכִיחַ שְׁמִיעַת קוֹל וּבִיטּוּי שְׂפָתַיִם וְטוּמְאַת מִקְדָּשׁ וְקָדָשָׁיו** — And the cases of hearing a voice (one who makes a false

For this *daf's shiur* and charts, scan this QR code:

עין משפט
נר מצוה

כג א מיי' פי"ב מהלכות שגגות הלכה א סמג עשין ריז:
כד ב מיי' שם פ"ח הלכה א:
כה ג מיי' שם פי"ב הלכה א:
כו ד מיי' שם פ"ח הל"א:
כז ה עיי' בהשגות בפי"ב שם הלכה ז וכס"מ שם ובתוי"ט:
כח ו מיי' פי"ב מהלכות סנהדרין הלכה ה ופ"ג מהלכות מלכים הלכה ז:

[א] 'למן היום אשר צוה יי והלאה לדורותיכם', איזו היא מצוה שהיא נאמרה בתחלה, הוי אומר זו עבודת כוכבים. והא אמר מר, [א]עשר מצות נצטוו ישראל במרה, ([א]דכתיב [ב]'והיה אם שמוע תשמע לקול יי אלהיך'). אלא מחוורתא כדשנינן מעיקרא: **מתני'** [ג]אאין חייבין על עשה ועל לא תעשה שבמקדש, בואין מביאין אשם תלוי על עשה ועל לא תעשה שבמקדש; אבל חייבין על עשה ועל לא תעשה שבנדה, ומביאים אשם תלוי על עשה ועל לא תעשה שבנדה. איזו היא מצות עשה שבנדה, פרוש מן הנדה; ומצות לא תעשה, אל תבא על הנדה: **גמ'** מנא הני מילי דצבור לא מחייבי קרבן בעלמא ויחיד אשם תלוי נמי לא. אמר רב יצחק בר אבדימי, נאמר [ג]'ואשם' בחטאת [ד]ובאשם תלוי, ונאמר [ה]'ואשמו' בצבור, מה 'ואשם' ביחיד בחטאת קבועה, אף 'ואשמו' בצבור גבחטאת קבועה, ומה צבור בחטאת קבועה, דאף אשם תלוי נמי אין בא אלא על ספק חטאת קבועה. אמרי, אי הכי, קרבן עולה ויורד נמי, הא כתיב [ו]'והיה כי יאשם לאחת מאלה'. דנין ('אשם' מן 'אשמו'[ב]) ואין דנין 'אשם' מן 'יאשם'. ומאי נ"מ, והא תני דבי רבי ישמעאל, [ז]'ושב הכהן' 'ובא הכהן', [ג]זו היא שיבה זו היא ביאה; ועוד, נילף מן 'ואשם' מטומאת מקדש וקדשיו, דכתיב [ח]'והוא טמא ואשם'. [ג]אמר רב פפא, דנין 'ואשם' ו'מצות יי' מן 'ואשם' ו'מצות יי'. אמר ליה רב שימי בר אשי לרב פפא, ונילף [ד]'ואשם' ונשיאת עון מן [ט]'ואשם' ונשיאת עון. אלא אמר רב נחמן בר יצחק, דנין 'ואשם' ו'מצות יי אשר לא תעשינה' מ'ואשם' ו'מצות יי אשר לא תעשינה', ואל יוכיח שמיעת קול וביטוי שפתים וטומאת מקדש וקדשיו שלא נאמר בהם 'ואשם' ו'מצות יי אשר לא תעשינה': **מתני'** [ד]אין חייבין על שמיעת קול ועל ביטוי שפתים ועל טומאת מקדש וקדשיו, [כ]הוהנשיא כיוצא בהם, דברי רבי יוסי הגלילי; רבי עקיבא אומר, הנשיא חייב בכולן חוץ משמיעת הקול, [ו]שהמלך לא דן ולא דנין אותו, [לא מעיד ולא מעידין אותו[ו]]: **גמ'** אמר עולא, מאי טעמא דרבי יוסי הגלילי[ה], אמר קרא [ו]'והיה כי יאשם לאחת מאלה', כל שמתחייב באחת מתחייב בכולן, ושאין מתחייב באחת אין מתחייב בכולן. ואימא מתחייב באחת מהן ואף על פי שאין מתחייב בכולן. אלא טעמא דרבי יוסי הגלילי מהכא, דתניא, היה[ו] רבי ירמיה אומר, נאמר
לא

רש"י

'למן היום' וגו'. הכי משמע, 'את כל אשר צוה ה' אליכם ביד משה' דזו עבודת כוכבים, ומנין שזו עבודת כוכבים, מדכתיב בהדיא 'למן היום אשר צוה ה' והלאה' שאר מצות, 'והלאה' כלומר מכאן ואילך לדורותיכם, איזו היא מצוה שנאמרה בתחילה, הוי אומר זו עבודת כוכבים, דכתיב °בתחלת עשרת הדברות 'אנכי' ו'לא יהיה לך', דהיינו עבודת כוכבים: עשר מצות נצטוו במרה. דהיינו קודם מתן תורה, אלמא עבודת כוכבים לא נאמרה תחלה: מחוורתא כדשנינן מעיקרא. כדברי ר' יהושע בן לוי, או כדברי רבי[ז]: **מתני'** אין בית דין חייבין קרבן על עשה ועל לא תעשה שבמקדש. דהיינו טומאת מקדש וקדשיו. עשה שבמקדש, [ז]'וישלחו מן המחנה כל צרוע'; לא תעשה, [ח]'ולא יטמאו את מחניהם'. שאע"פ שהוא דבר שזדונו כרת ושגגתו חטאת, הואיל ואין שגגתו חטאת קבועה אלא קרבן חטאת[ח] עולה ויורד, הלכך פטור לגמרי, כדמפרש בגמרא. והאי דקתני 'אין חייבין על עשה ועל לא תעשה שבמקדש' לא קא מיירי בכהן משיח כלל, משום דהוי פלוגתא דר"ש ור"ע, ר"ע לא פטר ליה מפר על טומאת מקדש וקדשיו, ור"ש פטר ליה לגמרי, כדמפרש בגמרא בסוף פירקין: ואין מביאין. יחידין: אשם תלוי על עשה ועל לא תעשה שבמקדש. דאין אשם תלוי בא אלא על ספק חטאת קבועה, כדמפרש בגמרא. אבל בבי"ד לא איצטריך למיתנא 'אין מביאין אשם תלוי על עשה ועל לא תעשה שבמקדש', שהרי אין בי"ד מביאין אשם תלוי אפילו במקום ספק חטאת קבועה, כדאמרינן בריש פירקין 'משוח בפר ואין מביא אשם תלוי', דכתיב באשם תלוי 'וכפר עליו הכהן על שגגתו אשר שגג', מי שחטאתו ושגגתו שוה, יצא משיח, ומנלן דאין חטאתו ושגגתו שוה, דכתיב 'לאשמת העם', הרי משיח כצבור', דצבור צריכין העלם דבר עם שגגת מעשה, לפיכך אינו באשם תלוי, הלכך כי איצטריך 'אין מביא אשם תלוי על עשה ועל לא תעשה שבמקדש', כגון ביחיד דעלמא: אבל חייבין בית דין על עשה ועל לא תעשה שבנדה, דהוי זדונו כרת ושגגתו חטאת קבועה, **ומביאין יחידים אשם תלוי על עשה ועל לא תעשה שבנדה**, משום דהוי ספק חטאת קבועה: **אל תבא על הנדה**. דכתיב (ויקרא יח) 'ואל אשה בנדת טומאתה לא תקרב': פרוש מן הנדה. כלומר בסמוך לוסתה, כדי שלא תהא רואה בשעת תשמיש, דכתיב 'והזרתם את בני ישראל', כדמפרש בגמרא במסכת שבועות בפרק ידיעות הטומאה (דף יח:)[ט]: **גמ'** מנא הני מילי דצבור לא מחייבי. שום קרבן בעולם אלא במקום חטאת קבועה: ויחידים אשם תלוי נמי. אין חייבין אלא על ספק חטאת קבועה: **אמר רב יצחק בר אבדימי נאמר כאן 'ואשם'**. בחטאת קבועה דיחיד, דכתיב בפרשת ויקרא 'ואם נפש אחת תחטא בשגגה מעם הארץ בעשותה אחת ממצות ה' אשר לא תעשינה ואשם', וכתיב 'והביא את[י] קרבנו', דמביא כשבה או שעירה, דאינו בעולה ויורד: **ונאמר 'ואשמו' בצבור, מה 'ואשם'**. האמור בפרשת ויקרא[יא] בחטאת יחיד הוי חטאת קבועה, **אף 'ואשמו' האמור בצבור** אין מביאין שום קרבן אלא במקום חטאת קבועה, דאילו עשאו יחיד הוי[יב] בעולה ויורד. ונאמר 'ואשם' (בא) באשם תלוי, דכתיב באשם תלוי 'ואם נפש כי תחטא ועשתה אחת מכל מצות ה' אשר לא תעשינה ולא ידע ואשם', **מה צבור חטאת בקבועה**, כלומר מה 'ואשמו' האמור בצבור חטאתו בקבועה, דגמרי מ'ואשם' דחטאת יחיד, **אף** 'ואשם' האמור באשם תלוי אינו בא אלא על ספק חטאת קבועה, לאפוקי עשה ולא תעשה שבמקדש, דאין אשם תלוי בא עליו, משום דהוי חטאת עולה ויורד ולא הוי חטאת קבועה, (ועוד, דאין אשם תלוי בא עליו[יג]), ותרתי מפקינן מדר' יצחק בר אבדימי, חדא, דצבור בחטאת קבועה, דאין ב"ד חייבין על עשה ועל לא תעשה שבמקדש, ואידך, דאין אשם תלוי בא עליו[יד] אלא על ספק חטאת קבועה, דאשם תלוי, אפילו דיחיד, אינו בא על עשה ועל לא תעשה שבמקדש, שהרי אינו ספק חטאת קבועה: **אי הכי, קרבן עולה ויורד נמי, הא כתיב 'כי יאשם'**. דכתיב 'נפש[טו] כי תחטא בשגגה ושמעה קול אלה', דהיינו שמיעת הקול, [וכתיב 'או נפש אשר תגע' וגו', דהיינו טומאת מקדש וקדשיו, וכתיב] 'או נפש כי תשבע לבטא בשפתים' וגו', דהיינו בטוי שפתים, דכולהו בקרבן עולה ויורד, וכתיב 'והיה כי יאשם לאחת מאלה', מה 'כי יאשם' בעולה ויורד, אף 'ואשם' דכתיב באשם תלוי תהוי במקום עולה ויורד, דלהוי אשם תלוי בא ואפילו[טז] על ספק חטאת שאינה קבועה: **זו היא שיבה זו היא ביאה**. דהא דכתיב 'ושב הכהן', לא תימא 'ושב הכהן' מבית המנוגע לביתו, אלא הכי הוא 'ושב הכהן' מביתו לבית המנוגע, דהאי שיבה זו היא ביאה לבית המנוגע: **נילף 'ואשם' מטומאת מקדש** וקדשיו. דכתיב בו 'או נפש אשר תגע וגו' והוא טמא ואשם', דהיינו טומאת מקדש וקדשיו דהוא בקרבן עולה ויורד, דחטאת שאינה קבועה הוא: **דנין 'ואשם' ו'מצות יי'**, דכתיב באשם תלוי, **מ'ואשמו' ו'מצות ה''**. לאפוקי טומאת מקדש וקדשיו דלא כתב 'ואשם' ו'מצות ה'': **נילף 'ואשם' ונשיאת עון**. דכתיב באשם תלוי 'ולא ידע ואשם ונשא עונו', וכתיב בעולה ויורד 'אם לא יגיד ונשא עונו, והוא ידע ואשם לאחת מאלה': **באשם** תלוי כתיב 'ואשם' ו'מצות ה' אשר לא תעשינה', ובפר ובהעלם[יז] דבר של צבור כתיב 'אחת מכל מצות ה' אשר לא תעשינה ואשם'[יח], הלכך אמרינן מה צבור חטאת בקבועה, אף אשם תלוי אינו בא אלא על ספק חטאת קבועה: **מתני'** אין בית דין חייבין על שמיעת קול ועל בטוי שפתים ועל טומאת מקדש וקדשיו. דכל הני הויין בקרבן עולה ויורד, כדאמרינן לעיל דלצבור אין מביאין חטאת אלא בקבועה. ובדין הוא דלא איבעי למיתנא, דהא תנא לעיל 'אין חייבין על עשה ועל לא תעשה שבמקדש', ואמרינן משום דבעינן לצבור בחטאת קבועה, וטומאת מקדש וקדשיו הוי בעולה ויורד, וה"ה על שמיעת קול ועל בטוי שפתים דלא הוי חטאת קבועה דבי"ד פטור. והאי דקתני הכא 'אין בי"ד חייבין על שמיעת קול' כו', משום דבעי אפלוגי ר' יוסי הגלילי ור"ע. **אין בי"ד חייבין על שמיעת קול ועל בטוי שפתים וטומאת מקדש וקדשיו**, וה"ה למשיח: **והנשיא כיוצא בהן**. דאינו בקרבן עולה ויורד: **דברי ר' יוסי הגלילי**. טעמא דר' יוסי הגלילי מפרש בגמרא: **ר"ע אומר, הנשיא חייב בכולן**. בקרבן עולה ויורד **חוץ משמיעת קול**, שאין שמיעת קול חל עליו, **שהמלך לא דן ולא דנין אותו, לא מעיד ולא מעידין אותו**, כדתנן במסכת סנהדרין בפרק כ"ג (דף יח.). ור"ע במשיח לא פירש במתניתין ופירש בברייתא, כדאמרינן[ט] בברייתא[יט], תניא, ר"ע אומר, משיח פטור מכולן מקרבן עולה ויורד, ומביא על כולן פר, כדאמרינן בסוף פירקין דר"ע לא פטר ליה מפר: **גמ'** 'והיה כי יאשם לאחת מאלה'. דלשמיעת קול ובטוי שפתים וטומאת מקדש וקדשיו קאי, וקסבר ר' יוסי הגלילי 'כי יאשם לאחת' הכי משמע, כל שיש[כ] באחת, כלומר כל שמצויה בכל אחת ואחת, מתחייב קרבן בכולן, ושאין מתחייב באחת אין מתחייב בכולן, ונשיא הואיל ואינו מתחייב באחת מהן, דהיינו בשמיעת קול, אין מתחייב בכולן, דפטור מכולן: **ואימא**. 'כי יאשם לאחת' הכי משמע, כי אפשר[כא] שיהא מתחייב אפילו באחת מהן אע"פ שאין מתחייב בכולן הוי חייב, ונשיא נמי אע"פ שאינו חייב בשמיעת קול יהא חייב בבטוי שפתים וטומאת מקדש וקדשיו: **אלא טעמא דרבי יוסי הגלילי מהכא וכו', נאמר**. בשמיעת קול ובטוי שפתים וטומאת מקדש וקדשיו:
לא

תוספות

והא אמר מר עשר מצות נצטוו במרה. הא דלא מייתי מהני דכתיב בהדיא, כגון מילה לאברהם, שפיכת דמים דכתיב 'שופך דם האדם', וגילוי עריות; משום דהכא נצטוו ישראל והתם בני נח: **חייב** על עשה ועל לא תעשה שבנדה. בפרק ידיעות הטומאה מפרש, שפירש מן הנדה בקושי, שיציאתו הנאה לו כביאתו, אלא ינעץ לצפרניו ויפרוש באבר מת, ולהכי חייב על אותו עשה, דהוי בלא תעשה, שיש לפרוש באבר מת. ובת"כ מפרש דאין חייבין על עשה, דכתיב 'אשר לא תעשינה', יכול שאני מוציא אף עשה שבנדה, ת"ל 'מצות ה'', ריבה וכו', ומה ראית כו', מוציא אני שאר מצות שאין בהן לא תעשה ומרבה אני עשה שבנדה שיש בה לא תעשה: סליק

תוספות הרא"ש

אין חייבין על עשה ועל ל"ת שבמקדש. פי' אין[כג] חייבין פר הע"ד על עשה ול"ת שבמקדש. אע"פ שיש בזדונו כרת דכתיב את (מקדש) [משכן] ה' טמא ונכרתה וגו'. וגמ' מפרש טעמא מקרא דאין ב"ד חייבין אלא על דבר שביחיד מביא חטאת קבוע. וה"ה דה"מ למתני ל"ת שבקדשים דהאוכל קדש בטומאת הגוף קרבנו עולה ויורד אלא משום דבעי למתני על עשה ול"ת שבמקדש דומיא דנדה ובטומאת קדשים לא משכחת עשה. אבל בטומאת מקדש משכח עשה כגון שנטמא בעזרה שהצריכה התורה לצאת דכתיב וישלחו מן המחנה. ואם שהה או שבא לו בארוכה חייב דהוי קרא כתיבי בטומאת מקדש את (מקדש) [משכן] ה' טמא ונכרתה [ונכרתה כו' כי את מקדש ה' טמא] ומוקי להו התם בשבועות (דף טז:) חד לטומאה שאירעה בפנים וחד לטומאה שאירעה מבחוץ. וכן בנדה משכחת לה עשה כגון היה משמש עם טהורה ופירסה נדה תחתיו לא יפרוש באבר חי שיציאתו הנאה כביאתו וחייב כרת אלא ימתין עד שימות האבר ויפרוש. ועשה דידיה דריש התם (שבועות יח:) דכתיב ותהי נדתה עליו בשעת נדתה תהיה עליו. ול"ת דכתיב ואל אשה בנדת טומאתה לא תקרב לא תפרוש כדכתיב קרב אליך אל תגש בי. והכי תניא בפ"ב (דשבועות דף יד:) נטמא בעזרה כו' זו היא מ"ע שבמקדש שאין חייבין עלי' ואיזו היא מ"ע שבנדה שחייבין עלי' כו' היה משמש עם הטהורה ואמרה לו נטמאתי ופירש מיד חייב שיציאתו הנאה לו כביאתו. וקאמר עלה בגמ' היכא קאי דקתני זו היא התם קאי אין חייבין על עשה ועל ל"ת שבמקדש[כג] [וקאמר זו היא מ"ע שבמקדש] שאין חייבין עליה ואיזו היא מ"ע שבנדה[כד] כו' פרוש מן הנדה לא שיפרוש ממנה כשאמרה לו שפירסה נדה דאז מחייב כרת אם יפרוש מיד בקושי. אלא פרוש מבעילת נדה שאם יפרוש מיד הרי הוא בועל נדה שיציאתו הנאתו כביאתו. אלא נועץ לפרניו בקרקע וימתין עד שימות האבר ויפרוש. ודלא כפרש"י ז"ל שפי' פרוש מן הנדה סמוך לוסתה כדי שלא תראה בשעת תשמיש כדאמרי' בשבועות פרק ידיעות הטומאה[כה] והזרתם את בני ישראל מטומאתם א"ר יאשיה מכאן אזהרה לב"י שיפרשו מנשותיהן סמוך לוסתן. דההוא קרא לא משכחת בעלמא דקי"ל וסתות דרבנן. ועוד דבפ"ב דשבועות לא מפרש הכי: **אלא אמר ר"פ דנין ואשם ומצות ה' מן ואשם ומצות ה'.** כלומר כך נתקבלה ג"ש לדונה בשתי תיבות ואשם ומצות ה' דהיינו תרי עניני ולא בתיבה ואשם לחודיה. ופריך באשם תלוי איכא תרי עניני ואשם ונשאת עון וכבר נתקבלה ג"ש דעון עון בפגול ונותר[כו]. ושני דנתקבלה זו ג"ש לדונה בתלתא עניני ואשם ומצות ה' אשר לא תעשינה ובאשם תלוי ליכא אלא תרי: **אין חייבין על שמיעת קול וכו'.** [נמצא בדף ט.]: **כל שמתחייב באחת מתחייב בכולן.** פי' מתחייב בכל א' מהם והוי מצי לאקשויי היכא נשיא משיח מאי איכא למימר. הא תנן כ"ג מעיד ומעידין אותו אלא דבלא"ה פריך שפיר. א"נ דהוי מצי לשנויי דר"י הגלילי סבר כר"ש דאמר משיח פטור על טו"מ וקדשיו ושאינו מתחייב באחת אינו מתחייב בכולן. הרמ"ה ז"ל:

מסורת הש"ס
עם הוספות

א) סנהדרין דף נו:, ב) [שבועות דף יז:], ג) עירובין נא. חולין פה. יבמות יז: נדה כב: יומא ג: נזיר ב: מנחות ד. מה: בכורות לב. מכות יג:, ד) כריתות ג:, ה) [שם], ו) [סנהדרין דף יח.], ז) במדבר ה ב, ח) במדבר ה ג, ט) לקמן ט., י) יז:, כ) יח ע"ב, ל) זבחים כח ע"ב.

גליון הש"ס

גמ' נאמר ואשם בחטאת. עי' מנחות דף ד' ע"א תוס' ד"ה ליגמר: רש"י ד"ה למן היום וכו' בתחלת עשרת הדברות אנכי ולא יהיה לך. עי' תשובת תשב"ץ ח"א סימן קל"ט:

תורה אור השלם

א) את כל אשר צוה יי אליכם ביד משה מן היום אשר צוה יי והלאה לדרתיכם: [במדבר טו, כג]
ב) ויאמר אם שמוע תשמע לקול יי אלהיך והישר בעיניו תעשה והאזנת למצותיו ושמרת כל חקיו כל המחלה אשר שמתי במצרים לא אשים עליך כי אני יי רפאך: [שמות טו, כו]
ג) ואם נפש אחת תחטא בשגגה מעם הארץ בעשתה אחת ממצות יי אשר לא תעשינה ואשם: [ויקרא ד, כז]
ד) ואם נפש כי תחטא ועשתה אחת מכל מצות יי אשר לא תעשינה ולא ידע ואשם ונשא עונו: [ויקרא ה, יז]
ה) ואם כל עדת ישראל ישגו ונעלם דבר מעיני הקהל ועשו אחת מכל מצות יי אשר לא תעשינה ואשמו: [ויקרא ד, יג]
ו) והיה כי יאשם לאחת מאלה והתודה אשר חטא עליה: [ויקרא ה, ה]
ז) ושב הכהן ביום השביעי וראה והנה פשה הנגע בקירת הבית: ובא הכהן וראה והנה פשה הנגע בבית צרעת ממארת הוא בבית טמא הוא: [ויקרא יד, לט, מד]
ח) או נפש אשר תגע בכל דבר טמא או בנבלת חיה טמאה או בנבלת בהמה טמאה או בנבלת שרץ טמא ונעלם ממנו והוא טמא ואשם: [ויקרא ה, ב]
ט) ונפש כי תחטא ושמעה קול אלה והוא עד או ראה או ידע אם לוא יגיד ונשא עונו: או נפש כי תשבע לבטא בשפתים להרע או להיטיב לכל אשר יבטא האדם בשבעה ונעלם ממנו והוא ידע ואשם לאחת מאלה: [ויקרא ה, א, ד]

הגהות וציונים

א] ס"א ל"ג (גליון): ב] [צ"ל אשמו מן אשם] (גליון). ועי' רש"ש: ג] בראשונים ובכת"י נוסף אלא, ועי' שער יוסף: ד] באר שבע [ועין תוי"ט] (גליון): ה] בר"ח ובכת"י ליתא "אמר עולא" וגורסים "מ"ט דר' יוסי הגלילי אמר רב המנונא אמר קרא": ו] "היה" ליתא בר"ח ובכת"י: ז] בע"י דפו"ר כדבי ר' ישמעאל וכדריב"ל: ח] "חטאת" ליתא בכת"י: ט] בכת"י מובא כאן תוס' זה להכי נקט איסור נדה להכנסת מקדש ולא נקט איסור אחרינא חלב או דם משום [ש]איסור נדה דמי לאיסור מקדש וקדשיו יותר משאר איסורין כדתנן במסכת שבועות בפרק ידיעות הטומאה גבי איש טמא שנכנס למקדש בשוגג ונזכר בתוך מקדש שהוא טמא ורצה לצאת מן המקדש בא לו דרך ארוכה חייב בא לו דרך קצרה פטור וגבי נדה נמי תנן התם כי האי גונא היה משמש עם הטהורה ואמרה לו נטמאתי ופירש מיד חייב שיציאתו הנאה לו כביאתו ואמר רב הונא משמיה דרבא עליה מאי תקנתיה נועץ עשר צפרניו בקרקע עד שימות האבר מעצמו ואחר יצא שאחר שמת האבר אין יציאתו הנאה לו כביאתו הלכך נקט איסור נדה אצל איסור טומאת מקדש וקדשיו משום דדמו להדדי כדפירשית. מ"ר:: י] "את" מיותר (רש"ש, דליתא בויקרא ד כח): יא] "בפרשת ויקרא" ליתא בכת"י: יב] צ"ל לא הוי (גליון). וע"פ כת"י יש כאן חסרון וצ"ל "דאילו עשאו יחיד הוי חייב חטאת קבוע לאפוקי עשה ולא תעשה שבמקדש דאלו עשאו יחיד הוי בעולה ויורד: יג] רש"א מ"ז (גליון), וכן ליתא בכת"י: יד] "עליו" מיותר (מצור דבש): טו] לשה"כ ויקרא ה א "ונפש כי תחטא ושמעה". ומלת "בשגגה" למחוק (רש"ש): טז] צ"ל אפי' (בארות המים, וכ"ה בכת"י): יז] רש"ש מגיה העלם. ובדפו"י "אשר לא תעשינה וכפר ובהעלם דבר" וכו': יח] צ"ל ואשמו (גליון): יט] "בברייתא" ליתא בכת"י: כ] כת"י שישנו: כא] נדצ"ל כל שאפשר: כב] אין ב"ד חייבין (כת"י): כג] בכת"י נוסף וכו' אבל חייבין על עשה ועל לא תעשה שבנדה: כד] בכת"י נוסף היה משמש עם הטהורה וכו' והא דקתני הכא ואיזו היא מצות עשה שבנדה פרוש:

shevuah that he does not know testimony), an utterance of the lips (one who makes a false *shevuah* that he did or will perform some action), or defiling the Beis Hamikdash and its *korbanos*, for which all three are obligated to bring an *Oleh V'Yored*, shall not prove that *Asham Talui* is obligated for an *aveirah* which obligates an *Oleh V'Yored*, **שֶׁלֹּא נֶאֱמַר בָּהֶם וְאָשֵׁם וּמִצְוֹת ה׳ אֲשֶׁר לֹא תֵעָשֶׂינָה** — because it does not say concerning them: "And he is guilty," and "The *mitzvos* of Hashem that shall not be done." Since these terms are used both by *Asham Talui* and *Par He'elem Davar*, and they are not used regarding *Oleh V'Yored*, we derive *Asham Talui* from *Par He'eleim Davar* rather than from *Oleh V'Yored*. Since the judges of *beis din* are only obligated to bring a *Par He'eleim Davar* for an *aveirah* which obligates a regular, fixed *Chatas*, so too, there is only an *Asham Talui* when there is a doubt regarding an *aveirah* which obligates a regular, fixed *Chatas*. There is no obligation to bring an *Asham Talui* for a doubt regarding an *aveirah* which obligates an *Oleh V'Yored*.

מַתְנִיתִין — MISHNAH

אֵין חַיָּיבִין עַל שְׁמִיעַת קוֹל — The judges of *beis din* are not obligated to bring a *Par He'eleim Davar* for issuing an erroneous ruling regarding "hearing a voice" (a false *shevuah* that one does not know testimony), **וְעַל בִּיטּוּי שְׂפָתַיִם** — and an erroneous ruling on 'an utterance of the lips' (a false *shevuah* that one did or will perform some action), **וְעַל טוּמְאַת מִקְדָּשׁ וְקָדָשָׁיו** — and an erroneous ruling on defiling the Beis Hamikdash and its *korbanos*. As mentioned in the previous Mishnah and explained in the Gemara, *beis din* only brings a *Par He'eleim Davar* for rulings on *aveiros* which would have required a regular, fixed *Chatas*. Transgressing these three *aveiros* obligates an *Oleh V'Yored*, and therefore does not require a *Par He'eleim Davar*. **וְהַנָּשִׂיא כַּיּוֹצֵא בָּהֶם** — And a *nasi*, who transgressed any of these three *aveiros*, has the same status as the judges of *beis din*. Just as the judges are not required to bring a *Par He'eleim Davar* for an erroneous ruling regarding any of these three *aveiros*, so too, a *nasi* is not required to bring the *Chatas* of a *nasi* (*Vayikra* 4:22-26) for transgressing any of these *aveiros*. **דִּבְרֵי רַבִּי יוֹסֵי הַגְּלִילִי** — these are the words of Rabi Yosi HaGelili. **רַבִּי עֲקִיבָא אוֹמֵר** — Rabi Akiva says: **הַנָּשִׂיא חַיָּיב בְּכוּלָּן חוּץ מִשְּׁמִיעַת הַקּוֹל** — A *nasi* is obligated to bring a *korban* for all three of these *aveiros*, excluding 'hearing a voice' (making a false *shevuah* that he does not know testimony), **שֶׁהַמֶּלֶךְ לֹא דָן וְלֹא דָנִין אוֹתוֹ** — because a king (or a *nasi*) does not judge nor do others judge him; **לֹא מֵעִיד וְלֹא מְעִידִין אוֹתוֹ** — he does not testify nor do others testify against him. Since a *nasi* is not able to testify, making a false *shevuah* that he does not know testimony does not absolve him from testimony, and thus does not obligate a *Korban Oleh V'Yored*. However, for the other two *aveiros*, a *nasi* is obligated to bring an *Oleh V'Yored*.

For this *daf's shiur* and charts, scan this QR code:

א) 'לְמִן הַיּוֹם אֲשֶׁר צִוָּה יְיָ וָהָלְאָה לְדוֹרוֹתֵיכֶם', אֵיזוֹ הִיא מִצְוָה שֶׁהִיא נֶאֶמְרָה בַּתְּחִלָּה, הֱוֵי אוֹמֵר זוֹ עֲבוֹדַת כּוֹכָבִים. וְהָא אָמַר מַר, עֶשֶׂר מִצְוֹת נִצְטַוּוּ יִשְׂרָאֵל בְּמָרָה, (דִּכְתִיב ב) 'וְהָיָה אִם שָׁמוֹעַ תִּשְׁמַע לְקוֹל יְיָ אֱלֹהֶיךָ'). אֶלָּא מְחַוַּורְתָּא כְּדְשַׁנִּינַן מֵעִיקָּרָא: **מתני'** אֵין חַיָּיבִין עַל עֲשֵׂה וְעַל לֹא תַעֲשֶׂה שֶׁבַּמִּקְדָּשׁ, וְאֵין מְבִיאִין אָשָׁם תָּלוּי עַל עֲשֵׂה וְעַל לֹא תַעֲשֶׂה שֶׁבַּמִּקְדָּשׁ; אֲבָל חַיָּיבִין עַל עֲשֵׂה וְעַל לֹא תַעֲשֶׂה שֶׁבַּנִּדָּה, וּמְבִיאִים אָשָׁם תָּלוּי עַל עֲשֵׂה וְעַל לֹא תַעֲשֶׂה שֶׁבַּנִּדָּה. אֵיזוֹ הִיא מִצְוַת עֲשֵׂה שֶׁבַּנִּדָּה, פְּרוֹשׁ מִן הַנִּדָּה; וּמִצְוַת לֹא תַעֲשֶׂה, אַל תָּבֹא עַל הַנִּדָּה: **גמ'** מְנָא הָנֵי מִילֵּי דְּצִבּוּר לָא מְחַיְּיבֵי קָרְבָּן בְּעָלְמָא וְיָחִיד אָשָׁם תָּלוּי נַמִּי לָא. אָמַר רַב יִצְחָק בַּר אַבְדִּימִי, נֶאֱמַר ג) 'וְאָשֵׁם' בְּחַטָּאת ד) וּבְאָשָׁם תָּלוּי, וְנֶאֱמַר ה) 'וְאָשֵׁמוּ' בְּצִבּוּר, מַה 'וְאָשֵׁם' בְּיָחִיד בְּחַטָּאת קְבוּעָה, אַף 'וְאָשֵׁמוּ' בְּצִבּוּר בְּחַטָּאת קְבוּעָה, וּמַה צִבּוּר בְּחַטָּאת קְבוּעָה, אַף אָשָׁם תָּלוּי נַמִּי אֵין בָּא אֶלָּא עַל סְפֵק חַטָּאת קְבוּעָה. אָמְרִי, אִי הָכִי, קָרְבַּן עוֹלֶה וְיוֹרֵד נַמִּי, הָא כְּתִיב ו) 'וְהָיָה כִי יֶאְשַׁם לְאַחַת מֵאֵלֶּה'. דָּנִין ('אָשֵׁם' מִן 'אָשֵׁמוּ') וְאֵין דָּנִין 'אָשֵׁם' מִן 'יֶאְשַׁם'. וּמַאי נ"מ, וְהָא תָּנֵי דְּבֵי רַבִּי יִשְׁמָעֵאל, ז) 'וְשָׁב הַכֹּהֵן' 'וּבָא הַכֹּהֵן', זוֹ הִיא שִׁיבָה זוֹ הִיא בִּיאָה; וְעוֹד, נֵילַף מִן 'וְאָשֵׁם' מִטּוּמְאַת מִקְדָּשׁ וְקָדָשָׁיו, דִּכְתִיב ח) 'וְהוּא טָמֵא וְאָשֵׁם'. אָמַר רַב פָּפָּא, דָּנִין 'וְאָשֵׁם' וּ'מִצְוֹת יְיָ' מִן 'וְאָשֵׁם' וּ'מִצְוֹת יְיָ'. אָמַר לֵיהּ רַב שִׁימִי בַּר אַשִׁי לְרַב פָּפָּא, וְנֵילַף 'וְאָשֵׁם' וּנְשִׂיאַת עָוֹן מִן ט) 'וְאָשֵׁם' וְנָשָׂא עֲוֹנוֹ. אֶלָּא אָמַר רַב נַחְמָן בַּר יִצְחָק, דָּנִין 'וְאָשֵׁם' וּ'מִצְוֹת יְיָ אֲשֶׁר לֹא תֵעָשֶׂינָה' מִ'וְאָשֵׁם' וּ'מִצְוֹת יְיָ אֲשֶׁר לֹא תֵעָשֶׂינָה', וְאַל יוֹכִיחַ שְׁמִיעַת קוֹל וּבִיטּוּי שְׂפָתַיִם וְטוּמְאַת מִקְדָּשׁ וְקָדָשָׁיו שֶׁלֹּא נֶאֱמַר בָּהֶם 'וְאָשֵׁם' וּ'מִצְוֹת יְיָ אֲשֶׁר לֹא תֵעָשֶׂינָה': **מתני'** אֵין חַיָּיבִין עַל שְׁמִיעַת קוֹל וְעַל בִּיטּוּי שְׂפָתַיִם וְעַל טוּמְאַת מִקְדָּשׁ וְקָדָשָׁיו, וְהַנָּשִׂיא כַּיּוֹצֵא בָּהֶם, דִּבְרֵי רַבִּי יוֹסֵי הַגְּלִילִי; רַבִּי עֲקִיבָא אוֹמֵר, הַנָּשִׂיא חַיָּיב בְּכוּלָּן חוּץ מִשְּׁמִיעַת הַקּוֹל, שֶׁהַמֶּלֶךְ לֹא דָן וְלֹא דָנִין אוֹתוֹ, [לֹא מֵעִיד וְלֹא מְעִידִין אוֹתוֹ]: **גמ'** אָמַר עוּלָּא, מַאי טַעְמָא דְּרַבִּי יוֹסֵי הַגְּלִילִי, אָמַר קְרָא 'וְהָיָה כִי יֶאְשַׁם לְאַחַת מֵאֵלֶּה', כֹּל שֶׁמִּתְחַיֵּיב בְּאַחַת מִתְחַיֵּיב בְּכוּלָּן, וְשֶׁאֵין מִתְחַיֵּיב בְּאַחַת אֵין מִתְחַיֵּיב בְּכוּלָּן. וְאֵימָא מִתְחַיֵּיב בְּאַחַת מֵהֶן וְאַף עַל פִּי שֶׁאֵין מִתְחַיֵּיב בְּכוּלָּן, אֶלָּא טַעְמָא דְּרַבִּי יוֹסֵי הַגְּלִילִי מֵהָכָא, דְּתַנְיָא, הָיָה רַבִּי יִרְמְיָה אוֹמֵר, נֶאֱמַר
לא

This *daf* is dedicated *l'iluy nishmas*: Chaim ben Rachel *z"l*

גְּמָרָא — GEMARA

אָמַר עוּלָּא — Ulla said: **מַאי טַעְמָא דְּרַבִּי יוֹסֵי הַגְּלִילִי** — What is the reason for the opinion of Rabi Yosi Hagelili that a *nasi* is not obligated to bring an *Oleh V'Yored*? **אָמַר קְרָא וְהָיָה כִי יֶאְשַׁם לְאַחַת מֵאֵלֶּה** — The *pasuk* says, regarding an *Oleh V'Yored*: "And it shall be when he shall be guilty of one of these matters" (*Vayikra* 5:5). **כֹּל שֶׁמִּתְחַיֵּיב בְּאַחַת מִתְחַיֵּיב בְּכוּלָּן** — This indicates that anyone who is obligated in each one of these three *aveiros*, is obligated for any of them, **וְשֶׁאֵין מִתְחַיֵּיב בְּאַחַת אֵין מִתְחַיֵּיב בְּכוּלָּן** — and anyone who is not obligated in even one of them, is not obligated in any of them.

The Gemara asks: **וְאֵימָא מִתְחַיֵּיב בְּאַחַת מֵהֶן וְאַף עַל פִּי שֶׁאֵין מִתְחַיֵּיב בְּכוּלָּן** — Why understand the *pasuk* to exclude anyone who is not obligated in all three? Instead say: Anyone who becomes liable in even one of these cases brings an *Oleh V'Yored*; even though he did not transgress all three. Without the *pasuk* one would have thought that the obligation of *Oleh V'Yored* comes for transgressing all three *aveiros*. Maybe this *pasuk* is teaching that one need only to transgress one of the three.

אֶלָּא טַעְמָא דְּרַבִּי יוֹסֵי הַגְּלִילִי מֵהָכָא — Rather, the reason of Rabi Yosi Hagelili is from here, **דְּתַנְיָא הָיָה רַבִּי יִרְמְיָה אוֹמֵר** — as it is taught is a *Baraisa* that Rabi Yirmiyah would say: **נֶאֱמַר** — It is stated regarding *Oleh V'Yored* (*Vayikra* 5:7):

For this *daf's shiur* and charts, scan this QR code:

לֹא תַגִּיעַ יָדוֹ — "And he could not afford," וְנֶאֱמַר — and it is stated further regarding *Oleh V'Yored* (*Vayikra* 5:11), לֹא תַשִּׂיג יָדוֹ — "And he could not afford," מִי שֶׁבָּא לִידֵי עֲנִיּוּת וַעֲשִׁירוּת — indicating that *Oleh V'Yored* applies to one who can come to a state of poverty and wealth. יָצָא נָשִׂיא וּמָשִׁיחַ — This excludes a king and a *kohen gadol*, שֶׁאֵין בָּאִין לִידֵי עֲנִיּוּת — because they cannot come to a state of poverty.

נָשִׂיא — A king cannot come to a state of poverty, דִּכְתִיב — as it is written regarding a *nasi* (*Vayikra* 4:22): וְעָשָׂה אַחַת מִכָּל מִצְוֹת ה' אֱלֹהָיו — "And he transgressed one of the *mitzvos* of Hashem his G-d," מִי שֶׁאֵין עַל גַּבָּיו אֶלָּא ה' אֱלֹהָיו — referring to a *nasi* as one who has only Hashem his G-d over him—this must refer to a king (who is greater than the entire nation, and is not dependent on another person). Since a king can never be poor, he does not bring a *Korban Oleh V'Yored*.

מָשִׁיחַ — A *kohen gadol* cannot become poor, דִּכְתִיב — as it is written regarding a *kohen gadol* (*Vayikra* 21:10), וְהַכֹּהֵן הַגָּדוֹל מֵאֶחָיו — "And the *kohen* who is greater than his brothers," שֶׁהוּא גָּדוֹל מֵאֶחָיו בְּנוֹי, בְּכֹחַ, בְּחָכְמָה וּבְעוֹשֶׁר — meaning that he is greater than his brothers in beauty, in power, in wisdom, and in wealth. Obviously, he is not poor. אֲחֵרִים אוֹמְרִים — Others say that although a *kohen gadol* may have started off poor, we are required to make him wealthy (before anointing him as a *kohen gadol*): מִנַּיִן שֶׁאִם אֵין לוֹ גַּדְּלֵהוּ מִשֶּׁל אֶחָיו — From where do we know that if the *kohen gadol* does not have personal wealth, one should make him wealthy from the property of his brothers? תַּלְמוּד לוֹמַר — The *pasuk* says (*Vayikra* 21:10): וְהַכֹּהֵן הַגָּדוֹל מֵאֶחָיו אֲשֶׁר יוּצַק עַל רֹאשׁוֹ — "And the *kohen* who is greater than his brothers upon whose head the anointing oil is poured." גַּדְּלֵהוּ מֵאֶחָיו — simply read, the *pasuk* says: The *kohen* is great from his brothers—from the property of his brothers. Since a *kohen gadol* can never be poor, he does not bring a *Korban Oleh V'Yored*.

The Gemara presents a dilemma: בְּעָא מִינֵּיהּ רָבִינָא מֵרַב נַחְמָן בַּר יִצְחָק — Ravina asked of Rav Nachman bar Yitzchak: נָשִׂיא שֶׁנִּצְטָרַע — A king who was afflicted with *tzara'as*, and is unfit to serve as king while afflicted, מַהוּ — what is his status regarding a *Korban Oleh V'Yored*? מִידְחָא דְּחֵי — When he was the king, was he completely released from the obligation to bring an *Oleh V'Yored*, so that even now, when he is no longer king, he remains exempt, אוֹ מִיפְטָר פְּטִיר — or, was he merely exempted while he was king, and now that he is no longer an acting king he is obligated to bring the *Oleh V'Yored*? אֲמַר לֵיהּ — Rav Nachman bar Yitzchak said back to Ravina: דִּילָךְ אוֹ דִּגְזָא — The Torah's exemption of a king from *Oleh V'Yored* hinges on the status of his wealth—since he never becomes poor, he is exempt from *Oleh V'Yored*. Does the king use your property for his *korban*, or does he bring the offering from his own personal treasure? Obviously, he pays for the *korban* with his own monies. Since a king with *tzara'as* would be offering his *korban* from this same treasury, he remains exempt.

תַּנְיָא — It is taught in a *Baraisa*: רַבִּי עֲקִיבָא אוֹמֵר — Rabi Akiva says: מָשִׁיחַ פָּטוּר

For this *daf's shiur* and charts, scan this QR code:

'לא תגיע ידו', ונאמר 'לא תשיג ידו', מי שבא לידי עניות ועשירות, יצא נשיא ומשיח שאין באין לידי עניות; נשיא דכתיב 'ועשה אחת מכל מצות יי אלהיו', מי שאין על גביו אלא יי אלהיו; משיח דכתיב 'והכהן הגדול מאחיו', שהוא גדול מאחיו בנוי בכח בחכמה ובעושר; אחרים אומרים, מנין שאם אין לו גדלהו משל אחיו, תלמוד לומר 'והכהן הגדול מאחיו אשר יוצק על ראשו', גדלהו מאחיו. בעא מיניה רבינא מרב נחמן בר יצחק, נשיא שנצטרע מהו, מידחא דחי או מיפטר פטיר. אמר ליה, דילך או דגזא. תניא, רבי עקיבא אומר, משיח פטור מכולן. אמר רבא, מאי טעמא דרבי עקיבא; אמר קרא 'זה קרבן אהרן ובניו', זו באה חובה לו ואין אחרת באה חובה לו. ואימא כי ממעט ליה רחמנא מדלי דלות, ומאי ניהו, עשירית האיפה, אבל עניות ועשירות לא מעטיה רחמנא. לא סלקא דעתא, דכתיב 'וכפר עליו הכהן על חטאתו אשר חטא מאחת מאלה', המתכפר באחת מתכפר בכולן, ושאין מתכפר באחת אין מתכפר בכולן. אלא מעתה דכתיב 'והיה כי יאשם לאחת מאלה' הכי נמי דכל המתחייב באחת מתחייב בכולן ושאין מתחייב באחת אין מתחייב בכולן, אלמה תנן, רבי עקיבא אומר נשיא חייב חוץ משמיעת קול. אביי ורבא דאמרי תרוייהו, 'מאחת' משמע ליה, 'לאחת' לא משמע ליה. ומאי שנא 'מאחת' דמשמע ליה. דכתביה רחמנא לבסוף גבי עשירית האיפה, למימרא דכל דמחייב בעשירית האיפה מחייב בכולן, דאי סלקא דעתא מתחייב באחת אף על פי שאין מתחייב בכולן, נכתביה להאי 'מאחת מאלה' בדלות, אי נמי בעשירות: **מתני'** כל המצות שבתורה שחייבין על זדונן כרת ועל שגגתן חטאת, היחיד מביא כשבה ושעירה, והנשיא שעיר, ומשיח ובית דין מביאין פר. ובעבודת כוכבים, היחיד והנשיא והמשיח מביאין שעירה, ובית דין פר ושעיר, פר לעולה ושעיר לחטאת. אשם תלוי, היחיד והנשיא חייבין, ומשיח ובית דין פטורין. אשם ודאי, היחיד והנשיא והמשיח חייבין, ובית דין פטורין. על שמיעת הקול ועל בטוי שפתים ועל טומאת מקדש וקדשיו, בית דין פטורין, והיחיד והנשיא והמשיח חייבין, אלא שאין כהן גדול משיח חייב על טומאת מקדש וקדשיו, דברי רבי שמעון; ומה הן מביאין, קרבן עולה ויורד; ר"א אומר, הנשיא מביא שעיר: **גמ'** תניא, רבי שמעון היה נותן כלל, כל שהיחיד באשם תלוי, הנשיא כיוצא בו, משיח ובית דין פטורין; וכל שהוא באשם ודאי, נשיא ומשיח כיוצא בהן, ובית דין פטורין; שמיעת הקול ובטוי שפתים וטומאת מקדש וקדשיו, בית דין פטורין, נשיא ומשיח חייבין, אלא שאין הנשיא חייב בשמיעת הקול, ולא משיח בטומאת מקדש וקדשיו; כל שהוא בעולה ויורד, נשיא כיוצא בו, משיח ובית דין פטורין. הא גופא קשיא, אמרת שאין משיח חייב בטומאת מקדש וקדשיו, בטומאת מקדש וקדשיו הוא דפטור, אבל בשמיעת הקול ובטוי שפתים חייב, אימא סיפא, כל שהוא בעולה ויורד נשיא כיוצא בו, משיח ובית דין פטורין, קתני משיח ובית דין פטורין, מה בית דין פטורין מכולהון אף משיח פטור מכולהון, קשיין

רש"י

לא תגיע ידו' 'לא תשיג ידו'. דמשמע מי שבא לידי עניות ועשירות, דפעמים עני ופעמים עשיר הוא, דישנו בקרבן עולה ויורד, יצא משיח ונשיא דלעולם עשירים הם: נשיא. שאין על גביו שום אדון אלא ה', דהיינו מלך, ומלך לעולם עשיר הוא. ולכהן גדול בעינן שיהא גדול מאחיו בעושר, דליהוי לעולם עשיר: נשיא שנצטרע. לר' ירמיה ולר' יוסי הגלילי, דעבר מנשיאותו, שאין ראוי להיות מלך כשהוא מצורע, כדאמרינן לקמן בפרק בתרא (דף י.) 'וינגע ה' את המלך ויהי מצורע עד יום מותו וישב בבית החפשית', דמשמע שנעשה חפשי ממלכותו: מהו. מי אמרינן פטור מקרבן עולה ויורד כשהוא נשיא, ועכשיו כשנצטרע דעבר מנשיאותו ליחייב, או דלמא מאי דהוי הוי כשהוא נשיא[ס], כלומר הואיל ונדחה ידחה [ו] כשנצטרע: ל"א, מדחא דחי להאי[ו] נשיאות מקרבן עולה ויורד לגמרי, דהואיל[פ] ונדחה ידחה אפילו כשנצטרע. או דלמא מיפטר פטר נשיאות מקרבן עולה ויורד, ובזמן דליכא נשיאות ליחייב, דהיינו משנצטרע: א"ל. מאי קבעית לחיוביה לאתויי קרבן כשנצטרע, מממון שלך או מממון דגזא דידיה, הוי אומר מגזא דידיה הוא דבעי לאתויי, וכיון דמגזא דידיה קבעי אתויי, אמטו להכי פטור לגמרי מקרבן עולה ויורד, דה"ק רבי ירמיה ורבי יוסי 'יצא נשיא ומשיח שאין באין לידי עניות', האי נשיא שנצטרע נמי אינו בא לידי עניות, דגזא דידיה כדקאי קאי, הלכך פטור לגמרי: תניא, ר"ע אומר, משיח פטור מכולם. מקרבן עולה ויורד, דכתיב 'זה קרבן אהרן ובניו ביום המשח אותו, עשירית האיפה', דהיינו חביתי כהן משיח, דחביתין באה לו חובה ואין אחרת באה לו, דעשירית האיפה עולה ויורד לא באה לו חובה, הלכך פטור מכולם מעולה ויורד. ואמרינן לקמן דמפר לא פטר ליה ר"ע, ואיכא לתרוצי דטעמא דר"ע משום דמעולה ויורד הוא דאמעיט, כדכתיב 'זה קרבן אהרן', אבל מפר לא אמעיט: אימא כי ממעטיה קרא. לכהן משיח: מדלי דלות. דהיינו מעשירית האיפה, דכתיב 'זה קרבן אהרן', דאין אחרת עשירית האיפה באה לו חובה: מדלות לא מעטיה. דעל שמיעת קול ובטוי שפתים וטומאת מקדש וקדשיו מביא כשבה או שעירה או תורין ובני יונה: לא ס"ד, דכתיב. גבי עשירית האיפה, 'וכפר עליו הכהן מאחת מאלה', דמשמע כל המתכפר באחת, כלומר בכל אחת ואחת, אפילו בעשירית האיפה, מתכפר בכולן, דישנו בעשירות ובדלות ובדלי דלות: ושאין מתכפר באחת מהן. כגון משיח, דודאי אין מתכפר בעשירית האיפה, דכתיב 'זה קרבן': אין מתכפר בכולם. דאמעיט נמי דאינו בקרבן עולה ויורד כלל: אלא מעתה האי דכתיב 'לאחת מאלה' הכי נמי דכל דמחייב באחת. כלומר בכל אחת ואחת, מחייב בכולן, ושאין מחייב באחת, כגון נשיא, שאין מתחייב בשמיעת הקול, אינו חייב בכולן, כדאמר ר' יוסי הגלילי, והא חוץ משמיעת הקול קתני, דקתני 'ר"ע אומר, הנשיא חייב בכולן חוץ משמיעת הקול', דאע"ג דאין מתחייב באחת מהן מתחייב בשאר כולן: נכתביה רחמנא להאי 'מאחת' בדלות. בתורין ובני יונה: אי נמי בעשירות. דהיינו כשבה או שעירה, אלא מדכתב ביה רחמנא 'מאחת' גבי עשירית האיפה, למימרא דשאין מתחייב בעשירית האיפה אין מתחייב בכולן כלל, הלכך פטור משיח מכולן, הואיל ואין מתכפר בעשירית האיפה, דכתיב 'זה קרבן', דאין אחרת באה לו חובה: **מתני'** כל המצות שבתורה שחייבין על זדונן כרת ועל שגגתן וכו', משיח וב"ד מביאין פר. כדאמרינן לעיל (דף ח.) 'נאמר כאן עליה ונאמר להלן לגלות ערותה עליה' וכו', ונשיא יליף ממצות, יחיד 'ואם נפש', ילמוד תחתון מעליון': ובעבודת כוכבים יחיד ונשיא ומשיח מביאים שעירה. דכתיב בפרשת שלח לך בעבודת כוכבים 'ואם נפש' וגו', וכולן בכלל נפש אחת הן[ו]: ובי"ד מביאין פר ושעיר. כדכתיב בפרשת שלח לך, ואמר לעיל (דף ז:) יליף 'מעיני' 'מעיני', 'מה להלן בי"ד אף כאן בי"ד': אשם תלוי, היחיד והנשיא חייבים, בית דין ומשיח פטורים. כדאמר בריש פירקין דכתיב באשם תלוי 'וכפר הכהן על שגגתו אשר שגג, מי שחטאו ושגגתו שוה' וכו': אשם ודאי, יחיד ונשיא ומשיח חייבין. דכתיב באשמות 'ואם נפש'[ט], ונשיא ומשיח בכלל נפש אחת הן. והא דתנן לעיל (דף ח.) 'אין חייבים אלא על דבר שזדונו כרת ושגגתו חטאת',[ן] ואשם ודאי אין שגגתו חטאת, 'וכן המשיח', הכי משמע, וכן המשיח דגבי אשם ודאי פר הוא דלא יביא, אבל אשם ודאי יביא כהדיוט: ובי"ד פטורים. מאשם ודאי, דפטורים[כ] לגמרי, דאין בכלל נפש אחת: על שמיעת קול ובטוי שפתים וטומאת מקדש וקדשיו בי"ד פטורין. דאמר לעיל (שם:) 'אין חטאת לצבור אלא בקבועה', והני עולה ויורד ניהו: יחיד ונשיא ומשיח חייבין. בשמיעת קול ובטוי שפתים וטומאת מקדש וקדשיו, דכולן בכלל נפש אחת הן: אלא שאין כ"ג משיח חייב על טומאת מקדש וקדשיו, דברי רבי שמעון. מפרש בגמרא והוא הדין דקאמר רבי שמעון אלא שאין הנשיא חייב על שמיעת הקול, דמלך לא מעיד ולא מעידין אותו, אלא לא אצטריך ליה למיתנא, דהא תנא ליה לעיל ר"ע: ומה הן מביאין. נשיא בבטוי שפתים וטומאת מקדש וקדשיו, ומשיח בשמיעת קול ובטוי שפתים, קרבן עולה ויורד: ר"א אומר, נשיא מביא שעיר. ושלש מחלוקות בדבר, ר' יוסי הגלילי סבר נשיא ומשיח פטורין מכולן, ור"ע סבר נשיא חייב בכולן חוץ משמיעת הקול, ומשיח פטור מכולן מעולה ויורד, ור"ש סבר נשיא ומשיח חייבין בכולן בעולה ויורד, אלא שאין כ"ג ומשיח[ל] חייב על טומאת מקדש וקדשיו: **גמ'** היה נותן בהן כלל: כל שהוא בעולה ויורד. דהיינו שמיעת קול ובטוי שפתים וטומאת מקדש וקדשיו: משיח וב"ד פטורין. משיח דומיא דבי"ד, מה בי"ד פטורים מכולהו, משמיעת הקול ובטוי שפתים וטומאת מקדש וקדשיו, דלצבור אין חטאתו אלא בקבועה, אף משיח פטור מכולהו:

קשיין

מסורת הש"ס עם הוספות

א) [לקמן י. יא: ע"ש דאתיא מגו"ש], ב) יומא יח. חולין קלג: [תוספתא דיומא פ"א ה"ו], ג) יבמות ט., ד) [נזכר לקמן יג:], ה) שבועות כד: [כריתות ג:], ו) לעיל דף ז סע"ב, ז) לקמן ט., ח) ב:, ט) לעיל ז., י) במנחות שם.

תורה אור השלם

א) ואם לא תגיע ידו די שה והביא את אשמו אשר חטא שתי תרים או שני בני יונה ליי אחד לחטאת ואחד לעלה: [ויקרא ה, ז]

ב) ואם לא תשיג ידו לשתי תרים או לשני בני יונה והביא את קרבנו אשר חטא עשירת האפה סלת לחטאת לא ישים עליה שמן ולא יתן עליה לבנה כי חטאת הוא: [ויקרא ה, יא]

ג) אשר נשיא יחטא ועשה אחת מכל מצות יי אלהיו אשר לא תעשינה בשגגה ואשם: [ויקרא ד, כב]

ד) והכהן הגדול מאחיו אשר יוצק על ראשו שמן המשחה ומלא את ידו ללבש את הבגדים את ראשו לא יפרע ובגדיו לא יפרם: [ויקרא כא, י]

ה) זה קרבן אהרן ובניו אשר יקריבו ליי ביום המשח אתו עשירת האפה סלת מנחה תמיד מחציתה בבקר ומחציתה בערב: [ויקרא ו, יג]

ו) וכפר עליו הכהן על חטאתו אשר חטא מאחת מאלה ונסלח לו והיתה לכהן כמנחה: [ויקרא ה, יג]

ז) והיה כי יאשם לאחת מאלה והתודה אשר חטא עליה: [ויקרא ה, ה]

הגהות וציונים

עין משפט נר מצוה

כט א ב מיי' פ"ה מהלכות כלי המקדש הל"א:
ל ג מיי' פט"ו מהלכות שגגות הלכה ט:
לא ד מיי' שם פ"א הלכה ד:
לב ה מיי' שם ופט"ו הלכה א והלכה ו:
לג ו מיי' שם פ"א הלכה ד ופט"ו הלכה א:
לד ז מיי' פי"ב שם הלכה א:
לה ח מיי' שם פ"א הלכה ד:
לו ט מיי' שם פי"ב הלכה א:
לז י מיי' שם פרק ח הלכה א:
לח כ ל מיי' שם פרק ט"ו הלכה ו:
לט מ מיי' שם פרק י"ב הלכה ג:
מ נ מיי' שם פרק ט הלכה י:
מא ס מיי' שם פי"ב הלכה א:
מב ע פ מיי' שם פ"י הלכה ז ועיין שם בהשגות ובכ"מ:

תוספות הרא"ש

[שייך לדף ח:]

אין חייבין על שמיעת קול וכו'. פרש"י ז"ל אין ב"ד חייבין משום דהוי בעולה ויורד ולא הוה צריך למתני כלל דהא תני כבר אין חייבין על עשה ול"ת שבמקדש אע"ג דזדונו כרת. כ"ש שמיעת קול ובטוי שפתים. אלא משום פלוגתא דר"י הגלילי ור"ע. והרמ"ה ז"ל פי' אין חייבין קרבן עולה ויורד ולעיל אשמועי' דלא מחייבי פר בהוראה והשתא קמ"ל דלא מחייבי כל חד מנייהו קרבן עולה ויורד כדין יחידים דנפש כתיב בהו (ונפש) [ולצבור] לאו בכלל נפש נינהו. והשתא ניחא דהוי אין ב"ד חייבין דומיא דנשיא ומשיח דפטור דידהו דדריש ר' יוסי הגלילי מקראי (דלעיל) [דעו"י] דאם לא תשיג ידו היינו בקרבן עולה ויורד. וגם ר"ע דאמר נשיא חייב היינו בעו"י דאי בשעיר היינו ר"א[ז]. ועוד דר"א גופי' לא מחייב אלא בטו"מ וקדשיו וזדונו כרת. ולא נהירא לי מה שפי' שאם חטאו לצבור שאין מביאין כל א' קרבן עולה ויורד. דכיון דהוראת ב"ד לא מקריא הוראה משום דקרבנם עו"י אין הצבור נאגדין יחד ע"י הוראת ב"ד להשתנות דינם מדין יחידים. דהא (מצריך) [דמצריך] קרא לעיל בפ"ק[ס] לכל הקהל או

מִכּוּלָּן — A *kohen gadol* is exempt from all the three levels of *Oleh V'Yored*; the sheep that the wealthy bring, the birds that a poor man brings, and the flour offering that the destitute bring. **אָמַר רָבָא** — Rava said: **מַאי טַעְמָא דְּרַבִּי עֲקִיבָא** — What is the reason of Rabi Akiva? **אָמַר קְרָא** — because the *pasuk* says regarding the one-tenth of an *eifah* of fine flour offered by *kohanim* on the first day they begin their *avodah*, and by the *kohen gadol* every day (*Vayikra* 6:13): **זֶה קָרְבַּן אַהֲרֹן וּבָנָיו** — "This is the *korban* of Aharon and his sons." **זוֹ בָּאָה חוֹבָה לוֹ** — We learn that it is specifically "this" *korban* which comes as an obligation each day for the *kohen gadol*, **וְאֵין אַחֶרֶת בָּאָה חוֹבָה לוֹ** — and no other *korban* comes as an obligation for him. Therefore, a *kohen gadol* is not obligated to bring an *Oleh V'Yored*.

The Gemara asks: **וְאֵימָא** — But why not say, **כִּי מְמַעֵט לֵיהּ רַחֲמָנָא** — that when the Torah excludes a *kohen gadol* from *Oleh V'Yored*, **מִדַּלֵּי דַלּוּת** — he is only excluded from the third level of *Oleh V'Yored* offered by the destitute, **וּמַאי נִיהוּ** — because what is the *korban* brought by one in extreme poverty, **עֲשִׂירִית הָאֵיפָה** — it is a one-tenth of an *eifah* of fine flour. The *pasuk* there is discussing the one-tenth of an *eifah* that a *kohen gadol* brings every day. We should say that the *kohen gadol* is only excluded from the exact *korban* the *pasuk* is discussing; he is not obligated in any other *korban* consisting of a one-tenth of an *eifah* of flour. **אֲבָל עֲנִיּוּת וַעֲשִׁירוּת לָא מַעֲטֵיהּ רַחֲמָנָא** — But, we should say, that the Torah did not exclude him from the birds brought as an *Oleh V'Yored* for those who are poor, or from the sheep brought as an *Oleh V'Yored* by those who are wealthy.

The Gemara answers: **לָא סָלְקָא דַּעְתָּא** — You should not think that, **דִּכְתִיב** — as it is written regarding a *Korban Oleh V'Yored* (*Vayikra* 5:13): **וְכִפֶּר עָלָיו הַכֹּהֵן עַל חַטָּאתוֹ אֲשֶׁר חָטָא מֵאַחַת מֵאֵלֶּה** — "And the *kohen* shall atone for him for his sin that he has committed from one of these," from which we learn: **הַמִּתְכַּפֵּר בְּאַחַת** — One who achieves atonement with every type of *Oleh V'Yored*, **מִתְכַּפֵּר בְּכוּלָּן** — achieves atonement with any type of *Oleh V'Yored*, **וְשֶׁאֵין מִתְכַּפֵּר בְּאַחַת** — But one who does not achieve atonement with every one of the types of *Oleh V'Yored*, **אֵין מִתְכַּפֵּר בְּכוּלָּן** — does not achieve atonement with any of the types of *Oleh V'Yored*. Therefore, the *kohen gadol,* who is excluded from the flour offering of the *Oleh V'Yored*, is excluded from all forms of *Oleh V'Yored*.

The Gemara asks: **אֶלָּא מֵעַתָּה** — But if that is so, that the *pasuk* is explained this way, **דִּכְתִיב** — then that which is written regarding *Oleh V'Yored* (*Vayikra* 5:5), **וְהָיָה כִּי יֶאְשַׁם לְאַחַת מֵאֵלֶּה** — And it shall be when he shall be guilty of one of these matters," **הָכִי נָמֵי** — this should also be interpreted: **דְּכָל הַמִּתְחַיֵּיב בְּאַחַת** — Anyone who is obligated for every one of the *aveiros* that obligate *Oleh V'Yored* **מִתְחַיֵּיב בְּכוּלָּן** — can become obligated in any of those cases, **וְשֶׁאֵין מִתְחַיֵּיב בְּאַחַת** — and anyone who is not obligated in even one of those *aveiros*, **אֵין מִתְחַיֵּיב בְּכוּלָּן** — does not become obligated to bring an *Oleh V'Yored* for any of them. **אַלְמָה תְּנַן** — Why, then, did we learn in our Mishnah: **רַבִּי עֲקִיבָא אוֹמֵר** — Rabi

For this *daf's shiur* and charts, scan this QR code:

'לֹא תַגִּיעַ יָדוֹ', וְנֶאֱמַר 'לֹא תַשִּׂיג יָדוֹ', מִי שֶׁבָּא לִידֵי עֲנִיּוּת וַעֲשִׁירוּת, יָצָא נָשִׂיא וּמָשִׁיחַ שֶׁאֵין בָּאִין לִידֵי עֲנִיּוּת; נָשִׂיא דִּכְתִיב 'וְעָשָׂה אַחַת מִכָּל מִצְוֹת יְיָ אֱלֹהָיו', מִי שֶׁאֵין עַל גַּבָּיו אֶלָּא יְיָ אֱלֹהָיו; מָשִׁיחַ דִּכְתִיב 'וְהַכֹּהֵן הַגָּדוֹל מֵאֶחָיו', שֶׁהוּא גָּדוֹל מֵאֶחָיו בְּנוֹי בְּכֹחַ בְּחָכְמָה וּבְעוֹשֶׁר; אֲחֵרִים אוֹמְרִים, מִנַּיִן שֶׁאִם אֵין לוֹ גַּדְּלֵהוּ מִשֶּׁל אֶחָיו, תַּלְמוּד לוֹמַר 'וְהַכֹּהֵן הַגָּדוֹל מֵאֶחָיו אֲשֶׁר יוּצַק עַל רֹאשׁוֹ', גַּדְּלֵהוּ מֵאֶחָיו. בְּעָא מִינֵּיהּ רָבִינָא מֵרַב נַחְמָן בַּר יִצְחָק, נָשִׂיא שֶׁנִּצְטָרַע מַהוּ, מִידְחָא דָּחֵי אוֹ מִיפְטָר פְּטִיר. אָמַר לֵיהּ, דִּילָךְ אוֹ דְּגַוָּזָא. תַּנְיָא, רַבִּי עֲקִיבָא אוֹמֵר, מָשִׁיחַ פָּטוּר מִכּוּלָּן. אָמַר רָבָא, מַאי טַעְמָא דְּרַבִּי עֲקִיבָא; אָמַר קְרָא 'זֶה קָרְבַּן אַהֲרֹן וּבָנָיו', זוֹ בָּאָה חוֹבָה לוֹ וְאֵין אַחֶרֶת בָּאָה חוֹבָה לוֹ. וְאֵימָא כִּי מְמַעֵט לֵיהּ רַחֲמָנָא מִדַּלֵּי דַּלּוּת, וּמַאי נִיהוּ, עֲשִׂירִית הָאֵיפָה, אֲבָל עֲנִיּוּת וַעֲשִׁירוּת לָא מַעֲטֵיהּ רַחֲמָנָא. לָא סָלְקָא דַּעְתָּא, דִּכְתִיב 'וְכִפֶּר עָלָיו הַכֹּהֵן עַל חַטָּאתוֹ אֲשֶׁר חָטָא מֵאַחַת מֵאֵלֶּה', הַמִּתְכַּפֵּר בְּאַחַת מִתְכַּפֵּר בְּכוּלָּן, וְשֶׁאֵין מִתְכַּפֵּר בְּאַחַת אֵין מִתְכַּפֵּר בְּכוּלָּן. אֶלָּא מֵעַתָּה דִּכְתִיב 'וְהָיָה כִי יֶאְשַׁם לְאַחַת מֵאֵלֶּה' הָכִי נַמֵּי דְּכָל הַמִּתְחַיֵּיב בְּאַחַת מִתְחַיֵּיב בְּכוּלָּן וְשֶׁאֵין מִתְחַיֵּיב בְּאַחַת אֵין מִתְחַיֵּיב בְּכוּלָּן, אַלְמָה תְּנַן, רַבִּי עֲקִיבָא אוֹמֵר נָשִׂיא חַיָּיב חוּץ מִשְּׁמִיעַת קוֹל. אַבַּיֵּי וְרָבָא דְּאָמְרִי תַּרְוַיְיהוּ, 'מֵאַחַת' מַשְׁמַע לֵיהּ, 'לְאַחַת' לָא מַשְׁמַע לֵיהּ. וּמַאי שְׁנָא 'מֵאַחַת' דְּמַשְׁמַע לֵיהּ. דִּכְתַבֵיהּ רַחֲמָנָא לְבַסּוֹף גַּבֵּי עֲשִׂירִית הָאֵיפָה, לְמֵימְרָא דְּכָל דְּמִחַיֵּיב בַּעֲשִׂירִית הָאֵיפָה מִחַיֵּיב בְּכוּלָּן, דְּאִי סָלְקָא דַּעְתָּא מִתְחַיֵּיב בְּאַחַת אַף עַל פִּי שֶׁאֵין מִתְחַיֵּיב בְּכוּלָּן, נִכְתְּבֵיהּ לְהַאי 'מֵאַחַת מֵאֵלֶּה' בְּדַלּוּת, אִי נַמֵּי בַּעֲשִׁירוּת:

מתני' כָּל הַמִּצְוֹת שֶׁבַּתּוֹרָה שֶׁחַיָּיבִין עַל זְדוֹנָן כָּרֵת וְעַל שִׁגְגָתָן חַטָּאת, הַיָּחִיד מֵבִיא כִּשְׂבָּה וּשְׂעִירָה, וְהַנָּשִׂיא שָׂעִיר, וּמָשִׁיחַ וּבֵית דִּין מְבִיאִין פַּר. וּבַעֲבוֹדַת כּוֹכָבִים, הַיָּחִיד וְהַנָּשִׂיא וְהַמָּשִׁיחַ מְבִיאִין שְׂעִירָה, וּבֵית דִּין פַּר וְשָׂעִיר, פַּר לְעוֹלָה וְשָׂעִיר לְחַטָּאת. אָשָׁם תָּלוּי, הַיָּחִיד וְהַנָּשִׂיא חַיָּיבִין, וּמָשִׁיחַ וּבֵית דִּין פְּטוּרִין. אָשָׁם וַדַּאי, הַיָּחִיד וְהַנָּשִׂיא וְהַמָּשִׁיחַ חַיָּיבִין, וּבֵית דִּין פְּטוּרִין. עַל שְׁמִיעַת הַקּוֹל וְעַל בִּטּוּי שְׂפָתַיִם וְעַל טוּמְאַת מִקְדָּשׁ וְקָדָשָׁיו, בֵּית דִּין פְּטוּרִין, וְהַיָּחִיד וְהַנָּשִׂיא וְהַמָּשִׁיחַ חַיָּיבִין, אֶלָּא שֶׁאֵין כֹּהֵן גָּדוֹל מָשִׁיחַ חַיָּיב עַל טוּמְאַת מִקְדָּשׁ וְקָדָשָׁיו, דִּבְרֵי רַבִּי שִׁמְעוֹן; וּמָה הֵן מְבִיאִין, קָרְבָּן עוֹלֶה וְיוֹרֵד; ר"א אוֹמֵר, הַנָּשִׂיא מֵבִיא שָׂעִיר:

גמ' תַּנְיָא, רַבִּי שִׁמְעוֹן הָיָה נוֹתֵן כְּלָל, כָּל שֶׁהַיָּחִיד בְּאָשָׁם תָּלוּי, הַנָּשִׂיא כַּיּוֹצֵא בּוֹ, מָשִׁיחַ וּבֵית דִּין פְּטוּרִין; וְכָל שֶׁהוּא בְּאָשָׁם וַדַּאי, נָשִׂיא וּמָשִׁיחַ כַּיּוֹצֵא בָהֶן, וּבֵית דִּין פְּטוּרִין; שְׁמִיעַת הַקּוֹל וּבִטּוּי שְׂפָתַיִם וְטוּמְאַת מִקְדָּשׁ וְקָדָשָׁיו, בֵּית דִּין פְּטוּרִין, נָשִׂיא וּמָשִׁיחַ חַיָּיבִין, אֶלָּא שֶׁאֵין הַנָּשִׂיא חַיָּיב בִּשְׁמִיעַת הַקּוֹל, וְלֹא מָשִׁיחַ בְּטוּמְאַת מִקְדָּשׁ וְקָדָשָׁיו; כָּל שֶׁהוּא בְּעוֹלֶה וְיוֹרֵד, נָשִׂיא כַּיּוֹצֵא בוֹ, מָשִׁיחַ וּבֵית דִּין פְּטוּרִין. הָא גּוּפָא קַשְׁיָא, אָמְרַתְּ שֶׁאֵין מָשִׁיחַ חַיָּיב בְּטוּמְאַת מִקְדָּשׁ וְקָדָשָׁיו, בְּטוּמְאַת מִקְדָּשׁ וְקָדָשָׁיו הוּא דְּפָטוּר, אֲבָל בִּשְׁמִיעַת הַקּוֹל וּבִטּוּי שְׂפָתַיִם חַיָּיב, אֵימָא סֵיפָא, כָּל שֶׁהוּא בְּעוֹלֶה וְיוֹרֵד נָשִׂיא כַּיּוֹצֵא בּוֹ, מָשִׁיחַ וּבֵית דִּין פְּטוּרִין, קָתָנֵי מָשִׁיחַ וּבֵית דִּין פְּטוּרִין, מַה בֵּית דִּין פְּטוּרִין מִכּוּלְּהוֹן אַף מָשִׁיחַ פָּטוּר מִכּוּלְּהוֹן, קַשְׁיָין

רש"י

'לֹא תַגִּיעַ יָדוֹ' 'לֹא תַשִּׂיג יָדוֹ'. דְּמַשְׁמַע מִי שֶׁבָּא לִידֵי עֲנִיּוּת וַעֲשִׁירוּת, דִּפְעָמִים עָנִי וּפְעָמִים עָשִׁיר הוּא, דְּיֶשְׁנוֹ בְּקָרְבַּן עוֹלֶה וְיוֹרֵד, יָצָא מָשִׁיחַ וְנָשִׂיא דִּלְעוֹלָם עֲשִׁירִים הֵם: נָשִׂיא. שֶׁאֵין עַל גַּבָּיו שׁוּם אָדוֹן אֶלָּא ה', דְּהַיְינוּ מֶלֶךְ, וּמֶלֶךְ לְעוֹלָם עָשִׁיר הוּא. וְלֹכֵן גָּדוֹל בָּעֵינַן שֶׁיְּהֵא גָּדוֹל מֵאֶחָיו בְּעוֹשֶׁר, דְּלֶיהֱוֵי לְעוֹלָם עָשִׁיר: נָשִׂיא שֶׁנִּצְטָרַע. לְר' יִרְמְיָה וּלְר' יוֹסֵי הַגְּלִילִי, דְּעָבַר מִנְּשִׂיאוּתוֹ, שֶׁאֵין רָאוּי לִהְיוֹת מֶלֶךְ כְּשֶׁהוּא מְצוֹרָע, כִּדְאָמְרִינַן לְקַמָּן בְּפֶרֶק בָּתְרָא (דף י.) 'וַיְנַגַּע ה' אֶת הַמֶּלֶךְ וַיְהִי מְצוֹרָע עַד יוֹם מוֹתוֹ וַיֵּשֶׁב בְּבֵית הַחָפְשִׁית', דְּמַשְׁמַע שֶׁנַּעֲשָׂה חָפְשִׁי מִמַּלְכוּתוֹ: מַהוּ. מִי אָמְרִינַן פָּטוּר מִקָּרְבַּן עוֹלֶה וְיוֹרֵד כְּשֶׁהוּא נָשִׂיא, וְעַכְשָׁיו כְּשֶׁנִּצְטָרַע דְּעָבַר מִנְּשִׂיאוּתוֹ לִיחַיֵּיב, אוֹ דִּלְמָא מַאי דַּהֲוֵי הֲוֵי כְּשֶׁהוּא נָשִׂיא, כְּלוֹמַר הוֹאִיל וְנִדְחָה יִדָּחֶה כְּשֶׁנִּצְטָרַע: ל"א, מִדְחָא דָּחֵי לְהַאי נְשִׂיאוּת מִקָּרְבַּן עוֹלֶה וְיוֹרֵד לְגַמְרֵי, דְּהוֹאִיל וְנִדְחָה יִדָּחֶה אֲפִילוּ כְּשֶׁנִּצְטָרַע. אוֹ דִּלְמָא מִיפְטָר פָּטַר נְשִׂיאוּת מִקָּרְבַּן עוֹלֶה וְיוֹרֵד, וּבִזְמַן דְּלֵיכָּא נְשִׂיאוּת לִיחַיֵּיב, דְּהַיְינוּ מִשֶּׁנִּצְטָרַע: א"ל. מַאי קָבָעֵית לְחַיּוּבֵיהּ לְאַתּוּיֵי קָרְבָּן כְּשֶׁנִּצְטָרַע, מִמָּמוֹן שֶׁלְּךָ אוֹ מִמָּמוֹן דְּגַזָּא דִּידֵיהּ, הֱוֵי אוֹמֵר מִגַּזָּא דִּידֵיהּ הוּא דְּבָעֵי לְאַתּוּיֵי, וְכֵיוָן דְּמִגַּזָּא דִּידֵיהּ קָבָעֵי אַתּוּיֵי, אַמְּטוּ לְהָכִי פָּטוּר לְגַמְרֵי מִקָּרְבַּן עוֹלֶה וְיוֹרֵד, דְּה"ק רַבִּי יִרְמְיָה וְרַבִּי יוֹסֵי 'יָצָא נָשִׂיא וּמָשִׁיחַ שֶׁאֵין בָּאִין לִידֵי עֲנִיּוּת', הַאי נָשִׂיא שֶׁנִּצְטָרַע נַמֵּי אֵינוֹ בָּא לִידֵי עֲנִיּוּת, דְּגַזָּא דִּידֵיהּ כִּדְקָאֵי קָאֵי, הִלְכָּךְ פָּטוּר לְגַמְרֵי: תַּנְיָא, ר"ע אוֹמֵר, מָשִׁיחַ פָּטוּר מִכּוּלָּם. מִקָּרְבַּן עוֹלֶה וְיוֹרֵד, דִּכְתִיב 'זֶה קָרְבַּן אַהֲרֹן וּבָנָיו בְּיוֹם הִמָּשַׁח אוֹתוֹ, עֲשִׂירִית הָאֵיפָה', דְּהַיְינוּ חֲבִיתֵּי כֹּהֵן מָשִׁיחַ, דַּחֲבִיתִּין בָּאָה לוֹ חוֹבָה וְאֵין אַחֶרֶת בָּאָה לוֹ, דַּעֲשִׂירִית הָאֵיפָה עוֹלֶה וְיוֹרֵד לֹא בָּאָה לוֹ חוֹבָה, הִלְכָּךְ פָּטוּר מִכּוּלָּם מֵעוֹלֶה וְיוֹרֵד. וְאָמְרִינַן לְקַמָּן דְּמִסְפָּר לָא פָּטַר לֵיהּ ר"ע, וְאִיכָּא לְתָרוּצֵי דְּטַעְמָא דר"ע מִשּׁוּם דְּמֵעוֹלֶה וְיוֹרֵד הוּא דְּאַמְעִיט, כִּדְכְתִיב 'זֶה קָרְבַּן אַהֲרֹן', אֲבָל מִסְפָּר לָא אַמְעִיט: אֵימָא כִּי מַעֲטֵיהּ קְרָא. לְכֹהֵן מָשִׁיחַ: מִדַּלֵּי דַלּוּת. דְּהַיְינוּ מֵעֲשִׂירִית הָאֵיפָה, דִּכְתִיב 'זֶה קָרְבַּן אַהֲרֹן', דְּאֵין אַחֶרֶת עֲשִׂירִית הָאֵיפָה בָּאָה לוֹ חוֹבָה: מִדַּלּוּת לָא מַעֲטֵיהּ. דְּעַל שְׁמִיעַת קוֹל וּבִטּוּי שְׂפָתַיִם וְטוּמְאַת מִקְדָּשׁ וְקָדָשָׁיו לְחַיֵּיב כִּשְׂבָּה אוֹ שְׂעִירָה אוֹ תּוֹרִין וּבְנֵי יוֹנָה: לָא ס"ד, דִּכְתִיב. גַּבֵּי עֲשִׂירִית הָאֵיפָה, 'וְכִפֶּר עָלָיו הַכֹּהֵן מֵאַחַת מֵאֵלֶּה', דְּמַשְׁמַע כָּל הַמִּתְכַּפֵּר בְּאַחַת, כְּלוֹמַר בְּכָל אַחַת וְאַחַת, אֲפִילוּ בַּעֲשִׂירִית הָאֵיפָה, מִתְכַּפֵּר בְּכוּלָּן, דְּיֶשְׁנוֹ בַּעֲשִׁירוּת וּבְדַלּוּת וּבְדַלֵּי דַלּוּת: וְשֶׁאֵין מִתְכַּפֵּר בְּאַחַת מֵהֶן. כְּגוֹן מָשִׁיחַ, דְּוַדַּאי אֵין מִתְכַּפֵּר בַּעֲשִׂירִית הָאֵיפָה, דִּכְתִיב 'זֶה קָרְבַּן': אֵין מִתְכַּפֵּר בְּכוּלָּם. דְּאַמְעִיט נַמֵּי דְּאֵינוֹ בְּקָרְבַּן עוֹלֶה וְיוֹרֵד כְּלָל: אֶלָּא מֵעַתָּה הַאי דִּכְתִיב 'לְאַחַת מֵאֵלֶּה' הָכִי נַמֵּי דְּכָל דְּמִחַיֵּיב בְּאַחַת. כְּלוֹמַר בְּכָל אַחַת וְאַחַת, מִחַיֵּיב בְּכוּלָּן, וְשֶׁאֵין מִתְחַיֵּיב בְּאַחַת, כְּגוֹן נָשִׂיא, שֶׁאֵין מִתְחַיֵּיב בִּשְׁמִיעַת הַקּוֹל, אֵינוֹ חַיָּיב בְּכוּלָּן, כִּדְאָמַר ר' יוֹסֵי הַגְּלִילִי, וְהָא חוּץ מִשְּׁמִיעַת הַקּוֹל קָתָנֵי, דְּקָתָנֵי 'ר"ע אוֹמֵר, הַנָּשִׂיא חַיָּיב בְּכוּלָּן חוּץ מִשְּׁמִיעַת הַקּוֹל', דְּאַע"ג דְּאֵין מִתְחַיֵּיב בְּאַחַת מֵהֶן מִתְחַיֵּיב בִּשְׁאָר כּוּלָּן: נִכְתְּבֵיהּ רַחֲמָנָא לְהַאי 'מֵאַחַת' בְּדַלּוּת. בְּתוֹרִין וּבְנֵי יוֹנָה: אִי נַמֵּי בַּעֲשִׁירוּת. דְּהַיְינוּ כִּשְׂבָּה אוֹ שְׂעִירָה, אֶלָּא מִדִּכְתַב בֵּיהּ רַחֲמָנָא 'מֵאַחַת' גַּבֵּי עֲשִׂירִית הָאֵיפָה, לְמֵימְרָא דְּשֶׁאֵין מִתְחַיֵּיב בַּעֲשִׂירִית הָאֵיפָה אֵין מִתְחַיֵּיב בְּכוּלָּן כְּלָל, הִלְכָּךְ פָּטוּר מָשִׁיחַ מִכּוּלָּן, הוֹאִיל וְאֵין מִתְכַּפֵּר בַּעֲשִׂירִית הָאֵיפָה, דִּכְתִיב 'זֶה קָרְבַּן', דְּאֵין אַחֶרֶת בָּאָה לוֹ חוֹבָה: **מתני'** כָּל הַמִּצְוֹת שֶׁבַּתּוֹרָה שֶׁחַיָּיבִין עַל זְדוֹנָן כָּרֵת וְעַל שִׁגְגָתָן וְכוּ', מָשִׁיחַ וּבי"ד מְבִיאִין פַּר. כִּדְאָמְרִינַן לְעֵיל (דף ח.) 'נֶאֱמַר כָּאן עָלֶיהָ וְנֶאֱמַר לְהַלָּן לְגַלּוֹת עֶרְוָתָהּ עָלֶיהָ' וְכוּ', וְנָשִׂיא יָלֵיף מִמִּצְוֹת, יָחִיד 'וְאִם נֶפֶשׁ', יִלְמוֹד תַּחְתּוֹן מֵעֶלְיוֹן': וּבַעֲבוֹדַת כּוֹכָבִים יָחִיד וְנָשִׂיא וּמָשִׁיחַ מְבִיאִים שְׂעִירָה. דִּכְתִיב בְּפָרָשַׁת שְׁלַח לְךָ בַּעֲבוֹדַת כּוֹכָבִים 'וְאִם נֶפֶשׁ' וְגוֹ', וְכוּלָּן בִּכְלַל נֶפֶשׁ אַחַת הֵן: וּבי"ד מְבִיאִין פַּר וְשָׂעִיר. כִּדְכְתִיב בְּפָרָשַׁת שְׁלַח לְךָ, וְאָמַר לְעֵיל (דף ז:) יָלֵיף 'מֵעֵינֵי' 'מֵעֵינֵי', 'מַה לְהַלָּן בי"ד אַף כָּאן בי"ד': אָשָׁם תָּלוּי, הַיָּחִיד וְהַנָּשִׂיא חַיָּיבִים, בֵּית דִּין וּמָשִׁיחַ פְּטוּרִים. כִּדְאָמַר בְּרֵישׁ פִּירְקִין דִּכְתִיב בְּאָשָׁם תָּלוּי 'וְכִפֶּר הַכֹּהֵן עַל שִׁגְגָתוֹ אֲשֶׁר שָׁגָג', מִי שֶׁחֶטְאוֹ וְשִׁגְגָתוֹ שָׁוֶה' וְכוּ': אָשָׁם וַדַּאי, יָחִיד וְנָשִׂיא וּמָשִׁיחַ חַיָּיבִין. דִּכְתִיב בָּאֲשָׁמוֹת 'וְאִם נֶפֶשׁ', וְנָשִׂיא וּמָשִׁיחַ בִּכְלַל נֶפֶשׁ אַחַת הֵן. וְהָא דִּתְנַן לְעֵיל (דף ח.) 'אֵין חַיָּיבִים אֶלָּא עַל דָּבָר שֶׁזְּדוֹנוֹ כָּרֵת וְשִׁגְגָתוֹ חַטָּאת', וְאָשָׁם וַדַּאי אֵין שִׁגְגָתוֹ חַטָּאת, 'וְכֵן הַמָּשִׁיחַ', הָכִי מַשְׁמַע, וְכֵן הַמָּשִׁיחַ דְּגַבֵּי אָשָׁם וַדַּאי פַּר הוּא דְּלָא יָבִיא, אֲבָל אָשָׁם וַדַּאי יָבִיא כְּהֶדְיוֹט: וּבי"ד פְּטוּרִים. מֵאָשָׁם וַדַּאי, דִּפְטוּרִים לְגַמְרֵי, דְּאֵינָן בִּכְלַל נֶפֶשׁ אַחַת: עַל שְׁמִיעַת קוֹל וּבִטּוּי שְׂפָתַיִם וְטוּמְאַת מִקְדָּשׁ וְקָדָשָׁיו בי"ד פְּטוּרִין. דְּאָמַר לְעֵיל (שם:) 'אֵין חַטָּאת לְצִבּוּר אֶלָּא בִּקְבוּעָה', וְהָנֵי עוֹלֶה וְיוֹרֵד נִינְהוּ: יָחִיד וְנָשִׂיא וּמָשִׁיחַ חַיָּיבִין. בִּשְׁמִיעַת קוֹל וּבִטּוּי שְׂפָתַיִם וְטוּמְאַת מִקְדָּשׁ וְקָדָשָׁיו, דְּכוּלָּן בִּכְלַל נֶפֶשׁ אַחַת הֵן: אֶלָּא שֶׁאֵין כ"ג מָשִׁיחַ חַיָּיב עַל טוּמְאַת מִקְדָּשׁ וְקָדָשָׁיו, דִּבְרֵי רַבִּי שִׁמְעוֹן. מְפָרֵשׁ בַּגְּמָרָא וְהוּא הַדִּין דְּקָאָמַר רַבִּי שִׁמְעוֹן אֶלָּא שֶׁאֵין הַנָּשִׂיא חַיָּיב עַל שְׁמִיעַת הַקּוֹל, דְּמֶלֶךְ לֹא מֵעִיד וְלֹא מְעִידִין אוֹתוֹ, אֶלָּא לָא אִצְטְרִיךְ לֵיהּ לְמִיתְנָא, דְּהָא תְּנָא לֵיהּ לְעֵיל ר"ע: וּמָה הֵן מְבִיאִין. נָשִׂיא בְּבִטּוּי שְׂפָתַיִם וְטוּמְאַת מִקְדָּשׁ וְקָדָשָׁיו, וּמָשִׁיחַ בִּשְׁמִיעַת קוֹל וּבִטּוּי שְׂפָתַיִם, קָרְבַּן עוֹלֶה וְיוֹרֵד: ר"א אוֹמֵר, נָשִׂיא מֵבִיא שָׂעִיר. וְשָׁלֹשׁ מַחְלוֹקוֹת בַּדָּבָר, ר' יוֹסֵי הַגְּלִילִי סָבַר נָשִׂיא וּמָשִׁיחַ פְּטוּרִין מִכּוּלָּן, וְר"ע סָבַר נָשִׂיא חַיָּיב בְּכוּלָּן חוּץ מִשְּׁמִיעַת הַקּוֹל, וּמָשִׁיחַ פָּטוּר מִכּוּלָּן מֵעוֹלֶה וְיוֹרֵד, וְר"ש סָבַר נָשִׂיא וּמָשִׁיחַ חַיָּיבִין בְּכוּלָּן בְּעוֹלֶה וְיוֹרֵד, אֶלָּא שֶׁאֵין כ"ג וּמָשִׁיחַ חַיָּיב עַל טוּמְאַת מִקְדָּשׁ וְקָדָשָׁיו: **גמ'** הָיָה נוֹתֵן בָּהֶן כְּלָל: כָּל שֶׁהוּא בְּעוֹלֶה וְיוֹרֵד. דְּהַיְינוּ שְׁמִיעַת קוֹל וּבִטּוּי שְׂפָתַיִם וְטוּמְאַת מִקְדָּשׁ וְקָדָשָׁיו: מָשִׁיחַ וּבי"ד פְּטוּרִין. מָשִׁיחַ דּוּמְיָא דְּבי"ד, מַה בי"ד פְּטוּרִים מִכּוּלְּהוּ, מִשְּׁמִיעַת הַקּוֹל וּבִטּוּי שְׂפָתַיִם וְטוּמְאַת מִקְדָּשׁ וְקָדָשָׁיו, דְּלְצִבּוּר אֵין חַטָּאתוֹ אֶלָּא בִּקְבוּעָה, אַף מָשִׁיחַ פָּטוּר מִכּוּלְּהוּ:

תורה אור השלם

א) וְאִם לֹא תַגִּיעַ יָדוֹ דֵּי שֶׂה וְהֵבִיא אֶת אֲשָׁמוֹ אֲשֶׁר חָטָא שְׁתֵּי תֹרִים אוֹ שְׁנֵי בְנֵי יוֹנָה לַיְיָ אֶחָד לְחַטָּאת וְאֶחָד לְעֹלָה: [ויקרא ה, ז]

ב) וְאִם לֹא תַשִּׂיג יָדוֹ לִשְׁתֵּי תֹרִים אוֹ לִשְׁנֵי בְנֵי יוֹנָה וְהֵבִיא אֶת קָרְבָּנוֹ אֲשֶׁר חָטָא עֲשִׂירִת הָאֵפָה סֹלֶת לְחַטָּאת לֹא יָשִׂים עָלֶיהָ שֶׁמֶן וְלֹא יִתֵּן עָלֶיהָ לְבֹנָה כִּי חַטָּאת הִוא: [ויקרא ה, יא]

ג) אֲשֶׁר נָשִׂיא יֶחֱטָא וְעָשָׂה אַחַת מִכָּל מִצְוֹת יְיָ אֱלֹהָיו אֲשֶׁר לֹא תֵעָשֶׂינָה בִּשְׁגָגָה וְאָשֵׁם: [ויקרא ד, כב]

ד) וְהַכֹּהֵן הַגָּדוֹל מֵאֶחָיו אֲשֶׁר יוּצַק עַל רֹאשׁוֹ שֶׁמֶן הַמִּשְׁחָה וּמִלֵּא אֶת יָדוֹ לִלְבֹּשׁ אֶת הַבְּגָדִים אֶת רֹאשׁוֹ לֹא יִפְרָע וּבְגָדָיו לֹא יִפְרֹם: [ויקרא כא, י]

ה) זֶה קָרְבַּן אַהֲרֹן וּבָנָיו אֲשֶׁר יַקְרִיבוּ לַיְיָ בְּיוֹם הִמָּשַׁח אֹתוֹ עֲשִׂירִת הָאֵפָה סֹלֶת מִנְחָה תָּמִיד מַחֲצִיתָהּ בַּבֹּקֶר וּמַחֲצִיתָהּ בָּעָרֶב: [ויקרא ו, יג]

ו) וְכִפֶּר עָלָיו הַכֹּהֵן עַל חַטָּאתוֹ אֲשֶׁר חָטָא מֵאַחַת מֵאֵלֶּה וְנִסְלַח לוֹ וְהָיְתָה לַכֹּהֵן כַּמִּנְחָה: [ויקרא ה, יג]

ז) וְהָיָה כִי יֶאְשַׁם לְאַחַת מֵאֵלֶּה וְהִתְוַדָּה אֲשֶׁר חָטָא עָלֶיהָ: [ויקרא ה, ה]

מסורת הש"ס עם הוספות

עין משפט נר מצוה

הגהות וציונים

תוספות הרא"ש

This *daf* is dedicated *l'iluy nishmas*: Shifra bat Gloria *z"l*

Akiva says: **נָשִׂיא חַיָּיב [בְּכוּלָּן] חוּץ מִשְּׁמִיעַת קוֹל** — A king is obligated to bring an *Oleh V'Yored* for all cases which obligate it, excluding the case of 'hearing a voice' (making a false *shevua* that he does not know testimony). We see that although he does not bring an *Oleh V'Yored* in one case, he remains obligated for the others.

The Gemara answers: **אַבַּיֵי וְרָבָא דְּאָמְרִי תַּרְוַייְהוּ** — Abaye and Rava both say: **מֵאַחַת מַשְׁמַע לֵיהּ** — It was logical to Rabi Akiva to learn this halachah from the term: "From one (5:13)," **לְאַחַת לָא מַשְׁמַע לֵיהּ** — but it was not logical to him to learn this from the term: "of one" (5:5). The Gemara asks: **וּמַאי שְׁנָא מֵאַחַת דְּמַשְׁמַע לֵיהּ** — And what is special about the term "from one" that it was logical to learn this halachah from it? The Gemara answers: **דִּכְתַבֵיהּ רַחֲמָנָא לְבַסּוֹף גַּבֵּי עֲשִׂירִית הָאֵיפָה** — The distinction is that Hashem wrote this *pasuk* at the end of the *parshah* discussing *Oleh V'Yored*, with regard to the one-tenth of an *eifah* flour *korban*, **לְמֵימְרָא** — to say, **דְּכֹל דְּמִחַיֵּיב בַּעֲשִׂירִית הָאֵיפָה** — that anyone who can become obligated in the one-tenth of an *eifah* flour offering of the severe poverty level of *Oleh V'Yored*, **מִחַיֵּיב בְּכוּלָּן** — can become obligated to bring any of them, but one who is not obligated in the flour offering is not obligated to bring any *Oleh V'Yored*. **דְּאִי סָלְקָא דַּעְתָּךְ** — Because if you think, **מִתְחַיֵּיב בְּאַחַת אַף עַל פִּי שֶׁאֵין מִתְחַיֵּיב בְּכוּלָּן** — that one can become obligated in one kind of *Oleh V'Yored* even though he cannot become obligated to bring all of them, **נִכְתְּבֵיהּ לְהַאי מֵאַחַת מֵאֵלֶּה בְּדַלּוּת** — let the Torah write the phrase: "from one of these," with regard to the birds brought as an *Oleh V'Yored* by one who is poor, **אִי נָמֵי בַּעֲשִׁירוּת** — or alternatively, it should be written with regard to the sheep brought as an *Oleh V'Yored* by the wealthy. Since the Torah only wrote "from one of these" in the context of the flour *korban* of those who are extremely impoverished, it must be teaching us that one who cannot be obligated to bring the flour offering is never obligated to bring an *Oleh V'Yored*. Therefore, since a *kohen gadol* is excluded from bringing the flour offering, he is completely excluded from *Oleh V'Yored*.

מַתְנִיתִין — MISHNAH

כָּל הַמִּצְוֹת שֶׁבַּתּוֹרָה שֶׁחַיָּיבִין עַל זְדוֹנָן כָּרֵת וְעַל שִׁגְגָתָן חַטָּאת — For all the *mitzvos* in the Torah whose intentional violation is punished with *kareis*, and for its unintentional violation one is liable to bring a *Korban Chatas*, **הַיָּחִיד מֵבִיא כִּשְׂבָּה וּשְׂעִירָה** — the individual brings a female sheep or goat for his unintentional transgression, **וְהַנָּשִׂיא שָׂעִיר** — and the king brings a male goat for his unintentional transgression, **וּמָשִׁיחַ וּבֵית דִּין מְבִיאִין פַּר** — and a *kohen gadol* and *beis din* who ruled erroneously bring a bull. **וּבַעֲבוֹדַת כּוֹכָבִים** — and for unintentional transgressions regarding *avodah zarah*, **הַיָּחִיד וְהַנָּשִׂיא וְהַמָּשִׁיחַ מְבִיאִין שְׂעִירָה** — the individual, the king, and the *kohen gadol* bring a female goat, **וּבֵית דִּין פַּר וְשָׂעִיר** — and *beis din* brings a bull and a male goat for an erroneous

For this *daf's shiur* and charts, scan this QR code:

מסורת הש"ס עם הוספות

א) [לקמן י. יא: ע"ש דאתיא מגז"ש], ב) יומא יח. חולין קלד: [תוספתא דיומא פ"א ה"ו], ג) יבמות ט., ד) [נזכר לקמן יג:], ה) שבועות כד: [כריתות ג:], ו) לעיל דף ז סע"ב, ז) לקמן ט., ח) ב:, ט) לעיל ז., י) במנחות שם.

תורה אור השלם

א) וְאִם לֹא תַגִּיעַ יָדוֹ דֵּי שֶׂה וְהֵבִיא אֶת אֲשָׁמוֹ אֲשֶׁר חָטָא שְׁתֵּי תֹרִים אוֹ שְׁנֵי בְנֵי יוֹנָה לַיְיָ אֶחָד לְחַטָּאת וְאֶחָד לְעֹלָה: [ויקרא ה, ז]

ב) וְאִם לֹא תַשִּׂיג יָדוֹ לִשְׁתֵּי תֹרִים אוֹ לִשְׁנֵי בְנֵי יוֹנָה וְהֵבִיא אֶת קָרְבָּנוֹ אֲשֶׁר חָטָא עֲשִׂירִת הָאֵפָה סֹלֶת לְחַטָּאת לֹא יָשִׂים עָלֶיהָ שֶׁמֶן וְלֹא יִתֵּן עָלֶיהָ לְבֹנָה כִּי חַטָּאת הִוא: [ויקרא ה, יא]

ג) אֲשֶׁר נָשִׂיא יֶחֱטָא וְעָשָׂה אַחַת מִכָּל מִצְוֹת יְיָ אֱלֹהָיו אֲשֶׁר לֹא תֵעָשֶׂינָה בִּשְׁגָגָה וְאָשֵׁם: [ויקרא ד, כב]

ד) וְהַכֹּהֵן הַגָּדוֹל מֵאֶחָיו אֲשֶׁר יוּצַק עַל רֹאשׁוֹ שֶׁמֶן הַמִּשְׁחָה וּמִלֵּא אֶת יָדוֹ לִלְבֹּשׁ אֶת הַבְּגָדִים אֶת רֹאשׁוֹ לֹא יִפְרָע וּבְגָדָיו לֹא יִפְרֹם: [ויקרא כא, י]

ה) זֶה קָרְבַּן אַהֲרֹן וּבָנָיו אֲשֶׁר יַקְרִיבוּ לַיְיָ בְּיוֹם הִמָּשַׁח אֹתוֹ עֲשִׂירִת הָאֵפָה סֹלֶת מִנְחָה תָּמִיד מַחֲצִיתָהּ בַּבֹּקֶר וּמַחֲצִיתָהּ בָּעָרֶב: [ויקרא ו, יג]

ו) וְכִפֶּר עָלָיו הַכֹּהֵן עַל חַטָּאתוֹ אֲשֶׁר חָטָא מֵאַחַת מֵאֵלֶּה וְנִסְלַח לוֹ וְהָיְתָה לַכֹּהֵן כַּמִּנְחָה: [ויקרא ה, יג]

ז) וְהָיָה כִי יֶאְשַׁם לְאַחַת מֵאֵלֶּה וְהִתְוַדָּה אֲשֶׁר חָטָא עָלֶיהָ: [ויקרא ה, ה]

הגהות וציונים

א] ראשונים וכת"י שידא, וכמו ביומא ובחולין: ב] "אשר יוצק על ראשו" ליתא בראשונים וכת"י וגורסים "גדלהו משל אחיו", וכמו ביומא ובחולין: ג] לפירוש ראשון ברש"י נראה שגרס "מהו מפטר פטור או דילמא מאי דהוה הוה" (מהרש"א): ד] "חייב בכולן חוץ" (ראשונים וכת"י, וכמו לעיל במשנה): ה] מאי דהוה כשהוא נשיא הוי כלומר [illegible]: ו] [illegible] (בארות המים): ז] האי (בארות המים): ח] הדאיל (בארות המים): ט] הלשון לאו דוקא. עי' רש"י לעיל [illegible]: י] [illegible]: כ] "דפטורים" ליתא במלאכת שלמה: ל] צ"ל משיח (כן העתיק מהרש"א): מ] [illegible]: נ] [illegible]: ע] [illegible]: פ] [illegible]: צ] [illegible]

עין משפט נר מצוה

כט א ב מיי' פ"ה מהלכות כלי המקדש הל"א:
ל ג מיי' פט"ו מהלכות שגגות הלכה ט:
לא ד מיי' שם פ"א הלכה ד:
לב ה מיי' שם ופט"ו הלכה א והלכה ו:
לג ו מיי' שם פ"א הלכה ד ופט"ו הלכה א:
לד ז מיי' פי"ב שם הלכה א:
לה ח מיי' שם פ"א הלכה ד:
לו ט מיי' שם פי"ב הלכה א:
לז י מיי' שם פרק ח הלכה א:
לח כ ל מיי' שם פרק ט"ו הלכה ו:
לט מ מיי' שם פרק י"ב הלכה ג:
מ נ מיי' שם פרק ט הלכה י:
מא ס מיי' שם פי"ב הלכה א:
מב ע פ מיי' שם פ"י הלכה ז ועיין שם בהשגות ובכ"מ:

תוספות הרא"ש

[שייך לדף ח:]

אין חייבין על שמיעת קול וכו'. פרש"י ז"ל אין ב"ד חייבין משום דהוו בעולה ויורד ולא הוה צריך למתני כלל דהא תני כבר אין חייבין על עשה ול"ת שבמקדש אע"ג דזדונו כרת. כ"ש שמיעת קול ובטוי שפתים. אלא משום פלוגתא דר"י הגלילי ור"ע. והרמ"ה ז"ל פי' אין חייבין קרבן עולה ויורד ולעיל אשמועי' דלא מחייבי פר בהוראה והשתא קמ"ל דלא מחייבי כל חד מנייהו קרבן עולה ויורד כדין יחידים דנפש כתיב בהו (ונפש) [ולצבור] לאו בכלל נפש נינהו. והשתא ניחא דהוי אין ב"ד חייבין דומיא דנשיא ומשיח דפטור דידהו דדריש ר' יוסי הגלילי מקראי (דלעיל) [דעו"י] דאם לא תשיג ידו היינו בקרבן עולה ויורד. וגם ר"ע דאמר נשיא חייב היינו בעו"י דאי בשעיר היינו ר"א[ו]. ועוד דר"א גופי' לא מחייב אלא בטו"מ וקדשיו וזדונו כרת. ולא נהירא לי מה שפי' שאם חטאו לצבור שאין מביאין כל א' קרבן עולה ויורד. דכיון דהוראת ב"ד לא מקריא הוראה משום דקרבנם עו"י אין הצבור נאגדין יחד ע"י הוראת ב"ד להשתנות דינם מדין יחידים. דהא (מלריך) [דמלריך] קרא לעיל בפ"ק[ס] לכל הקהל או רובו שאכלו חלב בשגגת מעשה שמביא כל אחד כשבה או שעירה. היינו משום שב"ד מביאין ע"י פר בהוראה והן פטורין. הלכך ס"ד לאוקם קרא במעוט הקהל שחטאו אבל רוב הקהל כי היכי דפטרי אהוראה פטרי נמי בשגגת מעשה. אבל הכא ליכא טעם למפטרינהו. והא דפטרו לצבור מאשם תלוי[ט] משום דלא הוה בכלל נפש. היינו היכא דהורה ב"ד דחלב הקיבה מותר ואכלו בספק חלב הקיבה ספק שומן וחזרו ב"ד מהוראתן אין הצבור מביאין אשם תלוי להגין עליהם עד שיודע להם ויביאו פר. אבל הכא דאין הוראת ב"ד הוראה בקרבן עולה ויורד. מילתא דפשיטא (להו) דכל חד מנייהו מביא קרבן עולה ויורד. הלכך לריך לפרש אין ב"ד חייבין ולא משיח על שמיעת קול כו' לא פר ולא עו"י ומילתא דפשיטא הוא דב"ד פטור דהא תני רישא על עשה ול"ת שבמקדש פטירי וגם פשיטא דלא יביאו ב"ד עו"י אבל הצבור מביאין כל א' קרבן עו"י:

[ע"כ שייך לדף ח:]

א"ל דילך או דגזא דידיה. פי' רש"י ז"ל (כו')[מ] משלך או מאוצר שלו יביא פשיטא דמשלו יביא הלכך אפילו נצטרע נמי פטור דגזא דידיה כדקאי קאי והרי אינו בא לידי עניות. ולא נהירא להרמ"ה ז"ל דאף על פי שיש לו ממון הרבה יכול לבוא לידי עניות כיון שהוא [illegible]

רש"י

'לא תגיע ידו' 'לא תשיג ידו'. דמשמע מי שבא לידי עניות ועשירות, דפעמים עני ופעמים עשיר הוא, דישנו בקרבן עולה ויורד, יצא משיח ונשיא דלעולם עשירים הם: **נשיא.** שאין על גביו שום אדון אלא ה', דהיינו מלך, ומלך לעולם עשיר הוא. **וכהן גדול** בעינן שיהא גדול מאחיו בעושר, דליהוי לעולם עשיר: **נשיא שנצטרע.** לר' ירמיה ולר' יוסי הגלילי, דעבר מנשיאותו, שאין ראוי להיות מלך כשהוא מצורע, כדאמרינן לקמן בפרק בתרא (דף י.) 'וינגע ה' את המלך ויהי מצורע עד יום מותו וישב בבית החפשית', דמשמע שנעשה חפשי ממלכותו: **מהו.** מי אמרינן פטור מקרבן עולה ויורד כשהוא נשיא, ועכשיו כשנצטרע דעבר מנשיאותו ליחייב, או דלמא מאי דהוי הוי כשהוא נשיא[ה], כלומר הואיל ונדחה ידחה[ו] כשנצטרע: ל"א, מדחא דחי להאי[ז] נשיאות מקרבן עולה ויורד לגמרי, דהואיל[ח] ונדחה ידחה אפילו כשנצטרע. או דלמא מיפטר פטר נשיאות מקרבן עולה ויורד, ובזמן דליכא נשיאות ליחייב, דהיינו משנצטרע: **א"ל.** ממאי קבעית לחיוביה לאתויי קרבן כשנצטרע, מממון שלך או מממון דגזא דידיה, הוי אומר מגזא דידיה הוא דבעי לאתויי, וכיון דמגזא דידיה קבעי אתויי, אמטו להכי פטור לגמרי מקרבן עולה ויורד, דה"ק רבי ירמיה ורבי יוסי 'יצא נשיא ומשיח שאין באין לידי עניות', האי נשיא שנצטרע נמי אינו בא לידי עניות, דגזא דידיה כדקאי קאי, הלכך פטור לגמרי: **תניא, ר"ע אומר, משיח פטור מכולם.** מקרבן עולה ויורד, דכתיב 'זה קרבן אהרן ובניו ביום המשח אותו, עשירית האיפה', דהיינו חביתי כהן משיח, דחביתין באה לו חובה ואין אחרת באה לו, דעשירית האיפה עולה ויורד לא באה לו חובה, הלכך פטור מכולם מעולה ויורד. ואמרינן לקמן דמפר לא פטר ליה ר"ע, ואיכא לתרולי דטעמא דר"ע משום דמעולה ויורד הוא דאמעיט, כדכתיב 'זה קרבן אהרן', אבל מפר לא אמעיט: **אימא כי מעטיה קרא.** לכהן משיח: **מדלי דלות.** דהיינו מעשירית האיפה, דכתיב 'זה קרבן אהרן', דאין אחרת עשירית האיפה באה לו חובה: **מדלות לא מעטיה.** דעל שמיעת קול ובטוי שפתים וטומאת מקדש וקדשיו לחייב כשבה או שעירה או תורין ובני יונה: **לא ס"ד, דכתיב.** גבי עשירית האיפה, 'וכפר עליו הכהן מאחת מאלה', דמשמע כל המתכפר באחת, כלומר בכל אחת ואחת, אפילו בעשירית האיפה, מתכפר בכולן, דישנו בעשירות ובדלות ובדלי דלות: **ושאין מתכפר באחת מהן.** כגון משיח, דודאי אין מתכפר בעשירית האיפה, דכתיב 'זה קרבן': **אין מתכפר בכולם.** דאמעיט נמי דאינו בקרבן עולה ויורד כלל: **אלא מעתה האי דכתיב 'לאחת מאלה' הכי נמי דכל דמחייב באחת.** כלומר בכל אחת ואחת, מחייב בכולן, ושאין מתחייב באחת, כגון נשיא, שאין מתחייב בשמיעת הקול, אינו חייב בכולן, כדאמר ר' יוסי הגלילי, והא חוץ משמיעת הקול קתני, דקתני 'ר"ע אומר, הנשיא חייב בכולן חוץ משמיעת הקול', דאע"ג דאין מתחייב באחת מהן מתחייב בשאר כולן: **נכתביה רחמנא להאי 'מאחת' בדלות.** בתורין ובני יונה: **אי נמי בעשירות.** דהיינו כשבה או שעירה, אלא מדכתב ביה רחמנא 'מאחת' גבי עשירית האיפה, למימרא דשאין מתחייב בעשירית האיפה אין מתחייב בכולן כלל, הלכך פטור משיח מכולן, הואיל ואין מתכפר בעשירית האיפה, דכתיב 'זה קרבן', דאין אחרת באה לו חובה: **מתני' כל המצות** שבתורה שחייבין על זדונן כרת ועל שגגתן וכו', **משיח ובי"ד מביאין פר.** כדאמרינן לעיל (דף ח.) 'נאמר כאן עליה ונאמר להלן לגלות ערותה עליה' וכו', ונשיא יליף ממצות, יחיד 'ואם נפש', ילמוד תחתון מעליון': **ובעבודת כוכבים יחיד ונשיא ומשיח מביאים שעירה.** דכתיב בפרשת שלח לך בעבודת כוכבים 'ואם נפש' וגו', וכולן בכלל נפש אחת הן[י]: **ובי"ד מביאין פר ושעיר.** כדכתיב בפרשת שלח לך, ואמר לעיל (דף ז:) יליף 'מעיני' 'מעיני', 'מה להלן בי"ד אף כאן בי"ד': **אשם תלוי, היחיד והנשיא חייבים, בית דין ומשיח פטורים.** כדאמר בריש פירקין דכתיב באשם תלוי 'וכפר הכהן על שגגתו אשר שגג', מי שחטאו ושגגתו שוה' וכו': **אשם ודאי, יחיד ונשיא ומשיח חייבין.** דכתיב באשמות 'ואם נפש'[ט], ונשיא ומשיח בכלל נפש אחת הן. והא דתנן לעיל (דף ח.) 'אין חייבים אלא על דבר שזדונו כרת ושגגתו חטאת',[י] ואשם ודאי אין שגגתו חטאת, 'וכן המשיח', הכי משמע, וכן המשיח דגבי אשם ודאי פר הוא דלא יביא, אבל אשם ודאי יביא כהדיוט: **ובי"ד פטורים.** מאשם ודאי, דפטורים[כ] לגמרי, דאינן בכלל נפש אחת: **על שמיעת קול ובטוי שפתים וטומאת מקדש וקדשיו בי"ד פטורין.** דאמר לעיל (שם:) 'אין חטאת לצבור אלא בקבועה', והני עולה ויורד נינהו: **יחיד ונשיא ומשיח חייבין.** בשמיעת קול ובטוי שפתים וטומאת מקדש וקדשיו, דכולן בכלל נפש אחת הן: **אלא שאין כ"ג משיח חייב על טומאת מקדש וקדשיו, דברי רבי שמעון.** מפרש בגמרא והוא הדין דקאמר רבי שמעון אלא שאין הנשיא חייב על שמיעת הקול, דמלך לא מעיד ולא מעידין אותו, אלא לא אצטריך ליה למיתנא, דהא תנא ליה לעיל ר"ע: **ומה הן מביאין.** נשיא בבטוי שפתים וטומאת מקדש וקדשיו, ומשיח בשמיעת קול ובטוי שפתים, **קרבן עולה ויורד: ר"א אומר, נשיא מביא שעיר.** ושלש מחלוקות בדבר, ר' יוסי הגלילי סבר נשיא ומשיח פטורין מכולן, ור"ע סבר נשיא חייב בכולן חוץ משמיעת הקול, ומשיח פטור מכולן מעולה ויורד, ור"ש סבר נשיא ומשיח חייבין בכולן בעולה ויורד, אלא שאין כ"ג ומשיח[ל] חייב על טומאת מקדש וקדשיו: **גמ' היה נותן בהן כלל: כל שהוא בעולה ויורד.** דהיינו שמיעת קול ובטוי שפתים וטומאת מקדש וקדשיו: **משיח ובי"ד פטורין.** משיח דומיא דבי"ד, מה בי"ד פטורים מכולהו, משמיעת הקול ובטוי שפתים וטומאת מקדש וקדשיו, דלצבור אין חטאתו אלא בקבועה, אף משיח פטור מכולהו:

קשיין

גמרא

א) 'לא תגיע ידו', ונאמר ב) 'לא תשיג ידו', מי שבא לידי עניות ועשירות, יצא נשיא ומשיח שאין באין לידי עניות; נשיא דכתיב ג) 'ועשה אחת מכל מצות יי אלהיו', [א]מי שאין על גביו אלא יי אלהיו; משיח דכתיב ד) 'והכהן הגדול מאחיו', [א]שהוא[א] גדול מאחיו בנוי בכח בחכמה ובעושר; אחרים אומרים, מנין שאם אין לו גדלהו משל אחיו, תלמוד לומר ד) 'והכהן הגדול מאחיו אשר יוצק על ראשו'[ב], [ב]גדלהו מאחיו. בעא מיניה רבינא מרב נחמן בר יצחק, נשיא שנצטרע מהו, מידחא דחי או מיפטר פטיר[ג]. [ג]אמר ליה, דילך או דגזא. תניא, רבי עקיבא אומר, משיח פטור מכולן. אמר רבא, מאי טעמא דרבי עקיבא; אמר קרא ה) 'זה קרבן אהרן ובניו', זו באה חובה לו ואין אחרת באה חובה לו. ואימא כי ממעט ליה רחמנא מדלי דלות, ומאי ניהו, עשירית האיפה, אבל עניות ועשירות לא מעטיה רחמנא. לא סלקא דעתא, דכתיב ו) 'וכפר עליו הכהן על חטאתו אשר חטא מאחת מאלה', המתכפר באחת מתכפר בכולן, ושאין מתכפר באחת אין מתכפר בכולן. אלא מעתה דכתיב ז) 'והיה כי יאשם לאחת מאלה' הכי נמי דכל המתחייב באחת מתחייב בכולן ושאין מתחייב באחת אין מתחייב בכולן, אלמה תנן, רבי עקיבא אומר נשיא חייב[ד] חוץ משמיעת קול. אביי ורבא דאמרי תרווייהו, 'מאחת' משמע ליה, 'לאחת' לא משמע ליה. ומאי שנא 'מאחת' דמשמע ליה. דכתביה רחמנא לבסוף גבי עשירית האיפה, למימרא דכל דמחייב בעשירית האיפה מחייב בכולן, דאי סלקא דעתא מתחייב באחת אף על פי שאין מתחייב בכולן, נכתביה להאי 'מאחת מאלה' בדלות, אי נמי בעשירות:

מתני' [ד]כל המצות שבתורה שחייבין על זדונן כרת ועל שגגתן חטאת, היחיד מביא כשבה ושעירה, [ה]והנשיא שעיר, [ו]ומשיח [ז]ובית דין מביאין פר. [ח]ובעבודת כוכבים, היחיד והנשיא והמשיח מביאין שעירה, [ט]ובית דין פר ושעיר, פר לעולה ושעיר לחטאת. אשם תלוי, [י]היחיד [כ]והנשיא חייבין, [ל]ומשיח [מ]ובית דין פטורין. [נ]אשם ודאי, היחיד והנשיא והמשיח חייבין, ובית דין פטורין. [ס]על שמיעת הקול ועל בטוי שפתים ועל טומאת מקדש וקדשיו, בית דין פטורין, [ע]והיחיד והנשיא והמשיח חייבין, אלא שאין כהן גדול משיח חייב על טומאת מקדש וקדשיו, דברי [ד]רבי שמעון; ומה הן מביאין, [פ]קרבן עולה ויורד; [ה]ר"א אומר, הנשיא מביא שעיר:

גמ' תניא, רבי שמעון היה נותן כלל, כל שהיחיד באשם תלוי, הנשיא כיוצא בו, משיח ובית דין פטורין; וכל שהוא באשם ודאי, נשיא ומשיח כיוצא בהן, ובית דין פטורין; שמיעת הקול ובטוי שפתים וטומאת מקדש וקדשיו, בית דין פטורין, נשיא ומשיח חייבין, אלא שאין הנשיא חייב בשמיעת הקול, ולא משיח בטומאת מקדש וקדשיו; כל שהוא בעולה ויורד, נשיא כיוצא בו, משיח ובית דין פטורין. הא גופא קשיא, אמרת שאין משיח חייב בטומאת מקדש וקדשיו, בטומאת מקדש וקדשיו הוא דפטור, אבל בשמיעת הקול ובטוי שפתים חייב, אימא סיפא, כל שהוא בעולה ויורד נשיא כיוצא בו, משיח ובית דין פטורין, קתני משיח ובית דין פטורין, מה בית דין פטורין מכולהון אף משיח פטור מכולהון, קשיין

[illegible]

This *daf* is dedicated *l'iluy nishmas*: Shifra bat Gloria *z"l*

ruling: **פַּר לְעוֹלָה וְשָׂעִיר לְחַטָּאת** — a bull as an *Olah*, and a goat as a *Chatas*.

אָשָׁם תָּלוּי — Regarding an *Asham Talui*, **הַיָּחִיד וְהַנָּשִׂיא חַיָּיבִין** — the individual and the king are obligated, **וּמָשִׁיחַ וּבֵית דִּין פְּטוּרִין** — and a *kohen gadol* and *beis din* are exempt.

אָשָׁם וַדַּאי — Regarding an *Asham* brought on a definite sin, **הַיָּחִיד וְהַנָּשִׂיא וְהַמָּשִׁיחַ חַיָּיבִין** — the individual, and the king, and the *kohen gadol* are obligated, **וּבֵית דִּין פְּטוּרִין** — and *beis din* is exempt.

עַל שְׁמִיעַת הַקּוֹל — For hearing a voice (one who makes a false *shevuah* that he does not know testimony), **וְעַל בִּטּוּי שְׂפָתַיִם** — and on an utterance of the lips (one who makes a false *shevuah* that he will or will not do a certain action), **וְעַל טוּמְאַת מִקְדָּשׁ וְקָדָשָׁיו** — and for defiling the Beis Hamikdash and its *korbanos*, **בֵּית דִּין פְּטוּרִין** — *beis din* is exempt, **וְהַיָּחִיד וְהַנָּשִׂיא וְהַמָּשִׁיחַ חַיָּיבִין** — and the individual, and the king, and the *kohen gadol* are obligated, **אֶלָּא שֶׁאֵין כֹּהֵן גָּדוֹל מָשִׁיחַ חַיָּיב עַל טוּמְאַת מִקְדָּשׁ וְקָדָשָׁיו** — But an anointed *kohen gadol* is not obligated to bring an *Oleh V'Yored* for defiling the Beis Hamikdash or its *korbanos*, **דִּבְרֵי רַבִּי שִׁמְעוֹן** — these are the words of Rabi Shimon. **וּמָה הֵן מְבִיאִין** — And what offering are they obligated to bring for these three *aveiros*? **קָרְבָּן עוֹלֶה וְיוֹרֵד** — A *Korban Oleh V'Yored*. **רַבִּי אֱלִעָזָר אוֹמֵר הַנָּשִׂיא מֵבִיא שָׂעִיר** — Rabi Elazar says: The king brings a goat.

In review: there are three opinions regarding *Oleh V'Yored*. Rabi Yosi Hagelili (8b) holds that a king and a *kohen gadol* do not bring any *Oleh V'Yored*.

Rabi Akiva (8b, 9a) holds that a king brings an *Oleh V'Yored* for everything besides a false *shevuah* that he does not know testimony, and a *kohen gadol* does not bring any *Oleh V'Yored*.

Rabi Shimon holds that a king and a *kohen gadol* are obligated to bring an *Oleh V'Yored*, but a *kohen gadol* does not bring one for defiling the Beis Hamikdash and its *korbanos*, and a king does not bring one for a false *shevuah* that he does not know testimony.

גְּמָרָא — GEMARA

תַּנְיָא — It is taught in a *Baraisa*: **רַבִּי שִׁמְעוֹן הָיָה נוֹתֵן כְּלָל** — Rabi Shimon would make a rule: **כֹּל שֶׁהַיָּחִיד בְּאָשָׁם תָּלוּי** — In a case where the individual is liable to bring an *Asham Talui*, **הַנָּשִׂיא כַּיּוֹצֵא בּוֹ** — the status of the king is the same as that of the individual, **מָשִׁיחַ וּבֵית דִּין פְּטוּרִין** — and a *kohen gadol* and *beis din* are exempt. **וְכֹל שֶׁהוּא בְּאָשָׁם וַדַּאי** — and for every case of an *Asham* brought for a definite sin, **נָשִׂיא וּמָשִׁיחַ כַּיּוֹצֵא בָּהֶן** — the king and the *kohen gadol* have the same status as the individual, **וּבֵית דִּין פְּטוּרִין** — but *beis din* is exempt. **שְׁמִיעַת הַקּוֹל וּבִטּוּי שְׂפָתַיִם וְטוּמְאַת מִקְדָּשׁ וְקָדָשָׁיו** — In the cases of hearing a voice (one who makes a false *shevuah* that he does not know testimony), and an utterance of the lips (one who makes a false *shevuah* that he will or will not perform some action), or defiling the Beis Hamikdash

For this *daf's shiur* and charts, scan this QR code:

א) 'לא תגיע ידו', ונאמר ב) 'לא תשיג ידו', מי שבא לידי עניות ועשירות, יצא נשיא ומשיח שאין באין לידי עניות; נשיא דכתיב ג) 'ועשה אחת מכל מצות יי אלהיו', מי שאין על גביו אלא יי אלהיו; משיח דכתיב ד) 'והכהן הגדול מאחיו', שהוא גדול מאחיו בנוי בכח בחכמה ובעושר; אחרים אומרים, מנין שאם אין לו גדלהו משל אחיו, תלמוד לומר ד) 'והכהן הגדול מאחיו אשר יוצק על ראשו', גדלהו מאחיו. בעא מיניה רבינא מרב נחמן בר יצחק, נשיא שנצטרע מהו, מידחא דחי או מיפטר פטירי. אמר ליה, דילך או דגזא. תניא, רבי עקיבא אומר, משיח פטור מכולן. אמר רבא, מאי טעמא דרבי עקיבא; אמר קרא ה) 'זה קרבן אהרן ובניו', זו באה חובה לו ואין אחרת באה חובה לו. ואימא כי ממעט ליה רחמנא מדלי דלות, ומאי ניהו, עשירית האיפה, אבל עניות ועשירות לא מעטיה רחמנא. לא סלקא דעתא, דכתיב ו) 'וכפר עליו הכהן על חטאתו אשר חטא מאחת מאלה', המתכפר באחת מתכפר בכולן, ושאין מתכפר באחת אין מתכפר בכולן. אלא מעתה דכתיב ז) 'והיה כי יאשם לאחת מאלה' הכי נמי דכל המתחייב באחת מתחייב בכולן ושאין מתחייב באחת אין מתחייב בכולן, אלמה תנן, רבי עקיבא אומר נשיא חייב חוץ משמיעת קול. אביי ורבא דאמרי תרווייהו, 'מאחת' משמע ליה, 'לאחת' לא משמע ליה. ומאי שנא 'מאחת' דמשמע ליה. דכתביה רחמנא לבסוף גבי עשירית האיפה, למימרא דכל דמחייב בעשירית האיפה מחייב בכולן, דאי סלקא דעתא מתחייב באחת אף על פי שאין מתחייב בכולן, נכתביה להאי 'מאחת מאלה' בדלות, אי נמי בעשירות: **מתני'** כל המצות שבתורה שחייבין על זדונן כרת ועל שגגתן חטאת, היחיד מביא כשבה ושעירה, והנשיא שעיר, ומשיח ובית דין מביאין פר. ובעבודת כוכבים, היחיד והנשיא והמשיח מביאין שעירה, ובית דין פר ושעיר, פר לעולה ושעיר לחטאת. אשם תלוי, היחיד והנשיא חייבין, ומשיח ובית דין פטורין. אשם ודאי, היחיד והנשיא והמשיח חייבין, ובית דין פטורין. על שמיעת הקול ועל בטוי שפתים ועל טומאת מקדש וקדשיו, בית דין פטורין, והיחיד והנשיא והמשיח חייבין, אלא שאין כהן גדול משיח חייב על טומאת מקדש וקדשיו, דברי רבי שמעון; ומה הן מביאין, קרבן עולה ויורד; ר"א אומר, הנשיא מביא שעיר: **גמ'** תניא, רבי שמעון היה נותן כלל, כל שהיחיד באשם תלוי, הנשיא כיוצא בו, משיח ובית דין פטורין; וכל שהוא באשם ודאי, נשיא ומשיח כיוצא בהן, ובית דין פטורין; שמיעת הקול ובטוי שפתים וטומאת מקדש וקדשיו, בית דין פטורין, נשיא ומשיח חייבין, אלא שאין הנשיא חייב בשמיעת הקול, ולא משיח בטומאת מקדש וקדשיו; כל שהוא בעולה ויורד, נשיא כיוצא בו, משיח ובית דין פטורין. הא גופא קשיא, אמרת שאין משיח חייב בטומאת מקדש וקדשיו הוא דפטור, אבל בשמיעת הקול ובטוי שפתים חייב, אימא סיפא, כל שהוא בעולה ויורד נשיא כיוצא בו, משיח ובית דין פטורין, קתני משיח ובית דין פטורין, מה בית דין פטורין מכולהון אף משיח פטור מכולהון, קשיין

תורה אור השלם

הגהות וציונים

תוספות הרא"ש

This *daf* is dedicated *l'iluy nishmas*: Shifra bat Gloria *z"l*

and its *korbanos*, בֵּית דִּין פְּטוּרִין — *beis din* is exempt, נָשִׂיא וּמָשִׁיחַ חַיָּיבִין — and the king and *kohen gadol* are obligated, אֶלָּא שֶׁאֵין הַנָּשִׂיא חַיָּיב בִּשְׁמִיעַת הַקּוֹל — only that a king is not obligated for a case of 'hearing a voice' because he cannot be a witness, וְלֹא מָשִׁיחַ בְּטוּמְאַת מִקְדָּשׁ וְקָדָשָׁיו — and a *kohen gadol* is not obligated for a case of defiling the Beis Hamikdash and its *korbanos*. כָּל שֶׁהוּא בְּעוֹלֶה וְיוֹרֵד — In a case where the individual is obligated to bring an *Oleh V'Yored*, נָשִׂיא כַּיּוֹצֵא בּוֹ — a king has the same status of obligation, מָשִׁיחַ וּבֵית דִּין פְּטוּרִין — and a *kohen gadol* and *beis din* are exempt.

The Gemara asks: הָא גּוּפָא קַשְׁיָא — The *Baraisa* itself is difficult. אָמְרַת שֶׁאֵין מָשִׁיחַ חַיָּיב בְּטוּמְאַת מִקְדָּשׁ וְקָדָשָׁיו — You said that a *kohen gadol* is not obligated to bring an *Oleh V'Yored* for the defilement of the Beis Hamikdash and its *korbanos*. בְּטוּמְאַת מִקְדָּשׁ וְקָדָשָׁיו הוּא דְּפָטוּר — This implies that the *kohen gadol* is exempt from *Oleh V'Yored* for defiling the Beis Hamikdash and its *korbanos*, אֲבָל בִּשְׁמִיעַת הַקּוֹל וּבִטּוּי שְׂפָתַיִם חַיָּיב — but in a case of 'hearing a voice' (one who makes a false *shevuah* that they don't know testimony), and 'an utterance of the lips' (one who makes a false *shevuah* that he did or will perform some action) he would be obligated to bring an *Oleh V'Yored*. אֵימָא סֵיפָא — Let us say the latter statement of the *Baraisa*, which will show the opposite: כֹּל שֶׁהוּא בְּעוֹלֶה וְיוֹרֵד — In any case where the individual is obligated to bring an *Oleh V'Yored*, נָשִׂיא כַּיּוֹצֵא בּוֹ — a king has the same status of obligation, מָשִׁיחַ וּבֵית דִּין פְּטוּרִין — and a *kohen gadol* and *beis din* are exempt. קָתָנֵי — he teaches in this latter statement: מָשִׁיחַ וּבֵית דִּין פְּטוּרִין — A *kohen gadol* and *beis din* are exempt. The fact that he teaches them together indicates that they have the same level of exemption: מָה בֵּית דִּין פְּטוּרִין מִכּוּלְּהוֹן — just as *beis din* is exempt from all forms of *Oleh V'Yored*, אַף מָשִׁיחַ פָּטוּר מִכּוּלְּהוֹן — so too, a *kohen gadol* is exempt from all forms of *Oleh V'Yored*.

For this *daf's shiur* and charts, scan this QR code:

מסורת הש"ס עם הוספות

א) [לקמן י. וע"ש לאחיה מנו"ח], ב) יומא יח. חולין קלז: [תוספתא דיומא ה"ו], ג) יבמות ט., ד) [זבחים לקמן יג:], ה) שבועות כד: [כריתות כ:], ו) לעיל דף ח סע"ב, ז) לקמן ט., ח) ב:, ט) לעיל ז. י) במנחות שם.

תורה אור השלם

א) ואם לא תגיע ידו די שה והביא את אשמו אשר חטא שתי תרים או שני בני יונה לה' אחד לחטאת ואחד לעלה: (ויקרא ה, ז)

ב) ואם לא תשיג ידו לשתי תרים או לשני בני יונה והביא את קרבנו אשר חטא עשירת האפה סלת לחטאת לא ישים עליה שמן ולא יתן עליה לבנה כי חטאת הוא: (ויקרא ה, יא)

ג) אשר נשיא יחטא ועשה אחת מכל מצות ה' אלהיו אשר לא תעשינה בשגגה ואשם: (ויקרא ד, כב)

ד) והכהן הגדול מאחיו אשר יוצק על ראשו שמן המשחה ומלא את ידו ללבש את הבגדים את ראשו לא יפרע ובגדיו לא יפרם: (ויקרא כא, י)

ה) זה קרבן אהרן ובניו אשר יקריבו לה' ביום המשח אתו עשירת האפה סלת מנחה תמיד מחציתה בבקר ומחציתה בערב: (ויקרא ו, יג)

ו) וכפר עליו הכהן על חטאתו אשר חטא מאחת מאלה ונסלח לו והיתה לכהן כמנחה: (ויקרא ה, יג)

ז) והיה כי יאשם לאחת מאלה והתודה אשר חטא עליה: (ויקרא ה, ה)

הגהות וציונים

[illegible]

עין משפט נר מצוה

כט א ב מיי' פ"ה מהלכות כלי המקדש הל"ח:
ל ג מיי' פט"ו מהלכות שגגות הלכה ט:
לא ד מיי' שם פ"א הלכה ז:
לב ה מיי' שם ופט"ו הלכה ו והלכה ו:
לג ו מיי' שם פ"ב הלכה ד ופט"ו הלכה ח:
לד ז מיי' פי"ב שם הלכה א:
לה ח מיי' שם פ"ב הלכה ח:
לו ט מיי' שם פ"ח הלכה ב:
לז י מיי' שם פרק ח הלכה ג:
לח כ ל מיי' שם פרק ט"ו הלכה ו:
לט מ מיי' שם פרק י"ב הלכה ג:
מ נ מיי' שם פרק ט הלכה י:
מא ס מיי' שם פ"ג הלכה ח:
מב ע פ מיי' שם פרק ט הלכה ז ועיין שם בהשגות ובכ"מ:

תוספות הרא"ש

[illegible]

א) 'לא תגיע ידו', ונאמר ב) 'לא תשיג ידו', מי שבא לידי עניות ועשירות, יצא נשיא ומשיח שאין באין לידי עניות; נשיא דכתיב ג) 'ועשה אחת מכל מצות ה' אלהיו', מי שאין על גביו אלא ה' אלהיו; משיח דכתיב ד) 'והכהן הגדול מאחיו', שהוא גדול מאחיו בנוי בכח בחכמה ובעושר; אחרים אומרים, מנין שאם אין לו גדלהו משל אחיו, תלמוד לומר ד) 'והכהן הגדול מאחיו אשר יוצק על ראשו', גדלהו מאחיו. בעא מיניה רבינא מרב נחמן בר יצחק, נשיא שנצטרע מהו, מידחא דחי או מיפטר פטירי. אמר ליה, דילך או דגזא. תניא, רבי עקיבא אומר, משיח פטור מכולן. אמר רבא, מאי טעמא דרבי עקיבא; אמר קרא ה) 'זה קרבן אהרן ובניו', זו באה חובה לו ואין אחרת באה חובה לו. ואימא כי ממעט ליה רחמנא מדלי דלות, ומאי ניהו, עשירית האיפה, אבל עניות ועשירות לא מעטיה רחמנא. לא סלקא דעתא, דכתיב ו) 'וכפר עליו הכהן על חטאתו אשר חטא מאחת מאלה', המתכפר באחת מתכפר בכולן, ושאין מתכפר באחת אין מתכפר בכולן. אלא מעתה דכתיב ז) 'והיה כי יאשם לאחת מאלה' הכי נמי דכל המתחייב באחת מתחייב בכולן ושאין מתחייב באחת אין מתחייב בכולן, אלמה תנן, רבי עקיבא אומר נשיא חייב חוץ משמיעת קול. אביי ורבא דאמרי תרווייהו, 'מאחת' משמע ליה, 'לאחת' לא משמע ליה. ומאי שנא 'מאחת' דמשמע ליה. דכתביה רחמנא לבסוף גבי עשירית האיפה, למימרא דכל דמחייב בעשירית האיפה מחייב בכולן, דאי סלקא דעתא מתחייב באחת אף על פי שאין מתחייב בכולן, נכתביה להאי 'מאחת מאלה' בדלות, אי נמי בעשירות:

מתני' כל המצות שבתורה שחייבין על זדונן כרת ועל שגגתן חטאת, היחיד מביא כשבה ושעירה, והנשיא שעיר, ומשיח ובית דין מביאין פר. ובעבודת כוכבים, היחיד והנשיא והמשיח מביאין שעירה, ובית דין פר ושעיר, פר לעולה ושעיר לחטאת. אשם תלוי, היחיד והנשיא חייבין, ומשיח ובית דין פטורין. אשם ודאי, היחיד והנשיא והמשיח חייבין, ובית דין פטורין. על שמיעת הקול ועל בטוי שפתים ועל טומאת מקדש וקדשיו, בית דין פטורין, והיחיד והנשיא והמשיח חייבין, אלא שאין כהן גדול משיח חייב על טומאת מקדש וקדשיו, דברי רבי שמעון; ומה הן מביאין, קרבן עולה ויורד; ר"א אומר, הנשיא מביא שעיר:

גמ' תניא, רבי שמעון היה נותן כלל, כל שהיחיד באשם תלוי, הנשיא כיוצא בו, משיח ובית דין פטורין; וכל שהוא באשם ודאי, נשיא ומשיח כיוצא בהן, ובית דין פטורין; שמיעת הקול ובטוי שפתים וטומאת מקדש וקדשיו, בית דין פטורין, נשיא ומשיח חייבין, אלא שאין הנשיא חייב בשמיעת הקול, ולא משיח בטומאת מקדש וקדשיו; כל שהוא בעולה ויורד, נשיא כיוצא בו, משיח ובית דין פטורין. הא גופא קשיא, אמרת שאין משיח חייב בטומאת מקדש וקדשיו, בטומאת מקדש וקדשיו הוא דפטור, אבל בשמיעת הקול ובטוי שפתים חייב, אימא סיפא, כל שהוא בעולה ויורד נשיא כיוצא בו, משיח ובית דין פטורין, קתני משיח ובית דין פטורין, מה בית דין פטורין מכולהון אף משיח פטור מכולהון,

קשיין

רש"י

לא תגיע ידו' 'לא תשיג ידו'. דמשמע מי שבא לידי עניות ועשירות, דפעמים עני ופעמים עשיר הוא, דישנו בקרבן עולה ויורד, יצא משיח ונשיא דלעולם עשירים הם: נשיא. שאין על גביו שום אדון אלא ה', דהיינו מלך, ומלך לעולם עשיר הוא. ולכהן גדול בעינן שיהא גדול מאחיו בעושר, דליהוי לעולם עשיר:

נשיא שנצטרע. לר' ירמיה ולר' יוסי הגלילי, דעבר מנשיאותו, שאין ראוי להיות מלך כשהוא מצורע, כדאמרינן לקמן בפרק בתרא (דף י.) 'וינגע ה' את המלך ויהי מצורע עד יום מותו וישב בבית החפשית', דמשמע שנעשה חפשי ממלכותו: מהו. מי אמרינן פטור מקרבן עולה ויורד כשהוא נשיא, ועכשיו כשנצטרע דעבר מנשיאותו ליחייב, או למאי דהוי הוי כשהוא נשיא, כלומר הואיל ונדחה ידחה כשנצטרע: ל"א, מדחא דחי להאי נשיאות מקרבן עולה ויורד לגמרי, דהואיל ונדחה ידחה אפילו כשנצטרע. או דלמא מיפטר פטר נשיאות מקרבן עולה ויורד, ובזמן דליכא נשיאות ליחייב, דהיינו משנצטרע: א"ל. ממאי קבעית לחיוביה לאתויי קרבן כשנצטרע, מממון שלך או מממון דגזא דידיה, הוי אומר מגזא דידיה הוא דבעי לאתויי, וכיון דמגזא דידיה קבעי אתויי, אמטו להכי פטור לגמרי מקרבן עולה ויורד, דה"ק רבי ירמיה ורבי יוסי 'יצא נשיא ומשיח שאין באין לידי עניות', האי נשיא שנצטרע נמי איתו בא לידי עניות, דגזא דידיה כדקאי קאי, הלכך פטור לגמרי: תניא, ר"ע אומר, משיח פטור מכולם. מקרבן עולה ויורד, דכתיב 'זה קרבן אהרן ובניו ביום המשח אותו, עשירית האיפה', דהיינו חביתי כהן משיח, דחביתין באה לו חובה ואין אחרת באה לו, דעשירית האיפה עולה ויורד לא באה לו חובה, הלכך פטור מכולם מעולה ויורד. ואמרינן לקמן דמפר לא פטר ליה ר"ע, ואיכא לתרוצי דטעמא דר"ע משום דמעולה ויורד הוא דאמעיט, כדכתיב 'זה קרבן אהרן', אבל מפר לא אמעיט: אימא כי מעטיה קרא. לכהן משיח: מדלי דלות. דהיינו מעשירית האיפה, דכתיב 'זה קרבן אהרן', דאין אחרת עשירית האיפה באה לו חובה: מדלות לא מעטיה. דעל שמיעת קול ובטוי שפתים וטומאת מקדש וקדשיו לחייב כשבה או שעירה או תורין ובני יונה: לא ס"ד, דכתיב. גבי עשירית האיפה, 'וכפר עליו הכהן מאחת מאלה', דמשמע כל המתכפר באחת, כלומר בכל אחת ואחת, אפילו בעשירית האיפה, מתכפר בכולן, דישנו בעשירות ובדלות ובדלי דלות: ושאין מתכפר באחת מהן. כגון משיח, דודאי אין מתכפר בעשירית האיפה, דכתיב 'זה קרבן': אין מתכפר בכולם. דאמעיט נמי דאינו בקרבן עולה ויורד כלל: אלא מעתה האי דכתיב 'לאחת מאלה' הכי נמי דכל דמחייב באחת. כלומר בכל אחת ואחת, מחייב בכולן, ושאין מתחייב באחת, כגון נשיא, שאין מתחייב בשמיעת הקול, איתו חייב בכולן, כדאמר ר' יוסי הגלילי, והא חוץ משמיעת הקול קתני, דקתני 'ר"ע אומר, הנשיא חייב בכולן חוץ משמיעת הקול', דאע"ג דאין מתחייב באחת מהן מתחייב בשאר כולן: נכתביה רחמנא להאי 'מאחת' בדלות. בתורין ובני יונה: אי נמי בעשירות. דהיינו כשבה או שעירה, אלא מדכתב ביה רחמנא 'מאחת' גבי עשירית האיפה, למימרא דשאין מתחייב בעשירית האיפה אין מתחייב בכולן כלל, הלכך פטור משיח מכולן, הואיל ואין מתכפר בעשירית האיפה, דכתיב 'זה קרבן', דאין אחרת באה לו חובה: **מתני'** כל המצות שבתורה שחייבין על זדונן כרת ועל שגגתן וכו', משיח וב"ד מביאין פר. כדאמרינן לעיל (דף ח.) 'נאמר כאן עליה ונאמר להלן לגלות ערותה עליה' וכו', ונשיא יליף ממצות, יחיד 'ואם נפש', ילמוד תחתון מעליון': ובעבודת כוכבים יחיד ונשיא ומשיח מביאים שעירה. דכתיב בפרשת שלח לך בעבודת כוכבים 'ואם נפש' וגו', וכולן בכלל נפש אחת הן: ובי"ד מביאין פר ושעיר. כדכתיב בפרשת שלח לך, ואמר לעיל (דף ז:) יליף 'מעיני' 'מעיני', 'מה להלן בי"ד אף כאן בי"ד': אשם תלוי, היחיד והנשיא חייבים, בית דין ומשיח פטורים. כדאמר בריש פירקין דכתיב באשם תלוי 'וכפר הכהן על שגגתו אשר שגג, מי שחטאו ושגגתו שוה' וכו': אשם ודאי, יחיד ונשיא ומשיח חייבין. דכתיב באשמות 'ואם נפש', ונשיא ומשיח בכלל נפש אחת הן. והא דתנן לעיל (דף ח.) 'אין חייבים אלא על דבר שזדונו כרת ושגגתו חטאת', ואשם ודאי אין שגגתו חטאת, 'וכן המשיח', הכי משמע, וכן המשיח דגבי אשם ודאי פר הוא דלא יביא, אבל אשם ודאי יביא כהדיוט: ובי"ד פטורים. מאשם ודאי, דפטורים לגמרי, דאינן בכלל נפש אחת: על שמיעת קול ובטוי שפתים וטומאת מקדש וקדשיו בי"ד פטורין. דאמר לעיל (שם:) 'אין חטאת לצבור אלא בקבועה', והני עולה ויורד נינהו: יחיד ונשיא ומשיח חייבין. בשמיעת קול ובטוי שפתים וטומאת מקדש וקדשיו, דכולן בכלל נפש אחת הן: אלא שאין כ"ג משיח חייב על טומאת מקדש וקדשיו, דברי רבי שמעון. מפרש בגמרא והוא הדין דקאמר רבי שמעון אלא שאין הנשיא חייב על שמיעת הקול, דמלך לא מעיד ולא מעידין אותו, אלא לא אצטריך ליה למיתנא, דהא תנא ליה לעיל ר"ע: ומה הן מביאין. נשיא בבטוי שפתים וטומאת מקדש וקדשיו, ומשיח בשמיעת קול ובטוי שפתים, קרבן עולה ויורד: ר"א אומר, נשיא מביא שעיר. ושלש מחלוקות בדבר, ר' יוסי הגלילי סבר נשיא ומשיח פטורין מכולן, ור"ע סבר נשיא חייב בכולן חוץ משמיעת הקול, ומשיח פטור מכולן מעולה ויורד, ור"ש סבר נשיא ומשיח חייבין בכולן בעולה ויורד, אלא שאין כ"ג ומשיח חייב על טומאת מקדש וקדשיו: **גמ'** היה נותן בהן כלל: כל שהוא בעולה ויורד. דהיינו שמיעת קול ובטוי שפתים וטומאת מקדש וקדשיו: משיח ובי"ד פטורין. משיח דומיא דבי"ד, מה בי"ד פטורים מכולהו, משמיעת הקול ובטוי שפתים וטומאת מקדש וקדשיו, דלצבור אין חטאתו אלא בקבועה, אף משיח פטור מכולהו:

[illegible]

This *daf* is dedicated *l'iluy nishmas*: Shifra bat Gloria *z"l*

עין משפט
נר מצוה

א א מיי' פט"ו מהלכות שגגות הלכה ז סמג עשין ריז:
ב ב מיי' שם הלכה ט סמג שם:
ג ג מיי' שם הלכה ז:
ד ד מיי' שם הלכה ט:

קַשְׁיָין אַהֲדָדֵי. אָמַר רַב הוּנָא בְּרֵיהּ דְּרַב יְהוֹשֻׁעַ, לָא קַשְׁיָא, כָּאן בְּדַלּוּת כָּאן בְּדַלֵּי דַלּוּת, וְרַבִּי שִׁמְעוֹן סָבַר לָהּ כְּרַבִּי עֲקִיבָא בַּחֲדָא וּפְלִיג עֲלֵיהּ בַּחֲדָא, סָבַר לָהּ כְּרַבִּי עֲקִיבָא בְּדַלֵּי דַלּוּת דְּפָטוּר, וּפְלִיג עֲלֵיהּ בְּדַלּוּת: **אֶלָּא שֶׁאֵין כֹּהֵן גָּדוֹל חַיָּיב כו'**: אָמַר חִזְקִיָּה, מַאי טַעְמָא דְּרַבִּי שִׁמְעוֹן, דִּכְתִיב [א] 'וְנִכְרְתָה הַנֶּפֶשׁ הַהִיא מִתּוֹךְ הַקָּהָל', מִי שֶׁקָּרְבָּנוֹ שָׁוֶה לַקָּהָל, יָצָא זֶה שֶׁאֵין קָרְבָּנוֹ שָׁוֶה לַקָּהָל. אִם כֵּן, נָשִׂיא נַמִּי אֵין קָרְבָּנוֹ שָׁוֶה לַקָּהָל. שָׁוֶה בְּכַפָּרָה דְּיוֹם הַכִּפּוּרִים. אִם כֵּן כֹּהֲנִים נַמִּי לָא שָׁווּ לַקָּהָל בְּכַפָּרָה דְּיוֹם הַכִּפּוּרִים. כֹּהֲנִים שָׁווּ לַקָּהָל בִּשְׁאָר מִצְוֹת דְּשָׁנָה כּוּלָּהּ. מָשִׁיחַ נַמִּי הָא שָׁוֶה בִּשְׁאָר מִצְוֹת דְּשָׁנָה. אֶלָּא אָמַר רָבָא, אֵימָא הָכִי, מִי שֶׁחַטָּאתוֹ שָׁוֶה לַיְחִידִים, וּמַאי נִיהוּ, קָהָל: **רַבִּי אֱלִיעֶזֶר אוֹמֵר, הַנָּשִׂיא מֵבִיא שָׂעִיר וְכוּ'**[ה]: אָמַר רַבִּי יוֹחָנָן, לֹא אָמַר רַבִּי אֱלִיעֶזֶר אֶלָּא בְּטוּמְאַת מִקְדָּשׁ וְקָדָשָׁיו, הוֹאִיל וְנֶאֱמַר[י] כָּרֵת בּוֹ כִּבְקְבוּעָה. אָמַר רַב פָּפָּא, הָכִי נַמִּי מִסְתַּבְּרָא, דְּאִי סָלְקָא דַּעְתָּא רַבִּי אֱלִיעֶזֶר עַל כּוּלְּהוֹן קָאָמַר, מִכְּדֵי שְׂעִיר נָשִׂיא וּפַר מָשִׁיחַ בִּמְקוֹם יָחִיד לְחַטָּאת קָאֵי, נִיתְנֵי נַמִּי מָשִׁיחַ מֵבִיא פַּר בִּשְׁמִיעַת קוֹל וּבִטּוּי שְׂפָתַיִם, אֶלָּא מִדְּלָא קָתָנֵי מָשִׁיחַ, שְׁמַע מִינָּהּ אַטּוּמְאַת מִקְדָּשׁ וְקָדָשָׁיו קָאֵי, דְּמָשִׁיחַ פָּטוּר. אָמַר לֵיהּ רַב הוּנָא בְּרֵיהּ דְּרַב נָתָן לְרַב פָּפָּא, מִמַּאי, דִּלְמָא רַבִּי אֱלִיעֶזֶר אַכּוּלְּהוֹן קָאֵי, וּבְמָשִׁיחַ סָבַר לָהּ כְּרַבִּי עֲקִיבָא דְּאָמַר מָשִׁיחַ פָּטוּר בְּכוּלָּן. אָמַר לֵיהּ, וְרַבִּי עֲקִיבָא מִי פָּטַר לֵיהּ מִפַּר[ג]; [ה] וְתוּ לָא מִידֵי. אָמַר רַבִּי יוֹחָנָן, מוֹדֶה רַבִּי אֱלִיעֶזֶר שֶׁאֵין מֵבִיא אָשָׁם[ד]. תָּנֵי תַּנָּא קַמֵּיהּ דְּרַב שֵׁשֶׁת, אָשָׁם תָּלוּי בָּא עַל טוּמְאַת מִקְדָּשׁ וְקָדָשָׁיו; אָמַר לֵיהּ, דְּאָמַר לָךְ מַנִּי, רַבִּי אֱלִיעֶזֶר הִיא, דְּאָמַר הוֹאִיל וְנֶאֱמַר בּוֹ כָּרֵת כִּבְקְבוּעָה מַיְיתֵי נָשִׂיא שָׂעִיר עָלֶיהָ, וְהָא אָמַר רַבִּי יוֹחָנָן, מוֹדֶה רַבִּי אֱלִיעֶזֶר שֶׁאֵין מֵבִיא אָשָׁם תָּלוּי. קַשְׁיָא:

הַדְרָן עֲלָךְ הוֹרָה כֹּהֵן מָשִׁיחַ

כֹּהֵן [א] מָשִׁיחַ שֶׁחָטָא וְאַחַר כָּךְ עָבַר מִמְּשִׁיחוּתוֹ, [ב] וְכֵן נָשִׂיא שֶׁחָטָא וְאַחַר כָּךְ עָבַר מִגְּדוּלָּתוֹ, כֹּהֵן מָשִׁיחַ מֵבִיא פַּר, וְהַנָּשִׂיא מֵבִיא שָׂעִיר. [ה] מָשִׁיחַ שֶׁעָבַר מִמְּשִׁיחוּתוֹ וְאַחַר כָּךְ חָטָא, וְכֵן הַנָּשִׂיא שֶׁעָבַר מִגְּדוּלָּתוֹ וְאַחַר כָּךְ חָטָא, [ג] כֹּהֵן מָשִׁיחַ מֵבִיא פַּר, [ד] וְהַנָּשִׂיא כְּהֶדְיוֹט:
גמ' הַשְׁתָּא יֵשׁ לוֹמַר עָבַר מִמְּשִׁיחוּתוֹ וְאַחַר

קַשְׁיָין אַהֲדָדֵי. דְּקָתָנֵי אֶלָּא שֶׁאֵין מָשִׁיחַ [חַיָּיב] אַטּוּמְאַת מִקְדָּשׁ וְקָדָשָׁיו, הָא בִּשְׁמִיעַת קוֹל וּבִטּוּי שְׂפָתַיִם חַיָּיב: בְּדַלֵּי דַלּוּת. [ו] מָשִׁיחַ פָּטוּר מִכּוּלְּהוּ, כִּדְכְתִיב 'זֶה קָרְבַּן אַהֲרֹן' דְּאֵין אַחֶרֶת בָּאָה לוֹ חוֹבָה, וְהַאי דְּקָאָמַר דְּמָשִׁיחַ חַיָּיב בִּשְׁמִיעַת קוֹל וּבִטּוּי שְׂפָתַיִם, כְּגוֹן בְּדַלּוּת, בְּתוֹרִין וּבְנֵי יוֹנָה, שֶׁעֲדַיִין לֹא בָּא לְדַלֵּי דַלּוּת: דְּר"ש סָבַר לָהּ כְּר"ע בַּחֲדָא. דְּפָטַר לֵיהּ לְמָשִׁיחַ מִדַּלֵּי דַלּוּת מִ'זֶּה קָרְבַּן אַהֲרֹן וּבָנָיו': וּפְלִיג עֲלֵיהּ בַּחֲדָא. בְּדַלּוּת, דְּאִילּוּ ר"ע פָּטַר לֵיהּ נַמִּי בְּדַלּוּת, דְּקָאָמַר 'שֶׁאֵין מִתְכַּפֵּר בַּעֲשִׂירִית הָאֵיפָה אֵין מִתְכַּפֵּר בְּכוּלָּן', וּלְר"ש בְּדַלֵּי דַלּוּת הוּא דְּאֵין מִתְכַּפֵּר, הָא בְּדַלּוּת וַעֲשִׁירוּת מִתְכַּפֵּר: מ"ט דְּר' שִׁמְעוֹן. דְּאָמַר וְלֹא מָשִׁיחַ אֵינוֹ חַיָּיב בְּטוּמְאַת מִקְדָּשׁ וְקָדָשָׁיו: דִּכְתִיב. בְּטוּמְאַת מִקְדָּשׁ וְקָדָשָׁיו 'וְנִכְרְתָה הַנֶּפֶשׁ הַהִיא מִתּוֹךְ הַקָּהָל': מִי שֶׁקָּרְבָּנוֹ שָׁוֶה לַקָּהָל. דְּמִתְכַּפֵּר בְּשֶׁל קָהָל, הוּא דְּחַיָּיב בְּטוּמְאַת מִקְדָּשׁ וְקָדָשָׁיו: יָצָא. מָשִׁיחַ שֶׁאֵין קָרְבָּנוֹ שָׁוֶה, דְּאֵין מִתְכַּפֵּר בְּשֶׁל קָהָל בְּכַפָּרַת יוה"כ, דְּהוּא מִתְכַּפֵּר בְּפַר וְהֵם בְּשָׂעִיר[ז]: א"כ נָשִׂיא נַמִּי אֵין קָרְבָּנוֹ שָׁוֶה לַקָּהָל. דְּהוּא מֵבִיא שָׂעִיר וְהֵם מִתְכַּפְּרִין בְּפַר בִּשְׁאָר יְמוֹת הַשָּׁנָה, וְאַמַּאי קָתָנֵי 'הַמָּשִׁיחַ'[ח] לְחוּדֵיהּ פָּטוּר בְּטוּמְאַת מִקְדָּשׁ וְקָדָשָׁיו, וְלֹא נָשִׂיא וְיָחִיד: וּמְשַׁנֵּי, הָא לָאו מִילְּתָא הִיא, מִשּׁוּם דְּהָא שָׁוֶה לַקָּהָל בְּכַפָּרַת יוה"כ: אִי הָכִי, כֹּהֲנִים נַמִּי הָא לָא שָׁווּ לַקָּהָל בְּכַפָּרָה דְּיוה"כ. דְּמִתְכַּפְּרִין בְּפָרוֹ שֶׁל אַהֲרֹן, וְלִיפָּטְרוּ בְּטוּמְאַת מִקְדָּשׁ וְקָדָשָׁיו: הָא לָא קַשְׁיָא, מִשּׁוּם דְּכֹהֲנִים שָׁווּ לַקָּהָל בִּשְׁאָר מִצְוֹת דְּשָׁנָה כּוּלָּהּ. דְּמִתְכַּפְּרֵי עִם הַצִּבּוּר בְּפַר הַבָּא עַל כָּל הַמִּצְוֹת, הִלְכָּךְ חַיָּיבִין בְּטוּמְאַת מִקְדָּשׁ וְקָדָשָׁיו: כֹּהֵן מָשִׁיחַ נַמִּי הָא שָׁוֶה לַקָּהָל בִּשְׁאָר מִצְוֹת. דְּכָל הַשָּׁנָה כּוּלָּהּ, דְּכִי הוֹרָה עִם הַצִּבּוּר מִתְכַּפֵּר עִם הַצִּבּוּר, וְלִיחַיַּיב בְּטוּמְאַת מִקְדָּשׁ וְקָדָשָׁיו: אֶלָּא אָמַר רָבָא אֵימָא הָכִי. 'מִתּוֹךְ הַקָּהָל', מִי שֶׁחֶטְאוֹ שָׁוֶה לַיְחִידִים, דְּמִחַיְּיבֵי[ט] בְּשִׁגְגַת מַעֲשֶׂה כִּיחִידִים, דִּיחִידִים שֶׁחָטְאוּ בְּשִׁגְגַת מַעֲשֶׂה מַיְיתֵי כָּל חַד, וּמַאן יְחִידִים, קָהָל[י], דְּכִי חָטְאוּ קָהָל בְּשִׁגְגַת מַעֲשֶׂה לְחוּדֵיהּ בְּלֹא הֶעְלֵם דָּבָר מַיְיתוּ כָּל חַד קָרְבָּן, דְּאוֹתָן הַשָּׁוֶה[יא] לַיְחִידִים בְּדָבָר זֶה הוּא דְּמִחַיְּיבֵי בְּטוּמְאַת מִקְדָּשׁ וְקָדָשָׁיו, יָצָא מָשִׁיחַ שֶׁאֵין חֶטְאוֹ שָׁוֶה לַיָּחִיד, דְּכִי חָטָא בְּשִׁגְגַת מַעֲשֶׂה בְּלֹא הֶעְלֵם דָּבָר פָּטוּר לְגַמְרֵי, כִּדְאָמְרִינַן לְקַמָּן בְּפֶרֶק בָּתְרָא (דף יא.) 'מֵעַם הָאָרֶץ, פְּרָט לְמָשִׁיחַ' דְּאֵין מֵבִיא בְּשִׁגְגַת מַעֲשֶׂה, וְהַיְינוּ דְּאָמְרִינַן לְעֵיל (דף ז:) 'יָצָא מָשִׁיחַ שֶׁאֵין חֶטְאוֹ בִּשְׁגָגָה', וְכֵיוָן דְּאֵין חֶטְאוֹ שָׁוֶה לַיָּחִיד, לְפִיכָךְ פָּטוּר בְּטוּמְאַת מִקְדָּשׁ וְקָדָשָׁיו: א"ר יוֹחָנָן, לֹא א"ר אֱלִיעֶזֶר. דְּנָשִׂיא מֵבִיא שָׂעִיר בִּידִיעָה[יב] בִּמְקוֹם עוֹלֶה וְיוֹרֵד: אֶלָּא בְּטוּמְאַת מִקְדָּשׁ וְקָדָשָׁיו, הוֹאִיל וְנֶאֱמַר בּוֹ כָּרֵת כִּבְקְבוּעָה. כְּלוֹמַר כְּבְחַטָּאת קְבוּעָה, דְּקָסָבַר ר"א דְּכִי הֵיכִי דְּבִמְקוֹם שֶׁחַיָּיבִים עַל זְדוֹנוֹ כָּרֵת וְעַל שִׁגְגָתוֹ חַטָּאת, דְּהַיְינוּ בִּמְקוֹם חַטָּאת קְבוּעָה, נָשִׂיא מֵבִיא שָׂעִיר, ה"נ הֵיכָא דְּחַיָּיב לָהּ עַל זְדוֹנוֹ כָּרֵת וְעַל שִׁגְגָתוֹ עוֹלֶה וְיוֹרֵד מֵבִיא שָׂעִיר, הוֹאִיל וְדָמֵי לְחַטָּאת קְבוּעָה לְעִנְיַן כָּרֵת, אֲבָל בִּשְׁמִיעַת קוֹל וּבִטּוּי שְׂפָתַיִם דְּאֵין חַיָּיבִין עַל זְדוֹנוֹ כָּרֵת, דְּלָא דָּמֵי לְחַטָּאת קְבוּעָה לֹא בְּזָדוֹן וְלֹא בְּשׁוֹגֵג, מוֹדֶה ר' אֱלִיעֶזֶר דְּנָשִׂיא אֵין מֵבִיא שָׂעִיר, אֶלָּא קָרְבָּן עוֹלֶה וְיוֹרֵד כְּהֶדְיוֹט: אָמַר רַב פָּפָּא, הָכִי נַמִּי מִסְתַּבְּרָא, דְּאִי ס"ד רַבִּי אֱלִיעֶזֶר. דְּאָמַר נָשִׂיא מֵבִיא שָׂעִיר, אַכּוּלְּהוּ, שְׁמִיעַת קוֹל וּבִטּוּי שְׂפָתַיִם וְטוּמְאַת מִקְדָּשׁ וְקָדָשָׁיו: מִכְּדֵי שָׂעִיר. דְּנָשִׂיא, בִּמְקוֹם חַטָּאת קְבוּעָה דְּיָחִיד קָאֵי, וְהוּא הַדִּין לְפַר כֹּהֵן מָשִׁיחַ דְּבִמְקוֹם חַטָּאת קְבוּעָה דְּיָחִיד קָאֵי, וּכְדִתְנַן 'כָּל מִצְוֹת שֶׁבַּתּוֹרָה שֶׁחַיָּיבִין עַל זְדוֹנָן כָּרֵת וְעַל שִׁגְגָתָן חַטָּאת', דְּהַיְינוּ חַטָּאת קְבוּעָה, 'יָחִיד מֵבִיא כִּשְׂבָּה אוֹ שְׂעִירָה, וְנָשִׂיא מֵבִיא שָׂעִיר, וּמָשִׁיחַ פַּר', וְכֵיוָן דְּשָׂעִיר דְּנָשִׂיא וּפַר כֹּהֵן מָשִׁיחַ בִּמְקוֹם חַטָּאת קְבוּעָה דְּיָחִיד קַיְימֵי, אִי אָמְרַתְּ אַכּוּלְּהוּ קָאָמַר ר"א דְּנָשִׂיא מֵבִיא שָׂעִיר אע"ג דְּלֵית בְּהוּ כָּרֵת כִּבְקְבוּעָה: נִיתְנֵי נַמִּי מָשִׁיחַ מֵבִיא פַּר בִּשְׁמִיעַת קוֹל וּבִטּוּי שְׂפָתַיִם. כִּי דִּינֵיהּ, אע"ג דְּלֵית בְּהוּ כָּרֵת כִּבְקְבוּעָה: אֶלָּא לָאו. מִדְּלָא קָתָנֵי הָכִי, ש"מ דְּאַטּוּמְאַת מִקְדָּשׁ וְקָדָשָׁיו קָאָמַר ר' אֱלִיעֶזֶר דְּנָשִׂיא מֵבִיא שְׂעִירָה[יג], הוֹאִיל וְנֶאֱמַר בּוֹ כָּרֵת כִּבְקְבוּעָה, וְהַאי דְּלָא קָתָנֵי 'וּמָשִׁיחַ מֵבִיא פַּר בְּטוּמְאַת מִקְדָּשׁ וְקָדָשָׁיו הוֹאִיל וְנֶאֱמַר בּוֹ כָּרֵת כִּבְקְבוּעָה', מִשּׁוּם דְּמָשִׁיחַ פָּטוּר לְגַמְרֵי בְּטוּמְאַת מִקְדָּשׁ וְקָדָשָׁיו, דְּסָבַר לָהּ כְּר"ש דְּפוֹטֵר: א"ל רַב הוּנָא בְּרֵיהּ דְּרַב נָתָן לְרַב פָּפָּא, וּמִמַּאי, דִּלְמָא ר"א אַכּוּלְּהוּ קָאֵי. דְּנָשִׂיא מֵבִיא שָׂעִיר אֲפִילּוּ שֶׁלֹּא בִּמְקוֹם כָּרֵת, וְהַאי דְּלָא קָתָנֵי נַמִּי 'מָשִׁיחַ מֵבִיא פַּר בְּטוּמְאַת מִקְדָּשׁ וְקָדָשָׁיו וּבִשְׁמִיעַת קוֹל וּבִטּוּי שְׂפָתַיִם', מִשּׁוּם דְּבְמָשִׁיחַ סָבַר לָהּ כְּר"ע דְּאָמַר מָשִׁיחַ פָּטוּר מִכּוּלָּן מִשְּׁמִיעַת קוֹל וּבִטּוּי שְׂפָתַיִם, וּלְעוֹלָם אַכּוּלְּהוּ קָאֵי ר"א דְּנָשִׂיא מֵבִיא שָׂעִיר: א"ל, ר"ע מִי פָּטַר נַמִּי לְמָשִׁיחַ מִפַּר, (דִּלְמָא[יד]) כִּי קָאָמַר ר' עֲקִיבָא מָשִׁיחַ פָּטוּר מִכּוּלָּן, מִטּוּמְאַת מִקְדָּשׁ וְקָדָשָׁיו וּשְׁמִיעַת קוֹל וּבִטּוּי שְׂפָתַיִם, כְּגוֹן לְהָבִיא קָרְבָּן עוֹלֶה וְיוֹרֵד, אֲבָל לְהָבִיא פַּר מְחַיֵּיב, וְכֵיוָן דִּמְחַיֵּיב בְּפַר א"כ נִיתְנֵי נַמִּי ר"א מָשִׁיחַ מֵבִיא פַּר בִּשְׁמִיעַת קוֹל וּבִטּוּי שְׂפָתַיִם, אֶלָּא מִדְּלָא קָתָנֵי הָכִי, ש"מ דְּאַטּוּמְאַת מִקְדָּשׁ וְקָדָשָׁיו קָאֵי רַבִּי אֱלִיעֶזֶר דְּנָשִׂיא מֵבִיא שָׂעִיר, הוֹאִיל וְנֶאֱמַר בּוֹ כָּרֵת כִּבְקְבוּעָה, וְהָא דְּלָא קָתָנֵי וּמָשִׁיחַ מֵבִיא פַּר בְּטוּמְאַת מִקְדָּשׁ וְקָדָשָׁיו, מִשּׁוּם דְּסָבַר לָהּ כְּר"ש דְּאָמַר דְּאֵין כֹּהֵן מָשִׁיחַ חַיָּיב בְּטוּמְאַת מִקְדָּשׁ וְקָדָשָׁיו: וְתוּ לָא מִידֵי. וְתוּ לֵיכָּא לְמִיקְשֵׁי וְלָא מִידֵי: א"ר יוֹחָנָן. אע"ג דְּקָאָמַר ר"א הוֹאִיל וְנֶאֱמַר בּוֹ כָּרֵת כִּבְקְבוּעָה דְּנָשִׂיא[טו] מֵבִיא שָׂעִיר כְּבְחַטָּאת קְבוּעָה, מוֹדֶה ר"א לְעִנְיַן אָשָׁם תָּלוּי דְּלָאו דִּינֵיהּ כְּבְחַטָּאת קְבוּעָה, דְּכִי הֵיכִי דְּאָמַר לְעֵיל אֵין יָחִיד מֵבִיא אָשָׁם תָּלוּי אֶלָּא עַל סְפֵק קְבוּעָה, ה"נ אֵין מֵבִיא אָשָׁם תָּלוּי עַל סְפֵק טוּמְאַת מִקְדָּשׁ וְקָדָשָׁיו, שֶׁאע"פ שֶׁנֶּאֱמַר בּוֹ כָּרֵת כִּבְקְבוּעָה, הוֹאִיל וְאֵינָהּ מַמָּשׁ חַטָּאת קְבוּעָה, אֵין מֵבִיא אָשָׁם תָּלוּי: תָּנֵי תַּנָּא קַמֵּיהּ דְּרַב שֵׁשֶׁת, אָשָׁם תָּלוּי בָּא עַל סְפֵק טוּמְאַת מִקְדָּשׁ וְקָדָשָׁיו. הוֹאִיל וְנֶאֱמַר בּוֹ כָּרֵת כִּבְקְבוּעָה: א"ל, דְּאָמַר לָךְ מַנִּי, ר"א הִיא דְּאָמַר. נָשִׂיא מֵבִיא שָׂעִיר, הוֹאִיל וְנֶאֱמַר בּוֹ כָּרֵת כִּבְקְבוּעָה, וְקָאָמַר דְּה"ה לְעִנְיַן אָשָׁם תָּלוּי: וּמִי מָצֵית אָמְרַתְּ הָכִי, וְהָא א"ר יוֹחָנָן מוֹדֶה ר"א שֶׁאֵין מֵבִיא אָשָׁם תָּלוּי, קַשְׁיָא. דְּמַתְנִיתָא דִּידָךְ לָא מִיתּוֹקְמָא דְּלָא כְּחַד:

הַדְרָן עֲלָךְ הוֹרָה כֹּהֵן מָשִׁיחַ

הַשְׁתָּא יֵשׁ לוֹמַר עָבַר מִמְּשִׁיחוּתוֹ וְאַחַר כָּךְ חָטָא מֵבִיא פַּר, חָטָא וְאַחַר כָּךְ עָבַר מִמְּשִׁיחוּתוֹ מִיבַּעְיָא. נָשִׂיא אִיצְטְרִיכָא לֵיהּ, סָלְקָא דַּעְתָּךְ[טז] הוֹאִיל וְעָבַר מִנְּשִׂיאוּתוֹ וְאַחַר כָּךְ חָטָא הָוֵי כְּהֶדְיוֹט, חָטָא וְאַחַר כָּךְ עָבַר מִנְּשִׂיאוּתוֹ נַמִּי לֶיהֱוֵי כְּהֶדְיוֹט, קמ"ל. לִישָּׁנָא אַחֲרִינָא[יז], צְרִיכָא לְמֵימַר דְּחָטָא וְאַחַר כָּךְ עָבַר מִמְּשִׁיחוּתוֹ דְּמֵבִיא פַּר, הָא כֵּיוָן דְּתָנָא לֵיהּ עָבַר מִמְּשִׁיחוּתוֹ[יח] דְּמֵבִיא פַּר, כָּל שֶׁכֵּן חָטָא וְאַחַר כָּךְ עָבַר מִמְּשִׁיחוּתוֹ דְּמֵבִיא פַּר; הָא לָא קַשְׁיָא, מִשּׁוּם דְּקָתָנֵי גַּבֵּי נָשִׂיא כִּי עָבַר מִגְּדוּלָּתוֹ וְאַחַר כָּךְ חָטָא כִּי הֶדְיוֹט מַיְיתֵי, סָלְקָא דַּעְתָּךְ אָמֵינָא כִּי חָטָא וְאַחַר כָּךְ עָבַר נַיְיתֵי נַמִּי כִּי הֶדְיוֹט, הִלְכָּךְ תְּנָא גַּבֵּי נָשִׂיא שֶׁחָטָא וְאַחַר כָּךְ עָבַר דְּמַיְיתֵי כִּי נָשִׂיא, וְאַיְּידֵי דִּתְנָא גַּבֵּי נָשִׂיא חָטָא וְאַחַר כָּךְ עָבַר, תְּנָא נַמִּי גַּבֵּי מָשִׁיחַ

תוספות הרא"ש

יט] פי' שאין משיח חייב על טו"מ וקדשיו דברי רש"י ז"ל: מי שקרבנו שוה לקהל. שמתכפר עם הקהל בטו"מ וקדשיו כ] כדאיתא ברפ"ק דשבועות. והוא מתכפר בפר: **נשיא נמי הא לא שוה לקהל.** פרש"י ז"ל שהוא מביא שעיר והם מתכפרים בפר. ולא נהירא להרמ"ה ז"ל דהא דאפקי' רחמנא לנשיא לידון בשעיר מכלל יחידים הוא דאפקי' דלא לייתי כשבה או שעירה בשגגת מעשה גרידתא. אבל מכלל צבור שחטאו בהעלם דבר לא אפקי' דמתכפר עם הצבור בפר. ופי' נשיא נמי הא לא שוה לקהל (דאיהו מעשה) [דאינהו מייתי] כשבה או שעירה בשגגת מעשה ואיהו מייתי שעיר בשאר מצות: **בשעיר דיוה"כ.** שוה מיהו דמתכפר עם הקהל בטו"מ וקדשיו בשעיר: **שאר כהנים נמי הא לא שוה לקהל.** (שהרי מתכפרים עם כה"ג) ביוה"כ בשעיר [שהרי מתכפרים עם כה"ג]: (כמו) כא] **בשאר מצות** בשאר ימות השנה. שמתכפרים עם הצבור בפר. א"נ שוה לקהל להתכפר בכשבה או שעירה בשגגת מעשה אבל משיח פטור כדאמרינן לקמן: **משיח נמי הא שוה לקהל בשאר מצות** כל ימות השנה. דכי חטא עם הצבור מתכפר עם הצבור. ואית ספרים דגרסי **משיח נמי הא שוה** בשעירה. דכי חטא בעבודת כוכבים בשגגת מעשה שוה לצבור להביא שעירה: **אמר ר' יוחנן לא אמר ר"א.** דנשיא מביא שעיר במקום שיחיד מביא קרבן עולה ויורד. **אלא בטומאת מקדש וקדשיו הואיל ואמר** כב] **בהן כרת** נידון בקבועה. כלומר כשאר דברים שהיחיד מביא עליהם חטאת קבועה דהיינו דבר שזדונו כרת ומביא עליהם יחיד חטאת קבועה כשבה או שעירה ונשיא מביא שעיר. הה"נ טומאת מקדש וקדשיו שהיחיד בעולה ויורד נשיא מביא שעיר הואיל וחייב על זדונו כרת כקבועה. לפי שסברת הוא עיקר חיוב של חטאת קבועה כדילפי' מעליה עליו או מתורה אחת יהיה לכם. וכשיצא נשיא מכלל יחיד לדונו בשעיר בכל דבר שזדונו כרת כדין שאר חיובי חטאות. וכשיצא טומאת מקדש וקדשיו לידון בעולה ויורד ביחיד יצאת ולא בנשיא. שהרי יצא נשיא מכלל יחיד לגמרי במצוה שזדונו כרת לידון בעצמו בשעיר: **א"ל רב** (כהנא) **[הונא] בריה דרב נתן לרב פפא ממאי דלמא ר"א אכולהו קאי.** רב הונא אותביה לרב פפא דקאמר ה"נ מסתברא ובעי לאוכוחי לקיים דברי ר"י דלא אמר ר"א אלא בטו"מ וקדשיו ור"א סבר כר"ש דקאמר משיח פטור על טו"מ וקדשיו. וא"ל רב הונא דאין לו כח להוכיח זו דמצי למימר דר"א כר"ע ס"ל דאמר משיח פטור מכולן. (וקשי') [והשיב] **א"ל ר"ע מי פטר ליה מפר דלמא כי מפטר ליה ר"ע מעולה ויורד אבל פר מייתי.** הלכך אי כר"ע ס"ל ליתני משיח מביא פר. אלא ודאי לא אמר ר"א אלא בטומאת מקדש וקדשיו. ובמשיח סבר לה כר"ש ולא נהירא גירסא זו ולא נמצאת בספרי ספרד. ואיך יתכן שיאמר רב פפא דלמא לא פטר ר"ע אלא מעולה ויורד אבל פר מייתי [ולכן אמרי'] ה"נ מסתברא. כי הבא להביא ראיה לקיים דברי תנא או אמורא צריך להביא ראיה מפורשת שלא יוכל אדם לסותרה והבא לסותרה יכול לומר דלמא לא אמר פלוני כך אלא כך ואין לך ראיה ברורה מכאן. אבל לא יתכן כלל שאדם מביא ראיה מדלמא. ועוד דהאי דלמא לא מסתבר כלל. דמשיח בפר הוקש לצבור בפר מלאשמת העם. וכי היכי דלצבור לא מייתו פר בשמיעת קול וביטוי שפתים וטומאת מקדש וקדשיו. ה"נ משיח לא מייתי עליה. ותו לא מידי: **א"ר יוחנן מודה ר"א שאינו מביא אשם תלוי.** ואע"ג דאמר

תוספות הרא"ש
[המשך מטור א]

ר"א דנשיא מביא חטאת קבועה על טומאת מקדש וקדשיו מודה הוא שאין הנשיא מביא על ספק אשם תלוי[כג] כדתנן אין מביאין אשם תלוי על עשה ולא תעשה שבמקדש. ואע"ג דלא אימעיט טומאת מקדש וקדשיו מדין אשם תלוי אלא מדלא הוויין חטאת קבועה כדאמרינן לעיל בפרקין. ונשיא מביא חטאת קבועה. אפ"ה אין מביאין. דאשם[כד] תלוי בסתם לכל ישראל נאמרה. וכמו ששאר הצבור אינן מביאין אשם תלוי על טומאת מקדש וקדשיו. כך נשיא אינו מביא. ולא דמי לקרבן עולה ויורד שנשיא מביא חטאת קבועה. לפי שיצא נשיא מכלל יחיד לכל חטא שזדונו כרת. ופרשת עולה ויורד ליחיד נאמרה ולא לנשיא:

הדרן עלך
הורה כהן משיח

פ"ג כהן משיח שחטא מביא פר ונשיא מביא שעיר. הך דשעיר אתיא דלא כר"ש. דלר"ש דבעי חטאה וידיעה ה"ל לפלוגי בין נודע לו עד שלא עבר לנודע לו אחר שעבר: **וכן נשיא שעבר.** האי וכן לאו דוקא דאין דינם שוה אלא [בעברו] אחר החטא. ואיידי דתנא ברישא וכן תנא נמי בסיפא וכן: **השתא י"ל עבר ממשיחותו כו'.** לא שייך הכא למימר לא זו אף זו קתני. דא"כ נערבינהו ונתנינהו בחד בבא ולא נתני נשיא בהדיה:

מסורת הש"ס
עם הוספות

א) [סוכה לו: וש"נ].

תורה אור השלם

א) וְאִישׁ אֲשֶׁר יִטְמָא וְלֹא יִתְחַטָּא וְנִכְרְתָה הַנֶּפֶשׁ הַהִוא מִתּוֹךְ הַקָּהָל כִּי אֶת מִקְדַּשׁ יְיָ טִמֵּא מֵי נִדָּה לֹא זֹרַק עָלָיו טָמֵא הוּא: [במדבר יט, כ]

הגהות וציונים

א] "וכו'" מיותר: ב] רש"י וכתי"מ "ונאמר **בו** כרת": ג] "א"ל ור"ע מי פטר ליה מפר" ליתא בכת"י, ועי' בתוס' הרא"ש שלא היה גם לפניו ועי' בשער יוסף ובהורה גבר (דק"ס): ד] צ"ל אשם **תלוי** (גליון): ה] צ"ל **כהן** משיח (דפוסי ויניציא): ו] בכת"י נוסף **כשהגיע לדלי דלות**: ז] בכת"י נוסף **והאי פירכא לאו פירכא מעליא היא**: ח] דמשיח (כת"י): ט] **דמחייב** (כת"י): י] כת"י "מייתו כל חד וחד **קרבן**: ומאן יחידים קהל. **כלומר קהל האמור קהל מועט שהן כשאר יחידים** דכי" וכו': יא] רש"ש מגיה השוים. כת"י "דאותו השוה ליחידים בדבר זה הוא **דמתחייב** בטומאת מקדש" וכו': יב] "בידיעה" מיותר (רש"ש): יג] צ"ל **שעיר** (גליון), וכ"ה בד' הישנים ונשתבש בד' פפד"מ (דק"ס): יד] באר שבע מ"ז (גליון). אבל מתוס' הרא"ש נראה דגרס ליה והקשה עליו (בארות המים): טו] צ"ל **נשיא** (בארות המים): טז] סלקא דעתך **אמינא** (ע"פ כת"י הגמרא): יז] הוא כנוסח הגמרא שבדפוס (דק"ס, עי"ש), ועי' במפרשים מ"ש בהבנת רש"י: יח] כת"י "כיון דתנא עבר ממשיחתו **ואחר כך חטא** מביא פר": יט] אולי צ"ל מ"ט דר"ש (גליון). בכת"י "**פיסקא**. שאין משיח חייב על טו"מ וקדשיו דברי ר"ש": כ] בכת"י נוסף **חייב כרת על טומאת מקדש יצא כהן משיח שאין מתכפר עם הקהל בטומאת מקדש וקדשיו שהם מתכפרים ביוה"כ בשעירים על טומאת מקדש וקדשיו**: כא] כת"י **שוו בשאר**: כב] כת"י ונאמ' בהן כרת **בזדון בקבועה**. כלומר **בשאר**: כג] בכת"י נוסף **כשאר חייבי חטאות קבועות שמביאין על ספיקן אשם תלוי** כדתנן ואין מביאין: כד] בכת"י "אפ"ה אין **מביא אשם** תלוי בסתם **ד**לכל ישראל נאמרה":

This daf is dedicated *l'iluy nishmas*: Shifra bat Gloria *z"l*

קַשְׁיָין אַהֲדָדֵי — If so, these two statements are difficult, as they contradict each other! The Gemara answers: **אָמַר רַב הוּנָא בְּרֵיהּ דְּרַב יְהוֹשֻׁעַ** — Rav Huna, son of Rav Yehoshua, said: **לָא קַשְׁיָא** — This is not difficult because there is a distinction between the two statements. **כָּאן** — Here, in the first statement that obligates a *kohen gadol* to bring an *Oleh V'Yored* for *aveiros* other than defiling the Beis Hamikdash and its *korbanos*, **בְּדַלּוּת** — it is referring to the birds of an *Oleh V'Yored* that are brought due to poverty. **כָּאן** — And here, in the latter statement that exempts a *kohen gadol* from an *Oleh V'Yored* for any sin, **בְּדַלֵּי דַלּוּת** — it is discussing a flour offering which is brought due to extreme poverty. Since the *pasuk* that excludes a *kohen gadol* from being obligated in *Oleh V'Yored* is discussing the *kohen gadol's* flour offering, the *kohen gadol* is only excluded from an *Oleh V'Yored* flour offering, but he is obligated in other kinds of *Oleh V'Yored korbanos*. **וְרַבִּי שִׁמְעוֹן סָבַר לַהּ כְּרַבִּי עֲקִיבָא בַּחֲדָא וּפְלִיג עֲלֵיהּ בַּחֲדָא** — And Rabi Shimon holds like Rabi Akiva (9a) in regards to one halachah concerning the *kohen gadol*, and he argues with him in regards to one other halachah concerning the *kohen gadol*. **סָבַר לַהּ כְּרַבִּי עֲקִיבָא בְּדַלֵּי דַלּוּת דְּפָטוּר** — He holds like Rabi Akiva in the case of extreme poverty that the *kohen gadol* is exempt from bringing the flour offering. **וּפְלִיג עֲלֵיהּ בְּדַלּוּת** — And he argues with Rabi Akiva in the case of poverty, as he does not hold that the *kohen gadol* is completely exempt from bringing a *Korban Oleh V'Yored*. The *pasuk* exempting the *kohen gadol* is discussing the *kohen gadol's* flour offering. Rabi Akiva derives from a *pasuk* that one must potentially have all options of *Oleh V'Yored*, in order to have even one of them. Since a *kohen gadol* is exempt from the flour offering, he is exempt from all the options. Rabi Shimon does not hold of this condition, and he holds that the *kohen gadol* is only exempt from the flour offering.

The next section of our Mishnah taught: **אֶלָּא שֶׁאֵין כֹּהֵן גָּדוֹל חַיָּיב כו'** — But a *kohen gadol* is not obligated to bring an *Oleh V'Yored* for defiling the Beis Hamikdash or its *korbanos*, according to Rabi Shimon. **אָמַר חִזְקִיָּה** — Chizkiyah said: What is the reason of Rabi Shimon? **דִּכְתִיב** — As it is written regarding one who becomes *tamei* and enters the Beis Hamikdash (*Bamidbar* 19:20), **וְנִכְרְתָה הַנֶּפֶשׁ הַהִיא מִתּוֹךְ הַקָּהָל** — "That soul shall be cut-off from the midst of the congregation." We derive from here that the halachah of one who enters the Beis Hamikdash while *tamei* only applies, **מִי שֶׁקָּרְבָּנוֹ שָׁוֶה לַקָּהָל** — to one whose *korban* is the same as the community's *korban*, **יָצָא זֶה** — this excludes the *kohen gadol*, **שֶׁאֵין קָרְבָּנוֹ שָׁוֶה לַקָּהָל** — whose *korban* is not the same as the community's—on Yom Kippur the *kohen gadol* brings a bull to atone for his sins, and a goat is brought for the rest of the people. Therefore, a *kohen gadol* is excluded from the *Oleh V'Yored* which comes for defiling the Beis Hamikdash or its *korbanos*.

The Gemara asks: **אִם כֵּן** — If so, that anyone not bringing the same *korban* as the community is not obligated in the *Oleh V'Yored* for defiling the Beis Hamikdash, **נָשִׂיא נָמֵי** — a king also should be exempt, **אֵין קָרְבָּנוֹ שָׁוֶה לַקָּהָל** — because his *korban* is

For this *daf's shiur* and charts, scan this QR code:

קַשְׁיָין אַהֲדָדֵי. אָמַר רַב הוּנָא בְּרֵיהּ דְּרַב יְהוֹשֻׁעַ, לָא קַשְׁיָא, כָּאן בְּדַלּוּת כָּאן בְּדַלֵּי דַלּוּת, וְרַבִּי שִׁמְעוֹן סָבַר לָהּ כְּרַבִּי עֲקִיבָא בַּחֲדָא וּפְלִיג עֲלֵיהּ בַּחֲדָא, סָבַר לָהּ כְּרַבִּי עֲקִיבָא בְּדַלֵּי דַלּוּת דְּפָטוּר, וּפְלִיג עֲלֵיהּ בְּדַלּוּת: **אֶלָּא שֶׁאֵין כֹּהֵן גָּדוֹל חַיָּיב כו':** אָמַר חִזְקִיָּה, מַאי טַעְמָא דְּרַבִּי שִׁמְעוֹן, דִּכְתִיב [א] 'וְנִכְרְתָה הַנֶּפֶשׁ הַהִיא מִתּוֹךְ הַקָּהָל', מִי שֶׁקָּרְבָּנוֹ שָׁוֶה לַקָּהָל, יָצָא זֶה שֶׁאֵין קָרְבָּנוֹ שָׁוֶה לַקָּהָל. אִם כֵּן, נָשִׂיא נַמֵּי אֵין קָרְבָּנוֹ שָׁוֶה לַקָּהָל. שָׁוֶה בְּכַפָּרָה דְּיוֹם הַכִּפּוּרִים. אִם כֵּן כֹּהֲנִים נַמֵּי לָא שָׁווּ לַקָּהָל בְּכַפָּרָה דְּיוֹם הַכִּפּוּרִים. כֹּהֲנִים שָׁווּ לַקָּהָל בִּשְׁאָר מִצְוֹת דְּשָׁנָה כּוּלָּהּ. מָשִׁיחַ נַמֵּי הָא שָׁוֶה בִּשְׁאָר מִצְוֹת דְּשָׁנָה. אֶלָּא אָמַר רָבָא, אֵימָא הָכִי, מִי שֶׁחַטָּאתוֹ שָׁוֶה לַיְחִידִים, וּמַאי נִיהוּ, קָהָל: **רַבִּי אֱלִיעֶזֶר אוֹמֵר, הַנָּשִׂיא מֵבִיא שָׂעִיר וְכוּ'**[א]: אָמַר רַבִּי יוֹחָנָן, לֹא אָמַר רַבִּי אֱלִיעֶזֶר אֶלָּא בְּטוּמְאַת מִקְדָּשׁ וְקָדָשָׁיו, הוֹאִיל וְנֶאֱמַר[ג] כָּרֵת בּוֹ כְּבִקְבוּעָה. אָמַר רַב פָּפָּא, הָכִי נַמֵּי מִסְתַּבְּרָא, דְּאִי סָלְקָא דַּעְתָּא רַבִּי אֱלִיעֶזֶר עַל כּוּלְּהוֹן קָאָמַר, מִכְּדֵי שְׂעִיר נָשִׂיא וּפַר מָשִׁיחַ בִּמְקוֹם יָחִיד לְחַטָּאת קָאֵי, נִיתְנֵי נַמֵּי מָשִׁיחַ מֵבִיא פַּר בִּשְׁמִיעַת קוֹל וּבִטּוּי שְׂפָתַיִם, אֶלָּא מִדְּלָא קָתָנֵי מָשִׁיחַ, שְׁמַע מִינָּהּ אַטּוּמְאַת מִקְדָּשׁ וְקָדָשָׁיו קָאֵי, דְּמָשִׁיחַ פָּטוּר. אָמַר לֵיהּ רַב הוּנָא בְּרֵיהּ דְּרַב נָתָן לְרַב פָּפָּא, מִמַּאי, דִּלְמָא רַבִּי אֱלִיעֶזֶר אַכּוּלְּהוֹן קָאֵי, וּבְמָשִׁיחַ סָבַר לָהּ כְּרַבִּי עֲקִיבָא דְּאָמַר מָשִׁיחַ פָּטוּר בְּכוּלָּן. אָמַר לֵיהּ, וְרַבִּי עֲקִיבָא מִי פָּטַר לֵיהּ מִפַּר[ג]; [א]וְתוּ לָא מִידִי. אָמַר רַבִּי יוֹחָנָן, מוֹדֶה רַבִּי אֱלִיעֶזֶר שֶׁאֵין מֵבִיא אָשָׁם[ד]. תָּנֵי תַּנָּא קַמֵּיהּ דְּרַב שֵׁשֶׁת, אָשָׁם תָּלוּי בָּא עַל טוּמְאַת מִקְדָּשׁ וְקָדָשָׁיו; אָמַר לֵיהּ, דְּאָמַר לָךְ מַנִּי, רַבִּי אֱלִיעֶזֶר הִיא, דְּאָמַר הוֹאִיל וְנֶאֱמַר בּוֹ כָּרֵת כְּבִקְבוּעָה מַיְיתֵי נָשִׂיא שָׂעִיר עָלֶיהָ, וְהָא אָמַר רַבִּי יוֹחָנָן, מוֹדֶה רַבִּי אֱלִיעֶזֶר שֶׁאֵין מֵבִיא אָשָׁם תָּלוּי. קַשְׁיָא:

הַדְרָן עֲלָךְ הוֹרָה כֹּהֵן מָשִׁיחַ

כֹּהֵן [א]מָשִׁיחַ שֶׁחָטָא וְאַחַר כָּךְ עָבַר מִמְּשִׁיחוּתוֹ, [ב]וְכֵן נָשִׂיא שֶׁחָטָא וְאַחַר כָּךְ עָבַר מִגְּדוּלָּתוֹ, כֹּהֵן מָשִׁיחַ מֵבִיא פַּר, וְהַנָּשִׂיא מֵבִיא שָׂעִיר. [ה] מָשִׁיחַ שֶׁעָבַר מִמְּשִׁיחוּתוֹ וְאַחַר כָּךְ חָטָא, וְכֵן הַנָּשִׂיא שֶׁעָבַר מִגְּדוּלָּתוֹ וְאַחַר כָּךְ חָטָא, [ג]כֹּהֵן מָשִׁיחַ מֵבִיא פַּר, [ד]וְהַנָּשִׂיא כְּהֶדְיוֹט: **גמ'** הַשְׁתָּא יֵשׁ לוֹמַר עָבַר מִמְּשִׁיחוּתוֹ וְאַחַר

קַשְׁיָין אַהֲדָדֵי. דְּקָתָנֵי אֶלָּא שֶׁאֵין מָשִׁיחַ [חַיָּיב] אַטּוּמְאַת מִקְדָּשׁ וְקָדָשָׁיו, הָא בִּשְׁמִיעַת קוֹל וּבִטּוּי שְׂפָתַיִם חַיָּיב: בְּדַלֵּי דַלּוּת. [ו] מָשִׁיחַ פָּטוּר מִכּוּלְּהוּ, כִּדְכְתִיב 'זֶה קָרְבַּן אַהֲרֹן' דְּאֵין אַחֶרֶת בָּאָה לוֹ חוֹבָה, וְהַאי דְּקָאָמַר דְּמָשִׁיחַ חַיָּיב בִּשְׁמִיעַת קוֹל וּבִטּוּי שְׂפָתַיִם, כְּגוֹן בְּדַלּוּת, בְּתוֹרִין וּבְנֵי יוֹנָה, שֶׁעֲדַיִין לֹא בָּא לְדַלֵּי דַלּוּת: דְּר"ש סָבַר לָהּ כְּר"ע בַּחֲדָא. דְּפָטַר לֵיהּ לְמָשִׁיחַ מִדַּלֵּי דַלּוּת מִ'זֶה קָרְבַּן אַהֲרֹן וּבָנָיו': וּפְלִיג עֲלֵיהּ בַּחֲדָא. בְּדַלּוּת, דְּאִילּוּ ר"ע פָּטַר לֵיהּ נַמֵּי בְּדַלּוּת, דְּקָאָמַר 'שֶׁאֵין מִתְכַּפֵּר בַּעֲשִׂירִית הָאֵיפָה אֵין מִתְכַּפֵּר בְּכוּלָּן', וּלְר"ש בְּדַלֵּי דַלּוּת הוּא דְּאֵין מִתְכַּפֵּר, הָא בְּדַלּוּת וַעֲשִׁירוּת מִתְכַּפֵּר: מ"ט דְּר' שִׁמְעוֹן. דְּאָמַר וְלֹא מָשִׁיחַ אֵינוֹ חַיָּיב בְּטוּמְאַת מִקְדָּשׁ וְקָדָשָׁיו: דִּכְתִיב. בְּטוּמְאַת מִקְדָּשׁ וְקָדָשָׁיו 'וְנִכְרְתָה הַנֶּפֶשׁ הַהִיא מִתּוֹךְ הַקָּהָל': מִי שֶׁקָּרְבָּנוֹ שָׁוֶה לַקָּהָל. דְּמִתְכַּפֵּר בְּשֶׁל קָהָל, הוּא דְּחַיָּיב בְּטוּמְאַת מִקְדָּשׁ וְקָדָשָׁיו: יָצָא. מָשִׁיחַ שֶׁאֵין קָרְבָּנוֹ שָׁוֶה, דְּאֵין מִתְכַּפֵּר בְּשֶׁל קָהָל בְּכַפָּרַת יוה"כ, דְּהוּא מִתְכַּפֵּר בְּפַר וְהֵם בְּשָׂעִיר[ז]: א"כ נָשִׂיא נַמֵּי אֵין קָרְבָּנוֹ שָׁוֶה לַקָּהָל. דְּהוּא מֵבִיא שָׂעִיר וְהֵם מִתְכַּפְּרִין בְּפַר בִּשְׁאָר יְמוֹת הַשָּׁנָה, וְאַמַּאי קָתָנֵי הַמָּשִׁיחַ[ח] לְחוּדֵיהּ פָּטוּר בְּטוּמְאַת מִקְדָּשׁ וְקָדָשָׁיו, וְלֹא נָשִׂיא וְיָחִיד: וּמְשַׁנֵּי, הָא לָאו מִילְּתָא הִיא, מִשּׁוּם דְּהָא שָׁוֶה לַקָּהָל בְּכַפָּרַת יוה"כ: אִי הָכִי, כֹּהֲנִים נַמֵּי הָא לָא שָׁווּ לַקָּהָל בְּכַפָּרָה דְּיוה"כ. דְּמִתְכַּפְּרִין בְּפָרוֹ שֶׁל אַהֲרֹן, וְלִיפַּטְרוּ בְּטוּמְאַת מִקְדָּשׁ וְקָדָשָׁיו: הָא לָא קַשְׁיָא, מִשּׁוּם דְּכֹהֲנִים שָׁווּ לַקָּהָל בִּשְׁאָר מִצְוֹת דְּשָׁנָה כּוּלָּהּ. דְּמִתְכַּפְּרֵי עִם הַצִּבּוּר בְּפַר הַבָּא עַל כָּל הַמִּצְוֹת, הִלְכָּךְ חַיָּיבִין בְּטוּמְאַת מִקְדָּשׁ וְקָדָשָׁיו: כֹּהֵן מָשִׁיחַ נַמֵּי הָא שָׁוֶה לַקָּהָל בִּשְׁאָר מִצְוֹת. דְּכָל הַשָּׁנָה כּוּלָּהּ, דְּכִי הוֹרָה עִם הַצִּבּוּר מִתְכַּפֵּר עִם הַצִּבּוּר, וְלִיחַיֵּיב בְּטוּמְאַת מִקְדָּשׁ וְקָדָשָׁיו: אֶלָּא אָמַר רָבָא אֵימָא הָכִי. 'מִתּוֹךְ הַקָּהָל', מִי שֶׁחֶטְאוֹ שָׁוֶה לַיְחִידִים, דְּמִחַיְּיבִי[ט] בְּשִׁגְגַת מַעֲשֶׂה כַּיְחִידִים, דִּיחִידִים שֶׁחָטְאוּ בְּשִׁגְגַת מַעֲשֶׂה מַיְיתֵי כָּל חַד, וּמַאן יְחִידִים, קָהָל[י], דְּכִי חָטְאוּ קָהָל בְּשִׁגְגַת מַעֲשֶׂה לְחוּדֵיהּ בְּלֹא הֶעְלֵם דָּבָר מַיְיתוּ כָּל חַד וְחַד קָרְבָּן, דְּאוֹתָן הַשָּׁוֶה[יא] לַיְחִידִים בְּדָבָר זֶה הוּא דְּמִחַיְּיבִי בְּטוּמְאַת מִקְדָּשׁ וְקָדָשָׁיו, יָצָא מָשִׁיחַ שֶׁאֵין חֶטְאוֹ שָׁוֶה לַיָּחִיד, דְּכִי חָטָא בְּשִׁגְגַת מַעֲשֶׂה בְּלֹא הֶעְלֵם דָּבָר פָּטוּר לְגַמְרֵי, כִּדְאָמְרִינַן לְקַמָּן בְּפֶרֶק בַּתְרָא (דף יא.) 'מֵעַם הָאָרֶץ, פְּרָט לְמָשִׁיחַ' דְּאֵין מֵבִיא בְּשִׁגְגַת מַעֲשֶׂה, וְהַיְינוּ דְּאָמְרִינַן לְעֵיל (דף ז:) 'יָצָא מָשִׁיחַ שֶׁאֵין חֶטְאוֹ בִּשְׁגָגָה', וְכֵיוָן דְּאֵין חֶטְאוֹ שָׁוֶה לַיָּחִיד, לְפִיכָךְ פָּטוּר בְּטוּמְאַת מִקְדָּשׁ וְקָדָשָׁיו: א"ר יוֹחָנָן, לֹא א"ר אֱלִיעֶזֶר. דְּנָשִׂיא מֵבִיא שָׂעִיר בִּידִיעָה[יב] בִּמְקוֹם עוֹלֶה וְיוֹרֵד: אֶלָּא בְּטוּמְאַת מִקְדָּשׁ וְקָדָשָׁיו, הוֹאִיל וְנֶאֱמַר בּוֹ כָּרֵת כִּבְקְבוּעָה. כְּלוֹמַר כְּבְחַטָּאת קְבוּעָה, דְּקָסָבַר ר"א דְּכִי הֵיכִי דִּבְמָקוֹם שֶׁחַיָּיבִים עַל זְדוֹנוֹ כָּרֵת וְעַל שִׁגְגָתוֹ חַטָּאת, דְּהַיְינוּ בִּמְקוֹם חַטָּאת קְבוּעָה, נָשִׂיא מֵבִיא שָׂעִיר, ה"נ הֵיכָא דְּחַיָּיב לֵיהּ עַל זְדוֹנוֹ כָּרֵת וְעַל שִׁגְגָתוֹ עוֹלֶה וְיוֹרֵד מֵבִיא שָׂעִיר, הוֹאִיל וְדָמֵי לְחַטָּאת קְבוּעָה לְעִנְיַן כָּרֵת, אֲבָל בִּשְׁמִיעַת קוֹל וּבִטּוּי שְׂפָתַיִם דְּאֵין חַיָּיבִין עַל זְדוֹנוֹ כָּרֵת, דְּלָא דָּמֵי לְחַטָּאת קְבוּעָה לֹא בְּזָדוֹן וְלֹא בְּשׁוֹגֵג, מוֹדֶה ר' אֱלִיעֶזֶר דְּנָשִׂיא אֵין מֵבִיא שָׂעִיר, אֶלָּא קָרְבַּן עוֹלֶה וְיוֹרֵד כְּהֶדְיוֹט: אָמַר רַב פָּפָּא, הָכִי נַמֵּי מִסְתַּבְּרָא, דְּאִי ס"ד רַבִּי אֱלִיעֶזֶר. דְּאָמַר נָשִׂיא מֵבִיא שָׂעִיר, אַכּוּלְּהוּ, שְׁמִיעַת קוֹל וּבִטּוּי שְׂפָתַיִם וְטוּמְאַת מִקְדָּשׁ וְקָדָשָׁיו: מִכְּדֵי שָׂעִיר. דְּנָשִׂיא, בִּמְקוֹם חַטָּאת קְבוּעָה דְּיָחִיד קָאֵי, וְהוּא הַדִּין לְפַר כֹּהֵן מָשִׁיחַ דְּבִמְקוֹם חַטָּאת קְבוּעָה דְּיָחִיד קָאֵי, וּכְדִתְנַן 'כָּל מִצְוֹת שֶׁבַּתּוֹרָה שֶׁחַיָּיבִין עַל זְדוֹנָן כָּרֵת וְעַל שִׁגְגָתָן חַטָּאת', דְּהַיְינוּ חַטָּאת קְבוּעָה, 'יָחִיד מֵבִיא כִּשְׂבָּה אוֹ שְׂעִירָה, וְנָשִׂיא מֵבִיא שָׂעִיר, וּמָשִׁיחַ פַּר', וְכֵיוָן דְּשָׂעִיר דְּנָשִׂיא וּפַר כֹּהֵן מָשִׁיחַ בִּמְקוֹם חַטָּאת קְבוּעָה דְּיָחִיד קָיְימֵי, אִי אָמְרַתְּ אַכּוּלְּהוּ קָאָמַר ר"א דְּנָשִׂיא מֵבִיא שָׂעִיר אַע"ג דְּלֵית בְּהוּ כָּרֵת כְּבִקְבוּעָה: נִיתְנֵי נַמֵּי מָשִׁיחַ מֵבִיא פַּר בִּשְׁמִיעַת קוֹל וּבִטּוּי שְׂפָתַיִם. כִּי דִּינֵיהּ, אַע"ג דְּלֵית בְּהוּ כָּרֵת כְּבִקְבוּעָה: אֶלָּא לָאו. מִדְּלָא קָתָנֵי הָכִי, ש"מ דְּאַטּוּמְאַת מִקְדָּשׁ וְקָדָשָׁיו קָאָמַר ר' אֱלִיעֶזֶר דְּנָשִׂיא מֵבִיא שְׂעִירָה[יג], הוֹאִיל וְנֶאֱמַר בּוֹ כָּרֵת כְּבִקְבוּעָה, וְהַאי דְּלָא קָתָנֵי 'וּמָשִׁיחַ מֵבִיא פַּר בְּטוּמְאַת מִקְדָּשׁ וְקָדָשָׁיו הוֹאִיל וְנֶאֱמַר בּוֹ כָּרֵת כְּבִקְבוּעָה', מִשּׁוּם דְּמָשִׁיחַ פָּטוּר לְגַמְרֵי בְּטוּמְאַת מִקְדָּשׁ וְקָדָשָׁיו, דְּסָבַר לָהּ כְּר"ש דְּפוֹטֵר: א"ל רַב הוּנָא בְּרֵיהּ דְּרַב נָתָן לְרַב פָּפָּא, וּמִמַּאי, דִּלְמָא ר"א אַכּוּלְּהוּ קָאֵי. דְּנָשִׂיא מֵבִיא שָׂעִיר אֲפִילּוּ שֶׁלֹּא בִּמְקוֹם כָּרֵת, וְהַאי דְּלָא קָתָנֵי נַמֵּי 'מָשִׁיחַ מֵבִיא פַּר בְּטוּמְאַת מִקְדָּשׁ וְקָדָשָׁיו וּבִשְׁמִיעַת קוֹל וּבִטּוּי שְׂפָתַיִם', מִשּׁוּם דִּבְמָשִׁיחַ סָבַר לָהּ כְּר"ע דְּאָמַר מָשִׁיחַ פָּטוּר מִכּוּלָּן מִשְּׁמִיעַת קוֹל וּבִטּוּי שְׂפָתַיִם, וּלְעוֹלָם אַכּוּלְּהוּ קָאֵי ר"א דְּנָשִׂיא מֵבִיא שָׂעִיר: א"ל, ר"ע מִי פָּטַר נַמֵּי לְמָשִׁיחַ מִפַּר, (דִּלְמָא[יד]) כִּי קָאָמַר ר' עֲקִיבָא מָשִׁיחַ פָּטוּר מִכּוּלָּן, מִטּוּמְאַת מִקְדָּשׁ וְקָדָשָׁיו וּשְׁמִיעַת קוֹל וּבִטּוּי שְׂפָתַיִם, כְּגוֹן לְהָבִיא קָרְבַּן עוֹלֶה וְיוֹרֵד, אֲבָל לְהָבִיא פַּר מְחַיֵּיב, וְכֵיוָן דִּמְחַיֵּיב בְּפַר א"כ נִיתְנֵי נַמֵּי ר"א מָשִׁיחַ מֵבִיא פַּר בִּשְׁמִיעַת קוֹל וּבִטּוּי שְׂפָתַיִם, אֶלָּא מִדְּלָא קָתָנֵי הָכִי, ש"מ דְּאַטּוּמְאַת מִקְדָּשׁ וְקָדָשָׁיו קָאֵי רַבִּי אֱלִיעֶזֶר דְּנָשִׂיא מֵבִיא שָׂעִיר, הוֹאִיל וְנֶאֱמַר בּוֹ כָּרֵת כְּבִקְבוּעָה, וְהָא דְּלָא קָתָנֵי וּמָשִׁיחַ מֵבִיא פַּר בְּטוּמְאַת מִקְדָּשׁ וְקָדָשָׁיו, מִשּׁוּם דְּסָבַר לָהּ כְּר"ש דְּאָמַר דְּאֵין כֹּהֵן מָשִׁיחַ חַיָּיב בְּטוּמְאַת מִקְדָּשׁ וְקָדָשָׁיו: וְתוּ לָא מִידִי. וְתוּ לֵיכָּא לְמִיקְשֵׁי וְלָא מִידֵי: א"ר יוֹחָנָן. אַע"ג דְּקָאָמַר ר"א הוֹאִיל וְנֶאֱמַר בּוֹ כָּרֵת כְּבִקְבוּעָה דְּנָשִׂיא[טו] מֵבִיא שָׂעִיר כְּבְחַטָּאת קְבוּעָה, מוֹדֶה ר"א לְעִנְיַן אָשָׁם תָּלוּי דְּלָאו דִּינֵיהּ כְּבְחַטָּאת קְבוּעָה, דְּכִי הֵיכִי דְּאָמַר לְעֵיל אֵין יָחִיד מֵבִיא אָשָׁם תָּלוּי אֶלָּא עַל סְפֵק קְבוּעָה, ה"נ אֵין מֵבִיא אָשָׁם תָּלוּי עַל סְפֵק טוּמְאַת מִקְדָּשׁ וְקָדָשָׁיו, שֶׁאע"פ שֶׁנֶּאֱמַר בּוֹ כָּרֵת כְּבִקְבוּעָה, הוֹאִיל וְאֵינָהּ מַמָּשׁ חַטָּאת קְבוּעָה, אֵין מֵבִיא אָשָׁם תָּלוּי: תָּנֵי תַּנָּא קַמֵּיהּ דְּרַב שֵׁשֶׁת, אָשָׁם תָּלוּי בָּא עַל סְפֵק טוּמְאַת מִקְדָּשׁ וְקָדָשָׁיו. הוֹאִיל וְנֶאֱמַר בּוֹ כָּרֵת כְּבִקְבוּעָה: א"ל, דְּאָמַר לָךְ מַנִּי, ר"א הִיא דְּאָמַר. נָשִׂיא מֵבִיא שָׂעִיר, הוֹאִיל וְנֶאֱמַר בּוֹ כָּרֵת כְּבִקְבוּעָה, וְקָאָמַר דְּה"ה לְעִנְיַן אָשָׁם תָּלוּי: וּמִי מָצֵית אָמְרַתְּ הָכִי, וְהָא א"ר יוֹחָנָן מוֹדֶה ר"א שֶׁאֵין מֵבִיא אָשָׁם תָּלוּי, קַשְׁיָא. דְּמַתְנִיתָא דִּידָךְ לָא מִיתּוֹקְמָא דְּלָא כְּחַד:

הַדְרָן עֲלָךְ הוֹרָה כֹּהֵן מָשִׁיחַ

הַשְׁתָּא יֵשׁ לוֹמַר עָבַר מִמְּשִׁיחוּתוֹ וְאַחַר כָּךְ חָטָא מֵבִיא פַּר, חָטָא וְאַחַר כָּךְ עָבַר מִמְּשִׁיחוּתוֹ מִיבַּעְיָא. נָשִׂיא אִיצְטְרִיכָא לֵיהּ, סַלְקָא דַּעְתָּךְ[טז] הוֹאִיל וְעָבַר מִנְּשִׂיאוּתוֹ וְאַחַר כָּךְ חָטָא הָוֵי כְּהֶדְיוֹט, חָטָא וְאַחַר כָּךְ עָבַר מִנְּשִׂיאוּתוֹ נַמֵּי לֶיהֱוֵי כְּהֶדְיוֹט, קמ"ל. לִישָּׁנָא אַחֲרִינָא[יז], צְרִיכָא לְמֵימַר דְּחָטָא וְאַחַר כָּךְ עָבַר מִמְּשִׁיחוּתוֹ דְּמֵבִיא פַּר, הָא כֵּיוָן דִּתְנָא לֵיהּ עָבַר מִמְּשִׁיחוּתוֹ[יח] דְּמֵבִיא פַּר, כָּל שֶׁכֵּן חָטָא וְאַחַר כָּךְ עָבַר מִמְּשִׁיחוּתוֹ דְּמֵבִיא פַּר; הָא לָא קַשְׁיָא, מִשּׁוּם דְּקָתָנֵי גַּבֵּי נָשִׂיא כִּי עָבַר מִגְּדוּלָּתוֹ וְאַחַר כָּךְ חָטָא כִּי הֶדְיוֹט מַיְיתֵי, סַלְקָא דַּעְתָּךְ אָמֵינָא כִּי חָטָא וְאַחַר כָּךְ עָבַר נַמֵּי כִּי הֶדְיוֹט, תְּנָא נַמֵּי גַּבֵּי נָשִׂיא חָטָא וְאַחַר כָּךְ עָבַר, וְאַיְידֵי דִּתְנָא גַּבֵּי נָשִׂיא חָטָא וְאַחַר כָּךְ עָבַר, תְּנָא נַמֵּי גַּבֵּי מָשִׁיחַ

[illegible]

עין משפט
נר מצוה

א א מיי' פט"ו מהלכות שגגות הלכה ז סמג עשין רין:
ב ב מיי' שם הלכה ט סמג שם:
ג ג מיי' שם הלכה ז:
ד ד מיי' שם הלכה ט:

תוספות הרא"ש

[illegible]

מסורת הש"ס
עם הוספות

א) [illegible]

תורה אור השלם

א) וְאִישׁ אֲשֶׁר יִטְמָא וְלֹא יִתְחַטָּא וְנִכְרְתָה הַנֶּפֶשׁ הַהִוא מִתּוֹךְ הַקָּהָל כִּי אֶת מִקְדַּשׁ יְיָ טִמֵּא מֵי נִדָּה לֹא זֹרַק עָלָיו טָמֵא הוּא: [במדבר יט, כ]

הגהות וציונים

[illegible]

תוספות הרא"ש
(המשך מטור א)

[illegible]

not the same as the rest of the people, for the community brings a bull when they sin based on the erroneous ruling of *beis din* (*Par He'eleim Davar*), and a king brings a goat for his sins. The Gemara answers: **שָׁוֶה בְּכַפָּרָה דְּיוֹם הַכִּיפּוּרִים** — Although a king does not have the same *korban* as the people the whole year, he does share the same *korban* with them on Yom Kippur. The Gemara asks: **אִם כֵּן** — If so, that anyone not bringing the same *korban* as the community on Yom Kippur is not obligated in the *Oleh V'Yored* for defiling the Beis Hamikdash, **כֹּהֲנִים נָמֵי** — *kohanim* also should be exempt, **לֹא שָׁווּ לְקָהָל בְּכַפָּרָה דְּיוֹם הַכִּיפּוּרִים** — because they do not share the same atonement with the community on Yom Kippur, as their atonement is achieved through the bull of the *kohen gadol*. The Gemara answers: **כֹּהֲנִים שָׁווּ לְקָהָל בִּשְׁאָר מִצְוֹת דְּשָׁנָה כּוּלָּהּ** — Although *kohanim* do not share atonement with the community on Yom Kippur, they share methods of achieving atonement for all other *mitzvos* of the rest of the year, as they both achieve atonement through the *Par He'eleim Davar*. The Gemara asks: **מָשִׁיחַ נָמֵי** — If whoever achieves atonement together with the community through the *Par He'eleim Davar* is obligated to bring an *Oleh V'Yored* for defiling the Beis Hamikdash and its *korbanos*, if so, how could Rabi Shimon exempt the *kohen gadol* from bringing an *Oleh V'Yored* for defiling the Beis Hamikdash? He should also be obligated, **הָא שָׁוֶה בִּשְׁאָר מִצְוֹת דְּשָׁנָה** — because he also achieves atonement through the *Par He'eleim Davar* if he ruled erroneously together with the *beis din* and violated other *mitzvos* during the year.

The Gemara answers: **אֶלָּא אָמַר רָבָא** — Rather, Rava said: Instead of understanding the *pasuk* as referring to the community's method of atonement, and deriving, as Chizkiya did, that one's method of atonement must be the same as the community's, **אֵימָא הָכִי** — say this instead: **מִי שֶׁחַטָּאתוֹ שָׁוָה לִיחִידִים** — The *pasuk* is discussing an individual's method of atonement, and it can be derived that one whose *Chatas* is the same as that of regular individuals must bring an *Oleh V'Yored*, **וּמַאי נִיהוּ קָהָל** — and who are these individuals? The community. The *pasuk* is discussing a case where there was a communal sin, but each member of the community is judged as a regular individual. When the community commits a communal sin that did not involve an erroneous ruling of *beis din*, they have the same status as individual sinners. Individual sinners bring a *Chatas* for an unintentional act, even when it is not accompanied by an erroneous ruling. The *kohen gadol* is different, as he only brings a *Chatas* for an unintentional action when it is based on his erroneous ruling. Since a *kohen gadol* does not have the same status as the members of the community who sin without an erroneous ruling, he is excluded from the *pasuk*, and he does not bring an *Oleh V'Yored* for defiling the Beis Hamikdash and its *korbanos*, according to Rabi Shimon.

The next section of our Mishnah taught: **רַבִּי אֱלִיעֶזֶר אוֹמֵר הַנָּשִׂיא מֵבִיא שָׂעִיר וְכוּ'** — Rabi Eliezer says: The king does not bring an *Oleh V'Yored*; rather he brings a goat as he would normally bring for a *Chatas*. **אָמַר רַבִּי יוֹחָנָן** — Rabi Yochanan said: **לֹא אָמַר רַבִּי**

עין משפט
נר מצוה

א א מיי׳ פט״ו מהלכות שגגות הלכה ז סמג עשין ריז:
ב ב מיי׳ שם הלכה ט סמג שם:
ג ג מיי׳ שם הלכה ז:
ד ד מיי׳ שם הלכה ט:

קַשְׁיָין אַהֲדָדֵי. אָמַר רַב הוּנָא בְּרֵיהּ דְּרַב יְהוֹשֻׁעַ, לָא קַשְׁיָא, כָּאן בְּדַלּוּת כָּאן בְּדַלֵּי דַלּוּת, וְרַבִּי שִׁמְעוֹן סָבַר לָהּ כְּרַבִּי עֲקִיבָא בַּחֲדָא וּפְלִיג עֲלֵיהּ בַּחֲדָא, סָבַר לָהּ כְּרַבִּי עֲקִיבָא בְּדַלֵּי דַלּוּת דְּפָטוּר, וּפְלִיג עֲלֵיהּ בְּדַלּוּת: **אֶלָּא שֶׁאֵין כֹּהֵן גָּדוֹל חַיָּיב כּוּ׳**: אָמַר חִזְקִיָּה, מַאי טַעְמָא דְּרַבִּי שִׁמְעוֹן, דִּכְתִיב [א] ׳וְנִכְרְתָה הַנֶּפֶשׁ הַהִיא מִתּוֹךְ הַקָּהָל׳, מִי שֶׁקָּרְבָּנוֹ שָׁוֶה לַקָּהָל, יָצָא זֶה שֶׁאֵין קָרְבָּנוֹ שָׁוֶה לַקָּהָל. אִם כֵּן, נָשִׂיא נַמִּי אֵין קָרְבָּנוֹ שָׁוֶה לַקָּהָל. שָׁוֶה בְּכַפָּרָה דְּיוֹם הַכִּפּוּרִים. אִם כֵּן כֹּהֲנִים נַמִּי לָא שָׁווּ לַקָּהָל בְּכַפָּרָה דְּיוֹם הַכִּפּוּרִים. כֹּהֲנִים שָׁווּ לַקָּהָל בִּשְׁאָר מִצְוֹת דְּשָׁנָה כּוּלָּהּ. מָשִׁיחַ נַמִּי הָא שָׁוֶה בִּשְׁאָר מִצְוֹת דְּשָׁנָה. אֶלָּא אָמַר רָבָא, אֵימָא הָכִי, מִי שֶׁחַטָּאתוֹ שָׁוָה לַיְחִידִים, וּמַאי נִיהוּ, קָהָל: **רַבִּי אֱלִיעֶזֶר אוֹמֵר, הַנָּשִׂיא מֵבִיא שָׂעִיר וְכוּ׳**[ה]: אָמַר רַבִּי יוֹחָנָן, לֹא אָמַר רַבִּי אֱלִיעֶזֶר אֶלָּא בְּטוּמְאַת מִקְדָּשׁ וְקָדָשָׁיו, הוֹאִיל וְנֶאֱמַר[ו] כָּרֵת בּוֹ כִּבְקְבוּעָה. אָמַר רַב פָּפָּא, הָכִי נַמִּי מִסְתַּבְּרָא, דְּאִי סָלְקָא דַּעְתָּא רַבִּי אֱלִיעֶזֶר עַל כּוּלְּהוֹן קָאָמַר, מִכְּדִי שְׂעִיר נָשִׂיא וּפַר מָשִׁיחַ בִּמְקוֹם יָחִיד לְחַטָּאת קָאֵי, נִיתְנֵי נַמִּי מָשִׁיחַ מֵבִיא פַּר בִּשְׁמִיעַת קוֹל וּבִטּוּי שְׂפָתַיִם, אֶלָּא מִדְּלָא קָתָנֵי מָשִׁיחַ, שְׁמַע מִינָּהּ אַטּוּמְאַת מִקְדָּשׁ וְקָדָשָׁיו קָאֵי, דְּמָשִׁיחַ פָּטוּר. אָמַר לֵיהּ רַב הוּנָא בְּרֵיהּ דְּרַב נָתָן לְרַב פָּפָּא, מִמַּאי, דִּלְמָא רַבִּי אֱלִיעֶזֶר אַכּוּלְּהוֹן קָאֵי, וּבְמָשִׁיחַ סָבַר לָהּ כְּרַבִּי עֲקִיבָא דְּאָמַר מָשִׁיחַ פָּטוּר בְּכוּלָּן. אָמַר לֵיהּ, וְרַבִּי עֲקִיבָא מִי פָּטַר לֵיהּ מִפַּר[ז]; [ה] וְתוּ לָא מִידִי. אָמַר רַבִּי יוֹחָנָן, מוֹדֶה רַבִּי אֱלִיעֶזֶר שֶׁאֵין מֵבִיא אָשָׁם[ז]. תָּנֵי תַּנָּא קַמֵּיהּ דְּרַב שֵׁשֶׁת, אָשָׁם תָּלוּי בָּא עַל טוּמְאַת מִקְדָּשׁ וְקָדָשָׁיו; אָמַר לֵיהּ, דְּאָמַר לָךְ מַנִּי, רַבִּי אֱלִיעֶזֶר הִיא, דְּאָמַר הוֹאִיל וְנֶאֱמַר בּוֹ כָּרֵת כִּבְקְבוּעָה מַיְיתֵי נָשִׂיא שָׂעִיר עָלֶיהָ, וְהָא אָמַר רַבִּי יוֹחָנָן, מוֹדֶה רַבִּי אֱלִיעֶזֶר שֶׁאֵין מֵבִיא אָשָׁם תָּלוּי. קַשְׁיָא:

הַדְרָן עֲלָךְ הוֹרָה כֹּהֵן מָשִׁיחַ

כֹּהֵן [א] מָשִׁיחַ שֶׁחָטָא וְאַחַר כָּךְ עָבַר מִמְּשִׁיחוּתוֹ, [ב] וְכֵן נָשִׂיא שֶׁחָטָא וְאַחַר כָּךְ עָבַר מִגְּדוּלָּתוֹ, כֹּהֵן מָשִׁיחַ מֵבִיא פַּר, וְהַנָּשִׂיא מֵבִיא שָׂעִיר. [ה] מָשִׁיחַ שֶׁעָבַר מִמְּשִׁיחוּתוֹ וְאַחַר כָּךְ חָטָא, וְכֵן הַנָּשִׂיא שֶׁעָבַר מִגְּדוּלָּתוֹ וְאַחַר כָּךְ חָטָא, [ג] כֹּהֵן מָשִׁיחַ מֵבִיא פַּר, [ד] וְהַנָּשִׂיא כְּהֶדְיוֹט:

גמ׳ הַשְׁתָּא יֵשׁ לוֹמַר עָבַר מִמְּשִׁיחוּתוֹ וְאַחַר

קַשְׁיָין אַהֲדָדֵי. דְּקָתָנֵי אֶלָּא שֶׁאֵין מָשִׁיחַ [חַיָּיב] אַטּוּמְאַת מִקְדָּשׁ וְקָדָשָׁיו, הָא בִּשְׁמִיעַת קוֹל וּבִטּוּי שְׂפָתַיִם חַיָּיב: **בְּדַלֵּי דַלּוּת.** [ו] מָשִׁיחַ פָּטוּר מִכּוּלְּהוּ, כִּדְכְתִיב ׳זֶה קָרְבַּן אַהֲרֹן׳ דְּאֵין אַחֶרֶת בָּאָה לוֹ חוֹבָה, וְהַאי דְּקָאָמַר דְּמָשִׁיחַ חַיָּיב בִּשְׁמִיעַת קוֹל וּבִטּוּי שְׂפָתַיִם, כְּגוֹן **בְּדַלּוּת**, בְּתוֹרִין וּבְנֵי יוֹנָה, שֶׁעֲדַיִין לֹא בָּא לְדַלֵּי דַלּוּת: **דְּר״שׁ סָבַר לָהּ כְּר״ע בַּחֲדָא.** דְּפָטַר לֵיהּ לְמָשִׁיחַ מִדַּלֵּי דַלּוּת מ׳׳זֶה קָרְבַּן אַהֲרֹן וּבָנָיו׳: **וּפְלִיג עֲלֵיהּ בַּחֲדָא. בְּדַלּוּת**, דְּאִילּוּ ר״ע פָּטַר לֵיהּ נַמִּי בְּדַלּוּת, דְּקָאָמַר ׳שֶׁאֵין מִתְכַּפֵּר בָּעֲשִׂירִית הָאֵיפָה אֵין מִתְכַּפֵּר בְּכוּלָּן׳, וּלְר״שׁ בְּדַלֵּי דַלּוּת הוּא דְּאֵין מִתְכַּפֵּר, הָא בְּדַלּוּת וַעֲשִׁירוּת מִתְכַּפֵּר: **מ״ט דְּר׳ שִׁמְעוֹן.** דְּאָמַר וְלֹא מָשִׁיחַ אֵינוֹ חַיָּיב בְּטוּמְאַת מִקְדָּשׁ וְקָדָשָׁיו: **דִּכְתִיב.** בְּטוּמְאַת מִקְדָּשׁ וְקָדָשָׁיו **׳וְנִכְרְתָה הַנֶּפֶשׁ הַהִיא מִתּוֹךְ הַקָּהָל׳: מִי שֶׁקָּרְבָּנוֹ שָׁוֶה לַקָּהָל.** דְּמִתְכַּפֵּר בְּשֶׁל קָהָל, הוּא דְּחַיָּיב בְּטוּמְאַת מִקְדָּשׁ וְקָדָשָׁיו: **יָצָא.** מָשִׁיחַ **שֶׁאֵין קָרְבָּנוֹ שָׁוֶה**, דְּאֵין מִתְכַּפֵּר בְּשֶׁל קָהָל בְּכַפָּרַת יוה״כ, דְּהוּא מִתְכַּפֵּר בְּפַר וְהֵם בְּשָׂעִיר[ז]: **א״כ נָשִׂיא נַמִּי אֵין קָרְבָּנוֹ שָׁוֶה לַקָּהָל.** דְּהוּא מֵבִיא שָׂעִיר וְהֵם מִתְכַּפְּרִין בְּפַר בִּשְׁאָר יְמוֹת הַשָּׁנָה, וְאַמַּאי קָתָנֵי הַמָּשִׁיחַ[ח] לְחוּדֵיהּ פָּטוּר בְּטוּמְאַת מִקְדָּשׁ וְקָדָשָׁיו, וְלֹא נָשִׂיא וְיָחִיד: **וּמְשַׁנֵּי,** הָא לָאו מִילְּתָא הִיא, מִשּׁוּם דְּהָא **שָׁוֶה לַקָּהָל בְּכַפָּרַת יוה״כ: אִי הָכִי,** כֹּהֲנִים נַמִּי הָא **לָא** שָׁווּ לַקָּהָל בְּכַפָּרָה דְּיוה״כ. דְּמִתְכַּפְּרִין בְּפָרוֹ שֶׁל אַהֲרֹן, וְלִיפַּטְרוּ בְּטוּמְאַת מִקְדָּשׁ וְקָדָשָׁיו: **הָא לָא קַשְׁיָא,** מִשּׁוּם דְּכֹהֲנִים שָׁווּ לַקָּהָל **בִּשְׁאָר** מִצְוֹת דְּשָׁנָה כּוּלָּהּ. דְּמִתְכַּפְּרֵי עִם הַצִּבּוּר בְּפַר הַבָּא עַל כָּל הַמִּצְוֹת, הִלְכָּךְ חַיָּיבִין בְּטוּמְאַת מִקְדָּשׁ וְקָדָשָׁיו: **כֹּהֵן מָשִׁיחַ נַמִּי הָא שָׁוֶה לַקָּהָל בִּשְׁאָר מִצְוֹת.** דְּכָל הַשָּׁנָה כּוּלָּהּ, דְּכִי הוֹרָה עִם הַצִּבּוּר מִתְכַּפֵּר עִם הַצִּבּוּר, וְלִיחַיַּיב בְּטוּמְאַת מִקְדָּשׁ וְקָדָשָׁיו: **אֶלָּא אָמַר רָבָא אֵימָא הָכִי.** ׳מִתּוֹךְ הַקָּהָל׳, **מִי שֶׁחֶטְאוֹ שָׁוֶה לַיְחִידִים,** דִּמְחַיְּיבֵי[ט] בְּשִׁגְגַת מַעֲשֶׂה כַּיְחִידִים, דִּיחִידִים שֶׁחָטְאוּ בְּשִׁגְגַת מַעֲשֶׂה מַיְיתֵי כָּל חַד, **וּמַאן יְחִידִים, קָהָל**[י], דְּכִי חָטְאוּ קָהָל בְּשִׁגְגַת מַעֲשֶׂה לְחוּדֵיהּ בְּלֹא הֶעְלֵם דָּבָר מַיְיתוּ כָּל חַד קָרְבָּן, דְּאוֹתָן הַשָּׁוֶה[יא] לַיְחִידִים בְּדָבָר זֶה הוּא דִּמְחַיְּיבֵי בְּטוּמְאַת מִקְדָּשׁ וְקָדָשָׁיו, יָצָא מָשִׁיחַ שֶׁאֵין חֶטְאוֹ שָׁוֶה לַיָּחִיד, דְּכִי חָטָא בְּשִׁגְגַת מַעֲשֶׂה בְּלֹא הֶעְלֵם דָּבָר פָּטוּר לְגַמְרֵי, כִּדְאָמְרִינַן לְקַמָּן בְּפֶרֶק בָּתְרָא (דף יא.) ׳מֵעַם הָאָרֶץ, פְּרָט לְמָשִׁיחַ׳ דְּאֵין מֵבִיא בְּשִׁגְגַת מַעֲשֶׂה, וְהַיְינוּ דְּאָמְרִינַן לְעֵיל (דף ז:) ׳יָצָא מָשִׁיחַ שֶׁאֵין חֶטְאוֹ בִּשְׁגָגָה׳, וְכֵיוָן דְּאֵין חֶטְאוֹ שָׁוֶה לַיָּחִיד, לְפִיכָךְ פָּטוּר בְּטוּמְאַת מִקְדָּשׁ וְקָדָשָׁיו: **א״ר יוֹחָנָן, לֹא א״ר אֱלִיעֶזֶר.** דְּנָשִׂיא מֵבִיא שָׂעִיר בִּידִיעָה[יב] בִּמְקוֹם עוֹלֶה וְיוֹרֵד: **אֶלָּא בְּטוּמְאַת מִקְדָּשׁ וְקָדָשָׁיו, הוֹאִיל וְנֶאֱמַר בּוֹ כָּרֵת כִּבְקְבוּעָה.** כְּלוֹמַר כְּבְחַטָּאת קְבוּעָה, דְּקָסָבַר ר״א דְּכִי הֵיכִי דִּבְמָקוֹם שֶׁחַיָּיבִים עַל זְדוֹנוֹ כָּרֵת וְעַל שִׁגְגָתוֹ חַטָּאת, דְּהַיְינוּ בִּמְקוֹם חַטָּאת קְבוּעָה, נָשִׂיא מֵבִיא שָׂעִיר, ה״נ הֵיכָא דְּחַיָּיב לָהּ עַל זְדוֹנוֹ כָּרֵת וְעַל שִׁגְגָתוֹ עוֹלֶה וְיוֹרֵד מֵבִיא שָׂעִיר, הוֹאִיל וְדָמֵי לְחַטָּאת קְבוּעָה לְעִנְיַן כָּרֵת, אֲבָל בִּשְׁמִיעַת קוֹל וּבִטּוּי שְׂפָתַיִם דְּאֵין חַיָּיבִין עַל זְדוֹנוֹ כָּרֵת, דְּלָא דָּמֵי לְחַטָּאת קְבוּעָה לֹא בְּזָדוֹן וְלֹא בְּשׁוֹגֵג, מוֹדֶה ר׳ אֱלִיעֶזֶר דְּנָשִׂיא אֵין מֵבִיא שָׂעִיר, אֶלָּא קָרְבַּן עוֹלֶה וְיוֹרֵד כְּהֶדְיוֹט: **אָמַר רַב פָּפָּא, הָכִי נַמִּי מִסְתַּבְּרָא,** דְּאִי ס״ד רַבִּי אֱלִיעֶזֶר. דְּקָאָמַר נָשִׂיא מֵבִיא שָׂעִיר, **אַכּוּלְּהוּ,** שְׁמִיעַת קוֹל וּבִטּוּי שְׂפָתַיִם וְטוּמְאַת מִקְדָּשׁ וְקָדָשָׁיו: **מִכְּדִי שָׂעִיר.** דְּנָשִׂיא, בִּמְקוֹם חַטָּאת קְבוּעָה דְּיָחִיד קָאֵי, וְהוּא הַדִּין לְפַר כֹּהֵן מָשִׁיחַ דְּבִמְקוֹם חַטָּאת קְבוּעָה דְּיָחִיד קָאֵי, וּכְדִתְנַן ׳כָּל מִצְוֹת שֶׁבַּתּוֹרָה שֶׁחַיָּיבִין עַל זְדוֹנָן כָּרֵת וְעַל

שִׁגְגָתָן חַטָּאת׳, דְּהַיְינוּ חַטָּאת קְבוּעָה, ׳יָחִיד מֵבִיא כִּשְׂבָּה אוֹ שְׂעִירָה, וְנָשִׂיא מֵבִיא שָׂעִיר, וּמָשִׁיחַ פַּר׳, וְכֵיוָן דִּשְׂעִיר דְּנָשִׂיא וּפַר כֹּהֵן מָשִׁיחַ בִּמְקוֹם חַטָּאת קְבוּעָה דְּיָחִיד קָיְימִי, אִי אָמְרַתְּ אַכּוּלְּהוּ קָאָמַר ר״א דְּנָשִׂיא מֵבִיא שָׂעִיר אע״ג דְּלֵית בְּהוּ כָּרֵת כִּבְקְבוּעָה: **נִיתְנֵי נַמִּי מָשִׁיחַ מֵבִיא פַּר בִּשְׁמִיעַת קוֹל וּבִטּוּי שְׂפָתַיִם.** כִּי דִּינֵיהּ, אע״ג דְּלֵית בְּהוּ כָּרֵת כִּבְקְבוּעָה: **אֶלָּא לָאו. מִדְּלָא קָתָנֵי** הָכִי, ש״מ **דְּאַטּוּמְאַת מִקְדָּשׁ וְקָדָשָׁיו** קָאָמַר ר׳ אֱלִיעֶזֶר דְּנָשִׂיא מֵבִיא שְׂעִירָה[יג], הוֹאִיל וְנֶאֱמַר בּוֹ כָּרֵת כִּבְקְבוּעָה, וְהַאי דְּלָא קָתָנֵי ׳וּמָשִׁיחַ מֵבִיא פַּר בְּטוּמְאַת מִקְדָּשׁ וְקָדָשָׁיו הוֹאִיל וְנֶאֱמַר בּוֹ כָּרֵת כִּבְקְבוּעָה׳, מִשּׁוּם דְּמָשִׁיחַ פָּטוּר לְגַמְרֵי בְּטוּמְאַת מִקְדָּשׁ וְקָדָשָׁיו, דְּסָבַר לָהּ כְּר״שׁ דְּפוֹטֵר: **א״ל רַב הוּנָא בְּרֵיהּ דְּרַב נָתָן לְרַב פָּפָּא, וּמִמַּאי, דִּלְמָא ר״א אַכּוּלְּהוּ קָאֵי.** דְּנָשִׂיא מֵבִיא שָׂעִיר אֲפִילּוּ שֶׁלֹּא בִּמְקוֹם כָּרֵת, וְהַאי דְּלָא קָתָנֵי נַמִּי ׳מָשִׁיחַ מֵבִיא פַּר בְּטוּמְאַת מִקְדָּשׁ וְקָדָשָׁיו וּבִשְׁמִיעַת קוֹל וּבִטּוּי שְׂפָתַיִם׳, מִשּׁוּם **דְּבְמָשִׁיחַ סָבַר לָהּ כְּר״ע דְּאָמַר מָשִׁיחַ פָּטוּר מִכּוּלָּן** מִשְּׁמִיעַת קוֹל וּבִטּוּי שְׂפָתַיִם, וּלְעוֹלָם אַכּוּלְּהוּ קָאֵי ר״א דְּנָשִׂיא מֵבִיא שָׂעִיר: **א״ל, ר״ע מִי פָּטַר נַמִּי לְמָשִׁיחַ מִפַּר,** (דִּלְמָא[יד]) כִּי קָאָמַר ר׳ עֲקִיבָא מָשִׁיחַ פָּטוּר מִכּוּלָּן, מִטּוּמְאַת מִקְדָּשׁ וְקָדָשָׁיו וּשְׁמִיעַת קוֹל וּבִטּוּי שְׂפָתַיִם, כְּגוֹן לְהָבִיא קָרְבַּן עוֹלֶה וְיוֹרֵד, אֲבָל לְהָבִיא פַּר מְחַיֵּיב, וְכֵיוָן דִּמְחַיֵּיב בְּפַר א״כ נִיתְנֵי נַמִּי ר״א מָשִׁיחַ מֵבִיא פַּר בִּשְׁמִיעַת קוֹל וּבִטּוּי שְׂפָתַיִם, אֶלָּא מִדְּלָא קָתָנֵי הָכִי, ש״מ דְּאַטּוּמְאַת מִקְדָּשׁ וְקָדָשָׁיו קָאֵי רַבִּי אֱלִיעֶזֶר דְּנָשִׂיא מֵבִיא שָׂעִיר, הוֹאִיל וְנֶאֱמַר בּוֹ כָּרֵת כִּבְקְבוּעָה, וְהָא דְּלָא קָתָנֵי וּמָשִׁיחַ מֵבִיא פַּר בְּטוּמְאַת מִקְדָּשׁ וְקָדָשָׁיו, מִשּׁוּם דְּסָבַר לָהּ כְּר״שׁ דְּאָמַר דְּאֵין כֹּהֵן מָשִׁיחַ חַיָּיב בְּטוּמְאַת מִקְדָּשׁ וְקָדָשָׁיו: **וְתוּ לָא מִידִי.** וְתוּ לֵיכָּא לְמִיקְשֵׁי וְלָא מִידֵי: **א״ר יוֹחָנָן.** אע״ג דְּקָאָמַר ר״א הוֹאִיל וְנֶאֱמַר בּוֹ כָּרֵת כִּבְקְבוּעָה דְּנָשִׂיא[טו] מֵבִיא שָׂעִיר כִּבְחַטָּאת קְבוּעָה, **מוֹדֶה ר״א לְעִנְיַן אָשָׁם תָּלוּי** דְּלָאו דִּינֵיהּ כִּבְחַטָּאת קְבוּעָה, דְּכִי הֵיכִי דְּאָמַר לְעֵיל אֵין יָחִיד מֵבִיא אָשָׁם תָּלוּי אֶלָּא עַל סְפֵק קְבוּעָה, ה״נ אֵין מֵבִיא אָשָׁם תָּלוּי עַל סְפֵק טוּמְאַת מִקְדָּשׁ וְקָדָשָׁיו, שֶׁאע״פ שֶׁנֶּאֱמַר בּוֹ כָּרֵת כִּבְקְבוּעָה, הוֹאִיל וְאֵינָהּ מַמָּשׁ חַטָּאת קְבוּעָה, אֵין מֵבִיא אָשָׁם תָּלוּי: **תָּנֵי תַּנָּא** קַמֵּיהּ דְּרַב שֵׁשֶׁת, **אָשָׁם תָּלוּי בָּא עַל סְפֵק** טוּמְאַת מִקְדָּשׁ וְקָדָשָׁיו. הוֹאִיל וְנֶאֱמַר בּוֹ כָּרֵת כִּבְקְבוּעָה: **א״ל, דְּאָמַר לָךְ מַנִּי, ר״א** הִיא דְּאָמַר. נָשִׂיא מֵבִיא שָׂעִיר, **הוֹאִיל וְנֶאֱמַר בּוֹ כָּרֵת כִּבְקְבוּעָה,** וְקָאָמַר דְּה״ה לְעִנְיַן אָשָׁם תָּלוּי: וּמִי מָצֵית אָמְרַתְּ הָכִי, **וְהָא** א״ר יוֹחָנָן מוֹדֶה ר״א שֶׁאֵין מֵבִיא אָשָׁם תָּלוּי, **קַשְׁיָא.** דְּמַתְנִיתָא דִּידָךְ לָא מִיתּוֹקְמָא דְּלָא כְּחַד:

הַדְרָן עֲלָךְ הוֹרָה כֹּהֵן מָשִׁיחַ

הַשְׁתָּא יֵשׁ לוֹמַר עָבַר מִמְּשִׁיחוּתוֹ וְאַחַר כָּךְ חָטָא מֵבִיא פַּר, חָטָא וְאַחַר כָּךְ עָבַר מִמְּשִׁיחוּתוֹ מִיבַּעְיָא. **נָשִׂיא אִיצְטְרִיכָא לֵיהּ,** סָלְקָא דַּעְתָּךְ[טז] הוֹאִיל וְעָבַר מִנְּשִׂיאוּתוֹ וְאַחַר כָּךְ חָטָא הָוֵי כְּהֶדְיוֹט, חָטָא וְאַחַר כָּךְ עָבַר מִנְּשִׂיאוּתוֹ נַמִּי לֶיהֱוֵי כְּהֶדְיוֹט, קמ״ל. לִישָּׁנָא אַחֲרִינָא[יז], צְרִיכָא לְמֵימַר דְּחָטָא וְאַחַר כָּךְ עָבַר מִמְּשִׁיחוּתוֹ דְּמֵבִיא פַּר, הָא כֵּיוָן דִּתְנָא לֵיהּ עָבַר מִמְּשִׁיחוּתוֹ[יח] דְּמֵבִיא פַּר, כָּל שֶׁכֵּן חָטָא וְאַחַר כָּךְ עָבַר מִמְּשִׁיחוּתוֹ דְּמֵבִיא פַּר; הָא לָא קַשְׁיָא, מִשּׁוּם דְּקָתָנֵי גַּבֵּי נָשִׂיא כִּי עָבַר מִגְּדוּלָּתוֹ וְאַחַר כָּךְ חָטָא כִּי הֶדְיוֹט מַיְיתֵי, סָלְקָא דַּעְתָּךְ אָמֵינָא כִּי חָטָא וְאַחַר כָּךְ עָבַר נַיְיתֵי נַמִּי כִּי הֶדְיוֹט, הִלְכָּךְ תְּנָא גַּבֵּי נָשִׂיא שֶׁחָטָא וְאַחַר כָּךְ עָבַר דְּמַיְיתֵי כִּי נָשִׂיא, וְאַיְּידֵי דִּתְנָא גַּבֵּי נָשִׂיא חָטָא וְאַחַר כָּךְ עָבַר, תְּנָא נַמִּי גַּבֵּי מָשִׁיחַ

תוספות הרא״ש

[ע] פי׳ שאין משיח חייב על טו״מ וקדשיו דברי רש״י ז״ל: מי שקרבנו שוה לקהל. שמתכפר עם הקהל בטו״מ וקדשיו [כ] כדאיתא ברפ״ק דשבועות. והוא מתכפר בפר: **נשיא נמי הא לא שוה לקהל.** פרש״י ז״ל שהוא מביא שעיר והם מתכפרים בפר. ולא נהירא להרמ״ה ז״ל דהא דאפקי׳ רחמנא לנשיא לידון בשעיר מכלל יחידים הוא דאפקי׳ דלא לייתי כשבה או שעירה בשגגת מעשה גרידתא. אבל מכלל צבור שחטאו בהעלם דבר לא אפקי׳ דמתכפר עם הצבור בפר. ופי׳ נשיא נמי הא לא שוה לקהל (דאיהו מעשה) [דאיהו מייתי] כשבה או שעירה בשגגת מעשה ואיהו מייתי שעיר בשאר מצות: **בשעיר דיוה״כ.** שוה מיהו דמתכפר עם הקהל בטו״מ וקדשיו בשעיר: **שאר כהנים נמי הא לא שוה לקהל.** (שהרי מתכפרים עם כה״ג ביוה״כ בשעיר [שהרי מתכפרים עם כה״ג]: (כמו)[כא] **בשאר מצות בשאר ימות השנה.** שמתכפרים עם הצבור בפר. א״נ שוה לקהל להתכפר בכשבה או שעירה בשגגת מעשה אבל משיח פטור כדאמרינן לקמן: **משיח נמי הא שוה לקהל בשאר מצות כל ימות השנה.** דכי חטא עם הצבור מתכפר עם הצבור. ואית ספרים דגרסי **משיח נמי הא שוה בשעירה.** דכי חטא בעבודת כוכבים בשגגת מעשה שוה לצבור להביא שעירה: **אמר ר׳ יוחנן לא אמר ר״א.** דנשיא מביא שעיר במקום שיחיד מביא קרבן עולה ויורד. **אלא בטומאת מקדש וקדשיו הואיל ואמר** [כב] **בהן כרת** נידון בקבועה. כלומר כשאר דברים שהיחיד מביא עליהם חטאת קבועה דהיינו דבר שזדונו כרת ומביא עליהם יחיד חטאת קבועה כשבה או שעירה ונשיא מביא שעיר. הה״נ טומאת מקדש וקדשיו שהיחיד בעולה ויורד נשיא מביא שעיר הואיל וחייב על זדונו כרת כקבועה. לפי שהכרת הוא עיקר חיוב של חטאת קבועה כדילפי׳ מעליה עליה או מתורה אחת יהיה לכם. וכשילא נשיא מכלל יחיד לדונו בשעיר בכל דבר שזדונו כרת כדין שאר חיובי חטאות. וכשילא טומאת מקדש וקדשיו לידון בעולה ויורד ביחיד יצאה ולא בנשיא. שהרי יצא נשיא מכלל יחיד לגמרי במקום שזדונו כרת לידון בעצמו בשעיר: **א״ל רב** (כהנא) [הונא] **בריה דרב נתן לרב פפא ממאי דלמא ר״א אכולהו קאי.** רב הונא אותביה לרב פפא דקאמר ה״נ מסתברא ובעי לאוכוחי לקיים דברי ר״י דלא אמר ר״א אלא בטו״מ וקדשיו ור״א סבר כר״ש דקאמר משיח פטור על טו״מ וקדשיו. וא״ל רב הונא דאין לו כח להוכיח זו דמצי למימר דר״א כר״ע ס״ל דאמר משיח פטור מכולן. (וקשי׳) [והשיב] **א״ל ר״ע מי פטר ליה מפר דלמא כי מפטר ליה ר״ע מעולה ויורד אבל פר מייתי.** הלכך אי כר״ע ס״ל ליתני משיח מביא פר. אלא ודאי לא אמר ר״א אלא בטומאת מקדש וקדשיו. ובמשיח סבר לה כר״ש ולא נהירא גירסא זו ולא נמצאת בספרי ספרד. ואיך יתכן שיאמר רב פפא דלמא לא פטר ר״ע אלא מעולה ויורד אבל פר מייתי [ולכן אמרי׳] ה״נ מסתברא. כי הבא להביא ראיה לקיים דברי תנא או אמורא צריך להביא ראיה מפורשת שלא יוכל אדם לסותרה והבא לסותרה יכול לומר דלמא לא אמר פלוני כך אלא כך ואין לך ראיה ברורה מכאן. אבל לא יתכן כלל שאדם מביא ראיה מדלמא. ועוד דהאי דלמא לא מסתבר כלל. דמשיח בפר הוקש לצבור בפר מלאשמת העם. וכי היכי דלצבור לא מייתו פר בשמיעת קול ובטוי שפתים וטומאת [illegible]

אחיא דלא כר״ש. דלר״ש דבעי חטאה וידיעה ה״ל לפלוגי בין נודע לו עד שלא עבר לנודע לו אחר שעבר [illegible]
האי וכן לאו דוקא דאין דינם שוה אלא [בעברו] אחר החטא. ואיידי דתנא ברישא וכן תנא נמי בסיפא [illegible]

מסורת הש״ס
עם הוספות

[א] [סוכה לו: ושם נסמן].

תורה אור השלם

א) וְאִישׁ אֲשֶׁר יִטְמָא וְלֹא יִתְחַטָּא וְנִכְרְתָה הַנֶּפֶשׁ הַהִוא מִתּוֹךְ הַקָּהָל כִּי אֶת מִקְדַּשׁ יְיָ טִמֵּא מֵי נִדָּה לֹא זֹרַק עָלָיו טָמֵא הוּא: [במדבר יט, כ]

הגהות וציונים

[א] ״וכו׳״ מיותר: [ב] רש״י וכתי״מ ״ונאמר **בו** כרת״: [ג] ״א״ל ור״ע מי פטר ליה מפר״ ליתא בכתי״, ועי׳ בתוס׳ הרא״ש שלא היה גם לפניו ועי׳ בשער יוסף ובהורה גבר (דק״ס): [ד] צ״ל אשם תלוי (גליון): [ה] צ״ל כהן משיח (דפוסי ויניציא): [ו] בכתי״ נוסף **כשהגיע לדלי דלות:** [ז] בכתי״ נוסף **והאי פירכא לאו פירכא מעליא היא:** [ח] דמשיח (כת״י): [ט] **דמחייב** (כת״י): [י] כת״י ״מייתו כל חד וחד קרבן: ומאן יחידים קהל. כלומר קהל **האמור** קהל מועט שהן **כשאר** יחידים דכי״ וכו׳: [יא] רש״י מגיה השוים. כת״י ״דאותו השוה ליחידים בדבר זה הוא **דמתחייב** בטומאת מקדש וכו׳: [יב] ״בידיעה״ מיותר (רש״ש): [יג] צ״ל **שעיר** (גליון), וכ״ה בד׳ הישנים ונשתבש בד׳ פפד״מ (דק״ס): [יד] באר שבע מ״ו (גליון). אבל מתוס׳ הרא״ש נראה דגרס ליה והקשה עליו (בארות המים): [טו] צ״ל **נשיא** (בארות המים): [טז] סלקא דעתך **אמינא** (ע״פ כת״י הגמרא): [יז] הוא כנוסח הגמרא שבדפוס (דק״ס, עי״ש, ועי׳ במפרשים מ״ש בהבנת רש״י: [יח] כת״י ״כיון דתנא עבר ממשיחותו **ואחר כך חטא** מביא פר״: [יט] אולי צ״ל מ״ט דר״ש (גליון). בכתי״ **״פיסקא.** שאין משיח חייב על טו״מ וקדשיו דברי **ר״ש״:** [כ] בכתי״ נוסף **חייב כרת על טומאת מקדש יצא כהן משיח שאין מתכפר עם הקהל בטומאת מקדש וקדשיו שהם מתכפרים ביוה״כ בשעירים על טומאת מקדש וקדשיו:** [כא] כת״י **שוו בשאר:** [כב] כת״י ״ונאמ׳ בהן כרת **בזדון בקבועה.** כלומר **בשאר:** [כג] בכת״י נוסף **כשאר חייבי חטאות קבועות שמביאין על ספיקן אשם תלוי** כדתנן ואין מביאין: [כד] בכת״י ״אפ״ה אין **מביא אשם** תלוי בסתם דלכל ישראל נאמרה״:

תוספות הרא״ש
[המשך מטור א]

ר״א דנשיא מביא חטאת קבועה על טומאת מקדש וקדשיו מודה הוא שאין הנשיא מביא על ספק אשם תלוי[כג] כדתנן אין מביאין אשם תלוי על עשה ולא תעשה שבמקדש. ואע״ג דלא לימעוט טומאת מקדש וקדשיו מדין אשם תלוי אלא מדלא הוויין חטאת קבועה כדאמרינן לעיל בפרקין. ונשיא מביא חטאת קבועה. אפ״ה אין מביאין. דאשם[כד] תלוי בסתם לכל ישראל נאמרה. וכמו שאחר הצבור אין מביאין אשם תלוי על טומאת מקדש וקדשיו. כך נשיא אינו מביא. ולא דמי לקרבן עולה ויורד שנשיא מביא חטאת קבועה. לפי שיצא נשיא מכלל יחיד לכל חטא שזדונו כרת. ופרשת עולה ויורד ליחיד נאמרה ולא לנשיא:

הדרן עלך
הורה כהן משיח

פ״ג כהן משיח שחטא מביא פר ונשיא מביא שעיר. [illegible]

אֱלִיעֶזֶר — Rabi Eliezer did not say that a king brings a goat as a *Chatas* instead of an *Oleh V'Yored*, **אֶלָּא בְּטוּמְאַת מִקְדָּשׁ וְקָדָשָׁיו** — only for the *aveirah* of defiling the Beis Hamikdash and its *korbanos*, **הוֹאִיל וְנֶאֱמַר כָּרֵת בּוֹ כְּבִקְבוּעָה** — since the punishment of *kareis* is stated regarding defiling the Beis Hamikdash, the same way *kareis* is stated in all matters which require a fixed *Chatas*. Since a king brings a goat as a *Chatas* for transgressing an *aveirah* which is punished with *kareis*, so too, for defiling the Beis Hamikdash which is punished with *kareis*, the king brings a goat as a *Chatas* and not an *Oleh V'Yored*. However, for the other *aveiros* which obligate an *Oleh V'Yored*, a false *shevuah* regarding testimony and a false *shevuah* that one did or will do a certain action, there is no *kareis*. Therefore, it is not similar to a regular case of a fixed *Chatas* and a king does not bring his standard goat as a *Chatas*; rather he brings an *Oleh V'Yored* like a regular individual.

הָכִי נָמֵי אָמַר רַב פַּפָּא — Rav Pappa said: **מִסְתַּבְּרָא** — What Rabi Yochanan said, that Rabi Eliezer only said his words in the case of defiling the Beis Hamikdash, is indeed logical, **דְּאִי סָלְקָא דַעְתָּא רַבִּי אֱלִיעֶזֶר עַל כּוּלְּהוֹן קָאָמַר** — because if you think Rabi Eliezer said the halachah that a king brings a goat as a *Chatas* for all three *aveiros* which would normally require an *Oleh V'Yored*, even though they are not punished with *kareis*, and they are not similar to *aveiros* which require a *Chatas*, **מִכְּדִי** — let's see, **שְׂעִיר נָשִׂיא וּפַר מָשִׁיחַ בִּמְקוֹם יָחִיד לְחַטָּאת קָאֵי** — the goat of a king and the bull of a *kohen gadol* replace the *Chatas* of an individual; whatever the halachah is regarding the goat of the king should apply, as well, to the bull of the *kohen gadol*. If so, **נִיתְנֵי נָמֵי** — let Rabi Eliezer also teach, **מָשִׁיחַ מֵבִיא פַּר בִּשְׁמִיעַת קוֹל וּבִטּוּי שְׂפָתַיִם** — that a *kohen gadol* should bring a bull as a *Chatas* for the cases of 'hearing a voice' (one who makes a false *shevuah* that he does not know testimony), and an 'utterance of the lips' (one who makes a false *shevuah* that he did or will perform some action). If Rabi Eliezer holds that a king brings his regular *Chatas*—a goat, in place of the *Oleh V'Yored* of a regular individual, even for an *aveirah* which is not punished with *kareis*, then he should have said that a *kohen gadol*, as well, should bring his regular *Chatas*—a bull, in place of the *Oleh V'Yored* in the two cases where he is obligated to bring a *korban*, even though those *aveiros* are not punished with *kareis*. **אֶלָּא מִדְּלָא קָתָנֵי מָשִׁיחַ** — But from the fact that Rabi Eliezer does not teach this halachah with regard to a *kohen gadol*, **שְׁמַע מִינָּהּ אַטּוּמְאַת מִקְדָּשׁ וְקָדָשָׁיו קָאֵי** — we hear from this that Rabi Eliezer was only discussing the case of defiling the Beis Hamikdash, which is punished with *kareis* and would therefore obligate a *Chatas*, **דְּמָשִׁיחַ פָּטוּר** — in which case the *kohen gadol* is exempt from bringing any *korban*. (Rav Pappa is deducing, as well, that Rabi Eliezer holds like Rabi Shimon (9a) that a *kohen gadol* is exempt for defiling the Beis Hamikdash.) Rabi Eliezer could not say that a *kohen gadol* brings his bull as a *Chatas*, because the only case where this would be applicable would be in the case of defiling the Beis Hamikdash, in which case the *kohen gadol* is not obligated to bring any *korban*.

For this *daf's shiur* and charts, scan this QR code:

עין משפט
נר מצוה

א א מיי׳ פט״ו מהלכות שגגות הלכה ז סמג עשין ריז:
ב ב מיי׳ שם הלכה ט סמג שם:
ג ג מיי׳ שם הלכה ז:
ד ד מיי׳ שם הלכה ט:

קַשְׁיָין אַהֲדָדֵי. אָמַר רַב הוּנָא בְּרֵיהּ דְּרַב יְהוֹשֻׁעַ, לָא קַשְׁיָא, כָּאן בְּדַלּוּת כָּאן בְּדַלֵּי דַלּוּת, וְרַבִּי שִׁמְעוֹן סָבַר לָהּ כְּרַבִּי עֲקִיבָא בַּחֲדָא וּפְלִיג עֲלֵיהּ בַּחֲדָא, סָבַר לָהּ כְּרַבִּי עֲקִיבָא בְּדַלֵּי דַלּוּת דְּפָטוּר, וּפְלִיג עֲלֵיהּ בְּדַלּוּת: **אֶלָּא שֶׁאֵין כֹּהֵן גָּדוֹל חַיָּיב כו׳**: אָמַר חִזְקִיָּה, מַאי טַעְמָא דְּרַבִּי שִׁמְעוֹן, דִּכְתִיב א) ׳וְנִכְרְתָה הַנֶּפֶשׁ הַהִיא מִתּוֹךְ הַקָּהָל׳, מִי שֶׁקָּרְבָּנוֹ שָׁוֶה לַקָּהָל, יָצָא זֶה שֶׁאֵין קָרְבָּנוֹ שָׁוֶה לַקָּהָל. אִם כֵּן, נָשִׂיא נַמִּי אֵין קָרְבָּנוֹ שָׁוֶה לַקָּהָל. שָׁוֶה בְּכַפָּרָה דְּיוֹם הַכִּפּוּרִים. אִם כֵּן כֹּהֲנִים נַמִּי לָא שָׁווּ לַקָּהָל בְּכַפָּרָה דְּיוֹם הַכִּפּוּרִים. כֹּהֲנִים שָׁווּ לַקָּהָל בִּשְׁאָר מִצְוֹת דְּשָׁנָה כּוּלָּהּ. מָשִׁיחַ נַמִּי הָא שָׁוֶה בִּשְׁאָר מִצְוֹת דְּשָׁנָה. אֶלָּא אָמַר רָבָא, אֵימָא הָכִי, מִי שֶׁחַטָּאתוֹ שָׁוָה לַיְחִידִים, וּמַאי נִיהוּ, קָהָל: **רַבִּי אֱלִיעֶזֶר אוֹמֵר, הַנָּשִׂיא מֵבִיא שָׂעִיר וְכוּ׳**[ה]: אָמַר רַבִּי יוֹחָנָן, לֹא אָמַר רַבִּי אֱלִיעֶזֶר אֶלָּא בְּטוּמְאַת מִקְדָּשׁ וְקָדָשָׁיו, הוֹאִיל וְנֶאֱמַר[ו] כָּרֵת בּוֹ כִּבְקְבוּעָה. אָמַר רַב פָּפָּא, הָכִי נַמִּי מִסְתַּבְּרָא, דְּאִי סָלְקָא דַּעְתָּא רַבִּי אֱלִיעֶזֶר עַל כּוּלְּהוֹן קָאָמַר, מִכְּדִי שְׂעִיר נָשִׂיא וּפַר מָשִׁיחַ בִּמְקוֹם יָחִיד לְחַטָּאת קָאֵי, נִיתְנֵי נַמִּי מָשִׁיחַ מֵבִיא פַּר בִּשְׁמִיעַת קוֹל וּבִטּוּי שְׂפָתַיִם, אֶלָּא מִדְּלָא קָתָנֵי מָשִׁיחַ, שְׁמַע מִינָּהּ אַטּוּמְאַת מִקְדָּשׁ וְקָדָשָׁיו קָאֵי, דְּמָשִׁיחַ פָּטוּר. אָמַר לֵיהּ רַב הוּנָא בְּרֵיהּ דְּרַב נָתָן לְרַב פָּפָּא, מִמַּאי, דִּלְמָא רַבִּי אֱלִיעֶזֶר אַכּוּלְּהוֹן קָאֵי, וּבְמָשִׁיחַ סָבַר לָהּ כְּרַבִּי עֲקִיבָא דְּאָמַר מָשִׁיחַ פָּטוּר בְּכוּלָּן. אָמַר לֵיהּ, וְרַבִּי עֲקִיבָא מִי פָּטַר לֵיהּ מִפַּר[ז]; [ה]וְתוּ לָא מִידִי. אָמַר רַבִּי יוֹחָנָן, מוֹדֶה רַבִּי אֱלִיעֶזֶר שֶׁאֵין מֵבִיא אָשָׁם[ז]. תָּנֵי תַּנָּא קַמֵּיהּ דְּרַב שֵׁשֶׁת, אָשָׁם תָּלוּי בָּא עַל טוּמְאַת מִקְדָּשׁ וְקָדָשָׁיו; אָמַר לֵיהּ, דְּאָמַר לָךְ מַנִּי, רַבִּי אֱלִיעֶזֶר הִיא, דְּאָמַר הוֹאִיל וְנֶאֱמַר בּוֹ כָּרֵת כִּבְקְבוּעָה מַיְיתֵי נָשִׂיא שָׂעִיר עָלֶיהָ, וְהָא אָמַר רַבִּי יוֹחָנָן, מוֹדֶה רַבִּי אֱלִיעֶזֶר שֶׁאֵין מֵבִיא אָשָׁם תָּלוּי. קַשְׁיָא:

הַדְרָן עֲלָךְ הוֹרָה כֹּהֵן מָשִׁיחַ

כֹּהֵן א מָשִׁיחַ שֶׁחָטָא וְאַחַר כָּךְ עָבַר מִמְּשִׁיחוּתוֹ, ב וְכֵן נָשִׂיא שֶׁחָטָא וְאַחַר כָּךְ עָבַר מִגְּדוּלָּתוֹ, כֹּהֵן מָשִׁיחַ מֵבִיא פַּר, וְהַנָּשִׂיא מֵבִיא שָׂעִיר. [ס] מָשִׁיחַ שֶׁעָבַר מִמְּשִׁיחוּתוֹ וְאַחַר כָּךְ חָטָא, וְכֵן הַנָּשִׂיא שֶׁעָבַר מִגְּדוּלָּתוֹ וְאַחַר כָּךְ חָטָא, ג כֹּהֵן מָשִׁיחַ מֵבִיא פַּר, ד וְהַנָּשִׂיא כְּהֶדְיוֹט: **גמ׳** הַשְׁתָּא יֵשׁ לוֹמַר עָבַר מִמְּשִׁיחוּתוֹ וְאַחַר

קַשְׁיָין אַהֲדָדֵי. דְּקָתָנֵי אֶלָּא שֶׁאֵין מָשִׁיחַ [חַיָּיב] אַטּוּמְאַת מִקְדָּשׁ וְקָדָשָׁיו, הָא בִּשְׁמִיעַת קוֹל וּבִטּוּי שְׂפָתַיִם חַיָּיב: **בְּדַלֵּי דַלּוּת.** [ו] מָשִׁיחַ פָּטוּר מִכּוּלְּהוּ, כְּדִכְתִיב ׳זֶה קָרְבַּן אַהֲרֹן׳ דְּאֵין אַחֶרֶת בָּאָה לוֹ חוֹבָה, וְהַאי דְּקָאָמַר דְּמָשִׁיחַ חַיָּיב בִּשְׁמִיעַת קוֹל וּבִטּוּי שְׂפָתַיִם, כְּגוֹן **בְּדַלּוּת**, בְּתוֹרִין וּבְנֵי יוֹנָה, שֶׁעֲדַיִין לָא בָּא לְדַלֵּי דַלּוּת: **דר״ש סָבַר לָהּ כְּר״ע בַּחֲדָא.** דְּפָטַר לֵיהּ לְמָשִׁיחַ מִדַּלֵּי דַלּוּת מִ׳זֶה קָרְבַּן אַהֲרֹן וּבָנָיו׳: **וּפְלִיג עֲלֵיהּ בַּחֲדָא.** בְּדַלּוּת, דְּאִילּוּ ר״ע פָּטַר לֵיהּ נַמִּי בְּדַלּוּת, דְּקָאָמַר ׳שֶׁאֵין מִתְכַּפֵּר בַּעֲשִׂירִית הָאֵיפָה אֵין מִתְכַּפֵּר בְּכוּלָּן׳, וּלְר״ש בְּדַלֵּי דַלּוּת הוּא דְּאֵין מִתְכַּפֵּר, הָא בְּדַלּוּת וַעֲשִׁירוּת מִתְכַּפֵּר: מ״ט דְּר׳ שִׁמְעוֹן. דְּאָמַר וְלָא מָשִׁיחַ אֵינוֹ חַיָּיב בְּטוּמְאַת מִקְדָּשׁ וְקָדָשָׁיו: **דִּכְתִיב.** בְּטוּמְאַת מִקְדָּשׁ וְקָדָשָׁיו **׳וְנִכְרְתָה הַנֶּפֶשׁ הַהִיא מִתּוֹךְ הַקָּהָל׳: מִי שֶׁקָּרְבָּנוֹ שָׁוֶה לַקָּהָל.** דְּמִתְכַּפֵּר בְּשֶׁל קָהָל, הוּא דְּחַיָּיב בְּטוּמְאַת מִקְדָּשׁ וְקָדָשָׁיו: **יָצָא.** מָשִׁיחַ **שֶׁאֵין קָרְבָּנוֹ שָׁוֶה**, דְּאֵין מִתְכַּפֵּר בְּשֶׁל קָהָל בְּכַפָּרַת יוה״כ, דְּהוּא מִתְכַּפֵּר בְּפַר וְהֵם בְּשָׂעִיר[ז]: **א״כ נָשִׂיא נַמִּי אֵין קָרְבָּנוֹ שָׁוֶה לַקָּהָל.** דְּהוּא מֵבִיא שָׂעִיר וְהֵם מִתְכַּפְּרִין בְּפַר בִּשְׁאָר יְמוֹת הַשָּׁנָה, וְאַמַּאי קָתָנֵי הַמָּשִׁיחַ[ס] לְחוּדֵיהּ פָּטוּר בְּטוּמְאַת מִקְדָּשׁ וְקָדָשָׁיו, וְלָא נָשִׂיא וְיָחִיד: וּמְשַׁנֵּי, הָא לָאו מִילְּתָא הִיא, מִשּׁוּם דְּהָא **שָׁוֶה** לַקָּהָל **בְּכַפָּרַת יוה״כ: אִי הָכִי, כֹּהֲנִים נַמִּי הָא לָא שָׁווּ לַקָּהָל בְּכַפָּרָה דְּיוה״כ.** דְּמִתְכַּפְּרִין בְּפָרוֹ שֶׁל אַהֲרֹן, וְלִיפַּטְרוּ בְּטוּמְאַת מִקְדָּשׁ וְקָדָשָׁיו: **הָא לָא קַשְׁיָא**, מִשּׁוּם דְּכֹהֲנִים שָׁווּ לַקָּהָל **בִּשְׁאָר מִצְוֹת דְּשָׁנָה כּוּלָּהּ.** דְּמִתְכַּפְּרֵי עִם הַצִּבּוּר בְּפַר הַבָּא עַל כָּל הַמִּצְוֹת, הִלְכָּךְ חַיָּיבִין בְּטוּמְאַת מִקְדָּשׁ וְקָדָשָׁיו: **כֹּהֵן מָשִׁיחַ נַמִּי הָא שָׁוֶה לַקָּהָל בִּשְׁאָר מִצְוֹת.** דְּכָל הַשָּׁנָה כּוּלָּהּ, דְּכִי הוֹרָה עִם הַצִּבּוּר מִתְכַּפֵּר עִם הַצִּבּוּר, וְלִיחַיֵּיב בְּטוּמְאַת מִקְדָּשׁ וְקָדָשָׁיו: **אֶלָּא אָמַר רָבָא אֵימָא הָכִי.** ׳מִתּוֹךְ הַקָּהָל׳, **מִי שֶׁחֶטְאוֹ שָׁוֶה לַיְחִידִים**, דְּמַחַיְּיבֵי[ט] בְּשִׁגְגַת מַעֲשֶׂה כַּיְּחִידִים, דִּיְחִידִים שֶׁחָטְאוּ בְּשִׁגְגַת מַעֲשֶׂה מַיְיתֵי כָּל חַד, **וּמַאן יְחִידִים, קָהָל**[י], דְּכִי חָטְאוּ קָהָל בְּשִׁגְגַת מַעֲשֶׂה לְחוּדֵיהּ בְּלָא הֶעְלֵם דָּבָר מַיְיתוּ כָּל חַד קָרְבָּן, דְּאוֹתָן הַשָּׁוֶה[יא] לַיְחִידִים בְּדָבָר זֶה הוּא דְּמַחַיְּיבֵי בְּטוּמְאַת מִקְדָּשׁ וְקָדָשָׁיו, יָצָא מָשִׁיחַ שֶׁאֵין חֶטְאוֹ שָׁוֶה לַיָּחִיד, דְּכִי חָטָא בְּשִׁגְגַת מַעֲשֶׂה בְּלָא הֶעְלֵם דָּבָר פָּטוּר לְגַמְרֵי, כִּדְאָמְרִינַן לְקַמָּן בְּפֶרֶק בָּתְרָא (דף יא.) ׳מֵעַם הָאָרֶץ, פְּרָט לְמָשִׁיחַ׳ דְּאֵין מֵבִיא בְּשִׁגְגַת מַעֲשֶׂה, וְהַיְינוּ דְּאָמְרִינַן לְעֵיל (דף ז:) ׳יָצָא מָשִׁיחַ שֶׁאֵין חֶטְאוֹ בִּשְׁגָגָה׳, וְכֵיוָן דְּאֵין חֶטְאוֹ שָׁוֶה לַיָּחִיד, לְפִיכָךְ פָּטוּר בְּטוּמְאַת מִקְדָּשׁ וְקָדָשָׁיו: **א״ר יוֹחָנָן, לֹא א״ר אֱלִיעֶזֶר.** דְּנָשִׂיא מֵבִיא שָׂעִיר בִּידִיעָה[יב] בִּמְקוֹם עוֹלֶה וְיוֹרֵד: **אֶלָּא בְּטוּמְאַת מִקְדָּשׁ וְקָדָשָׁיו, הוֹאִיל וְנֶאֱמַר בּוֹ כָּרֵת כִּבְקְבוּעָה.** כְּלוֹמַר כְּבַחַטָּאת קְבוּעָה, דְּקָסָבַר ר״א דְּכִי הֵיכִי דְּבִמְקוֹם שֶׁחַיָּיבִים עַל זְדוֹנוֹ כָּרֵת וְעַל שִׁגְגָתוֹ חַטָּאת, דְּהַיְינוּ בִּמְקוֹם חַטָּאת קְבוּעָה, נָשִׂיא מֵבִיא שָׂעִיר, ה״נ הֵיכָא דְּחַיָּיב לֵהּ עַל זְדוֹנוֹ כָּרֵת וְעַל שִׁגְגָתוֹ עוֹלֶה וְיוֹרֵד מֵבִיא שָׂעִיר, הוֹאִיל וְדָמֵי לְחַטָּאת קְבוּעָה לְעִנְיַן כָּרֵת, אֲבָל בִּשְׁמִיעַת קוֹל וּבִטּוּי שְׂפָתַיִם דְּאֵין חַיָּיבִין עַל זְדוֹנוֹ כָּרֵת, דְּלָא דָּמֵי לְחַטָּאת קְבוּעָה לָא בְּזָדוֹן וְלָא בְּשׁוֹגֵג, מוֹדֶה ר׳ אֱלִיעֶזֶר דְּנָשִׂיא אֵין מֵבִיא שָׂעִיר, אֶלָּא קָרְבָּן עוֹלֶה וְיוֹרֵד כְּהֶדְיוֹט: **אָמַר רַב פָּפָּא, הָכִי נַמִּי מִסְתַּבְּרָא**, דְּאִי ס״ד רַבִּי אֱלִיעֶזֶר. דְּאָמַר נָשִׂיא מֵבִיא שָׂעִיר, אַכּוּלְּהוּ, שְׁמִיעַת קוֹל וּבִטּוּי שְׂפָתַיִם וְטוּמְאַת מִקְדָּשׁ וְקָדָשָׁיו: **מִכְּדִי שָׂעִיר.** דְּנָשִׂיא, בִּמְקוֹם חַטָּאת קְבוּעָה דְּיָחִיד קָאֵי, וְהוּא הַדִּין לְפַר כֹּהֵן מָשִׁיחַ דְּבִמְקוֹם חַטָּאת קְבוּעָה דְּיָחִיד קָאֵי, וּכְדִתְנַן ׳כָּל מִצְוֹת שֶׁבַּתּוֹרָה שֶׁחַיָּיבִין עַל זְדוֹנָן כָּרֵת וְעַל

שִׁגְגָתָן חַטָּאת׳, דְּהַיְינוּ חַטָּאת קְבוּעָה, ׳יָחִיד מֵבִיא כִּשְׂבָּה אוֹ שְׂעִירָה, וְנָשִׂיא מֵבִיא שָׂעִיר, וּמָשִׁיחַ פַּר׳, וְכֵיוָן דִּשְׂעִיר דְּנָשִׂיא וּפַר כֹּהֵן מָשִׁיחַ בִּמְקוֹם חַטָּאת קְבוּעָה דְּיָחִיד קָיְימֵי, אִי אָמְרַתְּ אַכּוּלְּהוּ קָאָמַר ר״א דְּנָשִׂיא מֵבִיא שָׂעִיר אַף עַל גַּב דְּלֵית בְּהוּ כָּרֵת כִּבְקְבוּעָה: נִיתְנֵי נַמִּי מָשִׁיחַ מֵבִיא פַּר בִּשְׁמִיעַת קוֹל וּבִטּוּי שְׂפָתַיִם. כִּי דִּינֵיהּ, אַף עַל גַּב דְּלֵית בְּהוּ כָּרֵת כִּבְקְבוּעָה: **אֶלָּא לָאו. מִדְּלָא קָתָנֵי הָכִי, ש״מ דְּאַטּוּמְאַת מִקְדָּשׁ וְקָדָשָׁיו** קָאָמַר ר׳ אֱלִיעֶזֶר דְּנָשִׂיא מֵבִיא שְׂעִירָה[יג], הוֹאִיל וְנֶאֱמַר בּוֹ כָּרֵת כִּבְקְבוּעָה, וְהַאי דְּלָא קָתָנֵי ׳וּמָשִׁיחַ מֵבִיא פַּר בְּטוּמְאַת מִקְדָּשׁ וְקָדָשָׁיו הוֹאִיל וְנֶאֱמַר בּוֹ כָּרֵת כִּבְקְבוּעָה׳, מִשּׁוּם דְּמָשִׁיחַ פָּטוּר לְגַמְרֵי בְּטוּמְאַת מִקְדָּשׁ וְקָדָשָׁיו, דְּסָבַר לָהּ כְּר״ש דְּפוֹטֵר: **א״ל רַב הוּנָא בְּרֵיהּ דְּרַב נָתָן לְרַב פָּפָּא, וּמִמַּאי, דִּלְמָא ר״א אַכּוּלְּהוּ קָאֵי.** דְּנָשִׂיא מֵבִיא שָׂעִיר אֲפִילּוּ שֶׁלֹּא בִּמְקוֹם כָּרֵת, וְהַאי דְּלָא קָתָנֵי נַמִּי ׳מָשִׁיחַ מֵבִיא פַּר בְּטוּמְאַת מִקְדָּשׁ וְקָדָשָׁיו וּבִשְׁמִיעַת קוֹל וּבִטּוּי שְׂפָתַיִם׳, מִשּׁוּם **דִּבְמָשִׁיחַ סָבַר לָהּ כְּר״ע דְּאָמַר מָשִׁיחַ פָּטוּר מִכּוּלָּן** מִשְּׁמִיעַת קוֹל וּבִטּוּי שְׂפָתַיִם, וּלְעוֹלָם אַכּוּלְּהוּ קָאֵי ר״א דְּנָשִׂיא מֵבִיא שָׂעִיר: **א״ל, ר״ע מִי פָּטַר נַמִּי לְמָשִׁיחַ מִפַּר**, (דִּלְמָא[יד]) כִּי קָאָמַר ר׳ עֲקִיבָא מָשִׁיחַ פָּטוּר מִכּוּלָּן, מִטּוּמְאַת מִקְדָּשׁ וְקָדָשָׁיו וּשְׁמִיעַת קוֹל וּבִטּוּי שְׂפָתַיִם, כְּגוֹן לְהָבִיא קָרְבָּן עוֹלֶה וְיוֹרֵד, אֲבָל לְהָבִיא פַּר מְחַיֵּיב, וְכֵיוָן דִּמְחַיֵּיב בְּפַר א״כ נִיתְנֵי נַמִּי ר״א מָשִׁיחַ מֵבִיא פַּר בִּשְׁמִיעַת קוֹל וּבִטּוּי שְׂפָתַיִם, אֶלָּא מִדְּלָא קָתָנֵי הָכִי, ש״מ דְּאַטּוּמְאַת מִקְדָּשׁ וְקָדָשָׁיו קָאֵי רַבִּי אֱלִיעֶזֶר דְּנָשִׂיא מֵבִיא שָׂעִיר, הוֹאִיל וְנֶאֱמַר בּוֹ כָּרֵת כִּבְקְבוּעָה, וְהָא דְּלָא קָתָנֵי וּמָשִׁיחַ מֵבִיא פַּר בְּטוּמְאַת מִקְדָּשׁ וְקָדָשָׁיו, מִשּׁוּם דְּסָבַר לָהּ כְּר״ש דְּאָמַר דְּאֵין כֹּהֵן מָשִׁיחַ חַיָּיב בְּטוּמְאַת מִקְדָּשׁ וְקָדָשָׁיו: **וְתוּ לָא מִידִי.** וְתוּ לֵיכָּא לְמִיקְשֵׁי וְלָא מִידִי: **א״ר יוֹחָנָן.** אַף עַל גַּב דְּקָאָמַר ר״א הוֹאִיל וְנֶאֱמַר בּוֹ כָּרֵת כִּבְקְבוּעָה דְּנָשִׂיא[טו] מֵבִיא שָׂעִיר כְּבַחַטָּאת קְבוּעָה, **מוֹדֶה ר״א לְעִנְיַן אָשָׁם תָּלוּי** דְּלָאו דִּינֵיהּ כְּבַחַטָּאת קְבוּעָה, דְּכִי הֵיכִי דְּאָמַר לְעֵיל אֵין יָחִיד מֵבִיא אָשָׁם תָּלוּי אֶלָּא עַל סְפֵק קְבוּעָה, ה״נ אֵין מֵבִיא אָשָׁם תָּלוּי עַל סְפֵק טוּמְאַת מִקְדָּשׁ וְקָדָשָׁיו, שֶׁאַף עַל פִּי שֶׁנֶּאֱמַר בּוֹ כָּרֵת כִּבְקְבוּעָה, הוֹאִיל וְאֵינָהּ מַמָּשׁ חַטָּאת קְבוּעָה, אֵין מֵבִיא אָשָׁם תָּלוּי: **תָּנֵי תַּנָּא** קַמֵּיהּ דְּרַב שֵׁשֶׁת, **אָשָׁם תָּלוּי בָּא עַל** סְפֵק טוּמְאַת מִקְדָּשׁ וְקָדָשָׁיו. הוֹאִיל וְנֶאֱמַר בּוֹ כָּרֵת כִּבְקְבוּעָה: **א״ל, דְּאָמַר לָךְ מַנִּי, ר״א** הִיא דְּאָמַר. נָשִׂיא מֵבִיא שָׂעִיר, **הוֹאִיל וְנֶאֱמַר בּוֹ כָּרֵת כִּבְקְבוּעָה**, וְקָאָמַר דְּה״ה לְעִנְיַן אָשָׁם תָּלוּי: וּמִי מָצֵית אָמְרַתְּ הָכִי, וְהָא א״ר יוֹחָנָן מוֹדֶה ר״א **שֶׁאֵין מֵבִיא אָשָׁם** תָּלוּי, **קַשְׁיָא.** דְּמַתְנִיתָא דִּידָךְ לָא מִיתּוֹקְמָא דְּלָא כְּחַד:

הַדְרָן עֲלָךְ הוֹרָה כֹּהֵן מָשִׁיחַ

הַשְׁתָּא יֵשׁ לוֹמַר עָבַר מִמְּשִׁיחוּתוֹ וְאַחַר כָּךְ חָטָא מֵבִיא פַּר, חָטָא וְאַחַר כָּךְ עָבַר מִמְּשִׁיחוּתוֹ מִיבַּעְיָא. נָשִׂיא אִיצְטְרִיכָא לֵיהּ, סָלְקָא דַּעְתָּךְ[טז] הוֹאִיל וְעָבַר מִנְּשִׂיאוּתוֹ וְאַחַר כָּךְ חָטָא הָוֵי כְּהֶדְיוֹט, חָטָא וְאַחַר כָּךְ עָבַר מִנְּשִׂיאוּתוֹ נַמִּי לֶיהֱוֵי כְּהֶדְיוֹט, קמ״ל. לִישָּׁנָא אַחֲרִינָא[יז], צְרִיכָא לְמֵימַר דְּחָטָא וְאַחַר כָּךְ עָבַר מִמְּשִׁיחוּתוֹ דְּמֵבִיא פַּר, הָא כֵּיוָן דִּתְנָא לֵיהּ עָבַר מִמְּשִׁיחוּתוֹ[יח] דְּמֵבִיא פַּר, כָּל שֶׁכֵּן חָטָא וְאַחַר כָּךְ עָבַר מִמְּשִׁיחוּתוֹ דְּמֵבִיא פַּר; הָא לָא קַשְׁיָא, מִשּׁוּם דְּקָתָנֵי גַּבֵּי נָשִׂיא כִּי עָבַר מִגְּדוּלָּתוֹ וְאַחַר כָּךְ חָטָא כִּי הֶדְיוֹט מַיְיתֵי, סָלְקָא דַּעְתָּךְ אָמֵינָא כִּי חָטָא וְאַחַר כָּךְ עָבַר נַיְיתֵי נַמִּי כִּי הֶדְיוֹט, הִלְכָּךְ תְּנָא גַּבֵּי נָשִׂיא שֶׁחָטָא וְאַחַר כָּךְ עָבַר דְּמַיְיתֵי כִּי נָשִׂיא, וְאַיְּידֵי דִּתְנָא גַּבֵּי נָשִׂיא חָטָא וְאַחַר כָּךְ עָבַר, תְּנָא נַמִּי גַּבֵּי מָשִׁיחַ

תוספות הרא״ש

יט] פי׳ שאין משיח חייב על טו״מ וקדשיו דברי רש״י ז״ל: מי שקרבנו שוה לקהל. שמתכפר עם הקהל בטו״מ וקדשיו כ] כדאיתא בפ״ק דשבועות. והוא מתכפר בפר: נשיא נמי הא לא שוה לקהל. פרש״י ז״ל שהוא מביא שעיר והם מתכפרים בפר. ולא נהירא להרמ״ה ז״ל דהא דאפקי׳ רחמנא לנשיא לידון בשעיר מכלל יחידים הוא ... מביא קרבן עולה ויורד. אלא בטומאת מקדש וקדשיו הואיל ואמר כא] בהן כרת נידון כבקבועה ...

מסורת הש״ס
עם הוספות

א) [סוטה לו: וש״נ].

תורה אור השלם

א) וְאִישׁ אֲשֶׁר יִטְמָא וְלֹא יִתְחַטָּא וְנִכְרְתָה הַנֶּפֶשׁ הַהִוא מִתּוֹךְ הַקָּהָל כִּי אֶת מִקְדַּשׁ יְיָ טִמֵּא מֵי נִדָּה לֹא זֹרַק עָלָיו טָמֵא הוּא: [במדבר יט, כ]

הגהות וציונים

[illegible]

תוספות הרא״ש
[המשך מטור א]

[illegible]

הדרן עלך
הורה כהן משיח

פ״ג כהן משיח שחטא מביא פר ונשיא מביא שעיר ...

הא דלמא לא אמר פלוני כך אלא כך ואין לך ראיה ברורה מכאן. אבל לא יתכן כלל שאדם מביא ראיה מדלמא. ועוד דהאי דלמא ... לא מתכפר כלל. דמשיח בפר הוקש לצבור בפר מלאשמת העם. וכי היכי דלצבור לא מייתו פר בשמיעת קול ובטוי שפתים וטומאת מקדש וקדשיו. ה״נ משיח לא מייתי עליה. ותו לא מידי: **א״ר יוחנן מודה ר״א שאינו מביא אשם תלוי.** ואע״ג דאמר ... אתיא דלא כר״ש. דלר״ש דבעי חטאה וידיעה ה״ל לפלוגי בין נודע לו עד שלא עבר לנודע לו אחר שעבר ... האי וכן לאו דוקא דאין דינם שוה אלא [בעברו] אחר החטא. ואיידי דתנא ברישא וכן תנא נמי בסיפא ... ממשיחותו כו׳. לא שייך הכא למימר לא זו אף זו קתני. דא״כ נערבינהו ונתנינהו בחד בבא ולא נתני ...

The Gemara asks: אֲמַר לֵיהּ רַב הוּנָא בְּרֵיהּ דְּרַב נָתָן לְרַב פַּפָּא — Rav Huna, son of Rav Nosson, said to Rav Pappa: מִמַּאי — From where do you prove that Rabi Eliezer is only discussing defiling the Beis Hamikdash? דִּלְמָא רַבִּי אֱלִיעֶזֶר אַכּוּלְּהוּן קָאֵי — Perhaps Rabi Eliezer is referring to all three *aveiros* which obligate an *Oleh V'Yored*, and in all three cases a king brings a goat as a *Chatas* in place of an *Oleh V'Yored*, וּבְמָשִׁיחַ — and the reason he did not say, as well, that a *kohen gadol* brings a bull as a *Chatas* for *aveiros* which would normally obligate an *Oleh V'Yored*, is because regarding a *kohen gadol*, סָבַר לַהּ כְּרַבִּי עֲקִיבָא דְּאָמַר מָשִׁיחַ פָּטוּר בְּכוּלָּן — he holds like Rabi Akiva, who says that a *kohen gadol* is exempt from all the cases where one would be obligated to bring an *Oleh V'Yored*. אֲמַר לֵיהּ — Rav Pappa said back to Rav Huna: וְרַבִּי עֲקִיבָא מִי פָּטַר לֵיהּ מִפַּר — Did Rabi Akiva exempt a *kohen gadol* from bringing a bull? Rabi Akiva only said that a *kohen gadol* is exempt from bringing a *Korban Oleh V'Yored*, but he agrees that in the cases which would normally obligate an *Oleh V'Yored*, a *kohen gadol* would be obligated to bring the *korban* which is unique to him—a bull as a *Chatas*—in place of the *Oleh V'Yored*. Since a *kohen gadol* would theoretically bring a bull in these three cases, why would Rabi Eliezer not mention this halachah concerning the *kohen gadol*? This must prove that what Rabi Yochanan said is correct: Rabi Eliezer only holds that a king brings a goat as a *Chatas* in the case of defiling the Beis Hamikdash, because that *aveirah* is punished with *kareis*. Similarly, the *kohen gadol* would only potentially bring a bull in the case of defiling the Beis Hamikdash. Since Rabi Eliezer holds like Rabi Shimon that a *kohen gadol* is not obligated to bring a *korban* for defiling the Beis Hamikdash, there is no special *halchah* regarding a *kohen gadol*. וְתוּ לָא מִידֵּי — And there is nothing more to be said.

The Gemara continues discussing Rabi Eliezer's opinion: אָמַר רַבִּי יוֹחָנָן — Rabi Yochanan said: Although, regarding a king, Rabi Eliezer treats defiling the Beis Hamikdash as an *aveirah* which obligates a fixed *Chatas*, מוֹדֶה רַבִּי אֱלִיעֶזֶר שֶׁאֵין מֵבִיא אָשָׁם [תָּלוּי] — Rabi Eliezer agrees that one would not bring an *Asham Talui* if there is a doubt whether he defiled the Beis Hamikdash. Although defiling the Beis Hamikdash is punished with *kareis*, and therefore similar to an *aveirah* that obligates a fixed *Chatas*, it is not fully comparable.

תָּנֵי תַּנָּא קַמֵּיהּ דְּרַב שֵׁשֶׁת — The *chacham* recited a *Baraisa* before Rav Sheshes: אָשָׁם תָּלוּי בָּא עַל טוּמְאַת מִקְדָּשׁ וְקָדָשָׁיו — An *Asham Talui* is brought for a doubt regarding defiling the Beis Hamikdash and its *korbanos*. אָמַר לֵיהּ — Rav Sheshes said back to the *tanna*: דְּאָמַר לָךְ מַנִּי — Who said this to you? רַבִּי אֱלִיעֶזֶר הִיא — It could only be Rabi Eliezer, דְּאָמַר — who said, הוֹאִיל וְנֶאֱמַר בּוֹ כָּרֵת כִּבְקְבוּעָה — since *kareis* is indicated as the punishment for defiling the Beis Hamikdash, just as it is indicated for other *aveiros* where there is an obligation to bring a fixed, regular *Chatas*; מַיְיתֵי נָשִׂיא שָׂעִיר עָלֶיהָ — therefore, the king brings a goat as a regular *Chatas* for defiling the Beis Hamikdash. Is this Rabi Eliezer's opinion, that defiling the Beis Hamikdash is completely the

For this *daf's shiur* and charts, scan this QR code:

עין משפט
נר מצוה

א א מיי׳ פט״ו מהלכות שגגות הלכה ז סמג עשין ריז:
ב ב מיי׳ שם הלכה ט סמג שם:
ג ג מיי׳ שם הלכה ז:
ד ד מיי׳ שם הלכה ט:

קַשְׁיָין אַהֲדָדֵי. אָמַר רַב הוּנָא בְּרֵיהּ דְּרַב יְהוֹשֻׁעַ, לָא קַשְׁיָא, כָּאן בְּדַלּוּת כָּאן בְּדַלֵּי דַלּוּת, וְרַבִּי שִׁמְעוֹן סָבַר לָהּ כְּרַבִּי עֲקִיבָא בַּחֲדָא וּפְלִיג עֲלֵיהּ בַּחֲדָא, סָבַר לָהּ כְּרַבִּי עֲקִיבָא בְּדַלֵּי דַלּוּת דְּפָטוּר, וּפְלִיג עֲלֵיהּ בְּדַלּוּת: **אֶלָּא שֶׁאֵין כֹּהֵן גָּדוֹל חַיָּיב כו׳:** אָמַר חִזְקִיָּה, מַאי טַעְמָא דְּרַבִּי שִׁמְעוֹן, דִּכְתִיב א) ׳וְנִכְרְתָה הַנֶּפֶשׁ הַהִיא מִתּוֹךְ הַקָּהָל׳, מִי שֶׁקָּרְבָּנוֹ שָׁוֶה לַקָּהָל, יָצָא זֶה שֶׁאֵין קָרְבָּנוֹ שָׁוֶה לַקָּהָל. אִם כֵּן, נָשִׂיא נַמֵּי אֵין קָרְבָּנוֹ שָׁוֶה לַקָּהָל. שָׁוֶה בְּכַפָּרָה דְּיוֹם הַכִּפּוּרִים. אִם כֵּן כֹּהֲנִים נַמֵּי לָא שָׁווּ לַקָּהָל בְּכַפָּרָה דְּיוֹם הַכִּפּוּרִים. כֹּהֲנִים שָׁווּ לַקָּהָל בִּשְׁאָר מִצְוֹת דְּשָׁנָה כּוּלָּהּ. מָשִׁיחַ נַמֵּי הָא שָׁוֶה בִּשְׁאָר מִצְוֹת דְּשָׁנָה. אֶלָּא אָמַר רָבָא, אֵימָא הָכִי, מִי שֶׁחַטָּאתוֹ שָׁוָה לַיְחִידִים, וּמַאי נִיהוּ, קָהָל: **רַבִּי אֱלִיעֶזֶר אוֹמֵר, הַנָּשִׂיא מֵבִיא שָׂעִיר וְכוּ׳**[א]: אָמַר רַבִּי יוֹחָנָן, לֹא אָמַר רַבִּי אֱלִיעֶזֶר אֶלָּא בְּטוּמְאַת מִקְדָּשׁ וְקָדָשָׁיו, הוֹאִיל וְנֶאֱמַר[ב] כָּרֵת בּוֹ כִּבְקְבוּעָה. אָמַר רַב פָּפָּא, הָכִי נַמֵּי מִסְתַּבְּרָא, דְּאִי סָלְקָא דַּעְתָּא רַבִּי אֱלִיעֶזֶר עַל כּוּלְּהוֹן קָאָמַר, מִכְּדֵי שְׂעִיר נָשִׂיא וּפַר מָשִׁיחַ בִּמְקוֹם יָחִיד לְחַטָּאת קָאֵי, נִיתְנֵי נַמֵּי מָשִׁיחַ מֵבִיא פַּר בִּשְׁמִיעַת קוֹל וּבִטּוּי שְׂפָתַיִם, אֶלָּא מִדְּלָא קָתָנֵי מָשִׁיחַ, שְׁמַע מִינָּהּ אַטּוּמְאַת מִקְדָּשׁ וְקָדָשָׁיו קָאֵי, דְּמָשִׁיחַ פָּטוּר. אָמַר לֵיהּ רַב הוּנָא בְּרֵיהּ דְּרַב נָתָן לְרַב פָּפָּא, מִמַּאי, דִּלְמָא רַבִּי אֱלִיעֶזֶר אַכּוּלְּהוֹן קָאֵי, וּבְמָשִׁיחַ סָבַר לָהּ כְּרַבִּי עֲקִיבָא דְּאָמַר מָשִׁיחַ פָּטוּר בְּכוּלָּן. אָמַר לֵיהּ, וְרַבִּי עֲקִיבָא מִי פָּטַר לֵיהּ מִפַּר[ג]; [א]וְתוּ לָא מִידֵי. אָמַר רַבִּי יוֹחָנָן, מוֹדֶה רַבִּי אֱלִיעֶזֶר שֶׁאֵין מֵבִיא אָשָׁם[ד]. תָּנֵי תַּנָּא קַמֵּיהּ דְּרַב שֵׁשֶׁת, אָשָׁם תָּלוּי בָּא עַל טוּמְאַת מִקְדָּשׁ וְקָדָשָׁיו; אָמַר לֵיהּ, דְּאָמַר לָךְ מַנִּי, רַבִּי אֱלִיעֶזֶר הִיא, דְּאָמַר הוֹאִיל וְנֶאֱמַר בּוֹ כָּרֵת כִּבְקְבוּעָה מַיְיתֵי נָשִׂיא שָׂעִיר עָלֶיהָ, וְהָא אָמַר רַבִּי יוֹחָנָן, מוֹדֶה רַבִּי אֱלִיעֶזֶר שֶׁאֵין מֵבִיא אָשָׁם תָּלוּי. קַשְׁיָא:

הַדְרָן עֲלָךְ הוֹרָה כֹּהֵן מָשִׁיחַ

כֹּהֵן אמָשִׁיחַ שֶׁחָטָא וְאַחַר כָּךְ עָבַר מִמְּשִׁיחוּתוֹ, בוְכֵן נָשִׂיא שֶׁחָטָא וְאַחַר כָּךְ עָבַר מִגְּדוּלָּתוֹ, כֹּהֵן מָשִׁיחַ מֵבִיא פַּר, וְהַנָּשִׂיא מֵבִיא שָׂעִיר. [ה] מָשִׁיחַ שֶׁעָבַר מִמְּשִׁיחוּתוֹ וְאַחַר כָּךְ חָטָא, וְכֵן הַנָּשִׂיא שֶׁעָבַר מִגְּדוּלָּתוֹ וְאַחַר כָּךְ חָטָא, גכֹּהֵן מָשִׁיחַ מֵבִיא פַּר, דוְהַנָּשִׂיא כְּהֶדְיוֹט: **גמ׳** הַשְׁתָּא יֵשׁ לוֹמַר עָבַר מִמְּשִׁיחוּתוֹ וְאַחַר

רש״י

קַשְׁיָין אַהֲדָדֵי. דְּקָתָנֵי אֶלָּא שֶׁאֵין מָשִׁיחַ [חַיָּיב] אַטּוּמְאַת מִקְדָּשׁ וְקָדָשָׁיו, הָא בִּשְׁמִיעַת קוֹל וּבִטּוּי שְׂפָתַיִם חַיָּיב: בְּדַלֵּי דַלּוּת. [י] מָשִׁיחַ פָּטוּר מִכּוּלְּהוּ, כְּדִכְתִיב ׳זֶה קָרְבַּן אַהֲרֹן׳ דְּאֵין אַחֶרֶת בָּאָה לוֹ חוֹבָה, וְהַאי דְּקָאָמַר דְּמָשִׁיחַ חַיָּיב בִּשְׁמִיעַת קוֹל וּבִטּוּי שְׂפָתַיִם, כְּגוֹן **בְּדַלּוּת**, בְּתוֹרִין וּבְנֵי יוֹנָה, שֶׁעֲדַיִין לֹא בָּא לְדַלֵּי דַלּוּת: דְּר״ש סָבַר לָהּ כְּר״ע בַּחֲדָא. דְּפָטַר לֵיהּ לְמָשִׁיחַ מִדַּלֵּי דַלּוּת מִ׳זֶה קָרְבַּן אַהֲרֹן וּבָנָיו׳: וּפְלִיג עֲלֵיהּ בַּחֲדָא. בְּדַלּוּת, דְּאִילּוּ ר״ע פָּטַר לֵיהּ נַמֵּי בְּדַלּוּת, דְּקָאָמַר ׳שֶׁאֵין מִתְכַּפֵּר בַּעֲשִׂירִית הָאֵיפָה אֵין מִתְכַּפֵּר בְּכוּלָּן׳, וּלְר״ש בְּדַלֵּי דַלּוּת הוּא דְּאֵין מִתְכַּפֵּר, הָא בְּדַלּוּת וַעֲשִׁירוּת מִתְכַּפֵּר: מ״ט דְּר׳ שִׁמְעוֹן. דְּאָמַר וְלֹא מָשִׁיחַ אֵינוֹ חַיָּיב בְּטוּמְאַת מִקְדָּשׁ וְקָדָשָׁיו: דִּכְתִיב. בְּטוּמְאַת מִקְדָּשׁ וְקָדָשָׁיו **׳וְנִכְרְתָה הַנֶּפֶשׁ הַהִיא מִתּוֹךְ הַקָּהָל׳**: מִי שֶׁקָּרְבָּנוֹ שָׁוֶה לַקָּהָל. דְּמִתְכַּפֵּר בְּשֶׁל קָהָל, הוּא דְּחַיָּיב בְּטוּמְאַת מִקְדָּשׁ וְקָדָשָׁיו: יָצָא. מָשִׁיחַ **שֶׁאֵין קָרְבָּנוֹ שָׁוֶה**, דְּאֵין מִתְכַּפֵּר בְּשֶׁל קָהָל בְּכַפָּרַת יוה״כ, דְּהוּא מִתְכַּפֵּר בְּפַר וְהֵם בְּשָׂעִיר[ז]: **א״כ נָשִׂיא** נַמֵּי אֵין קָרְבָּנוֹ שָׁוֶה לַקָּהָל. דְּהוּא מֵבִיא שָׂעִיר וְהֵם מִתְכַּפְּרִין בְּפַר בִּשְׁאָר יְמוֹת הַשָּׁנָה, וְאַמַּאי קָתָנֵי הַמָּשִׁיחַ[ח] לְחוּדֵיהּ פָּטוּר בְּטוּמְאַת מִקְדָּשׁ וְקָדָשָׁיו, וְלֹא נָשִׂיא וְיָחִיד: וּמְשַׁנֵּי, הָא לָאו מִילְּתָא הִיא, מִשּׁוּם דְּהָא **שָׁוֶה** לַקָּהָל **בְּכַפָּרַת יוה״כ**: אִי הָכִי, כֹּהֲנִים נַמֵּי הָא לָא שָׁווּ לַקָּהָל בְּכַפָּרָה דְּיוה״כ. דְּמִתְכַּפְּרִין בְּפָרוֹ שֶׁל אַהֲרֹן, וְלִיפַּטְרוּ בְּטוּמְאַת מִקְדָּשׁ וְקָדָשָׁיו: הָא לָא קַשְׁיָא, מִשּׁוּם דְּכֹהֲנִים שָׁווּ לַקָּהָל בִּשְׁאָר מִצְוֹת דְּשָׁנָה כּוּלָּהּ. דְּמִתְכַּפְּרֵי עִם הַצִּבּוּר בְּפַר הַבָּא עַל כָּל הַמִּצְוֹת, הִלְכָּךְ חַיָּיבִין בְּטוּמְאַת מִקְדָּשׁ וְקָדָשָׁיו: כֹּהֵן מָשִׁיחַ נַמֵּי הָא שָׁוֶה לַקָּהָל בִּשְׁאָר מִצְוֹת. דְּכָל הַשָּׁנָה כּוּלָּהּ, דְּכִי הוֹרָה עִם הַצִּבּוּר מִתְכַּפֵּר עִם הַצִּבּוּר, וְלִיחַיַּיב בְּטוּמְאַת מִקְדָּשׁ וְקָדָשָׁיו: אֶלָּא אָמַר רָבָא אֵימָא הָכִי. ׳מִתּוֹךְ הַקָּהָל׳, מִי שֶׁחֶטְאוֹ שָׁוֶה לַיְחִידִים, דִּמְחַיְּיבִי[ט] בְּשִׁגְגַת מַעֲשֶׂה כַּיְחִידִים, דִּיחִידִים שֶׁחָטְאוּ בְּשִׁגְגַת מַעֲשֶׂה מַיְיתֵי כָּל חַד, וּמַאן יְחִידִים, קָהָל[י], דְּכִי חָטְאוּ קָהָל בְּשִׁגְגַת מַעֲשֶׂה לְחוּדֵיהּ בְּלֹא הֶעְלֵם דָּבָר מַיְיתוּ כָּל חַד קָרְבָּן, דְּאוֹתָן הַשָּׁוֶה[יא] לַיְחִידִים בְּדָבָר זֶה הוּא דִּמְחַיְּיבֵי בְּטוּמְאַת מִקְדָּשׁ וְקָדָשָׁיו, יָצָא מָשִׁיחַ שֶׁאֵין חֶטְאוֹ שָׁוֶה לַיָּחִיד, דְּכִי חָטָא בְּשִׁגְגַת מַעֲשֶׂה בְּלֹא הֶעְלֵם דָּבָר פָּטוּר לְגַמְרֵי, כִּדְאָמְרִינַן לְקַמָּן בְּפֶרֶק בָּתְרָא (דף יא.) ׳מֵעַם הָאָרֶץ, פְּרָט לְמָשִׁיחַ׳ דְּאֵין מֵבִיא בְּשִׁגְגַת מַעֲשֶׂה, וְהַיְינוּ דְּאָמְרִינַן לְעֵיל (דף ז:) ׳יָצָא מָשִׁיחַ שֶׁאֵין חֶטְאוֹ בִּשְׁגָגָה׳, וְכֵיוָן דְּאֵין חֶטְאוֹ שָׁוֶה לַיָּחִיד, לְפִיכָךְ פָּטוּר בְּטוּמְאַת מִקְדָּשׁ וְקָדָשָׁיו: א״ר יוֹחָנָן, לֹא א״ר אֱלִיעֶזֶר. דְּנָשִׂיא מֵבִיא שָׂעִיר בִּידִיעָה[יב] בִּמְקוֹם עוֹלֶה וְיוֹרֵד: אֶלָּא בְּטוּמְאַת מִקְדָּשׁ וְקָדָשָׁיו, הוֹאִיל וְנֶאֱמַר בּוֹ כָּרֵת כִּבְקְבוּעָה. כְּלוֹמַר כְּבַחַטָּאת קְבוּעָה, דְּקָסָבַר ר״א דְּכִי הֵיכִי דִּבְמָקוֹם שֶׁחַיָּיבִים עַל זְדוֹנוֹ כָּרֵת וְעַל שִׁגְגָתוֹ חַטָּאת, דְּהַיְינוּ בִּמְקוֹם חַטָּאת קְבוּעָה, נָשִׂיא מֵבִיא שָׂעִיר, ה״נ הֵיכָא דְּחַיָּיב לֵיהּ עַל זְדוֹנוֹ כָּרֵת וְעַל שִׁגְגָתוֹ עוֹלֶה וְיוֹרֵד מֵבִיא שָׂעִיר, הוֹאִיל וְדָמֵי לְחַטָּאת קְבוּעָה לְעִנְיַן כָּרֵת, אֲבָל בִּשְׁמִיעַת קוֹל וּבִטּוּי שְׂפָתַיִם דְּאֵין חַיָּיבִין עַל זְדוֹנוֹ כָּרֵת, דְּלָא דָּמֵי לְחַטָּאת קְבוּעָה לֹא בְּזָדוֹן וְלֹא בְּשׁוֹגֵג, מוֹדֶה ר׳ אֱלִיעֶזֶר דְּנָשִׂיא אֵין מֵבִיא שָׂעִיר, אֶלָּא קָרְבַּן עוֹלֶה וְיוֹרֵד כְּהֶדְיוֹט: אָמַר רַב פָּפָּא, הָכִי נַמֵּי מִסְתַּבְּרָא, דְּאִי ס״ד רַבִּי אֱלִיעֶזֶר. דְּאָמַר נָשִׂיא מֵבִיא שָׂעִיר, אַכּוּלְּהוּ, שְׁמִיעַת קוֹל וּבִטּוּי שְׂפָתַיִם וְטוּמְאַת מִקְדָּשׁ וְקָדָשָׁיו: מִכְּדֵי שָׂעִיר. דְּנָשִׂיא, בִּמְקוֹם חַטָּאת קְבוּעָה דְּיָחִיד קָאֵי, וְהוּא הַדִּין לְפַר כֹּהֵן מָשִׁיחַ דִּבְמְקוֹם חַטָּאת קְבוּעָה דְּיָחִיד קָאֵי, וּכְדִתְנַן ׳כָּל מִצְוֹת שֶׁבַּתּוֹרָה שֶׁחַיָּיבִין עַל זְדוֹנָן כָּרֵת וְעַל שִׁגְגָתָן חַטָּאת׳, דְּהַיְינוּ חַטָּאת קְבוּעָה, ׳יָחִיד מֵבִיא כִּשְׂבָּה אוֹ שְׂעִירָה, וְנָשִׂיא מֵבִיא שָׂעִיר, וּמָשִׁיחַ פַּר׳, וְכֵיוָן דְּשָׂעִיר דְּנָשִׂיא וּפַר כֹּהֵן מָשִׁיחַ בִּמְקוֹם חַטָּאת קְבוּעָה דְּיָחִיד קָיְימֵי, אִי אָמְרַתְּ אַכּוּלְּהוּ קָאָמַר ר״א דְּנָשִׂיא מֵבִיא שָׂעִיר אע״ג דְּלֵית בְּהוּ כָּרֵת כִּבְקְבוּעָה: נִיתְנֵי נַמֵּי מָשִׁיחַ מֵבִיא פַּר בִּשְׁמִיעַת קוֹל וּבִטּוּי שְׂפָתַיִם. כִּי דִּינֵיהּ, אע״ג דְּלֵית בְּהוּ כָּרֵת כִּבְקְבוּעָה: אֶלָּא לָאו. מִדְּלָא קָתָנֵי הָכִי, ש״מ דְּאַטּוּמְאַת מִקְדָּשׁ וְקָדָשָׁיו קָאָמַר ר׳ אֱלִיעֶזֶר דְּנָשִׂיא מֵבִיא שְׂעִירָה[יג], הוֹאִיל וְנֶאֱמַר בּוֹ כָּרֵת כִּבְקְבוּעָה, וְהַאי דְּלָא קָתָנֵי ׳וּמָשִׁיחַ מֵבִיא פַּר בְּטוּמְאַת מִקְדָּשׁ וְקָדָשָׁיו הוֹאִיל וְנֶאֱמַר בּוֹ כָּרֵת כִּבְקְבוּעָה׳, מִשּׁוּם דְּמָשִׁיחַ פָּטוּר לְגַמְרֵי בְּטוּמְאַת מִקְדָּשׁ וְקָדָשָׁיו, דְּסָבַר לָהּ כְּר״ש דְּפוֹטֵר: א״ל רַב הוּנָא בְּרֵיהּ דְּרַב נָתָן לְרַב פָּפָּא, וּמִמַּאי, דִּלְמָא ר״א אַכּוּלְּהוּ קָאֵי. דְּנָשִׂיא מֵבִיא שָׂעִיר אֲפִילּוּ שֶׁלֹּא בִּמְקוֹם כָּרֵת, וְהַאי דְּלָא קָתָנֵי נַמֵּי ׳מָשִׁיחַ מֵבִיא פַּר בְּטוּמְאַת מִקְדָּשׁ וְקָדָשָׁיו וּבִשְׁמִיעַת קוֹל וּבִטּוּי שְׂפָתַיִם׳, מִשּׁוּם **דִּבְמָשִׁיחַ סָבַר לָהּ כְּר״ע דְּאָמַר מָשִׁיחַ פָּטוּר מִכּוּלָּן** מִשְּׁמִיעַת קוֹל וּבִטּוּי שְׂפָתַיִם, וּלְעוֹלָם אַכּוּלְּהוּ קָאֵי ר״א דְּנָשִׂיא מֵבִיא שָׂעִיר: א״ל, ר״ע מִי **פָּטַר** נַמֵּי לְמָשִׁיחַ **מִפַּר**, (דִּלְמָא[יד]) כִּי קָאָמַר ר׳ עֲקִיבָא מָשִׁיחַ פָּטוּר מִכּוּלָּן, מִטּוּמְאַת מִקְדָּשׁ וְקָדָשָׁיו וּשְׁמִיעַת קוֹל וּבִטּוּי שְׂפָתַיִם, כְּגוֹן לְהָבִיא קָרְבַּן עוֹלֶה וְיוֹרֵד, אֲבָל לְהָבִיא פַּר מְחַיֵּיב, וְכֵיוָן דִּמְחַיֵּיב בְּפַר א״כ נִיתְנֵי נַמֵּי ר״א מָשִׁיחַ מֵבִיא פַּר בִּשְׁמִיעַת קוֹל וּבִטּוּי שְׂפָתַיִם, אֶלָּא מִדְּלָא קָתָנֵי הָכִי, ש״מ דְּאַטּוּמְאַת מִקְדָּשׁ וְקָדָשָׁיו קָאֵי רַבִּי אֱלִיעֶזֶר דְּנָשִׂיא מֵבִיא שָׂעִיר, הוֹאִיל וְנֶאֱמַר בּוֹ כָּרֵת כִּבְקְבוּעָה, וְהָא דְּלָא קָתָנֵי וּמָשִׁיחַ מֵבִיא פַּר בְּטוּמְאַת מִקְדָּשׁ וְקָדָשָׁיו, מִשּׁוּם דְּסָבַר לָהּ כְּר״ש דְּאָמַר דְּאֵין כֹּהֵן מָשִׁיחַ חַיָּיב בְּטוּמְאַת מִקְדָּשׁ וְקָדָשָׁיו: וְתוּ לָא מִידֵי. וְתוּ לֵיכָּא לְמִיקְשֵׁי וְלָא מִידֵי: א״ר יוֹחָנָן. אע״ג דְּקָאָמַר ר״א הוֹאִיל וְנֶאֱמַר בּוֹ כָּרֵת כִּבְקְבוּעָה דְּנָשִׂיא[טו] מֵבִיא שָׂעִיר כְּבַחַטָּאת קְבוּעָה, **מוֹדֶה ר״א לְעִנְיַן אָשָׁם תָּלוּי** דְּלָאו דִּינֵיהּ כְּבַחַטָּאת קְבוּעָה, דְּכִי הֵיכִי דְּאָמַר לְעֵיל אֵין יָחִיד מֵבִיא אָשָׁם תָּלוּי אֶלָּא עַל סְפֵק קְבוּעָה, ה״נ אֵין מֵבִיא אָשָׁם תָּלוּי עַל סְפֵק טוּמְאַת מִקְדָּשׁ וְקָדָשָׁיו, שֶׁאע״פ שֶׁנֶּאֱמַר בּוֹ כָּרֵת כִּבְקְבוּעָה, הוֹאִיל וְאֵינָהּ מַמָּשׁ חַטָּאת קְבוּעָה, אֵין מֵבִיא אָשָׁם תָּלוּי: תָּנֵי תַּנָּא קַמֵּיהּ דְּרַב שֵׁשֶׁת, אָשָׁם תָּלוּי בָּא עַל סְפֵק טוּמְאַת מִקְדָּשׁ וְקָדָשָׁיו. הוֹאִיל וְנֶאֱמַר בּוֹ כָּרֵת כִּבְקְבוּעָה: א״ל, דְּאָמַר לָךְ מַנִּי, ר״א הִיא דְּאָמַר. נָשִׂיא מֵבִיא שָׂעִיר, **הוֹאִיל וְנֶאֱמַר בּוֹ כָּרֵת כִּבְקְבוּעָה**, וְקָאָמַר דְּה״ה לְעִנְיַן אָשָׁם תָּלוּי: וּמִי מָצֵית אָמְרַתְּ הָכִי, וְהָא א״ר יוֹחָנָן מוֹדֶה ר״א שֶׁאֵין מֵבִיא אָשָׁם תָּלוּי, קַשְׁיָא. דְּמַתְנִיתָא דִּידָךְ לָא מִיתּוֹקְמָא דְּלָא כְּחַד:

הַדְרָן עֲלָךְ הוֹרָה כֹּהֵן מָשִׁיחַ

הַשְׁתָּא יֵשׁ לוֹמַר עָבַר מִמְּשִׁיחוּתוֹ וְאַחַר כָּךְ חָטָא מֵבִיא פַּר, חָטָא וְאַחַר כָּךְ עָבַר מִמְּשִׁיחוּתוֹ מִיבַּעְיָא. נָשִׂיא אִיצְטְרִיכָא לֵיהּ, סָלְקָא דַּעְתָּךְ[טז] הוֹאִיל וְעָבַר מִנְּשִׂיאוּתוֹ וְאַחַר כָּךְ חָטָא הָוֵי כְּהֶדְיוֹט, חָטָא וְאַחַר כָּךְ עָבַר מִנְּשִׂיאוּתוֹ נַמֵּי לֶיהֱוֵי כְּהֶדְיוֹט, קמ״ל. לִישָּׁנָא אַחֲרִינָא[יז], צְרִיכָא לְמֵימַר דְּחָטָא וְאַחַר כָּךְ עָבַר מִמְּשִׁיחוּתוֹ דְּמֵבִיא פַּר, הָא כֵּיוָן דִּתְנָא לֵיהּ עָבַר מִמְּשִׁיחוּתוֹ[יח] דְּמֵבִיא פַּר, כָּל שֶׁכֵּן חָטָא וְאַחַר כָּךְ עָבַר מִמְּשִׁיחוּתוֹ דְּמֵבִיא פַּר; הָא לָא קַשְׁיָא, מִשּׁוּם דְּקָתָנֵי גַּבֵּי נָשִׂיא כִּי עָבַר מִגְּדוּלָּתוֹ וְאַחַר כָּךְ חָטָא כִּי הֶדְיוֹט מַיְיתֵי, סָלְקָא דַּעְתָּךְ אָמֵינָא כִּי חָטָא וְאַחַר כָּךְ עָבַר נַיְיתֵי נַמֵּי כִּי הֶדְיוֹט, הִלְכָּךְ תְּנָא גַּבֵּי נָשִׂיא שֶׁחָטָא וְאַחַר כָּךְ עָבַר דְּמַיְיתֵי כִּי נָשִׂיא, וְאַיְּדֵי דִּתְנָא גַּבֵּי נָשִׂיא חָטָא וְאַחַר כָּךְ עָבַר, תְּנָא נַמֵּי גַּבֵּי

מסורת הש״ס
עם הוספות

א) [סוכה לו: וכש נסמן].

תורה אור השלם

א) וְאִישׁ אֲשֶׁר יִטְמָא וְלֹא יִתְחַטָּא וְנִכְרְתָה הַנֶּפֶשׁ הַהִוא מִתּוֹךְ הַקָּהָל כִּי אֶת מִקְדַּשׁ יי טִמֵּא מֵי נִדָּה לֹא זֹרַק עָלָיו טָמֵא הוּא: [במדבר יט, כ]

הגהות וציונים

תוספות הרא״ש

יט] פי׳ שאין משיח חייב על טו״מ וקדשיו לדברי הש״י ז״ל:

same as any other *aveirah* which is punished with *kareis*, so much so that it can even obligate an *Asham talui* **וְהָאָמַר רַבִּי יוֹחָנָן** — But didn't Rabi Yochanan say: **מוֹדֶה רַבִּי אֱלִיעֶזֶר שֶׁאֵין מֵבִיא אָשָׁם תָּלוּי** — Rabi Eliezer agrees that one would not bring an *Asham Talui* for defiling the Beis Hamikdash because it is not fully comparable to other *aveiros* which obligate a regular *Chatas*? Rav Sheshes concludes: **קַשְׁיָא** — This *Baraisa* is difficult because it cannot be in accordance with the opinion of any *tanna*.

הֲדַרַן עֲלָךְ הוֹרָה כֹּהֵן מָשִׁיחַ — WE WILL RETURN TO YOU, PEREK HORAH KOHEN MASHIACH

PEREK THREE
כֹּהֵן מָשִׁיחַ — KOHEN MASHIACH

מַתְנִיתִין — MISHNAH

כֹּהֵן מָשִׁיחַ שֶׁחָטָא — A *kohen gadol* who sinned, **וְאַחַר כָּךְ עָבַר מִמְּשִׁיחוּתוֹ** — and afterwards—before bringing his *Chatas*—he became disqualified and was removed from his anointment, **וְכֵן נָשִׂיא שֶׁחָטָא** — and similarly in the case of a king who sinned, **וְאַחַר כָּךְ עָבַר מִגְּדוּלָּתוֹ** — and afterwards—before bringing his *Chatas*—he was removed from his greatness, such as in a case when he gets *tzara'as*, **כֹּהֵן מָשִׁיחַ מֵבִיא פַּר** — the anointed *kohen* brings a bull, just as he would if he were still the *kohen gadol*, **וְהַנָּשִׂיא מֵבִיא שָׂעִיר** — and the king brings a goat, just as he would if he were still the king. **מָשִׁיחַ שֶׁעָבַר מִמְּשִׁיחוּתוֹ** — An anointed *kohen* who was removed from his anointment, **וְאַחַר כָּךְ חָטָא** — and afterwards he sinned, **וְכֵן הַנָּשִׂיא שֶׁעָבַר מִגְּדוּלָּתוֹ** — and similarly a king who was removed from his greatness, **וְאַחַר כָּךְ חָטָא** — and afterwards he sinned, **כֹּהֵן מָשִׁיחַ מֵבִיא פַּר** — the anointed *kohen* brings a bull, just as he would have if he were still *kohen gadol*, **וְהַנָּשִׂיא כְּהֶדְיוֹט** — and the king brings a female sheep or female goat, as he has the same status as a regular individual.

גְּמָרָא — GEMARA

The Gemara asks: **הַשְׁתָּא יֵשׁ לוֹמַר** — Now it can be said: **עָבַר מִמְּשִׁיחוּתוֹ** — If the Mishnah teaches that an anointed *kohen* who was removed from his anointment,

For this *daf's shiur* and charts, scan this QR code:

וְאַחַר כָּךְ חָטָא מֵבִיא פַּר — and afterward sinned, brings a bull as if he is still the anointed *kohen*. חָטָא וְאַחַר כָּךְ עָבַר מִמְּשִׁיחוּתוֹ צְרִיכָא לְמֵימַר — Is there any need to discuss the case of one who sinned and afterward was removed from his anointment? Shouldn't it be obvious that he is still treated as a *kohen gadol*? The Gemara answers: מִשּׁוּם דְּקָתָנֵי גַּבֵּי נָשִׂיא — Since the *tanna* teaches the halachah with regard to the king, דְּכִי עָבַר מִנְּשִׂיאוּתוֹ וְאַחַר כָּךְ חָטָא — that when he moves on from his sovereignty and afterward sins, כְּהֶדְיוֹט מַיְתֵי — he brings the same *korban* as a regular individual; therefore the *tanna* needed to tell us that if he sinned while he was still king, even though he is now no longer king, he brings the male goat of a king. אַהְכִי תְּנָא גַּבֵּי מָשִׁיחַ — And therefore, the *tanna* also teaches the corresponding halachah regarding a *kohen gadol*, חָטָא וְאַחַר כָּךְ עָבַר מֵבִיא פַּר — that if he sins, and afterward is removed from his anointment, he brings a bull.

The Gemara asks: מְנָא הָנֵי מִילֵּי — From where do we know this—that a *kohen gadol* who sins after he was removed from his position brings a bull as if he is still the *kohen gadol*? The Gemara answers: דְּתָנוּ רַבָּנַן — As the *Chachamim* taught in a *Baraisa*: It is written regarding the *kohen gadol* (*Vayikra* 4:3), וְהִקְרִיב עַל חַטָּאתוֹ — "And he shall bring for his sin." מְלַמֵּד שֶׁמֵּבִיא חַטָּאתוֹ מִשֶּׁעָבַר — This teaches that he brings his unique *Chatas* even if he sins after he was removed from being a *kohen gadol*. שֶׁיָּכוֹל — This *derashah* is necessary, because without it one might have thought: וַהֲלֹא דִּין הוּא — Can't this be learned with a *kal v'chomer* from the halachah of a king? וּמַה נָּשִׂיא שֶׁמֵּבִיא בִּשְׁגְגַת מַעֲשֶׂה —If a king who brings a *Chatas* for committing an mistaken *aveirah* even if it was not based on an erroneous ruling, אֵין מֵבִיא חַטָּאתוֹ מִשֶּׁעָבַר — does not bring his unique *Chatas* if he sins after he was removed from his position, מָשִׁיחַ שֶׁאֵין מֵבִיא בִּשְׁגְגַת מַעֲשֶׂה — a *kohen gadol* who is not obligated to bring a *Chatas* for an unintentional action alone, אֶלָּא עַל הֶעְלֵם דָּבָר עִם שִׁגְגַת מַעֲשֶׂה — unless it is for an unawareness of the halachah which brought about the mistaken action, לֹא כָּל שֶׁכֵּן — certainly he should not have to bring his unique *Chatas* for a sin he committed after he was removed from his position? תַּלְמוּד לוֹמַר — To teach us not to make this *kal v'chomer*, the *pasuk* teaches: וְהִקְרִיב עַל חַטָּאתוֹ — "And he shall sacrifice for his sin." מְלַמֵּד שֶׁמֵּבִיא חַטָּאתוֹ מִשֶּׁעָבַר — This teaches that the *kohen gadol* brings his unique *Chatas* even if he sins after he was removed from being a *kohen gadol*.

The Gemara asks: וְנַיְיתֵי נָמֵי נָשִׂיא — Let us learn that a king who sins after he is no longer king also brings his unique *Chatas*, מִקַּל וָחוֹמֶר — from a *kal v'chomer*, וּמַה מָּשִׁיחַ שֶׁאֵין מֵבִיא בִּשְׁגְגַת מַעֲשֶׂה — If a *kohen gadol*, who does not bring a *Chatas* for an unintentional action that was not based on an erroneous ruling, מֵבִיא חַטָּאת מִשֶּׁעָבַר — brings his unique *Chatas* even if he sins after he is no longer a *kohen gadol*, נָשִׂיא שֶׁמֵּבִיא חַטָּאת בִּשְׁגְגַת מַעֲשֶׂה — then a king, who brings his *Chatas* for an unintentional act alone, אֵינוֹ דִּין שֶׁמֵּבִיא חַטָּאתוֹ מִשֶּׁעָבַר — isn't it logical that he should bring his unique *Chatas* even if he sins after he is no longer a king? תַּלְמוּד לוֹמַר — To teach us not to make

For this *daf's shiur* and charts, scan this QR code:

עין משפט
נר מצוה

ה א מיי' פט"ו מהלכות שגגות הלכה י:
ו ב מיי' שם הלכה ו:
ז ג מיי' פרק ג מהלכות מחוסרי כפרה הלכה ב:
ח ד מיי' פט"ו מהלכות שגגות הלכה ט:

מסורת הש"ס
עם הוספות

א) ת"כ פ' ויקרא דבורא דחובה פרק ב ה"ו (אות רו), ב) לעיל ז., ג) כתובות מה. לעיל ג., ד) [לעיל ט. לקמן יא:], ה) ת"כ דבורא דחובה פרשה ב ה"ו (אות רג), ו) ת"כ דבורא דחובה פרשה ה ה"ב (אות רנט), ז) ת"כ דבורא דחובה פרשה ה ה"ג נוסחת הגר"א, ח) ת"כ פ' תזריע נגעים פ"א, ט) ויקרא רבה פרשה יז, י) קהלת ט יא.

וְאַחַר כָּךְ חָטָא מֵבִיא פַּר, חָטָא וְאַחַר כָּךְ עָבַר מִמְּשִׁיחוּתוֹ צְרִיכָא לְמֵימַר. מִשּׁוּם דְּקָתָנֵי גַּבֵּי נָשִׂיא דְּכִי עָבַר מִנְּשִׂיאוּתוֹ וְאַחַר כָּךְ חָטָא כְּהֶדְיוֹט מַיְיתֵי, אַהָכִי תְּנָא גַּבֵּי מָשִׁיחַ [חָטָא וְאַחַר כָּךְ עָבַר[א]] מֵבִיא פַּר. מְנָא הָנֵי מִילֵּי. [ה]דְּתָנוּ רַבָּנַן, [א] 'וְהִקְרִיב עַל חַטָּאתוֹ' מְלַמֵּד שֶׁמֵּבִיא חַטָּאתוֹ מִשֶּׁעָבַר; שֶׁיָּכוֹל וַהֲלֹא דִּין הוּא, וּמַה נָּשִׂיא שֶׁמֵּבִיא בְּשִׁגְגַת מַעֲשֶׂה אֵין מֵבִיא חַטָּאתוֹ מִשֶּׁעָבַר, [ו]מָשִׁיחַ שֶׁאֵין מֵבִיא בְּשִׁגְגַת מַעֲשֶׂה אֶלָּא עַל הֶעְלֵם דָּבָר עִם שִׁגְגַת מַעֲשֶׂה [לֹא[ב]] כָּל שֶׁכֵּן; תַּלְמוּד לוֹמַר 'וְהִקְרִיב עַל חַטָּאתוֹ', מְלַמֵּד שֶׁמֵּבִיא עַל חַטָּאתוֹ מִשֶּׁעָבַר. וְנֵיתֵי נַמֵּי נָשִׂיא מִקַּל וָחוֹמֶר, וּמַה מָּשִׁיחַ שֶׁאֵין מֵבִיא בְּשִׁגְגַת מַעֲשֶׂה מֵבִיא חַטָּאת מִשֶּׁעָבַר, נָשִׂיא שֶׁמֵּבִיא חַטָּאת בְּשִׁגְגַת מַעֲשֶׂה אֵינוֹ דִּין שֶׁמֵּבִיא חַטָּאתוֹ מִשֶּׁעָבַר; תַּלְמוּד לוֹמַר [ב] 'אֲשֶׁר נָשִׂיא יֶחֱטָא', כְּשֶׁהוּא נָשִׂיא אִין, כְּשֶׁהוּא הֶדְיוֹט לָא: **מתני'** [ג][א]חָטְאוּ עַד שֶׁלֹּא נִתְמַנּוּ וְאַחַר כָּךְ נִתְמַנּוּ הֲרֵי אֵלּוּ כְּהֶדְיוֹטוֹת; רַבִּי שִׁמְעוֹן אוֹמֵר, אִם נוֹדַע לָהֶם עַד שֶׁלֹּא נִתְמַנּוּ חַיָּיבִים, וּמִשֶּׁנִּתְמַנּוּ פְּטוּרִים. [ב]אֵיזֶהוּ נָשִׂיא, זֶה מֶלֶךְ, שֶׁנֶּאֱמַר [ב] 'מִכָּל מִצְוֹת יְיָ אֱלֹהָיו', [ד]שֶׁאֵין עַל גַּבָּיו אֶלָּא ה' אֱלֹהָיו: **גמ'** מְנָא הָנֵי מִילֵּי. [ה]דְּתָנוּ רַבָּנַן, [א] 'אִם הַכֹּהֵן הַמָּשִׁיחַ יֶחֱטָא' (לְאַשְׁמַת[ג]), פְּרָט לַקּוֹדְמוֹת; (שֶׁיָּכוֹל[ג]) וַהֲלֹא דִּין הוּא, וּמַה נָּשִׂיא שֶׁמֵּבִיא בְּשִׁגְגַת מַעֲשֶׂה אֵין מֵבִיא עַל הַקּוֹדְמוֹת, מָשִׁיחַ שֶׁאֵין מֵבִיא אֶלָּא עַל הֶעְלֵם דָּבָר עִם שִׁגְגַת מַעֲשֶׂה אֵינוֹ דִּין שֶׁלֹּא יָבִיא עַל הַקּוֹדְמוֹת; לֹא, אִם אָמַרְתָּ בְּנָשִׂיא שֶׁכֵּן אֵין מֵבִיא חַטָּאתוֹ מִשֶּׁעָבַר, תֹּאמַר בְּמָשִׁיחַ שֶׁמֵּבִיא חַטָּאתוֹ מִשֶּׁעָבַר, הוֹאִיל וּמֵבִיא חַטָּאתוֹ מִשֶּׁעָבַר יָבִיא עַל הַקּוֹדְמוֹת; תַּלְמוּד לוֹמַר 'הַמָּשִׁיחַ יֶחֱטָא', חָטָא כְּשֶׁהוּא מָשִׁיחַ מֵבִיא, כְּשֶׁהוּא הֶדְיוֹט אֵינוֹ מֵבִיא. וְתַנְיָא נַמֵּי גַּבֵּי נָשִׂיא כִּי הַאי גַּוְונָא, [ו][ב] 'אֲשֶׁר נָשִׂיא יֶחֱטָא', פְּרָט לַקּוֹדְמוֹת; (שֶׁיָּכוֹל[ג]) וַהֲלֹא דִּין הוּא, וּמַה מָּשִׁיחַ שֶׁמֵּבִיא חַטָּאתוֹ מִשֶּׁעָבַר אֵינוֹ מֵבִיא עַל הַקּוֹדְמוֹת, נָשִׂיא שֶׁאֵין מֵבִיא חַטָּאתוֹ מִשֶּׁעָבַר אֵינוֹ דִּין שֶׁלֹּא יָבִיא עַל הַקּוֹדְמוֹת; מַה לְּמָשִׁיחַ שֶׁכֵּן אֵין מֵבִיא בְּשִׁגְגַת מַעֲשֶׂה, תֹּאמַר בְּנָשִׂיא שֶׁמֵּבִיא בְּשִׁגְגַת מַעֲשֶׂה, הוֹאִיל וּמֵבִיא בְּשִׁגְגַת מַעֲשֶׂה יָבִיא עַל הַקּוֹדְמוֹת; תַּלְמוּד לוֹמַר 'אֲשֶׁר נָשִׂיא יֶחֱטָא', שֶׁחָטָא וַהֲרֵי הוּא נָשִׂיא, וְלֹא שֶׁחָטָא וְעוֹדֵהוּ הֶדְיוֹט: [ז]תָּנוּ רַבָּנַן, [ב] 'אֲשֶׁר נָשִׂיא יֶחֱטָא', יָכוֹל גְּזֵרָה, תַּלְמוּד לוֹמַר [א] 'אִם הַכֹּהֵן הַמָּשִׁיחַ יֶחֱטָא', מַה לְּהַלָּן לִכְשֶׁיֶּחֱטָא אַף כָּאן לִכְשֶׁיֶּחֱטָא. אָמַר מָר, יָכוֹל גְּזֵרָה, גְּזֵרָה מֵהֵיכָא תֵּיתֵי. אָמְרִי אִין, אַשְׁכְּחַן דִּכְתִיב [ג] 'וְנָתַתִּי נֶגַע צָרַעַת בְּבֵית אֶרֶץ אֲחֻזַּתְכֶם', בְּשׂוֹרָה הִיא לָהֶם שֶׁנְּגָעִים בָּאִים עֲלֵיהֶם, דִּבְרֵי רַבִּי יְהוּדָה, רַבִּי שִׁמְעוֹן אוֹמֵר פְּרָט לְנִגְעֵי אוֹנָסִין; לָאו אָמַר רַבִּי יְהוּדָה בְּשׂוֹרָה, הָכָא נַמֵּי אֵימָא גְּזֵרָה הִיא, הִלְכָּךְ כְּתִיב 'אִם'. וּלְרַבִּי שִׁמְעוֹן נִגְעֵי אוֹנָסִין מִי לָא מְטַמּוּ, וְהָא [ח]תַּנְיָא, [ד] 'אָדָם כִּי יִהְיֶה', מִן הַדִּבּוּר וְאֵילָךְ, וַהֲלֹא דִּין הוּא, טָמֵא בְּזָב וְטָמֵא בִּנְגָעִים, מַה זָּב מִן הַדִּבּוּר וְאֵילָךְ, אַף נְגָעִים מִן הַדִּבּוּר וְאֵילָךְ; לֹא, אִם אָמַרְתָּ בְּזָב שֶׁכֵּן [ג]אֵין מְטַמֵּא בְּאוֹנֶס, תֹּאמַר בִּנְגָעִים שֶׁמְּטַמְּאִין בְּאוֹנֶס, תַּלְמוּד לוֹמַר 'אָדָם כִּי יִהְיֶה', מִן הַדִּבּוּר וְאֵילָךְ. רָבָא אָמַר, פְּרָט לְנִגְעֵי רוּחוֹת. רַב פָּפָּא אָמַר, פְּרָט לְנִגְעֵי כְּשָׁפִים. תָּנוּ רַבָּנַן, 'אֲשֶׁר נָשִׂיא יֶחֱטָא', פְּרָט לְחוֹלֶה. מִשּׁוּם דַּהֲוָה לֵיהּ חוֹלֶה אִידְחִי לֵיהּ מִנְּשִׂיאוּתֵיהּ. אָמַר רַב אַבְדִּימִי בַּר חָמָא, [ד]פְּרָט לְנָשִׂיא שֶׁנִּצְטָרַע, שֶׁנֶּאֱמַר [ה] 'וַיְנַגַּע יְיָ אֶת הַמֶּלֶךְ, וַיְהִי מְצוֹרָע עַד יוֹם מוֹתוֹ, וַיֵּשֶׁב בְּבֵית הַחָפְשִׁית, וְיוֹתָם בֶּן הַמֶּלֶךְ עַל הַבַּיִת[ד]', מִדְּקָאָמַר 'בְּבֵית הַחָפְשִׁית', מִכְּלָל דְּעַד הַשְׁתָּא עֶבֶד הֲוָה. כִּי הָא דְּרַבָּן גַּמְלִיאֵל וְרַבִּי יְהוֹשֻׁעַ הֲווּ אָזְלֵי בִּסְפִינְתָּא, בַּהֲדֵי דְּרַבָּן גַּמְלִיאֵל הֲוָה פִּיתָּא, בַּהֲדֵי רַבִּי יְהוֹשֻׁעַ הֲוָה פִּיתָּא וְסוֹלְתָּא. שְׁלִים פִּיתֵּיהּ דְּרַבָּן גַּמְלִיאֵל, סָמַךְ אַסּוֹלְתֵּיהּ דְּרַבִּי יְהוֹשֻׁעַ. אָמַר לֵיהּ, מִי הֲוָה יָדַעַתְּ דַּהֲוָה לַן עִכּוּבָא כּוּלֵּי הַאי דְּאַיְיתִית סוֹלְתָּא; אָמַר לֵיהּ, כּוֹכָב אֶחָד לְשִׁבְעִים שָׁנָה עוֹלֶה וּמַתְעֶה אֶת (הַסְּפִינוֹת) [הַסַּפָּנִים], וְאָמַרְתִּי שֶׁמָּא יַעֲלֶה וְיַתְעֶה [אוֹתָנוּ]; אָמַר לֵיהּ, כָּל כָּךְ בְּיָדְךָ וְאַתָּה עוֹלֶה[ס] בִּסְפִינָה; אָמַר לֵיהּ, עַד שֶׁאַתָּה תָּמֵהַּ עָלַי[י], תְּמַה עַל שְׁנֵי תַלְמִידִים שֶׁיֵּשׁ לְךָ בַּיַּבָּשָׁה, רַבִּי אֶלְעָזָר חִסְמָא וְרַבִּי יוֹחָנָן בֶּן גּוּדְגְּדָא, שֶׁיּוֹדְעִין לְשַׁעֵר כַּמָּה טִפּוֹת יֵשׁ בַּיָּם, וְאֵין לָהֶם פַּת לֶאֱכוֹל וְלֹא בֶּגֶד לִלְבּוֹשׁ. נָתַן דַּעְתּוֹ לְהוֹשִׁיבָם בָּרֹאשׁ. כְּשֶׁעָלָה, שָׁלַח לָהֶם וְלֹא בָּאוּ, חָזַר וְשָׁלַח וּבָאוּ. אָמַר לָהֶם, כִּמְדוּמִּין אַתֶּם שֶׁשְּׂרָרָה אֲנִי נוֹתֵן לָכֶם,
עַבְדוּת

רש"י

מָשִׁיחַ חָטָא וְאח"כ עָבַר מִמְּשִׁיחוּתוֹ מֵבִיא פַּר. וּמַה שֶׁכָּתוּב בַּסְּפָרִים 'תְּנָא גַּבֵּי מָשִׁיחַ עָבַר וְאַחַר כָּךְ חָטָא', לָאו מַתְרַגְלְתָּא הִיא. וְלָשׁוֹן רִאשׁוֹן עִיקָּר, דְּקָאָמַר 'הַשְׁתָּא יֵשׁ לוֹמַר' כו': מְנָא ה"מ. דְּמָשִׁיחַ שֶׁעָבַר וְאח"כ חָטָא דְּמֵבִיא פַּר: **מתני'** חָטְאוּ עַד שֶׁלֹּא נִתְמַנּוּ וְאח"כ נִתְמַנּוּ הֲרֵי אֵלּוּ כְּהֶדְיוֹטוֹת. דְּרַבָּנָן בָּתַר חֵטְא אָזְלֵי: ר"ש אוֹמֵר, אִם נוֹדַע לָהֶם עַד שֶׁלֹּא נִתְמַנּוּ חַיָּיבִין. דְּר"ש חֲטָאָה וִידִיעָה בָּעֵי. וְה"ה דְּפָלֵיג ר"ש בְּרֵישָׁא, דְּקָתָנֵי 'נָשִׂיא שֶׁחָטָא וְאח"כ עָבַר מִגְּדוּלָּתוֹ מֵבִיא שָׂעִיר', דְּר"ש קָאָמַר נַמֵּי דְּאִם נוֹדַע לוֹ מִשֶּׁעָבַר דְּאֵין מֵבִיא שָׂעִיר, דַּחֲטָאָה וִידִיעָה בָּעֵי כְּשֶׁהוּא נָשִׂיא: **גמ'** 'אִם הַכֹּהֵן הַמָּשִׁיחַ יֶחֱטָא'. חָטָא בִּמְשִׁיחוּת הוּא דְּמֵבִיא פַּר: פְּרָט לַקּוֹדְמוֹת. לְשֶׁחָטָא וְאח"כ נִתְמַנָּה, דַּהֲרֵי הוּא כְּהֶדְיוֹט, וְאֵין מֵבִיא פַּר: וּמַה נָּשִׂיא שֶׁמֵּבִיא בְּשִׁגְגַת מַעֲשֶׂה אֵין מֵבִיא עַל הַקּוֹדְמוֹת. כִּדְאָמַר לְקַמָּן 'אֲשֶׁר נָשִׂיא יֶחֱטָא', כְּשֶׁיֶּחֱטָא וַהֲרֵי הוּא נָשִׂיא, וְלֹא כְּשֶׁיֶּחֱטָא וַהֲרֵי הוּא הֶדְיוֹט: שֶׁאֵין מֵבִיא חַטָּאתוֹ מִשֶּׁעָבַר. כִּדְתְנַן 'וְכֵן הַנָּשִׂיא שֶׁעָבַר מִגְּדוּלָּתוֹ וְאח"כ חָטָא, הַנָּשִׂיא כְּהֶדְיוֹט': יָכוֹל גְּזֵרָה. דִּגְזֵרַת מֶלֶךְ הִיא שֶׁנָּשִׂיא יֶחֱטָא, מִדְּלָא כְּתִיב 'וְאִם[ז] נָשִׂיא יֶחֱטָא': ת"ל 'אִם הַכֹּהֵן הַמָּשִׁיחַ יֶחֱטָא'. מָה 'יֶחֱטָא' הָאָמוּר לְהַלָּן לִכְשֶׁיֶּחֱטָא, דְּהָא כְּתִיב 'אִם', אַף 'יֶחֱטָא' הָאָמוּר כָּאן גַּבֵּי נָשִׂיא לִכְשֶׁיֶּחֱטָא: גְּזֵרָה מֵהֵיכָא תֵּיתֵי. כְּלוֹמַר, הֵיכִי סָלֵיק לְמֵימַר 'יָכוֹל גְּזֵרָה', דְּהֵיכָא אַשְׁכְּחַן גְּזֵרָה כִּי הַאי גַּוְונָא: אִין. דְּוַדַּאי אַשְׁכְּחַן כִּי הַאי גַּוְונָא: דִּכְתִיב 'וְנָתַתִּי נֶגַע צָרַעַת בְּבֵית אֶרֶץ אֲחֻזַּתְכֶם', בְּשׂוֹרָה הִיא לָהֶם. שֶׁהַכָּתוּב מְבַשְּׂרָן שֶׁעָתִיד לִהְיוֹת אע"פ שֶׁדָּבָר רַע הוּא, הָכָא נַמֵּי אֵימָא גְּזֵרָה. הִלְכָּךְ כְּתִיב 'אִם הַכֹּהֵן הַמָּשִׁיחַ יֶחֱטָא' לִכְשֶׁיֶּחֱטָא, וְה"נ 'אֲשֶׁר נָשִׂיא יֶחֱטָא' לִכְשֶׁיֶּחֱטָא: ר"ש אוֹמֵר. 'וְנָתַתִּי נֶגַע צָרַעַת', שֶׁיְּהֵא בָּא מֵאֵלָיו: פְּרָט לְנִגְעֵי אוֹנָסִין. שֶׁאִם בָּאוּ נְגָעִים ע"י נְפִיחַת שֵׁד דְּלָא מִיטַּמּוּ: 'אָדָם כִּי יִהְיֶה בְּעוֹר בְּשָׂרוֹ' מִדִּבּוּר וְאֵילָךְ. דִּנְגָעִים בֵּין בְּאָדָם וּבֵין בְּבָתִּים פָּטַר בָּהֶן לִפְנֵי הַדִּבּוּר, דְּאוֹתָן נְגָעִים שֶׁאֵרְעוּ לִפְנֵי הַדִּבּוּר אֵין מְטַמְּאִין לְאַחַר הַדִּבּוּר: מַה זָּב מִדִּבּוּר וְאֵילָךְ. דִּכְתִיב 'כִּי יִהְיֶה זָב מִבְּשָׂרוֹ', דְּזָבִין שֶׁהָיוּ לִפְנֵי הַדִּבּוּר אֵין מְטַמְּאִין לְאַחַר הַדִּבּוּר אֶלָּא אִם כֵּן רָאוּ זִיבוֹת אַחַר הַדִּבּוּר: תֹּאמַר בְּנִגְעֵי אָדָם שֶׁמְּטַמְּאִין בְּאוֹנֶס. כְּגוֹן עַל יְדֵי נְפִילָה וְהַכָּאָה וּכְוִיָּה אוֹ ע"י שֵׁד, וְה"ה לְנִגְעֵי בָּתִּים דִּמְטַמְּאוּ בְּאוֹנֶס: רָבָא אָמַר. לָא קַשְׁיָא, הָא דְּקָאָמַר ר"ש 'פְּרָט לְנִגְעֵי אוֹנָסִין', כְּגוֹן נִגְעֵי רוּחוֹת, דְּע"י נְפִיחַת שֵׁד וְלֹא ע"י אָדָם, וְכִי קָתָנֵי 'תֹּאמַר בִּנְגָעִים שֶׁמְּטַמְּאִין בְּאוֹנֶס', כְּגוֹן ע"י הַכָּאָה וּכְוִיָּה: רַב פָּפָּא אָמַר. כִּי אָמַר ר"ש 'פְּרָט לְנִגְעֵי אוֹנֶס', ע"י כְּשָׁפִים, דְּלָא מִיטַּמּוּ, וְכִי קָתָנֵי 'תֹּאמַר בִּנְגָעִים דְּמִטַּמְּאוּ בְּאוֹנֶס', כְּגוֹן שֶׁלֹּא ע"י כְּשָׁפִים: 'וַיֵּשֶׁב בְּבֵית הַחָפְשִׁית'. דְּנַעֲשָׂה חָפְשִׁי מִן הַמַּלְכוּת, כְּהֶדְיוֹט דָּמֵי, וְאֵינוֹ מֵבִיא שָׂעִיר, וְדְלָא כְּרַבִּי יוֹסֵי דְּאָמַר לְעֵיל בְּפֶרֶק הוֹרָה כֹּהֵן מָשִׁיחַ (דף ט.) 'מִי שֶׁבָּא לִידֵי עֲנִיּוּת', וְהַאי נִצְטָרַע לֹא בָּא לִידֵי עֲנִיּוּת, דְּגַזָּא דִּידֵיהּ מִיהָא אִיתֵיהּ: מִכְּלָל דְּעַד הַשְׁתָּא עֶבֶד הֲוָה. דִּשְׂרָרוּת עַבְדוּת הוּא לוֹ, לְפִי שֶׁמּוּטָל עָלָיו עוֹל רַבִּים: וְסוֹלְתָּא. סוֹלֶת. וְלְהָכִי נָקַט בַּהֲדֵי פִּיתָּא סוֹלֶת קִמְחָא, לְפִי שֶׁהַפַּת מִתְעַפֵּשׁ וְאֵינוֹ מִתְקַיֵּים כַּסּוֹלֶת: וּמַתְעֶה אֶת הַסַּפָּנִים. שֶׁכֵּן דֶּרֶךְ[ס] שֶׁל סַפָּנִים, לְשָׁעָה הַפּוֹרְשִׁין לַיָּם רַב הַחוֹבֵל נוֹתֵן עֵינָיו [בַּצָּפוֹן וְהַכּוֹכָב מִתְהַלֵּךְ לַדָּרוֹם וְרוֹאֶה[ט]] בְּכוֹכָב אֶחָד הָעוֹמֵד לִימִינוֹ אוֹ לִשְׂמֹאלוֹ, וְכָל זְמַן שֶׁרוֹאֶה אוֹתוֹ כּוֹכָב[י] לְצִדּוֹ אַחֵר יוֹדֵעַ שֶׁנֶּהֶפְכָה הַסְּפִינָה וּמְיַישְּׁרָהּ לְדַרְכָּהּ, וְכוֹכָב שֶׁעוֹלֶה אַחַת לְשִׁבְעִים שָׁנָה פְּעָמִים נִרְאֶה בַּצָּפוֹן וּפְעָמִים נִרְאֶה בַּדָּרוֹם, וּכְשֶׁרַב הַחוֹבֵל נוֹתֵן עֵינָיו בּוֹ[כ] בַּצָּפוֹן וְהַסְּפִינָה[ל] תֵּהָפֵךְ בַּדָּרוֹם וְרוֹאֵהוּ לְצִדּוֹ אַחֵר סָבוּר שֶׁנֶּהֶפְכָה הַסְּפִינָה וּמְיַישְּׁרָהּ אַחַר הַכּוֹכָב, וְהוּא סָבוּר לְיַישְּׁרָהּ וּמְהַפְּכָהּ לְדֶרֶךְ אַחֵר, וְכֵן הוּא מַתְעֶה אֶת הַסַּפָּנִים: אָמַר לוֹ כָּל כָּךְ. חָכְמָה יֵשׁ בְּיָדְךָ וְאַתָּה יוֹרֵד לִסְפִינָה לִסְחוֹרָה (עַל) [בִּשְׁבִיל] מְזוֹנוֹתֶיךָ, כְּלוֹמַר, וְאַתָּה צָרִיךְ לֵירֵד לִסְפִינָה לְצוֹרֶךְ מְזוֹנוֹת: נָתַן. רַבָּן גַּמְלִיאֵל דַּעְתּוֹ עֲלֵיהֶם לְהוֹשִׁיבָם בָּרֹאשׁ, כְּדֵי שֶׁיִּהְיוּ מִתְפַּרְנְסִים [מֵאוֹתָהּ] שְׂרָרָה שֶׁיִּתֵּן לָהֶם: כִּמְדוּמִּין אַתֶּם שֶׁשְּׂרָרָה אֲנִי נוֹתֵן לָכֶם. שֶׁלֹּא בָּאתֶם בִּשְׁלִיחוּת רִאשׁוֹן, שֶׁהֱיִיתֶם בּוֹרְחִים מִן הַגְּדוּלָּה:
עבדות

תוספות הרא"ש

אשר נשיא יחטא יכול גזרה. משום דשני קרא בדיבורי' וכתיב אשר נשיא יחטא ולא כתיב אם נשיא יחטא כי היכי דכתיב אם הכהן המשיח יחטא בעי יכול שהכתוב מבשרך שעתידין (הנשיאות) [הנשיאים] לחטוא ת"ל **יחטא** דמשמע במקרה כמו יחטא דכתיב גבי כהן משיח. ומתוך פרש"י ז"ל משמע שכתוב בספרים נאמר כאן יחטא ונאמר להלן יחטא. ואפי' אם ישנו בספרים אינה ג"ש ממש דמרווייהו לריכי למעוטי קודמות. אלא גלוי מלתא בעלמא דיחטא דהכא כמו יחטא דהתם. והאי דכתיב אשר כדדריש לקמן אשרי הדור שהנשיא מביא קרבן על שגגתו: ומי כתיב **קרא הכי** לבשר על הרעה. **אין [דכתיב][מ] ונתתי נגע צרעת בבית ארץ אחוזתכם בשורה היא להם.** אלמא אורחא דמלתא דקרא מרמז העתידים אפי' הרעה. ואע"ג דלא דמי כולי האי דאותה בשורה טובה היתה דאמרינן במדרש[ט] שהאמוריים הטמינו אולרותיהם בכותלי בתיהם ובמקום המטמון הביא הקב"ה לרעת כדי שיסתרו הכותלים וימלא המטמון: **ונגעי אונסין לא מטמו והתניא וכו' עד תאמר בנגעים שמטמאין באונס.** ומשמע ליה לתלמודא שאין לחלק בין נגעי אדם לנגעי בתים. והרמ"ה ז"ל הקשה מאי פריך מנגעי אדם לנגעי בתים הכא ענינא דקרא דכתיב ונתתי אני ולא שבא ע"י אונס. והכא מענינא דקרא דכתיב כי יהיה דמשמע בכל ענין שיהיה. ועוד אי ס"ד דמעיקרא הוה ס"ל דנגעי אונסין דממעט ר' שמעון בבתים קממעט להו. א"כ מאי סלקא דעתך לאוקמינהו. אי בנגעי רוחות וכשפים מאי קא פריך [הא] לא דמי האי אונס שמביא אדם בגרמותו לאונס אחר. וכ"ת דלאפי' אי מוקמת ליה בנגעי רוחות וכשפים קשיא ליה. א"כ מאי משני רבא ור"פ בנגעי רוחות בנגעי כשפים. ופירש דס"ד מעיקרא דהני נגעי אונסין דממעט ר"ש לא בנגעי בתים קאמר דמשמע ליה לר"ש למדרש קרא ונתתי אני ממילא פרט לנגעי אונסין שלא באו ע"י המקום ב"ה בלבד אלא ע"י דבר אחר. ואם אינו ענין לנגעי בתים דס"ד דליכא מידי בנגעי בתים דלא הוה מחמת המקום שהרי אין בבית רוח חיים שיקבל מולאים ונגעים כמו בבשר ודם. וע"כ אי אתה מולא בנגעי בתים אלא ע"י גזירת המקום. ולא שייך למעוטי בהו נגעי אונסין. וקרא ע"כ באם א"ע לנגעי בתים תנהו ענין לנגעי בני אדם. ומש"ה פריך מהך ברייתא. ותירלו רבא ור"פ דמשכחת שפיר נגעים בבתים שלא באו על ידי הקב"ה בלבד כגון נגעי רוחות וכשפים. (והכי) [והכי] ממעט ר"ש אבל באדם מטמא אפי' באונס: **ת"ר אשר נשיא יחטא פרט לחולה.** כדמפרש שאם נלטרע וחטא אינו מביא שעיר לפי שעבר מנשיאותו והרי הוא כהדיוט. ופרש"י ז"ל דהך ברייתא דלא כריה"ג דלדידיה כיון דגזא דידיה כדקאי קאי מחייב ולא דק דלענין עולה ויורד הוא דקאמר ר"י הגלילי דנשיא פטור משום דליתיה בדלות ועלה קמבעיא לה אם נלטרע אי מדמי דמי או מפטר פטר ופשט ליה דפטר לפרש"י ז"ל. אבל להביא שעיר אחר שחלה ועבר בהא (כ"אי) מודו דלא כדתני לעיל אשר נשיא יחטא כשהוא נשיא אין כשאינו נשיא לא. ותנן נמי במתני' נשיא שעבר הרי הוא כהדיוט וליכא מאן דפליג. הרמ"ה ז"ל: **א"ל כל כך בידך ואתה עולה[פ] בספינה.** פרש"י ז"ל כ"כ חכמה יש בידך ואתה יורד לסחורה לספינה בשביל מזונותיך. כלומר אתה צריך לירד בספינה בשביל מזונות. ולא נהירא דלא לנדונים עוסק') ועוד דרוב יורדי ספינה הם עשירים בעלי סחורה. דמה [המשך בעמוד ב]

תורה אור השלם

א) אִם הַכֹּהֵן הַמָּשִׁיחַ יֶחֱטָא לְאַשְׁמַת הָעָם וְהִקְרִיב עַל חַטָּאתוֹ אֲשֶׁר חָטָא פַּר בֶּן בָּקָר תָּמִים לַייָ לְחַטָּאת: [ויקרא ד, ג]

ב) אֲשֶׁר נָשִׂיא יֶחֱטָא וְעָשָׂה אַחַת מִכָּל מִצְוֹת יְיָ אֱלֹהָיו אֲשֶׁר לֹא תֵעָשֶׂינָה בִּשְׁגָגָה וְאָשֵׁם: [ויקרא ד, כב]

ג) כִּי תָבֹאוּ אֶל אֶרֶץ כְּנַעַן אֲשֶׁר אֲנִי נֹתֵן לָכֶם לַאֲחֻזָּה וְנָתַתִּי נֶגַע צָרַעַת בְּבֵית אֶרֶץ אֲחֻזַּתְכֶם: [ויקרא יד, לד]

ד) אָדָם כִּי יִהְיֶה בְעוֹר בְּשָׂרוֹ שְׂאֵת אוֹ סַפַּחַת אוֹ בַהֶרֶת וְהָיָה בְעוֹר בְּשָׂרוֹ לְנֶגַע צָרָעַת וְהוּבָא אֶל אַהֲרֹן הַכֹּהֵן אוֹ אֶל אַחַד מִבָּנָיו הַכֹּהֲנִים: [ויקרא יג, ב]

ה) וַיְנַגַּע יְיָ אֶת הַמֶּלֶךְ וַיְהִי מְצֹרָע עַד יוֹם מֹתוֹ וַיֵּשֶׁב בְּבֵית הַחָפְשִׁית וְיוֹתָם בֶּן הַמֶּלֶךְ עַל הַבַּיִת שֹׁפֵט אֶת עַם הָאָרֶץ: [מלכים ב' טו, ה]

הגהות וציונים

א] רש"א (גליון): ב] כ"ה בדפו"י (גליון), ונשמט בד' בסיליאה בשגגה. בכת"י ובילק"ש **אינו דין שלא יביא חטאתו משעבר**, וכמו בת"כ: ג] באר שבע מ"ז (גליון): ד] "ויותם בן המלך על הבית" ליתא בראשונים ובכת"י: ה] ראשונים וכת"י **יורד**: ו] בס"י **תמיה אני** (גליון), ונוסח מוטעה הוא וכבר הגיה המהרש"א כלפנינו: ז] צ"ל **אם** (כת"י): ח] שכן דרכן (רש"י שבע"י) של ספנים **בשעה שפורשין** (דפו"י) לים: ט] רש"א [עי' בחלופי גרסאות] (גליון). [ל"מ חל"ג על הוריות]. הגהה זו אין לה שחר (רש"ש) ובטעות נדפס כאן דהגהת מהרש"א קאי לקמן (בארות המים): י] כת"י "וכל זמן שרואה אותו כוכב **בצדו אחד יודע שהספינה הולכת בדרך ישרה לדרכו ובזמן שרואה הכוכב בצדו** אח(ד)[ר] יודע שאין הספינה הולכת בדרך ישרה ומישרה לדרכה": כ] "בו" מיותר (מהרש"א, וכן ליתא בע"י): ל] צ"ל "**והכוכב מתהלך** לדרום" (מהרש"א, וכ"ה בע"י). או שצ"ל "**והכוכב** מתהפך בדרום" (בארות המים, וכ"ה בכת"י): מ] כת"י אין **והתניא**: נ] הוא ר"ת כל אדם ואולי צ"ל כ"ע (גליון) וכ"ה **כ"ע** בכת"י: ס] כת"י "א"ל וכל כך **יש** בספינה ואתה **יורד** בספינה":

This *daf* is dedicated *l'iluy nishmas*: Sara bat Zakieh *z"l*

this *kal v'chomer* the *pasuk* teaches (*Vayikra* 4:22): **אֲשֶׁר נָשִׂיא יֶחֱטָא** — "When a king sins." **כְּשֶׁהוּא נָשִׂיא** — If he sins when he is a king, **אִין** — yes, he brings his unique *Chatas*, **כְּשֶׁהוּא הֶדְיוֹט** — but if he sins when he is a commoner, **לָא** — no, he does not bring his unique *Chatas*.

מַתְנִיתִין — MISHNAH

חָטְאוּ עַד שֶׁלֹּא נִתְמַנּוּ — If a king or *kohen gadol* sinned before they were appointed, **וְאַחַר כָּךְ נִתְמַנּוּ** — and afterward they were appointed, **הֲרֵי אֵלּוּ כְּהֶדְיוֹטוֹת** — they bring the same *Chatas* as commoners. This is the opinion of the *tanna kamma*. **רַבִּי שִׁמְעוֹן אוֹמֵר** — Rabi Shimon says, **אִם נוֹדַע לָהֶם עַד שֶׁלֹּא נִתְמַנּוּ** — If it became known to them that they sinned before they were appointed, **חַיָּיבִים** — they are obligated to bring the *Chatas* of an individual, **וּמִשֶּׁנִּתְמַנּוּ** — but if they only found out after they were appointed, **פְּטוּרִים** — they are completely exempt from any *Chatas*.

אֵיזֶהוּ נָשִׂיא — Who is the "*nasi*" that the Torah speaks of? **זֶה מֶלֶךְ** — This is the king, **שֶׁנֶּאֱמַר** — as it says regarding a *nasi* who sinned (*Vayikra* 4:22): **מִכָּל מִצְוֹת ה' אֱלֹהָיו** — "of all the *mitzvos* of Hashem his G-d." **שֶׁאֵין עַל גַּבָּיו אֶלָּא ה' אֱלֹהָיו** — This refers to someone who only has Hashem his G-d over him, and no other authority. That must be the king.

גְּמָרָא — GEMARA

The Gemara asks: **מְנָא הָנֵי מִילֵּי** — From where do we know these words of the *tanna kamma*, that if a *kohen gadol* or king sin before they were appointed and afterward are appointed, that they bring the same *Chatas* as commoners? The Gemara answers: **דְּתָנוּ רַבָּנָן** — As the *Chachamim* taught in a *Baraisa* regarding the *pasuk* (*Vayikra* 4:3), **אִם הַכֹּהֵן הַמָּשִׁיחַ יֶחֱטָא לְאַשְׁמַת** — "If the anointed *kohen* shall sin to bring guilt," **פְּרָט לְקוֹדְמוֹת** — this implies that he sinned after being anointed, and excludes sins that were performed prior to his becoming a *kohen gadol*. The Gemara asks: **שֶׁיָּכוֹל** — Without this *derashah*, I would have thought, **וַהֲלֹא דִּין הוּא** — That this can be learned with a *kal v'chomer* from the halachah of a king. **וּמָה נָשִׂיא שֶׁמֵּבִיא בְּשִׁגְגַת מַעֲשֶׂה** —If a king who brings a *Chatas* for committing an mistaken *aveirah*, even if it was not based on an erroneous ruling, **אֵין מֵבִיא עַל הַקּוֹדְמוֹת** — does not bring a *Chatas* for an *aveirah* he performed prior to his becoming a king, **מָשִׁיחַ שֶׁאֵין מֵבִיא אֶלָּא עַל הֶעְלֵם דָּבָר עִם שִׁגְגַת מַעֲשֶׂה** — a *kohen gadol* who is not obligated to bring a *Chatas* unless it is for an unawareness of the halachah which leads to the unintentional action, **אֵינוֹ דִּין שֶׁלֹּא יָבִיא עַל הַקּוֹדְמוֹת** — isn't it logical that he should not bring a *Chatas* for an *aveirah* he performed prior to becoming a *kohen gadol*? If so, why do we need a *derashah*?

For this *daf's shiur* and charts, scan this QR code:

ואחר כך חטא מביא פר, חטא ואחר כך עבר ממשיחותו צריכא למימר. משום דקתני גבי נשיא דכי עבר מנשיאותו ואחר כך חטא כהדיוט מייתי, אהכי תנא גבי משיח [חטא ואחר כך עבר] מביא פר. מנא הני מילי. דתנו רבנן, א) 'והקריב על חטאתו' מלמד שמביא חטאתו משעבר; שיכול והלא דין הוא, ומה נשיא שמביא בשגגת מעשה אין מביא חטאתו משעבר, משיח שאין מביא בשגגת מעשה אלא על העלם דבר עם שגגת מעשה [לא] כל שכן; תלמוד לומר 'והקריב על חטאתו', מלמד שמביא על חטאתו משעבר. ונייתי נמי נשיא מקל וחומר, ומה משיח שאין מביא בשגגת מעשה מביא חטאת משעבר, נשיא שמביא חטאת בשגגת מעשה אינו דין שמביא חטאתו משעבר; תלמוד לומר ב) 'אשר נשיא יחטא', כשהוא נשיא אין, כשהוא הדיוט לא:

מתני' חטאו עד שלא נתמנו ואחר כך נתמנו הרי אלו כהדיוטות; רבי שמעון אומר, אם נודע להם עד שלא נתמנו חייבים, ומשנתמנו פטורים. איזהו נשיא, זה מלך, שנאמר ב) 'מכל מצות יי אלהיו', שאין על גביו אלא ה' אלהיו:

גמ' מנא הני מילי. דתנו רבנן, א) 'אם הכהן המשיח יחטא' (לאשמת), פרט לקודמות; (שיכול) והלא דין הוא, ומה נשיא שמביא בשגגת מעשה אין מביא על הקודמות, משיח שאין מביא אלא על העלם דבר עם שגגת מעשה אינו דין שלא יביא על הקודמות; לא, אם אמרת בנשיא שכן אין מביא חטאתו משעבר, תאמר במשיח שמביא חטאתו משעבר, הואיל ומביא חטאתו משעבר יביא על הקודמות; תלמוד לומר 'המשיח יחטא', חטא כשהוא משיח מביא, כשהוא הדיוט אינו מביא. ותניא נמי גבי נשיא כי האי גוונא, ב) 'אשר נשיא יחטא', פרט לקודמות; (שיכול) והלא דין הוא, ומה משיח שמביא חטאתו משעבר אינו מביא על הקודמות, נשיא שאין מביא חטאתו משעבר אינו דין שלא יביא על הקודמות; מה למשיח שכן אין מביא בשגגת מעשה, תאמר בנשיא שמביא בשגגת מעשה, הואיל ומביא בשגגת מעשה יביא על הקודמות; תלמוד לומר 'אשר נשיא יחטא', שחטא והרי הוא נשיא, ולא שחטא ועודהו הדיוט: תנו רבנן, ב) 'אשר נשיא יחטא', יכול גזרה, תלמוד לומר א) 'אם הכהן המשיח יחטא', מה להלן לכשיחטא אף כאן לכשיחטא. אמר מר, יכול גזרה, גזרה מהיכא תיתי. אמרי אין, אשכחן דכתיב ג) 'ונתתי נגע צרעת בבית ארץ אחוזתכם', בשורה היא להם שנגעים באים עליהם, דברי רבי יהודה, רבי שמעון אומר פרט לנגעי אונסין; לאו אמר רבי יהודה בשורה, הכא נמי אימא גזרה היא, הלכך כתיב 'אם'. ולרבי שמעון נגעי אונסין מי לא מטמו, והא תניא, ד) 'אדם כי יהיה', מן הדבור ואילך, והלא דין הוא, טמא בזב וטמא בנגעים, מה זב מן הדבור ואילך, אף נגעים מן הדבור ואילך; לא, אם אמרת בזב שכן אין מטמא באונס, תאמר בנגעים שמטמאין באונס, תלמוד לומר 'אדם כי יהיה', מן הדבור ואילך. רבא אמר, פרט לנגעי רוחות. רב פפא אמר, פרט לנגעי כשפים. תנו רבנן, 'אשר נשיא יחטא', פרט לחולה. משום דהוה ליה חולה אידחי ליה מנשיאותיה. אמר רב אבדימי בר חמא, פרט לנשיא שנצטרע, שנאמר ה) 'וינגע יי את המלך, ויהי מצורע עד יום מותו, וישב בבית החפשית, ויותם בן המלך על הבית', מדקאמר 'בבית החפשית', מכלל דעד השתא עבד הוה. כי הא דרבן גמליאל ורבי יהושע הוו אזלי בספינתא, בהדי דרבן גמליאל הוה פיתא, בהדי רבי יהושע הוה פיתא וסולתא. שלים פיתיה דרבן גמליאל, סמך אסולתיה דרבי יהושע. אמר ליה, מי הוה ידעת דהוה לן עכובא כולי האי דאיתית סולתא; אמר ליה, כוכב אחד לשבעים שנה עולה ומתעה את (הספינות) [הספנים], ואמרתי שמא יעלה ויתעה [אותנו]; אמר ליה, כל כך בידך ואתה עולה בספינה; אמר ליה, עד שאתה תמה עלי, תמה על שני תלמידים שיש לך ביבשה, רבי אלעזר חסמא ורבי יוחנן בן גודגדא, שיודעין לשער כמה טפות יש בים, ואין להם פת לאכול ולא בגד ללבוש. נתן דעתו להושיבם בראש. כשעלה, שלח להם ולא באו. חזר ושלח ובאו. אמר להם, כמדומין אתם ששררה אני נותן לכם, עבדות

רש"י

משיח חטא ואח"כ עבר ממשיחותו מביא פר. ומה שכתוב בספרים 'חטא ... גבי משיח עבר ואחר כך חטא', לאו מתרלתא היא. ולשון ראשון עיקר, דקאמר 'השתא יש לומר' כו': מנא ה"מ. דמשיח שעבר ואח"כ חטא דמביא פר: מתני' חטאו עד שלא נתמנו ואח"כ נתמנו הרי אלו כהדיוטות. דרבנן בתר חטא אזלי: ר"ש אומר, אם נודע להם עד שלא נתמנו חייבין. דר"ש חטאה וידיעה בעי. וה"ה דפליג ר"ש ברישא, דקתני 'נשיא שחטא ואח"כ עבר מגדולתו מביא שעיר', דר"ש קאמר נמי דאם נודע לו משעבר דאין מביא שעיר, דחטאה וידיעה בעי כשהוא נשיא: גמ' 'אם הכהן המשיח יחטא'. חטא במשיחות הוא דמביא פר: פרט לקודמות. לשחטא ואח"כ נתמנה, דהרי הוא כהדיוט, ואין מביא פר: ומה נשיא שמביא בשגגת מעשה אין מביא על הקודמות. כדאמר לקמן 'אשר נשיא יחטא', כשיחטא והרי הוא נשיא, ולא כשיחטא והרי הוא הדיוט: שאין מביא חטאתו משעבר. כדתנן 'וכן הנשיא שעבר מגדולתו ואח"כ חטא, הנשיא כהדיוט': יכול גזרה. דגזרת מלך היא שהנשיא יחטא, מדלא כתיב 'ואם נשיא יחטא': ת"ל 'אם הכהן המשיח יחטא'. מה 'יחטא' האמור להלן לכשיחטא, דהא כתיב 'אם', אף 'יחטא' האמור כאן גבי נשיא לכשיחטא: גזרה מהיכא תיתי. כלומר, היכי מצית למימר 'יכול גזרה', דהיכא אשכחן גזרה כי האי גוונא: אין. דודאי אשכחן כי האי גוונא: דכתיב 'ונתתי נגע צרעת בבית ארץ אחוזתכם', בשורה היא להם. שהכתוב מבשרן שעתיד להיות אע"פ שדבר רע הוא, הכא נמי אימא גזרה. הלכך כתיב 'אם הכהן המשיח יחטא' לכשיחטא, וה"נ 'אשר נשיא יחטא' לכשיחטא: ר"ש אומר. 'ונתתי נגע צרעת', שיהא בא מאליו: פרט לנגעי אונסין. שאם באו נגעים ע"י נפיחת שד דלא מיטמו: 'אדם כי יהיה בעור בשרו' מדבור ואילך. דנגעים בין באדם ובין בבתים פטר בהן לפני הדבור, דאותן נגעים שארעו לפני הדבור אין מטמאין לאחר הדבור: מה זב מדבור ואילך. דכתיב 'כי יהיה זב מבשרו', דזבין שהיו לפני הדבור אין מטמאין לאחר הדבור, אלא אם כן ראו זיבות אחר הדבור: תאמר בנגעי אדם שמטמאין באונס. כגון על ידי נפילה והכאה וכויה או ע"י שד, וה"ה לנגעי בתים דמטמאו באונס: רבא אמר. לא קשיא, הא דקאמר ר"ש 'פרט לנגעי אונסין', כגון נגעי רוחות, דע"י נפיחת שד ולא ע"י אדם, וכי קתני 'תאמר בנגעים שמטמאין באונס', כגון ע"י הכאה וכויה: רב פפא אמר. כי אמר ר"ש 'פרט לנגעי אונס', ע"י כשפים, דלא מטמו, וכי קתני 'תאמר בנגעים דמטמאו באונס', כגון שלא ע"י כשפים: 'וישב בבית החפשית'. דנעשה חפשי מן המלכות, כהדיוט דמי, ואינו מביא שעיר, ודלא כרבי יוסי דאמר לעיל בפרק הורה כהן משיח (דף ט.) 'מי שבא לידי עניות', והאי נצטרע לא בא לידי עניות, דגזא דידיה מיהא איתיה: מכלל דעד השתא עבד הוה. דשררות עבדות הוא לו, לפי שמוטל עליו עול רבים: וסולתא. סולת. ולהכי נקט בהדי פיתא סולת קמחא, לפי שהפת מתעפש ואינו מתקיים כסולת: ומתעה את הספנים. שכן דרך של ספנים, לשעה הפורשין ליס רב החובל נותן עיניו [בצפון והכוכב מתהלך לדרום ורואה] בכוכב אחד העומד לימינו או לשמאלו, וכל זמן שרואה אותו כוכב לצדו אחר יודע שנהפכה הספינה ומיישרה לדרכה, וכוכב שעולה אחת לשבעים שנה פעמים נראה בצפון ופעמים נראה בדרום, וכשרב החובל נותן עיניו בו בצפון והספינה תהפך בדרום ורואהו לצדו אחר סבור שנהפכה הספינה ומיישרה אחר הכוכב, והוא סבור ליישרה ומהפכה לדרך אחר, וכן הוא מתעה את הספנים: אמר לו כל כך. חכמה יש בידך ואתה יורד לספינה לסחורה (על) [בשביל] מזונותיך, כלומר, ואתה צריך לירד לספינה לצורך מזונות: נתן. רבן גמליאל דעתו עליהם להושיבם בראש, כדי שיהו מתפרנסים [מאותה] שררה שיתן להם: כמדומין אתם ששררה אני נותן לכם. שלא באתם בשליחות ראשון, שהייתם בורחים מן הגדולה:

מסורת הש"ס עם הוספות

א) ת"כ פ' ויקרא דבורא דחובה פרק ב ה"ו (אות רו), ב) לעיל ז., ג) כתובות מה. לעיל ג., ד) [לעיל ט. לקמן יא:], ה) ת"כ דבורא דחובה פרשה ב ה"ו (אות רג), ו) ת"כ דבורא דחובה פרשה ה ה"ב (אות רנט), ז) ת"כ דבורא דחובה פרשה ה ה"ג נוסחת הגר"א, ח) ת"כ פ' תזריע נגעים פ"א, ט) ויקרא רבה פרשה יז, י) קהלת ט יא.

תורה אור השלם

א) אם הכהן המשיח יחטא לאשמת העם והקריב על חטאתו אשר חטא פר בן בקר תמים ליי לחטאת: [ויקרא ד, ג]

ב) אשר נשיא יחטא ועשה אחת מכל מצות יי אלהיו אשר לא תעשינה בשגגה ואשם: [ויקרא ד, כב]

ג) כי תבאו אל ארץ כנען אשר אני נתן לכם לאחזה ונתתי נגע צרעת בבית ארץ אחזתכם: [ויקרא יד, לד]

ד) אדם כי יהיה בעור בשרו שאת או ספחת או בהרת והיה בעור בשרו לנגע צרעת והובא אל אהרן הכהן או אל אחד מבניו הכהנים: [ויקרא יג, ב]

ה) וינגע יי את המלך ויהי מצרע עד יום מתו וישב בבית החפשית ויותם בן המלך על הבית שפט את עם הארץ: [מלכים ב' טו, ה]

הגהות וציונים

א] רש"א (גליון): ב] כ"ה בדפו"ר (גליון), ונשמט בד' שלפנינו. בשגגה. בכת"י [illegible] אינו דין שלא יביא חטאתו משעבר, [illegible] ג] באר שבע מ"ז [illegible] ד] "ויותם בן המלך על הבית" ליתא בראשונים [illegible] ה] ראשונים וכת"י [illegible] ו] בס"י תמיה אני [illegible] נוסח מוטעה הוא [illegible] הגיה המהרש"א [illegible] ז] צ"ל אם (כת"י): [illegible] (רש"י שבע"י) [illegible] בשעה שפורשין [illegible] ט] רש"א [עי' illegible גרסאות] (גליון). [illegible] על הוריות]. הגהה [illegible] שחר (רש"ש) [illegible] נדפס כאן דהגהת [illegible] קאי לקמן (בארות המים): י] כת"י "וכל זמן שרואה אותו כוכב בצדו אחר יודע שהספינה הולכת בדרך ישרה ובזמן שרואה הכוכב בצדו אחד[ר] יודע שאין הספינה הולכת בדרך ישרה ומישרה לדרכה": כ] [illegible] יותר (מהרש"א, וכן [illegible] בע"י): ל] צ"ל "והכוכב מתהלך לדרום" [illegible] וכ"ה בע"י). או [illegible] "והכוכב מתהפך [illegible]" (בארות המים, וכ"ה [illegible]): מ] כת"י אין [illegible] נ] הוא ר"ת כל [illegible] צ"ל כ"ע (גליון) [illegible] בכת"י: ס] כת"י "[illegible] כל כך יש בספינה [illegible] יורד בספינה":

עין משפט נר מצוה

ה א מיי' פט"ו מהלכות שגגות הלכה י:
ו ב מיי' שם הלכה ו:
ז ג מיי' פרק ג מהלכות מחוסרי כפרה הלכה ב:
ח ד מיי' פט"ו מהלכות שגגות הלכה ט:

תוספות הרא"ש

אשר נשיא יחטא יכול גזרה. משום דשני קרא בדיבורי' וכתיב אשר נשיא יחטא ולא כתיב אם נשיא יחטא כי היכי דכתיב אם הכהן המשיח יחטא בעי יכול שהכתוב מבשרך שעתידין (הנשיאות) [הנשיאים] לחטוא ת"ל יחטא דמשמע במקרה כמו יחטא דכתיב גבי כהן משיח. ומתוך פרש"י ז"ל משמע שכתוב בספרים נאמר כאן יחטא ונאמר להלן יחטא. ואפי' אם ישנו בספרים אינה ג"ש ממש דתרווייהו צריכי למעוטי קודמות. אלא גלוי מלתא בעלמא דיחטא דהכא כמו יחטא דהתם. והאי דכתיב אשר כדדריש לקמן אשרי הדור שהנשיא מביא קרבן על שגגתו: ומי כתיב קרא הכי לבשר על הרעה. אין [דכתיב] ונתתי נגע צרעת בבית ארץ אחוזתכם בשורה היא להם. אלמא אורחא דמלתא דקרא מרמז העתידים אפי' הרעה. ואע"ג דלא דמי כולי האי דאותה בשורה טובה היתה דאמרינן במדרש שהאמורים הטמינו אוצרותיהם בכותלי בתיהם ובמקום המטמון הביא הקב"ה צרעת כדי שיסתרו הכותלים וימצא המטמון: ונגעי אונסין לא מטמו והתניא וכו' עד תאמר בנגעים שמטמאין באונס. ומשמע ליה לתלמודא שאין לחלק בין נגעי אדם לנגעי בתים. והרמ"ה ז"ל הקשה מאי פריך מנגעי אדם לנגעי בתים הכא ענינא דקרא דכתיב ונתתי אני ולא שבא ע"י אונס. והכא מענינא דקרא דכתיב כי יהיה דמשמע בכל ענין שיהיה. ועוד אי ס"ד דמעיקרא הוה ס"ל דנגעי אונסין דממעט ר' שמעון בבתים קממעט להו. א"כ מאי סלקא דעתך לאוקמינהו. אי בנגעי רוחות וכשפים מאי קא פריך [הא] לא דמי האי אונס שמביא אדם בגרמותו לאונס אחר. וכ"ת דאפי' אי מוקמת ליה בנגעי רוחות וכשפים קשיא ליה. א"כ מאי משני רבא ור"פ בנגעי רוחות בנגעי כשפים. ופירש דס"ד מעיקרא דהני נגעי אונסין דממעט ר"ש לא בנגעי בתים קאמר דמשמע ליה לר"ש למדרש קרא ונתתי אני ממילא פרט לנגעי אונסין שלא באו ע"י המקום ב"ה בלבד אלא ע"י דבר אחר. ואם איתו ענין לנגעי בתים דס"ד דליכא מידי בנגעי בתים דלא הוה מחמת המקום שהרי אין בבית רוח חיים שיקבל חולאים ונגעים כמו בבשר ודם. וע"כ אי אתה מוצא בנגעי בתים אלא ע"י גזירת המקום. ולא שייך למעוטי בהו נגעי אונסין. וקרא ע"כ באם א"ע לנגעי בתים תנהו ענין לנגעי בני אדם. ומש"ה פריך מהך ברייתא. ותירצו רבא ור"פ דמשכחת שפיר נגעים בבתים שלא באו על ידי הקב"ה בלבד כגון נגעי רוחות וכשפים. (והכי) [והני] ממעט ר"ש אבל באדם מטמא אפי' באונס: ת"ר אשר נשיא יחטא פרט לחולה. כדמפרש שאם נצטרע וחטא אינו מביא שעיר לפי שעבר מנשיאותו והרי הוא כהדיוט. ופרש"י ז"ל דהך ברייתא דלא כרי"ג דלדידיה כיון דגזא דידיה כדקאי קאי מחייב ולא דק דלענין עולה ויורד הוא דקאמר ר"י הגלילי דנשיא פטור משום דליתיה בדלות ועלה קמבעיא לה אם נצטרע אי מדחי דחי או מפטר פטר ופשט ליה דפטר לפרש"י ז"ל. אבל להביא שעיר אחר שחלה [illegible]

The Gemara answers: לֹא — No, we would not know this from a *kal v'chomer*. אִם אָמַרְתָּ בְּנָשִׂיא — If you would say regarding a king, that he does not bring his unique *Chatas* on an *aveirah* he performed before becoming king, it would be reasonable, שֶׁכֵּן אֵין מֵבִיא חַטָּאתוֹ מִשֶּׁעָבַר — because he does not bring his unique *Chatas* for a sin he commits once he has been removed from his sovereignty, תֹּאמַר בְּמָשִׁיחַ — Should you say also by a *kohen gadol*, that he does not bring a *Chatas* for a sin he committed before being appointed as *kohen gadol*? Not necessarily so. שֶׁמֵּבִיא חַטָּאתוֹ מִשֶּׁעָבַר — Because a *kohen gadol* **does** bring his unique *Chatas* for a sin he commits after he has been removed from being a *kohen gadol*. הוֹאִיל וּמֵבִיא חַטָּאתוֹ מִשֶּׁעָבַר — Since he brings his unique *Chatas* even after he has been removed, יָבִיא עַל הַקּוֹדְמוֹת — perhaps he should bring his unique *Chatas* on the sins he committed prior to his appointment, as well. תַּלְמוּד לוֹמַר — Therefore we need the *pasuk* to teach us, הַמָּשִׁיחַ יֶחֱטָא — "The anointed *kohen* shall sin." חָטָא כְּשֶׁהוּא מָשִׁיחַ — This teaches us that if he sins after he is already anointed, כְּשֶׁהוּא מֵבִיא — he brings his unique *Chatas*, הֶדְיוֹט — but if he sins when he is still a commoner, אֵינוֹ מֵבִיא — he does not bring his unique *Chatas*.

וְתַנְיָא נָמֵי גַּבֵּי נָשִׂיא כְּהַאי גַּוְונָא — And it is also taught this way in the *Baraisa* regarding a king: The *pasuk* says (*Vayikra* 4:22): אֲשֶׁר נָשִׂיא יֶחֱטָא — "When a king sins." This implies that he sinned after he is already a king, פְּרָט לַקּוֹדְמוֹת — to exclude a sin that he committed prior to his coronation. שֶׁיָּכוֹל — Without this *derashah*, would I not have thought, וַהֲלֹא דִין הוּא — That this can be learned with a *kal v'chomer* from the halachah of a *kohen gadol*: וּמָה מָשִׁיחַ שֶׁמֵּבִיא חַטָּאתוֹ מִשֶּׁעָבַר — If a *kohen gadol*, who brings his unique *Chatas* even once he has been removed from being a *kohen gadol*, אֵין מֵבִיא עַל הַקּוֹדְמוֹת — does not bring a *Chatas* for an *aveirah* he performed prior to his becoming a *kohen gadol*, נָשִׂיא שֶׁאֵין מֵבִיא חַטָּאתוֹ מִשֶּׁעָבַר — a king, who does not bring his unique *Chatas* for a sin he commits once he has been removed from his sovereignty, אֵינוֹ דִין שֶׁלֹּא יָבִיא עַל הַקּוֹדְמוֹת — isn't it logical that he should not bring a *Chatas* for an *aveirah* he performed prior to becoming king? If so, why do we need a *derashah*?

The Gemara answers: This *kal v'chomer* can be rejected: מָה לְמָשִׁיחַ — If you would say regarding a *kohen gadol* that he does not bring a *Chatas* for an *aveirah* he performed prior to his becoming a *kohen gadol*, it would be reasonable, שֶׁכֵּן אֵין מֵבִיא בִּשְׁגְגַת מַעֲשֶׂה — Because he does not bring a *Chatas* for an mistaken action alone if it is not based on an erroneous ruling, תֹּאמַר בְּנָשִׂיא — should you say also by a king, that he does not bring a *Chatas* for an *aveirah* he performed prior to his becoming a king? Not necessarily, שֶׁמֵּבִיא בִּשְׁגְגַת מַעֲשֶׂה — Because he *does* bring a *Chatas* for an mistaken act, even if it is not based on an erroneous ruling. הוֹאִיל וּמֵבִיא בִּשְׁגְגַת מַעֲשֶׂה — Since he brings a *Chatas* for an unintentional act alone, יָבִיא עַל הַקּוֹדְמוֹת — perhaps he should bring his unique *Chatas* on the sins he committed prior to his appointment, as well. תַּלְמוּד לוֹמַר — Therefore we need the *pasuk* to teach us, אֲשֶׁר נָשִׂיא יֶחֱטָא — "When a king sins," from which we

For this *daf's shiur* and charts, scan this QR code:

וְאַחַר כָּךְ חָטָא מֵבִיא פַּר, חָטָא וְאַחַר כָּךְ עָבַר מִמְּשִׁיחוּתוֹ צְרִיכָא לְמֵימַר. מִשּׁוּם דְּקָתָנֵי גַּבֵּי נָשִׂיא דְּכִי עָבַר מִנְּשִׂיאוּתוֹ וְאַחַר כָּךְ חָטָא כְּהֶדְיוֹט מַיְיתֵי, אַהָכִי תְּנָא גַּבֵּי מָשִׁיחַ [חָטָא וְאַחַר כָּךְ עָבַר[א]] מֵבִיא פַּר. מְנָא הָנֵי מִילֵּי. [ה]דְּתָנוּ רַבָּנַן, [א]'וְהִקְרִיב עַל חַטָּאתוֹ' מְלַמֵּד שֶׁמֵּבִיא חַטָּאתוֹ מִשֶּׁעָבַר; שֶׁיָּכוֹל וַהֲלֹא דִּין הוּא, וּמַה נָּשִׂיא שֶׁמֵּבִיא בְּשִׁגְגַת מַעֲשֶׂה אֵין מֵבִיא חַטָּאתוֹ מִשֶּׁעָבַר, [ו]מָשִׁיחַ שֶׁאֵין מֵבִיא בְּשִׁגְגַת מַעֲשֶׂה אֶלָּא עַל הֶעְלֵם דָּבָר עִם שִׁגְגַת מַעֲשֶׂה [לֹא[ב]] כָּל שֶׁכֵּן; תַּלְמוּד לוֹמַר 'וְהִקְרִיב עַל חַטָּאתוֹ', מְלַמֵּד שֶׁמֵּבִיא עַל חַטָּאתוֹ מִשֶּׁעָבַר. וְנֵייתֵי נַמִּי נָשִׂיא מִקַּל וָחוֹמֶר, וּמַה מָּשִׁיחַ שֶׁאֵין מֵבִיא בְּשִׁגְגַת מַעֲשֶׂה מֵבִיא חַטָּאת מִשֶּׁעָבַר, נָשִׂיא שֶׁמֵּבִיא חַטָּאת בְּשִׁגְגַת מַעֲשֶׂה אֵינוֹ דִּין שֶׁמֵּבִיא חַטָּאתוֹ מִשֶּׁעָבַר; תַּלְמוּד לוֹמַר [ב]'אֲשֶׁר נָשִׂיא יֶחֱטָא', כְּשֶׁהוּא נָשִׂיא אִין, כְּשֶׁהוּא הֶדְיוֹט לָא: **מתני'** [ג][א]חָטְאוּ עַד שֶׁלֹּא נִתְמַנּוּ וְאַחַר כָּךְ נִתְמַנּוּ הֲרֵי אֵלּוּ כְּהֶדְיוֹטוֹת; רַבִּי שִׁמְעוֹן אוֹמֵר, אִם נוֹדַע לָהֶם עַד שֶׁלֹּא נִתְמַנּוּ חַיָּיבִים, וּמִשֶּׁנִּתְמַנּוּ פְּטוּרִים. [ב]אֵיזֶהוּ נָשִׂיא, זֶה מֶלֶךְ, שֶׁנֶּאֱמַר [ב]'מִכָּל מִצְוֹת יְיָ אֱלֹהָיו', [ד]שֶׁאֵין עַל גַּבָּיו אֶלָּא ה' אֱלֹהָיו: **גמ'** מְנָא הָנֵי מִילֵּי. [ה]דְּתָנוּ רַבָּנַן, [א]'אִם הַכֹּהֵן הַמָּשִׁיחַ יֶחֱטָא' (לְאַשְׁמַת[ג]), פְּרָט לַקּוֹדְמוֹת; (שֶׁיָּכוֹל[ג]) וַהֲלֹא דִּין הוּא, וּמַה נָּשִׂיא שֶׁמֵּבִיא בְּשִׁגְגַת מַעֲשֶׂה אֵין מֵבִיא עַל הַקּוֹדְמוֹת, מָשִׁיחַ שֶׁאֵין מֵבִיא אֶלָּא עַל הֶעְלֵם דָּבָר עִם שִׁגְגַת מַעֲשֶׂה אֵינוֹ דִּין שֶׁלֹּא יָבִיא עַל הַקּוֹדְמוֹת; לֹא, אִם אָמַרְתָּ בְּנָשִׂיא שֶׁכֵּן אֵין מֵבִיא חַטָּאתוֹ מִשֶּׁעָבַר, תֹּאמַר בְּמָשִׁיחַ שֶׁמֵּבִיא חַטָּאתוֹ מִשֶּׁעָבַר, הוֹאִיל וּמֵבִיא חַטָּאתוֹ מִשֶּׁעָבַר יָבִיא עַל הַקּוֹדְמוֹת; תַּלְמוּד לוֹמַר 'הַמָּשִׁיחַ יֶחֱטָא', חָטָא כְּשֶׁהוּא מָשִׁיחַ מֵבִיא, כְּשֶׁהוּא הֶדְיוֹט אֵינוֹ מֵבִיא. וְתַנְיָא נַמִּי גַּבֵּי נָשִׂיא כִּי הַאי גַּוְנָא, [ו][ב]'אֲשֶׁר נָשִׂיא יֶחֱטָא', פְּרָט לַקּוֹדְמוֹת; (שֶׁיָּכוֹל[ג]) וַהֲלֹא דִּין הוּא, וּמַה מָּשִׁיחַ שֶׁמֵּבִיא חַטָּאתוֹ מִשֶּׁעָבַר אֵינוֹ מֵבִיא עַל הַקּוֹדְמוֹת, נָשִׂיא שֶׁאֵין מֵבִיא חַטָּאתוֹ מִשֶּׁעָבַר אֵינוֹ דִּין שֶׁלֹּא יָבִיא עַל הַקּוֹדְמוֹת; מַה לְּמָשִׁיחַ שֶׁכֵּן אֵין מֵבִיא בְּשִׁגְגַת מַעֲשֶׂה, תֹּאמַר בְּנָשִׂיא שֶׁמֵּבִיא בְּשִׁגְגַת מַעֲשֶׂה, הוֹאִיל וּמֵבִיא בְּשִׁגְגַת מַעֲשֶׂה יָבִיא עַל הַקּוֹדְמוֹת; תַּלְמוּד לוֹמַר 'אֲשֶׁר נָשִׂיא יֶחֱטָא', שֶׁחָטָא וַהֲרֵי הוּא נָשִׂיא, וְלֹא שֶׁחָטָא וְעוֹדֵהוּ הֶדְיוֹט: [ז]תָּנוּ רַבָּנַן, [ב]'אֲשֶׁר נָשִׂיא יֶחֱטָא', יָכוֹל גְּזֵרָה, תַּלְמוּד לוֹמַר [א]'אִם הַכֹּהֵן הַמָּשִׁיחַ יֶחֱטָא', מַה לְּהַלָּן לִכְשֶׁיֶּחֱטָא אַף כָּאן לִכְשֶׁיֶּחֱטָא. אָמַר מַר, יָכוֹל גְּזֵרָה, גְּזֵרָה מֵהֵיכָא תֵּיתֵי. אָמְרִי אִין, אַשְׁכְּחַן דִּכְתִיב [ג]'וְנָתַתִּי נֶגַע צָרַעַת בְּבֵית אֶרֶץ אֲחֻזַּתְכֶם', בְּשׂוֹרָה הִיא לָהֶם שֶׁנְּגָעִים בָּאִים עֲלֵיהֶם, דִּבְרֵי רַבִּי יְהוּדָה, רַבִּי שִׁמְעוֹן אוֹמֵר פְּרָט לְנִגְעֵי אוֹנָסִין; לָאו אָמַר רַבִּי יְהוּדָה בְּשׂוֹרָה, הָכָא נַמִּי אֵימָא גְּזֵרָה הִיא, הִלְכָּךְ כְּתִיב 'אִם'. וּלְרַבִּי שִׁמְעוֹן נִגְעֵי אוֹנָסִין מִי לָא מִטַּמּוּ, וְהָא [ח]תַּנְיָא, [ד]'אָדָם כִּי יִהְיֶה', מִן הַדִּבּוּר וְאֵילָךְ, וַהֲלֹא דִּין הוּא, טָמֵא בְּזָב וְטָמֵא בִּנְגָעִים, מַה זָּב מִן הַדִּבּוּר וְאֵילָךְ, אַף נְגָעִים מִן הַדִּבּוּר וְאֵילָךְ; לֹא, אִם אָמַרְתָּ בְּזָב שֶׁכֵּן [ג]אֵין מְטַמֵּא בְּאוֹנֶס, תֹּאמַר בִּנְגָעִים שֶׁמְּטַמְּאִין בְּאוֹנֶס, תַּלְמוּד לוֹמַר 'אָדָם כִּי יִהְיֶה', מִן הַדִּבּוּר וְאֵילָךְ. רָבָא אָמַר, פְּרָט לְנִגְעֵי רוּחוֹת. רַב פָּפָּא אָמַר, פְּרָט לְנִגְעֵי כְּשָׁפִים. תָּנוּ רַבָּנַן, 'אֲשֶׁר נָשִׂיא יֶחֱטָא', פְּרָט לְחוֹלֶה. מִשּׁוּם דַּהֲוָה לֵיהּ חוֹלֶה אִידְּחֵי לֵיהּ מִנְּשִׂיאוּתֵיהּ. אָמַר רַב אַבְדִּימִי בַּר חָמָא, [ד]פְּרָט לְנָשִׂיא שֶׁנִּצְטָרַע, שֶׁנֶּאֱמַר [ה]'וַיְנַגַּע יְיָ אֶת הַמֶּלֶךְ, וַיְהִי מְצוֹרָע עַד יוֹם מוֹתוֹ, וַיֵּשֶׁב בְּבֵית הַחָפְשִׁית, וְיוֹתָם בֶּן הַמֶּלֶךְ עַל הַבַּיִת[ד]', מִדְּקָאָמַר 'בְּבֵית הַחָפְשִׁית', מִכְּלָל דְּעַד הַשְׁתָּא עֶבֶד הֲוָה. כִּי הָא דְּרַבָּן גַּמְלִיאֵל וְרַבִּי יְהוֹשֻׁעַ הֲווּ אָזְלֵי בִּסְפִינְתָּא, בַּהֲדֵי דְּרַבָּן גַּמְלִיאֵל הֲוָה פִּיתָּא, בַּהֲדֵי רַבִּי יְהוֹשֻׁעַ הֲוָה פִּיתָּא וְסוּלְתָּא. שְׁלִים פִּיתֵּיהּ דְּרַבָּן גַּמְלִיאֵל, סָמַךְ אַסּוּלְתֵּיהּ דְּרַבִּי יְהוֹשֻׁעַ. אָמַר לֵיהּ, מִי הֲוָה יָדְעַת דַּהֲוֵה לַן עִכּוּבָא כּוּלֵּי הַאי דְּאֵיתִית סוּלְתָּא; אָמַר לֵיהּ, כּוֹכָב אֶחָד לְשִׁבְעִים שָׁנָה עוֹלֶה וּמַתְעֶה אֶת (הַסְּפִינוֹת) [הַסַּפָּנִים], וְאָמַרְתִּי שֶׁמָּא יַעֲלֶה וְיַתְעֶה [אוֹתָנוּ]; אָמַר לֵיהּ, כָּל כָּךְ בְּיָדְךָ וְאַתָּה עוֹלֶה[ה] בִּסְפִינָה; אָמַר לֵיהּ, עַד שֶׁאַתָּה תָּמֵהַּ עָלַי[ו], תְּמַה עַל שְׁנֵי תַּלְמִידִים שֶׁיֵּשׁ לְךָ בַּיַּבָּשָׁה, רַבִּי אֶלְעָזָר חִסְמָא וְרַבִּי יוֹחָנָן בֶּן גּוּדְגְּדָא, שֶׁיּוֹדְעִין לְשַׁעֵר כַּמָּה טִפּוֹת יֵשׁ בַּיָּם, וְאֵין לָהֶם פַּת לֶאֱכוֹל וְלֹא בֶּגֶד לִלְבּוֹשׁ. נָתַן דַּעְתּוֹ לְהוֹשִׁיבָם בָּרֹאשׁ. כְּשֶׁעָלָה, שָׁלַח לָהֶם וְלֹא בָּאוּ, חָזַר וְשָׁלַח וּבָאוּ. אָמַר לָהֶם, כִּמְדוּמִּין אַתֶּם שֶׁשְּׂרָרָה אֲנִי נוֹתֵן לָכֶם,

עַבְדוּת

מָשִׁיחַ חָטָא וְאַחַ"כ עָבַר מִמְּשִׁיחוּתוֹ מֵבִיא פַּר. וּמַה שֶּׁכָּתוּב בַּסְּפָרִים 'תְּנָא גַּבֵּי מָשִׁיחַ עָבַר וְאַחַר כָּךְ חָטָא', לָאו מְתַרְגְּמָא הִיא. וְלָשׁוֹן רִאשׁוֹן עִיקָּר, דְּקָאָמַר 'הַשְׁתָּא יֵשׁ לוֹמַר' כו': מְנָא ה"מ. דְּמָשִׁיחַ שֶׁעָבַר וְאַחַ"כ חָטָא דְּמֵבִיא פַּר: **מתני'** חָטְאוּ עַד שֶׁלֹּא נִתְמַנּוּ וְאַחַ"כ נִתְמַנּוּ הֲרֵי אֵלּוּ כְּהֶדְיוֹטוֹת. דְּרַבָּנַן בָּתַר חֶטְא אָזְלֵי: ר"ש אוֹמֵר, אִם נוֹדַע לָהֶם עַד שֶׁלֹּא נִתְמַנּוּ חַיָּיבִין. דְּר"ש חֲטָאָה וִידִיעָה בָּעֵי. וְה"ה דִּפְלִיג ר"ש בְּרֵישָׁא, דְּקָתָנֵי 'נָשִׂיא שֶׁחָטָא וְאַחַ"כ עָבַר מִגְּדוּלָּתוֹ מֵבִיא שָׂעִיר', דְּר"ש קָאָמַר נַמִּי דְּאִם נוֹדַע לוֹ מִשֶּׁעָבַר דְּאֵין מֵבִיא שָׂעִיר, דַּחֲטָאָה וִידִיעָה בָּעֵי כְּשֶׁהוּא נָשִׂיא: **גמ'** אִם הַכֹּהֵן הַמָּשִׁיחַ יֶחֱטָא. חָטָא בִּמְשִׁיחוּת הוּא דְּמֵבִיא פַּר: פְּרָט לַקּוֹדְמוֹת. לְשֶׁחָטָא וְאַחַ"כ נִתְמַנָּה, דַּהֲרֵי הוּא כְּהֶדְיוֹט, וְאֵין מֵבִיא פַּר: וּמַה נָּשִׂיא שֶׁמֵּבִיא בְּשִׁגְגַת מַעֲשֶׂה אֵין מֵבִיא עַל הַקּוֹדְמוֹת. כִּדְאָמַר לְקַמָּן 'אֲשֶׁר נָשִׂיא יֶחֱטָא', כְּשֶׁיֶּחֱטָא וַהֲרֵי הוּא נָשִׂיא, וְלֹא כְּשֶׁיֶּחֱטָא וַהֲרֵי הוּא הֶדְיוֹט: שֶׁאֵין מֵבִיא חַטָּאתוֹ מִשֶּׁעָבַר. כִּדְתְנַן 'וְכֵן הַנָּשִׂיא שֶׁעָבַר מִגְּדוּלָּתוֹ וְאַחַ"כ חָטָא, הַנָּשִׂיא כְּהֶדְיוֹט': יָכוֹל גְּזֵרָה. דִּגְזֵרַת מֶלֶךְ הִיא שֶׁנָּשִׂיא יֶחֱטָא, מִדְּלָא כְּתִיב 'וְאִם[ז] נָשִׂיא יֶחֱטָא': ת"ל 'אִם הַכֹּהֵן הַמָּשִׁיחַ יֶחֱטָא'. מָה 'יֶחֱטָא' הָאָמוּר לְהַלָּן לִכְשֶׁיֶּחֱטָא, דְּהָא כְּתִיב 'אִם', אַף 'יֶחֱטָא' הָאָמוּר כָּאן גַּבֵּי נָשִׂיא לִכְשֶׁיֶּחֱטָא: גְּזֵרָה מֵהֵיכָא תֵּיתֵי. כְּלוֹמַר, הֵיכִי מָצֵית לְמֵימַר 'יָכוֹל גְּזֵרָה', דְּהֵיכָא אַשְׁכְּחַן גְּזֵרָה כִּי הַאי גַּוְנָא: אִין. דְּוַדַּאי אַשְׁכְּחַן כִּי הַאי גַּוְנָא: דִּכְתִיב 'וְנָתַתִּי נֶגַע צָרַעַת בְּבֵית אֶרֶץ אֲחֻזַּתְכֶם', בְּשׂוֹרָה הִיא לָהֶם. שֶׁהַכָּתוּב מְבַשְּׂרָן שֶׁעָתִיד לִהְיוֹת אע"פ שֶׁדָּבָר רַע הוּא, הָכָא נַמִּי אֵימָא גְּזֵרָה. הִלְכָּךְ כְּתִיב 'אִם הַכֹּהֵן הַמָּשִׁיחַ יֶחֱטָא' לִכְשֶׁיֶּחֱטָא, וְה"נ 'אֲשֶׁר נָשִׂיא יֶחֱטָא' לִכְשֶׁיֶּחֱטָא: ר"ש אוֹמֵר. 'וְנָתַתִּי נֶגַע צָרַעַת', שֶׁיְּהֵא בָּא מֵאֵלָיו: פְּרָט לְנִגְעֵי אוֹנָסִין. שֶׁאִם בָּאוּ נְגָעִים ע"י נְפִיחַת שֵׁד דְּלָא מִיטַּמּוּ: 'אָדָם כִּי יִהְיֶה בְּעוֹר בְּשָׂרוֹ' מִדִּבּוּר וְאֵילָךְ. דִּנְגָעִים בֵּין בָּאָדָם וּבֵין בְּבָתִּים פָּטַר בָּהֶן לִפְנֵי הַדִּבּוּר, דְּאוֹתָן נְגָעִים שֶׁאֵירְעוּ לִפְנֵי הַדִּבּוּר אֵין מְטַמְּאִין לְאַחַר הַדִּבּוּר: מַה זָּב מִדִּבּוּר וְאֵילָךְ. דִּכְתִיב 'כִּי יִהְיֶה זָב מִבְּשָׂרוֹ', דְּזִמְנִין שֶׁהָיוּ לִפְנֵי הַדִּבּוּר אֵין מְטַמְּאִין לְאַחַר הַדִּבּוּר אֶלָּא אִם כֵּן רָאוּ זִיבוּת אַחַר הַדִּבּוּר: תֹּאמַר בְּנִגְעֵי אָדָם שֶׁמְּטַמְּאִין בְּאוֹנֶס. כְּגוֹן עַל יְדֵי נְפִילָה וְהַכָּאָה וּכְוִיָּה אוֹ ע"י שֵׁד, וְה"ה לְנִגְעֵי בָּתִּים דְּמִטַּמְּאוּ בְּאוֹנֶס: רָבָא אָמַר. לָא קַשְׁיָא, הָא דְּקָאָמַר ר"ש 'פְּרָט לְנִגְעֵי אוֹנָסִין', כְּגוֹן נִגְעֵי רוּחוֹת, דְּע"י נְפִיחַת שֵׁד וְלֹא ע"י אָדָם, וְכִי קָתָנֵי 'תֹּאמַר בִּנְגָעִים שֶׁמְּטַמְּאִין בְּאוֹנֶס', כְּגוֹן ע"י הַכָּאָה וּכְוִיָּה: רַב פָּפָּא אָמַר. כִּי אָמַר ר"ש 'פְּרָט לְנִגְעֵי אוֹנֶס', ע"י כְּשָׁפִים, דְּלָא מִטַּמּוּ, וְכִי קָתָנֵי 'תֹּאמַר בִּנְגָעִים דְּמִטַּמְּאוּ בְּאוֹנֶס', כְּגוֹן שֶׁלֹּא ע"י כְּשָׁפִים: 'וַיֵּשֶׁב בְּבֵית הַחָפְשִׁית'. דְּנַעֲשָׂה חָפְשִׁי מִן הַמַּלְכוּת, כְּהֶדְיוֹט דָּמֵי, וְאֵינוֹ מֵבִיא שָׂעִיר, וּדְלָא כְּרַבִּי יוֹסֵי דְּאָמַר לְעֵיל בְּפֶרֶק הוֹרָה כֹּהֵן מָשִׁיחַ (דף ט.) 'מִי שֶׁבָּא לִידֵי עֲנִיּוּת', וְהַאי נִצְטָרַע לָא בָּא לִידֵי עֲנִיּוּת, דְּגַזָּא דִּידֵיהּ מֵיהָא אִיתֵיהּ: מִכְּלָל דְּעַד הַשְׁתָּא עֶבֶד הֲוָה. דִּשְׂרָרוּת עַבְדוּת הוּא לוֹ, לְפִי שֶׁמּוּטָל עָלָיו עוֹל רַבִּים: וְסוּלְתָּא. סוֹלֶת. וְלָהָכִי נָקַט בַּהֲדֵי פִּיתָּא סוֹלֶת קֶמַח, לְפִי שֶׁהַפַּת מִתְעַפֵּשׁ וְאֵינוֹ מִתְקַיֵּים כַּסּוֹלֶת: וּמַתְעֶה אֶת הַסַּפָּנִים. שֶׁכֵּן דֶּרֶךְ[ח] שֶׁל סַפָּנִים, לְשָׁעָה הַפּוֹרְשִׁין לַיָּם רַב הַחוֹבֵל נוֹתֵן עֵינָיו [בַּצָּפוֹן וְהַכּוֹכָב מִתְהַלֵּךְ לַדָּרוֹם וְרוֹאֶה[ט]] בְּכוֹכָב אֶחָד הָעוֹמֵד לִימִינוֹ אוֹ לִשְׂמֹאלוֹ, וְכָל זְמַן שֶׁרוֹאֶה אוֹתוֹ כּוֹכָב[י] לְנֶגְדּוֹ אַחֵר יוֹדֵעַ שֶׁנֶּהֶפְכָה הַסְּפִינָה וּמְיַישְּׁרָהּ לְדַרְכָּהּ, וְכוֹכָב שֶׁעוֹלֶה אַחַת לְשִׁבְעִים שָׁנָה פְּעָמִים נִרְאֶה בַּצָּפוֹן וּפְעָמִים נִרְאֶה בַּדָּרוֹם, וּכְשֶׁרַב הַחוֹבֵל נוֹתֵן עֵינָיו בּוֹ[כ] בַּצָּפוֹן וְהַסְּפִינָה[ל] תֵּהָפֵךְ בַּדָּרוֹם וְרוֹאֵהוּ לְנֶגְדּוֹ אַחֵר סָבוּר שֶׁנֶּהֶפְכָה הַסְּפִינָה וּמְיַישְּׁרָהּ אַחַר הַכּוֹכָב, וְהוּא סָבוּר לְיַישְּׁרָהּ וּמְהַפְּכָהּ לְדֶרֶךְ אַחֵר, וְכֵן הוּא מַתְעֶה אֶת הַסַּפָּנִים: אָמַר לוֹ כָּל כָּךְ. חָכְמָה יֵשׁ בְּיָדְךָ וְאַתָּה יוֹרֵד לִסְפִינָה לִסְחוֹרָה (עַל) [בִּשְׁבִיל] מְזוֹנוֹתֶיךָ, כְּלוֹמַר, וְאַתָּה צָרִיךְ לֵירֵד לִסְפִינָה לְצוֹרֶךְ מְזוֹנוֹת: נָתַן. רַבָּן גַּמְלִיאֵל דַּעְתּוֹ עֲלֵיהֶם לְהוֹשִׁיבָם בָּרֹאשׁ, כְּדֵי שֶׁיְּהוּ מִתְפַּרְנְסִים [מֵאוֹתָהּ] שְׂרָרָה שֶׁיִּתֵּן לָהֶם: כִּמְדוּמִּין אַתֶּם שֶׁשְּׂרָרָה אֲנִי נוֹתֵן לָכֶם. שֶׁלֹּא בָּאתֶם בִּשְׁלִיחוּת רִאשׁוֹן, שֶׁהֱיִיתֶם בּוֹרְחִים מִן הַגְּדוּלָּה:

עַבְדוּת

מסורת הש"ס עם הוספות

א) ת"כ פ' ויקרא דבורא דחובה פרק ב ה"ו (אות רו), ב) לעיל ז., ג) כתובות מה. לעיל ג., ד) [לעיל ט. לקמן יא:], ה) ת"כ דבורא דחובה פרשה ב ה"ו (אות רג), ו) ת"כ דבורא דחובה פרשה ה ה"ב (אות רנט), ז) ת"כ דבורא דחובה פרשה ה ה"ג נוסחת הגר"א, ח) ת"כ פ' תזריע נגעים פ"א, ט) ויקרא רבה פרשה יז, י) קהלת ט יא.

תורה אור השלם

א) אִם הַכֹּהֵן הַמָּשִׁיחַ יֶחֱטָא לְאַשְׁמַת הָעָם וְהִקְרִיב עַל חַטָּאתוֹ אֲשֶׁר חָטָא פַּר בֶּן בָּקָר תָּמִים לַייָ לְחַטָּאת: [ויקרא ד, ג]

ב) אֲשֶׁר נָשִׂיא יֶחֱטָא וְעָשָׂה אַחַת מִכָּל מִצְוֹת יְיָ אֱלֹהָיו אֲשֶׁר לֹא תֵעָשֶׂינָה בִּשְׁגָגָה וְאָשֵׁם: [ויקרא ד, כב]

ג) כִּי תָבֹאוּ אֶל אֶרֶץ כְּנַעַן אֲשֶׁר אֲנִי נֹתֵן לָכֶם לַאֲחֻזָּה וְנָתַתִּי נֶגַע צָרַעַת בְּבֵית אֶרֶץ אֲחֻזַּתְכֶם: [ויקרא יד, לד]

ד) אָדָם כִּי יִהְיֶה בְעוֹר בְּשָׂרוֹ שְׂאֵת אוֹ סַפַּחַת אוֹ בַהֶרֶת וְהָיָה בְעוֹר בְּשָׂרוֹ לְנֶגַע צָרָעַת וְהוּבָא אֶל אַהֲרֹן הַכֹּהֵן אוֹ אֶל אַחַד מִבָּנָיו הַכֹּהֲנִים: [ויקרא יג, ב]

ה) וַיְנַגַּע יְיָ אֶת הַמֶּלֶךְ וַיְהִי מְצֹרָע עַד יוֹם מֹתוֹ וַיֵּשֶׁב בְּבֵית הַחָפְשִׁית וְיוֹתָם בֶּן הַמֶּלֶךְ עַל הַבַּיִת שֹׁפֵט אֶת עַם הָאָרֶץ: [מלכים ב' טו, ה]

הגהות וציונים

א] רש"א (גליון): ב] כ"ה בדפו"י (גליון), ונשמט בד' בסיליאה בשגגה. בכת"י וביל"ש **אינו דין שלא יביא חטאתו משעבר**, וכמו בת"כ: ג] באר שבע מ"ז (גליון): ד] "ויותם בן המלך על הבית" ליתא בראשונים ובכת"י: ה] ראשונים וכת"י **יורד**: ו] בס"י **תמיה אני** (גליון), ונוסח מוטעה הוא וכבר הגיה המהרש"א כלפנינו: ז] צ"ל **אם** (כת"י): ח] שכן דרכן (רש"י שבע"י) של ספנים **בשעה שפורשין** (דפו"י) לים: ט] רש"א [עי' בחלופי גרסאות] (גליון). [ל"מ חל"ג על הוריות]. הגהה ...

עין משפט נר מצוה

ה א מיי' פט"ו מהלכות שגגות הלכה י:
ו ב מיי' שם הלכה ו:
ז ג מיי' פרק ג מהלכות מחוסרי כפרה הלכה ג:
ח ד מיי' פט"ו מהלכות שגגות הלכה ט:

תוספות הרא"ש

אשר נשיא יחטא יכול גזרה. משום דשני קרא בדיבורי' וכתיב אשר נשיא יחטא ולא כתיב אם נשיא יחטא כי היכי דכתיב אם הכהן המשיח יחטא בעי יכול שהכתוב מבשרך שעתידין (הנשיאות) [הנשיאים] לחטוא ת"ל **יחטא** דמשמע במקרה כמו יחטא דכתיב גבי כהן משיח. ומתוך פרש"י ז"ל משמע שכתוב בספרים נאמר כאן יחטא ונאמר להלן יחטא. ואפי' אם ישנו בספרים אינה ג"ש ממש דתרוייהו צריכי למעוטי קודמות. אלא גלוי מלתא בעלמא דיחטא דהכא כמו יחטא דהתם. והאי דכתיב אשר כדדריש לקמן אשרי הדור שהנשיא מביא קרבן על שגגתו: ומי כתיב קרא הכי לבשר על הרעה. **אין [דכתיב][מ] ונתתי נגע צרעת בבית ארץ אחוזתכם בשורה היא להם.** אלמא אורחא דמלתא דקרא מרמז העתידים אפי' הרעה. ואע"ג דלא דמי כולי האי דאותה בשורה טובה היתה דאמרינן במדרש[ט] שהאמוריים הטמינו אוצרותיהם בכותלי בתיהם ובמקום המטמון הביא הקב"ה צרעת כדי שיסתרו הכותלים וימצא המטמון: **ונגעי אונסין לא מטמו והתניא וכו' עד תאמר בנגעים שמטמאין באונס.** ומשמע ליה לתלמודא שאין לחלק בין נגעי אדם לנגעי בתים. והרמ"ה ז"ל הקשה מאי פריך מנגעי אדם לנגעי בתים הכא עינא דקרא דכתיב ונתתי אני ולא שבא ע"י אונס. והכא מעניינא דקרא דכתיב כי יהיה דמשמע בכל ענין שיהיה. ועוד אי ס"ד דמעיקרא הוה ס"ל דנגעי אונסין דממעט ר' שמעון בבתים קממעט להו. א"כ מאי סלקא דעתך לאוקמינהו. אי בנגעי רוחות וכשפים מאי קא פריך [הא] לא דמי האי אונס שמביא אדם בגרמותו לאונס אחר. וכ"ת דאפי' אי מוקמת ליה בנגעי רוחות וכשפים קשיא ליה. א"כ מאי משני רבא ור"פ בנגעי רוחות בנגעי כשפים. ופירש דס"ד מעיקרא דהני נגעי אונסין דממעט ר"ש לא בנגעי בתים קאמר דמשמע ליה לר"ש למדרש קרא ונתתי אני ממילא ...

learn, **שֶׁחָטָא וַהֲרֵי הוּא נָשִׂיא** — that he brings his unique *Chatas* only if he sins when he is already king, **וְלֹא שֶׁחָטָא וְעוֹדֵהוּ הֶדְיוֹט** — and not if he sinned while he is still a commoner.

תָּנוּ רַבָּנָן — The *Chachamim* taught in a *Baraisa*: The *pasuk* says regarding the sin of a king (*Vayikra* 4:3), **אֲשֶׁר נָשִׂיא יֶחֱטָא** — "When a king sins." Since the Torah does not say, "If a king sins," **יָכוֹל גְּזֵרָה** — I would have thought that the Torah is foretelling that the king will certainly sin; **תַּלְמוּד לוֹמַר** — therefore, the *pasuk* writes regarding the sin of the *kohen gadol* (*Vayikra* 4:3), **אִם הַכֹּהֵן הַמָּשִׁיחַ יֶחֱטָא** — "If the anointed *kohen* shall sin." **מָה לְהַלָּן** — Just like there, regarding the *kohen gadol*, **לִכְשֶׁיֶּחֱטָא** — the meaning is: In the event that the *kohen gadol* will sin, **אַף כָּאן** — also here, regarding the king, **לִכְשֶׁיֶּחֱטָא** — the meaning is: In the event that the king will sin.

The Gemara discusses the *Baraisa*: **אָמַר מַר** — The *Baraisa* said: **יָכוֹל גְּזֵרָה** — I would have thought that the Torah is issuing a decree that the king will certainly sin. The Gemara asks: **גְּזֵרָה** — A decree? **מֵהֵיכָא תֵּיתֵי** — From where would this be derived? Where do we find that Hashem issues unfavorable decrees, that would lead us to believe that, here too, the *pasuk* is issuing a decree that the king will sin? **אָמְרִי** — The *Chachamim* say: **אִין** — Yes, there is a basis for such an understanding, **אַשְׁכְּחַן** — as we find, **דִּכְתִיב** — as it is written regarding *tzaraas* (*Vayikra* 14:34), **וְנָתַתִּי נֶגַע צָרַעַת בְּבֵית אֶרֶץ אֲחֻזַּתְכֶם** — "And I shall place an affliction of *tzaraas* in a house of the land of your possession." **בְּשׂוֹרָה הִיא לָהֶם שֶׁנְּגָעִים בָּאִים עֲלֵיהֶם** — This is a notice, informing the Jews that *tzaraas* afflictions will come upon them when they enter Eretz Yisrael, **דִּבְרֵי רַבִּי יְהוּדָה** — these are the words of Rabi Yehudah. **רַבִּי שִׁמְעוֹן אוֹמֵר** — Rabi Shimon says: **פְּרָט לְנִגְעֵי אוֹנָסִין** — The *pasuk* is teaching that *tzaraas* is only *tamei* if it was placed by Hashem. This excludes *tzaraas* that resulted froman external cause, such as *tzaraas* caused by *sheidim* (demons), which is not *tamei*. The Gemara concludes: **לָאו אָמַר רַבִּי יְהוּדָה בְּשׂוֹרָה** — Didn't Rabi Yehudah say in the *Baraisa* that *tzaraas* is a notification? Even though *tzaraas* is bad, Hashem foretold that it would come. Here too, we would think that Hashem decreed that a king would sin. **הִלְכָּךְ כְּתִיב** — Therefore, to avoid this mistake, it is written, **אִם** — "If the anointed *kohen* shall sin," to teach that the sin of the *kohen gadol* and that of the king is not a decree.

The Gemara asks on the *Baraisa*: **וּלְרַבִּי שִׁמְעוֹן** — And according to Rabi Shimon, **נִגְעֵי אוֹנָסִין מִי לָא מְטַמּוּ** — do *tzaraas* afflictions which come from circumstances beyond one's control not cause *tumah*? **וְהָא תַּנְיָא** — But isn't it taught in a *Baraisa*: The *pasuk* says regarding *tzaraas* (*Vayikra* 13:2), **אָדָם כִּי יִהְיֶה** — "When a person shall have." **מִן הַדִּבּוּר וְאֵילָךְ** — The *pasuk* refers to afflictions in the future tense because the halachah that *tzaraas* causes *tumah* only applies from the time that Hashem taught this *mitzvah* and onward. Any *tzaraas* that existed before the *mitzvah* was given does not cause *tumah*, even if it was still there when the *mitzvah* was given. The *Baraisa* asks: **וַהֲלֹא דִּין הוּא** — Why do we need a *pasuk* to teach us that *tzaraas* only causes *tumah* if it comes after Hashem

For this *daf's shiur* and charts, scan this QR code:

וְאַחַר כָּךְ חָטָא מֵבִיא פַּר, חָטָא וְאַחַר כָּךְ עָבַר מִמְּשִׁיחוּתוֹ צְרִיכָא לְמֵימַר. מִשּׁוּם דְּקָתָנֵי גַּבֵּי נָשִׂיא דְּכִי עָבַר מִנְּשִׂיאוּתוֹ וְאַחַר כָּךְ חָטָא כְּהֶדְיוֹט מַיְיתֵי, אַהָכִי תְּנָא גַּבֵּי מָשִׁיחַ [חָטָא וְאַחַר כָּךְ עָבַר[א]] מֵבִיא פַּר. מְנָא הָנֵי מִילֵּי. [א]דְּתָנוּ רַבָּנָן, א) 'וְהִקְרִיב עַל חַטָּאתוֹ' מְלַמֵּד שֶׁמֵּבִיא חַטָּאתוֹ מִשֶּׁעָבַר; שֶׁיָּכוֹל וַהֲלֹא דִּין הוּא, וּמָה נָשִׂיא שֶׁמֵּבִיא בְּשִׁגְגַת מַעֲשֶׂה אֵין מֵבִיא חַטָּאתוֹ מִשֶּׁעָבַר, [ב]מָשִׁיחַ שֶׁאֵין מֵבִיא בְּשִׁגְגַת מַעֲשֶׂה אֶלָּא עַל הֶעְלֵם דָּבָר עִם שִׁגְגַת מַעֲשֶׂה [לֹא[ב]] כָּל שֶׁכֵּן; תַּלְמוּד לוֹמַר 'וְהִקְרִיב עַל חַטָּאתוֹ', מְלַמֵּד שֶׁמֵּבִיא עַל חַטָּאתוֹ מִשֶּׁעָבַר. וְנַיְיתֵי נַמֵּי נָשִׂיא מִקַּל וָחוֹמֶר, וּמָה מָשִׁיחַ שֶׁאֵין מֵבִיא בְּשִׁגְגַת מַעֲשֶׂה מֵבִיא חַטָּאת מִשֶּׁעָבַר, נָשִׂיא שֶׁמֵּבִיא חַטָּאת בְּשִׁגְגַת מַעֲשֶׂה אֵינוֹ דִּין שֶׁמֵּבִיא חַטָּאתוֹ מִשֶּׁעָבַר; תַּלְמוּד לוֹמַר ב) 'אֲשֶׁר נָשִׂיא יֶחֱטָא', כְּשֶׁהוּא נָשִׂיא אִין, כְּשֶׁהוּא הֶדְיוֹט לָא: **מתני'** [ג]אחָטְאוּ עַד שֶׁלֹּא נִתְמַנּוּ וְאַחַר כָּךְ נִתְמַנּוּ הֲרֵי אֵלּוּ כְּהֶדְיוֹטוֹת; רַבִּי שִׁמְעוֹן אוֹמֵר, אִם נוֹדַע לָהֶם עַד שֶׁלֹּא נִתְמַנּוּ חַיָּיבִים, וּמִשֶּׁנִּתְמַנּוּ פְּטוּרִים. באֵיזֶהוּ נָשִׂיא, זֶה מֶלֶךְ, שֶׁנֶּאֱמַר ב) 'מִכָּל מִצְוֹת יְיָ אֱלֹהָיו', [ד]שֶׁאֵין עַל גַּבָּיו אֶלָּא ה' אֱלֹהָיו: **גמ'** מְנָא הָנֵי מִילֵּי. [ה]דְּתָנוּ רַבָּנָן, א) 'אִם הַכֹּהֵן הַמָּשִׁיחַ יֶחֱטָא' (לְאַשְׁמַת[ג]), פְּרָט לַקּוֹדְמוֹת; (שֶׁיָּכוֹל[ג]) וַהֲלֹא דִּין הוּא, וּמָה נָשִׂיא שֶׁמֵּבִיא בְּשִׁגְגַת מַעֲשֶׂה אֵין מֵבִיא עַל הַקּוֹדְמוֹת, מָשִׁיחַ שֶׁאֵין מֵבִיא אֶלָּא עַל הֶעְלֵם דָּבָר עִם שִׁגְגַת מַעֲשֶׂה אֵינוֹ דִּין שֶׁלֹּא יָבִיא עַל הַקּוֹדְמוֹת; לֹא, אִם אָמַרְתָּ בְּנָשִׂיא שֶׁכֵּן אֵין מֵבִיא חַטָּאתוֹ מִשֶּׁעָבַר, תֹּאמַר בְּמָשִׁיחַ שֶׁמֵּבִיא חַטָּאתוֹ מִשֶּׁעָבַר, הוֹאִיל וּמֵבִיא חַטָּאתוֹ מִשֶּׁעָבַר יָבִיא עַל הַקּוֹדְמוֹת; תַּלְמוּד לוֹמַר 'הַמָּשִׁיחַ יֶחֱטָא', חָטָא כְּשֶׁהוּא מָשִׁיחַ מֵבִיא, כְּשֶׁהוּא הֶדְיוֹט אֵינוֹ מֵבִיא. וְתַנְיָא נַמֵּי גַּבֵּי נָשִׂיא כִּי הַאי גַּוְונָא, [ו]ב) 'אֲשֶׁר נָשִׂיא יֶחֱטָא', פְּרָט לַקּוֹדְמוֹת; (שֶׁיָּכוֹל[ג]) וַהֲלֹא דִּין הוּא, וּמָה מָשִׁיחַ שֶׁמֵּבִיא חַטָּאתוֹ מִשֶּׁעָבַר אֵינוֹ מֵבִיא עַל הַקּוֹדְמוֹת, נָשִׂיא שֶׁאֵין מֵבִיא חַטָּאתוֹ מִשֶּׁעָבַר אֵינוֹ דִּין שֶׁלֹּא יָבִיא עַל הַקּוֹדְמוֹת; מָה לְמָשִׁיחַ שֶׁכֵּן אֵין מֵבִיא בְּשִׁגְגַת מַעֲשֶׂה, תֹּאמַר בְּנָשִׂיא שֶׁמֵּבִיא בְּשִׁגְגַת מַעֲשֶׂה, הוֹאִיל וּמֵבִיא בְּשִׁגְגַת מַעֲשֶׂה יָבִיא עַל הַקּוֹדְמוֹת; תַּלְמוּד לוֹמַר 'אֲשֶׁר נָשִׂיא יֶחֱטָא', שֶׁחָטָא וַהֲרֵי הוּא נָשִׂיא, וְלֹא שֶׁחָטָא וְעוֹדֵהוּ הֶדְיוֹט: [ז]תָּנוּ רַבָּנָן, ב) 'אֲשֶׁר נָשִׂיא יֶחֱטָא', יָכוֹל גְּזֵרָה, תַּלְמוּד לוֹמַר א) 'אִם הַכֹּהֵן הַמָּשִׁיחַ יֶחֱטָא', מָה לְהַלָּן לִכְשֶׁיֶּחֱטָא אַף כָּאן לִכְשֶׁיֶּחֱטָא. אָמַר מַר, יָכוֹל גְּזֵרָה, גְּזֵרָה מֵהֵיכָא תֵּיתֵי. אָמְרֵי אִין, אַשְׁכְּחַן דִּכְתִיב ג) 'וְנָתַתִּי נֶגַע צָרַעַת בְּבֵית אֶרֶץ אֲחֻזַּתְכֶם', בְּשׂוֹרָה הִיא לָהֶם שֶׁנְּגָעִים בָּאִים עֲלֵיהֶם, דִּבְרֵי רַבִּי יְהוּדָה, רַבִּי שִׁמְעוֹן אוֹמֵר פְּרָט לְנִגְעֵי אוֹנָסִין; לָאו אָמַר רַבִּי יְהוּדָה בְּשׂוֹרָה, הָכָא נַמֵּי אֵימָא גְּזֵרָה הִיא, הִלְכָּךְ כְּתִיב 'אִם'. וּלְרַבִּי שִׁמְעוֹן נִגְעֵי אוֹנָסִין מִי לָא מְטַמּוּ, וְהָא [ח]תַּנְיָא, ד) 'אָדָם כִּי יִהְיֶה', מִן הַדִּבּוּר וְאֵילָךְ, וַהֲלֹא דִּין הוּא, טָמֵא בְּזָב וְטָמֵא בִּנְגָעִים, מָה זָב מִן הַדִּבּוּר וְאֵילָךְ, אַף נְגָעִים מִן הַדִּבּוּר וְאֵילָךְ; לֹא, אִם אָמַרְתָּ בְּזָב שֶׁכֵּן גאֵין מְטַמֵּא בְּאוֹנֶס, תֹּאמַר בִּנְגָעִים שֶׁמְּטַמְּאִין בְּאוֹנֶס, תַּלְמוּד לוֹמַר 'אָדָם כִּי יִהְיֶה', מִן הַדִּבּוּר וְאֵילָךְ. רָבָא אָמַר, פְּרָט לְנִגְעֵי רוּחוֹת. רַב פָּפָּא אָמַר, פְּרָט לְנִגְעֵי כְשָׁפִים. תָּנוּ רַבָּנָן, 'אֲשֶׁר נָשִׂיא יֶחֱטָא', פְּרָט לְחוֹלֶה. מִשּׁוּם דַּהֲוָה לֵיהּ חוֹלֶה אִידְּחִי לֵיהּ מִנְּשִׂיאוּתֵיהּ. אָמַר רַב אַבְדִּימִי בַּר חָמָא, דפְּרָט לְנָשִׂיא שֶׁנִּצְטָרַע, שֶׁנֶּאֱמַר ה) 'וַיְנַגַּע יְיָ אֶת הַמֶּלֶךְ, וַיְהִי מְצוֹרָע עַד יוֹם מוֹתוֹ, וַיֵּשֶׁב בְּבֵית הַחָפְשִׁית, וְיוֹתָם בֶּן הַמֶּלֶךְ עַל הַבַּיִת[ד]', מִדְּקָאָמַר 'בְּבֵית הַחָפְשִׁית', מִכְּלָל דְּעַד הַשְׁתָּא עֶבֶד הֲוָה. כִּי הָא דְּרַבָּן גַּמְלִיאֵל וְרַבִּי יְהוֹשֻׁעַ הֲווּ אָזְלֵי בִּסְפִינְתָּא, בַּהֲדֵי דְּרַבָּן גַּמְלִיאֵל הֲוָה פִּיתָּא, בַּהֲדֵי רַבִּי יְהוֹשֻׁעַ הֲוָה פִּיתָּא וְסוּלְתָּא. שְׁלִים פִּיתֵּיהּ דְּרַבָּן גַּמְלִיאֵל, סָמַךְ אַסּוּלְתֵּיהּ דְּרַבִּי יְהוֹשֻׁעַ. אָמַר לֵיהּ, מִי הֲוָה יָדַעַת דַּהֲוָה לָן עִכּוּבָא כּוּלֵּי הַאי דְּאַיְיתִית סוּלְתָּא; אָמַר לֵיהּ, כּוֹכָב אֶחָד לְשִׁבְעִים שָׁנָה עוֹלֶה וּמַתְעֶה אֶת (הַסְּפִינוֹת) [הַסַּפָּנִים], וְאָמַרְתִּי שֶׁמָּא יַעֲלֶה וְיַתְעֶה [אוֹתָנוּ]; אָמַר לֵיהּ, כָּל כָּךְ בְּיָדְךָ וְאַתָּה עוֹלֶה[ה] בִּסְפִינָה; אָמַר לֵיהּ, עַד שֶׁאַתָּה תָּמֵהַּ עָלַי[ו], תְּמַהּ עַל שְׁנֵי תַּלְמִידִים שֶׁיֵּשׁ לְךָ בַּיַּבָּשָׁה, רַבִּי אֶלְעָזָר חִסְמָא וְרַבִּי יוֹחָנָן בֶּן גּוּדְגְּדָא, שֶׁיּוֹדְעִין לְשַׁעֵר כַּמָּה טִפּוֹת יֵשׁ בַּיָּם, וְאֵין לָהֶם פַּת לֶאֱכוֹל וְלֹא בֶּגֶד לִלְבּוֹשׁ. נָתַן דַּעְתּוֹ לְהוֹשִׁיבָם בָּרֹאשׁ. כְּשֶׁעָלָה, שָׁלַח לָהֶם וְלֹא בָּאוּ, חָזַר וְשָׁלַח וּבָאוּ. אָמַר לָהֶם, כִּמְדוּמִּין אַתֶּם שֶׁשְּׂרָרָה אֲנִי נוֹתֵן לָכֶם,

עַבְדוּת

מָשִׁיחַ חָטָא וְאַחַ"כ עָבַר מִמְּשִׁיחוּתוֹ מֵבִיא פַּר. וּמַה שֶּׁכָּתוּב בַּסְּפָרִים 'תְּנָא גַּבֵּי מָשִׁיחַ עָבַר וְאַחַר כָּךְ חָטָא', לָאו מַתְרַגְלָא הִיא. וּלְשׁוֹן רִאשׁוֹן עִיקָּר, דְּקָאָמַר 'הַשְׁתָּא יֵשׁ לוֹמַר' כו': מְנָא ה"מ. דְּמָשִׁיחַ שֶׁעָבַר וְאַח"כ חָטָא דְּמֵבִיא פַּר: **מתני'** חָטְאוּ עַד שֶׁלֹּא נִתְמַנּוּ וְאח"כ נִתְמַנּוּ הֲרֵי אֵלּוּ כְּהֶדְיוֹטוֹת. דְּרַבָּנָן בָּתַר חֵטְא אָזְלֵי: ר"ש אוֹמֵר, אִם נוֹדַע לָהֶם עַד שֶׁלֹּא נִתְמַנּוּ חַיָּיבִין. דְּר"ש חֲטָאָה וִידִיעָה בָּעֵי. וְה"ה דְּפָלֵיג ר"ש בְּרֵישָׁא, דְּקָתָנֵי 'נָשִׂיא שֶׁחָטָא וְאַח"כ עָבַר מִגְּדוּלָּתוֹ מֵבִיא שָׂעִיר', דְּר"ש קָאָמַר נַמֵּי דְּאִם נוֹדַע לוֹ מִשֶּׁעָבַר דְּאֵין מֵבִיא שָׂעִיר, דַּחֲטָאָה וִידִיעָה בָּעֵי כְּשֶׁהוּא נָשִׂיא: **גמ'** 'אִם הַכֹּהֵן הַמָּשִׁיחַ יֶחֱטָא'. חָטָא בִּמְשִׁיחוּת הוּא דְּמֵבִיא פַּר: פְּרָט לַקּוֹדְמוֹת. לְשֶׁחָטָא וְאַח"כ נִתְמַנָּה, דַּהֲרֵי הוּא כְּהֶדְיוֹט, וְאֵין מֵבִיא פַּר: וּמָה נָשִׂיא שֶׁמֵּבִיא בְּשִׁגְגַת מַעֲשֶׂה אֵין מֵבִיא עַל הַקּוֹדְמוֹת. כִּדְאָמַר לְקַמָּן 'אֲשֶׁר נָשִׂיא יֶחֱטָא', כְּשֶׁיֶּחֱטָא וַהֲרֵי הוּא נָשִׂיא, וְלֹא כְּשֶׁיֶּחֱטָא וַהֲרֵי הוּא הֶדְיוֹט: שֶׁאֵין מֵבִיא חַטָּאתוֹ מִשֶּׁעָבַר. כִּדְתְנַן 'וְכֵן הַנָּשִׂיא שֶׁעָבַר מִגְּדוּלָּתוֹ וְאַח"כ חָטָא, הַנָּשִׂיא כְּהֶדְיוֹט': יָכוֹל גְּזֵרָה. דִּגְזֵרַת מֶלֶךְ הִיא שֶׁנָּשִׂיא יֶחֱטָא, מִדְּלָא כְּתִיב 'וְאִם[ז] נָשִׂיא יֶחֱטָא': ת"ל 'אִם הַכֹּהֵן הַמָּשִׁיחַ יֶחֱטָא'. מָה 'יֶחֱטָא' הָאָמוּר לְהַלָּן לִכְשֶׁיֶּחֱטָא, דְּהָא כְּתִיב 'אִם', אַף 'יֶחֱטָא' הָאָמוּר כָּאן גַּבֵּי נָשִׂיא לִכְשֶׁיֶּחֱטָא: גְּזֵרָה מֵהֵיכָא תֵּיתֵי. כְּלוֹמַר, הֵיכִי סָלֵיק לְמֵימַר 'יָכוֹל גְּזֵרָה', דְּהֵיכָא אַשְׁכְּחַן גְּזֵרָה כִּי הַאי גַּוְונָא: אִין. דְּוַדַּאי אַשְׁכְּחַן כִּי הַאי גַּוְונָא: דִּכְתִיב 'וְנָתַתִּי נֶגַע צָרַעַת בְּבֵית אֶרֶץ אֲחֻזַּתְכֶם', בְּשׂוֹרָה הִיא לָהֶם. שֶׁהַכָּתוּב מְבַשְּׂרָן שֶׁעָתִיד לִהְיוֹת אַע"פ שֶׁדָּבָר רַע הוּא, הָכָא נַמֵּי אֵימָא גְּזֵרָה. הִלְכָּךְ כְּתִיב 'אִם הַכֹּהֵן הַמָּשִׁיחַ יֶחֱטָא' לִכְשֶׁיֶּחֱטָא, וְה"נ 'אֲשֶׁר נָשִׂיא יֶחֱטָא' לִכְשֶׁיֶּחֱטָא: ר"ש אוֹמֵר. 'וְנָתַתִּי נֶגַע צָרַעַת', שֶׁיְּהֵא בָּא מֵאֵלָיו: פְּרָט לְנִגְעֵי אוֹנָסִין. שֶׁאִם בָּאוּ נְגָעִים ע"י נְפִיחַת שֵׁד דְּלָא מִיטַּמּוּ: 'אָדָם כִּי יִהְיֶה בְעוֹר בְּשָׂרוֹ' מִדִּבּוּר וְאֵילָךְ. דִּנְגָעִים בֵּין בְּאָדָם וּבֵין בְּבָתִּים פָּטַר בָּהֶן לִפְנֵי הַדִּבּוּר, דְּאוֹתָן נְגָעִים שֶׁאֵרְעוּ לִפְנֵי הַדִּבּוּר אֵין מְטַמְּאִין לְאַחַר הַדִּבּוּר: מַה זָּב מִדִּבּוּר וְאֵילָךְ. דִּכְתִיב 'כִּי יִהְיֶה זָב מִבְּשָׂרוֹ', דְּזָבִין שֶׁהָיוּ לִפְנֵי הַדִּבּוּר אֵין מְטַמְּאִין לְאַחַר הַדִּבּוּר אֶלָּא אִם כֵּן רָאוּ זִיבוֹת אַחַר הַדִּבּוּר: תֹּאמַר בְּנִגְעֵי אָדָם שֶׁמְּטַמְּאִין בְּאוֹנֶס. כְּגוֹן עַל יְדֵי נְפִילָה וְהַכָּאָה וּכְוִיָּה אוֹ ע"י שֵׁד, וְה"ה לְנִגְעֵי בָּתִּים דְּמִטַּמְּאוּ בְּאוֹנֶס: רָבָא אָמַר. לָא קַשְׁיָא, הָא דְּקָאָמַר ר"ש 'פְּרָט לְנִגְעֵי אוֹנָסִין', כְּגוֹן נִגְעֵי רוּחוֹת, דְּע"י נְפִיחַת שֵׁד וְלֹא ע"י אָדָם, וְכִי קָתָנֵי 'תֹּאמַר בִּנְגָעִים שֶׁמִּטַּמְּאִין בְּאוֹנֶס', כְּגוֹן ע"י הַכָּאָה וּכְוִיָּה: רַב פָּפָּא אָמַר. כִּי אָמַר ר"ש 'פְּרָט לְנִגְעֵי אוֹנֶס', ע"י כְּשָׁפִים, דְּלָא מִטַּמּוּ, וְכִי קָתָנֵי 'תֹּאמַר בִּנְגָעִים דְּמִטַּמְּאוּ בְּאוֹנֶס', כְּגוֹן שֶׁלֹּא ע"י כְּשָׁפִים: 'וַיֵּשֶׁב בְּבֵית הַחָפְשִׁית'. דְּנַעֲשָׂה חָפְשִׁי מִן הַמַּלְכוּת, כְּהֶדְיוֹט דָּמֵי, וְאֵינוֹ מֵבִיא שָׂעִיר, וּדְלָא כְּרַבִּי יוֹסֵי דְּאָמַר לְעֵיל בְּפֶרֶק הוֹרָה כֹּהֵן מָשִׁיחַ (דף ט.) 'מִי שֶׁבָּא לִידֵי עֲנִיּוּת', וְהַאי נִצְטָרַע לָא בָּא לִידֵי עֲנִיּוּת, דְּגַזָּא דִּידֵיהּ מִיהָא אִיתֵיהּ: מִכְּלָל דְּעַד הַשְׁתָּא עֶבֶד הֲוָה. דִּשְׂרָרוּת עַבְדוּת הוּא לוֹ, לְפִי שֶׁמּוּטָל עָלָיו עוֹל רַבִּים: וְסוּלְתָּא. סוֹלֶת. וּלְהָכִי נָקַט בַּהֲדֵי פִּיתָּא סוֹלֶת קֶמַח, לְפִי שֶׁהַפַּת מִתְעַפֵּשׁ וְאֵינוֹ מִתְקַיֵּים כַּסּוֹלֶת: וּמַתְעֶה אֶת הַסַּפָּנִים. שֶׁכֵּן דֶּרֶךְ[ח] שֶׁל סַפָּנִים, לְשָׁעָה הַפּוֹרְשִׁין לַיָּם רַב הַחוֹבֵל נוֹתֵן עֵינָיו [בַּצָּפוֹן וְהַכּוֹכָב מִתְהַלֵּךְ לַדָּרוֹם וְרוֹאֶה[ט]] בְּכוֹכָב אֶחָד הָעוֹמֵד לִימִינוֹ אוֹ לִשְׂמֹאלוֹ, וְכָל זְמַן שֶׁרוֹאֶה אוֹתוֹ כּוֹכָב[י] לְצִדּוֹ אַחֵר יוֹדֵעַ שֶׁהֲפִכָּה הַסְּפִינָה וּמְיַישְּׁרָהּ לְדַרְכָּהּ, וְכוֹכָב שֶׁעוֹלֶה אַחַת לְשִׁבְעִים שָׁנָה פְּעָמִים נִרְאֶה בַּצָּפוֹן וּפְעָמִים נִרְאֶה בַּדָּרוֹם, וּכְשֶׁרַב הַחוֹבֵל נוֹתֵן עֵינָיו בּוֹ[כ] בַּצָּפוֹן וְהַסְּפִינָה[ל] תֵּהָפֵךְ בַּדָּרוֹם וְרוֹאֵהוּ לְצִדּוֹ אַחֵר סָבוּר שֶׁנֶּהֶפְכָה הַסְּפִינָה וּמְיַישְּׁרָהּ אַחַר הַכּוֹכָב, וְהוּא סָבוּר לְיַשְּׁרָהּ וּמְהַפְּכָהּ לְדֶרֶךְ אַחֵר, וְכֵן הוּא מַתְעֶה אֶת הַסַּפָּנִים: אָמַר לוֹ כָּל כָּךְ. חָכְמָה יֵשׁ בְּיָדְךָ וְאַתָּה יוֹרֵד לִסְפִינָה לִסְחוֹרָה (עַל) [בִּשְׁבִיל] מְזוֹנוֹתֶיךָ, כְּלוֹמַר, וְאַתָּה צָרִיךְ לֵירֵד לִסְפִינָה לְצוֹרֶךְ מְזוֹנוֹת: נָתַן. רַבָּן גַּמְלִיאֵל דַּעְתּוֹ עֲלֵיהֶם לְהוֹשִׁיבָם בָּרֹאשׁ, כְּדֵי שֶׁיְּהוּ מִתְפַּרְנְסִים [מֵאוֹתָהּ] שְׂרָרָה שֶׁיִּתֵּן לָהֶם: כִּמְדוּמִּין אַתֶּם שֶׁשְּׂרָרָה אֲנִי נוֹתֵן לָכֶם. שֶׁלֹּא בָּאתֶם בִּשְׁלִיחוּת רִאשׁוֹן, שֶׁהֱיִיתֶם בּוֹרְחִים מִן הַגְּדוּלָּה:

עַבְדוּת

ז"ל כ"כ חכמה יש בידך ואתה יורד לסחורה לספינה בשביל מזונותיך. כלומר אתה צריך לירד בספינה בשביל מזונות, ולא נהירא דלא לגנונים עוסר'. ועוד דרוב יורדי ספינה הם עשירים בעלי סחורה. דחה [המשך בעמוד ב]

מסורת הש"ס עם הוספות

א) ת"כ פ' ויקרא דבורא דחובה פרק ב ה"ו (אות רו), ב) לעיל ז., ג) כתובות מה. לעיל ג., ד) [לעיל ט. לקמן יא:], ה) ת"כ דבורא דחובה פרשה ב ה"ו (אות רג), ו) ת"כ דבורא דחובה פרשה ה ה"ב (אות רנט), ז) ת"כ דבורא דחובה פרשה ה ה"ג נוסחת הגר"א, ח) ת"כ פ' תזריע נגעים פ"א, ט) ויקרא רבה פרשה יז, י) קהלת ט יא.

תורה אור השלם

א) אִם הַכֹּהֵן הַמָּשִׁיחַ יֶחֱטָא לְאַשְׁמַת הָעָם וְהִקְרִיב עַל חַטָּאתוֹ אֲשֶׁר חָטָא פַּר בֶּן בָּקָר תָּמִים לַייָ לְחַטָּאת: [ויקרא ד, ג]

ב) אֲשֶׁר נָשִׂיא יֶחֱטָא וְעָשָׂה אַחַת מִכָּל מִצְוֹת יְיָ אֱלֹהָיו אֲשֶׁר לֹא תֵעָשֶׂינָה בִּשְׁגָגָה וְאָשֵׁם: [ויקרא ד, כב]

ג) כִּי תָבֹאוּ אֶל אֶרֶץ כְּנַעַן אֲשֶׁר אֲנִי נֹתֵן לָכֶם לַאֲחֻזָּה וְנָתַתִּי נֶגַע צָרַעַת בְּבֵית אֶרֶץ אֲחֻזַּתְכֶם: [ויקרא יד, לד]

ד) אָדָם כִּי יִהְיֶה בְעוֹר בְּשָׂרוֹ שְׂאֵת אוֹ סַפַּחַת אוֹ בַהֶרֶת וְהָיָה בְעוֹר בְּשָׂרוֹ לְנֶגַע צָרָעַת וְהוּבָא אֶל אַהֲרֹן הַכֹּהֵן אוֹ אֶל אַחַד מִבָּנָיו הַכֹּהֲנִים: [ויקרא יג, ב]

ה) וַיְנַגַּע יְיָ אֶת הַמֶּלֶךְ וַיְהִי מְצֹרָע עַד יוֹם מֹתוֹ וַיֵּשֶׁב בְּבֵית הַחָפְשִׁית וְיוֹתָם בֶּן הַמֶּלֶךְ עַל הַבַּיִת שֹׁפֵט אֶת עַם הָאָרֶץ: [מלכים ב' טו, ה]

הגהות וציונים

א] רש"א (גליון): ב] כ"ה בדפו"י (גליון), ונשמט בד' בסיליאה בשגגה. בכת"י וביל"ש **אינו דין שלא יביא חטאתו משעבר**, וכמו בת"כ: ג] באר שבע מ"ז (גליון): ד] "ויותם בן המלך על הבית" ליתא בראשונים ובכת"י: ה] ראשונים וכת"י **יורד**: ו] בס"י **תמיה אני** (גליון), ונוסח מוטעה הוא וכבר הגיה המהרש"א כלפנינו: ז] צ"ל **אם** (כת"י): ח] שכן דרכן (רש"י שבע"י) של ספנים **בשעה שפורשין** (דפו"י) לים: ט] רש"א [עי' בחלופי גרסאות] (גליון). [ל"מ חל"ג על הוריות]. הגהה זו אין לה שחר (רש"ש) ובטעות נדפס כאן דהגהת מהרש"א קאי לקמן (בארות המים): י] כת"י "וכל זמן שרואה אותו כוכב **בצדו אחד יודע שהספינה הולכת בדרך ישרה לדרכו ובזמן שרואה הכוכב בצדו** אח(ד)[ר] יודע שאין הספינה הולכת בדרך ישרה ומישרה לדרכה": כ] "בו" מיותר (מהרש"א, וכן ליתא בע"י): ל] צ"ל "**והכוכב מתהלך** לדרום" (מהרש"א, וכ"ה בע"י). או שצ"ל "**והכוכב** מתהפך בדרום" (בארות המים, וכ"ה בכת"י): מ] כת"י אין **והתניא**: נ] הוא ר"ת כל אדם ואולי צ"ל כ"ע (גליון) וכ"ה **כ"ע** בכת"י: ס] כת"י "א"ל וכל כך **יש** בספינה ואתה **יורד** בספינה":

עין משפט נר מצוה

ה א מיי' פט"ו מהלכות שגגות הלכה י:
ו ב מיי' שם הלכה ו:
ז ג מיי' פרק ג מהלכות מחוסרי כפרה הלכה ג:
ח ד מיי' פט"ו מהלכות שגגות הלכה ט:

תוספות הרא"ש

אשר נשיא יחטא יכול גזרה. משום דשני קרא בדיבורי' וכתיב אשר נשיא יחטא ולא כתיב אם נשיא יחטא כי היכי דכתיב אם הכהן המשיח יחטא בעי יכול שהכתוב מבשרך שעתידין (הנשיאות) [הנשיאים] לחטוא **ת"ל יחטא** דמשמע במקרה כמו יחטא דכתיב גבי כהן משיח. ומתוך פרש"י ז"ל משמע שכתוב בספרים נאמר כאן יחטא ונאמר להלן יחטא. ואפי' אם ישנו בספרים אינה ג"ש ממש דתרוייהו לריכי למעוטי קודמות. אלא גלוי מלתא בעלמא דיחטא דהכא כמו יחטא דהתם. והאי דכתיב אשר כדדריש לקמן אשרי הדור שהנשיא מביא קרבן על שגגתו: **ומי כתיב קרא הכי** לבשר על הרעה. **אין [דכתיב][מ] ונתתי נגע צרעת בבית ארץ אחוזתכם בשורה היא להם.** אלמא אורחא דמלתא דקרא מרמז העתידים אפי' הרעה. ואע"ג דלא דמי כולי האי דאותה בשורה טובה היתה דאמרינן במדרש[ט] שהאמוריים הטמינו אוצרותיהם בכותלי בתיהם ובמקום המטמון הביא הקב"ה צרעת כדי שיסתרו הכותלים וימצא המטמון: **ונגעי אונסין לא מטמו והתניא וכו' עד תאמר בנגעים שמטמאין באונס.** ומשמע ליה לתלמודא שאין לחלק בין נגעי אדם לנגעי בתים. והרמ"ה ז"ל הקשה מאי פריך מנגעי אדם לנגעי בתים הכא עיניא דקרא דכתיב ונתתי אני ולא שבא ע"י אונס. והכא מעניניא דקרא דכתיב כי יהיה דמשמע בכל ענין שיהיה. ועוד אי ס"ד דמעיקרא הוה ס"ל דנגעי אונסין דממעט ר' שמעון נגעים קממעט להו. א"כ מאי סלקא דעתך לאוקמינהו. אי בנגעי רוחות וכשפים מאי קא פריך [הא] לא דמי האי אונס שמביא אדם בגרמותו לאונס אחר. וכ"ת דאפי' אי מוקמת ליה בנגעי רוחות וכשפים קשיא ליה. א"כ מאי משני רבא ור"פ בנגעי רוחות בנגעי כשפים. ופירש דס"ד מעיקרא דהני נגעי אונסין דממעט ר"ש לא בנגעי בתים קאמר דמשמע ליה לר"ש למדרש קרא ונתתי אני ממילא פרט לנגעי אונסין שלא באו ע"י המקום ב"ה בלבד אלא ע"י דבר אחר. ואם אינו ענין לנגעי בתים דס"ד דליכא מידי בנגעי בתים דלא הוה מחמת המקום שהרי אין בבית רוח חיים שיקבל חולאים ונגעים כמו בבשר ודם. וע"כ אי אתה מולא בנגעי בתים אלא ע"י גזירת המקום. ולא שייך למעוטי בהו נגעי אונסין. וקרא ע"כ באם א"ע לנגעי בתים תנהו ענין לנגעי בני אדם. ומש"ה פריך מהך ברייתא. ותירלו רבא ור"פ דמשכחת שפיר נגעים בבתים שלא באו על ידי הקב"ה בלבד כגון נגעי רוחות וכשפים. (והכי) [והכי] ממעט ר"ש אבל באדם מטמא אפי' באונס: **ת"ר אשר נשיא יחטא פרט לחולה.** כדמפרש שאם נצטרע וחטא אינו מביא שעיר לפי שעבר מנשיאותו והרי הוא כהדיוט. ופרש"י ז"ל דהך ברייתא דלא כריה"ג דלדידיה כיון דגזא דידיה כדקאי קאי מחייב ולא דק דלענין עולה ויורד הוא דקאמר ר"י הגלילי דנשיא פטור משום דליתיה בדלות ועלה קמבעיא לה אם נצטרע אי מדמי דמי או מפטר פטר ופשט ליה דפטר לפרש"י ז"ל. אבל להביא שעיר אחר שחלה ועבר בהא (כ"אי) מודו דלא כדתני לעיל אשר נשיא יחטא כשהוא נשיא אין כשאינו נשיא לא. ותנן נמי במתני' נשיא שעבר הרי הוא כהדיוט וליכא מאן דפליג. הרמ"ה ז"ל: **א"ל כל כך בידך ואתה עולה[ס] בספינה.** פרש"י

[המשך בעמוד ב]

This *daf* is dedicated *l'iluy nishmas*: Sara bat Zakieh *z"l*

taught the *parshah* of *tzara'as*; couldn't we derive this logically from *zav*? **טָמֵא בְּזָב וְטָמֵא בִּנְגָעִים** — The Torah deems one impure in the case of a *zav*, and the Torah deems one impure in the case of *tzara'as*, **מָה זָב מִן הַדִּבּוּר וְאֵילָךְ** — just like *zav*, which is said in the future tense (*Vayikra* 15:2), is only *tamei* if the flow of *zivah* comes from when the *mitzvah* of *zav* was said and onward, **אַף נְגָעִים** — also afflictions of *tzara'as* should only be *tamei*, **מִן הַדִּבּוּר וְאֵילָךְ** — from when the *mitzvah* of *tzara'as* was said and onward. Why does the *pasuk* have to repeat this rule in regards to *tzara'as*? The *Baraisa* answers: **לֹא** — No, this cannot be learned from *zav*. **אִם אָמַרְתָּ בְּזָב** — If you were to say about *zav* that it only causes *tumah* from the time the *parshah* was said, it would be reasonable, **שֶׁכֵּן אֵין מְטַמֵּא בְּאוֹנֶס** — because we find that a *zav* does not become *tamei* if his condition was caused by an external cause. **תֹּאמַר בִּנְגָעִים** — But would you say this about afflictions of *tzara'as*? Not necessarily. **שֶׁמְּטַמְּאִין בְּאוֹנֶס** — Because *tzara'as* **does** cause *tumah* when it was caused by an external cause. Perhaps even afflictions that were present before the *parshah* of *tzara'as* was said should also be *tamei*. Since we are not able to learn this from *zav*; **תַּלְמוּד לוֹמַר** — therefore, we need the *pasuk* to teach us by *tzara'as*, **אָדָם כִּי יִהְיֶה** — "When a person shall have," which is in the future tense, to tell us, **מִן הַדִּבּוּר וְאֵילָךְ** —the halachah that *tzara'as* causes *tumah*, only applies from the time that Hashem taught the *parshah* of *tzara'as* and onward.

The Gemara concludes: From this *Baraisa* we learn that *tzara'as* causes *tumah* even if it came from an external cause. Doesn't this contradict the statement of Rabi Shimon in the earlier *Baraisa* that *tzara'as* which comes from an external cause is not *tamei*?

The Gemara answers: **רָבָא אָמַר** — Rava says: **פְּרָט לְנִגְעֵי רוּחוֹת** — Rabi Shimon's *derashah* was to exclude afflictions caused by evil spirits, but if they were caused by man, such as where they came as the result of a burn or a wound, then they would be *tamei*. **רַב פָּפָּא אָמַר** — Rav Pappa says: **פְּרָט לְנִגְעֵי כְשָׁפִים** — Rabi Shimon's *derashah* was to exclude afflictions caused by witchcraft, but if they were caused by anything but *kishuf*, they would be *tamei*.

תָּנוּ רַבָּנָן — The *Chachamim* taught in a *Baraisa*: The *pasuk* says (*Vayikra* 4:22), **אֲשֶׁר נָשִׂיא יֶחֱטָא** — "When a king sins." **פְּרָט לְחוֹלֶה** — this excludes a king who is ill, because he loses his status as king. The Gemara asks: **מִשּׁוּם דְּהָוֵה לֵיהּ חוֹלֶה** — Just because he is sick, **אִידְּחִי לֵיהּ מִנְּשִׂיאוּתֵיהּ** — he loses his sovereignty? The Gemara answers: **אָמַר רַב אַבְדִּימִי בַּר חָמָא** — Rav Avdimi bar Chama said: **פְּרָט לְנָשִׂיא שֶׁנִּצְטָרַע** — The *Baraisa* is not referring to simple illness; rather, it is excluding a king who became afflicted with *tzara'as*, **שֶׁנֶּאֱמַר** — as it says regarding King Azariah (Melachim II 15:5), **וַיְנַגַּע ה' אֶת הַמֶּלֶךְ וַיְהִי מְצֹרָע עַד יוֹם מֹתוֹ וַיֵּשֶׁב בְּבֵית הַחָפְשִׁית וְיוֹתָם בֶּן הַמֶּלֶךְ עַל הַבַּיִת** — "Hashem afflicted the king, and he was a *metzora* until the day of his death, and he lived in a house of freedom, and Yosam, son of the king, was over the household." **מִדְּקָאָמַר בְּבֵית הַחָפְשִׁית** — From the fact that the *pasuk* says, "in a house of freedom," we can infer that until now he was a servant to the people. We learn from this

For this *daf's shiur* and charts, scan this QR code:

מסורת הש"ס עם הוספות

א) ת"כ פ' ויקרא דבורא דחובה פרק ב ה"ו (אות רו), ב) לעיל ז., ג) כתובות מה. לעיל ג., ד) [לעיל ט. לקמן יא:], ה) ת"כ דבורא דחובה פרשה ב ה"ו (אות רג), ו) ת"כ דבורא דחובה פרשה ה ה"ב (אות רנט), ז) ת"כ דבורא דחובה פרשה ה ה"ג נוסחת הגר"א, ח) ת"כ פ' תזריע נגעים פ"א, ט) ויקרא רבה פרשה יז, י) קהלת ט יא.

תורה אור השלם

א) אם הכהן המשיח יחטא לאשמת העם והקריב על חטאתו אשר חטא פר בן בקר תמים לה' לחטאת: [ויקרא ד, ג]

ב) אשר נשיא יחטא ועשה אחת מכל מצות ה' אלהיו אשר לא תעשינה בשגגה ואשם: [ויקרא ד, כב]

ג) כי תבאו אל ארץ כנען אשר אני נתן לכם לאחזה ונתתי נגע צרעת בבית ארץ אחזתכם: [ויקרא יד, לד]

ד) אדם כי יהיה בעור בשרו שאת או ספחת או בהרת והיה בעור בשרו לנגע צרעת והובא אל אהרן הכהן או אל אחד מבניו הכהנים: [ויקרא יג, ב]

ה) וינגע ה' את המלך ויהי מצרע עד יום מתו וישב בבית החפשית ויותם בן המלך על הבית שפט את עם הארץ: [מלכים ב' טו, ה]

הגהות וציונים

א] רש"א (גליון): ב] כ"ה בדפו"י (גליון), ונשמט בד' בסיליאה בשגגה. בכת"י וביל"ש **אינו דין שלא יביא חטאתו משעבר**, וכמו בת"כ: ג] באר שבע מ"ז (גליון): ד] "ויותם בן המלך על הבית" ליתא בראשונים ובכת"י: ה] ראשונים וכת"י **יורד**: ו] בס"י **תמיה אני** (גליון), ונוסח מוטעה הוא וכבר הגיה המהרש"א כלפנינו: ז] צ"ל **אם** (כת"י): ח] שכן דרכן (רש"י שבע"י) של ספנים **ב**שעה **ש**פורשין (דפו"י) לים: ט] רש"א [עי' בחלופי גרסאות] (גליון). [ל"מ חל"ג על הוריות]. הגהה זו אין לה שחר (רש"ש) ובטעות נדפס כאן דהגהת מהרש"א קאי לקמן (בארות המים): י] כת"י "וכל זמן שרואה אותו כוכב **בצדו אחד יודע שהספינה** הולכת בדרך ישרה **לדרכו ובזמן שרואה הכוכב בצדו** אח(ד)[ר] יודע שאין הספינה הולכת בדרך ישרה ומישרה לדרכה": כ] "בו" מיותר (מהרש"א, וכן ליתא בע"י): ל] צ"ל "**והכוכב מתהלך** לדרום" (מהרש"א, וכ"ה בע"י). או שצ"ל "**והכוכב מ**תהפך בדרום" (בארות המים, וכ"ה בכת"י): מ] כת"י אין **והתניא**: נ] הוא ר"ת כל אדם ואולי צ"ל כ"ע (גליון) וכ"ה **כ"ע** בכת"י: ס] כת"י "א"ל וכל כך **יש** בספינה ואתה **יורד** בספינה":

רש"י

משיח חטא ואח"כ עבר ממשיחותו מביא פר. ומה שכתוב בספרים 'תנא גבי משיח עבר ואחר כך חטא', לאו מתרגמא היא. ולשון ראשון עיקר, דקאמר 'השתא יש לומר' כו': מנא ה"מ. דמשיח שעבר ואח"כ חטא דמביא פר: **מתני'** חטאו עד שלא נתמנו ואח"כ נתמנו הרי אלו כהדיוטות. דבתר חטא אזלי: ר"ש אומר, אם נודע להם עד שלא נתמנו חייבין. דר"ש חטאה וידיעה בעי. וה"ה דפליג ר"ש ברישא, דקתני 'נשיא שחטא ואח"כ עבר מגדולתו מביא שעיר', דר"ש קאמר נמי דאם נודע לו משעבר דאין מביא שעיר, דחטאה וידיעה בעי כשהוא נשיא: **גמ'** 'אם הכהן המשיח יחטא'. חטא במשיחות הוא דמביא פר: פרט לקודמות. לשחטא ואח"כ נתמנה, דהרי הוא כהדיוט, ואין מביא פר: ומה נשיא שמביא בשגגת מעשה אין מביא על הקודמות. כדאמר לקמן 'אשר נשיא יחטא', כשיחטא והרי הוא נשיא, ולא כשיחטא והרי הוא הדיוט: שאין מביא חטאתו משעבר. כדתנן 'וכן הנשיא שעבר מגדולתו ואח"כ חטא, הנשיא כהדיוט': יכול גזרה. דגזרת מלך היא שנשיא יחטא, מדלא כתיב 'ואם' נשיא יחטא': ת"ל 'אם הכהן המשיח יחטא'. מה 'יחטא' האמור להלן לכשיחטא, דהא כתיב 'אם', אף 'יחטא' האמור כאן גבי נשיא לכשיחטא: גזרה מהיכא תיתי. כלומר, היכי מלית למימר 'יכול גזרה', דהיכא אשכחן גזרה כי האי גוונא: אין. דודאי אשכחן כי האי גוונא: דכתיב 'ונתתי נגע צרעת בבית ארץ אחוזתכם', בשורה היא להם. שהכתוב מבשרן שעתיד להיות אע"פ שדבר רע הוא, הכא נמי אימא גזרה. הלכך כתיב 'אם הכהן המשיח יחטא' לכשיחטא, וה"נ 'אשר נשיא יחטא' לכשיחטא: ר"ש אומר. 'ונתתי נגע צרעת', שיהא בא מאליו: פרט לנגעי אונסין. שאם באו נגעים ע"י נפיחת שד דלא מיטמו: 'אדם כי יהיה בעור בשרו' מדבור ואילך. דנגעים בין באדם ובין בבתים פטר בהן לפני הדבור, דאותן נגעים שארעו לפני הדבור אין מטמאין לאחר הדבור: מה זב מדבור ואילך. דכתיב 'כי יהיה זב מבשרו', דזבין שהיו לפני הדבור אין מטמאין לאחר הדבור, אלא אם כן ראו זיבות אחר הדבור: תאמר בנגעי אדם שמטמאין באונס. כגון על ידי נפילה והכאה וכויה או ע"י שד, וה"ה לנגעי בתים דמטמאו באונס: רבא אמר. לא קשיא, הא דקאמר ר"ש 'פרט לנגעי אונסין', כגון נגעי רוחות, דע"י נפיחת שד ולא ע"י אדם, וכי קתני 'תאמר בנגעים שמטמאין באונס', כגון ע"י הכאה וכויה: רב פפא אמר. כי אמר ר"ש 'פרט לנגעי אונס', ע"י כשפים, דלא מטמו, וכי קתני 'תאמר בנגעים דמטמאו באונס', כגון שלא ע"י כשפים: 'וישב בבית החפשית'. דנעשה חפשי מן המלכות, כהדיוט דמי, ואינו מביא שעיר, ודלא כרבי יוסי דאמר לעיל בפרק הורה כהן משיח (דף ט.) 'מי שבא לידי עניות', והאי נצטרע לא בא לידי עניות, דגזא דידיה מיהא איתיה: מכלל דעד השתא עבד הוה. דשררות עבדות הוא לו, לפי שמוטל עליו עול רבים: וסולתא. סולת. ולהכי נקט בהדי פיתא סולת קמחא, לפי שהפת מתעפש ואינו מתקיים כסולת: ומתעה את הספנים. שכן דרך[ח] של ספנים, לשעה הפורשין לים רב החובל נותן עיניו [בצפון והכוכב מתהלך לדרום ורואה[ט]] בכוכב אחד העומד לימינו או לשמאלו, וכל זמן שרואה אותו כוכב[י] לצדו אחר יודע שנהפכה הספינה ומיישרה לדרכה, וכוכב שעולה אחת לשבעים שנה פעמים נראה בצפון ופעמים נראה בדרום, וכשרב החובל נותן עיניו בו[כ] בצפון והספינה[ל] תהפך בדרום ורואהו לצדו אחר סבור שנהפכה הספינה ומיישרה אחר הכוכב, והוא סבור ליישרה ומהפכה לדרך אחר, וכן הוא מתעה את הספנים: אמר לו כל כך. חכמה יש בידך ואתה יורד לספינה לסחורה (על) [בשביל] מזונותיך, כלומר, ואתה צריך לירד לספינה לצורך מזונות: נתן. רבן גמליאל דעתו עליהם להושיבם בראש, כדי שיהו מתפרנסים [מאותה] שררה שיתן להם: כמדומין אתם ששררה אני נותן לכם. שלא באתם בשליחות ראשון, שהייתם בורחים מן הגדולה:

גמרא

ואחר כך חטא מביא פר, חטא ואחר כך עבר ממשיחותו צריכא למימר. משום דקתני גבי נשיא דכי עבר מנשיאותו ואחר כך חטא כהדיוט מייתי, אהכי תנא גבי משיח [חטא ואחר כך עבר] מביא פר. מנא הני מילי. דתנו רבנן, והקריב על חטאתו מלמד שמביא חטאתו משעבר; שיכול והלא דין הוא, ומה נשיא שמביא בשגגת מעשה אין מביא חטאתו משעבר, משיח שאין מביא בשגגת מעשה אלא על העלם דבר עם שגגת מעשה [לא] כל שכן; תלמוד לומר והקריב על חטאתו, מלמד שמביא על חטאתו משעבר. ונייתי נמי נשיא מקל וחומר, ומה משיח שאין מביא בשגגת מעשה מביא חטאת משעבר, נשיא שמביא חטאת בשגגת מעשה אינו דין שמביא חטאתו משעבר; תלמוד לומר אשר נשיא יחטא, כשהוא נשיא אין, כשהוא הדיוט לא:

מתני' חטאו עד שלא נתמנו ואחר כך נתמנו הרי אלו כהדיוטות; רבי שמעון אומר, אם נודע להם עד שלא נתמנו חייבים, ומשנתמנו פטורים. איזהו נשיא, זה מלך, שנאמר מכל מצות ה' אלהיו, שאין על גביו אלא ה' אלהיו:

גמ' מנא הני מילי. דתנו רבנן, אם הכהן המשיח יחטא (לאשמת) פרט לקודמות; (שיכול) והלא דין הוא, ומה נשיא שמביא בשגגת מעשה אין מביא על הקודמות, משיח שאין מביא אלא על העלם דבר עם שגגת מעשה אינו דין שלא יביא על הקודמות; לא, אם אמרת בנשיא שכן אין מביא חטאתו משעבר, תאמר במשיח שמביא חטאתו משעבר, הואיל ומביא חטאתו משעבר יביא על הקודמות; תלמוד לומר המשיח יחטא, חטא כשהוא משיח מביא, כשהוא הדיוט אינו מביא. ותניא נמי גבי נשיא כי האי גוונא, אשר נשיא יחטא, פרט לקודמות; (שיכול) והלא דין הוא, ומה משיח שמביא חטאתו משעבר אינו מביא על הקודמות, נשיא שאין מביא חטאתו משעבר אינו דין שלא יביא על הקודמות; מה למשיח שכן אין מביא בשגגת מעשה, תאמר בנשיא שמביא בשגגת מעשה, הואיל ומביא בשגגת מעשה יביא על הקודמות; תלמוד לומר אשר נשיא יחטא, שחטא והרי הוא נשיא, ולא שחטא ועודהו הדיוט: תנו רבנן, אשר נשיא יחטא, יכול גזרה, תלמוד לומר אם הכהן המשיח יחטא, מה להלן לכשיחטא אף כאן לכשיחטא. אמר מר, יכול גזרה, גזרה מהיכא תיתי. אמרי אין, אשכחן דכתיב ונתתי נגע צרעת בבית ארץ אחוזתכם, בשורה היא להם שנגעים באים עליהם, דברי רבי יהודה, רבי שמעון אומר פרט לנגעי אונסין; לאו אמר רבי יהודה בשורה, הכא נמי אימא גזרה היא, הלכך כתיב אם. ולרבי שמעון נגעי אונסין מי לא מטמו, והא תניא, אדם כי יהיה, מן הדבור ואילך, והלא דין הוא, טמא בזב וטמא בנגעים, מה זב מן הדבור ואילך, אף נגעים מן הדבור ואילך; לא, אם אמרת בזב שכן אין מטמא באונס, תאמר בנגעים שמטמאין באונס, תלמוד לומר אדם כי יהיה, מן הדבור ואילך. רבא אמר, פרט לנגעי רוחות. רב פפא אמר, פרט לנגעי כשפים. תנו רבנן, אשר נשיא יחטא, פרט לחולה. משום דהוה ליה חולה אידחי ליה מנשיאותיה. אמר רב אבדימי בר חמא, פרט לנשיא שנצטרע, שנאמר וינגע ה' את המלך ויהי מצורע עד יום מותו וישב בבית החפשית, ויותם בן המלך על הבית, מדקאמר בבית החפשית, מכלל דעד השתא עבד הוה. כי הא דרבן גמליאל ורבי יהושע הוו אזלי בספינתא, בהדי דרבן גמליאל הוה פיתא, בהדי רבי יהושע הוה פיתא וסולתא. שלים פיתיה דרבן גמליאל, סמך אסולתיה דרבי יהושע. אמר ליה, מי הוה ידעת דהוה לן עכובא כולי האי דאייתית סולתא; אמר ליה, כוכב אחד לשבעים שנה עולה ומתעה את (הספנות) [הספנים], ואמרתי שמא יעלה ויתעה [אותנו]; אמר ליה, כל כך בידך ואתה עולה בספינה; אמר ליה, עד שאתה תמה עלי, תמה על שני תלמידים שיש לך ביבשה, רבי אלעזר חסמא ורבי יוחנן בן גודגדא, שיודעין לשער כמה טפות יש בים, ואין להם פת לאכול ולא בגד ללבוש. נתן דעתו להושיבם בראש. כשעלה, שלח להם ולא באו. חזר ושלח ובאו. אמר להם, כמדומין אתם ששררה אני נותן לכם,

עבדות

עין משפט נר מצוה

ה א מיי' פט"ו מהלכות שגגות הלכה י:
ו ב מיי' שם הלכה ו:
ז ג מיי' פרק ג מהלכות מחוסרי כפרה הלכה ג:
ח ד מיי' פט"ו מהלכות שגגות הלכה ט:

תוספות הרא"ש

אשר נשיא יחטא יכול גזרה. משום דשני קרא בדיבורי' וכתיב אשר נשיא יחטא ולא כתיב אם נשיא יחטא כי היכי דכתיב אם הכהן המשיח יחטא בעי יכול שהכתוב מבשרך שעתידין (הנשיאות) [הנשיאים] לחטוא **ת"ל יחטא** דמשמע במקרה כמו יחטא דכתיב גבי כהן משיח. ומתוך פרש"י ז"ל משמע שכתוב בספרים נאמר כאן יחטא ונאמר להלן יחטא. ואפי' אם ישנו בספרים אינה ג"ש ממש דתרווייהו צריכי למעוטי קודמות. אלא גלוי מלתא בעלמא דיחטא דהכא כמו יחטא דהתם. והאי דכתיב אשר כדדרש לקמן אשרי הדור שהנשיא מביא קרבן על שגגתו: ומי כתיב **קרא** הכי לבשר על הרעה. **אין [דכתיב]**[מ] **ונתתי נגע צרעת בבית ארץ אחוזתכם בשורה היא להם.** אלמא אורחא דמלתא דקרא מרמז העתידים אפי' הרעה. ואע"ג דלא דמי כולי האי דאותה בשורה טובה היתה דאמרינן במדרש[ט] שהאמורים הטמינו אוצרותיהם בכותלי בתיהם ובמקום המטמון הביא הקב"ה צרעת כדי שיסתרו הכותלים וימצא המטמון: **ונגעי אונסין לא מטמו והתניא** וכו' עד **תאמר בנגעים שמטמאין באונס.** ומשמע ליה לתלמודא שאין לחלק בין נגעי אדם לנגעי בתים. והרמ"ה ז"ל הקשה מאי פריך מנגעי אדם לנגעי בתים הכא ענינא דקרא דכתיב ונתתי אני ולא שבא ע"י אונס. והכא מענינא דקרא דכתיב כי יהיה דמשמע בכל ענין שיהיה. ועוד אי ס"ד דמעיקרא הוה ס"ל דנגעי אונסין דממעט ר' שמעון בבתים קממעט להו. א"כ מאי סלקא דעתך לאוקמינהו. אי בנגעי רוחות וכשפים מאי קא פריך [הא] לא דמי האי אונס שמביא אדם בגרמותו לאונס אחר. וכ"ת דאפי' אי מוקמת ליה בנגעי רוחות וכשפים קשיא ליה. א"כ מאי משני רבא ור"פ בנגעי רוחות בנגעי כשפים. ופירש דס"ד מעיקרא דהני נגעי אונסין דממעט ר"ש לא בנגעי בתים קאמר דמשמע ליה לר"ש למדרש קרא ונתתי אני ממילא פרט לנגעי אונסין שלא באו ע"י המקום ב"ה בלבד אלא ע"י דבר אחר. ואם אינו ענין לנגעי בתים דס"ד דליכא מידי בנגעי בתים דלא הוה מחמת המקום שהרי אין בבית רוח חיים שיקבל חולאים ונגעים כמו בבשר ודם. וע"כ אי אתה מוצא בנגעי בתים אלא ע"י גזירת המקום. ולא שייך למעוטי בהו נגעי אונסין. וקרא ע"כ באם א"ע לנגעי בתים תנהו ענין לנגעי בני אדם. ומש"ה פריך מהך ברייתא. ותירצו רבא ור"פ דמשכחת שפיר נגעים בבתים שלא באו על ידי הקב"ה בלבד כגון נגעי רוחות וכשפים. (והכי) [והני] ממעט ר"ש אבל באדם מטמא אפי' באונס: **ת"ר אשר נשיא יחטא פרט לחולה.** כדמפרש שאם נצטרע וחטא אינו מביא שעיר לפי שעבר מנשיאותו והרי הוא כהדיוט. ופרש"י ז"ל דהך ברייתא דלא כריה"ג דלדידיה כיון דגזא דידיה כדקאי קאי מחייב ולא דק דלענין עולה ויורד הוא דקאמר ר"י הגלילי דנשיא פטור משום דליתיה בדלות ועלה קמבעיא לה אם נצטרע אי מדחי דחי או מפטר פטר ופשט ליה דפטר לפרש"י ז"ל. אבל להביא שעיר אחר שחלה ועבר בהא (כ"א[ז]) מודו דלא כדתני לעיל אשר נשיא יחטא כשהוא נשיא אין כשאינו נשיא לא. ותנן נמי במתני' נשיא שעבר הרי הוא כהדיוט וליכא מאן דפליג. הרמ"ה ז"ל: **א"ל כל כך בידך ואתה עולה[ס] בספינה.** פרש"י

[המשך בעמוד ב]

pasuk that when a king contracts *tzara'as* he is no longer able to serve as a king.

The Gemara notes: **כִּי הָא דְּרַבָּן גַּמְלִיאֵל וְרַבִּי יְהוֹשֻׁעַ הֲווֹ אָזְלֵי בִּסְפִינְתָּא** — This reference to a king as a servant of the people is similar to the statement Rabban Gamliel made following the incident when Rabban Gamliel and Rabi Yehoshua were travelling together on a ship. **בַּהֲדֵי דְּרַבָּן גַּמְלִיאֵל הֲוָה פִּיתָּא** — Rabban Gamliel had sufficient bread for the journey, **בַּהֲדֵי רַבִּי יְהוֹשֻׁעַ הֲוָה פִּיתָּא וְסוּלְתָּא** — Rabi Yehoshua also had sufficient bread, and additionally he had flour. In case of a long journey, flour would not spoil, and he would have what to eat. **שְׁלִים פִּיתֵּיהּ דְּרַבָּן גַּמְלִיאֵל** — The journey lasted longer than expected and Rabban Gamliel's bread was finished. **סָמַךְ אַסּוּלְתֵּיהּ דְּרַבִּי יְהוֹשֻׁעַ** — He relied on the flour of Rabi Yehoshua for nourishment. **אֲמַר לֵיהּ** — Rabban Gamliel said to Rabi Yehoshua: **מִי הֲוָה יָדְעַתְּ דְּהָוֵה לָן עִכּוּבָא כּוּלֵּי הַאי דְּאַיְתֵית סוּלְתָּא** — How did you know that we would have such a substantial delay, that you knew to bring flour? **אֲמַר לֵיהּ** — Rabi Yehoshua replied: **כּוֹכָב אֶחָד לְשִׁבְעִים שָׁנָה עוֹלֶה וּמַתְעֶה אֶת (הספינות) [הַסַּפָּנִים]** — There is one star that rises once in seventy years and misleads the sailors, **וְאָמַרְתִּי** — and I said: **שֶׁמָּא יַעֲלֶה וְיַתְעֶה אוֹתָנוּ** — Maybe that star will rise during our journey and mislead us. **אֲמַר לֵיהּ** — Rabban Gamliel said back to Rabi Yehoshua, **כָּל כָּךְ בְּיָדְךָ** — So much wisdom is at your disposal, **וְאַתָּה עוֹלֶה בִּסְפִינָה** — and you board a ship to earn your livelihood? Your wisdom couldn't earn you a living in your hometown? **אֲמַר לֵיהּ** — Rabi Yehoshua replied to Rabban Gamliel: **עַד שֶׁאַתָּה תָּמֵהַּ עָלַי** — before you wonder about me, **תְּמַהּ עַל שְׁנֵי תַּלְמִידִים שֶׁיֵּשׁ לְךָ בַּיַּבָּשָׁה** — wonder about two *talmidim* that you have on dry land, **רַבִּי אֶלְעָזָר חִסְמָא וְרַבִּי יוֹחָנָן בֶּן גּוּדְגְּדָא** — Rabi Elazar Chasma and Rabi Yochanan ben Gudgeda, **שֶׁיּוֹדְעִין לְשַׁעֵר כַּמָּה טִפּוֹת יֵשׁ בַּיָּם** — who are so wise that they know how to calculate how many drops of water there are in the sea, **וְאֵין לָהֶם פַּת לֶאֱכוֹל וְלֹא בֶּגֶד לִלְבּוֹשׁ** — and yet, they have neither bread to eat nor clothing to wear. **נָתַן דַּעְתּוֹ לְהוֹשִׁיבָם בָּרֹאשׁ** — Rabban Gamliel made up his mind to seat them at the head of the *yeshivah* so they could earn a livelihood through their positions. **כְּשֶׁעָלָה** — When Rabban Gamliel ascended to dry land, **שָׁלַח לָהֶם וְלֹא בָּאוּ** — he sent for them to come so he could appoint them, and they did not come. **חָזַר וְשָׁלַח וּבָאוּ** — He again sent for them and they came. **אָמַר לָהֶם** — He said to them: **כִּמְדוּמִּין אַתֶּם שֶׁשְּׂרָרָה אֲנִי נוֹתֵן לָכֶם** — Do you think that I am giving you authority, and you did not come because you don't want to accept the honor?

For this *daf's shiur* and charts, scan this QR code:

מסורת הש"ס עם הוספות

א) ת"כ פ' ויקרא דבורא דחובה פרק ב ה"ו (אות רו), ב) לעיל ז., ג) כתובות מה. לעיל ג., ד) [לעיל ט. לקמן יא:], ה) ת"כ דבורא דחובה פרשה ב ה"ו (אות רג), ו) ת"כ דבורא דחובה פרשה ה ה"ב (אות רנט), ז) ת"כ דבורא דחובה פרשה ה ה"ג נוסחת הגר"א, ח) ת"כ פ' תזריע נגעים פ"א, ט) ויקרא רבה פרשה יז, י) קהלת ט יא.

עין משפט נר מצוה

ה א מיי' פט"ו מהלכות שגגות הלכה י:
ו ב מיי' שם הלכה ו:
ז ג מיי' פרק ג מהלכות מחוסרי כפרה הלכה ג:
ח ד מיי' פט"ו מהלכות שגגות הלכה ט:

גמרא

ואחר כך חטא מביא פר, חטא ואחר כך עבר ממשיחותו צריכא למימר. משום דקתני גבי נשיא דכי עבר מנשיאותו ואחר כך חטא כהדיוט מייתי, אהכי תנא גבי משיח [חטא ואחר כך עבר[א]] מביא פר. מנא הני מילי. [א]דתנו רבנן, [א]'והקריב על חטאתו' מלמד שמביא חטאתו משעבר; שיכול והלא דין הוא, ומה נשיא שמביא בשגגת מעשה אין מביא חטאתו משעבר, [ב]משיח שאין מביא בשגגת מעשה אלא על העלם דבר עם שגגת מעשה [לא[ב]] כל שכן; תלמוד לומר 'והקריב על חטאתו', מלמד שמביא על חטאתו משעבר. ונייתי נמי נשיא מקל וחומר, ומה משיח שאין מביא בשגגת מעשה מביא חטאת משעבר, נשיא שמביא חטאת בשגגת מעשה אינו דין שמביא חטאתו משעבר; תלמוד לומר [ב]'אשר נשיא יחטא', כשהוא נשיא אין, כשהוא הדיוט לא:

מתני' [ג]חטאו עד שלא נתמנו ואחר כך נתמנו הרי אלו כהדיוטות; רבי שמעון אומר, אם נודע להם עד שלא נתמנו חייבים, ומשנתמנו פטורים. [ב]איזהו נשיא, זה מלך, שנאמר [ב]'מכל מצות יי' אלהיו', [ד]שאין על גביו אלא ה' אלהיו:

גמ' מנא הני מילי. [ה]דתנו רבנן, [א]'אם הכהן המשיח יחטא' (לאשמת[ג]), פרט לקודמות; (שיכול[ג]) והלא דין הוא, ומה נשיא שמביא בשגגת מעשה אין מביא על הקודמות, משיח שאין מביא אלא על העלם דבר עם שגגת מעשה אינו דין שלא יביא על הקודמות; לא, אם אמרת בנשיא שכן אין מביא חטאתו משעבר, תאמר במשיח שמביא חטאתו משעבר, הואיל ומביא חטאתו משעבר יביא על הקודמות; תלמוד לומר 'המשיח יחטא', חטא כשהוא משיח מביא, כשהוא הדיוט אינו מביא. ותניא נמי גבי נשיא כי האי גוונא, [ו][ב]'אשר נשיא יחטא', פרט לקודמות; (שיכול[ג]) והלא דין הוא, ומה משיח שמביא חטאתו משעבר אינו מביא על הקודמות, נשיא שאין מביא חטאתו משעבר אינו דין שלא יביא על הקודמות; מה למשיח שכן אין מביא בשגגת מעשה, תאמר בנשיא שמביא בשגגת מעשה, הואיל ומביא בשגגת מעשה יביא על הקודמות; תלמוד לומר 'אשר נשיא יחטא', שחטא והרי הוא נשיא, ולא שחטא ועודהו הדיוט: [ז]תנו רבנן, [ב]'אשר נשיא יחטא', יכול גזרה, תלמוד לומר [א]'אם הכהן המשיח יחטא', מה להלן לכשיחטא אף כאן לכשיחטא. אמר מר, יכול גזרה, גזרה מהיכא תיתי. אמרי אין, אשכחן דכתיב [ג]'ונתתי נגע צרעת בבית ארץ אחוזתכם', בשורה היא להם שנגעים באים עליהם, דברי רבי יהודה, רבי שמעון אומר פרט לנגעי אונסין; לאו אמר רבי יהודה בשורה, הכא נמי אימא גזרה היא, הלכך כתיב 'אם'. ולרבי שמעון נגעי אונסין מי לא מטמו, והא [ח]תניא, [ד]'אדם כי יהיה', מן הדבור ואילך, והלא דין הוא, טמא בזב וטמא בנגעים, מה זב מן הדבור ואילך, אף נגעים מן הדבור ואילך; לא, אם אמרת בזב שכן [ג]אין מטמא באונס, תאמר בנגעים שמטמאין באונס, תלמוד לומר 'אדם כי יהיה', מן הדבור ואילך. רבא אמר, פרט לנגעי רוחות. רב פפא אמר, פרט לנגעי כשפים. תנו רבנן, 'אשר נשיא יחטא', פרט לחולה. משום דהוה ליה חולה אידחי ליה מנשיאותיה. אמר רב אבדימי בר חמא, [ד]פרט לנשיא שנצטרע, שנאמר [ה]'וינגע יי' את המלך, ויהי מצורע עד יום מותו, וישב בבית החפשית, ויותם בן המלך על הבית[ד]', מדקאמר 'בבית החפשית', מכלל דעד השתא עבד הוה. כי הא דרבן גמליאל ורבי יהושע הוו אזלי בספינתא, בהדי דרבן גמליאל הוה פיתא, בהדי רבי יהושע הוה פיתא וסולתא. שלים פיתיה דרבן גמליאל, סמך אסולתיה דרבי יהושע. אמר ליה, מי הוה ידעת דהוה לן עכובא כולי האי דאיתית סולתא; אמר ליה, כוכב אחד לשבעים שנה עולה ומתעה את (הספינות) [הספנים], ואמרתי שמא יעלה ויתעה [אותנו]; אמר ליה, כל כך בידך ואתה עולה[ה] בספינה; אמר ליה, עד שאתה תמה עלי[ו], תמה על שני תלמידים שיש לך ביבשה, רבי אלעזר חסמא ורבי יוחנן בן גודגדא, שיודעין לשער כמה טפות יש בים, ואין להם פת לאכול ולא בגד ללבוש. נתן דעתו להושיבם בראש. כשעלה, שלח להם ולא באו. חזר ושלח ובאו. אמר להם, כמדומין אתם ששררה אני נותן לכם,

עבדות

רש"י

משיח חטא ואח"כ עבר ממשיחותו מביא פר. ומה שכתוב בספרים 'תנא גבי משיח עבר ואחר כך חטא', לאו מתרגלתא היא. ולשון ראשון עיקר, דקאמר 'השתא יש לומר' כו': **מנא ה"מ.** דמשיח שעבר ואח"כ חטא דמביא פר: **מתני'** חטאו עד שלא נתמנו ואח"כ נתמנו הרי אלו כהדיוטות. דרבנן בתר חטא אזלי: **ר"ש אומר, אם נודע להם עד שלא נתמנו חייבין.** דר"ש חטאה וידיעה בעי. וה"ה דפליג ר"ש ברישא, דקתני 'נשיא שחטא ואח"כ עבר מגדולתו מביא שעיר', דר"ש קאמר נמי דאם נודע לו משעבר דאין מביא שעיר, דחטאה וידיעה בעי כשהוא נשיא: **גמ'** 'אם הכהן המשיח יחטא'. חטא במשיחות הוא דמביא פר: **פרט לקודמות.** לשחטא ואח"כ נתמנה, דהרי הוא כהדיוט, ואין מביא פר: **ומה נשיא שמביא בשגגת מעשה אין מביא על הקודמות.** כדאמר לקמן 'אשר נשיא יחטא', כשיחטא והרי הוא נשיא, ולא כשיחטא והרי הוא הדיוט: **שאין מביא חטאתו משעבר.** כדתנן 'וכן הנשיא שעבר מגדולתו ואח"כ חטא, הנשיא כהדיוט': **יכול גזרה.** דגזרת מלך היא שנשיא יחטא, מדלא כתיב 'ואם[ז] נשיא יחטא': **ת"ל 'אם הכהן המשיח יחטא'**, מה 'יחטא' האמור להלן לכשיחטא, דהא כתיב 'אם', אף 'יחטא' האמור כאן גבי נשיא לכשיחטא: **גזרה מהיכא תיתי.** כלומר, היכי מלית למימר 'יכול גזרה', דהיכא אשכחן גזרה כי האי גוונא: **אין.** דודאי אשכחן כי האי גוונא: **דכתיב 'ונתתי נגע צרעת בבית ארץ אחוזתכם', בשורה היא להם.** שהכתוב מבשרן שעתיד להיות אע"פ שדבר רע הוא, הכא נמי אימא גזרה. הלכך כתיב 'אם הכהן המשיח יחטא' לכשיחטא, וה"נ 'אשר נשיא יחטא' לכשיחטא: **ר"ש אומר.** 'ונתתי נגע צרעת', שיהא בא מאליו: **פרט לנגעי אונסין.** שאם באו נגעים ע"י נפיחת שד דלא מיטמו: **'אדם כי יהיה בעור בשרו' מדבור ואילך.** דנגעים בין באדם ובין בבתים פטר בהן לפני הדבור, דאותן נגעים שארעו לפני הדבור אין מטמאין לאחר הדבור: **מה זב מדבור ואילך.** דכתיב 'כי יהיה זב מבשרו', דזבין שהיו לפני הדבור אין מטמאין לאחר הדבור, אלא אם כן ראו זיבות אחר הדבור: **תאמר בנגעי אדם שמטמאין באונס.** כגון על ידי נפילה והכאה וכויה או ע"י שד, וה"ה לנגעי בתים דמטמאו באונס: **רבא אמר.** לא קשיא, הא דקאמר ר"ש 'פרט לנגעי אונסין', כגון **נגעי רוחות**, דע"י נפיחת שד ולא ע"י אדם, וכי קתני 'תאמר בנגעים שמטמאין באונס', כגון ע"י הכאה וכויה: **רב פפא אמר.** כי אמר ר"ש 'פרט לנגעי אונס', **ע"י כשפים**, דלא מטמו, וכי קתני 'תאמר בנגעים דמטמאו באונס', כגון שלא ע"י כשפים: **'וישב בבית החפשית'.** דנעשה חפשי מן המלכות, כהדיוט דמי, ואינו מביא שעיר, ודלא כרבי יוסי דאמר לעיל בפרק הורה כהן משיח (דף ט.) 'מי שבא לידי עניות', והאי נצטרע לא בא לידי עניות, דגזא דידיה מיהא איתיה: **מכלל דעד השתא עבד הוה.** דשררות עבדות הוא לו, לפי שמוטל עליו עול רבים: **וסולתא.** סולת. ולהכי נקט בהדי פיתא סולת קמחא, לפי שהפת מתעפש ואינו מתקיים כסולת: **ומתעה את הספנים.** שכן דרך[ח] של ספנים, לשעה הפורשין לים רב החובל נותן עיניו [בצפון והכוכב מתהלך לדרום ורואה[ט]] בכוכב אחד העומד לימינו או לשמאלו, וכל זמן שרואה אותו כוכב[י] לצדו אחר יודע שנהפכה הספינה ומיישרה לדרכה, וכוכב שעולה אחת לשבעים שנה פעמים נראה בצפון ופעמים נראה בדרום, וכשרב החובל נותן עיניו בו[כ] בצפון והספינה[ל] תהפך בדרום ורואהו לצדו אחר סבור שנהפכה הספינה ומיישרה אחר הכוכב, והוא סבור ליישרה ומהפכה לדרך אחר, וכן הוא מתעה את הספנים: **אמר לו כל כך.** חכמה יש בידך **ואתה יורד לספינה** לסחורה (על) [בשביל] מזונותיך, כלומר, ואתה צריך לירד לספינה לצורך מזונות: **נתן.** רבן גמליאל **דעתו עליהם להושיבם בראש**, כדי שיהיו מתפרנסים [מאותה] שררה שיתן להם: **כמדומין אתם ששררה אני נותן לכם.** שלא באתם בשליחות ראשון, שהייתם בורחים מן הגדולה:

עבדות

תוספות הרא"ש

אשר נשיא יחטא יכול גזרה. משום דשני קרא בדיבורי' וכתיב אשר נשיא יחטא ולא כתיב אם נשיא יחטא כי היכי דכתיב אם הכהן המשיח יחטא בעי יכול שהכתוב מבשרך שעתידין (הנשיאות) [הנשיאים] לחטוא **ת"ל יחטא** דמשמע במקרה כמו יחטא דכתיב גבי כהן משיח. ומתוך פרש"י ז"ל משמע שכתוב בספרים נאמר כאן יחטא ונאמר להלן יחטא. ואפי' אם ישנו בספרים אינה ג"ש ממש דתרוייהו צריכי למעוטי קודמות. אלא גלוי מלתא בעלמא דיחטא דהכא כמו יחטא דהתם. והאי דכתיב אשר כדדריש לקמן אשרי הדור שהנשיא מביא קרבן על שגגתו: **ומי כתיב קרא הכי** לבשר על הרעה. **אין [דכתיב[מ]] ונתתי נגע צרעת בבית ארץ אחוזתכם בשורה היא להם.** אלמא אורחא דמלתא דקרא מרמז העתידים אפי' הרעה. ואע"ג דלא דמי כולי האי דלאותה בשורה טובה היתה דאמרינן במדרש[ט] שהאמוריים הטמינו אוצרותיהם בכותלי בתיהם ובמקום המטמון הביא הקב"ה צרעת כדי שיסתרו הכותלים וימצא המטמון: **ונגעי אונסין לא מטמו והתניא** וכו' עד **תאמר בנגעים שמטמאין באונס.** ומשמע ליה לתלמודא שאין לחלק בין נגעי אדם לנגעי בתים. והרמ"ה ז"ל הקשה מאי פריך מנגעי אדם לנגעי בתים הכא ענינא דקרא דכתיב ונתתי אני ולא שבא ע"י אונס. והכא מענינא דקרא דכתיב כי יהיה דמשמע בכל ענין שיהיה. ועוד אי ס"ד דמעיקרא הוה ס"ל דנגעי אונסין דממעט ר' שמעון נבתים קממעט להו. א"כ מאי סלקא דעתך לאוקמינהו. אי בנגעי רוחות וכשפים מאי קא פריך [הא] לא דמי האי אונס שמביא אדם בגרמותו לאונס אחר. וכ"ת דאפי' אי מוקמת ליה בנגעי רוחות וכשפים קשיא ליה. א"כ מאי משני רבא ור"פ בנגעי רוחות בנגעי כשפים. ופירש דס"ד מעיקרא דהני נגעי אונסין דממעט ר"ש לא בנגעי בתים קאמר דמשמע ליה לר"ש למדרש קרא ונתתי אני ממילא פרט לנגעי אונסין שלא באו ע"י המקום ב"ה בלבד אלא ע"י דבר אחר. ואם איתו ענין לנגעי בתים דס"ד דליכא מידי בנגעי בתים דלא הוה מחמת המקום שהרי אין בבית רוח חיים שיקבל חולאים ונגעים כמו בבשר ודם. וע"כ אי אתה מוצא בנגעי בתים אלא ע"י גזירת המקום. ולא שייך למעוטי בהו נגעי אונסין. וקרא ע"כ באם א"ע לנגעי בתים תנהו ענין לנגעי בני אדם. ומש"ה פריך מהך ברייתא. ומירלו רבא ור"פ דמשכחת שפיר נגעים בבתים שלא באו על ידי הקב"ה בלבד כגון נגעי רוחות וכשפים. (והכי) [והני] ממעט ר"ש אבל באדם מטמא אפי' באונס: **ת"ר אשר נשיא יחטא פרט לחולה.** כדמפרש שאם נצטרע וחטא אינו מביא שעיר לפי שעבר מנשיאותו והרי הוא כהדיוט. ופרש"י ז"ל דהך ברייתא דלא כריה"ג דלדידיה כיון דגזא דידיה כדקאי קאי מחייב ולא דק דלענין עולה ויורד הוא דקאמר ר"י הגלילי דנשיא פטור משום דליתיה בדלות ועלה קמבעיא לה אם נצטרע אי מדמי דמי או מפטר פטר ופשט ליה דפטר לפרש"י ז"ל. אבל להביא שעיר אחר שחלה ועבר בהא (כ"ע[ס]) מודו דלא כדתני לעיל אשר נשיא יחטא כשהוא נשיא אין כשאינו נשיא לא. ותנן נמי במתני' נשיא שעבר הרי הוא כהדיוט וליכא מאן דפליג. הרמ"ה ז"ל: **א"ל כל כך בידך ואתה עולה** בספינה. פרש'

תורה אור השלם

א) אִם הַכֹּהֵן הַמָּשִׁיחַ יֶחֱטָא לְאַשְׁמַת הָעָם וְהִקְרִיב עַל חַטָּאתוֹ אֲשֶׁר חָטָא פַּר בֶּן בָּקָר תָּמִים לַיְיָ לְחַטָּאת: [ויקרא ד, ג]

ב) אֲשֶׁר נָשִׂיא יֶחֱטָא וְעָשָׂה אַחַת מִכָּל מִצְוֺת יְיָ אֱלֹהָיו אֲשֶׁר לֹא תֵעָשֶׂינָה בִּשְׁגָגָה וְאָשֵׁם: [ויקרא ד, כב]

ג) כִּי תָבֹאוּ אֶל אֶרֶץ כְּנַעַן אֲשֶׁר אֲנִי נֹתֵן לָכֶם לַאֲחֻזָּה וְנָתַתִּי נֶגַע צָרַעַת בְּבֵית אֶרֶץ אֲחֻזַּתְכֶם: [ויקרא יד, לד]

ד) אָדָם כִּי יִהְיֶה בְעוֹר בְּשָׂרוֹ שְׂאֵת אוֹ סַפַּחַת אוֹ בַהֶרֶת וְהָיָה בְעוֹר בְּשָׂרוֹ לְנֶגַע צָרָעַת וְהוּבָא אֶל אַהֲרֹן הַכֹּהֵן אוֹ אֶל אַחַד מִבָּנָיו הַכֹּהֲנִים: [ויקרא יג, ב]

ה) וַיְנַגַּע יְיָ אֶת הַמֶּלֶךְ וַיְהִי מְצֹרָע עַד יוֹם מֹתוֹ וַיֵּשֶׁב בְּבֵית הַחָפְשִׁית וְיוֹתָם בֶּן הַמֶּלֶךְ עַל הַבַּיִת שֹׁפֵט אֶת עַם הָאָרֶץ: [מלכים ב' טו, ה]

הגהות וציונים

א] רש"א (גליון): ב] כ"ה בדפו"י (גליון), ונשמט בד' בסיליאה בשגגה. בכת"י וביל"ש **אינו דין שלא יביא חטאתו משעבר**, וכמו בת"כ: ג] באר שבע מ"ז (גליון): ד] "ויותם בן המלך על הבית" ליתא בראשונים ובכת"י: ה] ראשונים וכת"י **יורד**: ו] בס"י **תמיה אני** (גליון), ונוסח מוטעה הוא וכבר הגיה המהרש"א כלפנינו: ז] צ"ל **אם** (כת"י): ח] שכן דרכן (רש"י שבע"י) של ספנים **ב**שעה **ש**פורשין (דפו"י) לים: ט] רש"א [עי' בחלופי גרסאות] (גליון). [ל"מ חל"ג על הוריות]. הגהה זו אין לה שחר (רש"ש) ובטעות נדפס כאן דהגהת מהרש"א קאי לקמן (בארות המים): י] כת"י "וכל זמן שרואה אותו כוכב **בצדו אחד יודע שהספינה הולכת בדרך ישרה לדרכו ובזמן שרואה הכוכב בצדו** אח(ד)[ר] יודע שאין הספינה הולכת בדרך ישרה ומישרה לדרכה": כ] "בו" מיותר (מהרש"א, וכן ליתא בע"י): ל] צ"ל "וה**כוכב מתהלך** לדרום" (מהרש"א, וכ"ה בע"י). או שצ"ל "וה**כוכב** מתהפך בדרום" (בארות המים, וכ"ה בכת"י): מ] כת"י אין **והתניא**: נ] הוא ר"ת כל אדם ואולי צ"ל כ"ע (גליון) וכ"ה **כ"ע** בכת"י: ס] כת"י "א"ל וכל כך **יש** בספינה ואתה **יורד** בספינה":

ז"ל כ"כ חכמה יש בידך ואתה יורד לסחורה לספינה בשביל מזונותיך. כלומר אתה צריך לירד בספינה בשביל מזונות. ולא נהירא דלא לנדונים עוסק'). ועוד דרוב יורדי ספינה הם עשירים בעלי סחורה. דחה [המשך בעמוד ב]

This *daf* is dedicated *l'iluy nishmas*: Sara bat Zakieh *z"l*

עין משפט נר מצוה

ם א מיי' פ"ג מהלכות ת"ת הלכה ה ופ"י מהלכות תשובה הלכה ה סמג עשין יב טוש"ע י"ד סימן רמו סעיף כ:

עבודות אני נותן לכם, שנאמר א) 'וידברו אליו לאמר אם היום תהיה עבד לעם הזה': תנו רבנן, ב) 'אשר נשיא יחטא', אמר רבן יוחנן בן זכאי, אשרי הדור שהנשיא שלו מביא קרבן על שגגתו, אם נשיא שלו מביא קרבן צריך אתה לומר מהו הדיוט, ואם על שגגתו מביא קרבן צריך אתה לומר מהו זדונו. מתקיף לה רבא בריה דרבה, אלא מעתה דכתיב ג) 'ואת אשר חטא מן הקדש ישלם', ובירבעם בן נבט דכתיב ביה ד) 'אשר חטא ואשר החטיא', הכי נמי דאשרי הדור הוא. שאני הכא דשני קרא בדבוריה. דרש רב נחמן בר רב חסדא, מאי דכתיב ה) 'יש הבל אשר נעשה על הארץ' וגו', אשריהם לצדיקים שמגיע אליהם כמעשה הרשעים של עולם הבא בעולם הזה, אוי להם לרשעים שמגיע אליהם כמעשה הצדיקים של עולם הבא בעולם הזה. אמר רבא, אטו צדיקי אי אכלי תרי עלמי מי סני להו. אלא אמר רבא, אשריהם לצדיקים שמגיע אליהם כמעשה הרשעים של עולם הזה בעולם הזה, אוי להם לרשעים שמגיע אליהם כמעשה הצדיקים של עולם הזה בעולם הזה. רב פפא ורב הונא בריה דרב יהושע אתו לקמיה דרבא, אמר להו, אוקימתון מסכתא פלן ומסכתא פלן; אמרו ליה, אין; איעתריתו פורתא; אמרו ליה, אין, דזבנן קטינא דארעא; קרי עלייהו, אשריהם לצדיקים שמגיע אליהם כמעשה הרשעים שבעולם הזה בעולם הזה. אמר רבה בר בר חנה אמר רבי יוחנן, מאי דכתיב ו) 'כי ישרים דרכי יי וצדיקים ילכו בם ופושעים יכשלו בם', משל לשני בני אדם שצלו פסחיהם, אחד אכלו לשום מצוה ואחד אכלו[א] לשום אכילה גסה, זה שאכלו לשום מצוה 'צדיקים ילכו בם', זה שאכלו לשום[ב] אכילה גסה 'ופושעים יכשלו בם'. אמר ליה ריש לקיש, רשע קרית ליה, נהי דלא עביד מצוה מן המובחר, פסח מי לא קאכיל[ג]; אלא משל לשני בני אדם, זה אשתו ואחותו עמו בבית וזה אשתו ואחותו עמו בבית, אחד נזדמנה לו אשתו ואחד נזדמנה לו אחותו, זה שנזדמנה לו אשתו 'צדיקים ילכו בם', וזה שנזדמנה לו אחותו 'ופושעים יכשלו בם'. מי דמי, אנן קאמרינן חדא דרך, והכא שני דרכים. אלא משל ללוט ושתי בנותיו, הן שנתכוונו לשם מצוה 'צדיקים ילכו בם', הוא שנתכוון לשם עבירה 'ופושעים יכשלו בם'. ודלמא הוא נמי לשם מצוה הוא מכוין[ד]. אמר רבי יוחנן, כל הפסוק הזה לשם עבירה נאמר, ז) 'וישא לוט', ח) 'ותשא אשת אדניו את עיניה'; 'את עיניו', ט) שמשון [וגו'] אותה קח לי כי היא ישרה בעיני'; 'וירא', י) 'וירא אותה שכם בן חמור'; 'את כל ככר הירדן', כ) 'כי בעד אשה זונה עד ככר לחם'; 'כי כלה משקה', ל) 'אלכה אחרי מאהבי נותני לחמי ומימי צמרי ופשתי שמני ושקויי'. והא מינם אנים. תנא משום רבי יוסי בר רבי חוני, למה נקוד על וי"ו מ) שב'קומה' של בכירה, לומר לך שבשכבה לא ידע, אבל בקומה ידע. ומאי הוה ליה למעבד, מאי דהוה הוה. נפקא מינה דלפניא אחריניא לא איבעי ליה למישתי. דרש רבה[ה], מאי דכתיב נ) 'אח נפשע מקרית עוז ומדינים כבריח ארמון', 'אח נפשע מקרית עוז' זה לוט שפירש מאברהם, 'ומדינים כבריח ארמון' שהטיל מדינים בין ישראל לעמון, שנאמר ס) 'לא יבא עמוני ומואבי בקהל יי'. דרש רבא, ואיתימא רבי יצחק, מאי דכתיב ע) 'לתאוה יבקש נפרד, (ו)בכל תושיה יתגלע', 'לתאוה יבקש נפרד' זה לוט שנפרד מאברהם, (ו)'בכל תושיה יתגלע' שנתגלה קלונו בבתי כנסיות ובבתי מדרשות, דתנן, עמוני ומואבי אסורין[ו] איסור עולם. ואמרי[ז] עולא, תמר זנתה וזימרי זינה, תמר זנתה יצאו ממנה מלכים ונביאים, זימרי זינה נפלו כמה רבבות מישראל. אמר רב נחמן בר יצחק, גדולה עבירה לשמה ממצוה שלא לשמה, שנאמר פ) 'תבורך מנשים יעל אשת חבר הקיני מנשים באהל תבורך', מאן נינהי 'נשים באהל', שרה רבקה רחל ולאה. איני, והאמר רב יהודה אמר רב, לעולם יעסוק אדם בתורה ובמצות אפילו שלא לשמה, שמתוך שלא לשמה בא לשמה. אימא, כמצוה שלא לשמה. אמר רבי יוחנן, שבע בעילות בעל אותו רשע באותה שעה, שנאמר צ) 'בין רגליה כרע נפל שכב' וגו'. והא קא מיתהניא מעבירה. אמר רבי יוחנן משום רבי שמעון בן יוחאי, אפילו טובתם של רשעים רעה היא אצל צדיקים. אמר רב יהודה אמר רב, לעולם יעסוק אדם בתורה ובמצות אפילו שלא לשמה, שמתוך שלא לשמה בא לשמה, שבשכר ארבעים ושנים קרבנות שהקריב בלק הרשע זכה ויצתה ממנו רות, דאמר רבי יוסי ברבי חנינא, רות בת בנו של עגלון בן בנו של בלק מלך מואב[ח]. אמר רבי חייא בר אבא אמר רבי יוחנן, מנין שאין הקב"ה מקפח אפילו שכר שיחה נאה, דאילו בכירה דקרייה[ט] 'מואב' אמר ליה רחמנא למשה ק) 'אל תצר את מואב ואל תתגר בם מלחמה', מלחמה

הוא

רש"י

עבודות אני נותן לכם. שהשררות עבדות הוא לו לאדם, לפי שמוטל עליו עול רבים: 'אשר'. כמו אשרי: צריך אתה לומר מהו הדיוט. בתמיה, כלומר אם המלך שאין לבו כפוף מרגיש ומביא קרבן על שגגתו, כ"ש שהדיוטות מרגישין, שלבם כפופים: מהו על זדונו. בתמיה, כלומר, אם על שגגתו מרגיש, כ"ש שמרגיש על זדונו, וחוזר בתשובה: שאני הכא דשני קרא בדבוריה. דבאידך כתיב 'אם כל עדת ישראל ישגו', 'אם הכהן המשיח', 'אם נפש', והכא כתיב 'אשר נשיא יחטא', ודאי אשרי משמע: אשריהם לצדיקים. כלומר, אשרי הצדיקים שמגיע אליהם כמעשה הרשעים שבעולם הבא בעולם הזה, כלומר, שמגיע אליהם לצדיקים בעולם הזה כדרך שמגיע לרשעים בעוה"ב: אוי. כמו ווי, דהכא לא כתיב 'אשר', דמשמע אוי להם לרשעים שמגיע אליהם טובות בעולם הזה כדרך שמגיע טובות לצדיקים בעולם הבא, דרעה היא לרשעים, כדכתיב 'ומשלם לשונאיו אל פניו' וגו' (דברים ז): צדיקים אי אכלי תרי עלמי מי סני להו. מי שנאוי הוא להם, [כלומר, כלום רע להם] לצדיקים שאוכלים שני עולמות, שיש להם טובה בעוה"ז ובעוה"ב: אלא אמר רבא, אשריהם לצדיקים שמגיע להם. טובות כמעשה הרשעים שבעוה"ז שיש להם טובה, כדכתיב 'ומשלם לשונאיו', דכך[י] מגיע לצדיקים בעוה"ז, אשריהם, שיש להם טובה בעולם הזה ולעוה"ב: ואוי להם לרשעים שמגיע להם. צרות כמעשה הצדיקים שבעולם הזה, [דמשמע שבאים עליהם צרות כמו שבאים על הצדיקים בעוה"ז], דהקב"ה עושה כדי לגבות [חובם] מהצדיקים בעוה"ז כדי שיהא להם שכר טוב בעוה"ב, דכך[י] מלינו צרות לרשעים בעוה"ז, אוי להם, שאין להם טובה לא בעולם הזה ולא בעולם הבא: אוקימתון מסכתא פלן. כלומר, יש לכם מסכתא סדורה בפיכם מסכתא פלוני ופלוני: איעתריתו פורתא. כלומר יש לכם עושר, ואין לכם לטרוח אחר מזונות, ויש לכם פנאי לעסוק תדיר בתורה: אמרו לו, אין, דזבנן. לכל חד וחד מינן קטינא דארעא, ומתזנינן מינה ברווחא: קרי עלייהו, אשריהם לצדיקים שמגיע אליהם כמעשה הרשעים שבעוה"ז. דאכלי צדיקים תרי עלמי: לשם אכילה גסה. שלא לשום מצוה, אלא נתכוין לאכלו לשם סעודה: מי דמי, אנן קאמרינן חד דרך. דזה ילך בה וזה יכשל בה: והכא שני דרכים. דלזה נזדמנה לו אשתו ולזה נזדמנה לו אחותו: 'נפשע'. נמרד, שמרד בו ופירש ממנו: 'מקרית עוז'. עוז כמו עז, כדכתיב 'אל צור חולבתם'[מ] (ישעיה נא): שהטיל מדינים. בינו ובין בני ישראל, כבריחים שנועלים[ל], שהחילונים אינם יכולין ליכנס לפנים, וכך אין עמוני ומואבי יכולין להתערב בישראל, דכתיב 'לא יבא עמוני ומואבי': 'לתאוה'. של עבירה 'יבקש נפרד': זה לוט. דכתיב ביה 'ויפרד איש מעל אחיו': 'יתגלע'. כמו 'ולפני התגלע' (משלי יז), לשון גלוי: תמר זנתה. ונתכוונה לשום מצוה, כדי להעמיד זרע מן הצדיקים[מ], כדכתיב 'כי ראתה כי גדל שלה': זמרי זינה. ונתכוון לשם עבירה: מדקאמר גדולה עבירה לשמה ממצוה שלא לשמה, מכלל דמצוה שלא לשמה גריעותא הוא, והא אמר רב יהודה וכו': אלא אימא. גדולה עבירה לשמה, כלומר, לשום מצוה, כמצוה שלא לשמה: 'בין רגליה כרע נפל שכב בין רגליה כרע נפל באשר כרע שם נפל שדוד': שבעה: נתכוונה לשם מצוה. כדי להתיש כחו ותהא יכולה להרגו: מ"ב. שלש פעמים שבעה מזבחות, פר ואיל במזבח[ק]: יצאה ממנו רות. שיצא ממנה דוד שריוה להקב"ה בשירות ובתשבחות (ברכות ז: ב"ב יד:): דקרייה מואב. משמע מאב:

תורה אור השלם

א) וידברו אליו לאמר אם היום תהיה עבד לעם הזה ועבדתם ועניתם ודברת אליהם דברים טובים והיו לך עבדים כל הימים: [מלכים א יב, ז]

ב) אשר נשיא יחטא ועשה אחת מכל מצות יי אלהיו אשר לא תעשינה בשגגה ואשם: [ויקרא ד, כב]

ג) ואת אשר חטא מן הקדש ישלם ואת חמישתו יוסף עליו ונתן אתו לכהן והכהן יכפר עליו באיל האשם ונסלח לו: [ויקרא ה, טז]

ד) ויתן את ישראל בגלל חטאות ירבעם אשר חטא ואשר החטיא את ישראל: [מלכים א יד, טז]

ה) יש הבל אשר נעשה על הארץ אשר יש צדיקים אשר מגיע אלהם כמעשה הרשעים ויש רשעים שמגיע אלהם כמעשה הצדיקים אמרתי שגם זה הבל: [קהלת ח, יד]

ו) מי חכם ויבן אלה נבון וידעם כי ישרים דרכי יי וצדקים ילכו בם ופשעים יכשלו בם: [הושע יד, י]

ז) וישא לוט את עיניו וירא את כל ככר הירדן כי כלה משקה לפני שחת יי את סדם ואת עמרה כגן יי כארץ מצרים באכה צער: [בראשית יג, י]

ח) ויהי אחר הדברים האלה ותשא אשת אדניו את עיניה אל יוסף ותאמר שכבה עמי: [בראשית לט, ז]

ט) ויאמר לו אביו ואמו האין בבנות אחיך ובכל עמי אשה כי אתה הולך לקחת אשה מפלשתים הערלים ויאמר שמשון אל אביו אותה קח לי כי היא ישרה בעיני: [שופטים יד, ג]

י) וירא אתה שכם בן חמור החוי נשיא הארץ ויקח אתה וישכב אתה ויענה: [בראשית לד, ב]

כ) כי בעד אשה זונה עד ככר לחם ואשת איש נפש יקרה תצוד: [משלי ו, כו]

ל) כי זנתה אמם הבישה הורתם כי אמרה אלכה אחרי מאהבי נתני לחמי ומימי צמרי ופשתי שמני ושקויי: [הושע ב, ז]

מ) ותשקין את אביהן יין בלילה הוא ותבא הבכירה ותשכב את אביה ולא ידע בשכבה ובקומה: [בראשית יט, לג]

נ) אח נפשע מקרית עז ומדונים כבריח ארמון: [משלי יח, יט]

ס) לא יבא עמוני ומואבי בקהל יי גם דור עשירי לא יבא להם בקהל יי עד עולם: [דברים כג, ד]

ע) לתאוה יבקש נפרד בכל תושיה יתגלע: [משלי יח, א]

פ) תברך מנשים יעל אשת חבר הקיני מנשים באהל תברך: [שופטים ה, כד] צ) בין רגליה כרע נפל שכב בין רגליה כרע נפל באשר כרע שם נפל שדוד: [שופטים ה, כז] ק) ויאמר יי אלי אל תצר את מואב ואל תתגר בם מלחמה כי לא אתן לך מארצו ירשה כי לבני לוט נתתי את ער ירשה: [דברים ב, ט]

מסורת הש"ס עם הוספות

א) [תוספתא דב"ק פ"ז ה"ב], ב) נזיר כג:, ג) נזיר כג. כל הענין ע"ש שינויים, ד) נזיר כג:, ה) נזיר כג., ו) מגילה י: סוטה י:, ז) [נזיר כג: ע"ש], ח) [סנהדרין קה: ע"ש], ט) פסחים נ: נזיר כג: סוטה כב: ערכין טז:, י) [יבמות קג. נזיר כג.], כ) [נזיר כג: ע"ש], ל) ב"ק לח: נזיר כג:

תוספות הרא"ש

[illegible]

הגהות וציונים

[illegible]

י] דכשכך (בארות המים): כ] בכת"י נוסף כלומר מאברהם: ל] בכת"י נוסף לארמון, וכ"ה ... מ] "מן הצדיקים" ליתא בכת"י וברש"י נזיר כג ע"ב ד"ה תמר: נ] נוסח דבור זה בדפו"ר ... שהקריב בלק הרשע. דהוי מצוה שלא לשמה ואפילו הכי זכה וכו': ס] דמשמע מאב ... ע] כת"י "באשכבתיה דרבי, חנינא בר חמא ישב בראש": פ] בכת"י נוסף לימא שאכלו ... כת"י נוסף הפרד נא מעלי מ"מ אם לא היה תאב לכך היה לו לומר לאברהם כיון שמריבה זו באה מחמת הרועים נשלים ביניהם ונמחה בידם שלא ירעו עוד אלא ללמדך: ק] כת"י "אלא להתיש כחו שירדם ותהרגהו":

עַבְדוּת אֲנִי נוֹתֵן לָכֶם — I am not giving you honor; I am giving you servitude, **שֶׁנֶּאֱמַר** — as it says regarding King Rechavam (*Melachim I* 12:7), **וַיְדַבְּרוּ אֵלָיו לֵאמֹר אִם הַיּוֹם תִּהְיֶה עֶבֶד לָעָם הַזֶּה** — "They spoke to him saying: If you will be a servant to this people today." We find that Rabban Gamliel also referred to a king as servant of the people.

תָּנוּ רַבָּנַן — The *Chachamim* taught in a *Baraisa*: The *pasuk* says (*Vayikra* 4:22), **אֲשֶׁר נָשִׂיא יֶחֱטָא** — "When a king sins." **אָמַר רַבִּי יוֹחָנָן בֶּן זַכַּאי** — Rabi Yochanan ben Zakkai said: **אַשְׁרֵי הַדּוֹר שֶׁהַנָּשִׂיא שֶׁלּוֹ מֵבִיא קָרְבָּן עַל שִׁגְגָתוֹ** — The word "*asher*" in the *pasuk* can be explained as "*ashrei*—fortunate." Fortunate is the generation whose king submits and brings a *korban* for his unintentional transgression. **אִם נָשִׂיא שֶׁלּוֹ מֵבִיא קָרְבָּן** — If the king is willing to submit and bring a *korban*, **צָרִיךְ אַתָּה לוֹמַר מַהוּ הֶדְיוֹט** — is there any question regarding a commoner who sins? Certainly, a commoner would be submissive and would bring a *korban*! **וְאִם עַל שִׁגְגָתוֹ מֵבִיא קָרְבָּן** — And if a king is submissive about his unintentional transgression and brings a *korban*, **צָרִיךְ אַתָּה לוֹמַר מַהוּ זְדוֹנוֹ** — is there any question regarding what he would do about an intentional sin? Certainly, he would submit and do *teshuvah*!

The Gemara asks: **מַתְקִיף לַהּ רָבָא בְּרֵיהּ דְּרַבָּה** — Rava, son of Rabbah, asks: **אֶלָּא מֵעַתָּה** — If that is so, and the term "*asher*" is explained this way, **דִּכְתִיב** — then how would we explain that which is written (*Vayikra* 5:16), **וְאֵת אֲשֶׁר חָטָא מִן הַקֹּדֶשׁ יְשַׁלֵּם** — "And he shall pay for that which (*asher*) he has sinned [by making use] of the *hekdesh*"? **וּבְיָרָבְעָם בֶּן נְבָט, דִּכְתִיב בֵּיהּ** — And how do we explain that which is written about Yeravam ben Nevat (*Melachim I* 14:16), **אֲשֶׁר חָטָא וַאֲשֶׁר הֶחֱטִיא** — "Who (*asher*) sinned and caused others to sin"? **הָכִי נָמֵי דְּאַשְׁרֵי הַדּוֹר הוּא** — Here too is the explanation that the generation is fortunate? We must say that *asher* cannot mean fortunate! The Gemara answers: **שָׁאנֵי הָכָא** — Regarding the king there is reason to explain the *pasuk* differently, **דְּשַׁנֵּי קְרָא בְּדִבּוּרֵיהּ** — because the *pasuk* changed its form of speech from other similar *pesukim*. When the *pasuk* speaks of the communal sin, the sin of the *kohen gadol*, and the sin of the individual (*Vayikra* Chap. 4) it uses the term "*im*—If these people sin." Here regarding the king, the *pasuk* switches, and uses the word "*asher*—When the king will sin." The reason for this change is to teach us that a generation is fortunate if their king submits and brings a *korban* for his sin.

The Gemara brings another *derashah* involving the word "*asher*": **דָּרֵשׁ רַב נַחְמָן בַּר רַב חִסְדָּא** — Rav Nachman bar Rav Chisda interpreted: **מַאי דִּכְתִיב** — What is the meaning of that which is written (*Koheles* 8:14), **יֶשׁ הֶבֶל אֲשֶׁר נַעֲשָׂה עַל הָאָרֶץ וְגוֹ'** — "There is vanity that is (*asher*) performed upon the earth; [that there are (*asher*) *tzaddikim* who are treated (*asher*) the way *reshaim* are treated, and there are *reshaim* who are treated like *tzaddikim*]"? **אַשְׁרֵיהֶם לַצַּדִּיקִים** — The word "*asher*" in the *pasuk* can be explained as "*ashrei*—fortunate." Fortunate are *tzaddikim*, **שֶׁמַּגִּיעַ אֲלֵיהֶם כְּמַעֲשֵׂה הָרְשָׁעִים שֶׁל עוֹלָם הַבָּא בָּעוֹלָם הַזֶּה** — who are treated in this world the way *reshaim* will be punished in the World to Come. The suffering they

For this *daf's shiur* and charts, scan this QR code:

עין משפט
נר מצוה

ט א מיי' פ"ג מהלכות ת"ת הלכה ה ופ"י מהלכות תשובה הלכה ה סמג עשין יב טוש"ע י"ד סימן רמו סעיף כ:

עבדות אני נותן לכם, שנאמר [א] 'וידברו אליו לאמר אם היום תהיה עבד לעם הזה': תנו רבנן, [ב] 'אשר נשיא יחטא', [א]אמר רבן יוחנן בן זכאי, אשרי הדור שהנשיא שלו מביא קרבן על שגגתו, אם נשיא שלו מביא קרבן צריך אתה לומר מהו הדיוט, ואם על שגגתו מביא קרבן צריך אתה לומר מהו זדונו. מתקיף לה רבא בריה דרבה, אלא מעתה דכתיב [ג] 'ואת אשר חטא מן הקדש ישלם', ובירבעם בן נבט דכתיב ביה [ד] 'אשר חטא ואשר החטיא', הכי נמי דאשרי הדור הוא. שאני הכא דשני קרא בדבוריה. דרש רב נחמן בר רב חסדא, מאי דכתיב [ה] 'יש הבל אשר נעשה על הארץ' וגו', אשריהם לצדיקים שמגיע אליהם כמעשה הרשעים של עולם הבא בעולם הזה, אוי להם לרשעים שמגיע אליהם כמעשה הצדיקים של עולם הבא בעולם הזה. אמר רבא, אטו צדיקי אי אכלי תרי עלמי מי סני להו. אלא אמר רבא, אשריהם לצדיקים שמגיע אליהם כמעשה הרשעים של עולם הזה בעולם הזה, אוי להם לרשעים שמגיע אליהם כמעשה הצדיקים של עולם הזה בעולם הזה. רב פפא ורב הונא בריה דרב יהושע אתו לקמיה דרבא, אמר להו, אוקימתון מסכתא פלן ומסכתא פלן; אמרו ליה, אין; איעתריתו פורתא; אמרו ליה, אין, דזבנן קטינא דארעא; קרי עלייהו, אשריהם לצדיקים שמגיע אליהם כמעשה הרשעים שבעולם הזה בעולם הזה. [ב]אמר רבה בר בר חנה אמר רבי יוחנן, מאי דכתיב [ו] 'כי ישרים דרכי יי וצדיקים ילכו בם ופושעים יכשלו בם', משל לשני בני אדם שצלו פסחיהם, אחד אכלו לשום מצוה ואחד אכלו[א] לשום אכילה גסה, זה שאכלו לשום מצוה 'צדיקים ילכו בם', זה שאכלו לשום[ב] אכילה גסה 'ופושעים יכשלו בם'. אמר ליה ריש לקיש, רשע קרית ליה, נהי דלא עביד מצוה מן המובחר, פסח מי לא קאכיל; אלא משל לשני בני אדם, זה אשתו ואחותו עמו בבית וזה אשתו ואחותו עמו בבית, אחד נזדמנה לו אשתו ואחד נזדמנה לו אחותו, זה שנזדמנה לו אשתו 'צדיקים ילכו בם', וזה שנזדמנה לו אחותו 'ופושעים יכשלו בם'. מי דמי, אנן קאמרינן חדא דרך, והכא שני דרכים. אלא משל ללוט ושתי בנותיו, הן שנתכוונו לשם מצוה 'צדיקים ילכו בם', הוא שנתכוון לשם עבירה 'ופושעים יכשלו בם'. ודלמא הוא נמי לשם מצוה הוא מכוין[ג]. אמר רבי יוחנן, כל הפסוק הזה לשם עבירה נאמר, [ז] 'וישא לוט', [ח] 'ותשא אשת אדניו את עיניה'; [ז] 'את עיניו', [ט] 'ויאמר שמשון [וגו'] אותה קח לי כי היא ישרה בעיני'; [י] 'וירא', [י] 'וירא אותה שכם בן חמור'; [ז] 'את כל ככר הירדן', [כ] 'כי בעד אשה זונה עד ככר לחם'; [ז] 'כי כלה משקה', [ל] 'אלכה אחרי מאהבי נותני לחמי ומימי צמרי ופשתי שמני ושקויי'. והא מינס אנים. תנא משום רבי יוסי בר רבי חוני, למה נקוד על וי"ו [מ] 'שב'קומה' של בכירה, לומר לך שבשכבה לא ידע, אבל בקומה ידע. ומאי הוה ליה למעבד, מאי דהוה הוה. נפקא מינה דלפניא אחרינא לא איבעי ליה למישתי. דרש רבה[ד], מאי דכתיב [נ] 'אח נפשע מקרית עוז ומדינים כבריח ארמון', 'אח נפשע מקרית עוז' זה לוט שפירש מאברהם, 'ומדינים כבריח ארמון' שהטיל מדינים בין ישראל לעמון, שנאמר [ס] 'לא יבא עמוני ומואבי בקהל יי'. [ג]דרש רבא, ואיתימא רבי יצחק, מאי דכתיב [ע] 'לתאוה יבקש נפרד, (ו)בכל תושיה יתגלע', 'לתאוה יבקש נפרד' זה לוט שנפרד מאברהם, (ו)'בכל תושיה יתגלע' שנתגלה קלונו בבתי כנסיות ובבתי מדרשות, [ד]דתנן, עמוני ומואבי אסורין[ה] איסור עולם. [ה]ואמר[ו] עולא, תמר זנתה וזימרי זינה, תמר זנתה [ו]יצאו ממנה מלכים ונביאים, זימרי זינה נפלו כמה רבבות מישראל. [ז]אמר רב נחמן בר יצחק, גדולה עבירה לשמה ממצוה שלא לשמה, שנאמר [פ] 'תבורך מנשים יעל אשת חבר הקיני מנשים באהל תבורך', מאן [ח]נינהי 'נשים באהל', שרה רבקה רחל ולאה. איני, [ט]והאמר רב יהודה אמר רב, [א]לעולם יעסוק אדם בתורה ובמצות אפילו שלא לשמה, שמתוך שלא לשמה בא לשמה. אימא, כמצוה שלא לשמה. [י]אמר רבי יוחנן, שבע בעילות בעל אותו רשע באותה שעה, שנאמר [צ] 'בין רגליה כרע נפל שכב' וגו'. והא קא מיתהניא מעבירה. אמר רבי יוחנן משום רבי שמעון בן יוחאי, אפילו טובתם של רשעים רעה היא אצל צדיקים. [כ]אמר רב יהודה אמר רב, לעולם יעסוק אדם בתורה ובמצות אפילו שלא לשמה, שמתוך שלא לשמה בא לשמה, שבשכר ארבעים ושנים קרבנות שהקריב בלק הרשע זכה ויצתה ממנו רות, דאמר רבי יוסי ברבי חנינא, [ל]רות בת בנו של עגלון בן בנו של בלק מלך מואב[ס]. [מ]אמר רבי חייא בר אבא אמר רבי יוחנן, מנין שאין הקב"ה מקפח אפילו שכר שיחה נאה, מהכא, דאילו בכירה דקרייה[ע] 'מואב' אמר ליה רחמנא למשה [ק] 'אל תצר את מואב ואל תתגר בם מלחמה', מלחמה הוא

עבדות אני נותן לכם. שהשררות עבדות הוא לו לאדם, לפי שמוטל עליו עול רבים: 'אשר'. כמו אשרי: צריך אתה לומר מהו הדיוט. בתמיה, כלומר אם המלך שאין לבו כפוף מרגיש ומביא קרבן על שגגתו, כ"ש שהדיוטות מרגישין, שלבם כפופים: מהו על זדונו. בתמיה, כלומר, אם על שגגתו מרגיש, כ"ש שמרגיש על זדונו, וחוזר בתשובה: שאני הכא דשני קרא בדבוריה. דבכולהו כתיב 'אם כל עדת ישראל ישגו', 'אם הכהן המשיח', 'אם נפש', והכא כתיב 'אשר נשיא יחטא', ודאי אשרי משמע: אשריהם לצדיקים. כלומר, אשרי הצדיקים שמגיע אליהם כמעשה הרשעים שבעולם הבא בעולם הזה, כלומר, שמגיע אליהם צרות לצדיקים בעולם הזה כדרך שמגיע לרשעים בעוה"ב: אוי. כמו ווי, דהכא לא כתיב 'אשר', דמשמע אוי להם לרשעים שמגיע אליהם טובות בעולם הזה כדרך שמגיע טובות לצדיקים בעולם הבא, דרעה היא לרשעים, כדכתיב 'ומשלם לשונאיו אל פניו' וגו' (דברים ז): צדיקים אי אכלי תרי עלמי מי סני להו. מי שנאוי הוא להם, [כלומר, כלום רע להם] לצדיקים שאוכלים שני עולמות, שיש להם טובה בעוה"ז ובעוה"ב: אלא אמר רבא, אשריהם לצדיקים שמגיע להם. טובות כמעשה הרשעים שבעוה"ז שיש להם טובה, כדכתיב 'ומשלם לשונאיו', דכך[ד] מגיע לצדיקים בעוה"ז, אשריהם, שיש להם טובה בעולם הזה ולעוה"ב: ואוי להם לרשעים שמגיע להם. צרות כמעשה הצדיקים שבעולם הזה, [דמשמע שבאים עליהם צרות כמו שבאים על הצדיקים בעוה"ז], דהקב"ה עושה כדי לגבות [חובם] מהצדיקים בעוה"ז כדי שיהא להם שכר טוב בעוה"ב, דכך[ד] מגיעו צרות לרשעים בעוה"ז, אוי להם, שאין להם טובה לא בעולם הזה ולא בעולם הבא: אוקימתון מסכתא פלן. כלומר, יש לכם מסכתא סדורה בפיכם מסכתא פלוני ופלוני: איעתריתו פורתא. כלומר יש לכם עושר, ואין לכם לטרוח אחר מזונות, ויש לכם פנאי לעסוק תדיר בתורה: אמרו לו, אין, דזבנן. לכל חד וחד מינן קטינא דארעא, ומתזנינן מינה ברווחא: קרי עלייהו, אשריהם לצדיקים שמגיע אליהם כמעשה הרשעים שבעוה"ז. דאכלי לצדיקים תרי עלמי: לשם אכילה גסה. שלא לשום מצוה, אלא נתכוין לאכלו לשם קינוח סעודה: מי דמי, אנן קאמרינן חד דרך. דזה ילך בה וזה יכשל בה: והכא שני דרכים. דלזה נזדמנה לו אשתו ולזה נזדמנה לו אחותו: 'נפשע'. נמרד, שמרד בו שפירש ממנו: 'מקרית עוז'. עוז כמו עז, [כ]אברהם, כדכתיב 'אל צור חוצבתם'[מ] (ישעיה נא): שהטיל מדינים. בינו ובין בני ישראל, כבריחים שנועלים[נ], שהחילונים אינם יכולין ליכנס לפנים, וכך אין עמוני ומואבי יכולין להתערב בישראל, דכתיב 'לא יבא עמוני ומואבי': 'לתאוה'. של עבירה 'יבקש נפרד': זה לוט. דכתיב ביה 'ויפרדו איש מעל אחיו': 'יתגלע'. כמו 'לפני התגלע' (משלי יז), לשון גלוי: תמר זנתה. ונתכוונה לשום מצוה, כדי להעמיד זרע מן הצדיקים[מ], כדכתיב 'כי ראתה כי גדל שלה': זמרי זינה. ונתכוון לשם עבירה: מדקאמר גדולה עבירה לשמה ממצוה שלא לשמה, מכלל דמצוה שלא לשמה גריעותא הוא, והא אמר רב יהודה וכו': אלא אימא. גדולה עבירה לשמה, כלומר, לשום מצוה, כמצוה שלא לשמה: 'בין רגליה כרע נפל שכב בין רגליה כרע נפל באשר כרע שם נפל שדוד', הרי שבעה: נתכוונה לשם מצוה. כדי להתיש כחו ותהא יכולה להרגו: מ"ב קרבנות. שלש פעמים שבעה מזבחות, פר ואיל במזבח[ו]: יצאה ממנו רות. שיצא ממנה דוד שריוה להקב"ה בשירות ובתשבחות (ברכות ז: ב"ב יד:): דקרייה מואב. משמע מאבי[ס]:

תוספות הרא"ש
[שייך לעמוד א]

לענייס צורך לילך בספינה ממדינה למדינה. ונראה לפרש כ"כ אתה יודע במזלא היס וקורותיו ואתה יורד לספינה. וא"ל עד שתמה אתה עלי שלא הועילה חכמתי לי ליזהר ולכוין השעה שיעלו הכוכבים תמה על אלו חכמים גדולים שאין כל חכמתם מועילה להם ליטול עלה לעצמן להרויח אפילו כדי מזונותם בצמצום. הרמ"ה ז"ל: נתן דעתו להושיבם בראש. פירש רש"י כדי שיהיו מתפרנסים בשררה שיתן להם. ולא נהירא דלשון להושיבם בראש בישיבה משמע כדאמרינן בכתובות בשלהי פרק הנושא (דף קג:)[ע] דר"ח בר חמא יושב בראש. ובישיבה מאי פרנסה איכא. אלא משום דאשכחיהו רבי יהושע כולי האי אמר ראויים הללו לישב בראש ולמנותם פרנס על הצבור. הרמ"ה ז"ל:

[ע"כ שייך לעמוד א]

ואחד אכלו אכילה גסה. פרש"י ז"ל [לשם אכילה גסה] שלא נתכוון לאכלו לשם מצוה אלא נתכוון לאכול בקנוח סעודה (לשם אכילה גסה). ופירושו אינו מובן דמאי פשע אי כמה שאכל בקנוח סעודה זו היא עיקר מצותו שיהא נאכל על השובע. ועוד מאי דקאמר לשם אכילה גסה אם הוא שבע כ"כ שהאכילה גסה היא לו מה לו להזכיר לשם אכילה גסה.[פ] ואם הוא תאב לאכלו ואכל שלא לשם מצוה לימא ואחד אכלו שלא לשם מצוה. אלא נראה לפרש כפשוטו שאכלו לאחר שהיה שבע כ"כ שאינו נהנה כלל מאותה אכילה אע"פ שדרכו להיות נאכל על השובע היינו משום דכתיב למשחה כדרך שהמלכים אוכלים שמביאין התפנוקין הטובים בקינוח סעודה לפי שכבר שבעו משאר מאכלים ונפשם קצה בהם אלא שנהנים ממאכלים הטובים באחרונה. אבל אין לאכול קדשים אחר השבע כ"כ שאין נפשו נהנה מהם שאין זה למשחה. ומ"מ פריך שפיר נהי דלא קא עביד מצוה מן המובחר פסח מיהא עביד דמקריא שפיר אכילה אע"פ שאינו נהנה מהם. והא דאמרינן[ל] האוכל אכילה גסה ביוה"כ פטור אלמא דלא מקריא אכילה כלל היינו כשהוא שבע כ"כ שמאכל כואב לו מרוב שבעו: לתאוה יבקש נפרד זה לוט שנפרד מאברהם. אע"פ שלא נפרד עד שאמר לו אברהם[צ] כיון שמריבה זו באה מחמת הרועים ה"ל למחות שלא ירבו עוד ללמדך שהיה תאב להפרידו וכיון שפתח לו אברהם מיד נפרד ממנו ומתוך זה נתגלה קלונו שאם נשאר אצל אברהם לא בא תקלה זו ע"י. הרמ"ה ז"ל: גדולה עבירה לשמה. מה שנבעלה יעל לסיסרא לא להנאתה כיונה אלא להתיש כחו שירדו ויהרגנוהו[ק] אבל בעילות האמהות להנאתן הלכך קרי להו מצוה שלא לשמה:

מסורת הש"ס
עם הוספות

א) [תוספתא דב"ק פ"ז ה"ב] ת"כ דבורא דחובה פרשה ה ה"א (אות רנז), ב) נזיר כג. כל הענין ע"ש שינויים, ג) נזיר כג:, ד) שם יבמות עו., ה) נזיר כג:, ו) מגילה י: סוטה י:, ז) [נזיר כג: ע"ש], ח) [סנהדרין קה: ע"ש], ט) פסחים נ: נזיר כג: סוטה כב: מז. סנהדרין קה: ערכין טז:, י) [יבמות קג. נזיר כג:], כ) [נזיר כג: ע"ש סוטה מז. ע"ש סנהדרין קה: ע"ש], ל) ב"ק לח: נזיר כג:, מ) הוא אברהם. יבמות סד רע"ב, נ) יומא פ ע"ב.

תורה אור השלם

א) וַיְדַבְּרוּ אֵלָיו לֵאמֹר אִם הַיּוֹם תִּהְיֶה עֶבֶד לָעָם הַזֶּה וַעֲבַדְתָּם וַעֲנִיתָם וְדִבַּרְתָּ אֲלֵיהֶם דְּבָרִים טוֹבִים וְהָיוּ לְךָ עֲבָדִים כָּל הַיָּמִים: [מלכים א' יב, ז]

ב) אֲשֶׁר נָשִׂיא יֶחֱטָא וְעָשָׂה אַחַת מִכָּל מִצְוֹת יְיָ אֱלֹהָיו אֲשֶׁר לֹא תֵעָשֶׂינָה בִּשְׁגָגָה וְאָשֵׁם: [ויקרא ד, כב]

ג) וְאֵת אֲשֶׁר חָטָא מִן הַקֹּדֶשׁ יְשַׁלֵּם וְאֶת חֲמִישִׁתוֹ יוֹסֵף עָלָיו וְנָתַן אֹתוֹ לַכֹּהֵן וְהַכֹּהֵן יְכַפֵּר עָלָיו בְּאֵיל הָאָשָׁם וְנִסְלַח לוֹ: [ויקרא ה, טז]

ד) וְיִתֵּן אֶת יִשְׂרָאֵל בִּגְלַל חַטֹּאות יָרָבְעָם אֲשֶׁר חָטָא וַאֲשֶׁר הֶחֱטִיא אֶת יִשְׂרָאֵל: [מלכים א' יד, טז]

ה) יֶשׁ הֶבֶל אֲשֶׁר נַעֲשָׂה עַל הָאָרֶץ אֲשֶׁר יֵשׁ צַדִּיקִים אֲשֶׁר מַגִּיעַ אֲלֵהֶם כְּמַעֲשֵׂה הָרְשָׁעִים וְיֵשׁ רְשָׁעִים שֶׁמַּגִּיעַ אֲלֵהֶם כְּמַעֲשֵׂה הַצַּדִּיקִים אָמַרְתִּי שֶׁגַּם זֶה הָבֶל: [קהלת ח, יד]

ו) מִי חָכָם וְיָבֵן אֵלֶּה נָבוֹן וְיֵדָעֵם כִּי יְשָׁרִים דַּרְכֵי יְיָ וְצַדִּקִים יֵלְכוּ בָם וּפֹשְׁעִים יִכָּשְׁלוּ בָם: [הושע יד, י]

ז) וַיִּשָּׂא לוֹט אֶת עֵינָיו וַיַּרְא אֶת כָּל כִּכַּר הַיַּרְדֵּן כִּי כֻלָּהּ מַשְׁקֶה לִפְנֵי שַׁחֵת יְיָ אֶת סְדֹם וְאֶת עֲמֹרָה כְּגַן יְיָ כְּאֶרֶץ מִצְרַיִם בֹּאֲכָה צֹעַר: [בראשית יג, י]

ח) וַיְהִי אַחַר הַדְּבָרִים הָאֵלֶּה וַתִּשָּׂא אֵשֶׁת אֲדֹנָיו אֶת עֵינֶיהָ אֶל יוֹסֵף וַתֹּאמֶר שִׁכְבָה עִמִּי: [בראשית לט, ז]

ט) וַיֹּאמֶר לוֹ אָבִיו וְאִמּוֹ הַאֵין בִּבְנוֹת אַחֶיךָ וּבְכָל עַמִּי אִשָּׁה כִּי אַתָּה הוֹלֵךְ לָקַחַת אִשָּׁה מִפְּלִשְׁתִּים הָעֲרֵלִים וַיֹּאמֶר שִׁמְשׁוֹן אֶל אָבִיו אוֹתָהּ קַח לִי כִּי הִיא יָשְׁרָה בְעֵינָי: [שופטים יד, ג]

י) וַיַּרְא אֹתָהּ שְׁכֶם בֶּן חֲמוֹר הַחִוִּי נְשִׂיא הָאָרֶץ וַיִּקַּח אֹתָהּ וַיִּשְׁכַּב אֹתָהּ וַיְעַנֶּהָ: [בראשית לד, ב]

כ) כִּי בְעַד אִשָּׁה זוֹנָה עַד כִּכַּר לָחֶם וְאֵשֶׁת אִישׁ נֶפֶשׁ יְקָרָה תָצוּד: [משלי ו, כו]

ל) כִּי זָנְתָה אִמָּם הֹבִישָׁה הוֹרָתָם כִּי אָמְרָה אֵלְכָה אַחֲרֵי מְאַהֲבַי נֹתְנֵי לַחְמִי וּמֵימַי צַמְרִי וּפִשְׁתִּי שַׁמְנִי וְשִׁקּוּיָי: [הושע ב, ז]

מ) וַתַּשְׁקֶיןָ אֶת אֲבִיהֶן יַיִן בַּלַּיְלָה הוּא וַתָּבֹא הַבְּכִירָה וַתִּשְׁכַּב אֶת אָבִיהָ וְלֹא יָדַע בְּשִׁכְבָהּ וּבְקוּמָהּ: [בראשית יט, לג]

נ) אָח נִפְשָׁע מִקִּרְיַת עֹז וּמִדְיָנִים כִּבְרִיחַ אַרְמוֹן: [משלי יח, יט]

ס) לֹא יָבֹא עַמּוֹנִי וּמוֹאָבִי בִּקְהַל יְיָ גַּם דּוֹר עֲשִׂירִי לֹא יָבֹא לָהֶם בִּקְהַל יְיָ עַד עוֹלָם: [דברים כג, ד]

ע) לְתַאֲוָה יְבַקֵּשׁ נִפְרָד בְּכָל תּוּשִׁיָּה יִתְגַּלָּע: [משלי יח, א]

פ) תְּבֹרַךְ מִנָּשִׁים יָעֵל אֵשֶׁת חֶבֶר הַקֵּינִי מִנָּשִׁים בָּאֹהֶל תְּבֹרָךְ: [שופטים ה, כד]

צ) בֵּין רַגְלֶיהָ כָּרַע נָפַל שָׁכָב בֵּין רַגְלֶיהָ כָּרַע נָפָל בַּאֲשֶׁר כָּרַע שָׁם נָפַל שָׁדוּד: [שופטים ה, כז]

ק) וַיֹּאמֶר יְיָ אֵלַי אַל תָּצַר אֶת מוֹאָב וְאַל תִּתְגָּר בָּם מִלְחָמָה כִּי לֹא אֶתֵּן לְךָ מֵאַרְצוֹ יְרֻשָּׁה כִּי לִבְנֵי לוֹט נָתַתִּי אֶת עָר יְרֻשָּׁה: [דברים ב, ט]

הגהות וציונים

א] "לשום" ליתא בדפוס ויניציאה (עי' שער יוסף דרמב"ן ורא"ש ומאירי ל"ג ליה) והוסיפוהו ע"פ רש"י: ב] רא"ש ומאירי וכת"י "פסח מיהא קעביד", וכמו בנזיר: ג] אה"ת וכת"י "לשם מצוה איכוון", וכמו בנזיר: ד] [בנזיר כג ע"א איתא רבא] (גליון), וכ"ה כאן באה"ת ובכת"י: ה] אה"ת וכת"י "אסורין ואיסורן איסור עולם", וכמו ביבמות ובנזיר: ו] אה"ת וכת"י "אמר עולא", וכמו בנזיר: ז] [צ"ל גופא אמר רב יהודה כו' וכ"א בנזיר] (גליון): ח] יש להוסיף היתה (דפו"ר, וכן העתיק ב"ש): ט] צ"ל דקריתיה (דפו"ר, וכן העתיק ב"ש): י] דכשכך (בארות המים): כ] בכת"י נוסף כלומר מאברהם: ל] בכת"י נוסף לארמון, וכ"ה ברש"י נזיר כג ע"ב ד"ה ומדינים: מ] "מן הצדיקים" ליתא בכת"י וברש"י נזיר כג ע"ב ד"ה תמר: נ] נוסח דבור זה בדפו"ר ובכת"י מ"ב קרבנות שהקריב בלק הרשע. דהוי מצוה שלא לשמה ואפילו הכי זכה וכו': ס] דמשמע מאב (נוסחת הריב"ן בנזיר): ע] כת"י "באשכבתיה דרבי, חנינא בר חמא ישב בראש": פ] בכת"י נוסף לימא שאכלו אכילה גסה: צ] בכת"י נוסף הפרד נא מעלי מ"מ אם לא היה תאב לכך היה לו לומר לאברהם כיון שמריבה זו באה מחמת הרועים נשלים ביניהם ונמחה בידם שלא ירבו עוד אלא ללמדך: ק] כת"י "אלא להתיש כ

This *daf* is dedicated *l'iluy nishmas*: Sara bat Zakieh *z"l*

endure in this world will atone for their sins and they will then receive their reward in the World to Come. **אוֹי לָהֶם לָרְשָׁעִים** — The fact that the end of the *pasuk* which discusses the treatment of *reshaim* does not use the term "*asher*" indicates: "Woe to the *reshaim*, **שֶׁמַּגִּיעַ אֲלֵיהֶם כְּמַעֲשֵׂה הַצַּדִּיקִים שֶׁל עוֹלָם הַבָּא בְּעוֹלָם הַזֶּה** — who are treated in this world the way *tzaddikim* will be rewarded in the World to Come. The enjoyment they experience in this world is intended to pay them in this world for the little good they have done. They will then lose any reward they would have received in the World to Come.

The Gemara asks: **אָמַר רָבָא** — Rava said: **אַטּוּ צַדִּיקֵי אִי אָכְלִי תְּרֵי עָלְמֵי מִי סָנֵי לְהוּ** — But if *tzaddikim* enjoy two worlds would it be bad for them? What is wrong with *tzaddikim* receiving a great reward in this world and in the next? **אֶלָּא אָמַר רָבָא** — Rather, Rava explained this *derashah* in a different manner: **אוֹי לָהֶם לָרְשָׁעִים שֶׁמַּגִּיעַ אֲלֵיהֶם כְּמַעֲשֵׂה הַצַּדִּיקִים שֶׁל עוֹלָם הַזֶּה בְּעוֹלָם הַזֶּה** — But woe to the *reshaim* who are treated in this world the way *tzaddikim* are treated in this world. (They are treated badly.) They then endure suffering both in this world and in the next.

The Gemara relates: **רַב פָּפָּא וְרַב הוּנָא בְּרֵיהּ דְּרַב יְהוֹשֻׁעַ אֲתוֹ לְקַמֵּיהּ דְּרָבָא** — Rav Pappa and Rav Huna, son of Rav Yehoshua, came before Rava. **אֲמַר לְהוּ** — Rava said to them: **אוֹקֵימְתּוּן מַסֶּכְתָּא פְּלָן וּמַסֶּכְתָּא פְּלָן** — Have you mastered this *masechta* and that *masechta*? **אָמְרוּ לֵיהּ** — They responded back: **אִין** — Yes. Rava asked them: **אִיעַתְּרִיתוּ פּוּרְתָּא** — Have you become somewhat wealthy, so that you don't have to worry about your livelihood and you can spend your time learning? **אָמְרוּ לֵיהּ** — They responded back: **אִין** — Yes, **דִּזְבַנַן קַטִּינָא דְּאַרְעָא** — as each of us bought a small piece of land, and it supports us generously. **קָרֵי עֲלַיְיהוּ** — Rava proclaimed about them: **אַשְׁרֵיהֶם לַצַּדִּיקִים שֶׁמַּגִּיעַ אֲלֵיהֶם כְּמַעֲשֵׂה הָרְשָׁעִים שֶׁל עוֹלָם הַזֶּה בְּעוֹלָם הַזֶּה** — Fortunate are the *tzaddikim* who are treated in this world as the *reshaim* are treated in this world. (They are treated well.) These *chachamim* were able to enjoy this world in addition to the next.

אָמַר רַבָּה בַּר בַּר חָנָה אָמַר רַבִּי יוֹחָנָן — Rabbah bar bar Chanah said that Rabi Yochanan said: **מַאי דִּכְתִיב** — What is the meaning for that which is written (*Hoshea* 14:10): **כִּי יְשָׁרִים דַּרְכֵי ה׳ וְצַדִּקִים יֵלְכוּ בָם וּפֹשְׁעִים יִכָּשְׁלוּ בָם** — "For the ways of Hashem are right, and the righteous will walk in them and sinners will stumble in them?" **מָשָׁל לִשְׁנֵי בְּנֵי אָדָם שֶׁצָּלוּ פִּסְחֵיהֶם** — It is comparable to two people who each roasted their *Korban Pesach*. **אֶחָד אֲכָלוֹ לְשׁוּם מִצְוָה** — One ate it for the sake of the mitzvah, **וְאֶחָד אֲכָלוֹ לְשׁוּם אֲכִילָה גַּסָּה** — and the other one did not eat it for the sake of the mitzvah; rather, he ate it as a dessert for the sake of excessive eating. They both went on the same way; they both did the same act. Yet, **זֶה שֶׁאֲכָלוֹ לְשׁוּם מִצְוָה** — With regard to the one who ate it for the sake of the mitzvah, it says, **צַדִּקִים יֵלְכוּ בָם** — "The righteous will walk in them," **זֶה שֶׁאֲכָלוֹ לְשׁוּם אֲכִילָה גַּסָּה** — And regarding the one who ate it for the sake of eating, it says, **וּפֹשְׁעִים יִכָּשְׁלוּ בָם** — "and transgressors will stumble in them."

אָמַר לֵיהּ רֵישׁ לָקִישׁ — Reish Lakish said to him: **רָשָׁע קָרֵית לֵיהּ** — Are you calling

For this *daf's shiur* and charts, scan this QR code:

עין משפט נר מצוה

ט א מיי' פ"ג מהלכות ת"ת הלכה ה ופ"י מהלכות תשובה הלכה ה סמג עשין יב טוש"ע י"ד סימן רמו סעיף כ:

עבדות אני נותן לכם, שנאמר (א) 'וידברו אליו לאמר אם היום תהיה עבד לעם הזה': תנו רבנן, (ב) 'אשר נשיא יחטא', (א) אמר רבן יוחנן בן זכאי, אשרי הדור שהנשיא שלו מביא קרבן על שגגתו. אם נשיא שלו מביא קרבן צריך אתה לומר מהו הדיוט, ואם על שגגתו מביא קרבן צריך אתה לומר מהו זדונו. מתקיף לה רבא בריה דרבה, אלא מעתה דכתיב (ג) 'ואת אשר חטא מן הקדש ישלם', ובירבעם בן נבט דכתיב ביה (ד) 'אשר חטא ואשר החטיא', הכי נמי דאשרי הדור הוא. שאני הכא דשני קרא בדבוריה. דרש רב נחמן בר רב חסדא, מאי דכתיב (ה) 'יש הבל אשר נעשה על הארץ' וגו', אשריהם לצדיקים שמגיע אליהם כמעשה הרשעים של עולם הבא בעולם הזה, אוי להם לרשעים שמגיע אליהם כמעשה הצדיקים של עולם הבא בעולם הזה. אמר רבא, אטו צדיקי אי אכלי תרי עלמי מי סני להו. אלא אמר רבא, אשריהם לצדיקים שמגיע אליהם כמעשה הרשעים של עולם הזה בעולם הזה, אוי להם לרשעים שמגיע אליהם כמעשה הצדיקים של עולם הזה בעולם הזה. רב פפא ורב הונא בריה דרב יהושע אתו לקמיה דרבא, אמר להו, אוקימתון מסכתא פלן ומסכתא פלן; אמרו ליה, אין; איעתריתו פורתא; אמרו ליה, אין, דזבנן קטינא דארעא; קרי עלייהו, אשריהם לצדיקים שמגיע אליהם כמעשה הרשעים שבעולם הזה בעולם הזה. (ב) אמר רבה בר בר חנה אמר רבי יוחנן, מאי דכתיב (ו) 'כי ישרים דרכי ה' וצדיקים ילכו בם ופושעים יכשלו בם', משל לשני בני אדם שצלו פסחיהם, אחד אכלו לשום מצוה ואחד אכלו[א] לשום אכילה גסה, זה שאכלו לשום מצוה 'צדיקים ילכו בם', זה שאכלו לשום[א] אכילה גסה 'ופושעים יכשלו בם'. אמר ליה ריש לקיש, רשע קרית ליה, נהי דלא עביד מצוה מן המובחר, פסח מי לא קאכיל[ב]; אלא משל לשני בני אדם, זה אשתו ואחותו עמו בבית וזה אשתו ואחותו עמו בבית, אחד נזדמנה לו אשתו ואחד נזדמנה לו אחותו, זה שנזדמנה לו אשתו 'צדיקים ילכו בם', וזה שנזדמנה לו אחותו 'ופושעים יכשלו בם'. מי דמי, אנן קאמרינן חדא דרך, והכא שני דרכים. אלא משל ללוט ושתי בנותיו, הן שנתכוונו לשם מצוה 'צדיקים ילכו בם', הוא שנתכוון לשם עבירה 'ופושעים יכשלו בם'. ודלמא הוא נמי לשם מצוה הוא מכוין[ג]. אמר רבי יוחנן, כל הפסוק הזה לשם עבירה נאמר, (ז) 'וישא לוט', (ח) 'ותשא אשת אדניו את עיניה'; (ט) 'את עיניו', (ט) 'ויאמר שמשון [וגו'] אותה קח לי כי היא ישרה בעיני'; (י) 'וירא', (י) 'וירא אותה שכם בן חמור'; (ז) 'את כל ככר הירדן', (כ) 'כי בעד אשה זונה עד ככר לחם'; (ז) 'כי כלה משקה', (ל) 'אלכה אחרי מאהבי נותני לחמי ומימי צמרי ופשתי שמני ושקויי'. והא מינס אניס. תנא משום רבי יוסי בר רבי חוני, למה נקוד על וי"ו (מ) שב'קומה' של בכירה, לומר לך שבשכבה לא ידע, אבל בקומה ידע. ומאי הוה ליה למעבד, מאי דהוה הוה. נפקא מינה דלפניא אחרינא לא איבעי ליה למישתי. דרש רבה[ד], מאי דכתיב (נ) 'אח נפשע מקרית עוז ומדינים כבריח ארמון', 'אח נפשע מקרית עוז' זה לוט שפירש מאברהם, 'ומדינים כבריח ארמון' שהטיל מדינים בין ישראל לעמון, שנאמר (ס) 'לא יבא עמוני ומואבי בקהל ה''. (ג) דרש רבא, ואיתימא רבי יצחק, מאי דכתיב (ע) 'לתאוה יבקש נפרד, (ו)בכל תושיה יתגלע', 'לתאוה יבקש נפרד' זה לוט שנפרד מאברהם, (ו)'בכל תושיה יתגלע' שנתגלה קלונו בבתי כנסיות ובבתי מדרשות, (ד) דתנן, עמוני ומואבי אסורין[ה] איסור עולם. (ה) ואמר[ו] עולא, תמר זנתה וזמרי זינה, תמר זנתה (ו) יצאו ממנה מלכים ונביאים, זמרי זינה נפלו כמה רבבות מישראל. (ז) אמר רב נחמן בר יצחק, גדולה עבירה לשמה ממצוה שלא לשמה, שנאמר (פ) 'תבורך מנשים יעל אשת חבר הקיני מנשים באהל תבורך', מאן (פ) נינהי 'נשים באהל', שרה רבקה רחל ולאה. איני, (ח) והאמר רב יהודה אמר רב, (א) לעולם יעסוק אדם בתורה ובמצות אפילו שלא לשמה, שמתוך שלא לשמה בא לשמה. אימא, כמצוה שלא לשמה. (ט) אמר רבי יוחנן, שבע בעילות בעל אותו רשע באותה שעה, שנאמר (צ) 'בין רגליה כרע נפל שכב' וגו'. והא קא מיתהניא מעבירה. אמר רבי יוחנן משום רבי שמעון בן יוחאי, אפילו טובתם של רשעים רעה היא אצל צדיקים. (י) אמר רב יהודה אמר רב, לעולם יעסוק אדם בתורה ובמצות אפילו שלא לשמה, שמתוך שלא לשמה בא לשמה, שבשכר ארבעים ושנים קרבנות שהקריב בלק הרשע זכה ויצתה ממנו רות, דאמר רבי יוסי ברבי חנינא, (כ) רות בת בנו של עגלון בן בנו של בלק מלך מואב[ס]. (ל) אמר רבי חייא בר אבא אמר רבי יוחנן, מנין שאין הקב"ה מקפח אפילו שכר שיחה נאה, מהכא, דאילו בכירה דקרייה[ע] 'מואב' אמר ליה רחמנא למשה (ק) 'אל תצר את מואב ואל תתגר בם מלחמה', מלחמה הוא

רש"י

עבדות אני נותן לכם. שהשררות עבדות הוא לו לאדם, לפי שמוטל עליו עול רבים: אשר. כמו אשרי: צריך אתה לומר מהו הדיוט. בתמיה, כלומר אם המלך שאין לבו כפוף מרגיש ומביא קרבן על שגגתו, כ"ש שהדיוטות מרגישין, שלבם כפופים: מהו על זדונו. בתמיה, כלומר, אם על שגגתו מרגיש, כ"ש שמרגיש על זדונו, וחוזר בתשובה: שאני הכא דשני קרא בדבוריה. דבכולהו כתיב 'אם כל עדת ישראל ישגו', 'אם הכהן המשיח', 'אם נפש', והכא כתיב 'אשר נשיא יחטא', ודאי אשרי משמע: אשריהם לצדיקים. כלומר, אשרי הצדיקים שמגיע אליהם כמעשה הרשעים שבעולם הבא בעולם הזה, כלומר, שמגיע אליהם צרות לצדיקים בעולם הזה כדרך שמגיע לרשעים בעוה"ב: אוי. כמו ווי, דהכא לא כתיב 'אשר', דמשמע אוי להם לרשעים שמגיע אליהם טובות בעולם הזה כדרך שמגיע טובות לצדיקים בעולם הבא, דרעה היא לרשעים, כדכתיב 'ומשלם לשונאיו אל פניו' וגו' (דברים ז): צדיקים אי אכלי תרי עלמי מי סני להו. מי שנאוי הוא להם, [כלומר, כלום רע להם] לצדיקים שאוכלים שני עולמות, שיש להם טובה בעוה"ז ובעוה"ב: אלא אמר רבא, אשריהם לצדיקים שמגיע להם. טובות כמעשה הרשעים שבעוה"ז שיש להם טובה, כדכתיב 'ומשלם לשונאיו', דקך[ו] מגיע לצדיקים בעוה"ז, אשריהם, שיש להם טובה בעולם הזה ולעוה"ב: ואוי להם לרשעים שמגיע להם. צרות כמעשה הצדיקים שבעולם הזה, [דמשמע שבאים עליהם צרות כמו שבאים על הצדיקים בעוה"ז], דהקב"ה עושה כדי לגבות [חובם] מהצדיקים בעוה"ז כדי שיהא להם שכר טוב בעוה"ב, דקך[ז] מלינו צרות לרשעים בעוה"ז, אוי להם, שאין להם טובה לא בעולם הזה ולא בעולם הבא: אוקימתון מסכתא פלן. כלומר, יש לכם מסכתא סדורה בפיכם מסכתא פלוני ופלוני: איעתריתו פורתא. כלומר יש לכם עושר, ואין לכם לטרוח אחר מזונות, ויש לכם פנאי לעסוק תדיר בתורה: אמרו לו, אין, דזבנן. לכל חד וחד מינן קטינא דארעא, ומתזנינן מינה ברווחא: קרי עלייהו, אשריהם לצדיקים שמגיע אליהם כמעשה הרשעים שבעוה"ז. דאכלי לצדיקים תרי עלמי: לשם אכילה גסה. שלא לשום מצוה, אלא נתכוין לאכלו לשם קינוח סעודה: מי דמי, אנן קאמרינן חד דרך. דזה ילך בה וזה יכשל בה: והכא שני דרכים. דלזה נזדמנה לו אשתו ולזה נזדמנה לו אחותו: 'נפשע'. נמרד, שמרד בו שפירש ממנו: 'מקרית עוז'. עוז כמו עז, אברהם, כדכתיב 'אל צור חוצבתם'[מ] (ישעיה נא): שהטיל מדינים. בינו ובין בני ישראל, כבריחים שנועלים[ל], שהחיצונים אינם יכולין ליכנס לפנים, וכך אין עמוני ומואבי יכולין להתערב בישראל, דכתיב 'לא יבא עמוני ומואבי': 'לתאוה'. של עבירה 'יבקש נפרד': זה לוט. דכתיב ביה 'ויפרדו איש מעל אחיו': 'יתגלע'. כמו 'לפני התגלע' (משלי יז), לשון גלוי: תמר זנתה. ונתכוונה לשום מצוה, כדי להעמיד זרע מן הצדיקים[מ], כדכתיב 'כי ראתה כי גדל שלה': זמרי זינה. ונתכוון לשם עבירה: מדקאמר גדולה עבירה לשמה ממצוה שלא לשמה, מכלל דמצוה שלא לשמה גריעותא הוא, והא אמר רב יהודה וכו': אלא אימא. גדולה עבירה לשמה, כלומר, לשום מצוה, כמצוה שלא לשמה: 'בין רגליה כרע נפל שכב בין רגליה כרע נפל באשר כרע שם נפל שדוד', הרי שבעה: נתכוונה לשם מצוה. כדי להתיש כחו ותהא יכולה להרגו: מ"ב קרבנות. שלש פעמים שבעה מזבחות, פר ואיל במזבח[נ]: יצאה ממנו רות. שיצא ממנה דוד שריוה להקב"ה בשירות ובתשבחות (ברכות ז: ב"ב יד:): דקרייה מואב. משמע מאבי[ס]:

תוספות הרא"ש

[שייך לעמוד א]

לעניים צורך לילך בספינה ממדינה למדינה. ונראה לפרש כ"כ אתה יודע במזלי הים וקורותיו ואתה יורד לספינה. וא"ל עד שתמה אתה עלי שלא הועילה חכמתי לי ליזהר ולכוין השעה שיעלו הכוכבים תמה על אלו חכמים גדולים שאין כל חכמתם מועילה להם ליטול עלה לעצמן להרויח אפילו כדי מזונותם בצמצום. הרמ"ה ז"ל: נתן דעתו להושיבם בראש. פירש רש"י כדי שיהיו מתפרנסים בשררה שיתן להם. ולא נהירא דלשון להושיבם בראש בישיבה משמע כדאמרינן בכתובות בשלהי פרק הנושא (דף קג:)[ע] דר"ח בר חמא יושב בראש. ובישיבה מאי פרנסה איכא. אלא משום דאשכחינהו רבי יהושע כולי האי אמר ראוים הללו לישב בראש ולמנותם פרנס על הצבור. הרמ"ה ז"ל:

[ע"כ שייך לעמוד א]

ואחד אכלו אכילה גסה. פרש"י ז"ל [לשם אכילה גסה] שלא נתכוון לאכלו לשם מצוה אלא נתכוון לאכול בקנוח סעודה (לשם אכילה גסה). ופירושו אינו מובן דמאי פשע אי כמה שאכל בקנוח סעודה זו היא עיקר מצותו שיהא נאכל על השובע. ועוד מאי דקאמר לשם אכילה גסה אם הוא שבע כ"כ שהאכילה גסה היא לו מה לו להזכיר לשם אכילה גסה.[פ] ואם הוא תאב לאכלו ואכל שלא לשם מצוה לימא ואחד אכלו שלא לשם מצוה. אלא נראה לפרש כפשוטו שאכלו לאחר שהיה שבע כ"כ שאינו נהנה כלל מאותה אכילה אע"פ שדרכו להיות נאכל על השובע היינו משום דכתיב למשחה כדרך שהמלכים אוכלים שמביאין התפנוקין הטובים בקינוח סעודה לפי שכבר שבעו משאר מאכלים ונפשם קצה בהם אלא שנהנים ממאכלים הטובים באחרונה. אבל אין לאכול קדשים אחר השבע כ"כ שאין נפשם נהנה מהם שאין זה למשחה. ומ"מ פריך שפיר נהי דלא קא עביד מצוה מן המובחר פסח מיהא עביד דמקריא שפיר אכילה אע"פ שאינו נהנה מהם. והא דאמרינן[י] האוכל אכילה גסה ביוה"כ פטור אלמא דלא מקריא אכילה כלל היינו כשהוא שבע כ"כ שמאכל כואב לו מרוב שבעו: לתאוה יבקש נפרד זה לוט שנפרד מאברהם. אע"פ שלא נפרד עד שאמר לו אברהם[ל] כיון שמריבה זו באה מחמת הרועים ה"ל למחות שלא ירבו עוד ללמדך שהיה תאב להפרידו וכיון שפתח לו אברהם מיד נפרד ממנו ומתוך זה נתגלה קלונו שאם נשאר אצל אברהם לא בא תקלה זו ע"י. הרמ"ה ז"ל: גדולה עבירה לשמה. מה שנבעלה יעל לסיסרא לא להנאתה כיונה אלא לתשש כוחו שירדם ויהרגנוהו[ק] אבל בעילות האמהות להנאתן הלכך קרי להו מצוה שלא לשמה:

הגהות וציונים

א] "לשום" ליתא בדפוס ויניציאה (עי' שער יוסף דרמב"ן ורא"ש ומאירי ל"ג ליה) והוסיפוהו ע"פ רש"י: ב] רא"ש ומאירי וכת"י "פסח מיהא קעביד", וכמו בנזיר: ג] אה"ת וכת"י "לשם מצוה איכוון", וכמו בנזיר: ד] [בנזיר כג ע"א איתא רבא] (גליון), וכ"ה כאן באה"ת ובכת"י: ה] אה"ת וכת"י "אסורין ואיסורן איסור עולם", וכמו ביבמות ובנזיר: ו] אה"ת וכת"י "אמר עולא", וכמו בנזיר: ז] [צ"ל גופא אמר רב יהודה כו' וכ"א בנזיר] (גליון): ח] יש להוסיף היתה (דפו"ר, וכן העתיק ב"ש): ט] צ"ל דקריתיה (דפו"ר, וכן העתיק ב"ש): י] דכשכך (בארות המים): כ] בכת"י נוסף כלומר מאברהם: ל] בכת"י נוסף לארמון, וכ"ה ברש"י נזיר כג ע"ב ד"ה ומדינים: מ] "מן הצדיקים" ליתא בכת"י וברש"י נזיר כג ע"ב ד"ה תמר: נ] נוסח דבור זה בדפו"ר ובכת"י מ"ב קרבנות שהקריב בלק הרשע. דהוי מצוה שלא לשמה ואפילו הכי זכה וכו': ס] דמשמע מאב (נוסחת הריב"ן בנזיר): ע] כת"י "באשכבתיה דרבי, חנינא בר חמא ישב בראש": פ] בכת"י נוסף לימא שאכלו אכילה גסה: ל] בכת"י נוסף הפרד נא מעלי מ"מ אם לא היה תאב לכך היה לו לומר לאברהם כיון שמריבה זו באה מחמת הרועים נשלים ביניהם ונמחה בידם שלא ירבו עוד אלא ללמדך: ק] כת"י "אלא להתיש כוחו שירדם ותהרגהו":

מסורת הש"ס עם הוספות

א) [תוספתא דב"ק פ"ז ה"ב] ת"כ דבורא דחובה פרשה ה ה"א (אות רנז), ב) נזיר כג. כל הענין ע"ש שינויים, ג) נזיר כג., ד) שם יבמות עו:, ה) נזיר כג., ו) מגילה י: סוטה י:, ז) [נזיר כג: ע"ש], ח) [סנהדרין קה: ע"ש], ט) פסחים נ: נזיר כג: סוטה כב: מז. סנהדרין קה: ערכין טז., י) [יבמות קג. נזיר כג:], כ) [נזיר כג: ע"ש סוטה מז. ע"ש סנהדרין קה: ע"ש], ל) ב"ק לח: נזיר כג., מ) הוא אברהם. יבמות סד רע"ב, נ) יומא פ ע"ב.

תורה אור השלם

א) וַיְדַבְּרוּ אֵלָיו לֵאמֹר אִם הַיּוֹם תִּהְיֶה עֶבֶד לָעָם הַזֶּה וַעֲבַדְתָּם וַעֲנִיתָם וְדִבַּרְתָּ אֲלֵיהֶם דְּבָרִים טוֹבִים וְהָיוּ לְךָ עֲבָדִים כָּל הַיָּמִים: [מלכים א' יב, ז]

ב) אֲשֶׁר נָשִׂיא יֶחֱטָא וְעָשָׂה אַחַת מִכָּל מִצְוֹת יְיָ אֱלֹהָיו אֲשֶׁר לֹא תֵעָשֶׂינָה בִּשְׁגָגָה וְאָשֵׁם: [ויקרא ד, כב]

ג) וְאֵת אֲשֶׁר חָטָא מִן הַקֹּדֶשׁ יְשַׁלֵּם וְאֶת חֲמִישִׁתוֹ יוֹסֵף עָלָיו וְנָתַן אֹתוֹ לַכֹּהֵן וְהַכֹּהֵן יְכַפֵּר עָלָיו בְּאֵיל הָאָשָׁם וְנִסְלַח לוֹ: [ויקרא ה, טז]

ד) וְיִתֵּן אֶת יִשְׂרָאֵל בִּגְלַל חַטֹּאות יָרָבְעָם אֲשֶׁר חָטָא וַאֲשֶׁר הֶחֱטִיא אֶת יִשְׂרָאֵל: [מלכים א' יד, טז]

ה) יֶשׁ הֶבֶל אֲשֶׁר נַעֲשָׂה עַל הָאָרֶץ אֲשֶׁר יֵשׁ צַדִּיקִים אֲשֶׁר מַגִּיעַ אֲלֵהֶם כְּמַעֲשֵׂה הָרְשָׁעִים וְיֵשׁ רְשָׁעִים שֶׁמַּגִּיעַ אֲלֵהֶם כְּמַעֲשֵׂה הַצַּדִּיקִים אָמַרְתִּי שֶׁגַּם זֶה הָבֶל: [קהלת ח, יד]

ו) מִי חָכָם וְיָבֵן אֵלֶּה נָבוֹן וְיֵדָעֵם כִּי יְשָׁרִים דַּרְכֵי יְיָ וְצַדִּקִים יֵלְכוּ בָם וּפֹשְׁעִים יִכָּשְׁלוּ בָם: [הושע יד, י]

ז) וַיִּשָּׂא לוֹט אֶת עֵינָיו וַיַּרְא אֶת כָּל כִּכַּר הַיַּרְדֵּן כִּי כֻלָּהּ מַשְׁקֶה לִפְנֵי שַׁחֵת יְיָ אֶת סְדֹם וְאֶת עֲמֹרָה כְּגַן יְיָ כְּאֶרֶץ מִצְרַיִם בֹּאֲכָה צֹעַר: [בראשית יג, י]

ח) וַיְהִי אַחַר הַדְּבָרִים הָאֵלֶּה וַתִּשָּׂא אֵשֶׁת אֲדֹנָיו אֶת עֵינֶיהָ אֶל יוֹסֵף וַתֹּאמֶר שִׁכְבָה עִמִּי: [בראשית לט, ז]

ט) וַיֹּאמֶר לוֹ אָבִיו וְאִמּוֹ הַאֵין בִּבְנוֹת אַחֶיךָ וּבְכָל עַמִּי אִשָּׁה כִּי אַתָּה הוֹלֵךְ לָקַחַת אִשָּׁה מִפְּלִשְׁתִּים הָעֲרֵלִים וַיֹּאמֶר שִׁמְשׁוֹן אֶל אָבִיו אוֹתָהּ קַח לִי כִּי הִיא יָשְׁרָה בְעֵינָי: [שופטים יד, ג]

י) וַיַּרְא אֹתָהּ שְׁכֶם בֶּן חֲמוֹר הַחִוִּי נְשִׂיא הָאָרֶץ וַיִּקַּח אֹתָהּ וַיִּשְׁכַּב אֹתָהּ וַיְעַנֶּהָ: [בראשית לד, ב]

כ) כִּי בְעַד אִשָּׁה זוֹנָה עַד כִּכַּר לָחֶם וְאֵשֶׁת אִישׁ נֶפֶשׁ יְקָרָה תָצוּד: [משלי ו, כו]

ל) כִּי זָנְתָה אִמָּם הֹבִישָׁה הוֹרָתָם כִּי אָמְרָה אֵלְכָה אַחֲרֵי מְאַהֲבַי נֹתְנֵי לַחְמִי וּמֵימַי צַמְרִי וּפִשְׁתִּי שַׁמְנִי וְשִׁקּוּיָי: [הושע ב, ז]

מ) וַתַּשְׁקֶיןָ אֶת אֲבִיהֶן יַיִן בַּלַּיְלָה הוּא וַתָּבֹא הַבְּכִירָה וַתִּשְׁכַּב אֶת אָבִיהָ וְלֹא יָדַע בְּשִׁכְבָהּ וּבְקוּמָהּ: [בראשית יט, לג]

נ) אָח נִפְשָׁע מִקִּרְיַת עֹז וּמִדְיָנִים כִּבְרִיחַ אַרְמוֹן: [משלי יח, יט]

ס) לֹא יָבֹא עַמּוֹנִי וּמוֹאָבִי בִּקְהַל יְיָ גַּם דּוֹר עֲשִׂירִי לֹא יָבֹא לָהֶם בִּקְהַל יְיָ עַד עוֹלָם: [דברים כג, ד]

ע) לְתַאֲוָה יְבַקֵּשׁ נִפְרָד בְּכָל תּוּשִׁיָּה יִתְגַּלָּע: [משלי יח, א]

פ) תְּבֹרַךְ מִנָּשִׁים יָעֵל אֵשֶׁת חֶבֶר הַקֵּינִי מִנָּשִׁים בָּאֹהֶל תְּבֹרָךְ: [שופטים ה, כד] צ) בֵּין רַגְלֶיהָ כָּרַע נָפַל שָׁכָב בֵּין רַגְלֶיהָ כָּרַע נָפָל בַּאֲשֶׁר כָּרַע שָׁם נָפַל שָׁדוּד: [שופטים ה, כז] ק) וַיֹּאמֶר יְיָ אֵלַי אַל תָּצַר אֶת מוֹאָב וְאַל תִּתְגָּר בָּם מִלְחָמָה כִּי לֹא אֶתֵּן לְךָ מֵאַרְצוֹ יְרֻשָּׁה כִּי לִבְנֵי לוֹט נָתַתִּי אֶת עָר יְרֻשָּׁה: [דברים ב, ט]

This *daf* is dedicated *l'iluy nishmas*: Sara bat Zakieh *z"l*

the one who ate his *Korban Pesach* for the sake of eating a *rasha*? נְהִי דְּלָא עָבֵיד מִצְוָה מִן הַמּוּבְחָר — Although he did not do a mitzvah in the ideal manner, פֶּסַח מִי לָא קָאָכֵיל — did he not eat the *Korban Pesach* and fulfill a mitzvah? אֶלָּא מָשָׁל לִשְׁנֵי בְּנֵי אָדָם — Rather, it is more comparable to a case regarding two people, זֶה אִשְׁתּוֹ וַאֲחוֹתוֹ עִמּוֹ בְּבַיִת — this one has his wife and sister together with him in a dark house, וְזֶה אִשְׁתּוֹ וַאֲחוֹתוֹ עִמּוֹ בְּבַיִת — and this other one has his wife and sister together with him in a dark house. אֶחָד נִזְדַּמְּנָה לוֹ אִשְׁתּוֹ — One of them had relations, and it was with his wife, וְאֶחָד נִזְדַּמְּנָה לוֹ אֲחוֹתוֹ — and the other one had relations and it was with his sister. זֶה שֶׁנִּזְדַּמְּנָה לוֹ אִשְׁתּוֹ — The one who had relations with his wife, about him it says, צַדִּקִים יֵלְכוּ בָם — "The righteous will walk in them," וְזֶה שֶׁנִּזְדַּמְּנָה לוֹ אֲחוֹתוֹ — and the one who had relations with his sister, about him it says, וּפֹשְׁעִים יִכָּשְׁלוּ בָם — "and transgressors will stumble in them." In this case we can call the one who had relations with his sister a *rasha* because he did an *aveirah* instead of a mitzvah.

The Gemara asks: מִי דָּמֵי — Is Reish Lakish's *mashal* comparable? אֲנַן קָאָמְרִינַן חֲדָא דֶּרֶךְ — We, in the *pasuk*, are discussing two people who went on the same way, וְהָכָא שְׁנֵי דְּרָכִים — but over here, in the example of Reish Lakish, there are two paths, because the two people did not do the same action! אֶלָּא מָשָׁל לְלוֹט וּשְׁתֵּי בְנוֹתָיו — Rather, it is more comparable to the case of Lot and his two daughters (*Bereishis* 19:30-38). Lot's daughters thought that there were no men left in the world for them to marry. They had relations with Lot because they thought it was the only way they could have children. הֵן שֶׁנִּתְכַּוְּונוּ לְשֵׁם מִצְוָה — The daughters, who intended for the sake of the mitzvah, about them it says, צַדִּקִים יֵלְכוּ בָם — "The righteous will walk in them," הוּא שֶׁנִּתְכַּוֵּין לְשֵׁם עֲבֵירָה — but Lot, who intended to do an *aveirah*, about him it says, וּפֹשְׁעִים יִכָּשְׁלוּ בָם — "and transgressors will stumble in them."

The Gemara asks: וְדִלְמָא הוּא נָמֵי לְשֵׁם מִצְוָה הוּא מְכַוֵּין — How do we know to accuse Lot of wrongdoing? Maybe he, too, intended to do a mitzvah? The Gemara answers: אָמַר רַבִּי יוֹחָנָן — Rabi Yochanan said: כָּל הַפָּסוּק הַזֶּה לְשֵׁם עֲבֵירָה נֶאֱמַר — The following *pasuk* alludes entirely to sin (*Bereishis* 13:10): "And Lot lifted his eyes, and behold, the whole plain of the Yarden was entirely fertile." Rabi Yochanan continues to explain all the sins alluded to in the *pasuk*: וַיִּשָּׂא לוֹט — "And Lot lifted," is an allusion to the *pasuk* discussing Potiphar's wife trying to entice Yosef (*Bereishis* 39:7), וַתִּשָּׂא אֵשֶׁת אֲדֹנָיו אֶת עֵינֶיהָ — "His master's wife lifted her eyes towards Yosef [and said: Lie with me]." אֶת עֵינָיו — "his eyes," is an allusion to the *pasuk* discussing Shimshon's desire to marry a Plishti woman (*Shoftim* 14:3), וַיֹּאמֶר שִׁמְשׁוֹן [וגו'] אוֹתָהּ קַח לִי כִּי הִיא יָשְׁרָה בְעֵינָי — "Shimshon said…Take her for me, because she is pleasing to my eyes." וַיַּרְא — "And he saw" alludes to the *pasuk* discussing Shechem forcibly taking Dina (*Bereishis* 34:2), וַיַּרְא אֹתָהּ שְׁכֶם בֶּן חֲמוֹר — "And he saw her, Shechem, son of, Chamor. אֶת כָּל כִּכַּר הַיַּרְדֵּן — "The entire plain of the Yarden," alludes to a *pasuk* in *Mishlei* which uses the term "*kikar*" when referring to a prostitute (*Mishlei* 6:26), כִּי בְעַד

For this *daf's shiur* and charts, scan this QR code:

עֲבָדוּת אֲנִי נוֹתֵן לָכֶם, שֶׁנֶּאֱמַר [א] 'וַיְדַבְּרוּ אֵלָיו לֵאמֹר אִם הַיּוֹם תִּהְיֶה עֶבֶד לָעָם הַזֶּה': תָּנוּ רַבָּנָן, [ב] 'אֲשֶׁר נָשִׂיא יֶחֱטָא', [א]אָמַר רַבָּן יוֹחָנָן בֶּן זַכַּאי, אַשְׁרֵי הַדּוֹר שֶׁהַנָּשִׂיא שֶׁלּוֹ מֵבִיא קָרְבָּן עַל שִׁגְגָתוֹ, אִם נָשִׂיא שֶׁלּוֹ מֵבִיא קָרְבָּן צָרִיךְ אַתָּה לוֹמַר מַהוּ הֶדְיוֹט, וְאִם עַל שִׁגְגָתוֹ מֵבִיא קָרְבָּן צָרִיךְ אַתָּה לוֹמַר מַהוּ זְדוֹנוֹ. מַתְקִיף לָהּ רָבָא בְּרֵיהּ דְּרַבָּה, אֶלָּא מֵעַתָּה דִּכְתִיב [ג] 'וְאֵת אֲשֶׁר חָטָא מִן הַקֹּדֶשׁ יְשַׁלֵּם', וּבְיָרָבְעָם בֶּן נְבָט דִּכְתִיב בֵּיהּ [ד] 'אֲשֶׁר חָטָא וַאֲשֶׁר הֶחֱטִיא', הָכִי נַמֵּי דְּאַשְׁרֵי הַדּוֹר הוּא. שָׁאנֵי הָכָא דְּשַׁנֵּי קְרָא בְּדִבּוּרֵיהּ. דָּרַשׁ רַב נַחְמָן בַּר רַב חִסְדָּא, מַאי דִּכְתִיב [ה] 'יֶשׁ הֶבֶל אֲשֶׁר נַעֲשָׂה עַל הָאָרֶץ' וְגוֹ', אַשְׁרֵיהֶם לַצַּדִּיקִים שֶׁמַּגִּיעַ אֲלֵיהֶם כְּמַעֲשֵׂה הָרְשָׁעִים שֶׁל עוֹלָם הַבָּא בָּעוֹלָם הַזֶּה, אוֹי לָהֶם לָרְשָׁעִים שֶׁמַּגִּיעַ אֲלֵיהֶם כְּמַעֲשֵׂה הַצַּדִּיקִים שֶׁל עוֹלָם הַבָּא בָּעוֹלָם הַזֶּה. אָמַר רָבָא, אַטּוּ צַדִּיקֵי אִי אָכְלֵי תְּרֵי עָלְמֵי מִי סְנֵי לְהוּ. אֶלָּא אָמַר רָבָא, אַשְׁרֵיהֶם לַצַּדִּיקִים שֶׁמַּגִּיעַ אֲלֵיהֶם כְּמַעֲשֵׂה הָרְשָׁעִים שֶׁל עוֹלָם הַזֶּה בָּעוֹלָם הַזֶּה, אוֹי לָהֶם לָרְשָׁעִים שֶׁמַּגִּיעַ אֲלֵיהֶם כְּמַעֲשֵׂה הַצַּדִּיקִים שֶׁל עוֹלָם הַזֶּה בָּעוֹלָם הַזֶּה. רַב פָּפָּא וְרַב הוּנָא בְּרֵיהּ דְּרַב יְהוֹשֻׁעַ אֲתוֹ לְקַמֵּיהּ דְּרָבָא, אָמַר לְהוּ, אוֹקִימְתּוּן מַסֶּכְתָּא פְּלָן וּמַסֶּכְתָּא פְּלָן; אָמְרוּ לֵיהּ, אִין; אִיעַתַּרִיתוּ פּוּרְתָּא; אָמְרוּ לֵיהּ, אִין, דִּזְבַנַּן קְטִינָא דְּאַרְעָא; קְרֵי עֲלַיְיהוּ, אַשְׁרֵיהֶם לַצַּדִּיקִים שֶׁמַּגִּיעַ אֲלֵיהֶם כְּמַעֲשֵׂה הָרְשָׁעִים שֶׁבָּעוֹלָם הַזֶּה. [ב]אָמַר רַבָּה בַּר בַּר חָנָה אָמַר רַבִּי יוֹחָנָן, מַאי דִּכְתִיב [ו] 'כִּי יְשָׁרִים דַּרְכֵי יְיָ וְצַדִּיקִים יֵלְכוּ בָם וּפוֹשְׁעִים יִכָּשְׁלוּ בָם', מָשָׁל לִשְׁנֵי בְּנֵי אָדָם שֶׁצָּלוּ פִּסְחֵיהֶם, אֶחָד אֲכָלוֹ לְשׁוּם מִצְוָה וְאֶחָד אֲכָלוֹ[א] לְשׁוּם אֲכִילָה גַּסָּה, זֶה שֶׁאֲכָלוֹ לְשׁוּם מִצְוָה 'צַדִּיקִים יֵלְכוּ בָם', זֶה שֶׁאֲכָלוֹ לְשׁוּם[ב] אֲכִילָה גַּסָּה 'וּפוֹשְׁעִים יִכָּשְׁלוּ בָם'. אָמַר לֵיהּ רֵישׁ לָקִישׁ, רָשָׁע קָרֵית לֵיהּ, נְהִי דְּלָא עָבֵיד מִצְוָה מִן הַמּוּבְחָר, פֶּסַח מִי לָא קָאָכֵיל[ג]; אֶלָּא מָשָׁל לִשְׁנֵי בְּנֵי אָדָם, זֶה אִשְׁתּוֹ וַאֲחוֹתוֹ עִמּוֹ בַּבַּיִת וְזֶה אִשְׁתּוֹ וַאֲחוֹתוֹ עִמּוֹ בַּבַּיִת, אֶחָד נִזְדַּמְּנָה לוֹ אִשְׁתּוֹ וְאֶחָד נִזְדַּמְּנָה לוֹ אֲחוֹתוֹ, זֶה שֶׁנִּזְדַּמְּנָה לוֹ אִשְׁתּוֹ 'צַדִּיקִים יֵלְכוּ בָם', וְזֶה שֶׁנִּזְדַּמְּנָה לוֹ אֲחוֹתוֹ 'וּפוֹשְׁעִים יִכָּשְׁלוּ בָם'. מִי דָּמֵי, אֲנַן קָאָמְרִינַן חֲדָא דֶּרֶךְ, וְהָכָא שְׁנֵי דְרָכִים. אֶלָּא מָשָׁל לְלוֹט וּשְׁתֵּי בְנוֹתָיו, הֵן שֶׁנִּתְכַּוְּונוּ לְשֵׁם מִצְוָה 'צַדִּיקִים יֵלְכוּ בָם', הוּא שֶׁנִּתְכַּוֵּון לְשֵׁם עֲבֵירָה 'וּפוֹשְׁעִים יִכָּשְׁלוּ בָם'. וְדִלְמָא הוּא נַמֵּי לְשֵׁם מִצְוָה הוּא מְכַוֵּין[ד]. אָמַר רַבִּי יוֹחָנָן, כָּל הַפָּסוּק הַזֶּה לְשֵׁם עֲבֵירָה נֶאֱמַר, [ז] 'וַיִּשָּׂא לוֹט', [ח] 'וַתִּשָּׂא אֵשֶׁת אֲדֹנָיו אֶת עֵינֶיהָ'; [ז] 'אֶת עֵינָיו', [ט] 'וַיֹּאמֶר שִׁמְשׁוֹן [וְגוֹ'] אוֹתָהּ קַח לִי כִּי הִיא יָשְׁרָה בְעֵינָי'; [ז] 'וַיַּרְא', [י] 'וַיַּרְא אוֹתָהּ שְׁכֶם בֶּן חֲמוֹר'; [ז] 'אֶת כָּל כִּכַּר הַיַּרְדֵּן', [כ] 'כִּי בְעַד אִשָּׁה זוֹנָה עַד כִּכַּר לָחֶם'; [ז] 'כִּי כֻלָּה מַשְׁקֶה', [ל] 'אֵלְכָה אַחֲרֵי מְאַהֲבַי נוֹתְנֵי לַחְמִי וּמֵימַי צַמְרִי וּפִשְׁתִּי שַׁמְנִי וְשִׁקּוּיָי'. וְהָא מֵינָס אֲנִיס. תָּנָא מִשּׁוּם רַבִּי יוֹסֵי בַּר רַבִּי חוֹנִי, לָמָּה נָקוּד עַל וָי"ו [מ] שֶׁבְּ'קוּמָהּ' שֶׁל בְּכִירָה, לוֹמַר לָךְ שֶׁבְּשִׁכְבָהּ לֹא יָדַע, אֲבָל בְּקוּמָהּ יָדַע. וּמַאי הֲוָה לֵיהּ לְמֶעְבַּד, מַאי דַּהֲוָה הֲוָה. נָפְקָא מִינָּהּ דִּלְפַנְיָא אַחֲרִינָא לָא אִיבָּעֵי לֵיהּ לְמִישְׁתֵּי. דָּרַשׁ רַבָּה[ה], מַאי דִּכְתִיב [נ] 'אָח נִפְשָׁע מִקִּרְיַת עֹז וּמִדְיָנִים כִּבְרִיחַ אַרְמוֹן', 'אָח נִפְשָׁע מִקִּרְיַת עֹז' זֶה לוֹט שֶׁפֵּירַשׁ מֵאַבְרָהָם, 'וּמִדְיָנִים כִּבְרִיחַ אַרְמוֹן' שֶׁהֵטִיל מְדָנִים בֵּין יִשְׂרָאֵל לְעַמּוֹן, שֶׁנֶּאֱמַר [ס] 'לֹא יָבֹא עַמּוֹנִי וּמוֹאָבִי בִּקְהַל יְיָ'. [ג]דָּרַשׁ רָבָא, וְאִיתֵּימָא רַבִּי יִצְחָק, מַאי דִּכְתִיב [ע] 'לְתַאֲוָה יְבַקֵּשׁ נִפְרָד, (ו)בְכָל תּוּשִׁיָּה יִתְגַּלָּע', 'לְתַאֲוָה יְבַקֵּשׁ נִפְרָד' זֶה לוֹט שֶׁנִּפְרַד מֵאַבְרָהָם, (ו)'בְכָל תּוּשִׁיָּה יִתְגַּלָּע' שֶׁנִּתְגַּלָּה קְלוֹנוֹ בְּבָתֵּי כְנֵסִיּוֹת וּבְבָתֵּי מִדְרָשׁוֹת, [ד]דִּתְנַן, עַמּוֹנִי וּמוֹאָבִי אֲסוּרִין[ו] אִיסּוּר עוֹלָם. [ה]וְאָמַר[ז] עוּלָּא, תָּמָר זִנְּתָה וְזִמְרִי זִינָּה, תָּמָר זִנְּתָה [ו]יָצְאוּ מִמֶּנָּה מְלָכִים וּנְבִיאִים, זִמְרִי זִינָּה נָפְלוּ כַּמָּה רְבָבוֹת מִיִּשְׂרָאֵל. [ז]אָמַר רַב נַחְמָן בַּר יִצְחָק, גְּדוֹלָה עֲבֵירָה לִשְׁמָהּ מִמִּצְוָה שֶׁלֹּא לִשְׁמָהּ, שֶׁנֶּאֱמַר [פ] 'תְּבוֹרַךְ מִנָּשִׁים יָעֵל אֵשֶׁת חֶבֶר הַקֵּינִי מִנָּשִׁים בָּאֹהֶל תְּבוֹרָךְ', מַאן [ח]נִינְהִי 'נָשִׁים בָּאֹהֶל', שָׂרָה רִבְקָה רָחֵל וְלֵאָה. אִינִי, [ט]וְהָאָמַר רַב יְהוּדָה אָמַר רַב, [א]לְעוֹלָם יַעֲסוֹק אָדָם בַּתּוֹרָה וּבְמִצְוֹת אֲפִילּוּ שֶׁלֹּא לִשְׁמָהּ, שֶׁמִּתּוֹךְ שֶׁלֹּא לִשְׁמָהּ בָּא לִשְׁמָהּ. אֵימָא, כְּמִצְוָה שֶׁלֹּא לִשְׁמָהּ. [י]אָמַר רַבִּי יוֹחָנָן, שֶׁבַע בְּעִילוֹת בָּעַל אוֹתוֹ רָשָׁע בְּאוֹתָהּ שָׁעָה, שֶׁנֶּאֱמַר [צ] 'בֵּין רַגְלֶיהָ כָּרַע נָפַל שָׁכָב' וְגוֹ'. וְהָא קָא מִתְהַנְיָא מֵעֲבֵירָה. אָמַר רַבִּי יוֹחָנָן מִשּׁוּם רַבִּי שִׁמְעוֹן בֶּן יוֹחַאי, אֲפִילּוּ טוֹבָתָם שֶׁל רְשָׁעִים רָעָה הִיא אֵצֶל צַדִּיקִים. [כ]אָמַר רַב יְהוּדָה אָמַר רַב, לְעוֹלָם יַעֲסוֹק אָדָם בַּתּוֹרָה וּבְמִצְוֹת אֲפִילּוּ שֶׁלֹּא לִשְׁמָהּ, שֶׁמִּתּוֹךְ שֶׁלֹּא לִשְׁמָהּ בָּא לִשְׁמָהּ, שֶׁבִּשְׂכַר אַרְבָּעִים וּשְׁנַיִם קָרְבָּנוֹת שֶׁהִקְרִיב בָּלָק הָרָשָׁע זָכָה וְיָצְתָה מִמֶּנּוּ רוּת, דְּאָמַר רַבִּי יוֹסֵי בְּרַבִּי חֲנִינָא, [ל]רוּת בַּת בְּנוֹ שֶׁל עֶגְלוֹן בֶּן בְּנוֹ שֶׁל בָּלָק מֶלֶךְ מוֹאָב[ח]. [מ]אָמַר רַבִּי חִיָּיא בַּר אַבָּא אָמַר רַבִּי יוֹחָנָן, מִנַּיִן שֶׁאֵין הַקב"ה מְקַפֵּחַ אֲפִילּוּ שְׂכַר שִׂיחָה נָאָה, מֵהָכָא, דְּאִילּוּ בְּכִירָה דְּקַרְיֵיהּ[ט] 'מוֹאָב' אָמַר לֵיהּ רַחֲמָנָא לְמֹשֶׁה [ק] 'אַל תָּצַר אֶת מוֹאָב וְאַל תִּתְגָּר בָּם מִלְחָמָה', מִלְחָמָה הוּא

רש"י

עבדות אני נותן לכם. שהשררות עבדות הוא לו לאדם, לפי שמוטל עליו עול רבים: 'אשר'. כמו אשרי: צריך אתה לומר מהו הדיוט. בתמיה, כלומר אם המלך שאין לבו כפוף מרגיש ומביא קרבן על שגגתו, כ"ש שהדיוטות מרגישין, שלבם כפופים: מהו על זדונו. בתמיה, כלומר, אם על שגגתו מרגיש, כ"ש שמרגיש על זדונו, וחוזר בתשובה: שאני הכא דשני קרא בדבוריה. דבאידך כתיב 'אם כל עדת ישראל ישגו', 'אם הכהן המשיח', 'אם נפש', והכא כתיב 'אשר נשיא יחטא', ודאי אשרי משמע: אשריהם לצדיקים. כלומר, אשרי הצדיקים שמגיע אליהם כמעשה הרשעים שבעולם הבא בעולם הזה, כלומר, שמגיע אליהם צרות לצדיקים בעולם הזה כדרך שמגיע לרשעים בעוה"ב: אוי. כמו ווי, דהכא לא כתיב 'אשר', דמשמע אוי להם לרשעים שמגיע אליהם טובות בעולם הזה כדרך שמגיע טובות לצדיקים בעולם הבא, דרעה היא לרשעים, כדכתיב 'ומשלם לשונאיו אל פניו' וגו' (דברים ז): צדיקים אי אכלי תרי עלמי מי סני להו. מי שנאוי הוא להם, [כלומר, כלום רע להם] לצדיקים שאוכלים שני עולמות, שיש להם טובה בעוה"ז ובעוה"ב: אלא אמר רבא, אשריהם לצדיקים שמגיע להם. טובות כמעשה הרשעים שבעוה"ז שיש להם טובה, כדכתיב 'ומשלם לשונאיו', דכך[י] מגיע לצדיקים בעוה"ז, אשריהם, שיש להם טובה בעולם הזה ולעוה"ב: ואוי להם לרשעים שמגיע להם. צרות כמעשה הצדיקים שבעולם הזה, [דמשמע שבאים עליהם צרות כמו שבאים על הצדיקים בעוה"ז], דהקב"ה עושה כדי לגבות [חובם] מהצדיקים בעוה"ז כדי שיהא להם שכר טוב בעוה"ב, דכך[י] מגינו צרות לרשעים בעוה"ז, אוי להם, שאין להם טובה לא בעולם הזה ולא בעולם הבא: אוקימתון מסכתא פלן. כלומר, יש לכם מסכתא סדורה בפיכם מסכתא פלוני ופלוני: איעתריתו פורתא. כלומר יש לכם עושר, ואין לכם לטרוח אחר מזונות, ויש לכם פנאי לעסוק תדיר בתורה: אמרו לו, אין, דזבנן. לכל חד וחד מינן קטינא דארעא, ומתזנינן מינה ברווחא: קרי עלייהו, אשריהם לצדיקים שמגיע אליהם כמעשה הרשעים שבעוה"ז. דאכלי לצדיקים תרי עלמי: לשם אכילה גסה. שלא לשום מצוה, אלא נתכוין לאכלו לשם קינוח סעודה: מי דמי, אנן קאמרינן חד דרך. דזה ילך בה וזה יכשל בה: והכא שני דרכים. דלזה נזדמנה לו אשתו ולזה נזדמנה לו אחותו: 'נפשע'. נמרד, שמרד בו שפירש ממנו: 'מקרית עוז'. עוז כמו עז, [כ]אברהם, כדכתיב 'אל צור חוצבתם'[מ] (ישעיה נא): שהטיל מדינים. בינו ובין בני ישראל, כבריחים שנועלים[ל], שהחילונים אינם יכולין ליכנס לפנים, וכך אין עמוני ומואבי יכולין להתערב בישראל, דכתיב 'לא יבא עמוני ומואבי': 'לתאוה'. של עבירה 'יבקש נפרד': זה לוט. דכתיב ביה 'ויפרדו איש מעל אחיו': 'יתגלע'. כמו 'לפני התגלע' (משלי יז), לשון גלוי: תמר זנתה. ונתכוונה לשום מצוה, כדי להעמיד זרע מן הצדיקים[מ], כדכתיב 'כי ראתה כי גדל שלה': זמרי זינה. ונתכוון לשם עבירה: מדקאמר גדולה עבירה לשמה ממצוה שלא לשמה, מכלל דמצוה שלא לשמה גריעותא הוא, והא אמר רב יהודה וכו': אלא אימא. גדולה עבירה לשמה, כלומר, לשום מצוה, כמצוה שלא לשמה: 'בין רגליה כרע נפל שכב בין רגליה כרע נפל באשר כרע שם נפל שדוד', הרי שבעה: נתכוונה לשם מצוה. כדי להתיש כחו ותהא יכולה להרגו: מ"ב קרבנות. שלש פעמים שבעה מזבחות, פר ואיל במזבח[נ]: יצאה ממנו רות. שיצא ממנה דוד שריוה להקב"ה בשירות ובתשבחות (ברכות ז: ב"ב יד:): דקרייה מואב. משמע מאבי[ס]:

עין משפט נר מצוה

ט א מיי' פ"ג מהלכות ת"ת הלכה ה ופ"י מהלכות תשובה הלכה ה סמג עשין יב טוש"ע י"ד סימן רמו סעיף כ:

תוספות הרא"ש

[שייך לעמוד א]

לעניים צורך לילך בספינה ממדינה למדינה. ונראה לפרש כ"כ אתה יודע במוצאי הים וקורותיו ואתה יורד לספינה. וא"ל עד שתמה אתה עלי שלא הועילה חכמתי לי ליזהר ולכוין השעה שיעלו הכוכבים תמה על אלו חכמים גדולים שאין כל חכמתם מועילה להם ליטול עלה לעצמן להרויח אפילו כדי מזונותם בצמצום. הרמ"ה ז"ל: נתן דעתו להושיבם בראש. פירש רש"י כדי שיהיו מתפרנסים בשררה שיתן להם. ולא נהירא דלשון להושיבם בראש בישיבה משמע כדאמרינן בכתובות בשלהי פרק הנושא (דף קג:)[ע] דר"ח בר חמא יושב בראש. ובישיבה מאי פרנסה איכא. אלא משום דאשבחינהו רבי יהושע כולי האי אמר ראוים הללו לישב בראש ולמנותם פרנס על הצבור. הרמ"ה ז"ל:

[ע"כ שייך לעמוד א]

ואחד אכלו אכילה גסה. ...

מסורת הש"ס עם הוספות

א) [תוספתא דב"ק פ"ז ה"ב] ת"כ דבורא דחובה פרשה ה ה"א (אות רנז), ב) נזיר כג. כל הענין ע"ש שינויים, ג) נזיר כג:, ד) שם יבמות עו:, ה) נזיר כג:, ו) מגילה י: סוטה י:, ז) [נזיר כג: ע"ש], ח) [סנהדרין קה: ע"ש], ט) פסחים נ: נזיר כג: סוטה כב: מז. סנהדרין קה: ערכין טז:, י) [יבמות קג. נזיר כג:], כ) [נזיר כג: ע"ש סוטה מז. ע"ש סנהדרין קה: ע"ש], ל) ב"ק לח: נזיר כג:, מ) הוא אברהם. יבמות סד רע"ב, נ) יומא פ ע"ב.

תורה אור השלם

א) וַיְדַבְּרוּ אֵלָיו לֵאמֹר אִם הַיּוֹם תִּהְיֶה עֶבֶד לָעָם הַזֶּה וַעֲבַדְתָּם וַעֲנִיתָם וְדִבַּרְתָּ אֲלֵיהֶם דְּבָרִים טוֹבִים וְהָיוּ לְךָ עֲבָדִים כָּל הַיָּמִים: [מלכים א' יב, ז]

ב) אֲשֶׁר נָשִׂיא יֶחֱטָא וְעָשָׂה אַחַת מִכָּל מִצְוֹת יְיָ אֱלֹהָיו אֲשֶׁר לֹא תֵעָשֶׂינָה בִּשְׁגָגָה וְאָשֵׁם: [ויקרא ד, כב]

ג) וְאֵת אֲשֶׁר חָטָא מִן הַקֹּדֶשׁ יְשַׁלֵּם וְאֶת חֲמִישִׁתוֹ יוֹסֵף עָלָיו וְנָתַן אֹתוֹ לַכֹּהֵן וְהַכֹּהֵן יְכַפֵּר עָלָיו בְּאֵיל הָאָשָׁם וְנִסְלַח לוֹ: [ויקרא ה, טז]

ד) וְיִתֵּן אֶת יִשְׂרָאֵל בִּגְלַל חַטֹּאות יָרָבְעָם אֲשֶׁר חָטָא וַאֲשֶׁר הֶחֱטִיא אֶת יִשְׂרָאֵל: [מלכים א' יד, טז]

ה) יֶשׁ הֶבֶל אֲשֶׁר נַעֲשָׂה עַל הָאָרֶץ אֲשֶׁר יֵשׁ צַדִּיקִים אֲשֶׁר מַגִּיעַ אֲלֵהֶם כְּמַעֲשֵׂה הָרְשָׁעִים וְיֵשׁ רְשָׁעִים שֶׁמַּגִּיעַ אֲלֵהֶם כְּמַעֲשֵׂה הַצַּדִּיקִים אָמַרְתִּי שֶׁגַּם זֶה הָבֶל: [קהלת ח, יד]

ו) מִי חָכָם וְיָבֵן אֵלֶּה נָבוֹן וְיֵדָעֵם כִּי יְשָׁרִים דַּרְכֵי יְיָ וְצַדִּקִים יֵלְכוּ בָם וּפֹשְׁעִים יִכָּשְׁלוּ בָם: [הושע יד, י]

ז) וַיִּשָּׂא לוֹט אֶת עֵינָיו וַיַּרְא אֶת כָּל כִּכַּר הַיַּרְדֵּן כִּי כֻלָּהּ מַשְׁקֶה לִפְנֵי שַׁחֵת יְיָ אֶת סְדֹם וְאֶת עֲמֹרָה כְּגַן יְיָ כְּאֶרֶץ מִצְרַיִם בֹּאֲכָה צֹעַר: [בראשית יג, י]

ח) וַיְהִי אַחַר הַדְּבָרִים הָאֵלֶּה וַתִּשָּׂא אֵשֶׁת אֲדֹנָיו אֶת עֵינֶיהָ אֶל יוֹסֵף וַתֹּאמֶר שִׁכְבָה עִמִּי: [בראשית לט, ז]

ט) וַיֹּאמֶר לוֹ אָבִיו וְאִמּוֹ הַאֵין בִּבְנוֹת אַחֶיךָ וּבְכָל עַמִּי אִשָּׁה כִּי אַתָּה הוֹלֵךְ לָקַחַת אִשָּׁה מִפְּלִשְׁתִּים הָעֲרֵלִים וַיֹּאמֶר שִׁמְשׁוֹן אֶל אָבִיו אוֹתָהּ קַח לִי כִּי הִיא יָשְׁרָה בְעֵינָי: [שופטים יד, ג]

י) וַיַּרְא אֹתָהּ שְׁכֶם בֶּן חֲמוֹר הַחִוִּי נְשִׂיא הָאָרֶץ וַיִּקַּח אֹתָהּ וַיִּשְׁכַּב אֹתָהּ וַיְעַנֶּהָ: [בראשית לד, ב]

כ) כִּי בְעַד אִשָּׁה זוֹנָה עַד כִּכַּר לָחֶם וְאֵשֶׁת אִישׁ נֶפֶשׁ יְקָרָה תָצוּד: [משלי ו, כו]

ל) כִּי זָנְתָה אִמָּם הֹבִישָׁה הוֹרָתָם כִּי אָמְרָה אֵלְכָה אַחֲרֵי מְאַהֲבַי נֹתְנֵי לַחְמִי וּמֵימַי צַמְרִי וּפִשְׁתִּי שַׁמְנִי וְשִׁקּוּיָי: [הושע ב, ז]

מ) וַתַּשְׁקֶיןָ אֶת אֲבִיהֶן יַיִן בַּלַּיְלָה הוּא וַתָּבֹא הַבְּכִירָה וַתִּשְׁכַּב אֶת אָבִיהָ וְלֹא יָדַע בְּשִׁכְבָהּ וּבְקוּמָהּ: [בראשית יט, לג]

נ) אָח נִפְשָׁע מִקִּרְיַת עֹז וּמִדְיָנִים כִּבְרִיחַ אַרְמוֹן: [משלי יח, יט]

ס) לֹא יָבֹא עַמּוֹנִי וּמוֹאָבִי בִּקְהַל יְיָ גַּם דּוֹר עֲשִׂירִי לֹא יָבֹא לָהֶם בִּקְהַל יְיָ עַד עוֹלָם: [דברים כג, ד]

ע) לְתַאֲוָה יְבַקֵּשׁ נִפְרָד בְּכָל תּוּשִׁיָּה יִתְגַּלָּע: [משלי יח, א]

פ) תְּבֹרַךְ מִנָּשִׁים יָעֵל אֵשֶׁת חֶבֶר הַקֵּינִי מִנָּשִׁים בָּאֹהֶל תְּבֹרָךְ: [שופטים ה, כד]

צ) בֵּין רַגְלֶיהָ כָּרַע נָפַל שָׁכָב בֵּין רַגְלֶיהָ כָּרַע נָפַל בַּאֲשֶׁר כָּרַע שָׁם נָפַל שָׁדוּד: [שופטים ה, כז]

ק) וַיֹּאמֶר יְיָ אֵלַי אַל תָּצַר אֶת מוֹאָב וְאַל תִּתְגָּר בָּם מִלְחָמָה כִּי לֹא אֶתֵּן לְךָ מֵאַרְצוֹ יְרֻשָּׁה כִּי לִבְנֵי לוֹט נָתַתִּי אֶת עָר יְרֻשָּׁה: [דברים ב, ט]

הגהות וציונים

י] דכשכך (בארות המים): כ] בכת"י נוסף כלומר מאברהם: ל] בכת"י נוסף לארמון, וכ"ה ... ומדינים: מ] "מן הצדיקים" ליתא בכת"י וברש"י נזיר כג ע"ב ד"ה תמר: נ] נוסח דבור זה בדפו"ר ... שהקריב בלק הרשע. דהוי מצוה שלא לשמה ואפילו הכי זכה וכו': ס] דמשמע מאב ... ע] כת"י "באשכבתיה דרבי, חנינא בר חמא ישב בראש": פ] בכת"י נוסף לימא שאכלו ... נוסף הפרד נא מעלי מ"מ אם לא היה תאב לכך היה לו לומר לאברהם כיון שמריבה זו באה מחמת הרועים נשלים ביניהם ונמחה בידם שלא יריבו עוד אלא ללמדך: ק] כת"י "אלא להתיש כוחו ...

This *daf* is dedicated *l'iluy nishmas*: Sara bat Zakieh *z"l*

אִשָּׁה זוֹנָה עַד כִּכַּר לָחֶם — "For on account of a prostitute, a man is brought to a loaf (*kikar*) of bread." **כִּי כֻלָּהּ מַשְׁקֶה** — "that it was entirely fertile" alludes to a *pasuk* in Hoshea which uses the term "*mashke*" when referring to a prostitute (*Hoshea* 2:7), **אֵלְכָה אַחֲרֵי מְאַהֲבַי נֹתְנֵי לַחְמִי וּמֵימַי צַמְרִי וּפִשְׁתִּי שַׁמְנִי וְשִׁקּוּיָי** — "I will follow my lovers, givers of my bread and my water, my wool and my flax, my oil and my drink (*shikuyai*)." We see clearly that Lot was known as a sinner.

The Gemara asks: **וְהָא מֵינָס אֲנִים** — Why was Lot accused of wrongdoing by having relations with his daughters; weren't the circumstances beyond his control? He was drunk and asleep when they had relations with him! The Gemara answers: **תָּנָא מִשּׁוּם רַבִּי יוֹסֵי בַּר רַבִּי חוֹנִי** — It was taught in a *Baraisa* in the name of Rabi Yosi bar Rabi Choni: The *pasuk*, speaking about Lot having relations with his elder daughter, writes about Lot (*Bereishis* 19:33), "And he did not know when she lay down nor when she arose." The letter *vav* of the word "*u'vekumah*—and when she arose" has a dot over it. **לָמָּה נָקוּד עַל וָיו שֶׁבְּ"קוּמָהּ" שֶׁל בְּכִירָה** — Why is there a dot over the letter *vav* in the word "*kumah*" of the elder daughter? **לוֹמַר לָךְ** — To teach you, **שֶׁבְּשִׁכְבָהּ לֹא יָדַע** — that when she lay down he did not know that he was having relations with her, **אֲבָל בְּקוּמָהּ יָדַע** — but when she got up he did know that he had relations with her. The *Baraisa* asks: **וּמַאי הֲוָה לֵיהּ לְמֶעֱבַד** —At that point, what was he to do? **מַאי דַּהֲוָה הֲוָה** — What was, already was! Why does it matter that Lot knew after the fact that he had relations with his daughter? The *Baraisa* answers: **נָפְקָא מִינָּהּ דִּלְפַנְיָא אַחֲרִינָא לָא אִיבְעֵי לֵיהּ לְמִישְׁתֵּי** — It matters, because he should have learned from his mistake, and the next evening he should not have drunk. When he drank again the second night and had relations with his second daughter, he was guilty because he could have prevented it. Now, we understand why we call Lot a sinner.

The Gemara continues discussing Lot: **דָּרַשׁ רַבָּה** — Rabbah taught: What is the meaning of what is written (*Mishlei* 18:19): **אָח נִפְשָׁע מִקִּרְיַת עֹז וּמִדְיָנִים כִּבְרִיחַ אַרְמוֹן** — "A brother rebelling from a stronghold, and strife is like the bars of a fortress"? **אָח נִפְשָׁע מִקִּרְיַת עֹז** — "A brother rebelling from a stronghold." **זֶה לוֹט שֶׁפֵּירַשׁ מֵאַבְרָהָם** — This refers to Lot who abandoned (he rebelled) Avraham, who is compared to a stronghold. **וּמִדְיָנִים כִּבְרִיחַ אַרְמוֹן** — "and strife is like the bars of a fortress." **שֶׁהֵטִיל מְדָנִים בֵּין יִשְׂרָאֵל לְעַמּוֹן** — This refers to the contention Lot made between the Jews and the nation of Amon, **שֶׁנֶּאֱמַר** — as it says (*Devarim* 23:4), **לֹא יָבֹא עַמּוֹנִי וּמוֹאָבִי בִּקְהַל ה'** — "An Amoni and a Moavi shall not enter the congregation of Hashem." Lot's actions produced a nation that could not mix with the Jewish people; it is as if there are bars of a fortress separating between the two nations.

The Gemara discusses Lot further: **דָּרַשׁ רָבָא** — Rava taught, **וְאִיתֵּימָא רַבִּי יִצְחָק** — and some say it was Rabi Yitzchak who taught: **מַאי דִּכְתִיב** — What is the meaning of what is written (*Mishlei* 18:1): **לְתַאֲוָה יְבַקֵּשׁ נִפְרָד (ובכל) [בְּכָל] תּוּשִׁיָּה יִתְגַּלָּע** — "He who separates himself seeks his own desires; he is exposed against all wisdom"? **לְתַאֲוָה יְבַקֵּשׁ נִפְרָד** — "He who

For this *daf's shiur* and charts, scan this QR code:

עַבְדוּת אֲנִי נוֹתֵן לָכֶם, שֶׁנֶּאֱמַר [א] 'וַיְדַבְּרוּ אֵלָיו לֵאמֹר אִם הַיּוֹם תִּהְיֶה עֶבֶד לָעָם הַזֶּה': תָּנוּ רַבָּנַן, [ב] 'אֲשֶׁר נָשִׂיא יֶחֱטָא', [א] אָמַר רַבָּן יוֹחָנָן בֶּן זַכַּאי, אַשְׁרֵי הַדּוֹר שֶׁהַנָּשִׂיא שֶׁלּוֹ מֵבִיא קָרְבָּן עַל שִׁגְגָתוֹ, אִם נָשִׂיא שֶׁלּוֹ מֵבִיא קָרְבָּן צָרִיךְ אַתָּה לוֹמַר מַהוּ הֶדְיוֹט, וְאִם עַל שִׁגְגָתוֹ מֵבִיא קָרְבָּן צָרִיךְ אַתָּה לוֹמַר מַהוּ זְדוֹנוֹ. מַתְקִיף לַהּ רָבָא בְּרֵיהּ דְּרַבָּה, אֶלָּא מֵעַתָּה דִּכְתִיב [ג] 'וְאֵת אֲשֶׁר חָטָא מִן הַקֹּדֶשׁ יְשַׁלֵּם', וּבְיָרָבְעָם בֶּן נְבָט דִּכְתִיב בֵּיהּ [ד] 'אֲשֶׁר חָטָא וַאֲשֶׁר הֶחֱטִיא', הָכִי נַמֵי דְּאַשְׁרֵי הַדּוֹר הוּא. שָׁאנֵי הָכָא דְּשַׁנֵּי קְרָא בְּדִבּוּרֵיהּ. דָּרַשׁ רַב נַחְמָן בַּר רַב חִסְדָּא, מַאי דִּכְתִיב [ה] 'יֶשׁ הֶבֶל אֲשֶׁר נַעֲשָׂה עַל הָאָרֶץ' וְגוֹ', אַשְׁרֵיהֶם לַצַּדִּיקִים שֶׁמַּגִּיעַ אֲלֵיהֶם כְּמַעֲשֵׂה הָרְשָׁעִים שֶׁל עוֹלָם הַבָּא בָּעוֹלָם הַזֶּה, אוֹי לָהֶם לָרְשָׁעִים שֶׁמַּגִּיעַ אֲלֵיהֶם כְּמַעֲשֵׂה הַצַּדִּיקִים שֶׁל עוֹלָם הַבָּא בָּעוֹלָם הַזֶּה. אָמַר רָבָא, אַטּוּ צַדִּיקֵי אִי אָכְלֵי תְּרֵי עָלְמֵי מִי סְנֵי לְהוּ. אֶלָּא אָמַר רָבָא, אַשְׁרֵיהֶם לַצַּדִּיקִים שֶׁמַּגִּיעַ אֲלֵיהֶם כְּמַעֲשֵׂה הָרְשָׁעִים שֶׁל עוֹלָם הַזֶּה בָּעוֹלָם הַזֶּה, אוֹי לָהֶם לָרְשָׁעִים שֶׁמַּגִּיעַ אֲלֵיהֶם כְּמַעֲשֵׂה הַצַּדִּיקִים שֶׁל עוֹלָם הַזֶּה בָּעוֹלָם הַזֶּה. רַב פָּפָּא וְרַב הוּנָא בְּרֵיהּ דְּרַב יְהוֹשֻׁעַ אֲתוֹ לְקַמֵּיהּ דְּרָבָא, אָמַר לְהוּ, אוֹקִימְתּוּן מַסֶּכְתָּא פְּלָן וּמַסֶּכְתָּא פְּלָן; אָמְרוּ לֵיהּ, אִין; אִיעַתַּרִיתוּ פּוּרְתָּא; אָמְרוּ לֵיהּ, אִין, דִּזְבַנַּן קְטִינָא דְּאַרְעָא; קְרֵי עֲלַיְיהוּ, אַשְׁרֵיהֶם לַצַּדִּיקִים שֶׁמַּגִּיעַ אֲלֵיהֶם כְּמַעֲשֵׂה הָרְשָׁעִים שֶׁבָּעוֹלָם הַזֶּה בָּעוֹלָם הַזֶּה. [ב] אָמַר רַבָּה בַּר בַּר חָנָה אָמַר רַבִּי יוֹחָנָן, מַאי דִּכְתִיב [ו] 'כִּי יְשָׁרִים דַּרְכֵי יְיָ וְצַדִּיקִים יֵלְכוּ בָם וּפֹשְׁעִים יִכָּשְׁלוּ בָם', מָשָׁל לִשְׁנֵי בְּנֵי אָדָם שֶׁצָּלוּ פִּסְחֵיהֶם, אֶחָד אֲכָלוֹ לְשׁוּם מִצְוָה וְאֶחָד אֲכָלוֹ[ל] לְשׁוּם אֲכִילָה גַּסָּה, זֶה שֶׁאֲכָלוֹ לְשׁוּם מִצְוָה 'צַדִּיקִים יֵלְכוּ בָם', זֶה שֶׁאֲכָלוֹ לְשׁוּם[א] אֲכִילָה גַּסָּה 'וּפֹשְׁעִים יִכָּשְׁלוּ בָם'. אָמַר לֵיהּ רֵישׁ לָקִישׁ, רָשָׁע קָרֵית לֵיהּ, נְהִי דְּלָא עָבֵיד מִצְוָה מִן הַמּוּבְחָר, פֶּסַח מִי לָא קָאָכֵיל[ב]; אֶלָּא מָשָׁל לִשְׁנֵי בְּנֵי אָדָם, זֶה אִשְׁתּוֹ וַאֲחוֹתוֹ עִמּוֹ בַּבַּיִת וְזֶה אִשְׁתּוֹ וַאֲחוֹתוֹ עִמּוֹ בַּבַּיִת, אֶחָד נִזְדַּמְּנָה לוֹ אִשְׁתּוֹ וְאֶחָד נִזְדַּמְּנָה לוֹ אֲחוֹתוֹ, זֶה שֶׁנִּזְדַּמְּנָה לוֹ אִשְׁתּוֹ 'צַדִּיקִים יֵלְכוּ בָם', וְזֶה שֶׁנִּזְדַּמְּנָה לוֹ אֲחוֹתוֹ 'וּפֹשְׁעִים יִכָּשְׁלוּ בָם'. מִי דָּמֵי, אֲנַן קָאָמְרִינַן חֲדָא דֶּרֶךְ, וְהָכָא שְׁנֵי דְּרָכִים. אֶלָּא מָשָׁל לְלוֹט וּשְׁתֵּי בְנוֹתָיו, הֵן שֶׁנִּתְכַּוְּונוּ לְשֵׁם מִצְוָה 'צַדִּיקִים יֵלְכוּ בָם', הוּא שֶׁנִּתְכַּוֵּון לְשֵׁם עֲבֵירָה 'וּפֹשְׁעִים יִכָּשְׁלוּ בָם'. וְדִלְמָא הוּא נַמֵי לְשֵׁם מִצְוָה הוּא מִכַּוֵּין[ג]. אָמַר רַבִּי יוֹחָנָן, כָּל הַפָּסוּק הַזֶּה לְשֵׁם עֲבֵירָה נֶאֱמַר, [ז] 'וַיִּשָּׂא לוֹט', [ח] 'וַתִּשָּׂא אֵשֶׁת אֲדֹנָיו אֶת עֵינֶיהָ'; [ז] 'אֶת עֵינָיו', [ט] 'וַיֹּאמֶר שִׁמְשׁוֹן [וְגוֹ'] אוֹתָהּ קַח לִי כִּי הִיא יָשְׁרָה בְעֵינָי'; [ז] 'וַיַּרְא', [י] 'וַיַּרְא אוֹתָהּ שְׁכֶם בֶּן חֲמוֹר'; [ז] 'אֶת כָּל כִּכַּר הַיַּרְדֵּן', [כ] 'כִּי בְעַד אִשָּׁה זוֹנָה עַד כִּכַּר לָחֶם'; [ז] 'כִּי כֻלָּהּ מַשְׁקֶה', [ל] 'אֵלְכָה אַחֲרֵי מְאַהֲבַי נֹתְנֵי לַחְמִי וּמֵימַי צַמְרִי וּפִשְׁתִּי שַׁמְנִי וְשִׁקּוּיָי'. וְהָא מֵינַס אֲנִיס. תָּנָא מִשּׁוּם רַבִּי יוֹסֵי בַּר רַבִּי חוֹנִי, לָמָּה נָקוּד עַל וָי"ו [מ] שֶׁבְּ'קוּמָהּ' שֶׁל בְּכִירָה, לוֹמַר לְךָ שֶׁבְּשִׁכְבָהּ לֹא יָדַע, אֲבָל בְּקוּמָהּ יָדַע. וּמַאי הֲוָה לֵיהּ לְמֶעְבַּד, מַאי דַּהֲוָה הֲוָה. נָפְקָא מִינָּהּ דִּלְפַנְיָא אַחֲרִינָא לָא אִיבְּעֵי לֵיהּ לְמִישְׁתֵּי. דָּרַשׁ רַבָּה[ד], מַאי דִּכְתִיב [נ] 'אָח נִפְשָׁע מִקִּרְיַת עֹז וּמִדְיָנִים כִּבְרִיחַ אַרְמוֹן', 'אָח נִפְשָׁע מִקִּרְיַת עֹז' זֶה לוֹט שֶׁפֵּירַשׁ מֵאַבְרָהָם, 'וּמִדְיָנִים כִּבְרִיחַ אַרְמוֹן' שֶׁהֵטִיל מִדְיָנִים בֵּין יִשְׂרָאֵל לְעַמּוֹן, שֶׁנֶּאֱמַר [ס] 'לֹא יָבֹא עַמּוֹנִי וּמוֹאָבִי בִּקְהַל יְיָ'. [ג] דָּרַשׁ רָבָא, וְאִיתֵּימָא רַבִּי יִצְחָק, מַאי דִּכְתִיב [ע] 'לְתַאֲוָה יְבַקֵּשׁ נִפְרָד, (ו)בְכָל תּוּשִׁיָּה יִתְגַּלָּע', 'לְתַאֲוָה יְבַקֵּשׁ נִפְרָד' זֶה לוֹט שֶׁנִּפְרַד מֵאַבְרָהָם, (ו)'בְכָל תּוּשִׁיָּה יִתְגַּלָּע' שֶׁנִּתְגַּלָּה קְלוֹנוֹ בְּבָתֵּי כְנֵסִיּוֹת וּבְבָתֵּי מִדְרָשׁוֹת, [ד] דִּתְנַן, עַמּוֹנִי וּמוֹאָבִי אֲסוּרִין[ה] אִיסּוּר עוֹלָם. [ה] וְאָמַר[ו] עוּלָּא, תָּמָר זִנְּתָה וְזִמְרִי זִינָּה, תָּמָר זִנְּתָה [ו] יָצְאוּ מִמֶּנָּה מְלָכִים וּנְבִיאִים, זִמְרִי זִינָּה נָפְלוּ כַּמָּה רְבָבוֹת מִיִּשְׂרָאֵל. [ז] אָמַר רַב נַחְמָן בַּר יִצְחָק, גְּדוֹלָה עֲבֵירָה לִשְׁמָהּ מִמִּצְוָה שֶׁלֹּא לִשְׁמָהּ, שֶׁנֶּאֱמַר [פ] 'תְּבֹרַךְ מִנָּשִׁים יָעֵל אֵשֶׁת חֶבֶר הַקֵּינִי מִנָּשִׁים בָּאֹהֶל תְּבֹרָךְ', מַאן [ח] נִינְהִי 'נָשִׁים בָּאֹהֶל', שָׂרָה רִבְקָה רָחֵל וְלֵאָה. אִינִי, [ט] וְהָאָמַר רַב יְהוּדָה אָמַר רַב, [י] לְעוֹלָם יַעֲסוֹק אָדָם בַּתּוֹרָה וּבַמִּצְוֹת אֲפִילּוּ שֶׁלֹּא לִשְׁמָהּ, שֶׁמִּתּוֹךְ שֶׁלֹּא לִשְׁמָהּ בָּא לִשְׁמָהּ. אֵימָא, כְּמִצְוָה שֶׁלֹּא לִשְׁמָהּ. [י] אָמַר רַבִּי יוֹחָנָן, שֶׁבַע בְּעִילוֹת בָּעַל אוֹתוֹ רָשָׁע בְּאוֹתָהּ שָׁעָה, שֶׁנֶּאֱמַר [צ] 'בֵּין רַגְלֶיהָ כָּרַע נָפַל שָׁכָב' וְגוֹ'. וְהָא קָא מִיתְהַנְיָא מֵעֲבֵירָה. אָמַר רַבִּי יוֹחָנָן מִשּׁוּם רַבִּי שִׁמְעוֹן בֶּן יוֹחַאי, אֲפִילּוּ טוֹבָתָם שֶׁל רְשָׁעִים רָעָה הִיא אֵצֶל צַדִּיקִים. [כ] אָמַר רַב יְהוּדָה אָמַר רַב, לְעוֹלָם יַעֲסוֹק אָדָם בַּתּוֹרָה וּבַמִּצְוֹת אֲפִילּוּ שֶׁלֹּא לִשְׁמָהּ, שֶׁמִּתּוֹךְ שֶׁלֹּא לִשְׁמָהּ בָּא לִשְׁמָהּ, שֶׁבִּשְׂכַר אַרְבָּעִים וּשְׁנַיִם קָרְבָּנוֹת שֶׁהִקְרִיב בָּלָק הָרָשָׁע זָכָה וְיָצְתָה מִמֶּנּוּ רוּת, דְּאָמַר רַבִּי יוֹסֵי בְּרַבִּי חֲנִינָא, [ל] רוּת בַּת בְּנוֹ שֶׁל עֶגְלוֹן בֶּן בְּנוֹ שֶׁל בָּלָק מֶלֶךְ מוֹאָב[מ]. [מ] אָמַר רַבִּי חִיָּיא בַּר אַבָּא אָמַר רַבִּי יוֹחָנָן, מִנַּיִן שֶׁאֵין הקב"ה מְקַפֵּחַ אֲפִילּוּ שְׂכַר שִׂיחָה נָאָה, מֵהָכָא, דְּאִילּוּ בְּכִירָה דְּקַרְיֵיהּ[נ] 'מוֹאָב' אָמַר לֵיהּ רַחֲמָנָא לְמֹשֶׁה [ק] 'אַל תָּצַר אֶת מוֹאָב וְאַל תִּתְגָּר בָּם מִלְחָמָה', מִלְחָמָה הוּא

רש"י

עֲבָדוּת אֲנִי נוֹתֵן לָכֶם. שֶׁהַשְּׂרָרוּת עַבְדוּת הוּא לוֹ לָאָדָם, לְפִי שֶׁמּוּטָל עָלָיו עוֹל רַבִּים: 'אֲשֶׁר'. כְּמוֹ אַשְׁרֵי: צָרִיךְ אַתָּה לוֹמַר מַהוּ הֶדְיוֹט. בִּתְמִיָּה, כְּלוֹמַר אִם הַמֶּלֶךְ שֶׁאֵין לִבּוֹ כָּפוּף מַרְגִּישׁ וּמֵבִיא קָרְבָּן עַל שִׁגְגָתוֹ, כ"ש שֶׁהַהֶדְיוֹטוֹת מַרְגִּישִׁין, שֶׁלִּבָּם כְּפוּפִים: מַהוּ עַל זְדוֹנוֹ. בִּתְמִיָּה, כְּלוֹמַר, אִם עַל שִׁגְגָתוֹ מַרְגִּישׁ, כ"ש שֶׁמַּרְגִּישׁ עַל זְדוֹנוֹ, וְחוֹזֵר בִּתְשׁוּבָה: שָׁאנֵי הָכָא דְּשַׁנֵּי קְרָא בְּדִבּוּרֵיהּ. דִּבְכוּלְּהוּ כְּתִיב 'אִם כָּל עֲדַת יִשְׂרָאֵל יִשְׁגּוּ', 'אִם הַכֹּהֵן הַמָּשִׁיחַ', 'אִם נֶפֶשׁ', וְהָכָא כְּתִיב 'אֲשֶׁר נָשִׂיא יֶחֱטָא', וַדַּאי אַשְׁרֵי מַשְׁמַע: אַשְׁרֵיהֶם לַצַּדִּיקִים. כְּלוֹמַר, אַשְׁרֵי הַצַּדִּיקִים שֶׁמַּגִּיעַ אֲלֵיהֶם כְּמַעֲשֵׂה הָרְשָׁעִים שֶׁבָּעוֹלָם הַבָּא בָּעוֹלָם הַזֶּה, כְּלוֹמַר, שֶׁמַּגִּיעַ אֲלֵיהֶם צָרוֹת לַצַּדִּיקִים בָּעוֹלָם הַזֶּה כְּדֶרֶךְ שֶׁמַּגִּיעַ לָרְשָׁעִים בָּעוה"ב: אוֹי. כְּמוֹ וַוי, דְּהָכָא לָא כְּתִיב 'אֲשֶׁר', דְּמַשְׁמַע אוֹי לָהֶם לָרְשָׁעִים שֶׁמַּגִּיעַ אֲלֵיהֶם טוֹבוֹת בָּעוֹלָם הַזֶּה כְּדֶרֶךְ שֶׁמַּגִּיעַ טוֹבוֹת לַצַּדִּיקִים בָּעוֹלָם הַבָּא, דְּרָעָה הִיא לָרְשָׁעִים, כִּדְכְתִיב 'וּמְשַׁלֵּם לְשׂוֹנְאָיו אֶל פָּנָיו' וְגוֹ' (דברים ז): צַדִּיקִים אִי אָכְלֵי תְּרֵי עָלְמֵי מִי סְנֵי לְהוּ. מִי שְׂנָאוּי הוּא לָהֶם, [כְּלוֹמַר, כְּלוּם רַע לָהֶם] לַצַּדִּיקִים שֶׁאוֹכְלִים שְׁנֵי עוֹלָמוֹת, שֶׁיֵּשׁ לָהֶם טוֹבָה בָּעוה"ז וּבָעוה"ב: אֶלָּא אָמַר רָבָא, אַשְׁרֵיהֶם לַצַּדִּיקִים שֶׁמַּגִּיעַ לָהֶם. טוֹבוֹת כְּמַעֲשֵׂה הָרְשָׁעִים שֶׁבָּעוה"ז שֶׁיֵּשׁ לָהֶם טוֹבָה, כִּדְכְתִיב 'וּמְשַׁלֵּם לְשׂוֹנְאָיו', דְּכָךְ[י] מַגִּיעַ לַצַּדִּיקִים בָּעוה"ז, אַשְׁרֵיהֶם, שֶׁיֵּשׁ לָהֶם טוֹבָה בָּעוֹלָם הַזֶּה וְלָעוה"ב: וְאוֹי לָהֶם לָרְשָׁעִים שֶׁמַּגִּיעַ לָהֶם. צָרוֹת כְּמַעֲשֵׂה הַצַּדִּיקִים שֶׁבָּעוֹלָם הַזֶּה, [דְּמַשְׁמַע שֶׁבָּאִים עֲלֵיהֶם צָרוֹת כְּמוֹ שֶׁבָּאִים עַל הַצַּדִּיקִים בָּעוה"ז], דְּהַקב"ה עוֹשֶׂה כְּדֵי לִגְבּוֹת [חוֹבָם] מֵהַצַּדִּיקִים בָּעוה"ז כְּדֵי שֶׁיִּהְיֶה לָהֶם שָׂכָר טוֹב בָּעוה"ב, דְּכָךְ[י] מַגִּיעוּ צָרוֹת לָרְשָׁעִים בָּעוה"ז, אוֹי לָהֶם, שֶׁאֵין לָהֶם טוֹבָה לֹא בָּעוֹלָם הַזֶּה וְלֹא בָּעוֹלָם הַבָּא: אוֹקִימְתּוּן מַסֶּכְתָּא פְּלָן. כְּלוֹמַר, יֵשׁ לָכֶם מַסֶּכְתָּא סְדוּרָה בְּפִיכֶם מַסֶּכְתָּא פְּלוֹנִי וּפְלוֹנִי: אִיעַתַּרִיתוּ פּוּרְתָּא. כְּלוֹמַר יֵשׁ לָכֶם עוֹשֶׁר, וְאֵין לָכֶם לִטְרוֹחַ אַחַר מְזוֹנוֹת, וְיֵשׁ לָכֶם פְּנַאי לַעֲסוֹק תָּדִיר בַּתּוֹרָה: אָמְרוּ לוֹ, אִין, דִּזְבַנַּן. לְכָל חַד וְחַד מִינַּן קְטִינָא דְּאַרְעָא, וּמִתְזָּנִינַן מִינָּהּ בִּרְוָוחָא: קְרֵי עֲלַיְיהוּ, אַשְׁרֵיהֶם לַצַּדִּיקִים שֶׁמַּגִּיעַ אֲלֵיהֶם כְּמַעֲשֵׂה הָרְשָׁעִים שֶׁבָּעוה"ז. דְּאָכְלֵי לַצַּדִּיקִים תְּרֵי עָלְמֵי: לְשֵׁם אֲכִילָה גַּסָּה. שֶׁלֹּא לְשׁוּם מִצְוָה, אֶלָּא נִתְכַּוֵּין לְאָכְלוֹ לְשֵׁם קִנּוּחַ סְעוּדָה: מִי דָּמֵי, אֲנַן קָאָמְרִינַן חַד דֶּרֶךְ. דְּזֶה יֵלֵךְ בָּהּ וְזֶה יִכָּשֵׁל בָּהּ: וְהָכָא שְׁנֵי דְרָכִים. דְּלָזֶה נִזְדַּמְּנָה לוֹ אִשְׁתּוֹ וְלָזֶה נִזְדַּמְּנָה לוֹ אֲחוֹתוֹ: 'נִפְשָׁע'. נִמְרָד, שֶׁמָּרַד בּוֹ שֶׁפֵּירַשׁ מִמֶּנּוּ: 'מִקִּרְיַת עֹז'. עוֹז כְּמוֹ עַז, [ק]אַבְרָהָם, כִּדְכְתִיב 'אֶל צוּר חֻצַּבְתֶּם'[מ] (ישעיה נא): שֶׁהֵטִיל מִדְיָנִים. בֵּינוֹ וּבֵין בְּנֵי יִשְׂרָאֵל, כִּבְרִיחִים שֶׁנּוֹעֲלִים[נ], שֶׁהַחִילוֹנִים אֵינָם יְכוֹלִין לִיכָּנֵס לִפְנִים, וְכָךְ אֵין עַמּוֹנִי וּמוֹאָבִי יְכוֹלִין לְהִתְעָרֵב בְּיִשְׂרָאֵל, דִּכְתִיב 'לֹא יָבֹא עַמּוֹנִי וּמוֹאָבִי': 'לְתַאֲוָה'. שֶׁל עֲבֵירָה 'יְבַקֵּשׁ נִפְרָד': זֶה לוֹט. דִּכְתִיב בֵּיהּ 'וַיִּפָּרְדוּ אִישׁ מֵעַל אָחִיו': 'יִתְגַּלָּע'. כְּמוֹ 'לִפְנֵי הִתְגַּלַּע' (משלי יז), לְשׁוֹן גִּלּוּי: תָּמָר זִנְּתָה. וְנִתְכַּוְּונָה לְשׁוּם מִצְוָה, כְּדֵי לְהַעֲמִיד זֶרַע מִן הַצַּדִּיקִים[מ], כִּדְכְתִיב 'כִּי רָאֲתָה כִּי גָדַל שֵׁלָה': זִמְרִי זִינָּה. וְנִתְכַּוֵּון לְשֵׁם עֲבֵירָה: מִדְּקָאָמַר גְּדוֹלָה עֲבֵירָה לִשְׁמָהּ מִמִּצְוָה שֶׁלֹּא לִשְׁמָהּ, מִכְּלָל דְּמִצְוָה שֶׁלֹּא לִשְׁמָהּ גְּרִיעוּתָא הוּא, וְהָא אָמַר רַב יְהוּדָה וְכוּ': אֶלָּא אֵימָא. גְּדוֹלָה עֲבֵירָה לִשְׁמָהּ, כְּלוֹמַר, לְשׁוּם מִצְוָה, כְּמִצְוָה שֶׁלֹּא לִשְׁמָהּ: 'בֵּין רַגְלֶיהָ כָּרַע נָפַל שָׁכָב בֵּין רַגְלֶיהָ כָּרַע נָפַל בַּאֲשֶׁר כָּרַע שָׁם נָפַל שָׁדוּד', הֲרֵי שִׁבְעָה: נִתְכַּוְּונָה לְשֵׁם מִצְוָה. כְּדֵי לְהַתִּישׁ כֹּחוֹ וְתִהְיֶה יְכוֹלָה לְהָרְגוֹ: מ"ב קָרְבָּנוֹת. שָׁלֹשׁ פְּעָמִים שִׁבְעָה מִזְבְּחוֹת, פַּר וָאַיִל בַּמִּזְבֵּחַ[ס]: יָצְאָה מִמֶּנּוּ רוּת. שֶׁיָּצָא מִמֶּנָּה דָּוִד שֶׁרִיָּוָה לְהקב"ה בְּשִׁירוֹת וְתִשְׁבָּחוֹת (ברכות ז: ב"ב יד:): דְּקַרְיֵיהּ מוֹאָב. מַשְׁמַע מֵאָבִי[ע]:

ט א מיי' פ"ג מהלכות ת"ת הלכה ה ופ"י מהלכות תשובה הלכה ה סמג עשין יב טוש"ע י"ד סימן רמו סעיף כ:

תוספות הרא"ש

[שייך לעמוד א]

לעניים לורך לילך בספינה ממדינה למדינה. ונראה לפרש כ"כ אתה יודע במזלאי הים וקורותיו ואתה יורד לספינה. וא"ל עד שתמה אתה עלי שלא הועילה חכמתי לי ליזהר ולכוין השעה שיעלו הכוכבים תמה על אלו חכמים גדולים שאין כל חכמתם מועילה להם ליטול עלה לעצמן להרויח אפילו כדי מזונותם בצמצום. הרמ"ה ז"ל: נתן דעתו להושיבם בראש. פירש רש"י כדי שיהיו מתפרנסים בשררה שיתן להם. ולא נהירא דלשון להושיבם בראש בישיבה משמע כדאמרינן בכתובות בשלהי פרק הנושא (דף קג:)[ע] דר"ח בר חמא יושב בראש. ובישיבה מאי פרנסה איכא. אלא משום דאשכחיהו רבי יהושע כולי האי אמר ראוים הללו לישב בראש ולמנותם פרנס על הצבור. הרמ"ה ז"ל:

[ע"כ שייך לעמוד א]

ואחד אכלו אכילה גסה. פרש"י ז"ל [לשם אכילה גסה] שלא נתכוון לאכלו לשם מצוה אלא נתכוון לאכול בקנוח סעודה (לשם אכילה גסה). ופירושו אינו מובן דמאי פשע אי במה שאכל בקנוח סעודה זו היא עיקר מצותו שיהא נאכל על השובע. ועוד מאי דקאמר לשם אכילה גסה אם הוא שבע כ"כ שהאכילה גסה היא לו מה לו להזכיר לשם אכילה גסה.[פ] ואם הוא תאב לאכלו ואכל שלא לשם מצוה לימא ואחד אכלו שלא לשם מצוה. אלא נראה לפרש כפשוטו שאכלו לאחר שהיה שבע כ"כ שאינו נהנה כלל מאותה אכילה אע"פ שדרכו להיות נאכל על השובע היינו משום דכתיב למשחה כדרך שהמלכים אוכלים שמביאין התפנוקין הטובים בקינוח סעודה לפי שכבר שבעו משאר מאכלים ונפשם קלה בהם אלא שנהנים ממאכלים הטובים באחרונה. אבל אין לאכול קדשים אחר השבע כ"כ שאין נפשם נהנה מהם שאין זה למשחה. ומ"מ פריך שפיר נהי דלא קא עביד מצוה מן המובחר פסח מיהא עביד דמקריא שפיר אכילה אע"פ שאינו נהנה מהם. והא דאמרינן[צ] האוכל אכילה גסה ביוה"כ פטור אלמא דלא מקריא אכילה כלל היינו כשהוא שבע כ"כ שמאכל כואב לו מרוב שבעו: לתאוה יבקש נפרד זה לוט שנפרד מאברהם. אע"פ שלא נפרד עד שאמר לו אברהם[ק] כיון שמריבה זו באה מחמת הרועים ה"ל למחות שלא ירבו עוד ללמדך שהיה תאב להפרידו וכיון שפתח לו אברהם מיד נפרד ממנו ומתוך זה נתגלה קלונו שאם נשאר אצל אברהם לא באה תקלה זו ע"י. הרמ"ה ז"ל: גדולה עבירה לשמה. מה שנבעלה יעל לסיסרא לא להנאתה כיונה אלא לתשש כוחו שירדו ויהרגנוהו[ר] אבל בעילות האמהות להנאתן הלכך קרי להו מצוה שלא לשמה:

הגהות וציונים

א] "לשום" ליתא בדפוס ויניציאה (עי' שער יוסף דרמב"ן ורא"ש ומאירי ל"ג ליה) והוסיפוהו ע"פ רש"י: ב] רא"ש ומאירי וכת"י "פסח מיהא קעביד", וכמו בנזיר: ג] אה"ת וכת"י "לשם מצוה איכוון", וכמו בנזיר: ד] [בנזיר כג ע"א איתא רבא] (גליון), וכ"ה כאן באה"ת ובכת"י: ה] אה"ת וכת"י "אסורין ואיסורן איסור עולם", וכמו ביבמות ובנזיר: ו] אה"ת וכת"י "אמר עולא", וכמו בנזיר: ז] [צ"ל גופא אמר רב יהודה כו' וכ"א בנזיר] (גליון): ח] יש להוסיף היתה (דפו"ר, וכן העתיק ב"ש): ט] צ"ל דקריתיה (דפו"ר, וכן העתיק ב"ש): י] דכשכך (בארות המים): כ] בכת"י נוסף כלומר מאברהם: ל] בכת"י נוסף לארמון, וכ"ה ברש"י נזיר כג ע"ב ד"ה ומדינים: מ] "מן הצדיקים" ליתא בכת"י וברש"י נזיר כג ע"ב ד"ה תמר: נ] נוסח דבור זה בדפו"ר ובכת"י מ"ב קרבנות שהקריב בלק הרשע. דהוי מצוה שלא לשמה ואפילו הכי זכה וכו': ס] דמשמע מאב (נוסחת הריב"ן בנזיר): ע] כת"י "באשכבתיה דרבי, חנינא בר חמא ישב בראש": פ] בכת"י נוסף לימא שאכלו אכילה גסה: צ] בכת"י נוסף הפרד נא מעלי מ"מ אם לא היה תאב לכך היה לו לומר לאברהם כיון שמריבה זו באה מחמת הרועים נשלים ביניהם ונמחה בידם שלא ירבו עוד אלא ללמדך: ק] כת"י "אלא להתיש כוחו שירדם ותהרגהו":

מסורת הש"ס עם הוספות

א) [תוספתא דב"ק פ"ז ה"ב] ת"כ דבורא דחובה פרשה ה ה"א (אות רנז), ב) נזיר כג. כל הענין ע"ש שינויים, ג) נזיר כג:, ד) שם יבמות עו:, ה) נזיר כג:, ו) מגילה י: סוטה י:, ז) [נזיר כג: ע"ש], ח) [סנהדרין קה: ע"ש], ט) פסחים נ: נזיר כג: סוטה כב: מז. סנהדרין קה: ערכין טז:, י) [יבמות קג. נזיר כג:], כ) [נזיר כג: ע"ש סוטה מז. ע"ש סנהדרין קה: ע"ש], ל) ב"ק לח: נזיר כג:, מ) הוא אברהם. יבמות סד רע"ב, נ) יומא פ ע"ב.

תורה אור השלם

א) וַיְדַבְּרוּ אֵלָיו לֵאמֹר אִם הַיּוֹם תִּהְיֶה עֶבֶד לָעָם הַזֶּה וַעֲבַדְתָּם וַעֲנִיתָם וְדִבַּרְתָּ אֲלֵיהֶם דְּבָרִים טוֹבִים וְהָיוּ לְךָ עֲבָדִים כָּל הַיָּמִים: [מלכים א' יב, ז]

ב) אֲשֶׁר נָשִׂיא יֶחֱטָא וְעָשָׂה אַחַת מִכָּל מִצְוֹת יְיָ אֱלֹהָיו אֲשֶׁר לֹא תֵעָשֶׂינָה בִּשְׁגָגָה וְאָשֵׁם: [ויקרא ד, כב]

ג) וְאֵת אֲשֶׁר חָטָא מִן הַקֹּדֶשׁ יְשַׁלֵּם וְאֶת חֲמִישִׁתוֹ יוֹסֵף עָלָיו וְנָתַן אֹתוֹ לַכֹּהֵן וְהַכֹּהֵן יְכַפֵּר עָלָיו בְּאֵיל הָאָשָׁם וְנִסְלַח לוֹ: [ויקרא ה, טז]

ד) וְיִתֵּן אֶת יִשְׂרָאֵל בִּגְלַל חַטֹּאות יָרָבְעָם אֲשֶׁר חָטָא וַאֲשֶׁר הֶחֱטִיא אֶת יִשְׂרָאֵל: [מלכים א' יד, טז]

ה) יֶשׁ הֶבֶל אֲשֶׁר נַעֲשָׂה עַל הָאָרֶץ אֲשֶׁר יֵשׁ צַדִּיקִים אֲשֶׁר מַגִּיעַ אֲלֵהֶם כְּמַעֲשֵׂה הָרְשָׁעִים וְיֵשׁ רְשָׁעִים שֶׁמַּגִּיעַ אֲלֵהֶם כְּמַעֲשֵׂה הַצַּדִּיקִים אָמַרְתִּי שֶׁגַּם זֶה הָבֶל: [קהלת ח, יד]

ו) מִי חָכָם וְיָבֵן אֵלֶּה נָבוֹן וְיֵדָעֵם כִּי יְשָׁרִים דַּרְכֵי יְיָ וְצַדִּקִים יֵלְכוּ בָם וּפֹשְׁעִים יִכָּשְׁלוּ בָם: [הושע יד, י]

ז) וַיִּשָּׂא לוֹט אֶת עֵינָיו וַיַּרְא אֶת כָּל כִּכַּר הַיַּרְדֵּן כִּי כֻלָּהּ מַשְׁקֶה לִפְנֵי שַׁחֵת יְיָ אֶת סְדֹם וְאֶת עֲמֹרָה כְּגַן יְיָ כְּאֶרֶץ מִצְרַיִם בֹּאֲכָה צֹעַר: [בראשית יג, י]

ח) וַיְהִי אַחַר הַדְּבָרִים הָאֵלֶּה וַתִּשָּׂא אֵשֶׁת אֲדֹנָיו אֶת עֵינֶיהָ אֶל יוֹסֵף וַתֹּאמֶר שִׁכְבָה עִמִּי: [בראשית לט, ז]

ט) וַיֹּאמֶר לוֹ אָבִיו וְאִמּוֹ הַאֵין בִּבְנוֹת אַחֶיךָ וּבְכָל עַמִּי אִשָּׁה כִּי אַתָּה הוֹלֵךְ לָקַחַת אִשָּׁה מִפְּלִשְׁתִּים הָעֲרֵלִים וַיֹּאמֶר שִׁמְשׁוֹן אֶל אָבִיו אוֹתָהּ קַח לִי כִּי הִיא יָשְׁרָה בְעֵינָי: [שופטים יד, ג]

י) וַיַּרְא אֹתָהּ שְׁכֶם בֶּן חֲמוֹר הַחִוִּי נְשִׂיא הָאָרֶץ וַיִּקַּח אֹתָהּ וַיִּשְׁכַּב אֹתָהּ וַיְעַנֶּהָ: [בראשית לד, ב]

כ) כִּי בְעַד אִשָּׁה זוֹנָה עַד כִּכַּר לָחֶם וְאֵשֶׁת אִישׁ נֶפֶשׁ יְקָרָה תָצוּד: [משלי ו, כו]

ל) כִּי זָנְתָה אִמָּם הֹבִישָׁה הוֹרָתָם כִּי אָמְרָה אֵלְכָה אַחֲרֵי מְאַהֲבַי נֹתְנֵי לַחְמִי וּמֵימַי צַמְרִי וּפִשְׁתִּי שַׁמְנִי וְשִׁקּוּיָי: [הושע ב, ז]

מ) וַתַּשְׁקֶיןָ אֶת אֲבִיהֶן יַיִן בַּלַּיְלָה הוּא וַתָּבֹא הַבְּכִירָה וַתִּשְׁכַּב אֶת אָבִיהָ וְלֹא יָדַע בְּשִׁכְבָהּ וּבְקוּמָהּ: [בראשית יט, לג]

נ) אָח נִפְשָׁע מִקִּרְיַת עֹז וּמִדְיָנִים כִּבְרִיחַ אַרְמוֹן: [משלי יח, יט]

ס) לֹא יָבֹא עַמּוֹנִי וּמוֹאָבִי בִּקְהַל יְיָ גַּם דּוֹר עֲשִׂירִי לֹא יָבֹא לָהֶם בִּקְהַל יְיָ עַד עוֹלָם: [דברים כג, ד]

ע) לְתַאֲוָה יְבַקֵּשׁ נִפְרָד בְּכָל תּוּשִׁיָּה יִתְגַּלָּע: [משלי יח, א]

פ) תְּבֹרַךְ מִנָּשִׁים יָעֵל אֵשֶׁת חֶבֶר הַקֵּינִי מִנָּשִׁים בָּאֹהֶל תְּבֹרָךְ: [שופטים ה, כד]

צ) בֵּין רַגְלֶיהָ כָּרַע נָפַל שָׁכָב בֵּין רַגְלֶיהָ כָּרַע נָפָל בַּאֲשֶׁר כָּרַע שָׁם נָפַל שָׁדוּד: [שופטים ה, כז]

ק) וַיֹּאמֶר יְיָ אֵלַי אַל תָּצַר אֶת מוֹאָב וְאַל תִּתְגָּר בָּם מִלְחָמָה כִּי לֹא אֶתֵּן לְךָ מֵאַרְצוֹ יְרֻשָּׁה כִּי לִבְנֵי לוֹט נָתַתִּי אֶת עָר יְרֻשָּׁה: [דברים ב, ט]

This *daf* is dedicated *l'iluy nishmas*: Sara bat Zakieh z"l

separates himself seeks his own desires." זֶה לוֹט שֶׁנִּפְרַד מֵאַבְרָהָם — This refers to Lot who left Avraham to seek his own desires. (ובכל) [בְּכָל] תּוּשִׁיָּה יִתְגַּלָּע — "he is exposed against all wisdom." שֶׁנִּתְגַּלָּה קְלוֹנוֹ בְּבָתֵּי כְּנֵסִיּוֹת וּבְבָתֵּי מִדְרָשׁוֹת —This refers to the fact that his shame was revealed in *batei k'neisios and batei midrashos*, דִּתְנַן — as we learned in a Mishnah (*Yevamos* 76a), עַמּוֹנִי וּמוֹאָבִי אֲסוּרִין אִסּוּר עוֹלָם — An Amoni and Moavi, who are Lot's descendants, are permanently forbidden to marry Jews. Lot is shamed in all places of wisdom.

The Gemara continues discussing how a person's actions are dependent on his intentions: וְאָמַר עוּלָּא — And Ulla said: תָּמָר זִנְּתָה וְזִמְרִי זִינָּה — Tamar engaged in *z'nus* with Yehudah (*Bereishis* Chapter 38), and Zimri engaged in *z'nus* with Cozbi (*Bamidbar* 25:6-9). תָּמָר זִנְּתָה — Tamar engaged in *z'nus,* for the sake of a mitzvah, יָצְאוּ מִמֶּנָּה מְלָכִים וּנְבִיאִים — and kings and prophets came out from her. זִמְרִי זִינָּה — Zimri engaged in *z'nus* for the sake of an *aveirah*, נָפְלוּ כַּמָּה רְבָבוֹת מִיִּשְׂרָאֵל — and tens of thousands of Jewish people fell.

אָמַר רַב נַחְמָן בַּר יִצְחָק — Rav Nachman bar Yitzchak said: גְּדוֹלָה עֲבֵירָה לִשְׁמָהּ מִמִּצְוָה שֶׁלֹּא לִשְׁמָהּ — An *aveirah* done for the sake of Heaven is greater than a mitzvah not done for the sake of Heaven, שֶׁנֶּאֱמַר — as it says (*Shoftim* 5:24), תְּבֹרַךְ מִנָּשִׁים יָעֵל אֵשֶׁת חֶבֶר הַקֵּינִי מִנָּשִׁים בָּאֹהֶל תְּבֹרָךְ — "Blessed above women shall be Yael, the wife of Chever the Keini; above women in the tent shall she be blessed." מַאן נִינְהוּ נָשִׁים בָּאֹהֶל — Who are these "women in the tent" that the *pasuk* refers to, that Yael is deserving of a blessing greater than theirs? שָׂרָה, רִבְקָה, רָחֵל וְלֵאָה — They are Sarah, Rivkah, Rochel, and Leah. Yael engaged in *z'nus* with Sisera to save the Jewish people. She did an *aveirah l'shem Shamayim*. We see from here that an *aveirah lishmah* is very great; it is even greater than doing a mitzvah *shelo lishmah.*

The Gemara asks: אִינִי — If we say that an *aveirah lishmah*, is better than a mitzvah *shelo lishmah*, that would indicate that a mitzvah *shelo lishmah* has no value. Is it true that a mitzvah *shelo lishmah* does not have value? וְהָאָמַר רַב יְהוּדָה אָמַר רַב — But didn't Rav Yehudah say that Rav said: לְעוֹלָם יַעֲסוֹק אָדָם בְּתוֹרָה וּבְמִצְוֹת אֲפִילּוּ שֶׁלֹּא לִשְׁמָהּ — One should always toil in Torah and *mitzvos*, even *shelo lishmah*, שֶׁמִּתּוֹךְ שֶׁלֹּא לִשְׁמָהּ בָּא לִשְׁמָהּ — because by performing *mitzvos shelo lishmah* he will come to perform them *lishmah*? We see that there is value to a mitzvah even if it is performed *shelo lishmah*! אֵימָא כְּמִצְוָה שֶׁלֹּא לִשְׁמָהּ — Rather, instead of saying that an *aveirah lishmah* is better than a mitzvah *shelo lishmah*, say that an *aveirah lishmah* is equal to a mitzvah *shelo lishmah*. A mitzvah *shelo lishmah* certainly has value, and an *avirah shelo lishmah* is equal to it.

The Gemara continues discussing Yael: אָמַר רַבִּי יוֹחָנָן — Rabi Yochanan said: שֶׁבַע בְּעִילוֹת בָּעַל אוֹתוֹ רָשָׁע בְּאוֹתָהּ שָׁעָה — That wicked man, Sisera, performed seven acts of intercourse with Yael at that time. שֶׁנֶּאֱמַר — As it says (*Shoftim* 5:27), בֵּין רַגְלֶיהָ כָּרַע נָפַל שָׁכָב וְגוֹ' — "Between her legs he crouched, he fell, he lay; [between her legs he crouched, he fell; where he crouched, there he fell dead."]

For this *daf's shiur* and charts, scan this QR code:

עין משפט
נר מצוה

ט א מיי' פ"ג מהלכות ת"ת הלכה ה ופ"י מהלכות תשובה הלכה ה סמג עשין יב טוש"ע י"ד סימן רמו סעיף כ:

עבדות אני נותן לכם, שנאמר (א) 'וידברו אליו לאמר אם היום תהיה עבד לעם הזה': תנו רבנן, (ב) 'אשר נשיא יחטא', אמר רבן יוחנן בן זכאי, אשרי הדור שהנשיא שלו מביא קרבן על שגגתו, אם נשיא שלו מביא קרבן צריך אתה לומר מהו הדיוט, ואם על שגגתו מביא קרבן צריך אתה לומר מהו זדונו. מתקיף לה רבא בריה דרבה, אלא מעתה דכתיב (ג) 'ואת אשר חטא מן הקדש ישלם', ובירבעם בן נבט דכתיב ביה (ד) 'אשר חטא ואשר החטיא', הכי נמי דאשרי הדור הוא. שאני הכא דשני קרא בדבוריה. דרש רב נחמן בר רב חסדא, מאי דכתיב (ה) 'יש הבל אשר נעשה על הארץ' וגו', אשריהם לצדיקים שמגיע אליהם כמעשה הרשעים של עולם הבא בעולם הזה, אוי להם לרשעים שמגיע אליהם כמעשה הצדיקים של עולם הבא בעולם הזה. אמר רבא, אטו צדיקי אי אכלי תרי עלמי מי סני להו. אלא אמר רבא, אשריהם לצדיקים שמגיע אליהם כמעשה הרשעים של עולם הזה בעולם הזה, אוי להם לרשעים שמגיע אליהם כמעשה הצדיקים של עולם הזה בעולם הזה. רב פפא ורב הונא בריה דרב יהושע אתו לקמיה דרבא, אמר להו, אוקימתון מסכתא פלן ומסכתא פלן; אמרו ליה, אין; איעתריתו פורתא; אמרו ליה, אין, דזבנן קטינא דארעא; קרי עלייהו, אשריהם לצדיקים שמגיע אליהם כמעשה הרשעים שבעולם הזה. אמר רבה בר בר חנה אמר רבי יוחנן, מאי דכתיב (ו) 'כי ישרים דרכי ה' וצדיקים ילכו בם ופושעים יכשלו בם', משל לשני בני אדם שצלו פסחיהם, אחד אכלו לשום מצוה ואחד אכלו[א] לשום אכילה גסה, זה שאכלו לשום מצוה 'צדיקים ילכו בם', זה שאכלו לשום אכילה גסה 'ופושעים יכשלו בם'. אמר ליה ריש לקיש, רשע קרית ליה, נהי דלא עביד מצוה מן המובחר, פסח מי לא קאכיל[ב]; אלא משל לשני בני אדם, זה אשתו ואחותו עמו בבית, וזה אשתו ואחותו עמו בבית, אחד נזדמנה לו אשתו ואחד נזדמנה לו אחותו, זה שנזדמנה לו אשתו 'צדיקים ילכו בם', וזה שנזדמנה לו אחותו 'ופושעים יכשלו בם'. מי דמי, אנן קאמרינן חדא דרך, והכא שני דרכים. אלא משל ללוט ושתי בנותיו, הן שנתכוונו לשם מצוה 'צדיקים ילכו בם', הוא שנתכוון לשם עבירה 'ופושעים יכשלו בם'. ודלמא הוא נמי לשם מצוה הוא מכוין[ג]. אמר רבי יוחנן, כל הפסוק הזה לשם עבירה נאמר, (ז) 'וישא לוט', (ח) 'ותשא אשת אדניו את עיניה'; (ז) 'את עיניו', (ט) 'ויאמר שמשון [וגו'] אותה קח לי כי היא ישרה בעיני'; (ז) 'וירא', (י) 'וירא אותה שכם בן חמור'; (ז) 'את כל ככר הירדן', (כ) 'כי בעד אשה זונה עד ככר לחם'; (ז) 'כי כלה משקה', (ל) 'אלכה אחרי מאהבי נותני לחמי ומימי צמרי ופשתי שמני ושקויי'. והא מינס אניס. תנא משום רבי יוסי בר רבי חוני, למה נקוד על וי"ו (מ) שב'קומה' של בכירה, לומר לך שבשכבה לא ידע, אבל בקומה ידע. ומאי הוה ליה למעבד, מאי דהוה הוה. נפקא מינה דלפניא אחרינא לא איבעי ליה למישתי. דרש רבה[ד], מאי דכתיב (נ) 'אח נפשע מקרית עוז ומדינים כבריח ארמון', 'אח נפשע מקרית עוז' זה לוט שפירש מאברהם, 'ומדינים כבריח ארמון' שהטיל מדינים בין ישראל לעמון, שנאמר (ס) 'לא יבא עמוני ומואבי בקהל ה''. דרש רבא, ואיתימא רבי יצחק, מאי דכתיב (ע) 'לתאוה יבקש נפרד, (ו)בכל תושיה יתגלע', 'לתאוה יבקש נפרד' זה לוט שנפרד מאברהם, (ו)'בכל תושיה יתגלע' שנתגלה קלונו בבתי כנסיות ובבתי מדרשות, דתנן, עמוני ומואבי אסורין[ה] איסור עולם. ואמר[ו] עולא, תמר זנתה וזמרי זינה, תמר זנתה יצאו ממנה מלכים ונביאים, זמרי זינה נפלו כמה רבבות מישראל. אמר רב נחמן בר יצחק, גדולה עבירה לשמה ממצוה שלא לשמה, שנאמר (פ) 'תבורך מנשים יעל אשת חבר הקיני מנשים באהל תבורך', מאן נינהי 'נשים באהל', שרה רבקה רחל ולאה. איני, והאמר רב יהודה אמר רב, לעולם יעסוק אדם בתורה ובמצות אפילו שלא לשמה, שמתוך שלא לשמה בא לשמה. אימא, כמצוה שלא לשמה. אמר רבי יוחנן, שבע בעילות בעל אותו רשע באותה שעה, שנאמר (צ) 'בין רגליה כרע נפל שכב' וגו'. והא קא מיתהניא מעבירה. אמר רבי יוחנן משום רבי שמעון בן יוחאי, אפילו טובתם של רשעים רעה היא אצל צדיקים. אמר רב יהודה אמר רב, לעולם יעסוק אדם בתורה ובמצות אפילו שלא לשמה, שמתוך שלא לשמה בא לשמה, שבשכר ארבעים ושנים קרבנות שהקריב בלק הרשע זכה ויצתה ממנו רות, דאמר רבי יוסי ברבי חנינא, רות בת בנו של עגלון בן בנו של בלק מלך מואב[ח]. אמר רבי חייא בר אבא אמר רבי יוחנן, מנין שאין הקב"ה מקפח אפילו שכר שיחה נאה, מהכא, דאילו בכירה דקרייה[ט] 'מואב' אמר ליה רחמנא למשה (ק) 'אל תצר את מואב ואל תתגר בם מלחמה', מלחמה הוא

עבדות אני נותן לכם. שהשררות עבדות הוא לו לאדם, לפי שמוטל עליו עול רבים: **'אשר'.** כמו אשרי: **צריך אתה לומר מהו הדיוט.** בתמיה, כלומר אם המלך שאין לבו כפוף מרגיש ומביא קרבן על שגגתו, כ"ש שהדיוטות מרגישין, שלבם כפופים: **מהו על זדונו.** בתמיה, כלומר, אם על שגגתו מרגיש, כ"ש שמרגיש על זדונו, וחוזר בתשובה: **שאני הכא דשני קרא בדבוריה.** דכולהו כתיב 'אם כל עדת ישראל ישגו', 'אם הכהן המשיח', 'אם נפש', והכא כתיב 'אשר נשיא יחטא', ודאי אשרי משמע: **אשריהם לצדיקים.** כלומר, אשרי הצדיקים שמגיע אליהם כמעשה הרשעים שבעולם הבא בעולם הזה, כלומר, שמגיע אליהם צרות לצדיקים בעולם הזה כדרך שמגיע לרשעים בעוה"ב: **אוי.** כמו ווי, דהכא לא כתיב 'אשר', דמשמע אוי להם לרשעים שמגיע אליהם טובות בעולם הזה כדרך שמגיע טובות לצדיקים בעולם הבא, דרעה היא לרשעים, כדכתיב 'ומשלם לשונאיו אל פניו' וגו' (דברים ז): **צדיקים אי אכלי תרי עלמי מי סני להו.** מי שנאוי הוא להם, [כלומר, כלום רע להם] לצדיקים שאוכלים שני עולמות, שיש להם טובה בעוה"ז ובעוה"ב: **אלא אמר רבא, אשריהם לצדיקים שמגיע להם.** טובות כמעשה הרשעים שבעוה"ז שיש להם טובה, כדכתיב 'ומשלם לשונאיו', דכך[י] מגיע לצדיקים בעוה"ז, אשריהם, שיש להם טובה בעולם הזה ולעוה"ב: **ואוי להם לרשעים שמגיע להם.** צרות כמעשה הצדיקים שבעולם הזה, [דמשמע שבאים עליהם צרות כמו שבאים על הצדיקים בעוה"ז], דהקב"ה עושה כדי לגבות [חובם] מהצדיקים בעוה"ז כדי שיהא להם שכר טוב בעוה"ב, דכך[י] מגיעו צרות לרשעים בעוה"ז, אוי להם, שאין להם טובה לא בעולם הזה ולא בעולם הבא: **אוקימתון מסכתא פלן.** כלומר, יש לכם מסכתא סדורה בפיכם מסכתא פלוני ופלוני: **איעתריתו פורתא.** כלומר יש לכם עושר, ואין לכם לטרוח אחר מזונות, ויש לכם פנאי לעסוק תדיר בתורה: **אמרו לו, אין, דזבנן.** לכל חד וחד מינן **קטינא דארעא,** ומתזנינן מינה ברווחא: **קרי עלייהו, אשריהם לצדיקים שמגיע אליהם כמעשה הרשעים שבעוה"ז.** דאכלי לצדיקים תרי עלמי: **לשם אכילה גסה.** שלא לשום מצוה, אלא נתכוין לאכלו לשם קנוח סעודה: **מי דמי, אנן קאמרינן חד דרך.** דזה ילך בה וזה יכשל בה: **והכא שני דרכים.** דלזה נזדמנה לו אשתו ולזה נזדמנה לו אחותו: **'נפשע'.** נמרד, שמרד בו שפירש ממנו: **'מקרית עוז'.** עוז כמו עז, [כ]אברהם, כדכתיב 'אל צור חוצבתם' (ישעיה נא): **שהטיל מדינים.** בינו ובין בני ישראל, כבריחים שנועלים[ל], שהחילונים אינם יכולין ליכנס לפנים, וכך אין עמוני ומואבי יכולין להתערב בישראל, דכתיב 'לא יבא עמוני ומואבי': **'לתאוה'.** של עבירה **'יבקש נפרד':** זה לוט. דכתיב ביה 'ויפרדו איש מעל אחיו': **'יתגלע'.** כמו 'לפני התגלע' (משלי יז), לשון גלוי: **תמר זנתה.** ונתכוונה לשום מצוה, כדי להעמיד זרע מן הצדיקים[מ], כדכתיב 'כי ראתה כי גדל שלה': **זמרי זינה.** ונתכוון לשם עבירה: מדקאמר גדולה עבירה לשמה ממצוה שלא לשמה, מכלל דמצוה שלא לשמה גריעותא הוא, **והא אמר רב יהודה וכו':** **אלא אימא.** גדולה עבירה לשמה, כלומר, לשום מצוה, **כמצוה שלא לשמה:** 'בין רגליה כרע נפל שכב בין רגליה כרע נפל באשר כרע שם נפל שדוד', הרי **שבעה:** **נתכוונה לשם מצוה.** כדי להתיש כחו ותהא יכולה להרגו: **מ"ב קרבנות.** שלש פעמים שבעה מזבחות, פר ואיל במזבח[נ]: **יצאה ממנו רות.** שיצא ממנה דוד שריוה להקב"ה בשירות ובתשבחות (ברכות ז: ב"ב יד:): **דקרייה מואב.** משמע מאבי[ס]:

תוספות הרא"ש

[שייך לעמוד א]

לעניים צורך לילך בספינה ממדינה למדינה. ונראה לפרש כ"כ אתה יודע במולאי הים וקורותיו ואתה יורד לספינה. וא"ל עד שאתה תמה עלי שלא הועילה חכמתי לי ליזהר ולכוין השעה שיעלו הכוכבים תמה על אלו חכמים גדולים שאין כל חכמתם מועילה להם ליטול עלה לעצמן להרויח אפילו כדי מזונותם בצמצום. הרמ"ה ז"ל: **נתן דעתו להושיבם בראש.** פירש רש"י כדי שיהיו מתפרנסים בשררה שיתן להם. ולא נהירא דלשון להושיבם בראש בישיבה משמע כדאמרינן בכתובות בשלהי פרק הנושא (דף קג:)[ע] דר"ח בר חמא יושב בראש. ובישיבה מאי פרנסה איכא. אלא משום דאשכחיהו רבי יהושע כולי האי אמר ראויים הללו לישב בראש ולמנותם פרנס על הצבור. הרמ"ה ז"ל:

[ע"כ שייך לעמוד א]

ואחד אכלו אכילה גסה. פרש"י ז"ל [לשם אכילה גסה] שלא נתכוון לאכלו לשם מצוה אלא נתכוון לאכול בקנוח סעודה (לשם אכילה גסה). ופירושו אינו מובן דמאי פשע אי במה שאכל בקנות סעודה זו היא עיקר מצותו שיהא נאכל על השובע. ועוד מאי דקאמר לשם אכילה גסה אם הוא שבע כ"כ שהאכילה גסה היא לו מה לו להזכיר לשם אכילה גסה.[פ] ואם הוא תאב לאכלו ואכל שלא לשם מצוה לימא ואחד אכלו שלא לשם מצוה. אלא נראה לפרש כפשוטו שאכלו לאחר שהיה שבע כ"כ שאינו נהנה כלל מאותה אכילה אע"פ שדרכו להיות נאכל על השובע היינו משום דכתיב למשחה כדרך שהמלכים אוכלים שמביאין התפנוקין הטובים בקינוח סעודה לפי שכבר שבעו משאר מאכלים ונפשם קצה בהם אלא שנהנים ממאכלים הטובים באחרונה. אבל אין לאכול קדשים אחר השבע כ"כ שאין נפשם נהנה מהם שאין זה למשחה. ומ"מ פריך שפיר **נהי דלא קא עביד מצוה מן המובחר פסח מיהא עביד** דמקריא שפיר אכילה אע"פ שאינו נהנה מהם. והא דאמרינן[צ] האוכל אכילה גסה ביוה"כ פטור אלמא דלא מקריא אכילה כלל היינו כשהוא שבע כ"כ שמאכל כואב לו מרוב שבעו: **לתאוה יבקש נפרד זה לוט שנפרד מאברהם.** אע"פ שלא נפרד עד שאמר לו אברהם[צ] כיון שמריבה זו באה מחמת הרועים ה"ל למחות שלא ירעו עוד ללמדך שהיה תאב להפרידו וכיון שפתח לו אברהם מיד נפרד ממנו ומתוך זה נתגלה קלונו שאם נשאר אצל אברהם לא בא תקלה זו ע"י. הרמ"ה ז"ל: **גדולה עבירה לשמה.** מה שנבעלה יעל לסיסרא לא להנאתה כיונה אלא להתיש כוחו שירדו ויהרגנוהו[ק] אבל בעילות האמהות להנאתן הלכך קרי להו מצוה שלא לשמה:

הגהות וציונים

א] "לשום" ליתא בדפוס ויניציאה (עי' שער יוסף דרמב"ן ורא"ש ומאירי ל"ג ליה) והוסיפוהו ע"פ רש"י: ב] רא"ש ומאירי וכת"י "פסח מיהא קעביד", וכמו בנזיר: ג] אה"ת וכת"י "לשם מצוה איכוון", וכמו בנזיר: ד] [בנזיר כג ע"א איתא רבא] (גליון), וכ"ה כאן באה"ת ובכת"י: ה] אה"ת וכת"י "אסורין ואיסורן איסור עולם", וכמו ביבמות ובנזיר: ו] אה"ת וכת"י "אמר עולא", וכמו בנזיר: ז] [צ"ל גופא אמר רב יהודה כו' וכ"א בנזיר] (גליון): ח] יש להוסיף היתה (דפו"ר, וכן העתיק ב"ש): ט] צ"ל דקריתיה (דפו"ר, וכן העתיק ב"ש): י] דכשכך (בארות המים): כ] בכת"י נוסף כלומר מאברהם: ל] בכת"י נוסף לארמון, וכ"ה ברש"י נזיר כג ע"ב ד"ה ומדינים: מ] "מן הצדיקים" ליתא בכת"י וברש"י נזיר כג ע"ב ד"ה תמר: נ] נוסח דבור זה בדפו"ר ובכת"י מ"ב קרבנות שהקריב בלק הרשע. דהוי מצוה שלא לשמה ואפילו הכי זכה וכו': ס] דמשמע מאב (נוסחת הריב"ן בנזיר): ע] כת"י "באשכבתיה דרבי, חנינא בר חמא ישב בראש": פ] בכת"י נוסף לימא שאכלו אכילה גסה: צ] בכת"י נוסף הפרד נא מעלי מ"מ אם לא היה תאב לכך היה לו לומר לאברהם כיון שמריבה זו באה מחמת הרועים נשלים ביניהם ונמחה בידם שלא יריבו עוד אלא ללמדך: ק] כת"י "אלא להתיש כוחו שירדם ותהרגהו":

מסורת הש"ס
עם הוספות

א) [תוספתא דב"ק פ"ז ה"ב] ת"כ דבורא דחובה פרשה ה ה"א (אות רנז), ב) נזיר כג. כל הענין ע"ש שינויים, ג) נזיר כג:, ד) שם יבמות עו:, ה) נזיר כג:, ו) מגילה י: סוטה י:, ז) [נזיר כג: ע"ש], ח) [סנהדרין קה: ע"ש], ט) פסחים נ: נזיר כג: סוטה כב: מז. סנהדרין קה: ערכין טז:, י) [יבמות קג. נזיר כג:], כ) [נזיר כג: ע"ש סוטה מז. ע"ש סנהדרין קה: ע"ש], ל) ב"ק לח: נזיר כג:, מ) הוא אברהם. יבמות סד רע"ב, נ) יומא פ ע"ב.

תורה אור השלם

א) וידברו אליו לאמר אם היום תהיה עבד לעם הזה ועבדתם ועניתם ודברת אליהם דברים טובים והיו לך עבדים כל הימים: [מלכים א' יב, ז]

ב) אשר נשיא יחטא ועשה אחת מכל מצות יי אלהיו אשר לא תעשינה בשגגה ואשם: [ויקרא ד, כב]

ג) ואת אשר חטא מן הקדש ישלם ואת חמישתו יוסף עליו ונתן אתו לכהן והכהן יכפר עליו באיל האשם ונסלח לו: [ויקרא ה, טז]

ד) ויתן את ישראל בגלל חטאות ירבעם אשר חטא ואשר החטיא את ישראל: [מלכים א' יד, טז]

ה) יש הבל אשר נעשה על הארץ אשר יש צדיקים אשר מגיע אלהם כמעשה הרשעים ויש רשעים שמגיע אלהם כמעשה הצדיקים אמרתי שגם זה הבל: [קהלת ח, יד]

ו) מי חכם ויבן אלה נבון וידעם כי ישרים דרכי יי וצדקים ילכו בם ופשעים יכשלו בם: [הושע יד, י]

ז) וישא לוט את עיניו וירא את כל ככר הירדן כי כלה משקה לפני שחת יי את סדם ואת עמרה כגן יי כארץ מצרים באכה צער: [בראשית יג, י]

ח) ויהי אחר הדברים האלה ותשא אשת אדניו את עיניה אל יוסף ותאמר שכבה עמי: [בראשית לט, ז]

ט) ויאמר לו אביו ואמו האין בבנות אחיך ובכל עמי אשה כי אתה הולך לקחת אשה מפלשתים הערלים ויאמר שמשון אל אביו אותה קח לי כי היא ישרה בעיני: [שופטים יד, ג]

י) וירא אתה שכם בן חמור החוי נשיא הארץ ויקח אתה וישכב אתה ויענה: [בראשית לד, ב]

כ) כי בעד אשה זונה עד ככר לחם ואשת איש נפש יקרה תצוד: [משלי ו, כו]

ל) כי זנתה אמם הבישה הורתם כי אמרה אלכה אחרי מאהבי נתני לחמי ומימי צמרי ופשתי שמני ושקויי: [הושע ב, ז]

מ) ותשקין את אביהן יין בלילה הוא ותבא הבכירה ותשכב את אביה ולא ידע בשכבה ובקומה: [בראשית יט, לג]

נ) אח נפשע מקרית עז ומדינים כבריח ארמון: [משלי יח, יט]

ס) לא יבא עמוני ומואבי בקהל יי גם דור עשירי לא יבא להם בקהל יי עד עולם: [דברים כג, ד]

ע) לתאוה יבקש נפרד בכל תושיה יתגלע: [משלי יח, א]

פ) תברך מנשים יעל אשת חבר הקיני מנשים באהל תברך: [שופטים ה, כד]

צ) בין רגליה כרע נפל שכב בין רגליה כרע נפל באשר כרע שם נפל שדוד: [שופטים ה, כז]

ק) ויאמר יי אלי אל תצר את מואב ואל תתגר בם מלחמה כי לא אתן לך מארצו ירשה כי לבני לוט נתתי את ער ירשה: [דברים ב, ט]

This *daf* is dedicated *l'iluy nishmas*: Sara bat Zakieh *z"l*

Each verb in the *pasuk* alludes to another act of intercourse.

The Gemara asks: **וְהָא קָא מִיתְהַנְיָא מֵעֲבֵירָה** — Why does the *pasuk* praise her by saying that she is blessed like the *Imahos*? Didn't she experience pleasure from the *avierah*? The Gemara answers: **אָמַר רַבִּי יוֹחָנָן מִשּׁוּם רַבִּי שִׁמְעוֹן בֶּן יוֹחַאי** — Rabi Yochanan said in the name of Rabi Shimon bar Yochai: **אֲפִילּוּ טוֹבָתָם שֶׁל רְשָׁעִים רָעָה הִיא אֵצֶל צַדִּיקִים** — Even the good provided by *reshaim* is bad for *tzaddikim*. Yael did not experience any pleasure from Sisera.

אָמַר רַב יְהוּדָה אָמַר רַב — Rav Yehudah said that Rav said: **לְעוֹלָם יַעֲסוֹק אָדָם בַּתּוֹרָה וּבַמִּצְוֹת אֲפִילּוּ שֶׁלֹּא לִשְׁמָהּ** — A person should always engage in Torah and *mitzvos*, even if he does so *shelo lishmah*, **שֶׁמִּתּוֹךְ שֶׁלֹּא לִשְׁמָהּ בָּא לִשְׁמָהּ** — because by performing *mitzvos shelo lishmah*, one comes to perform them *lishmah*. **שֶׁבִּשְׂכַר אַרְבָּעִים וּשְׁנַיִם קָרְבָּנוֹת שֶׁהִקְרִיב בָּלָק הָרָשָׁע** — Proof for this comes from Balak. As a reward for the forty-two *korbanos* that the wicked Balak offered, when he was trying to have Bilaam curse the Jewish people, **זָכָה וְיָצְתָה מִמֶּנּוּ רוּת** — he merited that Rus should be from his descendants. And we find that Rus was descended from Balak, **דְּאָמַר רַבִּי יוֹסֵי בְּרַבִּי חֲנִינָא** — because Rabi Yosi, son of Rabi Chaninah said: **רוּת בַּת בְּנוֹ שֶׁל עֶגְלוֹן** — Rus was the descendant of the son of Eglon, **בֶּן בְּנוֹ שֶׁל בָּלָק מֶלֶךְ מוֹאָב** — who was the descendant of the son of Balak, king of Moav.

The Gemara continues discussing Lot and his daughters: **אָמַר רַבִּי חִיָּיא בַּר אַבָּא אָמַר רַבִּי יוֹחָנָן** — Rabi Chiya bar Abba said that Rabi Yochanan said: **מִנַּיִן שֶׁאֵין הַקָּדוֹשׁ בָּרוּךְ הוּא מְקַפֵּחַ אֲפִילּוּ שְׂכַר שִׂיחָה נָאָה** — From where do we know that *Hakadosh Baruch Hu* does not withhold even the reward for decent speech? **מֵהָכָא** — We know it from here: **דְּאִילּוּ בְּכִירָה דְּקָרְיֵיהּ מוֹאָב** — Because the elder daughter of Lot who called her son Moav, which alluded to the fact that the child came from her father (*me'av*), and was inappropriate speech, **אָמַר לֵיהּ רַחֲמָנָא לְמֹשֶׁה** — about that nation, Hashem said to Moshe (*Devarim* 2:9): **אַל תָּצַר אֶת מוֹאָב וְאַל תִּתְגָּר בָּם מִלְחָמָה** — "Do not lay siege on Moav, and do not contend with them in battle." **מִלְחָמָה** — We derive from here that it is war,

For this *daf's shiur* and charts, scan this QR code:

הוּא דְּלָא — that one may not have with them, **הָא צַעוּרֵי צַעֲרִינְהוּ** — but it is permitted to harass them. **וְאִילוּ צְעִירָה דְּקָרְיֵיהּ בֶּן עַמִּי** — However, Lot's younger daughter called her child "Ben Ami", son of my people, avoiding any direct mention of the child's father. Regarding that nation, **אָמַר לֵיהּ** — Hashem said to Moshe (*Devarim* 2:19), **אַל תְּצֻרֵם וְאַל תִּתְגָּר בָּם** — "Neither harass them, nor contend with them," **כְּלָל** — at all. **אֲפִילּוּ צַעוּרֵי לָא** — They were not even permitted to harass them.

אָמַר רַבִּי חִיָּיא בַּר אָבִין אָמַר רַבִּי יְהוֹשֻׁעַ בֶּן קָרְחָה — Rabi Chiya bar Avin said that Rabi Yehoshua ben Korchah said: **לְעוֹלָם יַקְדִּים אָדָם לִדְבַר מִצְוָה** — A person should always be first to perform a mitzvah. **שֶׁבִּשְׂכַר לַיְלָה אַחַת שֶׁקָּדְמָה בְּכִירָה לִצְעִירָה** — For as a reward for the one night that Lot's older daughter preceded the younger daughter, **זָכְתָה** — she merited, **וְקָדְמָתָה אַרְבַּע דּוֹרוֹת לַמַּלְכוּת** — and her kingship preceded that of the younger daughter by four generations. Rus of Moav, who was the ancestor of Dovid Hamelech, came four generations before Naamah of Amon, who was married to Shlomo Hamelech.

תָּנוּ רַבָּנָן — The *Chachamim* taught in a *Baraisa*: **מֵעַם הָאָרֶץ** — The *pasuk*, referring to the obligation of an individual to bring a *Korban Chatas* refers to the individual as being (*Vayikra* 4:27), "from among the common people." **פְּרָט לְמָשִׁיחַ** — This reference excludes the *kohen gadol*, who is not a commoner, from bringing the female sheep or female goat *Chatas* of the individual. **מֵעַם הָאָרֶץ** — The phrase, "from among the common people," **פְּרָט לְנָשִׂיא** — also serves to exclude a king from bringing the female sheep or female goat *Chatas* of the individual. The *Baraisa* asks: **וַהֲלֹא כְּבָר יָצְאוּ** — But weren't these individuals already excluded from bringing a female sheep or female goat *Chatas*? **מָשִׁיחַ לִידּוֹן בְּפַר** — As the *kohen gadol* is obligated to bring a bull as a *Chatas*, **נָשִׂיא לִידּוֹן בְּשָׂעִיר** — and a king is obligated to bring a male goat as a *Chatas*! The *Baraisa* answers: **שֶׁיָּכוֹל** — This *derashah* is necessary, because without it I would have thought, **מָשִׁיחַ עַל הֶעְלֵם דָּבָר עִם שִׁגְגַת מַעֲשֶׂה מֵבִיא פַּר** — that a *kohen gadol* only brings a bull when it is for an unawareness and an erroneous ruling that caused his mistaken action. **עַל שִׁגְגַת מַעֲשֶׂה לְחוּדֵיהּ מֵבִיא כִּשְׂבָּה וּשְׂעִירָה** — But for an unintentional action alone, he would bring the female sheep or goat similar to the individual. **תַּלְמוּד לוֹמַר** — For this reason the *pasuk* teaches: **מֵעַם הָאָרֶץ** — "From among the common people," **פְּרָט לְמָשִׁיחַ** — to exclude the *kohen gadol*. **מֵעַם הָאָרֶץ** — "From among the common people," **פְּרָט לְנָשִׂיא** — to exclude the king.

The Gemara asks: **תֵּינַח מָשִׁיחַ** — Granted, in the case of a *kohen gadol*, it is clear why this *derashah* is necessary, **אֶלָּא נָשִׂיא בְּשִׁגְגַת מַעֲשֶׂה הוּא דְּמַיְיתֵי** — but in regards to a king? He brings his unique *Chatas* for an mistaken act alone! We cannot have made the mistake that a king's unique *Chatas* only applies in a case when there was an erroneous ruling! The Gemara answers: **אָמַר רַב זְבִיד מִשְּׁמֵיהּ דְּרָבָא** — Rav Zevid said in the name of Rava: **הָכָא בְּמַאי עָסְקִינַן** — What case are we dealing with here, that we could have mistakenly thought that a king would bring the same

For this *daf's shiur* and charts, scan this QR code:

הוא דלא, הא צעורי צערינהו, ואילו צעירה דקרייה[א] 'בן עמי' אמר ליה א 'אל תצורם ואל תתגר בם' כלל, אפילו צעורי לא. ב אמר רב חייא בר אבין אמר רבי יהושע בן קרחה, לעולם יקדים אדם לדבר מצוה, שבשכר לילה אחת שקדמה בכירה לצעירה זכתה וקדמתה ארבע דורות למלכות[ב]. ג תנו רבנן, ב 'מעם הארץ' פרט למשיח, 'מעם הארץ' פרט לנשיא. והלא כבר יצאו משיח לידון בפר, נשיא לידון בשעיר. שיכול משיח על העלם דבר עם שגגת מעשה מביא פר, על שגגת מעשה לחודיה מביא כשבה ושעירה, תלמוד לומר 'מעם הארץ' פרט למשיח, 'מעם הארץ' פרט לנשיא. תינח משיח, אלא נשיא בשגגת מעשה הוא דמייתי. אמר רב זביד משמיה דרבא, הכא במאי עסקינן, כגון שאכל כזית חלב כשהוא הדיוט, ונתמנה, ואחר כך נודע לו, סלקא דעתך אמינא נייתי כשבה או שעירה, קא משמע לן. הניחא לרבי שמעון דאזיל בתר ידיעה, אלא לרבנן דאזלו בתר חטאה מאי איכא למימר. אלא אמר רב זביד משמיה דרבא, הכא במאי עסקינן, א כגון שאכל חצי כזית חלב כשהוא הדיוט, ונתמנה, והשלימו[ג], ואחר כך נודע לו, סלקא דעתך אמינא נצטרף ונייתי כשבה או שעירה, קא משמע לן. ב בעא מיניה רבא מרב נחמן, נשיאות מהו שתפסיק. היכי דמי, כגון שאכל חצי כזית חלב כשהוא הדיוט ונתמנה ועבר והשלימו, התם הוא דלא מצטרף, דאכליה פלגא כשהוא הדיוט ופלגא כשהוא נשיא, אבל הכא דאידי ואידי כשהוא הדיוט אכליה מצטרף, או דלמא לא שנא, מאי. תפשוט ליה מהא ג דאמר עולא אמר רבי יוחנן, ג אכל חלב והפריש קרבן והמיר וחזר בו, הואיל ונדחה ידחה. הכי השתא, מומר ד לאו בר אתויי קרבן הוא, האי בר אתויי קרבן הוא. בעא מיניה רבי זירא מרב ששת, אכל ספק חלב כשהוא הדיוט, ונתמנה, ונודע לו על ספקו, מהו. אליבא דרבנן דאזלי בתר חטאה לא תבעי לך, ה דמייתי אשם תלוי, אלא כי תבעי לך אליבא דרבי שמעון, מדאשתני לודאי אשתני לספק, או דלמא, כי אשתני לודאי דאשתני קרבן דידיה, אבל הכא דלא אשתני קרבן דידיה אימא לייתי אשם תלוי. תיקו. ו תנו רבנן, ג 'מעם הארץ' ו פרט למומר; רבי שמעון בר יוסי[ד] אומר משום רבי שמעון, ג 'אשר לא תעשינה בשגגה ואשם', ה השב בידיעתו מביא קרבן על שגגתו, לא שב בידיעתו אינו מביא קרבן על שגגתו. מאי בינייהו. אמר רב המנונא, מומר לאכול חלב ומביא קרבן על הדם איכא בינייהו, מר סבר כיון דמומר לאכול חלב לדם נמי מומר הוי, ומר סבר ז לדם מיהא שב בידיעתו הוא. והא[ה] רבא אמר דכולי עלמא מומר לאכול חלב לא הוי מומר לדם. אלא הכא באוכל נבלה[ו] לתאבון ונתחלף לו[ז] בשומן ואכלו קמיפלגי, מר סבר ח כיון דלתאבון אכיל במזיד מומר הוא, ומר סבר כיון דאילו אשכח דהיתרא לא אכל דאיסורא לאו מומר הוא. תנו רבנן, ט אכל חלב זהו מומר, ואיזהו מומר, אכל נבילות וטריפות שקצים ורמשים ושתה יין נסך; י רבי יהודה אומר, אף הלובש כלאים. אמר מר, אכל חלב זהו מומר, ואיזהו מומר אוכל נבילות כו', מאי קאמר. אמר רבה בר בר חנה אמר רבי יוחנן, הכי קאמר ט אכל חלב לתאבון הרי זה מומר, י להכעיס הרי זה צדוקי[ח], ואיזהו מומר דבסתמו צדוקי, הוי אומר אוכל י נבילה וטריפה שקצים ורמשים ושתה יין נסך; רבי יוסי ברבי יהודה אומר, כ אף הלובש כלאים. מאי בינייהו. איכא בינייהו כלאים דרבנן, מר סבר מדאורייתא הוי מומר, דרבנן לא הוי מומר, ומר סבר כלאים כיון דמפרסם איסוריה אפילו בדרבנן הוי מומר. פ פליגי בה רב אחא ורבינא, חד אמר לתאבון מומר, להכעיס נמי מומר, אלא איזהו צדוקי, ל כל העובד עבודת כוכבים. מיתיבי, אכל פרעוש אחד או יתוש אחד הרי זה מומר, והא הכא דלהכעיס הוא וקא קרי ליה מומר. התם דאמר אטעום טעם דאיסורא: ואיזהו נשיא זה מלך כו': ט תנו רבנן, 'נשיא', יכול נשיא שבט כנחשון בן עמינדב, תלמוד לומר ג 'מכל מצות יי' אלהיו', ולהלן הוא אומר ד 'למען ילמד ליראה את יי' אלהיו',

---

רש"י

בן עמי. בלשון נקייה הוא, דלא רצתה להודיע דמאביה נתעברה: **אמר 'אל תצורם ואל תתגר בם'.** ומדלא כתיבה בהו 'מלחמה' ש"מ דאפילו צערא לא ליעבד להם. ולא עוד, אפילו בכירה דקריתיה אב הכתוב פירסמה דכתיב (בראשית יט) 'ותשכב את אביה', ובצעירה כתיב 'ותשכב עמו'[ז]: **וקדמתה ארבע דורות בישראל.** עובד ישי דוד שלמה, ואילו לצעירה לא הוה בישראל עד רחבעם בן שלמה, דהוה ליה נעמה העמונית: **תנו רבנן, 'ואם נפש אחת תחטא בשגגה מעם הארץ'.** ולא כל עם הארץ, **פרט למשיח,** דמשמע דלא יביא כשבה או שעירה כיחיד: [יא] **למה לי 'מעם הארץ'.** למעוטי הני, **והלא כבר יצא משיח** מכלל יחיד **לידון בפר, ונשיא** יצא מכלל יחיד **לידון בשעיר: שיכול.** כלומר, אילו לא נאמר 'מעם הארץ' הייתי אומר **משיח על העלם דבר עם שגגת מעשה** יביא פר, **ועל שגגת מעשה לחודיה** יביא **כשבה או שעירה** כהדיוט: **תלמוד לומר 'מעם הארץ' פרט למשיח.** דאינו מביא בשגגת מעשה לחודיה כלל, והיינו דקאמרן בפרק דלעיל (דף ז:) 'יצא משיח שאין חטאו בשגגה', דהיינו בשגגת מעשה: **אלא נשיא הא בשגגת מעשה הוא מייתי**[יב]. ומאי קא ממעט דקאמר 'מעם הארץ' פרט לנשיא: **ס"ד אמינא.** הואיל וחטא כשהוא הדיוט **נייתי כשבה או שעירה** כהדיוט: **קמ"ל.** 'מעם הארץ' פרט לנשיא, דאינו מביא כשבה או שעירה: **אלא לרבנן דאזלי בתר חטאה.** ומייתי ודאי כשבה או שעירה, כדתנן 'חטאו עד שלא נתמנו ואח"כ נתמנו הרי אלו כהדיוטות': **מאי איכא למימר.** דמאי קא ממעט לנשיא דקתני 'פרט לנשיא': **ס"ד אמינא נצטרף.** חצי זית בתרא לחצי זית קמא **ולייתי כשבה או שעירה: קמ"ל.** 'מעם הארץ' פרט לנשיא, דכהאי גוונא לא מייתי כשבה או שעירה, וכהאי גוונא נמי לא מייתי שעיר, דהא לא מצטרפי כלל. והוא הדין דמצי למימר 'סלקא דעתך אמינא נצטרף ונייתי שעיר', אלא משום דקרא קא מיפטרי בכשבה או שעירה: **כגון שאכל חצי זית חלב כשהוא הדיוט ונתמנה ועבר.** מנשיאותו **והשלימו: אכל ספק חלב כשהוא הדיוט.** דקא סבור דשומן הוא: **ונתמנה, ונודע לו על ספקו.** שנודע לו לאחר שנתמנה שספק חלב אכל: **מהו.** מי מייתי אשם תלוי או לא: **מדאישתני לודאי.** דקאמר ר' שמעון דקודם לכן היו שוגגים, שלא ידעו אם אכלו כלל, ובההוא ליכא אשם תלוי[יג], אם נודע להם משנתמנו פטורים, לפי שנשתנה גופם, דהשתא נתמנו, ומדאישתנו לקרבן ודאי אישתנו נמי לקרבן ספק, ופטור, ואין מביאין[יד] אשם תלוי: **או דלמא כי אישתני לודאי.** היינו טעמא דר' שמעון דפטר, משום דאישתני קרבן דידיה, דכשהוא הדיוט מביא כשבה או שעירה, והשתא כי נתמנה משיח מביא פר ונשיא מביא שעיר: **אבל הכא.** כי נודע לו על ספק, דנודע לו משנתמנה דספק חלב אכל: **דלא אישתני קרבן דידיה.** דעל ספק חטאת קבוע בין כשהוא הדיוט ובין כשהוא נשיא מביא אשם תלוי, [טו] מודה רבי שמעון דמייתי אשם תלוי. **תיקו: 'מעם הארץ'.** מביא קרבן ולא כל עם הארץ: **פרט למומר.** שאין מקבלין מידו: **אלא הכא באוכל נבילה לתאבון.** דכי אין לו בשר דהיתרא אוכל חלב ונבלה, **ונתחלף לו** לזה **חלב בשומן ואכלו,** דסבור דשומן הוא, **קא מיפלגי,** ולכשנודע לו דחלב הוא רוצה להקריב קרבן, **ת"ק סבר כיון דלתאבון אכיל במזיד מומר הוא** ואין מקבלין מידו, **ור"ש בר יוסי סבר כיון** דבמזיד **אי משכח היתרא לא אכיל איסורא,** שב מידיעתו קרינא ביה, **ולאו מומר הוא,** ומקבלין מידו: קתני אכל חלב שחוטה זה מומר, והדר תני איזהו מומר, **מאי קאמר: להכעיס.** דאית ליה היתרא ואכיל איסורא: **הרי זה צדוקי.**[טז] ושחיטתו לעבודת כוכבים: **אוכל נבילה וטריפה שקצים ורמשים ושתה יין נסך.** הואיל והני אוכלין הוו דברים שהנפש קצה בהם, ודאי להכעיס הוא עושה, וסתמו רע[יז] הוא: **ר' יוסי בר רבי יהודה אומר אף הלובש כלאים.** הרי זה מומר: **מאי איכא.** בין ת"ק לרבי יוסי בר רבי יהודה, כיון דאמר ת"ק 'אכל חלב הרי זה מומר', מה לי אוכל חלב מה לי לובש כלאים, אידי ואידי דאורייתא ואסור[יח]: **ת"ק סבר כלאים דאורייתא** דומיא דחלב **הוי מומר,** דהיינו ארוג ביה חוט של צמר וחוט של פשתים יחד על פני כולו: **ור' יוסי סבר** אף הלובש נמי כלאים דרבנן הוי מומר, דהיינו או שוע או טווי או נוז, דהכי מפרשי רבנן 'שעטנז', שוע טווי ונוז, כדאמרינן במסכת נדה (דף סא:), ורבנן גזור בחד מנייהו, 'שוע' שמנפץ כאחת ועשה מהם לבד, 'טווי' שנטוה כאחת ותכף בו שתי תכיפות, 'נוז' שארוג אפילו חוט אחד של צמר בבגד פשתן או חוט אחד של פשתן בבגד צמר, דכולהו אסור מדרבנן: **חד אמר.** האוכל חלב ונבילה **לתאבון הרי זה מומר: להכעיס.** דאית ליה היתרא ואפילו הכי אכיל איסורא, **צדוקי** הוא: **אכל פרעוש או יתוש הרי זה מומר.** דהכא ודאי להכעיס קא עביד, דלאו מידי דבר מיכל הוא, וקתני 'הרי זה מומר' ואינו צדוקי, וקשיא למאן דאמר להכעיס צדוקי הוא: **לעולם** אימא לך להכעיס צדוקי הוא, והכא היינו טעמא דהוי מומר ולא הוי צדוקי, משום **דקאמר** בעינא **למיטעם טעמא דאיסורא,** שאוכל לטעום דבר אסור, ולא להכעיס קא עביד:

מה

מסורת הש"ס עם הוספות

א) נזיר כג: ב"ק לח: ע"ש, ב) ת"כ פ' ויקרא דבורא דחובה פרשה ז ה"ו (אות רפ), ג) זבחים יב: כריתות ז. סנהדרין מז., ד) חולין ה: [שבת סט.] יומא פ. לעיל ג. ת"כ דבורא דחובה פרשה ז ה"ז (אות רפא), ה) [שבועות דף כו:], ו) [תוספתא פרק א ה"ד], ז) [עי' תוס' בכורות לז. ד"ה ויין נסך וע"ע תוס' בע"ז כו: שמפרשו נבילה שמתה מחמת חולי וטרפה שנשברה מפרקתה שמתה והולכת ואינה ראוי' לאכילה ע"ש ד"ה וחד אמר], ח) ע"ז כו:, ט) ת"כ פ' ויקרא דבורא דחובה פרשה ה ה"א (אות רנח), י) לעיל ט ע"ב.

תורה אור השלם

א) וְקָרַבְתָּ מוּל בְּנֵי עַמּוֹן אַל תְּצֻרֵם וְאַל תִּתְגָּר בָּם כִּי לֹא אֶתֵּן מֵאֶרֶץ בְּנֵי עַמּוֹן לְךָ יְרֻשָּׁה כִּי לִבְנֵי לוֹט נְתַתִּיהָ יְרֻשָּׁה: [דברים ב, יט]

ב) וְאִם נֶפֶשׁ אַחַת תֶּחֱטָא בִשְׁגָגָה מֵעַם הָאָרֶץ בַּעֲשֹׂתָהּ אַחַת מִמִּצְוֹת יְיָ אֲשֶׁר לֹא תֵעָשֶׂינָה וְאָשֵׁם: [ויקרא ד, כז]

ג) אֲשֶׁר נָשִׂיא יֶחֱטָא וְעָשָׂה אַחַת מִכָּל מִצְוֹת יְיָ אֱלֹהָיו אֲשֶׁר לֹא תֵעָשֶׂינָה בִּשְׁגָגָה וְאָשֵׁם: [ויקרא ד, כב]

ד) וְהָיְתָה עִמּוֹ וְקָרָא בוֹ כָּל יְמֵי חַיָּיו לְמַעַן יִלְמַד לְיִרְאָה אֶת יְיָ אֱלֹהָיו לִשְׁמֹר אֶת כָּל דִּבְרֵי הַתּוֹרָה הַזֹּאת וְאֶת הַחֻקִּים הָאֵלֶּה לַעֲשֹׂתָם: [דברים יז, יט]

הגהות וציונים

א] צ"ל דקריתיה (דפו"ר, וכן העתיק ב"ש): ב] נ"א בישראל: ג] בראש ובכתי"פ נוסף בכדי אכילת פרס: ד] בילק"ש יהודה, ובדק"ס לעיל ב ע"א הוכיח שזו הגירסא הנכונה: ה] יש למחוק "והא" (דק"ס, רש"ש, מרומי שדה): ו] ביל"ש ובכתי"מ חלב, ועי' רש"ש: ז] לו חלב בשומן (ראשונים וכת"י): ח] [צ"ל ר' יוסי בר' יהודה אומר] (גליון): ט] בדפוס ויניציא הגירסא מין (גליון): י] דבור זה ליתא בדפו"י והוסיפוהו מנזיר, ועי"ש נוסחת הריב"ן והגהות ברכת ראש: יא] בכת"י נוסף דבור זה: מעם הארץ פרט לנשיא. דלא יביא כשבה או שעירה כיחיד:: יב] דמייתי (כת"י): יג] "דקודם לכן היו שוגגים שלא ידעו אם אכלו כלל ובההיא ליכא אשם תלוי" ליתא בכת"י: יד] צ"ל מביא (באה"מ, וכ"ה בכת"י): טו] תלוי מי מודה (כת"י): טז] הרי זה מין. ומורידין אותו לבור ושחיטתו לעבודה זרה: (דפו"י, וכמו שהעתיק הב"ש): יז] כת"י "דאורייתא הוא": יח] לא יכלת (שער יוסף): יט] אולי צ"ל תחטא מעם הארץ ולא נשיא כו' (גליון). בשער יוסף "וגירסא זו נראית עיקר דאשר נשיא יחטא משמע": כ] למפשט (שער יוסף):

עין משפט נר מצוה

י א ב מיי' פט"ו מהלכות שגגות הלכה י:
יא ג מיי' שם פ"ג הלכה ח ודלא כר"י ע"ש:
יב ד מיי' שם הלכה ז:
יג ה מיי' פט"ו שם הלכה י:
יד ו ז ח מיי' שם פ"ג הלכה ז ופרק ג מהלכות מעשה קרבנות הלכה ד:
טו ט י כ ל מיי' פ"ד מהלכות רוצח הלכה י סמג לאוין קסג טוש"ע ח"מ סימן תכה סעיף ה וטור שו"ע יו"ד סימן קנח סעיף ב:

תוספות הרא"ש

הכא ב"ע כגון שאכל חלב כשהוא הדיוט ונתמנה ואח"כ נודע לו מהו דתימא נייתי כשבה או שעירה קמ"ל תינח לר"ש דאזיל בתר ידיעה הלכך פטור אלא לרבנן דאזלי בתר חטאה גרידא אמאי פטור. הב"ע שאכל חצי זית חלב כשהוא הדיוט ונתמנה והשלימו בכדי אכילת פרס מהו דתימא נייתי כשבה או שעירה דלצרף אכילה בתרייתא בהדי אכילה קמייתא קמ"ל. ואיכא גירסא אחרת בספרים הב"ע כגון שאכל כזית חלב כשהוא נשיא ועבר ואח"כ נודע לו מהו דתימא נייתי כשבה או שעירה קמ"ל. תינח לר"ש דאזיל בתר ידיעה הלכך לא יכול[יט] למפרך והלא כבר יצא נשיא לידון בשעיר דנשיא בכה"ג לאו בכלל חיובא דשעיר הוה ואצטריך ליה למעוטי מדין הדיוט דסד"א לייתי כשעת ידיעה. ואע"ג דחטא עד שלא נתמנה ונתמנה ונודע לו לא אזיל ר"ש בתר ידיעה להביא שעיר אע"ג דליכא קרא למעוטי אלא מסברא הוא דאית ליה [הכי] הכא (ה"נ) לריך קרא דהיכא דהוה חטאה וידיעה בתרי גווני מסתבר טפי לילך אחר ידיעה הגורמת הבאת קרבן להשוות קרבן זה לרוב לבור כגון אכל כשהוא נשיא ועבר ונודע לו דסד"א ניזל בתר ידיעה להביא כשבה או שעירה כרוב לבור להכי אצטריך קרא למעוטי. אבל אכל כשהוא הדיוט ונתמנה ונודע לו מסברא לא אזלי' בתר ידיעה להביא קרבן נשיא. אלא לרבנן דאזלי בתר חטא דתנן') כהן המשיח שחטא ואחר כך עבר ממשיחתו וכן נשיא שחטא ואח"כ עבר מנשיאתו משיח מביא פר ונשיא מביא שעיר מאי איכא למימר כיון דנשיא בכלל חיובא דשעיר ל"ל למעוטי לנשיא ממעוטא דעם הארץ והלא כבר יצא נשיא לידון בשעיר. הב"ע שאכל חצי זית חלב כשהוא נשיא ועבר והשלימה בכדי אכילת פרס ונודע לו מהו דתימא כיון דלא השלים השעור כשהוא נשיא לא קרינן ביה אשר נשיא יחטא לצטרף חצי זית קמא בהדי חצי זית בתרא וליתי כשבה או שעירה כרוב צבור (דליכא) [דליכא] למפרך והלא כבר יצא נשיא לידון בשעיר דבכה"ג לא יצא לידון בשעיר קמ"ל דפטור אף מכשבה או שעירה. וגירסא זו נראה עיקר דאמרי[כ] נשיא יחטא משמע דאתי למעוטי כשאכל כשהוא נשיא ולגישנא קמא במאי דבעי למימר מעיקרא אכל כשהוא הדיוט. ועוד דמסתברא דהא דאזיל ר"ש בתר ידיעה מסברא ידע ליה ולאו מקרא מדלא מייתי האי קרא למדרש[כ] טעמיה דר"ש: ואיזהו מומר דבסתמא הוה מין אוכל נבלות כו'. [נמצא בע"ב]: רבי יהודה אומר אף הלובש כלאים. [נמצא בע"ב]: כלאים דרבנן. [נמצא בע"ב]: ת"ר יכול נשיא שבט כנחשון בן עמינדב ת"ל מכל מצות ה' אלהיו ולהלן הוא אומר למען ילמד ליראה את ה' אלהיו. [נמצא בע"ב]

This *daf* is dedicated *l'iluy nishmas*: Chana bat Esther *z"l*

Chatas as a commoner? **כְּגוֹן שֶׁאָכַל כְּזַיִת חֵלֶב כְּשֶׁהוּא הֶדְיוֹט** — We are dealing with a case where he inadvertently ate a *kezayis* of forbidden fats when he was still a commoner, **וְנִתְמַנָּה** — and then he was appointed as king, **וְאַחַר כָּךְ נוֹדַע לוֹ** — and afterward it became known to him that he sinned. **סָלְקָא דַּעְתָּךְ אָמֵינָא** — I would have thought to say: **נַיְיתֵי כִּשְׂבָּה אוֹ שְׂעִירָה** — Since he sinned while he was still a commoner, let him bring a female sheep or goat—the *Chatas* of the individual. **קָא מַשְׁמַע לָן** — Therefore, we need the *pasuk* to teach us that, in this case, he does not bring the *Chatas* of the commoner, because at the time he realized his sin, he was already a king.

The Gemara asks: **הָנִיחָא לְרַבִּי שִׁמְעוֹן** — This answer, that we are discussing a case of a king who sinned before he was king, and only realized his sin after he became king, works well according to the opinion of Rabi Shimon of our Mishnah (10a), **דְּאָזֵיל בָּתַר יְדִיעָה** — who holds that the determination of which *Chatas* to bring is dependent on the time he realizes that he sinned. Since the king only realized his sin after he became king, the *pasuk* teaches us that he does not bring a *korban* at all. **אֶלָּא לְרַבָּנָן (דאזלו) [דְּאָזְלֵי] בָּתַר חֲטָאָה** — But according to the *Rabbanan* of the Mishnah, who hold that the type of *Chatas* is determined based on the time the sin was committed, then in our case, of a king who ate forbidden fats while he was still a commoner, he does, in fact, bring the *Chatas* of a commoner. **מַאי אִיכָּא לְמֵימַר** — If so, what is there to say? How can we explain why the *derashah* of "from among the common people" is necessary? What would be a case where we would have thought that a king should have the halachah of a commoner, but it is in fact not true? The Gemara answers: **אֶלָּא אָמַר רַב זְבִיד מִשְּׁמֵיהּ דְּרָבָא** — Rather, Rav Zevid said in the name of Rava, that there is a different case: **הָכָא בְּמַאי עָסְקִינַן** — What case are dealing with? **כְּגוֹן שֶׁאָכַל חֲצִי כְּזַיִת חֵלֶב כְּשֶׁהוּא הֶדְיוֹט** — We are dealing with a case where he inadvertently ate a half of a *kezayis* of forbidden fats while he was a commoner, **וְנִתְמַנָּה** — and then he was appointed as king, **וְהִשְׁלִימוֹ** — and, as a king, he ate an additional half of a *kezayis*, **וְאַחַר כָּךְ נוֹדַע לוֹ** — and afterward it became known to him that he sinned. **סָלְקָא דַּעְתָּךְ אָמֵינָא** — In such a case I would have thought that since the sin began while he was a commoner, **נִצְטָרֵף וְנַיְיתֵי כִּשְׂבָּה אוֹ שְׂעִירָה** — let the two halves combine, and let him bring a female sheep or female goat—the *Chatas* of a commoner, **קָא מַשְׁמַע לָן** — in this case we need the *pasuk* to teach us that a king does not bring the *Chatas* of a commoner. In fact, since he ate one half of the *kezayis* when he was a commoner and one half when he was a king, the two halves do not combine, and he does not bring any *korban* at all.

בְּעָא מִינֵּיהּ רָבָא מֵרַב נַחְמָן — Rava asked of Rav Nachman: **נְשִׂיאוּת מַהוּ שֶׁתַּפְסִיק** — We already explained that the half *kezayis* eaten as a commoner does not combine with the half *kezayis* eaten as a king. But what if he ate both halves as a commoner, but had been king between the two halves? Does his kingship serve as a separation between the two halves of a *kezayis* to make them not combine? **הֵיכִי דָּמֵי** — What is the case that we are asking about? **כְּגוֹן שֶׁאָכַל חֲצִי כְּזַיִת חֵלֶב כְּשֶׁהוּא הֶדְיוֹט** — Where

For this *daf's shiur* and charts, scan this QR code:

הוּא דְּלָא, הָא צַעוּרֵי צַעֲרִינְהוּ, וְאִילּוּ צְעִירָה דְּקַרְיֵיהּ[ט] 'בֶּן עַמִּי' אָמַר לֵיהּ [א] 'אַל תְּצוּרֵם וְאַל תִּתְגָּר בָּם' כְּלָל, אֲפִילּוּ צַעוּרֵי לָא. [ט]אָמַר רַב חִיָּיא בַּר אָבִין אָמַר רַבִּי יְהוֹשֻׁעַ בֶּן קָרְחָה, לְעוֹלָם יַקְדִּים אָדָם לִדְבַר מִצְוָה, שֶׁבִּשְׂכַר לַיְלָה אַחַת שֶׁקָּדְמָה בְּכִירָה לִצְעִירָה זָכְתָה וְקָדְמָתָה אַרְבַּע דּוֹרוֹת לַמַּלְכוּת[י]. [י]תָּנוּ רַבָּנַן, [ב] 'מֵעַם הָאָרֶץ' פְּרָט לְמָשִׁיחַ, 'מֵעַם הָאָרֶץ' פְּרָט לְנָשִׂיא. וַהֲלֹא כְּבָר יָצְאוּ מָשִׁיחַ לִידּוֹן בְּפַר, נָשִׂיא לִידּוֹן בְּשָׂעִיר. שֶׁיָּכוֹל מָשִׁיחַ עַל הֶעְלֵם דָּבָר עִם שִׁגְגַת מַעֲשֶׂה מֵבִיא פַּר, עַל שִׁגְגַת מַעֲשֶׂה לְחוּדֵיהּ מֵבִיא כִּשְׂבָּה וּשְׂעִירָה, תַּלְמוּד לוֹמַר 'מֵעַם הָאָרֶץ' פְּרָט לְמָשִׁיחַ, 'מֵעַם הָאָרֶץ' פְּרָט לְנָשִׂיא. תִּינַח מָשִׁיחַ, אֶלָּא נָשִׂיא בְּשִׁגְגַת מַעֲשֶׂה הוּא דְּמַיְיתֵי. אָמַר רַב זְבִיד מִשְּׁמֵיהּ דְּרָבָא, הָכָא בְּמַאי עָסְקִינַן, כְּגוֹן שֶׁאָכַל כְּזַיִת חֵלֶב כְּשֶׁהוּא הֶדְיוֹט, וְנִתְמַנָּה, וְאַחַר כָּךְ נוֹדַע לוֹ, סָלְקָא דַּעְתָּךְ אָמֵינָא נַיְיתֵי כִּשְׂבָּה אוֹ שְׂעִירָה, קָא מַשְׁמַע לָן. הָנִיחָא לְרַבִּי שִׁמְעוֹן דְּאָזֵל בָּתַר יְדִיעָה, אֶלָּא לְרַבָּנָן דְּאָזְלוּ בָּתַר חֲטָאָה מַאי אִיכָּא לְמֵימַר. אֶלָּא אָמַר רַב זְבִיד מִשְּׁמֵיהּ דְּרָבָא, הָכָא בְּמַאי עָסְקִינַן, [א]כְּגוֹן שֶׁאָכַל חֲצִי כְּזַיִת חֵלֶב כְּשֶׁהוּא הֶדְיוֹט, וְנִתְמַנָּה, וְהִשְׁלִימוֹ[יא], וְאַחַר כָּךְ נוֹדַע לוֹ, סָלְקָא דַּעְתָּךְ אָמֵינָא נִצְטָרֵף וְנַיְיתֵי כִּשְׂבָּה אוֹ שְׂעִירָה, קָא מַשְׁמַע לָן. [ב]בְּעָא מִינֵּיהּ רָבָא מֵרַב נַחְמָן, נְשִׂיאוּת מַהוּ שֶׁתַּפְסִיק. הֵיכִי דָּמֵי, כְּגוֹן שֶׁאָכַל חֲצִי כְּזַיִת חֵלֶב כְּשֶׁהוּא הֶדְיוֹט וְנִתְמַנָּה וְעָבַר וְהִשְׁלִימוֹ, הָתָם הוּא דְּלָא מִצְטָרֵף, דְּאַכְלֵיהּ פַּלְגָא כְּשֶׁהוּא הֶדְיוֹט וּפַלְגָא כְּשֶׁהוּא נָשִׂיא, אֲבָל הָכָא דְּאִידִי וְאִידִי כְּשֶׁהוּא הֶדְיוֹט אַכְלֵיהּ מִצְטָרֵף, אוֹ דִּלְמָא לָא שְׁנָא, מַאי. תִּפְשׁוֹט לֵיהּ מֵהָא [ג]דְּאָמַר עוּלָּא אָמַר רַבִּי יוֹחָנָן, [ג]אָכַל חֵלֶב וְהִפְרִישׁ קָרְבָּן וְהֵמִיר וְחָזַר בּוֹ, הוֹאִיל וְנִדְחָה יִדָּחֶה. הָכִי הַשְׁתָּא, מוּמָר [ד]לָאו בַּר אֵתוּיֵי קָרְבָּן הוּא, הַאי בַּר אֵתוּיֵי קָרְבָּן הוּא. בְּעָא מִינֵּיהּ רַבִּי זֵירָא מֵרַב שֵׁשֶׁת, אָכַל סְפֵק חֵלֶב כְּשֶׁהוּא הֶדְיוֹט, וְנִתְמַנָּה, וְנוֹדַע לוֹ עַל סְפֵקוֹ, מַהוּ. אַלִּיבָּא דְּרַבָּנָן דְּאָזְלִי בָּתַר חֲטָאָה לָא תִּבָּעֵי לָךְ, [ה]דְּמַיְיתֵי אָשָׁם תָּלוּי, אֶלָּא כִּי תִּבָּעֵי לָךְ אַלִּיבָּא דְּרַבִּי שִׁמְעוֹן, מִדְּאִשְׁתַּנֵּי לְוַדַּאי אִשְׁתַּנֵּי לְסָפֵק, אוֹ דִּלְמָא, כִּי אִשְׁתַּנֵּי לְוַדַּאי דְּאִשְׁתַּנֵּי קָרְבָּן דִּידֵיהּ, אֲבָל הָכָא דְּלָא אִשְׁתַּנֵּי קָרְבָּן דִּידֵיהּ אֵימָא לַיְיתֵי אָשָׁם תָּלוּי. תֵּיקוּ. [ד]תָּנוּ רַבָּנַן, [ב]'מֵעַם הָאָרֶץ' [ו]פְּרָט לְמוּמָר; רַבִּי שִׁמְעוֹן בַּר יוֹסֵי[יב] אוֹמֵר מִשּׁוּם רַבִּי שִׁמְעוֹן, [ג]'אֲשֶׁר לֹא תֵעָשֶׂינָה בִּשְׁגָגָה וְאָשֵׁם', [ה]הַשָּׁב בִּידִיעָתוֹ מֵבִיא קָרְבָּן עַל שִׁגְגָתוֹ, לֹא שָׁב בִּידִיעָתוֹ אֵינוֹ מֵבִיא קָרְבָּן עַל שִׁגְגָתוֹ. מַאי בֵּינַיְיהוּ. אָמַר רַב הַמְנוּנָא, מוּמָר לֶאֱכוֹל חֵלֶב וּמֵבִיא קָרְבָּן עַל הַדָּם אִיכָּא בֵּינַיְיהוּ, מַר סָבַר כֵּיוָן דְּמוּמָר לֶאֱכוֹל חֵלֶב לְדָם נַמִּי מוּמָר הָוֵי, וּמַר סָבַר [ז]לְדָם מִיהָא שָׁב בִּידִיעָתוֹ הוּא. וְהָא[יג] רָבָא אָמַר דְּכוּלֵּי עָלְמָא מוּמָר לֶאֱכוֹל חֵלֶב לָא הָוֵי מוּמָר לְדָם. אֶלָּא הָכָא בְּאוֹכֵל נְבֵלָה[יד] לְתֵאָבוֹן וְנִתְחַלֵּף לוֹ[טו] בְּשׁוּמָּן וַאֲכָלוֹ קָמִיפַּלְגִי, מַר סָבַר [ח]כֵּיוָן דִּלְתֵאָבוֹן אָכֵיל בְּמֵזִיד מוּמָר הוּא, וּמַר סָבַר כֵּיוָן דְּאִילּוּ אַשְׁכַּח דְּהֶיתֵּרָא לָא אָכַל דְּאִיסּוּרָא לָאו מוּמָר הוּא. תָּנוּ רַבָּנַן, [ט]אָכַל חֵלֶב זֶהוּ מוּמָר, וְאֵיזֶהוּ מוּמָר, אָכַל נְבֵילוֹת וּטְרֵיפוֹת שְׁקָצִים וּרְמָשִׂים וְשָׁתָה יֵין נֶסֶךְ; [י]רַבִּי יְהוּדָה אוֹמֵר, אַף הַלּוֹבֵשׁ כִּלְאַיִם. אָמַר מָר, אָכַל חֵלֶב זֶהוּ מוּמָר, וְאֵיזֶהוּ מוּמָר אוֹכֵל נְבֵילוֹת כּוּ', מַאי קָאָמַר. אָמַר רַבָּה בַּר בַּר חָנָה אָמַר רַבִּי יוֹחָנָן, הָכִי קָאָמַר [ט]אָכַל חֵלֶב לְתֵאָבוֹן הֲרֵי זֶה מוּמָר, 'לְהַכְעִיס הֲרֵי זֶה צְדוֹקִי'[טז], וְאֵיזֶהוּ מוּמָר דִּבְסְתָמוֹ צְדוֹקִי, הֱוֵי אוֹמֵר אוֹכֵל [י]נְבֵילָה וּטְרֵיפָה שְׁקָצִים וּרְמָשִׂים וְשָׁתָה יֵין נֶסֶךְ; רַבִּי יוֹסֵי בְּרַבִּי יְהוּדָה אוֹמֵר, [כ]אַף הַלּוֹבֵשׁ כִּלְאַיִם. מַאי בֵּינַיְיהוּ. אִיכָּא בֵּינַיְיהוּ כִּלְאַיִם דְּרַבָּנָן, מַר סָבַר מִדְּאוֹרַיְיתָא הָוֵי מוּמָר, דְּרַבָּנָן לָא הָוֵי מוּמָר, וּמַר סָבַר כִּלְאַיִם כֵּיוָן דִּמְפַרְסַם אִסּוּרֵיהּ אֲפִילּוּ בִּדְרַבָּנָן הָוֵי מוּמָר. [ס]פְּלִיגִי בָּהּ רַב אַחָא וְרָבִינָא, חַד אָמַר לְתֵאָבוֹן מוּמָר, לְהַכְעִיס צְדוֹקִי; וְחַד אָמַר לְהַכְעִיס נַמִּי מוּמָר, אֶלָּא אֵיזֶהוּ צְדוֹקִי, [ל]כָּל הָעוֹבֵד עֲבוֹדַת כּוֹכָבִים. מֵיתִיבֵי, אָכַל פַּרְעוֹשׁ אֶחָד אוֹ יַתּוּשׁ אֶחָד הֲרֵי זֶה מוּמָר, וְהָא הָכָא דִּלְהַכְעִיס הוּא וְקָא קָרֵי לֵיהּ מוּמָר. הָתָם דְּאָמַר אֶטְעוֹם טַעַם דְּאִיסּוּרָא: וְאֵיזֶהוּ נָשִׂיא זֶה מֶלֶךְ כּוּ': [ע]תָּנוּ רַבָּנַן, 'נָשִׂיא', יָכוֹל נְשִׂיא שֵׁבֶט כְּנַחְשׁוֹן בֶּן עַמִּינָדָב, תַּלְמוּד לוֹמַר [ג]'מִכָּל מִצְוֹת יְיָ אֱלֹהָיו', וּלְהַלָּן הוּא אוֹמֵר [ד]'לְמַעַן יִלְמַד לְיִרְאָה אֶת יְיָ אֱלֹהָיו',

---

בֶּן עַמִּי. בִּלְשׁוֹן נְקִיָּה הוּא, דְּלֹא רָצְתָה לְהוֹדִיעַ דְּמֵאָבִיהָ נִתְעַבְּרָה: אָמַר אַל תְּצוּרֵם וְאַל תִּתְגָּר בָּם. וּמִדְּלָא כְּתִיבָא בְּהוּ 'מִלְחָמָה' ש"מ דַּאֲפִילּוּ צַעֲרָא לָא לִיעֲבֵד לְהֶם. וְלֹא עוֹד, אֲפִילּוּ בְּכִירָה דְּקָרְיָתֵיהּ אָב הַכָּתוּב פִּירְסְמָהּ דִּכְתִיב (בְּרֵאשִׁית יט) 'וַתִּשְׁכַּב אֶת אָבִיהָ', וּבִצְעִירָה כְּתִיב 'וַתִּשְׁכַּב עִמּוֹ'[ז]: וְקָדְמָתָה אַרְבַּע דּוֹרוֹת בְּיִשְׂרָאֵל. עוֹבֵד יִשַׁי דָּוִד שְׁלֹמֹה, וְאִילּוּ לִצְעִירָה לֹא הֲוָה בְּיִשְׂרָאֵל עַד רְחַבְעָם בֶּן שְׁלֹמֹה, דַּהֲוָה לֵיהּ מִנַּעֲמָה הָעַמּוֹנִית: תָּנוּ רַבָּנַן, 'וְאִם נֶפֶשׁ אַחַת תֶּחֱטָא בִשְׁגָגָה מֵעַם הָאָרֶץ'. וְלֹא כָּל עַם הָאָרֶץ, פְּרָט לְמָשִׁיחַ, דְּמַשְׁמַע דְּלֹא יָבִיא כִּשְׂבָּה אוֹ שְׂעִירָה כְּיָחִיד: [יא] לָמָּה לִי 'מֵעַם הָאָרֶץ'. לְמַעוּטֵי הָנֵי, וַהֲלֹא כְּבָר יָצָא מָשִׁיחַ מִכְּלַל יָחִיד לִידּוֹן בְּפַר, וְנָשִׂיא יָצָא מִכְּלַל יָחִיד לִידּוֹן בְּשָׂעִיר: שֶׁיָּכוֹל. כְּלוֹמַר, אִילּוּ לֹא נֶאֱמַר 'מֵעַם הָאָרֶץ' הָיִיתִי אוֹמֵר מָשִׁיחַ עַל הֶעְלֵם דָּבָר עִם שִׁגְגַת מַעֲשֶׂה יָבִיא פַּר, וְעַל שִׁגְגַת מַעֲשֶׂה לְחוּדֵיהּ יָבִיא כִּשְׂבָּה אוֹ שְׂעִירָה כְּהֶדְיוֹט: תַּלְמוּד לוֹמַר 'מֵעַם הָאָרֶץ' פְּרָט לְמָשִׁיחַ. דְּאֵינוֹ מֵבִיא בְּשִׁגְגַת מַעֲשֶׂה לְחוּדֵיהּ כְּלָל, וְהַיְינוּ דְּקָאָמְרַן בְּפֶרֶק דִּלְעֵיל (דף ז:) 'יָצָא מָשִׁיחַ שֶׁאֵין חֶטְאוֹ בִּשְׁגָגָה', דְּהַיְינוּ בְּשִׁגְגַת מַעֲשֶׂה: אֶלָּא נָשִׂיא הָא בְּשִׁגְגַת מַעֲשֶׂה הוּא מַיְיתֵי[יב]. וּמַאי קָא מְמַעֵט דְּקָאָמַר 'מֵעַם הָאָרֶץ' פְּרָט לְנָשִׂיא: ס"ד אָמֵינָא. הוֹאִיל וְחָטָא כְּשֶׁהוּא הֶדְיוֹט נַיְיתֵי כִּשְׂבָּה אוֹ שְׂעִירָה כְּהֶדְיוֹט: קמ"ל. 'מֵעַם הָאָרֶץ' פְּרָט לְנָשִׂיא, דְּאֵינוֹ מֵבִיא כִּשְׂבָּה אוֹ שְׂעִירָה: אֶלָּא לְרַבָּנָן דְּאָזְלִי בָּתַר חֲטָאָה. וּמַיְיתֵי וַדַּאי כִּשְׂבָּה אוֹ שְׂעִירָה, כִּדְתְנַן 'חָטְאוּ עַד שֶׁלֹּא נִתְמַנּוּ וְאַחַר כָּךְ נִתְמַנּוּ הֲרֵי אֵלּוּ כְּהֶדְיוֹטוֹת': מַאי אִיכָּא לְמֵימַר. דְּמַאי קָא מְמַעֵט לְנָשִׂיא דְּקָתָנֵי 'פְּרָט לְנָשִׂיא': ס"ד אָמֵינָא נִצְטָרֵף. חֲצִי זַיִת בָּתְרָא לַחֲצִי זַיִת קַמָּא וְלַיְיתֵי כִּשְׂבָּה אוֹ שְׂעִירָה: קמ"ל. 'מֵעַם הָאָרֶץ' פְּרָט לְנָשִׂיא, דִּכְהַאי גַּוְונָא לֹא מַיְיתֵי כִּשְׂבָּה אוֹ שְׂעִירָה, וּכְהַאי גַּוְונָא נַמִּי לֹא מַיְיתֵי שָׂעִיר, דְּהָא לָא מִצְטָרְפֵי כְּלָל. וְהוּא הַדִּין דְּמָצֵי לְמֵימַר 'סָלְקָא דַּעְתָּךְ אָמֵינָא נִצְטָרֵף וְנַיְיתֵי שָׂעִיר', אֶלָּא מִשּׁוּם דִּקְרָא קָא מִישְׁתַּעֵי בְּכִשְׂבָּה אוֹ שְׂעִירָה: כְּגוֹן שֶׁאָכַל חֲצִי זַיִת חֵלֶב כְּשֶׁהוּא הֶדְיוֹט וְנִתְמַנָּה וְעָבַר. מִנְּשִׂיאוּתוֹ וְהִשְׁלִימוֹ: אָכַל סְפֵק חֵלֶב כְּשֶׁהוּא הֶדְיוֹט. דְּקָא סָבוּר דְּשׁוּמָּן הוּא: וְנִתְמַנָּה, וְנוֹדַע לוֹ עַל סְפֵקוֹ. שֶׁנּוֹדַע לוֹ לְאַחַר שֶׁנִּתְמַנָּה שֶׁסְּפֵק חֵלֶב אָכַל: מַהוּ. מִי מַיְיתֵי אָשָׁם תָּלוּי אוֹ לָא: מִדְּאִישְׁתַּנֵּי לְוַדַּאי. דְּקָאָמַר ר' שִׁמְעוֹן דְּקוֹדֶם לָכֵן הָיוּ שׁוֹגְגִים, שֶׁלֹּא יָדְעוּ אִם אָכְלוּ כְּלָל, וּבְהַהוּא לֵיכָּא אָשָׁם תָּלוּי[יג], אִם נוֹדַע לָהֶם מִשֶּׁנִּתְמַנּוּ פְּטוּרִים, לְפִי שֶׁנִּשְׁתַּנָּה גּוּפָם, דְּהַשְׁתָּא נִתְמַנּוּ, וּמִדְּאִישְׁתַּנּוּ לְקָרְבַּן וַדַּאי אִישְׁתַּנּוּ נַמִּי לְקָרְבַּן סָפֵק, וּפָטוּר, וְאֵין מְבִיאִין[יד] אָשָׁם תָּלוּי: אוֹ דִּלְמָא כִּי אִישְׁתַּנֵּי לְוַדַּאי. הַיְינוּ טַעְמָא דְּר' שִׁמְעוֹן דְּפָטַר, מִשּׁוּם דְּאִישְׁתַּנֵּי קָרְבָּן דִּידֵיהּ, דִּכְשֶׁהוּא הֶדְיוֹט מֵבִיא כִּשְׂבָּה אוֹ שְׂעִירָה, וְהַשְׁתָּא כִּי נִתְמַנָּה מָשִׁיחַ מֵבִיא פַּר וְנָשִׂיא מֵבִיא שָׂעִיר: אֲבָל הָכָא. כִּי נוֹדַע לוֹ עַל סָפֵק, דְּנוֹדַע לוֹ מִשֶּׁנִּתְמַנָּה דִּסְפֵק חֵלֶב אָכַל: דְּלָא אִישְׁתַּנֵּי קָרְבָּן דִּידֵיהּ. דְּעַל סְפֵק חַטָּאת קָבוּעַ בֵּין כְּשֶׁהוּא הֶדְיוֹט וּבֵין כְּשֶׁהוּא נָשִׂיא מֵבִיא אָשָׁם תָּלוּי, [טו] מוֹדֶה רַבִּי שִׁמְעוֹן דְּמַיְיתֵי אָשָׁם תָּלוּי. תֵּיקוּ: 'מֵעַם הָאָרֶץ'. מֵבִיא קָרְבָּן וְלֹא כָּל עַם הָאָרֶץ: פְּרָט לְמוּמָר. שֶׁאֵין מְקַבְּלִין מִיָּדוֹ: אֶלָּא הָכָא בְּאוֹכֵל נְבֵילָה לְתֵאָבוֹן. דְּכִי אֵין לוֹ בָּשָׂר דְּהֶיתֵּרָא אוֹכֵל חֵלֶב וּנְבֵלָה, וְנִתְחַלֵּף לוֹ לָזֶה חֵלֶב בְּשׁוּמָּן וַאֲכָלוֹ, דְּסָבוּר דְּשׁוּמָּן הוּא, קָא מִיפַּלְגִי, וְלִכְשֶׁנּוֹדַע לוֹ דְּחֵלֶב הוּא רוֹצֶה לְהַקְרִיב קָרְבָּן, ת"ק סָבַר כֵּיוָן דִּלְתֵאָבוֹן אָכֵיל בְּמֵזִיד מוּמָר הוּא וְאֵין מְקַבְּלִין מִיָּדוֹ, ור"ש בַּר יוֹסֵי סָבַר כֵּיוָן דִּבְמֵזִיד אִי מַשְׁכַּח הֶיתֵּרָא לֹא אָכֵיל אִיסּוּרָא, שָׁב מִידִיעָתוֹ קָרֵינָא בֵּיהּ, וְלָא מוּמָר הוּא, וּמְקַבְּלִין מִיָּדוֹ: קָתָנֵי אָכַל חֵלֶב שְׁחוּטָה זֶה מוּמָר, וְהָדַר תָּנֵי אֵיזֶהוּ מוּמָר, מַאי קָאָמַר: לְהַכְעִיס. דְּאִית לֵיהּ הֶיתֵּרָא וְאָכֵיל אִיסּוּרָא: הֲרֵי זֶה צְדוֹקִי.[טז] וּשְׁחִיטָתוֹ לַעֲבוֹדַת כּוֹכָבִים: אוֹכֵל נְבֵילָה וּטְרֵיפָה שְׁקָצִים וּרְמָשִׂים וְשָׁתָה יֵין נֶסֶךְ. הוֹאִיל וְהָנֵי אוֹכָלִין הָווּ דְּבָרִים שֶׁהַנֶּפֶשׁ קָצָה בָּהֶם, וַדַּאי לְהַכְעִיס הוּא עוֹשֶׂה, וּסְתָמוֹ רַע[יז] הוּא: ר' יוֹסֵי בַּר רַבִּי יְהוּדָה אוֹמֵר אַף הַלּוֹבֵשׁ כִּלְאַיִם. הֲרֵי זֶה מוּמָר: מַאי אִיכָּא. בֵּין ת"ק לְרַבִּי יוֹסֵי בַּר רַבִּי יְהוּדָה, כֵּיוָן דְּאָמַר ת"ק 'אָכַל חֵלֶב הֲרֵי זֶה מוּמָר', מַה לִּי אוֹכֵל חֵלֶב מַה לִּי לוֹבֵשׁ כִּלְאַיִם, אִידֵי וְאִידֵי דְּאוֹרַיְיתָא וְאָסוּר[יח]: ת"ק סָבַר כִּלְאַיִם דְּאוֹרַיְיתָא דּוּמְיָא דְּחֵלֶב הָוֵי מוּמָר, דְּהַיְינוּ אָרוּג בֵּיהּ חוּט שֶׁל צֶמֶר וְחוּט שֶׁל פִּשְׁתִּים יַחַד עַל פְּנֵי כּוּלּוֹ: וְר' יוֹסֵי סָבַר אַף הַלּוֹבֵשׁ נַמִּי כִּלְאַיִם דְּרַבָּנָן הָוֵי מוּמָר, דְּהַיְינוּ אוֹ שׁוּעַ אוֹ טָווּי אוֹ נוּז, דְּהָכִי מְפָרְשֵׁי רַבָּנָן 'שַׁעַטְנֵז', שׁוּעַ טָווּי וְנוּז, כִּדְאָמְרִינַן בְּמַסֶּכֶת נִדָּה (דף סא:), וְרַבָּנָן גְּזוּר בְּחַד מִנַּיְיהוּ, 'שׁוּעַ' שֶׁמְּנַפֵּץ כְּאַחַת וְעָשָׂה מֵהֶם לֶבֶד, 'טָווּי' שֶׁנִּטְוָה כְּאַחַת וְתָכַף בּוֹ שְׁתֵּי תְכִיפוֹת, 'נוּז' שֶׁאָרוּג אֲפִילּוּ חוּט אֶחָד שֶׁל צֶמֶר בְּבֶגֶד פִּשְׁתָּן אוֹ חוּט אֶחָד שֶׁל פִּשְׁתָּן בְּבֶגֶד צֶמֶר, דְּכוּלְּהוּ אָסוּר מִדְּרַבָּנָן: חַד אָמַר. הָאוֹכֵל חֵלֶב וּנְבֵילָה לְתֵאָבוֹן הֲרֵי זֶה מוּמָר: לְהַכְעִיס. דְּאִית לֵיהּ הֶיתֵּרָא וַאֲפִילּוּ הָכִי אָכֵיל אִיסּוּרָא, צְדוֹקִי הוּא: אָכַל פַּרְעוֹשׁ אוֹ יַתּוּשׁ הֲרֵי זֶה מוּמָר. דְּהָכָא וַדַּאי לְהַכְעִיס קָא עָבֵיד, דְּלָאו מִידֵי דְּבַר מֵיכַל הוּא, וְקָתָנֵי 'הֲרֵי זֶה מוּמָר' וְאֵינוֹ צְדוֹקִי, וְקַשְׁיָא לְמַאן דְּאָמַר לְהַכְעִיס צְדוֹקִי הוּא: לְעוֹלָם אֵימָא לָךְ לְהַכְעִיס צְדוֹקִי הוּא, וְהָכָא הַיְינוּ טַעְמָא דְּהָוֵי מוּמָר וְלָא הָוֵי צְדוֹקִי, מִשּׁוּם דְּקָאָמַר בָּעֵינָא לְמִיטְעַם טַעְמָא דְּאִיסּוּרָא, שֶׁתָּאֵב לִטְעוֹם דְּבַר אָסוּר, וְלָא לְהַכְעִיס קָא עָבֵיד:

מַה

מסורת הש"ס עם הוספות

א) נזיר כג: ב"ק לח: ע"ש, ב) ת"כ פ' ויקרא דבורא דחובה פרשה ז ה"ו (אות רפ), ג) זבחים יב: כריתות ז. סנהדרין מז., ד) חולין ה: [שבת סט.] יומא פ. לעיל ג. ת"כ דבורא דחובה פרשה ז ה"ז (אות רפא), ה) [שבועות דף כו:], ו) [תוספתא פרק א ה"ד], ז) [עי' תוס' בכורות לו. ד"ה ויין נסך וע"ע תוס' בע"ז כו: שמפרשו נבילה שמתה מחמת חולי וטרפה שנשברה מפרקתה שמתה והולכת ואינה ראוי' לאכילה ע"ש ד"ה וחד אמר], ח) ע"ז כו:, ט) ת"כ פ' ויקרא דבורא דחובה פרשה ה ה"א (אות רנח), י) לעיל ט ע"ב.

עין משפט נר מצוה

י א ב מיי' פט"ו מהלכות שגגות הלכה י:

יא ג מיי' שם פ"ג הלכה ח ודלא כר"י ע"ש:

יב ד מיי' שם הלכה ז:

יג ה מיי' פט"ו שם הלכה י:

יד ו ז ח מיי' שם פ"ג הלכה ז ופרק ג מהלכות מעשה קרבנות הלכה ד:

טו ט י כ ל מיי' פ"ד מהלכות רוצח הלכה י סמג לאוין קסג טוש"ע ח"מ סימן תכה סעיף ה וטור שו"ע יו"ד סימן קנח סעיף ב:

תוספות הרא"ש

הכא ב"ע כגון שאכל חלב כשהוא הדיוט ונתמנה ואח"כ נודע לו מהו דתימא נייתי כשבה או שעירה קמ"ל תינח לר"ש ...

תורה אור השלם

א) וְקָרַבְתָּ מוּל בְּנֵי עַמּוֹן אַל תְּצֻרֵם וְאַל תִּתְגָּר בָּם כִּי לֹא אֶתֵּן מֵאֶרֶץ בְּנֵי עַמּוֹן לְךָ יְרֻשָּׁה כִּי לִבְנֵי לוֹט נְתַתִּיהָ יְרֻשָּׁה: [דברים ב, יט]

ב) וְאִם נֶפֶשׁ אַחַת תֶּחֱטָא בִשְׁגָגָה מֵעַם הָאָרֶץ בַּעֲשֹׂתָהּ אַחַת מִמִּצְוֹת יְיָ ...

This *daf* is dedicated *l'iluy nishmas*: Chana bat Esther *z"l*

he ate half a *kezayis* of forbidden fat when he was a commoner, וְנִתְמַנָּה וְעָבַר — then he was appointed king, and subsequently removed from his position, וְהִשְׁלִימוֹ — and after he was removed, he ate an additional half of a *kezayis*. הָתָם הוּא דְּלָא מִצְטָרֵף — Do we say that, there, in the case where he ate half a *kezayis* before he became king and half after he became king it does not combine to obligate him in a *korban*, דְּאַכְלֵיהּ פַּלְגָא כְּשֶׁהוּא הֶדְיוֹט וּפַלְגָא כְּשֶׁהוּא נָשִׂיא — because he ate half as a commoner and half as a king, אֲבָל הָכָא דְּאִידִי וְאִידִי כְּשֶׁהוּא הֶדְיוֹט אַכְלֵיהּ מִצְטָרֵף — but here, in this case, that both halves were eaten when he was a commoner, perhaps the two halves should combine, אוֹ דִּלְמָא לָא שְׁנָא or maybe there is no difference, and in this case, as well, the two halves do not combine and he is not obligated to bring a *korban*. מַאי — What is the halachah?

The Gemara suggests: תִּפְשׁוֹט לֵיהּ מֵהָא דְּאָמַר עוּלָּא אָמַר רַבִּי יוֹחָנָן — Let us resolve the dilemma from that which Ulla said that Rabi Yochanan said: אָכַל חֵלֶב וְהִפְרִישׁ קָרְבָּן — If one accidentally ate forbidden fat and designated a *Korban Chatas*, וְהֵמִיר וְחָזַר בּוֹ — and then he became a *mumar* (one who intentionally transgresses *aveiros*), who is disqualified from bringing a *korban*, and then he retracted his apostacy. הוֹאִיל וְנִדְחָה — In such a case, we say that since he was disqualified from bringing a *korban* as a *mumar*, יִדָּחֶה — the *korban* remains disqualified even after he is no longer a *mumar*. Here too, we should say that since while he is king he would not bring the *korban*, therefore, the first half of a *kezayis* of forbidden fat eaten while he was king, is disqualified from obligating him in a *korban* even after he is removed from his kingship. The Gemara rejects this comparison: הָכִי הַשְׁתָּא — Here, how can these cases be compared? מוּמָר לָאו בַּר אַתּוּיֵי קָרְבָּן הוּא — An apostate's *korban* is disqualified even after he retracts his apostacy, because a *mumar* himself is disqualified from bring a *korban*, הַאי — but this king himself, בַּר אַתּוּיֵי קָרְבָּן הוּא — is able to bring a *korban*, only that a king brings a different type of *korban* than a commoner. Therefore, maybe the kingship should not disqualify the first half of the *kezayis* that he ate, and he should be obligated to bring the *korban* of a commoner.

בְּעָא מִינֵּיהּ רַבִּי זֵירָא מֵרַב שֵׁשֶׁת — Rabi Zeira asked a question to Rav Sheshes: אָכַל סָפֵק חֵלֶב כְּשֶׁהוּא הֶדְיוֹט — If one ate fat when he was a commoner, thinking that it was permissible fat, וְנִתְמַנָּה — then he was appointed king, וְנוֹדַע לוֹ עַל סְפֵקוֹ — and subsequently he found out that there was uncertainty as to whether the fat he ate was forbidden fat or permissible fat. מַהוּ — What is the halachah regarding his obligation to bring an *Asham Talui*? אַלִּיבָּא דְּרַבָּנָן דְּאָזְלֵי בָּתַר חֲטָאָה לָא תִּבָּעֵי לָךְ — According to the *Rabbanan* of our Mishnah (10a), who hold that the type of *Chatas* is determined based on the time the sin was committed, there is no question, דְּמַיְיתֵי אָשָׁם תָּלוּי — that he would bring an *Asham Talui*. Since he ate the questionable fat as a commoner, obviously he will have the same halachah as a commoner, and he will bring an *Asham Talui*. אֶלָּא כִּי תִּבָּעֵי לָךְ — But when is there a question? אַלִּיבָּא דְּרַבִּי שִׁמְעוֹן — According to Rabi Shimon who holds that the determination of which *Chatas* to

For this *daf's shiur* and charts, scan this QR code:

הוּא דְּלָא, הָא צַעוּרֵי צַעֲרִינְהוּ, וְאִילּוּ צְעִירָה דְּקַרְיֵיהּ[א] 'בֶּן עַמִּי' אָמַר לֵיהּ א) 'אַל תְּצוּרֵם וְאַל תִּתְגָּר בָּם' כְּלָל, אֲפִילּוּ צַעוּרֵי לָא. [א] אָמַר רַב חִיָּיא בַּר אָבִין אָמַר רַבִּי יְהוֹשֻׁעַ בֶּן קָרְחָה, לְעוֹלָם יַקְדִּים אָדָם לִדְבַר מִצְוָה, שֶׁבִּשְׂכַר לַיְלָה אַחַת שֶׁקָּדְמָה בְּכִירָה לִצְעִירָה זָכְתָה וְקָדְמָתָה אַרְבַּע דּוֹרוֹת לַמַּלְכוּת[ב]. [ג] תָּנוּ רַבָּנָן, ב) 'מֵעַם הָאָרֶץ' פְּרָט לְמָשִׁיחַ, 'מֵעַם הָאָרֶץ' פְּרָט לְנָשִׂיא. וַהֲלֹא כְּבָר יָצְאוּ מָשִׁיחַ לִידּוֹן בְּפַר, נָשִׂיא לִידּוֹן בְּשָׂעִיר. שֶׁיָּכוֹל מָשִׁיחַ עַל הֶעְלֵם דָּבָר עִם שִׁגְגַת מַעֲשֶׂה מֵבִיא פַּר, עַל שִׁגְגַת מַעֲשֶׂה לְחוּדֵיהּ מֵבִיא כִּשְׂבָּה וּשְׂעִירָה, תַּלְמוּד לוֹמַר 'מֵעַם הָאָרֶץ' פְּרָט לְמָשִׁיחַ, 'מֵעַם הָאָרֶץ' פְּרָט לְנָשִׂיא. תִּינַח מָשִׁיחַ, אֶלָּא נָשִׂיא בְּשִׁגְגַת מַעֲשֶׂה הוּא דְּמַיְיתֵי. אָמַר רַב זְבִיד מִשְּׁמֵיהּ דְּרָבָא, הָכָא בְּמַאי עָסְקִינַן, כְּגוֹן שֶׁאָכַל כְּזַיִת חֵלֶב כְּשֶׁהוּא הֶדְיוֹט, וְנִתְמַנָּה, וְאַחַר כָּךְ נוֹדַע לוֹ, סָלְקָא דַּעְתָּךְ אָמֵינָא נַיְיתֵי כִּשְׂבָּה אוֹ שְׂעִירָה, קָא מַשְׁמַע לָן. הָנִיחָא לְרַבִּי שִׁמְעוֹן דְּאָזֵל בָּתַר יְדִיעָה, אֶלָּא לְרַבָּנָן דְּאָזְלוּ בָּתַר חֲטָאָה מַאי אִיכָּא לְמֵימַר. אֶלָּא אָמַר רַב זְבִיד מִשְּׁמֵיהּ דְּרָבָא, הָכָא בְּמַאי עָסְקִינַן, [א] כְּגוֹן שֶׁאָכַל חֲצִי כְּזַיִת חֵלֶב כְּשֶׁהוּא הֶדְיוֹט, וְנִתְמַנָּה, וְהִשְׁלִימוֹ[ג], וְאַחַר כָּךְ נוֹדַע לוֹ, סָלְקָא דַּעְתָּךְ אָמֵינָא נִצְטָרֵף וְנַיְיתֵי כִּשְׂבָּה אוֹ שְׂעִירָה, קָא מַשְׁמַע לָן. [ב] בְּעָא מִינֵּיהּ רָבָא מֵרַב נַחְמָן, נְשִׂיאוּת מַהוּ שֶׁתַּפְסִיק. הֵיכִי דָּמֵי, כְּגוֹן שֶׁאָכַל חֲצִי כְּזַיִת חֵלֶב כְּשֶׁהוּא הֶדְיוֹט וְנִתְמַנָּה וְעָבַר וְהִשְׁלִימוֹ, הָתָם הוּא דְּלָא מִצְטָרֵף, דַּאֲכָלֵיהּ פַּלְגָא כְּשֶׁהוּא הֶדְיוֹט וּפַלְגָא כְּשֶׁהוּא נָשִׂיא, אֲבָל הָכָא דְּאִידֵי וְאִידֵי כְּשֶׁהוּא הֶדְיוֹט אֲכָלֵיהּ מִצְטָרֵף, אוֹ דִּלְמָא לָא שְׁנָא, מַאי. תִּפְשׁוֹט לֵיהּ מֵהָא [ג] דְּאָמַר עוּלָּא אָמַר רַבִּי יוֹחָנָן, [ג] אָכַל חֵלֶב וְהִפְרִישׁ קָרְבָּן וְהֵמִיר וְחָזַר בּוֹ, הוֹאִיל וְנִדְחָה יִדָּחֶה. הָכִי הַשְׁתָּא, מוּמָר [ד] לָאו בַּר אֲתוּיֵי קָרְבָּן הוּא, הַאי בַּר אֲתוּיֵי קָרְבָּן הוּא. בְּעָא מִינֵּיהּ רַבִּי זֵירָא מֵרַב שֵׁשֶׁת, אָכַל סְפֵק חֵלֶב כְּשֶׁהוּא הֶדְיוֹט, וְנִתְמַנָּה, וְנוֹדַע לוֹ עַל סְפֵקוֹ, מַהוּ. אַלִּיבָּא דְּרַבָּנָן דְּאָזְלִי בָּתַר חֲטָאָה לָא תִּבָּעֵי לָךְ, [ה] דְּמַיְיתֵי אָשָׁם תָּלוּי, אֶלָּא כִּי תִּבָּעֵי לָךְ אַלִּיבָּא דְּרַבִּי שִׁמְעוֹן, מִדְּאִשְׁתַּנֵּי לְוַדַּאי אִשְׁתַּנֵּי לְסָפֵק, אוֹ דִּלְמָא, כִּי אִשְׁתַּנֵּי לְוַדַּאי דְּאִשְׁתַּנֵּי קָרְבַּן דִּידֵיהּ, אֲבָל הָכָא דְּלָא אִשְׁתַּנֵּי קָרְבַּן דִּידֵיהּ אֵימָא לַיְיתֵי אָשָׁם תָּלוּי. תֵּיקוּ. [ד] תָּנוּ רַבָּנָן, ב) 'מֵעַם הָאָרֶץ' [ו] פְּרָט לְמוּמָר; רַבִּי שִׁמְעוֹן בַּר יוֹסֵי[ד] אוֹמֵר מִשּׁוּם רַבִּי שִׁמְעוֹן, ג) 'אֲשֶׁר לֹא תֵעָשֶׂינָה בִּשְׁגָגָה וְאָשֵׁם', [ה] הַשָּׁב בִּידִיעָתוֹ מֵבִיא קָרְבָּן עַל שִׁגְגָתוֹ, לֹא שָׁב בִּידִיעָתוֹ אֵינוֹ מֵבִיא קָרְבָּן עַל שִׁגְגָתוֹ. מַאי בֵּינַיְיהוּ. אָמַר רַב הַמְנוּנָא, מוּמָר לֶאֱכוֹל חֵלֶב וּמֵבִיא קָרְבָּן עַל הַדָּם אִיכָּא בֵּינַיְיהוּ, מַר סָבַר כֵּיוָן דְּמוּמָר לֶאֱכוֹל חֵלֶב לְדָם נַמִּי מוּמָר הָוֵי, וּמַר סָבַר [ז] לְדָם מִיהָא שָׁב בִּידִיעָתוֹ הוּא. וְהָא[ה] רָבָא אָמַר דְּכוּלֵּי עָלְמָא מוּמָר לֶאֱכוֹל חֵלֶב לָא הָוֵי מוּמָר לְדָם. אֶלָּא הָכָא בְּאוֹכֵל נְבֵלָה[ו] לְתֵאָבוֹן וְנִתְחַלֵּף לוֹ[ז] בְּשׁוּמָּן וַאֲכָלוֹ קָמִיפַּלְגִי, מַר סָבַר [ח] כֵּיוָן דִּלְתֵאָבוֹן אָכֵיל בְּמֵזִיד מוּמָר הוּא, וּמַר סָבַר כֵּיוָן דְּאִילּוּ אַשְׁכַּח דְּהֶיתֵּרָא לָא אֲכַל דְּאִיסּוּרָא לָאו מוּמָר הוּא. תָּנוּ רַבָּנָן, [ט] אָכַל חֵלֶב זֶהוּ מוּמָר, וְאֵיזֶהוּ מוּמָר, אָכַל נְבֵילוֹת וּטְרֵיפוֹת שְׁקָצִים וּרְמָשִׂים וְשָׁתָה יֵין נֶסֶךְ; [י] רַבִּי יְהוּדָה אוֹמֵר, אַף הַלּוֹבֵשׁ כִּלְאַיִם. אָמַר מַר, אָכַל חֵלֶב זֶהוּ מוּמָר, וְאֵיזֶהוּ מוּמָר אוֹכֵל נְבֵילוֹת כו', מַאי קָאָמַר. אָמַר רַבָּה בַּר בַּר חָנָה אָמַר רַבִּי יוֹחָנָן, הָכִי קָאָמַר [ט] אָכַל חֵלֶב לְתֵאָבוֹן הֲרֵי זֶה מוּמָר, [י] לְהַכְעִיס הֲרֵי זֶה צְדוֹקִי[ח], וְאֵיזֶהוּ מוּמָר דִּבְסְתָמוֹ צְדוֹקִי, הֱוֵי אוֹמֵר אוֹכֵל [י] נְבֵילָה וּטְרֵיפָה שְׁקָצִים וּרְמָשִׂים וְשָׁתָה יֵין נֶסֶךְ; רַבִּי יוֹסֵי בְּרַבִּי יְהוּדָה אוֹמֵר, [כ] אַף הַלּוֹבֵשׁ כִּלְאַיִם. מַאי בֵּינַיְיהוּ. אִיכָּא בֵּינַיְיהוּ כִּלְאַיִם דְּרַבָּנָן, מַר סָבַר מִדְּאוֹרַיְיתָא הָוֵי מוּמָר, דְּרַבָּנָן לָא הָוֵי מוּמָר, וּמַר סָבַר כִּלְאַיִם כֵּיוָן דְּמִפַּרְסַם אִסּוּרֵיהּ אֲפִילּוּ בִּדְרַבָּנָן הָוֵי מוּמָר. [מ] פְּלִיגִי בָּהּ רַב אַחָא וְרָבִינָא, חַד אָמַר לְתֵאָבוֹן מוּמָר, לְהַכְעִיס צְדוֹקִי; וְחַד אָמַר לְהַכְעִיס נַמִּי מוּמָר, אֶלָּא אֵיזֶהוּ צְדוֹקִי, [ל] כָּל הָעוֹבֵד עֲבוֹדַת כּוֹכָבִים. מֵיתִיבֵי, אָכַל פַּרְעוֹשׁ אֶחָד אוֹ יַתּוּשׁ אֶחָד הֲרֵי זֶה מוּמָר, וְהָא הָכָא דִּלְהַכְעִיס הוּא וְקָא קָרֵי לֵיהּ מוּמָר. הָתָם דְּאָמַר אֶטְעוֹם טַעַם דְּאִיסּוּרָא: וְאֵיזֶהוּ נָשִׂיא זֶה מֶלֶךְ כו': [מ] תָּנוּ רַבָּנָן, 'נָשִׂיא', יָכוֹל נְשִׂיא שֵׁבֶט כְּנַחְשׁוֹן בֶּן עַמִּינָדָב, תַּלְמוּד לוֹמַר ג) 'מִכָּל מִצְוֹת יְיָ אֱלֹהָיו', וּלְהַלָּן הוּא אוֹמֵר ד) 'לְמַעַן יִלְמַד לְיִרְאָה אֶת יְיָ אֱלֹהָיו',

בֶּן עַמִּי. בִּלְשׁוֹן נְקִיָּה הוּא, דְּלֹא רָצְתָה לְהוֹדִיעַ דְּמֵאָבִיהָ נִתְעַבְּרָה: אָמַר 'אַל תְּצוּרֵם וְאַל תִּתְגָּר בָּם'. וּמִדְּלֹא כְּתִיבָא בְּהוּ 'מִלְחָמָה' ש"מ דַּאֲפִילּוּ לְצַעֲרָא לֹא לִיעֲבֵד לְהֶם. וְלֹא עוֹד, אֲפִילּוּ בְּכִירָה דְּקַרְיֵיתֵּהּ אָב הַכָּתוּב פִּירְסְמָה דִּכְתִיב (בראשית יט) 'וַתִּשְׁכַּב אֶת אָבִיהָ', וּבִצְעִירָה כְּתִיב 'וַתִּשְׁכַּב עִמּוֹ'[ו]: וְקָדְמָתָה אַרְבַּע דּוֹרוֹת בְּיִשְׂרָאֵל. עוֹבֵד יִשַׁי דָּוִד שְׁלֹמֹה, וְאִילּוּ צְעִירָה לֹא הֲוָה בְּיִשְׂרָאֵל עַד רְחַבְעָם בֶּן שְׁלֹמֹה, דַּהֲוָה לֵיהּ מִנַּעֲמָה הָעַמּוֹנִית: תָּנוּ רַבָּנָן, 'וְאִם נֶפֶשׁ אַחַת תֶּחֱטָא בִּשְׁגָגָה מֵעַם הָאָרֶץ'. וְלֹא כָּל עַם הָאָרֶץ, פְּרָט לְמָשִׁיחַ, דְּמַשְׁמַע דְּלֹא יָבִיא כִּשְׂבָּה אוֹ שְׂעִירָה כְּיָחִיד: [יא] לָמָּה לִי 'מֵעַם הָאָרֶץ'. לְמַעוּטֵי הָנֵי, וַהֲלֹא כְּבָר יָצָא מָשִׁיחַ מִכְּלַל יָחִיד לִידּוֹן בְּפַר, וְנָשִׂיא יָצָא מִכְּלַל יָחִיד לִידּוֹן בְּשָׂעִיר: שֶׁיָּכוֹל. כְּלוֹמַר, אִילּוּ לֹא נֶאֱמַר 'מֵעַם הָאָרֶץ' הָיִיתִי אוֹמֵר מָשִׁיחַ עַל הֶעְלֵם דָּבָר עִם שִׁגְגַת מַעֲשֶׂה יָבִיא פַּר, וְעַל שִׁגְגַת מַעֲשֶׂה לְחוּדֵיהּ יָבִיא כִּשְׂבָּה אוֹ שְׂעִירָה כְּהֶדְיוֹט: תַּלְמוּד לוֹמַר 'מֵעַם הָאָרֶץ' פְּרָט לְמָשִׁיחַ. דְּאֵינוֹ מֵבִיא בְּשִׁגְגַת מַעֲשֶׂה לְחוּדֵיהּ כְּלָל, וְהַיְינוּ דְּקָאָמְרָן בְּפֶרֶק דִּלְעֵיל (דף ז:) 'יָצָא מָשִׁיחַ שֶׁאֵין חֶטְאוֹ בִּשְׁגָגָה', דְּהַיְינוּ בְּשִׁגְגַת מַעֲשֶׂה: אֶלָּא נָשִׂיא הָא בְּשִׁגְגַת מַעֲשֶׂה הוּא מַיְיתֵי[יב]. וּמַאי קָא מְמַעֵט דְּקָאָמַר 'מֵעַם הָאָרֶץ' פְּרָט לְנָשִׂיא: ס"ד אָמֵינָא. הוֹאִיל וְחָטָא כְּשֶׁהוּא הֶדְיוֹט נַיְיתֵי כִּשְׂבָּה אוֹ שְׂעִירָה כְּהֶדְיוֹט: קמ"ל. 'מֵעַם הָאָרֶץ' פְּרָט לְנָשִׂיא, דְּאֵינוֹ מֵבִיא כִּשְׂבָּה אוֹ שְׂעִירָה: אֶלָּא לְרַבָּנָן דְּאָזְלִי בָּתַר חֲטָאָה. וּמַיְיתֵי וַדַּאי כִּשְׂבָּה אוֹ שְׂעִירָה, כִּדְתְנַן 'חָטְאוּ עַד שֶׁלֹּא נִתְמַנּוּ וְאח"כ נִתְמַנּוּ הֲרֵי אֵלּוּ כְּהֶדְיוֹטוֹת': מַאי אִיכָּא לְמֵימַר. דְּמִמַּאי קָא מְמַעֵט לְנָשִׂיא דְּקָתָנֵי 'פְּרָט לְנָשִׂיא': ס"ד אָמֵינָא נִצְטָרֵף. חֲצִי זַיִת בָּתְרָא לַחֲצִי זַיִת קַמָּא וְלַיְיתֵי כִּשְׂבָּה אוֹ שְׂעִירָה: קמ"ל. 'מֵעַם הָאָרֶץ' פְּרָט לְנָשִׂיא, דְּכִהַאי גַּוְונָא לֹא מַיְיתֵי כִּשְׂבָּה אוֹ שְׂעִירָה, וְכִהַאי גַּוְונָא נַמִּי לֹא מַיְיתֵי שָׂעִיר, דְּהָא לֹא מִצְטָרְפֵי כְּלָל. וְהוּא הַדִּין דְּמָצֵי לְמֵימַר 'סָלְקָא דַּעְתָּךְ אָמֵינָא נִצְטָרֵף וְנַיְיתֵי שָׂעִיר', אֶלָּא מִשּׁוּם דִּקְרָא קָא מִשְׁתַּעֵי בְּכִשְׂבָּה אוֹ שְׂעִירָה: כְּגוֹן שֶׁאָכַל חֲצִי זַיִת חֵלֶב כְּשֶׁהוּא הֶדְיוֹט וְנִתְמַנָּה וְעָבַר. מִנְּשִׂיאוּתוֹ וְהִשְׁלִימוֹ: אָכַל סְפֵק חֵלֶב כְּשֶׁהוּא הֶדְיוֹט. דְּקָא סָבוּר דְּשׁוּמָּן הוּא: וְנִתְמַנָּה, וְנוֹדַע לוֹ עַל סְפֵקוֹ. שֶׁנּוֹדַע לוֹ לְאַחַר שֶׁנִּתְמַנָּה שֶׁסָּפֵק חֵלֶב אָכַל: מַהוּ. מִי מַיְיתֵי אָשָׁם תָּלוּי אוֹ לֹא: מִדְּאִשְׁתַּנֵּי לְוַדַּאי. דְּקָאָמַר ר' שִׁמְעוֹן דְּקוֹדֶם לָכֵן הָיוּ שׁוֹגְגִים, שֶׁלֹּא יָדְעוּ אִם אָכְלוּ כְּלָל, וּבְהַהוּא לֵיכָּא אָשָׁם תָּלוּי[יג], אִם נוֹדַע לָהֶם מִשֶּׁנִּתְמַנּוּ פְּטוּרִים, לְפִי שֶׁנִּשְׁתַּנָּה גּוּפָם, דְּהַשְׁתָּא נִתְמַנּוּ, וּמִדְּאִשְׁתַּנּוּ לְקָרְבַּן וַדַּאי אִשְׁתַּנּוּ נַמִּי לְקָרְבַּן סָפֵק, וּפָטוּר, וְאֵין מְבִיאִין[יד] אָשָׁם תָּלוּי: אוֹ דִּלְמָא כִּי אִשְׁתַּנֵּי לְוַדַּאי. הַיְינוּ טַעְמָא דְּר' שִׁמְעוֹן

דְּפָטַר, מִשּׁוּם דְּאִשְׁתַּנֵּי קָרְבַּן דִּידֵיהּ, דִּכְשֶׁהוּא הֶדְיוֹט מֵבִיא כִּשְׂבָּה אוֹ שְׂעִירָה, וְהַשְׁתָּא כִּי נִתְמַנָּה מָשִׁיחַ מֵבִיא פַּר וְנָשִׂיא מֵבִיא שָׂעִיר: אֲבָל הָכָא. כִּי נוֹדַע לוֹ עַל סָפֵק, דְּנוֹדַע לוֹ מִשֶּׁנִּתְמַנָּה דִּסְפֵק חֵלֶב אָכַל: דְּלָא אִשְׁתַּנֵּי קָרְבַּן דִּידֵיהּ. דְּעַל סְפֵק חַטָּאת קָבוּעַ בֵּין כְּשֶׁהוּא הֶדְיוֹט וּבֵין כְּשֶׁהוּא נָשִׂיא מֵבִיא אָשָׁם תָּלוּי, [טו] מוֹדֶה רַבִּי שִׁמְעוֹן דְּמַיְיתֵי אָשָׁם תָּלוּי. תֵּיקוּ: 'מֵעַם הָאָרֶץ'. מֵבִיא קָרְבָּן וְלֹא כָּל עַם הָאָרֶץ: פְּרָט לְמוּמָר. שֶׁאֵין מְקַבְּלִין מִיָּדוֹ: אֶלָּא הָכָא בְּאוֹכֵל נְבֵלָה לְתֵאָבוֹן. דְּכִי אֵין לוֹ בָּשָׂר דְּהֶיתֵּרָא אוֹכֵל חֵלֶב וּנְבֵלָה, וְנִתְחַלֵּף לוֹ לָזֶה חֵלֶב בְּשׁוּמָּן וַאֲכָלוֹ, דְּסָבוּר דְּשׁוּמָּן הוּא, קָא מִיפַּלְגִי, וְלִכְשֶׁנּוֹדַע לוֹ דְּחֵלֶב הוּא רוֹצֶה לְהַקְרִיב קָרְבָּן, ת"ק סָבַר כֵּיוָן דִּלְתֵאָבוֹן אָכֵיל בְּמֵזִיד מוּמָר הוּא וְאֵין מְקַבְּלִין מִיָּדוֹ, ור"ש בַּר יוֹסֵי סָבַר כֵּיוָן דִּבְמֵזִיד אִי מַשְׁכַּח הֶיתֵּרָא לָא אָכֵיל אִיסּוּרָא, שָׁב מִידִיעָתוֹ קָרֵינָא בֵּיהּ, וְלָא מוּמָר הוּא, וּמְקַבְּלִין מִיָּדוֹ: קָתָנֵי אָכַל חֵלֶב שְׁחוּטָה זֶה מוּמָר, וְהָדַר תָּנֵי אֵיזֶהוּ מוּמָר, מַאי קָאָמַר: לְהַכְעִיס. דְּאִית לֵיהּ הֶיתֵּרָא וְאָכֵיל אִיסּוּרָא: הֲרֵי זֶה צְדוֹקִי.[טז] וּשְׁחִיטָתוֹ לַעֲבוֹדַת כּוֹכָבִים: אוֹכֵל נְבֵילָה וּטְרֵיפָה שְׁקָצִים וּרְמָשִׂים וְשָׁתָה יֵין נֶסֶךְ. הוֹאִיל וְהָנֵי אוֹכְלִין הָווּ דְּבָרִים שֶׁהַנֶּפֶשׁ קָצָה בָּהֶם, וַדַּאי לְהַכְעִיס הוּא עוֹשֶׂה, וּסְתָמוֹ רַע[יז] הוּא: ר' יוֹסֵי בַּר רַבִּי יְהוּדָה אוֹמֵר אַף הַלּוֹבֵשׁ כִּלְאַיִם. הֲרֵי זֶה מוּמָר: מַאי אִיכָּא. בֵּין ת"ק לְרַבִּי יוֹסֵי בַּר רַבִּי יְהוּדָה, כֵּיוָן דְּאָמַר ת"ק 'אָכַל חֵלֶב הֲרֵי זֶה מוּמָר', מַה לִּי אוֹכֵל חֵלֶב מַה לִּי לוֹבֵשׁ כִּלְאַיִם, אִידִי וְאִידִי דְּאוֹרַיְיתָא וְאָסוּר[יח]: ת"ק סָבַר כִּלְאַיִם דְּאוֹרַיְיתָא דּוּמְיָא דְּחֵלֶב הָוֵי מוּמָר, דְּהַיְינוּ אָרוּג בֵּיהּ חוּט שֶׁל צֶמֶר וְחוּט שֶׁל פִּשְׁתִּים יַחַד עַל פְּנֵי כּוּלּוֹ: וְר' יוֹסֵי סָבַר אַף הַלּוֹבֵשׁ נַמִּי כִּלְאַיִם דְּרַבָּנָן הָוֵי מוּמָר, דְּהַיְינוּ אוֹ שׁוּעַ אוֹ טָווּי אוֹ נוּז, דְּהָכִי מְפָרְשֵׁי רַבָּנָן 'שַׁעַטְנֵז', שׁוּעַ טָווּי וְנוּז, כִּדְאָמְרִינַן בְּמַסֶּכֶת נִדָּה (דף סא:), וְרַבָּנָן גְּזוּר בְּחַד מִנַּיְיהוּ, 'שׁוּעַ' שֶׁמְּנַפֵּץ כְּאַחַת וְעָשָׂה מֵהֶם לֶבֶד, 'טָווּי' שֶׁנִּטְוָוה כְּאַחַת וְתָכַף בּוֹ שְׁתֵּי תְּכִיפוֹת, 'נוּז' שֶׁאָרוּג אֲפִילּוּ חוּט אֶחָד שֶׁל צֶמֶר בְּבֶגֶד פִּשְׁתָּן אוֹ חוּט אֶחָד שֶׁל פִּשְׁתָּן בְּבֶגֶד צֶמֶר, דְּכוּלְּהוּ אָסוּר מִדְּרַבָּנָן: חַד אָמַר. הָאוֹכֵל חֵלֶב וּנְבֵילָה לְתֵאָבוֹן הֲרֵי זֶה מוּמָר: לְהַכְעִיס. דְּאִית לֵיהּ הֶיתֵּרָא וַאֲפִילּוּ הָכִי אָכֵיל אִיסּוּרָא, צְדוֹקִי הוּא: אָכַל פַּרְעוֹשׁ אוֹ יַתּוּשׁ הֲרֵי זֶה מוּמָר. דְּהָכָא וַדַּאי לְהַכְעִיס קָא עָבֵיד, דְּלָאו מִידֵּי דְּבַר מֵיכַל הוּא, וְקָתָנֵי 'הֲרֵי זֶה מוּמָר' וְאֵינוֹ צְדוֹקִי, וְקַשְׁיָא לְמַאן דְּאָמַר לְהַכְעִיס צְדוֹקִי הוּא: לְעוֹלָם אֵימָא לָךְ לְהַכְעִיס צְדוֹקִי הוּא, וְהָכָא הַיְינוּ טַעְמָא דְּהָוֵי מוּמָר וְלָא הָוֵי צְדוֹקִי, מִשּׁוּם דְּקָאָמַר בָּעֵינָא לְמִיטְעַם טַעְמָא דְּאִיסּוּרָא, שֶׁתָּאֵב לִטְעוֹם דְּבַר אָסוּר, וְלָא לְהַכְעִיס קָא עָבֵיד:

מַה

מסורת הש"ס
עם הוספות

א) נזיר כג: ב"ק לח: ע"ש, ב) ת"כ פ' ויקרא דבורא דחובה פרשה ז ה"ו (אות רפ), ג) זבחים יב: כריתות ז. סנהדרין מז., ד) חולין ה: [שבת סט.] יומא פ. לעיל ב. ת"כ דבורא דחובה פרשה ז ה"ז (אות רפא), ה) [שבועות דף כו:], ו) [תוספתא פרק א ה"ד], ז) [עי' תוס' בכורות לז. ד"ה ויין נסך וע"ע תוס' בע"ז כו: שמפרשו נבלה שמתה מחמת חולי וטרפה שנשברה מפרקתה שמתה והולכת ואינה ראוי' לאכילה ע"ש ד"ה וחד אמר], ח) ע"ז כו:, ט) ת"כ פ' ויקרא דבורא דחובה פרשה ה ה"א (אות רנח), י) לעיל ט ע"ב.

תורה אור השלם

א) וְקָרַבְתָּ מוּל בְּנֵי עַמּוֹן אַל תְּצֻרֵם וְאַל תִּתְגָּר בָּם כִּי לֹא אֶתֵּן מֵאֶרֶץ בְּנֵי עַמּוֹן לְךָ יְרֻשָּׁה כִּי לִבְנֵי לוֹט נְתַתִּיהָ יְרֻשָּׁה: [דברים ב, יט]

ב) וְאִם נֶפֶשׁ אַחַת תֶּחֱטָא בִשְׁגָגָה מֵעַם הָאָרֶץ בַּעֲשֹׂתָהּ אַחַת מִמִּצְוֹת יְיָ אֲשֶׁר לֹא תֵעָשֶׂינָה וְאָשֵׁם: [ויקרא ד, כז]

ג) אֲשֶׁר נָשִׂיא יֶחֱטָא וְעָשָׂה אַחַת מִכָּל מִצְוֹת יְיָ אֱלֹהָיו אֲשֶׁר לֹא תֵעָשֶׂינָה בִּשְׁגָגָה וְאָשֵׁם: [ויקרא ד, כב]

ד) וְהָיְתָה עִמּוֹ וְקָרָא בוֹ כָּל יְמֵי חַיָּיו לְמַעַן יִלְמַד לְיִרְאָה אֶת יְיָ אֱלֹהָיו לִשְׁמֹר אֶת כָּל דִּבְרֵי הַתּוֹרָה הַזֹּאת וְאֶת הַחֻקִּים הָאֵלֶּה לַעֲשֹׂתָם: [דברים יז, יט]

הגהות וציונים

א] צ"ל דקריתיה (דפו"ר, וכן העתיק ב"ש): ב] נ"א בישראל: ג] ברא"ש ובכתי"פ נוסף בכדי אכילת פרס: ד] בילק"ש יהודה, ובדק"ס לעיל ב ע"א הוכיח שזו הגירסא הנכונה: ה] יש למחוק "והא" (דק"ס, רש"ש, מרומי שדה): ו] ביל"ש ובכתי"מ חלב, ועי' רש"ש: ז] לו חלב בשומן (ראשונים וכת"י): ח] [צ"ל ר' יוסי בר' יהודה אומר] (גליון): ט] בדפוס ויניציא הגירסא מין (גליון): י] דבור זה ליתא בדפו"ר והוסיפוהו מנזיר, ועי"ש נוסחת הריב"ן והגהות ברכת ראש: יא] בכת"י נוסף דבור זה: מעם הארץ פרט לנשיא. דלא יביא כשבה או שעירה כיחיד: יב] דמייתי (כת"י): יג] "דקודם לכן היו שוגגים שלא ידעו אם אכלו כלל ובההיא ליכא אשם תלוי" ליתא בכת"י: יד] צ"ל מביא (באה"מ, וכ"ה בכת"י): טו] תלוי מי מודה (כת"י): טז] הרי זה מין. ומורידין אותו לבור (דפו"ר והוספות לעבודה זרה): יז] כת"י "דאורייתא הוא": יח] אולי צ"ל יבלת (שער יוסף): יט] אולי צ"ל תחטא לא בכל נשיא כו' (גליון). בשער יוסף "וגירסא זו נראית עיקר דאשר נשיא יחטא משמע": כ] למפשט (שער יוסף).

עין משפט
נר מצוה

י א ב מיי' פט"ו מהלכות שגגות הלכה י:
יא ג מיי' שם פ"ג הלכה ח ודלא כר"י ע"ש:
יב ד מיי' שם הלכה ז:
יג ה מיי' פט"ו שם הלכה י:
יד ו ז ח מיי' שם פ"ג הלכה ז ופרק ג מהלכות מעשה קרבנות הלכה ד:
טו ט י כ ל מיי' פ"ד מהלכות רוצח הלכה י סמג לאוין קסג טוש"ע ח"מ סימן תכה סעיף ה וטור שו"ע יו"ד סימן קנח סעיף ב:

תוספות הרא"ש

הכא ב"ע כגון שאכל חלב כשהוא הדיוט ונתמנה ואח"כ נודע לו מהו דתימא נייתי כשבה או שעירה קמ"ל תינח לר"ש דאזיל בתר ידיעה הלכך פטור אלא לרבנן דאזלי בתר חטאה גרידא אמאי פטור. הב"ע שאכל חצי זית חלב כשהוא הדיוט ונתמנה והשלימו בכדי אכילת פרס מהו דתימא נייתי כשבה או שעירה דלרף אכילה במרייתא בהדי אכילה קמייתא קמ"ל. ואיכא גירסא אחרת בספרים הב"ע כגון שאכל כזית חלב כשהוא נשיא ועבר ואח"כ נודע לו מהו דתימא נייתי כשבה או שעירה קמ"ל. תינח לר"ש דאזיל בתר ידיעה הלכך לא יכול[יט] למפרך והלא כבר יצא נשיא לידון בשעיר דנשיא בכה"ג לאו בכלל חיובא דשעיר הוה ואצטריך ליה למעוטי מדין הדיוט דסד"א לייתי כשעת ידיעה. ואע"ג דחטא עד שלא נתמנה ונתמנה ונודע לו לא אזיל ר"ש בתר ידיעה להביא שעיר אע"ג דליכא קרא למעוטי אלא מסברא הוא דאית ליה [הכי] הכא (ה"ג) צריך קרא דהיכא דהוה חטאה וידיעה בתרי גווני מסתבר טפי ליזל אחר ידיעה הגורמת הבאת קרבן להשוות קרבן זה לרוב צבור כגון אכל כשהוא נשיא ועבר ונודע לו דסד"א ניזל בתר ידיעה להביא כשבה או שעירה כרוב צבור להכי אצטריך קרא למעוטי. אבל אכל כשהוא הדיוט ונתמנה ונודע לו מסברא לא אזלי' בתר ידיעה להביא קרבן נשיא. אלא לרבנן דאזלי בתר חטא דתנן[כ] כהן המשיח שחטא ואחר כך עבר ממשיחתו וכן נשיא שחטא ואח"כ עבר מנשיאתו משיח מביא פר ונשיא מביא שעיר מאי איכא למימר כיון דנשיא בכלל חיובא דשעיר ל"ל למעוטי לנשיא ממעוטא דעם הארץ והלא כבר יצא נשיא לידון בשעיר. הב"ע שאכל חצי זית חלב כשהוא נשיא ועבר והשלימה בכדי אכילת פרס ונודע לו מהו דתימא כיון דלא השלים השעור כשהוא נשיא לא קרינן ביה אשר נשיא יחטא לצטרף חצי זית קמא בהדי חצי זית בתרא וליתי כשבה או שעירה כרוב צבור (דליכא) [דליכא] למפרך והלא כבר יצא נשיא לידון בשעיר דבכה"ג לא יצא לידון בשעיר קמ"ל דפטור אף מכשבה או שעירה. וגירסא זו נראה עיקר דאמר[יט] נשיא יחטא משמע דאתי למעוטי כשאכל כשהוא נשיא ולגירסא קמא במאי דבעי למימר מעיקרא אכל כשהוא הדיוט. ועוד דמסתברא דהא דאזיל ר"ש בתר ידיעה מסברא ידע ליה ולאו מקרא מדלא מייתי האי קרא למדרש[כ] טעמיה דר"ש: ואיזהו מומר דבסתמא הוה מין אוכל נבלות כו'. [נמצא בע"ב]: רבי יהודה אומר אף הלובש כלאים. [נמצא בע"ב]: כלאים דרבנן. [נמצא בע"ב]: ת"ר יכול נשיא שבט כנחשון בן עמינדב ת"ל מכל מצות ה' אלהיו ולהלן הוא אומר למען ילמד ליראה את ה' אלהיו. [נמצא בע"ב]:

This *daf* is dedicated *l'iluy nishmas*: Chana bat Esther *z"l*

bring is based on the time the sin is realized. And if a king only realizes his sin after his is appointed, he is completely exempt from bringing any *Chatas*. **מִדְּאִשְׁתַּנֵּי לְוַדַּאי** — Do we say that since we consider the king's status change in regards to a definite transgression, and if he sinned before he became king, and only realized after he became king, he is exempt from bringing any *Chatas*, **אִשְׁתַּנֵּי לְסָפֵק** — then similarly, if he did a possible sin as a commoner, and was then appointed king, we should say that his status changed and he becomes exempt from bringing an *Asham Talui*, **אוֹ דִלְמָא כִּי אִשְׁתַּנֵּי לְוַדַּאי** — or perhaps, although Rabi Shimon said that the status of a king changes, and he is no longer obligated to bring a *korban* for that which he did as a commoner, that is only concerning his status as it applies to a definite transgression, **דְּאִשְׁתַּנֵּי קָרְבָּן דִּידֵיהּ** — because the type of *Chatas* brought by a king is different than the *Chatas* brought by a commoner; therefore, a king is considered in a whole different category than a commoner, **אֲבָל הָכָא דְּלָא אִשְׁתַּנֵּי קָרְבָּן דִּידֵיהּ** — but here, in the case of an uncertain transgression, that the type of *korban* does not change, and whether he is a commoner or a king, he would be obligated to bring the same *Asham Talui*, **אֵימָא לַיְיתֵי אָשָׁם תָּלוּי** — let us say that he should bring an *Asham Talui* for that which he did as a commoner. The Gemara concludes: **תֵּיקוּ** — This dilemma remains unresolved.

תָּנוּ רַבָּנָן — The *Chachamim* taught in a *Baraisa*: **מֵעַם הָאָרֶץ** — The *pasuk* says regarding the sin of the individual (*Vayikra* 4:27): "From among the common people." **פְּרָט לְמוּמָר** — This excludes an *mumar* (one who performs sins intentionally) who is exempt from bringing a *Chatas*. Even if he wants to repent from that specific sin, since he has no problem committing sins in general, all of his sins are considered intentional, and he is never obligated to bring a *Korban Chatas*. The *Baraisa* continues: **רַבִּי שִׁמְעוֹן בַּר יוֹסֵי אוֹמֵר מִשּׁוּם רַבִּי שִׁמְעוֹן** — Rabi Shimon bar Yosi says in the name of Rabi Shimon: It is unnecessary to learn this halachah from the phrase, "From among the common people," because it is written in the same *pasuk* regarding one who sins unintentionally, **אֲשֶׁר לֹא תֵעָשֶׂינָה בִּשְׁגָגָה וְאָשֵׁם** — "[If someone from among the common people sins mistakenly in performing one of the *mitzvos* of Hashem] that may not be done, and he is guilty, [or if his sin, which he has sinned is known to him]." **הַשָּׁב בִּידִיעָתוֹ** — From the words at the end of the *pasuk*: "his sin… is known to him," we learn that only one who will repent when he becomes aware of his sin, **מֵבִיא קָרְבָּן עַל שִׁגְגָתוֹ** — brings a *Korban Chatas* for his mistaken transgression, **לֹא שָׁב בִּידִיעָתוֹ** — but one who does not repent because he became aware; he is a *mumar* who would sin even if he would be aware that he is sinning, **אֵינוֹ מֵבִיא קָרְבָּן עַל שִׁגְגָתוֹ** — he does not bring a *Korban Chatas* on his mistaken sin.

The Gemara asks: **מַאי בֵּינַיְיהוּ** — What is the practical difference between the opinion of *Tanna Kamma* of the *Baraisa* who learns this halachah from "From among the common people," and the opinion of Rabi Shimon who learns this from "if his sin… is known to him"? The Gemara answers:

For this *daf's shiur* and charts, scan this QR code:

הוא דלא, הא צעורי צערינהו, ואילו צעירה דקרייה[א] 'בן עמי' אמר ליה [א]'אל תצורם ואל תתגר בם' כלל, אפילו צעורי לא. [ב]אמר רב חייא בר אבין אמר רבי יהושע בן קרחה, לעולם יקדים אדם לדבר מצוה, שבשכר לילה אחת שקדמה בכירה לצעירה זכתה וקדמתה ארבע דורות למלכות[ג]. [ג]תנו רבנן, [ב]'מעם הארץ' פרט למשיח, 'מעם הארץ' פרט לנשיא. והלא כבר יצאו משיח לידון בפר, נשיא לידון בשעיר. שיכול משיח על העלם דבר עם שגגת מעשה מביא פר, על שגגת מעשה לחודיה מביא כשבה ושעירה, תלמוד לומר 'מעם הארץ' פרט למשיח, 'מעם הארץ' פרט לנשיא. תינח משיח, אלא נשיא בשגגת מעשה הוא דמייתי. אמר רב זביד משמיה דרבא, הכא במאי עסקינן, כגון שאכל כזית חלב כשהוא הדיוט, ונתמנה, ואחר כך נודע לו, סלקא דעתך אמינא נייתי כשבה או שעירה, קא משמע לן. הניחא לרבי שמעון דאזיל בתר ידיעה, אלא לרבנן דאזלו בתר חטאה מאי איכא למימר. אלא אמר רב זביד משמיה דרבא, הכא במאי עסקינן, [א]כגון שאכל חצי כזית חלב כשהוא הדיוט, ונתמנה, והשלימו[ד], ואחר כך נודע לו, סלקא דעתך אמינא נצטרף ונייתי כשבה או שעירה, קא משמע לן. [ב]בעא מיניה רבא מרב נחמן, נשיאות מהו שתפסיק. היכי דמי, כגון שאכל חצי כזית חלב כשהוא הדיוט ונתמנה ועבר והשלימו, התם הוא דלא מצטרף, דאכליה פלגא כשהוא הדיוט ופלגא כשהוא נשיא, אבל הכא דאידי ואידי כשהוא הדיוט אכליה מצטרף, או דלמא לא שנא, מאי. תפשוט ליה מהא [ו]דאמר עולא אמר רבי יוחנן, [ג]אכל חלב והפריש קרבן והמיר וחזר בו, הואיל ונדחה ידחה. הכי השתא, מומר [ד]לאו בר אתויי קרבן הוא, האי בר אתויי קרבן הוא. בעא מיניה רבי זירא מרב ששת, אכל ספק חלב כשהוא הדיוט, ונתמנה, ונודע לו על ספקו, מהו. אליבא דרבנן דאזלי בתר חטאה לא תבעי לך, [ה]דמייתי אשם תלוי, אלא כי תבעי לך אליבא דרבי שמעון, מדאשתני לודאי אשתני לספק, או דלמא, כי אשתני לודאי דאשתני קרבן דידיה, אבל הכא דלא אשתני קרבן דידיה אימא לייתי אשם תלוי. תיקו. [ז]תנו רבנן, [ב]'מעם הארץ' [ו]פרט למומר; רבי שמעון בר יוסי[ה] אומר משום רבי שמעון, [ג]'אשר לא תעשינה בשגגה ואשם', [ח]השב בידיעתו מביא קרבן על שגגתו, לא שב בידיעתו אינו מביא קרבן על שגגתו. מאי בינייהו. אמר רב המנונא, מומר לאכול חלב ומביא קרבן על הדם איכא בינייהו, מר סבר כיון דמומר לאכול חלב לדם נמי מומר הוי, ומר סבר [ז]לדם מיהא שב בידיעתו הוא. והא[ה] רבא אמר דכולי עלמא מומר לאכול חלב לא הוי מומר לדם. אלא הכא באוכל נבלה[ו] לתאבון ונתחלף לו[ז] בשומן ואכלו קמיפלגי, מר סבר [ח]כיון דלתאבון אכיל במזיד מומר הוא, ומר סבר כיון דאילו אשכח דהיתרא לא אכל דאיסורא לאו מומר הוא. תנו רבנן, [ט]אכל חלב זהו מומר, ואיזהו מומר, אכל נבילות וטריפות שקצים ורמשים ושתה יין נסך; [ט]רבי יהודה אומר, אף הלובש כלאים. אמר מר, אכל חלב זהו מומר, ואיזהו מומר אוכל נבילות כו', מאי קאמר. אמר רבה בר בר חנה אמר רבי יוחנן, הכי קאמר [ט]אכל חלב לתאבון הרי זה מומר, [י]להכעיס הרי זה צדוקי[ט], ואיזהו מומר דבסתמו צדוקי, הוי אומר אוכל [י]נבילה וטריפה שקצים ורמשים ושתה יין נסך; רבי יוסי ברבי יהודה אומר, [כ]אף הלובש כלאים. מאי בינייהו. איכא בינייהו כלאים דרבנן, מר סבר מדאורייתא הוי מומר, דרבנן לא הוי מומר, ומר סבר כלאים כיון דמפרסם אסוריה אפילו בדרבנן הוי מומר. [פ]פליגי בה רב אחא ורבינא, חד אמר לתאבון מומר, להכעיס צדוקי; וחד אמר להכעיס נמי מומר, אלא איזהו צדוקי, [ל]כל העובד עבודת כוכבים. מיתיבי, אכל פרעוש אחד או יתוש אחד הרי זה מומר, והא הכא דלהכעיס הוא וקא קרי ליה מומר. התם דאמר אטעום טעם דאיסורא: ואיזהו נשיא זה מלך כו': [ט]תנו רבנן, 'נשיא', יכול נשיא שבט כנחשון בן עמינדב, תלמוד לומר [ג]'מכל מצות יי אלהיו', ולהלן הוא אומר [ד]'למען ילמד ליראה את יי אלהיו',

בן עמי. בלשון נקיה הוא, דלא רצתה להודיע דמאביה נתעברה: אמר 'אל תצורם ואל תתגר בם'. ומדלא כתיבא בהו 'מלחמה' ש"מ דאפילו צערא לא ליעבד להם. ולא עוד, אפילו בכירה דקרייתיה לא כתב הכתוב פירסומה דכתיב (בראשית יט) 'ותשכב את אביה', ובצעירה כתיב 'ותשכב עמו'[ו]: וקדמתה ארבע דורות בישראל. עובד ישי דוד שלמה, ואילו צעירה לא הוה בישראל עד רחבעם בן שלמה, דהוה ליה מנעמה העמונית: תנו רבנן, 'ואם נפש אחת תחטא בשגגה מעם הארץ'. ולא כל עם הארץ, פרט למשיח, דמשמע דלא יביא כשבה או שעירה כיחיד: [יא]למה לי 'מעם הארץ'. למעוטי הני, והלא כבר יצא משיח מכלל יחיד לידון בפר, ונשיא יצא מכלל יחיד לידון בשעיר: שיכול. כלומר, אילו לא נאמר 'מעם הארץ' הייתי אומר משיח על העלם דבר עם שגגת מעשה יביא פר, ועל שגגת מעשה לחודיה יביא כשבה או שעירה כהדיוט: תלמוד לומר 'מעם הארץ' פרט למשיח. דאינו מביא בשגגת מעשה לחודיה כלל, והיינו דקאמרן בפרק דלעיל (דף ז:) 'ילא משיח שאין חטאו בשגגה', דהיינו בשגגת מעשה: אלא נשיא הא בשגגת מעשה הוא מייתי[יב]. ומאי קא ממעט דקאמר 'מעם הארץ' פרט לנשיא: ס"ד אמינא. הואיל וחטא כשהוא הדיוט נייתי כשבה או שעירה כהדיוט: קמ"ל. 'מעם הארץ' פרט לנשיא, דאינו מביא כשבה או שעירה: אלא לרבנן דאזלי בתר חטאה. ומייתי ודאי כשבה או שעירה, כדתנן 'חטאו עד שלא נתמנו ואח"כ נתמנו הרי אלו כהדיוטות': מאי איכא למימר. דמאי קא ממעט לנשיא דקתני 'פרט לנשיא': ס"ד אמינא נצטרף. חצי זית בתרא לחצי זית קמא וליתי כשבה או שעירה: קמ"ל. 'מעם הארץ' פרט לנשיא, דכהאי גוונא לא מייתי כשבה או שעירה, וכהאי גוונא נמי לא מייתי שעיר, דהא לא מצטרפי כלל. והוא הדין דמצי למימר 'סלקא דעתך אמינא ניצטרף ונייתי שעיר', אלא משום דקרא קא מישתעי בכשבה או שעירה: כגון שאכל חצי זית חלב כשהוא הדיוט ונתמנה ועבר. מנשיאותו והשלימו: אכל ספק חלב כשהוא הדיוט. דקא סבור דשומן הוא: ונתמנה, ונודע לו על ספקו. שנודע לו לאחר שנתמנה שספק חלב אכל: מהו. מי מייתי אשם תלוי או לא: מדאישתני לודאי. דקאמר ר' שמעון דקודם לכן היו שוגגים, שלא ידעו אם אכלו כלל, ובההוא ליכא אשם תלוי[יג], אם נודע להם משנתמנו פטורים, לפי שנשתנה גופם, דהשתא נתמנו, ומדאישתנו לקרבן ודאי אישתנו נמי לקרבן ספק, ופטור, ואין מביאין[יד] אשם תלוי: או דלמא כי אישתני לודאי. היינו טעמא דר' שמעון דפטר, משום דאישתני קרבן דידיה, דכשהוא הדיוט מביא כשבה או שעירה, והשתא כי נתמנה משיח מביא פר ונשיא מביא שעיר: אבל הכא. כי נודע לו על ספק, דנודע לו משנתמנה דספק חלב אכל: דלא אישתני קרבן דידיה. דעל ספק חטאת קבוע בין כשהוא הדיוט ובין כשהוא נשיא מביא אשם תלוי, [טו]מודה רבי שמעון דמייתי אשם תלוי.

תיקו: 'מעם הארץ'. מביא קרבן ולא כל עם הארץ: פרט למומר. שאין מקבלין מידו: אלא הכא באוכל נבילה לתאבון. דכי אין לו בשר דהיתרא אוכל חלב ונבלה, ונתחלף לו לזה חלב בשומן ואכלו, דסבור דשומן הוא, קא מיפלגי, ולכשנודע לו דחלב הוא רוצה להקריב קרבן, ת"ק סבר כיון דלתאבון אכיל במזיד מומר הוא ואין מקבלין מידו, ור"ש בר יוסי סבר כיון דבמזיד אי משכח היתרא לא אכיל איסורא, שב מידיעתו קרינא ביה, ולא מומר הוא, ומקבלין מידו: קתני אכל חלב שחוטה זה מומר, והדר תני איזהו מומר, מאי קאמר: להכעיס. דאית ליה היתרא ואכיל איסורא: הרי זה צדוקי.[טז] ושיטתו לעבודת כוכבים: אוכל נבילה וטריפה שקצים ורמשים ושתה יין נסך. הואיל והני אוכלין הוו דברים שהנפש קצה בהם, ודאי להכעיס הוא עושה, וסתמו רע[ע] הוא: ר' יוסי בר רבי יהודה אומר אף הלובש כלאים. הרי זה מומר: מאי איכא. בין ת"ק לרבי יוסי בר רבי יהודה, כיון דאמר ת"ק 'אכל חלב הרי זה מומר', מה לי אוכל חלב מה לי לובש כלאים, אידי ואידי דאורייתא ואסור[יז]: ת"ק סבר כלאים דאורייתא דומיא דחלב הוי מומר, דהיינו ארוג ביה חוט של צמר וחוט של פשתים יחד על פני כולו: ור' יוסי סבר אף הלובש נמי כלאים דרבנן הוי מומר, דהיינו או שוע או טווי או נוז, דהכי מפרשי רבנן 'שעטנז', שוע טווי ונוז, כדאמרינן במסכת נדה (דף סא:), ורבנן גזור בחד מנייהו, 'שוע' שמנפץ כאחת ועשה מהם לבד, 'טווי' שנטוה כאחת ותכף בו שתי תכיפות, 'נוז' שארוג אפילו חוט אחד של צמר בבגד פשתן או חוט אחד של פשתן בבגד צמר, דכולהו אסור מדרבנן: חד אמר. האוכל חלב ונבילה לתאבון הרי זה מומר: להכעיס. דאית ליה היתרא ואפילו הכי אכיל איסורא, צדוקי הוא: אכל פרעוש או יתוש הרי זה מומר. דהכא ודאי להכעיס קא עביד, דלאו מידי דבר מיכל הוא, וקתני 'הרי זה מומר' ואינו צדוקי, וקשיא למאן דאמר להכעיס צדוקי הוא: לעולם אימא לך להכעיס צדוקי הוא, והכא היינו טעמא דהוי מומר ולא הוי צדוקי, משום דקאמר בעינא למיטעם טעמא דאיסורא, שאוכל לטעום דבר אסור, ולא להכעיס קא עביד:

מה

עין משפט נר מצוה

י א ב מיי' פט"ו מהלכות שגגות הלכה י:
יא ג מיי' שם פ"ג הלכה ח ודלא כר"י ע"ש:
יב ד מיי' שם הלכה ז:
יג ה מיי' פט"ו שם הלכה י:
יד ו ז ח מיי' שם פ"ג הלכה ז ופרק ג מהלכות מעשה קרבנות הלכה ד:
טו ט י כ ל מיי' פ"ד מהלכות רוצח הלכה י סמג לאוין קסב טוש"ע ח"מ סימן תכה סעיף ה וטור שו"ע יו"ד סימן קנח סעיף ג:

תוספות הרא"ש

הכא ב"ע כגון שאכל חלב כשהוא הדיוט ונתמנה ואח"כ נודע לו מהו דתימא נייתי כשבה או שעירה קמ"ל תינח לר"ש דאזיל בתר ידיעה הלכך לא פטור אלא לרבנן דאזלי בתר חטאה גרידא אמאי פטור. הב"ע שאכל חצי זית חלב כשהוא הדיוט ונתמנה והשלימו בכדי אכילת פרס מהו דתימא נייתי כשבה או שעירה דלרף אכילה בתרייתא בהדי אכילה קמייתא קמ"ל. ואיכא גירסא אחרת בספרים הב"ע כגון שאכל כזית חלב כשהוא נשיא ועבר ואח"כ נודע לו מהו דתימא נייתי כשבה או שעירה קמ"ל. תינח לר"ש דאזיל בתר ידיעה הלכך לא יכול[יח] למפרך והלא כבר יצא נשיא לידון בשעיר דנשיא בכה"ג לאו בכלל חיובא דשעיר הוה ואצטריך ליה למעוטי מדין הדיוט דסד"א לייתי כשעת ידיעה. ואע"ג דחטא עד שלא נתמנה ונתמנה ונודע לו לא אזיל ר"ש בתר ידיעה להביא שעיר אע"ג דליכא קרא למעוטי אלא מסברא הוא דלית ליה [הכי] הכא (ה"ג) צריך קרא דהיכא דהוה חטאה וידיעה בתרי גווני מסתבר טפי לילך אחר ידיעה הגורמת הבאת קרבן להשוות קרבן זה לרוב לבור כגון אכל כשהוא נשיא ועבר ונודע לו דסד"א ניזל בתר ידיעה להביא כשבה או שעירה כרוב לבור להכי אצטריך קרא למעוטי. אבל אכל כשהוא הדיוט ונתמנה ונודע לו מסברא לא אזלי' בתר ידיעה להביא קרבן נשיא. אלא לרבנן דאזלי בתר חטא דתנן[ז] כהן המשיח שחטא ואחר כך עבר ממשיחתו וכן נשיא שחטא ואח"כ עבר מגשיאותו משיח מביא פר ונשיא מביא שעיר מאי איכא למימר כיון דנשיא בכלל חיובא דשעיר ל"ל למעוטי לנשיא ממעוטא דעם הארץ והלא כבר יצא נשיא לידון בשעיר. הב"ע שאכל חצי זית חלב כשהוא נשיא ועבר והשלימה בכדי אכילת פרס ונודע לו מהו דתימא כיון דלא השלים השיעור כשהוא נשיא לא קרינן ביה אשר נשיא יחטא לצטרף חצי זית קמא בהדי חצי זית [illegible]

ואיזהו מומר כו' דבסתמא הוה מין אוכל נבלות כו'. [נמצא בע"ב] רבי יהודה אומר אף הלובש כלאים. [נמצא בע"ב]: כלאים דרבנן. [נמצא בע"ב]: ת"ר יכול נשיא שבט כנחשון בן עמינדב ת"ל מכל מצות ה' אלהיו ולהלן הוא אומר למען ילמד ליראה את ה' אלהיו. [נמצא בע"ב]

מסורת הש"ס עם הוספות

א) נזיר כג: ב"ק לח: ע"ש, ב) ת"כ פ' ויקרא דבורא דחובה פרשה ז ה"ו (אות רפ), ג) זבחים יב: כריתות ז. סנהדרין מז., ד) חולין ה: [שבת סט.] יומא פ. לעיל ב. ת"כ דבורא דחובה פרשה ז ה"ז (אות רפא), ה) [שבועות דף כו:], ו) [תוספתא פרק א ה"ד], ז) [עי' תוס' בכורות לו. ד"ה ויין נסך וע"ע תוס' בע"ז כו: שמפרשו נבילה שמתה מחמת חולי וטרפה שנשברה מפרקתה שמתה והולכת ואינה ראוי' לאכילה ע"ש ד"ה ומד אמר], ח) ע"ז כו:, ט) ת"כ פ' ויקרא דבורא דחובה פרשה ה ה"א (אות רנח), י) לעיל ט ע"ב.

תורה אור השלם

א) וְקָרַבְתָּ מוּל בְּנֵי עַמּוֹן אַל תְּצֻרֵם וְאַל תִּתְגָּר בָּם כִּי לֹא אֶתֵּן מֵאֶרֶץ בְּנֵי עַמּוֹן לְךָ יְרֻשָּׁה כִּי לִבְנֵי לוֹט נְתַתִּיהָ יְרֻשָּׁה: [דברים ב, יט]

ב) וְאִם נֶפֶשׁ אַחַת תֶּחֱטָא בִשְׁגָגָה מֵעַם הָאָרֶץ בַּעֲשֹׂתָהּ אַחַת מִמִּצְוֹת יְיָ אֲשֶׁר לֹא תֵעָשֶׂינָה וְאָשֵׁם: [ויקרא ד, כז]

ג) אֲשֶׁר נָשִׂיא יֶחֱטָא וְעָשָׂה אַחַת מִכָּל מִצְוֹת יְיָ אֱלֹהָיו אֲשֶׁר לֹא תֵעָשֶׂינָה בִּשְׁגָגָה וְאָשֵׁם: [ויקרא ד, כב]

ד) וְהָיְתָה עִמּוֹ וְקָרָא בוֹ כָּל יְמֵי חַיָּיו לְמַעַן יִלְמַד לְיִרְאָה אֶת יְיָ אֱלֹהָיו לִשְׁמֹר אֶת כָּל דִּבְרֵי הַתּוֹרָה הַזֹּאת וְאֶת הַחֻקִּים הָאֵלֶּה לַעֲשֹׂתָם: [דברים יז, יט]

הגהות וציונים

א] צ"ל דקריתיה (דפו"ר, וכן העתיק ב"ש): ב] נ"א בישראל: ג] בראב"ש ובכתי"פ נוסף בכדי אכילת פרס: ד] בילק"ש יהודה, ובדק"ס לעיל ב ע"א הוכיח שזו הגירסא הנכונה: ה] יש למחוק "והא" (דק"ס, רש"ש, מרומי שדה): ו] ביל"ש ובכתי"מ חלב, ועי' רש"ש: ז] לו חלב בשומן (ראשונים וכת"י): ח] [צ"ל ר' יוסי בר' יהודה אומר] (גליון): ט] בדפוס ווינציא הגירסא מין (גליון): י] דבור זה ליתא בדפו"י והוסיפוהו מגזיר, ועי"ש נוסחת הריב"ן והגהות ברכת ראש: יא] בכת"י נוסף דבור זה: מעם הארץ פרט לנשיא. דלא יביא כשבה או שעירה כיחיד: יב] דמייתי (כת"י): יג] "דקודם לכן היו שוגגים שלא ידעו אם אכלו כלל ובההיא ליכא אשם תלוי" ליתא בכת"י: יד] צ"ל מביא (באה"מ, וכ"ה בכת"י): טו] תלוי מי מודה (כת"י): טז] הרי זה מין. ומורידין אותו לבור ושחיטתו לעבודה זרה: (דפו"י, וכמו שהעתיק הב"ש): יז] כת"י "דאורייתא הוא": [illegible]

אָמַר רַבִּי הַמְנוּנָא — Rabi Hamnuna said: **מוּמָר לֶאֱכוֹל חֵלֶב וּמֵבִיא קָרְבָּן עַל הַדָּם אִיכָּא בֵּינַיְיהוּ** — The difference between them is in a case of one who is a *mumar* when it comes to eating forbidden fats (he purposely eats forbidden fats), but he is not a *mumar* for other *aveiros*. They would disagree whether he would bring a *korban* for unintentionally eating blood. **מָר סָבַר** — The *Tanna Kamma*, who learns this halachah from "from among the common people," holds, **כֵּיוָן דְמוּמָר לֶאֱכוֹל חֵלֶב** — since he is a *mumar* when it comes to eating forbidden fat, **לְדָם נָמֵי מוּמָר הָוֵי** — he is also automatically a *mumar* when it comes to eating blood. One cannot choose which *mitzvos* he wants to keep, and even a *mumar* for one *aveirah* is excluded from "among the common people," **וּמָר סָבַר** — And Rabi Shimon holds that this person is not excluded because he is a *mumar*; rather, he is excluded because he would not do *teshuvah* even if he knew about his sin. **לְדָם מִיהָא שָׁב בִּידִיעָתוֹ הוּא** — although he would not do *teshuvah* for eating forbidden fats, he would do *teshuvah* for the sin of eating blood when he becomes aware of his sin. Therefore, according to Rabi Shimon, one who is a *mumar* for forbidden fat would bring a *Chatas* for unintentionally eating blood.

The Gemara asks: **וְהָא רָבָא אָמַר** — But didn't Rava say, **דְכוּלֵּי עָלְמָא מוּמָר לֶאֱכוֹל חֵלֶב לָא הָוֵי מוּמָר לְדָם** — that everyone agrees that one who is only a *mumar* for eating forbidden fats is not considered a *mumar* when it comes to eating blood? Since such a person is not considered a *mumar* when it comes to eating blood, even the *Tamma Kamma* would agree that he is not excluded from "from among the common people" and he should bring a *Chatas* for eating blood!

אֶלָּא — Rather, it is in a different case that the *Tanna Kamma* and Rabi Shimon would argue, **הָכָא** — Here, we are discussing a case, **בְּאוֹכֵל נְבֵלָה לְתֵאָבוֹן וְנִתְחַלֵּף לוֹ בְּשׁוּמָן וַאֲכָלוֹ קָמִיפַּלְגִי** — of one who eats from an animal that died without *shechitah*, not out of spite, but for his own enjoyment, because he didn't have anything else to eat. And forbidden fat became confused with permissible fat. (He ate the dead animal intentionally, but he thought he was eating permissible fats; it was only accidentally that he ate forbidden fats.) When he finds out that he ate forbidden fats and wants to bring a *Chatas* for eating them, it is in this case that the *Tanna Kamma* and Rabi Shimon argue. **מָר סָבַר** — The *Tanna Kamma* holds, **כֵּיוָן דִּלְתֵאָבוֹן אָכֵיל בְּמֵזִיד** — since he intentionally transgressed the sin of eating an animal without *shechitah* for his own benefit, **מוּמָר הוּא** — this makes him a *mumar*, and he is excluded from "from among the common people," and he does not bring a *Chatas*. **וּמָר סָבַר** — And Rabi Shimon holds, **כֵּיוָן דְּאִילּוּ אַשְׁכַּח דְּהֶיתֵּרָא לָא אָכֵל דְּאִיסּוּרָא** — since if he would have found meat that was properly slaughtered, he would not eat that which is forbidden, **לָאו מוּמָר הוּא** — he is not considered a *mumar*, and he does bring a *Chatas*. Rabi Shimon excludes a *mumar* because he would not do *teshuvah* even if he knew that he sinned. Since this person does not want to transgress *aveiros*, he was just hungry and had nothing to eat, he is considered one who would do *teshuvah* if he knew about the *aveirah*. Since he is not

For this *daf's shiur* and charts, scan this QR code:

כהן משיח פרק שלישי הוריות יא.

הוא דלא, הא צעורי צערינהו, ואילו צעירה דקרייה[א] 'בן עמי' אמר ליה [א] 'אל תצורם ואל תתגר בם' כלל, אפילו צעורי לא. [ב] אמר רב חייא בר אבין אמר רבי יהושע בן קרחה, לעולם יקדים אדם לדבר מצוה, שבשכר לילה אחת שקדמה בכירה לצעירה זכתה וקדמתה ארבע דורות למלכות[ג]. [ג] תנו רבנן, [ב] 'מעם הארץ' פרט למשיח, 'מעם הארץ' פרט לנשיא. והלא כבר יצאו משיח לידון בפר, נשיא לידון בשעיר. שיכול משיח על העלם דבר עם שגגת מעשה מביא פר, על שגגת מעשה לחודיה מביא כשבה ושעירה, תלמוד לומר 'מעם הארץ' פרט למשיח, 'מעם הארץ' פרט לנשיא. תינח משיח, אלא נשיא בשגגת מעשה הוא דמייתי. אמר רב זביד משמיה דרבא, הכא במאי עסקינן, כגון שאכל כזית חלב כשהוא הדיוט, ונתמנה, ואחר כך נודע לו, סלקא דעתך אמינא נייתי כשבה או שעירה, קא משמע לן. הניחא לרבי שמעון דאזיל בתר ידיעה, אלא לרבנן דאזלו בתר חטאה מאי איכא למימר. אלא אמר רב זביד משמיה דרבא, הכא במאי עסקינן, [א] כגון שאכל חצי כזית חלב כשהוא הדיוט, ונתמנה, והשלימו[ד], ואחר כך נודע לו, סלקא דעתך אמינא נצטרף ונייתי כשבה או שעירה, קא משמע לן. [ב] בעא מיניה רבא מרב נחמן, נשיאות מהו שתפסיק. היכי דמי, כגון שאכל חצי כזית חלב כשהוא הדיוט ונתמנה ועבר והשלימו, התם הוא דלא מצטרף, דאכליה פלגא כשהוא הדיוט ופלגא כשהוא נשיא, אבל הכא דאידי ואידי כשהוא הדיוט אכליה מצטרף, או דלמא לא שנא, מאי. תפשוט ליה מהא [ג] דאמר עולא אמר רבי יוחנן, [ג] אכל חלב והפריש קרבן והמיר וחזר בו, הואיל ונדחה ידחה. הכי השתא, מומר [ד] לאו בר אתויי קרבן הוא, האי בר אתויי קרבן הוא. בעא מיניה רבי זירא מרב ששת, אכל ספק חלב כשהוא הדיוט, ונתמנה, ונודע לו על ספקו, מהו. אליבא דרבנן דאזלי בתר חטאה לא תבעי לך, [ה] דמייתי אשם תלוי, אלא כי תבעי לך אליבא דרבי שמעון, מדאישתני לודאי אישתני לספק, או דלמא, כי אישתני לודאי דאישתני קרבן דידיה, אבל הכא דלא אישתני קרבן דידיה אימא לייתי אשם תלוי. תיקו. [ד] תנו רבנן, [ב] 'מעם הארץ' [ו] פרט למומר; רבי שמעון בר יוסי[ו] אומר משום רבי שמעון, [ג] 'אשר לא תעשינה בשגגה ואשם', [ה] השב בידיעתו מביא קרבן על שגגתו, לא שב בידיעתו אינו מביא קרבן על שגגתו. מאי בינייהו. אמר רב המנונא, מומר לאכול חלב ומביא קרבן על הדם איכא בינייהו, מר סבר כיון דמומר לאכול חלב לדם נמי מומר הוי, ומר סבר [ז] לדם מיהא שב בידיעתו הוא. והא[ה] רבא אמר דכולי עלמא מומר לאכול חלב לא הוי מומר לדם. אלא הכא באוכל נבלה[ו] לתאבון ונתחלף לו[ז] בשומן ואכלו קמיפלגי, מר סבר [ח] כיון דלתאבון אכיל במזיד מומר הוא, ומר סבר כיון דאילו אשכח דהיתרא לא אכל דאיסורא לאו מומר הוא. תנו רבנן, [י] אכל חלב זהו מומר, ואיזהו מומר, אכל נבילות וטריפות שקצים ורמשים ושתה יין נסך; [ס] רבי יהודה אומר, אף הלובש כלאים. אמר מר, אכל חלב זהו מומר, ואיזהו מומר אוכל נבילות כו', מאי קאמר. אמר רבה בר בר חנה אמר רבי יוחנן, הכי קאמר [ט] אכל חלב לתאבון הרי זה מומר, להכעיס הרי זה צדוקי[ט], ואיזהו מומר דבסתמו צדוקי, הוי אומר אוכל [י] נבילה וטריפה שקצים ורמשים ושתה יין נסך; רבי יוסי ברבי יהודה אומר, [כ] אף הלובש כלאים. מאי בינייהו. איכא בינייהו כלאים דרבנן, מר סבר מדאורייתא הוי מומר, דרבנן לא הוי מומר, ומר סבר כלאים כיון דמפרסם אסוריה אפילו בדרבנן הוי מומר. [מ] פליגי בה רב אחא ורבינא, חד אמר לתאבון מומר, להכעיס נמי מומר, וחד אמר להכעיס צדוקי; וחד אמר להכעיס נמי מומר, אלא איזהו צדוקי, [ל] כל העובד עבודת כוכבים. מיתיבי, אכל פרעוש אחד או יתוש אחד הרי זה מומר, והא הכא דלהכעיס הוא וקא קרי ליה מומר. התם דאמר אטעום טעם דאיסורא: ואיזהו נשיא זה מלך כו': [ט] תנו רבנן, 'נשיא', יכול נשיא שבט כנחשון בן עמינדב, תלמוד לומר [ג] 'מכל מצות יי' אלהיו', ולהלן הוא אומר [ד] 'למען ילמד ליראה את יי' אלהיו',

רש"י

בן עמי. בלשון נקיה הוא, דלא רצתה להודיע דמאביה נתעברה: אמר אל תצורם ואל תתגר בם'. ומדלא כתיבא בהו 'מלחמה' ש"מ דאפילו צערא לא ליעבד להם. ולא עוד, אפילו בכירה דקריתיה אב הכתוב פירסמה דכתיב (בראשית יט) 'ותשכב את אביה', ובצעירה כתיב 'ותשכב עמו'[ו]: וקדמתה ארבע דורות בישראל. עובד ישי דוד שלמה, ואילו לצעירה לא הוה בישראל עד רחבעם בן שלמה, דהוה ליה מנעמה העמונית: תנו רבנן, 'ואם נפש אחת תחטא בשגגה מעם הארץ'. ולא כל עם הארץ, פרט למשיח, דמשמע דלא יביא כשבה או שעירה כיחיד: [יא] למה לי 'מעם הארץ'. למעוטי הני, והלא כבר יצא משיח מכלל יחיד לידון בפר, ונשיא יצא מכלל יחיד לידון בשעיר: שיכול. כלומר, אילו לא נאמר 'מעם הארץ' הייתי אומר משיח על העלם דבר עם שגגת מעשה יביא פר, ועל שגגת מעשה לחודיה יביא כשבה או שעירה כהדיוט: תלמוד לומר 'מעם הארץ' פרט למשיח. דאינו מביא בשגגת מעשה לחודיה כלל, והיינו דקאמרן בפרק דלעיל (דף ז:) 'ילא משיח שאין חטאו בשגגה', דהיינו בשגגת מעשה: אלא נשיא הא בשגגת מעשה הוא מייתי[יב]. ומאי קא ממעט דקאמר 'מעם הארץ' פרט לנשיא: ס"ד אמינא. הואיל וחטא כשהוא הדיוט נייתי כשבה או שעירה כהדיוט: קמ"ל. 'מעם הארץ' פרט לנשיא, דאינו מביא כשבה או שעירה: אלא לרבנן דאזלי בתר חטאה. ומייתי ודאי כשבה או שעירה, כדתנן 'חטאו עד שלא נתמנו ואח"כ נתמנו הרי אלו כהדיוטות': מאי איכא למימר. דמאי קא ממעט לנשיא דקתני 'פרט לנשיא': ס"ד אמינא נצטרף. חצי זית בתרא לחצי זית קמא ולייתי כשבה או שעירה: קמ"ל. 'מעם הארץ' פרט לנשיא, דכהאי גוונא לא מייתי כשבה או שעירה, וכהאי גוונא נמי לא מייתי שעיר, דהא לא מצטרפי כלל. והוא הדין דמצי למימר 'סלקא דעתך אמינא ניצטרף ונייתי שעיר', אלא משום דקרא קא מישתעי בכשבה או שעירה: כגון שאכל חצי זית חלב כשהוא הדיוט ונתמנה ועבר. מנשיאותו והשלימו: אכל ספק חלב כשהוא הדיוט. דקא סבור דשומן הוא: ונתמנה, ונודע לו על ספקו. שנודע לו לאחר שנתמנה שספק חלב אכל: מהו. מי מייתי אשם תלוי או לא: מדאישתני לודאי. דקאמר ר' שמעון דקודם לכן היו שוגגים, שלא ידעו אם אכלו כלל, ובההוא ליכא אשם תלוי[יג], אם נודע להם משנתמנו פטורים, לפי שנשתנה גופם, דהשתא נתמנו, ומדאישתנו לקרבן ודאי אישתנו נמי לקרבן ספק, ופטור, ואין מביאין[יד] אשם תלוי: או דלמא כי אישתני לודאי. היינו טעמא דר' שמעון קרבן דידיה, דכשהוא הדיוט מביא כשבה או שעירה, והשתא כי נתמנה משיח מביא פר ונשיא מביא שעיר: אבל הכא. כי נודע לו על ספק, דנודע לו משנתמנה דספק חלב אכל: דלא אישתני קרבן דידיה. דעל ספק חטאת קבוע בין כשהוא הדיוט ובין כשהוא נשיא מביא אשם תלוי, [טו] מודה רבי שמעון דמייתי אשם תלוי.

תיקו: 'מעם הארץ'. מביא קרבן ולא כל עם הארץ: פרט למומר. שאין מקבלין מידו: אלא הכא באוכל נבילה לתאבון. דכי אין לו בשר דהיתרא אוכל חלב ונבלה, ונתחלף לו לזה חלב בשומן ואכלו, דסבור דשומן הוא, קא מיפלגי, ולכשנודע לו דחלב הוא רוצה להקריב קרבן, ת"ק סבר כיון דלתאבון אכיל במזיד מומר הוא ואין מקבלין מידו, ור"ש בר יוסי סבר כיון דבמזיד אי משכח היתרא לא אכיל איסורא, שב מידיעתו קרינא ביה, ולאו מומר הוא, ומקבלין מידו: קתני אכל חלב שחוטה זה מומר, והדר תני איזהו מומר, מאי קאמר: להכעיס. דאית ליה היתרא ואכיל איסורא: הרי זה צדוקי.[טז] ושחיטתו לעבודת כוכבים: אוכל נבילה וטריפה שקצים ורמשים ושתה יין נסך. הואיל והני אוכלין הוו דברים שהנפש קצה בהם, ודאי להכעיס הוא עושה, וסתמו רע[יז] הוא: ר' יוסי בר רבי יהודה אומר אף הלובש כלאים. הרי זה מומר: מאי איכא. בין ת"ק לרבי יוסי בר רבי יהודה, כיון דאמר ת"ק 'אכל חלב הרי זה מומר', מה לי אוכל חלב מה לי לובש כלאים, אידי ואידי דאורייתא ואסור[יח]: ת"ק סבר כלאים דאורייתא דומיא דחלב הוי מומר, דהיינו ארוג ביה חוט של צמר וחוט של פשתים יחד על פני כולו: ור' יוסי סבר אף הלובש נמי כלאים דרבנן הוי מומר, דהיינו או שוע או טווי או נוז, דהכי מפרשי רבנן 'שעטנז', שוע טווי ונוז, כדאמרינן במסכת נדה (דף סא:), ורבנן גזור בחד מנייהו, 'שוע' שמנפץ כאחת ועשה מהם לבד, 'טווי' שטווה כאחת ותכף בו שתי תכיפות, 'נוז' שארוג אפילו חוט אחד של צמר בבגד פשתן או חוט אחד של פשתן בבגד צמר, דכולהו אסור מדרבנן: חד אמר. האוכל חלב ונבלה לתאבון הרי זה מומר: להכעיס. דאית ליה היתרא ואפילו הכי אכיל איסורא, צדוקי הוא: אכל פרעוש או יתוש הרי זה מומר. דהכא ודאי להכעיס קא עביד, דלאו מידי דבר מיכל הוא, וקתני 'הרי זה מומר' ואינו צדוקי, וקשיא למאן דאמר להכעיס צדוקי הוא: לעולם אימא לך להכעיס צדוקי הוא, והכא היינו טעמא דהוי מומר ולא הוי צדוקי, משום דקאמר בעינא למיטעם טעמא דאיסורא, שתאב לטעום דבר אסור, ולא להכעיס קא עביד:

מה

מסורת הש"ס עם הוספות

א) נזיר כג: ב"ק לח: ע"ש, ב) ת"כ פ' ויקרא דבורא דחובה פרשה ז ה"ו (אות רפ), ג) זבחים יב: כריתות ז. סנהדרין מז., ד) חולין ה: [שבת סט.] יומא פ. לעיל ג. ת"כ דבורא דחובה פרשה ז ה"ז (אות רפא), ה) [שבועות דף כו:], ו) [תוספתא פרק א ה"ד], ז) [עי' תוס' בכורות לז. ד"ה ויין נסך וע"ע תוס' בע"ז כו: שמפרשו נבילה שמתה מחמת חולי וטרפה שנשברה מפרקתה שמתה והולכת ואינה ראוי' לאכילה ע"ש ד"ה וחד אמר], ח) ע"ז כו:, ט) ת"כ פ' ויקרא דבורא דחובה פרשה ה ה"א (אות רנח), י) לעיל ט ע"ב.

תורה אור השלם

א) וְקָרַבְתָּ מוּל בְּנֵי עַמּוֹן אַל תְּצֻרֵם וְאַל תִּתְגָּר בָּם כִּי לֹא אֶתֵּן מֵאֶרֶץ בְּנֵי עַמּוֹן לְךָ יְרֻשָּׁה כִּי לִבְנֵי לוֹט נְתַתִּיהָ יְרֻשָּׁה: [דברים ב, יט]

ב) וְאִם נֶפֶשׁ אַחַת תֶּחֱטָא בִשְׁגָגָה מֵעַם הָאָרֶץ בַּעֲשֹׂתָהּ אַחַת מִמִּצְוֹת יְיָ אֲשֶׁר לֹא תֵעָשֶׂינָה וְאָשֵׁם: [ויקרא ד, כז]

ג) אֲשֶׁר נָשִׂיא יֶחֱטָא וְעָשָׂה אַחַת מִכָּל מִצְוֹת יְיָ אֱלֹהָיו אֲשֶׁר לֹא תֵעָשֶׂינָה בִּשְׁגָגָה וְאָשֵׁם: [ויקרא ד, כב]

ד) וְהָיְתָה עִמּוֹ וְקָרָא בוֹ כָּל יְמֵי חַיָּיו לְמַעַן יִלְמַד לְיִרְאָה אֶת יְיָ אֱלֹהָיו לִשְׁמֹר אֶת כָּל דִּבְרֵי הַתּוֹרָה הַזֹּאת וְאֶת הַחֻקִּים הָאֵלֶּה לַעֲשֹׂתָם: [דברים יז, יט]

הגהות וציונים

א] צ"ל דקריתיה (דפו"ר, וכן העתיק ב"ש): ב] נ"א בישראל: ג] ברא"ש ובכתי"פ נוסף בכדי אכילת פרס: ד] בילק"ש יהודה, ובדק"ס לעיל ב ע"א הוכיח שזו הגירסא הנכונה: ה] יש למחוק "והא" (דק"ס, רש"ש, מרומי שדה): ו] ביל"ש ובכתי"פ חלב, ועי' רש"ש: ז] לו חלב בשומן (ראשונים וכתי"פ): ח] [צ"ל ר' יוסי בר' יהודה אומר] (גליון): ט] בדפוס ווינציא הגירסא מין (גליון): י] דבור זה ליתא בדפו"י והוסיפוהו מגיהי, ועיי' נוסחת הרי"ב בהגהות ברכת ראש: יא] בכתי"פ נוסף דבור זה: מעם הארץ פרט לנשיא. דלא יביא כשבה או שעירה כיחיד: יב] דמייתי (בכתי"פ): יג] "דקודם לכן היו שוגגים שלא ידעו אם אכלו כלל ובההיא ליכא אשם תלוי" ליתא בכתי"פ: יד] צ"ל מביא (באה"מ, וכ"ה בכתי"פ): טו] תלוי מי מודה (כתי"פ): טז] הרי זה מין. ומורידין אותו לבור ושחיטתו לעבודה זרה: (דפו"ר, וכ"ה שהעתיק הב"ש): יז] כתי"פ "דאורייתא הוא": יח] יכלת (שער יוסף): יט] אולי צ"ל חטתא נשיא ולא נשיא כו' (גליון). בשער יוסף "וגירסא זו נראית עיקר דאשר נשיא יחטא משמע": כ] למפשט (שער יוסף):

עין משפט נר מצוה

י א ב מיי' פט"ו מהלכות שגגות הלכה י:
יא ג מיי' שם פ"ג הלכה ח ודלא כר"י ע"ש:
יב ד מיי' שם הלכה ז:
יג ה מיי' פט"ו שם הלכה י:
יד ו ז ח מיי' שם פ"ג הלכה ז ופרק ג מהלכות מעשה קרבנות הלכה ד:
טו ט י כ ל מיי' פ"ד מהלכות רוצח הלכה י סמג לאוין קסג טוש"ע ח"מ סימן תכה סעיף ה וטור שו"ע יו"ד סימן קנח סעיף ב:

תוספות הרא"ש

הכא ב"ע כגון שאכל חלב כשהוא הדיוט ונתמנה ואח"כ נודע לו מהו דתימא נייתי כשבה או שעירה קמ"ל תינח לר"ש דאזיל בתר ידיעה הלכך פטור אלא לרבנן דאזלי בתר חטאה גרידא אמאי פטור. הב"ע שאכל חצי זית חלב כשהוא הדיוט ונתמנה והשלימו בכדי אכילת פרס מהו דתימא נייתי כשבה או שעירה דלצרף אכילה בתרייתא בהדי אכילה קמייתא קמ"ל. ואיכא גירסא אחרת בספרים הב"ע כגון שאכל כזית חלב כשהוא נשיא ועבר ואח"כ נודע לו מהו דתימא נייתי כשבה או שעירה קמ"ל. תינח לר"ש דאזיל בתר ידיעה הלכך לא יכול[יט] למפרך והלא כבר יצא נשיא לידון בשעיר דנשיא בכה"ג לאו בכלל חיובא דשעיר הוה ואצטריך ליה למעוטי מדין הדיוט דסד"א לייתי כשעת ידיעה. ואע"ג דחטא עד שלא נתמנה ונתמנה ונודע לו לא אזיל ר"ש בתר ידיעה להביא שעיר אע"ג דליכא קרא למעוטי אלא מסברא הוא דלית ליה [הכי] הכא (ה"נ) צריך קרא דהיכא דהוה חטאה וידיעה בתרי גווני מסתבר טפי ליזל אחר ידיעה הגורמת הבאת קרבן להשוות קרבן זה לרוב צבור כגון אכל כשהוא נשיא ועבר ונודע לו דסד"א ניזל בתר ידיעה להביא כשבה או שעירה כרוב צבור להכי אצטריך קרא למעוטי. אבל אכל כשהוא הדיוט ונתמנה ונודע לו מסברא לא אזלי' בתר ידיעה להביא קרבן נשיא. אלא לרבנן דאזלי בתר חטא דתנן) כהן המשיח שחטא ואחר כך עבר ממשיחתו וכן נשיא שחטא ואח"כ עבר מנשיאתו משיח מביא פר ונשיא מביא שעיר מאי איכא למימר כיון דנשיא בכלל חיובא דשעיר ל"ל למעוטי לנשיא ממעוטא דעם הארץ והלא כבר יצא נשיא לידון בשעיר. הב"ע שאכל חצי זית חלב כשהוא נשיא ועבר והשלימה בכדי אכילת פרס ונודע לו מהו דתימא כיון דלא השלים השעור כשהוא נשיא לא קרינן ביה אשר נשיא יחטא לצטרף חצי זית קמא בהדי חצי זית בתרא ולייתי כשבה או שעירה כרוב צבור (דליכא) [דליכא] למפרך והלא כבר יצא נשיא לידון בשעיר דבכה"ג לא יצא לידון בשעיר קמ"ל דפטור אף מכשבה או שעירה. וגירסא זו נראה עיקר דאמר[יט] נשיא יחטא משמע דאתי למעוטי כשאכל כשהוא נשיא ולגירסא קמא כמאי דבעי למימר מעיקרא אכל כשהוא הדיוט. ועוד דמסתברא דהא דאזיל ר"ש בתר ידיעה מסברא ידע ליה ולאו מקרא מדלא מייתי האי קרא למדרש[כ] טעמיה דר"ש: ואיזהו מומר דבסתמא הוה מין אוכל נבלות כו'. [נמצא בע"ב]: רבי יהודה אומר אף הלובש כלאים. [נמצא בע"ב]: כלאים דרבנן. [נמצא בע"ב]: ת"ר יכול נשיא שבט כנחשון בן עמינדב ת"ל מכל מצות ה' אלהיו ולהלן הוא אומר למען ילמד ליראה את ה' אלהיו. [נמצא בע"ב]:

considered a *mumar*, he can bring a *Chatas* for unintentionally eating the forbidden fats.

תָּנוּ רַבָּנַן — The *Chachamim* taught in a *Baraisa*: אָכַל חֵלֶב — One who eats forbidden fats, זֶהוּ מוּמָר — this is a *mumar*. וְאֵיזֶהוּ מוּמָר — And who is classified as an *mumar*? אָכַל נְבֵילוֹת וּטְרֵיפוֹת — One who eats animals that were not properly slaughtered, or animals that are *treifos*, שְׁקָצִים וּרְמָשִׂים — or insects, וְשָׁתָה יֵין נֶסֶךְ — or he drinks *yayin nesech*, [רַבִּי יוֹסֵי] רַבִּי יְהוּדָה אוֹמֵר — Rabi Yosi, son of Rabi Yehudah says, אַף הַלּוֹבֵשׁ כִּלְאַיִם — even one who wears *shatnez* is considered a *mumar*.

The Gemara discusses the *Baraisa*: אָמַר מַר — The *Baraisa* said: אָכַל חֵלֶב זֶהוּ מוּמָר — One who eats forbidden fats is a *mumar*, וְאֵיזֶהוּ מוּמָר — And who is classified as a *mumar*? אוֹכֵל נְבֵילוֹת כּוּ' — One who eats animals that were not properly slaughtered, etc. מַאי קָאָמַר — What is the *Baraisa* saying? Why, after explaining what a *mumar* is, does the *Baraisa* ask who a *mumar* is? And then it provides a different answer! אָמַר רַבָּה בַּר בַּר חָנָה אָמַר רַבִּי יוֹחָנָן — Rabbah bar bar Chanah said that Rabi Yochanan said: הָכִי קָאָמַר — This is what the *Baraisa* is saying: The *Baraisa* starts by explaining what a *mumar* is: אָכַל חֵלֶב לְתֵאָבוֹן — One who purposely eats forbidden fats, not out of spite, but because he has nothing else to eat, הֲרֵי זֶה מוּמָר — he is a *mumar*. לְהַכְעִיס — But if he has kosher options available, and he eats the forbidden fats out of spite, הֲרֵי זֶה צְדוֹקִי — then he is worse than a simple *mumar*, he is considered a *Tzedoki* (if he slaughters an animal, it is considered as if it was slaughtered for *avodah zarah*.) Then the *Baraisa* continues, וְאֵיזֶהוּ מוּמָר דִּבְסְתָמוֹ צְדוֹקִי — And who is a *mumar* who is assumed to be a *Tzedoki*. In other words, when do we assume that someone is a *Tzedoki* even if they only ate non-kosher food? הֲוֵי אוֹמֵר — It is said, אוֹכֵל נְבֵילָה וּטְרֵיפָה — that it is one who eats animals that were not properly slaughtered, or animals that are *treifos*, שְׁקָצִים וּרְמָשִׂים — or insects, וְשָׁתָה יֵין נֶסֶךְ — or he drinks *yayin nesech*. Since these foods are disgusting, no one would eat them for their own pleasure, and we can assume that anyone who eats them is doing so out of spite, and is a *Tzedoki*.

The Gemara continues explaining the *Baraisa*: רַבִּי יוֹסֵי בְּרַבִּי יְהוּדָה אוֹמֵר — Rabi Yosi, son of Rabi Yehudah says: אַף הַלּוֹבֵשׁ כִּלְאַיִם — Even one who wears *shatnez* is considered a *mumar*. מַאי בֵּינַיְיהוּ — What is the practical difference between the views of the *Tanna Kamma* and that of Rabi Yosi, son of Rabi Yehudah? Since they both agree that one who transgresses *aveiros* which are forbidden on a Torah level is considered a *mumar*, then they both agree to all cases mentioned in the Mishnah. In which case would they argue? The Gemara answers: אִיכָּא בֵּינַיְיהוּ כִּלְאַיִם דְּרַבָּנַן — The difference between them is in a case of *shatnez* which is only forbidden on a Rabbinic level, such as wool and linen that were combed and pressed, but not wovern, together. מַר סָבַר — The *Tanna Kamma* holds, מִדְּאוֹרַיְיתָא הָוֵי מוּמָר — only transgressing prohibitions which are forbidden on a Torah level makes someone a *mumar*, דְּרַבָּנַן לָא הָוֵי מוּמָר — but transgressing

For this *daf's shiur* and charts, scan this QR code:

הוּא דְּלָא, הָא צַעוּרֵי צַעֲרִינְהוּ, וְאִילּוּ צְעִירָה דְּקַרְיֵיהּ[א] 'בֶּן עַמִּי' אָמַר לֵיהּ [א]'אַל תְּצוּרֵם וְאַל תִּתְגָּר בָּם' כְּלָל, אֲפִילּוּ צַעוּרֵי לָא. [ב]אָמַר רַב חִיָּיא בַּר אָבִין אָמַר רַבִּי יְהוֹשֻׁעַ בֶּן קָרְחָה, לְעוֹלָם יַקְדִּים אָדָם לִדְבַר מִצְוָה, שֶׁבִּשְׂכַר לַיְלָה אַחַת שֶׁקָּדְמָה בְּכִירָה לִצְעִירָה זָכְתָה וְקָדְמַתָּה אַרְבַּע דּוֹרוֹת לַמַּלְכוּת[ב]. [ג]תָּנוּ רַבָּנַן, [ב]'מֵעַם הָאָרֶץ' פְּרָט לְמָשִׁיחַ, 'מֵעַם הָאָרֶץ' פְּרָט לְנָשִׂיא. וַהֲלֹא כְּבָר יָצְאוּ מָשִׁיחַ לִידּוֹן בְּפַר, נָשִׂיא לִידּוֹן בְּשָׂעִיר. שֶׁיָּכוֹל מָשִׁיחַ עַל הֶעְלֵם דָּבָר עִם שִׁגְגַת מַעֲשֶׂה מֵבִיא פַּר, עַל שִׁגְגַת מַעֲשֶׂה לְחוּדֵיהּ מֵבִיא כִּשְׂבָּה וּשְׂעִירָה, תַּלְמוּד לוֹמַר 'מֵעַם הָאָרֶץ' פְּרָט לְמָשִׁיחַ, 'מֵעַם הָאָרֶץ' פְּרָט לְנָשִׂיא. תִּינַח מָשִׁיחַ, אֶלָּא נָשִׂיא בְּשִׁגְגַת מַעֲשֶׂה הוּא דְּמַיְיתֵי. אָמַר רַב זְבִיד מִשְּׁמֵיהּ דְּרָבָא, הָכָא בְּמַאי עָסְקִינַן, כְּגוֹן שֶׁאָכַל כְּזַיִת חֵלֶב כְּשֶׁהוּא הֶדְיוֹט, וְנִתְמַנָּה, וְאַחַר כָּךְ נוֹדַע לוֹ, סַלְקָא דַעְתָּךְ אָמֵינָא נַיְיתֵי כִּשְׂבָּה אוֹ שְׂעִירָה, קָא מַשְׁמַע לָן. הָנִיחָא לְרַבִּי שִׁמְעוֹן דְּאָזֵל בָּתַר יְדִיעָה, אֶלָּא לְרַבָּנָן דְּאָזְלוּ בָּתַר חֲטָאָה מַאי אִיכָּא לְמֵימַר. אֶלָּא אָמַר רַב זְבִיד מִשְּׁמֵיהּ דְּרָבָא, הָכָא בְּמַאי עָסְקִינַן, [א]כְּגוֹן שֶׁאָכַל חֲצִי כְּזַיִת חֵלֶב כְּשֶׁהוּא הֶדְיוֹט, וְנִתְמַנָּה, וְהִשְׁלִימוֹ[ג], וְאַחַר כָּךְ נוֹדַע לוֹ, סַלְקָא דַעְתָּךְ אָמֵינָא נִצְטָרֵף וְנַיְיתֵי כִּשְׂבָּה אוֹ שְׂעִירָה, קָא מַשְׁמַע לָן. [ב]בְּעָא מִינֵּיהּ רָבָא מֵרַב נַחְמָן, נְשִׂיאוּת מַהוּ שֶׁתַּפְסִיק. הֵיכִי דָּמֵי, כְּגוֹן שֶׁאָכַל חֲצִי כְּזַיִת חֵלֶב כְּשֶׁהוּא הֶדְיוֹט וְנִתְמַנָּה וְעָבַר וְהִשְׁלִימוֹ, הָתָם הוּא דְּלָא מִצְטָרֵף, דְּאַכְלֵיהּ פַּלְגָא כְּשֶׁהוּא הֶדְיוֹט וּפַלְגָא כְּשֶׁהוּא נָשִׂיא, אֲבָל הָכָא דְּאִידִי וְאִידִי כְּשֶׁהוּא הֶדְיוֹט אַכְלֵיהּ מִצְטָרֵף, אוֹ דִּלְמָא לָא שְׁנָא, מַאי. תִּפְשׁוֹט לֵיהּ מֵהָא [ג]דְּאָמַר עוּלָּא אָמַר רַבִּי יוֹחָנָן, [ג]אָכַל חֵלֶב וְהִפְרִישׁ קָרְבָּן וְהֵמִיר וְחָזַר בּוֹ, הוֹאִיל וְנִדְחָה יִדָּחֶה. הָכִי הַשְׁתָּא, מוּמָר [ד]לָאו בַּר אַתּוּיֵי קָרְבָּן הוּא, הַאי בַּר אַתּוּיֵי קָרְבָּן הוּא. בְּעָא מִינֵּיהּ רַבִּי זֵירָא מֵרַב שֵׁשֶׁת, אָכַל סְפֵק חֵלֶב כְּשֶׁהוּא הֶדְיוֹט, וְנִתְמַנָּה, וְנוֹדַע לוֹ עַל סְפֵקוֹ, מַהוּ. אַלִּיבָּא דְּרַבָּנָן דְּאָזְלִי בָּתַר חֲטָאָה לָא תִּבָּעֵי לָךְ, [ה]דְּמַיְיתֵי אָשָׁם תָּלוּי, אֶלָּא כִּי תִּבָּעֵי לָךְ אַלִּיבָּא דְּרַבִּי שִׁמְעוֹן, מִדְּאִשְׁתַּנֵּי לְוַדַּאי אִשְׁתַּנֵּי לְסָפֵק, אוֹ דִּלְמָא, כִּי אִשְׁתַּנֵּי לְוַדַּאי דְּאִשְׁתַּנֵּי קָרְבָּן דִּידֵיהּ, אֲבָל הָכָא דְּלָא אִשְׁתַּנֵּי קָרְבָּן דִּידֵיהּ אֵימָא לַיְיתֵי אָשָׁם תָּלוּי. תֵּיקוּ. [ו]תָּנוּ רַבָּנַן, [ב]'מֵעַם הָאָרֶץ' [ז]פְּרָט לְמוּמָר; רַבִּי שִׁמְעוֹן בַּר יוֹסֵי[ה] אוֹמֵר מִשּׁוּם רַבִּי שִׁמְעוֹן, [ב]'אֲשֶׁר לֹא תֵעָשֶׂינָה בִּשְׁגָגָה וְאָשֵׁם', [ח]הַשָּׁב בִּידִיעָתוֹ מֵבִיא קָרְבָּן עַל שִׁגְגָתוֹ, לֹא שָׁב בִּידִיעָתוֹ אֵינוֹ מֵבִיא קָרְבָּן עַל שִׁגְגָתוֹ. מַאי בֵּינַיְיהוּ. אָמַר רַב הַמְנוּנָא, מוּמָר לֶאֱכוֹל חֵלֶב וּמֵבִיא קָרְבָּן עַל הַדָּם אִיכָּא בֵּינַיְיהוּ, מַר סָבַר כֵּיוָן דְּמוּמָר לֶאֱכוֹל חֵלֶב לְדָם נַמִּי מוּמָר הָוֵי, וּמַר סָבַר [ז]לְדָם מִיהָא שָׁב בִּידִיעָתוֹ הוּא. וְהָא[ו] רָבָא אָמַר דְּכוּלֵּי עָלְמָא מוּמָר לֶאֱכוֹל חֵלֶב לָא הָוֵי מוּמָר לְדָם. אֶלָּא הָכָא בְּאוֹכֵל נְבֵלָה[ו] לְתֵאָבוֹן וְנִתְחַלֵּף לוֹ[ז] בְּשׁוּמָּן וַאֲכָלוֹ קָמִיפַּלְגִי, מַר סָבַר [ח]כֵּיוָן דִּלְתֵאָבוֹן אָכֵיל בְּמֵזִיד מוּמָר הוּא, וּמַר סָבַר כֵּיוָן דְּאִילּוּ אַשְׁכַּח דְּהֶיתֵּרָא לָא אָכַל דְּאִיסּוּרָא לָאו מוּמָר הוּא. תָּנוּ רַבָּנַן, [י]אָכַל חֵלֶב זֶהוּ מוּמָר, וְאֵיזֶהוּ מוּמָר, אָכַל נְבֵילוֹת וּטְרֵיפוֹת שְׁקָצִים וּרְמָשִׂים וְשָׁתָה יֵין נֶסֶךְ; [ט]רַבִּי יְהוּדָה אוֹמֵר, אַף הַלּוֹבֵשׁ כִּלְאַיִם. אָמַר מַר, אָכַל חֵלֶב זֶהוּ מוּמָר, וְאֵיזֶהוּ מוּמָר אוֹכֵל נְבֵילוֹת כו'. מַאי קָאָמַר. אָמַר רַבָּה בַּר בַּר חָנָה אָמַר רַבִּי יוֹחָנָן, הָכִי קָאָמַר [ט]אָכַל חֵלֶב לְתֵאָבוֹן הֲרֵי זֶה מוּמָר, [י]לְהַכְעִיס הֲרֵי זֶה צְדוֹקִי[טז], וְאֵיזֶהוּ מוּמָר דִּבְסָתָמוֹ צְדוֹקִי, הָוֵי אוֹמֵר אוֹכֵל [י]נְבֵילָה וּטְרֵיפָה שְׁקָצִים וּרְמָשִׂים וְשָׁתָה יֵין נֶסֶךְ; רַבִּי יוֹסֵי בְּרַבִּי יְהוּדָה אוֹמֵר, [כ]אַף הַלּוֹבֵשׁ כִּלְאַיִם. מַאי בֵּינַיְיהוּ. אִיכָּא בֵּינַיְיהוּ כִּלְאַיִם דְּרַבָּנָן, מַר סָבַר מִדְּאוֹרַיְיתָא הָוֵי מוּמָר, דְּרַבָּנָן לָא הָוֵי מוּמָר, וּמַר סָבַר כִּלְאַיִם כֵּיוָן דִּמְפַרְסַם אִסּוּרֵיהּ אֲפִילּוּ בִּדְרַבָּנָן הָוֵי מוּמָר. [ט]פְּלִיגִי בָּהּ רַב אַחָא וְרָבִינָא, חַד אָמַר לְתֵאָבוֹן מוּמָר, לְהַכְעִיס צְדוֹקִי; וְחַד אָמַר לְהַכְעִיס נַמִּי מוּמָר, אֶלָּא אֵיזֶהוּ צְדוֹקִי, [י]כָּל הָעוֹבֵד עֲבוֹדַת כּוֹכָבִים. מֵיתִיבֵי, אָכַל פַּרְעוֹשׁ אֶחָד אוֹ יַתּוּשׁ אֶחָד הֲרֵי זֶה מוּמָר, וְהָא הָכָא דִּלְהַכְעִיס הוּא וְקָא קָרֵי לֵיהּ מוּמָר. הָתָם דְּאָמַר אֶטְעוֹם טַעַם דְּאִיסּוּרָא: וְאֵיזֶהוּ נָשִׂיא זֶה מֶלֶךְ כו': [ט]תָּנוּ רַבָּנַן, 'נָשִׂיא', יָכוֹל נְשִׂיא שֵׁבֶט כְּנַחְשׁוֹן בֶּן עַמִּינָדָב, תַּלְמוּד לוֹמַר [ג]'מִכָּל מִצְוֹת ה' אֱלֹהָיו', וּלְהַלָּן הוּא אוֹמֵר [ד]'לְמַעַן יִלְמַד לְיִרְאָה אֶת ה' אֱלֹהָיו',

רש"י

בֶּן עַמִּי. בִּלְשׁוֹן נְקִיָּה הוּא, דְּלָא רָצְתָה לְהוֹדִיעַ דְּמֵאָבִיהָ נִתְעַבְּרָה: אָמַר 'אַל תְּצוּרֵם וְאַל תִּתְגָּר בָּם'. וּמִדְּלָא כְּתִיבָא בְּהוּ 'מִלְחָמָה' ש"מ דַּאֲפִילּוּ צַעֲרָא לָא לְיַעֲבֵד לְהֶם. וְלָא עוֹד, אֲפִילּוּ בְּכִירָה דְּקָרֵיתֵיהּ אָב הַכָּתוּב פִּירְסְמָהּ דִּכְתִיב (בראשית יט) 'וַתִּשְׁכַּב אֶת אָבִיהָ', וּבִצְעִירָה כְּתִיב 'וַתִּשְׁכַּב עִמּוֹ'[ז]: וְקָדְמַתָּה אַרְבַּע דּוֹרוֹת בְּיִשְׂרָאֵל. עוֹבֵד יִשַׁי דָּוִד שְׁלֹמֹה, וְאִילּוּ צְעִירָה לָא הֲוָה בְּיִשְׂרָאֵל עַד רְחַבְעָם בֶּן שְׁלֹמֹה, דַּהֲוָה לֵיהּ מִנַּעֲמָה הָעַמּוֹנִית: תָּנוּ רַבָּנַן, 'וְאִם נֶפֶשׁ אַחַת תֶּחֱטָא בִשְׁגָגָה מֵעַם הָאָרֶץ'. וְלָא כָּל עַם הָאָרֶץ, פְּרָט לְמָשִׁיחַ, דְּמַשְׁמַע דְּלָא יָבִיא כִּשְׂבָּה אוֹ שְׂעִירָה כְּיָחִיד: [יא] לָמָּה לִי 'מֵעַם הָאָרֶץ'. לְמַעוּטֵי הָנֵי, וַהֲלֹא כְּבָר יָצָא מָשִׁיחַ מִכְּלַל יָחִיד לִידּוֹן בְּפַר, וְנָשִׂיא יָצָא מִכְּלַל יָחִיד לִידּוֹן בְּשָׂעִיר: שֶׁיָּכוֹל. כְּלוֹמַר, אִילּוּ לָא נֶאֱמַר 'מֵעַם הָאָרֶץ' הָיִיתִי אוֹמֵר מָשִׁיחַ עַל הֶעְלֵם דָּבָר עִם שִׁגְגַת מַעֲשֶׂה יָבִיא פַּר, וְעַל שִׁגְגַת מַעֲשֶׂה לְחוּדֵיהּ יָבִיא כִּשְׂבָּה אוֹ שְׂעִירָה כְּהֶדְיוֹט: תַּלְמוּד לוֹמַר 'מֵעַם הָאָרֶץ' פְּרָט לְמָשִׁיחַ. דְּאֵינוֹ מֵבִיא בְּשִׁגְגַת מַעֲשֶׂה לְחוּדֵיהּ כְּלָל, וְהַיְינוּ דְּקָאָמְרַן בְּפֶרֶק דִּלְעֵיל (דף ז:) 'יָצָא מָשִׁיחַ שֶׁאֵין חֶטְאוֹ בִּשְׁגָגָה', דְּהַיְינוּ בְּשִׁגְגַת מַעֲשֶׂה: אֶלָּא נָשִׂיא הָא בְּשִׁגְגַת מַעֲשֶׂה הוּא מַיְיתֵי[יב]. וּמַאי קָא מְמַעֵט דְּקָאָמַר 'מֵעַם הָאָרֶץ' פְּרָט לְנָשִׂיא: ס"ד אָמֵינָא. הוֹאִיל וְחָטָא כְּשֶׁהוּא הֶדְיוֹט נַיְיתֵי כִּשְׂבָּה אוֹ שְׂעִירָה כְּהֶדְיוֹט: קמ"ל. 'מֵעַם הָאָרֶץ' פְּרָט לְנָשִׂיא, דְּאֵינוֹ מֵבִיא כִּשְׂבָּה אוֹ שְׂעִירָה: אֶלָּא לְרַבָּנָן דְּאָזְלִי בָּתַר חֲטָאָה. וּמַיְיתֵי וַדַּאי כִּשְׂבָּה אוֹ שְׂעִירָה, כִּדְתְנַן 'חָטְאוּ עַד שֶׁלֹּא נִתְמַנּוּ וְאַחַר כָּךְ נִתְמַנּוּ הֲרֵי אֵלּוּ כְּהֶדְיוֹטוֹת': מַאי אִיכָּא לְמֵימַר. דְּמַאי קָא מְמַעֵט לְנָשִׂיא דְּקָתָנֵי 'פְּרָט לְנָשִׂיא': ס"ד אָמֵינָא נִצְטָרֵף. חֲצִי זַיִת בָּתְרָא לַחֲצִי זַיִת קַמָּא וְלַיְיתֵי כִּשְׂבָּה אוֹ שְׂעִירָה: קמ"ל. 'מֵעַם הָאָרֶץ' פְּרָט לְנָשִׂיא, דִּכְהַאי גַּוְונָא לָא מַיְיתֵי כִּשְׂבָּה אוֹ שְׂעִירָה, וּכְהַאי גַּוְונָא נַמִּי לָא מַיְיתֵי שָׂעִיר, דְּהָא לָא מִצְטָרְפִי כְּלָל. וְהוּא הַדִּין דְּמָצֵי לְמֵימַר 'סַלְקָא דַּעְתָּךְ אָמֵינָא נִצְטָרֵף וְנַיְיתֵי שָׂעִיר', אֶלָּא מִשּׁוּם דִּקְרָא קָא מִשְׁתַּעֵי בְּכִשְׂבָּה אוֹ שְׂעִירָה: כְּגוֹן שֶׁאָכַל חֲצִי זַיִת חֵלֶב כְּשֶׁהוּא הֶדְיוֹט וְנִתְמַנָּה וְעָבַר. מִנְּשִׂיאוּתוֹ וְהִשְׁלִימוֹ: אָכַל סְפֵק חֵלֶב כְּשֶׁהוּא הֶדְיוֹט. דְּקָא סָבוּר דְּשׁוּמָּן הוּא: וְנִתְמַנָּה, וְנוֹדַע לוֹ עַל סְפֵקוֹ. שֶׁנּוֹדַע לוֹ לְאַחַר שֶׁנִּתְמַנָּה שֶׁסָּפֵק חֵלֶב אָכַל: מַהוּ. מִי מַיְיתֵי אָשָׁם תָּלוּי אוֹ לָא: מִדְּאִשְׁתַּנֵּי לְוַדַּאי. דְּקָאָמַר ר' שִׁמְעוֹן דְּקוֹדֶם לָכֵן הָיוּ שׁוֹגְגִים, שֶׁלֹּא יָדְעוּ אִם אָכְלוּ כְּלָל, וּבְהַהִיא לֵיכָּא אָשָׁם תָּלוּי[יג], אִם נוֹדַע לָהֶם מִשֶּׁנִּתְמַנּוּ פְּטוּרִים, לְפִי שֶׁנִּשְׁתַּנָּה גּוּפָם, דְּהַשְׁתָּא נִתְמַנּוּ, וּמִדְּאִשְׁתַּנּוּ לְקָרְבָּן וַדַּאי אִשְׁתַּנּוּ נַמִּי לְקָרְבַּן סָפֵק, וּפָטוּר, וְאֵין מְבִיאִין[יד] אָשָׁם תָּלוּי: אוֹ דִּלְמָא כִּי אִשְׁתַּנֵּי לְוַדַּאי. הַיְינוּ טַעְמָא דְּר' שִׁמְעוֹן

דְּפָטַר, מִשּׁוּם דְּאִשְׁתַּנֵּי קָרְבָּן דִּידֵיהּ, דִּכְשֶׁהוּא הֶדְיוֹט מֵבִיא כִּשְׂבָּה אוֹ שְׂעִירָה, וְהַשְׁתָּא כִּי נִתְמַנָּה מָשִׁיחַ מֵבִיא פַּר וְנָשִׂיא מֵבִיא שָׂעִיר: אֲבָל הָכָא. כִּי נוֹדַע לוֹ עַל סָפֵק, דְּנוֹדַע לוֹ מִשֶּׁנִּתְמַנָּה דִּסְפֵק חֵלֶב אָכַל: דְּלָא אִשְׁתַּנֵּי קָרְבָּן דִּידֵיהּ. דְּעַל סְפֵק חַטָּאת קָבוּעַ בֵּין כְּשֶׁהוּא הֶדְיוֹט וּבֵין כְּשֶׁהוּא נָשִׂיא מֵבִיא אָשָׁם תָּלוּי, [טו] מוֹדֶה רַבִּי שִׁמְעוֹן דְּמַיְיתֵי אָשָׁם תָּלוּי. תֵּיקוּ: 'מֵעַם הָאָרֶץ'. מֵבִיא קָרְבָּן וְלֹא כָּל עַם הָאָרֶץ: פְּרָט לְמוּמָר. שֶׁאֵין מְקַבְּלִין מִיָּדוֹ: אֶלָּא הָכָא בְּאוֹכֵל נְבֵלָה לְתֵאָבוֹן. דְּכִי אֵין לוֹ בָּשָׂר דְּהֶיתֵּרָא אוֹכֵל חֵלֶב וּנְבֵלָה, וְנִתְחַלֵּף לוֹ לָזֶה חֵלֶב בְּשׁוּמָּן וַאֲכָלוֹ, דִּסְבוּר דְּשׁוּמָּן הוּא, קָא מִיפַּלְגִי, וְלִכְשֶׁנּוֹדַע לוֹ דְּחֵלֶב הוּא רוֹצֶה לְהַקְרִיב קָרְבָּן, ת"ק סָבַר כֵּיוָן דִּלְתֵאָבוֹן אָכֵיל בְּמֵזִיד מוּמָר הוּא וְאֵין מְקַבְּלִין מִיָּדוֹ, וְר"ש בַּר יוֹסֵי סָבַר כֵּיוָן דִּבְמֵזִיד אִי מַשְׁכַּח הֶיתֵּרָא לָא אָכֵיל אִיסּוּרָא, שָׁב מִידִיעָתוֹ קָרֵינָא בֵּיהּ, וְלָא מוּמָר הוּא, וּמְקַבְּלִין מִיָּדוֹ: קָתָנֵי אָכַל חֵלֶב שְׁחוּטָה זֶה מוּמָר, וְהָדַר תָּנֵי אֵיזֶהוּ מוּמָר, מַאי קָאָמַר: לְהַכְעִיס. דְּאִית לֵיהּ הֶיתֵּרָא וְאָכֵיל אִיסּוּרָא: הֲרֵי זֶה צְדוֹקִי.[טז] וּשְׁחִיטָתוֹ לַעֲבוֹדַת כּוֹכָבִים: אוֹכֵל נְבֵלָה וּטְרֵיפָה שְׁקָצִים וּרְמָשִׂים וְשָׁתָה יֵין נֶסֶךְ. הוֹאִיל וְהָנֵי אוֹכָלִין הָווּ דְּבָרִים שֶׁהַנֶּפֶשׁ קָצָה בָּהֶם, וַדַּאי לְהַכְעִיס הוּא עוֹשֶׂה, וּסְתָמוֹ רַע[יז] הוּא: ר' יוֹסֵי בַּר רַבִּי יְהוּדָה אוֹמֵר אַף הַלּוֹבֵשׁ כִּלְאַיִם. הֲרֵי זֶה מוּמָר: מַאי אִיכָּא. בֵּין ת"ק לְרַבִּי יוֹסֵי בַּר רַבִּי יְהוּדָה, כֵּיוָן דְּקָאָמַר ת"ק 'אָכַל חֵלֶב הֲרֵי זֶה מוּמָר', מַה לִּי אוֹכֵל חֵלֶב מַה לִּי לוֹבֵשׁ כִּלְאַיִם, אִידִי וְאִידִי דְּאוֹרַיְיתָא וְאָסוּר[יח]: ת"ק סָבַר כִּלְאַיִם דְּאוֹרַיְיתָא דּוּמְיָא דְּחֵלֶב הָוֵי מוּמָר, דְּהַיְינוּ אָרוּג בֵּיהּ חוּט שֶׁל צֶמֶר וְחוּט שֶׁל פִּשְׁתִּים יַחַד עַל פְּנֵי כּוּלּוֹ: וְר' יוֹסֵי סָבַר אַף הַלּוֹבֵשׁ נַמִּי כִּלְאַיִם דְּרַבָּנָן הָוֵי מוּמָר, דְּהַיְינוּ אוֹ שׁוּעַ אוֹ טָווּי אוֹ נוּז, דְּהָכִי מְפָרְשֵׁי רַבָּנָן 'שַׁעַטְנֵז', שׁוּעַ טָווּי וְנוּז, כִּדְאָמְרִינַן בְּמַסֶּכֶת נִדָּה (דף סא:), וְרַבָּנָן גְּזוּר בְּחַד מִנַּיְיהוּ, 'שׁוּעַ' שֶׁמְּנַפֵּץ כְּאַחַת וְעָשָׂה מֵהֶם לֶבֶד, 'טָווּי' שֶׁנִּטְוָה כְּאַחַת וְתָכַף בּוֹ שְׁתֵּי תְּכִיפוֹת, 'נוּז' שֶׁאָרוּג אֲפִילּוּ חוּט אֶחָד שֶׁל צֶמֶר בְּבֶגֶד פִּשְׁתָּן אוֹ חוּט אֶחָד שֶׁל פִּשְׁתָּן בְּבֶגֶד צֶמֶר, דְּכוּלְּהוּ אָסוּר מִדְּרַבָּנָן: חַד אָמַר. הָאוֹכֵל חֵלֶב וּנְבֵלָה לְתֵאָבוֹן הֲרֵי זֶה מוּמָר: לְהַכְעִיס. דְּאִית לֵיהּ הֶיתֵּרָא וַאֲפִילּוּ הָכִי אָכֵיל אִיסּוּרָא, צְדוֹקִי הוּא: אָכַל פַּרְעוֹשׁ אוֹ יַתּוּשׁ הֲרֵי זֶה מוּמָר. דְּהָכָא וַדַּאי לְהַכְעִיס קָא עָבֵיד, דְּלָאו מִידֵי דְּבַר מֵיכַל הוּא, וְקָתָנֵי 'הֲרֵי זֶה מוּמָר' וְאֵינוֹ צְדוֹקִי, וְקַשְׁיָא לְמַאן דְּאָמַר לְהַכְעִיס צְדוֹקִי הוּא: לְעוֹלָם אֵימָא לָךְ לְהַכְעִיס צְדוֹקִי הוּא, וְהָכָא הַיְינוּ טַעְמָא דְּהָוֵי מוּמָר וְלָא הָוֵי צְדוֹקִי, מִשּׁוּם דְּקָאָמַר בְּעֵינָא לְמִיטְעַם טַעְמָא דְּאִיסּוּרָא, שֶׁאָכַל לִטְעוֹם דְּבַר אָסוּר, וְלָא לְהַכְעִיס קָא עָבֵיד: מַה

מסורת הש"ס עם הוספות

א) נזיר כג: ב"ק לח: ע"ש, ב) ת"כ פ' ויקרא דבורא דחובה פרשה ז ה"ו (אות רפ), ג) זבחים יב: כריתות ז. סנהדרין מז., ד) חולין ה: [שבת סט.] יומא פ. לעיל ב. ת"כ דבורא דחובה פרשה ז ה"ז (אות רפא), ה) [שבועות דף כו:], ו) [תוספתא פרק א ה"ד], ז) [עי' תוס' בכורות לז. ד"ה ויין נסך וע"ע תוס' בע"ז כו: שמפרשו נבילה שמתה מחמת חולי וטרפה שנשברה מפרקתה שמתה והולכת ואינה ראוי' לאכילה ע"ש ד"ה וחד אמר], ח) ע"ז כו:, ט) ת"כ פ' ויקרא דבורא דחובה פרשה ה ה"א (אות רנח), י) לעיל ט ע"ב.

תורה אור השלם

א) וְקָרַבְתָּ מוּל בְּנֵי עַמּוֹן אַל תְּצֻרֵם וְאַל תִּתְגָּר בָּם כִּי לֹא אֶתֵּן מֵאֶרֶץ בְּנֵי עַמּוֹן לְךָ יְרֻשָּׁה כִּי לִבְנֵי לוֹט נְתַתִּיהָ יְרֻשָּׁה: [דברים ב, יט]

ב) וְאִם נֶפֶשׁ אַחַת תֶּחֱטָא בִשְׁגָגָה מֵעַם הָאָרֶץ בַּעֲשֹׂתָהּ אַחַת מִמִּצְוֹת יְיָ אֲשֶׁר לֹא תֵעָשֶׂינָה וְאָשֵׁם: [ויקרא ד, כז]

ג) אֲשֶׁר נָשִׂיא יֶחֱטָא וְעָשָׂה אַחַת מִכָּל מִצְוֹת יְיָ אֱלֹהָיו אֲשֶׁר לֹא תֵעָשֶׂינָה בִּשְׁגָגָה וְאָשֵׁם: [ויקרא ד, כב]

ד) וְהָיְתָה עִמּוֹ וְקָרָא בוֹ כָּל יְמֵי חַיָּיו לְמַעַן יִלְמַד לְיִרְאָה אֶת יְיָ אֱלֹהָיו לִשְׁמֹר אֶת כָּל דִּבְרֵי הַתּוֹרָה הַזֹּאת וְאֶת הַחֻקִּים הָאֵלֶּה לַעֲשֹׂתָם: [דברים יז, יט]

הגהות וציונים

א] צ"ל דקריתיה (דפו"ר, וכן העתיק ב"ש): ב] נ"א בישראל: ג] ברא"ש ובכתי"פ נוסף בכדי אכילת פרס: ד] בילק"ש יהודה, ובדק"ס לעיל ב ע"א הוכיח שזו הגירסא הנכונה: ה] יש למחוק "והא" (דק"ס, רש"ש, מרומי שדה): ו] ביל"ש ובכתי"מ חלב, ועי' רש"ש: ז] לו חלב בשומן (ראשונים וכת"י): ח] [צ"ל ר' יוסי בר' יהודה אומר] (גליון): ט] בדפוס ויניציא הגירסא מין (גליון): י] דבור זה ליתא בדפו"י והוסיפוהו מנזיר, ועי"ש נוסחת הריב"ן והגהות ברכת ראש: יא] בכת"י נוסף דבור זה: מעם הארץ פרט לנשיא. דלא יביא כשבה או שעירה כיחיד: יב] דמייתי (כת"י): יג] "דקודם לכן היו שוגגים שלא ידעו אם אכלו כלל ובההיא ליכא אשם תלוי" ליתא בכת"י: יד] צ"ל מביא (באה"מ, וכ"ה בכת"י): טו] תלוי מי מודה (כת"י): טז] הרי זה מין. ומורידין אותו לבור ושחיטתו לעבודה זרה: (דפו"י, וכמו שהעתיק הב"ש): יז] כת"י "דאורייתא הוא": יח] לא יכלת (שער יוסף): יט] אולי צ"ל תחטא מעם הארץ ולא נשיא כו' (גליון). בשער יוסף "וגירסא זו נראית עיקר דאשר נשיא יחטא משמע": כ] למפשט (שער יוסף):

עין משפט נר מצוה

י א ב מיי' פט"ו מהלכות שגגות הלכה י:

יא ג מיי' שם פ"ג הלכה ח ודלא כר"י ע"ש:

יב ד מיי' שם הלכה ז:

יג ה מיי' פט"ו שם הלכה י:

יד ו ז ח מיי' שם פ"ג הלכה ז ופרק ג מהלכות מעשה קרבנות הלכה ד:

טו ט י כ ל מיי' פ"ד מהלכות רוצח הלכה י סמג לאוין קסג טוש"ע ח"מ סימן תכה סעיף ה וטור שו"ע יו"ד סימן קנח סעיף ג:

תוספות הרא"ש

הכא ב"ע כגון שאכל חלב כשהוא הדיוט ונתמנה ואח"כ נודע לו מהו דתימא נייתי כשבה או שעירה קמ"ל תינח לר"ש דאזיל בתר ידיעה הלכך פטור אלא לרבנן דאזלי בתר חטאה גרידא אמאי פטור. הב"ע שאכל חצי זית חלב כשהוא הדיוט ונתמנה והשלימו בכדי אכילת פרס מהו דתימא נייתי כשבה או שעירה דלצרף אכילה בתרייתא בהדי אכילה קמייתא קמ"ל. ואיכא גירסא אחרת בספרים הב"ע כגון שאכל כזית חלב כשהוא נשיא ועבר ואח"כ נודע לו מהו דתימא נייתי כשבה או שעירה קמ"ל. תינח לר"ש דאזיל בתר ידיעה הלכך לא יכול[יט] למפרך והלא כבר יצא נשיא לידון בשעיר דנשיא בכה"ג לאו בכלל חיובא דשעיר הוה ואצטריך ליה למעוטי מדין הדיוט דסד"א לייתי כשעת ידיעה. ואע"ג דחטא עד שלא נתמנה ונתמנה ונודע לו לא אזיל ר"ש בתר ידיעה להביא שעיר אע"ג דליכא קרא למעוטי אלא מסברא הוא דאית ליה [הכי] הכא (ה"נ) צריך קרא דהיכא דהוה חטאה וידיעה בתרי גווני מסתבר טפי ליזיל אחר ידיעה הגורמת הבאת קרבן להשוות קרבן זה לרוב צבור כגון אכל כשהוא נשיא ועבר ונודע לו דסד"א ניזל בתר ידיעה להביא כשבה או שעירה כרוב צבור להכי אצטריך קרא למעוטי. אבל אכל כשהוא הדיוט ונתמנה ונודע לו מסברא לא אזלי' בתר ידיעה להביא קרבן נשיא. אלא לרבנן דאזלי בתר חטא דתנן') כהן המשיח שחטא ואחר כך עבר ממשיחתו וכן נשיא שחטא ואח"כ עבר מנשיאתו משיח מביא פר ונשיא מביא שעיר מאי איכא למימר כיון דנשיא בכלל חיובא דשעיר ל"ל למעוטי לנשיא ממעוטא דעם הארץ והלא כבר יצא נשיא לידון בשעיר. הב"ע שאכל חצי זית חלב כשהוא נשיא ועבר והשלימה בכדי אכילת פרס ונודע לו מהו דתימא כיון דלא השלים השעור כשהוא נשיא לא קרינן ביה אשר נשיא יחטא לצטרף חצי זית קמא בהדי חצי זית בתרא ולייתי כשבה או שעירה כרוב צבור [illegible] ... ואיזהו מומר [illegible] אוכל נבלות כו'. [נמצא בע"ב]: רבי יהודה אומר אף הלובש כלאים. [נמצא בע"ב]: כלאים דרבנן. [נמצא בע"ב]: ת"ר יכול נשיא שבט כנחשון בן עמינדב ת"ל מכל מצות ה' אלהיו ולהלן הוא אומר למען ילמד ליראה את ה' אלהיו. [נמצא בע"ב]:

This *daf* is dedicated *l'iluy nishmas*: Chana bat Esther *z"l*

prohibitions which are only forbidden on a Rabbinic level do not make him a *mumar*. Therefore, one who wears *shatnez* which is only forbidden on a Rabbinic level is not a *mumar*. **וּמַר סָבַר** — And Rabi Yosi, son of Rabi Yehudah, although he agrees that this is true in general; **כִּלְאַיִם** — however, in regards to Rabbinic *shatnez*, **כֵּיוָן דִּמְפַרְסַם אִסּוּרֵיהּ** — since its prohibition is well known, **אֲפִילּוּ בִּדְרַבָּנָן הָוֵי מוּמָר** — even one who only transgresses *shatnez* which is forbidden on a Rabbiniclevel becomes a *mumar*.

פְּלִיגִי בָּהּ רַב אַחָא וְרָבִינָא — Rav Acha and Ravina disagree regarding this matter: **חַד אָמַר** — One said: **לְתֵאָבוֹן** — One who transgresses *aveiros*, not out of spite, but only when he has no other options, and it is for his own personal benefit, **מוּמָר** — is a *mumar*. **לְהַכְעִיס** — But one who has other choices and they do the *avierah* out of spite, **צְדוֹקִי** — is classified as a *Tzedoki*. (If he slaughters an animal, it is considered as if it was slaughtered for *avodah zarah*.) **וְחַד אָמַר** — And the other one said: **לְהַכְעִיס נָמֵי מוּמָר** — One who transgresses *aveiros* out of spite, is also only a regular *mumar*, they are not considered a *Tzedoki*. **אֶלָּא אֵיזֶהוּ צְדוֹקִי** — So then, which type of person is a *Tzedoki*? **כָּל הָעוֹבֵד עֲבוֹדַת כּוֹכָבִים** — One who serves *avodah zarah*. **מֵיתִיבֵי** — The Gemara asks a question from a *Baraisa* that says: **אָכַל פַּרְעוֹשׁ אֶחָד אוֹ יַתּוּשׁ אֶחָד** — If a person ate a flea or a mosquito, **הֲרֵי זֶה מוּמָר** — he is considered a *mumar*. **וְהָא הָכָא דִּלְהַכְעִיס הוּא** — But here, in the case of eating disgusting insects, such as fleas and mosquitos, is he not doing this out of spite? **וְקָא קָרֵי לֵיהּ מוּמָר** — And nevertheless the *Baraisa* calls him only a *mumar*! We see clearly that even one who transgresses *aveiros* out of spite is only considered a *mumar*. The Gemara answers: **הָתָם דְּאָמַר** — There, in the *Baraisa*, we are discussing a case where the person said, **אֶטְעוֹם טַעַם דְּאִיסּוּרָא** — I would like to taste the taste of forbidden foods. We only assume that one who eats disgusting foods is doing so out of spite, if he does not explain his intentions. Here, since he said that he wants a taste, he is clearly doing so for his own pleasure. But certainly, the *Baraisa* could agree that one who eats forbidden foods out of spite could be a *Tzedoki*.

The next section of the Mishnah says: **וְאֵיזֶהוּ נָשִׂיא** — Who is the "*nasi*" that the Torah speaks of? **זֶה מֶלֶךְ כּוּ'** — This is the king etc: **תָּנוּ רַבָּנָן** — The *Chachamim* taught in a *Baraisa*: **נָשִׂיא** — The *pasuk* mentions a *nasi* when speaking of the sin of the *nasi* (*Vayikra* 4:22). **יָכוֹל נְשִׂיא שֵׁבֶט כְּנַחְשׁוֹן בֶּן עַמִּינָדָב** — I would think this refers to the *nasi* of a *Shevet,* such as Nachshon ben Aminodov, who was the *nasi* of *Shevet Yehudah*, **תַּלְמוּד לוֹמַר** — Therefore, the *pasuk* says here, **מִכָּל מִצְוֹת ה' אֱלֹהָיו** — "he performed any one of the *mitzvos* of Hashem his G-d," **וּלְהַלָּן הוּא אוֹמֵר** — and we make a *gezeirah shaveh* to what it says elsewhere (*Devarim* 17:19): **לְמַעַן יִלְמַד לְיִרְאָה אֶת ה' אֱלֹהָיו** — "In order that he may fear Hashem his G-d."

For this *daf's shiur* and charts, scan this QR code:

הוּא דְּלָא, הָא צַעוּרֵי צַעֲרִינְהוּ, וְאִילּוּ צְעִירָה דְּקַרְיֵיהּ[א] 'בֶּן עַמִּי' אָמַר לֵיהּ [א]'אַל תְּצוּרֵם וְאַל תִּתְגָּר בָּם' כְּלָל, אֲפִילּוּ צַעוּרֵי לָא. [ב]אָמַר רַב חִיָּיא בַּר אָבִין אָמַר רַבִּי יְהוֹשֻׁעַ בֶּן קָרְחָה, לְעוֹלָם יַקְדִּים אָדָם לִדְבַר מִצְוָה, שֶׁבִּשְׂכַר לַיְלָה אַחַת שֶׁקָּדְמָה בְּכִירָה לִצְעִירָה זָכְתָה וְקָדְמָתָהּ אַרְבַּע דּוֹרוֹת לַמַּלְכוּת[ג]. [ד]תָּנוּ רַבָּנַן, [ב]'מֵעַם הָאָרֶץ' פְּרָט לְמָשִׁיחַ, 'מֵעַם הָאָרֶץ' פְּרָט לְנָשִׂיא. וַהֲלֹא כְּבָר יָצְאוּ מָשִׁיחַ לִידּוֹן בְּפַר, נָשִׂיא לִידּוֹן בְּשָׂעִיר. שֶׁיָּכוֹל מָשִׁיחַ עַל הֶעְלֵם דָּבָר עִם שִׁגְגַת מַעֲשֶׂה מֵבִיא פַּר, עַל שִׁגְגַת מַעֲשֶׂה לְחוּדֵיהּ מֵבִיא כִּשְׂבָּה וּשְׂעִירָה, תַּלְמוּד לוֹמַר 'מֵעַם הָאָרֶץ' פְּרָט לְמָשִׁיחַ, 'מֵעַם הָאָרֶץ' פְּרָט לְנָשִׂיא. תִּינַח מָשִׁיחַ, אֶלָּא נָשִׂיא בְּשִׁגְגַת מַעֲשֶׂה הוּא דְּמַיְיתֵי. אָמַר רַב זְבִיד מִשְּׁמֵיהּ דְּרָבָא, הָכָא בְּמַאי עָסְקִינַן, כְּגוֹן שֶׁאָכַל כְּזַיִת חֵלֶב כְּשֶׁהוּא הֶדְיוֹט, וְנִתְמַנָּה, וְאַחַר כָּךְ נוֹדַע לוֹ, סָלְקָא דַּעְתָּךְ אָמֵינָא נַיְיתֵי כִּשְׂבָּה אוֹ שְׂעִירָה, קָא מַשְׁמַע לָן. הָנִיחָא לְרַבִּי שִׁמְעוֹן דְּאָזֵל בָּתַר יְדִיעָה, אֶלָּא לְרַבָּנָן דְּאָזְלוּ בָּתַר חֲטָאָה מַאי אִיכָּא לְמֵימַר. אֶלָּא אָמַר רַב זְבִיד מִשְּׁמֵיהּ דְּרָבָא, הָכָא בְּמַאי עָסְקִינַן, [א]כְּגוֹן שֶׁאָכַל חֲצִי כְּזַיִת חֵלֶב כְּשֶׁהוּא הֶדְיוֹט, וְנִתְמַנָּה, וְהִשְׁלִימוֹ[ה], וְאַחַר כָּךְ נוֹדַע לוֹ, סָלְקָא דַּעְתָּךְ אָמֵינָא נִצְטָרֵף וְנַיְיתֵי כִּשְׂבָּה אוֹ שְׂעִירָה, קָא מַשְׁמַע לָן. [ב]בְּעָא מִינֵּיהּ רָבָא מֵרַב נַחְמָן, נְשִׂיאוּת מַהוּ שֶׁתַּפְסִיק. הֵיכִי דָּמֵי, כְּגוֹן שֶׁאָכַל חֲצִי כְּזַיִת חֵלֶב כְּשֶׁהוּא הֶדְיוֹט וְנִתְמַנָּה וְעָבַר וְהִשְׁלִימוֹ, הָתָם הוּא דְּלָא מִצְטָרֵף, דַּאֲכָלֵיהּ פַּלְגָּא כְּשֶׁהוּא הֶדְיוֹט וּפַלְגָּא כְּשֶׁהוּא נָשִׂיא, אֲבָל הָכָא דְּאִידִי וְאִידִי כְּשֶׁהוּא הֶדְיוֹט אֲכָלֵיהּ מִצְטָרֵף, אוֹ דִּלְמָא לָא שְׁנָא, מַאי. תִּפְשׁוֹט לֵיהּ מֵהָא [ו]דְּאָמַר עוּלָּא אָמַר רַבִּי יוֹחָנָן, [ג]אָכַל חֵלֶב וְהִפְרִישׁ קָרְבָּן וְהֵמִיר וְחָזַר בּוֹ, הוֹאִיל וְנִדְחָה יִדָּחֶה. הָכִי הַשְׁתָּא, מוּמָר [ד]לָאו בַּר אֵתוּיֵי קָרְבָּן הוּא, הַאי בַּר אֵתוּיֵי קָרְבָּן הוּא. בְּעָא מִינֵּיהּ רַבִּי זֵירָא מֵרַב שֵׁשֶׁת, אָכַל סְפֵק חֵלֶב כְּשֶׁהוּא הֶדְיוֹט, וְנִתְמַנָּה, וְנוֹדַע לוֹ עַל סְפֵקוֹ, מַהוּ. אַלִּיבָּא דְּרַבָּנָן דְּאָזְלִי בָּתַר חֲטָאָה לָא תִּבָּעֵי לָךְ, [ה]דְּמַיְיתֵי אָשָׁם תָּלוּי, אֶלָּא כִּי תִּבָּעֵי לָךְ אַלִּיבָּא דְּרַבִּי שִׁמְעוֹן, מִדְּאִשְׁתַּנִּי לְוַדַּאי אִשְׁתַּנִּי לְסָפֵק, אוֹ דִּלְמָא, כִּי אִשְׁתַּנִּי לְוַדַּאי דְּאִשְׁתַּנִּי קָרְבָּן דִּידֵיהּ, אֲבָל הָכָא דְּלָא אִשְׁתַּנִּי קָרְבָּן דִּידֵיהּ אֵימָא לַיְיתֵי אָשָׁם תָּלוּי. תֵּיקוּ. [ז]תָּנוּ רַבָּנַן, [ב]'מֵעַם הָאָרֶץ' [ו]פְּרָט לְמוּמָר; רַבִּי שִׁמְעוֹן בַּר יוֹסֵי[יד] אוֹמֵר מִשּׁוּם רַבִּי שִׁמְעוֹן, [ג]'אֲשֶׁר לֹא תֵעָשֶׂינָה בִּשְׁגָגָה וְאָשֵׁם', [ח]הַשָּׁב בִּידִיעָתוֹ מֵבִיא קָרְבָּן עַל שִׁגְגָתוֹ, לֹא שָׁב בִּידִיעָתוֹ אֵינוֹ מֵבִיא קָרְבָּן עַל שִׁגְגָתוֹ. מַאי בֵּינַיְיהוּ. אָמַר רַב הַמְנוּנָא, מוּמָר לֶאֱכוֹל חֵלֶב וּמֵבִיא קָרְבָּן עַל הַדָּם אִיכָּא בֵּינַיְיהוּ, מַר סָבַר כֵּיוָן דְּמוּמָר לֶאֱכוֹל חֵלֶב לְדָם נַמִּי מוּמָר הָוֵי, וּמַר סָבַר [ז]לְדָם מִיהָא שָׁב בִּידִיעָתוֹ הוּא. וְהָא[טז] רָבָא אָמַר דְּכוּלֵּי עָלְמָא מוּמָר לֶאֱכוֹל חֵלֶב לָא הָוֵי מוּמָר לְדָם. אֶלָּא הָכָא בְּאוֹכֵל נְבֵלָה[יז] לְתֵאָבוֹן וְנִתְחַלֵּף לוֹ[יח] בְּשׁוּמָּן וַאֲכָלוֹ קָמִיפַּלְגִי, מַר סָבַר [ח]כֵּיוָן דִּלְתֵאָבוֹן אָכִיל בְּמֵזִיד מוּמָר הוּא, וּמַר סָבַר כֵּיוָן דְּאִילּוּ אַשְׁכַּח דְּהֶיתֵּרָא לָא אֲכַל דְּאִיסּוּרָא לָאו מוּמָר הוּא. תָּנוּ רַבָּנַן, [ט]אָכַל חֵלֶב זֶהוּ מוּמָר, וְאֵיזֶהוּ מוּמָר, אָכַל נְבֵילוֹת וּטְרֵיפוֹת שְׁקָצִים וּרְמָשִׂים וְשָׁתָה יֵין נֶסֶךְ; [פ]רַבִּי יְהוּדָה אוֹמֵר, אַף הַלּוֹבֵשׁ כִּלְאַיִם. אָמַר מַר, אָכַל חֵלֶב זֶהוּ מוּמָר, וְאֵיזֶהוּ מוּמָר אוֹכֵל נְבֵילוֹת כו', מַאי קָאָמַר. אָמַר רַבָּה בַּר בַּר חָנָה אָמַר רַבִּי יוֹחָנָן, הָכִי קָאָמַר [ט]אָכַל חֵלֶב לְתֵאָבוֹן הֲרֵי זֶה מוּמָר, לְהַכְעִיס הֲרֵי זֶה צְדוֹקִי[יט], וְאֵיזֶהוּ מוּמָר דִּבְסְתָמוֹ צְדוֹקִי, הֱוֵי אוֹמֵר אוֹכֵל [י]נְבֵילָה וּטְרֵיפָה שְׁקָצִים וּרְמָשִׂים וְשָׁתָה יֵין נֶסֶךְ; רַבִּי יוֹסֵי בְּרַבִּי יְהוּדָה אוֹמֵר, [כ]אַף הַלּוֹבֵשׁ כִּלְאַיִם. מַאי בֵּינַיְיהוּ. אִיכָּא בֵּינַיְיהוּ כִּלְאַיִם דְּרַבָּנָן, מַר סָבַר מִדְּאוֹרַיְיתָא הָוֵי מוּמָר, דְּרַבָּנָן לָא הָוֵי מוּמָר, וּמַר סָבַר כִּלְאַיִם כֵּיוָן דְּמִפַּרְסַם אִסּוּרֵיהּ אֲפִילּוּ בִּדְרַבָּנָן הָוֵי מוּמָר. [מ]פְּלִיגִי בַּהּ רַב אַחָא וְרָבִינָא, חַד אָמַר לְתֵאָבוֹן מוּמָר, לְהַכְעִיס צְדוֹקִי; וְחַד אָמַר לְהַכְעִיס נַמִּי מוּמָר, אֶלָּא אֵיזֶהוּ צְדוֹקִי, [ל]כָּל הָעוֹבֵד עֲבוֹדַת כּוֹכָבִים. מֵיתִיבֵי, אָכַל פַּרְעוֹשׁ אֶחָד אוֹ יַתּוּשׁ אֶחָד הֲרֵי זֶה מוּמָר, וְהָא הָכָא דִּלְהַכְעִיס הוּא וְקָא קָרֵי לֵיהּ מוּמָר. הָתָם דְּאָמַר אֶטְעוֹם טַעַם דְּאִיסּוּרָא: וְאֵיזֶהוּ נָשִׂיא זֶה מֶלֶךְ כו': [ס]תָּנוּ רַבָּנַן, 'נָשִׂיא', יָכוֹל נְשִׂיא שֵׁבֶט כְּנַחְשׁוֹן בֶּן עַמִּינָדָב, תַּלְמוּד לוֹמַר [ג]'מִכָּל מִצְוֹת יי' אֱלֹהָיו', וּלְהַלָּן הוּא אוֹמֵר [ה]'לְמַעַן יִלְמַד לְיִרְאָה אֶת יי' אֱלֹהָיו',

---

רש"י

בֶּן עַמִּי. בִּלְשׁוֹן נְקִיָּה הוּא, דְּלֹא רָצְתָה לְהוֹדִיעַ דְּמֵאָבִיהָ נִתְעַבְּרָה: אָמַר 'אַל תְּצוּרֵם וְאַל תִּתְגָּר בָּם'. וּמִדְּלֹא כְּתִיבָא בְּהוּ 'מִלְחָמָה' ש"מ דַּאֲפִילּוּ צַעֲרָא לֹא לִיעֲבֵד לְהֶם. וְלֹא עוֹד, אֲפִילּוּ בְּכִירָה דִּקְרָיְיתֵהּ אָב הַכָּתוּב פִּירְסְמָהּ דִּכְתִיב (בראשית יט) 'וַתִּשְׁכַּב אֶת אָבִיהָ', וּבִצְעִירָה כְּתִיב 'וַתִּשְׁכַּב עִמּוֹ'[ג]: וְקָדְמָתָהּ אַרְבַּע דּוֹרוֹת בְּיִשְׂרָאֵל. עוֹבֵד יִשַׁי דָּוִד שְׁלֹמֹה, וְאִילּוּ לִצְעִירָה לֹא הֲוָה בְּיִשְׂרָאֵל עַד רְחַבְעָם בֶּן שְׁלֹמֹה, דַּהֲוָה לֵיהּ מִנַּעֲמָה הָעַמּוֹנִית: תָּנוּ רַבָּנַן, 'וְאִם נֶפֶשׁ אַחַת תֶּחֱטָא בִּשְׁגָגָה מֵעַם הָאָרֶץ'. וְלֹא כָּל עַם הָאָרֶץ, פְּרָט לְמָשִׁיחַ, דְּמַשְׁמַע דְּלֹא יָבִיא כִּשְׂבָּה אוֹ שְׂעִירָה כְּיָחִיד: [יא] לָמָּה לִי 'מֵעַם הָאָרֶץ'. לְמַעוּטֵי הָנֵי, וַהֲלֹא כְּבָר יָצָא מָשִׁיחַ מִכְּלַל יָחִיד לִידּוֹן בְּפַר, וְנָשִׂיא יָצָא מִכְּלַל יָחִיד לִידּוֹן בְּשָׂעִיר: שֶׁיָּכוֹל. כְּלוֹמַר, אִילּוּ לֹא נֶאֱמַר 'מֵעַם הָאָרֶץ' הָיִיתִי אוֹמֵר מָשִׁיחַ עַל הֶעְלֵם דָּבָר עִם שִׁגְגַת מַעֲשֶׂה יָבִיא פַּר, וְעַל שִׁגְגַת מַעֲשֶׂה לְחוּדֵיהּ יָבִיא כִּשְׂבָּה אוֹ שְׂעִירָה כְּהֶדְיוֹט: תַּלְמוּד לוֹמַר 'מֵעַם הָאָרֶץ' פְּרָט לְמָשִׁיחַ. דְּאֵינוֹ מֵבִיא בְּשִׁגְגַת מַעֲשֶׂה לְחוּדֵיהּ כְּלָל, וְהַיְינוּ דְּקָאָמְרָן בְּפֶרֶק דִּלְעֵיל (דף ז:) 'יָצָא מָשִׁיחַ שֶׁאֵין חֶטְאוֹ בִּשְׁגָגָה', דְּהַיְינוּ בְּשִׁגְגַת מַעֲשֶׂה: אֶלָּא נָשִׂיא הָא בְּשִׁגְגַת מַעֲשֶׂה הוּא מַיְיתֵי[יב]. וּמַאי קָא מְמַעֵט דְּקָאָמַר 'מֵעַם הָאָרֶץ' פְּרָט לְנָשִׂיא: ס"ד אָמֵינָא. הוֹאִיל וְחָטָא כְּשֶׁהוּא הֶדְיוֹט נַיְיתֵי כִּשְׂבָּה אוֹ שְׂעִירָה כְּהֶדְיוֹט: קמ"ל. 'מֵעַם הָאָרֶץ' פְּרָט לְנָשִׂיא, דְּאֵינוֹ מֵבִיא כִּשְׂבָּה אוֹ שְׂעִירָה: אֶלָּא לְרַבָּנָן דְּאָזְלֵי בָּתַר חֲטָאָה. וּמַיְיתֵי וַדַּאי כִּשְׂבָּה אוֹ שְׂעִירָה, כִּדְתְנַן 'חָטְאוּ עַד שֶׁלֹּא נִתְמַנּוּ וְאַחַר כָּךְ נִתְמַנּוּ הֲרֵי אֵלּוּ כְּהֶדְיוֹטוֹת': מַאי אִיכָּא לְמֵימַר. דְּמַאי קָא מְמַעֵט לְנָשִׂיא דְּקָתָנֵי 'פְּרָט לְנָשִׂיא': ס"ד אָמֵינָא נִצְטָרֵף. חֲצִי זַיִת בָּתְרָא לַחֲצִי זַיִת קַמָּא וְלַיְיתֵי כִּשְׂבָּה אוֹ שְׂעִירָה: קמ"ל. 'מֵעַם הָאָרֶץ' פְּרָט לְנָשִׂיא, דִּכְהַאי גַּוְונָא לֹא מַיְיתֵי כִּשְׂבָּה אוֹ שְׂעִירָה, וּכְהַאי גַּוְונָא נַמִּי לֹא מַיְיתֵי שָׂעִיר, דְּהָא לֹא מִצְטָרְפֵי כְּלָל. וְהוּא הַדִּין דְּמָצֵי לְמֵימַר 'סָלְקָא דַּעְתָּךְ אָמֵינָא נִצְטָרֵף וְנַיְיתֵי שָׂעִיר', אֶלָּא מִשּׁוּם דִּקְרָא קָא מִישְׁתַּעֵי בְּכִשְׂבָּה אוֹ שְׂעִירָה: כְּגוֹן שֶׁאָכַל חֲצִי זַיִת חֵלֶב כְּשֶׁהוּא הֶדְיוֹט וְנִתְמַנָּה וְעָבַר. מִנְּשִׂיאוּתוֹ וְהִשְׁלִימוֹ: אָכַל סְפֵק חֵלֶב כְּשֶׁהוּא הֶדְיוֹט. דְּקָא סָבוּר דְּשׁוּמָּן הוּא: וְנִתְמַנָּה, וְנוֹדַע לוֹ עַל סְפֵקוֹ. שֶׁנּוֹדַע לוֹ לְאַחַר שֶׁנִּתְמַנָּה שֶׁסְּפֵק חֵלֶב אָכַל: מַהוּ. מִי מַיְיתֵי אָשָׁם תָּלוּי אוֹ לֹא: מִדְּאִישְׁתַּנִּי לְוַדַּאי. דְּקָאָמַר ר' שִׁמְעוֹן דְּקוֹדֶם לָכֵן הָיוּ שׁוֹגְגִים, שֶׁלֹּא יָדְעוּ אִם אָכְלוּ כְּלָל, וּבְהַהוּא לֵיכָּא אָשָׁם תָּלוּי[יג], אִם נוֹדַע לָהֶם מִשֶּׁנִּתְמַנּוּ פְּטוּרִים, לְפִי שֶׁנִּשְׁתַּנָּה גּוּפָם, דְּהַשְׁתָּא נִתְמַנּוּ, וּמִדְּאִישְׁתַּנּוּ לְקָרְבַּן וַדַּאי אִישְׁתַּנּוּ נַמִּי לְקָרְבַּן סָפֵק, וּפָטוּר, וְאֵין מְבִיאִין[יד] אָשָׁם תָּלוּי: אוֹ דִּלְמָא כִּי אִישְׁתַּנִּי לְוַדַּאי. הַיְינוּ טַעְמָא דְּר' שִׁמְעוֹן דְּפָטַר, מִשּׁוּם דְּאִישְׁתַּנִּי קָרְבָּן דִּידֵיהּ, דִּכְשֶׁהוּא הֶדְיוֹט מֵבִיא כִּשְׂבָּה אוֹ שְׂעִירָה, וְהַשְׁתָּא כִּי נִתְמַנָּה מָשִׁיחַ מֵבִיא פַּר וְנָשִׂיא מֵבִיא שָׂעִיר: אֲבָל הָכָא. כִּי נוֹדַע לוֹ עַל סָפֵק, דְּנוֹדַע לוֹ מִשֶּׁנִּתְמַנָּה דִּסְפֵק חֵלֶב אָכַל: דְּלָא אִישְׁתַּנִּי קָרְבָּן דִּידֵיהּ. דְּעַל סְפֵק חַטָּאת קָבוּעַ בֵּין כְּשֶׁהוּא הֶדְיוֹט וּבֵין כְּשֶׁהוּא נָשִׂיא מֵבִיא אָשָׁם תָּלוּי. [טו] מוֹדֶה רַבִּי שִׁמְעוֹן דְּמַיְיתֵי אָשָׁם תָּלוּי. תֵּיקוּ: 'מֵעַם הָאָרֶץ'. מֵבִיא קָרְבָּן וְלֹא כָּל עַם הָאָרֶץ: פְּרָט לְמוּמָר. שֶׁאֵין מְקַבְּלִין מִיָּדוֹ: אֶלָּא הָכָא בְּאוֹכֵל נְבֵלָה לְתֵאָבוֹן. דְּכִי אֵין לוֹ בָּשָׂר דְּהֶיתֵּרָא אוֹכֵל חֵלֶב וּנְבֵלָה, וְנִתְחַלֵּף לוֹ לָזֶה חֵלֶב בְּשׁוּמָּן וַאֲכָלוֹ, דִּסְבוּר דְּשׁוּמָּן הוּא, קָא מִיפַּלְגִי, וְלִכְשֶׁנּוֹדַע לוֹ דְּחֵלֶב הוּא רוֹצֶה לְהַקְרִיב קָרְבָּן, ת"ק סָבַר כֵּיוָן דִּלְתֵאָבוֹן אָכֵיל בְּמֵזִיד מוּמָר הוּא וְאֵין מְקַבְּלִין מִיָּדוֹ, וְר"ש בַּר יוֹסֵי סָבַר כֵּיוָן דִּבְמֵזִיד אִי מַשְׁכַּח הֶיתֵּרָא לֹא אָכֵיל אִיסּוּרָא, שָׁב מִידִיעָתוֹ קָרֵינָא בֵּיהּ, וְלֹא מוּמָר הוּא, וּמְקַבְּלִין מִיָּדוֹ: קָתָנֵי אָכַל חֵלֶב שְׁחוּטָה זֶה מוּמָר, וַהֲדַר תָּנֵי אֵיזֶהוּ מוּמָר, מַאי קָאָמַר: לְהַכְעִיס. דְּאִית לֵיהּ הֶיתֵּרָא וְאָכֵיל אִיסּוּרָא: הֲרֵי זֶה צְדוֹקִי.[טז] וְשִׁיטָתוֹ לַעֲבוֹדַת כּוֹכָבִים: אוֹכֵל נְבֵלָה וּטְרֵיפָה שְׁקָצִים וּרְמָשִׂים וְשָׁתָה יֵין נֶסֶךְ. הוֹאִיל וַהֲוֵי אוֹכְלִין הָווּ דְּבָרִים שֶׁהַנֶּפֶשׁ קָצָה בָּהֶם, וַדַּאי לְהַכְעִיס הוּא עוֹשֶׂה, וּסְתָמוֹ רַע[ע] הוּא: ר' יוֹסֵי בַּר רַבִּי יְהוּדָה אוֹמֵר אַף הַלּוֹבֵשׁ כִּלְאַיִם. הֲרֵי זֶה מוּמָר: מַאי אִיכָּא. בֵּין ת"ק לְרַבִּי יוֹסֵי בַּר רַבִּי יְהוּדָה, כֵּיוָן דְּאָמַר ת"ק 'אָכַל חֵלֶב הֲרֵי זֶה מוּמָר', מַה לִּי אוֹכֵל חֵלֶב מַה לִּי לוֹבֵשׁ כִּלְאַיִם, אִידִי וְאִידִי דְּאוֹרַיְיתָא וְאָסוּר[יז]: ת"ק סָבַר כִּלְאַיִם דְּאוֹרַיְיתָא דּוּמְיָא דְּחֵלֶב הָוֵי מוּמָר, דְּהַיְינוּ אָרוּג בֵּיהּ חוּט שֶׁל צֶמֶר וְחוּט שֶׁל פִּשְׁתִּים יַחַד עַל פְּנֵי כּוּלּוֹ: וְר' יוֹסֵי סָבַר אַף הַלּוֹבֵשׁ נַמִּי כִּלְאַיִם דְּרַבָּנָן הָוֵי מוּמָר, דְּהַיְינוּ אוֹ שׁוּעַ אוֹ טָווּי אוֹ נוּז, דְּהָכִי מְפָרְשֵׁי רַבָּנָן 'שַׁעַטְנֵז', שׁוּעַ טָווּי וְנוּז, כִּדְאָמְרִינַן בְּמַסֶּכֶת נִדָּה (דף סא:), וְרַבָּנָן גְּזוֹר בְּחַד מִנַּיְיהוּ, 'שׁוּעַ' שֶׁמְּנַפֵּץ כְּאַחַת וְעָשָׂה מֵהֶם לֶבֶד, 'טָווּי' שֶׁטְּוָוהּ כְּאַחַת וְתָכַף בּוֹ שְׁתֵּי תְּכִיפוֹת, 'נוּז' שֶׁאָרוּג אֲפִילּוּ חוּט אֶחָד שֶׁל צֶמֶר בְּבֶגֶד פִּשְׁתָּן אוֹ חוּט אֶחָד שֶׁל פִּשְׁתָּן בְּבֶגֶד צֶמֶר, דְּכוּלְּהוּ אָסוּר מִדְּרַבָּנָן: חַד אָמַר. הָאוֹכֵל חֵלֶב וּנְבֵלָה לְתֵאָבוֹן הֲרֵי זֶה מוּמָר: לְהַכְעִיס. דְּאִית לֵיהּ הֶיתֵּרָא וַאֲפִילּוּ הָכִי אָכֵיל אִיסּוּרָא, צְדוֹקִי הוּא: אָכַל פַּרְעוֹשׁ אוֹ יַתּוּשׁ הֲרֵי זֶה מוּמָר. דְּהָכָא וַדַּאי לְהַכְעִיס קָא עָבֵיד, דְּלָאו מִידֵּי דְּבַר מֵיכָל הוּא, וְקָתָנֵי 'הֲרֵי זֶה מוּמָר' וְאֵינוֹ צְדוֹקִי, וְקַשְׁיָא לְמַאן דְּאָמַר לְהַכְעִיס צְדוֹקִי הוּא: לְעוֹלָם אֵימָא לָךְ לְהַכְעִיס צְדוֹקִי הוּא, וְהָכָא הַיְינוּ טַעְמָא דְּהָוֵי מוּמָר וְלָא הָוֵי צְדוֹקִי, מִשּׁוּם דְּקָאָמַר בָּעֵינָא לְמִיטְעַם טַעְמָא דְּאִיסּוּרָא, שֶׁתָּאֵב לִטְעוֹם דְּבַר אָסוּר, וְלֹא לְהַכְעִיס קָא עָבֵיד: מַה

תורה אור השלם

א) וְקָרַבְתָּ מוּל בְּנֵי עַמּוֹן אַל תְּצֻרֵם וְאַל תִּתְגָּר בָּם כִּי לֹא אֶתֵּן מֵאֶרֶץ בְּנֵי עַמּוֹן לְךָ יְרֻשָּׁה כִּי לִבְנֵי לוֹט נְתַתִּיהָ יְרֻשָּׁה: [דברים ב, יט]

ב) וְאִם נֶפֶשׁ אַחַת תֶּחֱטָא בִשְׁגָגָה מֵעַם הָאָרֶץ בַּעֲשֹׂתָהּ אַחַת מִמִּצְוֹת יְיָ אֲשֶׁר לֹא תֵעָשֶׂינָה וְאָשֵׁם: [ויקרא ד, כז]

ג) אֲשֶׁר נָשִׂיא יֶחֱטָא וְעָשָׂה אַחַת מִכָּל מִצְוֹת יְיָ אֱלֹהָיו אֲשֶׁר לֹא תֵעָשֶׂינָה בִּשְׁגָגָה וְאָשֵׁם: [ויקרא ד, כב]

ד) וְהָיְתָה עִמּוֹ וְקָרָא בוֹ כָּל יְמֵי חַיָּיו לְמַעַן יִלְמַד לְיִרְאָה אֶת יְיָ אֱלֹהָיו לִשְׁמֹר אֶת כָּל דִּבְרֵי הַתּוֹרָה הַזֹּאת וְאֶת הַחֻקִּים הָאֵלֶּה לַעֲשֹׂתָם: [דברים יז, יט]

מה להלן שאין על גביו אלא ה' אלהיו, אף נשיא שאין על גביו אלא ה' אלהיו. בעא מיניה רבי מרבי חייא, כגון אני מהו בשעיר; אמר ליה, הרי צרתך בבבל; איתיביה, מלכי ישראל ומלכי בית דוד אלו מביאים לעצמם ואלו מביאים לעצמם; אמר ליה, התם לא כייפי אהדדי, הכא אנן כייפינן להו לדידהו. רב ספרא מתני הכי, בעא מיניה רבי מרבי חייא, כגון אני מהו בשעיר; אמר ליה, התם 'שבט' הכא 'מחוקק', ותניא, 'לא יסור שבט מיהודה' זה ראש גולה שבבבל, שרודה את ישראל במקל, 'ומחוקק מבין רגליו', אלו בני בניו של הלל שמלמדים תורה לישראל ברבים:

מתני' ואיזהו המשיח, המשוח בשמן המשחה, לא המרובה בבגדים. אין בין כהן המשוח בשמן המשחה למרובה בגדים אלא פר הבא על כל המצות, ואין בין כהן משמש לכהן שעבר אלא פר יום הכפורים ועשירית האיפה, זה וזה שוים בעבודת יום הכפורים, ומצווים על הבתולה, ואסורים על האלמנה, ואינם מטמאים בקרוביהם, ולא פורעים ולא פורמים, ומחזירין הרוצח:

גמ' תנו רבנן, שמן המשחה שעשה משה במדבר היו שולקים בו את העיקרים, דברי רבי יהודה; רבי יוסי אומר, והלא לסוך את העיקרים אינו סופק, אלא שורין את העיקרים במים, ומציף עליו שמן, וקולט את הריח וקפחו; אמר לו רבי יהודה, וכי נס אחד נעשה בשמן המשחה, והלא תחלתו שנים עשר לוגין, וממנו היה נמשח משכן וכליו אהרן ובניו כל שבעת ימי המלואים, וכולו קיים לעתיד לבוא, שנאמר 'שמן משחת קדש יהיה זה לי לדורותיכם'. תניא אידך, 'ויקח משה את שמן המשחה וימשח [את] המשכן [ואת] כל אשר בו'; רבי יהודה אומר, שמן המשחה שעשה משה במדבר כמה נסים נעשו בו מתחלה ועד סוף, תחלתו לא היה אלא שנים עשר לוגין, ראה כמה יורה בולעת וכמה עקרים בולעים וכמה האור שורף, ובו נמשח משכן וכליו ואהרן ובניו כל שבעת ימי המלואים, ובו נמשחו כהנים גדולים ומלכים. ואפילו כהן גדול בן כהן גדול טעון משיחה, ואין מושחים מלך בן מלך; ואם תאמר, מפני מה משחו את שלמה, מפני מחלוקתו של אדוניה, ואת יואש מפני עתליה, ואת יהואחז מפני יהויקים שהיה גדול ממנו שתי שנים; ואותו שמן קיים לעתיד לבוא, שנאמר 'שמן משחת קדש יהיה זה לי לדורותיכם'. 'זה' בגימטריא שנים עשר לוגין הוו. אמר מר, ואפילו כהן גדול בן כהן גדול טעון משיחה, מנלן. דכתיב 'והכהן המשיח תחתיו מבניו', נימא קרא 'והכהן מתחתיו מבניו', מאי 'המשיח', קא משמע לן דמבניו דכהן גדול אי הוי משיח הוי כהן גדול, ואי לא לא הוי כהן גדול. אמר מר, ואין מושחין מלך בן מלך, מנלן. אמר רב אחא בר יעקב, דכתיב 'למען יאריך ימים על ממלכתו' וגו', ירושה היא לכם. ומנלן דכי איכא מחלוקת בעי משיחה, ולאו כל דבעי מלכא מורית מלכותא לבניה. אמר רב פפא, אמר קרא 'הוא ובניו בקרב ישראל', בזמן ששלום בישראל קרינא ביה הוא ובניו ואפילו בלא משיחה. תנא, אף יהוא בן נמשי לא נמשח אלא מפני מחלוקתו של יורם. ותיפוק ליה משום דראשון הוא. חסורי מחסרא והכי קתני, מלכי בית דוד משוחין, מלכי ישראל אין משוחין. מנלן. אמר רבא, אמר קרא 'קום משחהו כי זה' וגו', זה טעון משיחה ואין אחר טעון משיחה. אמר מר, אף יהוא בן נמשי לא נמשח אלא מפני מחלוקתו של יורם; ומשום מחלוקתו של יורם בן אחאב נמעול בשמן. כדאמר רב פפא באפרסמא דכיא, הכא נמי באפרסמא דכיא. ואת יהואחז מפני יהויקים שהיה גדול ממנו שתי שנים; ומי קשיש והכתיב 'ובני יאשיהו, הבכור יוחנן, השני יהויקים, השלישי צדקיהו, הרביעי שלום', ואמר רבי יוחנן, הוא שלום הוא צדקיהו, הוא יוחנן הוא יהואחז. לעולם יהויקים קשיש, ומאי 'בכור', בכור למלכות. ומי מלכי זוטרי מקמי קשישי, והא כתיב 'ואת הממלכה נתן ליהורם כי הוא הבכור'. יהורם ממלא מקום אבותיו הוה, יהויקים לאו ממלא מקום אבותיו הוה. אמר מר, הוא שלום הוא צדקיהו הוא יוחנן הוא יהואחז, והא חד חדי קא חשיב, דכתיב 'השלישי' 'הרביעי'. מאי 'שלישי', שלישי לבנים, ומאי 'רביעי', רביעי למלכות, דמעיקרא מלך יהואחז, ולבסוף יהויקים, ולבסוף יכניה, ולבסוף צדקיהו. תנו רבנן, הוא שלום הוא צדקיהו, ולמה נקרא שמו שלום, שהיה משולם במעשיו; איכא דאמרי, שלום, ששלמה מלכות בית דוד בימיו; ומה שמו, מתניה שמו, שנאמר 'וימלך מלך בבל את מתניה דודו תחתיו ויסב את שמו צדקיהו', אמר לו, יה יצדיק עליך את הדין אם תמרוד בי, (שנאמר 'ויביאהו בבלה') וכתיב 'וגם במלך נבוכד נצר מרד, אשר השביעו באלהים'. ומי

רש"י

מה להלן שאין על גביו אלא ה' אלהיו. דמלך קא משתעי קרא, דכתיב 'שום תשים עליך מלך': כגון אני מהו בשעיר. כלומר, כשיחות דידי מי הוי כשיחות מעליא, דאלו הוה בזמן המקדש קיים מייתינא שעיר, או לא: הרי צרתך בבבל. ראש גולה שבבבל דהוי על גבך, ואנן בעינן שאין על גביו אלא ה' אלהיו: התם שבט. דקיימו מקל, כמו 'כי תכנו בשבט לא ימות': והכא מחוקק. מתני' איזה הוא המשיח. שמביא פר בהוראה, זה המשוח בשמן המשחה: ולא מרובה בבגדים. שבימי בית שני, שלא היה להם שמן המשחה: אין בין כהן משוח בשמן המשחה למרובה בגדים אלא פר הבא על כל המצות. שמרובה בגדים אינו מביא פר העלם דבר לא משנו ולא משל צבור, אבל מביא כשבה או שעירה כהדיוט: ואין בין כהן המשמש. כהן גדול, והיינו ראשון שחזר לעבודתו, ולאחר שחזר הוי פר של יוה"כ שלו ועשירית האיפה שלו: זה וזה. בין כהן המשמש דהיינו ראשון שחזר לעבודתו, ובין כהן שעבר דהיינו שני שמינו תחתיו, דלאחר (שעבר) [שחזר] הראשון מעבירין השני: שוים בעבודת היום. דמקרבי קרבנות היום ביוה"כ אי זה שירצה: גמ' שמן המשחה שעשה משה. כדכתיב 'שמן משחת קדש יהיה זה לי' (שמות ל): בו שולקין את העקרים. אותם שרשים של בשמים האמורים בפרשה, דכתיב 'ואתה קח לך בשמים ראש מר דרור' וגו': והלא לסוך בו את העקרים אינו ספק. לפי שהשמן לא היה אלא שנים עשר לוגין להעמדת והעקרים היו מרובים, ואפילו בסיכה היה נבלע בעקרים, כל שכן בשליקה: אלא שורה את העקרים במים. ברישא, שיהו מלאים מן המים, ושוב לא יהו בולעים מן השמן כל כך: ומציף עליהן שמן. לאחר שכולאים מן המים, כדי שיקלוט השמן מריח הבשמים: וקולט. ומוציא השמן לאחר: וקפחו. כמו 'קפחתי את הרועה' (יומא דף סג:): טעון משיחה. ולא לא משוח בשמן לא הוי כהן גדול: מפני מחלוקתו. הלכך דמיא מחלוקת בעי משיחה: מלכותו הוא ובניו בקרב ישראל. משמע ירושה היא לבניו: ולא כל מלכא מורית לבניה מלכותא. אלא בזמן ששלום בישראל: משום דמלך ראשון הוא. ממשפחתו, דאינו מלך בן מלך: זה. למלכות בית דוד משיחה: טעון משיחה. ואין אחר. שאינו ממלכי בית דוד טעון משיחה, משום מחלוקתו של יורם נמעול בשמן המשחה, דהא רמרינן לעיל דמלכי ישראל אין מושחין מהן בשמן המשחה: באפרסמא דכיא. בכור למלכות. שמלך ראשון: יורם ממלא מקום אבותיו. דכי מלך קיים, ואח"כ ממלא מקום אבותיו הוה. דכי מלך אחאב במלכותו, אבל יהויקים לא: משולם במעשיו. דלדיק גמור הוה, בעל מעשים טובים: אמר לו נבוכד נצר, יה יצדיק עליך את הדין אם תמרוד בי:

תוספות הרא"ש
[שייך לעמוד א]

ואיזהו מומר דבפתמא הוה מין אוכל נבלות כו'. פרש"י ז"ל כיון דאוכל דברים שאין הגוף נהנה בו וקשה...

[ע"כ שייך לעמוד א]
בעי מיניה רבי מרבי חייא. ...

תורה אור השלם
א) לא יסור שבט מיהודה ומחקק מבין רגליו עד כי יבא שילה ולו יקהת עמים: [בראשית מט, י]
ב) ואל בני ישראל תדבר לאמר שמן משחת קדש יהיה זה לי לדרתיכם: [שמות ל, לא]
ג) ויקח משה את שמן המשחה וימשח את המשכן ואת כל אשר בו ויקדש אתם: [ויקרא ח, י]
ד) והכהן המשיח תחתיו מבניו יעשה אתה חק עולם ליי כליל תקטר: [ויקרא ו, טו]
ה) לבלתי רום לבבו מאחיו ולבלתי סור מן המצוה ימין ושמאול למען יאריך ימים על ממלכתו הוא ובניו בקרב ישראל: [דברים יז, כ]
ו) וישלח ויביאהו והוא אדמוני עם יפה עינים וטוב ראי ויאמר יי קום משחהו כי זה הוא: [שמואל א טז, יב]
ז) ובני יאשיהו הבכור יוחנן השני יהויקים השלשי צדקיהו הרביעי שלום: [דברי הימים א ג, טו]
ח) ויתן להם אביהם מתנות רבות לכסף ולזהב ולמגדנות עם ערי מצרות ביהודה ואת הממלכה נתן ליהורם כי הוא הבכור: [דברי הימים ב כא, ג]
ט) וימלך מלך בבל את מתניה דדו תחתיו ויסב את שמו צדקיהו: [מלכים ב כד, יז]
י) ויקח מזרע המלוכה ויכרת אתו ברית ויבא אתו באלה ואת אילי הארץ לקח: [יחזקאל יז, יג]
כ) וגם במלך נבוכדנאצר מרד אשר השביעו באלהים ויקש את ערפו ויאמץ את לבבו משוב אל יי אלהי ישראל: [דברי הימים ב לו, יג]

הגהות וציונים

מָה לְהַלָּן שֶׁאֵין עַל גַּבָּיו אֶלָּא ה' אֱלֹהָיו — Just as there, in the *pasuk* about the king, it is speaking of someone who only has Hashem his G-d over him, **אַף נָשִׂיא שֶׁאֵין עַל גַּבָּיו אֶלָּא ה' אֱלֹהָיו** — also here, in the *pasuk* about the *nasi*, it is referring to a person who only has Hashem his G-d over him—the *nasi* the *pasuk* is speaking of must refer to a king.

בְּעָא מִינֵּיהּ רַבִּי מֵרַבִּי חִיָּיא — Rebbi asked of Rabi Chiya, **כְּגוֹן אֲנִי** — What would be the halachah in regards to me? (Rebbi was the *nasi* of the Jews after the Beis Hamikdash was destroyed.) If I lived in the times of the Beis Hamikdash, and I performed an *aveirah* that obligates a *Chatas*, **מַהוּ בְּשָׂעִיר** — would I be considered a king who would bring a male goat as a *Chatas*? **אָמַר לֵיהּ** — Rabi Chiya responded, **הֲרֵי צָרָתְךָ בְּבָבֶל** — Your rival, the *Reish Galusah* in Bavel is above you, and in order for a king to bring his unique *Chatas*, he must have no one over him other than Hashem.

אֵיתִיבֵיהּ — Rebbi asked on Rabi Chiya from a *Baraisa*. The *Baraisa* says: **מַלְכֵי יִשְׂרָאֵל וּמַלְכֵי בֵּית דָּוִד** — If kings of Yisrael, and kings of Beis Dovid perform an unintentional *aveirah*, **אֵלּוּ מְבִיאִים לְעַצְמָם** — these kings bring their own unique *Chatas* of a king, **וְאֵלּוּ מְבִיאִים לְעַצְמָם** — and these other kings bring their own unique *Chatas* of a king. Why would either of these kings bring the *Chatas* of the king, if they are not the sole rulers? **אָמַר לֵיהּ** — Rabi Chiya responded to Rebbi: The case of the kings of Yisrael and Beis Dovid is not similar to the case of the *nasi* and the *Reish Galusa*, **הָתָם לָא כַּיְיפֵי אַהֲדָדֵי** — there, in the case of the kings, they may both be rulers, but they are not subservient to each other, **הָכָא אֲנַן כַּיְיפִינַן לְהוּ לְדִידְהוּ** — But here, in the case of the *nasi*, we in Eretz Yisrael are subservient to the rulers of Bavel.

רַב סַפְרָא מַתְנֵי הָכִי — Rav Safra taught the exchange between Rebbi and Rabi Chiya in this manner: **בְּעָא מִינֵּיהּ רַבִּי מֵרַבִּי חִיָּיא** — Rebbi asked of Rabi Chiya, **כְּגוֹן אֲנִי** — What would be the halachah in regards to me? If I lived in the time of the Beis Hamikdash, and I performed an *aveirah* that obligates a *Chatas*, **מַהוּ בְּשָׂעִיר** — would I be considered a king who would bring a male goat as a *Chatas*? **אָמַר לֵיהּ** — Rabi Chiya responded to Rebbi, **הָתָם שֵׁבֶט** — There, in Bavel, where the *Reish Galusa* has authority from the government to punish, his authority is represented by the scepter, **הָכָא מְחוֹקֵק** — but here, in Eretz Yisrael, where the *nasi* is only a *chacham*, but he does not have authority to punish, his authority is represented by a mere staff. Since the *nasi's* authority is less than that of the *Reish Galusa*, the *nasi* would not bring the unique male goat *Chatas* of the king. **וְתַנְיָא** — And we learned similarly in a *Baraisa*: **לֹא יָסוּר שֵׁבֶט מִיהוּדָה** — The *pasuk* says (*Bereishis* 49:10): "The scepter shall not depart from Yehudah," **זֶה רֹאשׁ גּוֹלָה שֶׁבְּבָבֶל** — this refers to the head of the exile in Bavel (the *Reish Galusa*), **שֶׁרוֹדֶה אֶת יִשְׂרָאֵל (במקל) [בְּשֵׁבֶט]** — who reigns over the Jewish people with a rod, because he is authorized by the government to impose his rulings, **וּמְחוֹקֵק מִבֵּין רַגְלָיו** — the *pasuk* continues, "Nor will the ruler's staff depart from between his feet." **אֵלּוּ בְּנֵי בָנָיו שֶׁל הִלֵּל שֶׁמְּלַמְּדִים תּוֹרָה לְיִשְׂרָאֵל בָּרַבִּים** — This refers to the descendants of Hillel, who serve

For this *daf's shiur* and charts, scan this QR code:

עין משפט
נר מצוה

טז א ב ג מיי' פרק טו מהלכות שגגות הלכה ו:
יז ד מיי' פ"ד מהלכות כלי מקדש הלכה יד:
יח ה מיי' פט"ו מהלכות שגגות הלכה ז:
יט ו מיי' פ"א מהלכות עבודת יוה"כ הלכה ב:
כ ז מיי' פי"ז מהלכות איסורי ביאה הלכה א והלכה יג סמג לאוין קכא ועשין לו:
כא ח מיי' שם הלכה א:
כב ט מיי' פ"ג מהלכות אבל הלכה ו סמג לאוין רלו:
כג י מיי' פ"א מהלכות ביאת מקדש הלכה י סמג לאוין ש:
כד כ מיי' פ"ז מהלכות רוצח הלכה ט:
כה ל מיי' פ"א מהלכות כלי המקדש הלכה ב סמג עשין קסו:
כו מ מיי' שם הלכה ז:
כז נ ס מיי' שם הלכה יא ופ"א מהלכות מלכים הלכה יב:
כח ע מיי' פ"א מהלכות כלי המקדש הלכה ז ופ"א מהלכות מלכים הלכה י:
כט פ מיי' פ"א מהלכות כלי המקדש הלכה יא ופ"א מהלכות מלכים הלכה י:
ל צ ק מיי' פ"ד מהלכות כלי המקדש הלכה כ ופ"א מהלכות מלכים הלכה ז סמג עשין קטו:

מַה לְּהַלָּן שֶׁאֵין עַל גַּבָּיו אֶלָּא ה' אֱלֹהָיו, אַף נָשִׂיא שֶׁאֵין עַל גַּבָּיו אֶלָּא ה' אֱלֹהָיו. בְּעָא מִינֵּיהּ רַבִּי מֵרַבִּי חִיָּיא, כְּגוֹן אֲנִי מַהוּ בְּשָׂעִיר; אָמַר לֵיהּ, הֲרֵי צָרָתְךָ בְּבָבֶל; אֵיתִיבֵיהּ, מַלְכֵי יִשְׂרָאֵל וּמַלְכֵי בֵּית דָּוִד אֵלּוּ מְבִיאִים לְעַצְמָם וְאֵלּוּ מְבִיאִים לְעַצְמָם; אָמַר לֵיהּ, הָתָם לָא כַּיְיפִי אַהֲדָדֵי, הָכָא אֲנַן כַּיְיפִינַן לְהוּ לְדִידְהוּ. רַב סָפְרָא מַתְנֵי הָכִי, בְּעָא מִינֵּיהּ רַבִּי מֵרַבִּי חִיָּיא, כְּגוֹן אֲנִי מַהוּ בְּשָׂעִיר; אָמַר לֵיהּ, הָתָם 'שֵׁבֶט' הָכָא 'מְחוֹקֵק', וְתַנְיָא, 'לֹא יָסוּר שֵׁבֶט מִיהוּדָה' זֶה רֹאשׁ גּוֹלָה שֶׁבְּבָבֶל, שֶׁרוֹדֶה אֶת יִשְׂרָאֵל בְּמַקֵּל, 'וּמְחוֹקֵק מִבֵּין רַגְלָיו' אֵלּוּ בְּנֵי בָנָיו שֶׁל הִלֵּל שֶׁמְּלַמְּדִים תּוֹרָה לְיִשְׂרָאֵל בָּרַבִּים:

מתני' וְאֵיזֶהוּ הַמָּשִׁיחַ, הַמָּשׁוּחַ בְּשֶׁמֶן הַמִּשְׁחָה, לֹא הַמְרוּבֶּה בִּבְגָדִים. אֵין בֵּין כֹּהֵן הַמָּשׁוּחַ בְּשֶׁמֶן הַמִּשְׁחָה לִמְרוּבֶּה בְגָדִים אֶלָּא פַּר הַבָּא עַל כָּל הַמִּצְוֹת, וְאֵין בֵּין כֹּהֵן מְשַׁמֵּשׁ לְכֹהֵן שֶׁעָבַר אֶלָּא פַּר יוֹם הַכִּפּוּרִים וַעֲשִׂירִית הָאֵיפָה, זֶה וָזֶה שָׁוִים בַּעֲבוֹדַת יוֹם הַכִּפּוּרִים, וּמְצוּוִּים עַל הַבְּתוּלָה, וַאֲסוּרִים עַל הָאַלְמָנָה, וְאֵינָם מְטַמְּאִים בִּקְרוֹבֵיהֶם, וְלֹא פוֹרְעִים וְלֹא פוֹרְמִים, וּמַחֲזִירִין הָרוֹצֵחַ:

גמ' תָּנוּ רַבָּנָן, שֶׁמֶן הַמִּשְׁחָה שֶׁעָשָׂה מֹשֶׁה בַּמִּדְבָּר הָיוּ שׁוֹלְקִים בּוֹ אֶת הָעִיקָּרִים, דִּבְרֵי רַבִּי יְהוּדָה; רַבִּי יוֹסֵי אוֹמֵר, וַהֲלֹא לָסוּךְ אֶת הָעִיקָּרִים אֵינוֹ סוֹפֵק, אֶלָּא שׁוֹרִין אֶת הָעִיקָּרִים בְּמַיִם, וּמֵצִיף עֲלֵיהֶם שֶׁמֶן, וְקוֹלֵט אֶת הָרֵיחַ וְקִפְּחוֹ; אָמַר לוֹ רַבִּי יְהוּדָה, וְכִי נֵס אֶחָד נַעֲשָׂה בְּשֶׁמֶן הַמִּשְׁחָה, וַהֲלֹא תְּחִלָּתוֹ שְׁנֵים עָשָׂר לוּגִּין, וּמִמֶּנּוּ הָיָה נִמְשַׁח מִשְׁכָּן וְכֵלָיו אַהֲרֹן וּבָנָיו כָּל שִׁבְעַת יְמֵי הַמִּלּוּאִים, וְכוּלּוֹ קַיָּים לֶעָתִיד לָבוֹא, שֶׁנֶּאֱמַר 'שֶׁמֶן מִשְׁחַת קֹדֶשׁ יִהְיֶה זֶה לִי לְדֹרֹתֵיכֶם'. תַּנְיָא אִידָךְ, 'וַיִּקַּח מֹשֶׁה אֶת שֶׁמֶן הַמִּשְׁחָה וַיִּמְשַׁח [אֶת] הַמִּשְׁכָּן [וְאֶת] כָּל אֲשֶׁר בּוֹ'; רַבִּי יְהוּדָה אוֹמֵר, שֶׁמֶן הַמִּשְׁחָה שֶׁעָשָׂה מֹשֶׁה בַּמִּדְבָּר כַּמָּה נִסִּים נַעֲשׂוּ בּוֹ מִתְּחִלָּה וְעַד סוֹף, תְּחִלָּתוֹ לֹא הָיָה אֶלָּא שְׁנֵים עָשָׂר לוּגִּין, רְאֵה כַּמָּה יוֹרָה בּוֹלַעַת וְכַמָּה עִקָּרִים בּוֹלְעִים וְכַמָּה הָאוּר שׂוֹרֵף, וּבוֹ נִמְשַׁח מִשְׁכָּן וְכֵלָיו וְאַהֲרֹן וּבָנָיו כָּל שִׁבְעַת יְמֵי הַמִּלּוּאִים, וּבוֹ נִמְשְׁחוּ כֹּהֲנִים גְּדוֹלִים וּמְלָכִים. וַאֲפִילּוּ כֹּהֵן גָּדוֹל בֶּן כֹּהֵן גָּדוֹל טָעוּן מְשִׁיחָה, וְאֵין מוֹשְׁחִים מֶלֶךְ בֶּן מֶלֶךְ; וְאִם תֹּאמַר, מִפְּנֵי מָה מָשְׁחוּ אֶת שְׁלֹמֹה, מִפְּנֵי מַחֲלוֹקְתּוֹ שֶׁל אֲדוֹנִיָּה, וְאֶת יוֹאָשׁ מִפְּנֵי עֲתַלְיָה, וְאֶת יְהוֹאָחָז מִפְּנֵי יְהוֹיָקִים שֶׁהָיָה גָּדוֹל מִמֶּנּוּ שְׁתֵּי שָׁנִים; וְאוֹתוֹ שֶׁמֶן קַיָּים לֶעָתִיד לָבוֹא, שֶׁנֶּאֱמַר 'שֶׁמֶן מִשְׁחַת קֹדֶשׁ יִהְיֶה זֶה לִי לְדֹרֹתֵיכֶם'. 'זֶה' בְּגִימַטְרִיָּא שְׁנֵים עָשָׂר לוּגִּין הָווּ. אָמַר מַר, וַאֲפִילּוּ כֹּהֵן גָּדוֹל בֶּן כֹּהֵן גָּדוֹל טָעוּן מְשִׁיחָה, מְנָלָן. דִּכְתִיב 'וְהַכֹּהֵן הַמָּשִׁיחַ תַּחְתָּיו מִבָּנָיו', נֵימָא קְרָא 'וְהַכֹּהֵן תַּחְתָּיו מִבָּנָיו', מַאי 'הַמָּשִׁיחַ', קָא מַשְׁמַע לָן דְּמִבָּנָיו דְּכֹהֵן גָּדוֹל אִי הָוֵי מָשִׁיחַ הָוֵי כֹּהֵן גָּדוֹל, וְאִי לָא לָא הָוֵי כֹּהֵן גָּדוֹל. אָמַר מַר, וְאֵין מוֹשְׁחִין מֶלֶךְ בֶּן מֶלֶךְ, מְנָלָן. אָמַר רַב אַחָא בַּר יַעֲקֹב, דִּכְתִיב 'לְמַעַן יַאֲרִיךְ יָמִים עַל מַמְלַכְתּוֹ' וְגוֹ', יְרוּשָּׁה הִיא לָכֶם. וּמְנָלָן דְּכִי אִיכָּא מַחֲלוֹקֶת בָּעֵי מְשִׁיחָה, וְלָאו כָּל דְּבָעֵי מַלְכָּא מוֹרִית מַלְכוּתָא לִבְנֵיהּ. אָמַר רַב פַּפָּא, אָמַר קְרָא 'הוּא וּבָנָיו בְּקֶרֶב יִשְׂרָאֵל', בִּזְמַן שֶׁשָּׁלוֹם בְּיִשְׂרָאֵל קָרֵינָא בֵּיהּ הוּא וּבָנָיו וַאֲפִילּוּ בְּלָא מְשִׁיחָה. תָּנָא, אַף יֵהוּא בֶּן נִמְשִׁי לֹא נִמְשַׁח אֶלָּא מִפְּנֵי מַחֲלוֹקְתּוֹ שֶׁל יוֹרָם. וְתִיפּוֹק לֵיהּ מִשּׁוּם דְּרִאשׁוֹן הוּא. חַסּוּרֵי מְחַסְּרָא וְהָכִי קָתָנֵי, מַלְכֵי בֵּית דָּוִד מוֹשְׁחִין, מַלְכֵי יִשְׂרָאֵל אֵין מוֹשְׁחִין. מְנָלָן. אָמַר רָבָא, אָמַר קְרָא 'קוּם מְשָׁחֵהוּ כִּי זֶה' וְגוֹ', זֶה טָעוּן מְשִׁיחָה וְאֵין אַחֵר טָעוּן מְשִׁיחָה. אָמַר מַר, אַף יֵהוּא בֶּן נִמְשִׁי לֹא נִמְשַׁח אֶלָּא מִפְּנֵי מַחֲלוֹקְתּוֹ שֶׁל יוֹרָם; וּמִשּׁוּם מַחֲלוֹקְתּוֹ שֶׁל יוֹרָם בֶּן אַחְאָב נִמְעוֹל בְּשֶׁמֶן. כִּדְאָמַר רַב פַּפָּא בַּאֲפַרְסְמָא דַּכְיָא, הָכָא נַמִּי בַּאֲפַרְסְמָא דַּכְיָא. וְאֶת יְהוֹאָחָז מִפְּנֵי יְהוֹיָקִים שֶׁהָיָה גָּדוֹל מִמֶּנּוּ שְׁתֵּי שָׁנִים; וּמִי קַשִּׁישׁ מִינֵּיהּ, וְהָכְתִיב 'וּבְנֵי יֹאשִׁיָּהוּ, הַבְּכוֹר יוֹחָנָן, הַשֵּׁנִי יְהוֹיָקִים, הַשְּׁלִשִׁי צִדְקִיָּהוּ, הָרְבִיעִי שַׁלּוּם', וְאָמַר רַבִּי יוֹחָנָן, הוּא שַׁלּוּם הוּא צִדְקִיָּהוּ, הוּא יוֹחָנָן הוּא יְהוֹאָחָז. לְעוֹלָם יְהוֹיָקִים קַשִּׁישׁ, וּמַאי 'בְּכוֹר', בְּכוֹר לַמַּלְכוּת. וּמִי מָלְכֵי זוּטְרֵי מִקַּמֵּי קַשִּׁישֵׁי, וְהָא כְּתִיב 'וְאֶת הַמַּמְלָכָה נָתַן לִיהוֹרָם כִּי הוּא הַבְּכוֹר'. יְהוֹרָם מְמַלֵּא מְקוֹם אֲבוֹתָיו הֲוָה, יְהוֹיָקִים לָאו מְמַלֵּא מְקוֹם אֲבוֹתָיו הֲוָה. אָמַר מַר, הוּא שַׁלּוּם הוּא צִדְקִיָּהוּ הוּא יוֹחָנָן הוּא יְהוֹאָחָז, וְהָא חַד חַד קָא חָשֵׁיב, דִּכְתִיב 'הַשְּׁלִשִׁי' 'הָרְבִיעִי'. מַאי 'שְׁלִישִׁי', שְׁלִישִׁי לַבָּנִים, וּמַאי 'רְבִיעִי', רְבִיעִי לַמַּלְכוּת, דִּמְעִיקָּרָא מְלַךְ יְהוֹאָחָז, וּלְבַסּוֹף יְהוֹיָקִים, וּלְבַסּוֹף יְכָנְיָה, וּלְבַסּוֹף צִדְקִיָּהוּ. תָּנוּ רַבָּנָן, הוּא שַׁלּוּם הוּא צִדְקִיָּהוּ, וְלָמָּה נִקְרָא שְׁמוֹ שַׁלּוּם, שֶׁהָיָה מְשׁוּלָּם בְּמַעֲשָׂיו; אִיכָּא דְּאָמְרִי, שַׁלּוּם, שֶׁשָּׁלְמָה מַלְכוּת בֵּית דָּוִד בְּיָמָיו; וּמַה שְּׁמוֹ, מַתַּנְיָה שְׁמוֹ, שֶׁנֶּאֱמַר 'וַיַּמְלֵךְ מֶלֶךְ בָּבֶל אֶת מַתַּנְיָה דֹדוֹ תַּחְתָּיו וַיַּסֵּב אֶת שְׁמוֹ צִדְקִיָּהוּ', אָמַר לוֹ, יָהּ יַצְדִּיק עָלֶיךָ אֶת הַדִּין אִם תִּמְרוֹד בִּי, (שֶׁנֶּאֱמַר 'וַיְבִיאֵהוּ בָבֶלָה') וּכְתִיב 'וְגַם בַּמֶּלֶךְ נְבוּכַדְנֶאצַּר מָרָד, אֲשֶׁר הִשְׁבִּיעוֹ בֵּאלֹהִים'. וּמִי

רש"י

מַה לְּהַלָּן שֶׁאֵין עַל גַּבָּיו אֶלָּא ה' אֱלֹהָיו. דִּבְמֶלֶךְ קָא מִשְׁתַּעֵי קְרָא, דִּכְתִיב 'שׂוֹם תָּשִׂים עָלֶיךָ מֶלֶךְ' (דברים יז): כְּגוֹן אֲנִי מַהוּ בְּשָׂעִיר. כְּלוֹמַר, נְשִׂיאוּת דִּידִי מִי הָוֵי נְשִׂיאוּת מְעַלְיָא, דְּאִילּוּ הָוֵינָא בִּזְמַן שֶׁבֵּית הַמִּקְדָּשׁ קַיָּים מַיְיתֵינָא שָׂעִיר, אוֹ לָא: אָ"ל, הֲרֵי צָרָתְךָ בְּבָבֶל. רֹאשׁ גּוֹלָה שֶׁבְּבָבֶל דְּהָוֵי עַל גַּבָּךְ, וַאֲנַן בָּעֵינַן שֶׁאֵין עַל גַּבָּיו אֶלָּא ה' אֱלֹהָיו: הָתָם 'שֵׁבֶט'. דְּהַיְינוּ מַקֵּל, כְּמוֹ 'כִּי תַכֶּנּוּ בַשֵּׁבֶט לֹא יָמוּת' (משלי כג): וְהָכָא 'מְחוֹקֵק'. חָכָם: **מתני'** אֵיזֶה הוּא הַמָּשִׁיחַ. שֶׁמֵּבִיא פַּר בְּהוֹרָאָה, זֶה הַמָּשׁוּחַ בְּשֶׁמֶן הַמִּשְׁחָה: וְלֹא מְרוּבֶּה בִּבְגָדִים. שֶׁבְּבַיִת שֵׁנִי, שֶׁלֹּא הָיָה לָהֶם שֶׁמֶן הַמִּשְׁחָה: אֵין בֵּין כֹּהֵן מָשׁוּחַ בְּשֶׁמֶן הַמִּשְׁחָה לִמְרוּבֶּה בְגָדִים אֶלָּא פַּר הַבָּא עַל כָּל הַמִּצְוֹת. שֶׁמְּרוּבֶּה בְגָדִים אֵינוֹ מֵבִיא פַּר הֶעְלֵם דָּבָר לֹא מִשֶּׁלּוֹ וְלֹא מִשֶּׁל צִבּוּר, אֲבָל מֵבִיא כִּשְׂבָּה אוֹ שְׂעִירָה דְּיָחִיד: וְאֵין בֵּין כֹּהֵן הַמְשַׁמֵּשׁ. וְהַיְינוּ רִאשׁוֹן שֶׁחָזַר לַעֲבוֹדָתוֹ, וְלַאֲחַר שֶׁחָזַר הָוֵי פַּר שֶׁל יוה"כ שֶׁלּוֹ וַעֲשִׂירִית הָאֵיפָה שֶׁלּוֹ: וְזֶה וָזֶה. בֵּין כֹּהֵן הַמְשַׁמֵּשׁ דְּהַיְינוּ רִאשׁוֹן שֶׁחָזַר לַעֲבוֹדָתוֹ, וּבֵין כֹּהֵן שֶׁעָבַר דְּהַיְינוּ שֵׁנִי שֶׁמִּינּוּ תַּחְתָּיו, דִּלְאַחַר (שנעבר) [שֶׁחָזַר] הָרִאשׁוֹן מַעֲבִירִין הַשֵּׁנִי: שָׁוִים בַּעֲבוֹדַת הַיּוֹם. דְּמַקְרִיבֵי קָרְבְּנוֹת הַיּוֹם בְּיוה"כ אֵיזֶה שֶׁיִּרְצֶה: **גמ'** שֶׁמֶן הַמִּשְׁחָה שֶׁעָשָׂה מֹשֶׁה. כִּדִכְתִיב 'שֶׁמֶן מִשְׁחַת קֹדֶשׁ יִהְיֶה זֶה לִי' (שמות ל): בּוֹ שׁוֹלְקִין אֶת הָעִקָּרִים. אוֹתָם שָׁרָשִׁים שֶׁל בְּשָׂמִים הָאֲמוּרִים בַּפָּרָשָׁה, דִּכְתִיב 'וְאַתָּה קַח לְךָ בְּשָׂמִים רֹאשׁ מָר דְּרוֹר' וְגוֹ': וַהֲלֹא לָסוּךְ בּוֹ אֶת הָעִקָּרִים אֵינוֹ מַסְפִּיק. לְפִי שֶׁהַשֶּׁמֶן לֹא הָיָה אֶלָּא שְׁנֵים עָשָׂר לוּגִּין כִּדְמְפָרֵשׁ לְקַמָּן, וְהָעִקָּרִים הָיוּ מְרוּבִּים, וַאֲפִילּוּ בִּסִיכָה הָיָה נִבְלָע בָּעִקָּרִים, כָּל שֶׁכֵּן בִּשְׁלִיקָה: אֶלָּא שׁוֹרֶה אֶת הָעִקָּרִים בְּמַיִם. בְּרֵישָׁא, שֶׁיְּהוּ מִתְמַלְּאִים מִן הַמַּיִם, וְשׁוּב לֹא יְהוּ בּוֹלְעִים מִן הַשֶּׁמֶן כָּל כָּךְ: וּמֵצִיף עֲלֵיהֶן שֶׁמֶן. לְאַחַר שֶׁהוֹלִיאָם מִן הַמַּיִם, כְּדֵי שֶׁיִּקְלוֹט הַשֶּׁמֶן מֵרֵיחַ הַבְּשָׂמִים: וְקִפְּחוֹ. וּמוֹלִיא הַשֶּׁמֶן לְאַלְתַּר. וְקִפְּחוֹ, כְּמוֹ 'קִפַּחְתִּי אֶת הָרוֹעֶה' (יומא דף פג:): טָעוּן מְשִׁיחָה. וְאִי לָא מָשׁוּחַ בַּשֶּׁמֶן לָא הָוֵי כֹּהֵן גָּדוֹל: מִפְּנֵי מַחֲלוֹקְתּוֹ. דְּהֵיכָא דְּאִיכָּא מַחֲלוֹקֶת בָּעֵי מְשִׁיחָה: 'מַמְלַכְתּוֹ הוּא וּבָנָיו בְּקֶרֶב יִשְׂרָאֵל'. מַשְׁמַע יְרוּשָּׁה הִיא לָהֶם כְּאָדָם שֶׁמּוֹרִישׁ יְרוּשָּׁה לְבָנָיו: וְלָאו כָּל דְּבָעֵי מַלְכָּא מוֹרִית לִבְנֵיהּ מַלְכוּתָא. אֲפִילּוּ בְּלֹא מְשִׁיחָה: יְרוּשָּׁה הִיא. בִּזְמַן שֶׁשָּׁלוֹם בְּיִשְׂרָאֵל: מִשּׁוּם דְּמֶלֶךְ רִאשׁוֹן הוּא. מִמִּשְׁפַּחְתּוֹ, דְּאֵינוֹ מֶלֶךְ בֶּן מֶלֶךְ: זֶה. דְּמַלְכוּת בֵּית דָּוִד טָעוּן מְשִׁיחָה: וְאֵין אַחֵר. שֶׁאֵינוֹ מִמַּלְכֵי בֵּית דָּוִד טָעוּן מְשִׁיחָה: מִשּׁוּם מַחֲלוֹקְתּוֹ שֶׁל יוֹרָם נִמְעוֹל בְּשֶׁמֶן הַמִּשְׁחָה. דְּאָמְרִינַן לְעֵיל דְּמַלְכֵי יִשְׂרָאֵל אֵין מוֹשְׁחִין מִמֶּנּוּ: בַּאֲפַרְסְמָא דַּכְיָא. דְּלָא הָוֵי מִשֶּׁמֶן הַמִּשְׁחָה: וּמַאי 'בְּכוֹר'. דְּקָרֵי לֵיהּ 'הַבְּכוֹר יוֹחָנָן': בְּכוֹר לַמַּלְכוּת. שֶׁמָּלַךְ רִאשׁוֹן: יוֹרָם מְמַלֵּא מְקוֹם אֲבוֹתָיו הֲוָה. דְּכִי מָלַךְ אַכַּתִּי הֲוָה לַדִּיק, מְמַלֵּא מְקוֹם אֲבוֹתָיו הֲוָה, וְאַחַר כָּךְ הֶחְמִיץ: מְשׁוּלָּם בְּמַעֲשָׂיו. דְּלַדִּיק גָּמוּר הֲוָה, בַּעַל מַעֲשִׂים טוֹבִים: אָמַר לוֹ נְבוּכַדְנֶאצַּר, יָהּ יַלְדִּיק עָלֶיךָ אֶת הַדִּין אִם תִּמְרוֹד בִּי:

מסורת הש"ס
עם הוספות

א) [לעיל דף ט. י.], ב) סנהדרין ה., ג) מגילה ט:, ד) כריתות ה. [כל הענין ע"ש כמה וכמה שינויים], ה) ת"כ פרשה לו מכילתא דמלואים פסקא ט, ו) [מנחות פט.], ז) [לקמן יב.], ח) [מגילה כג.], ט) עי' רא"ש פ"ט דנדה סי' ח, י) שני דבורים על המשנה נמצאים לקמן יב סע"א, כ) שמות ל לג, ל) שמות ל לב.

תורה אור השלם

א) לֹא יָסוּר שֵׁבֶט מִיהוּדָה וּמְחֹקֵק מִבֵּין רַגְלָיו עַד כִּי יָבֹא שִׁילֹה וְלוֹ יִקְּהַת עַמִּים: [בראשית מט, י]

ב) וְאֶל בְּנֵי יִשְׂרָאֵל תְּדַבֵּר לֵאמֹר שֶׁמֶן מִשְׁחַת קֹדֶשׁ יִהְיֶה זֶה לִי לְדֹרֹתֵיכֶם: [שמות ל, לא]

ג) וַיִּקַּח מֹשֶׁה אֶת שֶׁמֶן הַמִּשְׁחָה וַיִּמְשַׁח אֶת הַמִּשְׁכָּן וְאֶת כָּל אֲשֶׁר בּוֹ וַיְקַדֵּשׁ אֹתָם: [ויקרא ח, י]

ד) וְהַכֹּהֵן הַמָּשִׁיחַ תַּחְתָּיו מִבָּנָיו יַעֲשֶׂה אֹתָהּ חָק עוֹלָם לַיְיָ כָּלִיל תָּקְטָר: [ויקרא ו, טו]

ה) לְבִלְתִּי רוּם לְבָבוֹ מֵאֶחָיו וּלְבִלְתִּי סוּר מִן הַמִּצְוָה יָמִין וּשְׂמֹאול לְמַעַן יַאֲרִיךְ יָמִים עַל מַמְלַכְתּוֹ הוּא וּבָנָיו בְּקֶרֶב יִשְׂרָאֵל: [דברים יז, כ]

ו) וַיִּשְׁלַח וַיְבִיאֵהוּ וְהוּא אַדְמוֹנִי עִם יְפֵה עֵינַיִם וְטוֹב רֹאִי וַיֹּאמֶר יְיָ קוּם מְשָׁחֵהוּ כִּי זֶה הוּא: [שמואל א' טז, יב]

ז) וּבְנֵי יֹאשִׁיָּהוּ הַבְּכוֹר יוֹחָנָן הַשֵּׁנִי יְהוֹיָקִים הַשְּׁלִשִׁי צִדְקִיָּהוּ הָרְבִיעִי שַׁלּוּם: [דברי הימים א' ג, טו]

ח) וַיִּתֵּן לָהֶם אֲבִיהֶם מַתָּנוֹת רַבּוֹת לְכֶסֶף וּלְזָהָב וּלְמִגְדָּנוֹת עִם עָרֵי מְצֻרוֹת בִּיהוּדָה וְאֶת הַמַּמְלָכָה נָתַן לִיהוֹרָם כִּי הוּא הַבְּכוֹר: [דברי הימים ב' כא, ג]

ט) וַיַּמְלֵךְ מֶלֶךְ בָּבֶל אֶת מַתַּנְיָה דֹדוֹ תַּחְתָּיו וַיַּסֵּב אֶת שְׁמוֹ צִדְקִיָּהוּ: [מלכים ב' כד, יז]

י) וַיִּקַּח מִזֶּרַע הַמְּלוּכָה וַיִּכְרֹת אִתּוֹ בְּרִית וַיָּבֵא אֹתוֹ בְּאָלָה וְאֶת אֵילֵי הָאָרֶץ לָקָח: [יחזקאל יז, יג]

כ) וְגַם בַּמֶּלֶךְ נְבוּכַדְנֶאצַּר מָרָד אֲשֶׁר הִשְׁבִּיעוֹ בֵּאלֹהִים וַיֶּקֶשׁ אֶת עָרְפּוֹ וַיְאַמֵּץ אֶת לְבָבוֹ מִשּׁוּב אֶל יְיָ אֱלֹהֵי יִשְׂרָאֵל: [דברי הימים ב' לו, יג]

הגהות וציונים

תוספות הרא"ש

[שייך לעמוד א]

ואיזהו מושח דבכתמא הוה מין אוכל נבלות כו'.

This *daf* is dedicated *l'iluy nishmas*: Chana bat Esther *z"l*

as *Nesi'im* in Eretz Yisrael, and teach Torah to the Jewish people in public, but they are not authorized by the government to impose their rulings.

מַתְנִיתִין — MISHNAH

וְאֵיזֶהוּ הַמָּשִׁיחַ — And who is the *kohen gadol* who brings a bull when he rules erroneously and transgresses an *aveirah* based on that ruling? **הַמָּשׁוּחַ בְּשֶׁמֶן הַמִּשְׁחָה** — This is one who became *kohen gadol* by being anointed with *Shemen Hamishchah*, **לֹא הַמְרוּבֶּה בִּבְגָדִים** — not one who was appointed only by wearing the eight garments of the *kohen gadol* and doing *avodah*. (During the times of the second Beis Hamikdash, when there was no *Shemen Hamishchah*, all *kohanim gedolim* were appointed in this way.) **אֵין בֵּין כֹּהֵן הַמָּשׁוּחַ בְּשֶׁמֶן הַמִּשְׁחָה לִמְרוּבֵּה בְגָדִים** — There is no *halachic* difference between one who became *kohen gadol* by being anointed with *Shemen Hamishchah*, and one who was appointed with the eight garments, **אֶלָּא פַּר הַבָּא עַל כָּל הַמִּצְוֹת** — besides when it comes to the bull brought for transgressing *mitzvos* (the halachah just stated in the Mishnah). **וְאֵין בֵּין כֹּהֵן מְשַׁמֵּשׁ לְכֹהֵן שֶׁעָבַר** — When a *kohen gadol* becomes temporarily disqualified, another *kohen gadol* takes his place. When the original *kohen gadol* returns to his service, the second one has the status of a *kohen gadol* who was removed from service. And there is no *halachic* difference between a *kohen gadol* who is currently serving, and a *kohen gadol* who was removed from service. **אֶלָּא פַּר יוֹם הַכִּיפּוּרִים** — besides for the bull that the *kohen gadol* brings on Yom Kippur, because only the *kohen gadol* who is currently serving brings that bull, **וַעֲשִׂירִית הָאֵיפָה** — and the tenth of an *ephah* flour offering that the *kohen gadol* brings each day, which is also only brought by the current *kohen gadol*. **זֶה וָזֶה שָׁוִים בַּעֲבוֹדַת יוֹם הַכִּיפּוּרִים** — But both the current *kohen gadol* and the one who was already removed are equally able to perform the Yom Kippur *avodah*, **וּמְצֻוִּוים עַל הַבְּתוּלָה** — and both have a *mitzvas aseh* to marry a women who never previously had relations with another man, **וַאֲסוּרִים עַל הָאַלְמָנָה** — and both transgress a *lav* for marrying a widow, **וְאֵינָם מְטַמְּאִים בִּקְרוֹבֵיהֶם** — and they both cannot become *tamei*, even to their seven close relatives who died, **וְלֹא פּוֹרְעִים** — and they both cannot let their hair grow long (for longer than thirty days), **וְלֹא פּוֹרְמִים** — and they both cannot tear their garments over someone who dies, **וּמַחֲזִירִין הָרוֹצֵחַ** — and with the death of either of them, one who killed unintentionally returns from the *ir miklat*.

גְּמָרָא — GEMARA

The Gemara discusses the *Shemen Hamishchah* (anointing oil): **תָּנוּ רַבָּנָן** — The *Chachamim* taught in a *Baraisa*: **שֶׁמֶן הַמִּשְׁחָה שֶׁעָשָׂה מֹשֶׁה בַּמִּדְבָּר הָיוּ שׁוֹלְקִים בּוֹ אֶת הָעִיקָּרִים** — The *Shemen Hamishchah* that Moshe Rabbeinu made in the *Midbar* was made by taking the

For this *daf's shiur* and charts, scan this QR code:

מַה לְהַלָּן שֶׁאֵין עַל גַּבָּיו אֶלָּא ה' אֱלֹהָיו, אַף נָשִׂיא שֶׁאֵין עַל גַּבָּיו אֶלָּא ה' אֱלֹהָיו. בְּעָא מִינֵּיהּ רַבִּי מֵרַבִּי חִיָּיא, כְּגוֹן אֲנִי מַהוּ בְּשָׂעִיר; אָמַר לֵיהּ, הֲרֵי צָרָתְךָ בְּבָבֶל; אֵיתִיבֵיהּ, מַלְכֵי יִשְׂרָאֵל וּמַלְכֵי בֵּית דָּוִד אֵלּוּ מְבִיאִים לְעַצְמָם וְאֵלּוּ מְבִיאִים לְעַצְמָם; אָמַר לֵיהּ, הָתָם לָא כַּיְיפִי אַהֲדָדֵי, הָכָא אֲנַן כַּיְיפִינַן לְהוּ לְדִידְהוּ. רַב סַפְרָא מַתְנֵי הָכִי, בְּעָא מִינֵּיהּ רַבִּי מֵרַבִּי חִיָּיא, כְּגוֹן אֲנִי מַהוּ בְּשָׂעִיר; אָמַר לֵיהּ, הָתָם 'שֵׁבֶט' הָכָא 'מְחוֹקֵק', וְתַנְיָא, 'לֹא יָסוּר שֵׁבֶט מִיהוּדָה' זֶה רֹאשׁ גּוֹלָה שֶׁבְּבָבֶל, שֶׁרוֹדֶה אֶת יִשְׂרָאֵל בְּמַקֵּל, 'וּמְחוֹקֵק מִבֵּין רַגְלָיו', אֵלּוּ בְּנֵי בָנָיו שֶׁל הִלֵּל שֶׁמְּלַמְּדִים תּוֹרָה לְיִשְׂרָאֵל בָּרַבִּים:

מתני' וְאֵיזֶהוּ הַמָּשִׁיחַ, הַמָּשׁוּחַ בְּשֶׁמֶן הַמִּשְׁחָה, לֹא הַמְרוּבֶּה בִּבְגָדִים. אֵין בֵּין כֹּהֵן הַמָּשׁוּחַ בְּשֶׁמֶן הַמִּשְׁחָה לִמְרוּבֵּה בְגָדִים אֶלָּא פַּר הַבָּא עַל כָּל הַמִּצְוֹת, וְאֵין בֵּין כֹּהֵן מְשַׁמֵּשׁ לְכֹהֵן שֶׁעָבַר אֶלָּא פַּר יוֹם הַכִּפּוּרִים וַעֲשִׂירִית הָאֵיפָה, זֶה וָזֶה שָׁוִים בַּעֲבוֹדַת יוֹם הַכִּפּוּרִים, וּמְצוּוִּים עַל הַבְּתוּלָה, וַאֲסוּרִים עַל הָאַלְמָנָה, וְאֵינָם מִטַּמְּאִים בִּקְרוֹבֵיהֶם, וְלֹא פּוֹרְעִים וְלֹא פּוֹרְמִים, וּמַחֲזִירִין הָרוֹצֵחַ:

גמ' תָּנוּ רַבָּנַן, שֶׁמֶן הַמִּשְׁחָה שֶׁעָשָׂה מֹשֶׁה בַּמִּדְבָּר הָיוּ שׁוֹלְקִים בּוֹ אֶת הָעִיקָּרִים, דִּבְרֵי[יד] רַבִּי יְהוּדָה; רַבִּי יוֹסֵי אוֹמֵר, וַהֲלֹא לָסוּךְ אֶת הָעִקָּרִים אֵינוֹ סוֹפֵק, אֶלָּא שׁוֹרִין אֶת הָעִקָּרִים בְּמַיִם, וּמֵצִיף עָלָיו[ס] שֶׁמֶן, וְקוֹלֵט אֶת הָרֵיחַ וְקִפְּחוֹ; אָמַר לוֹ רַבִּי יְהוּדָה, וְכִי נֵס אֶחָד נַעֲשָׂה בְּשֶׁמֶן הַמִּשְׁחָה, וַהֲלֹא תְּחִלָּתוֹ שְׁנֵים עָשָׂר לוּגִּין, וּמִמֶּנּוּ הָיָה נִמְשַׁח מִשְׁכָּן וְכֵלָיו אַהֲרֹן וּבָנָיו כָּל שִׁבְעַת יְמֵי הַמִּלּוּאִים, וְכוּלּוֹ קַיָּים לֶעָתִיד לָבוֹא, שֶׁנֶּאֱמַר 'שֶׁמֶן מִשְׁחַת קֹדֶשׁ יִהְיֶה זֶה לִי לְדֹרֹתֵיכֶם'. תַּנְיָא אִידָךְ, 'וַיִּקַּח מֹשֶׁה אֶת שֶׁמֶן הַמִּשְׁחָה וַיִּמְשַׁח [אֶת] הַמִּשְׁכָּן [וְאֶת] כָּל אֲשֶׁר בּוֹ'; רַבִּי יְהוּדָה אוֹמֵר, שֶׁמֶן הַמִּשְׁחָה שֶׁעָשָׂה מֹשֶׁה בַּמִּדְבָּר כַּמָּה נִסִּים נַעֲשׂוּ בּוֹ מִתְּחִלָּה וְעַד סוֹף, תְּחִלָּתוֹ לֹא הָיָה אֶלָּא שְׁנֵים עָשָׂר לוּגִּין, רְאֵה כַּמָּה יוֹרָה בּוֹלַעַת וְכַמָּה עִקָּרִים בּוֹלְעִים וְכַמָּה הָאוּר שׂוֹרֵף, וּבוֹ נִמְשַׁח מִשְׁכָּן וְכֵלָיו וְאַהֲרֹן וּבָנָיו כָּל שִׁבְעַת יְמֵי הַמִּלּוּאִים, וּבוֹ נִמְשְׁחוּ כֹּהֲנִים גְּדוֹלִים וּמְלָכִים. וַאֲפִילּוּ כֹּהֵן גָּדוֹל בֶּן כֹּהֵן גָּדוֹל טָעוּן מְשִׁיחָה, וְאֵין מוֹשְׁחִים מֶלֶךְ בֶּן מֶלֶךְ; וְאִם תֹּאמַר, מִפְּנֵי מָה מָשְׁחוּ אֶת שְׁלֹמֹה, מִפְּנֵי מַחֲלוֹקְתּוֹ שֶׁל אֲדוֹנִיָּה, וְאֶת יְהוֹאָחָז מִפְּנֵי יְהוֹיָקִים[יז] שֶׁהָיָה גָּדוֹל מִמֶּנּוּ שְׁתֵּי שָׁנִים, וְאֶת יוֹאָשׁ מִפְּנֵי עֲתַלְיָה; וְאוֹתוֹ שֶׁמֶן קַיָּים לֶעָתִיד לָבוֹא, שֶׁנֶּאֱמַר 'שֶׁמֶן מִשְׁחַת קֹדֶשׁ יִהְיֶה זֶה לִי לְדֹרֹתֵיכֶם'. 'זֶה' בְּגִימַטְרִיָּא שְׁנֵים עָשָׂר לוּגִּין הָווּ. **אָמַר** מַר, וַאֲפִילּוּ כֹּהֵן גָּדוֹל בֶּן כֹּהֵן גָּדוֹל טָעוּן מְשִׁיחָה, מְנָלַן. דִּכְתִיב 'וְהַכֹּהֵן הַמָּשִׁיחַ תַּחְתָּיו מִבָּנָיו', נֵימָא קְרָא 'וְהַכֹּהֵן מִתַּחְתָּיו[ז] מִבָּנָיו', מַאי 'הַמָּשִׁיחַ', קָא מַשְׁמַע לָן דְּמִבָּנָיו דְּכֹהֵן גָּדוֹל אִי הָוֵי מָשִׁיחַ הָוֵי כֹּהֵן גָּדוֹל, וְאִי לָא לָא הָוֵי כֹּהֵן גָּדוֹל. אָמַר מַר, וְאֵין מוֹשְׁחִין מֶלֶךְ בֶּן מֶלֶךְ, מְנָלַן. אָמַר רַב אַחָא בַּר יַעֲקֹב, דִּכְתִיב 'לְמַעַן יַאֲרִיךְ יָמִים עַל מַמְלַכְתּוֹ' וְגוֹ', יְרוּשָּׁה הִיא לָכֶם[ח]. וּמְנָלַן דְּכִי אִיכָּא מַחֲלוֹקֶת בָּעֵי מְשִׁיחָה, וְלָאו כָּל דְּבָעֵי מַלְכָּא מוֹרִית מַלְכוּתָא לִבְנֵיהּ. אָמַר רַב פָּפָּא, אָמַר קְרָא 'הוּא וּבָנָיו בְּקֶרֶב יִשְׂרָאֵל', בִּזְמַן שֶׁשָּׁלוֹם בְּיִשְׂרָאֵל קָרֵינָא בֵּיהּ הוּא וּבָנָיו וַאֲפִילּוּ בְּלָא מְשִׁיחָה[ט]. תָּנָא, אַף יֵהוּא בֶּן נִמְשִׁי לֹא נִמְשַׁח אֶלָּא מִפְּנֵי מַחֲלוֹקְתּוֹ שֶׁל יוֹרָם. וְתִיפּוֹק לֵיהּ מִשּׁוּם דְּרִאשׁוֹן[י] הוּא. חַסּוּרֵי מְחַסְּרָא וְהָכִי קָתָנֵי, מַלְכֵי בֵּית דָּוִד מוֹשְׁחִין, מַלְכֵי יִשְׂרָאֵל אֵין מוֹשְׁחִין. מְנָלַן. אָמַר רָבָא[יא], אָמַר קְרָא 'קוּם מְשָׁחֵהוּ כִּי זֶה' וְגוֹ'[יב], זֶה טָעוּן מְשִׁיחָה וְאֵין אַחֵר טָעוּן מְשִׁיחָה. אָמַר מַר, אַף יֵהוּא בֶּן נִמְשִׁי לֹא נִמְשַׁח אֶלָּא מִפְּנֵי מַחֲלוֹקְתּוֹ שֶׁל יוֹרָם; וּמִשּׁוּם מַחֲלוֹקְתּוֹ שֶׁל יוֹרָם בֶּן אַחְאָב נִמְעוֹל בְּשֶׁמֶן[יג]. כִּדְאָמַר רַב פָּפָּא בַּאֲפַרְסְמָא דַּכְיָא, הָכָא נַמִּי בַּאֲפַרְסְמָא דַּכְיָא. וְאֶת יְהוֹאָחָז מִפְּנֵי יְהוֹיָקִים שֶׁהָיָה גָּדוֹל מִמֶּנּוּ שְׁתֵּי שָׁנִים; וּמִי קַשִּׁישׁ מִינֵּיהּ, וְהָכְתִיב 'וּבְנֵי יֹאשִׁיָּהוּ, הַבְּכוֹר יוֹחָנָן, הַשֵּׁנִי יְהוֹיָקִים, הַשְּׁלִישִׁי צִדְקִיָּהוּ, הָרְבִיעִי שַׁלּוּם', וְאָמַר רַבִּי יוֹחָנָן, הוּא שַׁלּוּם הוּא צִדְקִיָּהוּ, הוּא יוֹחָנָן הוּא יְהוֹאָחָז. לְעוֹלָם יְהוֹיָקִים קַשִּׁישׁ, וּמַאי 'בְּכוֹר', בְּכוֹר לַמַּלְכוּת. וּמִי מַלְכֵי זוּטְרֵי מִקַּמֵּי קַשִּׁישֵׁי, וְהָא כְּתִיב 'וְאֶת הַמַּמְלָכָה נָתַן לִיהוֹרָם כִּי הוּא הַבְּכוֹר'. יְהוֹרָם מְמַלֵּא מְקוֹם אֲבוֹתָיו הֲוָה, יְהוֹיָקִים לָאו מְמַלֵּא מְקוֹם אֲבוֹתָיו הֲוָה. אָמַר מַר, הוּא שַׁלּוּם הוּא צִדְקִיָּהוּ הוּא יוֹחָנָן הוּא יְהוֹאָחָז, וְהָא חַד חַד[יד] קָא חָשִׁיב, דִּכְתִיב 'הַשְּׁלִישִׁי' 'הָרְבִיעִי'. מַאי 'שְׁלִישִׁי', שְׁלִישִׁי לַבָּנִים, וּמַאי 'רְבִיעִי', רְבִיעִי לַמַּלְכוּת, דְּמֵעִיקָּרָא מָלַךְ יְהוֹאָחָז, וּלְבַסּוֹף יְהוֹיָקִים, וּלְבַסּוֹף יְכָנְיָה, וּלְבַסּוֹף צִדְקִיָּהוּ. תָּנוּ רַבָּנַן, הוּא שַׁלּוּם הוּא צִדְקִיָּהוּ, וְלָמָּה נִקְרָא שְׁמוֹ שַׁלּוּם, שֶׁהָיָה מְשׁוּלָּם[טו] בְּמַעֲשָׂיו; אִיכָּא דְּאָמְרֵי[טז], שַׁלּוּם, שֶׁשָּׁלְמָה מַלְכוּת בֵּית דָּוִד בְּיָמָיו; וּמַה שְּׁמוֹ, מַתַּנְיָה שְׁמוֹ, שֶׁנֶּאֱמַר 'וַיַּמְלֵךְ מֶלֶךְ בָּבֶל אֶת מַתַּנְיָה דֹדוֹ תַּחְתָּיו וַיַּסֵּב אֶת שְׁמוֹ צִדְקִיָּהוּ', אָמַר לוֹ, יָהּ יַצְדִּיק עָלֶיךָ אֶת הַדִּין אִם תִּמְרוֹד בִּי, (שֶׁנֶּאֱמַר 'וַיְבִיאֵהוּ בָּבֶלָה'[יז]) וּכְתִיב 'וְגַם בַּמֶּלֶךְ נְבוּכַדְנֶאצַּר מָרָד, אֲשֶׁר הִשְׁבִּיעוֹ בֵּאלֹהִים'. וּמִי

רש"י

מה להלן שאין על גביו אלא ה' אלהיו. דמלך קא משתעי קרא, דכתיב 'שום תשים עליך מלך' (דברים יז): כגון אני מהו בשעיר. כלומר, נשיאות דידי מי הוי נשיאות מעליא, דאילו הוינא בזמן שבית המקדש קיים מייתינא שעיר, או לא: א"ל, הרי צרתך בבבל. ראש גולה שבבבל דהוי על גבך, ואנן בעינן שאין על גביו אלא ה' אלהיו: התם 'שבט'. דהיינו מקל, כמו 'כי תכנו בשבט לא ימות' (משלי כג): והכא 'מחוקק'. חכם: מתני' איזה הוא המשיח. שמביא פר בהוראה, זה המשוח בשמן המשחה: ולא מרובה בבגדים. שבבית שני, שלא היה להם שמן המשחה: אין בין כהן משוח בשמן המשחה למרובה בגדים אלא פר הבא על כל המצות. שמרובה בגדים אינו מביא פר העלם דבר לא משלו ולא משל צבור, אבל מביא כשבה או שעירה דיחיד[יח]: ואין בין כהן המשמש. והיינו[יט] ראשון שחזר לעבודתו, ולאחר שחזר הוי פר של יוה"כ שלו ועשירית האיפה שלו: וזה וזה. בין כהן המשמש דהיינו ראשון שחזר לעבודתו, ובין כהן שעבר דהיינו שני שמינו תחתיו, דלאחר (שנעבר) [שחזר] הראשון מעבירין השני: שוים בעבודת היום. דמקרבי קרבנות היום ביוה"כ איזה שירצה: גמ' שמן המשחה שעשה משה. כדכתיב 'שמן משחת קדש יהיה זה לי' (שמות ל): בו שולקין את העקרים. אותם שרשים של בשמים האמורים בפרשה, דכתיב 'ואתה קח לך בשמים ראש מר דרור' וגו': והלא לסוך בו את העקרים אינו מספיק[כ]. לפי שהשמן לא היה אלא שנים עשר לוגין כדמפרש לקמן, והעקרים היו מרובים, ואפילו בסיכה היה נבלע בעקרים, כל שכן בשליקה: אלא שורה[כא] את העקרים במים. ברישא, שיהו מתמלאים מן המים, ושוב לא יהו בולעים מן השמן כל כך: ומציף עליהן שמן. לאחר שהוציאם מן המים, כדי שיקלוט השמן מריח הבשמים: וקפחו. ומוציא השמן לאחר. וקפחו. כמו 'קפחתי את הרועה' (יומא דף כג.): טעון משיחה. ואי לא משוח בשמן לא הוי כהן גדול: מפני מחלוקתו. דהיכא דאיכא מחלוקת בעי משיחה: 'ממלכתו הוא ובניו בקרב ישראל'. משמע ירושה היא להם כאדם שמוריש ירושה לבניו: ולאו כל דבעי מלכא מורית לבניה מלכותא. אפילו בלא משיחה: ירושה היא. בזמן ששלום בישראל: משום דמלך ראשון הוא. ממשפחתו, דאינו מלך בן מלך: זה. דמלכות בית דוד טעון משיחה: ואין אחר. שאינו ממלכי בית דוד טעון משיחה: משום מחלוקתו של יורם נמעול בשמן המשחה. דאמרינן לעיל דמלכי ישראל אין מושחין ממנו: באפרסמא דכיא. דלא הוי משמן המשחה: ומאי 'בכור'. דקרי ליה 'הבכור יוחנן': בכור למלכות. שמלך ראשון: יורם ממלא מקום אבותיו הוה. דכי מלך אכתי הוה צדיק, ממלא מקום אבותיו הוה, ואחר כך הרשיע: משולם במעשיו. דצדיק גמור הוה, בעל מעשים טובים: אמר לו נבוכד נצר, יה יצדיק עליך את הדין אם תמרוד בי: ומי

עין משפט נר מצוה

טז א ב ג מיי' פרק טו מהלכות שגגות הלכה ו:
יז ד מיי' פ"ד מהלכות כלי מקדש הלכה יד:
יח ה מיי' פט"ו מהלכות שגגות הלכה ז:
יט ו מיי' פ"א מהלכות עבודת יו"כ הלכה ג:
כ ז מיי' פי"ז מהלכות איסורי ביאה הלכה א והלכה יג סמג לאוין קכא ועשין לו:
כא ח מיי' שם הלכה א:
כב ט מיי' פ"ג מהלכות אבל הלכה ו סמג לאוין רלו:
כג י מיי' פ"א מהלכות ביאת מקדש הלכה י סמג לאוין ש:
כד כ מיי' פ"ז מהלכות רוצח הלכה ט:
כה ל מיי' פ"א מהלכות כלי המקדש הלכה ג סמג עשין קסו:
כו מ מיי' שם הלכה ז:
כז נ ס מיי' שם הלכה יא ופ"א מהלכות מלכים הלכה יב:
כח ע מיי' פ"א מהלכות כלי המקדש הלכה ז ופ"א מהלכות מלכים הלכה י:
כט פ מיי' פ"א מהלכות כלי המקדש הלכה יא ופ"א מהלכות מלכים הלכה י:
ל צ ק מיי' פ"ד מהלכות כלי המקדש הלכה כ ופ"א מהלכות מלכים הלכה ז סמג עשין קטו:

תוספות הרא"ש

[שייך לעמוד א]

ואיזהו מומר דבפתמא הוה מין אוכל נבלות כו'. פרש"י ז"ל כיון דאוכל דברים שאין הגוף נהנה בו[כב] וקשה תינח נבלות דאיכא לאוקי[כג] בנבלות מוסרחות אבל טרפות מאי איכא למימר [ובפרש"י ז"ל לא הזכיר טרפות משמע דל"ג ליה (ברש"י שלנו כתוב טרפות). אלא יי"ל מאי איכא למימר. ומיהו יי"ל איכא לאוקמי ביין שנתנסך לעבודת כוכבים ולאו משום דאין הגוף תאב לו אלא כיון דפקר כולי האי לשתות יין שנתנסך לעבודת כוכבים[כד]. ומיהו קשה אפילו בנבלות סרוחות שקצים ורמשים אמאי הוי מין הא קתני לקמן אכל פרעוש אחד כו' אע"ג דאין הגוף מתאוה לו. וי"ל דלא אכל אלא פ"א כדקתני אכל פרעוש אחד[כה] דנפשו מומדת לטעום כל דבר ואפי' דבר איסור. אבל הכא דאתפקר כולי האי לאכול נבלות וטרפות תדיר בדבר שאין הגוף נהנה ודאי מין הוא. הרמ"ה ז"ל[כו]: **רבי יהודה אומר אף** (על הכלאים) [**הלובש כלאים**]. פרש"י ז"ל דארישא קאי ואמר אף הלובש כלאים[כז] כמו אוכל חלב. והרמ"ה ז"ל פירש דאסיפא קאי [דהלובש כלאים בסתמא הוי מין כיון דלית ביה הנאה טפי מבשאר בגדים. ומסתברא כפרש"י ז"ל]: **כלאים דרבנן.** כגון לבדים שהן שוע ואינן טווי וארוג דמדאורייתא לא הוה כלאים עד שיהא שוע כל אחד לבד וטווי כל אחד לבד ונוז דהיינו שזור כל אחד לבד ואח"כ אורגו יחד. כפר"ת ועיקר[ט]: [כח] **ת"ר יכול נשיא שבט כנחשון בן עמינדב ת"ל מכל מצות ה' אלהיו ולהלן הוא אומר למען ילמד ליראה את ה' אלהיו.** הך ברייתא מפרשה למתניתין דקתני איזהו נשיא זה מלך שנאמר מכל מצות ה' אלהיו שאין גביו אלא ה' אלהיו. דלא תימא ממשמעות קרא דריש קמ"ל דלא דטובא קראי כתיבי ה' אלהיו ה' אלהיך אלהיכם ואחד מלך ואחד הדיוט במשמע. אלא מגזירה שוה דפרשת מלך קדריש:

[ע"כ שייך לעמוד א]

בעי מיניה רבי מרבי חייא. אע"ג דרבי הייא תלמידיה הוה אפ"ה מגדולי תלמידיו [היה] דהיה נושא ונותן (נו) [רבי] עמו: **כגון אני.** אם הייתי בזמן הבית מביא שעיר או לאו. וא"ל לא לפי שראש גולה גדול ממנו כדמפרש ואזיל לפי שרודין את העם בשבט[י]: **ובו נמשחו כהנים גדולים ומלכים.** ואע"ג דכתיב בקרא[כ] אשר יוצק ממנו על זר ונכרת ומלך בכלל זר. אפשר דדריש ליה מלכתיב[ל] על בשר אדם לא ייסך ודרשי אדם ולא מלך כדדרשי' (מגילה דף יא.) נקום עליהו אדם ולא מלך זה המן הרשע:

מסורת הש"ס עם הוספות

א) [לעיל דף ט. י.], ב) סנהדרין ה., ג) מגילה ט:, ד) כריתות ה. [כל הענין ע"ש כמה וכמה שינויים], ה) ת"כ פרשה לו מכילתא דמלואים פסקא ט, ו) [מנחות פט.], ז) [לקמן יב.], ח) [מגילה כג.], ט) עי' רא"ש פ"ט לנדה סי' א, י) שני דבורים על המשנה נמצאים לקמן יב סע"א, כ) שמות ל לג, ל) שמות ל לב.

תורה אור השלם

א) לֹא יָסוּר שֵׁבֶט מִיהוּדָה וּמְחֹקֵק מִבֵּין רַגְלָיו עַד כִּי יָבֹא שִׁילֹה וְלוֹ יִקְּהַת עַמִּים: [בראשית מט, י]

ב) וְאֶל בְּנֵי יִשְׂרָאֵל תְּדַבֵּר לֵאמֹר שֶׁמֶן מִשְׁחַת קֹדֶשׁ יִהְיֶה זֶה לִי לְדֹרֹתֵיכֶם: [שמות ל, לא]

ג) וַיִּקַּח מֹשֶׁה אֶת שֶׁמֶן הַמִּשְׁחָה וַיִּמְשַׁח אֶת הַמִּשְׁכָּן וְאֶת כָּל אֲשֶׁר בּוֹ וַיְקַדֵּשׁ אֹתָם: [ויקרא ח, י]

ד) וְהַכֹּהֵן הַמָּשִׁיחַ תַּחְתָּיו מִבָּנָיו יַעֲשֶׂה אֹתָהּ חָק עוֹלָם לַיְיָ כָּלִיל תָּקְטָר: [ויקרא ו, טו]

ה) לְבִלְתִּי רוּם לְבָבוֹ מֵאֶחָיו וּלְבִלְתִּי סוּר מִן הַמִּצְוָה יָמִין וּשְׂמֹאול לְמַעַן יַאֲרִיךְ יָמִים עַל מַמְלַכְתּוֹ הוּא וּבָנָיו בְּקֶרֶב יִשְׂרָאֵל: [דברים יז, כ]

ו) וַיִּשְׁלַח וַיְבִיאֵהוּ וְהוּא אַדְמוֹנִי עִם יְפֵה עֵינַיִם וְטוֹב רֹאִי וַיֹּאמֶר יְיָ קוּם מְשָׁחֵהוּ כִּי זֶה הוּא: [שמואל א' טז, יב]

ז) וּבְנֵי יֹאשִׁיָּהוּ הַבְּכוֹר יוֹחָנָן הַשֵּׁנִי יְהוֹיָקִים הַשְּׁלִשִׁי צִדְקִיָּהוּ הָרְבִיעִי שַׁלּוּם: [דברי הימים א' ג, טו]

ח) וַיִּתֵּן לָהֶם אֲבִיהֶם מַתָּנוֹת רַבּוֹת לְכֶסֶף וּלְזָהָב וּלְמִגְדָּנוֹת עִם עָרֵי מְצֻרוֹת בִּיהוּדָה וְאֶת הַמַּמְלָכָה נָתַן לִיהוֹרָם כִּי הוּא הַבְּכוֹר: [דברי הימים ב' כא, ג]

ט) וַיַּמְלֵךְ מֶלֶךְ בָּבֶל אֶת מַתַּנְיָה דֹדוֹ תַּחְתָּיו וַיַּסֵּב אֶת שְׁמוֹ צִדְקִיָּהוּ: [מלכים ב' כד, יז]

י) וַיִּקַּח מִזֶּרַע הַמְּלוּכָה וַיִּכְרֹת אִתּוֹ בְּרִית וַיָּבֵא אֹתוֹ בְּאָלָה וְאֶת אֵילֵי הָאָרֶץ לָקָח: [יחזקאל יז, יג]

כ) וְגַם בַּמֶּלֶךְ נְבוּכַדְנֶאצַּר מָרָד אֲשֶׁר הִשְׁבִּיעוֹ בֵּאלֹהִים וַיֶּקֶשׁ אֶת עָרְפּוֹ וַיְאַמֵּץ אֶת לְבָבוֹ מִשּׁוּב אֶל יְיָ אֱלֹהֵי יִשְׂרָאֵל: [דברי הימים ב' לו, יג]

הגהות וציונים

א] כי"פ דתניא: ב] [צ"ל בשבט וכך איתא בסנהדרין ועי' רש"י דהתם ודהכא] (גליון): ג] "לישראל" ליתא ביל"ש ובכת"י, וכמו בסנהדרין: ד] [בפרש"י בנימוקי החומש פרשת תשא ל' פסוק כ"ד גרס דברי ר' מאיר אמר לו ר' יהודה והלא לסוך וכו' וכך גרס הרמב"ן בפירושו שם ועי' ירושלמי שקלים פ"ו] (גליון): ה] צ"ל עליהם (רש"ש, דק"ס): ו] בראשונים ובכת"י נוסף אחיו, וכמו בכריתות: ז] צ"ל תחתיו (דק"ס), ובע"י דפו"ר שתחתיו וכ"ה בכריתות ובילקוט: ח] צ"ל להם (רש"ש), או לא לגרוס תיבה זו (דק"ס): ט] "קרינא ביה הוא ובניו ואפילו בלא משיחה" ליתא בכת"י, וכמו בכריתות: י] דמלך ראשון (ראשונים וכת"י, וכמו בכריתות): יא] "אמר רבא" ליתא בע"י ובכת"י, וכמו בכריתות: יב] כי זה הוא (ע"י וכת"י, וכמו בכריתות): יג] בשמן המשחה (ראשונים וכת"י, וכמו בכריתות): יד] מהרש"א הגיה "והא בדרי קחשיב" (ע"פ כריתות): טו] ע"י מושלם: טז] ראשונים וכת"י דבר אחר, וכמו בכריתות: יז] בע"י ל"ג (גליון), ובש"מ כריתות ה: הגיה דצ"ל שנאמר (יחזקאל יז, יג) ויבא אותו באלה: יח] [צ"ל ביחיד] (גליון): יט] כת"י דהיינו: כ] כת"י ספק: כא] כת"י שורין: כב] נהנה מהם ודאי להכעיס הוא עשה וקשה (שער יוסף): כג] לאוקומה (שער יוסף): כד] בכת"י נוסף ודאי מין הוא: כה] בכת"י נוסף לא הוי מין: כו] כ"ה בספר שער יוסף (גליון): כז] אף לובש כלאים הוי מומר כמו (שער יוסף): כח] בכת"י נוספו שני דבורים אלו (והושמטו בדפוסים הראשונים מחמת הצנזור): **פליגי בה רב אחא ורבינא חד אמר לתיאבון הרי זה משומד להכעיס הרי זה מין. ואיזהו מפרש הך ברייתא כדמפרש לה תלמודא: וחד אמר להכעיס נמי משומד הוי. ואיזהו מפרש לברייתא דמיירי בתרי גווני משומד והכי קתני אכל חלב סתמיה הוי משומד לתיאבון ואיזהו משומד דסתמיה הוי להכעיס אכל נבלות שקצים ורמשים ואם שתה יין שנתנסך לע"ז סתמיה הוי מין ומילי מילי קתני:**

roots of the spices that are used in the *Shemen Hamishchah*, and boiling them in oil, דִּבְרֵי רַבִּי יְהוּדָה — these are the words of Rabi Yehudah. רַבִּי יוֹסֵי אוֹמֵר — Rabi Yosi says: וַהֲלֹא לָסוּךְ אֶת הָעֲקָרִים אֵינוֹ סוֹפֵק — But the amount of oil that was to be used for the *Shemen Hamishchah* wasn't even enough to smear on all the roots of the spices! Certainly, it was not enough to boil them! אֶלָּא — Rather, what they would do was, שׁוֹרִין אֶת הָעֲקָרִים בְּמַיִם — they would soak the roots in water so they would be full of water and not absorb the oil. וּמֵצִיף עָלָיו שֶׁמֶן — Then they would take the roots out of the water and pour the oil on top of them, וְקוֹלֵט אֶת הָרֵיחַ — and the oil would absorb the fragrance, וְקוּפְּחוֹ — and then they would immediately remove the oil from the roots. אָמַר לוֹ רַבִּי יְהוּדָה — Rabi Yehudah said to Rabi Yosi: וְכִי נֵס אֶחָד נַעֲשָׂה בְּשֶׁמֶן הַמִּשְׁחָה — Was there only one *nes* that happened regarding the *Shemen Hamishchah*? Why is it difficult to say that the little oil was enough for boiling the roots? Maybe this was another *nes*! וַהֲלֹא תְּחִלָּתוֹ שְׁנֵים עָשָׂר לוּגִּין — Wasn't the oil originally only twelve *log*, וּמִמֶּנּוּ הָיָה נִמְשַׁח מִשְׁכָּן וְכֵלָיו אַהֲרֹן וּבָנָיו כָּל שִׁבְעַת יְמֵי הַמִּלּוּאִים — and from it they anointed the entire Mishkan and all its vessels, and Aharon and his sons, every single day for the seven days of the *Shivas Yimei Miluim*, וְכוּלּוֹ קַיָּים לֶעָתִיד לָבוֹא — and the entire amount will still exist in the future, שֶׁנֶּאֱמַר — as it says (*Shemos* 30:31), שֶׁמֶן מִשְׁחַת קֹדֶשׁ יִהְיֶה זֶה לִי לְדוֹרֹתֵיכֶם — "This shall be sacred oil for Me for [your] generations." Since we find that this *nes* happened with the *Shemen Hamishchah*, it should not be difficult to say that they boiled the roots in the oil.

תַּנְיָא אִידָךְ — It is taught in another *Baraisa* regarding the *Shemen Hamishchah*: The *pasuk* writes (*Vayikra* 8:10), וַיִּקַּח מֹשֶׁה אֶת שֶׁמֶן הַמִּשְׁחָה וַיִּמְשַׁח [אֶת] הַמִּשְׁכָּן [וְאֶת] כָּל אֲשֶׁר בּוֹ — "And Moshe took the *Shemen Hamishchah* and anointed the Mishkan and all that was in it." רַבִּי יְהוּדָה אוֹמֵר — Rabi Yehudah says: שֶׁמֶן הַמִּשְׁחָה שֶׁעָשָׂה מֹשֶׁה בַּמִּדְבָּר — With regard to the *Shemen Hamishchah* that Moshe made in the *midbar*: כַּמָּה נִסִּים נַעֲשׂוּ בּוֹ מִתְּחִלָּה וְעַד סוֹף — Many *nisim* were performed with it from beginning to end. תְּחִלָּתוֹ לֹא הָיָה אֶלָּא שְׁנֵים עָשָׂר לוּגִּין — Initially, it was only twelve *log* of oil. רְאֵה כַּמָּה יוֹרָה בּוֹלַעַת — Consider, how much oil a pot absorbs, וְכַמָּה עִקָּרִים בּוֹלְעִים — and how much oil the roots that are in it absorb, וְכַמָּה הָאוּר שׂוֹרֵף — and how much oil the fire burns up. וּבוֹ נִמְשַׁח מִשְׁכָּן וְכֵלָיו וְאַהֲרֹן וּבָנָיו כָּל שִׁבְעַת יְמֵי הַמִּלּוּאִים — And yet, with that oil, the Mishkan and all its vessels, and Aharon and his sons, were anointed each day of the seven days of the *Shivas Yimei Miluim*. וּבוֹ נִמְשְׁחוּ כֹּהֲנִים גְּדוֹלִים וּמְלָכִים — And with it, *kohanim gedolim* and kings were anointed. וַאֲפִילוּ כֹּהֵן גָּדוֹל בֶּן כֹּהֵן גָּדוֹל טָעוּן מְשִׁיחָה — And even a *kohen gadol* who succeeds his father the *kohen gadol* needs to be anointed. וְאֵין מוֹשְׁחִים מֶלֶךְ בֶּן מֶלֶךְ — But a king succeeds his father the king does not need to be anointed. וְאִם תֹּאמַר — And if you ask: מִפְּנֵי מָה מָשְׁחוּ אֶת שְׁלֹמֹה — If a king the son of a king does not need to be anointed, then why did they anoint Shlomo Hamelech, who was the son of Dovid Hamelech? מִפְּנֵי מַחְלוֹקְתּוֹ שֶׁל אֲדוֹנִיָּה — It was because Adoniyah tried to succeed Dovid as king, and he challenged Shlomo's kingship. וְאֶת יוֹאָשׁ מִפְּנֵי עֲתַלְיָה — And they anointed Yoash because of Asalyah who

For this *daf's shiur* and charts, scan this QR code:

מה להלן שאין על גביו אלא ה' אלהיו. דבמלך קא משתעי קרא, דכתיב 'שום תשים עליך מלך' (דברים יז): כגון אני מהו בשעיר. כלומר, נשיאות דידי מי הוי נשיאות מעליא, דאילו הוינא בזמן שבית המקדש קיים מייתינא שעיר, או לא: א"ל, הרי צרתך בבבל. ראש גולה שבבבל דהוי על גבך, ואנן בעינן שאין על גביו אלא ה' אלהיו: התם 'שבט'. דהיינו מקל, כמו 'כי תכנו בשבט לא ימות' (משלי כג): והכא 'מחוקק'. חכם: מתני' איזה הוא המשיח. שמביא פר בהוראה, זה המשוח בשמן המשחה: ולא מרובה בבגדים. שבבית שני, שלא היה להם שמן המשחה: אין בין כהן משוח בשמן המשחה למרובה בגדים אלא פר הבא על כל המצות. שמרובה בגדים אינו מביא פר העלם דבר לא משלו ולא משל צבור, אבל מביא כשבה או שעירה דיחיד[יח]: ואין בין כהן המשמש. והיינו[יט] ראשון שחזר לעבודתו, ולאחר שחזר הוי פר של יוה"כ שלו ועשירית האיפה שלו: וזה וזה. בין כהן המשמש דהיינו ראשון שחזר לעבודתו, ובין כהן שעבר דהיינו שני שמינו תחתיו, דלאחר (שנעבר) [שחזר] הראשון מעבירין השני: שוים בעבודת היום. דמקרבי קרבנות היום ביוה"כ איזה שירצה: גמ' שמן המשחה שעשה משה. כדכתיב 'שמן משחת קדש יהיה זה לי' (שמות ל): בו שולקין את העקרים. אותם שרשים של בשמים האמורים בפרשה, דכתיב 'ואתה קח לך בשמים ראש מר דרור' וגו': והלא לסוך בו את העקרים אינו מספיק[כ]. לפי שהשמן לא היה אלא שנים עשר לוגין כדמפרש לקמן, והעקרים היו מרובים, ואפילו בסיכה היה נבלע בעקרים, כל שכן בשליקה: אלא שורה[כא] את העקרים במים. ברישא, שיהו מתמלאים מן המים, ושוב לא יהו בולעים מן השמן כל כך: ומציף עליהן שמן. לאחר שהוציאם מן המים, כדי שיקלוט השמן מריח הבשמים: וקפחו. ומוליא השמן לאלתר. וקפחו, כמו 'קפחתי את הרועה' (יומא דף פג:): טעון משיחה. ואי לא משוח בשמן לא הוי כהן גדול: מפני מחלוקתו. דהיכא דאיכא מחלוקת בעי משיחה: 'ממלכתו הוא ובניו בקרב ישראל'. משמע ירושה היא להם כאדם שמוריש ירושה לבניו: ולאו כל דבעי מלכא מורית לבניה מלכותא. אפילו בלא משיחה: ירושה היא. בזמן ששלום בישראל: משום דמלך ראשון הוא. ממשפחתו, דאינו מלך בן מלך: זה. דמלכות בית דוד טעון משיחה: ואין אחר. שאינו ממלכי בית דוד טעון משיחה: משום מחלוקתו של יורם נמעול בשמן המשחה. דאמרינן לעיל דמלכי ישראל אין מושחין ממנו: באפרסמא דכיא. דלא הוי משמן המשחה: ומאי 'בכור'. דקרי ליה 'הבכור יוחנן': בכור למלכות. שמלך ראשון: יורם ממלא מקום אבותיו הוה. דכי מלך אכתי הוה לדיק, ממלא מקום אבותיו הוה, ואחר כך החמיץ: משולם במעשיו. דלדיק גמור הוה, בעל מעשים טובים: אמר לו נבוכד נצר, יה ילדיק עליך את הדין אם תמרוד בי:

מה להלן שאין על גביו אלא ה' אלהיו, אף נשיא שאין על גביו אלא ה' אלהיו. בעא מיניה רבי מרבי חייא, כגון אני מהו בשעיר; אמר ליה, הרי צרתך בבבל; איתיביה, מלכי ישראל ומלכי בית דוד אלו מביאים לעצמם ואלו מביאים לעצמם; אמר ליה, התם לא כייפי אהדדי, הכא אנן כייפינן להו לדידהו. רב ספרא מתני הכי, בעא מיניה רבי מרבי חייא, כגון אני מהו בשעיר; אמר ליה, התם 'שבט' הכא 'מחוקק', ותניא, 'לא יסור שבט מיהודה' זה ראש גולה שבבבל, שרודה את ישראל במקל, 'ומחוקק מבין רגליו', אלו בני בניו של הלל שמלמדים תורה לישראל ברבים:

מתני' ואיזהו המשיח, המשוח בשמן המשחה, לא המרובה בבגדים. אין בין כהן המשוח בשמן המשחה למרובה בגדים אלא פר הבא על כל המצות, ואין בין כהן משמש לכהן שעבר אלא פר יום הכפורים ועשירית האיפה, זה וזה שוים בעבודת יום הכפורים, ומצווים על הבתולה, ואסורים על האלמנה, ואינם מטמאים בקרוביהם, ולא פורעים ולא פורמים, ומחזירין הרוצח:

גמ' תנו רבנן, שמן המשחה שעשה משה במדבר היו שולקים בו את העיקרים, דברי רבי יהודה; רבי יוסי אומר, והלא לסוך את העקרים אינו סופק, אלא שורין את העקרים במים, ומציף עליו שמן, וקולט את הריח וקפחו; אמר לו רבי יהודה, וכי נס אחד נעשה בשמן המשחה, והלא תחלתו שנים עשר לוגין, וממנו היה נמשח משכן וכליו אהרן ובניו כל שבעת ימי המלואים, וכולו קיים לעתיד לבוא, שנאמר 'שמן משחת קדש יהיה זה לי לדורותיכם'. תניא אידך, 'ויקח משה את שמן המשחה וימשח [את] המשכן [ואת] כל אשר בו'; רבי יהודה אומר, שמן המשחה שעשה משה במדבר כמה נסים נעשו בו מתחלה ועד סוף, תחלתו לא היה אלא שנים עשר לוגין, ראה כמה יורה בולעת וכמה עקרים בולעים וכמה האור שורף, ובו נמשח משכן וכליו ואהרן ובניו כל שבעת ימי המלואים, ובו נמשחו כהנים גדולים ומלכים. ואפילו כהן גדול בן כהן גדול טעון משיחה, ואין מושחים מלך בן מלך; ואם תאמר, מפני מה משחו את שלמה, מפני מחלוקתו של אדוניה, ואת יואש מפני עתליה, ואת יהואחז מפני יהויקים שהיה גדול ממנו שתי שנים; ואותו שמן קיים לעתיד לבוא, שנאמר 'שמן משחת קדש יהיה זה לי לדורותיכם'. 'זה' בגימטריא שנים עשר לוגין הוו. אמר מר, ואפילו כהן גדול בן כהן גדול טעון משיחה, מנלן, דכתיב 'והכהן המשיח תחתיו מבניו', נימא קרא 'והכהן מתחתיו' מבניו, מאי 'המשיח', קא משמע לן דמבניו דכהן גדול אי הוי משיח הוי כהן גדול, ואי לא לא הוי כהן גדול. אמר מר, ואין מושחין מלך בן מלך, מנלן, אמר רב אחא בר יעקב, דכתיב 'למען יאריך ימים על ממלכתו' וגו', ירושה היא לכם. ומנלן דכי איכא מחלוקת בעי משיחה, ולאו כל דבעי מלכא מורית מלכותא לבניה. אמר רב פפא, אמר קרא 'הוא ובניו בקרב ישראל', בזמן ששלום בישראל קרינא ביה הוא ובניו ואפילו בלא משיחה. תנא, אף יהוא בן נמשי לא נמשח אלא מפני מחלוקתו של יורם. ותיפוק ליה משום דראשון הוא. חסורי מחסרא והכי קתני, מלכי בית דוד משוחין, מלכי ישראל אין משוחין. מנלן, אמר רבא, אמר קרא 'קום משחהו כי זה' וגו', זה טעון משיחה ואין אחר טעון משיחה. אמר מר, אף יהוא בן נמשי לא נמשח אלא מפני מחלוקתו של יורם; ומשום מחלוקתו של יורם בן אחאב נמעול בשמן. כדאמר רב פפא באפרסמא דכיא, הכא נמי באפרסמא דכיא. ואת יהואחז מפני יהויקים שהיה גדול ממנו שתי שנים; ומי קשיש מיניה, והכתיב 'ובני יאשיהו, הבכור יוחנן, השני יהויקים, השלישי צדקיהו, הרביעי שלום', ואמר רבי יוחנן, הוא שלום הוא צדקיהו, הוא יוחנן הוא יהואחז. לעולם יהויקים קשיש, ומאי 'בכור', בכור למלכות. ומי מלכי זוטרי מקמי קשישי, והא כתיב 'ואת הממלכה נתן ליהורם כי הוא הבכור'. יהורם ממלא מקום אבותיו הוה, יהויקים לאו ממלא מקום אבותיו הוה. אמר מר, הוא שלום הוא צדקיהו הוא יוחנן הוא יהואחז, והא חד חדי קא חשיב, דכתיב 'השלישי' 'הרביעי'. מאי 'שלישי', שלישי לבנים, ומאי 'רביעי', רביעי למלכות, דמעיקרא מלך יהואחז, ולבסוף יהויקים, ולבסוף יכניה, ולבסוף צדקיהו. תנו רבנן, הוא שלום הוא צדקיהו, ולמה נקרא שמו שלום, שהיה משולם במעשיו; איכא דאמרי, שלום, ששלמה מלכות בית דוד בימיו; ומה שמו, מתניה שמו, שנאמר 'וימלך מלך בבל את מתניה דודו תחתיו ויסב את שמו צדקיהו', אמר לו, יה יצדיק עליך את הדין אם תמרוד בי, (שנאמר 'ויביאהו בבלה') וכתיב 'וגם במלך נבוכד נצר מרד, אשר השביעו באלהים'.

ומי

This *daf* is dedicated *l'iluy nishmas*: Chana bat Esther *z"l*

tried to prevent him from becoming king. וְאֶת יְהוֹאָחָז מִפְּנֵי יְהוֹיָקִים — And they anointed Yehoachaz because of Yehoyakim, his brother, שֶׁהָיָה גָּדוֹל מִמֶּנּוּ שְׁתֵּי שָׁנִים — who was two years older than him, and had a strong claim to the throne. וְאוֹתוֹ שֶׁמֶן קַיָּים לֶעָתִיד לָבוֹא — And that same *Shemen Hamishchah* will continue to exist in the future, שֶׁנֶּאֱמַר — as it is written (*Shemos* 30:31), שֶׁמֶן מִשְׁחַת קֹדֶשׁ יִהְיֶה זֶה לִי לְדוֹרֹתֵיכֶם — "This shall be sacred oil for Me for generations." זֶה — The word "*zeh*," בְּגִימַטְרִיָּא שְׁנֵים עָשָׂר לוּגִּין הָווֹ — with its numerical value of twelve, alludes to the fact that the *Shemen Hamishchah* remained the full twelve *log*, and was never diminished by use.

The Gemara discusses the *Baraisa:* אָמַר מַר — The *Baraisa* said: וַאֲפִילּוּ כֹּהֵן גָּדוֹל בֶּן כֹּהֵן גָּדוֹל טָעוּן מְשִׁיחָה — Even a *kohen gadol*, son of a *kohen gadol* must be anointed. מְנָלַן — From where do we know this? דִּכְתִיב — Because it is written (*Vayikra* 6:15), וְהַכֹּהֵן הַמָּשִׁיחַ תַּחְתָּיו מִבָּנָיו — "The anointed *kohen* who takes his place from among his sons." נֵימָא קְרָא — The *pasuk* should have simply said: וְהַכֹּהֵן מִתַּחְתָּיו מִבָּנָיו — "The *kohen* who takes his place from among his sons." מַאי הַמָּשִׁיחַ — Why does it refer to this son, who is taking over as *kohen gadol*, as being anointed? קָא מַשְׁמַע לַן דְּמִבָּנָיו דְּכֹהֵן גָּדוֹל — This teaches us that even if the new *kohen gadol* is from among the sons of the previous *kohen gadol*, אִי הָוֵי מָשִׁיחַ — if he is anointed, הָוֵי כֹּהֵן גָּדוֹל — he will be the *kohen gadol*, וְאִי לָא — and if he is not anointed, לָא הָוֵי כֹּהֵן גָּדוֹל — he will not be the *kohen gadol.*

אָמַר מַר — The *Baraisa* said: וְאֵין מוֹשְׁחִין מֶלֶךְ בֶּן מֶלֶךְ — But one does not anoint a king who is the son of a king. מְנָלַן — From where do we know this? אָמַר רַב אַחָא בַּר יַעֲקֹב — Rav Acha bar Yaakov said: דִּכְתִיב — Because it is written (*Devarim* 17:20), לְמַעַן יַאֲרִיךְ יָמִים עַל מַמְלַכְתּוֹ וְגוֹ׳ — "So that he may prolong his days in his kingdom, [he and his sons, in the midst of Bnei Yisrael]." יְרוּשָּׁה הִיא לָכֶם — The king's sons are mentioned in the *pasuk* to teach that kingship is passed down to the sons as an inheritance. וּמְנָלַן דְּכִי אִיכָּא מַחְלוֹקֶת בָּעֵי מְשִׁיחָה — And how does the *Baraisa* know that when there is a dispute about the new king, he must be anointed, וְלָאו כָּל דְּבָעֵי מַלְכָּא מוֹרֵית מַלְכוּתָא לִבְנֵיהּ — and the king cannot simply resolve the dispute by passing down the kingship to whichever son he wishes without anointing him? אָמַר רַב פָּפָּא — Rav Pappa said: אָמַר קְרָא — The *pasuk* said: הוּא וּבָנָיו בְּקֶרֶב יִשְׂרָאֵל — "He and his sons, in the midst of Bnei Yisrael. בִּזְמַן שֶׁשָּׁלוֹם בְּיִשְׂרָאֵל קָרֵינָא בֵּיהּ הוּא וּבָנָיו — This teaches that at a time when there is peace among Bnei Yisrael, we apply the *pasuk*, "He and his sons," and we have the halachah that kingship can be passed from father to son, וַאֲפִילּוּ בְּלֹא מְשִׁיחָה — even without anointment. But when there is a dispute, we do not have the halachah which is taught by the *pasuk* "He and his sons," and the kingship cannot be passed down without anointing the new king.

תָּנָא — It is taught in a *Baraisa*: אַף יֵהוּא בֶּן נִמְשִׁי לֹא נִמְשַׁח אֶלָּא מִפְּנֵי מַחְלוֹקְתּוֹ שֶׁל יוֹרָם — Even Yehu ben Nimshi was only anointed because his kingship was contested by Yoram. The Gemara asks: וְתִיפּוֹק לֵיהּ מִשּׁוּם דְּרִאשׁוֹן הוּא — Why don't we learn that Yehu was anointed because he was the first king in his family, and he was

For this *daf's shiur* and charts, scan this QR code:

עין משפט
נר מצוה

טז א ב ג מיי' פרק טו מהלכות שגגות הלכה ו:
יז ד מיי' פ"ד מהלכות כלי מקדש הלכה יד:
יח ה מיי' פט"ו מהלכות שגגות הלכה ז:
יט ו מיי' פ"א מהלכות עבודת יו"כ הלכה ג:
כ ז מיי' פי"ז מהלכות איסורי ביאה הלכה א והלכה יג סמג לאוין קכא ועשין לו:
כא ח מיי' שם הלכה א:
כב ט מיי' פ"ג מהלכות אבל הלכה ו סמג לאוין רלו:
כג י מיי' פ"א מהלכות ביאת מקדש הלכה י סמג לאוין ש:
כד כ מיי' פ"ז מהלכות רוצח הלכה ט:
כה ל מיי' פ"א מהלכות כלי המקדש הלכה ג סמג עשין קסו:
כו מ מיי' שם הלכה ז:
כז נ ס מיי' שם הלכה יא ופ"א מהלכות מלכים הלכה יב:
כח ע מיי' פ"א מהלכות כלי המקדש הלכה ז ופ"א מהלכות מלכים הלכה י:
כט פ מיי' פ"א מהלכות כלי המקדש הלכה יא ופ"א מהלכות מלכים הלכה י:
ל צ ק מיי' פ"ד מהלכות כלי המקדש הלכה כ ופ"א מהלכות מלכים הלכה ז סמג עשין קטו:

מה להלן שאין על גביו אלא ה' אלהיו, אף נשיא שאין על גביו אלא ה' אלהיו. בעא מיניה רבי מרבי חייא, כגון אני מהו בשעיר; אמר ליה, הרי צרתך בבבל; איתיביה, מלכי ישראל ומלכי בית דוד אלו מביאים לעצמם ואלו מביאים לעצמם; אמר ליה, התם לא כייפי אהדדי, הכא אנן כייפינן להו לדידהו. רב ספרא מתני הכי, בעא מיניה רבי מרבי חייא, כגון אני מהו בשעיר; אמר ליה, התם 'שבט' הכא 'מחוקק', ותניא, 'לא יסור שבט מיהודה' זה ראש גולה שבבבל, שרודה את ישראל במקל, 'ומחוקק מבין רגליו', אלו בני בניו של הלל שמלמדים תורה לישראל ברבים:

מתני' ואיזהו המשיח, המשוח בשמן המשחה, לא המרובה בבגדים. אין בין כהן המשוח בשמן המשחה למרובה בגדים אלא פר הבא על כל המצות, ואין בין כהן משמש לכהן שעבר אלא פר יום הכפורים ועשירית האיפה, וזה וזה שוים בעבודת יום הכפורים, ומצווים על הבתולה, ואסורים על האלמנה, ואינם מטמאים בקרוביהם, ולא פורעים ולא פורמים, ומחזירין הרוצח:

גמ' תנו רבנן, שמן המשחה שעשה משה במדבר היו שולקים בו את העיקרים, דברי רבי יהודה; רבי יוסי אומר, והלא לסוך את העקרים אינו סופק, אלא שורין את העקרים במים, ומציף עליו שמן, וקולט את הריח וקפחו; אמר לו רבי יהודה, וכי נס אחד נעשה בשמן המשחה, והלא תחלתו שנים עשר לוגין, וממנו היה נמשח משכן וכליו אהרן ובניו כל שבעת ימי המלואים, וכולו קיים לעתיד לבוא, שנאמר 'שמן משחת קדש יהיה זה לי לדורותיכם'. תניא אידך, 'ויקח משה את שמן המשחה וימשח [את] המשכן [ואת] כל אשר בו'; רבי יהודה אומר, שמן המשחה שעשה משה במדבר כמה נסים נעשו בו מתחלה ועד סוף, תחלתו לא היה אלא שנים עשר לוגין, ראה כמה יורה בולעת וכמה עקרים בולעים וכמה האור שורף, ובו נמשח משכן וכליו ואהרן ובניו כל שבעת ימי המלואים, ובו נמשחו כהנים גדולים ומלכים. ואפילו כהן גדול בן כהן גדול טעון משיחה, ואין מושחים מלך בן מלך; ואם תאמר, מפני מה משחו את שלמה, מפני מחלוקתו של אדוניה, ואת יואש מפני עתליה, ואת יהואחז מפני יהויקים שהיה גדול ממנו שתי שנים; ואותו שמן קיים לעתיד לבוא, שנאמר 'שמן משחת קדש יהיה זה לי לדורותיכם'. 'זה' בגימטריא שנים עשר לוגין הוו. אמר מר, ואפילו כהן גדול בן כהן גדול טעון משיחה, מנלן. דכתיב 'והכהן המשיח תחתיו מבניו', נימא קרא 'והכהן מתחתיו מבניו', מאי 'המשיח', קא משמע לן דמבניו דכהן גדול אי הוי משיח הוי כהן גדול, ואי לא לא הוי כהן גדול. אמר מר, ואין מושחין מלך בן מלך, מנלן. אמר רב אחא בר יעקב, דכתיב 'למען יאריך ימים על ממלכתו' וגו', ירושה היא לכם. ומנלן דכי איכא מחלוקת בעי משיחה, ולאו כל דבעי מלכא מורית מלכותא לבניה. אמר רב פפא, אמר קרא 'הוא ובניו בקרב ישראל', בזמן ששלום בישראל קרינא ביה הוא ובניו ואפילו בלא משיחה. תנא, אף יהוא בן נמשי לא נמשח אלא מפני מחלוקתו של יורם. ותיפוק ליה משום דראשון הוא. חסורי מחסרא והכי קתני, מלכי בית דוד משוחין, מלכי ישראל אין משוחין. מנלן. אמר רבא, אמר קרא 'קום משחהו כי זה' וגו', זה טעון משיחה ואין אחר טעון משיחה. אמר מר, אף יהוא בן נמשי לא נמשח אלא מפני מחלוקתו של יורם; ומשום מחלוקתו של יורם בן אחאב נמעול בשמן. כדאמר רב פפא באפרסמא דכיא, הכא נמי באפרסמא דכיא. ואת יהואחז מפני יהויקים שהיה גדול ממנו שתי שנים; ומי קשיש מיניה, והכתיב 'ובני יאשיהו, הבכור יוחנן, השני יהויקים, השלישי צדקיהו, הרביעי שלום', ואמר רבי יוחנן, הוא שלום הוא צדקיהו, הוא יוחנן הוא יהואחז. לעולם יהויקים קשיש, ומאי 'בכור', בכור למלכות. ומי מלכי זוטרי מקמי קשישי, והא כתיב 'ואת הממלכה נתן ליהורם כי הוא הבכור'. יהורם ממלא מקום אבותיו הוה, יהויקים לאו ממלא מקום אבותיו הוה. אמר מר, הוא שלום הוא צדקיהו הוא יוחנן הוא יהואחז, והא חד חדי קא חשיב, דכתיב 'השלישי' 'הרביעי'. מאי 'שלישי', שלישי לבנים, ומאי 'רביעי', רביעי למלכות, דמעיקרא מלך יהואחז, ולבסוף יהויקים, ולבסוף יכניה, ולבסוף צדקיהו. תנו רבנן, הוא שלום הוא צדקיהו, ולמה נקרא שמו שלום, שהיה משולם במעשיו; איכא דאמרי, שלום, ששלמה מלכות בית דוד בימיו; ומה שמו, מתניה שמו, שנאמר 'וימלך מלך בבל את מתניה דודו תחתיו ויסב את שמו צדקיהו', אמר לו, יה יצדיק עליך את הדין אם תמרוד בי, (שנאמר 'ויביאהו בבלה') וכתיב 'וגם במלך נבוכד נצר מרד, אשר השביעו באלהים'. ומי

מה להלן שאין על גביו אלא ה' אלהיו. דבמלך קא משתעי קרא, דכתיב 'שום תשים עליך מלך' (דברים יז): כגון אני מהו בשעיר. כלומר, נשיאות דידי מי הוי נשיאות מעליא, דאילו הוינא בזמן שבית המקדש קיים מייתינא שעיר, או לא: א"ל, הרי צרתך בבבל. ראש גולה שבבבל דהוי על גבך, ואנן בעינן שאין על גביו אלא ה' אלהיו: התם 'שבט'. דהיינו מקל, כמו 'כי תכנו בשבט לא ימות' (משלי כג): והכא 'מחוקק'. חכם: מתני' איזה הוא המשיח. שמביא פר בהוראה, זה המשוח בשמן המשחה: ולא מרובה בבגדים. שבבית שני, שלא היה להם שמן המשחה: אין בין כהן משוח בשמן המשחה למרובה בגדים אלא פר הבא על כל המצות. שמרובה בגדים אינו מביא פר העלם דבר לא משלו ולא משל צבור, אבל מביא כשבה או שעירה דיחיד: ואין בין כהן המשמש. והיינו ראשון שחזר לעבודתו, ולאחר שחזר הוי פר של יוה"כ שלו ועשירית האיפה שלו: וזה וזה. בין כהן המשמש דהיינו ראשון שחזר לעבודתו, ובין כהן שעבר דהיינו שני שמינו תחתיו, דלאחר (שנעבר) [שחזר] הראשון מעבירין השני: שוים בעבודת היום. דמקרבי קרבנות היום ביוה"כ איזה שירצה: גמ' שמן המשחה שעשה משה. כדכתיב 'שמן משחת קדש יהיה זה לי' (שמות ל): בו שולקין את העקרים. אותם שרשים של בשמים האמורים בפרשה, דכתיב 'ואתה קח לך בשמים ראש מר דרור' וגו': והלא לסוך בו את העקרים אינו מספיק. לפי שהשמן לא היה אלא שנים עשר לוגין כדמפרש לקמן, והעקרים היו מרובים, ואפילו בסיכה היה נבלע בעקרים, כל שכן בשליקה: אלא שורה את העקרים במים. ברישא, שיהו מתמלאים מן המים, ושוב לא יהו בולעים מן השמן כל כך: ומציף עליהן שמן. לאחר שהוציאם מן המים, כדי שיקלוט השמן מריח הבשמים: וקפחו. ומוציא השמן לאלתר. וקפחו, כמו 'קפחתי את הרועה' (יומא דף פג:): טעון משיחה. ואי לא משוח בשמן לא הוי כהן גדול: מפני מחלוקתו. דהיכא דאיכא מחלוקת בעי משיחה: 'ממלכתו הוא ובניו בקרב ישראל'. משמע ירושה היא להם כאדם שמוריש ירושה לבניו: ולאו כל דבעי מלכא מורית לבניה מלכותא. אפילו בלא משיחה: ירושה היא. בזמן ששלום בישראל: משום דמלך ראשון הוא. ממשפחתו, דאינו מלך בן מלך: זה. דמלכות בית דוד טעון משיחה: ואין אחר. שאינו ממלכי בית דוד טעון משיחה: משום מחלוקתו של יורם נמעול בשמן המשחה. דאמרינן לעיל דמלכי ישראל אין מושחין ממנו: באפרסמא דכיא. דלא הוי משמן המשחה: ומאי 'בכור'. דקרי ליה 'הבכור יוחנן': בכור למלכות. שמלך ראשון: יורם ממלא מקום אבותיו הוה. דכי מלך אכתי הוה צדיק, ממלא מקום אבותיו הוה, ואחר כך החמיץ: משולם במעשיו. דצדיק גמור הוה, בעל מעשים טובים: אמר לו נבוכד נצר, יה ידיק עליך את הדין אם תמרוד בי: ומי

תוספות הרא"ש
[שייך לעמוד א]

ואיזהו מומר דבסתמא הוה מין אוכל נבלות כו'. פרש"י ז"ל כיון דאוכל דברים שאין הגוף נהנה בו [כד] וקשה מינה נבלות דאיכא למוקי[כג] בנבלות מוסרחות אבל טרפות מאי איכא למימר [ובפרש"י ז"ל לא הזכיר טרפות משמע דל"ג ליה (בפרש"י שלנו כתוב טרפות). אלא י"ל מאי איכא למימר. ומיהו י"ל איכא לאוקמי ביין שנתנסך לעבודת כוכבים ולאו משום דאין הגוף תאב לו אלא כיון דפקר כולי האי לשתות יין שנתנסך לעבודת כוכבים[כד]. ומיהו קשה אפילו בנבלות סרוחות שקצים ורמשים אמאי הוי מין הא קתני לקמן אכל פרעוש אחד כו' אע"ג דאין הגוף מתאוה לו. וי"ל דלא אכל אלא פ"א כדקתני אכל פרעוש אחד[כה] דנפשו מומדת לטעום כל דבר ואפי' דבר איסור. אבל הכא דאתפקר כולי האי לאכול נבלות וטרפות תדיר בדבר שאין הגוף נהנה ודאי מין הוא. הרמ"ה ז"ל[כו]: רבי יהודה אומר אף (על הכלאים) [הלובש כלאים]. פרש"י ז"ל דארישא קאי ואמר אף הלובש כלאים[כז] כמו אוכל חלב. והרמ"ה ז"ל פירש דאסיפא קאי [דהלובש כלאים בסתמא הוי מין כיון דלית ביה הנאה טפי מבשאר בגדים. ומסתברא כפרש"י ז"ל]: כלאים דרבנן. כגון לבדים שהן שוע ואינן טווי ואריג דמדאורייתא לא הוה כלאים עד שיהא שוע כל אחד לבד וטווי כל אחד לבד ונוז דהיינו שזור כל אחד לבד ואח"כ אורגו יחד. כפר"ח ועיקר[ט]: [כח] ת"ר יכול נשיא שבט כנחשון בן עמינדב ת"ל מכל מצות ה' אלהיו ולהלן הוא אומר למען ילמד ליראה את ה' אלהיו. הך ברייתא מפרשה למתניתין דקתני איזהו נשיא זה מלך שנאמר מכל מצות ה' אלהיו שאין גביו אלא ה' אלהיו. דלא תימא ממשמעות קרא דריש קמ"ל דלא דטובא קראי כתיבי ה' אלהיו ה' אלהיך אלהיכם ואחד מלך ואחד הדיוט במשמע. אלא מגזירה שוה דפרשת מלך קדריש:

[ע"כ שייך לעמוד א]

בעי מיניה רבי מרבי חייא. אע"ג דרבי חייא תלמידיה הוה אפ"ה מגדולי תלמידיו [היה] דהיה נושא ונותן (בו) [רבי] עמו: כגון אני. אם הייתי בזמן הבית מביא שעיר או לאו. וא"ל לא לפי שראש גולה גדול ממנו כדמפרש ואזיל לפי שרודין את העם בשבט: ובו נמשחו כהנים גדולי' ומלכים. ואע"ג דכתיב בקרא אשר יתן ממנו על זר ונכרת ומלך בכלל זר. אפשר דדריש ליה מדכתיב על בשר אדם לא ייסך ודרשי' אדם ולא מלך כדדרשי' (מגילה דף יא.) בקום עלינו אדם ולא מלך זה המן הרשע:

מסורת הש"ס
עם הוספות

א) [לעיל דף ט. י.], ב) סנהדרין ה., ג) מגילה ט:, ד) כריתות ה. [כל הענין ע"ש כמה וכמה שינויים], ה) ת"כ פרשה צו מכילתא דמלואים פסקא ט, ו) [מנחות פט.], ז) [לקמן יב.], ח) [מגילה כג.], ט) עי' רא"ש פ"ע דנדה סי' ח, י) שני דבורים על המשנה נמצאים לקמן יב סע"א, כ) שמות ל לג, ל) שמות ל לב.

תורה אור השלם

א) לא יסור שבט מיהודה ומחקק מבין רגליו עד כי יבא שילה ולו יקהת עמים: [בראשית מט, י]

ב) ואל בני ישראל תדבר לאמר שמן משחת קדש יהיה זה לי לדרתיכם: [שמות ל, לא]

ג) ויקח משה את שמן המשחה וימשח את המשכן ואת כל אשר בו ויקדש אתם: [ויקרא ח, י]

ד) והכהן המשיח תחתיו מבניו יעשה אתה חק עולם ליי כליל תקטר: [ויקרא ו, טו]

ה) לבלתי רום לבבו מאחיו ולבלתי סור מן המצוה ימין ושמאול למען יאריך ימים על ממלכתו הוא ובניו בקרב ישראל: [דברים יז, כ]

ו) וישלח ויביאהו והוא אדמוני עם יפה עינים וטוב ראי ויאמר יי קום משחהו כי זה הוא: [שמואל א' טז, יב]

ז) ובני יאשיהו הבכור יוחנן השני יהויקים השלשי צדקיהו הרביעי שלום: [דברי הימים א' ג, טו]

ח) ויתן להם אביהם מתנות רבות לכסף ולזהב ולמגדנות עם ערי מצרות ביהודה ואת הממלכה נתן ליהורם כי הוא הבכור: [דברי הימים ב' כא, ג]

ט) וימלך מלך בבל את מתניה דדו תחתיו ויסב את שמו צדקיהו: [מלכים ב' כד, יז]

י) ויקח מזרע המלוכה ויכרת אתו ברית ויבא אתו באלה ואת אילי הארץ לקח: [יחזקאל יז, יג]

כ) וגם במלך נבוכדנאצר מרד אשר השביעו באלהים ויקש את ערפו ויאמץ את לבבו משוב אל יי אלהי ישראל: [דברי הימים ב' לו, יג]

הגהות וציונים

א] כי"פ דתניא: ב] [צ"ל בשבט וכך איתא בסנהדרין ועי' רש"י דהתם ודהכא] (גליון): ג] "לישראל" ליתא ביל"ש ובכת"י, וכמו בסנהדרין: ד] [בפרש"י בנימוקי החומש פרשת תשא ל' פסוק כ"ד גרס דברי ר' מאיר אמר לו ר' יהודה והלא לסוך וכו' וכך גרס הרמב"ן בפירושו שם ועי' ירושלמי שקלים פ"ו] (גליון): ה] צ"ל עליהם (רש"ש, דק"ס): ו] בראשונים ובכת"י נוסף אחיו, וכמו בכריתות: ז] צ"ל תחתיו (דק"ס), ובע"י דפו"ר שתחתיו וכ"ה בכריתות ובילקוט: ח] צ"ל להם (רש"ש), או לא לגרוס תיבה זו (דק"ס): ט] "קרינא ביה הוא ובניו ואפילו בלא משיחה" ליתא בכת"י, וכמו בכריתות: י] דמלך ראשון (ראשונים וכת"י, וכמו בכריתות): יא] "אמר רבא" ליתא בע"י ובכת"י, וכמו בכריתות: יב] כי זה הוא (ע"י וכת"י, וכמו בכריתות): יג] בשמן המשחה (ראשונים וכת"י, וכמו בכריתות): יד] מהרש"א הגיה "והא בדרי קחשיב" (ע"פ כריתות): טו] ע"י מושלם: טז] ראשונים וכת"י דבר אחר, וכמו בכריתות: יז] בע"י ל"ג (גליון), ובש"מ כריתות ה: הגיה דצ"ל שנאמר (יחזקאל יז, יג) ויבא אותו באלה: יח] [צ"ל כיחיד] (גליון): יט] כת"י דהיינו: כ] כת"י ספק: כא] כת"י שורין: כב] נהגה מהם ודאי להכעיס הוא עשה וקשה (שער יוסף): כג] לאוקומה (שער יוסף):

כד] בכת"י נוסף ודאי מין הוא: כה] בכת"י נוסף לא הוי מין: כו] כ"ה בספר שער יוסף (גליון): כז] אף לובש כלאים הוי מומר כמו (שער יוסף): כח] בכת"י נוספו שני דבורים אלו (והושמטו בדפוסים הראשונים מחמת הצענזור): פליגי בה רב אחא ורבינא חד אמר לתיאבון הרי זה משומד להכעיס הרי זה מין. ואיזהו מפרש הך ברייתא כדמפרש לה תלמודא: וחד אמר להכעיס נמי משומד הוי. ואיזהו מפרש לברייתא דמיירי בתרי גווני משומד והכי קתני אכל חלב סתמיה הוי משומד לתיאבון ואיזהו משומד דסתמיה הוי להכעיס אכל נבלות שקצים ורמשים ואם שתה יין שנתנסך לע"ז סתמיה הוי מין ומילי מילי קתני:

not the son of a king? The Gemara answers: **חַסּוּרֵי מִחַסְּרָא** — The *Baraisa* is incomplete, **וְהָכִי קָתָנֵי** — and this is what it is teaching: **מַלְכֵי בֵּית דָּוִד מְשׁוּחִין** — Kings from Beis Dovid are anointed with *Shemen Hamishchah*, **מַלְכֵי יִשְׂרָאֵל אֵין מְשׁוּחִין** — but kings of Yisrael are not anointed. Then the *Baraisa* says: Since kings of Yisrael are never anointed, we must say that they only anointed Yehu ben Nimshi because his kingship was contested by Yoram. The Gemara asks: **מְנָלַן** — How does the *Baraisa* know that only kings of Beis Dovid are anointed and not kings of Yisrael? The Gemara answers: **אָמַר רָבָא** — Rava said: **אָמַר קְרָא** — The *pasuk* says regarding Dovid Hamelech (*Shmuel I* 16:12): **קוּם מְשָׁחֵהוּ כִּי זֶה וְגוֹ'** — "Arise, anoint him, for this [is he]." **זֶה טָעוּן מְשִׁיחָה** — We derive from here that only this king, from Beis Dovid, must be anointed, **וְאֵין אַחֵר טָעוּן מְשִׁיחָה** — but another king, such as the kings of Yisrael, are not anointed.

The Gemara discusses the *Baraisa*: **אָמַר מַר** — The *Baraisa* said: **אַף יֵהוּא בֶּן נִמְשִׁי לֹא נִמְשַׁח אֶלָּא מִפְּנֵי מַחְלוּקְתּוֹ שֶׁל יוֹרָם** — Even Yehu ben Nimshi was only anointed because his kingship was contested by Yoram. The Gemara asks: **וּמִשּׁוּם מַחְלוּקְתּוֹ שֶׁל יוֹרָם בֶּן אַחְאָב נִמְעוֹל בְּשֶׁמֶן** — And because of the challenge of Yoram, we should desecrate the *Shemen Hamishchah*? Since kings of Yisrael are not anointed, we should not be able to use the *Shemen Hamishchah* to anoint them under any circumstances! The Gemara answers: **כִּדְאָמַר רַב פָּפָּא** — We can answer in a similar manner as Rav Pappa said elsewhere (12a), **בַּאֲפַרְסְמָא דַּכְיָא** — that it does not refer to *Shemen Hamishchah*, but to pure *apharsimon* oil. **הָכִי נַמִּי בַּאֲפַרְסְמָא דַּכְיָא** — Here too, we can explain that they did not anoint Yehu with *Shemen Hamishchah*, but with pure *apharsimon* oil.

The *Baraisa* continued: **וְאֶת יְהוֹאָחָז מִפְּנֵי יְהוֹיָקִים** — And they anointed Yehoachaz because of Yehoyakim, his brother, **שֶׁהָיָה גָּדוֹל מִמֶּנּוּ שְׁתֵּי שָׁנִים** — who was two years older than him. The Gemara asks: **וּמִי קַשִּׁישׁ מִינֵּיהּ** — And was Yehoyakim older? **וְהָכְתִיב** — But isn't it written (*Divrei Hayamim I* 3:15), **וּבְנֵי יֹאשִׁיָּהוּ הַבְּכוֹר יוֹחָנָן הַשֵּׁנִי יְהוֹיָקִים הַשְּׁלִישִׁי צִדְקִיָּהוּ הָרְבִיעִי שַׁלּוּם** — "And the sons of Yoshiyahu: The firstborn Yochanan, the second Yehoyakim, the third Tzidkiyahu, the fourth Shallum." **וְאָמַר רַבִּי יוֹחָנָן** — And Rabi Yochanan said: **הוּא שַׁלּוּם הוּא צִדְקִיָּהוּ** — The one who is Shallum, he is Tzidkiyahu—they are the same person. **הוּא יוֹחָנָן הוּא יְהוֹאָחָז** — The one who is Yochanan, he is Yehoachaz—they are the same person. We see that Yehoachaz, the firstborn was older than Yehoyakim, the second son. How could we say that Yehoyakim was older? The Gemara answers: **לְעוֹלָם יְהוֹיָקִים קַשִּׁישׁ** — Really Yehoyakim was older. **וּמַאי בְּכוֹר** — And what does it mean when it calls Yehoachaz the firstborn? **בְּכוֹר לַמַּלְכוּת** — It means that he was treated as the firstborn because he inherited the kingship. The Gemara asks: **וּמִי מַלְכֵי זוּטְרֵי מִקַּמֵּי קַשִּׁישֵׁי** — And do younger sons rule before older sons? Why, in fact, was Yehoachaz appointed king, if he had an older brother? **וְהָא כְּתִיב** — But isn't it written regarding Yehoram (*Divrei Hayamim II* 21:3), **וְאֶת הַמַּמְלָכָה נָתַן לִיהוֹרָם כִּי הוּא הַבְּכוֹר** — "And the kingdom he gave to Yehoram, because he was the firstborn?" We see that the firstborn is supposed to inherit

For this *daf's shiur* and charts, scan this QR code:

מה להלן שאין על גביו אלא ה' אלהיו, [ה]אף נשיא שאין על גביו אלא ה' אלהיו. בעא מיניה רבי מרבי חייא, כגון אני מהו בשעיר; אמר ליה, הרי צרתך בבבל; איתיביה, [א]מלכי ישראל ומלכי בית דוד אלו מביאים לעצמם ואלו מביאים לעצמם; אמר ליה, התם [ב]לא כייפי אהדדי, הכא אנן כייפינן להו לדידהו. רב ספרא מתני הכי, בעא מיניה רבי מרבי חייא, כגון אני מהו בשעיר; אמר ליה, [ג]התם 'שבט' הכא 'מחוקק', ותניא[ה], [א]'לא יסור שבט מיהודה' זה ראש גולה שבבבל, שרודה את ישראל במקל[ב], [א]'ומחוקק מבין רגליו', אלו בני בניו של הלל שמלמדים תורה לישראל[ג] ברבים:

מתני' ואיזהו המשיח, [ג]המשוח בשמן המשחה, לא המרובה בבגדים. [ג][ד]אין בין כהן המשוח בשמן המשחה למרובה בגדים אלא פר הבא על כל המצות, [ה]ואין בין כהן משמש לכהן שעבר אלא פר יום הכפורים ועשירית האיפה, [ו]זה וזה שוים בעבודת יום הכפורים, [ז]ומצווים על הבתולה, [ח]ואסורים על האלמנה, [ט]ואינם מטמאים בקרוביהם, [י]ולא פורעים ולא פורמים, [כ]ומחזירין הרוצח:

גמ' [ל]תנו רבנן, שמן המשחה שעשה משה במדבר היו שולקים בו את העיקרים, דברי[ד] רבי יהודה; רבי יוסי אומר, והלא לסוך את העקרים אינו סופק, אלא [מ]שורין את העקרים במים, ומציף עליו[ה] שמן, וקולט את הריח וקפחו; אמר לו רבי יהודה, וכי נס אחד נעשה בשמן המשחה, והלא תחלתו שנים עשר לוגין, וממנו היה נמשח משכן וכליו אהרן ובניו כל שבעת ימי המלואים, וכולו קיים לעתיד לבוא, שנאמר [ב]'שמן משחת קדש יהיה זה לי לדורותיכם'. [נ]תניא אידך, [ג]'ויקח משה את שמן המשחה וימשח [את] המשכן [ואת] כל אשר בו'; רבי יהודה אומר, שמן המשחה שעשה משה במדבר כמה נסים נעשו בו מתחלה ועד סוף, תחלתו לא היה אלא שנים עשר לוגין, ראה כמה יורה בולעת וכמה עקרים בולעים וכמה האור שורף, ובו נמשח משכן וכליו ואהרן ובניו כל שבעת ימי המלואים, ובו נמשחו כהנים גדולים ומלכים. [ס]ואפילו כהן גדול בן כהן גדול טעון משיחה, [ע]ואין מושחים מלך בן מלך; ואם תאמר, מפני מה משחו את שלמה, [פ]מפני מחלוקתו של אדוניה, ואת יואש מפני עתליה, ואת יהואחז מפני יהויקים[ו] שהיה גדול ממנו שתי שנים; ואותו שמן קיים לעתיד לבוא, שנאמר [ב]'שמן משחת קדש יהיה זה לי לדורותיכם'. [י]'זה' בגימטריא שנים עשר לוגין הוו. **אמר** מר, ואפילו כהן גדול בן כהן גדול טעון משיחה, מנלן. דכתיב [ד]'והכהן המשיח תחתיו מבניו', נימא קרא 'והכהן מתחתיו[ז] מבניו', מאי 'המשיח', קא משמע לן דמבניו דכהן גדול אי הוי משיח הוי כהן גדול, ואי לא לא הוי כהן גדול. אמר מר, ואין מושחין מלך בן מלך, מנלן. אמר רב אחא בר יעקב, דכתיב [ה]'למען יאריך ימים על ממלכתו' וגו', ירושה היא לכם[ח]. ומנלן דכי איכא מחלוקת בעי משיחה, ולאו כל דבעי מלכא מורית מלכותא לבניה. אמר רב פפא, אמר קרא [ה]'הוא ובניו בקרב ישראל', בזמן ששלום בישראל קרינא ביה הוא ובניו ואפילו בלא משיחה[ט]. תנא, אף יהוא בן נמשי לא נמשח אלא מפני מחלוקתו של יורם. ותיפוק ליה משום דראשון[י] הוא. חסורי מחסרא והכי קתני, [צ]מלכי בית דוד משוחין, מלכי ישראל אין משוחין. מנלן. אמר רבא[יא], אמר קרא [ו]'קום משחהו כי זה' וגו'[יב], זה טעון משיחה ואין אחר טעון משיחה. אמר מר, אף יהוא בן נמשי לא נמשח אלא מפני מחלוקתו של יורם; ומשום מחלוקתו של יורם בן אחאב נמעול בשמן[יג]. [ק]כדאמר רב פפא [ר]באפרסמא דכיא, הכא נמי באפרסמא דכיא. ואת יהואחז מפני יהויקים שהיה גדול ממנו שתי שנים; ומי קשיש מיניה, והכתיב [ז]'ובני יאשיהו, הבכור יוחנן, השני יהויקים, השלישי צדקיהו, הרביעי שלום', ואמר רבי יוחנן, הוא שלום הוא צדקיהו, הוא יוחנן הוא יהואחז. לעולם יהויקים קשיש, ומאי 'בכור', בכור למלכות. [ש]ומי מלכי זוטרי מקמי קשישי, והא כתיב [ח]'ואת הממלכה נתן ליהורם כי הוא הבכור'. יהורם [ת]ממלא מקום אבותיו הוה, יהויקים לאו ממלא מקום אבותיו הוה. אמר מר, הוא שלום הוא צדקיהו הוא יוחנן הוא יהואחז, והא חד חד[יד] קא חשיב, דכתיב [ז]'השלישי' 'הרביעי'. מאי 'שלישי', שלישי לבנים, ומאי 'רביעי', רביעי למלכות, דמעיקרא מלך יהואחז, ולבסוף יהויקים, ולבסוף יכניה, ולבסוף צדקיהו. תנו רבנן, הוא שלום הוא צדקיהו, ולמה נקרא שמו שלום, שהיה [א]משולם[טו] במעשיו; איכא דאמרי[טז], שלום, ששלמה מלכות בית דוד בימיו; ומה שמו, מתניה שמו, שנאמר [ט]'וימלך מלך בבל את מתניה דודו תחתיו ויסב את שמו צדקיהו', אמר לו, יה יצדיק עליך את הדין אם תמרוד בי, (שנאמר [י]'ויביאהו בבלה'[יז]) וכתיב [כ]'וגם במלך נבוכד נצר מרד, אשר השביעו באלהים'.

ומי

This *daf* is dedicated *l'iluy nishmas*: Chana bat Esther *z"l*

the kingship! The Gemara answers: **יְהוֹרָם מְמַלֵּא מְקוֹם אֲבוֹתָיו הֲוָה** — In the case of Yehoram, he was fit to fill his fathers' position; therefore, as the firstborn, he was the best choice. **יְהוֹיָקִים לָאו מְמַלֵּא מְקוֹם אֲבוֹתָיו הֲוָה** — But Yehoyakim was not fit to fill his fathers' position; therefore, even though he was the firstborn, his younger brother became king.

אָמַר מַר — Rabi Yochanan said: **הוּא שַׁלּוּם הוּא צִדְקִיָּהוּ** — The one who is Shallum, he is Tzidkiyahu—they are the same person. **הוּא יוֹחָנָן הוּא יְהוֹאָחָז** — The one who is Yochanan, he is Yehoachaz—they are the same person. The Gemara asks: **וְהָא חַד חַד קָא חָשֵׁיב** — But doesn't the *pasuk* count them singularly, **דִּכְתִיב הַשְּׁלִישִׁי הָרְבִיעִי** — as it is written, "the third… the fourth?" The Gemara answers: **מַאי שְׁלִישִׁי** — What does the *pasuk* mean by calling Tzidkiyahu the third? **שְׁלִישִׁי לַבָּנִים** — It means he was the third of the sons. **וּמַאי רְבִיעִי** — And what does it mean that he himself was also the fourth? **רְבִיעִי לַמַּלְכוּת** — It means that he was the fourth from Yehoacahaz to become king. **דְּמֵעִיקָּרָא מָלַךְ יְהוֹאָחָז** — Because at first Yehoachaz was king, **וּלְבַסּוֹף יְהוֹיָקִים** — and then Yehoyakim became king, **וּלְבַסּוֹף יְכָנְיָה** — and then Yechanyah **בן שלי יהויקים** became king, **וּלְבַסּוֹף צִדְקִיָּהוּ** — and then fourth, Tzidkiyahu became king.

תָּנוּ רַבָּנָן — The *Chachamim* taught in a *Baraisa*: **הוּא שַׁלּוּם הוּא צִדְקִיָּהוּ** — The one who is Shallum, he is Tzidkiyahu—they are the same person. **וְלָמָּה נִקְרָא שְׁמוֹ שַׁלּוּם** — And why is he called Shallum? **שֶׁהָיָה מְשׁוּלָּם בְּמַעֲשָׂיו** — Because he was perfect (*shaleim*) in his actions. **אִיכָּא דְּאָמְרִי** — Some say a different explanation: **שַׁלּוּם** — He was called Shallum, **שֶׁשָּׁלְמָה מַלְכוּת בֵּית דָּוִד בְּיָמָיו** — because the kings of Beis Dovid ended in his days (*shalmah*), as he was the final king of Beis Dovid. **וּמַה שְּׁמוֹ** — And what was his actual name? **מַתַּנְיָה שְׁמוֹ** — His name was Mattaniah, **שֶׁנֶּאֱמַר** — as it says (*Melachim* II 24:17), **וַיַּמְלֵךְ מֶלֶךְ בָּבֶל אֶת מַתַּנְיָה דוֹדוֹ תַּחְתָּיו וַיַּסֵּב אֶת שְׁמוֹ צִדְקִיָּהוּ** — "And the king of Bavel crowned Mattaniah his uncle in his stead, and changed his name to Tzidkiyahu." **אָמַר לֵיהּ** — The king of Bavel (Nevuchadnetzar) was saying to Mattaniah by changing his name to Tzidkiyahu: **יָהּ יַצְדִּיק עָלֶיךָ אֶת הַדִּין אִם תִּמְרוֹד בִּי** — Hashem will justify the judgement against you if you rebel against me. **(שנאמר ויבאהו בבלה) וּכְתִיב** — And it is written in the *pasuk*, as well, that Nevuchadnetzar did impose an oath on Tzidkiyahu that he should not rebel against him (*Divrei Hayamim II* 36:13), **וְגַם בַּמֶּלֶךְ נְבוּכַדְנֶאצַּר מָרָד אֲשֶׁר הִשְׁבִּיעוֹ בֵּאלֹהִים** — "And he also rebelled against King Nevuchadnetzar, who had imposed an oath upon him, an oath in the Name of G-d."

For this *daf's shiur* and charts, scan this QR code:

The Gemara asks how it was possible to anoint Yehoachaz with *Shemen Hamishchah*: **וּמִי הֲוָה שֶׁמֶן הַמִּשְׁחָה** — And was there *Shemen Hamishchah* at that time? **וְהָתַנְיָא** — But isn't it taught in a *Baraisa*: **מִשֶּׁנִּגְנַז אָרוֹן** — From the time the *Aron* was hidden, **נִגְנַז שֶׁמֶן הַמִּשְׁחָה וְצִנְצֶנֶת הַמָּן** — the following items were hidden: The *Shemen Hamishchah*, and the jar of *Mann*, **וּמַקְלוֹ שֶׁל אַהֲרֹן שְׁקֵדֶיהָ וּפְרָחֶיהָ** — and the staff of Aharon with its almonds and blossoms, **וְאַרְגַּז שֶׁשָּׁלְחוּ פְּלִשְׁתִּים דּוֹרוֹן לְיִשְׂרָאֵל** — and the chest that the Pilishtim sent as a gift to Bnei Yisrael.

The *Baraisa* continues by explaining how we derive that all these items were hidden away with the *Aron*: **שֶׁנֶּאֱמַר** — as it says regarding the chest that the Pilishtim sent as a gift (*Shmuel I* 6:8), **וְאֵת כְּלֵי הַזָּהָב אֲשֶׁר הֲשֵׁבֹתֶם לוֹ אָשָׁם תָּשִׂימוּ בָאַרְגַּז מִצִּדּוֹ וְשִׁלַּחְתֶּם אֹתוֹ וְהָלָךְ** — "[And you shall take the *Aron* of Hashem, and lay it upon the cart,] and put the vessels of gold that you return to Him as a guilt offering in a chest by its side, and send it away that it may go." Since the chest was placed next to the *Aron*, we say that when the *Aron* was hidden, it was hidden together with the box. **וּמִי גְּנָזוֹ** — And who hid away the *Aron*? **יֹאשִׁיָּהוּ מֶלֶךְ יְהוּדָה גְּנָזוֹ** — Yoshiyahu the king of Yehudah hid it away. **שֶׁרָאָה שֶׁכָּתוּב בַּתּוֹרָה** — Because he saw that it is written in the Torah (*Devarim* 28:36), **יוֹלֵךְ ה' אֹתְךָ וְאֶת מַלְכְּךָ וְגוֹ'** — "Hashem will lead you and your king [unto a nation that you have not known]." He saw that the Jewish people would go into *galus*, **צִוָּה וּגְנָזוּם** — so he commanded that the *Aron* should be hidden, **שֶׁנֶּאֱמַר** — As it is written (*Divrei Hayamim II* 35:3), **וַיֹּאמֶר לַלְוִיִּם הַמְּבִינִים לְכָל יִשְׂרָאֵל הַקְּדוֹשִׁים לַה' תְּנוּ אֶת אֲרוֹן הַקֹּדֶשׁ בַּבַּיִת אֲשֶׁר בָּנָה שְׁלֹמֹה בֶן דָּוִיד מֶלֶךְ יִשְׂרָאֵל אֵין לָכֶם מַשָּׂא בַּכָּתֵף עַתָּה עִבְדוּ אֶת ה' אֱלֹהֵיכֶם וְאֵת עַמּוֹ יִשְׂרָאֵל** — "And he said to the *levi'im* who taught all of Bnei Yisrael, and who were holy to Hashem: Place the holy *Aron* in the room that Shlomo ben Dovid, king of Yisrael built; there shall be no more burden upon your shoulders. Now serve Hashem your G-d and his people, Yisrael." That is how we learn that the *Aron* and the chest were hidden away. We learn that the other items were hidden at the same time as the *Aron* from the following *derashah*: **וְאָמַר רַבִּי אֶלְעָזָר** — And Rabi Elazar said: We learn that the *Mann* was hidden away: **אָתְיָא שָׁם שָׁם** — We make a *gezeirah shaveh* with the words "*sham*" "*sham*." The *pasuk* says the word "*sham*" regarding the *Aron* (*Shemos* 25:22, 29:43) and it uses the word "*sham*" in regards to the *Mann* (*Shemos* 16:33). Just as the *Aron* was hidden away, so too, the *Mann* was hidden away. We learn Aharon's stick was hidden: **אָתְיָא מִשְׁמֶרֶת מִשְׁמֶרֶת** — We make a *gezeirah shaveh* with the words "*mishmeres*" "*mishmeres*." The *pasuk* uses the word "*mishmeres*" when discussing the *Mann* (*Shemos* 16:33), and it uses the word "*mishmeres*" with regard to Aharon's staff (*Bamidbar* 17:25-26). Just as the *Mann* was hidden away, so too, Aharon's staff was hidden away. We learn that the *Shemen Hamishchah* was hidden away: **אָתְיָא דּוֹרוֹת דּוֹרוֹת** — We make a *gezeirah shaveh* with the words, "*doros*" "*doros*." The *pasuk* uses the word "*doros*" when speaking about the *Mann* (*Shemos* 16:33), and the *pasuk* uses the word "*doros*" regarding the *Shemen Hamishchah* (*Shemos* 30:31), just as the *Mann* was hidden away,

For this *daf's shiur* and charts, scan this QR code:

גִּיחוֹן. אַלְמָא בָּעֵי מְשִׁיחָה עַל הַמַּעְיָן: נִיתְלֵי. יִדְלִיק: אִי מָשֵׁיךְ נְהוֹרֵיהּ. שֶׁדּוֹלֵק כָּל זְמַן שֶׁהַשֶּׁמֶן בְּתוֹכוֹ: לִירַבֵּי תַּרְנְגוֹלָא. עַל שֵׁם שֶׁהוּא עִיסְקָא: שָׁמֵין וְשָׁפֵיר. שֶׁמִּשְׁמֶנֶת וּמִשְׁבַּחַת: בֵּיתָא דַּחֲבָרָא. בַּיִת חָשׁוּךְ: וְלָאו מִילְּתָא הִיא. דְּזִימְנָא דְּאַף עַל גַּב דְּלֵית לֵיהּ בְּטוּחָה דְּבָבוּאָה הָדַר אָתֵי, וַאֲפִילּוּ הָכִי לָא לֶיעֱבַד הָכִי,

וּמִי הֲוָה שֶׁמֶן הַמִּשְׁחָה, וְהָתַנְיָא, מִשֶּׁנִּגְנַז אָרוֹן נִגְנַז שֶׁמֶן הַמִּשְׁחָה וְצִנְצֶנֶת הַמָּן, וּמַקְלוֹ שֶׁל אַהֲרֹן שְׁקֵדֶיהָ וּפְרָחֶיהָ, וְאַרְגַּז שֶׁשָּׁלְחוּ פְּלִשְׁתִּים דּוֹרוֹן לְיִשְׂרָאֵל, שֶׁנֶּאֱמַר 'וְאֵת כְּלֵי הַזָּהָב אֲשֶׁר הֲשֵׁבֹתֶם לוֹ אָשָׁם תָּשִׂימוּ בָאַרְגַּז מִצִּדּוֹ וְשִׁלַּחְתֶּם אוֹתוֹ וְהָלָךְ', וּמִי גְּנָזוֹ, יֹאשִׁיָּהוּ מֶלֶךְ יְהוּדָה גְּנָזוֹ, שֶׁרָאָה שֶׁכָּתוּב בַּתּוֹרָה 'יוֹלֵךְ יְיָ אוֹתְךָ וְאֶת מַלְכְּךָ' וגו', צִוָּה וּגְנָזוּם, שֶׁנֶּאֱמַר 'וַיֹּאמֶר לַלְוִיִּם הַמְּבִינִים לְכָל יִשְׂרָאֵל הַקְּדוֹשִׁים לַייָ, תְּנוּ אֶת אֲרוֹן הַקֹּדֶשׁ בַּבַּיִת אֲשֶׁר בָּנָה שְׁלֹמֹה בֶן דָּוִד מֶלֶךְ יִשְׂרָאֵל, אֵין לָכֶם מַשָּׂא בַּכָּתֵף, עַתָּה עִבְדוּ אֶת יְיָ אֱלֹהֵיכֶם וְאֵת עַמּוֹ יִשְׂרָאֵל', וְאָמַר רַבִּי אֶלְעָזָר, אָתְיָא 'שָׁם' 'שָׁם', אָתְיָא 'מִשְׁמֶרֶת' 'מִשְׁמֶרֶת', אָתְיָא 'דוֹרוֹת' 'דוֹרוֹת'. אָמַר רַב פָּפָּא, בַּאֲפַרְסְמָא דַּכְיָא. תָּנוּ רַבָּנַן, כֵּיצַד מוֹשְׁחִין אֶת הַמְּלָכִים, כְּמִין נֵזֶר, וְאֶת הַכֹּהֲנִים, כְּמִין כִּי. מַאי כְּמִין כִּי. אָמַר רַב מְנַשְּׁיָא בַּר גַּדָּא, כְּמִין כַּף יְוָנִי. תָּנֵי חֲדָא, בַּתְּחִלָּה מוֹצְקִין שֶׁמֶן עַל רֹאשׁוֹ, וְאַחַר כָּךְ נוֹתְנִין לוֹ שֶׁמֶן בֵּין רִיסֵי עֵינָיו; וְתַנְיָא אִידַּךְ, בַּתְּחִלָּה נוֹתְנִין לוֹ שֶׁמֶן בֵּין רִיסֵי עֵינָיו, וְאַחַר כָּךְ מוֹצְקִים לוֹ שֶׁמֶן עַל רֹאשׁוֹ. תַּנָּאֵי הִיא, אִיכָּא דְּאָמְרֵי מְשִׁיחָה עֲדִיפָא, וְאִיכָּא דְּאָמְרֵי יְצִיקָה עֲדִיפָא. מַאי טַעְמָא דְּמַאן דְּאָמַר יְצִיקָה עֲדִיפָא. דִּכְתִיב 'וַיִּצֹק מִשֶּׁמֶן הַמִּשְׁחָה עַל רֹאשׁ אַהֲרֹן וַיִּמְשַׁח אֹתוֹ לְקַדְּשׁוֹ'. וּמַאן דְּאָמַר מְשִׁיחָה עֲדִיפָא, מַאי טַעְמָא. קָסָבַר שֶׁכֵּן אַתָּה מוֹצֵא אֵצֶל כְּלֵי שָׁרֵת. וְהָכְתִיב 'וַיִּצֹק' וּבַסּוֹף 'וַיִּמְשַׁח'. הָכִי קָאָמַר, מַאי טַעַם 'וַיִּצֹק' מִשּׁוּם דְ'וַיִּמְשַׁח'. תָּנוּ רַבָּנַן, 'כַּשֶּׁמֶן הַטּוֹב [וגו'] יֹרֵד עַל הַזָּקָן זְקַן אַהֲרֹן' וגו', כְּמִין שְׁנֵי טִפֵּי מַרְגָּלִיּוֹת הָיוּ תְּלוּיוֹת לְאַהֲרֹן בִּזְקָנוֹ. אָמַר רַב פָּפָּא, תָּנָא, כְּשֶׁהוּא מְסַפֵּר עוֹלוֹת וְיוֹשְׁבוֹת לוֹ בְּעִיקַּר זְקָנוֹ. וְעַל דָּבָר זֶה הָיָה מֹשֶׁה דּוֹאֵג, אָמַר, שֶׁמָּא חַס וְשָׁלוֹם מָעַלְתִּי בְּשֶׁמֶן הַמִּשְׁחָה, יָצְתָה בַּת קוֹל וְאָמְרָה 'כַּשֶּׁמֶן הַטּוֹב' וגו' 'כְּטַל חֶרְמוֹן', מַה טַּל חֶרְמוֹן אֵין בּוֹ מְעִילָה אַף שֶׁמֶן הַמִּשְׁחָה שֶׁבִּזְקַן אַהֲרֹן אֵין בּוֹ מְעִילָה, וַעֲדַיִין הָיָה אַהֲרֹן דּוֹאֵג, אָמַר, שֶׁמָּא מֹשֶׁה לֹא מָעַל, אֲבָל אֲנִי מָעַלְתִּי, יָצְתָה בַּת קוֹל וְאָמְרָה לוֹ, 'הִנֵּה מַה טּוֹב וּמַה נָּעִים שֶׁבֶת אַחִים גַּם יָחַד', מַה מֹּשֶׁה לֹא מָעַל אַף אַתָּה לֹא מָעַלְתָּ. תָּנוּ רַבָּנַן, אֵין מוֹשְׁחִים אֶת הַמְּלָכִים אֶלָּא עַל הַמַּעְיָן, כְּדֵי שֶׁתִּמָּשֵׁךְ מַלְכוּתָם, שֶׁנֶּאֱמַר 'וַיֹּאמֶר הַמֶּלֶךְ לָהֶם קְחוּ עִמָּכֶם אֶת עַבְדֵי אֲדוֹנֵיכֶם [וגו'] וְהוֹרַדְתֶּם אֹתוֹ אֶל גִּחוֹן'. אָמַר רַבִּי אַמֵּי, הַאי מַאן דְּבָעֵי לֵידַע אִי מַסֵּיק שַׁתֵּיהּ אִי לָא, נִיתְלֵי שְׁרָגָא בַּעֲשָׂרָה יוֹמֵי דְּבֵין רֹאשׁ הַשָּׁנָה לְיוֹם הַכִּפּוּרִים בְּבֵיתָא דְּלָא נָשֵׁיב זִיקָא, אִי מָשֵׁיךְ נְהוֹרֵיהּ נֵידַע דְּמַסֵּיק שַׁתֵּיהּ; וּמַאן דְּבָעֵי לְמֶיעֱבַד בְּעִיסְקָא וּבָעֵי לְמֵידַע אִי מַצְלַח אִי לָא מַצְלַח, לִירַבֵּי תַּרְנְגוֹלָא, אִי שָׁמֵין וְשָׁפַר מַצְלַח; הַאי מַאן דְּבָעֵי לְמִיפַּק [לְאוֹרְחָא] וּבָעֵי לְמֵידַע אִי חָזַר וְאָתֵי לְבֵיתָא אִי לָא, נֵיקוּם בְּבֵיתָא דַּחֲבָרָא, אִי חָזֵי בָּבוּאָה דְּבָבוּאָה לֵידַע דְּהָדַר וְאָתֵי לְבֵיתָא. וְלָאו מִלְּתָא הִיא, דִּלְמָא חָלְשָׁא דַּעְתֵּיהּ וּמִיתְרַע מַזָּלֵיהּ. אָמַר אַבַּיֵי, הַשְׁתָּא דְּאָמְרַתְּ סִימָנָא מִילְּתָא הִיא, [לְעוֹלָם] יְהֵא רָגִיל לְמֵיחְזֵי בְּרֵישׁ שַׁתָּא קְרָא וְרוּבְיָא כְּרָתֵי וְסִילְקָא וְתַמְרֵי. אָמַר לְהוּ רַב מְשַׁרְשְׁיָא לִבְרֵיהּ, כִּי בָּעֵיתוּ מֵיעַל וּמִיגְמַרִי קַמֵּי רַבַּיְיכוּ גְּרוֹסוּ מַתְנִיתָא וְעָלוּ לְקַמֵּי רַבַּיְיכוּ, וְכִי יָתְבִיתוּ קַמֵּיהּ חֲזוּ לְפוּמֵּיהּ, דִּכְתִיב 'וְהָיוּ עֵינֶיךָ רֹאוֹת אֶת מוֹרֶיךָ', וְכִי גָּרְסִיתוּ גְּרוֹסוּ עַל נַהֲרָא דְּמַיָּא, דִּכִי הֵיכִי דְּמִשְׁכָן מַיָּא מִשְׁכָן שְׁמַעְתָּתַיְיכוּ, וְתִיבוּ אַקִּילְקְלֵי דְּמָתָא מַחְסְיָא וְלָא תֵּיבוּ אַפַּדְנֵי דְּפוּמְבְּדִיתָא, טַב גִּילְדְּנָא סַרְיָא [דְּמָתָא מַחְסְיָא לְמֵיכַל] מִכּוּתַחָא דְּרָמֵי כֵּיפֵי. 'רָמָה קַרְנִי בֵּאלֹהַי', 'רָמָה קַרְנִי' וְלֹא רָמָה פַּכִּי, דָּוִד וּשְׁלֹמֹה שֶׁנִּמְשְׁחוּ בְּקֶרֶן נִמְשְׁכָה מַלְכוּתָן, שָׁאוּל וְיֵהוּא שֶׁנִּמְשְׁחוּ בְּפַךְ לֹא נִמְשְׁכָה מַלְכוּתָן: הַמָּשׁוּחַ בְּשֶׁמֶן הַמִּשְׁחָה וְכוּ': תָּנוּ רַבָּנַן, 'מָשִׁיחַ', יָכוֹל מֶלֶךְ, תַּלְמוּד לוֹמַר 'כֹּהֵן'; אִי 'כֹּהֵן', יָכוֹל מְרוּבֶּה בְגָדִים, תַּלְמוּד לוֹמַר 'מָשִׁיחַ'; אִי 'מָשִׁיחַ', יָכוֹל מְשׁוּחַ מִלְחָמָה, תַּלְמוּד לוֹמַר 'וְהַכֹּהֵן הַמָּשִׁיחַ' שֶׁאֵינוֹ מָשִׁיחַ עַל גַּבָּיו. מַאי מַשְׁמַע. כִּדְאָמַר רָבָא, 'הַיָּרֵךְ', הַמְיוּמֶּנֶת שֶׁבַּיָּרֵךְ, הָכָא נַמִּי 'הַמָּשִׁיחַ', הַמְיוּמָּן שֶׁבִּמְשׁוּחִים. אָמַר מָר, 'מָשִׁיחַ' יָכוֹל מֶלֶךְ, מֶלֶךְ פַּר הוּא דְּמַיְיתֵי, שָׂעִיר הוּא דְּמַיְיתֵי. אִיצְטְרִיךְ, סָלְקָא דַּעְתָּא אָמֵינָא עַל שִׁגְגַת מַעֲשֶׂה יָבִיא שָׂעִיר, עַל הֶעְלֵם דָּבָר יָבִיא פַּר, קָא מַשְׁמַע לָן: אֵין בֵּין מָשׁוּחַ בְּשֶׁמֶן הַמִּשְׁחָה כוּ': מַתְנִיתִין דְּלָא כְּרַבִּי מֵאִיר, דְּאִי רַבִּי מֵאִיר, הָא תַּנְיָא, מְרוּבֶּה בְגָדִים מֵבִיא פַּר הַבָּא עַל כָּל הַמִּצְוֹת, דִּבְרֵי רַבִּי מֵאִיר, וְלֹא הוֹדוּ לוֹ חֲכָמִים. מַאי טַעְמָא דְּרַבִּי מֵאִיר, דְּתַנְיָא, 'מָשִׁיחַ', אֵין לִי אֶלָּא מָשׁוּחַ בְּשֶׁמֶן הַמִּשְׁחָה, מְרוּבֶּה בְגָדִים מִנַּיִן, תַּלְמוּד לוֹמַר 'הַכֹּהֵן הַמָּשִׁיחַ'. בְּמַאי אוֹקִימְתֵּיהּ, כְּרַבָּנַן, אֵימָא

This *daf* is dedicated *l'iluy nishmas*: Sophie bat Frieda *z"l*

so too, the *Shemen Hamishchah* was hidden away. If so, that the *Shemen Hamishchah* was hidden away since the times of Yoshiyahu, how could they anoint Yehoachaz with the *Shemen Hamishchah*? The Gemara answers: **אָמַר רַב פַּפָּא** — Rav Pappa said: **בַּאֲפַרְסְמָא דַּכְיָא** — They did not use Shemen Hamishchah to anoint Yehoachaz; rather, they used pure *apharsimon* oil.

The Gemara continues discussing the anointing of kings: **תָּנוּ רַבָּנָן** — The *Chachamim* taught in a *Baraisa*: **כֵּיצַד מוֹשְׁחִין אֶת הַמְּלָכִים** — How do they anoint kings? **כְּמִין נֵזֶר** — They smear oil in a manner that is similar to the form of a crown around his head. **וְאֶת הַכֹּהֲנִים** — And how do they anoint *kohanim*? **כְּמִין כִּי** — They smear the oil in a shape like the Greek letter *ki*. **מַאי כְּמִין כִּי** — What is meant by: like the Greek letter *chi*? **אָמַר רַב מְנַשְׁיָא בַּר גַּדָּא** — Rav Menashya bar Gadda said: **כְּמִין כַּף יְוָנִי** — It means like the Greek equivalent of the Hebrew letter *kaf*. One starts between the eyelids and goes over the top, and down the back of the head, which is similar to the shape of the letter *kaf*.

The Gemara asks: There seems to be a contradiction between two *Baraisos*: **תָּנֵי חֲדָא** — It is taught in one *Baraisa*: **בַּתְּחִלָּה מוֹצְקִין שֶׁמֶן עַל רֹאשׁוֹ** — At first, they pour the oil on top of the *kohen gadol's* head, **וְאַחַר כָּךְ נוֹתְנִין לוֹ שֶׁמֶן בֵּין רִיסֵי עֵינָיו** — and afterward they place the oil between his eyelids, and smear in the shape of the letter *kaf* over his head. **וְתַנְיָא אַחֲרִיתִי** — And in another *Baraisa* it is taught: **בַּתְּחִלָּה נוֹתְנִין לוֹ שֶׁמֶן בֵּין רִיסֵי עֵינָיו** — At first, they place the oil between his eyelids, and smear it in the shape of the letter *kaf*, **וְאַחַר כָּךְ מוֹצְקִים לוֹ שֶׁמֶן עַל רֹאשׁוֹ** — and afterward they pour the oil on his head. The Gemara answers: **תַּנָּאֵי הִיא** — It is a dispute between *tanaaim*: **אִיכָּא דְאָמְרֵי** — Some say: **מְשִׁיחָה עֲדִיפָא** — Smearing is better, and it comes first. **וְאִיכָּא דְאָמְרֵי** — And some say: **יְצִיקָה עֲדִיפָא** — Pouring the oil is better and so it comes first. **מַאי טַעְמָא דְּמַאן דְּאָמַר יְצִיקָה עֲדִיפָא** — What is the reason for the one who says that pouring is better? **דִּכְתִיב** — Because it is written (*Vayikra* 8:12), **וַיִּצֹק מִשֶּׁמֶן הַמִּשְׁחָה עַל רֹאשׁ אַהֲרֹן וַיִּמְשַׁח אֹתוֹ לְקַדְּשׁוֹ** — "And he poured from the *Shemen Hamishchah* upon the head of Aharon, and anointed him to sanctify him." Since the *pasuk* places pouring before smearing, we learn that pouring comes first. **וּמַאן דְּאָמַר מְשִׁיחָה עֲדִיפָא מַאי טַעְמָא** — And the one who says that smearing comes first, what is his reasoning? **קָסָבַר** — He holds, **שֶׁכֵּן אַתָּה מוֹצֵא אֵצֶל כְּלֵי שָׁרֵת** — that this is what you find regarding the vessels of the Mishkan, that they were smeared with *Shemen Hamishchah*, but oil was not poured on them. It must be that smearing is more important. The Gemara asks: **וְהָכְתִיב וַיִּצֹק** — But isn't it written first, "and he poured," **וּבַסּוֹף וַיִּמְשַׁח** — and only afterward is it written, "and he smeared?" How could we learn from the anointing of the vessels to change the order of the *pasuk*? The Gemara answers: Since we find by the vessels of the Mishkan that smearing is more important, we must explain the *pasuk* as follows: **הָכִי קָאָמַר** — This is how to understand what the *pasuk* is saying: **מַאי טַעַם וַיִּצֹק** — "he poured from the *Shemen Hamishchah*," but what was the reason why he was able to pour from the *Shemen Hamishchah*? **מִשּׁוּם**

For this *daf's shiur* and charts, scan this QR code:

ומי הוה שמן המשחה, והתניא, משנגנז ארון נגנז שמן המשחה וצנצנת המן, ומקלו של אהרן שקדיה ופרחיה, וארגז ששלחו פלשתים דורון לישראל, שנאמר 'ואת כלי הזהב אשר השבותם לו אשם תשימו בארגז מצדו ושלחתם אותו והלך', ומי גנזו, יאשיהו מלך יהודה גנזו, שראה שכתוב בתורה 'יולך יי אותך ואת מלכך' וגו', צוה וגנזום, שנאמר 'ויאמר ללוים המבינים לכל ישראל הקדושים ליי, תנו את ארון הקדש בבית אשר בנה שלמה בן דוד מלך ישראל, אין לכם משא בכתף, עתה עבדו את יי אלהיכם ואת עמו ישראל', ואמר רבי אלעזר, אתיא 'שם' 'שם', אתיא 'משמרת' 'משמרת', אתיא 'דורות' 'דורות'. אמר רב פפא, באפרסמא דכיא. תנו רבנן, כיצד מושחין את המלכים, כמין נזר, ואת הכהנים, כמין כי. מאי כמין כי. אמר רב מנשיא בר גדא, כמין כף יוני. תני חדא, בתחלה מוצקין שמן על ראשו, ואחר כך נותנין לו שמן בין ריסי עיניו; ותניא אחריתי, בתחלה נותנין לו שמן בין ריסי עיניו, ואחר כך מוצקים לו שמן על ראשו. תנאי היא, איכא דאמרי משיחה עדיפא, ואיכא דאמרי יציקה עדיפא. מאי טעמא דמאן דאמר יציקה עדיפא. דכתיב 'ויצוק משמן המשחה על ראש אהרן וימשח אותו לקדשו'. ומאן דאמר משיחה עדיפא, מאי טעמא. קסבר שכן אתה מוצא אצל כלי שרת. והכתיב 'ויצוק' ובסוף 'וימשח'. הכי קאמר, מאי טעם 'ויצוק' משום ד'וימשח'. תנו רבנן, 'כשמן הטוב [וגו'] יורד על הזקן זקן אהרן' וגו', כמין שני טפי מרגליות היו תלויות לאהרן בזקנו. אמר רב פפא, תנא, כשהוא מספר עולות ויושבות לו בעיקר זקנו. ועל דבר זה היה משה דואג, אמר, שמא חס ושלום מעלתי בשמן המשחה, יצתה בת קול ואמרה 'כשמן הטוב וגו' כטל חרמון', מה טל חרמון אין בו מעילה אף שמן המשחה שבזקן אהרן אין בו מעילה, ועדיין היה אהרן דואג, אמר, שמא משה לא מעל, אבל אני מעלתי, יצתה בת קול ואמרה לו, 'הנה מה טוב ומה נעים שבת אחים גם יחד', מה משה לא מעל אף אתה לא מעלת. תנו רבנן, אין מושחים את המלכים אלא על המעיין, כדי שתמשך מלכותם, שנאמר 'ויאמר המלך להם קחו עמכם את עבדי אדוניכם [וגו'] והורדתם אותו אל גיחון'. אמר רבי אמי, האי מאן דבעי לידע אי מסיק שתיה אי לא, ניתלי שרגא בעשרה יומי דבין ראש השנה ליום הכפורים בביתא דלא נשיב זיקא, אי משיך נהוריה נידע דמסיק שתיה; ומאן דבעי למיעבד בעיסקא ובעי למידע אי מצלח אי לא מצלח, לירבי תרנגולא, אי שמין ושפר מצלח; האי מאן דבעי למיפק [לאורחא] ובעי למידע אי חזר ואתי לביתא אי לא, ניקום בביתא דחברא, אי חזי בבואה דבבואה לידע דהדר ואתי לביתא. ולאו מלתא היא, דלמא חלשא דעתיה ומיתרע מזליה. אמר אביי, השתא דאמרת סימנא מילתא היא, [לעולם] יהא רגיל למיחזי בריש שתא קרא ורוביא כרתי וסילקא ותמרי. אמר להו רב משרשיא לבריה, כי בעיתו מיעל ומיגמרי קמי רבייכו גרסו מתניתא ועלו לקמי רבייכו, וכי יתביתו קמיה חזו לפומיה, דכתיב 'והיו עיניך רואות את מוריך', וכי גרסיתו גרסו על נהרא דמיא, דכי היכי דמשכן מיא משכן שמעתתייכו, ותיבו אקילקלי דמתא מחסיא ולא תיבו אפדני דפומבדיתא, טב גלדנא סריא [דמתא מחסיא למיכל] מכותחא דרמי כיפי. 'רמה קרני באלהי', רמה קרני ולא רמה פכי, דוד ושלמה שנמשחו בקרן נמשכה מלכותן, שאול ויהוא שנמשחו בפך לא נמשכה מלכותן: המשוח בשמן המשחה וכו': תנו רבנן, 'משיח', יכול מלך, תלמוד לומר 'כהן'; אי 'כהן', יכול מרובה בגדים, תלמוד לומר 'משיח'; אי 'משיח', יכול משוח מלחמה, תלמוד לומר 'והכהן' 'המשיח' שאינו משיח על גביו. מאי משמע. כדאמר רבא, 'הירך', המיומנת שבירך, הכא נמי 'המשיח', המיומן שבמשוחים. אמר מר, 'משיח' יכול מלך, מלך פר הוא דמייתי, שעיר הוא דמייתי. איצטריך, סלקא דעתך אמינא על שגגת מעשה יביא שעיר, על העלם דבר יביא פר, קא משמע לן: אין בין משוח בשמן המשחה כו': מתניתין דלא כרבי מאיר, דאי רבי מאיר, הא תניא, מרובה בגדים מביא פר הבא על כל המצות, דברי רבי מאיר, ולא הודו לו חכמים. מאי טעמא דרבי מאיר, דתניא, 'משיח', אין לי אלא משוח בשמן המשחה, מרובה בגדים מנין, תלמוד לומר 'הכהן המשיח'. במאי אוקימתיה, כרבנן,

אימא

ה שמן המשחה. בימי יהואחז, דקתני 'ויהואחז נמשח מפני יהויקים': תניא, משנגנז הארון וכו'. מדכתיב 'תשימו בארגז מצדו', דארגז בצד ארון אלמא בהדי ארון נגנז, ומדקאמר יאשיהו 'תנו את ארון ה' בבית' וגו', משמע שצוה לגנזו: 'אין לכם משא בכתף'. ואמרינן במסכת שקלים, 'אמר להם, גולה עמכם שוב אינכם מחזירין אותו תפיכם', לוה לגנזו: אתיא 'שם' 'שם'. כתיב בארון 'ונועדתי לך שם ודברתי אתך מעל הכפורת' וגו', וכתיב 'ונועדתי שמה לבני ישראל', וכתיב בצנצנת המן 'ותן שמה מלא העומר מן', מה ארון נגנז, צנצנת המן נגנז: אתיא 'דורות' 'דורות'. דכתיב בצנצנת המן 'והנח אותו לפני ה' למשמרת לדורותיכם', וכתיב בשמן המשחה 'שמן משחת קדש יהיה זה לי לדורותיכם', מה צנצנת המן נגנז, אף שמן המשחה נגנז: 'משמרת' 'משמרת'. דכתיב בצנצנת המן דהוי נגנז 'למשמרת לדורותיכם', וכתיב במקלו של אהרן 'למשמרת לאות לבני מרי' וגו', מה צנצנת המן נגנז, אף מקלו של אהרן נגנז: אמר רב פפא באפרסמא דכיא. משחו את יהואחז: כמין נזר. דהדר ליה הודרני בעתיה כלילא (כזה [ד]): כמין כף שמתחיל למשוח באצבעו בין ריסי עיניו, ומושך אצבעו על הראש והולך עד שמגיע לעורף, ככף יוני כזה ח[טו]: נותנין שמן בין ריסי עיניו. ושם מושחים כמין כף יוני כדפרישנא: מאן דאמר יציקה עדיפא דכתיב 'ויצוק משמן המשחה'. והדר 'וימשח': שכן אתה מוצא כלי שרת. דהוה משיחה ולא יליקה: טעם 'ויצוק', משום ד'וימשח' כבר: הוא מספר. כשהיה מדבר עם אחרים: ויושבות בעיקרי[טז] זקנו. כדי שלא שמא ח"ו מעלתי בשמן המשחה. עתי בו כשהלבשתיו: ואני מעלתי. שמא עלי מן השמן במקום שאין ראוי ומעלתי: 'והורדתם אותו אל

גיחון'. אלמא בעי משיחה על המעיין[יז]: ניתלי. ידליק: אי משיך נהוריה. שדולק כל זמן שהשמן בתוכו: לירבי תרנגולא. על שם ההוא עיסקא: שמין ושפיר. שמשמנת ומשבחת: ביתא דחברא. בית חשוך: ולאו מילתא היא. דזימנא דאף על גב דלית ליה בבואה דבבואה הדר חיי, ואפילו[יח] הכי לא ליעבד הכי, דדלמא לא חזי בבואה דבבואה חלשה דעתיה ומתרע מזליה ולא הדר חיי, [משום דמיתרע מזליה[יט], דאי לא הוה עביד הכי לא הוה מיתרע מזליה והדר חיי], הלכך לא ליעביד: קרא ורוביא כרתי וסילקא ותמרי. דהני גדלי לעגל טפי משאר ירקות. קרא, דלעת. רוביא, תלתן: גרסו מתניתא. מעיקרא, כי היכי דתהוי מרגלא מילתא בפומייכו ותהוון ידעין למשאל ליה: מנשכן שמעתא. דלא ליפסוק מפומייכו, כמעין זה שמושך והולך: דמתא מחסיא. הוו תלמידי חכמים ראויים להוראה, ותרבות יפה היה בהם, אבל בפומבדיתא לא הוי תרבות מעליא כל כך, וקאמר ליה מוטב לו לדור באשפה במתא מחסיא מלדור באפדנא בפומבדיתא: גילדנא סריא. מוטב לאכול דג קטן מוסרח, כדאמרינן בפ"ק דמו"ק (דף יא.) 'כוורא סמוך למיסרחיה מעלי': מכותחא דרמי כיפי. אפילו מכותח שהוא משובח וחזק שמשבר את האבן כששופכים הימנו[כ], אעפ"כ לא תאכל הימנו, כדאמרינן בפרק (ערבי פסחים) [ואלו עוברין (פסחים מב)] 'שלשה דברים נאמרו בכותח, מטמטם את הלב' וכו'. כיפי, סלעים, כדמתרגמינן 'סלע' כיפא. אית דמפרשי מוטב תאכל גילדנא סריא שאין דמיהם יקרים, מכותח שאוכלים אותו עשירים ושרים הדרים ברמי כיפי, כלומר, במגדלים וחומות גדולות, לפי שדמיהם יקרים: 'אם הכהן המשיח'[כא] יכול מלך. יביא פר שהיה משוח, ת"ל 'כהן': המיומן שבמשוחים. דהיינו כהן גדול: מרובה בגדים מנין, תלמוד לומר 'והביא[כב] הכהן המשיח':

אימא

This daf is dedicated l'iluy nishmas: Sophie bat Frieda z"l

דְּוַיְמְשַׁח — Because he had already smeared from the *Shemen Hamishchah*.

תָּנוּ רַבָּנָן — The *Chachamim* taught in a *Baraisa*: The *pasuk* says (*Tehillim* 133:2): כַּשֶּׁמֶן הַטּוֹב [וגו׳] יֹרֵד עַל הַזָּקָן זְקַן אַהֲרֹן וגו׳ — "It is like the precious oil [upon the head] coming down upon the beard, Aharon's beard [that comes down upon the collar of his garments]." The *Baraisa* explains the *pasuk*: כְּמִין שְׁנֵי טִפֵּי מַרְגָּלִיּוֹת הָיוּ תְּלוּיוֹת לְאַהֲרֹן בִּזְקָנוֹ — There were always two drops of *Shemen Hamishchah* shaped like pearls, suspended from Aharon's beard. אָמַר רַב פָּפָּא — Rav Pappa said: תָּנָא — It is taught in a *Baraisa*: כְּשֶׁהוּא מְסַפֵּר — When Aharon would speak and his beard would move, עוֹלוֹת וְיוֹשְׁבוֹת לוֹ בְּעִיקַּר זְקָנוֹ — those two drops would miraculously rise and settle by the roots of his beard, so that they would not fall. וְעַל דָּבָר זֶה הָיָה מֹשֶׁה דּוֹאֵג — And about these two drops Moshe was worried. אָמַר — He said: שֶׁמָּא חַס וְשָׁלוֹם מָעַלְתִּי בְּשֶׁמֶן הַמִּשְׁחָה — Maybe *chas v'shalom* I desecrated the *Shemen Hamishchah* by touching the *Shemen Hamishchah* in Aharon's beard when I dressed him in his garments. יָצְתָה בַּת קוֹל וְאָמְרָה — A *Bas Kol* came out and said: כַּשֶּׁמֶן הַטּוֹב וגו׳ כְּטַל חֶרְמוֹן — "It is like the precious oil… like the dew of Chermon" (*Tehillim* 133:2-3). מַה טַּל חֶרְמוֹן אֵין בּוֹ מְעִילָה — By putting these two concepts together, the *pasuk* teaches that just like there is no desecration when it comes to the dew of Chermon, אַף שֶׁמֶן הַמִּשְׁחָה שֶׁבִּזְקַן אַהֲרֹן אֵין בּוֹ מְעִילָה — so too, there was no desecration of the *Shemen Hamishchah* in Aharon's beard. וַעֲדַיִין הָיָה אַהֲרֹן דּוֹאֵג — And Aharon was still worried, אָמַר — he said: שֶׁמָּא מֹשֶׁה לֹא מָעַל — Maybe Moshe did not desecrate the *Shemen Hamishchah*, אֲבָל אֲנִי מָעַלְתִּי — but maybe I did desecrate the *Shemen Hamishchah*, because maybe it fell on a part of my body that was not necessary for anointing me. יָצְתָה בַּת קוֹל וְאָמְרָה לוֹ — A *Bas Kol* came out and said to him: הִנֵּה מַה טּוֹב וּמַה נָּעִים שֶׁבֶת אַחִים גַּם יָחַד — "Behold how good and how pleasant it is for brothers to dwell together in unity" (*Tehillim* 133:1). As if to say: מַה מֹּשֶׁה לֹא מָעַל — Just as Moshe did not desecrate the *Shemen Hamishchah*, אַף אַתָּה לֹא מָעַלְתָּ — so too, you did not desecrate the *Shemen Hamishchah*.

The Gemara continues discussing the *Shemen Hamishchah*: תָּנוּ רַבָּנָן — The *Chachamim* taught in a *Baraisa*: אֵין מוֹשְׁחִים אֶת הַמְּלָכִים אֶלָּא עַל הַמַּעְיָן — They only anoint kings next to a spring, כְּדֵי שֶׁתִּמָּשֵׁךְ מַלְכוּתָם — as an omen that their kingship should continue like a spring. שֶׁנֶּאֱמַר — We find this, as it says regarding the coronation of Shlomo (*Melachim I* 1:33-34): וַיֹּאמֶר הַמֶּלֶךְ לָהֶם קְחוּ עִמָּכֶם אֶת עַבְדֵי אֲדֹנֵיכֶם [וגו׳] וְהוֹרַדְתֶּם אֹתוֹ אֶל גִּחוֹן — "And the king said to them: Take with you the servants of your master… and bring him down to Gichon." Gichon was a spring, and we learn from here that kings are anointed next to a spring.

The Gemara continues discussing good omens: אָמַר רַבִּי אַמִּי — Rabi Ami said: הַאי מַאן דְּבָעֵי לֵידַע אִי מַסֵּיק שַׁתֵּיהּ אִי לָא — One who wants to know if he will live out the coming year or not, נִיתְלֵי שְׁרָגָא בַּעֲשָׂרָה יוֹמֵי דְּבֵין רֹאשׁ הַשָּׁנָה לְיוֹם הַכִּפּוּרִים בְּבֵיתָא דְּלָא נָשֵׁיב זִיקָא — he should light a candle during the ten days that are between Rosh Hashanah and Yom Kippur,

For this *daf's shiur* and charts, scan this QR code:

ומי הוה שמן המשחה, [א]והתניא, משנגנז ארון נגנז שמן המשחה וצנצנת המן, ומקלו של אהרן שקדיה ופרחיה, וארגז ששלחו פלשתים דורון לישראל[א], שנאמר [א]'ואת כלי הזהב אשר השבותם לו אשם תשימו בארגז מצדו ושלחתם אותו והלך', ומי גנזו, יאשיהו מלך יהודה גנזו, שראה שכתוב בתורה [ב]'יולך ה' אותך ואת מלכך' וגו', צוה וגנזום, שנאמר [ג]'ויאמר ללוים המבינים לכל ישראל הקדושים לה', תנו את ארון הקדש בבית אשר בנה שלמה בן דוד מלך ישראל, אין לכם משא בכתף, עתה עבדו את ה' אלהיכם ואת עמו ישראל', ואמר רבי אלעזר, אתיא [ד]'שם' [ה]'שם', אתיא [ה]'משמרת' [ו]'משמרת', אתיא [ה]'דורות' [ז]'דורות'. אמר רב פפא, באפרסמא דכיא. תנו רבנן, [ב]כיצד מושחין את המלכים, [א]כמין נזר, ואת הכהנים, כמין כי. [ג]מאי כמין כי. אמר רב מנשיא בר גדא, [ב]כמין כף יוני. תני חדא, [ג]בתחלה מוצקין שמן על ראשו, ואחר כך נותנין לו שמן בין ריסי עיניו; ותניא אחריתי[יב], בתחלה נותנין לו שמן בין ריסי עיניו, ואחר כך מוצקים לו שמן על ראשו. תנאי היא, איכא דאמרי משיחה עדיפא, ואיכא דאמרי יציקה עדיפא. מאי טעמא דמאן דאמר יציקה עדיפא. דכתיב [ח]'ויצוק משמן המשחה על ראש אהרן וימשח אותו לקדשו'. ומאן דאמר משיחה עדיפא, מאי טעמא. קסבר שכן אתה מוצא אצל כלי שרת. והכתיב 'ויצוק' ובסוף 'וימשח'.

הכי קאמר, מאי טעם 'ויצוק' [ה]משום ד'וימשח'. תנו רבנן, [ד][ט]'כשמן הטוב [וגו'] יורד על הזקן זקן אהרן' וגו', כמין שני טפי מרגליות היו תלויות לאהרן בזקנו. אמר רב פפא, תנא, כשהוא מספר עולות ויושבות לו בעיקר זקנו. ועל דבר זה היה משה דואג, אמר, שמא חס ושלום מעלתי בשמן המשחה, יצתה בת קול ואמרה 'כשמן הטוב וגו' [י]כטל חרמון', מה טל חרמון אין בו מעילה אף שמן המשחה שבזקן אהרן אין בו מעילה, ועדיין היה אהרן דואג, אמר, שמא משה לא מעל, אבל אני מעלתי, יצתה בת קול ואמרה לו, [כ]'הנה מה טוב ומה נעים שבת אחים גם יחד', מה משה לא מעל אף אתה לא מעלת. תנו רבנן, [ד]אין מושחים את המלכים אלא על המעיין, כדי שתמשך מלכותם, שנאמר [ל]'ויאמר המלך להם קחו עמכם את עבדי אדוניכם [וגו'] והורדתם אותו אל גיחון'. [ה]אמר רבי אמי, האי מאן דבעי לידע אי מסיק שתיה אי לא, ניתלי שרגא בעשרה יומי דבין ראש השנה ליום הכפורים בביתא דלא נשיב זיקא, אי משיך נהוריה נידע דמסיק שתיה; ומאן דבעי למיעבד בעיסקא[יג] ובעי למידע אי מצלח אי לא מצלח, לירבי תרנגולא, אי שמין ושפר [ו] מצלח; האי מאן דבעי למיפק [לאורחא] ובעי למידע אי חזר[יד] ואתי לביתא אי לא, ניקום בביתא דחברא[טו], אי חזי בבואה דבבואה לידע דהדר ואתי לביתא. ולאו מלתא היא, דלמא חלשא דעתיה ומיתרע מזליה. [ו]אמר אביי, השתא דאמרת סימנא מילתא היא, [ה][לעולם[טז]] יהא רגיל למיחזי[יז] בריש שתא קרא ורוביא כרתי וסילקא ותמרי. אמר להו רב משרשיא לבריה[יח], כי בעיתו מיעל ומיגמרי קמי רבייכו גרסו מתניתא ועלו לקמי רבייכו, וכי יתביתו קמיה חזו לפומיה, דכתיב [מ]'והיו עיניך רואות את מוריך'[יט], וכי גרסיתו גרסו על נהרא דמיא, דכי היכי דמשכן מיא משכן שמעתתייכו, ותיבו [ס]אקילקלי דמתא מחסיא ולא תיבו אפדני דפומבדיתא, טב גלדנא סריא [דמתא מחסיא למיכל] מכותחא דרמי כיפי. [נ]'רמה קרני באלהי', [ט]רמה קרני ולא רמה פכי, דוד ושלמה שנמשחו בקרן נמשכה מלכותן, שאול ויהוא שנמשחו בפך לא נמשכה מלכותן: המשוח בשמן המשחה וכו': תנו רבנן, [י][ס]'משיח', יכול מלך, תלמוד לומר [ס]'כהן'; אי 'כהן', יכול מרובה בגדים[כ], תלמוד לומר 'משיח'; אי 'משיח', יכול משוח מלחמה, תלמוד לומר 'והכהן[כא] המשיח' שאינו[כב] משיח על גביו. מאי משמע. [כ]כדאמר רבא, [ע]'הירך', המיומנת שבגדיך, הכא נמי 'המשיח', המיומן שבמשוחים. אמר מר, 'משיח' יכול מלך, מלך פר הוא דמייתי[כג], שעיר הוא דמייתי. איצטריך, סלקא דעתא אמינא על שגגת מעשה יביא שעיר, על העלם דבר יביא פר, קא משמע לן: אין בין משוח בשמן המשחה כו': מתניתין דלא כרבי מאיר, דאי רבי מאיר, הא [ל]תניא, מרובה בגדים מביא פר הבא על כל המצות, דברי רבי מאיר, ולא הודו לו חכמים. מאי טעמא דרבי מאיר, דתניא, [פ]'משיח', אין לי אלא משוח בשמן המשחה, מרובה בגדים מנין, תלמוד לומר 'הכהן המשיח'. במאי אוקימתיה, כרבנן,

אימא

רש"י

ומי הוה שמן המשחה. בימי יהואחז, דקתני 'ויהואחז נמשח מפני יהויקים': והתניא, משנגנז הארון וכו'. מדכתיב 'תשימו בארגז מצדו', דארגז בצד ארון קאי, אלמא כהדי ארון נגנז, ומדקאמר יאשיהו 'תנו את ארון ה' בבית' וגו', משמע שצוה לגנזו: 'אין לכם משא בכתף'. ואמרינן במסכת שקלים, 'אמר להם, אם גולה עמכם שוב אינכם מחזירין אותו למקומו', צוה לגנזו: אתיא 'שם' 'שם'. דכתיב בארון 'ונועדתי לך שם ודברתי אתך מעל הכפורת' וגו', וכתיב 'ונועדתי שמה לבני ישראל', וכתיב בצנצנת המן 'ותן שמה מלא העומר מן', מה ארון נגנז, אף צנצנת המן נגנז: אתיא 'דורות' 'דורות'. דכתיב בצנצנת המן 'והנח אותו לפני ה' למשמרת לדורותיכם', וכתיב בשמן המשחה 'שמן משחת קדש יהיה זה לי לדורותיכם', מה צנצנת המן נגנז, אף שמן המשחה נגנז: 'משמרת' 'משמרת'. דכתיב בצנצנת המן דהוי נגנז 'למשמרת לדורותיכם', וכתיב במקלו של אהרן 'למשמרת לאות לבני מרי' וגו', מה צנצנת המן נגנז, אף מקלו של אהרן נגנז: אמר רב פפא באפרסמא דכיא. משחו את יהואחז: כמין נזר. דהדר ליה הודרני ככלילא (קמ"ד): כמין כף יוני. שמתחיל למשוח באצבעו בין ריסי עיניו, ומושך אצבעו על הראש והולך עד שמגיע לעורף, ככף יוני כזה ח[טו]: נותנין לו שמן בין ריסי עיניו. ושם מושחים לכהן כמין כף יוני כדפרישנא: מאן דאמר יציקה עדיפא דכתיב 'ויצוק משמן המשחה', והדר 'וימשח': שכן אתה מוצא אצל כלי שרת. דהוה משיחה ולא יציקה: 'ויצוק', משום ד'וימשח' כבר: כשהוא מספר. כשהיה מדבר עם אחרים: ויושבות בעקרי[טז] זקנו. כדי שלא יפלו: שמא ח"ו מעלתי בשמן המשחה. שנטלתי בו כשהלבשתיו: ואני מעלתי. שמא נסך עלי מן השמן במקום שאין ראוי ומעלתי: 'והורדתם אותו אל גיחון'. אלמא בעי משיחה על המעיין[יז]: ניתלי. ידליק: אי משיך נהוריה. שדולק כל זמן שהשמן בתוכו: לירבי תרנגולא. על שם ההוא עיסקא: שמין ושפיר. שמשמנת ומשבחת: ביתא דחברא. בית חשוך: ולאו מילתא היא. דזימנא דאף על גב דלית ליה בבואה דבבואה הדר אתי, ואפילו[יח] הכי לא ליעבד הכי, דדלמא לא חזי בבואה דבבואה חלשה דעתיה ומתרע מזליה ולא הדר אתי, [משום דמיתרע מזליה[יט], דאי לא הוה עביד הכי לא הוה מיתרע מזליה והדר אתי], הלכך לא ליעביד: קרא ורוביא כרתי וסילקא ותמרי. דהני גדלי לעגל טפי משאר ירקות. קרא, דלעת. רוביא, תלתן: גרסו מתניתא. מעיקרא, כי היכי דתהוי מרגלא מילתא בפומייכו ותהוון ידעין למשאל ליה: ממשכן שמעתא. דלא ליפסוק מפומייכו, כמעין זה שמושך והולך: דמתא מחסיא. הוו תלמידי חכמים ראויים להוראה, ותרבות יפה היה בהם, אבל בפומבדיתא לא הוי תרבות מעליא כל כך, וקאמר ליה מוטב לו לדור באשפה במתא מחסיא מלדור באפדנא בפומבדיתא: גילדנא סריא. מוטב לאכול דג קטן מוסרח, כדאמרינן בפ"ק דמו"ק (דף יא.) 'כוורא סמוך למיסרחיה מעלי': מכותחא דרמי כיפי. אפילו מכותח שהוא משובח וחזק שמשבר את האבן כששופכים הימנו[כ], אעפ"כ לא תאכל הימנו, כדאמרינן בפרק (ערבי פסחים) [ואלו עוברין (פסחים מב.)] 'שלשה דברים נאמרו בכותח, מטמטם את הלב' וכו'. כיפי, סלעים, כדמתרגמינן 'סלע' כיפא. אית דמפרשי מוטב תאכל גילדנא סריא שאין דמיהם יקרים, מכותח שאוכלים אותו עשירים ושרים הדרים ברמי כיפי, כלומר, במגדלים וחומות גדולות, לפי שדמיהם יקרים: 'אם הכהן המשיח'[כא] יכול מלך. יביא פר שהיה משוח, ת"ל 'כהן': המיומן שבמשוחים. דהיינו כהן גדול: מרובה בגדים מנין, תלמוד לומר 'והביא[כב] הכהן המשיח': אימא

עין משפט נר מצוה

לב ד מיי' שם הלכה יא ופ"א מהלכות מלכים הלכה יא:

לג ה טוש"ע או"ח סימן תקפג ס"א:

תוספות הרא"ש

וגנזו שנאמר ויאמר ללוים המבינים [לכל ישראל] (בעם) הקדושים לה' תנו את ארון הקודש בבית אשר בנה שלמה בן דוד מלך ישראל. ומשמע לשון פשטי' דקרא דלמגנזי' קאמר. חדא דארון בבית המקדש הוי קאי דמאן אפקי' מהתם דאיצטריך יאשיהו המלך (ולדוכתי' להדורי קאמר להו) [למימר להו לאהדורי לדוכתיה ועוד[כג]] לכתוב קרא בבית ה' וממילא ידענא דשלמה בנייה למקדש ל"ל לכתוב בבית אשר בנה שלמה בן דוד מלך ישראל. אלא משמע מהכא דכי בנייה שלמה לבית המקדש הוה ידע דסופי' ליחרב וישראל יגלו מעל אדמתם והכין בית תחת הקרקע שיהי' מוכן לגנוז בו ארון כדי שלא ישלטו בו יד אומות העולם. ועליו קאמר יאשיהו בבית אשר בנה שלמה. ואיכא למימר הא דקאמר שלמה (ואכין) [ואשים] שם מקום לארון (מלכים א ח) אההיא דוכתא קאמר. ולאו כ"ע ידעי ליה להאי דוכתא אלא לחסידי כהונה ולויה דהוה מסור להו דור אחר דור והיינו דכתיב ללוים המבינים (בעם) [לכל ישראל] הקדושים לה' שהיו מבינים ויודעים את מקומו: וכשהוא מספר את זקנו[מ] עולות ויושבות בעקרי זקנו. ונדבקין בבשר שאין שם שער. הרמ"ה ז"ל: והורדתם אותו אל גיחון. הוא מעין קטן שהוא למטה מירושלים והוא מי שלוח: אמשיך נהורא. מתמר ועולה כעלה משוך ולא מקטף אקטיפי שאינה נוטה לכאן ולכאן כדרך (שהשלהבת) [השלהבת] על ידי רוח. כדאמרי' (פסחים דף ח) גבי אור הנר יפה לבדיקה משום דאמשיך נהורא והנך מקטף אקטיפי: [י]פר הבא על כל המצות. דכתיב ביה הכהן המשיח. ואע"ג דגבי עשירית האיפה כתיב נמי המשיח. [ס]כתיב ביה נמי ביום המשח אותו ואין מעוט אחר מיעוט אלא לרבות. הרמ"ה ז"ל: ומצווים על הבתולה. פי' ליקח בתולה ולא בעולה ולישנא דקרא נקט והוא אשה בבתוליה יקח ולא בעולה. ולאו הכא מכלל עשה עשה: מ"ט דר' מאיר דתניא משיח אין לי אלא משוח בשמן המשחה מרובה בגדים מנין ת"ל המשיח. דה"א דמשיח משמע נמי מעוט כדאמרי' הירך המיומנת שבירך ומעוט אחר מעוט לרבות [מרובה] בגדים. ורש"י ז"ל גריס ת"ל הכהן משמע דמיתורא דהכהן דריש:

גליון הש"ס

גמ' משום דוימשח. כמ"ש בנזיר דף י"ט ע"ב והזיר ממן וכביו:

תורה אור השלם

א) וּלְקַחְתֶּם אֶת אֲרוֹן יְיָ וּנְתַתֶּם אֹתוֹ אֶל הָעֲגָלָה וְאֵת כְּלֵי הַזָּהָב אֲשֶׁר הֲשֵׁבֹתֶם לוֹ אָשָׁם תָּשִׂימוּ בָאַרְגַּז מִצִּדּוֹ וְשִׁלַּחְתֶּם אֹתוֹ וְהָלָךְ: (שמואל א ו, ח)

ב) יוֹלֵךְ יְיָ אֹתְךָ וְאֶת מַלְכְּךָ אֲשֶׁר תָּקִים עָלֶיךָ אֶל גּוֹי אֲשֶׁר לֹא יָדַעְתָּ אַתָּה וַאֲבֹתֶיךָ וְעָבַדְתָּ שָּׁם אֱלֹהִים אֲחֵרִים עֵץ וָאָבֶן: (דברים כח, לו)

ג) וַיֹּאמֶר לַלְוִיִּם הַמְּבִינִים לְכָל יִשְׂרָאֵל הַקְּדוֹשִׁים לַייָ תְּנוּ אֶת אֲרוֹן הַקֹּדֶשׁ בַּבַּיִת אֲשֶׁר בָּנָה שְׁלֹמֹה בֶן דָּוִיד מֶלֶךְ יִשְׂרָאֵל אֵין לָכֶם מַשָּׂא בַּכָּתֵף עַתָּה עִבְדוּ אֶת יְיָ אֱלֹהֵיכֶם וְאֵת עַמּוֹ יִשְׂרָאֵל: (דברי הימים ב לה, ג)

ד) וְנוֹעַדְתִּי לְךָ שָׁם וְדִבַּרְתִּי אִתְּךָ מֵעַל הַכַּפֹּרֶת מִבֵּין שְׁנֵי הַכְּרֻבִים אֲשֶׁר עַל אֲרוֹן הָעֵדֻת אֵת כָּל אֲשֶׁר אֲצַוֶּה אוֹתְךָ אֶל בְּנֵי יִשְׂרָאֵל: (שמות כה, כב)

ונעדתי שמה לבני ישראל ונקדש בכבודי: (שמות כט, מג)

ה) וַיֹּאמֶר מֹשֶׁה אֶל אַהֲרֹן קַח צִנְצֶנֶת אַחַת וְתֶן שָׁמָּה מְלֹא הָעֹמֶר מָן וְהַנַּח אֹתוֹ לִפְנֵי יְיָ לְמִשְׁמֶרֶת לְדֹרֹתֵיכֶם: (שמות טז, לג)

ו) וַיֹּאמֶר יְיָ אֶל מֹשֶׁה הָשֵׁב אֶת מַטֵּה אַהֲרֹן לִפְנֵי הָעֵדוּת לְמִשְׁמֶרֶת לְאוֹת לִבְנֵי מֶרִי וּתְכַל תְּלוּנֹּתָם מֵעָלַי וְלֹא יָמֻתוּ: (במדבר יז, כה)

ז) וְאֶל בְּנֵי יִשְׂרָאֵל תְּדַבֵּר לֵאמֹר שֶׁמֶן מִשְׁחַת קֹדֶשׁ יִהְיֶה זֶה לִי לְדֹרֹתֵיכֶם: (שמות ל, לא)

ח) וַיִּצֹק מִשֶּׁמֶן הַמִּשְׁחָה עַל רֹאשׁ אַהֲרֹן וַיִּמְשַׁח אֹתוֹ לְקַדְּשׁוֹ: (ויקרא ח, יב)

ט) כַּשֶּׁמֶן הַטּוֹב עַל הָרֹאשׁ יֹרֵד עַל הַזָּקָן זְקַן אַהֲרֹן שֶׁיֹּרֵד עַל פִּי מִדּוֹתָיו: (תהלים קלג, ב)

י) כְּטַל חֶרְמוֹן שֶׁיֹּרֵד עַל הַרְרֵי צִיּוֹן כִּי שָׁם צִוָּה יְיָ אֶת הַבְּרָכָה חַיִּים עַד הָעוֹלָם: (תהלים קלג, ג)

כ) שִׁיר הַמַּעֲלוֹת לְדָוִד הִנֵּה מַה טּוֹב וּמַה נָּעִים שֶׁבֶת אַחִים גַּם יָחַד: (תהלים קלג, א)

ל) וַיֹּאמֶר הַמֶּלֶךְ לָהֶם קְחוּ עִמָּכֶם אֶת עַבְדֵי אֲדֹנֵיכֶם וְהִרְכַּבְתֶּם אֶת שְׁלֹמֹה בְנִי עַל הַפִּרְדָּה אֲשֶׁר לִי וְהוֹרַדְתֶּם אֹתוֹ אֶל גִּחוֹן: (מלכים א א, לג)

מ) וְנָתַן לָכֶם אֲדֹנָי לֶחֶם צָר וּמַיִם לָחַץ וְלֹא יִכָּנֵף עוֹד מוֹרֶיךָ וְהָיוּ עֵינֶיךָ רֹאוֹת אֶת מוֹרֶיךָ: (ישעיה ל, כ)

נ) וַתִּתְפַּלֵּל חַנָּה וַתֹּאמַר עָלַץ לִבִּי בַּייָ רָמָה קַרְנִי בַּייָ רָחַב פִּי עַל אוֹיְבַי כִּי שָׂמַחְתִּי בִּישׁוּעָתֶךָ: (שמואל א ב, א)

ס) אִם הַכֹּהֵן הַמָּשִׁיחַ יֶחֱטָא לְאַשְׁמַת הָעָם וְהִקְרִיב עַל חַטָּאתוֹ אֲשֶׁר חָטָא פַּר בֶּן בָּקָר תָּמִים לַייָ לְחַטָּאת: (ויקרא ד, ג)

ע) עַל כֵּן לֹא יֹאכְלוּ בְנֵי יִשְׂרָאֵל אֶת גִּיד הַנָּשֶׁה אֲשֶׁר עַל כַּף הַיָּרֵךְ עַד הַיּוֹם הַזֶּה כִּי נָגַע בְּכַף יֶרֶךְ יַעֲקֹב בְּגִיד הַנָּשֶׁה: (בראשית לב, לג)

פ) וְהֵבִיא הַכֹּהֵן הַמָּשִׁיחַ מִדַּם הַפָּר אֶל אֹהֶל מוֹעֵד: (ויקרא ד, טז)

This *daf* is dedicated *l'iluy nishmas*: Sophie bat Frieda *z"l*

in a house where the wind does not blow. **אִי מְשֵׁיךְ נְהוֹרֵיהּ** — If the light continues to burn, **נֵידַע דְּמַסֵּיק שַׁתֵּיהּ** — he will know that he will live out the coming year. **וּמַאן דְּבָעֵי לְמֵיעְבַּד בְּעִיסְקָא** — And one who wants to conduct business, **וּבָעֵי לְמֵידַע אִי מַצְלַח אִי לָא מַצְלַח** — and he wants to know if he will succeed or if he will not succeed, **לִירַבֵּי תַּרְנְגוֹלָא** — let him raise a rooster. **אִי שָׁמֵין וְשָׁפַר** — If the rooster grows fat and healthy, **מַצְלַח** — he will succeed. **הַאי מַאן דְּבָעֵי לְמִיפַּק [לְאוֹרְחָא] וּבָעֵי לְמֵידַע אִי (חזר) [הָדַר] וְאָתֵי לְבֵיתָא אִי לָא** — One who wants to go out on a journey, and he wants to know if he will return and come back to his home or not, **נֵיקוּם בְּבֵיתָא דַּחֲבָרָא** — let him stand in a dark house. **אִי חָזֵי בָּבוּאָה דְּבָבוּאָה לֵידַע דְּהָדַר וְאָתֵי לְבֵיתָא** — If he sees the shadow of a shadow he will know that he will return and come home. The *Chachamim* disagree: **וְלָאו מִלְּתָא הִיא** — The *siman* of checking to see a shadow of a shadow is not reliable. Sometimes even someone who does not see the shadow of the shadow will return, **דִּלְמָא חָלְשָׁא דַּעְתֵּיהּ** — and it is not advisable to perform this test, because if he does not see the shadow of the shadow, even if it is not a bad sign, he may lose hope, **וּמִיתְרַע מַזָּלֵיהּ** — and losing hope alone will damage his *mazal*, causing him not to return home.

אָמַר אַבַּיֵי — Abaye said: **הַשְׁתָּא דְּאָמְרַתְּ סִימָנָא מִילְּתָא הִיא** — Now that you said that an omen is a significant matter, **[לְעוֹלָם] יְהֵא רָגִיל לְמִיחְזֵי בְּרֵישׁ שַׁתָּא** — a person should always be accustomed to seeing these on Rosh Hashanah: **קָרָא וְרוּבְיָא כַּרְתֵּי וְסִילְקָא וְתַמְרֵי** — squash, and fenugreek, leeks, and beets, and dates. These items grow quickly, and seeing them at the beginning of the year is a good omen for the coming year.

The Gemara discusses some advice that Rav Mesharshiya told his children, some of which are good omens: **אֲמַר לְהוּ רַב מְשַׁרְשְׁיָא לִבְרֵיהּ** — Rav Mesharshiya said to his son: **כִּי בָּעֵיתוּ מֵיעַל וּמִיגְמַרֵי קַמֵּי רַבַּייכוּ** — When you want to enter and learn in front of your *rebbi*, **גְּרַסוּ מַתְנִיתָא וְעֵלּוּ לְקַמֵּי רַבַּייכוּ** — first learn *Baraisa*, and only then enter before your *rebbi*. This way you will be familiar with the material the *rebbi* will be discussing. **וְכִי יָתְבִיתוּ קַמֵּיהּ** — And when you sit in front of your *rebbi*, **חֲזוּ לְפוּמֵּיהּ** — look at his mouth, **דִּכְתִיב** — as it is written (*Yeshayah* 30:20), **וְהָיוּ עֵינֶיךָ רֹאוֹת אֶת מוֹרֶיךָ** — "And your eyes shall see your teacher." Another piece of advice: **וְכִי גָּרְסִיתוּ** — And when you learn, **גְּרַסוּ עַל נַהֲרָא דְּמַיָּא** — learn by a river of water, **דְּכִי הֵיכִי דְּמָשְׁכָן מַיָּא מָשְׁכָן שְׁמַעְתָּתַייכוּ** — because this will serve as a good omen; just as water flows, so too, your studies should flow unimpeded. Another point: **וְתִיבוּ אַקִּילְקְלֵי דְּמָתָא מַחְסֵיָא** — And it is better that you should live on the garbage heaps of Masa Machsiya, where there are *talmidei chachamim* and quality people, **וְלָא תִּיבוּ אַפַּדְנֵי דְּפוּמְבְּדִיתָא** — and not live in the palaces of Pumbedisa, where the people there are not such high quality. And another point: **טַב גִּלְדְּנָא סַרְיָא [דְּמָתָא מַחְסֵיָא לְמֵיכַל]** — It is better to eat the small, nearly rotten fish of Masa Mechasya, **מִכּוּתָּחָא דְּרָמֵי כֵּיפֵי** — Then to eat powerful *kutach*, that is so powerful it breaks up rock when it is poured over it. The Gemara (*Pesachim* 42a) tells us that *kutach* is not healthy.

The Gemara continues discussing anointing kings: Chanah, Shmuel's mother said in her *shirah* (*Shmuel I* 2:1): **רָמָה קַרְנִי**

For this *daf's shiur* and charts, scan this QR code:

ומי הוה שמן המשחה, והתניא, משנגנז ארון נגנז שמן המשחה וצנצנת המן, ומקלו של אהרן שקדיה ופרחיה, וארגז ששלחו פלשתים דורון לישראל, שנאמר 'ואת כלי הזהב אשר השבותם לו אשם תשימו בארגז מצדו ושלחתם אותו והלך', ומי גנזו, יאשיהו מלך יהודה גנזו, שראה שכתוב בתורה 'יולך ה' אותך ואת מלכך' וגו', צוה וגנזום, שנאמר 'ויאמר ללוים המבינים לכל ישראל הקדושים לה', תנו את ארון הקדש בבית אשר בנה שלמה בן דוד מלך ישראל, אין לכם משא בכתף, עתה עבדו את ה' אלהיכם ואת עמו ישראל', ואמר רבי אלעזר, אתיא 'שם' 'שם', אתיא 'משמרת' 'משמרת', אתיא 'דורות' 'דורות'. אמר רב פפא, באפרסמא דכיא. תנו רבנן, כיצד מושחין את המלכים, כמין נזר, ואת הכהנים, כמין כי. מאי כמין כי. אמר רב מנשיא בר גדא, כמין כף יוני. תני חדא, בתחלה מוצקין שמן על ראשו, ואחר כך נותנין לו שמן בין ריסי עיניו; ותניא אחריתי, בתחלה נותנין לו שמן בין ריסי עיניו, ואחר כך מוצקים לו שמן על ראשו. תנאי היא, איכא דאמרי משיחה עדיפא, ואיכא דאמרי יציקה עדיפא. מאי טעמא דמאן דאמר יציקה עדיפא. דכתיב 'ויצוק משמן המשחה על ראש אהרן וימשח אותו לקדשו'. ומאן דאמר משיחה עדיפא, מאי טעמא. קסבר שכן אתה מוצא אצל כלי שרת. והכתיב 'ויצוק' ובסוף 'וימשח'. הכי קאמר, מאי טעם 'ויצוק' משום ד'וימשח'. תנו רבנן, 'כשמן הטוב [וגו'] יורד על הזקן זקן אהרן' וגו', כמין שני טפי מרגליות היו תלויות לאהרן בזקנו. אמר רב פפא, תנא, כשהוא מספר עולות ויושבות לו בעיקר זקנו. ועל דבר זה היה משה דואג, אמר, שמא חס ושלום מעלתי בשמן המשחה, יצתה בת קול ואמרה 'כשמן הטוב וגו' כטל חרמון', מה טל חרמון אין בו מעילה אף שמן המשחה שבזקן אהרן אין בו מעילה, ועדיין היה אהרן דואג, אמר, שמא משה לא מעל, אבל אני מעלתי, יצתה בת קול ואמרה לו, 'הנה מה טוב ומה נעים שבת אחים גם יחד', מה משה לא מעל אף אתה לא מעלת. תנו רבנן, אין מושחים את המלכים אלא על המעין, כדי שתמשך מלכותם, שנאמר 'ויאמר המלך להם קחו עמכם את עבדי אדוניכם [וגו'] והורדתם אותו אל גיחון'. אמר רבי אמי, האי מאן דבעי לידע אי מסיק שתיה אי לא, ניתלי שרגא בעשרה יומי דבין ראש השנה ליום הכפורים בביתא דלא נשיב זיקא, אי משיך נהוריה נידע דמסיק שתיה; ומאן דבעי למיעבד [בעיסקא] ובעי למידע אי מצלח אי לא מצלח, לירבי תרנגולא, אי שמין ושפר מצלח; האי מאן דבעי למיפק [לאורחא] ובעי למידע אי הדר ואתי לביתא אי לא, ניקום בביתא דחברא, אי חזי בבואה דבבואה לידע דהדר ואתי לביתא. ולאו מלתא היא, דלמא חלשא דעתיה ומיתרע מזליה. אמר אביי, השתא דאמרת סימנא מילתא היא, [לעולם] יהא רגיל למיחזי בריש שתא קרא ורוביא כרתי וסילקא ותמרי. אמר להו רב משרשיא לבריה, כי בעיתו מיעל ומיגמרי קמי רבייכו גרסו מתניתא ועלו לקמי רבייכו, וכי יתביתו קמיה חזו לפומיה, דכתיב 'והיו עיניך רואות את מוריך', וכי גרסיתו גרסו על נהרא דמיא, דכי היכי דמשכן מיא משכן שמעתתייכו, ותיבו אקילקלי דמתא מחסיא ולא תיתבו אאפדני דפומבדיתא, טב גלדנא סריא [דמתא מחסיא למיכל] מכותחא דרמי כיפי. 'רמה קרני באלהי', רמה קרני ולא רמה פכי, דוד ושלמה שנמשחו בקרן נמשכה מלכותן, שאול ויהוא שנמשחו בפך לא נמשכה מלכותן: המשוח בשמן המשחה וכו': תנו רבנן, 'משיח', יכול זה מלך, תלמוד לומר 'כהן'; אי 'כהן', יכול מרובה בגדים, תלמוד לומר 'משיח'; אי 'משיח', יכול משוח מלחמה, תלמוד לומר 'והכהן המשיח' שאינו משיח על גביו. מאי משמע. כדאמר רבא, 'הירך', המיומנת שבירך, הכא נמי 'המשיח', המיומן שבמשוחים. אמר מר, 'משיח' יכול מלך, מלך פר הוא דמייתי, שעיר הוא דמייתי. איצטריך, סלקא דעתך אמינא על שגגת מעשה יביא שעיר, על העלם דבר יביא פר, קא משמע לן: אין בין משוח בשמן המשחה כו': מתניתין דלא כרבי מאיר, דאי רבי מאיר, הא תניא, מרובה בגדים מביא פר הבא על כל המצות, דברי רבי מאיר, ולא הודו לו חכמים. מאי טעמא דרבי מאיר, דתניא, 'משיח', אין לי אלא משוח בשמן המשחה, מרובה בגדים מנין, תלמוד לומר 'הכהן המשיח'. במאי אוקימתיה, כרבנן,

אימא

This *daf* is dedicated *l'iluy nishmas*: Sophie bat Frieda *z"l*

בֵּאלֹהָי — "My horn is exalted in my G-d." רָמָה קַרְנִי — Channah said that her horn was exalted, וְלֹא רָמָה פַּכִּי — this implies that only her horn was exalted, not her jug. This alludes that, דָּוִד וּשְׁלֹמֹה שֶׁנִּמְשְׁחוּ בְּקֶרֶן — Dovid and Shlomo, who were anointed with a horn, נִמְשְׁכָה מַלְכוּתָן — their reigns endured. שָׁאוּל וְיֵהוּא שֶׁנִּמְשְׁחוּ בְּפַךְ — But Shaul and Yehu who were anointed with a jug, לֹא נִמְשְׁכָה מַלְכוּתָן — Their reigns did not endure.

Our Mishnah continued: הַמָּשׁוּחַ בְּשֶׁמֶן הַמִּשְׁחָה וְכוּ' — He who was anointed with *Shemen Hamishchah*. תָּנוּ רַבָּנָן — The *Chachamim* taught in a *Baraisa*: The *pasuk* relating to the sin of the *kohen gadol* says (*Vayikra* 4:3): מָשִׁיחַ — "anointed," יָכוֹל מֶלֶךְ — I would think this refers to a king who is anointed that he should bring the unique *Chatas* of this *pasuk*, as well; תַּלְמוּד לוֹמַר — therefore, the *pasuk* teaches, כֹּהֵן — "*kohen*." It is talking only about a *kohen* who was anointed (a *kohen gadol*), not a king. אִי כֹּהֵן — If it would only say "*kohen*," יָכוֹל מְרוּבֵּה בְגָדִים — I would think a *kohen* who became appointed by wearing the eight special garments of the *kohen gadol* is included; תַּלְמוּד לוֹמַר — therefore, the *pasuk* teaches, מָשִׁיחַ — "anointed." He must have become the *kohen gadol* by being anointed with the *Shemen Hamishchah*, but one who became appointed by wearing the eight garments does not bring the unique *Chatas* of the *kohen gadol*. אִי מָשִׁיחַ — If it would simply say "anointed," יָכוֹל מְשׁוּחַ מִלְחָמָה — I would think the *kohen gadol* who is anointed for war would also bring the bull of the anointed *kohen*; תַּלְמוּד לוֹמַר — therefore, the *pasuk* teaches, וְהַכֹּהֵן הַמָּשִׁיחַ — "the anointed *kohen*." שֶׁאֵינוֹ מָשִׁיחַ עַל גַּבָּיו — This implies that there is no other *kohen* anointed for any position higher than his. The Gemara asks: מַאי מַשְׁמַע — How does 'the anointed *kohen*" imply this? The Gemara answers: כִּדְאָמַר רָבָא — Just as Rava said regarding the prohibition of *gid hanasheh*: The *pasuk* says (*Bereishis* 32:33), הַיָּרֵךְ — "the thigh," הַמְיוּמֶּנֶת שֶׁבַּיָּרֵךְ — the letter *hei* (the) implies that we are discussing the special thigh—the choicest of the two thighs (the right one), הָכָא נָמֵי — here too, we say that when the *pasuk* says, הַמָּשִׁיחַ — "the anointed one," with a *hei*, הַמְיוּמָּן שֶׁבַּמְּשׁוּחִים — it is referring to the choicest of the anointed ones. Only the *kohen gadol* brings the unique *Chatas* of a bull, no other anointed *kohen* brings this *Chatas*.

The Gemara discusses the *Baraisa*: אָמַר מַר — The *Baraisa* said: The *pasuk* says, מָשִׁיחַ — "anointed," יָכוֹל מֶלֶךְ — I would think this refers to a king. The Gemara asks: How could we think this refers to a king? מֶלֶךְ פַּר הוּא דְּמַיְיתֵי — Does the king bring a bull as a *Chatas*? שָׂעִיר הוּא דְּמַיְיתֵי — A king brings his own unique *Chatas*, a male goat. How could we think that this *pasuk* is referring to a king? The Gemara answers: אִיצְטְרִיךְ — We need this *derashah* to tell us that we are not talking about a king. סַלְקָא דַעְתָּא אָמֵינָא — Because without the *derashah*, I would have thought, עַל שִׁגְגַת מַעֲשֶׂה יָבִיא שָׂעִיר — that a king brings his unique goat for an mistaken transgression alone, עַל הֶעְלֵם דָּבָר יָבִיא פַּר — but when his unintentional transgression came because of an unawareness that caused an erroneous ruling, perhaps he should bring the bull discussed in this *pasuk*; קָא מַשְׁמַע לָן —

For this *daf's shiur* and charts, scan this QR code:

וּמִי הֲוָה שֶׁמֶן הַמִּשְׁחָה, [א]וְהָתַנְיָא, מִשֶּׁנִּגְנַז אֲרוֹן נִגְנַז שֶׁמֶן הַמִּשְׁחָה וְצִנְצֶנֶת הַמָּן, וּמַקְלוֹ שֶׁל אַהֲרֹן שְׁקֵדֶיהָ וּפְרָחֶיהָ, וְאַרְגַּז שֶׁשָּׁלְחוּ פְּלִשְׁתִּים דּוֹרוֹן לְיִשְׂרָאֵל[א], שֶׁנֶּאֱמַר א) 'וְאֵת כְּלֵי הַזָּהָב אֲשֶׁר הֲשֵׁבוֹתֶם לוֹ אָשָׁם תָּשִׂימוּ בָאַרְגַּז מִצִּדּוֹ וְשִׁלַּחְתֶּם אוֹתוֹ וְהָלָךְ', וּמִי גְּנָזוֹ, יֹאשִׁיָּהוּ מֶלֶךְ יְהוּדָה גְּנָזוֹ, שֶׁרָאָה שֶׁכָּתוּב בַּתּוֹרָה ב) 'יוֹלֵךְ יְיָ אוֹתְךָ וְאֶת מַלְכְּךָ' וְגוֹ', צִוָּה וּגְנָזוּם, שֶׁנֶּאֱמַר ג) 'וַיֹּאמֶר לַלְוִיִּם הַמְּבִינִים לְכָל יִשְׂרָאֵל הַקְּדוֹשִׁים לַייָ, תְּנוּ אֶת אֲרוֹן הַקֹּדֶשׁ בַּבַּיִת אֲשֶׁר בָּנָה שְׁלֹמֹה בֶן דָּוִד מֶלֶךְ יִשְׂרָאֵל, אֵין לָכֶם מַשָּׂא בַּכָּתֵף, עַתָּה עִבְדוּ אֶת יְיָ אֱלֹהֵיכֶם וְאֵת עַמּוֹ יִשְׂרָאֵל', וְאָמַר רַבִּי אֶלְעָזָר, אָתְיָא ד) 'שָׁם' ה) 'שָׁם', אָתְיָא ה) 'מִשְׁמֶרֶת' ו) 'מִשְׁמֶרֶת', אָתְיָא ה) 'דּוֹרוֹת' ז) 'דּוֹרוֹת'. אָמַר רַב פָּפָּא, בְּאַפַּרְסְמָא דַכְיָא. תָּנוּ רַבָּנָן, [ב]כֵּיצַד מוֹשְׁחִין אֶת הַמְּלָכִים, א כְּמִין נֵזֶר, וְאֶת הַכֹּהֲנִים, כְּמִין כִּי. [ג]מַאי כְּמִין כִּי. אָמַר רַב מְנַשְּׁיָא בַּר גַּדָּא, ב כְּמִין כַּף יְוָנִי. תָּנֵי חֲדָא, ג בַּתְּחִלָּה מוֹצְקִין שֶׁמֶן עַל רֹאשׁוֹ, וְאַחַר כָּךְ נוֹתְנִין לוֹ שֶׁמֶן בֵּין רִיסֵי עֵינָיו; וְתַנְיָא אִידָךְ[ב], בַּתְּחִלָּה נוֹתְנִין לוֹ שֶׁמֶן בֵּין רִיסֵי עֵינָיו, וְאַחַר כָּךְ מוֹצְקִים לוֹ שֶׁמֶן עַל רֹאשׁוֹ. תַּנָּאֵי הִיא, אִיכָּא דְּאָמְרֵי מְשִׁיחָה עֲדִיפָא, וְאִיכָּא דְּאָמְרֵי יְצִיקָה עֲדִיפָא. מַאי טַעְמָא דְּמַאן דְּאָמַר יְצִיקָה עֲדִיפָא. דִּכְתִיב ח) 'וַיִּצֹק מִשֶּׁמֶן הַמִּשְׁחָה עַל רֹאשׁ אַהֲרֹן וַיִּמְשַׁח אוֹתוֹ לְקַדְּשׁוֹ'. וּמַאן דְּאָמַר מְשִׁיחָה עֲדִיפָא, מַאי טַעְמָא. קָסָבַר שֶׁכֵּן אַתָּה מוֹצֵא אֵצֶל כְּלֵי שָׁרֵת. וְהָכְתִיב 'וַיִּצֹק' וּבְסוֹף 'וַיִּמְשַׁח'. הָכִי קָאָמַר, מַאי טַעַם 'וַיִּצֹק' [ד]מִשּׁוּם דְּ'וַיִּמְשַׁח'. תָּנוּ רַבָּנָן, ד) ט) 'כַּשֶּׁמֶן הַטּוֹב [וְגוֹ'] יֹרֵד עַל הַזָּקָן זְקַן אַהֲרֹן' וְגוֹ', כְּמִין שְׁנֵי טִפֵּי מַרְגָּלִיּוֹת הָיוּ תְּלוּיוֹת לְאַהֲרֹן בִּזְקָנוֹ. אָמַר רַב פָּפָּא, תָּנָא, כְּשֶׁהוּא מְסַפֵּר עוֹלוֹת וְיוֹשְׁבוֹת לוֹ בְּעִיקַּר זְקָנוֹ. וְעַל דָּבָר זֶה הָיָה מֹשֶׁה דּוֹאֵג, אָמַר, שֶׁמָּא חַס וְשָׁלוֹם מָעַלְתִּי בְּשֶׁמֶן הַמִּשְׁחָה, יָצְתָה בַּת קוֹל וְאָמְרָה 'כַּשֶּׁמֶן הַטּוֹב וְגוֹ' י) 'כְּטַל חֶרְמוֹן', מַה טַּל חֶרְמוֹן אֵין בּוֹ מְעִילָה אַף שֶׁמֶן הַמִּשְׁחָה שֶׁבִּזְקַן אַהֲרֹן אֵין בּוֹ מְעִילָה, וַעֲדַיִין הָיָה אַהֲרֹן דּוֹאֵג, אָמַר, שֶׁמָּא מֹשֶׁה לֹא מָעַל, אֲבָל אֲנִי מָעַלְתִּי, יָצְתָה בַּת קוֹל וְאָמְרָה לוֹ, כ) 'הִנֵּה מַה טּוֹב וּמַה נָּעִים שֶׁבֶת אַחִים גַּם יָחַד', מַה מֹּשֶׁה לֹא מָעַל אַף אַתָּה לֹא מָעַלְתָּ. תָּנוּ רַבָּנָן, ד אֵין מוֹשְׁחִים אֶת הַמְּלָכִים אֶלָּא עַל הַמַּעְיָן, כְּדֵי שֶׁתִּמָּשֵׁךְ מַלְכוּתָם, שֶׁנֶּאֱמַר ל) 'וַיֹּאמֶר הַמֶּלֶךְ לָהֶם קְחוּ עִמָּכֶם אֶת עַבְדֵי אֲדוֹנֵיכֶם [וְגוֹ'] וְהוֹרַדְתֶּם אוֹתוֹ אֶל גִּיחוֹן'. [ה]אָמַר רַבִּי אַמִּי, הַאי מַאן דְּבָעֵי לֵידַע אִי מַסֵּיק שַׁתֵּיהּ אִי לָא, נִיתְלֵי שְׁרָגָא בַּעֲשָׂרָה יוֹמֵי דְּבֵין רֹאשׁ הַשָּׁנָה לְיוֹם הַכִּפּוּרִים בְּבֵיתָא דְּלָא נָשֵׁיב זִיקָא, אִי מָשֵׁיךְ נְהוֹרֵיהּ נֵידַע דְּמַסֵּיק שַׁתֵּיהּ; וּמַאן דְּבָעֵי לְמֶיעְבַּד בְּעִיסְקָא[ג] וּבָעֵי לְמֵידַע אִי מַצְלַח אִי לָא מַצְלַח, לִירַבֵּי תַּרְנְגוֹלָא, אִי שָׁמֵין וְשָׁפַר [ד] מַצְלַח; הַאי מַאן דְּבָעֵי לְמִיפַּק [לְאוֹרְחָא] וּבָעֵי לְמֵידַע אִי חָזַר[ה] וְאָתֵי לְבֵיתָא אִי לָא, נֵיקוּם בְּבֵיתָא דְּחַבְרָא[ו], אִי חָזֵי בָּבוּאָה דְּבָבוּאָה לֵידַע דְּהָדַר וְאָתֵי לְבֵיתָא. וְלָאו מִלְּתָא הִיא, דִּלְמָא חָלְשָׁא דַּעְתֵּיהּ וּמִיתְּרַע מַזָּלֵיהּ. [ו]אָמַר אַבַּיֵי, הַשְׁתָּא דְּאָמְרַתְּ סִימָנָא מִילְּתָא הִיא, ה [לְעוֹלָם[ז]] יְהֵא רָגִיל לְמֵיחְזֵי[ח] בְּרֵישׁ שַׁתָּא קְרָא וְרוּבְיָא כַּרְתֵּי וְסִילְקָא וְתַמְרֵי. אָמַר לְהוּ רַב מְשַׁרְשְׁיָא לִבְרֵיהּ[ט], כִּי בָּעֵיתוּ מֵיעַל וּמִיגְמַרי קַמֵּי רַבַּיְיכוּ גְּרַסוּ מַתְנִיתָא וְעָלוּ לְקַמֵּי רַבַּיְיכוּ, וְכִי יָתְבִיתוּ קַמֵּיהּ חֲזוּ לְפוּמֵּיהּ, דִּכְתִיב מ) 'וְהָיוּ עֵינֶיךָ רוֹאוֹת אֶת מוֹרֶיךָ'[י], וְכִי גָּרְסִיתוּ גְּרַסוּ עַל נַהֲרָא דְּמַיָּא, דְּכִי הֵיכִי דְּמָשְׁכָן מַיָּא מָשְׁכָן שְׁמַעְתַּתַיְיכוּ, וְתִיבוּ [ז]אַקִּילְקְלֵי דְּמָתָא מַחְסַיָּא וְלָא תֵיבוּ אַפַּדְנֵי דְּפוּמְבְּדִיתָא, טַב גִּילְדָּנָא סַרְיָא [דְּמָתָא מַחְסַיָּא] לְמֵיכַל] מִכּוּתָחָא דְּרָמֵי כֵּיפֵי. נ) 'רָמָה קַרְנִי בֵּאלֹהַי', [ח]'רָמָה קַרְנִי' וְלֹא רָמָה פַכִּי, דָּוִד וּשְׁלֹמֹה שֶׁנִּמְשְׁחוּ בַּקֶּרֶן נִמְשְׁכָה מַלְכוּתָן, שָׁאוּל וְיֵהוּא שֶׁנִּמְשְׁחוּ בַּפַּךְ לֹא נִמְשְׁכָה מַלְכוּתָן: הַמָּשׁוּחַ בְּשֶׁמֶן הַמִּשְׁחָה וְכוּ': תָּנוּ רַבָּנָן, ו) ס) 'מָשִׁיחַ', יָכוֹל מֶלֶךְ, תַּלְמוּד לוֹמַר [ט]'כֹּהֵן'; אִי 'כֹּהֵן', יָכוֹל מְרוּבֵּה בְגָדִים[י], תַּלְמוּד לוֹמַר 'מָשִׁיחַ'; אִי 'מָשִׁיחַ', יָכוֹל מְשׁוּחַ מִלְחָמָה, תַּלְמוּד לוֹמַר 'וְהַכֹּהֵן[יא] הַמָּשִׁיחַ' שֶׁאֵינוֹ[יב] מָשִׁיחַ עַל גַּבָּיו. מַאי מַשְׁמַע. [י]כִּדְאָמַר רָבָא, ע) 'הַיָּרֵךְ', הַמְיוּמֶּנֶת שֶׁבַּיָּרֵךְ, הָכָא נַמִּי 'הַמָּשִׁיחַ', הַמְיוּמָּן שֶׁבַּמְּשׁוּחִים. אָמַר מַר, 'מָשִׁיחַ' יָכוֹל מֶלֶךְ, מֶלֶךְ פַּר הוּא דְּמַיְיתֵי[יג], שָׂעִיר הוּא דְּמַיְיתֵי. אִיצְטְרִיךְ, סַלְקָא דַּעְתָּא אָמֵינָא עַל שִׁגְגַת מַעֲשֶׂה יָבִיא שָׂעִיר, עַל הֶעְלֵם דָּבָר יָבִיא פַּר, קָא מַשְׁמַע לָן: אֵין בֵּין מָשׁוּחַ בְּשֶׁמֶן הַמִּשְׁחָה כּוּ': מַתְנִיתִין דְּלָא כְּרַבִּי מֵאִיר, דְּאִי רַבִּי מֵאִיר, הָא [כ]תַּנְיָא, מְרוּבֵּה בְגָדִים מֵבִיא פַּר הַבָּא עַל כָּל הַמִּצְוֹת, דִּבְרֵי רַבִּי מֵאִיר, וְלֹא הוֹדוּ לוֹ חֲכָמִים. מַאי טַעְמָא דְּרַבִּי מֵאִיר, דְּתַנְיָא, פ) 'מָשִׁיחַ', אֵין לִי אֶלָּא מָשׁוּחַ בְּשֶׁמֶן הַמִּשְׁחָה, מְרוּבֵּה בְגָדִים מִנַּיִן, תַּלְמוּד לוֹמַר 'הַכֹּהֵן הַמָּשִׁיחַ'. בְּמַאי אוֹקִימְתֵּיהּ, כְּרַבָּנָן, אֵימָא

רש"י

וּמִי הֲוָה שֶׁמֶן הַמִּשְׁחָה. בִּימֵי יְהוֹאָחָז, דְּקָתְנֵי 'וִיהוֹאָחָז נִמְשַׁח מִפְּנֵי יְהוֹיָקִים': וְהָתַנְיָא, מִשֶּׁנִּגְנַז הָאָרוֹן וְכוּ'. מִדִּכְתִיב 'תָּשִׂימוּ בָאַרְגַּז מִצִּדּוֹ', דְּאַרְגַּז בְּצַד אָרוֹן קָאֵי, אַלְמָא בַּהֲדֵי אָרוֹן נִגְנַז, וּמִדְּקָאָמַר יֹאשִׁיָּהוּ 'תְּנוּ אֶת אֲרוֹן ה' בַּבַּיִת' וְגוֹ', מַשְׁמַע שֶׁצִּוָּה לְגָנְזוֹ: 'אֵין לָכֶם מַשָּׂא בַּכָּתֵף'. וְאָמְרִינַן בְּמַסֶּכֶת שְׁקָלִים, 'אָמַר לָהֶם, אִם גּוֹלֶה עִמָּכֶם שׁוּב אֵינְכֶם מַחֲזִירִין אוֹתוֹ בִּכְתֵפֵיכֶם', לְכָךְ לְגָנְזוֹ: אָתְיָא 'שָׁם' 'שָׁם'. דִּכְתִיב בָּאָרוֹן 'וְנוֹעַדְתִּי לְךָ שָׁם וְדִבַּרְתִּי אִתְּךָ מֵעַל הַכַּפֹּרֶת' וְגוֹ', וּכְתִיב 'וְנֹעַדְתִּי שָׁמָּה לִבְנֵי יִשְׂרָאֵל', וּכְתִיב בְּצִנְצֶנֶת הַמָּן 'וְתֶן שָׁמָּה מְלֹא הָעֹמֶר מָן', מָה אָרוֹן נִגְנַז, אַף צִנְצֶנֶת הַמָּן נִגְנַז: אָתְיָא 'דּוֹרוֹת' 'דּוֹרוֹת'. דִּכְתִיב בְּצִנְצֶנֶת הַמָּן 'וְהַנַּח אוֹתוֹ לִפְנֵי ה' לְמִשְׁמֶרֶת לְדֹרֹתֵיכֶם', וּכְתִיב בְּשֶׁמֶן הַמִּשְׁחָה 'שֶׁמֶן מִשְׁחַת קֹדֶשׁ יִהְיֶה זֶה לִי לְדֹרֹתֵיכֶם', מָה צִנְצֶנֶת הַמָּן נִגְנַז, אַף שֶׁמֶן הַמִּשְׁחָה נִגְנַז: 'מִשְׁמֶרֶת' 'מִשְׁמֶרֶת'. דִּכְתִיב בְּצִנְצֶנֶת הַמָּן דַּהֲוֵי נִגְנָז 'לְמִשְׁמֶרֶת לְדֹרֹתֵיכֶם', וּכְתִיב בְּמַקְלוֹ שֶׁל אַהֲרֹן 'לְמִשְׁמֶרֶת לְאוֹת לִבְנֵי מֶרִי' וְגוֹ', מָה צִנְצֶנֶת הַמָּן נִגְנַז, אַף מַקְלוֹ שֶׁל אַהֲרֹן נִגְנַז: אָמַר רַב פָּפָּא בְּאַפַּרְסְמָא דַכְיָא. מָשְׁחוּ אֶת יְהוֹאָחָז: כְּמִין נֵזֶר. דְּהָדַר לֵיהּ הוּדְרָנֵי בְּאֶצְבְּעָתֵיהּ כִּכְלִילָא (כָּזֶה[יד]): כְּמִין כַּף יְוָנִי. שֶׁמַּתְחִיל לִמְשׁוֹחַ בְּאֶצְבָּעוֹ בֵּין רִיסֵי עֵינָיו, וּמוֹשֵׁךְ אֶצְבָּעוֹ עַל הָרֹאשׁ וְהוֹלֵךְ עַד שֶׁמַּגִּיעַ לָעוֹרֶף, כְּכַף יְוָנִי כָּזֶה ח[טו]: נוֹתְנִין לוֹ שֶׁמֶן בֵּין רִיסֵי עֵינָיו. וְשָׁם מוֹשְׁחִים לַכֹּהֵן כְּמִין כַּף יְוָנִי כְּדְפָרֵישְׁנָא: מַאן דְּאָמַר יְצִיקָה עֲדִיפָא דִּכְתִיב 'וַיִּצֹק מִשֶּׁמֶן הַמִּשְׁחָה', וַהֲדַר 'וַיִּמְשַׁח': שֶׁכֵּן אַתָּה מוֹצֵא אֵצֶל כְּלֵי שָׁרֵת. דַּהֲוָה מְשִׁיחָה וְלָא יְצִיקָה: מַה טַּעַם 'וַיִּצֹק', מִשּׁוּם דְּ'וַיִּמְשַׁח' כְּבָר: כְּשֶׁהוּא מְסַפֵּר. כְּשֶׁהָיָה מְדַבֵּר עִם אֲחֵרִים: עוֹלוֹת וְיוֹשְׁבוֹת בְּעִקְרֵי[טז] זְקָנוֹ. כְּדֵי שֶׁלֹּא יִפְּלוּ: שֶׁמָּא ח"ו מָעַלְתִּי בְּשֶׁמֶן הַמִּשְׁחָה. שֶׁנֶּהֱנֵיתִי בּוֹ כְּשֶׁהִלְבַּשְׁתִּיו: וַאֲנִי מָעַלְתִּי. שֶׁמָּא נָפַל עָלַי מִן הַשֶּׁמֶן בְּמָקוֹם שֶׁאֵין רָאוּי לִמְשִׁיחָה וּמָעַלְתִּי: 'וְהוֹרַדְתֶּם אוֹתוֹ אֶל גִּיחוֹן'. אַלְמָא בָּעֵי מְשִׁיחָה עַל הַמַּעְיָן[יז]: נִיתְלֵי. יַדְלִיק: אִי מָשֵׁיךְ נְהוֹרֵיהּ. שֶׁדּוֹלֵק כָּל זְמַן שֶׁהַשֶּׁמֶן בְּתוֹכוֹ: לִירַבֵּי תַּרְנְגוֹלָא. עַל שֵׁם הַהוּא עִיסְקָא: שָׁמֵין וְשָׁפִיר. שֶׁמַּשְׁמִין וּמַשְׁבִּיחַ: בֵּיתָא דְּחַבְרָא. בַּיִת חָשׁוּךְ: וְלָאו מִילְּתָא הִיא. דְּזִימְנָא דְּאַף עַל גַּב דְּלֵית לֵיהּ בָּבוּאָה דְּבָבוּאָה הָדַר אָתֵי, וַאֲפִילּוּ[יח] הָכִי לָא לֶיעְבֵּד הָכִי, דְּדִלְמָא לָא חָזֵי בָּבוּאָה דְּבָבוּאָה חָלְשָׁה דַּעְתֵּיהּ וּמִתְּרַע מַזָּלֵיהּ וְלָא הָדַר אָתֵי, [מִשּׁוּם דְּמִיתְּרַע מַזָּלֵיהּ[יט], דְּאִי לָא הֲוָה עָבֵיד הָכִי לָא הֲוָה מִיתְּרַע מַזָּלֵיהּ וְהָדַר אָתֵי], הִלְכָּךְ לָא לֶיעְבֵּיד: קְרָא וְרוּבְיָא כַּרְתֵי וְסִילְקָא וְתַמְרֵי. דְּהָנֵי גָּדְלֵי לַעֲגַל טְפֵי מִשְּׁאָר יְרָקוֹת. קְרָא, דְּלַעַת. רוּבְיָא, תִּלְתָּן: גְּרַסוּ מַתְנִיתָא. מְעִיקָּרָא, כִּי הֵיכִי דְּתֶהֱוֵי מַרְגְּלָא מִילְּתָא בְּפוּמַּיְיכוּ וְתֶהֱווֹן יָדְעִין לְמִשְׁאַל לֵיהּ: מִשְׁכָן שְׁמַעְתָּא. דְּלָא לִיפְסוֹק מִפּוּמַּיְיכוּ, כְּמַעְיָן זֶה שֶׁמּוֹשֵׁךְ וְהוֹלֵךְ: דְּמָתָא מַחְסַיָּא. הֲווּ תַּלְמִידֵי חֲכָמִים רְאוּיִים לְהוֹרָאָה, וְתַרְבּוּת יָפֶה הָיָה בָּהֶם, אֲבָל בְּפוּמְבְּדִיתָא לָא הֲוֵי תַּרְבּוּת מְעַלְּיָא כָּל כָּךְ, וְקָאָמַר לֵיהּ מוּטָב לוֹ לָדוּר בְּאַשְׁפָּה בְּמָתָא מַחְסַיָּא מִלָּדוּר בְּאַפַּדְנָא בְּפוּמְבְּדִיתָא: גִּילְדָּנָא סַרְיָא. מוּטָב לֶאֱכוֹל דָּג קָטָן מוּסְרָח, כִּדְאָמְרִינַן בְּפ"ק דְּמוֹ"ק (דף יא.) 'כַּוְורָא סָמוּךְ לְמִיסְרְחֵיהּ מְעַלֵּי': מִכּוּתָחָא דְּרָמֵי כֵּיפֵי. אֲפִילּוּ מְכוּתָּח שֶׁהוּא מְשׁוּבָּח וְחָזָק שֶׁמְּשַׁבֵּר אֶת הָאֶבֶן כְּשֶׁשּׁוֹפְכִים הֵימֶנּוּ[כ], אַף עַל פִּי כֵן לֹא תֹּאכַל הֵימֶנּוּ, כִּדְאָמְרִינַן בְּפֶרֶק (ערבי פסחים) [וְאֵלּוּ עוֹבְרִין (פסחים מב.)] 'שְׁלֹשָׁה דְּבָרִים נֶאֶמְרוּ בַּכּוּתָּח, מְטַמְטֵם אֶת הַלֵּב' וְכוּ'. כֵּיפֵי, סְלָעִים, כְּדְמְתַרְגְּמִינַן 'סֶלַע' כֵּיפָא. אִית דִּמְפָרְשֵׁי מוּטָב תֹּאכַל גִּילְדָּנָא סַרְיָא שֶׁאֵין דְּמֵיהֶם יְקָרִים, מִכּוּתָּח שֶׁאוֹכְלִים אוֹתוֹ עֲשִׁירִים וְשָׂרִים הַדָּרִים בְּרָמֵי כֵּיפֵי, כְּלוֹמַר, בְּמִגְדָּלִים וְחוֹמוֹת גְּדוֹלוֹת, לְפִי שֶׁדְּמֵיהֶם יְקָרִים: 'אִם הַכֹּהֵן הַמָּשִׁיחַ' [כא] יָכוֹל מֶלֶךְ. יָבִיא פַּר שֶׁהָיָה מָשׁוּחַ, ת"ל 'כֹּהֵן': הַמְיוּמָּן שֶׁבַּמְּשׁוּחִים. דְּהַיְינוּ כֹּהֵן גָּדוֹל: מְרוּבֵּה בְּגָדִים מִנַּיִן, תַּלְמוּד לוֹמַר 'וְהֵבִיא[כב] הַכֹּהֵן הַמָּשִׁיחַ': אֵימָא

מסורת הש"ס עם הוספות

א) יומא נב: [כריתות ה: תוספתא סוטה פי"ג ה"ב ותוספתא דיומא פ"ב הי"ג אדר"נ פמ"א], ב) כריתות דף ה:, ג) [שם ע"ש מנחות עה. ע"ש], ד) [כריתות דף ה:], ה) [כריתות שם], ו) כריתות ו., ז) עי' עירובין יג:, ח) [עי' רש"י בע"ז כח. ד"ה נקרא ורש"י ב"ק כא. ד"ה אקילקלתא], ט) [מגילה יד.], י) ת"כ פ' ויקרא דבורא דחובה פרשה ב ה"ו (אות רא-ב), כ) חולין צא. קלד:, ל) קדושין כא: מגילה ט:, מ) וכן פרש"י בכריתות לג"א, נ) דבור זה ודבור שלאחריו שייך לעיל במתני', ס) עיין בתורת כהנים פ' נו ובירושלמי פ"א דמגילה.

גליון הש"ס

גמ' משום דוימשח. כה"ג בנזיר דף י"ט ע"א ונזיר בזמן והכיא:

תורה אור השלם

א) וּלְקַחְתֶּם אֶת אֲרוֹן יְיָ וּנְתַתֶּם אֹתוֹ אֶל הָעֲגָלָה וְאֵת כְּלֵי הַזָּהָב אֲשֶׁר הֲשֵׁבֹתֶם לוֹ אָשָׁם תָּשִׂימוּ בָאַרְגַּז מִצִּדּוֹ וְשִׁלַּחְתֶּם אֹתוֹ וְהָלָךְ: [שמואל א' ו, ח]

ב) יוֹלֵךְ יְיָ אֹתְךָ וְאֶת מַלְכְּךָ אֲשֶׁר תָּקִים עָלֶיךָ אֶל גּוֹי אֲשֶׁר לֹא יָדַעְתָּ אַתָּה וַאֲבֹתֶיךָ וְעָבַדְתָּ שָּׁם אֱלֹהִים אֲחֵרִים עֵץ וָאָבֶן: [דברים כח, לו]

ג) וַיֹּאמֶר לַלְוִיִּם הַמְּבִינִים לְכָל יִשְׂרָאֵל הַקְּדוֹשִׁים לַייָ תְּנוּ אֶת אֲרוֹן הַקֹּדֶשׁ בַּבַּיִת אֲשֶׁר בָּנָה שְׁלֹמֹה בֶן דָּוִיד מֶלֶךְ יִשְׂרָאֵל אֵין לָכֶם מַשָּׂא בַּכָּתֵף עַתָּה עִבְדוּ אֶת יְיָ אֱלֹהֵיכֶם וְאֵת עַמּוֹ יִשְׂרָאֵל: [דברי הימים ב' לה, ג]

ד) וְנוֹעַדְתִּי לְךָ שָׁם וְדִבַּרְתִּי אִתְּךָ מֵעַל הַכַּפֹּרֶת מִבֵּין שְׁנֵי הַכְּרֻבִים אֲשֶׁר עַל אֲרוֹן הָעֵדֻת אֵת כָּל אֲשֶׁר אֲצַוֶּה אוֹתְךָ אֶל בְּנֵי יִשְׂרָאֵל: [שמות כה, כב] וְנֹעַדְתִּי שָׁמָּה לִבְנֵי יִשְׂרָאֵל וְנִקְדַּשׁ בִּכְבֹדִי: [שמות כט, מג]

ה) וַיֹּאמֶר מֹשֶׁה אֶל אַהֲרֹן קַח צִנְצֶנֶת אַחַת וְתֶן שָׁמָּה מְלֹא הָעֹמֶר מָן וְהַנַּח אֹתוֹ לִפְנֵי יְיָ לְמִשְׁמֶרֶת לְדֹרֹתֵיכֶם: [שמות טז, לג]

ו) וַיֹּאמֶר יְיָ אֶל מֹשֶׁה הָשֵׁב אֶת מַטֵּה אַהֲרֹן לִפְנֵי הָעֵדוּת לְמִשְׁמֶרֶת לְאוֹת לִבְנֵי מֶרִי וּתְכַל תְּלוּנֹּתָם מֵעָלַי וְלֹא יָמֻתוּ: [במדבר יז, כה]

ז) וְאֶל בְּנֵי יִשְׂרָאֵל תְּדַבֵּר לֵאמֹר שֶׁמֶן מִשְׁחַת קֹדֶשׁ יִהְיֶה זֶה לִי לְדֹרֹתֵיכֶם: [שמות ל, לא]

ח) וַיִּצֹק מִשֶּׁמֶן הַמִּשְׁחָה עַל רֹאשׁ אַהֲרֹן וַיִּמְשַׁח אֹתוֹ לְקַדְּשׁוֹ: [ויקרא ח, יב]

ט) כַּשֶּׁמֶן הַטּוֹב עַל הָרֹאשׁ יֹרֵד עַל הַזָּקָן זְקַן אַהֲרֹן שֶׁיֹּרֵד עַל פִּי מִדּוֹתָיו: [תהלים קלג, ב]

י) כְּטַל חֶרְמוֹן שֶׁיֹּרֵד עַל הַרְרֵי צִיּוֹן כִּי שָׁם צִוָּה יְיָ אֶת הַבְּרָכָה חַיִּים עַד הָעוֹלָם: [תהלים קלג, ג]

כ) שִׁיר הַמַּעֲלוֹת לְדָוִד הִנֵּה מַה טּוֹב וּמַה נָּעִים שֶׁבֶת אַחִים גַּם יָחַד: [תהלים קלג, א]

ל) וַיֹּאמֶר הַמֶּלֶךְ לָהֶם קְחוּ עִמָּכֶם אֶת עַבְדֵי אֲדֹנֵיכֶם וְהִרְכַּבְתֶּם אֶת שְׁלֹמֹה בְנִי עַל הַפִּרְדָּה אֲשֶׁר לִי וְהוֹרַדְתֶּם אֹתוֹ אֶל גִּחוֹן: [מלכים א' א, לג]

מ) וְנָתַן לָכֶם אֲדֹנָי לֶחֶם צָר וּמַיִם לָחַץ וְלֹא יִכָּנֵף עוֹד מוֹרֶיךָ וְהָיוּ עֵינֶיךָ רֹאוֹת אֶת מוֹרֶיךָ: [ישעיה ל, כ]

נ) וַתִּתְפַּלֵּל חַנָּה וַתֹּאמַר עָלַץ לִבִּי בַּייָ רָמָה קַרְנִי בַּייָ רָחַב פִּי עַל אוֹיְבַי כִּי שָׂמַחְתִּי בִּישׁוּעָתֶךָ: [שמואל א' ב, א]

ס) אִם הַכֹּהֵן הַמָּשִׁיחַ יֶחֱטָא לְאַשְׁמַת הָעָם וְהִקְרִיב עַל חַטָּאתוֹ אֲשֶׁר חָטָא פַּר בֶּן בָּקָר תָּמִים לַייָ לְחַטָּאת: [ויקרא ד, ג]

ע) עַל כֵּן לֹא יֹאכְלוּ בְנֵי יִשְׂרָאֵל אֶת גִּיד הַנָּשֶׁה אֲשֶׁר עַל כַּף הַיָּרֵךְ עַד הַיּוֹם הַזֶּה כִּי נָגַע בְּכַף יֶרֶךְ יַעֲקֹב בְּגִיד הַנָּשֶׁה: [בראשית לב, לג]

פ) וְהֵבִיא הַכֹּהֵן הַמָּשִׁיחַ מִדַּם הַפָּר אֶל אֹהֶל מוֹעֵד: [ויקרא ד, טז]

עין משפט נר מצוה

לא א ב ג מיי' פרק א מהלכות כלי המקדש הלכה ט:

לב ד מיי' שם הלכה יא ופ"א מהלכות מלכים הלכה יא:

לג ה טוש"ע או"ח סימן תקפג ס"א:

תוספות הרא"ש

וגנזו שנאמר ויאמר ללוים המבינים [לכל ישראל] (בעם) הקדושים לה' תנו את ארון הקודש בבית אשר בנה שלמה בן דוד מלך ישראל. ומשמע לשון פשטי' דקרא דלמגנזי' קאמר. חדא דארון בבית המקדש הוי קאי דמאן אפקי' מהתם דאיצטריך יאשיהו המלך (ולדוכתי' להדורי קאמר להו) [למימר להו לאהדורי לדוכתיה ועוד[כג]] לכתוב קרא בבית ה' וממילא ידענא דשלמה בנייה למקדש ל"ל לכתוב בבית אשר בנה שלמה בן דוד מלך ישראל. אלא משמע מהכא דכי בנייה שלמה לבית המקדש הוה ידע דסופי' ליחרב וישראל יגלו מעל אדמתם והכין בית תחת הקרקע שיהי' מוכן לגנוז בו ארון כדי שלא ישלטו בו יד אומות העולם. ועליו קאמר יאשיהו בבית אשר בנה שלמה. ואיכא למימר הא דקאמר שלמה (ואכין) [ואשים] שם מקום לארון (מלכים א ח) אההיא דוכתא קאמר. ולאו כ"ע ידעי ליה להההיא דוכתא אלא לחסידי כהונה ולויה דהוה מסור להו דור אחר דור והיינו דכתיב ללוים המבינים (בעם) [לכל ישראל] הקדושים לה' שהיו מבינים ויודעים את מקומו: וכשהוא מספר את זקנו[מ] עולות ויושבות בעקרי זקנו. ולדבקין בבשר שאין שם שער. הרמ"ה ז"ל: והורדתם אותו אל גיחון. הוא מעין קטן שהוא למטה מירושלים והוא מי שלוח: אמשיך נהורא. מתמר ועולה כעלה משוך ולא מקטף אקטיפי שאינה נוטה לכאן ולכאן כדרך (שהשלבת) [השלהבת] על ידי רוח. כדאמרי' (פסחים דף ח) גבי אור הנר יפה לבדיקה משום דאמשיך נהורא והנך מקטף אקטיפי: [י]פר הבא על כל המצות. דכתיב ביה הכהן המשיח. ואע"ג דגבי עשירית האיפה כתיב נמי המשיח. [פ]כתיב ביה נמי ביום המשח אותו ואין מעוט אחר מיעוט אלא לרבות. הרמ"ה ז"ל: ומצווים על הבתולה. פי' ליקח בתולה ולא בעולה וליטנא דקרא נקט והוא אשה בבתוליה יקח ולא בעולה. ולאו הבא מכלל עשה עשה: מ"ט דר' מאיר דתניא משיח אין לי אלא משוח בשמן המשחה מרובה בגדים מנין ת"ל המשיח. דה"א דמשיח משמע נמי מעוט כדאמרי' סיכך המיומנת שבירך ומעוט אחר מעוט לרבות [מרובה] בגדים. ורש"י ז"ל גריס ת"ל הכהן משמע דמיתורא דהכהן דריש:

הגהות וציונים

א] צ"ל לאלהי ישראל (דק"ס), וכ"ה בכריתות ה ע"ב: ב] כת"י "ותניא אידך": ג] צ"ל עסקא. יעב"ץ (גליון): ד] ראשונים וכת"י "נידע דמצלח", וכמו בכריתות: ה] ראשונים וכת"י "אי הדר", וכמו בכריתות: ו] [בערוך הגי' דהברא פי' חושך ועי' בכריתות ה:] ועי' ערוך ערך הבר ב (גליון): ז] באר שבע (גליון): ח] [צ"ל למיכל כן איתא בכריתות וכן הוא גרסת הטור או"ח סי' תקפ"ג אמנם בערוך ע' קרא ד' איתא למחזי] (גליון): ט] [צ"ל לבניה] (גליון): י] גירסת תוספות אחרות על ת"כ "יכול כהן הדיוט ת"ל": יא] צ"ל הכהן (רש"ש, וכ"ה בתוס' אחרות): יב] שאין (כת"י): יג] "פר הוא דמייתי" ליתא בראשונים ובכת"י: יד] הוקף בדפוסים כיון שלא היה ציור, ובכת"י מצויר ○ : טו] בכת"י הוא מצויר ⌒, ועיין בהשלמות על רש"י בכריתות ה ע"ב: טז] ע"י וכת"י בעיקר: יז] בע"י נוסף גיחון מעיין קטן אצל ירושלים ולא זהו גיחון היוצא מעדן: יח] צ"ל ומשום הכי (רש"ש). בע"י ובכת"י ליתא "אפי' הכי", וגורסים "ולא ליעביד הכי דזימנין דכי חזי דלית ליה בבואה דבבואה": יט] כת"י "משום דאיתרע", וליתא "מזליה": כ] יש להוסיף על האבן (ע"פ ע"י וכת"י, וכמו ברש"י בכריתות): כא] בכת"י נוסף משיח יכול מלך: כב] צ"ל ולקח (הורה גבר, עי' מגן גבורים, חק נתן, רש"ש): כג] כת"י "דאיצטריך יאשיהו המלך לאהדוריה לדוכתיה אלא למגנזיה התם קאמר להו ותו אי לאהדורי לדוכתיה קאמר להו לכתוב קרא":

therefore, we need this *derashah* to teach us that only a *kohen gadol* brings the bull, and a king only brings the male goat.

Our Mishnah continued: **אֵין בֵּין מָשׁוּחַ בְּשֶׁמֶן הַמִּשְׁחָה כו'** — There is no halachic difference between a *kohen gadol* who was anointed with *Shemen Hamishchah* and one who was appointed by wearing the eight garments, besides when it comes to the bull brought for transgressing *mitzvos*. As only the anointed *kohen gadol* brings a bull as a *Chatas*, and a *kohen gadol* who was appointed by donning the eight garments does not. The Gemara points out: **מַתְנִיתִין דְּלָא כְּרַבִּי מֵאִיר** — Our Mishnah is not in accordance with Rabi Meir's view. **דְּאִי רַבִּי מֵאִיר** — Because if it was in accordance with Rabi Meir's view, **הָא תַּנְיָא** — isn't it taught in a *Baraisa*, **מְרוּבֵּה בְגָדִים מֵבִיא פַּר הַבָּא עַל כָּל הַמִּצְוֹת** — that a *kohen gadol* who was appointed by wearing the eight garments, brings the bull *Chatas* when he transgresses *mitzvos*. **דִּבְרֵי רַבִּי מֵאִיר** — These are the words of Rabi Meir, **וְלֹא הוֹדוּ לוֹ חֲכָמִים** — and the *Chachamim* did not agree with him? Since Rabi Meir holds that the *kohen gadol* who was appointed with the eight garments also brings a bull, our Mishnah is not in accordance with his opinion.

The Gemara asks: — **מַאי טַעְמָא דְּרַבִּי מֵאִיר** What is the reason for Rabi Meir? **דְּתַנְיָא** — As it is taught in a *Baraisa*: **מָשִׁיחַ** — The *pasuk* says (*Vayikra* 4:3), "anointed," **אֵין לִי אֶלָּא מָשׁוּחַ בְּשֶׁמֶן הַמִּשְׁחָה** — I would only know to include the *kohen* who was anointed with *Shemen Hamishchah*, **מְרוּבֵּה בְגָדִים מִנַּיִן** — how do I know to include the *kohen gadol* who was appointed by wearing the eight garments? **תַּלְמוּד לוֹמַר** — Therefore, the *pasuk* teaches: **הַכֹּהֵן הַמָּשִׁיחַ** — "the *kohen* who was anointed." Rabi Meir understands that the word "*hakohen*" teaches that a *kohen gadol* who was appointed by wearing the eight garments is also included in this *Chatas*.

The Gemara asks: **בְּמַאי אוֹקֵימְתֵּיהּ** — In accordance with which opinion did you interpret the Mishanah? **כְּרַבָּנָן** — In accordance with the opinion of the *Rabbanan* who argue with Rabi Meir?

For this *daf's shiur* and charts, scan this QR code:

ומי הוה שמן המשחה, [א]והתניא, משנגנז ארון נגנז שמן המשחה וצנצנת המן, ומקלו של אהרן שקדיה ופרחיה, וארגז ששלחו פלשתים דורון לישראל[א], שנאמר א) 'ואת כלי הזהב אשר השבותם לו אשם תשימו בארגז מצדו ושלחתם אותו והלך', ומי גנזו, יאשיהו מלך יהודה גנזו, שראה שכתוב בתורה ב) 'יולך יי אותך ואת מלכך' וגו', צוה וגנזום, שנאמר ג) 'ויאמר ללוים המבינים לכל ישראל הקדושים ליי, תנו את ארון הקדש בבית אשר בנה שלמה בן דוד מלך ישראל, אין לכם משא בכתף, עתה עבדו את יי אלהיכם ואת עמו ישראל', ואמר רבי אלעזר, אתיא ד) 'שם' ה) 'שם', אתיא ה) 'משמרת' ו) 'משמרת', אתיא ה) 'דורות' ז) 'דורות'. אמר רב פפא, באפרסמא דכיא. תנו רבנן, [ג]כיצד מושחין את המלכים, [א]כמין נזר, ואת הכהנים, כמין כי. [ג]מאי כמין כי. אמר רב מנשיא בר גדא, [ב]כמין כף יוני. תני חדא, [ג]בתחלה מוצקין שמן על ראשו, ואחר כך נותנין לו שמן בין ריסי עיניו; ותניא אחריתי[י], בתחלה נותנין לו שמן בין ריסי עיניו, ואחר כך מוצקים לו שמן על ראשו. תנאי היא, איכא דאמרי משיחה עדיפא, ואיכא דאמרי יציקה עדיפא. מאי טעמא דמאן דאמר יציקה עדיפא. דכתיב ח) 'ויצוק משמן המשחה על ראש אהרן וימשח אותו לקדשו'. ומאן דאמר משיחה עדיפא, מאי טעמא. קסבר שכן אתה מוצא אצל כלי שרת. והכתיב 'ויצוק' ובסוף 'וימשח'. הכי קאמר, מאי טעם 'ויצוק' [ה]משום ד'וימשח'. תנו רבנן, [ד][ט]'כשמן הטוב [וגו'] יורד על הזקן זקן אהרן' וגו', כמין שני טפי מרגליות היו תלויות לאהרן בזקנו. אמר רב פפא, תנא, כשהוא מספר עולות ויושבות לו בעיקר זקנו. ועל דבר זה היה משה דואג, אמר, שמא חס ושלום מעלתי בשמן המשחה, יצתה בת קול ואמרה 'כשמן הטוב וגו' י) 'כטל חרמון', מה טל חרמון אין בו מעילה אף שמן המשחה שבזקן אהרן אין בו מעילה, ועדיין היה אהרן דואג, אמר, שמא משה לא מעל, אבל אני מעלתי, יצתה בת קול ואמרה לו, כ) 'הנה מה טוב ומה נעים שבת אחים גם יחד', מה משה לא מעל אף אתה לא מעלת. תנו רבנן, [ד]אין מושחים את המלכים אלא על המעיין, כדי שתמשך מלכותם, שנאמר ל) 'ויאמר המלך להם קחו עמכם את עבדי אדוניכם [וגו'] והורדתם אותו אל גיחון'. [ס]אמר רבי אמי, האי מאן דבעי לידע אי מסיק שתיה אי לא, ניתלי שרגא בעשרה יומי דבין ראש השנה ליום הכפורים בביתא דלא נשיב זיקא, אי משיך נהוריה נידע דמסיק שתיה; ומאן דבעי למיעבד בעיסקא[י] ובעי למידע אי מצלח אי לא מצלח, לירבי תרנגולא, אי שמין ושפר [ז] מצלח; האי מאן דבעי למיפק [לאורחא] ובעי למידע אי חזר[י] ואתי לביתא אי לא, ניקום בביתא דחברא[י], אי חזי בבואה דבבואה לידע דהדר ואתי לביתא. ולאו מלתא היא, דלמא חלשא דעתיה ומיתרע מזליה. [י]אמר אביי, השתא דאמרת סימנא מילתא היא, [ה][לעולם[י]] יהא רגיל למיחזי[י] בריש שתא קרא ורוביא כרתי וסילקא ותמרי. אמר להו רב משרשיא לבריה[י], כי בעיתו מיעל ומיגמרי קמי רבייכו גרסו מתניתא ועלו לקמי רבייכו, וכי יתביתו קמיה חזו לפומיה, דכתיב מ) 'והיו עיניך רואות את מוריך'[י], וכי גרסיתו גרסו על נהרא דמיא, דכי היכי דמשכן מיא משכן שמעתתייכו, ותיבו [פ]אקילקלי דמתא מחסיא ולא תיבו אפדני דפומבדיתא, טב גלדנא סריא [דמתא מחסיא למיכל] מכותחא דרמי כיפי. [ג]'רמה קרני באלהי', [ס]'רמה קרני ולא רמה פכי, דוד ושלמה שנמשחו בקרן נמשכה מלכותן, שאול ויהוא שנמשחו בפך לא נמשכה מלכותן: המשוח בשמן המשחה וכו': תנו רבנן, [י][ס]'משיח', יכול מלך, תלמוד לומר [ס]'כהן'; אי 'כהן', יכול מרובה בגדים[י], תלמוד לומר 'משיח'; אי 'משיח', יכול משוח מלחמה, תלמוד לומר 'והכהן[א] המשיח' שאינו[י] משיח על גביו. מאי משמע. [ס]כדאמר רבא, [ע]'היירך', המיוחדת שבירך, הכא נמי 'המשיח', המיוחד שבמשוחים. אמר מר, 'משיח' יכול מלך, מלך פר הוא דמייתי[י], שעיר הוא דמייתי. איצטריך, סלקא דעתא אמינא על שגגת מעשה יביא שעיר, על העלם דבר יביא פר, קא משמע לן:

אין בין משוח בשמן המשחה כו': מתניתין דלא כרבי מאיר, דאי רבי מאיר, הא [ל]תניא, מרובה בגדים מביא פר הבא על כל המצות, דברי רבי מאיר, ולא הודו לו חכמים. מאי טעמא דרבי מאיר, דתניא, [פ]'משיח', אין לי אלא משוח בשמן המשחה, מרובה בגדים מנין, תלמוד לומר 'הכהן המשיח'. במאי אוקימתיה, כרבנן,

אימא

רש"י

ומי הוה שמן המשחה. בימי יהואחז, דקתני 'ויהואחז נמשח מפני יהויקים': והתניא, משנגנז הארון וכו'. מדכתיב 'תשימו בארגז מצדו', דארגז בצד ארון קאי, אלמא בהדי ארון נגנז, ומדקאמר יאשיהו 'תנו את ארון ה' בבית' וגו', משמע שצוה לגנזו: 'אין לכם משא בכתף'. ואמרינן במסכת שקלים, אמר להם, אם גולה עמכם שוב אינכם מחזירין אותו בכתפיכם', צוה לגנזו: אתיא 'שם' 'שם'. דכתיב בארון 'ונועדתי לך שם ודברתי אתך מעל הכפורת' וגו', וכתיב 'ונועדתי שמה לבני ישראל', וכתיב בצנצנת המן 'ותן שמה מלא העומר מן', מה ארון נגנז, אף צנצנת המן נגנז: אתיא 'דורות' 'דורות'. דכתיב בצנצנת המן 'והנח אותו לפני ה' למשמרת לדורותיכם', וכתיב בשמן המשחה 'שמן משחת קדש יהיה זה לי לדורותיכם', מה צנצנת המן נגנז, אף שמן המשחה נגנז: 'משמרת' 'משמרת'. דכתיב בצנצנת המן דהוי נגנז 'למשמרת לדורותיכם', וכתיב במקלו של אהרן 'למשמרת לאות לבני מרי' וגו', מה צנצנת המן נגנז, אף מקלו של אהרן נגנז: אמר רב פפא באפרסמא דכיא. משחו את יהואחז: כמין נזר. דהדר ליה הודרני באצבעתיה ככלילא (כמה [יד]): כמין כף יוני. שמתחיל למשוח באצבעו בין ריסי עיניו, ומושך אצבעו על הראש והולך עד שמגיע לעורף, ככף יוני כמה ח[טו]: נותנין לו שמן בין ריסי עיניו. ושם מושחים לכהן כמין כף יוני כדפרישנא: מאן דאמר יציקה עדיפא דכתיב 'ויצוק משמן המשחה'. והדר 'וימשח': שכן אתה מוצא אצל כלי שרת. דהוה משיחה ולא יציקה: מה טעם 'ויצוק', משום ד'וימשח' כבר: כשהוא מספר. כשהיה מדבר עם אחרים: עולות ויושבות בעקרי[טז] זקנו. כדי שלא יפלו: שמא ח"ו מעלתי בשמן המשחה. שנגעתי בו כשהלבשתיו: ואני מעלתי. שמא נפל עלי מן השמן במקום שאין ראוי למשיחה ומעלתי: 'והורדתם אותו אל גיחון'. אלמא בעי משיחה על המעיין[יז]: ניתלי. ידליק: אי משיך נהוריה. שדולק כל זמן שהשמן בתוכו: לירבי תרנגולא. על שם ההוא עיסקא: שמין ושפיר. שמשמנת ומשבחת: ביתא דחברא. בית חשוך: ולאו מילתא היא. דזימנא דאף על גב דלית ליה בבואה דבבואה הדר אתי, ואפילו[יח] הכי לא ליעבד הכי, דדלמא לא חזי בבואה דבבואה חלשה דעתיה ומתרע מזליה ולא הדר אתי, [משום דמיתרע מזליה[יט]], דאי לא הוה עביד הכי לא הוה מיתרע מזליה והדר אתי], הלכך לא ליעביד: קרא ורוביא כרתי וסילקא ותמרי. דהני גדלי לעגל טפי משאר ירקות. קרא, דלעת. רוביא, תלתן: גרסו מתניתא. מעיקרא, כי היכי דתהוי מרגלא מילתא בפומייכו ותהוון ידעין למשאל ליה: משכן שמעתא. דלא ליפסוק מפומייכו, כמעין זה שמושך והולך: דמתא מחסיא. הוו תלמידי חכמים ראויים להוראה, ותרבות יפה היה בהם, אבל בפומבדיתא לא הוי תרבות מעליא כל כך, וקאמר ליה מוטב לו לדור באשפה במתא מחסיא מלדור באפדנא בפומבדיתא: גילדנא סריא. מוטב לאכול דג קטן מוסרח, כדאמרינן בפ"ק דמו"ק (דף יא.) 'כוורא סמוך למיסרחיה מעלי': מכותחא דרמי כיפי. אפילו מכותח שהוא משובח וחזק שמשבר את האבן כששופכים הימנו[כ], אעפ"כ לא תאכל הימנו, כדאמרינן בפרק (ערבי פסחים) [ואלו עוברין (פסחים מב.)] 'שלשה דברים נאמרו בכותח, מטמטם את הלב' וכו'. כיפי, סלעים, כדמתרגמינן 'סלע' כיפא. אית דמפרשי מוטב תאכל גילדנא סריא שאין דמיהם יקרים, מכותח שאוכלים אותו עשירים ושרים הדרים ברמי כיפי, כלומר, במגדלים וחומות גדולות, לפי שדמיהם יקרים: 'אם הכהן המשיח' [כא] יכול מלך. יביא פר שהיה משוח, ת"ל 'כהן': המיוחד שבמשוחים. דהיינו כהן גדול: מרובה בגדים מנין, תלמוד לומר 'והביא[כב] הכהן המשיח':

אימא

עין משפט נר מצוה

לא א ב ג מיי' פרק א מהלכות כלי המקדש הלכה ט:
לב ד מיי' שם הלכה יא ופ"א מהלכות מלכים הלכה יא:
לג ה טוש"ע או"ח סימן תקפג ס"א:

תוספות הרא"ש

וגנזו שנאמר ויאמר ללוים המבינים [לכל ישראל] (נעם) הקדושים לה' תנו את ארון הקודש בבית אשר בנה שלמה בן דוד מלך ישראל. ומשמע לשון פשטי' דקרא למגנזי' קאמר. אלא דלארון בבית המקדש הוי קאי דמאן אפקי' מהתם דלאיצטריך יאשיהו המלך (ולדוכתי' להדורי קאמר להו) [למימר להו לאהדורי לדוכתיה] ועוד[כג] לכתוב קרא בבית ה' וממילא ידענא דשלמה בנייה למקדש ל"ל לכתוב בבית אשר בנה שלמה בן דוד מלך ישראל. אלא משמע מהכא דכי בנייה שלמה לבית המקדש הוה ידע דסופי' ליחרב וישראל יגלו מעל אדמתם והכין בית מתחת הקרקע שיהי' מוכן לגנוז בו ארון כדי שלא ישלטו בו יד אומות העולם. ועליו קאמר יאשיהו בבית אשר בנה שלמה. ואיכא למימר הא דקאמר שלמה (ואכין) [ואשים] שם מקום לארון (מלכים א ח) אההיא דוכתא קאמר. ולאו כ"ע ידעי ליה להיא דוכתא אלא לאתקידי כהונה ולויה דהוה מסור להו דור אחר דור והיינו דכתיב ללוים המבינים (נעם) [לכל ישראל] הקדושים לה' שהיו מבינים ויודעים את מקומו: וכשהוא מספר את זקנו[ה] עולות ויושבות בעקרי זקנו. ודנקין בגשר שאין שם שער. הרמ"ה ז"ל: והורדתם אותו אל גיחון. הוא מעין קטן שהוא למטה מירושלים והוא מי שלוח: אמשיך נהורא. ממתר ועולה כעלה משוך ולא מקטף אקטיפי שאינה נוטה לכאן ולכאן כדרך (שהשלבת) [השלהבת] על ידי רוח. כדאמרי' (פסחים דף ח) גבי אור הנר יפה לבדיקה משום דאמשיך נהורא והנך מקטף אקטיפי: י) פר הבא על כל המצות. דכתיב ביה הכהן המשיח. ואע"ג דגבי שעירים האיפה כתיב נמי המשיח. ס) כתיב ביה נמי ביום המשח אותו ואין מעוט אחר מיעוט אלא לרבות. הרמ"ה ז"ל: ומצווים על הבתולה. פי' ליקח בתולה ולא בעולה ולישנא דקרא נקט והוא אשה בבתוליה יקח ולא בעולה. ולאו הכא מכלל עשה עשה: מ"ט דר'

גליון הש"ס

גמ' משום דוימשח. כה"ג בנזיר דף י"ט ע"א והזיר בזמן והביא:

מסורת הש"ס עם הוספות

א) יומא נב: [כריתות ה: תוספתא סוטה פי"ג ה"ב ותוספתא דיומא פ"ב הי"ג אדר"נ פמ"א], ב) כריתות דף ה:, ג) [שם ע"ש מנחות עה. ע"ש], ד) [כריתות דף ה:], ה) [כריתות שם], ו) כריתות ו., ז) עי' עירובין יג:, ח) [עי' רש"י בע"ז כח. ד"ה נקרא ורש"י ב"ק כא. ד"ה אקילקלתא], ט) [מגילה יד.], י) ת"כ פ' ויקרא דבורא דחובה פרשה ב ה"ו (אות רא-ב), כ) חולין לא. קלד:, ל) קדושין כא: מגילה ט:, מ) וכן פרש"י בכריתות לג"א, נ) לדור זה ולדור שלאחריו שייך לעיל במתני', ס) עיין בתורת כהנים פ' ט וירושלמי פ"א דמגילה.

תורה אור השלם

א) וּלְקַחְתֶּם אֶת אֲרוֹן יְיָ וּנְתַתֶּם אֹתוֹ אֶל הָעֲגָלָה וְאֵת כְּלֵי הַזָּהָב אֲשֶׁר הֲשֵׁבֹתֶם לוֹ אָשָׁם תָּשִׂימוּ בָאַרְגַּז מִצִּדּוֹ וְשִׁלַּחְתֶּם אֹתוֹ וְהָלָךְ: [שמואל א' ו, ח]

ב) יוֹלֵךְ יְיָ אֹתְךָ וְאֶת מַלְכְּךָ אֲשֶׁר תָּקִים עָלֶיךָ אֶל גּוֹי אֲשֶׁר לֹא יָדַעְתָּ אַתָּה וַאֲבֹתֶיךָ וְעָבַדְתָּ שָּׁם אֱלֹהִים אֲחֵרִים עֵץ וָאָבֶן: [דברים כח, לו]

ג) וַיֹּאמֶר לַלְוִיִּם הַמְּבִינִים לְכָל יִשְׂרָאֵל הַקְּדוֹשִׁים לַייָ תְּנוּ אֶת אֲרוֹן הַקֹּדֶשׁ בַּבַּיִת אֲשֶׁר בָּנָה שְׁלֹמֹה בֶן דָּוִיד מֶלֶךְ יִשְׂרָאֵל אֵין לָכֶם מַשָּׂא בַּכָּתֵף עַתָּה עִבְדוּ אֶת יְיָ אֱלֹהֵיכֶם וְאֵת עַמּוֹ יִשְׂרָאֵל: [דברי הימים ב' לה, ג]

ד) וְנוֹעַדְתִּי לְךָ שָׁם וְדִבַּרְתִּי אִתְּךָ מֵעַל הַכַּפֹּרֶת מִבֵּין שְׁנֵי הַכְּרֻבִים אֲשֶׁר עַל אֲרוֹן הָעֵדֻת אֵת כָּל אֲשֶׁר אֲצַוֶּה אוֹתְךָ אֶל בְּנֵי יִשְׂרָאֵל: [שמות כה, כב]
וְנֹעַדְתִּי שָׁמָּה לִבְנֵי יִשְׂרָאֵל וְנִקְדַּשׁ בִּכְבֹדִי: [שמות כט, מג]

ה) וַיֹּאמֶר מֹשֶׁה אֶל אַהֲרֹן קַח צִנְצֶנֶת אַחַת וְתֶן שָׁמָּה מְלֹא הָעֹמֶר מָן וְהַנַּח אֹתוֹ לִפְנֵי יְיָ לְמִשְׁמֶרֶת לְדֹרֹתֵיכֶם: [שמות טז, לג]

ו) וַיֹּאמֶר יְיָ אֶל מֹשֶׁה הָשֵׁב אֶת מַטֵּה אַהֲרֹן לִפְנֵי הָעֵדוּת לְמִשְׁמֶרֶת לְאוֹת לִבְנֵי מֶרִי וּתְכַל תְּלוּנֹּתָם מֵעָלַי וְלֹא יָמֻתוּ: [במדבר יז, כה]

ז) וְאֶל בְּנֵי יִשְׂרָאֵל תְּדַבֵּר לֵאמֹר שֶׁמֶן מִשְׁחַת קֹדֶשׁ יִהְיֶה זֶה לִי לְדֹרֹתֵיכֶם: [שמות ל, לא]

ח) וַיִּצֹק מִשֶּׁמֶן הַמִּשְׁחָה עַל רֹאשׁ אַהֲרֹן וַיִּמְשַׁח אֹתוֹ לְקַדְּשׁוֹ: [ויקרא ח, יב]

ט) כַּשֶּׁמֶן הַטּוֹב עַל הָרֹאשׁ יֹרֵד עַל הַזָּקָן זְקַן אַהֲרֹן שֶׁיֹּרֵד עַל פִּי מִדּוֹתָיו: [תהלים קלג, ב]

י) כְּטַל חֶרְמוֹן שֶׁיֹּרֵד עַל הַרְרֵי צִיּוֹן כִּי שָׁם צִוָּה יְיָ אֶת הַבְּרָכָה חַיִּים עַד הָעוֹלָם: [תהלים קלג, ג]

כ) שִׁיר הַמַּעֲלוֹת לְדָוִד הִנֵּה מַה טּוֹב וּמַה נָּעִים שֶׁבֶת אַחִים גַּם יָחַד: [תהלים קלג, א]

ל) וַיֹּאמֶר הַמֶּלֶךְ לָהֶם קְחוּ עִמָּכֶם אֶת עַבְדֵי אֲדֹנֵיכֶם וְהִרְכַּבְתֶּם אֶת שְׁלֹמֹה בְנִי עַל הַפִּרְדָּה אֲשֶׁר לִי וְהוֹרַדְתֶּם אֹתוֹ אֶל גִּחוֹן: [מלכים א' א, לג]

מ) וְנָתַן לָכֶם אֲדֹנָי לֶחֶם צָר וּמַיִם לָחַץ וְלֹא יִכָּנֵף עוֹד מוֹרֶיךָ וְהָיוּ עֵינֶיךָ רֹאוֹת אֶת מוֹרֶיךָ: [ישעיה ל, כ]
נ) וַתִּתְפַּלֵּל חַנָּה וַתֹּאמַר עָלַץ לִבִּי בַּייָ רָמָה קַרְנִי בַּייָ רָחַב פִּי עַל אוֹיְבַי כִּי שָׂמַחְתִּי בִּישׁוּעָתֶךָ: [שמואל א' ב, א]
ס) אִם הַכֹּהֵן הַמָּשִׁיחַ יֶחֱטָא לְאַשְׁמַת הָעָם וְהִקְרִיב עַל חַטָּאתוֹ אֲשֶׁר חָטָא פַּר בֶּן בָּקָר תָּמִים לַייָ לְחַטָּאת: [ויקרא ד, ג]
ע) עַל כֵּן לֹא יֹאכְלוּ בְנֵי יִשְׂרָאֵל אֶת גִּיד הַנָּשֶׁה אֲשֶׁר עַל כַּף הַיָּרֵךְ עַד הַיּוֹם הַזֶּה כִּי נָגַע בְּכַף יֶרֶךְ יַעֲקֹב בְּגִיד הַנָּשֶׁה: [בראשית לב, לג]
פ) וְהֵבִיא הַכֹּהֵן הַמָּשִׁיחַ מִדַּם הַפָּר אֶל אֹהֶל מוֹעֵד: [ויקרא ד, ה]

מצויר ◯: טו] בכת"י הוא מצויר ⌒, ועיין בהשלמות על רש"י בכריתות ה ע"ב: טז] ע"י וכת"י ... יז] ... גיחון מעיין קטן אצל ירושלים ולא זהו גיחון היוצא מעדן: יח] צ"ל ומשום הכי (רש"ש). ... הכי", וגורסים "ולא ליעביד הכי דזימנין דכי חזי דלית ליה בבואה דבבואה": יט] כת"י "משום ד... כ] יש להוסיף על האבן (ע"פ ע"י וכת"י, וכמו ברש"י בכריתות): כא] בכת"י נוסף משיח יכול מלך ... להו ותו אי לאהדורי לדוכתיה קאמר להו לכתוב קרא"

הגהות וציונים

[illegible]

אימא סיפא, אין בין כהן משמש לכהן שעבר אלא פר יום הכפורים ועשירית האיפה, אתאן לרבי מאיר, דתניא, אירע בו פסול בכהן גדול ועבר ומינו כהן אחר תחתיו, הראשון חוזר לעבודתו, והשני כל מצות כהונה עליו, דברי רבי מאיר; [רבי יוסי אומר, ראשון חוזר לעבודתו, ושני אינו ראוי לא לכהן גדול ולא לכהן הדיוט], אמר רבי יוסי, מעשה ביוסף בן אילים מצפורי שאירע בו פסול בכהן גדול (ועבר ומינו אחר תחתיו, ולא הניחוהו אחיו הכהנים להיות לא כהן גדול ולא כהן הדיוט), כהן גדול משום איבה, כהן הדיוט משום מעלין בקדש ואין מורידין; רישא רבנן וסיפא רבי מאיר. אמר רב חסדא, אין, רישא רבנן וסיפא רבי מאיר. רב יוסף אמר, רבי היא, ונסיב לה אליבא דתנאי. רבא אמר, רבי שמעון היא, וסבר לה כרבי מאיר בחדא ופליג עליה בחדא, דתניא, דברים שבין כהן גדול לכהן הדיוט אלו הם, פר הבא על כל המצות ופר יום הכפורים ועשירית האיפה, ולא פורע ולא פורם, אבל הוא פורם מלמטה וההדיוט מלמעלה, ואין מטמא לקרובים, ומוזהר על הבתולה ואסור באלמנה, ומחזיר את הרוצח, ומקריב אונן ואינו אוכל [ואינו חולק], מקריב חלק בראש ונוטל חלק בראש, ומשמש בשמונה כלים, וכל עבודת יום הכפורים אינה כשרה אלא בו, ופטור על טומאת מקדש וקדשיו; וכולן נוהגין במרובה בגדים חוץ מפר המביא על כל המצות; וכולן נוהגין במשיח שעבר חוץ מפר יום הכפורים ועשירית האיפה; וכולן אין נוהגין במשוח מלחמה חוץ מחמשה דברים האמורים בפרשה, לא פורע ולא פורם, ואין מטמא לקרובים, ומוזהר על הבתולה ואסור באלמנה; ומחזיר את הרוצח, דברי רבי יהודה; וחכמים אומרים, אינו מחזיר. והאי ממאי דרבי שמעון היא. אמר רב פפא, מאן שמעת ליה דאמר פטור על טומאת מקדש וקדשיו, רבי שמעון. חוץ מחמשה דברים האמורים בפרשה, מנא הני מילי. דתנו רבנן, 'והכהן הגדול מאחיו' זה כהן גדול, 'אשר יוצק על ראשו שמן המשחה' זה משוח מלחמה, 'ומלא את ידו ללבוש את הבגדים' זה מרובה בגדים, על כולן הוא אומר 'ראשו לא יפרע ובגדיו לא יפרום ועל כל נפשות מת לא יבא', יכול יהו כולן מקריבין אוננים, תלמוד לומר 'כי נזר שמן משחת אלהיו עליו', עליו ולא על חבירו, ואחר שחלקו הכתוב יכול לא יהא מצווה על הבתולה, תלמוד לומר 'והוא'. כתנאי, 'והוא אשה בבתוליה יקח', אחר שחלקו הכתוב ריבה, דברי רבי ישמעאל; רבי עקיבא אומר, אין לי אלא שעבר מחמת קריו, מחמת מומין מנין, תלמוד לומר 'והוא'. בעא מיניה רבא מרב נחמן, משיח שנצטרע מהו באלמנה, מידחא דחי או מיפטר פטר; לא הוה בידיה. זימנין הוי יתיב רב פפא וקמבעיא ליה; אמר ליה הונא בריה דרב נחמן לרב פפא, תנינא, אין לי אלא שעבר מחמת קריו, עבר מחמת מומין מנין, תלמוד לומר 'והוא'; קם נשקיה ברישיה ויהיב ליה ברתיה: **מתני'** כהן גדול פורם מלמטה, וההדיוט מלמעלה. כהן גדול מקריב אונן ולא אוכל, וההדיוט לא מקריב ולא אוכל: **גמ'** אמר [רב], 'למטה' למטה ממש, 'למעלה' למעלה ממש; ושמואל אמר, 'למטה' למטה מקמי שפה, 'למעלה' למעלה מקמי שפה, וזה וזה בצואר. מיתיבי, על כל המתים כולן, רצה מבדיל קמי שפה שלו, רצה אינו מבדיל קמי שפה שלו, על אביו ועל אמו מבדיל; כיון דבעלמא הוי קרע, קרי כאן 'בגדיו לא יפרום'. שמואל כרבי יהודה סבירא ליה, דאמר כל קרע שאינו מבדיל שפה שלו אינו אלא קרע של תפלות. ומי אית ליה לרבי יהודה קריעה בכהן גדול, והא תניא, אילו נאמר 'ראש לא יפרע ובגד לא יפרום' הייתי אומר בראש ובגד של סוטה הכתוב מדבר, תלמוד לומר 'את ראשו לא יפרע ובגדיו לא יפרום', שאינו בפריעה ופרימה כל עיקר, דברי רבי יהודה; רבי ישמעאל אומר, אינו פורם כדרך שבני אדם פורמין, אלא הוא מלמטה וההדיוט מלמעלה. שמואל סבר לה כרבי יהודה בחדא ופליג עליה בחדא: **מתני'** כל התדיר מחבירו קודם את חבירו, וכל המקודש מחבירו קודם את חבירו. פר המשיח ופר העדה עומדים, פר המשיח קודם לפר העדה בכל מעשיו: **גמ'** מנא הני מילי. אמר אביי, דאמר קרא 'מלבד עולת הבקר אשר לעולת התמיד' (למה לי), מכדי כתיב 'עולת הבקר', 'עולת התמיד' למה לי, הכי קאמר רחמנא, כל דתדירה קדמה: וכל המקודש מחבירו הוא קודם את חבירו: מנלן. דתנא דבי רבי ישמעאל, 'וקדשתו', לכל דבר שבקדושה, לפתוח ראשון, ולברך ראשון, וליטול מנה יפה ראשון: פר

למטה מקמי שפה. [נמצא בהשמטות]: מידחא דחי או מפטר פטור. [נמצא בהשמטות]: מלמטה מקמי שפה. [נמצא בהשמטות]: על אביו ועל אמו מבדיל. [נמצא בהשמטות]

כל התדיר מחבירו קודם את חבירו. [נמצא בהשמטות]: כל המקודש מחבירו קודם את חבירו. [נמצא בהשמטות]: מכדי כתיב מלבד עולת הבוקר. [נמצא בהשמטות]: למה לי למכתב תו אשר לעולת התמיד. [נמצא בהשמטות]

This *daf* is dedicated *l'iluy nishmas*: Sophie bat Frieda *z"l*

אֵימָא סֵיפָא — But let us say the latter part of the Mishnah: **אֵין בֵּין כֹּהֵן מְשַׁמֵּשׁ לְכֹהֵן שֶׁעָבַר** — there is no halachic difference between a *kohen gadol* who is currently serving, and a *kohen gadol* who is no longer serving, **אֶלָּא פַּר יוֹם הַכִּיפּוּרִים** — besides for the bull that the *kohen gadol* brings on Yom Kippur, because only the *kohen gadol* who is currently serving brings this bull, **וַעֲשִׂירִית הָאֵיפָה** — and the tenth of an *ephah* flour offering that the *kohen gadol* brings each day, which is also only brought by the current *kohen gadol*. **אֲתָאן לְרַבִּי מֵאִיר** — This part of the Mishnah is in accordance with Rabi Meir! How could the first part of the Mishnah be according to the *Rabbanan* while the latter part is according to Rabi Meir?

דְּתַנְיָא — As it was taught in a *Baraisa* that Rabi Meir holds that a *kohen gadol* who served temporarily and has now been removed retains his status as a *kohen gadol*: **אֵירַע בּוֹ פְּסוּל בְּכֹהֵן גָּדוֹל** — If a temporary disqualification happens to the *kohen gadol*, **וְעָבַר** — and he is removed from his position, **וּמִינּוּ כֹּהֵן אַחֵר תַּחְתָּיו** — and they appoint another *kohen* in his place, **הָרִאשׁוֹן חוֹזֵר לַעֲבוֹדָתוֹ** — after the disqualification goes away, the first *kohen gadol* returns to his service as *kohen gadol*, **וְהַשֵּׁנִי כָּל מִצְוֹת כְּהוּנָּה עָלָיו** — and the second *kohen gadol* who took his place, all the *mitzvos* of a regular *kohen gadol* are still upon him. **דִּבְרֵי רַבִּי מֵאִיר** — These are the words of Rabi Meir. **[רַבִּי יוֹסֵי אוֹמֵר** — Rabi Yosi says: **רִאשׁוֹן חוֹזֵר לַעֲבוֹדָתוֹ** — The first *kohen gadol* returns to his service as *kohen gadol*, **וְשֵׁנִי אֵינוֹ רָאוּי לֹא לְכֹהֵן גָּדוֹל וְלֹא לְכֹהֵן הֶדְיוֹט** — and the second *kohen* who took his place, is not fit to serve in either position; he may not serve as a *kohen gadol*, nor as an ordinary *kohen*.] **אָמַר רַבִּי יוֹסֵי** — Rabi Yosi said: **מַעֲשֶׂה בְּיוֹסֵף בֶּן אִילֵים מִצִּפּוֹרִי** — There was an incident regarding the *kohen*, Yosef ben Eileim of Tzipori: **שֶׁאֵירַע בּוֹ פְּסוּל בְּכֹהֵן גָּדוֹל** — When a disqualification happened to the *kohen gadol*, **וְעָבַר** — and he was removed, **וּמִינּוּ אַחֵר תַּחְתָּיו** — and they appointed another *kohen* (Yosef ben Eileim), to serve in place of the *kohen gadol*. **וְלֹא הֱנִיחוּהוּ אֶחָיו הַכֹּהֲנִים לִהְיוֹת לֹא כֹּהֵן גָּדוֹל וְלֹא כֹּהֵן הֶדְיוֹט** — And when the original *kohen gadol* returned to serve, Yosef ben Eileim's fellow *kohanim* did not allow Yosef ben Eileim to serve, not as a *kohen gadol*, and not as an ordinary *kohen*. **כֹּהֵן גָּדוֹל** — They did not let him serve as a *kohen gadol*, **מִשּׁוּם אֵיבָה** — because of the animosity that would be between the two *kohanim gedolim* who share equal status. **כֹּהֵן הֶדְיוֹט** — And they did not let him serve as a *kohen hedyot*, **מִשּׁוּם מַעֲלִין בַּקֹּדֶשׁ וְאֵין מוֹרִידִין** — because the principle is: One elevates to a higher level in matters of *kedushah*, and one does not downgrade. Once he had served as a *kohen gadol*, he could no longer downgrade and serve as a *kohen hedyot*.

The Gemara returns to its question: **רֵישָׁא רַבָּנָן וְסֵיפָא רַבִּי מֵאִיר** — The first part of the Mishnah, in accordance with the *Rabbanan* and against the opinion of Rabi Meir, said that a *kohen gadol* who was appointed by increasing his garments does not bring the unique *Chatas* of the *kohen gadol*. The latter part of the Mishnah, in accordance with Rabi Meir's opinion, said that one who served as a temporary *kohen gadol* retains all the *halachos* of a *kohen gadol* besides for the bull

For this *daf's shiur* and charts, scan this QR code:

אֵימָא סֵיפָא, אֵין בֵּין כֹּהֵן מְשַׁמֵּשׁ לְכֹהֵן שֶׁעָבַר אֶלָּא פַּר יוֹם הַכִּפּוּרִים וַעֲשִׂירִית הָאֵיפָה, אֲתָאן לְרַבִּי מֵאִיר, דְּתַנְיָא, אֵירַע בּוֹ פְּסוּל בְּכֹהֵן גָּדוֹל וְעָבַר וּמִינּוּ כֹּהֵן אַחֵר תַּחְתָּיו, הָרִאשׁוֹן חוֹזֵר לַעֲבוֹדָתוֹ, וְהַשֵּׁנִי כָּל מִצְוֹת כְּהוּנָּה[א] עָלָיו, דִּבְרֵי רַבִּי מֵאִיר; [רַבִּי יוֹסֵי אוֹמֵר, רִאשׁוֹן חוֹזֵר לַעֲבוֹדָתוֹ, וְשֵׁנִי אֵינוֹ רָאוּי לֹא לְכֹהֵן גָּדוֹל וְלֹא לְכֹהֵן הֶדְיוֹט[ב]], אָמַר רַבִּי יוֹסֵי, מַעֲשֶׂה בְּיוֹסֵף בֶּן אִילֵם מִצִּפּוֹרִי שֶׁאֵירַע בּוֹ פְּסוּל בְּכֹהֵן גָּדוֹל (וְעָבַר וּמִינּוּ אַחֵר תַּחְתָּיו, וְלֹא הִנִּיחוּהוּ אֶחָיו הַכֹּהֲנִים לִהְיוֹת לֹא כֹּהֵן גָּדוֹל וְלֹא כֹּהֵן הֶדְיוֹט[ג]), כֹּהֵן גָּדוֹל מִשּׁוּם אֵיבָה, כֹּהֵן הֶדְיוֹט מִשּׁוּם מַעֲלִין בַּקֹּדֶשׁ וְאֵין מוֹרִידִין; רֵישָׁא רַבָּנַן וְסֵיפָא רַבִּי מֵאִיר. אָמַר רַב חִסְדָּא, אִין, רֵישָׁא רַבָּנַן וְסֵיפָא רַבִּי מֵאִיר. רַב יוֹסֵף אָמַר, רַבִּי הִיא, וְנָסֵיב לָהּ אַלִּיבָּא דְּתַנָּאֵי. רָבָא אָמַר, רַבִּי שִׁמְעוֹן הִיא, וְסָבַר לָהּ כְּרַבִּי מֵאִיר בַּחֲדָא וּפְלִיג עֲלֵיהּ בַּחֲדָא, דְּתַנְיָא, דְּבָרִים שֶׁבֵּין כֹּהֵן גָּדוֹל לְכֹהֵן הֶדְיוֹט אֵלּוּ הֵם, פַּר הַבָּא עַל כָּל הַמִּצְוֹת וּפַר יוֹם הַכִּפּוּרִים וַעֲשִׂירִית הָאֵיפָה, וְלֹא פּוֹרֵעַ וְלֹא פּוֹרֵם, אֲבָל הוּא פּוֹרֵם מִלְּמַטָּה וְהַהֶדְיוֹט מִלְמַעְלָה, וְאֵין מְטַמֵּא לִקְרוֹבִים, וּמוּזְהָר[ד] עַל הַבְּתוּלָה וְאָסוּר בָּאַלְמָנָה, וּמַחֲזִיר אֶת הָרוֹצֵחַ, וּמַקְרִיב אוֹנֵן וְאֵינוֹ אוֹכֵל [וְאֵינוֹ חוֹלֵק[ה]], מַקְרִיב חֵלֶק בָּרֹאשׁ וְנוֹטֵל חֵלֶק בָּרֹאשׁ, וּמְשַׁמֵּשׁ בִּשְׁמוֹנָה כֵּלִים, וְכָל עֲבוֹדַת יוֹם הַכִּפּוּרִים אֵינָהּ כְּשֵׁרָה אֶלָּא בּוֹ, וּפָטוּר עַל טוּמְאַת מִקְדָּשׁ וְקָדָשָׁיו; וְכוּלָּן נוֹהֲגִין בִּמְרוּבֵּה בְּגָדִים חוּץ מִפַּר הַמֵּבִיא[ו] עַל כָּל הַמִּצְוֹת; וְכוּלָּן נוֹהֲגִין בְּמָשִׁיחַ שֶׁעָבַר חוּץ מִפַּר יוֹם הַכִּפּוּרִים וַעֲשִׂירִית הָאֵיפָה; וְכוּלָּן אֵין נוֹהֲגִין בִּמְשׁוּחַ מִלְחָמָה חוּץ מֵחֲמִשָּׁה דְּבָרִים הָאֲמוּרִים בַּפָּרָשָׁה, לֹא פּוֹרֵעַ וְלֹא פּוֹרֵם, וְאֵין מְטַמֵּא לִקְרוֹבִים, וּמוּזְהָר[ז] עַל הַבְּתוּלָה וְאָסוּר בָּאַלְמָנָה; וּמַחֲזִיר אֶת הָרוֹצֵחַ, דִּבְרֵי רַבִּי יְהוּדָה; וַחֲכָמִים אוֹמְרִים, אֵינוֹ מַחֲזִיר. וְהַאי מִמַּאי דְּרַבִּי שִׁמְעוֹן הִיא. אָמַר רַב פָּפָּא, מַאן שָׁמְעַתְּ לֵיהּ דְּאָמַר פָּטוּר עַל טוּמְאַת מִקְדָּשׁ וְקָדָשָׁיו, רַבִּי שִׁמְעוֹן. חוּץ מֵחֲמִשָּׁה דְּבָרִים הָאֲמוּרִים בַּפָּרָשָׁה, מְנָא הָנֵי מִילֵּי. דְּתָנוּ רַבָּנַן, 'וְהַכֹּהֵן הַגָּדוֹל מֵאֶחָיו' זֶה כֹּהֵן גָּדוֹל, 'אֲשֶׁר יוּצַק עַל רֹאשׁוֹ שֶׁמֶן הַמִּשְׁחָה' זֶה מְשׁוּחַ מִלְחָמָה, 'וּמִלֵּא אֶת יָדוֹ לִלְבּוֹשׁ אֶת הַבְּגָדִים' זֶה מְרוּבֵּה בְגָדִים, עַל כּוּלָּן הוּא אוֹמֵר 'רֹאשׁוֹ לֹא יִפְרַע וּבְגָדָיו לֹא יִפְרוֹם וְעַל כָּל נַפְשׁוֹת מֵת לֹא יָבֹא', יָכוֹל יְהוּ כּוּלָּן מַקְרִיבִין אוֹנְנִים, תַּלְמוּד לוֹמַר 'כִּי נֵזֶר שֶׁמֶן מִשְׁחַת אֱלֹהָיו עָלָיו', עָלָיו וְלֹא עַל חֲבֵירוֹ, וְאַחַר שֶׁחִלְּקוֹ הַכָּתוּב יָכוֹל לֹא יְהֵא מְצֻוֶּה עַל הַבְּתוּלָה, תַּלְמוּד לוֹמַר 'וְהוּא'. כְּתַנָּאֵי, 'וְהוּא אִשָּׁה בִבְתוּלֶיהָ יִקָּח', אַחַר שֶׁחִלֵּק הַכָּתוּב רִיבָּה, דִּבְרֵי רַבִּי יִשְׁמָעֵאל; רַבִּי עֲקִיבָא אוֹמֵר, אֵין לִי אֶלָּא שֶׁעָבַר מֵחֲמַת קִרְיוֹ, מֵחֲמַת מוּמִין מִנַּיִן, תַּלְמוּד לוֹמַר 'וְהוּא'. בְּעָא מִינֵּיהּ רָבָא מֵרַב נַחְמָן, מָשִׁיחַ שֶׁנִּצְטָרַע מַהוּ בָּאַלְמָנָה, מִידְחָא דָּחֵי אוֹ מִיפְטָר פָּטַר; לָא הֲוָה בִּידֵיהּ. זִימְנִין הֲוֵי יָתֵיב רַב פָּפָּא וְקָמִבַּעְיָא לֵיהּ; אָמַר לֵיהּ הוּנָא בְּרֵיהּ דְּרַב נַחְמָן לְרַב פָּפָּא, תְּנֵינָא, אֵין לִי אֶלָּא שֶׁעָבַר מֵחֲמַת קִרְיוֹ, עָבַר מֵחֲמַת מוּמִין מִנַּיִן, תַּלְמוּד לוֹמַר 'וְהוּא'; קָם נַשְׁקֵיהּ בְּרֵישֵׁיהּ וִיהֵיב לֵיהּ בְּרַתֵּיהּ: **מתני'** כֹּהֵן גָּדוֹל פּוֹרֵם מִלְּמַטָּה, וְהַהֶדְיוֹט מִלְמַעְלָה. כֹּהֵן גָּדוֹל מַקְרִיב אוֹנֵן וְלֹא אוֹכֵל, וְהַהֶדְיוֹט לֹא מַקְרִיב וְלֹא אוֹכֵל: **גמ'** אָמַר [רַב[ח]], 'לְמַטָּה' לְמַטָּה מַמָּשׁ, 'לְמַעְלָה' לְמַעְלָה מַמָּשׁ; וּשְׁמוּאֵל אָמַר, 'לְמַטָּה' לְמַטָּה מִקַּמֵּי שָׂפָה, 'לְמַעְלָה' לְמַעְלָה מִקַּמֵּי שָׂפָה, וְזֶה וָזֶה בַּצַּוָּאר. מֵיתִיבֵי, עַל כָּל הַמֵּתִים כּוּלָּן, רָצָה מַבְדִּיל קַמֵּי שָׂפָה שֶׁלּוֹ, רָצָה אֵינוֹ מַבְדִּיל קַמֵּי שָׂפָה שֶׁלּוֹ, עַל אָבִיו וְעַל אִמּוֹ מַבְדִּיל; כֵּיוָן דִּבְעָלְמָא הָוֵי קֶרַע, קָרֵי כָּאן 'בְּגָדָיו לֹא יִפְרוֹם'. שְׁמוּאֵל כְּרַבִּי יְהוּדָה סְבִירָא לֵיהּ, דְּאָמַר כָּל קֶרַע שֶׁאֵינוֹ מַבְדִּיל[ט] שָׂפָה שֶׁלּוֹ אֵינוֹ אֶלָּא קֶרַע שֶׁל תִּפְלוּת. וּמִי אִית לֵיהּ לְרַבִּי יְהוּדָה קְרִיעָה בְּכֹהֵן גָּדוֹל, וְהָא תַּנְיָא, אִילּוּ נֶאֱמַר 'רֹאשׁ לֹא יִפְרַע וּבֶגֶד לֹא יִפְרוֹם' הָיִיתִי אוֹמֵר בְּרֹאשׁ וּבֶגֶד שֶׁל סוֹטָה הַכָּתוּב מְדַבֵּר, תַּלְמוּד לוֹמַר 'אֶת רֹאשׁוֹ לֹא יִפְרַע וּבְגָדָיו לֹא יִפְרוֹם', שֶׁאֵינוֹ בִּפְרִיעָה וּפְרִימָה כָּל עִיקָּר, דִּבְרֵי רַבִּי יְהוּדָה; רַבִּי יִשְׁמָעֵאל[י] אוֹמֵר, אֵינוֹ פּוֹרֵם כְּדֶרֶךְ שֶׁבְּנֵי אָדָם פּוֹרְמִין, אֶלָּא הוּא מִלְּמַטָּה וְהַהֶדְיוֹט מִלְמַעְלָה. שְׁמוּאֵל סָבַר לָהּ כְּרַבִּי יְהוּדָה בַּחֲדָא וּפְלִיג עֲלֵיהּ בַּחֲדָא: **מתני'** כָּל הַתָּדִיר מֵחֲבֵירוֹ קוֹדֵם אֶת חֲבֵירוֹ, וְכָל הַמְקוּדָּשׁ מֵחֲבֵירוֹ קוֹדֵם אֶת חֲבֵירוֹ. פַּר הַמָּשִׁיחַ וּפַר הָעֵדָה עוֹמְדִים, פַּר הַמָּשִׁיחַ קוֹדֵם לְפַר הָעֵדָה בְּכָל מַעֲשָׂיו: **גמ'** מְנָא הָנֵי מִילֵּי. אָמַר אַבַּיֵי, דְּאָמַר קְרָא 'מִלְּבַד עוֹלַת הַבֹּקֶר אֲשֶׁר לְעוֹלַת הַתָּמִיד' (לָמָּה לִי), מִכְּדֵי כְּתִיב 'עוֹלַת הַבֹּקֶר', 'עוֹלַת הַתָּמִיד' לָמָּה לִי, הָכִי קָאָמַר רַחֲמָנָא, כָּל דִּתְדִירָה קַדְמָה: וְכָל הַמְקוּדָּשׁ מֵחֲבֵירוֹ הוּא קוֹדֵם אֶת חֲבֵירוֹ: מְנָלַן. דְּתָנָא דְּבֵי רַבִּי יִשְׁמָעֵאל, 'וְקִדַּשְׁתּוֹ', לְכָל דָּבָר שֶׁבִּקְדוּשָּׁה, לִפְתּוֹחַ רִאשׁוֹן, וּלְבָרֵךְ רִאשׁוֹן, וְלִיטּוֹל מָנָה יָפָה רִאשׁוֹן:

פַּר

רש"י

אֵימָא סֵיפָא, אֵין בֵּין כֹּהֵן הַמְשַׁמֵּשׁ לְכֹהֵן שֶׁעָבַר. דְּהַיְינוּ שֵׁנִי, אֶלָּא פַּר יוֹם הַכִּפּוּרִים וַעֲשִׂירִית הָאֵיפָה. דְּמַשְׁמַע רִאשׁוֹן הֵן בָּאִין, הָא לְכָל שְׁאָר דִּבְרֵיהֶם זֶה וָזֶה שָׁוִין, דְּשֵׁנִי נַמֵּי כָּל מִצְוֹת כְּהוּנָּה גְּדוֹלָה עָלָיו: אֲתָאן לְרַבִּי מֵאִיר, דְּתַנְיָא וְכוּ'. 'עָבַר' דִּבְרַיְיתָא לָא דָּמֵי לְ'שֶׁעָבַר' דְּמַתְנִיתִין: רַבִּי הִיא וְנָסֵיב לָהּ אַלִּיבָּא דְּתַנָּאֵי. בַּחֲדָא סָבַר לָהּ כְּרַבִּי מֵאִיר וּסְתָמָהּ כְּרַבִּי מֵאִיר, וּבְרֵישָׁא סָבַר לָהּ כְּרַבָּנַן וּסְתָמָהּ כְּרַבָּנַן: רַבִּי שִׁמְעוֹן סָבַר לָהּ כְּרַבִּי מֵאִיר בַּחֲדָא. דְּכֹהֵן שֶׁעָבַר דְּשֵׁנִי[ל] כָּל מִצְוֹת כְּהוּנָּה עָלָיו, חוּץ מִפַּר יוה"כ וַעֲשִׂירִית הָאֵיפָה: וּפְלִיג עֲלֵיהּ בַּחֲדָא. דְּאִילּוּ רַבִּי מֵאִיר סָבַר מְרוּבֵּה בְגָדִים מֵבִיא פַּר הַבָּא עַל כָּל הַמִּצְוֹת[מ], דְּהַיְינוּ פַּר הֶעְלֵם דָּבָר שֶׁל צִבּוּר, וְאִילּוּ ר' שִׁמְעוֹן סָבַר דְּאֵינוֹ מֵבִיא פַּר הַבָּא עַל כָּל הַמִּצְוֹת, כִּדְתְנַן 'אֵין בֵּין מָשׁוּחַ בְּשֶׁמֶן הַמִּשְׁחָה לִמְרוּבֵּה בְגָדִים אֶלָּא פַּר הַבָּא עַל כָּל הַמִּצְוֹת': וְנוֹטֵל חֵלֶק בָּרֹאשׁ. אע"פ שֶׁאֵינוֹ מַקְרִיב: וּמְשַׁמֵּשׁ בִּשְׁמוֹנָה כֵּלִים. וְהַהֶדְיוֹט בְּאַרְבָּעָה: וְכוּלָּם נוֹהֲגִין בְּמָשִׁיחַ שֶׁעָבַר. דְּהַיְינוּ שֵׁנִי: חוּץ מִפַּר יוה"כ וַעֲשִׂירִית הָאֵיפָה. דְּאֵין בֵּין כֹּהֵן הַמְשַׁמֵּשׁ לְכֹהֵן שֶׁעָבַר אֶלָּא פַּר יוה"כ וַעֲשִׂירִית הָאֵיפָה: מַאן שָׁמְעַתְּ לֵיהּ דְּאָמַר פָּטוּר עַל טוּמְאַת מִקְדָּשׁ וְקָדָשָׁיו, רַבִּי שִׁמְעוֹן[נ]: ת"ל 'כִּי נֵזֶר שֶׁמֶן מִשְׁחַת (קדש) אֱלֹהָיו עָלָיו', [ס] וְלֹא עַל מָשִׁיחַ חֲבֵירוֹ. לְמַעוּטֵי מְשׁוּחַ מִלְחָמָה דְּאֵין מַקְרִיב אוֹנֵן, אֲבָל כֹּהֵן גָּדוֹל מַקְרִיב אוֹנֵן בֵּין מְרוּבֵּה בְגָדִים וּבֵין רִאשׁוֹן שֶׁחוֹזֵר לַעֲבוֹדָה, וַאֲפִילּוּ שֵׁנִי, מִפְּנֵי שֶׁהֵן בִּכְלַל כְּהוּנָּה [גְּדוֹלָה], לְאַפּוּקֵי מְשׁוּחַ מִלְחָמָה דְּלָאו בִּכְלַל כְּהוּנָּה גְּדוֹלָה הוּא: וְאַחַר שֶׁחִלְּקוֹ הַכָּתוּב. לִמְשׁוּחַ מִלְחָמָה שֶׁאֵינוֹ מַקְרִיב אוֹנֵן כְּכֹהֵן גָּדוֹל, יָכוֹל לֹא יְהֵא מְצֻוֶּה עַל הַבְּתוּלָה: אֶלָּא שֶׁעָבַר מֵחֲמַת קִרְיוֹ. דַּהֲוֵי כֹּהֵן גָּדוֹל מְעַלְּיָא, שֶׁהֲרֵי חוֹזֵר לַעֲבוֹדָתוֹ הוּא: עָבַר מֵחֲמַת מוּמוֹ. דְּאֵינוֹ חוֹזֵר לַעֲבוֹדָתוֹ מִפְּנֵי הַמּוּם, מִנַּיִן שֶׁמְּצֻוֶּה עַל הַבְּתוּלָה, תַּלְמוּד לוֹמַר 'וְהוּא': מָשִׁיחַ שֶׁנִּצְטָרַע. כְּלוֹמַר, כֹּהֵן גָּדוֹל שֶׁנִּצְטָרַע, מַהוּ בְּאַלְמָנָה: מִי אָמְרִינַן כְּהוּנָּה גְּדוֹלָה מִדְחָא דָּחֵי לְהַאי מֵאַלְמָנָה, אוֹ דִּלְמָא כְּהוּנָּה גְּדוֹלָה מִיפְטַר פָּטַר לֵיהּ לְהַאי מֵאַלְמָנָה, וְכִי נִצְטָרַע דְּלֵיכָּא כְּהוּנָּה גְּדוֹלָה לָא פָּטַר, וּמוּתָּר בְּאַלְמָנָה[פ]: עָבַר מֵחֲמַת מוּמוֹ מִנַּיִן, תַּלְמוּד לוֹמַר 'וְהוּא'. דַּאֲפִילּוּ עָבַר רִאשׁוֹן מֵחֲמַת מוּמוֹ אָסוּר בְּאַלְמָנָה, וְכִי נִצְטָרַע אֵין לְךָ מוּם גָּדוֹל מִזֶּה, וְשָׁמְעִינַן מִינָּהּ דַּאֲפִילּוּ הָכִי אָסוּר בְּאַלְמָנָה: לְמַטָּה לְמַטָּה מַמָּשׁ. דְּהַיְינוּ בִּשְׂפַת חֲלוּקוֹ: לְמַעְלָה לְמַעְלָה מַמָּשׁ. בַּצַּוָּאר, בַּשָּׂפָה בְּמַפְתֵּחַ חֲלוּקוֹ: לְמַטָּה מִקַּמֵּי שָׂפָה. שֶׁקּוֹרְעִין לְמַטָּה מִשָּׂפָה לְפִיו, שֶׁהוּא לְמַטָּה מִבֵּית הַצַּוָּאר: לְמַעְלָה מִקַּמֵּי שָׂפָה. שֶׁקּוֹרְעִין בֵּית הַצַּוָּאר מַמָּשׁ: כֵּיוָן דִּבְעָלְמָא הָוֵי קֶרַע. דְּאִם רָצָה אֵינוֹ מַבְדִּיל, אֶלָּא קוֹרְעִין[ע] לְמַטָּה מִשָּׂפָה וְיָצָא יְדֵי קְרִיעָה, אִם כֵּן כֹּהֵן גָּדוֹל הֵיכִי מָצֵי קָרַע לְמַטָּה מִקַּמֵּי שָׂפָה, קָרֵי כָּאן 'בְּגָדָיו לֹא יִפְרוֹם': אֵינוֹ אֶלָּא קֶרַע שֶׁל תִּפְלוּת. דִּבְעָלְמָא לֹא יָצָא יְדֵי קְרִיעָה, הִלְכָּךְ מוּתָּר בְּכֹהֵן גָּדוֹל: בְּרֹאשׁ וּבֶגֶד שֶׁל סוֹטָה. דִּכְתִיב 'וּפָרַע אֶת רֹאשׁ הָאִשָּׁה' (במדבר ה), וּתְנַן בְּמַסֶּכֶת סוֹטָה (דף ז.) 'הַכֹּהֵן אוֹחֵז בִּבְגָדֶיהָ, אִם נִקְרְעוּ נִקְרְעוּ, וְאִם נִפְרְמוּ נִפְרְמוּ': שְׁמוּאֵל סָבַר לָהּ בַּחֲדָא כְּרַבִּי יְהוּדָה. דְּכָל שֶׁאֵינוֹ מַבְדִּיל מִקַּמֵּי שָׂפָה הָוֵי קֶרַע שֶׁל תִּפְלוּת: וּפְלִיג עֲלֵיהּ בַּחֲדָא. דְּאִילּוּ רַבִּי יְהוּדָה סָבַר דְּכֹהֵן גָּדוֹל אֵינוֹ בִּפְרִיעָה וּפְרִימָה כָּל עִיקָּר, וּשְׁמוּאֵל סָבַר דְּפוֹרֵם מִלְּמַטָּה לְמַטָּה מִקַּמֵּי שָׂפָה: [צ] לָמָּה לִי לְמִכְתַּב 'אֲשֶׁר לְעוֹלַת הַתָּמִיד'. אֶלָּא לְכָל דִּתְדִירָא בְּכָל מָקוֹם הִיא קַדְמָה, דְּזֶה בָּנָה אָב דִּבְכָל מָקוֹם תָּדִיר קוֹדֵם, דְּמַשְׁמַע 'אֲשֶׁר לְעוֹלַת הַתָּמִיד', שֶׁהָיְתָה כְּבָר: לִפְתּוֹחַ רִאשׁוֹן. לִקְרוֹת בַּתּוֹרָה: וּלְבָרֵךְ רִאשׁוֹן. בְּזִימּוּן:

פָּרָשַׁת

[נמצא בהשמטות]: על אביו ועל אמו מבדיל. [נמצא בהשמטות]: למטה מקמי שפה. [נמצא בהשמטות]: מידחא דחי או מפטר פטור. ...כל התדיר מחבירו קודם את חבירו. [נמצא בהשמטות]: כל המקודש מחבירו קודם את חבירו. [נמצא בהשמטות]: מכדי כתיב מלבד עולת הבוקר. [נמצא בהשמטות]: למה לי למכתב תו אשר לעולת התמיד.

תורה אור השלם

הגהות וציונים

תוספות הרא"ש

This *daf* is dedicated *l'iluy nishmas*: Sophie bat Frieda *z"l*

of Yom Kippur, and the tenth of an *ephah* flour offering. Could it be that the first part of the Mishnah is in accordance with the *Rabbanan* who argue with Rabi Meir, and the latter part of the Mishnah is in accordance with Rabi Meir? If so, there is a contradiction in the Mishnah! The Gemara answers: **אָמַר רַב חִסְדָּא** — Rav Chisda said: **אִין** — Yes, it is not a problem, **רֵישָׁא רַבָּנָן וְסֵיפָא רַבִּי מֵאִיר** — The first part of the Mishnah can be in accordance with the *Rabbanan*, while the latter part is in accordance with Rabi Meir. **רַב יוֹסֵף אָמַר** — Rav Yosef said: **רַבִּי הִיא** —The Mishnah does not contain two opposing opinions; rather, the entire Mishnah is according to the view of Rebbi (who arranged the Mishnah). Rebbi holds like the *Rabbanan* in the first case of the Mishnah, and in the latter case, he holds like Rabi Meir. **וּנְסֵיב לָהּ אַלִּיבָּא דְתַנָּאֵי** — And in order that the Mishnah should be in line with his own opinion, he wrote the Mishnah anonymously, according to the views of different *tanna'im*.

רָבָא אָמַר — Rava said: The Mishnah is not two different *tanna'im* at all. **רַבִּי שִׁמְעוֹן הִיא** — The Mishnah is entirely according to Rabi Shimon, **וְסָבַר לָהּ כְּרַבִּי מֵאִיר בַּחֲדָא** — who holds like the view of Rabi Meir in the latter case, **וּפְלִיג עֲלֵיהּ בַּחֲדָא** — and he argues on the view of Rabi Meir in the earlier case. **דְּתַנְיָא** — As these two *halachos* are taught in a *Baraisa*, which is an accordance with Rabi Shimon: that a *kohen gadol* who was appointed by increasing his garments does not bring the unique *Chatas* of the *kohen gadol*, and that one who served as a temporary *kohen gadol* retains all the *halachos* of a *kohen gadol* besides for the bull of Yom Kippur, and the tenth of an *ephah* flour offering. Since we find that this is Rabi Shimon's opinion, we can explain that our Mishnah is in accordance with his view. The *Baraisa* teaches as follows: **דְּבָרִים שֶׁבֵּין כֹּהֵן גָּדוֹל לְכֹהֵן הֶדְיוֹט אֵלּוּ הֵם** — These are matters where there are differences between a *kohen gadol* and a *kohen hedyot*: **פַּר הַבָּא עַל כָּל הַמִּצְוֹת** — The *kohen gadol* brings a bull as a *Chatas* for transgressing *mitzvos* which obligate a *Chatas*. **וּפַר יוֹם הַכִּפּוּרִים** — And he brings a bull on Yom Kippur, **וַעֲשִׂירִית הָאֵיפָה** — and a tenth of an *ephah* flour offering each day, **וְלֹא פּוֹרֵעַ** — and he cannot let his hair grow for longer than thirty days, **וְלֹא פּוֹרֵם** — and he cannot tear his garments in mourning. **אֲבָל הוּא פּוֹרֵם מִלְּמַטָּה** — But he may tear the lower portion of his garments, **וְהַהֶדְיוֹט מִלְמַעְלָה** — and a *kohen hedyot* must tear the upper portion of his garments. **וְאֵין מִטַּמֵּא לִקְרוֹבִים** — And a *kohen gadol* may not become *tamei mes* even for his seven close relatives. **וּמוּזְהָר עַל הַבְּתוּלָה** — And the *kohen gadol* is commanded to marry a woman who never had relations. **וְאָסוּר בְּאַלְמָנָה** — And it is forbidden for him to marry a widow. **וּמַחְזִיר אֶת הָרוֹצֵחַ** — And the death of the *kohen gadol* allows one who murdered accidentally to return from the city where he is seeking refuge . **וּמַקְרִיב אוֹנֵן** — And the *kohen gadol* may bring *korbanos* when he is an *onan* (on the day that his relative died), **וְאֵינוֹ אוֹכֵל [וְאֵינוֹ חוֹלֵק]** — but he may not eat from the *korbanos* when he is an *onan*, nor may he receive a share of the *korbanos* when he is an *onan*. **מַקְרִיב חֵלֶק בָּרֹאשׁ** — The *kohen gadol* is given the first choice to sacrifice whatever

For this *daf's shiur* and charts, scan this QR code:

אֵימָא סֵיפָא, אֵין בֵּין כֹּהֵן מְשַׁמֵּשׁ לְכֹהֵן שֶׁעָבַר אֶלָּא פַּר יוֹם הַכִּפּוּרִים וַעֲשִׂירִית הָאֵיפָה, אֲתָאן לְרַבִּי מֵאִיר, דְּתַנְיָא, אֵירַע בּוֹ פְּסוּל בְּכֹהֵן גָּדוֹל וְעָבַר וּמִינּוּ כֹּהֵן אַחֵר תַּחְתָּיו, הָרִאשׁוֹן חוֹזֵר לַעֲבוֹדָתוֹ, וְהַשֵּׁנִי כָּל מִצְוֹת כְּהוּנָּה עָלָיו, דִּבְרֵי רַבִּי מֵאִיר; [רַבִּי יוֹסֵי אוֹמֵר, רִאשׁוֹן חוֹזֵר לַעֲבוֹדָתוֹ, וְשֵׁנִי אֵינוֹ רָאוּי לֹא לְכֹהֵן גָּדוֹל וְלֹא לְכֹהֵן הֶדְיוֹט], אָמַר רַבִּי יוֹסֵי, מַעֲשֶׂה בְּיוֹסֵף בֶּן אִילֵים מִצִּפּוֹרִי שֶׁאֵירַע בּוֹ פְּסוּל בְּכֹהֵן גָּדוֹל (וְעָבַר וּמִינּוּ אַחֵר תַּחְתָּיו, וְלֹא הִנִּיחוּהוּ אֶחָיו הַכֹּהֲנִים לִהְיוֹת לֹא כֹּהֵן גָּדוֹל וְלֹא כֹּהֵן הֶדְיוֹט), כֹּהֵן גָּדוֹל מִשּׁוּם אֵיבָה, כֹּהֵן הֶדְיוֹט מִשּׁוּם מַעֲלִין בַּקֹּדֶשׁ וְאֵין מוֹרִידִין; רֵישָׁא רַבָּנָן וְסֵיפָא רַבִּי מֵאִיר. אָמַר רַב חִסְדָּא, אִין, רֵישָׁא רַבָּנָן וְסֵיפָא רַבִּי מֵאִיר. רַב יוֹסֵף אָמַר, רַבִּי הִיא, וְנָסֵיב לָהּ אַלִּיבָּא דְּתַנָּאֵי. רָבָא אָמַר, רַבִּי שִׁמְעוֹן הִיא, וְסָבַר לָהּ כְּרַבִּי מֵאִיר בַּחֲדָא וּפְלִיג עֲלֵיהּ בַּחֲדָא, דְּתַנְיָא, דְּבָרִים שֶׁבֵּין כֹּהֵן גָּדוֹל לְכֹהֵן הֶדְיוֹט אֵלּוּ הֵם, פַּר הַבָּא עַל כָּל הַמִּצְוֹת וּפַר יוֹם הַכִּפּוּרִים וַעֲשִׂירִית הָאֵיפָה, וְלֹא פּוֹרֵעַ וְלֹא פּוֹרֵם, אֲבָל הוּא פּוֹרֵם מִלְּמַטָּה וְהַהֶדְיוֹט מִלְמַעְלָה, וְאֵין מִטַּמֵּא לִקְרוֹבִים, וּמוּזְהָר עַל הַבְּתוּלָה וְאָסוּר בְּאַלְמָנָה, וּמַחֲזִיר אֶת הָרוֹצֵחַ, וּמַקְרִיב אוֹנֵן וְאֵינוֹ אוֹכֵל [וְאֵינוֹ חוֹלֵק], מַקְרִיב חֵלֶק בָּרֹאשׁ וְנוֹטֵל חֵלֶק בָּרֹאשׁ, וּמְשַׁמֵּשׁ בִּשְׁמוֹנָה כֵלִים, וְכָל עֲבוֹדַת יוֹם הַכִּפּוּרִים אֵינָהּ כְּשֵׁרָה אֶלָּא בּוֹ, וּפָטוּר עַל טוּמְאַת מִקְדָּשׁ וְקָדָשָׁיו; וְכוּלָּן נוֹהֲגִין בִּמְרוּבֶּה בְגָדִים חוּץ מִפַּר הַמֵּבִיא עַל כָּל הַמִּצְוֹת; וְכוּלָּן נוֹהֲגִין בְּמָשִׁיחַ שֶׁעָבַר חוּץ מִפַּר יוֹם הַכִּפּוּרִים וַעֲשִׂירִית הָאֵיפָה; וְכוּלָּן אֵין נוֹהֲגִין בִּמְשׁוּחַ מִלְחָמָה חוּץ מֵחֲמִשָּׁה דְּבָרִים הָאֲמוּרִים בַּפָּרָשָׁה, לֹא פּוֹרֵעַ וְלֹא פּוֹרֵם, וְאֵין מִטַּמֵּא לִקְרוֹבִים, וּמוּזְהָר עַל הַבְּתוּלָה וְאָסוּר בְּאַלְמָנָה; וּמַחֲזִיר אֶת הָרוֹצֵחַ, דִּבְרֵי רַבִּי יְהוּדָה; וַחֲכָמִים אוֹמְרִים, אֵינוֹ מַחֲזִיר. וְהַאי מִמַּאי דְּרַבִּי שִׁמְעוֹן הִיא. אָמַר רַב פָּפָּא, מַאן שָׁמְעַתְּ לֵיהּ דְּאָמַר פָּטוּר עַל טוּמְאַת מִקְדָּשׁ וְקָדָשָׁיו, רַבִּי שִׁמְעוֹן. חוּץ מֵחֲמִשָּׁה דְּבָרִים הָאֲמוּרִים בַּפָּרָשָׁה, מְנָא הָנֵי מִילֵּי. דְּתָנוּ רַבָּנָן, 'וְהַכֹּהֵן הַגָּדוֹל מֵאֶחָיו' זֶה כֹּהֵן גָּדוֹל, 'אֲשֶׁר יוּצַק עַל רֹאשׁוֹ שֶׁמֶן הַמִּשְׁחָה' זֶה מְשׁוּחַ מִלְחָמָה, 'וּמִלֵּא אֶת יָדוֹ לִלְבּוֹשׁ אֶת הַבְּגָדִים' זֶה מְרוּבֵּה בְגָדִים, עַל כּוּלָּן הוּא אוֹמֵר 'רֹאשׁוֹ לֹא יִפְרָע וּבְגָדָיו לֹא יִפְרוֹם וְעַל כָּל נַפְשׁוֹת מֵת לֹא יָבֹא', יָכוֹל יְהוּ כּוּלָּן מַקְרִיבִין אוֹנְנִים, תַּלְמוּד לוֹמַר 'כִּי נֵזֶר שֶׁמֶן מִשְׁחַת אֱלֹהָיו עָלָיו', עָלָיו וְלֹא עַל חֲבֵירוֹ. וְאַחַר שֶׁחִלְּקוֹ הַכָּתוּב יָכוֹל לֹא יְהֵא מְצוּוֶּה עַל הַבְּתוּלָה, תַּלְמוּד לוֹמַר 'וְהוּא'. כְּתַנָּאֵי, 'וְהוּא אִשָּׁה בִבְתוּלֶיהָ יִקָּח', אַחַר שֶׁחִלֵּק הַכָּתוּב רִיבָּה, דִּבְרֵי רַבִּי יִשְׁמָעֵאל; רַבִּי עֲקִיבָא אוֹמֵר, אֵין לִי אֶלָּא שֶׁעָבַר מֵחֲמַת קִרְיוֹ, מֵחֲמַת מוּמִין מִנַּיִן, תַּלְמוּד לוֹמַר 'וְהוּא'. בְּעָא מִינֵּיהּ רָבָא מֵרַב נַחְמָן, מָשִׁיחַ שֶׁנִּצְטָרַע מַהוּ בְּאַלְמָנָה, מִידְחָא דָּחֵי אוֹ מִיפְטַר פָּטַר; לָא הֲוָה בִּידֵיהּ. זִמְנִין הֲוֵי יָתֵיב רַב פָּפָּא וְקָמִבַּעְיָא לֵיהּ; אָמַר לֵיהּ רַב הוּנָא בְּרֵיהּ דְּרַב נַחְמָן לְרַב פָּפָּא, תְּנֵינָא, אֵין לִי אֶלָּא שֶׁעָבַר מֵחֲמַת קִרְיוֹ, עָבַר מֵחֲמַת מוּמִין מִנַּיִן, תַּלְמוּד לוֹמַר 'וְהוּא'; קָם נַשְּׁקֵיהּ בְּרֵישֵׁיהּ וִיהַיב לֵיהּ בְּרַתֵּיהּ: **מתני'** כֹּהֵן גָּדוֹל פּוֹרֵם מִלְּמַטָּה, וְהַהֶדְיוֹט מִלְמַעְלָה. כֹּהֵן גָּדוֹל מַקְרִיב אוֹנֵן וְלֹא אוֹכֵל, וְהַהֶדְיוֹט לֹא מַקְרִיב וְלֹא אוֹכֵל: **גמ'** אָמַר [רַב], 'לְמַטָּה' לְמַטָּה מַמָּשׁ, 'לְמַעְלָה' לְמַעְלָה מַמָּשׁ; וּשְׁמוּאֵל אָמַר, 'לְמַטָּה' לְמַטָּה מִקַּמֵּי שָׂפָה, 'לְמַעְלָה' לְמַעְלָה מִקַּמֵּי שָׂפָה, וְזֶה וָזֶה בְּצַוָּאר. מֵיתִיבִי, עַל כָּל הַמֵּתִים כּוּלָּן, רָצָה מַבְדִּיל קַמֵּי שָׂפָה שֶׁלּוֹ, רָצָה אֵינוֹ מַבְדִּיל קַמֵּי שָׂפָה שֶׁלּוֹ, עַל אָבִיו וְעַל אִמּוֹ מַבְדִּיל; כֵּיוָן דִּבְעָלְמָא הָוֵי קֶרַע, קָרֵי כָּאן 'בְּגָדָיו לֹא יִפְרוֹם'. שְׁמוּאֵל כְּרַבִּי יְהוּדָה סְבִירָא לֵיהּ, דְּאָמַר כָּל קֶרַע שֶׁאֵינוֹ מַבְדִּיל שָׂפָה שֶׁלּוֹ אֵינוֹ אֶלָּא קֶרַע שֶׁל תִּפְלוּת. וּמִי אִית לֵיהּ לְרַבִּי יְהוּדָה קְרִיעָה בְּכֹהֵן גָּדוֹל, וְהָא תַּנְיָא, אִילּוּ נֶאֱמַר 'רֹאשׁ לֹא יִפְרַע וּבֶגֶד לֹא יִפְרוֹם' הָיִיתִי אוֹמֵר בְּרֹאשׁ וּבֶגֶד שֶׁל סוֹטָה הַכָּתוּב מְדַבֵּר, תַּלְמוּד לוֹמַר 'אֶת רֹאשׁוֹ לֹא יִפְרָע וּבְגָדָיו לֹא יִפְרוֹם', שֶׁאֵינוֹ בִּפְרִיעָה וּפְרִימָה כָּל עִיקָּר, דִּבְרֵי רַבִּי יְהוּדָה; רַבִּי יִשְׁמָעֵאל אוֹמֵר, אֵינוֹ פּוֹרֵם כְּדֶרֶךְ שֶׁבְּנֵי אָדָם פּוֹרְמִין, אֶלָּא הוּא מִלְּמַטָּה וְהַהֶדְיוֹט מִלְמַעְלָה. שְׁמוּאֵל סָבַר לָהּ כְּרַבִּי יְהוּדָה בַּחֲדָא וּפְלִיג עֲלֵיהּ בַּחֲדָא: **מתני'** כָּל הַתָּדִיר מֵחֲבֵירוֹ קוֹדֵם אֶת חֲבֵירוֹ, וְכָל הַמְקוּדָּשׁ מֵחֲבֵירוֹ קוֹדֵם אֶת חֲבֵירוֹ. פַּר הַמָּשִׁיחַ וּפַר הָעֵדָה עוֹמְדִים, פַּר הַמָּשִׁיחַ קוֹדֵם לְפַר הָעֵדָה בְּכָל מַעֲשָׂיו: **גמ'** מְנָא הָנֵי מִילֵּי. אָמַר אַבַּיֵי, דְּאָמַר קְרָא 'מִלְּבַד עוֹלַת הַבֹּקֶר אֲשֶׁר לְעוֹלַת הַתָּמִיד' (לָמָה לִי), מִכְּדֵי כְּתִיב 'עוֹלַת הַבֹּקֶר', 'עוֹלַת הַתָּמִיד' לָמָה לִי, הָכִי קָאָמַר רַחֲמָנָא, כָּל דִּתְדִירָה קַדְמַהּ: וְכָל הַמְקוּדָּשׁ מֵחֲבֵירוֹ הוּא קוֹדֵם אֶת חֲבֵירוֹ: מְנָלַן. דְּתָנָא דְּבֵי רַבִּי יִשְׁמָעֵאל, 'וְקִדַּשְׁתּוֹ', לְכָל דָּבָר שֶׁבִּקְדוּשָּׁה, לִפְתּוֹחַ רִאשׁוֹן, וּלְבָרֵךְ רִאשׁוֹן, וְלִיטּוֹל מָנָה יָפָה רִאשׁוֹן:

פַּר

לענין מלקות קא בעי דבלאו הכי מצורע אסור בתשמיש המטה. א"נ כמ"ד (מ"ק דף ז:) מצורע בימי חלוטו מותר: מידחא דחי או מפטר פטור. [נמצא בהשמטות]: למטה מקמי שפה. [נמצא בהשמטות]: על אביו ועל אמו מבדיל. [נמצא בהשמטות]: כל התדיר מחבירו קודם את חבירו. [נמצא בהשמטות]: כל המקודש מחבירו קודם את חבירו. [נמצא בהשמטות]: מכדי כתיב מלבד עולת הבוקר. [נמצא בהשמטות]: למה לי למכתב תו אשר לעולת התמיד.

תורה אור השלם

א) וְהַכֹּהֵן הַגָּדוֹל מֵאֶחָיו אֲשֶׁר יוּצַק עַל רֹאשׁוֹ שֶׁמֶן הַמִּשְׁחָה וּמִלֵּא אֶת יָדוֹ לִלְבֹּשׁ אֶת הַבְּגָדִים אֶת רֹאשׁוֹ לֹא יִפְרָע וּבְגָדָיו לֹא יִפְרֹם: וְעַל כָּל נַפְשֹׁת מֵת לֹא יָבֹא לְאָבִיו וּלְאִמּוֹ לֹא יִטַּמָּא: וּמִן הַמִּקְדָּשׁ לֹא יֵצֵא וְלֹא יְחַלֵּל אֵת מִקְדַּשׁ אֱלֹהָיו כִּי נֵזֶר שֶׁמֶן מִשְׁחַת אֱלֹהָיו עָלָיו אֲנִי יְיָ: וְהוּא אִשָּׁה בִבְתוּלֶיהָ יִקָּח: (ויקרא כא, י-יג)

ב) מִלְּבַד עֹלַת הַבֹּקֶר אֲשֶׁר לְעֹלַת הַתָּמִיד תַּעֲשׂוּ אֶת אֵלֶּה: (במדבר כח, כג)

ג) וְקִדַּשְׁתּוֹ כִּי אֶת לֶחֶם אֱלֹהֶיךָ הוּא מַקְרִיב קָדֹשׁ יִהְיֶה לָּךְ כִּי קָדוֹשׁ אֲנִי יְיָ מְקַדִּשְׁכֶם: (ויקרא כא, ח)

הגהות וציונים

תוספות הרא"ש

korban he wants. וְנוֹטֵל חֵלֶק בָּרֹאשׁ — And he has first choice to take whatever portion of a *korban* he wants. וּמְשַׁמֵּשׁ בִּשְׁמוֹנָה כֵּלִים — And the *kohen gadol* does *avodah* in the Beis Hamikdash wearing eight garments. וְכָל עֲבוֹדַת יוֹם הַכִּפּוּרִים אֵינָהּ כְּשֵׁרָה אֶלָּא בּוֹ — And the entire *avodah* of Yom Kippur is only valid when it is performed by the *kohen gadol*. וּפָטוּר עַל טוּמְאַת מִקְדָּשׁ וְקָדָשָׁיו — And he is exempt from bringing a *Korban Oleh V'Yored* for defiling the Beis Hamikdash or its *korbanos*.

The *Baraisa* continues: וְכוּלָּן נוֹהֲגִין בִּמְרוּבֵּה בְגָדִים חוּץ מִפַּר הַמֵּבִיא עַל כָּל הַמִּצְוֹת — And all these items mentioned apply equally to a *kohen gadol* who was appointed by wearing the eight garments, besides for the bull that an anointed *kohen gadol* brings as a *Chatas* for transgressing *mitzvos* which obligate a *Chatas*. The *kohen gadol* who is appointed by wearing the eight garments does not bring this unique *Chatas*. וְכוּלָּן נוֹהֲגִין בְּמָשִׁיחַ שֶׁעָבַר חוּץ מִפַּר יוֹם הַכִּפּוּרִים וַעֲשִׂירִית הָאֵיפָה — When a *kohen gadol* becomes temporarily disqualified, another *kohen gadol* takes his place. When the original *kohen gadol* returns to his service, the second one has the status of a *kohen gadol* who was removed from service. And all the items mentioned apply equally to a *kohen gadol* who was removed from service, besides for the bull of Yom Kippur, which is only brought by the current *kohen gadol*, and the daily tenth of an *ephah* flour offering which was only brought by the *kohen gadol*. וְכוּלָּן אֵין נוֹהֲגִין בִּמְשׁוּחַ מִלְחָמָה חוּץ מֵחֲמִשָּׁה דְּבָרִים הָאֲמוּרִים בַּפָּרָשָׁה — And all of these *halachos* do not apply to the *kohen* who is anointed for war, besides for the following five *halachos* which are stated in the *pesukim* that discuss the *kohen gadol*: לֹא פּוֹרֵעַ — He cannot let his hair grow for longer than thirty days, וְלֹא פּוֹרֵם — and he cannot tear his clothing as a sign of mourning, וְאֵין מִטַּמֵּא לִקְרוֹבִים — and he cannot become *tamei mes* for his seven close relatives. וּמוּזְהָר עַל הַבְּתוּלָה — And he is commanded to marry a woman who never had relations, וְאָסוּר בְּאַלְמָנָה — and he is forbidden from marrying a widow וּמַחֲזִיר אֶת הָרוֹצֵחַ — And his death allows one who murdered accidentally to return from the city where he is seeking refuge. דִּבְרֵי רַבִּי יְהוּדָה —This last halachah is the words of Rabi Yehudah. וַחֲכָמִים אוֹמְרִים — And the *Chachamim* say, אֵינוֹ מַחְזִיר —his death does not allow the murderer to return.

The Gemara returns to prove that Rabi Shimon is the *tanna* of this *Baraisa*: וְהַאי מְמַּאי דְּרַבִּי שִׁמְעוֹן הִיא — And how do we know that this *Baraisa* is in accordance with Rabi Shimon's view? The Gemara answers: אָמַר רַב פָּפָּא — Rav Pappa said: מַאן שָׁמְעַת לֵיהּ דְּאָמַר פָּטוּר עַל טוּמְאַת מִקְדָּשׁ וְקָדָשָׁיו — Who is the *tanna* who holds that the *kohen gadol* is exempt from bringing a *Korban Oleh V'Yored* for defiling the Beis Hamikdash and its *korbanos*? רַבִּי שִׁמְעוֹן — It is Rabi Shimon (9a). Since this *Baraisa* holds that a *kohen gadol* is exempt for defiling the Beis Hamikdash and its *korbanos*, Rabi Shimon must be the *tanna* of this *Baraisa*. Therefore, we find that Rabi Shimon holds like the two *halachos* of our Mishnah: That a *kohen gadol* who was appointed by increasing his garments does not bring the unique *Chatas* of the *kohen gadol*, and that one who served as a temporary

For this *daf's shiur* and charts, scan this QR code:

עין משפט
נר מצוה

לד א מיי׳ פרק א מהלכות עבודת יוה״כ הלכה ג ועיין בכסף משנה:
לה ב מיי׳ פ״ה מהלכות כלי המקדש הלכה יב:
לו ג מיי׳ שם ופ״י מהלכות מעשה הקרבנות הלכה יח:
לז ד מיי׳ פ״ח מהלכות כלי המקדש הלכה א ופ״י הלכה ד סמג עשין קעג:
לח ה מיי׳ פ״א מהלכות עבודת יוה״כ הלכה ג:
לט ו מיי׳ פי״ז מהלכות איסורי ביאה הל״א:
מ ז מיי׳ פ״ז מהלכות רוצח הלכה ט:
מא ח מיי׳ פי״ז מהלכות איסורי ביאה הלכה א:
מב ט מיי׳ פרק ה מהלכות כלי המקדש הלכה ו ופ״ז מהלכות אבל הלכה ו ופ״ח הלכה א:
מג י מיי׳ פ״ב מהלכות ביאת מקדש הל״ו:
מד כ מיי׳ שם הלכה ח:
מה ל מיי׳ שם הלכה ז:
מו מ מיי׳ פ״ה מהלכות כלי המקדש הלכה ו ופ״ח מהלכות אבל הלכה א:
מז נ מיי׳ פ״ח מהלכות אבל הלכה ג סמג עשין מד״ס ב טוש״ע יו״ד סי׳ שמ סעיף יב:
מח ס ע מיי׳ פ״ט מהלכות תמידים ומוספין הלכה ב:
מט פ מיי׳ שם הלכה ז:
נ צ מיי׳ פ״ד מהלכות כלי המקדש הלכה כ טוש״ע או״ח סי׳ רא סעיף ב:

תוספות הרא״ש

ר״י אמר רבי היא ונסיב לה אליבא דתנאי. ולאו משום דסבר כר״מ בחדא אלא סבר בכולה מלתא כרבנן. אלא בחדא נסיב לה כר״מ כדי לאשכוחי טובא אין בין. דר״מ מלי למתני אין בין כהן משמש לכהן שעבר אלא פר יוה״כ ועשירית האיפה אבל לא אליבא דרבנן דסברי דשני אין לו דין כהן גדול כלל: ומחזיר את הרוצח [דברי ר״י] וחכ״א אינו מחזיר. פלוגתא דר״י ורבנן היא במכות פרק אלו הן הגולין אבל במרובה בגדים ומשיח שעבר מודו דמחזיר. ואע״ג דכתיב אשר משח אותו בשמן הקדש מרבויא דקרא מרבי להו. דתלתא כהן[ל] כתיבי בקרא. וישב בה עד מות הכהן הגדול. כי בעיר מקלטו ישב עד מות הכהן הגדול. ואחרי מות הכהן הגדול ישוב הרוצח. חד למשיח בשמן המשחה. וחד למרובה בגדים. וחד למשיח שעבר. ובמשוח מלחמה פליגו בה ר״י ורבנן [ר״י סבר] מחזיר. ומפרש טעמא התם דכתוב עוד כהן אחרינא לשוב לשבת בארץ עד מות הכהן. ורבנן סברי מדלא כתיב הכהן הגדול ש״מ האי הכהן חד מהנך תלתא כהני הוא: הכהן הגדול מאחיו זה כהן גדול. אפי׳ אם לא כתוב אשר יוצק על ראשו ממילא ידענא דלא הוי כהן גדול אלא במשיחה או ברבוי בגדים דילפי׳ מאהרן: דכתיב [ק] כי נזר שמן משחת אלהיו עליו עליו ולא על חבירו. משמע דממעט אחר משום כמותו אבל לא מרובה בגדים. ועוד דמרובה בגדים הוי בכלל ומן המקדש לא יצא שהרי הוא משמש במקדש בכהונה גדולה: ר״ע אומר אין לי אלא שעבר מחמת קריו מחמת מומו מנין ת״ל והוא. פי׳ הרמ״ה דר״ע דריש שתי דרשות מן והוא דכוליה יתירא הוא. וה״ק אין לי דמרבה מן הוא אלא עבר מחמת קריו עבר מחמת מומו מנין ת״ל[ר] פי׳ [illegible]

אימא סיפא, אין בין כהן משמש לכהן שעבר אלא פר יום הכפורים ועשירית האיפה, אתאן לרבי מאיר, [א]דתניא, אירע בו פסול בכהן גדול ועבר ומינו כהן אחר תחתיו, הראשון חוזר לעבודתו, והשני כל מצות כהונה[ב] עליו, דברי רבי מאיר; [רבי יוסי אומר, ראשון חוזר לעבודתו, ושני אינו ראוי לא לכהן גדול ולא לכהן הדיוט[ג]], אמר רבי יוסי, [א]מעשה ביוסף בן אילים מצפורי שאירע בו פסול בכהן גדול (ועבר ומינו אחר תחתיו, ולא הניחוהו אחיו הכהנים להיות לא כהן גדול ולא כהן הדיוט[ד]), כהן גדול משום איבה, כהן הדיוט משום [ב]מעלין בקדש ואין מורידין; רישא רבנן וסיפא רבי מאיר. אמר רב חסדא, אין, רישא רבנן וסיפא רבי מאיר. רב יוסף אמר, רבי היא, ונסיב לה אליבא דתנאי. רבא אמר, רבי שמעון היא, וסבר לה כרבי מאיר בחדא ופליג עליה בחדא, [ג]דתניא, דברים שבין כהן גדול לכהן הדיוט אלו הם, פר הבא על כל המצות ופר יום הכפורים ועשירית האיפה, ולא פורע ולא פורם, אבל הוא פורם מלמטה וההדיוט מלמעלה, ואין מטמא לקרובים, ומוזהר[ה] על הבתולה ואסור באלמנה, ומחזיר את הרוצח, ומקריב אונן ואינו אוכל [ואינו חולק[ו]], [ב]מקריב חלק בראש [ג]ונוטל חלק בראש, [ד]ומשמש בשמונה כלים, [ה]וכל עבודת יום הכפורים אינה כשרה אלא בו, ופטור על טומאת מקדש וקדשיו; וכולן נוהגין במרובה בגדים חוץ מפר המביא[ז] על כל המצות; וכולן נוהגין במשיח שעבר חוץ מפר יום הכפורים ועשירית האיפה; וכולן אין נוהגין במשוח מלחמה חוץ מחמשה דברים האמורים בפרשה, לא פורע ולא פורם, ואין מטמא לקרובים, [ו]ומוזהר[ח] על הבתולה ואסור באלמנה; [ז]ומחזיר את הרוצח, דברי רבי יהודה; וחכמים אומרים, [ח]אינו מחזיר. והאי ממאי דרבי שמעון היא. אמר רב פפא, מאן שמעת ליה דאמר פטור על טומאת מקדש וקדשיו, [ט]רבי שמעון. חוץ מחמשה דברים האמורים בפרשה, מנא הני מילי. דתנו רבנן, [א]׳והכהן הגדול מאחיו׳ זה כהן גדול, ׳אשר יוצק על ראשו שמן המשחה׳ זה משוח מלחמה, ׳ומלא את ידו ללבוש את הבגדים׳ זה מרובה בגדים, על כולן הוא אומר ׳ראשו לא יפרע ובגדיו לא יפרום ועל כל נפשות מת לא יבא׳, יכול יהו כולן מקריבין אוננים, תלמוד לומר ׳כי נזר שמן משחת אלהיו עליו׳, עליו ולא על חבירו, ואחר שחלקו הכתוב יכול לא יהא מצווה על הבתולה, תלמוד לומר ׳והוא׳. כתנאי, ׳והוא אשה בבתוליה יקח׳, אחר שחלק הכתוב ריבה, דברי רבי ישמעאל; רבי עקיבא אומר, אין לי אלא שעבר מחמת קריו, מחמת מומין מנין, [ח]תלמוד לומר ׳והוא׳. בעא מיניה רבא מרב נחמן, משיח שנצטרע מהו באלמנה, מידחא דחי או מיפטר פטר; לא הוה בידיה. זימנין הוי יתיב רב פפא וקמבעיא ליה; אמר ליה הונא בריה דרב נחמן לרב פפא, תנינא, אין לי אלא שעבר מחמת קריו, עבר מחמת מומין מנין, תלמוד לומר ׳והוא׳; קם נשקיה ברישיה ויהיב ליה ברתיה: **מתני׳** [ט]כהן גדול פורם מלמטה, וההדיוט מלמעלה. [י]כהן גדול [י]מקריב אונן [כ]ולא אוכל, [ל]וההדיוט לא מקריב ולא אוכל: **גמ׳** אמר [רב[י]], [מ]׳למטה׳ למטה ממש, ׳למעלה׳ למעלה ממש; ושמואל אמר, ׳למטה׳ למטה מקמי שפה, ׳למעלה׳ למעלה מקמי שפה, וזה וזה בצואר. מיתיבי, [נ]על כל המתים כולן, רצה מבדיל קמי שפה שלו, רצה אינו מבדיל קמי שפה שלו, על אביו ועל אמו מבדיל; כיון דבעלמא הוי קרע, קרי כאן [א]׳בגדיו לא יפרום׳. שמואל כרבי יהודה סבירא ליה, דאמר [ט]כל קרע שאינו מבדיל[ע] שפה שלו אינו אלא קרע של תפלות. ומי אית ליה לרבי יהודה קריעה בכהן גדול, והא תניא, [י]אילו נאמר ׳ראש לא יפרע ובגד לא יפרום׳ הייתי אומר בראש ובגד של סוטה הכתוב מדבר, תלמוד לומר [א]׳את ראשו לא יפרע ובגדיו לא יפרום׳, שאינו בפריעה ופרימה כל עיקר, דברי רבי יהודה; רבי ישמעאל[פ] אומר, אינו פורם כדרך שבני אדם פורמין, אלא הוא מלמטה וההדיוט מלמעלה. שמואל סבר לה כרבי יהודה בחדא ופליג עליה בחדא: **מתני׳** [ס]כל התדיר מחבירו קודם את חבירו, [ע]וכל המקודש מחבירו קודם את חבירו. פר המשיח ופר העדה עומדים, [פ]פר המשיח קודם לפר העדה בכל מעשיו: **גמ׳** מנא הני מילי. [ק]אמר אביי, דאמר קרא [ב]׳מלבד עולת הבקר אשר לעולת התמיד׳ [מ](למה לי), מכדי כתיב ׳עולת הבקר׳, [י]׳עולת התמיד׳ למה לי, הכי קאמר רחמנא, כל דתדירה קדמה: וכל המקודש מחבירו הוא קודם את חבירו: מנלן. [ר]דתנא דבי רבי ישמעאל, [ג]׳וקדשתו׳, [צ]לכל דבר שבקדושה, לפתוח [פ]ראשון, ולברך ראשון, וליטול מנה יפה ראשון:
פר

אימא סיפא, אין בין כהן המשמש לכהן שעבר. דהיינו שני, אלא פר יום הכפורים ועשירית האיפה. דמשל ראשון הן דאין, הא לכל שאר דבריהם זה וזה שוין, דשני נמי כל מצות כהונה גדולה עליו: אתאן לרבי מאיר, דתניא וכו׳. ׳עבר׳ דברייתא לא דמי ל׳שעבר׳ דמתניתין: רבי היא ונסיב לה אליבא דתנאי. בחדא סבר לה כרבי מאיר וסתמה כרבי מאיר, וברישא סבר לה כרבנן וסתמה כרבנן: רבי שמעון סבר לה כרבי מאיר בחדא. דלכהן שעבר דשני[ז] כל מצות כהונה עליו, חוץ מפר יוה״כ ועשירית האיפה: ופליג עליה בחדא. דאילו רבי מאיר סבר מרובה בגדים מביא פר הבא על כל המצות[ח], דהיינו פר העלם דבר של צבור, ואילו ר׳ שמעון סבר דאינו מביא פר הבא על כל המצות, כדתנן ׳אין בין משוח בשמן המשחה למרובה בגדים אלא פר הבא על כל המצות׳: ונוטל חלק בראש. אע״פ שאינו מקריב: ומשמש בשמונה כלים. והדיוט בארבעה: וכולם נוהגין במשיח שעבר. דהיינו שני: חוץ מפר יוה״כ ועשירית האיפה. דאין בין כהן המשמש לכהן שעבר אלא פר יוה״כ ועשירית האיפה: מאן שמעת ליה דאמר פטור על טומאת מקדש וקדשיו, רבי שמעון[ט]: ת״ר ׳כי נזר שמן משחת (קדש) אלהיו עליו׳, עליו ולא על משיח חבירו. למעוטי משוח מלחמה דאין מקריב אונן, אבל כהן גדול מקריב אונן בין מרובה בגדים ובין ראשון שחוזר לעבודה, ואפילו שני, מפני שהן בכלל כהונה [גדולה], לאפוקי משוח מלחמה דלאו בכלל כהונה גדולה הוא: ואחר שחלקו הכתוב. למשוח מלחמה שאינו מקריב אונן ככהן גדול, יכול לא יהא מצווה על הבתולה: אלא שעבר מחמת קריו. דהוי כהן גדול מעליא, שהרי חוזר לעבודתו הוא: עבר מחמת מומו. דאינו חוזר לעבודתו מפני המום, מנין שמצווה על הבתולה, תלמוד לומר ׳והוא׳: משיח שנצטרע. כלומר, כהן גדול שנצטרע, מהו באלמנה: מי אמרינן כהונה גדולה מדחא דחי להאי מאלמנה, או דלמא כהונה גדולה מיפטר פטר ליה להאי מאלמנה, וכי נצטרע דליכא כהונה גדולה לא פטר, ומותר באלמנה[ס]: עבר מחמת מומו מנין, תלמוד לומר ׳והוא׳. דאפילו עבר ראשון מחמת מומו אסור באלמנה, וכי נצטרע אין לך מום גדול מזה, ושמעינן מינה דאפילו הכי אסור באלמנה: למטה למטה ממש. דהיינו בשפת חלוקו: למעלה למעלה ממש. בצואר, בשפה במפתח חלוקו: למטה מקמי שפה. שקורעין למטה משפה לפיו, שהוא למטה מבית הצואר: למעלה מקמי שפה. שקורעין בית הצואר ממש: כיון דבעלמא הוי קרע. דאם רצה אינו מבדיל, אלא קורעין[ע] למטה משפה ויצא ידי קריעה, אם כן כהן גדול היכי מצי קרע למטה מקמי שפה, קרי כאן ׳בגדיו לא יפרום׳: אינו אלא קרע של תפלות. דבעלמא לא יצא ידי קריעה, הלכך מותר בכהן גדול: בראש ובגד של סוטה. דכתיב ׳ופרע את ראש האשה׳ (במדבר ה), ותנן במסכת סוטה (דף ז.) ׳הכהן אוחז בבגדיה, אם נקרעו נקרעו, ואם נפרמו נפרמו׳: שמואל סבר לה בחדא כרבי יהודה. דכל שאינו מבדיל מקמי שפה הוי קרע של תפלות: ופליג עליה בחדא. דאילו רבי יהודה סבר דכהן גדול אינו בפריעה ופרימה כל עיקר, ושמואל סבר דפורס מלמטה למטה מקמי שפה: [פ] למה לי למכתב ׳אשר לעולת התמיד׳. אלא לכל דתדירא בכל מקום היא קדמה, דזה בנה אב דבכל מקום תדיר קודם, דמשמע ׳אשר לעולת התמיד׳, שהיתה כבר: לפתוח ראשון. לקרות בתורה: ולברך ראשון. בזימון:
פרשת

מסורת הש״ס
עם הוספות

א) יומא יב: ע״ש מגילה ט. ע״ש תוספתא דיומא פ״א ה״ד, ב) [ברכות כח. שבת כא: יומא יב: עג. מגילה ט: כא: מנחות לט. לט.], ג) [יומא עג. ע״ש], ד) [יומא לב: עג. חולין כט:], ה) [מכות יא.], ו) [לעיל ט.], ז) יומא יג: [מו״ק יד: ב״ק קי.] זבחים לט. תוספתא דזבחים פי״א ה״ב, ח) מו״ק כב., ט) [שם:], י) ת״כ פ׳ אמור פרשה ב ה״ג, כ) זבחים פט. לא., ל) [זבחים פט. ע״ש], מ) [מנחים שם ליתא], נ) גיטין נט: מ״ק כח: נדרים סב. ס) [עי׳ תוס׳ חולין פז. סד״ה וקייצו].

תורה אור השלם

א) וְהַכֹּהֵן הַגָּדוֹל מֵאֶחָיו אֲשֶׁר יוּצַק עַל רֹאשׁוֹ שֶׁמֶן הַמִּשְׁחָה וּמִלֵּא אֶת יָדוֹ לִלְבֹּשׁ אֶת הַבְּגָדִים אֶת רֹאשׁוֹ לֹא יִפְרָע וּבְגָדָיו לֹא יִפְרֹם: וְעַל כָּל נַפְשֹׁת מֵת לֹא יָבֹא לְאָבִיו וּלְאִמּוֹ לֹא יִטַּמָּא: וּמִן הַמִּקְדָּשׁ לֹא יֵצֵא וְלֹא יְחַלֵּל אֵת מִקְדַּשׁ אֱלֹהָיו כִּי נֵזֶר שֶׁמֶן מִשְׁחַת אֱלֹהָיו עָלָיו אֲנִי יְיָ: וְהוּא אִשָּׁה בִבְתוּלֶיהָ יִקָּח: [ויקרא כא, י-יג]

ב) מִלְּבַד עֹלַת הַבֹּקֶר אֲשֶׁר לְעֹלַת הַתָּמִיד תַּעֲשׂוּ אֶת אֵלֶּה: [במדבר כח, כג]

ג) וְקִדַּשְׁתּוֹ כִּי אֶת לֶחֶם אֱלֹהֶיךָ הוּא מַקְרִיב קָדֹשׁ יִהְיֶה לָּךְ כִּי קָדוֹשׁ אֲנִי יְיָ מְקַדִּשְׁכֶם: [ויקרא כא, ח]

הגהות וציונים

א] צ״ל כהונה גדולה עליו (רש״ש): ב] באר שבע (גליון): ג] וצ״ל ומינוהו תחתיו ובא מעשה לפני חכמים ואמרו ראשון חוזר לעבודתו שני אינו ראוי לא לכהן גדול ולא לכהן הדיוט וכן הוא ביומא. באר שבע (גליון): ד] כת״י ״ומצווה על הבתולה ומוזהר על האלמנה״, וכמו ביומא: ה] באר שבע (גליון): ו] כת״י הבא, וכמו ביומא: ז] בדפו״י היה ט״ס ״רבא״, והגיהו הב״ש: ח] [במו״ק איתא כל קרע שאינו מבדיל קמי שפה שלו] (גליון): ט] נ״ב צ״ל ר׳ מאיר (הגהות הגר״א, וכ״ה [illegible]

[illegible] מלקות קא בעי דבלאו הכי מצורע אסור בתשמיש המטה. א״נ כמ״ד (מ״ק דף ז:) מצורע בימי חלוטו מותר: מידחא דחי או מיפטר פטור. [נמצא בהשמטות]: למטה מקמי שפה. [נמצא בהשמטות]: על אביו ועל אמו מבדיל. [נמצא בהשמטות]
כל התדיר מחבירו קודם את חבירו. [נמצא בהשמטות]: כל המקודש מחבירו קודם את חבירו. [נמצא בהשמטות]: מכדי כתיב מלבד עולת הבוקר. [נמצא בהשמטות]: למה לי למכתב תו אשר לעולת התמיד. [נמצא בהשמטות]

This *daf* is dedicated *l'iluy nishmas*: Sophie bat Frieda *z"l*

kohen gadol retains all the *halachos* of a *kohen gadol* besides for the bull of Yom Kippur, and the tenth of an *ephah* flour offering. Our Mishnah can then be according to one *tanna*—Rabi Shimon.

The Gemara continues by discussing the *Baraisa*: The *Baraisa* taught: **חוּץ מֵחֲמִשָּׁה דְּבָרִים הָאֲמוּרִים בַּפָּרָשָׁה** — All of these *halachos* do not apply to the *kohen* who is anointed for war, besides for the five *halachos* which are stated in the *parshah* that discusses the *kohen gadol*. **מְנָא הָנֵי מִילֵּי** — From where are these matters derived? **דְּתָנוּ רַבָּנָן** — As the *Chachamim* taught in a *Baraisa*: The *pasuk* discussing the *halachos* of the *kohen gadol* says (*Vayikra* 21:10), **וְהַכֹּהֵן הַגָּדוֹל מֵאֶחָיו** — "And the *kohen* who is greater than his brothers." **זֶה כֹּהֵן גָּדוֹל** — This refers to the *kohen gadol*. The *pasuk* continues, **אֲשֶׁר יוּצַק עַל רֹאשׁוֹ שֶׁמֶן הַמִּשְׁחָה** — "upon whose head the anointing oil is poured." **זֶה מְשׁוּחַ מִלְחָמָה** — This refers to the *kohen* who is anointed for war. The *pasuk* continues further, **וּמִלֵּא אֶת יָדוֹ לִלְבֹּשׁ אֶת הַבְּגָדִים** — "And who is consecrated to wear the garments." **זֶה מְרוּבֵּה בְגָדִים** — This refers to the *kohen gadol* who was appointed by wearing the eight garments of the *kohen gadol*. **עַל כּוּלָּן הוּא אוֹמֵר** — About all these three *kohanim* the *pasuk* continues to say the following *halachos*: **רֹאשׁוֹ לֹא יִפְרָע** — "His shall not let the hair of his head grow," **וּבְגָדָיו לֹא יִפְרֹם** — "and he shall not tear his clothing," **וְעַל כָּל נַפְשֹׁת מֵת לֹא יָבֹא** — "and he shall not come upon any dead body." **יָכוֹל יְהוּ כּוּלָּן מַקְרִיבִין אוֹנְנִים** — I would think that all three of these anointed *kohanim* can sacrifice *korbanos* when they are *onanim* (the day their relative died); **תַּלְמוּד לוֹמַר** — therefore, the *pasuk* telling us that a *kohen gadol* may sacrifice a *korban* as an *onan* teaches (21:12), **כִּי נֵזֶר שֶׁמֶן מִשְׁחַת אֱלֹהָיו עָלָיו** — "Because the crown of the *Shemen Hamishchah* of his G-d is upon him." **עָלָיו** — The word "*alav*—on him" implies that we are only discussing the *Shemen Hamishchah* that is on him, the *kohen gadol*, himself, **וְלֹא עַל חֲבֵירוֹ** — but we are not discussing the *Shemen Hamishchah* that is on his fellow anointed *kohen*. This excludes the *kohen* who is anointed for war who is not a *kohen gadol*. However, all the three *kohanim gedolim*, the one anointed, the one who is appointed by wearing the eight garments, and even the *kohen gadol* who served temporarily, are all able to bring a *korban* when they are an *onan*. **וְאַחַר שֶׁחִלְּקוֹ הַכָּתוּב** — And once the *pasuk* distinguished between the *kohen gadol* and the *kohen* anointed for war, **יָכוֹל לֹא יְהֵא מְצֻוֶּה עַל הַבְּתוּלָה** — I would think that the *kohen* anointed for war should not be commanded to marry a woman who never had relations; **תַּלְמוּד לוֹמַר** — therefore, the *pasuk* teaches (*Vayikra* 21:23), **וְהוּא** — "And he [shall take a wife who has not had relations]." The extra "and he" serves to include the *kohen* who is anointed for war.

The Gemara comments: **כְּתַנָּאֵי** — Using the *derashah* from the word "and he" to include a *kohen* who is anointed for war, is the subject of a dispute among *tanaa'im*. As we learn in a *Baraisa*: The *pasuk* says (21:23): **וְהוּא אִשָּׁה בִבְתוּלֶיהָ יִקָּח** — "And he shall take a wife who has not had relations." **אַחַר שֶׁחָלַק הַכָּתוּב** — Since the previous *pasuk* differentiated between a *kohen gadol* and a *kohen* who is anointed for war, by excluding the *kohen* who is anointed for war from sacrificing *korbanos* when he is a *onan*; **רִיבָּה** — therefore, we need the extra

For this *daf's shiur* and charts, scan this QR code:

אֵימָא סֵיפָא, אֵין בֵּין כֹּהֵן מְשַׁמֵּשׁ לְכֹהֵן שֶׁעָבַר אֶלָּא פַּר יוֹם הַכִּפּוּרִים וַעֲשִׂירִית הָאֵיפָה, אֲתָאן לְרַבִּי מֵאִיר, [א]דְּתַנְיָא, אֵירַע בּוֹ פְּסוּל בְּכֹהֵן גָּדוֹל וְעָבַר וּמִינּוּ כֹּהֵן אַחֵר תַּחְתָּיו, הָרִאשׁוֹן חוֹזֵר לַעֲבוֹדָתוֹ, וְהַשֵּׁנִי כׇּל מִצְוֹת כְּהוּנָּה[א] עָלָיו, דִּבְרֵי רַבִּי מֵאִיר; [רַבִּי יוֹסֵי אוֹמֵר, רִאשׁוֹן חוֹזֵר לַעֲבוֹדָתוֹ, וְשֵׁנִי אֵינוֹ רָאוּי לֹא לְכֹהֵן גָּדוֹל וְלֹא לְכֹהֵן הֶדְיוֹט[ג]], אָמַר רַבִּי יוֹסֵי, [א]מַעֲשֶׂה בְּיוֹסֵף בֶּן אִילֵּים מִצִּפּוֹרִי שֶׁאֵירַע בּוֹ פְּסוּל בְּכֹהֵן גָּדוֹל (וְעָבַר וּמִינּוּ אַחֵר תַּחְתָּיו, וְלֹא הִנִּיחוּהוּ אֶחָיו הַכֹּהֲנִים לִהְיוֹת לֹא כֹּהֵן גָּדוֹל וְלֹא כֹּהֵן הֶדְיוֹט[ג]), כֹּהֵן גָּדוֹל מִשּׁוּם אֵיבָה, כֹּהֵן הֶדְיוֹט מִשּׁוּם [ב]מַעֲלִין בַּקֹּדֶשׁ וְאֵין מוֹרִידִין; רֵישָׁא רַבָּנַן וְסֵיפָא רַבִּי מֵאִיר. אָמַר רַב חִסְדָּא, אִין, רֵישָׁא רַבָּנַן וְסֵיפָא רַבִּי מֵאִיר. רַב יוֹסֵף אָמַר, רַבִּי הִיא, וְנָסֵיב לַהּ אַלִּיבָּא דְּתַנָּאֵי. רָבָא אָמַר, רַבִּי שִׁמְעוֹן הִיא, וְסָבַר לַהּ כְּרַבִּי מֵאִיר בַּחֲדָא וּפְלִיג עֲלֵיהּ בַּחֲדָא, [ג]דְּתַנְיָא, דְּבָרִים שֶׁבֵּין כֹּהֵן גָּדוֹל לְכֹהֵן הֶדְיוֹט אֵלּוּ הֵם, פַּר הַבָּא עַל כׇּל הַמִּצְוֹת וּפַר יוֹם הַכִּפּוּרִים וַעֲשִׂירִית הָאֵיפָה, וְלֹא פּוֹרֵעַ וְלֹא פּוֹרֵם, אֲבָל הוּא פּוֹרֵם מִלְּמַטָּה וְהַהֶדְיוֹט מִלְמַעְלָה, וְאֵין מְטַמֵּא לִקְרוֹבִים, וּמוּזְהָר[ד] עַל הַבְּתוּלָה וְאָסוּר בְּאַלְמָנָה, וּמַחֲזִיר אֶת הָרוֹצֵחַ, וּמַקְרִיב אוֹנֵן וְאֵינוֹ אוֹכֵל [וְאֵינוֹ חוֹלֵק[ה]], [ב]מַקְרִיב חֵלֶק בָּרֹאשׁ [ג]וְנוֹטֵל חֵלֶק בָּרֹאשׁ, [ד]וּמְשַׁמֵּשׁ בִּשְׁמוֹנָה כֵּלִים, [ה]וְכׇל עֲבוֹדַת יוֹם הַכִּפּוּרִים אֵינָהּ כְּשֵׁרָה אֶלָּא בּוֹ, וּפָטוּר עַל טוּמְאַת מִקְדָּשׁ וְקׇדָשָׁיו; וְכוּלָּן נוֹהֲגִין בִּמְרוּבֵּה בְּגָדִים חוּץ מִפַּר הַמֵּבִיא[ו] עַל כׇּל הַמִּצְוֹת; וְכוּלָּן נוֹהֲגִין בְּמָשִׁיחַ שֶׁעָבַר חוּץ מִפַּר יוֹם הַכִּפּוּרִים וַעֲשִׂירִית הָאֵיפָה; וְכוּלָּן אֵין נוֹהֲגִין בִּמְשׁוּחַ מִלְחָמָה חוּץ מֵחֲמִשָּׁה דְּבָרִים הָאֲמוּרִים בַּפָּרָשָׁה, לֹא פּוֹרֵעַ וְלֹא פּוֹרֵם, וְאֵין מְטַמֵּא לִקְרוֹבִים, [ו]וּמוּזְהָר[ז] עַל הַבְּתוּלָה וְאָסוּר בְּאַלְמָנָה; [ח]וּמַחֲזִיר אֶת הָרוֹצֵחַ, דִּבְרֵי רַבִּי יְהוּדָה; וַחֲכָמִים אוֹמְרִים, [ז]אֵינוֹ מַחֲזִיר. וְהַאי מִמַּאי דְּרַבִּי שִׁמְעוֹן הִיא. אָמַר רַב פָּפָּא, מַאן שָׁמְעַתְּ לֵיהּ דְּאָמַר פָּטוּר עַל טוּמְאַת מִקְדָּשׁ וְקׇדָשָׁיו, [ח]רַבִּי שִׁמְעוֹן. חוּץ מֵחֲמִשָּׁה דְּבָרִים הָאֲמוּרִים בַּפָּרָשָׁה, מְנָא הָנֵי מִילֵּי. דְּתָנוּ רַבָּנַן, [א]'וְהַכֹּהֵן הַגָּדוֹל מֵאֶחָיו' זֶה כֹּהֵן גָּדוֹל, 'אֲשֶׁר יוּצַק עַל רֹאשׁוֹ שֶׁמֶן הַמִּשְׁחָה' זֶה מְשׁוּחַ מִלְחָמָה, 'וּמִלֵּא אֶת יָדוֹ לִלְבּוֹשׁ אֶת הַבְּגָדִים' זֶה מְרוּבֵּה בְּגָדִים, עַל כּוּלָּן הוּא אוֹמֵר 'רֹאשׁוֹ לֹא יִפְרָע וּבְגָדָיו לֹא יִפְרוֹם וְעַל כׇּל נַפְשׁוֹת מֵת לֹא יָבֹא', יָכוֹל יְהוּ כּוּלָּן מַקְרִיבִין אוֹנְנִים, תַּלְמוּד לוֹמַר 'כִּי נֵזֶר שֶׁמֶן מִשְׁחַת אֱלֹהָיו עָלָיו', עָלָיו וְלֹא עַל חֲבֵירוֹ, וְאַחַר שֶׁחִלְּקוֹ הַכָּתוּב יָכוֹל לֹא יְהֵא מְצוּוֶּה עַל הַבְּתוּלָה, תַּלְמוּד לוֹמַר 'וְהוּא'. כְּתַנָּאֵי, 'וְהוּא אִשָּׁה בִבְתוּלֶיהָ יִקָּח', אַחַר שֶׁחִלֵּק הַכָּתוּב רִיבָּה, דִּבְרֵי רַבִּי יִשְׁמָעֵאל; רַבִּי עֲקִיבָא אוֹמֵר, אֵין לִי אֶלָּא שֶׁעָבַר מֵחֲמַת קִרְיוֹ, מֵחֲמַת מוּמוֹ מִנַּיִן, [ח]תַּלְמוּד לוֹמַר 'וְהוּא'. בְּעָא מִינֵּיהּ רָבָא מֵרַב נַחְמָן, מָשִׁיחַ שֶׁנִּצְטָרַע מַהוּ בְּאַלְמָנָה, מִידְחָא דָּחֵי אוֹ מִיפְטַר פָּטַר; לָא הֲוָה בִּידֵיהּ. זִימְנִין הֲוֵי יָתֵיב רַב פָּפָּא וְקָמִבַּעְיָא לֵיהּ; אָמַר לֵיהּ הוּנָא בְּרֵיהּ דְּרַב נַחְמָן לְרַב פָּפָּא, תְּנֵינָא, אֵין לִי אֶלָּא שֶׁעָבַר מֵחֲמַת קִרְיוֹ, עָבַר מֵחֲמַת מוּמוֹ מִנַּיִן, תַּלְמוּד לוֹמַר 'וְהוּא'; קָם נַשְּׁקֵיהּ בְּרֵישֵׁיהּ וִיהֵיב לֵיהּ בְּרַתֵּיהּ: **מתני'** [ט]כֹּהֵן גָּדוֹל פּוֹרֵם מִלְּמַטָּה, וְהַהֶדְיוֹט מִלְמַעְלָה. [י]כֹּהֵן גָּדוֹל [כ]מַקְרִיב אוֹנֵן [ל]וְלֹא אוֹכֵל, [מ]וְהַהֶדְיוֹט לֹא מַקְרִיב וְלֹא אוֹכֵל: **גמ'** אָמַר [רַב[ז]], [מ]'לְמַטָּה' לְמַטָּה מַמָּשׁ, 'לְמַעְלָה' לְמַעְלָה מַמָּשׁ; וּשְׁמוּאֵל אָמַר, 'לְמַטָּה' לְמַטָּה מִקַּמֵּי שָׂפָה, 'לְמַעְלָה' לְמַעְלָה מִקַּמֵּי שָׂפָה, וְזֶה וָזֶה בְּצַוָּאר. מֵיתִיבִי, [נ]עַל כׇּל הַמֵּתִים כּוּלָּן, רָצָה מַבְדִּיל קַמֵּי שָׂפָה שֶׁלּוֹ, רָצָה אֵינוֹ מַבְדִּיל קַמֵּי שָׂפָה שֶׁלּוֹ, עַל אָבִיו וְעַל אִמּוֹ מַבְדִּיל; כֵּיוָן דִּבְעָלְמָא הָוֵי קֶרַע, קָרֵי כָּאן [א]'בְּגָדָיו לֹא יִפְרוֹם'. שְׁמוּאֵל כְּרַבִּי יְהוּדָה סְבִירָא לֵיהּ, דְּאָמַר [ס]כׇּל קֶרַע שֶׁאֵינוֹ מַבְדִּיל[ס] שָׂפָה שֶׁלּוֹ אֵינוֹ אֶלָּא קֶרַע שֶׁל תִּפְלוּת. וּמִי אִית לֵיהּ לְרַבִּי יְהוּדָה קְרִיעָה בְּכֹהֵן גָּדוֹל, וְהָא תַּנְיָא, [ע]אִילּוּ נֶאֱמַר 'רֹאשׁ לֹא יִפְרַע וּבֶגֶד לֹא יִפְרוֹם' הָיִיתִי אוֹמֵר בְּרֹאשׁ וּבֶגֶד שֶׁל סוֹטָה הַכָּתוּב מְדַבֵּר, תַּלְמוּד לוֹמַר [א]'אֶת רֹאשׁוֹ לֹא יִפְרַע וּבְגָדָיו לֹא יִפְרוֹם', שֶׁאֵינוֹ בִּפְרִיעָה וּפְרִימָה כׇּל עִיקָּר, דִּבְרֵי רַבִּי יְהוּדָה; רַבִּי יִשְׁמָעֵאל[ע] אוֹמֵר, אֵינוֹ פּוֹרֵם כְּדֶרֶךְ שֶׁבְּנֵי אָדָם פּוֹרְמִין, אֶלָּא הוּא מִלְּמַטָּה וְהַהֶדְיוֹט מִלְמַעְלָה. שְׁמוּאֵל סָבַר לַהּ כְּרַבִּי יְהוּדָה בַּחֲדָא וּפְלִיג עֲלֵיהּ בַּחֲדָא: **מתני'** [פ]כׇּל הַתָּדִיר מֵחֲבֵירוֹ קוֹדֵם אֶת חֲבֵירוֹ, [ע]וְכׇל הַמְקוּדָּשׁ מֵחֲבֵירוֹ קוֹדֵם אֶת חֲבֵירוֹ. פַּר הַמָּשִׁיחַ וּפַר הָעֵדָה עוֹמְדִים, [פ]פַּר הַמָּשִׁיחַ קוֹדֵם לְפַר הָעֵדָה בְּכׇל מַעֲשָׂיו: **גמ'** מְנָא הָנֵי מִילֵּי. [צ]אָמַר אַבָּיֵי, דְּאָמַר קְרָא [ב]'מִלְּבַד עוֹלַת הַבֹּקֶר אֲשֶׁר לְעוֹלַת הַתָּמִיד' [ק](לָמָּה לִי), מִכְּדֵי כְּתִיב 'עוֹלַת הַבֹּקֶר',[ק] 'עוֹלַת הַתָּמִיד' לָמָּה לִי, הָכִי קָאָמַר רַחֲמָנָא, כׇּל דִּתְדִירָה קַדְמָה: וְכׇל הַמְקוּדָּשׁ מֵחֲבֵירוֹ הוּא קוֹדֵם אֶת חֲבֵירוֹ: מְנָלַן. [ר]דְּתָנָא דְּבֵי רַבִּי יִשְׁמָעֵאל, [ג]'וְקִדַּשְׁתּוֹ', [צ]לְכׇל דָּבָר שֶׁבִּקְדוּשָּׁה, לִפְתּוֹחַ [ש]רִאשׁוֹן, וּלְבָרֵךְ רִאשׁוֹן, וְלִיטּוֹל מָנָה יָפָה רִאשׁוֹן:

פַּר

רש"י

אֵימָא סֵיפָא, אֵין בֵּין כֹּהֵן הַמְשַׁמֵּשׁ לְכֹהֵן שֶׁעָבַר. דְּהַיְינוּ שֵׁנִי, אֶלָּא פַּר יוֹם הַכִּפּוּרִים וַעֲשִׂירִית הָאֵיפָה. דְּמַשְׁל רִאשׁוֹן הֵן בָּאִין, הָא לְכׇל שְׁאָר דִּבְרֵיהֶם זֶה וָזֶה שָׁוִין, דְּשֵׁנִי נַמֵּי כׇּל מִצְוֹת כְּהוּנָּה גְּדוֹלָה עָלָיו: אֲתָאן לְרַבִּי מֵאִיר, דְּתַנְיָא וְכוּ'. 'עָבַר' דִּבְרַיְיתָא לָא דָּמֵי לְ'שֶׁעָבַר' דְּמַתְנִיתִין: רַבִּי הִיא וְנָסֵיב לָהּ אַלִּיבָּא דְּתַנָּאֵי. בַּחֲדָא סָבַר לָהּ כְּרַבִּי מֵאִיר וּסְתָמָהּ כְּרַבִּי מֵאִיר, וּבְרֵישָׁא סָבַר לָהּ כְּרַבָּנַן וּסְתָמָהּ כְּרַבָּנַן: רַבִּי שִׁמְעוֹן סָבַר לָהּ כְּרַבִּי מֵאִיר בַּחֲדָא. דְּכֹהֵן שֶׁעָבַר דְּשֵׁנִי[כ] כׇּל מִצְוֹת כְּהוּנָּה עָלָיו, חוּץ מִפַּר יוה"כ וַעֲשִׂירִית הָאֵיפָה: וּפְלִיג עֲלֵיהּ בַּחֲדָא. דְּאִילּוּ רַבִּי מֵאִיר סָבַר מְרוּבֵּה בְּגָדִים מֵבִיא פַּר הַבָּא עַל כׇּל הַמִּצְוֹת[ל], דְּהַיְינוּ פַּר הֶעְלֵם דָּבָר שֶׁל צִבּוּר, וְאִילּוּ ר' שִׁמְעוֹן סָבַר דְּאֵינוֹ מֵבִיא פַּר הַבָּא עַל כׇּל הַמִּצְוֹת, כִּדְתְנַן 'אֵין בֵּין מָשׁוּחַ בְּשֶׁמֶן הַמִּשְׁחָה לִמְרוּבֵּה בְּגָדִים אֶלָּא פַּר הַבָּא עַל כׇּל הַמִּצְוֹת': וְנוֹטֵל חֵלֶק בָּרֹאשׁ. אַע"פ שֶׁאֵינוֹ מַקְרִיב: וּמְשַׁמֵּשׁ בִּשְׁמוֹנָה כֵּלִים. וְהַהֶדְיוֹט בְּאַרְבָּעָה: וְכוּלָּם נוֹהֲגִין בְּמָשִׁיחַ שֶׁעָבַר. דְּהַיְינוּ שֵׁנִי: חוּץ מִפַּר יוה"כ וַעֲשִׂירִית הָאֵיפָה. דְּאֵין בֵּין כֹּהֵן הַמְשַׁמֵּשׁ לְכֹהֵן שֶׁעָבַר אֶלָּא פַּר יוה"כ וַעֲשִׂירִית הָאֵיפָה: מַאן שָׁמְעַתְּ לֵיהּ דְּאָמַר פָּטוּר עַל טוּמְאַת מִקְדָּשׁ וְקׇדָשָׁיו, רַבִּי שִׁמְעוֹן[מ]: ת"ל 'כִּי נֵזֶר שֶׁמֶן מִשְׁחַת (קֹדֶשׁ) אֱלֹהָיו עָלָיו', [נ]וְלֹא עַל מָשִׁיחַ חֲבֵירוֹ. לְמַעוּטֵי מְשׁוּחַ מִלְחָמָה דְּאֵין מַקְרִיב אוֹנֵן, אֲבָל כֹּהֵן גָּדוֹל מַקְרִיב אוֹנֵן בֵּין מְרוּבֵּה בְּגָדִים וּבֵין רִאשׁוֹן שֶׁחוֹזֵר לַעֲבוֹדָה, וַאֲפִילּוּ שֵׁנִי, מִפְּנֵי שֶׁהֵן בִּכְלַל כְּהוּנָּה [גְּדוֹלָה], לְאַפּוּקֵי מְשׁוּחַ מִלְחָמָה דְּלָאו בִּכְלַל כְּהוּנָּה גְּדוֹלָה הוּא: וְאַחַר שֶׁחִלְּקוֹ הַכָּתוּב. לִמְשׁוּחַ מִלְחָמָה שֶׁאֵינוֹ מַקְרִיב אוֹנֵן כְּכֹהֵן גָּדוֹל, יָכוֹל לֹא יְהֵא מְצוּוֶּה עַל הַבְּתוּלָה: אֶלָּא שֶׁעָבַר מֵחֲמַת קִרְיוֹ. דַּהֲוֵי כֹּהֵן גָּדוֹל מְעַלְיָא, שֶׁהֲרֵי חוֹזֵר לַעֲבוֹדָתוֹ הוּא: עָבַר מֵחֲמַת מוּמוֹ. דְּאֵינוֹ חוֹזֵר לַעֲבוֹדָתוֹ מִפְּנֵי הַמּוּם, מִנַּיִן שֶׁמְּצוּוֶּה עַל הַבְּתוּלָה, תַּלְמוּד לוֹמַר 'וְהוּא': מָשִׁיחַ שֶׁנִּצְטָרַע. כְּלוֹמַר, כֹּהֵן גָּדוֹל שֶׁנִּצְטָרַע, מַהוּ בְּאַלְמָנָה: מִי אָמְרִינַן כְּהוּנָּה גְּדוֹלָה מִדְחָא דָּחֵי לְהַאי מֵאַלְמָנָה, אוֹ דִּלְמָא כְּהוּנָּה גְּדוֹלָה מִיפְטָר פָּטַר לֵיהּ לְהַאי מֵאַלְמָנָה, וְכִי נִצְטָרַע דְּלֵיכָּא כְּהוּנָּה גְּדוֹלָה לָא פָּטַר, וּמוּתָּר בְּאַלְמָנָה[ס]: עָבַר מֵחֲמַת מוּמוֹ מִנַּיִן, תַּלְמוּד לוֹמַר 'וְהוּא'. דַּאֲפִילּוּ עָבַר רִאשׁוֹן מֵחֲמַת מוּמוֹ אָסוּר בְּאַלְמָנָה, וְכִי נִצְטָרַע אֵין לְךָ מוּם גָּדוֹל מִזֶּה, וְשָׁמְעִינַן מִינֵּיהּ דַּאֲפִילּוּ הָכִי אָסוּר בְּאַלְמָנָה: לְמַטָּה לְמַטָּה מַמָּשׁ. דְּהַיְינוּ בִּשְׂפַת חֲלוּקוֹ: לְמַעְלָה לְמַעְלָה מַמָּשׁ. בַּצַּוָּאר, בַּשָּׂפָה בְּמַפְתֵּחַ חֲלוּקוֹ: לְמַטָּה מִקַּמֵּי שָׂפָה. שֶׁקּוֹרְעִין לְמַטָּה מִשָּׂפָה לְפִיו, שֶׁהוּא לְמַטָּה מִבֵּית הַצַּוָּאר: לְמַעְלָה מִקַּמֵּי שָׂפָה. שֶׁקּוֹרְעִין בֵּית הַצַּוָּאר מַמָּשׁ: כֵּיוָן דִּבְעָלְמָא הָוֵי קֶרַע. דְּאִם רָצָה אֵינוֹ מַבְדִּיל, אֶלָּא קוֹרְעִין[ע] לְמַטָּה מִשָּׂפָה וְיָצָא יְדֵי קְרִיעָה, אִם כֵּן כֹּהֵן גָּדוֹל הֵיכִי מָצֵי קָרַע לְמַטָּה מִקַּמֵּי שָׂפָה, קָרֵי כָּאן 'בְּגָדָיו לֹא יִפְרוֹם': אֵינוֹ אֶלָּא קֶרַע שֶׁל תִּפְלוּת. דִּבְעָלְמָא לֹא יָצָא יְדֵי קְרִיעָה, הִלְכָּךְ מוּתָּר בְּכֹהֵן גָּדוֹל: בְּרֹאשׁ וּבֶגֶד שֶׁל סוֹטָה. דִּכְתִיב 'וּפָרַע אֶת רֹאשׁ הָאִשָּׁה' (במדבר ה), וּתְנַן בְּמַסֶּכֶת סוֹטָה (דף ז.) 'הַכֹּהֵן אוֹחֵז בִּבְגָדֶיהָ, אִם נִקְרְעוּ נִקְרְעוּ, וְאִם נִפְרְמוּ נִפְרְמוּ': שְׁמוּאֵל סָבַר לָהּ בַּחֲדָא כְּרַבִּי יְהוּדָה. דְּכׇל שֶׁאֵינוֹ מַבְדִּיל מִקַּמֵּי שָׂפָה הָוֵי קֶרַע שֶׁל תִּפְלוּת: וּפְלִיג עֲלֵיהּ בַּחֲדָא. דְּאִילּוּ רַבִּי יְהוּדָה סָבַר דְּכֹהֵן גָּדוֹל אֵינוֹ בִּפְרִיעָה וּפְרִימָה כׇּל עִיקָּר, וּשְׁמוּאֵל סָבַר דְּפוֹרֵס מִלְּמַטָּה לְמַטָּה מִקַּמֵּי שָׂפָה: [פ]לָמָּה לִי לְמִכְתַּב 'אֲשֶׁר לְעוֹלַת הַתָּמִיד'. אֶלָּא לְכׇל דִּתְדִירָא בְּכׇל מָקוֹם הִיא קַדְמָה, דְּזֶה בָּנָה אָב דִּבְכׇל מָקוֹם תָּדִיר קוֹדֵם, דְּמַשְׁמַע 'אֲשֶׁר לְעוֹלַת הַתָּמִיד', שֶׁהָיְתָה כְּבָר: לִפְתּוֹחַ רִאשׁוֹן. לִקְרוֹת בַּתּוֹרָה: וּלְבָרֵךְ רִאשׁוֹן. בְּזִמּוּן:

פָּרָשַׁת

עין משפט נר מצוה

לד א מיי' פרק א מהלכות עבודת יוה"כ הלכה ג ועיין בכסף משנה:
לה ב מיי' פ"ה מהלכות כלי המקדש הלכה יג:
לו ג מיי' שם ופ"י מהלכות מעשה הקרבנות הלכה יח:
לז ד מיי' פ"ח מהלכות כלי המקדש הלכה א ופ"י הלכה ד סמג עשין קעג:
לח ה מיי' פ"א מהלכות עבודת יוה"כ הלכה ב:
לט ו מיי' פי"ז מהלכות איסורי ביאה הל"א:
מ ז מיי' פ"ז מהלכות רוצח הלכה ט:
מא ח מיי' פי"ז מהלכות איסורי ביאה הלכה א:
מב ט מיי' פרק ה מהלכות כלי המקדש הלכה ו ופ"ז מהלכות אבל הלכה ו ופ"ח הלכה א:
מג י מיי' פ"ב מהלכות ביאת מקדש הל"ו:
מד כ מיי' שם הלכה ח:
מה ל מיי' שם הלכה ז:
מו מ מיי' פ"ה מהלכות כלי המקדש הלכה ו ופ"ח מהלכות אבל הלכה א:
מז נ מיי' פ"ח מהלכות אבל הלכה ג סמג עשין מד"ס ב טוש"ע יו"ד סי' שמ סעיף יג:
מח ס ע מיי' פ"ט מהלכות תמידים ומוספין הלכה ב:
מט פ מיי' שם הלכה ז:
נ צ מיי' פ"ד מהלכות כלי המקדש הלכה כ טוש"ע או"ח סי' רא סעיף ב:

תוספות הרא"ש

ר"י אמר רבי היא ונסיב לה אליבא דתנאי. ולאו משום דסבר כר"מ בחדא אלא סבר בכולה מלתא כרבנן. אלא בחדא נסיב לה כר"מ כדי לאשכוחי טובא אין בין. ואליבא דר"מ מצי למתני אין בין כהן משמש לכהן שעבר אלא פר יוה"כ ועשירית האיפה אבל לא אליבא דרבנן דסברי דשני אין לו דין כהן גדול כלל: ומחזיר את הרוצח [דברי ר"י] וחכ"א אינו מחזיר. פלוגתא דר"י ורבנן היא במכות פרק אלו הן הגולין אבל במרובה בגדים ומשיח שעבר מודו דמחזיר. ואע"ג דכתיב אשר משח אותו בשמן הקדש מרבויא דקרא מרבי להו. דתלתא כהן[ל] כתיבי בקרא. וישב בה עד מות הכהן הגדול. כי בעיר מקלטו ישב עד מות הכהן הגדול. ואחרי מות הכהן הגדול ישוב הרוצח. חד למשיח בשמן המשחה. וחד למרובה בגדים. וחד למשיח שעבר. ובמשוח מלחמה פליגו בה ר"י ורבנן [ר"י סבר] מחזיר. ומפרש טעמא התם דכתוב עוד כהן אחרינא לשוב לשבת בארץ עד מות הכהן. ורבנן סברי מדלא כתיב הכהן הגדול ש"מ האי הכהן חד מהנך תלתא כהני הוא: הכהן הגדול מאחיו זה כהן גדול. אפי' אם לא כתוב אשר יוצק על ראשו ממילא ידענא דלא הוי כהן גדול אלא במשיחה או ברבוי בגדים דילפי' מאהרן: דכתיב [ק] כי נזר שמן משחת אלהיו עליו עליו ולא על חבירו. משמע דממעט אחר משוח כמותו אבל לא מרובה בגדים. ועוד דמרובה בגדים הוי בכלל ומן המקדש לא יצא שהרי הוא משמש במקדש בכהונה גדולה: ר"ע אומר אין לי אלא שעבר מחמת קריו מחמת מומו מנין ת"ל והוא. פי' הרמ"ה דר"ע דריש שתי דרשות מן והוא דכוליה יתירא הוא. וה"ק אין לי דמרבה מן הוא אלא עבר מחמת קריו עבר מחמת מומו מנין ת"ל[ר] פי' וי"ו יתירא דוהוא. ולא נהירא דמשמע דר"ע אוהוא דדרש ר' ישמעאל קאי וכי היכי דר"י לא דריש מני' אלא חדא דרשא ה"נ ר"ע לא דריש מניה אלא חדא דרשא. וה"פ אין לי דמסתבר למימר שלא תפחות קדושתו מחמת פסולו אלא שעבר מחמת קריו שבידו לחזור לקדושתו כשירצה שיטבול ויעשה ממילא ערבא. עבר מחמת מומו שאין בידו לחזור לקדושתו מנין: משיח שנצטרע מהו באלמנה. לענין מלקות קא בעי דבלאו הכי מ...

מסורת הש"ס עם הוספות

א) יומא יב: ע"ש מגילה ט. ע"ש תוספתא דיומא פ"א ה"ד, ב) [ברכות כח. שבת כא: יומא יב: עג. מגילה ט: כא: מנחות לט. לט.], ג) [יומא עג. ע"ש], ד) [יומא לג: עג. חולין כט:], ה) [מכות יא.], ו) [לעיל ט.], ז) יומא יג: [מו"ק יד: ב"ק קי.] זבחים לט. תוספתא דזבחים פי"א ה"ב, ח) מו"ק כב:, ט) [שם:], י) ת"כ פ' אמור פרשה ב ה"ג, כ) זבחים פט. לא., ל) [זבחים פט. ע"ש], מ) [מגחים שם ליתא], נ) גיטין נט: מ"ק כח: נדרים מב., ס) [עי' תוס' חולין פז. סד"ה ומיינו].

תורה אור השלם

א) וְהַכֹּהֵן הַגָּדוֹל מֵאֶחָיו אֲשֶׁר יוּצַק עַל רֹאשׁוֹ שֶׁמֶן הַמִּשְׁחָה וּמִלֵּא אֶת יָדוֹ לִלְבֹּשׁ אֶת הַבְּגָדִים אֶת רֹאשׁוֹ לֹא יִפְרָע וּבְגָדָיו לֹא יִפְרֹם: וְעַל כׇּל נַפְשֹׁת מֵת לֹא יָבֹא לְאָבִיו וּלְאִמּוֹ לֹא יִטַּמָּא: וּמִן הַמִּקְדָּשׁ לֹא יֵצֵא וְלֹא יְחַלֵּל אֵת מִקְדַּשׁ אֱלֹהָיו כִּי נֵזֶר שֶׁמֶן מִשְׁחַת אֱלֹהָיו עָלָיו אֲנִי יְיָ: וְהוּא אִשָּׁה בִבְתוּלֶיהָ יִקָּח: [ויקרא כא, י-יג]

ב) מִלְּבַד עֹלַת הַבֹּקֶר אֲשֶׁר לְעֹלַת הַתָּמִיד תַּעֲשׂוּ אֶת אֵלֶּה: [במדבר כח, כג]

ג) וְקִדַּשְׁתּוֹ כִּי אֶת לֶחֶם אֱלֹהֶיךָ הוּא מַקְרִיב קָדֹשׁ יִהְיֶה לָּךְ כִּי קָדוֹשׁ אֲנִי יְיָ מְקַדִּשְׁכֶם: [ויקרא כא, ח]

הגהות וציונים

א] צ"ל כהונה גדולה עליו (רש"ש): ב] באר שבע (גליון): ג] וצ"ל ומינוהו תחתיו ובא מעשה לפני חכמים ואמרו ראשון חוזר לעבודתו שני אינו ראוי לא לכהן גדול ולא לכהן הדיוט וכן הוא ביומא. באר שבע (גליון): ד] כת"י "ומצווה על הבתולה ומוזהר על האלמנה", וכמו ביומא: ה] באר שבע (גליון): ו] כת"י הבא, וכמו ביומא: ז] בדפו"י היה ט"ס "רבא", והגיהו הב"ש: ח] [במו"ק איתא כל קרע שאינו מבדיל קמי שפה שלו] (גליון): ט] נ"ב צ"ל ר' מאיר (הגהות הגר"א, וכ"ה בת"כ). בילקוט ובכת"י ישמעאל, ועי' מ"ש המגיה בהגהות הגר"א: י] מכדי כתיב עולת הבוקר, אשר לעולת התמיד למה לי (כת"י, וכ"ה ברש"י): כ] דהיינו שני (בארות המים): ל] עיין באר שבע (גליון): מ] בכת"י נוסף הפירוש דתנן לעיל בפרק הורה כהן משיח אלא שאין כהן גדול חייב על טומאת ממקדש וקדשיו כדברי ר' שמעון: נ] בכת"י נוסף עליו: ס] נוסח הרמ"ה כת"י ורש"י כת"י "מי אמרינן כהונה גדולה מדחא דחיא ליה להאי מאלמנה וכיון דאידחי ידחה ואסור באלמנה או דלמא מפטר פטר באלמנה כיון שנצטרע ואינו אסור באלמנה אלא כשהוא בכהונה גדולה": ע] קורע (בארות המים, וכ"ה בכת"י): פ] בכת"י נוסף דבור זה: כל התדיר מחבירו. דתדיר ואינו תדיר [תדיר] קודם: צ] כהן גדול כתיבי (כת"י): ק] כת"י ת"ל במקום "דכתיב": ר] ת"ל והוא פי' (כת"י):

This *daf* is dedicated *l'iluy nishmas*: Sophie bat Frieda *z"l*

word "and he" to include a *kohen* who is anointed for war in the commandment of marrying a woman that was never married. דִּבְרֵי רַבִּי יִשְׁמָעֵאל — These are the words of Rabi Yishmael. רַבִּי עֲקִיבָא אוֹמֵר — Rabi Akiva says that this *derashah* is used to teach us something different: אֵין לִי אֶלָּא שֶׁעָבַר מֶחֲמַת קִרְיוֹ — I only know that a *kohen gadol* who is temporarily disqualified by becoming impure from *keri* must still marry a woman who never had relations, מֵחֲמַת מוּמִין מִנַּיִן — but how do I know that a *kohen gadol* must still marry a woman who never had relations, if he became permanently disqualified because of blemishes, תַּלְמוּד לוֹמַר — for this the *pasuk* writes the extra word, וְהוּא — "and he." According to Rabi Akiva that the extra word is used to include a *kohen gadol* who was permanently disqualified because of his blemishes, there is no source to include a *kohen* who is anointed for war in this commandment.

בְּעָא מִינֵּיהּ רָבָא מֵרַב נַחְמָן — Rava raised a dilemma before Rav Nachman: מָשִׁיחַ שֶׁנִּצְטָרַע — In the case of an anointed *kohen gadol* who becomes afflicted with *tzara'as*, מַהוּ בְּאַלְמָנָה — what is the halachah in regards to marrying a widow? מִידְחָא דָּחֵי — Does a *kohen gadol's* status make him completely forbidden to marry a widow, such that even when he becomes disqualified it is still forbidden for him to marry a widow, אוֹ מִיפְטָר פָּטַר — or does his status merely make it that he can't marry a widow for the time being, but if he becomes disqualified he is now permitted to marry a widow? The Gemara tells us: לָא הֲוָה בִּידֵיהּ — Rav Nachman did not have an answer available. זִימְנִין הֲוֵי יָתֵיב רַב פָּפָּא וְקָמִבַּעְיָא לֵיהּ — Another time, Rav Pappa was sitting and he raised the same dilemma. אֲמַר לֵיהּ הוּנָא בְּרֵיהּ דְּרַב נַחְמָן לְרַב פָּפָּא — Huna, son of Rav Nachman said to Rav Pappa, תְּנֵינָא — We learn this from a *Baraisa* (Rabi Akiva's opinion in the previous *Baraisa*): אֵין לִי אֶלָּא שֶׁעָבַר מֶחֲמַת קִרְיוֹ — I only know that a *kohen gadol* who is temporarily disqualified by becoming impure from *keri* must still marry a woman who never had relations, עָבַר מֶחֲמַת מוּמִין מִנַּיִן — but how do I know that a *kohen gadol* must still marry a woman who never had relations, if he became permanently disqualified because of blemishes, תַּלְמוּד לוֹמַר — for this the *pasuk* writes the extra word, וְהוּא — "and he." Becoming a *metzorah* is no different than getting a blemish. The same way that a *kohen gadol* who gets a blemish remains forbidden from marrying a widow, so too, a *kohen gadol* who gets *tzara'as* remains forbidden from marrying a widow. קָם נַשְּׁקֵיהּ בְּרֵישֵׁיהּ וִיהֵיב לֵיהּ בְּרַתֵּיהּ — When Rav Pappa heard Rav Huna's answer, he stood up, kissed Rav Huna on his head, and gave Rav Huna his daughter to marry.

מַתְנִיתִין — MISHNAH

כֹּהֵן גָּדוֹל פּוֹרֵם מִלְּמַטָּה — A *kohen gadol* tears his garments in mourning from the bottom of the garment, וְהַהֶדְיוֹט מִלְמַעְלָה — and a *kohen hedyot* tears his garments from on the top of the garment (just like an ordinary person). כֹּהֵן גָּדוֹל מַקְרִיב אוֹנֵן וְלֹא אוֹכֵל — A *kohen gadol*

For this *daf's shiur* and charts, scan this QR code:

עין משפט
נר מצוה

לד א מיי' פרק א מהלכות עבודת יוה"כ הלכה ג ועיין בכסף משנה:
לה ב מיי' פ"ה מהלכות כלי המקדש הלכה יב:
לו ג מיי' שם ופ"י מהלכות מעשה הקרבנות הלכה יח:
לז ד מיי' פ"ח מהלכות כלי המקדש הלכה א ופ"י הלכה ד סמג עשין קעג:
לח ה מיי' פ"א מהלכות עבודת יוה"כ הלכה ב:
לט ו מיי' פי"ז מהלכות איסורי ביאה הל"א:
מ ז מיי' פ"ז מהלכות רוצח הלכה ט:
מא ח מיי' פי"ז מהלכות איסורי ביאה הלכה א:
מב ט מיי' פרק ה מהלכות כלי המקדש הלכה ו ופ"ז מהלכות אבל הלכה ו ופ"ח הלכה א:
מג י מיי' פ"ב מהלכות ביאת מקדש הל"ו:
מד כ מיי' שם הלכה ח:
מה ל מיי' שם הלכה ז:
מו מ מיי' פ"ה מהלכות כלי המקדש הלכה ו ופ"ח מהלכות אבל הלכה א:
מז נ מיי' פ"ח מהלכות אבל הלכה ג סמג עשין מד"ס ב טוש"ע יו"ד סי' שמ סעיף יב:
מח ס ע מיי' פ"ט מהלכות תמידים ומוספין הלכה ב:
מט פ מיי' שם הלכה ז:
נ צ מיי' פ"ד מהלכות כלי המקדש הלכה כ טוש"ע או"ח סי' רא סעיף ב:

תוספות הרא"ש

ר"י אמר רבי היא ונסיב לה אליבא דתנאי. ולאו משום דסבר כר"מ בחדא אלא סבר בכולה מלתא כרבנן. אלא בחדא נסיב לה כר"מ כדי לאשכוחי טובא אין בין. [illegible]

מסורת הש"ס
עם הוספות

א) יומא יב: ע"ש מגילה ט. ע"ש תוספתא דיומא פ"א ה"ד, ב) [ברכות כח. שבת כא: יומא יב: עג. מגילה ט: כא: מנחות לט. לט.], ג) [יומא עג. ע"ש], ד) [יומא לב: עג. חולין כט:], ה) [מכות יא.], ו) [לעיל ט.], ז) יומא יג: [מו"ק יד: ב"ק קי.] זבחים לט. תוספתא דזבחים פי"א ה"ב, ח) מו"ק כב:, ט) [שם:], י) ת"כ פ' אמור פרשה ב ה"ג, כ) זבחים פט. לא., ל) [זבחים פט. ע"ש], מ) [מנחים שם ליתא], נ) גיטין נט: מ"ק כח: נדרים מב., ס) [עי' תוס' חולין פז. סד"ה וחייבו].

תורה אור השלם

א) וְהַכֹּהֵן הַגָּדוֹל מֵאֶחָיו אֲשֶׁר יוּצַק עַל רֹאשׁוֹ שֶׁמֶן הַמִּשְׁחָה וּמִלֵּא אֶת יָדוֹ לִלְבֹּשׁ אֶת הַבְּגָדִים אֶת רֹאשׁוֹ לֹא יִפְרָע וּבְגָדָיו לֹא יִפְרֹם: וְעַל כָּל נַפְשֹׁת מֵת לֹא יָבֹא לְאָבִיו וּלְאִמּוֹ לֹא יִטַּמָּא: וּמִן הַמִּקְדָּשׁ לֹא יֵצֵא וְלֹא יְחַלֵּל אֵת מִקְדַּשׁ אֱלֹהָיו כִּי נֵזֶר שֶׁמֶן מִשְׁחַת אֱלֹהָיו עָלָיו אֲנִי יְיָ: וְהוּא אִשָּׁה בִבְתוּלֶיהָ יִקָּח: [ויקרא כא, י-יג]

ב) מִלְּבַד עֹלַת הַבֹּקֶר אֲשֶׁר לְעֹלַת הַתָּמִיד תַּעֲשׂוּ אֶת אֵלֶּה: [במדבר כח, כג]

ג) וְקִדַּשְׁתּוֹ כִּי אֶת לֶחֶם אֱלֹהֶיךָ הוּא מַקְרִיב קָדֹשׁ יִהְיֶה לָּךְ כִּי קָדוֹשׁ אֲנִי יְיָ מְקַדִּשְׁכֶם: [ויקרא כא, ח]

הגהות וציונים

א] צ"ל כהונה גדולה עליו (רש"ש): ב] באר שבע (גליון): ג] וצ"ל ומינוהו [illegible]

אימא סיפא, אין בין כהן המשמש לכהן שעבר. דהיינו שני, אלא פר יום הכפורים ועשירית האיפה. דמשל ראשון הן באין, הא לכל שאר דבריהם זה וזה שוין, דשני נמי כל מצות כהונה גדולה עליו: אתאן לרבי מאיר, דתניא וכו'. 'עבר' דברייתא לא דמי ל'שעבר' דמתניתין: רבי היא ונסיב לה אליבא דתנאי. בחדא סבר לה כרבי מאיר וסתמה כרבי מאיר, וברישא סבר לה כרבנן וסתמה כרבנן: רבי שמעון סבר לה כרבי מאיר בחדא. דכהן שעבר דשני[ל] כל מצות כהונה עליו, חוץ מפר יוה"כ ועשירית האיפה: ופליג עליה בחדא. דאילו רבי מאיר סבר מרובה בגדים מביא פר הבא על כל המצות[ל], דהיינו פר העלם דבר של צבור, ואילו ר' שמעון סבר דאינו מביא פר הבא על כל המצות, כדתנן 'אין בין משוח בשמן המשחה למרובה בגדים אלא פר הבא על כל המצות': ונוטל חלק בראש. אע"פ שאינו מקריב: ומשמש בשמונה כלים. וההדיוט בארבעה: וכולם נוהגין במשיח שעבר. דהיינו שני: חוץ מפר יוה"כ ועשירית האיפה. דאין בין כהן המשמש לכהן שעבר אלא פר יוה"כ ועשירית האיפה: מאן שמעת ליה דאמר פטור על טומאת מקדש וקדשיו, רבי שמעון[מ]: ת"ל 'כי נזר שמן משחת (קדש) אלהיו עליו', [ו]ולא על משיח חבירו. למעוטי משוח מלחמה דאין מקריב אונן, אבל כהן גדול מקריב אונן בין מרובה בגדים ובין ראשון שחוזר לעבודה, ואפילו שני, מפני שהן בכלל כהונה [גדולה], לאפוקי משוח מלחמה דלאו בכלל כהונה גדולה הוא: ואחר שחלקו הכתוב. למשוח מלחמה שאינו מקריב אונן ככהן גדול, יכול לא יהא מצווה על הבתולה: אלא שעבר מחמת קריו. דהוי כהן גדול מעליא, שהרי חוזר לעבודתו הוא: עבר מחמת מומו. דאינו חוזר לעבודתו מפני המום, מנין שמצווה על הבתולה, תלמוד לומר 'והוא': משיח שנצטרע. כלומר, כהן גדול שנצטרע, מהו באלמנה: מי אמרינן כהונה גדולה מדחא דחי להאי מאלמנה, או דלמא כהונה גדולה מיפטר פטר ליה להאי מאלמנה, וכי נצטרע דליכא כהונה גדולה לא פטר, ומותר באלמנה[פ]: עבר מחמת מומו מנין, תלמוד לומר 'והוא'. דאפילו עבר ראשון מחמת מומו אסור באלמנה, וכי נצטרע אין לך מום גדול מזה, ושמעינן מינה דאפילו הכי אסור באלמנה: למטה למטה ממש. דהיינו בשפת חלוקו: למעלה למעלה ממש. בצואר, בשפה במפתח חלוקו: למטה מקמי שפה. שקורעין למטה משפה לפיו, שהוא למטה מבית הצואר: למעלה מקמי שפה. שקורעין בית הצואר ממש: כיון דבעלמא הוי קרע. דאם רצה אינו מבדיל, אלא קורעין[ע] למטה משפה ויצא ידי קריעה, אם כן כהן גדול היכי מצי קרע למטה מקמי שפה, קרי כאן 'בגדיו לא יפרום': אינו אלא קרע של תפלות. דבעלמא לא יצא ידי קריעה, הלכך מותר בכהן גדול: בראש ובגד של סוטה. דכתיב 'ופרע את ראש האשה' (במדבר ה), ותנן במסכת סוטה (דף ז.) 'הכהן אוחז בבגדיה, אם נקרעו נקרעו, ואם נפרמו נפרמו': שמואל סבר לה בחדא כרבי יהודה. דכל שאינו מבדיל מקמי שפה הוי קרע של תפלות: ופליג עליה בחדא. דאילו רבי יהודה סבר דכהן גדול אינו בפריעה ופרימה כל עיקר, ושמואל סבר דפורם מלמטה למטה מקמי שפה: [פ]למה לי למכתב 'אשר לעולת התמיד'. אלא לכל דתדירא בכל מקום היא קדמה, דזה בנה אב דבכל מקום תדיר קודם, דמשמע 'אשר לעולת התמיד', שהיתה כבר: לפתוח ראשון. לקרות בתורה: ולברך ראשון. בזמון: פרשת

אימא סיפא, אין בין כהן משמש לכהן שעבר אלא פר יום הכפורים ועשירית האיפה, אתאן לרבי מאיר, [ו]דתניא, אירע בו פסול בכהן גדול ועבר ומינו כהן אחר תחתיו, הראשון חוזר לעבודתו, והשני כל מצות כהונה[א] עליו, דברי רבי מאיר; [רבי יוסי אומר, ראשון חוזר לעבודתו, ושני אינו ראוי לא לכהן גדול ולא לכהן הדיוט[ב]], אמר רבי יוסי, [א]מעשה ביוסף בן אילים מצפורי שאירע בו פסול בכהן גדול (ועבר ומינו אחר תחתיו, ולא הניחוהו אחיו הכהנים להיות לא כהן גדול ולא כהן הדיוט[ג]), כהן גדול משום איבה, כהן הדיוט משום [ג]מעלין בקדש ואין מורידין; רישא רבנן וסיפא רבי מאיר. אמר רב חסדא, אין, רישא רבנן וסיפא רבי מאיר. רב יוסף אמר, רבי היא, ונסיב לה אליבא דתנאי. רבא אמר, רבי שמעון היא, וסבר לה כרבי מאיר בחדא ופליג עליה בחדא, [ז]דתניא, דברים שבין כהן גדול לכהן הדיוט אלו הם, פר הבא על כל המצות ופר יום הכפורים ועשירית האיפה, ולא פורע ולא פורם, אבל הוא פורם מלמטה וההדיוט מלמעלה, ואין מטמא לקרובים, ומוזהר[ד] על הבתולה ואסור באלמנה, ומחזיר את הרוצח, ומקריב אונן ואינו אוכל [ואינו חולק[ה]], [ב]מקריב חלק בראש [ג]ונוטל חלק בראש, [ד]ומשמש בשמונה כלים, [ה]וכל עבודת יום הכפורים אינה כשרה אלא בו, ופטור על טומאת מקדש וקדשיו; וכולן נוהגין במרובה בגדים חוץ מפר המביא[ו] על כל המצות; וכולן נוהגין במשיח שעבר חוץ מפר יום הכפורים ועשירית האיפה; וכולן אין נוהגין במשוח מלחמה חוץ מחמשה דברים האמורים בפרשה, לא פורע ולא פורם, ואין מטמא לקרובים, [ו]ומוזהר[ז] על הבתולה ואסור באלמנה; [ח]ומחזיר את הרוצח, דברי רבי יהודה; וחכמים אומרים, [ז]אינו מחזיר. והאי מאי דרבי שמעון היא. אמר רב פפא, מאן שמעת ליה דאמר פטור על טומאת מקדש וקדשיו, רבי שמעון. חוץ מחמשה דברים האמורים בפרשה, מנא הני מילי. דתנו רבנן, [א]'והכהן הגדול מאחיו' זה כהן גדול, 'אשר יוצק על ראשו שמן המשחה' זה משוח מלחמה, 'ומלא את ידו ללבוש את הבגדים' זה מרובה בגדים, על כולן הוא אומר 'ראשו לא יפרע ובגדיו לא יפרום ועל כל נפשות מת לא יבא', יכול יהו כולן מקריבין אוננים, תלמוד לומר 'כי נזר שמן משחת אלהיו עליו', עליו ולא על חבירו, ואחר שחלקו הכתוב ריבה, יכול לא יהא מצווה על הבתולה, תלמוד לומר 'והוא'. כתנאי, 'והוא אשה בבתוליה יקח', אחר שחלק הכתוב ריבה, דברי רבי ישמעאל; רבי עקיבא אומר, אין לי אלא שעבר מחמת קריו, מחמת מומו מנין, [ח]תלמוד לומר 'והוא'. בעא מיניה רבא מרב נחמן, משיח שנצטרע מהו באלמנה, מידחא דחי או מיפטר פטר; לא הוה בידיה. זימנין הוי יתיב רב פפא וקמבעיא ליה; אמר ליה הונא בריה דרב נחמן לרב פפא, תנינא, אין לי אלא שעבר מחמת קריו, עבר מחמת מומו מנין, תלמוד לומר 'והוא'; קם נשקיה ברישיה ויהיב ליה ברתיה:

מתני' [ט]כהן גדול פורם מלמטה, וההדיוט מלמעלה. [י]כהן גדול מקריב אונן [כ]ולא אוכל, [ל]וההדיוט לא מקריב ולא אוכל:

גמ' אמר [רב[ט]], [מ]'למטה' למטה ממש, 'למעלה' למעלה ממש; ושמואל אמר, 'למטה' למטה מקמי שפה, 'למעלה' למעלה מקמי שפה, וזה וזה בצואר. מיתיבי, [ס][נ]על כל המתים כולן, רצה מבדיל קמי שפה שלו, רצה אינו מבדיל קמי שפה שלו, על אביו ועל אמו מבדיל; כיון דבעלמא הוי קרע, קרי כאן [א]'בגדיו לא יפרום'. שמואל כרבי יהודה סבירא ליה, דאמר [ע]כל קרע שאינו מבדיל שפה שלו אינו אלא קרע של תפלות. ומי אית ליה לרבי יהודה קריעה בכהן גדול, והא תניא, [צ]אילו נאמר 'ראש לא יפרע ובגד לא יפרום' הייתי אומר בראש ובגד של סוטה הכתוב מדבר, תלמוד לומר [א]'את ראשו לא יפרע ובגדיו לא יפרום', שאינו בפריעה ופרימה כל עיקר, דברי רבי יהודה; רבי ישמעאל[ט] אומר, אינו פורם כדרך שבני אדם פורמין, אלא הוא מלמטה וההדיוט מלמעלה. שמואל סבר לה כרבי יהודה בחדא ופליג עליה בחדא:

מתני' [כ][ס]כל התדיר מחבירו קודם את חבירו, [ע]וכל המקודש מחבירו קודם את חבירו. פר המשיח ופר העדה עומדים, [פ]פר המשיח קודם לפר העדה בכל מעשיו:

גמ' מנא הני מילי. [ל]אמר אביי, דאמר קרא [ב]'מלבד עולת הבקר אשר לעולת התמיד' [מ](למה לי), מכדי כתיב 'עולת הבקר', [י]'עולת התמיד' למה לי, הכי קאמר רחמנא, כל דתדירה קדמה: וכל המקודש מחבירו הוא קודם את חבירו: מנלן. [נ]דתנא דבי רבי ישמעאל, [ג]'וקדשתו', [צ]לכל דבר שבקדושה, לפתוח [ס]ראשון, ולברך ראשון, וליטול מנה יפה ראשון: פר

משיח שנצטרע מהו באלמנה. לענין מלקות קא בעי דבלאו הכי מצורע אסור בתשמיש המטה. א"נ כמ"ד (מ"ק דף ז:) מצורע בימי חלוטו מותר: מידחא דחי או מפטר פטור. [נמצא בהשמטות]: למטה מקמי שפה. [נמצא בהשמטות]: על אביו ועל אמו מבדיל. [נמצא בהשמטות]: כל התדיר מחבירו קודם את חבירו. [נמצא בהשמטות]: כל המקודש מחבירו קודם את חבירו. [נמצא בהשמטות]: מכדי כתיב מלבד עולת הבוקר. [נמצא בהשמטות]: למה לי למכתב תו אשר לעולת התמיד. [נמצא בהשמטות]:

This *daf* is dedicated *l'iluy nishmas*: Sophie bat Frieda *z"l*

sacrifices *korbanos* on the day he is an *onan* (on the day of the death of his close relative), but he may not eat *korbanos* on that day. וְהַהֶדְיוֹט לֹא מַקְרִיב וְלֹא אוֹכֵל — And a *kohen hedyot* who is an *onan* cannot sacrifice nor eat *korbanos.*

גְּמָרָא — GEMARA

[רב] אָמַר— Rav said: לְמַטָּה — When the Mishnah says that a *kohen gadol* tears the bottom of his garments, לְמַטָּה מַמָּשׁ — it means literally at the bottom seam of the garment, לְמַעְלָה — and when the Mishnah says that a *kohen hedyot* tears the top of the garment, לְמַעְלָה מַמָּשׁ — it means literally at the top seam of the garment. וּשְׁמוּאֵל אָמַר — And Shmuel said: לְמַטָּה — When the Mishnah says that the *kohen gadol* tears the bottom of the garment, לְמַטָּה מִקַּמֵּי שָׂפָה — it means not to tear the neckline, but to start the tear under the neckline, לְמַעְלָה — and when the Mishnah says that a *kohen hedyot* tears the top of the garment, לְמַעְלָה מִקַּמֵּי שָׂפָה — it means he tears open from the neckline, וְזֶה וָזֶה בַּצַּוָּאר — but both the bottom and the top that the Mishnah refers to are near the neckline.

מֵיתִיבֵי — The Gemara asks from a *Baraisa*: עַל כָּל הַמֵּתִים כּוּלָּן — On all dead relatives that one tears his garments, רָצָה מַבְדִּיל קַמֵּי שָׂפָה שֶׁלּוֹ — if he wishes he can tear his garment open from the neckline, רָצָה אֵינוֹ מַבְדִּיל קַמֵּי שָׂפָה שֶׁלּוֹ — and if he wants, he does not need to tear from the neckline. עַל אָבִיו וְעַל אִמּוֹ — But one tearing his garment for his father and his mother, מַבְדִּיל — must rip it open from the neckline. The Gemara asks: כֵּיוָן דִּבְעָלְמָא הָוֵי קֶרַע — Since normally, it is considered tearing the garment, even it is not ripped apart from the neckline, how can Shmuel say that the *kohen gadol* can tear his garment as long as he doesn't tear the neckline? קְרִי כָּאן — But the *pasuk* here says: בְּגָדָיו לֹא יִפְרֹם — "He may not tear his garment." Since a tear is considered a tear even when it does not tear open the neckline, such a tear should be included in this prohibition!

The Gemara answers: שְׁמוּאֵל כְּרַבִּי יְהוּדָה סְבִירָא לֵיהּ — Shmuel holds like the opinion of Rabi Yehudah, דְּאָמַר — who argues with the previous *Baraisa*, and says: כָּל קֶרַע שֶׁאֵינוֹ מַבְדִּיל שָׂפָה שֶׁלּוֹ — Any tear which does not tear open the neckline, אֵינוֹ אֶלָּא קֶרַע שֶׁל תִּפְלוּת — is nothing but a meaningless tear. Therefore, Shmuel holds that there is no prohibition for a *kohen gadol* to tear his garments if he does not tear them apart from the neckline. The Gemara asks: וּמִי אִית לֵיהּ לְרַבִּי יְהוּדָה קְרִיעָה בְּכֹהֵן גָּדוֹל — And does Rabi Yehudah hold that there is a type of tear that the *kohen gadol* is allowed to make? וְהָא תַּנְיָא — But is it not taught in a *Baraisa*: אִילּוּ נֶאֱמַר רֹאשׁ לֹא יִפְרַע וּבֶגֶד לֹא יִפְרֹם — If it would have said in the *pasuk*, "hair of the head shall not grow long, and garment shall not be torn," הָיִיתִי אוֹמֵר — I would have said, בְּרֹאשׁ וּבֶגֶד שֶׁל סוֹטָה הַכָּתוּב מְדַבֵּר — that the *pasuk* is referring to the head and garment of a *sotah*, and the *pasuk* is teaching that a *kohen gadol* may not be the

For this *daf's shiur* and charts, scan this QR code:

עין משפט נר מצוה

לד א מיי' פרק א מהלכות עבודת יוה"כ הלכה ג ועיין בכסף משנה:
לה ב מיי' פ"ה מהלכות כלי המקדש הלכה יב:
לו ג מיי' שם ופ"י מהלכות מעשה הקרבנות הלכה יח:
לז ד מיי' פ"ח מהלכות כלי המקדש הלכה א ופ"י הלכה ד סמג עשין קעג:
לח ה מיי' פ"א מהלכות עבודת יוה"כ הלכה ב:
לט ו מיי' פי"ז מהלכות איסורי ביאה הל"א:
מ ז מיי' פ"ז מהלכות רוצח הלכה ט:
מא ח מיי' פי"ז מהלכות איסורי ביאה הלכה א:
מב ט מיי' פרק ה מהלכות כלי המקדש הלכה ו ופ"ז מהלכות אבל הלכה ו ופ"ח הלכה א:
מג י מיי' פ"ב מהלכות ביאת מקדש הל"ו:
מד כ מיי' שם הלכה ח:
מה ל מיי' שם הלכה ז:
מו מ מיי' פ"ה מהלכות כלי המקדש הלכה ו ופ"א מהלכות אבל הלכה א:
מז נ מיי' פ"ח מהלכות אבל הלכה ג סמג עשין מד"ס ב טוש"ע יו"ד סי' שמ סעיף יב:
מח ס ע מיי' פ"ט מהלכות תמידים ומוספין הלכה ב:
מט פ מיי' שם הלכה ז:
נ צ מיי' פ"ד מהלכות כלי המקדש הלכה כ טוש"ע או"ח סי' רא סעיף ב:

תוספות הרא"ש

ר"י אמר רבי היא ונסיב לה אליבא דתנאי. ולאו משום דסבר כר"מ בחדא אלא סבר בכולה מלתא כרבנן. אלא בחדא נסיב לה כר"מ כדי לאשכוחי טובא אין בין. ואליבא דר"מ מצי למתני אין בין כהן משמש לכהן שעבר אלא פר יוה"כ ועשירית האיפה אבל לא אליבא דרבנן דסברי דשני אין לו דין כהן גדול כלל: ומחזיר את הרוצח [דברי ר"י] וחכ"א אינו מחזיר. פלוגתא דר"י ורבנן היא במכות פרק אלו הן הגולין אבל במרובה בגדים ומשיח שעבר מודו דמחזיר. ואע"ג דכתיב אשר משח אותו בשמן הקדש מרבויא דקרא מרבי להו. דתלתא כהן[ל] כתיבי בקרא. וישב בה עד מות הכהן הגדול. כי בעיר מקלטו ישב עד מות הכהן הגדול. ואחרי מות הכהן הגדול ישוב הרוצח. חד למשיח בשמן המשחה. וחד למרובה בגדים. וחד למשיח שעבר. ובמשוח מלחמה פליגו בה ר"י ורבנן [ר"י סבר] מחזיר. ומפרש טעמא התם דכתוב עוד כהן אחרינא לשוב לשבת בארץ עד מות הכהן. ורבנן סברי מדלא כתיב הכהן הגדול ש"מ האי הכהן חד מהנך תלתא כהני הוא: הכהן הגדול מאחיו זה כהן גדול. אפי' אם לא כתוב אשר יוצק על ראשו ממילא ידענא דלא הוי כהן גדול אלא במשיחה או ברבוי בגדים דילפי' מאהרן: דכתיב [ק] כי נזר שמן משחת אלהיו עליו עליו ולא על חבירו. משמע דממעט אחר משוח כמותו אבל לא מרובה בגדים. ועוד דמרובה בגדים הוי בכלל ומן המקדש לא יצא שהרי הוא משמש במקדש בכהונה גדולה: ר"ע אומר אין לי אלא שעבר מחמת קריו מחמת מומו מנין ת"ל והוא. פי' הרמ"ה דר"ע דריש שתי דרשות מן והוא דכוליה יתירא הוא. וה"ק אין לי דמרבה מן הוא אלא עבר מחמת קריו עבר מחמת מומו מנין ת"[ל] פי' וי"ו יתירא דוהוא. ולא נהירא דמשמע דר"ע אוהוא דדרש ר' ישמעאל קאי וכי היכי דר"י לא דריש מני' אלא חדא דרשא ה"נ ר"ע לא דריש מניה אלא חדא דרשא. וה"פ אין לי דמסתבר למימר שלא תפחות קדושתו מחמת פסולו אלא שעבר מחמת קריו שבידו לחזור לקדושתו כשירצה שיטבול ושמשא ממילא ערבא. עבר מחמת מומו שאין בידו לחזור לקדושתו מנין: משיח שנצטרע מהו באלמנה. לענין מלקות קא בעי דבלאו הכי מצורע אסור בתשמיש המטה. א"נ כמ"ד (מ"ק דף ז:) מצורע בימי חלוטו מותר: [נמצא בהשמטות]: מידחא דחי או מפטר פטור. [נמצא בהשמטות]: למטה מקמי שפה. [נמצא בהשמטות]: על אביו ועל אמו מבדיל. [נמצא בהשמטות]: כל התדיר מחבירו קודם את חבירו. [נמצא בהשמטות]: כל המקודש מחבירו קודם את חבירו. [נמצא בהשמטות]: מכדי כתיב מלבד עולת הבוקר. [נמצא בהשמטות]: למה לי למכתב תו אשר לעולת התמיד. [נמצא בהשמטות]:

רש"י

אֵימָא סֵיפָא, אֵין בֵּין כֹּהֵן הַמְשַׁמֵּשׁ לְכֹהֵן שֶׁעָבַר. דְּהַיְינוּ שֵׁנִי, אֶלָּא פַּר יוֹם הַכִּפּוּרִים וַעֲשִׂירִית הָאֵיפָה. דְּמִשֶּׁל רִאשׁוֹן הֵן בָּאִין, הָא לְכָל שְׁאָר דִּבְרֵיהֶם זֶה וָזֶה שָׁוִין, דְּשֵׁנִי נַמֵּי כָּל מִצְוֹת כְּהוּנָּה גְּדוֹלָה עָלָיו וְכוּ'. 'עָבַר' דְּבָרַיְיתָא לָא דָּמֵי לְ'שֶׁעָבַר' דְּמַתְנִיתִין: רַבִּי הִיא וּנְסִיב לָהּ אַלִּיבָּא דְּתַנָּאֵי. בַּחֲדָא סָבַר לָהּ כְּרַבִּי מֵאִיר וְסַתְמָהּ כְּרַבִּי מֵאִיר, וּבְרֵישָׁא סָבַר לָהּ כְּרַבָּנָן וְסַתְמָהּ כְּרַבָּנָן: רַבִּי שִׁמְעוֹן סָבַר לָהּ כְּרַבִּי מֵאִיר בַּחֲדָא. דְּכֹהֵן שֶׁעָבַר דְּשֵׁנִי[ל] כָּל מִצְוֹת כְּהוּנָּה עָלָיו, חוּץ מִפַּר יוֹה"כ וַעֲשִׂירִית הָאֵיפָה: וּפְלִיג עֲלֵיהּ בַּחֲדָא. דְּאִילּוּ רַבִּי מֵאִיר סָבַר מְרוּבֵּה בְגָדִים מֵבִיא פַּר הַבָּא עַל כָּל הַמִּצְוֹת[ו], דְּהַיְינוּ פַּר הֶעְלֵם דָּבָר שֶׁל צִבּוּר, וְאִילּוּ ר' שִׁמְעוֹן סָבַר דְּאֵינוֹ מֵבִיא פַּר הַבָּא עַל כָּל הַמִּצְוֹת, כִּדְתְנַן 'אֵין בֵּין מָשׁוּחַ בְּשֶׁמֶן הַמִּשְׁחָה לִמְרוּבֵּה בְגָדִים אֶלָּא פַּר הַבָּא עַל כָּל הַמִּצְוֹת': וְנוֹטֵל חֵלֶק בָּרֹאשׁ. אַף עַל פִּי שֶׁאֵינוֹ מַקְרִיב: וּמְשַׁמֵּשׁ בִּשְׁמוֹנָה כֵּלִים. וְהַהֶדְיוֹט בְּאַרְבָּעָה: וְכוּלָּם נוֹהֲגִין בְּמָשִׁיחַ שֶׁעָבַר. דְּהַיְינוּ שֵׁנִי: חוּץ מִפַּר יוֹה"כ וַעֲשִׂירִית הָאֵיפָה. דְּאֵין בֵּין כֹּהֵן הַמְשַׁמֵּשׁ לְכֹהֵן שֶׁעָבַר אֶלָּא פַּר יוֹה"כ וַעֲשִׂירִית הָאֵיפָה: מַאן שָׁמְעַתְּ לֵיהּ דְּאָמַר פָּטוּר עַל טוּמְאַת מִקְדָּשׁ וְקָדָשָׁיו, רַבִּי שִׁמְעוֹן[מ]: ת"ל 'כִּי נֵזֶר שֶׁמֶן מִשְׁחַת (קדש) אֱלֹהָיו עָלָיו', [י] וְלֹא עַל מָשִׁיחַ חֲבֵירוֹ. לְמַעוּטֵי מְשׁוּחַ מִלְחָמָה דְּאֵין מַקְרִיב אוֹנֵן, אֲבָל כֹּהֵן גָּדוֹל מַקְרִיב אוֹנֵן בֵּין מְרוּבֵּה בְגָדִים וּבֵין רִאשׁוֹן שֶׁחוֹזֵר לָעֲבוֹדָה, וַאֲפִילּוּ שֵׁנִי, מִפְּנֵי שֶׁהֵן בִּכְלַל כְּהוּנָּה [גְּדוֹלָה], לְאַפּוּקֵי מְשׁוּחַ מִלְחָמָה דְּלָאו בִּכְלַל כְּהוּנָּה גְּדוֹלָה הוּא: וְאַחַר שֶׁחִלְּקוֹ הַכָּתוּב. לִמְשׁוּחַ מִלְחָמָה שֶׁאֵינוֹ מַקְרִיב אוֹנֵן כְּכֹהֵן גָּדוֹל, יָכוֹל לֹא יְהֵא מְצוּוֶּה עַל הַבְּתוּלָה: אֶלָּא שֶׁעָבַר מֵחֲמַת קִרְיוֹ. דְּהָוֵי כֹּהֵן גָּדוֹל מְעַלְיָא, שֶׁהֲרֵי חוֹזֵר לַעֲבוֹדָתוֹ הוּא: עָבַר מֵחֲמַת מוּמוֹ. דְּאֵינוֹ חוֹזֵר לַעֲבוֹדָתוֹ מִפְּנֵי הַמּוּם, מִנַּיִן שֶׁמְּצוּוֶּה עַל הַבְּתוּלָה, תַּלְמוּד לוֹמַר 'וְהוּא': מָשִׁיחַ שֶׁנִּצְטָרַע. כְּלוֹמַר, כֹּהֵן גָּדוֹל שֶׁנִּצְטָרַע, מַהוּ בְּאַלְמָנָה: מִי אָמְרִינַן כְּהוּנָּה גְּדוֹלָה מִדְחָא דָּחֵי לְהַאי מֵאַלְמָנָה, אוֹ דִּלְמָא כְּהוּנָּה גְּדוֹלָה מִיפְטַר פָּטַר לֵיהּ לְהַאי מֵאַלְמָנָה, וְכִי נִצְטָרַע דְּלֵיכָּא כְּהוּנָּה גְּדוֹלָה לָא פָּטַר, וּמוּתָּר בְּאַלְמָנָה[ס]: עָבַר מֵחֲמַת מוּמוֹ מִנַּיִן, תַּלְמוּד לוֹמַר 'וְהוּא'. דַּאֲפִילּוּ עָבַר רִאשׁוֹן מֵחֲמַת מוּמוֹ אָסוּר בְּאַלְמָנָה, וְכִי נִצְטָרַע אֵין לְךָ מוּם גָּדוֹל מִזֶּה, וְשָׁמְעִינַן מִינָּהּ דַּאֲפִילּוּ הָכִי אָסוּר בְּאַלְמָנָה: לְמַטָּה לְמַטָּה מַמָּשׁ. דְּהַיְינוּ בְּשָׂפַת חֲלוּקוֹ: לְמַעְלָה לְמַעְלָה מַמָּשׁ. בְּצַוָּאר, בְּשָׂפָה בְּמַפְתֵּחַ חֲלוּקוֹ: לְמַטָּה מִקַּמֵּי שָׂפָה. שֶׁקּוֹרְעִין לְמַטָּה מִשָּׂפָה לְפִיו, שֶׁהוּא לְמַטָּה מִבֵּית הַצַּוָּאר: לְמַעְלָה מִקַּמֵּי שָׂפָה. שֶׁקּוֹרְעִין בֵּית הַצַּוָּאר מַמָּשׁ: כֵּיוָן דִּבְעָלְמָא הָוֵי קֶרַע. דְּאִם רָצָה אֵינוֹ מַבְדִּיל, אֶלָּא קוֹרְעִין[ע] לְמַטָּה מִשָּׂפָה וְיָצָא יְדֵי קְרִיעָה, אִם כֵּן כֹּהֵן גָּדוֹל הֵיכִי מָצֵי קָרַע לְמַטָּה מִקַּמֵּי שָׂפָה, קָרֵי כָּאן 'בְּגָדָיו לֹא יִפְרוֹם': אֵינוֹ אֶלָּא קֶרַע שֶׁל תִּפְלוֹת. דִּבְעָלְמָא לֹא יָצָא יְדֵי קְרִיעָה, הִלְכָּךְ מוּתָּר בְּכֹהֵן גָּדוֹל: בְּרֹאשׁ וּבֶגֶד שֶׁל סוֹטָה. דִּכְתִיב 'וּפָרַע אֶת רֹאשׁ הָאִשָּׁה' (במדבר ה), וּתְנַן בְּמַסֶּכֶת סוֹטָה (דף ז.) 'הַכֹּהֵן אוֹחֵז בִּבְגָדֶיהָ, אִם נִקְרְעוּ נִקְרְעוּ, וְאִם נִפְרְמוּ נִפְרְמוּ': שְׁמוּאֵל סָבַר לָהּ בַּחֲדָא כְּרַבִּי יְהוּדָה. דְּכֹל שֶׁאֵינוֹ מַבְדִּיל מִקַּמֵּי שָׂפָה הָוֵי קֶרַע שֶׁל תִּפְלוֹת: וּפְלִיג עֲלֵיהּ בַּחֲדָא. דְּאִילּוּ רַבִּי יְהוּדָה סָבַר דְּכֹהֵן גָּדוֹל אֵינוֹ בִּפְרִיעָה וּפְרִימָה כָּל עִיקָּר, וּשְׁמוּאֵל סָבַר דְּפוֹרֵם מִלְּמַטָּה לְמַטָּה מִקַּמֵּי שָׂפָה: [פ] לָמָּה לִי לְמִכְתַּב 'אֲשֶׁר לְעוֹלַת הַתָּמִיד'. אֶלָּא לְכָל דִּתְדִירָא בְּכָל מָקוֹם הִיא קָדְמָה, דְּזֶה בָּנָה אָב דִּבְכָל מָקוֹם תָּדִיר קוֹדֵם, דְּמַשְׁמַע 'אֲשֶׁר לְעוֹלַת הַתָּמִיד', שֶׁהָיְתָה כְּבָר: לִפְתּוֹחַ רִאשׁוֹן. לִקְרוֹת בַּתּוֹרָה: וּלְבָרֵךְ רִאשׁוֹן. בְּזִמּוּן:

גמרא

אֵימָא סֵיפָא, אֵין בֵּין כֹּהֵן מְשַׁמֵּשׁ לְכֹהֵן שֶׁעָבַר אֶלָּא פַּר יוֹם הַכִּפּוּרִים וַעֲשִׂירִית הָאֵיפָה, אֲתָאן לְרַבִּי מֵאִיר, [א]דְּתַנְיָא, אֵירַע בּוֹ פְּסוּל בְּכֹהֵן גָּדוֹל וְעָבַר וּמִינּוּ כֹּהֵן אַחֵר תַּחְתָּיו, הָרִאשׁוֹן חוֹזֵר לַעֲבוֹדָתוֹ, וְהַשֵּׁנִי כָּל מִצְוֹת כְּהוּנָּה[א] עָלָיו, דִּבְרֵי רַבִּי מֵאִיר; [רַבִּי יוֹסֵי אוֹמֵר, רִאשׁוֹן חוֹזֵר לַעֲבוֹדָתוֹ, וְשֵׁנִי אֵינוֹ רָאוּי לֹא לְכֹהֵן גָּדוֹל וְלֹא לְכֹהֵן הֶדְיוֹט[ב]], אָמַר רַבִּי יוֹסֵי, [א]מַעֲשֶׂה בְּיוֹסֵף בֶּן אִילֵּם מִצִּפּוֹרִי שֶׁאֵירַע בּוֹ פְּסוּל בְּכֹהֵן גָּדוֹל (וְעָבַר וּמִינּוּ אַחֵר תַּחְתָּיו, וְלֹא הִנִּיחוּהוּ אֶחָיו הַכֹּהֲנִים לִהְיוֹת לֹא כֹּהֵן גָּדוֹל וְלֹא כֹּהֵן הֶדְיוֹט[ג]), כֹּהֵן גָּדוֹל מִשּׁוּם אֵיבָה, כֹּהֵן הֶדְיוֹט מִשּׁוּם [ב]מַעֲלִין בַּקֹּדֶשׁ וְאֵין מוֹרִידִין; רֵישָׁא רַבָּנָן וְסֵיפָא רַבִּי מֵאִיר. אָמַר רַב חִסְדָּא, אִין, רֵישָׁא רַבָּנָן וְסֵיפָא רַבִּי מֵאִיר. רַב יוֹסֵף אָמַר, רַבִּי הִיא, וּנְסִיב לָהּ אַלִּיבָּא דְּתַנָּאֵי. רָבָא אָמַר, רַבִּי שִׁמְעוֹן הִיא, וְסָבַר לָהּ כְּרַבִּי מֵאִיר בַּחֲדָא וּפְלִיג עֲלֵיהּ בַּחֲדָא, [ג]דְּתַנְיָא, דְּבָרִים שֶׁבֵּין כֹּהֵן גָּדוֹל לְכֹהֵן הֶדְיוֹט אֵלּוּ הֵם, פַּר הַבָּא עַל כָּל הַמִּצְוֹת וּפַר יוֹם הַכִּפּוּרִים וַעֲשִׂירִית הָאֵיפָה, וְלֹא פּוֹרֵעַ וְלֹא פּוֹרֵם, אֲבָל הוּא פּוֹרֵם מִלְּמַטָּה וְהַהֶדְיוֹט מִלְמַעְלָה, וְאֵין מְטַמֵּא לִקְרוֹבִים, וּמוּזְהָר[ד] עַל הַבְּתוּלָה וְאָסוּר בְּאַלְמָנָה, וּמַחֲזִיר אֶת הָרוֹצֵחַ, וּמַקְרִיב אוֹנֵן וְאֵינוֹ אוֹכֵל [וְאֵינוֹ חוֹלֵק[ה]], [ב]מַקְרִיב חֵלֶק בָּרֹאשׁ [ג]וְנוֹטֵל חֵלֶק בָּרֹאשׁ, [ד]וּמְשַׁמֵּשׁ בִּשְׁמוֹנָה כֵּלִים, [ה][ו]וְכָל עֲבוֹדַת יוֹם הַכִּפּוּרִים אֵינָהּ כְּשֵׁרָה אֶלָּא בּוֹ, וּפָטוּר עַל טוּמְאַת מִקְדָּשׁ וְקָדָשָׁיו; וְכוּלָּן נוֹהֲגִין בִּמְרוּבֵּה בְגָדִים חוּץ מִפַּר הַמֵּבִיא[ו] עַל כָּל הַמִּצְוֹת; וְכוּלָּן נוֹהֲגִין בְּמָשִׁיחַ שֶׁעָבַר חוּץ מִפַּר יוֹם הַכִּפּוּרִים וַעֲשִׂירִית הָאֵיפָה; וְכוּלָּן אֵין נוֹהֲגִין בִּמְשׁוּחַ מִלְחָמָה חוּץ מֵחֲמִשָּׁה דְּבָרִים הָאֲמוּרִים בַּפָּרָשָׁה, לֹא פּוֹרֵעַ וְלֹא פּוֹרֵם, וְאֵין מְטַמֵּא לִקְרוֹבִים, [ו]וּמוּזְהָר[ז] עַל הַבְּתוּלָה וְאָסוּר בְּאַלְמָנָה; [ח]וּמַחֲזִיר אֶת הָרוֹצֵחַ, דִּבְרֵי רַבִּי יְהוּדָה; וַחֲכָמִים אוֹמְרִים, [ז]אֵינוֹ מַחֲזִיר. וְהַאי מִמַּאי דְּרַבִּי שִׁמְעוֹן הִיא. אָמַר רַב פָּפָּא, מַאן שָׁמְעַתְּ לֵיהּ דְּאָמַר פָּטוּר עַל טוּמְאַת מִקְדָּשׁ וְקָדָשָׁיו, [י]רַבִּי שִׁמְעוֹן. חוּץ מֵחֲמִשָּׁה דְּבָרִים הָאֲמוּרִים בַּפָּרָשָׁה, מְנָא הָנֵי מִילֵּי. דְּתָנוּ רַבָּנָן, [א]'וְהַכֹּהֵן הַגָּדוֹל מֵאֶחָיו' זֶה כֹּהֵן גָּדוֹל, 'אֲשֶׁר יוּצַק עַל רֹאשׁוֹ שֶׁמֶן הַמִּשְׁחָה' זֶה מְשׁוּחַ מִלְחָמָה, 'וּמִלֵּא אֶת יָדוֹ לִלְבּוֹשׁ אֶת הַבְּגָדִים' זֶה מְרוּבֵּה בְגָדִים, עַל כּוּלָּן הוּא אוֹמֵר 'רֹאשׁוֹ לֹא יִפְרָע וּבְגָדָיו לֹא יִפְרוֹם וְעַל כָּל נַפְשׁוֹת מֵת לֹא יָבֹא', יָכוֹל יְהוּ כּוּלָּן מַקְרִיבִין אוֹנְנִים, תַּלְמוּד לוֹמַר 'כִּי נֵזֶר שֶׁמֶן מִשְׁחַת אֱלֹהָיו עָלָיו', עָלָיו וְלֹא עַל חֲבֵירוֹ, וְאַחַר שֶׁחִלְּקוֹ הַכָּתוּב יָכוֹל לֹא יְהֵא מְצוּוֶּה עַל הַבְּתוּלָה, תַּלְמוּד לוֹמַר 'וְהוּא'. כְּתַנָּאֵי, 'וְהוּא אִשָּׁה בִבְתוּלֶיהָ יִקָּח', אַחַר שֶׁחִלֵּק הַכָּתוּב רִיבָּה, דִּבְרֵי רַבִּי יִשְׁמָעֵאל; רַבִּי עֲקִיבָא אוֹמֵר, אֵין לִי אֶלָּא שֶׁעָבַר מֵחֲמַת קִרְיוֹ, מֵחֲמַת מוּמִין מִנַּיִן, [ח]תַּלְמוּד לוֹמַר 'וְהוּא'. בְּעָא מִינֵּיהּ רָבָא מֵרַב נַחְמָן, מָשִׁיחַ שֶׁנִּצְטָרַע מַהוּ בְּאַלְמָנָה, מִידְחָא דָּחֵי אוֹ מִיפְטַר פָּטַר; לָא הֲוָה בִּידֵיהּ. זִימְנִין הֲוֵי יָתֵיב רַב פָּפָּא וְקָמִבַּעְיָא לֵיהּ; אָמַר לֵיהּ הוּנָא בְּרֵיהּ דְּרַב נַחְמָן לְרַב פָּפָּא, תְּנֵינָא, אֵין לִי אֶלָּא שֶׁעָבַר מֵחֲמַת קִרְיוֹ, עָבַר מֵחֲמַת מוּמִין מִנַּיִן, תַּלְמוּד לוֹמַר 'וְהוּא'; קָם נַשְׁקֵיהּ בְּרֵישֵׁיהּ וְיָהֵיב לֵיהּ בְּרַתֵּיהּ: **מתני'** [ט]כֹּהֵן גָּדוֹל פּוֹרֵם מִלְּמַטָּה, וְהַהֶדְיוֹט מִלְמַעְלָה. [י]כֹּהֵן גָּדוֹל [כ]מַקְרִיב אוֹנֵן [כ]וְלֹא אוֹכֵל, [ל]וְהַהֶדְיוֹט לֹא מַקְרִיב וְלֹא אוֹכֵל: **גמ'** אָמַר [רַב[י]], [מ]'לְמַטָּה' לְמַטָּה מַמָּשׁ, 'לְמַעְלָה' לְמַעְלָה מַמָּשׁ; וּשְׁמוּאֵל אָמַר, 'לְמַטָּה' לְמַטָּה מִקַּמֵּי שָׂפָה, 'לְמַעְלָה' לְמַעְלָה מִקַּמֵּי שָׂפָה, וְזֶה וָזֶה בְּצַוָּאר. מֵיתִיבִי, [ס][נ]עַל כָּל הַמֵּתִים כּוּלָּן, רָצָה מַבְדִּיל קַמֵּי שָׂפָה שֶׁלּוֹ, רָצָה אֵינוֹ מַבְדִּיל קַמֵּי שָׂפָה שֶׁלּוֹ, עַל אָבִיו וְעַל אִמּוֹ מַבְדִּיל; כֵּיוָן דִּבְעָלְמָא הָוֵי קֶרַע, קָרֵי כָּאן [א]'בְּגָדָיו לֹא יִפְרוֹם'. שְׁמוּאֵל כְּרַבִּי יְהוּדָה סְבִירָא לֵיהּ, דְּאָמַר [ט]כָּל קֶרַע שֶׁאֵינוֹ מַבְדִּיל[פ] שָׂפָה שֶׁלּוֹ אֵינוֹ אֶלָּא קֶרַע שֶׁל תִּפְלוֹת. וּמִי אִית לֵיהּ לְרַבִּי יְהוּדָה קְרִיעָה בְּכֹהֵן גָּדוֹל, וְהָא תַּנְיָא, [י]אִילּוּ נֶאֱמַר 'רֹאשׁ לֹא יִפְרַע וּבֶגֶד לֹא יִפְרוֹם' הָיִיתִי אוֹמֵר בְּרֹאשׁ וּבֶגֶד שֶׁל סוֹטָה הַכָּתוּב מְדַבֵּר, תַּלְמוּד לוֹמַר [א]'אֶת רֹאשׁוֹ לֹא יִפְרָע וּבְגָדָיו לֹא יִפְרוֹם', שֶׁאֵינוֹ בִּפְרִיעָה וּפְרִימָה כָּל עִיקָּר, דִּבְרֵי רַבִּי יְהוּדָה; רַבִּי יִשְׁמָעֵאל[ע] אוֹמֵר, אֵינוֹ פּוֹרֵם כְּדֶרֶךְ שֶׁבְּנֵי אָדָם פּוֹרְמִין, אֶלָּא הוּא מִלְּמַטָּה וְהַהֶדְיוֹט מִלְמַעְלָה. שְׁמוּאֵל סָבַר לָהּ כְּרַבִּי יְהוּדָה בַּחֲדָא וּפְלִיג עֲלֵיהּ בַּחֲדָא: **מתני'** [ס][פ]כָּל הַתָּדִיר מֵחֲבֵירוֹ קוֹדֵם אֶת חֲבֵירוֹ, [ע]וְכָל הַמְקוּדָּשׁ מֵחֲבֵירוֹ קוֹדֵם אֶת חֲבֵירוֹ. פַּר הַמָּשִׁיחַ וּפַר הָעֵדָה עוֹמְדִים, [פ]פַּר הַמָּשִׁיחַ קוֹדֵם לְפַר הָעֵדָה בְּכָל מַעֲשָׂיו: **גמ'** מְנָא הָנֵי מִילֵּי. [ס]אָמַר אַבַּיֵּי, דְּאָמַר קְרָא [ב]'מִלְּבַד עוֹלַת הַבֹּקֶר אֲשֶׁר לְעוֹלַת הַתָּמִיד' [מ](לָמָּה לִי), מִכְּדֵי כְּתִיב 'עוֹלַת הַבֹּקֶר',[י] 'עוֹלַת הַתָּמִיד' לָמָּה לִי, הָכִי קָאָמַר רַחֲמָנָא, כָּל דִּתְדִירָה קָדְמָה: וְכָל הַמְקוּדָּשׁ מֵחֲבֵירוֹ הוּא קוֹדֵם אֶת חֲבֵירוֹ: מְנָלַן. [ס]דְּתָנָא דְּבֵי רַבִּי יִשְׁמָעֵאל, [ג]'וְקִדַּשְׁתּוֹ', [צ]לְכָל דָּבָר שֶׁבִּקְדוּשָּׁה, לִפְתּוֹחַ [ק]רִאשׁוֹן, וּלְבָרֵךְ רִאשׁוֹן, וְלִיטּוֹל מָנָה יָפָה רִאשׁוֹן: פַּר

מסורת הש"ס עם הוספות

א) יומא יב: ע"ש מגילה ט. ע"ש תוספתא דיומא פ"א ה"ד, ב) [ברכות כח. שבת כא: יומא יב: עג. מגילה ט: כא: מנחות לט. לט.], ג) [יומא עג. ע"ש], ד) [יומא לב: עג. חולין כט:], ה) [מכות יא.], ו) [לעיל ט.], ז) יומא יג: [מו"ק יד: כ"ק קי.] זבחים לט. תוספתא דזבחים פי"א ה"ב, ח) מו"ק כב:, ט) [שם:], י) ת"כ פ' אמור פרשה ב ה"ג, כ) זבחים פט. לא., ל) [זבחים פט. ע"ש], מ) [מנחות שם ליתא], נ) גיטין נט: מ"ק כח: נדרים מב., ס) [עי' תוס' חולין פז. סד"ה וחייבו].

תורה אור השלם

א) וְהַכֹּהֵן הַגָּדוֹל מֵאֶחָיו אֲשֶׁר יוּצַק עַל רֹאשׁוֹ שֶׁמֶן הַמִּשְׁחָה וּמִלֵּא אֶת יָדוֹ לִלְבֹּשׁ אֶת הַבְּגָדִים אֶת רֹאשׁוֹ לֹא יִפְרָע וּבְגָדָיו לֹא יִפְרֹם: וְעַל כָּל נַפְשֹׁת מֵת לֹא יָבֹא לְאָבִיו וּלְאִמּוֹ לֹא יִטַּמָּא: וּמִן הַמִּקְדָּשׁ לֹא יֵצֵא וְלֹא יְחַלֵּל אֵת מִקְדַּשׁ אֱלֹהָיו כִּי נֵזֶר שֶׁמֶן מִשְׁחַת אֱלֹהָיו עָלָיו אֲנִי יְיָ: וְהוּא אִשָּׁה בִבְתוּלֶיהָ יִקָּח: [ויקרא כא, י-יג]

ב) מִלְּבַד עֹלַת הַבֹּקֶר אֲשֶׁר לְעֹלַת הַתָּמִיד תַּעֲשׂוּ אֶת אֵלֶּה: [במדבר כח, כג]

ג) וְקִדַּשְׁתּוֹ כִּי אֶת לֶחֶם אֱלֹהֶיךָ הוּא מַקְרִיב קָדֹשׁ יִהְיֶה לָּךְ כִּי קָדוֹשׁ אֲנִי יְיָ מְקַדִּשְׁכֶם: [ויקרא כא, ח]

הגהות וציונים

א] צ"ל כהונה גדולה עליו (רש"ש): ב] באר שבע (גליון): ג] וצ"ל ומינוהו תחתיו ובא מעשה לפני חכמים ואמרו ראשון חוזר לעבודתו שני אינו ראוי לא לכהן גדול ולא לכהן הדיוט וכן הוא ביומא. באר שבע (גליון): ד] כת"י "ומצווה על הבתולה ומוזהר על האלמנה", וכמו ביומא: ה] באר שבע (גליון): ו] כת"י הבא, וכמו ביומא: ז] בדפו"י היה ט"ס "רבא", והגיהו הב"ש: ח] [במו"ק איתא כל קרע שאינו מבדיל קמי שפה שלו] (גליון): ט] נ"ב צ"ל ר' מאיר (הגהות הגר"א, וכ"ה בת"כ). בילקוט ובכת"י ישמעאל, ועי' מ"ש המגיה בהגהות הגר"א: י] מכדי כתיב עולת הבוקר, אשר לעולת התמיד למה לי (כת"י, וכ"ה ברש"י): כ] דהיינו שני (בארות המים): ל] עיין באר שבע (גליון): מ] בכת"י נוסף הפירוש דתנן לעיל בפרק הורה כהן משיח אלא שאין כהן גדול חייב על טומאת ממקדש וקדשיו כדברי ר' שמעון: נ] בכת"י נוסף עליו: ס] נוסח הרמ"ה כת"י ורש"י כת"י "מי אמרינן כהונה גדולה מדחא דחיא ליה להאי מאלמנה וכיון דאידחי ידחה ואסור באלמנה או דלמא מפטר פטר באלמנה כיון שנצטרע ואינו אסור באלמנה אלא כשהוא בכהונה גדולה": ע] קורע (בארות המים, וכ"ה בכת"י): פ] בכת"י נוסף דבור זה: צ] כל התדיר מחבירו. התדיר ואינו תדיר [תדיר] קודם: ק] כהן גדול כתיב: ר] כת"י ת"ל והוא פי' (כת"י).

This *daf* is dedicated *l'iluy nishmas*: Sophie bat Frieda *z"l*

one to loosen the hair, and tear the garment of a *sotah*. תַּלְמוּד לוֹמַר — Therefore, the *pasuk* teaches, אֶת רֹאשׁוֹ לֹא יִפְרָע וּבְגָדָיו לֹא יִפְרֹם — "the hair of *his* head he shall not grow long, and *his* garment he shall not tear," to teach, שֶׁאֵינוֹ בִּפְרִיעָה וּפְרִימָה כָּל עִיקָּר — that a *kohen gadol* is not at all included in the *mitzvah* of a mourner to tear his garment or grow his hair. דִּבְרֵי רַבִּי יְהוּדָה — These are the words of Rabi Yehudah. רַבִּי יִשְׁמָעֵאל אוֹמֵר — Rabi Yishmael says: אֵינוֹ פּוֹרֵם כְּדֶרֶךְ שֶׁבְּנֵי אָדָם פּוֹרְמִין — The *pasuk* only prohibits a *kohen gadol* from tearing his garment like a regular person would; אֶלָּא הוּא מִלְּמַטָּה וְהַהֶדְיוֹט מִלְמַעְלָה — rather, he tears starting from under the neckline, and a regular person tears the garment apart from the top by the neckline. Since we are saying that Shmuel holds like Rabi Yehudah, and Rabi Yehudah says that a *kohen gadol* does not tear his garments at all, how could Shmuel hold that a *kohen gadol* tears his garments as long as he doesn't tear open the neckline?

The Gemara answers: שְׁמוּאֵל סָבַר לַהּ כְּרַבִּי יְהוּדָה בַּחֲדָא — Shmuel holds like Rabi Yehudah in one point, that any tear which does not tear the neckline apart is a meaningless tear, וּפְלִיג עֲלֵיהּ בַּחֲדָא — and he argues on Rabi Yehudah in the other point, as Shmuel holds that a *kohen gadol* does tear his garments, just that he does not tear open the neckline.

מַתְנִיתִין — MISHNAH

כָּל הַתָּדִיר מֵחֲבֵירוֹ — Any mitzvah that is more constant than another mitzvah, קוֹדֵם אֶת חֲבֵירוֹ — comes before the other mitzvah. If one has two *mitzvos* to perform, the more frequent one comes first. וְכָל הַמְקוּדָּשׁ מֵחֲבֵירוֹ קוֹדֵם אֶת חֲבֵירוֹ — And anything that is more sanctified than another, the one that is more sanctified takes precedence. פַּר הַמָּשִׁיחַ וּפַר הָעֵדָה עוֹמְדִים — If the bull of a *kohen gadol* that he is bringing as a *Chatas*, and the *Par He'eleim Davar* of the community are both standing ready to be sacrificed, פַּר הַמָּשִׁיחַ קוֹדֵם לְפַר הָעֵדָה בְּכָל מַעֲשָׂיו — the bull of the *kohen gadol* takes precedence over the *Par He'eleim Davar* of the community, in all its *avodos*.

גְּמָרָא — GEMARA

The Gemara asks: מְנָא הָנֵי מִילֵּי — From where do we know these words that a mitzvah which is more frequent takes precedence? The Gemara answers: אָמַר אַבַּיֵי — Abaye said: דְּאָמַר קְרָא — Because the *pasuk* says, regarding the fact that the *Korban Mussaf* of Yom Tov is brought after the regular *Korban Tamid* (*Bamidbar* 28:23): מִלְּבַד עוֹלַת הַבֹּקֶר אֲשֶׁר לְעוֹלַת הַתָּמִיד — "Beside the *Olah* of the morning, which is for the *Olah* of the [*Korban*] *Tamid*." (למה לי) מִכְּדֵי כְּתִיב עוֹלַת הַבֹּקֶר — Once it is written that the *Mussaf* is brought after "The

For this *daf's shiur* and charts, scan this QR code:

אימא סיפא, אין בין כהן משמש לכהן שעבר אלא פר יום הכפורים ועשירית האיפה, אתאן לרבי מאיר, דתניא, אירע בו פסול בכהן גדול ועבר ומינו כהן אחר תחתיו, הראשון חוזר לעבודתו, והשני כל מצות כהונה עליו, דברי רבי מאיר; [רבי יוסי אומר, ראשון חוזר לעבודתו, ושני אינו ראוי לא לכהן גדול ולא לכהן הדיוט]. אמר רבי יוסי, מעשה ביוסף בן אילים מצפורי שאירע בו פסול בכהן גדול (ועבר ומינו אחר תחתיו, ולא הניחוהו אחיו הכהנים להיות לא כהן גדול ולא כהן הדיוט), כהן גדול משום איבה, כהן הדיוט משום מעלין בקדש ואין מורידין; רישא רבנן וסיפא רבי מאיר. אמר רב חסדא, אין, רישא רבנן וסיפא רבי מאיר. רב יוסף אמר, רבי היא, ונסיב לה אליבא דתנאי. רבא אמר, רבי שמעון היא, וסבר לה כרבי מאיר בחדא ופליג עליה בחדא, דתניא, דברים שבין כהן גדול לכהן הדיוט אלו הם, פר הבא על כל המצות ופר יום הכפורים ועשירית האיפה, ולא פורע ולא פורם, אבל הוא פורם מלמטה וההדיוט מלמעלה, ואין מטמא לקרובים, ומוזהר על הבתולה ואסור באלמנה, ומחזיר את הרוצח, ומקריב אונן ואינו אוכל [ואינו חולק], מקריב חלק בראש ונוטל חלק בראש, ומשמש בשמונה כלים, וכל עבודת יום הכפורים אינה כשרה אלא בו, ופטור על טומאת מקדש וקדשיו; וכולן נוהגין במרובה בגדים חוץ מפר המביא על כל המצות; וכולן נוהגין במשיח שעבר חוץ מפר יום הכפורים ועשירית האיפה; וכולן אין נוהגין במשוח מלחמה חוץ מחמשה דברים האמורים בפרשה, לא פורע ולא פורם, ואין מטמא לקרובים, ומוזהר על הבתולה ואסור באלמנה; ומחזיר את הרוצח, דברי רבי יהודה; וחכמים אומרים, אינו מחזיר. והאי ממאי דרבי שמעון היא. אמר רב פפא, מאן שמעת ליה דאמר פטור על טומאת מקדש וקדשיו, רבי שמעון. חוץ מחמשה דברים האמורים בפרשה, מנא הני מילי. דתנו רבנן, 'והכהן הגדול מאחיו' זה כהן גדול, 'אשר יוצק על ראשו שמן המשחה' זה משוח מלחמה, 'ומלא את ידו ללבוש את הבגדים' זה מרובה בגדים, על כולן הוא אומר 'ראשו לא יפרע ובגדיו לא יפרום ועל כל נפשות מת לא יבא', יכול יהו כולן מקריבין אוננים, תלמוד לומר 'כי נזר שמן משחת אלהיו עליו', עליו ולא על חבירו, ואחר שחלקו הכתוב יכול לא יהא מצווה על הבתולה, תלמוד לומר 'והוא'. כתנאי, 'והוא אשה בבתוליה יקח', אחר שחלק הכתוב ריבה, דברי רבי ישמעאל; רבי עקיבא אומר, אין לי אלא שעבר מחמת קריו, מחמת מומין מנין, תלמוד לומר 'והוא'. בעא מיניה רבא מרב נחמן, משיח שנצטרע מהו באלמנה, מידחא דחי או מיפטר פטר; לא הוה בידיה. זימנין הוי יתיב רב פפא וקמבעיא ליה; אמר ליה הונא בריה דרב נחמן לרב פפא, תנינא, אין לי אלא שעבר מחמת קריו, עבר מחמת מומין מנין, תלמוד לומר 'והוא'; קם נשקיה ברישיה ויהיב ליה ברתיה: **מתני'** כהן גדול פורם מלמטה, וההדיוט מלמעלה. כהן גדול מקריב אונן ולא אוכל, וההדיוט לא מקריב ולא אוכל: **גמ'** אמר [רב], 'למטה' למטה ממש, 'למעלה' למעלה ממש; ושמואל אמר, 'למטה' למטה מקמי שפה, 'למעלה' למעלה מקמי שפה, וזה וזה בצואר. מיתיבי, על כל המתים כולן, רצה מבדיל קמי שפה שלו, רצה אינו מבדיל קמי שפה שלו, על אביו ועל אמו מבדיל; כיון דבעלמא הוי קרע, קרי כאן 'בגדיו לא יפרום'. שמואל כרבי יהודה סבירא ליה, דאמר כל קרע שאינו מבדיל שפה שלו אינו אלא קרע של תפלות. ומי אית ליה לרבי יהודה קריעה בכהן גדול, והא תניא, אילו נאמר 'ראש לא יפרע ובגד לא יפרום' הייתי אומר בראש ובגד של סוטה הכתוב מדבר, תלמוד לומר 'את ראשו לא יפרע ובגדיו לא יפרום', שאינו בפריעה ופרימה כל עיקר, דברי רבי יהודה; רבי ישמעאל אומר, אינו פורם כדרך שבני אדם פורמין, אלא הוא מלמטה וההדיוט מלמעלה. שמואל סבר לה כרבי יהודה בחדא ופליג עליה בחדא: **מתני'** כל התדיר מחבירו קודם את חבירו, וכל המקודש מחבירו קודם את חבירו. פר המשיח ופר העדה עומדים, פר המשיח קודם לפר העדה בכל מעשיו: **גמ'** מנא הני מילי. אמר אביי, דאמר קרא 'מלבד עולת הבקר אשר לעולת התמיד' (למה לי), מכדי כתיב 'עולת הבקר', 'עולת התמיד' למה לי, הכי קאמר רחמנא, כל דתדירה קדמה: וכל המקודש מחבירו הוא קודם את חבירו: מנלן. דתנא דבי רבי ישמעאל, 'וקדשתו', לכל דבר שבקדושה, לפתוח ראשון, ולברך ראשון, וליטול מנה יפה ראשון:

פר

This *daf* is dedicated *l'iluy nishmas*: Sophie bat Frieda *z"l*

Olah of the morning," **עוֹלַת הַתָּמִיד לְמָה לִי** — why do I need the *pasuk* to write "the *Olah* of the *Korban Tamid*?" **הָכִי קָאָמַר רַחֲמָנָא** — But the Torah is saying: **כֹּל דִּתְדִירָה קָדְמָה** — Not only in this case does the *Korban Tamid* of the morning precede the *Mussaf*, but anything which is "*Tamid*", more constant, precedes that which is less constant.

The Mishnah continued: **וְכָל הַמְקוּדָּשׁ מֵחֲבֵירוֹ הוּא קוֹדֵם אֶת חֲבֵירוֹ** — And anything that is more sanctified than another, the one that is more sanctified takes precedence. **מְנָלַן** — From where do we learn that halachah? The Gemara answers: **דְּתָנָא דְּבֵי רַבִּי יִשְׁמָעֵאל** — As it was taught is a *Baraisa* in the *yeshivah* of Rabi Yishmael: The *pasuk* says in regards to a *kohen* (*Vayikra* 21:8), **וְקִדַּשְׁתּוֹ** — "And you shall sanctify him." We explain this to mean: **לְכָל דָּבָר שֶׁבִּקְדוּשָּׁה** — for all matters of *kedushah*, the *kohen* shall be first; **לִפְתּוֹחַ רִאשׁוֹן** — he shall be the first to open the Torah for *leining* (he gets the first *aliyah*), **וּלְבָרֵךְ רִאשׁוֹן** — and he shall be chosen first to *bentch zimmun*, **וְלִיטּוֹל מָנָה יָפָה רִאשׁוֹן** — and when he divides anything with a non-*kohen*, he shall be given the first opportunity to take a nice portion. Just as the *kohen* takes precedence because he is more sanctified, so too, anything which is more sanctified takes precedence.

For this *daf's shiur* and charts, scan this QR code:

The Mishnah taught: פַּר כֹּהֵן מָשׁוּחַ וּפַר עֵדָה כו' — If the bull of a *kohen gadol* that he is bringing as a *Chatas*, and the *Par He'eleim Davar* of the community are both standing, ready to be sacrificed, the bull of the *kohen gadol* takes precedence over the *Par He'eleim Davar* of the community. מְנָא הָנֵי מִילֵּי — From where do we learn this? דְּתָנוּ רַבָּנָן — As the *Chachamim* taught in a *Baraisa*: The *pasuk* regarding the *Par He'eleim Davar* of the community says (*Vayikra* 4:21), וְשָׂרַף אוֹתוֹ כַּאֲשֶׁר שָׂרַף אֵת הַפָּר הָרִאשׁוֹן — "And he shall burn it as he burned the first bull [the bull of the *kohen gadol* which was discussed in the previous *parshah*]. "מַה תַּלְמוּד לוֹמַר הָרִאשׁוֹן — Why does the *pasuk* refer to the bull of the *kohen gadol* as the "first" bull? It could have simply referred to it as "the bull!" שֶׁיְּהֵא רִאשׁוֹן —The *pasuk* is teaching that when there are two *korbanos* to sacrifice, the bull of the community and the bull of the *kohen gadol*, the bull of the *kohen gadol* should come first, קוֹדֵם לְפַר הָעֵדָה בְּכָל מַעֲשָׂיו — before the bull of the community, in all its *avodos*.

תָּנוּ רַבָּנָן — The *Chachamim* taught in a *Baraisa*: פַּר כֹּהֵן מָשִׁיחַ וּפַר הָעֵדָה עוֹמְדִים — If the bull of a *kohen gadol* that he is bringing as a *Chatas*, and the *Par He'eleim Davar* of the community are both standing ready to be sacrificed, פַּר כֹּהֵן מָשִׁיחַ קוֹדֵם לְפַר הָעֵדָה בְּכָל מַעֲשָׂיו — the bull of the *kohen gadol* takes precedence over the *Par He'eleim Davar* of the community in all its actions. הוֹאִיל וּמָשִׁיחַ מְכַפֵּר — Since the *kohen gadol* atones for the community, וְעֵדָה מִתְכַּפֶּרֶת — and the community gains atonement, דִּין הוּא שֶׁיַּקְדִּים הַמְכַפֵּר לַמִּתְכַּפֵּר — it is logical that the one who atones should precede the one who gains atonement. וְכֵן הוּא אוֹמֵר — And similarly the *pasuk* says regarding the atonement of Yom Kippur (*Vayikra* 16:17), וְכִפֶּר בַּעֲדוֹ וּבְעַד בֵּיתוֹ וּבְעַד כָּל קְהַל יִשְׂרָאֵל — "And he shall atone for himself, and for his household, and for all the congregation of Yisrael." We see that the *kohen gadol* first atones for himself and only afterward does he atone for others.

The *Baraisa* continues: פַּר הֶעְלֵם דָּבָר שֶׁל צִבּוּר קוֹדֵם לְפַר שֶׁל עֲבוֹדַת כּוֹכָבִים — If the *Par He'eleim Davar* and the bull that is brought by the community as an *Olah* to atone for *avodah zarah* are ready to be sacrificed, the *Par He'eleim Davar* of the community is sacrificed before the bull of *avodah zarah*. מַאי טַעְמָא — What is the reason for this? הַאי חַטָּאת וְהַאי עוֹלָה — Because the *Par He'eleim Davar* is a *Korban Chatas*, and the bull brought for *avodah zarah* is a *Korban Olah*. וְתַנְיָא — And it is taught in a *Baraisa*: The *pasuk* says regarding the *Korban Oleh V'Yored* of a poor man, where two birds are brought, one as a *Chatas* and one as an *Olah* (*Vayikra* 5:8), וְהִקְרִיב אֶת אֲשֶׁר לַחַטָּאת רִאשׁוֹנָה — "And he shall sacrifice that one that is a *Chatas* first." מַה תַּלְמוּד לוֹמַר — Why must the *pasuk* say this? אִם לְלַמֵּד שֶׁתְּהֵא חַטָּאת רִאשׁוֹנָה — If it is to teach simply that this bird that is brought as a *Chatas* precedes the bird that is an *Olah*, הֲרֵי כְּבָר נֶאֱמַר — but that is already stated (5:10), וְאֶת הַשֵּׁנִי יַעֲשֶׂה עוֹלָה כַּמִּשְׁפָּט — "And the second he shall sacrifice as an *Olah* according to the rules." If the *Olah* is brought second, I already know that the *Chatas* is brought first, so why does the *pasuk* need to teach that the *Chatas* is brought first? אֶלָּא זֶה בָּנָה אָב שֶׁיְּהוּ כָּל

For this *daf's shiur* and charts, scan this QR code:

פַּר כֹּהֵן מָשִׁיחַ וּפַר עֵדָה כוּ': מְנָא הָנֵי מִילֵּי. דְּתָנוּ רַבָּנָן, 'וְשָׂרַף אוֹתוֹ כַּאֲשֶׁר שָׂרַף אֵת הַפָּר הָרִאשׁוֹן', מַה תַּלְמוּד לוֹמַר 'הָרִאשׁוֹן', שֶׁיְּהֵא רִאשׁוֹן קוֹדֵם לְפַר הָעֵדָה בְּכָל מַעֲשָׂיו. תָּנוּ רַבָּנָן, פַּר כֹּהֵן מָשִׁיחַ וּפַר הָעֵדָה עוֹמְדִים, פַּר כֹּהֵן מָשִׁיחַ קוֹדֵם לְפַר הָעֵדָה בְּכָל מַעֲשָׂיו, הוֹאִיל וּמָשִׁיחַ מְכַפֵּר וְעֵדָה מִתְכַּפֶּרֶת, דִּין הוּא שֶׁיִּקְדְּמוּ הַמְכַפֵּר לַמִּתְכַּפֵּר, וְכֵן הוּא אוֹמֵר 'וְכִפֶּר בַּעֲדוֹ וּבְעַד בֵּיתוֹ וּבְעַד כָּל קְהַל יִשְׂרָאֵל'. פַּר הֶעְלֵם דָּבָר שֶׁל צִבּוּר קוֹדֵם לְפַר שֶׁל עֲבוֹדַת כּוֹכָבִים. מַאי טַעְמָא, הַאי חַטָּאת וְהַאי עוֹלָה, וְתַנְיָא, 'וְהִקְרִיב אֶת אֲשֶׁר לַחַטָּאת רִאשׁוֹנָה', מַה תַּלְמוּד לוֹמַר, אִם לְלַמֵּד שֶׁתְּהֵא חַטָּאת רִאשׁוֹנָה, הֲרֵי כְּבָר נֶאֱמַר 'וְאֶת הַשֵּׁנִי יַעֲשֶׂה עוֹלָה כַּמִּשְׁפָּט', אֶלָּא זֶה בָּנָה אָב שֶׁיִּהוּ כָּל חַטָּאוֹת קוֹדְמוֹת לָעוֹלוֹת הַבָּאִים עִמָּהֶם, וְקַיְימָא לָן דַּאֲפִילּוּ חַטַּאת הָעוֹף קוֹדֶמֶת לְעוֹלַת בְּהֵמָה. פַּר עֲבוֹדַת כּוֹכָבִים קוֹדֵם לִשְׂעִיר עֲבוֹדַת כּוֹכָבִים. אַמַּאי, הַאי חַטָּאת וְהַאי עוֹלָה. אָמְרִי בְּמַעֲרָבָא מִשְּׁמֵיהּ דְּרָבָא בַּר מָרִי, חַטַּאת עֲבוֹדַת כּוֹכָבִים חַסִּירָא אָלֶ"ף, 'לְחַטָּת' כְּתִיב. רָבָא אָמַר, 'כַּמִּשְׁפָּט' כְּתִיב בֵּיהּ. שְׂעִיר עֲבוֹדַת כּוֹכָבִים קוֹדֵם לִשְׂעִיר נָשִׂיא. מַאי טַעְמָא. הַאי צִבּוּר וְהַאי יָחִיד. שְׂעִיר נָשִׂיא קוֹדֵם לִשְׂעִירַת יָחִיד. מַאי טַעְמָא. הַאי מֶלֶךְ וְהַאי הֶדְיוֹט. שְׂעִירַת יָחִיד קוֹדֶמֶת לְכִבְשַׂת יָחִיד. וְהָא תַּנְיָא, כִּבְשַׂת יָחִיד קוֹדֶמֶת לִשְׂעִירַת יָחִיד. אָמַר אַבַּיֵי, תַּנָּאֵי הִיא, מַר סָבַר שְׂעִירָה עֲדִיפָא, שֶׁכֵּן נִתְרַבְּתָה אֵצֶל עֲבוֹדַת כּוֹכָבִים בְּיָחִיד, וּמַר סָבַר כִּבְשָׂה עֲדִיפָא, שֶׁכֵּן נִתְרַבְּתָה בְּאַלְיָה. עוֹמֶר קוֹדֵם לְכֶבֶשׂ הַבָּא עִמּוֹ, שְׁתֵּי הַלֶּחֶם קוֹדְמִים לִכְבָשִׂים הַבָּאִים עִמָּהֶם; זֶה הַכְּלָל, דָּבָר הַבָּא בְּגִין לַיּוֹם קוֹדֵם לְדָבָר הַבָּא בְּגִין לֶחֶם:

מתני' הָאִישׁ קוֹדֵם לָאִשָּׁה לְהַחֲיוֹת וּלְהָשֵׁב אֲבֵדָה; וְהָאִשָּׁה קוֹדֶמֶת לָאִישׁ לִכְסוּת וּלְהוֹצִיא מִבֵּית הַשֶּׁבִי; בִּזְמַן שֶׁשְּׁנֵיהֶם עוֹמְדִים בְּקַלְקָלָה, הָאִישׁ קוֹדֵם לָאִשָּׁה:

גמ' תָּנוּ רַבָּנָן, הָיָה הוּא וְאָבִיו וְרַבּוֹ בַּשֶּׁבִי, הוּא קוֹדֵם לְרַבּוֹ, וְרַבּוֹ קוֹדֵם לְאָבִיו, אִמּוֹ קוֹדֶמֶת לְכוּלָּם; חָכָם קוֹדֵם לְמֶלֶךְ יִשְׂרָאֵל, חָכָם שֶׁמֵּת אֵין לָנוּ כַּיּוֹצֵא בּוֹ, מֶלֶךְ יִשְׂרָאֵל שֶׁמֵּת כָּל יִשְׂרָאֵל רְאוּיִם לְמַלְכוּת; מֶלֶךְ קוֹדֵם לְכֹהֵן גָּדוֹל, שֶׁנֶּאֱמַר 'וַיֹּאמֶר הַמֶּלֶךְ (אֲלֵיהֶם) [לָהֶם] קְחוּ עִמָּכֶם (אוֹ מֵ)עַבְדֵי אֲדוֹנֵיכֶם' וְגוֹ'; כֹּהֵן גָּדוֹל קוֹדֵם לְנָבִיא, שֶׁנֶּאֱמַר 'וּמָשַׁח אוֹתוֹ שָׁם צָדוֹק הַכֹּהֵן וְנָתָן הַנָּבִיא', הִקְדִּים צָדוֹק לְנָתָן, וְאוֹמֵר 'שְׁמַע נָא יְהוֹשֻׁעַ הַכֹּהֵן הַגָּדוֹל אַתָּה וְרֵעֶיךָ' וְגוֹ', יָכוֹל הֶדְיוֹטוֹת הָיוּ, תַּלְמוּד לוֹמַר 'כִּי אַנְשֵׁי מוֹפֵת הֵמָּה', וְאֵין מוֹפֵת אֶלָּא נָבִיא, שֶׁנֶּאֱמַר 'וְנָתַן אֵלֶיךָ אוֹת אוֹ מוֹפֵת'; מָשׁוּחַ בְּשֶׁמֶן הַמִּשְׁחָה קוֹדֵם לִמְרוּבֶּה בְּגָדִים; מְרוּבֶּה בְּגָדִים קוֹדֵם לְמָשִׁיחַ שֶׁעָבַר מֵחֲמַת קִרְיוֹ; מָשִׁיחַ שֶׁעָבַר מֵחֲמַת קִרְיוֹ קוֹדֵם לְעָבַר מֵחֲמַת מוּמוֹ; עָבַר מֵחֲמַת מוּמוֹ קוֹדֵם לִמְשׁוּחַ מִלְחָמָה; מְשׁוּחַ מִלְחָמָה קוֹדֵם לַסְּגָן; סְגָן קוֹדֵם לַאֲמַרְכָּל. מַאי אֲמַרְכָּל. אָמַר רַב חִסְדָּא, אָמַר כּוֹלָּא. אֲמַרְכָּל קוֹדֵם לְגִזְבָּר; גִּזְבָּר קוֹדֵם לְרֹאשׁ מִשְׁמָר; רֹאשׁ מִשְׁמָר קוֹדֵם לְרֹאשׁ בֵּית אָב; רֹאשׁ בֵּית אָב קוֹדֵם לְכֹהֵן הֶדְיוֹט. אִיבַּעְיָא לְהוּ, לְעִנְיַן טוּמְאָה, סְגָן וּמְשׁוּחַ מִלְחָמָה אֵיזֶה מֵהֶם קוֹדֵם. אָמַר מַר זוּטְרָא בְּרֵיהּ דְּרַב נַחְמָן, תָּא שְׁמַע, דְּתַנְיָא, סְגָן וּמְשׁוּחַ מִלְחָמָה שֶׁהָיוּ מְהַלְּכִים בַּדֶּרֶךְ וּפָגַע בָּהֶם מֵת מִצְוָה, מוּטָב שֶׁיִּטַּמֵּא מְשׁוּחַ מִלְחָמָה וְאַל יִטַּמֵּא סְגָן, שֶׁאִם יֶאֱרַע בּוֹ פְּסוּל בְּכֹהֵן גָּדוֹל נִכְנָס הַסְּגָן וּמְשַׁמֵּשׁ תַּחְתָּיו. וְהָתַנְיָא, מְשׁוּחַ מִלְחָמָה קוֹדֵם לַסְּגָן. אָמַר רָבִינָא, כִּי תַּנְיָא הַהִיא לְהַחֲיוֹתוֹ:

מתני' כֹּהֵן קוֹדֵם לְלֵוִי, לֵוִי לְיִשְׂרָאֵל, יִשְׂרָאֵל לְמַמְזֵר, וּמַמְזֵר לְנָתִין, וְנָתִין לְגֵר, וְגֵר לְעֶבֶד מְשׁוּחְרָר; אֵימָתַי, בִּזְמַן שֶׁכּוּלָּם שָׁוִים, אֲבָל אִם הָיָה מַמְזֵר תַּלְמִיד חָכָם וְכֹהֵן גָּדוֹל עַם הָאָרֶץ, מַמְזֵר תַּלְמִיד חָכָם קוֹדֵם לְכֹהֵן גָּדוֹל עַם הָאָרֶץ:

גמ' כֹּהֵן קוֹדֵם לְלֵוִי, שֶׁנֶּאֱמַר '(וּ)בְנֵי עַמְרָם אַהֲרֹן וּמֹשֶׁה, וַיִּבָּדֵל אַהֲרֹן (לְהַקְרִיב) [לְהַקְדִּישׁוֹ] קֹדֶשׁ (ה)קֳּדָשִׁים'. לֵוִי קוֹדֵם לְיִשְׂרָאֵל, שֶׁנֶּאֱמַר 'בָּעֵת הַהִיא הִבְדִּיל יְיָ אֶת שֵׁבֶט הַלֵּוִי' (מִתּוֹךְ) וְגוֹ'. יִשְׂרָאֵל קוֹדֵם לְמַמְזֵר, שֶׁזֶּה מְיוּחָס וְזֶה אֵינוֹ מְיוּחָס. מַמְזֵר קוֹדֵם לְנָתִין, זֶה בָּא מִטִּפָּה כְּשֵׁרָה וְזֶה בָּא מִטִּפָּה פְּסוּלָה. נָתִין קוֹדֵם לְגֵר, זֶה גָּדַל עִמָּנוּ בִּקְדוּשָּׁה וְזֶה לֹא גָּדַל עִמָּנוּ בִּקְדוּשָּׁה. גֵּר קוֹדֵם לְעֶבֶד מְשׁוּחְרָר, זֶה הָיָה בִּכְלַל אָרוּר וְזֶה לֹא הָיָה בִּכְלַל אָרוּר: אֵימָתַי בִּזְמַן שֶׁכּוּלָּן שָׁוִין כוּ': מְנָא הָנֵי מִילֵּי. אָמַר רַב אַחָא בְּרַבִּי חֲנִינָא, דְּאָמַר קְרָא 'יְקָרָה הִיא מִפְּנִינִים', מִכֹּהֵן גָּדוֹל שֶׁנִּכְנָס לִפְנֵי וְלִפְנִים. תַּנְיָא, רַבִּי שִׁמְעוֹן בֶּן יוֹחַי אוֹמֵר, בַּדִּין הוּא שֶׁיִּקְדְּמוּ עֶבֶד מְשׁוּחְרָר לְגֵר, שֶׁזֶּה גָּדַל עִמָּנוּ בִּקְדוּשָּׁה וְזֶה לֹא גָּדַל עִמָּנוּ בִּקְדוּשָּׁה, אֶלָּא זֶה הָיָה בִּכְלַל אָרוּר וְזֶה לֹא הָיָה בִּכְלַל אָרוּר. שָׁאֲלוּ תַּלְמִידָיו אֶת רַבִּי אֶלְעָזָר בְּרַבִּי צָדוֹק, מִפְּנֵי מָה הַכֹּל רָצִין לִישָּׂא גִּיּוֹרֶת וְאֵין הַכֹּל רָצִין לִישָּׂא מְשׁוּחְרֶרֶת; אָמַר לָהֶם, זוֹ הָיְתָה בִּכְלַל אָרוּר וְזוֹ לֹא הָיְתָה בִּכְלַל אָרוּר; דָּבָר אַחֵר, זוֹ הָיְתָה בְּחֶזְקַת שָׁמוּר וְזוֹ לֹא בְּחֶזְקַת שָׁמוּר. שָׁאֲלוּ תַּלְמִידָיו אֶת רַבִּי אֶלְעָזָר, מִפְּנֵי מָה הַכֶּלֶב מַכִּיר אֶת קוֹנוֹ וְחָתוּל אֵינוֹ מַכִּיר אֶת קוֹנוֹ; אָמַר לָהֶם, וּמָה הָאוֹכֵל מִמָּה שֶׁעַכְבָּר אוֹכֵל מְשַׁכֵּחַ, הָאוֹכֵל עַכְבָּר עַצְמוֹ עַל אַחַת כַּמָּה וְכַמָּה. שָׁאֲלוּ תַּלְמִידָיו אֶת רַבִּי אֶלְעָזָר, מִפְּנֵי מָה הַכֹּל מוֹשְׁלִים בָּעַכְבָּרִים; מִפְּנֵי שֶׁסּוֹרְן רַע. מַאי הִיא. רָבָא אָמַר, אֲפִילּוּ גְּלִימֵי גָּיְיצֵי; רַב

רש"י

פַּר כֹּהֵן מָשִׁיחַ כְּתִיבָא בְּרֵישָׁא, וַהֲדַר כְּתִיבָא פַּר הֶעְלֵם דָּבָר שֶׁל צִבּוּר, 'וְעָשָׂה לַפָּר כַּאֲשֶׁר עָשָׂה לְפַר הַחַטָּאת', דְּהַיְינוּ לְפַר כֹּהֵן מָשִׁיחַ, לָמָּה לֵיהּ וּכְתַב 'כַּאֲשֶׁר שָׂרַף אֵת הַפָּר הָרִאשׁוֹן': 'וְכִפֶּר בַּעֲדוֹ'. וַהֲדַר 'וּבְעַד בֵּיתוֹ, וּבְעַד כָּל קְהַל יִשְׂרָאֵל': פַּר דַּעֲבוֹדַת כּוֹכָבִים הָוֵי עוֹלָה: חַסִּירָא אָלֶ"ף. לְמֵימְרָא דְּעוֹלָה קָדְמָה: 'כַּמִּשְׁפָּט' כְּתִיב בֵּיהּ. כְּפַר דַּעֲבוֹדַת כּוֹכָבִים, דְּבָתַר כְּתִיבָה חוּלִין, וְעוֹלָה בְּרֵישָׁא כְּתִיבָא: שְׂעִיר יָחִיד קוֹדֵם לְכִבְשַׂת יָחִיד. כְּגוֹן שֶׁהָיוּ שְׁנַיִם, זֶה הֵבִיא כִּבְשָׂה וְזֶה הֵבִיא שְׂעִירָה: שֶׁכֵּן נִתְרַבְּתָה בְּאַלְיָה, דְּעֵז אֵינָהּ טְעוּנָה אַלְיָה: בְּגִין יוֹם. בִּגְלַל יוֹם; כְּגוֹן גְּלַל עוֹמֶר, וּכְבָשִׂים בִּגְלַל שְׁתֵּי הַלֶּחֶם: מתני' עוֹמְדִים בְּקַלְקָלָה. הָאִישׁ לְמִשְׁכַּב זָכוּר: גמ' אִמּוֹ קוֹדֶמֶת לְכוּלָּם. דְּלֵית לָהּ זִילוּתָא טְפֵי: [חָכָם קוֹדֵם לְמֶלֶךְ יִשְׂרָאֵל. שֶׁאֵין כָּל יִשְׂרָאֵל רְאוּיִן לַחָכְמָה, אֲבָל מֶלֶךְ, כָּל יִשְׂרָאֵל רְאוּיִן לְמַלְכוּת]: מֶלֶךְ קוֹדֵם לְכֹהֵן גָּדוֹל. מִדְּאָמַר מֶלֶךְ לְכֹהֵן גָּדוֹל 'קְחוּ עִמָּכֶם מֵעַבְדֵי אֲדוֹנֵיכֶם', [וְע"כ אַנַּפְשֵׁיהּ קָאָמַר], אַלְמָא מֶלֶךְ עָדִיף: אֲמַרְכְּלָא. שֶׁמְּמוּנֶּה עַל כּוּלָּם, וְאֵין מְשִׁיבִין עַל דְּבָרָיו: גִּזְבָּר. הַמְּמוּנֶּה עַל הָאוֹצָרוֹת שֶׁבַּמִּקְדָּשׁ: אִיבַּעְיָא לְהוּ לְעִנְיַן טוּמְאָה. לִיטַּמֵּא לְמֵת מִצְוָה, סְגָן וּמְשׁוּחַ מִלְחָמָה אֵי זֶה מֵהֶם קוֹדֵם: לְהַחֲיוֹתוֹ. הוּא קוֹדֵם לַסְּגָן, מִשּׁוּם דְּלַצִּבּוּר צְרִיכִים לוֹ לִמְשׁוּחַ מִלְחָמָה לְצוֹרֶךְ מִלְחָמָה טְפֵי מִסְּגָן: דִּכְתִיב 'וַיִּבָּדֵל אַהֲרֹן'. אַלְמָא כֹּהֵן עָדִיף מִלֵּוִי: [בִּכְלַל 'אָרוּר כְּנָעַן'. לֹא מָצָא נֹחַ קְלָלָה לִכְנַעַן גְּדוֹלָה מִזּוֹ שֶׁיְּהֵא עֶבֶד לְאֶחָיו, מִכָּאן שֶׁכָּל עֶבֶד הֲרֵי הוּא בִּכְלַל אָרוּר]: הַכֹּל רוֹצִין לִישָּׂא גִּיּוֹרֶת. שֶׁמִּתְרַצִּין לִישָּׂא גִּיּוֹרֶת מִלִּישָּׂא מְשׁוּחְרֶרֶת: מְשׁוּחְרֶרֶת לֹא הָיְתָה בְּחֶזְקַת שָׁמוּר. דִּסְתָם שִׁפְחָה מוּפְקֶרֶת. לָשׁוֹן אַחֵר, גִּיּוֹרֶת בָּעֲיָא לְאִיגַּיּוֹרֵי, וּמְשַׁמֶּרֶת עַצְמָהּ, לְפִי שֶׁבְּדַעְתָּהּ לְהִתְגַּיֵּיר, אֲבָל שִׁפְחָה אֵין בְּיָדָהּ לְשַׁחְרֵר עַצְמָהּ, וְאֵינָהּ מְשַׁמֶּרֶת עַצְמָהּ: מִפְּנֵי מָה הַכֹּל מוֹשְׁלִין בָּעַכְבָּרִים. כְּלוֹמַר מִפְּנֵי מָה נִתְּנָה מַפָּלָה יְתֵירָה לָעַכְבָּרִים, שֶׁנִּרְדָּפִין תָּדִיר: אָמַר לָהֶם, מִפְּנֵי שֶׁסּוֹרָן רַע. שֶׁיֵּצֶר לִבָּם רַע הוּא יוֹתֵר מִדַּאי. סוֹרוֹ, שַׂר שֶׁלָּהֶם, כִּדְאָמַר (ב"מ דף נט:) בְּגֵר 'שֶׁסּוֹרוֹ רַע', דְּהַיְינוּ יֵצֶר הָרַע שֶׁשַּׂר שֶׁלּוֹ רַע הוּא: מַאי הִיא. הֵיכִי הָוֵי סוֹרָן רַע: אָמַר רָבָא אֲפִילּוּ גְּלִימֵי. דְּלָאו מַאֲכָל וְלֵית בְּהוּ הֲנָאָה אֲפִילּוּ הָכִי גָּיְילֵי לְהוּ: גָּיְיצֵי. נוֹשְׁכִין: שׁוּפְתָּא

תורה אור השלם

א) וְהוֹצִיא אֶת הַפָּר אֶל מִחוּץ לַמַּחֲנֶה וְשָׂרַף אֹתוֹ כַּאֲשֶׁר שָׂרַף אֵת הַפָּר הָרִאשׁוֹן חַטַּאת הַקָּהָל הוּא: [ויקרא ד, כא]

ב) וְכָל אָדָם לֹא יִהְיֶה בְּאֹהֶל מוֹעֵד בְּבֹאוֹ לְכַפֵּר בַּקֹּדֶשׁ עַד צֵאתוֹ וְכִפֶּר בַּעֲדוֹ וּבְעַד בֵּיתוֹ וּבְעַד כָּל קְהַל יִשְׂרָאֵל: [ויקרא טז, יז]

ג) וְהֵבִיא אֹתָם אֶל הַכֹּהֵן וְהִקְרִיב אֶת אֲשֶׁר לַחַטָּאת רִאשׁוֹנָה וּמָלַק אֶת רֹאשׁוֹ מִמּוּל עָרְפּוֹ וְלֹא יַבְדִּיל: [ויקרא ה, ח]

ד) וְאֶת הַשֵּׁנִי יַעֲשֶׂה עֹלָה כַּמִּשְׁפָּט וְכִפֶּר עָלָיו הַכֹּהֵן מֵחַטָּאתוֹ אֲשֶׁר חָטָא וְנִסְלַח לוֹ: [ויקרא ה, י]

ה) וְהָיָה אִם מֵעֵינֵי הָעֵדָה נֶעֶשְׂתָה לִשְׁגָגָה וְעָשׂוּ כָל הָעֵדָה פַּר בֶּן בָּקָר אֶחָד לְעֹלָה לְרֵיחַ נִיחֹחַ לַיי וּמִנְחָתוֹ וְנִסְכּוֹ כַּמִּשְׁפָּט וּשְׂעִיר עִזִּים אֶחָד לְחַטָּת: [במדבר טו, כד]

ו) וַיֹּאמֶר הַמֶּלֶךְ לָהֶם קְחוּ עִמָּכֶם אֶת עַבְדֵי אֲדֹנֵיכֶם וְהִרְכַּבְתֶּם אֶת שְׁלֹמֹה בְנִי עַל הַפִּרְדָּה אֲשֶׁר לִי וְהוֹרַדְתֶּם אֹתוֹ אֶל גִּחוֹן: [מלכים א א, לג]

ז) וּמָשַׁח אֹתוֹ שָׁם צָדוֹק הַכֹּהֵן וְנָתָן הַנָּבִיא לְמֶלֶךְ עַל יִשְׂרָאֵל וּתְקַעְתֶּם בַּשּׁוֹפָר וַאֲמַרְתֶּם יְחִי הַמֶּלֶךְ שְׁלֹמֹה: [מלכים א א, לד]

ח) שְׁמַע נָא יְהוֹשֻׁעַ הַכֹּהֵן הַגָּדוֹל אַתָּה וְרֵעֶיךָ הַיֹּשְׁבִים לְפָנֶיךָ כִּי אַנְשֵׁי מוֹפֵת הֵמָּה כִּי הִנְנִי מֵבִיא אֶת עַבְדִּי צֶמַח: [זכריה ג, ח]

ט) כִּי יָקוּם בְּקִרְבְּךָ נָבִיא אוֹ חֹלֵם חֲלוֹם וְנָתַן אֵלֶיךָ אוֹת אוֹ מוֹפֵת: [דברים יג, ב]

י) בְּנֵי עַמְרָם אַהֲרֹן וּמֹשֶׁה וַיִּבָּדֵל אַהֲרֹן לְהַקְדִּישׁוֹ קֹדֶשׁ קָדָשִׁים הוּא וּבָנָיו עַד עוֹלָם לְהַקְטִיר לִפְנֵי יי לְשָׁרְתוֹ וּלְבָרֵךְ בִּשְׁמוֹ עַד עוֹלָם: [דברי הימים א כג, יג]

כ) בָּעֵת הַהִוא הִבְדִּיל יי אֶת שֵׁבֶט הַלֵּוִי לָשֵׂאת אֶת אֲרוֹן בְּרִית יי לַעֲמֹד לִפְנֵי יי לְשָׁרְתוֹ וּלְבָרֵךְ בִּשְׁמוֹ עַד הַיּוֹם הַזֶּה: [דברים י, ח]

ל) וַיֹּאמֶר אָרוּר כְּנָעַן עֶבֶד עֲבָדִים יִהְיֶה לְאֶחָיו: [בראשית ט, כה]

מ) יְקָרָה הִיא מִפְּנִינִים וְכָל חֲפָצֶיךָ לֹא יִשְׁווּ בָהּ: [משלי ג, טו]

תוספות הרא"ש

הגהות וציונים

חַטָּאוֹת קוֹדְמוֹת לְעוֹלוֹת הַבָּאִים עִמָּהֶם — Rather, this *pasuk* is establishing a rule, that every *Korban Chatas* precedes the *Korban Olah* which is brought together with it. וְקַיְימָא לָן דַּאֲפִילּוּ חַטַּאת הָעוֹף קוֹדֶמֶת לְעוֹלַת בְּהֵמָה — And not only in the case of two bulls does the *Chatas* come first, but we maintain that even a bird *Chatas* precedes an animal *Olah*.

The *Baraisa* continues: פַּר עֲבוֹדַת כּוֹכָבִים קוֹדֵם לִשְׂעִיר עֲבוֹדַת כּוֹכָבִים — The bull which is brought by the community as an *Olah* to atone for *avodah zarah* takes precedence over the male goat which is brought by the community as the *Chatas* to atone for *avodah zarah*. (The community brings two *korbanos* for *avodah zarah*; a bull as an *Olah* and a male goat as a *Chatas*.) The Gemara asks: אַמַּאי — Why should the bull come before the goat? הַאי חַטָּאת וְהַאי עוֹלָה — The bull is an *Olah*, and the goat is a *Chatas*! Didn't we just say that a *Chatas* is always brought before an *Olah*? The Gemara answers: אָמְרֵי בְּמַעֲרָבָא מִשְּׁמֵיהּ דְּרָבָא בַּר מָרִי — In the West (Eretz Yisrael), they say in the name of Rava bar Mari: חַטַּאת עֲבוֹדַת כּוֹכָבִים חַסִּירָא אָלֶף — In the *pasuk* which discusses a communal sin of *avodah zarah* (*Bamidbar* 15:24), the word "*Chatas*" is missing the letter *alef*; לְחַטַּת כְּתִיב — It is written "*l'Chatas*" (without the *alef*). This teaches us that the *Olah* is brought first. The Gemara answers: רָבָא אָמַר — Rava said: כַּמִּשְׁפָּט כְּתִיב בֵּיהּ — The *pasuk* writes (15:24) "according to its laws" regarding the *korbanos* for *avodah zarah*. This indicates that the *korbanos* must be offered exactly in the order that they appear in the *pasuk*. Since the *Olah* appears first, in this case the *Olah* precedes the *Chatas*.

The *Baraisa* continues: שְׂעִיר עֲבוֹדַת כּוֹכָבִים קוֹדֵם לִשְׂעִיר נָשִׂיא — The male goat brought by the community to atone for *avodah zarah* precedes the male goat brought by a king to atone for any sin which obligates a *Chatas*. The Gemara asks: מַאי טַעְמָא — What is the reason for this? The Gemara answers: הַאי צִבּוּר וְהַאי יָחִיד — This goat of the community is brought for the public, and the goat of the king is brought for the individual, and the public comes before the individual.

The *Baraisa* continues: שְׂעִיר נָשִׂיא קוֹדֵם לִשְׂעִירַת יָחִיד — The male goat brought by a king to atone for any sin which obligates a *Chatas*, takes precedence over the female goat brought by the individual as a regular *Chatas*. מַאי טַעְמָא — What is the reason for this? הַאי מֶלֶךְ וְהַאי הֶדְיוֹט — Because the male goat is brought by the king, and the female goat is brought by a commoner, and a king always takes precedence over a commoner.

The *Baraisa* continues: שְׂעִירַת יָחִיד קוֹדֶמֶת לְכִבְשַׂת יָחִיד — The female goat brought by the individual as a regular *Chatas* takes precedence over a female sheep that is being offered as a *Chatas*, by a different individual, at the same time. The Gemara asks: וְהָא תַּנְיָא — But isn't it taught in a *Baraisa* that the opposite is true: כִּבְשַׂת יָחִיד קוֹדֶמֶת לִשְׂעִירַת יָחִיד — The female sheep of the individual takes precedence over the female goat of the individual? The Gemara answers: אָמַר אַבַּיֵי — Abaye said: תַּנָּאֵי הִיא — It is a dispute

For this *daf's shiur* and charts, scan this QR code:

פָּרָשַׁת פַּר כֹּהֵן מָשִׁיחַ כְּתִיבָא בְּרֵישָׁא, וַהֲדַר כְּתִיבָא פַּר הֶעְלֵם דָּבָר שֶׁל צִבּוּר, 'וְעָשָׂה לַפָּר כַּאֲשֶׁר עָשָׂה לְפַר הַחַטָּאת', דְּהַיְינוּ לְפַר כֹּהֵן מָשִׁיחַ, לָמָּה לֵיהּ לְמִיהְדַּר וּכְתַב 'כַּאֲשֶׁר שָׂרַף אֵת הַפָּר הָרִאשׁוֹן': וְכִפֶּר בַּעֲדוֹ. וַהֲדַר 'וּבְעַד בֵּיתוֹ, וּבְעַד כָּל קְהַל יִשְׂרָאֵל': פַּר דַּעֲבוֹדַת כּוֹכָבִים הָוֵי עוֹלָה: חַסִּירָא אָלֶ"ף. לְמֵימְרָא דְּעוֹלָה קָדְמָה: 'כַּמִּשְׁפָּט' כְּתִיב בֵּיהּ. בְּפַר דַּעֲבוֹדַת כּוֹכָבִים, דְּכָתַר כְּתִיבָה חֲזִינַן, וְעוֹלָה בְּרֵישָׁא כְּתִיבָא: שְׂעִיר יָחִיד קוֹדֵם לְכִבְשַׂת יָחִיד. כְּגוֹן שֶׁהָיוּ שְׁנַיִם, זֶה הֵבִיא כִּשְׂבָּה וְזֶה הֵבִיא שְׂעִירָה: שֶׁכֵּן נִתְרַבְּתָה בְּאַלְיָה. דְּעֵז אֵינָהּ טְעוּנָה אַלְיָה: בִּגְיַן יוֹם. בִּגְלַל יוֹם; כְּבָשׂ גְּלַל עוֹמֶר, וּכְבָשִׂים בִּגְלַל שְׁתֵּי הַלֶּחֶם: מתני' עוֹמְדִים בְּקַלְקָלָה. הָאִישׁ לְמִשְׁכַּב זָכוּר: גמ' אִמּוֹ קוֹדֶמֶת לְכוּלָּם. דְּאִית לָהּ זִילוּתָא טְפֵי: [חָכָם קוֹדֵם לְמֶלֶךְ יִשְׂרָאֵל. שֶׁאֵין כָּל יִשְׂרָאֵל רְאוּיִן לְחָכְמָה, אֲבָל מֶלֶךְ, כָּל יִשְׂרָאֵל רְאוּיִן לְמַלְכוּת]: מֶלֶךְ קוֹדֵם לְכֹהֵן גָּדוֹל. מִדְּאָמַר מֶלֶךְ לְכֹהֵן גָּדוֹל 'קְחוּ עִמָּכֶם מֵעַבְדֵי אֲדוֹנֵיכֶם', [וְעַ"כ אַנַּפְשֵׁיהּ קָאָמַר], אַלְמָא מֶלֶךְ עָדִיף: אֲמַרְכָּלָא. שֶׁמְּמוּנֶּה עַל כּוּלָּם, וְאֵין מְשִׁיבִין עַל דְּבָרָיו: גִּזְבָּר. הַמְּמוּנֶּה עַל הָאוֹצָרוֹת שֶׁבַּמִּקְדָּשׁ: אִיבַּעְיָא לְהוּ לְעִנְיַן טוּמְאָה. לִיטַּמֵּא לְמֵת מִצְוָה, סְגָן וּמְשׁוּחַ מִלְחָמָה אֵי זֶה מֵהֶם קוֹדֵם: לְהַחֲיוֹתוֹ. הוּא קוֹדֵם לַסְּגָן, מִשּׁוּם דְּלַצִּבּוּר צְרִיכִים לוֹ לִמְשׁוּחַ מִלְחָמָה לְצוֹרֶךְ מִלְחָמָה טְפֵי מִסְּגָן: דִּכְתִיב 'וַיִּבָּדֵל אַהֲרֹן'. אַלְמָא כֹּהֵן עָדִיף מִלֵּוִי: [בִּכְלַל 'אָרוּר כְּנָעַן'. לֹא מָצָא נֹחַ קְלָלָה לִכְנַעַן גְּדוֹלָה מִזּוֹ שֶׁיְּהֵא עֶבֶד לְאֶחָיו, מִכָּאן שֶׁכָּל עֶבֶד הֲרֵי הוּא בִּכְלַל אָרוּר]: הַכֹּל רוֹצִין לִישָּׂא גִּיּוֹרֶת. שֶׁמִּתְרַצִּין לִישָּׂא גִּיּוֹרֶת מִלִּישָּׂא מְשׁוּחְרֶרֶת: מְשׁוּחְרֶרֶת לֹא הָיְתָה בְּחֶזְקַת שְׁמוּר. דִּסְתָם שִׁפְחָה מוּפְקֶרֶת. לָשׁוֹן אַחֵר, גִּיּוֹרֶת בָּעֲיָא לְאִיגַּיּוּרֵי, וּמְשַׁמֶּרֶת עַצְמָהּ, לְפִי שֶׁבְּדַעְתָּהּ לְהִתְגַּיֵּיר, אֲבָל שִׁפְחָה אֵין בְּיָדָהּ לְשַׁחְרֵר עַצְמָהּ, וְאֵינָהּ מְשַׁמֶּרֶת עַצְמָהּ: מִפְּנֵי מָה הַכֹּל מוֹשְׁלִין בַּעֲכְבָּרִים. כְּלוֹמַר מִפְּנֵי מָה נְתוּנָה מַפָּלָה יְתֵירָה לַעֲכְבָּרִים, שֶׁנִּרְדָּפִין תָּדִיר תָּדִיר: אָמַר לָהֶם, מִפְּנֵי שֶׁסּוּרָן רַע. שֶׁיֵּצֶר לִבָּם רַע הוּא יוֹתֵר מִדַּאי. סוּרוֹ, שַׂר שֶׁלָּהֶם, כִּדְאָמַר (ב"מ דף נט:) בְּגֵר 'שֶׁסּוּרוֹ רַע', דְּהַיְינוּ יֵצֶר הָרָע שֶׁשַּׂר שֶׁלּוֹ רַע הוּא: מַאי הִיא. הֵיכִי הָוֵי סוּרָן רַע: אָמַר רָבָא אֲפִילּוּ גְּלִימֵי. דְּלָאו מַאֲכָל וְלֵית בְּהוּ הֲנָאָה אֲפִילּוּ הָכִי גָּיְילֵי לְהוּ: גָּיְיצֵי. נוֹשְׁכִין: שׁוּפְתָּא

פַּר כֹּהֵן מָשׁוּחַ וּפַר עֵדָה כו': מְנָא הָנֵי מִילֵּי. דְּתָנוּ רַבָּנַן, 'וְשָׂרַף אוֹתוֹ כַּאֲשֶׁר שָׂרַף אֵת הַפָּר הָרִאשׁוֹן', מַה תַּלְמוּד לוֹמַר 'הָרִאשׁוֹן', שֶׁיְּהֵא רִאשׁוֹן קוֹדֵם לְפַר הָעֵדָה בְּכָל מַעֲשָׂיו. תָּנוּ רַבָּנַן, פַּר כֹּהֵן מָשִׁיחַ וּפַר הָעֵדָה עוֹמְדִים, פַּר כֹּהֵן מָשִׁיחַ קוֹדֵם לְפַר הָעֵדָה בְּכָל מַעֲשָׂיו, הוֹאִיל וּמָשִׁיחַ מְכַפֵּר וְעֵדָה מִתְכַּפֶּרֶת, דִּין הוּא שֶׁיַּקְדִּים הַמְכַפֵּר לַמִּתְכַּפֵּר, וְכֵן הוּא אוֹמֵר 'וְכִפֶּר בַּעֲדוֹ וּבְעַד בֵּיתוֹ וּבְעַד כָּל קְהַל יִשְׂרָאֵל'. פַּר הֶעְלֵם דָּבָר שֶׁל צִבּוּר קוֹדֵם לְפַר שֶׁל עֲבוֹדַת כּוֹכָבִים. מַאי טַעְמָא, הַאי חַטָּאת וְהַאי עוֹלָה, וְתַנְיָא, 'וְהִקְרִיב אֶת אֲשֶׁר לַחַטָּאת רִאשׁוֹנָה', מַה תַּלְמוּד לוֹמַר, אִם לְלַמֵּד שֶׁתְּהֵא חַטָּאת רִאשׁוֹנָה, הֲרֵי כְּבָר נֶאֱמַר 'וְאֵת הַשֵּׁנִי יַעֲשֶׂה עוֹלָה כַּמִּשְׁפָּט', אֶלָּא זֶה בָּנָה אָב שֶׁיְּהוּ כָּל חַטָּאוֹת קוֹדְמוֹת לְעוֹלוֹת הַבָּאִים עִמָּהֶם, וְקַיְימָא לַן דַּאֲפִילּוּ חַטַּאת הָעוֹף קוֹדֶמֶת לְעוֹלַת בְּהֵמָה. פַּר עֲבוֹדַת כּוֹכָבִים קוֹדֵם לִשְׂעִיר עֲבוֹדַת כּוֹכָבִים. אַמַּאי, הַאי חַטָּאת וְהַאי עוֹלָה. אָמְרִי בְּמַעֲרְבָא מִשְּׁמֵיהּ דְּרָבָא בַּר מָרִי, חַטַּאת עֲבוֹדַת כּוֹכָבִים חַסִּירָא אָלֶ"ף, 'לְחַטָּת' כְּתִיב. רָבָא אָמַר, 'כַּמִּשְׁפָּט' כְּתִיב בֵּיהּ. שְׂעִיר עֲבוֹדַת כּוֹכָבִים קוֹדֵם לִשְׂעִיר נָשִׂיא. מַאי טַעְמָא. הַאי צִבּוּר וְהַאי יָחִיד. שְׂעִיר נָשִׂיא קוֹדֵם לִשְׂעִירַת יָחִיד. מַאי טַעְמָא. הַאי מֶלֶךְ וְהַאי הֶדְיוֹט. שְׂעִירַת יָחִיד קוֹדֶמֶת לְכִבְשַׂת יָחִיד. וְהָא תַּנְיָא, כִּבְשַׂת יָחִיד קוֹדֶמֶת לִשְׂעִירַת יָחִיד. אָמַר אַבַּיֵּי, תַּנָּאֵי הִיא, מָר סָבַר שְׂעִירָה עֲדִיפָא, שֶׁכֵּן נִתְרַבְּתָה אֵצֶל עֲבוֹדַת כּוֹכָבִים בְּיָחִיד, וּמָר סָבַר כִּבְשָׂה עֲדִיפָא, שֶׁכֵּן נִתְרַבְּתָה בְּאַלְיָה. עוֹמֶר קוֹדֵם לַכֶּבֶשׂ הַבָּא עִמּוֹ, שְׁתֵּי הַלֶּחֶם קוֹדְמִים לַכְּבָשִׂים הַבָּאִים עִמָּהֶם; זֶה הַכְּלָל, דָּבָר הַבָּא בְּגִין לַיּוֹם קוֹדֵם לְדָבָר הַבָּא בְּגִין לֶחֶם: **מתני'** הָאִישׁ קוֹדֵם לָאִשָּׁה לְהַחֲיוֹת וּלְהָשֵׁב אֲבֵדָה; וְהָאִשָּׁה קוֹדֶמֶת לָאִישׁ לִכְסוּת וּלְהוֹצִיא מִבֵּית הַשֶּׁבִי; בִּזְמַן שֶׁשְּׁנֵיהֶם עוֹמְדִים בְּקַלְקָלָה, הָאִישׁ קוֹדֵם לָאִשָּׁה: **גמ'** תָּנוּ רַבָּנַן, הָיָה הוּא וְאָבִיו וְרַבּוֹ בַּשֶּׁבִי, הוּא קוֹדֵם לְרַבּוֹ, וְרַבּוֹ קוֹדֵם לְאָבִיו, אִמּוֹ קוֹדֶמֶת לְכוּלָּם; חָכָם קוֹדֵם לְמֶלֶךְ יִשְׂרָאֵל, חָכָם שֶׁמֵּת אֵין לָנוּ כַּיּוֹצֵא בּוֹ, מֶלֶךְ יִשְׂרָאֵל שֶׁמֵּת כָּל יִשְׂרָאֵל רְאוּיִם לְמַלְכוּת; מֶלֶךְ קוֹדֵם לְכֹהֵן גָּדוֹל, שֶׁנֶּאֱמַר 'וַיֹּאמֶר הַמֶּלֶךְ (אֲלֵיהֶם) [לָהֶם] קְחוּ עִמָּכֶם (אוֹ מֵ)עַבְדֵי אֲדוֹנֵיכֶם' וְגוֹ'; כֹּהֵן גָּדוֹל קוֹדֵם לְנָבִיא, שֶׁנֶּאֱמַר 'וּמָשַׁח אוֹתוֹ שָׁם צָדוֹק הַכֹּהֵן וְנָתָן הַנָּבִיא', הִקְדִּים צָדוֹק לְנָתָן, וְאוֹמֵר 'שְׁמַע נָא יְהוֹשֻׁעַ הַכֹּהֵן הַגָּדוֹל אַתָּה וְרֵעֶיךָ' וְגוֹ', יָכוֹל הֶדְיוֹטוֹת הָיוּ, תַּלְמוּד לוֹמַר 'כִּי אַנְשֵׁי מוֹפֵת הֵמָּה', וְאֵין מוֹפֵת אֶלָּא נָבִיא, שֶׁנֶּאֱמַר 'וְנָתַן אֵלֶיךָ אוֹת אוֹ מוֹפֵת'; מָשׁוּחַ בְּשֶׁמֶן הַמִּשְׁחָה קוֹדֵם לִמְרוּבֵּה בְגָדִים; מְרוּבֵּה בְגָדִים קוֹדֵם לְמָשִׁיחַ שֶׁעָבַר מֵחֲמַת קִרְיוֹ; מָשִׁיחַ שֶׁעָבַר מֵחֲמַת קִרְיוֹ קוֹדֵם לְעָבַר מֵחֲמַת מוּמוֹ; עָבַר מֵחֲמַת מוּמוֹ קוֹדֵם לִמְשׁוּחַ מִלְחָמָה; מְשׁוּחַ מִלְחָמָה קוֹדֵם לִסְגָן; סְגָן קוֹדֵם לַאֲמַרְכָּל. מַאי אֲמַרְכָּל, אָמַר רַב חִסְדָּא, אָמַר כּוּלָּא. אֲמַרְכָּל קוֹדֵם לְגִזְבָּר; גִּזְבָּר קוֹדֵם לְרֹאשׁ מִשְׁמָר; רֹאשׁ מִשְׁמָר קוֹדֵם לְרֹאשׁ בֵּית אָב; רֹאשׁ בֵּית אָב קוֹדֵם לְכֹהֵן הֶדְיוֹט. אִיבַּעְיָא לְהוּ, לְעִנְיַן טוּמְאָה, סְגָן וּמְשׁוּחַ מִלְחָמָה אֵיזֶה מֵהֶם קוֹדֵם. אָמַר מָר זוּטְרָא בְּרֵיהּ דְּרַב נַחְמָן, תָּא שְׁמַע, דְּתַנְיָא, סְגָן וּמְשׁוּחַ מִלְחָמָה שֶׁהָיוּ מְהַלְּכִים בַּדֶּרֶךְ וּפָגַע בָּהֶם מֵת מִצְוָה, מוּטָב שֶׁיִּטַּמֵּא מְשׁוּחַ מִלְחָמָה וְאַל יִטַּמֵּא סְגָן, שֶׁאִם יֶאֱרַע בּוֹ פְּסוּל בְּכֹהֵן גָּדוֹל נִכְנָס הַסְּגָן וּמְשַׁמֵּשׁ תַּחְתָּיו. וְהָתַנְיָא, מְשׁוּחַ מִלְחָמָה קוֹדֵם לִסְגָן. אָמַר רָבִינָא, כִּי תַּנְיָא הַהִיא לְהַחֲיוֹתוֹ: **מתני'** כֹּהֵן קוֹדֵם לְלֵוִי, לֵוִי לְיִשְׂרָאֵל, יִשְׂרָאֵל לְמַמְזֵר, וּמַמְזֵר לְנָתִין, וְנָתִין לְגֵר, וְגֵר לְעֶבֶד מְשׁוּחְרָר; אֵימָתַי, בִּזְמַן שֶׁכּוּלָּם שָׁוִים, אֲבָל אִם הָיָה מַמְזֵר תַּלְמִיד חָכָם וְכֹהֵן גָּדוֹל עַם הָאָרֶץ, מַמְזֵר תַּלְמִיד חָכָם קוֹדֵם לְכֹהֵן גָּדוֹל עַם הָאָרֶץ: **גמ'** כֹּהֵן קוֹדֵם לְלֵוִי, שֶׁנֶּאֱמַר '(ו)בְנֵי עַמְרָם אַהֲרֹן וּמֹשֶׁה, וַיִּבָּדֵל אַהֲרֹן (לְהַקְרִיב) [לְהַקְדִּישׁוֹ] קֹדֶשׁ (ה)קֳדָשִׁים'. לֵוִי קוֹדֵם לְיִשְׂרָאֵל, שֶׁנֶּאֱמַר 'בָּעֵת הַהִיא הִבְדִּיל יְיָ אֶת שֵׁבֶט הַלֵּוִי' (מִתּוֹךְ) וְגוֹ'. יִשְׂרָאֵל קוֹדֵם לְמַמְזֵר, שֶׁזֶּה מְיוּחָס וְזֶה אֵינוֹ מְיוּחָס. מַמְזֵר קוֹדֵם לְנָתִין, זֶה בָּא מִטִּפָּה כְּשֵׁרָה וְזֶה בָּא מִטִּפָּה פְּסוּלָה. נָתִין קוֹדֵם לְגֵר, זֶה גָּדַל עִמָּנוּ בִּקְדוּשָּׁה וְזֶה לֹא גָּדַל עִמָּנוּ בִּקְדוּשָּׁה. גֵּר קוֹדֵם לְעֶבֶד מְשׁוּחְרָר, זֶה הָיָה בִּכְלַל אָרוּר וְזֶה לֹא הָיָה בִּכְלַל אָרוּר: אֵימָתַי בִּזְמַן שֶׁכּוּלָּן שָׁוִין כו': מְנָא הָנֵי מִילֵּי. אָמַר רַב אַחָא בְּרַבִּי חֲנִינָא, דְּאָמַר קְרָא 'יְקָרָה הִיא מִפְּנִינִים', מִכֹּהֵן גָּדוֹל שֶׁנִּכְנָס לִפְנַי וְלִפְנִים. תַּנְיָא, רַבִּי שִׁמְעוֹן בֶּן יוֹחַי אוֹמֵר, בַּדִּין הוּא שֶׁיַּקְדִּים עֶבֶד מְשׁוּחְרָר לְגֵר, שֶׁזֶּה גָּדַל עִמָּנוּ בִּקְדוּשָּׁה וְזֶה לֹא גָּדַל עִמָּנוּ בִּקְדוּשָּׁה, אֶלָּא זֶה הָיָה בִּכְלַל אָרוּר וְזֶה לֹא הָיָה בִּכְלַל אָרוּר. שָׁאֲלוּ תַּלְמִידָיו אֶת רַבִּי אֶלְעָזָר בְּרַבִּי צָדוֹק, מִפְּנֵי מָה הַכֹּל רָצִין לִישָּׂא גִּיּוֹרֶת וְאֵין הַכֹּל רָצִין לִישָּׂא מְשׁוּחְרֶרֶת; אָמַר לָהֶם, זוֹ הָיְתָה בִּכְלַל אָרוּר וְזוֹ לֹא הָיְתָה בִּכְלַל אָרוּר; דָּבָר אַחֵר, זוֹ הָיְתָה בְּחֶזְקַת שָׁמוּר וְזוֹ לֹא הָיְתָה בְּחֶזְקַת שָׁמוּר. שָׁאֲלוּ תַּלְמִידָיו אֶת רַבִּי אֶלְעָזָר, מִפְּנֵי מָה הַכֶּלֶב מַכִּיר אֶת קוֹנוֹ וְחָתוּל אֵינוֹ מַכִּיר אֶת קוֹנוֹ; אָמַר לָהֶם, וּמָה הָאוֹכֵל מִמָּה שֶׁעַכְבָּר אוֹכֵל מְשַׁכֵּחַ, הָאוֹכֵל עַכְבָּר עַצְמוֹ עַל אַחַת כַּמָּה וְכַמָּה. שָׁאֲלוּ תַּלְמִידָיו אֶת רַבִּי אֶלְעָזָר, מִפְּנֵי מָה הַכֹּל מוֹשְׁלִים בַּעֲכְבָּרִים; מִפְּנֵי שֶׁסּוּרָן רַע. מַאי הִיא. רָבָא אָמַר, אֲפִילּוּ גְּלִימֵי גָּיְיצֵי;

רַב

תורה אור השלם

הגהות וציונים

תוספות הרא"ש

between *tanna'im*. מַר סָבַר — One *tanna* holds, שְׂעִירָה עֲדִיפָא — that a female goat is better, and therefore it takes precedence, שֶׁכֵּן נִתְרַבְּתָה אֵצֶל עֲבוֹדַת כּוֹכָבִים בְּיָחִיד — because it has the unique use of an individual who served *avodah zarah*. וּמַר סָבַר — And the other *tanna* holds, כִּבְשָׂה עֲדִיפָא — that a female sheep is better, and therefore it takes precedence, שֶׁכֵּן נִתְרַבְּתָה בְּאַלְיָה — because its tail is included in the offering that is burnt on the *Mizbeach*, which is not the case with a goat offering.

The *Baraisa* continues: עוֹמֶר קוֹדֵם לְכֶבֶשׂ הַבָּא עִמּוֹ — The *Korban Omer* flour offering, which is offered on Pesach, takes precedence to the sheep which is offered alongside it. שְׁתֵּי הַלֶּחֶם קוֹדְמִים לִכְבָשִׂים הַבָּאִים עִמָּהֶם — And the two loaves of bread (*Shtei Halechem*), which are brought on Shavuos, take precedence over the sheep which are offered alongside them. זֶה הַכְּלָל — This is the general rule: דָּבָר הַבָּא בְּגִין (ל)יוֹם קוֹדֵם לְדָבָר הַבָּא בְּגִין לֶחֶם — Something that is brought as a *korban* for the day takes precedence over something that is brought because of the bread. The *Omer* and *Shtei Halechem* are meal offerings which are brought because it is the mitzvah of the day, while the sheep are brought to accompany the *Omer* and *Shtei Halechem*. Therefore, the *Omer* and *Shtei Halechem* have precedence.

מַתְנִיתִין — MISHNAH

הָאִישׁ קוֹדֵם לָאִשָּׁה — The man precedes the woman, לְהַחֲיוֹת — in regards to keeping them alive, וּלְהָשֵׁב אֲבֵדָה — and when it comes to returning their lost item. וְהָאִשָּׁה קוֹדֶמֶת לָאִישׁ — And the woman comes before the man, לִכְסוּת — when they need to be clothed, וּלְהוֹצִיא מִבֵּית הַשְּׁבִי — and when it comes to redeeming them from captivity. בִּזְמַן שֶׁשְּׁנֵיהֶם עוֹמְדִים בְּקַלְקָלָה — However, when both the man and the woman will be forced to have relations with men in captivity, הָאִישׁ קוֹדֵם לָאִשָּׁה — the man is redeemed before the woman.

גְּמָרָא — GEMARA

תָּנוּ רַבָּנַן — The *Chachamim* taught in a *Baraisa*: הָיָה הוּא וְאָבִיו וְרַבּוֹ בַּשֶּׁבִי — If a person is in captivity together with his father and his *rebbi*, הוּא קוֹדֵם לְרַבּוֹ — releasing himself takes precedence over releasing his *rebbi*, וְרַבּוֹ קוֹדֵם לְאָבִיו — and releasing his *rebbi* comes before releasing his father. אִמּוֹ קוֹדֶמֶת לְכוּלָּם — But his mother's release precedes the release of all of them.

The *Baraisa* continues: חָכָם קוֹדֵם לְמֶלֶךְ יִשְׂרָאֵל — A *talmid chacham* takes precedence over a king, חָכָם שֶׁמֵּת — because if a *talmid cahcham* dies, אֵין לָנוּ כַּיּוֹצֵא בּוֹ — we have nobody just like him to replace him, מֶלֶךְ יִשְׂרָאֵל שֶׁמֵּת — but if the Jewish king dies, כָּל יִשְׂרָאֵל רְאוּיִם לְמַלְכוּת — any Jewish person could replace him as king. מֶלֶךְ קוֹדֵם לְכֹהֵן גָּדוֹל — A king takes precedence over a *kohen gadol*,

For this *daf's shiur* and charts, scan this QR code:

א) ת"כ דבורא דחובה פרק ו ה"ח (אות רנה), ב) זבחים לג., ג) שם. פסחים נט., ד) כתובות סז. ע"ש, ה) נזיר מז: [ע"ש פירוש גדולים], ו) גיטין נט., ז) [סוטה ד:].

נא א מיי' פ"ט מהלכות תמידין ומוספין הלכה ז:
נב ב מיי' שם הלכה ו:
נג ג מיי' שם הלכה ח:
נד ד ה ו ז מיי' שם הלכה ז:
נה ח ט י מיי' שם הל"ט:
נו כ טוש"ע יו"ד סימן רנב סעיף ח בהג"ה:
נז ל מיי' פ"ח מהלכות מתנות עניים הלכה טו סמג עשין קסב טוש"ע יו"ד סימן רנא סעיף ח:
נח מ נ מיי' וסמג שם טוש"ע יו"ד סימן רנב סעיף ח:
נט ס מיי' פי"ב מהלכות אבידה הלכה א טור שו"ע יו"ד סימן רמב סעיף לה וסימן רנב ס"ט:
ס ע מיי' שם הלכה ב ופ"ה מהלכות ת"ת הלכה א סמג עשין יב טור שו"ע יו"ד סימן רמב סעיף לד וסימן רנב סעי"ט:
סא פ טור שו"ע יו"ד סימן רנב סעיף ט:
סב צ הכל במיי' פ"ד מהלכות כלי מקדש הלכה יט:
סג ק מיי' פ"ג מהלכות אבל הלכה ט:
סד ר מיי' פ"ח מהלכות מתנות עניים הלכה יז סמג עשין קסב טור שו"ע יו"ד סימן רנא סעיף ט הכל שם:

פר כהן משיח ופר עדה כו': מנא הני מילי. [א]דתנו רבנן, א) 'ושרף אותו כאשר שרף את הפר הראשון', מה תלמוד לומר 'הראשון'[א], שיהא ראשון קודם לפר העדה בכל מעשיו. תנו רבנן[ב], פר כהן משיח ופר העדה עומדים, פר כהן משיח קודם לפר העדה בכל מעשיו, הואיל ומשיח מכפר ועדה מתכפרת, דין הוא שיקדים המכפר למתכפר, וכן הוא אומר ב) 'וכפר בעדו ובעד ביתו ובעד כל קהל ישראל'. [ב]פר העלם דבר של צבור קודם לפר של עבודת כוכבים. מאי טעמא, האי חטאת והאי עולה, [ג]ותניא, ג) 'והקריב את אשר לחטאת ראשונה', מה תלמוד לומר, אם ללמד שתהא חטאת ראשונה, הרי כבר נאמר ד) 'ואת השני יעשה עולה כמשפט', אלא [ג]זה בנה אב שיהו כל חטאות קודמות לעולות הבאים עמהם, וקיימא לן [ג]דאפילו חטאת העוף קודמת לעולת בהמה. [ד]פר עבודת כוכבים קודם לשעיר עבודת כוכבים. אמאי, האי חטאת והאי עולה. אמרי במערבא משמיה דרבא[ג] בר מרי, חטאת עבודת כוכבים חסירא אל"ף, ה) 'לחטת' כתיב. רבא[ד] אמר, ה) 'כמשפט' כתיב ביה. [ה]שעיר עבודת כוכבים קודם לשעיר נשיא. מאי טעמא. האי צבור והאי יחיד. [ו]שעיר נשיא קודם לשעירת יחיד. מאי טעמא. האי מלך והאי הדיוט. [ז]שעירת יחיד קודמת לכבשת יחיד. והא תניא, כבשת יחיד קודמת לשעירת יחיד. אמר אביי, תנאי היא, מר סבר שעירה עדיפא, שכן נתרבתה אצל עבודת כוכבים ביחיד, ומר סבר כבשה עדיפא, שכן נתרבתה באליה. [ח]עומר קודם לכבש הבא עמו, [ט]שתי הלחם קודמים לכבשים הבאים עמהם; [י]זה הכלל, דבר הבא בגין ליום קודם לדבר הבא בגין לחם: **מתני'** [כ]האיש קודם לאשה להחיות ולהשב אבדה; [ל]והאשה קודמת לאיש לכסות [מ]ולהוציא מבית השבי; [נ]בזמן ששניהם עומדים בקלקלה, האיש קודם לאשה: **גמ'** תנו רבנן, היה הוא ואביו ורבו בשבי, [ס]הוא קודם לרבו, [ע]ורבו קודם לאביו, [פ]אמו קודמת לכולם; חכם קודם למלך ישראל, חכם שמת אין לנו כיוצא בו, מלך ישראל שמת כל ישראל ראוים למלכות; מלך קודם לכהן גדול, שנאמר ו) 'ויאמר המלך (אליהם) [להם] קחו עמכם (או[ס] מ)עבדי אדוניכם' וגו'; כהן גדול קודם לנביא, שנאמר ז) 'ומשח אותו שם צדוק הכהן ונתן הנביא', הקדים צדוק לנתן, ואומר ח) 'שמע נא יהושע הכהן הגדול אתה ורעיך' וגו', יכול הדיוטות היו, תלמוד לומר ח) 'כי אנשי מופת המה', ואין מופת אלא נביא, שנאמר ט) 'ונתן אליך אות או מופת'; [צ]משוח בשמן המשחה קודם למרובה בגדים; מרובה בגדים קודם למשיח שעבר מחמת קריו; משיח שעבר מחמת קריו קודם לעבר מחמת מומו; עבר מחמת מומו קודם למשוח מלחמה; משוח מלחמה קודם לסגן; סגן קודם לאמרכל. מאי אמרכל, אמר רב חסדא, אמר כולא. אמרכל קודם לגזבר; גזבר קודם לראש משמר; ראש משמר קודם לראש בית אב; ראש בית אב קודם לכהן הדיוט. [ק]איבעיא להו, לענין טומאה, סגן ומשוח מלחמה איזה מהם קודם. אמר מר זוטרא בריה דרב נחמן, תא שמע, דתניא, סגן ומשוח מלחמה שהיו מהלכים בדרך ופגע בהם מת מצוה, [ק]מוטב שיטמא משוח מלחמה ואל יטמא סגן, שאם יארע בו פסול בכהן גדול נכנס הסגן ומשמש תחתיו. והתניא, משוח מלחמה קודם לסגן. אמר רבינא, כי תניא ההיא להחיותו: **מתני'** [ר]כהן קודם ללוי, לוי לישראל, ישראל לממזר, וממזר לנתין, ונתין לגר, וגר לעבד משוחרר; אימתי, בזמן שכולם שוים, אבל אם היה ממזר תלמיד חכם וכהן גדול עם הארץ, ממזר תלמיד חכם קודם לכהן גדול עם הארץ: **גמ'** כהן קודם ללוי, שנאמר י) (ו)'בני עמרם אהרן ומשה, ויבדל אהרן (להקריב) [להקדישו] קדש (ה)קדשים'. לוי קודם לישראל, שנאמר כ) 'בעת ההיא הבדיל יי' את שבט הלוי' (מתוך[י]) וגו'. ישראל קודם לממזר, שזה מיוחס וזה אינו מיוחס. ממזר קודם לנתין, זה בא מטפה כשרה וזה בא מטפה פסולה. נתין קודם לגר, זה גדל עמנו בקדושה וזה לא גדל עמנו בקדושה. גר קודם לעבד משוחרר, זה היה בכלל ארור וזה לא היה בכלל ארור: אימתי בזמן שכולן שוין כו': מנא הני מילי. אמר רב אחא ברבי חנינא, דאמר קרא מ) 'יקרה היא מפנינים', מכהן גדול שנכנס לפני ולפנים. תניא, רבי שמעון בן יוחי אומר, בדין הוא שיקדים עבד משוחרר לגר, שזה גדל עמנו בקדושה וזה לא גדל עמנו בקדושה, אלא זה היה בכלל ארור וזה לא היה בכלל ארור. שאלו תלמידיו את רבי אלעזר ברבי צדוק, מפני מה הכל רצין[י] לישא גיורת ואין הכל רצין לישא משוחררת; אמר להם, זו היתה בכלל ארור וזו לא היתה בכלל ארור; דבר אחר, זו היתה בחזקת שמור וזו לא היתה בחזקת שמור. שאלו תלמידיו את רבי אלעזר, מפני מה הכלב מכיר את קונו וחתול אינו מכיר את קונו; אמר להם, ומה האוכל ממה שעכבר אוכל משכח, האוכל עכבר עצמו על אחת כמה וכמה. שאלו תלמידיו את רבי אלעזר, מפני מה הכל מושלים בעכברים; מפני שסורן רע. מאי היא. רבא אמר, אפילו גלימי גייצי;

רב

רש"י

פרשת פר כהן משיח כתיבא ברישא, והדר כתיבא פר העלם דבר של צבור, 'ועשה לפר כאשר עשה לפר החטאת', דהיינו לפר כהן משיח, למה ליה למיהדר וכתב 'כאשר שרף את הפר הראשון': 'וכפר בעדו'. והדר 'ובעד ביתו, ובעד כל קהל ישראל': פר דעבודת כוכבים הוי עולה: חסירא אל"ף. למימרא דעולה קדמה: 'כמשפט' כתיב ביה. בפר דעבודת כוכבים, דבתר כתיבה אזלינן, ועולה ברישא כתיבא: שעיר[ק] יחיד קודם לכבשת יחיד. כגון שהיו שניים, זה הביא כשבה וזה הביא שעירה: שכן נתרבתה באליה. דעז אינה טעונה אליה: בגין יום. בגלל יום; כגון בגלל עומר, וכבשים בגלל שתי הלחם: מתני' עומדים בקלקלה. האיש למשכב זכור: גמ' אמו קודמת לכולם. דאית לה זילותא טפי: [חכם קודם למלך ישראל. שאין כל ישראל ראוין לחכמה, אבל מלך, כל ישראל ראוין למלכות[ט]]: מלך קודם לכהן גדול. מדקאמר מלך לכהן גדול 'קחו עמכם מעבדי אדוניכם'[י], [וע"כ אנפשיה קאמר], אלמא מלך עדיף: אמרכלא. שממונה על כולם[ק], ואין משיבין על דבריו: גזבר. הממונה על האוצרות שבמקדש: איבעיא להו לענין טומאה. ליטמא למת מצוה, סגן ומשוח מלחמה אי זה מהם קודם: להחיותו. הוא קודם לסגן, משום דלצבור צריכים לו למשוח מלחמה לצורך מלחמה טפי מסגן: דכתיב 'ויבדל אהרן'. אלמא כהן עדיף מלוי: [בכלל 'ארור כנען'. לא מצא גם קללה לכנען גדולה מזו שיהא עבד לאחיו, מכאן שכל עבד הרי הוא בכלל ארור]: הכל רוצין לישא גיורת. שמתרצין לישא גיורת מלישא משוחררת: משוחררת לא היתה בחזקת שמור. דסתם שפחה מופקרת. לשון אחר, גיורת בעיא לאיגיורי, ומשמרת עצמה, לפי שבדעתה להתגייר, אבל שפחה אין בידה לשחרר עצמה, ואינה משמרת עצמה: מפני מה הכל מושלין בעכברים. כלומר מפני מה נתנה מפלה יתירה לעכברים, שנרדפין תדיר תדיר: אמר להם, מפני שסורן רע. שיצר לבם רע הוא יותר מדאי. סורו, שר שלהם, כדאמר (ב"מ דף נט:) בגר 'שסורו רע', דהיינו יצר הרע ששר שלו רע הוא[ו]: מאי היא. היכי הוי סורן רע: אמר רבא אפילו גלימי. דלאו מאכל ולית בהו הנאה אפילו הכי גיילי להו: גייצי. נושכין: שופתא

תורה אור השלם

א) והוציא את הפר אל מחוץ למחנה ושרף אתו כאשר שרף את הפר הראשון חטאת הקהל הוא: [ויקרא ד, כא]

ב) וכל אדם לא יהיה באהל מועד בבאו לכפר בקדש עד צאתו וכפר בעדו ובעד ביתו ובעד כל קהל ישראל: [ויקרא טז, יז]

ג) והביא אתם אל הכהן והקריב את אשר לחטאת ראשונה ומלק את ראשו ממול ערפו ולא יבדיל: [ויקרא ה, ח]

ד) ואת השני יעשה עלה כמשפט וכפר עליו הכהן מחטאתו אשר חטא ונסלח לו: [ויקרא ה, י]

ה) והיה אם מעיני העדה נעשתה לשגגה ועשו כל העדה פר בן בקר אחד לעלה לריח ניחח ליי' ומנחתו ונסכו כמשפט ושעיר עזים אחד לחטת: [במדבר טו, כד]

ו) ויאמר המלך להם קחו עמכם את עבדי אדניכם והרכבתם את שלמה בני על הפרדה אשר לי והורדתם אתו אל גחון: [מלכים א א, לג]

ז) ומשח אתו שם צדוק הכהן ונתן הנביא למלך על ישראל ותקעתם בשופר ואמרתם יחי המלך שלמה: [מלכים א א, לד]

ח) שמע נא יהושע הכהן הגדול אתה ורעיך הישבים לפניך כי אנשי מופת המה כי הנני מביא את עבדי צמח: [זכריה ג, ח]

ט) כי יקום בקרבך נביא או חלם חלום ונתן אליך אות או מופת: [דברים יג, ב]

י) בני עמרם אהרן ומשה ויבדל אהרן להקדישו קדש קדשים הוא ובניו עד עולם להקטיר לפני יי' לשרתו ולברך בשמו עד עולם: [דברי הימים א כג, יג]

כ) בעת ההוא הבדיל יי' את שבט הלוי לשאת את ארון ברית יי' לעמד לפני יי' לשרתו ולברך בשמו עד היום הזה: [דברים י, ח]

ל) ויאמר ארור כנען עבד עבדים יהיה לאחיו: [בראשית ט, כה]

מ) יקרה היא מפנינים וכל חפציך לא ישוו בה: [משלי ג, טו]

תוספות הרא"ש

מה"מ דת"ר ושרף אותו כאשר שרף את הפר הראשון. [מ] וה"ל למכתב כאשר שרף את פרו. מה ת"ל הראשון שיהא ראשון לפר העדה לכל מעשיו: דתני' והקריב את אשר לחטאת ראשונה. בקרבן עולה ויורד בשמיעת קול וביטוי שפתים וטומאת מקדש וקדשיו כתיב: אלא זה בנה אב שיהא חטאות קודמות לעולות הבאים עמהם: וקיי"ל דאפילו חטאת העוף קודמת לעולת הבהמה. ואע"ג דבהמה עדיפא דהוי מין זבח. דלהכי אהני קרא יתירא. דאי לחטאת בהמה הא לא צריך קרא דדם חטאת קודם לדם העולה שהוא מרצה. אלא לאשמעי' דאי מתרמי חטאת העוף דראובן ועולת בהמה דשמעון דקודמת חטאת העוף. אבל בחד גברא לא משכחת דמייתו חטאת העוף ועולת בהמה: לחטת חסר כתיב. אלא למימר דמעלת חטאת זו חסירה ממעלת שאר חטאות: [מ"ט] האי דיחיד והאי דצבור וצבור קודמין ליחיד אפי' הוא נשיא. והא דאמרי' בפ"ק דר"ה (דף ח: וש"מ) מלך וצבור מלך נכנס תחילה לדין התם שאני כדמפרש טעמא לאו אורח ארעא למיתב מלכא אבראי. ואב"א מקמי דלפוש חרון אף: ואומר שמע נא יהושע הכהן הגדול. מאי ואומר וכ"ת שאני צדוק הכהן דהוה משמש באורים ותומים וה"ל כמו נביא כמו (במדבר כז) ולפני אלעזר הכהן יעמוד ושאל לו במשפט האורים ויהושע נביא היה ואפ"ה היה צריך לאלעזר. אבל כה"ג שאינו משמש באורים ותומים לא עדיף מנביא ת"ל שמע נא יהושע ובבית שני הוה וכבר פסקו אורים ותומים: משוח בשמן המשחה קודם למרובה בגדים. וה"נ איתא במסכת נזיר ר"פ כהן גדול משום בשמן המשחה ומרובה בגדים משום בשמן המשחה עדיף דמביא פר הבא על כל המצות אבל מרובה בגדים לא. ותימה האיך הוה ד' כהנים גדולים כאחד. י"מ שאירע טומאה לכהן משיח. אחר שגנז יאשיהו המלך השמן המשחה ומינו מרובה בגדים לשמש תחתיו. ולא נהירא דא"כ ה"ל למכתב משום בשמן המשחה קודם למרובה בגדים שעבר כדאמרינן מרובה בגדים קודם למשיח שעבר ועוד דהתם בנזיר ה"ל למימר משום בשמן המשחה עדיף דחזי לעבודה ומרובה בגדים לא חזי לעבודה כדקאמר התם מרובה בגדים ומשיח שעבר מרובה בגדים עדיף דאילו מרובה בגדים עביד עבודה ואילו משיח שעבר לאו בר עבודה הוא דאינו ראוי לא לכה"ג ולא לכהן הדיוט. ופי' הרב ר' משה מאיברא דבגון [שגלה או] שחלה כה"ג ואוקמו אחר תחתיו וכיון ששימש ימים רבים בכה"ג מסתמא אין מעבירין אותו אף כשבא או שנתרפא דדוקא באירע קרי שהשני אינו משמש אלא לפי שעה חוזר לאשון לעבודתו: מרובה בגדים קודם למשיח שעבר. כגון שאירע קרי לכה"ג קודם שגנזו שמן המשחה ומשחו אחר תחתיו ומת כה"ג ומינו אחר תחתיו אחר שגנזו שמן המשחה. ומה שלא מינו משוח שעבר אפשר שהאחר נתכסם ונתעלה יותר או שמא ע"פ מלך מינוהו כמו שמצינו שהיו נתמנים עפ"י מלך בבית שני כדתני דמים (יומא דף ח: יח. יבמות סא.): איבעיא להו לענין טומאה סגן ומשוח מלחמה איזו מהן קודם. הך בעיא איתא נמי בנזיר בריש כ"ג ואין כתוב שם לענין טומאה. אלא סגן ומשוח מלחמה מאי. ומשום דקאי אמתניתין כה"ג ונזיר שהיו מהלכין בדרך ומצאו מת מצוה ר' אליעזר אומר יטמא כה"ג ואל יטמא נזיר. ומכ"א יטמא נזיר ואל יטמא כה"ג. קאי הבעי' משום מלחמה וסגן מאי. אבל הכא מתניתין בקדימה להחיותו איירי ומשום הכי הוצרך לפרש לענין מאי[ו] והא דלא מבעיא ליה לענין החיותו[ו] משום מלחמה קודם לפי שהוא ראש ערכי מלחמה וחיי ישראל תלוין בו אבל לענין טומאה מספקא ליה אי סגן עדיף לפי שהוא מזומן לשמש תחת כה"ג:

הגהות וציונים

א] משמע מרש"י שדורשים כן מפני שכל הפסוק מיותר (באר שבע), ולפירושו אין לגרוס "הראשון" (חק נתן), או ש"הראשון" נמשך למטה ולא עם "מה תלמוד לומר" ודוחק (שער יוסף). אבל הרא"ש מפרש שהדרש מיותר "הראשון", וכן בכת"י "דת"ר ושרף אותו כאשר שרף את הפר הראשון שאין ת"ל הראשון מה ת"ל הראשון": ב] מהרש"א מגיה ות"ר: ג] צ"ל דרבה. יעב"ץ (גליון): ד] [בזבחים צ: איתא רבינא] (גליון): ה] צ"ל את (גליון): ו] לא נמצא בכתוב ועיין בב"ש (גליון): ז] ברש"י רוצין, ועי' ח"א מהרש"א: ח] שעירת יחיד קודמת (רש"ש וכת"י): ט] כל הנדפס בעמוד ... בין שני חצאי לבינה ליתא בדפו"י והוסיפוהו בד' אמ"ד מן הע"י אבל הוא מפי' הרמ"ה ולא מרש"י (דק"ס): י] כת"י ... שצוה לו צואה אלמא": כ] בכת"י נוסף על שאר גזברין: ל] בארות המים "בגר שסורו רע שער שלו רע הוא ... יצר הרע". בע"י ובכת"י ליתא דבור זה וגם דבור שלפניו ובמקום זה מפני שסורו רע. כלומר מפני שסורן של ... רע לפיכך מושלים עליהם החתולים: מ] בכת"י נוסף שאין ת"ל הפר הראשון דהא קרא בכהן משיח ... דאיהו מקריב לפר העדה דכתיב בפר העדה ולקח הכהן המשיח מדם הפר וגו' ועליה כתיב כאשר שרף את הפר הראשון: נ] לענין טומאה (כת"י): ס] בכת"י נוסף משום דפשיטא ליה דלהחיותו:

This *daf* is dedicated *l'iluy nishmas*: Ezra ben Frieda *z"l*

שֶׁנֶּאֱמַר — as it says, that Dovid Hamelech said to Tzadok the *kohen gadol* (*Melachim I* 1:33), **וַיֹּאמֶר הַמֶּלֶךְ (אליהם) [לָהֶם] קְחוּ עִמָּכֶם (או) [אֶת עַבְדֵי] (מעבדי) אֲדֹנֵיכֶם וְגוֹ'** — "The king said to them, take with you the servants of your master." Dovid, the king, referred to himself as the *kohen gadol's* master, so we learn that the king is higher than the *kohen gadol*. **כֹּהֵן גָּדוֹל קוֹדֵם לְנָבִיא** — A *kohen gadol* comes before a *navi*, **שֶׁנֶּאֱמַר** — as it says in the next *pasuk* (1:34), **וּמָשַׁח אֹתוֹ שָׁם צָדוֹק הַכֹּהֵן וְנָתָן הַנָּבִיא** — "And they shall anoint him there; Tzadok the *kohen* [*gadol*] and Nosson the *navi*." **הִקְדִּים צָדוֹק לְנָתָן** — Tzadok, the *kohen gadol*, is mentioned before Nosson, the *navi*, so we see that the *kohen gadol* is higher than a *navi*. **וְאוֹמֵר** — And it says similarly (*Zechariah* 3:8), **שְׁמַע נָא יְהוֹשֻׁעַ הַכֹּהֵן הַגָּדוֹל אַתָּה וְרֵעֶיךָ וְגוֹ'** — "Hear now, Yehoshua the *kohen gadol*, you and your friends…" **יָכוֹל הֶדְיוֹטוֹת הָיוּ** — I would think these friends mentioned are commoners; **תַּלְמוּד לוֹמַר** — therefore, the *pasuk* writes about them, **כִּי אַנְשֵׁי מוֹפֵת הֵמָּה** — "for they are men of wonder." **וְאֵין מוֹפֵת אֶלָּא נָבִיא** — and "wonder" means nothing other than *navi*, **שֶׁנֶּאֱמַר** — as it is written regarding a *navi* (*Devarim* 13:2), **וְנָתַן אֵלֶיךָ אוֹת אוֹ מוֹפֵת** — "And he gives you a sign or a wonder." We see that Yehoshua the *kohen gadol* is given precedence over the *nevi'im*.

The *Baraisa* continues: **מָשׁוּחַ בְּשֶׁמֶן הַמִּשְׁחָה קוֹדֵם לִמְרוּבֶּה בְגָדִים** — A *kohen gadol* who was anointed with *Shemen Hamishchah* takes precedence over a *kohen gadol* who was appointed by wearing the eight garments of the *kohen gadol*. **מְרוּבֶּה בְגָדִים קוֹדֵם לְמָשִׁיחַ שֶׁעָבַר מֵחֲמַת קִרְיוֹ** — A *kohen gadol* who was appointed by wearing the eight garments takes precedence over a *kohen gadol* who was anointed, but is now temporarily disqualified because he is *tamei* from *keri*. **מָשִׁיחַ שֶׁעָבַר מֵחֲמַת קִרְיוֹ קוֹדֵם לְעָבַר מֵחֲמַת מוּמוֹ** — A *kohen gadol* who was anointed, but is now temporarily disqualified because he is *tamei* from *keri* takes precedence over a *kohen gadol* who is disqualified because he has a blemish. **עָבַר מֵחֲמַת מוּמוֹ קוֹדֵם לִמְשׁוּחַ מִלְחָמָה** — A *kohen gadol* who is disqualified because he has a blemish takes precedence over a *kohen* who is anointed for war. **מְשׁוּחַ מִלְחָמָה קוֹדֵם לְסְגָן** — A *mashuach milchamah* (the *kohen* who is anointed for war) takes precedence over the *segan kohen gadol* (the second in command to the *kohen gadol*), **סְגָן קוֹדֵם לְאֲמַרְכָּל** — The *segan kohen gadol* takes precedence over the *amarkol* (the overseer of the Beis Hamikdash).

The Gemara asks: **מַאי אֲמַרְכָּל** — What is the meaning of *amarkol*? The Gemara answers: **אָמַר רַב חִסְדָּא** — Rav Chisda said: **אָמַר כּוֹלָּא** — *Amarkol* is a contraction of "*amar kola*—he says it all." The overseer of the Beis Hamikdash is called the *amarkol* because he has the final say on anything relating to the Beis Hamikdash.

The *Baraisa* continues: **אֲמַרְכָּל קוֹדֵם לְגִזְבָּר** — The *amarkol* takes precedence over the treasurer of the Beis Hamikdash. **גִּזְבָּר קוֹדֵם לְרֹאשׁ מִשְׁמָר** — The treasurer takes precedence over the head of the *mishmar*. (The watch of *kohanim* that would serve in the Beis Hamikdash for one week at a time). **רֹאשׁ מִשְׁמָר קוֹדֵם לְרֹאשׁ בֵּית אָב** — The head of the *mishmar* takes precedence over the head of

For this *daf's shiur* and charts, scan this QR code:

מסורת הש"ס עם הוספות

עין משפט נר מצוה

פר כהן משיח ופר עדה כו': מנא הני מילי. דתנו רבנן, ושרף אותו כאשר שרף את הפר הראשון, מה תלמוד לומר הראשון, שיהא ראשון קודם לפר העדה בכל מעשיו. תנו רבנן, פר כהן משיח ופר העדה עומדים, פר כהן משיח קודם לפר העדה בכל מעשיו, הואיל ומשיח מכפר ועדה מתכפרת, דין הוא שיקדים המכפר למתכפר, וכן הוא אומר וכפר בעדו ובעד ביתו ובעד כל קהל ישראל. פר העלם דבר של צבור קודם לפר של עבודת כוכבים. מאי טעמא, האי חטאת והאי עולה, ותניא, והקריב את אשר לחטאת ראשונה, מה תלמוד לומר, אם ללמד שתהא חטאת ראשונה, הרי כבר נאמר ואת השני יעשה עולה כמשפט, אלא זה בנה אב שיהו כל חטאות קודמות לעולות הבאים עמהם, וקיימא לן דאפילו חטאת העוף קודמת לעולת בהמה. פר עבודת כוכבים קודם לשעיר עבודת כוכבים. אמאי, האי חטאת והאי עולה. אמרי במערבא משמיה דרבא בר מרי, חטאת עבודת כוכבים חסירא אל"ף, לחטת כתיב. רבא אמר, כמשפט כתיב ביה. שעיר עבודת כוכבים קודם לשעיר נשיא. מאי טעמא, האי צבור והאי יחיד. שעיר נשיא קודם לשעירת יחיד. מאי טעמא, האי מלך והאי הדיוט. שעירת יחיד קודמת לכבשת יחיד. והא תניא, כבשת יחיד קודמת לשעירת יחיד. אמר אביי, תנאי היא, מר סבר שעירה עדיפא, שכן נתרבתה אצל עבודת כוכבים ביחיד, ומר סבר כבשה עדיפא, שכן נתרבתה באליה. עומר קודם לכבש הבא עמו, שתי הלחם קודמים לכבשים הבאים עמהם, זה הכלל, דבר הבא בגין יום קודם לדבר הבא בגין לחם: **מתני'** האיש קודם לאשה להחיות ולהשב אבדה, והאשה קודמת לאיש לכסות ולהוציא מבית השבי, בזמן ששניהם עומדים בקלקלה, האיש קודם לאשה: **גמ'** תנו רבנן, היה הוא ואביו ורבו בשבי, הוא קודם לרבו, ורבו קודם לאביו, אמו קודמת לכולם. חכם קודם למלך ישראל, חכם שמת אין לנו כיוצא בו, מלך ישראל שמת כל ישראל ראוים למלכות. מלך קודם לכהן גדול, שנאמר ויאמר המלך (אליהם) [להם] קחו עמכם (את) [את] עבדי אדוניכם וגו'. כהן גדול קודם לנביא, שנאמר ומשח אותו שם צדוק הכהן ונתן הנביא, הקדים צדוק לנתן, ואומר שמע נא יהושע הכהן הגדול אתה ורעיך וגו', יכול הדיוטות היו, תלמוד לומר כי אנשי מופת המה, ואין מופת אלא נביא, שנאמר ונתן אליך אות או מופת. משוח בשמן המשחה קודם למרובה בגדים; מרובה בגדים קודם למשיח שעבר מחמת קריו; משיח שעבר מחמת קריו קודם לעבר מחמת מומו; עבר מחמת מומו קודם למשוח מלחמה; משוח מלחמה קודם לסגן; סגן קודם לאמרכל. מאי אמרכל, אמר רב חסדא, אמר כולא. אמרכל קודם לגזבר; גזבר קודם לראש משמר; ראש משמר קודם לראש בית אב; ראש בית אב קודם לכהן הדיוט. איבעיא להו, לענין טומאה, סגן ומשוח מלחמה איזה מהם קודם. אמר מר זוטרא בריה דרב נחמן, תא שמע, דתניא, סגן ומשוח מלחמה שהיו מהלכים בדרך ופגע בהם מת מצוה, מוטב שיטמא משוח מלחמה ואל יטמא סגן, שאם יארע בו פסול בכהן גדול נכנס הסגן ומשמש תחתיו. והתניא, משוח מלחמה קודם לסגן. אמר רבינא, כי תניא ההיא להחיותו: **מתני'** כהן קודם ללוי, לוי לישראל, ישראל לממזר, וממזר לנתין, ונתין לגר, וגר לעבד משוחרר; אימתי, בזמן שכולם שוים, אבל אם היה ממזר תלמיד חכם וכהן גדול עם הארץ, ממזר תלמיד חכם קודם לכהן גדול עם הארץ: **גמ'** כהן קודם ללוי, שנאמר בני עמרם אהרן ומשה, ויבדל אהרן (להקריב) [להקדישו] קדש (ה)קדשים. לוי קודם לישראל, שנאמר בעת ההיא הבדיל ה' את שבט הלוי (מתוך) וגו'. ישראל קודם לממזר, שזה מיוחס וזה אינו מיוחס. ממזר קודם לנתין, זה בא מטפה כשרה וזה בא מטפה פסולה. נתין קודם לגר, זה גדל עמנו בקדושה וזה לא גדל עמנו בקדושה. גר קודם לעבד משוחרר, זה היה בכלל ארור וזה לא היה בכלל ארור: אימתי בזמן שכולן שוין כו': מנא הני מילי. אמר רב אחא ברבי חנינא, דאמר קרא יקרה היא מפנינים, מכהן גדול שנכנס לפני ולפנים. תניא, רבי שמעון בן יוחי אומר, בדין הוא שיקדים עבד משוחרר לגר, שזה גדל עמנו בקדושה וזה לא גדל עמנו בקדושה, אלא זה היה בכלל ארור וזה לא היה בכלל ארור. שאלו תלמידיו את רבי אלעזר ברבי צדוק, מפני מה הכל רצין לישא גיורת ואין הכל רצין לישא משוחררת, אמר להם, זו היתה בכלל ארור וזו לא היתה בכלל ארור; דבר אחר, זו היתה בחזקת שמור וזו לא היתה בחזקת שמור. שאלו תלמידיו את רבי אלעזר, מפני מה הכלב מכיר את בעליו וחתול אינו מכיר את קונו, אמר להם, ומה האוכל ממה שעכבר אוכל משכח, האוכל עכבר עצמו על אחת כמה וכמה. שאלו תלמידיו את רבי אלעזר, מפני מה הכל מושלים בעכברים, מפני שטבען רע. מאי היא. רבא אמר, אפילו גלימי גריזי. רב

תורה אור השלם

א) והוציא את הפר אל מחוץ למחנה ושרף אתו כאשר שרף את הפר הראשון חטאת הקהל הוא: (ויקרא ד, כא)

ב) וכל אדם לא יהיה באהל מועד בבאו לכפר בקדש עד צאתו וכפר בעדו ובעד ביתו ובעד כל קהל ישראל: (ויקרא טז, יז)

ג) והביא אתם אל הכהן והקריב את אשר לחטאת ראשונה ומלק את ראשו ממול ערפו ולא יבדיל: (ויקרא ה, ח)

ד) ואת השני יעשה עלה כמשפט וכפר עליו הכהן מחטאתו אשר חטא ונסלח לו: (ויקרא ה, י)

ה) והיה אם מעיני העדה נעשתה לשגגה ועשו כל העדה פר בן בקר אחד לעלה לריח ניחח ליי' ומנחתו ונסכו כמשפט ושעיר עזים אחד לחטת: (במדבר טו, כד)

ו) ויאמר המלך להם קחו עמכם את עבדי אדניכם והרכבתם את שלמה בני על הפרדה אשר לי והורדתם אתו אל גחון: (מלכים א א, לג)

ז) ומשח אתו שם צדוק הכהן ונתן הנביא למלך על ישראל ותקעתם בשופר ואמרתם יחי המלך שלמה: (מלכים א א, לד)

ח) שמע נא יהושע הכהן הגדל אתה ורעיך הישבים לפניך כי אנשי מופת המה כי הנני מביא את עבדי צמח: (זכריה ג, ח)

ט) כי יקום בקרבך נביא או חלם חלום ונתן אליך אות או מופת: (דברים יג, ב)

י) בני עמרם אהרן ומשה ויבדל אהרן להקדישו קדש קדשים הוא ובניו עד עולם להקטיר לפני יי' לשרתו ולברך בשמו עד עולם: (דברי הימים א כג, יג)

כ) בעת ההוא הבדיל יי' את שבט הלוי לשאת את ארון ברית יי' לעמד לפני יי' לשרתו ולברך בשמו עד היום הזה: (דברים י, ח)

ל) ויאמר ארור כנען עבד עבדים יהיה לאחיו: (בראשית ט, כה)

מ) יקרה היא מפנינים וכל חפציך לא ישוו בה: (משלי ג, טו)

הגהות וציונים

תוספות הרא"ש

This *daf* is dedicated *l'iluy nishmas*: Ezra ben Frieda *z"l*

the paternal family. (Each family performed *avodah* in the Beis Hamikdash for one day during the week of their *mishmar*.) **רֹאשׁ בֵּית אָב קוֹדֵם לְכֹהֵן הֶדְיוֹט** — The head of the paternal family takes precedence over a *kohen hedyot*.

אִיבַּעְיָא לְהוּ — The Gemara raises a dilemma: **לְעִנְיַן טוּמְאָה** — In regards to becoming *tamei* to bury a *mes mitzvah* (a dead person who has no one to bury him), where even a *kohen* is obligated to become *tamei*, **סְגָן וּמְשׁוּחַ מִלְחָמָה** — when there is a choice between the *segan kohen gadol* and the *kohen* who is anointed for war, **אֵיזֶה מֵהֶם קוֹדֵם** — which one of them takes precedence to make himself *tamei*? The one who is more important should be the one to remain *tahor*. **אָמַר מָר זוּטְרָא בְּרֵיהּ דְּרַב נַחְמָן** — Mar Zutra, son of Rav Nachman said: **תָּא שְׁמַע** — Come and hear a resolution, **דְּתַנְיָא** — because it is taught in a *Baraisa*: **סְגָן וּמְשׁוּחַ מִלְחָמָה שֶׁהָיוּ מְהַלְּכִים בַּדֶּרֶךְ** — The *segan* and the *kohen* who is anointed for war who were walking on the road, **וּפָגַע בָּהֶם מֵת מִצְוָה** — and they encounter a *mes mitzvah*, **מוּטָב שֶׁיִּטַּמֵּא מְשׁוּחַ מִלְחָמָה וְאַל יִטַּמֵּא סְגָן** — it is better that the *kohen* anointed for war should make himself *tamei*, and the *segan* should not make himself *tamei*, **שֶׁאִם יֶאֱרַע בּוֹ פְּסוּל בְּכֹהֵן גָּדוֹל** — because if the *kohen gadol* becomes disqualified, **נִכְנָס הַסְּגָן וּמְשַׁמֵּשׁ תַּחְתָּיו** — the *segan* will enter and perform *avodah* in his place. The Gemara asks: **וְהָתַנְיָא** — But wasn't it taught in the previous *Baraisa*, **מְשׁוּחַ מִלְחָמָה קוֹדֵם לַסְּגָן** — that the *kohen* anointed for war takes precedence over the *segan*? Since the *kohen* anointed for war is more important, the *segan* is the one who should make himself *tamei* in this case! The Gemara answers: **אָמַר רָבִינָא** — Ravina said: **כִּי תַּנְיָא הָהִיא** — When was that *Baraisa* taught, that the *kohen* anointed for war is more important, **לְהַחֲיוֹתוֹ** — when it comes to rescuing the *kohen* anointed for war. He is rescued first, not because he is more important than the *segan*, but because the people need him for the war.

מַתְנִיתִין — MISHNAH

כֹּהֵן קוֹדֵם לְלֵוִי — A *kohen* takes precedence over a *levi*. **לֵוִי לְיִשְׂרָאֵל** — A *levi* takes precedence over a *yisrael*. **יִשְׂרָאֵל לְמַמְזֵר** — A *yisrael* takes precedence over a *mamzer*. **וּמַמְזֵר לְנָתִין** — And a *mamzer* takes precedence over a *Nasin* (someone from the nation of Givon, a nation who tricked Yehoshua bin Nun as to their origins, and they were penalized not to have the status of regular Jews). **וְנָתִין לְגֵר** — And a takes precedence over a *ger*. **וְגֵר לְעֶבֶד מְשׁוּחְרָר** — And a *ger* takes precedence over a freed slave. **אֵימָתַי** — When does all this apply? **בִּזְמַן שֶׁכּוּלָּם שָׁוִים** — At a time when all these people are equal in wisdom. **אֲבָל אִם הָיָה מַמְזֵר תַּלְמִיד חָכָם וְכֹהֵן גָּדוֹל עַם הָאָרֶץ** — But if there is a *mamzer* who is a *talmid chacham*, and a *kohen gadol* who is *am ha'aretz*, **מַמְזֵר תַּלְמִיד חָכָם קוֹדֵם לְכֹהֵן גָּדוֹל עַם הָאָרֶץ** — The *mamzer*, who is a *talmid chacham*, takes precedence over the *kohen gadol*, who is an *am ha'aretz*.

For this *daf's shiur* and charts, scan this QR code:

עין משפט
נר מצוה

נא א מיי' פ"ט מהלכות תמידין ומוספין הלכה ז:
נב ב מיי' שם הלכה ו:
נג ג מיי' שם הלכה ח:
נד ד ה ו ז מיי' שם הלכה ז:
נה ח ט י מיי' שם הל"ט:
נו כ טוש"ע יו"ד סימן רנב סעיף ח בהג"ה:
נז ל מיי' פ"ח מהלכות מתנות עניים הלכה טו סמג עשין קסב טוש"ע יו"ד סימן רנא סעיף ח:
נח מ נ מיי' וסמג שם טוש"ע יו"ד סימן רנב סעיף ח:
נט ס מיי' פי"ב מהלכות אבידה הלכה א טור שו"ע יו"ד סימן רמב סעיף לה וסימן רנב ס"ט:
ס ע מיי' שם הלכה ג ופ"ח מהלכות ת"ת הלכה א סמג עשין יב טור שו"ע יו"ד סימן רמב סעיף לד וסימן רנב סעי"ט:
סא פ טור שו"ע יו"ד סימן רנב סעיף ט:
סב צ הכל במיי' פ"ד מהלכות כלי מקדש הלכה יט:
סג ק מיי' פ"ג מהלכות אבל הלכה ט:
סד ר מיי' פ"ח מהלכות מתנות עניים הלכה יז סמג עשין קסב טור שו"ע יו"ד סימן רנא סעיף ט הכל שם:

תוספות הרא"ש

מה"מ דת"ר ושרף אותו כאשר שרף את הפר הראשון. מ] וה"ל למכתב כאשר שרף את פרו. מה ת"ל [illegible]

...כדאמרינן מרובה בגדים קודם למשיח שעבר ועוד דהתם בנזיר ה"ל למימר משוח בשמן המשחה עדיף דחזי לעבודה ומרובה בגדים לא חזי לעבודה כדקאמר התם מרובה בגדים ומשיח שעבר מרובה בגדים עדיף דאילו מרובה בגדים עביד עבודה ואילו משיח שעבר לאו בר עבודה הוא דאינו ראוי לא לכה"ג ולא לכהן הדיוט. ופי' הרב ר' משה מאיברא דכגון [שגלה או] שחלה כה"ג ואוקמו אחר תחתיו וכיון ששימש ימים רבים בכה"ג מסתמא אין מעבירין אותו אף כשישב או שנתרפא דדוקא באירע קרי שהשני אינו משמש אלא לפי שעה חוזר ראשון לעבודתו: מרובה בגדים קודם למשיח שעבר. כגון שאירע קרי לכה"ג קודם שגנז שמן המשחה ומשחו אחר תחתיו ומת כה"ג ומינו אחר תחתיו אחר שגנז שמן המשחה. ומה שלא מינו משוח שעבר אפשר שהאחר נתחכם ונתעלה יותר או שמא ע"פ מלך מינוהו כמו שמצינו שהיו נתמנים עפ"י מלך בבית שני כדתני דמים (יומא דף ח: יט. יבמות סא.): אבעיא להו לענין טומאה סגן ומשוח מלחמה איזו מהן קודם. הך בעיא איתא נמי בנזיר בריש כ"ג ואין כתוב שם לענין טומאה. אלא סגן ומשוח מלחמה מאי. ומשום דקאי אמתניתין כה"ג ונזיר שהיו מהלכין בדרך ומצאו מת מצוה ר' אליעזר אומר יטמא כה"ג ואל יטמא נזיר. וחכ"א יטמא נזיר ואל יטמא כה"ג. ועלי' קאי הבעי' משוח מלחמה וסגן מאי. אבל הכא מתניתין בקדימה להחיותו איירי ומשום הכי הוצרך לפרש לענין מאי[י] והא דלא מבעיא ליה לענין החיותו[ק] משוח מלחמה קודם לפי שהוא ראש ערכי מלחמה וחיי ישראל תלוין בו אבל לענין טומאה מספקא ליה אי סגן עדיף לפי שהוא מזומן לשמש תחת כה"ג:

פַּר כֹּהֵן מָשִׁיחַ וּפַר עֵדָה כו': מְנָא הָנֵי מִילֵּי. [א]דְּתָנוּ רַבָּנָן, (א) 'וְשָׂרַף אוֹתוֹ כַּאֲשֶׁר שָׂרַף אֵת הַפָּר הָרִאשׁוֹן', מַה תַּלְמוּד לוֹמַר 'הָרִאשׁוֹן'[א], שֶׁיְּהֵא רִאשׁוֹן קוֹדֵם לְפַר הָעֵדָה בְּכָל מַעֲשָׂיו. תָּנוּ רַבָּנָן[ב], פַּר כֹּהֵן מָשִׁיחַ וּפַר הָעֵדָה עוֹמְדִים, פַּר כֹּהֵן מָשִׁיחַ קוֹדֵם לְפַר הָעֵדָה בְּכָל מַעֲשָׂיו, הוֹאִיל וּמָשִׁיחַ מְכַפֵּר וְעֵדָה מִתְכַּפֶּרֶת, דִּין הוּא שֶׁיַּקְדִּים הַמְכַפֵּר לַמִּתְכַּפֵּר, וְכֵן הוּא אוֹמֵר (ב) 'וְכִפֶּר בַּעֲדוֹ וּבְעַד בֵּיתוֹ וּבְעַד כָּל קְהַל יִשְׂרָאֵל'. [ג]א'פַר הֶעְלֵם דָּבָר שֶׁל צִבּוּר קוֹדֵם לְפַר שֶׁל עֲבוֹדַת כּוֹכָבִים. מַאי טַעְמָא, הַאי חַטָּאת וְהַאי עוֹלָה, [ג]וְתַנְיָא, (ג) 'וְהִקְרִיב אֶת אֲשֶׁר לַחַטָּאת רִאשׁוֹנָה', מַה תַּלְמוּד לוֹמַר, אִם לְלַמֵּד שֶׁתְּהֵא חַטָּאת רִאשׁוֹנָה, הֲרֵי כְּבָר נֶאֱמַר (ד) 'וְאֶת הַשֵּׁנִי יַעֲשֶׂה עוֹלָה כַּמִּשְׁפָּט', אֶלָּא בזֶה בָּנָה אָב שֶׁיְּהוּ כָּל חַטָּאוֹת קוֹדְמוֹת לְעוֹלוֹת הַבָּאִים עִמָּהֶם, וְקַיְימָא לָן גדַּאֲפִילּוּ חַטַּאת הָעוֹף קוֹדֶמֶת לְעוֹלַת בְּהֵמָה. דפַּר עֲבוֹדַת כּוֹכָבִים קוֹדֵם לִשְׂעִיר עֲבוֹדַת כּוֹכָבִים. אַמַּאי, הַאי חַטָּאת וְהַאי עוֹלָה. אָמְרִי בְּמַעֲרְבָא מִשְּׁמֵיהּ דְּרָבָא[ג] בַּר מָרִי, חַטַּאת עֲבוֹדַת כּוֹכָבִים חֲסֵירָא אָלֶ"ף, (ה) 'לְחַטָּת' כְּתִיב. רָבָא[ד] אָמַר, (ה) 'כַּמִּשְׁפָּט' כְּתִיב בֵּיהּ. השְׂעִיר עֲבוֹדַת כּוֹכָבִים קוֹדֵם לִשְׂעִיר נָשִׂיא. מַאי טַעְמָא. הַאי צִבּוּר וְהַאי יָחִיד. ושְׂעִיר נָשִׂיא קוֹדֵם לִשְׂעִירַת יָחִיד. מַאי טַעְמָא. הַאי מֶלֶךְ וְהַאי הֶדְיוֹט. זשְׂעִירַת יָחִיד קוֹדֶמֶת לְכִבְשַׂת יָחִיד. וְהָא תַּנְיָא, כִּבְשַׂת יָחִיד קוֹדֶמֶת לִשְׂעִירַת יָחִיד. אָמַר אַבַּיֵי, תַּנָּאֵי הִיא, מַר סָבַר שְׂעִירָה עֲדִיפָא, שֶׁכֵּן נִתְרַבְּתָה אֵצֶל עֲבוֹדַת כּוֹכָבִים בְּיָחִיד, וּמַר סָבַר כִּבְשָׂה עֲדִיפָא, שֶׁכֵּן נִתְרַבְּתָה בְּאַלְיָה. חעוֹמֶר קוֹדֵם לַכֶּבֶשׂ הַבָּא עִמּוֹ, טשְׁתֵּי הַלֶּחֶם קוֹדְמִים לִכְבָשִׂים הַבָּאִים עִמָּהֶם; יזֶה הַכְּלָל, דָּבָר הַבָּא בְּגִין לַיּוֹם קוֹדֵם לְדָבָר הַבָּא בְּגִין לֶחֶם: **מתני'** [ה]כהָאִישׁ קוֹדֵם לָאִשָּׁה לְהַחֲיוֹת וּלְהָשֵׁב אֲבֵדָה; לוְהָאִשָּׁה קוֹדֶמֶת לָאִישׁ לִכְסוּת מוּלְהוֹצִיא מִבֵּית הַשֶּׁבִי; נבִּזְמַן שֶׁשְּׁנֵיהֶם עוֹמְדִים בְּקַלְקָלָה, הָאִישׁ קוֹדֵם לָאִשָּׁה: **גמ'** תָּנוּ רַבָּנָן, הָיָה הוּא וְאָבִיו וְרַבּוֹ בַּשֶּׁבִי, סהוּא קוֹדֵם לְרַבּוֹ, ערַבּוֹ קוֹדֵם לְאָבִיו, פאִמּוֹ קוֹדֶמֶת לְכוּלָּם; חָכָם קוֹדֵם לְמֶלֶךְ יִשְׂרָאֵל, חָכָם שֶׁמֵּת אֵין לָנוּ כַּיּוֹצֵא בּוֹ, מֶלֶךְ יִשְׂרָאֵל שֶׁמֵּת כָּל יִשְׂרָאֵל רְאוּיִם לְמַלְכוּת; מֶלֶךְ קוֹדֵם לְכֹהֵן גָּדוֹל, שֶׁנֶּאֱמַר (ו) 'וַיֹּאמֶר הַמֶּלֶךְ (אֲלֵיהֶם) [לָהֶם] קְחוּ עִמָּכֶם (את[ו] מֵ)עַבְדֵי אֲדוֹנֵיכֶם' וְגוֹ'; כֹּהֵן גָּדוֹל קוֹדֵם לְנָבִיא, שֶׁנֶּאֱמַר (ז) 'וּמָשַׁח אוֹתוֹ שָׁם צָדוֹק הַכֹּהֵן וְנָתָן הַנָּבִיא', הִקְדִּים צָדוֹק לְנָתָן, וְאוֹמֵר (ח) 'שְׁמַע נָא יְהוֹשֻׁעַ הַכֹּהֵן הַגָּדוֹל אַתָּה וְרֵעֶיךָ' וְגוֹ', יָכוֹל הֶדְיוֹטוֹת הָיוּ, תַּלְמוּד לוֹמַר (ח) 'כִּי אַנְשֵׁי מוֹפֵת הֵמָּה', וְאֵין מוֹפֵת אֶלָּא נָבִיא, שֶׁנֶּאֱמַר (ט) 'וְנָתַן אֵלֶיךָ אוֹת אוֹ מוֹפֵת'; צמָשׁוּחַ בְּשֶׁמֶן הַמִּשְׁחָה קוֹדֵם לִמְרוּבֵּה בְגָדִים; מְרוּבֵּה בְגָדִים קוֹדֵם לְמָשִׁיחַ שֶׁעָבַר מֵחֲמַת קִרְיוֹ; מָשִׁיחַ שֶׁעָבַר מֵחֲמַת קִרְיוֹ קוֹדֵם לְעָבַר מֵחֲמַת מוּמוֹ; עָבַר מֵחֲמַת מוּמוֹ קוֹדֵם לִמְשׁוּחַ מִלְחָמָה; מְשׁוּחַ מִלְחָמָה קוֹדֵם לְסְגָן; סְגָן קוֹדֵם לַאֲמַרְכָּל. מַאי אֲמַרְכָּל, אָמַר רַב חִסְדָּא, אָמַר כּוּלָּא. אֲמַרְכָּל קוֹדֵם לְגִזְבָּר; גִּזְבָּר קוֹדֵם לְרֹאשׁ מִשְׁמָר; רֹאשׁ מִשְׁמָר קוֹדֵם לְרֹאשׁ בֵּית אָב; רֹאשׁ בֵּית אָב קוֹדֵם לְכֹהֵן הֶדְיוֹט. קאִיבַּעְיָא לְהוּ, לְעִנְיַן טוּמְאָה, סְגָן וּמְשׁוּחַ מִלְחָמָה אֵיזֶה מֵהֶם קוֹדֵם. אָמַר מַר זוּטְרָא בְּרֵיהּ דְּרַב נַחְמָן, תָּא שְׁמַע, דְּתַנְיָא, סְגָן וּמְשׁוּחַ מִלְחָמָה שֶׁהָיוּ מְהַלְּכִים בַּדֶּרֶךְ וּפָגַע בָּהֶם מֵת מִצְוָה, רמוּטָב שֶׁיִּטַּמֵּא מְשׁוּחַ מִלְחָמָה וְאַל יִטַּמֵּא סְגָן, שֶׁאִם יֶאֱרַע בּוֹ פְּסוּל בְּכֹהֵן גָּדוֹל נִכְנָס הַסְּגָן וּמְשַׁמֵּשׁ תַּחְתָּיו. וְהָתַנְיָא, מְשׁוּחַ מִלְחָמָה קוֹדֵם לִסְגָן. אָמַר רָבִינָא, כִּי תַּנְיָא הַהִיא לְהַחֲיוֹתוֹ: **מתני'** [ו]כֹּהֵן קוֹדֵם לְלֵוִי, לֵוִי לְיִשְׂרָאֵל, יִשְׂרָאֵל לְמַמְזֵר, וּמַמְזֵר לְנָתִין, וְנָתִין לְגֵר, וְגֵר לְעֶבֶד מְשׁוּחְרָר; אֵימָתַי, בִּזְמַן שֶׁכּוּלָּם שָׁוִים, אֲבָל אִם הָיָה מַמְזֵר תַּלְמִיד חָכָם וְכֹהֵן גָּדוֹל עַם הָאָרֶץ, מַמְזֵר תַּלְמִיד חָכָם קוֹדֵם לְכֹהֵן גָּדוֹל עַם הָאָרֶץ: **גמ'** כֹּהֵן קוֹדֵם לְלֵוִי, שֶׁנֶּאֱמַר (י) (ו)'בְּנֵי עַמְרָם אַהֲרֹן וּמֹשֶׁה, וַיִּבָּדֵל אַהֲרֹן (לְהַקְרִיב) [לְהַקְדִּישׁוֹ] קֹדֶשׁ (ה)קֳדָשִׁים'. לֵוִי קוֹדֵם לְיִשְׂרָאֵל, שֶׁנֶּאֱמַר (כ) 'בָּעֵת הַהִיא הִבְדִּיל ה' אֶת שֵׁבֶט הַלֵּוִי' (מִתּוֹךְ[ז]) וְגוֹ'. יִשְׂרָאֵל קוֹדֵם לְמַמְזֵר, שֶׁזֶּה מְיוּחָס וְזֶה אֵינוֹ מְיוּחָס. מַמְזֵר קוֹדֵם לְנָתִין, זֶה בָּא מִטִּפָּה כְּשֵׁרָה וְזֶה בָּא מִטִּפָּה פְּסוּלָה. נָתִין קוֹדֵם לְגֵר, זֶה גָּדַל עִמָּנוּ בִּקְדוּשָּׁה וְזֶה לֹא גָּדַל עִמָּנוּ בִּקְדוּשָּׁה. גֵּר קוֹדֵם לְעֶבֶד מְשׁוּחְרָר, זֶה הָיָה בִּכְלַל אָרוּר וְזֶה לֹא הָיָה בִּכְלַל אָרוּר: אֵימָתַי בִּזְמַן שֶׁכּוּלָּן שָׁוִין כו': מְנָא הָנֵי מִילֵּי. אָמַר רַב אַחָא בְּרַבִּי חֲנִינָא, דְּאָמַר קְרָא (מ) 'יְקָרָה הִיא מִפְּנִינִים', שמִכֹּהֵן גָּדוֹל שֶׁנִּכְנָס לִפְנַי וְלִפְנִים. תַּנְיָא, רַבִּי שִׁמְעוֹן בֶּן יוֹחַי אוֹמֵר, בְּדִין הוּא שֶׁיַּקְדִּים עֶבֶד מְשׁוּחְרָר לְגֵר, שֶׁזֶּה גָּדַל עִמָּנוּ בִּקְדוּשָּׁה וְזֶה לֹא גָּדַל עִמָּנוּ בִּקְדוּשָּׁה, אֶלָּא זֶה הָיָה בִּכְלַל אָרוּר וְזֶה לֹא הָיָה בִּכְלַל אָרוּר. שָׁאֲלוּ תַּלְמִידָיו אֶת רַבִּי אֶלְעָזָר בְּרַבִּי צָדוֹק, מִפְּנֵי מָה הַכֹּל רָצִין[ח] לִישָּׂא גִּיּוֹרֶת וְאֵין הַכֹּל רָצִין לִישָּׂא מְשׁוּחְרֶרֶת; אָמַר לָהֶם, זוֹ הָיְתָה בִּכְלַל אָרוּר וְזוֹ לֹא הָיְתָה בִּכְלַל אָרוּר; דָּבָר אַחֵר, זוֹ הָיְתָה בְּחֶזְקַת שִׁמּוּר וְזוֹ לֹא הָיְתָה בְּחֶזְקַת שִׁמּוּר. שָׁאֲלוּ תַּלְמִידָיו אֶת רַבִּי אֶלְעָזָר, מִפְּנֵי מָה הַכֶּלֶב מַכִּיר אֶת קוֹנוֹ וְחָתוּל אֵינוֹ מַכִּיר אֶת קוֹנוֹ; אָמַר לָהֶם, וּמָה הָאוֹכֵל מִמַּה שֶּׁעַכְבָּר אוֹכֵל מְשַׁכֵּחַ, הָאוֹכֵל עַכְבָּר עַצְמוֹ עַל אַחַת כַּמָּה וְכַמָּה. שָׁאֲלוּ תַּלְמִידָיו אֶת רַבִּי אֶלְעָזָר, מִפְּנֵי מָה הַכֹּל מוֹשְׁלִים בָּעַכְבָּרִים; מִפְּנֵי שֶׁסּוּרָן רָע. מַאי הִיא. רָבָא אָמַר, אֲפִילּוּ גְּלִימֵי גָּיְיצִי;

רַב

פָּרָשַׁת פַּר כֹּהֵן מָשִׁיחַ כְּתִיבָא בְּרֵישָׁא, וַהֲדַר כְּתִיבָא פַּר הֶעְלֵם דָּבָר שֶׁל צִבּוּר, 'וְעָשָׂה לַפָּר כַּאֲשֶׁר עָשָׂה לְפַר הַחַטָּאת', דְּהַיְינוּ לְפַר כֹּהֵן מָשִׁיחַ, לָמָה לֵיהּ לְמֵיהֲדַר וּכְתַב '**כַּאֲשֶׁר שָׂרַף אֵת הַפָּר הָרִאשׁוֹן**': 'וְכִפֶּר בַּעֲדוֹ'. וַהֲדַר 'וּבְעַד בֵּיתוֹ, וּבְעַד כָּל קְהַל יִשְׂרָאֵל': פַּר דַּעֲבוֹדַת כּוֹכָבִים הָוֵי עוֹלָה: חֲסֵירָא אָלֶ"ף. לְמֵימְרָא דְּעוֹלָה קָדְמָה: 'כַּמִּשְׁפָּט' כְּתִיב בֵּיהּ. בְּפַר דַּעֲבוֹדַת כּוֹכָבִים, דְּבָתַר כְּתִיבָה אָזְלִינַן, וְעוֹלָה בְּרֵישָׁא כְּתִיבָא: שְׂעִיר[ק] יָחִיד קוֹדֵם לְכִבְשַׂת יָחִיד. כְּגוֹן שֶׁהָיוּ שְׁנַיִם, זֶה הֵבִיא כִּשְׂבָּה וְזֶה הֵבִיא שְׂעִירָה: שֶׁכֵּן נִתְרַבְּתָה בְּאַלְיָה. דְּעֵז אֵינָהּ טְעוּנָה אַלְיָה: בְּגִין יוֹם. בִּגְלַל יוֹם; כֶּבֶשׂ גְּלַל עוֹמֶר, וּכְבָשִׂים בִּגְלַל שְׁתֵּי הַלֶּחֶם: **מתני'** עוֹמְדִים בְּקַלְקָלָה. הָאִישׁ לְמִשְׁכַּב זָכוּר: **גמ'** אִמּוֹ קוֹדֶמֶת לְכוּלָּם. דְּאִית לָהּ זִילוּתָא טְפֵי: [חָכָם קוֹדֵם לְמֶלֶךְ יִשְׂרָאֵל. שֶׁאֵין כָּל יִשְׂרָאֵל רְאוּיִן לְחָכְמָה, אֲבָל מֶלֶךְ, כָּל יִשְׂרָאֵל רְאוּיִן לְמַלְכוּת[ע]]: מֶלֶךְ קוֹדֵם לְכֹהֵן גָּדוֹל. מִדְּאָמַר מֶלֶךְ לְכֹהֵן גָּדוֹל 'קְחוּ עִמָּכֶם מֵעַבְדֵי אֲדוֹנֵיכֶם'[י], [וְעַ"כ אַנַּפְשֵׁיהּ קָאָמַר], אַלְמָא מֶלֶךְ עָדִיף: אֲמַרְכְּלָא. שֶׁמְּמוּנֶּה עַל כּוּלָּם[ק], וְאֵין מְשִׁיבִין עַל דְּבָרָיו: גִּזְבָּר. הַמְמוּנֶּה עַל הָאוֹצָרוֹת שֶׁבַּמִּקְדָּשׁ: אִיבַּעְיָא לְהוּ לְעִנְיַן טוּמְאָה. לִיטַּמָּא לְמֵת מִצְוָה, סְגָן וּמְשׁוּחַ מִלְחָמָה אֵי זֶה מֵהֶם קוֹדֵם: לְהַחֲיוֹתוֹ. הוּא קוֹדֵם לִסְגָן, מִשּׁוּם דְּלַצִּבּוּר צְרִיכִים לוֹ לִמְשׁוּחַ מִלְחָמָה לְצוֹרֶךְ מִלְחָמָה טְפֵי מִסְּגָן: דִּכְתִיב 'וַיִּבָּדֵל אַהֲרֹן'. אַלְמָא כֹּהֵן עָדִיף מִלֵּוִי: [בִּכְלַל 'אָרוּר כְּנָעַן'. לֹא מָצָא נֹחַ קְלָלָה לִכְנַעַן גְּדוֹלָה מִזּוֹ שֶׁיְּהֵא עֶבֶד לְאֶחָיו, מִכָּאן שֶׁכָּל עֶבֶד הֲרֵי הוּא בִּכְלַל אָרוּר]: הַכֹּל רוֹצִין לִישָּׂא גִּיּוֹרֶת. שֶׁמִּתְרַצִּין לִישָּׂא גִּיּוֹרֶת מֵאִשָּׁה מְשׁוּחְרֶרֶת: מְשׁוּחְרֶרֶת לֹא הָיְתָה בְּחֶזְקַת שִׁמּוּר. דִּסְתָם שִׁפְחָה מוּפְקֶרֶת. לָשׁוֹן אַחֵר, גִּיּוֹרֶת בָּעֲיָא לְאִיגַּיּוּרֵי, וּמְשַׁמֶּרֶת עַצְמָהּ, לְפִי שֶׁבְּדַעְתָּהּ לְהִתְגַּיֵּיר, אֲבָל שִׁפְחָה אֵין בְּיָדָהּ לְשַׁחְרֵר עַצְמָהּ, וְאֵינָהּ מְשַׁמֶּרֶת עַצְמָהּ: מִפְּנֵי מָה הַכֹּל מוֹשְׁלִין בָּעַכְבָּרִים. כְּלוֹמַר מִפְּנֵי מָה נִתְּנָה מַפָּלָה יְתֵירָה לָעַכְבָּרִים, שֶׁנִּרְדָּפִין תָּדִיר: אָמַר לָהֶם, מִפְּנֵי שֶׁסּוּרָן רַע. שֶׁיֵּצֶר לִבָּם רַע הוּא יוֹתֵר מִדַּאי. **סוּרוֹ**, שַׂר שֶׁלָּהֶם, כִּדְאָמַר (ב"מ דף נט:) בְּגֵר 'שֶׁסּוּרוֹ רַע', דְּהַיְינוּ יֵצֶר הָרַע שֶׁשַּׂר שֶׁלּוֹ רַע הוּא[ל]: מַאי הִיא. הֵיכִי הָוֵי סוּרָן רַע: אָמַר רָבָא אֲפִילּוּ גְּלִימֵי. דְּלָאו מַאֲכָל וְלֵית בְּהוּ הֲנָאָה אֲפִילּוּ הָכִי גָּיְילֵי לְהוּ: גָּיְיצִי. נוֹשְׁכִין:
שׁוּפְתָּא

מסורת הש"ס
עם הוספות

א) ת"כ דבורא דחובה פרק ו ה"ח (אות רנה), ב) זבחים ל:, ג) שם. פסחים נט., ד) כתובות סז. ע"ש, ה) נזיר מז: [ע"ש שינויים גדולים], ו) גיטין נט., ז) [סוטה ד:].

תורה אור השלם

א) וְהוֹצִיא אֶת הַפָּר אֶל מִחוּץ לַמַּחֲנֶה וְשָׂרַף אֹתוֹ כַּאֲשֶׁר שָׂרַף אֵת הַפָּר הָרִאשׁוֹן חַטַּאת הַקָּהָל הוּא: [ויקרא ד, כא]

ב) וְכָל אָדָם לֹא יִהְיֶה בְּאֹהֶל מוֹעֵד בְּבֹאוֹ לְכַפֵּר בַּקֹּדֶשׁ עַד צֵאתוֹ וְכִפֶּר בַּעֲדוֹ וּבְעַד בֵּיתוֹ וּבְעַד כָּל קְהַל יִשְׂרָאֵל: [ויקרא טז, יז]

ג) וְהֵבִיא אֹתָם אֶל הַכֹּהֵן וְהִקְרִיב אֶת אֲשֶׁר לַחַטָּאת רִאשׁוֹנָה וּמָלַק אֶת רֹאשׁוֹ מִמּוּל עָרְפּוֹ וְלֹא יַבְדִּיל: [ויקרא ה, ח]

ד) וְאֶת הַשֵּׁנִי יַעֲשֶׂה עֹלָה כַּמִּשְׁפָּט וְכִפֶּר עָלָיו הַכֹּהֵן מֵחַטָּאתוֹ אֲשֶׁר חָטָא וְנִסְלַח לוֹ: [ויקרא ה, י]

ה) וְהָיָה אִם מֵעֵינֵי הָעֵדָה נֶעֶשְׂתָה לִשְׁגָגָה וְעָשׂוּ כָל הָעֵדָה פַּר בֶּן בָּקָר אֶחָד לְעֹלָה לְרֵיחַ נִיחֹחַ לַה' וּמִנְחָתוֹ וְנִסְכּוֹ כַּמִּשְׁפָּט וּשְׂעִיר עִזִּים אֶחָד לְחַטָּת: [במדבר טו, כד]

ו) וַיֹּאמֶר הַמֶּלֶךְ לָהֶם קְחוּ עִמָּכֶם אֶת עַבְדֵי אֲדֹנֵיכֶם וְהִרְכַּבְתֶּם אֶת שְׁלֹמֹה בְנִי עַל הַפִּרְדָּה אֲשֶׁר לִי וְהוֹרַדְתֶּם אֹתוֹ אֶל גִּחוֹן: [מלכים א' א, לג]

ז) וּמָשַׁח אֹתוֹ שָׁם צָדוֹק הַכֹּהֵן וְנָתָן הַנָּבִיא לְמֶלֶךְ עַל יִשְׂרָאֵל וּתְקַעְתֶּם בַּשּׁוֹפָר וַאֲמַרְתֶּם יְחִי הַמֶּלֶךְ שְׁלֹמֹה: [מלכים א' א, לד]

ח) שְׁמַע נָא יְהוֹשֻׁעַ הַכֹּהֵן הַגָּדוֹל אַתָּה וְרֵעֶיךָ הַיֹּשְׁבִים לְפָנֶיךָ כִּי אַנְשֵׁי מוֹפֵת הֵמָּה כִּי הִנְנִי מֵבִיא אֶת עַבְדִּי צֶמַח: [זכריה ג, ח]

ט) כִּי יָקוּם בְּקִרְבְּךָ נָבִיא אוֹ חֹלֵם חֲלוֹם וְנָתַן אֵלֶיךָ אוֹת אוֹ מוֹפֵת: [דברים יג, ב]

י) בְּנֵי עַמְרָם אַהֲרֹן וּמֹשֶׁה וַיִּבָּדֵל אַהֲרֹן לְהַקְדִּישׁוֹ קֹדֶשׁ קָדָשִׁים הוּא וּבָנָיו עַד עוֹלָם לְהַקְטִיר לִפְנֵי ה' לְשָׁרְתוֹ וּלְבָרֵךְ בִּשְׁמוֹ עַד עוֹלָם: [דברי הימים א כג, יג]

כ) בָּעֵת הַהִוא הִבְדִּיל ה' אֶת שֵׁבֶט הַלֵּוִי לָשֵׂאת אֶת אֲרוֹן בְּרִית ה' לַעֲמֹד לִפְנֵי ה' לְשָׁרְתוֹ וּלְבָרֵךְ בִּשְׁמוֹ עַד הַיּוֹם הַזֶּה: [דברים י, ח]

ל) וַיֹּאמֶר אָרוּר כְּנָעַן עֶבֶד עֲבָדִים יִהְיֶה לְאֶחָיו: [בראשית ט, כה]

מ) יְקָרָה הִיא מִפְּנִינִים וְכָל חֲפָצֶיךָ לֹא יִשְׁווּ בָהּ: [משלי ג, טו]

הגהות וציונים

א] משמע מרש"י שדורשים כן מפני שכל הפסוק מיותר (באר שבע), ולפירושו אין לגרוס "הראשון" (חק נתן), או ש"הראשון" נמשך למטה ולא עם "מה תלמוד לומר" ודוחק (שער יוסף). אבל הרא"ש מפרש שהדרש מיתור "הראשון", וכן בכת"י "דת"ר ושרף אותו כאשר שרף את הפר הראשון **שאין ת"ל הראשון** מה ת"ל הראשון":
ב] מהרש"א מגיה ות"ר: ג] צ"ל **דרבה**. יעב"ץ (גליון): ד] [בזבחים צ: איתא **רבינא**] (גליון): ה] צ"ל **את** (גליון): ו] לא נמצא בכתוב ועיין בב"ש (גליון): ז] ברש"י רוצין, ועי' ח"א מהרש"א: ח] **שעירת** יחיד **קודמת** (רש"ש וכת"י): ט] כל הנדפס בעמוד בין שני חצאי לבינה ליתא בדפו"י והוסיפוהו בד' אמ"ד מן הע"י אבל הוא מפי' הרמ"ה ולא מרש"י (דק"ס): י] כת"י "אדוניכם **שצוה לו צאויה** אלמא": כ] בכת"י נוסף **על שאר גזברין**: ל] בארות המים "בגר שסורו רע ששר שלו רע הוא דהיינו יצר הרע". בע"י ובכת"י ליתא דבור זה וגם דבור שלפניו ובמקום זה **מפני שסורו רע. כלומר מפני שסורן של** עכברים רע **לפיכך מושלים עליהם החתולים**:: מ] בכת"י נוסף **שאין ת"ל הפר הראשון דהא** קרא **בכהן משיח כתיב דאיהו מקריב לפר** העדה **כדכתיב בפר העדה** ולקח הכהן המשיח מדם הפר וגו' ועליה **כתיב כאשר שרף את הפר הראשון**: נ] **לענין טומאה** (כת"י): ס] בכת"י נוסף **משום דפשיטא** ליה **דלהחיותו**:

גְּמָרָא — GEMARA

Our Mishnah says: כֹּהֵן קוֹדֵם לְלֵוִי — A *kohen* takes precedence over a *levi*. שֶׁנֶּאֱמַר — We learn this because it says (*Divrei Hayamim I* 23:13), (ובני) [בְּנֵי] עַמְרָם אַהֲרֹן וּמֹשֶׁה וַיִּבָּדֵל אַהֲרֹן (להקריב) [לְהַקְדִּישׁוֹ] קֹדֶשׁ (הקדשים) [קָדָשִׁים] — "The sons of Amram: Aharon and Moshe, and Aharon was distinguished that he should be sanctified as most sacred." לֵוִי קוֹדֵם לְיִשְׂרָאֵל — A *levi* takes precedence over a *yisrael*. שֶׁנֶּאֱמַר — We learn this because it says (*Devarim* 10:8), בָּעֵת הַהִיא הִבְדִּיל ה' אֶת שֵׁבֶט הַלֵּוִי (מתוך) וְגוֹ' — "At that time Hashem separated the *shevet* of Levi… [to stand before Hashem to serve Him…]." יִשְׂרָאֵל קוֹדֵם לְמַמְזֵר — A *yisrael* takes precedence over a *mamzer*, שֶׁזֶּה מְיוּחָס — because this *yisrael* has legitimate lineage, וְזֶה אֵינוֹ מְיוּחָס — and this *mamzer* does not have legitimate lineage. מַמְזֵר קוֹדֵם לְנָתִין — A *mamzer* takes precedence over a *Nasin*, זֶה בָּא מִטִּפָּה כְּשֵׁרָה — because this *mamzer* came from kosher seed. (His parents were both kosher.) וְזֶה בָּא מִטִּפָּה פְּסוּלָה — and this *Nasin* came from unfit seed. (His parents were not kosher). נָתִין קוֹדֵם לְגֵר — A *Nasin* takes precedence over a *ger*, זֶה גָּדֵל עִמָּנוּ בִּקְדוּשָּׁה — because this *Nasin* grew up together with us in sanctity, וְזֶה לֹא גָּדֵל עִמָּנוּ בִּקְדוּשָּׁה — and this *ger* did not grow up together with us in sanctity. גֵּר קוֹדֵם לְעֶבֶד מְשׁוּחְרָר — A *ger* takes precedence over a freed slave, זֶה הָיָה בִּכְלַל אָרוּר — because this freed slave, as a descendant of Cham, was included in Noach's curse (that he placed on his son, Cham), וְזֶה לֹא הָיָה בִּכְלַל אָרוּר — and this *ger* was not included in Noach's curse, as he is not a descendant of Cham.

The Mishnah continued: אֵימָתַי — When do all these *halachos* of precedence apply? בִּזְמַן שֶׁכּוּלָּן שָׁוִין כּוּ' — At a time when all these people are equal in wisdom. מְנָא הָנֵי מִילֵּי — From where do we know these words? אָמַר רַב אַחָא בְּרַבִּי חֲנִינָא — Rav Acha, son of Rabi Chanina said: דְּאָמַר קְרָא — We know this because the *pasuk* says about the Torah (*Mishlei* 3:15), יְקָרָה הִיא מִפְּנִינִים — "She (the Torah) is more precious than *peninim*—pearls." מִכֹּהֵן גָּדוֹל שֶׁנִּכְנָס לִפְנַי וְלִפְנִים — *Peninim* is an allusion to the *kohen gadol* who goes into the *Kodesh Hakadashim* (*lifnai v'lifnim*) on Yom Kippur. Torah, or a *talmid chacham*, is more precious than the *kohen gadol*.

תַּנְיָא — It is taught in a *Baraisa*: רַבִּי שִׁמְעוֹן בַּר יוֹחָאי אוֹמֵר — Rabi Shimon bar Yochai says: בַּדִּין הוּא שֶׁיְּקַדֵּם עֶבֶד מְשׁוּחְרָר לְגֵר — Logically, a freed slave should take precedence over a *ger*, שֶׁזֶּה גָּדֵל עִמָּנוּ בִּקְדוּשָּׁה — because this freed slave grew up among us Jews in sanctity, וְזֶה לֹא גָּדֵל עִמָּנוּ בִּקְדוּשָּׁה — and this *ger* did not grow up among us Jews in sanctity. אֶלָּא — But, it is not this way, as the *ger* takes precedence over the freed slave, זֶה הָיָה בִּכְלַל אָרוּר — because this freed slave was included in Noach's curse, וְזֶה לֹא הָיָה בִּכְלַל אָרוּר — and this *ger* was not included in Noach's curse.

שָׁאֲלוּ תַּלְמִידָיו אֶת רַבִּי אֶלְעָזָר בְּרַבִּי צָדוֹק — Rabi Elazar, son of Rabi Tzadok's *talmidim* asked him: מִפְּנֵי מָה הַכֹּל רָצִין לִישָּׂא גִּיּוֹרֶת — Why does everyone (many people) run to marry a *giyores*, וְאֵין הַכֹּל רָצִין לִישָּׂא מְשׁוּחְרֶרֶת — and not everyone runs to marry a freed maidservant?

For this *daf's shiur* and charts, scan this QR code:

מסורת הש"ס
עם הוספות

א) ת"כ דבורא דחובה פרק ו ה"ח (אות רנה), ב) זבחים צ., ג) שם. פסחים נט., ד) כתובות סז. ע"ש, ה) נזיר מז: [ע"ש שינויים גדולים], ו) גיטין נט., ז) [סוטה ד:].

תורה אור השלם

א) וְהוֹצִיא אֶת הַפָּר אֶל מִחוּץ לַמַּחֲנֶה וְשָׂרַף אֹתוֹ כַּאֲשֶׁר שָׂרַף אֵת הַפָּר הָרִאשׁוֹן חַטַּאת הַקָּהָל הוּא: [ויקרא ד, כא]

ב) וְכָל אָדָם לֹא יִהְיֶה בְּאֹהֶל מוֹעֵד בְּבֹאוֹ לְכַפֵּר בַּקֹּדֶשׁ עַד צֵאתוֹ וְכִפֶּר בַּעֲדוֹ וּבְעַד בֵּיתוֹ וּבְעַד כָּל קְהַל יִשְׂרָאֵל: [ויקרא טז, יז]

ג) וְהֵבִיא אֹתָם אֶל הַכֹּהֵן וְהִקְרִיב אֶת אֲשֶׁר לַחַטָּאת רִאשׁוֹנָה וּמָלַק אֶת רֹאשׁוֹ מִמּוּל עָרְפּוֹ וְלֹא יַבְדִּיל: [ויקרא ה, ח]

ד) וְאֶת הַשֵּׁנִי יַעֲשֶׂה עֹלָה כַּמִּשְׁפָּט וְכִפֶּר עָלָיו הַכֹּהֵן מֵחַטָּאתוֹ אֲשֶׁר חָטָא וְנִסְלַח לוֹ: [ויקרא ה, י]

ה) וְהָיָה אִם מֵעֵינֵי הָעֵדָה נֶעֶשְׂתָה לִשְׁגָגָה וְעָשׂוּ כָל הָעֵדָה פַּר בֶּן בָּקָר אֶחָד לְעֹלָה לְרֵיחַ נִיחֹחַ לַיָי וּמִנְחָתוֹ וְנִסְכּוֹ כַּמִּשְׁפָּט וּשְׂעִיר עִזִּים אֶחָד לְחַטָּת: [במדבר טו, כד]

ו) וַיֹּאמֶר הַמֶּלֶךְ לָהֶם קְחוּ עִמָּכֶם אֶת עַבְדֵי אֲדֹנֵיכֶם וְהִרְכַּבְתֶּם אֶת שְׁלֹמֹה בְנִי עַל הַפִּרְדָּה אֲשֶׁר לִי וְהוֹרַדְתֶּם אֹתוֹ אֶל גִּחוֹן: [מלכים א' א, לג]

ז) וּמָשַׁח אֹתוֹ שָׁם צָדוֹק הַכֹּהֵן וְנָתָן הַנָּבִיא לְמֶלֶךְ עַל יִשְׂרָאֵל וּתְקַעְתֶּם בַּשּׁוֹפָר וַאֲמַרְתֶּם יְחִי הַמֶּלֶךְ שְׁלֹמֹה: [מלכים א' א, לד]

ח) שְׁמַע נָא יְהוֹשֻׁעַ הַכֹּהֵן הַגָּדוֹל אַתָּה וְרֵעֶיךָ הַיֹּשְׁבִים לְפָנֶיךָ כִּי אַנְשֵׁי מוֹפֵת הֵמָּה כִּי הִנְנִי מֵבִיא אֶת עַבְדִּי צֶמַח: [זכריה ג, ח]

ט) כִּי יָקוּם בְּקִרְבְּךָ נָבִיא אוֹ חֹלֵם חֲלוֹם וְנָתַן אֵלֶיךָ אוֹת אוֹ מוֹפֵת: [דברים יג, ב]

י) בְּנֵי עַמְרָם אַהֲרֹן וּמֹשֶׁה וַיִּבָּדֵל אַהֲרֹן לְהַקְדִּישׁוֹ קֹדֶשׁ קָדָשִׁים הוּא וּבָנָיו עַד עוֹלָם לְהַקְטִיר לִפְנֵי יְיָ לְשָׁרְתוֹ וּלְבָרֵךְ בִּשְׁמוֹ עַד עוֹלָם: [דברי הימים א כג, יג]

כ) בָּעֵת הַהִוא הִבְדִּיל יְיָ אֶת שֵׁבֶט הַלֵּוִי לָשֵׂאת אֶת אֲרוֹן בְּרִית יְיָ לַעֲמֹד לִפְנֵי יְיָ לְשָׁרְתוֹ וּלְבָרֵךְ בִּשְׁמוֹ עַד הַיּוֹם הַזֶּה: [דברים י, ח]

ל) וַיֹּאמֶר אָרוּר כְּנָעַן עֶבֶד עֲבָדִים יִהְיֶה לְאֶחָיו: [בראשית ט, כה]

מ) יְקָרָה הִיא מִפְּנִינִים וְכָל חֲפָצֶיךָ לֹא יִשְׁווּ בָהּ: [משלי ג, טו]

הגהות וציונים

א] משמע מפרש"י שדורשים כן מפני שכל הפסוק מיותר (באר שבע), ולפירושו אין לגרוס "הראשון" (חק נתן), או שהראשון נמשך למטה ולא עם מה תלמוד לומר ודוחק (שער יוסף). אבל הרא"ש מפרש שהדרש מיותר "הראשון", וכן בכת"י "ודור" ושרף אותו כאשר שרף את הפר הראשון שאין ת"ל הראשון מה ת"ל הראשון":

ב] מהרש"א מגיה והו"ד

רש"י

פָּרָשַׁת פַּר כֹּהֵן מָשִׁיחַ כְּתִיבָא בְּרֵישָׁא, וַהֲדַר כְּתִיבָא פַּר הֶעְלֵם דָּבָר שֶׁל צִבּוּר, 'וְעָשָׂה לַפָּר כַּאֲשֶׁר עָשָׂה לְפַר הַחַטָּאת', דְּהַיְינוּ לְפַר כֹּהֵן מָשִׁיחַ, לָמָּה לֵיהּ לְמֵיהְדַּר וּכְתַב 'כַּאֲשֶׁר שָׂרַף אֵת הַפָּר הָרִאשׁוֹן': וְכִפֶּר בַּעֲדוֹ. וַהֲדַר 'וּבְעַד בֵּיתוֹ, וּבְעַד כָּל קְהַל יִשְׂרָאֵל': פַּר דַּעֲבוֹדַת כּוֹכָבִים הָוֵי עוֹלָה: חַסִּירָא אָלֶ"ף. לְמֵימְרָא דְּעוֹלָה קָדְמָה: 'כַּמִּשְׁפָּט' כְּתִיב בֵּיהּ. בְּפַר דַּעֲבוֹדַת כּוֹכָבִים, דְּבָתַר כְּתִיבָה חֲזָלִינַן, וְעוֹלָה בְּרֵישָׁא כְּתִיבָא: שְׂעִיר[ב] יָחִיד קוֹדֵם לְכִבְשַׂת יָחִיד. כְּגוֹן שֶׁהָיוּ שְׁנַיִם, זֶה הֵבִיא כִּשְׂבָּה וְזֶה הֵבִיא שְׂעִירָה: שֶׁכֵּן נִתְרַבְּתָה בְּאַלְיָה. דְּעֵז אֵינָהּ טְעוּנָה אַלְיָה: בִּגִין יוֹם. בִּגְלַל יוֹם; כֶּבֶשׂ בִּגְלַל עוֹמֶר, וּכְבָשִׂים בִּגְלַל שְׁתֵּי הַלֶּחֶם: מתני' עוֹמְדִים בְּקַלְקָלָה. הָאִישׁ לְמִשְׁכַּב זָכוּר: גמ' אִמּוֹ קוֹדֶמֶת לְכוּלָּם. דְּאִית לָהּ זִילוּתָא טְפֵי: [חָכָם קוֹדֵם לְמֶלֶךְ יִשְׂרָאֵל. שֶׁאֵין כָּל יִשְׂרָאֵל רְאוּיִן לְחָכְמָה, אֲבָל מֶלֶךְ, כָּל יִשְׂרָאֵל רְאוּיִן לְמַלְכוּת[ט]]: מֶלֶךְ קוֹדֵם לְכֹהֵן גָּדוֹל. מִדְּקָאָמַר מֶלֶךְ לְכֹהֵן גָּדוֹל 'קְחוּ עִמָּכֶם מֵעַבְדֵי אֲדוֹנֵיכֶם'[י], [וְע"כ אַנַּפְשֵׁיהּ קָאָמַר], אַלְמָא מֶלֶךְ עָדִיף: אֲמַרְכְּלָא. שֶׁמְּמוּנֶּה עַל כּוּלָּם[כ], וְאֵין מְשִׁיבִין עַל דְּבָרָיו: גִּזְבָּר. הַמְּמוּנֶּה עַל הָאוֹצָרוֹת שֶׁבַּמִּקְדָּשׁ: אִיבַּעְיָא לְהוּ לְעִנְיַן טוּמְאָה. לִיטַּמֵּא לְמֵת מִצְוָה, סְגָן וּמְשׁוּחַ מִלְחָמָה אֵי זֶה מֵהֶם קוֹדֵם: לְהַחֲיוֹתוֹ. הוּא קוֹדֵם לַסְּגָן, מִשּׁוּם דְּלַצִּבּוּר צְרִיכִים לוֹ לִמְשׁוּחַ מִלְחָמָה לְצוֹרֶךְ מִלְחָמָה טְפֵי מִסְּגָן: דִּכְתִיב 'וַיִּבָּדֵל אַהֲרֹן'. אַלְמָא כֹּהֵן עָדִיף מִלֵּוִי: [בִּכְלַל 'אָרוּר כְּנָעַן'. לֹא מָצָא גַם קְלָלָה לִכְנַעַן גְּדוֹלָה מִזּוֹ שֶׁיְּהֵא עֶבֶד לְאֶחָיו, מִכָּאן שֶׁכָּל עֶבֶד הֲרֵי הוּא בִּכְלַל אָרוּר]: הַכֹּל רוֹצִין לִישָּׂא גִּיּוֹרֶת. שֶׁמִּתְרַצִּין לִישָּׂא גִּיּוֹרֶת מִלִּישָּׂא מְשׁוּחְרֶרֶת: מְשׁוּחְרֶרֶת לֹא הָיְתָה בְּחֶזְקַת שְׁמוּר. דִּסְתָם שִׁפְחָה מוּפְקֶרֶת. לָשׁוֹן אַחֵר, גִּיּוֹרֶת בְּעַיָּא לְאִיגַּיּוּרֵי, וּמְשַׁמֶּרֶת עַצְמָהּ, לְפִי שֶׁבְּדַעְתָּהּ לְהִתְגַּיֵּיר, אֲבָל שִׁפְחָה אֵין בְּיָדָהּ לְשַׁחְרֵר עַצְמָהּ, וְאֵינָהּ מְשַׁמֶּרֶת עַצְמָהּ: מִפְּנֵי מָה הַכֹּל מוֹשְׁלִין בָּעַכְבָּרִים. כְּלוֹמַר מִפְּנֵי מָה נִתְּנָה מַפָּלָה יְתֵירָה לָעַכְבָּרִים, שֶׁנִּרְדָּפִין תָּדִיר תָּדִיר: אָמַר לָהֶם, מִפְּנֵי שֶׁסּוּרָן רַע. שֶׁיֵּצֶר לִבָּם רַע הוּא יוֹתֵר מִדַּאי. סוּרוֹ, שַׂר שֶׁלָּהֶם, כִּדְאָמַר (ר"ה דף טז:) בְּגֶבֶר 'שֶׁסּוּרוֹ רַע', דְּהַיְינוּ יֵצֶר הָרַע שֶׁשַּׂר שֶׁלּוֹ רַע הוּא[ל]: מַאי הִיא. הֵיכִי הָוֵי סוּרָן רַע: אָמַר רָבָא אֲפִילּוּ גְּלִימֵי. דְּלָאו מַאֲכָל וְלֵית בְּהוּ הֲנָאָה אֲפִילּוּ הָכִי גָּיְילֵי לְהוּ: גָּיְיצֵי. נוֹשְׁכִין: שׁוֹפְתָא

פַּר כֹּהֵן מָשׁוּחַ וּפַר עֵדָה כו': מְנָא הָנֵי מִילֵּי. [א]דְּתָנוּ רַבָּנָן, [א]'וְשָׂרַף אוֹתוֹ כַּאֲשֶׁר שָׂרַף אֵת הַפָּר הָרִאשׁוֹן', מַה תַּלְמוּד לוֹמַר 'הָרִאשׁוֹן'[א], שֶׁיְּהֵא רִאשׁוֹן קוֹדֵם לְפַר הָעֵדָה בְּכָל מַעֲשָׂיו. תָּנוּ רַבָּנָן[ב], פַּר כֹּהֵן מָשִׁיחַ וּפַר הָעֵדָה עוֹמְדִים, פַּר כֹּהֵן מָשִׁיחַ קוֹדֵם לְפַר הָעֵדָה בְּכָל מַעֲשָׂיו, הוֹאִיל וּמָשִׁיחַ מְכַפֵּר וְעֵדָה מִתְכַּפֶּרֶת, דִּין הוּא שֶׁיַּקְדִּים הַמְכַפֵּר לַמִּתְכַּפֵּר, וְכֵן הוּא אוֹמֵר [ב]'וְכִפֶּר בַּעֲדוֹ וּבְעַד בֵּיתוֹ וּבְעַד כָּל קְהַל יִשְׂרָאֵל'. [ב]פַּר הֶעְלֵם דָּבָר שֶׁל צִבּוּר קוֹדֵם לְפַר שֶׁל עֲבוֹדַת כּוֹכָבִים. מַאי טַעְמָא, הַאי חַטָּאת וְהַאי עוֹלָה, [ג]וְתַנְיָא, [ג]'וְהִקְרִיב אֶת אֲשֶׁר לַחַטָּאת רִאשׁוֹנָה', מַה תַּלְמוּד לוֹמַר, אִם לְלַמֵּד שֶׁתְּהֵא חַטָּאת רִאשׁוֹנָה, הֲרֵי כְּבָר נֶאֱמַר [ד]'וְאֶת הַשֵּׁנִי יַעֲשֶׂה עוֹלָה כַּמִּשְׁפָּט', אֶלָּא [ג]זֶה בָּנָה אָב שֶׁיְּהוּ כָּל חַטָּאוֹת קוֹדְמוֹת לְעוֹלוֹת הַבָּאִים עִמָּהֶם, וְקַיְימָא לָן [ג]דַּאֲפִילּוּ חַטַּאת הָעוֹף קוֹדֶמֶת לְעוֹלַת בְּהֵמָה. [ד]פַּר עֲבוֹדַת כּוֹכָבִים קוֹדֵם לִשְׂעִיר עֲבוֹדַת כּוֹכָבִים. אַמַּאי, הַאי חַטָּאת וְהַאי עוֹלָה. אָמְרִי בְּמַעֲרָבָא מִשְּׁמֵיהּ דְּרַבָּא[ג] בַּר מָרִי, חַטַּאת עֲבוֹדַת כּוֹכָבִים חַסִּירָא אָלֶ"ף, [ה]'לְחַטָּת' כְּתִיב. רָבָא[ד] אָמַר, [ה]'כַּמִּשְׁפָּט' כְּתִיב בֵּיהּ. [ה]שְׂעִיר עֲבוֹדַת כּוֹכָבִים קוֹדֵם לִשְׂעִיר נָשִׂיא. מַאי טַעְמָא. הַאי צִבּוּר וְהַאי יָחִיד. [ו]שְׂעִיר נָשִׂיא קוֹדֵם לִשְׂעִירַת יָחִיד. מַאי טַעְמָא. הַאי מֶלֶךְ וְהַאי הֶדְיוֹט. [ז]שְׂעִירַת יָחִיד קוֹדֶמֶת לְכִבְשַׂת יָחִיד. וְהָא תַּנְיָא, כִּבְשַׂת יָחִיד קוֹדֶמֶת לִשְׂעִירַת יָחִיד. אָמַר אַבַּיֵי, תַּנָּאֵי הִיא, מַר סָבַר שְׂעִירָה עֲדִיפָא, שֶׁכֵּן נִתְרַבְּתָה אֵצֶל עֲבוֹדַת כּוֹכָבִים בְּיָחִיד, וּמַר סָבַר כִּבְשָׂה עֲדִיפָא, שֶׁכֵּן נִתְרַבְּתָה בְּאַלְיָה. [ח]עוֹמֶר קוֹדֵם לַכֶּבֶשׂ הַבָּא עִמּוֹ, [ט]שְׁתֵּי הַלֶּחֶם קוֹדְמִים לַכְּבָשִׂים הַבָּאִים עִמָּהֶם; [י]זֶה הַכְּלָל, דָּבָר הַבָּא בִּגִין לַיּוֹם קוֹדֵם לְדָבָר הַבָּא בִּגִין לֶחֶם: **מתני'** [כ]הָאִישׁ קוֹדֵם לָאִשָּׁה לְהַחֲיוֹת וּלְהָשֵׁב אֲבֵדָה; [ל]וְהָאִשָּׁה קוֹדֶמֶת לָאִישׁ לִכְסוּת [מ]וּלְהוֹצִיא מִבֵּית הַשֶּׁבִי; [נ]בִּזְמַן שֶׁשְּׁנֵיהֶם עוֹמְדִים בְּקַלְקָלָה, הָאִישׁ קוֹדֵם לָאִשָּׁה: **גמ'** תָּנוּ רַבָּנָן, הָיָה הוּא וְאָבִיו וְרַבּוֹ בַּשֶּׁבִי, [ס]הוּא קוֹדֵם לְרַבּוֹ, [ע]וְרַבּוֹ קוֹדֵם לְאָבִיו, [פ]אִמּוֹ קוֹדֶמֶת לְכוּלָּם; חָכָם קוֹדֵם לְמֶלֶךְ יִשְׂרָאֵל, חָכָם שֶׁמֵּת אֵין לָנוּ כַּיּוֹצֵא בּוֹ, מֶלֶךְ יִשְׂרָאֵל שֶׁמֵּת כָּל יִשְׂרָאֵל רְאוּיִם לְמַלְכוּת; מֶלֶךְ קוֹדֵם לְכֹהֵן גָּדוֹל, שֶׁנֶּאֱמַר [ו]'וַיֹּאמֶר הַמֶּלֶךְ (אֲלֵיהֶם) [לָהֶם] קְחוּ עִמָּכֶם (אוֹ[ע] מֵ)עַבְדֵי אֲדוֹנֵיכֶם' וְגוֹ'; כֹּהֵן גָּדוֹל קוֹדֵם לְנָבִיא, שֶׁנֶּאֱמַר [ז]'וּמָשַׁח אוֹתוֹ שָׁם צָדוֹק הַכֹּהֵן וְנָתָן הַנָּבִיא', הִקְדִּים צָדוֹק לְנָתָן, וְאוֹמֵר [ח]'שְׁמַע נָא יְהוֹשֻׁעַ הַכֹּהֵן הַגָּדוֹל אַתָּה וְרֵעֶיךָ' וְגוֹ', יָכוֹל הֶדְיוֹטוֹת הָיוּ, תַּלְמוּד לוֹמַר [ח]'כִּי אַנְשֵׁי מוֹפֵת הֵמָּה', וְאֵין מוֹפֵת אֶלָּא נָבִיא, שֶׁנֶּאֱמַר [ט]'וְנָתַן אֵלֶיךָ אוֹת אוֹ מוֹפֵת'; [צ]מָשׁוּחַ בְּשֶׁמֶן הַמִּשְׁחָה קוֹדֵם לִמְרוּבֶּה בְּגָדִים; מְרוּבֶּה בְגָדִים קוֹדֵם לְמָשִׁיחַ שֶׁעָבַר מֵחֲמַת קִרְיוֹ; מָשִׁיחַ שֶׁעָבַר מֵחֲמַת קִרְיוֹ קוֹדֵם לְעָבַר מֵחֲמַת מוּמוֹ; עָבַר מֵחֲמַת מוּמוֹ קוֹדֵם לִמְשׁוּחַ מִלְחָמָה; מְשׁוּחַ מִלְחָמָה קוֹדֵם לִסְגָן; סְגָן קוֹדֵם לַאֲמַרְכָּל. מַאי אֲמַרְכָּל. אָמַר רַב חִסְדָּא, אָמַר כּוֹלָּא. אֲמַרְכָּל קוֹדֵם לְגִזְבָּר; גִּזְבָּר קוֹדֵם לְרֹאשׁ מִשְׁמָר; רֹאשׁ מִשְׁמָר קוֹדֵם לְרֹאשׁ בֵּית אָב; רֹאשׁ בֵּית אָב קוֹדֵם לְכֹהֵן הֶדְיוֹט. [ק]אִיבַּעְיָא לְהוּ, לְעִנְיַן טוּמְאָה, סְגָן וּמְשׁוּחַ מִלְחָמָה אֵיזֶה מֵהֶם קוֹדֵם. אָמַר מַר זוּטְרָא בְּרֵיהּ דְּרַב נַחְמָן, תָּא שְׁמַע, דְּתַנְיָא, סְגָן וּמְשׁוּחַ מִלְחָמָה שֶׁהָיוּ מְהַלְּכִים בַּדֶּרֶךְ וּפָגַע בָּהֶם מֵת מִצְוָה, [ר]מוּטָב שֶׁיִּטַּמֵּא מְשׁוּחַ מִלְחָמָה וְאַל יִטַּמֵּא סְגָן, שֶׁאִם יֶאֱרַע בּוֹ פְּסוּל בְּכֹהֵן גָּדוֹל נִכְנָס הַסְּגָן וּמְשַׁמֵּשׁ תַּחְתָּיו. וְהָתַנְיָא, מְשׁוּחַ מִלְחָמָה קוֹדֵם לִסְגָן. אָמַר רָבִינָא, כִּי תַּנְיָא הַהִיא לְהַחֲיוֹתוֹ: **מתני'** [ש]כֹּהֵן קוֹדֵם לְלֵוִי, לֵוִי לְיִשְׂרָאֵל, יִשְׂרָאֵל לְמַמְזֵר, וּמַמְזֵר לְנָתִין, וְנָתִין לְגֵר, וְגֵר לְעֶבֶד מְשׁוּחְרָר; אֵימָתַי, בִּזְמַן שֶׁכּוּלָּם שָׁוִים, אֲבָל אִם הָיָה מַמְזֵר תַּלְמִיד חָכָם וְכֹהֵן גָּדוֹל עַם הָאָרֶץ, מַמְזֵר תַּלְמִיד חָכָם קוֹדֵם לְכֹהֵן גָּדוֹל עַם הָאָרֶץ: **גמ'** כֹּהֵן קוֹדֵם לְלֵוִי, שֶׁנֶּאֱמַר [י](וְ)'בְּנֵי עַמְרָם אַהֲרֹן וּמֹשֶׁה, וַיִּבָּדֵל אַהֲרֹן (לְהַקְרִיב) [לְהַקְדִּישׁוֹ] קֹדֶשׁ (ה)קֳדָשִׁים'. לֵוִי קוֹדֵם לְיִשְׂרָאֵל, שֶׁנֶּאֱמַר [כ]'בָּעֵת הַהִיא הִבְדִּיל יְיָ אֶת שֵׁבֶט הַלֵּוִי' (מִתּוֹךְ[י]) וְגוֹ'. יִשְׂרָאֵל קוֹדֵם לְמַמְזֵר, שֶׁזֶּה מְיוּחָס וְזֶה אֵינוֹ מְיוּחָס. מַמְזֵר קוֹדֵם לְנָתִין, זֶה בָּא מִטִּפָּה כְּשֵׁרָה וְזֶה בָּא מִטִּפָּה פְּסוּלָה. נָתִין קוֹדֵם לְגֵר, זֶה גָּדַל עִמָּנוּ בִּקְדוּשָּׁה וְזֶה לֹא גָּדַל עִמָּנוּ בִּקְדוּשָּׁה. גֵּר קוֹדֵם לְעֶבֶד מְשׁוּחְרָר, זֶה הָיָה בִּכְלַל אָרוּר וְזֶה לֹא הָיָה בִּכְלַל אָרוּר: אֵימָתַי בִּזְמַן שֶׁכּוּלָּן שָׁוִין כו': מְנָא הָנֵי מִילֵּי. אָמַר רַב אַחָא בְּרַבִּי חֲנִינָא, דְּאָמַר קְרָא [מ]'יְקָרָה הִיא מִפְּנִינִים', [מ]מִכֹּהֵן גָּדוֹל שֶׁנִּכְנָס לִפְנַי וְלִפְנִים. תַּנְיָא, רַבִּי שִׁמְעוֹן בֶּן יוֹחַי אוֹמֵר, בְּדִין הוּא שֶׁיַּקְדִּים עֶבֶד מְשׁוּחְרָר לְגֵר, שֶׁזֶּה גָּדַל עִמָּנוּ בִּקְדוּשָּׁה וְזֶה לֹא גָּדַל עִמָּנוּ בִּקְדוּשָּׁה, אֶלָּא זֶה הָיָה בִּכְלַל אָרוּר וְזֶה לֹא הָיָה בִּכְלַל אָרוּר. שָׁאֲלוּ תַּלְמִידָיו אֶת רַבִּי אֶלְעָזָר בְּרַבִּי צָדוֹק, מִפְּנֵי מָה הַכֹּל רָצִין[ל] לִישָּׂא גִּיּוֹרֶת וְאֵין הַכֹּל רָצִין לִישָּׂא מְשׁוּחְרֶרֶת; אָמַר לָהֶם, זוֹ הָיְתָה בִּכְלַל אָרוּר וְזוֹ לֹא הָיְתָה בִּכְלַל אָרוּר; דָּבָר אַחֵר, זוֹ הָיְתָה בְּחֶזְקַת שְׁמוּר וְזוֹ לֹא הָיְתָה בְּחֶזְקַת שְׁמוּר. שָׁאֲלוּ תַּלְמִידָיו אֶת רַבִּי אֶלְעָזָר, מִפְּנֵי מָה הַכֶּלֶב מַכִּיר אֶת קוֹנוֹ וְחָתוּל אֵינוֹ מַכִּיר אֶת קוֹנוֹ; אָמַר לָהֶם, וּמָה הָאוֹכֵל מִמָּה שֶׁעַכְבָּר אוֹכֵל מְשַׁכֵּחַ, הָאוֹכֵל עַכְבָּר עַצְמוֹ עַל אַחַת כַּמָּה וְכַמָּה. שָׁאֲלוּ תַּלְמִידָיו אֶת רַבִּי אֶלְעָזָר, מִפְּנֵי מָה הַכֹּל מוֹשְׁלִים בָּעַכְבָּרִים; מִפְּנֵי שֶׁסּוּרָן רָע. מַאי הִיא. רָבָא אָמַר, אֲפִילּוּ גְּלִימֵי גָּיְיצֵי;
רַב

עין משפט
נר מצוה

נא א מיי' פ"ט מהלכות תמידין ומוספין הלכה ז:
נב ב מיי' שם הלכה ו:
נג ג מיי' שם הלכה ח:
נד ד ה ו ז מיי' שם הלכה ז:
נה ח ט י מיי' שם הל"ט:
נו כ טוש"ע יו"ד סימן רנב סעיף ח בהג"ה:
נז ל מיי' פ"ח מהלכות מתנות עניים הלכה טו סמג עשין קסב טוש"ע יו"ד סימן רנא סעיף ח:
נח מ נ מיי' וסמג שם טוש"ע יו"ד סימן רנב סעיף ח:
נט ס מיי' פי"ב מהלכות אבידה הלכה א טור שו"ע יו"ד סימן רמב סעיף לה וסימן רנב ס"ט:
ס ע מיי' שם הלכה ג ופ"ה מהלכות ת"ת הלכה א סמג עשין יב טור שו"ע יו"ד סימן רמב סעיף לד וסימן רנב סעי"ט:
סא פ טור שו"ע יו"ד סימן רנב סעיף ט:
סב צ הכל במיי' פ"ד מהלכות כלי מקדש הלכה יט:
סג ק מיי' פ"ג מהלכות אבל הלכה ט:
סד ר מיי' פ"ח מהלכות מתנות עניים הלכה יז סמג עשין קסב טור שו"ע יו"ד סימן רנא סעיף ט הכל שם:

תוספות הרא"ש

מה"מ דת"ר ושרף אותו כאשר שרף את הפר הראשון. מ] וה"ל למכתב כאשר שרף את פרו. מה ת"ל הראשון שיהא ראשון לפר העדה לכל מעשיו: דתני' והקריב את אשר לחטאת ראשונה. נקרבן עולה ויורד בשמיעת קול וביטוי שפתים וטומאת מקדש וקדשיו כתיב: אלא זה בנה אב שיהא חטאות קודמות לעולות הבאים עמהם: וקיי"ל דאפילו חטאת העוף קודמת לעולת הבהמה. ואע"ג דבהמה עדיפא דהוי מין ובה. דלהכי אהני קרא יתירא. דאי לחטאת בהמה הא לא צריך קרא דדם חטאת קודם לדם העולה שהוא מרצה. אלא לאשמעי' דאי מתרמי חטאת העוף דראוין ועולת בהמה דשמעון דקודמת חטאת העוף. אבל בחד גברא לא משכחת דמייתו חטאת העוף ועולת בהמה: לחטת חסר כתיב. אלא למימר דמעלת חטאת זו חסירה ממעלת שאר חטאות: [מ"ט] האי דיחיד והאי דצבור ולבור קודמין ליחיד אפי' הוא נשיא. והא דאמרי' בפ"ק דר"ה (דף ח: וש"נ) מלך ולבור מלך נכנס תחילה לדין התם שאני כדמפרש טעמא לאו אורח ארעא למיתב מלכא אברא. ואב"א מקמי דלפוש חרון אף: ואומר שמע נא יהושע הכהן הגדול. מאי ואומר וכ"ת שאני לדוק הכהן דהוה משמש באורים ותומים וה"ל כמו נביא כמו (במדבר כז) ולפני אלעזר הכהן יעמוד ושאל לו במשפט האורים ויהושע נביא היה ואפ"ה היה צריך לאלעזר. אבל כה"ג שאינו משמש באורים ותומים לא עדיף מנביא ת"ל שמע נא יהושע וכבית שני הוה וכבר פסקו אורים ותומים: משוח בשמן המשחה קודם למרובה בגדים. וה"נ איתא במסכת נזיר ר"פ כהן גדול משום בשמן המשחה ומרובה בגדים משום בשמן המשחה עדיף דמביא פר הבא על כל המצות אבל מרובה בגדים לא. ותימה האיך הוה ב' כהנים גדולים כאחד. י"מ שאירע טומאה לכהן משיח. אחר שנגנז יאשיהו המלך השמן המשחה ומינו מרובה בגדים לשמש תחתיו. ולא נהירא דא"כ ה"ל למכתב משום בשמן המשחה קודם למרובה בגדים שעבר כדאמרינן מרובה בגדים קודם למשיח שעבר ועוד דהתם בנזיר ה"ל למימר משום בשמן המשחה עדיף דחזי לעבודה ומרובה בגדים לא חזי לעבודה כדקאמר התם מרובה בגדים ומשיח שעבר מרובה בגדים עדיף דאילו מרובה בגדים עביד עבודה ואילו משיח שעבר לאו בר עבודה הוא דאינו ראוי לא לכה"ג ולא לכהן הדיוט. ופי' הרב ר' משה מאיברא דכגון [שגלה און] שמלה כה"ג ואוקמו אחר תחתיו וכיון ששימש ימים רבים בכה"ג מסתמא אין מעבירין אותו אף כששב או שנתרפא דדוקא באירע קרי שהשני אינו משמש אלא לפי שעה חוזר ראשון לעבודתו: מרובה בגדים קודם למשיח שעבר. כגון שאירע קרי לכה"ג קודם שנגנז שמן המשחה ומשחו אחר תחתיו ומת כה"ג ומינו אחר תחתיו אחר שנגנז שמן המשחה. ומה שלא מינו משום שעבר אפשר שהאחר נתמכם ונתעלה יותר או שמא ע"פ מלך מינוהו כמו שמצינו שהיו נתמנים עפ"י מלך בבית שני כדכתי דמים (יומא דף ח: יח. יבמות סא.): אבעיא להו לענין טומאה סגן ומשוח מלחמה איזו מהן קודם. הך בעיא איתא נמי בנזיר בריש כ"ג ואין כתוב שם לענין טומאה. אלא סגן ומשוח מלחמה מאי. ומשום דקאי אמתניתין כה"ג ונזיר שהיו מהלכין בדרך ומצאו מת מצוה ר' אליעזר אומר יטמא כה"ג ואל יטמא נזיר. וחכ"א יטמא נזיר ואל יטמא כה"ג. מלחמה וסגן מאי. אבל הכא מתניתין בקדימה להחיותו איירי ומשום הכי הוצרך לפרש לענין מאי[ק] והא דלא מבעיא ליה לענין החיותו[ק] משוח מלחמה קודם לפי שהוא ראש ערכי מלחמה וחיי ישראל תלוין בו אבל לענין טומאה מספקא ליה אי סגן עדיף לפי שהוא מזומן לשמש תחת כה"ג:

ג] צ"ל דרבה. יעב"ץ (גליון): ד] [בזבחים צ: איתא רבינא] (גליון): ה] צ"ל את (גליון): ו] לא נמצא בכתוב ועיין בב"ש (גליון): ז] ברש"י רוצין, ועי' ח"א מהרש"א: ח] שעירת יחיד קודמת (רש"ש וכת"י): ט] כל הנדפס בפנים ליתא בדפו"י והוסיפוהו בד' אמ"ד מן הע"י אבל הוא מפי' הרמ"ה ולא מרש"י (דק"ס): י] כת"י מיניה אלמא": כ] בכת"י נוסף על שאר גזברין: ל] בארות המים "בגר שסורו רע ששר שלו רע הוא" ובכת"י ליתא דבור זה וגם דבור שלפניו ובמקום זה מפני שסורו רע. כלומר מפני שסורן של מושלים עליהם החתולים:: מ] בכת"י נוסף שאין ת"ל הפר הראשון דהא קרא בכהן משיח ופר העדה כדכתיב בפר העדה ולקח הכהן המשיח מדם הפר וגו' ועליה כתיב כאשר שרף את הפר הראשון: נ] לענין טומאה (כת"י): ס] בכת"י נוסף משום דפשיטא ליה דלהחיותו:

This *daf* is dedicated *l'iluy nishmas*: Ezra ben Frieda *z"l*

אָמַר לָהֶם — He said to them: **זוֹ הָיְתָה בִּכְלַל אָרוּר** — It is because this maidservant was included in Noach's curse, **וְזוֹ לֹא הָיְתָה בִּכְלַל אָרוּר** — and this *giyores* was not included in Noach's curse. **דָּבָר אַחֵר** — Another possible answer: **זוֹ הָיְתָה בְּחֶזְקַת שִׁמּוּר** — this *giyores* is assumed to be guarded from immorality, **וְזוֹ לֹא הָיְתָה בְּחֶזְקַת שִׁמּוּר** — and this maidservant is not assumed to be guarded from immorality.

שָׁאֲלוּ תַּלְמִידָיו אֶת רַבִּי אֶלְעָזָר — Rabi Elazar's *talmidim* asked him: **מִפְּנֵי מָה הַכֶּלֶב מַכִּיר אֶת קוֹנוֹ** — Why does a dog recognize its master, **וְחָתוּל אֵינוֹ מַכִּיר אֶת קוֹנוֹ** — while a cat does not recognize its master? **אָמַר לָהֶם** — He said to them: **וּמָה הָאוֹכֵל מִמַּה שֶּׁעַכְבָּר אוֹכֵל** — If we know that someone who eats food that a rat had eaten from, **מְשַׁכֵּחַ** — forgets, **הָאוֹכֵל עַכְבָּר עַצְמוֹ** — then a cat who eats the rat itself, **עַל אַחַת כַּמָּה וְכַמָּה** — all the more so should it forget who its master is.

שָׁאֲלוּ תַּלְמִידָיו אֶת רַבִּי אֱלִיעֶזֶר — Rabi Eliezer's *talmidim* asked him: **מִפְּנֵי מָה הַכֹּל מוֹשְׁלִים בָּעַכְבָּרִים** — Why do all animals rule over rats and prey on them? He answered: **מִפְּנֵי שֶׁסּוּרָן רַע** — Because they have an exceptionally bad nature. **מַאי הִיא** — What do we see in a rat that indicates that it has a bad nature? **רָבָא אָמַר** — Rava said: **אֲפִילוּ גְּלִימֵי גָּיְיצֵי** — Because they even chew on people's clothing. Even though clothing is not food, and they have no benefit from it, they chew on it just to damage people's possessions.

For this *daf's shiur* and charts, scan this QR code:

פַּר כֹּהֵן מָשׁוּחַ וּפַר עֵדָה כו': מְנָא הָנֵי מִילֵּי. דְּתָנוּ רַבָּנַן, 'וְשָׂרַף אוֹתוֹ כַּאֲשֶׁר שָׂרַף אֵת הַפָּר הָרִאשׁוֹן', מַה תַּלְמוּד לוֹמַר 'הָרִאשׁוֹן', שֶׁיְּהֵא רִאשׁוֹן קוֹדֵם לְפַר הָעֵדָה בְּכָל מַעֲשָׂיו. תָּנוּ רַבָּנַן, פַּר כֹּהֵן מָשִׁיחַ וּפַר הָעֵדָה עוֹמְדִים, פַּר כֹּהֵן מָשִׁיחַ קוֹדֵם לְפַר הָעֵדָה בְּכָל מַעֲשָׂיו, הוֹאִיל וּמָשִׁיחַ מְכַפֵּר וְעֵדָה מִתְכַּפֶּרֶת, דִּין הוּא שֶׁיַּקְדִּים הַמְכַפֵּר לַמִּתְכַּפֵּר, וְכֵן הוּא אוֹמֵר 'וְכִפֶּר בַּעֲדוֹ וּבְעַד בֵּיתוֹ וּבְעַד כָּל קְהַל יִשְׂרָאֵל'. פַּר הֶעְלֵם דָּבָר שֶׁל צִבּוּר קוֹדֵם לְפַר שֶׁל עֲבוֹדַת כּוֹכָבִים. מַאי טַעְמָא, הַאי חַטָּאת וְהַאי עוֹלָה, וְתַנְיָא, 'וְהִקְרִיב אֶת אֲשֶׁר לַחַטָּאת רִאשׁוֹנָה', מַה תַּלְמוּד לוֹמַר, אִם לְלַמֵּד שֶׁתְּהֵא חַטָּאת רִאשׁוֹנָה, הֲרֵי כְּבָר נֶאֱמַר 'וְאֵת הַשֵּׁנִי יַעֲשֶׂה עוֹלָה כַּמִּשְׁפָּט', אֶלָּא זֶה בָּנָה אָב שֶׁיְּהוּ כָּל חַטָּאוֹת קוֹדְמוֹת לָעוֹלוֹת הַבָּאִים עִמָּהֶם, וְקַיְימָא לַן דַּאֲפִילּוּ חַטַּאת הָעוֹף קוֹדֶמֶת לְעוֹלַת בְּהֵמָה. פַּר עֲבוֹדַת כּוֹכָבִים קוֹדֵם לִשְׂעִיר עֲבוֹדַת כּוֹכָבִים. אַמַּאי, הַאי חַטָּאת וְהַאי עוֹלָה. אָמְרִי בְּמַעֲרָבָא מִשְּׁמֵיהּ דְּרָבָא בַּר מָרִי, חַטַּאת עֲבוֹדַת כּוֹכָבִים חֲסֵירָא אָלֶ"ף, 'לְחַטָּת' כְּתִיב. רָבָא אָמַר, 'כַּמִּשְׁפָּט' כְּתִיב בֵּיהּ. שְׂעִיר עֲבוֹדַת כּוֹכָבִים קוֹדֵם לִשְׂעִיר נָשִׂיא. מַאי טַעְמָא. הַאי צִבּוּר וְהַאי יָחִיד. שְׂעִיר נָשִׂיא קוֹדֵם לִשְׂעִירַת יָחִיד. מַאי טַעְמָא. הַאי מֶלֶךְ וְהַאי הֶדְיוֹט. שְׂעִירַת יָחִיד קוֹדֶמֶת לְכִבְשַׂת יָחִיד. וְהָא תַּנְיָא, כִּבְשַׂת יָחִיד קוֹדֶמֶת לִשְׂעִירַת יָחִיד. אָמַר אַבַּיֵי, תַּנָּאֵי הִיא, מַר סָבַר שְׂעִירָה עֲדִיפָא, שֶׁכֵּן נִתְרַבְּתָה אֵצֶל עֲבוֹדַת כּוֹכָבִים בְּיָחִיד, וּמַר סָבַר כִּבְשָׂה עֲדִיפָא, שֶׁכֵּן נִתְרַבְּתָה בְּאַלְיָה. עוֹמֶר קוֹדֵם לַכֶּבֶשׂ הַבָּא עִמּוֹ, שְׁתֵּי הַלֶּחֶם קוֹדְמִים לַכְּבָשִׂים הַבָּאִים עִמָּהֶם; זֶה הַכְּלָל, דָּבָר הַבָּא בְּגִין לַיּוֹם קוֹדֵם לְדָבָר הַבָּא בְּגִין לֶחֶם:

מתני' הָאִישׁ קוֹדֵם לָאִשָּׁה לְהַחֲיוֹת וּלְהָשֵׁב אֲבֵדָה; וְהָאִשָּׁה קוֹדֶמֶת לָאִישׁ לִכְסוּת וּלְהוֹצִיא מִבֵּית הַשֶּׁבִי; בִּזְמַן שֶׁשְּׁנֵיהֶם עוֹמְדִים בְּקַלְקָלָה, הָאִישׁ קוֹדֵם לָאִשָּׁה:

גמ' תָּנוּ רַבָּנַן, הָיָה הוּא וְאָבִיו וְרַבּוֹ בַּשֶּׁבִי, הוּא קוֹדֵם לְרַבּוֹ, וְרַבּוֹ קוֹדֵם לְאָבִיו, אִמּוֹ קוֹדֶמֶת לְכוּלָּם; חָכָם קוֹדֵם לְמֶלֶךְ יִשְׂרָאֵל, חָכָם שֶׁמֵּת אֵין לָנוּ כַּיּוֹצֵא בּוֹ, מֶלֶךְ יִשְׂרָאֵל שֶׁמֵּת כָּל יִשְׂרָאֵל רְאוּיִם לְמַלְכוּת; מֶלֶךְ קוֹדֵם לְכֹהֵן גָּדוֹל, שֶׁנֶּאֱמַר 'וַיֹּאמֶר הַמֶּלֶךְ (אֲלֵיהֶם) [לָהֶם] קְחוּ עִמָּכֶם (אוֹ מִ)עַבְדֵי אֲדוֹנֵיכֶם' וְגוֹ'; כֹּהֵן גָּדוֹל קוֹדֵם לְנָבִיא, שֶׁנֶּאֱמַר 'וּמָשַׁח אוֹתוֹ שָׁם צָדוֹק הַכֹּהֵן וְנָתָן הַנָּבִיא', הִקְדִּים צָדוֹק לְנָתָן, וְאוֹמֵר 'שְׁמַע נָא יְהוֹשֻׁעַ הַכֹּהֵן הַגָּדוֹל אַתָּה וְרֵעֶיךָ' וְגוֹ', יָכוֹל הֶדְיוֹטוֹת הָיוּ, תַּלְמוּד לוֹמַר 'כִּי אַנְשֵׁי מוֹפֵת הֵמָּה', וְאֵין מוֹפֵת אֶלָּא נָבִיא, שֶׁנֶּאֱמַר 'וְנָתַן אֵלֶיךָ אוֹת אוֹ מוֹפֵת'; מָשׁוּחַ בְּשֶׁמֶן הַמִּשְׁחָה קוֹדֵם לִמְרוּבֵּה בְגָדִים; מְרוּבֵּה בְגָדִים קוֹדֵם לְמָשִׁיחַ שֶׁעָבַר מֵחֲמַת קִרְיוֹ; מָשִׁיחַ שֶׁעָבַר מֵחֲמַת קִרְיוֹ קוֹדֵם לְעָבַר מֵחֲמַת מוּמוֹ; עָבַר מֵחֲמַת מוּמוֹ קוֹדֵם לִמְשׁוּחַ מִלְחָמָה; מְשׁוּחַ מִלְחָמָה קוֹדֵם לִסְגָן; סְגָן קוֹדֵם לַאֲמַרְכָּל. מַאי אֲמַרְכָּל, אָמַר רַב חִסְדָּא, אָמַר כּוּלָּא. אֲמַרְכָּל קוֹדֵם לְגִזְבָּר; גִּזְבָּר קוֹדֵם לְרֹאשׁ מִשְׁמָר; רֹאשׁ מִשְׁמָר קוֹדֵם לְרֹאשׁ בֵּית אָב; רֹאשׁ בֵּית אָב קוֹדֵם לְכֹהֵן הֶדְיוֹט. אִיבַּעְיָא לְהוּ, לְעִנְיַן טוּמְאָה, סְגָן וּמְשׁוּחַ מִלְחָמָה אֵיזֶה מֵהֶם קוֹדֵם. אָמַר מַר זוּטְרָא בְּרֵיהּ דְּרַב נַחְמָן, תָּא שְׁמַע, דְּתַנְיָא, סְגָן וּמְשׁוּחַ מִלְחָמָה שֶׁהָיוּ מְהַלְּכִים בַּדֶּרֶךְ וּפָגַע בָּהֶם מֵת מִצְוָה, מוּטָב שֶׁיִּטַּמֵּא מְשׁוּחַ מִלְחָמָה וְאַל יִטַּמֵּא סְגָן, שֶׁאִם יֶאֱרַע בּוֹ פְּסוּל בְּכֹהֵן גָּדוֹל נִכְנָס הַסְּגָן וּמְשַׁמֵּשׁ תַּחְתָּיו. וְהָתַנְיָא, מְשׁוּחַ מִלְחָמָה קוֹדֵם לִסְגָן. אָמַר רָבִינָא, כִּי תַּנְיָא הַהִיא לְהַחֲיוֹתוֹ:

מתני' כֹּהֵן קוֹדֵם לְלֵוִי, לֵוִי לְיִשְׂרָאֵל, יִשְׂרָאֵל לְמַמְזֵר, וּמַמְזֵר לְנָתִין, וְנָתִין לְגֵר, וְגֵר לְעֶבֶד מְשׁוּחְרָר; אֵימָתַי, בִּזְמַן שֶׁכּוּלָּם שָׁוִים, אֲבָל אִם הָיָה מַמְזֵר תַּלְמִיד חָכָם וְכֹהֵן גָּדוֹל עַם הָאָרֶץ, מַמְזֵר תַּלְמִיד חָכָם קוֹדֵם לְכֹהֵן גָּדוֹל עַם הָאָרֶץ:

גמ' כֹּהֵן קוֹדֵם לְלֵוִי, שֶׁנֶּאֱמַר (ו)'בְּנֵי עַמְרָם אַהֲרֹן וּמֹשֶׁה, וַיִּבָּדֵל אַהֲרֹן (לְהַקְרִיב) [לְהַקְדִּישׁוֹ] קֹדֶשׁ (ה)קֳדָשִׁים'. לֵוִי קוֹדֵם לְיִשְׂרָאֵל, שֶׁנֶּאֱמַר 'בָּעֵת הַהִיא הִבְדִּיל יְיָ אֶת שֵׁבֶט הַלֵּוִי' (מִתּוֹךְ) וְגוֹ'. יִשְׂרָאֵל קוֹדֵם לְמַמְזֵר, שֶׁזֶּה מְיוּחָס וְזֶה אֵינוֹ מְיוּחָס. מַמְזֵר קוֹדֵם לְנָתִין, זֶה בָּא מִטִּפָּה כְּשֵׁרָה וְזֶה בָּא מִטִּפָּה פְּסוּלָה. נָתִין קוֹדֵם לְגֵר, זֶה גָּדַל עִמָּנוּ בִּקְדוּשָּׁה וְזֶה לֹא גָּדַל עִמָּנוּ בִּקְדוּשָּׁה. גֵּר קוֹדֵם לְעֶבֶד מְשׁוּחְרָר, זֶה הָיָה בִּכְלַל אָרוּר וְזֶה לֹא הָיָה בִּכְלַל אָרוּר: אֵימָתַי בִּזְמַן שֶׁכּוּלָּן שָׁוִין כו': מְנָא הָנֵי מִילֵּי. אָמַר רַב אַחָא בְּרַבִּי חֲנִינָא, דְּאָמַר קְרָא 'יְקָרָה הִיא מִפְּנִינִים', מִכֹּהֵן גָּדוֹל שֶׁנִּכְנָס לִפְנַי וְלִפְנִים. תַּנְיָא, רַבִּי שִׁמְעוֹן בֶּן יוֹחַי אוֹמֵר, בְּדִין הוּא שֶׁיַּקְדִּים עֶבֶד מְשׁוּחְרָר לְגֵר, שֶׁזֶּה גָּדַל עִמָּנוּ בִּקְדוּשָּׁה וְזֶה לֹא גָּדַל עִמָּנוּ בִּקְדוּשָּׁה, אֶלָּא זֶה הָיָה בִּכְלַל אָרוּר וְזֶה לֹא הָיָה בִּכְלַל אָרוּר. שָׁאֲלוּ תַּלְמִידָיו אֶת רַבִּי אֶלְעָזָר בְּרַבִּי צָדוֹק, מִפְּנֵי מָה הַכֹּל רָצִין לִישָּׂא גִּיּוֹרֶת וְאֵין הַכֹּל רָצִין לִישָּׂא מְשׁוּחְרֶרֶת; אָמַר לָהֶם, זוֹ הָיְתָה בִּכְלַל אָרוּר וְזוֹ לֹא הָיְתָה בִּכְלַל אָרוּר; דָּבָר אַחֵר, זוֹ הָיְתָה בְּחֶזְקַת שָׁמוּר וְזוֹ לֹא הָיְתָה בְּחֶזְקַת שָׁמוּר. שָׁאֲלוּ תַּלְמִידָיו אֶת רַבִּי אֶלְעָזָר, מִפְּנֵי מָה הַכֶּלֶב מַכִּיר אֶת קוֹנוֹ וְחָתוּל אֵינוֹ מַכִּיר אֶת קוֹנוֹ; אָמַר לָהֶם, וּמָה הָאוֹכֵל מִמָּה שֶׁעַכְבָּר אוֹכֵל מְשַׁכֵּחַ, הָאוֹכֵל עַכְבָּר עַצְמוֹ עַל אַחַת כַּמָּה וְכַמָּה. שָׁאֲלוּ תַּלְמִידָיו אֶת רַבִּי אֶלְעָזָר, מִפְּנֵי מָה הַכֹּל מוֹשְׁלִים בָּעַכְבָּרִים; מִפְּנֵי שֶׁסּוֹרָן רָע. מַאי הִיא. רָבָא אָמַר, אֲפִילּוּ גְּלִימֵי גָּיְיצֵי;

רב

This *daf* is dedicated *l'iluy nishmas*: Ezra ben Frieda *z"l*

רַב פָּפָּא אָמַר, אֲפִילּוּ שׁוּפְתָּא מָרָא גָּיֵיצִי. תָּנוּ רַבָּנָן, חֲמִשָּׁה דְּבָרִים מְשַׁכְּחִים אֶת הַלִּימּוּד[א], הָאוֹכֵל מִמַּה שֶּׁאוֹכֵל עַכְבָּר וּמִמַּה שֶּׁאוֹכֵל חָתוּל, וְהָאוֹכֵל לֵב שֶׁל בְּהֵמָה, וְהָרָגִיל בְּזֵיתִים, וְהַשּׁוֹתֶה מַיִם שֶׁל שִׁיּוּרֵי רְחִיצָה, וְהָרוֹחֵץ רַגְלָיו זוֹ עַל גַּבֵּי זוֹ; וְיֵשׁ אוֹמְרִים, אַף הַמַּנִּיחַ כֵּלָיו תַּחַת מְרַאֲשׁוֹתָיו. חֲמִשָּׁה דְּבָרִים מְשִׁיבִים אֶת הַלִּימּוּד, פַּת פֶּחָמִין וְכָל שֶׁכֵּן פֶּחָמִין עַצְמָן, וְהָאוֹכֵל בֵּיצָה מְגוּלְגֶּלֶת בְּלֹא מֶלַח, וְהָרָגִיל בְּשֶׁמֶן זַיִת, וְהָרָגִיל בְּיַיִן וּבְשָׂמִים, וְהַשּׁוֹתֶה מַיִם שֶׁל שִׁיּוּרֵי עִיסָּה; וְיֵשׁ אוֹמְרִים, אַף הַטּוֹבֵל אֶצְבָּעוֹ בְּמֶלַח וְאוֹכֵל. הָרָגִיל בְּשֶׁמֶן זַיִת, מְסַיַּיע לֵיהּ לְרַבִּי יוֹחָנָן, דְּאָמַר רַבִּי יוֹחָנָן, כְּשֵׁם שֶׁהַזַּיִת מְשַׁכֵּחַ לִימּוּד שֶׁל שִׁבְעִים שָׁנָה, כָּךְ שֶׁמֶן זַיִת מֵשִׁיב לִימּוּד שֶׁל שִׁבְעִים שָׁנָה. וְהָרָגִיל בְּיַיִן וּבְשָׂמִים, מְסַיַּיע לֵיהּ לְרָבָא, דְּאָמַר רָבָא, חַמְרָא וְרֵיחָנֵי פַּקְחִין. וְהַטּוֹבֵל אֶצְבָּעוֹ בְּמֶלַח, אָמַר רֵישׁ לָקִישׁ, וּבְאַחַת. כְּתַנָּאֵי, רַבִּי יְהוּדָה אוֹמֵר, אַחַת וְלֹא שְׁתַּיִם, רַבִּי יוֹסֵי אוֹמֵר, שְׁתַּיִם וְלֹא שָׁלֹשׁ, וְסִימָנָךְ, קְמִיצָה. עֲשָׂרָה דְּבָרִים קָשִׁים לַלִּימּוּד, הָעוֹבֵר תַּחַת הָאַפְסָר [הַגָּמָל[ג]] וְכָל שֶׁכֵּן תַּחַת גָּמָל [עַצְמוֹ], וְהָעוֹבֵר בֵּין שְׁנֵי גְמַלִּים, וְהָעוֹבֵר בֵּין שְׁתֵּי נָשִׁים, וְהָאִשָּׁה הָעוֹבֶרֶת בֵּין שְׁנֵי אֲנָשִׁים, וְהָעוֹבֵר מִתַּחַת רֵיחַ רַע שֶׁל נְבֵילָה, וְהָעוֹבֵר תַּחַת הַגֶּשֶׁר שֶׁלֹּא עָבְרוּ תַּחְתָּיו מַיִם אַרְבָּעִים יוֹם, וְהָאוֹכֵל פַּת שֶׁלֹּא בָּשַׁל כָּל צָרְכּוֹ, וְהָאוֹכֵל בָּשָׂר מִזּוּהֲמָא לִיסְטְרוֹן, וְהַשּׁוֹתֶה מֵאַמַּת הַמַּיִם הָעוֹבֶרֶת בְּבֵית הַקְּבָרוֹת, וְהַמִּסְתַּכֵּל בִּפְנֵי הַמֵּת; וְיֵשׁ אוֹמְרִים, אַף הַקּוֹרֵא כְּתָב שֶׁעַל גַּבֵּי הַקֶּבֶר. תָּנוּ רַבָּנָן, כְּשֶׁהַנָּשִׂיא נִכְנָס, כָּל הָעָם עוֹמְדִים, וְאֵין יוֹשְׁבִים עַד שֶׁאוֹמֵר לָהֶם שְׁבוּ; כְּשֶׁאַב בֵּית דִּין נִכְנָס, עוֹשִׂים לוֹ[ד] שׁוּרָה אַחַת מִכָּאן וְשׁוּרָה אַחַת מִכָּאן עַד שֶׁיֵּשֵׁב בִּמְקוֹמוֹ; כְּשֶׁחָכָם נִכְנָס, אֶחָד עוֹמֵד וְאֶחָד יוֹשֵׁב עַד שֶׁיֵּשֵׁב בִּמְקוֹמוֹ; בְּנֵי חֲכָמִים וְתַלְמִידֵי חֲכָמִים, בִּזְמַן שֶׁרַבִּים צְרִיכִים לָהֶם מְפַסְּעִין עַל רָאשֵׁי הָעָם, יָצָא לְצוֹרֶךְ יִכָּנֵס וְיֵשֵׁב בִּמְקוֹמוֹ; בְּנֵי תַלְמִידֵי חֲכָמִים שֶׁמְּמוּנִּים אֲבִיהֶם פַּרְנָס עַל הַצִּבּוּר, בִּזְמַן שֶׁיֵּשׁ לָהֶם דַּעַת לִשְׁמוֹעַ נִכְנָסִים וְיוֹשְׁבִים לִפְנֵי אֲבִיהֶם וַאֲחוֹרֵיהֶם כְּלַפֵּי הָעָם, בִּזְמַן שֶׁאֵין לָהֶם דַּעַת לִשְׁמוֹעַ נִכְנָסִים וְיוֹשְׁבִים לִפְנֵי[ה] אֲבִיהֶם וּפְנֵיהֶם כְּלַפֵּי הָעָם, רַבִּי אֶלְעָזָר בְּרַבִּי [צָדוֹק[ו]] אוֹמֵר, אַף בְּבֵית הַמִּשְׁתֶּה עוֹשִׂים אוֹתָם סְנִיפִין. [אָמַר מָר] יָצָא לְצוֹרֶךְ נִכְנָס וְיוֹשֵׁב בִּמְקוֹמוֹ, אָמַר רַב פָּפָּא, לֹא אָמְרוּ אֶלָּא לִקְטַנִּים, אֲבָל לִגְדוֹלִים לֹא, הֲוָה לֵיהּ לְמִבְדַּק נַפְשֵׁיהּ מֵעִיקָּרָא, דְּאָמַר רַב יְהוּדָה אָמַר רַב, לְעוֹלָם יְלַמֵּד אָדָם עַצְמוֹ לְהַשְׁכִּים וּלְהַעֲרִיב, כְּדֵי שֶׁלֹּא יִתְרַחֵק; (אָמַר רָבָא[ז]) הָאִידָּנָא דַּחֲלַשָׁא עָלְמָא אֲפִילּוּ לִגְדוֹלִים נַמִּי. רַבִּי אֶלְעָזָר בְּרַבִּי [צָדוֹק] אוֹמֵר, אַף בְּבֵית הַמִּשְׁתֶּה עוֹשִׂים אוֹתָם סְנִיפִים, אָמַר רָבָא, בְּחַיֵּי אֲבִיהֶם בִּפְנֵי אֲבִיהֶם. אָמַר רַבִּי יוֹחָנָן, בִּימֵי רַבָּן שִׁמְעוֹן בֶּן גַּמְלִיאֵל נִישְׁנֵית מִשְׁנָה זוֹ, רַבָּן שִׁמְעוֹן בֶּן גַּמְלִיאֵל נָשִׂיא, רַבִּי מֵאִיר חָכָם, רַבִּי נָתָן אַב בֵּית דִּין; כִּי הֲוָה [ח] רַבָּן שִׁמְעוֹן בֶּן גַּמְלִיאֵל הָתָם הֲווּ קָיְימִי כּוּלֵּי עָלְמָא מִקַּמֵּיהּ, כִּי הֲווּ עָיְילִי רַבִּי מֵאִיר וְרַבִּי נָתָן הֲווּ קָיְימִי כּוּלֵּי עָלְמָא מִקַּמַּיְיהוּ; אָמַר רַבָּן שִׁמְעוֹן בֶּן גַּמְלִיאֵל, לָא בָּעוּ לְמֶהֱוֵי הֶיכֵּרָא בֵּין דִּילִי לְדִידְהוּ, תַּקֵּין הָא מַתְנִיתָא. הַהוּא יוֹמָא לָא הֲווּ רַבִּי מֵאִיר וְרַבִּי נָתָן הָתָם, לְמָחָר כִּי אָתוּ חֲזוּ דְּלָא קָמוּ מִקַּמַּיְיהוּ כִּדְרְגִילָא מִילְּתָא, אָמְרִי, מַאי הַאי, אָמְרוּ לְהוּ, הָכִי תַּקֵּין רַבָּן שִׁמְעוֹן בֶּן גַּמְלִיאֵל; אָמַר לֵיהּ רַבִּי מֵאִיר לְרַבִּי נָתָן אֲנָא חָכָם וְאַתְּ אַב בֵּית דִּין, נִתַּקֵּן מִילְּתָא כִּי לְדִידַן, מַאי נַעֲבֵיד לֵיהּ, נֵימָא לֵיהּ גַּלֵּי עוּקְצִים דְּלֵית לֵיהּ, וְכֵיוָן דְּלָא גְּמַר נֵימָא לֵיהּ [א] 'מִי יְמַלֵּל גְּבוּרוֹת יְיָ יַשְׁמִיעַ כָּל תְּהִלָּתוֹ', לְמִי נָאֶה לְמַלֵּל גְּבוּרוֹת ה', מִי שֶׁיָּכוֹל לְהַשְׁמִיעַ כָּל תְּהִלּוֹתָיו[ט], וְנַעַבְרֵיהּ, וְהָוֵי אֲנָא אַב בֵּית דִּין וְאַתְּ נָשִׂיא[י]; שַׁמְעִינְהוּ רַבִּי יַעֲקֹב בֶּן קָרְשִׁי, אָמַר דִּלְמָא חַס וְשָׁלוֹם אָתְיָא מִלְּתָא לִידֵי כִּיסּוּפָא, אֲזַל יְתֵיב אֲחוֹרֵי עִילִּיתֵיהּ דְּרַבָּן שִׁמְעוֹן בֶּן גַּמְלִיאֵל, פְּשַׁט גְּרַס וְתָנָא, גְּרַס וְתָנָא; אָמַר, מַאי דְּקַמָּא, דִּלְמָא חַס וְשָׁלוֹם אִיכָּא בֵּי מִדְרָשָׁא מִידֵי, יְהַב דַּעְתֵּיהּ וְגַרְסָהּ; לְמָחָר אָמְרוּ לֵיהּ נֵיתֵי מַר וְנִיתְנֵי בְּעוּקְצִין, פְּתַח וְאָמַר; בָּתַר דְּאוֹקִים אָמַר לְהוּ, אִי לָא גְּמִירְנָא כַּסֵּיפִיתִנַן, פַּקִּיד וְאַפְּקִינְהוּ מִבֵּי מִדְרָשָׁא; הֲווּ כָּתְבֵי קוּשְׁיָיתָא [בְּפִתְקָא] וְשָׁדוּ הָתָם, דַּהֲוָה מִיפְרִיק מִיפְרִיק, דְּלָא הֲווּ מִיפְרִיק כָּתְבֵי פֵּירוּקֵי וְשָׁדוּ; אָמַר לְהוּ רַבִּי יוֹסֵי, תּוֹרָה מִבַּחוּץ וְאָנוּ מִבִּפְנִים; אָמַר לָהֶן רַבָּן [שִׁמְעוֹן בֶּן] גַּמְלִיאֵל, נְעַיְּילִינְהוּ, מִיהוּ נִיקְנְסִינְהוּ דְּלָא נֵימְרוּ שְׁמַעְתָּא מִשְּׁמַיְיהוּ; אַסִּיקוּ לְרַבִּי מֵאִיר אֲחֵרִים, וּלְרַבִּי נָתָן יֵשׁ אוֹמְרִים; אַחְווּ לְהוּ בְּחֶלְמַיְיהוּ, זִילוּ פַּיְּיסוּהוּ [לְרַבָּן שִׁמְעוֹן בֶּן גַּמְלִיאֵל]; רַבִּי נָתָן אֲזַל, רַבִּי מֵאִיר לָא אֲזַל, אָמַר [כ]דִּבְרֵי חֲלוֹמוֹת לֹא מַעֲלִין וְלֹא מוֹרִידִין; כִּי אֲזַל רַבִּי נָתָן, אָמַר לֵיהּ רַבָּן שִׁמְעוֹן בֶּן גַּמְלִיאֵל, נְהִי דְּאַהֲנֵי לָךְ קַמְרָא דַּאֲבוּךְ לְמֶהֱוֵי אַב בֵּית דִּין, שַׁוִּינָךְ נַמִּי נָשִׂיא. מַתְנֵי לֵיהּ רַבִּי לְרַבָּן שִׁמְעוֹן בְּרֵיהּ, אֲחֵרִים אוֹמְרִים אִילּוּ הָיָה תְּמוּרָה

רש"י

שׁוּפְתָּא. בִּיתַד[ק] שֶׁל מָרָא, דְּעַד הוּא, גָּיֵיץ: הַמַּנִּיחַ כֵּלָיו. מַלְבּוּשָׁיו: פַּת פֶּחָמִין. פַּת הָאָפוּי בְּגֶחָלִים: שֶׁל שִׁיּוּרֵי הָעִיסָּה. שֶׁנִּשְׁתַּיְּירָה מִלִּישָׁה: מְשַׁכֵּחַ לִמּוּד שֶׁל שִׁבְעִים שָׁנָה. שֶׁסָּדוּר בְּפִיו כָּל שִׁבְעִים שָׁנָה: מֵשִׁיב. מַחֲזִיר אֶת הַלִּמּוּד שֶׁנִּשְׁתַּכַּח הֵימֶנּוּ כְּבָר שִׁבְעִים שָׁנָה: וְסִימָנָךְ. לְגִרְסָא שֶׁלֹּא תִּטְעֶה, שֶׁאִם לֹא תֵּדַע אִם אֶחָד אוֹמֵר אֶחָד וְלֹא שְׁתַּיִם, וְאֶחָד אוֹמֵר שְׁתַּיִם וְלֹא שָׁלֹשׁ, אוֹ שֶׁמָּא אֶחָד אוֹמֵר שְׁתַּיִם וְלֹא שָׁלֹשׁ, וְאֶחָד אוֹמֵר שָׁלֹשׁ וְלֹא אַרְבַּע, יְהֵא סִימָן קְמִיצָה, כְּלוֹמַר, כְּפוֹף הַקְּמִיצָה וְנִשְׁתַּיְּירוּ מֵאוֹתָן אֶצְבָּעוֹת שֶׁל יָד הָעוֹמְדִין לְבַד שְׁתֵּי אֶצְבָּעוֹת זְקוּפִין כְּסִדְרָן מִכָּאן, דְּהַיְינוּ אֶצְבַּע וְאַמָּה מִכָּאן, וְזֶרֶת מִכָּאן, דְּהַיְינוּ שְׁתֵּי אֶצְבָּעוֹת מִכָּאן וְאֶצְבַּע אֶחָד מִכָּאן, וּבְכָךְ תְּהֵא זָכוּר שֶׁאֶחָד אוֹמֵר אַחַת וְלֹא שְׁתַּיִם, וְאֶחָד אוֹמֵר שְׁתַּיִם וְלֹא שָׁלֹשׁ. גּוּדָל לָא קָא חָשֵׁיב הָכָא עִם שְׁאָר אֶצְבָּעוֹת, מִשּׁוּם דְּלָא קָאֵי בְּסֵדֶר אֶצְבָּעוֹת: [ט]הָאוֹכֵל פַּת וּפֶחָמִין עַצְמָן כַּחֲדָא חָשֵׁיב לְהוּ: קָשִׁים לַלִּמּוּד. שֶׁהָעוֹשֶׂה אוֹתָן יְהֵא קָשֶׁה לִשְׁמוֹעַ: הָעוֹבֵר תַּחַת אַפְסַר גָּמָל כָּל שֶׁכֵּן תַּחַת גָּמָל עַצְמוֹ, כַּחֲדָא חָשֵׁיב לְהוּ: הָעוֹבֵר תַּחַת רֵיחַ שֶׁל נְבֵלָה. כְּלוֹמַר הַהוֹלֵךְ וּמֵרִיחַ רֵיחַ נְבֵלָה, דְּכָל הַהוֹלֵךְ וּמֵרִיחַ הָוֵי עוֹבֵר תַּחַת אוֹתוֹ רֵיחַ, שֶׁהָרֵיחַ הוֹלֵךְ וְעוֹלֶה: זוּהֲמָא לִיסְטְרוֹן. אוֹתוֹ כַּף שֶׁבּוֹחֲשִׁין אֶת הַקְּדֵרָה קָרֵי לְהוּ[ל] הָכִי, עַל שֵׁם שֶׁמַּעֲבִירִין[מ] הַזּוּהֲמָא לַצְּדָדִין, ['עַל שְׁנֵי צִדָּיו', תַּרְגּוּם 'עַל תְּרֵין סִטְרוֹהִי']: כָּל הָעָם עוֹמְדִין. כָּל הַשּׁוּרוֹת כּוּלָּן, אֲפִילּוּ הֵן מֵאָה: וְעוֹשִׂין[נ] לוֹ שְׁתֵּי שׁוּרוֹת בִּלְבַד עוֹשִׂין אוֹתָן. [ס] לִבְנֵי חֲכָמִים שֶׁמְּמוּנִּים אֲבִיהֶם פַּרְנָס עַל הַצִּבּוּר: סְנִיפִין. שֶׁמּוֹשִׁיבִין אוֹתָן בְּצַד הַזְּקֵנִים מִפְּנֵי כְּבוֹד אֲבִיהֶם, דְּהָווּ סְנִיפִין לַזְּקֵנִים, כְּסָנִיף זֶה שֶׁמַּסְנִיפִין לְקוֹרָה גְּדוֹלָה, סני"ף בְּלַעַ"ז: אֶלָּא לִקְטַנִּים. דְּאָנוּס הוּא, אֲבָל יָצָא לִגְדוֹלִים אֵינוֹ נִכְנָס וְיוֹשֵׁב בִּמְקוֹמוֹ, דְּפוֹשֵׁעַ הוּא, מִשּׁוּם דַּהֲוָה לֵיהּ לְמִיבְדַּק נַפְשֵׁיהּ: כְּדֵי שֶׁלֹּא יִתְרַחֵק. דְּהֵיוָלָא לִפְנוֹת בַּיּוֹם צָרִיךְ שֶׁיִּתְרַחֵק מִן הַדֶּרֶךְ כְּדֵי שֶׁלֹּא יְהוּ אֲחֵרִים רוֹאִים אוֹתוֹ, כִּדְאָמְרִינַן בְּמַסֶּכֶת בְּרָכוֹת: אָמַר רָבָא, וּבְחַיֵּי אֲבִיהֶם. הוּא דְּעוֹשִׂים סְנִיפִין מִפְּנֵי כְּבוֹד אֲבִיהֶם: נְשִׂיאַת מִשְׁנָה. הָא דְּתַנְיָא לְעֵיל 'כְּשֶׁהַנָּשִׂיא נִכְנָס' וְכוּ': נִתַּקֵּן מִילְּתָא כִּי לְדִידַן. כְּלוֹמַר, נַעֲבֵד לֵיהּ כִּי הֵיכִי דַּעֲבַד הוּא לְדִידַן. וְאִית דְּגָרְסִי נְתַקֵּן מִילְּתָא כִּי לֵיתֵן, כְּלוֹמַר, נְתַקֵּן מִילְּתָא דְּלֶהֱוֵי לְזִכָּרוֹן לְעוֹלָם לְדוֹרוֹת, אֲפִילּוּ כִּי אֵינָן בָּעוֹלָם. וְאִית דְּאָמְרִי נְתַקֵּן מִילְּתָא כִּי לֵיתְנֵי, לוֹמַר לוֹ שֶׁיְּלַמְּדֵנוּ דָּבָר שֶׁאֵינוֹ יוֹדֵעַ לִלְמוֹד וְיִתְבַּיֵּישׁ: גַּלֵּי עוּקְצִים. יִדְרוֹשׁ לָן מַסֶּכֶת עוּקְצִין: דְּלֵית לֵיהּ. שֶׁאֵין סָדוּר לוֹ: פְּשַׁט. פֵּירֵשׁ: גְּרַס וְתָנָא. גָּרַס וְשָׁנָה: אָמַר. רַבָּן שִׁמְעוֹן בֶּן גַּמְלִיאֵל, מַאי דְּקַמָּא, דִּלְמָא חַס וְשָׁלוֹם כּו': בָּתַר דְּאוֹקִים. בָּתַר שֶׁפָּיֵּים: וְשָׁדוּ לֵיהּ. לְפִיתְקָא בֵּי מִדְרָשָׁא: שְׁאֵלוֹת דַּהֲוָה מִיפָרֵיק מְתָרֵץ, וּמַה שֶּׁלֹּא הָיָה מְתָרֵץ כָּתְבוּ אִינְהוּ הַפֵּירוּקִין וְשָׁדוּ בֵּי מִדְרָשָׁא: [תּוֹרָה מִבַּחוּץ כּו'. אוֹ הֵם יִכָּנְסוּ לְבהמ"ד, אוֹ אָנוּ נֵלֵא אֲלֵיהֶם וְנֵשֵׁב עִמָּהֶם]: נְהִי דְּאַהֲנֵי לָךְ קַמְרָא דַּאֲבוּךְ. כְּלוֹמַר, דְּאַהֲנֵי לָךְ חֲשִׁיבוּתָא דְּאָבִיךְ דְּהָוֵית אַב בֵּי"ד, אֲבָל לְמֶהֱוֵי נָשִׂיא מִי אַהֲנֵי לָךְ דְּקָא בָּעֵית לְמֶהֱוֵי נָשִׂיא: קַמְרָא. אַבְנֵט מוּזְהָב, כִּדְאָמְרִינַן בְּמַסֶּכֶת שַׁבָּת בְּפֶרֶק בַּמֶּה אִשָּׁה (דף נט:): מַתְנֵי לֵיהּ רַבִּי לְרַבִּי שִׁמְעוֹן בְּרֵיהּ, אֲחֵרִים אוֹמְרִים אִילּוּ (לֹא) הָיָה תְּמוּרָה לֹא הָיָה קָרֵב. דִּתְנַן בְּמַסֶּכֶת בְּכוֹרוֹת בְּפֶרֶק בַּתְרָא (דף ס.) 'קָרָא לַתְּשִׁיעִי עֲשִׂירִי וְלָעֲשִׂירִי תְּשִׁיעִי וְלָאַחַד עָשָׂר עֲשִׂירִי, שְׁלָשְׁתָּן מְקוּדָּשִׁין, הַתְּשִׁיעִי נֶאֱכָל בְּמוּמוֹ, וְהָעֲשִׂירִי מַעֲשֵׂר, וְהָאַחַד עָשָׂר קָרֵב שְׁלָמִים, וְעוֹשֶׂהוּ[ע] תְּמוּרָה דִּבְרֵי ר"מ, אָמַר לוֹ רַבִּי יְהוּדָה וְכִי יֵשׁ תְּמוּרָה עוֹשָׂה תְּמוּרָה', וְהָא קַיְימָא לָן דְּאֵין תְּמוּרָה עוֹשָׂה תְּמוּרָה, כִּדְתְנַן בְּמַסֶּכֶת תְּמוּרָה בְּפֶרֶק קַמָּא (דף ה:[פ]), [צ] 'אַךְ בְּכוֹר שׁוֹר קֹדֶשׁ הֵן וְכוּ', הֵן קְרֵיבִין וְאֵין תְּמוּרָתָן קְרֵיבִין', וּמַעֲשֵׂר יָלֵיף 'עֲבָרָה' 'עֲבָרָה' מִבְּכוֹר, כְּתִיב הָכָא 'כֹּל אֲשֶׁר יַעֲבֹר תַּחַת הַשָּׁבֶט' וּכְתִיב הָתָם בִּבְכוֹר 'וְהַעֲבַרְתָּ כָל פֶּטֶר רֶחֶם' וְגוֹ': אָמַר

סה א ב ג מיי' פרק ו מהלכות ת"ת הלכה ו סמג עשין יג טוש"ע יו"ד סימן רמ"ד סעיף טו [וברב אלפס קידושין פרק א דף רכא: ע"ש היטב שהשמיט הא דרבא האידנא דחלשא עלמא אפי' לגדולים נמי]:
סו ד מיי' שם הלכה ז טוש"ע שם סעיף טז:
סז ה מיי' שם טוש"ע שם סעי"ז:
סח ו טור יו"ד סימן רמד:
סט ז מיי' פ"י מהלכות זכייה ומתנה הלכה ז סמג עשין פב טוש"ע ח"מ סימן רנה סעיף ט:

גליון הש"ס

גמ' ה' דברים משכחים. עי' בגאר שבע סנהדרין דף ק"ט ד"ה אויר מגדל משכח:

תוספות הרא"ש

וסמנך קמיצה. וסימנך שלא תטעה לומר שמא חד אמר אחת ולא שתים וחד אמר שתים ולא שלש. או שמא אחד אומר שתים ולא שלש ואחד אומר שלש ולא ארבע. יהיה סימנך קמילה. כלומר כפוף הקמילה וישאר ב' אצבעות וזוקפין ק] ואצבע מצד זה. ובזה תזכור שא' אומר אחת ולא שתים. והא דלא קאמר וסימנך אמה שאם תכפוף אצבע אמ"ל] הארוך שבהם אמה ישארו כמו כן אצבע מכאן וזרת מכאןש] וקמילה מכאן משום הכי לכפוף הקמילה כדי לקמוץ נקט קמילה. א"נ דלא לימר אגודל מן הסמוך ויהיו שתים מכאן ושתים מכאן לכן כשכופף הקמילה וישאר רק דאין הגודל בכלל דלא"ל לומר אחד ולא שלש: גרס ותנא. במשנת עוקצין:

**מסורת הש"ס
עם הוספות**

א) יומא עו: [סנהדרין דף ע.], ב) [תוספתא סנהדרין פ"ז ה"ה], ג) [עיין תוס' יבמות קה: ד"ה מי שלריך], ד) ברכות סב., ה) [עי' תוס' ב"ק לד: ד"ה מימי], ו) מגילה יח. מכות י., ז) [עי' תוס' סוטה יב. ד"ה אחרים], ח) סנהדרין ל. [גיטין נב.], ט) [דבור זה שייך לעיל אחר דיבור פת פחמין].

תורה אור השלם

א) מִי יְמַלֵּל גְּבוּרוֹת יְיָ יַשְׁמִיעַ כָּל תְּהִלָּתוֹ: [תהלים קו, ב]

הגהות וציונים

א] בכל הס"י הגי' בגמ' וברש"י תלמוד בכל העמוד וכצ"ל (גליון): ב] נ"א יפים לתלמוד האוכל פת חטין ואצ"ל חטין עצמן (גליון): ג] צ"ל אפסר [הגמל] (רש"ש), או [של גמל] (דק"ס): ד] עושים לו שתי שורות שורה אחת, כ"ה בע"י וכ"ה גי' רש"י (דק"ס): ה] ס"א אחורי (גליון, וכ"ג ע"י). וכן עיקר (באר שבע): ו] בדפו"י היה כתוב יצחק: ז] ס"א לא גרסי ועי' באר שבע (גליון): ח] ראשונים וכת"י "כי הוה עייל רשב"ג הוו קיימי": ט] [צ"ל תהלתו] (גליון): י] בראשונים ובכת"י הסדר את נשיא ואנא אב בית דין: כ] צ"ל בית יד (גליון): ל] קרי לה (כת"י): מ] כת"י שמעברת: נ] צ"ל עושין (רש"ש, וכ"ה בכת"י): ס] בכת"י נוסף סניפין לבני תלמידי חכמים: ע] צ"ל ועושה (רש"ש, וכ"ה בכת"י): פ] צ"ל (דף יב.) (הורה גבר, רש"ש): צ] יש כאן חסרון בדברי רש"י ויש להוסיף אמרו משום ר' מאיר אילו היה תמורה לא היה קרב שתמורת בכור ומעשר אינה קריבה בכור דכתיב אך בכור שור (כת"י, ומיושב בזה תמיהת המהרש"א, עי"ש בהגהות והערות מכמה אחרונים): ק] זקופין מצד זה ואצבע מצד זה (כת"י): ר] "אח'" ליתא בכת"י: ש] "מכאן" ליתא בכת"י:

רַב פָּפָּא אָמַר — Rav Pappa said: **אֲפִילּוּ שׁוּפְתָּא [דְּ]מָרָא גָּיְיצֵי** — They even chew on the wooden handle of a hoe. Even though it is not enjoyable for them to chew on wood, they do so anyway to damage the hoe.

The Gemara continues discussing things that make people forget: **תָּנוּ רַבָּנָן** — The *Chachamim* taught in a *Baraisa*: **חֲמִשָּׁה דְּבָרִים מְשַׁכְּחִים אֶת הַתַּלְמוּד** — There are five things that cause one to forget his Torah learning: 1. **הָאוֹכֵל מִמַּה שֶּׁאוֹכֵל עַכְבָּר וּמִמַּה שֶּׁאוֹכֵל חָתוּל** — One who eats from food from which a rat ate, or from which a cat ate. 2. **וְהָאוֹכֵל לֵב שֶׁל בְּהֵמָה** — And one who eats the heart of an animal. 3. **וְהָרָגִיל בְּזֵיתִים** — And one who is accustomed to eating olives. 4. **וְהַשּׁוֹתֶה מַיִם שֶׁל שִׁיּוּרֵי רְחִיצָה** — And one who drinks water that was left over from washing. 5. **וְהָרוֹחֵץ רַגְלָיו זוֹ עַל גַּבֵּי זוֹ** — And one who washes his feet, one on top of the other. **וְיֵשׁ אוֹמְרִים** — And some say to add a sixth: **אַף הַמַּנִּיחַ כֵּלָיו תַּחַת מְרַאֲשׁוֹתָיו** — Even one who leaves his garments under his head when he sleeps. **חֲמִשָּׁה דְּבָרִים מְשִׁיבִים אֶת הַתַּלְמוּד** — There are five things that restore a person's Torah learning: 1. **פַּת פֶּחָמִין וְכָל שֶׁכֵּן פֶּחָמִין עַצְמָן** — Eating bread that was baked on coals, and all the more so, one who eats the coals themselves. 2. **וְהָאוֹכֵל בֵּיצָה מְגוּלְגֶּלֶת בְּלֹא מֶלַח** — And one who eats a hard-boiled egg without salt. 3. **וְהָרָגִיל בְּשֶׁמֶן זַיִת** — And one who is accustomed to eating olive oil. 4. **וְהָרָגִיל בְּיַיִן וּבְשָׂמִים** — And one who is accustomed drinking wine and smelling spices. 5. **וְהַשּׁוֹתֶה מַיִם שֶׁל שִׁיּוּרֵי עִיסָּה** — And one who drinks water remaining from kneading dough. **וְיֵשׁ אוֹמְרִים** — And some say to add a sixth: **אַף הַטּוֹבֵל אֶצְבָּעוֹ בְּמֶלַח וְאוֹכֵל** — Even one who dips his finger in salt and eats the salt.

The Gemara discusses the *Baraisa*: The *Baraisa* said: **הָרָגִיל בְּשֶׁמֶן זַיִת** — One who is accustomed to eating olive oil restores his forgotten Torah learning. **מְסַיֵּיעַ לֵיהּ לְרַבִּי יוֹחָנָן** — This proves the opinion of Rabi Yochanan. **דְּאָמַר רַבִּי יוֹחָנָן** — Because Rabi Yochanan said: **כְּשֵׁם שֶׁהַזַּיִת מְשַׁכֵּחַ תַּלְמוּד שֶׁל שִׁבְעִים שָׁנָה** — Just as eating an olive causes one to forget seventy years' worth of Torah learning, **כָּךְ שֶׁמֶן זַיִת מֵשִׁיב תַּלְמוּד שֶׁל שִׁבְעִים שָׁנָה** — so too, eating olive oil restores seventy years' worth of Torah learning.

The *Baraisa* said: **וְהָרָגִיל בְּיַיִן וּבְשָׂמִים** — One who is accustomed to drinking wine and smelling spices restores ones Torah learning: **מְסַיֵּיעַ לֵיהּ לְרָבָא** — This proves the opinion of Rava. **דְּאָמַר רָבָא** — Because Rava said: **חַמְרָא וְרֵיחָנֵי פַּקְּחִין** — Wine and spices made me wise.

The *Baraisa* said: **וְהַטּוֹבֵל אֶצְבָּעוֹ בְּמֶלַח** — One who dips his finger in salt and eats the salt restores his Torah learning. **אָמַר רֵישׁ לָקִישׁ** — Reish Lakish said: **וּבְאַחַת** — And that is the case if he only dipped one finger. The Gemara notes: **כְּתַנָּאֵי** — What Reish Lakish said is dependent on a dispute between *tanna'im*: As it is taught in a *Baraisa*: **רַבִּי יְהוּדָה אוֹמֵר** — Rabi Yehudah says: **אַחַת וְלֹא שְׁתַּיִם** — Dipping one's finger in salt only restores Torah learning if he dips one finger, but not if he dips two fingers. **רַבִּי יוֹסֵי אוֹמֵר** — Rabi Yosi says: **שְׁתַּיִם וְלֹא שָׁלֹשׁ** — It applies to one who dips two fingers in the salt, but not to one who dips three fingers. **וְסִימָנִיךְ** — And a reminder to remember that

For this *daf's shiur* and charts, scan this QR code:

רַב פָּפָּא אָמַר, אֲפִילּוּ שׁוּפְתָּא מָרָא גָּיֵיצִי. תָּנוּ רַבָּנָן, °חֲמִשָּׁה דְּבָרִים מְשַׁכְּחִים אֶת הַלִּימּוּד[א], הָאוֹכֵל מִמַּה שֶּׁאוֹכֵל עַכְבָּר וּמִמַּה שֶּׁאוֹכֵל חָתוּל, וְהָאוֹכֵל לֵב שֶׁל בְּהֵמָה, וְהָרָגִיל בְּזֵיתִים, וְהַשּׁוֹתֶה מַיִם שֶׁל שִׁיּוּרֵי רְחִיצָה, וְהָרוֹחֵץ רַגְלָיו זוֹ עַל גַּבֵּי זוֹ; וְיֵשׁ אוֹמְרִים, אַף הַמַּנִּיחַ כֵּלָיו תַּחַת מְרַאֲשׁוֹתָיו. חֲמִשָּׁה דְּבָרִים [י]מְשִׁיבִים אֶת הַלִּימּוּד, פַּת פֶּחָמִין וְכָל שֶׁכֵּן פֶּחָמִין עַצְמָן, וְהָאוֹכֵל בֵּיצָה מְגוּלְגֶּלֶת בְּלֹא מֶלַח, וְהָרָגִיל בְּשֶׁמֶן זַיִת, וְהָרָגִיל בְּיַיִן וּבִשְׂמָמִים, וְהַשּׁוֹתֶה מַיִם שֶׁל שִׁיּוּרֵי עִיסָּה; וְיֵשׁ אוֹמְרִים, אַף הַטּוֹבֵל אֶצְבָּעוֹ בְּמֶלַח וְאוֹכֵל. הָרָגִיל בְּשֶׁמֶן זַיִת, מְסַיֵּיעַ לֵיהּ לְרַבִּי יוֹחָנָן, דְּאָמַר רַבִּי יוֹחָנָן, כְּשֵׁם שֶׁהַזַּיִת מְשַׁכֵּחַ לִימּוּד שֶׁל שִׁבְעִים שָׁנָה, כָּךְ שֶׁמֶן זַיִת מֵשִׁיב לִימּוּד שֶׁל שִׁבְעִים שָׁנָה. וְהָרָגִיל בְּיַיִן וּבִשְׂמָמִים, מְסַיֵּיעַ לֵיהּ לְרָבָא, [א]דְּאָמַר רָבָא, חַמְרָא וְרֵיחָנֵי פַּקְחִין. וְהַטּוֹבֵל אֶצְבָּעוֹ בְּמֶלַח, אָמַר רֵישׁ לָקִישׁ, וּבְאַחַת. כְּתַנָּאֵי, רַבִּי יְהוּדָה אוֹמֵר, אַחַת וְלֹא שְׁתַּיִם, רַבִּי יוֹסֵי אוֹמֵר, שְׁתַּיִם וְלֹא שָׁלֹשׁ, וְסִימָנָךְ, קְמִיצָה. עֲשָׂרָה דְּבָרִים קָשִׁים לַלִּימּוּד, הָעוֹבֵר תַּחַת הָאַפְסַר [הַגָּמָל[ג]] וְכָל שֶׁכֵּן תַּחַת גָּמָל [עַצְמוֹ], וְהָעוֹבֵר בֵּין שְׁנֵי גְמַלִּים, וְהָעוֹבֵר בֵּין שְׁתֵּי נָשִׁים, וְהָאִשָּׁה הָעוֹבֶרֶת בֵּין שְׁנֵי אֲנָשִׁים, וְהָעוֹבֵר מִתַּחַת רֵיחַ רַע שֶׁל נְבֵילָה, וְהָעוֹבֵר תַּחַת הַגֶּשֶׁר שֶׁלֹּא עָבְרוּ תַּחְתָּיו מַיִם אַרְבָּעִים יוֹם, וְהָאוֹכֵל פַּת שֶׁלֹּא בָּשַׁל כָּל צָרְכּוֹ, וְהָאוֹכֵל בָּשָׂר מְזוּהֲמָא לִיסְטְרוֹן, וְהַשּׁוֹתֶה מֵאַמַּת הַמַּיִם הָעוֹבֶרֶת בְּבֵית הַקְּבָרוֹת, וְהַמִּסְתַּכֵּל בִּפְנֵי הַמֵּת; וְיֵשׁ אוֹמְרִים, אַף הַקּוֹרֵא כְּתָב שֶׁעַל גַּבֵּי הַקֶּבֶר. תָּנוּ רַבָּנָן, °[א]כְּשֶׁהַנָּשִׂיא נִכְנָס, כָּל הָעָם עוֹמְדִים, וְאֵין יוֹשְׁבִים עַד שֶׁאוֹמֵר לָהֶם שְׁבוּ; [ב]כְּשֶׁאַב בֵּית דִּין נִכְנָס, עוֹשִׂים לוֹ[ד] שׁוּרָה אַחַת מִכָּאן וְשׁוּרָה אַחַת מִכָּאן עַד שֶׁיֵּשֵׁב בִּמְקוֹמוֹ; [ג]כְּשֶׁחָכָם נִכְנָס, אֶחָד עוֹמֵד וְאֶחָד יוֹשֵׁב עַד שֶׁיֵּשֵׁב בִּמְקוֹמוֹ; [ד]בְּנֵי חֲכָמִים וְתַלְמִידֵי חֲכָמִים, בִּזְמַן שֶׁרַבִּים צְרִיכִים לָהֶם מְפַסְּעִין עַל רָאשֵׁי הָעָם, יָצָא [ה]לְצוֹרֶךְ יִכָּנֵס וְיֵשֵׁב בִּמְקוֹמוֹ; [ה]בְּנֵי תַלְמִידֵי חֲכָמִים שֶׁמְּמוּנִּים אֲבִיהֶם פַּרְנָס עַל הַצִּבּוּר, בִּזְמַן שֶׁיֵּשׁ לָהֶם דַּעַת לִשְׁמוֹעַ נִכְנָסִים וְיוֹשְׁבִים לִפְנֵי אֲבִיהֶם וַאֲחוֹרֵיהֶם כְּלַפֵּי הָעָם, בִּזְמַן שֶׁאֵין לָהֶם דַּעַת לִשְׁמוֹעַ נִכְנָסִים וְיוֹשְׁבִים לִפְנֵי[ה] אֲבִיהֶם וּפְנֵיהֶם כְּלַפֵּי הָעָם. רַבִּי אֶלְעָזָר בְּרַבִּי [צָדוֹק[ו]] אוֹמֵר, אַף בְּבֵית הַמִּשְׁתֶּה עוֹשִׂים אוֹתָם סְנִיפִין. [אָמַר מַר] יָצָא לְצוֹרֶךְ נִכְנָס וְיוֹשֵׁב בִּמְקוֹמוֹ, אָמַר רַב פָּפָּא, לֹא אָמְרוּ אֶלָּא לִקְטַנִּים, אֲבָל לִגְדוֹלִים לֹא, הֲוָה לֵיהּ לְמִבְדַּק נַפְשֵׁיהּ מֵעִיקָּרָא, [ו]דְּאָמַר רַב יְהוּדָה אָמַר רַב, לְעוֹלָם יְלַמֵּד אָדָם עַצְמוֹ לְהַשְׁכִּים וּלְהַעֲרִיב, כְּדֵי שֶׁלֹּא יִתְרַחֵק; (אָמַר רָבָא[ז]) הָאִידָּנָא דַּחֲלַשָׁא עָלְמָא [ז]אֲפִילּוּ לִגְדוֹלִים נַמִּי. רַבִּי אֶלְעָזָר בְּרַבִּי [צָדוֹק] אוֹמֵר, אַף בְּבֵית הַמִּשְׁתֶּה עוֹשִׂים אוֹתָם סְנִיפִים. אָמַר רָבָא, בְּחַיֵּי אֲבִיהֶם בִּפְנֵי אֲבִיהֶם. אָמַר רַבִּי יוֹחָנָן, [ח]בִּימֵי רַבָּן שִׁמְעוֹן בֶּן גַּמְלִיאֵל נִישְׁנֵית מִשְׁנָה זוֹ. רַבָּן שִׁמְעוֹן בֶּן גַּמְלִיאֵל נָשִׂיא, רַבִּי מֵאִיר חָכָם, רַבִּי נָתָן אַב בֵּית דִּין; כִּי הֲוָה [ח] רַבָּן שִׁמְעוֹן בֶּן גַּמְלִיאֵל הָתָם הֲווּ קָיְימִי כּוּלֵּי עָלְמָא מִקַּמֵּיהּ, כִּי הֲווּ עָיְילֵי רַבִּי מֵאִיר וְרַבִּי נָתָן הֲווּ קָיְימִי כּוּלֵּי עָלְמָא מִקַּמַּיְיהוּ; אָמַר רַבָּן שִׁמְעוֹן בֶּן גַּמְלִיאֵל, לָא בָּעוּ לְמֶהֱוֵי הֶיכֵּרָא בֵּין דִּילִי לְדִידְהוּ, תַּקֵּין הָא מַתְנִיתָא. הַהוּא יוֹמָא לָא הֲווּ רַבִּי מֵאִיר וְרַבִּי נָתָן הָתָם, לְמָחָר כִּי אֲתוֹ חָזוּ דְּלָא קָמוּ מִקַּמַּיְיהוּ כִּדְרְגִילָא מִילְּתָא, אֲמַרֵי, מַאי הַאי, אָמְרוּ לְהוּ, הָכִי תַּקֵּין רַבָּן שִׁמְעוֹן בֶּן גַּמְלִיאֵל; אָמַר לֵיהּ רַבִּי מֵאִיר לְרַבִּי נָתָן אֲנָא חָכָם וְאַתְּ אַב בֵּית דִּין, נְתַקֵּין מִילְּתָא כִּי לְדִידַן, מַאי נַעֲבֵיד לֵיהּ, נֵימָא לֵיהּ גַּלֵּי עוּקְצִים דְּלֵית לֵיהּ, וְכֵיוָן דְּלָא גְּמַר נֵימָא לֵיהּ [א]'מִי יְמַלֵּל גְּבוּרוֹת יְיָ יַשְׁמִיעַ כָּל תְּהִלָּתוֹ', [י]לְמִי נָאֶה לְמַלֵּל גְּבוּרוֹת ה', מִי שֶׁיָּכוֹל לְהַשְׁמִיעַ כָּל תְּהִלּוֹתָיו[ט], וְנִיעַבְּרֵיהּ, וְהָוֵי אֲנָא אַב בֵּית דִּין וְאַתְּ נָשִׂיא[י]; שַׁמְעִינְהוּ רַבִּי יַעֲקֹב בֶּן קָרְשִׁי, אָמַר דִּלְמָא חַס וְשָׁלוֹם אָתְיָא מִילְּתָא לִידֵי כִּיסּוּפָא, אֲזַל יָתֵיב אֲחוֹרֵי עִילִּיתֵיהּ דְּרַבָּן שִׁמְעוֹן בֶּן גַּמְלִיאֵל, פְּשַׁט גְּרַס וּתְנָא, גְּרַס וּתְנָא; אָמַר, מַאי דְּקַמָּא, דִּלְמָא חַס וְשָׁלוֹם אִיכָּא בֵּי מִדְרְשָׁא מִידֵי, יְהַב דַּעְתֵּיהּ וְגַרְסָהּ; לְמָחָר אָמְרוּ לֵיהּ נֵיתֵי מַר וְנִיתְנֵי בְּעוּקְצִין, פְּתַח וְאָמַר; בָּתַר דְּאוֹקִים אָמַר לְהוּ, אִי לָא גְּמִירְנָא כַּסֵּיפְתִּינַן, פַּקִּיד וְאַפְּקִינְהוּ מִבֵּי מִדְרְשָׁא; הֲווּ כָּתְבִי קוּשְׁיָיתָא [בְּפִתְקָא] וְשָׁדוּ הָתָם, דַּהֲוָה מִיפְּרִיק מִיפְּרִיק, דְּלָא הֲווּ מִיפְּרִיק כָּתְבִי פֵּירוּקֵי וְשָׁדוּ; אָמַר לְהוּ רַבִּי יוֹסֵי, תּוֹרָה מִבַּחוּץ וְאָנוּ מִבִּפְנִים; אָמַר לָהֶן רַבָּן [שִׁמְעוֹן בֶּן] גַּמְלִיאֵל, נִיעַיְּילִינְהוּ, מִיהוּ נִיקְנְסִינְהוּ דְּלָא נֵימְרוּ שְׁמַעְתָּא מִשְּׁמַיְיהוּ; אַסִּיקוּ לְרַבִּי מֵאִיר [ב]אֲחֵרִים, וּלְרַבִּי נָתָן יֵשׁ אוֹמְרִים; אַחְווּ לְהוּ בְּחֶלְמַיְיהוּ, זִילוּ פַּיְּיסוּהוּ [לְרַבָּן שִׁמְעוֹן בֶּן גַּמְלִיאֵל]; רַבִּי נָתָן אֲזַל, רַבִּי מֵאִיר לָא אֲזַל, אָמַר [ח]דִּבְרֵי חֲלוֹמוֹת לֹא מַעֲלִין וְלֹא מוֹרִידִין; כִּי אֲזַל רַבִּי נָתָן, אָמַר לֵיהּ רַבָּן שִׁמְעוֹן בֶּן גַּמְלִיאֵל, נְהִי דְּאַהֲנֵי לָךְ קַמְרָא דַּאֲבוּךְ לְמֶהֱוֵי אַב בֵּית דִּין, שַׁוִּינָךְ נַמִּי נָשִׂיא. מַתְנֵי לֵיהּ רַבִּי לְרַבָּן שִׁמְעוֹן בְּרֵיהּ, אֲחֵרִים אוֹמְרִים אִילּוּ הָיָה תְּמוּרָה

שׁוּפְתָּא. כְּיָתֵד[ק] שֶׁל מָרָא, דְּעֵץ הוּא, גָּיֵין: הַמַּנִּיחַ כֵּלָיו. מַלְבּוּשָׁיו: פַּת פֶּחָמִין. פַּת הָאָפוּי בְּגֶחָלִים: שֶׁל שִׁיּוּרֵי הָעִיסָּה. שֶׁנִּשְׁתַּיְּירָה מְלִישָׁה: מְשַׁכֵּחַ לִמּוּד שֶׁל שִׁבְעִים שָׁנָה. שֶׁסָּדוּר בְּפִיו כָּל שִׁבְעִים שָׁנָה: מֵשִׁיב. מַחֲזִיר אֶת הַלִּמּוּד שֶׁנִּשְׁתַּכַּח הֵימֶנּוּ כְּבָר שִׁבְעִים שָׁנָה: וְסִימָנָךְ. לְגִרְסָא שֶׁלֹּא תִּטְעֶה, שֶׁאִם לֹא תֵּדַע אִם אֶחָד אוֹמֵר אֶחָד וְלֹא שְׁתַּיִם, וְאֶחָד אוֹמֵר שְׁתַּיִם וְלֹא שָׁלֹשׁ, אוֹ שֶׁמָּא אֶחָד אוֹמֵר שְׁתַּיִם וְלֹא שָׁלֹשׁ, וְאֶחָד אוֹמֵר שָׁלֹשׁ וְלֹא אַרְבַּע, יְהֵא סִימָן קְמִיצָה, כְּלוֹמַר, כְּפוֹף הַקְּמִיצָה וְנִשְׁתַּיְּירוּ מֵאוֹתָן אֶצְבָּעוֹת שֶׁל יָד הָעוֹמְדִין לְבַד שְׁתֵּי אֶצְבָּעוֹת זְקוּפִין כְּסִדְרָן מִכָּאן, דְּהַיְינוּ אֶצְבַּע וְאַמָּה מִכָּאן, וְחֶרֶת מִכָּאן, דְּהַיְינוּ שְׁתֵּי אֶצְבָּעוֹת מִכָּאן וְאֶצְבַּע אֶחָד מִכָּאן, וּבְכָךְ תְּהֵא זָכוּר שֶׁאֶחָד אוֹמֵר אַחַת וְלֹא שְׁתַּיִם, וְאֶחָד אוֹמֵר שְׁתַּיִם וְלֹא שָׁלֹשׁ. גּוּדָל לָא קָא חָשֵׁיב הָכָא עִם שְׁאָר אֶצְבָּעוֹת, מִשּׁוּם דְּלָא קָאֵי בְּסֵדֶר אֶצְבָּעוֹת: [ט]הָאוֹכֵל פַּת וּפֶחָמִין עַצְמָן כַּחֲדָא חָשֵׁיב לְהוּ: קָשִׁים לַלִּמּוּד. שֶׁהָעוֹשֶׂה אוֹתָן יְהֵא קָשֶׁה לִשְׁמוֹעַ: הָעוֹבֵר תַּחַת אַפְסַר גָּמָל כָּל שֶׁכֵּן תַּחַת גָּמָל עַצְמוֹ, כַּחֲדָא חָשֵׁיב לְהוּ: הָעוֹבֵר תַּחַת רֵיחַ שֶׁל נְבֵלָה. כְּלוֹמַר הַהוֹלֵךְ וּמֵרִיחַ רֵיחַ נְבֵלָה, דְּכָל הַהוֹלֵךְ וּמֵרִיחַ הָוֵי עוֹבֵר תַּחַת אוֹתוֹ רֵיחַ, שֶׁהָרֵיחַ הוֹלֵךְ וְעוֹלֶה: זוּהֲמָא לִיסְטְרוֹן. אוֹתוֹ כַּף שֶׁבּוֹחֲשִׁין אֶת הַקְּדֵרָה קָרֵי לְהוּ[ל] הָכִי, עַל שֵׁם שֶׁמַּעֲבִירִין[מ] הַזּוּהֲמָא לַצְּדָדִין, ['עַל שְׁנֵי לְדָיו', תַּרְגּוּם 'עַל תְּרֵין סִטְרוֹהִי']: כָּל הָעָם עוֹמְדִין. כָּל הַשּׁוּרוֹת כּוּלָּן, אֲפִילּוּ הֵן מֵאָה: וְעוֹשִׂין[נ] לוֹ שְׁתֵּי שׁוּרוֹת בִּלְבַד: עוֹשִׂין אוֹתָן. [ס]לִבְנֵי חֲכָמִים שֶׁמְּמוּנִּים אֲבִיהֶם פַּרְנָס עַל הַצִּבּוּר: סְנִיפִין. שֶׁמּוֹשִׁיבִין אוֹתָן בְּצַד הַזְּקֵנִים מִפְּנֵי כְּבוֹד אֲבִיהֶם, דְּהָוֵין סְנִיפִין לַזְּקֵנִים, כִּסְנִיף זֶה שֶׁמַּנְהִיפִין לְקוֹרָה גְּדוֹלָה, סני"ף בְּלַעַ"ז: אֶלָּא לִקְטַנִּים. דְּאָנוּס הוּא, אֲבָל יָלָא לִגְדוֹלִים אֵינוֹ נִכְנָס וְיוֹשֵׁב בִּמְקוֹמוֹ, דְּפוֹשֵׁעַ הוּא, מִשּׁוּם דַּהֲוָה לֵיהּ לְמִיבְדַּק נַפְשֵׁיהּ: כְּדֵי שֶׁלֹּא יִתְרַחֵק. דְּהַיּוֹצֵא לִפְנוֹת בַּיּוֹם צָרִיךְ שֶׁיִּתְרַחֵק מִן הַדֶּרֶךְ כְּדֵי

שֶׁלֹּא יְהוּ אֲחֵרִים רוֹאִים אוֹתוֹ, כִּדְאָמְרִינַן בְּמַסֶּכֶת בְּרָכוֹת: אָמַר רָבָא, וּבְחַיֵּי אֲבִיהֶם. הוּא דְּעוֹשִׂים סְנִיפִין מִפְּנֵי כְּבוֹד אֲבִיהֶם: נִשְׁנֵית מִשְׁנָה. הָא דְּתַנְיָא לְעֵיל 'כְּשֶׁהַנָּשִׂיא נִכְנָס' וְכוּ': נְתַקֵּן מִילְּתָא כִּי לְדִידַן. כְּלוֹמַר, נַעֲבֵד לֵיהּ כִּי הֵיכִי דַּעֲבַד הוּא לְדִידַן. וְאִית דְּגָרְסִי נְתַקֵּן מִילְּתָא כִּי לֵיתַן, כְּלוֹמַר, נְתַקֵּן מִילְּתָא דְּלֶהֱוֵי לְזִכָּרוֹן לְעוֹלָם לְדוֹרוֹת, אֲפִילּוּ כִּי אֵינָן בָּעוֹלָם. וְאִית דְּאָמְרִי נְתַקֵּן מִילְּתָא כִּי לִיתְנֵי, לוֹמַר לוֹ שֶׁיְּלַמְּדֵנוּ דָּבָר שֶׁאֵינוֹ יוֹדֵעַ לִלְמוֹד וְיִתְבַּיֵּישׁ: גַּלֵּי עוּקְצִים. יִדְרוֹשׁ לָנוּ מַסֶּכֶת עוּקְצִין: דְּלֵית לֵיהּ. שֶׁאֵין סָדוּר לוֹ: פְּשַׁט. פֵּירֵשׁ: גְּרַס וּתְנָא. גָּרַס וְשָׁנָה: אָמַר. רַבָּן שִׁמְעוֹן בֶּן גַּמְלִיאֵל, מַאי דְּקַמָּא, דִּלְמָא חַס וְשָׁלוֹם כוּ': בָּתַר דְּאוֹקִים. בָּתַר שֶׁסִּיֵּים: וְשָׁדוּ לֵיהּ. לְפִיתְקָא בֵּי מִדְרָשָׁא: שְׁאֵלוֹת דַּהֲוָה מִיפָרֵיק מְתָרֵץ, וּמַה שֶּׁלֹּא הָיָה מְתָרֵץ כָּתְבוּ אִינְהוּ הַפֵּירוּקִין וְשָׁדוּ בֵּי מִדְרָשָׁא: [תּוֹרָה מִבַּחוּץ כוּ'. אוֹ הֵם יִכָּנְסוּ לְבֵהמ"ד, אוֹ אָנוּ נֵלֵא אֲלֵיהֶם וְנֵשֵׁב עִמָּהֶם]: נְהִי דְּאַהֲנֵי לָךְ קַמְרָא דַּאֲבוּךְ. כְּלוֹמַר, דְּאַהֲנֵי לָךְ חֲשִׁיבוּתָא דְּאָבִיךְ דְּהָוֵית אַב בֵּי"ד, אֲבָל לְמֶהֱוֵי נָשִׂיא מִי אַהֲנֵי לָךְ דְּקָא בָּעֵית לְמֶהֱוֵי נָשִׂיא: קַמְרָא. אַבְנֵט מוּזְהָב, כִּדְאָמְרִינַן בְּמַסֶּכֶת שַׁבָּת בְּפֶרֶק בַּמֶּה אִשָּׁה (דף נט:): מַתְנֵי לֵיהּ רַבִּי לְרַבִּי שִׁמְעוֹן בְּרֵיהּ, אֲחֵרִים אוֹמְרִים אִילּוּ (לֹא) הָיָה תְּמוּרָה לֹא הָיָה קָרֵב. דִּתְנַן בְּמַסֶּכֶת בְּכוֹרוֹת בְּפֶרֶק בַּתְרָא (דף ס.) 'קָרָא לַתְּשִׁיעִי עֲשִׂירִי וְלָעֲשִׂירִי תְּשִׁיעִי וְלָאַחַד עָשָׂר עֲשִׂירִי, שְׁלָשְׁתָּן מְקוּדָּשִׁין, הַתְּשִׁיעִי נֶאֱכָל בְּמוּמוֹ, וְהָעֲשִׂירִי מַעֲשֵׂר, וְהָאַחַד עָשָׂר קָרֵב שְׁלָמִים, וְעוֹשֵׂהוּ[ע] תְּמוּרָה דִּבְרֵי ר"מ, אָמַר לוֹ רַבִּי יְהוּדָה וְכִי יֵשׁ תְּמוּרָה עוֹשָׂה תְּמוּרָה', וְהָא קַיְימָא לָן דְּאֵין תְּמוּרָה עוֹשָׂה תְּמוּרָה, כִּדְתְנַן בְּמַסֶּכֶת תְּמוּרָה בְּפֶרֶק קַמָּא (דף ט:[פ]), [צ]'אַךְ בְּכוֹר שׁוֹר קֹדֶשׁ הֵן וְכוּ', הֵן קְרֵיבִין וְאֵין תְּמוּרָתָן קְרֵיבִין', וּמַעֲשֵׂר יָלֵיף 'עֲבָרָה' 'עֲבָרָה' מִבְּכוֹר, כְּתִיב הָכָא 'כֹּל אֲשֶׁר יַעֲבוֹר תַּחַת הַשָּׁבֶט' וּכְתִיב הָתָם בִּבְכוֹר 'וְהַעֲבַרְתָּ כָל פֶּטֶר רֶחֶם' וְגוֹ': אָמַר

עין משפט
נר מצוה

סה א ב ג מיי' פרק ו מהלכות ת"ת הלכה ו סמג עשין יג טוש"ע יו"ד סימן רמ"ד סעיף טו [וברב אלפס קידושין פרק א דף רכא: ע"ש היטב שהשמיט הא דרבא האידנא דחלשא עלמא אפי' לגדולים נמי]:
סו ד מיי' שם הלכה ז טוש"ע שם סעיף טז:
סז ה מיי' שם טוש"ע שם סעי"ז:
סח ו טור יו"ד סימן רמד:
סט ז מיי' פ"י מהלכות זכייה ומתנה הלכה ז סמג עשין פב טוש"ע ח"מ סימן רנה סעיף ט:

גליון הש"ס

גמ' ה' דברים משכחים. עי' בבאר שבע סנהדרין דף ק"ט ד"ה אויר מגדל משכח:

תוספות הרא"ש

וסמנך קמיצה. וסימנך שלא תטעה לומר שמא חד אמר אחת ולא שתים וחד אמר שתים ולא שלש. או שמא אחד אומר שתים ולא שלש ואחד אומר שלש ולא ארבע. יהיה סימנך קמילה. כלומר כפוף הקמילה וישאר ב' אלבעות זקופין [ק] ואלבע מלד זה. ובזה תזכור שא' אומר אחת ולא שתים. והא דלא קאמר וסימנך אמה שאם תכפוף אלבע אח'[ר] הארוך שמו אמה ישארו כמו כן אלבע מכאן וזרת מכאן[ש] וקמילה מכאן משום דדרך לכפוף הקמילה כדי לקמץ נקט קמילה. אי נמי דלא הוי סימן מסוים כ"כ דאיכא למימר אגודל מן המנין ויהיו שתים מכאן ושתים מכאן אבל כשתכפוף הקמילה וישאר רק הזרת מלד א' ממילא ידענא דאין הגודל בכלל דא"א לומר אחד ולא שלש: גרס ותנא. במשנת עוקלין:

מסורת הש"ס
עם הוספות

א) יומא עו: [סנהדרין דף ע.], ב) [תוספתא סנהדרין פ"ז ה"ה], ג) [עיין תוס' יבמות קה: ד"ה מי שלרין], ד) ברכות סב., ה) [עי' תוס' ב"ק לד: ד"ה בימי], ו) מגילה יח. מכות י., ז) [עי' תוס' סוטה יב. ד"ה אחרים], ח) סנהדרין ל. [גיטין נב.], ט) [דבור זה שייך לעיל אחר דיבור פת פחמין].

תורה אור השלם

א) מִי יְמַלֵּל גְּבוּרוֹת יְיָ יַשְׁמִיעַ כָּל תְּהִלָּתוֹ: [תהלים קו, ב]

הגהות וציונים

א] בכל הס"י הגי' בגמ' וברש"י תלמוד בכל העמוד וכצ"ל (גליון): ב] נ"א יפים לתלמוד האוכל פת חטין ואצ"ל חטין עצמן (גליון): ג] צ"ל אפסר [הגמל] (רש"ש), או [של גמל] (דק"ס): ד] עושים לו שתי שורות שורה אחת, כ"ה בע"י וכ"ה גי' רש"י (דק"ס): ה] ס"א אחורי (גליון, וכ"ג ע"י). וכן עיקר (באר שבע): ו] בדפו"י היה כתוב יצחק: ז] ס"א לא גרסי ועי' באר שבע (גליון): ח] ראשונים וכת"י "כי הוה עייל רשב"ג הוו קיימי": ט] [צ"ל תהלתו] (גליון): י] בראשונים ובכת"י הסדר את נשיא ואנא אב בית דין: כ] צ"ל בית יד (גליון): ל] קרי לה (כת"י): מ] כת"י שמעברת: נ] צ"ל עושין (רש"ש, וכ"ה בכת"י): ס] בכת"י נוסף סניפין לבני תלמידי חכמים: ע] צ"ל ועושה (רש"ש, וכ"ה בכת"י): פ] צ"ל (דף יב.) (הורה גבר, רש"ש): צ] יש כאן חסרון בדברי רש"י ויש להוסיף אמרו משום ר' מאיר אילו היה תמורה לא היה קרב שתמורת בכור ומעשר אינה קריבה בכור דכתיב אך בכור שור (כת"י, ומיושב בזה תמיהת המהרש"א, עי"ש בהגהות והערות מכמה אחרונים): ק] זקופין מצד זה ואצבע מצד זה (כת"י): ר] "אח'" ליתא בכת"י: ש] "מכאן" ליתא בכת"י:

one *tanna* says it applies to one finger and the other *tanna* said it applies to two fingers, קְמִיצָה — is the ring finger (which is called the *kemitzah* finger). If one folds down his ring finger, one finger remains on one side, and two fingers on the other side. This hints to the two opinions of the *tanna'im*.

עֲשָׂרָה דְּבָרִים קָשִׁים לַתַּלְמוּד — Ten things are detrimental to Torah learning: 1. הָעוֹבֵר תַּחַת הָאַפְסָר [הַגָּמָל] וְכָל שֶׁכֵּן תַּחַת גָּמָל [עַצְמוֹ] — One who passes beneath the halter of a camel, and all the more so if he passes beneath the camel itself. 2. וְהָעוֹבֵר בֵּין שְׁנֵי גְּמַלִּים — And one who passes between two camels. 3. וְהָעוֹבֵר בֵּין שְׁתֵּי נָשִׁים — And one who passes between two women. 4. וְהָאִשָּׁה הָעוֹבֶרֶת בֵּין שְׁנֵי אֲנָשִׁים — And a woman who passes between two men. 5. וְהָעוֹבֵר מִתַּחַת רֵיחַ רַע שֶׁל נְבֵילָה — And one who walks through the smell of a carcass. 6. וְהָעוֹבֵר תַּחַת הַגֶּשֶׁר שֶׁלֹּא עָבְרוּ תַּחְתָּיו מַיִם אַרְבָּעִים יוֹם — And one who walks under a bridge that water has not passed under it in forty days. 7. וְהָאוֹכֵל פַּת שֶׁלֹּא בָּשַׁל כָּל צָרְכּוֹ — And one who eats bread that was not entirely baked. 8. וְהָאוֹכֵל בָּשָׂר מִזּוּהֲמָא לִיסְטְרוֹן — And one who eats meat out of a *zuhama listeron* (a spoon that is used to skim soup). 9. וְהַשּׁוֹתֶה מֵאַמַּת הַמַּיִם הָעוֹבֶרֶת בְּבֵית הַקְּבָרוֹת — And one who drinks from a waterway that passes through a cemetery. 10. וְהַמִּסְתַּכֵּל בִּפְנֵי הַמֵּת — And one who gazes at the face a dead person. וְיֵשׁ אוֹמְרִים — And some say to add an eleventh: אַף הַקּוֹרֵא כְּתָב שֶׁעַל גַּבֵּי הַקֶּבֶר — Even someone who reads the writing that is on a gravestone.

תָּנוּ רַבָּנָן — The *Chachamim* taught in a *Baraisa*: כְּשֶׁהַנָּשִׂיא נִכְנָס — When the *nasi* enters the *beis midrash*, כָּל הָעָם עוֹמְדִים — all the people stand, even if there are many rows of people, וְאֵין יוֹשְׁבִים עַד שֶׁאוֹמֵר לָהֶם — and they don't sit until he says to them: שְׁבוּ — Sit. כְּשֶׁאַב בֵּית דִּין נִכְנָס — When the *Av Beis Din* enters the *beis midrash*, עוֹשִׂים לוֹ שׁוּרָה אַחַת מִכָּאן וְשׁוּרָה אַחַת מִכָּאן — the people immediately next to his path, on either side, stand. This forms one row on this side of his path, and another row on the other side of his path, עַד שֶׁיֵּשֵׁב בִּמְקוֹמוֹ — until he sits in his place. כְּשֶׁחָכָם נִכְנָס — When a *chacham* enters, אֶחָד עוֹמֵד וְאֶחָד יוֹשֵׁב — one person stands when the *chacham* is within his four *amos*, and another person, who the *chacham* is not in his four *amos*, sits. עַד שֶׁיֵּשֵׁב בִּמְקוֹמוֹ — They do this until the *chacham* reaches his seat. בְּנֵי חֲכָמִים וְתַלְמִידֵי חֲכָמִים — Regarding the sons of the *chachamim* and the *talmidim* of the *chachamim*, בִּזְמַן שֶׁרַבִּים צְרִיכִים לָהֶם — when the *tzibbur* needs their services, מַפְסִיעִין עַל רָאשֵׁי הָעָם — they can step over the people seated on the ground to reach their seat in the front, although it is not so respectful to the people seated, as it looks like they are stepping on their heads. יָצָא לְצוֹרֶךְ — If one of the sons or *talmidim* went out to relieve himself, יִכָּנֵס וְיֵשֵׁב בִּמְקוֹמוֹ — he may reenter and walk over the people again to return to his seat. בְּנֵי תַּלְמִידֵי חֲכָמִים שֶׁמְּמוּנִּים אֲבִיהֶם פַּרְנָס עַל הַצִּבּוּר — Regarding the sons of *talmidei chachamim* whose fathers are community leaders, בִּזְמַן שֶׁיֵּשׁ לָהֶם דַּעַת לִשְׁמוֹעַ — when they have wisdom to learn, נִכְנָסִים וְיוֹשְׁבִים לִפְנֵי אֲבִיהֶם וַאֲחוֹרֵיהֶם כְּלַפֵּי הָעָם — they enter and sit before their fathers with their backs toward the people. בִּזְמַן שֶׁאֵין לָהֶם דַּעַת לִשְׁמוֹעַ — But if they

רַב פָּפָּא אָמַר, אֲפִילּוּ שׁוּפְתָּא מָרָא גָּיְיצִי. תָּנוּ רַבָּנָן, °חֲמִשָּׁה דְבָרִים מְשַׁכְּחִים אֶת הַלִּימּוּד[א], הָאוֹכֵל מִמַּה שֶּׁאוֹכֵל עַכְבָּר וּמִמַּה שֶּׁאוֹכֵל חָתוּל, וְהָאוֹכֵל לֵב שֶׁל בְּהֵמָה, וְהָרָגִיל בְּזֵיתִים, וְהַשּׁוֹתֶה מַיִם שֶׁל שִׁיּוּרֵי רְחִיצָה, וְהָרוֹחֵץ רַגְלָיו זוֹ עַל גַּבֵּי זוֹ; וְיֵשׁ אוֹמְרִים, אַף הַמַּנִּיחַ כֵּלָיו תַּחַת מְרַאֲשׁוֹתָיו. חֲמִשָּׁה דְּבָרִים [ב]מְשִׁיבִים אֶת הַלִּימּוּד, פַּת פֶּחָמִין וְכָל שֶׁכֵּן פֶּחָמִין עַצְמָן, וְהָאוֹכֵל בֵּיצָה מְגוּלְגֶּלֶת בְּלֹא מֶלַח, וְהָרָגִיל בְּשֶׁמֶן זַיִת, וְהָרָגִיל בְּיַיִן וּבִשְׂמָמִים, וְהַשּׁוֹתֶה מַיִם שֶׁל שִׁיּוּרֵי עִיסָּה; וְיֵשׁ אוֹמְרִים, אַף הַטּוֹבֵל אֶצְבָּעוֹ בְּמֶלַח וְאוֹכֵל. הָרָגִיל בְּשֶׁמֶן זַיִת, מְסַיֵּיעַ לֵיהּ לְרַבִּי יוֹחָנָן, דְּאָמַר רַבִּי יוֹחָנָן, כְּשֵׁם שֶׁהַזַּיִת מְשַׁכֵּחַ לִימּוּד שֶׁל שִׁבְעִים שָׁנָה, כָּךְ שֶׁמֶן זַיִת מֵשִׁיב לִימּוּד שֶׁל שִׁבְעִים שָׁנָה. וְהָרָגִיל בְּיַיִן וּבִשְׂמָמִים, מְסַיֵּיעַ לֵיהּ לְרָבָא, [א]דְּאָמַר רָבָא, חַמְרָא וְרֵיחָנֵי פַּקְחִין. וְהַטּוֹבֵל אֶצְבָּעוֹ בְּמֶלַח, אָמַר רֵישׁ לָקִישׁ, וּבְאַחַת. כְּתַנָּאֵי, רַבִּי יְהוּדָה אוֹמֵר, אַחַת וְלֹא שְׁתַּיִם, רַבִּי יוֹסֵי אוֹמֵר, שְׁתַּיִם וְלֹא שָׁלֹשׁ, וְסִימָנָךְ, קְמִיצָה. עֲשָׂרָה דְּבָרִים קָשִׁים לַלִּימּוּד, הָעוֹבֵר תַּחַת הָאַפְסָר [הַגָּמָל[ג]] וְכָל שֶׁכֵּן תַּחַת גָּמָל [עַצְמוֹ], וְהָעוֹבֵר בֵּין שְׁנֵי גְמַלִּים, וְהָעוֹבֵר בֵּין שְׁתֵּי נָשִׁים, וְהָאִשָּׁה הָעוֹבֶרֶת בֵּין שְׁנֵי אֲנָשִׁים, וְהָעוֹבֵר מִתַּחַת רֵיחַ רַע שֶׁל נְבֵילָה, וְהָעוֹבֵר תַּחַת הַגֶּשֶׁר שֶׁלֹּא עָבְרוּ תַּחְתָּיו מַיִם אַרְבָּעִים יוֹם, וְהָאוֹכֵל פַּת שֶׁלֹּא בָּשַׁל כָּל צָרְכּוֹ, וְהָאוֹכֵל בָּשָׂר מְזוֹהֶמָא לִיסְטְרוֹן, וְהַשּׁוֹתֶה מֵאַמַּת הַמַּיִם הָעוֹבֶרֶת בְּבֵית הַקְּבָרוֹת, וְהַמִּסְתַּכֵּל בִּפְנֵי הַמֵּת; וְיֵשׁ אוֹמְרִים, אַף הַקּוֹרֵא כְּתָב שֶׁעַל גַּבֵּי הַקֶּבֶר. תָּנוּ רַבָּנָן, [ב]אכְּשֶׁהַנָּשִׂיא נִכְנָס, כָּל הָעָם עוֹמְדִים, וְאֵין יוֹשְׁבִים עַד שֶׁאוֹמֵר לָהֶם שְׁבוּ; בכְּשֶׁאַב בֵּית דִּין נִכְנָס, עוֹשִׂים לוֹ[ד] שׁוּרָה אַחַת מִכָּאן וְשׁוּרָה אַחַת מִכָּאן עַד שֶׁיֵּשֵׁב בִּמְקוֹמוֹ; גכְּשֶׁחָכָם נִכְנָס, אֶחָד עוֹמֵד וְאֶחָד יוֹשֵׁב עַד שֶׁיֵּשֵׁב בִּמְקוֹמוֹ; דבְּנֵי חֲכָמִים וְתַלְמִידֵי חֲכָמִים, בִּזְמַן שֶׁרַבִּים צְרִיכִים לָהֶם מְפַסִּיעִין עַל רָאשֵׁי הָעָם, יָצָא [ג]לְצוֹרֶךְ יִכָּנֵס וְיֵשֵׁב בִּמְקוֹמוֹ; הבְּנֵי תַלְמִידֵי חֲכָמִים שֶׁמְּמוּנִּים אֲבִיהֶם פַּרְנָס עַל הַצִּבּוּר, בִּזְמַן שֶׁיֵּשׁ לָהֶם דַּעַת לִשְׁמוֹעַ נִכְנָסִים וְיוֹשְׁבִים לִפְנֵי אֲבִיהֶם וַאֲחוֹרֵיהֶם כְּלַפֵּי הָעָם, בִּזְמַן שֶׁאֵין לָהֶם דַּעַת לִשְׁמוֹעַ נִכְנָסִים וְיוֹשְׁבִים לִפְנֵי[ה] אֲבִיהֶם וּפְנֵיהֶם כְּלַפֵּי הָעָם. רַבִּי אֶלְעָזָר בְּרַבִּי [צָדוֹק[ו]] אוֹמֵר, אַף בְּבֵית הַמִּשְׁתֶּה עוֹשִׂים אוֹתָם סְנִיפִין. [אָמַר מַר] יָצָא לְצוֹרֶךְ נִכְנָס וְיוֹשֵׁב בִּמְקוֹמוֹ, אָמַר רַב פָּפָּא, לֹא אָמְרוּ אֶלָּא לִקְטַנִּים, אֲבָל לִגְדוֹלִים לֹא, הֲוָה לֵיהּ לְמִבְדַּק נַפְשֵׁיהּ מֵעִיקָּרָא, [ד]דְּאָמַר רַב יְהוּדָה אָמַר רַב, לְעוֹלָם יְלַמֵּד אָדָם עַצְמוֹ לְהַשְׁכִּים וּלְהַעֲרִיב, כְּדֵי שֶׁלֹּא יִתְרַחֵק; (אָמַר רָבָא[ז]) הָאִידָּנָא דַּחֲלַשָּׁא עָלְמָא [ה]אֲפִילּוּ לִגְדוֹלִים נַמִּי. רַבִּי אֶלְעָזָר בְּרַבִּי [צָדוֹק] אוֹמֵר, אַף בְּבֵית הַמִּשְׁתֶּה עוֹשִׂים אוֹתָם סְנִיפִים, אָמַר רָבָא, בְּחַיֵּי אֲבִיהֶם בִּפְנֵי אֲבִיהֶם. אָמַר רַבִּי יוֹחָנָן, [ו]בִּימֵי רַבָּן שִׁמְעוֹן בֶּן גַּמְלִיאֵל נִישְׁנֵית מִשְׁנָה זוֹ. רַבָּן שִׁמְעוֹן בֶּן גַּמְלִיאֵל נָשִׂיא, רַבִּי מֵאִיר חָכָם, רַבִּי נָתָן אַב בֵּית דִּין; כִּי הֲוָה [ח] רַבָּן שִׁמְעוֹן בֶּן גַּמְלִיאֵל הָתָם הֲווּ קָיְימִי כּוּלֵּי עָלְמָא מִקַּמֵּיהּ, כִּי הֲווּ עָיְילֵי רַבִּי מֵאִיר וְרַבִּי נָתָן הֲווּ קָיְימִי כּוּלֵּי עָלְמָא מִקַּמַּיְיהוּ; אָמַר רַבָּן שִׁמְעוֹן בֶּן גַּמְלִיאֵל, לָא בָּעוּ לְמֶהֱוֵי הֶיכֵּרָא בֵּין דִּילִי לְדִידְהוּ, תַּקִּין הָא מַתְנִיתָא. הַהוּא יוֹמָא לָא הֲווּ רַבִּי מֵאִיר וְרַבִּי נָתָן הָתָם, לְמָחָר כִּי אֲתוּ חֲזוּ דְּלָא קָמוּ מִקַּמַּיְיהוּ כִּדְרְגִילָא מִילְּתָא, אָמְרִי, מַאי הַאי, אָמְרוּ לְהוּ, הָכִי תַּקִּין רַבָּן שִׁמְעוֹן בֶּן גַּמְלִיאֵל; אָמַר לֵיהּ רַבִּי מֵאִיר לְרַבִּי נָתָן אֲנָא חָכָם וְאַתְּ אַב בֵּית דִּין, נְתַקֵּין מִילְּתָא כִּי לְדִידַן, מַאי נַעֲבֵיד לֵיהּ, נֵימָא לֵיהּ גַּלֵּי עוּקְצִים דְּלֵית לֵיהּ, וְכֵיוָן דְּלָא גְּמַר נֵימָא לֵיהּ [א]מִי יְמַלֵּל גְּבוּרוֹת יְיָ יַשְׁמִיעַ כָּל תְּהִלָּתוֹ', [ט]לְמִי נָאֶה לְמַלֵּל גְּבוּרוֹת ה', מִי שֶׁיָּכוֹל לְהַשְׁמִיעַ כָּל תְּהִלּוֹתָיו[ט], וְנַעַבְרֵיהּ, וֶהֱוֵי אֲנָא אַב בֵּית דִּין וְאַתְּ נָשִׂיא[י]; שַׁמְעִינְהוּ רַבִּי יַעֲקֹב בֶּן קָרְשִׁי, אָמַר דִּלְמָא חַס וְשָׁלוֹם אָתְיָא מִלְּתָא לִידֵי כִּיסּוּפָא, אֲזַל יָתֵיב אֲחוֹרֵי עִילִּיתֵיהּ דְּרַבָּן שִׁמְעוֹן בֶּן גַּמְלִיאֵל, פְּשַׁט גְּרַס וּתְנָא, גְּרַס וּתְנָא; אָמַר, מַאי דְּקַמָּא, דִּלְמָא חַס וְשָׁלוֹם אִיכָּא בֵּי מִדְרְשָׁא מִידֵי, יְהַב דַּעְתֵּיהּ וּגְרָסָהּ; לְמָחָר אָמְרוּ לֵיהּ נֵיתֵי מַר וְנִיתְנֵי בְּעוּקְצִין, פָּתַח וְאָמַר; בָּתַר דְּאוּקִים אָמַר לְהוּ, אִי לָא גְּמִירְנָא כַּסֵּיפִיתֻּנַן, פַּקִּיד וְאַפְּקִינְהוּ מִבֵּי מִדְרְשָׁא; הֲווּ כָּתְבֵי קוּשְׁיָיתָא [בְּפִתְקָא] וְשָׁדוּ הָתָם, דַּהֲוָה מִיפְרִיק מִיפְרִיק, דְּלָא הֲווּ מִיפְרִיק כָּתְבֵי פֵּירוּקֵי וְשָׁדוּ; אָמַר לְהוּ רַבִּי יוֹסֵי, תּוֹרָה מִבַּחוּץ וְאָנוּ מִבִּפְנִים; אָמַר לְהֶן רַבָּן [שִׁמְעוֹן בֶּן] גַּמְלִיאֵל, נִיעַיְּילִינְהוּ, מִיהוּ נִיקְנְסִינְהוּ דְּלָא נֵימְרוּ שְׁמַעְתָּא מִשְּׁמַיְיהוּ; אַסִּיקוּ לְרַבִּי מֵאִיר [כ]אֲחֵרִים, וּלְרַבִּי נָתָן יֵשׁ אוֹמְרִים; אַחְווּ לְהוּ בְּחֶלְמַיְיהוּ, זִילוּ פַּיְּיסוּהוּ [לְרַבָּן שִׁמְעוֹן בֶּן גַּמְלִיאֵל]; רַבִּי נָתָן אֲזַל, רַבִּי מֵאִיר לָא אֲזַל, אָמַר [ל]דִּבְרֵי חֲלוֹמוֹת לֹא מַעֲלִין וְלֹא מוֹרִידִין; כִּי אֲזַל רַבִּי נָתָן, אָמַר לֵיהּ רַבָּן שִׁמְעוֹן בֶּן גַּמְלִיאֵל, נְהִי דְּאַהֲנֵי לָךְ קַמְרָא דְּאָבוּךְ לְמֶהֱוֵי אַב בֵּית דִּין, שַׁוִּינָךְ נַמִּי נָשִׂיא. מַתְנֵי לֵיהּ רַבִּי לְרַבָּן שִׁמְעוֹן בְּרֵיהּ, אֲחֵרִים אוֹמְרִים אִילּוּ הָיָה תְמוּרָה

רש"י

שׁוּפְתָּא. בִּיתֵד[ר] שֶׁל מָרָא, דְּעֵץ הוּא, גָּיְיץ: הַמַּנִּיחַ כֵּלָיו. מַלְבּוּשָׁיו: פַּת פֶּחָמִין. פַּת הָאֲפוּי בְּגֶחָלִים: שֶׁל שִׁיּוּרֵי הָעִיסָּה. שֶׁנִּשְׁתַּיְּירָה מִלִּישָׁה: מְשַׁכֵּחַ לִמּוּד שֶׁל שִׁבְעִים שָׁנָה. שֶׁסָּדוּר בְּפִיו כָּל שִׁבְעִים שָׁנָה: מֵשִׁיב. מַחֲזִיר אֶת הַלִּמּוּד שֶׁנִּשְׁתַּכֵּחַ הֵימֶנּוּ כְּבָר שִׁבְעִים שָׁנָה: וְסִימָנָךְ. לְגִרְסָא שֶׁלֹּא תִטְעֶה, שֶׁאִם לֹא תֵדַע אִם אֶחָד אוֹמֵר אֶחָד וְלֹא שְׁתַּיִם, וְאֶחָד אוֹמֵר שְׁתַּיִם וְלֹא שָׁלֹשׁ, אוֹ שֶׁמָּא אֶחָד אוֹמֵר שְׁתַּיִם וְלֹא שָׁלֹשׁ, וְאֶחָד אוֹמֵר שָׁלֹשׁ וְלֹא אַרְבַּע, יְהֵא סִימָן קְמִיצָה, כְּלוֹמַר, כְּפוֹף הַקְּמִיצָה וְנִשְׁתַּיְּירוּ מֵאוֹתָן אֶצְבָּעוֹת שֶׁל יָד הָעוֹמְדִין לְבַד שְׁתֵּי אֶצְבָּעוֹת זְקוּפִין כְּסִדְרָן מִכָּאן, דְּהַיְינוּ אֶצְבַּע וְאַמָּה מִכָּאן, וְזֶרֶת מִכָּאן, דְּהַיְינוּ שְׁתֵּי אֶצְבָּעוֹת מִכָּאן וְאֶצְבַּע אֶחָד מִכָּאן, וּבְכָךְ תְּהֵא זָכוּר שֶׁאֶחָד אוֹמֵר אַחַת וְלֹא שְׁתַּיִם, וְאֶחָד אוֹמֵר שְׁתַּיִם וְלֹא שָׁלֹשׁ. גּוּדָל לָא קָא חָשֵׁיב הָכָא עִם שְׁאָר אֶצְבָּעוֹת, מִשּׁוּם דְּלָא קָאֵי בְּסֵדֶר אֶצְבָּעוֹת: [ט]הָאוֹכֵל פַּת וּפֶחָמִין עַצְמָן כַּחֲדָא חָשֵׁיב לְהוּ: קָשִׁים לַלִּמּוּד. שֶׁהָעוֹשֶׂה אוֹתָן יְהֵא קָשֶׁה לִשְׁמוֹעַ: הָעוֹבֵר תַּחַת אַפְסָר גָּמָל כָּל שֶׁכֵּן תַּחַת גָּמָל עַצְמוֹ, כַּחֲדָא חָשֵׁיב לְהוּ: הָעוֹבֵר תַּחַת רֵיחַ שֶׁל נְבֵילָה. כְּלוֹמַר הַהוֹלֵךְ וּמֵרִיחַ רֵיחַ נְבֵילָה, דְּכָל הַהוֹלֵךְ וּמֵרִיחַ הָוֵי עוֹבֵר תַּחַת אוֹתוֹ רֵיחַ, שֶׁהָרֵיחַ הוֹלֵךְ וְעוֹלֶה: זוֹהֲמָא לִיסְטְרוֹן. אוֹתוֹ כַּף שֶׁבּוֹחֲשִׁין אֶת הַקְּדֵרָה קָרֵי לְהוּ[ל] הָכִי, עַל שֵׁם שֶׁמַּעֲבִירִין[מ] הַזּוּהֲמָא לְצְדָדִין, [׳עַל שְׁנֵי צְדָדָיו׳, תַּרְגּוּם ׳עַל תְּרֵין סִטְרוֹהִי׳]: כָּל הָעָם עוֹמְדִין. כָּל הַשּׁוּרוֹת כּוּלָּן, אֲפִילּוּ הֵן מֵאָה: וְעוֹשִׂין[נ] לוֹ שְׁתֵּי שׁוּרוֹת בִּלְבַד עוֹשִׂין אוֹתָן. [ס] לִבְנֵי חֲכָמִים שֶׁמְּמוּנִּים אֲבִיהֶם פַּרְנָס עַל הַצִּבּוּר: סְנִיפִין. שֶׁמּוֹשִׁיבִין אוֹתָן בְּצַד הַזְּקֵנִים מִפְּנֵי כְּבוֹד אֲבִיהֶם, דְּהָוֵין סְנִיפִין לַזְּקֵנִים, כִּסְנִיף זֶה שֶׁמַּסְנִיפִין לְקוֹרָה גְּדוֹלָה, סנ"ף בלע"ז: אֶלָּא לִקְטַנִּים. דְּאָנוּס הוּא, אֲבָל יָצָא לִגְדוֹלִים אֵינוֹ נִכְנָס וְיוֹשֵׁב בִּמְקוֹמוֹ, דְּפוֹשֵׁעַ הוּא, מִשּׁוּם דַּהֲוָה לֵיהּ לְמִיבְדַּק נַפְשֵׁיהּ: כְּדֵי שֶׁלֹּא יִתְרַחֵק. דְּהַיּוֹצֵא לִפְנוֹת בַּיּוֹם צָרִיךְ שֶׁיִּתְרַחֵק מִן הַדֶּרֶךְ כְּדֵי שֶׁלֹּא יְהוּ אֲחֵרִים רוֹאִים אוֹתוֹ, כִּדְאָמְרִינַן בְּמַסֶּכֶת בְּרָכוֹת: אָמַר רָבָא, וּבְחַיֵּי אֲבִיהֶם. הוּא דְּעוֹשִׂים סְנִיפִין מִפְּנֵי כְּבוֹד אֲבִיהֶם: נִשְׁנֵית מִשְׁנָה. הָא דְּתַנְיָא לְעֵיל ׳כְּשֶׁהַנָּשִׂיא נִכְנָס׳ וְכוּ׳: נְתַקֵּין מִילְּתָא כִּי לְדִידַן. כְּלוֹמַר, נַעֲבֵד לֵיהּ כִּי הֵיכִי דַּעֲבַד הוּא לְדִידַן. וְאִית דְּגָרְסִי נְתַקֵּין מִילְּתָא כִּי לֵיתַן, כְּלוֹמַר, נְתַקֵּין מִילְּתָא דְּלֶהֱוֵי לְזִכָּרוֹן לְעוֹלָם לְדוֹרוֹת, אֲפִילּוּ כִּי אֵינָן בָּעוֹלָם. וְאִית דְּאָמְרִי נְתַקֵּין מִילְּתָא כִּי לִיתְנֵי, לוֹמַר לוֹ שֶׁיְּלַמְּדֵנוּ דָּבָר שֶׁאֵינוֹ יוֹדֵעַ לִלְמוֹד וְיִתְבַּיֵּישׁ: גַּלֵּי עוּקְצִים. יִדְרוֹשׁ לָנוּ מַסֶּכֶת עוּקְצִין: דְּלֵית לֵיהּ. שֶׁאֵין סָדוּר לוֹ: פְּשַׁט. פֵּירֵשׁ: גְּרַס וּתְנָא. גָּרַס וְשָׁנָה: אָמַר. רַבָּן שִׁמְעוֹן בֶּן גַּמְלִיאֵל, מַאי דְּקַמָּא, דִּלְמָא חַס וְשָׁלוֹם כוּ׳: בָּתַר דְּאוּקִים. בָּתַר שֶׁסִּיֵּים: וְשָׁדוּ לֵיהּ. לְפִיתְקָא בֵּי מִדְרְשָׁא: שְׁאֵלוֹת דַּהֲוָה מִיפָרֵיק מְתָרֵץ, וּמַה שֶּׁלֹּא הָיָה מְתָרֵץ כָּתְבוּ אִינְהוּ הַפֵּירוּקִין וּשְׁדוּ בֵּי מִדְרְשָׁא: [תּוֹרָה מִבַּחוּץ כוּ׳. אוֹ הֵם יִכָּנְסוּ לְבהמ"ד, אוֹ אָנוּ נֵצֵא אֲלֵיהֶם וְנֵשֵׁב עִמָּהֶם]: נְהִי דְּאַהֲנֵי לָךְ קַמְרָא דְּאָבוּךְ. כְּלוֹמַר, דְּאַהֲנֵי לָךְ חֲשִׁיבוּתָא דְּאָבִיךְ דְּהָוֵית אַב בי"ד, אֲבָל לְמֶהֱוֵי נָשִׂיא מִי אַהֲנֵי לָךְ דְּקָא בָּעֵית לְמֶהֱוֵי נָשִׂיא: קַמְרָא. אַבְנֵט מוּזְהָב, כִּדְאָמְרִינַן בְּמַסֶּכֶת שַׁבָּת בְּפֶרֶק בַּמָּה אִשָּׁה (דף נט:): מַתְנֵי לֵיהּ רַבִּי לְרַבִּי שִׁמְעוֹן בְּרֵיהּ, אֲחֵרִים אוֹמְרִים אִילּוּ (לֹא) הָיָה תְּמוּרָה לֹא הָיָה קָרֵב. דִּתְנַן בְּמַסֶּכֶת בְּכוֹרוֹת בְּפֶרֶק בָּתְרָא (דף ס.) ׳קָרָא לַתְּשִׁיעִי עֲשִׂירִי וְלָעֲשִׂירִי תְּשִׁיעִי וְלָאַחַד עָשָׂר עֲשִׂירִי, שְׁלָשְׁתָּן מְקוּדָּשִׁין, הַתְּשִׁיעִי נֶאֱכָל בְּמוּמוֹ, וְהָעֲשִׂירִי מַעֲשֵׂר, וְהָאַחַד עָשָׂר קָרֵב שְׁלָמִים, וְעוֹשֵׂהוּ[ע] תְּמוּרָה דִּבְרֵי ר"מ, אָמַר לוֹ רַבִּי יְהוּדָה וְכִי יֵשׁ תְּמוּרָה עוֹשָׂה תְּמוּרָה׳, וְהָא קַיְימָא לָן דְּאֵין תְּמוּרָה עוֹשָׂה תְּמוּרָה, כִּדְתְנַן בְּמַסֶּכֶת תְּמוּרָה בְּפֶרֶק קַמָּא (דף ה:[פ]), [צ] ׳אַךְ בְּכוֹר שׁוֹר קֹדֶשׁ הֵן וְכוּ׳, הֵן קְרֵיבִין וְאֵין תְּמוּרָתָן קְרֵיבִין׳, וּמַעֲשֵׂר יָלֵיף ׳עֲבָרָה׳ ׳עֲבָרָה׳ מִבְּכוֹר, כְּתִיב הָכָא ׳כֹּל אֲשֶׁר יַעֲבֹר תַּחַת הַשָּׁבֶט׳ וּכְתִיב הָתָם בִּבְכוֹר ׳וְהַעֲבַרְתָּ כָל פֶּטֶר רֶחֶם׳ וְגוֹ׳: אָמַר

עין משפט נר מצוה

סה א ב ג מיי׳ פרק ו מהלכות ת"ת הלכה ו סמג עשין יג טוש"ע יו"ד סימן רמ"ד סעיף טו [וברב אלפס קידושין פרק א דף רכא: ע"ש היטב שהשמיט הא דרבא האידנא דחלשא עלמא אפי׳ לגדולים נמי]:
סו ד מיי׳ שם הלכה ז טוש"ע שם סעיף טז:
סז ה מיי׳ שם טוש"ע שם סעי"ז:
סח ו טור יו"ד סימן רמד:
סט ז מיי׳ פ"י מהלכות זכייה ומתנה הלכה ז סמג עשין פב טוש"ע ח"מ סימן רנה סעיף ט:

גליון הש"ס

גמ׳ ה׳ דברים משכחים. עי׳ בבאר שבע סנהדרין דף ק"ע ד"ה אויר מגדל משכח:

תוספות הרא"ש

וסמנך קמיצה. וסימנך שלא תטעה לומר שמא חד אמר אחת ולא שתים וחד אמר שתים ולא שלש. או שמא אחד אומר שתים ולא שלש ואחד אומר שלש ולא ארבע. יהיה סימנך קמילה. כלומר כפוף הקמילה וישאר ב׳ אצבעות זקופין [ק] ואצבע מצד זה. ובזה תזכור שא׳ אומר אחת ולא שתים. והא דלא קאמר וסימנך אמה שאם תכפוף אצבע אח׳[ר] הארוך שמו אמה ישארו כמו כן אצבע מכאן וזרת מכאן[ש] וקמילה מכאן משום דדרך לכפוף הקמילה כדי לקמץ נקט קמילה. אי נמי דלא הוי סימן מבוים כ"כ דאיכא למימר אגודל מן המנין ויהיו שתים מכאן ושתים מכאן אבל כשתכפוף הקמילה וישאר רק הזרת מצד א׳ ממילא ידענא דאין הגודל בכלל דא"א לומר אחד ולא שלש: גרס ותנא. במשנת עוקצין:

מסורת הש"ס עם הוספות

א) יומא עו: [סנהדרין דף ע.], ב) [תוספתא סנהדרין פ"ז ה"ה], ג) [עיין תוס׳ יבמות קה: ד"ה מי שלריך], ד) ברכות סב. ה) [עי׳ תוס׳ ב"ק לד: ד"ה בימי], ו) מגילה יח. מכות י., ז) [עי׳ תוס׳ סוטה יב. ד"ה אחרים], ח) סנהדרין ל. [גיטין נב.], ט) [דבור זה שייך לעיל אחר דיבור פת פחמין].

תורה אור השלם

א) מִי יְמַלֵּל גְּבוּרוֹת יְיָ יַשְׁמִיעַ כָּל תְּהִלָּתוֹ: [תהלים קו, ב]

הגהות וציונים

א] בכל הס״י הגי׳ בגמ׳ וברש״י תלמוד בכל העמוד וכצ״ל (גליון): ב] נ"א יפים לתלמוד האוכל פת חטין ואצ"ל חטין עצמן (גליון): ג] צ"ל אפסר [הגמל] (רש"ש), או [של גמל] (דק"ס): ד] עושים לו שתי שורות שורה אחת, כ"ה בע״י וכ"ה גי׳ רש״י (דק"ס): ה] ס"א אחורי (גליון, וכ"ג ע״י). וכן עיקר (באר שבע): ו] בדפו״י היה כתוב יצחק: ז] ס"א לא גרסי ועי׳ באר שבע (גליון): ח] ראשונים וכת״י "כי הוה עייל רשב"ג הוו קיימי": ט] [צ"ל תהלתו] (גליון): י] בראשונים ובכת״י הסדר את נשיא ואנא אב בית דין: כ] צ"ל בית יד (גליון): ל] קרי לה (כת"י): מ] כת״י שמעברת: נ] צ"ל עושין (רש"ש, וכ"ה בכת"י): ס] בכת״י נוסף סניפין לבני תלמידי חכמים: ע] צ"ל ועושה (רש"ש, וכ"ה בכת"י): פ] צ"ל (דף יב.) (הורה גבר, רש"ש): צ] יש כאן חסרון בדברי רש״י ויש להוסיף אמרו משום ר׳ מאיר אילו היה תמורה לא היה קרב שתמורת בכור ומעשר אינה קריבה בכור דכתיב אך בכור שור (כת״י, ומיושב בזה תמיהת המהרש"א, עי"ש בהגהות והערות מכמה אחרונים): ק] זקופין מצד זה ואצבע מצד זה (כת"י): ר] "אח׳" ליתא בכת"י: ש] "מכאן" ליתא בכת"י:

do not have enough wisdom to learn, **נִכְנָסִים וְיוֹשְׁבִים לִפְנֵי אֲבִיהֶם וּפְנֵיהֶם כְּלַפֵּי הָעָם** — they enter and sit before their fathers, and they face the people. **רַבִּי אֶלְעָזָר בַּר רַבִּי [צָדוֹק] אוֹמֵר** — Rabi Elazar bar Rabi Tzadok says: **אַף בְּבֵית הַמִּשְׁתֶּה עוֹשִׂים אוֹתָם סְנִיפִין** — Even at a meal, they are seated next to their fathers out of honor to their fathers.

The Gemara discusses the *Baraisa*: **[אָמַר מַר]** — The *Baraisa* said: **יָצָא לְצוֹרֶךְ** — If the son or the *talmid* went out to relieve himself, **נִכְנָס וְיוֹשֵׁב בִּמְקוֹמוֹ** — he can reenter and walk over the people to return to his place. **אָמַר רַב פָּפָּא** — Rav Pappa said: **לֹא אָמְרוּ אֶלָּא לִקְטַנִּים** — They did not say this, only in regards to one who leaves for *ketanim*, **אֲבָל לִגְדוֹלִים** — but one who leaves for *gedolim*, **לֹא** — this does not apply, **הֲוָה לֵיהּ לְמִבְדַּק נַפְשֵׁיהּ מֵעִיקָּרָא** — because he should have checked if he needed to relieve himself before he entered the first time. **דְּאָמַר רַב יְהוּדָה אָמַר רַב** — Because Rav Yehudah said that Rav said: **לְעוֹלָם יְלַמֵּד אָדָם עַצְמוֹ לְהַשְׁכִּים וּלְהַעֲרִיב** — A person should always accustom himself to relieve himself in the morning and in the evening, **כְּדֵי שֶׁלֹּא יִתְרַחֵק** — so that he will not need to distance himself during the daylight hours to find an appropriate place to relieve himself. Since a person should schedule times to relieve himself, the sons and *talmidim* should have relieved themselves before they went to their places. Since they did not, it is considered their fault, and they cannot walk over the people again. **אָמַר רָבָא** — Rava said: **הָאִידָּנָא דַּחֲלַשָׁא עָלְמָא** — Today, people are weaker, and they do not have such control over their bodily functions, **אֲפִילוּ לִגְדוֹלִים נָמֵי** — even for *gedolim*, these people would be allowed to reenter.

The *Baraisa* continued: **רַבִּי אֶלְעָזָר בַּר רַבִּי [צָדוֹק] אוֹמֵר** — Rabi Elazar bar Rabi Tzadok says: **אַף בְּבֵית הַמִּשְׁתֶּה עוֹשִׂים אוֹתָם סְנִיפִים** — Even at a meal, they are seated next to their fathers out of honor to their fathers. **אָמַר רָבָא** — Rava said: **בְּחַיֵּי אֲבִיהֶם בִּפְנֵי אֲבִיהֶם** — This only applies during the lifetime of their fathers and when their fathers are present.

אָמַר רַבִּי יוֹחָנָן — Rabi Yochanan said: **בִּימֵי רַבָּן שִׁמְעוֹן בֶּן גַּמְלִיאֵל נִישְׁנֵית מִשְׁנָה זוֹ** — This previous *Baraisa* was taught in the days of Rabban Shimon ben Gamliel. The backstory went as follows: **רַבָּן שִׁמְעוֹן בֶּן גַּמְלִיאֵל נָשִׂיא** — Rabban Shimon ben Gamliel was the *nasi*, **רַבִּי מֵאִיר חָכָם** — Rabi Meir was the *Chacham*, **רַבִּי נָתָן אַב בֵּית דִּין** — Rabi Nosson was the *Av Beis Din*. **כִּי הֲוָה רַבָּן שִׁמְעוֹן בֶּן גַּמְלִיאֵל הָתָם** — When Rabban Shimon ben Gamliel was present, **הֲווֹ קָיְימִי כּוּלֵּי עָלְמָא מִקַּמֵּיהּ** — all the people would stand up for him until he reached his place. **כִּי הֲווֹ עָיְילֵי רַבִּי מֵאִיר וְרַבִּי נָתָן** — When Rabi Meir and Rabi Nosson entered, **הֲווֹ קָיְימִי כּוּלֵּי עָלְמָא מִקַּמַּיְיהוּ** — all the people would stand up for them, as well. **אָמַר רַבָּן שִׁמְעוֹן בֶּן גַּמְלִיאֵל** — Rabban Shimon ben Gamliel said: **לֹא בָּעוּ לְמֶיהֱוֵי הֶיכֵּרָא בֵּין דִּילִי לְדִידְהוּ** — Shouldn't there be a distinction between me (the *nasi*) and them? **תַּקֵּין הָא מַתְנִיתָא** — Therefore, Rabban Shimon ben Gamliel instituted the protocol explained in the *Baraisa*.

הַהוּא יוֹמָא לָא הֲווֹ רַבִּי מֵאִיר וְרַבִּי נָתָן הָתָם — That day, when Rabban Shimon instituted this protocol, Rabi Meir and Rabi Nosson were not present. **לְמָחָר כִּי אֲתוֹ חֲזוֹ דְּלָא קָמוּ מִקַּמַּיְיהוּ כִּדְרְגִילָא**

For this *daf's shiur* and charts, scan this QR code:

רב פפא אמר, אפילו שופתא מרא גייצי. תנו רבנן, [ס]חמשה דברים משכחים את הלימוד[א], האוכל ממה שאוכל עכבר וממה שאוכל חתול, והאוכל לב של בהמה, והרגיל בזיתים, והשותה מים של שיורי רחיצה, והרוחץ רגליו זו על גבי זו; ויש אומרים, אף המניח כליו תחת מראשותיו. חמשה דברים [ע]משיבים את הלימוד, פת פחמין וכל שכן פחמין עצמן, והאוכל ביצה מגולגלת בלא מלח, והרגיל בשמן זית, והרגיל ביין ובשמים, והשותה מים של שיורי עיסה; ויש אומרים, אף הטובל אצבעו במלח ואוכל. הרגיל בשמן זית, מסייע ליה לרבי יוחנן, דאמר רבי יוחנן, כשם שהזית משכח לימוד של שבעים שנה, כך שמן זית משיב לימוד של שבעים שנה. והרגיל ביין ובשמים, מסייע ליה לרבא, [א]דאמר רבא, חמרא וריחני פקחין. והטובל אצבעו במלח, אמר ריש לקיש, ובאחת. כתנאי, רבי יהודה אומר, אחת ולא שתים, רבי יוסי אומר, שתים ולא שלש, וסימניך, קמיצה. עשרה דברים קשים ללימוד, העובר תחת האפסר [הגמל[ג]] וכל שכן תחת גמל [עצמו], והעובר בין שני גמלים, והעובר בין שתי נשים, והאשה העוברת בין שני אנשים, והעובר מתחת ריח רע של נבילה, והעובר תחת הגשר שלא עברו תחתיו מים ארבעים יום, והאוכל פת שלא בשל כל צרכו, והאוכל בשר מזוהמא ליסטרון, והשותה מאמת המים העוברת בבית הקברות, והמסתכל בפני המת;

ויש אומרים, אף הקורא כתב שעל גבי הקבר. תנו רבנן, [ב]כשהנשיא נכנס, כל העם עומדים, ואין יושבים עד שאומר להם שבו; [ג]כשאב בית דין נכנס, עושים לו[ד] שורה אחת מכאן ושורה אחת מכאן עד שישב במקומו; [ד]כשחכם נכנס, אחד עומד ואחד יושב עד שישב במקומו; [ה]בני חכמים ותלמידי חכמים, בזמן שרבים צריכים להם מפסיעין על ראשי העם, יצא [ו]לצורך יכנס וישב במקומו; [ה]בני תלמידי חכמים שממונים אביהם פרנס על הצבור, בזמן שיש להם דעת לשמוע נכנסים ויושבים לפני אביהם ואחוריהם כלפי העם, בזמן שאין להם דעת לשמוע נכנסים ויושבים לפני[ה] אביהם ופניהם כלפי העם, רבי אלעזר ברבי [צדוק[ו]] אומר, אף בבית המשתה עושים אותם סניפין. [אמר מר] יצא לצורך נכנס ויושב במקומו, אמר רב פפא, לא אמרו אלא לקטנים, אבל לגדולים לא, הוה ליה למבדק נפשיה מעיקרא, [ז]דאמר רב יהודה אמר רב, לעולם ילמד אדם עצמו להשכים ולהעריב, כדי שלא יתרחק; (אמר רבא[ז]) האידנא דחלשא עלמא [י]אפילו לגדולים נמי. רבי אלעזר ברבי [צדוק] אומר, אף בבית המשתה עושים אותם סניפים, אמר רבא, בחיי אביהם בפני אביהם. אמר רבי יוחנן, [ס]בימי רבן שמעון בן גמליאל נישנית משנה זו, רבן שמעון בן גמליאל נשיא, רבי מאיר חכם, רבי נתן אב בית דין; כי הוה [ח] רבן שמעון בן גמליאל התם הוו קיימי כולי עלמא מקמיה, כי הוו עיילי רבי מאיר ורבי נתן הוו קיימי כולי עלמא מקמייהו; אמר רבן שמעון בן גמליאל, לא בעו למיהוי היכרא בין דילי לדידהו, תקין הא מתניתא. ההוא יומא לא הוו רבי מאיר ורבי נתן התם, למחר כי אתו חזו דלא קמו מקמייהו כדרגילא מילתא, אמרי, מאי האי, אמרו להו, הכי תקין רבן שמעון בן גמליאל; אמר ליה רבי מאיר לרבי נתן אנא חכם ואת אב בית דין, נתקין מילתא כי לדידן, מאי נעביד ליה, נימא ליה גלי עוקצים דלית ליה, וכיון דלא גמר נימא ליה [א]'מי ימלל גבורות יי ישמיע כל תהלתו', [י]למי נאה למלל גבורות ה', מי שיכול להשמיע כל תהלותיו[ט], וניעבריה, והוי אנא אב בית דין ואת נשיא[י]; שמעינהו רבי יעקב בן קרשי, אמר דלמא חס ושלום אתיא מלתא לידי כיסופא, אזל יתיב אחורי עיליתיה דרבן שמעון בן גמליאל, פשט גרס ותנא, גרס ותנא; אמר, מאי דקמא, דלמא חס ושלום איכא בי מדרשא מידי, יהב דעתיה וגרסה; למחר אמרו ליה ניתי מר וניתני בעוקצין, פתח ואמר; בתר דאוקים אמר להו, אי לא גמירנא כסיפיתנן, פקיד ואפקינהו מבי מדרשא; הוו כתבי קושייתא [בפתקא] ושדו התם, דהוה מיפריק מיפריק, דלא הוו מיפריק כתבי פירוקי ושדו; אמר להו רבי יוסי, תורה מבחוץ ואנו מבפנים; אמר להן רבן [שמעון בן] גמליאל, ניעיילינהו, מיהו ניקנסינהו דלא נימרו שמעתא משמייהו; אסיקו לרבי מאיר [ב]אחרים, ולרבי נתן יש אומרים; אחוו להו בחלמייהו, זילו פייסוהו [לרבן שמעון בן גמליאל]; רבי נתן אזל, רבי מאיר לא אזל, אמר [ג]דברי חלומות לא מעלין ולא מורידין; כי אזל רבי נתן, אמר ליה רבן שמעון בן גמליאל, נהי דאהני לך קמרא דאבוך למהוי אב בית דין, שוינך נמי נשיא. מתני ליה רבי לרבן שמעון בריה, אחרים אומרים אילו היה תמורה

רש"י

שופתא. ביתד[פ] של מרא, דען הוא, גייץ: המניח כליו. מלבושיו: פת פחמין. פת האפוי בגחלים: של שיורי העיסה. שנשתיירה מלישה: משכח למוד של שבעים שנה. שסדור בפיו כל שבעים שנה: משיב. מחזיר את התלמוד שנשתכח הימנו כבר שבעים שנה: וסימנך. לגרסא שלא תטעה, שאם לא תדע אם אחד אומר אחד ולא שתים, ואחד אומר שתים ולא שלש, או שמא אחד אומר שתים ולא שלש, ואחד אומר שלש ולא ארבע, יהא סימן קמיצה, כלומר, כפוף הקמיצה ונשתיירו מאותן אצבעות של יד העומדין לבד שתי אצבעות וקופין כסדרן מכאן, דהיינו אצבע ואמה מכאן, וזרת מכאן, דהיינו שתי אצבעות מכאן ואצבע אחד מכאן, ובכך תהא זכור שאחד אומר אחת ולא שתים, ואחד אומר שתים ולא שלש. גודל לא קא חשיב הכא עם שאר אצבעות, משום דלא קאי בסדר אצבעות: [ט]האוכל פת ופחמין עצמן כחדא חשיב להו: קשים ללמוד. שהעושה אותן יהא קשה לשמוע: העובר תחת אפסר גמל כ"ש תחת גמל עצמו, כחדא חשיב להו: העובר תחת ריח של נבילה. כלומר ההולך ומריח ריח נבילה, דכל ההולך ומריח הוי עובר תחת אותו ריח, שהריח הולך ועולה: זוהמא ליסטרון. אותו כף שבוחשין את הקדרה קרי להו[ל] הכי, על שם שמעבירין[מ] הזוהמא לצדדין, ['על שני צדיו', תרגום 'על תרין סטרוהי']: כל העם עומדין. כל השורות כולן, אפילו הן מאה: ועושין[נ] לו שתי שורות בלבד עושין אותן. [ס] לבני חכמים שממונים אביהם פרנס על הצבור: סניפין. שמושיבין אותן בצד הזקנים מפני כבוד אביהם, דהויין סניפין לזקנים, כסניף זה שמגניפין לקורה גדולה, סני"ף בלע"ז: אלא לקטנים. דאנוס הוא, אבל יצא לגדולים אינו נכנס ויושב במקומו, דפושע הוא, משום דהוה ליה למיבדק נפשיה: כדי שלא יתרחק. דהיוצא לפנות ביום צריך שיתרחק מן הדרך כדי

תוספות

שלא יהו אחרים רואים אותו, כדאמרינן במסכת ברכות: אמר רבא, ובחיי אביהם. הוא דעושים סניפין מפני כבוד אביהם: נשנית משנה. הא דתניא לעיל 'כשהנשיא נכנס' וכו': נתקין מילתא כי לדידן. כלומר, נעבד ליה כי היכי דעבד הוא לדידן. ואית דגרסי נתקין מילתא כי ליתן, כלומר, נתקין מילתא דלהוי לזכרון לעולם לדורות, אפילו כי אינן בעולם. ואית דאמרי נתקין מילתא כי ליתני, לומר לו שילמדנו דבר שאינו יודע ללמוד ויתבייש: גלי עוקצים. ידרוש לן מסכת עוקצין: דלית ליה. שאין סדור לו: פשט. פירש: גרס ותנא. גרס ושנה: אמר. רבן שמעון בן גמליאל, מאי דקמא, דלמא חס ושלום כו': בתר דאוקים. בתר שסיים: ושדו ליה. לפיתקא בי מדרשא: שאלות דהוה מיפריק מתרץ, ומה שלא היה מתרץ כתבו אינהו הפירוקין ושדו בי מדרשא: [תורה מבחוץ כו'. או הם יכנסו לבהמ"ד, או אנו נגלה אליהם ונשב עמהם]: נהי דאהני לך קמרא דאבוך. כלומר, דאהני לך חשיבותא דאביך דהוית אב בי"ד, אבל למהוי נשיא מי אהני לך דקא בעית למהוי נשיא: קמרא. אבנט מוזהב, כדאמרינן במסכת שבת בפרק במה אשה (דף נט:): מתני ליה רבי לרבי שמעון בריה, אחרים אומרים אילו (לא) היה תמורה לא היה קרב. דתנן במסכת בכורות בפרק בתרא (דף ס.) 'קרא לתשיעי עשירי ולעשירי תשיעי ולאחד עשר עשירי, שלשתן מקודשין, התשיעי נאכל במומו, והעשירי מעשר, והאחד עשר קרב שלמים, ועושהו[ע] תמורה דברי ר"מ, אמר לו רבי יהודה וכי יש תמורה עושה תמורה', והא קיימא לן דאין תמורה עושה תמורה, כדתנן במסכת תמורה בפרק קמא (דף ט:[פ]), [צ] 'אך בכור שור קדש הן וכו', הן קריבין ואין תמורתן קריבין', ומעשר יליף 'עברה' 'עברה' מבכור, כתיב הכא 'כל אשר יעבור תחת השבט' וכתיב התם בבכור 'והעברת כל פטר רחם' וגו':

אמר

עין משפט נר מצוה

סה א ב ג מיי' פרק ו מהלכות ת"ת הלכה ו סמג עשין יג טוש"ע יו"ד סימן רמ"ד סעיף טו [וברב אלפס קידושין פרק א דף רכא: ע"ש היטב שהשמיע הא דרבא האידנא דחלשא עלמא אפי' לגדולים נמי]:

סו ד מיי' שם הלכה ז טוש"ע שם סעיף טז:

סז ה מיי' שם טוש"ע שם סעי"ז:

סח ו טור יו"ד סימן רמד:

סט ז מיי' פ"י מהלכות זכייה ומתנה הלכה ז סמג עשין פב טוש"ע ח"מ סימן רנה סעיף ט:

גליון הש"ס

גמ' ה' דברים משכחים. עי' בבאר שבע סנהדרין דף ק"ט ד"ה אויר מגדל מסכח:

תוספות הרא"ש

וסמנך קמיצה. וסימנך שלא תטעה לומר שמא חד אמר אחת ולא שתים וחד אמר שתים ולא שלש. או שמא אחד אומר שתים ולא שלש ואחד אומר שלש ולא ארבע. יהיה סימנך קמיצה. כלומר כפוף הקמיצה וישאר ב' אצבעות זקופין [ק] ואצבע מצד זה. וגוה תזכור שא' אומר אחת ולא שתים. והא דלא קאמר וסימנך אמה שאם תכפוף אצבע אמ'[ר] האדוך ששמו אמה ישארו כמו כן אצבע מכאן וזרת מכאן[ש] וקמילה מכאן משום דדרך לכפוף הקמיצה כדי לקמץ נקט קמילה. אי נמי דלא הוי סימן מפוים כ"כ דאיכא למימר אגודל מן המנין ויהיו שתים מכאן ושתים מכאן אבל כשתכפוף הקמיצה וישאר רק זרת מצד א' ממילא ידענא דאין הגודל בכלל דא"א לומר אחד ולא שלש: גרס ותנא. במסכת עוקצין:

מסורת הש"ס עם הוספות

א) יומא עו: [סנהדרין דף ע.], ב) [תוספתא סנהדרין פ"ז ה"ה], ג) [עיין תוס' יבמות קה: ד"ה מי שלריך], ד) ברכות סב., ה) [עי' תוס' ב"ק לד: ד"ה בימין], ו) מגילה יח. מכות י., ז) [עי' תוס' סוטה יב. ד"ה אחרים], ח) סנהדרין ל. [גיטין נב.], ט) [דבור זה שייך לעיל אחר דיבור פת פחמין].

תורה אור השלם

א) מי ימלל גבורות יי ישמיע כל תהלתו: [תהלים קו, ב]

הגהות וציונים

א] בכל הס"י הגי' בגמ' וברש"י תלמוד בכל העמוד וכצ"ל (גליון): ב] נ"א יפים לתלמוד האוכל פת חטין ואצ"ל חטין עצמן (גליון): ג] צ"ל אפסר [הגמל] (רש"ש), או [של גמל] (דק"ס): ד] עושים לו שתי שורות שורה אחת, כ"ה בע"י וכ"ה גי' רש"י (דק"ס): ה] ס"א אחורי (גליון, וכ"ג ע"י). וכן עיקר (באר שבע): ו] בדפו"י היה כתוב יצחק: ז] ס"א לא גרסי ועי' באר שבע (גליון): ח] ראשונים וכת"י "כי הוה עייל רשב"ג הוו קיימי": ט] [צ"ל תהלתו] (גליון): י] בראשונים ובכת"י הסדר את נשיא ואנא אב בית דין: כ] צ"ל בית יד (גליון): ל] קרי לה (כת"י): מ] כת"י שמעברת: נ] צ"ל עושין (רש"ש, וכ"ה בכת"י): ס] בכת"י נוסף סניפין לבני תלמידי חכמים: ע] צ"ל ועושה (רש"ש, וכ"ה בכת"י): פ] צ"ל (דף יב.) (הורה גבר, רש"ש): צ] יש כאן חסרון בדברי רש"י ויש להוסיף אמרו משום ר' מאיר אילו היה תמורה לא היה קרב שתמורת בכור ומעשר אינה קריבה בכור דכתיב אך בכור שור (כת"י, ומיושב בזה תמיהת המהרש"א, עי"ש בהגהות והערות מכמה אחרונים): ק] זקופין מצד זה ואצבע מצד זה (כת"י): ר] "אח'" ליתא בכת"י: ש] "מכאן" ליתא בכת"י:

This *daf* is dedicated *l'iluy nishmas*: Ezra ben Frieda *z"l*

מִילְּתָא — The next day, when they came, they saw that the people did not stand up for them as they were accustomed. אָמְרֵי — They said: מַאי הַאי — What is this; why are the people not standing for us? אָמְרוּ לְהוּ — The people said to them: הָכִי תַּקִּין רַבָּן שִׁמְעוֹן בֶּן גַּמְלִיאֵל — This is the protocol that Rabban Shimon ben Gamliel established. אֲמַר לֵיהּ רַבִּי מֵאִיר לְרַבִּי נָתָן — Rabi Meir said to Rabi Nosson: אֲנָא חָכָם וְאַתְּ אַב בֵּית דִּין — I am a *chacham* and you are the *Av Beis Din*, נְתַקֵּין מִילְּתָא כִּי לְדִידַן — let us arrange something similar for Rabban Shimon ben Gamliel as he did to us. מַאי נַעֲבִיד לֵיהּ — What should we do to him? נֵימָא לֵיהּ — Let's say to him: גַּלִּי עוּקְצִים — Say for us a *derashah* about *Maseches Uktzin*, דְּלֵית לֵיהּ — which he does not know. וְכֵיוָן דְּלָא גְּמַר — And once we prove that he did not learn that *masechta*, נֵימָא לֵיהּ — we will quote to him from the *pasuk* (*Tehillim* 106:2): מִי יְמַלֵּל גְּבוּרוֹת ה׳ יַשְׁמִיעַ כָּל תְּהִלָּתוֹ — "Who can express the mighty acts of Hashem, [who can] proclaim all His praises?", which is explained: לְמִי נָאֶה לְמַלֵּל גְּבוּרוֹת ה׳ — For whom is it fitting to praise Hashem? מִי שֶׁיָּכוֹל לְהַשְׁמִיעַ כָּל תְּהִלּוֹתָיו — Only for someone who is able to proclaim all His praises. וְנִיעַבְרֵיהּ — And based on this we can remove him from his position. Since he does not know everything, he is not fit to be the *nasi*. וְהָוֵי אֲנָא אַב בֵּית דִּין וְאַתְּ נָשִׂיא — And then, continued Rabi Meir, we can both move up in rank, I will become the *Av Beis Din*, and you, Rabi Nosson can become the *nasi*.

שַׁמְעִינְהוּ רַבִּי יַעֲקֹב בֶּן קַרְשַׁי — Rabi Yaakov ben Karshai overheard their conversation. אֲמַר — He said: דִּלְמָא חַס וְשָׁלוֹם אָתְיָא מִלְּתָא לִידֵי כִּיסוּפָא — Maybe *chas v'shalom* this will come to be a humiliating situation for Rabban Shimon ben Gamliel. אֲזַל יָתֵיב אֲחוֹרֵי עִילִּיתֵיהּ דְּרַבָּן שִׁמְעוֹן בֶּן גַּמְלִיאֵל — To avoid this, Rabi Yaakov ben Karshai went and sat behind the upper story of Rabban Shimon ben Gamliel's home, פְּשַׁט — he explained *Maseches Uktzin*, גְּרַס וּתְנָא — he learned it and repeated it, גְּרַס וּתְנָא — and he learned it again and repeated it. אָמַר — When Rabban Shimon ben Gamliel heard Rabi Yaakov, he said: מַאי דְּקַמָּא — What is it that is happening before us? דִּלְמָא חַס וְשָׁלוֹם אִיכָּא בֵּי מִדְרְשָׁא מִידֵּי — Maybe, *chas v'shalom* there is some plot transpiring in the *beis midrash*? יְהַב דַּעְתֵּיהּ וְגַרְסָהּ — He put his mind to it, and learned *Maseches Uktzin*. לְמָחָר אֲמַרוּ לֵיהּ — The next day Rabi Meir and Rabi Nosson said to him: נֵיתֵי מַר וְנִיתְנֵי בְּעוּקְצִין — Let the master come and teach us *Uktzin*. פְּתַח וְאָמַר — Rabban Shimon ben Gamliel began and said the *shiur*.

בָּתַר דְּאוֹקִים — After he finished the *shiur*, אֲמַר לְהוּ — he said to them: אִי לָא גְּמִירְנָא — If I would not have learned *Uktzin*, כַּסֵּיפִיתֻּנַן — you would have embarrassed me. פַּקִּיד וְאַפְּקִינְהוּ מִבֵּי מִדְרְשָׁא — Rabban Shimon ben Gamliel issued a command, and the people expelled Rabi Meir and Rabi Nosson from the *beis midrash*. הֲווּ כָּתְבִי קוּשְׁיָיתָא [בְּפִתְקָא] וְשָׁדוּ הָתָם — While they were outside, Rabi Meir and Rabi Nosson would write difficulties on pieces of paper and throw them into the *beis midrash*. דַּהֲוָה מִיפְּרִיק — The difficulties that were resolved in the *beis midrash*, מִיפְּרִיק — were resolved. דְּלָא הֲווּ מִיפְּרִיק — But the ones that were not resolved, כָּתְבִי פֵּירוּקֵי וְשָׁדוּ — Rabi Meir and Rabi Nosson would write the resolutions and throw them into the *beis midrash*. אֲמַר לְהוּ רַבִּי

For this *daf's shiur* and charts, scan this QR code:

עין משפט נר מצוה

סה א ב ג מיי' פרק ו מהלכות ת"ת הלכה ו סמג עשין יג טוש"ע יו"ד סימן רמ"ד סעיף טו [וברב אלפס קידושין פרק א דף רכא: ע"ש היטב שהשמיע הא דרבא האידנא דחלשא עלמא אפי' לגדולים נמי]:
סו ד מיי' שם הלכה ז טוש"ע שם סעיף טז:
סז ה מיי' שם טוש"ע שם סעי"ז:
סח ו טור יו"ד סימן רמד:
סט ז מיי' פ"י מהלכות זכייה ומתנה הלכה ז סמג עשין פב טוש"ע ח"מ סימן רנה סעיף ט:

גליון הש"ס

גמ' ה' דברים משכחים. עי' בבאר שבע סנהדרין דף ק"ט ד"ה אויר מגדל משכם:

תוספות הרא"ש

וסמנך קמיצה. וסימנך שלא תטעה לומר שמא חד אמר אחת ולא שתים וחד אמר שתים ולא שלש. או שמא אחד אומר שתים ולא שלש ואחד אומר שלש ולא ארבע. יהיה סימנך קמילה. כלומר כפוף הקמילה וישאר ב' אצבעות זקופין [ק] ואצבע מצד זה. ובזה תזכור שא' אומר אחת ולא שתים. והא דלא קאמר וסימנך אמה שאם תכפוף אצבע אמ"[ר] הארוך שבהן אמה ישארו כמו כן אצבע מכאן וזרת מכאן[ש] וקמילה מכאן משום דדרך לכפוף הקמילה כדי לקמץ נקט קמילה. אי נמי דלא הוי סימן מבוים כ"כ דאיכא למימר אגודל מן המנין ויהיו שתים מכאן ושתים מכאן אבל כשתכפוף הקמילה וישאר רק הזרת מצד א' ממילא ידענא דאין הגודל בכלל דא"א לומר אחד ולא שלש: גרס ותנא. במשנת עוקצין:

רש"י

שופתא. כיד של מרא, דעץ הוא, גייץ: המניח כליו. מלבושיו: פת פחמין. פת האפוי בגחלים: של שיורי העיסה. שנשתיירה מלישה: משכח למוד של שבעים שנה. שסדור בפיו כל שבעים שנה: משיב. מחזיר את התלמוד שנשתכח הימנו כבר שבעים שנה: וסימנך. לגרסא שלא תטעה, שאם לא תדע אם אחד אומר אחד ולא שתים, ואחד אומר שתים ולא שלש, או שמא אחד אומר שתים ולא שלש, ואחד אומר שלש ולא ארבע, יהא סימן קמיצה, כלומר, כפוף הקמיצה ונשתיירו מאותן אצבעות של יד העומדין לבד שתי אצבעות זקופין כסדרן מכאן, דהיינו אצבע ואמה מכאן, וזרת מכאן, דהיינו שתי אצבעות מכאן ואצבע אחד מכאן, ובכך תהא זכור שאחד אומר אחת ולא שתים, ואחד אומר שתים ולא שלש. גודל לא קא חשיב הכא עם שאר אצבעות, משום דלא קאי בסדר אצבעות: [ט] האוכל פת ופחמין עצמן כחדא חשיב להו: קשים ללמוד. שהעושה אותן יהא קשה לשמוע: העובר תחת אפסר גמל כ"ש תחת גמל עצמו, כחדא חשיב להו: העובר תחת ריח של נבילה. כלומר ההולך ומריח ריח נבילה, דכל ההולך ומריח הוי עובר תחת אותו ריח, שהריח הולך ועולה: זוהמא ליסטרון. אותו כף שמוחקין את הקדרה קרי להו[ל] הכי, על שם שמעבירין[מ] הזוהמא לצדדין, [על שני לדיו, תרגום 'על תרין סטרוהי']: כל העם עומדין. כל השורות כולן, אפילו הן מאה: ועושין[נ] לו שתי שורות בלבד: עושין אותן. [ס] לבני חכמים שממונים אביהם פרנס על הצבור: סניפין. שמושיבין אותן בצד הזקנים מפני כבוד אביהם, דהויין סניפין לזקנים, כסניף זה שמצניפין לקורה גדולה, סני"ף בלע"ז: אלא לקטנים. דקטנים הוא, אבל יאה לגדולים אינו נכנס ויושב במקומו, דפושע הוא, משום דהוה ליה למיבדק נפשיה: כדי שלא יתרחק. דהיוצא לפנות ביום צריך שיתרחק מן הדרך כדי שלא יהו אחרים רואים אותו, כדאמרינן במסכת ברכות: אמר רבא, ובחיי אביהם. הוא דעושים סניפין מפני כבוד אביהם: נשנית משנה. הא דתנינא לעיל 'כשהנשיא נכנס' וכו': נתקין מילתא כי לדידן. כלומר, נעבד ליה כי היכי דעבד הוא לדידן. ואית דגרסי נתקין מילתא כי ליתנן, כלומר, נתקין מילתא דלהוי לזכרון לעולם לדורות, אפילו כי אינן בעולם. ואית דאמרי נתקין מילתא כי ליתני, לומר לו שילמדנו דבר שאינו יודע ללמוד ויתבייש: גלי עוקצים. ידרוש לן מסכת עוקצין: דלית ליה. שאין סדור לו: פשט. פירש: גרס ותנא. גרס ושנה: אמר. רבן שמעון בן גמליאל, מאי דקמא, דלמא חס ושלום כו': בתר דאוקים. בתר שקיים: ושדו ליה. לפיתקא בי מדרשא: שאלות דהוה מיפריק מתרץ, ומה שלא היה מתרץ כתבו אינהו הפירוקין ושדו בי מדרשא: [תורה מבחוץ כו'. או הם יכנסו לבהמ"ד, או אנו נגלה אליהם ונשב עמהם]: נהי דאהני לך קמרא דאבוך. כלומר, דאהני לך חשיבותא דאביך דהוית אב ב"ד, אבל למהוי נשיא מי אהני לך דקא בעית למהוי נשיא: קמרא. אבנט מוזהב, כדאמרינן במסכת שבת בפרק במה אשה (דף נט:): מתני ליה רבי לרבי שמעון בריה, אחרים אומרים אילו (לא) היה תמורה לא היה קרב. דתנן במסכת בכורות בפרק בתרא (דף ס.) 'קרא לתשיעי עשירי ולעשירי תשיעי ולאחד עשר עשירי, שלשתן מקודשין, התשיעי נאכל במומו, והעשירי מעשר, והאחד עשר קרב שלמים, ועושהו[ע] תמורה דברי ר"מ, אמר לו רבי יהודה וכי יש תמורה עושה תמורה', והא קיימא לן דאין תמורה עושה תמורה, כדתנן במסכת תמורה בפרק קמא (דף ה:[פ]), [צ] 'אך בכור שור קדש הן וכו', הן קריבין ואין תמורתן קריבין', ומעשר יליף 'עברה' 'עברה' מבכור, כתיב הכא 'כל אשר יעבור תחת השבט' וכתיב התם בבכור 'והעברת כל פטר רחם' וגו': אמר

גמרא

רב פפא אמר, אפילו שופתא מרא גייצי. תנו רבנן, חמשה דברים משכחים את הלימוד[א], האוכל ממה שאוכל עכבר וממה שאוכל חתול, והאוכל לב של בהמה, והרגיל בזיתים, והשותה מים של שיורי רחיצה, והרוחץ רגליו זו על גבי זו; ויש אומרים, אף המניח כליו תחת מראשותיו. חמשה דברים משיבים את הלימוד, פת פחמין וכל שכן פחמין עצמן, והאוכל ביצה מגולגלת בלא מלח, והרגיל בשמן זית, והרגיל ביין ובשמים, והשותה מים של שיורי עיסה; ויש אומרים, אף הטובל אצבעו במלח ואוכל. הרגיל בשמן זית, מסייע ליה לרבי יוחנן, דאמר רבי יוחנן, כשם שהזית משכח לימוד של שבעים שנה, כך שמן זית משיב לימוד של שבעים שנה. והרגיל ביין ובשמים, מסייע ליה לרבא, דאמר רבא, חמרא וריחני פקחין. והטובל אצבעו במלח, אמר ריש לקיש, ובאחת. כתנאי, רבי יהודה אומר, אחת ולא שתים, רבי יוסי אומר, שתים ולא שלש, וסימנך, קמיצה. עשרה דברים קשים ללימוד, העובר תחת האפסר [הגמלי] וכל שכן תחת גמל [עצמו], והעובר בין שני גמלים, והעובר בין שתי נשים, והאשה העוברת בין שני אנשים, והעובר מתחת ריח רע של נבילה, והעובר תחת הגשר שלא עברו תחתיו מים ארבעים יום, והאוכל פת שלא בשל כל צרכו, והאוכל בשר מזוהמא ליסטרון, והשותה מאמת המים העוברת בבית הקברות, והמסתכל בפני המת; ויש אומרים, אף הקורא כתב שעל גבי הקבר. תנו רבנן, כשהנשיא נכנס, כל העם עומדים, ואין יושבים עד שאומר להם שבו; כשאב בית דין נכנס, עושים לו[ד] שורה אחת מכאן ושורה אחת מכאן עד שישב במקומו; כשחכם נכנס, אחד עומד ואחד יושב עד שישב במקומו; בני חכמים ותלמידי חכמים, בזמן שרבים צריכים להם מפסיעין על ראשי העם, יצא לצורך יכנס וישב במקומו; בני תלמידי חכמים שממונים אביהם פרנס על הצבור, בזמן שיש להם דעת לשמוע נכנסים ויושבים לפני אביהם ואחוריהם כלפי העם, בזמן שאין להם דעת לשמוע נכנסים ויושבים לפני[ח] אביהם ופניהם כלפי העם. רבי אלעזר ברבי [צדוק] אומר, אף בבית המשתה עושים אותם סניפין. [אמר מר] יצא לצורך נכנס ויושב במקומו. אמר רב פפא, לא אמרו אלא לקטנים, אבל לגדולים לא, הוה ליה למבדק נפשיה מעיקרא. דאמר רב יהודה אמר רב, לעולם ילמד אדם עצמו להשכים ולהעריב, כדי שלא יתרחק; (אמר רבא) האידנא דחלשא עלמא אפילו לגדולים נמי. רבי אלעזר ברבי [צדוק] אומר, אף בבית המשתה עושים אותם סניפים. אמר רבא, בחיי אביהם בפני אביהם. אמר רבי יוחנן, בימי רבן שמעון בן גמליאל נישנית משנה זו. רבן שמעון בן גמליאל נשיא, רבי מאיר חכם, רבי נתן אב בית דין; כי הוה רבן שמעון בן גמליאל התם הוו קיימי כולי עלמא מקמיה, כי הוו עיילי רבי מאיר ורבי נתן הוו קיימי כולי עלמא מקמייהו; אמר רבן שמעון בן גמליאל, לא בעו למיהוי היכרא בין דילי לדידהו, תקין הא מתניתא. ההוא יומא לא הוו רבי מאיר ורבי נתן התם, למחר כי אתו חזו דלא קמו מקמייהו כדרגילא מילתא, אמרי, מאי האי, אמרו להו, הכי תקין רבן שמעון בן גמליאל; אמר ליה רבי מאיר לרבי נתן אנא חכם ואת אב בית דין, נתקין מילתא כי לדידן, מאי נעביד ליה, נימא ליה גלי עוקצים דלית ליה, וכיון דלא גמר נימא ליה 'מי ימלל גבורות ה' ישמיע כל תהלתו', למי נאה למלל גבורות ה', מי שיכול להשמיע כל תהלותיו[ט], וניעבריה, והוי אנא אב בית דין ואת נשיא[י]; שמעינהו רבי יעקב בן קרשי, אמר דלמא חס ושלום אתיא מלתא לידי כיסופא, אזל יתיב אחורי עיליתיה דרבן שמעון בן גמליאל, פשט גרס ותנא, גרס ותנא; אמר, מאי דקמא, דלמא חס ושלום איכא בי מדרשא מידי, יהב דעתיה וגרסה; למחר אמרו ליה ניתי מר וניתני בעוקצין, פתח ואמר; בתר דאוקים אמר להו, אי לא גמירנא כסיפיתנן, פקיד ואפקינהו מבי מדרשא; הוו כתבי קושייתא [בפתקא] ושדו התם, דהוה מיפריק מיפריק, דלא הוו מיפריק כתבי פירוקי ושדו; אמר להו רבי יוסי, תורה מבחוץ ואנו מבפנים; אמר להן רבן [שמעון בן] גמליאל, ניעיילינהו, מיהו ניקנסינהו דלא נימרו שמעתא משמייהו; אסיקו לרבי מאיר אחרים, ולרבי נתן יש אומרים; אחוו להו בחלמייהו, זילו פייסוהו [לרבן שמעון בן גמליאל]; רבי נתן אזל, רבי מאיר לא אזל, אמר דברי חלומות לא מעלין ולא מורידין; כי אזל רבי נתן, אמר ליה רבן שמעון בן גמליאל, נהי דאהני לך קמרא דאבוך למהוי אב בית דין, שוינך נמי נשיא. מתני ליה רבי לרבן שמעון בריה, אחרים אומרים אילו היה תמורה

מסורת הש"ס עם הוספות

א) יומא עו: [סנהדרין דף ע.], ב) [תוספתא סנהדרין פ"ז ה"ה], ג) [עיין תוס' יבמות קה: ד"ה מי שלרין], ד) ברכות סב., ה) [עי' תוס' ב"ק לד: ד"ה מימי], ו) מגילה יח. מכות י., ז) [עי' תוס' סוטה יב. ד"ה אמרים], ח) סנהדרין ל. [גיטין נב.], ט) [דבור זה שייך לעיל אמר ליטול פת פחמין].

תורה אור השלם

א) מי ימלל גבורות יי ישמיע כל תהלתו: [תהלים קו, ב]

הגהות וציונים

א] בכל הס"י הגי' בגמ' וברש"י תלמוד בכל העמוד וכצ"ל (גליון): ב] נ"א יפים לתלמוד האוכל פת חמין ואצ"ל חמין עצמן (גליון): ג] צ"ל אפסר [הגמל] (רש"ש), או [של גמל] (דק"ס): ד] עושים לו שתי שורות שורה אחת, כ"ה בע"י וכ"ה גי' רש"י (דק"ס): ה] ס"א אחורי (גליון, וכ"ג ע"י). וכן עיקר (באר שבע): ו] בדפו"י היה כתוב יצחק: ז] ס"א לא גרסי ועי' באר שבע (גליון): ח] ראשונים וכת"י "כי הוה עייל רשב"ג הוו קיימי": ט] [צ"ל תהלתו] (גליון): י] בראשונים ובכת"י הסדר את נשיא ואנא אב בית דין: כ] צ"ל בית יד (גליון): ל] קרי לה (כת"י): מ] כת"י שמעברת: נ] צ"ל עושין (רש"ש, וכ"ה בכת"י): ס] בכת"י נוסף סניפין לבני תלמידי חכמים: ע] צ"ל ועושה (רש"ש, וכ"ה בכת"י): פ] צ"ל (דף יב.) (הורה גבר, רש"ש): צ] יש כאן חסרון בדברי רש"י ויש להוסיף אמרו משום ר' מאיר אילו היה תמורה לא היה קרב שתמורת בכור ומעשר אינה קריבה בכור דכתיב אך בכור שור (כת"י, ומיושב בזה תמיהת המהרש"א, עי"ש בהגהות והערות מכמה אחרונים): ק] זקופין מצד זה ואצבע מצד זה (כת"י): ר] "אח'" ליתא בכת"י: ש] "מכאן" ליתא בכת"י:

יוֹסֵי — Rabi Yosi said to the *Chachamim*: תּוֹרָה מִבַּחוּץ וַאֲנוּ מִבִּפְנִים — How could it be that those who know Torah are sitting outside the *beis midrash*, and we are sitting inside? אָמַר לְהֶן רַבָּן [שִׁמְעוֹן בֶּן] גַּמְלִיאֵל — Rabban Shimon ben Gamliel said to the *Chachamim*: נִיעַיְּילִינְהוּ — I agree, let's let them in. מִיהוּ נִיקְנְסִינְהוּ דְּלָא נֵימְרוּ שְׁמַעְתָּא מִשְּׁמַיְיהוּ — However, we will penalize them that no *halachos* will be said in their names. אַסִּיקוּ לְרַבִּי מֵאִיר אֲחֵרִים — They called Rabi Meir "*acheirim*—others." Any statement of Rabi Meir was said in the name of "*acheirim*." וּלְרַבִּי נָתָן יֵשׁ אוֹמְרִים — And Rabi Nosson, they called "*yesh omrim*—some say." Any statement of Rabi Nosson was said as "*yesh omrim*."

אַחְווּ לְהוּ בְּחֶלְמַיְיהוּ — Rabi Meir and Rabi Nosson were shown in a dream, זִילוּ פַּיְּיסוּהוּ [לְרַבָּן שִׁמְעוֹן בֶּן גַּמְלִיאֵל] — that they should go appease Rabban Shimon ben Gamliel. רַבִּי נָתָן אֲזַל — Rabi Nosson went to appease him, רַבִּי מֵאִיר לָא אֲזַל — but Rabi Meir did not go. אָמַר — Rabi Meir said: דִּבְרֵי חֲלוֹמוֹת לֹא מַעֲלִין וְלֹא מוֹרִידִין — The words of dreams are insignificant. כִּי אֲזַל רַבִּי נָתָן — When Rabi Nosson went to appease Rabban Shimon ben Gamliel, אֲמַר לֵיהּ רַבָּן שִׁמְעוֹן בֶּן גַּמְלִיאֵל — Rabban Shimon ben Gamliel said to him: נְהִי דְּאַהֲנִי לָךְ קַמְרָא דַּאֲבוּךְ לְמֶהֱוֵי אַב בֵּית דִּין — Although the golden belt of your father—your father's importance—helped you to become an *Av Beis Din*, שַׁוִּינָךְ נָמֵי נָשִׂיא — would it also help you to become a *nasi*. Why did you think you should merit to become the *nasi*?

Years later, מַתְנֵי לֵיהּ רַבִּי לְרַבָּן שִׁמְעוֹן בְּרֵיהּ — Rebbi, (who was the son of Rabban Shimon ben Gamliel) taught Rabi Shimon, his son, a Mishnah regarding one who was counting animals to separate the tenth as *maaser beheimah*, and accidentally counted number ten as nine, and number eleven as ten. Since he called the eleventh *maaser*, it too must be sacrificed as a *korban*. The *Chachamim* say that since this animal is not the actual *maaser*, it is just in place of the *maaser*, it has the halachah of a *temurah* (an animal that was exchanged for a *korban*), and therefore it cannot make another animal switched with it a *temurah*. The Mishnah continues: אֲחֵרִים אוֹמְרִים — "Others" say: אִילּוּ הָיָה תְּמוּרָה — If the eleventh that was called the tenth were considered a *temurah*,

For this *daf's shiur* and charts, scan this QR code:

לֹא הָיָה קָרֵב — it would not be brought as a *korban*, because the *temurah* of *maaser* is not brought as a *korban*. אָמַר לוֹ — Rebbi's son said to him: מִי הֵם הַלָּלוּ שֶׁמֵּימֵיהֶם אָנוּ שׁוֹתִים וּשְׁמוֹתָם אֵין אָנוּ מַזְכִּירִים — Who are these people, these "others," whom we are drinking their waters, and yet we are not mentioning their names? If we are learning Torah from these *chachamim*, isn't it fitting to say their teachings in their names? אָמַר לֵיהּ — Rebbi said to his son: בְּנֵי אָדָם שֶׁבִּקְשׁוּ לַעֲקוֹר כְּבוֹדְךָ וּכְבוֹד בֵּית אָבִיךָ — They are people who wanted to uproot your honor and the honor of your father's house. אָמַר לֵיהּ — His son replied, quoting the *pasuk* (*Koheles* 9:6): גַּם אַהֲבָתָם גַּם שִׂנְאָתָם גַּם קִנְאָתָם כְּבָר אָבָדָה — "Their love as well as their hatred and their envy is long ago perished." As if to say: the people involved in that incident have already died, and there is no harm in mentioning their names. אָמַר לֵיהּ — Rebbi replied, quoting another *pasuk* (*Tehillim* 9:7): הָאוֹיֵב תַּמּוּ חֳרָבוֹת לָנֶצַח — "The enemy have come to an end, the destroyed places are forever." As if to say, although the enemy has died, the destruction they caused still remains. אָמַר לֵיהּ — His son said back to him: הָנֵי מִלֵּי הֵיכָא דְּאַהֲנוּ מַעֲשֵׂיהֶן — These words, that the destruction remains, only applies if their actions were effective. רַבָּנָן לָא אַהֲנוּ מַעֲשַׂיְיהוּ — But in this case, the *rabbanan's* actions were not effective.

הֲדַר אַתְנִי לֵיהּ — Rebbi agreed somewhat, and, instead of saying this halachah in the name of "others" he retaught it to his son: אָמְרוּ מִשּׁוּם רַבִּי מֵאִיר — They said in the name of Rabi Meir: אִילּוּ הָיָה תְּמוּרָה לֹא הָיָה קָרֵב — If the eleventh one would be considered a *temurah* it would not be brought as a *korban*. אָמַר רָבָא — Rava said: אֲפִילוּ רַבִּי דְּעַנְוְותָנָא הוּא תָּנָא — Even Rebbi who is humble only taught, אָמְרוּ מִשּׁוּם רַבִּי מֵאִיר — "They said in the name of Rabi Meir," אָמַר רַבִּי מֵאִיר לָא אָמַר — but he was not willing to say "Rabi Meir said." He was not willing to give complete credit to Rabi Meir.

The Gemara discusses qualities that take precedence over one another: אָמַר רַבִּי יוֹחָנָן — Rabi Yochanan said: פְּלִיגוּ בָּהּ רַבָּן שִׁמְעוֹן בֶּן גַּמְלִיאֵל וְרַבָּנָן — Rabban Shimon ben Gamliel and the *Rabbanan* argued regarding the following matter: חַד אָמַר — One said: סִינַי עָדִיף — One who is very knowledgeable in *Mishnayos* and *Baraisos* (he knows them as they were given at Har Sinai), but is not so analytical, is better than one who is very analytical but not such an expert in *Mishnayos* and *Baraisos*. וְחַד אָמַר — And one said: עוֹקֵר הָרִים עָדִיף — One who is more analytical is better. רַב יוֹסֵף סִינַי — Rav Yosef was very knowledgeable in *Mishnayos* and *Baraisos*, רַבָּה עוֹקֵר הָרִים — while Rabbah was more analytical. שְׁלַחוּ לְתַמָּן — The people of Bavel sent a message there, to Eretz Yisrael: אֵיזֶה מֵהֶם קוֹדֵם — Which of the them takes precedence to be appointed Rosh Yeshivah. שְׁלַחוּ לְהוּ — The *chachamim* of Eretz Yisrael sent back: סִינַי עָדִיף — The one who is knowledgeable (Rav Yosef) is better, דְּאָמַר מַר — because *Mar* said: הַכֹּל צְרִיכִין לְמָרֵי חִטַּיָּא — Everyone needs the owner of the wheat. Everyone needs the one who has the material that is the basis of halachah. וַאֲפִילוּ הָכִי לָא קַבֵּיל רַב יוֹסֵף עֲלֵיהּ — And even though they wanted to appoint Rav Yosef,

For this *daf's shiur* and charts, scan this QR code:

לֹא הָיָה קָרֵב; אָמַר לוֹ, מִי הֵם הַלָּלוּ שֶׁמֵּימֵיהֶם אָנוּ שׁוֹתִים וּשְׁמוֹתָם אֵין אָנוּ מַזְכִּירִים; אָמַר לֵיהּ, בְּנֵי אָדָם שֶׁבִּקְשׁוּ לַעֲקוֹר כְּבוֹדְךָ וּכְבוֹד בֵּית אָבִיךָ; אָמַר לֵיהּ, [א]'גַּם אַהֲבָתָם גַּם שִׂנְאָתָם גַּם קִנְאָתָם כְּבָר אָבָדָה'; אָמַר לֵיהּ, [ב]'הָאוֹיֵב תַּמּוּ חֳרָבוֹת לָנֶצַח'; אָמַר לֵיהּ, הָנֵי מִלֵּי הֵיכָא דְּאַהֲנוּ מַעֲשַׂיְיהוּ, רַבָּנָן לָא אַהֲנוּ מַעֲשַׂיְיהוּ; הֲדַר אַתְנֵי לֵיהּ, אָמְרוּ מִשּׁוּם רַבִּי מֵאִיר אִילּוּ הָיָה תְּמוּרָה לֹא הָיָה קָרֵב. אָמַר רָבָא, אֲפִילּוּ רַבִּי דְּעִנְוְתָנָא הוּא, תָּנָא [א]אָמְרוּ מִשּׁוּם רַבִּי מֵאִיר אָמַר, רַבִּי מֵאִיר לָא אָמַר. אָמַר רַבִּי יוֹחָנָן, פְּלִיגוּ בָּהּ רַבָּן שִׁמְעוֹן בֶּן גַּמְלִיאֵל וְרַבָּנָן, חַד אָמַר סִינַי עָדִיף, וְחַד אָמַר עוֹקֵר הָרִים עָדִיף. [ג]רַב יוֹסֵף סִינַי, רַבָּה עוֹקֵר הָרִים; שְׁלַחוּ לְתַמָּן, אֵיזֶה מֵהֶם קוֹדֵם; שְׁלַחוּ לְהוּ, סִינַי עָדִיף, [ג]דְּאָמַר מָר, הַכֹּל צְרִיכִין לְמָרֵי חִטַּיָּא; וַאֲפִילּוּ הָכִי לָא קַבִּיל רַב יוֹסֵף עֲלֵיהּ, מְלַךְ רַבָּה עֶשְׂרִין וְתַרְתֵּי שְׁנִין וַהֲדַר מְלַךְ רַב יוֹסֵף, וְכָל שְׁנֵי דִּמְלַךְ רַבָּה רַב יוֹסֵף אֲפִילּוּ אוּמָּנָא לְבֵיתֵיהּ לָא חֲלִיף[א]. אַבָּיֵי וְרָבָא וְרַבִּי זֵירָא וְרַבָּה בַּר מַתְנָה הֲווּ יָתְבִי וַהֲווּ צְרִיכֵי רֵישָׁא, אָמְרִי, כָּל דְּאָמַר מִלְּתָא וְלָא מִפְרִיךְ לֶהֱוֵי רֵישָׁא, דְּכוּלְּהוּ אִיפְּרִיךְ, דְּאַבָּיֵי לָא אִיפְּרִיךְ, חַזְיֵיהּ רַבָּה[ז] לְאַבָּיֵי דְּגַבַּהּ רֵישָׁא, אָמַר לֵיהּ, נַחְמָנִי פְּתַח וְאֵימָא. אִיבַּעְיָא לְהוּ, רַבִּי זֵירָא וְרַבָּה בַּר רַב מַתְנָה הֵי מִנַּיְיהוּ עָדִיף, רַבִּי זֵירָא חָרִיף וּמַקְשֶׁה, וְרַבָּה בַּר רַב מַתְנָה מָתוּן וּמַסִּיק, מַאי. תֵּיקוּ:

הַדְרָן עֲלָךְ כֹּהֵן מָשִׁיחַ וּסְלִיקָא לָהּ מַסֶּכֶת הוֹרָיוֹת

רש"י

אָמַר לֵיהּ, 'הָאוֹיֵב תַּמּוּ חֳרָבוֹת לָנֶצַח'. דְּמַשְׁמַע אע"פ שֶׁכְּבָר מֵתוּ, חֲרָבוֹת לִגְנַאי, וְאֵין יָפֶה לְהַזְכִּירָם: אֲפִילּוּ רַבִּי. דְּעָנָיו הֲוָה, הָכָא לָא נְהִיג עִנְוְתָנוּתָא יְתֵירָא, דְּאָמַר[ג] מִשּׁוּם רַבִּי מֵאִיר וְלֹא רָצָה לוֹמַר בְּהֶדְיָא 'אָמַר ר"מ': סִינַי עָדִיף. מִי שֶׁשָּׁנָה מִשְׁנָה וּבָרַיְיתָא סְדוּרִין[ד] לוֹ כִּנְתִינָתָן מֵהַר סִינַי: וְחַד אָמַר עוֹקֵר הָרִים. דְּחָרִיף וּמְפוּלְפָּל בַּתּוֹרָה, אע"פ שֶׁאֵין מִשְׁנָה וּבָרַיְיתָא סְדוּרִין לוֹ כָּל כָּךְ: רַב יוֹסֵף קָרוּ לֵיהּ סִינַי, לְפִי שֶׁהָיוּ מִשְׁנָיוֹת וּבָרַיְיתוֹת סְדוּרוֹת לוֹ כִּנְתִינָתָן מֵהַר סִינַי, אֲבָל לֹא הָיָה מְפוּלְפָּל כְּרַבָּה: הַכֹּל צְרִיכִין לְמָרֵי חִטַּיָּא. כְּלוֹמַר, רַב יוֹסֵף הוּא מָרֵי חִטַּיָּא, שֶׁמִּשְׁנָה וּבָרַיְיתָא סְדוּרִין לוֹ מִפִּי הַשְּׁמוּעָה כִּנְתִינָתָן מֵהַר סִינַי, דְּמִשְׁנָה וּבָרַיְיתָא אֲבוּהוֹן דְּהִלְכְתָא: אוּמָּנָא לְבֵיתֵיהּ לָא קְרָא. שֶׁלֹּא רָצָה לִנְהוֹג שְׂרָרָה בְּעַצְמוֹ כָּל אוֹתָן הַשָּׁנִים שֶׁמָּלַךְ רַבָּה אֲפִילּוּ בְּהַאי שְׂרָרוּתָא, שֶׁלֹּא רָצָה לְהָבִיא שׁוּם אוּמָּן בְּתוֹךְ בֵּיתוֹ, אֶלָּא כְּשֶׁהוּא[ה] רוֹצֶה לְהַקִּיז דָּם [ד]הָיָה הָאוּמָּן עַל לְבֵיתֵיהּ דְּרַבָּה וְשָׁם הָיָה מַקִּיז. וְאִית דְּגָרְסִי שֶׁלֹּא רָצָה לִנְהוֹג שְׂרָרוּת בְּעַצְמוֹ[ו] כָּל אוֹתָן שָׁנִים שֶׁמָּלַךְ רַבָּה, כְּלוֹמַר, שֶׁלֹּא הָיָה לוֹ פְּנַאי לְהַקִּיז עַצְמוֹ, אֶלָּא הָיָה עוֹסֵק כָּל שָׁעָה בַּתּוֹרָה לִפְנֵי רַבָּה: חַזְיֵיהּ לְאַבָּיֵי דְּגַבַּהּ רֵישֵׁיהּ. כְּלוֹמַר רָאָה לוֹ הֲרָמַת רֹאשׁ: נַחְמָנִי פְּתַח. וֶאֱמוֹר דְּרָשָׁא, דְּמִשְּׁמַיָּא פָּסְקוּ לֵיהּ רַבּוּתָא. אַבָּיֵי קָרוּ לֵיהּ נַחְמָנִי (וְאִיכָּא דְּאָמְרִי דִּבְלָשׁוֹן גְּנַאי קָרֵי לֵיהּ נַחְמָנִי, כְּלוֹמַר עֲדַיִין אַתָּה תַּלְמִידוֹ שֶׁל רַב נַחְמָן[ז]): חָרִיף וּמַקְשֶׁה. מִתּוֹךְ פִּלְפּוּל יְתֵירָא דַּהֲוָה לֵיהּ הֲוָה מַקְשֶׁה וּמְתָרֵץ, אֲבָל רַבָּה בַּר מַתְנָה לָא הֲוָה חָרִיף כָּל כָּךְ, אֶלָּא מִתּוֹךְ שֶׁהוּא שׁוֹהֶה וּמְעַיֵּין יָפֶה יָפֶה מַסִּיק אַלִּיבָּא דְּהִלְכְתָא:

הַדְרָן עֲלָךְ כֹּהֵן מָשִׁיחַ וּסְלִיקָא לָהּ מַסֶּכֶת הוֹרָיוֹת

תוספות

רבותא. ופי' רב האי גאון ז"ל ה)דאביי נחמני שמו ומפרשי' בכמה דוכתי בגמרא ונקטי(נן) (ד)רבנן דבר אבוהי דרבה בר נחמני הוה ותלמידו וכיון דהוה שמו נחמני כשם אבוהי דרבה לא הוה קרא לו בכל שנותיו נחמני בשם אבוהי אלא דהוה קרא ליה אביי בלשון ארמי כאדם שקורא אבי וסליק ליה אביי. וכיון שהיה מן האבות והגדולה קריוה רבנן הכי עכ"ד ז"ל: **איבעיא** להו רבי זירא ורבה בר מתנה הי מנייהו עדיף. נפיק מינה להיכי דמתרמי כוו ומצטרך עלמא לחד מנייהו ובעיא הי מנייהו עדיף. והשתא מפרש (מזה) [מדה] דלכל חד מנייהו. ר' **זירא** חריף ומקשה מתוך פילפולא היה יודע להקשות ולתרץ (מי) [מיהו] לא הוה ידע לאסוקי שמעתתא אליבא דהלכתא רבה בר מתנה מתון ומסיק כלומר לא היה מפולפל וחריף כ"כ להקשות ולתרץ מיד אלא שוהה ומעיין יפה עד דמסלקא ליה שמעתי' אליבא דהלכתא **מאי** הי מנייהו עדיף ושלקא בתיקו:

הדרן עלך כהן משיח וסליקא לה מסכת הוריות

מסורת הש"ס עם הוספות

א) [בכורות דף ס.], ב) ברכות סד., ג) ב"ב קמה:, ד) [בברכות פי' רש"י שהיה רב יוסף הולך לבית הרופא], ה) עי' בערוך ערך אבי.

תורה אור השלם

א) גַּם אַהֲבָתָם גַּם שִׂנְאָתָם גַּם קִנְאָתָם כְּבָר אָבָדָה וְחֵלֶק אֵין לָהֶם עוֹד לְעוֹלָם בְּכֹל אֲשֶׁר נַעֲשָׂה תַּחַת הַשָּׁמֶשׁ: [קהלת ט, ו]

ב) הָאוֹיֵב תַּמּוּ חֳרָבוֹת לָנֶצַח וְעָרִים נָתַשְׁתָּ אָבַד זִכְרָם הֵמָּה: [תהלים ט, ז]

הגהות וציונים

א] ראשונים וכת"י "לא קרא": ב] בדפו"י רבא (גליון): ג] דאמר **אמרו** משום (ע"י): ד] צ"ל וסדורין (רש"ש) ובע"י "מי **שמשנה** וברייתא **סדורות** לו כנתינתן מהר סיני", וכלקמן ד"ה רב יוסף: ה] כשהיה (הכותב בע"י): ו] "שלא רצה לנהוג שררות בעצמו" ליתא בהכותב בע"י, וזו העתקתו "ואית **דאמרי אפילו אומנא לביתיה לא קרא** שלא היה לו פנאי להקיז את עצמו כל אותן שנים שמלך רבה **מחמת** שהיה עוסק כל שעה בתורה לפני רבה:": ז] באר שבע מ"ז (גליון): ח] בכת"י נוסף **ומספיק לו כל צרכיו**: ט] כת"י "הדין הוא פירושא דאסתבר לן **ופי' מעליא הוא**":

תוספות הרא"ש

אפילו אומנא לביתיה לא קרא. הרבה מהמון עם הולכין לבית האומן להקיז דם. והנכבדים קוראים לאומן ובא לביתם וכ"כ השפיל עצמו שלא רצה לקרוא את האומן לביתו. ורב האי גאון פי' כד שלחו מהם סיני עדיף והשפיל רב יוסף עצמו ולא רצה לנהוג שררה בפני רבה היה חולק לו רבה כבוד[ח] ואפי' מקיז דם לא קרא אותו לביתו לפי שהיו עושין כל צרכו בביתו של רבה. והרמ"ה ז"ל פי' כך הואיל שהשפיל רב יוסף את עצמו ולא רצה לנהוג שררה בפני רבה הגינה זכות ענותנותו עליו ועל אנשי ביתו שלא חלה אחד מהם כל השנים שמלך רבה ואפי' אומן להקיז דם לא קרא לביתו. והדין פירוש מסתבר לן[ט]: **אביי ורבא ורב זירא ורבה בר מתנה הוו יתבי בהדדי והוו צריכי רישא.** כלומר היו צריכין למנות ראש עליהם לאותה שעה כדי שישנה להם ויסדר להם משניות וברייתות והם יקשו לו והוא מתרץ ולפי שהיו כלם חכמים ונבונים ראוים להיות ראשים ולא אחד מהם כפוף לחבירו ולא היה אפשר לאחד מהם למנות את השני כדי שלא יתקנאו בו שלישי או רביעי. לפיכך אמרו כל מאן דאמר מלתא ולא מפרכי להוי רישא. אמר כל חד מנייהו מלתא **דכולהו אפריך ואילו דאביי לא אפרך חזייה רבא לאביי דגבה רישא.** כלומר ראה לו הרמת ראש והצלחת פנים מאחת דלא איפרך ליה מלתא **אמר ליה נחמני פתח ואימא** דרוש לקמן דמן שמיא פסקי לך

הגהות הב"ח

דף ב ע"א גמ' "ומו לא מידי. נ"ב לקמן סוף פרק שני פרש"י ומו ליכא לאקשויי ולא מידי וכן פרש"י בע"ז דף ס"ד ע"א ובדף כ"ג ע"א: **שם** ונתחלף לו "חלב בשומן: **שם** אשר לא תעשינה ואשם כצ"ל ותיבת בשגגה נמחק: **שם** איפכא מיבעי ליה "הא ל"ק" זו ואצ"ל זו קתני: **רש"י** ד"ה הורו ב"ד וכו' דאינה "נגמרה הוראתם: ד"ה על פיהם וכו' "ולאשמועינן דשוגג "דלא הוי "על פיהם "ממש פטור: ד"ה ר"ש בן יוסי וכו' לקמן בפ"ב דף י"א מומר "לאכול חלב והביא: ד"ה אמר רבא אע"ג וכו' והלך זה ונתחלף לו חלב בשומן "ואכלו הס"ד: ד"ה אלא סיפא וכו' וכן שעשה עמהם "ה"ז חייב מפני שלא" תלה בב"ד דהוי:

דף ב ע"ב גמ' א"ל אביי להוראה "גמיר ולא סביר הוא" גמיר וסביר משמע וכו' ממשנה יתירא אפי' גמיר ולא סביר ראוי להוראה כצ"ל ותיבות סביר ולא גמיר נמחק: **שם** בהוראת בית דין פטור היכי משכחת לה אלא כגון: **שם** תולה בבית דין פטור" לאתויי הורו: **שם** חייב "כבשה ושעירה" מאי ר' יהודה דתניא "ואם וכו' דתניא" ועדיין: **שם** אילימא בשגגת מעשה שלא בהוראת בית דין בית דין מאי עבידתייהו בית דין מי מייתו שלא בהוראה כצ"ל: **שם** דמחייבו בהוראה "דא"כ "ניהדר ברישא על מיעוטא: **רש"י** ד"ה ועדיין אני אומר רישא צ"ל קודם ד"ה מביאין על ידיהן: ד"ה אילימא וכו' "והכי הוי משמע: ד"ה אי הכי וכו' גרידתא נמי ליפטרו כי היכי "דפטורין בהוראה: ד"ה לאו מכלל וכו' וכי היכי דמחייבו בהוראה "הוא הדין" נמי מחייבי: ד"ה אלא וכו' בהוראה "הוא ה"נ:

דף ג ע"א גמ' אליבא דמ"ד לבור מייתי (מאי לבור הא קאי וכו' תיקו) תא"מ ונ"ב מפרש"י משמע דה"ג מאי ידיעת דההוא בית דין דהורו בעינן או לא בעינן ההוא בית דין דהורו תיקו: **רש"י** ד"ה לבור מייתו ור"מ פוטר וכו' והן פטורין הס"ד והשאר הוא גליון: **בא"ד** אתו למעט. נ"ב עי' בתוס' דמנחות דף י"ט ע"ב ד"ה דתנא ביה קרא: ד"ה ר' שמעון וכו' "והא מתניתין: ד"ה כי השתא וכו' בית דין "פטור הס"ד: ד"ה כיון דמרי איסורי נינהו "ואין איסורן שוה" דחלב אין שוה:

דף ג ע"ב גמ' אמר רבי "יוחנן מאה שישבו: **שם** כל עדת "עד דאיכא כולה והואיל" וכך אפי' הן מאה "ת"ש הורו ב"ד וידע: **שם** במשנה "ואיזהו הספק" ישב לו: **רש"י** ד"ה או לא וכו' ומצטרפי הס"ד ואחר כך מ"ה "עד שישגו כולן" עד שתפשוט: ד"ה רבי אלעזר וכו' דמי "ומביא אשם תלוי: ד"ה ואיזה וכו' כלומר "במאי: ד"ה לפי שלא נתנה וכו' בהוראת ב"ד פטור "ל"א לא ניתנה וכו' להכיר "בין עושה: ד"ה איכא בינייהו וכו' בעצמו הוה "וחייב דלא הוה בר חיוב:

דף ד ע"א גמ' משל דסומכוס וכו' דמפרסמא מלתא "לא הוו אמרין ליה "מי דמי התם" בספק מבעוד יום ספק משתשכה אי שאיל "לית איניש דידע אבל הכא" לא אשכח איניש "דנישייליה: **שם** כדרכה דאסיר והוא דאית בה פישוט: **רש"י** ד"ה ולא מיבעיא וכו' ואי שאיל "היו אומרים: ד"ה ספק משתשכה וכו' כפרה דביום צוותו כצ"ל ותיבת מעליא נמחק:

דף ד ע"ב במשנה פטור נאמר כצ"ל ואות ש' נמחק: **גמ'** והיכי דמי. "כגון שהורו ב"ד שחלב מותר ונתחלף לו "חלב בשומן וכו' אמר לך "רמי בר חמא" משום דתנא: **רש"י** ד"ה או שלא היה מופלא וכו' ואיכא למימר "דנצטרך לצאת לדרך וכו' לכך "לא נתמנה בסנהדרין כצ"ל ותיבות אחד מהן נמחק: ד"ה או זקן וכו' להוראה הס"ד ואחר כך מ"ה נאמר כאן וכו' ישראל ישגו ונאמר להלן עדה ושפטו את העדה מה להלן ראוין להוראה כו' ושפטו העדה והצילו העדה וכו' בפ"ק דסנהדרין הס"ד וכצ"ל: ד"ה הורו וכו' על "פי ב"ד: ד"ה טעמא וכו' "דתולה בעצמו "הוא וחייב "דשגגת מעשה קרינא ביה: ד"ה הורו וכו' מביאין פר "קסבר ב"ד" מביאין ולא צבור:

דף ה ע"א גמ' שלשה "יחידים מביאין שלשה ת"ל הקהל הקהל חייבים כילד חטאו כצ"ל ותיבות כל קהל וקהל חייב נמחק: **שם** אם חלב אכל חייב "אם נותר: **רש"י** ד"ה חטאו שני וכו' דשני שבטים לא סגי. נ"ב היינו בהוראת בית דינו דע"פ הוראת בדה"ג ס"ל לר"י דאף כל שבטים חייבים בפר ע"פ שבט א' שחטא כדמבואר בע"ב וק"ל: ד"ה אף קהל וכו' עם הקהל ור"מ הכי דריש מהקהל: ד"ה בה משמע וכו' בפרק ד' מיתות. נ"ב לא כמו שפרש"י בשבועות דף י"ט ע"ש:

דף ה ע"ב גמ' ממילא ידענא "דשאר: **שם** שמידעו "בה דברים: **שם** שנים עשר שבטים "דמתקריין קהל (א"ל אלא וכו' לא איקרו קהל) תא"מ. ונ"ב ס"א אין זה: **שם** יכול נאכלת חטאת "הלוים: **רש"י** ד"ה אמרינן וכו' קסבר "הא דמביאין" פר לכל שבט וכו' ששה והן רובו "של קהל" או שבעה ואינן רובו "של קהל" כיון דלאו: ד"ה איבעיא להו וכו' פר לכל שבט. נ"ב היינו לכל שבט ושבט שחטאו דר"ש לית ליה גרירה: ד"ה אלא וכו' דאיכא רובא כצ"ל ותיבת רוב נמחק: ד"ה י"א שבטים לא "איקרי קהל" בממיהם:

דף ו ע"א גמ' הגולה הקריבו "עולות לאלהי ישראל: **שם** אף חטאת לא נאכלת "שהיה רבי יוסי" אומר על ע"ז הביאום: **שם** כר"ש דאמר ב"ד "מביאין עם הצבור וכו' פטורין "כדאמרן דחטאת שותפין: **רש"י** ד"ה מת אחד וכו' ולא קרבה "והא דקרו" להו שותפין לאו וכו' מביאין קרבן "חטאת אלא האי "דקרו להו שותפין: ד"ה שמעינן וכו' לא מתוקמא כר"ש "ור' יהודה "דאמר" כולן ימותו הכי פ"ל כצ"ל והד"א:

דף ו ע"ב גמ' כחד מקום גמיר "להו: **רש"י** ד"ה ונתמיך לקהל "עמים ונתמי: ד"ה בנכלתם וכו' וכן מלינו "מתוך שאמר" איש על דגלו באותות: ד"ה הא לא קשיא "דפשיטא דלא הוי דינן אפשר משאי אפשר "אלא משום וכו' וקא דייק ר"ש "דלאו נאמרו" "בצבור הכך כולהו מי וכו' ש"מ דכחיד "נאמרו ולא בצבור וכו' ושכפרו בעליה כצ"ל ותיבת על נמחק:

דף ז ע"א גמ' "ולימא מה לצבור הורה ועשו "אמרים בהוראתו וכו' ועשו" אחרים בהוראתו: **שם** ילא משיח שאין שגגתו וחטאתו שוה "מנא ליה שאין חטאו ושגגתו שוה" דכתיב לאשמת העם: **רש"י** ד"ה לצבור כפר וכו' ושגגתו שוה "דמייב: ד"ה נשיא ומשיח וכו' ואם נפש "אחת דאמר: ד"ה ומביא וכו' שאם הורו "בדבר שחייבים על: ד"ה דכתיב באשם תלוי וכפר "עליו הכהן על שגגתו אשר שגג מי שחטאתו כצ"ל ותיבת מחטאתו נמחק: ד"ה הורה כהן משיח "בפני עצמו:

דף ז ע"ב גמ' דחלוקין בקרבנותיהן "לגמרי דהוא שעירה: **שם** במשנה ולא בעבודת כוכבים אלא על העלם כצ"ל ותיבות אין חייבין נמחק: **גמ'** ושוין שבשעירה "כיחיד ושוין: **רש"י** בד"ה דהוא שעירה וכו' ואם נפש "אחת דאמר יחיד ואחד נשיא "ואחד משיח" במשמע: ד"ה "ואין חייבין וכו' אין ב"ד כצ"ל ותיבת בקרבן נמחק: ד"ה מתניתין מני וכו' כשאר מצות הס"ד ותיבות ושוין שאין מביא שום אשם תלוי נמחק: ד"ה ותיפברא וכו' נאמר כאן עליה כו' ואפילו הכי כצ"ל ותיבות לאשמת העם הרי משיח כצבור נמחק: **סליק**

הגהות הגר"א

דף ב ע"ב גמ' בשגגת מעשה (בית דין). תי' ב"ד נמחק: **שם** מאי עבידתייהו (**שלא בהוראת** ב"ד). תי' אלו נמחק:

דף ד ע"ב רש"י (במתני') ד"ה הורו ב"ד ועשו כו' **מביאים פר** (כגון). תי' כגון נמחק:

דף יב ע"ב גמ' ר' **ישמעאל אומר**. נ"ב צ"ל ר' מאיר (וכ"ה בתורת כהנים. ובילקוט הגירסא ר' שמעון אך לפי גירסא זו ה"ל לר"פ דלעיל להוכיח מרישא דברייתא דר"ש היא מדקתני אבל הוא פורס מלמטה. וגירסא שלנו ר' ישמעאל י"ל כמ"ש התוס' בכ"מ דף ד ע"ב סד"ה אין. ואע"ג דרשב"א כו'):

מעשה רב מהגאון המפורסם כו' מהור"ר בצלאל רנשבורג זצ"ל

דף ב ע"ב בתוס' ד"ה **הרי אלו** מעוטין וכו' שהן זוגות כמו ספ"ק דסנהדרין וכו'. כצ"ל:

דף ג ע"א בגמ' ומאן חכמים **רבי יהודה היא דתניא**. נ"ב לקמן דף ה' ע"ב: **שם כיון דאידי ואידי חלב הוא** מצטרף מיעוט בחלב שעל גבי הקיבה. מלות שעל גבי הקבה נמחק. ונ"ב המכסה את הקרב כצ"ל וכ"כ הב"ש יעוש"ה: **שם הכא ודאי כיון דבתרי קראי**. נ"ב ר"ל מתרי מלות שבקרא דואת כל החלב דשעל הקבה מריבויא דואת ושעל הדקין מריבויא דכל כצ"ל לפי הגירסא שלפנינו כמ"ש הב"ש אבל מלשון רש"י כגירסא שכתבתי לעיל נראה:

דף ג ע"ב בגמ' **מיתיבי פר העלם דבר**. נ"ב מנחות דף כ"ב ע"א:

דף ד ע"א בגמ' **והוו אמרינן ליה דהכא בספק**. מלת בספק נמחק. ונ"ב כספק כצ"ל וכ"כ הב"ש:

דף ד ע"ב ברש"י ד"ה **מי אמרי** וכו' **מקצת דמי וחייבין**. נ"ב נלע"ד דכאן הוא סוף הדיבור ואח"כ מה"ד כדתנן לעיל וכו' דשומרת יום וכו' הוא סוף דיבור ואח"כ מה"ד כדתנן דמושיט וכו' כל הגוף וכו' הס"ד ואח"כ מה"ד כדתנן דהשתחואה כצ"ל ודו"ק: ד"ה **ואמר להם מועים אתם** וכו' **כדאמר לעיל**. נ"ב עי' לח"מ פי"ג מהל' שגגות הלכה א': ד"ה **או שלא היה מופלא של ב"ד שם** וכו' **כדאמר לקמן**. מלת לקמן נמחק. ונ"ב לעיל: ד"ה **ונאמר להלן עדה ושפטו העדה במדבר ל"ה**. כצ"ל: **בתוס'** ד"ה **ש"מ** וכו' **לשומרת יבם**. מלת יבם נמחק ונ"ב יום:

דף ה ע"ב בגמ' **אלא יכול תהא נאכלת חטאת ללוים**. מלת ללוים נמחק. ונ"ב הלוים כצ"ל וכ"ה בפ' הטעלותך במזרחי ודלא כהקרבן אהרן:

דף ו ע"א בגמ' **א"ל אביי שמעינן ליה לר"ש דאמר חטאת**. נ"ב עי' תוס' ישנים ביומא דף נ' ע"א בד"ה ומאי נפקא מיניה:

דף ו ע"ב ברש"י ד"ה **אלא אמר רב אחא בר יעקב** וכו' **בכלל שבט של לוי ואכתי נוקמא**. מלות ואכתי נוקמא נמחק. ונ"ב ולא מיתוקמא כצ"ל וכ"כ הב"ש: ד"ה **הא לא קשי'** וכו' **דכי נצטוו ישראל על ה' חטאות** וכו'. כצ"ל:

דף ז ע"א בתוס' ד"ה מה צבור וכו' **אין חייבין עד שיורו להן** וכו'. כצ"ל:

דף ז ע"ב בגמ' **הוא** בע"ז והן בחלב דחלוקין לגמרי בקרבנותיהן. כצ"ל וכ"כ הב"ש: **ברש"י** ד"ה כיון דמתרי וכו' **בפ"ק** דף ג'. נ"ב ע"ש נב"ש נבד"ה מעוט בחלב וכו': **בתוס'** ד"ה **דיתבי** בתרי מקומות וכו' ונראה כספרים דגרסי **מילתא דרב בשוין** וכו'. כצ"ל:

דף ח ע"ב בגמ' דתניא **היה ר' ירמיה אומר** וכו'. נ"ב ומינה דאיכא ר' ירמיה שהוא תנא:

דף יג ע"א בגמ' בעת ההיא **הבדיל ה' את שבט הלוי מתוך**. מלת מתוך נמחק:

דף יג ע"ב רש"י ד"ה **האוכל פת ופחמין עצמו כחדא חשיב** וכו'. כצ"ל:

This *daf* is dedicated *l'zchus refuah sheleimah*: R' Moshe ben Leah *z"l*

he did not accept the position for himself. מְלַךְ רַבָּה עֶשְׂרִין וְתַרְתֵּי שְׁנִין — First, Rabbah served as the Rosh Yeshivah for twenty-two years, וַהֲדַר מְלַךְ רַב יוֹסֵף — and after Rabbah died, Rav Yosef became Rosh Yeshivah. וְכָל שְׁנֵי דִּמְלַךְ רַבָּה — And for all the years that Rabbah was Rosh Yeshivah, רַב יוֹסֵף אֲפִילוּ אוּמָּנָא לְבֵיתֵיהּ לָא חֲלִיף — Rav Yosef did not act as if he had any position, and he didn't even let the bloodletter come by his home. He would go to Rabbah's house to have his blood let.

אַבַּיֵי וְרָבָא וְרַבִּי זֵירָא וְרַבָּה בַּר מַתְנָה הֲווֹ יָתְבִי וַהֲווֹ צְרִיכִי רֵישָׁא — Abaye, Rava, Rabi Zeira, and Rabbah bar Masnah were sitting and learning as a group, and they needed to appoint someone as the head of their group. אָמְרִי — They said: כֹּל דְּאָמַר מִלְּתָא וְלָא מִפְרִיךְ — Any one of us who is able to say something that is not refuted, לֶהֱוֵי רֵישָׁא — will be appointed the head of our group. דְּכוּלְּהוּ אִיפְּרִיךְ — Everyone's statement was refuted, דְּאַבַּיֵי לָא אִיפְּרִיךְ — but Abaye's statement was not. חַזְיֵיהּ רַבָּה לְאַבַּיֵי דִּגְבַהּ רֵישָׁא — Rabbah noticed that Abaye's head was lifted up, as this was a sign from *Shamayim* that he should be the leader. אָמַר לֵיהּ — Rabbah said to Abaye: נַחְמָנִי — Nachmani (Abaye was called Nachmani), פְּתַח וְאֵימָא — begin and say your *shiur*!

אִיבַּעְיָא לְהוּ — A question was raised: רַבִּי זֵירָא וְרַבָּה בַּר רַב מַתְנָה הֵי מִנַּיְיהוּ עֲדִיף — Between Rabi Zeira and Rabbah bar Rav Masnah, which of them is better? רַבִּי זֵירָא חָרִיף וּמַקְשֶׁה — Rabi Zeira was sharp and analytical, and he raised many important questions, וְרַבָּה בַּר רַב מַתְנָה מָתוּן וּמַסִּיק — and Rabbah bar Rav Masnah was slow and thorough. מַאי — What is the conclusion? The Gemara concludes: תֵּיקוּ — This remains unresolved.

הֲדַרַן עֲלָךְ כֹּהֵן מָשִׁיחַ — We will return to you, Perek Kohen Mashiach

וּסְלִיקָא לַהּ מַסֶּכֶת הוֹרָיוֹת — This concludes Maseches Harayos

For this *daf's shiur* and charts, scan this QR code:

כֹּהֵן מָשִׁיחַ פֶּרֶק שְׁלִישִׁי הוֹרָיוֹת יד.

לֹא הָיָה קָרֵב; אָמַר לוֹ, מִי הֵם הַלָּלוּ שֶׁמֵּימֵיהֶם אָנוּ שׁוֹתִים וּשְׁמוֹתָם אֵין אָנוּ מַזְכִּירִים; אָמַר לֵיהּ, בְּנֵי אָדָם שֶׁבִּקְּשׁוּ לַעֲקוֹר כְּבוֹדְךָ וּכְבוֹד בֵּית אָבִיךָ; אָמַר לֵיהּ, [א] 'גַּם אַהֲבָתָם גַּם שִׂנְאָתָם גַּם קִנְאָתָם כְּבָר אָבָדָה'; אָמַר לֵיהּ, [ב] 'הָאוֹיֵב תַּמּוּ חֳרָבוֹת לָנֶצַח'; אָמַר לֵיהּ, הָנֵי מִלֵּי הֵיכָא דְּאַהֲנוּ מַעֲשַׂיְיהוּ, רַבָּנָן לָא אַהֲנוּ מַעֲשַׂיְיהוּ; הֲדַר אַתְנֵי לֵיהּ, אָמְרוּ מִשּׁוּם רַבִּי מֵאִיר אִילּוּ הָיָה תְּמוּרָה לֹא הָיָה קָרֵב. אָמַר רָבָא, אֲפִילּוּ רַבִּי דַּעֲנְוְותָנָא הוּא, תָּנָא [א]אָמְרוּ מִשּׁוּם רַבִּי מֵאִיר אָמַר, רַבִּי מֵאִיר לָא אָמַר. אָמַר רַבִּי יוֹחָנָן, פְּלִיגוּ בָּהּ רַבָּן שִׁמְעוֹן בֶּן גַּמְלִיאֵל וְרַבָּנָן, חַד אָמַר סִינַי עָדִיף, וְחַד אָמַר עוֹקֵר הָרִים עָדִיף. [ב]רַב יוֹסֵף סִינַי, רַבָּה עוֹקֵר הָרִים; שְׁלַחוּ לְתַמָּן, אֵיזֶה מֵהֶם קוֹדֵם; שְׁלַחוּ לְהוּ, סִינַי עָדִיף, [ג]דְּאָמַר מָר, הַכֹּל צְרִיכִין לְמָרֵי חִטַּיָּא; וַאֲפִילּוּ הָכִי לָא קַבִּיל רַב יוֹסֵף עֲלֵיהּ, מְלַךְ רַבָּה עֶשְׂרִין וְתַרְתֵּי שְׁנִין וַהֲדַר מְלַךְ רַב יוֹסֵף, וְכָל שְׁנֵי דִּמְלַךְ רַבָּה רַב יוֹסֵף אֲפִילּוּ אוּמָּנָא לְבֵיתֵיהּ לָא חֲלִיף[ו]. אַבַּיֵּי וְרָבָא וְרַבִּי זֵירָא וְרַבָּה בַּר מַתְנָה הֲווֹ יָתְבִי וַהֲווֹ צְרִיכֵי רֵישָׁא, אָמְרִי, כָּל דְּאָמַר מִלְּתָא וְלָא מִפְרִיךְ לֶהֱוֵי רֵישָׁא, דְּכוּלְּהוּ אִיפְּרִיךְ, דְּאַבַּיֵּי לָא אִיפְּרִיךְ, חַזְיֵיהּ רַבָּה[ז] לְאַבַּיֵּי דְּגָבְהָ רֵישָׁא, אָמַר לֵיהּ, נַחְמָנִי פְּתַח וְאֵימָא. אִיבַּעְיָא לְהוּ, רַבִּי זֵירָא וְרַבָּה בַּר רַב מַתְנָה הֵי מִנַּיְיהוּ עָדִיף, רַבִּי זֵירָא חָרִיף וּמַקְשֶׁה, וְרַבָּה בַּר רַב מַתְנָה מָתוּן וּמַסִּיק, מַאי. תֵּיקוּ:

הַדְרָן עֲלָךְ כֹּהֵן מָשִׁיחַ וּסְלִיקָא לָהּ מַסֶּכֶת הוֹרָיוֹת

רש"י

אמר ליה, האויב תמו חרבות לנצח. דמשמע אע"פ שכבר מתו, חרבות לנצח, ואין יפה להזכירם: אפילו רבי. דענוותן הוה, הכא לא נהיג ענוותנותא יתירא, דאמר[ג] משום רבי מאיר ולא רצה לומר בהדיא אמר ר"מ: סיני עדיף. מי ששנה משנה וברייתא סדורין[ד] לו כנתינתן מהר סיני: וחד אמר עוקר הרים. דחריף ומפולפל בתורה, אע"פ שאין משנה וברייתא סדורין לו כל כך: רב יוסף קרו ליה סיני, לפי שהיו משניות וברייתות סדורות לו כנתינתן מהר סיני, אבל לא היה מפולפל כרבה: הכל צריכין למרי חטיא. כלומר, רב יוסף הוא מרי חטיא, שמשנה וברייתא סדורין לו מפי השמועה כנתינתן מהר סיני, דמשנה וברייתא אטיהון דהלכתא: אומנא לביתיה לא קרא. שלא רצה לנהוג שררה בעצמו כל אותן השנים שמלך רבה אפילו בהאי שררותא, שלא רצה להביא שום אומן בתוך ביתו, אלא כשהוא[ה] רוצה להקיז דם[ו] היה האומן על לביתיה דרבה ושם היה מקיז. ואית דגרסי שלא רצה לנהוג שררות בעצמו[ז] כל אותן שנים שמלך רבה, כלומר, שלא היה לו פנאי להקיז עצמו, אלא היה עוסק כל שעה בתורה לפני רבה: חזייה לאביי דגבה רישיה. כלומר ראה לו הרמת ראש: נחמני פתח. ואמור דרשא, דמשמיה פסקו ליה רטותא. אביי קרו ליה נחמני (ואיכא דאמרי דבלשון גנאי קרי ליה נחמני, כלומר עדיין אתה תלמידו של רב נחמן[ח]): חריף ומקשה. מתוך פלפול יתירא דהוה ליה הוה מקשה ומתרץ, אבל רבה בר מתנה לא הוה חריף כל כך, אלא מתוך שהוא שוהה ומעיין יפה יפה מסיק אליבא דהלכתא:

הדרן עלך כהן משיח וסליקא לה מסכת הוריות

רבותא. ופי' רב האי גאון ז"ל[ט] דאביי נחמני שמו ומפרש' בכמה דוכתי בגמרא ונקטי(נן) (ד)רבנן דבר אבוהי דרבה בר נחמני הוה ותלמידו וכיון דהוה שמו נחמני כשם אבוהי דרבה לא הוה קרא לו בכל שנותיו נחמני כשם אבוהי אלא דהוה קרא ליה אביי בלשון ארמי כלאדם שקורא אבי ומליק ליה אביי. וכיון שהיה מן האבות והגדולה קריוה רבנן הכי עכ"ד ז"ל: איבעיא להו רבי זירא ורבה בר מתנה הי מנייהו עדיף. נפיק מינה להיכי דמתרמי כהו ומנטרך עלמא לחד מנייהו ופליג הי מנייהו עדיף. והשתא מפרש (מוה) [מדה] דלכל חד מנייהו. ר' זירא חריף ומקשה מתוך פילפולא היה יודע להקשות ולתרץ (מי) [מיהו] לא הוה ידע לאפוקי שמעתתא אליבא דהלכתא רבה בר מתנה מתון ומסיק כלומר לא היה מפולפל וחריף כ"כ להקשות ולתרץ מיד אלא שוהה ומעיין יפה עד דמסלקא ליה שמעתי' אליבא דהלכתא מאי הי מנייהו עדיף וסלקא בתיקו:

הדרן עלך כהן משיח וסליקא לה מסכת הוריות

מסורת הש"ס עם הוספות

א) [בכורות דף ס.], ב) כריתות סד., ג) ב"ב קמה:, ד) [בכריתות פי' רש"י שהיה רב יוסף הולך לבית הרופא], ה) עי' בערוך ערך אביי.

תורה אור השלם

א) גַּם אַהֲבָתָם גַּם שִׂנְאָתָם גַּם קִנְאָתָם כְּבָר אָבָדָה וְחֵלֶק אֵין לָהֶם עוֹד לְעוֹלָם בְּכֹל אֲשֶׁר נַעֲשָׂה תַּחַת הַשָּׁמֶשׁ: [קהלת ט, ו]

ב) הָאוֹיֵב תַּמּוּ חֳרָבוֹת לָנֶצַח וְעָרִים נָתַשְׁתָּ אָבַד זִכְרָם הֵמָּה: [תהלים ט, ז]

הגהות וציונים

א] ראשונים וכת"י "לא קרא": ב] בדפו"י רבא (גליון): ג] דאמר אמרו משום (עי"ן): ד] צ"ל וסדורין (רש"ש) ובעי"י "מי שמשנה וברייתא סדורות לו כנתינתן מהר סיני", וכלקמן ד"ה רב יוסף: ה] כשהיה (הכותב בעי"ן): ו] "שלא רצה לנהוג שרורות בעצמו" ליתא בהכותב בעי"י, וזו העתקתו "ואית דאמרי אפילו אומנא לביתיה לא קרא שלא היה לו פנאי להקיז את עצמו כל אותן שנים שמלך רבה מחמת שהיה עוסק כל שעה בתורה לפני רבה:": ז] באר שבע מ"ז (גליון): ח] בכת"י נוסף ומספיק לו כל צרכיו: ט] כת"י "הדין הוא פירושא דאסתבר לן ופי' מעליא הוא":

תוספות הרא"ש

אפילו אומנא לביתיה לא קרא. הרבה מהמון עם הולכין לבית האומן להקיז דם. והנכבדים קוראים לאומן ובא לביתם וכ"כ השפיל עצמו שלא רצה לקרוא את האומן לביתו. ורב האי גאון פי' כד שלחו מתם סיני עדיף והשפיל רב יוסף עצמו ולא רצה לנהוג שררה בפני רבה היה הולך לו רבה בכבוד[ס] ואפי' מקיז דם לא קרא אותו לביתו לפי שהיו עושין כל צרכו בביתו של רבה. והרמ"ה ז"ל פי' כך הואיל שהשפיל רב יוסף את עצמו ולא רצה לנהוג שררה בפני רבה הגינה זכות ענותנותו עליו ועל אנשי ביתו שלא חלה אחד מהם כל השנים שמלך רבה ואפי' אומן להקיז דם לא קרא לביתו. והדין פירוש מסתבר לן[ט]: **אביי ורבא ורב זירא ורבה בר מתנה הוו יתבי בהדדי והוו צריכי רישא.** כלומר היו צריכין למנות ראש עליהם לאותה שעה כדי שישנה להם ויסדר להם משניות וברייתות והם יקבו לו והוא מתרץ ולפי שהיו כלם חכמים ונבונים ראוים להיות ראשים ולא אחד מהם כפוף לחבירו ולא היה אפשר לאחד מהם למנות את השני כדי שלא יתקנאו בו שלישי או רביעי. לפיכך אמרו כל מאן דלמר מלתא ולא מפרכי להוי רישא. אמר כל חד מנייהו מלתא **דכולהו אפריך ואילו דאביי לא אפרך חזייה רבא לאביי דגבה רישא.** כלומר ראה לו הרמת ראש והלהבת פניו מחמת דלא איפרך ליה מלתא **אמר ליה נחמני פתח ואימא** דרוש לקמן דמן שמיא פסקי לך

This daf is dedicated *l'zchus refuah sheleimah*: R' Moshe ben Leah *z"l*

אחר השלמת המסכת יאמר זה ויועיל לזכרון בעזרת השם יתברך:

א] ב] **הַדְרָן** עֲלָךְ מַסֶּכֶת הוֹרָיוֹת וְהַדְרָךְ עֲלָן דַּעְתָּן עֲלָךְ מַסֶּכֶת הוֹרָיוֹת וְדַעְתָּךְ עֲלָן לָא נִתְנְשֵׁי מִנָּךְ מַסֶּכֶת הוֹרָיוֹת וְלָא תִתְנְשֵׁי מִנָּן לָא בְּעָלְמָא הָדֵין וְלָא בְּעָלְמָא דְּאָתֵי: ג"פ

יְהִי רָצוֹן מִלְּפָנֶיךָ יְיָ אֱלֹהֵינוּ וֵאלֹהֵי אֲבוֹתֵינוּ שֶׁתְּהֵא תוֹרָתְךָ אֻמָּנוּתֵנוּ בָּעוֹלָם הַזֶּה וּתְהֵא עִמָּנוּ לָעוֹלָם הַבָּא ג] חֲנִינָא בַּר פָּפָּא רָמֵי בַּר פָּפָּא נַחְמָן בַּר פָּפָּא אַחַאי בַּר פָּפָּא אַבָּא מָרִי בַּר פָּפָּא רָפְרָם בַּר פָּפָּא רָכִישׁ בַּר פָּפָּא סוּרְחָב בַּר פָּפָּא אַדָּא בַּר פָּפָּא דָּרוּ בַּר פָּפָּא:

הַעֲרֶב נָא יְיָ אֱלֹהֵינוּ אֶת דִּבְרֵי תוֹרָתְךָ בְּפִינוּ וּבְפִיפִיּוֹת עַמְּךָ בֵּית יִשְׂרָאֵל וְנִהְיֶה כֻּלָּנוּ אֲנַחְנוּ וְצֶאֱצָאֵינוּ וְצֶאֱצָאֵי עַמְּךָ בֵּית יִשְׂרָאֵל כֻּלָּנוּ יוֹדְעֵי שְׁמֶךָ וְלוֹמְדֵי תוֹרָתֶךָ: מֵאֹיְבַי תְּחַכְּמֵנִי מִצְוֹתֶךָ כִּי לְעוֹלָם הִיא לִי: יְהִי לִבִּי תָמִים בְּחֻקֶּיךָ לְמַעַן לֹא אֵבוֹשׁ: לְעוֹלָם לֹא אֶשְׁכַּח פִּקּוּדֶיךָ כִּי בָם חִיִּיתָנִי: בָּרוּךְ אַתָּה יְיָ לַמְּדֵנִי חֻקֶּיךָ: אָמֵן אָמֵן אָמֵן סֶלָה וָעֶד:

מוֹדִים אֲנַחְנוּ לְפָנֶיךָ יְיָ אֱלֹהֵינוּ וֵאלֹהֵי אֲבוֹתֵינוּ שֶׁשַּׂמְתָּ חֶלְקֵנוּ מִיּוֹשְׁבֵי בֵּית הַמִּדְרָשׁ וְלֹא שַׂמְתָּ חֶלְקֵנוּ מִיּוֹשְׁבֵי קְרָנוֹת שֶׁאָנוּ מַשְׁכִּימִים וְהֵם מַשְׁכִּימִים אָנוּ מַשְׁכִּימִים לְדִבְרֵי תוֹרָה וְהֵם מַשְׁכִּימִים לִדְבָרִים בְּטֵלִים אָנוּ עֲמֵלִים וְהֵם עֲמֵלִים אָנוּ עֲמֵלִים וּמְקַבְּלִים שָׂכָר וְהֵם עֲמֵלִים וְאֵינָם מְקַבְּלִים שָׂכָר אָנוּ רָצִים וְהֵם רָצִים אָנוּ רָצִים לְחַיֵּי הָעוֹלָם הַבָּא וְהֵם רָצִים לִבְאֵר שַׁחַת שֶׁנֶּאֱמַר וְאַתָּה אֱלֹהִים תּוֹרִדֵם לִבְאֵר שַׁחַת אַנְשֵׁי דָמִים וּמִרְמָה לֹא יֶחֱצוּ יְמֵיהֶם וַאֲנִי אֶבְטַח בָּךְ:

יְהִי רָצוֹן מִלְּפָנֶיךָ יְיָ אֱלֹהַי כְּשֵׁם שֶׁעֲזַרְתַּנִי לְסַיֵּם מַסֶּכֶת הוֹרָיוֹת כֵּן תַּעַזְרֵנִי לְהַתְחִיל מַסֶּכְתּוֹת וּסְפָרִים *) אֲחֵרִים וּלְסַיְּמָם לִלְמוֹד וּלְלַמֵּד לִשְׁמוֹר וְלַעֲשׂוֹת וּלְקַיֵּם אֶת כָּל דִּבְרֵי תַלְמוּד תּוֹרָתְךָ בְּאַהֲבָה. וּזְכוּת כָּל הַתַּנָּאִים וְאָמוֹרָאִים וְתַלְמִידֵי חֲכָמִים יַעֲמוֹד לִי וּלְזַרְעִי שֶׁלֹּא תָמוּשׁ הַתּוֹרָה מִפִּי וּמִפִּי זַרְעִי וְזֶרַע זַרְעִי עַד עוֹלָם. וְתִתְקַיֵּם בִּי בְּהִתְהַלֶּכְךָ תַּנְחֶה אֹתָךְ בְּשָׁכְבְּךָ תִּשְׁמֹר עָלֶיךָ וַהֲקִיצוֹתָ הִיא תְשִׂיחֶךָ: כִּי בִי יִרְבּוּ יָמֶיךָ וְיוֹסִיפוּ לְךָ שְׁנוֹת חַיִּים: אֹרֶךְ יָמִים בִּימִינָהּ בִּשְׂמֹאלָהּ עֹשֶׁר וְכָבוֹד: יְיָ עֹז לְעַמּוֹ יִתֵּן יְיָ יְבָרֵךְ אֶת עַמּוֹ בַשָּׁלוֹם:

יִתְגַּדַּל וְיִתְקַדַּשׁ שְׁמֵהּ רַבָּא בְּעָלְמָא דִּי הוּא עָתִיד לְאִתְחַדָּתָא (נ"א לְחַדָּתָא) וּלְאַחֲיָאָה מֵתַיָּא וּלְאַסָּקָא יָתְהוֹן לְחַיֵּי עָלְמָא וּלְמִבְנֵא קַרְתָּא דִירוּשְׁלֵם וּלְשַׁכְלָלָא הֵיכְלֵהּ בְּגַוַּהּ וּלְמֶעְקַר פָּלְחָנָא נֻכְרָאָה מִן אַרְעָא וּלְאֲתָבָא פָּלְחָנָא דִי שְׁמַיָּא לְאַתְרֵהּ וְיַמְלִיךְ קֻדְשָׁא בְּרִיךְ הוּא בְּמַלְכוּתֵהּ וִיקָרֵהּ [וְיַצְמַח פֻּרְקָנֵהּ וִיקָרֵב מְשִׁיחֵהּ] בְּחַיֵּיכוֹן וּבְיוֹמֵיכוֹן וּבְחַיֵּי דְכָל בֵּית יִשְׂרָאֵל בַּעֲגָלָא וּבִזְמַן קָרִיב וְאִמְרוּ אָמֵן: יְהֵא שְׁמֵהּ רַבָּא מְבָרַךְ לְעָלַם וּלְעָלְמֵי עָלְמַיָּא. יִתְבָּרַךְ וְיִשְׁתַּבַּח וְיִתְפָּאַר וְיִתְרוֹמַם וְיִתְנַשֵּׂא וְיִתְהַדַּר וְיִתְעַלֶּה וְיִתְהַלָּל שְׁמֵהּ דְּקֻדְשָׁא בְּרִיךְ הוּא. לְעֵלָּא מִן כָּל (בעשי"ת לְעֵלָּא וּלְעֵלָּא מִכָּל) בִּרְכָתָא וְשִׁירָתָא תֻּשְׁבְּחָתָא וְנֶחֱמָתָא דַּאֲמִירָן בְּעָלְמָא וְאִמְרוּ אָמֵן: עַל יִשְׂרָאֵל וְעַל רַבָּנָן וְעַל תַּלְמִידֵיהוֹן וְעַל כָּל תַּלְמִידֵי תַלְמִידֵיהוֹן וְעַל כָּל מָאן דְּעָסְקִין בְּאוֹרַיְתָא דִּי בְאַתְרָא (קַדִּישָׁא) הָדֵין וְדִי בְכָל אֲתַר וַאֲתַר. יְהֵא לְהוֹן וּלְכוֹן שְׁלָמָא רַבָּא חִנָּא וְחִסְדָּא וְרַחֲמִין וְחַיִּין אֲרִיכִין וּמְזוֹנָא רְוִיחֵי וּפֻרְקָנָא מִן קֳדָם אֲבוּהוֹן דִּי בִשְׁמַיָּא וְאַרְעָא וְאִמְרוּ אָמֵן: יְהֵא שְׁלָמָא רַבָּא מִן שְׁמַיָּא וְחַיִּים טוֹבִים עָלֵינוּ וְעַל כָּל יִשְׂרָאֵל וְאִמְרוּ אָמֵן: עֹשֶׂה שָׁלוֹם (בעשי"ת הַשָּׁלוֹם) בִּמְרוֹמָיו הוּא בְּרַחֲמָיו יַעֲשֶׂה שָׁלוֹם עָלֵינוּ וְעַל כָּל יִשְׂרָאֵל וְאִמְרוּ אָמֵן:

*) צ"ל וּסְפָרִים קְדוֹשִׁים אֲחֵרִים (יעב"ץ).

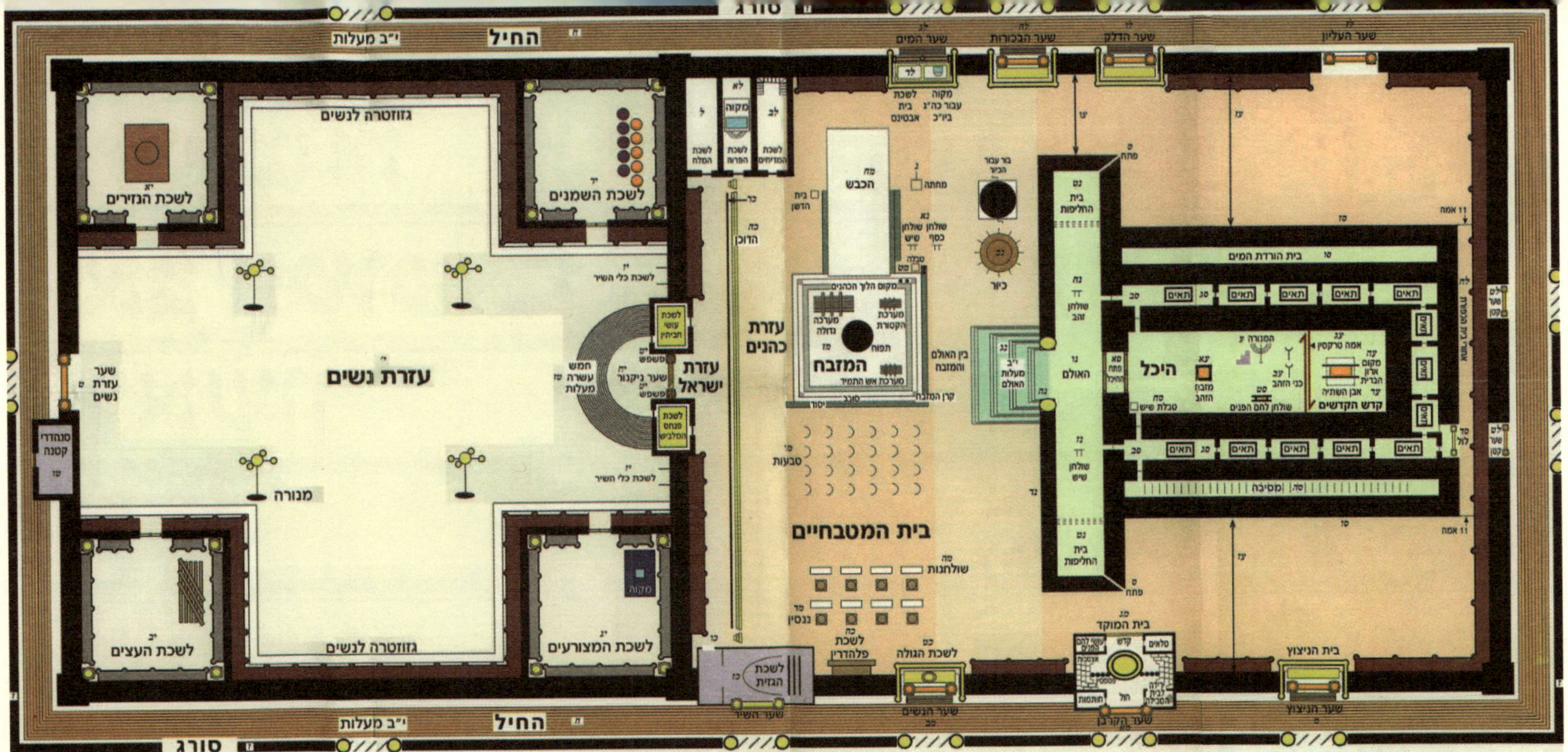

ז. סורג
ח. חיל
ט. שער עזרת נשים
י. עזרת נשים
יא. לשכת הנזירים
יב. לשכת העצים
יג. לשכת המצורעים
יד. לשכת השמנים
טו. לשכה לסנהדרי קטנה שניה
טז. חמש עשרה מעלות
יז. לשכת כלי השיר
יח. שער ניקנור
יט. פשפשים משני צידי השער

כ. לשכת פנחס המלביש
כא. לשכת עושי חביתין
כב. עזרת ישראל
כג. פספסין
כד. מעלה בכל רוחב העזרה
כה. הדוכן
כו. שער לשכת הגזית
כז. לשכת הגזית
כח. לשכת פלהדרין
כט. לשכת הגולה
ל. לשכת המלח
לא. לשכת בית הפרווה
לב. לשכת המדיחים

לג. שער המים
לד. לשכת בית אבטינס, ובית טבילה לכהן גדול ביום הכיפורים
לה. שער הבכורות
לו. שער הדלק
לז. שער העליון
לח. אחורי בית הכפורת
לט. שערים קטנים
מ. שער הניצוץ
מא. שער הקרבן
מב. שער הנשים
מג. בית המוקד
מד. ננסין

מה. שולחנות
מו. טבעות
מז. המזבח
מח. כבש המזבח
מט. טבלה של שיש
נ. מחתה
נא. שני שולחנות (אחד של שיש ואחד של כסף)
נב. כיור
נג. שתים עשרה מעלות
נד. כותל האולם מבחוץ
נה. פתח האולם
נו. האולם מבפנים

נז. } שני שולחנות באולם)אחד
נח. } של שיש ואחד של זהב(
נט. בית החליפות
ס. פתח בזוית בית החליפות
סא. פתח ההיכל
סב. פשפשים מצדי שער ההיכל
סג. תאים שמסביב להיכל
סד. לול
סה. מסיבה
סו. בית הורדת המים
סז. כותל המסיבה; כותל בית הורדת המים
סח. טבלא של שיש

סט. שולחן הזהב של לחם הפנים
ע. מנורה
עא. מזבח הזהב
עב. כני זהב
עג. אמה טרקסין
עד. קודש הקודשים
עה. ארון הברית; אבן שתיה
עו. שטח של 17½ אמה בין כותל העזרה לכותל האולם
עז. שטח של 32½ אמה בין הכותל הצפוני של העזרה לכותל המסיבה; ובין הכותל הדרומי של העזרה לכותל בית הורדת המים

L'iluy nishmas: רות בת מרדכי

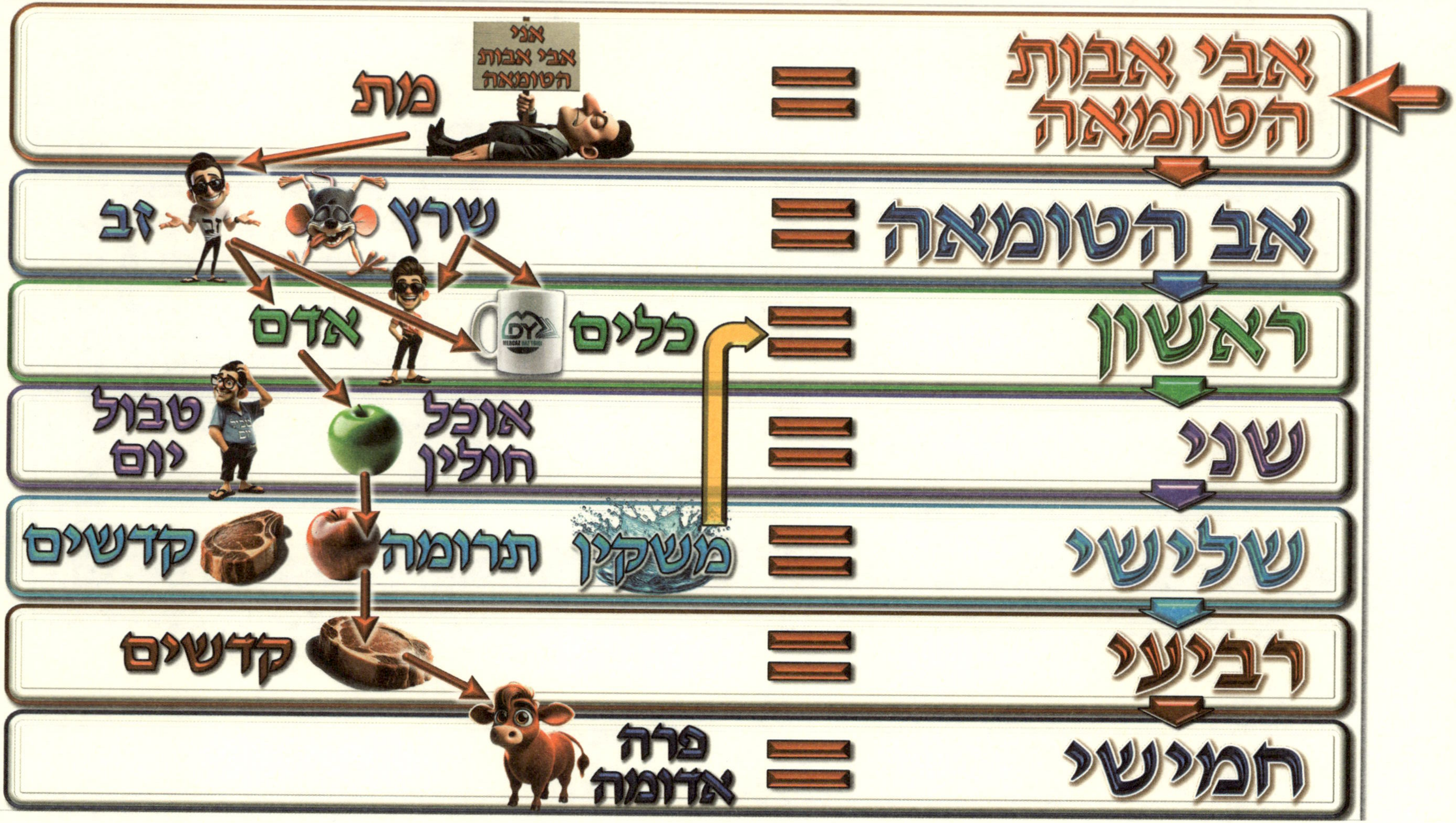

L'zchus refuah sheleimah: Moshe ben Nizha